Österreichische Bibliothek

Erscheint im
Böhlau Verlag, Wien
und im Verlag
Volk und Welt, Berlin

Sigmund Freud
Essays III

Auswahl 1920–1937

Herausgegeben von
Dietrich Simon

Verlag Volk und Welt
Berlin

Mit einer Nachbemerkung und einer Chronik

ISBN 3-353-00598-6
ISBN 3-353-00602-8

2. Auflage
Verlag Volk und Welt, Berlin 1989
L. N. 302, 410/190/89
Ausgabe für die Deutsche Demokratische Republik
mit Genehmigung des S. Fischer Verlages, Frankfurt am Main

Quellenverzeichnis am Schluß des Bandes
Printed in the German Democratic Republic

Einbandentwurf: Hans-Joachim Petzak
Typografie: Jörg Brosig
Satz, Druck und Einband: Karl-Marx-Werk Pößneck V15/30
LSV 7312
Bestell-Nr. 649 097 3
3 Bände

06400

Jenseits des Lustprinzips

I

In der psychoanalytischen Theorie nehmen wir unbedenklich an, daß der Ablauf der seelischen Vorgänge automatisch durch das Lustprinzip reguliert wird, das heißt, wir glauben, daß er jedesmal durch eine unlustvolle Spannung angeregt wird und dann eine solche Richtung einschlägt, daß sein Endergebnis mit einer Herabsetzung dieser Spannung, also mit einer Vermeidung von Unlust oder Erzeugung von Lust zusammenfällt. Wenn wir die von uns studierten seelischen Prozesse mit Rücksicht auf diesen Ablauf betrachten, führen wir den ökonomischen Gesichtspunkt in unsere Arbeit ein. Wir meinen, eine Darstellung, die neben dem topischen und dem dynamischen Moment noch dies ökonomische zu würdigen versuche, sei die vollständigste, die wir uns derzeit vorstellen können, und verdiene es, durch den Namen einer *metapsychologischen* hervorgehoben zu werden.[1]

Es hat dabei für uns kein Interesse zu untersuchen, inwieweit wir uns mit der Aufstellung des Lustprinzips einem bestimmten, historisch festgelegten, philosophischen System angenähert oder angeschlossen haben. Wir gelangen zu solchen spekulativen Annahmen bei dem Bemühen, von den Tatsachen der täglichen Beobachtung auf unserem Gebiete Beschreibung und Rechenschaft zu geben. Priorität und Originalität gehören nicht zu den Zielen, die der psychoanalytischen Arbeit gesetzt sind, und die Eindrücke, welche der Aufstellung dieses Prinzips zugrunde liegen, sind so augenfällig, daß es kaum möglich ist, sie zu übersehen. Dagegen würden wir uns gerne zur Dankbarkeit gegen eine philosophische oder psychologische Theorie bekennen, die uns zu sagen wüßte, was die Bedeutungen der für

1 [Vgl. Abschnitt IV des Aufsatzes *Das Unbewußte* in Band 2 der vorliegenden Ausgabe.]

uns so imperativen Lust- und Unlustempfindungen sind. Leider wird uns hier nichts Brauchbares geboten. Es ist das dunkelste und unzugänglichste Gebiet des Seelenlebens, und wenn wir unmöglich vermeiden können, es zu berühren, so wird die lockerste Annahme darüber, meine ich, die beste sein. Wir haben uns entschlossen, Lust und Unlust mit der Quantität der im Seelenleben vorhandenen – und nicht irgendwie gebundenen – Erregung in Beziehung zu bringen, solcherart, daß Unlust einer Steigerung, Lust einer Verringerung dieser Quantität entspricht. Wir denken dabei nicht an ein einfaches Verhältnis zwischen der Stärke der Empfindungen und den Veränderungen, auf die sie bezogen werden; am wenigsten – nach allen Erfahrungen der Psychophysiologie – an direkte Proportionalität; wahrscheinlich ist das Maß der Verringerung oder Vermehrung in der Zeit das für die Empfindung entscheidende Moment. Das Experiment fände hier möglicherweise Zutritt, für uns Analytiker ist weiteres Eingehen in diese Probleme nicht geraten, solange nicht ganz bestimmte Beobachtungen uns leiten können.[2]

Es kann uns aber nicht gleichgültig lassen, wenn wir finden, daß ein so tiefblickender Forscher wie G. Th. Fechner eine Auffassung von Lust und Unlust vertreten hat, welche im wesentlichen mit der zusammenfällt, die uns von der psychoanalytischen Arbeit aufgedrängt wird. Die Äußerung Fechners ist in seiner kleinen Schrift: *Einige Ideen zur Schöpfungs- und Entwicklungsgeschichte der Organismen,* 1873 (Abschnitt XI, Zusatz, S. 94), enthalten und lautet wie folgt: »Insofern bewußte Antriebe immer mit Lust oder Unlust in Beziehung stehen, kann auch Lust oder Unlust mit Stabilitäts- und Instabilitätsverhältnissen in psychophysischer Beziehung gedacht werden, und es läßt sich hierauf die anderwärts von mir näher zu entwickelnde Hypothese begründen, daß jede die Schwelle des Bewußtseins

2 [Vgl. den Aufsatz *Das ökonomische Problem des Masochismus* im vorliegenden Band.]

übersteigende psychophysische Bewegung nach Maßgabe mit Lust behaftet sei, als sie sich der vollen Stabilität über eine gewisse Grenze hinaus nähert, mit Unlust nach Maßgabe, als sie über eine gewisse Grenze davon abweicht, indes zwischen beiden, als qualitative Schwelle der Lust und Unlust zu bezeichnenden Grenzen eine gewisse Breite ästhetischer Indifferenz besteht . . .«[3]

Die Tatsachen, die uns veranlaßt haben, an die Herrschaft des Lustprinzips im Seelenleben zu glauben, finden auch ihren Ausdruck in der Annahme, daß es ein Bestreben des seelischen Apparates sei, die in ihm vorhandene Quantität von Erregung möglichst niedrig oder wenigstens konstant zu erhalten. Es ist dasselbe, nur in andere Fassung gebracht, denn wenn die Arbeit des seelischen Apparates dahin geht, die Erregungsquantität niedrig zu halten, so muß alles, was dieselbe zu steigern geeignet ist, als funktionswidrig, das heißt als unlustvoll empfunden werden. Das Lustprinzip leitet sich aus dem Konstanzprinzip ab; in Wirklichkeit wurde das Konstanzprinzip aus den Tatsachen erschlossen, die uns die Annahme des Lustprinzips aufnötigten. Bei eingehenderer Diskussion werden wir auch finden, daß dies von uns angenommene Bestreben des seelischen Apparates sich als spezieller Fall dem Fechnerschen Prinzip der *Tendenz zur Stabilität* unterordnet, zu dem er die Lust-Unlustempfindungen in Beziehung gebracht hat.

Dann müssen wir aber sagen, es sei eigentlich unrichtig, von einer Herrschaft des Lustprinzips über den Ablauf der seelischen Prozesse zu reden. Wenn eine solche bestände, müßte die übergroße Mehrheit unserer Seelenvorgänge von Lust begleitet sein oder zur Lust führen, während doch die allgemeinste Erfahrung dieser Folgerung energisch widerspricht. Es kann also nur so sein, daß eine starke Tendenz zum Lustprinzip in der Seele besteht, der sich aber

3 [»Ästhetisch« hat hier die alte Bedeutung: »bezüglich Empfindung oder Wahrnehmung«. – Zu Gustav Theodor Fechner siehe Fußnote 10 zur 5. der *Vorlesungen zur Einführung in die Psychoanalyse* in Band 2 der vorliegenden Ausgabe.]

gewisse andere Kräfte oder Verhältnisse widersetzen, so daß der Endausgang nicht immer der Lusttendenz entsprechen kann. Vergleiche die Bemerkung Fechners bei ähnlichem Anlasse (ebda., S. 90): »Damit aber, daß die Tendenz zum Ziele noch nicht die Erreichung des Zieles bedeutet und das Ziel überhaupt nur in Approximationen erreichbar ist . . .« Wenn wir uns nun der Frage zuwenden, welche Umstände die Durchsetzung des Lustprinzips zu vereiteln vermögen, dann betreten wir wieder sicheren und bekannten Boden und können unsere analytischen Erfahrungen in reichem Ausmaße zur Beantwortung heranziehen.

Der erste Fall einer solchen Hemmung des Lustprinzips ist uns als ein gesetzmäßiger vertraut. Wir wissen, daß das Lustprinzip einer *primären* Arbeitsweise des seelischen Apparates eignet und daß es für die Selbstbehauptung des Organismus unter den Schwierigkeiten der Außenwelt so recht von Anfang an unbrauchbar, ja in hohem Grade gefährlich ist. Unter dem Einflusse der Selbsterhaltungstriebe des Ichs wird es vom *Realitätsprinzip* abgelöst,[4] welches, ohne die Absicht endlicher Lustgewinnung aufzugeben, doch den Aufschub der Befriedigung, den Verzicht

4 [Den Gedanken der Realitätsprüfung entwickelte Freud erstmals konsequent im Aufsatz *Formulierungen über die zwei Prinzipien des psychischen Geschehens* (1911). Dort heißt es: »Ich greife auf Gedankengänge zurück, die ich an anderer Stelle (im allgemeinen Abschnitt der *Traumdeutung*) entwickelt habe, wenn ich supponiere, daß der psychische Ruhezustand anfänglich durch die gebieterischen Forderungen der inneren Bedürfnisse gestört wurde. In diesem Falle wurde das Gedachte (Gewünschte) einfach halluzinatorisch gesetzt, wie es heute noch allnächtlich mit unseren Traumgedanken geschieht. Erst das Ausbleiben der erwarteten Befriedigung, die Enttäuschung, hatte zur Folge, daß dieser Versuch der Befriedigung auf halluzinatorischem Wege aufgegeben wurde. Anstatt seiner mußte sich der psychische Apparat entschließen, die realen Verhältnisse der Außenwelt vorzustellen und die reale Veränderung anzustreben. Damit war ein neues Prinzip der seelischen Tätigkeit eingeführt; es wurde nicht mehr vorgestellt, was angenehm, sondern was real war, auch wenn es unangenehm sein sollte. Diese Einsetzung des *Realitätsprinzips* erwies sich als ein folgenschwerer Schritt.« – Vgl. Sigmund Freud, *Trauer und Melancholie. Essays*, Berlin 1982, S. 23–32.]

auf mancherlei Möglichkeiten einer solchen und die zeitweilige Duldung der Unlust auf dem langen Umwege zur Lust fordert und durchsetzt. Das Lustprinzip bleibt dann noch lange Zeit die Arbeitsweise der schwerer »erziehbaren« Sexualtriebe, und es kommt immer wieder vor, daß es, sei es von diesen letzteren aus, sei es im Ich selbst, das Realitätsprinzip zum Schaden des ganzen Organismus überwältigt.

Es ist indes unzweifelhaft, daß die Ablösung des Lustprinzips durch das Realitätsprinzip nur für einen geringen und nicht für den intensivsten Teil der Unlusterfahrungen verantwortlich gemacht werden kann. Eine andere, nicht weniger gesetzmäßige Quelle der Unlustentbindung ergibt sich aus den Konflikten und Spaltungen im seelischen Apparat, während das Ich seine Entwicklung zu höher zusammengesetzten Organisationen durchmacht. Fast alle Energie, die den Apparat erfüllt, stammt aus den mitgebrachten Triebregungen, aber diese werden nicht alle zu den gleichen Entwicklungsphasen zugelassen. Unterwegs geschieht es immer wieder, daß einzelne Triebe oder Triebanteile sich in ihren Zielen oder Ansprüchen als unverträglich mit den übrigen erweisen, die sich zu der umfassenden Einheit des Ichs zusammenschließen können. Sie werden dann von dieser Einheit durch den Prozeß der Verdrängung abgespalten, auf niedrigeren Stufen der psychischen Entwicklung zurückgehalten und zunächst von der Möglichkeit einer Befriedigung abgeschnitten. Gelingt es ihnen dann, was bei den verdrängten Sexualtrieben so leicht geschieht, sich auf Umwegen zu einer direkten oder Ersatzbefriedigung durchzuringen, so wird dieser Erfolg, der sonst eine Lustmöglichkeit gewesen wäre, vom Ich als Unlust empfunden. Infolge des alten, in die Verdrängung auslaufenden Konfliktes hat das Lustprinzip einen neuerlichen Durchbruch erfahren, gerade während gewisse Triebe am Werke waren, in Befolgung des Prinzips neue Lust zu gewinnen. Die Einzelheiten des Vorganges, durch welchen die Verdrängung eine Lustmöglichkeit in eine Unlustquelle verwandelt, sind noch nicht gut verstanden oder nicht klar darstellbar, aber sicherlich ist alle neurotische Unlust von solcher Art, ist Lust, die nicht als solche empfunden werden kann.[5]

Die beiden hier angezeigten Quellen der Unlust decken noch lange nicht die Mehrzahl unserer Unlusterlebnisse, aber vom Rest wird man mit einem Anschein von gutem Recht behaupten, daß sein Vorhandensein der Herrschaft des Lustprinzips nicht widerspricht. Die meiste Unlust, die wir verspüren, ist ja Wahrnehmungsunlust, entweder Wahrnehmung des Drängens unbefriedigter Triebe oder äußere Wahrnehmung, sei es, daß diese an sich peinlich ist oder daß sie unlustvolle Erwartungen im seelischen Apparat erregt, von ihm als »Gefahr« erkannt wird. Die Reaktion auf diese Triebansprüche und Gefahrdrohungen, in der sich die eigentliche Tätigkeit des seelischen Apparates äußert, kann dann in korrekter Weise vom Lustprinzip oder dem es modifizierenden Realitätsprinzip geleitet werden. Somit scheint es nicht notwendig, eine weitergehende Einschränkung des Lustprinzips anzuerkennen, und doch kann gerade die Untersuchung der seelischen Reaktion auf die äußerliche Gefahr neuen Stoff und neue Fragestellungen zu dem hier behandelten Problem liefern.

II

Nach schweren mechanischen Erschütterungen, Eisenbahnzusammenstößen und anderen, mit Lebensgefahr verbundenen Unfällen ist seit langem ein Zustand beschrieben worden, dem dann der Name »traumatische Neurose« verblieben ist. Der schreckliche, eben jetzt abgelaufene Krieg hat eine große Anzahl solcher Erkrankungen entstehen lassen und wenigstens der Versuchung ein Ende gesetzt, sie auf organische Schädigung des Nervensystems

5 [*Zusatz 1925:*] Das Wesentliche ist wohl, daß Lust und Unlust als bewußte Empfindungen an das Ich gebunden sind. [Das wird zu Beginn von Kapitel II von *Hemmung, Symptom und Angst* (vgl. im vorliegenden Band) näher erläutert.]

durch Einwirkung mechanischer Gewalt zurückzuführen.[6] Das Zustandsbild der traumatischen Neurose nähert sich der Hysterie durch seinen Reichtum an ähnlichen motorischen Symptomen, übertrifft diese aber in der Regel durch die stark ausgebildeten Anzeichen subjektiven Leidens, etwa wie bei einer Hypochondrie oder Melancholie, und durch die Beweise einer weit umfassenderen allgemeinen Schwächung und Zerrüttung der seelischen Leistungen. Ein volles[7] Verständnis ist bisher weder für die Kriegsneurosen noch für die traumatischen Neurosen des Friedens erzielt worden. Bei den Kriegsneurosen wirkte es einerseits aufklärend, aber doch wiederum verwirrend, daß dasselbe Krankheitsbild gelegentlich ohne Mithilfe einer groben mechanischen Gewalt zustande kam; an der gemeinen traumatischen Neurose heben sich zwei Züge hervor, an welche die Überlegung anknüpfen konnte, erstens, daß das Hauptgewicht der Verursachung auf das Moment der Überraschung, auf den Schreck, zu fallen schien, und zweitens, daß eine gleichzeitig erlittene Verletzung oder Wunde zumeist der Entstehung der Neurose entgegenwirkte. Schreck, Furcht, Angst werden mit Unrecht wie synonyme Ausdrücke gebraucht; sie lassen sich in ihrer Beziehung zur Gefahr gut auseinanderhalten. Angst bezeichnet einen gewissen Zustand wie Erwartung der Gefahr und Vorbereitung auf dieselbe, mag sie auch eine unbekannte sein; Furcht verlangt ein bestimmtes Objekt, vor dem man sich fürchtet; Schreck aber benennt den Zustand, in den man gerät, wenn man in Gefahr kommt, ohne auf sie vorbereitet zu sein, betont das Moment der Überraschung. Ich glaube nicht, daß die Angst eine traumatische Neurose erzeugen kann; an der Angst ist etwas, was gegen den Schreck und also auch gegen die Schreckneurose schützt. Wir werden auf diesen Satz später zurückkommen.[8]

Das Studium des Traumes dürfen wir als den zuverläs-

---

6 Vgl. *Zur Psychoanalyse der Kriegsneurosen*. Mit Beiträgen von Ferenczi, Abraham, Simmel und E. Jones (1919) [zu denen Freud eine Einleitung schrieb].

7 [»volles« wurde 1921 hinzugefügt.]

8 [Gegen Ende von Abschnitt IV.]

sigsten Weg zur Erforschung der seelischen Tiefenvorgänge betrachten. Nun zeigt das Traumleben der traumatischen Neurose den Charakter, daß es den Kranken immer wieder in die Situation seines Unfalles zurückführt, aus der er mit neuem Schrecken erwacht. Darüber verwundert man sich viel zuwenig. Man meint, es sei eben ein Beweis für die Stärke des Eindruckes, den das traumatische Erlebnis gemacht hat, daß es sich dem Kranken sogar im Schlaf immer wieder aufdrängt. Der Kranke sei an das Trauma sozusagen psychisch fixiert. Solche Fixierungen an das Erlebnis, welches die Erkrankung ausgelöst hat, sind uns seit langem bei der Hysterie bekannt. Breuer und Freud äußerten 1893[9]: Die Hysterischen leiden großenteils an Reminiszenzen. Auch bei den Kriegsneurosen haben Beobachter wie Ferenczi und Simmel manche motorische Symptome durch Fixierung an den Moment des Traumas erklären können.

Allein es ist mir nicht bekannt, daß die an traumatischer Neurose Krankenden sich im Wachleben viel mit der Erinnerung an ihren Unfall beschäftigen. Vielleicht bemühen sie sich eher, nicht an ihn zu denken. Wenn man es als selbstverständlich hinnimmt, daß der nächtliche Traum sie wieder in die krankmachende Situation versetzt, so verkennt man die Natur des Traumes. Dieser würde es eher entsprechen, dem Kranken Bilder aus der Zeit der Gesundheit oder der erhofften Genesung vorzuführen. Sollen wir durch die Träume der Unfallsneurotiker nicht an der wunscherfüllenden Tendenz des Traumes irre werden, so bleibt uns etwa noch die Auskunft, bei diesem Zustand sei wie so vieles andere auch die Traumfunktion erschüttert und von ihren Absichten abgelenkt worden, oder wir müß-

9 [Am 11. Januar 1893 hielt Freud auf einer Sitzung des Wiener Medizinischen Clubs einen Vortrag *Über den psychischen Mechanismus hysterischer Phänomene*, dessen stenographische und von Freud revidierte Nachschrift am 22. und 29. Januar 1893 in der Wiener medizinischen Presse veröffentlicht wurde. Freud stellte in dieser Rede die Ergebnisse seiner gemeinsamen Arbeit mit Josef Breuer vor (vgl. *Zur Geschichte der psychoanalytischen Bewegung*, 1. Teil, im Band 1 der vorliegenden Ausgabe).]

ten der rätselhaften masochistischen Tendenzen des Ichs gedenken[10].

Ich mache nun den Vorschlag, das dunkle und düstere Thema der traumatischen Neurose zu verlassen und die Arbeitsweise des seelischen Apparates an einer seiner frühzeitigsten normalen Betätigungen zu studieren. Ich meine das Kinderspiel.

Die verschiedenen Theorien des Kinderspieles sind erst kürzlich von S. Pfeifer in der *Imago* (V/4) zusammengestellt und analytisch gewürdigt worden;[11] ich kann hier auf diese Arbeit verweisen. Diese Theorien bemühen sich, die Motive des Spielens der Kinder zu erraten, ohne daß dabei der ökonomische Gesichtspunkt, die Rücksicht auf Lustgewinn, in den Vordergrund gerückt würde. Ich habe, ohne das Ganze dieser Erscheinungen umfassen zu wollen, eine Gelegenheit ausgenützt, die sich mir bot, um das erste selbstgeschaffene Spiel eines Knaben im Alter von 1½ Jahren aufzuklären. Es war mehr als eine flüchtige Beobachtung, denn ich lebte durch einige Wochen mit dem Kinde und dessen Eltern unter einem Dach, und es dauerte ziemlich lange, bis das rätselhafte und andauernd wiederholte Tun mir seinen Sinn verriet.

Das Kind war in seiner intellektuellen Entwicklung keineswegs voreilig, es sprach mit 1½ Jahren erst wenige verständliche Worte und verfügte außerdem über mehrere bedeutungsvolle Laute, die von der Umgebung verstanden wurden. Aber es war in gutem Rapport mit den Eltern und dem einzigen Dienstmädchen und wurde wegen seines »anständigen« Charakters gelobt. Es störte die Eltern nicht zur Nachtzeit, befolgte gewissenhaft die Verbote, manche Gegenstände zu berühren und in gewisse Räume zu gehen, und vor allem anderen, es weinte nie, wenn die Mutter es für Stunden verließ, obwohl es dieser Mutter zärtlich anhing, die das Kind nicht nur selbst genährt, sondern auch

10 [Die letzten zehn Wörter dieses Satzes wurden 1921 hinzugefügt.]

11 [S. Pfeifer, *Äußerungen infantil-erotischer Triebe im Spiele*, in: Imago, 1919, Bd. 5, S. 243.]

ohne jede fremde Beihilfe gepflegt und betreut hatte. Dieses brave Kind zeigte nun die gelegentlich störende Gewohnheit, alle kleinen Gegenstände, deren es habhaft wurde, weit weg von sich in eine Zimmerecke, unter ein Bett usw. zu schleudern, so daß das Zusammensuchen seines Spielzeuges oft keine leichte Arbeit war. Dabei brachte es mit dem Ausdruck von Interesse und Befriedigung ein lautes, langgezogenes o-o-o-o hervor, das nach dem übereinstimmenden Urteil der Mutter und des Beobachters keine Interjektion war, sondern »fort« bedeutete. Ich merkte endlich, daß das ein Spiel sei und daß das Kind alle seine Spielsachen nur dazu benütze, mit ihnen »fortsein« zu spielen. Eines Tages machte ich dann die Beobachtung, die meine Auffassung bestätigte. Das Kind hatte eine Holzspule, die mit einem Bindfaden umwickelt war. Es fiel ihm nie ein, sie zum Beispiel am Boden hinter sich herzuziehen, also Wagen mit ihr zu spielen, sondern es warf die am Faden gehaltene Spule mit großem Geschick über den Rand seines verhängten Bettchens, so daß sie darin verschwand, sagte dazu sein bedeutungsvolles o-o-o-o und zog dann die Spule am Faden wieder aus dem Bett heraus, begrüßte aber deren Erscheinen jetzt mit einem freudigen »da«. Das war also das komplette Spiel, Verschwinden und Wiederkommen, wovon man zumeist nur den ersten Akt zu sehen bekam, und dieser wurde für sich allein unermüdlich als Spiel wiederholt, obwohl die größere Lust unzweifelhaft dem zweiten Akt anhing.[12]

12 Diese Deutung wurde dann durch eine weitere Beobachtung völlig gesichert. Als eines Tages die Mutter über viele Stunden abwesend gewesen war, wurde sie beim Wiederkommen mit der Mitteilung begrüßt: *»Bebi o-o-o-o!«*, die zunächst unverständlich blieb. Es ergab sich aber bald, daß das Kind während dieses langen Alleinseins ein Mittel gefunden hatte, sich selbst verschwinden zu lassen. Es hatte sein Bild in dem fast bis zum Boden reichenden Standspiegel entdeckt und sich dann niedergekauert, so daß das Spiegelbild »fort« war. [Diese Szene beschreibt Freud in einer Fußnote, die er 1919 der *Traumdeutung* hinzufügte. Dort spricht er von seinem »20 Monate alten Enkel«. Es handelte sich um Freuds ältesten Enkel, Ernst Halberstadt (geb. 1914), den Sohn seiner Tochter Sophie (1893–1920), die nach ihrer Heirat mit Max Halberstadt (Jan. 1913) in Hamburg lebte, wo Freud die Familie öfter besuchte.]

Die Deutung des Spieles lag dann nahe. Es war im Zusammenhang mit der großen kulturellen Leistung des Kindes, mit dem von ihm zustande gebrachten Triebverzicht (Verzicht auf Triebbefriedigung), das Fortgehen der Mutter ohne Sträuben zu gestatten. Es entschädigte sich gleichsam dafür, indem es dasselbe Verschwinden und Wiederkommen mit den ihm erreichbaren Gegenständen selbst in Szene setzte. Für die affektive Einschätzung dieses Spieles ist es natürlich gleichgültig, ob das Kind es selbst erfunden oder sich infolge einer Anregung zu eigen gemacht hatte. Unser Interesse wird sich einem anderen Punkte zuwenden. Das Fortgehen der Mutter kann dem Kinde unmöglich angenehm oder auch nur gleichgültig gewesen sein. Wie stimmt es also zum Lustprinzip, daß es dieses ihm peinliche Erlebnis als Spiel wiederholt? Man wird vielleicht antworten wollen, das Fortgehen müßte als Vorbedingung des erfreulichen Wiedererscheinens gespielt werden, im letzteren sei die eigentliche Spielabsicht gelegen. Dem würde die Beobachtung widersprechen, daß der erste Akt, das Fortgehen, für sich allein als Spiel inszeniert wurde, und zwar ungleich häufiger als das zum lustvollen Ende fortgeführte Ganze.

Die Analyse eines solchen einzelnen Falles ergibt keine sichere Entscheidung; bei unbefangener Betrachtung gewinnt man den Eindruck, daß das Kind das Erlebnis aus einem anderen Motiv zum Spiel gemacht hat. Es war dabei passiv, wurde vom Erlebnis betroffen und bringt sich nun in eine aktive Rolle, indem es dasselbe, trotzdem es unlustvoll war, als Spiel wiederholt. Dieses Bestreben könnte man einem Bemächtigungstrieb zurechnen, der sich davon unabhängig macht, ob die Erinnerung an sich lustvoll war oder nicht. Man kann aber auch eine andere Deutung versuchen. Das Wegwerfen des Gegenstandes, so daß er fort ist, könnte die Befriedigung eines im Leben unterdrückten Racheimpulses gegen die Mutter sein, weil sie vom Kinde fortgegangen ist, und dann die trotzige Bedeutung haben: »Ja, geh' nur fort, ich brauch' dich nicht, ich schick' dich selber weg.« Dasselbe Kind, das ich mit 1½ Jahren bei seinem ersten Spiel beobachtete, pflegte ein Jahr später ein Spielzeug, über das es sich geärgert hatte, auf den Boden zu werfen und dabei zu sagen: »Geh' in K(r)ieg!« Man hatte ihm damals erzählt, der abwesende Vater befinde sich im Krieg, und es vermißte den Vater gar nicht, sondern gab die deutlichsten Anzeichen von sich, daß es im Alleinbesitz der Mutter nicht gestört werden wolle.[13] Wir wissen auch von anderen Kindern, daß sie ähnliche feindselige Regungen durch das Wegschleudern von Gegenständen an Stelle der Personen auszudrücken vermögen.[14] Man gerät so in Zweifel, ob der Drang, etwas Eindrucksvolles psychisch zu verarbeiten, sich seiner voll zu bemächtigen, sich primär und unabhängig vom Lustprinzip äußern kann. Im hier diskutierten Falle könnte er einen unangenehmen Eindruck doch nur darum im Spiel wiederholen, weil mit dieser Wiederholung ein andersartiger, aber direkter Lustgewinn verbunden ist.

Auch die weitere Verfolgung des Kinderspieles hilft diesem unserem Schwanken zwischen zwei Auffassungen nicht ab. Man sieht, daß die Kinder alles im Spiele wieder-

13 Als das Kind fünfdreiviertel Jahre alt war, starb die Mutter [am 25. Januar 1920 während einer Grippeepidemie]. Jetzt, da sie wirklich »fort« *(o-o-o)* war, zeigte der Knabe keine Trauer um sie. Allerdings war inzwischen ein zweites Kind [Heinz Rudolf Halberstadt, geb. 1918] geboren worden, das seine stärkste Eifersucht erweckt hatte.

14 Vgl. *Eine Kindheitserinnerung aus DICHTUNG UND WAHRHEIT* (1917). [Es handelt sich um die erste szenisch dargebotene Erinnerung Goethes in *Dichtung und Wahrheit:* Der Knabe wirft unter dem Beifall der Nachbarkinder Geschirr aus dem Fenster auf die Straße. Freud analysiert diese Erinnerung mit Hilfe der an einem Patienten gemachten Erfahrung: »Als er noch nicht vier Jahre war, wurde ein [. . .] Bruder geboren, und in der Reaktion auf diese Störung wandelte er sich zu einem eigensinnigen, unbotmäßigen Jungen, der unausgesetzt die Strenge der Mutter herausforderte. Er kam auch nie mehr in das richtige Geleise.« Dieser Patient hatte gleichfalls das elterliche Geschirr auf die Straße geworfen. Freud bezieht nun die Eifersucht des Knaben Goethe auf einen nachgeborenen Bruder (Hermann Jakob, 1752–1759). Das Geschirrzerschlagen bringe den »Wunsch nach Beseitigung des störenden Eindringlings zu kräftigem Ausdruck«. Freud fährt fort: »Der Lust am Zerbrechen und am Zerbrochenen wäre auch Genüge getan, wenn das Kind die gebrechlichen Gegenstände einfach auf den Boden würfe. Die Hinausbeförderung durch

holen, was ihnen im Leben großen Eindruck gemacht hat, daß sie dabei die Stärke des Eindruckes abreagieren und sich sozusagen zu Herren der Situation machen. Aber anderseits ist es klar genug, daß all ihr Spielen unter dem Einflusse des Wunsches steht, der diese ihre Zeit dominiert, des Wunsches: groß zu sein und so tun zu können wie die Großen. Man macht auch die Beobachtung, daß der Unlustcharakter des Erlebnisses es nicht immer für das Spiel unbrauchbar macht. Wenn der Doktor dem Kinde in den Hals geschaut oder eine kleine Operation an ihm ausgeführt hat, so wird dies erschreckende Erlebnis ganz gewiß zum Inhalt des nächsten Spieles werden, aber der Lustgewinn aus anderer Quelle ist dabei nicht zu übersehen. Indem das Kind aus der Passivität des Erlebens in die Aktivität des Spielens übergeht, fügt es einem Spielgefährten das Unangenehme zu, das ihm selbst widerfahren war, und rächt sich so an der Person dieses Stellvertreters.

Aus diesen Erörterungen geht immerhin hervor, daß die Annahme eines besonderen Nachahmungstriebes als Motiv

---

das Fenster auf die Straße bliebe dabei ohne Erklärung. Dies ›*Hinaus*‹ scheint aber ein wesentliches Stück der magischen Handlung zu sein und dem verborgenen Sinn derselben zu entstammen. Das neue Kind soll *fortgeschafft* werden, durchs Fenster möglicherweise darum, weil es durchs Fenster gekommen ist. Die ganze Handlung wäre dann gleichwertig jener uns bekanntgewordenen wörtlichen Reaktion eines Kindes, als man ihm mitteilte, daß der Storch ein Geschwisterchen gebracht. ›Er soll es wieder mitnehmen‹, lautete sein Bescheid.« Nachdem Freud weitere Beispiele ähnlichen Verhaltens herangezogen hat, »übersetzt« er den Anfang von *Dichtung und Wahrheit* in seine, wie Freud meint: eigentliche biographische Bedeutung: »Es heißt dann: Ich bin ein Glückskind gewesen; das Schicksal hat mich am Leben erhalten, obwohl ich für tot zur Welt gekommen bin. Meinen Bruder aber hat es beseitigt, so daß ich die Liebe der Mutter nicht mit ihm zu teilen brauchte[...]. Ich [Freud] habe es schon an anderer Stelle [*Traumdeutung*] ausgesprochen: Wenn man der unbestrittene Liebling der Mutter gewesen ist, so behält man fürs Leben jenes Eroberungsgefühl, jene Zuversicht des Erfolges, welche nicht selten wirklich den Erfolg nach sich zieht. Und eine Bemerkung solcher Art wie: Meine Stärke wurzelt in meinem Verhältnis zur Mutter, hätte Goethe seiner Lebensgeschichte mit Recht voranstellen dürfen.«]

des Spielens überflüssig ist. Schließen wir noch die Mahnungen an, daß das künstlerische Spielen und Nachahmen der Erwachsenen, das zum Unterschied vom Verhalten des Kindes auf die Person des Zuschauers zielt, diesem die schmerzlichsten Eindrücke zum Beispiel in der Tragödie nicht erspart und doch von ihm als hoher Genuß empfunden werden kann[15]. Wir werden so davon überzeugt, daß es auch unter der Herrschaft des Lustprinzips Mittel und Wege genug gibt, um das an sich Unlustvolle zum Gegenstand der Erinnerung und seelischen Bearbeitung zu machen. Mag sich mit diesen, in endlichen Lustgewinn auslaufenden Fällen und Situationen eine ökonomisch gerichtete Ästhetik befassen; für unsere Absichten leisten sie nichts, denn sie setzen Existenz und Herrschaft des Lustprinzips voraus und zeugen nicht für die Wirksamkeit von Tendenzen jenseits des Lustprinzips, das heißt solcher, die ursprünglicher als dies und von ihm unabhängig wären.

III

Fünfundzwanzig Jahre intensiver Arbeit haben es mit sich gebracht, daß die nächsten Ziele der psychoanalytischen Technik heute ganz andere sind als zu Anfang. Zuerst konnte der analysierende Arzt nichts anderes anstreben, als das dem Kranken verborgene Unbewußte zu erraten, zusammenzusetzen und zur rechten Zeit mitzuteilen. Die Psychoanalyse war vor allem eine Deutungskunst. Da die therapeutische Aufgabe dadurch nicht gelöst war, trat sofort die nächste Absicht auf, den Kranken zur Bestätigung der Konstruktion durch seine eigene Erinnerung zu nötigen. Bei diesem Bemühen fiel das Hauptgewicht auf die Widerstände des Kranken; die Kunst war jetzt, diese baldigst aufzudecken, dem Kranken zu zeigen und ihn durch menschliche Beeinflussung (hier die Stelle für die als »Übertra-

15 [Freuds vermutlich 1905 oder 1906 niedergeschriebener Versuch zu diesem Thema ist postum unter dem Titel *Psychopathische Charaktere auf der Bühne* (1942) veröffentlicht worden.]

gung« wirkende Suggestion) zum Aufgeben der Widerstände zu bewegen.

Dann aber wurde es immer deutlicher, daß das gesteckte Ziel, die Bewußtwerdung des Unbewußten, auch auf diesem Wege nicht voll erreichbar ist. Der Kranke kann von dem in ihm Verdrängten nicht alles erinnern, vielleicht gerade das Wesentliche nicht, und erwirbt so keine Überzeugung von der Richtigkeit der ihm mitgeteilten Konstruktion. Er ist vielmehr genötigt, das Verdrängte als gegenwärtiges Erlebnis zu *wiederholen*, anstatt es, wie der Arzt es lieber sähe, als ein Stück der Vergangenheit zu *erinnern*[16]. Diese mit unerwünschter Treue auftretende Reproduktion hat immer ein Stück des infantilen Sexuallebens, also des Ödipuskomplexes und seiner Ausläufer, zum Inhalt und spielt sich regelmäßig auf dem Gebiete der Übertragung, das heißt der Beziehung zum Arzt ab. Hat man es in der Behandlung so weit gebracht, so kann man sagen, die frühere Neurose sei nun durch eine frische Übertragungsneurose ersetzt. Der Arzt hat sich bemüht, den Bereich dieser Übertragungsneurose möglichst einzuschränken, möglichst viel in die Erinnerung zu drängen und möglichst wenig zur Wiederholung zuzulassen. Das Verhältnis, das sich zwischen Erinnerung und Reproduktion herstellt, ist für jeden Fall ein anderes. In der Regel kann der Arzt dem Analysierten diese Phase der Kur nicht ersparen; er muß ihn ein gewisses Stück seines vergessenen Lebens wiedererleben lassen und hat dafür zu sorgen, daß ein Maß von Überlegenheit erhalten bleibt, kraft dessen die anscheinende Realität doch immer wieder als Spiegelung einer vergessenen Vergangenheit erkannt wird. Gelingt dies, so ist die Überzeugung des Kranken und der von ihr abhängige therapeutische Erfolg gewonnen.

Um diesen *»Wiederholungszwang«*, der sich während der psychoanalytischen Behandlung der Neurotiker äußert, begreiflicher zu finden, muß man sich vor allem von dem Irr-

---

16 S. *Weitere Ratschläge zur Technik der Psychoanalyse. II. Erinnern, Wiederholen und Durcharbeiten* (1914).

tum frei machen, man habe es bei der Bekämpfung der Widerstände mit dem Widerstand des »Unbewußten« zu tun. Das Unbewußte, das heißt das »Verdrängte«, leistet den Bemühungen der Kur überhaupt keinen Widerstand, es strebt ja selbst nichts anderes an, als gegen den auf ihm lastenden Druck zum Bewußtsein oder zur Abfuhr durch die reale Tat durchzudringen. Der Widerstand in der Kur geht von denselben höheren Schichten und Systemen des Seelenlebens aus, die seinerzeit die Verdrängung durchgeführt haben. Da aber die Motive der Widerstände, ja diese selbst erfahrungsgemäß in der Kur zunächst unbewußt sind, werden wir gemahnt, eine Unzweckmäßigkeit unserer Ausdrucksweise zu verbessern. Wir entgehen der Unklarheit, wenn wir nicht das Bewußte und das Unbewußte, sondern das zusammenhängende *Ich* und das *Verdrängte* in Gegensatz zueinander bringen. Vieles am Ich ist sicherlich selbst unbewußt, gerade das, was man den Kern des Ichs nennen darf;[17] nur einen geringen Teil davon decken wir mit dem Namen des *Vorbewußten.*[18] Nach dieser Ersetzung einer bloß deskriptiven Ausdrucksweise durch eine systematische oder dynamische können wir sagen, der Widerstand der Analysierten gehe von ihrem Ich aus,[19] und dann erfassen wir sofort, der Wiederholungszwang ist dem unbewußten Verdrängten zuzuschreiben. Er konnte sich wahrscheinlich nicht eher äußern, als bis die entgegen-

17 [In einer Fußnote zur Studie *Das Ich und das Es* hat Freud diese Aussage korrigiert: »Auch frühere, ziemlich unbestimmt gehaltene Äußerungen über einen *Kern des Ichs* sollen jetzt dahin richtiggestellt werden, daß nur das System *W-Bw* als Kern des Ichs anzuerkennen ist« (vgl. Sigmund Freud, *Trauer und Melancholie. Essays*, Berlin 1982, S. 70). – Die wesentlichen Aspekte der Studie *Das Ich und das Es* finden sich in der 31. Vorlesung der *Neuen Folge der Vorlesungen zur Einführung in die Psychoanalyse* im vorliegenden Band unserer Ausgabe.]

18 [In der vorliegenden Form stammt dieser Satz aus dem Jahre 1921. In der Erstausgabe (1920) heißt es: »Vieles am Ich mag selbst unbewußt sein; wahrscheinlich nur einen Teil davon decken wir mit dem Namen des *Vorbewußten.*«]

19 [Eine ausführlichere und etwas abweichende Darstellung der Quellen des Widerstandes findet sich in Kapitel XI von *Hemmung, Symptom und Angst* (im vorliegenden Band).]

kommende Arbeit der Kur die Verdrängung gelockert hatte.[20]

Es ist kein Zweifel, daß der Widerstand des bewußten und vorbewußten Ichs im Dienste des Lustprinzips steht, er will ja die Unlust ersparen, die durch das Freiwerden des Verdrängten erregt würde, und unsere Bemühung geht dahin, solcher Unlust unter Berufung auf das Realitätsprinzip Zulassung zu erwirken. In welcher Beziehung zum Lustprinzip steht aber der Wiederholungszwang, die Kraftäußerung des Verdrängten? Es ist klar, daß das meiste, was der Wiederholungszwang wiedererleben läßt, dem Ich Unlust bringen muß, denn er fördert ja Leistungen verdrängter Triebregungen zutage, aber das ist Unlust, die wir schon gewürdigt haben, die dem Lustprinzip nicht widerspricht, Unlust für das eine System und gleichzeitig Befriedigung für das andere. Die neue und merkwürdige Tatsache aber, die wir jetzt zu beschreiben haben, ist, daß der Wiederholungszwang auch solche Erlebnisse der Vergangenheit wiederbringt, die keine Lustmöglichkeit enthalten, die auch damals nicht Befriedigungen, selbst nicht von seither verdrängten Triebregungen, gewesen sein können.

Die Frühblüte des infantilen Sexuallebens war infolge der Unverträglichkeit ihrer Wünsche mit der Realität und der Unzulänglichkeit der kindlichen Entwicklungsstufe zum Untergang bestimmt. Sie ging bei den peinlichsten Anlässen unter tief schmerzlichen Empfindungen zugrunde. Der Liebesverlust und das Mißlingen hinterließen eine dauernde Beeinträchtigung des Selbstgefühls als narzißtische Narbe, nach meinen Erfahrungen wie nach den Ausführungen Marcinowskis[21] den stärksten Beitrag zu dem häufigen »Minderwertigkeitsgefühl« der Neurotiker.

---

20 [*Zusatz 1923:*] Ich setze an anderer Stelle [*Bemerkungen zur Theorie und Praxis der Traumdeutung*, 1923] auseinander, daß es die »Suggestionswirkung« der Kur ist, welche hier dem Wiederholungszwang zu Hilfe kommt, also die tief im unbewußten Elternkomplex begründete Gefügigkeit gegen den Arzt.

21 J. Marcinowski, *Erotische Quellen der Minderwertigkeitsgefühle*, in: Z. Sex. Wiss. Bonn, 1918, Bd. 4, S. 313.

Die Sexualforschung, der durch die körperliche Entwicklung des Kindes Schranken gesetzt werden, brachte es zu keinem befriedigenden Abschluß; daher die spätere Klage: »Ich kann nichts fertigbringen, mir kann nichts gelingen.« Die zärtliche Bindung, meist an den gegengeschlechtlichen Elternteil, erlag der Enttäuschung, dem vergeblichen Warten auf Befriedigung, der Eifersucht bei der Geburt eines neuen Kindes, die unzweideutig die Untreue des oder der Geliebten erwies; der eigene mit tragischem Ernst unternommene Versuch, selbst ein solches Kind zu schaffen, mißlang in beschämender Weise; die Abnahme der dem Kleinen gespendeten Zärtlichkeit, der gesteigerte Anspruch der Erziehung, ernste Worte und eine gelegentliche Bestrafung hatten endlich den ganzen Umfang der ihm zugefallenen *Verschmähung* enthüllt. Es gibt hier einige wenige Typen, die regelmäßig wiederkehren, wie der typischen Liebe dieser Kinderzeit ein Ende gesetzt wird.

Alle diese unerwünschten Anlässe und schmerzlichen Affektlagen werden nun vom Neurotiker in der Übertragung wiederholt und mit großem Geschick neu belebt. Sie streben den Abbruch der unvollendeten Kur an, sie wissen sich den Eindruck der Verschmähung wieder zu verschaffen, den Arzt zu harten Worten und kühlem Benehmen gegen sie zu nötigen, sie finden die geeigneten Objekte für ihre Eifersucht, sie ersetzen das heiß begehrte Kind der Urzeit durch den Vorsatz oder das Versprechen eines großen Geschenkes, das meist ebensowenig real wird wie jenes. Nichts von alledem konnte damals lustbringend sein; man[22] sollte meinen, es müßte heute die geringere Unlust bringen, wenn es als Erinnerung oder in Träumen auftauchte, als wenn es sich zu neuem Erlebnis gestaltete. Es handelt sich natürlich um die Aktion von Trieben, die zur Befriedigung führen sollten, allein die Erfahrung, daß sie anstatt dessen auch damals nur Unlust brachten, hat nichts

22 [In der Erstausgabe lautet der Schluß dieses Absatzes folgendermaßen: ». . . man sollte meinen, es müßte heute die geringere Unlust bringen, wenn es als Erinnerung auftauchte, als wenn es sich zum neuen Erlebnis gestaltete. Aber ein Zwang drängt zum letzteren.«]

gefruchtet. Sie wird trotzdem wiederholt; ein Zwang drängt dazu.

Dasselbe, was die Psychoanalyse an den Übertragungsphänomenen der Neurotiker aufzeigt, kann man auch im Leben nicht neurotischer Personen wiederfinden. Es macht bei diesen den Eindruck eines sie verfolgenden Schicksals, eines dämonischen Zuges in ihrem Erleben, und die Psychoanalyse hat vom Anfang an solches Schicksal für zum großen Teil selbstbereitet und durch frühinfantile Einflüsse determiniert gehalten. Der Zwang, der sich dabei äußert, ist vom Wiederholungszwang der Neurotiker nicht verschieden, wenngleich diese Personen niemals die Zeichen eines durch Symptombildung erledigten neurotischen Konflikts geboten haben. So kennt man Personen, bei denen jede menschliche Beziehung den gleichen Ausgang nimmt: Wohltäter, die von jedem ihrer Schützlinge nach einiger Zeit im Groll verlassen werden, so verschieden diese sonst auch sein mögen, denen also bestimmt scheint, alle Bitterkeit des Undankes auszukosten; Männer, bei denen jede Freundschaft den Ausgang nimmt, daß der Freund sie verrät; andere, die es unbestimmt oft in ihrem Leben wiederholen, eine andere Person zur großen Autorität für sich oder auch für die Öffentlichkeit zu erheben, und diese Autorität dann nach abgemessener Zeit selbst stürzen, um sie durch eine neue zu ersetzen; Liebende, bei denen jedes zärtliche Verhältnis zum Weibe dieselben Phasen durchmacht und zum gleichen Ende führt usw. Wir verwundern uns über diese »ewige Wiederkehr des Gleichen« nur wenig, wenn es sich um ein *aktives* Verhalten des Betreffenden handelt und wenn wir den sich gleichbleibenden Charakterzug seines Wesens auffinden, der sich in der Wiederholung der nämlichen Erlebnisse äußern muß. Weit stärker wirken jene Fälle auf uns, bei denen die Person etwas *passiv* zu erleben scheint, worauf ihr ein Einfluß nicht zusteht, während sie doch immer nur die Wiederholung desselben Schicksals erlebt. Man denke zum Beispiel an die Geschichte jener Frau, die dreimal nacheinander Männer heiratete, die nach kurzer Zeit erkrankten und von ihr zu

Tode gepflegt werden mußten.[23] Die ergreifendste poetische Darstellung eines solchen Schicksalszuges hat Tasso[24] im romantischen Epos *Gerusalemme liberata* gegeben. Held Tankred hat unwissentlich die von ihm geliebte Clorinda getötet, als sie in der Rüstung eines feindlichen Ritters mit ihm kämpfte. Nach ihrem Begräbnis dringt er in den unheimlichen Zauberwald ein, der das Heer der Kreuzfahrer schreckt. Dort zerhaut er einen hohen Baum mit seinem Schwerte, aber aus der Wunde des Baumes strömt Blut, und die Stimme Clorindas, deren Seele in diesen Baum gebannt war, klagt ihn an, daß er wiederum die Geliebte geschädigt habe.

Angesichts solcher Beobachtungen aus dem Verhalten in der Übertragung und aus dem Schicksal der Menschen werden wir den Mut zur Annahme finden, daß es im Seelenleben wirklich einen Wiederholungszwang gibt, der sich über das Lustprinzip hinaussetzt. Wir werden auch jetzt geneigt sein, die Träume der Unfallsneurotiker und den Antrieb zum Spiel des Kindes auf diesen Zwang zu beziehen. Allerdings müssen wir uns sagen, daß wir die Wirkungen des Wiederholungszwanges nur in seltenen Fällen rein, ohne Mithilfe anderer Motive, erfassen können. Beim Kinderspiel haben wir bereits hervorgehoben, welche andere Deutungen seine Entstehung zuläßt. Wiederholungszwang und direkte lustvolle Triebbefriedigung scheinen sich dabei zu intimer Gemeinsamkeit zu verschränken. Die Phänomene der Übertragung stehen offenkundig im Dienste des Widerstandes von seiten des auf der Verdrängung beharrenden Ichs; der Wiederholungszwang, den sich die Kur dienstbar machen wollte, wird gleichsam vom Ich, das am Lustprinzip festhalten will, auf seine Seite gezogen[25].

23 Vgl. hiezu die treffenden Bemerkungen in dem Aufsatz von C. G. Jung *Die Bedeutung des Vaters für das Schicksal des Einzelnen* (1909).

24 [Der ital. Dichter Torquato Tasso (1544–1595) beendete nach jahrelanger Arbeit sein Hauptwerk *Das befreite Jerusalem*, das u. a. den ersten Kreuzzug zum Inhalt hat, im Jahr 1575. 1581 erschien die erste vollständige Ausgabe (20 Gesänge).]

25 [In den Ausgaben vor 1923 lautet dieser Teil des Satzes: ». . . der Wiederholungszwang wird gleichsam vom Ich, das am Lustprinzip festhalten will, zur Hilfe gerufen.«]

An dem, was man den Schicksalszwang nennen könnte, scheint uns vieles durch die rationelle Erwägung verständlich, so daß man ein Bedürfnis nach der Aufstellung eines neuen geheimnisvollen Motivs nicht verspürt. Am unverdächtigsten ist vielleicht der Fall der Unfallsträume, aber bei näherer Überlegung muß man doch zugestehen, daß auch in den anderen Beispielen der Sachverhalt durch die Leistung der uns bekannten Motive nicht gedeckt wird. Es bleibt genug übrig, was die Annahme des Wiederholungszwanges rechtfertigt, und dieser erscheint uns ursprünglicher, elementarer, triebhafter als das von ihm zur Seite geschobene Lustprinzip. Wenn es aber einen solchen Wiederholungszwang im Seelischen gibt, so möchten wir gerne etwas darüber wissen, welcher Funktion er entspricht, unter welchen Bedingungen er hervortreten kann und in welcher Beziehung er zum Lustprinzip steht, dem wir doch bisher die Herrschaft über den Ablauf der Erregungsvorgänge im Seelenleben zugetraut haben.

IV

Was nun folgt, ist Spekulation, oft weitausholende Spekulation, die ein jeder nach seiner besonderen Einstellung würdigen oder vernachlässigen wird. Im weiteren ein Versuch zur konsequenten Ausbeutung einer Idee, aus Neugierde, wohin dies führen wird.

Die psychoanalytische Spekulation knüpft an den bei der Untersuchung unbewußter Vorgänge empfangenen Eindruck an, daß das Bewußtsein nicht der allgemeinste Charakter der seelischen Vorgänge, sondern nur eine besondere Funktion derselben sein könne. In metapsychologischer Ausdrucksweise behauptet sie, das Bewußtsein sei die Leistung eines besonderen Systems, das sie *Bw* benennt[26]. Da das Bewußtsein im wesentlichen Wahrneh-

---

26 [Vgl. *Das Unbewußte,* Abschnitt II, in Band 2 der vorliegenden Ausgabe.]

mungen von Erregungen liefert, die aus der Außenwelt kommen, und Empfindungen von Lust und Unlust, die nur aus dem Innern des seelischen Apparates stammen können, kann dem System *W-Bw*[27] eine räumliche Stellung zugewiesen werden. Es muß an der Grenze von außen und innen liegen, der Außenwelt zugekehrt sein und die anderen psychischen Systeme umhüllen. Wir bemerken dann, daß wir mit diesen Annahmen nichts Neues gewagt, sondern uns der lokalisierenden Hirnanatomie angeschlossen haben, welche den »Sitz« des Bewußtseins in die Hirnrinde, in die äußerste, umhüllende Schicht des Zentralorgans verlegt. Die Hirnanatomie braucht sich keine Gedanken darüber zu machen, warum – anatomisch gesprochen – das Bewußtsein gerade an der Oberfläche des Gehirns untergebracht ist, anstatt wohlverwahrt irgendwo im innersten Innern desselben zu hausen. Vielleicht bringen wir es in der Ableitung einer solchen Lage für unser System *W-Bw* weiter.

Das Bewußtsein ist nicht die einzige Eigentümlichkeit, die wir den Vorgängen in diesem System zuschreiben. Wir stützen uns auf die Eindrücke unserer psychoanalytischen Erfahrung, wenn wir annehmen, daß alle Erregungsvorgänge in den anderen Systemen Dauerspuren als Grundlage des Gedächtnisses in diesen hinterlassen, Erinnerungsreste also, die nichts mit dem Bewußtwerden zu tun haben. Sie sind oft am stärksten und haltbarsten, wenn der sie zurücklassende Vorgang niemals zum Bewußtsein gekommen ist. Wir finden es aber beschwerlich zu glauben, daß solche Dauerspuren der Erregung auch im System *W-Bw* zustande kommen. Sie würden die Eignung des Systems zur Aufnahme neuer Erregungen sehr bald einschränken,[28] wenn sie immer bewußt blieben; im anderen Falle, wenn sie unbewußt würden, stellten sie uns vor die Aufgabe, die

---

27 [Im Aufsatz *Metapsychologische Ergänzung zur Traumlehre* (vgl. in Band 2 der vorliegenden Ausgabe) erklärt Freud, das System *W* falle mit dem System *Bw* zusammen.]

28 Dies durchaus nach J. Breuers Auseinandersetzung im theoretischen Abschnitt der *Studien über Hysterie*, 1895.

Existenz unbewußter Vorgänge in einem System zu erklären, dessen Funktionieren sonst vom Phänomen des Bewußtseins begleitet wird. Wir hätten sozusagen durch unsere Annahme, welche das Bewußtwerden in ein besonderes System verweist, nichts verändert und nichts gewonnen. Wenn dies auch keine absolut verbindliche Erwägung sein mag, so kann sie uns doch zur Vermutung bewegen, daß Bewußtwerden und Hinterlassung einer Gedächtnisspur für dasselbe System miteinander unverträglich sind. Wir würden so sagen können, im System *Bw* werde der Erregungsvorgang bewußt, hinterlasse aber keine Dauerspur; alle die Spuren desselben, auf welche sich die Erinnerung stützt, kämen bei der Fortpflanzung der Erregung auf die nächsten inneren Systeme in diesen zustande. In diesem Sinne ist auch das Schema entworfen, welches ich dem spekulativen Abschnitt meiner *Traumdeutung* 1900 eingefügt habe.[29] Wenn man bedenkt, wie wenig wir aus anderen

29 [Freud meint folgenden Abschnitt der *Traumdeutung* (Abschnitt VII »Zur Psychologie der Traumvorgänge«, B »Die Regression«): »Von den Wahrnehmungen, die an uns herankommen, verbleibt in unserem psychischen Apparat eine Spur, die wir ›*Erinnerungsspur*‹ heißen können. Die Funktion, die sich auf diese Erinnerungsspur bezieht, heißen wir ja ›Gedächtnis‹. Wenn wir Ernst mit dem Vorsatz machen, die psychischen Vorgänge an Systeme zu knüpfen, so kann die Erinnerungsspur nur bestehen in bleibenden Veränderungen an den Elementen der Systeme. Nun bringt es [...] offenbar Schwierigkeiten mit sich, wenn ein und dasselbe System an seinen Elementen Veränderungen getreu bewahren und doch neuen Anlässen zur Veränderung immer frisch und aufnahmefähig entgegentreten soll. Nach dem Prinzip, das unseren Versuch leitet, werden wir also diese beiden Leistungen auf verschiedene Systeme verteilen. Wir nehmen an, daß ein vorderstes System des Apparats die Wahrnehmungsreize aufnimmt, aber nichts von ihnen bewahrt, also kein Gedächtnis hat, und daß hinter diesem ein zweites System liegt, welches die momentane Erregung des ersten in Dauerspuren umsetzt. Dann wäre dies das Bild unseres psychischen Apparats:

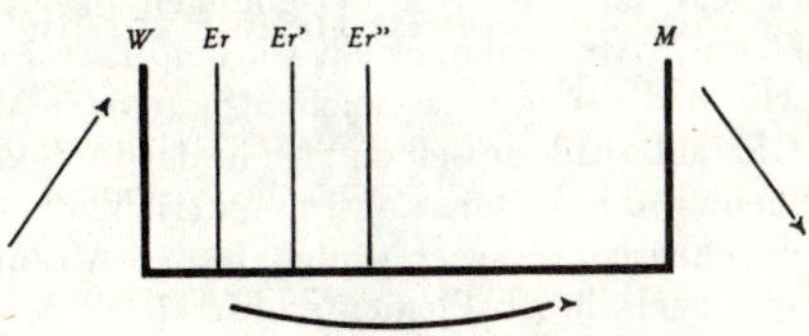

Quellen über die Entstehung des Bewußtseins wissen, wird man dem Satze, *das Bewußtsein entstehe an Stelle der Erinnerungsspur,* wenigstens die Bedeutung einer irgendwie bestimmten Behauptung einräumen müssen.

Das System *Bw* wäre also durch die Besonderheit ausgezeichnet, daß der Erregungsvorgang in ihm nicht wie in allen anderen psychischen Systemen eine dauernde Veränderung seiner Elemente hinterläßt, sondern gleichsam im Phänomen des Bewußtwerdens verpufft. Eine solche Abweichung von der allgemeinen Regel fordert eine Erklärung durch ein Moment, welches ausschließlich bei diesem einen System in Betracht kommt, und dies den anderen Systemen abzusprechende Moment könnte leicht die exponierte Lage des Systems *Bw* sein, sein unmittelbares Anstoßen an die Außenwelt.

Es ist bekannt, daß wir von den Wahrnehmungen, die auf System *W* einwirken, noch etwas anderes als bleibend bewahren als den Inhalt derselben. Unsere Wahrnehmungen erweisen sich auch als im Gedächtnis miteinander verknüpft, und zwar vor allem nach ihrem einstigen Zusammentreffen in der Gleichzeitigkeit. Wir heißen das die Tatsache der *Assoziation.* Es ist nun klar, wenn das *W*-System überhaupt kein Gedächtnis hat, daß es auch die Spuren für die Assoziation nicht aufbewahren kann; die einzelnen *W*-Elemente wären in ihrer Funktion unerträglich behindert, wenn sich gegen eine neue Wahrnehmung ein Rest früherer Verknüpfung geltend machen würde. Wir müssen also als die Grundlage der Assoziation vielmehr die Erinnerungssysteme annehmen. Die Tatsache der Assoziation besteht dann darin, daß infolge von Widerstandsverringerungen und Bahnungen von einem der *Er*-Elemente die Erregung sich eher nach einem zweiten als nach einem dritten *Er*-Element fortpflanzt.

Bei näherem Eingehen ergibt sich die Notwendigkeit, nicht eines, sondern mehrere solcher *Er*-Elemente anzunehmen, in denen dieselbe, durch die *W*-Elemente fortgepflanzte Erregung eine verschiedenartige Fixierung erfährt. Das erste dieser *Er*-Systeme wird jedenfalls die Fixierung der Assoziation durch *Gleichzeitigkeit* enthalten, in den weiter entfernt liegenden wird dasselbe Erregungsmaterial nach anderen Arten des Zusammentreffens angeordnet sein, so daß etwa Beziehungen der Ähnlichkeit u. a. durch diese späteren Systeme dargestellt würden. Es wäre natürlich müßig, die psychische Bedeutung eines solchen Systems in Worten angeben zu wollen. Die Charakteristik desselben läge in der Innigkeit seiner Beziehungen zu Elementen des Erinnerungsrohmaterials, d. h., wenn wir auf eine tiefgreifende Theorie hinweisen wollen, in den Abstufungen des Leistungswiderstandes nach diesen Elementen hin.«]

Stellen wir uns den lebenden Organismus in seiner größtmöglichen Vereinfachung als undifferenziertes Bläschen reizbarer Substanz vor; dann ist seine der Außenwelt zugekehrte Oberfläche durch ihre Lage selbst differenziert und dient als reizaufnehmendes Organ. Die Embryologie als Wiederholung der Entwicklungsgeschichte zeigt auch wirklich, daß das Zentralnervensystem aus dem Ektoderm hervorgeht, und die graue Hirnrinde ist noch immer ein Abkömmling der primitiven Oberfläche und könnte wesentliche Eigenschaften derselben durch Erbschaft übernommen haben. Es wäre dann leicht denkbar, daß durch unausgesetzten Anprall der äußeren Reize an die Oberfläche des Bläschens dessen Substanz bis in eine gewisse Tiefe dauernd verändert wird, so daß ihr Erregungsvorgang anders abläuft als in tieferen Schichten. Es bildete sich so eine Rinde, die endlich durch die Reizwirkung so durchgebrannt ist, daß sie der Reizaufnahme die günstigsten Verhältnisse entgegenbringt und einer weiteren Modifikation nicht fähig ist. Auf das System *Bw* übertragen, würde dies meinen, daß dessen Elemente keine Dauerveränderung beim Durchgang der Erregung mehr annehmen können, weil sie bereits aufs äußerste im Sinne dieser Wirkung modifiziert sind. Dann sind sie aber befähigt, das Bewußtsein entstehen zu lassen. Worin diese Modifikation der Substanz und des Erregungsvorganges in ihr besteht, darüber kann man sich mancherlei Vorstellungen machen, die sich derzeit der Prüfung entziehen. Man kann annehmen, die Erregung habe bei ihrem Fortgang von einem Element zum anderen einen Widerstand zu überwinden und diese Verringerung des Widerstandes setze eben die Dauerspur der Erregung (Bahnung); im System *Bw* bestünde also ein solcher Übergangswiderstand von einem Element zum anderen nicht mehr. Man kann mit dieser Vorstellung die Breuersche Unterscheidung von ruhender (gebundener) und frei beweglicher Besetzungsenergie in den Elementen der psychischen Systeme zusammenbringen;[30] die Elemente

30 *Studien über Hysterie* von J. Breuer und Freud (1895).

des Systems *Bw* würden dann keine gebundene und nur frei abfuhrfähige Energie führen. Aber ich meine, vorläufig ist es besser, wenn man sich über diese Verhältnisse möglichst unbestimmt äußert. Immerhin hätten wir durch diese Spekulation die Entstehung des Bewußtseins in einen gewissen Zusammenhang mit der Lage des Systems *Bw* und den ihm zuzuschreibenden Besonderheiten des Erregungsvorganges verflochten.

An dem lebenden Bläschen mit seiner reizaufnehmenden Rindenschichte haben wir noch anderes zu erörtern. Dieses Stückchen lebender Substanz schwebt inmitten einer mit den stärksten Energien geladenen Außenwelt und würde von den Reizwirkungen derselben erschlagen werden, wenn es nicht mit einem *Reizschutz* versehen wäre. Es bekommt ihn dadurch, daß seine äußerste Oberfläche die dem Lebenden zukommende Struktur aufgibt, gewissermaßen anorganisch wird und nun als eine besondere Hülle oder Membran reizabhaltend wirkt, das heißt veranlaßt, daß die Energien der Außenwelt sich nun mit einem Bruchteil ihrer Intensität auf die nächsten, lebend gebliebenen Schichten fortsetzen können. Diese können nun hinter dem Reizschutz sich der Aufnahme der durchgelassenen Reizmengen widmen. Die Außenschicht hat aber durch ihr Absterben alle tieferen vor dem gleichen Schicksal bewahrt, wenigstens so lange, bis nicht Reize von solcher Stärke herankommen, daß sie den Reizschutz durchbrechen. Für den lebenden Organismus ist der Reizschutz eine beinahe wichtigere Aufgabe als die Reizaufnahme; er ist mit einem eigenen Energievorrat ausgestattet und muß vor allem bestrebt sein, die besonderen Formen der Energieumsetzung, die in ihm spielen, vor dem gleichmachenden, also zerstörenden Einfluß der übergroßen, draußen arbeitenden Energien zu bewahren. Die Reizaufnahme dient vor allem der Absicht, Richtung und Art der äußeren Reize zu erfahren, und dazu muß es genügen, der Außenwelt kleine Proben zu entnehmen, sie in geringen Quantitäten zu verkosten. Bei den hochentwickelten Organismen hat sich die reizaufnehmende Rindenschicht des einstigen

Bläschens längst in die Tiefe des Körperinnern zurückgezogen, aber Anteile von ihr sind an der Oberfläche unmittelbar unter dem allgemeinen Reizschutz zurückgelassen. Dies sind die Sinnesorgane, die im wesentlichen Einrichtungen zur Aufnahme spezifischer Reizeinwirkungen enthalten, aber außerdem besondere Vorrichtungen zu neuerlichem Schutz gegen übergroße Reizmengen und zur Abhaltung unangemessener Reizarten. Es ist für sie charakteristisch, daß sie nur sehr geringe Quantitäten des äußeren Reizes verarbeiten, sie nehmen nur Stichproben der Außenwelt vor; vielleicht darf man sie Fühlern vergleichen, die sich an die Außenwelt herantasten und dann immer wieder von ihr zurückziehen.

Ich gestatte mir an dieser Stelle ein Thema flüchtig zu berühren, welches die gründlichste Behandlung verdienen würde. Der Kantsche Satz, daß Zeit und Raum notwendige Formen unseres Denkens sind, kann heute infolge gewisser psychoanalytischer Erkenntnisse einer Diskussion unterzogen werden. Wir haben erfahren, daß die unbewußten Seelenvorgänge an sich »zeitlos« sind.[31] Das heißt zunächst, daß sie nicht zeitlich geordnet werden, daß die Zeit nichts an ihnen verändert, daß man die Zeitvorstellung nicht an sie heranbringen kann. Es sind dies negative Charaktere, die man sich nur durch Vergleichung mit den bewußten seelischen Prozessen deutlich machen kann. Unsere abstrakte Zeitvorstellung scheint vielmehr durchaus von der Arbeitsweise des Systems *W-Bw* hergeholt zu sein und einer Selbstwahrnehmung derselben zu entsprechen. Bei dieser Funktionsweise des Systems dürfte ein anderer Weg des Reizschutzes beschritten werden. Ich weiß, daß diese Behauptungen sehr dunkel klingen, muß mich aber auf solche Andeutungen beschränken.[32]

31 [Vgl. *Das Unbewußte*, Abschnitt V, in Band 2 der vorliegenden Ausgabe.]

32 [Auf den Ursprung der Zeitvorstellung kommt Freud am Schluß seiner *Notiz über den »Wunderblock«* (1925) erneut zu sprechen. In dieser Arbeit findet sich auch eine weitere Erörterung des »Reizschutzes«; vgl. im vorliegenden Band unserer Ausgabe.]

Wir haben bisher ausgeführt, daß das lebende Bläschen mit einem Reizschutz gegen die Außenwelt ausgestattet ist. Vorhin hatten wir festgelegt, daß die nächste Rindenschicht desselben als Organ zur Reizaufnahme von außen differenziert sein muß. Diese empfindliche Rindenschicht, das spätere System *Bw*, empfängt aber auch Erregungen von innen her; die Stellung des Systems zwischen außen und innen und die Verschiedenheit der Bedingungen für die Einwirkung von der einen und der anderen Seite werden maßgebend für die Leistung des Systems und des ganzen seelischen Apparates. Gegen außen gibt es einen Reizschutz, die ankommenden Erregungsgrößen werden nur in verkleinertem Maßstab wirken; nach innen zu ist der Reizschutz unmöglich, die Erregungen der tieferen Schichten setzen sich direkt und in unverringertem Maße auf das System fort, indem gewisse Charaktere ihres Ablaufes die Reihe der Lust-Unlustempfindungen erzeugen. Allerdings werden die von innen kommenden Erregungen nach ihrer Intensität und nach anderen qualitativen Charakteren (eventuell nach ihrer Amplitude) der Arbeitsweise des Systems adäquater sein als die von der Außenwelt zuströmenden Reize. Aber zweierlei ist durch diese Verhältnisse entscheidend bestimmt, erstens die Prävalenz der Lust- und Unlustempfindungen, die ein Index für Vorgänge im Innern des Apparates sind, über alle äußeren Reize und zweitens eine Richtung des Verhaltens gegen solche innere Erregungen, welche allzu große Unlustvermehrung herbeiführen. Es wird sich die Neigung ergeben, sie so zu behandeln, als ob sie nicht von innen, sondern von außen her einwirkten, um die Abwehrmittel des Reizschutzes gegen sie in Anwendung bringen zu können. Dies ist die Herkunft der *Projektion*, der eine so große Rolle bei der Verursachung pathologischer Prozesse vorbehalten ist.

Ich habe den Eindruck, daß wir durch die letzten Überlegungen die Herrschaft des Lustprinzips unserem Verständnis angenähert haben; eine Aufklärung jener Fälle, die sich ihm widersetzen, haben wir aber nicht erreicht.

Gehen wir darum einen Schritt weiter. Solche Erregungen von außen, die stark genug sind, den Reizschutz zu durchbrechen, heißen wir *traumatische.* Ich glaube, daß der Begriff des Traumas eine solche Beziehung auf eine sonst wirksame Reizabhaltung erfordert. Ein Vorkommnis wie das äußere Trauma wird gewiß eine großartige Störung im Energiebetrieb des Organismus hervorrufen und alle Abwehrmittel in Bewegung setzen. Aber das Lustprinzip ist dabei zunächst außer Kraft gesetzt. Die Überschwemmung des seelischen Apparates mit großen Reizmengen ist nicht mehr hintanzuhalten; es ergibt sich vielmehr eine andere Aufgabe, den Reiz zu bewältigen, die hereingebrochenen Reizmengen psychisch zu binden, um sie dann der Erledigung zuzuführen.

Wahrscheinlich ist die spezifische Unlust des körperlichen Schmerzes der Erfolg davon, daß der Reizschutz in beschränktem Umfange durchbrochen wurde. Von dieser Stelle der Peripherie strömen dann dem seelischen Zentralapparat kontinuierliche Erregungen zu, wie sie sonst nur aus dem Innern des Apparates kommen konnten.[33] Und was können wir als die Reaktion des Seelenlebens auf diesen Einbruch erwarten? Von allen Seiten her wird die Besetzungsenergie aufgeboten, um in der Umgebung der Einbruchstelle entsprechend hohe Energiebesetzungen zu schaffen. Es wird eine großartige »Gegenbesetzung« hergestellt, zu deren Gunsten alle anderen psychischen Systeme verarmen, so daß eine ausgedehnte Lähmung oder Herabsetzung der sonstigen psychischen Leistung erfolgt. Wir suchen aus solchen Beispielen zu lernen, unsere metapsychologischen Vermutungen an solche Vorbilder anzulehnen. Wir ziehen also aus diesem Verhalten den Schluß, daß ein selbst hochbesetztes System imstande ist, neu hinzukommende strömende Energie aufzunehmen, sie in ruhende Besetzung umzuwandeln, also sie psychisch zu »binden«. Je höher die eigene ruhende Besetzung ist, desto größer wäre

33 Vgl. *Triebe und Triebschicksale* (1915) [in Band 2 der vorliegenden Ausgabe; vgl. außerdem Nachtrag C zu *Hemmung, Symptom und Angst* im vorliegenden Band].

auch ihre bindende Kraft; umgekehrt also, je niedriger seine Besetzung ist, desto weniger wird das System für die Aufnahme zuströmender Energie befähigt sein[34], desto gewaltsamer müssen dann die Folgen eines solchen Durchbruches des Reizschutzes sein. Man wird gegen diese Auffassung nicht mit Recht einwenden, daß die Erhöhung der Besetzung um die Einbruchstelle sich weit einfacher aus der direkten Fortleitung der ankommenden Erregungsmengen erkläre. Wenn dem so wäre, so würde der seelische Apparat ja nur eine Vermehrung seiner Energiebesetzungen erfahren, und der lähmende Charakter des Schmerzes, die Verarmung aller anderen Systeme bliebe unaufgeklärt. Auch die sehr heftigen Abfuhrwirkungen des Schmerzes stören unsere Erklärung nicht, denn sie gehen reflektorisch vor sich, das heißt, sie erfolgen ohne Vermittlung des seelischen Apparats. Die Unbestimmtheit all unserer Erörterungen, die wir metapsychologische heißen, rührt natürlich daher, daß wir nichts über die Natur des Erregungsvorganges in den Elementen der psychischen Systeme wissen und uns zu keiner Annahme darüber berechtigt fühlen. So operieren wir also stets mit einem großen *X*, welches wir in jede neue Formel mit hinübernehmen. Daß dieser Vorgang sich mit quantitativ verschiedenen Energien vollzieht, ist eine leicht zulässige Forderung, daß er auch mehr als eine Qualität (zum Beispiel in der Art einer Amplitude) hat, mag uns wahrscheinlich sein; als neu haben wir die Aufstellung Breuers in Betracht gezogen, daß es sich um zweierlei Formen der Energieerfüllung handelt, so daß eine frei strömende, nach Abfuhr drängende, und eine ruhende Besetzung der psychischen Systeme (oder ihrer Elemente) zu unterscheiden ist. Vielleicht geben wir der Vermutung Raum, daß die »Bindung« der in den seelischen Apparat einströmenden Energie in einer Überführung aus dem frei strömenden in den ruhenden Zustand besteht.

---

34 [Vgl. das »Prinzip der Unerregbarkeit unbesetzter Systeme« in einer Anmerkung gegen Schluß der Arbeit *Metapsychologische Ergänzung zur Traumlehre* in Band 2 der vorliegenden Ausgabe.]

Ich glaube, man darf den Versuch wagen, die gemeine traumatische Neurose als die Folge eines ausgiebigen Durchbruchs des Reizschutzes aufzufassen. Damit wäre die alte, naive Lehre vom Schock in ihre Rechte eingesetzt, anscheinend im Gegensatz zu einer späteren und psychologisch anspruchsvolleren, welche nicht der mechanischen Gewalteinwirkung, sondern dem Schreck und der Lebensbedrohung die ätiologische Bedeutung zuspricht. Allein diese Gegensätze sind nicht unversöhnlich, und die psychoanalytische Auffassung der traumatischen Neurose ist mit der rohesten Form der Schocktheorie nicht identisch. Versetzt letztere das Wesen des Schocks in die direkte Schädigung der molekularen Struktur oder selbst der histologischen Struktur der nervösen Elemente, so suchen wir dessen Wirkung aus der Durchbrechung des Reizschutzes für das Seelenorgan und aus den daraus sich ergebenden Aufgaben zu verstehen. Der Schreck behält seine Bedeutung auch für uns. Seine Bedingung ist das Fehlen der Angstbereitschaft, welche die Überbesetzung der den Reiz zunächst aufnehmenden Systeme miteinschließt. Infolge dieser niedrigeren Besetzung sind die Systeme dann nicht gut imstande, die ankommenden Erregungsmengen zu binden, die Folgen der Durchbrechung des Reizschutzes stellen sich um so vieles leichter ein. Wir finden so, daß die Angstbereitschaft mit der Überbesetzung der aufnehmenden Systeme die letzte Linie des Reizschutzes darstellt. Für eine ganze Anzahl von Traumen mag der Unterschied zwischen den unvorbereiteten und den durch Überbesetzung vorbereiteten Systemen das für den Ausgang entscheidende Moment sein; von einer gewissen Stärke des Traumas an wird er wohl nicht mehr ins Gewicht fallen. Wenn die Träume der Unfallsneurotiker die Kranken so regelmäßig in die Situation des Unfalles zurückführen, so dienen sie damit allerdings nicht der Wunscherfüllung, deren halluzinatorische Herbeiführung ihnen unter der Herrschaft des Lustprinzips zur Funktion geworden ist. Aber wir dürfen annehmen, daß sie sich dadurch einer anderen Aufgabe zur Verfügung stellen, deren Lösung vorangehen muß, ehe das Lustprinzip seine Herrschaft beginnen kann. Diese Träume suchen die Reizbewältigung unter Angstentwicklung nachzuholen, deren Unterlassung die Ursache der traumatischen Neurose geworden ist. Sie geben uns so einen Ausblick auf eine Funktion des seelischen Apparats, welche, ohne dem Lustprinzip zu widersprechen, doch unabhängig von ihm ist und ursprünglicher scheint als die Absicht des Lustgewinns und der Unlustvermeidung.

Hier wäre also die Stelle, zuerst eine Ausnahme von dem Satze, der Traum ist eine Wunscherfüllung, zuzugestehen. Die Angstträume sind keine solche Ausnahme, wie ich wiederholt und eingehend gezeigt habe, auch die »Strafträume« nicht, denn diese setzen nur an die Stelle der verpönten Wunscherfüllung die dafür gebührende Strafe, sind also die Wunscherfüllung des auf den verworfenen Trieb reagierenden Schuldbewußtseins[35]. Aber die obenerwähnten Träume der Unfallsneurotiker lassen sich nicht mehr unter den Gesichtspunkt der Wunscherfüllung bringen, und ebensowenig die in den Psychoanalysen vorfallenden Träume, die uns die Erinnerung der psychischen Traumen der Kindheit wiederbringen. Sie gehorchen vielmehr dem Wiederholungszwang, der in der Analyse allerdings durch den von der »Suggestion« geförderten Wunsch[36], das Vergessene und Verdrängte heraufzubeschwören, unterstützt wird. So wäre also auch die Funktion des Traumes, Motive zur Unterbrechung des Schlafes durch Wunscherfüllung der störenden Regungen zu beseitigen, nicht seine ursprüngliche; er konnte sich ihrer erst bemächtigen, nachdem das gesamte Seelenleben die Herrschaft des Lustprinzips angenommen hatte. Gibt es ein »Jenseits des Lustprinzips«, so ist es folgerichtig, auch für die wunscherfüllende

35 [Auf das Thema »Angst- und Strafträume« kommt Freud noch einmal am Ende der 29. Vorlesung der *Neuen Folge der Vorlesungen zur Einführung in die Psychoanalyse* zurück. In der vorliegenden Ausgabe findet sich das entsprechende Zitat in der Fußnote 20 zur 10. der *Vorlesungen* (vgl. in Band 2).]

36 [Die Wendung »von der ›Suggestion‹ geförderten« ersetzt seit 1923 die frühere Formulierung »– nicht unbewußten –«.]

Tendenz des Traumes eine Vorzeit zuzulassen. Damit wird seiner späteren Funktion nicht widersprochen. Nur erhebt sich, wenn diese Tendenz einmal durchbrochen ist, die weitere Frage: Sind solche Träume, welche im Interesse der psychischen Bindung traumatischer Eindrücke dem Wiederholungszwange folgen, nicht auch außerhalb der Analyse möglich? Dies ist durchaus zu bejahen.

Von den »Kriegsneurosen«, soweit diese Bezeichnung mehr als die Beziehung zur Veranlassung des Leidens bedeutet, habe ich an anderer Stelle ausgeführt, daß sie sehr wohl traumatische Neurosen sein könnten, die durch einen Ichkonflikt erleichtert worden sind.[37] Die auf Seite 11 erwähnte Tatsache, daß eine gleichzeitige grobe Verletzung durch das Trauma die Chance für die Entstehung einer Neurose verringert, ist nicht mehr unverständlich, wenn man zweier von der psychoanalytischen Forschung betonter Verhältnisse gedenkt. Erstens, daß mechanische Erschütterung als eine der Quellen der Sexualerregung anerkannt werden muß (vgl. die Bemerkungen über die Wirkung des Schaukelns und Eisenbahnfahrens in *Drei Abhandlungen zur Sexualtheorie*, 1905[38]), und zweitens, daß dem schmerzhaften und fieberhaften Kranksein während seiner Dauer ein mächtiger Einfluß auf die Verteilung der Libido zukommt. So würde also die mechanische Gewalt des Traumas das Quantum Sexualerregung frei machen, welches infolge der mangelnden Angstvorbereitung traumatisch wirkt, die gleichzeitige Körperverletzung würde aber durch die Anspruchnahme einer narzißtischen Überbesetzung des leidenden Organs den Überschuß an Erregung binden (s. *Zur Einführung des Narzißmus*[39]). Es ist auch bekannt, aber für die Libidotheorie nicht genügend verwertet worden, daß so schwere Störungen in der Libidoverteilung wie die einer Melancholie durch eine interkurrente organische Erkrankung zeitweilig aufgehoben werden, ja, daß

37 *Zur Psychoanalyse der Kriegsneurosen:* Einleitung (1919).

38 [Zweite Abhandlung, Abschnitt 7; vgl. in Band 1 der vorliegenden Ausgabe.]

39 [Vgl. in Band 1 der vorliegenden Ausgabe.]

sogar der Zustand einer voll entwickelten Dementia praecox unter der nämlichen Bedingung einer vorübergehenden Rückbildung fähig ist.

V

Der Mangel eines Reizschutzes für die reizaufnehmende Rindenschicht gegen Erregungen von innen her wird die Folge haben müssen, daß diese Reizübertragungen die größere ökonomische Bedeutung gewinnen und häufig zu ökonomischen Störungen Anlaß geben, die den traumatischen Neurosen gleichzustellen sind. Die ausgiebigsten Quellen solch innerer Erregung sind die sogenannten Triebe des Organismus, die Repräsentanten aller aus dem Körperinnern stammenden, auf den seelischen Apparat übertragenen Kraftwirkungen, selbst das wichtigste wie das dunkelste Element der psychologischen Forschung.

Vielleicht finden wir die Annahme nicht zu gewagt, daß die von den Trieben ausgehenden Regungen nicht den Typus des gebundenen, sondern den des frei beweglichen, nach Abfuhr drängenden Nervenvorganges einhalten. Das Beste, was wir über diese Vorgänge wissen, rührt aus dem Studium der Traumarbeit her. Dabei fanden wir, daß die Prozesse in den unbewußten Systemen von denen in den (vor-)bewußten gründlich verschieden sind, daß im Unbewußten Besetzungen leicht vollständig übertragen, verschoben, verdichtet werden können, was nur fehlerhafte Resultate ergeben könnte, wenn es an vorbewußtem Material geschähe, und was darum auch die bekannten Sonderbarkeiten des manifesten Traums ergibt, nachdem die vorbewußten Tagesreste die Bearbeitung nach den Gesetzen des Unbewußten erfahren haben. Ich nannte die Art dieser Prozesse im Unbewußten den psychischen »Primärvorgang« zum Unterschied von dem für unser normales Wachleben gültigen Sekundärvorgang. Da die Triebregungen alle an den unbewußten Systemen angreifen, ist es kaum eine Neuerung zu sagen, daß sie dem Primärvorgang folgen, und anderseits gehört wenig dazu, um den psychischen Primärvorgang mit der frei beweglichen Besetzung, den Sekundärvorgang mit den Veränderungen an der gebundenen oder tonischen Besetzung Breuers zu identifizieren.[40] Es wäre dann die Aufgabe der höheren Schichten des seelischen Apparates, die im Primärvorgang anlangende Erregung der Triebe zu binden. Das Mißglücken dieser Bindung würde eine der traumatischen Neurose analoge Störung hervorrufen; erst nach erfolgter Bindung könnte sich die Herrschaft des Lustprinzips (und seiner Modifikation zum Realitätsprinzip) ungehemmt durchsetzen. Bis dahin aber würde die andere Aufgabe des Seelenapparates, die Erregung zu bewältigen oder zu binden, voranstehen, zwar nicht im Gegensatz zum Lustprinzip, aber unabhängig von ihm und zum Teil ohne Rücksicht auf dieses.

Die Äußerungen eines Wiederholungszwanges, die wir an den frühen Tätigkeiten des kindlichen Seelenlebens wie an den Erlebnissen der psychoanalytischen Kur beschrieben haben, zeigen im hohen Grade den triebhaften, und wo sie sich im Gegensatz zum Lustprinzip befinden, den dämonischen Charakter. Beim Kinderspiel glauben wir es zu begreifen, daß das Kind auch das unlustvolle Erlebnis darum wiederholt, weil es sich durch seine Aktivität eine weit gründlichere Bewältigung des starken Eindruckes erwirbt, als beim bloß passiven Erleben möglich war. Jede neuerliche Wiederholung scheint diese angestrebte Beherrschung zu verbessern, und auch bei lustvollen Erlebnissen kann sich das Kind an Wiederholungen nicht genug tun und wird unerbittlich auf der Identität des Eindruckes bestehen. Dieser Charakterzug ist dazu bestimmt, späterhin zu verschwinden. Ein zum zweitenmal angehörter Witz wird fast wirkungslos bleiben, eine Theateraufführung wird nie mehr zum zweitenmal den Eindruck erreichen, den sie das erstemal hinterließ; ja, der Erwachsene wird schwer zu bewegen sein, ein Buch, das ihm sehr gefallen hat, sobald

40 Vgl. den Abschnitt VII, »Psychologie der Traumvorgänge«, in meiner *Traumdeutung*.

nochmals durchzulesen. Immer wird die Neuheit die Bedingung des Genusses sein. Das Kind aber wird nicht müde werden, vom Erwachsenen die Wiederholung eines ihm gezeigten oder mit ihm angestellten Spieles zu verlangen, bis dieser erschöpft es verweigert, und wenn man ihm eine schöne Geschichte erzählt hat, will es immer wieder die nämliche Geschichte anstatt einer neuen hören, besteht unerbittlich auf der Identität der Wiederholung und verbessert jede Abänderung, die sich der Erzähler zuschulden kommen läßt, mit der er sich vielleicht sogar ein neues Verdienst erwerben wollte.[41] Dem Lustprinzip wird dabei nicht widersprochen; es ist sinnfällig, daß die Wiederholung, das Wiederfinden der Identität, selbst eine Lustquelle bedeutet. Beim Analysierten hingegen wird es klar, daß der Zwang, die Begebenheiten seiner infantilen Lebensperiode in der Übertragung zu wiederholen, sich in *jeder* Weise über das Lustprinzip hinaussetzt. Der Kranke benimmt sich dabei völlig wie infantil und zeigt uns so, daß die verdrängten Erinnerungsspuren seiner urzeitlichen Erlebnisse nicht im gebundenen Zustande in ihm vorhanden, ja gewissermaßen des Sekundärvorganges nicht fähig sind. Dieser Ungebundenheit verdanken sie auch ihr Vermögen, durch Anheftung an die Tagesreste eine im Traum darzustellende Wunschphantasie zu bilden. Derselbe Wiederholungszwang tritt uns so oft als therapeutisches Hindernis entge-

41 [In der Abhandlung *Der Witz und seine Beziehung zum Unbewußten*, Kapitel VII, Abschnitt 6, schreibt Freud: »Wo die Situationskomik durch Wiederholungen wirkt, stützt sie sich auf die dem Kinde eigentümliche Lust an fortgesetzter Wiederholung (Fragen, Geschichten erzählen), durch die es dem Erwachsenen zur Plage wird. Die Übertreibung, welche auch dem Erwachsenen noch Lust bereitet, insofern sie eine Rechtfertigung vor dessen Kritik zu finden weiß, hängt mit der eigentümlichen Maßlosigkeit des Kindes, mit dessen Unkenntnis aller quantitativen Beziehungen zusammen, die es ja später kennenlernt als die qualitativen. Maßhalten, Ermäßigung auch der erlaubten Regungen ist eine späte Frucht der Erziehung und wird durch gegenseitige Hemmung der in einen Zusammenhang aufgenommenen seelischen Tätigkeiten gewonnen. Wo dieser Zusammenhang geschwächt wird, im Unbewußten des Traumes, beim Monoideismus der Psychoneurosen, tritt die Unmäßigkeit des Kindes wieder hervor.«]

gen, wenn wir zu Ende der Kur die völlige Ablösung vom Arzte durchsetzen wollen, und es ist anzunehmen, daß die dunkle Angst der mit der Analyse nicht Vertrauten, die sich scheuen, irgend etwas aufzuwecken, was man nach ihrer Meinung besser schlafen ließe, im Grunde das Auftreten dieses dämonischen Zwanges fürchtet.

Auf welche Art hängt aber das Triebhafte mit dem Zwang zur Wiederholung zusammen? Hier muß sich uns die Idee aufdrängen, daß wir einem allgemeinen, bisher nicht klar erkannten – oder wenigstens nicht ausdrücklich betonten[42] – Charakter der Triebe, vielleicht alles organischen Lebens überhaupt, auf die Spur gekommen sind. *Ein Trieb wäre also ein dem belebten Organischen innewohnender Drang zur Wiederherstellung eines früheren Zustandes,* welchen dies Belebte unter dem Einflusse äußerer Störungskräfte aufgeben mußte, eine Art von organischer Elastizität, oder wenn man will, die Äußerung der Trägheit im organischen Leben.[43]

Diese Auffassung des Triebes klingt befremdlich, denn wir haben uns daran gewöhnt, im Triebe das zur Veränderung und Entwicklung drängende Moment zu sehen, und sollen nun das gerade Gegenteil in ihm erkennen, den Ausdruck der *konservativen* Natur des Lebenden. Anderseits fallen uns sehr bald jene Beispiele aus dem Tierleben ein, welche die historische Bedingtheit der Triebe zu bestätigen scheinen. Wenn gewisse Fische um die Laichzeit beschwerliche Wanderungen unternehmen, um den Laich in bestimmten Gewässern, weit entfernt von ihren sonstigen Aufenthalten, abzulegen, so haben sie nach der Deutung vieler Biologen nur die früheren Wohnstätten ihrer Art aufgesucht, die sie im Laufe der Zeit gegen andere vertauscht hatten. Dasselbe soll für die Wanderflüge der Zugvögel gelten, aber der Suche nach weiteren Beispielen enthebt uns bald die Mahnung, daß wir in den Phänomenen

42 [Diese letzten fünf Wörter zwischen den Gedankenstrichen sind ein Zusatz von 1921.]

43 Ich bezweifle nicht, daß ähnliche Vermutungen über die Natur der »Triebe« bereits wiederholt geäußert worden sind.

der Erblichkeit und in den Tatsachen der Embryologie die großartigsten Beweise für den organischen Wiederholungszwang haben. Wir sehen, der Keim eines lebenden Tieres ist genötigt, in seiner Entwicklung die Strukturen all der Formen, von denen das Tier abstammt – wenn auch in flüchtiger Abkürzung – zu wiederholen, anstatt auf dem kürzesten Wege zu seiner definitiven Gestaltung zu eilen, und können dies Verhalten nur zum geringsten Teile mechanisch erklären, dürfen die historische Erklärung nicht beiseite lassen. Und ebenso erstreckt sich weit in die Tierreihe hinauf ein Reproduktionsvermögen, welches ein verlorenes Organ durch die Neubildung eines ihm durchaus gleichen ersetzt.

Der naheliegende Einwand, es verhalte sich wohl so, daß es außer den konservativen Trieben, die zur Wiederholung nötigen, auch andere gibt, die zur Neugestaltung und zum Fortschritt drängen, darf gewiß nicht unberücksichtigt bleiben; er soll auch späterhin in unsere Erwägungen einbezogen werden[44]. Aber vorher mag es uns verlocken, die Annahme, daß alle Triebe Früheres wiederherstellen wollen, in ihre letzten Konsequenzen zu verfolgen. Mag, was dabei herauskommt, den Anschein des »Tiefsinnigen« erwecken oder an Mystisches anklingen, so wissen wir uns doch von dem Vorwurf frei, etwas Derartiges angestrebt zu haben. Wir suchen nüchterne Resultate der Forschung oder der auf sie gegründeten Überlegung, und unser Wunsch möchte diesen keinen anderen Charakter als den der Sicherheit verleihen.[45]

Wenn also alle organischen Triebe konservativ, historisch erworben und auf Regression, Wiederherstellung von Früherem, gerichtet sind, so müssen wir die Erfolge der organischen Entwicklung auf die Rechnung äußerer, störender und ablenkender Einflüsse setzen. Das elementare Le-

44 [Der Teil des Satzes nach dem Semikolon wurde 1921 hinzugefügt.]

45 [*Zusatz 1925:*] Man möge nicht übersehen, daß das folgende die Entwicklung eines extremen Gedankenganges ist, der späterhin, wenn die Sexualtriebe in Betracht gezogen werden, Einschränkung und Berichtigung findet.

bewesen würde sich von seinem Anfang an nicht haben ändern wollen, hätte unter sich gleichbleibenden Verhältnissen stets nur den nämlichen Lebenslauf wiederholt. Aber im letzten Grunde müßte es die Entwicklungsgeschichte unserer Erde und ihres Verhältnisses zur Sonne sein, die uns in der Entwicklung der Organismen ihren Abdruck hinterlassen hat. Die konservativen organischen Triebe haben jede dieser aufgezwungenen Abänderungen des Lebenslaufes aufgenommen und zur Wiederholung aufbewahrt und müssen so den täuschenden Eindruck von Kräften machen, die nach Veränderung und Fortschritt streben, während sie bloß ein altes Ziel auf alten und neuen Wegen zu erreichen trachten. Auch dieses Endziel alles organischen Strebens ließe sich angeben. Der konservativen Natur der Triebe widerspräche es, wenn das Ziel des Lebens ein noch nie zuvor erreichter Zustand wäre. Es muß vielmehr ein alter, ein Ausgangszustand sein, den das Lebende einmal verlassen hat und zu dem es über alle Umwege der Entwicklung zurückstrebt. Wenn wir es als ausnahmslose Erfahrung annehmen dürfen, daß alles Lebende aus *inneren* Gründen stirbt, ins Anorganische zurückkehrt, so können wir nur sagen: *Das Ziel alles Lebens ist der Tod*, und zurückgreifend: *Das Leblose war früher da als das Lebende.*

Irgendeinmal wurden in unbelebter Materie durch eine noch ganz unvorstellbare Krafteinwirkung die Eigenschaften des Lebenden erweckt. Vielleicht war es ein Vorgang, vorbildlich ähnlich jenem anderen, der in einer gewissen Schicht der lebenden Materie später das Bewußtsein entstehen ließ. Die damals entstandene Spannung in dem vorhin unbelebten Stoff trachtete danach, sich abzugleichen; es war der erste Trieb gegeben, der, zum Leblosen zurückzukehren. Die damals lebende Substanz hatte das Sterben noch leicht, es war wahrscheinlich nur ein kurzer Lebensweg zu durchlaufen, dessen Richtung durch die chemische Struktur des jungen Lebens bestimmt war. Eine lange Zeit hindurch mag so die lebende Substanz immer wieder neu geschaffen worden und leicht gestorben sein, bis sich maßgebende äußere Einflüsse so änderten, daß sie die noch überlebende Substanz zu immer größeren Ablenkungen vom ursprünglichen Lebensweg und zu immer komplizierteren Umwegen bis zur Erreichung des Todeszieles nötigten. Diese Umwege zum Tode, von den konservativen Trieben getreulich festgehalten, böten uns heute das Bild der Lebenserscheinungen. Wenn man an der ausschließlich konservativen Natur der Triebe festhält, kann man zu anderen Vermutungen über Herkunft und Ziel des Lebens nicht gelangen.

Ebenso befremdend wie diese Folgerungen klingt dann, was sich für die großen Gruppen von Trieben ergibt, die wir hinter den Lebenserscheinungen der Organismen statuieren. Die Aufstellung der Selbsterhaltungstriebe, die wir jedem lebenden Wesen zugestehen, steht in merkwürdigem Gegensatz zur Voraussetzung, daß das gesamte Triebleben der Herbeiführung des Todes dient. Die theoretische Bedeutung der Selbsterhaltungs-, Macht- und Geltungstriebe schrumpft, in diesem Licht gesehen, ein; es sind Partialtriebe, dazu bestimmt, den eigenen Todesweg des Organismus zu sichern und andere Möglichkeiten der Rückkehr zum Anorganischen als die immanenten fernzuhalten, aber das rätselhafte, in keinen Zusammenhang einfügbare Bestreben des Organismus, sich aller Welt zum Trotz zu behaupten, entfällt. Es erübrigt, daß der Organismus nur auf seine Weise sterben will; auch diese Lebenswächter sind ursprünglich Trabanten des Todes gewesen. Dabei kommt das Paradoxe zustande, daß der lebende Organismus sich auf das energischeste gegen Einwirkungen (Gefahren) sträubt, die ihm dazu verhelfen könnten, sein Lebensziel auf kurzem Wege (durch Kurzschluß sozusagen) zu erreichen, aber dies Verhalten charakterisiert eben ein rein triebhaftes im Gegensatz zu einem intelligenten Streben.[46]

Aber besinnen wir uns, dem kann nicht so sein! In ein ganz anderes Licht rücken die Sexualtriebe, für welche die Neurosenlehre eine Sonderstellung in Anspruch genom-

46 [In den Ausgaben vor 1925 ist dieser Stelle die folgende Fußnote beigegeben: »Vgl. übrigens die später folgende Korrektur dieser extremen Auffassung der Selbsterhaltungstriebe.«]

men hat. Nicht alle Organismen sind dem äußeren Zwang unterlegen, der sie zu immer weitergehender Entwicklung antrieb. Vielen ist es gelungen, sich auf ihrer niedrigen Stufe bis auf die Gegenwart zu bewahren; es leben ja noch heute, wenn nicht alle, so doch viele Lebewesen, die den Vorstufen der höheren Tiere und Pflanzen ähnlich sein müssen. Und ebenso machen nicht alle Elementarorganismen, welche den komplizierten Leib eines höheren Lebewesens zusammensetzen, den ganzen Entwicklungsweg bis zum natürlichen Tode mit. Einige unter ihnen, die Keimzellen, bewahren wahrscheinlich die ursprüngliche Struktur der lebenden Substanz und lösen sich, mit allen ererbten und neu erworbenen Triebanlagen beladen, nach einer gewissen Zeit vom ganzen Organismus ab. Vielleicht sind es gerade diese beiden Eigenschaften, die ihnen ihre selbständige Existenz ermöglichen. Unter günstige Bedingungen gebracht, beginnen sie sich zu entwickeln, das heißt das Spiel, dem sie ihre Entstehung verdanken, zu wiederholen, und dies endet damit, daß wieder ein Anteil ihrer Substanz die Entwicklung bis zum Ende fortführt, während ein anderer als neuer Keimrest von neuem auf den Anfang der Entwicklung zurückgreift. So arbeiten diese Keimzellen dem Sterben der lebenden Substanz entgegen und wissen für sie zu erringen, was uns als potentielle Unsterblichkeit erscheinen muß, wenngleich es vielleicht nur eine Verlängerung des Todesweges bedeutet. Im höchsten Grade bedeutungsvoll ist uns die Tatsache, daß die Keimzelle für diese Leistung durch die Verschmelzung mit einer anderen, ihr ähnlichen und doch von ihr verschiedenen, gekräftigt oder überhaupt erst befähigt wird.

Die Triebe, welche die Schicksale dieser das Einzelwesen überlebenden Elementarorganismen in acht nehmen, für ihre sichere Unterbringung sorgen, solange sie wehrlos gegen die Reize der Außenwelt sind, ihr Zusammentreffen mit den anderen Keimzellen herbeiführen usw., bilden die Gruppe der Sexualtriebe. Sie sind in demselben Sinne konservativ wie die anderen, indem sie frühere Zustände der lebenden Substanz wiederbringen, aber sie sind es in stärkerem Maße, indem sie sich als besonders resistent gegen äußere Einwirkungen erweisen, und dann noch in einem weiteren Sinne, da sie das Leben selbst für längere Zeiten erhalten.[47] Sie sind die eigentlichen Lebenstriebe; dadurch, daß sie der Absicht der anderen Triebe, welche durch die Funktion zum Tode führt, entgegenwirken, deutet sich ein Gegensatz zwischen ihnen und den übrigen an, den die Neurosenlehre frühzeitig als bedeutungsvoll erkannt hat. Es ist wie ein Zauderrhythmus im Leben der Organismen; die eine Triebgruppe stürmt nach vorwärts, um das Endziel des Lebens möglichst bald zu erreichen, die andere schnellt an einer gewissen Stelle dieses Weges zurück, um ihn von einem bestimmten Punkt an nochmals zu machen und so die Dauer des Weges zu verlängern. Aber wenn auch Sexualität und Unterschied der Geschlechter zu Beginn des Lebens gewiß nicht vorhanden waren, so bleibt es doch möglich, daß die später als sexuell zu bezeichnenden Triebe von allem Anfang an in Tätigkeit getreten sind und ihre Gegenarbeit gegen das Spiel der »Ichtriebe« nicht erst zu einem späteren Zeitpunkte aufgenommen haben.[48]

Greifen wir nun selbst ein erstes Mal zurück, um zu fragen, ob nicht alle diese Spekulationen der Begründung entbehren. Gibt es wirklich, *abgesehen von den Sexualtrieben*[49], keine anderen Triebe als solche, die einen früheren Zustand wiederherstellen wollen, nicht auch andere, die nach einem noch nie erreichten streben? Ich weiß in der organischen Welt kein sicheres Beispiel, das unserer vorgeschlagenen Charakteristik widerspräche. Ein allgemeiner Trieb zur Höherentwicklung in der Tier- und Pflanzenwelt läßt sich gewiß nicht feststellen, wenn auch eine solche Entwicklungsrichtung tatsächlich unbestritten bleibt. Aber

47 [*Zusatz 1923:*] Und doch sind sie es, die wir allein für eine innere Tendenz zum »Fortschritt« und zur Höherentwicklung in Anspruch nehmen können! (S. unten.)

48 [*Zusatz 1925:*] Es sollte aus dem Zusammenhange verstanden werden, daß »Ichtriebe« hier als eine vorläufige Bezeichnung gemeint sind, welche an die erste Namengebung der Psychoanalyse anknüpft.

49 [Diese vier Wörter werden erst seit 1921 typographisch ausgezeichnet.]

einerseits ist es vielfach nur Sache unserer Einschätzung, wenn wir eine Entwicklungsstufe für höher als eine andere erklären, und andererseits zeigt uns die Wissenschaft des Lebenden, daß Höherentwicklung in einem Punkte sehr häufig durch Rückbildung in einem anderen erkauft oder wettgemacht wird. Auch gibt es Tierformen genug, deren Jugendzustände uns erkennen lassen, daß ihre Entwicklung vielmehr einen rückschreitenden Charakter genommen hat. Höherentwicklung wie Rückbildung könnten beide Folgen der zur Anpassung drängenden äußeren Kräfte sein, und die Rolle der Triebe könnte sich für beide Fälle darauf beschränken, die aufgezwungene Veränderung als innere Lustquelle festzuhalten.[50]

Vielen von uns mag es auch schwer werden, auf den Glauben zu verzichten, daß im Menschen selbst ein Trieb zur Vervollkommnung wohnt, der ihn auf seine gegenwärtige Höhe geistiger Leistung und ethischer Sublimierung gebracht hat und von dem man erwarten darf, daß er seine Entwicklung zum Übermenschen besorgen wird. Allein ich glaube nicht an einen solchen inneren Trieb und sehe keinen Weg, diese wohltuende Illusion zu schonen. Die bisherige Entwicklung des Menschen scheint mir keiner anderen Erklärung zu bedürfen als die der Tiere, und was man an einer Minderzahl von menschlichen Individuen als rastlosen Drang zu weiterer Vervollkommnung beobachtet, läßt sich ungezwungen als Folge der Triebverdrängung verstehen, auf welche das Wertvollste an der menschlichen Kultur aufgebaut ist. Der verdrängte Trieb gibt es nie auf, nach seiner vollen Befriedigung zu streben, die in der Wiederholung eines primären Befriedigungserlebnisses bestünde; alle Ersatz-, Reaktionsbildungen und Sublimierun-

50 Auf anderem Wege ist Ferenczi zur Möglichkeit derselben Auffassung gelangt (*Entwicklungsstufen des Wirklichkeitssinnes,* in: Int. Z. ärztl. Psychoanal., Bd. 1, 1913, 137): »Bei konsequenter Durchführung dieses Gedankenganges muß man sich mit der Idee einer auch das organische Leben beherrschenden Beharrungs-, respektive Regressionstendenz vertraut machen, während die Tendenz nach Fortentwicklung, Anpassung usw. nur auf äußere Reize hin lebendig wird.«

gen sind ungenügend, um seine anhaltende Spannung aufzuheben, und aus der Differenz zwischen der gefundenen und der geforderten Befriedigungslust ergibt sich das treibende Moment, welches bei keiner der hergestellten Situationen zu verharren gestattet, sondern nach des Dichters Worten »ungebändigt immer vorwärts dringt« (Mephisto im *Faust*, I [4. Szene], Studierzimmer). Der Weg nach rückwärts, zur vollen Befriedigung, ist in der Regel durch die Widerstände, welche die Verdrängungen aufrechthalten, verlegt, und somit bleibt nichts anderes übrig, als in der anderen, noch freien Entwicklungsrichtung fortzuschreiten, allerdings ohne Aussicht, den Prozeß abschließen und das Ziel erreichen zu können. Die Vorgänge bei der Ausbildung einer neurotischen Phobie, die ja nichts anderes als ein Fluchtversuch vor einer Triebbefriedigung ist, geben uns das Vorbild für die Entstehung dieses anscheinenden »Vervollkommnungstriebes«, den wir aber unmöglich allen menschlichen Individuen zuschreiben können. Die dynamischen Bedingungen dafür sind zwar ganz allgemein vorhanden, aber die ökonomischen Verhältnisse scheinen das Phänomen nur in seltenen Fällen zu begünstigen.

Nur mit einem Wort sei aber auf die Wahrscheinlichkeit hingewiesen, daß das Bestreben des Eros, das Organische zu immer größeren Einheiten zusammenzufassen, einen Ersatz für den nicht anzuerkennenden »Vervollkommnungstrieb« leistet. Im Verein mit den Wirkungen der Verdrängung würde es die dem letzteren zugeschriebenen Phänomene erklären können.

VI

Unser bisheriges Ergebnis, welches einen scharfen Gegensatz zwischen den »Ichtrieben« und den Sexualtrieben aufstellt, die ersteren zum Tode und die letzteren zur Lebensfortsetzung drängen läßt, wird uns gewiß nach vielen Richtungen selbst nicht befriedigen. Dazu kommt, daß wir eigentlich nur für die ersteren den konservativen oder besser regredierenden, einem Wiederholungszwang entsprechenden Charakter des Triebes in Anspruch nehmen konnten. Denn nach unserer Annahme rühren die Ichtriebe von der Belebung der unbelebten Materie her und wollen die Unbelebtheit wiederherstellen. Die Sexualtriebe hingegen – es ist augenfällig, daß sie primitive Zustände des Lebewesens reproduzieren, aber ihr mit allen Mitteln angestrebtes Ziel ist die Verschmelzung zweier in bestimmter Weise differenzierter Keimzellen. Wenn diese Vereinigung nicht zustande kommt, dann stirbt die Keimzelle wie alle anderen Elemente des vielzelligen Organismus. Nur unter dieser Bedingung kann die Geschlechtsfunktion das Leben verlängern und ihm den Schein der Unsterblichkeit verleihen. Welches wichtige Ereignis im Entwicklungsgang der lebenden Substanz wird aber durch die geschlechtliche Fortpflanzung oder ihren Vorläufer, die Kopulation zweier Individuen unter den Protisten, wiederholt?[51] Das wissen wir nicht zu sagen, und darum würden wir es als Erleichterung empfinden, wenn unser ganzer Gedankenaufbau sich als irrtümlich erkennen ließe. Der Gegensatz von Ich(Todes-[52])trieben und Sexual(Lebens-)trieben würde dann entfallen, damit auch der Wiederholungszwang die ihm zugeschriebene Bedeutung einbüßen.

Kehren wir darum zu einer von uns eingeflochtenen Annahme zurück, in der Erwartung, sie werde sich exakt widerlegen lassen. Wir haben auf Grund der Voraussetzung weitere Schlüsse aufgebaut, daß alles Lebende aus inneren Ursachen sterben müsse. Wir haben diese Annahme so sorglos gemacht, weil sie uns nicht als solche erscheint. Wir sind gewohnt, so zu denken, unsere Dichter bestärken uns darin. Vielleicht haben wir uns dazu entschlossen, weil ein Trost in diesem Glauben liegt. Wenn man schon selbst sterben und vorher seine Liebsten durch den Tod verlieren soll, so will man lieber einem unerbittlichen Naturgesetz,

51 [Im folgenden scheint Freud für einzellige Lebewesen unterschiedslos die Bezeichnungen »Protisten« bzw. »Protozoen« zu verwenden.]
52 [Hier erscheint dieser Terminus erstmals im Druck.]

der hehren *'Ανάγκη*[Notwendigkeit], erlegen sein, als einem Zufall, der sich etwa noch hätte vermeiden lassen. Aber vielleicht ist dieser Glaube an die innere Gesetzmäßigkeit des Sterbens auch nur eine der Illusionen, die wir uns geschaffen haben, »um die Schwere des Daseins zu ertragen«[53]. Ursprünglich ist er sicherlich nicht, den primitiven Völkern ist die Idee eines »natürlichen Todes« fremd; sie führen jedes Sterben unter ihnen auf den Einfluß eines Feindes oder eines bösen Geistes zurück. Versäumen wir es darum nicht, uns zur Prüfung dieses Glaubens an die biologische Wissenschaft zu wenden.

Wenn wir so tun, dürfen wir erstaunt sein, wie wenig die Biologen in der Frage des natürlichen Todes einig sind, ja, daß ihnen der Begriff des Todes überhaupt unter den Händen zerrinnt. Die Tatsache einer bestimmten durchschnittlichen Lebensdauer wenigstens bei höheren Tieren spricht natürlich für den Tod aus inneren Ursachen, aber der Umstand, daß einzelne große Tiere und riesenhafte Baumgewächse ein sehr hohes und bisher nicht abschätzbares Alter erreichen, hebt diesen Eindruck wieder auf. Nach der großartigen Konzeption von W. Fließ[54] sind alle Lebenserscheinungen – und gewiß auch der Tod – der Organismen an die Erfüllung bestimmter Termine gebunden, in denen die Abhängigkeit zweier lebenden Substanzen, einer männlichen und einer weiblichen, vom Sonnenjahr zum Ausdruck kommt. Allein die Beobachtungen, wie leicht und bis zu welchem Ausmaß es dem Einflusse äußerer Kräfte möglich ist, die Lebensäußerungen insbesondere der Pflanzenwelt in ihrem zeitlichen Auftreten zu verändern, sie zu verfrühen oder hintanzuhalten, sträuben sich gegen die Starrheit der Fließschen Formeln und lassen zum mindesten an der Alleinherrschaft der von ihm aufgestellten Gesetze zweifeln.

Das größte Interesse knüpft sich für uns an die Behandlung, welche das Thema von der Lebensdauer und vom

53 [Schiller, *Die Braut von Messina*, I. Akt, 8. Szene.]
54 [W. Fließ, *Der Ablauf des Lebens*, Wien 1906.]

Tode der Organismen in den Arbeiten von A. Weismann[55] gefunden hat. Von diesem Forscher rührt die Unterscheidung der lebenden Substanz in eine sterbliche und unsterbliche Hälfte her; die sterbliche ist der Körper im engeren Sinne, das Soma, sie allein ist dem natürlichen Tode unterworfen, die Keimzellen aber sind *potentia* unsterblich, insofern sie imstande sind, unter gewissen günstigen Bedingungen sich zu einem neuen Individuum zu entwickeln, oder anders ausgedrückt, sich mit einem neuen Soma zu umgeben.[56]

Was uns hieran fesselt, ist die unerwartete Analogie mit unserer eigenen, auf so verschiedenem Wege entwickelten Auffassung. Weismann, der die lebende Substanz morphologisch betrachtet, erkennt in ihr einen Bestandteil, der dem Tode verfallen ist, das Soma, den Körper, abgesehen vom Geschlechts- und Vererbungsstoff, und einen unsterblichen, eben dieses Keimplasma, welches der Erhaltung der Art, der Fortpflanzung dient. Wir haben nicht den lebenden Stoff, sondern die in ihm tätigen Kräfte eingestellt und sind dazu geführt worden, zwei Arten von Trieben zu unterscheiden, jene, welche das Leben zum Tod führen wollen, die anderen, die Sexualtriebe, welche immer wieder die Erneuerung des Lebens anstreben und durchsetzen. Das klingt wie ein dynamisches Korollar zu Weismanns morphologischer Theorie.

Der Anschein einer bedeutsamen Übereinstimmung verflüchtigt sich alsbald, wenn wir Weismanns Entscheidung über das Problem des Todes vernehmen. Denn Weismann läßt die Sonderung von sterblichem Soma und unsterblichem Keimplasma erst bei den vielzelligen Organismen gelten, bei den einzelligen Tieren sind Individuum und Fortpflanzungszelle noch ein und dasselbe[57]. Die Einzelli

---

55 [Der Zoologe August Weismann (1834–1914) leistete wichtige Beiträge zur Abstammungs- und Vererbungslehre. Er schrieb u. a.: *Über die Dauer des Lebens* (Jena 1882), *Über Leben und Tod* (Jena 1884) und *Das Keimplasma, eine Theorie der Vererbung* (Jena 1892).]

56 *Über Leben und Tod.*

57 *Dauer des Lebens,* S. 33.

gen erklärt er also für potentiell unsterblich, der Tod tritt erst bei den Metazoen, den Vielzelligen, auf. Dieser Tod der höheren Lebewesen ist allerdings ein natürlicher, ein Tod aus inneren Ursachen, aber er beruht nicht auf einer Ureigenschaft der lebenden Substanz[58], kann nicht als eine absolute, im Wesen des Lebens begründete Notwendigkeit aufgefaßt werden[59]. Der Tod ist vielmehr eine Zweckmäßigkeitseinrichtung, eine Erscheinung der Anpassung an die äußeren Lebensbedingungen, weil von der Sonderung der Körperzellen in Soma und Keimplasma an die unbegrenzte Lebensdauer des Individuums ein ganz unzweckmäßiger Luxus geworden wäre. Mit dem Eintritt dieser Differenzierung bei den Vielzelligen wurde der Tod möglich und zweckmäßig. Seither stirbt das Soma der höheren Lebewesen aus inneren Gründen zu bestimmten Zeiten ab, die Protisten aber sind unsterblich geblieben. Die Fortpflanzung hingegen ist nicht erst mit dem Tode eingeführt worden, sie ist vielmehr eine Ureigenschaft der lebenden Materie wie das Wachstum, aus welchem sie hervorging, und das Leben ist von seinem Beginn auf Erden an kontinuierlich geblieben.[60]

Es ist leicht einzusehen, daß das Zugeständnis eines natürlichen Todes für die höheren Organismen unserer Sache wenig hilft. Wenn der Tod eine späte Erwerbung der Lebewesen ist, dann kommen Todestriebe, die sich vom Beginn des Lebens auf Erden ableiten, weiter nicht in Betracht. Die Vielzelligen mögen dann immerhin aus inneren Gründen sterben, an den Mängeln ihrer Differenzierung oder an den Unvollkommenheiten ihres Stoffwechsels; es hat für die Frage, die uns beschäftigt, kein Interesse. Eine solche Auffassung und Ableitung des Todes liegt dem gewohnten Denken der Menschen auch sicherlich viel näher als die befremdende Annahme von »Todestrieben«.

Die Diskussion, die sich an die Aufstellungen von Weismann angeschlossen, hat nach meinem Urteil in keiner

58 *Leben und Tod*, 2. Auflg., S. 67.
59 *Dauer des Lebens*, S. 33.
60 *Über Leben und Tod*, Schluß.

Richtung Entscheidendes ergeben.[61] Manche Autoren sind zum Standpunkt von Goette[62] zurückgekehrt (1883), der in dem Tod die direkte Folge der Fortpflanzung sah. Hartmann charakterisiert den Tod nicht durch Auftreten einer »Leiche«, eines abgestorbenen Anteiles der lebenden Substanz, sondern definiert ihn als den »Abschluß der individuellen Entwicklung«. In diesem Sinne sind auch die Protozoen sterblich, der Tod fällt bei ihnen immer mit der Fortpflanzung zusammen, aber er wird durch diese gewissermaßen verschleiert, indem die ganze Substanz des Elterntieres direkt in die jungen Kinderindividuen übergeführt werden kann.[63]

Das Interesse der Forschung hat sich bald darauf gerichtet, die behauptete Unsterblichkeit der lebenden Substanz an den Einzelligen experimentell zu erproben. Ein Amerikaner, Woodruff, hat ein bewimpertes Infusorium, ein »Pantoffeltierchen«, das sich durch Teilung in zwei Individuen fortpflanzt, in Zucht genommen und es bis zur 3029sten Generation, wo er den Versuch abbrach, verfolgt, indem er jedesmal das eine der Teilprodukte isolierte und in frisches Wasser brachte. Dieser späte Abkömmling des ersten Pantoffeltierchens war ebenso frisch wie der Urahn, ohne alle Zeichen des Alterns oder der Degeneration; somit schien, wenn solchen Zahlen bereits Beweiskraft zukommt, die Unsterblichkeit der Protisten experimentell erweisbar.[64]

Andere Forscher sind zu anderen Resultaten gekommen. Maupas, Calkins und andere haben im Gegensatz zu Woodruff gefunden, daß auch diese Infusorien nach einer gewissen Anzahl von Teilungen schwächer werden, an Größe abnehmen, einen Teil ihrer Organisation einbüßen

61 Vgl. Max Hartmann, *Tod und Fortpflanzung* ([München] 1906), Alex. Lipschütz, *Warum wir sterben* ([Stuttgart] 1914), Franz Doflein, *Das Problem des Todes und der Unsterblichkeit bei den Pflanzen und Tieren* ([Jena] 1909).

62 [A. Goette, *Über den Ursprung des Todes*, Hamburg 1883.]

63 Hartmann (1906, 29).

64 Für dies und das Folgende vgl. Lipschütz (1914, 26 und 52 ff.).

und endlich sterben, wenn sie nicht gewisse auffrischende Einflüsse erfahren. Demnach stürben die Protozoen nach einer Phase des Altersverfalles ganz wie die höheren Tiere, so recht im Widerspruch zu den Behauptungen Weismanns, der den Tod als eine späte Erwerbung der lebenden Organismen anerkennt.

Aus dem Zusammenhang dieser Untersuchungen heben wir zwei Tatsachen heraus, die uns einen festen Anhalt zu bieten scheinen. Erstens: Wenn die Tierchen zu einem Zeitpunkt, da sie noch keine Altersveränderung zeigen, miteinander zu zweit verschmelzen, »kopulieren« können – worauf sie nach einiger Zeit wieder auseinandergehen –, so bleiben sie vom Alter verschont, sie sind »verjüngt« worden. Diese Kopulation ist doch wohl der Vorläufer der geschlechtlichen Fortpflanzung höherer Wesen; sie hat mit der Vermehrung noch nichts zu tun, beschränkt sich auf die Vermischung der Substanzen beider Individuen (Weismanns Amphimixis). Der auffrischende Einfluß der Kopulation kann aber auch ersetzt werden durch bestimmte Reizmittel, Veränderungen in der Zusammensetzung der Nährflüssigkeit, Temperatursteigerung oder Schütteln. Man erinnert sich an das berühmte Experiment von J. Loeb, der Seeigeleier durch gewisse chemische Reize zu Teilungsvorgängen zwang, die sonst nur nach der Befruchtung auftreten.[65]

Zweitens: Es ist doch wahrscheinlich, daß die Infusorien durch ihren eigenen Lebensprozeß zu einem natürlichen Tod geführt werden, denn der Widerspruch zwischen den Ergebnissen von Woodruff und von anderen rührt daher, daß Woodruff jede neue Generation in frische Nährflüssigkeit brachte. Unterließ er dies, so beobachtete er dieselben Altersveränderungen der Generationen wie die anderen Forscher. Er schloß, daß die Tierchen durch die Produkte des Stoffwechsels, die sie an die umgebende Flüssigkeit abgeben, geschädigt werden, und konnte dann überzeugend

65 [Das Experiment wurde erstmals 1899 durchgeführt. Vgl. Jacques Loeb, *Die chemische Entwicklungserregung des tierischen Eies; künstliche Parthenogenese*, Berlin 1909.]

nachweisen, daß nur die Produkte des *eigenen* Stoffwechsels diese zum Tod der Generation führende Wirkung haben. Denn in einer Lösung, die mit den Abfallsprodukten einer entfernter verwandten Art übersättigt war, gediehen dieselben Tierchen ausgezeichnet, die, in ihrer eigenen Nährflüssigkeit angehäuft, sicher zugrunde gingen. Das Infusor stirbt also, sich selbst überlassen, eines natürlichen Todes an der Unvollkommenheit der Beseitigung seiner eigenen Stoffwechselprodukte; aber vielleicht sterben auch alle höheren Tiere im Grunde an dem gleichen Unvermögen.

Es mag uns da der Zweifel anwandeln, ob es überhaupt zweckdienlich war, die Entscheidung der Frage nach dem natürlichen Tod im Studium der Protozoen zu suchen. Die primitive Organisation dieser Lebewesen mag uns wichtige Verhältnisse verschleiern, die auch bei ihnen statthaben, aber erst bei höheren Tieren erkannt werden können, wo sie sich einen morphologischen Ausdruck verschafft haben. Wenn wir den morphologischen Standpunkt verlassen, um den dynamischen einzunehmen, so kann es uns überhaupt gleichgültig sein, ob sich der natürliche Tod der Protozoen erweisen läßt oder nicht. Bei ihnen hat sich die später als unsterblich erkannte Substanz von der sterblichen noch in keiner Weise gesondert. Die Triebkräfte, die das Leben in den Tod überführen wollen, könnten auch in ihnen von Anfang an wirksam sein, und doch könnte ihr Effekt durch den der lebenserhaltenden Kräfte so gedeckt werden, daß ihr direkter Nachweis sehr schwierig wird. Wir haben allerdings gehört, daß die Beobachtungen der Biologen uns die Annahme solcher zum Tod führenden inneren Vorgänge auch für die Protisten gestatten. Aber selbst wenn die Protisten sich als unsterblich im Sinne von Weismann erweisen, so gilt seine Behauptung, der Tod sei eine späte Erwerbung, nur für die manifesten Äußerungen des Todes und macht keine Annahme über die zum Tode drängenden Prozesse unmöglich. Unsere Erwartung, die Biologie werde die Anerkennung der Todestriebe glatt beseitigen, hat sich nicht erfüllt. Wir können uns mit ihrer Möglichkeit weiter beschäftigen, wenn wir sonst Gründe dafür haben. Die auffällige Ähnlichkeit der Weismannschen Sonderung von Soma und Keimplasma mit unserer Scheidung der Todestriebe von den Lebenstrieben bleibt aber bestehen und erhält ihren Wert wieder.

Verweilen wir kurz bei dieser exquisit dualistischen Auffassung des Trieblebens. Nach der Theorie E. Herings[66] von den Vorgängen in der lebenden Substanz laufen in ihr unausgesetzt zweierlei Prozesse entgegengesetzter Richtung ab, die einen aufbauend – assimilatorisch –, die anderen abbauend – dissimilatorisch. Sollen wir es wagen, in diesen beiden Richtungen der Lebensprozesse die Betätigung unserer beiden Triebregungen, der Lebenstriebe und der Todestriebe, zu erkennen? Aber etwas anderes können wir uns nicht verhehlen: daß wir unversehens in den Hafen der Philosophie Schopenhauers eingelaufen sind, für den ja der Tod »das eigentliche Resultat« und insofern der Zweck des Lebens ist[67], der Sexualtrieb aber die Verkörperung des Willens zum Leben.

Versuchen wir kühn, einen Schritt weiterzugehen. Nach allgemeiner Einsicht ist die Vereinigung zahlreicher Zellen zu einem Lebensverband, die Vielzelligkeit der Organis-

---

66 [Mit den Arbeiten des Physiologen Ewald Hering (1834–1918) hat sich Freud während seiner Studienzeit intensiv beschäftigt. Um 1882 hat Hering, der 1870 Ordinarius in Prag geworden war, Freud eine Assistentenstelle angeboten. – Der hier von Freud referierte Gedanke findet sich in dem Buch *Zur Lehre vom Lichtsinne* (Wien 1870).]

67 [Arthur Schopenhauer, *Transzendente Spekulation*] *über die anscheinende Absichtlichkeit im Schicksale des einzelnen* [(1851). – Schopenhauer entwickelt den Gedanken, daß sich das Leben des einzelnen Menschen mit absoluter Notwendigkeit vollziehe, und schließt folgendermaßen: »So geleitet dann jene unsichtbare und nur in zweifelhaftem Scheine sich kundgebende Lenkung uns bis zum Tode, diesem eigentlichen Resultat und insofern Zweck des Lebens. In der Stunde desselben drängen alle die geheimnisvollen (wenngleich eigentlich in uns selbst wurzelnden) Mächte, die das ewige Schicksal des Menschen bestimmen, sich zusammen und treten in Aktion. Aus ihrem Konflikt ergibt sich der Weg, den er jetzt zu wandern hat, bereitet nämlich seine Palingenesie (Wiedergeburt) sich vor, nebst allem Wohl und Wehe, welches in ihr begriffen und von dem an unwiderruflich bestimmt ist. – Hierauf beruht der hochernste, wichtige, feierliche und furchtbare Charakter der Todesstunde. Sie ist eine Krisis im stärksten Sinne des Worts – ein Weltgericht.«]

men, ein Mittel zur Verlängerung ihrer Lebensdauer geworden. Eine Zelle hilft dazu, das Leben der anderen zu erhalten, und der Zellenstaat kann weiterleben, auch wenn einzelne Zellen absterben müssen. Wir haben bereits gehört, daß auch die Kopulation, die zeitweilige Verschmelzung zweier Einzelliger, lebenserhaltend und verjüngend auf beide wirkt. Somit könnte man den Versuch machen, die in der Psychoanalyse gewonnene Libidotheorie auf das Verhältnis der Zellen zueinander zu übertragen und sich vorzustellen, daß es die in jeder Zelle tätigen Lebens- oder Sexualtriebe sind, welche die anderen Zellen zum Objekt nehmen, deren Todestriebe, das sind die von diesen angeregten Prozesse, teilweise neutralisieren und sie so am Leben erhalten, während andere Zellen dasselbe für sie besorgen und noch andere in der Ausübung dieser libidinösen Funktion sich selbst aufopfern. Die Keimzellen selbst würden sich absolut »narzißtisch« benehmen, wie wir es in der Neurosenlehre zu bezeichnen gewohnt sind, wenn ein ganzes Individuum seine Libido im Ich behält und nichts von ihr für Objektbesetzungen verausgabt. Die Keimzellen brauchen ihre Libido, die Tätigkeit ihrer Lebenstriebe, für sich selbst als Vorrat für ihre spätere, großartig aufbauende Tätigkeit. Vielleicht darf man auch die Zellen der bösartigen Neugebilde, die den Organismus zerstören, für narzißtisch in demselben Sinne erklären. Die Pathologie ist ja bereit, ihre Keime für mitgeboren zu halten und ihnen embryonale Eigenschaften zuzugestehen.[68] So würde also die Libido unserer Sexualtriebe mit dem Eros der Dichter und Philosophen zusammenfallen, der alles Lebende zusammenhält.

An dieser Stelle finden wir den Anlaß, die langsame Entwicklung unserer Libidotheorie zu überschauen. Die Analyse der Übertragungsneurosen zwang uns zunächst den Gegensatz zwischen »Sexualtrieben«, die auf das Objekt gerichtet sind, und anderen Trieben auf, die wir nur sehr ungenügend erkannten und vorläufig als »Ichtriebe« be-

---

68 [Die beiden letzten Sätze wurden 1921 hinzugefügt.]

zeichneten.[69] Unter ihnen mußten Triebe, die der Selbsterhaltung des Individuums dienen, in erster Linie anerkannt werden. Was für andere Unterscheidungen da zu machen waren, konnte man nicht wissen. Keine Kenntnis wäre für die Begründung einer richtigen Psychologie so wichtig gewesen wie eine ungefähre Einsicht in die gemeinsame Natur und die etwaigen Besonderheiten der Triebe. Aber auf keinem Gebiete der Psychologie tappte man so sehr im dunkeln. Jedermann stellte so viele Triebe oder »Grundtriebe« auf, als ihm beliebte, und wirtschaftete mit ihnen, wie die alten griechischen Naturphilosophen mit ihren vier Elementen: dem Wasser, der Erde, dem Feuer und der Luft. Die Psychoanalyse, die irgendeiner Annahme über die Triebe nicht entraten konnte, hielt sich vorerst an die populäre Triebunterscheidung, für die das Wort von »Hunger und Liebe« vorbildlich ist. Es war wenigstens kein neuer Willkürakt. Damit reichte man in der Analyse der Psychoneurosen ein ganzes Stück weit aus. Der Begriff der »Sexualität« – und damit der eines Sexualtriebes – mußte freilich erweitert werden, bis er vieles einschloß, was sich nicht der Fortpflanzungsfunktion einordnete, und darüber gab es Lärm genug in der strengen, vornehmen oder bloß heuchlerischen Welt.

Der nächste Schritt erfolgte, als sich die Psychoanalyse näher an das psychologische Ich herantasten konnte, das ihr zunächst nur als verdrängende, zensurierende und zu Schutzbauten, Reaktionsbildungen befähigte Instanz bekannt geworden war. Kritische und andere weitblickende Geister hatten zwar längst gegen die Einschränkung des Libidobegriffes auf die Energie der dem Objekt zugewendeten Sexualtriebe Einspruch erhoben. Aber sie versäumten es mitzuteilen, woher ihnen die bessere Einsicht gekommen war, und verstanden nicht, etwas für die Analyse Brauchbares aus ihr abzuleiten. In bedächtigerem Fortschreiten fiel es nun der psychoanalytischen Beobachtung auf, wie regel-

69 [S. beispielsweise die Darstellung des erwähnten Gegensatzes in Freuds Abhandlung *Die psychogene Sehstörung in psychoanalytischer Auffassung* (in Band 1 der vorliegenden Ausgabe).]

mäßig Libido vom Objekt abgezogen und aufs Ich gerichtet wird (Introversion), und indem sie die Libidoentwicklung des Kindes in ihren frühesten Phasen studierte, kam sie zur Einsicht, daß das Ich das eigentliche und ursprüngliche Reservoir der Libido sei[70], die erst von da aus auf das Objekt erstreckt werde. Das Ich trat unter die Sexualobjekte und wurde gleich als das vornehmste unter ihnen erkannt. Wenn die Libido so im Ich verweilte, wurde sie narzißtisch genannt.[71] Diese narzißtische Libido war natürlich auch die Kraftäußerung von Sexualtrieben im analytischen Sinne, die man mit den von Anfang an zugestandenen »Selbsterhaltungstrieben« identifizieren mußte. Somit war der ursprüngliche Gegensatz von Ichtrieben und Sexualtrieben unzureichend geworden. Ein Teil der Ichtriebe war als libidinös erkannt; im Ich waren – neben anderen wahrscheinlich – auch Sexualtriebe wirksam, doch ist man berechtigt zu sagen, daß die alte Formel, die Psychoneurose beruhe auf einem Konflikt zwischen den Ichtrieben und den Sexualtrieben, nichts enthielt, was heute zu verwerfen wäre. Der Unterschied der beiden Triebarten, der ursprünglich irgendwie qualitativ gemeint war, ist jetzt nur anders, nämlich *topisch* zu bestimmen. Insbesondere die Übertragungsneurose, das eigentliche Studienobjekt der Psychoanalyse, bleibt das Ergebnis eines Konflikts zwischen dem Ich und der libidinösen Objektbesetzung.

Um so mehr müssen wir den libidinösen Charakter der Selbsterhaltungstriebe jetzt betonen, da wir den weiteren Schritt wagen, den Sexualtrieb als den alles erhaltenden-

70 [Diese Annahme entwickelt Freud in der Studie *Zur Einführung des Narzißmus*, Abschnitt I (vgl. in Band 1 der vorliegenden Ausgabe), hingegen schreibt er in einer Fußnote der Abhandlung *Das Ich und das Es*, Kapitel III: »Als das große Reservoir der Libido, im Sinne der Einführung des Narzißmus, müssen wir jetzt nach der Scheidung von Ich und Es das Es anerkennen. Die Libido, welche dem Ich [...] zufließt, stellt dessen ›*sekundären Narzißmus*‹ her« (Sigmund Freud, *Trauer und Melancholie. Essays*, Berlin 1982, S. 72). – Freud hat seine Vorstellungen zur Struktur der Psyche, wie er sie in der Studie *Das Ich und das Es* entwickelt, in der 31. Vorlesung der *Neuen Folge* wiederholt (vgl. im vorliegenden Band).]

71 *Zur Einführung des Narzißmus* (1914).

Eros zu erkennen, und die narzißtische Libido des Ichs aus den Libidobeiträgen ableiten, mit denen die Somazellen aneinanderhaften. Nun aber finden wir uns plötzlich folgender Frage gegenüber: Wenn auch die Selbsterhaltungstriebe libidinöser Natur sind, dann haben wir vielleicht überhaupt keine anderen Triebe als libidinöse. Es sind wenigstens keine anderen zu sehen. Dann muß man aber doch den Kritikern recht geben, die von Anfang an geahnt haben, die Psychoanalyse erkläre *alles* aus der Sexualität, oder den Neuerern wie Jung, die, kurzentschlossen, Libido für »Triebkraft« überhaupt gebraucht haben. Ist dem nicht so?

In unserer Absicht läge dies Resultat allerdings nicht. Wir sind ja vielmehr von einer scharfen Scheidung zwischen Ichtrieben = Todestrieben und Sexualtrieben = Lebenstrieben ausgegangen. Wir waren ja bereit, auch die angeblichen Selbsterhaltungstriebe des Ichs zu den Todestrieben zu rechnen, was wir seither berichtigend zurückgezogen haben. Unsere Auffassung war von Anfang eine *dualistische*, und sie ist es heute schärfer denn zuvor, seitdem wir die Gegensätze nicht mehr Ich- und Sexualtriebe, sondern Lebens- und Todestriebe benennen. Jungs Libidotheorie ist dagegen eine *monistische;* daß er seine einzige Triebkraft Libido geheißen hat, mußte Verwirrung stiften, soll uns aber weiter nicht beeinflussen.[72] Wir vermuten, daß im Ich noch andere als die libidinösen[73] Selbsterhaltungstriebe tätig sind; wir sollten nur imstande sein, sie aufzuzeigen. Es ist zu bedauern, daß die Analyse des Ichs so wenig fortgeschritten ist, daß dieser Nachweis uns recht schwer wird. Die libidinösen Triebe des Ichs mögen allerdings in besonderer Weise mit den anderen, uns noch fremden Ichtrieben verknüpft sein[74]. Noch ehe wir den Narzißmus klar erkannt hatten, bestand bereits in der Psy-

72 [Dieser und der vorherige Satz wurden 1921 hinzugefügt.]

73 [Das Wort »libidinösen« wurde 1921 hinzugefügt.]

74 [Nur in der Erstausgabe lautet der Satzteil nach dem Komma: ». . . uns noch fremden Ichtrieben verknüpft, nach dem Ausdruck von Alf. Adler ›verschränkt‹ sein.«]

choanalyse die Vermutung, daß die »Ichtriebe« libidinöse Komponenten an sich gezogen haben. Aber das sind recht unsichere Möglichkeiten, denen die Gegner kaum Rechnung tragen werden. Es bleibt mißlich, daß uns die Analyse bisher immer nur in den Stand gesetzt hat, libidinöse [Ich-]Triebe nachzuweisen. Den Schluß, daß es andere nicht gibt, möchten wir darum doch nicht mitmachen.

Bei dem gegenwärtigen Dunkel der Trieblehre tun wir wohl nicht gut, irgendeinen Einfall, der uns Aufklärung verspricht, zurückzuweisen. Wir sind von der großen Gegensätzlichkeit von Lebens- und Todestrieben ausgegangen. Die Objektliebe selbst zeigt uns eine zweite solche Polarität, die von Liebe (Zärtlichkeit) und Haß (Aggression). Wenn es uns gelänge, diese beiden Polaritäten in Beziehung zueinander zu bringen, die eine auf die andere zurückzuführen! Wir haben von jeher eine sadistische Komponente des Sexualtriebes anerkannt[75]; sie kann sich, wie wir wissen, selbständig machen und als Perversion das gesamte Sexualstreben der Person beherrschen. Sie tritt auch in einer der von mir so genannten »prägenitalen Organisationen« als dominierender Partialtrieb hervor. Wie soll man aber den sadistischen Trieb, der auf die Schädigung des Objekts zielt, vom lebenserhaltenden Eros ableiten können? Liegt da nicht die Annahme nahe, daß dieser Sadismus eigentlich ein Todestrieb ist, der durch den Einfluß der narzißtischen Libido vom Ich abgedrängt wurde, so daß er erst am Objekt zum Vorschein kommt? Er tritt dann in den Dienst der Sexualfunktion; im oralen Organisationsstadium der Libido fällt die Liebesbemächtigung noch mit der Vernichtung des Objekts zusammen, später trennt sich der sadistische Trieb ab, und endlich übernimmt er auf der Stufe des Genitalprimats zum Zwecke der Fortpflanzung die Funktion, das Sexualobjekt so weit zu bewältigen, als es die Ausführung des Geschlechtsaktes erfordert. Ja, man könnte sagen, der aus dem Ich herausgedrängte

75 *Drei Abhandlungen zur Sexualtheorie,* von der 1. Auflage, 1905, an. [Vgl. in Band 1 der vorliegenden Ausgabe.]

Sadismus habe den libidinösen Komponenten des Sexualtriebs den Weg gezeigt; späterhin drängen diese zum Objekt nach. Wo der ursprüngliche Sadismus keine Ermäßigung und Verschmelzung erfährt, ist die bekannte Liebe-Haß-Ambivalenz des Liebeslebens hergestellt.

Wenn es erlaubt ist, eine solche Annahme zu machen, so wäre die Forderung erfüllt, ein Beispiel eines – allerdings verschobenen – Todestriebes aufzuzeigen. Nur daß diese Auffassung von jeder Anschaulichkeit weit entfernt ist und einen geradezu mystischen Eindruck macht. Wir kommen in den Verdacht, um jeden Preis eine Auskunft aus einer großen Verlegenheit gesucht zu haben. Dann dürfen wir uns darauf berufen, daß eine solche Annahme nicht neu ist, daß wir sie bereits früher einmal gemacht haben, als von einer Verlegenheit noch keine Rede war. Klinische Beobachtungen haben uns seinerzeit zur Auffassung genötigt, daß der dem Sadismus komplementäre Partialtrieb des Masochismus als eine Rückwendung des Sadismus gegen das eigene Ich zu verstehen sei.[76] Eine Wendung des Triebes vom Objekt zum Ich ist aber prinzipiell nichts anderes als die Wendung vom Ich zum Objekt, die hier als neu in Frage steht. Der Masochismus, die Wendung des Triebes gegen das eigene Ich, wäre dann in Wirklichkeit eine Rückkehr zu einer früheren Phase desselben, eine Regression. In einem Punkte bedürfte die damals vom Masochismus gegebene Darstellung einer Berichtigung als allzu ausschließlich; der Masochismus könnte auch, was ich dort bestreiten wollte, ein primärer sein.[77]

---

76 Vgl. [*Drei Abhandlungen zur Sexualtheorie*], 4. Aufl., 1920 [in Band 1], und *Triebe und Triebschicksale* [in Band 2 der vorliegenden Ausgabe].

77 In einer inhalts- und gedankenreichen, für mich leider nicht ganz durchsichtigen Arbeit hat Sabina Spielrein ein ganzes Stück dieser Spekulation vorweggenommen. Sie bezeichnet die sadistische Komponente des Sexualtriebs als die »destruktive«. (*Die Destruktion als Ursache des Werdens,* in: Jb. psychoanalyt. psychopath. Forsch., Bd. 4, 1912.) In noch anderer Weise suchte A. Stärcke [Einleitung zur holländischen Übersetzung von S. Freud, *Die »kulturelle« Sexualmoral und die moderne Nervosität* (Leyden 1914)] den Libidobegriff selbst mit dem theoretisch zu supponierenden biologischen Begriff eines *Antriebes zum Tode* zu identifizieren. (Vgl. auch

Aber kehren wir zu den lebenserhaltenden Sexualtrieben zurück. Schon aus der Protistenforschung haben wir erfahren, daß die Verschmelzung zweier Individuen ohne nachfolgende Teilung, die Kopulation, auf beide Individuen, die sich dann bald voneinander lösen, stärkend und verjüngend wirkt. (S. oben, Lipschütz[78].) Sie zeigen in weiteren Generationen keine Degenerationserscheinungen und scheinen befähigt, den Schädlichkeiten ihres eigenen Stoffwechsels länger zu widerstehen. Ich meine, daß diese eine Beobachtung als vorbildlich für den Effekt auch der geschlechtlichen Vereinigung genommen werden darf. Aber auf welche Weise bringt die Verschmelzung zweier wenig verschiedener Zellen eine solche Erneuerung des Lebens zustande? Der Versuch, der die Kopulation bei den Protozoen durch die Einwirkung chemischer, ja selbst mechanischer Reize[79] ersetzt, gestattet wohl eine sichere Antwort zu geben: Es geschieht durch die Zufuhr neuer Reizgrößen. Das stimmt nun aber gut zur Annahme, daß der Lebensprozeß des Individuums aus inneren Gründen zur Abgleichung chemischer Spannungen, das heißt zum Tode führt, während die Vereinigung mit einer individuell verschiedenen lebenden Substanz diese Spannungen vergrößert, sozusagen neue *Vitaldifferenzen* einführt, die dann *abgelebt* werden müssen. Für diese Verschiedenheit muß es natürlich ein oder mehrere Optima geben. Daß wir als die herrschende Tendenz des Seelenlebens, vielleicht des Nervenlebens überhaupt, das Streben nach Herabsetzung, Konstanterhaltung, Aufhebung der inneren Reizspannung erkannten (das *Nirwanaprinzip* nach einem Ausdruck von Barbara Low[80]), wie es im Lustprinzip zum Ausdruck

---

Rank [*Der Künstler, Ansätze zu einer Sexualpsychologie,* Leipzig und Wien], 1907.) Alle diese Bemühungen zeugen, wie die im Texte, von dem Drang nach einer noch nicht erreichten Klärung in der Trieblehre. [Freuds eigene spätere Darstellung des Destruktionstriebes bildet den Inhalt des VI. Kapitels von *Das Unbehagen in der Kultur* (1930); vgl. S. Freud, *Trauer und Melancholie. Essays,* Berlin 1982, S. 163-170].

78 [*Warum wir sterben,* Stuttgart 1914.]

79 Lipschütz (1914).

80 [B. Low, *Psycho-Analysis,* London und New York 1920, S. 73.]

kommt[81], das ist ja eines unserer stärksten Motive, an die Existenz von Todestrieben zu glauben.

Als empfindliche Störung unseres Gedankenganges verspüren wir es aber noch immer, daß wir gerade für den Sexualtrieb jenen Charakter eines Wiederholungszwanges nicht nachweisen können, der uns zuerst zur Aufspürung der Todestriebe führte. Das Gebiet der embryonalen Entwicklungsvorgänge ist zwar überreich an solchen Wiederholungserscheinungen, die beiden Keimzellen der geschlechtlichen Fortpflanzung und ihre Lebensgeschichte sind selbst nur Wiederholungen der Anfänge des organischen Lebens; aber das Wesentliche an den vom Sexualtrieb intendierten Vorgängen ist doch die Verschmelzung zweier Zelleiber. Erst durch diese wird bei den höheren Lebewesen die Unsterblichkeit der lebenden Substanz gesichert.

Mit anderen Worten: wir sollen Auskunft schaffen über die Entstehung der geschlechtlichen Fortpflanzung und die Herkunft der Sexualtriebe überhaupt, eine Aufgabe, vor der ein Außenstehender zurückschrecken muß und die von den Spezialforschern selbst bisher noch nicht gelöst werden konnte. In knappster Zusammendrängung sei darum aus all den widerstreitenden Angaben und Meinungen hervorgehoben, was einen Anschluß an unseren Gedankengang zuläßt.

Die eine Auffassung benimmt dem Problem der Fortpflanzung seinen geheimnisvollen Reiz, indem sie die Fortpflanzung als eine Teilerscheinung des Wachstums darstellt (Vermehrung durch Teilung, Sprossung, Knospung). Die Entstehung der Fortpflanzung durch geschlechtlich differenzierte Keimzellen könnte man sich nach nüchterner Darwinscher Denkungsart so vorstellen, daß der Vorteil der Amphimixis, der sich dereinst bei der zufälligen Kopulation zweier Protisten ergab, in der ferneren Entwicklung festgehalten und weiter ausgenützt

81 [Das Thema insgesamt wird ferner in der Arbeit *Das ökonomische Problem des Masochismus* behandelt, vgl. im vorliegenden Band unserer Ausgabe.]

wurde.[82] Das »Geschlecht« wäre also nicht sehr alt, und die außerordentlich heftigen Triebe, welche die geschlechtliche Vereinigung herbeiführen wollen, wiederholten dabei etwas, was sich zufällig einmal ereignet und seither als vorteilhaft befestigt hat.

Es ist hier wiederum wie beim Tod die Frage, ob man bei den Protisten nichts anderes gelten lassen soll, als was sie zeigen, und ob man annehmen darf, daß Kräfte und Vorgänge, die erst bei höheren Lebewesen sichtbar werden, auch bei diesen zuerst entstanden sind. Für unsere Absichten leistet die erwähnte Auffassung der Sexualität sehr wenig. Man wird gegen sie einwenden dürfen, daß sie die Existenz von Lebenstrieben, die schon im einfachsten Lebewesen wirken, voraussetzt, denn sonst wäre ja die Kopulation, die dem Lebenslauf entgegenwirkt und die Aufgabe des Ablebens erschwert, nicht festgehalten und ausgearbeitet, sondern vermieden worden. Wenn man also die Annahme von Todestrieben nicht fahrenlassen will, muß man ihnen von allem Anfang an Lebenstriebe zugesellen. Aber man muß es zugestehen, wir arbeiten da an einer Gleichung mit zwei Unbekannten. Was wir sonst in der Wissenschaft über die Entstehung der Geschlechtlichkeit finden, ist so wenig, daß man dies Problem einem Dunkel vergleichen kann, in welches auch nicht der Lichtstrahl einer Hypothese gedrungen ist. An ganz anderer Stelle begegnen wir allerdings einer solchen Hypothese, die aber von so phantastischer Art ist – gewiß eher ein Mythus als eine wissenschaftliche Erklärung –, daß ich nicht wagen würde, sie hier anzuführen, wenn sie nicht gerade die eine Bedingung erfüllen würde, nach deren Erfüllung wir streben. Sie leitet nämlich einen Trieb ab *von*

82 Obwohl Weismann (*Das Keimplasma* . . ., 1892) auch diesen Vorteil leugnet: »Die Befruchtung bedeutet keinesfalls eine Verjüngung oder Erneuerung des Lebens, sie wäre durchaus nicht notwendig zur Fortdauer des Lebens, sie ist nichts als *eine Einrichtung, um die Vermischung zweier verschiedener Vererbungstendenzen* möglich zu machen.« Als Wirkung einer solchen Vermischung betrachtet er aber doch eine Steigerung der Variabilität der Lebewesen.

dem Bedürfnis nach Wiederherstellung eines früheren Zustandes.

Ich meine natürlich die Theorie, die Plato im *Symposion* durch Aristophanes entwickeln läßt und die nicht nur die Herkunft des Geschlechtstriebes, sondern auch seiner wichtigsten Variation in bezug auf das Objekt behandelt.[83]

»Unser Leib war nämlich zuerst gar nicht ebenso gebildet wie jetzt; er war ganz anders. Erstens gab es drei Geschlechter, nicht bloß wie jetzt männlich und weiblich, sondern noch ein drittes, das die beiden vereinigte ... das Mannweibliche ...« Alles an diesen Menschen war aber doppelt, sie hatten also vier Hände und vier Füße, zwei Gesichter, doppelte Schamteile usw. Da ließ sich Zeus bewegen, jeden Menschen in zwei Teile zu teilen, »wie man die Quitten zum Einmachen durchschneidet ... Weil nun das ganze Wesen entzweigeschnitten war, trieb die Sehnsucht die beiden Hälften zusammen; sie umschlangen sich mit den Händen, verflochten sich ineinander *im Verlangen, zusammenzuwachsen ...«*[84]

Sollen wir, dem Wink des Dichterphilosophen folgend, die Annahme wagen, daß die lebende Substanz bei ihrer Belebung in kleine Partikel zerrissen wurde, die seither durch die Sexualtriebe ihre Wiedervereinigung anstreben? Daß diese Triebe, in denen sich die chemische Affinität

83 Übersetzung von U. v. Wilamowitz-Moellendorff (*Platon*, I, S. 366 f.).

84 [*Zusatz 1921:*] Prof. Heinrich Gomperz (Wien) verdanke ich die nachstehenden Andeutungen über die Herkunft des Platonischen Mythus, die ich zum Teil in seinen Worten wiedergebe: Ich möchte darauf aufmerksam machen, daß sich wesentlich dieselbe Theorie auch schon in den *Upanishaden* findet. Denn *Brihad-Āranyaka-Upanishad*, I, 4, 3 (Deussen, *60 Upanishads des Veda*, S. 593), wo das Hervorgehen der Welt aus dem Ātman (dem Selbst oder Ich) geschildert wird, heißt es: »... Aber er (der Ātman, das Selbst oder das Ich) hatte auch keine Freude; darum hat einer keine Freude, wenn er allein ist. Da begehrte er nach einem Zweiten. Nämlich er war so groß wie ein Weib und ein Mann, wenn sie sich umschlungen halten. Dieses sein Selbst zerfällte er in zwei Teile: daraus entstanden Gatte und Gattin. Darum ist dieser Leib an dem Selbst gleichsam eine Halbscheid, so nämlich hat es Yājñavalkya erklärt. Darum wird dieser leere Raum hier durch das Weib ausgefüllt.«

Die *Brihad-Āranyaka-Upanishad* ist die älteste aller Upanishaden und

der unbelebten Materie fortsetzt, durch das Reich der Protisten hindurch allmählich die Schwierigkeiten überwinden, welche eine mit lebensgefährlichen Reizen geladene Umgebung diesem Streben entgegensetzt, die sie zur Bildung einer schützenden Rindenschicht nötigt? Daß diese zersprengten Teilchen lebender Substanz so die Vielzelligkeit erreichen und endlich den Keimzellen den Trieb zur Wiedervereinigung in höchster Konzentration übertragen? Ich glaube, es ist hier die Stelle, abzubrechen.

Doch nicht, ohne einige Worte kritischer Besinnung anzuschließen. Man könnte mich fragen, ob und inwieweit ich selbst von den hier entwickelten Annahmen überzeugt bin. Meine Antwort würde lauten, daß ich weder selbst überzeugt bin noch bei anderen um Glauben für sie werbe. Richtiger: ich weiß nicht, wieweit ich an sie glaube. Es scheint mir, daß das affektive Moment der Überzeugung hier gar nicht in Betracht zu kommen braucht. Man kann sich doch einem Gedankengang hingeben, ihn verfolgen, soweit er führt, nur aus wissenschaftlicher Neugierde oder, wenn man will, als *advocatus diaboli*, der sich darum doch nicht dem Teufel selbst verschreibt. Ich verkenne nicht, daß der dritte Schritt in der Trieblehre, den ich hier unternehme, nicht dieselbe Sicherheit beanspruchen kann wie die beiden früheren, die Erweiterung des Begriffs der Se-

---

wird wohl von keinem urteilsfähigen Forscher später angesetzt als etwa um das Jahr 800 v. Chr. Die Frage, ob eine, wenn auch nur mittelbare Abhängigkeit Platos von diesen indischen Gedanken möglich wäre, möchte ich im Gegensatz zur herrschenden Meinung nicht unbedingt verneinen, da eine solche Möglichkeit wohl auch für die Seelenwanderungslehre nicht geradezu in Abrede gestellt werden kann. Eine solche, zunächst durch Pythagoreer vermittelte Abhängigkeit würde dem gedanklichen Zusammentreffen kaum etwas von seiner Bedeutsamkeit nehmen, da Plato eine derartige ihm irgendwie aus orientalischer Überlieferung zugetragene Geschichte sich nicht zu eigen gemacht, geschweige denn ihr eine so bedeutsame Stellung angewiesen hätte, hätte sie ihm nicht selbst als wahrheitshältig eingeleuchtet.

In einem Aufsatz von K. Ziegler, *Menschen- und Weltenwerden* (in: Neue Jb. klass. Altert., Bd. 31, 1913), der sich planmäßig mit der Erforschung des fraglichen Gedankens *vor* Plato beschäftigt, wird dieser auf babylonische Vorstellungen zurückgeführt.

xualität und die Aufstellung des Narzißmus. Diese Neuerungen waren direkte Übersetzungen der Beobachtung in Theorie, mit nicht größeren Fehlerquellen behaftet, als in all solchen Fällen unvermeidlich ist. Die Behauptung des *regressiven* Charakters der Triebe ruht allerdings auch auf beobachtetem Material, nämlich auf den Tatsachen des Wiederholungszwanges. Allein vielleicht habe ich deren Bedeutung überschätzt. Die Durchführung dieser Idee ist jedenfalls nicht anders möglich, als daß man mehrmals nacheinander Tatsächliches mit bloß Erdachtem kombiniert und sich dabei weit von der Beobachtung entfernt. Man weiß, daß das Endergebnis um so unverläßlicher wird, je öfter man dies während des Aufbaues einer Theorie tut, aber der Grad der Unsicherheit ist nicht angebbar. Man kann dabei glücklich geraten haben oder schmählich in die Irre gegangen sein. Der sogenannten Intuition traue ich bei solchen Arbeiten wenig zu; was ich von ihr gesehen habe, schien mir eher der Erfolg einer gewissen Unparteilichkeit des Intellekts. Nur daß man leider selten unparteiisch ist, wo es sich um die letzten Dinge, die großen Probleme der Wissenschaft und des Lebens handelt. Ich glaube, ein jeder wird da von innerlich tief begründeten Vorlieben beherrscht, denen er mit seiner Spekulation unwissentlich in die Hände arbeitet. Bei so guten Gründen zum Mißtrauen bleibt wohl nichts anderes als ein kühles Wohlwollen für die Ergebnisse der eigenen Denkbemühung möglich. Ich beeile mich nur hinzuzufügen, daß solche Selbstkritik durchaus nicht zu besonderer Toleranz gegen abweichende Meinungen verpflichtet. Man darf unerbittlich Theorien abweisen, denen schon die ersten Schritte in der Analyse der Beobachtung widersprechen, und kann dabei doch wissen, daß die Richtigkeit derer, die man vertritt, doch nur eine vorläufige ist. In der Beurteilung unserer Spekulation über die Lebens- und Todestriebe würde es uns wenig stören, daß so viel befremdende und unanschauliche Vorgänge darin vorkommen, wie ein Trieb werde von anderen herausgedrängt oder er wende sich vom Ich zum Objekt und dergleichen. Dies rührt nur daher, daß wir genötigt sind, mit den wissenschaftlichen Termini, das heißt mit der eigenen Bildersprache der Psychologie (richtig: der Tiefenpsychologie) zu arbeiten. Sonst könnten wir die entsprechenden Vorgänge überhaupt nicht beschreiben, ja, würden sie gar nicht wahrgenommen haben. Die Mängel unserer Beschreibung würden wahrscheinlich verschwinden, wenn wir anstatt der psychologischen Termini schon die physiologischen oder chemischen einsetzen könnten. Diese gehören zwar auch nur einer Bildersprache an, aber einer uns seit längerer Zeit vertrauten und vielleicht auch einfacheren.

Hingegen wollen wir uns recht klarmachen, daß die Unsicherheit unserer Spekulation zu einem hohen Grade durch die Nötigung gesteigert wurde, Anleihen bei der biologischen Wissenschaft zu machen. Die Biologie ist wahrlich ein Reich der unbegrenzten Möglichkeiten, wir haben die überraschendsten Aufklärungen von ihr zu erwarten und können nicht erraten, welche Antworten sie auf die von uns an sie gestellten Fragen einige Jahrzehnte später geben würde. Vielleicht gerade solche, durch die unser ganzer künstlicher Bau von Hypothesen umgeblasen wird. Wenn dem so ist, könnte jemand fragen, wozu unternimmt man also solche Arbeiten, wie die in diesem Abschnitt niedergelegte, und warum bringt man sie doch zur Mitteilung? Nun, ich kann nicht in Abrede stellen, daß einige der Analogien, Verknüpfungen und Zusammenhänge darin mir der Beachtung würdig erschienen sind.[85]

---

85 Anschließend hier einige Worte zur Klärung unserer Namengebung, die im Laufe dieser Erörterungen eine gewisse Entwicklung durchgemacht hat. Was »Sexualtriebe« sind, wußten wir aus ihrer Beziehung zu den Geschlechtern und zur Fortpflanzungsfunktion. Wir behielten dann diesen Namen bei, als wir durch die Ergebnisse der Psychoanalyse genötigt waren, deren Beziehung zur Fortpflanzung zu lockern. Mit der Aufstellung der narzißtischen Libido und der Ausdehnung des Libidobegriffes auf die einzelne Zelle wandelte sich uns der Sexualtrieb zum Eros, der die Teile der lebenden Substanz zueinanderzudrängen und zusammenzuhalten sucht, und die gemeinhin so genannten Sexualtriebe erschienen als der dem Objekt zugewandte Anteil dieses Eros. Die Spekulation läßt dann diesen Eros vom Anfang des Lebens an wirken und als »Lebenstrieb« in

VII

Wenn es wirklich ein so allgemeiner Charakter der Triebe ist, daß sie einen früheren Zustand wiederherstellen wollen, so dürfen wir uns nicht darüber verwundern, daß im Seelenleben so viele Vorgänge sich unabhängig vom Lustprinzip vollziehen. Dieser Charakter würde sich jedem Partialtrieb mitteilen und sich in seinem Falle auf die Wiedererreichung einer bestimmten Station des Entwicklungsweges beziehen. Aber all dies, worüber das Lustprinzip noch keine Macht bekommen hat, brauchte darum noch nicht im Gegensatz zu ihm zu stehen, und die Aufgabe ist noch ungelöst, das Verhältnis der triebhaften Wiederholungsvorgänge zur Herrschaft des Lustprinzips zu bestimmen.

Wir haben es als eine der frühesten und wichtigsten Funktionen des seelischen Apparates erkannt, die anlangenden Triebregungen zu »binden«, den in ihnen herrschenden Primärvorgang durch den Sekundärvorgang zu ersetzen, ihre frei bewegliche Besetzungsenergie in vorwiegend ruhende (tonische) Besetzung umzuwandeln. Während dieser Umsetzung kann auf die Ent-

---

Gegensatz zum »Todestrieb« treten, der durch die Belebung des Anorganischen entstanden ist. Sie versucht das Rätsel des Lebens durch die Annahme dieser beiden von Uranfang an miteinander ringenden Triebe zu lösen. [*Zusatz 1921:*] Unübersichtlicher ist vielleicht die Wandlung, die der Begriff der »Ichtriebe« erfahren hat. Ursprünglich nannten wir so alle jene von uns nicht näher gekannten Triebrichtungen, die sich von den auf das Objekt gerichteten Sexualtrieben abscheiden lassen, und brachten die Ichtriebe in Gegensatz zu den Sexualtrieben, deren Ausdruck die Libido ist. Späterhin näherten wir uns der Analyse des Ichs und erkannten, daß auch ein Teil der »Ichtriebe« libidinöser Natur ist, das eigene Ich zum Objekt genommen hat. Diese narzißtischen Selbsterhaltungstriebe mußten also jetzt den libidinösen Sexualtrieben zugerechnet werden. Der Gegensatz zwischen Ich- und Sexualtrieben wandelte sich in den zwischen Ich- und Objekttrieben, beide libidinöser Natur. An seine Stelle trat aber ein neuer Gegensatz zwischen libidinösen (Ich- und Objekt-)Trieben und anderen, die im Ich zu statuieren und vielleicht in den Destruktionstrieben aufzuzeigen sind. Die Spekulation wandelt diesen Gegensatz in den von Lebenstrieben (Eros) und von Todestrieben um.

wicklung von Unlust nicht Rücksicht genommen werden, allein das Lustprinzip wird dadurch nicht aufgehoben. Die Umsetzung geschieht vielmehr im Dienste des Lustprinzips; die Bindung ist ein vorbereitender Akt, der die Herrschaft des Lustprinzips einleitet und sichert.

Trennen wir Funktion und Tendenz schärfer voneinander, als wir es bisher getan haben. Das Lustprinzip ist dann eine Tendenz, welche im Dienste einer Funktion steht, der es zufällt, den seelischen Apparat überhaupt erregungslos zu machen oder den Betrag der Erregung in ihm konstant oder möglichst niedrig zu erhalten. Wir können uns noch für keine dieser Fassungen sicher entscheiden, aber wir merken, daß die so bestimmte Funktion Anteil hätte an dem allgemeinsten Streben alles Lebenden, zur Ruhe der anorganischen Welt zurückzukehren. Wir haben alle erfahren, daß die größte uns erreichbare Lust, die des Sexualaktes, mit dem momentanen Erlöschen einer hochgesteigerten Erregung verbunden ist. Die Bindung der Triebregung wäre aber eine vorbereitende Funktion, welche die Erregung für ihre endgültige Erledigung in der Abfuhrlust zurichten soll.

Aus demselben Zusammenhang erhebt sich die Frage, ob die Lust- und Unlustempfindungen von den gebundenen wie von den ungebundenen Erregungsvorgängen in gleicher Weise erzeugt werden können. Da erscheint es denn ganz unzweifelhaft, daß die ungebundenen, die Primärvorgänge, weit intensivere Empfindungen nach beiden Richtungen ergeben als die gebundenen, die des Sekundärvorganges. Die Primärvorgänge sind auch die zeitlich früheren, zu Anfang des Seelenlebens gibt es keine anderen, und wir können schließen, wenn das Lustprinzip nicht schon bei ihnen in Wirksamkeit wäre, könnte es sich überhaupt für die späteren nicht herstellen. Wir kommen so zu dem im Grunde nicht einfachen Ergebnis, daß das Luststreben zu Anfang des seelischen Lebens sich weit intensiver äußert als späterhin, aber nicht so uneingeschränkt; es muß sich häufige Durchbrüche gefallen lassen. In reiferen

Zeiten ist die Herrschaft des Lustprinzips sehr viel mehr gesichert, aber dieses selbst ist der Bändigung sowenig entgangen wie die anderen Triebe überhaupt. Jedenfalls muß das, was am Erregungsvorgange die Empfindungen von Lust und Unlust entstehen läßt, beim Sekundärvorgang ebenso vorhanden sein wie beim Primärvorgang.

Hier wäre die Stelle, mit weiteren Studien einzusetzen. Unser Bewußtsein vermittelt uns von innen her nicht nur die Empfindungen von Lust und Unlust, sondern auch von einer eigentümlichen Spannung, die selbst wieder eine lustvolle oder unlustvolle sein kann. Sind es nun die gebundenen und die ungebundenen Energievorgänge, die wir mittels dieser Empfindungen voneinander unterscheiden sollen, oder ist die Spannungsempfindung auf die absolute Größe, eventuell das Niveau der Besetzung zu beziehen, während die Lust-Unlustreihe auf die Änderung der Besetzungsgröße in der Zeiteinheit hindeutet? Es muß uns auch auffallen, daß die Lebenstriebe soviel mehr mit unserer inneren Wahrnehmung zu tun haben, da sie als Störenfriede auftreten, unausgesetzt Spannungen mit sich bringen, deren Erledigung als Lust empfunden wird, während die Todestriebe ihre Arbeit unauffällig zu leisten scheinen. Das Lustprinzip scheint geradezu im Dienste der Todestriebe zu stehen; es wacht allerdings auch über die Reize von außen, die von beiderlei Triebarten als Gefahren eingeschätzt werden, aber ganz besonders über die Reizsteigerungen von innen her, die eine Erschwerung der Lebensaufgabe erzielen. Hieran knüpfen sich ungezählte andere Fragen, deren Beantwortung jetzt nicht möglich ist. Man muß geduldig sein und auf weitere Mittel und Anlässe zur Forschung warten. Auch bereit bleiben, einen Weg wieder zu verlassen, den man eine Weile verfolgt hat, wenn er zu nichts Gutem zu führen scheint. Nur solche Gläubige, die von der Wissenschaft einen Ersatz für den aufgegebenen Katechismus fordern, werden dem Forscher die Fortbildung oder selbst die Umbildung seiner Ansichten verübeln. Im übrigen mag uns ein Dichter (Rückert in den *Makamen des Hariri*[86]) über die langsamen Fortschritte unserer wissenschaftlichen Erkenntnis trösten:

»Was man nicht erfliegen kann, muß man erhinken.

....

Die Schrift sagt, es ist keine Sünde zu hinken.«

86 [Schlußzeilen aus dem Gedicht *Die beiden Gulden* der Rückertschen Übersetzung *Die Verwandlungen des Abu Seid von Serug oder Die Makamen des Hariri* (1826 und 1837, 2 Bde.) der *Maqāmāt* von al-Hariri.]

Über einige neurotische Mechanismen bei Eifersucht, Paranoia und Homosexualität

A

Die Eifersucht gehört zu den Affektzuständen, die man ähnlich wie die Trauer als normal bezeichnen darf. Wo sie im Charakter und Benehmen eines Menschen zu fehlen scheint, ist der Schluß gerechtfertigt, daß sie einer starken Verdrängung erlegen ist und darum im unbewußten Seelenleben eine um so größere Rolle spielt. Die Fälle von abnorm verstärkter Eifersucht, mit denen die Analyse zu tun bekommt, erweisen sich als dreifach geschichtet. Die drei Schichten oder Stufen der Eifersucht verdienen die Namen der 1. *konkurrierenden* oder normalen, 2. der *projizierten*, 3. der *wahnhaften*.

Über die *normale* Eifersucht ist analytisch wenig zu sagen. Es ist leicht zu sehen, daß sie sich wesentlich zusammensetzt aus der Trauer, dem Schmerz um das verloren geglaubte Liebesobjekt, und der narzißtischen Kränkung, soweit sich diese vom anderen sondern läßt, ferner aus feindseligen Gefühlen gegen den bevorzugten Rivalen und aus einem mehr oder minder großen Beitrag von Selbstkritik, die das eigene Ich für den Liebesverlust verantwortlich machen will. Diese Eifersucht ist, wenn wir sie auch normal heißen, keineswegs durchaus rationell, das heißt aus aktuellen Beziehungen entsprungen, den wirklichen Verhältnissen proportional und restlos vom bewußten Ich beherrscht, denn sie wurzelt tief im Unbewußten, setzt früheste Regungen der kindlichen Affektivität fort und stammt aus dem Ödipus- oder aus dem Geschwisterkomplex der ersten Sexualperiode. Es ist immerhin bemerkenswert, daß sie von manchen Personen bisexuell erlebt wird, das heißt beim

Manne wird außer dem Schmerz um das geliebte Weib und dem Haß gegen den männlichen Rivalen auch Trauer um den unbewußt geliebten Mann und Haß gegen das Weib als Rivalin bei ihm zur Verstärkung wirksam. Ich weiß auch von einem Manne, der sehr arg unter seinen Eifersuchtsanfällen litt und die nach seinen Angaben ärgsten Qualen in der bewußten Versetzung in das ungetreue Weib durchmachte. Die Empfindung der Hilflosigkeit, die er dann verspürte, die Bilder, die er für seinen Zustand fand, als ob er wie Prometheus dem Geierfraß preisgegeben oder gefesselt in ein Schlangennest geworfen worden wäre, bezog er selbst auf den Eindruck mehrerer homosexueller Angriffe, die er als Knabe erlebt hatte.

Die Eifersucht der zweiten Schicht oder die *projizierte* geht beim Manne wie beim Weibe aus der eigenen, im Leben betätigten Untreue oder aus Antrieben zur Untreue hervor, die der Verdrängung verfallen sind. Es ist eine alltägliche Erfahrung, daß die Treue, zumal die in der Ehe geforderte, nur gegen beständige Versuchungen aufrechterhalten werden kann. Wer dieselben in sich verleugnet, verspürt deren Andrängen doch so stark, daß er gerne einen unbewußten Mechanismus zu seiner Erleichterung in Anspruch nimmt. Eine solche Erleichterung, ja einen Freispruch vor seinem Gewissen erreicht er, wenn er die eigenen Antriebe zur Untreue auf die andere Partei, welcher er die Treue schuldig ist, projiziert. Dieses starke Motiv kann sich dann des Wahrnehmungsmaterials bedienen, welches die gleichartigen unbewußten Regungen des anderen Teiles verrät, und könnte sich durch die Überlegung rechtfertigen, daß der Partner oder die Partnerin wahrscheinlich auch nicht viel besser ist als man selbst.[1]

Die gesellschaftlichen Sitten haben diesem allgemeinen Sachverhalt in kluger Weise Rechnung getragen, indem sie

1 Vgl. die Strophe im Liede der Desdemona [*Othello*, IV. Akt, 3. Szene]:
I called my love false love; but what said he then?
If I court moe women, you'll couch with moe men.
(Ich nannt' ihn: Du Falscher. Was sagt er dazu?
Schau ich nach den Mägdlein, nach den Büblein schielst du.)

der Gefallsucht der verheirateten Frau und der Eroberungssucht des Ehemannes einen gewissen Spielraum gestatten in der Erwartung, die unabweisbare Neigung zur Untreue dadurch zu drainieren und unschädlich zu machen. Die Konvention setzt fest, daß beide Teile diese kleinen Schrittchen in der Richtung der Untreue einander nicht anzurechnen haben, und erreicht zumeist, daß die am fremden Objekt entzündete Begierde in einer gewissen Rückkehr zur Treue am eigenen Objekt befriedigt wird. Der Eifersüchtige will aber diese konventionelle Toleranz nicht anerkennen, er glaubt nicht, daß es ein Stillhalten oder Umkehren auf dem einmal betretenen Weg gibt, daß der gesellschaftliche »Flirt« auch eine Versicherung gegen wirkliche Untreue sein kann. In der Behandlung eines solchen Eifersüchtigen muß man es vermeiden, ihm das Material, auf das er sich stützt, zu bestreiten, man kann ihn nur zu einer anderen Einschätzung desselben bestimmen wollen.

Die durch solche Projektion entstandene Eifersucht hat zwar fast wahnhaften Charakter, sie widersteht aber nicht der analytischen Arbeit, welche die unbewußten Phantasien der eigenen Untreue aufdeckt. Schlimmer ist es mit der Eifersucht der dritten Schicht, der eigentlich *wahnhaften*. Auch diese geht aus verdrängten Untreuestrebungen hervor, aber die Objekte dieser Phantasien sind gleichgeschlechtlicher Art. Die wahnhafte Eifersucht entspricht einer vergorenen Homosexualität und behauptet mit Recht ihren Platz unter den klassischen Formen der Paranoia. Als Versuch zur Abwehr einer überstarken homosexuellen Regung wäre sie (beim Manne) durch die Formel zu umschreiben:

Ich liebe ihn ja nicht, *sie* liebt ihn.[2]

In einem Falle von Eifersuchtswahn wird man darauf vorbereitet sein, die Eifersucht aus allen drei Schichten zu finden, niemals die aus der dritten allein.]

2 Vgl. die Ausführungen zum Falle Schreber (1911). [*Über einen autobiographisch beschriebenen Fall von Paranoia,* Abschnitt III.]

B

Paranoia. Aus bekannten Gründen entziehen sich Fälle von Paranoia zumeist der analytischen Untersuchung. Indes konnte ich doch in letzter Zeit aus dem intensiven Studium zweier Paranoiker einiges, was mir neu war, entnehmen.

Der erste Fall betraf einen jugendlichen Mann mit voll ausgebildeter Eifersuchtsparanoia, deren Objekt seine tadellos getreue Frau war. Eine stürmische Periode, in der ihn der Wahn ohne Unterbrechung beherrscht hatte, lag bereits hinter ihm. Als ich ihn sah, produzierte er nur noch gut gesonderte Anfälle, die über mehrere Tage anhielten und interessanterweise regelmäßig am Tage nach einem, übrigens für beide Teile befriedigenden, Sexualakt auftraten. Es ist der Schluß berechtigt, daß jedesmal nach der Sättigung der heterosexuellen Libido die mitgereizte homosexuelle Komponente sich ihren Ausdruck im Eifersuchtsanfall erzwang.

Sein Material bezog der Anfall aus der Beobachtung der kleinsten Anzeichen, durch welche sich die völlig unbewußte Koketterie der Frau, einem anderen unmerklich, ihm verraten hatte. Bald hatte sie den Herrn, der neben ihr saß, unabsichtlich mit ihrer Hand gestreift, bald ihr Gesicht zu sehr gegen ihn geneigt oder ein freundlicheres Lächeln aufgesetzt, als wenn sie mit ihrem Mann allein war. Für all diese Äußerungen ihres Unbewußten zeigte er eine außerordentliche Aufmerksamkeit und verstand sie immer richtig zu deuten, so daß er eigentlich immer recht hatte und die Analyse noch zur Rechtfertigung seiner Eifersucht anrufen konnte. Eigentlich reduzierte sich seine Abnormität darauf, daß er das Unbewußte seiner Frau schärfer beobachtete und dann weit höher einschätzte, als einem anderen eingefallen wäre.

Wir erinnern uns daran, daß auch die verfolgten Paranoiker sich ganz ähnlich benehmen. Auch sie anerkennen bei anderen nichts Indifferentes und verwerten in ihrem »Beziehungswahn« die kleinsten Anzeichen, die ihnen diese anderen, Fremden geben. Der Sinn ihres Beziehungswahnes ist nämlich, daß sie von allen Fremden etwas wie Liebe erwarten; diese anderen zeigen ihnen aber nichts dergleichen, sie lachen vor sich hin, fuchteln mit ihren Stökken oder spucken sogar auf den Boden, wenn sie vorbeigehen, und das tut man wirklich nicht, wenn man an der Person, die in der Nähe ist, irgendein freundliches Interesse nimmt. Man tut es nur dann, wenn einem diese Person ganz gleichgültig ist, wenn man sie als Luft behandeln kann, und der Paranoiker hat bei der Grundverwandtschaft der Begriffe »fremd« und »feindlich« nicht so unrecht, wenn er solche Indifferenz im Verhältnis zu seiner Liebesforderung als Feindseligkeit empfindet.

Es ahnt uns nun, daß wir das Verhalten des eifersüchtigen wie des verfolgten Paranoikers sehr ungenügend beschreiben, wenn wir sagen, sie projizieren nach außen auf andere hin, was sie im eigenen Innern nicht wahrnehmen wollen.

Gewiß tun sie das, aber sie projizieren sozusagen nicht ins Blaue hinaus, nicht dorthin, wo sich nichts Ähnliches findet, sondern sie lassen sich von ihrer Kenntnis des Unbewußten leiten und verschieben auf das Unbewußte der anderen die Aufmerksamkeit, die sie dem eigenen Unbewußten entziehen. Unser Eifersüchtiger erkennt die Untreue seiner Frau an Stelle seiner eigenen; indem er die seiner Frau sich in riesiger Vergrößerung bewußtmacht, gelingt es ihm, die eigene unbewußt zu erhalten. Wenn wir sein Beispiel für maßgebend erachten, dürfen wir schließen, daß auch die Feindseligkeit, die der Verfolgte bei anderen findet, der Widerschein der eigenen feindseligen Gefühle gegen diese anderen ist. Da wir wissen, daß beim Paranoiker gerade die geliebteste Person des gleichen Geschlechts zum Verfolger wird, entsteht die Frage, woher diese Affektumkehrung rührt, und die naheliegende Antwort wäre, daß die stets vorhandene Gefühlsambivalenz die Grundlage für den Haß abgibt und die Nichterfüllung der Liebesansprüche ihn verstärkt. So leistet die Gefühlsambivalenz dem Verfolgten denselben Dienst zur Abwehr der Homosexualität wie unserem Patienten die Eifersucht.

Die Träume meines Eifersüchtigen bereiteten mir eine große Überraschung. Sie zeigten sich zwar nicht gleichzeitig mit dem Ausbruch des Anfalls, aber doch noch unter der Herrschaft des Wahns, waren vollkommen wahnfrei und ließen die zugrundeliegenden homosexuellen Regungen in nicht stärkerer Verkleidung als sonst gewöhnlich erkennen. Bei meiner geringen Erfahrung über die Träume von Paranoikern lag es mir damals nahe, allgemein anzunehmen, die Paranoia dringe nicht in den Traum.

Der Zustand der Homosexualität war bei diesem Patienten leicht zu überblicken. Er hatte keine Freundschaft und keine sozialen Interessen gebildet; man mußte den Eindruck bekommen, als ob erst der Wahn die weitere Entwicklung seiner Beziehungen zum Manne übernommen hätte, wie um ein Stück des Versäumten nachzuholen. Die geringe Bedeutung des Vaters in seiner Familie und ein beschämendes homosexuelles Trauma in frühen Knabenjahren hatten zusammengewirkt, um seine Homosexualität in die Verdrängung zu treiben und ihr den Weg zur Sublimierung zu verlegen. Seine ganze Jugendzeit war von einer starken Mutterbindung beherrscht. Unter vielen Söhnen war er der erklärte Liebling der Mutter und entwickelte auf sie bezüglich eine starke Eifersucht von normalem Typus. Als er später eine Ehewahl traf, wesentlich unter der Herrschaft des Motivs, die Mutter reich zu machen, äußerte sich sein Bedürfnis nach einer virginalen Mutter in zwanghaften Zweifeln an der Virginität seiner Braut. Die ersten Jahre seiner Ehe waren von Eifersucht frei. Er wurde dann seiner Frau untreu und ging ein langdauerndes Verhältnis mit einer anderen ein. Erst als er diese Liebesbeziehung, durch einen bestimmten Verdacht geschreckt, aufgegeben hatte, brach bei ihm eine Eifersucht vom zweiten, vom Projektionstypus, los, mit welcher er die Vorwürfe wegen seiner Untreue beschwichtigen konnte. Sie komplizierte sich bald durch das Hinzutreten der homosexuellen Regungen, deren Objekt der Schwiegervater war, zur vollen Eifersuchtsparanoia.

Mein zweiter Fall wäre wahrscheinlich ohne Analyse

nicht als *paranoia persecutoria* klassifiziert worden, aber ich mußte den jungen Mann als einen Kandidaten für diesen Krankheitsausgang auffassen. Es bestand bei ihm eine Ambivalenz im Verhältnis zum Vater von ganz außerordentlicher Spannweite. Er war einerseits der ausgesprochenste Rebell, der sich manifest in allen Stücken von den Wünschen und Idealen des Vaters weg entwickelt hatte, anderseits in tieferer Schicht noch immer der unterwürfigste Sohn, der nach dem Tode des Vaters sich in zärtlichem Schuldbewußtsein den Genuß des Weibes versagte. Seine realen Beziehungen zu Männern standen offenbar unter dem Zeichen des Mißtrauens; mit seinem starken Intellekte wußte er diese Einstellung zu rationalisieren und verstand es so einzurichten, daß er von Bekannten und Freunden betrogen und ausgebeutet wurde. Was ich Neues an ihm lernte, war, daß klassische Verfolgungsgedanken vorhanden sein können, ohne Glauben und Anwert zu finden. Sie blitzten während seiner Analyse gelegentlich auf, aber er legte ihnen keine Bedeutung bei und bespöttelte sie regelmäßig. Dies mag in vielen Fällen von Paranoia ähnlich vorkommen, und wenn eine solche Erkrankung losbricht, halten wir vielleicht die geäußerten Wahnideen für Neuproduktionen, während sie längst bestanden haben mögen.

Es scheint mir eine wichtige Einsicht, daß ein qualitatives Moment, das Vorhandensein gewisser neurotischer Bildungen, praktisch weniger bedeutet als das quantitative Moment, welchen Grad von Aufmerksamkeit, richtiger, welches Maß von Besetzung diese Gebilde an sich ziehen können. Die Erörterung unseres ersten Falles, der Eifersuchtsparanoia, hatte uns zur gleichen Wertschätzung des quantitativen Moments aufgefordert, indem sie uns zeigte, daß dort die Abnormität wesentlich in der Überbesetzung der Deutungen des fremden Unbewußten bestand. Aus der Analyse der Hysterie kennen wir längst eine analoge Tatsache. Die pathogenen Phantasien, Abkömmlinge verdrängter Triebregungen, werden lange Zeit neben dem normalen Seelenleben geduldet und wirken nicht eher pathogen, als bis sie aus einem Umschwung der Libidoökonomie eine

Überbesetzung erhalten; erst dann bricht der Konflikt los, der zur Symptombildung führt. Wir werden so im Fortschritt unserer Erkenntnis immer mehr dazu gedrängt, den *ökonomischen* Gesichtspunkt in den Vordergrund zu rücken. Ich möchte auch die Frage aufwerfen, ob das hier betonte quantitative Moment nicht hinreicht, um die Phänomene zu decken, für die Bleuler[3] und andere neuerdings den Begriff der »Schaltung« einführen wollen. Man müßte nur annehmen, daß eine Widerstandssteigerung in einer Richtung des psychischen Ablaufs eine Überbesetzung eines anderen Weges und damit die Einschaltung desselben in den Ablauf zur Folge hat.

Ein lehrreicher Gegensatz zeigte sich bei meinen zwei Fällen von Paranoia im Verhalten der Träume. Während im ersten Fall die Träume, wie erwähnt, wahnfrei waren, produzierte der andere Patient in großer Zahl Verfolgungsträume, die man als Vorläufer oder Ersatzbildungen für die Wahnideen gleichen Inhalts ansehen kann. Das Verfolgende, dem er sich nur mit großer Angst entziehen konnte, war in der Regel ein starker Stier oder ein anderes Symbol der Männlichkeit, das er manchmal noch im Traum selbst als Vatervertretung erkannte. Einmal berichtete er einen sehr charakteristischen paranoischen Übertragungstraum. Er sah, daß ich mich in seiner Gegenwart rasierte, und merkte am Geruche, daß ich dabei dieselbe Seife wie sein Vater gebrauchte. Das tat ich, um ihn zur Vaterübertragung auf meine Person zu nötigen. In der Wahl der geträumten Situation erwies sich unverkennbar die Geringschätzung des Patienten für seine paranoischen Phantasien und sein Unglaube gegen sie, denn der tägliche Augenschein konnte ihn belehren, daß ich überhaupt nicht in die Lage komme, mich einer Rasierseife zu bedienen, und also in diesem Punkte der Vaterübertragung keinen Anhalt biete.

Der Vergleich der Träume bei unseren beiden Patienten

3 [E. Bleuler, *Physisch und Psychisch in der Pathologie,* in: Z. ges. Neurol. Psychiat., 1916, Bd. 30.]

belehrt uns aber, daß unsere Fragestellung, ob die Paranoia (oder eine andere Psychoneurose) auch in den Traum dringen könne, nur auf einer unrichtigen Auffassung des Traumes beruht. Der Traum unterscheidet sich vom Wachdenken darin, daß er Inhalte (aus dem Bereich des Verdrängten) aufnehmen kann, die im Wachdenken nicht vorkommen dürfen. Davon abgesehen, ist er nur eine *Form des Denkens*, eine Umformung des vorbewußten Denkstoffes durch die Traumarbeit und ihre Bedingungen. Auf das Verdrängte ist unsere Terminologie der Neurosen nicht anwendbar, es kann weder hysterisch, noch zwangsneurotisch, noch paranoisch genannt werden. Dagegen kann der andere Anteil des Stoffes, welcher der Traumbildung unterliegt, die vorbewußten Gedanken, normal sein oder den Charakter irgendeiner Neurose an sich tragen. Die vorbewußten Gedanken mögen Ergebnisse all jener pathogenen Prozesse sein, in denen wir das Wesen einer Neurose erkennen. Es ist nicht einzusehen, warum nicht jede solche krankhafte Idee die Umformung in einen Traum erfahren sollte. Ein Traum kann also ohne weiteres einer hysterischen Phantasie, einer Zwangsvorstellung, einer Wahnidee entsprechen, das heißt bei seiner Deutung eine solche ergeben. In unserer Beobachtung an zwei Paranoikern finden wir, daß der Traum des einen normal ist, während sich der Mann im Anfall befindet, und daß der des anderen einen paranoischen Inhalt hat, während der Mann noch über seine Wahnideen spottet. Der Traum hat also in beiden Fällen aufgenommen, was im Wachleben derzeit zurückgedrängt war. Aber auch das braucht nicht die Regel zu sein.

C

Homosexualität. Die Anerkennung des organischen Faktors der Homosexualität überhebt uns nicht der Verpflichtung, die psychischen Vorgänge bei ihrer Entstehung zu studieren. Der typische, bereits bei einer Unzahl von Fällen festgestellte Vorgang besteht darin, daß der bis dahin intensiv an die Mutter fixierte junge Mann einige Jahre nach abgelaufener Pubertät eine Wendung vornimmt, sich selbst mit der Mutter identifiziert und nach Liebesobjekten ausschaut, in denen er sich selbst wiederfinden kann, die er dann lieben möchte, wie die Mutter ihn geliebt hat. Als Merkzeichen dieses Prozesses stellt sich gewöhnlich für viele Jahre die Liebesbedingung her, daß die männlichen Objekte das Alter haben müssen, in dem bei ihm die Umwandlung erfolgt ist. Wir haben verschiedene Faktoren kennengelernt, die wahrscheinlich in wechselnder Stärke zu diesem Ergebnis beitragen. Zunächst die Mutterfixierung, die den Übergang zu einem anderen Weibobjekt erschwert. Die Identifizierung mit der Mutter ist ein Ausgang dieser Objektbindung und ermöglicht es gleichzeitig, diesem ersten Objekt in gewissem Sinne treu zu bleiben. Sodann die Neigung zur narzißtischen Objektwahl, die im allgemeinen näherliegt und leichter auszuführen ist als die Wendung zum anderen Geschlecht. Hinter diesem Moment verbirgt sich ein anderes von ganz besonderer Stärke, oder es fällt vielleicht mit ihm zusammen: die Hochschätzung des männlichen Organs und die Unfähigkeit, auf dessen Vorhandensein beim Liebesobjekt zu verzichten. Die Geringschätzung des Weibes, die Abneigung gegen dasselbe, ja der Abscheu vor ihm, leiten sich in der Regel von der früh gemachten Entdeckung ab, daß das Weib keinen Penis besitzt. Später haben wir noch als mächtiges Motiv für die homosexuelle Objektwahl die Rücksicht auf den Vater oder die Angst vor ihm kennengelernt, da der Verzicht auf das Weib die Bedeutung hat, daß man der Konkurrenz mit ihm (oder allen männlichen Personen, die für ihn eintreten) ausweicht. Die beiden letzten Motive, das Festhalten an der Penisbedingung sowie das Ausweichen, können dem Kastrationskomplex zugezählt werden. Mutterbindung – Narzißmus – Kastrationsangst, diese übrigens in keiner Weise spezifischen Momente hatten wir bisher in der psychischen Ätiologie der Homosexualität aufgefunden, und zu ihnen gesellten sich noch der Einfluß der Verführung, welche eine frühzeitige Fixierung der Libido verschuldet, sowie der des organischen Faktors, der die passive Rolle im Liebesleben begünstigt.

Wir haben aber niemals geglaubt, daß diese Analyse der Entstehung der Homosexualität vollständig ist. Ich kann heute auf einen neuen Mechanismus hinweisen, der zur homosexuellen Objektwahl führt, wenngleich ich nicht angeben kann, wie groß seine Rolle bei der Gestaltung der extremen, der manifesten und ausschließlichen Homosexualität anzuschlagen ist. Die Beobachtung machte mich auf mehrere Fälle aufmerksam, bei denen in früher Kindheit besonders starke eifersüchtige Regungen [beim Knaben] aus dem Mutterkomplex gegen Rivalen, meist ältere Brüder, aufgetreten waren. Diese Eifersucht führte zu intensiv feindseligen und aggressiven Einstellungen gegen die Geschwister, die sich bis zum Todeswunsch steigern konnten, aber der Entwicklung nicht standhielten. Unter den Einflüssen der Erziehung, gewiß auch infolge der anhaltenden Ohnmacht dieser Regungen, kam es zur Verdrängung derselben und zu einer Gefühlsumwandlung, so daß die früheren Rivalen nun die ersten homosexuellen Liebesobjekte wurden. Ein solcher Ausgang der Mutterbindung zeigt mehrfache interessante Beziehungen zu anderen uns bekannten Prozessen. Er ist zunächst das volle Gegenstück zur Entwicklung der *paranoia persecutoria*, bei welcher die zuerst geliebten Personen zu den gehaßten Verfolgern werden, während hier die gehaßten Rivalen sich in Liebesobjekte umwandeln. Er stellt sich ferner als eine Übertreibung des Vorganges dar, welcher nach meiner Anschauung zur individuellen Genese der sozialen Triebe führt.[4] Hier

4 Siehe *Massenpsychologie und Ich-Analyse* (1921). [Im Kapitel IX – »Der Herdentrieb« – setzt sich Freud u. a. mit dem Buch von W. Trotter *Instincts of the Herd in Peace and War* (London 1916) auseinander: »Trotter leitet die an der Masse beschriebenen seelischen Phänomene von einem Herdeninstinkt (›*gregariousness*‹) ab, der dem Menschen wie anderen Tierarten angeboren zukommt. Diese Herdenhaftigkeit ist biologisch eine Analogie und gleichsam eine Fortführung der Vielzelligkeit, im Sinne der Libidotheorie eine weitere Äußerung der von der Libido ausgehenden Neigung aller gleichartigen Lebewesen, sich in immer umfassenderen Einheiten zu vereinigen. Der Einzelne fühlt sich unvollständig (›*incomplete*‹),

wie dort sind zunächst eifersüchtige und feindselige Regungen vorhanden, die es nicht zur Befriedigung bringen können, und die zärtlichen wie die sozialen Identifizierungsgefühle entstehen als Reaktionsbildungen gegen die verdrängten Aggressionsimpulse.

Dieser neue Mechanismus der homosexuellen Objektwahl, die Entstehung aus überwundener Rivalität und verdrängter Aggressionsneigung, mengt sich in manchen Fäl-

---

wenn er allein ist. Schon die Angst des kleinen Kindes sei eine Äußerung dieses Herdeninstinkts.« Freud läßt einen solchen als primär genommenen Herdentrieb oder -instinkt nicht gelten, obwohl es nicht leicht sei, »die Ontogenese des Herdentriebes zu verfolgen. Die Angst des kleinen Kindes, wenn es allein gelassen wird, [. . .] legt doch eine andere Deutung näher. Sie gilt der Mutter, später anderen vertrauten Personen, und ist der Ausdruck einer unerfüllten Sehnsucht, mit der das Kind noch nichts anzufangen weiß, als sie in Angst zu verwandeln. Die Angst des einsamen kleinen Kindes wird auch nicht durch den Anblick eines beliebigen anderen ›aus der Herde‹ beschwichtigt, sondern im Gegenteil durch das Hinzukommen eines solchen ›Fremden‹ erst hervorgerufen. Dann merkt man beim Kinde lange nichts von einem Herdeninstinkt oder Massengefühl. Ein solches bildet sich zuerst in der mehrzähligen Kinderstube aus dem Verhältnis der Kinder zu den Eltern, und zwar als Reaktion auf den anfänglichen Neid, mit dem das ältere Kind das jüngere aufnimmt. Das ältere Kind möchte gewiß das nachkommende eifersüchtig verdrängen, von den Eltern fernhalten und es aller Anrechte berauben, aber angesichts der Tatsache, daß auch dieses Kind – wie alle späteren – in gleicher Weise von den Eltern geliebt wird, und infolge der Unmöglichkeit, seine feindselige Einstellung ohne eigenen Schaden festzuhalten, wird es zur Identifizierung mit den anderen Kindern gezwungen, und es bildet sich in der Kinderschar ein Massen- oder Gemeinschaftsgefühl, welches dann in der Schule seine weitere Entwicklung erfährt. Die erste Forderung dieser Reaktionsbildung ist die nach Gerechtigkeit, gleicher Behandlung für alle [. . .]. Das soziale Gefühl ruht also auf der Umwendung eines erst feindseligen Gefühls in eine positiv betonte Bindung von der Natur einer Identifizierung. Soweit wir den Hergang bis jetzt durchschauen können, scheint sich diese Umwandlung unter dem Einfluß einer gemeinsamen zärtlichen Bindung an eine außer der Masse stehende Person zu vollziehen[. . .]. Alle Einzelnen sollen einander gleich sein, aber alle wollen sie von einem beherrscht werden. Viele Gleiche, die sich miteinander identifizieren können, und ein einziger ihnen allen Überlegener, das ist die Situation, die wir in der lebensfähigen Masse verwirklicht finden. Getrauen wir uns also, die Aussage Trotters, der Mensch sei ein *Herdentier*, dahin zu korrigieren, er sei vielmehr ein *Hordentier*, ein Einzelwesen einer von einem Oberhaupt angeführten Horde.«]

len den uns bekannten typischen Bedingungen bei. Man erfährt nicht selten aus der Lebensgeschichte Homosexueller, daß ihre Wendung eintrat, nachdem die Mutter einen anderen Knaben gelobt und als Vorbild angepriesen hatte. Dadurch wurde die Tendenz zur narzißtischen Objektwahl gereizt, und nach einer kurzen Phase scharfer Eifersucht war der Rivale zum Liebesobjekt geworden. Sonst aber sondert sich der neue Mechanismus dadurch ab, daß bei ihm die Umwandlung in viel früheren Jahren vor sich geht und die Mutteridentifizierung in den Hintergrund tritt. Auch führte er in den von mir beobachteten Fällen nur zu homosexuellen Einstellungen, welche die Heterosexualität nicht ausschlossen und keinen *horror feminae*[5] mit sich brachten.

Es ist bekannt, daß eine ziemliche Anzahl homosexueller Personen sich durch besondere Entwicklung der sozialen Triebregungen und durch Hingabe an gemeinnützige Interessen auszeichnet. Man wäre versucht, dafür die theoretische Erklärung zu geben, daß ein Mann, der in anderen Männern mögliche Liebesobjekte sieht, sich gegen die Gemeinschaft der Männer anders benehmen muß als ein anderer, der genötigt ist, im Mann zunächst den Rivalen beim Weibe zu erblicken. Dem steht nur die Erwägung entgegen, daß es auch bei homosexueller Liebe Eifersucht und Rivalität gibt und daß die Gemeinschaft der Männer auch diese möglichen Rivalen umschließt. Aber auch, wenn man von dieser spekulativen Begründung absieht, kann die Tatsache für den Zusammenhang von Homosexualität und sozialem Empfinden nicht gleichgültig sein, daß die homosexuelle Objektwahl nicht selten aus frühzeitiger Überwindung der Rivalität mit dem Manne hervorgeht.

In der psychoanalytischen Betrachtung sind wir gewöhnt, die sozialen Gefühle als Sublimierungen homosexueller Objekteinstellungen aufzufassen. Bei den sozial gesinnten Homosexuellen wäre die Ablösung der sozialen Gefühle von der Objektwahl nicht voll geglückt.

---

5 [lat. Angst, Abscheu vor der Frau.]

Neurose und Psychose

In meiner kürzlich erschienenen Schrift *Das Ich und das Es*[1] habe ich eine Gliederung des seelischen Apparates angegeben, auf deren Grund sich eine Reihe von Beziehungen in einfacher und übersichtlicher Weise darstellen läßt. In anderen Punkten, zum Beispiel was die Herkunft und Rolle des Über-Ichs betrifft, bleibt genug des Dunkeln und Unerledigten. Man darf nun fordern, daß eine solche Aufstellung sich auch für andere Dinge als brauchbar und förderlich erweise, wäre es auch nur, um bereits Bekanntes in neuer Auffassung zu sehen, es anders zu gruppieren und überzeugender zu beschreiben. Mit solcher Anwendung könnte auch eine vorteilhafte Rückkehr von der grauen Theorie zur ewig grünenden Erfahrung verbunden sein[2].

Am genannten Orte sind die vielfältigen Abhängigkeiten des Ichs geschildert, seine Mittelstellung zwischen Außenwelt und Es und sein Bestreben, all seinen Herren gleichzeitig zu Willen zu sein. Im Zusammenhange eines von anderer Seite angeregten Gedankenganges, der sich mit der Entstehung und Verhütung der Psychosen beschäftigte, ergab sich mir nun eine einfache Formel, welche die vielleicht wichtigste genetische Differenz zwischen Neurose und Psychose behandelt: *die Neurose sei der Erfolg eines Konflikts zwischen dem Ich und seinem Es, die Psychose aber der analoge Ausgang einer solchen Störung in den Beziehungen zwischen Ich und Außenwelt.*

---

1 [Seit dem Sommer 1922 arbeitete Freud an der Studie *Das Ich und das Es*. Im April 1923 erschien sie als selbständige Veröffentlichung im Internationalen Psychoanalytischen Verlag; Leipzig, Wien und Zürich. In die vorliegende Auswahlausgabe wurde Freuds letzte zusammenfassende Darstellung der psychischen Struktur aufgenommen, die alle wesentlichen Aspekte der Studie *Das Ich und das Es* enthält: die 31. Vorlesung der *Neuen Folge der Vorlesungen* (vgl. im vorliegenden Band). *Das Ich und das Es* findet sich u. a. in folgenden Ausgaben: S. Freud, *Trauer und Melancholie. Essays*, Berlin 1982, S. 53–103, und S. Freud, *Psychoanalyse. Ausgewählte Schriften zur Neurosenlehre, zur Persönlichkeitspsychologie, zur Kulturtheorie*, hrsg. von Achim Thom, Leipzig 1984, S. 299–342.]

2 [Vgl. Mephisto in Goethes *Faust*, I. Teil, 4. Szene.]

Es ist sicherlich eine berechtigte Mahnung, daß man gegen so einfache Problemlösungen mißtrauisch sein soll. Auch wird unsere äußerste Erwartung nicht weiter gehen, als daß diese Formel sich im gröbsten als richtig erweise. Aber auch das wäre schon etwas. Man besinnt sich auch sofort an eine ganze Reihe von Einsichten und Funden, welche unseren Satz zu bekräftigen scheinen. Die Übertragungsneurosen entstehen nach dem Ergebnis aller unserer Analysen dadurch, daß das Ich eine im Es mächtige Triebregung nicht aufnehmen und nicht zur motorischen Erledigung befördern will oder ihr das Objekt bestreitet, auf das sie zielt. Das Ich erwehrt sich ihrer dann durch den Mechanismus der Verdrängung; das Verdrängte sträubt sich gegen dieses Schicksal, schafft sich auf Wegen, über die das Ich keine Macht hat, eine Ersatzvertretung, die sich dem Ich auf dem Wege des Kompromisses aufdrängt, das Symptom; das Ich findet seine Einheitlichkeit durch diesen Eindringling bedroht und geschädigt, setzt den Kampf gegen das Symptom fort, wie es sich gegen die ursprüngliche Triebregung gewehrt hatte, und dies alles ergibt das Bild der Neurose. Es ist kein Einwand, daß das Ich, wenn es die Verdrängung vornimmt, im Grunde den Geboten seines Über-Ichs folgt, die wiederum solchen Einflüssen der realen Außenwelt entstammen, welche im Über-Ich ihre Vertretung gefunden haben. Es bleibt doch dabei, daß das Ich sich auf die Seite dieser Mächte geschlagen hat, daß in ihm deren Anforderungen stärker sind als die Triebansprüche des Es und daß das Ich die Macht ist, welche die Verdrängung gegen jenen Anteil des Es ins Werk setzt und durch die Gegenbesetzung des Widerstandes befestigt. Im Dienste des Über-Ichs und der Realität ist das Ich in Konflikt mit dem Es geraten, und dies ist der Sachverhalt bei allen Übertragungsneurosen.

Auf der anderen Seite wird es uns ebenso leicht, aus unserer bisherigen Einsicht in den Mechanismus der Psychosen Beispiele anzuführen, welche auf die Störung des Verhältnisses zwischen Ich und Außenwelt hinweisen. Bei der Amentia Meynerts, der akuten halluzinatorischen Verworrenheit, der vielleicht extremsten und frappantesten Form von Psychose, wird die Außenwelt entweder gar nicht wahrgenommen, oder ihre Wahrnehmung bleibt völlig unwirksam.[3] Normalerweise beherrscht ja die Außenwelt das Ich auf zwei Wegen: erstens durch die immer von neuem möglichen aktuellen Wahrnehmungen, zweitens durch den Erinnerungsschatz früherer Wahrnehmungen, die als »Innenwelt« einen Besitz und Bestandteil des Ichs bilden. In der Amentia wird nun nicht nur die Annahme neuer Wahrnehmungen verweigert, es wird auch der Innenwelt, welche die Außenwelt als ihr Abbild bisher vertrat, die Bedeutung (Besetzung) entzogen; das Ich schafft sich selbstherrlich eine neue Außen- und Innenwelt, und es ist kein Zweifel an zwei Tatsachen, daß diese neue Welt im Sinne der Wunschregungen des Es aufgebaut ist und daß eine schwere, unerträglich erscheinende Wunschversagung der Realität das Motiv dieses Zerfalles mit der Außenwelt ist. Die innere Verwandtschaft dieser Psychose mit dem normalen Traum ist nicht zu verkennen. Die Bedingung des Träumens ist aber der Schlafzustand, zu dessen Charakteren die volle Abwendung von Wahrnehmung und Außenwelt gehört.[4]

Von anderen Formen von Psychose, den Schizophrenien, weiß man, daß sie zum Ausgang in affektiven Stumpfsinn, das heißt zum Verlust alles Anteiles an der Außenwelt tendieren. Über die Genese der Wahnbildungen haben uns

---

3 [Diese Feststellung wird jedoch durch eine Passage in Kapitel VIII von Freuds postumem *Abriß der Psychoanalyse* (1938 geschrieben) eingeschränkt. Dort heißt es: »Das Problem der Psychose wäre einfach und durchsichtig, wenn die Ablösung des Ichs von der Realität restlos durchführbar wäre. Aber das scheint nur selten, vielleicht niemals vorzukommen. Selbst von Zuständen, die sich von der Wirklichkeit der Außenwelt so weit entfernt haben wie der einer halluzinatorischen Verworrenheit (Amentia), erfährt man durch die Mitteilung der Kranken nach ihrer Genesung, daß damals in einem Winkel ihrer Seele, wie sie sich ausdrücken, eine normale Person sich verborgen hielt, die den Krankheitsspuk wie ein unbeteiligter Beobachter an sich vorüberziehen ließ.«]

4 [Vgl. die *Metapsychologische Ergänzung zur Traumlehre* in Band 2 der vorliegenden Ausgabe.]

einige Analysen gelehrt, daß der Wahn wie ein aufgesetzter Fleck dort gefunden wird, wo ursprünglich ein Einriß in der Beziehung des Ichs zur Außenwelt entstanden war. Wenn die Bedingung des Konflikts mit der Außenwelt nicht noch weit auffälliger ist, als wir sie jetzt erkennen, so hat dies seinen Grund in der Tatsache, daß im Krankheitsbild der Psychose die Erscheinungen des pathogenen Vorganges oft von denen eines Heilungs- oder Rekonstruktionsversuches überdeckt werden.

Die gemeinsame Ätiologie für den Ausbruch einer Psychoneurose oder Psychose bleibt immer die Versagung, die Nichterfüllung eines jener ewig unbezwungenen Kindheitswünsche, die so tief in unserer phylogenetisch bestimmten Organisation wurzeln. Diese Versagung ist im letzten Grunde immer eine äußere; im einzelnen Fall kann sie von jener inneren Instanz (im Über-Ich) ausgehen, welche die Vertretung der Realitätsforderung übernommen hat. Der pathogene Effekt hängt nun davon ab, ob das Ich in solcher Konfliktspannung seiner Abhängigkeit von der Außenwelt treu bleibt und das Es zu knebeln versucht oder ob es sich vom Es überwältigen und damit von der Realität losreißen läßt. Eine Komplikation wird in diese anscheinend einfache Lage aber durch die Existenz des Über-Ichs eingetragen, welches in noch nicht durchschauter Verknüpfung Einflüsse aus dem Es wie aus der Außenwelt in sich vereinigt, gewissermaßen ein Idealvorbild für das ist, worauf alles Streben des Ichs abzielt, die Versöhnung seiner mehrfachen Abhängigkeiten.[5] Das Verhalten des Über-Ichs wäre, was bisher nicht geschehen ist, bei allen Formen psychischer Erkrankung in Betracht zu ziehen. Wir können aber vorläufig postulieren, es muß auch Affektionen geben, denen ein Konflikt zwischen Ich und Über-Ich zugrunde liegt. Die Analyse gibt uns ein Recht anzunehmen, daß die Melancholie ein Muster dieser Gruppe ist, und dann würden wir für solche Störungen den Namen »narzißtische Psychoneurosen« in Anspruch nehmen. Es stimmt ja nicht

---

5 [Vgl. *Das ökonomische Problem des Masochismus* im vorliegenden Band.]

übel zu unseren Eindrücken, wenn wir Motive finden, Zustände wie die Melancholie von den anderen Psychosen zu sondern. Dann merken wir aber, daß wir unsere einfache genetische Formel vervollständigen konnten, ohne sie fallenzulassen. Die Übertragungsneurose entspricht dem Konflikt zwischen Ich und Es, die narzißtische Neurose dem zwischen Ich und Über-Ich, die Psychose dem zwischen Ich und Außenwelt. Wir wissen freilich zunächst nicht zu sagen, ob wir wirklich neue Einsichten gewonnen oder nur unseren Formelschatz bereichert haben, aber ich meine, diese Anwendungsmöglichkeit muß uns doch Mut machen, die vorgeschlagene Gliederung des seelischen Apparates in Ich, Über-Ich und Es weiter im Auge zu behalten.

Die Behauptung, daß Neurosen und Psychosen durch die Konflikte des Ichs mit seinen verschiedenen herrschenden Instanzen entstehen, also einem Fehlschlagen in der Funktion des Ichs entsprechen, das doch das Bemühen zeigt, all die verschiedenen Ansprüche miteinander zu versöhnen, fordert eine andere Erörterung zu ihrer Ergänzung heraus. Man möchte wissen, unter welchen Umständen und durch welche Mittel es dem Ich gelingt, aus solchen gewiß immer vorhandenen Konflikten ohne Erkrankung zu entkommen. Dies ist nun ein neues Forschungsgebiet, auf dem sich gewiß die verschiedensten Faktoren zur Berücksichtigung einfinden werden. Zwei Momente lassen sich aber sofort herausheben. Der Ausgang aller solchen Situationen wird unzweifelhaft von ökonomischen Verhältnissen, von den relativen Größen der miteinander ringenden Strebungen abhängen. Und ferner: es wird dem Ich möglich sein, den Bruch nach irgendeiner Seite dadurch zu vermeiden, daß es sich selbst deformiert, sich Einbußen an seiner Einheitlichkeit gefallen läßt, eventuell sogar sich zerklüftet oder zerteilt.[6] Damit rückten die Inkonsequenzen, Verschrobenheiten und Narrheiten der Menschen in ein

6 [Dies ist ein früher Hinweis auf ein Problem, das Freud in seinen späten Jahren beschäftigen sollte. Es wird erstmals ausführlich in der Arbeit über *Fetischismus* erörtert (vgl. im vorliegenden Band).]

ähnliches Licht wie ihre sexuellen Perversionen, durch deren Annahme sie sich ja Verdrängungen ersparen.

Zum Schlusse ist der Frage zu gedenken, welches der einer Verdrängung analoge Mechanismus sein mag, durch den das Ich sich von der Außenwelt ablöst. Ich meine, dies ist ohne neue Untersuchungen nicht zu beantworten, aber er müßte, wie die Verdrängung, eine Abziehung der vom Ich ausgeschickten Besetzung zum Inhalt haben.

Das ökonomische Problem des Masochismus

Man hat ein Recht dazu, die Existenz der masochistischen Strebung im menschlichen Triebleben als ökonomisch rätselhaft zu bezeichnen. Denn wenn das Lustprinzip die seelischen Vorgänge in solcher Weise beherrscht, daß Vermeidung von Unlust und Gewinnung von Lust deren nächstes Ziel wird, so ist der Masochismus unverständlich. Wenn Schmerz und Unlust nicht mehr Warnungen, sondern selbst Ziele sein können, ist das Lustprinzip lahmgelegt, der Wächter unseres Seelenlebens gleichsam narkotisiert.

Der Masochismus erscheint uns so im Lichte einer großen Gefahr, was für seinen Widerpart, den Sadismus, in keiner Weise gilt. Wir fühlen uns versucht, das Lustprinzip den Wächter unseres Lebens anstatt nur unseres Seelenlebens zu heißen. Aber dann stellt sich die Aufgabe her, das Verhältnis des Lustprinzips zu den beiden Triebarten, die wir unterschieden haben, den Todestrieben und den erotischen (libidinösen) Lebenstrieben, zu untersuchen, und wir können in der Würdigung des masochistischen Problems nicht weitergehen, ehe wir nicht diesem Rufe gefolgt sind.

Wir haben, wie erinnerlich[1], das Prinzip, welches alle seelischen Vorgänge beherrscht, als Spezialfall der Fechnerschen *Tendenz zur Stabilität* aufgefaßt und somit dem seelischen Apparat die Absicht zugeschrieben, die ihm zuströmende Erregungssumme zu nichts zu machen oder wenigstens nach Möglichkeit niedrigzuhalten. Barbara Low hat für dies supponierte Bestreben den Namen *Nirwanaprinzip* vorgeschlagen, den wir akzeptieren[2]. Aber wir haben das Lust-Unlustprinzip unbedenklich mit diesem Nirwanaprinzip identifiziert. Jede Unlust müßte also mit einer Erhö-

1 *Jenseits des Lustprinzips,* [Kapitel] I [im vorliegenden Band unserer Ausgabe].
2 [Vgl. *Jenseits des Lustprinzips,* Kapitel VI.]

hung, jede Lust mit einer Erniedrigung der im Seelischen vorhandenen Reizspannung zusammenfallen, das Nirwana- (und das mit ihm angeblich identische Lust-)prinzip würde ganz im Dienst der Todestriebe stehen, deren Ziel die Überführung des unsteten Lebens in die Stabilität des anorganischen Zustandes ist, und würde die Funktion haben, vor den Ansprüchen der Lebenstriebe, der Libido, zu warnen, welche den angestrebten Ablauf des Lebens zu stören versuchen. Allein diese Auffassung kann nicht richtig sein. Es scheint, daß wir Zunahme und Abnahme der Reizgrößen direkt in der Reihe der Spannungsgefühle empfinden, und es ist nicht zu bezweifeln, daß es lustvolle Spannungen und unlustige Entspannungen gibt. Der Zustand der Sexualerregung ist das aufdringlichste Beispiel einer solchen lustvollen Reizvergrößerung, aber gewiß nicht das einzige. Lust und Unlust können also nicht auf Zunahme oder Abnahme einer Quantität, die wir Reizspannung heißen, bezogen werden, wenngleich sie offenbar mit diesem Moment viel zu tun haben. Es scheint, daß sie nicht an diesem quantitativen Faktor hängen, sondern an einem Charakter desselben, den wir nur als qualitativ bezeichnen können. Wir wären viel weiter in der Psychologie, wenn wir anzugeben wüßten, welches dieser qualitative Charakter ist. Vielleicht ist es der *Rhythmus*, der zeitliche Ablauf in den Veränderungen, Steigerungen und Senkungen der Reizquantität; wir wissen es nicht.

Auf jeden Fall müssen wir innewerden, daß das dem Todestrieb zugehörige Nirwanaprinzip im Lebewesen eine Modifikation erfahren hat, durch die es zum Lustprinzip wurde, und werden es von nun an vermeiden, die beiden Prinzipien für eines zu halten. Von welcher Macht diese Modifikation ausging, ist, wenn man dieser Überlegung überhaupt folgen will, nicht schwer zu erraten. Es kann nur der Lebenstrieb, die Libido, sein, der sich in solcher Weise seinen Anteil an der Regulierung der Lebensvorgänge neben dem Todestrieb erzwungen hat. Wir erhalten so eine kleine, aber interessante Beziehungsreihe: das *Nirwana*prinzip drückt die Tendenz des Todestriebes aus, das *Lust*-

prinzip vertritt den Anspruch der Libido und dessen Modifikation, das *Realitäts*prinzip[3], den Einfluß der Außenwelt.

Keines dieser drei Prinzipien wird eigentlich vom anderen außer Kraft gesetzt. Sie wissen sich in der Regel miteinander zu vertragen, wenngleich es gelegentlich zu Konflikten führen muß, daß von einer Seite die quantitative Herabminderung der Reizbelastung, von der anderen ein qualitativer Charakter derselben und endlich ein zeitlicher Aufschub der Reizabfuhr und ein zeitweiliges Gewährenlassen der Unlustspannung zum Ziel gesetzt ist.

Der Schluß aus diesen Erörterungen ist, daß die Bezeichnung des Lustprinzips als Wächter des Lebens nicht abgelehnt werden kann.

Kehren wir zum Masochismus zurück. Er tritt unserer Beobachtung in drei Gestalten entgegen, als eine Bedingtheit der Sexualerregung, als ein Ausdruck des femininen Wesens und als eine Norm des Lebensverhaltens (*behaviour*). Man kann dementsprechend einen *erogenen*, *femininen* und *moralischen* Masochismus unterscheiden. Der erstere, der erogene Masochismus, die Schmerzlust, liegt auch den beiden anderen Formen zugrunde, er ist biologisch und konstitutionell zu begründen, bleibt unverständlich, wenn man sich nicht zu einigen Annahmen über ganz dunkle Verhältnisse entschließt. Die dritte, in gewisser Hinsicht wichtigste Erscheinungsform des Masochismus ist als meist unbewußtes Schuldgefühl erst neuerlich von der Psychoanalyse gewürdigt worden, läßt aber bereits eine volle Aufklärung und Einreihung in unsere sonstige Erkenntnis zu. Der feminine Masochismus dagegen ist unserer Beobachtung am besten zugänglich, am wenigsten rätselhaft und in all seinen Beziehungen zu übersehen. Mit ihm mag unsere Darstellung beginnen.

---

3 [Vgl. Fußnote 4 zur Studie *Jenseits des Lustprinzips* im vorliegenden Band.]

Wir kennen diese Art des Masochismus beim Manne (auf den ich mich aus Gründen des Materials hier beschränke) in zureichender Weise aus den Phantasien masochistischer (häufig darum impotenter) Personen, die entweder in den onanistischen Akt auslaufen oder für sich allein die Sexualbefriedigung darstellen. Mit den Phantasien stimmen vollkommen überein die realen Veranstaltungen masochistischer Perverser, sei es, daß sie als Selbstzweck durchgeführt werden oder zur Herstellung der Potenz und Einleitung des Geschlechtsakts dienen. In beiden Fällen – die Veranstaltungen sind ja nur die spielerische Ausführung der Phantasien – ist der manifeste Inhalt: geknebelt, gebunden, in schmerzhafter Weise geschlagen, gepeitscht, irgendwie mißhandelt, zum unbedingten Gehorsam gezwungen, beschmutzt, erniedrigt zu werden. Weit seltener und nur mit großen Einschränkungen werden auch Verstümmelungen in diesen Inhalt aufgenommen. Die nächste, bequem zu erreichende Deutung ist, daß der Masochist wie ein kleines, hilfloses und abhängiges Kind behandelt werden will, besonders aber wie ein schlimmes Kind. Es ist überflüssig, Kasuistik anzuführen, das Material ist sehr gleichartig, jedem Beobachter, auch dem Nichtanalytiker, zugänglich. Hat man aber Gelegenheit, Fälle zu studieren, in denen die masochistischen Phantasien eine besonders reiche Verarbeitung erfahren haben, so macht man leicht die Entdekkung, daß sie die Person in eine für die Weiblichkeit charakteristische Situation versetzen, also Kastriertwerden, Koitiertwerden oder Gebären bedeuten. Ich habe darum diese Erscheinungsform des Masochismus den femininen, gleichsam *a potiori*, genannt, obwohl so viele seiner Elemente auf das Infantilleben hinweisen. Diese Übereinanderschichtung des Infantilen und des Femininen wird später ihre einfache Aufklärung finden. Die Kastration oder die sie vertretende Blendung hat oft in den Phantasien ihre negative Spur in der Bedingung hinterlassen, daß gerade den Genitalien oder den Augen kein Schaden geschehen darf. (Die masochistischen Quälereien machen übrigens selten einen so ernsthaften Eindruck wie die – phantasierten oder inszenierten – Grausamkeiten des Sadismus.) Im manifesten Inhalt der masochistischen Phantasien kommt auch ein Schuldgefühl zum Ausdruck, indem angenommen wird, daß die betreffende Person etwas verbrochen habe (was unbestimmt gelassen wird), was durch alle die schmerzhaften und quälerischen Prozeduren gesühnt werden soll. Das sieht wie eine oberflächliche Rationalisierung der masochistischen Inhalte aus, es steckt aber die Beziehung zur infantilen Masturbation dahinter. Anderseits leitet dieses Schuldmoment zur dritten, moralischen Form des Masochismus über.

Der beschriebene feminine Masochismus ruht ganz auf dem primären, erogenen, der Schmerzlust, deren Erklärung nicht ohne weit rückgreifende Erwägungen gelingt.

Ich habe in den *Drei Abhandlungen zur Sexualtheorie*[4] im Abschnitt über die Quellen der infantilen Sexualität die Behauptung aufgestellt, »daß die Sexualerregung als Nebenwirkung bei einer großen Reihe innerer Vorgänge entsteht, sobald die Intensität dieser Vorgänge nur gewisse quantitative Grenzen überstiegen hat«. Ja, daß vielleicht »nichts Bedeutsameres im Organismus vorfällt, was nicht seine Komponente zur Erregung des Sexualtriebes abzugeben hätte«. Demnach müßte auch die Schmerz- und Unlusterregung diese Folge haben. Diese libidinöse Miterregung bei Schmerz- und Unlustspannung wäre ein infantiler physiologischer Mechanismus, der späterhin versiegt. Sie würde in den verschiedenen Sexualkonstitutionen eine verschieden große Ausbildung erfahren, jedenfalls die physiologische Grundlage abgeben, die dann als erogener Masochismus psychisch überbaut wird.

Die Unzulänglichkeit dieser Erklärung zeigt sich aber darin, daß in ihr kein Licht auf die regelmäßigen und intimen Beziehungen des Masochismus zu seinem Widerpart im Triebleben, dem Sadismus, geworfen wird. Geht man ein Stück weiter zurück bis zur Annahme der zwei Triebar-

4 [Vgl. in Band 1 der vorliegenden Ausgabe.]

ten, die wir uns im Lebewesen wirksam denken, so kommt man zu einer anderen, aber der obigen nicht widersprechenden Ableitung. Die Libido trifft in (vielzelligen) Lebewesen auf den dort herrschenden Todes- oder Destruktionstrieb, welcher dies Zellenwesen zersetzen und jeden einzelnen Elementarorganismus in den Zustand der anorganischen Stabilität (wenn diese auch nur relativ sein mag) überführen möchte. Sie hat die Aufgabe, diesen destruierenden Trieb unschädlich zu machen, und entledigt sich ihrer, indem sie ihn zum großen Teil und bald mit Hilfe eines besonderen Organsystems, der Muskulatur, nach außen ableitet, gegen die Objekte der Außenwelt richtet. Er heiße dann Destruktionstrieb, Bemächtigungstrieb, Wille zur Macht. Ein Anteil dieses Triebes wird direkt in den Dienst der Sexualfunktion gestellt, wo er Wichtiges zu leisten hat. Dies ist der eigentliche Sadismus. Ein anderer Anteil macht diese Verlegung nach außen nicht mit, er verbleibt im Organismus und wird dort mit Hilfe der erwähnten sexuellen Miterregung libidinös gebunden; in ihm haben wir den ursprünglichen, erogenen Masochismus zu erkennen.

Es fehlt uns jedes physiologische Verständnis dafür, auf welchen Wegen und mit welchen Mitteln sich diese Bändigung[5] des Todestriebes durch die Libido vollziehen mag. Im psychoanalytischen Gedankenkreis können wir nur annehmen, daß eine sehr ausgiebige, in ihren Verhältnissen variable Vermischung und Verquickung der beiden Triebarten zustande kommt, so daß wir überhaupt nicht mit reinen Todes- und Lebenstrieben, sondern nur mit verschiedenwertigen Vermengungen derselben rechnen sollten. Der Triebvermischung mag unter gewissen Einwirkungen eine Entmischung derselben entsprechen. Wie groß die Anteile der Todestriebe sind, welche sich solcher Bändigung durch die Bindung an libidinöse Zusätze entziehen, läßt sich derzeit nicht erraten.

5 [Den Begriff »Bändigung« verwendet Freud noch einmal, und zwar im dritten Abschnitt seiner späten Arbeit *Die endliche und die unendliche Analyse* (vgl. im vorliegenden Band).]

Wenn man sich über einige Ungenauigkeit hinaussetzen will, kann man sagen, der im Organismus wirkende Todestrieb – der Ursadismus – sei mit dem Masochismus identisch. Nachdem sein Hauptanteil nach außen auf die Objekte verlegt worden ist, verbleibt als sein Residuum im Inneren der eigentliche, erogene Masochismus, der einerseits eine Komponente der Libido geworden ist, anderseits noch immer das eigene Wesen zum Objekt hat. So wäre dieser Masochismus ein Zeuge und Überrest jener Bildungsphase, in der die für das Leben so wichtige Legierung von Todestrieb und Eros geschah. Wir werden nicht erstaunt sein zu hören, daß unter bestimmten Verhältnissen der nach außen gewendete, projizierte Sadismus oder Destruktionstrieb wieder introjiziert, nach innen gewendet werden kann, solcherart in seine frühere Situation regrediert. Er ergibt dann den sekundären Masochismus, der sich zum ursprünglichen hinzuaddiert.

Der erogene Masochismus macht alle Entwicklungsphasen der Libido mit und entnimmt ihnen seine wechselnden psychischen Umkleidungen. Die Angst, vom Totemtier (Vater) gefressen zu werden, stammt aus der primitiven, oralen Organisation, der Wunsch, vom Vater geschlagen zu werden, aus der darauffolgenden sadistisch-analen Phase; als Niederschlag der phallischen Organisationsstufe tritt die Kastration, obwohl später verleugnet, in den Inhalt der masochistischen Phantasien ein, von der endgültigen Genitalorganisation leiten sich natürlich die für die Weiblichkeit charakteristischen Situationen des Koitiertwerdens und des Gebärens ab. Auch die Rolle der Nates im Masochismus ist, abgesehen von der offenkundigen Realbegründung, leicht zu verstehen. Die Nates sind die erogen bevorzugte Körperpartie der sadistisch-analen Phase wie die Mamma der oralen, der Penis der genitalen.

Die dritte Form des Masochismus, der moralische Masochismus[6], ist vor allem dadurch bemerkenswert, daß sie

6 [In einem 1909 der *Traumdeutung* (1900) hinzugefügten Absatz spricht Freud von »ideellen Masochisten« zur Kennzeichnung von Menschen, die

ihre Beziehung zu dem, was wir als Sexualität erkennen, gelockert hat. An allen masochistischen Leiden haftet sonst die Bedingung, daß sie von der geliebten Person ausgehen, auf ihr Geheiß erduldet werden; diese Einschränkung ist beim moralischen Masochismus fallengelassen. Das Leiden selbst ist das, worauf es ankommt; ob es von einer geliebten oder gleichgültigen Person verhängt wird, spielt keine Rolle; es mag auch von unpersönlichen Mächten oder Verhältnissen verursacht sein, der richtige Masochist hält immer seine Wange hin, wo er Aussicht hat, einen Schlag zu bekommen. Es liegt sehr nahe, in der Erklärung dieses Verhaltens die Libido beiseite zu lassen und sich auf die Annahme zu beschränken, daß hier der Destruktionstrieb wieder nach innen gewendet wurde und nun gegen das eigene Selbst wütet, aber es sollte doch einen Sinn haben, daß der Sprachgebrauch die Beziehung dieser Norm des Lebensverhaltens zur Erotik nicht aufgegeben hat und auch solche Selbstbeschädiger Masochisten heißt.

Einer technischen Gewöhnung getreu wollen wir uns zuerst mit der extremen, unzweifelhaft pathologischen Form dieses Masochismus beschäftigen. Ich habe an anderer Stelle[7] ausgeführt, daß wir in der analytischen Behandlung auf Patienten stoßen, deren Benehmen gegen die Einflüsse der Kur uns nötigt, ihnen ein »unbewußtes« Schuldgefühl zuzuschreiben. Ich habe dort angegeben, woran man diese Personen erkennt (»die negative therapeutische Reaktion«), und auch nicht verhehlt, daß die Stärke einer solchen Regung einen der schwersten Widerstände und die größte Gefahr für den Erfolg unserer ärztlichen oder erzieherischen Absichten bedeutet. Die Befriedigung dieses unbewußten Schuldgefühls ist der vielleicht mächtigste Posten des in der Regel zusammengesetzten Krankheitsgewinnes, der Kräftesumme, welche sich gegen die Genesung sträubt und das Kranksein nicht aufgeben will; das Leiden, das die Neurose mit sich bringt, ist gerade das Moment,

»die Lust nicht in dem ihnen zugefügten körperlichen Schmerz, sondern in der Demütigung und seelischen Peinigung suchen«.]

7 *Das Ich und das Es* [Kapitel V].

durch das sie der masochistischen Tendenz wertvoll wird. Es ist auch lehrreich zu erfahren, daß gegen alle Theorie und Erwartung eine Neurose, die allen therapeutischen Bemühungen getrotzt hat, verschwinden kann, wenn die Person in das Elend einer unglücklichen Ehe geraten ist, ihr Vermögen verloren oder eine bedrohliche organische Erkrankung erworben hat. Eine Form des Leidens ist dann durch eine andere abgelöst worden, und wir sehen, es kam nur darauf an, ein gewisses Maß von Leiden festhalten zu können.

Das unbewußte Schuldgefühl wird uns von den Patienten nicht leicht geglaubt. Sie wissen zu gut, in welchen Qualen (Gewissensbissen) sich ein bewußtes Schuldgefühl, Schuldbewußtsein, äußert, und können darum nicht zugeben, daß sie ganz analoge Regungen in sich beherbergen sollten, von denen sie so gar nichts verspüren. Ich meine, wir tragen ihrem Einspruch in gewissem Maße Rechnung, wenn wir auf die ohnehin psychologisch inkorrekte Benennung »unbewußtes Schuldgefühl« verzichten und dafür »Strafbedürfnis« sagen, womit wir den beobachteten Sachverhalt ebenso treffend decken. Wir können uns aber nicht abhalten lassen, dies unbewußte Schuldgefühl nach dem Muster des bewußten zu beurteilen und zu lokalisieren.

Wir haben dem Über-Ich die Funktion des Gewissens zugeschrieben und im Schuldbewußtsein den Ausdruck einer Spannung zwischen Ich und Über-Ich erkannt.[8] Das Ich reagiert mit Angstgefühlen (Gewissensangst) auf die Wahrnehmung, daß es hinter den von seinem Ideal, dem Über-Ich, gestellten Anforderungen zurückgeblieben ist. Nun verlangen wir zu wissen, wie das Über-Ich zu dieser anspruchsvollen Rolle gekommen ist und warum das Ich im Falle einer Differenz mit seinem Ideal sich fürchten muß.

Wenn wir gesagt haben, das Ich finde seine Funktion darin, die Ansprüche der drei Instanzen, denen es dient,

8 [In *Das Ich und das Es,* Kapitel III. – Die entsprechende Darstellung findet sich auch in der 31. Vorlesung der *Neuen Folge der Vorlesungen* (vgl. im vorliegenden Band unserer Ausgabe).]

miteinander zu vereinbaren, sie zu versöhnen, so können wir hinzufügen, es hat auch dabei sein Vorbild, dem es nachstreben kann, im Über-Ich. Dies Über-Ich ist nämlich ebensosehr der Vertreter des Es wie der Außenwelt.[9] Es ist dadurch entstanden, daß die ersten Objekte der libidinösen Regungen des Es, das Elternpaar, ins Ich introjiziert wurden, wobei die Beziehung zu ihnen desexualisiert wurde, eine Ablenkung von den direkten Sexualzielen erfuhr. Auf diese Art wurde erst die Überwindung des Ödipuskomplexes ermöglicht. Das Über-Ich behielt nun wesentliche Charaktere der introjizierten Personen bei, ihre Macht, Strenge, Neigung zur Beaufsichtigung und Bestrafung. Wie an anderer Stelle ausgeführt[10], ist es leicht denkbar, daß durch die Triebentmischung, welche mit einer solchen Einführung ins Ich einhergeht, die Strenge eine Steigerung erfuhr. Das Über-Ich, das in ihm wirksame Gewissen, kann nun hart, grausam, unerbittlich gegen das von ihm behütete Ich werden. Der kategorische Imperativ Kants[11] ist so der direkte Erbe des Ödipuskomplexes.

Die nämlichen Personen aber, welche im Über-Ich als Gewissensinstanz weiterwirken, nachdem sie aufgehört haben, Objekte der libidinösen Regungen des Es zu sein, gehören aber auch der realen Außenwelt an. Dieser sind sie entnommen worden; ihre Macht, hinter der sich alle Einflüsse der Vergangenheit und Überlieferung verbergen, war eine der fühlbarsten Äußerungen der Realität. Dank diesem Zusammenfallen wird das Über-Ich, der Ersatz des Ödipuskomplexes, auch zum Repräsentanten der realen Außenwelt und so zum Vorbild für das Streben des Ichs.

Der Ödipuskomplex erweist sich so, wie bereits historisch gemutmaßt wurde[12], als die Quelle unserer individu-

9 [Vgl. den Aufsatz *Neurose und Psychose* im vorliegenden Band.]

10 *Das Ich und das Es* [Kapitel V].

11 [In der *Grundlegung zur Metaphysik der Sitten* (1785) hat Immanuel Kant den kategorischen Imperativ folgendermaßen formuliert: »Handle so, als ob die Maxime (Richtlinie) deiner Handlung durch deinen Willen zum allgemeinen Naturgesetz werden sollte.«]

12 *Totem und Tabu* (1912–13), Abschnitt IV.

ellen Sittlichkeit (Moral). Im Laufe der Kindheitsentwicklung, welche zur fortschreitenden Loslösung von den Eltern führt, tritt deren persönliche Bedeutung für das Über-Ich zurück. An die von ihnen erübrigten Imagines[13] schließen dann die Einflüsse von Lehrern, Autoritäten, selbstgewählten Vorbildern und sozial anerkannten Helden an, deren Personen von dem resistenter gewordenen Ich nicht mehr introjiziert zu werden brauchen. Die letzte Gestalt dieser mit den Eltern beginnenden Reihe ist die dunkle Macht des Schicksals, welches erst die wenigsten von uns unpersönlich zu erfassen vermögen. Wenn der holländische Dichter Multatuli[14] die *Μοῖρα* [Schicksal] der Griechen durch das Götterpaar *λόγος καὶ Ἀνάγκη* [Vernunft und Notwendigkeit] ersetzt, so ist dagegen wenig einzuwenden[15]; aber alle, die die Leitung des Weltgeschehens der Vorsehung, Gott oder Gott und der Natur übertragen, erwecken den Verdacht, daß sie diese äußersten und fernsten Gewalten immer noch wie ein Elternpaar – mythologisch – empfinden und sich mit ihnen durch libidinöse Bindungen verknüpft glauben. Ich habe im *Ich und Es* den Versuch gemacht, auch die reale Todesangst der Menschen von

13 [Den Terminus »Imago« verwendet Freud nicht häufig. In seiner behandlungstechnischen Schrift *Zur Dynamik der Übertragung* (1912), wo er ihn wohl erstmals verwendet, wird C. G. Jung (*Wandlungen und Symbole der Libido,* 1911) als Urheber bezeichnet. Jung verweist seinerseits auf den gleichnamigen Roman des Schweizer Schriftstellers Carl Spitteler, von dem, nach Auskunft von Hanns Sachs (*Freud, Master and Friend,* 1945), auch der Titel der 1912 gegründeten psychoanalytischen Zeitschrift *Imago* stamme.]

14 [Multatuli (lat. »viel habe ich ge(er)tragen«) war der Deckname des niederländischen Schriftstellers Eduard Douwes Dekker (1820–1887), der zu Freuds Lieblingsautoren gehörte.]

15 [In der griech. Mythologie erscheint das Schicksal teils – beispielsweise bei Homer – als eine Moira, die über den Göttern steht, teils – beispielsweise bei Hesoid – in der Personifizierung dreier Moiren (griech. Moirai), von denen eine den Lebensfaden spinnt (Klotho), eine den Lebensfaden zuteilt (Lachesis) und die dritte den Lebensfaden abschneidet (Atropos). – Die Kopplung »Logos kai Ananke« (Vernunft und Notwendigkeit) geht nicht auf die Antike zurück. Freud verwendet sie auch in dem Aufsatz *Die Zukunft einer Illusion* (vgl. im vorliegenden Band unserer Ausgabe).]

einer solchen elterlichen Auffassung des Schicksals abzuleiten. Es scheint sehr schwer, sich von ihr frei zu machen.

Nach diesen Vorbereitungen können wir zur Würdigung des moralischen Masochismus zurückkehren. Wir sagten[16], die betreffenden Personen erwecken durch ihr Benehmen – in der Kur und im Leben – den Eindruck, als seien sie übermäßig moralisch gehemmt, ständen unter der Herrschaft eines besonders empfindlichen Gewissens, obwohl ihnen von solcher Übermoral nichts bewußt ist. Bei näherem Eingehen bemerken wir wohl den Unterschied, der eine solche unbewußte Fortsetzung der Moral vom moralischen Masochismus trennt. Bei der ersteren fällt der Akzent auf den gesteigerten Sadismus des Über-Ichs, dem das Ich sich unterwirft, beim letzteren hingegen auf den eigenen Masochismus des Ichs, der nach Strafe, sei es vom Über-Ich, sei es von den Elternmächten draußen, verlangt. Unsere anfängliche Verwechslung darf entschuldigt werden, denn beide Male handelt es sich um eine Relation zwischen dem Ich und dem Über-Ich oder ihm gleichstehenden Mächten; in beiden Fällen kommt es auf ein Bedürfnis hinaus, das durch Strafe und Leiden befriedigt wird. Es ist dann ein kaum gleichgültiger Nebenumstand, daß der Sadismus des Über-Ichs meist grell bewußt wird, während das masochistische Streben des Ichs in der Regel der Person verborgen bleibt und aus ihrem Verhalten erschlossen werden muß.

Die Unbewußtheit des moralischen Masochismus leitet uns auf eine naheliegende Spur. Wir konnten den Ausdruck »unbewußtes Schuldgefühl« übersetzen als Strafbedürfnis von seiten einer elterlichen Macht. Nun wissen wir, daß der in Phantasien so häufige Wunsch, vom Vater geschlagen zu werden, dem anderen sehr nahesteht, in passive (feminine) sexuelle Beziehung zu ihm zu treten, und nur eine regressive Entstellung desselben ist. Setzen wir diese Aufklärung in den Inhalt des moralischen Masochismus ein, so wird dessen geheimer Sinn uns offenbar. Gewissen und Moral sind durch die Überwindung, Desexuali-

16 [In *Das Ich und das Es.*]

sierung, des Ödipuskomplexes entstanden; durch den moralischen Masochismus wird die Moral wieder sexualisiert, der Ödipuskomplex neu belebt, eine Regression von der Moral zum Ödipuskomplex angebahnt. Dies geschieht weder zum Vorteil der Moral noch des Individuums. Der einzelne kann zwar neben seinem Masochismus sein volles oder ein gewisses Maß von Sittlichkeit bewahrt haben, es kann aber auch ein gutes Stück seines Gewissens an den Masochismus verlorengegangen sein. Andererseits schafft der Masochismus die Versuchung zum »sündhaften« Tun, welches dann durch die Vorwürfe des sadistischen Gewissens (wie bei so vielen russischen Charaktertypen) oder durch die Züchtigung der großen Elternmacht des Schicksals gesühnt werden muß. Um die Bestrafung durch diese letzte Elternvertretung zu provozieren, muß der Masochist das Unzweckmäßige tun, gegen seinen eigenen Vorteil arbeiten, die Aussichten zerstören, die sich ihm in der realen Welt eröffnen, und eventuell seine eigene reale Existenz vernichten.

Die Rückwendung des Sadismus gegen die eigene Person ereignet sich regelmäßig bei der *kulturellen Triebunterdrückung*, welche einen großen Teil der destruktiven Triebkomponenten der Person von der Verwendung im Leben abhält. Man kann sich vorstellen, daß dieser zurückgetretene Anteil des Destruktionstriebes als eine Steigerung des Masochismus im Ich zum Vorschein kommt. Die Phänomene des Gewissens lassen aber erraten, daß die von der Außenwelt wiederkehrende Destruktion auch ohne solche Verwandlung vom Über-Ich aufgenommen wird und dessen Sadismus gegen das Ich erhöht. Der Sadismus des Über-Ichs und der Masochismus des Ichs ergänzen einander und vereinigen sich zur Hervorrufung derselben Folgen. Ich meine, nur so kann man verstehen, daß aus der Triebunterdrückung – häufig oder ganz allgemein – ein Schuldgefühl resultiert und daß das Gewissen um so strenger und empfindlicher wird, je mehr sich die Person der Aggression gegen andere enthält. Man könnte erwarten, daß ein Individuum, welches von sich weiß, daß es kulturell unerwünschte Aggressionen zu vermeiden pflegt, darum ein gutes Gewissen hat und sein Ich minder mißtrauisch überwacht. Man stellt es gewöhnlich so dar, als sei die sittliche Anforderung das Primäre und der Triebverzicht ihre Folge. Dabei bleibt die Herkunft der Sittlichkeit unerklärt. In Wirklichkeit scheint es umgekehrt zuzugehen; der erste Triebverzicht ist ein durch äußere Mächte erzwungener, und er schafft erst die Sittlichkeit, die sich im Gewissen ausdrückt und weiteren Triebverzicht fordert.

So wird der moralische Masochismus zum klassischen Zeugen für die Existenz der Triebvermischung. Seine Gefährlichkeit rührt daher, daß er vom Todestrieb abstammt, jenem Anteil desselben entspricht, welcher der Auswärtswendung als Destruktionstrieb entging. Aber da er anderseits die Bedeutung einer erotischen Komponente hat, kann auch die Selbstzerstörung der Person nicht ohne libidinöse Befriedigung erfolgen.[17]

17 [Freud erörterte den Masochismus noch einmal im Zusammenhang mit der psychoanalytischen Behandlung in Abschnitt VI seiner Arbeit *Die endliche und die unendliche Analyse* (vgl. im vorliegenden Band unserer Ausgabe).]

Der Untergang des Ödipuskomplexes

Immer mehr enthüllt der Ödipuskomplex seine Bedeutung als das zentrale Phänomen der frühkindlichen Sexualperiode. Dann geht er unter, er erliegt der Verdrängung, wie wir sagen, und ihm folgt die Latenzzeit. Es ist aber noch nicht klargeworden, woran er zugrunde geht; die Analysen scheinen zu lehren: an den vorfallenden schmerzhaften Enttäuschungen. Das kleine Mädchen, das sich für die bevorzugte Geliebte des Vaters halten will, muß einmal eine harte Züchtigung durch den Vater erleben und sieht sich aus allen Himmeln gestürzt. Der Knabe, der die Mutter als sein Eigentum betrachtet, macht die Erfahrung, daß sie Liebe und Sorgfalt von ihm weg auf einen neu Angekommenen richtet. Die Überlegung vertieft den Wert dieser Einwirkungen, indem sie betont, daß solche peinliche Erfahrungen, die dem Inhalt des Komplexes widerstreiten, unvermeidlich sind. Auch wo nicht besondere Ereignisse, wie die als Proben erwähnten, vorfallen, muß das Ausbleiben der erhofften Befriedigung, die fortgesetzte Versagung des gewünschten Kindes, es dahin bringen, daß sich der kleine Verliebte von seiner hoffnungslosen Neigung abwendet. Der Ödipuskomplex ginge so zugrunde an seinem Mißerfolg, dem Ergebnis seiner inneren Unmöglichkeit.

Eine andere Auffassung wird sagen, der Ödipuskomplex muß fallen, weil die Zeit für seine Auflösung gekommen ist, wie die Milchzähne ausfallen, wenn die definitiven nachrücken. Wenn der Ödipuskomplex auch von den meisten Menschenkindern individuell durchlebt wird, so ist er doch ein durch die Heredität bestimmtes, von ihr angelegtes Phänomen, welches programmgemäß vergehen muß, wenn die nächste vorherbestimmte Entwicklungsphase einsetzt. Es ist dann ziemlich gleichgültig, auf welche Anlässe hin das geschieht oder ob solche überhaupt nicht ausfindig zu machen sind.

Beiden Auffassungen kann man ihr Recht nicht abstreiten. Sie vertragen sich aber auch miteinander; es bleibt

Raum für die ontogenetische neben der weiter schauenden phylogenetischen. Auch dem ganzen Individuum ist es ja schon bei seiner Geburt bestimmt zu sterben, und seine Organanlage enthält vielleicht bereits den Hinweis, woran. Doch bleibt es von Interesse zu verfolgen, wie dies mitgebrachte Programm ausgeführt wird, in welcher Weise zufällige Schädlichkeiten die Disposition ausnützen.

Unser Sinn ist neuerlich für die Wahrnehmung geschärft worden, daß die Sexualentwicklung des Kindes bis zu einer Phase fortschreitet, in der das Genitale bereits die führende Rolle übernommen hat. Aber dies Genitale ist allein das männliche, genauer bezeichnet, der Penis, das weibliche ist unentdeckt geblieben. Diese phallische Phase, gleichzeitig die des Ödipuskomplexes, entwickelt sich nicht weiter zur endgültigen Genitalorganisation, sondern sie versinkt und wird von der Latenzzeit abgelöst. Ihr Ausgang vollzieht sich aber in typischer Weise und in Anlehnung an regelmäßig wiederkehrende Geschehnisse.

Wenn das (männliche) Kind sein Interesse dem Genitale zugewendet hat, so verrät es dies auch durch ausgiebige manuelle Beschäftigung mit demselben und muß dann die Erfahrung machen, daß die Erwachsenen mit diesem Tun nicht einverstanden sind. Es tritt mehr oder minder deutlich, mehr oder weniger brutal, die Drohung auf, daß man ihn dieses von ihm hochgeschätzten Teiles berauben werde. Meist sind es Frauen, von denen die Kastrationsdrohung ausgeht, häufig suchen sie ihre Autorität dadurch zu verstärken, daß sie sich auf den Vater oder den Doktor berufen, der nach ihrer Versicherung die Strafe vollziehen wird. In einer Anzahl von Fällen nehmen die Frauen selbst eine symbolische Milderung der Androhung vor, indem sie nicht die Beseitigung des eigentlich passiven Genitales, sondern die der aktiv sündigenden Hand ankündigen. Ganz besonders häufig geschieht es, daß das Knäblein nicht darum von der Kastrationsdrohung betroffen wird, weil es mit der Hand am Penis spielt, sondern weil es allnächtlich sein Lager näßt und nicht rein zu bekommen ist. Die Pflegepersonen benehmen sich so, als wäre diese nächtliche Inkontinenz Folge von und Beweis für allzueifrige Beschäftigung mit dem Penis, und haben wahrscheinlich recht darin.[1] Jedenfalls ist das andauernde Bettnässen der Pollution des Erwachsenen gleichzustellen, ein Ausdruck der nämlichen Genitalerregung, welche das Kind um diese Zeit zur Masturbation gedrängt hat.

Die Behauptung ist nun, daß die phallische Genitalorganisation des Kindes an dieser Kastrationsdrohung zugrunde geht. Allerdings nicht sofort und nicht ohne daß weitere Einwirkungen dazukommen. Denn der Knabe schenkt der Drohung zunächst keinen Glauben und keinen Gehorsam. Die Psychoanalyse hat neuerlichen Wert auf zweierlei Erfahrungen gelegt, die keinem Kinde erspart bleiben und durch die es auf den Verlust wertgeschätzter Körperteile vorbereitet sein sollte, auf die zunächst zeitweilige, später einmal endgültige Entziehung der Mutterbrust und auf die täglich erforderte Abtrennung des Darminhaltes. Aber man merkt nichts davon, daß diese Erfahrungen beim Anlaß der Kastrationsdrohung zur Wirkung kommen würden. Erst nachdem eine neue Erfahrung gemacht worden ist, beginnt das Kind mit der Möglichkeit einer Kastration zu rechnen, auch dann nur zögernd, widerwillig und nicht ohne das Bemühen, die Tragweite der eigenen Beobachtung zu verkleinern.

Die Beobachtung, welche den Unglauben des Kindes endlich bricht, ist die des weiblichen Genitales. Irgendeinmal bekommt das auf seinen Penisbesitz stolze Kind die Genitalregion eines kleinen Mädchens zu Gesicht und muß sich von dem Mangel eines Penis bei einem ihm so ähnlichen Wesen überzeugen. Damit ist auch der eigene Penisverlust vorstellbar geworden, die Kastrationsdrohung gelangt nachträglich zur Wirkung.

Wir dürfen nicht so kurzsichtig sein wie die mit der Kastration drohende Pflegeperson und sollen nicht übersehen, daß sich das Sexualleben des Kindes um diese Zeit

1 [Vgl. *Drei Abhandlungen zur Sexualtheorie* (zweite Abhandlung, Kapitel [4], Abschnitt »Wiederkehr der Säuglingsmasturbation«) in Band 1 der vorliegenden Ausgabe.]

keineswegs in der Masturbation erschöpft. Es steht nachweisbar in der Ödipuseinstellung zu seinen Eltern, die Masturbation ist nur die genitale Abfuhr der zum Komplex gehörigen Sexualerregung und wird dieser Beziehung ihre Bedeutung für alle späteren Zeiten verdanken. Der Ödipuskomplex bot dem Kinde zwei Möglichkeiten der Befriedigung, eine aktive und eine passive. Es konnte sich in männlicher Weise an die Stelle des Vaters setzen und wie er mit der Mutter verkehren, wobei der Vater bald als Hindernis empfunden wurde, oder es wollte die Mutter ersetzen und sich vom Vater lieben lassen, wobei die Mutter überflüssig wurde. Worin der befriedigende Liebesverkehr bestehe, darüber mochte das Kind nur sehr unbestimmte Vorstellungen haben; gewiß spielte aber der Penis dabei eine Rolle, denn dies bezeugten seine Organgefühle. Zum Zweifel am Penis des Weibes war noch kein Anlaß. Die Annahme der Kastrationsmöglichkeit, die Einsicht, daß das Weib kastriert sei, machte nun beiden Möglichkeiten der Befriedigung aus dem Ödipuskomplex ein Ende. Beide brachten ja den Verlust des Penis mit sich, die eine, männliche, als Straffolge, die andere, weibliche, als Voraussetzung. Wenn die Liebesbefriedigung auf dem Boden des Ödipuskomplexes den Penis kosten soll, so muß es zum Konflikt zwischen dem narzißtischen Interesse an diesem Körperteile und der libidinösen Besetzung der elterlichen Objekte kommen. In diesem Konflikt siegt normalerweise die erstere Macht; das Ich des Kindes wendet sich vom Ödipuskomplex ab.

Ich habe an anderer Stelle ausgeführt, in welcher Weise dies vor sich geht.[2] Die Objektbesetzungen werden aufgegeben und durch Identifizierung ersetzt. Die ins Ich introjizierte Vater- oder Elternautorität bildet dort den Kern des Über-Ichs, welches vom Vater die Strenge entlehnt, sein Inzestverbot perpetuiert und so das Ich gegen die Wiederkehr der libidinösen Objektbesetzung versichert. Die dem Ödipuskomplex zugehörigen libidinösen Strebungen wer-

2 [S. *Das Ich und das Es*, im ersten Teil von Kapitel III.]

den zum Teil desexualisiert und sublimiert, was wahrscheinlich bei jeder Umsetzung in Identifizierung geschieht, zum Teil zielgehemmt und in zärtliche Regungen verwandelt. Der ganze Prozeß hat einerseits das Genitale gerettet, die Gefahr des Verlustes von ihm abgewendet, anderseits es lahmgelegt, seine Funktion aufgehoben. Mit ihm setzt die Latenzzeit ein, die nun die Sexualentwicklung des Kindes unterbricht.

Ich sehe keinen Grund, der Abwendung des Ichs vom Ödipuskomplex den Namen einer »Verdrängung« zu versagen, obwohl spätere Verdrängungen meist unter der Beteiligung des Über-Ichs zustande kommen werden, welches hier erst gebildet wird. Aber der beschriebene Prozeß ist mehr als eine Verdrängung, er kommt, wenn ideal vollzogen, einer Zerstörung und Aufhebung des Komplexes gleich. Es liegt nahe anzunehmen, daß wir hier auf die niemals ganz scharfe Grenzscheide zwischen Normalem und Pathologischem gestoßen sind. Wenn das Ich wirklich nicht viel mehr als eine Verdrängung des Komplexes erreicht hat, dann bleibt dieser im Es unbewußt bestehen und wird später seine pathogene Wirkung äußern.

Solche Zusammenhänge zwischen phallischer Organisation, Ödipuskomplex, Kastrationsdrohung, Über-Ichbildung und Latenzperiode läßt die analytische Beobachtung erkennen oder erraten. Sie rechtfertigen den Satz, daß der Ödipuskomplex an der Kastrationsdrohung zugrunde geht. Aber damit ist das Problem nicht erledigt, es bleibt Raum für eine theoretische Spekulation, welche das gewonnene Resultat umwerfen oder in ein neues Licht rücken kann. Ehe wir aber diesen Weg beschreiten, müssen wir uns einer Frage zuwenden, welche sich während unserer bisherigen Erörterungen erhoben hat und so lange zur Seite gedrängt wurde. Der beschriebene Vorgang bezieht sich, wie ausdrücklich gesagt, nur auf das männliche Kind. Wie vollzieht sich die entsprechende Entwicklung beim kleinen Mädchen?

Unser Material wird hier – unverständlicherweise – weit

dunkler und lückenhafter. Auch das weibliche Geschlecht entwickelt einen Ödipuskomplex, ein Über-Ich und eine Latenzzeit. Kann man ihm auch eine phallische Organisation und einen Kastrationskomplex zusprechen? Die Antwort lautet bejahend, aber es kann nicht dasselbe sein wie beim Knaben. Die feministische Forderung nach Gleichberechtigung der Geschlechter trägt hier nicht weit, der morphologische Unterschied muß sich in Verschiedenheiten der psychischen Entwicklung äußern.[3] Die Anatomie ist das Schicksal, um ein Wort Napoleons zu variieren.[4] Die Klitoris des Mädchens benimmt sich zunächst ganz wie ein Penis, aber das Kind nimmt durch die Vergleichung mit einem männlichen Gespielen wahr, daß es »zu kurz gekommen« ist, und empfindet diese Tatsache als Benachteiligung und Grund zur Minderwertigkeit. Es tröstet sich noch eine Weile mit der Erwartung, später, wenn es heranwächst, ein ebenso großes Anhängsel wie ein Bub zu bekommen. Hier zweigt dann der Männlichkeitskomplex des Weibes ab. Seinen aktuellen Mangel versteht das weibliche Kind aber nicht als Geschlechtscharakter, sondern erklärt ihn durch die Annahme, daß es früher einmal ein ebenso großes Glied besessen und dann durch Kastration verloren hat. Es scheint diesen Schluß nicht von sich auf andere, erwachsene Frauen auszudehnen, sondern diesen, ganz im Sinne der phallischen Phase, ein großes und vollständiges, also männliches Genitale zuzumuten. Es ergibt sich also der wesentliche Unterschied, daß das Mädchen die Kastration als vollzogene Tatsache akzeptiert, während sich der Knabe vor der Möglichkeit ihrer Vollziehung fürchtet.

Mit der Ausschaltung der Kastrationsangst entfällt auch

3 [Über die weibliche Sexualität hat sich Freud vor allem in seiner letzten Schaffensperiode geäußert, vor allem in den Aufsätzen *Einige psychische Folgen des anatomischen Geschlechtsunterschieds* (1925) und *Über die weibliche Sexualität* (1931). In den vorliegenden Band unserer Ausgabe wurde Freuds letzte umfangreiche Darstellung dieses Themas aufgenommen: die 33. Vorlesung der *Neuen Folge der Vorlesungen*.]

4 [Vgl. Fußnote 10 zum zweiten der *Beiträge zur Psychologie des Liebeslebens* in Band 1 der vorliegenden Ausgabe.]

ein mächtiges Motiv zur Aufrichtung des Über-Ichs und zum Abbruch der infantilen Genitalorganisation. Diese Veränderungen scheinen weit eher als beim Knaben Erfolg der Erziehung, der äußeren Einschüchterung zu sein, die mit dem Verlust des Geliebtwerdens droht. Der Ödipuskomplex des Mädchens ist weit eindeutiger als der des kleinen Penisträgers, er geht nach meiner Erfahrung nur selten über die Substituierung der Mutter und die feminine Einstellung zum Vater hinaus. Der Verzicht auf den Penis wird nicht ohne einen Versuch der Entschädigung vertragen. Das Mädchen gleitet – man möchte sagen: längs einer symbolischen Gleichung – vom Penis auf das Kind hinüber, sein Ödipuskomplex gipfelt in dem lange festgehaltenen Wunsch, vom Vater ein Kind als Geschenk zu erhalten, ihm ein Kind zu gebären. Man hat den Eindruck, daß der Ödipuskomplex dann langsam verlassen wird, weil dieser Wunsch sich nie erfüllt. Die beiden Wünsche nach dem Besitz eines Penis und eines Kindes bleiben im Unbewußten stark besetzt erhalten und helfen dazu, das weibliche Wesen für seine spätere geschlechtliche Rolle bereitzumachen. Die geringere Stärke des sadistischen Beitrages zum Sexualtrieb, die man wohl mit der Verkümmerung des Penis zusammenbringen darf, erleichtert die Verwandlung der direkt sexuellen Strebungen in zielgehemmte zärtliche. Im ganzen muß man aber zugestehen, daß unsere Einsichten in diese Entwicklungsvorgänge beim Mädchen unbefriedigend, lücken- und schattenhaft sind.

Ich zweifle nicht daran, daß die hier beschriebenen zeitlichen und kausalen Beziehungen zwischen Ödipuskomplex, Sexualeinschüchterung (Kastrationsdrohung), Über-Ichbildung und Eintritt der Latenzzeit von typischer Art sind; ich will aber nicht behaupten, daß dieser Typus der einzig mögliche ist. Abänderungen in der Zeitfolge und in der Verkettung dieser Vorgänge müssen für die Entwicklung des Individuums sehr bedeutungsvoll werden.

Seit der Veröffentlichung von O. Ranks interessanter Studie über das *Trauma der Geburt* [Wien 1924] kann man auch das Resultat dieser kleinen Untersuchung, der Ödipuskomplex des Knaben gehe an der Kastrationsangst zugrunde, nicht ohne weitere Diskussion hinnehmen. Es erscheint mir aber vorzeitig, heute in diese Diskussion einzugehen, vielleicht auch unzweckmäßig, die Kritik oder Würdigung der Rankschen Auffassung an solcher Stelle zu beginnen.[5]

5 [Freud hat diese Frage bald darauf in *Hemmung, Symptom und Angst* noch einmal aufgegriffen. Vgl. im vorliegenden Band.]

Der Realitätsverlust bei Neurose und Psychose

Ich habe kürzlich[1] einen der unterscheidenden Züge zwischen Neurose und Psychose dahin bestimmt, daß bei ersterer das Ich in Abhängigkeit von der Realität ein Stück des Es (Trieblebens) unterdrückt, während sich dasselbe Ich bei der Psychose im Dienste des Es von einem Stück der Realität zurückzieht. Für die Neurose wäre also die Übermacht des Realeinflusses, für die Psychose die des Es maßgebend. Der Realitätsverlust wäre für die Psychose von vorneherein gegeben; für die Neurose, sollte man meinen, wäre er vermieden.

Das stimmt nun aber gar nicht zur Erfahrung, die wir alle machen können, daß jede Neurose das Verhältnis des Kranken zur Realität irgendwie stört, daß sie ihm ein Mittel ist, sich von ihr zurückzuziehen und in ihren schweren Ausbildungen direkt eine Flucht aus dem realen Leben bedeutet. Dieser Widerspruch erscheint bedenklich, allein er ist leicht zu beseitigen, und seine Aufklärung wird unser Verständnis der Neurose nur gefördert haben.

Der Widerspruch besteht nämlich nur so lange, als wir die Eingangssituation der Neurose ins Auge fassen, in welcher das Ich im Dienst der Realität die Verdrängung einer Triebregung vornimmt. Das ist aber noch nicht die Neurose selbst. Diese besteht vielmehr in den Vorgängen, welche dem geschädigten Anteil des Es eine Entschädigung bringen, also in der Reaktion gegen die Verdrängung und im Mißglücken derselben. Die Lockerung des Verhältnisses zur Realität ist dann die Folge dieses zweiten Schrittes in der Neurosenbildung, und es sollte uns nicht verwundern, wenn die Detailuntersuchung zeigte, daß der Realitätsverlust gerade jenes Stück der Realität betrifft, über dessen Anforderung die Triebverdrängung erfolgte.

Die Charakteristik der Neurose als Erfolg einer miß-

---

1 *Neurose und Psychose.* [Vgl. im vorliegenden Band unserer Ausgabe].

glückten Verdrängung ist nichts Neues. Wir haben es immer so gesagt, und nur infolge des neuen Zusammenhanges war es notwendig, es zu wiederholen.

Das nämliche Bedenken wird übrigens in besonders eindrucksvoller Weise wiederauftreten, wenn es sich um einen Fall von Neurose handelt, dessen Veranlassung (»die traumatische Szene«) bekannt ist und an dem man sehen kann, wie sich die Person von einem solchen Erlebnis abwendet und es der Amnesie überantwortet. Ich will zum Beispiel auf einen vor langen Jahren analysierten Fall zurückgreifen[2], in dem das in ihren Schwager verliebte Mädchen am Totenbett der Schwester durch die Idee erschüttert wird: »Nun ist er frei und kann dich heiraten.« Diese Szene wird sofort vergessen und damit der Regressionsvorgang eingeleitet, der zu den hysterischen Schmerzen führt. Es ist aber gerade hier lehrreich, zu sehen, auf welchem Wege die Neurose den Konflikt zu erledigen versucht. Sie entwertet die reale Veränderung, indem sie den in Betracht kommenden Triebanspruch, also die Liebe zum Schwager, verdrängt. Die psychotische Reaktion wäre gewesen, die Tatsache des Todes der Schwester zu verleugnen.

Man könnte nun erwarten, daß sich bei der Entstehung der Psychose etwas dem Vorgang bei der Neurose Analoges ereignet, natürlich zwischen anderen Instanzen. Also daß auch bei der Psychose zwei Schritte deutlich werden, von denen der erste das Ich diesmal von der Realität losreißt, der zweite aber den Schaden wiedergutmachen will und nun die Beziehung zur Realität auf Kosten des Es wiederherstellt. Wirklich ist auch etwas Analoges an der Psychose zu beobachten; es gibt auch hier zwei Schritte, von denen der zweite den Charakter der Reparation an sich trägt, aber dann weicht die Analogie einer viel weitergehenden Gleichsinnigkeit der Vorgänge. Der zweite Schritt der Psychose will auch den Realitätsverlust ausgleichen, aber nicht

2 In den *Studien über Hysterie* (1895). [Es handelt sich um die Fallgeschichte »Fräulein Elisabeth von R . . .«. Freud zitiert dort, ziemlich in der Mitte und dann nochmals kurz nach Beginn des letzten Drittels der Arbeit, einen etwas anderen Wortlaut.]

auf Kosten einer Einschränkung des Es wie bei der Neurose auf Kosten der Realbeziehung, sondern auf einem anderen, mehr selbstherrlichen Weg durch Schöpfung einer neuen Realität, welche nicht mehr den nämlichen Anstoß bietet wie die verlassene. Der zweite Schritt wird also bei der Neurose wie bei der Psychose von denselben Tendenzen getragen, er dient in beiden Fällen dem Machtbestreben des Es, das sich von der Realität nicht zwingen läßt. Neurose wie Psychose sind also beide Ausdruck der Rebellion des Es gegen die Außenwelt, seiner Unlust oder, wenn man will, seiner Unfähigkeit, sich der realen Not, der *'Ανάγκη*, anzupassen[3]. Neurose und Psychose unterscheiden sich weit mehr voneinander in der ersten, einleitenden Reaktion als in dem auf sie folgenden Reparationsversuch.

Der anfängliche Unterschied kommt dann im Endergebnis in der Art zum Ausdruck, daß bei der Neurose ein Stück der Realität fluchtartig vermieden, bei der Psychose aber umgebaut wird. Oder: bei der Psychose folgt auf die anfängliche Flucht eine aktive Phase des Umbaues, bei der Neurose auf den anfänglichen Gehorsam ein nachträglicher Fluchtversuch. Oder noch anders ausgedrückt: Die Neurose verleugnet die Realität nicht, sie will nur nichts von ihr wissen; die Psychose verleugnet sie und sucht sie zu ersetzen. Normal oder »gesund« heißen wir ein Verhalten, welches bestimmte Züge beider Reaktionen vereinigt, die Realität sowenig verleugnet wie die Neurose, sich aber dann wie die Psychose um ihre Abänderung bemüht. Dies zweckmäßige, normale Verhalten führt natürlich zu einer äußeren Arbeitsleistung an der Außenwelt und begnügt sich nicht wie bei der Psychose mit der Herstellung innerer Veränderungen; es ist nicht mehr *autoplastisch*, sondern *alloplastisch*.

Die Umarbeitung der Realität geschieht bei der Psychose an den psychischen Niederschlägen der bisherigen

3 [Zu Freuds Umgang mit dem griech. Begriff »Ananke« vgl. den Aufsatz *Das ökonomische Problem des Masochismus* (Fußnote 15) im vorliegenden Band.]

Beziehungen zu ihr, also an den Erinnerungsspuren, Vorstellungen und Urteilen, die man bisher von ihr gewonnen hatte und durch welche sie im Seelenleben vertreten war. Aber diese Beziehung war nie eine abgeschlossene, sie wurde fortlaufend durch neue Wahrnehmungen bereichert und abgeändert. Somit stellt sich auch für die Psychose die Aufgabe her, sich solche Wahrnehmungen zu verschaffen, wie sie der neuen Realität entsprechen würden, was in gründlichster Weise auf dem Wege der Halluzination erreicht wird. Wenn die Erinnerungstäuschungen, Wahnbildungen und Halluzinationen bei so vielen Formen und Fällen von Psychose den peinlichsten Charakter zeigen und mit Angstentwicklung verbunden sind, so ist das wohl ein Anzeichen dafür, daß sich der ganze Umbildungsprozeß gegen heftig widerstrebende Kräfte vollzieht. Man darf sich den Vorgang nach dem uns besser bekannten Vorbild der Neurose konstruieren. Hier sehen wir, daß jedesmal mit Angst reagiert wird, sooft der verdrängte Trieb einen Vorstoß macht, und daß das Ergebnis des Konflikts doch nur ein Kompromiß und als Befriedigung unvollkommen ist. Wahrscheinlich drängt sich bei der Psychose das abgewiesene Stück der Realität immer wieder dem Seelenleben auf, wie bei der Neurose der verdrängte Trieb, und darum sind auch die Folgen in beiden Fällen die gleichen. Die Erörterung der verschiedenen Mechanismen, welche bei den Psychosen die Abwendung von der Realität und den Wiederaufbau einer solchen bewerkstelligen sollen, sowie des Ausmaßes von Erfolg, das sie erzielen können, ist eine noch nicht in Angriff genommene Aufgabe der speziellen Psychiatrie.

Es ist also eine weitere Analogie zwischen Neurose und Psychose, daß bei beiden die Aufgabe, die im zweiten Schritt in Angriff genommen wird, teilweise mißlingt, indem sich der verdrängte Trieb keinen vollen Ersatz schaffen kann (Neurose) und die Realitätsvertretung sich nicht in die befriedigenden Formen umgießen läßt. (Wenigstens nicht bei allen Formen der psychischen Erkrankungen.) Aber die Akzente sind in den zwei Fällen anders verteilt.

Bei der Psychose ruht der Akzent ganz auf dem ersten Schritt, der an sich krankhaft ist und nur zu Kranksein führen kann, bei der Neurose hingegen auf dem zweiten, dem Mißlingen der Verdrängung, während der erste Schritt gelingen kann und auch im Rahmen der Gesundheit ungezählte Male gelungen ist, wenn auch nicht ganz ohne Kosten zu machen und Anzeichen des erforderten psychischen Aufwandes zu hinterlassen. Diese Differenzen und vielleicht noch viele andere sind die Folge der topischen Verschiedenheit in der Ausgangssituation des pathogenen Konflikts, ob das Ich darin seiner Anhänglichkeit an die reale Welt oder seiner Abhängigkeit vom Es nachgegeben hat.

Die Neurose begnügt sich in der Regel damit, das betreffende Stück der Realität zu vermeiden und sich gegen das Zusammentreffen mit ihm zu schützen. Der scharfe Unterschied zwischen Neurose und Psychose wird aber dadurch abgeschwächt, daß es auch bei der Neurose an Versuchen nicht fehlt, die unerwünschte Realität durch eine wunschgerechtere zu ersetzen. Die Möglichkeit hiezu gibt die Existenz einer *Phantasiewelt*, eines Gebietes, das seinerzeit bei der Einsetzung des Realitätsprinzips von der realen Außenwelt abgesondert wurde, seither nach Art einer »Schonung« von den Anforderungen der Lebensnotwendigkeit freigehalten wird und das dem Ich nicht unzugänglich ist, aber ihm nur lose anhängt. Aus dieser Phantasiewelt entnimmt die Neurose das Material für ihre Wunschneubildungen und findet es dort gewöhnlich auf dem Wege der Regression in eine befriedigendere reale Vorzeit.

Es ist kaum zweifelhaft, daß die Phantasiewelt bei der Psychose die nämliche Rolle spielt, daß sie auch hier die Vorratskammer darstellt, aus der der Stoff oder die Muster für den Aufbau der neuen Realität geholt werden. Aber die neue, phantastische Außenwelt der Psychose will sich an die Stelle der äußeren Realität setzen, die der Neurose hingegen lehnt sich wie das Kinderspiel gern an ein Stück der Realität an – ein anderes als das, wogegen sie sich wehren mußte –, verleiht ihm eine besondere Bedeutung und einen geheimen Sinn, den wir nicht immer ganz zutreffend einen *symbolischen* heißen. So kommt für beide, Neurose wie Psychose, nicht nur die Frage des *Realitätsverlustes,* sondern auch die eines *Realitätsersatzes* in Betracht.

Notiz über den »Wunderblock«

Wenn ich meinem Gedächtnis mißtraue – der Neurotiker tut dies bekanntlich in auffälligem Ausmaße, aber auch der Normale hat allen Grund dazu –, so kann ich dessen Funktion ergänzen und versichern, indem ich mir eine schriftliche Aufzeichnung mache. Die Fläche, welche diese Aufzeichnung bewahrt, die Schreibtafel oder das Blatt Papier, ist dann gleichsam ein materialisiertes Stück des Erinnerungsapparates, den ich sonst unsichtbar in mir trage. Wenn ich mir nur den Ort merke, an dem die so fixierte »Erinnerung« untergebracht ist, so kann ich sie jederzeit nach Belieben »reproduzieren« und bin sicher, daß sie unverändert geblieben, also den Entstellungen entgangen ist, die sie vielleicht in meinem Gedächtnis erfahren hätte.

Wenn ich mich dieser Technik zur Verbesserung meiner Gedächtnisfunktion in ausgiebiger Weise bedienen will, bemerke ich, daß mir zwei verschiedene Verfahren zu Gebote stehen. Ich kann erstens eine Schreibfläche wählen, welche die ihr anvertraute Notiz unbestimmt lange unversehrt bewahrt, also ein Blatt Papier, das ich mit Tinte beschreibe. Ich erhalte dann eine »dauerhafte Erinnerungsspur«. Der Nachteil dieses Verfahrens besteht darin, daß die Aufnahmsfähigkeit der Schreibfläche sich bald erschöpft. Das Blatt ist vollgeschrieben, hat keinen Raum für neue Aufzeichnungen, und ich sehe mich genötigt, ein anderes, noch unbeschriebenes Blatt in Verwendung zu nehmen. Auch kann der Vorzug dieses Verfahrens, das eine »Dauerspur« liefert, seinen Wert für mich verlieren, nämlich wenn mein Interesse an der Notiz nach einiger Zeit erloschen ist und ich sie nicht mehr »im Gedächtnis behalten« will. Das andere Verfahren ist von beiden Mängeln frei. Wenn ich zum Beispiel mit Kreide auf eine Schiefertafel schreibe, so habe ich eine Aufnahmsfläche, die unbegrenzt lange aufnahmsfähig bleibt und deren Aufzeichnungen ich zerstören kann, sobald sie mich nicht mehr interessieren, ohne die Schreibfläche selbst verwerfen zu müssen. Der Nachteil ist hier, daß ich eine Dauerspur nicht erhalten kann. Will ich neue Notizen auf die Tafel bringen, so muß ich die, mit denen sie bereits bedeckt ist, wegwischen. Unbegrenzte Aufnahmsfähigkeit und Erhaltung von Dauerspuren scheinen sich also für die Vorrichtungen, mit denen wir unser Gedächtnis substituieren, auszuschließen, es muß entweder die aufnehmende Fläche erneut oder die Aufzeichnung vernichtet werden.

Die Hilfsapparate, welche wir zur Verbesserung oder Verstärkung unserer Sinnesfunktionen erfunden haben, sind alle so gebaut wie das Sinnesorgan selbst oder Teile desselben (Brille, photographische Kamera, Hörrohr usw.). An diesem Maß gemessen, scheinen die Hilfsvorrichtungen für unser Gedächtnis besonders mangelhaft zu sein, denn unser seelischer Apparat leistet gerade das, was diese nicht können; er ist in unbegrenzter Weise aufnahmsfähig für immer neue Wahrnehmungen und schafft doch dauerhafte – wenn auch nicht unveränderliche – Erinnerungsspuren von ihnen. Ich habe schon in der *Traumdeutung* 1900 die Vermutung ausgesprochen, daß diese ungewöhnliche Fähigkeit auf die Leistung zweier verschiedener Systeme (Organe des seelischen Apparates) aufzuteilen sei. Wir besäßen ein System *W-Bw*, welches die Wahrnehmungen aufnimmt, aber keine Dauerspur von ihnen bewahrt, so daß es sich gegen jede neue Wahrnehmung wie ein unbeschriebenes Blatt verhalten kann. Die Dauerspuren der aufgenommenen Erregungen kämen in dahinter gelegenen »Erinnerungssystemen« zustande. Später (*Jenseits des Lustprinzips*[1]) habe ich die Bemerkung hinzugefügt, das unerklärliche Phänomen des Bewußtseins entstehe im Wahrnehmungssystem *an Stelle* der Dauerspuren.

Vor einiger Zeit ist nun unter dem Namen *Wunderblock* ein kleines Gerät in den Handel gekommen, das mehr zu leisten verspricht als das Blatt Papier oder die Schiefertafel. Es will nicht mehr sein als eine Schreibtafel, von der man die Aufzeichnungen mit einer bequemen Hantierung

1 [Zu Beginn von Kapitel IV; vgl. im vorliegenden Band unserer Ausgabe.]

entfernen kann. Untersucht man es aber näher, so findet man in seiner Konstruktion eine bemerkenswerte Übereinstimmung mit dem von mir supponierten Bau unseres Wahrnehmungsapparats und überzeugt sich, daß es wirklich beides liefern kann, eine immer bereite Aufnahmsfläche und Dauerspuren der aufgenommenen Aufzeichnungen.

Der Wunderblock ist eine in einen Papierrand gefaßte Tafel aus dunkelbräunlicher Harz- oder Wachsmasse, über welche ein dünnes, durchscheinendes Blatt gelegt ist, am oberen Ende an der Wachstafel fest haftend, am unteren ihr frei anliegend. Dieses Blatt ist der interessantere Anteil des kleinen Apparats. Es besteht selbst aus zwei Schichten, die außen an den beiden queren Rändern voneinander abgehoben werden können. Die obere Schicht ist eine durchsichtige Zelluloidplatte, die untere ein dünnes, also durchscheinendes Wachspapier. Wenn der Apparat nicht gebraucht wird, klebt die untere Fläche des Wachspapiers der oberen Fläche der Wachstafel leicht an.

Man gebraucht diesen Wunderblock, indem man die Aufschreibung auf der Zelluloidplatte des die Wachstafel deckenden Blattes ausführt. Dazu bedarf es keines Bleistifts oder einer Kreide, denn das Schreiben beruht nicht darauf, daß Material an die aufnehmende Fläche abgegeben wird. Es ist eine Rückkehr zur Art, wie die Alten auf Ton- und Wachstäfelchen schrieben. Ein spitzer Stilus ritzt die Oberfläche, deren Vertiefungen die »Schrift« ergeben. Beim Wunderblock geschieht dieses Ritzen nicht direkt, sondern unter Vermittlung des darüberliegenden Deckblattes. Der Stilus drückt an den von ihm berührten Stellen die Unterfläche des Wachspapiers an die Wachstafel an, und diese Furchen werden an der sonst glatten weißlichgrauen Oberfläche des Zelluloids als dunkle Schrift sichtbar. Will man die Aufschreibung zerstören, so genügt es, das zusammengesetzte Deckblatt von seinem freien, unteren Rand her mit leichtem Griff von der Wachstafel abzuheben. Der innige Kontakt zwischen Wachspapier und Wachstafel an den geritzten Stellen, auf dem das Sichtbarwerden der

Schrift beruhte, wird damit gelöst und stellt sich auch nicht her, wenn die beiden einander wieder berühren. Der Wunderblock ist nun schriftfrei und bereit, neue Aufzeichnungen aufzunehmen.

Die kleinen Unvollkommenheiten des Geräts haben für uns natürlich kein Interesse, da wir nur dessen Annäherung an die Struktur des seelischen Wahrnehmungsapparats verfolgen wollen.

Wenn man, während der Wunderblock beschrieben ist, die Zelluloidplatte vorsichtig vom Wachspapier abhebt, so sieht man die Schrift ebenso deutlich auf der Oberfläche des letzteren und kann die Frage stellen, wozu die Zelluloidplatte des Deckblattes überhaupt notwendig ist. Der Versuch zeigt dann, daß das dünne Papier sehr leicht in Falten gezogen oder zerrissen werden würde, wenn man es direkt mit dem Stilus beschriebe. Das Zelluloidblatt ist also eine schützende Hülle für das Wachspapier, die schädigende Einwirkungen von außen abhalten soll. Das Zelluloid ist ein »Reizschutz«; die eigentlich reizaufnehmende Schicht ist das Papier. Ich darf nun darauf hinweisen, daß ich im *Jenseits des Lustprinzips* [Kapitel IV] ausgeführt habe, unser seelischer Wahrnehmungsapparat bestehe aus zwei Schichten, einem äußeren Reizschutz, der die Größe der ankommenden Erregungen herabsetzen soll, und aus der reizaufnehmenden Oberfläche dahinter, dem System *W-Bw*.

Die Analogie hätte nicht viel Wert, wenn sie sich nicht weiter verfolgen ließe. Hebt man das ganze Deckblatt – Zelluloid und Wachspapier – von der Wachstafel ab, so verschwindet die Schrift und stellt sich, wie erwähnt, auch später nicht wieder her. Die Oberfläche des Wunderblocks ist schriftfrei und von neuem aufnahmsfähig. Es ist aber leicht festzustellen, daß die Dauerspur des Geschriebenen auf der Wachstafel selbst erhalten bleibt und bei geeigneter Belichtung lesbar ist. Der Block liefert also nicht nur eine immer von neuem verwendbare Aufnahmsfläche wie die Schiefertafel, sondern auch Dauerspuren der Aufschreibung wie der gewöhnliche Papierblock; er löst das

Problem, die beiden Leistungen zu vereinigen, indem er sie *auf zwei gesonderte, miteinander verbundene Bestandteile – Systeme – verteilt.* Das ist aber ganz die gleiche Art, wie nach meiner oben erwähnten Annahme unser seelischer Apparat die Wahrnehmungsfunktion erledigt. Die reizaufnehmende Schicht – das System *W-Bw* – bildet keine Dauerspuren, die Grundlagen der Erinnerung kommen in anderen, anstoßenden Systemen zustande.

Es braucht uns dabei nicht zu stören, daß die Dauerspuren der empfangenen Aufzeichnungen beim Wunderblock nicht verwertet werden; es genügt, daß sie vorhanden sind. Irgendwo muß ja die Analogie eines solchen Hilfsapparats mit dem vorbildlichen Organ ein Ende finden. Der Wunderblock kann ja auch nicht die einmal verlöschte Schrift von innen her wieder »reproduzieren«; er wäre wirklich ein Wunderblock, wenn er das wie unser Gedächtnis vollbringen könnte. Immerhin erscheint es mir jetzt nicht allzu gewagt, das aus Zelluloid und Wachspapier bestehende Deckblatt mit dem System *W-Bw* und seinem Reizschutz, die Wachstafel mit dem Unbewußten dahinter, das Sichtbarwerden der Schrift und ihr Verschwinden mit dem Aufleuchten und Vergehen des Bewußtseins bei der Wahrnehmung gleichzustellen. Ich gestehe aber, daß ich geneigt bin, die Vergleichung noch weiter zu treiben.

Beim Wunderblock verschwindet die Schrift jedesmal, wenn der innige Kontakt zwischen dem den Reiz empfangenden Papier und der den Eindruck bewahrenden Wachstafel aufgehoben wird. Das trifft mit einer Vorstellung zusammen, die ich mir längst über die Funktionsweise des seelischen Wahrnehmungsapparats gemacht, aber bisher für mich behalten habe. Ich habe angenommen, daß Besetzungsinnervationen in raschen periodischen Stößen aus dem Inneren in das völlig durchlässige System *W-Bw* geschickt und wieder zurückgezogen werden. Solange das System in solcher Weise besetzt ist, empfängt es die von Bewußtsein begleiteten Wahrnehmungen und leitet die Erregung weiter in die unbewußten Erinnerungssysteme; sobald die Besetzung zurückgezogen wird, erlischt das Bewußtsein, und die Leistung des Systems ist sistiert. Es wäre so, als ob das Unbewußte mittels des Systems *W-Bw* der Außenwelt Fühler entgegenstrecken würde, die rasch zurückgezogen werden, nachdem sie deren Erregungen verkostet haben. Ich ließ also die Unterbrechungen, die beim Wunderblock von außen her geschehen, durch die Diskontinuität der Innervationsströmung zustande kommen, und an Stelle einer wirklichen Kontaktaufhebung stand in meiner Annahme die periodisch eintretende Unerregbarkeit des Wahrnehmungssystems. Ich vermutete ferner, daß diese diskontinuierliche Arbeitsweise des Systems *W-Bw* der Entstehung der Zeitvorstellung zugrunde liegt.

Denkt man sich, daß, während eine Hand die Oberfläche des Wunderblocks beschreibt, eine andere periodisch das Deckblatt desselben von der Wachstafel abhebt, so wäre das eine Versinnlichung der Art, wie ich mir die Funktion unseres seelischen Wahrnehmungsapparats vorstellen wollte.

Die Verneinung

Die Art, wie unsere Patienten ihre Einfälle während der analytischen Arbeit vorbringen, gibt uns Anlaß zu einigen interessanten Beobachtungen. »Sie werden jetzt denken, ich will etwas Beleidigendes sagen, aber ich habe wirklich nicht diese Absicht.« Wir verstehen, das ist die Abweisung eines eben auftauchenden Einfalles durch Projektion. Oder: »Sie fragen, wer diese Person im Traum sein kann. Die Mutter ist es *nicht.«* Wir berichtigen: »Also ist es die Mutter.« Wir nehmen uns die Freiheit, bei der Deutung von der Verneinung abzusehen und den reinen Inhalt des Einfalls herauszugreifen. Es ist so, als ob der Patient gesagt hätte: »Mir ist zwar die Mutter zu dieser Person eingefallen, aber ich habe keine Lust, diesen Einfall gelten zu lassen.«

Gelegentlich kann man sich eine gesuchte Aufklärung über das unbewußte Verdrängte auf eine sehr bequeme Weise verschaffen. Man fragt: »Was halten Sie wohl für das Allerunwahrscheinlichste in jener Situation? Was, meinen Sie, ist Ihnen damals am fernsten gelegen?« Geht der Patient in die Falle und nennt das, woran er am wenigsten glauben kann, so hat er damit fast immer das Richtige zugestanden. Ein hübsches Gegenstück zu diesem Versuch stellt sich oft beim Zwangsneurotiker her, der bereits in das Verständnis seiner Symptome eingeführt worden ist. »Ich habe eine neue Zwangsvorstellung bekommen. Mir ist sofort dazu eingefallen, sie könnte dies Bestimmte bedeuten. Aber nein, das kann ja nicht wahr sein, sonst hätte es mir nicht einfallen können.« Was er mit dieser der Kur abgelauschten Begründung verwirft, ist natürlich der richtige Sinn der neuen Zwangsvorstellung.

Ein verdrängter Vorstellungs- oder Gedankeninhalt kann also zum Bewußtsein durchdringen, unter der Bedingung, daß er sich *verneinen* läßt. Die Verneinung ist eine Art, das Verdrängte zur Kenntnis zu nehmen, eigentlich schon eine Aufhebung der Verdrängung, aber freilich keine Annahme des Verdrängten. Man sieht, wie sich hier die intellektuelle Funktion vom affektiven Vorgang scheidet. Mit Hilfe der Verneinung wird nur die eine Folge des Verdrängungsvorganges rückgängig gemacht, daß dessen Vorstellungsinhalt nicht zum Bewußtsein gelangt. Es resultiert daraus eine Art von intellektueller Annahme des Verdrängten bei Fortbestand des Wesentlichen an der Verdrängung.[1] Im Verlauf der analytischen Arbeit schaffen wir oft eine andere, sehr wichtige und ziemlich befremdende Abänderung derselben Situation. Es gelingt uns, auch die Verneinung zu besiegen und die volle intellektuelle Annahme des Verdrängten durchzusetzen – der Verdrängungsvorgang selbst ist damit noch nicht aufgehoben.

Da es die Aufgabe der intellektuellen Urteilsfunktion ist, Gedankeninhalte zu bejahen oder zu verneinen, haben uns die vorstehenden Bemerkungen zum psychologischen Ursprung dieser Funktion geführt. Etwas im Urteil verneinen, heißt im Grunde: »Das ist etwas, was ich am liebsten verdrängen möchte.« Die Verurteilung ist der intellektuelle Ersatz der Verdrängung, ihr »Nein« ein Merkzeichen derselben, ein Ursprungszertifikat etwa wie das »*made in Germany*«. Vermittels des Verneinungssymbols macht sich das Denken von den Einschränkungen der Verdrängung frei und bereichert sich um Inhalte, deren es für seine Leistung nicht entbehren kann.

Die Urteilsfunktion hat im wesentlichen zwei Entscheidungen zu treffen. Sie soll einem Ding eine Eigenschaft zu- oder absprechen, und sie soll einer Vorstellung die Existenz in der Realität zugestehen oder bestreiten. Die Eigenschaft, über die entschieden werden soll, könnte ursprünglich gut oder schlecht, nützlich oder schädlich gewesen sein. In der Sprache der ältesten, oralen Triebregungen ausgedrückt: »Das will ich essen oder will es ausspucken«,

---

1 Derselbe Vorgang liegt dem bekannten Vorgang des »Berufens« zugrunde. »Wie schön, daß ich meine Migräne so lange nicht gehabt habe!« Das ist aber die erste Ankündigung des Anfalls, dessen Herannahen man bereits verspürt, aber noch nicht glauben will. [Auf diese Erklärung war Freud von einer seiner ersten Patientinnen, Frau Cäcilie M., hingewiesen worden.]

und in weitergehender Übertragung: »Das will ich in mich einführen und das aus mir ausschließen.« Also: »Es soll in mir oder außer mir sein.« Das ursprüngliche Lust-Ich will, wie ich an anderer Stelle ausgeführt habe, alles Gute sich introjizieren, alles Schlechte von sich werfen. Das Schlechte, das dem Ich Fremde, das Außenbefindliche, ist ihm zunächst identisch.[2]

Die andere der Entscheidungen der Urteilsfunktion, die über die reale Existenz eines vorgestellten Dinges, ist ein Interesse des endgültigen Real-Ichs, das sich aus dem anfänglichen Lust-Ich entwickelt. (Realitätsprüfung.) Nun handelt es sich nicht mehr darum, ob etwas Wahrgenommenes (ein Ding) ins Ich aufgenommen werden soll oder nicht, sondern ob etwas im Ich als Vorstellung Vorhandenes auch in der Wahrnehmung (Realität) wiedergefunden werden kann. Es ist, wie man sieht, wieder eine Frage des *Außen und Innen*. Das Nichtreale, bloß Vorgestellte, Subjektive, ist nur innen; das andere, Reale, auch im *Draußen* vorhanden. In dieser Entwicklung ist die Rücksicht auf das Lustprinzip beiseite gesetzt worden. Die Erfahrung hat gelehrt, es ist nicht nur wichtig, ob ein Ding (Befriedigungsobjekt) die »gute« Eigenschaft besitzt, also die Aufnahme ins Ich verdient, sondern auch, ob es in der Außenwelt da ist, so daß man sich seiner nach Bedürfnis bemächtigen kann. Um diesen Fortschritt zu verstehen, muß man sich daran erinnern, daß alle Vorstellungen von Wahrnehmungen stammen, Wiederholungen derselben sind. Ursprünglich ist also schon die Existenz der Vorstellung eine Bürgschaft für die Realität des Vorgestellten. Der Gegensatz zwischen Subjektivem und Objektivem besteht nicht von Anfang an. Er stellt sich erst dadurch her, daß das Denken die Fähigkeit besitzt, etwas einmal Wahrgenommenes durch Reproduktion in der Vorstellung wieder gegenwärtig zu machen, während das Objekt draußen nicht mehr vorhanden zu sein braucht. Der erste und nächste Zweck der

2 Vgl. hiezu die Ausführungen in *Triebe und Triebschicksale* [in Band 2 der vorliegenden Ausgabe].

Realitätsprüfung ist also nicht, ein dem Vorgestellten entsprechendes Objekt in der realen Wahrnehmung zu finden, sondern es *wiederzufinden*, sich zu überzeugen, daß es noch vorhanden ist. Ein weiterer Beitrag zur Entfremdung zwischen dem Subjektiven und dem Objektiven rührt von einer anderen Fähigkeit des Denkvermögens her. Die Reproduktion der Wahrnehmung in der Vorstellung ist nicht immer deren getreue Wiederholung; sie kann durch Weglassungen modifiziert, durch Verschmelzungen verschiedener Elemente verändert sein. Die Realitätsprüfung hat dann zu kontrollieren, wie weit diese Entstellungen reichen. Man erkennt aber als Bedingung für die Einsetzung der Realitätsprüfung, daß Objekte verlorengegangen sind, die einst reale Befriedigung gebracht hatten.

Das Urteilen ist die intellektuelle Aktion, die über die Wahl der motorischen Aktion entscheidet, dem Denkaufschub ein Ende setzt und vom Denken zum Handeln überleitete. Auch über den Denkaufschub habe ich bereits an anderer Stelle gehandelt.[3] Er ist als eine Probeaktion zu betrachten, ein motorisches Tasten mit geringen Abfuhraufwänden. Besinnen wir uns: Wo hatte das Ich ein solches Tasten vorher geübt, an welcher Stelle die Technik erlernt, die es jetzt bei den Denkvorgängen anwendet? Dies geschah am sensorischen Ende des seelischen Apparats, bei den Sinneswahrnehmungen. Nach unserer Annahme ist ja die Wahrnehmung kein rein passiver Vorgang, sondern das Ich schickt periodisch kleine Besetzungsmengen in das Wahrnehmungssystem, mittels deren es die äußeren Reize verkostet, um sich nach jedem solchen tastenden Vorstoß wieder zurückzuziehen.

Das Studium des Urteils eröffnet uns vielleicht zum erstenmal die Einsicht in die Entstehung einer intellektuellen Funktion aus dem Spiel der primären Triebregungen. Das Urteilen ist die zweckmäßige Fortentwicklung der ursprünglich nach dem Lustprinzip erfolgten Einbeziehung

3 [Beispielsweise im Aufsatz *Das Unbewußte* (Kapitel V); vgl. in Band 2 der vorliegenden Ausgabe.]

ins Ich oder Ausstoßung aus dem Ich. Seine Polarität scheint der Gegensätzlichkeit der beiden von uns angenommenen Triebgruppen zu entsprechen. Die Bejahung – als Ersatz der Vereinigung – gehört dem Eros an, die Verneinung – Nachfolge der Ausstoßung – dem Destruktionstrieb. Die allgemeine Verneinungslust, der Negativismus mancher Psychotiker ist wahrscheinlich als Anzeichen der Triebentmischung durch Abzug der libidinösen Komponenten zu verstehen. Die Leistung der Urteilsfunktion wird aber erst dadurch ermöglicht, daß die Schöpfung des Verneinungssymbols dem Denken einen ersten Grad von Unabhängigkeit von den Erfolgen der Verdrängung und somit auch vom Zwang des Lustprinzips gestattet hat.

Zu dieser Auffassung der Verneinung stimmt es sehr gut, daß man in der Analyse kein »Nein« aus dem Unbewußten auffindet und daß die Anerkennung des Unbewußten von seiten des Ichs sich in einer negativen Formel ausdrückt. Kein stärkerer Beweis für die gelungene Aufdekkung des Unbewußten, als wenn der Analysierte mit dem Satze: *»Das habe ich nicht gedacht«*, oder: *»Daran habe ich nicht (nie) gedacht«*, darauf reagiert.

Hemmung, Symptom und Angst

I

Unser Sprachgebrauch läßt uns in der Beschreibung pathologischer Phänomene Symptome und Hemmungen unterscheiden, aber er legt diesem Unterschied nicht viel Wert bei. Kämen uns nicht Krankheitsfälle vor, von denen wir aussagen müssen, daß sie nur Hemmungen und keine Symptome zeigen, und wollten wir nicht wissen, was dafür die Bedingung ist, so brächten wir kaum das Interesse auf, die Begriffe Hemmung und Symptom gegeneinander abzugrenzen.

Die beiden sind nicht auf dem nämlichen Boden erwachsen. Hemmung hat eine besondere Beziehung zur Funktion und bedeutet nicht notwendig etwas Pathologisches, man kann auch eine normale Einschränkung einer Funktion eine Hemmung derselben nennen. Symptom hingegen heißt soviel wie Anzeichen eines krankhaften Vorganges. Es kann also auch eine Hemmung ein Symptom sein. Der Sprachgebrauch verfährt dann so, daß er von Hemmung spricht, wo eine einfache Herabsetzung der Funktion vorliegt, von Symptom, wo es sich um eine ungewöhnliche Abänderung derselben oder um eine neue Leistung handelt. In vielen Fällen scheint es der Willkür überlassen, ob man die positive oder die negative Seite des pathologischen Vorgangs betonen, seinen Erfolg als Symptom oder als Hemmung bezeichnen will. Das alles ist wirklich nicht interessant, die Fragestellung, von der wir ausgingen, erweist sich als wenig fruchtbar.

Da die Hemmung begrifflich so innig an die Funktion geknüpft ist, kann man auf die Idee kommen, die verschiedenen Ichfunktionen daraufhin zu untersuchen, in welchen Formen sich deren Störung bei den einzelnen neurotischen Affektionen äußert. Wir wählen für diese vergleichende Studie: die Sexualfunktion, das Essen, die Lokomotion und die Berufsarbeit.

a) Die Sexualfunktion unterliegt sehr mannigfaltigen Störungen, von denen die meisten den Charakter einfacher Hemmungen zeigen. Diese werden als psychische Impotenz zusammengefaßt. Das Zustandekommen der normalen Sexualleistung setzt einen sehr komplizierten Ablauf voraus, die Störung kann an jeder Stelle desselben eingreifen. Die Hauptstationen der Hemmung sind beim Manne: die Abwendung der Libido zur Einleitung des Vorgangs (psychische Unlust), das Ausbleiben der physischen Vorbereitung (Erektionslosigkeit), die Abkürzung des Aktes (*ejaculatio praecox)*, die ebensowohl als positives Symptom beschrieben werden kann, die Aufhaltung desselben vor dem natürlichen Ausgang (Ejakulationsmangel), das Nichtzustandekommen des psychischen Effekts (der Lustempfindung des Orgasmus). Andere Störungen erfolgen durch die Verknüpfung der Funktion mit besonderen Bedingungen, perverser oder fetischistischer Natur.

Eine Beziehung der Hemmung zur Angst kann uns nicht lange entgehen. Manche Hemmungen sind offenbar Verzichte auf Funktion, weil bei deren Ausübung Angst entwickelt werden würde. Direkte Angst vor der Sexualfunktion ist beim Weibe häufig; wir ordnen sie der Hysterie zu, ebenso das Abwehrsymptom des Ekels, das sich ursprünglich als nachträgliche Reaktion auf den passiv erlebten Sexualakt einstellt, später bei der Vorstellung desselben auftritt. Auch eine große Anzahl von Zwangshandlungen erweisen sich als Vorsichten und Versicherungen gegen sexuelles Erleben, sind also phobischer Natur.

Man kommt da im Verständnis nicht sehr weit; man merkt nur, daß sehr verschiedene Verfahren verwendet werden, um die Funktion zu stören: 1) die bloße Abwendung der Libido, die am ehesten zu ergeben scheint, was wir eine reine Hemmung heißen, 2) die Verschlechterung in der Ausführung der Funktion, 3) die Erschwerung derselben durch besondere Bedingungen und ihre Modifikation durch Ablenkung auf andere Ziele, 4) ihre Vorbeugung durch Sicherungsmaßregeln, 5) ihre Unterbrechung durch Angstentwicklung, sowie sich ihr Ansatz nicht mehr verhindern läßt, endlich 6) eine nachträgliche Reaktion, die dagegen protestiert und das Geschehene rückgängig machen will, wenn die Funktion doch durchgeführt wurde.

b) Die häufigste Störung der Nahrungsfunktion ist die Eßunlust durch Abziehung der Libido. Auch Steigerungen der Eßlust sind nicht selten; ein Eßzwang motiviert sich durch Angst vor dem Verhungern, ist wenig untersucht. Als hysterische Abwehr des Essens kennen wir das Symptom des Erbrechens. Die Nahrungsverweigerung infolge von Angst gehört psychotischen Zuständen an (Vergiftungswahn).

c) Die Lokomotion wird bei manchen neurotischen Zuständen durch Gehunlust und Gehschwäche gehemmt, die hysterische Behinderung bedient sich der motorischen Lähmung des Bewegungsapparates oder schafft eine spezialisierte Aufhebung dieser einen Funktion desselben (Abasie). Besonders charakteristisch sind die Erschwerungen der Lokomotion durch Einschaltung bestimmter Bedingungen, bei deren Nichterfüllung Angst auftritt (Phobie).

d) Die Arbeitshemmung, die so oft als isoliertes Symptom Gegenstand der Behandlung wird, zeigt uns verminderte Lust oder schlechtere Ausführung oder Reaktionserscheinungen wie Müdigkeit (Schwindel, Erbrechen), wenn die Fortsetzung der Arbeit erzwungen wird. Die Hysterie erzwingt die Einstellung der Arbeit durch Erzeugung von Organ- und Funktionslähmungen, deren Bestand mit der Ausführung der Arbeit unvereinbar ist. Die Zwangsneurose stört die Arbeit durch fortgesetzte Ablenkung und durch den Zeitverlust bei eingeschobenen Verweilungen und Wiederholungen.

Wir könnten diese Übersicht noch auf andere Funktionen ausdehnen, aber wir dürfen nicht erwarten, dabei mehr zu erreichen. Wir kämen nicht über die Oberfläche der Erscheinungen hinaus. Entschließen wir uns darum zu einer Auffassung, die dem Begriff der Hemmung nicht mehr viel

Rätselhaftes beläßt. Die Hemmung ist der Ausdruck einer *Funktionseinschränkung des Ichs*, die selbst sehr verschiedene Ursachen haben kann. Manche der Mechanismen dieses Verzichts auf Funktion und eine allgemeine Tendenz desselben sind uns wohlbekannt.

An den spezialisierten Hemmungen ist die Tendenz leichter zu erkennen. Wenn das Klavierspielen, Schreiben und selbst das Gehen neurotischen Hemmungen unterliegen, so zeigt uns die Analyse den Grund hiefür in einer überstarken Erotisierung der bei diesen Funktionen in Anspruch genommenen Organe, der Finger und der Füße. Wir haben ganz allgemein die Einsicht gewonnen, daß die Ichfunktion eines Organes geschädigt wird, wenn seine Erogeneität, seine sexuelle Bedeutung, zunimmt. Es benimmt sich dann, wenn man den einigermaßen skurrilen Vergleich wagen darf, wie eine Köchin, die nicht mehr am Herd arbeiten will, weil der Herr des Hauses Liebesbeziehungen zu ihr angeknüpft hat. Wenn das Schreiben, das darin besteht, aus einem Rohr Flüssigkeit auf ein Stück weißes Papier fließen zu lassen, die symbolische Bedeutung des Koitus angenommen hat oder wenn das Gehen zum symbolischen Ersatz des Stampfens auf dem Leib der Mutter Erde geworden ist, dann wird beides, Schreiben und Gehen, unterlassen, weil es so ist, als ob man die verbotene sexuelle Handlung ausführen würde. Das Ich verzichtet auf diese ihm zustehenden Funktionen, um nicht eine neuerliche Verdrängung vornehmen zu müssen, *um einem Konflikt mit dem Es auszuweichen.*

Andere Hemmungen erfolgen offenbar im Dienste der Selbstbestrafung, wie nicht selten die der beruflichen Tätigkeiten. Das Ich darf diese Dinge nicht tun, weil sie ihm Nutzen und Erfolg bringen würden, was das gestrenge Über-Ich versagt hat. Dann verzichtet das Ich auch auf diese Leistungen, *um nicht in Konflikt mit dem Über-Ich zu geraten.*

Die allgemeineren Hemmungen des Ichs folgen einem anderen, einfachen, Mechanismus. Wenn das Ich durch eine psychische Aufgabe von besonderer Schwere in Anspruch genommen ist, wie z. B. durch eine Trauer, eine großartige Affektunterdrückung, durch die Nötigung, beständig aufsteigende sexuelle Phantasien niederzuhalten, dann verarmt es so sehr an der ihm verfügbaren Energie, daß es seinen Aufwand an vielen Stellen zugleich einschränken muß, wie ein Spekulant, der seine Gelder in seinen Unternehmungen immobilisiert hat. Ein lehrreiches Beispiel einer solchen intensiven Allgemeinhemmung von kurzer Dauer konnte ich an einem Zwangskranken beobachten, der in eine lähmende Müdigkeit von ein- bis mehrtägiger Dauer bei Anlässen verfiel, die offenbar einen Wutausbruch hätten herbeiführen sollen. Von hier aus muß auch ein Weg zum Verständnis der Allgemeinhemmung zu finden sein, durch die sich die Depressionszustände und der schwerste derselben, die Melancholie, kennzeichnen.

Man kann also abschließend über die Hemmungen sagen, sie seien Einschränkungen der Ichfunktionen, entweder aus Vorsicht oder infolge von Energieverarmung. Es ist nun leicht zu erkennen, worin sich die Hemmung vom Symptom unterscheidet. Das Symptom kann nicht mehr als ein Vorgang im oder am Ich beschrieben werden.

II

Die Grundzüge der Symptombildung sind längst studiert und in hoffentlich unanfechtbarer Weise ausgesprochen worden.[1] Das Symptom sei Anzeichen und Ersatz einer unterbliebenen Triebbefriedigung, ein Erfolg des Verdrängungsvorganges. Die Verdrängung geht vom Ich aus, das, eventuell im Auftrage des Über-Ichs, eine im Es angeregte Triebbesetzung nicht mitmachen will. Das Ich erreicht durch die Verdrängung, daß die Vorstellung, welche der Träger der unliebsamen Regung war, vom Bewußtwerden abgehalten wird. Die Analyse weist oftmals nach, daß sie

1 [S. z. B. die *Drei Abhandlungen zur Sexualtheorie*, Abhandlung I (4), insbesondere den dritten Absatz; vgl. in Band 1 der vorliegenden Ausgabe.]

als unbewußte Formation erhalten geblieben ist. So weit wäre es klar, aber bald beginnen die unerledigten Schwierigkeiten.

Unsere bisherigen Beschreibungen des Vorganges bei der Verdrängung haben den Erfolg der Abhaltung vom Bewußtsein nachdrücklich betont[2], aber in anderen Punkten Zweifel offengelassen. Es entsteht die Frage, was ist das Schicksal der im Es aktivierten Triebregung, die auf Befriedigung abzielt? Die Antwort war eine indirekte, sie lautete, durch den Vorgang der Verdrängung werde die zu erwartende Befriedigungslust in Unlust verwandelt, und dann stand man vor dem Problem, wie Unlust das Ergebnis einer Triebbefriedigung sein könne. Wir hoffen, den Sachverhalt zu klären, wenn wir die bestimmte Aussage machen, der im Es beabsichtigte Erregungsablauf komme infolge der Verdrängung überhaupt nicht zustande, es gelinge dem Ich, ihn zu inhibieren oder abzulenken. Dann entfällt das Rätsel der »Affektverwandlung« bei der Verdrängung.[3] Wir haben aber damit dem Ich das Zugeständnis gemacht, daß es einen so weitgehenden Einfluß auf die Vorgänge im Es äußern kann, und sollen verstehen lernen, auf welchem Wege ihm diese überraschende Machtentfaltung möglich wird.

Ich glaube, dieser Einfluß fällt dem Ich zu infolge seiner innigen Beziehungen zum Wahrnehmungssystem, die ja sein Wesen ausmachen und der Grund seiner Differenzie-

---

2 [Vgl. die Feststellung ziemlich zu Anfang der Schrift *Die Verdrängung* in Band 2.]

3 [Dieses Problem hat Freud immer wieder beschäftigt. Bereits im *Bruchstück einer Hysterie-Analyse*, das er 1901 geschrieben und 1905 veröffentlicht hat (vgl. die Fußnote 11 zum Aufsatz *Zur Geschichte der psychoanalytischen Bewegung* in Band 1 der vorliegenden Ausgabe), heißt es dazu: »Jede Person, bei welcher ein Anlaß zur sexuellen Erregung überwiegend oder ausschließlich Unlustgefühle hervorruft, würde ich unbedenklich für eine Hysterika halten, ob sie nun somatische Symptome zu erzeugen fähig sei oder nicht. Den Mechanismus dieser *Affektverkehrung* aufzuklären, bleibt eine der bedeutsamsten, gleichzeitig eine der schwierigsten Aufgaben der Neurosenpsychologie. Nach meinem eigenen Urteil bin ich noch ein gut Stück Weges von diesem Ziel entfernt(...)«.]

rung vom Es geworden sind. Die Funktion dieses Systems, das wir *W-Bw* genannt haben, ist mit dem Phänomen des Bewußtseins verbunden[4]; es empfängt Erregungen nicht nur von außen, sondern auch von innen her, und mittels der Lust-Unlustempfindungen, die es von daher erreichen, versucht es, alle Abläufe des seelischen Geschehens im Sinne des Lustprinzips zu lenken. Wir stellen uns das Ich so gerne als ohnmächtig gegen das Es vor, aber wenn es sich gegen einen Triebvorgang im Es sträubt, so braucht es bloß ein *Unlustsignal*[5] zu geben, um seine Absicht durch die Hilfe der beinahe allmächtigen Instanz des Lustprinzips zu erreichen. Wenn wir diese Situation für einen Augenblick isoliert betrachten, können wir sie durch ein Beispiel aus einer anderen Sphäre illustrieren. In einem Staate wehre sich eine gewisse Clique gegen eine Maßregel, deren Beschluß den Neigungen der Masse entsprechen würde. Diese Minderzahl bemächtigt sich dann der Presse, bearbeitet durch sie die souveräne »öffentliche Meinung« und setzt es so durch, daß der geplante Beschluß unterbleibt.

An die eine Beantwortung knüpfen weitere Fragestellungen an. Woher rührt die Energie, die zur Erzeugung des Unlustsignals verwendet wird? Hier weist uns die Idee den Weg, daß die Abwehr eines unerwünschten Vorganges im

---

4 [Vgl. *Jenseits des Lustprinzips*, zu Anfang von Kapitel IV, im vorliegenden Band.]

5 [»Die Angst« war bereits das Thema der 25. der *Vorlesungen zur Einführung in die Psychoanalyse*. Dort schreibt Freud u. a.: »Vielleicht verhilft es zu besserer Einsicht, wenn man sich die Angstsituation sorgfältiger zerlegt. Das erste an ihr ist die *Bereitschaft* auf die Gefahr, die sich in gesteigerter sensorischer Aufmerksamkeit und motorischer Spannung äußert. Diese Erwartungsbereitschaft ist unbedenklich als vorteilhaft anzuerkennen, ja ihr Wegfall mag für ernste Folgen verantwortlich gemacht werden. Aus ihr geht nun einerseits die motorische Aktion hervor, zunächst Flucht, auf einer höheren Stufe tätige Abwehr, anderseits das, was wir als den Angstzustand empfinden. Je mehr sich die Angstentwicklung auf einen bloßen Ansatz, auf ein Signal einschränkt, desto ungestörter vollzieht sich die Umsetzung der Angstbereitschaft in Aktion, desto zweckmäßiger gestaltet sich der ganze Ablauf. Die *Angstbereitschaft* scheint mir also das Zweckmäßige, die *Angstentwicklung* das Zweckwidrige an dem, was wir Angst heißen, zu sein.«]

Inneren nach dem Muster der Abwehr gegen einen äußeren Reiz geschehen dürfte, daß das Ich den gleichen Weg der Verteidigung gegen die innere wie gegen die äußere Gefahr einschlägt. Bei äußerer Gefahr unternimmt das organische Wesen einen Fluchtversuch, es zieht zunächst die Besetzung von der Wahrnehmung des Gefährlichen ab; später erkennt es als das wirksamere Mittel, solche Muskelaktionen vorzunehmen, daß die Wahrnehmung der Gefahr, auch wenn man sie nicht verweigert, unmöglich wird, also sich dem Wirkungsbereich der Gefahr zu entziehen. Einem solchen Fluchtversuch gleichwertig ist auch die Verdrängung. Das Ich zieht die (vorbewußte) Besetzung von der zu verdrängenden Triebrepräsentanz[6] ab und verwendet sie für die Unlust-(Angst)-Entbindung. Das Problem, wie bei der Verdrängung die Angst entsteht, mag kein einfaches sein; immerhin hat man das Recht, an der Idee festzuhalten, daß das Ich die eigentliche Angststätte ist, und die frühere Auffassung zurückzuweisen, die Besetzungsenergie der verdrängten Regung werde automatisch in Angst verwandelt. Wenn ich mich früher einmal so geäußert habe, so gab ich eine phänomenologische Beschreibung, nicht eine metapsychologische Darstellung.

Aus dem Gesagten leitet sich die neue Frage ab, wie es ökonomisch möglich ist, daß ein bloßer Abziehungs- und Abfuhrvorgang wie beim Rückzug der vorbewußten Ichbesetzung Unlust oder Angst erzeugen könne, die nach unseren Voraussetzungen nur Folge gesteigerter Besetzung sein kann. Ich antworte, diese Verursachung soll nicht ökonomisch erklärt werden, die Angst wird bei der Verdrängung nicht neu erzeugt, sondern als Affektzustand nach einem vorhandenen Erinnerungsbild reproduziert. Mit der weiteren Frage nach der Herkunft dieser Angst – wie der Affekte überhaupt – verlassen wir aber den unbestritten psychologischen Boden und betreten das Grenzgebiet der Physiologie. Die Affektzustände sind dem Seelenleben als Niederschläge uralter traumatischer Erlebnisse einverleibt

6 [D. h. von dem, was den Trieb in der Seele repräsentiert.]

und werden in ähnlichen Situationen wie Erinnerungssymbole[7] wachgerufen. Ich meine, ich hatte nicht unrecht, sie den spät und individuell erworbenen hysterischen Anfällen gleichzusetzen und als deren Normalvorbilder zu betrachten. Beim Menschen und ihm verwandten Geschöpfen scheint der Geburtsakt als das erste individuelle Angsterlebnis dem Ausdruck des Angstaffekts charakteristische Züge geliehen zu haben. Wir sollen aber diesen Zusammenhang nicht überschätzen und in seiner Anerkennung nicht übersehen, daß ein Affektsymbol für die Situation der Gefahr eine biologische Notwendigkeit ist und auf jeden Fall geschaffen worden wäre. Ich halte es auch für unberechtigt anzunehmen, daß bei jedem Angstausbruch etwas im Seelenleben vor sich geht, was einer Reproduktion der Geburtssituation gleichkommt. Es ist nicht einmal sicher, ob die hysterischen Anfälle, die ursprünglich solche traumatische Reproduktionen sind, diesen Charakter dauernd bewahren.

Ich habe an anderer Stelle ausgeführt, daß die meisten Verdrängungen, mit denen wir bei der therapeutischen Arbeit zu tun bekommen, Fälle von *Nach*drängen sind.[8] Sie setzen früher erfolgte *Urverdrängungen* voraus, die auf die neuere Situation ihren anziehenden Einfluß ausüben. Von diesen Hintergründen und Vorstufen der Verdrängung ist noch viel zuwenig bekannt. Man kommt leicht in Gefahr,

---

7 [Über Herkunft und Bedeutung dieses Terminus gibt Freud bereits 1896 in der Abhandlung *Zur Ätiologie der Hysterie* Auskunft: »Will man [...] die Symptome einer Hysterie als Zeugen für die Entstehungsgeschichte der Krankheit laut werden lassen, so muß man an die bedeutsame Entdeckung J. Breuers anknüpfen, *daß die Symptome der Hysterie* [...] *ihre Determinierung von gewissen traumatisch wirksamen Erlebnissen des Kranken herleiten, als deren Erinnerungssymbole sie im psychischen Leben desselben reproduziert werden.* Man muß sein Verfahren – oder ein im Wesen gleichartiges – anwenden, um die Aufmerksamkeit des Kranken vom Symptom aus auf die Szene zurückzuleiten, in welcher und durch welche das Symptom entstanden ist, indem man bei der Reproduktion der traumatischen Szene eine nachträgliche Korrektur des damaligen psychischen Ablaufes durchsetzt.«]

8 [Dies wird ziemlich zu Anfang der Schrift *Die Verdrängung* erörtert; vgl. in Band 2 der vorliegenden Ausgabe.]

die Rolle des Über-Ichs bei der Verdrängung zu überschätzen. Man kann es derzeit nicht beurteilen, ob etwa das Auftreten des Über-Ichs die Abgrenzung zwischen Urverdrängung und Nachdrängen schafft. Die ersten – sehr intensiven – Angstausbrüche erfolgen jedenfalls vor der Differenzierung des Über-Ichs. Es ist durchaus plausibel, daß quantitative Momente, wie die übergroße Stärke der Erregung und der Durchbruch des Reizschutzes, die nächsten Anlässe der Urverdrängungen sind.

Die Erwähnung des Reizschutzes mahnt uns wie ein Stichwort, daß die Verdrängungen in zwei unterschiedenen Situationen auftreten, nämlich wenn eine unliebsame Triebregung durch eine äußere Wahrnehmung wachgerufen wird und wenn sie ohne solche Provokation im Innern auftaucht. Wir werden[9] auf diese Verschiedenheit zurückkommen. Reizschutz gibt es aber nur gegen äußere Reize, nicht gegen innere Triebansprüche.

Solange wir den Fluchtversuch des Ichs studieren, bleiben wir der Symptombildung ferne. Das Symptom entsteht aus der durch die Verdrängung beeinträchtigten Triebregung. Wenn das Ich durch die Inanspruchnahme des Unlustsignals seine Absicht erreicht, die Triebregung völlig zu unterdrücken, erfahren wir nichts darüber, wie das geschieht. Wir lernen nur aus den Fällen, die als mehr oder minder mißglückte Verdrängungen zu bezeichnen sind.

Dann stellt es sich im allgemeinen so dar, daß die Triebregung zwar trotz der Verdrängung einen Ersatz gefunden hat, aber einen stark verkümmerten, verschobenen, gehemmten. Er ist auch als Befriedigung nicht mehr kenntlich. Wenn er vollzogen wird, kommt keine Lustempfindung zustande, dafür hat dieser Vollzug den Charakter des Zwanges angenommen. Aber bei dieser Erniedrigung des Befriedigungsablaufes zum Symptom zeigt die Verdrängung ihre Macht noch in einem anderen Punkte. Der Ersatzvorgang wird womöglich von der Abfuhr durch die Motilität ferngehalten; auch wo dies nicht gelingt, muß er sich

---

9 [Gegen Schluß von Kapitel X der vorliegenden Arbeit.]

in der Veränderung des eigenen Körpers erschöpfen und darf nicht auf die Außenwelt übergreifen; es wird ihm verwehrt, sich in Handlung umzusetzen. Wir verstehen, bei der Verdrängung arbeitet das Ich unter dem Einfluß der äußeren Realität und schließt darum den Erfolg des Ersatzvorganges von dieser Realität ab.

Das Ich beherrscht den Zugang zum Bewußtsein wie den Übergang zur Handlung gegen die Außenwelt; in der Verdrängung betätigt es seine Macht nach beiden Richtungen. Die [psychische] Triebrepräsentanz bekommt die eine, die Triebregung selbst die andere Seite seiner Kraftäußerung zu spüren. Da ist es denn am Platze, sich zu fragen, wie diese Anerkennung der Mächtigkeit des Ichs mit der Beschreibung zusammenkommt, die wir in der Studie *Das Ich und das Es*[10] von der Stellung desselben Ichs entworfen haben. Wir haben dort die Abhängigkeit des Ichs vom Es wie vom Über-Ich geschildert, seine Ohnmacht und Angstbereitschaft gegen beide, seine mühsam aufrechterhaltene Überheblichkeit entlarvt. Dieses Urteil hat seither einen starken Widerhall in der psychoanalytischen Literatur gefunden. Zahlreiche Stimmen betonen eindringlich die Schwäche des Ichs gegen das Es, des Rationellen gegen das Dämonische in uns, und schicken sich an, diesen Satz zu einem Grundpfeiler einer psychoanalytischen »Weltanschauung« zu machen. Sollte nicht die Einsicht in die Wirkungsweise der Verdrängung gerade den Analytiker von so extremer Parteinahme zurückhalten?

Ich bin überhaupt nicht für die Fabrikation von Weltanschauungen. Die überlasse man den Philosophen, die eingestandenermaßen die Lebensreise ohne einen solchen Baedeker, der über alles Auskunft gibt, nicht ausführbar finden. Nehmen wir demütig die Verachtung auf uns, mit der die Philosophen vom Standpunkt ihrer höheren Bedürftigkeit auf uns herabschauen. Da auch wir unseren narzißtischen Stolz nicht verleugnen können, wollen wir

10 [In der vorliegenden Ausgabe vgl. dazu die 31. Vorlesung der *Neuen Folge.*]

unseren Trost in der Erwägung suchen, daß alle diese »Lebensführer« rasch veralten, daß es gerade unsere kurzsichtig beschränkte Kleinarbeit ist, welche deren Neuauflagen notwendig macht, und daß selbst die modernsten dieser Baedeker Versuche sind, den alten, so bequemen und so vollständigen Katechismus zu ersetzen. Wir wissen genau, wie wenig Licht die Wissenschaft bisher über die Rätsel dieser Welt verbreiten konnte; alles Poltern der Philosophen kann daran nichts ändern, nur geduldige Fortsetzung der Arbeit, die alles der einen Forderung nach Gewißheit unterordnet, kann langsam Wandel schaffen. Wenn der Wanderer in der Dunkelheit singt, verleugnet er seine Ängstlichkeit, aber er sieht darum um nichts heller.

III

Um zum Problem des Ichs zurückzukehren[11]: Der Anschein des Widerspruchs kommt daher, daß wir Abstraktionen zu starr nehmen und aus einem komplizierten Sachverhalt bald die eine, bald die andere Seite allein herausgreifen. Die Scheidung des Ichs vom Es scheint gerechtfertigt, sie wird uns durch bestimmte Verhältnisse aufgedrängt. Aber anderseits ist das Ich mit dem Es identisch, nur ein besonders differenzierter Anteil desselben. Stellen wir dieses Stück in Gedanken dem Ganzen gegenüber oder hat sich ein wirklicher Zwiespalt zwischen den beiden ergeben, so wird uns die Schwäche dieses Ichs offenbar. Bleibt das Ich aber mit dem Es verbunden, von ihm nicht unterscheidbar, so zeigt sich seine Stärke. Ähnlich ist das Verhältnis des Ichs zum Über-Ich; für viele Situationen fließen uns die beiden zusammen, meistens können wir sie nur unterscheiden, wenn sich eine Spannung, ein Konflikt zwischen ihnen hergestellt hat. Für den Fall der Verdrängung wird die Tatsache entscheidend, daß das Ich eine Organi-

11 [Nämlich zum Gegensatz zwischen seiner Stärke und seiner Schwäche gegenüber dem Es.]

sation ist, das Es aber keine; das Ich ist eben der organisierte Anteil des Es. Es wäre ganz ungerechtfertigt, wenn man sich vorstellte, Ich und Es seien wie zwei verschiedene Heerlager; durch die Verdrängung suche das Ich ein Stück des Es zu unterdrücken, nun komme das übrige Es dem Angegriffenen zu Hilfe und messe seine Stärke mit der des Ichs. Das mag oft zustande kommen, aber es ist gewiß nicht die Eingangssituation der Verdrängung; in der Regel bleibt die zu verdrängende Triebregung isoliert. Hat der Akt der Verdrängung uns die Stärke des Ichs gezeigt, so legt er doch in einem auch Zeugnis ab für dessen Ohnmacht und für die Unbeeinflußbarkeit der einzelnen Triebregung des Es. Denn der Vorgang, der durch die Verdrängung zum Symptom geworden ist, behauptet nun seine Existenz außerhalb der Ichorganisation und unabhängig von ihr. Und nicht er allein, auch alle seine Abkömmlinge genießen dasselbe Vorrecht, man möchte sagen: der Exterritorialität, und wo sie mit Anteilen der Ichorganisation assoziativ zusammentreffen, wird es fraglich, ob sie diese nicht zu sich herüberziehen und sich mit diesem Gewinn auf Kosten des Ichs ausbreiten werden. Ein uns längst vertrauter Vergleich betrachtet das Symptom als einen Fremdkörper, der unaufhörlich Reiz- und Reaktionserscheinungen in dem Gewebe unterhält, in das er sich eingebettet hat.[12] Es kommt zwar vor, daß der Abwehrkampf gegen die unliebsame Triebregung durch die Symptombildung abgeschlossen wird; soweit wir sehen, ist dies am ehesten bei der hysterischen Konversion möglich, aber in der Regel ist der Verlauf ein anderer; nach dem ersten Akt der Verdrängung folgt ein langwieriges oder nie zu beendendes Nachspiel, der Kampf gegen die Triebregung findet seine Fortsetzung in dem Kampf gegen das Symptom.

Dieser sekundäre Abwehrkampf zeigt uns zwei Gesichter – mit widersprechendem Ausdruck. Einerseits wird das Ich durch seine Natur genötigt, etwas zu unternehmen, was wir

---

12 [Diesen Vergleich benutzte Freud bereits in seinem Vortrag *Über den psychischen Mechanismus hysterischer Phänomene* (1893).]

als Herstellungs- oder Versöhnungsversuch beurteilen müssen. Das Ich ist eine Organisation, es beruht auf dem freien Verkehr und der Möglichkeit gegenseitiger Beeinflussung unter all seinen Bestandteilen, seine desexualisierte Energie bekundet ihre Herkunft noch in dem Streben nach Bindung und Vereinheitlichung, und dieser Zwang zur Synthese nimmt immer mehr zu, je kräftiger sich das Ich entwickelt. So wird es verständlich, daß das Ich auch versucht, die Fremdheit und Isolierung des Symptoms aufzuheben, indem es alle Möglichkeiten ausnützt, es irgendwie an sich zu binden und durch solche Bande seiner Organisation einzuverleiben. Wir wissen, daß ein solches Bestreben bereits den Akt der Symptombildung beeinflußt. Ein klassisches Beispiel dafür sind jene hysterischen Symptome, die uns als Kompromiß zwischen Befriedigungs- und Strafbedürfnis durchsichtig geworden sind. Als Erfüllungen einer Forderung des Über-Ichs haben solche Symptome von vornherein Anteil am Ich, während sie anderseits Positionen des Verdrängten und Einbruchsstellen desselben in die Ichorganisation bedeuten; sie sind sozusagen Grenzstationen mit gemischter Besetzung. Ob alle primären hysterischen Symptome so gebaut sind, verdiente eine sorgfältige Untersuchung. Im weiteren Verlaufe benimmt sich das Ich so, als ob es von der Erwägung geleitet würde: das Symptom ist einmal da und kann nicht beseitigt werden; nun heißt es, sich mit dieser Situation befreunden und den größtmöglichen Vorteil aus ihr ziehen. Es findet eine Anpassung an das ichfremde Stück der Innenwelt statt, das durch das Symptom repräsentiert wird, wie sie das Ich sonst normalerweise gegen die reale Außenwelt zustande bringt. An Anlässen hiezu fehlt es nie. Die Existenz des Symptoms mag eine gewisse Behinderung der Leistung mit sich bringen, mit der man eine Anforderung des Über-Ichs beschwichtigen oder einen Anspruch der Außenwelt zurückweisen kann. So wird das Symptom allmählich mit der Vertretung wichtiger Interessen betraut, es erhält einen Wert für die Selbstbehauptung, verwächst immer inniger mit dem Ich, wird ihm immer unentbehrlicher. Nur in ganz seltenen Fällen kann der Prozeß der Einheilung eines Fremdkörpers etwas ähnliches wiederholen. Man kann die Bedeutung dieser sekundären Anpassung an das Symptom auch übertreiben, indem man aussagt, das Ich habe sich das Symptom überhaupt nur angeschafft, um dessen Vorteile zu genießen. Das ist dann so richtig oder so falsch, wie wenn man die Ansicht vertritt, der Kriegsverletzte habe sich das Bein nur abschießen lassen, um dann arbeitsfrei von seiner Invalidenrente zu leben.

Andere Symptomgestaltungen, die der Zwangsneurose und der Paranoia, bekommen einen hohen Wert für das Ich, nicht weil sie ihm Vorteile, sondern weil sie ihm eine sonst entbehrte narzißtische Befriedigung bringen. Die Systembildungen der Zwangsneurotiker schmeicheln ihrer Eigenliebe durch die Vorspiegelung, sie seien als besonders reinliche oder gewissenhafte Menschen besser als andere; die Wahnbildungen der Paranoia eröffnen dem Scharfsinn und der Phantasie dieser Kranken ein Feld zur Betätigung, das ihnen nicht leicht ersetzt werden kann. Aus all den erwähnten Beziehungen resultiert, was uns als der (sekundäre) *Krankheitsgewinn* der Neurose bekannt ist.[13] Er kommt dem Bestreben des Ichs, sich das Symptom einzuverleiben, zu Hilfe und verstärkt die Fixierung des letzteren. Wenn wir dann den Versuch machen, dem Ich in seinem Kampf gegen das Symptom analytischen Beistand zu leisten, finden wir diese versöhnlichen Bindungen zwischen Ich und Symptom auf der Seite der Widerstände wirksam. Es wird uns nicht leicht gemacht, sie zu lösen. Die beiden Verfahren, die das Ich gegen das Symptom anwendet, stehen wirklich in Widerspruch zueinander.

Das andere Verfahren hat weniger freundlichen Charakter, es setzt die Richtung der Verdrängung fort. Aber es scheint, daß wir das Ich nicht mit dem Vorwurf der Inkonsequenz belasten dürfen. Das Ich ist friedfertig und möchte sich das Symptom einverleiben, es in sein Ensemble auf-

13 [Zum Thema »Krankheitsgewinn« vgl. Fußnote 7 zur 24. der *Vorlesungen* in Band 2 der vorliegenden Ausgabe.]

nehmen. Die Störung geht vom Symptom aus, das als richtiger Ersatz und Abkömmling der verdrängten Regung deren Rolle weiterspielt, deren Befriedigungsanspruch immer wieder erneuert und so das Ich nötigt, wiederum das Unlustsignal zu geben und sich zur Wehre zu setzen.

Der sekundäre Abwehrkampf gegen das Symptom ist vielgestaltig, spielt sich auf verschiedenen Schauplätzen ab und bedient sich mannigfaltiger Mittel. Wir werden nicht viel über ihn aussagen können, wenn wir nicht die einzelnen Fälle der Symptombildung zum Gegenstand der Untersuchung nehmen. Dabei werden wir Anlaß finden, auf das Problem der Angst einzugehen, das wir längst wie im Hintergrunde lauernd verspüren. Es empfiehlt sich, von den Symptomen, welche die hysterische Neurose schafft, auszugehen; auf die Voraussetzungen der Symptombildung bei der Zwangsneurose, Paranoia und anderen Neurosen sind wir noch nicht vorbereitet.

IV

Der erste Fall, den wir betrachten, sei der einer infantilen hysterischen Tierphobie, also z. B. der gewiß in allen Hauptzügen typische Fall der Pferdephobie des »kleinen Hans«[14]. Schon der erste Blick läßt uns erkennen, daß die Verhältnisse eines realen Falles von neurotischer Erkrankung weit komplizierter sind, als unsere Erwartung, solange wir mit Abstraktionen arbeiten, sich vorstellt. Es gehört einige Arbeit dazu, sich zu orientieren, welches die verdrängte Regung, was ihr Symptomersatz ist, wo das Motiv der Verdrängung kenntlich wird.

Der kleine Hans weigert sich, auf die Straße zu gehen, weil er Angst vor dem Pferd hat. Dies ist der Rohstoff. Was ist nun daran das Symptom: die Angstentwicklung, die Wahl des Angstobjekts oder der Verzicht auf die freie Beweglichkeit oder mehreres davon zugleich? Wo ist die Be-

14 Siehe *Analyse der Phobie eines fünfjährigen Knaben* [1909].

friedigung, die er sich versagt? Warum muß er sich diese versagen?

Es liegt nahe zu antworten, an dem Falle sei nicht so viel rätselhaft. Die unverständliche Angst vor dem Pferd ist das Symptom, die Unfähigkeit, auf die Straße zu gehen, ist eine Hemmungserscheinung, eine Einschränkung, die sich das Ich auferlegt, um nicht das Angstsymptom zu wecken. Man sieht ohneweiters die Richtigkeit der Erklärung des letzten Punktes ein und wird nun diese Hemmung bei der weiteren Diskussion außer Betracht lassen. Aber die erste flüchtige Bekanntschaft mit dem Falle lehrt uns nicht einmal den wirklichen Ausdruck des vermeintlichen Symptoms kennen. Es handelt sich, wie wir bei genauerem Verhör erfahren, gar nicht um eine unbestimmte Angst vor dem Pferd, sondern um die bestimmte ängstliche Erwartung: das Pferd werde ihn beißen. Allerdings sucht sich dieser Inhalt dem Bewußtsein zu entziehen und sich durch die unbestimmte Phobie, in der nur noch die Angst und ihr Objekt vorkommen, zu ersetzen. Ist nun etwa dieser Inhalt der Kern des Symptoms?

Wir kommen keinen Schritt weiter, solange wir nicht die ganze psychische Situation des Kleinen in Betracht ziehen, wie sie uns während der analytischen Arbeit enthüllt wird. Er befindet sich in der eifersüchtigen und feindseligen Ödipus-Einstellung zu seinem Vater, den er doch, soweit die Mutter nicht als Ursache der Entzweiung in Betracht kommt, herzlich liebt. Also ein Ambivalenzkonflikt, gut begründete Liebe und nicht minder berechtigter Haß, beide auf dieselbe Person gerichtet. Seine Phobie muß ein Versuch zur Lösung dieses Konflikts sein. Solche Ambivalenzkonflikte sind sehr häufig, wir kennen einen anderen typischen Ausgang derselben. Bei diesem wird die eine der beiden miteinander ringenden Regungen, in der Regel die zärtliche, enorm verstärkt, die andere verschwindet. Nur das Übermaß und das Zwangsmäßige der Zärtlichkeit verrät uns, daß diese Einstellung nicht die einzig vorhandene ist, daß sie ständig auf der Hut ist, ihr Gegenteil in Unterdrückung zu halten, und läßt uns einen Hergang konstruieren, den wir als Verdrängung durch *Reaktionsbildung* (im Ich) beschreiben. Fälle wie der kleine Hans zeigen nichts von solcher Reaktionsbildung; es gibt offenbar verschiedene Wege, die aus einem Ambivalenzkonflikt herausführen.

Etwas anderes haben wir unterdes mit Sicherheit erkannt. Die Triebregung, die der Verdrängung unterliegt, ist ein feindseliger Impuls gegen den Vater. Die Analyse lieferte uns den Beweis hiefür, während sie der Herkunft der Idee des beißenden Pferdes nachspürte. Hans hat ein Pferd fallen gesehen, einen Spielkameraden fallen und sich verletzen, mit dem er »Pferdl« gespielt hatte. Sie hat uns das Recht gegeben, bei Hans eine Wunschregung zu konstruieren, die gelautet hat, der Vater möge hinfallen, sich beschädigen wie das Pferd und der Kamerad. Beziehungen zu einer beobachteten Abreise lassen vermuten, daß der Wunsch nach der Beseitigung des Vaters auch minder zaghaften Ausdruck gefunden hat. Ein solcher Wunsch ist aber gleichwertig mit der Absicht, ihn selbst zu beseitigen, mit der mörderischen Regung des Ödipus-Komplexes.

Von dieser verdrängten Triebregung führt bis jetzt kein Weg zu dem Ersatz für sie, den wir in der Pferdephobie vermuten. Vereinfachen wir nun die psychische Situation des kleinen Hans, indem wir das infantile Moment und die Ambivalenz wegräumen; er sei etwa ein jüngerer Diener in einem Haushalt, der in die Herrin verliebt ist und sich gewisser Gunstbezeugungen von ihrer Seite erfreue. Erhalten bleibt, daß er den stärkeren Hausherrn haßt und ihn beseitigt wissen möchte; dann ist es die natürlichste Folge dieser Situation, daß er die Rache dieses Herrn fürchtet, daß sich bei ihm ein Zustand von Angst vor diesem einstellt – ganz ähnlich wie die Phobie des kleinen Hans vor dem Pferd. Das heißt, wir können die Angst dieser Phobie nicht als Symptom bezeichnen; wenn der kleine Hans, der in seine Mutter verliebt ist, Angst vor dem Vater zeigen würde, hätten wir kein Recht, ihm eine Neurose, eine Phobie, zuzuschreiben. Wir hätten eine durchaus begreifliche affektive Reaktion vor uns. Was diese zur Neurose macht, ist einzig und allein ein anderer Zug, die Ersetzung des Vaters durch das Pferd. Diese Verschiebung stellt also das her, was auf den Namen eines Symptoms Anspruch hat. Sie ist jener andere Mechanismus, der die Erledigung des Ambivalenzkonflikts ohne die Hilfe der Reaktionsbildung gestattet. Ermöglicht oder erleichtert wird sie durch den Umstand, daß die mitgeborenen Spuren totemistischer Denkweise in diesem zarten Alter noch leicht zu beleben sind. Die Kluft zwischen Mensch und Tier ist noch nicht anerkannt, gewiß nicht so überbetont wie später. Der erwachsene, bewunderte, aber auch gefürchtete Mann steht noch in einer Reihe mit dem großen Tier, das man um so vielerlei beneidet, vor dem man aber auch gewarnt worden ist, weil es gefährlich werden kann. Der Ambivalenzkonflikt wird also nicht an derselben Person erledigt, sondern gleichsam umgangen, indem man einer seiner Regungen eine andere Person als Ersatzobjekt unterschiebt.

Soweit sehen wir ja klar, aber in einem anderen Punkte hat uns die Analyse der Phobie des kleinen Hans eine volle Enttäuschung gebracht. Die Entstellung, in der die Symptombildung besteht, wird gar nicht an der [psychischen] Repräsentanz (dem Vorstellungsinhalt) der zu verdrängenden Triebregung vorgenommen, sondern an einer davon ganz verschiedenen, die nur einer Reaktion auf das eigentlich Unliebsame entspricht. Unsere Erwartung fände eher Befriedigung, wenn der kleine Hans an Stelle seiner Angst vor dem Pferd eine Neigung entwickelt hätte, Pferde zu mißhandeln, sie zu schlagen, oder deutlich seinen Wunsch kundgegeben hätte zu sehen, wie sie hinfallen, zu Schaden kommen, eventuell unter Zuckungen verenden (das Krawallmachen mit den Beinen)[15]. Etwas der Art tritt auch wirklich während seiner Analyse auf, aber es steht lange nicht voran in der Neurose, und – sonderbar – wenn er

15 [In der *Analyse der Phobie eines fünfjährigen Knaben* findet sich ein Dialog zwischen Freud und dem »kleinen Hans«, der, befragt, warum er erschrocken sei, antwortet: »Weil das Pferd mit den Füßen so gemacht hat (legt sich auf die Erde hin und macht mir das Zappeln vor). Ich hab' mich erschrocken, *weil es einen ›Krawall‹ gemacht hat mit den Füßen.*«]

wirklich solche Feindseligkeit, nur gegen das Pferd anstatt gegen den Vater gerichtet, als Hauptsymptom entwickelt hätte, würden wir gar nicht geurteilt haben, er befinde sich in einer Neurose. Etwas ist also da nicht in Ordnung, entweder an unserer Auffassung der Verdrängung oder in unserer Definition eines Symptoms. Eines fällt uns natürlich sofort auf: Wenn der kleine Hans wirklich ein solches Verhalten gegen Pferde gezeigt hätte, so wäre ja der Charakter der anstößigen, aggressiven Triebregung durch die Verdrängung gar nicht verändert, nur deren Objekt gewandelt worden.

Es ist ganz sicher, daß es Fälle von Verdrängung gibt, die nicht mehr leisten als dies; bei der Genese der Phobie des kleinen Hans ist aber mehr geschehen. Um wieviel mehr, erraten wir aus einem anderen Stück Analyse.

Wir haben bereits gehört, daß der kleine Hans als den Inhalt seiner Phobie die Vorstellung angab, vom Pferd gebissen zu werden. Nun haben wir später Einblick in die Genese eines anderen Falles von Tierphobie bekommen, in der der Wolf das Angsttier war, aber gleichfalls die Bedeutung eines Vaterersatzes hatte.[16] Im Anschluß an einen Traum, den die Analyse durchsichtig machen konnte, entwickelte sich bei diesem Knaben die Angst, vom Wolf gefressen zu werden wie eines der sieben Geißlein im Märchen. Daß der Vater des kleinen Hans nachweisbar »Pferdl« mit ihm gespielt hatte, war gewiß bestimmend für die Wahl des Angsttieres geworden; ebenso ließ sich wenigstens sehr wahrscheinlich machen, daß der Vater meines erst im dritten Jahrzehnt analysierten Russen in den Spielen mit dem Kleinen den Wolf gemimt und scherzend mit dem Auffressen gedroht hatte. Seither habe ich als dritten Fall einen jungen Amerikaner gefunden, bei dem sich zwar keine Tierphobie ausbildete, der aber gerade durch diesen Ausfall die anderen Fälle verstehen hilft. Seine sexuelle Erregung hatte sich an einer phantastischen Kinderge-

---

16 *Aus der Geschichte einer infantilen Neurose.* [Vgl. in Band 2 der vorliegenden Ausgabe.]

schichte entzündet, die man ihm vorlas, von einem arabischen Häuptling, der einer aus eßbarer Substanz bestehenden Person (dem *Gingerbreadman*) nachjagt, um ihn zu verzehren. Mit diesem eßbaren Menschen identifizierte er sich selbst, der Häuptling war als Vaterersatz leicht kenntlich, und diese Phantasie wurde die erste Unterlage seiner autoerotischen Betätigung. Die Vorstellung, vom Vater gefressen zu werden, ist aber typisches uraltes Kindergut; die Analogien aus der Mythologie (Kronos)[17] und dem Tierleben sind allgemein bekannt.

Trotz solcher Erleichterungen ist dieser Vorstellungsinhalt uns so fremdartig, daß wir ihn dem Kinde nur ungläubig zugestehen können. Wir wissen auch nicht, ob er wirklich das bedeutet, was er auszusagen scheint, und verstehen nicht, wie er Gegenstand einer Phobie werden kann. Die analytische Erfahrung gibt uns allerdings die erforderlichen Auskünfte. Sie lehrt uns, daß die Vorstellung, vom Vater gefressen zu werden, der regressiv erniedrigte Ausdruck für eine passive zärtliche Regung ist, die vom Vater als Objekt im Sinne der Genitalerotik geliebt zu werden begehrt. Die Verfolgung der Geschichte des Falles [des »Wolfsmannes«] läßt keinen Zweifel an der Richtigkeit dieser Deutung aufkommen. Die genitale Regung verrät freilich nichts mehr von ihrer zärtlichen Absicht, wenn sie in der Sprache der überwundenen Übergangsphase von der oralen zur sadistischen Libidoorganisation ausgedrückt wird. Handelt es sich übrigens nur um eine Ersetzung der [psychischen] Repräsentanz durch einen regressiven Ausdruck oder um einc wirkliche regressive Erniedrigung der genitalgerichteten Regung im Es? Das scheint gar nicht so leicht zu entscheiden. Die Krankengeschichte des russischen »Wolfsmannes« spricht ganz entschieden für die letztere ernstere Möglichkeit, denn er benimmt sich von dem entscheidenden Traum an »schlimm«, quälerisch, sadistisch und entwickelt bald darauf eine richtige Zwangs-

17 [Vgl. Fußnote 22 zur Falldarstellung *Aus der Geschichte einer infantilen Neurose* in Band 2 der vorliegenden Ausgabe.]

neurose. Jedenfalls gewinnen wir die Einsicht, daß die Verdrängung nicht das einzige Mittel ist, das dem Ich zur Abwehr einer unliebsamen Triebregung zu Gebote steht. Wenn es ihm gelingt, den Trieb zur Regression zu bringen, so hat es ihn im Grunde energischer beeinträchtigt, als durch die Verdrängung möglich wäre. Allerdings läßt es manchmal der zuerst erzwungenen Regression die Verdrängung folgen.

Der Sachverhalt beim Wolfsmann und der etwas einfachere beim kleinen Hans regen noch mancherlei Überlegungen an, aber zwei unerwartete Einsichten gewinnen wir schon jetzt. Kein Zweifel, die bei diesen Phobien verdrängte Triebregung ist eine feindselige gegen den Vater. Man kann sagen, sie wird verdrängt durch den Prozeß der Verwandlung ins Gegenteil; an Stelle der Aggression gegen den Vater tritt die Aggression – die Rache – des Vaters gegen die eigene Person. Da eine solche Aggression ohnedies in der sadistischen Libidophase wurzelt, bedarf sie nur noch einer gewissen Erniedrigung zur oralen Stufe, die bei Hans durch das Gebissenwerden angedeutet, beim Russen aber im Gefressenwerden grell ausgeführt ist. Aber außerdem läßt ja die Analyse über jeden Zweifel gesichert feststellen, daß gleichzeitig noch eine andere Triebregung der Verdrängung erlegen ist, die gegensinnige einer zärtlichen passiven Regung für den Vater, die bereits das Niveau der genitalen (phallischen) Libidoorganisation erreicht hatte. Die letztere scheint sogar die für das Endergebnis des Verdrängungsvorganges bedeutsamere zu sein, sie erfährt die weitergehende Regression, sie erhält den bestimmenden Einfluß auf den Inhalt der Phobie. Wo wir also nur einer Triebverdrängung nachgespürt haben, müssen wir das Zusammentreffen von zwei solchen Vorgängen anerkennen; die beiden betroffenen Triebregungen – sadistische Aggression gegen den Vater und zärtlich passive Einstellung zu ihm – bilden ein Gegensatzpaar, ja noch mehr: wenn wir die Geschichte des kleinen Hans richtig würdigen, erkennen wir, daß durch die Bildung seiner Phobie auch die zärtliche Objektbesetzung der Mutter aufgehoben worden ist, wovon der Inhalt der Phobie nichts verrät. Es handelt sich bei Hans – beim Russen ist das weit weniger deutlich – um einen Verdrängungsvorgang, der fast alle Komponenten des Ödipus-Komplexes betrifft, die feindliche wie die zärtliche Regung gegen den Vater und die zärtliche für die Mutter.

Das sind unerwünschte Komplikationen für uns, die wir nur einfache Fälle von Symptombildung infolge von Verdrängung studieren wollten und uns in dieser Absicht an die frühesten und anscheinend durchsichtigsten Neurosen der Kindheit gewendet hatten. Anstatt einer einzigen Verdrängung fanden wir eine Häufung von solchen vor, und überdies bekamen wir es mit der Regression zu tun. Vielleicht haben wir die Verwirrung dadurch gesteigert, daß wir die beiden verfügbaren Analysen von Tierphobien – die des kleinen Hans und des Wolfsmannes – durchaus auf denselben Leisten schlagen wollten. Nun fallen uns gewisse Unterschiede der beiden auf. Nur vom kleinen Hans kann man mit Bestimmtheit aussagen, daß er durch seine Phobie die beiden Hauptregungen des Ödipus-Komplexes, die aggressive gegen den Vater und die überzärtliche gegen die Mutter, erledigt; die zärtliche für den Vater ist gewiß auch vorhanden, sie spielt ihre Rolle bei der Verdrängung ihres Gegensatzes, aber es ist weder nachweisbar, daß sie stark genug war, um eine Verdrängung zu provozieren, noch daß sie nachher aufgehoben ist. Hans scheint eben ein normaler Junge mit sogenanntem »positiven« Ödipus-Komplex gewesen zu sein. Möglich, daß die Momente, die wir vermissen, auch bei ihm mittätig waren, aber wir können sie nicht aufzeigen, das Material selbst unserer eingehendsten Analysen ist eben lückenhaft, unsere Dokumentierung unvollständig. Beim Russen ist der Defekt an anderer Stelle; seine Beziehung zum weiblichen Objekt ist durch eine frühzeitige Verführung gestört worden, die passive, feminine Seite ist bei ihm stark ausgebildet, und die Analyse seines Wolfstraumes enthüllt wenig von beabsichtigter Aggression gegen den Vater, erbringt dafür die unzweideutigsten Beweise, daß die Verdrängung die passive, zärtliche Einstellung zum Vater betrifft. Auch hier mögen die anderen Faktoren beteiligt gewesen sein, sie treten aber nicht vor. Wenn trotz dieser Unterschiede der beiden Fälle, die sich nahezu einer Gegensätzlichkeit nähern, der Enderfolg der Phobie nahezu der nämliche ist, so muß uns die Erklärung dafür von anderer Seite kommen; sie kommt von dem zweiten Ergebnis unserer kleinen vergleichenden Untersuchung. Wir glauben den Motor der Verdrängung in beiden Fällen zu kennen und sehen seine Rolle durch den Verlauf bestätigt, den die Entwicklung der zwei Kinder nimmt. Er ist in beiden Fällen der nämliche, die Angst vor einer drohenden Kastration. Aus Kastrationsangst gibt der kleine Hans die Aggression gegen den Vater auf; seine Angst, das Pferd werde ihn beißen, kann zwanglos vervollständigt werden, das Pferd werde ihm das Genitale abbeißen, ihn kastrieren. Aber aus Kastrationsangst verzichtet auch der kleine Russe auf den Wunsch, vom Vater als Sexualobjekt geliebt zu werden, denn er hat verstanden, eine solche Beziehung hätte zur Voraussetzung, daß er sein Genitale aufopfert, das, was ihn vom Weib unterscheidet. Beide Gestaltungen des Ödipus-Komplexes, die normale, aktive, wie die invertierte, scheitern ja am Kastrationskomplex. Die Angstidee des Russen, vom Wolf gefressen zu werden, enthält zwar keine Andeutung der Kastration, sie hat sich durch orale Regression zu weit von der phallischen Phase entfernt, aber die Analyse seines Traumes macht jeden anderen Beweis überflüssig. Es ist auch ein voller Triumph der Verdrängung, daß im Wortlaut der Phobie nichts mehr auf die Kastration hindeutet.

Hier nun das unerwartete Ergebnis: In beiden Fällen ist der Motor der Verdrängung die Kastrationsangst; die Angstinhalte, vom Pferd gebissen und vom Wolf gefressen zu werden, sind Entstellungsersatz für den Inhalt, vom Vater kastriert zu werden. Dieser Inhalt ist es eigentlich, der die Verdrängung an sich erfahren hat. Beim Russen war er Ausdruck eines Wunsches, der gegen die Auflehnung der Männlichkeit nicht bestehen konnte, bei Hans Ausdruck einer Reaktion, welche die Aggression in ihr Gegenteil umwandelte. Aber der Angstaffekt der Phobie, der ihr Wesen ausmacht, stammt nicht aus dem Verdrängungsvorgang, nicht aus den libidinösen Besetzungen der verdrängten Regungen, sondern aus dem Verdrängenden selbst; die Angst der Tierphobie ist die unverwandelte Kastrationsangst, also eine Realangst, Angst vor einer wirklich drohenden oder als real beurteilten Gefahr. Hier macht die Angst die Verdrängung, nicht, wie ich früher gemeint habe, die Verdrängung die Angst.

Es ist nicht angenehm, daran zu denken, aber es hilft nichts, es zu verleugnen, ich habe oftmals den Satz vertreten, durch die Verdrängung werde die Triebrepräsentanz entstellt, verschoben u. dgl., die Libido der Triebregung aber in Angst verwandelt.[18] Die Untersuchung der Phobien, die vor allem berufen sein sollte, diesen Satz zu erweisen, bestätigt ihn also nicht, sie scheint ihm vielmehr direkt zu widersprechen. Die Angst der Tierphobien ist die Kastrationsangst des Ichs, die der weniger gründlich studierten Agoraphobie scheint Versuchungsangst zu sein, die ja genetisch mit der Kastrationsangst zusammenhängen muß. Die meisten Phobien gehen, soweit wir es heute übersehen, auf eine solche Angst des Ichs vor den Ansprüchen der Libido zurück. Immer ist dabei die Angsteinstellung des Ichs das Primäre und der Antrieb zur Verdrängung. Niemals geht die Angst aus der verdrängten Libido hervor. Wenn ich mich früher begnügt hätte zu sagen, nach der Verdrängung erscheint an Stelle der zu erwartenden Äußerung von Libido ein Maß von Angst, so hätte ich heute nichts zurückzunehmen. Die Beschreibung ist richtig, und zwischen der Stärke der zu verdrängenden Regung und der Intensität der resultierenden Angst besteht wohl die behauptete Entsprechung. Aber ich gestehe, ich glaubte mehr als eine bloße Beschreibung zu geben, ich nahm an, daß ich den metapsychologischen Vorgang einer direkten Umsetzung der Libido in Angst erkannt hatte; das kann ich also heute

18 [S. beispielsweise Freuds Arbeit *Die Verdrängung*, etwa drei Seiten vor Schluß, wo auch der Fall des »Wolfsmannes« erwähnt ist.]

nicht mehr festhalten. Ich konnte auch früher nicht angeben, wie sich eine solche Umwandlung vollzieht.

Woher schöpfte ich überhaupt die Idee dieser Umsetzung? Zur Zeit, als es uns noch sehr ferne lag, zwischen Vorgängen im Ich und Vorgängen im Es zu unterscheiden, aus dem Studium der Aktualneurosen.[19] Ich fand, daß bestimmte sexuelle Praktiken wie *coitus interruptus,* frustrane Erregung, erzwungene Abstinenz Angstausbrüche und eine allgemeine Angstbereitschaft erzeugen, also immer, wenn die Sexualerregung in ihrem Ablauf zur Befriedigung gehemmt, aufgehalten oder abgelenkt wird. Da die Sexualerregung der Ausdruck libidinöser Triebregungen ist, schien es nicht gewagt anzunehmen, daß die Libido sich durch die Einwirkung solcher Störungen in Angst verwandelt. Nun ist diese Beobachtung auch heute noch giltig; anderseits ist nicht abzuweisen, daß die Libido der Es-Vorgänge durch die Anregung der Verdrängung eine Störung erfährt; es kann also noch immer richtig sein, daß sich bei der Verdrängung Angst aus der Libidobesetzung der Triebregungen bildet. Aber wie soll man dieses Ergebnis mit dem anderen zusammenbringen, daß die Angst der Phobien eine Ich-Angst ist, im Ich entsteht, nicht aus der Verdrängung hervorgeht, sondern die Verdrängung hervorruft? Das scheint ein Widerspruch und nicht einfach zu lösen. Die Reduktion der beiden Ursprünge der Angst auf einen einzigen läßt sich nicht leicht durchsetzen. Man kann es mit der Annahme versuchen, daß das Ich in der Situation des gestörten Koitus, der unterbrochenen Erregung, der Abstinenz, Gefahren wittert, auf die es mit Angst reagiert, aber es ist nichts damit zu machen. Anderseits scheint die Analyse der Phobien, die wir vorgenommen haben, eine Berichtigung nicht zuzulassen. *Non liquet!*[20]

---

19 [Freud äußerte sich dazu beispielsweise in dem Artikel *Über die Berechtigung, von der Neurasthenie einen bestimmten Symptomenkomplex als »Angstneurose« abzutrennen* (in: Neurol. Zentbl., 15. Januar 1895).]

20 [lat. „Es ist nicht klar" – vgl. die Fußnote 45 zum Aufsatz *Aus der Geschichte einer infantilen Neurose* in Band 2 der vorliegenden Ausgabe.]

V

Wir wollten die Symptombildung und den sekundären Kampf des Ichs gegen das Symptom studieren, aber wir haben offenbar mit der Wahl der Phobien keinen glücklichen Griff getan. Die Angst, welche im Bild dieser Affektionen vorherrscht, erscheint uns nun als eine den Sachverhalt verhüllende Komplikation. Es gibt reichlich Neurosen, bei denen sich nichts von Angst zeigt. Die echte Konversionshysterie ist von solcher Art, deren schwerste Symptome ohne Beimengung von Angst gefunden werden. Schon diese Tatsache müßte uns warnen, die Beziehungen zwischen Angst und Symptombildung nicht allzu fest zu knüpfen. Den Konversionshysterien stehen die Phobien sonst so nahe, daß ich mich für berechtigt gehalten habe, ihnen diese als »Angsthysterie« anzureihen. Aber niemand hat noch die Bedingung angeben können, die darüber entscheidet, ob ein Fall die Form einer Konversionshysterie oder einer Phobie annimmt, niemand also die Bedingung der Angstentwicklung bei der Hysterie ergründet.

Die häufigsten Symptome der Konversionshysterie, eine motorische Lähmung, Kontraktur oder unwillkürliche Aktion oder Entladung, ein Schmerz, eine Halluzination, sind entweder permanent festgehaltene oder intermittierende Besetzungsvorgänge, was der Erklärung neue Schwierigkeiten bereitet. Man weiß eigentlich nicht viel über solche Symptome zu sagen. Durch die Analyse kann man erfahren, welchen gestörten Erregungsablauf sie ersetzen. Zumeist ergibt sich, daß sie selbst einen Anteil an diesem haben, so als ob sich die gesamte Energie desselben auf dies eine Stück konzentriert hätte. Der Schmerz war in der Situation, in welcher die Verdrängung vorfiel, vorhanden; die Halluzination war damals Wahrnehmung, die motorische Lähmung ist die Abwehr einer Aktion, die in jener Situation hätte ausgeführt werden sollen, aber gehemmt wurde, die Kontraktur gewöhnlich eine Verschiebung für eine damals intendierte Muskelinnervation an anderer Stelle, der Krampfanfall Ausdruck eines Affektausbruches, der sich der normalen Kontrolle des Ichs entzogen hat. In ganz auffälligem Maße wechselnd ist die Unlustempfindung, die das Auftreten der Symptome begleitet. Bei den permanenten, auf die Motilität verschobenen Symptomen, wie Lähmungen und Kontrakturen, fehlt sie meistens gänzlich, das Ich verhält sich gegen sie wie unbeteiligt; bei den intermittierenden und den Symptomen der sensorischen Sphäre werden in der Regel deutliche Unlustempfindungen verspürt, die sich im Falle des Schmerzsymptoms zu exzessiver Höhe steigern können. Es ist sehr schwer, in dieser Mannigfaltigkeit das Moment herauszufinden, das solche Differenzen ermöglicht und sie doch einheitlich erklären läßt. Auch vom Kampf des Ichs gegen das einmal gebildete Symptom ist bei der Konversionshysterie wenig zu merken. Nur wenn die Schmerzempfindlichkeit einer Körperstelle zum Symptom geworden ist, wird diese in den Stand gesetzt, eine Doppelrolle zu spielen. Das Schmerzsymptom tritt ebenso sicher auf, wenn diese Stelle von außen berührt wird, wie wenn die von ihr vertretene pathogene Situation von innen her assoziativ aktiviert wird, und das Ich ergreift Vorsichtsmaßregeln, um die Erweckung des Symptoms durch äußere Wahrnehmung hintanzuhalten. Woher die besondere Undurchsichtigkeit der Symptombildung bei der Konversionshysterie rührt, können wir nicht erraten, aber sie gibt uns ein Motiv, das unfruchtbare Gebiet bald zu verlassen.

Wir wenden uns zur Zwangsneurose in der Erwartung, hier mehr über die Symptombildung zu erfahren. Die Symptome der Zwangsneurose sind im allgemeinen von zweierlei Art und entgegengesetzter Tendenz. Es sind entweder Verbote, Vorsichtsmaßregeln, Bußen, also negativer Natur, oder im Gegenteil Ersatzbefriedigungen, sehr häufig in symbolischer Verkleidung. Von diesen zwei Gruppen ist die negative, abwehrende, strafende, die ältere; mit der Dauer des Krankseins nehmen aber die aller Abwehr spottenden Befriedigungen überhand. Es ist ein Triumph der Symptombildung, wenn es gelingt, das Verbot mit der Befriedigung zu verquicken, so daß das ursprünglich abwehrende Gebot oder Verbot auch die Bedeutung einer Befriedigung bekommt, wozu oft sehr künstliche Verbindungswege in Anspruch genommen werden. In dieser Leistung zeigt sich die Neigung zur Synthese, die wir dem Ich bereits zuerkannt haben. In extremen Fällen bringt es der Kranke zustande, daß die meisten seiner Symptome zu ihrer ursprünglichen Bedeutung auch die des direkten Gegensatzes erworben haben, ein Zeugnis für die Macht der Ambivalenz, die, wir wissen nicht warum, in der Zwangsneurose eine so große Rolle spielt. Im rohesten Fall ist das Symptom zweizeitig[21], d. h. auf die Handlung, die eine gewisse Vorschrift ausführt, folgt unmittelbar eine zweite, die sie aufhebt oder rückgängig macht, wenngleich sie noch nicht wagt, ihr Gegenteil auszuführen.

Zwei Eindrücke ergeben sich sofort aus dieser flüchtigen Überschau der Zwangssymptome. Der erste, daß hier ein fortgesetzter Kampf gegen das Verdrängte unterhalten wird, der sich immer mehr zu Ungunsten der verdrängenden Kräfte wendet, und zweitens, daß Ich und Über-Ich hier einen besonders großen Anteil an der Symptombildung nehmen.

Die Zwangsneurose ist wohl das interessanteste und dankbarste Objekt der analytischen Untersuchung, aber noch immer als Problem unbezwungen. Wollen wir in ihr Wesen tiefer eindringen, so müssen wir eingestehen, daß unsichere Annahmen und unbewiesene Vermutungen noch nicht entbehrt werden können. Die Ausgangssituation der Zwangsneurose ist wohl keine andere als die der Hysterie, die notwendige Abwehr der libidinösen Ansprüche des Ödipus-Komplexes. Auch scheint sich bei jeder Zwangsneurose eine unterste Schicht sehr früh gebildeter hysterischer Symptome zu finden.[22] Dann aber wird die weitere Gestaltung durch einen konstitutionellen Faktor entschei-

21 [Vgl. zu Beginn Kapitel VI der vorliegenden Studie.]

22 [Dies hatte Freud beispielsweise durch die Analyse des »Wolfsmannes« erfahren. Vgl. *Aus der Geschichte einer infantilen Neurose*, Kapitel VII, in Band 2 der vorliegenden Ausgabe.]

dend verändert. Die genitale Organisation der Libido erweist sich als schwächlich und zu wenig resistent. Wenn das Ich sein Abwehrstreben beginnt, so erzielt es als ersten Erfolg, daß die Genitalorganisation (der phallischen Phase) ganz oder teilweise auf die frühere sadistisch-anale Stufe zurückgworfen wird. Diese Tatsache der Regression bleibt für alles folgende bestimmend.

Man kann noch eine andere Möglichkeit in Erwägung ziehen. Vielleicht ist die Regression nicht die Folge eines konstitutionellen, sondern eines zeitlichen Faktors. Sie wird nicht darum ermöglicht werden, weil die Genitalorganisation der Libido zu schwächlich geraten, sondern weil das Sträuben des Ichs zu frühzeitig, noch während der Blüte der sadistischen Phase eingesetzt hat. Einer sicheren Entscheidung getraue ich mich auch in diesem Punkte nicht, aber die analytische Beobachtung begünstigt diese Annahme nicht. Sie zeigt eher, daß bei der Wendung zur Zwangsneurose die phallische Stufe bereits erreicht ist. Auch ist das Lebensalter für den Ausbruch dieser Neurose ein späteres als das der Hysterie (die zweite Kindheitsperiode, nach dem Termin der Latenzzeit), und in einem Fall von sehr später Entwicklung dieser Affektion, den ich studieren konnte, ergab es sich klar, daß eine reale Entwertung des bis dahin intakten Genitallebens die Bedingung für die Regression und die Entstehung der Zwangsneurose schuf.[23]

Die metapsychologische Erklärung der Regression suche ich in einer »Triebentmischung«, in der Absonderung der erotischen Komponenten, die mit Beginn der genitalen Phase zu den destruktiven Besetzungen der sadistischen Phase hinzugetreten waren.

Die Erzwingung der Regression bedeutet den ersten Erfolg des Ichs im Abwehrkampf gegen den Anspruch der Libido. Wir unterscheiden hier zweckmäßig die allgemeinere Tendenz der »Abwehr« von der »Verdrängung«[24], die nur

---

23 [Vgl. zu Beginn der Arbeit *Die Disposition zur Zwangsneurose* in Band 1 der vorliegenden Ausgabe.]

24 [Dies wird ausführlich im Nachtrag A (c) zur vorliegenden Studie erörtert.]

einer der Mechanismen ist, deren sich die Abwehr bedient. Vielleicht noch klarer als bei normalen und hysterischen Fällen erkennt man bei der Zwangsneurose als den Motor der Abwehr den Kastrationskomplex, als das Abgewehrte die Strebungen des Ödipus-Komplexes. Wir befinden uns nun zu Beginn der Latenzzeit, die durch den Untergang des Ödipus-Komplexes, die Schöpfung oder Konsolidierung des Über-Ichs und die Aufrichtung der ethischen und ästhetischen Schranken im Ich gekennzeichnet ist. Diese Vorgänge gehen bei der Zwangsneurose über das normale Maß hinaus; zur Zerstörung des Ödipus-Komplexes tritt die regressive Erniedrigung der Libido hinzu, das Über-Ich wird besonders strenge und lieblos, das Ich entwickelt im Gehorsam gegen das Über-Ich hohe Reaktionsbildungen von Gewissenhaftigkeit, Mitleid, Reinlichkeit. Mit unerbittlicher, darum nicht immer erfolgreicher Strenge wird die Versuchung zur Fortsetzung der frühinfantilen Onanie verpönt, die sich nun an regressive (sadistisch-anale) Vorstellungen anlehnt, aber doch den unbezwungenen Anteil der phallischen Organisation repräsentiert. Es liegt ein innerer Widerspruch darin, daß gerade im Interesse der Erhaltung der Männlichkeit (Kastrationsangst) jede Betätigung dieser Männlichkeit verhindert wird, aber auch dieser Widerspruch wird bei der Zwangsneurose nur übertrieben, er haftet bereits an der normalen Art der Beseitigung des Ödipus-Komplexes. Wie jedes Übermaß den Keim zu seiner Selbstaufhebung in sich trägt, wird sich auch an der Zwangsneurose bewähren, indem gerade die unterdrückte Onanie sich in der Form der Zwangshandlungen eine immer weiter gehende Annäherung an die Befriedigung erzwingt.

Die Reaktionsbildungen im Ich der Zwangsneurotiker, die wir als Übertreibungen der normalen Charakterbildung erkennen, dürfen wir als einen neuen Mechanismus der Abwehr gegen die Regression und die Verdrängung hinstellen. Sie scheinen bei der Hysterie zu fehlen oder weit schwächer zu sein. Rückschauend gewinnen wir so eine Vermutung, wodurch der Abwehrvorgang der Hysterie ausgezeichnet ist. Es scheint, daß er sich auf die Verdrängung einschränkt, indem das Ich sich von der unliebsamen Triebregung abwendet, sie dem Ablauf im Unbewußten überläßt und an ihren Schicksalen keinen weiteren Anteil nimmt. So ganz ausschließend richtig kann das zwar nicht sein, denn wir kennen ja den Fall, daß das hysterische Symptom gleichzeitig die Erfüllung einer Strafanforderung des Über-Ichs bedeutet, aber es mag einen allgemeinen Charakter im Verhalten des Ichs bei der Hysterie beschreiben.

Man kann es einfach als Tatsache hinnehmen, daß sich bei der Zwangsneurose ein so strenges Über-Ich bildet, oder man kann daran denken, daß der fundamentale Zug dieser Affektion die Libidoregression ist, und versuchen, auch den Charakter des Über-Ichs mit ihr zu verknüpfen. In der Tat kann ja das Über-Ich, das aus dem Es stammt, sich der dort eingetretenen Regression und Triebentmischung nicht entziehen. Es wäre nicht zu verwundern, wenn es seinerseits härter, quälerischer, liebloser würde als bei normaler Entwicklung.

Während der Latenzzeit scheint die Abwehr der Onanieversuchung als Hauptaufgabe behandelt zu werden. Dieser Kampf erzeugt eine Reihe von Symptomen, die bei den verschiedensten Personen in typischer Weise wiederkehren und im allgemeinen den Charakter des Zeremoniells tragen. Es ist sehr zu bedauern, daß sie noch nicht gesammelt und systematisch analysiert worden sind; als früheste Leistungen der Neurose würden sie über den hier verwendeten Mechanismus der Symptombildung am ehesten Licht verbreiten. Sie zeigen bereits die Züge, welche in einer späteren schweren Erkrankung so verhängnisvoll hervortreten werden: die Unterbringung an den Verrichtungen, die später wie automatisch ausgeführt werden sollen, am Schlafengehen, Waschen und Ankleiden, an der Lokomotion, die Neigung zur Wiederholung und zum Zeitaufwand. Warum das so geschieht, ist noch keineswegs verständlich; die Sublimierung analerotischer Komponenten spielt dabei eine deutliche Rolle.

Die Pubertät macht in der Entwicklung der Zwangsneurose einen entscheidenden Abschnitt. Die in der Kindheit abgebrochene Genitalorganisation setzt nun mit großer Kraft wieder ein. Wir wissen aber, daß die Sexualentwicklung der Kinderzeit auch für den Neubeginn der Pubertätsjahre die Richtung vorschreibt. Es werden also einerseits die aggressiven Regungen der Frühzeit wieder erwachen, anderseits muß ein mehr oder minder großer Anteil der neuen libidinösen Regungen – in bösen Fällen deren Ganzes – die durch die Regression vorgezeichneten Bahnen einschlagen und als aggressive und destruktive Absichten auftreten. Infolge dieser Verkleidung der erotischen Strebungen und der starken Reaktionsbildungen im Ich, wird nun der Kampf gegen die Sexualität unter ethischer Flagge weitergeführt. Das Ich sträubt sich verwundert gegen grausame und gewalttätige Zumutungen, die ihm vom Es her ins Bewußtsein geschickt werden, und ahnt nicht, daß es dabei erotische Wünsche bekämpft, darunter auch solche, die sonst seinem Einspruch entgangen wären. Das überstrenge Über-Ich besteht um so energischer auf der Unterdrückung der Sexualität, da sie so abstoßende Formen angenommen hat. So zeigt sich der Konflikt bei der Zwangsneurose nach zwei Richtungen verschärft, das Abwehrende ist intoleranter, das Abzuwehrende unerträglicher geworden; beides durch den Einfluß des einen Moments, der Libidoregression.

Man könnte einen Widerspruch gegen manche unserer Voraussetzungen darin finden, daß die unliebsame Zwangsvorstellung überhaupt bewußt wird. Allein es ist kein Zweifel, daß sie vorher den Prozeß der Verdrängung durchgemacht hat. In den meisten Fällen ist der eigentliche Wortlaut der aggressiven Triebregung dem Ich überhaupt nicht bekannt. Es gehört ein gutes Stück analytischer Arbeit dazu, um ihn bewußt zu machen. Was zum Bewußtsein durchdringt, ist in der Regel nur ein entstellter Ersatz, entweder von einer verschwommenen, traumhaften Unbestimmtheit oder unkenntlich gemacht durch eine absurde Verkleidung. Wenn die Verdrängung nicht den Inhalt der aggressiven Triebregung angenagt hat, so hat sie doch gewiß den sie begleitenden Affektcharakter beseitigt. So erscheint die Aggression dem Ich nicht als ein Impuls, sondern, wie die Kranken sagen, als ein bloßer »Gedankeninhalt«, der einen kalt lassen sollte. Das Merkwürdigste ist, daß dies doch nicht der Fall ist.

Der bei der Wahrnehmung der Zwangsvorstellung ersparte Affekt kommt nämlich an anderer Stelle zum Vorschein. Das Über-Ich benimmt sich so, als hätte keine Verdrängung stattgefunden, als wäre ihm die aggressive Regung in ihrem richtigen Wortlaut und mit ihrem vollen Affektcharakter bekannt, und behandelt das Ich auf Grund dieser Voraussetzung. Das Ich, das sich einerseits schuldlos weiß, muß anderseits ein Schuldgefühl verspüren und eine Verantwortlichkeit tragen, die es sich nicht zu erklären weiß. Das Rätsel, das uns hiemit aufgegeben wird, ist aber nicht so groß, als es zuerst erscheint. Das Verhalten des Über-Ichs ist durchaus verständlich, der Widerspruch im Ich beweist uns nur, daß es sich mittels der Verdrängung gegen das Es verschlossen hat, während es den Einflüssen aus dem Über-Ich voll zugänglich geblieben ist.[25] Der weiteren Frage, warum das Ich sich nicht auch der peinigenden Kritik des Über-Ichs zu entziehen sucht, macht die Nachricht ein Ende, daß dies wirklich in einer großen Reihe von Fällen so geschieht. Es gibt auch Zwangsneurosen ganz ohne Schuldbewußtsein; soweit wir es verstehen, hat sich das Ich die Wahrnehmung desselben durch eine neue Reihe von Symptomen, Bußhandlungen, Einschränkungen zur Selbstbestrafung, erspart. Diese Symptome bedeuten aber gleichzeitig Befriedigungen masochistischer Triebregungen, die ebenfalls aus der Regression eine Verstärkung bezogen haben.

Die Mannigfaltigkeit in den Erscheinungen der Zwangsneurose ist eine so großartige, daß es noch keiner Bemühung gelungen ist, eine zusammenhängende Synthese aller

25 Vgl. Reik, *Geständniszwang und Strafbedürfnis* [Leipzig, Wien und Zürich], 1925, S. 51.

ihrer Variationen zu geben. Man ist bestrebt, typische Beziehungen herauszuheben, und dabei immer in Sorge, andere nicht minder wichtige Regelmäßigkeiten zu übersehen.

Die allgemeine Tendenz der Symptombildung bei der Zwangsneurose habe ich bereits beschrieben. Sie geht dahin, der Ersatzbefriedigung immer mehr Raum auf Kosten der Versagung zu schaffen. Dieselben Symptome, die ursprünglich Einschränkungen des Ichs bedeuteten, nehmen dank der Neigung des Ichs zur Synthese später auch die von Befriedigungen an, und es ist unverkennbar, daß die letztere Bedeutung allmählich die wirksamere wird. Ein äußerst eingeschränktes Ich, das darauf angewiesen ist, seine Befriedigungen in den Symptomen zu suchen, wird das Ergebnis dieses Prozesses, der sich immer mehr dem völligen Fehlschlagen des anfänglichen Abwehrstrebens nähert. Die Verschiebung des Kräfteverhältnisses zugunsten der Befriedigung kann zu dem gefürchteten Endausgang der Willenslähmung des Ichs führen, das für jede Entscheidung beinahe ebenso starke Antriebe von der einen wie von der anderen Seite findet. Der überscharfe Konflikt zwischen Es und Über-Ich, der die Affektion von Anfang an beherrscht, kann sich so sehr ausbreiten, daß keine der Verrichtungen des zur Vermittlung unfähigen Ichs der Einbeziehung in diesen Konflikt entgehen kann.

VI

Während dieser Kämpfe kann man zwei symptombildende Tätigkeiten des Ichs beobachten, die ein besonderes Interesse verdienen, weil sie offenbare Surrogate der Verdrängung sind und darum deren Tendenz und Technik schön erläutern können. Vielleicht dürfen wir auch das Hervortreten dieser Hilfs- und Ersatztechniken als einen Beweis dafür auffassen, daß die Durchführung der regelrechten Verdrängung auf Schwierigkeiten stößt. Wenn wir erwägen, daß bei der Zwangsneurose das Ich soviel mehr

Schauplatz der Symptombildung ist als bei der Hysterie, daß dieses Ich zähe an seiner Beziehung zur Realität und zum Bewußtsein festhält und dabei alle seine intellektuellen Mittel aufbietet, ja, daß die Denktätigkeit überbesetzt, erotisiert, erscheint, werden uns solche Variationen der Verdrängung vielleicht nähergebracht.

Die beiden angedeuteten Techniken sind das *Ungeschehenmachen* und das *Isolieren*. Die erstere hat ein großes Anwendungsgebiet und reicht weit zurück. Sie ist sozusagen negative Magie, sie will durch motorische Symbolik nicht die Folgen eines Ereignisses (Eindruckes, Erlebnisses), sondern dieses selbst »wegblasen«. Mit der Wahl dieses letzten Ausdruckes ist darauf hingewiesen, welche Rolle diese Technik nicht nur in der Neurose, sondern auch in den Zauberhandlungen, Volksgebräuchen und im religiösen Zeremoniell spielt. In der Zwangsneurose begegnet man dem Ungeschehenmachen zuerst bei den zweizeitigen Symptomen, wo der zweite Akt den ersten aufhebt, so, als ob nichts geschehen wäre, wo in Wirklichkeit beides geschehen ist. Das zwangsneurotische Zeremoniell hat in der Absicht des Ungeschehenmachens seine zweite Wurzel. Die erste ist die Verhütung, die Vorsicht, damit etwas Bestimmtes nicht geschehe, sich nicht wiederhole. Der Unterschied ist leicht zu fassen; die Vorsichtsmaßregeln sind rationell, die »Aufhebungen« durch Ungeschehenmachen irrationell, magischer Natur. Natürlich muß man vermuten, daß diese zweite Wurzel die ältere, aus der animistischen Einstellung zur Umwelt stammende ist. Seine Abschattung zum Normalen findet das Streben zum Ungeschehenmachen in dem Entschluß, ein Ereignis als »*non arrivé*«[26] zu behandeln, aber dann unternimmt man nichts dagegen, kümmert sich weder um das Ereignis noch um seine Folgen, während man in der Neurose die Vergangenheit selbst aufzuheben, motorisch zu verdrängen sucht. Dieselbe Tendenz kann auch die Erklärung des in der Neurose so häufigen Zwanges zur *Wiederholung* geben, bei dessen Ausfüh-

---

26 [franz. nicht geschehen.]

rung sich dann mancherlei einander widerstreitende Absichten zusammenfinden. Was nicht in solcher Weise geschehen ist, wie es dem Wunsch gemäß hätte geschehen sollen, wird durch die Wiederholung in anderer Weise ungeschehen gemacht, wozu nun alle die Motive hinzutreten, bei diesen Wiederholungen zu verweilen. Im weiteren Verlauf der Neurose enthüllt sich oft die Tendenz, ein traumatisches Erlebnis ungeschehen zu machen, als ein symptombildendes Motiv von erstem Range. Wir erhalten so unerwarteten Einblick in eine neue, motorische Technik der Abwehr oder, wie wir hier mit geringerer Ungenauigkeit sagen können, der Verdrängung.

Die andere der neu zu beschreibenden Techniken ist das der Zwangsneurose eigentümlich zukommende *Isolieren*. Es bezieht sich gleichfalls auf die motorische Sphäre, besteht darin, daß nach einem unliebsamen Ereignis, ebenso nach einer im Sinne der Neurose bedeutsamen eigenen Tätigkeit, eine Pause eingeschoben wird, in der sich nichts mehr ereignen darf, keine Wahrnehmung gemacht und keine Aktion ausgeführt wird. Dies zunächst sonderbare Verhalten verrät uns bald seine Beziehung zur Verdrängung. Wir wissen, bei Hysterie ist es möglich, einen traumatischen Eindruck der Amnesie verfallen zu lassen; bei der Zwangsneurose ist dies oft nicht gelungen, das Erlebnis ist nicht vergessen, aber es ist von seinem Affekt entblößt, und seine assoziativen Beziehungen sind unterdrückt oder unterbrochen, so daß es wie isoliert dasteht und auch nicht im Verlaufe der Denktätigkeit reproduziert wird. Der Effekt dieser Isolierung ist dann der nämliche wie bei der Verdrängung mit Amnesie. Diese Technik wird also in den Isolierungen der Zwangsneurose reproduziert, aber dabei auch in magischer Absicht motorisch verstärkt. Was so auseinandergehalten wird, ist gerade das, was assoziativ zusammengehört, die motorische Isolierung soll eine Garantie für die Unterbrechung des Zusammenhanges im Denken geben. Einen Vorwand für dies Verfahren der Neurose gibt der normale Vorgang der Konzentration. Was uns bedeutsam als Eindruck, als Aufgabe erscheint, soll nicht durch die gleichzeitigen Ansprüche anderer Denkverrichtungen oder Tätigkeiten gestört werden. Aber schon im Normalen wird die Konzentration dazu verwendet, nicht nur das Gleichgültige, nicht Dazugehörige, sondern vor allem das unpassende Gegensätzliche fernzuhalten. Als das Störendste wird empfunden, was ursprünglich zusammengehört hat und durch den Fortschritt der Entwicklung auseinandergerissen wurde, z. B. die Äußerungen der Ambivalenz des Vaterkomplexes in der Beziehung zu Gott oder die Regungen der Exkretionsorgane in den Liebeserregungen. So hat das Ich normalerweise eine große Isolierungsarbeit bei der Lenkung des Gedankenablaufes zu leisten, und wir wissen, in der Ausübung der analytischen Technik müssen wir das Ich dazu erziehen, auf diese sonst durchaus gerechtfertigte Funktion zeitweilig zu verzichten.

Wir haben alle die Erfahrung gemacht, daß es dem Zwangsneurotiker besonders schwer wird, die psychoanalytische Grundregel zu befolgen. Wahrscheinlich infolge der hohen Konfliktspannung zwischen seinem Über-Ich und seinem Es ist sein Ich wachsamer, dessen Isolierungen schärfer. Es hat während seiner Denkarbeit zuviel abzuwehren, die Einmengung unbewußter Phantasien, die Äußerung der ambivalenten Strebungen. Es darf sich nicht gehenlassen, befindet sich fortwährend in Kampfbereitschaft. Diesen Zwang zur Konzentration und Isolierung unterstützt es dann durch die magischen Isolierungsaktionen, die als Symptome so auffällig und praktisch so bedeutsam werden, an sich natürlich nutzlos sind und den Charakter des Zeremoniells haben.

Indem es aber Assoziationen, Verbindung in Gedanken, zu verhindern sucht, befolgt es eines der ältesten und fundamentalsten Gebote der Zwangsneurose, das Tabu der *Berührung*. Wenn man sich die Frage vorlegt, warum die Vermeidung von Berührung, Kontakt, Ansteckung in der Neurose eine so große Rolle spielt und zum Inhalt so komplizierter Systeme gemacht wird, so findet man die Antwort, daß die Berührung, der körperliche Kontakt, das nächste Ziel sowohl der aggressiven wie der zärtlichen Objektbesetzung ist.[27] Der Eros will die Berührung, denn er strebt nach Vereinigung, Aufhebung der Raumgrenzen zwischen Ich und geliebtem Objekt. Aber auch die Destruktion, die vor der Erfindung der Fernwaffe nur aus der Nähe erfolgen konnte, muß die körperliche Berührung, das Handanlegen voraussetzen. Eine Frau berühren ist im Sprachgebrauch ein Euphemismus für ihre Benützung als Sexualobjekt geworden. Das Glied nicht berühren ist der Wortlaut des Verbotes der autoerotischen Befriedigung. Da die Zwangsneurose zu Anfang die erotische Berührung, dann nach der Regression die als Aggression maskierte Berührung verfolgte, ist nichts anderes für sie in so hohem Grade verpönt worden, nichts so geeignet, zum Mittelpunkt eines Verbotsystems zu werden. Die Isolierung ist aber Aufhebung der Kontaktmöglichkeit, Mittel, ein Ding jeder Berührung zu entziehen, und wenn der Neurotiker auch einen Eindruck oder eine Tätigkeit durch eine Pause isoliert, gibt er uns symbolisch zu verstehen, daß er die Gedanken an sie nicht in assoziative Berührung mit anderen kommen lassen will.

So weit reichen unsere Untersuchungen über die Symptombildung. Es verlohnt sich kaum, sie zu resumieren, sie sind ergebnisarm und unvollständig geblieben, haben auch wenig gebracht, was nicht schon früher bekannt gewesen wäre. Die Symptombildung bei anderen Affektionen als bei den Phobien, der Konversionshysterie und der Zwangsneurose in Betracht zu ziehen wäre aussichtslos; es ist zu wenig darüber bekannt. Aber auch schon aus der Zusammenstellung dieser drei Neurosen erhebt sich ein schwerwiegendes, nicht mehr aufzuschiebendes Problem. Für alle drei ist die Zerstörung des Ödipus-Komplexes der Ausgang, in allen, nehmen wir an, die Kastrationsangst der Motor des Ichsträubens. Aber nur in den Phobien kommt solche Angst zum Vorschein, wird sie eingestanden. Was

27 [Vgl. mehrere Stellen im zweiten Aufsatz von *Totem und Tabu* in Band 1 der vorliegenden Ausgabe.]

ist bei den zwei anderen Formen aus ihr geworden, wie hat das Ich sich solche Angst erspart? Das Problem verschärft sich noch, wenn wir an die vorhin erwähnte Möglichkeit denken, daß die Angst durch eine Art Vergärung aus der im Ablauf gestörten Libidobesetzung selbst hervorgeht, und weiters: steht es fest, daß die Kastrationsangst der einzige Motor der Verdrängung (oder Abwehr) ist? Wenn man an die Neurosen der Frauen denkt, muß man das bezweifeln, denn so sicher sich der Kastrationskomplex bei ihnen konstatieren läßt, von einer Kastrationsangst im richtigen Sinne kann man bei bereits vollzogener Kastration doch nicht sprechen.

VII

Kehren wir zu den infantilen Tierphobien zurück, wir verstehen diese Fälle doch besser als alle anderen. Das Ich muß also hier gegen eine libidinöse Objektbesetzung des Es (die des positiven oder des negativen Ödipus-Komplexes) einschreiten, weil es verstanden hat, ihr nachzugeben brächte die Gefahr der Kastration mit sich. Wir haben das schon erörtert und finden noch Anlaß, uns einen Zweifel klarzumachen, der von dieser ersten Diskussion erübrigt ist. Sollen wir beim kleinen Hans (also im Falle des positiven Ödipus-Komplexes) annehmen, daß es die zärtliche Regung für die Mutter oder die aggressive gegen den Vater ist, welche die Abwehr des Ichs herausfordert? Praktisch schiene das gleichgültig, besonders da die beiden Regungen einander bedingen, aber ein theoretisches Interesse knüpft sich an die Frage, weil nur die zärtliche Strömung für die Mutter als eine rein erotische gelten kann. Die aggressive ist wesentlich vom Destruktionstrieb abhängig, und wir haben immer geglaubt, bei der Neurose wehre sich das Ich gegen Ansprüche der Libido, nicht der anderen Triebe. In der Tat sehen wir, daß nach der Bildung der Phobie die zärtliche Mutterbindung wie verschwunden ist, sie ist durch die Verdrängung gründlich erledigt worden, an der aggressiven Regung hat sich aber die Symptom-(Ersatz-) Bildung vollzogen. Im Falle des Wolfsmannes liegt es einfacher, die verdrängte Regung ist wirklich eine erotische, die feminine Einstellung zum Vater, und an ihr vollzieht sich auch die Symptombildung.

Es ist fast beschämend, daß wir nach so langer Arbeit noch immer Schwierigkeiten in der Auffassung der fundamentalsten Verhältnisse finden, aber wir haben uns vorgenommen, nichts zu vereinfachen und nichts zu verheimlichen. Wenn wir nicht klar sehen können, wollen wir wenigstens die Unklarheiten scharf sehen. Was uns hier im Wege steht, ist offenbar eine Unebenheit in der Entwicklung unserer Trieblehre. Wir hatten zuerst die Organisation der Libido von der oralen über die sadistisch-anale zur genitalen Stufe verfolgt und dabei alle Komponenten des Sexualtriebs einander gleichgestellt. Später erschien uns der Sadismus als der Vertreter eines andern, dem Eros gegensätzlichen Triebes. Die neue Auffassung von den zwei Triebgruppen scheint die frühere Konstruktion von sukzessiven Phasen der Libidoorganisation zu sprengen. Die hilfreiche Auskunft aus dieser Schwierigkeit brauchen wir aber nicht neu zu erfinden. Sie hat sich uns längst geboten und lautet, daß wir es kaum jemals mit reinen Triebregungen zu tun haben, sonder durchweg mit Legierungen beider Triebe in verschiedenen Mengenverhältnissen. Die sadistische Objektbesetzung hat also auch ein Anrecht, als eine libidinöse behandelt zu werden, die Organisationen der Libido brauchen nicht revidiert zu werden, die aggressive Regung gegen den Vater kann mit demselben Anrecht Objekt der Verdrängung werden wie die zärtliche für die Mutter. Immerhin setzen wir als Stoff für spätere Überlegung die Möglichkeit beiseite, daß die Verdrängung ein Prozeß ist, der eine besondere Beziehung zur Genitalorganisation der Libido hat, daß das Ich zu anderen Methoden der Abwehr greift, wenn es sich der Libido auf anderen Stufen der Organisation zu erwehren hat, und setzen wir fort: Ein Fall wie der des kleinen Hans gestattet uns keine Entscheidung; hier wird zwar eine aggressive Regung durch Verdrängung erledigt, aber nachdem die Genitalorganisation bereits erreicht ist.

Wir wollen diesmal die Beziehung zur Angst nicht aus den Augen lassen. Wir sagten, so wie das Ich die Kastrationsgefahr erkannt hat, gibt es das Angstsignal und inhibiert mittels der Lust-Unlust-Instanz auf eine weiter nicht einsichtliche Weise den bedrohlichen Besetzungsvorgang im Es. Gleichzeitig vollzieht sich die Bildung der Phobie. Die Kastrationsangst erhält ein anderes Objekt und einen entstellten Ausdruck: vom Pferd gebissen (vom Wolf gefressen), anstatt vom Vater kastriert zu werden. Die Ersatzbildung hat zwei offenkundige Vorteile, erstens, daß sie einem Ambivalenzkonflikt ausweicht, denn der Vater ist ein gleichzeitig geliebtes Objekt, und zweitens, daß sie dem Ich gestattet, die Angstentwicklung einzustellen. Die Angst der Phobie ist nämlich eine fakultative, sie tritt nur auf, wenn ihr Objekt Gegenstand der Wahrnehmung wird. Das ist ganz korrekt; nur dann ist nämlich die Gefahrsituation vorhanden. Von einem abwesenden Vater braucht man auch die Kastration nicht zu befürchten. Nun kann man den Vater nicht wegschaffen, er zeigt sich immer, wann er will. Ist er aber durch das Tier ersetzt, so braucht man nur den Anblick, d. h. die Gegenwart des Tieres zu vermeiden, um frei von Gefahr und Angst zu sein. Der kleine Hans legt seinem Ich also eine Einschränkung auf, er produziert die Hemmung, nicht auszugehen, um nicht mit Pferden zusammenzutreffen. Der kleine Russe hat es noch bequemer, es ist kaum ein Verzicht für ihn, daß er ein gewisses Bilderbuch nicht mehr zur Hand nimmt. Wenn die schlimme Schwester ihm nicht immer wieder das Bild des aufrechtstehenden Wolfes in diesem Buch vor Augen halten würde, dürfte er sich vor seiner Angst gesichert fühlen.

Ich habe früher einmal der Phobie den Charakter einer Projektion zugeschrieben, indem sie eine innere Triebgefahr durch eine äußere Wahrnehmungsgefahr ersetzt. Das bringt den Vorteil, daß man sich gegen die äußere Gefahr durch Flucht und Vermeidung der Wahrnehmung schützen kann, während gegen die Gefahr von innen keine

Flucht nützt.[28] Meine Bemerkung ist nicht unrichtig, aber sie bleibt an der Oberfläche. Der Triebanspruch ist ja nicht an sich eine Gefahr, sondern nur darum, weil er eine richtige äußere Gefahr, die der Kastration, mit sich bringt. So ist im Grunde bei der Phobie doch nur eine äußere Gefahr durch eine andere ersetzt. Daß das Ich sich bei der Phobie durch eine Vermeidung oder ein Hemmungssymptom der Angst entziehen kann, stimmt sehr gut zur Auffassung, diese Angst sei nur ein Affektsignal und an der ökonomischen Situation sei nichts geändert worden.

Die Angst der Tierphobien ist also eine Affektreaktion des Ichs auf die Gefahr; die Gefahr, die hier signalisiert wird, die der Kastration. Kein anderer Unterschied von der Realangst, die das Ich normalerweise in Gefahrsituationen äußert, als daß der Inhalt der Angst unbewußt bleibt und nur in einer Entstellung bewußt wird.

Dieselbe Auffassung wird sich uns, glaube ich, auch für die Phobien Erwachsener giltig erweisen, wenngleich das Material, das die Neurose verarbeitet, hier sehr viel reichhaltiger ist und einige Momente zur Symptombildung hinzukommen. Im Grunde ist es das nämliche. Der Agoraphobe legt seinem Ich eine Beschränkung auf, um einer Triebgefahr zu entgehen. Die Triebgefahr ist die Versuchung, seinen erotischen Gelüsten nachzugeben, wodurch er wieder wie in der Kindheit die Gefahr der Kastration, oder eine ihr analoge, heraufbeschwören würde. Als einfaches Beispiel führe ich den Fall eines jungen Mannes an, der agoraphob wurde, weil er befürchtete, den Lockungen von Prostituierten nachzugeben und sich zur Strafe Syphilis zu holen.

Ich weiß wohl, daß viele Fälle eine kompliziertere Struktur zeigen und daß viele andere verdrängte Triebregungen in die Phobie einmünden können, aber diese sind nur auxiliär und haben sich meist nachträglich mit dem Kern der Neurose in Verbindung gesetzt. Die Symptomatik der Ago-

28 [S. die Darstellung der Phobien in Abschnitt IV von Freuds Arbeit *Das Unbewußte* in Band 2 der vorliegenden Ausgabe.]

raphobie wird dadurch kompliziert, daß das Ich sich nicht damit begnügt, auf etwas zu verzichten; es tut noch etwas hinzu, um der Situation ihre Gefahr zu benehmen. Diese Zutat ist gewöhnlich eine zeitliche Regression in die Kinderjahre (im extremen Fall bis in den Mutterleib, in Zeiten, in denen man gegen die heute drohenden Gefahren geschützt war) und tritt als die Bedingung auf, unter der der Verzicht unterbleiben kann. So kann der Agoraphobe auf die Straße gehen, wenn er wie ein kleines Kind von einer Person seines Vertrauens begleitet wird. Dieselbe Rücksicht mag ihm auch gestatten, allein auszugehen, wenn er sich nur nicht über eine bestimmte Strecke von seinem Haus entfernt, nicht in Gegenden geht, die er nicht gut kennt und wo er den Leuten nicht bekannt ist. In der Auswahl dieser Bestimmungen zeigt sich der Einfluß der infantilen Momente, die ihn durch seine Neurose beherrschen. Ganz eindeutig, auch ohne solche infantile Regression, ist die Phobie vor dem Alleinsein, die im Grunde der Versuchung zur einsamen Onanie ausweichen will. Die Bedingung dieser infantilen Regression ist natürlich die zeitliche Entfernung von der Kindheit.

Die Phobie stellt sich in der Regel her, nachdem unter gewissen Umständen – auf der Straße, auf der Eisenbahn, im Alleinsein – ein erster Angstanfall erlebt worden ist. Dann ist die Angst gebannt, tritt aber jedesmal wieder auf, wenn die schützende Bedingung nicht eingehalten werden kann. Der Mechanismus der Phobie tut als Abwehrmittel gute Dienste und zeigt eine große Neigung zur Stabilität. Eine Fortsetzung des Abwehrkampfes, der sich jetzt gegen das Symptom richtet, tritt häufig, aber nicht notwendig, ein.

Was wir über die Angst bei den Phobien erfahren haben, bleibt noch für die Zwangsneurose verwertbar. Es ist nicht schwierig, die Situation der Zwangsneurose auf die der Phobie zu reduzieren. Der Motor aller späteren Symptombildung ist hier offenbar die Angst des Ichs vor seinem Über-Ich. Die Feindseligkeit des Über-Ichs ist die Gefahrsituation, der sich das Ich entziehen muß. Hier fehlt jeder Anschein einer Projektion, die Gefahr ist durchaus verinnerlicht. Aber wenn wir uns fragen, was das Ich von seiten des Über-Ichs befürchtet, so drängt sich die Auffassung auf, daß die Strafe des Über-Ichs eine Fortbildung der Kastrationsstrafe ist. Wie das Über-Ich der unpersönlich gewordene Vater ist, so hat sich die Angst vor der durch ihn drohenden Kastration zur unbestimmten sozialen oder Gewissensangst umgewandelt.[29] Aber diese Angst ist gedeckt, das Ich entzieht sich ihr, indem es die ihm auferlegten Gebote, Vorschriften und Bußhandlungen gehorsam ausführt. Wenn es daran gehindert wird, dann tritt sofort ein äußerst peinliches Unbehagen auf, in dem wir das Äquivalent der Angst erblicken dürfen, das die Kranken selbst der Angst gleichstellen. Unser Ergebnis lautet also: Die Angst ist die Reaktion auf die Gefahrsituation; sie wird dadurch erspart, daß das Ich etwas tut, um die Situation zu vermeiden oder sich ihr zu entziehen. Man könnte nun sagen, die Symptome werden geschaffen, um die Angstentwicklung zu vermeiden, aber das läßt nicht tief blicken. Es ist richtiger zu sagen, die Symptome werden geschaffen, um die *Gefahrsituation* zu vermeiden, die durch die Angstentwicklung signalisiert wird. Diese Gefahr war aber in den bisher betrachteten Fällen die Kastration oder etwas von ihr Abgeleitetes.

Wenn die Angst die Reaktion des Ichs auf die Gefahr ist, so liegt es nahe, die traumatische Neurose, welche sich so häufig an überstandene Lebensgefahr anschließt, als direkte Folge der Lebens- oder Todesangst mit Beiseitesetzung der Abhängigkeiten des Ichs und der Kastration aufzufassen. Das ist auch von den meisten Beobachtern der traumatischen Neurosen des letzten Krieges geschehen, und es ist triumphierend verkündet worden, nun sei der Beweis erbracht, daß eine Gefährdung des Selbsterhaltungstriebes eine Neurose erzeugen könne ohne jede Beteiligung der Sexualität und ohne Rücksicht auf die komplizierten Annahmen der Psychoanalyse. Es ist in der Tat außerordentlich zu bedauern, daß nicht eine einzige ver-

29 [Die ausführlichste Diskussion dieser Fragen findet ich in den Kapiteln VII und VIII von *Das Unbehagen in der Kultur*. – Vgl. S. Freud, *Trauer und Melancholie. Essays*, Berlin 1982, S. 170–197.]

wertbare Analyse einer traumatischen Neurose vorliegt. Nicht wegen des Widerspruches gegen die ätiologische Bedeutung der Sexualität, denn dieser ist längst durch die Einführung des Narzißmus aufgehoben worden, der die libidinöse Besetzung des Ichs in eine Reihe mit den Objektbesetzungen bringt und die libidinöse Natur des Selbsterhaltungstriebes betont, sondern weil wir durch den Ausfall dieser Analysen die kostbarste Gelegenheit zu entscheidenden Aufschlüssen über das Verhältnis zwischen Angst und Symptombildung versäumt haben. Es ist nach allem, was wir von der Struktur der simpleren Neurosen des täglichen Lebens wissen, sehr unwahrscheinlich, daß eine Neurose nur durch die objektive Tatsache der Gefährdung ohne Beteiligung der tieferen unbewußten Schichten des seelischen Apparats zustande kommen sollte. Im Unbewußten ist aber nichts vorhanden, was unserem Begriff der Lebensvernichtung Inhalt geben kann. Die Kastration wird sozusagen vorstellbar durch die tägliche Erfahrung der Trennung vom Darminhalt und durch den bei der Entwöhnung erlebten Verlust der mütterlichen Brust; etwas dem Tod Ähnliches ist aber nie erlebt worden oder hat wie die Ohnmacht keine nachweisbare Spur hinterlassen. Ich halte darum an der Vermutung fest, daß die Todesangst als Analogon der Kastrationsangst aufzufassen ist und daß die Situation, auf welche das Ich reagiert, das Verlassensein vom schützenden Über-Ich – den Schicksalsmächten – ist, womit die Sicherung gegen alle Gefahren ein Ende hat. Außerdem kommt in Betracht, daß bei den Erlebnissen, die zur traumatischen Neurose führen, äußerer Reizschutz durchbrochen wird und übergroße Erregungsmengen an den seelischen Apparat herantreten, so daß hier die zweite Möglichkeit vorliegt, daß Angst nicht nur als Affekt signalisiert, sondern auch aus den ökonomischen Bedingungen der Situation neu erzeugt wird.

Durch die letzte Bemerkung, das Ich sei durch regelmäßig wiederholte Objektverluste auf die Kastration vorbereitet worden, haben wir eine neue Auffassung der Angst gewonnen. Betrachteten wir sie bisher als Affektsignal der

Gefahr, so erscheint sie uns nun, da es sich so oft um die Gefahr der Kastration handelt, als die Reaktion auf einen Verlust, eine Trennung. Mag auch mancherlei, was sich sofort ergibt, gegen diesen Schluß sprechen, so muß uns doch eine sehr merkwürdige Übereinstimmung auffallen. Das erste Angsterlebnis des Menschen wenigsten ist die Geburt, und diese bedeutet objektiv die Trennung von der Mutter, könnte einer Kastration der Mutter (nach der Gleichung Kind= Penis) verglichen werden. Nun wäre es sehr befriedigend, wenn die Angst als Symbol einer Trennung bei jeder späteren Trennung wiederholt würde, aber leider steht einer Verwertung dieses Zusammenstimmens im Wege, daß ja die Geburt subjektiv nicht als Trennung von der Mutter erlebt wird, da diese als Objekt dem durchaus narzißtischen Fötus völlig unbekannt ist. Ein anderes Bedenken wird lauten, daß uns die Affektreaktionen auf eine Trennung bekannt sind und daß wir sie als Schmerz und Trauer, nicht als Angst empfinden. Allerdings erinnern wir uns, wir haben bei der Diskussion der Trauer auch nicht verstehen können, warum sie so schmerzhaft ist.

VIII

Es ist Zeit, sich zu besinnen. Wir suchen offenbar nach einer Einsicht, die uns das Wesen der Angst erschließt, nach einem Entweder–Oder, das die Wahrheit über sie vom Irrtum scheidet. Aber das ist schwer zu haben, die Angst ist nicht einfach zu erfassen. Bisher haben wir nichts erreicht als Widersprüche, zwischen denen ohne Vorurteil keine Wahl möglich war. Ich schlage jetzt vor, es anders zu machen; wir wollen unparteiisch alles zusammentragen, was wir von der Angst aussagen können, und dabei auf die Erwartung einer neuen Synthese verzichten.

Die Angst ist also in erster Linie etwas Empfundenes. Wir heißen sie einen Affektzustand, obwohl wir auch nicht wissen, was ein Affekt ist. Sie hat als Empfindung offenbarsten Unlustcharakter, aber das erschöpft nicht ihre Qualität; nicht jede Unlust können wir Angst heißen. Es gibt andere Empfindungen mit Unlustcharakter (Spannungen, Schmerz, Trauer), und die Angst muß außer dieser Unlustqualität andere Besonderheiten haben. Eine Frage: Werden wir es dazu bringen, die Unterschiede zwischen diesen verschiedenen Unlustaffekten zu verstehen?

Aus der Empfindung der Angst können wir immerhin etwas entnehmen. Ihr Unlustcharakter scheint eine besondere Note zu haben; das ist schwer zu beweisen, aber wahrscheinlich; es wäre nichts Auffälliges. Aber außer diesem schwer isolierbaren Eigencharakter nehmen wir an der Angst bestimmtere körperliche Sensationen wahr, die wir auf bestimmte Organe beziehen. Da uns die Physiologie der Angst hier nicht interessiert, genügt es uns, einzelne Repräsentanten dieser Sensationen hervorzuheben, also die häufigsten und deutlichsten an den Atmungsorganen und am Herzen.[30] Sie sind uns Beweise dafür, daß motorische

30 [In den Aufsatz *Über die Berechtigung, von der Neurasthenie einen bestimmten Symptomkomplex als »Angstneurose« abzutrennen* (1895) fügte Freud »die Liste der mir bekannten Formen des Angstanfalles« ein: »a) Mit Störungen der *Herztätigkeit*, Herzklopfen, mit kurzer Arrhythmie, mit länger anhaltender Tachykardie ⟨Frequenzbeschleunigung des Herzens, wenn diese über 100 Schläge pro Minute ansteigt⟩ bis zu schweren Schwächezuständen des Herzens, deren Unterscheidung von organischer Herzaffektion ⟨Affektion: Ergriffensein von einer Krankheit⟩ nicht immer leicht ist; Pseudoangina pectoris ⟨anfallsweise auftretende gürtelförmige Schmerzen um die Brust, die aber nicht auf einer Erkrankung des Herzens – wie bei Angina pectoris, lat. ›Engbrüstigkeit‹ –, sondern anderer Organe (Wirbelsäule, Schultergelenk) beruhen⟩, ein diagnostisch heikles Gebiet! – b) Mit Störungen der *Atmung*, mehrere Formen von nervöser Dyspnoe ⟨erschwerte Atmung, Kurzatmigkeit, Atemnot bei Überladung des Blutes mit Kohlensäure, mangelnder Sauerstoffbeladung oder bei Störungen des Atemzentrums⟩, asthmaartigem Anfalle u. dgl. Ich hebe hervor, daß selbst diese Anfälle nicht immer von kenntlicher Angst begleitet sind. – c) Anfälle von *Schweißausbrüchen*, oft nächtlich. – d) Anfälle von *Zittern* und *Schütteln*, die nur zu leicht mit hysterischen verwechselt werden. – e) Anfälle von *Heißhunger*, oft mit Schwindel verbunden. – f) Anfallsweise auftretende *Diarrhöen*. – g) Anfälle von lokomotorischem *Schwindel*. – h) Anfälle von sogenannten *Kongestionen* ⟨Blutstauungen⟩, so ziemlich alles, was man vasomotorische Neurasthenie genannt hat. – i) Anfälle von *Parästhesien* ⟨Mißempfindung in Form von Kribbeln, Taub- oder Pelzigsein der Haut⟩ (diese aber selten ohne Angst oder ein ähnliches Unbehagen).«]

Innervationen, also Abfuhrvorgänge an dem Ganzen der Angst Anteil haben. Die Analyse des Angstzustandes ergibt also 1) einen spezifischen Unlustcharakter, 2) Abfuhraktionen, 3) Wahrnehmungen derselben.

Die Punkte 2 und 3 ergeben uns bereits einen Unterschied gegen die ähnlichen Zustände, z. B. der Trauer und des Schmerzes. Bei diesen gehören die motorischen Äußerungen nicht dazu; wo sie vorhanden sind, sondern sie sich deutlich nicht als Bestandteile des Ganzen, sondern als Konsequenzen oder Reaktionen darauf. Die Angst ist also ein besonderer Unlustzustand mit Abfuhraktionen auf bestimmte Bahnen. Nach unseren allgemeinen Anschauungen[31] werden wir glauben, daß der Angst eine Steigerung der Erregung zugrunde liegt, die einerseits den Unlustcharakter schafft, anderseits sie durch die genannten Abfuhren erleichtert. Diese rein physiologische Zusammenfassung wird uns aber kaum genügen; wir sind versucht anzunehmen, daß ein historisches Moment da ist, welches die Sensationen und Innervationen der Angst fest aneinander bindet. Mit anderen Worten, daß der Angstzustand die Reproduktion eines Erlebnisses ist, das die Bedingungen einer solchen Reizsteigerung und der Abfuhr auf bestimmte Bahnen enthielt, wodurch also die Unlust der Angst ihren spezifischen Charakter erhält. Als solches vorbildliches Erlebnis bietet sich uns für den Menschen die Geburt, und darum sind wir geneigt, im Angstzustand eine Reproduktion des Geburtstraumas zu sehen.

Wir haben damit nichts behauptet, was der Angst eine Ausnahmestellung unter den Affektzuständen einräumen würde. Wir meinen, auch die anderen Affekte sind Reproduktionen alter, lebenswichtiger, eventuell vorindividueller Ereignisse, und wir bringen sie als allgemeine, typische, mitgeborene hysterische Anfälle in Vergleich mit den spät und individuell erworbenen Attacken der hysterischen Neurose, deren Genese und Bedeutung als Erinnerungs-

---

31 [Formuliert beispielsweise auf den einleitenden Seiten von *Jenseits des Lustprinzips;* vgl. im vorliegenden Band unserer Ausgabe.]

symbole uns durch die Analyse deutlich geworden ist. Natürlich wäre es sehr wünschenswert, diese Auffassung für eine Reihe anderer Affekte beweisend durchführen zu können, wovon wir heute weit entfernt sind.

Die Zurückführung der Angst auf das Geburtsereignis hat sich gegen naheliegende Einwände zu verteidigen. Die Angst ist eine wahrscheinlich allen Organismen, jedenfalls allen höheren, zukommende Reaktion, die Geburt wird nur von den Säugetieren erlebt, und es ist fraglich, ob sie bei allen diesen die Bedeutung eines Traumas hat. Es gibt also Angst ohne Geburtsvorbild. Aber dieser Einwand setzt sich über die Schranken zwischen Biologie und Psychologie hinaus. Gerade weil die Angst eine biologisch unentbehrliche Funktion zu erfüllen hat, als Reaktion auf den Zustand der Gefahr, mag sie bei verschiedenen Lebewesen auf verschiedene Art eingerichtet worden sein. Wir wissen auch nicht, ob sie bei dem Menschen fernerstehenden Lebewesen denselben Inhalt an Sensationen und Innervationen hat wie beim Menschen. Das hindert also nicht, daß die Angst beim Menschen den Geburtsvorgang zum Vorbild nimmt.

Wenn dies die Struktur und die Herkunft der Angst ist, so lautet die weitere Frage: Was ist ihre Funktion? Bei welchen Gelegenheiten wird sie reproduziert? Die Antwort scheint naheliegend und zwingend zu sein. Die Angst entstand als Reaktion auf einen Zustand der *Gefahr*, sie wird nun regelmäßig reproduziert, wenn sich ein solcher Zustand wieder einstellt.

Dazu ist aber einiges zu bemerken. Die Innervationen des ursprünglichen Angstzustandes waren wahrscheinlich auch sinnvoll und zweckmäßig, ganz so wie die Muskelaktionen des ersten hysterischen Anfalls. Wenn man den hysterischen Anfall erklären will, braucht man ja nur die Situation zu suchen, in der die betreffenden Bewegungen Anteile einer berechtigten Handlung waren. So hat wahrscheinlich während der Geburt die Richtung der Innervation auf die Atmungsorgane die Tätigkeit der Lungen vorbereitet, die Beschleunigung des Herzschlags gegen die

Vergiftung des Blutes arbeiten wollen. Diese Zweckmäßigkeit entfällt natürlich bei der späteren Reproduktion des Angstzustandes als Affekt, wie sie auch beim wiederholten hysterischen Anfall vermißt wird. Wenn also das Individuum in eine neue Gefahrsituation gerät, so kann es leicht unzweckmäßig werden, daß es mit dem Angstzustand, der Reaktion auf eine frühere Gefahr, antwortet, anstatt die der jetzigen adäquate Reaktion einzuschlagen. Die Zweckmäßigkeit tritt aber wieder hervor, wenn die Gefahrsituation als herannahend erkannt und durch den Angstausbruch signalisiert wird. Die Angst kann dann sofort durch geeignetere Maßnahmen abgelöst werden. Es sondern sich also sofort zwei Möglichkeiten des Auftretens der Angst: die eine, unzweckmäßige, in einer neuen Gefahrsituation, die andere, zweckmäßige, zur Signalisierung und Verhütung einer solchen.

Was aber ist eine »Gefahr«? Im Geburtsakt besteht eine objektive Gefahr für die Erhaltung des Lebens, wir wissen, was das in der Realität bedeutet. Aber psychologisch sagt es uns gar nichts. Die Gefahr der Geburt hat noch keinen psychischen Inhalt. Sicherlich dürfen wir beim Fötus nichts voraussetzen, was sich irgendwie einer Art von Wissen um die Möglichkeit eines Ausgangs in Lebensvernichtung annähert. Der Fötus kann nichts anderes bemerken als eine großartige Störung in der Ökonomie seiner narzißtischen Libido. Große Erregungssummen dringen zu ihm, erzeugen neuartige Unlustempfindungen, manche Organe erzwingen sich erhöhte Besetzungen, was wie ein Vorspiel der bald beginnenden Objektbesetzung ist; was davon wird als Merkzeichen einer »Gefahrsituation« Verwertung finden?

Wir wissen leider viel zuwenig von der seelischen Verfassung des Neugeborenen, um diese Frage direkt zu beantworten. Ich kann nicht einmal für die Brauchbarkeit der eben gegebenen Schilderung einstehen. Es ist leicht zu sagen, das Neugeborene werde den Angstaffekt in allen Situationen wiederholen, die es an das Geburtsereignis erinnert. Der entscheidende Punkt bleibt aber, wodurch und woran es erinnert wird.

Es bleibt uns kaum etwas anderes übrig, als die Anlässe zu studieren, bei denen der Säugling oder das ein wenig ältere Kind sich zur Angstentwicklung bereit zeigt. Rank hat in seinem Buch *Das Trauma der Geburt* (1924) einen sehr energischen Versuch gemacht, die Beziehungen der frühesten Phobien des Kindes zum Eindruck des Geburtsereignisses zu erweisen, allein ich kann ihn nicht für geglückt halten. Man kann ihm zweierlei vorwerfen: Erstens, daß er auf der Voraussetzung beruht, das Kind habe bestimmte Sinneseindrücke, insbesondere visueller Natur, bei seiner Geburt empfangen, deren Erneuerung die Erinnerung an das Geburtstrauma und somit die Angstreaktion hervorrufen kann. Diese Annahme ist völlig unbewiesen und sehr unwahrscheinlich; es ist nicht glaubhaft, daß das Kind andere als taktile und Allgemeinsensationen vom Geburtsvorgang bewahrt hat. Wenn es also später Angst vor kleinen Tieren zeigt, die in Löchern verschwinden oder aus diesen herauskommen, so erklärt Rank diese Reaktion durch die Wahrnehmung einer Analogie, die aber dem Kinde nicht auffällig werden kann. Zweitens, daß Rank in der Würdigung dieser späteren Angstsituationen je nach Bedürfnis die Erinnerung an die glückliche intrauterine Existenz oder an deren traumatische Störung wirksam werden läßt, womit der Willkür in der Deutung Tür und Tor geöffnet wird. Einzelne Fälle dieser Kinderangst widersetzen sich direkt der Anwendung des Rankschen Prinzips. Wenn das Kind in Dunkelheit und Einsamkeit gebracht wird, so sollten wir erwarten, daß es diese Wiederherstellung der intrauterinen Situation mit Befriedigung aufnimmt, und wenn die Tatsache, daß es gerade dann mit Angst reagiert, auf die Erinnerung an die Störung dieses Glücks durch die Geburt zurückgeführt wird, so kann man das Gezwungene dieses Erklärungsversuches nicht länger verkennen.[32]

Ich muß den Schluß ziehen, daß die frühesten Kindheitsphobien eine direkte Rückführung auf den Eindruck

32 [Ranks Theorie wird außerdem in Kapitel X der vorliegenden Studie besprochen.]

des Geburtsaktes nicht zulassen und sich überhaupt bis jetzt der Erklärung entzogen haben. Eine gewisse Angstbereitschaft des Säuglings ist unverkennbar. Sie ist nicht etwa unmittelbar nach der Geburt am stärksten, um dann langsam abzunehmen, sondern tritt erst später mit dem Fortschritt der seelischen Entwicklung hervor und hält über eine gewisse Periode der Kinderzeit an. Wenn sich solche Frühphobien über diese Zeit hinaus erstrecken, erwecken sie den Verdacht einer neurotischen Störung, wiewohl uns ihre Beziehung zu den späteren deutlichen Neurosen der Kindheit keineswegs einsichtlich ist.

Nur wenige Fälle der kindlichen Angstäußerung sind uns verständlich; an diese werden wir uns halten müssen. So, wenn das Kind allein, in der Dunkelheit, ist und wenn es eine fremde Person an Stelle der ihm vertrauten (der Mutter) findet. Diese drei Fälle reduzieren sich auf eine einzige Bedingung, das Vermissen der geliebten (ersehnten) Person. Von da an ist aber der Weg zum Verständnis der Angst und zur Vereinigung der Widersprüche, die sich an sie zu knüpfen scheinen, frei.

Das Erinnerungsbild der ersehnten Person wird gewiß intensiv, wahrscheinlich zunächst halluzinatorisch besetzt. Aber das hat keinen Erfolg, und nun hat es den Anschein, als ob diese Sehnsucht in Angst umschlüge. Es macht geradezu den Eindruck, als wäre diese Angst ein Ausdruck der Ratlosigkeit, als wüßte das noch sehr unentwickelte Wesen mit dieser sehnsüchtigen Besetzung nichts Besseres anzufangen. Die Angst erscheint so als Reaktion auf das Vermissen des Objekts, und es drängen sich uns die Analogien auf, daß auch die Kastrationsangst die Trennung von einem hochgeschätzten Objekt zum Inhalt hat und daß die ursprünglichste Angst (die *»Urangst«* der Geburt) bei der Trennung von der Mutter entstand.

Die nächste Überlegung führt über diese Betonung des Objektverlustes hinaus. Wenn der Säugling nach der Wahrnehmung der Mutter verlangt, so doch nur darum, weil er bereits aus Erfahrung weiß, daß sie alle seine Bedürfnisse ohne Verzug befriedigt. Die Situation, die er als »Gefahr«

wertet, gegen die er versichert sein will, ist also die der Unbefriedigung, des *Anwachsens der Bedürfnisspannung*, gegen die er ohnmächtig ist. Ich meine, von diesem Gesichtspunkt aus ordnet sich alles ein; die Situation der Unbefriedigung, in der Reizgrößen eine unlustvolle Höhe erreichen, ohne Bewältigung durch psychische Verwendung und Abfuhr zu finden, muß für den Säugling die Analogie mit dem Geburtserlebnis, die Wiederholung der Gefahrsituation sein; das beiden Gemeinsame ist die ökonomische Störung durch das Anwachsen der Erledigung heischenden Reizgrößen, dieses Moment also der eigentliche Kern der »Gefahr«. In beiden Fällen tritt die Angstreaktion auf, die sich auch noch beim Säugling als zweckmäßig erweist, indem die Richtung der Abfuhr auf Atem- und Stimmmuskulatur nun die Mutter herbeiruft, wie sie früher die Lungentätigkeit zur Wegschaffung der inneren Reize anregte. Mehr als diese Kennzeichnung der Gefahr braucht das Kind von seiner Geburt nicht bewahrt zu haben.

Mit der Erfahrung, daß ein äußeres, durch Wahrnehmung erfaßbares Objekt der an die Geburt mahnenden gefährlichen Situation ein Ende machen kann, verschiebt sich nun der Inhalt der Gefahr von der ökonomischen Situation auf seine Bedingung, den Objektverlust. Das Vermissen der Mutter wird nun die Gefahr, bei deren Eintritt der Säugling das Angstsignal gibt, noch ehe die gefürchtete ökonomische Situation eingetreten ist. Diese Wandlung bedeutet einen ersten großen Fortschritt in der Fürsorge für die Selbsterhaltung, sie schließt gleichzeitig den Übergang von der automatisch ungewollten Neuentstehung der Angst zu ihrer beabsichtigten Reproduktion als Signal der Gefahr ein.

In beiden Hinsichten, sowohl als automatisches Phänomen wie als rettendes Signal, zeigt sich die Angst als Produkt der psychischen Hilflosigkeit des Säuglings, welche das selbstverständliche Gegenstück seiner biologischen Hilflosigkeit ist. Das auffällige Zusammentreffen, daß sowohl die Geburtsangst wie die Säuglingsangst die Bedingung der Trennung von der Mutter anerkennt, bedarf keiner psychologischen Deutung; es erklärt sich biologisch einfach genug aus der Tatsache, daß die Mutter, die zuerst alle Bedürfnisse des Fötus durch die Einrichtungen ihres Leibes beschwichtigt hatte, dieselbe Funktion zum Teil mit anderen Mitteln auch nach der Geburt fortsetzt. Intrauterinleben und erste Kindheit sind weit mehr ein Kontinuum, als uns die auffällige Zäsur des Geburtsaktes glauben läßt. Das psychische Mutterobjekt ersetzt dem Kinde die biologische Fötalsituation. Wir dürfen darum nicht vergessen, daß im Intrauterinleben die Mutter kein Objekt war und daß es damals keine Objekte gab.

Es ist leicht zu sehen, daß es in diesem Zusammenhange keinen Raum für ein Abreagieren des Geburtstraumas gibt und daß eine andere Funktion der Angst als die eines Signals zur Vermeidung der Gefahrsituation nicht aufzufinden ist. Die Angstbedingung des Objektverlustes trägt nun noch ein ganzes Stück weiter. Auch die nächste Wandlung der Angst, die in der phallischen Phase auftretende Kastrationsangst, ist eine Trennungsangst und an dieselbe Bedingung gebunden. Die Gefahr ist hier die Trennung von dem Genitale. Ein vollberechtigt scheinender Gedankengang von Ferenczi[33] läßt uns hier die Linie des Zusammenhanges mit den früheren Inhalten der Gefahrsituation deutlich erkennen. Die hohe narzißtische Einschätzung des Penis kann sich darauf berufen, daß der Besitz dieses Organs die Gewähr für eine Wiedervereinigung mit der Mutter (dem Muttererersatz) im Akt des Koitus enthält. Die Beraubung dieses Gliedes ist soviel wie eine neuerliche Trennung von der Mutter, bedeutet also wiederum, einer unlustvollen Bedürfnisspannung (wie bei der Geburt) hilflos ausgeliefert zu sein. Das Bedürfnis, dessen Ansteigen gefürchtet wird, ist aber nun ein spezialisiertes, das der genitalen Libido, nicht mehr ein beliebiges wie in der Säuglingszeit. Ich füge hier an, daß die Phantasie der Rückkehr in den Mutterleib

33 [S. Ferenczi, *Zur Psychoanalyse von Sexualgewohnheiten*, in: Int. Z. Psychoanal., 1925, Bd. 11.]

der Koitusersatz des Impotenten (durch die Kastrationsdrohung Gehemmten) ist. Im Sinne Ferenczis kann man sagen, das Individuum, das sich zur Rückkehr in den Mutterleib durch sein Genitalorgan vertreten lassen wollte, ersetzt nun regressiv dies Organ durch seine ganze Person.[34]

Die Fortschritte in der Entwicklung des Kindes, die Zunahme seiner Unabhängigkeit, die schärfere Sonderung seines seelischen Apparats in mehrere Instanzen, das Auftreten neuer Bedürfnisse können nicht ohne Einfluß auf den Inhalt der Gefahrsituation bleiben. Wir haben dessen Wandlung vom Verlust des Mutterobjekts zur Kastration verfolgt und sehen den nächsten Schritt durch die Macht des Über-Ichs verursacht. Mit dem Unpersönlichwerden der Elterninstanz, von der man die Kastration befürchtete, wird die Gefahr unbestimmter. Die Kastrationsangst entwickelt sich zur Gewissensangst, zur sozialen Angst. Es ist jetzt nicht mehr so leicht anzugeben, was die Angst befürchtet. Die Formel: »Trennung, Ausschluß aus der Horde«, trifft nur jenen späteren Anteil des Über-Ichs, der sich in Anlehnung an soziale Vorbilder entwickelt hat, nicht den Kern des Über-Ichs, der der introjizierten Elterninstanz entspricht. Allgemeiner ausgedrückt, ist es der Zorn, die Strafe des Über-Ichs, der Liebesverlust von dessen Seite, den das Ich als Gefahr wertet und mit dem Angstsignal beantwortet. Als letzte Wandlung dieser Angst vor dem Über-Ich ist mir die Todes- (Lebens-) Angst, die Angst vor der Projektion des Über-Ichs in den Schicksalsmächten erschienen.

Ich habe früher einmal einen gewissen Wert auf die Darstellung gelegt, daß es die bei der Verdrängung abgezogene Besetzung ist, welche die Verwendung als Angstabfuhr erfährt.[35] Das erscheint mir nun heute kaum wissenswert. Der Unterschied liegt darin, daß ich vormals die Angst in je-

---

34 [Freud erörtert diese Phantasie schon gegen Schluß von Kapitel VIII der Falldarstellung *Aus der Geschichte einer infantilen Neurose;* vgl. in Band 2 der vorliegenden Ausgabe.]

35 [S. beispielsweise in Abschnitt IV von *Das Unbewußte;* vgl. in Band 2 der vorliegenden Ausgabe.]

dem Falle durch einen ökonomischen Vorgang automatisch entstanden glaubte, während die jetzige Auffassung der Angst als eines vom Ich beabsichtigten Signals zum Zweck der Beeinflussung der Lust-Unlust-Instanz uns von diesem ökonomischen Zwange unabhängig macht. Es ist natürlich nichts gegen die Annahme zu sagen, daß das Ich gerade die durch die Abziehung bei der Verdrängung frei gewordene Energie zur Erweckung des Affekts verwendet, aber es ist bedeutungslos geworden, mit welchem Anteil Energie dies geschieht.

Ein anderer Satz, den ich einmal ausgesprochen, verlangt nun nach Überprüfung im Lichte unserer neuen Auffassung. Es ist die Behauptung, das Ich sei die eigentliche Angststätte;[36] ich meine, sie wird sich als zutreffend erweisen. Wir haben nämlich keinen Anlaß, dem Über-Ich irgendeine Angstäußerung zuzuteilen. Wenn aber von einer »Angst des Es« die Rede ist, so hat man nicht zu widersprechen, sondern einen ungeschickten Ausdruck zu korrigieren. Die Angst ist ein Affektzustand, der natürlich nur vom Ich verspürt werden kann. Das Es kann nicht Angst haben wie das Ich, es ist keine Organisation, kann Gefahrsituationen nicht beurteilen. Dagegen ist es ein überaus häufiges Vorkommnis, daß sich im Es Vorgänge vorbereiten oder vollziehen, die dem Ich Anlaß zur Angstentwicklung geben; in der Tat sind die wahrscheinlich frühesten Verdrängungen, wie die Mehrzahl aller späteren, durch solche Angst des Ichs vor einzelnen Vorgängen im Es motiviert. Wir unterscheiden hier wiederum mit gutem Grund die beiden Fälle, daß sich im Es etwas ereignet, was eine der Gefahrsituationen fürs Ich aktiviert und es somit bewegt, zur Inhibition das Angstsignal zu geben, und den anderen Fall, daß sich im Es die dem Geburtstrauma analoge Situation herstellt, in der es automatisch zur Angstreaktion kommt. Man bringt die beiden Fälle einander näher, wenn man hervorhebt, daß der zweite der ersten und ursprünglichen Gefahrsituation entspricht, der erste aber

36 [Sie findet sich in *Das Ich und das Es* (1923), gegen Ende der Arbeit.]

einer der später aus ihr abgeleiteten Angstbedingungen. Oder auf die wirklich vorkommenden Affektionen bezogen: daß der zweite Fall in der Ätiologie der Aktualneurosen verwirklicht ist, der erste für die der Psychoneurosen charakteristisch bleibt.

Wir sehen nun, daß wir frühere Ermittlungen nicht zu entwerten, sondern bloß mit den neueren Einsichten in Verbindung zu bringen brauchen. Es ist nicht abzuweisen, daß bei Abstinenz, mißbräuchlicher Störung im Ablauf der Sexualerregung, Ablenkung derselben von ihrer psychischen Verarbeitung;[37] direkt Angst aus Libido entsteht, d. h. jener Zustand von Hilflosigkeit des Ichs gegen eine übergroße Bedürfnisspannung hergestellt wird, der wie bei der Geburt in Angstentwicklung ausgeht, wobei es wieder eine gleichgültige, aber naheliegende Möglichkeit ist, daß gerade der Überschuß an unverwendeter Libido seine Abfuhr in der Angstentwicklung findet. Wir sehen, daß sich auf dem Boden dieser Aktualneurosen besonders leicht Psychoneurosen entwickeln, d. h. wohl, daß das Ich Versuche macht, die Angst, die es eine Weile suspendiert zu erhalten gelernt hat, zu ersparen und durch Symptombildung zu binden. Wahrscheinlich würde die Analyse der traumatischen Kriegsneurosen, welcher Name allerdings sehr verschiedenartige Affektionen umfaßt, ergeben haben, daß eine Anzahl von ihnen an den Charakteren der Aktualneurosen Anteil hat.

Als wir die Entwicklung der verschiedenen Gefahrsituationen aus dem ursprünglichen Geburtsvorbild darstellten, lag es uns ferne zu behaupten, daß jede spätere Angst-

---

37 [Im Aufsatz *Über die Berechtigung, von der Neurasthenie einen bestimmten Symptomkomplex als »Angstneurose« abzutrennen* (1895) heißt es u. a.: »Neurasthenie entsteht jedesmal, wenn die adäquate (Aktion) Entlastung durch eine minder adäquate ersetzt wird, der normale Koitus unter den günstigsten Bedingungen also durch eine Masturbation oder spontane Pollution; zur Angstneurose aber führen alle Momente, welche die psychische Verarbeitung der somatischen Sexualerregung verhindern. Die Erscheinungen der Angstneurose kommen zustande, indem die von der Psyche abgelenkte somatische Sexualerregung sich subkortikal ›unterhalb der Großhirnrinde‹, in ganz und gar nicht adäquaten Reaktionen ausgibt.«]

bedingung die frühere einfach außer Kraft setzt. Die Fortschritte der Ichentwicklung tragen allerdings dazu bei, die frühere Gefahrsituation zu entwerten und beiseite zu schieben, so daß man sagen kann, einem bestimmten Entwicklungsalter sei eine gewisse Angstbedingung wie adäquat zugeteilt. Die Gefahr der psychischen Hilflosigkeit paßt zur Lebenszeit der Unreife des Ichs, wie die Gefahr des Objektverlustes zur Unselbständigkeit der ersten Kinderjahre, die Kastrationsgefahr zur phallischen Phase, die Über-Ichangst zur Latenzzeit. Aber es können doch alle diese Gefahrsituationen und Angstbedingungen nebeneinander fortbestehen bleiben und das Ich auch zu späteren als den adäquaten Zeiten zur Angstreaktion veranlassen, oder es können mehrere von ihnen gleichzeitig in Wirksamkeit treten. Möglicherweise bestehen auch engere Beziehungen zwischen der wirksamen Gefahrsituation und der Form der auf sie folgenden Neurose.[38]

38 Seit der Unterscheidung von Ich und Es mußte auch unser Interesse an den Problemen der Verdrängung eine neue Belebung erfahren. Bisher hatte es uns genügt, die dem Ich zugewendeten Seiten des Vorgangs, die Abhaltung vom Bewußtsein und von der Motilität und die Ersatz- (Symptom-) Bildung ins Auge zu fassen, von der verdrängten Triebregung selbst nahmen wir an, sie bleibe im Unbewußten unbestimmt lange unverändert bestehen. Nun wendet sich das Interesse den Schicksalen des Verdrängten zu, und wir ahnen, daß ein solcher unveränderter und unveränderlicher Fortbestand nicht selbstverständlich, vielleicht nicht einmal gewöhnlich ist. Die ursprüngliche Triebregung ist jedenfalls durch die Verdrängung gehemmt und von ihrem Ziel abgelenkt worden. Ist aber ihr Ansatz im Unbewußten erhalten geblieben und hat er sich resistent gegen die verändernden und entwertenden Einflüsse des Lebens erwiesen? Bestehen also die alten Wünsche noch, von deren früherer Existenz uns die Analyse berichtet? Die Antwort scheint naheliegend und gesichert: Die verdrängten alten Wünsche müssen im Unbewußten noch fortbestehen, da wir ihre Abkömmlinge, die Symptome, noch wirksam finden. Aber sie ist nicht zureichend, sie läßt nicht zwischen den beiden Möglichkeiten entscheiden, ob der alte Wunsch jetzt nur durch seine Abkömmlinge wirkt, denen er all seine Besetzungsenergie übertragen hat, oder ob er außerdem selbst erhalten geblieben ist. Wenn es sein Schicksal war, sich in der Besetzung seiner Abkömmlinge zu erschöpfen, so bleibt noch die dritte Möglichkeit, daß er im Verlauf der Neurose durch Regression wiederbelebt wurde, so unzeitgemäß er gegenwärtig sein mag. Man braucht diese Erwägungen nicht für müßig zu halten; vieles an den Erscheinungen des krankhaften

Als wir in einem früheren Stück dieser Untersuchungen auf die Bedeutung der Kastrationsgefahr bei mehr als einer neurotischen Affektion stießen, erteilten wir uns die Mahnung, dies Moment doch nicht zu überschätzen, da es bei dem gewiß mehr zur Neurose disponierten weiblichen Geschlecht doch nicht ausschlaggebend sein könnte. Wir sehen jetzt, daß wir nicht in Gefahr sind, die Kastrationsangst für den einzigen Motor der zur Neurose führenden Abwehrvorgänge zu erklären. Ich habe an anderer Stelle[39] auseinandergesetzt, wie die Entwicklung des kleinen Mädchens durch den Kastrationskomplex zur zärtlichen Objektbesetzung gelenkt wird. Gerade beim Weibe scheint die Gefahrsituation des Objektverlustes die wirksamste geblieben zu sein. Wir dürfen an ihrer Angstbedingung die kleine Modifikation anbringen, daß es sich nicht mehr um das Vermissen oder den realen Verlust des Objekts handelt, sondern um den Liebesverlust von seiten des Objekts. Da es sicher steht, daß die Hysterie eine größere Affinität zur Weiblichkeit hat, ebenso wie die Zwangsneurose zur Männlichkeit, so liegt die Vermutung nahe, die Angstbedingung des Liebesverlustes spiele bei Hysterie eine ähnliche Rolle wie die Kastrationsdrohung bei den Phobien, die Über-Ichangst bei der Zwangsneurose.

IX

Was jetzt erübrigt, ist die Behandlung der Beziehungen zwischen Symptombildung und Angstentwicklung.

Zwei Meinungen darüber scheinen weit verbreitet zu

---

wie des normalen Seelenlebens scheint solche Fragestellungen zu erfordern. In meiner Studie über den Untergang des Ödipus-Komplexes [vgl. im vorliegenden Band unserer Ausgabe] bin ich auf den Unterschied zwischen der bloßen Verdrängung und der wirklichen Aufhebung einer alten Wunschregung aufmerksam geworden.

39 [Freud meint seine Studie *Einige psychische Folgen des anatomischen Geschlechtsunterschieds* (1925). In der vorliegenden Ausgabe ist seine Theorie zur weiblichen Sexualität durch die 33. Vorlesung der *Neuen Folge* vertreten.]

sein. Die eine nennt die Angst selbst ein Symptom der Neurose, die andere glaubt an ein weit innigeres Verhältnis zwischen beiden. Ihr zufolge würde alle Symptombildung nur unternommen werden, um der Angst zu entgehen; die Symptome binden die psychische Energie, die sonst als Angst abgeführt würde, so daß die Angst das Grundphänomen und Hauptproblem der Neurose wäre.

Die zumindest partielle Berechtigung der zweiten Behauptung läßt sich durch schlagende Beispiele erweisen. Wenn man einen Agoraphoben, den man auf die Straße begleitet hat, dort sich selbst überläßt, produziert er einen Angstanfall; wenn man einen Zwangsneurotiker daran hindern läßt, sich nach einer Berührung die Hände zu waschen, wird er die Beute einer fast unerträglichen Angst. Es ist also klar, die Bedingung des Begleitetwerdens und die Zwangshandlung des Waschens hatten die Absicht und auch den Erfolg, solche Angstausbrüche zu verhüten. In diesem Sinne kann auch jede Hemmung, die sich das Ich auferlegt, Symptom genannt werden.

Da wir die Angstentwicklung auf die Gefahrsituation zurückgeführt haben, werden wir es vorziehen zu sagen, die Symptome werden geschaffen, um das Ich der Gefahrsituation zu entziehen. Wird die Symptombildung verhindert, so tritt die Gefahr wirklich ein, d. h. es stellt sich jene der Geburt analoge Situation her, in der sich das Ich hilflos gegen den stetig wachsenden Triebanspruch findet, also die erste und ursprünglichste der Angstbedingungen. Für unsere Anschauung erweisen sich die Beziehungen zwischen Angst und Symptom weniger eng als angenommen wurde, die Folge davon, daß wir zwischen beide das Moment der Gefahrsituation eingeschoben haben. Wir können auch ergänzend sagen, die Angstentwicklung leite die Symptombildung ein, ja sie sei eine notwendige Voraussetzung derselben, denn wenn das Ich nicht durch die Angstentwicklung die Lust-Unlust-Instanz wachrütteln würde, bekäme es nicht die Macht, den im Es vorbereiteten, gefahrdrohenden Vorgang aufzuhalten. Dabei ist die Tendenz unverkennbar, sich auf ein Mindestmaß von Angstentwicklung zu beschränken, die Angst nur als Signal zu verwenden, denn sonst bekäme man die Unlust, die durch den Triebvorgang droht, nur an anderer Stelle zu spüren, was kein Erfolg nach der Absicht des Lustprinzips wäre, sich aber doch bei den Neurosen häufig genug ereignet.

Die Symptombildung hat also den wirklichen Erfolg, die Gefahrsituation aufzuheben. Sie hat zwei Seiten; die eine, die uns verborgen bleibt, stellt im Es jene Abänderung her, mittels deren das Ich der Gefahr entzogen wird, die andere, uns zugewendete, zeigt, was sie an Stelle des beeinflußten Triebvorganges geschaffen hat, die Ersatzbildung.

Wir sollten uns aber korrekter ausdrücken, dem Abwehrvorgang zuschreiben, was wir eben von der Symptombildung ausgesagt haben, und den Namen Symptombildung selbst als synonym mit Ersatzbildung gebrauchen. Es scheint dann klar, daß der Abwehrvorgang analog der Flucht ist, durch die sich das Ich einer von außen drohenden Gefahr entzieht, daß er eben einen Fluchtversuch vor einer Triebgefahr darstellt. Die Bedenken gegen diesen Vergleich werden uns zu weiterer Klärung verhelfen. Erstens läßt sich einwenden, daß der Objektverlust (der Verlust der Liebe von seiten des Objekts) und die Kastrationsdrohung ebensowohl Gefahren sind, die von außen drohen, wie etwa ein reißendes Tier, also nicht Triebgefahren. Aber es ist doch nicht derselbe Fall. Der Wolf würde uns wahrscheinlich anfallen, gleichgiltig, wie wir uns gegen ihn benehmen; die geliebte Person würde uns aber nicht ihre Liebe entziehen, die Kastration uns nicht angedroht werden, wenn wir nicht bestimmte Gefühle und Absichten in unserem Inneren nähren würden. So werden diese Triebregungen zu Bedingungen der äußeren Gefahr und damit selbst gefährlich, wir können jetzt die äußere Gefahr durch Maßregeln gegen innere Gefahren bekämpfen. Bei den Tierphobien scheint die Gefahr noch durchaus als eine äußerliche empfunden zu werden, wie sie auch im Symptom eine äußerliche Verschiebung erfährt. Bei der Zwangsneurose ist sie weit mehr verinnerlicht, der Anteil der Angst vor dem Über-Ich, der soziale Angst ist, repräsentiert noch den innerlichen Ersatz einer äußeren Gefahr, der andere Anteil, die Gewissensangst, ist durchaus endopsychisch.[40]

Ein zweiter Einwand sagt, beim Fluchtversuch vor einer drohenden äußeren Gefahr tun wir ja nichts anderes, als daß wir die Raumdistanz zwischen uns und dem Drohenden vergrößern. Wir setzen uns ja nicht gegen die Gefahr zur Wehr, suchen nichts an ihr selbst zu ändern, wie in dem anderen Falle, daß wir mit einem Knüttel auf den Wolf losgehen oder mit einem Gewehr auf ihn schießen. Der Abwehrvorgang scheint aber mehr zu tun, als einem Fluchtversuch entspricht. Er greift ja in den drohenden Triebablauf ein, unterdrückt ihn irgendwie, lenkt ihn von seinem Ziel ab, macht ihn dadurch ungefährlich. Dieser Einwand scheint unabweisbar, wir müssen ihm Rechnung tragen. Wir meinen, es wird wohl so sein, daß es Abwehrvorgänge gibt, die man mit gutem Recht einem Fluchtversuch vergleichen kann, während sich das Ich bei anderen weit aktiver zur Wehre setzt, energische Gegenaktionen vornimmt. Wenn der Vergleich der Abwehr mit der Flucht nicht überhaupt durch den Umstand gestört wird, daß das Ich und der Trieb im Es ja Teile derselben Organisation sind, nicht getrennte Existenzen, wie der Wolf und das Kind, so daß jede Art Verhaltens des Ichs auch abändernd auf den Triebvorgang einwirken muß.

Durch das Studium der Angstbedingungen haben wir das Verhalten des Ichs bei der Abwehr sozusagen in rationeller Verklärung erblicken müssen. Jede Gefahrsituation entspricht einer gewissen Lebenszeit oder Entwicklungsphase des seelischen Apparats und erscheint für diese berechtigt. Das frühkindliche Wesen ist wirklich nicht dafür ausgerüstet, große Erregungssummen, die von außen oder innen anlangen, psychisch zu bewältigen. Zu einer gewissen Lebenszeit ist es wirklich das wichtigste Interesse, daß die

---

40 [In diesen Ausführungen erwägt Freud großenteils die Argumente noch einmal, die er in seinen metapsychologischen Arbeiten *Die Verdrängung* und *Das Unbewußte* (besonders in Abschnitt IV) vorgebracht hat; vgl. in Band 2 der vorliegenden Ausgabe.]

Personen, von denen man abhängt, ihre zärtliche Sorge nicht zurückziehen. Wenn der Knabe den mächtigen Vater als Rivalen bei der Mutter empfindet, seiner aggressiven Neigungen gegen ihn und seiner sexuellen Absichten auf die Mutter inne wird, hat er ein Recht dazu, sich vor ihm zu fürchten, und die Angst vor seiner Strafe kann durch phylogenetische Verstärkung sich als Kastrationsangst äußern. Mit dem Eintritt in soziale Beziehungen wird die Angst vor dem Über-Ich, das Gewissen, zur Notwendigkeit, der Wegfall dieses Moments die Quelle von schweren Konflikten und Gefahren usw. Aber gerade daran knüpft sich ein neues Problem.

Versuchen wir es, den Angstaffekt für eine Weile durch einen anderen, z. B. den Schmerzaffekt, zu ersetzen. Wir halten es für durchaus normal, daß das Mädchen von vier Jahren schmerzlich weint, wenn ihm eine Puppe zerbricht, mit sechs Jahren, wenn ihm die Lehrerin einen Verweis gibt, mit sechzehn Jahren, wenn der Geliebte sich nicht um sie bekümmert, mit fünfundzwanzig Jahren vielleicht, wenn sie ein Kind begräbt. Jede dieser Schmerzbedingungen hat ihre Zeit und erlischt mit deren Ablauf; die letzten, definitiven, erhalten sich dann durchs Leben. Es würde uns aber auffallen, wenn dies Mädchen als Frau und Mutter über die Beschädigung einer Nippsache weinen würde. So benehmen sich aber die Neurotiker. In ihrem seelischen Apparat sind längst alle Instanzen zur Reizbewältigung innerhalb weiter Grenzen ausgebildet, sie sind erwachsen genug, um die meisten ihrer Bedürfnisse selbst zu befriedigen, sie wissen längst, daß die Kastration nicht mehr als Strafe geübt wird, und doch benehmen sie sich, als bestünden die alten Gefahrsituationen noch, sie halten an allen früheren Angstbedingungen fest.

Die Antwort hierauf wird etwas weitläufig ausfallen. Sie wird vor allem den Tatbestand zu sichten haben. In einer großen Anzahl von Fällen werden die alten Angstbedingungen wirklich fallengelassen, nachdem sie bereits neurotische Reaktionen erzeugt haben. Die Phobien der kleinsten Kinder vor Alleinsein, Dunkelheit und vor Fremden, die beinahe normal zu nennen sind, vergehen zumeist in etwas späteren Jahren, sie »wachsen sich aus«, wie man von manchen anderen Kindheitsstörungen sagt. Die so häufigen Tierphobien haben das gleiche Schicksal, viele der Konversionshysterien der Kinderjahre finden später keine Fortsetzung. Zeremoniell in der Latenzzeit ist ein ungemein häufiges Vorkommnis, nur ein sehr geringer Prozentsatz dieser Fälle entwickelt sich später zur vollen Zwangsneurose. Die Kinderneurosen sind überhaupt – soweit unsere Erfahrungen an den höheren Kulturanforderungen unterworfenen Stadtkindern weißer Rasse reichen – regelmäßige Episoden der Entwicklung, wenngleich ihnen noch immer zu wenig Aufmerksamkeit geschenkt wird. Man vermißt die Zeichen der Kindheitsneurose auch nicht bei *einem* erwachsenen Neurotiker, während lange nicht alle Kinder, die sie zeigen, auch später Neurotiker werden. Es müssen also im Verlaufe der Reifung Angstbedingungen aufgegeben worden sein und Gefahrsituationen ihre Bedeutung verloren haben. Dazu kommt, daß einige dieser Gefahrsituationen sich dadurch in späte Zeiten hinüberretten, daß sie ihre Angstbedingung zeitgemäß modifizieren. So erhält sich z. B. die Kastrationsangst unter der Maske der Syphilisphobie, nachdem man erfahren hat, daß zwar die Kastration nicht mehr als Strafe für das Gewährenlassen der sexuellen Gelüste üblich ist, aber daß dafür der Triebfreiheit schwere Erkrankungen drohen. Andere der Angstbedingungen sind überhaupt nicht zum Untergang bestimmt, sondern sollen den Menschen durchs Leben begleiten, wie die der Angst vor dem Über-Ich. Der Neurotiker unterscheidet sich dann von den Normalen dadurch, daß er die Reaktionen auf diese Gefahren übermäßig erhöht. Gegen die Wiederkehr der ursprünglichen traumatischen Angstsituation bietet endlich auch das Erwachsensein keinen zureichenden Schutz; es dürfte für jedermann eine Grenze geben, über die hinaus sein seelischer Apparat in der Bewältigung der Erledigung heischenden Erregungsmengen versagt.

Diese kleinen Berichtigungen können unmöglich die Bestimmung haben, an der Tatsache zu rütteln, die hier erörtert wird, der Tatsache, daß so viele Menschen in ihrem Verhalten zur Gefahr infantil bleiben und verjährte Angstbedingungen nicht überwinden; dies bestreiten, hieße die Tatsache der Neurose leugnen, denn solche Personen heißt man eben Neurotiker. Wie ist das aber möglich? Warum sind nicht alle Neurosen Episoden der Entwicklung, die mit Erreichung der nächsten Phase abgeschlossen werden? Woher das Dauermoment in diesen Reaktionen auf die Gefahr? Woher der Vorzug, den der Angstaffekt vor allen anderen Affekten zu genießen scheint, daß er allein Reaktionen hervorruft, die sich als abnorm von den anderen sondern und sich als unzweckmäßig dem Strom des Lebens entgegenstellen? Mit anderen Worten, wir finden uns unversehens wieder vor der so oft gestellten Vexierfrage, woher kommt die Neurose, was ist ihr letztes, das ihr besondere Motiv? Nach jahrzehntelangen analytischen Bemühungen erhebt sich dies Problem vor uns, unangetastet, wie zu Anfang.

X

Die Angst ist die Reaktion auf die Gefahr. Man kann doch die Idee nicht abweisen, daß es mit dem Wesen der Gefahr zusammenhängt, wenn sich der Angstaffekt eine Ausnahmsstellung in der seelischen Ökonomie erzwingen kann. Aber die Gefahren sind allgemein menschliche, für alle Individuen die nämlichen; was wir brauchen und nicht zur Verfügung haben, ist ein Moment, das uns die Auslese der Individuen verständlich macht, die den Angstaffekt trotz seiner Besonderheit dem normalen seelischen Betrieb unterwerfen können, oder das bestimmt, wer an dieser Aufgabe scheitern muß. Ich sehe zwei Versuche vor mir, ein solches Moment aufzudecken; es ist begreiflich, daß jeder solche Versuch eine sympathische Aufnahme erwarten darf, da er einem quälenden Bedürfnis Abhilfe verspricht. Die beiden Versuche ergänzen einander, indem sie das Problem an entgegengesetzten Enden angreifen. Der erste ist vor mehr als zehn Jahren von Alfred Adler unternommen worden;[41] er behauptet, auf seinen innersten Kern reduziert, daß diejenigen Menschen an der Bewältigung der durch die Gefahr gestellten Aufgabe scheitern, denen die Minderwertigkeit ihrer Organe zu große Schwierigkeiten bereitet. Bestünde der Satz *simplex sigillum veri*[42] zu Recht, so müßte man eine solche Lösung wie eine Erlösung begrüßen. Aber im Gegenteile, die Kritik des abgelaufenen Jahrzehnts hat die volle Unzulänglichkeit dieser Erklärung, die sich überdies über den ganzen Reichtum der von der Psychoanalyse aufgedeckten Tatbestände hinaussetzt, beweisend dargetan.

Den zweiten Versuch hat Otto Rank 1923 in seinem Buch *Das Trauma der Geburt* unternommen. Es wäre unbillig, ihn dem Versuch von Adler in einem anderen Punkte als dem einen hier betonten gleichzustellen, denn er bleibt auf dem Boden der Psychoanalyse, deren Gedankengänge er fortsetzt, und ist als eine legitime Bemühung zur Lösung der analytischen Probleme anzuerkennen. In der gegebenen Relation zwischen Individuum und Gefahr lenkt Rank von der Organschwäche des Individuums ab und auf die veränderliche Intensität der Gefahr hin. Der Geburtsvorgang ist die erste Gefahrsituation, der von ihm produzierte ökonomische Aufruhr wird das Vorbild der Angstreaktion; wir haben vorhin die Entwicklungslinie verfolgt, welche diese erste Gefahrsituation und Angstbedingung mit allen späteren verbindet, und dabei gesehen, daß sie alle etwas Gemeinsames bewahren, indem sie alle in gewissem Sinne eine Trennung von der Mutter bedeuten, zuerst nur in biologischer Hinsicht, dann im Sinn eines direkten Objektverlustes und später eines durch indirekte Wege vermittelten. Die Aufdeckung dieses großen Zusammenhanges ist ein unbestrittenes Verdienst der Rankschen Konstruktion. Nun trifft das Trauma der Geburt die einzelnen Individuen in verschiedener Intensität, mit der Stärke des Trau-

41 [Adler, *Studie über Minderwertigkeit von Organen*, Berlin und Wien 1907.]

42 [lat. »Einfachheit ist das Siegel der Wahrheit.«]

mas variiert die Heftigkeit der Angstreaktion, und es soll nach Rank von dieser Anfangshöhe der Angstentwicklung abhängen, ob das Individuum jemals ihre Beherrschung verlangen kann, ob es neurotisch wird oder normal.

Die Einzelkritik der Rankschen Aufstellungen ist nicht unsere Aufgabe, bloß deren Prüfung, ob sie zur Lösung unseres Problems brauchbar sind. Die Formel Ranks, Neurotiker werde der, dem es wegen der Stärke des Geburtstraumas niemals gelinge, dieses völlig abzureagieren, ist theoretisch höchst anfechtbar. Man weiß nicht recht, was mit dem Abreagieren des Traumas gemeint ist. Versteht man es wörtlich, so kommt man zu dem unhaltbaren Schluß, daß der Neurotiker sich um so mehr der Gesundung nähert, je häufiger und intensiver er den Angstaffekt reproduziert. Wegen dieses Widerspruches mit der Wirklichkeit hatte ich ja seinerzeit die Theorie des Abreagierens aufgegeben, die in der Katharsis eine so große Rolle spielte. Die Betonung der wechselnden Stärke des Geburtstraumas läßt keinen Raum für den berechtigten ätiologischen Anspruch der hereditären Konstitution. Sie ist ja ein organisches Moment, welches sich gegen die Konstitution wie eine Zufälligkeit verhält und selbst von vielen, zufällig zu nennenden Einflüssen, z. B. von der rechtzeitigen Hilfeleistung bei der Geburt, abhängig ist. Die Ranksche Lehre hat konstitutionelle wie phylogenetische Faktoren überhaupt außer Betracht gelassen. Will man aber für die Bedeutung der Konstitution Raum schaffen, etwa durch die Modifikation, es käme vielmehr darauf an, wie ausgiebig das Individuum auf die variable Intensität des Geburtstraumas reagiere, so hat man der Theorie ihre Bedeutung geraubt und den neu eingeführten Faktor auf eine Nebenrolle eingeschränkt. Die Entscheidung über den Ausgang in Neurose liegt dann doch auf einem anderen, wiederum auf einem unbekannten Gebiet.

Die Tatsache, daß der Mensch den Geburtsvorgang mit den anderen Säugetieren gemein hat, während ihm eine besondere Disposition zur Neurose als Vorrecht vor den Tieren zukommt, wird kaum günstig für die Ranksche Lehre stimmen. Der Haupteinwand bleibt aber, daß sie in der Luft schwebt, anstatt sich auf gesicherte Beobachtung zu stützen. Es gibt keine guten Untersuchungen darüber, ob schwere und protrahierte Geburt in unverkennbarer Weise mit Entwicklung von Neurose zusammentreffen, ja, ob so geborene Kinder nur die Phänomene der frühinfantilen Ängstlichkeit länger oder stärker zeigen als andere. Macht man geltend, daß präzipitierte und für die Mutter leichte Geburten für das Kind möglicherweise die Bedeutung von schweren Traumen haben, so bleibt doch die Forderung aufrecht, daß Geburten, die zur Asphyxie führen, die behaupteten Folgen mit Sicherheit erkennen lassen müßten. Es scheint ein Vorteil der Rankschen Ätiologie, daß sie ein Moment voranstellt, das der Nachprüfung am Material der Erfahrung zugänglich ist; solange man eine solche Prüfung nicht wirklich vorgenommen hat, ist es unmöglich, ihren Wert zu beurteilen.

Dagegen kann ich mich der Meinung nicht anschließen, daß die Ranksche Lehre der bisher in der Psychoanalyse anerkannten ätiologischen Bedeutung der Sexualtriebe widerspricht; denn sie bezieht sich nur auf das Verhältnis des Individuums zur Gefahrsituation und läßt die gute Auskunft offen, daß, wer die anfänglichen Gefahren nicht bewältigen konnte, auch in den später auftauchenden Situationen sexueller Gefahr versagen muß und dadurch in die Neurose gedrängt wird.

Ich glaube also nicht, daß der Ranksche Versuch uns die Antwort auf die Frage nach der Begründung der Neurose gebracht hat, und ich meine, es läßt sich noch nicht entscheiden, einen wie großen Beitrag zur Lösung der Frage er doch enthält. Wenn die Untersuchungen über den Einfluß schwerer Geburt auf die Disposition zu Neurosen negativ ausfallen, ist dieser Beitrag gering einzuschätzen. Es ist sehr zu besorgen, daß das Bedürfnis nach einer greifbaren und einheitlichen »letzten Ursache« der Nervosität immer unbefriedigt bleiben wird. Der ideale Fall, nach dem sich der Mediziner wahrscheinlich noch heute sehnt, wäre der des Bazillus, der sich isolieren und reinzüchten läßt und dessen Impfung bei jedem Individuum die nämliche Affektion hervorruft. Oder etwas weniger phantastisch: die Darstellung von chemischen Stoffen, deren Verabreichung bestimmte Neurosen produziert und aufhebt. Aber die Wahrscheinlichkeit spricht nicht für solche Lösungen des Problems.

Die Psychoanalyse führt zu weniger einfachen, minder befriedigenden Auskünften. Ich habe hier nur längst Bekanntes zu wiederholen, nichts Neues hinzuzufügen. Wenn es dem Ich gelungen ist, sich einer gefährlichen Triebregung zu erwehren, z. B. durch den Vorgang der Verdrängung, so hat es diesen Teil des Es zwar gehemmt und geschädigt, aber ihm gleichzeitig auch ein Stück Unabhängigkeit gegeben und auf ein Stück seiner eigenen Souveränität verzichtet. Das folgt aus der Natur der Verdrängung, die im Grunde ein Fluchtversuch ist. Das Verdrängte ist nun »vogelfrei«, ausgeschlossen aus der großen Organisation des Ichs, nur den Gesetzen unterworfen, die im Bereich des Unbewußten herrschen. Ändert sich nun die Gefahrsituation, so daß das Ich kein Motiv zur Abwehr einer neuerlichen, der verdrängten analogen Triebregung hat, so werden die Folgen der Icheinschränkung manifest. Der neuerliche Triebablauf vollzieht sich unter dem Einfluß des Automatismus – ich zöge vor zu sagen: des Wiederholungszwanges –, er wandelt dieselben Wege wie der früher verdrängte, als ob die überwunde Gefahrsituation noch bestünde. Das fixierende Moment an der Verdrängung ist also der Wiederholungszwang des unbewußten Es, der normalerweise nur durch die frei bewegliche Funktion des Ichs aufgehoben wird. Nun mag es dem Ich mitunter gelingen, die Schranken der Verdrängung, die es selbst aufgerichtet, wieder einzureißen, seinen Einfluß auf die Triebregung wiederzugewinnen und den neuerlichen Triebablauf im Sinne der veränderten Gefahrsituation zu lenken. Tatsache ist, daß es ihm so oft mißlingt und daß es seine Verdrängungen nicht rückgängig machen kann. Quantitative Relationen mögen für den Ausgang dieses Kampfes maßgebend sein. In manchen Fällen haben wir den Eindruck, daß die Entscheidung eine zwangsläufige ist, die regressive Anziehung der verdrängten Regung und die Stärke der Verdrängung sind so groß, daß die neuerliche Regung nur dem Wiederholungszwange folgen kann. In anderen Fällen nehmen wir den Beitrag eines anderen Kräftespiels wahr, die Anziehung des verdrängten Vorbilds wird verstärkt durch die Abstoßung von seiten der realen Schwierigkeiten, die sich einem anderen Ablauf der neuerlichen Triebregung entgegensetzen.

Daß dies der Hergang der Fixierung an die Verdrängung und der Erhaltung der nicht mehr aktuellen Gefahrsituation ist, findet seinen Erweis in der an sich bescheidenen, aber theoretisch kaum überschätzbaren Tatsache der analytischen Therapie. Wenn wir dem Ich in der Analyse die Hilfe leisten, die es in den Stand setzen kann, seine Verdrängungen aufzuheben, bekommt es seine Macht über das verdrängte Es wieder und kann die Triebregungen so ablaufen lassen, als ob die alten Gefahrsituationen nicht mehr bestünden. Was wir so erreichen, steht in gutem Einklang mit dem sonstigen Machtbereich unserer ärztlichen Leistung. In der Regel muß sich ja unsere Therapie damit begnügen, rascher, verläßlicher, mit weniger Aufwand den guten Ausgang herbeizuführen, der sich unter günstigen Verhältnissen spontan ergeben hätte.

Die bisherigen Erwägungen lehren uns, es sind *quantitative* Relationen, nicht direkt aufzuzeigen, nur auf dem Wege des Rückschlusses faßbar, die darüber entscheiden, ob die alten Gefahrsituationen festgehalten werden, ob die Verdrängungen des Ichs erhalten bleiben, ob die Kinderneurosen ihre Fortsetzung finden oder nicht. Von den Faktoren, die an der Verursachung der Neurosen beteiligt sind, die die Bedingungen geschaffen haben, unter denen sich die psychischen Kräfte miteinander messen, heben sich für unser Verständnis drei hervor, ein biologischer, ein phylogenetischer und ein rein psychologischer. Der biologische ist die lang hingezogene Hilflosigkeit und Abhängigkeit des kleinen Menschenkindes. Die Intrauterinexistenz des Menschen erscheint gegen die der meisten Tiere relativ verkürzt; er wird unfertiger als diese in die Welt geschickt. Dadurch wird der Einfluß der realen Außenwelt verstärkt, die Differenzierung des Ichs vom Es frühzeitig gefördert, die Gefahren der Außenwelt in ihrer Bedeutung erhöht und der Wert des Objekts, das allein gegen diese Gefahren schützen und das verlorene Intrauterinleben ersetzen kann, enorm gesteigert. Dies biologische Moment stellt also die ersten Gefahrsituationen her und schafft das Bedürfnis, geliebt zu werden, das den Menschen nicht mehr verlassen wird.

Der zweite, phylogenetische Faktor ist von uns nur erschlossen worden; eine sehr merkwürdige Tatsache der Libidoentwicklung hat uns zu seiner Annahme gedrängt. Wir finden, daß das Sexualleben des Menschen sich nicht wie das der meisten ihm nahestehenden Tiere vom Anfang bis zur Reifung stetig weiter entwickelt, sondern daß es nach einer ersten Frühblüte bis zum fünften Jahr eine energische Unterbrechung erfährt, worauf es dann mit der Pubertät von neuem anhebt und an die infantilen Ansätze anknüpft. Wir meinen, es müßte in den Schicksalen der Menschenart etwas Wichtiges vorgefallen sein,[43] was diese Unterbrechung der Sexualentwicklung als historischen Niederschlag hinterlassen hat. Die pathogene Bedeutung dieses Moments ergibt sich daraus, daß die meisten Triebansprüche dieser kindlichen Sexualität vom Ich als Gefahren behandelt und abgewehrt werden, so daß die späteren sexuellen Regungen der Pubertät, die ichgerecht sein sollten, in Gefahr sind, der Anziehung der infantilen Vorbilder zu unterliegen und ihnen in die Verdrängung zu folgen. Hier stoßen wir auf die direkteste Ätiologie der Neurosen. Es ist merkwürdig, daß der frühe Kontakt mit den Ansprüchen der Sexualität auf das Ich ähnlich wirkt wie die vorzeitige Berührung mit der Außenwelt.

Der dritte oder psychologische Faktor ist in einer Un-

43 [In Kapitel III von *Das Ich und das Es* (1923) gibt Freud deutlich zu verstehen, daß er die geologische Epoche der Eiszeit im Sinne hat. Der Gedanke war früher schon von Ferenczi (*Entwicklungsstufen des Wirklichkeitssinnes,* in: Int. Z. ärztl. Psychoanal., 1913, Bd. 1) formuliert worden.]

vollkommenheit unseres seelischen Apparates zu finden, die gerade mit seiner Differenzierung in ein Ich und ein Es zusammenhängt, also in letzter Linie auch auf den Einfluß der Außenwelt zurückgeht. Durch die Rücksicht auf die Gefahren der [äußeren] Realität wird das Ich genötigt, sich gegen gewisse Triebregungen des Es zur Wehre zu setzen, sie als Gefahren zu behandeln. Das Ich kann sich aber gegen innere Triebgefahren nicht in so wirksamer Weise schützen wie gegen ein Stück der ihm fremden Realität. Mit dem Es selbst innig verbunden, kann es die Triebgefahr nur abwehren, indem es seine eigene Organisation einschränkt und sich die Symptombildung als Ersatz für seine Beeinträchtigung des Triebes gefallen läßt. Erneuert sich dann der Andrang des abgewiesenen Triebes, so ergeben sich für das Ich alle die Schwierigkeiten, die wir als das neurotische Leiden kennen.

Weiter muß ich glauben, ist unsere Einsicht in das Wesen und die Verursachung der Neurosen vorläufig nicht gekommen.

XI
Nachträge

Im Laufe dieser Erörterungen sind verschiedene Themen berührt worden, die vorzeitig verlassen werden mußten und die jetzt gesammelt werden sollen, um den Anteil Aufmerksamkeit zu erhalten, auf den sie Anspruch haben.

A
Modifikationen früher geäußerter Ansichten

a) Widerstand und Gegenbesetzung

Es ist ein wichtiges Stück der Theorie der Verdrängung, daß sie nicht einen einmaligen Vorgang darstellt, sondern einen dauernden Aufwand erfordert. Wenn dieser entfiele, würde der verdrängte Trieb, der kontinuierlich Zuflüsse aus seinen Quellen erhält, ein nächstes Mal denselben Weg einschlagen, von dem er abgedrängt wurde, die Verdrängung würde um ihren Erfolg gebracht, oder sie müßte unbestimmt oft wiederholt werden[44]. So folgt aus der kontinuierlichen Natur des Triebes die Anforderung an das Ich, seine Abwehraktion durch einen Daueraufwand zu versichern. Diese Aktion zum Schutz der Verdrängung ist es, die wir bei der therapeutischen Bemühung als *Widerstand* verspüren. Widerstand setzt das voraus, was ich als *Gegenbesetzung* bezeichnet habe. Eine solche Gegenbesetzung wird bei der Zwangsneurose greifbar. Sie erscheint hier als Ichveränderung, als Reaktionsbildung im Ich, durch Verstärkung jener Einstellung, welche der zu verdrängenden Triebrichtung gegensätzlich ist (Mitleid, Gewissenhaftigkeit, Reinlichkeit). Diese Reaktionsbildungen der Zwangsneurose sind durchweg Übertreibungen normaler, im Verlauf der Latenzzeit entwickelter Charakterzüge. Es ist weit schwieriger, die Gegenbesetzung bei der Hysterie aufzuweisen, wo sie nach der theoretischen Erwartung ebenso unentbehrlich ist. Auch hier ist ein gewisses Maß von Ichveränderung durch Reaktionsbildung unverkennbar und wird in manchen Verhältnissen so auffällig, daß es sich der Aufmerksamkeit als das Hauptsymptom des Zustandes aufdrängt. In solcher Weise wird z. B. der Ambivalenzkonflikt der Hysterie gelöst, der Haß gegen eine geliebte Person wird durch ein Übermaß von Zärtlichkeit für sie und Ängstlichkeit um sie niedergehalten. Man muß aber als Unterschiede gegen die Zwangsneurose hervorheben, daß solche Reaktionsbildungen nicht die allgemeine Natur von Charakterzügen zeigen, sondern sich auf ganz spezielle Relationen einschränken. Die Hysterika z. B., die ihre im Grunde gehaßten Kinder mit exzessiver Zärtlichkeit behandelt, wird darum nicht im ganzen liebesbereiter als andere Frauen, nicht einmal zärtlicher für andere Kinder. Die Reaktionsbildung der Hysterie hält an einem bestimm-

---

44 [Vgl. eine Stelle etwa in der Mitte der Arbeit *Die Verdrängung* in Band 2 der vorliegenden Ausgabe.]

ten Objekt zähe fest und erhebt sich nicht zu einer allgemeinen Disposition des Ichs. Für die Zwangsneurose ist gerade diese Verallgemeinerung, die Lockerung der Objektbeziehungen, die Erleichterung der Verschiebung in der Objektwahl charakteristisch.

Eine andere Art der Gegenbesetzung scheint der Eigenart der Hysterie gemäßer zu sein. Die verdrängte Triebregung kann von zwei Seiten her aktiviert (neu besetzt) werden, erstens von innen her durch eine Verstärkung des Triebes aus seinen inneren Erregungsquellen, zweitens von außen her durch die Wahrnehmung eines Objekts, das dem Trieb erwünscht wäre. Die hysterische Gegenbesetzung ist nun vorzugsweise nach außen gegen gefährliche Wahrnehmung gerichtet, sie nimmt die Form einer besonderen Wachsamkeit an, die durch Icheinschränkungen Situationen vermeidet, in denen die Wahrnehmung auftreten müßte, und die es zustandebringt, dieser Wahrnehmung die Aufmerksamkeit zu entziehen, wenn sie doch aufgetaucht ist. Französische Autoren (Laforgue[45] haben kürzlich diese Leistung der Hysterie durch den besonderen Namen »Skotomisation« ausgezeichnet. Noch auffälliger als bei Hysterie ist diese Technik der Gegenbesetzung bei den Phobien, deren Interesse sich darauf konzentriert, sich immer weiter von der Möglichkeit der gefürchteten Wahrnehmung zu entfernen. Der Gegensatz in der Richtung der Gegenbesetzung zwischen Hysterie und Phobien einerseits und Zwangsneurose anderseits scheint bedeutsam, wenn er auch kein absoluter ist. Er legt uns nahe anzunehmen, daß zwischen der Verdrängung und der äußeren Gegenbesetzung, wie zwischen der Regression und der inneren Gegenbesetzung (Ichveränderung durch Reaktionsbildung), ein innigerer Zusammenhang besteht. Die Abwehr der gefährlichen Wahrnehmung ist übrigens eine allgemeine Aufgabe der Neurosen. Verschiedene Gebote und

45 [R. Laforgue, *Verdrängung und Skotomisation*, in: Int. Z. Psychoanal., 1926, Bd. 12. – Zum Begriff »Skotomisation« (Skotom: Ausfall mehr oder minder großer Teile des Gesichtsfeldes) vgl. den Aufsatz *Fetischismus* im vorliegenden Band.]

Verbote der Zwangsneurose sollen der gleichen Absicht dienen.

Wir haben uns früher einmal[46] klargemacht, daß der Widerstand, den wir in der Analyse zu überwinden haben, vom Ich geleistet wird, das an seinen Gegenbesetzungen festhält. Das Ich hat es schwer, seine Aufmerksamkeit Wahrnehmungen und Vorstellungen zuzuwenden, deren Vermeidung es sich bisher zur Vorschrift gemacht hatte, oder Regungen als die seinigen anzuerkennen, die den vollsten Gegensatz zu den ihm als eigen vertrauten bilden. Unsere Bekämpfung des Widerstandes in der Analyse gründet sich auf eine solche Auffassung desselben. Wir machen den Widerstand bewußt, wo er, wie so häufig, infolge des Zusammenhanges mit dem Verdrängten selbst unbewußt ist; wir setzen ihm logische Argumente entgegen, wenn oder nachdem er bewußtgeworden ist, versprechen dem Ich Nutzen und Prämien, wenn es auf den Widerstand verzichtet. An dem Widerstand des Ichs ist also nichts zu bezweifeln oder zu berichtigen. Dagegen fragt es sich, ob er allein den Sachverhalt deckt, der uns in der Analyse entgegentritt. Wir machen die Erfahrung, daß das Ich noch immer Schwierigkeiten findet, die Verdrängungen rückgängig zu machen, auch nachdem es den Vorsatz gefaßt hat, seine Widerstände aufzugeben, und haben die Phase anstrengender Bemühung, die nach solchem löblichen Vorsatz folgt, als die des »Durcharbeitens« bezeichnet. Es liegt nun nahe, das dynamische Moment anzuerkennen, das ein solches Durcharbeiten notwendig und verständlich macht. Es kann kaum anders sein, als daß nach Aufhebung des Ichwiderstandes noch die Macht des Wiederholungszwanges, die Anziehung der unbewußten Vorbilder auf den verdrängten Triebvorgang, zu überwinden ist, und es ist nichts dagegen zu sagen, wenn man dies Moment als den *Widerstand des Unbewußten* bezeichnen will. Lassen wir uns solche Korrekturen nicht verdrießen; sie sind erwünscht, wenn sie unser Verständnis um ein Stück fördern, und keine Schande,

46 [Gegen Ende des I. Kapitels von *Das Ich und das Es* (1923).]

wenn sie das frühere nicht widerlegen, sondern bereichern, eventuell eine Allgemeinheit einschränken, eine zu enge Auffassung erweitern.

Es ist nicht anzunehmen, daß wir durch diese Korrektur eine vollständige Übersicht über die Arten der uns in der Analyse begegnenden Widerstände gewonnen haben. Bei weiterer Vertiefung merken wir vielmehr, daß wir fünf Arten des Widerstandes zu bekämpfen haben, die von drei Seiten herstammen, nämlich vom Ich, vom Es und vom Über-Ich, wobei sich das Ich als die Quelle von drei in ihrer Dynamik unterschiedenen Formen erweist. Der erste dieser drei Ichwiderstände ist der vorhin behandelte. *Verdrängungs*widerstand, über den am wenigsten Neues zu sagen ist. Von ihm sondert sich der Übertragungswiderstand, der von der gleichen Natur ist, aber in der Analyse andere und weit deutlichere Erscheinungen macht, da es ihm gelungen ist, eine Beziehung zur analytischen Situation oder zur Person des Analytikers herzustellen und somit eine Verdrängung, die bloß erinnert werden sollte, wieder wie frisch zu beleben. Auch ein Ichwiderstand, aber ganz anderer Natur, ist jener, der vom *Krankheits*gewinn[47] ausgeht und sich auf die Einbeziehung des Symptoms ins Ich gründet. Er entspricht dem Sträuben gegen den Verzicht auf eine Befriedigung oder Erleichterung. Die vierte Art des Widerstandes – den des *Es* – haben wir eben für die Notwendigkeit des Durcharbeitens verantwortlich gemacht. Der fünfte Widerstand, der des *Über-Ichs*, der zuletzt erkannte, dunkelste, aber nicht immer schwächste, scheint dem Schuldbewußtsein oder Strafbedürfnis zu entstammen; er widersetzt sich jedem Erfolg und demnach auch der Genesung durch die Analyse.

b) Angst aus Umwandlung von Libido

Die in diesem Aufsatz vertretene Auffassung der Angst entfernt sich ein Stück weit von jener, die mir bisher be-

47 [Vgl. vor allem Fußnote 13 zur vorliegenden Arbeit.]

rechtigt schien. Früher betrachtete ich die Angst als eine allgemeine Reaktion des Ichs unter den Bedingungen der Unlust, suchte ihr Auftreten jedesmal ökonomisch[48] zu rechtfertigen und nahm an, gestützt auf die Untersuchung der Aktualneurosen, daß Libido (sexuelle Erregung), die vom Ich abgelehnt oder nicht verwendet wird, eine direkte Abfuhr in der Form der Angst findet. Man kann es nicht übersehen, daß diese verschiedenen Bestimmungen nicht gut zusammengehen, zum mindesten nicht notwendig auseinander folgen. Überdies ergab sich der Anschein einer besonders innigen Beziehung von Angst und Libido, die wiederum mit dem Allgemeincharakter der Angst als Unlustreaktion nicht harmonierte.

Der Einspruch gegen diese Auffassung ging von der Tendenz aus, das Ich zur alleinigen Angststätte zu machen, war also eine der Folgen der im *Ich und Es* versuchten Gliederung des seelischen Apparates. Der früheren Auffassung lag es nahe, die Libido der verdrängten Triebregung als die Quelle der Angst zu betrachten; nach der neueren hatte vielmehr das Ich für diese Angst aufzukommen. Also Ich-Angst oder Trieb-(Es-)Angst. Da das Ich mit desexualisierter Energie arbeitet, wurde in der Neuerung auch der intime Zusammenhang von Angst und Libido gelockert. Ich hoffe, es ist mir gelungen, wenigstens den Widerspruch klarzumachen, die Umrisse der Unsicherheit scharf zu zeichnen.

Die Ranksche Mahnung, der Angstaffekt sei, wie ich selbst zuerst behauptete[49], eine Folge des Geburtsvorganges

48 [Das Wort »ökonomisch« steht nur in der ersten Auflage (1926). Es fehlt, zweifellos versehentlich, in allen späteren deutschen Auflagen.]

49 [In einer 1909 der *Traumdeutung* (Kapitel VI, Abschnitt E) hinzugefügten Fußnote schreibt Freud: »Die Bedeutung der Phantasien und unbewußten Gedanken über das Leben im Mutterleibe habe ich erst spät würdigen gelernt. Sie enthalten sowohl die Aufklärung für die sonderbare Angst so vieler Menschen, lebendig begraben zu werden, als auch die tiefste unbewußte Begründung des Glaubens an ein Fortleben nach dem Tode, welches nur die Projektion in die Zukunft dieses unheimlichen Lebens vor der Geburt darstellt. *Der Geburtsakt ist übrigens das erste Angsterlebnis und somit Quelle und Vorbild des Angstaffekts.«* – Diese Hypothese gab Freud nie auf. Er behandelt sie im ersten der *Beiträge zur Psychologie des*

und eine Wiederholung der damals durchlebten Situation, nötigte zu einer neuerlichen Prüfung des Angstproblems. Mit seiner eigenen Auffassung der Geburt als Trauma, des Angstzustandes als Abfuhrreaktion darauf, jedes neuerlichen Angstaffekts als Versuch, das Trauma immer vollständiger »abzureagieren«, konnte ich nicht weiterkommen. Es ergab sich die Nötigung, von der Angstreaktion auf die *Gefahrsituation* hinter ihr zurückzugehen. Mit der Einführung dieses Moments ergaben sich neue Gesichtspunkte für die Betrachtung. Die Geburt wurde das Vorbild für alle späteren Gefahrsituationen, die sich unter den neuen Bedingungen der veränderten Existenzform und der fortschreitenden psychischen Entwicklung ergaben. Ihre eigene Bedeutung wurde aber auch auf diese vorbildliche Beziehung zur Gefahr eingeschränkt. Die bei der Geburt empfundene Angst wurde nun das Vorbild eines Affektzustandes, der die Schicksale anderer Affekte teilen mußte. Er reproduzierte sich entweder automatisch in Situationen, die seinen Ursprungssituationen analog waren, als unzweckmäßige Reaktionsform, nachdem er in der ersten Gefahrsituation zweckmäßig gewesen war. Oder das Ich bekam Macht über diesen Affekt und reproduzierte ihn selbst, bediente sich seiner als Warnung vor der Gefahr und als Mittel, das Ein-

---

Liebeslebens (vgl. in Band 1 der vorliegenden Ausgabe), in der 25. der *Vorlesungen* (deren Thema – »Die Angst« – in unserer Ausgabe durch die vorliegende Studie vertreten wird) und in der Abhandlung *Das Ich und das Es.* Freuds Beziehung zu Otto Ranks Buch *Das Trauma der Geburt* (1924) wird in der *Studienausgabe* (»Editorische Vorbemerkung« zu *Hemmung, Symptom und Angst*) folgendermaßen charakterisiert:

»Dieses Buch ist sehr viel mehr als nur eine einfache Übernahme der Erklärung, die Freud für die *Formen* der Angst gefunden hatte. Rank behauptet vielmehr, daß alle späteren Angstanfälle Versuche seien, das ursprüngliche Geburtstrauma abzureagieren. Ähnlich erklärt er sämtliche Neurosen, wobei er beiläufig den Ödipuskomplex entthront und eine Reform der therapeutischen Technik mit dem Ziel der Überwindung des Geburtstraumas vorschlägt. Freuds publizierte Hinweise auf das Buch von Rank klingen zunächst positiv. In der hier vorliegenden Arbeit zeigt sich jedoch ein radikaler und endgültiger Meinungsumschwung. Seine Ablehnung der Ansichten Ranks regte Freud aber zur Revision seiner eigenen Überlegungen an, und so entstand die Schrift *Hemmung, Symptom und Angst.*«]

greifen des Lust-Unlust-Mechanismus wachzurufen. Die biologische Bedeutung des Angstaffekts kam zu ihrem Recht, indem die Angst als die allgemeine Reaktion auf die Situation der Gefahr anerkannt wurde; die Rolle des Ichs als Angststätte wurde bestätigt, indem dem Ich die Funktion eingeräumt wurde, den Angstaffekt nach seinen Bedürfnissen zu produzieren. Der Angst wurden so im späteren Leben zweierlei Ursprungsweisen zugewiesen, die eine ungewollt, automatisch, jedesmal ökonomisch gerechtfertigt, wenn sich eine Gefahrsituation analog jener der Geburt hergestellt hatte, die andere, vom Ich produzierte, wenn eine solche Situation nur drohte, um zu ihrer Vermeidung aufzufordern. In diesem zweiten Fall unterzog sich das Ich der Angst gleichsam wie einer Impfung, um durch einen abgeschwächten Krankheitsausbruch einem ungeschwächten Anfall zu entgehen. Es stellte sich gleichsam die Gefahrsituation lebhaft vor, bei unverkennbarer Tendenz, dies peinliche Erleben auf eine Andeutung, ein Signal, zu beschränken. Wie sich dabei die verschiedenen Gefahrsituationen nacheinander entwickeln und doch genetisch miteinander verknüpft bleiben, ist bereits im einzelnen dargestellt worden. Vielleicht gelingt es uns, ein Stück weiter ins Verständnis der Angst einzudringen, wenn wir das Problem des Verhältnisses zwischen neurotischer Angst und Realangst angreifen.

Die früher behauptete direkte Umsetzung der Libido in Angst ist unserem Interesse nun weniger bedeutsam geworden. Ziehen wir sie doch in Erwägung, so haben wir mehrere Fälle zu unterscheiden. Für die Angst, die das Ich als Signal provoziert, kommt sie nicht in Betracht; also auch nicht in all den Gefahrsituationen, die das Ich zur Einleitung einer Verdrängung bewegen. Die libidinöse Besetzung der verdrängten Triebregung erfährt, wie man es am deutlichsten bei der Konversionshysterie sieht, eine andere Verwendung als die Umsetzung in und Abfuhr als Angst. Hingegen werden wir bei der weiteren Diskussion der Gefahrsituation auf jenen Fall der Angstentwicklung stoßen, der wahrscheinlich anders zu beurteilen ist.

c) Verdrängung und Abwehr

Im Zusammenhange der Erörterungen über das Angstproblem habe ich einen Begriff – oder bescheidener ausgedrückt: einen Terminus – wieder aufgenommen, dessen ich mich zu Anfang meiner Studien vor dreißig Jahren ausschließend bedient und den ich späterhin fallengelassen habe. Ich meine den des Abwehrvorganges[50]. Ich ersetzte ihn in der Folge durch den der Verdrängung, das Verhältnis zwischen beiden blieb aber unbestimmt. Ich meine nun, es bringt einen sicheren Vorteil, auf den alten Begriff der Abwehr zurückzugreifen, wenn man dabei festsetzt, daß er die allgemeine Bezeichnung für alle die Techniken sein soll, deren sich das Ich in seinen eventuell zur Neurose führenden Konflikten bedient, während Verdrängung der Name einer bestimmten solchen Abwehrmethode bleibt, die uns infolge der Richtung unserer Untersuchungen zuerst besser bekannt geworden ist.

Auch eine bloß terminologische Neuerung will gerechtfertigt werden, soll der Ausdruck einer neuen Betrachtungsweise oder einer Erweiterung unserer Einsichten sein. Die Wiederaufnahme des Begriffes Abwehr und die Einschränkung des Begriffes der Verdrängung trägt nun einer Tatsache Rechnung, die längst bekannt ist, aber durch einige neuere Funde an Bedeutung gewonnen hat. Unsere ersten Erfahrungen über Verdrängung und Symptombildung machten wir an der Hysterie; wir sahen, daß der Wahrnehmungsinhalt erregender Erlebnisse, der Vorstellungsinhalt pathogener Gedankenbildungen vergessen und von der Reproduktion im Gedächtnis ausgeschlossen wird, und haben darum in der Abhaltung vom Bewußtsein einen Hauptcharakter der hysterischen Verdrängung erkannt. Später haben wir die Zwangsneurose studiert und gefunden, daß bei dieser Affektion die pathogenen Vorfälle nicht vergessen werden. Sie bleiben bewußt, werden aber auf eine noch nicht vorstellbare Weise »isoliert«, so daß unge-

---

50 Siehe: *Die Abwehr-Neuropsychosen* [1894].

fähr derselbe Erfolg erzielt wird wie durch die hysterische Amnesie. Aber die Differenz ist groß genug, um unsere Meinung zu berechtigen, der Vorgang, mittels dessen die Zwangsneurose einen Triebanspruch beseitigt, könne nicht der nämliche sein wie bei Hysterie. Weitere Untersuchungen haben uns gelehrt, daß bei der Zwangsneurose unter dem Einfluß des Ichsträubens eine Regression der Triebregungen auf eine frühere Libidophase erzielt wird, die zwar eine Verdrängung nicht überflüssig macht, aber offenbar in demselben Sinne wirkt wie die Verdrängung. Wir haben ferner gesehen, daß die auch bei Hysterie anzunehmende Gegenbesetzung bei der Zwangsneurose als reaktive Ichveränderung eine besonders große Rolle beim Ichschutz spielt, wir sind auf ein Verfahren der »Isolierung« aufmerksam worden, dessen Technik wir noch nicht angeben können, das sich einen direkten symptomatischen Ausdruck schafft, und auf die magisch zu nennende Prozedur des »Ungeschehenmachens«, über deren abwehrende Tendenz kein Zweifel sein kann, die aber mit dem Vorgang der »Verdrängung« keine Ähnlichkeit mehr hat. Diese Erfahrungen sind Grund genug, den alten Begriff der *Abwehr* wieder einzusetzen, der alle diese Vorgänge mit gleicher Tendenz – Schutz des Ichs gegen Triebansprüche – umfassen kann, und ihm die Verdrängung als einen Spezialfall zu subsumieren. Die Bedeutung einer solchen Namengebung wird erhöht, wenn man die Möglichkeit erwägt, daß eine Vertiefung unserer Studien eine innige Zusammengehörigkeit zwischen besonderen Formen der Abwehr und bestimmten Affektionen ergeben könnte, z. B. zwischen Verdrängung und Hysterie. Unsere Erwartung richtet sich ferner auf die Möglichkeit einer anderen bedeutsamen Abhängigkeit. Es kann leicht sein, daß der seelische Apparat vor der scharfen Sonderung von Ich und Es, vor der Ausbildung eines Über-Ichs andere Methoden der Abwehr übt als nach der Erreichung dieser Organisationsstufen.

B
Ergänzung zur Angst

Der Angstaffekt zeigt einige Züge, deren Untersuchung weitere Aufklärung verspricht. Die Angst hat eine unverkennbare Beziehung zur *Erwartung;* sie ist Angst *vor* etwas. Es haftet ihr ein Charakter von *Unbestimmtheit* und *Objektlosigkeit* an; der korrekte Sprachgebrauch ändert selbst ihren Namen, wenn sie ein Objekt gefunden hat, und ersetzt ihn dann durch *Furcht.* Die Angst hat ferner außer ihrer Beziehung zur Gefahr eine andere zur Neurose, um deren Aufklärung wir uns seit langem bemühen. Es entsteht die Frage, warum nicht alle Angstreaktionen neurotisch sind, warum wir so viele als normal anerkennen; endlich verlangt der Unterschied von Realangst und neurotischer Angst nach gründlicher Würdigung.

Gehen wir von der letzteren Aufgabe aus. Unser Fortschritt bestand in dem Rückgreifen von der Reaktion der Angst auf die Situation der Gefahr. Nehmen wir dieselbe Veränderung an dem Problem der Realangst vor, so wird uns dessen Lösung leicht. Realgefahr ist eine Gefahr, die wir kennen, Realangst die Angst vor einer solchen bekannten Gefahr. Die neurotische Angst ist Angst vor einer Gefahr, die wir nicht kennen. Die neurotische Gefahr muß also erst gesucht werden; die Analyse hat uns gelehrt, sie ist eine Triebgefahr. Indem wir diese dem Ich unbekannte Gefahr zum Bewußtsein bringen, verwischen wir den Unterschied zwischen Realangst und neurotischer Angst, können wir die letztere wie die erstere behandeln.

In der Realgefahr entwickeln wir zwei Reaktionen, die affektive, den Angstausbruch, und die Schutzhandlung. Voraussichtlich wird bei der Triebgefahr dasselbe geschehen. Wir kennen den Fall des zweckmäßigen Zusammenwirkens beider Reaktionen, indem die eine das Signal für das Einsetzen der anderen gibt, aber auch den unzweckmäßigen Fall, den der Angstlähmung, daß die eine sich auf Kosten der anderen ausbreitet.

Es gibt Fälle, in denen sich die Charaktere von Realangst und neurotischer Angst vermengt zeigen. Die Gefahr ist bekannt und real, aber die Angst vor ihr übermäßig groß, größer als sie nach unserem Urteil sein dürfte. In diesem Mehr verrät sich das neurotische Element. Aber diese Fälle bringen nichts prinzipiell Neues. Die Analyse zeigt, daß an die bekannte Realgefahr eine unerkannte Triebgefahr geknüpft ist.

Wir kommen weiter, wenn wir uns auch mit der Zurückführung der Angst auf die Gefahr nicht begnügen. Was ist der Kern, die Bedeutung der Gefahrsituation? Offenbar die Einschätzung unserer Stärke im Vergleich zu ihrer Größe, das Zugeständnis unserer Hilflosigkeit gegen sie, der materiellen Hilflosigkeit im Falle der Realgefahr, der psychischen Hilflosigkeit im Falle der Triebgefahr. Unser Urteil wird dabei von wirklich gemachten Erfahrungen geleitet werden; ob es sich in seiner Schätzung irrt, ist für den Erfolg gleichgiltig. Heißen wir eine solche erlebte Situation von Hilflosigkeit eine *traumatische;* wir haben dann guten Grund, die traumatische Situation von der *Gefahrsituation* zu trennen.

Es ist nun ein wichtiger Fortschritt in unserer Selbstbewahrung, wenn eine solche traumatische Situation von Hilflosigkeit nicht abgewartet, sondern vorhergesehen, erwartet, wird. Die Situation, in der die Bedingung für solche Erwartung enthalten ist, heiße die Gefahrsituation, in ihr wird das Angstsignal gegeben. Dies will besagen: ich erwarte, daß sich eine Situation von Hilflosigkeit ergeben wird, oder die gegenwärtige Situation erinnert mich an eines der früher erfahrenen traumatischen Erlebnisse. Daher antizipiere ich dieses Trauma, will mich benehmen, als ob es schon da wäre, solange noch Zeit ist, es abzuwenden. Die Angst ist also einerseits Erwartung des Traumas, anderseits eine gemilderte Wiederholung desselben. Die beiden Charaktere, die uns an der Angst aufgefallen sind, haben also verschiedenen Ursprung. Ihre Beziehung zur Erwartung gehört zur Gefahrsituation, ihre Unbestimmtheit und Objektlosigkeit zur traumatischen Situation der Hilflosigkeit, die in der Gefahrsituation antizipiert wird.

Nach der Entwicklung der Reihe: Angst – Gefahr – Hilflosigkeit (Trauma) können wir zusammenfassen: Die Gefahrsituation ist die erkannte, erinnerte, erwartete Situation der Hilflosigkeit. Die Angst ist die ursprüngliche Reaktion auf die Hilflosigkeit im Trauma, die dann später in der Gefahrsituation als Hilfssignal reproduziert wird. Das Ich, welches das Trauma passiv erlebt hat, wiederholt nun aktiv eine abgeschwächte Reproduktion desselben, in der Hoffnung, deren Ablauf selbsttätig leiten zu können. Wir wissen, das Kind benimmt sich ebenso gegen alle ihm peinlichen Eindrücke, indem es sie im Spiel reproduziert; durch diese Art, von der Passivität zur Aktivität überzugehen, sucht es seine Lebenseindrücke psychisch zu bewältigen.[51] Wenn dies der Sinn eines »Abreagierens« des Traumas sein soll, so kann man nichts mehr dagegen einwenden. Das Entscheidende ist aber die erste Verschiebung der Angstreaktion von ihrem Ursprung in der Situation der Hilflosigkeit auf deren Erwartung, die Gefahrsituation. Dann folgen die weiteren Verschiebungen von der Gefahr auf die Bedingung der Gefahr, den Objektverlust und dessen schon erwähnte Modifikationen.

Die »Verwöhnung« des kleinen Kindes hat die unerwünschte Folge, daß die Gefahr des Objektverlustes – das Objekt als Schutz gegen alle Situationen der Hilflosigkeit – gegen alle anderen Gefahren übersteigert wird. Sie begünstigt also die Zurückhaltung in der Kindheit, der die motorische wie die psychische Hilflosigkeit eigen sind.

Wir haben bisher keinen Anlaß gehabt, die Realangst anders zu betrachten als die neurotische Angst. Wir kennen den Unterschied; die Realgefahr droht von einem äußeren Objekt, die neurotische von einem Triebanspruch. Insofern dieser Triebanspruch etwas Reales ist, kann auch die neurotische Angst als real begründet anerkannt werden. Wir haben verstanden, daß der Anschein einer besonders intimen Beziehung zwischen Angst und Neurose sich

51 [Vgl. den Schluß des II. Kapitels von *Jenseits des Lustprinzips* im vorliegenden Band.]

auf die Tatsache zurückführt, daß das Ich sich mit Hilfe der Angstreaktion der Triebgefahr ebenso erwehrt wie der äußeren Realgefahr, daß aber diese Richtung der Abwehrtätigkeit infolge einer Unvollkommenheit des seelischen Apparats in die Neurose ausläuft. Wir haben auch die Überzeugung gewonnen, daß der Triebanspruch oft nur darum zur (inneren) Gefahr wird, weil seine Befriedigung eine äußere Gefahr herbeiführen würde, also weil diese innere Gefahr eine äußere repräsentiert.

Anderseits muß auch die äußere (Real-) Gefahr eine Verinnerlichung gefunden haben, wenn sie für das Ich bedeutsam werden soll; sie muß in ihrer Beziehung zu einer erlebten Situation von Hilflosigkeit erkannt werden.[52] Eine instinktive Erkenntnis von außen drohender Gefahren scheint dem Menschen nicht oder nur in sehr bescheidenem Ausmaß mitgegeben worden zu sein. Kleine Kinder tun unaufhörlich Dinge, die sie in Lebensgefahr bringen, und können gerade darum das schützende Objekt nicht entbehren. In der Beziehung zur traumatischen Situation, gegen die man hilflos ist, treffen äußere und innere Gefahr, Realgefahr und Triebanspruch zusammen. Mag das Ich in dem einen Falle einen Schmerz, der nicht aufhören will, erleben, im anderen Falle eine Bedürfnisstauung, die keine Befriedigung finden kann, die ökonomische Situation ist für beide Fälle die nämliche, und die motorische Hilflosigkeit findet in der psychischen Hilflosigkeit ihren Ausdruck.

Die rätselhaften Phobien der frühen Kinderzeit verdienen an dieser Stelle nochmalige Erwähnung. Die einen von ihnen – Alleinsein, Dunkelheit, fremde Personen – konnten wir als Reaktionen auf die Gefahr des Objektverlustes verstehen; für andere – kleine Tiere, Gewitter u. dgl. – bie-

---

52 Es mag oft genug vorkommen, daß in einer Gefahrsituation, die als solche richtig geschätzt wird, zur Realangst ein Stück Triebangst hinzukommt. Der Triebanspruch, vor dessen Befriedigung das Ich zurückschreckt, wäre dann der masochistische, der gegen die eigene Person gewendete Destruktionstrieb. Vielleicht erklärt diese Zutat den Fall, daß die Angstreaktion übermäßig und unzweckmäßig, lähmend ausfällt. Die Höhenphobien (Fenster, Turm, Abgrund) könnten diese Herkunft haben; ihre geheime feminine Bedeutung steht dem Masochismus nahe.

tet sich vielleicht die Auskunft, sie seien die verkümmerten Reste einer kongenitalen Vorbereitung auf die Realgefahren, die bei anderen Tieren so deutlich ausgebildet ist. Für den Menschen zweckmäßig ist allein der Anteil dieser archaischen Erbschaft, der sich auf den Objektverlust bezieht. Wenn solche Kinderphobien sich fixieren, stärker werden und bis in späte Lebensjahre anhalten, weist die Analyse nach, daß ihr Inhalt sich mit Triebansprüchen in Verbindung gesetzt hat, zur Vertretung auch innerer Gefahren geworden ist.

C
Angst, Schmerz und Trauer

Zur Psychologie der Gefühlsvorgänge liegt so wenig vor, daß die nachstehenden schüchternen Bemerkungen auf die nachsichtigste Beurteilung Anspruch erheben dürfen. An folgender Stelle erhebt sich für uns das Problem. Wir mußten sagen, die Angst werde zur Reaktion auf die Gefahr des Objektverlusts. Nun kennen wir bereits eine solche Reaktion auf den Objektverlust, es ist die Trauer. Also wann kommt es zur einen, wann zur anderen? An der Trauer, mit der wir uns bereits früher beschäftigt haben[53], blieb ein Zug völlig unverstanden, ihre besondere Schmerzlichkeit. Daß die Trennung vom Objekt schmerzlich ist, erscheint uns trotzdem selbstverständlich. Also kompliziert sich das Problem weiter: Wann macht die Trennung vom Objekt Angst, wann Trauer und wann vielleicht nur Schmerz?

Sagen wir es gleich, es ist keine Aussicht vorhanden, Antworten auf diese Fragen zu geben. Wir werden uns dabei bescheiden, einige Abgrenzungen und einige Andeutungen zu finden.

Unser Ausgangspunkt sei wiederum die eine Situation, die wir zu verstehen glauben, die des Säuglings, der anstatt seiner Mutter eine fremde Person erblickt. Er zeigt dann die Angst, die wir auf die Gefahr des Objektverlustes gedeutet haben. Aber sie ist wohl komplizierter und verdient

53 Siehe: *Trauer und Melancholie* [in Band 2 der vorliegenden Ausgabe.]

eine eingehendere Diskussion. An der Angst des Säuglings ist zwar kein Zweifel, aber Gesichtsausdruck und die Reaktion des Weinens lassen annehmen, daß er außerdem noch Schmerz empfindet. Es scheint, daß bei ihm einiges zusammenfließt, was später gesondert werden wird. Er kann das zeitweilige Vermissen und den dauernden Verlust noch nicht unterscheiden; wenn er die Mutter das eine Mal nicht zu Gesicht bekommen hat, benimmt er sich so, als ob er sie nie wieder sehen sollte, und es bedarf wiederholter tröstlicher Erfahrungen, bis er gelernt hat, daß auf ein solches Verschwinden der Mutter ihr Wiedererscheinen zu folgen pflegt. Die Mutter reift diese für ihn so wichtige Erkenntnis, indem sie das bekannte Spiel mit ihm aufführt, sich vor ihm das Gesicht zu verdecken und zu seiner Freude wieder zu enthüllen.[54] Er kann dann sozusagen Sehnsucht empfinden, die nicht von Verzweiflung begleitet ist.

Die Situation, in der er die Mutter vermißt, ist infolge seines Mißverständnisses für ihn keine Gefahrsituation, sondern eine traumatische, oder richtiger, sie ist eine traumatische, wenn er in diesem Moment ein Bedürfnis verspürt, das die Mutter befriedigen soll; sie wandelt sich zur Gefahrsituation, wenn dies Bedürfnis nicht aktuell ist. Die erste Angstbedingung, die das Ich selbst einführt, ist also die des Wahrnehmungsverlustes, die der des Objektverlustes gleichgestellt wird. Ein Liebesverlust kommt noch nicht in Betracht. Später lehrt die Erfahrung, daß das Objekt vorhanden bleiben, aber auf das Kind böse geworden sein kann, und nun wird der Verlust der Liebe von seiten des Objekts zur neuen, weit beständigeren Gefahr und Angstbedingung.

Die traumatische Situation des Vermissens der Mutter weicht in einem entscheidenden Punkte von der traumatischen Situation der Geburt ab. Damals war kein Objekt vorhanden, das vermißt werden konnte. Die Angst blieb

54 [Vgl. das in der zweiten Hälfte des II. Kapitels von *Jenseits des Lustprinzips* beschriebene Kinderspiel (im vorliegenden Band).]

die einzige Reaktion, die zustande kam. Seither haben wiederholte Befriedigungssituationen das Objekt der Mutter geschaffen, das nun im Falle des Bedürfnisses eine intensive, »sehnsüchtig« zu nennende Besetzung erfährt. Auf diese Neuerung ist die Reaktion des Schmerzes zu beziehen. Der Schmerz ist also die eigentliche Reaktion auf den Objektverlust, die Angst die auf die Gefahr, welche dieser Verlust mit sich bringt, in weiterer Verschiebung auf die Gefahr des Objektverlustes selbst.

Auch vom Schmerz wissen wir sehr wenig. Den einzig sicheren Inhalt gibt die Tatsache, daß der Schmerz – zunächst und in der Regel – entsteht, wenn ein an der Peripherie angreifender Reiz die Vorrichtungen des Reizschutzes durchbricht und nun wie ein kontinuierlicher Triebreiz wirkt, gegen den die sonst wirksamen Muskelaktionen, welche die gereizte Stelle dem Reiz entziehen, ohnmächtig bleiben.[55] Wenn der Schmerz nicht von einer Hautstelle, sondern von einem inneren Organ ausgeht, so ändert das nichts an der Situation; es ist nur ein Stück der inneren Peripherie an die Stelle der äußeren getreten. Das Kind hat offenbar Gelegenheit, solche Schmerzerlebnisse zu machen, die unabhängig von seinen Bedürfniserlebnissen sind. Diese Entstehungsbedingung des Schmerzes scheint aber sehr wenig Ähnlichkeit mit einem Objektverlust zu haben, auch ist das für den Schmerz wesentliche Moment der peripherischen Reizung in der Sehnsuchtssituation des Kindes völlig entfallen. Und doch kann es nicht sinnlos sein, daß die Sprache den Begriff des inneren, des seelischen Schmerzes geschaffen hat und die Empfindungen des Objektverlusts durchaus dem körperlichen Schmerz gleichstellt.

Beim körperlichen Schmerz entsteht eine hohe, narzißtisch zu nennende Besetzung der schmerzenden Körperstelle[56], die immer mehr zunimmt und sozusagen entlee-

55 [S. die Darstellung etwa im letzten Drittel des IV. Kapitels von *Jenseits des Lustprinzips*.]

56 [Vgl. den Anfang von Abschnitt II der Schrift *Zur Einführung des Narzißmus* in Band 1 der vorliegenden Ausgabe.]

rend auf das Ich wirkt[57]. Es ist bekannt, daß wir, bei Schmerzen in inneren Organen, räumliche und andere Vorstellungen von solchen Körperteilen bekommen, die sonst im bewußten Vorstellen gar nicht vertreten sind. Auch die merkwürdige Tatsache, daß die intensivsten Körperschmerzen bei psychischer Ablenkung durch ein andersartiges Interesse nicht zustande kommen (man darf hier nicht sagen: unbewußt bleiben), findet in der Tatsache der Konzentration der Besetzung auf die psychische Repräsentanz der schmerzenden Körperstelle ihre Erklärung. Nun scheint in diesem Punkt die Analogie zu liegen, die die Übertragung der Schmerzempfindung auf das seelische Gebiet gestattet hat. Die intensive, infolge ihrer Unstillbarkeit stets anwachsende Sehnsuchtsbesetzung des vermißten (verlorenen) Objekts schafft dieselben ökonomischen Bedingungen wie die Schmerzbesetzung der verletzten Körperstelle und macht es möglich, von der peripherischen Bedingtheit des Körperschmerzes abzusehen! Der Übergang vom Körperschmerz zum Seelenschmerz entspricht dem Wandel von narzißtischer zur Objektbesetzung. Die vom Bedürfnis hochbesetzte Objektvorstellung spielt die Rolle der von dem Reizzuwachs besetzten Körperstelle. Die Kontinuität und Unhemmbarkeit des Besetzungsvorganges bringen den gleichen Zustand der psychischen Hilflosigkeit hervor. Wenn die dann entstehende Unlustempfindung den spezifischen, nicht näher zu beschreibenden Charakter des Schmerzes trägt, anstatt sich in der Reaktionsform der Angst zu äußern, so liegt es nahe, dafür ein Moment verantwortlich zu machen, das sonst von der Erklärung noch zu wenig in Anspruch genommen wurde, das hohe Niveau der Besetzungs- und Bindungsverhältnisse, auf dem sich diese zur Unlustempfindung führenden Vorgänge vollziehen[58].

Wir kennen noch eine andere Gefühlsreaktion auf den Objektverlust, die Trauer. Ihre Erklärung bereitet aber

57 [S. *Jenseits des Lustprinzips*, ebda.]
58 [S. *Jenseits des Lustprinzips*, ebda.]

keine Schwierigkeiten mehr. Die Trauer entsteht unter dem Einfluß der Realitätsprüfung, die kategorisch verlangt, daß man sich von dem Objekt trennen müsse, weil es nicht mehr besteht[59]. Sie hat nun die Arbeit zu leisten, diesen Rückzug vom Objekt in all den Situationen durchzuführen, in denen das Objekt Gegenstand hoher Besetzung war. Der schmerzliche Charakter dieser Trennung fügt sich dann der eben gegebenen Erklärung durch die hohe und unerfüllbare Sehnsuchtsbesetzung des Objekts während der Reproduktion der Situationen, in denen die Bindung an das Objekt gelöst werden soll.[60]

---

59 [Vgl. *Trauer und Melancholie*, unweit von Anfang der Arbeit.]

60 [In der 32. Vorlesung »Angst und Triebleben« der *Neuen Folge* (1933) kommt Freud zum letzten Mal ausführlich auf das Thema »Angst« zurück, wobei er im wesentlichen die Theorien des vorliegenden Aufsatzes darlegt. Er schreibt u. a.: »Jene Zerlegung der seelischen Persönlichkeit in ein Über-Ich, Ich und Es, die ich Ihnen in der letzten Vorlesung vorgetragen, hat uns auch eine neue Orientierung im Angstproblem aufgenötigt. Mit dem Satz, das Ich ist die alleinige Angststätte, nur das Ich kann Angst produzieren und verspüren, haben wir eine neue, feste Position bezogen, von der aus manche Verhältnisse ein anderes Ansehen zeigen. Und wirklich, wir wüßten nicht, was für Sinn es hätte, von einer ›Angst des Es‹ zu sprechen oder dem Über-Ich die Fähigkeit zur Ängstlichkeit zuzuschreiben. Hingegen haben wir es als eine erwünschte Entsprechung begrüßt, daß die drei Hauptarten der Angst, die Realangst, die neurotische und die Gewissensangst sich so zwanglos auf die drei Abhängigkeiten des Ichs, von der Außenwelt, vom Es und vom Über-Ich, beziehen lassen. Mit dieser neuen Auffassung ist auch die Funktion der Angst als Signal zur Anzeige einer Gefahrsituation, die uns ja vorher nicht fremd war, in den Vordergrund getreten, die Frage, aus welchem Stoff die Angst gemacht wird, hat an Interesse verloren, und die Beziehungen zwischen Realangst und neurotischer Angst haben sich in überraschender Weise geklärt und vereinfacht.«]

Der Humor

In meiner Schrift über den *Witz und seine Beziehung zum Unbewußten* (1905) habe ich den Humor eigentlich nur vom ökonomischen Gesichtspunkt behandelt. Es lag mir daran, die Quelle der Lust am Humor zu finden, und ich meine, ich habe gezeigt, daß der humoristische Lustgewinn aus erspartem Gefühlsaufwand hervorgeht.[1]

Der humoristische Vorgang kann sich in zweierlei Weisen vollziehen, entweder an einer einzigen Person, die selbst die humoristische Einstellung einnimmt, während der zweiten Person die Rolle des Zuschauers und Nutznießers zufällt, oder zwischen zwei Personen, von denen die eine am humoristischen Vorgang gar keinen Anteil hat, die zweite aber diese Person zum Objekt ihrer humoristischen Betrachtung macht. Wenn, um beim gröbsten Beispiel zu verweilen, der Delinquent, der am Montag zum Galgen geführt wird, die Äußerung tut: »Na, die Woche fängt gut an«, so entwickelt er selbst den Humor, der humoristische Vorgang vollendet sich an seiner Person und trägt ihm offenbar eine gewisse Genugtuung ein.[2] Mich, den unbetei-

---

1 [Freuds Arbeit *Der Witz und seine Beziehung zum Unbewußten* endet mit folgendem Resümee: »Die Lust des Witzes schien uns aus *erspartem Hemmungsaufwand* hervorzugehen, die der Komik aus *erspartem Vorstellungs* (Besetzungs)*aufwand* und die des Humors aus *erspartem Gefühlsaufwand.* In allen drei Arbeitsweisen unseres seelischen Apparats stammt die Lust von einer Ersparung; alle drei kommen darin überein, daß sie Methoden darstellen, um aus der seelischen Tätigkeit eine Lust wiederzugewinnen, welche eigentlich erst durch die Entwicklung dieser Tätigkeit verlorengegangen ist. Denn die Euphorie, welche wir auf diesen Wegen zu erreichen streben, ist nichts anderes als die Stimmung einer Lebenszeit, in welcher wir unsere psychische Arbeit überhaupt mit geringem Aufwand zu bestreiten pflegten, die Stimmung unserer Kindheit, in der wir das Komische nicht kannten, des Witzes nicht fähig waren und den Humor nicht brauchten, um uns im Leben glücklich zu fühlen.«]

2 [Freud hat dieses anekdotische Beispiel bereits in Kapitel VII, Abschnitt [7] des Buches *Der Witz und seine Beziehung zum Unbewußten* angeführt. Dort nimmt er diesen »gröbsten Fall des Humors, den sogenannten Galgenhumor«, zum Beleg für folgende These: »Der Humor ist die genügsamste unter den Arten des Komischen; sein Vorgang vollendet sich bereits in einer einzigen Person, die Teilnahme einer anderen fügt nichts

ligten Zuhörer, trifft gewissermaßen eine Fernwirkung der humoristischen Leistung des Verbrechers; ich verspüre, vielleicht ähnlich wie er, den humoristischen Lustgewinn.

Der zweite Fall liegt vor, wenn z. B. ein Dichter oder Schilderer das Gehaben von realen oder erfundenen Personen in humoristischer Weise beschreibt. Diese Personen brauchen selbst keinen Humor zu zeigen, die humoristische Einstellung ist allein Sache dessen, der sie zum Objekt nimmt, und der Leser oder Zuhörer wird wiederum wie im vorigen Falle des Genusses am Humor teilhaftig. Zusammenfassend kann man also sagen, man kann die humoristische Einstellung – worin immer diese bestehen mag – gegen die eigene oder gegen fremde Personen wenden; es ist anzunehmen, daß sie dem, der es tut, einen Lustgewinn bringt; ein ähnlicher Lustgewinn fällt dem – unbeteiligten – Zuhörer zu.

Die Genese des humoristischen Lustgewinns erfassen wir am besten, wenn wir uns dem Vorgang beim Zuhörer zuwenden, vor dem ein anderer Humor entwickelt. Er sieht diesen anderen in einer Situation, die es erwarten läßt, daß er die Anzeichen eines Affekts produzieren wird; er wird sich ärgern, klagen, Schmerz äußern, sich schrecken, grausen, vielleicht selbst verzweifeln, und der Zuschauer-Zuhörer ist bereit, ihm darin zu folgen, die gleichen Gefühlsregungen bei sich entstehen zu lassen. Aber diese Gefühlsbereitschaft wird enttäuscht, der andere äußert keinen Affekt, sondern macht einen Scherz; aus dem ersparten Gefühlsaufwand wird nun beim Zuhörer die humoristische Lust.

So weit kommt man leicht, aber man sagt sich auch bald, daß es der Vorgang beim anderen, beim »Humoristen« ist, der die größere Aufmerksamkeit verdient. Kein Zweifel, das Wesen des Humors besteht darin, daß man sich die Affekte erspart, zu denen die Situation Anlaß gäbe, und sich mit einem Scherz über die Möglichkeit solcher Gefühlsäußerungen hinaussetzt. Insofern muß der Vorgang beim Hu-

Neues zu ihm hinzu. Ich kann den Genuß der in mir entstandenen humoristischen Lust für mich behalten, ohne mich zur Mitteilung gedrängt zu fühlen.«]

moristen mit dem beim Zuhörer übereinstimmen, richtiger gesagt, der Vorgang beim Zuhörer muß den beim Humoristen kopiert haben. Aber wie bringt der Humorist jene psychische Einstellung zustande, die ihm die Affektentbindung überflüssig macht, was geht bei »der humoristischen Einstellung« dynamisch in ihm vor? Offenbar ist die Lösung des Problems beim Humoristen zu suchen, beim Zuhörer ist nur ein Nachklang, eine Kopie dieses unbekannten Prozesses anzunehmen.

Es ist Zeit, daß wir uns mit einigen Charakteren des Humors vertraut machen. Der Humor hat nicht nur etwas Befreiendes wie der Witz und die Komik, sondern auch etwas Großartiges und Erhebendes, welche Züge an den beiden anderen Arten des Lustgewinns aus intellektueller Tätigkeit nicht gefunden werden. Das Großartige liegt offenbar im Triumph des Narzißmus, in der siegreich behaupteten Unverletzlichkeit des Ichs. Das Ich verweigert es, sich durch die Veranlassungen aus der Realität kränken, zum Leiden nötigen zu lassen, es beharrt dabei, daß ihm die Traumen der Außenwelt nicht nahegehen können, ja es zeigt, daß sie ihm nur Anlässe zu Lustgewinn sind. Dieser letzte Zug ist für den Humor durchaus wesentlich. Nehmen wir an, der am Montag zur Hinrichtung geführte Verbrecher hätte gesagt: Ich mach' mir nichts daraus, was liegt denn daran, wenn ein Kerl wie ich aufgehängt wird, die Welt wird darum nicht zugrunde gehen – so müßten wir urteilen, diese Rede enthält zwar diese großartige Überlegenheit über die reale Situation, sie ist weise und berechtigt, aber sie verrät auch nicht die Spur von Humor, ja sie ruht auf einer Einschätzung der Realität, die der des Humors direkt zuwiderläuft. Der Humor ist nicht resigniert, er ist trotzig, er bedeutet nicht nur den Triumph des Ichs, sondern auch den des Lustprinzips, das sich hier gegen die Ungunst der realen Verhältnisse zu behaupten vermag.

Durch diese beiden letzten Züge, die Abweisung des Anspruchs der Realität und die Durchsetzung des Lustprinzips, nähert sich der Humor den regressiven oder reaktionären Prozessen, die uns in der Psychopathologie so ausgiebig beschäftigen. Mit seiner Abwehr der Leidensmöglichkeit nimmt er einen Platz ein in der großen Reihe jener Methoden, die das menschliche Seelenleben ausgebildet hat, um sich dem Zwang des Leidens zu entziehen, einer Reihe, die mit der Neurose anhebt, im Wahnsinn gipfelt und in die der Rausch, die Selbstversenkung, die Ekstase einbezogen sind. Der Humor dankt diesem Zusammenhange eine Würde, die z. B. dem Witze völlig abgeht, denn dieser dient entweder nur dem Lustgewinn, oder er stellt den Lustgewinn in den Dienst der Aggression. Worin besteht nun die humoristische Einstellung, durch die man sich dem Leiden verweigert, die Unüberwindlichkeit des Ichs durch die reale Welt betont, das Lustprinzip siegreich behauptet, all dies aber, ohne wie andere Verfahren gleicher Absicht den Boden seelischer Gesundheit aufzugeben? Die beiden Leistungen scheinen doch unvereinbar miteinander.

Wenn wir uns an die Situation wenden, daß sich jemand gegen andere humoristisch einstellt, so liegt die Auffassung nahe, die ich auch bereits im Buch über den Witz zaghaft angedeutet habe, er benehme sich gegen sie wie der Erwachsene gegen das Kind, indem er die Interessen und Leiden, die diesem groß erscheinen, in ihrer Nichtigkeit erkenne und belächle.[3] Der Humorist gewinne also seine

3 [*Der Witz*, Kapitel VII, Abschnitt [7]: »Zu einigem Aufschluß über die humoristische Verschiebung gelangt man, wenn man sie im Lichte eines Abwehrvorganges betrachtet. Die Abwehrvorgänge sind die psychischen Korrelate des Fluchtreflexes und verfolgen die Aufgabe, die Entstehung von Unlust aus inneren Quellen zu verhüten; in der Erfüllung dieser Aufgabe dienen sie dem seelischen Geschehen als eine automatische Regulierung, die sich schließlich allerdings als schädlich herausstellt und darum der Beherrschung durch das bewußte Denken unterworfen werden muß. Eine bestimmte Art dieser Abwehr, die mißglückte Verdrängung, habe ich als den wirkenden Mechanismus für die Entstehung der Psychoneurosen nachgewiesen. Der Humor kann nun als die höchststehende dieser Abwehrleistungen aufgefaßt werden. Er verschmäht es, den mit dem peinlichen Affekt verknüpften Vorstellungsinhalt der bewußten Aufmerksamkeit zu entziehen, wie es die Verdrängung tut, und überwindet somit den Abwehrautomatismus; er bringt dies zustande, indem er die Mittel findet, der bereitgehaltenen Unlustentbindung ihre Energie zu entziehen und

Überlegenheit daher, daß er sich in die Rolle des Erwachsenen, gewissermaßen in die Vateridentifizierung begebe und die anderen zu Kindern herabdrücke. Diese Annahme deckt wohl den Sachverhalt, aber sie erscheint kaum zwingend. Man fragt sich, wie kommt der Humorist dazu, sich diese Rolle anzumaßen.

Aber man erinnert sich an die andere, wahrscheinlich ursprünglichere und bedeutsamere Situation des Humors, daß jemand die humoristische Einstellung gegen seine eigene Person richtet, um sich solcherart seiner Leidensmöglichkeiten zu erwehren. Hat es einen Sinn zu sagen, jemand behandle sich selbst wie ein Kind und spiele gleichzeitig gegen dies Kind die Rolle des überlegenen Erwachsenen?

Ich meine, wir geben dieser wenig plausiblen Vorstellung einen starken Rückhalt, wenn wir in Betracht ziehen, was wir aus pathologischen Erfahrungen über die Struktur unseres Ichs gelernt haben. Dieses Ich ist nichts Einfaches, sondern beherbergt als seinen Kern eine besondere Instanz, das Über-Ich, mit dem es manchmal zusammenfließt, so daß wir die beiden nicht zu unterscheiden vermögen, während es sich in anderen Verhältnissen scharf von ihm sondert. Das Über-Ich ist genetisch Erbe der Elterninstanz, es hält das Ich oft in strenger Abhängigkeit, behandelt es wirklich noch, wie einst in frühen Jahren die Eltern – oder der Vater – das Kind behandelt haben. Wir erhalten also eine dynamische Aufklärung der humoristischen Einstellung, wenn wir annehmen, sie bestehe darin, daß die Person des Humoristen den psychischen Akzent von ihrem Ich abgezogen und auf ihr Über-Ich verlegt habe. Diesem so geschwellten Über-Ich kann nun das Ich winzig klein erscheinen, alle seine Interessen geringfügig, und es mag

---

diese durch Abfuhr in Lust zu verwandeln. Es ist selbst denkbar, daß wiederum der Zusammenhang mit dem Infantilen ihm die Mittel zu dieser Leistung zur Verfügung stellt. Im Kinderleben allein hat es intensive peinliche Affekte gegeben, über welche der Erwachsene heute lächeln würde, wie er als Humorist über seine gegenwärtigen peinlichen Affekte lacht.«]

dem Über-Ich bei dieser neuen Energieverteilung leicht werden, die Reaktionsmöglichkeiten des Ichs zu unterdrükken.

Unserer gewohnten Ausdrucksweise treu, werden wir anstatt Verlegung des psychischen Akzents zu sagen haben: Verschiebung großer Besetzungsmengen. Es fragt sich dann, ob wir uns solche ausgiebige Verschiebungen von einer Instanz des seelischen Apparats auf eine andere vorstellen dürfen. Es sieht wie eine neue *ad hoc* gemachte Annahme aus, doch dürfen wir uns erinnern, daß wir wiederholt, wenn auch nicht oft genug, bei unseren Versuchen einer metapsychologischen Vorstellung des seelischen Geschehens mit einem solchen Faktor gerechnet haben. So nahmen wir z. B. an, der Unterschied zwischen einer gewöhnlichen erotischen Objektbesetzung und dem Zustand einer Verliebtheit bestehe darin, daß in letzterem Falle ungleich mehr Besetzung auf das Objekt übergeht, das Ich sich gleichsam nach dem Objekt entleert. Beim Studium einiger Fälle von Paranoia konnte ich feststellen, daß die Verfolgungsideen frühzeitig gebildet werden und lange Zeit bestehen, ohne eine merkliche Wirkung zu äußern, bis sie dann auf einen bestimmten Anlaß hin die Besetzungsgrößen erhalten, die sie dominant werden lassen.[4] Auch die Heilung solcher paranoischer Anfälle dürfte weniger in einer Auflösung und Korrektur der Wahnideen als in der Entziehung der ihnen verliehenen Besetzung bestehen. Die Abwechslung von Melancholie und Manie, von grausamer Unterdrückung des Ichs durch das Über-Ich und von Befreiung des Ichs nach solchem Druck hat uns den Eindruck eines solchen Besetzungswandels gemacht[5], den man übrigens auch zur Erklärung einer ganzen Reihe von Erscheinungen des normalen Seelenlebens heranziehen müßte. Wenn dies bisher in so geringem Ausmaß geschehen ist, so liegt der Grund dafür in der von uns geübten, eher lobens-

---

4 [S. Abschnitt B von *Über einige neurotische Mechanismen bei Eifersucht, Paranoia und Homosexualität* im vorliegenden Band unserer Ausgabe.]

5 [S. die Darstellung in *Trauer und Melancholie*, etwa am Schluß des zweiten Drittels der Arbeit (vgl. in Band 2 der vorliegenden Ausgabe).]

werten Zurückhaltung. Das Gebiet, auf dem wir uns sicher fühlen, ist das der Pathologie des Seelenlebens; hier machen wir unsere Beobachtungen, erwerben wir unsere Überzeugungen. Eines Urteils über das Normale getrauen wir uns vorläufig insoweit, als wir in den Isolierungen und Verzerrungen des Krankhaften das Normale erraten. Wenn diese Scheu einmal überwunden ist, werden wir erkennen, eine wie große Rolle für das Verständnis der seelischen Vorgänge den statischen Verhältnissen wie dem dynamischen Wechsel in der Quantität der Energiebesetzung zukommt.

Ich meine also, die hier vorgeschlagene Möglichkeit, daß die Person in einer bestimmten Lage plötzlich ihr Über-Ich überbesetzt und nun von diesem aus die Reaktionen des Ichs abändert, verdient es, festgehalten zu werden. Was ich für den Humor vermute, findet auch eine bemerkenswerte Analogie auf dem verwandten Gebiet des Witzes. Als die Entstehung des Witzes mußte ich annehmen, daß ein vorbewußter Gedanke für einen Moment der unbewußten Bearbeitung überlassen wird,[6] der Witz sei also der Beitrag zur Komik, den das Unbewußte leiste.[7] Ganz ähnlich wäre *der Humor der Beitrag zur Komik durch die Vermittlung des Über-Ichs.*

Wir kennen das Über-Ich sonst als einen gestrengen Herrn. Man wird sagen, es stimmt schlecht zu diesem Charakter, daß es sich herbeiläßt, dem Ich einen kleinen Lustgewinn zu ermöglichen. Es ist richtig, daß die humoristi-

6 [Die entsprechende Formulierung findet sich in Kapitel VI des Buches *Der Witz: »Ein vorbewußter Gedanke wird für einen Moment der unbewußten Bearbeitung überlassen und deren Ergebnis alsbald von der bewußten Wahrnehmung erfaßt.«*]

7 [In Kapitel VII, am Ende von Abschnitt [2] des Buches *Der Witz* heißt es: »Die Quelle der Lust des Witzes mußten wir in das Unbewußte verlegen; keine Veranlassung zur gleichen Lokalisation ist für das Komische erfindlich. Vielmehr deuten alle Analysen, die wir bisher angestellt haben, darauf hin, daß die Quelle der komischen Lust die Vergleichung zweier Aufwände ist, die wir beide dem Vorbewußten zuordnen müssen. Witz und Komik unterscheiden sich vor allem in der psychischen Lokalisation; *der Witz ist sozusagen der Beitrag zur Komik aus dem Bereich des Unbewußten.«*]

sche Lust nie die Intensität der Lust am Komischen oder am Witz erreicht, sich niemals im herzhaften Lachen ausgibt; es ist auch wahr, daß das Über-Ich, wenn es die humoristische Einstellung herbeiführt, eigentlich die Realität abweist und einer Illusion dient. Aber dieser wenig intensiven Lust schreiben wir – ohne recht zu wissen warum – einen hochwertigen Charakter zu, wir empfinden sie als besonders befreiend und erhebend. Der Scherz, den der Humor macht, ist ja auch nicht das Wesentliche, er hat nur den Wert einer Probe; die Hauptsache ist die Absicht, welche der Humor ausführt, ob er sich nun an der eigenen oder an fremden Personen betätigt. Er will sagen: Sieh' her, das ist nun die Welt, die so gefährlich aussieht. Ein Kinderspiel, gerade gut, einen Scherz darüber zu machen!

Wenn es wirklich das Über-Ich ist, das im Humor so liebevoll tröstlich zum eingeschüchterten Ich spricht, so wollen wir daran gemahnt sein, daß wir über das Wesen des Über-Ichs noch allerlei zu lernen haben. Übrigens sind nicht alle Menschen der humoristischen Einstellung fähig, es ist eine köstliche und seltene Begabung, und vielen fehlt selbst die Fähigkeit, die ihnen vermittelte humoristische Lust zu genießen. Und endlich, wenn das Über-Ich durch den Humor das Ich zu trösten und vor Leiden zu bewahren strebt, hat es damit seiner Abkunft von der Elterninstanz nicht widersprochen.

Fetischismus

In den letzten Jahren hatte ich Gelegenheit, eine Anzahl von Männern, deren Objektwahl von einem Fetisch beherrscht war, analytisch zu studieren. Man braucht nicht zu erwarten, daß diese Personen des Fetisch wegen die Analyse aufgesucht hatten, denn der Fetisch wird wohl von seinen Anhängern als eine Abnormität erkannt, aber nur selten als ein Leidenssymptom empfunden; meist sind sie mit ihm recht zufrieden oder loben sogar die Erleichterungen, die er ihrem Liebesleben bietet. Der Fetisch spielte also in der Regel die Rolle eines Nebenbefundes.

Die Einzelheiten dieser Fälle entziehen sich aus naheliegenden Gründen der Veröffentlichung. Ich kann darum auch nicht zeigen, in welcher Weise zufällige Umstände zur Auswahl des Fetisch beigetragen haben. Am merkwürdigsten erschien ein Fall, in dem ein junger Mann einen gewissen »Glanz auf der Nase« zur fetischistischen Bedingung erhoben hatte. Das fand seine überraschende Aufklärung durch die Tatsache, daß der Patient eine englische Kinderstube gehabt hatte, dann aber nach Deutschland gekommen war, wo er seine Muttersprache fast vollkommen vergaß. Der aus den ersten Kinderzeiten stammende Fetisch war nicht deutsch, sondern englisch zu lesen, der »Glanz auf der Nase« war eigentlich ein »Blick auf die Nase« (*glance* = Blick), die Nase war also der Fetisch, dem er übrigens nach seinem Belieben jenes besondere Glanzlicht verlieh, das andere nicht wahrnehmen konnten.

Die Auskunft, welche die Analyse über Sinn und Absicht des Fetisch gab, war in allen Fällen die nämliche. Sie ergab sich so ungezwungen und erschien mir so zwingend, daß ich bereit bin, dieselbe Lösung allgemein für alle Fälle von Fetischismus zu erwarten. Wenn ich nun mitteile, der Fetisch ist ein Penisersatz, so werde ich gewiß Enttäuschung hervorrufen. Ich beeile mich darum hinzuzufügen, nicht der Ersatz eines beliebigen, sondern eines bestimmten, ganz besonderen Penis, der in frühen Kinderjahren eine große Bedeutung hat, aber später verlorengeht. Das heißt: er sollte normalerweise aufgegeben werden, aber gerade der Fetisch ist dazu bestimmt, ihn vor dem Untergang zu behüten. Um es klarer zu sagen, der Fetisch ist der Ersatz für den Phallus des Weibes (der Mutter), an den das Knäblein geglaubt hat und auf den es – wir wissen warum – nicht verzichten will.[1]

Der Hergang war also der, daß der Knabe sich geweigert hat, die Tatsache seiner Wahrnehmung, daß das Weib keinen Penis besitzt, zur Kenntnis zu nehmen. Nein, das kann nicht wahr sein, denn wenn das Weib kastriert ist, ist sein eigener Penisbesitz bedroht, und dagegen sträubt sich das Stück Narzißmus, mit dem die Natur vorsorglich gerade dieses Organ ausgestattet hat. Eine ähnliche Panik wird vielleicht der Erwachsene später erleben, wenn der Schrei ausgegeben wird, Thron und Altar sind in Gefahr, und sie wird zu ähnlich unlogischen Konsequenzen führen. Wenn ich nicht irre, würde Laforgue in diesem Falle sagen, der Knabe »skotomisiert« die Wahrnehmung des Penismangels beim Weibe.[2] Ein neuer Terminus ist dann berechtigt, wenn er einen neuen Tatbestand beschreibt oder heraushebt. Das liegt hier nicht vor; das älteste Stück unserer psychoanalytischen Terminologie, das Wort »Verdrängung«, bezieht sich bereits auf diesen pathologischen Vorgang. Will man in ihm das Schicksal der Vorstellung von dem des Affekts schärfer trennen,[3] den Ausdruck »Verdrängung« für den Affekt reservieren, so wäre für das Schicksal-

1 Diese Deutung ist bereits 1910 in meiner Schrift *Eine Kindheitserinnerung des Leonardo da Vinci* ohne Begründung mitgeteilt worden.

2 Ich berichtige mich aber selbst, indem ich hinzufüge, daß ich die besten Gründe habe anzunehmen, Laforgue würde dies überhaupt nicht sagen. Nach seinen eigenen Ausführungen [Laforgue, *Verdrängung und Skotomisation*, in: Int. Z. Psychoanal., 1926, Bd. 12] ist »Skotomisation« ein Terminus, der aus der Deskription der Dementia praecox stammt, nicht durch die Übertragung psychoanalytischer Auffassung auf die Psychosen entstanden ist und auf die Vorgänge der Entwicklung und Neurosenbildung keine Anwendung hat. Die Darstellung im Text bemüht sich, diese Unverträglichkeit deutlich zu machen. [Vgl. außerdem im Aufsatz *Hemmung, Symptom und Angst* (dort auch Fußnote 44) im vorliegenden Band.]

3 [Vgl. den Aufsatz *die Verdrängung* in Band 2 der vorliegenden Ausgabe.]

der Vorstellung »Verleugnung« die richtige deutsche Bezeichnung.[4] »Skotomisation« scheint mir besonders ungeeignet, denn es weckt die Idee, als wäre die Wahrnehmung glatt weggewischt worden, so daß das Ergebnis dasselbe wäre, wie wenn ein Gesichtseindruck auf den blinden Fleck der Netzhaut fiele. Aber unsere Situation zeigt im Gegenteil, daß die Wahrnehmung geblieben ist und daß eine sehr energische Aktion unternommen wurde, ihre Verleugnung aufrechtzuhalten. Es ist nicht richtig, daß das Kind sich nach seiner Beobachtung am Weibe den Glauben an den Phallus des Weibes unverändert gerettet hat. Es hat ihn bewahrt, aber auch aufgegeben; im Konflikt zwischen dem Gewicht der unerwünschten Wahrnehmung und der Stärke des Gegenwunsches ist es zu einem Kompromiß gekommen, wie es nur unter der Herrschaft der unbewußten Denkgesetze – der Primärvorgänge – möglich ist. Ja, das Weib hat im Psychischen dennoch einen Penis, aber dieser Penis ist nicht mehr dasselbe, das er früher war. Etwas anderes ist an seine Stelle getreten, ist sozusagen zu seinem Ersatz ernannt worden und ist nun der Erbe des Interesses, das sich dem früheren zugewendet hatte. Dies Interesse erfährt aber noch eine außerordentliche Steigerung, weil der Abscheu vor der Kastration sich in der Schaffung dieses Ersatzes ein Denkmal gesetzt hat. Als *stigma indelebile*[5] der stattgehabten Verdrängung bleibt auch die Entfremdung gegen das wirkliche weibliche Genitale, die man bei keinem Fetischisten vermißt. Man überblickt jetzt, was der Fetisch leistet und wodurch er gehalten wird. Er bleibt das Zeichen des Triumphes über die Kastrationsdrohung und der Schutz gegen sie, er erspart es dem Fetischisten auch, ein Homosexueller zu werden, indem er dem Weib jenen

4 [In Kapitel VIII der 1938 geschriebenen und 1940 postum erschienenen Studie *Abriß der Psychoanalyse* macht Freud eine andere Unterscheidung zwischen den beiden Ausdrücken bezüglich ihrer Anwendung: »Verdrängung« bezieht sich auf Abwehr gegen die aus dem Inneren kommenden Triebansprüche, »Verleugnung« auf Abwehr gegen die Ansprüche der äußeren Realität.]

5 [lat. unvertilgbares Mal, Zeichen, Wundmal.]

Charakter verleiht, durch den es als Sexualobjekt erträglich wird. Im späteren Leben glaubt der Fetischist noch einen anderen Vorteil seines Genitalersatzes zu genießen. Der Fetisch wird von anderen nicht in seiner Bedeutung erkannt, darum auch nicht verweigert, er ist leicht zugänglich, die an ihn gebundene sexuelle Befriedigung ist bequem zu haben. Um was andere Männer werben und sich mühen müssen, das macht dem Fetischisten keine Beschwerde.

Der Kastrationsschreck beim Anblick des weiblichen Genitales bleibt wahrscheinlich keinem männlichen Wesen erspart. Warum die einen infolge dieses Eindruckes homosexuell werden, die anderen ihn durch die Schöpfung eines Fetisch abwehren und die übergroße Mehrzahl ihn überwindet, das wissen wir freilich nicht zu erklären. Möglich, daß wir unter der Anzahl der zusammenwirkenden Bedingungen diejenigen noch nicht kennen, welche für die seltenen pathologischen Ausgänge maßgebend sind; im übrigen müssen wir zufrieden sein, wenn wir erklären können, was geschehen ist, und dürfen die Aufgabe, zu erklären, warum etwas nicht geschehen ist, vorläufig von uns weisen.

Es liegt nahe zu erwarten, daß zum Ersatz des vermißten weiblichen Phallus solche Organe oder Objekte gewählt werden, die auch sonst als Symbole den Penis vertreten. Das mag oft genug stattfinden, ist aber gewiß nicht entscheidend. Bei der Einsetzung des Fetisch scheint vielmehr ein Vorgang eingehalten zu werden, der an das Haltmachen der Erinnerung bei traumatischer Amnesie gemahnt. Auch hier bleibt das Interesse wie unterwegs stehen, wird etwa der letzte Eindruck vor dem unheimlichen, traumatischen, als Fetisch festgehalten. So verdankt der Fuß oder Schuh seine Bevorzugung als Fetisch – oder ein Stück derselben – dem Umstand, daß die Neugierde des Knaben von unten, von den Beinen her nach dem weiblichen Genitale gespäht hat; Pelz und Samt fixieren – wie längst vermutet wurde – den Anblick der Genitalbehaarung, auf den der ersehnte des weiblichen Gliedes hätte folgen sollen; die so häufig zum Fetisch erkorenen Wäschestücke halten den Moment der Entkleidung fest, den letzten, in dem man das

Weib noch für phallisch halten durfte. Ich will aber nicht behaupten, daß man die Determinierung des Fetisch jedesmal mit Sicherheit durchschaut. Die Untersuchung des Fetischismus ist all denen dringend zu empfehlen, die noch an der Existenz des Kastrationskomplexes zweifeln oder die meinen können, der Schreck vor dem weiblichen Genitale habe einen anderen Grund, leite sich z. B. von der supponierten Erinnerung an das Trauma der Geburt ab[6]. Für mich hatte die Aufklärung des Fetisch noch ein anderes theoretisches Interesse.

Ich habe kürzlich auf rein spekulativem Wege den Satz gefunden, der wesentliche Unterschied zwischen Neurose und Psychose liege darin, daß bei ersterer das Ich im Dienste der Realität ein Stück des Es unterdrücke, während es sich bei der Psychose vom Es fortreißen lasse, sich von einem Stück der Realität zu lösen; ich bin auch später noch einmal auf dasselbe Thema zurückgekommen.[7] Aber bald darauf bekam ich Anlaß zu bedauern, daß ich mich so weit vorgewagt hatte. Aus der Analyse zweier junger Männer erfuhr ich, daß sie beide den Tod des geliebten Vaters im zweiten und im zehnten Jahr nicht zur Kenntnis genommen, »skotomisiert« hatten – und doch hatte keiner von beiden eine Psychose entwickelt. Da war also ein gewiß bedeutsames Stück der Realität vom Ich verleugnet worden, ähnlich wie beim Fetischisten die unliebsame Tatsache der Kastration des Weibes. Ich begann auch zu ahnen, daß analoge Vorkommnisse im Kinderleben keineswegs selten sind, und konnte mich des Irrtums in der Charakteristik von Neurose und Psychose für überführt halten. Es blieb zwar eine Auskunft offen; meine Formel brauchte sich erst bei einem höheren Grad von Differenzierung im psychischen Apparat zu bewähren; dem Kind konnte gestattet sein, was sich beim Erwachsenen durch schwere Schädigung strafen mußte. Aber weitere Untersuchungen führten zu einer anderen Lösung des Widerspruchs.

6 [Vgl. O. Rank, *Das Trauma der Geburt*, Wien 1924, S. 22–24.]

7 *Neurose und Psychose* (1924) und *Der Realitätsverlust bei Neurose und Psychose* (1924) [Beide im vorliegenden Band].

Es stellte sich nämlich heraus, daß die beiden jungen Männer den Tod des Vaters ebensowenig »skotomisiert« hatten wie die Fetischisten die Kastration des Weibes. Es war nur eine Strömung in ihrem Seelenleben, welche den Tod des Vaters nicht anerkannt hatte; es gab auch eine andere, die dieser Tatsache vollkommen Rechnung trug; die wunschgerechte wie die realitätsgerechte Einstellung bestanden nebeneinander. Bei dem einen meiner beiden Fälle war diese Spaltung die Grundlage einer mittelschweren Zwangsneurose geworden; in allen Lebenslagen schwankte er zwischen zwei Voraussetzungen, der einen, daß der Vater noch am Leben sei und seine Tätigkeit behindere, und der entgegengesetzten, daß er das Recht habe, sich als den Nachfolger des verstorbenen Vaters zu betrachten. Ich kann also die Erwartung festhalten, daß im Fall der Psychose die eine, die realitätsgerechte Strömung, wirklich vermißt werden würde.

Wenn ich zur Beschreibung des Fetischismus zurückkehre, habe ich anzuführen, daß es noch zahlreiche und gewichtige Beweise für die zwiespältige Einstellung des Fetischisten zur Frage der Kastration des Weibes gibt. In ganz raffinierten Fällen ist es der Fetisch selbst, in dessen Aufbau sowohl die Verleugnung wie die Behauptung der Kastration Eingang gefunden haben. So war es bei einem Manne, dessen Fetisch in einem Schamgürtel bestand, wie er auch als Schwimmhose getragen werden kann. Dieses Gewandstück verdeckte überhaupt die Genitalien und den Unterschied der Genitalien. Nach dem Ausweis der Analyse bedeutete es sowohl, daß das Weib kastriert sei, als auch, daß es nicht kastriert sei, und ließ überdies die Annahme der Kastration des Mannes zu, denn alle diese Möglichkeiten konnten sich hinter dem Gürtel, dessen erster Ansatz in der Kindheit das Feigenblatt einer Statue gewesen war, gleich gut verbergen. Ein solcher Fetisch, aus Gegensätzen doppelt geknüpft, hält natürlich besonders gut. In anderen zeigt sich die Zwiespältigkeit an dem, was der Fetischist – in der Wirklichkeit oder in der Phantasie – an seinem Fetisch vornimmt. Es ist nicht erschöpfend, wenn man hervorhebt, daß er den Fetisch verehrt; in vielen Fällen behandelt er ihn in einer Weise, die offenbar einer Darstellung der Kastration gleichkommt. Dies geschieht besonders dann, wenn sich eine starke Vateridentifizierung entwickelt hat, in der Rolle des Vaters, denn diesem hatte das Kind die Kastration des Weibes zugeschrieben. Die Zärtlichkeit und die Feindseligkeit in der Behandlung des Fetisch, die der Verleugnung und der Anerkennung der Kastration gleichlaufen, vermengen sich bei verschiedenen Fällen in ungleichem Maße, so daß das eine oder das andere deutlicher kenntlich wird. Von hier aus glaubt man, wenn auch aus der Ferne, das Benehmen des Zopfabschneiders zu verstehen, bei dem sich das Bedürfnis, die geleugnete Kastration auszuführen, vorgedrängt hat. Seine Handlung vereinigt in sich die beiden miteinander unverträglichen Behauptungen: das Weib hat seinen Penis behalten, und der Vater hat das Weib kastriert. Eine andere Variante, aber auch eine völkerpsychologische Parallele zum Fetischismus möchte man in der Sitte der Chinesen erblicken, den weiblichen Fuß zuerst zu verstümmeln und den verstümmelten dann wie einen Fetisch zu verehren. Man könnte meinen, der chinesische Mann will es dem Weibe danken, daß es sich der Kastration unterworfen hat.

Schließlich darf man es aussprechen, das Normalvorbild des Fetisch ist der Penis des Mannes, wie das des minderwertigen Organs der reale kleine Penis des Weibes, die Klitoris.[8]

---

8 [Dies ist eine Anspielung auf Adlers Betonung der »Organminderwertigkeit« als der Grundlage aller Neurosen. Vgl. eine längere Erörterung in der 31. Vorlesung der *Neuen Folge* (im vorliegenden Band).]

Die Zukunft einer Illusion

I

Wenn man eine ganze Weile innerhalb einer bestimmten Kultur gelebt und sich oft darum bemüht hat zu erforschen, wie ihre Ursprünge und der Weg ihrer Entwicklung waren, verspürt man auch einmal die Versuchung, den Blick nach der anderen Richtung zu wenden und die Frage zu stellen, welches fernere Schicksal dieser Kultur bevorsteht und welche Wandlungen durchzumachen ihr bestimmt ist. Man wird aber bald merken, daß eine solche Untersuchung von vornherein durch mehrere Momente entwertet wird. Vor allem dadurch, daß es nur wenige Personen gibt, die das menschliche Getriebe in all seinen Ausbreitungen überschauen können. Für die meisten ist Beschränkung auf ein einzelnes oder wenige Gebiete notwendig geworden; je weniger aber einer vom Vergangenen und Gegenwärtigen weiß, desto unsicherer muß sein Urteil über das Zukünftige ausfallen. Ferner darum, weil gerade bei diesem Urteil die subjektiven Erwartungen des Einzelnen eine schwer abzuschätzende Rolle spielen; diese zeigen sich aber abhängig von rein persönlichen Momenten seiner eigenen Erfahrung, seiner mehr oder minder hoffnungsvollen Einstellung zum Leben, wie sie ihm durch Temperament, Erfolg oder Mißerfolg vorgeschrieben worden ist. Endlich kommt die merkwürdige Tatsache zur Wirkung, daß die Menschen im allgemeinen ihre Gegenwart wie naiv erleben, ohne deren Inhalte würdigen zu können; sie müssen erst Distanz zu ihr gewinnen, d. h. die Gegenwart muß zur Vergangenheit geworden sein, wenn man aus ihr Anhaltspunkte zur Beurteilung des Zukünftigen gewinnen soll.

Wer also der Versuchung nachgibt, eine Äußerung über die wahrscheinliche Zukunft unserer Kultur von sich zu geben, wird gut daran tun, sich der vorhin angedeuteten Bedenken zu erinnern, ebenso wie der Unsicherheit, die ganz allgemein an jeder Vorhersage haftet. Daraus folgt für mich, daß ich in eiliger Flucht vor der zu großen Aufgabe alsbald das kleine Teilgebiet aufsuchen werde, dem auch bisher meine Aufmerksamkeit gegolten hat, nachdem ich nur seine Stellung im großen Ganzen bestimmt habe.

Die menschliche Kultur – ich meine all das, worin sich das menschliche Leben über seine animalischen Bedingungen erhoben hat und worin es sich vom Leben der Tiere unterscheidet – und ich verschmähe es, Kultur und Zivilisation zu trennen – zeigt dem Beobachter bekanntlich zwei Seiten. Sie umfaßt einerseits all das Wissen und Können, das die Menschen erworben haben, um die Kräfte der Natur zu beherrschen und ihr Güter zur Befriedigung der menschlichen Bedürfnisse abzugewinnen, anderseits alle die Einrichtungen, die notwendig sind um die Beziehungen der Menschen zueinander, und besonders die Verteilung der erreichbaren Güter zu regeln. Die beiden Richtungen der Kultur sind nicht unabhängig voneinander, erstens, weil die gegenseitigen Beziehungen der Menschen durch das Maß der Triebbefriedigung, das die vorhandenen Güter ermöglichen, tiefgreifend beeinflußt werden, zweitens, weil der einzelne Mensch selbst zu einem anderen in die Beziehung eines Gutes treten kann, insofern dieser seine Arbeitskraft benützt oder ihn zum Sexualobjekt nimmt, drittens aber, weil jeder Einzelne virtuell ein Feind der Kultur ist, die doch ein allgemeinmenschliches Interesse sein soll. Es ist merkwürdig, daß die Menschen, so wenig sie auch in der Vereinzelung existieren können, doch die Opfer, welche ihnen von der Kultur zugemutet werden, um ein Zusammenleben zu ermöglichen, als schwer drückend empfinden. Die Kultur muß also gegen den Einzelnen verteidigt werden, und ihre Einrichtungen, Institutionen und Gebote stellen sich in den Dienst dieser Aufgabe; sie bezwecken nicht nur, eine gewisse Güterverteilung herzustellen, sondern auch diese aufrechtzuhalten, ja sie müssen gegen die feindseligen Regungen der Menschen all das beschützen, was der Bezwingung der Natur und der Erzeugung von Gütern dient. Menschliche Schöpfungen sind leicht zu zerstören, und Wissenschaft und Technik, die sie aufgebaut haben, können auch zu ihrer Vernichtung verwendet werden.

So bekommt man den Eindruck, daß die Kultur etwas ist, was einer widerstrebenden Mehrheit von einer Minderzahl auferlegt wurde, die es verstanden hat, sich in den Besitz von Macht- und Zwangsmitteln zu setzen. Es liegt natürlich nahe anzunehmen, daß diese Schwierigkeiten nicht am Wesen der Kultur selbst haften, sondern von den Unvollkommenheiten der Kulturformen bedingt werden, die bis jetzt entwickelt worden sind. In der Tat ist es nicht schwer, diese Mängel aufzuzeigen. Während die Menschheit in der Beherrschung der Natur ständige Fortschritte gemacht hat und noch größere erwarten darf, ist ein ähnlicher Fortschritt in der Regelung der menschlichen Angelegenheiten nicht sicher festzustellen, und wahrscheinlich zu jeder Zeit, wie auch jetzt wieder, haben sich viele Menschen gefragt, ob denn dieses Stück des Kulturerwerbs überhaupt der Verteidigung wert ist. Man sollte meinen, es müßte eine Neuregelung der menschlichen Beziehungen möglich sein, welche die Quellen der Unzufriedenheit mit der Kultur versagen macht, indem sie auf den Zwang und die Triebunterdrückung verzichtet, so daß die Menschen sich ungestört durch inneren Zwist der Erwerbung von Gütern und dem Genuß derselben hingeben könnten. Das wäre das goldene Zeitalter, allein es fragt sich, ob ein solcher Zustand zu verwirklichen ist. Es scheint vielmehr, daß sich jede Kultur auf Zwang und Triebverzicht aufbauen muß; es scheint nicht einmal gesichert, daß beim Aufhören des Zwanges die Mehrzahl der menschlichen Individuen bereit sein wird, die Arbeitsleistung auf sich zu nehmen, deren es zur Gewinnung neuer Lebensgüter bedarf. Man hat, meine ich, mit der Tatsache zu rechnen, daß bei allen Menschen destruktive, also antisoziale und antikulturelle Tendenzen vorhanden sind und daß diese bei einer großen Anzahl von Personen stark genug sind, um ihr Verhalten in der menschlichen Gesellschaft zu bestimmen.

Dieser psychologischen Tatsache kommt eine entscheidende Bedeutung für die Beurteilung der menschlichen Kultur zu. Konnte man zunächst meinen, das Wesentliche an dieser sei die Beherrschung der Natur zur Gewinnung von Lebensgütern und die ihr drohenden Gefahren ließen sich durch eine zweckmäßige Verteilung derselben unter den Menschen beseitigen, so scheint jetzt das Schwergewicht vom Materiellen weg aufs Seelische verlegt. Es wird entscheidend, ob und inwieweit es gelingt, die Last der den Menschen auferlegten Triebopfer zu verringern, sie mit den notwendig verbleibenden zu versöhnen und dafür zu entschädigen. Ebensowenig wie den Zwang zur Kulturarbeit, kann man die Beherrschung der Masse durch eine Minderzahl entbehren, denn die Massen sind träge und einsichtslos, sie lieben den Triebverzicht nicht, sind durch Argumente nicht von dessen Unvermeidlichkeit zu überzeugen, und ihre Individuen bestärken einander im Gewährenlassen ihrer Zügellosigkeit. Nur durch den Einfluß vorbildlicher Individuen, die sie als ihre Führer anerkennen, sind sie zu den Arbeitsleistungen und Entsagungen zu bewegen, auf welche der Bestand der Kultur angewiesen ist. Es ist alles gut, wenn diese Führer Personen von überlegener Einsicht in die Notwendigkeiten des Lebens sind, die sich zur Beherrschung ihrer eigenen Triebwünsche aufgeschwungen haben. Aber es besteht für sie die Gefahr, daß sie, um ihren Einfluß nicht zu verlieren, der Masse mehr nachgeben als diese ihnen, und darum erscheint es notwendig, daß sie durch Verfügung über Machtmittel von der Masse unabhängig seien. Um es kurz zu fassen, es sind zwei weitverbreitete Eigenschaften der Menschen, die es verschulden, daß die kulturellen Einrichtungen nur durch ein gewisses Maß von Zwang gehalten werden können, nämlich, daß sie spontan nicht arbeitslustig sind und daß Argumente nichts gegen ihre Leidenschaften vermögen.

Ich weiß, was man gegen diese Ausführungen einwenden wird. Man wird sagen, der hier geschilderte Charakter der Menschenmassen, der die Unerläßlichkeit des Zwanges zur Kulturarbeit beweisen soll, ist selbst nur die Folge fehlerhafter kultureller Einrichtungen, durch die die Menschen erbittert, rachsüchtig, unzugänglich geworden sind. Neue Generationen, liebevoll und zur Hochschätzung des Denkens erzogen, die frühzeitig die Wohltaten der Kultur erfahren haben, werden auch ein anderes Verhältnis zu ihr haben, sie als ihr eigenstes Besitztum empfinden, bereit sein, die Opfer an Arbeit und Triebbefriedigung für sie zu bringen, deren es zu ihrer Erhaltung bedarf. Sie werden den Zwang entbehren können und sich wenig von ihren Führern unterscheiden. Wenn es menschliche Massen von solcher Qualität bisher in keiner Kultur gegeben hat, so kommt es daher, daß keine Kultur noch die Einrichtungen getroffen hatte, um die Menschen in solcher Weise, und zwar von Kindheit an, zu beeinflussen.

Man kann daran zweifeln, ob es überhaupt oder jetzt schon, beim gegenwärtigen Stand unserer Naturbeherrschung möglich ist, solche kulturelle Einrichtungen herzustellen, man kann die Frage aufwerfen, woher die Anzahl überlegener, unbeirrbarer und uneigennütziger Führer kommen soll, die als Erzieher der künftigen Generationen wirken müssen, man kann vor dem ungeheuerlichen Aufwand an Zwang erschrecken, der bis zur Durchführung dieser Absichten unvermeidlich sein wird. Die Großartigkeit dieses Planes, seine Bedeutsamkeit für die Zukunft der menschlichen Kultur wird man nicht bestreiten können. Er ruht sicher auf der psychologischen Einsicht, daß der Mensch mit den mannigfaltigsten Triebanlagen ausgestattet ist, denen die frühen Kindheitserlebnisse die endgültige Richtung anweisen. Die Schranken der Erziehbarkeit des Menschen setzen darum auch der Wirksamkeit einer solchen Kulturveränderung ihre Grenze. Man mag es bezweifeln, ob und in welchem Ausmaß ein anderes Kulturmilieu die beiden Eigenschaften menschlicher Massen, die die Führung der menschlichen Angelegenheiten so sehr erschweren, auslöschen kann. Das Experiment ist noch nicht gemacht worden. Wahrscheinlich wird ein gewisser Prozentsatz der Menschheit – infolge krankhafter Anlage oder übergroßer Triebstärke – immer asozial bleiben, aber wenn man es nur zustande bringt, die kulturfeindliche

Mehrheit von heute zu einer Minderheit herabzudrücken, hat man sehr viel erreicht, vielleicht alles, was sich erreichen läßt.

Ich möchte nicht den Eindruck erwecken, daß ich mich weit weg von dem vorgezeichneten Weg meiner Untersuchung verirrt habe. Ich will darum ausdrücklich versichern, daß es mir ferneliegt, das große Kulturexperiment zu beurteilen, das gegenwärtig in dem weiten Land zwischen Europa und Asien angestellt wird. Ich habe weder die Sachkenntnis noch die Fähigkeit, über dessen Ausführbarkeit zu entscheiden, die Zweckmäßigkeit der angewandten Methoden zu prüfen oder die Weite der unvermeidlichen Kluft zwischen Absicht und Durchführung zu messen. Was dort vorbereitet wird, entzieht sich als unfertig einer Betrachtung, zu der unsere längst konsolidierte Kultur den Stoff bietet.

II

Wir sind unversehens aus dem Ökonomischen ins Psychologische hinübergeglitten. Anfangs waren wir versucht, den Kulturbesitz in den vorhandenen Gütern und den Einrichtungen zu ihrer Verteilung zu suchen. Mit der Erkenntnis, daß jede Kultur auf Arbeitszwang und Triebverzicht beruht und darum unvermeidlich eine Opposition bei den von diesen Anforderungen Betroffenen hervorruft, wurde es klar, daß die Güter selbst, die Mittel zu ihrer Gewinnung und Anordnungen zu ihrer Verteilung nicht das Wesentliche oder das Alleinige der Kultur sein können. Denn sie sind durch die Auflehnung und Zerstörungssucht der Kulturteilhaber bedroht. Neben die Güter treten jetzt die Mittel, die dazu dienen können, die Kultur zu verteidigen, die Zwangsmittel und andere, denen es gelingen soll, die Menschen mit ihr auszusöhnen und für ihre Opfer zu entschädigen. Letztere können aber als der seelische Besitz der Kultur beschrieben werden.

Einer gleichförmigen Ausdrucksweise zuliebe wollen wir die Tatsache, daß ein Trieb nicht befriedigt werden kann,

Versagung, die Einrichtung, die diese Versagung festlegt, Verbot, und den Zustand, den das Verbot herbeiführt, Entbehrung nennen. Dann ist der nächste Schritt, zwischen Entbehrungen zu unterscheiden, die alle betreffen, und solchen, die nicht alle betreffen, bloß Gruppen, Klassen oder selbst Einzelne. Die ersteren sind die ältesten: mit den Verboten, die sie einsetzen, hat die Kultur die Ablösung vom animalischen Urzustand begonnen, vor unbekannt wie vielen Tausenden von Jahren. Zu unserer Überraschung fanden wir, daß sie noch immer wirksam sind, noch immer den Kern der Kulturfeindseligkeit bilden. Die Triebwünsche, die unter ihnen leiden, werden mit jedem Kind von neuem geboren; es gibt eine Klasse von Menschen, die Neurotiker, die bereits auf diese Versagungen mit Asozialität reagieren. Solche Triebwünsche sind die des Inzests, des Kannibalismus und der Mordlust. Es klingt sonderbar, wenn man sie, in deren Verwerfung alle Menschen einig scheinen, mit jenen anderen zusammenstellt, um deren Gewährung oder Versagung in unserer Kultur so lebhaft gekämpft wird, aber psychologisch ist man dazu berechtigt. Auch ist das kulturelle Verhalten gegen diese ältesten Triebwünsche keineswegs das gleiche, nur der Kannibalismus erscheint allen verpönt und der nicht analytischen Betrachtung völlig überwunden, die Stärke der Inzestwünsche vermögen wir noch hinter dem Verbot zu verspüren, und der Mord wird von unserer Kultur unter bestimmten Bedingungen noch geübt, ja geboten. Möglicherweise stehen uns Entwicklungen der Kultur bevor, in denen noch andere, heute durchaus mögliche Wunschbefriedigungen ebenso unannehmbar erscheinen werden wie jetzt die des Kannibalismus.

Schon bei diesen ältesten Triebverzichten kommt ein psychologischer Faktor in Betracht, der auch für alle weiteren bedeutungsvoll bleibt. Es ist nicht richtig, daß die menschliche Seele seit den ältesten Zeiten keine Entwicklung durchgemacht hat und im Gegensatz zu den Fortschritten der Wissenschaft und der Technik heute noch dieselbe ist wie zu Anfang der Geschichte. Einen dieser seelischen Fortschritte können wir hier nachweisen. Es liegt in der Richtung unserer Entwicklung, daß äußerer Zwang allmählich verinnerlicht wird, indem eine besondere seelische Instanz, das Über-Ich des Menschen, ihn unter seine Gebote aufnimmt. Jedes Kind führt uns den Vorgang einer solchen Umwandlung vor, wird erst durch sie moralisch und sozial. Diese Erstarkung des Über-Ichs ist ein höchst wertvoller psychologischer Kulturbesitz. Die Personen, bei denen sie sich vollzogen hat, werden aus Kulturgegnern zu Kulturträgern. Je größer ihre Anzahl in einem Kulturkreis ist, desto gesicherter ist diese Kultur, desto eher kann sie der äußeren Zwangsmittel entbehren. Das Maß dieser Verinnerlichung ist nun für die einzelnen Triebverbote sehr verschieden. Für die erwähnten ältesten Kulturforderungen scheint die Verinnerlichung, wenn wir die unerwünschte Ausnahme der Neurotiker beiseite lassen, weitgehend erreicht. Dies Verhältnis ändert sich, wenn man sich zu den anderen Triebanforderungen wendet. Man merkt dann mit Überraschung und Besorgnis, daß eine Überzahl von Menschen den diesbezüglichen Kulturverboten nur unter dem Druck des äußeren Zwanges gehorcht, also nur dort, wo er sich geltend machen kann und solange er zu befürchten ist. Dies trifft auch auf jene sogenannt moralischen Kulturforderungen zu, die in gleicher Weise für alle bestimmt sind. Das meiste, was man von der moralischen Unzuverlässigkeit der Menschen erfährt, gehört hieher. Unendlich viele Kulturmenschen, die vor Mord oder Inzest zurückschrekken werden, versagen sich nicht die Befriedigung ihrer Habgier, ihrer Aggressionslust, ihrer sexuellen Gelüste, unterlassen es nicht, den anderen durch Lüge, Betrug, Verleumdung zu schädigen, wenn sie dabei straflos bleiben können, und das war wohl seit vielen kulturellen Zeitaltern immer ebenso.

Bei den Einschränkungen, die sich nur auf bestimmte Klassen der Gesellschaft beziehen, trifft man auf grobe und auch niemals verkannte Verhältnisse. Es steht zu erwarten, daß diese zurückgesetzten Klassen den Bevorzugten ihre Vorrechte beneiden und alles tun werden, um ihr eigenes Mehr von Entbehrung loszuwerden. Wo dies nicht möglich ist, wird sich ein dauerndes Maß von Unzufriedenheit innerhalb dieser Kultur behaupten, das zu gefährlichen Auflehnungen führen mag. Wenn aber eine Kultur es nicht darüber hinaus gebracht hat, daß die Befriedigung einer Anzahl von Teilnehmern die Unterdrückung einer anderen, vielleicht der Mehrzahl, zur Voraussetzung hat, und dies ist bei allen gegenwärtigen Kulturen der Fall, so ist es begreiflich, daß diese Unterdrückten eine intensive Feindseligkeit gegen die Kultur entwickeln, die sie durch ihre Arbeit ermöglichen, an deren Gütern sie aber einen zu geringen Anteil haben. Eine Verinnerlichung der Kulturverbote darf man dann bei den Unterdrückten nicht erwarten, dieselben sind vielmehr nicht bereit, diese Verbote anzuerkennen, bestrebt, die Kultur selbst zu zerstören, eventuell selbst ihre Voraussetzungen aufzuheben. Die Kulturfeindschaft dieser Klassen ist so offenkundig, daß man über sie die eher latente Feindseligkeit der besser beteilten Gesellschaftsschichten übersehen hat. Es braucht nicht gesagt zu werden, daß eine Kultur, welche eine so große Zahl von Teilnehmern unbefriedigt läßt und zur Auflehnung treibt, weder Aussicht hat, sich dauernd zu erhalten, noch es verdient.

Das Maß von Verinnerlichung der Kulturvorschriften – populär und unpsychologisch ausgedrückt: das moralische Niveau der Teilnehmer – ist nicht das einzige seelische Gut, das für die Würdigung einer Kultur in Betracht kommt. Daneben steht ihr Besitz an Idealen und an Kunstschöpfungen, d. h. die Befriedigungen, die aus beiden gewonnen werden.

Man wird nur allzuleicht geneigt sein, die Ideale einer Kultur, d. h. die Wertungen, welches die höchststehenden und am meisten anzustrebenden Leistungen seien, unter deren psychische Besitztümer aufzunehmen. Zunächst scheint es, als ob diese Ideale die Leistungen des Kulturkreises bestimmen würden; der wirkliche Hergang dürfte aber der sein, daß sich die Ideale nach den ersten Leistungen bilden, welche das Zusammenwirken von innerer Begabung und äußeren Verhältnissen einer Kultur ermöglicht, und daß diese ersten Leistungen nun vom Ideal zur Fortführung festgehalten werden. Die Befriedigung, die das Ideal den Kulturteilnehmern schenkt, ist also narzißtischer Natur, sie ruht auf dem Stolz auf die bereits geglückte Leistung. Zu ihrer Vervollständigung bedarf sie des Vergleichs mit anderen Kulturen, die sich auf andere Leistungen geworfen und andere Ideale entwickelt haben. Kraft dieser Differenzen spricht sich jede Kultur das Recht zu, die andere geringzuschätzen. Auf solche Weise werden die Kulturideale Anlaß zur Entzweiung und Verfeindung zwischen verschiedenen Kulturkreisen, wie es unter Nationen am deutlichsten wird.

Die narzißtische Befriedigung aus dem Kulturideal gehört auch zu jenen Mächten, die der Kulturfeindschaft innerhalb des Kulturkreises erfolgreich entgegenwirken. Nicht nur die bevorzugten Klassen, welche die Wohltaten dieser Kultur genießen, sondern auch die Unterdrückten können an ihr Anteil haben, indem die Berechtigung, die Außenstehenden zu verachten, sie für die Beeinträchtigung in ihrem eigenen Kreis entschädigt. Man ist zwar ein elender, von Schulden und Kriegsdiensten geplagter Plebejer, aber dafür ist man Römer, hat seinen Anteil an der Aufgabe, andere Nationen zu beherrschen und ihnen Gesetze vorzuschreiben. Diese Identifizierung der Unterdrückten mit der sie beherrschenden und ausbeutenden Klasse ist aber nur ein Stück eines größeren Zusammenhanges. Anderseits können jene affektiv an diese gebunden sein, trotz der Feindseligkeit ihre Ideale in ihren Herren erblicken. Wenn nicht solche im Grunde befriedigende Beziehungen bestünden, bliebe es unverständlich, daß so manche Kulturen sich trotz berechtigter Feindseligkeit großer Menschenmassen so lange Zeit erhalten haben.

Von anderer Art ist die Befriedigung, welche die Kunst den Teilhabern an einem Kulturkreis gewährt, obwohl diese in der Regel den Massen, die durch erschöpfende Arbeit in Anspruch genommen sind und keine persönliche Erziehung genossen haben, unzugänglich bleibt. Die Kunst bietet, wie wir längst gelernt haben, Ersatzbefriedigungen für die ältesten, immer noch am tiefsten empfundenen Kulturverzichte und wirkt darum wie nichts anderes aussöhnend mit den für sie gebrachten Opfern. Anderseits heben ihre Schöpfungen die Identifizierungsgefühle, deren jeder Kulturkreis so sehr bedarf, durch den Anlaß zu gemeinsam erlebten, hocheingeschätzten Empfindungen; sie dienen aber auch der narzißtischen Befriedigung, wenn sie die Leistungen der besonderen Kultur darstellen, in eindrucksvoller Art an ihre Ideale mahnen.

Das vielleicht bedeutsamste Stück des psychischen Inventars einer Kultur hat noch keine Erwähnung gefunden. Es sind ihre im weitesten Sinn religiösen Vorstellungen, mit anderen, später zu rechtfertigenden Worten, ihre Illusionen.

III

Worin liegt der besondere Wert der religiösen Vorstellungen?

Wir haben von Kulturfeindseligkeit gesprochen, erzeugt durch den Druck, den die Kultur ausübt, die Triebverzichte, die sie verlangt. Denkt man sich ihre Verbote aufgehoben, man darf also jetzt zum Sexualobjekt jedes Weib wählen, das einem gefällt, darf seinen Rivalen beim Weib, oder wer einem sonst im Weg steht, ohne Bedenken erschlagen, kann dem anderen auch irgendeines seiner Güter wegnehmen, ohne ihn um Erlaubnis zu fragen, wie schön, welch eine Kette von Befriedigungen wäre dann das Leben! Zwar findet man bald die nächste Schwierigkeit. Jeder andere hat genau dieselben Wünsche wie ich und wird mich nicht schonender behandeln als ich ihn. Im Grunde kann also nur ein einziger durch solche Aufhebung der Kultureinschränkungen uneingeschränkt glücklich werden, ein Tyrann, ein Diktator, der alle Machtmittel an sich gerissen hat, und auch der hat allen Grund zu wünschen, daß die anderen wenigstens dies eine Kulturgebot einhalten: »Du sollst nicht töten.«

Aber wie undankbar, wie kurzsichtig überhaupt, eine Aufhebung der Kultur anzustreben! Was dann übrigbleibt, ist der Naturzustand, und der ist weit schwerer zu ertragen. Es ist wahr, die Natur verlangte von uns keine Triebeinschränkungen, sie ließe uns gewähren, aber sie hat ihre besonders wirksame Art, uns zu beschränken, sie bringt uns um, kalt, grausam, rücksichtslos, wie uns scheint, möglicherweise gerade bei den Anlässen unserer Befriedigung. Eben wegen dieser Gefahren, mit denen die Natur uns droht, haben wir uns ja zusammengetan und die Kultur geschaffen, die unter anderem auch unser Zusammenleben möglich machen soll. Es ist ja die Hauptaufgabe der Kultur, ihr eigentlicher Daseinsgrund, uns gegen die Natur zu verteidigen.

Es ist bekannt, daß sie es in manchen Stücken schon jetzt leidlich gut trifft, sie wird es offenbar später einmal viel besser machen. Aber kein Mensch gibt sich der Täuschung hin zu glauben, daß die Natur jetzt schon bezwungen ist; wenige wagen zu hoffen, daß sie einmal dem Menschen ganz unterworfen sein wird. Da sind die Elemente, die jedem menschlichen Zwang zu spotten scheinen, die Erde, die bebt, zerreißt, alles Menschliche und Menschenwerk begräbt, das Wasser, das im Aufruhr alles überflutet und ersäuft, der Sturm, der es wegbläst, da sind die Krankheiten, die wir erst seit kurzem als die Angriffe anderer Lebewesen erkennen, endlich das schmerzliche Rätsel des Todes, gegen den bisher kein Kräutlein gefunden wurde und wahrscheinlich keines gefunden werden wird. Mit diesen Gewalten steht die Natur wider uns auf, großartig, grausam, unerbittlich, rückt uns wieder unsere Schwäche und Hilflosigkeit vor Augen, der wir uns durch die Kulturarbeit zu entziehen gedachten. Es ist einer der wenigen erfreulichen und erhebenden Eindrücke, die man von der Menschheit haben kann, wenn sie angesichts einer Elementarkatastrophe ihrer Kulturzerfahrenheit, aller inneren Schwierigkeiten und Feindseligkeiten vergißt und sich der großen gemeinsamen Aufgabe, ihrer Erhaltung gegen die Übermacht der Natur, erinnert.

Wie für die Menschheit im ganzen, so ist für den Einzelnen das Leben schwer zu ertragen. Ein Stück Entbehrung legt ihm die Kultur auf, an der er teilhat, ein Maß Leiden bereiten ihm die anderen Menschen, entweder trotz der Kulturvorschriften oder infolge der Unvollkommenheit dieser Kultur. Dazu kommt, was ihm die unbezwungene Natur – er nennt es Schicksal – an Schädigung zufügt. Ein ständiger ängstlicher Erwartungszustand und eine schwere Kränkung des natürlichen Narzißmus sollte die Folge dieses Zustandes sein. Wie der Einzelne gegen die Schädigungen durch die Kultur und die anderen reagiert, wissen wir bereits, er entwickelt ein entsprechendes Maß von Widerstand gegen die Einrichtungen dieser Kultur, von Kulturfeindschaft. Aber wie setzt er sich gegen die Übermächte der Natur, des Schicksals, zur Wehr, die ihm wie allen anderen drohen?

Die Kultur nimmt ihm diese Leistung ab, sie besorgt sie für alle in gleicher Weise, es ist auch bemerkenswert, daß so ziemlich alle Kulturen hierin das gleiche tun. Sie macht nicht etwa halt in der Erledigung ihrer Aufgabe, den Menschen gegen die Natur zu verteidigen, sie setzt sie nur mit anderen Mitteln fort. Die Aufgabe ist hier eine mehrfache, das schwer bedrohte Selbstgefühl des Menschen verlangt nach Trost, der Welt und dem Leben sollen ihre Schrecken genommen werden, nebenbei will auch die Wißbegierde der Menschen, die freilich von dem stärksten praktischen Interesse angetrieben wird, eine Antwort haben.

Mit dem ersten Schritt ist bereits sehr viel gewonnen. Und dieser ist, die Natur zu vermenschlichen. An die unpersönlichen Kräfte und Schicksale kann man nicht heran, sie bleiben ewig fremd. Aber wenn in den Elementen Leidenschaften toben wie in der eigenen Seele, wenn selbst der Tod nichts Spontanes ist, sondern die Gewalttat eines bösen Willens, wenn man überall in der Natur Wesen um sich hat, wie man sie aus der eigenen Gesellschaft kennt, dann atmet man auf, fühlt sich heimisch im Unheimlichen, kann seine sinnlose Angst psychisch bearbeiten. Man ist vielleicht noch wehrlos, aber nicht mehr hilflos gelähmt, man kann zum mindesten reagieren, ja vielleicht ist man nicht einmal wehrlos, man kann gegen diese gewalttätigen Übermenschen draußen dieselben Mittel in Anwendung bringen, deren man sich in seiner Gesellschaft bedient, kann versuchen, sie zu beschwören, beschwichtigen, bestechen, raubt ihnen durch solche Beeinflussung einen Teil ihrer Macht. Solch ein Ersatz einer Naturwissenschaft durch Psychologie schafft nicht bloß sofortige Erleichterung, er zeigt auch den Weg zu einer weiteren Bewältigung der Situation.

Denn diese Situation ist nichts Neues, sie hat ein infantiles Vorbild, ist eigentlich nur die Fortsetzung des früheren, denn in solcher Hilflosigkeit hatte man sich schon einmal befunden, als kleines Kind einem Elternpaar gegenüber, das man Grund hatte zu fürchten, zumal den Vater, dessen Schutzes man aber auch sicher war gegen die Gefahren, die man damals kannte. So lag es nahe, die beiden Situationen einander anzugleichen. Auch kam wie im Traumleben der Wunsch dabei auf seine Rechnung. Eine Todesahnung befällt den Schlafenden, will ihn in das Grab versetzen, aber die Traumarbeit weiß die Bedingung auszuwählen, unter der auch dies gefürchtete Ereignis zur Wunscherfüllung wird; der Träumer sieht sich in einem alten Etruskergrab, in das er selig über die Befriedigung seiner archäologischen Interessen hinabgestiegen war.[1] Ähnlich macht der Mensch die Naturkräfte nicht einfach zu Menschen, mit denen er wie mit seinesgleichen verkehren kann, das würde auch dem überwältigenden Eindruck nicht gerecht werden, den er von ihnen hat, sondern er gibt ihnen Vatercharakter, macht sie zu Göttern, folgt dabei nicht nur einem infantilen, sondern auch, wie ich versucht habe zu zeigen[2], einem phylogenetischen Vorbild.

---

1 [Während einer Italienreise (Ende Aug./Anfang Sept. 1897) besuchte Freud auch die Stadt Orvieto und die dortigen etruskischen Gräber. In der *Traumdeutung* (Kapitel VI, Abschnitt G) schreibt er: »Ich war nämlich schon einmal in einem Grab, aber es war ein ausgeräumtes Etruskergrab bei Orvieto, eine schmale Kammer mit zwei Steinbänken an den Wänden, auf denen die Skelette von zwei Erwachsenen gelagert waren.«]

2 [Vgl. Abschnitt 6 der vierten Abhandlung von *Totem und Tabu* in Band 1 der vorliegenden Ausgabe.]

Mit der Zeit werden die ersten Beobachtungen von Regel- und Gesetzmäßigkeit an den Naturerscheinungen gemacht, die Naturkräfte verlieren damit ihre menschlichen Züge. Aber die Hilflosigkeit der Menschen bleibt und damit ihre Vatersehnsucht und die Götter. Die Götter behalten ihre dreifache Aufgabe, die Schrecken der Natur zu bannen, mit der Grausamkeit des Schicksals, besonders wie es sich im Tode zeigt, zu versöhnen und für die Leiden und Entbehrungen zu entschädigen, die dem Menschen durch das kulturelle Zusammenleben auferlegt werden.

Aber allmählich verschiebt sich innerhalb dieser Leistungen der Akzent. Man merkt, daß die Naturerscheinungen sich nach inneren Notwendigkeiten von selbst abwikkeln; gewiß sind die Götter die Herren der Natur, sie haben sie so eingerichtet und können sie nun sich selbst überlassen. Nur gelegentlich greifen sie in den sogenannten Wundern in ihren Lauf ein, wie um zu versichern, daß sie von ihrer ursprünglichen Machtsphäre nichts aufgegeben haben. Was die Austeilung der Schicksale betrifft, so bleibt eine unbehagliche Ahnung bestehen, daß der Rat- und Hilflosigkeit des Menschengeschlechts nicht abgeholfen werden kann. Hier versagen die Götter am ehesten; wenn sie selbst das Schicksal machen, so muß man ihren Ratschluß unerforschlich heißen; dem begabtesten Volk des Altertums dämmert die Einsicht, daß die *Moira* [das Schicksal] über den Göttern steht und daß die Götter selbst ihre Schicksale haben. Und je mehr die Natur selbständig wird, die Götter sich von ihr zurückziehen, desto ernsthafter drängen alle Erwartungen auf die dritte Leistung, die ihnen zugewiesen ist, desto mehr wird das Moralische ihre eigentliche Domäne. Göttliche Aufgabe wird es nun, die Mängel und Schäden der Kultur auszugleichen, die Leiden in acht zu nehmen, die die Menschen im Zusammenleben einander zufügen, über die Ausführung der Kulturvorschriften zu wachen, die die Menschen so schlecht befolgen. Den Kulturvorschriften selbst wird göttlicher Ursprung zugesprochen, sie werden über die menschliche Gesellschaft hinausgehoben, auf Natur und Weltgeschehen ausgedehnt.

So wird ein Schatz von Vorstellungen geschaffen, geboren aus dem Bedürfnis, die menschliche Hilflosigkeit erträglich zu machen, erbaut aus dem Material der Erinnerungen an die Hilflosigkeit der eigenen und der Kindheit des Menschengeschlechts. Es ist deutlich erkennbar, daß dieser Besitz den Menschen nach zwei Richtungen beschützt, gegen die Gefahren der Natur und des Schicksals und gegen die Schädigungen aus der menschlichen Gesellschaft selbst. Im Zusammenhang lautet es: das Leben in dieser Welt dient einem höheren Zweck, der zwar nicht leicht zu erraten ist, aber gewiß eine Vervollkommnung des menschlichen Wesens bedeutet. Wahrscheinlich soll das Geistige des Menschen, die Seele, die sich im Lauf der Zeiten so langsam und widerstrebend vom Körper getrennt hat, das Objekt dieser Erhebung und Erhöhung sein. Alles, was in dieser Welt vor sich geht, ist Ausführung der Absichten einer uns überlegenen Intelligenz, die, wenn auch auf schwer zu verfolgenden Wegen und Umwegen, schließlich alles zum Guten, d. h. für uns Erfreulichen, lenkt. Über jedem von uns wacht eine gütige, nur scheinbar gestrenge Vorsehung, die nicht zuläßt, daß wir zum Spielball der überstarken und schonungslosen Naturkräfte werden; der Tod selbst ist keine Vernichtung, keine Rückkehr zum anorganisch Leblosen, sondern der Anfang einer neuen Art von Existenz, die auf dem Wege der Höherentwicklung liegt. Und nach der anderen Seite gewendet, dieselben Sittengesetze, die unsere Kulturen aufgestellt haben, beherrschen auch alles Weltgeschehen, nur werden sie von einer höchsten richterlichen Instanz mit ungleich mehr Macht und Konsequenz behütet. Alles Gute findet endlich seinen Lohn, alles Böse seine Strafe, wenn nicht schon in dieser Form des Lebens, so in den späteren Existenzen, die nach dem Tod beginnen. Somit sind alle Schrecken, Leiden und Härten des Lebens zur Austilgung bestimmt; das Leben nach dem Tode, das unser irdisches Leben fortsetzt, wie das unsichtbare Stück des Spektrums dem sichtbaren angefügt ist, bringt all die Vollendung, die wir hier vielleicht vermißt haben. Und die überlegene Weisheit, die diesen Ablauf lenkt, die Allgüte, die sich in ihm äußert, die Gerechtigkeit, die sich in ihm durchsetzt, das sind die Eigenschaften der göttlichen Wesen, die auch uns und die Welt im ganzen geschaffen haben. Oder vielmehr des einen göttlichen Wesens, zu dem sich in unserer Kultur alle Götter der Vorzeiten verdichtet haben. Das Volk, dem zuerst solche Konzentrierung der göttlichen Eigenschaften gelang, war nicht wenig stolz auf diesen Fortschritt.[3] Es hatte den väterlichen Kern, der von jeher hinter jeder Gottesgestalt verborgen war, freigelegt; im Grunde war es eine Rückkehr zu den historischen Anfängen der Gottesidee. Nun, da Gott ein Einziger war, konnten die Beziehungen zu ihm die Innigkeit und Intensität des kindlichen Verhältnisses zum Vater wiedergewinnen. Wenn man soviel für den Vater getan hatte, wollte man aber auch belohnt werden, zum mindesten das einziggeliebte Kind sein, das auserwählte Volk. Sehr viel später erhebt das fromme Amerika den Anspruch, *»God's own country«* zu sein, und für eine der Formen, unter denen die Menschen die Gottheit verehren, trifft es auch zu.

Die religiösen Vorstellungen, die vorhin zusammengefaßt wurden, haben natürlich eine lange Entwicklung durchgemacht, sind von verschiedenen Kulturen in verschiedenen Phasen festgehalten worden. Ich habe eine einzelne solche Entwicklungsphase herausgegriffen, die etwa der Endgestaltung in unserer heutigen weißen, christlichen Kultur entspricht. Es ist leicht zu bemerken, daß nicht alle Stücke dieses Ganzen gleich gut zueinander stimmen, daß nicht alle dringenden Fragen beantwortet werden, daß der Widerspruch der täglichen Erfahrung nur mit Mühe abgewiesen werden kann. Aber so wie sie sind, werden diese

3 [Freud spielt hier auf die Schöpfung des Monotheismus durch das jüdische Volk an. Diesem Thema war Freuds letzte große Arbeit *Der Mann Moses und die monotheistische Religion* (1934–1938 geschrieben, 1939 postum veröffentlicht) gewidmet, die aus Umfangsgründen in die vorliegende Ausgabe nicht aufgenommen werden konnte.]

Vorstellungen – die im weitesten Sinn religiösen – als der kostbarste Besitz der Kultur eingeschätzt, als das Wertvollste, was sie ihren Teilnehmern zu bieten hat, weit höher geschätzt als alle Künste, der Erde ihre Schätze zu entlocken, die Menschheit mit Nahrung zu versorgen oder ihren Krankheiten vorzubeugen usw. Die Menschen meinen, das Leben nicht ertragen zu können, wenn sie diesen Vorstellungen nicht den Wert beilegen, der für sie beansprucht wird. Und nun ist die Frage, was sind diese Vorstellungen im Lichte der Psychologie, woher beziehen sie ihre Hochschätzung und, um schüchtern fortzusetzen: was ist ihr wirklicher Wert?

IV

Eine Untersuchung, die ungestört fortschreitet wie ein Monolog, ist nicht ganz ungefährlich. Man gibt zu leicht der Versuchung nach, Gedanken zur Seite zu schieben, die sie unterbrechen wollen, und tauscht dafür ein Gefühl von Unsicherheit ein, das man am Ende durch allzu große Entschiedenheit übertönen will. Ich stelle mir also einen Gegner vor, der meine Ausführungen mit Mißtrauen verfolgt, und lasse ihn von Stelle zu Stelle zu Worte kommen.

Ich höre ihn sagen: »Sie haben wiederholt die Ausdrücke gebraucht: ›die Kultur schafft diese religiösen Vorstellungen‹, ›die Kultur stellt sie ihren Teilnehmern zur Verfügung‹, daran klingt etwas befremdend; ich könnte selbst nicht sagen warum, es hört sich nicht so selbstverständlich an wie daß die Kultur Anordnungen geschaffen hat über die Verteilung des Arbeitsertrags oder über die Rechte an Weib und Kind.«

Ich meine aber doch, daß man berechtigt ist, sich so auszudrücken. Ich habe versucht zu zeigen, daß die religiösen Vorstellungen aus demselben Bedürfnis hervorgegangen sind wie alle anderen Errungenschaften der Kultur, aus der Notwendigkeit, sich gegen die erdrückende Übermacht der Natur zu verteidigen. Dazu kam ein zweites Motiv, der Drang, die peinlich verspürten Unvollkommenheiten der

Kultur zu korrigieren. Es ist auch besonders zutreffend zu sagen, daß die Kultur dem Einzelnen diese Vorstellungen schenkt, denn er findet sie vor, sie werden ihm fertig entgegengebracht, er wäre nicht imstande, sie allein zu finden. Es ist die Erbschaft vieler Generationen, in die er eintritt, die er übernimmt wie das Einmaleins, die Geometrie u. a. Es gibt hierbei freilich einen Unterschied, aber der liegt anderswo, kann jetzt noch nicht beleuchtet werden. An dem Gefühl von Befremdung, das Sie erwähnen, mag es Anteil haben, daß man uns diesen Besitz von religiösen Vorstellungen als göttliche Offenbarung vorzuführen pflegt. Allein das ist selbst schon ein Stück des religiösen Systems, vernachlässigt ganz die uns bekannte historische Entwicklung dieser Ideen und ihre Verschiedenheiten in verschiedenen Zeiten und Kulturen.

»Ein anderer Punkt, der mir wichtiger erscheint. Sie lassen die Vermenschlichung der Natur aus dem Bedürfnis hervorgehen, der menschlichen Rat- und Hilflosigkeit gegen deren gefürchtete Kräfte ein Ende zu machen, sich in Beziehung zu ihnen zu setzen und sie endlich zu beeinflussen. Aber ein solches Motiv scheint überflüssig zu sein. Der primitive Mensch hat ja keine Wahl, keinen anderen Weg des Denkens. Es ist ihm natürlich, wie eingeboren, daß er sein Wesen in die Welt hinausprojiziert, alle Vorgänge, die er beobachtet, als Äußerungen von Wesen ansieht, die im Grunde ähnlich sind wie er selbst. Es ist das die einzige Methode seines Begreifens. Und es ist keineswegs selbstverständlich, vielmehr ein merkwürdiges Zusammentreffen, wenn es ihm gelingen sollte, durch solches Gewährenlassen seiner natürlichen Anlage eines seiner großen Bedürfnisse zu befriedigen.«

Ich finde das nicht so auffällig. Meinen Sie denn, daß das Denken der Menschen keine praktischen Motive kennt, bloß der Ausdruck einer uneigennützigen Wißbegierde ist? Das ist doch sehr unwahrscheinlich. Eher glaube ich, daß der Mensch, auch wenn er die Naturkräfte personifiziert, einem infantilen Vorbild folgt. Er hat an den Personen seiner ersten Umgebung gelernt, daß, wenn er eine

Relation zu ihnen herstellt, dies der Weg ist, um sie zu beeinflussen, und darum behandelt er später in der gleichen Absicht alles andere, was ihm begegnet, wie jene Personen. Ich widerspreche also Ihrer deskriptiven Bemerkung nicht, es ist wirklich dem Menschen natürlich, alles zu personifizieren, was er begreifen will, um es später zu beherrschen – die psychische Bewältigung als Vorbereitung zur physischen –, aber ich gebe Motiv und Genese dieser Eigentümlichkeit des menschlichen Denkens dazu.

»Und jetzt noch ein drittes: Sie haben ja den Ursprung der Religion früher einmal behandelt, in Ihrem Buch *Totem und Tabu*. Aber dort sieht es anders aus. Alles ist das Sohn-Vater-Verhältnis, Gott ist der erhöhte Vater, die Vatersehnsucht ist die Wurzel des religiösen Bedürfnisses. Seither, scheint es, haben Sie das Moment der menschlichen Ohnmacht und Hilflosigkeit entdeckt, dem ja allgemein die größte Rolle bei der Religionsbildung zugeschrieben wird, und nun schreiben Sie alles auf Hilflosigkeit um, was früher Vaterkomplex war. Darf ich Sie um Auskunft über diese Wandlung bitten?«

Gern, ich wartete nur auf diese Aufforderung. Wenn es wirklich eine Wandlung ist. In *Totem und Tabu* sollte nicht die Entstehung der Religionen erklärt werden, sondern nur die des Totemismus. Können Sie von irgendeinem der Ihnen bekannten Standpunkte verständlich machen, daß die erste Form, in der sich die schützende Gottheit dem Menschen offenbarte, die tierische war, daß ein Verbot bestand, dieses Tier zu töten und zu verzehren, und doch die feierliche Sitte, es einmal im Jahr gemeinsam zu töten und zu verzehren? Gerade das hat im Totemismus statt. Und es ist kaum zweckmäßig, darüber zu streiten, ob man den Totemismus eine Religion heißen soll. Er hat innige Beziehungen zu den späteren Gottesreligionen, die Totemtiere werden zu den heiligen Tieren der Götter. Und die ersten, aber tiefgehendsten sittlichen Beschränkungen – das Mord- und das Inzestverbot – entstehen auf dem Boden des Totemismus. Ob Sie nun die Folgerungen von *Totem und Tabu* annehmen oder nicht, ich hoffe, Sie werden zugeben, daß in dem Buch eine Anzahl von sehr merkwürdigen versprengten Tatsachen zu einem konsistenten Ganzen zusammengefaßt ist.

Warum der tierische Gott auf die Dauer nicht genügte und durch den menschlichen abgelöst wurde, das ist in *Totem und Tabu* kaum gestreift worden, andere Probleme der Religionsbildung finden dort überhaupt keine Erwähnung. Halten Sie solche Beschränkung für identisch mit einer Verleugnung? Meine Arbeit ist ein gutes Beispiel von strenger Isolierung des Anteils, den die psychoanalytische Betrachtung zur Lösung des religiösen Problems leisten kann. Wenn ich jetzt versuche, das andere, weniger tief Versteckte hinzuzufügen, so sollen Sie mich nicht des Widerspruchs beschuldigen wie früher der Einseitigkeit. Es ist natürlich meine Aufgabe, die Verbindungswege zwischen dem früher Gesagten und dem jetzt Vorgebrachten, der tieferen und der manifesten Motivierung, dem Vaterkomplex und der Hilflosigkeit und Schutzbedürftigkeit des Menschen aufzuzeigen.

Diese Verbindungen sind nicht schwer zu finden. Es sind die Beziehungen der Hilflosigkeit des Kindes zu der sie fortsetzenden des Erwachsenen, so daß, wie zu erwarten stand, die psychoanalytische Motivierung der Religionsbildung der infantile Beitrag zu ihrer manifesten Motivierung wird. Versetzen wir uns in das Seelenleben des kleinen Kindes. Sie erinnern sich an die Objektwahl nach dem Anlehnungstypus,[4] von dem die Analyse spricht? Die Libido folgt den Wegen der narzißtischen Bedürfnisse und heftet sich an die Objekte, welche deren Befriedigung versichern. So wird die Mutter, die den Hunger befriedigt, zum ersten Liebesobjekt und gewiß auch zum ersten Schutz gegen alle die unbestimmten, in der Außenwelt drohenden Gefahren, zum ersten Angstschutz, dürfen wir sagen.

In dieser Funktion wird die Mutter bald von dem stärkeren Vater abgelöst, dem sie nun über die ganze Kindheit

4 [Vgl. Abschnitt II der Studie *Zur Einführung des Narzißmus* in Band 1 der vorliegenden Ausgabe.]

verbleibt. Das Verhältnis zum Vater ist aber mit einer eigentümlichen Ambivalenz behaftet. Er war selbst eine Gefahr, vielleicht von dem früheren Verhältnis zur Mutter her. So fürchtet man ihn nicht minder, als man sich nach ihm sehnt und ihn bewundert. Die Anzeichen dieser Ambivalenz des Vaterverhältnisses sind allen Religionen tief eingeprägt, wie auch in *Totem und Tabu* ausgeführt wird. Wenn nun der Heranwachsende merkt, daß es ihm bestimmt ist, immer ein Kind zu bleiben, daß er des Schutzes gegen fremde Übermächte nie entbehren kann, verleiht er diesen die Züge der Vatergestalt, er schafft sich die Götter, vor denen er sich fürchtet, die er zu gewinnen sucht und denen er doch seinen Schutz überträgt. So ist das Motiv der Vatersehnsucht identisch mit dem Bedürfnis nach Schutz gegen die Folgen der menschlichen Ohnmacht; die Abwehr der kindlichen Hilflosigkeit verleiht der Reaktion auf die Hilflosigkeit, die der Erwachsene anerkennen muß, eben der Religionsbildung, ihre charakteristischen Züge. Aber es ist nicht unsere Absicht, die Entwicklung der Gottesidee weiter zu erforschen; wir haben es hier mit dem fertigen Schatz von religiösen Vorstellungen zu tun, wie ihn die Kultur dem Einzelnen übermittelt.

V

Um den Faden der Untersuchung wiederaufzunehmen: Welches ist also die psychologische Bedeutung der religiösen Vorstellungen, als was können wir sie klassifizieren? Die Frage ist zunächst gar nicht leicht zu beantworten. Nach Abweisung verschiedener Formulierungen wird man bei der einen stehenbleiben: Es sind Lehrsätze, Aussagen über Tatsachen und Verhältnisse der äußeren (oder inneren) Realität, die etwas mitteilen, was man selbst nicht gefunden hat, und die beanspruchen, daß man ihnen Glauben schenkt. Da sie Auskunft geben über das für uns Wichtigste und Interessanteste im Leben, werden sie besonders hochgeschätzt. Wer nichts von ihnen weiß, ist sehr unwissend; wer sie in sein Wissen aufgenommen hat, darf sich für sehr bereichert halten.

Es gibt natürlich viele solche Lehrsätze über die verschiedenartigsten Dinge dieser Welt. Jede Schulstunde ist voll von ihnen. Wählen wir die geographische. Wir hören da: Konstanz liegt am Bodensee. Ein Studentenlied setzt hinzu: Wer's nicht glaubt, geh' hin und seh'. Ich war zufällig dort und kann bestätigen, die schöne Stadt liegt am Ufer eines weiten Gewässers, das alle Umwohnenden Bodensee heißen. Ich bin jetzt auch von der Richtigkeit dieser geographischen Behauptung vollkommen überzeugt. Dabei erinnere ich mich an ein anderes, sehr merkwürdiges Erlebnis. Ich war schon ein gereifter Mann, als ich zum erstenmal auf dem Hügel der athenischen Akropolis stand, zwischen den Tempelruinen, mit dem Blick aufs blaue Meer. In meine Beglückung mengte sich ein Gefühl von Erstaunen, das mir die Deutung eingab: »Also ist das wirklich so, wie wir's in der Schule gelernt hatten!« Was für seichten und kraftlosen Glauben an die reale Wahrheit des Gehörten muß ich damals erworben haben, wenn ich heute so erstaunt sein kann! Aber ich will die Bedeutung dieses Erlebnisses nicht zu sehr betonen; es ist noch eine andere Erklärung meines Erstaunens möglich, die mir damals nicht einfiel, die durchaus subjektiver Natur ist und mit der Besonderheit des Ortes zusammenhängt[5].

Alle solche Lehrsätze verlangen also Glauben für ihre Inhalte, aber nicht ohne ihren Anspruch zu begründen. Sie geben sich als das abgekürzte Resultat eines längeren, auf Beobachtung, gewiß auch Schlußfolgerung gegründeten Denkprozesses; wer die Absicht hat, diesen Prozeß selbst durchzumachen, anstatt sein Ergebnis anzunehmen, dem zeigen sie den Weg dazu. Es wird immer auch hinzugesetzt, woher man die Kenntnis hat, die der Lehrsatz verkündet, wo er nicht, wie bei geographischen Behauptungen, selbstverständlich ist. Zum Beispiel die Erde hat die Gestalt

5 [Vgl. den *Brief an Romain Rolland* im vorliegenden Band unserer Ausgabe.]

einer Kugel; als Beweise dafür werden angeführt der Foucaultsche Pendelversuch[6], das Verhalten des Horizonts, die Möglichkeit, die Erde zu umschiffen. Da es, wie alle Beteiligten einsehen, untunlich ist, alle Schulkinder auf Erdumseglungen zu schicken, bescheidet man sich damit, die Lehren der Schule auf »Treu und Glauben« annehmen zu lassen, aber man weiß, der Weg zur persönlichen Überzeugung bleibt offen.

Versuchen wir die religiösen Lehrsätze mit demselben Maß zu messen. Wenn wir die Frage aufwerfen, worauf sich ihr Anspruch gründet, geglaubt zu werden, erhalten wir drei Antworten, die merkwürdig schlecht zusammenstimmen. Erstens, sie verdienen Glauben, weil schon unsere Urväter sie geglaubt haben, zweitens besitzen wir Beweise, die uns aus eben dieser Vorzeit überliefert sind, und drittens ist es überhaupt verboten, die Frage nach dieser Beglaubigung aufzuwerfen. Dies Unterfangen wurde früher mit den allerhärtesten Strafen belegt, und noch heute sieht es die Gesellschaft ungern, daß jemand es erneuert.

Dieser dritte Punkt muß unsere stärksten Bedenken wekken. Ein solches Verbot kann doch nur die eine Motivierung haben, daß die Gesellschaft die Unsicherheit des Anspruchs sehr wohl kennt, den sie für ihre religiösen Lehren erhebt. Wäre es anders, so würde sie gewiß jedem, der sich selbst eine Überzeugung schaffen will, das Material dazu bereitwilligst zur Verfügung stellen. Wir gehen darum mit einem nicht leicht zu beschwichtigenden Mißtrauen an die Prüfung der beiden anderen Beweisgründe. Wir sollen glauben, weil unsere Urväter geglaubt haben. Aber diese unsere Ahnen waren weit unwissender als wir, sie haben an Dinge geglaubt, die wir heute unmöglich annehmen können. Die Möglichkeit regt sich, daß auch die religiösen

---

6 [Der franz. Physiker Léon Foucault (1819–1868) führte 1851 seinen Pendelversuch zum Nachweis der Achsendrehung der Erde aus. Foucault ließ einen schweren Pendelkörper zunächst im Meridian schwingen. Das Pendel wich mehr und mehr von der Meridianebene ab, wobei sich die Pendelebene scheinbar im Uhrzeigersinn drehte. Tatsächlich dreht sich die Erde gewissermaßen unter der Pendelebene weg.]

Lehren von solcher Art sein könnten. Die Beweise, die sie uns hinterlassen haben, sind in Schriften niedergelegt, die selbst alle Charaktere der Unzuverlässigkeit an sich tragen. Sie sind widerspruchsvoll, überarbeitet, verfälscht; wo sie von tatsächlichen Beglaubigungen berichten, selbst unbeglaubigt. Es hilft nicht viel, wenn für ihren Wortlaut oder auch nur für ihren Inhalt die Herkunft von göttlicher Offenbarung behauptet wird, denn diese Behauptung ist bereits selbst ein Stück jener Lehren, die auf ihre Glaubwürdigkeit untersucht werden sollen, und kein Satz kann sich doch selbst beweisen.

So kommen wir zu dem sonderbaren Ergebnis, daß gerade diejenigen Mitteilungen unseres Kulturbesitzes, die die größte Bedeutung für uns haben könnten, denen die Aufgabe zugeteilt ist, uns die Rätsel der Welt aufzuklären und uns mit den Leiden des Lebens zu versöhnen, daß gerade sie die allerschwächste Beglaubigung haben. Wir würden uns nicht entschließen können, eine für uns so gleichgültige Tatsache anzunehmen, wie daß Walfische Junge gebären anstatt Eier abzulegen, wenn sie nicht besser erweisbar wäre.

Dieser Sachverhalt ist an sich ein sehr merkwürdiges psychologisches Problem. Auch möge niemand glauben, daß die vorstehenden Bemerkungen über die Unbeweisbarkeit der religiösen Lehren etwas Neues enthalten. Sie ist zu jeder Zeit verspürt worden, gewiß auch von den Urahnen, die solche Erbschaft hinterlassen haben. Wahrscheinlich haben viele von ihnen dieselben Zweifel genährt wie wir, es lastete aber ein zu starker Druck auf ihnen, als daß sie gewagt hätten, dieselben zu äußern. Und seither haben sich unzählige Menschen mit den nämlichen Zweifeln gequält, die sie unterdrücken wollten, weil sie sich für verpflichtet hielten zu glauben, sind viele glänzende Intellekte an diesem Konflikt gescheitert, haben viele Charaktere an den Kompromissen Schaden gelitten, in denen sie einen Ausweg suchten.

Wenn alle Beweise, die man für die Glaubwürdigkeit der religiösen Lehrsätze vorbringt, aus der Vergangenheit stammen, so liegt es nahe umzuschauen, ob nicht die besser zu beurteilende Gegenwart auch solche Beweise liefern kann. Wenn es gelänge, nur ein einzelnes Stück des religiösen Systems solcherart dem Zweifel zu entziehen, so würde dadurch das Ganze außerordentlich an Glaubhaftigkeit gewinnen. Hier setzt die Tätigkeit der Spiritisten ein, die von der Fortdauer der individuellen Seele überzeugt sind und uns diesen einen Satz der religiösen Lehre zweifelsfrei demonstrieren wollen. Es gelingt ihnen leider nicht zu widerlegen, daß die Erscheinungen und Äußerungen ihrer Geister nur Produktionen ihrer eigenen Seelentätigkeit sind. Sie haben die Geister der größten Menschen, der hervorragendsten Denker zitiert, aber alle Äußerungen und Auskünfte, die sie von ihnen erhielten, waren so albern, so trostlos nichtssagend, daß man nichts anderes glaubwürdig finden kann als die Fähigkeit der Geister, sich dem Kreis von Menschen anzupassen, der sie heraufbeschwört.

Man muß nun zweier Versuche gedenken, die den Eindruck krampfhafter Bemühung machen, dem Problem zu entgehen. Der eine, gewaltsamer Natur, ist alt, der andere subtil und modern. Der erstere ist das *»Credo quia absurdum«* des Kirchenvaters.[7] Das will besagen, die religiösen Lehren sind den Ansprüchen der Vernunft entzogen, sie stehen über der Vernunft. Man muß ihre Wahrheit innerlich verspüren, braucht sie nicht zu begreifen. Allein dieses *Credo* ist nur als Selbstbekenntnis interessant, als Machtspruch ist es ohne Verbindlichkeit. Soll ich verpflichtet werden, jede Absurdität zu glauben? Und wenn nicht, warum gerade diese? Es gibt keine Instanz über der Vernunft. Wenn die Wahrheit der religiösen Lehren abhängig ist von einem inneren Erlebnis, das diese Wahrheit bezeugt, was macht man mit den vielen Menschen, die solch ein seltenes Erlebnis nicht haben? Man kann von allen

7 [Der Satz »Ich glaube, weil es widersinnig ist« wird Tertullian (geb. in Karthago nach der Mitte des 2. Jhd., gest. um 222 in Karthago), dem ältesten lat. Kirchenschriftsteller, zugeschrieben. Freud hat ihn mehrmals verwendet, u. a. auch in der Studie *Das Unbehagen in der Kultur* (vgl. S. Freud, *Trauer und Melancholie. Essays*, Berlin 1982, S. 157).]

Menschen verlangen, daß sie die Gabe der Vernunft anwenden, die sie besitzen, aber man kann nicht eine für alle gültige Verpflichtung auf ein Motiv aufbauen, das nur bei ganz wenigen existiert. Wenn der eine aus einem ihn tief ergreifenden ekstatischen Zustand die unerschütterliche Überzeugung von der realen Wahrheit der religiösen Lehren gewonnen hat, was bedeutet das dem anderen?

Der zweite Versuch ist der der Philosophie des »Als ob«. Er führt aus, daß es in unserer Denktätigkeit reichlich Annahmen gibt, deren Grundlosigkeit, ja deren Absurdität wir voll einsehen. Sie werden Fiktionen geheißen, aber aus mannigfachen praktischen Motiven müßten wir uns so benehmen, »als ob« wir an diese Fiktionen glaubten. Dies treffe für die religiösen Lehren wegen ihrer unvergleichlichen Wichtigkeit für die Aufrechterhaltung der menschlichen Gesellschaft zu.[8] Diese Argumentation ist von dem *»Credo quia absurdum«* nicht weit entfernt. Aber ich meine, die Forderung des »Als ob« ist eine solche, wie sie nur ein Philosoph aufstellen kann. Der durch die Künste der Philosophie in seinem Denken nicht beeinflußte Mensch wird

---

8 Ich hoffe kein Unrecht zu begehen, wenn ich den Philosophen des »Als ob« eine Ansicht vertreten lasse, die auch anderen Denkern nicht fremd ist. Vgl. H. Vaihinger (*Die Philosophie des Als Ob,* 7. und 8. Aufl. Berlin 1922, S. 68): »Wir ziehen in den Kreis der Fiktion nicht nur gleichgiltige, theoretische Operationen herein, sondern Begriffsgebilde, welche die edelsten Menschen ersonnen haben, an denen das Herz des edleren Teiles der Menschheit hängt und welche diese sich nicht entreißen läßt. Wir wollen das auch gar nicht tun – als *praktische Fiktion* lassen wir das alles bestehen, als *theoretische Wahrheit* aber stirbt es dahin.« [Hans Vaihinger (1852–1933) verstand das Denken nur pragmatisch als ein Mittel des Handelns, als eine biologisch zweckmäßige Funktion. Bei dem Zurechtfinden in der Wirklichkeit seien Umwege und Kunstgriffe notwendig, ein ungeheures Gewebe von Fiktionen. Vaihinger entwickelte diese Konzeption in seinem Hauptwerk *Die Philosophie des Als-Ob, System der theoretischen, praktischen und religiösen Fiktionen der Menschheit auf Grund eines idealistischen Positivismus,* dessen Anfänge bis 1876 zurückreichen, das aber im wesentlichen nach 1906 geschrieben wurde und 1911 erstmals erschien. Die Philosophie des Als-Ob fand Anhänger, und Vaihinger selbst gründete für sie zwei Periodika: *Annalen der Philosophie mit besonderer Rücksicht der Als-Ob-Betrachtung* (seit 1919) und *Bausteine zu einer Philosophie des Als-Ob* (seit 1921).]

sie nie annehmen können, für ihn ist mit dem Zugeständnis der Absurdität, der Vernunftwidrigkeit, alles erledigt. Er kann nicht dazu verhalten werden, gerade in der Behandlung seiner wichtigsten Interessen auf die Sicherheiten zu verzichten, die er sonst für alle seine gewöhnlichen Tätigkeiten verlangt. Ich erinnere mich an eines meiner Kinder, das sich frühzeitig durch eine besondere Betonung der Sachlichkeit auszeichnete. Wenn den Kindern ein Märchen erzählt wurde, dem sie andächtig lauschten, kam er hinzu und fragte: Ist das eine wahre Geschichte? Nachdem man es verneint hatte, zog er mit einer geringschätzigen Miene ab. Es steht zu erwarten, daß sich die Menschen gegen die religiösen Märchen bald ähnlich benehmen werden, trotz der Fürsprache des »Als ob«.

Aber sie benehmen sich derzeit noch ganz anders, und in vergangenen Zeiten haben die religiösen Vorstellungen trotz ihres unbestreitbaren Mangels an Beglaubigung den allerstärksten Einfluß auf die Menschheit geübt. Das ist ein neues psychologisches Problem. Man muß fragen, worin besteht die innere Kraft dieser Lehren, welchem Umstand verdanken sie ihre von der vernünftigen Anerkennung unabhängige Wirksamkeit?

VI

Ich meine, wir haben die Antwort auf beide Fragen genügend vorbereitet. Sie ergibt sich, wenn wir die psychische Genese der religiösen Vorstellungen ins Auge fassen. Diese, die sich als Lehrsätze ausgeben, sind nicht Niederschläge der Erfahrung oder Endresultate des Denkens, es sind Illusionen, Erfüllungen der ältesten, stärksten, dringendsten Wünsche der Menschheit; das Geheimnis ihrer Stärke ist die Stärke dieser Wünsche. Wir wissen schon, der schreckende Eindruck der kindlichen Hilflosigkeit hat das Bedürfnis nach Schutz – Schutz durch Liebe – erweckt, dem der Vater abgeholfen hat, die Erkenntnis von der Fortdauer dieser Hilflosigkeit durchs ganze Leben hat das Festhalten an der Existenz eines – aber nun mächtigeren Vaters verursacht. Durch das gütige Walten der göttlichen Vorsehung wird die Angst vor den Gefahren des Lebens beschwichtigt, die Einsetzung einer sittlichen Weltordnung versichert die Erfüllung der Gerechtigkeitsforderung, die innerhalb der menschlichen Kultur so oft unerfüllt geblieben ist, die Verlängerung der irdischen Existenz durch ein zukünftiges Leben stellt den örtlichen und zeitlichen Rahmen bei, in dem sich diese Wunscherfüllungen vollziehen sollen. Antworten auf Rätselfragen der menschlichen Wißbegierde, wie nach der Entstehung der Welt und der Beziehung zwischen Körperlichem und Seelischem, werden unter den Voraussetzungen dieses Systems entwickelt; es bedeutet eine großartige Erleichterung für die Einzelpsyche, wenn die nie ganz überwundenen Konflikte der Kinderzeit aus dem Vaterkomplex ihr abgenommen und einer von allen angenommenen Lösung zugeführt werden.

Wenn ich sage, das alles sind Illusionen, muß ich die Bedeutung des Wortes abgrenzen. Eine Illusion ist nicht dasselbe wie ein Irrtum, sie ist auch nicht notwendig ein Irrtum. Die Meinung des Aristoteles, daß sich Ungeziefer aus Unrat entwickle, an der das unwissende Volk noch heute festhält, war ein Irrtum, ebenso die einer früheren ärztlichen Generation, daß die *Tabes dorsalis* die Folge von sexueller Ausschweifung sei. Es wäre mißbräuchlich, diese Irrtümer Illusionen zu heißen. Dagegen war es eine Illusion des Kolumbus, daß er einen neuen Seeweg nach Indien entdeckt habe. Der Anteil seines Wunsches an diesem Irrtum ist sehr deutlich. Als Illusion kann man die Behauptung gewisser Nationalisten bezeichnen, die Indogermanen seien die einzige kulturfähige Menschenrasse, oder den Glauben, den erst die Psychoanalyse zerstört hat, das Kind sei ein Wesen ohne Sexualität. Für die Illusion bleibt charakteristisch die Ableitung aus menschlichen Wünschen, sie nähert sich in dieser Hinsicht der psychiatrischen Wahnidee, aber sie scheidet sich, abgesehen von dem komplizierten Aufbau der Wahnidee, auch von dieser. An der

Wahnidee heben wir als wesentlich den Widerspruch gegen die Wirklichkeit hervor, die Illusion muß nicht notwendig falsch, d. h. unrealisierbar oder im Widerspruch mit der Realität sein. Ein Bürgermädchen kann sich z. B. die Illusion machen, daß ein Prinz kommen wird, um sie heimzuholen. Es ist möglich, einige Fälle dieser Art haben sich ereignet. Daß der Messias kommen und ein goldenes Zeitalter begründen wird, ist weit weniger wahrscheinlich; je nach der persönlichen Einstellung des Urteilenden wird er diesen Glauben als Illusion oder als Analogie einer Wahnidee klassifizieren. Beispiele von Illusionen, die sich bewahrheitet haben, sind sonst nicht leicht aufzufinden. Aber die Illusion der Alchimisten, alle Metalle in Gold verwandeln zu können, könnte eine solche sein. Der Wunsch, sehr viel Gold, soviel Gold als möglich zu haben, ist durch unsere heutige Einsicht in die Bedingungen des Reichtums sehr gedämpft, doch hält die Chemie eine Umwandlung der Metalle in Gold nicht mehr für unmöglich. Wir heißen also einen Glauben eine Illusion, wenn sich in seiner Motivierung die Wunscherfüllung vordrängt, und sehen dabei von seinem Verhältnis zur Wirklichkeit ab, ebenso wie die Illusion selbst auf ihre Beglaubigungen verzichtet.

Wenden wir uns nach dieser Orientierung wieder zu den religiösen Lehren, so dürfen wir wiederholend sagen: Sie sind sämtlich Illusionen, unbeweisbar, niemand darf gezwungen werden, sie für wahr zu halten, an sie zu glauben. Einige von ihnen sind so unwahrscheinlich, so sehr im Widerspruch zu allem, was wir mühselig über die Realität der Welt erfahren haben, daß man sie – mit entsprechender Berücksichtigung der psychologischen Unterschiede – den Wahnideen vergleichen kann. Über den Realitätswert der meisten von ihnen kann man nicht urteilen. So wie sie unbeweisbar sind, sind sie auch unwiderlegbar. Man weiß noch zu wenig, um ihnen kritisch näherzurücken. Die Rätsel der Welt entschleiern sich unserer Forschung nur langsam, die Wissenschaft kann auf viele Fragen heute noch keine Antwort geben. Die wissenschaftliche Arbeit ist aber für uns der einzige Weg, der zur Kenntnis der Realität außer uns führen kann. Es ist wiederum nur Illusion, wenn man von der Intuition und der Selbstversenkung etwas erwartet; sie kann uns nichts geben als – schwer deutbare – Aufschlüsse über unser eigenes Seelenleben, niemals Auskunft über die Fragen, deren Beantwortung der religiösen Lehre so leicht wird. Die eigene Willkür in die Lücke eintreten zu lassen und nach persönlichem Ermessen dies oder jenes Stück des religiösen Systems für mehr oder weniger annehmbar zu erklären wäre frevelhaft. Dafür sind diese Fragen zu bedeutungsvoll, man möchte sagen: zu heilig.

An dieser Stelle kann man auf den Einwand gefaßt sein: »Also, wenn selbst die verbissenen Skeptiker zugeben, daß die Behauptungen der Religion nicht mit dem Verstand zu widerlegen sind, warum soll ich ihnen dann nicht glauben, da sie soviel für sich haben, die Tradition, die Übereinstimmung der Menschen und all das Tröstliche ihres Inhalts?« Ja, warum nicht? So wie niemand zum Glauben gezwungen werden kann, so auch niemand zum Unglauben. Aber man gefalle sich nicht in der Selbsttäuschung, daß man mit solchen Begründungen die Wege des korrekten Denkens geht. Wenn die Verurteilung »faule Ausrede« je am Platze war, so hier. Die Unwissenheit ist die Unwissenheit; kein Recht, etwas zu glauben, leitet sich aus ihr ab. Kein vernünftiger Mensch wird sich in anderen Dingen so leichtsinnig benehmen und sich mit so armseligen Begründungen seiner Urteile, seiner Parteinahme, zufriedengeben, nur in den höchsten und heiligsten Dingen gestattet er sich das. In Wirklichkeit sind es nur Bemühungen, um sich oder anderen vorzuspiegeln, man halte noch an der Religion fest, während man sich längst von ihr abgelöst hat. Wenn es sich um Fragen der Religion handelt, machen sich die Menschen aller möglichen Unaufrichtigkeiten und intellektuellen Unarten schuldig. Philosophen überdehnen die Bedeutung von Worten, bis diese kaum etwas von ihrem ursprünglichen Sinn übrigbehalten, sie heißen irgendeine verschwommene Abstraktion, die sie sich geschaffen habe, »Gott« und sind nun auch Deisten, Gottesgläubige vor aller Welt, können sich selbst rühmen, einen höheren, reineren Gottesbegriff erkannt zu haben, obwohl ihr Gott nur mehr ein wesenloser Schatten ist und nicht mehr die machtvolle Persönlichkeit der religiösen Lehre. Kritiker beharren darauf, einen Menschen, der sich zum Gefühl der menschlichen Kleinheit und Ohnmacht vor dem Ganzen der Welt bekannt, für »tief religiös« zu erklären, obwohl nicht dieses Gefühl das Wesen der Religiosität ausmacht, sondern erst der nächste Schritt, die Reaktion darauf, die gegen dies Gefühl eine Abhilfe sucht. Wer nicht weiter geht, wer sich demütig mit der geringfügigen Rolle des Menschen in der großen Welt bescheidet, der ist vielmehr irreligiös im wahrsten Sinne des Wortes.

Es liegt nicht im Plane dieser Untersuchung, zum Wahrheitswert der religiösen Lehren Stellung zu nehmen. Es genügt uns, sie in ihrer psychologischen Natur als Illusionen erkannt zu haben. Aber wir brauchen nicht zu verhehlen, daß diese Aufdeckung auch unsere Einstellung zu der Frage, die vielen als die wichtigste erscheinen muß, mächtig beeinflußt. Wir wissen ungefähr, zu welchen Zeiten die religiösen Lehren geschaffen worden sind und von was für Menschen. Erfahren wir noch, aus welchen Motiven es geschah, so erfährt unser Standpunkt zum religiösen Problem eine merkliche Verschiebung. Wir sagen uns, es wäre ja sehr schön, wenn es einen Gott gäbe als Weltenschöpfer und gütige Vorsehung, eine sittliche Weltordnung und ein jenseitiges Leben, aber es ist doch sehr auffällig, daß dies alles so ist, wie wir es uns wünschen müssen. Und es wäre noch sonderbarer, daß unseren armen, unwissenden, unfreien Vorvätern die Lösung all dieser schwierigen Welträtsel geglückt sein sollte.

VII

Wenn wir die religiösen Lehren als Illusionen erkannt haben, erhebt sich sofort die weitere Frage, ob nicht auch anderer Kulturbesitz, den wir hochhalten und von dem wir unser Leben beherrschen lassen, ähnlicher Natur ist. Ob nicht die Voraussetzungen, die unsere staatlichen Einrichtungen regeln, gleichfalls Illusionen genannt werden müssen, ob nicht die Beziehungen der Geschlechter in unserer Kultur durch eine oder eine Reihe von erotischen Illusionen getrübt werden? Ist unser Mißtrauen einmal rege geworden, so werden wir auch vor der Frage nicht zurückschrecken, ob unsere Überzeugung, durch die Anwendung des Beobachtens und Denkens in wissenschaftlicher Arbeit etwas von der äußeren Realität erfahren zu können, eine bessere Begründung hat. Nichts darf uns abhalten, die Wendung der Beobachtung auf unser eigenes Wesen und die Verwendung des Denkens zu seiner eigenen Kritik gutzuheißen. Eine Reihe von Untersuchungen eröffnet sich hier, deren Ausfall entscheidend für den Aufbau einer »Weltanschauung« werden müßte. Wir ahnen auch, daß eine solche Bemühung nicht verschwendet sein und daß sie unserem Argwohn wenigstens teilweise Rechtfertigung bringen wird. Aber das Vermögen des Autors verweigert sich einer so umfassenden Aufgabe, notgedrungen engt er seine Arbeit auf die Verfolgung einer einzigen von diesen Illusionen, eben der religiösen, ein.

Die laute Stimme unseres Gegners gebietet uns nun halt. Wir werden zur Rechenschaft gezogen ob unseres verbotenen Tuns. Er sagt uns:

»Archäologische Interessen sind ja recht lobenswert, aber man stellt keine Ausgrabungen an, wenn man durch sie die Wohnstätten der Lebenden untergräbt, so daß sie einstürzen und die Menschen unter ihren Trümmern verschütten. Diese religiösen Lehren sind kein Gegenstand, über den man klügeln kann wie über einen beliebigen anderen. Unsere Kultur ist auf ihnen aufgebaut, die Erhaltung der menschlichen Gesellschaft hat zur Voraussetzung, daß die Menschen in ihrer Überzahl an die Wahrheit dieser Lehren glauben. Wenn man sie lehrt, daß es keinen allmächtigen und allgerechten Gott gibt, keine göttliche Weltordnung und kein künftiges Leben, so werden sie sich aller Verpflichtung zur Befolgung der Kulturvorschriften ledig fühlen. Jeder wird ungehemmt, angstfrei seinen asozialen, egoistischen Trieben folgen, seine Macht zu betätigen suchen, das Chaos wird wieder beginnen, das wir in vieltausendjähriger Kulturarbeit gebannt haben. Selbst wenn man es wüßte und beweisen könnte, daß die Religion nicht im Besitz der Wahrheit ist, müßte man es verschweigen und sich so benehmen, wie es die Philosophie des ›Als ob‹ verlangt. Im Interesse der Erhaltung aller! Und von der Gefährlichkeit des Unternehmens abgesehen, es ist auch eine zwecklose Grausamkeit. Unzählige Menschen finden in den Lehren der Religion ihren einzigen Trost, können nur durch ihre Hilfe das Leben ertragen. Man will ihnen diese ihre Stütze rauben und hat ihnen nichts Besseres dafür zu geben. Es ist zugestanden worden, daß die Wissenschaft derzeit nicht viel leistet, aber auch wenn sie viel weiter fortgeschritten wäre, würde sie den Menschen nicht genügen. Der Mensch hat noch andere imperative Bedürfnisse, die nie durch die kühle Wissenschaft befriedigt werden können, und es ist sehr sonderbar, geradezu ein Gipfel der Inkonsequenz, wenn ein Psychologe, der immer betont hat, wie sehr im Leben der Menschen die Intelligenz gegen das Triebleben zurücktritt, sich nun bemüht, den Menschen eine kostbare Wunschbefriedigung zu rauben, und sie dafür mit intellektueller Kost entschädigen will.«

Das sind viel Anklagen auf einmal! Aber ich bin vorbereitet, ihnen allen zu widersprechen, und überdies werde ich die Behauptung vertreten, daß es eine größere Gefahr für die Kultur bedeutet, wenn man ihr gegenwärtiges Verhältnis zur Religion aufrechthält, als wenn man es löst. Nur weiß ich kaum, womit ich in meiner Erwiderung beginnen soll.

Vielleicht mit der Versicherung, daß ich selbst mein Unternehmen für völlig harmlos und ungefährlich halte. Die Überschätzung des Intellekts ist diesmal nicht auf meiner Seite. Wenn die Menschen so sind, wie die Gegner sie beschreiben – und ich mag dem nicht widersprechen –, so besteht keine Gefahr, daß ein Frommgläubiger sich, durch meine Ausführungen überwältigt, seinen Glauben entreißen läßt. Außerdem habe ich nichts gesagt, was nicht andere, bessere Männer viel vollständiger, kraftvoller und eindrucksvoller vor mir gesagt haben. Die Namen dieser Männer sind bekannt; ich werde sie nicht anführen, es soll nicht der Anschein geweckt werden, daß ich mich in ihre Reihe stellen will. Ich habe bloß – dies ist das einzig Neue an meiner Darstellung – der Kritik meiner großen Vorgänger etwas psychologische Begründung hinzugefügt. Daß gerade dieser Zusatz die Wirkung erzwingen wird, die den früheren versagt geblieben ist, ist kaum zu erwarten. Freilich könnte man mich jetzt fragen, wozu schreibt man solche Dinge, wenn man ihrer Wirkungslosigkeit sicher ist. Aber darauf kommen wir später zurück.

Der einzige, dem diese Veröffentlichung Schaden bringen kann, bin ich selbst. Ich werde die unliebenswürdigsten Vorwürfe zu hören bekommen wegen Seichtigkeit, Borniertheit, Mangel an Idealismus und an Verständnis für die höchsten Interessen der Menschheit. Aber einerseits sind mir diese Vorhaltungen nicht neu, und anderseits, wenn jemand schon in jungen Jahren sich über das Mißfallen seiner Zeitgenossen hinausgesetzt hat, was soll es ihm im Greisenalter anhaben, wenn er sicher ist, bald jeder Gunst und Mißgunst entrückt zu werden? In früheren Zeiten war es anders, da erwarb man durch solche Äußerungen eine sichere Verkürzung seiner irdischen Existenz und eine gute Beschleunigung der Gelegenheit, eigene Erfahrungen über das jenseitige Leben zu machen. Aber ich wiederhole, jene Zeiten sind vorüber, und heute ist solche Schreiberei auch für den Autor ungefährlich. Höchstens daß sein Buch in dem einen oder dem anderen Land nicht übersetzt und nicht verbreitet werden darf. Natürlich gerade in einem Land, das sich des Hochstands seiner Kultur sicher fühlt. Aber wenn man überhaupt für Wunschverzicht und Ergebung in das Schicksal plädiert, muß man auch diesen Schaden ertragen können.

Es tauchte dann bei mir die Frage auf, ob die Veröffentlichung dieser Schrift nicht doch jemand Unheil bringen könnte. Zwar keiner Person, aber einer Sache, der Sache der Psychoanalyse. Es ist ja nicht zu leugnen, daß sie meine

Schöpfung ist, man hat ihr reichlich Mißtrauen und Übelwollen bezeigt; wenn ich jetzt mit so unliebsamen Äußerungen hervortrete, wird man für die Verschiebung von meiner Person auf die Psychoanalyse nur allzu bereit sein. »Jetzt sieht man«, wird es heißen, »wohin die Psychoanalyse führt. Die Maske ist gefallen; zur Leugnung von Gott und sittlichem Ideal, wie wir es ja immer vermutet haben. Um uns von der Entdeckung abzuhalten, hat man uns vorgespiegelt, die Psychoanalyse habe keine Weltanschauung und könne keine bilden.«

Dieser Lärm wird mir wirklich unangenehm sein, meiner vielen Mitarbeiter wegen, von denen manche meine Einstellung zu den religiösen Problemen überhaupt nicht teilen. Aber die Psychoanalyse hat schon viele Stürme überstanden, man muß sie auch diesem neuen aussetzen. In Wirklichkeit ist die Psychoanalyse eine Forschungsmethode, ein parteiloses Instrument, wie etwa die Infinitesimalrechnung. Wenn ein Physiker mit deren Hilfe herausbekommen sollte, daß die Erde nach einer bestimmten Zeit zugrunde gehen wird, so wird man sich doch bedenken, dem Kalkül selbst destruktive Tendenzen zuzuschreiben und ihn darum zu ächten. Alles, was ich hier gegen den Wahrheitswert der Religionen gesagt habe, brauchte die Psychoanalyse nicht, ist lange vor ihrem Bestand von anderen gesagt worden. Kann man aus der Anwendung der psychoanalytischen Methode ein neues Argument gegen den Wahrheitsgehalt der Religion gewinnen, *tant pis*[9] für die Religion, aber Verteidiger der Religion werden sich mit demselben Recht der Psychoanalyse bedienen, um die affektive Bedeutung der religiösen Lehre voll zu würdigen.

Nun, um in der Verteidigung fortzufahren: die Religion hat der menschlichen Kultur offenbar große Dienste geleistet, zur Bändigung der asozialen Triebe viel beigetragen, aber nicht genug. Sie hat durch viele Jahrtausende die menschliche Gesellschaft beherrscht; hatte Zeit zu zeigen, was sie leisten kann. Wenn es ihr gelungen wäre, die Mehr-

9 [franz. um so schlimmer.]

zahl der Menschen zu beglücken, zu trösten, mit dem Leben auszusöhnen, sie zu Kulturträgern zu machen, so würde es niemand einfallen, nach einer Änderung der bestehenden Verhältnisse zu streben. Was sehen wir anstatt dessen? Daß eine erschreckend große Anzahl von Menschen mit der Kultur unzufrieden und in ihr unglücklich ist, sie als ein Joch empfindet, das man abschütteln muß, daß diese Menschen entweder alle Kräfte an eine Abänderung dieser Kultur setzen oder in ihrer Kulturfeindschaft so weit gehen, daß sie von Kultur und Triebeinschränkung überhaupt nichts wissen wollen. Man wird uns hier einwerfen, dieser Zustand komme eben daher, daß die Religion einen Teil ihres Einflusses auf die Menschenmassen eingebüßt hat, gerade infolge der bedauerlichen Wirkung der Fortschritte in der Wissenschaft. Wir werden uns dieses Zugeständnis und seine Begründung merken und es später für unsere Absichten verwerten, aber der Einwand selbst ist kraftlos.

Es ist zweifelhaft, ob die Menschen zur Zeit der uneingeschränkten Herrschaft der religiösen Lehren im ganzen glücklicher waren als heute, sittlicher waren sie gewiß nicht. Sie haben es immer verstanden, die religiösen Vorschriften zu veräußerlichen und damit deren Absichten zu vereiteln. Die Priester, die den Gehorsam gegen die Religion zu bewachen hatten, kamen ihnen dabei entgegen. Gottes Güte mußte seiner Gerechtigkeit in den Arm fallen: Man sündigte, und dann brachte man Opfer oder tat Buße, und dann war man frei, um von neuem zu sündigen. Russische Innerlichkeit hat sich zur Folgerung aufgeschwungen, daß die Sünde unerläßlich sei, um alle Seligkeiten der göttlichen Gnade zu genießen, also im Grunde ein gottgefälliges Werk. Es ist offenkundig, daß die Priester die Unterwürfigkeit der Massen gegen die Religion nur erhalten konnten, indem sie der menschlichen Triebnatur so große Zugeständnisse einräumten. Es blieb dabei: Gott allein ist stark und gut, der Mensch aber schwach und sündhaft. Die Unsittlichkeit hat zu allen Zeiten an der Religion keine mindere Stütze gefunden als die Sittlichkeit. Wenn die Leistungen der Religion in bezug auf die Beglückung der

Menschen, ihre Kultureignung und ihre sittliche Beschränkung keine besseren sind, dann erhebt sich doch die Frage, ob wir ihre Notwendigkeit für die Menschheit nicht überschätzen und ob wir weise daran tun, unsere Kulturforderungen auf sie zu gründen.

Man überlege die unverkennbare gegenwärtige Situation. Wir haben das Zugeständnis gehört, daß die Religion nicht mehr denselben Einfluß auf die Menschen hat wie früher. (Es handelt sich hier um die europäisch-christliche Kultur.) Dies nicht darum, weil ihre Versprechungen geringer geworden sind, sondern weil sie den Menschen weniger glaubwürdig erscheinen. Geben wir zu, daß der Grund dieser Wandlung die Erstarkung des wissenschaftlichen Geistes in den Oberschichten der menschlichen Gesellschaft ist. (Es ist vielleicht nicht der einzige.) Die Kritik hat die Beweiskraft der religiösen Dokumente angenagt, die Naturwissenschaft die in ihnen enthaltenen Irrtümer aufgezeigt, der vergleichenden Forschung ist die fatale Ähnlichkeit der von uns verehrten religiösen Vorstellungen mit den geistigen Produktionen primitiver Völker und Zeiten aufgefallen.

Der wissenschaftliche Geist erzeugt eine bestimmte Art, wie man sich zu den Dingen dieser Welt einstellt; vor den Dingen der Religion macht er eine Weile halt, zaudert, endlich tritt er auch hier über die Schwelle. In diesem Prozeß gibt es keine Aufhaltung, je mehr Menschen die Schätze unseres Wissens zugänglich werden, desto mehr verbreitet sich der Abfall vom religiösen Glauben, zuerst nur von den veralteten, anstößigen Einkleidungen desselben, dann aber auch von seinen fundamentalen Voraussetzungen. Die Amerikaner, die den Affenprozeß in Dayton[10] aufgeführt, haben sich allein konsequent gezeigt. Der unvermeidliche Übergang vollzieht sich sonst über Halbheiten und Unaufrichtigkeiten.

Von den Gebildeten und geistigen Arbeitern ist für die Kultur wenig zu befürchten. Die Ersetzung der religiösen

10 [Eine kleine Stadt in Tennessee, wo im Jahre 1925 ein Naturkundelehrer wegen Verletzung eines staatlichen Gesetzes angeklagt wurde, weil er gelehrt hatte, der Mensch stamme von den Tieren ab.]

Motive für kulturelles Benehmen durch andere, weltliche, würde bei ihnen geräuschlos vor sich gehen, überdies sind sie zum guten Teil selbst Kulturträger. Anders steht es um die große Masse der Ungebildeten, Unterdrückten, die allen Grund haben, Feinde der Kultur zu sein. Solange sie nicht erfahren, daß man nicht mehr an Gott glaubt, ist es gut. Aber sie erfahren es, unfehlbar, auch wenn diese meine Schrift nicht veröffentlicht wird. Und sie sind bereit, die Resultate des wissenschaftlichen Denkens anzunehmen, ohne daß sich in ihnen die Veränderung eingestellt hätte, welche das wissenschaftliche Denken beim Menschen herbeiführt. Besteht da nicht die Gefahr, daß die Kulturfeindschaft dieser Massen sich auf den schwachen Punkt stürzen wird, den sie an ihrer Zwangsherrin erkannt haben? Wenn man seinen Nebenmenschen nur darum nicht erschlagen darf, weil der liebe Gott es verboten hat und es in diesem oder jenem Leben schwer ahnden wird, man erfährt aber, es gibt keinen lieben Gott, man braucht sich vor seiner Strafe nicht zu fürchten, dann erschlägt man ihn gewiß unbedenklich und kann nur durch irdische Gewalt davon abgehalten werden. Also entweder strengste Niederhaltung dieser gefährlichen Massen, sorgsamste Absperrung von allen Gelegenheiten zur geistigen Erweckung oder gründliche Revision der Beziehung zwischen Kultur und Religion.

VIII

Man sollte meinen, daß der Ausführung dieses letzteren Vorschlags keine besonderen Schwierigkeiten im Wege stehen. Es ist richtig, daß man dann auf etwas verzichtet, aber man gewinnt vielleicht mehr und vermeidet eine große Gefahr. Aber man schreckt sich davor, als ob man dadurch die Kultur einer noch größeren Gefahr aussetzen würde. Als Sankt Bonifatius[11] den von den Sachsen als heilig ver-

11 [Bonifatius, der sogenannte »Apostel der Deutschen«, war angelsächsischer Herkunft (eigentlich: Winfried, um 673–754). Er wandte sich seit 716 der Mission der germanischen Heiden zu, zunächst in Friesland, spä-

ehrten Baum umhieb, erwarteten die Umstehenden ein fürchterliches Ereignis als Folge des Frevels. Es traf nicht ein, und die Sachsen nahmen die Taufe an.

Wenn die Kultur das Gebot aufgestellt hat, den Nachbar nicht zu töten, den man haßt, der einem im Wege ist oder dessen Habe man begehrt, so geschah es offenbar im Interesse des menschlichen Zusammenlebens, das sonst undurchführbar wäre. Denn der Mörder würde die Rache der Angehörigen des Ermordeten auf sich ziehen und den dumpfen Neid der anderen, die ebensoviel innere Neigung zu solcher Gewalttat verspüren. Er würde sich also seiner Rache oder seines Raubes nicht lange freuen, sondern hätte alle Aussicht, bald selbst erschlagen zu werden. Selbst wenn er sich durch außerordentliche Kraft und Vorsicht gegen den einzelnen Gegner schützen würde, müßte er einer Vereinigung von Schwächeren unterliegen. Käme eine solche Vereinigung nicht zustande, so würde sich das Morden endlos fortsetzen, und das Ende wäre, daß die Menschen sich gegenseitig ausrotteten. Es wäre derselbe Zustand unter Einzelnen, der in Korsika noch unter Familien, sonst aber nur unter Nationen fortbesteht. Die für alle gleiche Gefahr der Lebensunsicherheit einigt nun die Menschen zu einer Gesellschaft, welche dem Einzelnen das Töten verbietet und sich das Recht der gemeinsamen Tötung dessen vorbehält, der das Verbot übertritt. Dies ist dann Justiz und Strafe.

Diese rationelle Begründung des Verbots zu morden teilen wir aber nicht mit, sondern wir behaupten, Gott habe das Verbot erlassen. Wir getrauen uns also seine Absichten zu erraten und finden, auch er will nicht, daß die Menschen einander ausrotten. Indem wir so verfahren, umkleiden wir das Kulturverbot mit einer ganz besonderen Feierlichkeit, riskieren aber dabei, daß wir dessen Befolgung von dem Glauben an Gott abhängig machen. Wenn wir diesen Schritt zurücknehmen, unseren Willen nicht mehr Gott zu-

---

ter vor allem in Hessen, Thüringen und Bayern, bei seiner letzten Friesenmission erlitt er den Märtyrertod. 724 fällte er die heilige Donarseiche bei Geismar.]

schieben und uns mit der sozialen Begründung begnügen, haben wir zwar auf jene Verklärung des Kulturverbots verzichtet, aber auch seine Gefährdung vermieden. Wir gewinnen aber auch etwas anderes. Durch eine Art von Diffusion oder Infektion hat sich der Charakter der Heiligkeit, Unverletzlichkeit, der Jenseitigkeit möchte man sagen, von einigen wenigen großen Verboten auf alle weiteren kulturellen Einrichtungen, Gesetze und Verordnungen ausgebreitet. Diesen steht aber der Heiligenschein oft schlecht zu Gesicht; nicht nur, daß sie einander selbst entwerten, indem sie je nach Zeit und Örtlichkeit entgegengesetzte Entscheidungen treffen, sie tragen auch sonst alle Anzeichen menschlicher Unzulänglichkeit zur Schau. Man erkennt unter ihnen leicht, was nur Produkt einer kurzsichtigen Ängstlichkeit, Äußerung engherziger Interessen oder Folgerung aus unzureichenden Voraussetzungen sein kann. Die Kritik, die man an ihnen üben muß, setzt in unerwünschtem Maße auch den Respekt vor anderen, besser gerechtfertigten Kulturforderungen herab. Da es eine mißliche Aufgabe ist zu scheiden, was Gott selbst gefordert hat und was sich eher von der Autorität eines allvermögenden Parlaments oder eines hohen Magistrats ableitet, wäre es ein unzweifelhafter Vorteil, Gott überhaupt aus dem Spiele zu lassen und ehrlich den rein menschlichen Ursprung aller kulturellen Einrichtungen und Vorschriften einzugestehen. Mit der beanspruchten Heiligkeit würde auch die Starrheit und Unwandelbarkeit dieser Gebote und Gesetze fallen. Die Menschen könnten verstehen, daß diese geschaffen sind, nicht so sehr um sie zu beherrschen, sondern vielmehr um ihren Interessen zu dienen, sie würden ein freundlicheres Verhältnis zu ihnen gewinnen, sich anstatt ihrer Abschaffung nur ihre Verbesserung zum Ziel setzen. Dies wäre ein wichtiger Fortschritt auf dem Wege, der zur Versöhnung mit dem Druck der Kultur führt.

Unser Plädoyer für eine rein rationelle Begründung der Kulturvorschriften, also für ihre Zurückführung auf soziale Notwendigkeit, wird aber hier plötzlich durch ein Bedenken unterbrochen. Wir haben die Entstehung des Mordverbots zum Beispiel gewählt. Entspricht denn unsere Darstellung davon der historischen Wahrheit? Wir fürchten nein, sie scheint nur eine rationalistische Konstruktion zu sein. Wir haben gerade dieses Stück menschlicher Kulturgeschichte mit Hilfe der Psychoanalyse studiert,[12] und auf diese Bemühung gestützt, müssen wir sagen, in Wirklichkeit war es anders. Rein vernünftige Motive richten noch beim heutigen Menschen wenig gegen leidenschaftliche Antriebe aus; um wieviel ohnmächtiger müssen sie bei jenem Menschentier der Urzeit gewesen sein! Vielleicht würden sich dessen Nachkommen noch heute hemmungslos, einer den andern, erschlagen, wenn unter jenen Mordtaten nicht eine gewesen wäre, der Totschlag des primitiven Vaters, die eine unwiderstehliche, folgenschwere Gefühlsreaktion heraufbeschworen hätte. Von dieser stammt das Gebot: du sollst nicht töten, das im Totemismus auf den Vaterersatz beschränkt war, später auf andere ausgedehnt wurde, noch heute nicht ausnahmslos durchgeführt ist.

Aber jener Urvater ist nach Ausführungen, die ich hier nicht zu wiederholen brauche, das Urbild Gottes gewesen, das Modell, nach dem spätere Generationen die Gottesgestalt gebildet haben. Somit hat die religiöse Darstellung recht, Gott war wirklich an der Entstehung jenes Verbots beteiligt, sein Einfluß, nicht die Einsicht in die soziale Notwendigkeit hat es geschaffen. Und die Verschiebung des menschlichen Willens auf Gott ist vollberechtigt, die Menschen wußten ja, daß sie den Vater gewalttätig beseitigt hatten, und in der Reaktion auf ihre Freveltat setzten sie sich vor, seinen Willen fortan zu respektieren. Die religiöse Lehre teilt uns also die historische Wahrheit mit, freilich in einer gewissen Umformung und Verkleidung; unsere rationelle Darstellung verleugnet sie.

Wir bemerken jetzt, daß der Schatz der religiösen Vorstellungen nicht allein Wunscherfüllungen enthält, sondern auch bedeutsame historische Reminiszenzen. Dies

12 [Vgl. die vierte Abhandlung von *Totem und Tabu* in Band 1 der vorliegenden Ausgabe.]

Zusammenwirken von Vergangenheit und Zukunft, welch unvergleichliche Machtfülle muß es der Religion verleihen! Aber vielleicht dämmert uns mit Hilfe einer Analogie auch schon eine andere Einsicht. Es ist nicht gut, Begriffe weit weg von dem Boden zu versetzen, auf dem sie erwachsen sind, aber wir müssen der Übereinstimmung Ausdruck geben. Über das Menschenkind wissen wir, daß es seine Entwicklung zur Kultur nicht gut durchmachen kann, ohne durch eine bald mehr, bald minder deutliche Phase von Neurose zu passieren. Das kommt daher, daß das Kind so viele der für später unbrauchbaren Triebansprüche nicht durch rationelle Geistesarbeit unterdrücken kann, sondern durch Verdrängungsakte bändigen muß, hinter denen in der Regel ein Angstmotiv steht. Die meisten dieser Kinderneurosen werden während des Wachstums spontan überwunden, besonders die Zwangsneurosen der Kindheit haben dies Schicksal. Mit dem Rest soll auch noch später die psychoanalytische Behandlung aufräumen. In ganz ähnlicher Weise hätte man anzunehmen, daß die Menschheit als Ganzes in ihrer säkularen Entwicklung in Zustände gerät, welche den Neurosen analog sind, und zwar aus denselben Gründen, weil sie in den Zeiten ihrer Unwissenheit und intellektuellen Schwäche die für das menschliche Zusammenleben unerläßlichen Triebverzichte nur durch rein affektive Kräfte zustande gebracht hat. Die Niederschläge der in der Vorzeit vorgefallen verdrängungsähnlichen Vorgänge hafteten der Kultur dann noch lange an. Die Religion wäre die allgemein menschliche Zwangsneurose, wie die des Kindes stammte sie aus dem Ödipuskomplex, der Vaterbeziehung. Nach dieser Auffassung wäre vorauszusehen, daß sich die Abwendung von der Religion mit der schicksalsmäßigen Unerbittlichkeit eines Wachstumsvorganges vollziehen muß und daß wir uns gerade jetzt mitten in dieser Entwicklungsphase befinden.

Unser Verhalten sollte sich dann nach dem Vorbild eines verständigen Erziehers richten, der sich einer bevorstehenden Neugestaltung nicht widersetzt, sondern sie zu fördern und die Gewaltsamkeit ihres Durchbruchs einzudämmen sucht. Das Wesen der Religion ist mit dieser Analogie allerdings nicht erschöpft. Bringt sie einerseits Zwangseinschränkungen wie nur eine individuelle Zwangsneurose, so enthält sie anderseits ein System von Wunschillusionen mit Verleugnung der Wirklichkeit, wie wir es isoliert nur bei einer Amentia[13], einer glückseligen halluzinatorischen Verworrenheit, finden. Es sind eben nur Vergleichungen, mit denen wir uns um das Verständnis des sozialen Phänomens bemühen, die Individualpathologie gibt uns kein vollwertiges Gegenstück dazu.

Es ist wiederholt darauf hingewiesen worden (von mir und besonders von Th. Reik[14]), bis in welche Einzelheiten sich die Analogie der Religion mit einer Zwangsneurose verfolgen, wieviel von den Sonderheiten und den Schicksalen der Religionsbildung sich auf diesem Wege verstehen läßt. Es stimmt dazu auch gut, daß der Frommgläubige in hohem Grade gegen die Gefahr gewisser neurotischer Erkrankungen geschützt ist; die Annahme der allgemeinen Neurose überhebt ihn der Aufgabe, eine persönliche Neurose auszubilden.[15]

---

13 [Amentia (Verwirrtheit) bezeichnet im allgemeinen eine Bewußtseinsstörung, die mit Ratlosigkeit, falscher Deutung und wahnhafter Verarbeitung von Sinneseindrücken verbunden ist.]

14 [Freud äußerte sich dazu erstmals im Aufsatz *Zwangshandlungen und Religionsübungen* (1907), später in *Totem und Tabu*, zweite Abhandlung, Abschnitt 2 (vgl. in Band 1 der vorliegenden Ausgabe). Reik veröffentlichte etwa gleichzeitig mit der vorliegenden Arbeit Freuds die Studie *Dogma und Zwangsidee: eine psychoanalytische Studie zur Entwicklung der Religion* (in: Imago, 1927, Bd. 13; als Buch: Wien 1927).]

15 [Dieses Thema behandelte Freud bereits 1910 in der Arbeit *Eine Kindheitserinnerung des Leonardo da Vinci*. Er schreibt: »Wenn jemand wie Leonardo in seiner ersten Kindheit der Einschüchterung durch den Vater entgangen ist und in seiner Forschung die Fesseln der Autorität abgeworfen hat, so wäre es der grellste Widerspruch gegen unsere Erwartung, wenn wir fänden, daß derselbe Mann ein Gläubiger geblieben ist und es nicht vermocht hat, sich der dogmatischen Religion zu entziehen. Die Psychoanalyse hat uns den intimen Zusammenhang zwischen dem Vaterkomplex und der Gottesgläubigkeit kennen gelehrt, hat uns gezeigt, daß der persönliche Gott psychologisch nichts anderes ist als ein erhöhter Vater, und führt uns täglich vor Augen, wie jugendliche Personen den religiösen Glauben verlieren, sobald die Autorität des Vaters bei ihnen zusammen-

Die Erkenntnis des historischen Werts gewisser religiöser Lehren steigert unseren Respekt vor ihnen, macht aber unseren Vorschlag, sie aus der Motivierung der kulturellen Vorschriften zurückzuziehen, nicht wertlos. Im Gegenteil! Mit Hilfe dieser historischen Reste hat sich uns die Auffassung der religiösen Lehrsätze als gleichsam neurotischer Relikte ergeben, und nun dürfen wir sagen, es ist wahrscheinlich an der Zeit, wie in der analytischen Behandlung des Neurotikers die Erfolge der Verdrängung durch die Ergebnisse der rationellen Geistesarbeit zu ersetzen. Daß es bei dieser Umarbeitung nicht beim Verzicht auf die feierliche Verklärung der kulturellen Vorschriften bleiben wird, daß eine allgemeine Revision derselben für viele die Aufhebung zur Folge haben muß, ist vorauszusehen, aber kaum zu bedauern. Die uns gestellte Aufgabe der Versöhnung der Menschen mit der Kultur wird auf diesem Wege weitgehend gelöst werden. Um den Verzicht auf die historische Wahrheit bei rationeller Motivierung der Kulturvorschriften darf es uns nicht leid tun. Die Wahrheiten, welche die religiösen Lehren enthalten, sind doch so entstellt und systematisch verkleidet, daß die Masse der Menschen sie nicht als Wahrheit erkennen kann. Es ist ein ähnlicher Fall, wie wenn wir dem Kind erzählen, daß der Storch die Neugebornen bringt. Auch damit sagen wir die

---

bricht. Im Elternkomplex erkennen wir so die Wurzel des religiösen Bedürfnisses; der allmächtige, gerechte Gott und die gütige Natur erscheinen uns als großartige Sublimierungen von Vater und Mutter, vielmehr als Erneuerungen und Wiederherstellungen der frühkindlichen Vorstellungen von beiden. Die Religiosität führt sich biologisch auf die lang anhaltende Hilflosigkeit und Hilfsbedürftigkeit des kleinen Menschenkindes zurück, welches, wenn es später seine wirkliche Verlassenheit und Schwäche gegen die großen Mächte des Lebens erkannt hat, seine Lage ähnlich wie in der Kindheit empfindet und deren Trostlosigkeit durch die regressive Erneuerung der infantilen Schutzmächte zu verleugnen sucht. Der Schutz gegen neurotische Erkrankung, den die Religion ihren Gläubigen gewährt, erklärt sich leicht daraus, daß sie ihnen den Elternkomplex abnimmt, an dem das Schuldbewußtsein des einzelnen wie der ganzen Menschheit hängt, und ihn für sie erledigt, während der Ungläubige mit dieser Aufgabe allein fertig werden muß.« (Den letzten Satz fügte Freud erst 1919 hinzu.)]

Wahrheit in symbolischer Verhüllung, denn wir wissen, was der große Vogel bedeutet. Aber das Kind weiß es nicht, es hört nur den Anteil der Entstellung heraus, hält sich für betrogen, und wir wissen, wie oft sein Mißtrauen gegen die Erwachsenen und seine Widersetzlichkeit gerade an diesen Eindruck anknüpft. Wir sind zur Überzeugung gekommen, daß es besser ist, die Mitteilung solcher symbolischer Verschleierungen der Wahrheit zu unterlassen und dem Kind die Kenntnis der realen Verhältnisse in Anpassung an seine intellektuelle Stufe nicht zu versagen.

IX

»Sie gestatten sich Widersprüche, die schwer miteinander zu vereinbaren sind. Zuerst behaupten Sie, eine Schrift wie die Ihrige sei ganz ungefährlich. Niemand werde sich durch solche Erörterungen seinen religiösen Glauben rauben lassen. Da es aber doch Ihre Absicht ist, diesen Glauben zu stören, wie sich später herausstellt, darf man fragen: Warum veröffentlichen Sie sie eigentlich? An einer anderen Stelle geben Sie aber doch zu, daß es gefährlich, ja sogar sehr gefährlich werden kann, wenn jemand erfährt, daß man nicht mehr an Gott glaubt. Er war bis dahin gefügig, und nun wirft er den Gehorsam gegen die Kulturvorschriften beiseite. Ihr ganzes Argument, daß die religiöse Motivierung der Kulturgebote eine Gefahr für die Kultur bedeute, ruht ja auf der Annahme, daß der Gläubige zum Ungläubigen gemacht werden kann, das ist doch ein voller Widerspruch.«

»Ein anderer Widerspruch ist, wenn Sie einerseits zugeben, der Mensch sei durch Intelligenz nicht zu lenken, er werde durch seine Leidenschaften und Triebansprüche beherrscht, anderseits aber den Vorschlag machen, die affektiven Grundlagen seines Kulturgehorsams durch rationelle zu ersetzen. Das verstehe wer kann. Mir scheint es entweder das eine oder das andere.«

»Übrigens, haben Sie nichts aus der Geschichte gelernt?

Ein solcher Versuch, die Religion durch die Vernunft ablösen zu lassen, ist ja schon einmal gemacht worden, offiziell und in großem Stil. Sie erinnern sich doch an die Französische Revolution und Robespierre? Aber auch an die Kurzlebigkeit und klägliche Erfolglosigkeit des Experiments. Es wird jetzt in Rußland wiederholt, wir brauchen nicht neugierig zu sein, wie es ausgehen wird. Meinen Sie nicht, daß wir annehmen dürfen, der Mensch kann die Religion nicht entbehren?«

»Sie haben selbst gesagt, die Religion ist mehr als eine Zwangsneurose. Aber von dieser ihrer anderen Seite haben Sie nicht gehandelt. Es genügt Ihnen, die Analogie mit der Neurose durchzuführen. Von einer Neurose muß man die Menschen befreien. Was dabei sonst verlorengeht, kümmert Sie nicht.«

Der Anschein des Widerspruchs ist wahrscheinlich entstanden, weil ich komplizierte Dinge zu eilig behandelt habe. Einiges können wir nachholen. Ich behaupte noch immer, daß meine Schrift in einer Hinsicht ganz ungefährlich ist. Kein Glaubender wird sich durch diese oder ähnliche Argumente in seinem Glauben beirren lassen. Ein Glaubender hat bestimmte zärtliche Bindungen an die Inhalte der Religion. Es gibt gewiß ungezählt viele andere, die nicht in demselben Sinne gläubig sind. Sie sind den Kulturvorschriften gehorsam, weil sie sich durch die Drohungen der Religion einschüchtern lassen, und sie fürchten die Religion, solange sie dieselbe für ein Stück der sie einschränkenden Realität halten müssen. Diese sind es, die losbrechen, sobald sie den Glauben an ihren Realitätswert aufgeben dürfen, aber auch darauf haben Argumente keinen Einfluß. Sie hören auf, die Religion zu fürchten, wenn sie merken, daß auch andere sie nicht fürchten, und von ihnen habe ich behauptet, daß sie vom Niedergang des religiösen Einflusses erfahren würden, auch wenn ich meine Schrift nicht publizierte.

Ich glaube aber, Sie legen selbst mehr Wert auf den anderen Widerspruch, den Sie mir vorhalten. Die Menschen sind Vernunftgründen so wenig zugänglich, werden ganz von ihren Triebwünschen beherrscht. Warum soll man also ihnen eine Triebbefriedigung wegnehmen und durch Vernunftgründe ersetzen wollen? Freilich sind die Menschen so, aber haben Sie sich gefragt, ob sie so sein müssen, ob ihre innerste Natur sie dazu nötigt? Kann der Anthropologe den Schädelindex eines Volkes angeben, das die Sitte pflegt, die Köpfchen seiner Kinder von früh an durch Bandagen zu deformieren? Denken Sie an den betrübenden Kontrast zwischen der strahlenden Intelligenz eines gesunden Kindes und der Denkschwäche des durchschnittlichen Erwachsenen. Wäre es so ganz unmöglich, daß gerade die religiöse Erziehung ein großes Teil Schuld an dieser relativen Verkümmerung trägt? Ich meine, es würde sehr lange dauern, bis ein nicht beeinflußtes Kind anfinge, sich Gedanken über Gott und Dinge jenseits dieser Welt zu machen. Vielleicht würden diese Gedanken dann dieselben Wege einschlagen, die sie bei seinen Urahnen gegangen sind, aber man wartet diese Entwicklung nicht ab, man führt ihm die religiösen Lehren zu einer Zeit zu, da es weder Interesse für sie noch die Fähigkeit hat, ihre Tragweite zu begreifen. Verzögerung der sexuellen Entwicklung und Verfrühung des religiösen Einflusses, das sind doch die beiden Hauptpunkte im Programme der heutigen Pädagogik, nicht wahr? Wenn dann das Denken des Kindes erwacht, sind die religiösen Lehren bereits unangreifbar geworden. Meinen Sie aber, daß es für die Erstarkung der Denkfunktion sehr förderlich ist, wenn ihr ein so bedeutsames Gebiet durch die Androhung der Höllenstrafen verschlossen wird? Wer sich einmal dazu gebracht hat, alle die Absurditäten, die die religiösen Lehren ihm zutragen, ohne Kritik hinzunehmen und selbst die Widersprüche zwischen ihnen zu übersehen, dessen Denkschwäche braucht uns nicht arg zu verwundern. Nun haben wir aber kein anderes Mittel zur Beherrschung unserer Triebhaftigkeit als unsere Intelligenz. Wie kann man von Personen, die unter der Herrschaft von Denkverboten stehen, erwarten, daß sie das psychologische Ideal, den Primat der Intelligenz, erreichen werden? Sie wissen auch, daß man den Frauen im allgemeinen den sogenannten »physiologischen Schwachsinn«[16] nachsagt, d. h. eine geringere Intelligenz als die des Mannes. Die Tatsache selbst ist strittig, ihre Auslegung zweifelhaft, aber ein Argument für die sekundäre Natur dieser intellektuellen Verkümmerung lautet, die Frauen litten unter der Härte des frühen Verbots, ihr Denken an das zu wenden, was sie am meisten interessiert hätte, nämlich an die Probleme des Geschlechtslebens. Solange außer der sexuellen Denkhemmung die religiöse und die von ihr abgeleitete loyale auf die frühen Jahre des Menschen einwirken, können wir wirklich nicht sagen, wie er eigentlich ist.

Aber ich will meinen Eifer ermäßigen und die Möglichkeit zugestehen, daß auch ich einer Illusion nachjage. Vielleicht ist die Wirkung des religiösen Denkverbots nicht so arg, wie ich's annehme, vielleicht stellt es sich heraus, daß die menschliche Natur dieselbe bleibt, auch wenn man die Erziehung nicht zur Unterwerfung unter die Religion mißbraucht. Ich weiß es nicht, und Sie können es auch nicht wissen. Nicht nur die großen Probleme dieses Lebens scheinen derzeit unlösbar, sondern auch viele geringere Fragen sind schwer zu entscheiden. Aber gestehen Sie mir zu, daß hier eine Berechtigung für eine Zukunftshoffnung vorhanden ist, daß vielleicht ein Schatz zu heben ist, der die Kultur bereichern kann, daß es sich der Mühe lohnt, den Versuch einer irreligiösen Erziehung zu unternehmen. Fällt er unbefriedigend aus, so bin ich bereit, die Reform aufzugeben und zum früheren, rein deskriptiven Urteil zurückzukehren: Der Mensch ist ein Wesen von schwacher Intelligenz, das von seinen Triebwünschen beherrscht wird.

In einem anderen Punkte stimme ich Ihnen ohne Rückhalt bei. Es ist gewiß ein unsinniges Beginnen, die Religion gewaltsam und mit einem Schlage aufheben zu wollen. Vor allem darum, weil es aussichtslos ist. Der Gläubige läßt sich seinen Glauben nicht entreißen, nicht durch Argumente und nicht durch Verbote. Gelänge es aber bei

16 [Diesen Begriff führte der Leipziger Psychiater Paul Möbius (1853–1907) ein: *Über den physiologischen Schwachsinn des Weibes* (Halle 1900, 5. Aufl. Halle 1903).]

einigen, so wäre es eine Grausamkeit. Wer durch Dezennien Schlafmittel genommen hat, kann natürlich nicht schlafen, wenn man ihm das Mittel entzieht. Daß die Wirkung der religiösen Tröstungen der eines Narkotikums gleichgesetzt werden darf, wird durch einen Vorgang in Amerika hübsch erläutert. Dort will man jetzt den Menschen – offenbar unter dem Einfluß der Frauenherrschaft – alle Reiz-, Rausch- und Genußmittel entziehen und übersättigt sie zur Entschädigung mit Gottesfurcht.[17] Auch auf den Ausgang dieses Experiments braucht man nicht neugierig zu sein.

Ich widerspreche Ihnen also, wenn Sie weiter folgern, daß der Mensch überhaupt den Trost der religiösen Illusion nicht entbehren kann, daß er ohne sie die Schwere des Lebens, die grausame Wirklichkeit, nicht ertragen würde. Ja, der Mensch nicht, dem Sie das süße – oder bittersüße – Gift von Kindheit an eingeflößt haben. Aber der andere, der nüchtern aufgezogen wurde? Vielleicht braucht der, der nicht an der Neurose leidet, auch keine Intoxikation, um sie zu betäuben. Gewiß wird der Mensch sich dann in einer schwierigen Situation befinden, er wird sich seine ganze Hilflosigkeit, seine Geringfügigkeit im Getriebe der Welt eingestehen müssen, nicht mehr der Mittelpunkt der Schöpfung, nicht mehr das Objekt zärtlicher Fürsorge einer gütigen Vorsehung. Er wird in derselben Lage sein wie das Kind, welches das Vaterhaus verlassen hat, in dem es ihm so warm und behaglich war. Aber nicht wahr, der Infantilismus ist dazu bestimmt, überwunden zu werden? Der Mensch kann nicht ewig Kind bleiben, er muß endlich hinaus ins »feindliche Leben«. Man darf das »die *Erziehung zur Realität*« heißen, brauche ich Ihnen noch zu verraten, daß es die einzige Absicht meiner Schrift ist, auf die Notwendigkeit dieses Fortschritts aufmerksam zu machen?

Sie fürchten wahrscheinlich, er wird die schwere Probe

---

17 [Das schrieb Freud in der Zeit der Prohibition in den Vereinigten Staaten (1920–1933).]

nicht bestehen? Nun, lassen Sie uns immerhin hoffen. Es macht schon etwas aus, wenn man weiß, daß man auf seine eigene Kraft angewiesen ist. Man lernt dann, sie richtig zu gebrauchen. Ganz ohne Hilfsmittel ist der Mensch nicht, seine Wissenschaft hat ihn seit den Zeiten des Diluviums viel gelehrt und wird seine Macht noch weiter vergrößern. Und was die großen Schicksalsnotwendigkeiten betrifft, gegen die es eine Abhilfe nicht gibt, die wird er eben mit Ergebung ertragen lernen. Was soll ihm die Vorspiegelung eines Großgrundbesitzes auf dem Mond, von dessen Ertrag doch noch nie jemand etwas gesehen hat? Als ehrlicher Kleinbauer auf dieser Erde wird er seine Scholle zu bearbeiten wissen, so daß sie ihn nährt. Dadurch, daß er seine Erwartungen vom Jenseits abzieht und alle freigewordenen Kräfte auf das irdische Leben konzentriert, wird er wahrscheinlich erreichen können, daß das Leben für alle erträglich wird und die Kultur keinen mehr erdrückt. Dann wird er ohne Bedauern mit einem unserer Unglaubensgenossen[18] sagen dürfen:

Den Himmel überlassen wir
Den Engeln und den Spatzen.

X

»Das klingt ja großartig. Eine Menschheit, die auf alle Illusionen verzichtet hat und dadurch fähig geworden ist, sich auf der Erde erträglich einzurichten! Ich aber kann Ihre Erwartungen nicht teilen. Nicht darum, weil ich der hartnäckige Reaktionär wäre, für den Sie mich vielleicht halten. Nein, aus Besonnenheit. Ich glaube, wir haben nun die Rollen getauscht; Sie zeigen sich als der Schwärmer, der-

18 [Gemeint ist selbstverständlich Heinrich Heine, aus dessen *Deutschland. Ein Wintermärchen* (Caput I) die nachfolgend zitierten Verse stammen. Der Begriff »Unglaubensgenosse« stammt gleichfalls von Heine, der ihn auf den Philosophen Spinoza anwendete. Freud zitiert die entsprechende Bemerkung in der Schrift *Der Witz und seine Beziehung zum Unbewußten* (Kapitel II, Abschnitt [11]).]

sich von Illusionen fortreißen läßt, und ich vertrete den Anspruch der Vernunft, das Recht der Skepsis. Was Sie da aufgeführt haben, scheint mir auf Irrtümer aufgebaut, die ich nach Ihrem Vorgang Illusionen heißen darf, weil sie deutlich genug den Einfluß Ihrer Wünsche verraten. Sie setzen Ihre Hoffnung darauf, daß Generationen, die nicht in früher Kindheit den Einfluß der religiösen Lehren erfahren haben, leicht den ersehnten Primat der Intelligenz über das Triebleben erreichen werden. Das ist wohl eine Illusion; in diesem entscheidenden Punkt wird sich die menschliche Natur kaum ändern. Wenn ich nicht irre – man weiß so wenig von anderen Kulturen –, gibt es auch heute Völker, die nicht unter dem Druck eines religiösen-Systems aufwachsen, und sie kommen Ihrem Ideal nicht näher als andere. Wenn Sie aus unserer europäischen Kultur die Religion wegschaffen wollen, so kann es nur durch ein anderes System von Lehren geschehen, und dies würde von Anfang an alle psychologischen Charaktere der Religion übernehmen, dieselbe Heiligkeit, Starrheit, Unduldsamkeit, dasselbe Denkverbot zu seiner Verteidigung. Irgend etwas dieser Art müssen Sie haben, um den Anforderungen der Erziehung gerecht zu werden. Auf die Erziehung können Sie aber nicht verzichten. Der Weg vom Säugling zum Kulturmenschen ist weit, zu viele Menschlein würden sich auf ihm verirren und nicht rechtzeitig zu ihren Lebensaufgaben kommen, wenn sie ohne Leitung der eigenen Entwicklung überlassen werden. Die Lehren, die in ihrer Erziehung angewendet wurden, werden dem Denken ihrer reiferen Jahre immer Schranken setzen, genauso, wie Sie es heute der Religion zum Vorwurf machen. Merken Sie nicht, daß es der untilgbare Geburtsfehler unserer, jeder Kultur ist, daß sie dem triebhaften und denkschwachen Kinde auferlegt, Entscheidungen zu treffen, die nur die gereifte Intelligenz des Erwachsenen rechtfertigen kann? Sie kann aber nicht anders, infolge der Zusammendrängung der säkularen Menschheitsentwicklung auf ein paar Kindheitsjahre, und das Kind kann nur durch affektive Mächte zur Bewältigung der ihm gestellten Aufgabe veranlaßt werden. Das sind also die Aussichten für Ihren ›Primat des Intellekts‹.«

»Nun sollen Sie sich nicht verwundern, wenn ich für die Beibehaltung des religiösen Lehrsystems als Grundlage der Erziehung und des menschlichen Zusammenlebens eintrete. Es ist ein praktisches Problem, nicht eine Frage des Realitätswerts. Da wir im Interesse der Erhaltung unserer Kultur mit der Beeinflussung des Einzelnen nicht warten können, bis er kulturreif geworden ist – viele würden es überhaupt niemals werden –, da wir genötigt sind, dem Heranwachsenden irgendein System von Lehren aufzudrängen, das bei ihm als der Kritik entzogene Voraussetzung wirken soll, erscheint mir das religiöse System dazu als das weitaus geeignetste. Natürlich gerade wegen seiner wunscherfüllenden und tröstenden Kraft, an der Sie die ›Illusion‹ erkannt haben wollen. Angesichts der Schwierigkeiten, etwas von der Realität zu erkennen, ja der Zweifel, ob dies uns überhaupt möglich ist, wollen wir doch nicht übersehen, daß auch die menschlichen Bedürfnisse ein Stück der Realität sind, und zwar ein wichtiges, eines, das uns besonders nahe angeht.«

»Einen anderen Vorzug der religiösen Lehre finde ich in einer ihrer Eigentümlichkeiten, an der Sie besonderen Anstoß zu nehmen scheinen. Sie gestattet eine begriffliche Läuterung und Sublimierung, in welcher das meiste abgestreift werden kann, das die Spur primitiven und infantilen Denkens an sich trägt. Was dann erübrigt, ist ein Gehalt von Ideen, denen die Wissenschaft nicht mehr widerspricht und die diese auch nicht widerlegen kann. Diese Umbildungen der religiösen Lehre, die Sie als Halbheiten und Kompromisse verurteilt haben, machen es möglich, den Riß zwischen der ungebildeten Masse und dem philosophischen Denker zu vermeiden, erhalten die Gemeinsamkeit unter ihnen, die für die Sicherung der Kultur so wichtig ist. Es ist dann nicht zu befürchten, der Mann aus dem Volk werde erfahren, daß die Oberschichten der Gesellschaft ›nicht mehr an Gott glauben‹. Nun glaube ich gezeigt zu haben, daß Ihre Bemühung sich auf den Versuch reduziert, eine erprobte und affektiv wertvolle Illusion durch eine andere, unerprobt und indifferent, zu ersetzen.«

Sie sollen mich nicht für Ihre Kritik unzugänglich finden. Ich weiß, wie schwer es ist, Illusionen zu vermeiden; vielleicht sind auch die Hoffnungen, zu denen ich mich bekannt, illusorischer Natur. Aber einen Unterschied halte ich fest. Meine Illusionen – abgesehen davon, daß keine Strafe darauf steht, sie nicht zu teilen – sind nicht unkorrigierbar wie die religiösen, haben nicht den wahnhaften Charakter. Wenn die Erfahrung – nicht mir, sondern anderen nach mir, die ebenso denken – zeigen sollte, daß wir uns geirrt haben, so werden wir auf unsere Erwartungen verzichten. Nehmen Sie doch meinen Versuch für das, was er ist. Ein Psychologe, der sich nicht darüber täuscht, wie schwer es ist, sich in dieser Welt zurechtzufinden, bemüht sich, die Entwicklung der Menschheit nach dem bißchen Einsicht zu beurteilen, das er sich durch das Studium der seelischen Vorgänge beim Einzelmenschen während dessen Entwicklung vom Kind zum Erwachsenen erworben hat. Dabei drängt sich ihm die Auffassung auf, daß die Religion einer Kindheitsneurose vergleichbar sei, und er ist optimistisch genug anzunehmen, daß die Menschheit diese neurotische Phase überwinden wird, wie so viele Kinder ihre ähnliche Neurose auswachsen. Diese Einsichten aus der Individualpsychologie mögen ungenügend sein, die Übertragung auf das Menschengeschlecht nicht gerechtfertigt, der Optimismus unbegründet; ich gebe Ihnen alle diese Unsicherheiten zu. Aber man kann sich oft nicht abhalten zu sagen, was man meint, und entschuldigt sich damit, daß man es nicht für mehr ausgibt, als es wert ist.

Und bei zwei Punkten muß ich noch verweilen. Erstens, die Schwäche meiner Position bedeutet keine Stärkung der Ihrigen. Ich meine, Sie verteidigen eine verlorene Sache. Wir mögen noch so oft betonen, der menschliche Intellekt sei kraftlos im Vergleich zum menschlichen Triebleben, und recht damit haben. Aber es ist doch etwas Besonderes um diese Schwäche; die Stimme des Intellekts ist leise, aber sie ruht nicht, ehe sie sich Gehör geschafft hat. Am Ende, nach unzählig oft wiederholten Abweisungen, findet sie es doch. Dies ist einer der wenigen Punkte, in denen man für die Zukunft der Menschheit optimistisch sein darf, aber er bedeutet an sich nicht wenig. An ihn kann man noch andere Hoffnungen anknüpfen. Der Primat des Intellekts liegt gewiß in weiter, weiter, aber wahrscheinlich doch nicht in unendlicher Ferne. Und da er sich voraussichtlich dieselben Ziele setzen wird, deren Verwirklichung Sie von Ihrem Gott erwarten – in menschlicher Ermäßigung natürlich, soweit die äußere Realität, die *'Ανάγκη*, es gestattet –: die Menschenliebe und die Einschränkung des Leidens, dürfen wir uns sagen, daß unsere Gegnerschaft nur eine einstweilige ist, keine unversöhnliche. Wir erhoffen dasselbe, aber Sie sind ungeduldiger, anspruchsvoller und – warum soll ich es nicht sagen? – selbstsüchtiger als ich und die Meinigen. Sie wollen die Seligkeit gleich nach dem Tod beginnen lassen, verlangen von ihr das Unmögliche und wollen den Anspruch der Einzelpersonen nicht aufgeben. Unser Gott *Λόγος*[19] wird von diesen Wünschen verwirklichen, was die Natur außer uns gestattet, aber sehr allmählich, erst in unabsehbarer Zukunft und für neue Menschenkinder. Eine Entschädigung für uns, die wir schwer am Leben leiden, verspricht er nicht. Auf dem Wege zu diesem fernen Ziel müssen Ihre religiösen Lehren fallengelassen werden, gleichgiltig ob die ersten Versuche mißlingen, gleichgiltig ob sich die ersten Ersatzbildungen als haltlos erweisen. Sie wissen warum; auf die Dauer kann der Vernunft und der Erfahrung nichts widerstehen, und der Widerspruch der Religion gegen beide ist allzu greifbar. Auch die geläuterten religiösen Ideen können sich diesem Schicksal nicht entziehen, solange sie noch etwas vom Trostgehalt der Religion retten wollen. Freilich, wenn sie sich auf die Behauptung eines höheren geistigen Wesens einschränken, dessen Eigenschaften unbestimmbar, dessen

19 Das Götterpaar *Λόγος-'Ανάγκη* des Holländers Multatuli. [Zum Begriffspaar Logos – Ananke (Vernunft – Notwendigkeit) und zu Multatuli vgl. die Fußnoten 14 und 15 zum Aufsatz *Das ökonomische Problem des Masochismus* im vorliegenden Band.]

Absichten unerkennbar sind, dann sind sie gegen den Einspruch der Wissenschaft gefeit, dann werden sie aber auch vom Interesse der Menschen verlassen.

Und zweitens: Beachten Sie die Verschiedenheit Ihres und meines Verhaltens gegen die Illusion. Sie müssen die religiöse Illusion mit allen Ihren Kräften verteidigen; wenn sie entwertet wird – und sie ist wahrlich bedroht genug –, dann stürzt Ihre Welt zusammen, es bleibt Ihnen nichts übrig, als an allem zu verzweifeln, an der Kultur und an der Zukunft der Menschheit. Von dieser Leibeigenschaft bin ich, sind wir frei. Da wir bereit sind, auf ein gutes Stück unserer infantilen Wünsche zu verzichten, können wir es vertragen, wenn sich einige unserer Erwartungen als Illusionen herausstellen.

Die vom Druck der religiösen Lehren befreite Erziehung wird vielleicht nicht viel am psychologischen Wesen des Menschen ändern, unser Gott *Λόγος* ist vielleicht nicht sehr allmächtig, kann nur einen kleinen Teil von dem erfüllen, was seine Vorgänger versprochen haben. Wenn wir es einsehen müssen, werden wir es in Ergebung hinnehmen. Das Interesse an Welt und Leben werden wir darum nicht verlieren, denn wir haben an einer Stelle einen sicheren Anhalt, der Ihnen fehlt. Wir glauben daran, daß es der wissenschaftlichen Arbeit möglich ist, etwas über die Realität der Welt zu erfahren, wodurch wir unsere Macht steigern und wonach wir unser Leben einrichten können. Wenn dieser Glaube eine Illusion ist, dann sind wir in derselben Lage wie Sie, aber die Wissenschaft hat uns durch zahlreiche und bedeutsame Erfolge den Beweis erbracht, daß sie keine Illusion ist. Sie hat viele offene und noch mehr verkappte Feinde unter denen, die ihr nicht verzeihen können, daß sie den religiösen Glauben entkräftet hat und ihn zu stürzen droht. Man wirft ihr vor, wie wenig sie uns gelehrt und wie unvergleichlich mehr sie im Dunkel gelassen hat. Aber dabei vergißt man, wie jung sie ist, wie beschwerlich ihre Anfänge waren und wie verschwindend klein der Zeitraum, seitdem der menschliche Intellekt für ihre Aufgaben erstarkt ist. Fehlen wir nicht alle darin, daß wir unseren Urteilen zu kurze Zeiträume zugrunde legen? Wir sollten uns an den Geologen ein Beispiel nehmen. Man beklagt sich über die Unsicherheit der Wissenschaft, daß sie heute als Gesetz verkündet, was die nächste Generation als Irrtum erkennt und durch ein neues Gesetz von ebenso kurzer Geltungsdauer ablöst. Aber das ist ungerecht und zum Teil unwahr. Die Wandlungen der wissenschaftlichen Meinungen sind Entwicklung, Fortschritt und nicht Umsturz. Ein Gesetz, das man zunächst für unbedingt giltig gehalten hat, erweist sich als Spezialfall einer umfassenderen Gesetzmäßigkeit oder wird eingeschränkt durch ein anderes Gesetz, das man erst später kennenlernt; eine rohe Annäherung an die Wahrheit wird ersetzt durch eine sorgfältiger angepaßte, die ihrerseits wieder eine weitere Vervollkommnung erwartet. Auf verschiedenen Gebieten hat man eine Phase der Forschung noch nicht überwunden, in der man Annahmen versucht, die man bald als unzulänglich verwerfen muß; auf anderen gibt es aber bereits einen gesicherten und fast unveränderlichen Kern von Erkenntnis. Man hat endlich versucht, die wissenschaftliche Bemühung radikal zu entwerten durch die Erwägung, daß sie, an die Bedingungen unserer eigenen Organisation gebunden, nichts anderes als subjektive Ergebnisse liefern kann, während ihr die wirkliche Natur der Dinge außer uns unzugänglich bleibt. Dabei setzt man sich über einige Momente hinweg, die für die Auffassung der wissenschaftlichen Arbeit entscheidend sind, daß unsere Organisation, d. h. unser seelischer Apparat, eben im Bemühen um die Erkundung der Außenwelt entwickelt worden ist, also ein Stück Zweckmäßigkeit in seiner Struktur realisiert haben muß, daß er selbst ein Bestandteil jener Welt ist, die wir erforschen sollen, und daß er solche Erforschung sehr wohl zuläßt, daß die Aufgabe der Wissenschaft voll umschrieben ist, wenn wir sie darauf einschränken zu zeigen, wie uns die Welt infolge der Eigenart unserer Organisation erscheinen muß, daß die endlichen Resultate der Wissenschaft gerade wegen der Art ihrer Erwerbung nicht nur durch unsere Organisation bedingt sind, sondern auch durch das, was auf diese Organisation gewirkt hat, und endlich, daß das Problem einer Weltbeschaffenheit ohne Rücksicht auf unseren wahrnehmenden seelischen Apparat eine leere Abstraktion ist, ohne praktisches Interesse.

Nein, unsere Wissenschaft ist keine Illusion. Eine Illusion aber wäre es zu glauben, daß wir anderswoher bekommen könnten, was sie uns nicht geben kann.

Über libidinöse Typen

Unsere Beobachtung zeigt uns, daß die einzelnen menschlichen Personen das allgemeine Bild des Menschen in einer kaum übersehbaren Mannigfaltigkeit verwirklichen. Wenn man dem berechtigten Bedürfnis nachgibt, in dieser Menge einzelne Typen zu unterscheiden, so wird man von vorneherein die Wahl haben, nach welchen Merkmalen und von welchen Gesichtspunkten man diese Sonderung vornehmen soll. Körperliche Eigenschaften werden für diesen Zweck gewiß nicht weniger brauchbar sein als psychische; am wertvollsten werden solche Unterscheidungen sein, die ein regelmäßiges Beisammensein von körperlichen und seelischen Merkmalen versprechen.

Es ist fraglich, ob es uns bereits jetzt möglich ist, Typen von solcher Leistung herauszufinden, wie es später einmal auf einer noch unbekannten Basis gewiß gelingen wird. Beschränkt man sich auf die Bemühung, bloß psychologische Typen aufzustellen, so haben die Verhältnisse der Libido den ersten Anspruch, der Einteilung als Grundlage zu dienen. Man darf fordern, daß diese Einteilung nicht bloß aus unserem Wissen oder unseren Annahmen über die Libido abgeleitet sei, sondern daß sie sich auch in der Erfahrung leicht wiederfinden lasse und daß sie ihr Teil dazu beitrage, die Masse unserer Beobachtungen für unsere Auffassung zu klären. Es ist ohne weiteres zuzugeben, daß diese libidinösen Typen auch auf psychischem Gebiet nicht die einzig möglichen zu sein brauchen und daß man, von anderen Eigenschaften ausgehend, vielleicht eine ganze Reihe anderer psychologischer Typen aufstellen kann. Für alle solche Typen muß gelten, daß sie nicht mit Krankheitsbildern zusammenfallen dürfen. Sie sollen im Gegenteil alle die Variationen umfassen, die nach unserer praktisch gerichteten Schätzung in die Breite des Normalen fallen. Wohl aber können sie sich in ihren extremen Ausbildungen den Krankheitsbildern annähern und solcherart die vermeintliche Kluft zwischen dem Normalen und dem Pathologischen ausfüllen helfen.

Nun lassen sich je nach der vorwiegenden Unterbringung der Libido in den Provinzen des seelischen Apparats drei libidinöse Haupttypen unterscheiden. Deren Namengebung ist nicht ganz leicht; in Anlehnung an unsere Tiefenpsychologie möchte ich sie als den *erotischen*, den *narzißtischen* und den *Zwangstypus* bezeichnen.

Der *erotische* Typus ist leicht zu charakterisieren. Die Erotiker sind Personen, deren Hauptinteresse – der relativ größte Betrag ihrer Libido – dem Liebesleben zugewendet ist. Lieben, besonders aber Geliebtwerden, ist ihnen das Wichtigste. Sie werden von der Angst vor dem Liebesverlust beherrscht und sind darum besonders abhängig von den anderen, die ihnen die Liebe versagen können. Dieser Typus ist auch in seiner reinen Form recht häufig. Variationen desselben ergeben sich je nach der Vermengung mit einem andern Typus und dem gleichzeitigen Ausmaß von Aggression. Sozial wie kulturell vertritt dieser Typus die elementaren Triebansprüche des Es, dem die andern psychischen Instanzen gefügig geworden sind.

Der zweite Typus, dem ich den zunächst befremdlichen Namen *Zwangs*typus gegeben habe, zeichnet sich durch die Vorherrschaft des Über-Ichs aus, das sich unter hoher Spannung vom Ich absondert. Er wird von der Gewissensangst beherrscht an Stelle der Angst vor dem Liebesverlust, zeigt eine sozusagen innere Abhängigkeit anstatt der äußeren, entfaltet ein hohes Maß von Selbständigkeit und wird sozial zum eigentlichen, vorwiegend konservativen Träger der Kultur.

Der dritte, mit gutem Recht *narzißtisch* geheißene Typus ist wesentlich negativ charakterisiert. Keine Spannung zwischen Ich und Über-Ich – man würde von diesem Typus her kaum zur Aufstellung eines Über-Ichs gekommen sein –, keine Übermacht der erotischen Bedürfnisse, das Hauptinteresse auf die Selbsterhaltung gerichtet, unabhängig und wenig eingeschüchtert. Dem Ich ist ein großes Maß von Aggression verfügbar, das sich auch in Bereitschaft zur Aktivität kundgibt; im Liebesleben wird das Lieben vor dem Geliebtwerden bevorzugt. Menschen dieses

Typus imponieren den andern als »Persönlichkeiten«, sind besonders geeignet, anderen als Anhalt zu dienen, die Rolle von Führern zu übernehmen, der Kulturentwicklung neue Anregungen zu geben oder das Bestehende zu schädigen.

Diese reinen Typen werden dem Verdacht der Ableitung aus der Theorie der Libido kaum entgehen. Man fühlt sich aber auf dem sicheren Boden der Erfahrung, wenn man sich nun den gemischten Typen zuwendet, die um so viel häufiger zur Beobachtung kommen als die reinen. Diese neuen Typen, der *erotisch-zwanghafte*, der *erotisch-narzißtische* und der *narzißtische Zwangstypus*, scheinen in der Tat eine gute Unterbringung der individuellen psychischen Strukturen, wie wir sie durch die Analyse kennengelernt haben, zu gestatten. Es sind längst vertraute Charakterbilder, auf die man bei der Verfolgung dieser Mischtypen gerät. Beim *erotischen Zwangstypus* scheint die Übermacht des Trieblebens durch den Einfluß des Über-Ichs eingeschränkt; die Abhängigkeit gleichzeitig von rezenten menschlichen Objekten und von den Relikten der Eltern, Erzieher und Vorbilder erreicht bei diesem Typus den höchsten Grad. Der *erotisch-narzißtische* ist vielleicht jener, dem man die größte Häufigkeit zusprechen muß. Er vereinigt Gegensätze, die sich in ihm gegenseitig ermäßigen können; man kann an ihm im Vergleich mit den beiden anderen erotischen Typen lernen, daß Aggression und Aktivität mit der Vorherrschaft des Narzißmus zusammengehen. Der *narzißtische Zwangstypus* endlich ergibt die kulturell wertvollste Variation, indem er zur äußeren Unabhängigkeit und Beachtung der Gewissensforderung die Fähigkeit zur kraftvollen Betätigung hinzufügt und das Ich gegen das Über-Ich verstärkt.

Man könnte meinen, einen Scherz zu machen, wenn man die Frage aufwirft, warum ein anderer theoretisch möglicher Mischtypus hier keine Erwähnung findet, nämlich der *erotisch-zwanghaft-narzißtische*. Aber die Antwort auf diesen Scherz ist ernsthaft: weil ein solcher Typus kein Typus mehr wäre, sondern die absolute Norm, die ideale Harmonie bedeuten würde. Man wird dabei inne, daß das Phänomen des Typus eben dadurch entsteht, daß von den drei Hauptverwendungen der Libido im seelischen Haushalt eine oder zwei auf Kosten der anderen begünstigt worden sind.

Man kann sich auch die Frage vorlegen, welches das Verhältnis dieser libidinösen Typen zur Pathologie ist, ob einige von ihnen zum Übergang in die Neurose besonders disponiert sind, und dann, welche Typen zu welchen Formen führen. Die Antwort wird lauten, daß die Aufstellung dieser libidinösen Typen kein neues Licht auf die Genese der Neurosen wirft. Nach dem Zeugnis der Erfahrung sind alle diese Typen ohne Neurose lebensfähig. Die reinen Typen mit dem unbestrittenen Übergewicht einer einzelnen seelischen Instanz scheinen die größere Aussicht zu haben, als reine Charakterbilder aufzutreten, während man von den gemischten Typen erwarten könnte, daß sie für die Bedingungen der Neurose einen günstigeren Boden bieten. Doch meine ich, man sollte über diese Verhältnisse nicht ohne besonders gerichtete, sorgfältige Nachprüfung entscheiden.

Daß die erotischen Typen im Falle der Erkrankung Hysterie ergeben, wie die Zwangstypen Zwangsneurose, scheint ja leicht zu erraten, ist aber auch an der zuletzt betonten Unsicherheit beteiligt. Die narzißtischen Typen, die bei ihrer sonstigen Unabhängigkeit der Versagung von seiten der Außenwelt ausgesetzt sind, enthalten eine besondere Disposition zur Psychose, wie sie auch wesentliche Bedingungen des Verbrechertums beistellen.

Die ätiologischen Bedingungen der Neurose sind bekanntlich noch nicht sicher erkannt. Die Veranlassungen der Neurose sind Versagungen und innere Konflikte, Konflikte zwischen den drei großen psychischen Instanzen, Konflikte innerhalb des Libidohaushalts infolge der bisexuellen Anlage, zwischen den erotischen und aggressiven Triebkomponenten. Was diese dem normalen psychischen Ablauf zugehörigen Vorgänge pathogen macht, bemüht sich die Neurosenpsychologie zu ergründen.

Neue Folge der Vorlesungen zur Einführung in die Psychoanalyse

[Auswahl]

Vorwort

Die *Vorlesungen zur Einführung in die Psychoanalyse* wurden in den beiden Wintersemestern 1915/16 und 1916/17 in einem Hörsaal der Wiener psychiatrischen Klinik vor einem aus Hörern aller Fakultäten gemischten Auditorium gehalten. Die Vorlesungen der ersten Hälfte wurden improvisiert und unmittelbar nachher niedergeschrieben, die der zweiten während eines dazwischenliegenden Sommeraufenthalts in Salzburg entworfen und im folgenden Winter wortgetreu vorgetragen. Ich besaß damals noch die Gabe eines phonographischen Gedächtnisses.

Zum Unterschied hievon sind diese neuen Vorlesungen niemals gehalten worden. Mein Alter hatte mich inzwischen der Verpflichtung enthoben, die – wenn auch nur peripherische – Zugehörigkeit zur Universität durch Abhaltung von Vorlesungen zum Ausdruck zu bringen, und eine chirurgische Operation hatte mich als Redner unmöglich gemacht. Es ist also nur eine Vorspiegelung der Phantasie, wenn ich mich während der nachfolgenden Ausführungen wieder in den Hörsaal versetze; sie mag mithelfen, bei der Vertiefung in den Gegenstand die Rücksicht auf den Leser nicht zu vergessen.

Diese neuen Vorlesungen wollen keineswegs an die Stelle der früheren treten. Sie sind überhaupt nichts Selbständiges, das erwarten kann, sich einen eigenen Leserkreis zu finden, sondern sie sind Fortsetzungen und Ergänzungen, die in ihrer Beziehung zu den früheren in drei Gruppen zerfallen. In eine erste Guppe gehören Neubearbeitungen von Themen, die schon vor fünfzehn Jahren behandelt worden sind, aber infolge der Vertiefung unserer Einsichten und der Veränderung unserer Anschauungen heute eine andere Darstellung verlangen, also kritische Revisionen. Die beiden anderen Gruppen umfassen die eigentlichen Erweiterungen, indem sie Dinge behandeln, die es entweder in der Zeit der ersten Vorlesungen in der Psychoanalyse noch nicht gab oder von denen damals zu wenig vorhanden war, um eine besondere Kapitelüberschrift zu rechtfertigen. Es ist nicht zu vermeiden, aber auch nicht zu bedauern, daß einzelne der neuen Vorlesungen die Charaktere dieser und jener Gruppe in sich vereinigen.

Die Abhängigkeit dieser neuen Vorlesungen von den *Vorlesungen zur Einführung* kommt auch darin zum Ausdruck, daß sie deren Zählung fortsetzen. Die erste dieses Bandes wird als die 29.[1] bezeichnet. Wiederum bieten sie dem Analytiker von Fach wenig Neues und wenden sich an jene große Menge Gebildeter, denen man ein wohlwollendes, wenn auch zurückgehaltenes Interesse für die Eigenart und die Erwerbungen der jungen Wissenschaft zuschreiben möchte. Auch diesmal ist es meine leitende Absicht gewesen, dem Schein der Einfachheit, Vollständigkeit und Abgeschlossenheit keine Opfer zu bringen, Probleme nicht zu verhüllen, Lücken und Unsicherheiten nicht zu verleugnen. Auf keinem andern Gebiet wissenschaftlicher Arbeit dürfte man sich solcher Vorsätze zu nüchterner Selbstbescheidung rühmen. Sie gelten überall als selbstverständlich, das Publikum erwartet es nicht anders. Kein Leser einer Darstellung der Astronomie wird sich enttäuscht und der Wissenschaft überlegen fühlen, wenn man ihm die Grenzen zeigt, an denen unsere Kenntnis des Weltalls ins Nebelhafte zerflattert. Nur in der Psychologie ist es anders,

1 [Die 29. Vorlesung »Revision der Traumlehre« wurde aus Umfangsgründen in die vorliegende Ausgabe nicht aufgenommen. Sie faßt im wesentlichen Freuds Theorie über den Traum zusammen, wie sie z. B. in der Studie *Über den Traum* (vgl. in Band 1), im Aufsatz *Metapsychologische Ergänzung zur Traumlehre* (vgl. in Band 2) sowie in den ausgewählten *Vorlesungen zur Einführung in die Psychoanalyse* (vgl. in Band 2 die Vorlesungen: 5, 6, 10) dargelegt worden ist. Der abschließende Absatz der 29. Vorlesung über Angst- und Strafträume wurde in die Fußnote 20 zur 10. der *Vorlesungen* aufgenommen.]

hier kommt die konstitutionelle Untauglichkeit des Menschen zu wissenschaftlicher Forschung in vollem Ausmaß zum Vorschein. Man scheint von der Psychologie nicht Fortschritte im Wissen zu verlangen, sondern irgendwelche andere Befriedigungen; man macht ihr aus jedem ungelösten Problem, aus jeder eingestandenen Unsicherheit einen Vorwurf.

Wer die Wissenschaft vom Seelenleben liebt, wird auch diese Unbilde hinnehmen müssen.

Wien, im Sommer 1932 FREUD

30. Vorlesung
Traum und Okkultismus

Meine Damen und Herren! Wir werden heute einen schmalen Weg gehen, aber der kann uns zu einer weiten Aussicht führen.

Die Ankündigung, daß ich über die Beziehung des Traums zum Okkultismus sprechen werde, kann Sie kaum überraschen. Der Traum ist ja oft als die Pforte zur Welt der Mystik betrachtet worden, gilt heute noch vielen selbst als ein okkultes Phänomen. Auch wir, die ihn zum Objekt wissenschaftlicher Untersuchung gemacht haben, bestreiten nicht, daß ihn ein oder mehrere Fäden mit jenen dunklen Dingen verknüpfen. Mystik, Okkultismus, was ist mit diesen Namen gemeint? Erwarten Sie keinen Versuch von mir, diese schlecht umgrenzten Gebiete durch Definitionen zu umfassen. In einer allgemeinen und unbestimmten Weise wissen wir alle, woran wir dabei zu denken haben. Es ist eine Art von Jenseits der hellen, von unerbittlichen Gesetzen beherrschten Welt, welche die Wissenschaft für uns aufgebaut hat.

Der Okkultismus behauptet die reale Existenz jener »Dinge zwischen Himmel und Erde, von denen unsere Schulweisheit sich nichts träumen läßt«[1]. Nun, wir wollen

1 [Shakespeare, *Hamlet*, I. Akt, 5. Szene.]

nicht an der Engherzigkeit der Schule festhalten; wir sind bereit zu glauben, was man uns glaubwürdig macht.

Wir gedenken mit diesen Dingen zu verfahren wie mit allem anderen Material der Wissenschaft, zunächst festzustellen, ob solche Vorgänge wirklich nachweisbar sind, und dann, aber erst dann, wenn sich ihre Tatsächlichkeit nicht bezweifeln läßt, uns um ihre Erklärung zu bemühen. Aber es ist nicht zu leugnen, daß schon dieser Entschluß uns schwergemacht wird durch intellektuelle, psychologische und historische Momente. Es ist nicht derselbe Fall, wie wenn wir an andere Untersuchungen herangehen.

Die intellektuelle Schwierigkeit zuerst! Gestatten Sie mir grobe, handgreifliche Verdeutlichungen. Nehmen wir an, es handle sich um die Frage nach der Beschaffenheit des Erdinnern. Bekanntlich wissen wir nichts Sicheres darüber. Wir vermuten, daß es aus schweren Metallen im glühenden Zustand besteht. Nun stelle einer die Behauptung auf, das Erdinnere sei mit Kohlensäure gesättigtes Wasser, also eine Art Sodawasser. Wir werden gewiß sagen, das ist sehr unwahrscheinlich, widerspricht allen unseren Erwartungen, nimmt keine Rücksicht auf jene Anhaltspunkte unseres Wissens, die uns zur Aufstellung der Metallhypothese geführt haben. Aber undenkbar ist es immerhin nicht; wenn uns jemand einen Weg zur Prüfung der Sodawasserhypothese zeigt, werden wir ihn ohne Widerstand gehen. Aber nun kommt ein anderer mit der ernsthaften Behauptung, der Erdkern bestehe aus Marmelade! Dagegen werden wir uns ganz anders verhalten. Wir werden uns sagen, Marmelade kommt in der Natur nicht vor, es ist ein Produkt der menschlichen Küche, die Existenz dieses Stoffes setzt außerdem das Vorhandensein von Obstbäumen und von deren Früchten voraus, und wir wüßten nicht, wie wir Vegetation und menschliche Kochkunst ins Erdinnere verlegen könnten; das Ergebnis dieser intellektuellen Einwendungen wird eine Schwenkung unseres Interesses sein, anstatt auf die Untersuchung einzugehen, ob wirklich der Erdkern aus Marmelade besteht, werden wir uns fragen, was es für ein Mensch sein muß, der auf eine solche Idee kommen kann, und höchstens noch ihn fragen, woher er das weiß. Der unglückliche Urheber der Marmeladetheorie wird schwer gekränkt sein und uns anklagen, daß wir ihm aus angeblich wissenschaftlichem Vorurteil die objektive Würdigung seiner Behauptung versagen. Aber es wird ihm nichts nützen. Wir verspüren, daß Vorurteile nicht immer verwerflich sind, daß sie manchmal berechtigt sind, zweckmäßig, um uns unnützen Aufwand zu ersparen. Sie sind ja nichts anderes als Analogieschlüsse nach anderen, gut begründeten Urteilen.

Eine ganze Anzahl der okkultistischen Behauptungen wirkt auf uns ähnlich wie die Marmeladehypothese, so daß wir uns berechtigt glauben, sie ohne Nachprüfung von vornherein abzuweisen. Aber es ist doch nicht so einfach. Ein Vergleich wie der von mir gewählte beweist nichts, beweist sowenig wie überhaupt Vergleiche. Es bleibt ja fraglich, ob er paßt, und man versteht, daß die Einstellung der verächtlichen Verwerfung bereits seine Auswahl bestimmt hat. Vorurteile sind manchmal zweckmäßig und berechtigt, andere Male aber irrtümlich und schädlich, und man weiß nie, wann sie das eine, wann sie das andere sind. Die Geschichte der Wissenschaften selbst ist überreich an Vorfällen, die vor einer voreiligen Verdammung warnen können. Lange Zeit galt es auch als eine unsinnige Annahme, daß die Steine, die wir heute Meteoriten heißen, aus dem Himmelsraum auf die Erde gelangt sein sollten oder daß das Gestein der Berge, das Muschelreste einschließt, einst den Meeresgrund gebildet hätte. Übrigens ist es auch unserer Psychoanalyse nicht viel anders ergangen, als sie mit der Erschließung der Unbewußten hervortrat. Also haben wir Analytiker besonderen Grund, mit der Verwendung des intellektuellen Motivs zur Ablehnung neuer Aufstellungen vorsichtig zu sein, und müssen zugestehen, daß es uns nicht über Abneigung, Zweifel und Unsicherheit hinaus fördert.

Das zweite Moment habe ich das psychologische genannt. Ich meine damit die allgemeine Neigung der Menschen zur Leichtgläubigkeit und Wundergläubigkeit. Von allem Anfang an, wenn das Leben uns in seine strenge Zucht nimmt, regt sich in uns ein Widerstand gegen die Unerbittlichkeit und Monotonie der Denkgesetze und gegen die Anforderungen der Realitätsprüfung[2]. Die Vernunft wird zur Feindin, die uns soviel Lustmöglichkeit vorenthält. Man entdeckt, welche Lust es bereitet, sich ihr wenigstens zeitweilig zu entziehen und sich den Verlockungen des Unsinns hinzugeben. Der Schulknabe ergötzt sich an Wortverdrehungen, der Fachgelehrte verulkt seine Tätigkeit nach einem wissenschaftlichen Kongreß, selbst der ernsthafte Mann genießt die Spiele des Witzes[3]. Ernsthaftere Feindseligkeit gegen »Vernunft und Wissenschaft, des Menschen allerbeste Kraft«[4] wartet ihre Gelegenheit ab, sie beeilt sich, dem Wunderdoktor oder Naturheilkünstler den Vorzug zu geben vor dem »studierten« Arzt, sie kommt den Behauptungen des Okkultismus entgegen, solange dessen angebliche Tatsachen als Durchbrechungen von Gesetz und Regel genommen werden, sie schläfert die Kritik ein, verfälscht die Wahrnehmungen, erzwingt Bestätigungen und Zustimmungen, die nicht zu rechtfertigen sind. Wer diese Neigung der Menschen in Betracht zieht, hat allen Grund, viele Mitteilungen der okkultistischen Literatur zu entwerten.

Das dritte Bedenken nannte ich das historische und will damit aufmerksam machen, daß in der Welt des Okkultismus eigentlich nichts Neues vorgeht, daß aber in ihr alle die Zeichen, Wunder, Prophezeiungen und Geistererscheinungen neuerdings auftreten, die uns aus alten Zeiten und in alten Büchern berichtet werden und die wir längst als Ausgeburten ungezügelter Phantasie oder tendenziösen Trugs erledigt zu haben glaubten, als Produkte einer Zeit, in der die Unwissenheit der Menschheit sehr groß war und

---

2 [Dieses Thema wird in Freuds Arbeit *Metapsychologische Ergänzung zur Traumlehre*, gegen Ende, erörtert. Vgl. in Band 2 der vorliegenden Ausgabe.]

3 [Die Lust am Unsinn behandelt Freud ausführlich in Kapitel IV des Buches *Der Witz und seine Beziehung zum Unbewußten.]*

4 [Goethe, *Faust*, I. Teil,4. Szene.]

der wissenschaftliche Geist noch in seinen Kinderschuhen stak. Wenn wir als wahr annehmen, was sich nach den Mitteilungen der Okkultisten noch heute ereignet, so müssen wir auch jene Nachrichten aus dem Altertum als glaubwürdig anerkennen. Und nun besinnen wir uns, daß die Traditionen und heiligen Bücher der Völker von solchen Wundergeschichten übervoll sind und daß die Religionen ihren Anspruch auf Glaubwürdigkeit gerade auf solche außerordentliche und wunderbare Begebenheiten stützen und in ihnen die Beweise für das Wirken übermenschlicher Mächte finden. Dann wird es uns schwer, den Verdacht zu vermeiden, daß das okkultistische Interesse eigentlich ein religiöses ist, daß es zu den geheimen Motiven der okkultistischen Bewegung gehört, der durch den Fortschritt des wissenschaftlichen Denkens bedrohten Religion zu Hilfe zu kommen. Und mit der Erkenntnis eines solchen Motivs muß unser Mißtrauen wachsen und unsere Abneigung, uns in die Untersuchung der angeblichen okkulten Phänomene einzulassen.

Aber endlich muß diese Abneigung doch überwunden werden. Es handelt sich um eine Frage der Tatsächlichkeit, ob das, was die Okkultisten erzählen, wahr ist oder nicht. Das muß doch durch Beobachtung entschieden werden können. Im Grunde müssen wir den Okkultisten dankbar sein. Die Wunderberichte aus alten Zeiten sind unserer Nachprüfung entzogen. Wenn wir meinen, sie sind nicht zu beweisen, so müssen wir doch zugeben, sie sind nicht mit aller Strenge zu widerlegen. Aber was in der Gegenwart vor sich geht, wobei wir zugegen sein können, darüber müssen wir doch ein sicheres Urteil gewinnen können. Kommen wir zur Überzeugung, daß solche Wunder heute nicht vorkommen, so fürchten wir den Einwand nicht, sie könnten sich doch in alten Zeiten ereignet haben. Andere Erklärungen liegen dann viel näher. Wir haben also unsere Bedenken abgelegt und sind bereit, an der Beobachtung der okkulten Phänomene teilzunehmen.

Zum Unglück treffen wir dann auf Verhältnisse, die unserer redlichen Absicht äußerst ungünstig sind. Die Beobachtungen, von denen unser Urteil abhängen soll, werden unter Bedingungen angestellt, die unsere Sinneswahrnehmungen unsicher machen, unsere Aufmerksamkeit abstumpfen, in der Dunkelheit oder in spärlichem rotem Licht, nach langen Zeiten leerer Erwartung. Es wird uns gesagt, daß schon unsere ungläubige, also kritische Einstellung das Zustandekommen der erwarteten Phänomene zu hindern vermag. Die so hergestellte Sitution ist ein wahres Zerrbild der Umstände, unter denen wir sonst wissenschaftliche Untersuchungen durchzuführen pflegen. Die Beobachtungen werden an sogenannten Medien gemacht, Personen, denen man besondere »sensitive« Fähigkeiten zuschreibt, die sich aber keineswegs durch hervorragende Eigenschaften des Geistes oder des Charakters auszeichnen, nicht von einer großen Idee oder einer ernsthaften Absicht getragen werden wie die alten Wundertäter. Im Gegenteil, sie gelten selbst bei denen, die an ihre geheimen Kräfte glauben, als besonders unzuverlässig; die meisten von ihnen sind bereits als Betrüger entlarvt worden, es liegt uns nahe zu erwarten, daß den übrigen dasselbe bevorsteht. Was sie leisten, macht den Eindruck von mutwilligen Kinderstreichen oder Taschenspielerkunststücken. Noch niemals ist in den Sitzungen mit diesen Medien etwas Brauchbares herausgekommen, etwa eine neue Kraftquelle zugänglich gemacht worden. Freilich erwartet man auch keine Förderung der Taubenzucht von dem Kunststück des Taschenspielers, der Tauben aus seinem leeren Zylinderhut zaubert. Ich kann mich leicht in die Lage eines Menschen versetzen, der die Anforderung der Objektivität erfüllen will und darum an den okkultistischen Sitzungen teilnimmt, aber nach einer Weile ermüdet und von den an ihn gestellten Zumutungen abgestoßen sich abwendet und unbelehrt zu seinen früheren Vorurteilen zurückkehrt. Man kann einem solchen vorhalten, das sei auch nicht das richtige Benehmen, Phänomenen, die man studieren wolle, dürfe man nicht vorschreiben, wie sie sein und unter welchen Bedingungen sie auftreten sollen. Es sei vielmehr geboten, auszuharren und die Vorsichts- und Kontrollmaßregeln zu würdigen, durch die man sich neuerdings gegen die Unzuverlässigkeit der Medien zu schützen bemüht ist. Leider macht diese moderne Sicherungstechnik der leichten Zugänglichkeit okkultistischer Beobachtungen ein Ende. Das Studium des Okkultismus wird ein besonderer, schwieriger Beruf, eine Tätigkeit, die man nicht neben seinen sonstigen Interessen betreiben kann. Und bis die damit beschäftigten Forscher zu Entscheidungen gekommen sind, bleibt man dem Zweifel und seinen eigenen Vermutungen überlassen.

Unter diesen Vermutungen die wahrscheinlichste ist wohl die, daß es sich beim Okkultismus um einen realen Kern von noch nicht erkannten Tatsachen handelt, den Trug und Phantasiewirkung mit einer schwer durchdringbaren Hülle umsponnen haben. Aber wie können wir uns diesem Kern auch nur annähern, an welcher Stelle das Problem angreifen? Hier meine ich, kommt uns der Traum zu Hilfe, indem er uns den Wink gibt, aus all dem Wust das Thema der Telepathie herauszugreifen.

Sie wissen, Telepathie nennen wir die angebliche Tatsache, daß ein Ereignis, welches zu einer bestimmten Zeit vorfällt, etwa gleichzeitig einer räumlich entfernten Person zum Bewußtsein kommt, ohne daß die uns bekannten Wege der Mitteilung dabei in Betracht kämen. Stillschweigende Voraussetzung ist, daß dies Ereignis eine Person betrifft, an welcher die andere, der Empfänger der Nachricht, ein starkes emotionelles Interesse hat. Also z. B. die Person A erleidet einen Unfall, oder sie stirbt, und die Person B, eine ihr nahe verbundene, die Mutter, Tochter oder Geliebte, erfährt es ungefähr zur gleichen Zeit durch eine Gesichts- oder Gehörswahrnehmung; im letzteren Falle also so, als ob sie telephonisch verständigt worden wäre, was aber nicht der Fall gewesen ist, gewissermaßen ein psychisches Gegenstück zur drahtlosen Telegraphie. Ich brauche vor Ihnen nicht zu betonen, wie unwahrscheinlich solche Vorgänge sind. Auch darf man die meisten dieser Berichte mit guten Gründen ablehnen; einige bleiben übrig, bei denen dies nicht so leicht ist. Gestatten Sie mir nun, daß ich, für den Zweck meiner beabsichtigten Mitteilung, das vorsichtige Wörtchen »angeblich« weglasse und so fortsetze, als glaubte ich an die objektive Realität des telepathischen Phänomens. Aber halten Sie daran fest, daß dies nicht der Fall ist, daß ich mich auf keine Überzeugung festgelegt habe.

Ich habe Ihnen eigentlich wenig mitzuteilen, nur eine unscheinbare Tatsache. Ich will Ihre Erwartung auch gleich weiter einschränken, indem ich Ihnen sage, daß der Traum im Gunde wenig mit der Telepathie zu tun hat. Weder wirft die Telepathie ein neues Licht auf das Wesen des Traums, noch legt der Traum ein direktes Zeugnis für die Realität der Telepathie ab. Das telepathische Phänomen ist auch gar nicht an den Traum gebunden, es kann sich auch während des Wachzustands ereignen. Der einzige Grund, die Beziehung zwischen Traum und Telepathie zu erörtern, liegt darin, daß der Schlafzustand zur Aufnahme der telepathischen Botschaft besonders geeignet erscheint. Man erhält dann einen sogenannt telepathischen Traum und überzeugt sich bei dessen Analyse, daß die telepathische Nachricht dieselbe Rolle gespielt hat wie ein anderer Tagesrest und wie ein solcher von der Traumarbeit verändert und ihrer Tendenz dienstbar gemacht worden ist.

In der Analyse eines solchen telepathischen Traums ereignet sich nun das, was mir interessant genug schien, um es trotz seiner Geringfügigkeit zum Ausgangspunkt für diese Vorlesung zu wählen. Als ich im Jahre 1922[5] die erste Mitteilung über diesen Gegenstand machte, stand mir erst nur eine Beobachtung zur Verfügung. Seither habe ich manche ähnliche gemacht, aber ich bleibe beim ersten Beispiel, weil es sich am leichtesten darstellen läßt, und werde Sie sogleich *in medias res* einführen.

---

5 [Freud schrieb im September 1921 den Aufsatz *Traum und Telepathie*, der im März 1922 in der Zeitschrift »Imago« erschien. Freuds grundsätzliche Skepsis äußert sich in der Feststellung, daß keine der Ahnungen über ferne Vorgänge, die er in seinem Leben erfahren habe, von der Realität bestätigt worden sei, außerdem habe er auch in seiner analytischen Praxis niemals einen telepathischen Traum erlebt. Freud setzt sich dann mit zwei Träumen auseinander. Der erste von ihnen ist der in der vorliegenden Vorlesung anschließend erzählte.]

Ein offenbar intelligenter, nach seiner Behauptung keineswegs »okkultistisch angehauchter« Mann schreibt mir über einen Traum, der ihm merkwürdig erscheint. Er schickt voraus, seine verheiratete, entfernt von ihm lebende Tochter erwarte Mitte Dezember ihre erste Niederkunft. Diese Tochter steht ihm sehr nahe, er weiß auch, daß sie sehr innig an ihm hängt. Nun träumt er in der Nacht vom 16. auf den 17. November, daß seine Frau Zwillinge geboren hat. Es folgen mancherlei Einzelheiten, die ich hier übergehen kann, die auch nicht alle Aufklärung gefunden haben. Die Frau, die im Traum Mutter der Zwillinge geworden ist, ist seine zweite Frau, die Stiefmutter der Tochter. Er wünscht sich keine Kinder von dieser Frau, der er die Eignung zur verständigen Kindererziehung abspricht, hatte auch zur Zeit des Traums den Geschlechtsverkehr mit ihr lange ausgesetzt. Was ihn veranlaßt, mir zu schreiben, ist nicht ein Zweifel an der Traumlehre, zu dem ihn der manifeste Trauminhalt berechtigt hätte, denn warum läßt der Traum im vollen Gegensatz zu seinen Wünschen diese Frau Kinder gebären? Auch zu einer Befürchtung, daß dies unerwünschte Ereignis eintreffen könnte, lag nach seiner Auskunft kein Anlaß vor. Was ihn bewog, mir von diesem Traum zu berichten, war der Umstand, daß er am 18. November früh die telegraphische Nachricht erhielt, die Tochter sei mit Zwillingen niedergekommen. Das Telegramm war tags vorher aufgegeben worden, die Geburt in der Nacht vom 16. auf den 17. erfolgt, ungefähr zur gleichen Stunde, als er von der Zwillingsgeburt seiner Frau träumte. Der Träumer fragt mich, ob ich das Zusammentreffen von Traum und Ereignis für zufällig halte. Er getraut sich nicht, den Traum einen telepathischen zu nennen, denn der Unterschied zwischen Trauminhalt und Ereignis betrifft gerade das, was ihm das Wesentliche scheint, die Person der Gebärenden. Aber aus einer seiner Bemerkungen geht hervor, daß er sich über einen richtigen telepathischen Traum nicht verwundert hätte. Die Tochter, meint er, habe in ihrer schweren Stunde sicher »besonders an ihn gedacht«.

Meine Damen und Herren! Ich bin sicher, Sie können sich diesen Traum bereits erklären und verstehen auch, warum ich ihn Ihnen erzählt habe. Da ist ein Mann, mit seiner zweiten Frau unzufrieden, er möchte lieber eine Frau haben wie seine Tochter aus erster Ehe. Fürs Unbewußte entfällt natürlich dieses: wie. Nun trifft ihn nächtlicherweile die telepathische Botschaft, die Tochter hat Zwillinge geboren. Die Traumarbeit bemächtigt sich dieser Nachricht, läßt den unbewußten Wunsch auf sie einwirken, der die Tochter an die Stelle der zweiten Frau setzen möchte, und so entsteht der befremdende manifeste Traum, der den Wunsch verhüllt und die Botschaft entstellt. Wir müssen sagen, erst die Traumdeutung hat uns gezeigt, daß es ein telepathischer Traum ist, die Psychoanalyse hat einen telepathischen Tatbestand aufgedeckt, den wir sonst nicht erkannt hätten.

Aber lassen Sie sich ja nicht irreführen! Trotzdem hat die Traumdeutung nichts über die objektive Wahrheit des telepathischen Tatbestands ausgesagt. Es kann auch ein Anschein sein, der sich auf andere Weise aufklären läßt. Es ist möglich, daß die latenten Traumgedanken des Mannes gelautet haben: Heute ist ja der Tag, an dem die Entbindung erfolgen müßte, wenn die Tochter, wie ich eigentlich glaube, sich um einen Monat verrechnet hat. Und ihr Aussehen war schon damals, als ich sie zuletzt sah, so, als ob sie Zwillinge haben würde. Und meine verstorbene Frau war so kinderlieb, wie würde die sich über Zwillinge gefreut haben! (Letzteres Moment setze ich nach noch nicht erwähnten Assoziationen des Träumers ein.) In diesem Fall wären gut begründete Vermutungen des Träumers, nicht eine telepathische Botschaft der Anreiz zum Traum gewesen, der Erfolg bliebe der nämliche. Sie sehen, auch diese Traumdeutung hat nichts über die Frage ausgesagt, ob man der Telepathie objektive Realität zugestehen darf. Das ließe sich nur durch eingehende Erkundigung nach allen Verhältnissen des Vorfalles entscheiden, was leider bei diesem Beispiel ebensowenig möglich war wie bei den anderen meiner Erfahrung. Zugegeben, daß die Annahme der Telepathie die bei weitem einfachste Erklärung gibt, aber damit ist nicht viel gewonnen. Die einfachste Erklärung ist nicht immer die richtige, die Wahrheit ist sehr oft nicht einfach, und ehe man sich zu einer so weittragenden Annahme entschließt, will man alle Vorsichten eingehalten haben.

Das Thema: Traum und Telepathie können wir jetzt verlassen, ich habe Ihnen nichts mehr darüber zu sagen. Aber beachten Sie wohl, nicht der Traum schien uns etwas über die Telepathie zu lehren, sondern die Deutung des Traumes, die psychoanalytische Bearbeitung. Somit können wir im folgenden vom Traum ganz absehen und wollen der Erwartung nachgehen, daß die Anwendung der Psychoanalyse einiges Licht auf andere, okkult geheißene Tatbestände werfen kann. Da ist z. B. das Phänomen der Induktion oder Gedankenübertragung, das der Telepathie sehr nahesteht, eigentlich ohne viel Zwang mit ihr vereinigt werden kann. Es besagt, daß seelische Vorgänge in einer Person, Vorstellungen, Erregungszustände, Willensimpulse sich durch den freien Raum auf eine andere Person übertragen können, ohne die bekannten Wege der Mitteilung durch Worte und Zeichen zu gebrauchen. Sie verstehen, wie merkwürdig, vielleicht auch praktisch bedeutsam es wäre, wenn dergleichen wirklich vorkäme. Nebenbei gesagt, es ist verwunderlich, daß gerade von diesem Phänomen in den alten Wunderberichten am wenigsten die Rede ist.

Während der psychoanalytischen Behandlung von Patienten habe ich den Eindruck bekommen, daß das Treiben der berufsmäßigen Wahrsager eine günstige Gelegenheit verbirgt, um besonders einwandfreie Beobachtungen über Gedankenübertragung anzustellen. Das sind unbedeutende oder selbst minderwertige Personen, die sich irgendeiner Hantierung hingeben, Karten aufschlagen, Schriften und Handlinien studieren, astrologische Berechnungen anstellen und dabei ihren Besuchern die Zukunft vorhersagen, nachdem sie sich mit Stücken von deren vergangenen oder gegenwärtigen Schicksalen vertraut gezeigt haben. Ihre Klienten zeigen sich meistens recht befriedigt durch diese Leistungen und sind ihnen auch nicht gram, wenn die Prophezeiungen späterhin nicht eintreffen. Ich bin mehrerer solcher Fälle habhaft geworden, konnte sie analytisch studieren und werde Ihnen gleich das merkwürdigste dieser Beispiele erzählen. Leider wird die Beweiskraft dieser Mitteilungen durch die zahlreichen Verschweigungen beeinträchtigt, zu denen mich die Pflicht der ärztlichen Diskretion nötigt. Entstellungen habe ich aber mit strengem Vorsatz vermieden. Hören Sie also die Geschichte einer meiner Patientinnen, die ein solches Erlebnis mit einem Wahrsager gehabt hat.

Sie war die älteste einer Reihe von Geschwistern gewesen, in einer außerordentlich starken Vaterbindung aufgewachsen, hatte jung geheiratet, in der Ehe volle Befriedigung gefunden. Zu ihrem Glück fehlte nur eines, daß sie kinderlos geblieben war, ihren geliebten Mann also nicht völlig an die Stelle des Vaters rücken konnte. Als sie nach langen Jahren der Enttäuschung sich zu einer gynäkologischen Operation entschließen wollte, machte ihr der Mann die Eröffnung, daß die Schuld an ihm liege, er sei durch eine Erkrankung vor der Ehe unfähig zur Kinderzeugung geworden. Diese Enttäuschung vertrug sie schlecht, wurde neurotisch, litt offenbar an Versuchungsängsten[6]. Um sie aufzuheitern, nahm sie der Mann auf eine Geschäftsreise nach Paris mit. Dort saßen sie eines Tages in der Halle des Hotels, als ihr eine gewisse Geschäftigkeit unter den Angestellten auffiel. Sie fragte, was es gäbe, und erfuhr, *Monsieur le professeur* sei gekommen und erteile Konsultationen in jenem Kabinett. Sie äußerte ihren Wunsch, auch einen Versuch zu machen. Der Mann schlug es ab, aber in einem unbewachten Moment war sie in den Konsultationsraum geschlüpft und stand vor dem Wahrsager. Sie war 27 Jahre alt, sah viel jünger aus, hatte den Ehering abgelegt. *Monsieur le professeur* ließ sie die Hand auf eine Tasse legen, die mit Asche gefüllt war, studierte sorgfältig den Abdruck, er-

6 [Angst vor der Versuchung, ihren Ehemann zu betrügen.]

zählte ihr dann allerlei von schweren Kämpfen, die ihr bevorstünden, und schloß mit der tröstlichen Versicherung, sie werde doch noch heiraten und mit 32 Jahren zwei Kinder haben. Als sie mir diese Geschichte erzählte, war sie 43 Jahre alt, schwer krank und ohne jede Aussicht, jemals ein Kind zu bekommen. Die Prophezeiung war also nicht eingetroffen, doch sprach sie von ihr keineswegs mit Bitterkeit, sondern mit dem unverkennbaren Ausdruck der Befriedigung, als ob sie ein erfreuliches Erlebnis erinnern würde. Es war leicht festzustellen, daß sie nicht die leiseste Ahnung hatte, was die beiden Zahlen der Prophezeiung [2 und 32] bedeuten könnten und ob sie überhaupt etwas bedeuteten.

Sie werden sagen, das ist eine dumme und unverständliche Geschichte, und fragen, wozu ich sie Ihnen erzählt habe. Nun, ich wäre ganz Ihrer Meinung, wenn nicht – und das ist jetzt der springende Punkt – die Analyse uns eine Deutung jener Prophezeiung ermöglichte, die gerade durch die Aufklärung der Details zwingend wirkt. Die beiden Zahlen finden nämlich ihren Platz im Leben der Mutter meiner Patientin. Diese hatte spät geheiratet, nach dreißig, und man hatte in der Familie oft dabei verweilt, daß sie sich so erfolgreich beeilt hatte, das Versäumte nachzuholen. Die beiden ersten Kinder, unsere Patientin voran, wurden mit dem kleinsten möglichen Intervall in dem gleichen Kalenderjahr geboren, und mit 32 Jahren hatte sie wirklich schon zwei Kinder. Was *Monsieur le professeur* meiner Patientin gesagt hatte, hieß also: Trösten Sie sich, Sie sind noch so jung. Sie werden noch dasselbe Schicksal haben wie Ihre Mutter, die auch lange auf Kinder warten mußte, werden zwei Kinder haben mit 32 Jahren. Aber, dasselbe Schicksal zu haben wie die Mutter, sich an ihre Stelle zu setzen, ihren Platz beim Vater einzunehmen, das war ja der stärkste Wunsch ihrer Jugend gewesen, der Wunsch, an dessen Nichterfüllung sie jetzt zu erkranken begann. Die Prophezeiung versprach ihr, daß er doch noch zur Erfüllung kommen werde; wie sollte sie gegen den Propheten anders als freundlich fühlen können? Aber halten Sie es für möglich, daß *Monsieur le professeur* mit den Daten der intimen Familiengeschichte seiner zufälligen Klientin vertraut war? Unmöglich; woher kam ihm also die Kenntnis, die ihn befähigte, den stärksten und geheimsten Wunsch der Patientin durch die Aufnahme der beiden Zahlen in seine Prophezeiung auszudrücken? Ich sehe nur zwei Möglichkeiten der Erklärung. Entweder ist die Geschichte, so wie sie mir erzählt wurde, nicht wahr, hat sich anders zugetragen, oder es ist anzuerkennen, daß eine Gedankenübertragung als reales Phänomen besteht. Man kann freilich die Annahme machen, daß die Patientin nach einem Intervall von 16 Jahren die beiden Zahlen, auf die es ankommt, aus ihrem Unbewußten in jene Erinnerung eingesetzt hat. Ich habe keinen Anhaltspunkt für diese Vermutung, aber ich kann sie nicht ausschließen, und ich stelle mir vor, daß Sie eher bereit sein werden, an eine solche Auskunft zu glauben als an die Realität der Gedankenübertragung. Wenn Sie sich zu letzterem entschließen, vergessen Sie nicht daran, daß erst die Analyse den okkulten Tatbestand geschaffen, ihn aufgedeckt hat, wo er bis zur Unkenntlichkeit entstellt war.

Handelte es sich nur um *einen* solchen Fall wie der meiner Patientin, so würde man achselzuckend über ihn hinweggehen. Niemand fällt es ein, einen Glauben, der eine so entscheidende Wendung bedeutet, auf einer vereinzelten Beobachtung aufzubauen. Aber glauben Sie meiner Versicherung, es ist nicht der einzige Fall in meiner Erfahrung. Ich habe eine ganze Reihe von solchen Prophezeiungen gesammelt und von allen den Eindruck gewonnen, daß der Wahrsager nur die Gedanken der ihn befragenden Personen und ganz besonders ihre geheimen Wünsche zum Ausdruck gebracht hatte, daß man also berechtigt war, solche Prophezeiungen zu analysieren, als wären es subjektive Produktionen, Phantasien oder Träume der Betreffenden. Natürlich sind nicht alle Fälle gleich beweiskräftig und nicht in allen ist es gleich möglich, rationellere Erklärungen auszuschließen, aber es bleibt doch vom Ganzen ein starker Überschuß von Wahrscheinlichkeit zu Gunsten einer tatsächlichen Gedankenübertragung übrig. Die Wichtigkeit des Gegenstandes würde es rechtfertigen, daß ich Ihnen alle meine Fälle vorführe, aber das kann ich nicht, wegen der Weitläufigkeit der dazu nötigen Darstellung und der dabei unvermeidlichen Verletzung der schuldigen Diskretion. Ich versuche es, mein Gewissen möglichst zu beschwichtigen, wenn ich Ihnen noch einige Beispiele gebe.

Eines Tages sucht mich ein hochintelligenter junger Mann auf, ein Student vor seinen letzten Doktorprüfungen, aber nicht imstande, sie abzulegen, denn, wie er klagt, hat er alle Interessen, Konzentrationsfähigkeit, selbst die Möglichkeit geordneter Erinnerung verloren. Die Vorgeschichte dieses lähmungsartigen Zustandes ist bald aufgedeckt, er ist nach einer Leistung großer Selbstüberwindung erkrankt. Er hat eine Schwester, an der er mit intensiver, aber stets verhaltener Liebe hing, wie sie an ihm. Wie schade, daß wir beide uns nicht heiraten können, hieß es oft genug unter ihnen. Ein würdiger Mann verliebte sich in diese Schwester, sie erwiderte die Neigung, aber die Eltern gaben die Verbindung nicht zu. In dieser Notlage wandte sich das Paar an den Bruder, der ihnen auch seine Hilfe nicht versagte. Er vermittelte die Korrespondenz zwischen ihnen, seinem Einfluß gelang es auch, die Eltern endlich zur Zustimmung zu bewegen. In der Verlobungszeit ereignete sich allerdings ein Zufall, dessen Bedeutung leicht zu erraten ist. Er unternahm eine schwierige Bergpartie mit dem zukünftigen Schwager führerlos, die beiden verloren den Weg und gerieten in die Gefahr, nicht mehr heil zurückzukommen. Kurz nach der Heirat der Schwester geriet er in jenen Zustand seelischer Erschöpfung.

Durch den Einfluß der Psychoanalyse arbeitsfähig geworden, verließ er mich, um seine Prüfungen zu machen, kam aber nach deren glücklicher Erledigung im Herbst desselben Jahres für kurze Zeit zu mir zurück. Er berichtete mir dann über ein merkwürdiges Erlebnis, das er vor dem Sommer gehabt hatte. In seiner Universitätsstadt gab es eine Wahrsagerin, die sich eines großen Zulaufs erfreute. Auch die Prinzen des Herrscherhauses pflegten sie vor wichtigen Unternehmungen regelmäßig zu konsultieren. Die Art, wie sie arbeitete, war sehr einfach. Sie ließ sich die Geburtsdaten einer bestimmten Person geben, verlangte nichts anderes von ihr zu wissen, auch nicht den Namen, dann schlug sie in astrologischen Büchern nach, machte lange Berechnungen und am Ende gab sie eine Prophezeiung über die betreffende Person von sich. Mein Patient beschloß, ihre Geheimkunst für seinen Schwager in Anspruch zu nehmen. Er besuchte sie und nannte ihr die verlangten Daten von seinem Schwager. Nachdem sie ihre Rechnungen angestellt hatte, tat sie die Prophezeiung: Diese Person wird im Juli oder August dieses Jahres an einer Krebs- oder Austernvergiftung sterben. Mein Patient schloß dann seine Erzählung mit den Worten: »Und das war ganz großartig!«

Ich hatte von Anfang an unwillig zugehört. Nach diesem Ausruf gestattete ich mir die Frage. Was finden Sie an dieser Prophezeiung so großartig? Wir sind jetzt im Spätherbst, Ihr Schwager ist nicht gestorben, das hätten Sie mir längst erzählt. Also ist die Prophezeiung nicht eingetroffen. Das allerdings nicht, meinte er, aber das Merkwürdige ist folgendes. Mein Schwager ist ein leidenschaftlicher Liebhaber von Krebsen und Austern und hat sich im vorigen Sommer – also *vor* dem Besuch bei der Wahrsagerin – eine Austernvergiftung zugezogen, an der er fast gestorben wäre. Was sollte ich darauf sagen? Ich konnte mich nur ärgern, daß der hochgebildete Mann, der überdies eine erfolgreiche Analyse hinter sich hatte, den Zusammenhang nicht besser durchschaute. Ich für meinen Teil, ehe ich daran glaube, daß man aus astrologischen Tafeln den Eintritt einer Krebs- oder Austernvergiftung berechnen kann, will lieber annehmen, daß mein Patient den Haß gegen den Rivalen noch immer nicht überwunden hatte, an dessen Verdrängung er seinerzeit erkrankt war, und daß die Astrologin einfach seine eigene Erwartung aussprach: solche Liebhabereien gibt man nicht auf und eines Tages wird er doch daran zugrunde gehen. Ich gestehe, daß ich für diesen

Fall keine andere Erklärung weiß außer vielleicht, daß mein Patient sich einen Scherz mit mir erlaubt hat. Aber er gab mir weder damals noch später Grund zu diesem Verdacht und schien, was er sagte, ernsthaft zu meinen.

Ein anderer Fall. Ein junger Mann in angesehener Stellung unterhält ein Verhältnis mit einer Lebedame, in dem sich ein merkwürdiger Zwang durchsetzt. Von Zeit zu Zeit muß er die Geliebte durch spottende und höhnende Reden kränken, bis sie in helle Verzweiflung gerät. Hat er sie soweit gebracht, so ist er erleichtert, er versöhnt sich mit ihr und beschenkt sie. Aber er möchte jetzt frei von ihr werden, der Zwang ist ihm unheimlich, er merkt, daß sein eigener Ruf unter diesem Verhältnis leidet, er will eine eigene Frau haben, eine Familie gründen. Nur daß er mit eigener Kraft nicht von der Lebedame loskommt, er nimmt dazu die Hilfe der Analyse in Anspruch. Nach einer solchen Beschimpfungsszene, schon während der Analyse, läßt er sich von ihr ein Kärtchen schreiben, das er einem Schriftkundigen vorlegt. Die Auskunft, die er von ihm erhält, lautet: Das ist die Schrift eines Menschen in äußerster Verzweiflung, die Person wird sich gewiß in den allernächsten Tagen umbringen. Das geschieht zwar nicht, die Dame bleibt am Leben, aber der Analyse gelingt es, seine Fesseln zu lockern; er verläßt die Dame und wendet sich einem jungen Mädchen zu, von dem er erwartet, daß es eine brave Frau für ihn werden kann. Bald nachher erscheint ein Traum, der nur auf einen beginnenden Zweifel an dem Wert dieses Mädchens gedeutet werden kann. Er nimmt auch von ihr eine Schriftprobe, die er derselben Autorität vorlegt, und hört ein Urteil über ihre Schrift, das seine Besorgnisse bestätigt. Er gibt also die Absicht, sie zu seiner Frau zu machen, auf.

Um die Gutachten des Schriftkundigen, zumal das erste, zu würdigen, muß man etwas von der Geheimgeschichte unseres Mannes wissen. Im frühen Jünglingsalter hatte er sich, seiner leidenschaftlichen Natur entsprechend, bis zur Raserei in eine junge Frau verliebt, die immerhin älter war als er. Von ihr abgewiesen, machte er einen Selbstmordversuch, an dessen ernster Absicht man nicht zweifeln kann. Nur durch ein Ungefähr entging er dem Tode, und erst nach langer Pflege war er hergestellt. Aber diese wilde Tat machte auf die geliebte Frau einen tiefen Eindruck, sie schenkte ihm ihre Gunst, er wurde ihr Liebhaber, blieb ihr von da an heimlich verbunden und diente ihr in echt ritterlicher Weise. Nach mehr als zwei Dezennien, als sie beide gealtert waren, die Frau natürlich mehr als er, erwachte in ihm das Bedürfnis, sich von ihr abzulösen, frei zu werden, ein eigenes Leben zu führen, selbst ein Haus und eine Familie zu gründen. Und gleichzeitig mit diesem Überdruß stellte sich bei ihm das lange unterdrückte Bedürfnis nach Rache an der Geliebten ein. Hatte er sich einst umbringen wollen, weil sie ihn verschmäht hatte, so wollte er jetzt die Genugtuung haben, daß sie den Tod suchte, weil er sie verließ. Aber seine Liebe war noch immer zu stark, als daß dieser Wunsch ihm bewußt werden konnte; auch war er nicht imstande, ihr genug Böses anzutun, um sie in den Tod zu treiben. In dieser Gemütslage nahm er die Lebedame gewissermaßen als Prügelknaben auf, um *in corpore vili*[7] seinen Rachedurst zu befriedigen, und gestattete sich an ihr alle Quälereien, von denen er erwarten konnte, sie würden bei ihr den Erfolg haben, den er bei der geliebten Frau erwünschte. Daß die Rache eigentlich dieser letzteren galt, verriet sich nur durch den Umstand, daß er die Frau zur Mitwisserin und Ratgeberin in seinem Liebesverhältnis machte, anstatt ihr seinen Abfall zu verbergen. Die Arme, die längst von der Geberin zur Empfängerin herabgesunken war, litt unter seiner Vertraulichkeit wahrscheinlich mehr als die Lebedame unter seiner Brutalität. Der Zwang, über den er sich bei der Ersatzperson beklagte und der ihn in die Analyse trieb, war natürlich von der alten Geliebten her auf sie übertragen; diese letztere war es, von der er sich frei machen wollte und nicht konnte. Ich bin kein Schriftenkenner und halte nicht viel von der Kunst, aus der

7 [lat. am wertlosen Körper.]

Schrift den Charakter zu erraten, noch weniger glaube ich an die Möglichkeit, auf diesem Wege die Zukunft des Schreibers vorherzusagen. Sie sehen aber, wie immer man über den Wert der Graphologie denken mag, es ist unverkennbar, daß der Sachverständige, wenn er versprach, daß der Schreiber der ihm vorgelegten Probe sich in den nächsten Tagen umbringen werde, wiederum nur einen starken geheimen Wunsch der ihn befragenden Person ans Licht gezogen hatte. Etwas Ähnliches geschah dann auch beim zweiten Gutachten, nur daß hier nicht ein unbewußter Wunsch in Betracht kam, sondern daß die keimenden Zweifel und Besorgnisse des Befragenden durch den Mund des Schriftkundigen einen klaren Ausdruck fanden. Meinem Patienten gelang es übrigens, mit Hilfe der Analyse eine Liebeswahl zu treffen außerhalb des Zauberkreises, in den er gebannt gewesen war.

Meine Damen und Herren! Sie haben nun gehört, was die Traumdeutung und die Psychoanalyse überhaupt für den Okkultismus leistet. Sie haben an Beispielen gesehen, daß durch ihre Anwendung okkulte Tatbestände klargemacht werden, die sonst unkenntlich geblieben wären. Die Frage, die Sie gewiß am meisten interessiert, ob man an die objektive Realität dieser Befunde glauben darf, kann die Psychoanalyse nicht direkt beantworten, aber das mit ihrer Hilfe zutage geförderte Material macht wenigstens einen der Bejahung günstigen Eindruck. Dabei wird Ihr Interesse nicht haltmachen. Sie werden wissen wollen, zu welchen Schlüssen jenes ungleich reichere Material berechtigt, an dem die Psychoanalyse keinen Anteil hat. Dahin kann ich Ihnen aber nicht folgen, es ist nicht mehr mein Gebiet. Das einzige, was ich noch tun kann, wäre, daß ich Ihnen von Beobachtungen erzähle, die wenigstens die eine Beziehung zur Analyse haben, daß sie während der analytischen Behandlung gemacht, vielleicht auch durch ihren Einfluß ermöglicht wurden. Ich werde Ihnen ein solches Beispiel mitteilen, dasjenige, welches mir den stärksten Eindruck hinterlassen hat, werde sehr ausführlich sein, Ihre Aufmerksamkeit für eine Menge von Einzelheiten in Anspruch nehmen und dabei doch vieles unterdrücken müssen, was die überzeugende Kraft der Beobachtung sehr gesteigert hätte. Es ist ein Beispiel, in dem der Tatbestand klar zutage tritt und nicht durch die Analyse entwickelt zu werden braucht. Bei seiner Diskussion werden wir die Hilfe der Analyse aber nicht entbehren können. Ich sage es Ihnen aber vorher, auch dieses Beispiel von anscheinender Gedankenübertragung in der analytischen Situation ist nicht gegen alle Bedenken gefeit, gestattet keine unbedingte Parteinahme für die Realität des okkulten Phänomens.

Also hören Sie: An einem Herbsttag des Jahres 1919, etwa um ¾11 Uhr a. m.[8], gibt der eben aus London eingetroffene Dr. David Forsyth[9] eine Karte für mich ab, während ich mit einem Patienten arbeite. (Mein geehrter Kollege von der London University wird es sicherlich nicht als Indiskretion auffassen, wenn ich so verrate, daß er sich von mir durch einige Monate in die Künste der psychoanalytischen Technik einführen ließ.) Ich habe nur Zeit, ihn zu begrüßen und für später zu bestellen. Dr. Forsyth hat Anspruch auf mein besonderes Interesse; er ist der erste Ausländer, der nach der Absperrung der Kriegsjahre zu mir kommt, der eine bessere Zeit eröffnen soll. Bald nachher, um 11 Uhr, kommt einer meiner Patienten, Herr P., ein geistreicher und liebenswürdiger Mann, im Alter zwischen 40 und 50, der mich seinerzeit wegen Schwierigkeiten beim Weibe aufgesucht hatte. Sein Fall versprach keinen therapeutischen Erfolg; ich hatte ihm längst vorgeschlagen, die Behandlung einzustellen, aber er hatte deren Fortsetzung gewünscht, offenbar weil er sich in einer wohltemperierten Vater-Übertragung auf mich behaglich fühlte. Geld spielte um diese Zeit keine Rolle, da zuwenig davon vorhanden war; die Stunden, die ich mit ihm verbrachte, waren auch

8 [Abkürzung von lat. ante meridiem (vormittags).]
9 [Dr. David Forsyth (1877–1941), Oberarzt am Charing Cross Hospital, London, gehörte zu den ersten Mitgliedern der 1913 gegründeten Londoner Gesellschaft für Psychoanalyse.]

für mich Anregung und Erholung, und so wurde, mit Hinwegsetzung über die strengen Regeln des ärztlichen Betriebs, die analytische Bemühung bis zu einem in Aussicht genommenen Termin weitergeführt.

An diesem Tag kam P. auf seine Versuche zurück, die Liebesbeziehungen zu Frauen aufzunehmen, und erwähnte wieder einmal das schöne, pikante, arme Mädchen, bei dem er Erfolg haben könnte, wenn nicht schon die Tatsache ihrer Virginität ihn von jedem ernsthaften Unternehmen abschrecken würde. Er hatte schon oft von ihr gesprochen, heute erzählte er zum ersten Mal, daß sie, die natürlich von den wirklichen Gründen seiner Verhinderung keine Ahnung hat, ihn den Herrn von *Vorsicht* zu nennen pflegt. Diese Mitteilung frappiert mich, die Karte des Dr. Forsyth ist mir zur Hand, ich zeige sie ihm.

Dies der Tatbestand. Ich erwarte, er wird Ihnen armselig erscheinen, aber hören Sie nur weiter zu, es steckt mehr dahinter.

P. hatte einige seiner jungen Jahre in England verlebt und daher ein dauerndes Interesse für englische Literatur bewahrt. Er besitzt eine reiche englische Bibliothek, pflegte mir Bücher aus ihr zu bringen, und ich verdanke ihm die Bekanntschaft mit Autoren wie Bennett und Galsworthy, von denen ich bis dahin wenig gelesen hatte. Eines Tages lieh er mir einen Roman von Galsworthy mit dem Titel *The Man of Property*, der im Schoß einer vom Dichter erfundenen Familie *Forsyte* spielt. Galsworthy ist offenbar von dieser seiner Schöpfung selbst gefangengenommen worden, denn er hat in späteren Erzählungen wiederholt auf Personen dieser Familie zurückgegriffen und endlich alle auf sie bezüglichen Erdichtungen unter dem Namen *The Forsyte Saga* gesammelt. Erst wenige Tage vor der Begebenheit, die ich erzähle, hatte mir P. einen neuen Band aus dieser Reihe gebracht. Der Name *Forsyte* und alles Typische, was der Dichter in ihm verkörpern wollte, hatte auch in meinen Unterhaltungen mit P. eine Rolle gespielt, er war zu einem Stück der Geheimsprache geworden, die sich bei regelmäßigem Verkehr so leicht zwischen zwei Personen ausbildet.

Nun ist der Name *Forsyte* in jenen Romanen von dem meines Besuchers *Forsyth* wenig verschieden, für deutsche Aussprache kaum zu unterscheiden, und das sinnvolle englische Wort, das wir ebenso aussprechen würden, wäre *foresight*, zu übersetzen: Voraussicht oder Vorsicht. P. hatte also tatsächlich aus seinen persönlichen Beziehungen den gleichen Namen herausgeholt, der zur selben Zeit infolge eines ihm unbekannten Ereignisses mich beschäftigte.

Nicht wahr, das sieht schon besser aus. Aber ich meine, wir werden einen stärkeren Eindruck von dem auffälligen Phänomen und sogar etwas wie einen Einblick in die Bedingungen seiner Entstehung gewinnen, wenn wir zwei andere Assoziationen analytisch beleuchten, die P. in der nämlichen Stunde vorbrachte.

Erstens: An einem Tag der vorigen Woche hatte ich Herrn P. um 11 Uhr vergeblich erwartet und war dann ausgegangen, um Dr. Anton von Freund[10] in seiner Pension zu besuchen. Ich war überrascht zu finden, daß Herr P. in einem anderen Stockwerk des Hauses wohnte, das die Pension beherbergte. Mit Beziehung darauf hatte ich P. später erzählt, daß ich ihm sozusagen einen Besuch in seinem Hause gemacht hatte; ich weiß aber mit Bestimmtheit, daß ich den Namen der Person, die ich in der Pension besuchte, nicht genannt habe. Und nun stellt er bald nach der Erwähnung des Herrn v. Vorsicht an mich die Frage: Ist die *Freud-Ottorego*, die an der Volksuniversität englische Kurse abhält, vielleicht Ihre Tochter? Und zum ersten Male in unserem langen Verkehr läßt er meinem Namen die Entstellung widerfahren, an die mich Behörden, Ämter und Schriftsetzer allerdings gewöhnt haben; er sagt anstatt *Freud – Freund.*

10 [Anton von Freund, ein reicher Ungar, hatte im Anschluß an eine Geschwulstoperation eine schwere Neurose entwickelt, da er einen Rückfall befürchtete. Freud behandelte den Neununddreißigjährigen in den Jahren 1918/19 erfolgreich. Allerdings starb Anton von Freund am 20. Januar 1920 an der Krebserkrankung. Mit einem Teil seines Vermögens hatte er einen Fonds zur Unterstützung der Psychoanalyse gegründet, der vor allem dem im Januar 1919 in Wien geschaffenen Internationalen Psychoanalytischen Verlag zugute kam. Anton von Freund war neben Freud, Ferenczi und Rank einer der vier Leiter des Verlages.]

Zweitens: Am Ende derselben Stunde erzählt er einen Traum, aus dem er mit Angst erwacht ist, einen richtigen Alptraum, meint er. Er fügt hinzu, daß er unlängst das englische Wort dafür vergessen und einem Fragenden die Auskunft gegeben, Alptraum heiße im Englischen *»a mare's nest«*. Das sei natürlich ein Unsinn, *a mare's nest* bedeute eine unglaubliche, eine Räubergeschichte, die Übersetzung von Alptraum laute *»night-mare«*. Dieser Einfall scheint mit dem Früheren nichts anderes gemein zu haben als das Element: englisch; mich muß er aber an einen kleinen Vorfall etwa einen Monat vorher erinnern. P. saß bei mir im Zimmer, als unvermutet ein anderer lieber Gast aus London, Dr. Ernest Jones, nach langer Trennung bei mir eintrat.[11] Ich winkte ihm, ins andere Zimmer zu gehen, bis ich mit P. abgeredet hatte. Der erkannte ihn aber sofort nach seiner im Wartezimmer hängenden Photographie und sprach sogar den Wunsch aus, ihm vorgestellt zu werden. Nun ist Jones der Verfasser einer Monographie über den Alptraum – *night-mare;*[12] ich wußte nicht, ob sie P. bekannt geworden war. Er vermied es, analytische Bücher zu lesen.

Ich möchte vor Ihnen zunächst untersuchen, welches analytische Verständnis sich für den Zusammenhang von P.s Einfällen und für ihre Motivierung gewinnen läßt. P. war auf den Namen Forsyte oder Forsyth ähnlich wie ich eingestellt, er bedeutete ihm dasselbe, ich verdankte ihm überhaupt die Bekanntschaft mit diesem Namen. Der merkwürdige Tatbestand war, daß er diesen Namen unvermittelt in die Analyse brachte, die kürzeste Zeit, nachdem er mir durch ein neues Ereignis, die Ankunft des Londoner Arztes, in einem anderen Sinne bedeutungsvoll geworden

11 [Im September 1919 besuchte Ernest Jones, der englische Psychoanalytiker, erstmals nach dem Krieg und nach insgesamt fast sechsjähriger Trennung Sigmund Freud in Wien. Jones hat die Wiederbegegnung in seinem Buch *Das Leben und Werk von Sigmund Freud*, Bd. 3, Kapitel I, dargestellt.]

12 [E. Jones, *Der Alptraum in seiner Beziehung zu gewissen Formen des mittelalterlichen Aberglaubens*, übersetzt von Hanns Sachs, Leipzig und Wien 1912.]

war. Aber vielleicht nicht minder interessant als die Tatsache selbst ist die Art, wie der Name in seiner Analysenstunde auftrat. Er sagte nicht etwa: Jetzt fällt mir der Name Forsyte aus den Ihnen bekannten Romanen ein, sondern er wußte ihn ohne jede bewußte Beziehung zu dieser Quelle mit seinen eigenen Erlebnissen zu verflechten und brachte ihn von daher zum Vorschein, was längst hätte geschehen können und bisher nicht geschehen war. Dann aber sagte er: Ich bin auch ein Forsyth, das Mädchen nennt mich ja so. Es ist schwer, die Mischung von eifersüchtigem Anspruch und wehmütiger Selbstherabsetzung zu verkennen, die sich in dieser Äußerung Ausdruck schafft. Man wird nicht irregehen, wenn man sie etwa so vervollständigt: Es kränkt mich, daß Ihre Gedanken sich so intensiv mit dem Ankömmling beschäftigen. Kehren Sie doch zu mir zurück, ich bin ja auch ein *Forsyth* – allerdings nur ein Herr von *Vorsicht*, wie das Mädchen sagt. Und nun greift sein Gedankengang am Assoziationsfaden des Elements: englisch auf zwei frühere Gelegenheiten zurück, die die gleiche Eifersucht rege machen konnten. »Vor einigen Tagen haben Sie einen Besuch in meinem Haus gemacht, aber leider nicht bei mir, bei einem Herrn v. *Freund.*« Dieser Gedanke läßt ihn den Namen Freud in Freund verfälschen. Die *Freud-Ottorego* im Vorlesungsverzeichnis muß herhalten, weil sie als Lehrerin des Englischen die manifeste Assoziation vermittelt. Und dann schließt sich die Erinnerung an einen anderen Besucher einige Wochen vorher an, auf den er gewiß ebenso eifersüchtig war, dem er sich aber gleichfalls nicht gewachsen fühlen konnte, denn der Dr. Jones verstand es, eine Abhandlung über den Alptraum zu schreiben, während er solche Träume höchstens selbst produzierte. Auch die Erwähnung seines Irrtums in der Bedeutung von *»a mare's nest«* gehört in denselben Zusammenhang, sie kann nur sagen wollen: Ich bin ja doch kein richtiger Engländer, sowenig wie ich ein richtiger Forsyth bin.

Ich kann nun seine Eifersuchtsregungen weder als unangemessen noch als unverständlich bezeichnen. Er war darauf vorbereitet worden, daß seine Analyse und damit unser

Verkehr ein Ende finden werden, sobald wieder fremde Schüler und Patienten nach Wien kämen, und so geschah es auch wirklich bald hernach. Aber was wir bisher geleistet haben, war ein Stück analytischer Arbeit, die Aufklärung von drei in derselben Stunde vorgebrachten, von demselben Motiv gespeisten Einfällen, und es hat nicht viel mit der anderen Frage zu tun, ob diese Einfälle ohne Gedankenübertragung ableitbar sind oder nicht. Letztere stellt sich zu jedem der drei Einfälle ein und zerlegt sich somit in drei Einzelfragen: Konnte P. wissen, daß Dr. Forsyth eben seinen ersten Besuch bei mir gemacht hatte? Konnte er wissen, welches der Name der Person war, die ich in seinem Hause besucht hatte? Wußte er, daß Dr. Jones eine Abhandlung über den Alptraum geschrieben hatte? Oder war es nur mein Wissen um diese Dinge, das sich in seinen Einfällen verriet? Von der Beantwortung dieser drei Einzelfragen wird es abhängen, ob meine Beobachtung einen Schluß zugunsten der Gedankenübertragung erlaubt. Lassen wir die erste Frage noch eine Weile beiseite, die beiden anderen sind leichter zu behandeln. Der Fall des Besuchs in der Pension macht auf den ersten Blick einen besonders zuverlässigen Eindruck. Ich bin sicher, daß ich in meiner kurzen, scherzenden Erwähnung des Besuchs in seinem Haus keinen Namen genannt habe; ich halte es für sehr unwahrscheinlich, daß P. sich in der Pension nach dem Namen der betreffenden Person erkundigt hat, ich glaube eher, daß ihm die Existenz derselben völlig unbekannt geblieben ist. Aber die Beweiskraft dieses Falles wird durch eine Zufälligkeit gründlich zerstört. Der Mann, den ich in der Pension besucht hatte, hieß nicht nur *Freund*, er war auch uns allen ein wahrer Freund. Es war Dr. Anton v. Freund, dessen Spende die Gründung unseres Verlags ermöglicht hatte. Sein früher Tod wie der unseres Karl Abraham[13] einige Jahre später waren die schwersten Unglücksfälle, die die Entwicklung der Psychoanalyse betroffen haben. Ich mag also Herrn P. damals gesagt haben: Ich habe

13 [Karl Abraham starb am 25. Dezember 1925.]

in Ihrem Hause *einen Freund* besucht, und mit dieser Möglichkeit entfällt das okkultistische Interesse an seiner zweiten Assoziation.

Auch der Eindruck des dritten Einfalles verflüchtigt sich bald. Konnte P. wissen, daß Jones eine Abhandlung über den Alptraum veröffentlicht hat, da er nie analytische Literatur las? Ja, er konnte es wissen. Er besaß Bücher aus unserem Verlag, konnte immerhin die Titel der auf den Umschlägen angekündigten Neuerscheinungen gesehen haben. Es ist nicht zu erweisen, aber auch nicht abzuweisen. Auf diesem Weg werden wir also zu keiner Entscheidung kommen. Ich muß bedauern, daß meine Beobachtung an dem nämlichen Fehler leidet wie so viele ähnliche. Sie ist zu spät niedergeschrieben und ist diskutiert worden zu einer Zeit, da ich Herrn P. nicht mehr sah und ihn nicht weiter befragen konnte.

Kehren wir also zum ersten Vorfall zurück, der den scheinbaren Tatbestand der Gedankenübertragung auch isoliert aufrechthält. Konnte P. wissen, daß Doktor Forsyth eine Viertelstunde vor ihm bei mir gewesen war? Konnte er überhaupt von seiner Existenz oder Anwesenheit in Wien wissen? Der Neigung, beides glatt zu verneinen, darf man nicht nachgeben. Ich sehe doch einen Weg, der zu einer teilweisen Bejahung führt. Ich könnte doch Herrn P. die Mitteilung gemacht haben, daß ich einen Arzt aus England zum Unterricht in der Analyse erwarte, als erste Taube nach der Sintflut. Das könnte im Sommer 1919 gewesen sein; Dr. Forsyth hatte sich Monate vor seinem Eintreffen brieflich mit mir verständigt. Ich mag sogar seinen Namen genannt haben, obwohl mir das sehr unwahrscheinlich ist. Bei der anderweitigen Bedeutung dieses Namens für uns beide hätte sich an die Namensnennung eine Unterhaltung knüpfen müssen, von der mir etwas im Gedächtnis geblieben wäre. Immerhin mag es geschehen sein und ich es dann gründlich vergessen haben, so daß mich der Herr von Vorsicht in der Analysenstunde wie ein Wunder berühren konnte. Wenn man sich für einen Skeptiker hält, tut man gut daran, gelegentlich auch an seiner Skepsis zu zweifeln.

Vielleicht gibt es auch bei mir die geheime Neigung zum Wunderbaren, die der Schaffung okkulter Tatbestände so entgegenkommt.

Ist so ein Stück des Wunderbaren aus dem Weg geräumt, so harrt unser noch ein anderes Stück, das schwierigste von allen. Angenommen, Herr P. habe gewußt, es gebe einen Dr. Forsyth und er werde im Herbst in Wien erwartet, wie erklärt es sich, daß er für ihn gerade am Tage seiner Ankunft und unmittelbar nach seinem ersten Besuch empfänglich wird? Man kann sagen, das ist Zufall, d. h. man läßt es unerklärt – aber ich habe jene zwei anderen Einfälle von P. gerade darum erörtert, um den Zufall auszuschließen, um Ihnen zu zeigen, daß er wirklich mit eifersüchtigen Gedanken über Leute, die mich besuchen und die ich besuche, beschäftigt war; oder man kann, um das Äußerste des Möglichen nicht zu vernachlässigen, die Annahme versuchen, P. habe eine besondere Erregung an mir gemerkt, von der ich freilich nichts weiß, und aus ihr seinen Schluß gezogen. Oder Herr P., der ja nur eine Viertelstunde nach dem Engländer ankam, sei ihm auf dem kleinen Stück des beiden gemeinsamen Weges begegnet, habe ihn nach seinem charakteristisch englischen Aussehen erkannt und, beständig auf seine eifersüchtige Erwartung eingestellt, gedacht: Also das ist der Dr. Forsyth, mit dessen Ankunft meine Analyse zu Ende kommen soll. Und wahrscheinlich kommt er gerade jetzt vom Professor. Weiter kann ich mit diesen rationalistischen Mutmaßungen nicht gehen. Es bleibt wiederum bei einem *non liquet*[14]; aber ich muß es bekennen, nach meiner Empfindung neigt sich die Waagschale auch hier zugunsten der Gedankenübertragung. Übrigens bin ich gewiß nicht der Einzige, der in die Lage gekommen ist, solche »okkulte« Vorkommnisse in der analytischen Situation zu erleben. Helene Deutsch hat 1926 ähnliche Beobachtungen bekanntgemacht[15] und de-

14 [lat. es ist nicht klar. Im röm. Recht Freispruch mangels Beweise. – Von Freud öfter gebrauchte Redewendung.]

15 [H. Deutsch, *Okkulte Vorgänge während der Psychoanalyse*, in: Imago, 1926, Bd. 12.]

ren Bedingtheit durch die Beziehungen der Übertragung zwischen Patienten und Analytiker studiert.

Ich bin überzeugt, Sie werden mit meiner Einstellung zu diesem Problem: nicht völlig überzeugt und doch zur Überzeugung bereit, nicht sehr zufrieden sein. Vielleicht sagen Sie sich: Das ist wieder so ein Fall, daß ein Mensch, der sein Leben lang rechtschaffen als Naturforscher gearbeitet hat, im Alter schwachsinnig, fromm und leichtgläubig wird. Ich weiß, einige große Namen gehören in diese Reihe, aber mich sollen Sie nicht dazu rechnen. Fromm wenigstens bin ich nicht geworden, ich hoffe, auch nicht leichtgläubig. Nur, wenn man sich sein Leben lang gebückt gehalten hat, um einem schmerzhaften Zusammenstoß mit den Tatsachen auszuweichen, so behält man auch im Alter den krummen Rücken, der sich vor neuen Tatsächlichkeiten beugt. Ihnen wäre es gewiß lieber, ich hielte an einem gemäßigten Theismus fest und zeigte mich unerbittlich in der Ablehnung alles Okkulten. Aber ich bin unfähig, um Gunst zu werben, ich muß Ihnen nahelegen, über die objektive Möglichkeit der Gedankenübertragung und damit auch der Telepathie freundlicher zu denken.

Sie vergessen nicht, daß ich diese Probleme hier nur insoweit behandelt habe, als man sich ihnen von der Psychoanalyse her annähern kann. Als sie vor länger als zehn Jahren zuerst in meinen Gesichtskreis traten, verspürte auch ich die Angst vor einer Bedrohung unserer wissenschaftlichen Weltanschauung, die im Falle, als sich Stücke des Okkultismus bewahrheiten, dem Spiritismus oder der Mystik den Platz räumen müßte. Ich denke heute anders; ich meine, es zeugt von keiner großen Zuversicht zur Wissenschaft, wenn man ihr nicht zutraut, daß sie auch aufnehmen und verarbeiten kann, was sich etwa an den okkulten Behauptungen als wahr herausstellt. Und was besonders die Gedankenübertragung betrifft, so scheint sie die Ausdehnung der wissenschaftlichen – Gegner sagen: mechanistischen – Denkweise auf das so schwer faßbare Geistige geradezu zu begünstigen. Der telepathische Vorgang soll ja darin bestehen, daß ein seelischer Akt der einen Person den nämlichen seelischen Akt bei einer anderen Person anregt. Was zwischen den beiden seelischen Akten liegt, kann leicht ein physikalischer Vorgang sein, in den sich das Psychische an einem Ende umsetzt und der sich am anderen Ende wieder in das gleiche Psychische umsetzt. Die Analogie mit anderen Umsetzungen wie beim Sprechen und Hören am Telephon wäre dann unverkennbar. Und denken Sie, wenn man dieses physikalischen Äquivalents des psychischen Akts habhaft werden könnte! Ich möchte sagen, durch die Einschiebung des Unbewußten zwischen das Physikalische und das bis dahin »psychisch« Genannte hat uns die Psychoanalyse für die Annahme solcher Vorgänge wie die Telepathie vorbereitet. Gewöhnt man sich erst an die Vorstellung der Telepathie, so kann man mit ihr viel ausrichten, allerdings vorläufig nur in der Phantasie. Man weiß bekanntlich nicht, wie der Gesamtwille in den großen Insektenstaaten zustande kommt. Möglicherweise geschieht es auf dem Wege solch direkter psychischer Übertragung. Man wird auf die Vermutung geführt, daß dies der ursprüngliche, archaische Weg der Verständigung unter den Einzelwesen ist, der im Lauf der phylogenetischen Entwicklung durch die bessere Methode der Mitteilung mit Hilfe von Zeichen zurückgedrängt wird, die man mit den Sinnesorganen aufnimmt. Aber die ältere Methode könnte im Hintergrund erhalten bleiben und sich unter gewissen Bedingungen noch durchsetzen, z. B. auch in leidenschaftlich erregten Massen. Das ist alles noch unsicher und voll von ungelösten Rätseln, aber es ist kein Grund zum Erschrecken.

Wenn es eine Telepathie als realen Vorgang gibt, so kann man trotz ihrer schweren Erweisbarkeit vermuten, daß sie ein recht häufiges Phänomen ist. Es würde unseren Erwartungen entsprechen, wenn wir sie gerade im Seelenleben des Kindes aufzeigen könnten. Man wird da an die häufige Angstvorstellung der Kinder erinnert, daß die Eltern alle ihre Gedanken kennen, ohne daß sie sie ihnen mitgeteilt hätten, das volle Gegenstück und vielleicht die

Quelle des Glaubens Erwachsener an die Allwissenheit Gottes. Vor kurzem hat eine vertrauenswürdige Frau, Dorothy Burlingham, in einem Aufsatz *Kinderanalyse und Mutter*[16] Beobachtungen mitgeteilt, die, wenn sie sich bestätigen lassen, dem restlichen Zweifel an der Realität der Gedankenübertragung ein Ende machen müssen. Sie machte sich die nicht mehr seltene Situation zunutze, daß sich Mutter und Kind gleichzeitig in Analyse befinden, und berichtet aus derselben merkwürdige Vorfälle wie den folgenden: Eines Tages erzählt die Mutter in ihrer Analysenstunde von einem Goldstück, das in einer ihrer Kinderszenen eine bestimmte Rolle spielt. Gleich darauf, nachdem sie nach Hause gekommen ist, kommt ihr kleiner, etwa zehnjähriger Junge zu ihr ins Zimmer und bringt ihr ein Goldstück, das sie für ihn aufbewahren soll. Sie fragt ihn erstaunt, woher er es hat. Er hat es zu seinem Geburtstag bekommen, aber der Geburtstag des Kindes liegt mehrere Monate zurück, und es ist kein Anlaß, warum sich das Kind gerade jetzt an das Goldstück erinnert haben sollte. Die Mutter verständigt die Analytikerin des Kindes von dem Zusammentreffen und bittet sie, beim Kind nach der Begründung jener Handlung zu forschen. Aber die Analyse des Kindes bringt keinen Aufschluß, die Handlung hatte sich wie ein Fremdkörper in das Leben des Kindes an jenem Tage eingedrängt. Einige Wochen später sitzt die Mutter am Schreibtisch, um sich, wozu man sie gemahnt hatte, eine Notiz über das geschilderte Erlebnis zu machen. Da kommt der Knabe herein und verlangt das Goldstück zurück, er möchte es in seine analytische Stunde mitnehmen, um es zu zeigen. Wiederum kann die Analyse des Kindes keinen Zugang zu diesem Wunsch auffinden.

Und damit wären wir zur Psychoanalyse zurückgekommen, von der wir ausgegangen sind.

---

16 [D. Burlingham, *Kinderanalyse und Mutter*, Psychoanal. Päd., 1932, Bd. 6.]

31. Vorlesung
Die Zerlegung der psychischen Persönlichkeit[1]

Meine Damen und Herren! Ich weiß, Sie kennen für Ihre eigenen Beziehungen, ob es sich um Personen oder um Dinge handelt, die Bedeutung des Ausgangspunktes. So war es auch mit der Psychoanalyse: Für die Entwicklung, die sie nahm, für die Aufnahme, die sie fand, ist es nicht gleichgültig gewesen, daß sie ihre Arbeit am Symptom begann, am Ichfremdesten, das sich in der Seele vorfindet. Das Symptom stammt vom Verdrängten ab, ist gleichsam der Vertreter desselben vor dem Ich, das Verdrängte ist aber für das Ich Ausland, inneres Ausland, so wie die Realität – gestatten Sie den ungewohnten Ausdruck – äußeres Ausland ist. Vom Symptom her führte der Weg zum Unbewußten, zum Triebleben, zur Sexualität, und das war die Zeit, da die Psychoanalyse die geistvollen Einwendungen zu hören bekam, der Mensch sei nicht bloß ein Sexualwesen, er kenne auch edlere und höhere Regungen. Man hätte hinzusetzen können, gehoben durch das Bewußtsein dieser höheren Regungen nehme er sich öfters das Recht heraus, Unsinn zu denken und Tatsachen zu vernachlässigen.

Sie wissen es besser, es hat von allem Anfang an bei uns geheißen, der Mensch erkranke an dem Konflikt zwischen den Ansprüchen des Trieblebens und dem Widerstand, der sich in ihm dagegen erhebt, und wir hatten keinen Augenblick an diese widerstehende, abweisende, verdrängende Instanz vergessen, die wir uns mit ihren besonderen Kräften, den Ichtrieben, ausgestattet dachten, und die eben mit dem Ich der populären Psychologie zusammenfällt. Nur daß es bei dem mühsamen Fortschreiten der wissenschaftlichen Arbeit auch der Psychoanalyse nicht möglich war, alle Gebiete gleichzeitig zu studieren und sich über alle Pro-

1 [Der Stoff zu dieser Vorlesung stammt zum größten Teil aus den Kapiteln I, II, III und V der Arbeit *Das Ich und das Es* (1923); in der vorliegenden Vorlesung sind allerdings einige Punkte erweitert.]

bleme in einem Atem zu äußern. Endlich war man so weit gekommen, daß man seine Aufmerksamkeit vom Verdrängten weg auf das Verdrängende richten konnte, und stand vor diesem Ich, das so selbstverständlich zu sein schien, mit der sicheren Erwartung, auch hier Dinge zu finden, auf die man nicht vorbereitet sein konnte; aber es war nicht leicht, einen ersten Zugang zu finden. Das ist es, worüber ich Ihnen heute berichten will!

Ich muß aber doch meiner Vermutung Ausdruck geben, daß diese meine Darstellung der Ichpsychologie anders auf Sie wirken wird als die Einführung in die psychische Unterwelt, die ihr vorausgegangen ist. Warum das der Fall sein sollte, weiß ich nicht sicher zu sagen. Ich meinte zuerst, Sie würden herausfinden, daß ich Ihnen vorhin hauptsächlich Tatsachen berichtet hatte, wenn auch fremdartige und sonderbare, während Sie diesmal vorwiegend Auffassungen, also Spekulationen, zu hören bekommen. Aber es trifft nicht zu, bei besserer Erwägung muß ich behaupten, daß der Anteil der gedanklichen Verarbeitung des tatsächlichen Materials in unserer Ichpsychologie nicht viel größer ist als er in der Neurosenpsychologie war. Auch andere Begründungen meiner Erwartung mußte ich verwerfen; ich meine jetzt, es liegt irgendwie am Charakter des Stoffes selbst und an unserer Ungewohntheit, mit ihm umzugehen. Immerhin, ich werde nicht erstaunt sein, wenn Sie sich in Ihrem Urteil noch zurückhaltender und vorsichtiger zeigen als bisher.

Die Situation, in der wir uns zu Beginn unserer Untersuchung befinden, soll uns selbst den Weg weisen. Wir wollen das Ich zum Gegenstand dieser Untersuchung machen, unser eigenstes Ich. Aber kann man das? Das Ich ist ja doch das eigentlichste Subjekt, wie soll es zum Objekt werden? Nun, es ist kein Zweifel, daß man dies kann. Das Ich kann sich selbst zum Objekt nehmen, sich behandeln wie andere Objekte, sich beobachten, kritisieren, Gott weiß was noch alles mit sich selbst anstellen. Dabei stellt sich ein Teil des Ichs dem übrigen gegenüber. Das Ich ist also spaltbar, es spaltet sich während mancher seiner Funktionen, wenigstens vorübergehend. Die Teilstücke können sich nachher wieder vereinigen. Das ist gerade keine Neuigkeit, vielleicht eine ungewohnte Betonung allgemein bekannter Dinge. Anderseits sind wir mit der Auffassung vertraut, daß die Pathologie uns durch ihre Vergrößerungen und Vergröberungen auf normale Verhältnisse aufmerksam machen kann, die uns sonst entgangen wären. Wo sie uns einen Bruch oder Riß zeigt, kann normalerweise eine Gliederung vorhanden sein. Wenn wir einen Kristall zu Boden werfen, zerbricht er, aber nicht willkürlich, er zerfällt dabei nach seinen Spaltrichtungen in Stücke, deren Abgrenzung, obwohl unsichtbar, doch durch die Struktur des Kristalls vorherbestimmt war. Solche rissige und gesprungene Strukturen sind auch die Geisteskranken. Etwas von der ehrfürchtigen Scheu, die alte Völker den Wahnsinnigen bezeugten, können auch wir ihnen nicht versagen. Sie haben sich von der äußeren Realität abgewendet, aber eben darum wissen sie mehr von der inneren, psychischen Realität und können uns manches verraten, was uns sonst unzugänglich wäre. Von einer Gruppe dieser Kranken sagen wir, sie leiden an Beobachtungswahn. Sie klagen uns, daß sie unausgesetzt und bis in ihr intimstes Tun von der Beobachtung unbekannter Mächte, wahrscheinlich doch Personen, belästigt werden, und hören halluzinatorisch, wie diese Personen die Ergebnisse ihrer Beobachtung verkünden: Jetzt will er das sagen, jetzt kleidet er sich an um auszugehen usw. Diese Beobachtung ist noch nicht dasselbe wie eine Verfolgung, aber sie ist nicht weit davon, sie setzt voraus, daß man ihnen mißtraut, daß man erwartet, sie bei verbotenen Handlungen zu ertappen, für die sie gestraft werden sollen. Wie wäre es, wenn diese Wahnsinnigen recht hätten, wenn bei uns allen eine solche beobachtende und strafandrohende Instanz im Ich vorhanden wäre, die sich bei ihnen nur scharf vom Ich gesondert hätte und irrtümlicherweise in die äußere Realität verschoben worden wäre?

Ich weiß nicht, ob es Ihnen ebenso ergehen wird wie mir.

Seitdem ich unter dem starken Eindruck dieses Krankheitsbildes die Idee gefaßt hatte, daß die Sonderung einer beobachtenden Instanz vom übrigen Ich ein regelmäßiger Zug in der Struktur des Ichs sein könnte, hat sie mich nicht mehr verlassen, und ich war getrieben, nach den weiteren Charakteren und Beziehungen dieser so abgesonderten Instanz zu forschen. Der nächste Schritt ist bald getan. Schon der Inhalt des Beobachtungswahns legt es nahe, daß das Beobachten nur eine Vorbereitung ist für das Richten und Strafen, und somit erraten wir, daß eine andere Funktion dieser Instanz das sein muß, was wir unser Gewissen nennen. Es gibt kaum etwas anderes in uns, was wir so regelmäßig von unserem Ich sondern und so leicht ihm entgegenstellen wie gerade das Gewissen. Ich verspüre die Neigung, etwas zu tun, wovon ich mir Lust verspreche, aber ich unterlasse es mit der Begründung: mein Gewissen erlaubt es nicht. Oder ich habe mich von der übergroßen Lusterwartung bewegen lassen, etwas zu tun, wogegen die Stimme des Gewissens Einspruch erhob, und nach der Tat straft mich mein Gewissen mit peinlichen Vorwürfen, läßt mich die Reue ob der Tat empfinden. Ich könnte einfach sagen, die besondere Instanz, die ich im Ich zu unterscheiden beginne, ist das Gewissen, aber es ist vorsichtiger, diese Instanz selbständig zu halten und anzunehmen, das Gewissen sei eine ihrer Funktionen und die Selbstbeobachtung, die als Voraussetzung für die richterliche Tätigkeit des Gewissens unentbehrlich ist, sei eine andere. Und da es zur Anerkennung einer gesonderten Existenz gehört, daß man dem Ding einen eigenen Namen gibt, will ich diese Instanz im Ich von nun an als das »*Über-Ich*« bezeichnen.

Jetzt bin ich darauf gefaßt, daß Sie mich höhnisch fragen, ob unsere Ichpsychologie überhaupt darauf hinausläuft, gebräuchliche Abstraktionen wörtlich zu nehmen und zu vergröbern, sie aus Begriffen in Dinge zu verwandeln, womit nicht viel gewonnen wäre. Ich antworte, es wird schwerhalten, in der Ichpsychologie dem Allbekannten auszuweichen, es wird mehr auf neue Auffassungen und Anordnungen ankommen als auf Neuentdeckungen.

Bleiben Sie also vorläufig bei Ihrer herabsetzenden Kritik und warten Sie die weiteren Ausführungen ab. Die Tatsachen der Pathologie geben unseren Bemühungen einen Hintergrund, den Sie für die Populärpsychologie vergebens suchen würden. Ich setze fort. Kaum daß wir uns mit der Idee eines solchen Über-Ichs befreundet haben, das eine gewisse Selbständigkeit genießt, seine eigenen Absichten verfolgt und in seinem Energiebesitz vom Ich unabhängig ist, drängt sich uns ein Krankheitsbild auf, das die Strenge, ja die Grausamkeit dieser Instanz und die Wandlungen in ihrer Beziehung zum Ich auffällig verdeutlicht. Ich meine den Zustand der Melancholie[2], genauer des melancholischen Anfalls, von dem ja auch Sie genug gehört haben, auch wenn Sie nicht Psychiater sind. An diesem Leiden, von dessen Verursachung und Mechanismus wir viel zuwenig wissen, ist der auffälligste Zug die Art, wie das Über-Ich – sagen Sie nur im stillen: das Gewissen – das Ich behandelt. Während der Melancholiker in gesunden Zeiten mehr oder weniger streng gegen sich sein kann, wie ein anderer, wird im melancholischen Anfall das Über-Ich überstreng, beschimpft, erniedrigt, mißhandelt das arme Ich, läßt es die schwersten Strafen erwarten, macht ihm Vorwürfe wegen längst vergangener Handlungen, die zu ihrer Zeit leicht genommen wurden, als hätte es das ganze Intervall über Anklagen gesammelt und nur seine gegenwärtige Erstarkung abgewartet, um mit ihnen hervorzutreten und auf Grund dieser Anklagen zu verurteilen. Das Über-Ich legt den strengsten moralischen Maßstab an das ihm hilflos preisgegebene Ich an, es vertritt ja überhaupt den Anspruch der Moralität, und wir erfassen mit einem Blick, daß unser moralisches Schuldgefühl der Ausdruck der Spannung zwischen Ich und Über-Ich ist. Es ist eine sehr merkwürdige Erfahrung, die Moralität, die uns angeblich von Gott verliehen und so tief eingepflanzt wurde, [bei solchen Patienten] als periodisches Phänomen zu sehen. Denn

2 [In der heutigen Terminologie würde man wahrscheinlich von »Depression« sprechen.]

nach einer gewissen Anzahl von Monaten ist der ganze moralische Spuk vorüber, die Kritik des Über-Ichs schweigt, das Ich ist rehabilitiert und genießt wieder alle Menschenrechte bis zum nächsten Anfall. Ja bei manchen Formen der Erkrankung findet in den Zwischenzeiten etwas Gegenteiliges statt; das Ich befindet sich in einem seligen Rauschzustand, es triumphiert, als hätte das Über-Ich alle Kraft verloren oder wäre mit dem Ich zusammengeflossen, und dieses freigewordene, manische Ich gestattet sich wirklich hemmungslos die Befriedigung aller seiner Gelüste. Vorgänge, reich an ungelösten Rätseln!

Sie werden gewiß mehr als eine bloße Illustration erwarten, wenn ich Ihnen ankündige, daß wir über die Bildung des Über-Ichs, also über die Entstehung des Gewissens, mancherlei gelernt haben. In Anlehnung an einen bekannten Ausspruch Kants[3], der das Gewissen in uns mit dem gestirnten Himmel zusammenbringt, könnte ein Frommer wohl versucht sein, diese beiden als die Meisterstücke der Schöpfung zu verehren. Die Gestirne sind gewiß großartig, aber was das Gewissen betrifft, so hat Gott hierin ungleichmäßige und nachlässige Arbeit geleistet, denn eine große Überzahl von Menschen hat davon nur ein bescheidenes Maß oder kaum so viel, als noch der Rede wert ist, mitbekommen. Wir verkennen das Stück psychologischer Wahrheit keineswegs, das in der Behauptung, das Gewissen sei göttlicher Herkunft, enthalten ist, aber der Satz bedarf der Deutung. Wenn das Gewissen auch etwas »in uns« ist, so ist es doch nicht von Anfang an. Es ist so recht ein Gegensatz zum Sexualleben, das wirklich vom Anfang des Lebens an da ist und nicht erst später hinzukommt. Aber das kleine Kind ist bekanntlich amoralisch, es besitzt keine inneren Hemmungen gegen seine nach Lust strebenden Impulse. Die Rolle, die späterhin das Über-Ich übernimmt,

---

3 [Immanuel Kant, *Kritik der praktischen Vernunft,* Zweiter Teil, Beginn des Kapitels »Beschluß«: »Zwei Dinge erfüllen das Gemüt mit immer neuer und zunehmender Bewunderung und Ehrfurcht, je öfter und anhaltender sich das Nachdenken damit beschäftigt: Der bestirnte Himmel über mir, und das moralische Gesetz in mir.«]

wird zuerst von einer äußeren Macht, von der elterlichen Autorität, gespielt. Der Elterneinfluß regiert das Kind durch Gewährung von Liebesbeweisen und durch Androhung von Strafen, die dem Kinde den Liebesverlust beweisen und an sich gefürchtet werden müssen. Diese Realangst ist der Vorläufer der späteren Gewissensangst; solange sie herrscht, braucht man von Über-Ich und von Gewissen nicht zu reden. Erst in weiterer Folge bildet sich die sekundäre Situation aus, die wir allzu bereitwillig für die normale halten, daß die äußere Abhaltung verinnerlicht wird, daß an die Stelle der Elterninstanz das Über-Ich tritt, welches nun das Ich genau so beobachtet, lenkt und bedroht wie früher die Eltern das Kind.

Das Über-Ich, das solcherart die Macht, die Leistung und selbst die Methoden der Elterninstanz übernimmt, ist aber nicht nur der Rechtsnachfolger, sondern wirklich der legitime Leibeserbe derselben. Es geht direkt aus ihr hervor, wir werden bald erfahren, durch welchen Vorgang. Zunächst müssen wir jedoch bei einer Unstimmigkeit zwischen beiden verweilen. Das Über-Ich scheint in einseitiger Auswahl nur die Härte und Strenge der Eltern, ihre verbietende und strafende Funktion aufgegriffen zu haben, während deren liebevolle Fürsorge keine Aufnahme und Fortsetzung findet. Haben die Eltern wirklich ein strenges Regiment geführt, so glauben wir es leicht begreiflich zu finden, wenn sich auch beim Kind ein strenges Über-Ich entwickelt, aber die Erfahrung zeigt, gegen unsere Erwartung, daß das Über-Ich denselben Charakter unerbittlicher Härte erwerben kann, auch wenn die Erziehung milde und gütig war, Drohungen und Strafen möglichst vermieden hat. Wir werden auf diesen Widerspruch später zurückkommen, wenn wir die Triebumsetzungen bei der Bildung des Über-Ichs behandeln[4].

---

4 [Freud kommt in der 32. Vorlesung der *Neuen Folge* auf dieses Thema zurück. An Stelle dieser Vorlesung »Angst und Triebleben« wurde in die vorliegende Auswahl die Studie *Hemmung, Symptom und Angst* aufgenommen. Der Passus, auf den Freud anspielt, lautet: »Über die Herkunft dieses unbewußten Strafbedürfnisses, meinen wir, ist kein Zweifel. Es be-

Von der Umwandlung der Elternbeziehung in das Über-Ich kann ich Ihnen nicht soviel sagen, wie ich gerne möchte, zum Teil weil dieser Vorgang so verwickelt ist, daß seine Darstellung sich nicht in den Rahmen einer Einführung fügt, wie ich sie Ihnen geben will, zum anderen Teil weil wir selbst nicht glauben, ihn voll durchschaut zu haben. Begnügen Sie sich also mit den folgenden Andeutungen. Die Grundlage dieses Vorganges ist eine sogenannte Identifizierung, d. h. eine Angleichung eines Ichs an ein fremdes, in deren Folge dies erste Ich sich in bestimmten Hinsichten so benimmt wie das andere, es nachahmt, gewissermaßen in sich aufnimmt. Man hat die Identifizierung nicht unpassend mit der oralen, kannibalistischen Einverleibung der fremden Person verglichen. Die Identifizierung ist eine sehr wichtige Form der Bindung an die andere Person, wahrscheinlich die ursprünglichste, nicht dasselbe wie eine Objektwahl. Man kann den Unterschied etwa so ausdrücken: Wenn der Knabe sich mit dem Vater identifiziert, so will er so *sein* wie der Vater; wenn er ihn zum Objekt seiner Wahl macht, so will er ihn *haben*, besitzen; im ersten Fall wird sein Ich nach dem Vorbild des Vaters verändert, im zweiten Falle ist dies nicht notwendig. Identifizierung und Objektwahl sind in weitem Ausmaß unabhängig voneinander; man kann sich aber auch mit der nämlichen Person identifizieren, sein Ich nach ihr verändern, die man z. B. zum Sexualobjekt genommen hat. Man sagt, daß die Beeinflussung des Ichs durch das Sexualobjekt besonders häufig bei Frauen vorkommt und für die Weiblichkeit charakteristisch ist. Von der bei weitem lehrreichsten Beziehung zwischen Identifizierung und Objektwahl muß ich Ihnen schon einmal in den früheren Vorlesungen gesprochen haben. Sie ist so leicht an Kindern wie an Erwachsenen, normalen und kranken Menschen zu beobachten. Wenn man ein Objekt verloren hat oder es aufgeben

---

nimmt sich wie ein Stück des Gewissens, wie die Fortsetzung unseres Gewissens ins Unbewußte, es wird auch dieselbe Herkunft haben wie das Gewissen, also einem Stück Aggression entsprechen, das verinnerlicht und vom Über-Ich übernommen wurde.«]

mußte, so entschädigt man sich oft genug dadurch, daß man sich mit ihm identifiziert, es in seinem Ich wieder aufrichtet, so daß hier die Objektwahl gleichsam zur Identifizierung regrediert.

Ich bin von diesen Ausführungen über die Identifizierung selbst durchaus nicht befriedigt, aber genug, wenn Sie mir zugeben können, daß die Einsetzung des Über-Ichs als ein gelungener Fall von Identifizierung mit der Elterninstanz beschrieben werden kann. Die für diese Auffassung entscheidende Tatsache ist nun, daß diese Neuschöpfung einer überlegenen Instanz im Ich aufs innigste mit dem Schicksal des Ödipuskomplexes verknüpft ist, so daß das Über-Ich als der Erbe dieser für die Kindheit so bedeutungsvollen Gefühlsbindung erscheint. Wir verstehen, mit dem Auflassen des Ödipuskomplexes mußte das Kind auf die intensiven Objektbesetzungen verzichten, die es bei den Eltern untergebracht hatte, und zur Entschädigung für diesen Objektverlust werden die wahrscheinlich längst vorhandenen Identifizierungen mit den Eltern in seinem Ich so sehr verstärkt. Solche Identifizierungen als Niederschläge aufgegebener Objektbesetzungen werden sich später im Leben des Kindes oft genug wiederholen, aber es entspricht durchaus dem Gefühlswert dieses ersten Falles einer solchen Umsetzung, daß deren Ergebnis eine Sonderstellung im Ich eingeräumt wird. Eingehende Untersuchung belehrt uns auch, daß das Über-Ich in seiner Stärke und Ausbildung verkümmert, wenn die Überwindung des Ödipuskomplexes nur unvollkommen gelingt. Im Laufe der Entwicklung nimmt das Über-Ich auch die Einflüsse jener Personen an, die an die Stelle der Eltern getreten sind, also von Erziehern, Lehrern, idealen Vorbildern. Es entfernt sich normalerweise immer mehr von den ursprünglichen Elternindividuen, es wird sozusagen unpersönlicher. Wir wollen auch nicht daran vergessen, daß das Kind seine Eltern in verschiedenen Lebenszeiten verschieden einschätzt. Zur Zeit, da der Ödipuskomplex dem Über-Ich den Platz räumt, sind sie etwas ganz Großartiges, später büßen sie sehr viel ein. Es kommen dann auch Identifizierungen mit diesen späteren Eltern zustande, sie liefern sogar regelmäßig wichtige Beiträge zur Charakterbildung, aber sie betreffen dann nur das Ich, beeinflussen nicht mehr das Über-Ich, das durch die frühesten Elternimagines bestimmt worden ist.

Ich hoffe, Sie haben bereits den Eindruck empfangen, daß die Aufstellung des Über-Ichs wirklich ein Srukturverhältnis beschreibt und nicht einfach eine Abstraktion wie die des Gewissens personifiziert. Wir haben noch eine wichtige Funktion zu erwähnen, die wir diesem Über-Ich zuteilen. Es ist auch der Träger des Ichideals, an dem das Ich sich mißt, dem es nachstrebt, dessen Anspruch auf immer weitergehende Vervollkommnung es zu erfüllen bemüht ist. Kein Zweifel, dieses Ichideal ist der Niederschlag der alten Elternvorstellung, der Ausdruck der Bewunderung jener Vollkommenheit, die das Kind ihnen damals zuschrieb.

Ich weiß, Sie haben viel von dem Gefühl der Minderwertigkeit gehört, das gerade die Neurotiker auszeichnen soll. Es spukt besonders in der sogenannt schönen Literatur. Ein Schriftsteller, der das Wort Minderwertigkeitskomplex gebraucht, glaubt damit allen Anforderungen der Psychoanalyse Genüge getan und seine Darstellung auf ein höheres psychologisches Niveau gehoben zu haben. In Wirklichkeit wird das Kunstwort Minderwertigkeitskomplex in der Psychoanalyse kaum verwendet. Es bedeutet uns nichts Einfaches, geschweige denn etwas Elementares. Es auf die Selbstwahrnehmung etwaiger Organverkümmerungen zurückzuführen, wie die Schule der sogenannten Individualpsychologen[5] zu tun beliebt, erscheint uns ein kurzsichtiger Irrtum. Das Gefühl der Minderwertigkeit hat stark erotische Wurzeln. Das Kind fühlt sich minderwertig, wenn es merkt, daß es nicht geliebt wird, und ebenso der Erwachsene. Das einzige Organ, das wirklich als minderwertig betrachtet wird, ist der verkümmerte Penis, die Klitoris des

5 [Ihre Ansichten werden in der 34. Vorlesung diskutiert.]

Mädchens. Aber der Hauptanteil des Minderwertigkeitsgefühls stammt aus der Beziehung des Ichs zu seinem Über-Ich, ist ebenso wie das Schuldgefühl ein Ausdruck der Spannung zwischen beiden. Minderwertigkeitsgefühl und Schuldgefühl sind überhaupt schwer auseinanderzuhalten. Vielleicht täte man gut daran, im ersteren die erotische Ergänzung zum moralischen Minderwertigkeitsgefühl zu sehen. Wir haben dieser Frage der begrifflichen Abgrenzung in der Psychoanalyse wenig Aufmerksamkeit geschenkt.

Gerade weil der Minderwertigkeitskomplex so populär geworden ist, gestatte ich mir, Sie hier mit einer kleinen Abschweifung zu unterhalten. Eine historische Persönlichkeit unserer Zeit, die noch lebt, aber gegenwärtig in den Hintergrund gerückt ist, hat von einer Schädigung während der Geburt eine gewisse Verkümmerung eines Gliedes behalten. Ein sehr bekannter Schriftsteller unserer Tage, der am liebsten Biographien hervorragender Personen bearbeitet, hat auch das Leben dieses von mir bezeichneten Mannes behandelt.[6] Nun mag es ja schwer sein, das Bedürfnis nach psychologischer Vertiefung zu unterdrücken, wenn man eine Biographie schreibt. Unser Autor hat darum den Versuch gewagt, die ganze Charakterentwicklung des Helden über dem Minderwertigkeitsgefühl, das jener körperliche Defekt wachrufen mußte, aufzubauen. Er hat dabei eine kleine, aber nicht unwichtige Tatsache übersehen. Es ist gewöhnlich, daß Mütter, denen das Schicksal ein krankes oder sonst benachteiligtes Kind geschenkt hat, es für diese ungerechte Zurücksetzung durch ein Übermaß von Liebe zu entschädigen suchen. In dem zur Rede stehenden Falle benahm sich die stolze Mutter anders, sie entzog dem Kind ihre Liebe wegen seines Gebrechens. Als aus dem Kinde ein großmächtiger Mann geworden war, bewies dieser durch seine Handlungen unzweideutig, daß er der Mutter nie verziehen hatte. Wenn Sie sich auf die Bedeutung der Mutterliebe für das kindliche Seelenleben besin-

6 [*Wilhelm II.* von Emil Ludwig (1926).]

nen, werden Sie die Minderwertigkeitstheorie des Biographen wohl in Ihren Gedanken korrigieren.

Kehren wir zum Über-Ich zurück! Wir haben ihm die Selbstbeobachtung, das Gewissen und die Idealfunktion zugeteilt. Aus unseren Ausführungen über seine Entstehung geht hervor, daß es eine unsäglich wichtige biologische wie eine schicksalsvolle psychologische Tatsache zu Voraussetzungen hat, nämlich die lange Abhängigkeit des Menschenkindes von seinen Eltern und den Ödipuskomplex, die beide wieder innig miteinander verknüpft sind. Das Über-Ich ist für uns die Vertretung aller moralischen Beschränkungen, der Anwalt des Strebens nach Vervollkommnung, kurz das, was uns von dem sogenannt Höheren im Menschenleben psychologisch greifbar geworden ist. Da es selbst auf den Einfluß der Eltern, Erzieher und dergleichen zurückgeht, erfahren wir noch mehr von seiner Bedeutung, wenn wir uns zu diesen seinen Quellen wenden. In der Regel folgen die Eltern und die ihnen analogen Autoritäten in der Erziehung des Kindes den Vorschriften des eigenen Über-Ichs. Wie immer sich ihr Ich mit ihrem Über-Ich auseinandergesetzt haben mag, in der Erziehung des Kindes sind sie streng und anspruchsvoll. Sie haben die Schwierigkeiten ihrer eigenen Kindheit vergessen, sind zufrieden, sich nun voll mit den eigenen Eltern identifizieren zu können, die ihnen seinerzeit die schweren Einschränkungen auferlegt haben. So wird das Über-Ich des Kindes eigentlich nicht nach dem Vorbild der Eltern, sondern des elterlichen Über-Ichs aufgebaut; es erfüllt sich mit dem gleichen Inhalt, es wird zum Träger der Tradition, all der zeitbeständigen Wertungen, die sich auf diesem Wege über Generationen fortgepflanzt haben. Sie erraten leicht, welch wichtige Hilfen für das Verständnis des sozialen Verhaltens der Menschen, z. B. für das der Verwahrlosung, vielleicht auch welch praktische Winke für die Erziehung sich aus der Berücksichtigung des Über-Ichs ergeben. Wahrscheinlich sündigen die sogenannt materialistischen Geschichtsauffassungen darin, daß sie diesen Faktor unterschätzen. Sie tun ihn mit der Bemerkung ab, daß die »Ideologien« der Menschen nichts anderes sind als Ergebnis und Überbau ihrer aktuellen ökonomischen Verhältnisse. Das ist die Wahrheit, aber sehr wahrscheinlich nicht die ganze Wahrheit. Die Menschheit lebt nie ganz in der Gegenwart, in den Ideologien des Über-Ichs lebt die Vergangenheit, die Tradition der Rasse und des Volkes fort, die den Einflüssen der Gegenwart, neuen Veränderungen, nur langsam weicht, und solange sie durch das Über-Ich wirkt, eine mächtige, von den ökonomischen Verhältnissen unabhängige Rolle im Menschenleben spielt.

Im Jahre 1921 habe ich versucht[7], die Differenzierung von Ich und Über-Ich beim Studium der Massenpsychologie zu verwenden. Ich gelangte zu einer Formel wie: Eine psychologische Masse ist eine Vereinigung von einzelnen, die die nämliche Person in ihr Über-Ich eingeführt und sich auf Grund dieser Gemeinsamkeit in ihrem Ich miteinander identifiziert haben. Sie gilt natürlich nur für Massen, die einen Führer haben. Besäßen wir mehr Anwendungen dieser Art, so würde die Annahme des Über-Ichs das letzte Stück Befremden für uns verlieren und wir würden von jener Befangenheit gänzlich frei werden, die uns doch noch befällt, wenn wir uns, an die Unterweltatmosphäre gewöhnt, in den oberflächlicheren, höheren Schichten des seelischen Apparats bewegen. Wir glauben selbstverständlich nicht, daß wir mit der Sonderung des Über-Ichs das letzte Wort zur Ichpsychologie gesprochen haben. Es ist eher ein erster Anfang, aber in diesem Falle ist nicht nur der Anfang schwer.

Aber nun wartet unser eine andere Aufgabe, am sozusagen entgegengesetzten Ende des Ichs. Sie wird von einer Beobachtung während der analytischen Arbeit gestellt, einer Beobachtung, die eigentlich sehr alt ist. Wie es schon manchmal geht, hat es lange gebraucht, bis man sich zu ihrer Würdigung entschloß. Wie Sie wissen, ist eigentlich die

7 [In dem Aufsatz *Massenpsychologie und Ich-Analyse.*]

ganze psychoanalytische Theorie über der Wahrnehmung des Widerstands aufgebaut, den uns der Patient bei dem Versuch, ihm sein Unbewußtes bewußtzumachen, leistet. Das objektive Zeichen des Widerstands ist, daß seine Einfälle versagen oder sich weit von dem behandelten Thema entfernen. Er kann den Widerstand auch subjektiv daran erkennen, daß er peinliche Empfindungen verspürt, wenn er sich dem Thema annähert. Aber dies letzte Zeichen kann auch wegbleiben. Dann sagen wir dem Patienten, daß wir aus seinem Verhalten schließen, er befinde sich jetzt im Widerstande, und er antwortet, er wisse nichts davon, er merke nur die Erschwerung der Einfälle. Es zeigt sich, daß wir recht hatten, aber dann war sein Widerstand auch unbewußt, ebenso unbewußt wie das Verdrängte, an dessen Hebung wir arbeiteten. Man hätte längst die Frage aufwerfen sollen: von welchem Teil seines Seelenlebens geht ein solcher unbewußter Widerstand aus? Der Anfänger in der Psychoanalyse wird rasch mit der Antwort zur Hand sein: Es ist eben der Widerstand des Unbewußten. Eine zweideutige, unbrauchbare Antwort! Wenn damit gemeint ist, er gehe vom Verdrängten aus, so müssen wir sagen: Gewiß nicht! Dem Verdrängten müssen wir eher einen starken Auftrieb zuschreiben, einen Drang, zum Bewußtsein durchzudringen. Der Widerstand kann nur eine Äußerung des Ichs sein, das seinerzeit die Verdrängung durchgeführt hat und sie jetzt aufrechthalten will. So haben wir's auch früher immer aufgefaßt. Seitdem wir eine besondere Instanz im Ich annehmen, die die einschränkenden und abweisenden Forderungen vertritt, das Über-Ich, können wir sagen, die Verdrängung sei das Werk dieses Über-Ichs, es führe sie entweder selbst durch oder in seinem Auftrag das ihm gehorsame Ich. Wenn nun der Fall vorliegt, daß der Widerstand in der Analyse den Patienten nicht bewußt wird, so heißt das entweder, daß das Über-Ich und das Ich in ganz wichtigen Situationen unbewußt arbeiten können oder, was noch bedeutsamer wäre, daß Anteile von beiden, Ich und Über-Ich selbst, unbewußt sind. In beiden Fällen haben wir von der unerfreulichen Einsicht Kenntnis zu nehmen, daß (Über)-Ich und bewußt einerseits, Verdrängtes und unbewußt anderseits keineswegs zusammenfallen.

Meine Damen und Herren! Ich empfinde das Bedürfnis, eine Atempause zu machen, die auch Sie als wohltuend begrüßen werden, und mich, ehe ich fortsetze bei Ihnen zu entschuldigen. Ich will Ihnen Nachträge zu einer Einführung in die Psychoanalyse geben, die ich vor fünfzehn Jahren begonnen habe, und muß mich benehmen, als hätten auch Sie in dieser Zwischenzeit nichts anderes als Psychoanalyse getrieben. Ich weiß, das ist eine ungehörige Zumutung, aber ich bin hilflos, ich kann es nicht anders machen. Es hängt wohl daran, daß es überhaupt so schwer ist, dem, der nicht selbst Psychoanalytiker ist, einen Einblick in die Psychoanalyse zu geben. Sie können mir glauben, daß wir nicht gern den Anschein erwecken, als seien wir Geheimbündler und betreiben eine Geheimwissenschaft. Und doch mußten wir erkennen und als unsere Überzeugung verkünden, daß niemand das Recht hat, in die Psychoanalyse dreinzureden, wenn er sich nicht bestimmte Erfahrungen erworben hat, die man nur durch eine Analyse an seiner eigenen Person erwerben kann. Als ich Ihnen vor fünfzehn Jahren meine Vorlesungen gab, suchte ich Sie mit gewissen spekulativen Stücken unserer Theorie zu verschonen, aber gerade an die knüpfen die Neuerwerbungen an, von denen ich heute zu sprechen habe.

Ich kehre zum Thema zurück. In dem Zweifel, ob Ich und Über-Ich selbst unbewußt sein oder nur unbewußte Wirkungen entfalten können, haben wir uns mit guten Gründen für die erstere Möglichkeit entschieden. Ja, große Anteile des Ichs und Über-Ichs können unbewußt bleiben, sind normalerweise unbewußt. Das heißt, die Person weiß nichts von deren Inhalten, und es bedarf eines Aufwands an Mühe, sie ihr bewußtzumachen. Es trifft zu, daß Ich und bewußt, Verdrängt[es] und unbewußt nicht zusammenfallen. Wir empfinden das Bedürfnis, unsere Einstellung zum Problem bewußt-unbewußt gründlich zu revidieren. Zunächst sind wir geneigt, den Wert des Kriteriums der Bewußtheit, da es sich als so unzuverlässig erwiesen hat, recht herabzusetzen. Aber wir täten unrecht daran. Es ist damit wie mit unserem Leben; es ist nicht viel wert, aber es ist alles, was wir haben. Ohne die Leuchte der Bewußtseinsqualität wären wir im Dunkel der Tiefenpsychologie verloren; aber wir dürfen versuchen, uns neu zu orientieren.

Was man bewußt heißen soll, brauchen wir nicht zu erörtern, es ist jedem Zweifel entzogen. Die älteste und beste Bedeutung des Wortes »unbewußt« ist die deskriptive; wir nennen unbewußt einen psychischen Vorgang, dessen Existenz wir annehmen müssen, etwa weil wir ihn aus seinen Wirkungen erschließen, von dem wir aber nichts wissen. Wir haben dann zu ihm dieselbe Beziehung wie zu einem psychischen Vorgang bei einem anderen Menschen, nur daß er eben einer unserer eigenen ist. Wenn wir noch korrekter sein wollen, werden wir den Satz dahin modifizieren, daß wir einen Vorgang unbewußt heißen, wenn wir annehmen müssen, er sei *derzeit* aktiviert, obwohl wir *derzeit* nichts von ihm wissen. Diese Einschränkung läßt uns daran denken, daß die meisten bewußten Vorgänge nur kurze Zeit bewußt sind; sehr bald werden sie *latent*, können aber leicht wiederum bewußt werden. Wir könnten auch sagen, sie seien unbewußt geworden, wenn es überhaupt sicher wäre, daß sie im Zustand der Latenz noch etwas Psychisches sind. Soweit hätten wir nichts Neues erfahren, auch nicht das Recht erworben, den Begriff eines Unbewußten in die Psychologie einzuführen. Dann kommt aber die neue Erfahrung, die wir schon an den Fehlleistungen machen können. Wir sehen uns z. B. zur Erklärung eines Versprechens genötigt anzunehmen, daß sich bei dem Betreffenden eine bestimmte Redeabsicht gebildet hatte. Wir erraten sie mit Sicherheit aus der vorgefallenen Störung der Rede, aber sie hatte sich nicht durchgesetzt, sie war also unbewußt. Wenn wir sie nachträglich dem Redner vorführen, kann er sie als eine ihm vertraute anerkennen, dann war sie nur zeitweilig unbewußt, oder sie als ihm fremd verleugnen, dann war sie dauernd unbewußt.[8] Aus dieser Erfahrung schöpfen wir rückgreifend das Recht, auch das als latent Bezeichnete für ein Unbewußtes zu erklären. Die Berücksichtigung dieser dynamischen Verhältnisse gestattet uns jetzt, zweierlei Unbewußes zu unterscheiden, eines, das leicht, unter häufig hergestellten Bedingungen, sich in Bewußtes umwandelt, ein anderes, bei dem diese Umsetzung schwer, nur unter erheblichem Müheaufwand, möglicherweise niemals erfolgt. Um der Zweideutigkeit zu entgehen, ob wir das eine oder das andere Unbewußte meinen, das Wort im deskriptiven oder im dynamischen Sinn gebrauchen, wenden wir ein erlaubtes, einfaches Auskunftsmittel an. Wir heißen jenes Unbewußte, das nur latent ist und so leicht bewußt wird, das Vorbewußte, behalten die Bezeichnung »unbewußt« dem anderen vor. Wir haben nun drei Termini: bewußt, vorbewußt, unbewußt, mit denen wir in der Beschreibung der seelischen Phänomene unser Auskommen finden. Nochmals, rein deskriptiv ist auch das Vorbewußte unbewußt, aber wir bezeichnen es nicht so, außer in lockerer Darstellung oder wenn wir die Existenz unbewußter Vorgänge überhaupt im Seelenleben zu verteidigen haben.

Sie werden mir hoffentlich zugeben, das sei so weit nicht gar arg und erlaube eine bequeme Handhabung. Ja, aber leider hat die psychoanalytische Arbeit sich gedrängt gefunden, das Wort unbewußt noch in einem anderen, dritten, Sinn zu verwenden, und das mag allerdings Verwirrung gestiftet haben. Unter dem neuen und starken Einfluß, daß ein weites und wichtiges Gebiet des Seelenlebens der Kenntnis des Ichs normalerweise entzogen ist, so daß die Vorgänge darin als unbewußte im richtigen dynamischen Sinn anerkannt werden müssen, haben wir den Terminus »unbewußt« auch in einem topischen oder systematischen Sinn verstanden, von einem System des Vorbewußten und des Unbewußten gesprochen, von einem Konflikt

8 [Diesen Gedanken hat Freud in der 4. der *Vorlesungen zur Einführung in die Psychoanalyse* entwickelt. (Vgl. in Band 2 der vorliegenden Ausgabe).]

des Ichs mit dem System Ubw, das Wort immer mehr eher eine seelische Provinz bedeuten lassen als eine Qualität des Seelischen. Die eigentlich unbequeme Entdeckung, daß auch Anteile des Ichs und Über-Ichs im dynamischen Sinne unbewußt sind, wirkt hier wie eine Erleichterung, gestattet uns, eine Komplikation wegzuräumen. Wir sehen, wir haben kein Recht, das ichfremde Seelengebiet das System Ubw zu nennen, da die Unbewußtheit nicht sein ausschließender Charakter ist. Gut, so wollen wir »unbewußt« nicht mehr im systematischen Sinn gebrauchen und dem bisher so Bezeichneten einen besseren, nicht mehr mißverständlichen Namen geben. In Anlehnung an den Sprachgebrauch bei Nietzsche und infolge einer Anregung von G. Groddeck[9] heißen wir es fortan das *Es*. Dies unpersönliche Fürwort scheint besonders geeignet, den Hauptcharakter dieser Seelenprovinz, ihre Ichfremdheit, auszudrücken. Über-Ich, Ich und Es sind nun die drei Reiche, Gebiete, Provinzen, in die wir den Seelenapparat der Person zerlegen, mit deren gegenseitigen Beziehungen wir uns im weiteren beschäftigen wollen.

Vorher nur eine kurze Einschaltung. Ich vermute, Sie sind unzufrieden damit, daß die drei Qualitäten der Bewußtheit und die drei Provinzen des seelischen Apparats sich nicht zu drei friedlichen Paaren zusammengefunden haben, und sehen darin etwas wie eine Trübung unserer Resultate. Ich meine aber, wir sollten es nicht bedauern und sollten uns sagen, daß wir kein Recht hatten, eine so glatte Anordnung zu erwarten. Lassen Sie mich eine Vergleichung bringen; Vergleiche entscheiden nichts, das ist wahr, aber sie können machen, daß man sich heimischer fühlt. Ich imaginiere ein Land mit mannigfaltiger Bodengestaltung, Hügelland, Ebene und Seenketten, mit gemischter Bevölkerung – es wohnen darin Deutsche, Magyaren und Slowaken, die auch verschiedene Tätigkeiten betreiben. Nun könnte die Verteilung so sein, daß im Hügelland die Deutschen woh-

9 [G. Groddeck, *Das Buch vom Es*, Wien 1923.]

nen, die Viehzüchter sind, im Flachland die Magyaren, die Getreide und Wein bauen, an den Seen die Slowaken, die Fische fangen und Schilf flechten. Wenn diese Verteilung glatt und reinlich wäre, würde ein Wilson seine Freude an ihr haben;[10] es wäre auch bequem für den Vortrag in der Geographiestunde. Es ist aber wahrscheinlich, daß Sie weniger Ordnung und mehr Vermengung finden, wenn Sie die Gegend bereisen. Deutsche, Magyaren und Slowaken leben überall durcheinander, im Hügelland gibt es auch Äcker, in der Ebene wird auch Vieh gehalten. Einiges ist natürlich so, wie Sie es erwartet haben, denn auf Bergen kann man keine Fische fangen, im Wasser wächst kein Wein. Ja, das Bild der Gegend, das Sie mitgebracht haben, mag im großen und ganzen zutreffend sein; im einzelnen werden Sie sich Abweichungen gefallen lassen.

Sie erwarten nicht, daß ich Ihnen vom *Es* außer dem neuen Namen viel Neues mitzuteilen habe. Es ist der dunkle, unzugängliche Teil unserer Persönlichkeit; das wenige, was wir von ihm wissen, haben wir durch das Studium der Traumarbeit und der neurotischen Symptombildung erfahren, und das meiste davon hat negativen Charakter, läßt sich nur als Gegensatz zum Ich beschreiben. Wir nähern uns dem Es mit Vergleichen, nennen es ein Chaos, einen Kessel voll brodelnder Erregungen. Wir stellen uns vor, es sei am Ende gegen das Somatische offen, nehme da die Triebbedürfnisse in sich auf, die in ihm ihren psychischen Ausdruck finden, wir können aber nicht sagen, in

---

10 [Thomas Woodrow Wilson (1856–1924), von 1913 bis 1921 Präsident der USA, legte 1918 ein Friedensprogramm, die sogenannten *Vierzehn Punkte*, vor. Freud spielt auf Vorschläge folgender Art an: Berichtigung der ital. Grenzen nach den klar erkennbaren Nationalitätsgrenzen (Punkt 9); Errichtung eines unabhängigen polnischen Staates unter Einschluß aller von unzweifelhaft poln. Bevölkerung bewohnten Gebiete unter Gewährung eines freien und sicheren Zugangs zur See (Punkt 13); freieste Möglichkeit autonomer Entwicklung der Völker Österreich-Ungarns (Punkt 10). – Etwa ein Jahr vor Niederschrift der vorliegenden Vorlesung hatte Freud gemeinsam mit W.C. Bullitt (dem damaligen US-Botschafter in Berlin) an einer psychologischen Studie über Wilson gearbeitet, dessen politischem Urteilsvermögen Freud sehr kritisch gegenüberstand.]

welchem Substrat. Von den Trieben her erfüllt es sich mit Energie, aber es hat keine Organisation, bringt keinen Gesamtwillen auf, nur das Bestreben, den Triebbedürfnissen unter Einhaltung des Lustprinzips Befriedigung zu schaffen. Für die Vorgänge im Es gelten die logischen Denkgesetze nicht, vor allem nicht der Satz des Widerspruchs. Gegensätzliche Regungen bestehen nebeneinander, ohne einander aufzuheben oder sich voneinander abzuziehen, höchstens daß sie unter dem herrschenden ökonomischen Zwang zur Abfuhr der Energie zu Kompromißbildungen zusammentreten. Es gibt im Es nichts, was man der Negation gleichstellen könnte, auch nimmt man mit Überraschung die Ausnahme von dem Satz der Philosophen wahr, daß Raum und Zeit notwendige Formen unserer seelischen Akte seien.[11] Im Es findet sich nichts, was der Zeitvorstellung entspricht, keine Anerkennung eines zeitlichen Ablaufs und, was höchst merkwürdig ist und seiner Würdigung im philosophischen Denken wartet, keine Veränderung des seelischen Vorgangs durch den Zeitablauf. Wunschregungen, die das Es nie überschritten haben, aber auch Eindrücke, die durch Verdrängung ins Es versenkt worden sind, sind virtuell unsterblich, verhalten sich nach Dezennien, als ob sie neu vorgefallen wären. Als Vergangenheit erkannt, entwertet und ihrer Energiebesetzung beraubt können sie erst werden, wenn sie durch die analytische Arbeit bewußt geworden sind, und darauf beruht nicht zum kleinsten Teil die therapeutische Wirkung der analytischen Behandlung.

Ich habe immer wieder den Eindruck, daß wir aus dieser über jedem Zweifel feststehenden Tatsache der Unveränderlichkeit des Verdrängten durch die Zeit viel zuwenig für unsere Theorie gemacht haben. Da scheint sich doch ein Zugang zu den tiefsten Einsichten zu eröffnen. Leider bin auch ich da nicht weitergekommen.

Selbstverständlich kennt das Es keine Wertungen, kein

---

11 [Freud meint Immanuel Kant, besonders dessen *Kritik der reinen Vernunft.*]

Gut und Böse, keine Moral. Das ökonomische oder, wenn Sie wollen, quantitative Moment, mit dem Lustprinzip innig verknüpft, beherrscht alle Vorgänge. Triebbesetzungen, die nach Abfuhr verlangen, das, meinen wir, sei alles im Es. Es scheint sogar, daß sich die Energie dieser Triebregungen in einem andern Zustand befindet als in den andern seelischen Bezirken, weit leichter beweglich und abfuhrfähig ist[12], denn sonst würden nicht jene Verschiebungen und Verdichtungen vorfallen, die für das Es charakteristisch sind und die so vollkommen von der Qualität des Besetzten – im Ich würden wir es eine Vorstellung nennen – absehen. Man gäbe was darum, wenn man von diesen Dingen mehr verstehen könnte! Sie sehen übrigens, daß wir in der Lage sind, vom Es noch andere Eigenschaften anzugeben, als daß es unbewußt ist, und Sie erkennen die Möglichkeit, daß Teile vom Ich und Über-Ich unbewußt seien, ohne die nämlichen primitiven und irrationellen Charaktere zu besitzen[13]. Zu einer Charakteristik des eigentlichen Ichs, insofern es sich vom Es und vom Über-Ich sondern läßt, gelangen wir am ehesten, wenn wir seine Beziehung zum äußersten oberflächlichen Stück des seelischen Apparats ins Auge fassen, das wir als das System W-Bw bezeichnen. Dieses System ist der Außenwelt zugewendet, es vermittelt die Wahrnehmungen von ihr, in ihm entsteht während seiner Funktion das Phänomen des Bewußtseins. Es ist das Sinnesorgan des ganzen Apparats, empfänglich übrigens nicht nur für Erregungen, die von außen, sondern auch für solche, die aus dem Inneren des Seelenlebens herankommen. Die Auffassung bedarf kaum einer Rechtfertigung, daß das Ich jener Teil des Es ist, der durch die Nähe und den Einfluß der Außenwelt modifiziert wurde, zur Reizaufnahme und zum Reizschutz eingerichtet, vergleichbar der Rindenschicht, mit der sich ein

12 [Diese Unterscheidung ist von Freud oft getroffen worden, so im V. Abschnitt der Schrift *Das Unbewußte* (1915), wo sie Breuer zugeschrieben wird; vgl. in Band 2 der vorliegenden Ausgabe.]

13 [Diese Darstellung des Es beruht hauptsächlich auf dem V. Abschnitt der Arbeit *Das Unbewußte*.]

Klümpchen lebender Substanz umgibt. Die Beziehung zur Außenwelt ist für das Ich entscheidend geworden, es hat die Aufgabe übernommen, sie bei dem Es zu vertreten, zum Heil des Es, das ohne Rücksicht auf diese übergewaltige Außenmacht im blinden Streben nach Triebbefriedigung der Vernichtung nicht entgehen würde. In der Erfüllung dieser Funktion muß das Ich die Außenwelt beobachten, eine getreue Abbildung von ihr in den Erinnerungsspuren seiner Wahrnehmungen niederlegen, durch die Tätigkeit der Realitätsprüfung[14] fernhalten, was an diesem Bild der Außenwelt Zutat aus inneren Erregungsquellen ist. In Auftrag des Es beherrscht das Ich die Zugänge zur Motilität, aber es hat zwischen Bedürfnis und Handlung den Aufschub der Denkarbeit eingeschaltet[15], während dessen es die Erinnerungsreste der Erfahrung verwertet. Auf solche Weise hat es das Lustprinzip entthront, das uneingeschränkt den Ablauf der Vorgänge im Es beherrscht, und es durch das Realitätsprinzip ersetzt, das mehr Sicherheit und größeren Erfolg verspricht.

Auch die so schwer zu beschreibende Beziehung zur Zeit wird dem Ich durch das Wahrnehmungssystem vermittelt; es ist kaum zweifelhaft, daß die Arbeitsweise dieses Systems der Zeitvorstellung den Ursprung gibt.[16] Was das Ich zum Unterschied vom Es aber ganz besonders auszeichnet, ist ein Zug zur Synthese seiner Inhalte, zur Zusammenfassung und Vereinheitlichung seiner seelischen Vorgänge, der dem Es völlig abgeht. Wenn wir nächstens einmal von

14 [Vgl. Fußnote 2 zur 30. Vorlesung.]

15 [In der 32. Vorlesung »Angst und Triebleben«, die in die vorliegende Auswahl nicht aufgenommen wurde, schreibt Freud: »Das Denken ist ein probeweises Handeln mit kleinen Energiemengen, ähnlich wie die Verschiebungen kleiner Figuren auf der Landkarte, ehe der Feldherr seine Truppenmassen in Bewegung setzt. Das Ich antizipiert also die Befriedigung der bedenklichen Triebregung und erlaubt ihr, die Unlustempfindungen zu Beginn der gefürchteten Gefahrsituation zu reproduzieren. Damit ist der Automatismus des Lust-Unlust-Prinzips ins Spiel gebracht, der nun die Verdrängung der gefährlichen Triebregung durchführt.«]

16 [Ein Hinweis darauf, wie Freud sich diesen Zusammenhang vorstellte, findet sich in der Schrift *Notiz über den »Wunderblock«*. (Vgl. im vorliegenden Band).]

den Trieben im Seelenleben handeln, wird es uns hoffentlich gelingen, diesen wesentlichen Charakter des Ichs auf seine Quelle zurückzuführen.[17] Er allein stellt jenen hohen Grad von Organisation her, dessen das Ich bei seinen besten Leistungen bedarf. Es entwickelt sich von der Triebwahrnehmung zur Triebbeherrschung, aber die letztere wird nur dadurch erreicht, daß die [psychische] Triebrepräsentanz in einen größeren Verband eingeordnet, in einen Zusammenhang aufgenommen wird. Wenn wir uns populären Redeweisen anpassen, dürfen wir sagen, daß das Ich im Seelenleben Vernunft und Besonnenheit vertritt, das Es aber die ungezähmten Leidenschaften.

Wir haben uns bisher durch die Aufzählung der Vorzüge und Fähigkeiten des Ichs imponieren lassen; es ist jetzt Zeit, auch der Kehrseite zu gedenken. Das Ich ist doch nur ein Stück vom Es, ein durch die Nähe der gefahrdrohenden Außenwelt zweckmäßig verändertes Stück. In dynamischer Hinsicht ist es schwach, seine Energien hat es dem Es entlehnt, und wir sind nicht ganz ohne Einsicht in die Methoden, man könnte sagen: in die Schliche, durch die es dem Es weitere Energiebeträge entzieht. Ein solcher Weg ist zum Beispiel auch die Identifizierung mit beibehaltenen oder aufgegebenen Objekten. Die Objektbesetzungen gehen von den Triebansprüchen des Es aus. Das Ich hat sie zunächst zu registrieren. Aber indem es sich mit dem Objekt identifiziert, empfiehlt es sich dem Es an Stelle des Objekts, will es die Libido des Es auf sich lenken. Wir haben schon gehört, daß das Ich im Lauf des Lebens eine große Anzahl von solchen Niederschlägen ehemaliger Objektbesetzungen in sich aufnimmt. Im ganzen muß das Ich die Absichten des Es durchführen, es erfüllt seine Aufgabe, wenn es die Umstände ausfindig macht, unter denen diese Absichten am besten erreicht werden können. Man könnte das Verhältnis des Ichs zum Es mit dem des Reiters zu sei-

17 [Tatsächlich ist Freud jedoch auf dieses Thema in den Vorlesungen nicht mehr zurückgekommen. Der Synthetische Charakterzug des Ichs ist ausführlich im III. Kapitel von *Hemmung, Symptom und Angst* (vgl. im vorliegenden Band) dargestellt.]

nem Pferd vergleichen. Das Pferd gibt die Energie für die Lokomotion her, der Reiter hat das Vorrecht, das Ziel zu bestimmen, die Bewegung des starken Tieres zu leiten. Aber zwischen Ich und Es ereignet sich allzu häufig der nicht ideale Fall, daß der Reiter das Roß dahin führen muß, wohin es selbst gehen will.

Von einem Teil des Es hat sich das Ich durch Verdrängungswiderstände geschieden. Aber die Verdrängung setzt sich nicht in das Es fort. Das Verdrängte fließt mit dem übrigen Es zusammen.

Ein Sprichwort warnt davor, gleichzeitig zwei Herren zu dienen. Das arme Ich hat es noch schwerer, es dient drei gestrengen Herren, ist bemüht, deren Ansprüche und Forderungen in Einklang miteinander zu bringen. Diese Ansprüche gehen immer auseinander, scheinen oft unvereinbar zu sein; kein Wunder, wenn das Ich so oft an seiner Aufgabe scheitert. Die drei Zwingherren sind die Außenwelt, das Über-Ich und das Es. Wenn man die Anstrengungen des Ichs verfolgt, ihnen gleichzeitig gerecht zu werden, besser gesagt: ihnen gleichzeitig zu gehorchen, kann man nicht bereuen, dieses Ich personifiziert, es als ein besonderes Wesen hingestellt zu haben. Es fühlt sich von drei Seiten her eingeengt, von dreierlei Gefahren bedroht, auf die es im Falle der Bedrängnis mit Angstentwicklung reagiert. Durch seine Herkunft aus den Erfahrungen des Wahrnehmungssystems ist es dazu bestimmt, die Anforderungen der Außenwelt zu vertreten, aber es will auch der getreue Diener des Es sein, im Einvernehmen mit ihm bleiben, sich ihm als Objekt empfehlen, seine Libido auf sich ziehen. In seinem Vermittlungsbestreben zwischen Es und Realität ist es oft genötigt, die ubw Gebote des Es mit seinen vbw Rationalisierungen zu bekleiden, die Konflikte des Es mit der Realität zu vertuschen, mit diplomatischer Unaufrichtigkeit eine Rücksichtnahme auf die Realität vorzuspiegeln, auch wenn das Es starr und unnachgiebig geblieben ist. Anderseits wird es auf Schritt und Tritt von dem gestrengen Über-Ich beobachtet, das ihm bestimmte Normen seines Verhaltens vorhält, ohne Rücksicht auf die Schwierigkeiten von seiten des Es und der Außenwelt zu nehmen, und es im Falle der Nichteinhaltung mit den Spannungsgefühlen der Minderwertigkeit und des Schuldbewußtseins bestraft. So vom Es getrieben, vom Über-Ich eingeengt, von der Realität zurückgestoßen, ringt das Ich um die Bewältigung seiner ökonomischen Aufgabe, die Harmonie unter den Kräften und Einflüssen herzustellen, die in ihm und auf es wirken, und wir verstehen, warum wir so oft den Ausruf nicht unterdrücken können: Das Leben ist nicht leicht! Wenn das Ich seine Schwäche einbekennen muß, bricht es in Angst aus, Realangst vor der Außenwelt, Gewissensangst vor dem Über-Ich, neurotische Angst vor der Stärke der Leidenschaften im Es.

Die Strukturverhältnisse der seelischen Persönlichkeit, die ich vor Ihnen entwickelt habe, möchte ich in einer anspruchslosen Zeichnung darstellen, die ich Ihnen hier vorlege.

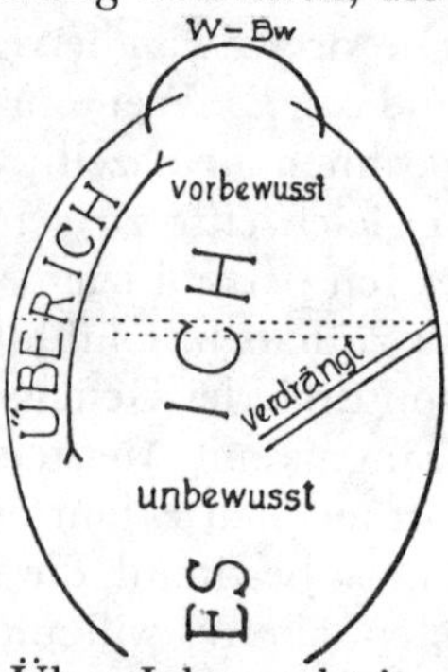

Sie sehen hier, das Über-Ich taucht in das Es ein; als Erbe des Ödipuskomplexes hat es ja intime Zusammenhänge mit ihm; es liegt weiter ab vom Wahrnehmungssystem als das Ich. Das Es verkehrt mit der Außenwelt nur über das Ich, wenigstens in diesem Schema. Es ist gewiß heute schwer zu sagen, inwieweit die Zeichnung richtig ist; in einem Punkt ist sie es gewiß nicht. Der Raum, den das unbewußte Es einnimmt, müßte unvergleichlich größer sein als der des Ichs oder des Vorbewußten. Ich bitte, verbessern Sie das in Ihren Gedanken.

Und nun zum Abschluß dieser gewiß anstrengenden und

vielleicht nicht einleuchtenden Ausführungen noch eine Mahnung! Sie denken bei dieser Sonderung der Persönlichkeit in Ich, Über-Ich und Es gewiß nicht an scharfe Grenzen, wie sie künstlich in der politischen Geographie gezogen worden sind. Der Eigenart des Psychischen können wir nicht durch lineare Konturen gerecht werden wie in der Zeichnung oder in der primitiven Malerei, eher durch verschwimmende Farbenfelder wie bei den modernen Malern. Nachdem wir gesondert haben, müssen wir das Gesonderte wieder zusammenfließen lassen. Urteilen Sie nicht zu hart über einen ersten Versuch, das so schwer erfaßbare Psychische anschaulich zu machen. Es ist sehr wahrscheinlich, daß die Ausbildung dieser Sonderungen bei verschiedenen Personen großen Variationen unterliegt, möglich, daß sie bei der Funktion selbst verändert und zeitweilig rückgebildet werden. Besonders für die phylogenetisch letzte und heikelste, die Differenzierung von Ich und Über-Ich, scheint dergleichen zuzutreffen. Es ist unzweifelhaft, daß das gleiche durch psychische Erkrankung hervorgerufen wird. Man kann sich auch gut vorstellen, daß es gewissen mystischen Praktiken gelingen mag, die normalen Beziehungen zwischen den einzelnen seelischen Bezirken umzuwerfen, so daß z. B. die Wahrnehmung Verhältnisse im tiefen Ich und im Es erfassen kann, die ihr sonst unzugänglich waren. Ob man auf diesem Weg der letzten Weisheiten lebhaft werden wird, von denen man alles Heil erwartet, darf man getrost bezweifeln. Immerhin wollen wir zugeben, daß die therapeutischen Bemühungen der Psychoanalyse sich einen ähnlichen Angriffspunkt gewählt haben. Ihre Absicht ist ja, das Ich zu stärken, es vom Über-Ich unabhängiger zu machen, sein Wahrnehmungsfeld zu erweitern und seine Organisation auszubauen, so daß es sich neue Stücke des Es aneignen kann. Wo Es war, soll Ich werden.

Es ist Kulturarbeit etwa wie die Trockenlegung der Zuidersee[18].

18 [Die Zuidersee (niederl. »Südsee«), eine ehemalige Bucht der Nordsee in den Niederlanden, wurde 1920–1932 durch Eindeichungsarbeiten vom offenen Meer abgetrennt und allmählich trockengelegt.]

33. Vorlesung
Die Weiblichkeit[1]

Meine Damen und Herren! Die ganze Zeit über, während ich mich vorbereite, mit Ihnen zu sprechen, ringe ich mit einer inneren Schwierigkeit. Ich fühle mich sozusagen meiner Lizenz nicht sicher. Es ist ja richtig, daß die Psychoanalyse sich in fünfzehn Arbeitsjahren verändert und bereichert hat, aber darum könnte doch eine Einführung in die Psychoanalyse unverändert und unergänzt bleiben. Immer schwebt es mir vor, daß diesen Vorträgen die Daseinsberechtigung fehlt. Den Analytikern sage ich zu wenig und überhaupt nichts Neues, Ihnen aber zu viel und solche Dinge, für deren Verständnis Sie nicht ausgerüstet sind, die nicht für Sie gehören. Ich habe nach Entschuldigungen ausgeschaut und jede einzelne Vorlesung durch eine andere Begründung rechtfertigen wollen. Die erste, über die Traumtheorie[2], sollte Sie mit einem Schlage wieder mitten in die analytische Atmosphäre versetzen und Ihnen zeigen, wie haltbar sich unsere Anschauungen erwiesen haben. An der zweiten, die die Wege vom Traum zum sogenannten Okkultismus verfolgt, reizte mich die Gelegenheit, ein freies Wort über ein Arbeitsgebiet zu sagen, auf dem heute vorurteilsvolle Erwartungen gegen leidenschaftliche Widerstände kämpfen, und ich durfte hoffen, Ihr am Beispiel der Psychoanalyse zur Toleranz erzogenes Urteil werde mir die Begleitung auf diesen Ausflug nicht verweigern. Die dritte

1 [In unserer Auswahl mußte aus Umfangsgründen auf die 32. Vorlesung »Angst und Triebleben« verzichtet werden. Ihre wesentlichsten Gedankengänge finden sich in der großen Studie *Hemmung, Symptom und Angst* (vgl. im vorliegenden Band). In der Fußnote 59 zu dieser Studie wird zum Thema Lokalisierung der Angst Freuds endgültige Auffassung aus der 32. Vorlesung zitiert. – Zum Thema der vorliegenden 33. Vorlesung »Die Weiblichkeit« hat sich Freud relativ spät zusammenfassend geäußert: *Einige psychische Folgen des anatomischen Geschlechtsunterschieds* (1925) und *Über die weibliche Sexualität* (1931). Gegenüber diesen beiden Aufsätzen hat Freud in der 33. Vorlesung den Abschnitt über das Erwachsenenleben der Frau weiter ausgearbeitet.]

2 [Vgl. Fußnote 1 zum Vorwort der *Neuen Folge*.]

Vorlesung, die über die Zerlegung der Persönlichkeit, stellte gewiß die härtesten Zumutungen an Sie, so fremdartig war ihr Inhalt, aber ich konnte diesen ersten Ansatz einer Ichpsychologie Ihnen unmöglich vorenthalten, und wenn wir ihn vor fünfzehn Jahren besessen hätten, hätte ich ihn schon damals erwähnen müssen. Die letzte Vorlesung endlich, der Sie wahrscheinlich nur unter großer Anspannung gefolgt sind, brachte notwendige Berichtigungen, neue Lösungsversuche der wichtigsten Rätselfragen, und meine Einführung wäre zu einer Irreführung geworden, wenn ich darüber geschwiegen hätte. Sie sehen, wenn man es unternimmt, sich zu entschuldigen, kommt es am Ende darauf hinaus, daß alles unvermeidlich war, alles Verhängnis. Ich unterwerfe mich; ich bitte Sie, tun Sie es auch.

Auch die heutige Vorlesung sollte keine Aufnahme in eine Einführung finden, aber sie kann Ihnen eine Probe einer analytischen Detailarbeit geben, und ich kann zweierlei zu ihrer Empfehlung sagen. Sie bringt nichts als beobachtete Tatsachen, fast ohne Beisatz von Spekulation, und sie beschäftigt sich mit einem Thema, das Anspruch auf Ihr Interesse hat wie kaum ein anderes. Über das Rätsel der Weiblichkeit haben die Menschen zu allen Zeiten gegrübelt:

> »Häupter in Hieroglyphenmützen,
> Häupter in Turban und schwarzem Barett,
> Perückenhäupter und tausend andere
> Arme, schwitzende Menschenhäupter ---«
>
> (Heine, *Nordsee*[3].)

Auch Sie werden sich von diesem Grübeln nicht ausgeschlossen haben, insoferne Sie Männer sind; von den Frauen unter Ihnen erwartet man es nicht, sie sind selbst dieses Rätsel. Männlich oder weiblich ist die erste Unterscheidung, die Sie machen, wenn Sie mit einem anderen menschlichen Wesen zusammentreffen, und Sie sind gewöhnt, diese Unterscheidung mit unbedenklicher Sicher-

3 [Zweiter Zyklus, VII, *Fragen.*]

heit zu machen. Die anatomische Wissenschaft teilt Ihre Sicherheit in einem Punkt und nicht weit darüber hinaus. Männlich ist das männliche Geschlechtsprodukt, das Spermatozoon und sein Träger, weiblich das Ei und der Organismus, der es beherbergt. Bei beiden Geschlechtern haben sich Organe gebildet, die ausschließlich den Geschlechtsfunktionen dienen, wahrscheinlich aus der nämlichen Anlage zu zwei verschiedenen Gestaltungen entwickelt. Bei beiden zeigen außerdem die anderen Organe, die Körperformen und Gewebe eine Beeinflussung durch das Geschlecht, aber diese ist inkonstant und ihr Ausmaß wechselnd, die sogenannten sekundären Geschlechtscharaktere. Und dann sagt Ihnen die Wissenschaft etwas, was Ihren Erwartungen zuwiderläuft und wahrscheinlich geeignet ist, Ihre Gefühle zu verwirren. Sie macht Sie darauf aufmerksam, daß Teile des männlichen Geschlechtsapparats sich auch am Körper des Weibes finden, wenngleich in verkümmertem Zustand, und das gleiche im anderen Falle. Sie sieht in diesem Vorkommen das Anzeichen einer Zwiegeschlechtigkeit, *Bisexualität*[4], als ob das Individuum nicht Mann oder Weib wäre, sondern jedesmal beides, nur von dem einen so viel mehr als vom andern. Sie werden dann aufgefordert, sich mit der Idee vertraut zu machen, daß das Verhältnis, nach dem sich Männliches und Weibliches im Einzelwesen vermengt, ganz erheblichen Schwankungen unterliegt. Da aber doch, von allerseltensten Fällen abgesehen, bei einer Person nur einerlei Geschlechtsprodukte – Eier oder Samenzellen – vorhanden sind, müssen Sie an der entscheidenden Bedeutung dieser Elemente irre werden und den Schluß ziehen, das, was die Männlichkeit oder die Weiblichkeit ausmache, sei ein unbekannter Charakter, den die Anatomie nicht erfassen kann.

Kann es vielleicht die Psychologie? Wir sind gewohnt, männlich und weiblich auch als seelische Qualitäten zu ge-

---

4 [Über Bisexualität s. die *Drei Abhandlungen zur Sexualtheorie*, Abhandlung I (1, A), in Band 1 der vorliegenden Ausgabe.]

brauchen, und haben ebenso den Gesichtspunkt der Bisexualität auf das Seelenleben übertragen. Wir sprechen also davon, daß ein Mensch, ob Männchen oder Weibchen, sich in diesem Punkt männlich, in jenem weiblich benehme. Aber Sie werden bald einsehen, das ist bloß Gefügigkeit gegen die Anatomie und gegen die Konvention. Sie können den Begriffen männlich und weiblich *keinen* neuen Inhalt geben. Die Unterscheidung ist keine psychologische; wenn Sie männlich sagen, meinen Sie in der Regel »aktiv«, und wenn Sie weiblich sagen, »passiv«. Nun ist es richtig, daß eine solche Beziehung besteht. Die männliche Geschlechtszelle ist aktiv beweglich, sucht die weibliche auf, und diese, das Ei, ist unbeweglich, passiv erwartend. Dies Verhalten der geschlechtlichen Elementarorganismen ist sogar vorbildlich für das Benehmen der Geschlechtsindividuen beim Sexualverkehr. Das Männchen verfolgt das Weibchen zum Zweck der sexuellen Vereinigung, greift es an, dringt in dasselbe ein. Aber damit haben Sie eben für die Psychologie den Charakter des Männlichen auf das Moment der Aggression reduziert. Sie werden zweifeln, ob Sie damit etwas Wesentliches getroffen haben, wenn Sie erwägen, daß in manchen Tierklassen die Weibchen die stärkeren und aggressiven sind, die Männchen nur aktiv bei dem einen Akt der geschlechtlichen Vereinigung. So ist es z. B. bei den Spinnen. Auch die Funktionen der Brutpflege und Aufzucht, die uns als so exquisit weiblich erscheinen, sind bei Tieren nicht regelmäßig an das weibliche Geschlecht geknüpft. Bei recht hochstehenden Arten beobachtet man, daß die Geschlechter sich in die Aufgabe der Brutpflege teilen oder selbst, daß das Männchen sich allein ihr widmet. Selbst auf dem Gebiet des menschlichen Sexuallebens merken Sie bald, wie unzureichend es ist, das männliche Benehmen durch Aktivität, das weibliche durch Passivität zu decken. Die Mutter ist in jedem Sinn aktiv gegen das Kind, selbst vom Saugakt können Sie ebensowohl sagen: sie säugt das Kind, als: sie läßt sich vom Kinde säugen. Je weiter Sie sich dann vom engeren sexuellen Gebiet entfernen, desto deutlicher wird jener »Überdeckungsfehler«[5]. Frauen können große Aktivität nach verschiedenen Richtungen entfalten, Männer können nicht mit ihresgleichen zusammenleben, wenn sie nicht ein hohes Maß von passiver Gefügigkeit entwickeln. Wenn Sie jetzt sagen, diese Tatsachen enthielten eben den Beweis, daß Männer wie Weiber im psychologischen Sinn bisexuell sind, so entnehme ich daraus, daß Sie bei sich beschlossen haben, »aktiv« mit »männlich«, »passiv« mit »weiblich« zusammenfallen zu lassen. Aber ich rate Ihnen davon ab. Es erscheint mir unzweckmäßig, und es bringt keine neue Erkenntnis.

Man könnte daran denken, die Weiblichkeit psychologisch durch die Bevorzugung passiver Ziele zu charakterisieren. Das ist natürlich nicht dasselbe wie die Passivität; es mag ein großes Stück Aktivität notwendig sein, um ein passives Ziel durchzusetzen. Vielleicht geht es so zu, daß sich beim Weib von ihrem Anteil an der Sexualfunktion her eine Bevorzugung passiven Verhaltens und passiver Zielstrebungen ein Stück weit ins Leben hinein erstreckt, mehr oder weniger weit, je nachdem sich diese Vorbildlichkeit des Sexuallebens begrenzt oder ausbreitet. Dabei müssen wir aber achthaben, den Einfluß der sozialen Ordnungen nicht zu unterschätzen, die das Weib gleichfalls in passive Situationen drängen. Das ist alles noch sehr ungeklärt. Eine besonders konstante Beziehung zwischen Weiblichkeit und Triebleben wollen wir nicht übersehen. Die dem Weib konstitutionell vorgeschriebene und sozial auferlegte Unterdrückung seiner Aggression begünstigt die Ausbildung starker masochistischer Regungen, denen es ja gelingt, die nach innen gewendeten destruktiven Tendenzen erotisch zu binden. Der Masochismus ist also, wie man sagt, echt weiblich. Wenn Sie aber dem Masochismus, wie

5 [Wie Freud in der 20. der *Vorlesungen* mitteilt, stammt dieser Terminus von H. Silberer (*Probleme der Mystik und ihrer Symbolik*, Wien 1914, S. 161), der damit wohl das Phänomen beschreiben wollte, daß man gelegentlich meint, einen einzigen Gegenstand zu erblicken, während man in Wirklichkeit zwei einander überdeckende Gegenstände wahrnimmt.]

so häufig, bei Männern begegnen, was bleibt Ihnen übrig, als zu sagen, diese Männer zeigen sehr deutliche weibliche Züge?

Nun sind Sie bereits vorbereitet darauf, daß auch die Psychologie das Rätsel der Weiblichkeit nicht lösen wird. Diese Aufklärung muß wohl anderswoher kommen und kann nicht kommen, ehe wir erfahren haben, wie die Differenzierung der lebenden Wesen in zwei Geschlechter überhaupt entstanden ist. Nichts wissen wir darüber, und die Zweigeschlechtlichkeit ist doch ein so auffälliger Charakter des organischen Lebens, durch den es sich scharf von der unbelebten Natur scheidet. Unterdes finden wir an jenen menschlichen Individuen, die durch den Besitz von weiblichen Genitalien als manifest oder vorwiegend weiblich charakterisiert sind, genug zu studieren. Der Eigenart der Psychoanalyse entspricht es dann, daß sie nicht beschreiben will, was das Weib ist – das wäre eine für sie kaum lösbare Aufgabe –, sondern untersucht, wie es wird, wie sich das Weib aus dem bisexuell veranlagten Kind entwickelt. Wir haben darüber einiges in letzter Zeit erfahren, dank dem Umstande, daß mehrere unserer trefflichen Kolleginnen in der Analyse begonnen haben, diese Frage zu bearbeiten. Die Diskussion darüber hat aus dem Unterschied der Geschlechter einen besonderen Reiz bezogen, denn jedesmal, wenn eine Vergleichung zu Ungunsten ihres Geschlechts auszufallen schien, konnten unsere Damen den Verdacht äußern, daß wir, die männlichen Analytiker, gewisse tief eingewurzelte Vorurteile gegen die Weiblichkeit nicht überwunden hätten, was sich nun durch die Parteilichkeit unserer Forschung strafte. Wir hatten es dagegen auf dem Boden der Bisexualität leicht, jede Unhöflichkeit zu vermeiden. Wir brauchten nur zu sagen: Das gilt nicht für Sie. Sie sind eine Ausnahme, in diesem Punkt mehr männlich als weiblich.

Mit zwei Erwartungen treten wir auch an die Untersuchung der weiblichen Sexualentwicklung heran: Die erste, daß auch hier die Konstitution sich nicht ohne Sträuben in die Funktion fügen wird. Die andere, daß die entscheidenden Wendungen bereits vor der Pubertät angebahnt oder vollzogen sein werden. Beide sind bald bestätigt. Des weiteren sagt uns der Vergleich mit den Verhältnissen beim Knaben, daß die Entwicklung des kleinen Mädchens zum normalen Weib die schwierigere und kompliziertere ist, denn sie umfaßt zwei Aufgaben mehr, zu denen die Entwicklung des Mannes kein Gegenstück zeigt. Verfolgen wir die Parallele von ihrem Anfang an. Gewiß ist schon das Material bei Knabe und Mädchen verschieden; um das festzustellen, braucht es keine Psychoanalyse. Der Unterschied in der Bildung der Genitalien wird von anderen körperlichen Verschiedenheiten begleitet, die zu bekannt sind, als daß sie der Erwähnung bedürften. Auch in der Triebanlage treten Differenzen hervor, die das spätere Wesen des Weibes ahnen lassen. Das kleine Mädchen ist in der Regel weniger aggressiv, trotzig und selbstgenügsam, es scheint mehr Bedürfnis nach Zärtlichkeit zu haben, die man ihm erweisen soll, darum abhängiger und gefügiger zu sein. Daß es sich leichter und schneller zur Beherrschung der Exkretionen erziehen läßt, ist sehr wahrscheinlich nur die Folge dieser Gefügigkeit; Harn und Stuhl sind ja die ersten Geschenke, die das Kind seinen Pflegepersonen macht, deren Beherrschung die erste Konzession, die sich das kindliche Triebleben abringen läßt. Man empfängt auch den Eindruck, daß das kleine Mädchen intelligenter, lebhafter ist als der gleichaltrige Knabe, es kommt der Außenwelt mehr entgegen, macht zur gleichen Zeit stärkere Objektbesetzungen. Ich weiß nicht, ob dieser Vorsprung der Entwicklung durch exakte Feststellungen erhärtet worden ist, jedenfalls steht es fest, daß das Mädchen nicht intellektuell rückständig genannt werden kann. Aber diese Geschlechtsunterschiede kommen nicht sehr in Betracht, sie können durch individuelle Variationen aufgewogen werden. Für die Absichten, die wir zunächst verfolgen, können wir sie vernachlässigen.

Die frühen Phasen der Libidoentwicklung scheinen beide Geschlechter in gleicher Weise durchzumachen.

Man hätte erwarten können, daß sich beim Mädchen bereits in der sadistisch-analen Phase ein Zurückbleiben der Aggression äußert, aber das trifft nicht ein. Die Analyse des Kinderspiels hat unseren weiblichen Analytikern gezeigt, daß die aggressiven Impulse der kleinen Mädchen an Reichlichkeit und Heftigkeit nichts zu wünschen übriglassen. Mit dem Eintritt in die phallische Phase treten die Unterschiede der Geschlechter vollends gegen die Übereinstimmung zurück. Wir müssen nun anerkennen, das kleine Mädchen sei ein kleiner Mann. Diese Phase ist beim Knaben bekanntlich dadurch ausgezeichnet, daß er sich von seinem kleinen Penis lustvolle Sensationen zu verschaffen weiß und dessen erregten Zustand mit seinen Vorstellungen von sexuellem Verkehr zusammenbringt. Das nämliche tut das Mädchen mit ihrer noch kleineren Klitoris. Es scheint, daß sich bei ihr alle onanistischen Akte an diesem Penisäquivalent abspielen, daß die eigentlich weibliche Vagina noch für beide Geschlechter unentdeckt ist. Vereinzelte Stimmen berichten zwar auch von frühzeitigen vaginalen Sensationen, aber es dürfte nicht leicht sein, solche von analen oder Vorhofsensationen zu unterscheiden; auf keinen Fall können sie eine große Rolle spielen. Wir dürfen daran festhalten, daß in der phallischen Phase des Mädchens die Klitoris die leitende erogene Zone ist. Aber so soll es ja nicht bleiben, mit der Wendung zur Weiblichkeit soll die Klitoris ihre Empfindlichkeit und damit ihre Bedeutung ganz oder teilweise an die Vagina abtreten, und dies wäre die eine der beiden Aufgaben, die von der Entwicklung des Weibes zu lösen sind, während der glücklichere Mann zur Zeit der Geschlechtsreife nur fortzusetzen braucht, was er in der Periode der sexuellen Frühblüte vorgeübt hatte.

Wir werden auf die Rolle der Klitoris noch zurückkommen, wenden uns jetzt zur zweiten Aufgabe, mit der die Entwicklung des Mädchens belastet ist. Das erste Liebesobjekt des Knaben ist die Mutter, sie bleibt es auch in der Formation des Ödipuskomplexes, im Grunde genommen durchs ganze Leben hindurch. Auch fürs Mädchen muß die Mutter – und die mit ihr verschmelzenden Gestalten der Amme, Pflegerin – das erste Objekt sein; die ersten Objektbesetzungen erfolgen ja in der Anlehnung an die Befriedigung der großen und einfachen Lebensbedürfnisse, und die Verhältnisse der Kinderpflege sind für beide Geschlechter die gleichen. In der Ödipussituation ist aber für das Mädchen der Vater das Liebesobjekt geworden, und wir erwarten, daß sie bei normalem Ablauf der Entwicklung vom Vaterobjekt aus den Weg zur endgültigen Objektwahl finden wird. Das Mädchen soll also im Wandel der Zeiten erogene Zone und Objekt tauschen, die beide der Knabe beibehält. Es entsteht dann die Frage, wie geht das vor sich, im besonderen: wie kommt das Mädchen von der Mutter zur Bindung an den Vater, oder mit anderen Worten: aus ihrer männlichen in die ihr biologisch bestimmte weibliche Phase?

Nun wäre es eine Lösung von idealer Einfachheit, wenn wir annehmen dürften, von einem bestimmten Alter an mache sich der elementare Einfluß der gegengeschlechtlichen Anziehung geltend und dränge das kleine Weib zum Mann, während dasselbe Gesetz dem Knaben das Beharren bei der Mutter gestatte. Ja man könnte hinzunehmen, daß die Kinder dabei den Winken folgen, die ihnen die geschlechtliche Bevorzugung der Eltern gibt. Aber so gut sollen wir es nicht haben, wir wissen kaum, ob wir an jene geheimnisvolle, analytisch nicht weiter zersetzbare Macht, von der die Dichter soviel schwärmen, im Ernst glauben dürfen. Wir haben eine Auskunft ganz anderer Art aus mühevollen Untersuchungen gewonnen, für welche wenigstens das Material leicht zu beschaffen war. Sie müssen nämlich wissen, daß die Zahl der Frauen, die bis in späte Zeiten in der zärtlichen Abhängigkeit vom Vaterobjekt, ja noch vom realen Vater verbleiben, eine sehr große ist. An solchen Frauen mit intensiver und lang andauernder Vaterbindung haben wir überraschende Feststellungen gemacht. Wir wußten natürlich, daß es ein Vorstadium von Mutterbindung gegeben hatte, aber wir wußten nicht, daß es so inhaltsreich sein, so lang anhalten, so viel Anlässe zu Fixierungen und Dispositionen hinterlassen könne. Während dieser Zeit ist der Vater nur ein lästiger Rivale; in manchen Fällen überdauert die Mutterbindung das vierte Jahr. Fast alles, was wir später in der Vaterbeziehung finden, war schon in ihr vorhanden und ist nachher auf den Vater übertragen worden. Kurz, wir gewinnen die Überzeugung, daß man das Weib nicht verstehen kann, wenn man nicht diese Phase der *präödipalen Mutterbindung* würdigt.

Nun wollen wir gerne wissen, welches die libidinösen Beziehungen des Mädchens zur Mutter sind. Die Antwort lautet: sie sind sehr mannigfaltig. Da sie durch alle drei Phasen der kindlichen Sexualität gehen, nehmen sie auch die Charaktere der einzelnen Phasen an, drücken sich durch orale, sadistisch-anale und phallische Wünsche aus. Diese Wünsche vertreten sowohl aktive als passive Regungen; wenn man sie auf die später auftretende Differenzierung der Geschlechter bezieht, was man aber möglichst vermeiden soll, kann man sie männliche und weibliche heißen. Sie sind überdies voll ambivalent, ebensowohl zärtlicher als feindselig-aggressiver Natur. Die letzteren kommen oft erst zum Vorschein, nachdem sie in Angstvorstellungen verwandelt worden sind. Es ist nicht immer leicht, die Formulierung dieser frühen Sexualwünsche aufzuzeigen; am deutlichsten drückt sich der Wunsch aus, der Mutter ein Kind zu machen, wie der ihm entsprechende, ihr ein Kind zu gebären, beide der phallischen Zeit angehörig, befremdend genug, aber durch die analytische Beobachtung über jeden Zweifel festgestellt. Der Reiz dieser Untersuchungen liegt in den überraschenden Einzelfunden, die sie uns bringen. So z. B. entdeckt man die Angst, umgebracht oder vergiftet zu werden, die später den Kern einer paranoischen Erkrankung bilden kann, schon in dieser präödipalen Zeit auf die Mutter bezogen. Oder ein anderer Fall: Sie erinnern sich an eine interessante Episode aus der Geschichte der analytischen Forschung, die mir viele peinliche Stunden verursacht hat. In der Zeit, da das Hauptinteresse auf die Aufdeckung sexueller Kindheitstraumen gerichtet war[6], erzählten mir fast alle meine weiblichen Patienten, daß sie vom Vater verführt worden waren. Ich mußte endlich zur Einsicht kommen, daß diese Berichte unwahr seien, und lernte so verstehen, daß die hysterischen Symptome sich von Phantasien, nicht von realen Begebenheiten ableiten. Später erst konnte ich in dieser Phantasie von der Verführung durch den Vater den Ausdruck des typischen Ödipuskomplexes beim Weibe erkennen. Und nun findet man in der präödipalen Vorgeschichte der Mädchen die Verführungsphantasie wieder, aber die Verführerin ist regelmäßig die Mutter. Hier aber berührt die Phantasie den Boden der Wirklichkeit, denn es war wirklich die Mutter, die bei den Verrichtungen der Körperpflege Lustempfindungen am Genitale hervorrufen, vielleicht sogar zuerst erwecken mußte.

Ich erwarte, daß Sie zu dem Verdacht bereit seien, diese Schilderung von der Reichhaltigkeit und der Stärke der sexuellen Beziehungen des kleinen Mädchens zu seiner Mutter sei sehr überzeichnet. Man hat doch Gelegenheit, kleine

---

6 [Freud hat die sogenannte »Verführungstheorie« erstmals in dem Aufsatz *Zur Ätiologie der Hysterie* (Veröffentlichung: Mai/Juni 1896) vertreten, der allerdings auf einem Vortrag vom 21. April 1896 beruhte. Freud schreibt u. a.: »Ich stelle also die Behauptung auf, zugrunde jedes Falles von Hysterie befinden sich – durch die analytische Arbeit reproduzierbar, trotz des Dezennien umfassenden Zeitintervalles – *ein oder mehrere Erlebnisse von vorzeitiger sexueller Erfahrung*, die der frühesten Jugend angehören. Ich halte dies für eine wichtige Enthüllung, für die Auffindung eines *caput Nili* [Quelle des Nils] der Neuropathologie [. . .]. Es scheint mir sicher, daß unsere Kinder weit häufiger sexuellen Angriffen ausgesetzt sind, als man nach der geringen, von den Eltern hierauf verwendeten Fürsorge erwarten sollte[. . .]. In sämtlichen achtzehn Fällen (von reiner Hysterie und Hysterie mit Zwangsvorstellungen kombiniert, sechs Männer und zwölf Frauen) bin ich, wie erwähnt, zur Kenntnis solcher sexueller Erlebnisse des Kindesalters gelangt. Ich kann meine Fälle in drei Gruppen bringen, je nach der Herkunft der sexuellen Reizung. In der ersten Gruppe handelt es sich um Attentate, einmaligen oder doch vereinzelten Mißbrauch meist weiblicher Kinder von seiten erwachsener, fremder Individuen (die dabei groben, mechanischen Insult zu vermeiden verstanden), wobei die Einwilligung der Kinder nicht in Frage kam und als nächste Folge des Erlebnisses der Schreck überwog. Eine zweite Gruppe bilden jene weit zahlreicheren Fälle, in denen eine das Kind wartende erwach-

Mädchen zu sehen, und merkt ihnen nichts dergleichen an. Aber der Einwand trifft nicht zu; man kann genug an den Kindern sehen, wenn man zu beobachten versteht, und überdies wollen Sie bedenken, wie wenig von seinen sexuellen Wünschen das Kind zu vorbewußtem Ausdruck bringen oder gar mitteilen kann. Wir bedienen uns dann nur eines guten Rechts, wenn wir nachträglich die Residuen und Konsequenzen dieser Gefühlswelt an Personen studieren, bei denen diese Entwicklungsvorgänge eine besonders deutliche oder selbst eine übermäßige Ausbildung erreicht hatten. Die Pathologie hat uns ja immer den Dienst geleistet, durch Isolierung und Übertreibung Verhältnisse kenntlich zu machen, die in der Normalität verdeckt geblieben wären. Und da unsere Untersuchungen keineswegs an schwer abnormen Menschen ausgeführt worden sind, meine ich, wir dürfen ihre Ergebnisse für glaubwürdig halten.

Wir werden jetzt unser Interesse auf die eine Frage richten, woran denn diese mächtige Mutterbindung des Mädchens zugrunde geht. Wir wissen, das ist ihr gewöhnliches

---

sene Person – Kindermädchen, Kindsfrau, Gouvernante, Lehrer, leider auch allzu häufig ein naher Verwandter – das Kind in den sexuellen Verkehr einführte und ein – auch nach der seelischen Richtung ausgebildetes – förmliches Liebesverhältnis, oft durch Jahre, mit ihm unterhielt. In die dritte Gruppe endlich gehören die eigentlichen Kinderverhältnisse, sexuelle Beziehungen zwischen zwei Kindern verschiedenen Geschlechtes, zumeist zwischen Geschwistern, die oft über die Pubertät hinaus fortgesetzt werden und die nachhaltigsten Folgen für das betreffende Paar mit sich bringen.« – Ab Mitte 1897 begann Freud an seiner »Verführungstheorie« zu zweifeln, und in der Arbeit *Meine Ansichten über Rolle der Sexualität in der Ätiologie der Neurosen* (vgl. in Band 1 der vorliegenden Ausgabe) sprach er von einem Zufall, der ihm soviel solcher Fälle zugeführt habe. In der *Selbstdarstellung* zog er schließlich das Resümee; er habe schließlich erkennen müssen, »diese Verführungsszenen seien niemals vorgefallen, seien nur Phantasien, die meine Patienten erdichtet, die ich ihnen vielleicht selbst aufgedrängt hatte«. – Freilich ist die Auseinandersetzung um dieses Thema bis heute nicht beendet. Einige Kritiker werfen Freud vor, er sei, durch die Verlegung der Verführungen in die Phantasie, die letztlich zur Konstruktion des Ödipus-Komplexes führte, der realen Erfahrung ausgewichen, und die spätere Psychoanalyse untermauere gewissermaßen theoretisch dieses Ausweichen.]

Schicksal; sie ist dazu bestimmt, der Vaterbindung den Platz zu räumen. Da stoßen wir auf eine Tatsache, die uns den weiteren Weg weist. Es handelt sich bei diesem Schritt in der Entwicklung nicht um einen einfachen Wechsel des Objekts. Die Abwendung von der Mutter geschieht im Zeichen der Feindseligkeit, die Mutterbindung geht in Haß aus. Ein solcher Haß kann sehr auffällig werden und durchs ganze Leben anhalten, er kann später sorgfältig überkompensiert werden, in der Regel wird ein Teil von ihm überwunden, ein anderer Teil bleibt bestehen. Darauf haben die Begebenheiten späterer Jahre natürlich starken Einfluß. Wir beschränken uns aber darauf, ihn zur Zeit der Wendung zum Vater zu studieren und nach seinen Motivierungen zu befragen. Wir hören dann eine lange Liste von Anklagen und Beschwerden gegen die Mutter, die die feindseligen Gefühle des Kindes rechtfertigen sollen, von sehr verschiedenem Wert, deren Würdigung wir nicht unterlassen werden. Manche sind offenkundige Rationalisierungen, die wirklichen Quellen der Feindschaft haben wir zu finden. Ich hoffe, Sie werden Anteil daran nehmen, wenn ich Sie diesmal durch alle Details einer psychoanalytischen Untersuchung führe.

Der Vorwurf gegen die Mutter, der am weitesten zurückgreift, lautet, daß sie dem Kind zu wenig Milch gespendet hat, was ihr als Mangel an Liebe ausgelegt wird. Nun hat dieser Vorwurf in unseren Familien eine gewisse Berechtigung. Die Mütter haben oft nicht genug Nahrung für das Kind und begnügen sich damit, es einige Monate, ein halbes oder dreiviertel Jahre zu säugen. Bei primitiven Völkern werden die Kinder bis zu zwei und drei Jahren an der Mutterbrust genährt. Die Gestalt der nährenden Amme wird in der Regel mit der Mutter verschmolzen; wo dies nicht geschehen ist, wandelt sich der Vorwurf in den anderen, daß sie die Amme, die das Kind so bereitwillig nährte, zu früh weggeschickt hat. Aber was immer der wirkliche Sachverhalt gewesen sein mag, es ist unmöglich, daß der Vorwurf des Kindes so oft berechtigt ist, als man ihm begegnet. Es scheint vielmehr, daß die Gier des Kindes nach seiner ersten Nahrung überhaupt unstillbar ist, daß es den Verlust der Mutterbrust niemals verschmerzt. Ich wäre gar nicht überrascht, wenn die Analyse eines Primitiven, der noch an der Mutterbrust saugen durfte, als er schon laufen und sprechen konnte, denselben Vorwurf zutage fördern würde. Mit der Entziehung der Brust hängt wahrscheinlich auch die Angst vor Vergiftung zusammen. Gift ist die Nahrung, die einen krank macht. Vielleicht führt das Kind auch seine frühen Erkrankungen auf diese Versagung zurück. Es gehört bereits ein gut Stück intellektueller Schulung dazu, um an Zufall zu glauben; der Primitive, der Ungebildete, gewiß auch das Kind, wissen für alles, was geschieht, einen Grund anzugeben. Vielleicht war es ursprünglich ein Motiv im Sinne des Animismus. In manchen Schichten unserer Bevölkerung kann noch heute niemand sterben, der nicht von einem anderen umgebracht worden wäre, am besten vom Doktor. Und die regelmäßige neurotische Reaktion auf den Tod einer nahestehenden Person ist doch die Selbstbeschuldigung, daß man selbst diesen Tod verursacht hat.

Die nächste Anklage gegen die Mutter flammt auf, wenn das nächste Kind in der Kinderstube erscheint. Wenn möglich, hält sie den Zusammenhang mit der oralen Versagung fest. Die Mutter konnte oder wollte dem Kind nicht mehr Milch geben, weil sie die Nahrung für das neu Angekommene brauchte. Im Falle, daß die beiden Kinder so nahe beisammen sind, daß die Laktation durch die zweite Gravidität geschädigt wird, erwirbt ja dieser Vorwurf eine reale Begründung, und merkwürdigerweise ist das Kind auch bei einer Altersdifferenz von nur 11 Monaten nicht zu jung, um den Sachverhalt zur Kenntnis zu nehmen. Aber nicht allein die Milchnahrung mißgönnt das Kind dem unerwünschten Eindringling und Rivalen, sondern ebenso alle anderen Zeichen der mütterlichen Fürsorge. Es fühlt sich entthront, beraubt, in seinen Rechten geschädigt, wirft einen eifersüchtigen Haß auf das Geschwisterchen und entwickelt einen Groll auf die ungetreue Mutter, der sich sehr oft in einer unliebsamen Veränderung seines Benehmens Ausdruck schafft. Es wird etwa »schlimm«, reizbar, unfolgsam und macht seine Erwerbungen in der Beherrschung der Ausscheidungen rückgängig. Das ist alles längst bekannt und wird als selbstverständlich hingenommen, aber wir machen uns selten die richtige Vorstellung von der Stärke dieser eifersüchtigen Regungen, von der Zähigkeit, mit der sie haften bleiben, sowie von der Größe ihres Einflusses auf die spätere Entwicklung. Besonders, da dieser Eifersucht in den späteren Kinderjahren immer neue Nahrung zugeführt wird und die ganze Erschütterung sich bei jedem neuen Geschwisterchen wiederholt. Es ändert auch nicht viel daran, wenn das Kind etwa der bevorzugte Liebling der Mutter bleibt; die Liebesansprüche des Kindes sind unmäßig, fordern Ausschließlichkeit, lassen keine Teilung zu.

Eine reichliche Quelle für die Feindseligkeit des Kindes gegen die Mutter ergeben seine mannigfachen, je nach der Libidophase wechselnden Sexualwünsche, die meist nicht befriedigt werden können. Die stärkste dieser Versagungen ereignet sich in der phallischen Zeit, wenn die Mutter die lustvolle Betätigung am Genitale verbietet – oft unter harten Drohungen und mit allen Zeichen des Unwillens –, zu der sie doch das Kind selbst angeleitet hatte. Man sollte meinen, das wären Motive genug, die Abwendung des Mädchens von der Mutter zu begründen. Man würde dann urteilen, diese Entzweiung folge unvermeidlicherweise aus der Natur der kindlichen Sexualität, aus der Unmäßigkeit der Liebesansprüche und der Unerfüllbarkeit der Sexualwünsche. Ja vielleicht denkt man, diese erste Liebesbeziehung des Kindes sei zum Untergang verurteilt, eben darum, weil sie die erste ist, denn diese frühzeitigen Objektbesetzungen sind regelmäßig im hohen Grade ambivalent; neben der starken Liebe ist immer eine starke Aggressionsneigung vorhanden, und je leidenschaftlicher das Kind sein Objekt liebt, desto empfindlicher wird es gegen Enttäuschungen und Versagungen von dessen Seite. Endlich muß die Liebe der angehäuften Feindseligkeit erliegen. Oder man kann eine solche ursprüngliche Ambivalenz der

Liebesbesetzungen ablehnen und darauf hinweisen, daß es die besondere Natur des Mutter-Kind-Verhältnisses ist, die mit der gleichen Unvermeidlichkeit zur Störung der kindlichen Liebe führt, denn auch die mildeste Erziehung kann nicht anders als Zwang ausüben und Einschränkungen einführen, und jeder solcher Eingriff in seine Freiheit muß beim Kind als Reaktion die Neigung zur Auflehnung und Aggression hervorrufen. Ich meine, die Diskussion dieser Möglichkeiten könnte sehr interessant werden, aber da stellt sich plötzlich ein Einwand ein, der unser Interesse in eine andere Richtung drängt. Alle diese Momente, die Zurücksetzungen, Liebesenttäuschungen, die Eifersucht, die Verführung mit nachfolgendem Verbot, kommen doch auch im Verhältnis des Knaben zur Mutter zur Wirksamkeit und sind doch nicht imstande, ihn dem Mutterobjekt zu entfremden. Wenn wir nicht etwas finden, was für das Mädchen spezifisch ist, beim Knaben nicht oder nicht so vorkommt, haben wir den Ausgang der Mutterbindung beim Mädchen nicht erklärt.

Ich meine, wir haben dies spezifische Moment gefunden, und zwar an erwarteter Stelle, wenn auch in überraschender Form. An erwarteter Stelle, sage ich, denn es liegt im Kastrationskomplex. Der anatomische [Geschlechts]Unterschied muß sich doch in psychischen Folgen ausprägen. Eine Überraschung war es aber, aus den Analysen zu erfahren, daß das Mädchen die Mutter für seinen Penismangel verantwortlich macht und ihr diese Benachteiligung nicht verzeiht.

Sie hören, wir schreiben auch dem Weib einen Kastrationskomplex zu. Mit gutem Grund, aber er kann nicht denselben Inhalt haben wie beim Knaben. Bei diesem entsteht der Kastrationskomplex, nachdem er durch den Anblick eines weiblichen Genitales erfahren hat, daß das von ihm so hoch geschätzte Glied nicht notwendig mit dem Körper beisammen sein muß. Er entsinnt sich dann der Drohungen, die er sich durch seine Beschäftigung mit dem Glied zugezogen, fängt an, ihnen Glauben zu schenken, und gerät von da an unter den Einfluß der *Kastrationsangst*, die der mächtigste Motor seiner weiteren Entwicklung wird. Auch der Kastrationskomplex des Mädchens wird durch den Anblick des anderen Genitales eröffnet. Es merkt sofort den Unterschied und – man muß es zugestehen – auch seine Bedeutung. Es fühlt sich schwer beeinträchtigt, äußert oft, es möchte »auch so etwas haben« und verfällt nun dem *Penisneid*, der unvertilgbare Spuren in seiner Entwicklung und Charakterbildung hinterlassen, auch im günstigsten Fall nicht ohne schweren psychischen Aufwand überwunden werden wird. Daß das Mädchen die Tatsache ihres Penismangels anerkennt, will nicht etwa besagen, daß sie sich ihr leichthin unterwirft. Im Gegenteil, sie hält noch lange an dem Wunsch fest, auch so etwas zu bekommen, glaubt an diese Möglichkeit bis in unwahrscheinlich weite Jahre, und noch zu Zeiten, wenn das Wissen um die Realität die Erfüllung dieses Wunsches längst als unerreichbar beiseite geworfen hat, kann die Analyse nachweisen, daß er im Unbewußten erhalten geblieben ist und eine ansehnliche Energiebesetzung bewahrt hat. Der Wunsch, den ersehnten Penis endlich doch zu bekommen, kann noch seinen Beitrag zu den Motiven leisten, die das gereifte Weib in die Analyse drängen, und was sie verständigerweise von der Analyse erwarten kann, etwa die Fähigkeit, einen intellektuellen Beruf auszuüben, läßt sich oft als eine sublimierte Abwandlung dieses verdrängten Wunsches erkennen.

An der Bedeutsamkeit des Penisneides kann man nicht gut zweifeln. Hören Sie sich als Beispiel männlicher Ungerechtigkeit die Behauptung an, daß Neid und Eifersucht im Seelenleben der Frauen eine noch größere Rolle spielen als bei den Männern. Nicht daß diese Eigenschaften bei Männern vermißt würden oder daß sie bei Frauen keine andere Wurzel hätten als den Penisneid, aber wir sind geneigt, das Mehr bei den Frauen diesem letzteren Einfluß zuzuschreiben. Es hat sich aber bei manchen Analytikern die Neigung ergeben, jenen ersten Schub von Penisneid, in der phallischen Phase, in seiner Bedeutung herabzudrücken. Sie meinen, was man von dieser Einstellung bei der Frau findet, sei der Hauptsache nach eine sekundäre Bildung, die bei Gelegenheit späterer Konflikte durch Regression auf jene frühinfantile Regung zustande gekommen. Nun ist das ein allgemeines Problem der Tiefenpsychologie. Bei vielen pathologischen – oder auch nur ungewöhnlichen – Triebeinstellungen, z. B. bei allen sexuellen Perversionen, fragt es sich, wieviel von deren Stärke den frühinfantilen Fixierungen, wieviel dem Einfluß späterer Erlebnisse und Entwicklungen zuzuteilen ist. Es handelt sich dabei fast immer um Ergänzungsreihen, wie wir sie bei der Erörterung der Neurosenätiologie angenommen haben.[7] Beide Momente teilen sich in wechselndem Ausmaß in die Verursachung; ein Minder auf der einen Seite wird durch ein Mehr auf der anderen wettgemacht. Das Infantile ist in allen Fällen richtunggebend, ausschlaggebend nicht immer, aber doch oftmals. Gerade im Fall des Penisneides möchte ich mit Entschiedenheit für das Übergewicht des infantilen Moments eintreten.

Die Entdeckung seiner Kastration ist ein Wendepunkt in der Entwicklung des Mädchens. Drei Entwicklungsrichtungen gehen von ihr aus; die eine führt zur Sexualhemmung oder zur Neurose, die nächste zur Charakterveränderung im Sinne eines Männlichkeitskomplexes, die letzte endlich zur normalen Weiblichkeit. Über alle drei haben wir ziemlich viel, wenn auch nicht alles erfahren. Der wesentliche Inhalt der ersten ist, daß das kleine Mädchen, welches bisher männlich gelebt hatte, sich durch Erregung seiner Klitoris Lust zu verschaffen wußte und diese Betätigung mit seinen oft aktiven Sexualwünschen, die der Mutter galten, in Beziehung brachte, sich durch den Einfluß des Penisneides den Genuß seiner phallischen Sexualität verderben läßt. Durch den Vergleich mit dem so viel besser ausgestatteten Knaben in seiner Selbstliebe gekränkt, verzichtet es auf die masturbatorische Befriedigung an der Klitoris, verwirft seine Liebe zur Mutter und verdrängt da-

7 [Vgl. die 22. und 23. der *Vorlesungen* in Band 2 der vorliegenden Ausgabe.]

bei nicht selten ein gutes Stück seiner Sexualstrebungen überhaupt. Die Abwendung von der Mutter erfolgt wohl nicht mit einem Schlag, denn das Mädchen hält seine Kastration zuerst für ein individuelles Unglück, erst allmählich dehnt sie dieselbe auf andere weibliche Wesen, endlich auch auf die Mutter aus. Ihre Liebe hatte der *phallischen* Mutter gegolten; mit der Entdeckung, daß die Mutter kastriert ist, wird es möglich, sie als Liebesobjekt fallenzulassen, so daß die lange angesammelten Motive zur Feindseligkeit die Oberhand gewinnen. Das heißt also, daß durch die Entdeckung der Penislosigkeit das Weib dem Mädchen ebenso entwertet wird wie dem Knaben und später vielleicht dem Manne.

Sie wissen alle, welche überragende ätiologische Bedeutung unsere Neurotiker ihrer Onanie einräumen. Sie machen sie für alle ihre Beschwerden verantwortlich, und wir haben große Mühe, sie glauben zu machen, daß sie im Irrtum sind. Aber eigentlich sollten wir ihnen zugestehen, daß sie im Recht sind, denn die Onanie ist die Exekutive der kindlichen Sexualität, an deren Fehlentwicklung sie allerdings leiden. Nun beschuldigen die Neurotiker meist die Onanie der Pubertätszeit; die frühkindliche, auf die es in Wirklichkeit ankommt, haben sie meist vergessen. Ich wollte, ich hätte einmal die Gelegenheit, Ihnen ausführlich darzulegen, wie wichtig alle tatsächlichen Einzelheiten der frühen Onanie für die spätere Neurose oder den Charakter des Einzelnen werden, ob sie entdeckt wurde oder nicht, wie die Eltern sie bekämpften oder zuließen, ob es ihm selbst gelang, sie zu unterdrücken. Das alles hat unvergängliche Spuren in seiner Entwicklung hinterlassen. Aber ich bin vielmehr froh, daß ich dies nicht zu tun brauche; es wäre eine schwere, langwierige Aufgabe, und am Ende würden Sie mich in Verlegenheit bringen, weil Sie ganz gewiß praktische Ratschläge von mir forderten, wie man sich als Elternteil oder als Erzieher gegen die Onanie der kleinen Kinder verhalten soll. In der Entwicklung der Mädchen, die ich Ihnen vorführe, hören Sie nun ein Beispiel dafür, daß das Kind sich selbst um die Befreiung von der Onanie bemüht. Aber es gelingt ihm nicht immer. Wo der Penisneid einen starken Impuls gegen die klitoridische Onanie erweckt hat und diese doch nicht weichen will, entspinnt sich ein heftiger Befreiungskampf, in dem das Mädchen gleichsam die Rolle der jetzt abgesetzten Mutter selbst aufnimmt und seine ganze Unzufriedenheit mit der minderwertigen Klitoris im Widerstreben gegen die Befriedigung an ihr zum Ausdruck bringt. Noch viele Jahre später, wenn die onanistische Betätigung längst unterdrückt ist, setzt sich ein Interesse fort, das wir als Abwehr einer noch immer gefürchteten Versuchung deuten müssen. Es äußert sich im Auftauchen von Sympathie für Personen, denen man ähnliche Schwierigkeiten zumutet, es geht als Motiv in die Eheschließung ein, ja es kann die Wahl des Ehe- oder Liebespartners bestimmen. Die Erledigung der frühkindlichen Masturbation ist wahrlich keine leichte oder gleichgültige Sache.

Mit dem Aufgeben der klitoridischen Masturbation wird auf ein Stück Aktivität verzichtet. Die Passivität hat nun die Oberhand, die Wendung zum Vater wird vorwiegend mit Hilfe passiver Triebregungen vollzogen. Sie erkennen, daß ein solcher Entwicklungsschub, der die phallische Aktivität aus dem Weg räumt, der Weiblichkeit den Boden ebnet. Wenn dabei nicht zuviel durch Verdrängung verlorengeht, kann diese Weiblichkeit normal ausfallen. Der Wunsch, mit dem sich das Mädchen an den Vater wendet, ist wohl ursprünglich der Wunsch nach dem Penis, den ihr die Mutter versagt hat und den sie nun vom Vater erwartet. Die weibliche Situation ist aber erst hergestellt, wenn sich der Wunsch nach dem Penis durch den nach dem Kind ersetzt, das Kind also nach alter symbolischer Äquivalenz an die Stelle des Penis tritt. Es entgeht uns nicht, daß sich das Mädchen schon früher, in der ungestörten phallischen Phase, ein Kind gewünscht hatte; das war ja der Sinn ihres Spieles mit Puppen. Aber dies Spiel war nicht eigentlich der Ausdruck ihrer Weiblichkeit, es diente der Mutteridentifizierung in der Absicht der Ersetzung der Passivität durch Aktivität. Sie spielte die Mutter und die Puppe war sie selbst; nun konnte sie an dem Kind all das tun, was die Mutter an ihr zu tun pflegte. Erst mit dem Einmünden des Peniswunsches wird das Puppenkind ein Kind vom Vater und von da an das stärkste weibliche Wunschziel. Das Glück ist groß, wenn dieser Kinderwunsch später einmal seine reale Erfüllung findet, ganz besonders aber, wenn das Kind ein Knäblein ist, das den ersehnten Penis mitbringt. In der Zusammenstellung »Ein Kind vom Vater« ruht der Akzent häufig genug auf dem Kind und läßt den Vater unbetont. So schimmert der alte männliche Wunsch nach dem Besitz des Penis noch durch die vollendete Weiblichkeit durch. Aber vielleicht sollten wir diesen Peniswunsch eher als einen exquisit weiblichen anerkennen.

Mit der Übertragung des Kind-Penis-Wunsches auf den Vater ist das Mädchen in die Situation des Ödipuskomplexes eingetreten. Die Feindseligkeit gegen die Mutter, die nicht erst neu geschaffen zu werden brauchte, erfährt jetzt eine große Verstärkung, denn sie wird zur Rivalin, die vom Vater all das erhält, was das Mädchen von ihm begehrt. Der Ödipuskomplex des Mädchens hat uns lange den Einblick in dessen präödipale Mutterbindung verhüllt, die doch so wichtig ist und so nachhaltige Fixierungen hinterläßt. Für das Mädchen ist die Ödipussituation der Ausgang einer langen und schwierigen Entwicklung, eine Art vorläufiger Erledigung, eine Ruheposition, die man nicht so bald verläßt, besonders da der Beginn der Latenzzeit nicht fern ist. Und nun fällt uns im Verhältnis des Ödipuskomplexes zum Kastrationskomplex ein Unterschied zwischen den Geschlechtern auf, der wahrscheinlich folgenschwer ist. Der Ödipuskomplex des Knaben, in dem er seine Mutter begehrt und seinen Vater als Rivalen beseitigen möchte, entwickelt sich natürlich aus der Phase seiner phallischen Sexualität. Die Kastrationsdrohung zwingt ihn aber, diese Einstellung aufzugeben. Unter dem Eindruck der Gefahr, den Penis zu verlieren, wird der Ödipuskomplex verlassen, verdrängt, im normalsten Falle gründlich zerstört, und als sein Erbe ein strenges Über-Ich eingesetzt. Was beim Mädchen geschieht, ist beinahe das Gegenteil. Der Kastrationskomplex bereitet den Ödipuskomplex vor anstatt ihn zu zerstören, durch den Einfluß des Penisneides wird das Mädchen aus der Mutterbindung vertrieben und läuft in die Ödipussituation wie in einen Hafen ein. Mit dem Wegfall der Kastrationsangst entfällt das Hauptmotiv, das den Knaben gedrängt hatte, den Ödipuskomplex zu überwinden. Das Mädchen verbleibt in ihm unbestimmt lange, baut ihn nur spät und dann unvollkommen ab. Die Bildung des Über-Ichs muß unter diesen Verhältnissen leiden, es kann nicht die Stärke und die Unabhängigkeit erreichen, die ihm seine kulturelle Bedeutung verleihen und – Feministen hören es nicht gerne, wenn man auf die Auswirkungen dieses Moments für den durchschnittlichen weiblichen Charakter hinweist.

Um nun zurückzugreifen: als die zweite der möglichen Reaktionen nach der Entdeckung der weiblichen Kastration haben wir die Entwicklung eines starken Männlichkeitskomplexes erwähnt. Damit ist gemeint, daß das Mädchen sich gleichsam weigert, die unliebsame Tatsache anzuerkennen, in trotziger Auflehnung seine bisherige Männlichkeit noch übertreibt, an seiner klitoridischen Betätigung festhält und seine Zuflucht zu einer Identifizierung mit der phallischen Mutter oder dem Vater nimmt. Was kann für diesen Ausgang entscheidend sein? Wir können uns nichts anderes vorstellen als einen konstitutionellen Faktor, ein größeres Ausmaß von Aktivität, wie es sonst für das Männchen charakteristisch ist. Das Wesentliche des Vorgangs ist doch, daß an dieser Stelle der Entwicklung der Passivitätsschub vermieden wird, der die Wendung zur Weiblichkeit eröffnet. Als die äußerste Leistung dieses Männlichkeitskomplexes erscheint uns die Beeinflussung der Objektwahl im Sinne einer manifesten Homosexualität. Die analytische Erfahrung lehrt uns zwar, daß die weibliche Homosexualität selten oder nie die infantile Männlichkeit gradlinig fortsetzt. Es scheint dazuzugehören, daß auch solche Mädchen für eine Weile den Vater zum Objekt nehmen und sich in die Ödipussituation begeben. Dann aber werden sie durch die unausbleiblichen

Enttäuschungen am Vater zur Regression auf ihren frühen Männlichkeitskomplex gedrängt. Man darf die Bedeutung dieser Enttäuschungen nicht überschätzen; sie bleiben auch dem zur Weiblichkeit bestimmten Mädchen nicht erspart, ohne den gleichen Erfolg zu haben. Die Übermacht des konstitutionellen Moments scheint unbestreitbar, aber die zwei Phasen in der Entwicklung der weiblichen Homosexualität spiegeln sich sehr schön in den Praktiken der Homosexuellen, die ebenso oft und ebenso deutlich Mutter und Kind miteinander spielen wie Mann und Weib.

Was ich Ihnen da erzählt habe, ist sozusagen die Vorgeschichte des Weibes. Es ist eine Erwerbung der allerletzten Jahre, mag Ihnen als Probe analytischer Kleinarbeit interessant gewesen sein. Da die Frau selbst das Thema ist, gestatte ich mir, diesmal einige Frauen namentlich zu erwähnen, denen diese Untersuchung wichtige Beiträge verdankt. Dr. Ruth Mack Brunswick[8] hat als die erste einen Fall von Neurose beschrieben, der auf eine Fixierung im präödipalen Stadium zurückging und die Ödipussituation überhaupt nicht erreicht hatte. Er hatte die Form einer Eifersuchtsparanoia und erwies sich der Therapie zugänglich. Dr. Jeanne Lampl-de Groot[9] hat die so unglaubwürdige phallische Aktivität des Mädchens gegen die Mutter in gesicherten Beobachtungen festgestellt, Dr. Helene Deutsch[10] gezeigt, daß die Liebesakte homosexueller Frauen die Mutter-Kind-Beziehungen reproduzieren.

Das weitere Verhalten der Weiblichkeit durch die Pubertät bis in die Zeit der Reife zu verfolgen, liegt nicht in meiner Absicht. Unsere Einsichten wären auch unzureichend dafür. Einige Züge werde ich im nachfolgenden zusammenstellen. An die Vorgeschichte anknüpfend, will ich-

---

8 [R. Mack Brunswick, *Die Analyse eines Eifersuchtswahnes,* in: Int. Z. Psychoanal., 1928, Bd. 14.]

9 [J. Lampl-de Groot, *Zur Entwicklungsgeschichte des Ödipuskomplexes der Frau,* in: Int. Z. Psychoanal., 1927, Bd. 13.]

10 [H. Deutsch, *Über die weibliche Homosexualität,* in: Int. Z. Psychoanal., 1932, Bd. 18.]

hier nur hervorheben, daß die Entfaltung der Weiblichkeit der Störung durch die Resterscheinungen der männlichen Vorzeit ausgesetzt bleibt. Regressionen zu den Fixierungen jener präödipalen Phasen ereignen sich sehr häufig; in manchen Lebensläufen kommt es zu einem wiederholten Alternieren von Zeiten, in denen die Männlichkeit oder die Weiblichkeit die Oberhand gewonnen hat. Ein Stück dessen, was wir Männer das »Rätsel des Weibes« heißen, leitet sich vielleicht von diesem Ausdruck der Bisexualität im weiblichen Leben ab. Aber eine andere Frage scheint während dieser Untersuchungen spruchreif geworden zu sein. Wir haben die Triebkraft des Sexuallebens Libido genannt. Das Sexualleben wird von der Polarität Männlich-Weiblich beherrscht; also liegt es nahe, das Verhältnis der Libido zu diesem Gegensatz ins Auge zu fassen. Es wäre nicht überraschend, wenn sich herausstellte, daß jeder Sexualität ihre besondere Libido zugeordnet wäre, so daß eine Art von Libido die Ziele des männlichen, eine andere die des weiblichen Sexuallebens verfolgen würde. Aber nichts dergleichen ist der Fall. Es gibt nur eine Libido, die in den Dienst der männlichen wie der weiblichen Sexualfunktion gestellt wird. Wir können ihr selbst kein Geschlecht geben; wenn wir sie nach der konventionellen Gleichstellung von Aktivität und Männlichkeit selbst männlich heißen wollen, dürfen wir nicht vergessen, daß sie auch Strebungen mit passiven Zielen vertritt. Immerhin, die Zusammenstellung »weibliche Libido« läßt jede Rechtfertigung vermissen. Es ist dann unser Eindruck, daß der Libido mehr Zwang angetan wurde, wenn sie in den Dienst der weiblichen Funktion gepreßt ist, und daß – um teleologisch zu reden – die Natur ihren Ansprüchen [d. h. denjenigen dieser Funktion] weniger sorgfältig Rechnung trägt als im Falle der Männlichkeit. Und das mag – wiederum teleologisch gedacht – seinen Grund darin haben, daß die Durchsetzung des biologischen Ziels der Aggression des Mannes anvertraut und von der Zustimmung des Weibes einigermaßen unabhängig gemacht worden ist.

Die sexuelle Frigidität des Weibes, deren Häufigkeit

diese Zurücksetzung zu bestätigen scheint, ist ein erst ungenügend verstandenes Phänomen. Manchmal psychogen und dann der Beeinflussung zugänglich, legt sie in anderen Fällen die Annahme einer konstitutionellen Bedingtheit, selbst den Beitrag eines anatomischen Faktors, nahe.

Ich habe versprochen, Ihnen noch einige psychische Besonderheiten der reifen Weiblichkeit vorzuführen, wie sie uns in der analytischen Beobachtung entgegentreten. Mehr als durchschnittlichen Wahrheitswert nehmen wir für diese Behauptungen nicht in Anspruch; auch ist es nicht immer leicht auseinanderzuhalten, was dem Einfluß der Sexualfunktion und was der sozialen Züchtung zuzuschreiben ist. Wir schreiben also der Weiblichkeit ein höheres Maß von Narzißmus zu, das noch ihre Objektwahl beeinflußt, so daß geliebt zu werden dem Weib ein stärkeres Bedürfnis ist als zu lieben. An der körperlichen Eitelkeit des Weibes ist noch die Wirkung des Penisneides mitbeteiligt, da sie ihre Reize als späte Entschädigung für die ursprüngliche sexuelle Minderwertigkeit um so höher einschätzen muß.[11] Der Scham, die als eine exquisit weibliche Eigenschaft gilt, aber weit mehr konventionell ist, als man denken sollte, schreiben wir die ursprüngliche Absicht zu, den Defekt des Genitales zu verdecken. Wir vergessen nicht, daß sie späterhin andere Funktionen übernommen hat. Man meint, daß die Frauen zu den Entdeckungen und Erfindungen der Kulturgeschichte wenig Beiträge geleistet haben, aber vielleicht haben sie doch eine Technik erfunden, die des Flechtens und Webens. Wenn dem so ist, so wäre man versucht, das unbewußte Motiv dieser Leistung zu erraten. Die Natur selbst hätte das Vorbild für diese Nachahmung gegeben, indem sie mit der Geschlechtsreife die Genitalbehaarung wachsen ließ, die das Genitale verhüllt. Der Schritt, der dann noch zu tun war, bestand darin, die Fasern aneinander haften zu machen, die am Körper in der Haut staken und nur miteinander verfilzt waren. Wenn Sie diesen Ein-

11 [Vgl. *Zur Einführung des Narzißmus*, gegen Ende von Abschnitt II; in Band 1 der vorliegenden Ausgabe.]

fall als phantastisch zurückweisen und mir den Einfluß des Penismangels auf die Gestaltung der Weiblichkeit als eine fixe Idee anrechnen, bin ich natürlich wehrlos.

Die Bedingungen der Objektwahl des Weibes sind häufig genug durch soziale Verhältnisse unkenntlich gemacht. Wo sie sich frei zeigen darf, erfolgt sie oft nach dem narzißtischen Ideal des Mannes, der zu werden das Mädchen gewünscht hatte. Ist das Mädchen in der Vaterbindung, also im Ödipuskomplex, verblieben, so wählt es nach dem Vatertypus. Da bei der Wendung von der Mutter zum Vater die Feindseligkeit der ambivalenten Gefühlsbeziehung bei der Mutter verblieben ist, sollte eine solche Wahl eine glückliche Ehe versichern. Aber sehr oft tritt der Ausgang ein, der eine solche Erledigung des Ambivalenzkonflikts im allgemeinen bedroht. Die zurückgelassene Feindseligkeit kommt der positiven Bindung nach und greift auf das neue Objekt über. Der Ehemann, der zunächst vom Vater geerbt hatte, tritt mit der Zeit auch das Muttererbe an. So kann es leicht geschehen, daß die zweite Hälfte des Lebens einer Frau von dem Kampf gegen ihren Mann erfüllt wird wie die kürzere erste von der Auflehnung gegen ihre Mutter. Nachdem die Reaktion ausgelebt worden ist, kann sich eine zweite Ehe leicht sehr viel befriedigender gestalten. Eine andere Wandlung im Wesen der Frau, für die die Liebenden nicht vorbereitet sind, mag eintreten, nachdem in der Ehe das erste Kind geboren worden ist. Unter dem Eindruck der eigenen Mutterschaft kann eine Identifizierung mit der eigenen Mutter wiederbelebt werden, gegen die sich das Weib bis zur Ehe gesträubt hatte, und alle verfügbare Libido an sich reißen, so daß der Wiederholungszwang eine unglückliche Ehe der Eltern reproduziert. Daß das alte Moment des Penismangels seine Kraft noch immer nicht eingebüßt hat, zeigt sich in der verschiedenen Reaktion der Mutter auf die Geburt eines Sohnes oder einer Tochter. Nur das Verhältnis zum Sohn bringt der Mutter uneingeschränkte Befriedigung; es ist überhaupt die vollkommenste, am ehesten ambivalenzfreie aller menschlichen Beziehungen. Auf den Sohn kann die Mutter den

Ehrgeiz übertragen, den sie bei sich unterdrücken mußte, von ihm die Befriedigung all dessen erwarten, was ihr von ihrem Männlichkeitskomplex verblieben ist. Selbst die Ehe ist nicht eher versichert, als bis es der Frau gelungen ist, ihren Mann auch zu ihrem Kind zu machen und die Mutter gegen ihn zu agieren.

Die Mutteridentifizierung des Weibes läßt zwei Schichten erkennen, die präödipale, die auf der zärtlichen Bindung an die Mutter beruht und sie zum Vorbild nimmt, und die spätere aus dem Ödipuskomplex, die die Mutter beseitigen und beim Vater ersetzen will. Von beiden bleibt viel für die Zukunft übrig, man hat wohl ein Recht zu sagen, keine wird im Laufe der Entwicklung in ausreichendem Maße überwunden. Aber die Phase der zärtlichen präödipalen Bindung ist die für die Zukunft des Weibes entscheidende; in ihr bereitet sich die Erwerbung jener Eigenschaften vor, mit denen sie später ihrer Rolle in der Sexualfunktion genügen und ihre unschätzbaren sozialen Leistungen bestreiten wird. In dieser Identifizierung gewinnt sie auch die Anziehung für den Mann, die dessen ödipale Mutterbindung zur Verliebtheit entfacht. Nur daß dann so häufig erst der Sohn das erhält, um was er für sich geworben hatte. Man hat den Eindruck, die Liebe des Mannes und die der Frau sind um eine psychologische Phasendifferenz auseinander.

Daß man dem Weib wenig Sinn für Gerechtigkeit zuerkennen muß, hängt wohl mit dem Überwiegen des Neids in ihrem Seelenleben zusammen, denn die Gerechtigkeitsforderung ist eine Verarbeitung des Neids, gibt die Bedingung an, unter der man ihn fahrenlassen kann. Wir sagen auch von den Frauen aus, daß ihre sozialen Interessen schwächer und ihre Fähigkeit zur Triebsublimierung geringer sind als die der Männer. Das erstere leitet sich wohl vom dissozialen Charakter ab, der allen Sexualbeziehungen unzweifelhaft eignet. Liebende finden aneinander Genüge, und noch die Familie widerstrebt der Aufnahme in umfassendere Verbände. Die Eignung zur Sublimierung ist den größten individuellen Schwankungen unterworfen. Hingegen kann ich es nicht unterlassen, einen Eindruck zu erwähnen, den man immer wieder in der analytischen Tätigkeit empfängt. Ein Mann um die Dreißig erscheint als ein jugendliches, eher unfertiges Individuum, von dem wir erwarten, daß es die Möglichkeiten der Entwicklung, die ihm die Analyse eröffnet, kräftig ausnützen wird. Eine Frau um die gleiche Lebenszeit aber erschreckt uns häufig durch ihre psychische Starrheit und Unveränderlichkeit. Ihre Libido hat endgültige Positionen eingenommen und scheint unfähig, sie gegen andere zu verlassen. Wege zu weiterer Entwicklung ergeben sich nicht; es ist, als wäre der ganze Prozeß bereits abgelaufen, bliebe von nun an unbeeinflußbar, ja als hätte die schwierige Entwicklung zur Weiblichkeit die Möglichkeiten der Person erschöpft. Wir beklagen diesen Sachverhalt als Therapeuten, selbst wenn es uns gelingt, dem Leiden durch die Erledigung des neurotischen Konflikts ein Ende zu machen.

Das ist alles, was ich Ihnen über die Weiblichkeit zu sagen hatte. Es ist gewiß unvollständig und fragmentarisch, klingt auch nicht immer freundlich. Vergessen Sie aber nicht, daß wir das Weib nur insofern beschrieben haben, als sein Wesen durch seine Sexualfunktion bestimmt wird. Dieser Einfluß geht freilich sehr weit, aber wir behalten im Auge, daß die einzelne Frau auch sonst ein menschliches Wesen sein mag. Wollen Sie mehr über die Weiblichkeit wissen, so befragen Sie Ihre eigenen Lebenserfahrungen, oder Sie wenden sich an die Dichter, oder Sie warten, bis die Wissenschaft Ihnen tiefere und besser zusammenhängende Auskünfte geben kann.

34. Vorlesung
Aufklärungen, Anwendungen, Orientierungen

Meine Damen und Herren! Darf ich einmal, sozusagen des trockenen Tones statt, über Dinge vor Ihnen reden, die sehr wenig theoretische Bedeutung haben, die Sie aber doch nahe angehen, insoferne Sie der Psychoanalyse freundlich gesinnt sind? Setzen wir z. B. den Fall, daß Sie in Ihren Mußestunden einen deutschen, englischen oder amerikanischen Roman zur Hand nehmen, in dem Sie eine Schilderung der Menschen und der Zustände von heute zu finden erwarten. Nach wenigen Seiten stoßen Sie auf eine erste Äußerung über Psychoanalyse und dann bald auf weitere, auch wenn der Zusammenhang es nicht zu erfordern scheint. Sie müssen nicht meinen, daß es sich dabei um Anwendungen der Tiefenpsychologie zum besseren Verständnis der Personen im Text oder ihrer Taten handelt; es gibt allerdings auch ernsthaftere Dichtungen, in denen das wirklich versucht wird. Nein, es sind meist spöttische Bemerkungen, mit denen der Verfasser des Romans seine Belesenheit oder seine intellektuelle Überlegenheit dartun will. Nicht immer bekommen Sie auch den Eindruck, daß er das wirklich kennt, worüber er sich ausspricht. Oder Sie gehen zu Ihrer Erholung in eine gesellige Vereinigung; es muß nicht gerade in Wien sein. Nach kurzer Zeit geht das Gespräch auf die Psychoanalyse, Sie hören die verschiedensten Leute ihr Urteil abgeben, meist im Tone unbeirrter Sicherheit. Dies Urteil ist ganz gewöhnlich ein geringschätzendes, oft eine Schmähung, zum mindesten wieder eine Spötterei. Wenn Sie so unvorsichtig sind zu verraten, daß Sie etwas von dem Gegenstand verstehen, fallen alle über Sie her, verlangen Auskünfte und Erklärungen und geben Ihnen nach kurzer Zeit die Überzeugung, daß alle diese strengen Urteile vor jeder Information gefällt worden waren, daß kaum einer von diesen Gegnern je ein analytisches Buch zur Hand genommen hat, oder wenn doch, daß er nicht über den ersten Widerstand beim Zusammentreffen mit dem neuen Stoff hinweggekommen ist.

Von einer Einführung in die Psychoanalyse erwarten Sie vielleicht auch eine Anweisung, welche Argumente man zur Richtigstellung der offenkundigen Irrtümer über die Analyse verwenden, welche Bücher man zur besseren Information empfehlen, oder selbst, welche Beispiele aus Ihrer Lektüre oder Erfahrung Sie in der Diskussion anrufen sollen, um die Einstellung der Gesellschaft zu ändern. Ich bitte Sie, tun Sie nichts von alledem. Es wäre unnütz; am besten Sie verbergen überhaupt Ihr besseres Wissen. Wenn das nicht mehr möglich ist, so beschränken Sie sich darauf zu sagen, Sie meinen, soweit Sie orientiert sind, daß die Psychoanalyse ein besonderer Wissenszweig sei, recht schwer zu verstehen und zu beurteilen, daß sie sich mit sehr ernsthaften Dingen beschäftige, so daß man ihr mit ein paar Scherzen nicht nahekomme, und daß man sich für gesellschaftliche Unterhaltungen lieber ein anderes Spielzeug aussuchen solle. Natürlich beteiligen Sie sich auch nicht an Deutungsversuchen, wenn unvorsichtige Leute ihre Träume erzählen, und widerstehen auch der Versuchung, durch Berichte von Heilungen um Gunst für die Analyse zu werben.

Sie können aber die Frage aufwerfen, warum diese Leute, sowohl die Bücher schreiben als die Konversation machen, sich so inkorrekt benehmen, und Sie werden zur Annahme neigen, daß dies nicht nur an den Leuten, sondern auch an der Psychoanalyse liegt. Das meine ich auch; was Ihnen in Literatur und Gesellschaft als Vorurteil entgegentritt, ist die Nachwirkung eines früheren Urteils – nämlich des Urteils, das die Vertreter der offiziellen Wissenschaft über die junge Psychoanalyse gefällt hatten. Ich habe mich schon einmal in einer historischen Darstellung[1] darüber beklagt und werde es nicht wieder tun – vielleicht war schon dies eine Mal zuviel –, aber wirklich, es gab

1 [*Zur Geschichte der psychoanalytischen Bewegung* (1914); der 1. Teil dieser Arbeit steht am Anfang der vorliegenden Ausgabe.]

keine Verletzung der Logik, aber auch keine des Anstandes und guten Geschmacks, die sich die wissenschaftlichen Gegner der Psychoanalyse damals nicht gestattet hätten. Es war eine Situation, wie sie im Mittelalter verwirklicht war, wenn ein Missetäter oder auch nur ein politischer Gegner an den Pranger gestellt und der Mißhandlung durch den Pöbel preisgegeben wurde. Und Sie machen es sich vielleicht nicht klar, wie weit hinauf in unserer Gesellschaft die Pöbelhaftigkeit reicht und welchen Unfug sich die Menschen erlauben, wenn sie sich als Massenbestandteil und der persönlichen Verantwortung überhoben fühlen. Ich war zu Beginn jener Zeiten ziemlich allein, sah bald ein, daß Polemisieren keine Aussicht habe, daß aber auch das Sich-Beklagen und die Anrufung besserer Geister sinnlos sei, da es ja keine Instanzen gäbe, bei denen die Klage anzubringen wäre. Somit ging ich einen anderen Weg; ich machte die erste Anwendung der Psychoanalyse, indem ich mir das Benehmen der Masse als Phänomen desselben Widerstands aufklärte, den ich bei den einzelnen Patienten zu bekämpfen hatte, enthielt mich selbst der Polemik und beeinflußte meine Anhänger, als sie allmählich hinzukamen, nach derselben Richtung. Das Verfahren war gut, der Bann, in den damals die Analyse getan wurde, ist seither aufgehoben worden, aber wie ein verlassener Glaube als Aberglaube fortlebt, eine von der Wissenschaft aufgegebene Theorie als Volksmeinung erhalten bleibt, so setzt sich heute jene ursprüngliche Ächtung der Psychoanalyse durch wissenschaftliche Kreise in der spöttischen Geringschätzung der Bücher schreibenden oder Konversation machenden Laien fort. Darüber werden Sie sich also nicht mehr verwundern.

Nun erwarten Sie aber nicht, die frohe Botschaft zu hören, der Kampf um die Analyse sei zu Ende und habe mit ihrer Anerkennung als Wissenschaft, ihrer Zulassung als Lehrstoff zur Universität geendet. Es ist keine Rede davon, er setzt sich fort, nur in mehr gesitteten Formen. Neu ist auch, daß sich in der wissenschaftlichen Gesellschaft eine Art von Pufferschicht zwischen der Analyse und ihren

Gegnern gebildet hat, Leute, die etwas an der Analyse gelten lassen, es auch unter ergötzlichen Verklausulierungen bekennen, dafür anderes ablehnen, wie sie nicht laut genug verkünden können. Was sie bei dieser Auswahl bestimmt, ist nicht leicht zu erraten. Es scheinen persönliche Sympathien zu sein. Der eine nimmt Anstoß an der Sexualität, der andere am Unbewußten; besonders unbeliebt scheint die Tatsache der Symbolik zu sein. Daß das Gebäude der Psychoanalyse, obwohl unfertig, doch schon heute eine Einheit darstellt, aus der nicht jeder nach seiner Willkür Elemente herausbrechen kann, scheint für diese Eklektiker nicht in Betracht zu kommen. Von keinem dieser Halb- oder Viertelanhänger konnte ich den Eindruck bekommen, daß ihre Ablehnung auf Nachprüfung begründet war. Auch manche hervorragende Männer gehören zu dieser Kategorie. Sie sind freilich entschuldigt durch die Tatsache, daß ihre Zeit wie ihr Interesse anderen Dingen gehören, nämlich jenen, in deren Bewältigung sie so Bedeutendes geleistet haben. Aber sollten sie dann nicht lieber mit ihrem Urteil zurückhalten, anstatt so entschieden Partei zu nehmen? Bei einem dieser Großen gelang mir einmal eine rasche Bekehrung. Es war ein weltberühmter Kritiker, der den geistigen Strömungen der Zeit mit wohlwollendem Verständnis und prophetischem Scharfblick gefolgt war. Ich lernte ihn erst kennen, als er das achtzigste Jahr überschritten hatte, aber er war noch immer bezaubernd im Gespräch. Sie werden leicht erraten, wen ich meine.[2] Ich war es auch nicht, der auf die Psychoanalyse zu reden kam. Er tat es, indem er sich auf die bescheidenste Weise an mir maß. »Ich bin nur ein Literat«, sagte er, »aber Sie sind ein Naturforscher und Entdecker. Aber das eine muß ich Ihnen sagen: ich habe nie sexuelle Gefühle für meine Mutter gehabt.« »Aber das brauchen Sie ja gar nicht gewußt zu haben«, war meine Erwiderung, »das sind ja für den Erwachsenen unbewußte Vorgänge.« »Ach, so meinen Sie

2 [Es war der dänische Gelehrte Georg Brandes (1842–1927), den Freud zeitlebens verehrte.]

das«, sagte er erleichtert und drückte meine Hand. Wir plauderten noch einige Stunden im besten Einvernehmen. Ich hörte später, daß er in dem kurzen Lebensrest, der ihm noch vergönnt war, sich wiederholt freundlich über die Analyse äußerte und gerne das ihm neue Wort »Verdrängung« gebrauchte.

Ein bekannter Spruch mahnt, man soll von seinen Feinden lernen. Ich gestehe, daß mir dies nie gelungen ist, aber ich dachte doch, es könnte für Sie lehrreich werden, wenn ich mit Ihnen eine Musterung aller der Vorwürfe und Einwendungen vornähme, die die Gegner der Psychoanalyse gegen sie erhoben haben, und dann auf die so leicht aufzudeckenden Ungerechtigkeiten und Verstöße gegen die Logik hinwiese. Aber *»on second thoughts«*[3] habe ich mir gesagt, das würde gar nicht interessant, sondern ermüdend und peinlich werden und gerade das sein, was ich in all diesen Jahren sorgfältig vermieden habe. Entschuldigen Sie mich also, wenn ich diesen Weg nicht weiter verfolge und Sie mit den Urteilen unserer sogenannt wissenschaftlichen Gegner verschone. Handelt es sich doch fast immer um Personen, deren einziger Befähigungsnachweis die Unbefangenheit ist, die sie sich durch Fernhaltung von den Erfahrungen der Psychoanalyse bewahrt haben. Aber ich weiß, so leichten Kaufs werden Sie mich nicht in anderen Fällen entlassen. Sie werden mir vorhalten: Es gibt doch soviel Personen, für die Ihre letzte Bemerkung nicht zutrifft. Diese sind der analytischen Erfahrung nicht ausgewichen, haben Patienten analysiert, sind vielleicht selbst analysiert worden, waren sogar eine Zeitlang Ihre Mitarbeiter und sind doch zu anderen Auffassungen und Theorien gekommen, auf Grund deren sie von Ihnen abgefallen sind und selbständige Schulen der Psychoanalyse begründet haben. Über die Möglichkeit und Bedeutung dieser in der Geschichte der Analyse so häufigen Abfallsbewegungen sollten Sie uns Aufklärung geben.

3 [engl. nach nochmaliger Überlegung.]

Ja, ich will es versuchen; in Kürze zwar, denn es kommt dabei weniger für das Verständnis der Analyse heraus, als Sie erwarten mögen. Ich weiß, Sie denken in erster Linie an die Adlersche Individualpsychologie, die z. B. in Amerika als eine gleichberechtigte Nebenlinie unserer Psychoanalyse betrachtet und regelmäßig mit ihr zusammen genannt wird. In Wirklichkeit hat sie sehr wenig mit ihr zu tun, führt aber infolge gewisser historischer Umstände eine Art von parasitärer Existenz auf ihre Kosten. Auf ihren Gründer treffen die Bedingungen, die wir für die Gegner dieser Gruppe angenommen haben, nur in geringem Ausmaß zu. Der Name selbst ist unpassend, scheint ein Produkt der Verlegenheit; wir können uns seine berechtigte Verwendung als Gegensatz zu Massenpsychologie nicht stören lassen; auch was wir treiben ist zumeist und vor allem Psychologie des menschlichen Individuums. In eine objektive Kritik der Adlerschen Individualpsychologie werde ich heute nicht eingehen, sie liegt nicht im Plan dieser Einführung, auch habe ich sie schon einmal versucht und habe wenig Anlaß, etwas an ihr zu ändern.[4] Den Eindruck, den sie hervorruft, will ich aber durch eine kleine Begebenheit in den Jahren vor der Analyse illustrieren.

In der Nähe der mährischen Kleinstadt, in der ich geboren bin und die ich als Kind von drei Jahren verlassen habe, befindet sich ein bescheidener Kurort, schön im Grünen gelegen. In den Gymnasialjahren war ich mehrmals auf Ferien dort. Etwa zwei Jahrzehnte später wurde die Erkrankung einer nahen Verwandten der Anlaß, diesen Ort wiederzusehen. In einer Unterhaltung mit dem Kurarzt, der meiner Verwandten Beistand geleistet hatte, erkundigte ich mich auch nach seinen Beziehungen zu den – ich glaube – slowakischen Bauern, die im Winter seine einzige Klientel bildeten. Er erzählte, die ärztliche Tätigkeit spiele sich in folgender Weise ab: Zur Stunde seiner Ordi-

4 [Freuds ausführlichste Kritik an Adlers Anschauungen steht im 3. Teil seiner *Geschichte der psychoanalytischen Bewegung* (1914).]

nation kommen die Patienten in sein Zimmer und stellen sich in einer Reihe auf. Einer nach dem anderen tritt dann hervor und klagt über seine Beschwerden. Er hat Kreuzschmerzen oder Magenkrämpfe oder Müdigkeit in den Beinen usw. Dann untersucht er ihn, und nachdem er sich orientiert hat, ruft er ihm die Diagnose zu, in jedem Fall die nämliche. Er übersetzte mir das Wort, es heiße soviel wie »verhext«. Ich fragte erstaunt, ob die Bauern denn keinen Anstoß daran nehmen, daß er bei allen Kranken denselben Befund habe. »O nein«, erwiderte er, »sie sind sehr zufrieden damit, es ist das, was sie erwartet haben. Jeder, der in die Reihe zurücktritt, deutet den anderen durch Mienen und Gebärden: ›Ja, das ist einer, der's versteht.‹« Wenig ahnte ich damals, unter welchen Verhältnissen ich einer analogen Situation wieder begegnen würde.

Ob nämlich einer ein Homosexueller ist oder ein Nekrophile, ein verängstigter Hysteriker, ein abgesperrter Zwangsneurotiker oder ein tobender Wahnsinniger, in jedem Fall wird der Individualpsychologe Adlerscher Richtung als das treibende Motiv seines Zustandes angeben, daß er sich zur Geltung bringen, seine Minderwertigkeit überkompensieren, oben bleiben, von der weiblichen auf die männliche Linie gelangen will. Etwas ganz Ähnliches hatten wir als junge Studenten auf der Klinik gehört, wenn einmal ein Fall von Hysterie vorgestellt wurde: Die Hysterischen erzeugen ihre Symptome, um sich interessant zu machen, die Aufmerksamkeit auf sich zu ziehen. Wie doch alte Weisheiten immer wiederkehren! Aber dieses Stückchen Psychologie schien uns schon damals die Rätsel der Hysterie nicht zu decken, es ließ z. B. unerklärt, warum die Kranken sich keiner anderen Mittel zur Erreichung ihrer Absicht bedienen. Etwas an dieser Lehre der Individualpsychologen muß natürlich richtig sein, ein Partikelchen für das Ganze. Der Selbsterhaltungstrieb wird versuchen, sich jede Situation zunutze zu machen, das Ich wird auch das Kranksein zum Vorteil wenden wollen. Man nennt das in der Psychoanalyse den »sekundären Krankheitsgewinn«[5].

Freilich, wenn man an die Tatsachen des Masochismus denkt, des unbewußten Strafbedürfnisses und der neurotischen Selbstschädigung, die die Annahme von Triebregungen nahelegen, welche der Selbsterhaltung zuwiderlaufen, wird man auch an der Allgemeingültigkeit jener banalen Wahrheit irre, auf der das Lehrgebäude der Individualpsychologie erbaut ist. Aber der großen Menge muß eine solche Lehre hoch willkommen sein, die keine Komplikationen anerkennt, keine neuen, schwer faßbaren Begriffe einführt, vom Unbewußten nichts weiß, das auf allen lastende Problem der Sexualität mit einem Hieb beseitigt, sich auf die Aufdeckung der Schliche beschränkt, mit denen man sich das Leben bequem machen will. Denn die Menge ist selbst bequem, verlangt zur Erklärung nicht mehr als einen Grund, dankt der Wissenschaft nicht für ihre Weitläufigkeiten, will einfache Lösungen haben und Probleme erledigt wissen. Erwägt man, wie sehr die Individualpsychologie diesen Anforderungen entgegenkommt, so kann man die Erinnerung an einem Satz im *Wallenstein* nicht zurückdrängen:

»Wär' der Gedank' nicht so verwünscht gescheidt,
Man wär' versucht, ihn herzlich dumm zu nennen.«[6]

Die Kritik der Fachkreise, so unerbittlich gegen die Psychoanalyse, hat die Individualpsychologie im allgemeinen mit Samthandschuhen angefaßt. Es hat sich zwar in Amerika ereignet, daß einer der angesehensten Psychiater einen Aufsatz gegen Adler veröffentlichte, den er *»Enough«* überschrieb, in dem er seinem Überdruß an dem »Wiederholungszwang« der Individualpsychologen energischen Ausdruck gab. Wenn andere sich weit liebenswürdiger benommen haben, so hat wohl die Gegnerschaft gegen die Analyse viel dazu getan.

5 [Vgl. die 24. der *Vorlesungen* in Band 2 der vorliegenden Ausgabe.]
6 [Schiller, *Die Piccolomini*, II. Akt, 7. Szene.]

Über andere Schulen, die von unserer Psychoanalyse abgezweigt haben, brauche ich nicht viel zu sagen. Daß es geschehen ist, läßt sich weder für noch gegen den Wahrheitsgehalt der Psychoanalyse verwerten. Denken Sie an die starken affektiven Momente, die es Vielen schwer machen, sich einzuordnen oder unterzuordnen, und an die noch größere Schwierigkeit, die der Spruch *quot capita tot sensus*[7] mit Recht betont. Wenn die Meinungsverschiedenheiten ein gewisses Maß überschritten hatten, wurde es das Zweckmäßigste, sich zu trennen und von da an verschiedene Wege zu gehen, besonders wenn die theoretische Differenz eine Änderung des praktischen Handelns zur Folge hatte. Nehmen Sie z. B. an, daß ein Analytiker[8] den Einfluß der persönlichen Vergangenheit geringschätzt und die Verursachung der Neurosen ausschließlich in gegenwärtigen Motiven und auf die Zukunft gerichteten Erwartungen sucht. Dann wird er auch die Analyse der Kindheit vernachlässigen, überhaupt eine andere Technik einschlagen und den Ausfall der Ergebnisse aus der Kindheitsanalyse durch Steigerung seines lehrhaften Einflusses und durch direkte Hinweise auf bestimmte Lebensziele wettmachen müssen. Wir anderen werden dann sagen: Das mag eine Schule der Weisheit sein, ist aber keine Analyse mehr. Oder ein anderer[9] mag zur Einsicht gekommen sein, daß das Angsterlebnis der Geburt den Keim zu allen späteren neurotischen Störungen legt; dann mag es ihm rechtmäßig erscheinen, die Analyse auf die Wirkungen dieses einen Eindrucks einzuschränken und therapeutischen Erfolg von einer drei- bis viermonatigen Behandlung zu versprechen. Sie merken, ich habe zwei Beispiele gewählt, die von diametral entgegengesetzten Voraussetzungen ausgehen. Es ist

7 [Er ist in der von Terenz (*Phormio*, II, 4) abgeleiteten Form bekannter: »Quot homines tot sententiae« (Soviel Köpfe, soviel Sinne).]

8 [Gemeint ist C. G. Jung; zur Sache selbst vgl. die Fußnoten 10 und 22 zum Aufsatz *Zur Geschichte der psychoanalytischen Bewegung* in Band 1 der vorliegenden Ausgabe.]

9 [Gemeint ist Otto Rank, mit dessen Theorie vom Trauma der Geburt sich Freud in der Studie *Hemmung, Symptom und Angst* (vgl. im vorliegenden Band) ausführlich auseinandergesetzt hat.]

ein fast allgemeiner Charakter dieser »Abfallsbewegungen«, daß eine jede sich eines Stücks aus dem Motivenreichtum der Psychoanalyse bemächtigt und sich auf Grund dieser Besitzergreifung selbständig macht, etwa des Machttriebs, des ethischen Konflikts, der Mutter, der Genitalität usw. Wenn es Ihnen scheint, daß solche Sezessionen in der Geschichte der Psychoanalyse heute schon häufiger sind als bei anderen geistigen Bewegungen, so weiß ich nicht, ob ich Ihnen recht geben soll. Wenn es so ist, so muß man die innigen Beziehungen zwischen theoretischen Ansichten und therapeutischem Handeln dafür verantwortlich machen, die in der Psychoanalyse bestehen. Meinungsverschiedenheiten allein würden weit länger ertragen werden. Man liebt es, uns Psychoanalytikern Intoleranz vorzuwerfen. Die einzige Äußerung dieser häßlichen Eigenschaft war eben die Trennung von den Andersdenkenden. Sonst wurde ihnen nichts angetan; im Gegenteile, sie sind auf die Butterseite gefallen, haben es seither besser als vorhin, denn bei ihrem Ausscheiden haben sie sich gewöhnlich von einer der Belastungen frei gemacht, unter denen wir keuchen – vom Odium der kindlichen Sexualität etwa oder von der Lächerlichkeit der Symbolik –, und gelten jetzt der Umwelt als halbwegs ehrlich, was wir, die Zurückgebliebenen, noch immer nicht sind. Auch haben sie sich – bis auf eine bemerkenswerte Ausnahme – selbst ausgeschlossen.[10]

Was für Ansprüche erheben Sie noch im Namen der Toleranz? Daß, wenn jemand eine Meinung geäußert hat, die wir für grundfalsch halten, wir ihm sagen: »Danke Ihnen schön, daß Sie diesen Widerspruch geäußert haben. Sie schützen uns gegen die Gefahr der Selbstgefälligkeit und geben uns Gelegenheit, den Amerikanern zu beweisen,

---

10 [Gemeint ist wahrscheinlich Wilhelm Stekel (1868–1940), der im Oktober 1912 aus der Wiener Psychoanalytischen Vereinigung ausgeschlossen wurde, wobei nach dem Bericht von Ernest Jones *(Das Leben und Werk von Sigmund Freud*, Bd. 2) Stekels Unfähigkeit zur kritischen wissenschaftlichen Arbeit und seine Eitelkeit die entscheidenden Gründe waren, weniger sachliche Meinungsverschiedenheiten.]

daß wir wirklich so ›*broadminded*‹[11] sind, wie sie es immer wünschen. Wir glauben zwar kein Wort von dem, was Sie sagen, aber das macht nichts. Wahrscheinlich haben Sie ebenso recht wie wir. Wer kann denn überhaupt wissen, wer recht hat? Erlauben Sie uns, daß wir trotz der Gegnerschaft Ihre Ansicht in der Literatur vertreten. Wir hoffen, Sie werden die Liebenswürdigkeit haben, sich dafür für unsere einzusetzen, die Sie verwerfen.« Dies wird offenbar in der Zukunft die Gepflogenheit im wissenschaftlichen Betrieb werden, wenn sich der Mißbrauch der Einsteinschen Relativität vollends durchgesetzt hat. Es ist wahr, vorläufig haben wir es noch nicht soweit gebracht. Wir beschränken uns nach alter Manier darauf, nur unsere eigenen Überzeugungen zu vertreten, setzen uns der Gefahr des Irrtums aus, weil man sich dagegen nicht schützen kann, und lehnen ab, was uns widerspricht. Von dem Recht, unsere Meinungen abzuändern, wenn wir glauben, etwas Besseres gefunden zu haben, haben wir in der Psychoanalyse reichlich Gebrauch gemacht.

Es war eine der ersten Anwendungen der Psychoanalyse, daß sie uns die Gegnerschaft verstehen lehrte, die uns die Mitwelt bewies, weil wir Psychoanalyse trieben. Andere Anwendungen, von objektiver Natur, können ein allgemeineres Interesse beanspruchen. Unsere erste Absicht war ja, die Störungen des menschlichen Seelenlebens zu verstehen, weil eine merkwürdige Erfahrung gezeigt hatte, daß hier Verständnis und Heilung beinahe zusammenfallen, daß ein gangbarer Weg von dem einen zum anderen führt. Es war auch lange Zeit die einzige Absicht. Aber dann erkannten wir die nahen Beziehungen, ja die innere Identität zwischen den pathologischen und den sogenannt normalen Vorgängen, die Psychoanalyse wurde zur Tiefenpsychologie, und da nichts, was Menschen schaffen oder treiben, ohne Mithilfe der Psychologie verständlich ist, ergaben sich die Anwendungen der Psychoanalyse auf zahlreiche

11 [nachsichtig, tolerant.]

Wissensgebiete, besonders geisteswissenschaftliche, von selbst, drängten sich auf und forderten Bearbeitung. Leider stießen diese Aufgaben auf Hindernisse, die, in der Sachlage begründet, auch heute noch nicht überwunden sind. Eine solche Anwendung setzt fachliche Kenntnis voraus, die der Analytiker nicht besitzt, während diejenigen, die sie besitzen, die Fachleute, von Analyse nichts wissen und vielleicht nichts wissen wollen. Es hat sich also ergeben, daß die Analytiker als Dilettanten mit mehr oder weniger zureichender Ausrüstung, oft in Eile zusammengerafft, Einfälle in jene Wissensgebiete unternommen haben, wie Mythologie, Kulturgeschichte, Ethnologie, Religionswissenschaft usw. Sie wurden von den dort ansässigen Forschern nicht besser behandelt als Eindringlinge überhaupt, ihre Methoden wie ihre Resultate, soweit sie Aufmerksamkeit fanden, zunächst abgelehnt. Aber diese Verhältnisse sind in stetiger Besserung, auf allen Gebieten wächst die Anzahl der Personen, die Psychoanalyse studieren, um sie in ihrem Spezialfach zu verwerten, als Kolonisten die Pioniere abzulösen. Wir dürfen hier eine reiche Ernte an neuen Einsichten erwarten. Anwendungen der Analyse sind auch immer Bestätigungen derselben. Dort, wo die wissenschaftliche Arbeit von einer praktischen Betätigung weiter entfernt ist, werden wohl auch die unvermeidlichen Meinungskämpfe weniger erbittert ausfallen.

Ich empfinde es als eine starke Versuchung, Sie durch all die Anwendungen der Psychoanalyse auf die Geisteswissenschaften zu führen. Es sind Dinge, wissenswert für jeden Menschen mit geistigen Interessen, und eine Zeitlang nichts von Abnormität und Krankheit zu hören, wäre eine verdiente Erholung. Aber ich muß darauf verzichten, es führte uns wiederum über den Rahmen dieser Vorträge hinaus und, ehrlich gestanden, ich wäre der Aufgabe auch nicht gewachsen. Auf einigen dieser Gebiete habe ich zwar selbst den ersten Schritt getan, aber heute übersehe ich die Fülle nicht mehr und hätte viel zu studieren, um zu bewältigen, was seit meinen Anfängen hinzugekommen ist. Die unter Ihnen, die durch meine Absage enttäuscht sind, mögen sich an unserer Zeitschrift *Imago* schadlos halten, die für die nicht medizinischen Anwendungen der Analyse bestimmt ist.[12]

Nur an einem Thema kann ich nicht so leicht vorbeigehen, nicht weil ich besonders viel davon verstehe oder selbst soviel dazugetan habe. Ganz im Gegenteil, ich habe mich kaum je damit beschäftigt. Aber es ist so überaus wichtig, so reich an Hoffnungen für die Zukunft, vielleicht das Wichtigste von allem, was die Analyse betreibt. Ich meine die Anwendung der Psychoanalyse auf die Pädagogik, die Erziehung der nächsten Generation. Ich freue mich wenigstens sagen zu können, daß meine Tochter Anna Freud sich diese Arbeit zur Lebensaufgabe gesetzt hat, mein Versäumnis auf solche Art wiedergutmacht. Der Weg, der zu dieser Anwendung geführt hat, ist leicht zu übersehen. Wenn wir in der Behandlung eines erwachsenen Neurotikers der Determinierung seiner Symptome nachspürten, wurden wir regelmäßig bis in seine frühe Kindheit zurückgeleitet. Die Kenntnis der späteren Ätiologien reichte weder für das Verständnis noch für die therapeutische Wirkung aus. So wurden wir genötigt, uns mit den psychischen Besonderheiten des Kindesalters bekanntzumachen, und erfuhren eine Menge von Dingen, die anders als durch Analyse nicht zu erfahren waren, konnten auch viele allgemein geglaubte Meinungen über die Kindheit richtigstellen. Wir erkannten, daß den ersten Kinderjahren (etwa bis fünf) aus mehreren Gründen eine besondere Bedeutung zukommt. Erstens, weil sie die Frühblüte der Sexualität enthalten, die für das Sexualleben der Reifezeit entscheidende Anregungen hinterläßt. Zweitens, weil die Eindrücke dieser Zeit auf ein unfertiges und schwaches Ich treffen, auf das sie wie Traumen wirken. Das Ich kann sich der Affektstürme, die sie hervorrufen, nicht anders als durch Verdrängung erwehren und erwirbt solcherart im

12 [Vgl. gegen Schluß der 10. der *Vorlesungen* in Band 2 der vorliegenden Ausgabe.]

Kindesalter alle Dispositionen zu späteren Erkrankungen und Funktionsstörungen. Wir haben verstanden, die Schwierigkeit der Kindheit liegt darin, daß das Kind in einer kurzen Spanne Zeit sich die Resultate einer Kulturentwicklung aneignen soll, die sich über Jahrtausende erstreckt, Triebbeherrschung und soziale Anpassung, wenigstens die ersten Stücke von beiden. Nur einen Teil dieser Veränderung kann es durch seine eigene Entwicklung erreichen, vieles muß ihm von der Erziehung aufgedrängt werden. Wir verwundern uns nicht, wenn das Kind diese Aufgabe oft nur unvollkommen bewältigt. Viele Kinder machen in diesen frühen Zeiten Zustände durch, die man den Neurosen gleichstellen darf, gewiß alle, die späterhin manifest erkranken. Bei manchen Kindern wartet die neurotische Erkrankung nicht die Zeit der Reife ab, sie bricht schon in der Kinderzeit aus und macht Eltern und Ärzten zu schaffen.

Wir haben kein Bedenken getragen, die analytische Therapie bei solchen Kindern anzuwenden, die entweder unzweideutige neurotische Symptome zeigen oder auf dem Weg zu einer ungünstigen Charakterentwicklung waren. Die Besorgnis, dem Kind durch die Analyse zu schaden, der Gegner der Analyse Ausdruck gegeben haben, erwies sich als unbegründet. Unser Gewinn bei diesen Unternehmungen war, daß wir am lebenden Objekt bestätigen konnten, was wir beim Erwachsenen sozusagen aus historischen Dokumenten erschlossen hatten. Aber auch der Gewinn für die Kinder war sehr erfreulich. Es ergab sich, daß das Kind ein sehr günstiges Objekt für die analytische Therapie ist; die Erfolge sind gründliche und halten an. Natürlich muß man die für Erwachsene ausgearbeitete Technik der Behandlung für das Kind weitgehend abändern. Das Kind ist psychologisch ein anderes Objekt als der Erwachsene, es besitzt noch kein Über-Ich, die Methode der freien Assoziation trägt nicht weit, die Übertragung spielt, da die realen Eltern noch vorhanden sind, eine andere Rolle. Die inneren Widerstände, die wir beim Erwachsenen bekämpfen, sind beim Kind zumeist durch äußere Schwierigkeiten ersetzt. Wenn sich die Eltern zu Trägern des Widerstandes machen, wird oft das Ziel der Analyse oder diese selbst gefährdet, daher ist es oft notwendig, mit der Analyse des Kindes ein Stück analytischer Beeinflussung der Eltern zu verbinden. Anderseits werden die unvermeidlichen Abweichungen der Kinderanalyse von der Erwachsener durch den Umstand verringert, daß manche unserer Patienten so viel infantile Charakterzüge bewahrt haben, daß der Analytiker, wiederum in Anpassung an das Objekt, nicht umhin kann, sich bei ihnen gewisser Techniken der Kinderanalyse zu bedienen. Es hat sich von selbst ergeben, daß die Kinderanalyse die Domäne weiblicher Analytiker geworden ist, und dabei wird es wohl bleiben.

Die Einsicht, daß die meisten unserer Kinder in ihrer Entwicklung eine neurotische Phase durchmachen, trägt den Keim einer hygienischen Forderung in sich. Man kann die Frage aufwerfen, ob es nicht zweckmäßig wäre, dem Kind mit einer Analyse zu Hilfe zu kommen, auch wenn es keine Anzeichen von Störung zeigt, als eine Maßregel der Fürsorge für seine Gesundheit, so wie man heute gesunde Kinder gegen Diphtherie impft, ohne abzuwarten, ob sie an Diphtherie erkranken. Die Diskussion dieser Frage hat heute nur ein akademisches Interesse; ich kann mir gestatten, sie vor Ihnen zu erörtern; der großen Menge unserer Zeitgenossen würde schon das Projekt als ein ungeheurer Frevel erscheinen, und bei der Stellung der meisten Elternpersonen zur Analyse muß man derzeit jede Hoffnung auf dessen Durchführung aufgeben. Eine solche Prophylaxe der Nervosität, die wahrscheinlich sehr wirksam sein würde, setzt auch eine ganz andere Verfassung der Gesellschaft voraus. Das Stichwort für die Anwendung der Psychoanalyse auf die Erziehung fällt heute an anderer Stelle. Machen wir uns klar, was die nächste Aufgabe der Erziehung ist. Das Kind soll Triebbeherrschung lernen. Ihm die Freiheit geben, daß es uneingeschränkt allen seinen Impulsen folgt, ist unmöglich Es wäre ein sehr lehrreiches Experiment für Kinderpsychologen, aber die Eltern könnten dabei nicht leben und die Kinder selbst würden zu großem

Schaden kommen, wie es sich zum Teil sofort, zum anderen Teil in späteren Jahren zeigen würde. Die Erziehung muß also hemmen, verbieten, unterdrücken und hat dies auch zu allen Zeiten reichlich besorgt. Aber aus der Analyse haben wir erfahren, daß gerade diese Triebunterdrükkung die Gefahr der neurotischen Erkrankung mit sich bringt. Sie erinnern sich, wir haben eingehend untersucht, auf welchen Wegen dies geschieht.[13] Die Erziehung hat also ihren Weg zu suchen zwischen der Scylla des Gewährenlassens und der Charybdis des Versagens. Wenn die Aufgabe nicht überhaupt unlösbar ist, muß ein Optimum für die Erziehung aufzufinden sein, wie sie am meisten leisten und am wenigsten schaden kann. Es wird sich darum handeln zu entscheiden, wieviel man verbieten darf, zu welchen Zeiten und mit welchen Mitteln. Und dann hat man noch in Rechnung zu setzen, daß die Objekte der erziehlichen Beeinflussung sehr verschiedene konstitutionelle Veranlagungen mitbringen, so daß das nämliche Vorgehen des Erziehers unmöglich für alle Kinder gleich gut sein kann. Die nächste Erwägung lehrt, daß die Erziehung bisher ihre Aufgabe sehr schlecht erfüllt und den Kindern großen Schaden zugefügt hat. Wenn sie das Optimum findet und ihre Aufgabe in idealer Weise löst, dann kann sie hoffen, den einen Faktor in der Ätiologie der Erkrankung, den Einfluß der akzidentellen Kindheitstraumen, auszulöschen. Den anderen, die Macht einer unbotmäßigen Triebkonstitution, kann sie auf keinen Fall beseitigen. Überlegt man nun die schwierigen Aufgaben, die dem Erzieher gestellt sind, die konstitutionelle Eigenart des Kindes zu erkennen, aus kleinen Anzeichen zu erraten, was sich in seinem unfertigen Seelenleben abspielt, ihm das richtige Maß von Liebe zuzuteilen und doch ein wirksames Stück Autorität aufrechtzuhalten, so sagt man sich, die einzig zweckmäßige Vorbereitung für den Beruf des Erziehers ist eine gründliche psychoanalytische Schulung. Am besten ist es, wenn er selbst analysiert worden ist, denn ohne Erfahrung an der

13 [Vgl. insbesondere die 22. und 23. der *Vorlesungen* in Band 2.]

eigenen Person kann man sich die Analyse doch nicht zu eigen machen. Die Analyse der Lehrer und Erzieher scheint eine wirksamere prophylaktische Maßregel als die der Kinder selbst, auch setzen sich ihrer Durchführung geringere Schwierigkeiten entgegen.

Nur nebenbei sei einer indirekten Förderung der Kindererziehung durch die Analyse gedacht, die mit der Zeit zu größerem Einfluß kommen kann. Eltern, die selbst eine Analyse erfahren haben und ihr viel verdanken, darunter die Einsicht in die Fehler ihrer eigenen Erziehung, werden ihre Kinder mit besserem Verständnis behandeln und ihnen vieles ersparen, was ihnen selbst nicht erspart geblieben war. Parallel mit den Bemühungen der Analytiker um die Beeinflussung der Erziehung laufen andere Untersuchungen über die Entstehung und Verhütung der Verwahrlosung und der Kriminalität. Auch hier öffne ich Ihnen nur die Türe und zeige Ihnen die Gemächer dahinter, führe Sie aber nicht hinein. Ich weiß, wenn Ihr Interesse der Psychoanalyse treu bleibt, werden Sie über diese Dinge viel Neues und Wertvolles hören können. Ich mag aber das Thema der Erziehung nicht verlassen, ohne eines bestimmten Gesichtspunktes zu gedenken. Es ist – und gewiß mit Recht – gesagt worden, jede Erziehung sei eine parteiisch gerichtete, strebe an, daß sich das Kind der bestehenden Gesellschaftsordnung einordne, ohne Rücksicht darauf, wie wertvoll oder wie haltbar diese an sich sei. Wenn man von den Mängeln unserer gegenwärtigen sozialen Einrichtungen überzeugt ist, kann man es nicht rechtfertigen, die psychoanalytisch gerichtete Erziehung noch in ihren Dienst zu stellen. Man muß ihr ein anderes, höheres Ziel setzen, das sich von den herrschenden sozialen Anforderungen frei gemacht hat. Ich meine aber, dies Argument ist hier nicht am Platz. Die Forderung geht über die Funktionsberechtigung der Analyse hinaus. Auch der Arzt, der zur Behandlung einer Pneumonie gerufen wird, hat sich nicht darum zu kümmern, ob der Erkrankte ein braver Mann, ein Selbstmörder oder ein Verbrecher ist, ob er verdient am Leben zu bleiben und ob man es ihm wünschen soll. Auch dies andere Ziel, das man der Erziehung setzen will, wird ein parteiisches sein, und es ist nicht Sache des Analytikers, zwischen den Parteien zu entscheiden. Ich sehe ganz ab davon, daß man der Psychoanalyse jeden Einfluß auf die Erziehung verweigern wird, wenn sie sich zu Absichten bekennt, die mit der bestehenden sozialen Ordnung unvereinbar sind. Die psychoanalytische Erziehung nimmt eine ungebetene Verantwortung auf sich, wenn sie sich vorsetzt, ihren Zögling zum Aufrührer zu modeln. Sie hat das ihrige getan, wenn sie ihn möglichst gesund und leistungsfähig entläßt. In ihr selbst sind genug revolutionäre Momente enthalten, um zu versichern, daß der von ihr Erzogene im späteren Leben sich nicht auf die Seite des Rückschritts und der Unterdrückung stellen wird. Ich meine sogar, revolutionäre Kinder sind in keiner Hinsicht wünschenswert.

Meine Damen und Herren! Ich habe noch vor, Ihnen einige Worte über die Psychoanalyse als Therapie zu sagen. Das Theoretische darüber habe ich schon vor 15 Jahren besprochen[14] und kann es heute auch nicht anders formulieren; die Erfahrung dieser Zwischenzeit soll nun auch zu Worte kommen. Sie wissen, die Psychoanalyse ist als Therapie entstanden, sie ist weit darüber hinausgewachsen, hat aber ihren Mutterboden nicht aufgegeben und ist für ihre Vertiefung und Weiterentwicklung immer noch an den Umgang mit Kranken gebunden. Die gehäuften Eindrücke, aus denen wir unsere Theorien entwickeln, können auf andere Weise nicht gewonnen werden. Die Mißerfolge, die wir als Therapeuten erfahren, stellen uns immer wieder neue Aufgaben, die Anforderungen des realen Lebens sind ein wirksamer Schutz gegen das Überwuchern der Spekulation, die wir in unserer Arbeit doch auch nicht entbehren können. Mit welchen Mitteln die Psychoanalyse den Kranken hilft, wenn sie hilft, und auf welchen Wegen, das haben wir schon vor Zeiten erörtert; heute wollen wir fragen, wieviel sie leistet.

---

14 [In der 27. und 28. der *Vorlesungen* (vgl. in Band 2).]

Sie wissen vielleicht, ich war nie ein therapeutischer Enthusiast; es ist keine Gefahr, daß ich diesen Vortrag zu Anpreisungen mißbrauche. Ich sage lieber zuwenig als zuviel. Zur Zeit, als ich noch der einzige Analytiker war, pflegte ich von Personen, die meiner Sache angeblich freundlich gesinnt waren, zu hören: Das ist alles recht schön und geistreich, aber zeigen Sie mir einen Fall, den Sie durch Analyse geheilt haben. Das war eine der vielen Formeln, die einander im Lauf der Zeiten in der Funktion abgelöst haben, die unbequeme Neuheit beiseite zu schieben. Sie ist heute ebenso veraltet wie viele andere – der Stoß von Dankbriefen geheilter Patienten findet sich auch in der Mappe des Analytikers. Dabei macht die Analogie nicht halt. Die Psychoanalyse ist wirklich eine Therapie wie andere auch. Sie hat ihre Triumphe wie ihre Niederlagen, ihre Schwierigkeiten, Einschränkungen, Indikationen. Zu einer gewissen Zeit lautete eine Anklage gegen die Analyse, sie sei als Therapie nicht ernst zu nehmen, denn sie getraue sich nicht, eine Statistik ihrer Erfolge bekanntzugeben. Seither hat das von Dr. Max Eitingon[15] gegründete psychoanalytische Institut in Berlin einen Rechenschaftsbericht über sein erstes Jahrzehnt veröffentlicht. Die Heilerfolge geben weder einen Grund, damit zu prahlen, noch sich ihrer zu schämen. Aber solche Statistiken sind überhaupt nicht lehrreich, das verarbeitete Material ist so heterogen, daß nur sehr große Zahlen etwas besagen würden. Man tut besser, seine Einzelerfahrungen zu befragen. Da möchte ich sagen, ich glaube nicht, daß unsere Heilerfolge es mit denen von Lourdes[16] aufnehmen können. Es gibt soviel mehr Menschen, die an die Wunder der heiligen Jungfrau, als die an die Existenz des Unbewußten glauben. Wenden wir uns zur irdischen Konkurrenz, so haben wir die psycho-

15 [Max Eitingon (1881–1947) schuf 1920 in Berlin eine psychoanalytische Poliklinik.]

16 [Lourdes, eine franz. Kantonstadt in den Pyrenäen, ist einer der berühmtesten katholischen Wallfahrtsorte, seitdem am 11. Februar 1858 der vierzehnjährigen Bernadette Soubirous die Jungfrau Maria erschienen und vier Tage darauf eine wundertätige Quelle entsprungen sein soll.]

analytische Therapie mit den anderen Methoden der Psychotherapie zusammenzustellen. Organische physikalische Behandlungen neurotischer Zustände braucht man heute kaum zu erwähnen. Als psychotherapeutisches Verfahren steht die Analyse nicht im Gegensatz zu den anderen Methoden dieses ärztlichen Spezialfachs; sie entwertet sie nicht, schließt sie nicht aus. Es ginge in der Theorie sehr gut zusammen, daß ein Arzt, der sich Psychotherapeut nennen will, die Analyse neben alle anderen Heilmethoden bei seinen Kranken verwendet, je nach der Eigenart des Falles und der (Gunst oder Ungunst äußerer Verhältnisse. In der Wirklichkeit ist die Technik, die die Spezialisierung der ärztlichen Tätigkeit erzwingt. So mußten sich auch Chirurgie und Orthopädie voneinander sondern. Die psychoanalytische Tätigkeit ist schwierig und anspruchsvoll, sie läßt sich nicht gut handhaben wie die Brille, die man beim Lesen aufsetzt und fürs Spazierengehen ablegt. In der Regel hat die Psychoanalyse den Arzt entweder ganz oder gar nicht. Die Psychotherapeuten, die sich gelegentlich auch der Analyse bedienen, stehen nach meiner Kenntnis nicht auf sicherem analytischen Boden; sie haben nicht die ganze Analyse angenommen, sondern sie verwässert, vielleicht »entgiftet«; man kann sie nicht zu den Analytikern zählen. Ich meine, das ist bedauerlich; aber ein Zusammenwirken in der ärztlichen Tätigkeit eines Analytikers mit einem Psychotherapeuten, der sich auf die anderen Methoden des Fachs beschränkt, wäre durchaus zweckmäßig.

Mit den anderen Verfahren der Psychotherapie verglichen, ist die Psychoanalyse das über jeden Zweifel mächtigste. Es ist auch recht und billig so, sie ist auch das mühevollste und zeitraubendste, man wird sie in leichten Fällen nicht anwenden; man kann mit ihr in geeigneten Fällen Störungen beseitigen, Änderungen hervorrufen, auf die man in voranalytischen Zeiten nicht zu hoffen wagte. Aber sie hat auch ihre sehr fühlbaren Schranken. Der therapeutische Ehrgeiz mancher meiner Anhänger hat sich die größte Mühe gegeben, über diese Hindernisse hinwegzukommen, so daß alle neurotischen Störungen durch die Psychoanalyse heilbar würden. Sie haben versucht, die analytische Arbeit in eine verkürzte Dauer zu zwängen, die Übertragung so zu steigern, daß sie allen Widerständen überlegen wird, andere Arten der Beeinflussung mit ihr zu vereinigen, um die Heilung zu erzwingen. Diese Bemühungen sind gewiß lobenswert, aber ich meine, sie sind vergeblich. Sie bringen auch die Gefahr mit sich, daß man selbst aus der Analyse hinausgedrängt wird und in ein uferloses Experimentieren gerät. Die Erwartung, alles Neurotische heilen zu können, ist mir der Abkunft verdächtig von jenem Laienglauben, daß die Neurosen etwas ganz Überflüssiges sind, was überhaupt kein Recht hat zu existieren. In Wahrheit sind sie schwere, konstitutionell fixierte Affektionen, die sich selten auf einige Ausbrüche beschränken, meist über lange Lebensperioden oder das ganze Leben anhalten. Die analytische Erfahrung, daß man sie weitgehend beeinflussen kann, wenn man sich der historischen Krankheitsanlässe und der akzidentellen Hilfsmomente bemächtigt, hat uns veranlaßt, den konstitutionellen Faktor in der therapeutischen Praxis zu vernachlässigen; wir können ihm ja auch nichts anhaben; in der Theorie sollten wir seiner immer gedenken. Schon die durchgängige Unzugänglichkeit der Psychosen für die analytische Therapie sollte bei deren naher Verwandtschaft mit den Neurosen unsere Ansprüche bei diesen letzteren einschränken. Die therapeutische Wirksamkeit der Psychoanalyse bleibt durch eine Reihe von bedeutsamen und kaum angreifbaren Momenten beengt. Beim Kind, wo man auf die größten Erfolge rechnen könnte, sind es die äußerlichen Schwierigkeiten der Elternsituation, die aber doch zum Kindsein gehören. Beim Erwachsenen sind es in erster Linie zwei Momente, das Maß von psychischer Erstarrung und die Krankheitsform mit allem, was sie an tieferen Bestimmungen deckt. Das erste Moment wird mit Unrecht oft übersehen. So groß die Plastizität des seelischen Lebens und die Möglichkeit der Auffrischung alter Zustände auch ist, es läßt sich nicht alles wieder beleben. Manche Veränderungen scheinen endgültig, entsprechen Narbenbildungen nach abgelaufenen Prozessen. Andere Male empfängt man den Eindruck einer allgemeinen Erstarrung des Seelenlebens; die psychischen Vorgänge, die man sehr wohl auf andere Wege weisen könnte, scheinen unfähig, die alten Wege zu verlassen. Aber vielleicht ist das dasselbe wie vorhin, nur anders gesehen. Gar zu häufig glaubt man zu verspüren, daß es der Therapie nur an der erforderlichen Triebkraft fehlt, um die Änderung durchzusetzen. Eine bestimmte Abhängigkeit, eine gewisse Triebkomponente ist zu stark im Vergleich mit den Gegenkräften, die wir mobil machen können. Ganz allgemein ist es so bei den Psychosen. Wir verstehen sie so weit, daß wir wohl wüßten, wo die Hebel anzusetzen wären, aber sie könnten die Last nicht bewegen. Hier knüpft sogar die Zukunftshoffnung an, daß die Kenntnis der Hormonwirkungen – Sie wissen, was das ist – uns die Mittel leiht, mit den quantitativen Faktoren der Erkrankungen erfolgreich zu ringen, aber heute sind wir davon weit entfernt. Ich verstehe, daß die Unsicherheit in all diesen Verhältnissen einen ständigen Antrieb gibt, die Technik der Analyse und besonders der Übertragung zu vervollkommnen. Besonders der Anfänger in der Analyse wird bei einem Mißerfolg im Zweifel bleiben, ob er die Eigenheiten des Falles oder seine ungeschicke Handhabung des therapeutischen Verfahrens beschuldigen soll. Aber ich sagte schon, ich glaube nicht, daß man durch die Bemühungen nach dieser Richtung viel erreichen kann.

Die andere Einschränkung der analytischen Erfolge wird durch die Krankheitsform gegeben. Sie wissen schon, das Anwendungsgebiet der analytischen Therapie sind die Übertragungsneurosen, Phobien, Hysterien, Zwangsneurosen, außerdem noch Abnormitäten des Charakters, die an Stelle solcher Erkrankungen entwickelt worden sind. Alles, was anders ist, narzißtische, psychotische Zustände, ist mehr oder weniger ungeeignet. Nun wäre es ja durchaus legitim, sich durch sorgfältige Ausschließung solcher Fälle vor Mißerfolgen zu schützen. Die Statistiken der Analyse würden durch diese Vorsicht eine große Aufbesserung erfahren. Ja, aber das hat einen Haken. Unsere Diagnosen erfolgen sehr häufig erst nachträglich, sie sind von der Art wie die Hexenprobe des Schottenkönigs, von der ich bei Victor Hugo gelesen habe. Dieser König behauptete, im Besitz einer unfehlbaren Methode zu sein, um eine Hexe zu erkennen. Er ließ sie in einem Kessel kochenden Wassers abbrühen und kostete dann die Suppe. Danach konnte er sagen: das war eine Hexe, oder: nein, das war keine. Ähnlich ist es bei uns, nur daß wir die Geschädigten sind. Wir können den Patienten, der zur Behandlung, oder ebenso den Kandidaten, der zur Ausbildung kommt, nicht beurteilen, ehe wir ihn durch einige Wochen oder Monate analytisch studiert haben. Wir kaufen tatsächlich die Katze im Sack. Der Patient brachte unbestimmte, allgemeine Beschwerden mit, die eine sichere Diagnose nicht gestatteten. Nach dieser Probezeit mag sich herausstellen, daß es ein ungeeigneter Fall ist. Wir schicken dann den Kandidaten weg, versuchen dann beim Patienten noch eine Weile, ob wir ihn nicht in günstigerem Licht sehen können. Der Patient rächt sich dadurch, daß er die Liste unserer Mißerfolge vergrößert, der abgewiesene Kandidat, wenn er ein Paranoider ist, etwa indem er selbst psychoanalytische Bücher verfaßt. Sie sehen, unsere Vorsicht hat uns nichts genützt.

Ich besorge, diese detaillierten Ausführungen gehen über Ihr Interesse hinaus. Aber noch mehr müßte es mir leid tun, wenn Sie meinen sollten, es sei meine Absicht, Ihre Achtung vor der Psychoanalyse als Therapie herabzusetzen. Vielleicht habe ich es wirklich ungeschickt angefangen; ich wollte nämlich das Gegenteil, die therapeutischen Beschränkungen der Analyse durch den Hinweis auf deren Unvermeidlichkeit entschuldigen. In derselben Absicht wende ich mich zu einem anderen Punkt, zum Vorwurf, daß die analytische Behandlung unverhältnismäßig lange Zeiten in Anspruch nimmt. Darauf ist zu sagen, psychische Veränderungen vollziehen sich eben nur langsam; wenn sie rasch, plötzlich eintreten, ist es ein übles Zeichen. Es ist wahr, die Behandlung einer schwereren Neurose zieht sich leicht über mehrere Jahre, aber legen Sie sich im Fall des Erfolgs die Frage vor, wie lange das Leiden gedauert hätte. Wahrscheinlich ein Dezennium für jedes Jahr Behandlung, das heißt, das Kranksein wäre, wie wir es so oft an unbehandelten Kranken sehen, überhaupt nie erloschen. In manchen Fällen haben wir Grund, eine Analyse nach vielen Jahren wieder aufzunehmen, das Leben hatte auf neue Anlässe neue krankhafte Reaktionen entwickelt, in der Zwischenzeit war unser Patient gesund gewesen. Die erste Analyse hatte eben nicht alle seine pathologischen Dispositionen zum Vorschein gebracht, und es war natürlich, daß die Analyse eingestellt wurde, nachdem der Erfolg erreicht war. Es gibt auch schwer benachteiligte Menschen, die man ihr ganzes Leben über in analytischer Obhut hält und von Zeit zu Zeit wieder in Analyse nimmt, aber diese Personen wären sonst überhaupt nicht existenzfähig, und man muß froh sein, daß man sie mit dieser fraktionierten und rekurrierenden Behandlung aufrecht halten kann. Auch die Analyse von Charakterstörungen nimmt lange Behandlungszeiten in Anspruch, aber sie ist oft erfolgreich, und kennen Sie eine andere Therapie, mit der man diese Aufgabe auch nur in Angriff nehmen könnte? Therapeutischer Ehrgeiz mag sich durch diese Angaben unbefriedigt fühlen, allein wir haben am Beispiel der Tuberkulose und das Lupus gelernt, daß man Erfolg erst haben kann, wenn man die Therapie den Charakteren des Leidens angepaßt hat.

Ich sagte Ihnen, die Psychoanalyse begann als eine Therapie, aber nicht als Therapie wollte ich sie Ihrem Interesse empfehlen, sondern wegen ihres Wahrheitsgehalts, wegen der Aufschlüsse, die sie uns gibt über das, was dem Menschen am nächsten geht, sein eigenes Wesen, und wegen der Zusammenhänge, die sie zwischen den verschiedensten seiner Betätigungen aufdeckt. Als Therapie ist sie eine unter vielen, freilich eine *prima inter pares*[17]. Wenn sie nicht

17 [die erste unter Gleichen (dem Range nach).]

ihren therapeutischen Wert hätte, wäre sie nicht an Kranken gefunden und durch mehr als dreißig Jahre entwickelt worden.[18]

18 [Die abschließende 35. Vorlesung der *Neuen Folge* trägt den Titel »Über eine Weltanschauung«. In ihrem ersten Teil wiederholt Freud im wesentlichen die Argumente, die er bereits in der Studie *Die Zukunft einer Illusion* (vgl. im vorliegenden Band) gegen die Religion entwickelt hat. Im zweiten Teil gedenkt er »noch anderer Weltanschauungen«, die »sich im Gegensatz zur wissenschaftlichen befinden«. Dazu zählt er auch den Marxismus, dem er Sympathie entgegenbringt aus den Erfahrungen der sozialen Armut in den Jahren der Kindheit und Jugend, dem er aber zugleich mit allen kleinbürgerlichen Vorbehalten gegenüber einer revolutionären Veränderung der Gesellschaft entgegentritt: »Die Stärke des Marxismus liegt offenbar nicht in seiner Auffassung der Geschichte und der darauf gegründeten Vorhersage der Zukunft, sondern in dem scharfsinnigen Nachweis des zwingenden Einflusses, den die ökonomischen Verhältnisse der Menschen auf ihre intellektuellen, ethischen und künstlerischen Einstellungen haben.« (Entsprechend seiner auf die Psychologie des Subjekts bezogenen Konzeption meint Freud hier auch viel eher die ökonomische Situation des einzelnen als die Produktionsverhältnisse der jeweiligen Gesellschaftsordnung.) Schließlich schreibt Freud: »Meine Damen und Herren! Lassen Sie mich zum Schluß zusammenfassen, was ich über die Beziehung der Psychoanalyse zur Frage der Weltanschauung zu sagen hatte. Die Psychoanalyse, meine ich, ist unfähig, eine ihr besondere Weltanschauung zu erschaffen. Sie braucht es nicht, sie ist ein Stück Wissenschaft und kann sich der wissenschaftlichen Weltanschauung anschließen. Diese verdient aber kaum den großtönenden Namen, denn sie schaut nicht alles an, sie ist zu unvollendet, erhebt keinen Anspruch auf Geschlossenheit und Systembildung. Das wissenschaftliche Denken ist noch sehr jung unter den Menschen, hat zuviele der großen Probleme noch nicht bewältigen können. Eine auf die Wissenschaft aufgebaute Weltanschauung hat außer der Betonung der realen Außenwelt wesentlich negative Züge, wie die Bescheidung zur Wahrheit, die Ablehnung der Illusionen. Wer von unseren Mitmenschen mit diesem Zustand der Dinge unzufrieden ist, wer zu seiner augenblicklichen Beschwichtigung mehr verlangt, der mag es sich beschaffen, wo er es findet. Wir werden es ihm nicht verübeln, können ihm nicht helfen, aber auch seinetwegen nicht anders denken.«]

Warum Krieg?

Wien, im September 1932

Lieber Herr Einstein!

Als ich hörte, daß Sie die Absicht haben, mich zum Gedankenaustausch über ein Thema aufzufordern, dem Sie Ihr Interesse schenken und das Ihnen auch des Interesses anderer würdig erscheint, stimmte ich bereitwillig zu. Ich erwartete, Sie würden ein Problem an der Grenze des heute Wißbaren wählen, zu dem ein jeder von uns, der Physiker wie der Psycholog, sich seinen besonderen Zugang bahnen könnte, so daß sie sich von verschiedenen Seiten her auf demselben Boden träfen. Sie haben mich dann durch die Fragestellung überrascht, was man tun könne, um das Verhängnis des Krieges von den Menschen abzuwehren. Ich erschrak zunächst unter dem Eindruck meiner – fast hätte ich gesagt: unserer – Inkompetenz, denn das erschien mir als eine praktische Aufgabe, die den Staatsmännern zufällt. Ich verstand dann aber, daß Sie die Frage nicht als Naturforscher und Physiker erhoben haben, sondern als Menschenfreund, der den Anregungen des Völkerbunds gefolgt war, ähnlich wie der Polarforscher Fridtjof Nansen[1] es auf sich genommen hatte, den Hungernden und den heimatlosen Opfern des Weltkrieges Hilfe zu bringen. Ich besann mich auch, daß mir nicht zugemutet wird, praktische Vorschläge zu machen, sondern daß ich nur angeben soll, wie sich das Problem der Kriegsverhütung einer psychologischen Betrachtung darstellt.

Aber auch hierüber haben Sie in Ihrem Schreiben das meiste gesagt. Sie haben mir gleichsam den Wind aus den Segeln genommen, aber ich fahre gern in Ihrem Kielwasser und bescheide mich damit, alles zu bestätigen, was Sie vor-

1 [Der norweg. Polarforscher, Politiker und Diplomat Fridtjof Nansen (1861–1930) wirkte nach dem ersten Weltkrieg für die Heimkehr der Gefangenen aus Sowjetrußland und Deutschland, 1921–1923 organisierte er Hilfsaktionen für die Hungernden an der Wolga, wofür er 1922 den Friedensnobelpreis erhielt. 1927 vertrat er Norwegen im Abrüstungsausschuß des Völkerbundes.]

bringen, indem ich es nach meinem besten Wissen – oder Vermuten – breiter ausführe.

Sie beginnen mit dem Verhältnis von Recht und Macht. Das ist gewiß der richtige Ausgangspunkt für unsere Untersuchung. Darf ich das Wort »Macht« durch das grellere, härtere Wort »Gewalt« ersetzen? Recht und Gewalt sind uns heute Gegensätze. Es ist leicht zu zeigen, daß sich das eine aus dem anderen entwickelt hat, und wenn wir auf die Uranfänge zurückgehen und nachsehen, wie das zuerst geschehen ist, so fällt uns die Lösung des Problems mühelos zu. Entschuldigen Sie mich aber, wenn ich im folgenden allgemein Bekanntes und Anerkanntes erzähle, als ob es neu wäre; der Zusammenhang nötigt mich dazu.

Interessenkonflikte unter den Menschen werden also prinzipiell durch die Anwendung von Gewalt entschieden. So ist es im ganzen Tierreich, von dem der Mensch sich nicht ausschließen sollte; für den Menschen kommen allerdings noch Meinungskonflikte hinzu, die bis zu den höchsten Höhen der Abstraktion reichen und eine andere Technik der Entscheidung zu fordern scheinen. Aber das ist eine spätere Komplikation. Anfänglich, in einer kleinen Menschenhorde[2], entschied die stärkere Muskelkraft darüber, wem etwas gehören oder wessen Wille zur Ausführung gebracht werden sollte. Muskelkraft verstärkt und ersetzt sich bald durch den Gebrauch von Werkzeugen; es siegt, wer die besseren Waffen hat oder sie geschickter verwendet. Mit der Einführung der Waffe beginnt bereits die geistige Überlegenheit die Stelle der rohen Muskelkraft einzunehmen; die Endabsicht des Kampfes bleibt die nämliche, der eine Teil soll durch die Schädigung, die er erfährt, und durch die Lähmung seiner Kräfte gezwungen werden, seinen Anspruch oder Widerspruch aufzugeben. Dies wird am gründlichsten erreicht, wenn die Gewalt den Gegner dauernd beseitigt, also tötet. Es hat zwei Vorteile,

2 [Freud versteht unter »Horde« vergleichsweise *kleine* Gruppen. Vgl. *Totem und Tabu*, vierte Abhandlung, Kapitel 2, Abschnitt b und c (in Band 1 der vorliegenden Ausgabe).]

daß er seine Gegnerschaft nicht ein andermal wieder aufnehmen kann und daß sein Schicksal andere abschreckt, seinem Beispiel zu folgen. Außerdem befriedigt die Tötung des Feindes eine triebhafte Neigung, die später erwähnt werden muß. Der Tötungsabsicht kann sich die Erwägung widersetzen, daß der Feind zu nützlichen Dienstleistungen verwendet werden kann, wenn man ihn eingeschüchtert am Leben läßt. Dann begnügt sich also die Gewalt damit, ihn zu unterwerfen, anstatt ihn zu töten. Es ist der Anfang der Schonung des Feindes, aber der Sieger hat von nun an mit der lauernden Rachsucht des Besiegten zu rechnen, gibt ein Stück seiner eigenen Sicherheit auf.

Das ist also der ursprüngliche Zustand, die Herrschaft der größeren Macht, der rohen oder intellektuell gestützten Gewalt. Wir wissen, dies Regime ist im Laufe der Entwicklung abgeändert worden, es führte ein Weg von der Gewalt zum Recht, aber welcher? Nur ein einziger, meine ich. Er führte über die Tatsache, daß die größere Stärke des einen wettgemacht werden konnte durch die Vereinigung mehrerer Schwachen. *»L'union fait la force.«* Gewalt wird gebrochen durch Einigung, die Macht dieser Geeinigten stellt nun das Recht dar im Gegensatz zur Gewalt des Einzelnen. Wir sehen, das Recht ist die Macht einer Gemeinschaft. Es ist noch immer Gewalt, bereit, sich gegen jeden Einzelnen zu wenden, der sich ihr widersetzt, arbeitet mit denselben Mitteln, verfolgt dieselben Zwecke; der Unterschied liegt wirklich nur darin, daß es nicht mehr die Gewalt eines Einzelnen ist, die sich durchsetzt, sondern die der Gemeinschaft. Aber damit sich dieser Übergang von der Gewalt zum neuen Recht vollziehe, muß eine psychologische Bedingung erfüllt werden. Die Einigung der mehreren muß eine beständige, dauerhafte sein. Stellte sie sich nur zum Zweck der Bekämpfung des einen Übermächtigen her und zerfiele nach seiner Überwältigung, so wäre nichts erreicht. Der nächste, der sich für stärker hält, würde wiederum eine Gewaltherrschaft anstreben, und das Spiel würde sich endlos wiederholen. Die Gemeinschaft muß permanent erhalten werden, sich organisieren, Vorschriften schaffen, die den gefürchteten Auflehnungen vorbeugen, Organe bestimmen, die über die Einhaltung der Vorschriften – Gesetze – wachen und die Ausführung der rechtmäßigen Gewaltakte besorgen. In der Anerkennung einer solchen Interessengemeinschaft stellen sich unter den Mitgliedern einer geeinigten Menschengruppe Gefühlsbindungen her, Gemeinschaftsgefühle, in denen ihre eigentliche Stärke beruht.

Damit, denke ich, ist alles Wesentliche bereits gegeben: die Überwindung der Gewalt durch Übertragung der Macht an eine größere Einheit, die durch Gefühlsbindungen ihrer Mitglieder zusammengehalten wird. Alles Weitere sind Ausführungen und Wiederholungen. Die Verhältnisse sind einfach, solange die Gemeinschaft nur aus einer Anzahl gleich starker Individuen besteht. Die Gesetze dieser Vereinigung bestimmen dann, auf welches Maß von persönlicher Freiheit, seine Kraft als Gewalt anzuwenden, der Einzelne verzichten muß, um ein gesichertes Zusammenleben zu ermöglichen. Aber ein solcher Ruhezustand ist nur theoretisch denkbar, in Wirklichkeit kompliziert sich der Sachverhalt dadurch, daß die Gemeinschaft von Anfang an ungleich mächtige Elemente umfaßt, Männer und Frauen, Eltern und Kinder, und bald infolge von Krieg und Unterwerfung Siegreiche und Besiegte, die sich in Herren und Sklaven umsetzen. Das Recht der Gemeinschaft wird dann zum Ausdruck der ungleichen Machtverhältnisse in ihrer Mitte, die Gesetze werden von und für die Herrschenden gemacht werden und den Unterworfenen wenig Rechte einräumen. Von da an gibt es in der Gemeinschaft zwei Quellen von Rechtsunruhe, aber auch von Rechtsfortbildung. Erstens die Versuche Einzelner unter den Herren, sich über die für alle gültigen Einschränkungen zu erheben, also von der Rechtsherrschaft auf die Gewaltherrschaft zurückzugreifen, zweitens die ständigen Bestrebungen der Unterdrückten, sich mehr Macht zu verschaffen und diese Änderungen im Gesetz anerkannt zu sehen, also im Gegenteil vom ungleichen Recht zum gleichen Recht für alle vorzudringen. Diese letztere Strömung wird besonders bedeutsam werden, wenn sich im Inneren des Gemeinwesens wirklich Verschiebungen der Machtverhältnisse ergeben, wie es infolge mannigfacher historischer Momente geschehen kann. Das Recht kann sich dann allmählich den neuen Machtverhältnissen anpassen, oder, was häufiger geschieht, die herrschende Klasse ist nicht bereit, dieser Änderung Rechnung zu tragen, es kommt zu Auflehnung, Bürgerkrieg, also zur zeitweiligen Aufhebung des Rechts und zu neuen Gewaltproben, nach deren Ausgang eine neue Rechtsordnung eingesetzt wird. Es gibt noch eine andere Quelle der Rechtsänderung, die sich nur in friedlicher Weise äußert, das ist die kulturelle Wandlung der Mitglieder des Gemeinwesens, aber die gehört in einen Zusammenhang, der erst später berücksichtigt werden kann.

Wir sehen also, auch innerhalb eines Gemeinwesens ist die gewaltsame Erledigung von Interessenkonflikten nicht vermieden worden. Aber die Notwendigkeiten und Gemeinsamkeiten, die sich aus dem Zusammenleben auf demselben Boden ableiten, sind einer raschen Beendigung solcher Kämpfe günstig, und die Wahrscheinlichkeit friedlicher Lösungen unter diesen Bedingungen nimmt stetig zu. Ein Blick in die Menschheitsgeschichte zeigt uns aber eine unaufhörliche Reihe von Konflikten zwischen einem Gemeinwesen und einem oder mehreren anderen, zwischen größeren und kleineren Einheiten, Stadtgebieten, Landschaften, Stämmen, Völkern, Reichen, die fast immer durch die Kraftprobe des Krieges entschieden werden. Solche Kriege gehen entweder in Beraubung oder in volle Unterwerfung, Eroberung des einen Teils aus. Man kann die Eroberungskriege nicht einheitlich beurteilen. Manche, wie die der Mongolen und Türken, haben nur Unheil gebracht, andere im Gegenteil zur Umwandlung von Gewalt in Recht beigetragen, indem sie größere Einheiten herstellten, innerhalb deren nun die Möglichkeit der Gewaltanwendung aufgehört hatte und eine neue Rechtsordnung die Konflikte schlichtete. So haben die Eroberungen der Römer den Mittelmeerländern die kostbare *Pax Romana*[3] gegeben. Die Vergrößerungslust der französischen Könige hat ein friedlich geeinigtes, blühendes Frankreich geschaffen. So paradox es klingt, man muß doch zugestehen, der Krieg wäre kein ungeeignetes Mittel zur Herstellung des ersehnten »ewigen« Friedens, weil er imstande ist, jene großen Einheiten zu schaffen, innerhalb deren eine starke Zentralgewalt weitere Kriege unmöglich macht. Aber er taugt doch nicht dazu, denn die Erfolge der Eroberung sind in der Regel nicht dauerhaft; die neu geschaffenen Einheiten zerfallen wieder, meist infolge des mangelnden Zusammenhalts der gewaltsam geeinigten Teile. Und außerdem konnte die Eroberung bisher nur partielle Einigungen, wenn auch von größerem Umfang, schaffen, deren Konflikte die gewaltsame Entscheidung erst recht herausforderten. So ergab sich als die Folge all dieser kriegerischen Anstrengungen nur, daß die Menschheit zahlreiche, ja unaufhörliche Kleinkriege gegen seltene, aber um so mehr verheerende Großkriege eintauschte.

Auf unsere Gegenwart angewendet, ergibt sich das gleiche Resultat, zu dem Sie auf kürzerem Weg gelangt sind. Eine sichere Verhütung der Kriege ist nur möglich, wenn sich die Menschen zur Einsetzung einer Zentralgewalt einigen, welcher der Richtspruch in allen Interessenkonflikten übertragen wird. Hier sind offenbar zwei Forderungen vereinigt, daß eine solche übergeordnete Instanz geschaffen und daß ihr die erforderliche Macht gegeben werde. Das eine allein würde nicht nützen. Nun ist der Völkerbund als solche Instanz gedacht, aber die andere Bedingung ist nicht erfüllt; der Völkerbund hat keine eigene Macht und kann sie nur bekommen, wenn die Mitglieder der neuen Einigung, die einzelnen Staaten, sie ihm abtreten. Dazu scheint aber derzeit wenig Aussicht vorhanden.

3 [Die Bezeichnung Pax Romana (lat. römischer Friede) führte der röm. Philosoph und Dichter Seneca (geb. einige Jahre v. u. Z., gest. 65 u. Z.) ein, und zwar für den befriedeten Herrschaftsbereich des römischen Staates, das Imperium Romanum, sowie die unter seinem Schutz sich entfaltende Kultur. Der Gegensatz war die Welt der Barbaren.]

Man stünde der Institution des Völkerbundes nun ganz ohne Verständnis gegenüber, wenn man nicht wüßte, daß hier ein Versuch vorliegt, der in der Geschichte der Menschheit nicht oft – vielleicht noch nie in diesem Maß – gewagt worden ist. Es ist der Versuch, die Autorität – d. i. den zwingenden Einfluß –, die sonst auf dem Besitz der Macht ruht, durch die Berufung auf bestimmte ideelle Einstellungen zu erwarten. Wir haben gehört, was eine Gemeinschaft zusammenhält, sind zwei Dinge: der Zwang der Gewalt und die Gefühlsbindungen – Identifizierungen heißt man sie technisch – der Mitglieder. Fällt das eine Moment weg, so kann möglicherweise das andere die Gemeinschaft aufrechthalten. Jene Ideen haben natürlich nur dann eine Bedeutung, wenn sie wichtigen Gemeinsamkeiten der Mitglieder Ausdruck geben. Es fragt sich dann, wie stark sie sind. Die Geschichte lehrt, daß sie in der Tat ihre Wirkung geübt haben. Die panhellenische[4] Idee z. B., das Bewußtsein, daß man etwas Besseres sei als die umwohnenden Barbaren, das in den Amphiktyonien, den Orakeln und Festspielen so kräftigen Ausdruck fand, war stark genug, und die Sitten der Kriegsführung unter Griechen zu mildern, aber selbstverständlich nicht imstande, kriegerische Streitigkeiten zwischen den Partikeln des Griechenvolkes zu verhüten, ja nicht einmal, um eine Stadt oder einen Städtebund abzuhalten, sich zum Schaden eines Rivalen mit dem Perserfeind zu verbünden. Ebensowenig hat das christliche Gemeingefühl, das doch mächtig genug war, im Renaissancezeitalter christliche Klein- und Großstaaten daran gehindert, in ihren Kriegen miteinander um die Hilfe des Sultans zu werben. Auch in unserer Zeit gibt es keine Idee, der man eine solche einigende Autorität zumuten könnte. Daß die heute die Völker beherrschenden na-

4 [Panhellenismus hieß das Streben nach Vereinigung aller griech. Stämme in einem großgriech. Staat. Eine Vorstufe dieser nie erreichten Vereinigung waren die Amphiktyonien, die Verbände der Amphiktyonen (griech. Umwohner), kultisch-politische Vereinigungen verschiedener Stämme oder Staaten des alten Griechenland um ein gemeinsames Heiligtum.]

tionalen Ideale zu einer gegenteiligen Wirkung drängen, ist ja allzu deutlich. Es gibt Personen, die vorhersagen, erst das allgemeine Durchdringen der bolschewistischen Denkungsart werde den Kriegen ein Ende machen können, aber von solchem Ziel sind wir heute jedenfalls weit entfernt, und vielleicht wäre es nur nach schrecklichen Bürgerkriegen erreichbar. So scheint es also, daß der Versuch, reale Macht durch die Macht der Ideen zu ersetzen, heute noch zum Fehlschlagen verurteilt ist. Es ist ein Fehler in der Rechnung, wenn man nicht berücksichtigt, daß Recht ursprünglich rohe Gewalt war und noch heute der Stützung durch die Gewalt nicht entbehren kann.

Ich kann nun daran gehen, einen anderen Ihrer Sätze zu glossieren. Sie verwundern sich darüber, daß es so leicht ist, die Menschen für den Krieg zu begeistern, und vermuten, daß etwas in ihnen wirksam ist, ein Trieb zum Hassen und Vernichten, der solcher Verhetzung entgegenkommt. Wiederum kann ich Ihnen nur uneingeschränkt beistimmen. Wir glauben an die Existenz eines solchen Triebes und haben uns gerade in den letzten Jahren bemüht, seine Äußerungen zu studieren. Darf ich Ihnen aus diesem Anlaß ein Stück der Trieblehre vortragen, zu der wir in der Psychoanalyse nach vielem Tasten und Schwanken gekommen sind? Wir nehmen an, daß die Triebe des Menschen nur von zweierlei Art sind, entweder solche, die erhalten und vereinigen wollen – wir heißen sie erotische, ganz im Sinne des Eros im *Symposion* Platos, oder sexuelle mit bewußter Überdehnung des populären Begriffs von Sexualität –, und andere, die zerstören und töten wollen; wir fassen diese als Aggressionstrieb oder Destruktionstrieb zusammen. Sie sehen, das ist eigentlich nur die theoretische Verklärung des weltbekannten Gegensatzes von Lieben und Hassen, der vielleicht zu der Polarität von Anziehung und Abstoßung eine Urbeziehung unterhält, die auf Ihrem Gebiet eine Rolle spielt. Nun lassen Sie uns nicht zu rasch mit den Wertungen von Gut und Böse einsetzen. Der eine dieser Triebe ist ebenso unerläßlich wie der andere, aus dem Zusammen- und Gegeneinanderwirken der beiden gehen die Erscheinungen des Lebens hervor. Nun scheint es, daß kaum jemals ein Trieb der einen Art sich isoliert betätigen kann, er ist immer mit einem gewissen Betrag von der anderen Seite verbunden, wie wir sagen: legiert, der sein Ziel modifiziert oder ihm unter Umständen dessen Erreichung erst möglich macht. So ist z. B. der Selbsterhaltungstrieb gewiß erotischer Natur, aber gerade er bedarf der Verfügung über die Aggression, wenn er seine Absicht durchsetzen soll. Ebenso benötigt der auf Objekte gerichtete Liebestrieb eines Zusatzes vom Bemächtigungstrieb, wenn er seines Objekts überhaupt habhaft werden soll. Die Schwierigkeit, die beiden Triebarten in ihren Äußerungen zu isolieren, hat uns ja so lange in ihrer Erkenntnis behindert.

Wenn Sie mit mir ein Stück weitergehen wollen, so hören Sie, daß die menschlichen Handlungen noch eine Komplikation von anderer Art erkennen lassen. Ganz selten ist die Handlung das Werk einer einzigen Triebregung, die an und für sich bereits aus Eros und Destruktion zusammengesetzt sein muß. In der Regel müssen mehrere in der gleichen Weise aufgebaute Motive zusammentreffen, um die Handlung zu ermöglichen. Einer Ihrer Fachgenossen hat das bereits gewußt, ein Prof. G. Ch. Lichtenberg, der zur Zeit unserer Klassiker in Göttingen Physik lehrte; aber vielleicht war er als Psycholog noch bedeutender denn als Physiker. Er erfand die Motivenrose, indem er sagte: »Die Bewegungsgründe[5], woraus man etwas tut, können so wie die 32 Winde geordnet und ihre Namen auf eine ähnliche Art formiert werden, z. B. Brot – Brot – Ruhm oder Ruhm – Ruhm – Brot.«[6] Wenn also die Menschen zum

5 Wir sagen heute: Beweggründe.

6 [Dieser Aphorismus Georg Christoph Lichtenbergs stammt aus dem *Sudelbuch D*, das 1773–1775 geschrieben wurde. Dort lautet er: »Die Bewegungs-Gründe, woraus man etwas tut, könnten so wie die 32 Winde geordnet werden, und die Namen auf ähnliche Art formiert werden. Brod Brod Ruhm oder Ruhm Ruhm Brod, Furcht, Luft.« Freud zitiert diesen Aphorismus auch in der Studie *Der Witz und seine Beziehung zum Unbewußten* (Kapitel II, Abschnitt 12).]

Krieg aufgefordert werden, so mögen eine ganze Anzahl von Motiven in ihnen zustimmend antworten, edle und gemeine, solche, von denen man laut spricht, und andere, die man beschweigt. Wir haben keinen Anlaß, sie alle bloßzulegen. Die Lust an der Aggression und Destruktion ist gewiß darunter; ungezählte Grausamkeiten der Geschichte und des Alltags bekräftigen ihre Existenz und ihre Stärke. Die Verquickung dieser destruktiven Strebungen mit anderen, erotischen und ideellen, erleichtert natürlich deren Befriedigung. Manchmal haben wir, wenn wir von den Greueltaten der Geschichte hören, den Eindruck, die ideellen Motive hätten den destruktiven Gelüsten nur als Vorwände gedient, andere Male, z. B. bei den Grausamkeiten der heiligen Inquisition, meinen wir, die ideellen Motive hätten sich im Bewußtsein vorgedrängt, die destruktiven ihnen eine unbewußte Verstärkung gebracht. Beides ist möglich.

Ich habe Bedenken, Ihr Interesse zu mißbrauchen, das ja der Kriegsverhütung gilt, nicht unseren Theorien. Doch möchte ich noch einen Augenblick bei unserem Destruktionstrieb verweilen, dessen Beliebtheit keineswegs Schritt hält mit seiner Bedeutung. Mit etwas Aufwand von Spekulation sind wir nämlich zu der Auffassung gelangt, daß dieser Trieb innerhalb jedes lebenden Wesens arbeitet und dann das Bestreben hat, es zum Zerfall zu bringen, das Leben zum Zustand der unbelebten Materie zurückzuführen. Er verdiente in allem Ernst den Namen eines Todestriebes, während die erotischen Triebe die Bestrebungen zum Leben repräsentieren. Der Todestrieb wird zum Destruktionstrieb, indem er mit Hilfe besonderer Organe nach außen, gegen die Objekte, gewendet wird. Das Lebewesen bewahrt sozusagen sein eigenes Leben dadurch, daß es fremdes zerstört. Ein Anteil des Todestriebes verbleibt aber im Innern des Lebewesens tätig, und wir haben versucht, eine ganze Anzahl von normalen und pathologischen Phänomenen von dieser Verinnerlichung des Destruktionstriebes abzuleiten. Wir haben sogar die Ketzerei begangen, die Entstehung unseres Gewissens durch eine solche Wendung der

Aggression nach innen zu erklären. Sie merken, es ist gar nicht so unbedenklich, wenn sich dieser Vorgang in allzu großem Ausmaß vollzieht, es ist direkt ungesund, während die Wendung dieser Triebkräfte zur Destruktion in der Außenwelt das Lebewesen entlastet, wohltuend wirken muß. Das diene zur biologischen Entschuldigung all der häßlichen und gefährlichen Strebungen, gegen die wir ankämpfen. Man muß zugeben, sie sind der Natur näher als unser Widerstand dagegen, für den wir auch noch eine Erklärung finden müssen. Vielleicht haben Sie den Eindruck, unsere Theorien seien eine Art von Mythologie, nicht einmal eine erfreuliche in diesem Fall. Aber läuft nicht jede Naturwissenschaft auf eine solche Art von Mythologie hinaus? Geht es Ihnen heute in der Physik anders?

Aus dem Vorstehenden entnehmen wir für unsere nächsten Zwecke so viel, daß es keine Aussicht hat, die aggressiven Neigungen der Menschen abschaffen zu wollen. Es soll in glücklichen Gegenden der Erde, wo die Natur alles, was der Mensch braucht, überreichlich zur Verfügung stellt, Völkerstämme geben, deren Leben in Sanftmut verläuft, bei denen Zwang und Aggression unbekannt sind. Ich kann es kaum glauben, möchte gern mehr über diese Glücklichen erfahren. Auch die Bolschewisten hoffen, daß sie die menschliche Aggression zum Verschwinden bringen können dadurch, daß sie die Befriedigung der materiellen Bedürfnisse verbürgen und sonst Gleichheit unter den Teilnehmern an der Gemeinschaft herstellen. Ich halte das für eine Illusion. Vorläufig sind sie auf das sorgfältigste bewaffnet und halten ihre Anhänger nicht zum mindesten durch den Haß gegen alle Außenstehenden zusammen. Übrigens handelt es sich, wie Sie selbst bemerken, nicht darum, die menschliche Aggressionsneigung völlig zu beseitigen; man kann versuchen, sie so weit abzulenken, daß sie nicht ihren Ausdruck im Kriege finden muß.

Von unserer mythologischen Trieblehre her finden wir leicht eine Formel für die indirekten Wege zur Bekämpfung des Krieges. Wenn die Bereitwilligkeit zum Krieg ein

Ausfluß des Destruktionstriebs ist, so liegt es nahe, gegen sie den Gegenspieler dieses Triebes, den Eros, anzurufen. Alles, was Gefühlsbindungen unter den Menschen herstellt, muß dem Krieg entgegenwirken. Diese Bindungen können von zweierlei Art sein. Erstens Beziehungen wie zu einem Liebesobjekt, wenn auch ohne sexuelle Ziele. Die Psychoanalyse braucht sich nicht zu schämen, wenn sie hier von Liebe spricht, denn die Religion sagt dasselbe: »Liebe deinen Nächsten wie dich selbst.« Das ist nun leicht gefordert, aber schwer zu erfüllen. Die andere Art von Gefühlsbindung ist die durch Identifizierung. Alles, was bedeutsame Gemeinsamkeiten unter den Menschen herstellt, ruft solche Gemeingefühle, Identifizierungen, hervor. Auf ihnen ruht zum guten Teil der Aufbau der menschlichen Gesellschaft.

Einer Klage von Ihnen über den Mißbrauch der Autorität entnehme ich einen zweiten Wink zu indirekten Bekämpfung der Kriegsneigung. Es ist ein Stück der angeborenen und nicht zu beseitigenden Ungleichheit der Menschen, daß sie in Führer und in Abhängige zerfallen. Die letzteren sind die übergroße Mehrheit, sie bedürfen einer Autorität, welche für sie Entscheidungen fällt, denen sie sich meist bedingungslos unterwerfen. Hier wäre anzuknüpfen, man müßte mehr Sorge als bisher aufwenden, um eine Oberschicht selbständig denkender, der Einschüchterung unzugänglicher, nach Wahrheit ringender Menschen zu erziehen, denen die Lenkung der unselbständigen Massen zufallen würde. Daß die Übergriffe der Staatsgewalten und das Denkverbot der Kirche einer solchen Aufzucht nicht günstig sind, bedarf keines Beweises. Der ideale Zustand wäre natürlich eine Gemeinschaft von Menschen, die ihr Triebleben der Diktatur der Vernunft unterworfen haben. Nichts anderes könnte eine so vollkommene und widerstandsfähige Einigung der Menschen hervorrufen, selbst unter Verzicht auf die Gefühlsbindungen zwischen ihnen. Aber das ist höchst wahrscheinlich eine utopische Hoffnung. Die anderen Wege einer indirekten Verhinderung des Krieges sind gewiß eher gangbar, aber sie versprechen keinen raschen Erfolg. Ungern denkt man an Mühlen, die so langsam mahlen, daß man verhungern könnte, ehe man das Mehl bekommt.

Sie sehen, es kommt nicht viel dabei heraus, wenn man bei dringenden praktischen Aufgaben den weltfremden Theoretiker zu Rate zieht. Besser, man bemüht sich in jedem einzelnen Fall, der Gefahr zu begegnen mit den Mitteln, die eben zur Hand sind. Ich möchte aber noch eine Frage behandeln, die Sie in Ihrem Schreiben nicht aufwerfen und die mich besonders interessiert. Warum empören wir uns so sehr gegen den Krieg, Sie und ich und so viele andere, warum nehmen wir ihn nicht hin wie eine andere der vielen peinlichen Notlagen des Lebens? Er scheint doch naturgemäß, biologisch wohlbegründet, praktisch kaum vermeidbar. Entsetzen Sie sich nicht über meine Fragestellung. Zum Zweck einer Untersuchung darf man vielleicht die Maske einer Überlegenheit vornehmen, über die man in Wirklichkeit nicht verfügt. Die Antwort wird lauten, weil jeder Mensch ein Recht auf sein eigenes Leben hat, weil der Krieg hoffnungsvolle Menschenleben vernichtet, den einzelnen Menschen in Lagen bringt, die ihn entwürdigen, ihn zwingt, andere zu morden, was er nicht will, kostbare materielle Werte, Ergebnis von Menschenarbeit, zerstört und anderes mehr. Auch daß der Krieg in seiner gegenwärtigen Gestaltung keine Gelegenheit mehr gibt, das alte heldische Ideal zu erfüllen, und daß ein zukünftiger Krieg infolge der Vervollkommnung der Zerstörungsmittel die Ausrottung eines oder vielleicht beider Gegner bedeuten würde. Das ist alles wahr und scheint so unbestreitbar, daß man sich nur verwundert, wenn das Kriegführen noch nicht durch allgemeine menschliche Übereinkunft verworfen worden ist. Man kann zwar über einzelne dieser Punkte diskutieren. Es ist fraglich, ob die Gemeinschaft nicht auch ein Recht auf das Leben des Einzelnen haben soll; man kann nicht alle Arten von Krieg in gleichem Maß verdammen; solange es Reiche und Nationen gibt, die zur rücksichtslosen Vernichtung anderer bereit sind, müssen diese anderen zum Krieg gerüstet sein. Aber wir wollen über all das rasch hinweggehen, das ist nicht die Diskussion, zu der Sie mich aufgefordert haben. Ich ziele auf etwas anderes hin; ich glaube, der Hauptgrund, weshalb wir uns gegen den Krieg empören, ist, daß wir nicht anders können. Wir sind Pazifisten, weil wir es aus organischen Gründen sein müssen. Wir haben es dann leicht, unsere Einstellung durch Argumente zu rechtfertigen.

Das ist wohl ohne Erklärung nicht zu verstehen. Ich meine das Folgende: Seit unvordenklichen Zeiten zieht sich über die Menschheit der Prozeß der Kulturentwicklung hin. (Ich weiß, andere heißen ihn lieber: Zivilisation.[7]) Diesem Prozeß verdanken wir das Beste, was wir geworden sind, und ein gut Teil von dem, woran wir leiden. Seine Anlässe und Anfänge sind dunkel, sein Ausgang ungewiß, einige seiner Charaktere leicht ersichtlich. Vielleicht führt er zum Erlöschen der Menschenart, denn er beeinträchtigt die Sexualfunktion in mehr als einer Weise, und schon heute vermehren sich unkultivierte Rassen und zurückgebliebene Schichten der Bevölkerung stärker als hochkultivierte. Vielleicht ist dieser Prozeß mit der Domestikation gewisser Tierarten vergleichbar; ohne Zweifel bringt er körperliche Veränderungen mit sich; man hat sich noch nicht mit der Vorstellung vertraut gemacht, daß die Kulturentwicklung ein solcher organischer Prozeß sei. Die mit dem Kulturprozeß einhergehenden psychischen Veränderungen sind auffällig und unzweideutig. Sie bestehen in einer fortschreitenden Verschiebung der Triebziele und Einschränkung der Triebregungen. Sensationen, die unseren Vorahnen lustvoll waren, sind für uns indifferent oder selbst unleidlich geworden; es hat organische Begründungen, wenn unsere ethischen und ästhetischen Idealforderungen sich geändert haben. Von den psychologischen Charakteren der Kultur scheinen zwei die wichtigsten: die Erstarkung des Intellekts, der das Triebleben zu beherrschen beginnt, und

7 [Vgl. Freuds umfassenden Kommentar dazu in der Studie *Die Zukunft einer Illusion*, Kapitel I, im vorliegenden Band unserer Ausgabe.]

die Verinnerlichung der Aggressionsneigung mit all ihren vorteilhaften und gefährlichen Folgen. Den psychischen Einstellungen, die uns der Kulturprozeß aufnötigt, widerspricht nun der Krieg in der grellsten Weise, darum müssen wir uns gegen ihn empören, wir vertragen ihn einfach nicht mehr, es ist nicht bloß eine intellektuelle und affektive Ablehnung, es ist bei uns Pazifisten eine konstitutionelle Intoleranz, eine Idiosynkrasie gleichsam in äußerster Vergrößerung. Und zwar scheint es, daß die ästhetischen Erniedrigungen des Krieges nicht viel weniger Anteil an unserer Auflehnung haben als seine Grausamkeiten.

Wie lange müssen wir nun warten, bis auch die anderen Pazifisten werden? Es ist nicht zu sagen, aber vielleicht ist es keine utopische Hoffnung, daß der Einfluß dieser beiden Momente, der kulturellen Einstellung und der berechtigten Angst vor den Wirkungen eines Zukunftskrieges, dem Kriegführen in absehbarer Zeit ein Ende setzen wird. Auf welchen Wegen oder Umwegen, können wir nicht erraten. Unterdes dürfen wir uns sagen: Alles, was die Kulturentwicklung fördert, arbeitet auch gegen den Krieg.

Ich grüße Sie herzlich und bitte Sie um Verzeihung, wenn meine Ausführungen Sie enttäuscht haben.

Ihr
Sigm. Freud

Brief an Romain Rolland

Eine Erinnerungsstörung auf der Akropolis

Verehrter Freund!
Dringend aufgefordert, etwas Geschriebenes zur Feier Ihres siebzigsten Geburtstages beizutragen, habe ich mich lange bemüht, etwas zu finden, was Ihrer in irgendeinem Sinne würdig wäre, was meiner Bewunderung Ausdruck geben könnte für Ihre Wahrheitsliebe, Ihren Bekennermut, Ihre Menschenfreundlichkeit und Hilfsbereitschaft. Oder was die Dankbarkeit für den Dichter bezeugen würde, der mir soviel Genuß und Erhebung geschenkt hat. Es war vergeblich; ich bin um ein Jahrzehnt älter als Sie, meine Produktion ist versiegt. Was ich Ihnen schließlich zu bieten habe, ist die Gabe eines Verarmten, der »einst bessere Tage gesehen hat«.

Sie wissen, meine wissenschaftliche Arbeit hatte sich das Ziel gesetzt, ungewöhnliche, abnorme, pathologische Erscheinungen des Seelenlebens aufzuklären, das heißt, sie auf die hinter ihnen wirkenden psychischen Kräfte zurückzuführen und die dabei tätigen Mechanismen aufzuzeigen. Ich versuchte dies zunächst an der eigenen Person, dann auch an anderen und endlich in kühnem Übergriff auch am Menschengeschlecht im ganzen. Ein solches Phänomen, das ich vor einem Menschenalter, im Jahre 1904, an mir erlebt und nie verstanden hatte, tauchte in den letzten Jahren in meiner Erinnerung immer wieder auf; ich wußte zunächst nicht warum. Ich entschloß mich endlich, das kleine Erlebnis zu analysieren, und teile Ihnen hier das Ergebnis dieser Studie mit. Dabei muß ich Sie natürlich bitten, den Angaben aus meinem persönlichen Leben mehr Aufmerksamkeit zu schenken, als sie sonst verdienten.

Eine Erinnerungsstörung auf der Akropolis[1]

Ich pflegte damals alljährlich Ende August oder Anfang September mit meinem jüngeren Bruder eine Ferienreise anzutreten, die mehrere Wochen dauerte und uns nach Rom, irgendeiner Gegend des Landes Italien oder an eine Küste des Mittelmeeres führte. Mein Bruder ist zehn Jahre jünger als ich, also gleichaltrig mit Ihnen – ein Zusammentreffen, das mir erst jetzt auffällt. In diesem Jahr erklärte mein Bruder, seine Geschäfte erlaubten ihm keine längere Abwesenheit, er könnte höchstens eine Woche ausbleiben, wir müßten unsere Reise abkürzen. So beschlossen wir, über Triest nach der Insel Korfu zu fahren und unsere wenigen Urlaubstage dort zu verbringen. In Triest besuchte er einen dort ansässigen Geschäftsfreund, ich begleitete ihn. Der freundliche Mann erkundigte sich auch nach unseren weiteren Absichten, und als er hörte, daß wir nach

1 [Die wesentlichen Details dieser Reise hat Ernest Jones *(Das Leben und Werk von Sigmund Freud,* Bd. 2, S. 38–40) mitgeteilt. Freud verbrachte den Urlaub seit Mitte Juli (1904) mit seiner Familie in Königsee. Am 29. August traf er sich mit seinem Bruder Alexander Freud (1866–1943) in Triest, mit der Absicht, gemeinsam eine Woche auf Korfu zu verbringen. Ein Bekannter riet ihnen ab, da es dort unerträglich heiß sei, und empfahl, am nächsten Morgen den Dampfer nach Athen zu nehmen. »[...] am nächsten Morgen (30. August) um halb zehn befanden sie sich doch auf Deck zu der vierundzwanzigstündigen Fahrt nach Brindisi. Unter den Passagieren befand sich auch Professor Dörpfeld, der Assistent des berühmten Archäologen Schliemann. Freud starrte voller Verehrung auf den Mann, der bei der Entdeckung des alten Troja mitgeholfen hatte; aber er wagte es nicht, ihn anzusprechen. Am Tage darauf machten sie drei Stunden Halt in Korfu[...]. Am nächsten Tag hielt das Schiff in Patras, fuhr weiter zum Piräus, und am 3. September mittags waren sie in Athen. Der erste unvergeßliche und unbeschreibliche Eindruck war der des Theseustempels. Am nächsten Morgen verbrachten sie zwei Stunden auf der Akropolis[...]. In seinem Bericht nach Hause schrieb er, daß das Erlebnis der Akropolis alles bisher Gesehene oder Vorgestellte übertroffen habe[...].« Jones schildert anschließend Freuds Entfremdungserlebnis auf der Akropolis und schließt dann: »Den ganzen nächsten Tag verbrachte Freud wieder auf der Akropolis. Am 6. September morgens verließen sie Athen, fuhren mit dem Zug nach Korinth, von da durch die Straße von Korinth nach Patras, wo sie das Schiff erreichten, das am gleichen Abend um zehn Uhr abfuhr. Dann ging es über Triest heimwärts.«]

Korfu wollten, riet er uns dringend ab. »Was wollen Sie um diese Zeit dort machen? Es ist so heiß, daß Sie nichts unternehmen können. Gehen Sie doch lieber nach Athen. Der Lloyddampfer geht heute nachmittags ab, läßt Ihnen drei Tage Zeit, um die Stadt zu sehen, und holt Sie auf seiner Rückfahrt ab. Das wird lohnender und angenehmer sein.«

Als wir den Triestiner verlassen hatten, waren wir beide in merkwürdig übler Stimmung. Wir diskutierten den uns vorgeschlagenen Plan, fanden ihn durchaus unzweckmäßig und sahen nur Hindernisse gegen seine Ausführung, nahmen auch an, daß wir ohne Reisepässe in Griechenland nicht eingelassen würden. Die Stunden bis zur Eröffnung des Lloydbureaus wanderten wir mißvergnügt und unentschlossen in der Stadt herum. Aber als die Zeit gekommen war, gingen wir an den Schalter und lösten Schiffskarten nach Athen, wie selbstverständlich, ohne uns um die vorgeblichen Schwierigkeiten zu kümmern, ja ohne daß wir die Gründe für unsere Entscheidung gegeneinander ausgesprochen hätten. Dies Benehmen war doch sehr sonderbar. Wir anerkannten später, daß wir den Vorschlag, nach Athen anstatt nach Korfu zu gehen, sofort und bereitwilligst angenommen hatten. Warum hatten wir uns also die Zwischenzeit bis zur Öffnung der Schalter durch üble Laune verstört und uns nur Abhaltungen und Schwierigkeiten vorgespiegelt?

Als ich dann am Nachmittag nach der Ankunft auf der Akropolis stand und mein Blick die Landschaft umfaßte, kam mir plötzlich der merkwürdige Gedanke: *Also existiert das alles wirklich so, wie wir es auf der Schule gelernt haben?!* Genauer beschrieben, die Person, die eine Äußerung tat, sonderte sich, weit schärfer als sonst merklich, von einer anderen, die diese Äußerung wahrnahm, und beide waren verwundert, wenn auch nicht über das gleiche. Die eine benahm sich so, als müßte sie unter dem Eindruck einer unzweifelhaften Beobachtung an etwas glauben, dessen Realität ihr bis dahin unsicher erschienen war. Mit einer mäßigen Übertreibung: als ob jemand, entlang des schottischen

Loch Ness spazierend, plötzlich den ans Land gespülten Leib des vielberedeten Ungeheuers vor sich sähe und sich zum Zugeständnis gezwungen fände: Also existiert sie wirklich, die Seeschlange, an die wir nicht geglaubt haben! Die andere Person war aber mit Recht erstaunt, weil sie nicht gewußt hatte, daß die reale Existenz von Athen, der Akropolis und dieser Landschaft jemals ein Gegenstand des Zweifels gewesen war. Sie war eher auf eine Äußerung der Entzückung und Erhebung vorbereitet.

Es liegt nun nahe zu sagen, der befremdliche Gedanke auf der Akropolis wolle nur betonen, es sei doch etwas ganz anderes, wenn man etwas mit eigenen Augen sehe, als wenn man nur davon höre oder lese. Aber das bliebe eine sehr sonderbare Einkleidung eines uninteressanten Gemeinplatzes. Oder man könnte die Behauptung wagen, man habe als Gymnasiast zwar gemeint, man sei von der historischen Wirklichkeit der Stadt Athen und ihrer Geschichte überzeugt gewesen, aber aus jenem Einfall auf der Akropolis erfahre man eben, daß man damals im Unbewußten nicht daran geglaubt habe; erst jetzt habe man sich auch eine »ins Unbewußte reichende« Überzeugung erworben. Eine solche Erklärung klingt sehr tiefsinnig, aber sie ist leichter aufzustellen als zu erweisen, wird auch theoretisch recht angreifbar sein. Nein, ich meine, die beiden Phänomene, die Verstimmung in Triest und der Einfall auf der Akropolis gehören innig zusammen. Das erstere davon ist leichter verständlich und mag uns zur Erklärung des späteren verhelfen.

Das Erlebnis in Triest ist, wie ich merke, auch nur der Ausdruck eines Unglaubens. »Wir sollen Athen zu sehen bekommen? Aber das geht ja nicht, es wird zu schwierig sein.« Die begleitende Verstimmung entspricht dann dem Bedauern darüber, daß es nicht geht. Es wäre ja so schön gewesen! Und nun versteht man, woran man ist. Es ist ein Fall von *»too good to be true«*[2], wie er uns so geläufig ist. Ein Fall von jenem Unglauben, der sich so häufig zeigt, wenn

2 [engl. zu schön, um wahr zu sein.]

man durch eine glückbringende Nachricht überrascht wird, daß man einen Treffer gemacht, einen Preis gewonnen hat, für ein Mädchen, daß der heimlich geliebte Mann bei den Eltern als Bewerber aufgetreten ist, u. dgl.

Ein Phänomen konstatieren, läßt natürlich sofort die Frage nach seiner Verursachung entstehen. Ein solcher Unglaube ist offenbar ein Versuch, ein Stück der Realität abzulehnen, aber es ist etwas daran befremdend. Wir würden gar nicht erstaunt sein, wenn sich ein solcher Versuch gegen ein Stück Realität richten sollte, das Unlust zu bringen droht; unser psychischer Mechanismus ist darauf sozusagen eingerichtet. Aber warum ein derartiger Unglaube gegen etwas, was im Gegenteil hohe Lust verspricht? Ein wirklich paradoxes Verhalten! Ich erinnere mich aber, daß ich bereits früher einmal den ähnlichen Fall jener Personen behandelt habe, die, wie ich es audrückte, »am Erfolge scheitern«[3]. Sonst erkrankt man in der Regel an der Versagung, der Nichterfüllung eines lebenswichtigen Bedürfnisses oder Wunsches; bei diesen Personen ist es aber umgekehrt, sie erkranken, gehen selbst daran zugrunde, daß ihnen ein überwältigend starker Wunsch erfüllt worden ist. Die Gegensätzlichkeit der beiden Situationen ist aber nicht so groß, wie es anfangs scheint. Im paradoxen Falle ist einfach eine innere Versagung an die Stelle der äußeren getreten. Man gönnt sich das Glück nicht, die innere Versagung befiehlt, an der äußeren festzuhalten. Warum aber? Weil, so lautet in einer Reihe von Fällen die Antwort, man sich vom Schicksal etwas so Gutes nicht erwarten kann. Also wiederum das *»too good to be true«*, die Äußerung eines Pessimismus, von dem viele von uns ein großes Stück in sich zu beherbergen scheinen. In anderen Fällen ist es ganz so wie bei denen, die am Erfolg scheitern, ein Schuld- oder

---

3 [Freud spielt auf seinen Aufsatz *Einige Charaktertypen aus der psychoanalytischen Arbeit* (1916) an, dessen zweites Kapitel die Überschrift trägt »Die am Erfolge scheitern«. Als literarische Verkörperung dieses Typs analysiert Freud Shakespeares Lady Macbeth, »die nach erreichtem Erfolge zusammenbricht, nachdem sie mit unbeirrter Energie um ihn gerungen hat«.]

Minderwertigkeitsgefühl, das man übersetzen kann: Ich bin eines solchen Glückes nicht würdig, ich verdiene es nicht. Aber diese beiden Motivierungen sind im Grunde das nämliche, die eine nur eine Projektion der anderen. Denn, wie längst bekannt, ist das Schicksal, von dem man sich so schlechte Behandlung erwartet, eine Materialisation unseres Gewissens, des strengen Über-Ichs in uns, in dem sich die strafende Instanz unserer Kindheit niedergeschlagen hat.

Damit wäre, meine ich, unser Benehmen in Triest erklärt. Wir konnten nicht glauben, daß uns die Freude bestimmt sein sollte, Athen zu sehen. Daß das Stück Realität, das wir ablehnen wollten, zunächst nur eine Möglichkeit war, bestimmte die Eigentümlichkeiten unserer damaligen Reaktion. Als wir dann auf der Akropolis standen, war die Möglichkeit zur Wirklichkeit geworden, und derselbe Unglaube fand nun einen veränderten, aber weit deutlicheren Ausdruck. Dieser hätte ohne Entstellung lauten sollen: Ich hätte wirklich nicht geglaubt, daß es mir je gegönnt sein würde, Athen mit meinen eigenen Augen zu sehen, wie es doch jetzt unzweifelhaft der Fall ist! Wenn ich mich erinnere, welche glühende Sehnsucht, zu reisen und die Welt zu sehen, mich in der Gymnasialzeit und später beherrscht hatte und wie spät sie sich in Erfüllung umzusetzen begann, verwundere ich mich dieser Nachwirkung auf der Akropolis nicht; ich war damals achtundvierzig Jahre alt. Ich habe meinen jüngeren Bruder nicht befragt, ob er ähnliches wie ich verspürt. Eine gewisse Scheu lag über dem ganzen Erlebnis, sie hatte schon in Triest unseren Gedankenaustausch behindert.

Wenn ich aber den Sinn meines Einfalls auf der Akropolis richtig erraten habe, er drücke meine freudige Verwunderung darüber aus, daß ich mich jetzt an diesem Ort befinde, so erhebt sich die weitere Frage, warum dieser Sinn im Einfall eine so entstellte und entstellende Einkleidung erfahren hat.

Der wesentliche Inhalt des Gedankens ist auch in der Entstellung erhalten geblieben, es ist ein Unglaube. »Nach dem Zeugnis meiner Sinne stehe ich jetzt auf der Akropolis, allein ich kann es nicht glauben.« Dieser Unglaube, dieser Zweifel an einem Stück der Realität, wird aber in der Äußerung in zweifacher Weise verschoben, erstens in die Vergangenheit gerückt und zweitens von meiner Beziehung zur Akropolis weg auf die Existenz der Akropolis selbst verlegt. So kommt etwas zustande, was der Behauptung gleichkommt, ich hätte früher einmal an der realen Existenz der Akropolis gezweifelt, was meine Erinnerung aber als unrichtig, ja als unmöglich ablehnt.

Die beiden Entstellungen bedeuten zwei voneinander unabhängige Probleme. Man kann versuchen, tiefer in den Umsetzungsprozeß einzudringen. Ohne näher anzugeben, wie ich dazu komme, will ich davon ausgehen, das Ursprüngliche müsse eine Empfindung gewesen sein, daß an der damaligen Situation etwas Unglaubwürdiges und Unwirkliches zu verspüren sei. Die Situation umfaßt meine Person, die Akropolis und meine Wahrnehmung derselben. Ich weiß diesen Zweifel nicht unterzubringen, ich kann ja meine Sinneseindrücke von der Akropolis nicht in Zweifel ziehen. Ich erinnere mich aber, daß ich in der Vergangenheit an etwas gezweifelt, was mit eben dieser Örtlichkeit zu tun hatte, und finde so die Auskunft, den Zweifel in die Vergangenheit zu versetzen. Aber dabei ändert der Zweifel seinen Inhalt. Ich erinnere mich nicht einfach daran, daß ich in frühen Jahren daran gezweifelt, ob ich je die Akropolis selbst sehen werde, sondern ich behaupte, daß ich damals überhaupt nicht an die Realität der Akropolis geglaubt habe. Grade aus diesem Ergebnis der Entstellung ziehe ich den Schluß, daß die gegenwärtige Situation auf der Akropolis ein Element von Zweifel an der Realität enthalten hat. Es ist mir bisher gewiß nicht gelungen, den Hergang klarzumachen, darum will ich kurz abschließend sagen, die ganze anscheinend verworrene und schwer darstellbare psychische Situation löst sich glatt durch die Annahme, daß ich damals auf der Akropolis einen Moment lang das Gefühl hatte – oder hätte haben können: *was ich da sehe, ist nicht wirklich.* Man nennt das ein »Entfremdungsgefühl«. Ich machte einen Versuch, mich dessen zu erwehren, und es gelang mir auf Kosten einer falschen Aussage über die Vergangenheit.

Diese Entfremdungen sind sehr merkwürdige, noch wenig verstandene Phänomene. Man beschreibt sie als »Empfindungen«, aber es sind offenbar komplizierte Vorgänge, an bestimmte Inhalte geknüpft und mit Entscheidungen über diese Inhalte verbunden. Bei gewissen psychischen Erkrankungen sehr häufig, sind sie doch auch dem normalen Menschen nicht unbekannt, etwa wie die gelegentlichen Halluzinationen der Gesunden. Aber sie sind doch gewiß Fehlleistungen, von abnormem Aufbau wie die Träume, die ungeachtet ihres regelmäßigen Vorkommens beim Gesunden uns als Vorbilder seelischer Störung gelten. Man beobachtet sie in zweierlei Formen; entweder erscheint uns ein Stück der Realität als fremd oder ein Stück des eigenen Ichs. In letzterem Fall spricht man von »Depersonalisation«; Entfremdungen und Depersonalisationen gehören innig zusammen. Es gibt andere Phänomene, in denen wir gleichsam die positiven Gegenstücke zu ihnen erkennen mögen, die sog. *»fausse reconnaissance«*, das *»déjà vu«*, *»déjà raconté«*, Täuschungen[4], in denen wir etwas als zu

---

4 [Diese Täuschungsphänomene werden als »Bekanntheitseindruck« oder »Bekanntheitsgefühl« bezeichnet. Bei einem Erlebnis stellt sich die Erinnerung ein, man habe es früher schon einmal erlebt. Dieser Eindruck kann auch in Situationen auftreten, die völlig neu sind. Dann handelt es sich um ein Déjà-vu-Erlebnis (franz. schon gesehen) oder eine Fausse reconaissance (franz. falsche Erinnerung). Freud veröffentlichte 1914 die behandlungstechnische Schrift *Über fausse reconnaissance (»déjà raconté«) während der psychoanalytischen Arbeit.* Er geht dabei von der analytischen Erfahrung aus, »daß der Patient die Mitteilung eines von ihm erinnerten Faktums mit der Bemerkung begleitet, *das habe ich Ihnen aber schon erzählt,* während man selbst sicher zu sein glaubt, diese Erzählung von ihm noch niemals vernommen zu haben« (»déjà raconté« franz. bereits erzählt). Freud resümiert zwei Gruppen von Erklärungsversuchen des Déjà-vu-Erlebnisses: »In der einen wird der im Phänomen enthaltenen Empfindung Glauben geschenkt und angenommen, es handle sich wirklich darum, daß etwas erinnert werde; die Frage bleibt nur, was. Zu einer bei weitem zahlreicheren Gruppe treten jene Erklärungen zusammen, die vielmehr behaupten, daß hier eine Täuschung der Erinnerung vorliege, und die nun

unserem Ich gehörig annehmen wollen, wie wir bei den Entfremdungen etwas von uns auszuschließen bemüht sind. Ein naiv-mystischer, unpsychologischer Erklärungsversuch will die Phänomene des *déjà vu* als Beweise für frühere Existenzen unseres seelischen Ichs verwerten. Von der Depersonalisation führt der Weg zu der höchst merkwürdigen *»double conscience«*, die man richtiger »Persönlichkeitsspaltung« benennt. Das ist alles noch so dunkel, so wenig wissenschaftlich bezwungen, daß ich mir verbieten muß, es vor Ihnen weiter zu erörtern.

Es genügt meiner Absicht, wenn ich auf zwei allgemeine Charaktere der Entfremdungsphänomene zurückkomme. Der erste ist, sie dienen alle der Abwehr, wollen etwas vom Ich fernhalten, verleugnen. Nun kommen von zwei Seiten her neue Elemente an das Ich heran, die zur Abwehr auffordern können, aus der realen Außenwelt und aus der Innenwelt der im Ich auftauchenden Gedanken und Regungen. Vielleicht deckt diese Alternative die Unterscheidung zwischen den eigentlichen Entfremdungen und den Depersonalisationen. Es gibt eine außerordentliche Fülle von Methoden, Mechanismen sagen wir, deren sich unser Ich bei der Erledigung seiner Abwehraufgaben bedient. In meiner nächsten Nähe erwächst jetzt eine Arbeit, die sich mit dem Studium dieser Abwehrmethoden beschäftigt; meine Tochter, die Kinderanalytikerin, schreibt eben ein

---

die Aufgabe haben nachzuspüren, wie es zu dieser paramnestischen Fehlleistung kommen könne. Im übrigen umfassen diese Versuche einen weiten Umkreis von Motiven, beginnend mit der uralten, dem Pythagoras zugeschriebenen Auffassung, daß das Phänomen des *déjà vu* einen Beweis für eine frühere individuelle Existenz enthalte, fortgesetzt über die auf die Anatomie gestützte Hypothese, daß ein zeitliches Auseinanderweichen in der Tätigkeit der beiden Hirnhemisphären das Phänomen begründe, bis auf die rein psychologischen Theorien der meisten neueren Autoren, welche im *déjà vu* eine Äußerung einer Apperzeptionsschwäche erblicken und Ermüdung, Erschöpfung, Zerstreutheit für dasselbe verantwortlich machen.« Freud stimmt im wesentlichen mit der Erklärung überein, die der franz. Psychologe J. Grasset 1904 gegeben hat: »Er meint, das Phänomen weise darauf hin, daß früher einmal eine *unbewußte* Wahrnehmung gemacht worden sei, welche erst jetzt unter dem Einfluß eines neuen und ähnlichen Eindruckes das Bewußtsein erreiche.«]

Buch darüber.[5] Von der primitivsten und gründlichsten dieser Methoden, von der »Verdrängung«, hat unsere Vertiefung in die Psychopathologie überhaupt ihren Ausgang genommen. Zwischen der Verdrängung und der normal zu nennenden Abwehr des Peinlich-Unerträglichen durch Anerkennung, Überlegung, Urteil und zweckmäßiges Handeln liegt eine große Reihe von Verhaltungsweisen des Ichs von mehr oder weniger deutlich pathologischem Charakter. Darf ich bei einem Grenzfall einer solchen Abwehr verweilen? Sie kennen das berühmte Klagelied der spanischen Mauren *›Ay de mi Alhama‹* [›Weh, mein Alhama‹], das erzählt, wie der König Boabdil[6] die Nachricht vom Fall seiner Stadt Alhama aufnimmt. Er ahnt, daß dieser Verlust das Ende seiner Herrschaft bedeutet. Aber er will es nicht »wahr haben«, er beschließt, die Nachricht als *»non arrivé«*[7] zu behandeln. Die Strophe lautet:

Cartas le fueron venidas
que Alhama era ganada:
las cartas echo en el fuego
y al mensajero matara.[8]

Man errät leicht, daß an diesem Benehmen des Königs das Bedürfnis mitbeteiligt ist, dem Gefühl seiner Ohnmacht zu widerstreiten. Indem er die Briefe verbrennt und den Boten töten läßt, sucht er noch seine Machtvollkommenheit zu demonstrieren.

Der andere allgemeine Charakter der Entfremdungen, ihre Abhängigkeit von der Vergangenheit, von dem Erinnerungsschatz des Ichs und früheren peinlichen Erlebnissen, die vielleicht seither der Verdrängung anheimgefallen

---

5 [Anna Freud, *Das Ich und die Abwehrmechanismen* (1936).]
6 [Der letzte maurische König von Granada, Ende des 15. Jahrhunderts. Alhama, etwa 30 Kilometer vor Granada, war die Schlüsselfestung der Hauptstadt.]
7 [franz. nicht eingetroffen.]
8 [»Es wurden ihm Briefe gebracht, daß Alhama gefallen sei: Er warf die Briefe ins Feuer und erschlug den Boten.«]

sind, wird ihnen nicht ohne Einspruch zugestanden. Aber grade mein Erlebnis auf der Akropolis, das ja in eine Erinnerungsstörung, eine Verfälschung der Vergangenheit ausgeht, hilft uns dazu, diesen Einfluß aufzuzeigen. Es ist nicht wahr, daß ich in den Gymnasialjahren je an der realen Existenz von Athen gezweifelt habe. Ich habe nur daran gezweifelt, daß ich Athen je werde sehen können. So weit zu reisen, es »so weit zu bringen«, erschien mir als außerhalb jeder Möglichkeit. Das hing mit der Enge und Armseligkeit unserer Lebensverhältnisse in meiner Jugend zusammen. Die Sehnsucht zu reisen war gewiß auch ein Ausdruck des Wunsches, jenem Druck zu entkommen, verwandt dem Drang, der soviel halbwüchsige Kinder dazu antreibt, vom Hause durchzugehen. Es war mir längst klargeworden, daß ein großes Stück der Lust am Reisen in der Erfüllung dieser frühen Wünsche besteht, also in der Unzufriedenheit mit Haus und Familie wurzelt. Wenn man zuerst das Meer sieht, den Ozean überquert, Städte und Länder als Wirklichkeiten erlebt, die so lange ferne, unerreichbare Wunschdinge waren, so fühlt man sich wie ein Held, der unwahrscheinlich große Taten vollbracht hat. Ich hätte damals auf der Akropolis meinen Bruder fragen können: Weißt Du noch, wie wir in unserer Jugend Tag für Tag denselben Weg gegangen sind, von der . . . straße ins Gymnasium[9], am Sonntage dann jedesmal in den Prater oder auf eine der Landpartien, die wir schon so gut kannten, und jetzt sind wir in Athen und stehen auf der Akropolis! Wir haben es wirklich weit gebracht! Und wenn man so Kleines mit Größerem vergleichen darf, hat nicht der erste Napoleon während der Kaiserkrönung in Notre-Dame[10] sich zu einem seiner Brüder gewendet – es wird wohl der älteste, Josef, gewesen sein – und bemerkt: »Was würde-

---

9 [Sigmund Freud besuchte 1865–1873 das Gymnasium in der Wiener Sperlgasse, zu dessen fünfzigjährigem Jubiläum er den Aufsatz *Zur Psychologie des Gymnasiasten* (vgl. in Band 1 der vorliegenden Ausgabe) schrieb.]

10 [Gewöhnlich wird diese Anekdote im Zusammenhang mit der Krönung in Mailand (26. Mai 1805) erzählt, bei der sich Napoleon die Eiserne Krone der Lombardei aneignete.]

Monsieur notre Père dazu sagen, wenn er jetzt dabei sein könnte?«

Hier stoßen wir aber auf die Lösung des kleinen Problems, warum wir uns schon in Triest das Vergnügen an der Reise nach Athen verstört hatten. Es muß so sein, daß sich an die Befriedigung, es so weit gebracht zu haben, ein Schuldgefühl knüpft; es ist etwas dabei, was unrecht, was von alters her verboten ist. Das hat mit der kindlichen Kritik am Vater zu tun, mit der Geringschätzung, welche die frühkindliche Überschätzung seiner Person abgelöst hatte. Es sieht aus, als wäre es das Wesentliche am Erfolg, es weiter zu bringen als der Vater, und als wäre es noch immer unerlaubt, den Vater übertreffen zu wollen.

Zu dieser allgemein giltigen Motivierung kommt noch für unseren Fall das besondere Moment hinzu, daß in dem Thema Athen und Akropolis an und für sich ein Hinweis auf die Überlegenheit der Söhne enthalten ist. Unser Vater war Kaufmann gewesen, er besaß keine Gymnasialbildung, Athen konnte ihm nicht viel bedeuten. Was uns im Genuß der Reise nach Athen störte, war also eine Regung der *Pietät.* Und jetzt werden Sie sich nicht mehr verwundern, daß mich die Erinnerung an das Erlebnis auf der Akropolis so oft heimsucht, seitdem ich selbst alt, der Nachsicht bedürftig geworden bin und nicht mehr reisen kann.

Ich grüße Sie herzlich, Ihr

Jänner 1936 Sigm. Freud

Die endliche und die unendliche Analyse

I

Erfahrung hat uns gelehrt, die psychoanalytische Therapie, die Befreiung eines Menschen von seinen neurotischen Symptomen, Hemmungen und Charakterabnormitäten, ist eine langwierige Arbeit. Daher sind von allem Anfang an Versuche unternommen worden, um die Dauer der Analysen zu verkürzen. Solche Bemühungen bedurften keiner Rechtfertigung, sie konnten sich auf die verständigsten und zweckmäßigsten Beweggründe berufen. Aber es wirkte in ihnen wahrscheinlich auch noch ein Rest jener ungeduldigen Geringschätzung, mit der eine frühere Periode der Medizin die Neurosen betrachtet hatte, als überflüssige Erfolge unsichtbarer Schädigungen. Wenn man sich jetzt mit ihnen beschäftigen mußte, wollte man nur möglichst bald mit ihnen fertig werden. Einen besonders energischen Versuch in dieser Richtung hat O. Rank gemacht im Anschluß an sein Buch *Das Trauma der Geburt* (1924).[1] Er nahm an, daß der Geburtsakt die eigentliche Quelle der Neurose sei, indem er die Möglichkeit mit sich bringt, daß die »Urfixierung« an die Mutter nicht überwunden wird und als »Urverdrängung« fortbesteht. Durch die nachträgliche analytische Erledigung dieses Urtraumas hoffte Rank die ganze Neurose zu beseitigen, so daß das eine Stückchen Analyse alle übrige analytische Arbeit ersparte. Einige wenige Monate sollten für diese Leistung genügen. Man wird nicht bestreiten, daß der Ranksche Gedankengang kühn und geistreich war; aber er hielt einer kritischen Prüfung nicht stand. Der Versuch Ranks war übrigens aus der Zeit geboren, unter dem Eindruck des Gegensatzes von europäischem Nachkriegselend und amerikanischer *»prosperity«*

---

1 [Freud hat sich mit Otto Ranks Theorie ausführlich in der Studie *Hemmung, Symptom und Angst* (vgl. im vorliegenden Band unserer Ausgabe) auseinandergesetzt.]

konzipiert und dazu bestimmt, das Tempo der analytischen Therapie der Hast des amerikanischen Lebens anzugleichen. Man hat nicht viel davon gehört, was die Ausführung des Rankschen Planes für Krankheitsfälle geleistet hat. Wahrscheinlich nicht mehr, als die Feuerwehr leisten würde, wenn sie im Falle eines Hausbrandes durch eine umgestürzte Petroleumlampe sich damit begnügte, die Lampe aus dem Zimmer zu entfernen, in dem der Brand entstanden war. Eine erhebliche Abkürzung der Löschaktion wäre allerdings auf diese Weise zu erreichen. Theorie und Praxis des Rankschen Versuchs gehören heute der Vergangenheit an – nicht anders als die amerikanische *»prosperity«* selbst.

Einen anderen Weg, um den Ablauf einer analytischen Kur zu beschleunigen, hatte ich selbst noch vor der Kriegszeit eingeschlagen. Ich übernahm damals die Behandlung eines jungen Russen, der, durch Reichtum verwöhnt, in völliger Hilflosigkeit, von Leibarzt und Pfleger begleitet, nach Wien gekommen war.[2] Im Laufe einiger Jahre gelang es, ihm ein großes Stück seiner Selbständigkeit wiederzugeben, sein Interesse am Leben zu wecken, seine Beziehungen zu den für ihn wichtigsten Personen in Ordnung zu bringen, aber dann stockte der Fortschritt; die Aufklärung der Kindheitsneurose, auf der ja die spätere Erkrankung begründet war, ging nicht weiter, und es war deutlich zu erkennen, daß der Patient seinen derzeitigen Zustand als recht behaglich empfand und keinen Schritt tun wollte, der ihn dem Ende der Behandlung näherbrächte. Es war ein Fall von Selbsthemmung der Kur; sie war in Gefahr, gerade an ihrem – teilweisen – Erfolg zu scheitern. In dieser Lage griff ich zu dem heroischen Mittel der Terminsetzung. Ich eröffnete dem Patienten zu Beginn einer Arbeitssaison, daß dieses nächste Jahr das letzte der Behandlung sein werde, gleichgiltig, was er in der ihm noch zugestande-

2 S. die mit Einwilligung des Patienten veröffentlichte Schrift *Aus der Geschichte einer infantilen Neurose* (1918 [vgl. in Band 2 der vorliegenden Ausgabe]). Die spätere Erkrankung des jungen Mannes wird dort nicht ausführlich dargestellt, sondern nur gestreift, wo es der Zusammenhang mit der Kindheitsneurose unbedingt erfordert.

nen Zeit leiste. Er schenkte mir zunächst keinen Glauben, aber nachdem er sich von dem unverbrüchlichen Ernst meiner Absicht überzeugt hatte, trat die gewünschte Wandlung bei ihm ein. Seine Widerstände schrumpften ein, und in diesen letzten Monaten konnte er alle Erinnerungen reproduzieren und alle Zusammenhänge auffinden, die zum Verständnis seiner frühen und zur Bewältigung seiner gegenwärtigen Neurose notwendig schienen. Als er mich im Hochsommer 1914 verließ, ahnungslos wie wir alle der so nah bevorstehenden Ereignisse, hielt ich ihn für gründlich und dauernd geheilt.

In einem Zusatz zur Krankengeschichte (1923) habe ich schon berichtet, daß dies nicht zutraf. Als er gegen Kriegsende als mittelloser Flüchtling nach Wien zurückkam, mußte ich ihm dabei helfen, ein nicht erledigtes Stück der Übertragung zu bewältigen; das gelang in einigen Monaten, und ich konnte den Nachtrag mit der Mitteilung schließen, daß »der Patient, dem der Krieg Heimat, Vermögen und alle Familienbeziehungen geraubt hatte, sich seitdem normal gefühlt und tadellos benommen hat«[3]. Die anderthalb Jahrzehnte seither haben dies Urteil nicht Lügen gestraft, aber doch Einschränkungen daran notwendig gemacht. Der Patient ist in Wien geblieben und hat sich in einer, wenn auch bescheidenen, sozialen Position bewährt. Aber mehrmals in diesem Zeitraum wurde sein Wohlbefinden durch Krankheitszufälle unterbrochen, die nur als Ausläufer seiner Lebensneurose aufgefaßt werden konnten. Die Geschicklichkeit einer meiner Schülerinnen, Frau Dr. Ruth Mack Brunswick, hat diese Zustände jedesmal nach kurzer Behandlung zu Ende gebracht; ich hoffe, sie wird bald selbst über diese Erfahrungen berichten[4]. In

3 [Freud gibt hier den Originalwortlaut seines Zusatzes nicht ganz exakt wieder. Der Artikel vor »Patient« und die Einschaltung »seitdem« stehen dort nicht.]

4 [Dieser Bericht war tatsächlich bereits einige Jahre zuvor erschienen (Brunswick, *A Supplement to Freud's »History of a Infantile Neurosis«*, in: Int. J. Psycho-Anal., 1928, Bd. 9; dt.: *Ein Nachtrag zu Freuds »Geschichte einer infantilen Neurose«*, in: Int. Z. Psychoanal., 1929, Bd. 15).]

einigen dieser Anfälle handelte es sich immer noch um Restbestände der Übertragung; sie zeigten dann bei all ihrer Flüchtigkeit deutlich paranoischen Charakter. In anderen aber bestand das pathogene Material aus Fragmenten seiner Kindergeschichte, die in der Analyse bei mir nicht zum Vorschein gekommen waren und sich nun – man kann dem Vergleich nicht ausweichen – wie Fäden nach einer Operation oder nekrotische Knochenstückchen nachträglich abstießen. Ich fand die Heilungsgeschichte dieses Patienten nicht viel weniger interessant als seine Krankengeschichte.

Ich habe die Terminsetzung später auch in anderen Fällen angewendet und auch die Erfahrungen anderer Analytiker zur Kenntnis genommen. Das Urteil über den Wert dieser erpresserischen Maßregel kann nicht zweifelhaft sein. Sie ist wirksam, vorausgesetzt, daß man die richtige Zeit für sie trifft. Aber sie kann keine Garantie für die vollständige Erledigung der Aufgabe geben. Man kann im Gegenteil sicher sein, daß, während ein Teil des Materials unter dem Zwang der Drohung zugänglich wird, ein anderer Teil zurückgehalten bleibt und damit gleichsam verschüttet wird, der therapeutischen Bemühung verlorengeht. Man darf ja den Termin nicht erstrecken, nachdem er einmal festgesetzt worden ist; sonst hat er für die weitere Folge jeden Glauben eingebüßt. Die Fortsetzung der Kur bei einem anderen Analytiker wäre der nächste Ausweg; man weiß freilich, daß ein solcher Wechsel neuen Verlust an Zeit und Verzicht auf den Ertrag aufgewendeter Arbeit bedeutet. Auch läßt sich nicht allgemein giltig angeben, wann die richtige Zeit für die Einsetzung dieses gewaltsamen technischen Mittels gekommen ist, es bleibt dem Takt überlassen. Ein Mißgriff ist nicht mehr gutzumachen. Das Sprichwort, daß der Löwe nur einmal springt, muß recht behalten.

II

Die Erörterungen über das technische Problem, wie man den langsamen Ablauf einer Analyse beschleunigen kann, leiten uns nun zu einer anderen Frage von tieferem Interesse, nämlich, ob es ein natürliches Ende einer Analyse gibt, ob es überhaupt möglich ist, eine Analyse zu einem solchen Ende zu führen. Der Sprachgebrauch unter Analytikern scheint eine solche Voraussetzung zu begünstigen, denn man hört oft bedauernd oder entschuldigend über ein in seiner Unvollkommenheit erkanntes Menschenkind äußern: »Seine Analyse ist nicht fertig geworden«, oder: »Er ist nicht zu Ende analysiert worden.«

Man muß sich zunächst darüber verständigen, was mit der mehrdeutigen Redensart »Ende einer Analyse« gemeint ist. Praktisch ist das leicht zu sagen. Die Analyse ist beendigt, wenn Analytiker und Patient sich nicht mehr zur analytischen Arbeitsstunde treffen. Sie werden so tun, wenn zwei Bedingungen ungefähr erfüllt sind, die erste, daß der Patient nicht mehr an seinen Symptomen leidet und seine Ängste wie seine Hemmungen überwunden hat, die zweite, daß der Analytiker urteilt, es sei beim Kranken so viel Verdrängtes bewußtgemacht, so viel Unverständliches aufgeklärt, so viel innerer Widerstand besiegt worden, daß man die Wiederholung der betreffenden pathologischen Vorgänge nicht zu befürchten braucht. Ist man durch äußere Schwierigkeiten verhindert worden, dies Ziel zu erreichen, so spricht man besser von einer unvollständigen als von einer unvollendeten Analyse.

Die andere Bedeutung des Endes einer Analyse ist weit ehrgeiziger. In ihrem Namen wird gefragt, ob man die Beeinflussung des Patienten so weit getrieben hat, daß eine Fortsetzung der Analyse keine weitere Veränderung versprechen kann. Also als ob man durch Analyse ein Niveau von absoluter psychischer Normalität erreichen könnte, dem man auch die Fähigkeit zutrauen dürfte, sich stabil zu erhalten, etwa wenn es gelungen wäre, alle vorgefallenen Verdrängungen aufzulösen und alle Lücken der Erinnerung auszufüllen. Man wird zuerst die Erfahrung befragen, ob dergleichen vorkommt, und dann die Theorie, ob es überhaupt möglich ist.

Jeder Analytiker wird einige Fälle mit so erfreulichem Ausgang behandelt haben. Es ist gelungen, die vorhandene neurotische Störung zu beseitigen, sie ist nicht wiedergekehrt und hat sich durch keine andere ersetzt. Man ist auch nicht ohne Einsicht in die Bedingungen dieser Erfolge. Das Ich der Patienten war nicht merklich verändert[5] und die Ätiologie der Störung eine wesentlich traumatische. Die Ätiologie aller neurotischen Störungen ist ja eine gemischte; es handelt sich entweder um überstarke, also gegen die Bändigung[6] durch das Ich widerspenstige Triebe, oder um die Wirkung von frühzeitigen, d. h. vorzeitigen Traumen, deren ein unreifes Ich nicht Herr werden konnte. In der Regel um ein Zusammenwirken beider Momente, des konstitutionellen und des akzidentellen. Je stärker das erstere, desto eher wird ein Trauma zur Fixierung führen und eine Entwicklungsstörung zurücklassen; je stärker das Trauma, desto sicherer wird es seine Schädigung auch unter normalen Triebverhältnissen äußern. Es ist kein Zweifel, daß die traumatische Ätiologie der Analyse die weitaus günstigere Gelegenheit bietet. Nur im vorwiegend traumatischen Fall wird die Analyse leisten, was sie meisterlich kann, die unzulängliche Entscheidung aus der Frühzeit dank der Erstarkung des Ichs durch eine korrekte Erledigung ersetzen. Nur in einem solchen Falle kann man von einer endgültig beendeten Analyse sprechen. Hier hat die Analyse ihre Schuldigkeit getan und braucht nicht fortgesetzt zu werden. Wenn der so hergestellte Patient niemals wieder eine Störung produziert, die ihn der Analyse bedürftg macht, so weiß man freilich nicht, wieviel von dieser Immunität der Gunst des Schicksals zu danken ist, die ihm zu starke Belastungsproben erspart haben mag.

Die konstitutionelle Triebstärke und die im Abwehr-

5 [Der Gedanke der »Ichveränderung« wird weiter unten, insbesondere in Abschnitt V, ausführlich diskutiert.]

6 [Das Wort wird unten, zu Beginn von Abschnitt III, erläutert.]

kampf erworbene ungünstige Veränderung des Ichs, im Sinne einer Verrenkung und Einschränkung, sind die Faktoren, die der Wirkung der Analyse ungünstig sind und ihre Dauer ins Unabschließbare verlängern können. Man ist versucht, das erstere, die Triebstärke, auch für die Ausbildung des anderen, der Ichveränderung, verantwortlich zu machen, aber es scheint, daß diese auch ihre eigene Ätiologie hat, und eigentlich muß man zugestehen, daß diese Verhältnisse noch nicht genügend bekannt sind. Sie werden eben erst jetzt Gegenstand des analytischen Studiums. Das Interesse der Analytiker scheint mir in dieser Gegend überhaupt nicht richtig eingestellt zu sein. Anstatt zu untersuchen, wie die Heilung durch die Analyse zustande kommt, was ich für hinreichend aufgeklärt halte, sollte die Fragestellung lauten, welche Hindernisse der analytischen Heilung im Wege stehen.

Hier anschließend möchte ich zwei Probleme behandeln, die sich direkt aus der analytischen Praxis ergeben, wie die nachstehenden Beispiele zeigen sollen. Ein Mann, der die Analyse selbst mit großem Erfolge ausgeübt hat, urteilt, daß sein Verhältnis zum Mann wie zur Frau – zu den Männern, die seine Konkurrenten sind, und zur Frau, die er liebt – doch nicht frei von neurotischen Behinderungen ist, und macht sich darum zum analytischen Objekt eines anderen, den er für ihm überlegen hält.[7] Diese kritische Durchleuchtung der eigenen Person bringt ihm vollen Erfolg. Er heiratet die geliebte Frau und wandelt sich zum Freund und Lehrer der vermeintlichen Rivalen. Es vergehen so viele Jahre, in denen auch die Beziehung zum einstigen Analytiker ungetrübt bleibt. Dann aber tritt ohne nachweisbaren äußeren Anlaß eine Störung ein. Der Analysierte tritt in Opposition zum Analytiker, er wirft ihm vor, daß er es versäumt hat, ihm eine vollständige Analyse zu geben. Er hätte doch wissen und in Betracht ziehen

7 [Nach Ernest Jones *(Das Leben und Werk von Sigmund Freud*, Bd. 3, S. 180) bezieht sich dies auf Sándor Ferenczi, der im Oktober 1914 für drei Wochen und im Juni 1916 für weitere drei Wochen (bei zwei Sitzungen täglich) von Freud analysiert worden war.]

müssen, daß eine Übertragungsbeziehung niemals bloß positiv sein kann; er hätte sich um die Möglichkeiten einer negativen Übertragung bekümmern müssen. Der Analytiker verantwortet sich dahin, daß zur Zeit der Analyse von einer negativen Übertragung nichts zu merken war. Aber selbst angenommen, daß er leiseste Anzeichen einer solchen übersehen hätte, was bei der Enge des Horizonts in jener Frühzeit der Analyse nicht ausgeschlossen wäre, so bliebe es zweifelhaft, ob er die Macht gehabt hätte, ein Thema oder, wie man sagt: einen »Komplex«, durch seinen bloßen Hinweis zu aktivieren, solange er beim Patienten selbst nicht aktuell war. Dazu hätte es doch gewiß einer im realen Sinne unfreundlichen Handlung gegen den Patienten bedurft. Und außerdem sei nicht jede gute Beziehung zwischen Analytiker und Analysiertem, während und nach der Analyse, als Übertragung einzuschätzen. Es gebe auch freundschaftliche Beziehungen, die real begründet sind und sich als lebensfähig erweisen.

Ich füge gleich das zweite Beispiel an, aus dem sich das nämliche Problem erhebt. Ein älteres Mädchen ist seit ihrer Pubertät durch Gehunfähigkeit infolge heftiger Beinschmerzen aus dem Leben ausgeschaltet worden, der Zustand ist offenbar hysterischer Natur, er hat vielen Behandlungen getrotzt; eine analytische Kur von dreiviertel Jahren beseitigt ihn und gibt einer tüchtigen und wertvollen Person ihre Rechte auf einen Anteil am Leben wieder. Die Jahre nach der Genesung bringen nichts Gutes: Katastrophen in der Familie, Vermögensverlust, mit dem Altern das Schwinden jeder Aussicht auf Liebesglück und Ehe. Aber die ehemals Kranke hält allem wacker stand und wirkt in schweren Zeiten als eine Stütze für die Ihrigen. Ich weiß nicht mehr, ob es 12 oder 14 Jahre nach Beendigung der Kur war, daß profuse Blutungen eine gynäkologische Untersuchung notwendig machten. Es fand sich ein Myom, das die Totalexstirpation des Uterus berechtigte. Von dieser Operation an war das Mädchen wieder krank. Sie verliebte sich in den Operateur, schwelgte in masochistischen Phantasien von den schrecklichen Veränderungen in ihrem

Inneren, mit denen sie ihren Liebesroman verhüllte, erwies sich als unzugänglich für einen neuerlichen analytischen Versuch und wurde auch bis zu ihrem Lebensende nicht mehr normal. Die erfolgreiche Behandlung liegt so weit zurück, daß man keine großen Ansprüche an sie stellen darf; sie fällt in die ersten Jahre meiner analytischen Tätigkeit. Es ist immerhin möglich, daß die zweite Erkrankung aus derselben Wurzel stammte wie die glücklich überwundene erste, daß sie ein veränderter Ausdruck derselben verdrängten Regungen war, die in der Analyse nur eine unvollkommene Erledigung gefunden hatten. Aber ich möchte doch glauben, daß es ohne das neue Trauma nicht zum neuerlichen Ausbruch der Neurose gekommen wäre.

Diese beiden Fälle, absichtlich ausgewählt aus einer großen Anzahl ähnlicher, werden hinreichen, um die Diskussion über unsere Themen anzufachen. Skeptiker, Optimisten, Ehrgeizige werden sie in ganz verschiedener Weise verwerten. Die ersteren werden sagen, es sei nun erwiesen, daß auch eine geglückte analytische Behandlung den derzeit Geheilten nicht davor schütze, später an einer anderen Neurose, ja selbst an einer Neurose aus der nämlichen Triebwurzel, also eigentlich an einer Wiederkehr des alten Leidens, zu erkranken. Die anderen werden diesen Beweis nicht für erbracht halten. Sie werden einwenden, die beiden Erfahrungen stammten aus den Frühzeiten der Analyse, vor 20 und vor 30 Jahren. Seither haben sich unsere Einsichten vertieft und erweitert, unsere Technik habe sich in Anpassung an die neuen Errungenschaften verändert. Man dürfe heute fordern und erwarten, daß eine analytische Heilung sich als dauernd bewähre, oder zum mindesten, daß eine neuerliche Erkrankung sich nicht als Wiederbelebung der früheren Triebstörung in neuen Ausdrucksformen erweise. Die Erfahrung nötige uns nicht, die Ansprüche an unsere Therapie in so empfindlicher Weise einzuschränken.

Ich habe natürlich die beiden Beobachtungen darum ausgewählt, weil sie so weit zurückliegen. Je rezenter ein Erfolg der Behandlung ist, desto mehr wird er begreiflicherweise unbrauchbar für unsere Erwägungen, da wir kein Mittel haben, das spätere Schicksal einer Heilung vorherzusehen. Die Erwartungen der Optimisten setzen offenbar mancherlei voraus, was nicht grade selbstverständlich ist, erstens, daß es überhaupt möglich ist, einen Triebkonflikt (d. h. besser: einen Konflikt des Ichs mit einem Trieb) endgültig für alle Zeiten zu erledigen, zweitens, daß es gelingen kann, einen Menschen, während man ihn an dem einen Triebkonflikt behandelt, gegen alle anderen solcher Konfliktmöglichkeiten sozusagen zu impfen, drittens, daß man die Macht hat, einen solchen pathogenen Konflikt, der sich derzeit durch kein Anzeichen verrät, zum Zwecke der vorbeugenden Behandlung zu wecken, und daß man weise daran tut. Ich werfe diese Fragen auf, ohne sie gegenwärtig beantworten zu wollen. Vielleicht ist uns eine sichere Beantwortung derzeit überhaupt nicht möglich.

Theoretische Überlegungen werden uns wahrscheinlich gestatten, einiges zu ihrer Würdigung beizutragen. Aber etwas anderes ist uns jetzt schon klar geworden: Der Weg zur Erfüllung der gesteigerten Ansprüche an die analytische Kur führt nicht zur oder über die Abkürzung ihrer Dauer.

III

Analytische Erfahrung, die sich über mehrere Dezennien erstreckt, und ein Wechsel in der Art und Weise meiner Betätigung ermutigen mich, die Beantwortung der gestellten Fragen zu versuchen. In früheren Zeiten hatte ich es mit einer größeren Anzahl von Patienten zu tun, die, wie begreiflich, auf rasche Erledigung drängten; in den letzten Jahren haben die Lehranalysen überwogen, und eine im Verhältnis geringe Zahl von schwerer Leidenden blieb bei mir zu fortgesetzter, wenn auch durch kurze oder längere Pausen unterbrochener Behandlung. Bei diesen letzteren war die therapeutische Zielsetzung eine andere geworden. Eine Abkürzung der Kur kam nicht mehr in Betracht, die Absicht war, eine gründliche Erschöpfung der Krankheitsmöglichkeiten und tiefgehende Veränderung der Person herbeizuführen.

Von den drei Momenten, die wir als maßgebend für die Chancen der analytischen Therapie anerkannt haben: Einfluß von Traumen – konstitutionelle Triebstärke – Ichveränderung, kommt es uns hier nur auf das mittlere an, die Triebstärke. Die nächste Überlegung läßt uns in Zweifel ziehen, ob die Einschränkung durch das Beiwort konstitutionell (oder kongenital) unerläßlich ist. So entscheidend von allem Anfang das konstitutionelle Moment sein mag, so bleibt es doch denkbar, daß eine später im Leben auftretende Triebverstärkung die gleichen Wirkungen äußern mag. Die Formel wäre dann abzuändern: derzeitige Triebstärke anstatt der konstitutionellen. Die erste unserer Fragen hat gelautet: »Ist es möglich, einen Konflikt des Triebs mit dem Ich oder einen pathogenen Triebanspruch an das Ich durch analytische Therapie dauernd und endgültig zu erledigen?« Es ist wahrscheinlich zur Vermeidung von Mißverständnis nicht unnötig, näher auszuführen, was mit der Wortfügung: dauernde Erledigung eines Triebanspruchs gemeint ist. Gewiß nicht, daß man ihn zum Verschwinden bringt, so daß er nie wieder etwas von sich hören läßt. Das ist im allgemeinen unmöglich, wäre auch gar nicht wünschenswert. Nein, sondern etwas anderes, was man ungefähr als die »Bändigung«[8] des Triebes bezeichnen kann: das will heißen, daß der Trieb ganz in die Harmonie des Ichs aufgenommen, allen Beeinflussungen durch die anderen Strebungen im Ich zugänglich ist, nicht mehr seine eigenen Wege zur Befriedigung geht. Fragt man, auf welchen Wegen und mit welchen Mitteln das geschieht, so hat man's nicht leicht mit der Beantwortung. Man muß sich sagen: »So muß denn doch die Hexe dran.«[9] Die Hexe Metapsychologie nämlich. Ohne metapsychologiches Spekulieren und Theoretisieren – beinahe hätte ich gesagt:

8 [Freud hatte diesen Ausdruck u. a. in *Das ökonomische Problem des Masochismus* (vgl. im vorliegenden Band) benutzt, um den Prozeß zu beschreiben, mittels dessen die Libido den Todestrieb unschädlich machen kann.]
9 [Goethe, *Faust*, I. Teil, 6. Szene.]

Phantasieren – kommt man hier keinen Schritt weiter. Leider sind die Auskünfte der Hexe auch diesmal weder sehr klar noch sehr ausführlich. Wir haben nur einen Anhaltspunkt – der allerdings unschätzbar – an dem Gegensatz zwischen Primär- und Sekundärvorgang, und auf den will ich auch hier verweisen.

Wenn wir jetzt zu unserer ersten Frage zurückkehren, so finden wir, daß unser neuer Gesichtspunkt uns eine bestimmte Entscheidung aufdrängt. Die Frage hat gelautet, ob es möglich ist, einen Triebkonflikt dauernd und endgültig zu erledigen, d. h.: den Triebanspruch in solcher Weise zu »bändigen«. In dieser Fragestellung wird die Triebstärke überhaupt nicht erwähnt, aber gerade von ihr hängt der Ausgang ab. Gehen wir davon aus, daß die Analyse beim Neurotiker nichts anderes leistet, als was der Gesunde ohne diese Hilfe zustande bringt. Beim Gesunden aber, lehrt die tägliche Erfahrung, gilt jede Entscheidung eines Triebkonflikts nur für eine bestimmte Triebstärke, richtiger gesagt, nur innerhalb einer bestimmten Relation zwischen Stärke des Triebs und Stärke des Ichs.[10] Läßt die Stärke des Ichs nach, durch Krankheit, Erschöpfung u. dgl., so können alle bis dahin glücklich gebändigten Triebe ihre Ansprüche wieder anmelden und auf abnormen Wegen ihre Ersatzbefriedigung anstreben.[11] Den unwiderleglichen Beweis für diese Behauptung gibt schon der nächtliche Traum, der auf die Schlafeinstellung des Ichs mit dem Erwachen der Triebansprüche reagiert.

Ebenso unzweifelhaft ist das Material von der anderen Seite. Zweimal im Laufe der individuellen Entwicklung treten erhebliche Verstärkungen gewisser Triebe auf, zur Pubertät und um die Menopause bei Frauen. Wir sind nicht

10 In gewissenhafter Korrektur: für eine gewisse Breite dieser Relation.

11 Dies zur Rechtfertigung des ätiologischen Anspruchs so unspezifischer Momente wie Überarbeitung, Schockwirkung usw., die immer der allgemeinen Anerkennung sicher waren und gerade von der Psychoanalyse in den Hintergrund gedrängt werden mußten. Gesundheit läßt sich eben nicht anders denn metapsychologisch beschreiben, bezogen auf Kräfteverhältnisse zwischen den von uns erkannten, wenn man will, erschlossenen, vermuteten, Instanzen des seelischen Apparats.

im geringsten überrascht, wenn Personen, die vorher nicht neurotisch waren, es um diese Zeiten werden. Die Bändigung der Triebe, die ihnen bei geringerer Stärke derselben gelungen war, mißlingt nun bei deren Verstärkung. Die Verdrängungen benehmen sich wie Dämme gegen den Andrang der Gewässer. Dasselbe, was diese beiden physiologischen Triebverstärkungen leisten, kann in irregulärer Weise zu jeder anderen Lebenszeit durch akzidentelle Einflüsse herbeigeführt werden. Es kommt zu Triebverstärkungen durch neue Traumen, aufgezwungene Versagungen, kollaterale Beeinflussungen der Triebe untereinander. Der Erfolg ist alle Male der gleiche und erhärtet die unwiderstehliche Macht des quantitativen Moments in der Krankheitsverursachung.

Ich bekomme hier den Eindruck, als müßte ich mich all dieser schwerfälligen Erörterungen schämen, da doch das, was sie sagen, längst bekannt und selbstverständlich ist. Wirklich, wir haben uns immer so benommen, als wüßten wir es; nur, daß wir in unseren theoretischen Vorstellungen zumeist versäumt haben, dem *ökonomischen* Gesichtspunkt in demselben Maß Rechnung zu tragen wie dem *dynamischen* und dem *topischen.* Meine Entschuldigung ist also, daß ich an dieses Versäumnis mahne.

Ehe wir uns aber für eine Antwort auf unsere Frage entscheiden, haben wir einen Einwand anzuhören, dessen Stärke darin besteht, daß wir wahrscheinlich von vornherein für ihn gewonnen sind. Er sagt, unsere Argumente sind alle aus den spontanen Vorgängen zwischen Ich und Trieb hergeleitet und setzen voraus, daß die analytische Therapie nichts machen kann, was nicht unter günstigen, normalen Verhältnissen von selbst geschieht. Aber ist das wirklich so? Erhebt nicht gerade unsere Theorie den Anspruch, einen Zustand herzustellen, der im Ich spontan nie vorhanden ist und dessen Neuschöpfung den wesentlichen Unterschied zwischen dem analysierten und dem nicht analysierten Menschen ausmacht? Halten wir uns vor, worauf sich dieser Anspruch beruft. Alle Verdrängungen geschehen in früher Kindheit; es sind primitive Abwehrmaßregeln des unreifen, schwachen Ichs. In späteren Jahren werden keine neuen Verdrängungen vollzogen, aber die alten erhalten sich, und ihre Dienste werden vom Ich weiterhin zur Triebbeherrschung in Anspruch genommen. Neue Konflikte werden, wie wir es ausdrücken, durch »Nachverdrängung«[12] erledigt. Von diesen infantilen Verdrängungen mag gelten, was wir allgemein behauptet haben, daß sie voll und ganz vom relativen Kräfteverhältnis abhängen und einer Steigerung der Triebstärke nicht standhalten können. Die Analyse aber läßt das gereifte und erstarkte Ich eine Revision dieser alten Verdrängungen vornehmen; einige werden abgetragen, andere anerkannt, aber aus soliderem Material neu aufgebaut. Diese neuen Dämme haben eine ganz andere Haltbarkeit als die früheren; ihnen darf man zutrauen, daß sie den Hochfluten der Triebsteigerung nicht so leicht nachgeben werden. Die nachträgliche Korrektur des ursprünglichen Verdrängungsvorganges, die der Übermacht des quantitativen Faktors ein Ende macht, wäre also die eigentliche Leistung der analytischen Therapie.

Soweit unsere Theorie, auf die wir ohne unwidersprechlichen Zwang nicht verzichten können. Und was sagt die Erfahrung dazu? Die ist vielleicht noch nicht umfassend genug für eine sichere Entscheidung. Oft genug gibt sie unseren Erwartungen recht, doch nicht jedesmal. Man hat den Eindruck, daß man nicht überrascht sein dürfte, wenn sich am Ende herausstellt, daß der Unterschied zwischen dem nicht Analysierten und dem späteren Verhalten des Analysierten doch nicht so durchgreifend ist, wie wir es erstreben, erwarten und behaupten. Demnach würde es der Analyse zwar manchmal gelingen, den Einfluß der Triebverstärkung auszuschalten, aber nicht regelmäßig. Oder ihre Wirkung beschränkte sich darauf, die Widerstandskraft der Hemmungen zu erhöhen, so daß sie nach der Analyse weit stärkeren Anforderungen gewachsen wären als vor der

12 [S. die metapsychologische Arbeit über *Die Verdrängung* (in Band 2 der vorliegenden Ausgabe), wo jedoch (wie auch an anderen aus jener Periode stammenden Stellen) der verwendete Terminus »Nachdrängen« lautet.]

Analyse oder ohne eine solche. Ich getraue mich hier wirklich keiner Entscheidung, weiß auch nicht, ob sie derzeit möglich ist.

Man kann sich dem Verständnis dieser Unstetigkeit in der Wirkung der Analyse aber von anderer Seite her nähern. Wir wissen, es ist der erste Schrtt zur intellektuellen Bewältigung der Umwelt, in der wir leben, daß wir Allgemeinheiten, Regeln, Gesetze herausfinden, die Ordnung in das Chaos bringen. Durch diese Arbeit vereinfachen wir die Welt der Phänomene, können aber nicht umhin, sie auch zu verfälschen, besonders wenn es sich um Vorgänge von Entwicklung und Umwandlung handelt. Es kommt uns darauf an, eine qualitative Änderung zu erfassen, und wir vernachlässigen dabei in der Regel, wenigstens zunächst, einen quantitativen Faktor. In der Realität sind die Übergänge und Zwischenstufen weit häufiger als die scharf gesonderten, gegensätzlichen Zustände. Bei Entwicklungen und Verwandlungen richtet sich unsere Aufmerksamkeit allein auf das Resultat; wir übersehen gern, daß sich solche Vorgänge gewöhnlich mehr oder weniger unvollständig vollziehen, also eigentlich im Grunde nur partielle Veränderungen sind. Der scharfsinnige Satiriker des alten Österreichs, J. Nestroy, hat einmal geäußert: »Ein jeder Fortschritt ist nur immer halb so groß, als wie er zuerst ausschaut.« Man wäre versucht, dem boshaften Satz eine recht allgemeine Geltung zuzusprechen. Es gibt fast immer Resterscheinungen, ein partielles Zurückbleiben. Wenn der freigebige Mäzen uns durch einen vereinzelten Zug von Knauserei überrascht, der sonst Übergute sich plötzlich in einer feindseligen Handlung gehenläßt, so sind diese »Resterscheinungen« unschätzbar für die genetische Forschung. Sie zeigen uns, daß jene lobenswerten und wertvollen Eigenschaften auf Kompensation und Überkompensation beruhen, die, wie zu erwarten stand, nicht durchaus, nicht nach dem vollen Betrag gelungen sind. Wenn unsere erste Beschreibung der Libidoentwicklung gelautet hat, eine ursprüngliche, orale Phase mache der sadistisch-analen und diese der phallisch-genitalen Platz, so hat spätere Forschung dem nicht etwa widersprochen, sondern zur Korrektur hinzugefügt, daß diese Ersetzungen nicht plötzlich, sondern allmählich erfolgen, so daß jederzeit Stücke der früheren Organisation neben der neueren fortbestehen, und daß selbst bei normaler Entwicklung die Umwandlung nie vollständig geschieht, so daß noch in der endgültigen Gestaltung Reste der früheren Libidofixierungen erhalten bleiben können. Auf ganz anderen Gebieten sehen wir das nämliche. Keiner der angeblich überwundenen Irr- und Aberglauben der Menschheit, von dem nicht Reste heute unter uns fortleben, in den tieferen Schichten der Kulturvölker oder selbst in den obersten Schichten der Kulturgesellschaft. Was einmal zu Leben gekommen ist, weiß sich zäh zu behaupten. Manchmal könnte man zweifeln, ob die Drachen der Urzeit wirklich ausgestorben sind.

Um nun die Anwendung auf unseren Fall zu machen, ich meine, die Antwort auf die Frage, wie sich die Unstetigkeit unserer analytischen Therapie erklärt, könnte leicht sein, daß wir unsere Absicht, die undichten Verdrängungen durch zuverlässige, ichgerechte Bewältigungen zu ersetzen, auch nicht immer im vollen Umfang, also nicht gründlich genug erreichen. Die Umwandlung gelingt, aber oft nur partiell; Anteile der alten Mechanismen bleiben von der analytischen Arbeit unberührt. Es läßt sich schwer beweisen, daß dem wirklich so ist; wir haben ja keinen anderen Weg, es zu beurteilen, als eben den Erfolg, den es zu erklären gilt. Aber die Eindrücke, die man während der analytischen Arbeit empfängt, widersprechen unserer Annahme nicht, scheinen sie eher zu bestätigen. Man darf nur die Klarheit unserer eigenen Einsicht nicht zum Maß der Überzeugung nehmen, die wir beim Analysierten hervorrufen. Es mag ihr an »Tiefe« fehlen, wie wir sagen können; es handelt sich immer um den gerne übersehenen quantitativen Faktor. Wenn dies die Lösung ist, so kann man sagen, die Analyse habe mit ihrem Anspruch, sie heile Neurosen durch die Sicherung der Triebbeherrschung, in der Theorie immer recht, in der Praxis nicht immer. Und zwar darum, weil es ihr nicht immer gelingt, die Grundlagen der

Triebbeherrschung in genügendem Ausmaß zu sichern. Der Grund dieses partiellen Mißerfolgs ist leicht zu finden. Das quantitative Moment der Triebstärke hatte sich seinerzeit dem Abwehrstreben des Ichs widersetzt; wir haben darum die analytische Arbeit zu Hilfe gerufen, und nun setzt dasselbe Moment der Wirksamkeit dieser neuen Bemühung eine Grenze. Bei übergroßer Triebstärke mißlingt dem gereiften und von der Analyse unterstützten Ich die Aufgabe, ähnlich wie früher dem hilflosen Ich; die Triebbeherrschung wird besser, aber sie bleibt unvollkommen, weil die Umwandlung des Abwehrmechanismus nur unvollständig ist. Daran ist nichts zu verwundern, denn die Analyse arbeitet nicht mit unbegrenzten, sondern mit beschränkten Machtmitteln, und das Endergebnis hängt immer vom relativen Kräfteverhältnis der miteinander ringenden Instanzen ab.

Es ist unzweifelhaft wünschenswert, die Dauer einer analytischen Kur abzukürzen, aber der Weg zur Durchsetzung unserer therapeutischen Absicht führt nur über die Verstärkung der analytischen Hilfskraft, die wir dem Ich zuführen wollen. Die hypnotische Beeinflussung schien ein ausgezeichnetes Mittel für unsere Zwecke zu sein; es ist bekannt, warum wir darauf verzichten mußten[13]. Ein Ersatz für die Hypnose ist bisher nicht gefunden worden, aber man versteht von diesem Gesichtspunkt aus die leider vergeblichen therapeutischen Bemühungen, denen ein Meister der Analyse wie Ferenczi seine letzten Lebensjahre gewidmet hat.[14]

13 [Vgl. *Zur Geschichte der psychoanalytischen Bewegung* (1. Teil) in Band 1 der vorliegenden Auswahl.]

14 [Im Nachruf *Sándor Ferenczi †* (Mai 1933) schrieb Freud: »Das Bedürfnis zu heilen und zu helfen war in ihm übermächtig geworden. Wahrscheinlich hatte er sich Ziele gesteckt, die mit unseren therapeutischen Mitteln heute überhaupt nicht zu erreichen sind. Aus unversiegten affektiven Quellen floß ihm die Überzeugung, daß man bei den Kranken weit mehr ausrichten könnte, wenn man ihnen genug von der Liebe gäbe, nach der sie sich als Kinder gesehnt hatten. Wie das im Rahmen der psychoanalytischen Situation durchführbar sei, wollte er herausfinden, und solange er damit nicht zum Erfolg gekommen war, hielt er sich abseits, wohl

IV

Die beiden anschließenden Fragen, ob man den Patienten während der Behandlung eines Triebkonflikts gegen zukünftige Triebkonflikte schützen kann und ob es ausführbar und zweckmäßig ist, einen derzeit nicht manifesten Triebkonflikt zum Zwecke der Vorbeugung zu wecken, sollen miteinander behandelt werden, denn es ist offenbar, daß man die erste Aufgabe nur lösen kann, indem man das zweite tut, also den in der Zukunft möglichen Konflikt in einen aktuellen verwandelt, den man der Beeinflussung unterzieht. Diese neue Fragestellung ist im Grunde nur eine Fortführung der früheren. Handelte es sich vorhin um eine Verhütung der Wiederkehr *desselben* Konflikts, so jetzt um seine mögliche Ersetzung durch einen anderen. Was man da vorhat, klingt sehr ehrgeizig, aber man will sich nur klarmachen, welche Grenzen der Leistungsfähigkeit einer analytischen Therapie gesteckt sind.

Sosehr es den therapeutischen Ehrgeiz verlocken mag, sich derartige Aufgaben zu stellen, die Erfahrung hat nur eine glatte Abweisung bereit. Wenn ein Triebkonflikt nicht aktuell ist, sich nicht äußert, kann man ihn auch durch die Analyse nicht beeinflussen. Die Warnung, schlafende Hunde nicht zu wecken, die man unseren Bemühungen um die Erforschung der psychischen Unterwelt so oft entgegengehalten, ist für die Verhältnisse des Seelenlebens ganz besonders unangebracht. Denn, wenn die Triebe Störungen machen, ist es ein Beweis, daß die Hunde nicht schlafen, und wenn sie wirklich zu schlafen scheinen, liegt es nicht in unserer Macht, sie aufzuwecken. Diese letztere Behauptung scheint aber nicht ganz zutreffend, sie fordert eine eingehendere Diskussion heraus. Überlegen wir, welche Mittel wir haben, um einen derzeit latenten Triebkon-

---

auch der Übereinstimmung mit den Freunden nicht mehr sicher. Wohin der von ihm eingeschlagene Weg geführt hätte, er konnte ihn nicht zu Ende gehen[. . .]. Es war eine perniziöse Anämie, der er kurz vor Vollendung des 60. Jahres erlag. Es ist nicht glaublich, daß die Geschichte unserer Wissenschaft seiner vergessen wird.«]

flikt aktuell zu machen. Offenbar können wir nur zweierlei tun: entweder Situationen herbeiführen, in denen er aktuell wird, oder uns damit begnügen, von ihm in der Analyse zu sprechen, auf seine Möglichkeit hinzuweisen. Die erstere Absicht kann auf zweierlei Wegen erreicht werden; erstens in der Realität, zweitens in der Übertragung, beide Male, indem wir den Patienten einem Maß von realem Leiden durch Versagung und Libidostauung aussetzen. Nun ist es richtig, daß wir uns einer solchen Technik schon in der gewöhnlichen Übung der Analyse bedienen. Was wäre sonst der Sinn der Vorschrift, daß die Analyse »in der Versagung« durchgeführt werden soll? Aber das ist eine Technik bei der Behandlung eines bereits aktuellen Konflikts. Wir suchen diesen Konflikt zuzuspitzen, ihn zur schärfsten Ausbildung zu bringen, um die Triebkraft für seine Lösung zu steigern. Die analytische Erfahrung hat uns gezeigt, daß jedes Besser ein Feind des Guten ist,[15] daß wir in jeder Phase der Herstellung mit der Trägheit des Patienten zu kämpfen haben, die bereit ist, sich mit einer unvollkommenen Erledigung zu begnügen.

Wenn wir aber auf eine vorbeugende Behandlung von nicht aktuellen, bloß möglichen Triebkonflikten ausgehen, genügt es nicht, vorhandenes und unvermeidliches Leiden zu regulieren, man müßte sich entschließen, neues ins Leben zu rufen, und dies hat man bisher gewiß mit Recht dem Schicksal überlassen. Von allen Seiten würde man vor der Vermessenheit gewarnt werden, im Wettbewerb mit dem Schicksal so grausame Versuche mit den armen Menschenkindern anzustellen. Und welcher Art würden diese sein? Kann man es verantworten, daß man im Dienst der Prophylaxe eine befriedigende Ehe zerstört oder eine Stellung aufgeben läßt, mit der die Lebenssicherung des Analysierten verbunden ist? Zum Glück kommt man gar nicht in die Lage, über die Berechtigung solcher Eingriffe ins reale Leben nachzudenken; man hat überhaupt nicht die Machtvollkommenheit, die sie erfordern, und das Objekt

15 [Nach dem französischen Sprichwort: *»Le mieux est l'ennemi du bien.«*]

dieses therapeutischen Experiments würde gewiß nicht mittun wollen. Ist dergleichen also in der Praxis so gut wie ausgeschlossen, so hat die Theorie noch andere Einwände dagegen. Die analytische Arbeit geht nämlich am besten vor sich, wenn die pathogenen Erlebnisse der Vergangenheit angehören, so daß das Ich Distanz zu ihnen gewinnen konnte. In akut krisenhaften Zuständen ist die Analyse so gut wie nicht zu brauchen. Alles Interesse des Ichs wird dann von der schmerzhaften Realität in Anspruch genommen und verweigert sich der Analyse, die hinter diese Oberfläche führen und die Einflüsse der Vergangenheit aufdecken will. Einen frischen Konflikt zu schaffen, wird also die analytische Arbeit nur verlängern und erschweren.

Man wird einwenden, das seien völlig überflüssige Erörterungen. Niemand denke daran, die Behandlungsmöglichkeit des latenten Triebkonflikts dadurch herzustellen, daß man absichtlich eine neue Leidenssituation heraufbeschwört. Das sei auch keine rühmenswerte prophylaktische Leistung. Es sei zum Beispiel bekannt, daß eine überstandene Scarlatina[16] eine Immunität gegen die Wiederkehr der gleichen Erkrankung zurückläßt; darum fällt es doch den Internisten nicht ein, einen Gesunden, der möglicherweise an Scarlatina erkranken kann, zum Zwecke dieser Sicherung mit Scarlatina zu infizieren. Die Schutzhandlung darf nicht dieselbe Gefahrsituation herstellen wie die der Erkrankung selbst, sondern nur eine um sehr viel geringere, wie es bei der Blatternimpfung und vielen ähnlichen Verfahren erreicht wird. Es kämen also auch bei einer analytischen Prophylaxe der Triebkonflikte nur die beiden anderen Methoden in Betracht, die künstliche Erzeugung von neuen Konflikten in der Übertragung, denen doch der Charakter der Realität abgeht, und die Erweckung solcher Konflikte in der Vorstellung des Analysierten, indem man von ihnen spricht und ihn mit ihrer Möglichkeit vertraut macht.

Ich weiß nicht, ob man behaupten darf, das erstere die-

16 [Scharlach.]

ser beiden milderen Verfahren sei in der Analyse durchaus unanwendbar. Es fehlt an besonders darauf gerichteten Untersuchungen. Aber es drängen sich sofort Schwierigkeiten auf, die das Unternehmen nicht als sehr aussichtsreich erscheinen lassen. Erstens daß man in der Auswahl solcher Situationen für die Übertragung recht eingeschränkt ist. Der Analysierte selbst kann nicht alle seine Konflikte in der Übertragung unterbringen; ebensowenig kann der Analytiker aus der Übertragungssituation alle möglichen Triebkonflikte des Patienten wachrufen. Man kann ihn etwa eifersüchtig werden oder Liebesenttäuschungen erleben lassen, aber dazu braucht es keine technische Absicht. Dergleichen tritt ohnedies spontan in den meisten Analysen auf. Zweitens aber darf man nicht übersehen, daß alle solche Veranstaltungen unfreundliche Handlungen gegen den Analysierten notwendig machen, und durch diese schädigt man die zärtliche Einstellung zum Analytiker, die positive Übertragung, die das stärkste Motiv für die Beteiligung des Analysierten an der gemeinsamen analytischen Arbeit ist. Man wird also von diesen Verfahren keinesfalls viel erwarten dürfen.

So erübrigt also nur jener Weg, den man ursprünglich wahrscheinlich allein im Auge gehabt hat. Man erzählt dem Patienten von den Möglichkeiten anderer Triebkonflikte und weckt seine Erwartung, daß sich dergleichen auch bei ihm ereignen könnte. Man hofft nun, solche Mitteilung und Warnung werde den Erfolg haben, beim Patienten einen der angedeuteten Konflikte in bescheidenem und doch zur Behandlung zureichendem Maß zu aktivieren. Aber diesmal gibt die Erfahrung eine unzweideutige Antwort. Der erwartete Erfolg stellt sich nicht ein. Der Patient hört die Botschaft wohl, allein es fehlt der Widerhall.[17] Er mag sich denken: »Das ist ja sehr interessant, aber ich verspüre nichts davon.« Man hat sein Wissen vermehrt und sonst nichts in ihm verändert. Der Fall ist unge-

17 [Nach: »Die Botschaft hör' ich wohl, allein mir fehlt der Glaube . . .« (Goethe, *Faust,* 1. Teil, 1. Szene, Vers 765).]

fähr derselbe wie bei der Lektüre psychoanalytischer Schriften. Der Leser wird nur bei jenen Stellen »aufgeregt«, in denen er sich getroffen fühlt, die also die in ihm derzeit wirksamen Konflikte betreffen. Alles andere läßt ihn kalt. Ich meine, man kann analoge Erfahrungen machen, wenn man Kindern sexuelle Aufklärungen gibt. Ich bin weit entfernt zu behaupten, es sei ein schädliches oder überflüssiges Vorgehen, aber man hat offenbar die vorbeugende Wirkung dieser liberalen Maßregel weit überschätzt. Die Kinder wissen jetzt etwas, was sie bisher nicht gewußt haben, aber sie machen nichts mit den neuen, ihnen geschenkten Kenntnissen. Man überzeugt sich, daß sie nicht einmal so rasch bereit sind, ihnen jene, man möchte sagen: naturwüchsigen, Sexualtheorien zum Opfer zu bringen, die sie im Einklang mit und in Abhängigkeit von ihrer unvollkommenen Libidoorganisation gebildet haben, von der Rolle des Storchs, von der Natur des sexuellen Verkehrs, von der Art, wie die Kinder zustande kommen. Noch lange Zeit, nachdem sie die sexuelle Aufklärung empfangen haben, benehmen sie sich wie die Primitiven, denen man das Christentum aufgedrängt hat und die im geheimen fortfahren, ihre alten Götzen zu verehren.

V

Wir sind von der Frage ausgegangen, wie man die beschwerlich lange Dauer einer analytischen Behandlung abkürzen kann, und sind dann, immer noch vom Interesse für zeitliche Verhältnisse geleitet, zur Untersuchung fortgeschritten, ob man Dauerheilung erzielen oder gar durch vorbeugende Behandlung zukünftige Erkrankung fernhalten kann. Wir haben dabei als maßgebend für den Erfolg unserer therapeutischen Bemühung erkannt die Einflüsse der traumatischen Ätiologie, die relative Stärke der zu beherrschenden Triebe und etwas, was wir die Ichveränderung nannten. Nur bei dem zweiten dieser Momente haben wir ausführlicher verweilt, hatten dabei Anlaß, die überragende Wichtigkeit des quantitativen Faktors anzuerkennen und das Anrecht der metapsychologischen Betrachtungsweise bei jedem Erklärungsversuch zu betonen.

Über das dritte Moment, das der Ichveränderung, haben wir noch nichts geäußert. Wenden wir uns ihm zu, so empfangen wir den ersten Eindruck, daß hier viel zu fragen und zu beantworten ist und daß, was wir dazu zu sagen haben, sich als sehr unzureichend erweisen wird. Dieser erste Eindruck hält auch bei weiterer Beschäftigung mit dem Problem stand. Die analytische Situation besteht bekanntlich darin, daß wir uns mit dem Ich der Objektperson verbünden, um unbeherrschte Anteile ihres Es zu unterwerfen, also sie in die Synthese des Ichs einzubeziehen. Die Tatsache, daß ein solches Zusammenarbeiten beim Psychotiker regelmäßig mißlingt, leiht unserem Urteil einen ersten festen Punkt. Das Ich, mit dem wir einen solchen Pakt schließen können, muß ein normales Ich sein. Aber ein solches Normal-Ich ist, wie die Normalität überhaupt, eine Idealfiktion. Das abnorme, für unsere Absichten unbrauchbare Ich ist leider keine. Jeder Normale ist eben nur durchschnittlich normal, sein Ich nähert sich dem des Psychotikers in dem oder jenem Stück, in größerem oder geringerem Ausmaß, und der Betrag der Entfernung von dem einen und der Annäherung an das andere Ende der Reihe wird uns vorläufig ein Maß für die so unbestimmt gekennzeichnete »Ichveränderung« sein.

Fragen wir, woher die so mannigfaltigen Arten und Grade der Ichveränderung rühren mögen, so ist die nächste unvermeidliche Alternative, sie sind entweder ursprünglich oder erworben. Der zweite Fall wird leichter zu behandeln sein. Wenn erworben, dann gewiß im Laufe der Entwicklung von den ersten Lebenszeiten an. Von allem Anfang an muß ja das Ich seine Aufgabe zu erfüllen suchen, zwischen seinem Es und der Außenwelt im Dienste des Lustprinzips vermitteln, das Es gegen die Gefahren der Außenwelt behüten. Wenn es im Laufe dieser Bemühung lernt, sich auch gegen das eigene Es defensiv einzustellen und dessen Triebansprüche wie äußere Gefahren zu behandeln, so geschieht dies wenigstens zum Teil darum, weil es versteht, daß die Triebbefriedigung zu Konflikten mit der Außenwelt führen würde. Das Ich gewöhnt sich dann unter dem Einfluß der Erziehung, den Schauplatz des Kampfes von außen nach innen zu verlegen, die *innere* Gefahr zu bewältigen, ehe sie zur *äußeren* geworden ist, und tut wahrscheinlich zumeist gut daran. Während dieses Kampfes auf zwei Fronten – später wird eine dritte Front hinzukommen[18] – bedient sich das Ich verschiedener Verfahren, um seiner Aufgabe zu genügen, allgemein ausgedrückt, um Gefahr, Angst, Unlust zu vermeiden. Wir nennen diese Verfahren *»Abwehrmechnismen«*. Sie sind uns noch nicht erschöpfend genug bekannt. Das Buch von Anna Freud hat uns einen ersten Einblick in ihre Mannigfaltigkeit und vielseitige Bedeutung gestattet.[19]

Von einem dieser Mechanismen, von der Verdrängung, hat das Studium der neurotischen Vorgänge überhaupt seinen Ausgang genommen. Es war nie ein Zweifel daran, daß die Verdrängung nicht das einzige Verfahren ist, das dem Ich für seine Absichten zu Gebote steht. Immerhin ist sie etwas ganz Besonderes, das von den anderen Mechanismen schärfer geschieden ist als diese untereinander. Ich möchte ihr Verhältnis zu diesen anderen durch einen Vergleich deutlich machen, weiß aber, daß in diesen Gebieten Vergleichungen nie weit tragen. Man denke also an die möglichen Schicksale eines Buches zur Zeit, als Bücher noch nicht in Auflagen gedruckt, sondern einzeln geschrieben wurden. Ein solches Buch enthalte Angaben, die in späteren Zeiten als unerwünscht betrachtet werden. Etwa wie nach Robert Eisler[20] die Schriften des Flavius Josephus[21] Stellen über Jesus Christus enthalten haben müssen, an de-

18 [Ein Hinweis auf das Über-Ich.]

19 Anna Freud, *Das Ich und die Abwehrmechanismen* (1936).

20 Robert Eisler, *Jesus Basileus* (1929 [und 1930]).

21 [Der jüd. Geschichtsschreiber Flavius Josephus (37 u. Z. bis um 100) schrieb u. a. eine *Geschichte des jüdischen Krieges* (7 Bücher) und *Jüdische Altertümer* (20 Bücher), eine Geschichte der Juden von den ältesten Zeiten bis gegen das Ende der Regierung von Kaiser Nero (54–68 u. Z.). – Eine ausführliche literarische Darstellung des Josephus findet sich in Lion Feuchtwangers Romantrilogie *Der jüdische Krieg*.]

nen die spätere Christenheit Anstoß nahm. Die amtliche Zensur würde in der Jetztzeit keinen anderen Abwehrmechanismus anwenden als die Konfiskation und Vernichtung jedes Exemplars der ganzen Auflage. Damals wandte man verschiedene Methoden zur Unschädlichmachung an. Entweder die anstößigen Stellen wurden dick durchgestrichen, so daß sie unleserlich waren; sie konnten dann auch nicht abgeschrieben werden, und der nächste Kopist des Buches lieferte einen tadellosen Text, aber an einigen Stellen lückenhaft und vielleicht dort unverständlich. Oder man begnügte sich nicht damit, wollte auch den Hinweis auf die Verstümmelung des Textes vermeiden; man ging also dazu über, den Text zu entstellen. Man ließ einzelne Worte aus oder ersetzte sie durch andere, man schaltete neue Sätze ein; am besten strich man die ganze Stelle heraus und fügte an ihrer Statt eine andere ein, die das genaue Gegenteil besagte. Der nächste Abschreiber des Buches konnte dann einen unverdächtigen Text herstellen, der aber verfälscht war; er enthielt nicht mehr, was der Autor hatte mitteilen wollen, und sehr wahrscheinlich war er nicht zur Wahrheit korrigiert worden.

Wenn man den Vergleich nicht allzu strenge durchführt, kann man sagen, die Verdrängung verhält sich zu den anderen Abwehrmethoden wie die Auslassung zur Textentstellung, und in den verschiedenen Formen dieser Verfälschung kann man die Analogien zur Mannigfaltigkeit der Ichveränderung finden. Man kann den Einwand versuchen, dieser Vergleich gleite in einem wesentlichen Punkte ab, denn die Textentstellung ist das Werk einer tendenziösen Zensur, zu der die Ichentwicklung kein Gegenstück zeigt. Aber dem ist nicht so, denn diese Tendenz wird durch den Zwang des Lustprinzips weitgehend vertreten. Der psychische Apparat verträgt die Unlust nicht, er muß sich ihrer um jeden Preis erwehren, und wenn die Wahrnehmung der Realität Unlust bringt, muß sie – die Wahrheit also – geopfert werden. Gegen die äußere Gefahr kann man sich eine ganze Weile durch Flucht und Vermeidung der Gefahrsituation helfen, bis man später einmal stark genug wird, um die Drohung durch aktive Veränderung der Realität aufzuheben. Aber vor sich selbst kann man nicht fliehen, gegen die innere Gefahr hilft keine Flucht, und darum sind die Abwehrmechanismen des Ichs dazu verurteilt, die innere Wahrnehmung zu verfälschen und uns nur eine mangelhafte und entstellte Kenntnis unseres Es zu ermöglichen. Das Ich ist dann in seinen Beziehungen zum Es durch seine Einschränkungen gelähmt oder durch seine Irrtümer verblendet, und der Erfolg im psychischen Geschehen wird derselbe sein müssen, wie wenn man auf der Wanderung die Gegend nicht kennt und nicht rüstig ist im Gehen.

Die Abwehrmechanismen dienen der Absicht, Gefahren abzuhalten. Es ist unbestreitbar, daß ihnen solches gelingt; es ist zweifelhaft, ob das Ich während seiner Entwicklung völlig auf sie verzichten kann, aber es ist auch sicher, daß sie selbst zu Gefahren werden können. Manchmal stellt es sich heraus, daß das Ich für die Dienste, die sie ihm leisten, einen zu hohen Preis gezahlt hat. Der dynamische Aufwand, der erfordert wird, um sie zu unterhalten, sowie die Icheinschränkungen, die sie fast regelmäßig mit sich bringen, erweisen sich als schwere Belastungen der psychischen Ökonomie. Auch werden diese Mechanismen nicht aufgelassen, nachdem sie dem Ich in den schweren Jahren seiner Entwicklung ausgeholfen haben. Jede Person verwendet natürlich nicht alle möglichen Abwehrmechanismen, sondern nur eine gewisse Auswahl von ihnen, aber diese fixieren sich im Ich, sie werden regelmäßige Reaktionsweisen des Charakters, die durchs ganze Leben wiederholt werden, sooft eine der ursprünglichen Situation ähnliche wiederkehrt. Damit werden sie zu Infantilismen, teilen das Schicksal so vieler Institutionen, die sich über die Zeit ihrer Brauchbarkeit hinaus zu erhalten streben. »Vernunft wird Unsinn, Wohltat Plage«[22], wie es der Dichter beklagt. Das erstarkte Ich des Erwachsenen fährt fort, sich gegen Gefahren zu verteidigen, die in der Realität nicht mehr be-

22 [Goethe, *Faust*, I. Teil, 4. Szene.]

stehen, ja es findet sich gedrängt, jene Situationen der Realität herauszusuchen, die die ursprüngliche Gefahr ungefähr ersetzen können, um sein Festhalten an den gewohnten Reaktionsweisen an ihnen rechtfertigen zu können. Somit wird es leicht verständlich, wie die Abwehrmechanismen durch immer weitergreifende Entfremdung von der Außenwelt und dauernde Schwächung des Ichs den Ausbruch der Neurose vorbereiten und begünstigen.

Unser Interesse ist aber gegenwärtig nicht auf die pathogene Rolle der Abwehrmechanismen gerichtet; wir wollen untersuchen, wie die ihnen entsprechende Ichveränderung unsere therapeutische Bemühung beeinflußt. Das Material zur Beantwortung dieser Frage ist in dem erwähnten Buch von Anna Freud gegeben. Das Wesentliche daran ist, daß der Analysierte diese Reaktionsweisen auch während der analytischen Arbeit wiederholt, uns gleichsam vor Augen führt; eigentlich kennen wir sie nur daher. Damit ist nicht gesagt, daß sie die Analyse unmöglich machen. Sie legen vielmehr die eine Hälfte unserer analytischen Aufgabe fest. Die andere, die in der Frühzeit der Analyse zuerst in Angriff genommen wurde, ist die Aufdeckung des im Es Verborgenen. Unsere therapeutische Bemühung pendelt während der Behandlung beständig von einem Stückchen Esanalyse zu einem Stückchen Ichanalyse. Im einen Fall wollen wir etwas vom Es bewußt machen, im anderen etwas am Ich korrigieren. Die entscheidende Tatsache ist nämlich, daß die Abwehrmechanismen gegen einstige Gefahren in der Kur als *Widerstände* gegen die Heilung wiederkehren. Es läuft darauf hinaus, daß die Heilung selbst vom Ich wie eine neue Gefahr behandelt wird.

Der therapeutische Effekt ist an die Bewußtmachung des im Es im weitesten Sinn Verdrängten gebunden; wir bereiten dieser Bewußtmachung den Weg durch Deutungen und Konstruktionen, aber wir haben nur für uns, nicht für den Analysierten gedeutet, solange das Ich an den früheren Abwehren festhält, die Widerstände nicht aufgibt. Nun sind diese Widerstände, obwohl dem Ich angehörig, doch unbewußt und in gewissem Sinne innerhalb des Ichs abgesondert. Der Analytiker erkennt sie leichter als das Verborgene im Es; es sollte hinreichen, sie wie Anteile des Es zu behandeln und durch Bewußtmachung mit dem übrigen Ich in Beziehung zu bringen. Auf diesem Weg wäre die eine Hälfte der analytischen Aufgabe zu erledigen; auf einen Widerstand gegen die Aufdeckung von Widerständen möchte man nicht rechnen. Es ereignet sich aber folgendes. Während der Arbeit an den Widerständen tritt das Ich – mehr oder weniger ernsthaft – aus dem Vertrag aus, auf dem die analytische Situation ruht. Das Ich unterstützt unsere Bemühung um die Aufdeckung des Es nicht mehr, es widersetzt sich ihr, hält die analytische Grundregel[23]

---

23 [Die psychoanalytische Grundregel schreibt vor, daß der Patient unter keinem Vorwand Einfälle zurückhalten darf. Freud hat diesen Begriff erstmals in den behandlungstechnischen Schriften, die zwischen 1911 und 1915 entstanden sind, eingeführt. Am ausführlichsten wird er in der Arbeit *Zur Einleitung der Behandlung* kommentiert. Freud empfiehlt, den Patienten »von allem Anfang an« mit der Grundregel etwa in folgender Weise bekanntzumachen: »›Noch eines, ehe Sie beginnen. Ihre Erzählung soll sich doch in einem Punkte von einer gewöhnlichen Konversation unterscheiden. Während Sie sonst mit Recht versuchen, in Ihrer Darstellung den Faden des Zusammenhanges festzuhalten, und alle störenden Einfälle und Nebengedanken abweisen, um nicht, wie man sagt, aus dem Hundertsten ins Tausendste zu kommen, sollen Sie hier anders vorgehen. Sie werden beobachten, daß Ihnen während Ihrer Erzählung verschiedene Gedanken kommen, welche Sie mit gewissen kritischen Einwendungen zurückweisen möchten. Sie werden versucht sein, sich zu sagen: Dies oder jenes gehört nicht hieher, oder es ist ganz unwichtig, oder es ist unsinnig, man braucht es darum nicht zu sagen. Geben Sie dieser Kritik niemals nach und sagen Sie es trotzdem, ja gerade darum, weil sie eine Abneigung dagegen verspüren[...]. Sagen Sie also alles, was Ihnen durch den Sinn geht[...]. Endlich vergessen Sie nie daran, daß Sie volle Aufrichtigkeit versprochen haben, und gehen Sie nie über etwas hinweg, weil Ihnen dessen Mitteilung aus irgendeinem Grunde unangenehm ist.‹« In einer Fußnote kommentiert Freud diese Anweisung u. a. mit folgendem Beispiel: »[...] man bedenke, wenn bei uns ein Asylrecht, zum Beispiel für einen einzigen Platz in der Stadt, bestände, wie lange es brauchen würde, bis alles Gesindel der Stadt auf diesem einen Platze zusammenträfe. Ich behandelte einmal einen hohen Funktionär, der durch seinen Diensteid genötigt war, gewisse Dinge als Staatsgeheimnis vor der Mitteilung zu bewahren, und scheiterte bei ihm an dieser Einschränkung. Die psychoanalytische Behandlung muß sich über alle Rücksichten hinaussetzen, weil die Neurose und ihre Widerstände rücksichtslos sind.«]

nicht ein, läßt keine weiteren Abkömmlinge des Verdrängten auftauchen. Eine starke Überzeugung von der heilenden Macht der Analyse kann man vom Patienten nicht erwarten; er mag ein Stück Vertrauen zum Analytiker mitgebracht haben, das durch die zu erweckenden Momente der positiven Übertragung zur Leistungsfähigkeit verstärkt wird. Unter dem Einfluß der Unlustregungen, die durch das neuerliche Abspielen der Abwehrkonflikte verspürt werden, können jetzt negative Übertragungen die Oberhand gewinnen und die analytische Situation völlig aufheben. Der Analytiker ist jetzt für den Patienten nur ein fremder Mensch, der unangenehme Zumutungen an ihn stellt, und er benimmt sich gegen ihn ganz wie das Kind, das den Fremden nicht mag und ihm nichts glaubt. Versucht der Analytiker, dem Patienten eine der in der Abwehr vorgenommenen Entstellungen aufzuzeigen und sie zu korrigieren, so findet er ihn verständnislos und unzugänglich für gute Argumente. So gibt es wirklich einen Widerstand gegen die Aufdeckung von Widerständen, und die Abwehrmechanismen verdienen wirklich den Namen, mit dem wir sie anfänglich bezeichnet haben, ehe sie genauer erforscht wurden; es sind Widerstände nicht nur gegen die Bewußtmachung der Es-Inhalte, sondern auch gegen die Analyse überhaupt und somit gegen die Heilung.

Die Wirkung der Abwehren im Ich können wir wohl als »Ichveränderung« bezeichnen, wenn wir darunter den Abstand von einem fiktiven Normal-Ich verstehen, das der analytischen Arbeit unerschütterliche Bündnistreue zusichert. Es ist nun leicht zu glauben, was die tägliche Erfahrung zeigt, daß es wesentlich davon abhängt, wie stark und wie tief eingewurzelt diese Widerstände der Ichveränderung sind, wo es sich um den Ausgang einer analytischen Kur handelt. Wieder tritt uns hier die Bedeutung des quantitativen Faktors entgegen, wieder werden wir daran gemahnt, daß die Analyse nur bestimmte und begrenzte Mengen von Energien aufwenden kann, die sich mit den feindlichen Kräften zu messen haben. Und als ob der Sieg wirklich meist bei den stärkeren Bataillonen wäre.

VI

Die nächste Frage wird lauten, ob alle Ichveränderung – in unserem Sinne – während der Abwehrkämpfe der Frühzeit erworben wird. Die Antwort kann nicht zweifelhaft sein. Es besteht kein Grund, die Existenz und Bedeutung ursprünglicher, mitgeborener Ichverschiedenheiten zu bestreiten. Schon die eine Tatsache ist entscheidend, daß jede Person ihre Auswahl unter den möglichen Abwehrmechanismen trifft, immer nur einige und dann stets dieselben verwendet. Das deutet darauf hin, daß das einzelne Ich von vornherein mit individuellen Dispositionen und Tendenzen ausgestattet ist, deren Art und Bedingtheit wir nun freilich nicht angeben können. Außerdem wissen wir, daß wir den Unterschied zwischen ererbten und erworbenen Eigenschaften nicht zu einem Gegensatz überspannen dürfen; unter dem Ererbten ist, was die Vorfahren erworben haben, gewiß ein wichtiger Anteil. Wenn wir von »archaischer Erbschaft« sprechen, denken wir gewöhnlich nur an das Es und scheinen anzunehmen, daß ein Ich am Beginn des Eigenlebens noch nicht vorhanden ist. Aber wir wollen nicht übersehen, daß Es und Ich ursprünglich eins sind, und es bedeutet noch keine mystische Überschätzung der Erblichkeit, wenn wir für glaubwürdig halten, daß dem noch nicht existierenden Ich bereits festgelegt ist, welche Entwicklungsrichtungen, Tendenzen und Reaktionen es späterhin zum Vorschein bringen wird. Die psychologischen Besonderheiten von Familien, Rassen und Nationen auch in ihrem Verhalten gegen die Analyse lassen keine andere Erklärung zu. Ja noch mehr, die analytische Erfahrung hat uns die Überzeugung aufgedrängt, daß selbst bestimmte psychische Inhalte wie die Symbolik keine anderen Quellen haben als die erbliche Übertragung, und in verschiedenen völkerpsychologischen Untersuchungen wird uns nahegelegt, noch andere, ebenso spezialisierte Niederschläge frühmenschlicher Entwicklung in der archaischen Erbschaft vorauszusetzen.

Mit der Einsicht, daß die Eigenheiten des Ichs, die wir

als Widerstände zu spüren bekommen, ebensowohl hereditär bedingt als in Abwehrkämpfen erworben sein können, hat die topische Unterscheidung, ob Ich, ob Es, viel von ihrem Wert für unsere Untersuchung eingebüßt. Ein weiterer Schritt in unserer analytischen Erfahrung führt uns zu Widerständen anderer Art, die wir nicht mehr lokalisieren können und die von fundamentalen Verhältnissen im seelischen Apparat abzuhängen scheinen. Ich kann nur einige Proben dieser Gattung aufführen, das ganze Gebiet ist noch verwirrend fremd, ungenügend erforscht. Man trifft z. B. auf Personen, denen man eine besondere »Klebrigkeit der Libido«[24] zuschreiben möchte. Die Prozesse, die die Kur bei ihnen einleitet, verlaufen soviel langsamer als bei anderen, weil sie sich, wie es scheint, nicht entschließen können, Libidobesetzungen von einem Objekt abzulösen und auf ein neues zu verschieben, obwohl besondere Gründe für solche Besetzungstreue nicht zu finden sind. Man begegnet auch dem entgegengesetzten Typus, bei dem die Libido besonders leicht beweglich erscheint, rasch auf die von der Analyse vorgeschlagenen Neubesetzungen eingeht und die früheren für sie aufgibt. Es ist ein Unterschied, wie ihn der bildende Künstler verspüren mag, ob er in hartem Stein oder in weichem Ton arbeitet. Leider zeigen sich die analytischen Resultate bei diesem zweiten Typus oft als sehr hinfällig; die neuen Besetzungen werden bald wieder verlassen, man bekommt den Eindruck, als habe man nicht in Ton gearbeitet, sondern in Wasser geschrieben. Die Warnung »Wie gewonnen, so zerronnen« behält hier recht.

Bei einer anderen Gruppe von Fällen wird man durch ein Verhalten überrascht, das man nur auf eine Erschöpfung der sonst zu erwartenden Plastizität, der Fähigkeit zur Abänderung und Weiterentwicklung beziehen kann. Auf ein gewisses Maß von psychischer Trägheit sind wir in der Analyse wohl vorbereitet; wenn die analytische Arbeit der

---

24 [Der Terminus taucht auch in der 22. der *Vorlesungen zur Einführung* (vgl. in Band 2 der vorliegenden Ausgabe) auf.]

Triebregung neue Wege eröffnet hat, so beobachten wir fast regelmäßig, daß sie nicht ohne deutliche Verzögerung begangen werden. Wir haben dies Verhalten, vielleicht nicht ganz richtig, als »Widerstand vom Es«[25] bezeichnet. Aber bei den Fällen, die hier gemeint sind, erweisen sich alle Abläufe, Beziehungen und Kraftverteilungen als unabänderlich, fixiert und erstarrt. Es ist so, wie man es bei sehr alten Leuten findet, durch die sogenannte Macht der Gewohnheit, die Erschöpfung der Aufnahmsfähigkeit, durch eine Art von psychischer Entropie erklärt; aber es handelt sich hier um noch jugendliche Individuen. Unsere theoretische Vorbereitung scheint unzureichend, um die so beschriebenen Typen richtig aufzufassen; es kommen wohl zeitliche Charaktere in Betracht, Abänderungen eines noch nicht gewürdigten Entwicklungsrhythmus im psychischen Leben.

Anders und noch tiefer begründet mögen die Ichverschiedenheiten sein, die in einer weiteren Gruppe von Fällen als Quellen des Widerstands gegen die analytische Kur und als Verhinderungen des therapeutischen Erfolgs zu beschuldigen sind. Hier handelt es sich um das letzte, was die psychologische Erforschung überhaupt zu erkennen vermag, das Verhalten der beiden Urtriebe, deren Verteilung, Vermengung und Entmischung, Dinge, die nicht auf eine einzige Povinz des seelischen Apparates, Es, Ich und Über-Ich, beschränkt vorzustellen sind. Es gibt keinen stärkeren Eindruck von den Widerständen während der analytischen Arbeit als den von einer Kraft, die sich mit allen Mitteln gegen die Genesung wehrt und durchaus an Krankheit und Leiden festhalten will. Einen Anteil dieser Kraft haben wir, sicherlich mit Recht, als Schuldbewußtsein und Strafbedürfnis agnosziert und im Verhältnis des Ichs zum Über-Ich lokalisiert. Aber das ist nur jener Anteil, der vom Über-Ich sozusagen psychisch gebunden ist und in solcher Weise kenntlich wird; andere Beträge derselben Kraft mögen, un-

25 [Vgl. *Hemmung, Symptom und Angst*, Kapitel XI, Abschnitt A(a), im vorliegenden Band.]

bestimmt wo, in gebundener oder freier Form, am Werke sein. Hält man sich das Bild in seiner Gesamtheit vor, zu dem sich die Erscheinungen des immanenten Masochismus so vieler Personen, der negativen therapeutischen Reaktion und des Schuldbewußtseins der Neurotiker zusammensetzen, so wird man nicht mehr dem Glauben anhängen können, daß das seelische Geschehen ausschließlich vom Luststreben beherrscht wird. Diese Phänomene sind unverkennbare Hinweise auf das Vorhandensein einer Macht im Seelenleben, die wir nach ihren Zielen Aggressions- oder Destruktionstrieb heißen und von dem ursprünglichen Todestrieb der belebten Materie ableiten. Ein Gegensatz einer optimistischen zu einer pessimistischen Lebenstheorie kommt nicht in Frage; nur das Zusammen- und Gegeneinanderwirken beider Urtriebe Eros und Todestrieb erklärt die Buntheit der Lebenserscheinungen, niemals einer von ihnen allein.

Wie Anteile der beiden Triebarten zur Durchsetzung der einzelnen Lebensfunktionen miteinander zusammentreten, unter welchen Bedingungen diese Vereinigungen sich lockern oder zerfallen, welche Störungen diesen Veränderungen entsprechen und mit welchen Empfindungen die Wahrnehmungsskala des Lustprinzips auf sie antwortet, das klarzustellen wäre die lohnendste Aufgabe der psychologischen Forschung. Vorläufig beugen wir uns vor der Übermacht der Gewalten, an der wir unsere Bemühungen scheitern sehen. Schon die psychische Beeinflussung des einfachen Masochismus stellt unser Können auf eine harte Probe.

Beim Studium der Phänome, die die Betätigung des Destruktionstriebs erweisen, sind wir nicht auf Beobachtungen an pathologischem Material eingeschränkt. Zahlreiche Tatsachen des normalen Seelenlebens drängen nach einer solchen Erklärung, und je mehr unser Blick sich schärft, desto reichlicher werden sie uns auffallen. Es ist ein Thema, zu neu und zu wichtig, um es in dieser Erörterung wie beiläufig zu behandeln; ich werde mich damit bescheiden, einige wenige Proben herauszuheben. Die folgende als Beispiel:

Es ist bekannt, daß es zu allen Zeiten Menschen gegeben hat und noch gibt, die Personen des gleichen wie des anderen Geschlechts zu ihren Sexualobjekten nehmen können, ohne daß die eine Richtung die andere beeinträchtigt. Wir heißen diese Leute Bisexuelle, nehmen ihre Existenz hin, ohne uns viel darüber zu verwundern. Wir haben aber gelernt, daß alle Menschen in diesem Sinne bisexuell sind, ihre Libido entweder in manifester oder in latenter Weise auf Objekte beider Geschlechter verteilen. Nur fällt uns folgendes dabei auf. Während im ersten Falle die beiden Richtungen sich ohne Anstoß miteinander vertragen haben, befinden sie sich im anderen und häufigeren Falle im Zustand eines unversöhnlichen Konflikts. Die Heterosexualität eines Mannes duldet keine Homosexualität, und ebenso ist es umgekehrt. Ist die erstere die stärkere, so gelingt es ihr, die letztere latent zu erhalten und von der Realbefriedigung abzudrängen; andererseits gibt es keine größere Gefahr für die heterosexuelle Funktion eines Mannes als die Störung durch die latente Homosexualität. Man könnte die Erklärung versuchen, daß eben nur ein bestimmter Betrag von Libido verfügbar ist, um den die beiden miteinander rivalisierenden Richtungen ringen müssen. Allein man sieht nicht ein, warum die Rivalen nicht regelmäßig den verfügbaren Betrag der Libido je nach ihrer relativen Stärke unter sich aufteilen, wenn sie es doch in manchen Fällen tun können. Man bekommt durchaus den Eindruck, als sei die Neigung zum Konflikt etwas Besonderes, was neu zur Situation hinzukommt, unabhängig von der Quantität der Libido. Eine solche unabhängig auftretende Konfliktneigung wird man kaum auf anderes zurückführen können als auf das Eingreifen eines Stückes von freier Aggression.

Wenn man den hier erörterten Fall als Äußerung des Destruktions- oder Aggressionstriebs anerkennt, so erhebt sich sofort die Frage, ob man nicht dieselbe Auffassung auf andere Beispiele von Konflikt ausdehnen, ja ob man nicht überhaupt all unser Wissen vom psychischen Konflikt unter diesem neuen Gesichtspunkt revidieren soll. Wir nehmen doch an, daß auf dem Weg der Entwicklung vom Primitiven zum Kulturmenschen eine sehr erhebliche Verinnerlichung, Einwärtswendung der Aggression stattfindet, und für die Außenkämpfe, die dann unterbleiben, wären die inneren Konflikte sicherlich das richtige Äquivalent. Es ist mir wohl bekannt, daß die dualistische Theorie, die einen Todes-, Destruktions- oder Aggressionstrieb als gleichberechtigten Partner neben den in der Libido sich kundgebenden Eros hinstellen will, im allgemeinen wenig Anklang gefunden und sich auch unter Psychoanalytikern nicht eigentlich durchgesetzt hat. Um so mehr mußte es mich erfreuen, als ich unlängst unsere Theorie bei einem der großen Denker der griechischen Frühzeit wiederfand. Ich opfere dieser Bestätigung gern das Prestige der Originalität, zumal da ich bei dem Umfang meiner Lektüre in früheren Jahren doch nie sicher werden kann, ob meine angebliche Neuschöpfung nicht eine Leistung der Kryptomnesie war[26].

Empedokles aus Akragas (Girgenti)[27], etwa 495 a. Chr. geboren, erscheint als eine der großartigsten und merkwür-

26 [Den seinen ähnliche Gedankengänge über den Traum hat Freud bei Josef Popper-Lynkeus (vgl. Fußnote 26 zum Aufsatz *Zur Geschichte der psychoanalytischen Bewegung* in Band 1 der vorliegenden Ausgabe) mehrmals ausdrücklich anerkannt, so in dem Artikel *Josef Popper-Lynkeus und die Theorie des Traumes* (1923), in dem es eingangs heißt: »Über den Anschein wissenschaftlicher Originalität ist viel Interessantes zu sagen. Wenn in der Wissenschaft eine neue Idee auftaucht, die zunächst als Entdeckung gewertet und in der Regel als solche auch bekämpft wird, so weist die objektive Erforschung bald nach, daß sie eigentlich doch keine Neuheit ist. In der Regel ist sie schon wiederholt gemacht und dann wieder vergessen worden, oft zu sehr weit voneinander entfernten Zeiten. Oder sie hat wenigstens Vorläufer gehabt, wurde undeutlich geahnt und unvollkommen ausgesprochen[...]. Aber auch die subjektive Seite der Originalität ist der Verfolgung würdig. Ein wissenschaftlicher Arbeiter mag sich einmal die Frage stellen, woher die ihm eigentümlichen Ideen kommen, die er an sein Material herangebracht hat. Dann findet er von einem Teil derselben ohne viel Besinnen, auf welche Anregungen er zurückgeht[...]. Von einem anderen Anteil seiner Ideen kann er nichts Ähnliches bekennen[...], durch sie stützt er seinen Anspruch auf Originalität.«]

27 Das Folgende nach Wilhelm Capelle, *Die Vorsokratiker* (1935). [Die sizilianische Stadt ist unter dem Namen Agrigent besser bekannt.]

digsten Gestalten der griechischen Kulturgeschichte. Seine vielseitige Persönlichkeit betätigte sich in den verschiedensten Richtungen; er war Forscher und Denker, Prophet und Magier, Politiker, Menschenfreund und naturkundiger Arzt; er soll die Stadt Selinunt von der Malaria befreit haben, von seinen Zeitgenossen wurde er wie ein Gott verehrt. Sein Geist scheint die schärfsten Gegensätze in sich vereinigt zu haben; exakt und nüchtern in seinen physikalischen und physiologischen Forschungen, scheut er doch vor dunkler Mystik nicht zurück, baut kosmische Spekulation auf von erstaunlich phantastischer Kühnheit. Capelle vergleicht ihn dem Dr. Faust, »dem gar manch Geheimnis wurde kund«[28]. Zu einer Zeit entstanden, da das Reich des Wissens noch nicht in so viele Provinzen zerfiel, müssen manche seiner Lehren uns primitiv anmuten. Er erklärte die Verschiedenheiten der Dinge durch Mischungen der vier Elemente, Erde, Wasser, Feuer und Luft, glaubte an die Allbelebtheit der Natur und an die Seelenwanderung, aber auch so moderne Ideen wie die stufenweise Entwicklung der Lebewesen, das Überbleiben des Tauglichsten und die Anerkennung der Rolle des Zufalls *(τύχη)* bei dieser Entwicklung gehen in sein Lehrgebäude ein.

Unser Interesse gebührt aber jener Lehre des Empedokles, die der psychoanalytischen Triebtheorie so nahe kommt, daß man versucht wird zu behaupten, die beiden wären identisch, bestünde nicht der Unterschied, daß die des Griechen eine kosmische Phantasie ist, während unsere sich mit dem Anspruch auf biologische Geltung bescheidet. Der Umstand freilich, daß Empedokles dem Weltall dieselbe Beseelung zuspricht wie dem einzelnen Lebewesen, entzieht dieser Differenz ein großes Stück ihrer Bedeutung.

Der Philosoph lehrt also, daß es zwei Prinzipien des Geschehens im weltlichen wie im seelischen Leben gibt, die in

28 [Leicht modifizierte Fassung (»Nicht manch Geheimnis würde kund«) einer Zeile aus Fausts erstem Monolog (Goethe, *Faust,* 1. Teil, 1. Szene).]

ewigem Kampf miteinander liegen. Er nennt sie *φιλία* – *Liebe* – und *νεῖκοδ* – *Streit*. Die eine dieser Mächte, die für ihn im Grunde »triebhaft wirkende Naturkräfte, durchaus keine zweckbewußten Intelligenzen«[29] sind, strebt darnach, die Ur-Teilchen der vier Elemente zu einer Einheit zusammenzuballen, die andere im Gegenteil will all diese Mischungen rückgängig machen und Ur-Teilchen der Elemente voneinander sondern. Den Weltprozeß denkt er sich als fortgesetzte, niemals aufhörende Abwechslung von Perioden, in denen die eine oder die andere der beiden Grundkräfte den Sieg davonträgt, so daß einmal die Liebe, das nächste Mal der Streit seine Absicht voll durchsetzt und die Welt beherrscht, worauf der andere, unterlegene Teil einsetzt und nun seinerseits den Partner niederringt.

Die beiden Grundprinzipien des Empedokles – *φιλία* und *νεῖκος* – sind dem Namen wie der Funktion nach das gleiche wie unsere beiden Urtriebe *Eros* und *Destruktion*, der eine bemüht, das Vorhandene zu immer größeren Einheiten zusammenzufassen, der andere, diese Vereinigungen aufzulösen und die durch sie entstandenen Gebilde zu zerstören. Wir werden uns aber auch nicht verwundern, daß diese Theorie in manchen Zügen verändert ist, wenn sie nach zweiundeinhalb Jahrtausenden wieder auftaucht. Von der Einschränkung auf das Biopsychische abgesehen, die uns auferlegt ist, unsere Grundstoffe sind nicht mehr die vier Elemente des Empedokles, das Leben hat sich für uns scharf vom Unbelebten gesondert, wir denken nicht mehr an Vermengung und Trennung von Stoffteilchen, sondern an Verlötung und Entmischung von Triebkomponenten. Auch haben wir das Prinzip des »Streites« gewissermaßen biologisch unterbaut, indem wir unseren Destruktionstrieb auf den Todestrieb zurückführten, den Drang des Lebenden, zum Leblosen zurückzukehren. Das will nicht in Abrede stellen, daß ein analoger Trieb schon vorher bestanden hat, und natürlich nicht behaupten, daß ein solcher Trieb erst mit dem Erscheinen des Lebens entstanden ist.

---

29 Capelle (1935, 186).

Und niemand kann vorhersehen, in welcher Einkleidung der Wahrheitskern in der Lehre des Empedokles sich späterer Einsicht zeigen wird.

VII

Ein inhaltsreicher Vortrag, den S. Ferenczi 1927 gehalten, *Das Problem der Beendigung der Analysen*,[30] schließt mit der tröstlichen Versicherung, »daß die Analyse kein endloser Prozeß ist, sondern bei entsprechender Sachkenntnis und Geduld des Analytikers zu einem natürlichen Abschluß gebracht werden kann«. Ich meine, im ganzen kommt dieser Aufsatz doch einer Mahnung gleich, sich nicht die Abkürzung, sondern die Vertiefung der Analyse zum Ziel zu setzen. Ferenczi fügt noch die wertvolle Bemerkung an, es sei so sehr entscheidend für den Erfolg, daß der Analytiker aus seinen eigenen »Irrungen und Irrtümern« genügend gelernt und die »schwachen Punkte der eigenen Persönlichkeit« in seine Gewalt bekommen habe. Das ergibt eine wichtige Ergänzung zu unserem Thema. Nicht nur die Ichbeschaffenheit des Patienten, auch die Eigenart des Analytikers fordert ihre Stelle unter den Momenten, die die Aussichten der analytischen Kur beeinflussen und dieselbe nach Art der Widerstände erschweren.

Es ist unbestreitbar, daß die Analytiker in ihrer eigenen Persönlichkeit nicht durchwegs das Maß von psychischer Normalität erreicht haben, zu dem sie ihre Patienten erziehen wollen. Gegner der Analyse pflegen auf diese Tatsache höhnend hinzuweisen und sie als Argument für die Nutzlosigkeit der analytischen Bemühung zu verwerten. Man könnte diese Kritik als ungerechte Anforderung zurückweisen. Analytiker sind Personen, die eine bestimmte Kunst auszuüben gelernt haben und daneben Menschen sein dür-

30 *Internationale Zeitschrift für Psychoanalyse*, Bd. 14 (1928). [Es handelt sich um eine Arbeit, die 1927 auf dem Internationalen Psychoanalytischen Kongreß in Innsbruck vorgetragen wurde. Sie erschien im darauffolgenden Jahr.]

fen wie auch andere. Man behauptet doch sonst nicht, daß jemand zum Arzt für interne Krankheiten nicht taugt, wenn seine internen Organe nicht gesund sind; man kann im Gegenteil gewisse Vorteile dabei finden, wenn ein selbst von Tuberkulose Bedrohter sich in der Behandlung von Tuberkulösen spezialisiert. Aber die Fälle liegen doch nicht gleich. Der lungen- oder herzkranke Arzt wird, insoweit er überhaupt leistungsfähig geblieben ist, durch sein Kranksein weder in der Diagnostik noch in der Therapie interner Leiden behindert sein, während der Analytiker infolge der besonderen Bedingungen der analytischen Arbeit durch seine eigenen Defekte wirklich darin gestört wird, die Verhältnisse des Patienten richtig zu erfassen und in zweckdienlicher Weise auf sie zu reagieren. Es hat also seinen guten Sinn, wenn man vom Analytiker als Teil seines Befähigungsnachweises ein höheres Maß von seelischer Normalität und Korrektheit fordert; dazu kommt noch, daß er auch eine gewisse Überlegenheit benötigt, um auf den Patienten in gewissen analytischen Situationen als Vorbild, in anderen als Lehrer zu wirken. Und endlich ist nicht zu vergessen, daß die analytische Beziehung auf Wahrheitsliebe, d. h. auf die Anerkennung der Realität gegründet ist und jeden Schein und Trug ausschließt.

Machen wir einen Moment halt, um den Analytiker unserer aufrichtigen Anteilnahme zu versichern, daß er bei Ausübung seiner Tätigkeit so schwere Anforderungen erfüllen soll. Es hat doch beinahe den Anschein, als wäre das Analysieren der dritte jener »unmöglichen« Berufe, in denen man des ungenügenden Erfolgs von vornherein sicher sein kann. Die beiden anderen, weit länger bekannten, sind das Erziehen und das Regieren. Daß der zukünftige Analytiker ein vollkommener Mensch sei, ehe er sich mit der Analyse beschäftigt hat, also daß nur Personen von so hoher und so seltener Vollendung sich diesem Beruf zuwenden, kann man offenbar nicht verlangen. Wo und wie soll aber der Ärmste sich jene ideale Eignung erwerben, die er in seinem Berufe brauchen wird? Die Antwort wird lauten: in der Eigenanalyse, mit der seine Vorbereitung für seine zukünftige Tätigkeit beginnt. Aus praktischen Gründen kann diese nur kurz und unvollständig sein, ihr hauptsächlicher Zweck ist, dem Lehrer ein Urteil zu ermöglichen, ob der Kandidat zur weiteren Ausbildung zugelassen werden kann. Ihre Leistung ist erfüllt, wenn sie dem Lehrling die sichere Überzeugung von der Existenz des Unbewußten bringt, ihm die sonst unglaubwürdigen Selbstwahrnehmungen beim Auftauchen des Verdrängten vermittelt und ihm an einer ersten Probe die Technik zeigt, die sich in der analytischen Tätigkeit allein bewährt hat. Dies allein würde als Unterweisung nicht ausreichen, allein man rechnet darauf, daß die in der Eigenanalyse erhaltenen Anregungen mit deren Aufhören nicht zu Ende kommen, daß die Prozesse der Ichumarbeitung sich spontan beim Analysierten fortsetzen und alle weiteren Erfahrungen in dem neu erworbenen Sinn verwenden werden. Das geschieht auch wirklich, und soweit es geschieht, macht es den Analysierten tauglich zum Analytiker.

Es ist bedauerlich, daß außerdem noch anderes geschieht. Man bleibt auf Eindrücke angewiesen, wenn man dies beschreiben will; Feindseligkeit auf der einen, Parteilichkeit auf der anderen Seite schaffen eine Atmosphäre, die der objektiven Erforschung nicht günstig ist. Es scheint also, daß zahlreiche Analytiker es erlernen, Abwehrmechanismen anzuwenden, die ihnen gestatten, Folgerungen und Forderungen der Analyse von der eigenen Person abzulenken, wahrscheinlich indem sie sie gegen andere richten, so daß sie selbst bleiben, wie sie sind, und sich dem kritisierenden und korrigierenden Einfluß der Analyse entziehen können. Es mag sein, daß dieser Vorgang dem Dichter recht gibt, der uns mahnt, wenn einem Menschen Macht verliehen wird, falle es ihm schwer, sie nicht zu mißbrauchen[31]. Mitunter drängt sich dem um ein Verständnis Bemühten die unliebsame Analogie mit der Wirkung der Röntgenstrahlen auf, wenn man ohne besondere Vorsichten mit ihnen hantiert. Es wäre nicht zu verwundern, wenn

31 Anatole France, *La révolte des anges* [1914].

durch die unausgesetzte Beschäftigung mit all dem Verdrängten, was in der menschlichen Seele nach Befreiung ringt, auch beim Analytiker alle jene Triebansprüche wachgerüttelt würden, die er sonst in der Unterdrückung erhalten kann. Auch dies sind »Gefahren der Analyse«, die zwar nicht dem passiven, sondern dem aktiven Partner der analytischen Situation drohen, und man sollte es nicht unterlassen, ihnen zu begegnen. Es kann nicht zweifelhaft sein, auf welche Weise. Jeder Analytiker sollte periodisch, etwa nach Verlauf von fünf Jahren, sich wieder zum Objekt der Analyse machen, ohne sich dieses Schrittes zu schämen. Das hieße also, auch die Eigenanalyse würde aus einer endlichen eine unendliche Aufgabe, nicht nur die therapeutische Analyse am Kranken.

Indes hier ist es an der Zeit, ein Mißverständnis abzuwehren. Ich habe nicht die Absicht zu behaupten, daß die Analyse überhaupt eine Arbeit ohne Abschluß ist. Wie immer man sich theoretisch zu dieser Frage stellen mag, die Beendigung einer Analyse ist, meine ich, eine Angelegenheit der Praxis. Jeder erfahrene Analytiker wird sich an eine Reihe von Fällen erinnern können, in denen er *rebus bene gestis*[32] vom Patienten dauernden Abschied genommen hat. Weit weniger entfernt sich die Praxis von der Theorie in Fällen der sogenannten Charakteranalyse. Hier wird man nicht leicht ein natürliches Ende voraussehen können, auch wenn man sich von übertriebenen Erwartungen fernehält und der Analyse keine extremen Aufgaben stellt. Man wird sich nicht zum Ziel setzen, alle menschlichen Eigenarten zugunsten einer schematischen Normalität abzuschleifen oder gar zu fordern, daß der »gründlich Analysierte« keine Leidenschaften verspüren und keine inneren Konflikte entwickeln dürfe. Die Analyse soll die für die Ichfunktionen günstigsten psychologischen Bedingungen herstellen; damit wäre ihre Aufgabe erledigt.

32 [Nach ordentlicher Erledigung der Angelegenheiten.]

VIII

In therapeutischen ebenso wie in Charakteranalysen wird man auf die Tatsache aufmerksam, daß zwei Themen sich besonders hervortun und dem Analytiker ungewöhnlich viel zu schaffen machen. Man kann das Gesetzmäßige, das sich darin äußert, nicht lange verkennen. Die beiden Themen sind an die Differenz der Geschlechter gebunden; das eine ist ebenso charakteristisch für den Mann wie das andere für das Weib. Trotz der Verschiedenheit des Inhalts sind es offenbare Entsprechungen. Etwas, das beiden Geschlechtern gemeinsam ist, ist durch den Geschlechtsunterschied in eine andere Ausdrucksform gepreßt worden.

Die beiden einander entsprechenden Themen sind für das Weib der *Penisneid* – das positive Streben nach dem Besitz eines männlichen Genitales –, für den Mann das Sträuben gegen seine passive oder feminine Einstellung zum anderen Mann. Das Gemeinsame hat die psychoanalytische Nomenklatur frühzeitig als Verhalten zum Kastrationskomplex herausgehoben, Alfred Adler hat später die für den Mann voll zutreffende Bezeichnung »männlicher Protest« in Gebrauch gebracht: ich meine, »Ablehnung der Weiblichkeit« wäre vom Anfang an die richtige Beschreibung dieses so merkwürdigen Stückes des menschlichen Seelenlebens gewesen.[33]

Beim Versuch einer Einfügung in unser theoretisches Lehrgebäude darf man nicht übersehen, daß dieser Faktor seiner Natur nach nicht die gleiche Unterbringung bei beiden Geschlechtern finden kann. Beim Mann ist das Männlichkeitsstreben von Anfang an und durchaus ichgerecht; die passive Einstellung wird, da sie die Annahme der Kastration voraussetzt, energisch verdrängt, und oftmals weisen nur exzessive Überkompensationen auf ihr Vorhandensein hin. Auch beim Weib ist das Streben nach Männlichkeit zu einer gewissen Zeit ichgerecht, nämlich in der

33 [Adler, *Der psychische Hermaphroditismus im Leben und in der Neurose*, in: Fortschr. Med., 1910, Bd. 28.]

phallischen Phase, vor der Entwicklung zur Femininität. Dann aber unterliegt es jenem bedeutsamen Verdrängungsprozeß, von dessen Ausgang, wie oft dargestellt, die Schicksale der Weiblichkeit abhängig sind.[34] Sehr viel wird darauf ankommen, ob genug vom Männlichkeitskomplex sich der Verdrängung entzieht und den Charakter dauernd beeinflußt; große Anteile des Komplexes werden normalerweise umgewandelt, um zum Aufbau der Weiblichkeit beizutragen; aus dem ungestillten Wunsch nach dem Penis soll der Wunsch nach dem Kind und nach dem Manne werden, der den Penis trägt. Ungewöhnlich oft aber werden wir finden, daß der Männlichkeitswunsch im Unbewußten erhalten geblieben ist und von der Verdrängung her seine störenden Wirkungen entfaltet.

Wie man aus dem Vorstehenden ersieht, ist es in beiden Fällen das Gegengeschlechtliche, das der Verdrängung verfällt. Ich habe bereits an anderer Stelle erwähnt,[35] daß mir dieser Gesichtspunkt seinerzeit von Wilhelm Fließ vorgetragen wurde, der geneigt war, den Gegensatz der Geschlechter für den eigentlichen Anlaß und das Urmotiv der Verdrängung zu erklären. Ich wiederhole nur meinen damaligen Widerspruch, wenn ich es ablehne, die Verdrängung in solcher Art zu sexualisieren, also sie biologisch anstatt nur psychologisch zu begründen.

Die hervorragende Bedeutung dieser beiden Themen – des Peniswunsches beim Weibe und des Sträubens gegen die passive Einstellung beim Manne – ist der Aufmerksamkeit Ferenczis nicht entgangen. In seinem 1927 gehaltenen Vortrag stellt er die Forderung auf, daß jede erfolgreiche Analyse diese beiden Komplexe bewältigt haben müßte.[36] Ich möchte aus eigener Erfahrung hinzufügen,

34 [In der vorliegenden Ausgabe in der 33. Vorlesung der *Neuen Folge* (vgl. in diesem Band).]

35 *»Ein Kind wird geschlagen«* (1919). [Tatsächlich wird Fließ in jener Abhandlung nicht namentlich erwähnt.]

36 »... jeder männliche Patient muß dem Arzt gegenüber als Zeichen der Überwindung der Kastrationsangst ein Gefühl der Gleichberechtigung erlangen; alle weiblichen Kranken müssen, soll ihre Neurose als eine

daß ich Ferenczi hier besonders anspruchsvoll finde. Zu keiner Zeit der analytischen Arbeit leidet man mehr unter dem bedrückenden Gefühl erfolglos wiederholter Anstrengung, unter dem Verdacht, daß man »Fischpredigten« abhält, als wenn man die Frauen bewegen will, ihren Peniswunsch als undurchsetzbar aufzugeben, und wenn man die Männer überzeugen möchte, daß eine passive Einstellung zum Mann nicht immer die Bedeutung einer Kastration hat und in vielen Lebensbeziehungen unerläßlich ist. Aus der trotzigen Überkompensation des Mannes leitet sich einer der stärksten Übertragungswiderstände ab. Der Mann will sich einem Vaterersatz nicht unterwerfen, will ihm nicht zu Dank verpflichtet sein, will also auch vom Arzt die Heilung nicht annehmen. Eine analoge Übertragung kann sich aus dem Peniswunsch des Weibes nicht herstellen, dagegen stammen aus dieser Quelle Ausbrüche von schwerer Depression um die innere Sicherheit, daß die analytische Kur nichts nützen wird und daß der Kranken nicht geholfen werden kann. Man wird ihr nicht unrecht geben, wenn man erfährt, daß die Hoffnung, das schmerzlich vermißte männliche Organ doch noch zu bekommen, das stärkste Motiv war, das sie in die Kur gedrängt hat.

Man lernt aber auch daraus, daß es nicht wichtig ist, in welcher Form der Widerstand auftritt, ob als Übertragung oder nicht. Entscheidend bleibt, daß der Widerstand keine Änderung zustande kommen läßt, daß alles so bleibt, wie es ist. Man hat oft den Eindruck, mit dem Peniswunsch und dem männlichen Protest sei man durch alle psychologische Schichtung hindurch zum »gewachsenen Fels« durchgedrungen und so am Ende seiner Tätigkeit. Das muß wohl so sein, denn für das Psychische spielt das Biologische wirklich die Rolle des unterliegenden gewachsenen Felsens. Die Ablehnung der Weiblichkeit kann ja nichts anderes sein als eine biologische Tatsache, ein Stück jenes

---

vollständig erledigte gelten, mit ihrem Männlichkeitskomplex fertig werden und sich ohne Ranküne den Denkmöglichkeiten der weiblichen Rolle hingeben.« (a. a. O., S. 8)

großen Rätsels der Geschlechtlichkeit[37]. Ob und wann es uns in einer analytischen Kur gelungen ist, diesen Faktor zu bewältigen, wird schwer zu sagen sein. Wir trösten uns mit der Sicherheit, daß wir dem Analysierten jede mögliche Anregung geboten haben, seine Einstellung zu ihm zu überprüfen und zu ändern.

37 Man darf sich durch die Bezeichnung »männlicher Protest« nicht zur Annahme verleiten lassen, die Ablehnung des Mannes gelte der passiven Einstellung, dem sozusagen sozialen Aspekt der Femininität. Dem widerspricht die leicht zu bestätigende Beobachtung, daß solche Männer häufig ein masochistisches Verhalten gegen das Weib, geradezu eine Hörigkeit zur Schau tragen. Der Mann wehrt sich nur gegen die Passivität im Verhältnis zum Mann, nicht gegen die Passivität überhaupt. Mit anderen Worten, der »männliche Protest« ist in der Tat nichts anderes als Kastrationsangst. [Den Zustand sexueller »Hörigkeit« beim Manne hatte Freud in seiner Abhandlung über *Das Tabu der Virginität* (vgl. in Band 2 der vorliegenden Ausgabe) angedeutet.]

Anhang

Nachbemerkung

Editionsort und Titel der vorliegenden Ausgabe signalisieren entscheidende Gründe für ihr Zustandekommen: Sigmund Freuds Werk erschließt sich besser, wenn es als Widerspiegelung einer konkreten historischen und gesellschaftlichen Situation, der letzten Phase der österreichisch-ungarischen Monarchie, analysiert wird.

Die Eigenart dieses Staatsgebildes, das spätestens seit 1848 überholt war, bestand in einem reaktionären und für die Entwicklung der gesellschaftlichen Produktivkräfte außerordentlich repressiven Machtbündnis zwischen Adel und Bourgeoisie. Die wesentlichen Herrschaftsinstrumente im Vielvölkerstaat waren Heer und Beamtenschaft. Der Kaiser repräsentierte die Einheit dieses widerspruchsvollen zweitgrößten europäischen Staates jener Zeit. Die heterogene soziale Struktur des Reiches – ihre Spanne reichte von hochentwickelter kapitalistischer Industrie, besonders in den deutschsprachigen und tschechischen Teilen, mit einem entsprechend ausgebildeten Proletariat, bis zu latifundienähnlichem Feudalbesitz mit nur nominell veränderten leibeigenschaftlichen Verhältnissen, besonders in den Ost- und Südprovinzen der Monarchie – wie die nationalen Widersprüche führten zu einer charakteristischen Zersplitterung des gesellschaftlichen Überbaus. Die meisten Überbaukräfte wirkten sanktionierend, und selbst die österreichische Sozialdemokratie vollzog gegen Ende des 19. Jahrhunderts die Wende zum Revisionismus. Der sogenannte Austromarxismus scheiterte vor allem am Nationalitätenproblem, indem er die Vorzugsstellung der deutschsprachigen Teile des Proletariats zu erhalten suchte und demzufolge die nationale Frage nur unter dem Aspekt der Kultur- und Sprachautonomie zu betrachten imstande war. Angesichts solcher auf die Erhaltung der Monarchie gerichteter Ideologiebildungen gewann die Überzeugung, daß im gesellschaftlichen wie individuellen Sein bisher nicht erkannte Kräfte wirken mußten, besondere Bedeutung. Hier liegt zweifellos eine wesentliche Ursache dafür, daß Freud bereits Ende der achtziger Jahre unbewußte Triebe als entscheidend für individuelles Verhalten und bald auch für gesellschaftliche Entwicklungen ansah. In allen Konstruktionen, die er darauf aufbaute, zeigt sich auf der einen Seite die Wirkungsweise objektiver Gesetzmäßigkeiten, die letztlich auf die Dialektik von Produktionsverhältnissen und Produktivkräften hinauslaufen, und andererseits deren Reflexion durch den Standpunkt eines isolierten bürgerlichen Intellektuellen. Auf diese Weise wurde die Psychologie für Sigmund Freud zur entscheidenden Erklärungsmethode des menschlichen Lebens in allen Erscheinungsformen, und zugleich erhielt die Psychologie des Subjekts das Primat. Zweifellos spiegelt dieser Denkansatz auch Freuds Versuch, für sein eigenes *Leben* einen archimedischen Punkt außerhalb der unterschiedlichsten Wertsysteme und Rollensituation, in die er teils hineingeboren war, teils durch Berufswahl und -ausübung sich hineinentwickelt hatte, zu finden. Sigmund Freuds Ausgangsposition ist – alles in allem – charakteristisch für viele Intellektuelle in der letzten Phase der Donaumonarchie: Seine jüdische Familie stammte aus Galizien, dem fernen Ost der Monarchie. Obwohl arm genug, gehörten die Freuds im mährischen Přibor zur kleinen jüdischen Minderheit, deren Angehörige zumeist besser gestellt waren als die tschechische Majorität. Diese wiederum unterlag dem deutsch-österreichischen Diktat, und die Freuds mochten als Deutschsprechende in mancher Hinsicht den Deutsch-Österreichern näherstehen als den Tschechen, weswegen sie sich später sicher auch in Wien ansiedelten. Zu diesen nationalen, sozialen und sprachlichen Differenzierungen gesellten sich religiöse und familiäre, etwa der große Altersunterschied zwischen Sigmund Freuds Vater und Mutter.

Die Belastungen eines heranwachsenden Menschen, noch dazu eines ungewöhnlich intelligenten, der sich einen besseren Status als den seines Vaters zu erwerben trachtete, waren vermutlich außerordentlich groß, und sie hielten für Freud an, solange die gesellschaftliche Anerkennung ausblieb. Die Wirkung und Anerkennung erlangte Freud schließlich, indem er sich dieses vielfach zerrissenen Menschen annahm. Dabei teilte er den methodologischen Ansatz mit den meisten bürgerlich intellektuellen Zeitgenossen, gleichgültig, ob sie der Philosophie – wie der Empiriokritizist Ernst Mach – oder den verschiedenen Künsten – wie Karl Kraus, Arthur Schnitzler, Hugo von Hofmannsthal, Gustav Mahler, Arnold Schönberg, der Maler Gustav Klimt oder der Architekt Adolf Loos – angehörten. Ihnen gemeinsam ist die Betonung der Erkenntnis als Leistung des Subjekts und eine im wesentlichen als antagonistisch verstandene Gegenüberstellung zwischen Individuum und Gesellschaft. Die oft gravierenden Konflikte zwischen den Wiener Intellektuellen um die Jahrhundertwende, die meist in aller Schärfe öffentlich ausgetragen wurden, basierten auf dem unterschiedlichen *Inhalten*, zu denen sie dieser gemeinsame Standpunkt führte. Für Karl Kraus beispielsweise war es unerträglich, daß Freud künstlerische Leistungen aus psychischen Gesetzmäßigkeiten erklären zu können glaubte, die – gewissermaßen als biologische Voraussetzung – für alle Menschen gleichermaßen gelten sollten. Zweifellos diagnostizierte Kraus damit eine wesentliche Schwäche der Psychoanalyse, nämlich die Bestimmung des Menschen aus einem engen Konzept seiner »Natur«, aber andererseits blieben ihm wiederum die Leistungen Freuds verschlossen, die – in der Ideologiegeschichte jenes Fin de siècle gesehen – auf die Konzeption eines einheitlichen Menschenbildes hinauslaufen, das gegenüber allen heterogenen Wertvorstellungen dominiert. Man muß sich vor Augen führen, welche außerordentliche subjektive Befreiung es für Sigmund Freud bedeutet haben muß, prinzipielle Gemeinsamkeiten zwischen Ödipus, Hamlet, jedem einzelnen Menschen und also auch sich selbst herausgefunden zu haben. Unter dem Zeichen des Ödipuskomplexes schossen ein paar Jahrtausende zusammen, freilich eben unter dem Zeichen des einzelnen und der Familie, also unter Vernachlässigung historischer und gesellschaftlicher Entwicklungen.

Als Goethes Wilhelm Meister *Hamlet* inszeniert, legt er

Wert darauf, daß die »äußeren Umstände dieses Stückes«, d. h. die politischen Konstellationen, zwar vereinfacht werden, aber unbedingt erhalten bleiben müssen, »nähme man sie ganz weg, so ist es nur eine Familienszene, und der große Begriff, daß hier ein ganzes königliches Haus durch innere Verbrechen und Ungeschicklichkeiten zugrunde geht, wird nicht in seiner ganzen Würde dargestellt«. Diesen Schritt zur Familienszene geht Sigmund Freud, freilich bürdet er ihr zugleich den »großen Begriff« auf. Die Familie, vor allem in der Beziehung Vater-Sohn-Mutter gesehen, wird zur psychologischen Ausgangssituation jedes Menschen ebenso wie historischer und kulturgeschichtlicher Vorgänge. Da Freud das Wesen der Familienbeziehung wiederum in der Sexualität sieht, müssen folgerichtig alle Beteiligten, also auch das Kind, als sexuelle Wesen verstanden werden. (Kinder wurden bis dahin als engelhaft und aller Sexualität entrückt betrachtet.)

Gleichfalls in der *Hamlet*-Konstellation von *Wilhelm Meisters Lehrjahren* sagt der suchende Wilhelm, auf sein bisheriges Leben zurückblickend: »Ich habe von Jugend auf die Augen meines Geistes mehr nach innen als nach außen gerichtet, und da ist es sehr natürlich, daß ich den Menschen bis auf einen gewissen Grad habe kennenlernen, ohne die Menschen im mindesten zu verstehen und zu begreifen.« Während Wilhelm Meisters langer Lebens- und Erkenntnisweg, von der *Theatralischen Sendung* über die *Lehrjahre* zu den *Wanderjahren* zugleich ein großes Stück des Lebens- und Schaffensweges von Goethe, den Bogen von einem zum anderen schlägt, beschränkt sich Freud, jedenfalls in der Tendenz, auf den Blick nach innen, und seine Blicke, in dieser Einstellung außerordentlich scharf und analytisch durchdringend, bleiben, wiederum der Tendenz nach, auf Individuen mit ähnlichen sozialen und intellektuellen Erfahrungen, wie er sie selbst gemacht hat, begrenzt. Oft genug fand Freud zweifellos sich selbst in seinen Analysanden wieder, und – das darf man vermuten – oft genug suchte er sich in ihnen geradezu. Er war auf die Erfahrung einer Privatpraxis angewiesen – auch dies logischerweise

Ausdruck jener grundsätzlichen gesellschaftlichen Situation – und nicht zuletzt dadurch gezwungen, aus einzelnen und immer wieder relativ gleichartigen Fällen seine – wie er sie verstand – allgemeine Theorie der menschlichen Psyche zu entwickeln.

Aus den skizzierten Gründen glauben Verlag und Herausgeber die vorliegende Auswahl aus dem Werk von Sigmund Freud nicht nur in den Zusammenhang einer »Österreichischen Bibliothek« einreihen zu können, sondern ihr auch den Titel »Essays« geben zu dürfen. Essays sind auf der einen Seite den Erfahrungen des Subjekts verhaftet und streben auf der anderen Seite nach Verallgemeinerungen. Ihre spezifische Selbsterfahrung und -erkenntnis machte der englische Aufklärungspublizist Joseph Addison dem Begründer der Essayistik, Michel de Montaigne, in aufschlußreicher Weise zum Vorwurf. Er belegte ihn mit dem Begriff »égotisme« – Selbstsucht –, und Stendhal wiederum, leidend unter der nachnapoleonischen Restauration und mit hochgradigem Spürsinn für den Menschen als Subjekt ausgestattet, in den Selbstanalysen der Tagebücher wie in der fiktiven Welt seiner Romane, bekannte sich mit dem Memoirenfragment *Souvenirs d'égotisme* (Erinnerungen eines Egoisten; 1832 geschrieben) ausdrücklich zu dieser Tradition des Essayismus. Stendhal, zu Lebzeiten nahezu ohne öffentliche Anerkennung, sagte auch, er werde um 1880 berühmt werden, und hier schließt sich der Kreis zu Sigmund Freud, an dessen Beginn die von Stendhal erlebte und gestaltete regressive Geschichtsperiode gewissermaßen ihre äußerste Zuspitzung erfahren hatte. Pointiert könnte diese negative Entwicklung auf die Formel gebracht werden, daß die Figuren Stendhals, die kein gesellschaftliches Wirkungsfeld für ihre subjektive Aktivität finden konnten, im Wiener Fin de siècle als neurotisch Kranke auftraten.

Freud wurde nicht zuletzt deshalb Arzt, weil ihm das Verständnis der gesellschaftlichen Umwelt am ehesten im Verständnis dieser kranken Menschen aufzuleuchten schien. Außerdem war er als Arzt auf Heilung bedacht, und gerade dies darf bei der Betrachtung seines Werkes nie übersehen werden. Gesundheit war für Freud nur denkbar als Übereinstimmung zwischen den Bedürfnissen des Subjekts, die er primär als triebhafte verstand, und den Anforderungen der Gesellschaft. Insofern zielte er einerseits auf den Status quo seiner Gesellschaft – ihre revolutionäre Veränderung hielt er weder für sinnvoll noch für möglich –, andererseits wurde er dadurch aber auch gezwungen, die gesellschaftliche Seite der menschlichen Existenz mitzudenken, und dies wurde im Laufe seines Lebens immer deutlicher, wenn es ihm, zumal nach dem ersten Weltkrieg, auch keineswegs zu optimistischen Schlußfolgerungen Anlaß gab. Immerhin unterscheidet sich die Psychoanalyse durch diese Komponente prinzipiell von der Lebensphilosophie, etwa Friedrich Nietzsches, obwohl sich in Freuds Triebtheorie manche Übereinstimmungen mit Nietzsche finden, wie etwa Thomas Mann, aber auch Arnold Zweig gezeigt hat. Nietzsche wollte mit seinem Übermenschen-Konzept die sogenannte »Masse« den triebhaft geleiteten starken einzelnen zum Opfer bringen, Freud verlangte vom einzelnen, daß er seine Triebe im Interesse gesellschaftlicher Notwendigkeiten »sublimiere«. Weil die Übereinstimmung im Imperialismus zwischen Individuum und Gesellschaft grundsätzlich nicht mehr herstellbar ist, weist der »rationale Kern« der Psychoanalyse tatsächlich über die Gesellschaft ihrer Herkunft hinaus und gewinnt auch damit einen humanistischen Charakter.

Von der Überzeugung ausgehend, daß im österreichischen Kontext und durch die Charakterisierung als Essayistik zumindest entscheidende Seiten Sigmund Freuds erfaßt werden können, mußte unsere Ausgabe sein Œuvre in seinen drei wichtigsten Bestandteilen – in der Theorie der menschlichen Psyche, in der psychoanalytischen Theorie und Therapie psychisch Kranker sowie in der geschichtlichen und kulturgeschichtlichen Anwendung – vorstellen. Daß dies nur chronologisch geschehen konnte, ergibt sich aus unseren Voraussetzungen gleichfalls. Die Auswahl war darauf bedacht, alle zentralen Themen zu berücksichtigen.

Wichtige Querbeziehungen innerhalb des Gesamtwerkes von Sigmund Freud und Verweise auf Texte, die in unserer Auswahl nicht aufgenommen werden konnten, wurden in den Fußnoten untergebracht. Sie stehen dort – im Unterschied zu den Originalfußnoten von Freud – in eckigen Klammern und stützen sich oftmals auf die Fußnoten der *Studienausgabe.*

Entstehung und Quellen der vorliegenden Texte

Band 1

Zur Geschichte der psychoanalytischen Bewegung (1. Teil)

Dieser Text wurde unserer Auswahl vorangestellt, weil Freud in ihm seine Entwicklung bis 1900 skizziert. (Der 2. Teil schildert die Geschichte der psychoanalytischen Bewegung nach 1902 und vor allem ihre internationale Anerkennung.) Der Anlaß für diese Arbeit war ein anderer und kommt vor allem im 3. Teil, der sich polemisch gegen Alfred Adler und C. G. Jung wendet, zum Ausdruck. Mit der Niederschrift begann Freud Ende 1913, nachdem auf dem Psychoanalytischen Kongreß in München (September 1913) scheinbar ein Ausgleich mit Jung stattgefunden hatte, mit dem Freud schon keine persönlichen Beziehungen mehr unterhielt. Am 12. Januar 1914 schrieb Freud an Lou Andreas-Salomé, er erwarte, daß diese »seine Äußerung allen Halbheiten ein Ende bereiten und ersehnte Trennungen durchsetzen wird«. Im März 1914 lag ein Entwurf vor, den Ernest Jones und Karl Abraham zur Beurteilung erhielten. Wesentliche Einwände gab es nicht, obwohl Jones zu einer Milderung der »persönlichen Note« riet. Freud äußerte sich gewissermaßen in diesem Zusammenhang gegenüber Lou Andreas-Salomé: »Ich habe mir die Lösung der unabweisbaren Aufgabe erst dadurch ermöglicht, daß ich gleichsam für mich selbst als einzige Instanz schrieb und von einem Tribunal, um dessen Gunst ich werben sollte, möglichst abstrahierte. Daher ich mit Absicht jedem irgendeine Grobheit spendete und meinen nächsten Freunden, die nicht erst zu gewinnen waren, soviel Schönheiten, als mir Freude machte« (29. Juni 1914). Im Juni 1914 erschienen die ersten Vorausexemplare, und Freud schrieb am 25. Juni an Abraham, »die Bombe« sei »also jetzt geplatzt«. Wenige Wochen später trat Jung, der schon am 20. April seine Präsidentschaft niedergelegt hatte, und Mitte Juli die gesamte Zürcher Ortsgruppe aus der Internationalen Vereinigung aus.

Erstveröffentlichung: Jahrbuch für psychoanalytische und psychopathologische Forschungen, Band VI, Verlag Franz Deuticke, Leipzig und Wien 1914.

Quelle: Gesammelte Werke, X. Band, S. 44–62, London 1946.

Psychische Behandlung (Seelenbehandlung)

Erstveröffentlichung: Die Gesundheit: Ihre Erhaltung, ihre Störungen, ihre Wiederherstellung, hrsg. von R. Koßmann und J. Weiß, Union Deutsche Verlagsgesellschaft, Stuttgart, Berlin und Leipzig 1890 (unveränderte Nachdrucke: 1900 und 1905).

Quelle: Gesammelte Werke, V. Band (Werke aus den Jahren 1904–1905), S. 289–315, London 1942 (6. Aufl.: Frankfurt/Main 1981). – Studienausgabe, Ergänzungsband (Schriften zur Behandlungstechnik), S. 17–35. – Die lange Zeit fälschlicherweise verwendete Datierung dieses Aufsatzes, auf das Jahr 1905, die zu der von Freud darin fast ausschließlich vertretenen Hypnose-Therapie im Widerspruch steht, erklärt sich daraus, daß die als solche nicht gekennzeichnete 3. Auflage des Sammelwerkes *Die Gesundheit* als Quelle benutzt wurde.

Über den Traum

Freud schrieb am 1. Februar 1900, er habe Leopold Löwenfeld eine gekürzte Fassung der *Traumdeutung* versprochen. Aus Hinweisen in Löwenfelds Buch *Die psychischen Zwangserscheinungen* (1904) läßt sich vermuten, daß Freud und der Münchner Psychiater Löwenfeld (1847–1923) von 1900 bis 1903 intensiv miteinander korrespondiert haben. Am 20. Mai 1900 schreibt Freud an Wilhelm Fließ: »Ich habe $3^1/_2$ Personen, d. h. Stunden täglich, viel zuwenig Tonnen für den Walfisch. Weh! wenn ich mich langweile. Es wird alle möglichen Zustände geben. Arbeiten kann ich nichts. Ich bin mit Faulheit infiltriert [...]. Nicht einmal das Traumbroschürchen für Löwenfeld habe ich begonnen.« Die endgültige Niederschrift begann im Oktober.

Erstveröffentlichung: Grenzfragen des Nerven- und Seelenlebens, hrsg. von L. Löwenfeld und H. Kurella, S. 307–344, Verlag J. F. Bergmann, Wiesbaden 1901. – Eine zweite, erweiterte Fassung wurde als Einzelbroschüre 1911, gleichfalls bei Bergann in Wiesbaden veröffentlicht.

Quellen: Gesammelte Werke, II. und III. Band, S. 643–700, London 1942 (6. Aufl.: Frankfurt/Main 1976).

Die Freudsche psychoanalytische Methode

Freud hat diesen Aufsatz Mitte 1903 für Löwenfelds Buch geschrieben.

Erstveröffentlichung (anonym) in: L. Löwenfeld, Psychische Zwangserscheinungen, Verlag J. F. Bergmann, Wiesbaden 1904. Löwenfeld schreibt im Vorwort, das mit »November, 1903« datiert ist, er habe Freud zu diesem Vorwort überredet, weil sich dessen Technik seit den *Studien über Hysterie* entscheidend gewandelt habe. An anderer Stelle im Buch teilt Löwenfeld mit: »Bezüglich der Modifikationen aber, welche die im Vorstehenden berührten Ansichten des Autors im Laufe der Jahre erfahren haben, glaube ich, hier erwähnen zu dürfen, daß er dem infantilen Sexualerlebnisses nicht mehr dieselbe Bedeutung für die Zwangsneurose, wie früher, zuschreibt. Nach der jetzigen Auffassung des Autors gehen die Symptome der Zwangsneurose nicht direkt von realen sexuellen Erlebnissen, sondern von an solche sich knüpfenden Phantasien aus, welch letztere demnach wichtige Mittelglieder zwischen den Erinnerungen und den Krankheitserscheinungen bilden. [...] Gegenwärtig faßt der Autor das

Wesentliche seiner Theorie in folgende zwei Sätze: a) ›Der psychische Zwang rührt immer von Verdrängung her.‹ b) ›Die verdrängten Regungen und Vorstellungen, aus denen das Zwangsprodukt hervorgeht, stammen ganz allgemein aus dem Sexualleben.‹« (J. M. Masson, der diese Passagen zitiert, vermutet, daß Löwenstein hier Briefe Freuds referiert, und betont weiter, daß es sich um die einzige bekannte Äußerung Freuds zu diesem Thema aus der Zeit um 1902 handele.)

Wiederveröffentlichung: Sammlung kleiner Schriften zur Neurosenlehre aus den Jahren 1893–1906, Verlag Franz Deuticke, Leipzig und Wien 1906.

Quelle: Gesammelte Werke, V. Band, S. 3–10, London 1942 (6. Aufl.: Frankfurt/Main 1981). – Studienausgabe, Ergänzungsband, S. 101–106, a. a. O.

Drei Abhandlungen zur Sexualtheorie

Diese Schrift hat Freud nahezu dreißig Jahre beschäftigt. Die Anfänge reichen, wie aus der Korrespondenz mit Wilhelm Fließ hervorgeht, bis in die Jahre 1895/96 zurück, die letzte der von Freud immer wieder erweiterten Fassungen erschien 1924. Der hier entwickelten Theorie der Sexualität, besonders der kindlichen Sexualität, ging notwendigerweise die Abwendung von der sogenannten »Verführungstheorie« voran, die Freud in diesen Abhandlungen erstmals öffentlich widerrufen hat. Allerdings sind alle Abschnitte über die Sexualtheorien der Kinder und über die prägenitale Libidoorganisation (zweite Abhandlung) erst 1915 hinzugekommen.

Erstveröffentlichung: Verlag Franz Deuticke, Leipzig und Wien 1905. Zweite bis fünfte, erweiterte Auflage im gleichen Verlag: 1910, 1915, 1920, 1922.

Abermals erweiterte Fassung: Gesammelte Schriften, Band V. Internationaler Psychoanalytischer Verlag, Leipzig, Wien, Zürich 1924.

Quelle: Gesammelte Werke, V. Band, S. 29–145, a. a. O. – Studienausgabe, Band V (Sexualleben), S. 43–145, Frankfurt/Main 1972.

Meine Ansichten über die Rolle der Sexualität in der Ätiologie der Neurosen

Freud hat diesen Aufsatz im Juni 1905 geschrieben. In ihm rückt Freud erstmals in aller Deutlichkeit von der »Verführungstheorie«, also von der Bedeutung realer sexueller Traumen in der Kindheit, ab.

Erstveröffentlichung in: L. Löwenfeld, Sexualleben und Nervenleiden, 4. Auflage, Verlag J. F. Bergmann, Wiesbaden 1906. Wiederveröffentlichung: Sammlung kleiner Schriften zur Neurosenlehre aus den Jahren 1893-1906, a. a. O.

Quelle: Gesammelte Werke, V. Bande, S. 149–159, a. a. O. – Studienausgabe, Band V, S. 149–157, a. a. o.

Charakter und Analerotik

Erstveröffentlichung: Psychiatrisch-Neurologische Wochenschrift, redigiert von Dr. Johannes Bresler, Lublinitz (Schlesien), IX. Jahrgang, 1908, Nr. 52.

Wiederveröffentlichung: Sammlung kleiner Schriften zur Neurosenlehre, Zweite Folge, Verlag Franz Deuticke, Leipzig und Wien 1909.

Quelle: Gesammelte Werke, VII. Band, S. 203–209, London 1941 (6. Aufl.: Frankfurt/Main 1976). – Studienausgabe, Band VII (Zwang, Paranoia und Perversion), S. 25–30, Frankfurt/Main 1973. Die Krankengeschichte des »Wolfsmannes«, die 1918 unter dem Titel *Aus der Geschichte einer infantilen Neurose* erschien (vgl. Band 2 der vorliegenden Ausgabe), lieferte Freud weiteres Material zu seiner These, daß Personen, die in der frühen Kindheit besonderes Vergnügen an Analempfindungen hatten, im späteren Leben die Charaktereigenschaften Ordentlichkeit, Sparsamkeit (Geiz) und Eigensinn entwickeln. Gestützt auf das neue Material schrieb Freud 1917 *Über Triebumsetzungen insbesondere der Analerotik* (in die vorliegende Ausgabe nicht aufgenommen).

Der Familienroman der Neurotiker

Im Brief an Wilhelm Fließ vom 20. Juni 1898 interpretiert Freud die Novelle *Die Richterin* von C. F. Meyer. Bei dieser Gelegenheit schreibt er u. a.: »Kein Zweifel, daß es sich um die poetische Abwehr der Erinnerung an ein Verhältnis mit der Schwester handelt. Merkwürdig nur, daß diese *genau* so geschieht wie in der Neurose. Alle Neurotiker bilden den sogenannten Familienroman (der in der Paranoia bewußt wird), der einerseits dem Größenbedürfnis dient, andererseits der Abwehr des Inzestes. Wenn die Schwester nicht das Kind der Mutter ist, so ist man ja des Vorwurfes ledig. (Ebenso wenn man selbst das Kind anderer Leute ist.) Woher nimmt man nun das Material von Untreue, illegitimem Kind u. dgl., um diesen Roman zu bilden? Gewöhnlich aus dem niedrigeren sozialen Kreis der Dienstmädchen. Dort kommt dergleichen so häufig vor, daß man nie um Material verlegen ist und hat besonderen Anlaß dazu, wenn die Verführerin selbst eine dienende Person war. In allen Analysen bekommt man darum dieselbe Geschichte zweimal zu hören, einmal als Phantasie auf die Mutter, das zweite [Mal] als wirkliche Erinnerung von der Magd.« Der Begriff »Familienroman« taucht auch sonst bei Freud auf, bevor er 1908 für Ranks Buch die vorliegende Studie schrieb, die Rank mit ein paar hinweisenden Worten und der Namensnennung Freuds, aber ohne Titel in die Erstauflage seiner Arbeit einbezog.

Erstveröffentlichung: Otto Rank, Der Mythus von der Geburt des Helden. Versuch einer psychologischen Mythendeutung, Reihe: Schriften zur angewandten Seelenkunde, hrsg. von Sigmund Freud, Verlag Franz Deuticke, Leipzig und Wien 1909.

Quelle: Gesammelte Werke, VII. Band, S. 227–231, a. a. O. – Studienausgabe, Band IV (Psychologische Schriften), S. 223–226, Frankfurt/Main 1970.

Beiträge zur Psychologie des Liebeslebens
I. Über einen besonderen Typus der Objektwahl beim Manne

Bereits am 28. November 1906 informierte Freud die Wiener Psychoanalytische Vereinigung über seine Absicht, dieses Thema zu behandeln. Auf der Mittwochsitzung am 19. Mai 1909 trug er seine Thesen vor, die Diskussion fand am 26. Mai statt. Allerdings schrieb Freud den Aufsatz erst von Mai bis Sommer 1910. Den Sammeltitel, der die vorliegende Arbeit mit den Aufsätzen *Über die allgemeinste Erniedrigung des Liebeslebens* (vgl. im vorliegenden Band) und *Das Tabu der Virginität* (vgl. in Band 2 der vorliegenden Ausgabe) vereint, wählte Freud erst 1918.

Erstveröffentlichung: Jahrbuch für psychoanalytische und psychopathologische Forschungen, Band II, Verlag Franz Deuticke, Leipzig, Wien 1910.

Wiederveröffentlichung unter dem Obertitel *Beiträge zur Psychologie des Liebeslebens* in: Sammlung kleiner Schriften zur Neurosenlehre, IV. Folge, Verlag Hugo Heller, Leipzig und Wien 1918.

Quelle: Gesammelte Werke, VIII. Band, S. 66–77, London 1943 (7. Aufl.: Frankfurt/Main 1978). – Studienausgabe, Band V, S. 187–195, a. a. O.

Die psychogene Sehstörung in psychoanalytischer Auffassung

Dieser Aufsatz ist für eine Festschrift zum 60. Geburtstag des Wiener Augenarztes Prof. Leopold Königstein (1850–1924) geschrieben, der einer der engsten und treuesten Freunde Freuds war. In einem Brief an Ferenczi (12. April 1910) spricht Freud von einer Gelegenheitsarbeit, die nichts tauge. Interessant ist aber, daß Freud in diesem Aufsatz erstmals von »Ichtrieben« spricht und daß er auf organische Dispositionen für bestimmte psychische Störungen verweist.

Erstveröffentlichung in: Ärztliche Fortbildung, Beiheft zu Ärztliche Standeszeitung, Band 9 (Festnummer für Prof. L. Königstein), Wien 1. Mai 1910.

Wiederveröffentlichung: Sammlung kleiner Schriften zur Neurosenlehre, III. Folge, Verlag Franz Deuticke, Leipzig und Wien 1913.

Quelle: Gesammelte Werke, VIII. Band, S. 94–102. – Studienausgabe, Band VI (Hysterie und Angst), S. 207–213, Frankfurt/Main 1971.

Die zukünftigen Chancen der psychoanalytischen Therapie

Freuds Eröffnungsvortrag auf dem Zweiten Internationalen Psychoanalytischen Kongreß, der am 30. und 31. März 1910 in Nürnberg stattfand.

Erstveröffentlichung: Zentralblatt für Psychoanalyse, Band I, Verlag J. F. Bergmann, Wiesbaden 1911.

Wiederveröffentlichung: Sammlung kleiner Schriften zur Neurosenlehre, III. Folge. a. a. O.

Quelle: Gesammelte Werke, VIII. Band, S. 104–115, a. a. O. – Studienausgabe, Ergänzungsband, S. 123–132, a. a. O.

Über den Gegensinn der Urworte

Am 22. Oktober 1909 schreibt Freud an Ferenczi: »Eine kleine Entdekkung der letzten Tage hat mich mehr gefreut, als zwölf Artikel von [Gustav] Aschaffenburg [geb. 1866, seit 1904 Professor der Psychiatrie in Köln, einer der erbittertsten Gegner Freuds] es könnten. Ein Philologe, Abel, hat im J. 1884 eine Schrift veröffentlicht: *Der Gegensinn der Urworte*, die nicht mehr und nicht weniger behauptet, als daß in vielen Sprachen, Altägyptisch, Sanskrit, Arabisch, aber noch im Lateinischen, Gegensätze mit demselben Wort bezeichnet werden. Sie erraten leicht, welches Stück unserer Ermittlungen über das Ubw damit bestätigt wird. Ich habe mich lange nicht so siegreich gefühlt.« Freud nahm die philologischen, besonders ägyptologischen Forschungen seit 1884 zu diesem Thema nicht zur Kenntnis, obwohl sie Abel bei manchen Einzelfunden widersprachen. Für Freud war wichtig, daß er von Abel in seiner Auffassung von der Traumsprache bestätigt wurde, besonders aber davon, daß sie einen archaischen Charakter habe und eine Regression auf früheste Denkformen darstellte. Einen Hinweis in diesem Sinne fügte er 1911 in eine Fußnote der *Traumdeutung* ein, und in der 11. und 15. der *Vorlesungen zur Einführung in die Psychoanalyse* (in der vorliegenden Ausgabe nicht enthalten) kam er wiederum relativ ausführlich auf Abel zu sprechen.

Erstveröffentlichung: Jahrbuch für psychoanalytische und psychopathologische Forschungen, Band II, Verlag Franz Deuticke, Leipzig, Wien 1910 (als Referat).

Wiederveröffentlichung: Sammlung kleiner Schriften zur Neurosenlehre, III. Folge, a. a. O.

Quelle: Gesammelte Werke, VIII. Band, S. 214–221, a. a. O. – Studienausgabe, Band VI, S. 229–234, a. a. O.

Beiträge zur Psychologie des Liebeslebens
II. Über die allgemeinste Erniedrigung des Liebeslebens

Freud hat sich über den Zusammenhang zwischen Kultur und Triebleben bereits 1908 in dem Aufsatz die *»kulturelle« Sexualmoral und die moderne Nervosität* (vgl. Sigmund Freud, Psychoanalyse, hrsg. von Achim Thom, Leipzig 1984, S. 344–365) geäußert, 1930 kam er in der Studie *Das Unbehagen in der Kultur* (vgl. Sigmund Freud, Trauer und Melancholie. Essays, hrsg. von F. Fühmann und D. Simon, Berlin 1982, S. 104–197) noch einmal ausführlich darauf zurück.

Erstveröffentlichung: Jahrbuch für psychoanalytische und psychopathologische Forschungen, Band IV, Verlag Franz Deuticke, Leipzig, Wien 1912.

Wiederveröffentlichung: Sammlung kleiner Schriften zur Neurosenlehre, IV. Folge, Verlag Hugo Heller, Leipzig und Wien 1918 (unter dem Obertitel *Beiträge zur Psychologie des Liebeslebens* zusammen mit den Aufsätzen *Über einen besonderen Typus der Objektwahl beim Manne* – vgl. im vorliegenden Band – und *Das Tabu der Virginität* – vgl. in Band 2).

Quelle: Gesammelte Werke, VIII. Band, S. 78–91, – Studienausgabe, S. 199–209, a. a. O.

Totem und Tabu

Freuds Beschäftigung mit der Entstehung der menschlichen Gesellschaft reicht weit zurück. Wesentliche Anregungen empfing er von Heinrich Schliemanns Ausgrabungen in Troja (1870–1882) und von den aufsehenerregenden Entdeckungen, die Sir Arthur Evans in Knossos auf Kreta um 1900 gemacht hat. Am 4. Juli 1901 schreibt Freud an Wilhelm Fließ: »Hast Du gelesen, daß die Engländer auf Kreta (Knossos) einen alten Palast ausgegraben haben, den sie für das richtige Labyrinth des Minos erklären? Es scheint, daß Zeus ursprünglich ein Stier war. Auch unser alter Gott soll zuerst, vor der durch die Perser angeregten Sublimierung, als Stier verehrt worden sein. Es gibt da allerlei zu denken, worüber noch nicht zu schreiben ist.« Seine Auffassungen zu diesem Komplex veröffentlichte Freud erstmals 1907 in *Zwangshandlungen und Religionsübungen*: Die Religion sei eine universelle Zwangsneurose, die Neurose sei eine individuelle Religiosität. Die ständig wachsende Triebunterdrückung bei der Entwicklung der menschlichen Gesellschaft war ein Thema des Aufsatzes *Die »kulturelle« Sexualmoral und die moderne Nervosität.* Am 28. Oktober 1909 schreibt Freud dem Archäologen Ernst Oppenheim, seit längerer Zeit verfolge ihn die Idee, »daß unsere Studien über den Inhalt der Neurosen berufen sein könnten, die Rätsel der Mythenbildung aufzuklären«, aber er und seine Schüler Abraham und Rank, die sich gleichfalls dieses Themas angenommen hätten, seien »Dilettanten« und hätten »allen Grund«, sich »vor Irrtümern zu fürchten«. Seit dem Frühjahr 1911 schrieb Freud an *Totem und Tabu*, wofür zweifellos ähnliche Beschäftigungen von C. G. Jung – vor allem das Buch *Wandlungen und Symbole der Libido* (1912), dessen Manuskript Freud damals las – einen wesentlichen Anstoß gegeben hatten. Am 11. August läßt er Ferenczi wissen: »Ich bin ganz Totem und Tabu.« Und am 30. November 1911: »Die Totemarbeit ist eine Schweinerei. Ich lese dicke Bücher ohne rechtes Interesse, da ich die Resultat schon weiß, mein Instinkt sagt mir so; sie müssen aber durch alles Material hindurchgeschleift werden, unterdes verdunkeln sich die Einsichten, es gibt viele Dinge, die nicht stimmen wollen und doch nicht gezwungen werden dürfen, ich habe nicht jeden Abend Zeit usw. Mitunter ist mir, als hätte ich nur eine kleine Liaison anknüpfen wollen u. entdeckte in meinem Alter, daß ich ein neues Weib heiraten muß.« Obwohl Freud noch am 2. Januar 1912 an Abraham schreibt, die Arbeit ginge so langsam vorwärts, daß er »sie lieber ganz von der Tagesordnung absetzen möchte«, ist die erste Abhandlung Mitte Januar abgeschlossen. Am

24. Februar 1912 wird Ferenczi berichtet: »Mein Beitrag *Inzestscheu* ist keineswegs berühmt, aber die beiden nächsten Artikel könnten sich als besser herausstellen. Der zweite hat den Titel *Tabu und Ambivalenz* und wird, hoffe ich, das Wesen dieses wunderbaren ›Tabus‹ zeigen; geschrieben ist es zur Hälfte, durchdacht habe ich es ganz. Der dritte ist noch nicht in eine definitive Form gebracht; er wird heißen: *Die Magie und die Allmacht der Gedanken.* Diese drei Aufsätze betrachte ich als Vorbereitungen auf einen wichtigeren, der *Die infantile Wiederkehr des Totemismus* erklären soll.« Am 15. Mai spricht Freud vor der Wiener Psychoanalytischen Vereinigung drei Stunden lang über das Thema der zweiten Abhandlung. Diese Praxis, sich durch Vorträge vor diesem Forum zum Weiterarbeiten zu zwingen, behält Freud bei. Am 15. Januar 1913 spricht er über die dritte Abhandlung, an der er seit Oktober 1912 gearbeitet hat, am 4. Juni 1913 über die vierte, während deren Niederschrift er an E. Jones geschrieben hat (9. April 1913): »Ich bin nun langsam daran, die vierte der *Übereinstimmungen* abzufassen, die über den Totemismus, die die Reihe abschließen soll. Es ist das gewagteste Unternhemen, in das ich mich je eingelassen habe. Über Religion, Ethik und *quibusdem aliis.* Gott helfe mir!«

Erstveröffentlichung: Teil I, Imago, Band I (1), S. 17–33 (unter dem Titel: *Über einige Übereinstimmungen im Seelenleben der Wilden und der Neurotiker*). Teil II, Imago, Band I (3), S. 213–227, und (4), S. 301–333. Teil III, Imago, Band II (1), S. 1–21. Teil IV, Imago, Band II (4), S. 357–408.

Wiederveröffentlichung: Totem und Tabu, Verlag Hugo Heller, Leipzig und Wien 1913 (2. Aufl.: 1920, 3. Aufl.: 1922).

Quelle: Gesammelte Werke, IX. Band, 205 Seiten. – Studienausgabe, Band IX (Fragen der Gesellschaft/Ursprünge der Religion), S. 291-444, Frankfurt/Main 1974.

Die Disposition zur Zwangsneurose

Vortrag Freuds auf dem Vierten Internationalen Psychoanalytischen Kongreß, der am 7. und 8. September 1913 in München stattfand.

Erstveröffentlichung: Internationale Zeitschrift für ärztliche Psychoanalyse, Band I (6), 1913.

Wiederveröffentlichung: Sammlung kleiner Schriften zur Neurosenlehre, IV. Folge, Verlag Hugo Heller, Leipzig und Wien 1918.

Quelle: Gesammelte Werke, VIII. Band, S. 442–452, a. a. O. – Studienausgabe, Band VII, S. 109–117, a. a. O.

Das Motiv der Kästchenwahl

Aus einem Brief an Abraham vom 14. Juni 1912 geht hervor, daß Freud in dieser Zeit auf den Gedanken kam, zwischen Bassanios Wahl des Bleis in Shakespeares *Kaufmann von Venedig*, König Lears Bitte um einen Liebesbeweis von seinen drei Töchtern und dem Urteil des Paris, der der schönsten der drei Göttinnen einen Apfel reichen sollte, müsse ein Zusammenhang bestehen. Obwohl Freud den Aufsatz schon nach kurzer Zeit beendet, erscheint er erst ein Jahr später. Bei dieser Gelegenheit spricht Freud in einem Brief an Ferenczi (9. Juli 1913) davon, die Wahl des Themas müsse auch damit zusammenhängen, daß er selbst drei Töchter habe.

Erstveröffentlichung: Imago, Band II (3), S. 257–266.

Wiederveröffentlichung: Sammlung kleiner Schriften zur Neurosenlehre, IV. Folge, a. a. O.

Quelle: Gesammelte Werke, X. Band, S. 24–37, London 1946 (7. Aufl.: Frankfurt/Main 1981). – Studienausgabe, Band X (Bildende Kunst und Literatur), S. 183–193, Frankfurt/Main 1968.

Zur Psychologie des Gymnasiasten

Das Gymnasium in der Wiener Sperlgasse, das Freud 1865 bis 1873 besuchte, wurde später in »K. k. Erzherzog Rainer-Realgymnasium« umbenannt.

Erstveröffentlichung: In der *Festschrift* anläßlich des fünzigjährigen Bestehens des K. k. Erzherzog Rainer-Realgymnasiums in Wien, Oktober 1914.

Wiederveröffentlichung: Almanach der Psychoanalyse 1927, Internationaler Psychoanalytischer Verlag, Wien 1926, S. 43–46.

Quelle: Gesammelte Werke, X. Band, S. 204–207, a. a. O. – Studienausgabe, Band IV, S. 237–240, a. a. O.

Zur Einführung des Narzißmus

Nachdem Freud bereits auf der Sitzung der Wiener Psychoanalytischen Vereinigung am 10. November 1909 den Narzißmus als notwendiges Zwischenstadium zwischen der Autoerotik und der »Objekt-Liebe« bezeichnet und den Begriff in den folgenden Jahren in mehreren Arbeiten verwendet hat (u. a. *Totem und Tabu*, dritte Abhandlung, dritter Abschnitt), gewinnt der Narzißmus für ihn im Frühling 1913 entscheidende Bedeutung. Den ersten Entwurf der gesamten Studie schreibt er im September 1913 im Rom. Die endgültige Fassung entsteht im Februar und März 1914, parallel zum polemischen Aufsatz *Zur Geschichte der psychoanalytischen Bewegung.*

Erstveröffentlichung: Jahrbuch für psychoanalytische und psychopathologische Forschungen, Band VI, Verlag Franz Deuticke, Leipzig, Wien 1914.

Wiederveröffentlichung: Sammlung kleiner Schriften zur Neurosenlehre, IV. Folge, a. a. O.

Quelle: Gesammelte Werke, X. Band, S. 138–170, a. a. O. – Studienausgabe, Band III (Psychologie des Unbewußten), S. 41–68, Frankfurt/Main 1975.

Band 2

Triebe und Triebschicksale

Zusammen mit den vier folgenden Aufsätzen gehört dieser zu den sogenannten *Metapsychologischen Schriften von 1915*. Sie sind ein Versuch Freuds, eine umfassende Theorie der menschlichen Psyche aufzustellen. Ähnliche Versuche hatte er bereits in einem fragmentarischen und zu Lebzeiten unveröffentlichten *Entwurf einer Psychologie* (1895) und im siebenten und letzten Kapitel der *Traumdeutung* unternommen. Danach versuchte er 1911 theoretische Verallgemeinerungen in den *Formulierungen über die zwei Prinzipien des psychischen Geschehens* (vgl. S. Freud, Trauer und Melancholie. Essays, Berlin 1982, S. 23–32) sowie 1914 in der Studie *Zur Einführung des Narzißmus* (vgl. Band 1 der vorliegenden Ausgabe). Am 15. März 1915 beginnt Freud mit der Niederschrift der vorliegenden Arbeiten. Er denkt an ein Buch mit zwölf Texten, das er einmal »Zur Vorbereitung der Metapsychologie« (an E. Jones, 30. Juni 1915), ein anderes Mal »Abhandlungen zur Vorbereitung der Metapsychologie« (an Abraham, 5. Mai 1915) und außerdem noch mit anderen möglichen Titeln benennt. Die fünf erhaltenen Arbeiten sind am 4. Mai 1915 abgeschlossen, die restlichen sieben am 9. August. Am 30. Juli 1915 schreibt Freud an Lou Andreas-Salomé: »Frucht dieser Zeit wird wohl ein aus 12 Abhandlungen bestehendes Buch sein [...]. Es ist eben fertig geworden bis auf die erforderliche Nacharbeit beim Zusammenrücken und Einpassen der einzelnen Stücke.« Am 25. Mai 1916 vertröstet Freud dieselbe Adressatin darauf, daß das Buch erst nach Kriegsende gedruckt werden könne, und als sie Jahre später abermals anfragt, antwortet er unter dem 2. April 1919: »Wo meine Metapsychologie bleibt? Zunächst bleibt sie ungeschrieben. Das systematische Bearbeiten eines Stoffes ist mir nicht möglich; die fragmentarische Natur meiner Erfahrungen und der sporadische Charakter meiner Einfälle gestatten es nicht. Wenn ich aber noch zehn Jahre leben, in dieser Zeit arbeitsfähig bleiben, nicht verhungern, nicht erschlagen werden, nicht vom Elend der Meinigen oder dem um mich herum zu stark hergenommen sein sollte – ein bißchen viel Bedingungen –, dann verspreche ich, weitere Beiträge zu ihr zu leisten. Ein erster der Art wird in einem Aufsatz *Jenseits des Lustprinzips* enthalten sein.«

Erstveröffentlichung: Internationale Zeitschrift für ärztliche Psychoanalyse, Band III (2), S. 84–100, Wien 1915.

Wiederveröffentlichung: Kleine Schriften zur Neurosenlehre, IV. Folge, a. a. O.

Quelle: Gesammelte Werke, X. Band, S. 210–232, a. a. O. – Studienausgabe, Band III, S. 81–102, a. a. O.

Die Verdrängung

Niederschrift: 15. März bis 4. Mai 1915.

Erstveröffentlichung: Internationale Zeitschrift für ärztliche Psychoanalyse, Band III (3), S. 129–138, Wien 1915.

Wiederveröffentlichung: Sammlung kleiner Schriften zur Neurosenlehre, IV. Folge, a. a. O.

Quelle: Gesammelte Werke, X. Band, S. 248–261. – Studienausgabe, Band III, S. 107–118, a. a. O.

Das Unbewußte

Dies ist die wichtigste der fünf sogenannten »metapsychologischen Schriften«. Sie entstand vermutlich in der Zeit vom 4. bis 23. April 1915.

Erstveröffentlichung: Internationale Zeitschrift für ärztliche Psychoanalyse, Band III (4), S. 189–203 (umfaßt die Abschnitte I–VI der heutigen Gliederung, die allerdings erst 1924 eingeführt wurde), und Band III (5), S. 257–269 (Abschnitte V–VII).

Wiederveröffentlichung: Sammlung kleiner Schriften zur Neurosenlehre, IV. Folge, a. a. O.

Quelle: Gesammelte Werke, X. Band, S. 264–303, a. a. O. – Studienausgabe, Band III, S. 125–162, a. a. O.

Metapsychologische Ergänzung zur Traumlehre

Zusammen mit *Trauer und Melancholie* schrieb Freud diese Arbeit vermutlich zwischen dem 23. April und dem 4. Mai 1915. Beide wurden jedoch erst zwei Jahre später veröffentlicht.

Erstveröffentlichung: Internationale Zeitschrift für ärztlich Psychoanalyse, Band IV (6), S. 277–287, Wien 1917.

Wiederveröffentlichung: Sammlung kleiner Schriften zur Neurosenlehre, IV. Folge, a. a. O.

Quelle: Gesammelte Werke, X. Band, S. 412–426, a. a. O. – Studienausgabe, Band III, S. 179–191, a. a. O.

Trauer und Melancholie

Die Gegenüberstellung von normaler Trauer und pathologischer Depression hat Abraham schon 1911 in der Arbeit *Ansätze zur psychoanalytischen Erforschung und Behandlung des manisch-depressiven Irreseins und verwandter Zustände* (erschienen 1912) vorgenommen. Freud wurde davon zweifellos angeregt. Erstmals erwähnte Freud die Beschäftigung mit diesem Thema gegenüber Ernest Jones, und zwar im Januar 1914. Am 30. Dezember 1914 spricht er darüber in der Wiener Psychoanalytischen Vereinigung. Der erste Entwurf entsteht im Februar 1915, im Frühjahr 1915 erhalten ihn Ferenczi und Abraham zur kritischen Lektüre. Endgültig beendet ist der Aufsatz am 4. Mai.

Erstveröffentlichung: Internationale Zeitschrift für ärztliche Psychoanalyse, Band IV (6), S. 288–301, Wien 1917.

Wiederveröffentlichung: Sammlung kleiner Schriften zur Neurosenlehre, IV. Folge, a. a. O.

Quelle: Sämtliche Werke, X. Band, S. 428–446, a. a. O. – Studienausgabe, Band III, S. 197–212, a. a. O.

Vorlesungen zur Einführung in die Psychoanalyse

Freud hält die Vorlesungen in den Wintersemestern 1915/16 und 1916/17, jeweils von Oktober bis März, vor Hörern aller Fakultäten an der Universität Wien.

Erstveröffentlichung: Ausgabe in drei Teilen. Verlag Hugo Heller, Leipzig und Wien 1916–1917. 1. Teil (*Die Fehlleistungen*), 1916; 2. Teil (*Der Traum*) und 3. Teil (*Allgemeine Neurosenlehre*), 1917.

Wiederveröffentlichung: die gleiche Ausgabe in einem Band, gleichfalls bei Hugo Heller (mehrere Nachauflagen).

Quelle: Gesammelte Werke, XI. Band, 495 Seiten, London 1940 (7. Aufl.: Frankfurt/Main 1978). – Studienausgabe, Band I (Vorlesungen .../Neue Folge der Vorlesungen ...), S. 39–445, Frankfurt/Main 1969.

Aus der Geschichte einer infantilen Neurose [»Der Wolfsmann«]

Als Beispiel für alle anderen Falldarstellungen Freuds wurde die vorliegende, seine ausführlichste und zweifellos wichtigste wie bekannteste, in unsere Ausgabe aufgenommen. Wie aus der Chronologie hervorgeht, die Freud 1923 der Krankengeschichte hinzufügte, kam der Patient im Februar 1910 zu Freud. Der junge russische Gutsbesitzersohn hatte zuvor die Professoren Ziehen in Berlin und Kraepelin in München, die damals berühmtesten Psychiater, konsultiert. Zu Freud kam er in Begleitung des Odessaer Arztes Dr. Drosnes. Seine schwere neurotische Erkrankung äußerte sich u. a. darin, daß er unfähig war, irgendeine Anforderung des täglichen Lebens zu bewältigen, ja er war nicht einmal in der Lage, sich selbst anzukleiden. Die erste Therapie endete im Juli 1914. Abgesehen von einigen späteren Zusätzen in Fußnoten, bezieht sich die vorliegende Darstellung ausschließlich auf diese erste Behandlung, und sie entstand bald danach. Bereits am 18. Oktober 1914 teilt Freud Abraham mit, daß er mit der Niederschrift begonnen habe. Unter dem 30. Oktober erfährt Ferenczi, 54 Seiten lägen vor, und am 9. November 1914 wird ihm die Beendigung aller 116 Seiten mitgeteilt. Da Freud in dieser Arbeit die Auseinandersetzung mit Adler und Jung fortsetzte, gegen die er 1914 im »Jahrbuch für psychoanalytische und psychopathologische Forschungen« die Polemik *Zur Geschichte der psychoanalytischen Bewegung* geführt hatte, sollte sie an gleicher Stelle erscheinen. Wegen des Kriegsbeginns mußte das »Jahrbuch« eingestellt werden. So blieb das Manuskript bis 1918 unveröffentlicht liegen. Allerdings hatte Freud einige Einblicke in die Analyse des »Wolfsmannes« bereits in anderen, vor 1918 veröffentlichten Studien gegeben, so wird der Wolfstraum im Aufsatz *Märchenstoffe in Träumen* (1913) berichtet, und auch die Studie *Die Verdrängung* (obwohl nach dem »Wolfsmann»-Manuskript entstanden, bereits 1915 veröffentlicht) enthält einen entsprechenden Absatz. Auch in späteren Arbeiten kommt Freud auf den Fall zurück, besonders ausführlich in der 23. der *Vorlesungen zur Einführung in die Psychoanalyse* und in *Hemmung, Symptom und Angst.*

Erstveröffentlichung: Sammlung kleiner Schriften zur Neurosenlehre, IV. Folge, a. a. O.

Quelle: Gesammelte Werke, XII. Band, S. 29–157, London 1947 (5. Aufl.: Frankfurt/Main 1978). – Studienausgabe, Band VIII (zwei Kinderneurosen), S. 129–231, Frankfurt/Main 1969.

Beiträge zur Psychologie des Liebeslebens
III. Das Tabu der Virginität

Geschrieben: September 1917

Erstveröffentlichung: Sammlung kleiner Schriften zur Neurosenlehre, IV. Folge, a. a. O. (unter dem Obertitel *Beiträge zur Psychologie des Liebeslebens* zusammen mit den Aufsätzen *Über einen besonderen Typus der Objektwahl beim Manne* und *Über die allgemeine Erniedrigung des Liebeslebens* – vgl. in Band 1).

Quelle: Gesammelte Werke, XII. Band, S. 161–180, a. a. O. – Studienausgabe, Band V, S. 213–228, a. a. O.

Das Unheimliche

Am 12. Mai 1919 schreibt Freud an Ferenczi, er habe eine alte Arbeit hervorgeholt und bearbeite sie. Über die Entstehung des ersten Entwurfs ist nichts bekannt. Ein Anhaltspunkt findet sich u. U. in der Verwendung des Begriffs des Unheimlichen in der zweiten Abhandlung von *Totem und Tabu.* Danach würde Freuds Beschäftigung mit diesem Thema bis 1912/13 zurückreichen.

Erstveröffentlichung: Image, Band V (5–6), Wien 1919.

Wiederveröffentlichung: Freud, Psychoanalytische Studien an Werken der Dichtung und Kunst, Wien 1924.

Quelle: Gesammelte Werke, XII. Band, S. 229–268, a. a. O. – Studienausgabe, Band IV, S. 243–274, a. a. O.

Band 3

Jenseits des Lustprinzips

Die Entstehung dieser Studie überschneidet sich mit der der Arbeit über *Das Unheimliche*, wo wesentliche Thesen aus *Jenseits des Lustprinzips* bereits referiert werden. Erste Nachricht über die neue Arbeit gibt Freud am 17. März 1919 an Ferenczi: Er spricht von einer Arbeit »mit der geheimnisvollen Überschrift Jenseits des Lustprinzips«. Unter dem 31. März erfährt Ferenczi immer noch nichts Genaues: »Vieles von dem, was ich sage, ist reichlich dunkel, und der Leser muß sehen, was er damit anfangen kann.« Mitte Mai 1919 liegt der erste Entwurf vor, den Freud aber sogleich umzuschreiben plant. An Ernest Jones schreibt er aus den Sommerferien (28. Juli 1919), er komme nicht recht voran, offenbar fühle er sich zu wohl. Bis ins Frühjahr 1920 bleibt die Arbeit liegen. Am 16. Juni 1920 gibt Freud der Wiener Psychoanalytischen Vereinigung einen ersten Überblick über *Jenseits des Lustprinzips*, dessen Manuskript im Juli abgeschlossen und gegenüber dem Berliner Psychoanalytiker Max Eitingen mit den Worten kommentiert wird (28. Juli 1920): »Viele werden darüber den Kopf schütteln.«

Erstveröffentlichung: Internationaler Psychoanalytischer Verlag, Leipzig, Wien und Zürich, Dezember 1920 (selbständiges Buch im Umfang von 60 Seiten). 2. Auflage. (2.–4. Tausend): 1921, 3. Aufl. (5.–9. Tausend): 1924.

Quelle: Gesammelte Werke, XIII. Band, S. 3–69, London 1940 (8. Aufl. Frankfurt/Main 1976). – Studienausgabe, Band III, S. 217–272, a. a. O.

Über einige neurotische Mechanismen bei Eifersucht, Paranoia und Homosexualität

Freud beginnt mit der Niederschrift dieser Arbeit vermutlich im Januar 1921. Am 28. Januar jedenfalls teilt er Ernest Jones mit, daß er eine tiefe Einsicht in die paranoische Eifersucht und ihre Mechanismen gewonnen habe. Auf einer Harzreise, die Freud mit seinen engsten Mitarbeitern (Abraham, Eitingen, Ferenczi, Jones, Rank und Sachs) vom 20. bis 29. September 1921 unternimmt, trägt er ihnen u. a. diese Arbeit vor.

Erstveröffentlichung: Internationale Zeitschrift für Psychonanalyse, Band VIII (3), 1922.

Quelle: Gesammelte Werke, XIII. Band, S. 195–207, a. a. O. – Studienausgabe, S. 219–228, a. a. O.

Neurose und Psychose

Geschrieben: Herbst 1923.

Erstveröffentlichung: Internationale Zeitschrift für Psychoanalyse, Band X (1), Januar 1924.

Quelle: Gesammelte Werke, XIII. Band, S. 387–391, a. a. O. – Studienausgabe, Band III, S. 333–337, a. a. O.

Das ökonomische Problem des Masochismus

Freud hat die Arbeit im Winter 1923/24 geschrieben und Ferenczi am 21. Januar 1924 ihren Abschluß mitgeteilt.

Erstveröffentlichung: Internationale Zeitschrift für Psychoanalyse, Band X (2), April 1924.

Quelle: Gesammelte Werke, XIII. Band, S. 371–383, a. a. O. – Studienausgabe, Band III. S. 343–354, a. a. O.

Der Untergang des Ödipuskomplexes

Freud schreibt diesen Aufsatz im Februar 1924. Da er eine ernste Kritik an Otto Ranks Theorie vom Trauma der Geburt bedeutet, Freud aber an einer öffentlichen Auseinandersetzung zunächst nicht gelegen ist, hält er ihn bis zum Sommer zurück.

Erstveröffentlichung: Internationale Zeitschrift für Psychoanalyse, Band X (3), Juli 1924.

Quelle: Gesammelte Werke, XIII. Band, S. 395–402, a. a. O. – Studienausgabe, Band V, S. 245–251, a. a. O.

Der Realitätsverlust bei Neurose und Psychose

Da Abraham an Freud am 25. Mai 1924 über die Lektüre des Manuskriptes schreibt, muß es im Frühjahr entstanden sein.

Erstveröffentlichung: Internationale Zeitschrift für Psychoanalyse, Band X (4), Oktober 1924. – Noch vor dieser Publikation erschien die englische Übersetzung von Joan Riviere in: Collected Papers, Vol II. The International Psyche-Analytical Library, No. 8. The Hogarth Press, London.

Quelle: Gesammelte Werke, XIII. Band, S. 363–368, a. a. O. – Studienausgabe, Band III, S. 357–361, a. a. O.

Notiz über den »Wunderblock«

Geschrieben: Wahrscheinlich Herbst 1924. Am 28. November schreibt Freud an Abraham, er müsse den Artikel noch durchsehen.

Erstveröffentlichung: Internationale Zeitschrift für Psychoanalyse, Band XI (1), Januar 1925.

Quelle: Gesammelte Werke, XIV. Band, S. 3–8, London 1948 (5. Aufl.: Frankfurt/Main 1976). – Studienausgabe, Band III, S. 365–369, a. a. O.

Die Verneinung

Geschrieben: Juli 1925.

Erstveröffentlichung: Imago, Band XI (3), 1925.

Quelle: Gesammelte Werke, XIV. Band, S. 11–15, a. a. O. – Studienausgabe, Band III, S. 373–377, a. a. O.

Hemmung, Symptom und Angst

Freud schreibt diese Studie im Juli 1925 und überarbeitet sie im Dezember.

Erstveröffentlichung: Internationaler Psychoanalytischer Verlag, Leipzig, Wien und Zürich, (Februar) 1926 (als selbständiges Buch im Umfang von 136 Seiten).

Quelle: Gesammelte Werke, XIV. Band, S. 113–205, a. a. O. – Studienausgabe, Band VI, S. 233–308, a. a. O.

Der Humor

Am 8. August 1927 schreibt Freud an Max Eitingen, er befinde sich in guter Laune, weil der Bankrott des Psychoanalytischen Verlags wieder einmal abgewendet sei, und schreibe an einer Arbeit über den Humor. Binnen fünf Tagen war Freud damit fertig, und Anna Freud verlas diese Arbeit ihres Vaters am 1. September auf dem Zehnten Internationalen Psychoanalytischen Kongreß in Innsbruck.

Erstveröffentlichung: Almanach der Psychoanalyse 1928, Internationaler Psychoanalytischer Verlag, Wien 1927. – Image, Band XIV (1), 1928.

Quelle: Gesammelte Werke, XIV. Band, S. 383–389, a. a. O. – Studienausgabe, Band IV, S. 227–282, a. a. O.

Fetischismus

Freuds Beschäftigung mit diesem Thema reicht bis zu den *Drei Abhandlungen zur Sexualtheorie* zurück. Ausführlich spricht Freud am 24. Februar 1909 vor der Wiener Psychoanalytischen Vereinigung *Zur Genese des Fetischismus.* Vor dem gleichen Kreis hält er am 11. März 1914 den Vortrag *Ein Fall von Fußfetischismus.* Nach Ernest Jones, der den nichterhaltenen Vortrag resümiert, sprach Freud über einen siebenundvierzigjährigen Mann, der immer impotent gewesen war. Nach einer frühen »Übererregung durch eine unnormale Mutter«, »die den Fuß übermäßig zu streicheln und zu küssen pflegte», drohte ihm der Vater mit Kastration, und die daraus entstandene Angst wurde während der Pubertät verstärkt, als der Junge beim Versuch, mit einem Mädchen sexuell zu verkehren, überrascht wurde. Bereits im siebenten Lebensjahr verliebte er sich in den Fuß seiner Gouvernante, und damals hatte der Fuß für ihn bereits die Bedeutung des männlichen Geschlechtsorgans gewonnen. Abgesehen davon, daß Freud im Aufsatz *Fetischismus* seine Auffassungen zu diesem Thema zusammenfaßt, gewinnt er noch besondere Bedeutung durch die Neueinführung des Begriffs der Verleugnung. In einem späteren fragmentarischen Aufsatz *Die Ichspaltung im Abwehrvorgang* (Datierung des Manuskriptes: 2. Januar 1938, Erstveröffentlichung: 1940) hat sich Freud mit dieser angenommenen Spaltung im Ich weiter beschäftigt. Er schreibt u. a.: »Das Ich des Kindes befinde sich also im Dienste eines mächtigen Triebanspruchs, den zu befriedigen es gewohnt ist, und wird plötzlich durch ein Erlebnis geschreckt, das ihn lehrt, die Fortsetzung dieser Befriedigung werde eine schwer erträgliche reale Gefahr zur Folge haben. Es soll sich nun entscheiden: entweder die reale Gefahr anerkennen, sich vor ihr beugen und auf die Triebbefriedigung verzichten oder die Realität verleugnen, sich glauben machen, daß kein Grund zum Fürchten besteht, damit es an der Befriedigung festhalten kann. Es ist also ein Konflikt zwischen dem Anspruch des Triebes und dem Einspruch der Realität. Das Kind tut aber keines von beiden, oder, vielmehr, es tut gleichzeitig beides, was auf dasselbe hinauskommt. Es antwortet auf den Konflikt mit zwei entgegengesetzten Reaktionen, beide giltig und wirksam. Einerseits weist es mit Hilfe bestimmter Mechanismen die Realität ab und läßt sich nichts verbieten, andererseits anerkennt es im gleichen Atem die Gefahr der Realität, nimmt die Angst vor ihr als Leidenssymptom auf sich und sucht sich später ihrer zu erwehren. Man muß zugeben, das ist eine sehr geschickte Lösung der Schwierigkeit. Beide streitende Parteien haben ihr Teil bekommen; der Trieb darf seine Befriedigung behalten, der Realität ist der gebührende Respekt gezollt worden. Aber umsonst ist bekanntlich nur der Tod. Der Erfolg wurde erreicht auf Kosten eines Einrisses im Ich, der nie wieder verheilen, aber sich mit der Zeit vergrößern wird. Die beiden entgegengesetzten Reaktionen auf den Konflikt bleiben als Kern einer Ichspaltung bestehen.« In diesen Gedankengang bezieht Freud auch im Entwurf *Die Ichspaltung im Abwehrvorgang* die Bildung eines Fetischs ein. Die normale Folge des Kastrationsschrecks sei, »daß der Knabe der Drohung nachgibt [...] – indem er nicht mehr die Hand ans Genitale führt – [...], also auf die Befriedigung des Triebes ganz oder teilweise verzichtet. Wir sind aber darauf vorbereitet, daß unser Patient sich anders zu helfen wußte. Er schuf sich einen Ersatz für den vermißten Penis des Weibes, einen Fetisch. Damit hatte er zwar die Realität verleugnet, aber seinen eigenen Penis gerettet. Wenn er nicht anerkennen mußte, daß das Weib ihren Penis verloren hatte, so büßte die ihm erteilte Drohung ihre Glaubwürdigkeit ein, dann brauchte er für seinen Penis nicht zu fürchten, konnte ungestört seine Masturbation fortsetzen. [...] aber gleichzeitig entwickelt er in vollem Widerspruch zu seiner anscheinenden Tapferkeit oder Unbekümmertheit ein Symptom, welches beweist, daß er diese Gefahr doch anerkennt.«

Erstveröffentlichung: Almanach der Psychoanalyse 1928, a. a. O. – Internationale Zeitschrift für Psychoanalyse, Band XIII (4), (letzte Nummer des Jahres 1927).

Quelle: Gesammelte Werke, XIV. Band, S. 311–317, a. a. O. – Studienausgabe, Band III, S. 383–388, a. a. O.

Die Zukunft einer Illusion

Geschrieben: Frühjahr bis September 1927.

Erstveröffentlichung: Internationaler Psychoanalytischer Verlag, Leipzig, Wien, Zürich (November) 1927 (als Buch von 91 Seiten).

Quelle: Gesammelte Werke, XIV. Band, S. 325–380, a. a. O. – Studienausgabe, Band IX, S. 139–189, a. a. O.

Über libidinöse Typen

Freud schreibt diese Arbeit zusammen mit der Studie *Über die weibliche Sexualität* wahrscheinlich Anfang 1931, denn am 28. Februar zeigt er beide als Entwurf Max Eitingen bei dessen Besuch in Wien. Beide werden im Sommer beendet und erscheinen im Oktober 1931.

Erstveröffentlichung: Internationale Zeitschrift für Psychoanalyse, Band XVII (3), 1931.

Quelle: Gesammelte Werke, XIV. Band, S. 509–513, a. a. O. – Studienausgabe, Band V, S. 269–272, a. a. O.

Neue Folge der Vorlesungen zur Einführung in die Psychoanalyse

Im Unterschied zu den *Vorlesungen*, die tatsächlich auf akademischen Vorträgen Freuds beruhen, entsteht die *Neue Folge* vor allem aus einem materiellen Grund. Freud will mit ihrer Veröffentlichung dem Internationalen Psychoanalytischen Verlag helfen, der sich seit Frühjahr 1923 in einer äußerst angespannten finanziellen Lage befand. »Gewiß ist dieses Werk mehr ein Bedürfnis des Verlags als mein eigenes, aber man soll doch immer etwas vorhaben, worin man eventuell unterbrochen wird; besser als daß man träge dahinwartet«, schreibt Freud am 20. März 1932 an Max Eitingen, dem er im Juli einen Überblick über die abgeschlossenen ersten vier Kapitel gibt und am 24. August mitteilen kann, das Ganze sei beendet.

Erstveröffentlichung: Internationaler Psychoanalytischer Verlag, Leipzig, Wien, Zürich (1.–10. Tausend). Datierung: 1933. Tag des Erscheinens: 6. Dezember 1932 (als Buch von 255 Seiten).

Quelle: Gesammelte Werke, XV. Band, 208 Seiten, London 1940 (7. Aufl.: Frankfurt/Main 1979). – Studienausgabe, Band I, S. 449–608. a. a. O.

Warum Krieg?

Das »Comité permament des Lettres et des Arts de la Société des Nations« fordert 1931 die »Internationale Kommission für geistige Zusammenarbeit« dazu auf, »einen Briefwechsel zwischen den repräsentativen

Vertretern des Geisteslebens anzuregen, ähnlich jenem Gedankenaustausch, der in dieser Form stets, vor allem in den großen Epochen der europäischen Geschichte, stattgefunden hat; dafür Themen auszuwählen, die am besten geeignet sind, den gemeinsamen Interessen des Völkerbunds und des geistigen Lebens zu dienen, und diesen Briefwechsel periodisch zu veröffentlichen«. Das Völkerbundinstitut für geistige Zusammenarbeit gibt daraufhin eine Serie von »Open Lettres« heraus. 1931 erscheint ein Band (*A League of Minds*) mit Briefen von Salvador de Madariaga, Gilbert Murray und Paul Valéry. Einstein wird, gleichfalls 1931, gebeten, einen zweiten Band vorzuschlagen. Henri Bonnet, der Leiter des Instituts, stimmt dem vorgeschlagenen brieflichen Gedankenaustausch mit Freud zu. Einstein schreibt daraufhin am 30. Juli 1932 aus Caputh bei Potsdam an Sigmund Freud, er sei glücklich, sich mit Freud »über diejenige Frage zu unterhalten«, die ihm »beim gegenwärtigen Stand der Dinge als die wichtigste der Zivilisation erscheint: Gibt es einen Weg, die Menschen von dem Verhängnis des Krieges zu befreien? Die Einsicht, daß diese Frage durch die Fortschritte der Technik zu einer Existenzfrage für die zivilisierte Menschheit geworden ist, ist ziemlich allgemein durchgedrungen, und trotzdem sind die heißen Bemühungen um ihre Lösung bisher in erschreckendem Maß gescheitert.« Einstein fährt fort, er könne nur die Fragestellung herausarbeiten, wobei die »äußere beziehungsweise organisatorische Seite des Problems einfach« erscheine: »die Staaten schaffen eine legislative und gerichtliche Behörde zur Schlichtung aller zwischen ihnen entstehenden Konflikte«. Die erste Schwierigkeit bestehe nun in folgendem: »Ein Gericht ist eine menschliche Einrichtung, die um so mehr geneigt sein dürfte, ihre Entscheidungen außerrechtlichen Einflüssen zugänglich zu machen, je weniger Macht ihr zur Verfügung steht, ihre Entscheidungen durchzusetzen. [...] Wir sind aber zur Zeit weit davon entfernt, eine überstaatliche Organisation zu besitzen, die ihrem Gericht unbestreitbare Autorität zu verleihen und der Exekution seiner Erkenntnisse absoluten Gehorsam zu erzwingen imstande wäre.« Daraus zieht Einstein die Schlußfolgerung, ein bedingungsloser Verzicht der Staaten auf einen Teil ihrer Handlungsfreiheit bzw. Souveränität sei eine erste notwendige Voraussetzung internationaler Sicherheit. Ein Hindernis dafür sei das Machtbedürfnis der »jeweils herrschenden Schicht eines Staates«, in besonderem Maße derer, die aus Krieg, Waffenherstellung und -handel persönliche Vorteile ziehen. Diese herrschenden Minderheiten beeinflußten die Massen, besonders durch die in ihrer Gewalt befindlichen Einrichtungen wie Schule, Presse und religiöse Organisationen. Freilich könne die Manipulation nur deswegen Erfolg haben, weil im Menschen »ein Bedürfnis zu hassen und zu vernichten« lebe, das relativ leicht zur Massenpsychose gesteigert werden könne. Aus dieser Überzeugung leitet Einstein die entscheidende Frage an Freud, den »großen Kenner der menschlichen Triebe«, ab: »Gibt es eine Möglichkeit, die psychische Entwicklung der Menschen so zu leiten, daß sie den Psychosen des Hasses und des Vernichtens gegenüber widerstandsfähiger werden?« –

Freud erhielt Einsteins Brief im August und beendet die Arbeit etwa einen Monat später.

Erstveröffentlichung: Der zweite Band der Serie erscheint Anfang 1933 zugleich in deutscher, französischer und englischer Sprache in Paris: *Warum Krieg? – Pourquoi la guerre?* (Übersetzer: Blaise Briod) – *Why war?* (Übersetzer: Stuart Gilbert). Copyright: Internationales Institut für geistige Zusammenarbeit, Völkerbund.

Quelle: Gesammelte Werke, XVI. Band, S. 13–27, London 1950 (5. Aufl.: Frankfurt/Main 1978). – Studienausgabe, Band IX, S. 275 bis 286, a. a. O.

Brief an Romain Rolland

Dieser Brief wurde für eine Festschrift zu Romain Rollands 70. Geburtstag am 29. Januar 1936 geschrieben, die allerdings im faschistischen Deutschland nicht erscheinen konnte.

Erstveröffentlichung: Almanach der Psychoanalyse 1937, Internationaler Psychoanalytischer Verlag, Wien 1936.

Quelle: Gesammelte Werke, XVI. Band, S. 250–257, a. a. O. – Studienausgabe, Band IV, S. 285–293, a. a. O.

Die endliche und die unendliche Analyse

Geschrieben: Anfang 1937.

Erstveröffentlichung: Internationale Zeitschrift für Psychoanalyse, Band XXIII (2), Juni 1937.

Quelle: Gesammelte Werke, XVI. Band, S. 59–99, a. a. O. – Studienausgabe, Ergänzungsband, S. 357–392, a. a. O.

Chronik

1856 6. Mai: Sigismund (entsprechend dem Brauch erhält er außerdem einen jüdischen Namen: Salomo, Schlomo) Freud im mährischen Příbor (Freiberg), das damals zur österreichisch-ungarischen Monarchie gehörte, geboren. (Nach dem Abitur änderte Freud seinen Vornamen in Sigmund.) Der Vater, Jakob Freud (18. Dezember 1815–23. Oktober 1896), stammte aus Tysmienica (Tysmenitz, heute Tysmieniza) in Galizien. Aus seiner ersten Ehe stammten die Söhne Emanuel (1833–1914) und Philipp (1834–1911). Vermutlich 1848 erhielt er als Kaufmann (Wollhändler) das Wohnrecht in Příbor. 1855 heiratete er in Wien Amalie Nathanson (18. August 1835–12. September 1930), S. Freuds Mutter, deren Familie gleichfalls aus Galizien stammte. Das Kindesalter überlebten sechs Geschwister Freuds: Anna (1858–1955), Regine Debora (1860–ca. 1942/Auschwitz), Maria (1861–ca. 1942/Treblinka), Esther Adolfine (1862–ca. 1942/Theresienstadt), Pauline Regine (1864–ca. 1942/Treblinka), Alexander Gotthold Efraim (1866–1943). – Příbor hatte ca. 4500 Einwohner, zumeist Tschechen, 3 Prozent waren Juden, fast alle Händler galizischer Herkunft. Die Familie Freud bewohnte ein einziges Zimmer im Haus Schlossergasse 117. Als am 25. Oktober 1931 an seinem Geburtshaus eine Gedenktafel enthüllt wurde, bedankte sich Freud mit einem Brief an den Bürgermeister der Stadt Příbor, den seine Tochter Anna Freud verlas: „Ich habe Freiberg im Alter von 3 Jahren verlassen, es mit 16 Jahren als Gymnasiast auf Ferien, Gast der Familie Fluß, wieder besucht und seither nicht wieder. Vieles ist seit jener Zeit über mich ergangen: ich habe viel Mühe gehabt, manches Leid erfahren, auch Glück und einigen Erfolg, wie es sich eben im Menschenleben vermengt. Es wird dem nun 75jährigen nicht leicht, sich in jene Frühzeit zu versetzen, aus deren reichem Inhalt nur wenige Reste in seine Erinnerung hineinragen, aber des einen darf ich sicher sein: tief in mir überlagert, lebt noch immer fort das glückliche Freiberger Kind, der erstgeborene Sohn einer jugendlichen Mutter, der aus dieser Luft, aus diesem Boden die ersten unauslöschlichen Eindrücke empfangen hat. So mag es mir vergönnt sein, mit einem herzhaften Glückwunsch für diesen Ort und seine Bewohner meine Danksagung zu beschließen.«

1859 August 1859 bis März 1860: In diesem Zeitraum verläßt die Familie Jakob Freuds Příbor, hält sich vorübergehend in Leipzig auf und siedelt sich schließlich in Wien an. Etwa gleichzeitig wandern die Halbbrüder Emanuel (mit Familie) und Philipp nach Manchester aus. Warum die Familie Příbor verließ, ist nicht endgültig geklärt. Lange Zeit wurden die Gründe – im Sinne von Freuds eigener Darstellung – in Wirtschaftskrise und Antisemitismus gesucht. Neuere

Forschungen vermuten persönliche Motive Jakob Freuds. Für Sigmund wurde die Trennung von Příbor zum traumatischen Ereignis, auf das er später u. a. seine jahrelange Abneigung gegen Eisenbahnfahrten (1887–1899) zurückführte.

1860 Die Familie Freud zieht in die Leopoldstadt, das Judenviertel Wiens. (1857 waren von den 50000 Einwohnern 17 Prozent Juden, ihr Anteil wuchs in den folgenden Jahren sprunghaft.) Die Freuds gehörten zu den Armen, die vor allem unter dem Wohnungselend und der ständigen Teuerung zu leiden hatten. Ungeklärt ist, wie Jakob Freud den Lebensunterhalt der Familie bestritt; in den amtlichen Unterlagen wird er nicht mit einem versteuerten Einkommen geführt. Freud schrieb noch 1884 an seine damalige Braut: »Gestern traf ich den Vater auf der Straße, noch immer von Projekten erfüllt, noch immer hoffend.« Jakob Freud scheint aber seinen Sohn unterrichtet zu haben, nachdem die Mutter die elementarsten Kenntnissse vermittelt hatte.

1865–1872 Herbst: Freud besteht die Aufnahmeprüfung ins Leopoldstädter Kommunalreal- und Obergymnasium in der Sperlgasse, wo er ein hervorragender Schüler wurde (sechs von acht Schuljahren war er Klassenprimus). Auffallend war vor allem Freuds Sprachtalent. Er beherrschte Latein und Griechisch, hatte Hebräisch im Religionsunterricht gelernt, erwarb sich gründliche Kenntnisse in Französisch und Englisch und eignete sich selbständig Italienisch und Spanisch an. Im Winter 1870/71 und in den Sommerferien 1872 weilt er in seiner Geburtsstadt Příbor, wo er sich in Gisela Fluß verliebte. »In der Stadt fühlte ich mich nie recht behaglich; ich meine jetzt, die Sehnsucht nach den schönen Wäldern der Heimat, in denen ich schon, kaum daß ich gehen konnte, dem Vater zu entlaufen pflegte, wie eine von damals erhaltene Erinnerung bezeugt, hat mich nie verlassen. Es waren meine ersten Ferien auf dem Lande, die mit siebzehn Jahren, und ich war [. . .] Gast einer befreundeten Familie, die seit unserer Übersiedlung groß empor gekommen war. [. . .] in der gastlichen Familie war eine fünfzehnjährige Tochter, in die ich mich sofort verliebte. Es war meine erste Schwärmerei, intensiv genug, aber vollkommen geheimgehalten. Das Mädchen reiste nach wenigen Tagen ab, [. . .] und diese Trennung nach so kurzer Bekanntschaft brachte die Sehnsucht erst recht in die Höhe. Ich erging mich viele Stunden lang in einsamen Spaziergängen durch die wiedergefundenen herrlichen Wälder, mit dem Aufbau von Luftschlössern beschäftigt, die seltsamerweise nicht in die Zukunft strebten, sondern die Vergangenheit zu verbessern suchten« (*Über Deckerinnerungen*, 1899).

1873 Juli: Freud besteht die Matura mit »vorzüglich«, besonders gelobt wurde sein persönlicher Stil. Die Berufsmöglichkeiten für einen Juden seiner sozialen Stellung waren begrenzt: Handel oder Industrie, Jurisprudenz oder Medizin. Freud hat in der *»Selbstdarstellung«* darauf verwiesen, »eine besondere Vorliebe für die Stellung und Tätigkeit des Arztes habe« er »in jenen Jugendjahren nicht verspürt, übrigens auch später nicht. Eher bewegte mich eine Art von Wißbegierde, die sich aber mehr auf menschliche Verhältnisse als auf natürliche Objekte bezog [. . .]. Indes, die damals aktuelle Lehre Darwins zog mich mächtig an, weil sie eine außerordentliche Förderung des Weltverständnisses versprach, und ich weiß, daß der Vortrag von Goethes schönem Aufsatz *Die Natur* in einer populären Vorlesung kurz vor der Reifeprüfung die Entscheidung gab, daß ich Medizin inskribierte.«

Herbst: Immatrikulation an der medizinischen Fakultät der Wiener Universität.

1875 Freud besucht seine Halbbrüder in England. Beiden war es im Laufe von etwa zehn Jahren gelungen, von armen, mittellosen Einwanderern zu angesehenen Bürgern Manchesters aufzusteigen.

1876 Freud erhält für zwei Aufenthalte (März und Herbst) ein Forschungsstipendium an der Zoologischen Versuchsstation der Universität Wien in Triest. Im Auftrag von Prof. Carl Claus, dem Direktor des Instituts für Vergleichende Anatomie, untersucht Freud die Geschlechtsorgane der Aale.

1877 Freud tritt ins Physiologische Institut von Ernst Brücke (1819–1892) ein (bis 1882), der zum wissenschaftlichen Kreis von Emil du Bois-Reymond (1818–1896), Hermann Helmholtz (1821–1894) und Carl Ludwig (1816–1895) gehörte. Brücke war seit 1849 ordentlicher Professor in Wien. Er beschäftigte sich vor allem mit Verdauungsphysiologie, auch in chemischer Hinsicht. »Er betrieb angewandte Grenzgebiete der Physiologie und überschritt ihre Grenzen zur Phonetik, zur Sprachwissenschaft, zur Kunstwissenschaft und zur Hygiene des Kindesalters« (Peter W. Ruff, Emil du Bois-Reymond, Leipzig 1981, S. 44). Freud kritisierte später an der Physiologie jener Jahre, daß sie sich zu sehr auf Histologie einschränkte.

1879 Spätsommer: Einberufung zum einjährigen Militärdienst, der Medizinstudenten zu Hilfsarbeiten in Krankenhäusern verpflichtete. Während dieser Zeit übersetzte Freud den 12. Band der Gesammelten Werke von John Stuart Mill.

1881 Promotion (Datum des Doktordiploms: 31. März 1881). Von Mai 1881 bis Juli 1882 arbeitet Freud als Demonstrator an Brückes Physiologischem Institut.

1882 April: Freud verliebt sich in Martha Bernays (geb. 26. Juni 1861 in Wandsbek, gest. 2. November 1951 in London), seine spätere Frau, die einer streng jüdisch-orthodoxen Hamburger Kaufmannsfamilie entstammte. Die zunächst geheimgehaltene Verlobung findet am 17. Juni statt. Die Verlobungszeit dauert viereinhalb Jahre, drei Jahre davon war das Brautpaar räumlich getrennt. In dieser Zeit schrieb Freud über 900 Briefe an Martha Bernays. Eine Ehe war wegen seiner finanziellen Lage ausgeschlossen, und diese war wiederum eine direkte Folge seiner beruflichen Situation. 1926 schreibt er darüber im *Nachwort zur »Frage der Laienanalyse«*: »Ich hatte [...] bereits alle medizinischen Prüfungen abgelegt, ohne mich für etwas Ärztliches zu interessieren, bis ein Mahnwort des verehrten Lehrers [Brücke] mir sagte, daß ich in meiner armseligen materiellen Situation eine theoretische Laufbahn vermeiden mußte. So kam ich von der Histologie des Nervensystems zur Neuropathologie und auf Grund neuer Anregungen zur Bemühung um die Neurosen. Ich meine aber, mein Mangel an der richtigen ärztlichen Disposition hat meinen Patienten nicht sehr geschadet. Denn der Kranke hat nicht viel davon, wenn das therapeutische Interesse beim Arzt affektiv überbetont ist.« – Ein Zeugnis für die »armselige materielle Situation« ist die Tatsache, daß sich Freud trotz bescheidenster, fast asketischer Lebensführung ständig Geld borgen mußte, zumeist bei seinem Freund und Gönner Josef Breuer, dem er 1884 1500 Gulden schuldete.

31. Juli: Freud schreibt sich im Allgemeinen Krankenhaus in Wien ein.

12. Oktober: Freud erhält ein Pro-forma-Gehalt als Aspirant in der Abteilung für Innere Medizin, die unter Leitung von Prof. Hermann Nothnagel (1841–1905) steht.

18. November: Josef Breuer informiert Freud über den Fall von Anna O., die er zwischen Dezember 1880 und Juni 1882 mit der »kathartischen Methode« behandelt hatte (vgl. *Zur Geschichte der psychoanalytischen Bewegung* in Band 1 der vorliegenden Ausgabe).

1883 1. Mai: Freud tritt als Sekundärarzt in die Psychiatrische Klinik von Theodor Meynert (1833–1892) ein und bezieht ein Zimmer im Krankenhaus. In den fünf Monaten, die er bei Meynert, »dessen Spuren ich mit so hoher Verehrung gefolgt bin« (*Traumdeutung*), arbeitet, sammelt er seine wichtigsten psychiatrischen Erfahrungen.

14. Juni: Martha Bernays übersiedelt mit ihrer Mutter und Schwester nach Wandsbek bei Hamburg.

1884 1. Januar: Freud arbeitet in der Abteilung für Nervenkrankheiten des Allgemeinen Krankenhauses.

April bis Juli: Freud experimentiert mit Kokain und veröffentlichte die Monographie *Über Coca.* »Meine Arbeit brachte botanische und historische Notizen über die Cocapflanze nach den Angaben der Autoren, bestätigte durch Versuche an normalen Menschen die merkwürdige, stimulierende, Hunger, Durst und Schlaf aufhebende Wirkung des Cocains und bemühte sich, Indikationen für die therapeutische Anwendung des Mittels aufzustellen« (*Inhaltsangaben der wissenschaftlichen Arbeiten des Privatdozenten Dr. Sigm. Freud. 1877–1897*). Auf Grund von Freuds Arbeiten entdeckte sein Freund Carl Koller (1857–1944), ein Wiener Augenarzt, die Verwendbarkeit des Kokains als Lokalanästhetikum in der Augenheilkunde. Freud hatte Kokain außerdem als Mittel bei Morphiumentzug vorgeschlagen. Diese Verwendung führte wiederum zu neuen Suchterscheinungen, so daß 1886 das Wort von der »dritten Geißel der Menschheit« (neben Alkohol und Morphium) geprägt wurde. Der wissenschaftliche Streit dauerte bis 1887.

1885 2. Januar: Freud bewirbt sich um eine Dozentur für Krankheiten des Nervensystems. Die Professoren Meynert, Brücke und Nothnagel urteilen: »Die Eigenschaften des wissenschaftlichen Forschers und des hochqualifizierten Lehrers sind in ihm so gut vereint, daß das Komitee dem hochverehrten Kollegium empfiehlt, Dr. Freud zu den weiteren Habilitierungsprüfungen zuzulassen.«

13. Juni: Mündliche Prüfung.

20. Juni: Erlaubnis der Fakultät für eine Probevorlesung. Thema: *Die Muskelstrecken des Gehirns.*

5. September: Ministerielle Ernennung zum Privatdozenten.

Bereits am 31. August war Freud aus dem Allgemeinen Krankenhaus ausgeschieden, nachdem ihm ein Reisestipendium und sechs Monate Urlaub gewährt worden waren.

Anfang Oktober: Nach einem Besuch bei seiner Verlobten in Wandsbek reist Freud nach Paris, wo er vom 13. Oktober 1885 bis zum 28. Februar 1886 weilt. Dort lernt Freud bei Jean Martin Charcot (1825–1893), der 1882 in der Salpêtrière eine eigens für ihn geschaffene Klinik für Nervenkrankheiten übernommen hatte. Freud hat seine wesentlichsten Erfahrungen mit Charcot in einem Nachruf auf ihn zusammengefaßt: »Ungefähr gleichzeitig mit der Errichtung der Klinik und dem Zurücktreten der pathologischen Anatomie vollzog sich eine Wandlung in Charcots wissenschaftlichen Neigungen, der wir die schönsten seiner Arbeiten danken. Er erklärte nun, die Lehre von den organischen Nervenkrankheiten sei vorderhand ziemlich abgeschlossen, und begann sein Interesse fast ausschließlich der Hysterie zuzuwenden, die so mit einem Schlage in den Brennpunkt der allgemeinen Aufmerksamkeit gelangte. Diese rätselhafteste aller Nervenkrankheiten, für deren Beurteilung die Ärzte noch keinen tauglichen Gesichtspunkt gefunden hatten, war gerade damals recht in Mißkredit geraten, der sich sowohl auf die Kranken als auf die Ärzte erstreckte, die sich mit der Neurose beschäftigten. Es hieß, bei der Hysterie ist alles möglich, und den Hysterischen wollte man nichts glauben. Die Arbeit Charcots gab dem Thema zunächst seine Würde wieder; [...] die Kranke [...] mußte nicht mehr eine Simulantin sein, da Charcot mit seiner vollen Autorität für die Echtheit und Objektivität der hysterischen Phänomene eintrat. [...] Er behandelte die Hysterie wie ein anderes Thema der Neuropathologie, gab die vollständige Beschreibung ihrer Erscheinungen, wies Gesetz und Regel in denselben nach, lehrte die Symptome kennen, welche eine Diagnose der Hysterie ermöglichen. [...] man fand die Hysterie beim männlichen Geschlechte und besonders bei den Männern der Arbeiterklasse mit einer Häufigkeit, die man nicht vermutet hatte [. . .]. Am weittragendsten waren wohl die Forschungen über die Nervenerkrankungen nach schweren Traumen, die ›traumatischen Neurosen‹ [. . .], bei welchen Charcot das Recht der Hysterie erfolgreich vertreten hat. [. . .] Charcot stellte eine einfache Formel für diese [Krankheitsursache der Hysterie] auf: als einzige Ursache hat die Heredität zu gelten, die Hysterie ist demnach eine Form der Entartung, ein Mitglied der *famille névropathique*; alle anderen ätiologischen Momente spielen die Rolle von Gelegenheitsursachen, von *agents provocateurs*. [. . .] Mit dem Studium der hysterischen Lähmungen beschäftigt, die nach Traumen entstehen, kam er auf den Einfall, diese Lähmungen, die er vorher sorgfältig von den organischen differenziert hatte, künstlich zu reproduzieren, und bediente sich hiezu hysterischer Patienten, die er durch Hypnotisieren in den Zustand des Somnambulismus versetzte. Es gelang ihm durch lückenlose Schlußfolge nachzuweisen, daß diese Lähmungen Erfolge von Vorstellungen seien, die im Moment besonderer Disposition das Gehirn des Kranken beherrscht hatten. Damit war zum ersten Male der Mechanismus eines hysterischen Phänomens aufgeklärt, und an dieses unvergleichlich schöne Stück klinischer Forschung knüpfte dann sein eigener Schüler P. Janet, knüpften Breuer u. a. an, um eine Theorie der Neurose zu entwerfen, welche sich mit der Auffassung des Mittelalters deckt, nachdem sie den ›Dämon‹ der priesterlichen Phantasie durch eine psychologische Formel ersetzt hat.« Selbstverständlich zählte sich Freud, als er dies schrieb (August 1893), bereits zu den Mitbegründern einer Theorie der Neurose, und in welche Richtung die zu gehen hatte, formulierte er gegen Schluß des *Charcot*-Aufsatzes, als er schrieb, »Charcot überschätzte die Heredität als Ursache so sehr, daß kein Raum für die Erwerbung von Neuropathien übrigblieb [. . .]«. Wenige Jahre danach hat Freud mit seiner sogenannten »Verführungstheorie« angenommen, die Ursache für die »Erwerbung von Neuropathien« sei sexueller Mißbrauch von Kindern durch Erwachsene, und die Studie des Amerikaners Jeffrey M. Masson *The Assault on Truth* versucht nachzuweisen, daß Freud während seines Parisaufenthaltes sowohl das Schrifttum über Mißhandlungen von Kindern und deren sexuellen Mißbrauch kennenlernte als auch Autopsien der Leichname mißhandelter Kinder in der Morgue beiwohnte, die der Gerichtsmediziner Paul Brouardel (1837–1906) vornahm. Bei ihm habe er, schrieb Freud 1913, erfahren, »wieviel es Wissenswertes für den Arzt gäbe, wovon doch die Wissenschaft keine Notiz zu nehmen beliebte«.

1886 2. Februar: Freud sendet an Martha Bernays die ausführlichste Selbsteinschätzung, die überhaupt von ihm überliefert ist: »Glaubst Du wirklich, daß ich von außen so sympathisch bin? Schau, ich zweifle sehr daran. Ich glaube, man merkt mir was Fremdartiges an, und das hat seinen letzten Grund darin, daß ich in der Jugend nicht jung war und jetzt, wo das reife Alter beginnt, nicht recht altern kann. Es gab eine Zeit, in der ich nichts anderes als wißbegierig und ehrgeizig war und mich Tag für Tag gekränkt habe, daß mir die Natur nicht in gütiger Laune den Gesichtsstempel des Genies, den sie manchmal verschenkt, aufgedrückt hat. Seitdem weiß ich längst, daß ich kein Genie bin, und verstehe nicht mehr, wie ich es zu sein wünschen konnte. Ich bin nicht einmal sehr begabt, meine ganze Befähigung zur Arbeit liegt wahrscheinlich in meinen Charaktereigenschaften und in dem Mangel hervorragender intellektueller Schwächen. Ich weiß aber, daß diese Mischung eine für den langsamen Erfolg sehr günstige ist, daß ich unter günstigen Bedingungen mehr leisten könnte als Nothnagel, dem ich mich weit überlegen glaube, und daß ich vielleicht Charcot erreichen könnte. Damit ist nicht gesagt, daß ich's werde, denn diese günstigen Bedingungen finde ich nicht mehr, und das Genie, die Kraft, sie zu erzwingen, besitze ich nicht. [...] Er [Josef Breuer] sagte, er hätte herausgefunden, daß in mir unter der Hülle der Schüchternheit ein maßlos kühner und furchtloser Mensch stecke. Ich habe es immer geglaubt und mich nur nie getraut, es wem zu sagen. Mir war oft so, als hätte ich den ganzen Trotz und die ganze Leidenschaft unserer Ahnen, als sie ihren Tempel verteidigten, geerbt, als könnte ich für einen großen Moment mit Freude mein Leben hinwerfen. Und dabei war ich immer so ohnmächtig und konnte die glühenden Leidenschaften nicht einmal durch ein Wort oder ein Gedicht zum Ausdruck bringen. So habe ich mich immer unterdrückt, und das, glaube ich, muß man mir ansehen.«

28. Februar: Freud verläßt Paris, besucht zunächst seine Verlobte in Wandsbek und hält sich im März in Berlin auf, um seine Kenntnisse über allgemeine Kinderkrankheiten zu erweitern. Martha Bernays berichtet er am 10. März über die »pergamonischen Ausgrabungen, lauter Trümmer, die den Kampf der Götter mit den Giganten darstellen, intensiv bewegte Szenen«.

15. April: Freud bezieht eine Wohnung in der Wiener Rathausstr. 7, die ihm zugleich als Praxis diente. Deren Eröffnung wurde für den Ostersonntag (25. April) in der »Neuen Freien Presse« und durch 200 versandte Karten angezeigt. Die meisten Patienten schickte ihm zunächst Josef Breuer.

13. September: Ziviltrauung Sigmund Freuds mit Martha Bernays in Wandsbek, anschließend jüdische Trauung, weil in Österreich Zivilehen nicht anerkannt wurden. Der Ehe entstammten sechs Kinder: Mathilde (1887–1978), Jean Martin (1889–1967), Oliver (1891–1969), Ernst (1892–1970), Sophie (1893–1920) und Anna (1895–1982).

15. Oktober: Freud spricht vor der Gesellschaft der Ärzte über *Männliche Hysterie* und erinnert sich noch in der *»Selbstdarstellung«*

der »üblen Aufnahme«, die der Vortrag gefunden habe. Freuds Hauptkontrahent wurde auf Jahre hinaus sein ehemaliger Lehrer Meynert, der strikt auf rein anatomischen Erklärungen hysterischer Erscheinungen beharrte.

1887 Herbst: Der Berliner Hals- und Nasenspezialist Wilhelm Fließ (1858–1928) weilt in Wien und besucht, wahrscheinlich auf Anraten Breuers, Freuds neurologische Vorlesung. Der Briefwechsel, der am 24. November mit Freuds erstem Brief an Fließ begann, wurde ab 1893 zu einem regelmäßigen wissenschaftlichen Gedankenaustausch. (Erhalten sind nur die Briefe Freuds, die 1950 u. d. T. *Aus den Anfängen der Psychoanalyse 1887–1902* erstmals veröffentlicht wurden und die wichtigste Quelle für diese Periode Freuds darstellen). Fließ kam aus der Helmholtz-Schule, neigte aber, um den absoluten Determinismus aufrechtzuerhalten, zu teilweise hemmungslosen Spekulationen. Die eine seiner beiden wichtigsten Thesen geht bereits aus dem Titel seines Hauptwerkes hervor: *Die Beziehung zwischen Nase und Geschlechtsorgan* (1897), die andere bestand in der Annahme, alle Erscheinungen des menschlichen Lebens seien periodisch vorherbestimmt, und zwar nach bestimmten errechenbaren Zusammenhängen zwischen einem angeblichen weiblichen Zyklus von 28 Tagen und einem angeblichen männlichen Zyklus von 23 Tagen. Eine solche Konzeption stand im Widerspruch zu Freuds Arbeit. Denn jede psychische Analyse und Behandlung wäre sinnlos, wenn neurotische Störungen durch operative Eingriffe an der Nase, wie Fließ sie vornahm, behoben werden konnten oder wenn die Lebensereignisse gewissermaßen mathematisch (besser: zahlenmystisch) vorherbestimmt waren. Theoretische Berührung zwischen Freud und Fließ bestand eigentlich nur darin, daß beide von der überragenden Bedeutung der Sexualität für das Leben und den Charakter des Menschen ausgingen.

Dezember: Freud beginnt mit hypnotischer Suggestion als Behandlungsmethode, nachdem er sich zuvor der Elektrotherapie und anderer Hilfsmittel (Bäder, Massagen) bedient hatte. Bereits 1886/87 hatte Freud Charcots *Neue Vorlesungen über die Krankheiten des Nervensystems, insbesondere über Hysterie* übersetzt, 1888/89 besorgt er die Übertragung – gleichfalls aus dem Französischen – von Hippolyte Bernheims Buch *Die Suggestion und ihre Heilwirkung.*

29. August, an Fließ: »Arzt sein anstatt Spezialist, mit allen Untersuchungsmitteln arbeiten und sich des Kranken ganz bemächtigen, das ist gewiß die einzige Methode, die eigene Befriedigung und materielle Erfolge verspricht, aber für mich ist es damit vorbei. Ich habe nicht genug gelernt, um Mediziner zu sein, in meiner medizinischen Entwicklung gibt es einen Riß, der später mühsam geknüpft worden ist. Ich konnte gerade noch so viel lernen, daß ich Neuropathologe wurde. Und jetzt fehlt mir allerdings nicht die Jugend, aber die Zeit und Unabhängigkeit, um nachzuholen. [...] Die

ganze Atmosphäre Wiens ist auch wenig dazu angetan, einen Willen zu stählen oder jene Zuversicht des Erfolges aufkommen zu lassen, die Euch Berlinern eigen ist und ohne welche ein erwachsener Mensch nicht daran denken darf, die Basis seiner Existenz zu verändern.«

1889 »Am 1. Mai 1889 wurde ich der Arzt einer etwa vierzigjährigen Dame, deren Leiden wie deren Persönlichkeit mir so viel Interesse einflößten, daß ich ihr einen großen Teil meiner Zeit widmete und mir ihre Herstellung zur Aufgabe machte. Sie war Hysterika, mit größter Leichtigkeit in Somnambulismus zu versetzen, und als ich dies merkte, entschloß ich mich, das Breuersche Verfahren der Ausforschung in der Hypnose bei ihr anzuwenden, das ich aus den Mitteilungen Breuers über die Heilungsgeschichte seiner ersten Patientin [Anna O.] kannte. Es war mein erster Versuch in der Handhabung dieser therapeutischen Methode [...].« Hinter dieser in den *Studien über Hysterie* als Emmy von N. bezeichneten Frau verbirgt sich eine Fanny Moser (geb. 1848), die seit ihrer Verwitwung eine der reichsten Frauen Europas war. 1870–1874 war sie mit dem mehr als vierzig Jahre älteren Schweizer Unternehmer Heinrich Moser verheiratet. Fünfzehn Jahre nach dem Tod ihres Mannes kam Frau Moser, die zwischendurch zu Unrecht beschuldigt worden war, ihren Mann vergiftet zu haben, an Ticks, Illusionen und anderen Symptomen der Hysterie leidend, zu Josef Breuer nach Wien in Behandlung. Sechs Wochen später wurde sie an Freud überwiesen, der sie 1890 abermals behandelte, ohne daß seine Therapie einen dauernden Erfolg gehabt hätte. Während dieser Behandlung begann sich Freud für Träume zu interessieren und fand heraus, daß sich hinter den Symptomen eine sexuelle Thematik zu verbergen scheint.

Sommer: Um seine hypnotische Technik zu vervollkommnen, reist Freud nach Nancy, wo u. a. Hippolyte Bernheim und Auguste Liébault als führende Hypnotiseure Europas arbeiten. Sie hatten es unternommen, wie Freud im *Charcot*-Aufsatz schreibt, »die Lehre vom Hypnotismus auf einer umfassenderen psychologischen Grundlage aufzubauen und die Suggestion zum Kernpunkt der Hypnose zu machen«. In seiner Studie *Massenpsychologie und Ich-Analyse* (1921) berichtet Freud von dem Unbehagen, das ihn in Nancy angesichts der »Tyrannei der Suggestion« befallen hat: »Mein Widerstand nahm dann später die Richtung einer Auflehnung dagegen, daß die Suggestion, die alles erklärte, selbst der Erklärung entzogen sein sollte.«

1890 Aufsatz: *Psychische Behandlung (Seelenbehandlung);* siehe in Band 1 der vorliegenden Ausgabe.

1891 20. September: Freud zieht in das Haus Wien IX, Berggasse 19, in dem er bis zum 5. Juni 1938 lebte und arbeitete. »Das Haus, in dem Sigmund Freud fast ein halbes Jahrhundert lebte und arbeitete, stammt aus den siebziger Jahren des 19. Jahrhunderts. [...] Die Türe Nummer 4 im Parterre führt zu einer Dreizimmerwohnung, die von Freud bis 1908 als Ordination verwendet wurde. Das Wartezimmer war der Versammlungsort der Psychologischen Mittwochs-Gesellschaft (1902–1908), aus der die Wiener Psychoanalytische Vereinigung hervorging. 1908 übersiedelte die Vereinigung in ein größeres Lokal, während Freud seine Ordination im Mezzanin (Halbstock) einrichtete. Von den beiden Eingangstüren im Mezzanin führte Nummer 5 in die Wohnräume der Familie Freud, Nummer 6 (jetzt Museumseingang) trug Freuds Praxisschild. Auf dieser Seite der Etage befanden sich (ab 1923) auch Behandlungs- und Wohnzimmer von Freuds Tochter Anna (*Sigmund Freud-Haus*. Katalog. Wien 1975).

1891 veröffentlichte Freud seine »kritische Studie« *Zur Auffassung der Aphasien*. Dieses Werk über Sprachstörungen gilt als die wertvollste seiner neurologischen Arbeiten. Die Auffassung, mit der sich Freud auseinandersetzte, ordnete jeder spezifischen Sprachstörung eine spezifische Gehirnregion zu, die geschädigt sein sollte. Freud schlug statt dessen eine funktionelle Erklärung vor, die auch die Psyche einbezog.

1892 Herbst: Bei der Behandlung von Fräulein Elisabeth von R., über deren Identität nichts bekannt ist, verzichtet Freud erstmals auf die Hypnose. Die Patientin, die mit geschlossenen Augen auf dem Sofa lag, »wurde aufgefordert, ihre Aufmerksamkeit auf ein bestimmtes Symptom zu konzentrieren und sich dann Umstände ins Gedächtnis zu rufen, die seine Entstehung erklären könnten. [...] Damit hatte er den ersten Schritt zur späteren Methode der freien Assoziation getan. [...] Nach diesem vielversprechenden Anfang wurde die Methode nach und nach immer freier. [...] Je zuversichtlicher er darauf vertraute, daß beim Nachlassen der bewußten Zensur automatisch die wichtigsten Erinnerungen zum Vorschein kommen, um so weniger brauchte er den Patienten zu drängen [...]. Der einzige Überrest aus der alten Zeit der Hypnose war das Liegen auf der Couch [...]. Freud fuhr jedoch lange Zeit fort, die Symptome als Ausgangspunkte zu benützen, und diese Gewohnheit verstärkte sich noch bei der späteren Analyse von Träumen, da man hier meistens von jedem einzelnen Punkt des Traumes ausgehen muß« (E. Jones, *Das Leben und Werk von Sigmund Freud*, Band 1, S. 288f.).

1893 Januar: Im »Neurologischen Centralblatt« erscheint der von Breuer und Freud im Dezember 1892 gemeinsam verfaßte Aufsatz *Über den psychischen Mechanismus hysterischer Phänomene. Vorläufige Mitteilung*. In ihm werden die Mechanismen, nicht aber die Ursachen hysterischer Phänomene beschrieben. Bestimmte Affekte würden pathogen, weil ihnen das normale Abreagieren versagt geblieben sei. Dies könne in der Hypnose nachgeholt werden, »wenn es gelungen war, die Erinnerung an den veranlassenden Vorgang zu voller Helligkeit zu erwecken, damit auch den begleitenden Affekt wachzurufen, und wenn dann der Kranke den Vorgang in möglichst ausführlicher Weise schilderte und dem Affekt Worte gab«.

8. Februar: Freud sendet Fließ den Entwurf *Die Ätiologie der Neurosen*, in dem die Hypothese der sexuellen Verursachung deutlich formuliert wird. Die Neurosentheorie, die Freud von nun an bis etwa 1896 entwickelte, unterschied grundsätzlich Aktualneurosen und Abwehrneurosen. Die Ursache der Aktualneurosen sei in der Gegenwart praktiziertes »unnormales« Sexualverhalten. Als »normal« galt dabei heterosexueller Geschlechtsverkehr ohne empfängnisverhütende Vorkehrungen. Eine Therapiemöglichkeit sah Freud nicht. Einzig durch »normales« Sexualverhalten seien Aktualneurosen zu verhindern wie zu überwinden. Eine mögliche Prophylaxe sei die Gewährung sexueller Freiheiten im Jugendalter, damit sich junge Männer nicht durch Masturbation schädigen müßten. Die Ursachen der sogenannten Abwehrneurosen, zu denen Freund Hysterie, Zwangsneurose und Paranoia rechnete, sah er damals in der sexuellen Verführung im Kindesalter (vor dem 8. Lebensjahr). In der Pubertät wird die Erinnerung an dieses Erlebnis geweckt, muß aber sofort wieder verdrängt werden, und daraus entsteht das Symptom. Bei diesen Abwehrneurosen gewinne die psychoanalytische Therapie ihre Bedeutung, weil sie das ursprüngliche Erlebnis bewußtmachen und dadurch von den Symptomen befreien könne.

August: Während seines Urlaubs wird Freud von einer an Hysterie erkrankten Gastwirtstochter konsultiert (als Katharine in den *Studien über Hysterie)*, die schließlich davon erzählt, wie sie als Kind sexuell mißbraucht worden ist, und dadurch von ihrer Krankheit erlöst wird.

September: Freud veröffentlicht seinen Nachruf auf Charcot, der am 16. August gestorben war.

1894 April: Nachdem Freud in den Briefen an Fließ bereits seit Herbst 1893 über Herzbeschwerden geklagt hat, erleidet er jetzt einen schweren Anfall, der von Herzbeschwerden, Atemstörungen, depressiven Zuständen und Sterbephantasien begleitet wird. Breuer schloß eine organische Erkrankung (Herzmuskelentzündung) nicht aus, andererseits sprechen die Symptome auch für eine Herzneurose.

Mai/Juni: Im Zusammenhang mit seiner eigenen Erkrankung entwirft Freud das Manuskript *Wie die Angst entsteht*, das er an Fließ sendet. Angst wird als psychische Verwandlung nicht abgeführter Libido (sexuelle Spannung) interpretiert. Diese Konzeption der Angst veränderte Freud erst in den zwanziger Jahren, vor allem in der Studie *Hemmung, Symptom und Angst* (s. Band 3 der vorliegenden Auswahl).

Sommer: Das von Breuer und Freud gemeinsam geschriebene Manuskript der *Studien über Hysterie* ist im wesentlichen abgeschlossen, gleichzeitig kommt es aber zu Meinungsverschiedenheiten zwischen den Verfassern, die schließlich nach einer fast fünfzehnjährigen Freundschaft zu ihrer Trennung führen. Freud lernte Josef Breuer (1842–1925) 1881 am Physiologischen Institut kennen, an dem dieser, obwohl seit 1871 freipraktizierender Arzt, als Anhänger der Helmholtz-Schule arbeitete. Vom Dezember 1880 bis Juni 1882 behandelte Breuer Bertha Pappenheim, die als Anna O. zum klassischen Fall der Hysterie und einer neuen, der sogenannten »kathartischen« Behandlungsmethode wurde. Freud schreibt im Nachruf (1925): »Was er diesem berühmten ›ersten Fall‹ getan, mit welch unsäglicher Mühe und Geduld er die einmal gefundene Technik durchgeführt, bis die Kranke von all ihren unbegreiflichen Leidenssymptomen befreit war, was für Verständnis für die seelischen Mechanismen der Neurose er dabei gewonnen, das erfuhr die Welt erst [...] aus unserer gemeinsamen Publikation *Studien über Hysterie* [...]. Wir Psychoanalytiker, die längst damit vertraut sind, einem einzelnen Kranken Hunderte von Stunden zu widmen, können uns nicht mehr vorstellen, wie neuartig eine solche Bemühung vor fünfundzwanzig Jahren erschienen sein muß. Es mag ein großes Stück persönlichen Interesses und ärztlicher Libido, wenn man so sagen darf, dazu gehört haben, aber auch ein ziemliches Ausmaß von Freiheit des Denkens und unbeirrter Auffassung.« Freuds Konflikt mit Breuer entstand durch dessen Vorbehalte gegen Freuds Auffassung der sexuellen Verursachung von Hysterie. Am 21. Mai 1894 schreibt Freud an Fließ, eine bestimmte Patientin komme »nicht in die Sammlung mit Breuer, weil das zweite Stockwerk, das des sexuellen Moments, dort nicht enthüllt werden soll«. Breuer vertrat dagegen die Theorie eines »hypnoiden« Zustands bei der Entstehung von Hysterie.

1895 Februar bis April: Wilhelm Fließ operiert Emma Eckstein (1865–1924), eine der ersten analytisch behandelten Patientinnen Freuds an der Nase, und läßt dabei in der Wunde ein Stück Gaze von einem halben Meter Länge zurück, das, ehe es von einem anderen Wiener Arzt gefunden wird, schwere Komplikationen verursacht. Freud berichtet Fließ darüber nach Berlin, wohin dieser sofort nach der Operation zurückgekehrt ist. Freud bemühte sich in den Briefen, die er zu diesem Vorfall bis Ende April an Fließ schrieb, diesen von aller Schuld freizusprechen, so am 20. April: »Für mich bleibst Du der Arzt, der Typus des Mannes, dem man vertrauensvoll sein Leben und das der Seinigen in die Hände legt [...]. Ich hab Dir etwas vorjammern und vielleicht Rat für die E. von Dir haben wollen, nicht Dir etwas vorwerfen. Es wäre dumm, unberechtigt und im hellen Widerspruch mit all meinem Gefühl.« Die Symptome der Patientin dauerten aber nach der Operation an, der Eingriff war also sinnlos gewesen. Mitte 1896 ist dennoch aus Freuds Briefen die mißlungene Operation verschwunden.

Mitte Mai: *Studien über Hysterie* erscheinen in einer Auflage von 800 Exemplaren, von denen nach dreizehn Jahren 626 verkauft waren. Das Buch enthält die »Vorläufige Mitteilung« *Über den psychischen Mechanismus hysterischer Phänomene* (aus dem Jahr 1893), fünf Krankengeschichten (darunter die der Anna O. von Josef Breuer), einen theoretischen Aufsatz von Breuer und – als Schlußkapitel – *Zur Psychotherapie der Hysterie* von Freud. In diesem abschließenden Beitrag kommt Freud der zukünftigen Methode der freien Assoziation sehr nahe. Als Aufgabe formuliert er, eher zurückhaltend: »Es ist viel damit gewonnen, wenn es uns gelingt, hysterisches Elend in gemeines Unglück zu verwandeln.« – Die wissenschaftliche Reaktion war ablehnend, Zustimmung kam von anderer Seite: Alfred von Berger, Schriftsteller, Theaterkritiker und Burgtheaterdirektor, schrieb in der »Neuen Freien Presse« (2. Dezember 1895) unter dem Titel *Seelenchirurgie*: »Wir ahnen, daß es einmal möglich sein wird, die innersten Geheimnisse der menschlichen Seele zu ergründen. Die Theorie selbst ist eigentlich nichts anderes als die Psychologie, die Dichter verwenden.«

24. Juli: Freud deutet erstmals einen eigenen Traum, und weitere Traumanalysen bestätigen ihm, daß Wunscherfüllung das Traummotiv ist.

Ende September bis Anfang Oktober: In einem wahren Produktionsrausch schreibt Freud den *Entwurf einer Psychologie* nieder, dessen drei Teile (der dritte ist nicht abgeschlossen) er am 8. Oktober an Fließ sendet. In der »Einleitung« heißt es: »Es ist die Absicht dieses Entwurfs, eine naturwissenschaftliche Psychologie zu liefern, d. h. psychische Vorgänge darzustellen als quantitativ bestimmte Zustände aufzeigbarer materieller Teile, und sie damit anschaulich und widerspruchsfrei zu machen.« Dieser Vorsatz mußte scheitern, da Psychologie eben nicht auf Physiologie zurückgeführt werden kann.

8. Dezember, an Fließ: »Das Kind [Anna Freud wurde am 3. Dezember geboren], glauben wir gerne, hat eine Steigerung der ärztlichen Beschäftigung auf das Doppelte des gewöhnlichen Standes gebracht. Ich habe Mühe nachzukommen, kann Unvorteilhaftes ablehnen und beginne, meine Preise zu diktieren. Ich werde eben sicher in der Beurteilung und Behandlung der beiden Neurosen, und ich meine zu merken, wie die Stadt allmählich aufmerksam wird, daß bei mir etwas zu holen ist.«

1896 1. Januar: Freud schickt Fließ die erste Rohfassung seiner Verführungstheorie, die er anschließend in den Aufsätzen *L'hérédité et l'étiologie des nevroses* (in: »Revue neurologique«, 30. März 1896) und *Weitere Bemerkungen über die Abwehr-Neuropsychosen* (in: »Neurologisches Zentralblatt«, 15. Mai 1896) sowie in dem Vortrag *Ätiologie der Hysterie* ausarbeitet. In den beiden Aufsätzen verwendet Freud erstmals den Begriff »Psychoanalyse«. Der deutsche Kontext lautet:

»Als *›Abwehr-Neuropsychosen‹* habe ich 1894 [...] Hysterie, Zwangsvorstellungen sowie gewisse Fälle von akuter halluzinatorischer Verworrenheit zusammengefaßt, weil sich für diese Affektionen der gemeinsame Gesichtspunkt ergeben hatte, ihre Symptome entstünden durch den psychischen Mechanismus der (unbewußten) *Abwehr*, d. h. bei dem Versuche, eine unverträgliche Vorstellung zu verdrängen, die in peinlichem Gegensatz zum Ich des Kranken getreten war. An einzelnen Stellen eines seither erschienenen Buches *Studien über Hysterie* von Dr. J. Breuer und mir habe ich dann erläutern und an Krankenbeobachtungen darlegen können, in welchem Sinne dieser psychische Vorgang der ›Abwehr‹ oder ›Verdrängung‹ zu verstehen ist. Ebendaselbst finden sich auch Angaben über die mühselige, aber vollkommen verläßliche Methode der Psychoanalyse, deren ich mich bei diesen Untersuchungen, die gleichzeitig eine Therapie darstellen, bediene.« Die Verdrängung betreffe vor allem sexuelle Erlebnisse, die vor der Pubertät stattgefunden haben, und Scham und Moralität seien die verdrängenden Kräfte. Im französischen Aufsatz heißt es: »In keiner dieser [dreizehn] Fälle fehlte der oben charakterisierte Vorfall [Verführung im Kindesalter]. Dieser bestand entweder in einem brutalen Angriff durch eine erwachsene Person oder in einer weniger raschen und weniger abstoßenden Verführung, die allerdings zu demselben Ergebnis führte.« Freud hat niemals öffentlich seine Überzeugung geäußert, daß in den meisten Fällen der Vater des Mißbrauchs kleiner Kinder (besonders an Mädchen) schuldig ist. Da Freud an sich die Symptome einer Abwehrneurose diagnostiziert hatte, mußte er diesen Verdacht auch auf seinen eigenen Vater ausdehnen, und die Schonung bzw. Tabuisierung des Vaters wird von manchen Interpreten als Grund dafür genannt, daß er schließlich die Verführungstheorie aufgab.

21. April: Vor der Psychiatrischen und Neurologischen Gesellschaft in Wien hält Freud einen Vortrag über die *Ätiologie der Hysterie*, der in erweiterter Form in der »Wiener klinischen Rundschau« (31. Mai, 7., 14., 21. und 28. Juni 1896) veröffentlicht wurde. Den Vorsitz der Abendveranstaltung führte der Direktor der Psychiatrischen Abteilung an der Universität Wien, Freiherr Richard von Krafft-Ebing (1840–1902). Nach Freuds Bericht in einem Brief an Fließ fand der Vortrag »bei den Eseln eine eisige Aufnahme und von Krafft-Ebing die seltsame Beurteilung: Es klingt wie ein wissenschaftliches Märchen. Und dies, nachdem man ihnen die Lösung eines mehrtausendjährigen Problems, ein caput Nili [Nilquelle] aufgezeigt hat. Sie können mich alle gern haben.«

4. Mai, an Fließ: »Isoliert bin ich, daß Du zufrieden sein kannst. Es sind irgendwelche Parolen ausgegeben worden, mich zu verlassen, denn alles fällt ringsum von mir ab.«

Ende August bis Mitte September: Zweieinhalb Wochen reist Freud mit seinem Bruder Alexander nach Italien (Venedig, Bo-

logna, Florenz). – »Mein Zimmer habe ich jetzt mit Gipsen der Florentiner Statuen geschmückt. Es war eine Quelle außerordentlicher Erquickung für mich; und ich gedenke reich zu werden, um diese Reisen zu wiederholen« (an Fließ, 6. Dezember 1896). Die hier erstmals erwähnte Liebe zu Antiquitäten wurde später Freuds einzige Leidenschaft. In seinem Haus gab es Fächer für ägyptische, zyprische, griechische, vorrömische, italienische und römische Funde.
23. Oktober: Tod des Vaters.
2. November, an Fließ: »Auf irgendeinem der dunklen Wege hinter dem offiziellen Bewußtsein hat mich der Tod des Alten sehr ergriffen. Ich hatte ihn sehr geschätzt, sehr genau verstanden, und er hatte viel in meinem Leben gemacht, mit der ihm eigenen Mischung von tiefer Weisheit und phantastisch leichtem Sinn. Er war lange ausgelebt, als er starb, aber im Innern ist wohl alles Frühere bei diesem Anlaß aufgewacht. Ich habe nun ein recht entwurzeltes Gefühl.« Der Tod von Jakob Freud fällt in die Zeit einer schweren Krise des Sohnes, hat sie wahrscheinlich sogar ausgelöst, bestimmt aber verstärkt. Freud unternahm in den folgenden zwei Jahren eine Selbstanalyse, an deren Ende *Die Traumdeutung* steht. Im Vorwort zur 2. Auflage (1908) heißt es: »Für mich hat dieses Buch nämlich noch eine andere subjektive Bedeutung, die ich erst nach seiner Beendigung verstehen konnte. Es erwies sich mir als ein Stück meiner Selbstanalyse, als meine Reaktion auf den Tod meines Vaters, also auf das bedeutsamste Ereignis, den einschneidendsten Verlust im Leben eines Mannes.« In den Jahren 1896 bis 1898 gab Freud die Verführungstheorie auf und ersetzte sie durch die Konstruktion des Ödipuskomplexes. An die Stelle einer gesellschaftlich erklärbaren Schuld trat die Begründung der Neurosen aus der naturnotwendigen Entwicklung der menschlichen Psyche. Während der Biograph Ernest Jones die Selbstanalyse eine »herkulische Arbeit« nennt, weil hier erstmals in der Menschheitsgeschichte eine Analyse der Seele zu Ende geführt worden sei, machen neuere Untersuchungen – auch die Veröffentlichungen neuen Materials aus dieser Zeit – deutlich, daß Freud selbst damals eine beträchtliche Verdrängungsarbeit geleistet hat, durch die er sich in Übereinstimmung mit wesentlichen Normen der bürgerlichen Gesellschaft brachte. Erst dadurch sei die Überwindung seiner *splendid isolation* (vgl. *Zur Geschichte der psychoanalytischen Bewegung* in Band 1 der vorliegenden Ausgabe) möglich geworden.

1897 24. Januar und abermals im Mai: Freud wird bei der Nominierung zum außerordentlichen Professor übergangen. »In solcher Fülle der Gesichter läßt es mich ganz kalt, daß das Professorenkolleg meinen jüngeren Kollegen in der Spezialität zum Extraordinarius vorgeschlagen, mich also übergangen hat, wenn die Nachricht wahr ist. Es läßt mich ganz kalt, wird aber vielleicht meinen definitiven Bruch mit der Universität beschleunigen« (an Fließ, 24. Januar).

Mai: *Inhaltsangaben der wissenschaftlichen Arbeiten des Privatdozenten Dr. Sigm. Freud (1877–1897).* Freud sichtet die Literatur über den Traum und kommt zu dem Ergebnis, daß bisher niemand den Traum als Wunscherfüllung erkannt, also seine eigene zentrale Hypothese vorweggenommen hat.

Juni/Juli: Freud macht eine neurotische Phase durch, »komische Zustände, die dem Bewußtsein nicht faßbar sind. Dämmerungsgedanken, Schleierzweifel, kaum hie und da ein Lichtstrahl« (an Fließ, 12. Juni). – »Was in mir vorgegangen ist, weiß ich noch immer nicht; irgend etwas aus den tiefsten Tiefen meiner eigenen Neurose hat sich einem Fortschritt im Verständnis der Neurosen entgegengestellt, und Du warst irgendwie mit hineingezogen. Denn die Schreiblähmung scheint mir bestellt, um unseren Verkehr zu hemmen« (an Fließ, 7. Juli).

14. August: Freud spricht (aus dem Urlaub in Aussee) zu Fließ erstmals von seiner Selbstanalyse: »Der Hauptpatient, der mich beschäftigt, bin ich selbst. Meine kleine, aber durch die Arbeit sehr gehobene Hysterie hat sich ein Stück weiter gelöst. Anderes steckt noch. Davon hängt meine Stimmung in erster Linie ab. Die Analyse ist schwerer als irgendeine andere. Sie ist es auch, die mir die psychische Kraft zur Darstellung und Mitteilung des bisher Gewonnenen lähmt. Doch glaube ich, es muß gemacht werden und ist ein notwendiges Zwischenstück in meinen Arbeiten.« Indem Freud seine eigene Neurose als Hysterie, also als Zwangs- und nicht als Aktualneurose, analysiert, muß er, entsprechend seiner Verführungstheorie, danach forschen, wie er im kindlichen Alter, das er unterdes auf die Zeit bis zum dritten Lebensjahr ansetzt, »verführt« worden ist.

Ende August/September: Italienreise, u. a. nach Venedig, Pisa, Livorno, Siena, Orvieto, Assisi, Florenz.

21. September: Am Tag nach seiner Rückkehr aus Italien schreibt Freud seinen Widerrufbrief. Er glaube nicht mehr an die Verführungstheorie der Abwehrneurosen: »Ich will also historisch beginnen, woher die Motive zum Unglauben gekommen sind. Die fortgesetzten Enttäuschungen bei den Versuchen, meine [oder: eine] Analyse zum wirklichen Abschluß zu bringen, das Davonlaufen der eine Zeitlang am besten gepackten Leute, das Ausbleiben der vollen Erfolge, auf die ich gerechnet hatte, die Möglichkeit, mir die partiellen Erfolge anders, auf die gewöhnliche Art zu erklären: dies die erste Gruppe. Dann die Überraschung, daß in sämtlichen Fällen der *Vater* als pervers beschuldigt werden mußte, mein eigener nicht ausgeschlossen, die Einsicht in die nicht erwartete Häufigkeit der Hysterie, wo jedesmal dieselbe Bedingung erhalten bleibt, während doch solche Verbreitung der Perversion gegen Kinder wenig wahrscheinlich ist. (Die Perversion muß unermeßlich häufiger sein als die Hysterie, da ja Erkrankung nur eintritt, wo sich die Ereignisse ge-

häuft haben und ein die Abwehr schwächender Faktor hinzugetreten ist.) Dann drittens die sichere Einsicht, daß es im Unbewußten ein Realitätszeichen nicht gibt, so daß man die Wahrheit und die mit Affekt besetzte Fiktion nicht unterscheiden kann. (Demnach blieb die Lösung übrig, daß die sexuelle Phantasie sich regelmäßig des Themas der Eltern bemächtigt.) Viertens die Überlegung, daß in der tiefgehendsten Psychose die unbewußte Erinnerung nicht durchdringt, so daß das Geheimnis der Jugenderlebnisse auch im verworrensten Delirium sich nicht verrät. Wenn man so sieht, daß das Unbewußte niemals den Widerstand des Bewußten überwindet, so sinkt auch die Erwartung, daß es in der Kur umgekehrt gehen müßte bis zur völligen Bändigung des Unbewußten durch das Bewußte. Soweit beeinflußt wurde ich bereit, auf zweierlei zu verzichten, auf die völlige Lösung einer Neurose und auf die sichere Kenntnis ihrer Ätiologie in der Kindheit. Nun weiß ich überhaupt nicht, woran ich bin, denn das theoretische Verständnis der Verdrängung und ihres Kräftespiels ist mir nicht gelungen. […] In diesem Sturz aller Werte ist allein das Psychologische unberührt geblieben. Der Traum steht ganz sicher da, und meine Anfänge metapsychologischer Arbeit haben an Schätzung nur gewonnen. Schade, daß man vom Traumdeuten z. B. nicht leben kann.«
26. bis 29. September: Besuch bei Fließ in Berlin, dadurch ist die briefliche Mitteilung über Freuds Selbstanalyse vorübergehend unterbrochen. Anschließend berichtet Freud von Träumen, in denen eine Kinderfrau eine Rolle spielt, ein »häßliches, älteres, aber kluges Weib«, das ihm »vom lieben Gott und von der Hölle erzählt« und ihm »eine hohe Meinung« von seinen eigenen Fähigkeiten beigebracht habe. Er träumt auch davon, seine Mutter auf der Reise von Leipzig nach Wien (1860) nackt gesehen zu haben.
15. Oktober, an Fließ: »Meine Selbstanalyse ist in der Tat das Wesentlichste, was ich jetzt habe, und verspricht von höchstem Wert für mich zu werden, wenn sie bis zu Ende geht. […] Ganz ehrlich mit sich sein ist eine gute Übung. Ein einziger Gedanke von allgemeinem Wert ist mir aufgegangen. Ich habe die Verliebtheit in die Mutter und die Eifersucht gegen den Vater auch bei mir gefunden und halte sie jetzt für ein allgemeines Ereignis früher Kindheit, wenn auch nicht immer so früher wie bei den hysterisch gemachten Kindern. […] Wenn das so ist, so versteht man die packende Macht des Königs Ödipus trotz aller Einwendungen, die der Verstand gegen die Fatumsvoraussetzung erhebt, und versteht, warum das spätere Schicksalsdrama so elend scheitern mußte. Gegen jeden willkürlichen Einzelzwang, wie er in der *Ahnfrau* [von Grillparzer] etc. Voraussetzung ist, bäumt sich unsere Empfindung, aber die griechische Sage greift einen Zwang auf, den jeder anerkennt, weil er dessen Existenz in sich verspürt hat. Jeder der Hörer war einmal im Keime und in der Phantasie ein solcher Ödipus, und vor der hier in

die Realität gezogenen Traumerfüllung schaudert jeder zurück mit dem ganzen Betrag der Verdrängung, der seinen infantilen Zustand von seinem heutigen trennt. Flüchtig ist mir durch den Kopf gegangen, ob dasselbe nicht auch dem Hamlet zugrunde liegen möchte. [...]«

1898 Jahreswende 1897/98: Freud entschließt sich, ein Traumbuch zu schreiben. Fortan sendet er sukzessive das Manuskript an Fließ.

9. Februar, an Fließ: »Ich bin tief im Traumbuch, schreibe es fließend und freue mich in Gedanken an all das ›Schütteln des Kopfes‹ [s. W. Busch *Bilder zur Jobsiade*, 6. Kap.] über die Indiskretionen und Vermessenheiten, die es enthält. [...] Zola hält uns sehr in Atem [gemeint ist die Dreyfus-Affäre]. Der brave Kerl, das wär' einer, mit dem man sich verständigen könnte. [...] habe ich mir das Vergnügen gegönnt, unseren alten Freund Mark Twain leibhaftig zu hören [bei einem Vortrag in Wien], was ein großer Genuß war.«

Januar/Februar: In mehreren Fortsetzungen erscheint in der »Wiener klinischen Rundschau« der Aufsatz *Die Sexualität in der Ätiologie der Neurosen.* Dieser Aufsatz erwähnt erstmals die neue Auffassung von infantiler Sexualität und die Bedeutung der entsprechenden Phantasien. Dagegen fällt über die Verführungstheorie kein Wort mehr.

10. März, an Fließ: »Biologisch scheint mir das Traumleben durchwegs von den Resten der prähistorischen Lebenszeit (1–3 Jahre) auszugehen, derselben Zeit, welche die Quelle des Unbewußten ist und die Ätiologie aller Psychoneurosen allein erhält [...]. Mir ahnt die Formel: Was in der prähistorischen Zeit *gesehen* wird, ergebe den *Traum*, was in ihr *gehört* wird, die *Phantasien*, was in ihr *sexuell erlebt* wird, die Psychoneurosen. Die Wiederholung des in dieser Zeit Erlebten sei an und für sich Wunscherfüllung, ein rezenter Wunsch führt nur dann zum Traum, wenn er sich mit Material aus dieser prähistorischen Periode in Verbindung setzen kann, wenn der rezente Wunsch ein Abkömmling eines prähistorischen ist oder sich von einem solchen kann adoptieren lassen.«

Juni/Juli: Intensive Beschäftigung mit Erzählungen von C. F. Meyer, der am 28. Nov. 1898 stirbt, was Freud am 5. Dezember zum Anlaß nimmt, seine »Begeisterung für ihn« ausdrücklich zu betonen. »Ich möchte gern etwas von seiner Lebensgeschichte und damit von der Reihenfolge der Werke wissen, was ich zur Deutung nicht entbehren könnte.«

1899 Januar/Februar: Freud studiert Jakob Burckhardts *Griechische Kulturgeschichte*, die ihm »unerwartete Parallelen liefert. Meine Vorliebe für das Prähistorische in allen menschlichen Formen ist im gleichen geblieben«. Die hauptsächlichen Erscheinungsformen des »Prähistorischen«, auf die Freud hier anspielt, sind für ihn die frühe Kindheit jedes Menschen, die Frühzeit der Menschheitsgeschichte und schließlich der Traum. (In seiner Abhandlung *Totem und Tabu* ver-

suchte er die grundsätzliche psychologische Übereinstimmung dieser Situation nachzuweisen).
19. Februar, an Fließ: »Der letzte allgemeine Gedanke [...] scheint ins Unabsehbare wachsen zu wollen. Nicht der Traum allein ist eine Wunscherfüllung, auch der hysterische Anfall. Das hysterische Symptom ist es, wahrscheinlich jedes neurotische Erlebnis, da ich es frühzeitig schon vom akuten Wahnsinn erkannt habe. Realität – Wunscherfüllung, aus diesen Gegensätzen sprießt unser psychisches Leben. Ich glaube, ich weiß nun, welche Bedingung den Traum von dem Symptom, das sich ja ins wache Leben eindrängt, scheidet. Für den Traum genügt es, daß er die Wunscherfüllung des verdrängten Gedankens sei; er ist ja von der Realität ferngehalten. Das Symptom aber, mitten im Leben, muß noch etwas anderes sein, auch die Wunscherfüllung des verdrängten Gedankens. Ein Symptom entsteht dort, wo der verdrängte und der verdrängende Gedanke in einer Wunscherfüllung zusammentreffen können.«
27. Juni: Die ersten Bogen der *Traumdeutung* gehen in Druck.
11. September: Die *Traumdeutung* ist abgeschlossen.
Etwa 20. Oktober: Die ersten Exemplare der *Traumdeutung* liegen vor. Das Buch erscheint am 4. November mit dem Datum 1900 in 600 Exemplaren, die nach acht Jahren verkauft waren. In den ersten sechs Wochen wurden 123 Exemplare, 228 in den folgenden zwei Jahren abgesetzt. Das Buch wurde weitgehend ignoriert. In Tageszeitungen erschienen ein paar abschätzige oder belanglose Besprechungen. Es gab keine einzige wissenschaftliche Rezension. Die zweite Auflage erschien erst 1909. Bis 1930 erschienen insgesamt acht Auflagen. Die frühesten Übersetzungen erfolgten ins Englische und Russische (beide 1913).

1900 Max Graf, ein Wiener Musikwissenschaftler, später ein enger Freund von Sigmund Freud und der Vater des Knaben, der als der »kleine Hans« ein bekannter Fall Freuds wurde, schrieb in seinen *Reminiscences of Professor Sigmund Freud* (1942) über Freuds Resonanz im Wien der Jahrhundertwende: »Wenn man in jenen Tagen Freuds Namen in einer Versammlung von Wienern erwähnte, begann jeder zu lachen, als hätte man einen Witz gemacht. Freud war der komische Kerl, der ein Buch über Träume geschrieben hatte und sich für einen Traumdeuter hielt. Es galt als geschmacklos, Freuds Namen in Gegenwart von Damen zu nennen. Sie erröteten, wenn sein Name erwähnt wurde.«
8. Januar, an Fließ: »Das neue Jahrhundert, von dem uns am interessantesten sein dürfte, daß es unsere Todesdaten in sich schließt [...]. Auf Anerkennung zu Lebzeiten wenigstens rechne ich nicht. [...] Ich habe in dunkeln Dingen mit Leuten zu tun, denen ich um 10–15 Jahre voraus bin und die mich nicht einholen werden. Ich suche also nur Ruhe und etwas materielles Behagen.«

1. Februar, an Fließ: »Ich bin nämlich gar kein Mann der Wissenschaft, kein Beobachter, kein Experimentator, kein Denker. Ich bin nichts als ein Konquistadorentemperament, ein Abenteurer, wenn Du es übersetzen willst, mit der Neugierde, der Kühnheit und der Zähigkeit eines solchen. Solche Leute pflegt man nur zu schätzen, wenn sie Erfolg gehabt, wirklich etwas entdeckt haben, sonst aber sie beiseite zu werfen.«

Sommer: In Achensee findet die letzte persönliche Begegnung mit Wilhelm Fließ statt. Die beiden Freunde hatten sich seit 1890 regelmäßig zu sogenannten »Kongressen« getroffen, die dem wissenschaftlichen Austausch dienten, und dabei waren die Differenzen zwischen ihren Auffassungen immer deutlicher geworden. Jones vermutet, daß Freud beim Streit in Achensee kritische Bemerkungen über Fließ' Periodenlehre gemacht und der darauf Freud vorgeworfen habe, er sei nur ein Gedankenleser oder suggeriere den Patienten seine eigenen Ideen.

Herbst: Freud sammelt Material für die Psychopathologie des Alltags und behandelt das achtzehnjährige Mädchen »Dora«, dessen Falldarstellung – obwohl sie bereits am 25. Januar 1901 abgeschlossen vorlag – er erst 1905 als *Bruchstück einer Hysterie-Analyse* veröffentlichte und ursprünglich als Fortsetzung der *Traumdeutung* verstand.

1901 Februar: Freud schließt die Schrift *Zur Psychopathologie des Alltagslebens* ab, die zunächst in der »Monatsschrift für Psychiatrie und Neurologie«, Juli und August 1901, Band X, Heft 1 und 2, und erst 1904 in Buchform erscheint. Das Hauptthema dieser Schrift ist der störende Einfluß unbewußter Vorgänge auf den Ablauf bewußter Prozesse. Freud hatte das Material für »das Vergessen von sonst vertrauten Worten und Namen, von Vorsätzen, das Versprechen, Verlesen, Verschreiben, das Verlegen von Dingen, so daß sie unauffindbar werden, das Verlieren, gewisse Irrtümer gegen besseres Wissen, manche gewohnheitsmäßige Gesten und Bewegungen«, er hatte das Material für alle diese »Fehlleistungen« seit dem 26. August 1898, als ihm erstmals auffiel, daß sich hinter dem Vergessen seines Namens ein Sinn verbarg, zum großen Teil an sich selbst gesammelt. (In der vorliegenden Ausgabe werden die »Fehlleistungen« im 1. Teil der *Vorlesungen zur Einführung in die Psychoanalyse* behandelt.)

2. September: Freud trifft mit seinem Bruder Alexander in Rom ein, wo er zwölf Tage bleibt. (Später besucht er Rom noch sechsmal.) Dieser erste Aufenthalt ist, wie er am 19. September an Fließ schreibt, »die Erfüllung eines, wie Du weißt, lange gehegten Wunsches. Wie solche Erfüllungen sind, etwas verkümmert, wenn man zu lange auf sie gewartet hat, aber doch: ein Höhepunkt des Lebens.« Freud hat in der *Traumdeutung* seine langanhaltende und tiefe Sehnsucht, nach Rom zu kommen, analysiert und als »Deck-

mantel und Symbol für mehrere andere heiß ersehnte Wünsche« bezeichnet. Dabei erwähnt er auch die antisemitischen Demütigungen, die sein Vater erdulden mußte und für die er wie Hannibal Rache an Rom nehmen wollte. Manche Interpreten deuten die Romsehnsucht als Ausdruck von Freuds andauernder Sehnsucht nach der verlorenen Welt der Kindheit in Příbor, aber insgesamt hat wohl sein dringendes Bedürfnis nach gesellschaftlicher Anerkennung die größere Rolle gespielt. (In der *Traumdeutung* stellt er selbst einen direkten Zusammenhang mit der mehrmals verweigerten Ernennung zum Professor her.)

1902 März: Freud wird endlich zum außerordentlichen Professor ernannt, nachdem er selbst energische Schritte unternommen hatte. »[...] ich wollte doch Rom wiedersehen, meine Kranken pflegen und meine Kinder bei guter Stimmung erhalten. So beschloß ich denn, mit der strengen Tugend zu brechen und zweckmäßige Schritte zu tun, wie andere Menschenkinder auch. Von etwas muß man sein Heil erwarten können und wählte den Titel zum Heiland« (an Fließ, 11. März). Über die Ursachen der langen Verweigerung (Nothnagel hatte die Ernennung erstmals 1897 vorgeschlagen) ist viel spekuliert worden, und es kann wohl kein Zweifel daran bestehen, daß seine jüdische Herkunft sowie seine Theorie eine entscheidende Rolle gespielt haben. Jedenfalls hebt dieser Titel, »der in monarchisch eingerichteten Staaten selbst viel Autorität verleiht« (*Zur Psychopathologie des Alltagslebens*), das Ansehen von Freuds Praxis, er konnte höhere Honorare fordern und hatte das Recht, Vorlesungen zu halten, von dem er bis zum ersten Weltkrieg Gebrauch machte.

10. September: Letztes Schreiben an Wilhelm Fließ, eine Postkarte von der Italienreise dieses Herbstes (Rom, Neapel, Paestum, Capri).

Herbst: Gründung der »Psychologischen Mittwoch-Vereinigung«. Der Wiener Arzt Wilhelm Stekel nahm für sich in Anspruch, Freud dazu angeregt zu haben. Stekel hatte unter neurotischen Beschwerden gelitten und deswegen Freud aufgesucht. Außerdem veröffentlichte er im »Neuen Wiener Tagblatt« (29. und 30. Januar 1902) eine blumige und belanglose Besprechung der *Traumdeutung*. 1903 eröffnete er eine eigene psychoanalytische Praxis. Freud lud außer Stekel die beiden Ärzte Max Kahane und Rudolf Reitler ein, die seine Vorlesungen besucht hatten, sowie den Augenarzt Alfred Adler, der sich kurz zuvor dem Studium der Geisteskrankheiten zugewandt hatte. Die Mittwochsitzungen wurden in der Folge regelmäßig in Freuds Wartezimmer abgehalten (bis 1910), und Stekel schrieb jedesmal einen Bericht für die Sonntagsausgabe des »Neuen Wiener Tagblatts«. Der Diskussionskreis erweiterte sich in den nächsten Jahren, auch um Nicht-Mediziner.

1903 Das Erscheinen des Buches *Geschlecht und Charakter. Eine prinzipielle Untersuchung* von Otto Weininger (1880–1903, Selbstmord) führt zu einer öffentlichen Polemik zwischen Freud und Fließ, die sich bis 1906 hinzieht. Der Streitgegenstand war die sogenannte Bisexualität, die Freud und Fließ seit 1897 diskutiert hatten, nachdem Fließ die Ansicht geäußert hatte, bei allen Männern und Frauen seien Spuren beider Geschlechter zu finden. Hermann Swoboda (1873–1963), ein Patient Freuds und Freund Weiningers, hat diese These vom einen zum anderen übermittelt, und Weininger hat sie dann in seinem Buch aufgebläht. Er erklärte jedes menschliche Verhalten aus dem Mischungsverhältnis von männlichem und weiblichem Protoplasma. Mit seinen algebraischen Formeln versuchte er das Genie und die Erinnerung ebenso zu erklären wie die Prostitution und den Antisemitismus. In der Frau sah Weininger ausschließlich ein sexuelles Wesen, das nur zwischen Prostitution und Fortpflanzung wählen könne. Genau wie den Frauen fehle auch den Juden ein Ego. Die Wirkung dieser Thesen Weiningers, der selbst Jude war, war so groß, daß sein monomanes Buch bis 1940 etwa dreißig Auflagen erlebte. – Ende 1905 ließ Fließ im Prioritätsstreit um die angebliche Entdeckung der Bisexualität, die tatsächlich auf Platon zurückgeht, ein scharfes Pamphlet veröffentlichen. Freud wandte sich daraufhin auch an Karl Kraus, den Herausgeber der »Fackel«: »Ich hoffe, geehrter Herr, daß Sie in diesem Schreiben nichts anderes erblicken werden als ein Zeichen meiner Hochachtung und der Voraussetzung Ihres Interesses für eine Angelegenheit der Kultur. Es gilt die Abwehr der Überhebung einer brutalen Persönlichkeit und die Verweisung des kleinlichen persönlichen Ehrgeizes aus dem Tempelbezirk der Wissenschaft.« Kraus veröffentlichte in der »Fackel« Nr. 210 (31. Oktober 1906) eine Glosse »zu dem lächerlichen wissenschaftlichen Markenschutzstreit« und stellte sich damit ganz auf die Seite von Freud.

1904 Anfang September: Seereise von Triest nach Athen. (Vgl. den Aufsatz *Erinnerungsstörung auf der Akropolis*, Band 3 der vorliegenden Ausgabe, S. 426–437).

Herbst: Der Psychiater Eugen Bleuler aus Zürich teilt Freud mit, daß er und seine Mitarbeiter (Oberarzt C. G. Jung) sich mit Psychoanalyse beschäftigen.

Veröffentlichungen: *Zur Psychopathologie des Alltagslebens*, erstmals als Buch. Dieses wohl zu Lebzeiten Freuds erfolgreichste Buch erlebte bis 1924 zehn Auflagen (21000 Exemplare), deren jede wesentlich erweitert worden war – auch Freuds Freunde und Schüler sammelten laufend Material –, so daß die zehnte fast den doppelten Umfang der ersten hatte.

Die Freudsche psychoanalytische Methode (vgl. Band 1 der vorliegenden Ausgabe).

1905 Veröffentlichungen: *Drei Abhandlungen zur Sexualtheorie* (vgl. Band 1). Diese Arbeit erschien als relativ billige Broschüre in einer Auflage von tausend Exemplaren, die erst nach mehr als vier Jahren verkauft waren. Eine sehr positive Rezension von Otto Soyka (1882–1955) veröffentlichte Karl Kraus in der »Fackel« Nr. 191 (21. Dezember 1905). Freud habe die Liebe (Sexualität) aus dem Himmel, dem Bereich der Metaphysik, auf die Erde geholt, und dies sei in einer zugleich wissenschaftlichen und populären Darstellung geschehen. In der »Fackel« Nr. 227–228 (10. Juni 1907) hat Karl Hauer (geb. 1875) unter dem Titel *Das Kind* eine Parallele zwischen den *Drei Abhandlungen* und Wedekinds Stück *Frühlingserwachen* gezogen: »Es scheint daher notwendig, nicht nur daran zu erinnern, daß das Kind auch vor der Pubertät bereits ein ausgeprägtes und überaus mannigfaltiges Triebleben führt, sondern auch festzustellen, daß die Lieblingsvorstellung der modernen Gesellschaft vom unerotischen Kind-Engel nur das Produkt eines diese Gesellschaft beherrschenden erotischen Triebes ist.«

Der Witz und seine Beziehung zum Unbewußten: Unmittelbar nach den *Drei Abhandlungen* in 1050 Exemplaren erschienen, die in sieben Jahren verkauft wurden. Die Beschäftigung mit diesem Thema geht wohl auf eine Beschwerde von Fließ zurück, die von Freud berichteten Träume enthielten zu viele Witze (Herbst 1899). Der unmittelbare Anlaß ist das Buch *Komik und Humor* von Theodor Lipps (1851–1914). Freud behandelt die unbewußten Quellen der Lust, die die Menschen bei Witzen und im Humor empfinden. Beim Witz werde Hemmungsaufwand erspart, in der Komik Vorstellungsaufwand und beim Humor Gefühlsaufwand. Alle drei Formen führten in die Stimmung der Kindheit zurück, »in der wir das Komische nicht kannten, des Witzes nicht fähig waren und den Humor nicht brauchten, um uns im Leben glücklich zu fühlen«.

Bruchstück einer Hysterie-Analyse, die Falldarstellung von »Dora«, die 1901 bereits abgeschlossen war, erscheint. In dieser Krankengeschichte wollte Freud vor allem den großen Wert der Deutung von Träumen für die analytische Behandlung darlegen. Durch die Analyse der Träume Doras wurde ihre sexuelle Liebe zu ihrem Vater, einem Freund der Familie und dessen Frau sichtbar, obwohl sie diese Gefühle vollkommen verdrängt hatte.

1906 April: Carl Gustav Jung beginnt seinen Briefwechsel mit Freud, der fast sieben Jahre dauerte.

6. Mai: Freuds Anhänger schenken ihm zum 50. Geburtstag eine Medaille, die der Bildhauer Karl Maria Schwerdtner entworfen hat. Ihre Vorderseite zeigt Freuds Profil in Basrelief, ihre Rückseite eine griechische Zeichnung des Ödipus vor der Sphinx, die von einem Vers aus *König Ödipus* von Sophokles umrahmt ist: »Der das berühmte Rätsel löste und ein gar mächtiger Mann war!« (Diese Unterschrift findet sich auf einer Büste vor der Wiener Universität, die am 4. Februar 1955 enthüllt wurde.)

Herbst: Der »kleine Hans«, eigentlich Herbert Graf (1903–1973), später ein Opernregisseur, tritt in Freuds Gesichtskreis. Die eigentliche Behandlung fand 1908 statt, als die Phobie manifest wurde. Der Fünfjährige weigerte sich, auf die Straße zu gehen, aus Angst, ein Pferd könne ihn beißen. In der Analyse zeigte sich, daß er sich bereits früh mit seinem Penis beschäftigt und ihn mit dem eines Pferdes verglichen hatte. Freud interpretierte die Phobie im Sinne des Ödipuskomplexes: Der Vater mit seinem größeren Penis könnte dem Knaben gefährlich werden, wenn er die Mutter für sich allein beanspruche. Die Angst vor dem Vater wiederum wird auf das Pferd verschoben.

1907 10. Februar: Carl Gustav Jung, seit dem Erscheinen der *Traumdeutung* ein Anhänger Freuds, besucht ihn erstmals und hat über diese Begegnung später folgendes berichtet: »Wir trafen uns um ein Uhr mittags, und dreizehn Stunden sprachen wir sozusagen pausenlos. Freud war der erste wirklich bedeutende Mann, dem ich begegnete. Kein anderer Mensch in meiner damaligen Erfahrung konnte sich mit ihm messen. In seiner Einstellung gab es nichts Triviales. Ich fand ihn außerordentlich intelligent, scharfsinnig und in jeder Beziehung bemerkenswert. Und doch blieben meine ersten Eindrücke von ihm unklar, zum Teil auch unverstanden. [...] Ich konnte seinen sogenannten Wissenschaftspositivismus nicht schlucken, seine rationale Anschauung von der Psyche und seinen materialistischen Standpunkt. [...] Vor allem schien mir Freuds Einstellung zum Geist in hohem Maße fragwürdig. Wo immer bei einem Menschen oder in einem Kunstwerk der Ausdruck einer Geistigkeit zutage trat, verdächtigte er sie und ließ ›verdrängte Sexualität‹ durchblikken [...].« Ludwig Binswanger, der Jung in Wien begleitete und mit ihm am 2. März an der Mittwochsitzung teilnahm, erzählt, daß Freud ihre Träume deutete: »An Jungs Traum erinnere ich nicht mehr, wohl aber an die Deutung, die Freud ihm gab. Sie ging dahin, daß Jung ihn entthronen und an seine Stelle treten wolle.« Tatsächlich betrachtete Freud den Zürcher Psychiater, der zwanzig Jahre jünger war, bald als seinen Kronprinzen. So schrieb er am 17. Januar 1909: »Sie werden als Joshua, wenn ich der Moses bin, das gelobte Land der Psychiatrie, das ich nur aus der Ferne erschauen darf, in Besitz nehmen.« Die grundsätzliche theoretische Meinungsverschiedenheit zwischen beiden entstand bei der Theorie der Libido. Im persönlichen Verhältnis verstand sich Freud als Vaterfigur und verlangte vollständige Unterordnung, gegen die Jung rebellierte. Wütend formulierte er seinen Protest im Brief vom 18. Dezember 1912, der den Bruch auslöste: »Ich möchte Sie aber darauf aufmerksam machen, daß Ihre Technik, Ihre Schüler wie Ihre Patienten zu behandeln, ein *Mißgriff* ist. Damit erzeugen Sie sklavische Söhne oder freche Schlingel (Adler-Stekel und die ganze freche Bande, die sich in Wien breitmacht). Ich bin objektiv genug, um Ihren Truc [Trick] zu durchschauen. Sie weisen rund um sich herum allen Symptomhandlungen nach, damit setzen Sie die ganze Umgebung auf das Niveau des Sohnes und der Tochter herunter, die mit Erröten die Existenz fehlerhafter Tendenzen zugeben. Unterdessen bleiben Sie immer schön oben als Vater. Vor lauter Untertänigkeit kommt keiner dazu, den Propheten am Barte zu zupfen und sich einmal zu erkundigen, was Sie denn zu einem Patienten sagen, welcher die Tendenz hat, den Analytiker zu analysieren anstatt sich selber? Sie fragen ihn doch: ›Wer hat denn eigentlich die *Neurose*?‹ [...]«

Mai: *Der Wahn und die Träume in W. Jensens »Gradiva«*, Die Novelle von Wilhelm Jensen (1837–1911), die dieser Analyse zugrunde liegt, ist literarisch völlig unbedeutend. Sie handelt von einem jungen Archäologen, der sich in das Reliefbild eines jungen griechischen Mädchens verliebt (Gradiva: die Schreitende). Er gelangt zu der Überzeugung, daß das Mädchen beim Ausbruch des Vesuv in Pompeji (79 v. u. Z.) umgekommen sei, und fährt in die Ruinenstätte. Dort erscheint ihm ein in der Art der Gradiva schreitendes Mädchen, das sich schließlich als die Spielgefährtin seiner Kindheit entpuppt, die ihm nachgefahren ist, um ihn von seinem Wahn zu befreien. Freud baute in seiner Deutung vor allem die Parallele zwischen dem Schicksal Pompejis (Verschüttung und Ausgrabung) und den seelischen Erscheinungen, die er entdeckt hat (Verdrängung und Wiedererweckung in der Analyse), aus.

September: Freud sieht das antike Relief der Gradiva im Vatikanischen Museum in Rom und hängte später eine Kopie in seinem Wartezimmer auf.

1. Oktober: Beginn der Analyse des sogenannten »Rattenmanns«, die nach elf Monaten erfolgreich abgeschlossen wurde. Der Patient ist ein junger Mann, der wegen seines Militärdienstes das Studium unterbrechen muß. Als Soldat verliert er seinen Zwicker und erfährt von einer orientalischen Folter, bei der sich Ratten in den After des Delinquenten einfressen. Von dieser Foltermethode glaubt er seinen Vater und eine junge Frau, die er liebt, bedroht, mehr noch, sie stellt sich in seinen Zwangsideen in einen direkten Zusammenhang mit seinem neuen Zwicker, der ihm per Nachnahme gesandt wird und den Kameraden eingelöst haben. Durch Rückerstattung des Portos glaubt er die Katastrophe verhindern zu können. Durch die Zwänge werden zugleich frühere Selbstmordimpulse aktiviert. Freud berichtete der Wiener Vereinigung mehrmals von den Fortschritten dieser Analyse und referierte über sie schließlich auf dem Salzburger Kongreß (27. April 1908) in einem vierstündigen Vortrag. Die Falldarstellung wurde 1909 veröffentlicht.

15. Dezember: Erste Begegnung mit Karl Abraham (1877–1925), der unter Bleuler und Jung am »Burghölzli«, der Zürcher psychiatrischen Klinik, gearbeitet hatte und sich im November 1907 in Ber-

lin als Psychoanalytiker niederließ. Karl Abrahm starb am 25. Dezember 1925 als Präsident der Internationalen Psychoanalytischen Vereinigung, und Freud schrieb im Nachruf: »Unter allen, die mir auf die dunklen Wege der psychoanalytischen Arbeit gefolgt waren, erwarb er eine so hervorragende Stellung, daß nur noch ein Name neben seinem genannt werden konnte. Das Vertrauen der Mitarbeiter und Schüler, das er in uneingeschränktem Maße besaß, hätte ihn wahrscheinlich zur Führerschaft berufen, und sicherlich wäre er ein vorbildlicher Führer zur Wahrheitsforschung geworden, unbeirrt durch Lob und Tadel der Menge wie durch den lockenden Schein eigener Phantasiegebilde.«

1908 2. Februar: Der Mann, auf den Freud im Nachruf auf Abraham anspielt, besucht ihn erstmals an diesem Sonntag. Es war Sándor Ferenczi (1873–1933) aus Budapest, der rasch einer der engsten Freunde von Sigmund Freud wurde. Die beiden wechselten mehr als tausend Briefe, bei denen Freud oft die Anrede »lieber Sohn« verwendete. Zum 50. Geburtstag Ferenczis schreibt Freud u. a.: »Ferenczi hat wiederholt auch in die äußeren Schicksale der Psychoanalyse eingegriffen. Bekannt ist sein Auftreten auf dem zweiten Kongreß der Analytiker, Nürnberg 1910, wo er die Gründung der Internationalen Psychoanalytischen Vereinigung als Abwehrmaßregel gegen die Ächtung der Analyse durch die offizielle Medizin in Vorschlag brachte und durchsetzen half. Auf dem Fünften Analytischen Kongreß in Budapest, September 1918, wurde Ferenczi zum Präsidenten der Vereinigung gewählt. Er bestimmte Anton von Freund zu seinem Sekretär, und die vereinte Tatkraft beider Männer sowie die großzügigen Stiftungsabsichten Freunds hätten Budapest sicherlich zur analytischen Hauptstadt Europas erhoben, wenn nicht politische Katastrophen und persönliche Schicksale diese schönen Hoffnungen erbarmungslos vernichtet hätten. Freund erkrankte und starb im Jänner 1920, im Oktober 1919 hatte Ferenczi unter Berufung auf die Isolierung Ungarns vom Weltverkehr seine Stelle niedergelegt und das Präsidium der Internationalen Vereinigung Ernest Jones in London übertragen. Während der Dauer der Sowjetrepublik [Räterepublik] in Ungarn war Ferenczi mit den Funktionen eines Universitätslehrers betraut gewesen, und die Hörer hatten sich zu seinen Vorlesungen gedrängt.« In den letzten Lebensjahren Ferenczis kam es zur Entfremdung zwischen ihm und Freud, was Masson u. a. darauf zurückführt, daß Ferenczi in jener Zeit wiederum die von Freud verworfene »Verführungstheorie« vertrat. Weitere Differenzen bestanden in einer unterschiedlichen Konzeption der analytischen Therapie.

4. März: Auf Antrag erhält Freud die offizielle Einbürgerung in Wien, mit der er u. a. das Recht auf ungestörten Aufenthalt, auf Armenversorgung sowie das Stimmrecht erhielt, von dem er aber nur Gebrauch machte, wenn ein Liberaler kandidierte.

15. April: Die Mittwoch-Gesellschaft nimmt den Namen »Wiener Psychoanalytische Vereinigung« an und gründet eine Bibliothek, die 1938 von den Faschisten vernichtet wurde.
26. April: Der Erste Internationale Psychoanalytische Kongreß findet in Salzburg statt. 42 Personen nahmen teil, die aber keineswegs alle psychoanalytisch tätig waren. Neun Referate wurden gehalten. Beschlossen wurde die Herausgabe der Zeitschrift »Jahrbuch für psychoanalytische und psychopathologische Forschungen« (Herausgeber: Bleuler und Freud, Redakteur: Jung), die bis 1924 existierte. Freud schrieb am 12. November an Jung: »Jetzt, wo wir leben, arbeiten und publizieren können und aneinander etwas haben, ist es ganz schön, und ich möchte für lange nicht, daß es anders würde.«
September: Reise nach England, wo er mit den Halbbrüdern Emanuel und Philipp zusammentrifft und sich für die Altertumssammlung des Britischen Museums begeistert.
Veröffentlichung: *Charakter und Analerotik* (vgl. Band 1 der vorliegenden Ausgabe). Jones schreibt, die Arbeit »wirkte wie eine Bombe und erregte mehr Spott als alles bis dahin Geschriebene«.

1909 September: Freud reist mit Ferenczi und Jung in die USA, um an der Clark University in Worcester (Massachusetts) fünf Vorlesungen über Psychoanalyse zu halten. Freud wird Ehrendoktor und begründet eine dauernde Freundschaft mit James Jackson Putnam (1846–1918), dem Professor für Neurologie in Harvard und Mitbegründer der American Psycho-Analytical Association. Trotz der guten Aufnahme, die Freud dort gefunden hatte, blieb er gegenüber den USA reserviert. Jones behauptet, Freud habe zu ihm gesagt: »Amerika ist ein Irrtum. Ein gigantischer Irrtum zwar – aber eben doch ein Irrtum.«
Veröffentlichung: *Der Familienroman der Neurotiker* (s. Band 1 der vorliegenden Ausgabe).

1910 12. Januar: Der Wiener Arzt und Schriftsteller Fritz Wittels (1880–1950) hält in der Wiener Psychoanalytischen Vereinigung, der er 1906–1910 angehörte, einen Vortrag über Karl Kraus, in dessen Zeitschrift »Die Fackel« er in den Jahren 1907/08 eine Reihe von Arbeiten veröffentlicht hatte. So spricht er z. B. im Aufsatz *Das Kindweib* (»Fackel«, Nr. 230–231, 15. Juli 1907) davon, »die Nibelungenarbeit eines Wiener Forschers, Freuds«, habe »nachgewiesen, daß auch in der scheinbar asexuellen Frau dieselben Triebe wirken, nur aus dem Tartarus des Unbewußten, wohin sie durch die Erziehung gedrängt werden«. Wittels unternahm den absurden Versuch, das Wirken von Karl Kraus, vor allem seinen Kampf gegen die großbürgerliche Zeitung »Neue Freie Presse«, auf eine ödipale Frustration durch seinen Vater zurückzuführen. Der Vortrag *Die »Fackel«-Neurose* brachte nicht nur Karl Kraus gegen die Psychoanalyse auf, der Ende 1907 ohnehin schon Vorbehalte gegen Freuds Theorie des Unbewußten und des Traums angemeldet hatte, er führte auch in der Vereinigung selbst zu Diskussionen, die sich über Monate hinzogen. Laut Protokoll sagte der Pädagoge Karl Furtmüller, er »müsse in Wittels' Vortrag eine Gefahr sehen. Es ist die Frage, ob die Analyse als Dogmengebäude oder als Arbeitshypothese zu betrachten ist.« In diesem Vortrag sei mehr »die erste Auffassung zum Durchbruch gekommen, wodurch das Ergebnis wenig überzeugend ausgefallen ist und vieles vernachlässigt wurde, so wir eigentlich in gewissem Sinne zu einer Verkennung dieses Menschen kommen. Ein Mensch wie Kraus kann in der ›Presse‹ keinen Platz finden, auch ohne Neurose.« Freud stimmte wohl den Ausführungen zu, fand aber, bei einer lebenden Persönlichkeit sei besondere Diskretion geboten. Karl Kraus reagierte erstmals scharf gegen die Psychoanalyse in der Aphorismensammlung *Pro domo et mundo* der »Fackel« Nr. 300 (erschienen am 9. April 1910), z. B.: »Eine gewisse Psychoanalyse ist die Beschäftigung geiler Rationalisten, die alles in der Welt auf sexuelle Ursachen zurückführen mit Ausnahme ihrer Beschäftigung.«; »Sie haben die Presse, sie haben die Börse, jetzt haben sie auch das Unterbewußtsein!«; »Die neue Seelenkunde hat es gewagt, in das Mysterium des Genies zu spucken. [...] Ihre Lehre möchte die Persönlichkeit verengen, nachdem sie die Grenzen der Unverantwortlichkeit erweitert hat. – [...].«

Februar: Der dreiundzwanzigjährige »Wolfsmann«, der Freuds berühmtester Patient wurde, besuchte ihn zum erstenmal.

30. und 31. Mai: Zweiter Internationaler Psychoanalytischer Kongreß in Nürnberg. Gründung der Internationalen Psychoanalytischen Vereinigung, deren Präsident Jung wird. Bald danach konstituieren sich die ersten Ortsgruppen, so in Berlin (Präsident: Karl Abraham), Wien (Präsident: Alfred Adler) und Zürich (Präsident: Ludwig Binswanger).

Sommer: Freud verbringt einen Teil seiner Ferien in Holland am Meer, wo ihn Gustav Mahler aufsucht. Im September reist Freud mit Ferenczi über Paris bis nach Sizilien. Bezogen auf Erfahrungen während dieser Reise, schreibt Freud am 6. Oktober an Ferenczi, »seit dem Fall Fließ« habe er »kein Bedürfnis nach jener vollen Eröffnung der Persönlichkeit« mehr.

Veröffentlichung: *Eine Kindheitserinnerung des Leonardo da Vinci.* Diese Studie ist der erste Versuch einer psychoanalytischen Biographie.

1911 Mai: Alfred Adler (1870–1937) tritt aus der Wiener Psychoanalytischen Vereinigung aus, nachdem seit dem 4. Januar in mehreren Sitzungen über seine Anschauungen diskutiert worden war, die er vor allem in der *Studie über Minderwertigkeit von Organen* (1907) entwickelt hatte. Kinder von schwächlicher physischer Konstitution kompensieren nach seiner Meinung ihre Schwächen, indem sie ihre Stärken überbetonen. Der Wille zum Überleben treibe jedes Kind dazu, sich gegen die stärkeren Eltern zu behaupten. Sexualität sei dabei nur eine von mehreren Waffen. Mit seinem Begriff des Machtstrebens versuchte Adler, sozialdemokratische Gedankengänge mit solchen von Nietzsche und Darwin zu vereinen. Freud kritisierte vor allem die Abwendung Adlers von der Libidotheorie und dem Ödipuskomplex (vgl. den Aufsatz *Zur Geschichte der psychoanalytischen Bewegung* in Band 1 der vorliegenden Ausgabe). 1912 gab Adler seiner Lehre den Namen »Individualpsychologie«. – Im Oktober 1911 traten auch die Anhänger Adlers aus der Vereinigung aus.

21. und 22. September: Kongreß in Weimar mit 55 Teilnehmern, zu denen mehrere Frauen (u. a. Lou Andreas-Salomé) gehörten.

Veröffentlichung: *Psychoanalytische Bemerkungen über einen autobiographisch beschriebenen Fall von Paranoia (Dementia paranoides).*

1912 Januar: Die erste Nummer der Zeitschrift »Imago« erscheint, die von Hanns Sachs (1881–1947) und Otto Rank (1884–1939) herausgegeben wird. Ihr Titel geht auf eine Novelle des Schweizer Schriftstellers Carl Spitteler (1845–1924) zurück.

Freud hielt 1912 für sein produktivstes Jahr, weil er *Totem und Tabu* schrieb.

1913 Januar: Abbruch der privaten Beziehung zu C. G. Jung. Januar und März: Aus dem Aufsatz *Zur Einleitung der Behandlung* gehen wichtige Hinweise in bezug auf Freuds Leben und Haltung als Analytiker hervor: »Wichtige Punkte zu Beginn der analytischen Kur sind die Bestimmungen über *Zeit* und *Geld.* In betreff der Zeit befolge ich ausschließlich das Prinzip des Vermietens einer bestimmten Stunde. Jeder Patient erhält eine gewisse Stunde meines verfügbaren Arbeitstages zugewiesen; sie ist die seine, und er bleibt für sie haftbar, auch wenn er sie nicht benützt. [...] Ich arbeite mit meinen Patienten täglich mit Ausnahme der Sonntage und der großen Festtage, also für gewöhnlich sechsmal in der Woche. Für leichte Fälle oder Fortsetzungen von weit gediehenen Behandlungen reichen auch drei Stunden wöchentlich aus. Sonst bringen Einschränkungen an Zeit weder dem Arzte noch dem Patienten Vorteil. [...] Die Frage nach der voraussichtlichen Dauer der Behandlung ist in Wahrheit kaum zu beantworten. [...] Um es direkter zu sagen, es handelt sich bei der Psychoanalyse immer um lange Zeiträume, halbe oder ganze Jahre, um längere, als der Erwartung des Kranken entspricht. Man hat daher die Verpflichtung, dem Kranken diesen Sachverhalt zu eröffnen, ehe er sich endgültig für die Behandlung entschließt. [...] Ich halte an dem Rate fest, den Kranken auf einem Ruhebett lagern zu lassen, während man hinter ihm, von ihm ungesehen, Platz nimmt. Diese Veranstaltung hat einen historischen Sinn, sie ist der Rest der hypnotischen Behandlung, aus welcher sich die Psychoanalyse entwickelt hat. Sie verdient aber aus mehrfachen Gründen festgehalten zu werden. [...] Ich vertrage es nicht, acht Stunden täglich (oder länger) von anderen angestarrt zu werden. Da ich mich während des Zuhörens selbst dem Ablauf meiner unbewußten Gedanken überlasse, will ich nicht, daß meine Mienen dem Patienten Stoff zu Deutungen geben oder ihn in seinen Mitteilungen beeinflussen.« Freuds Honorar, das für Wiener Verhältnisse relativ hoch war, betrug vor dem ersten Weltkrieg 40 Kronen (etwa 48 Mark).

September: Kongreß in München. Jung wurde wiederum zum Präsidenten gewählt.

Veröffentlichung: *Totem und Tabu* (s. Band 1 der vorliegenden Ausgabe).

1914 April: Jung tritt von der Präsidentschaft zurück und verläßt im Juli die Psychoanalytische Vereinigung.

1. August: Beginn des ersten Weltkrieges. Freud reagiert darauf nahezu enthusiastisch, schreibt bereits am 26. Juli an Abraham, er fühle sich zum erstenmal seit dreißig Jahren als Österreicher, und am 2. August: »Ich wäre von Herzen dabei, wenn ich nicht England auf der unrechten Seite wüßte.« Nach etwa zwei Wochen legt sich diese Begeisterung für Österreich, allerdings auch deshalb, weil ihn die Leistungen der österreichischen Armee tief enttäuschen. Gegen Ende des Jahres schreibt Freud dann an Lou Andreas-Salomé: »Ich zweifle nicht daran, daß die Menschheit auch diesen Krieg verwinden wird, aber ich weiß sicher, daß ich und meine Altersgenossen die Welt nicht mehr froh sehen werden. Es ist gar zu garstig; das Traurigste daran aber, daß es gerade so ist, wie wir uns nach den von der PsA [Psychoanalyse] geweckten Erwartungen die Menschen und ihr Benehmen vorstellen sollten. [...] Mein geheimer Beschluß war: da wir die gegenwärtig höchste Kultur nur mit einer enormen Heuchelei behaftet sehen, so taugen wir organisch nicht für diese Kultur. Wir haben abzutreten, und der oder das große Unbekannte hinter dem Schicksal wird ein solches Kulturexperiment einmal mit einer andern Rasse wiederholen.«

Veröffentlichungen: *Der Moses des Michelangelo.* Die Geschichte dieser nichtanalytischen Schrift, die anonym erschien und deren Verfasserschaft Freud erst 1924 zugab, reicht weit zurück. Bereits während seines Romaufenthalts im Sept. 1901 hatte Freud die Moses-Statue von Michelangelo gesehen. Die intensive Beschäftigung fand 1912 statt. »Durch drei einsame Septemberwochen bin ich [...] alltäglich in der Kirche vor der Statue gestanden, habe sie studiert, gemessen, gezeichnet, bis mir jenes Verständnis aufging, das ich in dem Aufsatz doch nur anonym auszudrücken wagte« (an Edoardo Weiss, den italien. Übersetzer, 12. April 1933). Im Unterschied zu einer verbreiteten Interpretation sei Moses nicht im Begriffe, aufzuspringen und aus Zorn über die Götzendienerei seines Volkes die vom Berg Sinai gebrachten Gesetzestafeln zu zerschmettern, sondern er beherrsche seinen Zorn, weil größer als der Zorn der

Wunsch sei, die Tafeln zu bewahren. Man müsse eine abgelaufene, keine bevorstehende Bewegung annehmen. Freud bewertet die Leistung des Michelangelo, die – bei dieser Interpretation – im Gegensatz zur Bibel steht, folgendermaßen: »Damit hat er etwas Neues, Übermenschliches in die Figur des Moses gelegt, und die gewaltige Körpermasse und kraftstrotzende Muskulatur der Gestalt wird nur zum leiblichen Ausdrucksmittel für die höchste psychische Leistung, die einem Menschen möglich ist, für das Niederringen der eigenen Leidenschaft zugunsten und im Auftrag einer Bestimmung, der man sich geweiht hat.«

Zur Einführung des Narzißmus (s. Band 1 der vorliegenden Ausgabe).

1915 März: Beginn der Arbeit an den metapsychologischen Schriften, die zwölf Abhandlungen umfassen sollen. Im Laufe von drei Wochen werden die Aufsätze *Triebe und Triebschicksale* und *Die Verdrängung* abgeschlossen, nach zwei weiteren Wochen liegt *Das Unbewußte* vor und elf Tage später auch *Metapsychologische Ergänzungen zur Traumlehre* sowie *Trauer und Melancholie.* Die restlichen sieben Arbeiten, die gleichfalls in kurzer Frist entstanden, gelten sämtlich als verschollen. Ein Entwurf zur zwölften Abhandlung fand sich im Nachlaß von Sándor Ferenczi und wurde unter dem Titel *Übersicht der Übertragungsneurosen* (Frankfurt/Main 1985) veröffentlicht. Der erste Teil behandelt stichwortartig Phobie, Konversionshysterie und Zwangsneurose. Im zweiten Teil geht Freud der Frage nach, ob das, was als neurotische Erkrankungen einzelner Menschen angesehen werde, in der Stammesgeschichte des Menschen einmal überlebensnotwendige Anpassungsreaktionen auf traumatische Ereignisse und bedrohliche Veränderungen der äußeren Lebensumstände gewesen sein könnten.

23. und 30. Oktober: Freud beginnt – wie üblich – mit seinen Vorlesungen für das Wintersemester. Er ist überrascht, daß siebzig Hörer anwesend sind und im November sogar hundert. Er fühlt sich dadurch zu sorgfältiger Ausarbeitung veranlaßt und eine Vorlesungsreihe in Buchform zu veröffentlichen, nicht zuletzt, um – nach dreißigjähriger Dozentur – diese Tätigkeit niederlegen zu können. Im Wintersemester 1915/16 absolviert er die ersten beiden Teile (*Fehlleistungen, Der Traum*), der dritte Teil blieb dem folgenden Wintersemester vorbehalten.

Dezember: Kurz vor seiner Einberufung zum Militär besucht Rainer Maria Rilke in der Wiener Berggasse Sigmund Freud. Die Beziehung zwischen den beiden wurde durch Lou Andreas-Salomé vermittelt, die in ihrem »Lebensrückblick« schreibt, neben eigenen Kindheitserfahrungen habe ihr gerade »das Miterleben der Außerordentlichkeit und Seltenheit des Seelenschicksals eines einzelnen [Rilkes]« den Weg zur Psychoanalyse gewiesen.

Über die Zeit nach 1915 urteilt Ernest Jones (*Das Leben und Werk von S. Freud*, Band 3, S. 315) folgendermaßen: »Während der folgenden drei oder vier dunkelsten Kriegsjahre lag Freuds Geist relativ brach; man hatte ja vollauf mit der Misere des täglichen Lebens zu tun. Die neuen Ideen tauchten erst 1919–1921 auf.«

Nachdem Freud Anfang 1915 noch zwei oder drei Patienten hatte – ungarische Aristokraten –, berichtet er Ferenczi im Dezember 1916, daß nun gar keine Patienten mehr kämen. Anfang 1917 ist zunächst von einem die Rede, im April scheint Besserung in Aussicht, im Juni suchen drei Kranke Freud auf, und vom Herbst bis zum Jahresende sind es neun.

1918 28. und 29. September: In der Halle der Ungarischen Akademie der Wissenschaften wird der Fünfte Internationale Psychoanalytische Kongreß abgehalten. Zwei Teilnehmer kamen aus Holland, drei aus Deutschland, die übrigen 37 aus Österreich-Ungarn. Ferenczi wurde Präsident. In seinem Vortrag *Wege der psychoanalytischen Therapie*, den er – entgegen der eigenen Regel, immer frei und ohne Notizen zu sprechen – ablas, formulierte Freud erstmals deutlich die sozialen Grenzen der Psychoanalyse: »Wir sind nur eine Handvoll Leute, und jeder von uns kann auch bei angestrengter Arbeit sich in einem Jahr nur einer kleinen Anzahl von Kranken widmen. Gegen das Übermaß von neurotischem Elend, das es in der Welt gibt und vielleicht nicht zu geben braucht, kommt das, was wir davon wegschaffen können, quantitativ kaum in Betracht. Außerdem sind wir durch die Bedingungen unserer Existenz auf die wohlhabenden Oberschichten der Gesellschaft eingeschränkt [...]. Für die breiten Volksschichten, die ungeheuer schwer unter den Neurosen leiden, können wir derzeit nichts tun. [...] Irgendeinmal wird das Gewissen der Gesellschaft erwachen und sie mahnen, daß der Arme ein ebensolches Anrecht auf seelische Hilfeleistung hat wie bereits jetzt auf lebensrettende chirurgische. Und daß die Neurosen die Volksgesundheit nicht minder bedrohen als die Tuberkulose und ebensowenig wie diese der ohnmächtigen Fürsorge des einzelnen aus dem Volke überlassen werden können.« Der ungarische Industrielle Dr. Anton Freund von Toszég (1880–1920) stiftet eine Million Kronen, die aber in den folgenden Jahren durch Geldentwertung weitgehend verlorengeht und gerade für die Gründung des Internationalen Psychoanalytischen Verlags in Wien (Januar 1919) ausreicht. Ursprünglich hatte Anton von Freund an eine Stiftung gedacht, die die von Freud auf dem Budapester Kongreß formulierten Aufgaben erfüllen sollte, »den Massen durch die Psychoanalyse zu helfen, die Heilwirkung dieser ärztlichen Technik, die bis dahin nur wenigen Reichen zugute kommen konnte, zur Linderung des neurotischen Elends der Armen zu nützen« (Freud, *Dr. Anton von Freund* – Nachruf –).

25. Oktober, an Ferenczi: »Es sind schrecklich gespannte Zeiten. Es ist gut, daß die alte stirbt, aber die neue ist noch nicht da. Wir erwarten Nachrichten von Berlin, die den Anfang der neuen verkünden

würden. Aber dem Schicksal von Österreich und Deutschland werde ich nicht eine Träne nachweinen.«
Veröffentlichung: *Aus der Geschichte einer infantilen Neurose* (Der Wolfsmann).

1919 Mitte Januar: Den neugegründeten Internationalen Psychoanalytischen Verlag leiten Freud, Ferenczi, Otto Rank und von Freund (gest. 20. Januar 1920), an dessen Stelle Ernest Jones tritt. Insgesamt erscheinen fünf psychoanalytische Zeitschriften und etwa 150 Bücher, darunter Freuds *Gesammelte Werke.* Der Verlag befand sich meist in Zahlungsschwierigkeiten, Freud nahm niemals ein Honorar.
Dezember: Freud wird der Titel eines ordentlichen Professors verliehen. Das Fachgutachten dazu hatte Prof. Julius Wagner-Jauregg geschrieben, und Freud belustigt sich Karl Abraham gegenüber (6. Januar 1920), daß im Ernennungsakt die psychoanalytischen Schriften nicht erwähnt werden, sondern nur »sein im Verein mit Breuer herausgegebenes Werk über Hysterie«.

1920 September: Sechster Kongreß in Den Haag mit 62 Mitgliedern und 57 Gästen.
Veröffentlichung: *Jenseits des Lustprinzips* (im vorliegenden Band).

1921 Dezember: Freud wird Ehrenmitglied der Niederländischen Gesellschaft für Psychiatrie und Neurologie. Es ist die erste derartige Ehrung, die er empfängt.
Veröffentlichung: *Massenpsychologie und Ich-Analyse.* Dieser Aufsatz, an dem Freud von Februar 1920 bis März 1921 gearbeitet hat, steht zweifellos unter dem Eindruck der Kriegs- und Nachkriegszeit und belegt den Versuch, diese Erfahrung in die Konzeption der menschlichen Psyche einzubringen. Dabei arbeitet Freud deutlicher als zuvor die Rolle des Ideals, sei es in Gestalt eines Führers oder in Gestalt einer beherrschenden Idee, heraus. Ganz offensichtlich schlägt sich darin seit dem Krieg eher noch verstärkter Pessimismus nieder, den er später Arnold Zweig gegenüber folgendermaßen formulierte (2. Dezember 1927): Er fühle sich »in der ganz unwissenschaftlichen Einstellung bestärkt, daß die Menschen so durchschnittlich und im großen ganzen doch elendes Gesindel sind«. Damit war aber zugleich angedeutet, was Freud in den folgenden Jahren immer stärker als notwendige Aufgabe der Menschen entwickelte: die Stärkung des Ichs, der bewußten Persönlichkeit.

1922 14. Mai: Freud gratuliert Arthur Schnitzler zum 60. Geburtstag. »Ich habe mich mit der Frage abgequält, warum ich eigentlich in all diesen Jahren nie den Versuch gemacht habe, Ihren Verkehr aufzusuchen und ein Gespräch mit Ihnen zu führen (wobei natürlich nicht in Betracht gezogen wird, ob Sie selbst eine solche Annäherung von mir gerne gesehen hätten). [...] Ich meine, ich habe Sie gemieden aus einer Art von Doppelgängerscheu. Nicht etwa, daß ich sonst so leicht geneigt wäre, mich mit einem anderen zu identifizieren, oder daß ich mich über die Differenz der Begabung hinwegsetzen wollte, die mich von Ihnen trennt, sondern ich habe immer wieder, wenn ich mich in Ihre schönen Schöpfungen vertiefe, hinter deren poetischem Schein die nämlichen Voraussetzungen, Interessen und Ergebnisse zu finden geglaubt, die mir als die eigenen bekannt waren. Ihr Determinismus wie Ihre Skepsis – was die Leute Pessimismus heißen –, Ihr Ergriffensein von den Wahrheiten des Unbewußten, von der Triebnatur des Menschen, Ihre Zersetzung der kulturell-konventionellen Sicherheiten, das Haften Ihrer Gedanken an der Polarität von Lieben und Sterben, das alles berührte mich mit einer unheimlichen Vertrautheit.«

25. und 27. September: Am Kongreß in Berlin nehmen 256 Personen teil. Unter ihnen befindet sich Alfred Döblin, der ein Jahr danach in der »Vossischen Zeitung« (10. Juni 1923) schreibt: »Bei allen, ja allen Vorträgen saß Freud, der freundliche alte Herr, der auch beißt, vorn und hörte, was aus seinen Anregungen geworden ist. Ich hatte manchmal den Eindruck, er nahm Revue ab. Er kann wohl sagen: Die Psychoanalyse – c'est moi.« (Anschließend bespricht Döblin *Das Ich und das Es.*)

1923 Februar: Erste Anzeichen einer Krebserkrankung an Kiefer und Gaumen.

22. Februar: Romain Rolland teilt mit, er verfolge Freuds Werk seit zwanzig Jahren. Beginn der Korrespondenz zwischen beiden.

April: Freud muß sich der ersten von insgesamt 33 Operationen unterziehen. – *Das Ich und das Es* erscheint.

19. Juni: Freuds Enkel »Heinele« stirbt, der Sohn seiner Tochter Sophie, die bereits am 25. Januar 1920 einer Grippe erlegen war. Er schreibt: »Diesen Verlust vertrage ich so schlecht, ich glaube, ich habe nie etwas Schwereres erlebt, vielleicht wirkt die Erschütterung durch meine eigene Krankheit mit. Ich mache meine Arbeit notgedrungen, im Grunde ist mir alles entwertet.«; »Ich habe hier einige der schwärzesten Tage meines Lebens in Trauer um das Kind verbracht.«

Sommer: Letzte Reise nach Rom mit der Tochter Anna.

Oktober: Radikale Operation an Oberkiefer und Gaumen.

1924 14. Mai: Stefan Zweig vermittelt einen Besuch Romain Rollands bei Freud.

1925 Marie Bonaparte, Prinzessin Georg von Griechenland (1882 bis 1962), kommt nach Wien, um sich von Freud analysieren zu lassen. Sie stammte in direkter Linie von Napoleons Bruder Lucien Bonaparte ab und wollte ursprünglich Ärztin werden, heiratete aber Prinz Georg von Griechenland. Nach dem ersten Weltkrieg begann sie sich für Psychoanalyse zu interessieren. Aus der Analysandin Freuds wurde bald eine Schülerin und Freundin der Familie. Sie selbst entwickelte unter dem Einfluß Freuds ihr literarisches Talent.

So schrieb sie eine Studie über Edgar Allan Poe, die als Meisterwerk psychoanalytischer Biographik gilt. 1927 gründete sie die »Revue Français de Psychoanalyse«, Institut in Paris. Die Prinzessin stand der Familie Freud bei der Vorbereitung der Emigration und in London tatkräftig zur Seite. Ihr ist es zu danken, daß Freuds Briefe an Wilhelm Fließ gerettet wurden, und sie gehörte auch zu den Herausgebern der *Gesammelten Werke* Sigmund Freuds.
Veröffentlichung: *Selbstdarstellung.*

1926 Februar: Anfälle von Angina pectoris. Freud hält es für ein schlechtes Zeichen, daß er das Zigarrenrauchen aufgeben könne. Ferenczi bietet sich an, für einige Monate nach Wien zu kommen, um Freud zu analysieren, doch der antwortet am 27. Februar: »Die psychische Wurzel mag schon sein, aber vergessen wir nicht, auch das Sterben hat seine psychische Wurzel, und es bleibt recht zweifelhaft, ob gerade die durch Analyse beherrscht werden kann, endlich ob man nicht mit 70 Jahren ein Recht auf Ruhe jeder Art hat.«
Hemmung, Symptom und Angst erscheint.
12. April: Letzte Begegnung mit Otto Rank, der 1905 von Alfred Adler bei Freud eingeführt worden war und seitdem zu seinen zuverlässigsten Mitarbeitern gehört hatte. 1906–1914 war er Sekretär der Wiener Psychoanalytischen Gesellschaft und protokollierte die Mittwoch-Sitzungen. Rank war derjenige unter Freuds Schülern, der die Psychoanalyse frühzeitig auf Probleme der Kunst und Mythologie anwendete (u. a. *Der Mythus von der Geburt des Helden*, Leipzig 1909, und *Das Inzest-Motiv in Sage und Dichtung*, 1906 geschrieben, 1912 veröffentlicht). Die entscheidende Auseinandersetzung mit Freud entzündete sich an Ranks Abhandlung *Das Trauma der Geburt und seine Bedeutung für die Psychoanalyse* (Dezember 1923 erschienen). Mit Ranks These, der entscheidende Faktor für die psychische Entwicklung eines Individuums sei die bei der Geburt erlebte Trennungsangst, setzte sich Freud vor allem in seinen Studien *Hemmung, Symptom und Angst* sowie *Die endliche und die unendliche Analyse* auseinander. Dabei wurde Freuds Ablehnung immer schärfer. Noch am 24. März 1924 hatte er an Ferenczi geschrieben: »Ich weiß nicht, ob es [die Behauptung von der Trennungsangst bei der Geburt] zu 66 oder 33% stimmt, aber es ist jedenfalls seit der Entdeckung der Psychoanalyse der wichtigste Fortschritt.«
6. Mai: Zum 70. Geburtstag treffen Gratulationen aus aller Welt ein. Der Jubilar freute sich besonders über die Wünsche von Georg Brandes, Albert Einstein, von der Pariser Diseuse Yvette Guilbert (1866–1943), mit der er befreundet war, und von Romain Rolland. Aus den zahlreichen Zeitungswürdigungen ragte die von Stefan Zweig in der »Neuen Freien Presse« (6. Mai 1926) hervor. Während der Wiener Bürgermeister (Karl Seitz) gratulierte, ignorierte das offizielle akademische Wien die Feier. Die Rede auf der Festveranstaltung der Deutschen Psychoanalytischen Gesellschaft

in Berlin hielt Alfred Döblin. Sie erschien im psychoanalytischen »Almanach für das Jahr 1927« (Wien 1926), zusammen mit den Würdigungen von Lou Andreas-Salomé, Ernst Bleuler und Stefan Zweig.
Frühjahr: In Wien wird gegen Theodor Reik, ein prominentes nichtmedizinisches Mitglied der Wiener Psychoanalytischen Vereinigung, ein Verfahren wegen Kurpfuscherei eingeleitet. Freud reagierte mit den »Unterredungen mit einem Unparteiischen« *Die Frage der Laienanalyse.* In dieser Schrift, die bereits im September erschien, verteidigte Freud seine alte Überzeugung, Psychoanalyse sei nicht ausschließlich eine Angelegenheit von Berufsmedizinern, allerdings müsse jeder Therapie eine ärztliche Diagnose vorausgehen. Für den Patienten sei ungleich wichtiger als die Frage, ob der Analytiker Arzt sei oder nicht, »daß der Analytiker über die persönlichen Eigenschaften verfügt, die ihn vertrauenswürdig machen, und daß er jene Kenntnisse und Einsichten sowie jene Erfahrungen erworben hat, die ihn allein zur Erfüllung seiner Aufgabe befähigen«.
Ende September: Freud will nur noch fünf Patienten behandeln.
25. Oktober: Begegnung mit Rabindranath Tagore.
Dezember: Freud wird Ehrenmitglied des Schweizerischen Vereins für Psychiatrie, nachdem er im Februar bereits die gleiche Würdigung durch die British Psychological Society erfahren hatte.
Von Weihnachten bis zum 2. Januar 1927 hält Freud sich in Berlin auf, wo er zwei Söhne und vier Enkel hat und erstmals mit Albert Einstein zusammentrifft. »Er ist heiter, sicher und liebenswürdig, versteht von Psychologie soviel wie ich von Physik, und so haben wir uns sehr gut gesprochen« (an Ferenczi, 2. Januar 1927). »Der Glückliche hatte es soviel leichter als ich, er konnte sich auf eine lange Reihe großer Vorgänger von Newton an stützen, während ich mir jeden Pfad durch die verworrene Wildnis allein bahnen mußte. Kein Wunder, daß diese Wege nicht breit sind und ich nicht weit gekommen bin« (an Marie Bonaparte, 11. Januar 1927).

1927 18. März: Arnold Zweig bittet in seinem ersten Brief an Freud, ihm das Buch *Caliban oder Politik und Leidenschaft, Versuch über die menschlichen Gruppenaffekte, dargestellt am Antisemitismus* widmen zu dürfen. »Dazu bewegt mich vielfältige Dankbarkeit. Erstens wäre ohne Ihr Denken, ohne Ihre prinzipiellen Einsichten und neuen Maximen (Wiedereinsetzung der Seele in die Psychologie), ohne Ihre schöpferische Methode des Philosophierens mein bescheidener Beitrag zur theoretischen Erkenntnis nie möglich gewesen. Zweitens schuldet Ihnen der Antisemitismus, den Sie in allen Spielarten erlebt haben müssen, eine Reverenz. Und drittens verdanke ich Ihrer neuen Seelenheilkunst persönlich die Wiederherstellung meiner gesamten Person, die Entdeckung, daß ich an einer Neurose litt, sowie schließlich die Heilung dieser Neurose durch Ihre Methode und auf Ihren Wegen.« Der Kontakt zwischen Freud und A. Zweig, der bis

1939 dauerte, wurde sehr intensiv. Die Briefanreden waren seit 1932 »Vater Freud« und »Meister Arnold«.
April: Wie 1926 Herzbehandlung im Sanatorium, danach nimmt Freud nur noch drei Patienten an.
Veröffentlichung: *Die Zukunft einer Illusion.*

1929 Auf Drängen und Empfehlung von Marie Bonaparte engagiert Freud den Internisten Dr. Max Schur als »Leibarzt«. Er hielt sich die nächsten zehn Jahre stets in der Nähe Freuds auf und veröffentlichte *Sigmund Freud. Leben und Sterben* (engl. 1969, dt. 1973).
Veröffentlichung: *Das Unbehagen in der Kultur.*

1930 Frühjahr: Freud unterzieht sich einer mehrmonatigen Kiefer- und Mundbehandlung in Berlin (wie bereits Herbst 1928 und Herbst 1929). Der US-Botschafter W. C. Bullitt überredet Freud, mit ihm gemeinsam eine psychoanalytische Studie über Präsident Wilson zu schreiben. Bei der Arbeit ergaben sich beträchtliche Meinungsverschiedenheiten, zumal Freud den ehemaligen Präsidenten scharf verurteilte, für einen Dummkopf, ja für einen Verbrecher hielt. Das Buch *Thomas Woodrow Wilson, Twenty-eighth President of the United States: A Psychological Study*, dessen Veröffentlichung Freud 1938 zugestimmt hatte, erschien erst 1966. In ihm wird die These vertreten, der von einem Vaterkomplex beherrschte Wilson habe in den meisten kritischen Augenblicken gezögert und versagt, besonders auf der Pariser Friedenskonferenz. Die amerikanische Historikerin Barbara Tuchman urteilte: »Was kann die Freudsche Methode für die Geschichte tun? Die Antwort muß lauten, daß sie als Instrument der Erhellung viel leisten kann – unter einer Bedingung: daß sie, um Gottes willen, von einem verantwortungsbewußten Historiker angewandt wird.«
26. Juli: Während des Urlaubs im Salzkammergut – des letzten, den Freud außerhalb Wiens verbrachte – erhält Freud von Dr. Alfons Paquet die Nachricht, daß ihm der Goethe-Preis 1930 zuerkannt worden sei. Im Kuratorium hatte Paquet Alfred Döblin vertreten, der ihm als Abgesandter der Sektion für Dichtkunst innerhalb der Preußischen Akademie der Künste angehörte und wegen Krankheit verhindert war. Döblin ging es nicht darum, »die klaffenden Unterschiede« zwischen Goethe und Freud zu überbrücken, sondern: »Man weiß, wer Goethe ist, ein Mann, der *sein* Leben in *seiner* Zeit gelebt hat, und *so* findet man die Männer, die heute mit seinem Preis zu ehren sind.« Anna Freud nimmt die Auszeichnung am 28. August entgegen und verliest ihres Vaters *Ansprache im Frankfurter Goethe-Haus.*
12. September: Freuds Mutter stirbt im Alter von 95 Jahren. »Es hat merkwürdig auf mich gewirkt, dies große Ereignis. Kein Schmerz, keine Trauer, was sich wahrscheinlich aus den Nebenumständen, dem hohen Alter, dem Mitleid mit ihrer Hilflosigkeit am Ende, erklärt, dabei ein Gefühl der Befreiung, der Losgesprochen-

heit, das ich auch zu verstehen glaube. Ich durfte ja nicht sterben, solange sie am Leben war, und jetzt darf ich. Irgendwie werden sich in tieferen Schichten die Lebenswerte merklich geändert haben« (an Ferenczi, 16. September).

1931 6. Mai: Zum 75. Geburtstag findet keine Feier statt, da Freud durch seine Krankheit zu sehr geschwächt ist. Von den zahlreichen Glückwünschen ist ihm wiederum der von Romain Rolland der liebste.

25. Oktober: An Freuds Geburtshaus in Příbor wird eine Gedenktafel enthüllt.

Dezember: Der Verleger Gustav Kiepenheuer bietet Freud eine Massenauflage der *Vorlesungen zur Einführung in die Psychoanalyse* an: »Kiepenheuers Angebot ist für die Propaganda sehr verlockend, aber für den Internationalen Verlag wäre es Selbstmord, darauf einzugehen. Er verlangt nämlich jenes Buch, was am besten geht, die Vorlesungen. Ich bin eben dabei, unsern Verlag durch Spenden und erhebliche eigene Geldopfer vom Abgrund des Bankrotts zurückzureißen, und kann ihm einen solchen Verzicht (für nur M 7500) nicht auferlegen« (an Arnold Zweig, 10. Dezember 1931). Die miserable Situation des Verlages war eine Folge der Weltwirtschaftskrise, die den Verkauf von Büchern auf ein Minimum reduzierte. (Freuds *Vorlesungen* waren 1930 vom 31.-45. Tausend im Psychoanalytischen Verlag erschienen. Der Verlag Gustav Kiepenheuer Berlin veranstaltete 1933 eine Lizenzausgabe mit 40000 Exemplaren.) Zu späteren Maßnahmen gegen die Krise des Verlages gehörte die auf dem Kongreß in Wiesbaden (September 1932) übernommene Verpflichtung jedes Mitgliedes, monatlich 3 Dollar zu zahlen, ebenso wie Freuds *Neue Folge der Vorlesungen zur Einführung in die Psychoanalyse* (1933), die er als populäres, verkaufsfähiges Buch schrieb.

Stefan Zweig, der mit Freud seit Beginn des Jahrhunderts bekannt ist, veröffentlicht den Essayband *Die Heilung durch den Geist*, der Arbeiten über Franz Anton Mesmer, Mary Baker-Eddy und Sigmund Freud enthält. In der Einleitung schreibt Zweig, er habe sich »begnügt, nur drei Menschen zu wählen, die, jeder auf anderem und sogar gegensätzlichem Wege, das gleiche Prinzip der Heilung durch den Geist an Hunderttausenden verwirklichten: Mesmer durch suggestive Verstärkung des Gesundheitswillens, Mary Baker-Eddy durch die chloroformierende Ekstatik der Glaubenskraft, Freud durch Selbsterkennung und damit Selbstbeseitigung der unbewußt lastenden Seelenkonflikte.«

1932 März: Erster Besuch Thomas Manns.

Sommer: Henri Barbusse fordert die Ärzte aller Länder auf, am Weltkongreß in Genf (28. Juli 1932) teilzunehmen und gegen die Möglichkeit eines zweiten Weltkrieges zu protestieren. Freud unterschreibt den Aufruf.

1933 10. Mai: Zu den von den Faschisten verbrannten Büchern gehören die von Sigmund Freud. Der Haßspruch in Berlin lautet: »Gegen seelenzersetzende Überschätzung des Trieblebens! Für den Adel der menschlichen Seele! Ich übergebe den Flammen die Schriften des Sigmund Freud.« In München lautet der sogenannte »Feuerspruch«: »Gegen das Primat des Triebes, gegen Dekadenz und moralischen Verfall, für Zucht und Sitte in deutscher Famlie: ich übergebe dem Feuer die Schriften des Sigmund Freud.« – Zu Theodor Reik sagte Freud: »Wenigstens brenne ich in der besten Gesellschaft« und zu Ernest Jones: »Was wir für Fortschritte machen! Im Mittelalter hätten sie mich verbrannt, heutzutage begnügen sie sich damit, meine Bücher zu verbrennen.« (Freud mußte es nicht mehr erfahren, daß vier seiner Schwestern in faschistischen Konzentrationslagern umgekommen sind.)

24. Mai: Sándor Ferenczi, über 25 Jahre Freuds engster Mitarbeiter und Freund, stirbt. Die Entfremdung zwischen beiden reicht bis ins Jahr 1929 zurück, am 30. August 1932 waren sie sich zum letztenmal begegnet. In einem Brief an Jones (29. Mai), den Masson erstmals veröffentlicht hat, schreibt Freud: »Der Verlust war allerdings kein neuer, seit Jahren war Fer. nicht mehr bei uns, eigentlich auch nicht mehr bei sich. Man übersieht jetzt leichter den langsamen Destruktionsprozeß, dem er zum Opfer gefallen ist. [...] Im Mittelpunkt stand die Überzeugung, daß ich ihn nicht genug liebte, seine Arbeiten nicht anerkennen wollte, auch daß ich seine Analyse schlechtgemacht hätte. Damit standen seine technischen Neuerungen im Zusammenhang, er wollte mir zeigen, wie liebevoll man seine Patienten behandeln müsse, um ihnen zu helfen. Es waren in der Tat Regressionen zu den Komplexen seiner Kindheit, deren größte Kränkung die (angebliche) Tatsache war, daß die Mutter ihn, ein mittleres Kind unter elf oder dreizehn, nicht heiß, nicht ausschließlich genug geliebt hatte. So wurde er selbst eine bessere Mutter, fand auch Kinder, die er brauchte [...].«

1934 25. Februar: Freud nimmt die Wiener Februarkämpfe zum Anlaß, um Arnold Zweig zu schreiben: »Sie erwarten richtig, daß wir in Ergebung hier ausharren wollen. Wohin sollte ich auch in meiner Abhängigkeit und körperlichen Hilflosigkeit? Und die Fremde ist überall so ungastlich. Nur, wenn wirklich ein Hitlerscher Statthalter in Wien regiert, muß ich wohl fortziehen, gleichgültig wohin.« (Arnold Zweig lebte bereits als Emigrant in Palästina.)

Sommer: In geistigem Austausch mit A. Zweig, der ihn auch in den nächsten Jahren immer wieder ermuntert, arbeitet Freud an seinem letzten Buch, *Der Mann Moses und die monotheistische Religion*, das schließlich 1939 im Verlag Allert de Lange, Amsterdam, erscheint.

1935 6. Juni: Auf Anregung des Fischer-Verlages schreibt Freud eine »kurze Begrüßung zu Thomas Manns sechzigstem Geburtstag«, in die er, wie er A. Zweig mitteilt, »eine hoffentlich nicht unverständli-

che Mahnung hinein verflochten« habe. In der Geburtstagsadresse nennt er sich einen der »ältesten Leser und Bewunderer«. Die Mahnung steht am Schluß: »Im Namen von ungezählten Ihrer Zeitgenossen darf ich unserer Zuversicht Ausdruck geben, Sie würden nie etwas tun oder sagen – die Worte des Dichters sind ja Taten –, was feig und niedrig ist, Sie werden auch in Zeiten und Lagen, die das Urteil verwirren, den rechten Weg gehen und ihn anderen weisen.«
September: Freud erhält Zweigs Roman *Die Erziehung vor Verdun* und schreibt am 23. September: »Es ist wie eine langersehnte Befreiung. Endlich die Wahrheit, die grimmige, endgültige Wahrheit, die man doch nicht entbehren kann. Man versteht das Deutschland von heute nicht, wenn man um ›Verdun‹ (und wofür es steht) nichts weiß.«
13. Oktober: Besuch von Thornton Wilder.

1936 29. Januar: Zu Romain Rollands 70. Geburtstag schreibt Freud *Eine Erinnerungsstörung auf der Akropolis.*
6. Mai: Zu Freuds 80. Geburtstag veranstaltet der Akademische Verein für medizinische Psychologie mehrere Feiern. Am 7. Mai spricht Ludwig Binswanger, und Freund reagiert auf die gedruckte Fassung am 8. Oktober: »Ich habe mich immer nur im Parterre und Souterrain des Gebäudes aufgehalten. – Sie behaupten, wenn man den Gesichtspunkt wechselt, sieht man auch ein oberes Stockwerk, in dem so distinguierte Gäste wie Religion, Kunst und andere hausen. [...] Hätte ich noch ein Arbeitsleben vor mir, so getraute ich mich, auch jenen Hochgeborenen eine Wohnstatt in meinem niedrigen Häuschen anzuweisen. Für die Religion habe ich es schon gefunden, seitdem ich auf die Kategorie Menschheitsneurose gestoßen bin.«
8. Mai: Thomas Mann hält den Festvortrag *Freud und die Zukunft* und notiert dazu im Tagebuch: »Abends der brausende Erfolg des Freud-Vortrags im überfüllten Konzerthaus-Saal. Am Vormittag der Besuch im Hause Freud, Überbringung der Mappe und des Manuskripts, bewegende Eindrücke« (13. Mai). Die »Mappe« enthielt Glückwünsche von 191 Schriftstellern und Künstlern, unter ihnen Hermann Broch, Fritz Busch, Salvador Dalí, Alfred Döblin, André Gide, Knut Hamsun, Hermann Hesse, Aldous Huxley, James Joyce, Paul Klee, Else Lasker-Schüler, Robert Musil, Gunnar Myrdal, Pablo Picasso, Romain Rolland, Jules Romains, Bruno Walter, Franz Werfel, Thornton Wilder, Virginia Woolf, Stefan Zweig. Aus Princeton gratuliert Albert Einstein (mit Datum 21. April 1936). Aus Anlaß seines Jubiläums wird Freud Mitglied mehrerer medizinischer und psychologischer Gesellschaften, und als höchste Auszeichnung erfährt er die Ernennung zum korrespondierenden Mitglied der Royal Society.
31. Mai: Freud schildert A. Zweig die Begebenheiten der Geburtstagsfeier und kommt auf Zweigs Wunsch, eine Freud-Biographie schreiben zu dürfen, zu sprechen: »Nein, ich liebe Sie viel zu sehr,

um solches zu gestatten. Wer Biograph wird, verpflichtet sich zur Lüge, zur Verheimlichung, Heuchelei, Schönfärberei und selbst zur Verhehlung seines Unverständnisses, denn die biographische Wahrheit ist nicht zu haben, und wenn man sie hätte, wäre sie nicht zu brauchen.«

14. Juni: Nachdem Thomas Mann seinen Festvortrag an verschiedenen Orten gehalten hat, wiederholt er ihn an diesem Sonntag für Freud persönlich. »Es war für mich und die Meinigen, die anwesend waren, eine große Freude« (Freud an A. Zweig, 17. Juni).

Juli: Ungewöhnlich schmerzhafte Operation, zum erstenmal seit 1923 wieder mit Krebsbefund.

August: A. Zweig besucht Freud in Wien und erhält, wie sonst nur die Mitglieder des 1912 gegründeten »Komitees« (Ferenczi, Rank, Abraham, Hanns Sachs, Ernest Jones und wenige andere) einen Siegelring geschenkt.

Dezember: Ein Berliner Buchhändler bietet Marie Bonaparte Briefe und Manuskripte Freuds aus dem Nachlaß von Wilhelm Fließ an. Unter dem 3. Januar 1937 schreibt Freud an die Prinzessin: »Die Angelegenheit der Korrespondenz mit Fließ hat mich erschüttert. Nach seinem Tode [13. Okt. 1928] verlangte die Witwe seine Briefe an mich zurück. Ich sagte bedingungslos zu, konnte sie aber nicht auffinden. Ob ich sie vernichtet oder bloß kunstvoll versteckt, weiß ich noch heute nicht. [...] Unsere Korrespondenz war die intimste, die Sie sich denken können. Es wäre höchst peinlich gewesen, wenn sie in fremde Hände gefallen wäre. [...] Ich möchte nichts davon zur Kenntnis der sogenannten Nachwelt zukommen lassen.« Da Marie Bonaparte die Briefe unter der Bedingung erworben hatte, sie nicht in die Hände der Familie gelangen zu lassen, und außerdem die Gefahr bestand, daß Freud sie vernichten würde, liest ihm Marie Bonaparte im November 1937 in Wien daraus vor. 1950 erscheinen die Briefe und Manuskripte, die Freud an Fließ gesandt hatte, unter dem Titel *Aus den Anfängen der Psychoanalyse*, herausgegeben von Marie Bonaparte, Anna Freud und Ernst Kris. 1985 erscheint die erste vollständige Ausgabe: Sigmund Freud, *Briefe an Wilhelm Fließ, 1887–1904*, hrsg. von Jeffrey Moussaieff Masson.

1938 11. März: Invasion der deutschen Faschisten in Österreich. Freud schreibt in sein Tagebuch: »Finis Austriae.« Seine Wohnung gehört zu den ersten, die von der SA durchsucht werden. Dennoch will Freud in Wien bleiben, und Ernest Jones, der am 15. März nach Wien kommt, gelingt es nur schwer, ihn zur Ausreise zu überreden. Jones (*Das Leben und Werk von Sigmund Freud*, Band III, S. 260f.) schreibt: »Auf mein erstes Argument, daß er nicht allein in der Welt stehe und daß sein Leben vielen Menschen kostbar ist, erwiderte er mit einem Seufzer: ›Allein. Ach, wenn ich nur allein wäre, dann wäre ich schon seit langem mit dem Leben fertig.‹ Aber er mußte die Stichhaltigkeit meiner Worte zugeben und brachte dann als weiteren Einwand vor, er sei zu schwach, irgendwohin zu reisen; er könne nicht einmal in ein Eisenbahncoupé einsteigen. Als ich dies nicht gelten ließ, wies er darauf hin, daß kein Land ihm die Einreise bewilligen würde. [...] Ich konnte Freud nur um die Erlaubnis bitten, mich bei meiner Rückkehr nach England zu erkundigen, ob in seinem Falle nicht eine Ausnahme möglich sei. Dann kam seine letzte Erklärung: er könne sein Heimatland nicht verlassen; das wäre, wie wenn ein Soldat seinen Posten verließe.« Jones erzählt weiter, daß er Freud auf Lightoller, den Zweiten Offizier der »Titanic«, verwiesen habe, der bei der gerichtlichen Untersuchung, in welchem Augenblick er das Schiff verlassen habe, antwortete: »Ich habe das Schiff nie verlassen, Sir; das Schiff verließ mich.« Mit diesem Argument erreichte Ernest Jones schließlich Freuds Zustimmung zur Ausreise.

22. März: Anna Freud wird für einen Tag verhaftet und verhört.

5. Mai, an seinen Sohn Ernst in England: »Zwei Aussichten erhalten mich in diesen trüben Zeiten. Euch alle beisammen zu sehen und – ›to die in freedom‹. Ich vergleiche mich manchmal mit dem alten Jakob, den seine Kinder auch in hohem Alter nach Ägypten mitgenommen haben, wie uns Th. Mann im nächsten Roman schildern wird. Hoffentlich folgt nicht darauf wie dereinst ein Auszug aus Ägypten. Es ist Zeit, daß Ahasver irgendwo zur Ruhe kommt.«

4. Juni: Sigmund Freud verläßt Wien mit seiner Frau und seiner Tochter Anna. Sie reisen über Paris nach London. »Die lästige Revision in Kehl wurde uns durch ein Wunder erspart. Nach der Rheinbrücke waren wir frei! Der Empfang in Paris – Gare de l'Est – war herzlich, etwas lärmend mit Journalisten und Photographen. [...] Das Triumphgefühl der Befreiung vermengt sich zu stark mit der Trauer, denn man hat das Gefängnis, aus dem man entlassen wurde, immer noch sehr geliebt; in das Entzücken über die neue Umgebung, die einen zum Ausruf: Heil Hitler drängen möchte, mengt sich störend das Unbehagen über kleine Eigentümlichkeiten der fremden Umwelt ein, die frohen Erwartungen eines neuen Lebens werden durch die Unsicherheit gehemmt, wie lange ein müdes Herz noch Arbeit wird leisten wollen« (an Max Eitingen, 6. Juni 1938).

28. Juni, an Arnold Zweig: »Es geht uns sehr gut, ginge uns sehr gut, wenn nicht die angreifenden Nachrichten aus Wien, die unausgesetzten Anforderungen zu helfen, durch die man nur immer an die eigene Ohnmacht gemahnt wird, jedes Gefühl von Behagen ersticken würden.«

19. Juli: Stefan Zweig, der gleichfalls in London in der Emigration lebt, bringt den spanischen Maler Salvador Dalí zu Freud, der sich am 20. Juli bei Zweig bedankt, »denn bis dahin war ich geneigt, die Surrealisten, die mich scheinbar zum Schutzpatron gewählt haben, für absolute (sagen wir fünfundneunzig Prozent wie beim Alkohol) Narren zu halten«.

1. August: In Paris findet für viele Jahre der letzte Internationale Psychoanalytische Kongreß statt.
8. September: Der Wiener Kieferchirurg Dr. Hans Pichler (1877–1949) kommt nach London, um Freud ein letztes Mal zu operieren. Nach dieser Operation hat sich Freud nicht mehr erholt.
27. September: Freud zieht in das Haus Maresfield Gardens 20, nachdem am 15. August seine Möbel, Bücher und Antiquitäten in London eingetroffen sind. »Wenn Sie mich also wieder hier besuchen, finden Sie mich in einem anderen Haus, so schön und geräumig, daß es den Unkundigen über meine Verhältnisse irreführen könnte. [...] Das Geheimnis ist natürlich, daß es zu zwei Dritteln der Bank gehört. [...] Alle unsere Sachen sind unversehrt angekommen, die Stücke meiner Sammlung haben mehr Platz und machen viel mehr Eindruck als in Wien. Freilich ist die Sammlung jetzt tot, es kommt nichts mehr dazu, und fast ebenso tot ist der Eigentümer, von dem unlängst wieder ein Stück weggekommen ist [...], und die unausgesetzten Schmerzen machen einen müde, dumm und boshaft. Mit neuen Arbeiten geht es darum auch nicht« (an Margaret Stonborough-Wittgenstein, die Schwester des Philosophen Ludwig Wittgenstein, 5. November 1938).
Oktober: Besuch Arnold Zweigs.
Dezember: Freud analysiert wieder (vier Stunden am Tag).

1939 Februar: Das Karzinom hat sich wieder gebildet und ist inoperabel.
28. April, an Marie Bonaparte: »Es geht mir nicht gut, mein Leiden und die Folgen der Behandlung teilen sich in die Verursachung in einem mir unbekannten Verhältnis. Man hat versucht, mich in eine Atmosphäre von Optimismus zu ziehen: das Karzinom ist in Schrumpfung, die Reaktionserscheinungen sind vorübergehend. Ich glaube nicht daran und mag es nicht, betrogen zu werden.«
21. September: »Am folgenden Tag, dem 21. September, ergriff Freud, als ich an seinem Bett saß, meine Hand und sagte zu mir: Lieber Schur, Sie erinnern sich wohl an unser erstes Gespräch. Sie haben mir damals versprochen, mich nicht im Stich zu lassen, wenn es soweit ist. Das ist jetzt nur noch Quälerei und hat keinen Sinn mehr. Ich sagte ihm, ich hätte mein Versprechen nicht vergessen. Er seufzte erleichtert auf, hielt meine Hand noch einen Augenblick fest und sagte: Ich danke Ihnen. Nach einem Augenblick des Zögerns fügte er hinzu: Sagen Sie es Anna. All das sagte er ohne eine Spur von Gefühlsüberschwang oder Selbstmitleid und in vollem Bewußtsein der Realität.«
23. September: Nach einer Morphiuminjektion stirbt Sigmund Freud um 3 Uhr morgens.
26. September: Die Leiche Freuds wird im Krematorium Golders Green eingeäschert. Auf Wunsch der Familie hält Ernest Jones die Trauerrede. Danach spricht Stefan Zweig *Worte am Grab* (veröffentlicht: »National-Zeitung«, Basel, 9. Oktober 1939).

Literatur

Titel der Sekundärliteratur werden nur aufgeführt, sofern ihnen für Fußnoten, Quellenverzeichnis oder Chronik Informationen oder Zitate entnommen wurden.

Sigmund Freud: Studienausgabe. 10 Bände und Ergänzungsband. Hrsg. von Alexander Mitscherlich, Angela Richards, James Strachey, Mitherausgeber des Ergänzungsbandes: Ilse Grubrich-Simitis. Frankfurt am Main 1969–1979

Sigmund Freud: Werkausgabe in zwei Bänden. Hrsg. und mit Kommentaren versehen von Anna Freud und Ilse Grubrich-Simitis. Frankfurt am Main 1978

Albert Einstein/Sigmund Freud: Warum Krieg! Mit einem Essay von Isaac Asimov. Zürich 1972

Sigmund Freud: Trauer und Melancholie. Essays. Hrsg. von Franz Fühmann und Dietrich Simon. Berlin 1982

Sigmund Freud: Psychoanalyse. Ausgewählte Schriften zur Neurosenlehre, zur Persönlichkeitspsychologie, zur Kulturtheorie. Hrsg. von Achim Thom. Leipzig 1984

Sigmund Freud, Briefe 1873–1939. Hrsg. von Ernst und Lucie Freud. Frankfurt am Main 1960

Sigmund Freud: Aus den Anfängen der Psychoanalyse. Briefe an Wilhelm Fließ. Abhandlungen und Notizen aus den Jahren 1887–1902. Hrsg. von Marie Bonaparte, Anna Freud und Ernst Kris. Frankfurt am Main 1962. – Neue »Ungekürzte Ausgabe« u. d. T. *Briefe an Wilhelm Fliess 1887–1904.* Hrsg. von Jeffrey Moussaieff Masson. Bearbeitung der deutschen Fassung von Michael Schröter. Frankfurt am Main 1986

Sigmund Freud: Zehn Briefe an Arthur Schnitzler. In: »Die Neue Rundschau«, Band 66, Nr. 1. Frankfurt am Main 1955

Sigmund Freud und Karl Abraham. Briefe 1907–1926. Hrsg. von Hilda C. Abraham und Ernst L. Freud. Frankfurt am Main 1965

Sigmund Freud und Lou Andreas-Salomé. Briefwechsel (1912–1936). Hrsg. von E. Pfeiffer. Frankfurt am Main 1966

Sigmund Freud und Carl Gustav Jung. Briefwechsel (1906–1923). Hrsg. von William McGuire und Wolfgang Sauerländer. Frankfurt am Main 1974

Sigmund Freud und Arnold Zweig. Briefwechsel (1927–1939). Hrsg. von Ernst L. Freud. Frankfurt am Main 1968

Clark, Ronald W.: Sigmund Freud. Frankfurt am Main 1981

Eissler, Kurt R.: Sigmund Freud und die Wiener Universität. Über die Pseudowissenschaftlichkeit der jüngeren Freud-Biographik. Bern, Stuttgart 1966

(Hrsg.) Ernst Freud, Lucie Freud, Ilse Grubrich-Simitis: Sigmund Freud. Sein Leben in Bildern und Texten. Frankfurt am Main 1976

(Hrsg.) Muriel Gardiner: Der Wolfsmann vom Wolfsmann. Mit der Krankengeschichte des Wolfsmannes von Sigmund Freud, dem Nachtrag von

Ruth Mack Brunswick und einem Vorwort von Anna Freud. Einleitung, Anmerkungen von Muriel Gardiner. Frankfurt am Main 1972

Graf, Max: Reminiscences of Professor Sigmund Freud. In: »Psychoanalytic Quarterly« 2, 1942

Ernest Jones: Das Leben und Werk von Sigmund Freud. Band 1: Die Entwicklung zur Persönlichkeit und die großen Entdeckungen 1856–1900. Bern, Stuttgart 1960. Band 2: Jahre der Reife 1901–1919. Bern, Stuttgart 1962. Band 3: Die Letzte Phase 1919–1939. Bern, Stuttgart 1962

Jung, Carl Gustav: Erinnerungen, Träume, Gedanken. Aufgezeichnet und herausgegeben von Aniela Jaffé. Zürich, Stuttgart 1962

(Hrsg.) Alfred Katzenstein, Helmut F. Späte, Achim Thom: Die historische Stellung und die gegenwärtige Funktion der von Sigmund Freud begründeten Psychoanalyse im Prozeß der Formierung einer wissenschaftlich fundierten Psychotherapie. Vorträge einer Arbeitstagung anläßlich des 125. Geburtstages von Sigmund Freud. 7. und 8. Mai 1981 Bezirkskrankenhaus für Psychiatrie und Neurologie Bernburg. Bernburg 1981

Krüll, Marianne: Freud und sein Vater. Die Entstehung der Psychoanalyse und Freuds ungelöste Vaterbindung. München 1979

Masson, Jeffrey Moussaieff: Was hat man Dir, du armes Kind, getan? Sigmund Freuds Unterdrückung der Verführungstheorie. Reinbek bei Hamburg 1984

(Hrsg.) Humberto Nagera: Psychoanalytische Grundbegriffe. Eine Einführung in Sigmund Freuds Terminologie und Theoriebildung. Frankfurt am Main 1977

(Hrsg.) Hermann Nunberg und Ernst Federn: Protokolle der Wiener Psychoanalytischen Vereinigung. Band 1 (1906–1908): Frankfurt am Main 1976. Band 2 (1908–1910): Frankfurt am Main 1977

Sachs, Hanns: Freud, Master and Friend. London 1945

Schur, Max: Sigmund Freud. Leben und Sterben. Frankfurt am Main 1973

(Hrsg.) Sigmund Freud-Gesellschaft: Sigmund Freud Haus-Katalog. Wien 1975

Wittels, Fritz: Sigmund Freud. Der Mann, die Lehre, die Schule. Leipzig, Wien, Zürich 1924

Inhalt

I – III
a. R.

Österreichische Bibliothek

*Erscheint im
Böhlau Verlag, Wien
und im Verlag
Volk und Welt, Berlin*

Sigmund Freud
Essays II

Auswahl 1915–1919

Herausgegeben von
Dietrich Simon

Verlag Volk und Welt
Berlin

Mit einer Nachbemerkung und einer Chronik
im dritten Band

ISBN 3-353-00598-6
ISBN 3-353-00600-1

2. Auflage
Verlag Volk und Welt, Berlin 1989
L. N. 302,410/190/89
Ausgabe für die Deutsche Demokratische Republik
mit Genehmigung des S. Fischer Verlages, Frankfurt am Main

Quellenverzeichnis am Schluß des dritten Bandes
Printed in the German Democratic Republic

Einbandentwurf: Hans-Joachim Petzak
Typografie: Jörg Brosig
Satz, Druck und Einband: Karl-Marx-Werk Pößneck V 15/30
LSV 7312
Bestell-Nr. 649 097 3
3 Bände

06400

Triebe und Triebschicksale

Wir haben oftmals die Forderung vertreten gehört, daß eine Wissenschaft über klaren und scharf definierten Grundbegriffen aufgebaut sein soll. In Wirklichkeit beginnt keine Wissenschaft mit solchen Definitionen, auch die exaktesten nicht. Der richtige Anfang der wissenschaftlichen Tätigkeit besteht vielmehr in der Beschreibung von Erscheinungen, die dann weiterhin gruppiert, angeordnet und in Zusammenhänge eingetragen werden. Schon bei der Beschreibung kann man es nicht vermeiden, gewisse abstrakte Ideen auf das Material anzuwenden, die man irgendwoher, gewiß nicht aus der neuen Erfahrung allein, herbeiholt. Noch unentbehrlicher sind solche Ideen – die späteren Grundbegriffe der Wissenschaft – bei der weiteren Verarbeitung des Stoffes. Sie müssen zunächst ein gewisses Maß von Unbestimmtheit an sich tragen; von einer klaren Umzeichnung ihres Inhaltes kann keine Rede sein. Solange sie sich in diesem Zustande befinden, verständigt man sich über ihre Bedeutung durch den wiederholten Hinweis auf das Erfahrungsmaterial, dem sie entnommen scheinen, das aber in Wirklichkeit ihnen unterworfen wird. Sie haben also strenge genommen den Charakter von Konventionen, wobei aber alles darauf ankommt, daß sie doch nicht willkürlich gewählt werden, sondern durch bedeutsame Beziehungen zum empirischen Stoffe bestimmt sind, die man zu erraten vermeint, noch ehe man sie erkennen und nachweisen kann. Erst nach gründlicherer Erforschung des betreffenden Erscheinungsgebietes kann man auch dessen wissenschaftliche Grundbegriffe schärfer erfassen und sie fortschreitend so abändern, daß sie in großem Umfange brauchbar und dabei durchaus widerspruchsfrei werden. Dann mag es auch an der Zeit sein, sie in Definitionen zu bannen. Der Fortschritt der Erkenntnis duldet aber auch keine Starrheit der Definitionen. Wie das Beispiel der Physik in glänzender Weise lehrt, erfahren auch die in Definitionen festgelegten »Grundbegriffe« einen stetigen Inhaltswandel.

Ein solcher konventioneller, vorläufig noch ziemlich dunkler Grundbegriff, den wir aber in der Psychologie nicht entbehren können, ist der des *Triebes.* Versuchen wir es, ihn von verschiedenen Seiten her mit Inhalt zu erfüllen.

Zunächst von seiten der Physiologie. Diese hat uns den Begriff des *Reizes* und das Reflexschema gegeben, demzufolge ein *von* außen her an das lebende Gewebe (der Nervensubstanz) gebrachter Reiz durch Aktion *nach* außen abgeführt wird. Diese Aktion wird dadurch zweckmäßig, daß sie die gereizte Substanz der Einwirkung des Reizes entzieht, aus dem Bereich der Reizwirkung entrückt.

Wie verhält sich nun der »Trieb« zum »Reiz«? Es hindert uns nichts, den Begriff des Triebes unter den des Reizes zu subsumieren: der Trieb sei ein Reiz für das Psychische. Aber wir werden sofort davor gewarnt, Trieb und psychischen Reiz gleichzusetzen. Es gibt offenbar für das Psychische noch andere Reize als die Triebreize, solche, die sich den physiologischen Reizen weit ähnlicher benehmen. Wenn z. B. ein starkes Licht auf das Auge fällt, so ist das kein Triebreiz; wohl aber, wenn sich die Austrocknung der Schlundschleimhaut fühlbar macht oder die Anätzung der Magenschleimhaut[1].

Wir haben nun Material für die Unterscheidung von Triebreiz und anderem (physiologischem) Reiz, der auf das Seelische einwirkt, gewonnen. Erstens: Der Triebreiz stammt nicht aus der Außenwelt, sondern aus dem Innern des Organismus selbst. Er wirkt darum auch anders auf das Seelische und erfordert zu seiner Beseitigung andere Aktionen. Ferner: Alles für den Reiz Wesentliche ist gegeben, wenn wir annehmen, er wirke wie ein einmaliger Stoß; er kann dann auch durch eine einmalige zweckmäßige Aktion erledigt werden, als deren Typus die motorische Flucht vor der Reizquelle hinzustellen ist. Natürlich können sich diese Stöße auch wiederholen und summieren, aber das ändert

---

1 Vorausgesetzt nämlich, daß diese inneren Vorgänge die organischen Grundlagen der Bedürfnisse Durst und Hunger sind.

nichts an der Auffassung des Vorganges und an den Bedingungen der Reizaufhebung. Der Trieb hingegen wirkt nie wie eine *momentane Stoßkraft*, sondern immer wie eine *konstante* Kraft. Da er nicht von außen, sondern vom Körperinnern her angreift, kann auch keine Flucht gegen ihn nützen. Wir heißen den Triebreiz besser »Bedürfnis«; was dieses Bedürfnis aufhebt, ist die *»Befriedigung«*. Sie kann nur durch eine zielgerechte (adäquate) Veränderung der inneren Reizquelle gewonnen werden.

Stellen wir uns auf den Standpunkt eines fast völlig hilflosen, in der Welt noch unorientierten Lebewesens, welches Reize in seiner Nervensubstanz auffängt[2]. Dies Wesen wird sehr bald in die Lage kommen, eine erste Unterscheidung zu machen und eine erste Orientierung zu gewinnen. Es wird einerseits Reize verspüren, denen es sich durch eine Muskelaktion (Flucht) entziehen kann, diese Reize rechnet es zu einer Außenwelt; anderseits aber auch noch Reize, gegen welche eine solche Aktion nutzlos bleibt, die trotzdem ihren konstant drängenden Charakter behalten; diese Reize sind das Kennzeichen einer Innenwelt, der Beweis für Triebbedürfnisse. Die wahrnehmende Substanz des Lebewesens wird so an der Wirksamkeit ihrer Muskeltätigkeit einen Anhaltspunkt gewonnen haben, um ein »Außen« von einem »Innen« zu scheiden[3].

Wir finden also das Wesen des Triebes zunächst in seinen Hauptcharakteren, der Herkunft von Reizquellen im Innern des Organismus, dem Auftreten als konstante Kraft, und leiten davon eines seiner weiteren Merkmale, seine Unbezwingbarkeit durch Fluchtaktionen ab. Während dieser Erörterungen mußte uns aber etwas auffallen, was uns ein weiteres Eingeständnis abnötigt. Wir bringen-

---

2 [Die folgende Hypothese über das Verhalten primitiver Lebewesen, samt dem Postulat eines diesem Verhalten zugrunde liegenden »Konstanzprinzips«, ist in ähnlicher Form schon in einigen frühen psychologischen Arbeiten Freuds enthalten, so in der *Traumdeutung* (1900). Später kam Freud in den Kapiteln I und IV der Arbeit *Jenseits des Lustprinzips* (vgl. in Band 3 der vorliegenden Ausgabe) und im Aufsatz *Das ökonomische Problem des Masochismus* (vgl. in Band 3) noch einmal darauf zurück.]

3 [Vgl. den Aufsatz *Die Verneinung* in Band 3 der vorliegenden Ausgabe.]

nicht nur gewisse Konventionen als Grundbegriffe an unser Erfahrungsmaterial heran, sondern bedienen uns auch mancher komplizierter *Voraussetzungen*, um uns bei der Bearbeitung der psychologischen Erscheinungswelt leiten zu lassen. Die wichtigste dieser Voraussetzungen haben wir bereits angeführt; es erübrigt uns nur noch, sie ausdrücklich hervorzuheben. Sie ist *biologischer* Natur, arbeitet mit dem Begriff der Tendenz (eventuell der Zweckmäßigkeit) und lautet: Das Nervensystem ist ein Apparat, dem die Funktion erteilt ist, die anlangenden Reize wieder zu beseitigen, auf möglichst niedriges Niveau herabzusetzen, oder der, wenn es nur möglich wäre, sich überhaupt reizlos erhalten wollte[4]. Nehmen wir an der Unbestimmtheit dieser Idee vorläufig keinen Anstoß und geben wir dem Nervensystem die Aufgabe – allgemein gesprochen: der *Reizbewältigung*. Wir sehen dann, wie sehr die Einführung der Triebe das einfache physiologische Reflexschema kompliziert. Die äußeren Reize stellen nur die eine Aufgabe, sich ihnen zu entziehen, dies geschieht dann durch Muskelbewegungen, von denen endlich eine das Ziel erreicht und dann als die zweckmäßige zur erblichen Disposition wird. Die im Innern des Organismus entstehenden Triebreize sind durch diesen Mechanismus nicht zu erledigen. Sie stellen also weit höhere Anforderungen an das Nervensystem, veranlassen es zu verwickelten, ineinandergreifenden Tätigkeiten, welche die Außenwelt so weit verändern, daß sie der inneren Reizquelle die Befriedigung bietet, und nötigen es vor allem, auf seine ideale Absicht der Reizfernhaltung zu verzichten, da sie eine unvermeidliche kontinuierliche Reizzufuhr unterhalten. Wir dürfen also wohl schließen, daß sie, die Triebe, und nicht die äußeren Reize, die eigentlichen Motoren der Fortschritte sind, welche das so unendlich leistungsfähige Nervensystem auf seine gegenwärtige Entwicklungshöhe gebracht haben. Natürlich steht nichts der Annahme im Wege, daß die Triebe selbst, wenigstens zum Teil, Niederschläge äußerer Reizwirkungen sind, welche im

4 [Das ist das »Konstanzprinzip«.]

Laufe der Phylogenese auf die lebende Substanz verändernd einwirkten.

Wenn wir dann finden, daß die Tätigkeit auch der höchstentwickelten Seelenapparate dem *Lustprinzip* unterliegt, d. h. durch Empfindungen der Lust-Unlustreihe automatisch reguliert wird, so können wir die weitere Voraussetzung schwerlich abweisen, daß diese Empfindungen die Art, wie die Reizbewältigung vor sich geht, wiedergeben. Sicherlich in dem Sinne, daß die Unlustempfindung mit Steigerung, die Lustempfindung mit Herabsetzung des Reizes zu tun hat. Die weitgehende Unbestimmtheit dieser Annahme wollen wir aber sorgfältig festhalten, bis es uns etwa gelingt, die Art der Beziehung zwischen Lust-Unlust und den Schwankungen der auf das Seelenleben wirkenden Reizgrößen zu erraten. Es sind gewiß sehr mannigfache und nicht sehr einfache solcher Beziehungen möglich.

Wenden wir uns nun von der biologischen Seite her der Betrachtung des Seelenlebens zu, so erscheint uns der »Trieb« als ein Grenzbegriff zwischen Seelischem und Somatischem, als psychischer Repräsentant der aus dem Körperinnern stammenden, in die Seele gelangenden Reize, als ein Maß der Arbeitsanforderung, die dem Seelischen infolge seines Zusammenhanges mit dem Körperlichen auferlegt ist.

Wir können nun einige Termini diskutieren, welche im Zusammenhang mit dem Begriffe Trieb gebraucht werden, wie: Drang, Ziel, Objekt, Quelle des Triebes.

Unter dem *Drange* eines Triebes versteht man dessen motorisches Moment, die Summe von Kraft oder das Maß von Arbeitsanforderung, das er repräsentiert. Der Charakter des Drängenden ist eine allgemeine Eigenschaft der Triebe, ja das Wesen derselben. Jeder Trieb ist ein Stück Aktivität; wenn man lässigerweise von passiven Trieben spricht, kann man nichts anderes meinen als Triebe mit passivem Ziele.

Das *Ziel* eines Triebes ist allemal die Befriedigung, die

nur durch Aufhebung des Reizzustandes an der Triebquelle erreicht werden kann. Aber wenn auch dies Endziel für jeden Trieb unveränderlich bleibt, so können doch verschiedene Wege zum gleichen Endziel führen, so daß sich mannigfache nähere oder intermediäre Ziele für einen Trieb ergeben können, die miteinander kombiniert oder gegeneinander vertauscht werden. Die Erfahrung gestattet uns auch, von *»zielgehemmten«* Trieben zu sprechen bei Vorgängen, die ein Stück weit in der Richtung der Triebbefriedigung zugelassen werden, dann aber eine Hemmung oder Ablenkung erfahren. Es ist anzunehmen, daß auch mit solchen Vorgängen eine partielle Befriedigung verbunden ist.

Das *Objekt* des Triebes ist dasjenige, an welchem oder durch welches der Trieb sein Ziel erreichen kann. Es ist das variabelste am Triebe, nicht ursprünglich mit ihm verknüpft, sondern ihm nur infolge seiner Eignung zur Ermöglichung der Befriedigung zugeordnet. Es ist nicht notwendig ein fremder Gegenstand, sondern ebensowohl ein Teil des eigenen Körpers. Es kann im Laufe der Lebensschicksale des Triebes beliebig oft gewechselt werden; dieser Verschiebung des Triebes fallen die bedeutsamsten Rollen zu. Es kann der Fall vorkommen, daß dasselbe Objekt gleichzeitig mehreren Trieben zur Befriedigung dient, nach Alfred Adler der Fall der *Triebverschränkung*[5]. Eine besonders innige Bindung des Triebes an das Objekt wird als *Fixierung* desselben hervorgehoben. Sie vollzieht sich oft in sehr frühen Perioden der Triebentwicklung und macht der Beweglichkeit des Triebes ein Ende, indem sie der Lösung intensiv widerstrebt[6].

Unter der *Quelle* des Triebes versteht man jenen somatischen Vorgang in einem Organ oder Körperteil, dessen Reiz im Seelenleben durch den Trieb repräsentiert ist. Es ist unbekannt, ob dieser Vorgang regelmäßig chemischer Natur ist oder auch der Entbindung anderer, z. B. mecha-

---

5 [A. Adler, *Der Aggressionstrieb im Leben und in der Neurose,* in: Fortschr. Med., 1908, Bd. 26, S. 577.]

6 [Vgl. zu Beginn der Arbeit *Die Verdrängung* im vorliegenden Band unserer Ausgabe.]

nischer Kräfte entsprechen kann. Das Studium der Triebquellen gehört der Psychologie nicht mehr an; obwohl die Herkunft aus der somatischen Quelle das schlechtweg Entscheidende für den Trieb ist, wird er uns im Seelenleben doch nicht anders als durch seine Ziele bekannt. Die genauere Erkenntnis der Triebquellen ist für die Zwecke der psychologischen Forschung nicht durchwegs erforderlich. Manchmal ist der Rückschluß aus den Zielen des Triebes auf dessen Quellen gesichert.

Soll man annehmen, daß die verschiedenen aus dem Körperlichen stammenden, auf das Seelische wirkenden Triebe auch durch verschiedene *Qualitäten* ausgezeichnet sind und darum in qualitativ verschiedener Art sich im Seelenleben benehmen? Es scheint nicht gerechtfertigt; man reicht vielmehr mit der einfacheren Annahme aus, daß die Triebe alle qualitativ gleichartig sind und ihre Wirkung nur den Erregungsgrößen, die sie führen, verdanken, vielleicht noch gewissen Funktionen dieser Quantität. Was die psychischen Leistungen der einzelnen Triebe voneinander unterscheidet, läßt sich auf die Verschiedenheit der Triebquellen zurückführen. Es kann allerdings erst in einem späteren Zusammenhange klargelegt werden, was das Problem der Triebqualität bedeutet.[7]

Welche Triebe darf man aufstellen und wie viele? Dabei ist offenbar der Willkür ein weiter Spielraum gelassen. Man kann nichts dagegen einwenden, wenn jemand den Begriff eines Spieltriebes, Destruktionstriebes, Geselligkeitstriebes in Anwendung bringt, wo der Gegenstand es fordert und die Beschränkung der psychologischen Analyse es zuläßt. Man sollte aber die Frage nicht außer acht lassen, ob diese einerseits so sehr spezialisierten Triebmotive nicht eine weitere Zerlegung in der Richtung nach den Triebquellen gestatten, so daß nur die weiter nicht zerlegbaren Urtriebe eine Bedeutung beanspruchen können.

7 [Es ist nicht klar, welchen »späteren Zusammenhang« Freud hier meint.]

Ich habe vorgeschlagen, von solchen Urtrieben zwei Gruppen zu unterscheiden, die der *Ich-* oder *Selbsterhaltungstriebe* und die der *Sexualtriebe.* Dieser Aufstellung kommt aber nicht die Bedeutung einer notwendigen Voraussetzung zu, wie z. B. der Annahme über die biologische Tendenz des seelischen Apparates (s. oben); sie ist eine bloße Hilfskonstruktion, die nicht länger festgehalten werden soll, als sie sich nützlich erweist, und deren Ersetzung durch eine andere an den Ergebnissen unserer beschreibenden und ordnenden Arbeit wenig ändern wird. Der Anlaß zu dieser Aufstellung hat sich aus der Entwicklungsgeschichte der Psychoanalyse ergeben, welche die Psychoneurosen, und zwar die als »Übertragungsneurosen« zu bezeichnende Gruppe derselben (Hysterie und Zwangsneurose), zum ersten Objekt nahm und an ihnen zur Einsicht gelangte, daß ein Konflikt zwischen den Ansprüchen der Sexualität und denen des Ichs an der Wurzel jeder solchen Affektion zu finden sei. Es ist immerhin möglich, daß ein eindringendes Studium der anderen neurotischen Affektionen (vor allem der narzißtischen Psychoneurosen: der Schizophrenien) zu einer Abänderung dieser Formel und somit zu einer anderen Gruppierung der Urtriebe nötigen wird. Aber gegenwärtig kennen wir diese neue Formel nicht und haben auch noch kein Argument gefunden, welches der Gegenüberstellung von Ich- und Sexualtrieben ungünstig wäre.

Es ist mir überhaupt zweifelhaft, ob es möglich sein wird, auf Grund der Bearbeitung des psychologischen Materials entscheidende Winke zur Scheidung und Klassifizierung der Triebe zu gewinnen. Es erscheint vielmehr notwendig, zum Zwecke dieser Bearbeitung bestimmte Annahmen über das Triebleben an das Material heranzubringen, und es wäre wünschenswert, daß man diese Annahmen einem anderen Gebiete entnehmen könnte, um sie auf die Psychologie zu übertragen. Was die Biologie hiefür leistet, läuft der Sonderung von Ich- und Sexualtrieben gewiß nicht zuwider. Die Biologie lehrt, daß die Sexualität nicht gleichzustellen ist den anderen Funktionen des Individuums, da ihre Tendenzen über das Individuum hinausgehen und die Produktion neuer Individuen, also die Erhaltung der Art, zum Inhalt haben. Sie zeigt uns ferner, daß zwei Auffassungen des Verhältnisses zwischen Ich und Sexualität wie gleichberechtigt nebeneinanderstehen, die eine, nach welcher das Individuum die Hauptsache ist und die [die] Sexualität als eine seiner Betätigungen, die Sexualbefriedigung als eines seiner Bedürfnisse wertet, und eine andere, derzufolge das Individuum ein zeitweiliger und vergänglicher Anhang an das quasi unsterbliche Keimplasma ist, welches ihm von der Generation anvertraut wurde.[8] Die Annahme, daß sich die Sexualfunktion durch einen besonderen Chemismus von den anderen Körpervorgängen scheidet, bildet, soviel ich weiß, auch eine Voraussetzung der Ehrlichschen biologischen Forschung.[9]

Da das Studium des Trieblebens vom Bewußtsein her kaum übersteigbare Schwierigkeiten bietet, bleibt die psychoanalytische Erforschung der Seelenstörungen die Hauptquelle unserer Kenntnis. Ihrem Entwicklungsgang entsprechend hat uns aber die Psychoanalyse bisher nur über die Sexualtriebe einigermaßen befriedigende Auskünfte bringen können, weil sie gerade nur diese Triebgruppe an den Psychoneurosen wie isoliert beobachten konnte. Mit der Ausdehnung der Psychoanalyse auf die anderen neurotischen Affektionen wird gewiß auch unsere Kenntnis der Ichtriebe begründet werden, obwohl es vermessen erscheint, auf diesem weiteren Forschungsgebiete ähnlich günstige Bedingungen für die Beobachtung zu erwarten.

Zu einer allgemeinen Charakteristik der Sexualtriebe kann man folgendes aussagen: Sie sind zahlreich, entstammen vielfältigen organischen Quellen, betätigen sich zunächst unabhängig voneinander und werden erst spät zu

8 [Vgl. Kapitel VI von *Jenseits des Lustprinzips* in Band 3 der vorliegenden Ausgabe.]
9 [Der Pathologe Paul Ehrlich (1854–1915) beschäftigte sich vorwiegend mit der Immunitätslehre.]

einer mehr oder minder vollkommenen Synthese zusammengefaßt. Das Ziel, das jeder von ihnen anstrebt, ist die Erreichung der *Organlust;* erst nach vollzogener Synthese treten sie in den Dienst der *Fortpflanzungsfunktion*, womit sie dann als Sexualtriebe allgemein kenntlich werden. Bei ihrem ersten Auftreten lehnen sie sich zuerst an die Erhaltungstriebe an, von denen sie sich erst allmählich ablösen, folgen auch bei der Objektfindung den Wegen, die ihnen die Ichtriebe weisen.[10] Ein Anteil von ihnen bleibt den Ichtrieben zeitlebens gesellt und stattet diese mit *libidinösen* Komponenten aus, welche während der normalen Funktion leicht übersehen und erst durch die Erkrankung klargelegt werden. Sie sind dadurch ausgezeichnet, daß sie in großem Ausmaße vikariierend füreinander eintreten und leicht ihre Objekte wechseln können. Infolge der letztgenannten Eigenschaften sind sie zu Leistungen befähigt, die weitab von ihren ursprünglichen Zielhandlungen liegen. *(Sublimierung.)*

Die Untersuchung, welche Schicksale Triebe im Laufe der Entwicklung und des Lebens erfahren können, werden wir auf die uns besser bekannten Sexualtriebe einschränken müssen. Die Beobachtung lehrt uns als solche Triebschicksale folgende kennen:

Die Verkehrung ins Gegenteil.

Die Wendung gegen die eigene Person.

Die Verdrängung.

Die Sublimierung.

Da ich die Sublimierung hier nicht zu behandeln gedenke, die Verdrängung aber ein besonderes Kapitel[11] beansprucht, erübrigt uns nur Beschreibung und Diskussion der beiden ersten Punkte. Mit Rücksicht auf Motive, welche einer direkten Fortsetzung der Triebe entgegenwirken, kann man die Triebschicksale auch als Arten der *Abwehr* gegen die Triebe darstellen.

10 [Vgl. im Abschnitt II der Studie *Zur Einführung des Narzißmus* in Band 1 der vorliegenden Ausgabe.]

11 [Vgl. die nachfolgende Studie *Die Verdrängung*.]

Die *Verkehrung ins Gegenteil* löst sich bei näherem Zusehen in zwei verschiedene Vorgänge auf, in die *Wendung* eines Triebes *von der Aktivität zur Passivität* und in die *inhaltliche Verkehrung.* Beide Vorgänge sind, weil wesensverschieden, auch gesondert zu behandeln.

Beispiele für den ersteren Vorgang ergeben die Gegensatzpaare Sadismus–Masochismus und Schaulust–Exhibition. Die Verkehrung betrifft nur die *Ziele* des Triebes; für das aktive Ziel: quälen, beschauen, wird das passive: gequält werden, beschaut werden eingesetzt. Die inhaltliche Verkehrung findet sich in dem einen Falle der Verwandlung des Liebens in ein Hassen.

Die *Wendung gegen die eigene Person* wird uns durch die Erwägung nahegelegt, daß der Masochismus ja ein gegen das eigene Ich gewendeter Sadismus ist, die Exhibition das Beschauen des eigenen Körpers mit einschließt. Die analytische Beobachtung läßt auch keinen Zweifel daran bestehen, daß der Masochist das Wüten gegen seine Person, der Exhibitionist das Entblößen derselben mitgenießt. Das Wesentliche an dem Vorgang ist also der Wechsel des *Objektes* bei ungeändertem Ziel.

Es kann uns indes nicht entgehen, daß Wendung gegen die eigene Person und Wendung von der Aktivität zur Passivität in diesen Beispielen zusammentreffen oder zusammenfallen. Zur Klarstellung der Beziehungen wird eine gründlichere Untersuchung unerläßlich.

Beim Gegensatzpaar Sadismus–Masochismus kann man den Vorgang folgendermaßen darstellen:

a) Der Sadismus besteht in Gewalttätigkeit, Machtbetätigung gegen eine andere Person als Objekt.

b) Dieses Objekt wird aufgegeben und durch die eigene Person ersetzt. Mit der Wendung gegen die eigene Person ist auch die Verwandlung des aktiven Triebzieles in ein passives vollzogen.

c) Es wird neuerdings eine fremde Person als Objekt gesucht, welche infolge der eingetretenen Zielverwandlung die Rolle des Subjekts übernehmen muß.

Fall *c* ist der des gemeinhin so genannten Masochismus. Die Befriedigung erfolgt auch bei ihm auf dem Wege des ursprünglichen Sadismus, indem sich das passive Ich phantastisch in seine frühere Stelle versetzt, die jetzt dem fremden Subjekt überlassen ist. Ob es auch eine direktere masochistische Befriedigung gibt, ist durchaus zweifelhaft. Ein ursprünglicher Masochismus, der nicht auf die beschriebene Art aus dem Sadismus entstanden wäre, scheint nicht vorzukommen[12]. Daß die Annahme der Stufe *b* nicht überflüssig ist, geht wohl aus dem Verhalten des sadistischen Triebes bei der Zwangsneurose hervor. Hier findet sich die Wendung gegen die eigene Person ohne die Passivität gegen eine neue. Die Verwandlung geht nur bis zur Stufe *b*. Aus der Quälsucht wird Selbstquälerei, Selbstbestrafung, nicht Masochismus. Das aktive Verbum wandelt sich nicht in das Passivum, sondern in ein reflexives Medium.[13]

Die Auffassung des Sadismus wird auch durch den Umstand beeinträchtigt, daß dieser Trieb neben seinem allgemeinen Ziel (vielleicht besser: innerhalb desselben) eine ganz spezielle Zielhandlung anzustreben scheint. Neben der Demütigung, Überwältigung, die Zufügung von Schmerzen. Nun scheint die Psychoanalyse zu zeigen, daß das Schmerzzufügen unter den ursprünglichen Zielhandlungen des Triebes keine Rolle spielt. Das sadistische Kind zieht die Zufügung von Schmerzen nicht in Betracht und beabsichtigt sie nicht. Wenn sich aber einmal die Umwandlung in Masochismus vollzogen hat, eignen sich die Schmerzen sehr wohl, ein passives masochistisches Ziel abzugeben, denn wir haben allen Grund anzunehmen, daß auch die Schmerz- wie andere Unlustempfindungen auf die Sexualerregung übergreifen und einen lustvollen Zustand erzeugen, um dessentwillen man sich auch die Un-

12 [*Zusatz 1924:*] In späteren Arbeiten (siehe: *Das ökonomische Problem des Masochismus*) [in Band 3 der vorliegenden Ausgabe] habe ich im Zusammenhang mit Problemen des Trieblebens mich zu einer gegenteiligen Auffassung bekannt.

13 [Die Anspielung bezieht sich auf die Verhaltensrichtung des griechischen Verbs.]

lust des Schmerzes gefallen lassen kann. Ist das Empfinden von Schmerzen einmal ein masochistisches Ziel geworden, so kann sich rückgreifend auch das sadistische Ziel, Schmerzen zuzufügen, ergeben, die man, während man sie anderen erzeugt, selbst masochistisch in der Identifizierung mit dem leidenden Objekt genießt. Natürlich genießt man in beiden Fällen nicht den Schmerz selbst, sondern die ihn begleitende Sexualerregung, und dies dann als Sadist besonders bequem. Das Schmerzgenießen wäre also ein ursprünglich masochistisches Ziel, das aber nur beim ursprünglich Sadistischen zum Triebziele werden kann.

Der Vollständigkeit zuliebe füge ich an, daß das *Mitleid* nicht als ein Ergebnis der Triebverwandlung beim Sadismus beschrieben werden kann, sondern die Auffassung einer *Reaktionsbildung* gegen den Trieb erfordert.

Etwas andere und einfachere Ergebnisse liefert die Untersuchung eines anderen Gegensatzpaares, der Triebe, die das Schauen und Sichzeigen zum Ziele haben. (Voyeur und Exhibitionist in der Sprache der Perversionen.) Auch hier kann man die nämlichen Stufen aufstellen wie im vorigen Falle: *a)* Das Schauen als *Aktivität* gegen ein fremdes Objekt gerichtet; *b)* das Aufgeben des Objektes, die Wendung des Schautriebes gegen einen Teil des eigenen Körpers, damit die Verkehrung in Passivität und die Aufstellung des neuen Zieles: beschaut zu werden; *c)* die Einsetzung eines neuen Subjektes, dem man sich zeigt, um von ihm beschaut zu werden. Es ist auch kaum zweifelhaft, daß das aktive Ziel früher auftritt als das passive, das Schauen dem Beschautwerden vorangeht. Aber eine bedeutsame Abweichung vom Falle des Sadismus liegt darin, daß beim Schautrieb eine noch frühere Stufe als die mit *a* bezeichnete zu erkennen ist. Der Schautrieb ist nämlich zu Anfang seiner Betätigung autoerotisch, er hat wohl ein Objekt, aber er findet es am eigenen Körper. Erst späterhin wird er dazu geleitet (auf dem Wege der Vergleichung), dies Objekt mit einem analogen des fremden Körpers zu vertauschen (Stufe *a).* Diese Vorstufe ist nun dadurch interessant, daß aus ihr die beiden Situationen des resultierenden

Gegensatzpaares hervorgehen, je nachdem der Wechsel an der einen oder anderen Stelle vorgenommen wird. Das Schema für den Schautrieb könnte lauten:

α) Selbst ein Sexualglied beschauen	=	Sexualglied von eigener Person beschaut werden
β) Selbst fremdes Objekt beschauen (aktive Schaulust)		γ) Eigenes Objekt von fremder Person beschaut werden (Zeigelust, Exhibition)

Eine solche Vorstufe fehlt dem Sadismus, der sich von vornherein auf ein fremdes Objekt richtet, obwohl es nicht gerade widersinnig wäre, sie aus den Bemühungen des Kindes, das seiner eigenen Glieder Herr werden will, zu konstruieren.[14]

Für beide hier betrachteten Triebbeispiele gilt die Bemerkung, daß die Triebverwandlung durch Verkehrung der Aktivität in Passivität und Wendung gegen die eigene Person eigentlich niemals am ganzen Betrag der Triebregung vorgenommen wird. Die ältere, aktive Triebrichtung bleibt in gewissem Ausmaße neben der jüngeren, passiven bestehen, auch wenn der Prozeß der Triebumwandlung sehr ausgiebig ausgefallen ist. Die einzig richtige Aussage über den Schautrieb müßte lauten, daß alle Entwicklungsstufen des Triebes, die autoerotische Vorstufe wie die aktive und passive Endgestaltung nebeneinander bestehenbleiben, und diese Behauptung wird evident, wenn man anstatt der Triebhandlungen den Mechanismus der Befriedigung zur Grundlage seines Urteiles nimmt. Vielleicht ist übrigens noch eine andere Auffassungs- und Darlegungsweise gerechtfertigt. Man kann sich jedes Triebleben in einzelne zeitlich geschiedene und innerhalb der (beliebigen) Zeiteinheit gleichartige Schübe zerlegen, die sich etwa zueinander verhalten wie sukzessive Lavaeruptionen. Dann

14 [*Zusatz 1924:*] Siehe Anmerkung [12].

kann man sich etwa vorstellen, die erste und ursprünglichste Trieberuption setze sich ungeändert fort und erfahre überhaupt keine Entwicklung. Ein nächster Schub unterliege von Anfang an einer Veränderung, etwa der Wendung zur Passivität, und addiere sich nun mit diesem neuen Charakter zum früheren hinzu usw. Überblickt man dann die Triebregung von ihrem Anfang an bis zu einem gewissen Haltepunkt, so muß die beschriebene Sukzession der Schübe das Bild einer bestimmten Entwicklung des Triebes ergeben.

Die Tatsache, daß zu jener späteren Zeit der Entwicklung neben einer Triebregung ihr (passiver) Gegensatz zu beobachten ist, verdient die Hervorhebung durch den trefflichen, von Bleuler eingeführten Namen: *Ambivalenz*.[15].

Die Triebentwicklung wäre unserem Verständnis durch den Hinweis auf die Entwicklungsgeschichte des Triebes und die Permanenz der Zwischenstufen nahegerückt. Das Ausmaß der nachweisbaren Ambivalenz wechselt erfahrungsgemäß in hohem Grade bei Individuen, Menschengruppen oder Rassen. Eine ausgiebige Triebambivalenz bei einem heute Lebenden kann als archaisches Erbteil aufgefaßt werden, da wir Grund zur Annahme haben, der Anteil der unverwandelten aktiven Regungen am Triebleben sei in Urzeiten größer gewesen als durchschnittlich heute.[16]

Wir haben uns daran gewöhnt, die frühe Entwicklungs-

---

15 [Der Terminus »Ambivalenz« wurde von Bleuler geprägt (*Vortrag über Ambivalenz* 1910 in Bern, Bericht in: Zentbl. Psychoanal., Bd. 1, S. 266), scheint aber von ihm nicht im obigen Sinne verwendet worden zu sein. Er unterschied drei Arten von Ambivalenz: 1. affektive, d. h. Schwanken zwischen Liebe und Haß; 2. Ambivalenz des Willens, d. h. Unfähigkeit, sich zum Handeln zu entschließen; 3. intellektuelle Ambivalenz, d. h. Schwanken zwischen entgegengesetzten Auffassungen. Freud benutzte den Terminus im allgemeinen in der ersten Bedeutung. Der vorliegende Satz ist eine der wenigen Stellen, wo Freud den Terminus auf Aktivität und Passivität bezogen verwendet.]

16 [Vgl. Abhandlung II, Abschnitt 4 der Studie *Totem und Tabu* in Band 1 der vorliegenden Ausgabe.]

phase des Ichs, während welcher dessen Sexualtriebe sich autoerotisch befriedigen, *Narzißmus* zu heißen, ohne zunächst die Beziehung zwischen Autoerotismus und Narzißmus in Diskussion zu ziehen. Dann müssen wir von der Vorstufe des Schautriebes, auf der die Schaulust den eigenen Körper zum Objekt hat, sagen, sie gehöre dem Narzißmus an, sei eine narzißtische Bildung. Aus ihr entwickle sich der aktive Schautrieb, indem er den Narzißmus verläßt, der passive Schautrieb halte aber das narzißtische Objekt fest. Ebenso bedeute die Umwandlung des Sadismus in Masochismus eine Rückkehr zum narzißtischen Objekt, während in beiden Fällen [d. h. der passiven Schaulust und dem Masochismus] das narzißtische Subjekt durch Identifizierung mit einem anderen, fremden Ich vertauscht wird. Mit Rücksichtnahme auf die konstruierte narzißtische Vorstufe des Sadismus nähern wir uns so der allgemeineren Einsicht, daß die Triebschicksale der Wendung gegen das eigene Ich und der Verkehrung von Aktivität in Passivität von der narzißtischen Organisation des Ichs abhängig sind und den Stempel dieser Phase an sich tragen. Sie entsprechen vielleicht den Abwehrversuchen, die auf höheren Stufen der Ichentwicklung mit anderen Mitteln durchgeführt werden.

Wir besinnen uns hier, daß wir bisher nur die zwei Triebgegensatzpaare: Sadismus–Masochismus und Schaulust–Zeigelust in Erörterung gezogen haben. Es sind dies die bestbekannten ambivalent auftretenden Sexualtriebe. Die anderen Komponenten der späteren Sexualfunktion sind der Analyse noch nicht genug zugänglich geworden, um sie in ähnlicher Weise diskutieren zu können. Wir können von ihnen allgemein aussagen, daß sie sich *autoerotisch* betätigen, d. h., ihr Objekt verschwindet gegen das Organ, das ihre Quelle ist, und fällt in der Regel mit diesem zusammen. Das Objekt des Schautriebes, obwohl auch zuerst ein Teil des eigenen Körpers, ist doch nicht das Auge selbst, und beim Sadismus weist die Organquelle, wahrscheinlich die aktionsfähige Muskulatur, direkt auf ein anderes Objekt, sei es auch am eigenen Körper, hin. Bei den autoerotischen Trieben ist die Rolle der Organquelle so ausschlaggebend, daß nach einer ansprechenden Vermutung von P. Federn[17] und L. Jekels[18] Form und Funktion des Organs über die Aktivität und Passivität des Triebzieles entscheiden.

Die Verwandlung eines Triebes in sein (materielles) Gegenteil wird nur in einem Falle beobachtet, bei der *Umsetzung von Liebe in Haß.*[19] Da diese beiden besonders häufig gleichzeitig auf dasselbe Objekt gerichtet vorkommen, ergibt diese Koexistenz auch das bedeutsamste Beispiel einer Gefühlsambivalenz.

Der Fall von Liebe und Haß erwirbt ein besonderes Interesse durch den Umstand, daß er der Einreihung in unsere Darstellung der Triebe widerstrebt. Man kann an der innigsten Beziehung zwischen diesen beiden Gefühlsgegensätzen und dem Sexualleben nicht zweifeln, muß sich aber natürlich dagegen sträuben, das Lieben etwa als einen besonderen Partialtrieb der Sexualität wie die anderen aufzufassen. Man möchte eher das Lieben als den Ausdruck der ganzen Sexualstrebung ansehen, kommt aber auch damit nicht zurecht und weiß nicht, wie man ein materielles Gegenteil dieser Strebung verstehen soll.

Das Lieben ist nicht nur eines, sondern dreier Gegensätze fähig. Außer dem Gegensatz: lieben–hassen gibt es den anderen: lieben–geliebt werden, und überdies setzen sich lieben und hassen zusammengenommen dem Zustande der Indifferenz oder Gleichgültigkeit entgegen. Von diesen drei Gegensätzen entspricht der zweite, der von lieben–geliebt werden, durchaus der Wendung von der Aktivität zur Passivität und läßt auch die nämliche Zurückfüh-

17 [Beiträge zur Analyse des Sadismus und Masochismus, I: Die Quellen des männlichen Sadismus, in: Int. Z. ärztl. Psychoanal., 1913, Bd. 1, S. 29.]

18 [*Einige Bemerkungen zur Trieblehre*, in: Int. Z. ärztl. Psychoanal., 1913, Bd. 1, S. 439.]

19 [Vor der Auflage von 1924 hieß es hier »Umsetzung von *Liebe und Haß*«.]

rung auf eine Grundsituation wie beim Schautrieb zu. Diese heißt: *sich selbst lieben*, was für uns die Charakteristik des Narzißmus ist. Je nachdem nun das Objekt oder das Subjekt gegen ein fremdes vertauscht wird, ergibt sich die aktive Zielstrebung des Liebens oder die passive des Geliebtwerdens, von denen die letztere dem Narzißmus nahe verbleibt.

Vielleicht kommt man dem Verständnis der mehrfachen Gegenteile des Liebens näher, wenn man sich besinnt, daß das seelische Leben überhaupt von *drei Polaritäten* beherrscht wird, den Gegensätzen von:

Subjekt (Ich)–Objekt (Außenwelt).
Lust–Unlust.
Aktiv–Passiv.

Der Gegensatz von Ich–Nicht-Ich (Außen), (Subjekt–Objekt), wird dem Einzelwesen, wie wir bereits erwähnt haben, frühzeitig aufgedrängt durch die Erfahrung, daß es Außenreize durch seine Muskelaktion zum Schweigen bringen kann, gegen Triebreize aber wehrlos ist. Er bleibt vor allem in der intellektuellen Betätigung souverän und schafft die Grundsituation für die Forschung, die durch kein Bemühen abgeändert werden kann. Die Polarität von Lust–Unlust haftet an einer Empfindungsreihe, deren unübertroffene Bedeutung für die Entscheidung unserer Aktionen (Wille) bereits betont worden ist. Der Gegensatz von Aktiv–Passiv ist nicht mit dem von Ich-Subjekt–Außen-Objekt zu verwechseln. Das Ich verhält sich passiv gegen die Außenwelt, insoweit es Reize von ihr empfängt, aktiv, wenn es auf dieselben reagiert. Zu ganz besonderer *Aktivität* gegen die Außenwelt wird es durch seine Triebe gezwungen, so daß man unter Hervorhebung des Wesentlichen sagen könnte: Das Ich-Subjekt sei passiv gegen die äußeren Reize, aktiv durch seine eigenen Triebe. Der Gegensatz Aktiv–Passiv verschmilzt späterhin mit dem von Männlich–Weiblich, der, ehe dies geschehen ist, keine psychologische Bedeutung hat. Die Verlötung der Aktivität mit der Männlichkeit, der Passivität mit der Weiblichkeit tritt uns nämlich als biologische Tatsache entgegen; sie ist aber keineswegs so regelmäßig durchgreifend und ausschließlich, wie wir anzunehmen geneigt sind.[20]

Die drei seelischen Polaritäten gehen die bedeutsamsten Verknüpfungen miteinander ein. Es gibt eine psychische Ursituation, in welcher zwei derselben zusammentreffen. Das Ich findet sich ursprünglich, zu allem Anfang des Seelenlebens, triebbesetzt und zum Teil fähig, seine Triebe an sich selbst zu befriedigen. Wir heißen diesen Zustand den des Narzißmus, die Befriedigungsmöglichkeit die autoerotische.[21] Die Außenwelt ist derzeit nicht mit Interesse (allgemein gesprochen) besetzt und für die Befriedigung gleichgültig. Es fällt also um diese Zeit das Ich-Subjekt mit dem Lustvollen, die Außenwelt mit dem Gleichgültigen (eventuell als Reizquelle Unlustvollen) zusammen. Definieren wir zunächst das Lieben als die Relation des Ichs zu seinen Lustquellen, so erläutert die Situation, in der es nur sich selbst liebt und gegen die Welt gleichgültig ist, die erste der Gegensatzbeziehungen, in denen wir das »Lieben« gefunden haben.

Das Ich bedarf der Außenwelt nicht, insofern es autoerotisch ist, es bekommt aber Objekte aus ihr infolge der Erlebnisse der Icherhaltungstriebe und kann doch nicht um-

---

20 [Den *Drei Abhandlungen zur Sexualtheorie* (Abhandlung III, Kapitel 4) fügte Freud 1915 eine längere Fußnote hinzu, in der er diese von ihm vorgenommene Verschiebung der sozialen Differenzierung von Mann und Frau innerhalb der kapitalistischen Gesellschaft auf eine biologische Disposition ausführlicher darstellt. Vgl. außerdem die 33. Vorlesung »Die Weiblichkeit« der *Neuen Folge der Vorlesungen zur Einführung in die Psychoanalyse* (in Band 3 der vorliegenden Ausgabe).]

21 Ein Anteil der Sexualtriebe ist, wie wir wissen, dieser autoerotischen Befriedigung fähig, eignet sich also zum Träger der nachstehend geschilderten Entwicklung [vom ursprünglichen »Real-Ich« in das »Lust-Ich«] unter der Herrschaft des Lustprinzips. Die Sexualtriebe, welche von vornherein ein Objekt fordern, und die autoerotisch niemals zu befriedigenden Bedürfnisse der Ichtriebe stören natürlich diesen Zustand [den narzißtischen Urzustand] und bereiten die Fortschritte vor. Ja, der narzißtische Urzustand könnte nicht jene Entwicklung nehmen, wenn nicht jedes Einzelwesen eine Periode von *Hilflosigkeit* und *Pflege* durchmachte, währenddessen seine drängenden Bedürfnisse durch Dazutun von außen befriedigt und somit von der Entwicklung abgehalten würden.

hin, innere Triebreize als unlustvoll für eine Zeit zu verspüren. Unter der Herrschaft des Lustprinzips vollzieht sich nun in ihm eine weitere Entwicklung. Es nimmt die dargebotenen Objekte, insofern sie Lustquellen sind, in sein Ich auf, introjiziert sich dieselben (nach dem Ausdrucke Ferenczis[22]) und stößt anderseits von sich aus, was ihm im eigenen Innern Unlustanlaß wird. (Siehe später[23] den Mechanismus der Projektion.)

Es wandelt sich so aus dem anfänglichen Real-Ich, welches Innen und Außen nach einem guten objektiven Kennzeichen unterschieden hat, in ein purifiziertes *Lust-Ich*, welches den Lustcharakter über jeden anderen setzt. Die Außenwelt zerfällt ihm in einen Lustanteil, den es sich einverleibt hat, und einen Rest, der ihm fremd ist. Aus dem eigenen Ich hat es einen Bestandteil ausgesondert, den es in die Außenwelt wirft und als feindlich empfindet. Nach dieser Umordnung ist die Deckung der beiden Polaritäten

Ich-Subjekt – mit Lust

Außenwelt – mit Unlust (von früher her Indifferenz)

wiederhergestellt.

Mit dem Eintreten des Objekts in die Stufe des primären Narzißmus erreicht auch der zweite Gegensinn des Liebens, das Hassen, seine Ausbildung.

Das Objekt wird dem Ich, wie wir gehört haben, zuerst von den Selbsterhaltungstrieben aus der Außenwelt gebracht, und es ist nicht abzuweisen, daß auch der ursprüngliche Sinn des Hassens die Relation gegen die fremde und reizzuführende Außenwelt bedeutet. Die Indifferenz ordnet sich dem Haß, der Abneigung, als Spezialfall ein, nachdem sie zuerst als dessen Vorläufer aufgetreten ist. Das Äußere, das Objekt, das Gehaßte wären zu allem Anfang identisch. Erweist sich späterhin das Objekt als Lustquelle, so wird es geliebt, aber auch dem Ich einver-

---

22 [*Introjektion und Übertragung*, in: Jb. psychoanalyt. psychopath. Forsch., 1909, Bd. 1, S. 422.]

23 [Im Abschnitt IV der Studie *Das Unbewußte* und zu Beginn der Studie *Metapsychologische Ergänzung zur Traumlehre* (vgl. beide im vorliegenden Band unserer Ausgabe).]

leibt, so daß für das purifizierte Lust-Ich das Objekt doch wiederum mit dem Fremden und Gehaßten zusammenfällt.

Wir merken aber jetzt auch, wie das Gegensatzpaar Liebe–Indifferenz die Polarität Ich–Außenwelt spiegelt, so reproduziert der zweite Gegensatz Liebe–Haß die mit der ersteren verknüpfte Polarität von Lust–Unlust. Nach der Ablösung der rein narzißtischen Stufe durch die Objektstufe bedeuten Lust und Unlust Relationen des Ichs zum Objekt. Wenn das Objekt die Quelle von Lustempfindungen wird, so stellt sich eine motorische Tendenz heraus, welche dasselbe dem Ich annähern, ins Ich einverleiben will; wir sprechen dann auch von der »Anziehung«, die das lustspendende Objekt ausübt, und sagen, daß wir das Objekt »lieben«. Umgekehrt, wenn das Objekt Quelle von Unlustempfindungen ist, bestrebt sich eine Tendenz, die Distanz zwischen ihm und dem Ich zu vergrößern, den ursprünglichen Fluchtversuch vor der reizausschickenden Außenwelt an ihm zu wiederholen. Wir empfinden die »Abstoßung« des Objekts und hassen es; dieser Haß kann sich dann zur Aggressionsneigung gegen das Objekt, zur Absicht, es zu vernichten, steigern.

Man könnte zur Not von einem Trieb aussagen, daß er das Objekt »liebt«, nach dem er zu seiner Befriedigung strebt. Daß ein Trieb ein Objekt »haßt«, klingt uns aber befremdend, so daß wir aufmerksam werden, die Beziehungen[24] Liebe und Haß seien nicht für die Relationen der Triebe zu ihren Objekten verwendbar, sondern für die Relation des Gesamt-Ichs zu den Objekten reserviert. Die Beobachtung des gewiß sinnvollen Sprachgebrauches zeigt uns aber eine weitere Einschränkung in der Bedeutung von Liebe und Haß. Von den Objekten, welche der Icherhaltung dienen, sagt man nicht aus, daß man sie liebt, sondern betont, daß man ihrer bedarf, und gibt etwa einem Zusatz von andersartiger Relation Ausdruck, indem man Worte gebraucht, die ein sehr abgeschwächtes Lieben andeuten, wie: gerne haben, gerne sehen, angenehm finden.

24 [In der ersten Auflage stand an dieser Stelle »Bezeichnungen«.]

Das Wort »lieben« rückt also immer mehr in die Sphäre der reinen Lustbeziehung des Ichs zum Objekt und fixiert sich schließlich an die Sexualobjekte im engeren Sinne und an solche Objekte, welche die Bedürfnisse sublimierter Sexualtriebe befriedigen. Die Scheidung der Ichtriebe von den Sexualtrieben, welche wir unserer Psychologie aufgedrängt haben, erweist sich so als konform mit dem Geiste unserer Sprache. Wenn wir nicht gewohnt sind zu sagen, der einzelne Sexualtrieb liebe sein Objekt, aber die adäquateste Verwendung des Wortes »lieben« in der Beziehung des Ichs zu seinem Sexualobjekt finden, so lehrt uns diese Beobachtung, daß dessen Verwendbarkeit in dieser Relation erst mit der Synthese aller Partialtriebe der Sexualität unter dem Primat der Genitalien und im Dienste der Fortpflanzungsfunktion beginnt.

Es ist bemerkenswert, daß im Gebrauche des Wortes »hassen« keine so innige Beziehung zur Sexuallust und Sexualfunktion zum Vorschein kommt, sondern die Unlustrelation die einzig entscheidende scheint. Das Ich haßt, verabscheut, verfolgt mit Zerstörungsabsichten alle Objekte, die ihm zur Quelle von Unlustempfindungen werden, gleichgültig ob sie ihm eine Versagung sexueller Befriedigung oder der Befriedigung von Erhaltungsbedürfnissen bedeuten. Ja, man kann behaupten, daß die richtigen Vorbilder für die Haßrelation nicht aus dem Sexualleben, sondern aus dem Ringen des Ichs um seine Erhaltung und Behauptung stammen.

Liebe und Haß, die sich uns als volle materielle Gegensätze vorstellen, stehen also doch in keiner einfachen Beziehung zueinander. Sie sind nicht aus der Spaltung eines Urgemeinsamen hervorgegangen, sondern haben verschiedene Ursprünge und haben ein jedes seine eigene Entwicklung durchgemacht, bevor sie sich unter dem Einfluß der Lust-Unlustrelation zu Gegensätzen formiert haben. Es erwächst uns hier die Aufgabe zusammenzustellen, was wir von der Genese von Liebe und Haß wissen.

Die Liebe stammt von der Fähigkeit des Ichs, einen Anteil seiner Triebregungen autoerotisch, durch die Gewinnung von Organlust zu befriedigen. Sie ist ursprünglich narzißtisch, übergeht dann auf die Objekte, die dem erweiterten Ich einverleibt worden sind, und drückt das motorische Streben des Ichs nach diesen Objekten als Lustquellen aus. Sie verknüpft sich innig mit der Betätigung der späteren Sexualtriebe und fällt, wenn deren Synthese vollzogen ist, mit dem Ganzen der Sexualstrebung zusammen. Vorstufen des Liebens ergeben sich als vorläufige Sexualziele, während die Sexualtriebe ihre komplizierte Entwicklung durchlaufen. Als erste derselben erkennen wir das *Sicheinverleiben* oder *Fressen*, eine Art der Liebe, welche mit der Aufhebung der Sonderexistenz des Objekts vereinbar ist, also als ambivalent bezeichnet werden kann.[25] Auf der höheren Stufe der prägenitalen sadistisch-analen Organisation[26] tritt das Streben nach dem Objekt in der Form des Bemächtigungsdranges auf, dem die Schädigung oder Vernichtung des Objekts gleichgültig ist. Diese Form und Vorstufe der Liebe ist in ihrem Verhalten gegen das Objekt vom Haß kaum zu unterscheiden. Erst mit der Herstellung der Genitalorganisation ist die Liebe zum Gegensatz vom Haß geworden.

Der Haß ist als Relation zum Objekt älter als die Liebe, er entspringt der uranfänglichen Ablehnung der reizspendenden Außenwelt von seiten des narzißtischen Ichs. Als Äußerung der durch Objekte hervorgerufenen Unlustreaktion bleibt er immer in inniger Beziehung zu den Trieben der Icherhaltung, so daß Ichtriebe und Sexualtriebe leicht in einen Gegensatz geraten können, der den von Hassen und Lieben wiederholt. Wenn die Ichtriebe die Sexualfunktion beherrschen wie auf der Stufe der sadistisch-analen Organisation, so leihen sie auch dem Triebziel die Charaktere des Hasses.

---

25 [Freud stellte die orale Phase erstmals in Abschnitt 6 »Entwicklungsphasen der sexuellen Organisation« dar, die er 1914 der Abhandlung II der *Drei Abhandlungen zur Sexualtheorie* hinzufügte. (Diese überarbeitete Ausgabe schien 1915.) Vgl. in Band 1 der vorliegenden Ausgabe.]

26 [Vgl. die Arbeit *Zur Disposition der Zwangsneurose* in Band 1 der vorliegenden Ausgabe.]

Die Entstehungs- und Beziehungsgeschichte der Liebe macht es uns verständlich, daß sie so häufig »ambivalent«, d. h. in Begleitung von Haßregungen gegen das nämliche Objekt auftritt. Der der Liebe beigemengte Haß rührt zum Teil von den nicht völlig überwundenen Vorstufen des Liebens her, zum anderen Teil begründet er sich durch Ablehnungsreaktionen der Ichtriebe, die sich bei den häufigen Konflikten zwischen Ich- und Liebesinteressen auf reale und aktuelle Motive berufen können. In beiden Fällen geht also der beigemengte Haß auf die Quelle der Icherhaltungstriebe zurück. Wenn die Liebesbeziehung zu einem bestimmten Objekt abgebrochen wird, so tritt nicht selten Haß an deren Stelle, woraus wir den Eindruck einer Verwandlung der Liebe in Haß empfangen. Über diese Deskription hinaus führt dann die Auffassung, daß dabei der real motivierte Haß durch die Regression des Liebens auf die sadistische Vorstufe verstärkt wird, so daß das Hassen einen erotischen Charakter erhält und die Kontinuität einer Liebesbeziehung gewährleistet wird.

Die dritte Gegensätzlichkeit des Liebens, die Verwandlung des Liebens in ein Geliebtwerden, entspricht der Einwirkung der Polarität von Aktivität und Passivität und unterliegt derselben Beurteilung wie die Fälle des Schautriebes und des Sadismus.

Wir dürfen zusammenfassend hervorheben, die Triebschicksale bestehen im wesentlichen darin, daß die *Triebregungen den Einflüssen der drei großen das Seelenleben beherrschenden Polaritäten unterzogen werden.* Von diesen drei Polaritäten könnte man die der Aktivität–Passivität als die *biologische*, die [von] Ich–Außenwelt als die *reale*, endlich die von Lust–Unlust als die *ökonomische* bezeichnen.

Das Triebschicksal der *Verdrängung* wird den Gegenstand einer anschließenden Untersuchung bilden.

Die Verdrängung

Es kann das Schicksal einer Triebregung werden, daß sie auf Widerstände stößt, welche sie unwirksam machen wollen. Unter Bedingungen, deren nähere Untersuchung uns bevorsteht, gelangt sie dann in den Zustand der *Verdrängung*. Handelte es sich um die Wirkung eines äußeren Reizes, so wäre offenbar die Flucht das geeignete Mittel. Im Falle des Triebes kann die Flucht nichts nützen, denn das Ich kann sich nicht selbst entfliehen. Später einmal wird in der Urteilsverwerfung *(Verurteilung)* ein gutes Mittel gegen die Triebregung gefunden werden. Eine Vorstufe der Verurteilung, ein Mittelding zwischen Flucht und Verurteilung ist die Verdrängung, deren Begriff in der Zeit vor den psychoanalytischen Studien nicht aufgestellt werden konnte.[1]

Die Möglichkeit einer Verdrängung ist theoretisch nicht leicht abzuleiten. Warum sollte eine Triebregung einem solchen Schicksal verfallen? Offenbar muß hier die Bedingung erfüllt sein, daß die Erreichung des Triebzieles Unlust an Stelle von Lust bereitet. Aber dieser Fall ist nicht gut denkbar. Solche Triebe gibt es nicht, eine Triebbefriedigung ist immer lustvoll. Es müßten besondere Verhältnisse anzunehmen sein, irgendein Vorgang, durch den die Befriedigungslust in Unlust verwandelt wird.

Wir können zur besseren Abgrenzung der Verdrängung einige andere Triebsituationen in Erörterung ziehen. Es kann vorkommen, daß sich ein äußerer Reiz, z. B. dadurch, daß er ein Organ anätzt und zerstört, verinnerlicht und so eine neue Quelle beständiger Erregung und Spannungsvermehrung ergibt. Er erwirbt damit eine weitgehende Ähnlichkeit mit einem Trieb. Wir wissen, daß wir diesen Fall

1 [Den Begriff »Verdrängung« hat Johann Friedrich Herbart (1776–1841) erstmals verwendet, allerdings besaß er vor Freud kaum Bedeutung. Freud selbst sprach zu Beginn seiner Arbeiten über Hysterie von »Abwehr«, ersetzte diesen Terminus später durch »Verdrängung«, benutzte ihn abermals im Zusammenhang mit seiner Theorie von der Gliederung der Psyche in Es, Ich und Über-Ich.]

als *Schmerz* empfinden. Das Ziel dieses Pseudotriebes ist aber nur das Aufhören der Organveränderung und der mit ihr verbundenen Unlust. Andere, direkte Lust kann aus dem Aufhören des Schmerzes nicht gewonnen werden. Der Schmerz ist auch imperativ; er unterliegt nur noch der Einwirkung einer toxischen Aufhebung und der Beeinflussung durch psychische Ablenkung.

Der Fall des Schmerzes ist zu wenig durchsichtig, um etwas für unsere Absicht zu leisten.[2] Nehmen wir den Fall, daß ein Triebreiz wie der Hunger unbefriedigt bleibt. Er wird dann imperativ, ist durch nichts anderes als durch die Befriedigungsaktion zu beschwichtigen, unterhält eine beständige Bedürfnisspannung. Etwas wie eine Verdrängung scheint hier auf lange hinaus nicht in Betracht zu kommen.

Der Fall der Verdrängung ist also gewiß nicht gegeben, wenn die Spannung infolge von Unbefriedigung einer Triebregung unerträglich groß wird. Was dem Organismus an Abwehrmitteln gegen diese Situation gegeben ist, muß in anderem Zusammenhang erörtert werden.

Halten wir uns lieber an die klinische Erfahrung, wie sie uns in der psychoanalytischen Praxis entgegentritt. Dann werden wir belehrt, daß die Befriedigung des der Verdrängung unterliegenden Triebes wohl möglich und daß sie auch jedesmal an sich lustvoll wäre, aber sie wäre mit anderen Ansprüchen und Vorsätzen unvereinbar; sie würde also Lust an der einen, Unlust an anderer Stelle erzeugen. Zur Bedingung der Verdrängung ist dann geworden, daß das Unlustmotiv eine stärkere Macht gewinnt als die Befriedigungslust. Wir werden ferner durch die psychoanalytische Erfahrung an den Übertragungsneurosen zu dem Schluß genötigt, daß die Verdrängung kein ursprünglich vorhandener Abwehrmechanismus ist, daß sie nicht eher entstehen kann, als bis sich eine scharfe Sonderung von bewußter und unbewußter Seelentätigkeit hergestellt hat, und daß *ihr Wesen nur in der Abweisung und Fernhaltung vom Be-*

2 [Vgl. Kapitel IV der Studie *Jenseits des Lustprinzips* und den Schluß der Arbeit *Hemmung, Symptom und Angst* (beide in Band 3 der vorliegenden Ausgabe).]

wußten besteht.[3] Diese Auffassung der Verdrängung würde durch die Annahme ergänzt werden, daß vor solcher Stufe der seelischen Organisation die anderen Triebschicksale, wie die Verwandlung ins Gegenteil, die Wendung gegen die eigene Person, die Aufgabe der Abwehr von Triebregungen bewältigen.

Wir meinen jetzt auch, Verdrängung und Unbewußtes seien in so großem Ausmaße korrelativ, daß wir die Vertiefung in das Wesen der Verdrängung aufschieben müssen, bis wir mehr von dem Aufbau des psychischen Instanzenzuges und der Differenzierung von Unbewußt und Bewußt erfahren haben.[4] Vorher können wir nur noch einige klinisch erkannte Charaktere der Verdrängung in rein deskriptiver Weise zusammenstellen, auf die Gefahr hin, vieles anderwärts Gesagte ungeändert zu wiederholen.

Wir haben also Grund, eine *Urverdrängung* anzunehmen, eine erste Phase der Verdrängung, die darin besteht, daß der psychischen (Vorstellungs-)Repräsentanz des Triebes die Übernahme ins Bewußte versagt wird. Mit dieser ist eine *Fixierung* gegeben; die betreffende Repräsentanz bleibt von da an unveränderlich bestehen und der Trieb an sie gebunden. Dies geschieht infolge der später zu besprechenden Eigenschaften unbewußter Vorgänge.[5]

Die zweite Stufe der Verdrängung, die *eigentliche Verdrängung*, betrifft psychische Abkömmlinge der verdrängten Repräsentanz oder solche Gedankenzüge, die, anderswoher stammend, in assoziative Beziehung zu ihr geraten sind. Wegen dieser Beziehung erfahren diese Vorstellungen dasselbe Schicksal wie das Urverdrängte. Die eigentliche Verdrängung ist also ein Nachdrängen. Man tut übrigens unrecht, wenn man nur die Abstoßung hervorhebt, die vom Bewußten her auf das zu Verdrängende wirkt. Es kommt ebensosehr die Anziehung in Betracht, welche das Urverdrängte auf alles ausübt, womit es sich in Verbindung set-

3 [Eine Modifikation dieser Formel findet sich gegen Schluß der Arbeit *Das Unbewußte* (vgl. im vorliegenden Band unserer Ausgabe).]

4 [Vgl. Abschnitt IV der Studie *Das Unbewußte.*]

5 [Vgl. Abschnitt V der Studie *Das Unbewußte.*]

zen kann. Wahrscheinlich würde die Verdrängungstendenz ihre Absicht nicht erreichen, wenn diese Kräfte nicht zusammenwirkten, wenn es nicht ein vorher Verdrängtes gäbe, welches das vom Bewußten Abgestoßene aufzunehmen bereit wäre.

Unter dem Einfluß des Studiums der Psychoneurosen, welches uns die bedeutsamen Wirkungen der Verdrängung vorführt, werden wir geneigt, deren psychologischen Inhalt zu überschätzen, und vergessen zu leicht, daß die Verdrängung die Triebrepräsentanz nicht daran hindert, im Unbewußten fortzubestehen, sich weiter zu organisieren. Abkömmlinge zu bilden und Verbindungen anzuknüpfen. Die Verdrängung stört wirklich nur die Beziehung zu einem psychischen System, dem des Bewußten.

Die Psychoanalyse kann uns noch anderes zeigen, was für das Verständnis der Wirkungen der Verdrängung bei den Psychoneurosen bedeutsam ist. Z. B., daß die Triebrepräsentanz sich ungestörter und reichhaltiger entwickelt, wenn sie durch die Verdrängung dem bewußten Einfluß entzogen ist. Sie wuchert dann sozusagen im Dunkeln und findet extreme Ausdrucksformen, welche, wenn sie dem Neurotiker übersetzt und vorgehalten werden, ihm nicht nur fremd erscheinen müssen, sondern ihn auch durch die Vorspiegelung einer außerordentlichen und gefährlichen Triebstärke schrecken. Diese täuschende Triebstärke ist das Ergebnis einer ungehemmten Entfaltung in der Phantasie und der Aufstauung infolge versagter Befriedigung. Daß dieser letztere Erfolg an die Verdrängung geknüpft ist, weist darauf hin, worin wir ihre eigentliche Bedeutung zu suchen haben.

Indem wir aber noch zur Gegenansicht zurückkehren, stellen wir fest, es sei nicht einmal richtig, daß die Verdrängung alle Abkömmlinge des Urverdrängten vom Bewußten abhalte.[6] Wenn sich diese weit genug von der verdrängten

6 [Was jetzt in diesem Absatz folgt, wird ausführlicher in Abschnitt VI der Arbeit *Das Unbewußte* diskutiert.]

Repräsentanz entfernt haben, sei es durch Annahme von Entstellungen oder durch die Anzahl der eingeschobenen Mittelglieder, so steht ihnen der Zugang zum Bewußten ohne weiteres frei. Es ist, als ob der Widerstand des Bewußten gegen sie eine Funktion ihrer Entfernung vom ursprünglich Verdrängten wäre. Während der Ausübung der psychoanalytischen Technik fordern wir den Patienten unausgesetzt dazu auf, solche Abkömmlinge des Verdrängten zu produzieren, die infolge ihrer Entfernung oder Entstellung die Zensur des Bewußten passieren können. Nichts anderes sind ja die Einfälle, die wir unter Verzicht auf alle bewußten Zielvorstellungen und alle Kritik von ihm verlangen und aus denen wir eine bewußte Übersetzung der verdrängten Repräsentanz wiederherstellen. Wir beobachten dabei, daß der Patient eine solche Einfallsreihe fortspinnen kann, bis er in ihrem Ablauf auf eine Gedankenbildung stößt, bei welcher die Beziehung zum Verdrängten so intensiv durchwirkt, daß er seinen Verdrängungsversuch wiederholen muß. Auch die neurotischen Symptome müssen der obigen Bedingung genügt haben, denn sie sind Abkömmlinge des Verdrängten, welches sich mittels dieser Bildungen den ihm versagten Zugang zum Bewußtsein endlich erkämpft hat.[7]

Wie weit die Entstellung und Entfernung vom Verdrängten gehen muß, bis der Widerstand des Bewußten aufgehoben ist, läßt sich allgemein nicht angeben. Es findet dabei eine feine Abwägung statt, deren Spiel uns verdeckt ist, deren Wirkungsweise uns aber erraten läßt, es handle sich darum, vor einer bestimmten Intensität der Besetzung des Unbewußten haltzumachen, mit deren Überschreitung es zur Befriedigung durchdringen würde. Die Verdrängung arbeitet also *höchst individuell;* jeder einzelne Abkömmling des Verdrängten kann sein besonderes Schicksal haben; ein wenig mehr oder weniger von Entstel-

7 [In den Ausgaben vor 1924 lautet der Schluß dieses Satzes: ». . . welches sich mittels dieser Bildungen den ihm versagten Zugang vom Bewußtsein endlich erkämpft hat.«]

lung macht, daß der ganze Erfolg umschlägt. In demselben Zusammenhang ist auch zu begreifen, daß die bevorzugten Objekte der Menschen, ihre Ideale, aus denselben Wahrnehmungen und Erlebnissen stammen wie die von ihnen am meisten verabscheuten und sich ursprünglich nur durch geringe Modifikation voneinander unterscheiden.[8] Ja, es kann, wie wir's bei der Entstehung des Fetisch gefunden haben,[9] die ursprüngliche Triebrepräsentanz in zwei Stücke zerlegt worden sein, von denen das eine der Verdrängung verfiel, während der Rest, gerade wegen dieser innigen Verknüpftheit, das Schicksal der Idealisierung erfuhr.

Dasselbe, was ein Mehr oder Weniger an Entstellung leistet, kann auch sozusagen am anderen Ende des Apparates durch eine Modifikation in den Bedingungen der Lust-Unlustproduktion erzielt werden. Es sind besondere Techniken ausgebildet worden, deren Absicht dahin geht, solche Veränderungen des psychischen Kräftespieles herbeizuführen, daß dasselbe, was sonst Unlust erzeugt, auch einmal lustbringend wird, und sooft solch ein technisches Mittel in Aktion tritt, wird die Verdrängung für eine sonst abgewiesene Triebrepräsentanz aufgehoben. Diese Techniken sind bisher nur für den *Witz* genauer verfolgt worden.[10] In der Regel ist die Aufhebung der Verdrängung nur eine vorübergehende; sie wird alsbald wiederhergestellt.

Erfahrungen dieser Art reichen aber hin, uns auf weitere Charaktere der Verdrängung aufmerksam zu machen. Sie ist nicht nur, wie eben ausgeführt, *individuell*, sondern auch im hohen Grade *mobil*. Man darf sich den Verdrängungsvorgang nicht wie ein einmaliges Geschehen mit Dauererfolg vorstellen, etwa wie wenn man etwas Leben-

8 [Vgl. Abschnitt III der Studie *Zur Einführung des Narzißmus* in Band 1 der vorliegenden Ausgabe.]

9 [Vgl. Abschnitt 2 (A) der ersten von Freuds *Drei Abhandlungen* und die Anmerkungen dazu; in Band 1 der vorliegenden Ausgabe.]

10 [Vgl. Kapitel II des Buches *Der Witz und seine Beziehungen zum Unbewußten* (Wien 1905).]

des erschlagen hat, was von da an tot ist; sondern die Verdrängung erfordert einen anhaltenden Kraftaufwand, mit dessen Unterlassung ihr Erfolg in Frage gestellt wäre, so daß ein neuerlicher Verdrängungsakt notwendig würde. Wir dürfen uns vorstellen, daß das Verdrängte einen kontinuierlichen Druck in der Richtung zum Bewußten hin ausübt, dem durch unausgesetzten Gegendruck das Gleichgewicht gehalten werden muß.[11] Die Erhaltung einer Verdrängung setzt also eine beständige Kraftausgabe voraus, und ihre Aufhebung bedeutet ökonomisch eine Ersparung. Die Mobilität der Verdrängung findet übrigens auch einen Ausdruck in den psychischen Charakteren des Schlafzustandes, welcher allein die Traumbildung ermöglicht. Mit dem Erwachen werden die eingezogenen Verdrängungsbesetzungen wieder ausgeschickt.

Wir dürfen endlich nicht vergessen, daß wir von einer Triebregung erst sehr wenig ausgesagt haben, wenn wir feststellen, sie sei eine verdrängte. Sie kann sich unbeschadet der Verdrängung in sehr verschiedenen Zuständen befinden, inaktiv sein, d. h. sehr wenig mit psychischer Energie besetzt, oder in wechselndem Grade besetzt und damit zur Aktivität befähigt. Ihre Aktivierung wird zwar nicht die Folge haben, daß sie die Verdrängung direkt aufhebt, wohl aber alle die Vorgänge anregen, welche mit dem Durchdringen zum Bewußtsein auf Umwegen einen Abschluß finden. Bei unverdrängten Abkömmlingen des Unbewußten entscheidet oft das Ausmaß der Aktivierung oder Besetzung über das Schicksal der einzelnen Vorstellung. Es ist ein alltägliches Vorkommnis, daß ein solcher Abkömmling unverdrängt bleibt, solange er eine geringe Energie repräsentiert, obwohl sein Inhalt geeignet wäre, einen Konflikt mit dem bewußt Herrschenden zu ergeben. Das quantitative Moment zeigt sich aber als entscheidend für den Konflikt; sobald die im Grunde anstößige Vorstellung sich über ein gewisses Maß verstärkt, wird der Konflikt aktu-

---

11 [Vgl. den Beginn von Abschnitt IV der Studie *Das Unbewußte* im vorliegenden Band unserer Ausgabe.]

ell, und gerade die Aktivierung zieht die Verdrängung nach sich. Zunahme der Energiebesetzung wirkt also in Sachen der Verdrängung gleichsinnig wie Annäherung an das Unbewußte, Abnahme derselben wie Entfernung davon oder Entstellung. Wir verstehen, daß die verdrängenden Tendenzen in der Abschwächung des Unliebsamen einen Ersatz für dessen Verdrängung finden können.

In den bisherigen Erörterungen behandelten wir die Verdrängung einer Triebrepräsentanz und verstanden unter einer solchen eine Vorstellung oder Vorstellungsgruppe, welche vom Trieb her mit einem bestimmten Betrag von psychischer Energie (Libido, Interesse) besetzt ist. Die klinische Beobachtung nötigt uns nun zu zerlegen, was wir bisher einheitlich aufgefaßt hatten, denn sie zeigt uns, daß etwas anderes, was den Trieb repräsentiert, neben der Vorstellung in Betracht kommt und daß dieses andere ein Verdrängungsschicksal erfährt, welches von dem der Vorstellung ganz verschieden sein kann. Für dieses andere Element der psychischen Repräsentanz hat sich der Name *Affektbetrag* eingebürgert; es entspricht dem Triebe, insofern er sich von der Vorstellung abgelöst hat und einen seiner Quantität gemäßen Ausdruck in Vorgängen findet, welche als Affekte der Empfindung bemerkbar werden. Wir werden von nun an, wenn wir einen Fall von Verdrängung beschreiben, gesondert verfolgen müssen, was durch die Verdrängung aus der Vorstellung und was aus der an ihr haftenden Triebenergie geworden ist.

Gern würden wir über beiderlei Schicksale etwas Allgemeines aussagen wollen. Dies wird uns auch nach einiger Orientierung möglich. Das allgemeine Schicksal der den Trieb repräsentierenden *Vorstellung* kann nicht leicht etwas anderes sein, als daß sie aus dem Bewußten verschwindet, wenn sie früher bewußt war, oder vom Bewußtsein abgehalten wird, wenn sie im Begriffe war, bewußt zu werden. Der Unterschied ist nicht mehr bedeutsam; er kommt etwa darauf hinaus, ob ich einen unliebsamen Gast aus meinem Salon hinausbefördere oder aus meinem Vorzimmer oder ihn, nachdem ich ihn erkannt habe, überhaupt nicht über die Schwelle der Wohnungstür treten lasse.[12] Das Schicksal des *quantitativen* Faktors der Triebrepräsentanz kann ein dreifaches sein, wie uns eine flüchtige Übersicht über die in der Psychoanalyse gemachten Erfahrungen lehrt: Der Trieb wird entweder ganz unterdrückt, so daß man nichts von ihm auffindet, oder er kommt als irgendwie qualitativ gefärbter Affekt zum Vorschein, oder er wird in Angst verwandelt.[13] Die beiden letzteren Möglichkeiten stellen uns die Aufgabe, die *Umsetzung* der psychischen Energien der *Triebe* in *Affekte* und ganz besonders in *Angst* als neues Triebschicksal ins Auge zu fassen.

Wir erinnern uns, daß Motiv und Absicht der Verdrängung nichts anderes als die Vermeidung von Unlust war. Daraus folgt, daß das Schicksal des Affektbetrags der Repräsentanz bei weitem wichtiger ist als das der Vorstellung und daß dies über die Beurteilung des Verdrängungsvorganges entscheidet. Gelingt es einer Verdrängung nicht, die Entstehung von Unlustempfindungen oder Angst zu verhüten, so dürfen wir sagen, sie sei mißglückt, wenngleich sie ihr Ziel an dem Vorstellungsanteil erreicht haben mag. Natürlich wird die mißglückte Verdrängung mehr Anspruch auf unser Interesse erheben als die etwa geglückte, die sich zumeist unserem Studium entziehen wird.

Wir wollen nun Einblick in den *Mechanismus* des Verdrängungsvorganges gewinnen und vor allem wissen, ob es nur einen einzigen Mechanismus der Verdrängung gibt oder mehrere und ob vielleicht jede der Psychoneurosen durch

12 Dieses für den Verdrängungsvorgang brauchbare Gleichnis kann auch über einen früher erwähnten Charakter der Verdrängung ausgedehnt werden. Ich brauche nur hinzuzufügen, daß ich die dem Gast verbotene Tür durch einen ständigen Wächter bewachen lassen muß, weil der Abgewiesene sie sonst aufsprengen würde. (S. oben.)

13 [Freud hat seine Konzeption der Angst später wesentlich verändert; vgl. die Studie *Hemmung, Symptom und Angst* (besonders den Schluß von Kapitel IV und Kapitel XI, Abschnitt b) in Band 3 der vorliegenden Ausgabe.]

einen ihr eigentümlichen Mechanismus der Verdrängung ausgezeichnet ist. Zu Beginn dieser Untersuchung stoßen wir aber auf Komplikationen. Der Mechanismus einer Verdrängung wird uns nur zugänglich, wenn wir aus den Erfolgen der Verdrängung auf ihn zurückschließen. Beschränken wir die Beobachtung auf die Erfolge an dem Vorstellungsanteil der Repräsentanz, so erfahren wir, daß die Verdrängung in der Regel eine *Ersatzbildung* schafft. Welches ist nun der Mechanismus einer solchen Ersatzbildung, oder gibt es hier auch mehrere Mechanismen zu unterscheiden? Wir wissen auch, daß die Verdrängung *Symptome* hinterläßt. Dürfen wir nun Ersatzbildung und Symptombildung zusammenfallen lassen, und wenn dies im ganzen angeht, deckt sich der Mechanismus der Symptombildung mit dem der Verdrängung? Die vorläufige Wahrscheinlichkeit scheint dafür zu sprechen, daß beide weit auseinandergehen, daß es nicht die Verdrängung selbst ist, welche Ersatzbildungen und Symptome schafft, sondern daß diese letzteren als Anzeichen einer *Wiederkehr des Verdrängten* ganz anderen Vorgängen ihr Entstehen verdanken. Es scheint sich auch zu empfehlen, daß man die Mechanismen der Ersatz- und Symptombildung vor denen der Verdrängung in Untersuchung ziehe.

Es ist klar, daß die Spekulation hier weiter nichts zu suchen hat, sondern durch die sorgfältige Analyse der bei den einzelnen Neurosen zu beobachtenden Erfolge der Verdrängung abgelöst werden muß. Ich muß aber den Vorschlag machen, auch diese Arbeit aufzuschieben, bis wir uns verläßliche Vorstellungen über das Verhältnis des Bewußten zum Unbewußten gebildet haben.[14] Nur um die vorliegende Erörterung nicht ganz unfruchtbar ausgehen zu lassen, will ich vorwegnehmen, daß 1. der Mechanismus der Verdrängung tatsächlich nicht mit dem oder den Mechanismen der Ersatzbildung zusammenfällt, 2. daß es sehr verschiedene Mechanismen der Ersatzbildung gibt, und 3. daß den Mechanismen der Verdrängung wenigstens eines

14 [Dies geschieht im Abschnitt IV der Studie *Das Unbewußte.*]

gemeinsam ist, die *Entziehung der Energiebesetzung* (oder *Libido*, wenn wir von Sexualtrieben handeln).

Ich will auch unter Einschränkung auf die drei bekanntesten Psychoneurosen an einigen Beispielen zeigen, wie die hier eingeführten Begriffe auf das Studium der Verdrängung Anwendung finden. Von der *Angsthysterie* werde ich das gut analysierte Beispiel einer Tierphobie wählen.[15] Die der Verdrängung unterliegende Triebregung ist eine libidinöse Einstellung zum Vater, gepaart mit der Angst vor demselben. Nach der Verdrängung ist diese Regung aus dem Bewußtsein geschwunden, der Vater kommt als Objekt der Libido nicht darin vor. Als Ersatz findet sich an analoger Stelle ein Tier, das sich mehr oder weniger gut zum Angstobjekt eignet. Die Ersatzbildung des Vorstellungsanteiles [der Triebrepräsentanz] hat sich auf dem Wege der *Verschiebung* längs eines in bestimmter Weise determinierten Zusammenhanges hergestellt. Der quantitative Anteil ist nicht verschwunden, sondern hat sich in Angst umgesetzt. Das Ergebnis ist eine Angst vor dem Wolf an Stelle eines Liebesanspruches an den Vater. Natürlich reichen die hier verwendeten Kategorien nicht aus, um den Erklärungsansprüchen auch nur des einfachsten Falles von Psychoneurose zu genügen. Es kommen immer noch andere Gesichtspunkte in Betracht.

Eine solche Verdrängung wie im Falle der Tierphobie darf als eine gründlich mißglückte bezeichnet werden. Das Werk der Verdrängung besteht nur in der Beseitigung und Ersetzung der Vorstellung, die Unlustersparnis ist überhaupt nicht gelungen. Deshalb ruht die Arbeit der Neurose auch nicht, sondern setzt sich in einem zweiten Tempo fort, um ihr nächstes, wichtigeres Ziel zu erreichen. Es kommt zur Bildung eines Fluchtversuches, der eigentlichen *Phobie*, einer Anzahl von Vermeidungen, welche die Angstentbindung ausschließen sollen. Durch welchen Mechanis-

15 [Damit ist natürlich die Krankengeschichte des »Wolfsmannes« (1918) gemeint, die, obwohl sie erst drei Jahre nach der vorliegenden Arbeit veröffentlicht wurde, in den wesentlichen Zügen bereits abgeschlossen vorlag. Vgl. im vorliegenden Band unserer Ausgabe.]

mus die Phobie ans Ziel gelangt, können wir in einer spezielleren Untersuchung verstehen lernen.[16]

Zu einer ganz anderen Würdigung des Verdrängungsvorganges nötigt uns das Bild der echten *Konversionshysterie.* Hier ist das Hervorstechende, daß es gelingen kann, den Affektbetrag zum völligen Verschwinden zu bringen. Der Kranke zeigt dann gegen seine Symptome das Verhalten, welches Charcot *»la belle indifférence des hystériquesa«*[17] genannt hat. Andere Male gelingt diese Unterdrückung nicht so vollständig, ein Anteil peinlicher Sensationen knüpft sich an die Symptome selbst, oder ein Stück Angstentbindung hat sich nicht vermeiden lassen, das seinerseits den Mechanismus der Phobiebildung ins Werk setzt. Der Vorstellungsinhalt der Triebrepräsentanz ist dem Bewußtsein gründlich entzogen; als Ersatzbildung – und gleichzeitig als Symptom – findet sich eine überstarke – in den vorbildlichen Fällen somatische – Innervation, bald sensorischer, bald motorischer Natur, entweder als Erregung oder als Hemmung. Die überinnervierte Stelle erweist sich bei näherer Betrachtung als ein Stück der verdrängten Triebrepräsentanz selbst, welches wie durch *Verdichtung* die gesamte Besetzung auf sich gezogen hat. Natürlich decken auch diese Bemerkungen den Mechanismus einer Konversionshysterie nicht restlos auf; vor allem ist noch das Moment der *Regression* hinzuzufügen, das in anderem Zusammenhang gewürdigt werden soll.[18]

Die Verdrängung der [Konversions-]Hysterie kann als völlig mißglückt beurteilt werden, insofern sie nur durch ausgiebige Ersatzbildungen ermöglicht worden ist; mit Bezug auf die Erledigung des Affektbetrages, die eigentliche Aufgabe der Verdrängung, bedeutet sie aber in der Regel einen vollen Erfolg. Der Verdrängungsvorgang der Kon-

16 [Vgl. den zweiten Absatz in Abschnitt IV der Studie *Das Unbewußte.*]

17 [franz. »Die schöne Gleichgültigkeit der Hysteriker.«]

18 [Vermutlich handelt es sich hier um einen Hinweis auf eine Arbeit Freuds über Konversionshysterie, die im Zusammenhang mit dem Studienkomplex von *Triebe und Triebschicksale* bis *Trauer und Melancholie* (vgl. im vorliegenden Band) entstanden und später verlorengegangen ist.]

versionshysterie ist dann auch mit der Symptombildung abgeschlossen und braucht sich nicht wie bei Angsthysterie zweizeitig – oder eigentlich unbegrenzt – fortzusetzen.

Ein ganz anderes Ansehen zeigt die Verdrängung wieder bei der dritten Affektion, die wir zu dieser Vergleichung heranziehen, bei der *Zwangsneurose.* Hier gerät man zuerst in Zweifel, was man als die der Verdrängung unterliegende Repräsentanz anzusehen hat, eine libidinöse oder eine feindselige Strebung. Die Unsicherheit rührt daher, daß die Zwangsneurose auf der Voraussetzung einer Regression ruht, durch welche eine sadistische Strebung an die Stelle der zärtlichen getreten ist. Dieser feindselige Impuls gegen eine geliebte Person ist es, welcher der Verdrängung unterliegt. Der Effekt ist in einer ersten Phase der Verdrängungsarbeit ein ganz anderer als später. Zunächst hat diese vollen Erfolg, der Vorstellungsinhalt wird abgewiesen und der Affekt zum Verschwinden gebracht. Als Ersatzbildung findet sich eine Ichveränderung, die Steigerung der Gewissenhaftigkeit, die man nicht gut ein Symptom heißen kann. Ersatz- und Symptombildung fallen hier auseinander. Hier erfährt man auch etwas über den Mechanismus der Verdrängung. Diese hat wie überall eine Libidoentziehung zustande gebracht, aber sich zu diesem Zwecke der *Reaktionsbildung* durch Verstärkung eines Gegensatzes bedient. Die Ersatzbildung hat also hier denselben Mechanismus wie die Verdrängung und fällt im Grunde mit ihr zusammen, sie trennt sich aber zeitlich, wie begrifflich, von der Symptombildung. Es ist sehr wahrscheinlich, daß das Ambivalenzverhältnis, in welches der zu verdrängende sadistische Impuls eingetragen ist, den ganzen Vorgang ermöglicht.

Die anfänglich gute Verdrängung hält aber nicht stand, im weiteren Verlaufe drängt sich das Mißglücken der Verdrängung immer mehr vor. Die Ambivalenz, welche die Verdrängung durch Reaktionsbildung gestattet hat, ist auch die Stelle, an welcher dem Verdrängten die Wiederkehr gelingt. Der verschwundene Affekt kommt in der Verwandlung zur sozialen Angst, Gewissensangst, Vorwurf ohne Ersparnis wieder, die abgewiesene Vorstellung ersetzt sich durch *Verschiebungsersatz*, oft durch Verschiebung auf Kleinstes, Indifferentes. Eine Tendenz zur intakten Herstellung der verdrängten Vorstellung ist meist unverkennbar. Das Mißglücken in der Verdrängung des quantitativen, affektiven Faktors bringt denselben Mechanismus der Flucht durch Vermeidungen und Verbote ins Spiel, den wir bei der Bildung der hysterischen Phobie kennengelernt haben. Die Abweisung der Vorstellung vom Bewußten wird aber hartnäckig festgehalten, weil mit ihr die Abhaltung von der Aktion, die motorische Fesselung des Impulses, gegeben ist. So läuft die Verdrängungsarbeit der Zwangsneurose in ein erfolgloses und unabschließbares Ringen aus.

Aus der kleinen, hier vorgebrachten Vergleichsreihe kann man sich die Überzeugung holen, daß es noch umfassender Untersuchungen bedarf, ehe man hoffen kann, die mit der Verdrängung und neurotischen Symptombildung zusammenhängenden Vorgänge zu durchschauen. Die außerordentliche Verschlungenheit aller in Betracht kommenden Momente läßt uns nur einen Weg zur Darstellung frei. Wir müssen bald den einen, bald den anderen Gesichtspunkt herausgreifen und ihn durch das Material hindurchverfolgen, solange seine Anwendung etwas zu leisten scheint. Jede einzelne dieser Bearbeitungen wird an sich unvollständig sein und dort Unklarheiten nicht vermeiden können, wo sie an das noch nicht Bearbeitete anrührt; wir dürfen aber hoffen, daß sich aus der endlichen Zusammensetzung ein gutes Verständnis ergeben wird.

Das Unbewußte

Wir haben aus der Psychoanalyse erfahren, das Wesen des Prozesses der Verdrängung bestehe nicht darin, eine den Trieb repräsentierende Vorstellung aufzuheben, zu vernichten, sondern sie vom Bewußtwerden abzuhalten. Wir sagen dann, sie befinde sich im Zustande des »Unbewußten«, und haben gute Beweise dafür vorzubringen, daß sie auch unbewußt Wirkungen äußern kann, auch solche, die endlich das Bewußtsein erreichen. Alles Verdrängte muß unbewußt bleiben, aber wir wollen gleich eingangs feststellen, daß das Verdrängte nicht alles Unbewußte deckt. Das Unbewußte hat den weiteren Umfang; das Verdrängte ist ein Teil des Unbewußten.

Wie sollen wir zur Kenntnis des Unbewußten kommen? Wir kennen es natürlich nur als Bewußtes, nachdem es eine Umsetzung oder Übersetzung in Bewußtes erfahren hat. Die psychoanalytische Arbeit läßt uns alltäglich die Erfahrung machen, daß solche Übersetzung möglich ist. Es wird hiezu erfordert, daß der Analysierte gewisse Widerstände überwinde, die nämlichen, welche es seinerzeit durch Abweisung vom Bewußten zu einem Verdrängten gemacht haben.

I
Die Rechtfertigung des Unbewußten

Die Berechtigung, ein unbewußtes Seelisches anzunehmen und mit dieser Annahme wissenschaftlich zu arbeiten, wird uns von vielen Seiten bestritten. Wir können dagegen anführen, daß die Annahme des Unbewußten *notwendig* und *legitim* ist und daß wir für die Existenz des Unbewußten mehrfache *Beweise* besitzen. Sie ist notwendig, weil die Daten des Bewußtseins in hohem Grade lückenhaft sind; sowohl bei Gesunden als bei Kranken kommen häufig psychische Akte vor, welche zu ihrer Erklärung andere Akte voraussetzen, für die aber das Bewußtsein nicht zeugt. Solche Akte sind nicht nur die Fehlhandlungen und die

Träume bei Gesunden, alles, was man psychische Symptome und Zwangserscheinungen heißt, bei Kranken – unsere persönlichste tägliche Erfahrung macht uns mit Einfällen bekannt, deren Herkunft wir nicht kennen, und mit Denkresultaten, deren Ausarbeitung uns verborgen geblieben ist. Alle diese bewußten Akte blieben zusammenhanglos und unverständlich, wenn wir den Anspruch festhalten wollen, daß wir auch alles durchs Bewußtsein erfahren müssen, was an seelischen Akten in uns vorgeht, und ordnen sich in einen aufzeigbaren Zusammenhang ein, wenn wir die erschlossenen unbewußten Akte interpolieren. Gewinn an Sinn und Zusammenhang ist aber ein vollberechtigtes Motiv, das uns über die unmittelbare Erfahrung hinaus führen darf. Zeigt es sich dann noch, daß wir auf die Annahme des Unbewußten ein erfolgreiches Handeln aufbauen können, durch welches wir den Ablauf der bewußten Vorgänge zweckdienlich beeinflussen, so haben wir in diesem Erfolg einen unanfechtbaren Beweis für die Existenz des Angenommenen gewonnen. Man muß sich dann auf den Standpunkt stellen, es sei nichts anderes als eine *unhaltbare Anmaßung*, zu fordern, daß alles, was im Seelischen vorgeht, auch dem Bewußtsein bekannt werden müsse.

Man kann weitergehen und zur Unterstützung eines unbewußten psychischen Zustandes anführen, daß das Bewußtsein in jedem Moment nur einen geringen Inhalt umfaßt, so daß der größte Teil dessen, was wir bewußte Kenntnis heißen, sich ohnedies über die längsten Zeiten im Zustande der Latenz, also in einem Zustande von psychischer Unbewußtheit, befinden muß. Der Widerspruch gegen das Unbewußte würde mit Rücksicht auf alle unsere latenten Erinnerungen völlig unbegreiflich werden. Wir stoßen dann auf den Einwand, daß diese latenten Erinnerungen nicht mehr als psychisch zu bezeichnen seien, sondern den Resten von somatischen Vorgängen entsprechen, aus denen das Psychische wieder hervorgehen kann. Es liegt nahe zu erwidern, die latente Erinnerung sei im Gegenteil ein unzweifelhafter Rückstand eines psychischen Vorganges. Wichtiger ist es aber, sich klarzumachen, daß der Einwand auf der nicht ausgesprochenen, aber von vornherein fixierten Gleichstellung des Bewußten mit dem Seelischen ruht. Diese Gleichstellung ist entweder eine *petitio principii*[1] welche die Frage, ob alles Psychische auch bewußt sein müsse, nicht zuläßt, oder eine Sache der Konvention, der Nomenklatur. In letzterem Charakter ist sie natürlich wie jede Konvention unwiderlegbar. Es bleibt nur die Frage offen, ob sie sich als so zweckmäßig erweist, daß man sich ihr anschließen muß. Man darf antworten, die konventionelle Gleichstellung des Psychischen mit dem Bewußten ist durchaus unzweckmäßig. Sie zerreißt die psychischen Kontinuitäten, stürzt uns in die unlösbaren Schwierigkeiten des psycho-physischen Parallelismus,[2] unterliegt dem Vorwurf, daß sie ohne einsichtliche Begründung die Rolle des Bewußtseins überschätzt, und nötigt uns, das Gebiet der psychologischen Forschung vorzeitig zu verlassen, ohne uns von anderen Gebieten her Entschädigung bringen zu können.

Immerhin ist es klar, daß die Frage, ob man die unabweisbaren latenten Zustände des Seelenlebens als unbewußte seelische oder als physische auffassen soll, auf einen Wortstreit hinauszulaufen droht. Es ist darum ratsam, das in den Vordergrund zu rücken, was uns von der Natur die-

---

1 [lat. »Vorwegnahme des Grundes«. – Bezeichnung für einen logischen Fehler, der in einer Verletzung des Satzes vom zureichenden Grunde besteht. Als Begründung für eine These wird nämlich eine These angeführt, die zwar nicht offensichtlich falsch ist, aber selbst eines Beweises bedarf.]

2 [In der Studienausgabe der Werke von S. Freud (Band III, S. 165–167) findet sich als Anhang B »Der psycho-physische Parallelismus« ein Auszug aus Freuds Buch *Zur Auffassung der Aphasien* (Wien 1891), aus dem hervorgeht, daß Freud unter dem Einfluß des engl. Nervenarztes John Hughlings Jackson (1834–1911) damals selbst diesem Parallelismus anhing. Er schreibt u. a.: »Gegenüber der Neigung früherer medizinischer Epochen, ganze Seelenvermögen, wie sie der Sprachgebrauch der Psychologie abgrenzt, an bestimmte Bezirke des Gehirns zu lokalisieren, mußte es als großer Fortschritt erscheinen, wenn Wernicke erklärte, daß man nur die einfachsten psychischen Elemente, die einzelnen Sinnesvorstellungen lokalisieren dürfe, und zwar an die zentrale Endigung des peripherischen Nerven, der den Eindruck empfangen hat. Im Grunde aber begeht man nicht denselben prinzipiellen Fehler, ob man nun einen komplizierten Be-

ser fraglichen Zustände mit Sicherheit bekannt ist. Nun sind sie uns nach ihren physischen Charakteren vollkommen unzugänglich; keine physiologische Vorstellung, kein chemischer Prozeß kann uns eine Ahnung von ihrem Wesen vermitteln. Auf der anderen Seite steht fest, daß sie mit den bewußten seelischen Vorgängen die ausgiebigste Berührung haben; sie lassen sich mit einer gewissen Arbeitsleistung in sie umsetzen, durch sie ersetzen, und sie können mit all den Kategorien beschrieben werden, die wir auf die bewußten Seelenakte anwenden, als Vorstellungen, Strebungen, Entschließungen u. dgl. Ja, von manchen dieser latenten Zustände müssen wir aussagen, sie unterscheiden sich von den bewußten eben nur durch den Wegfall des Bewußtseins. Wir werden also nicht zögern, sie als Objekte psychologischer Forschung und in innigstem Zusammenhang mit den bewußten seelischen Akten zu behandeln.

Die hartnäckige Ablehnung des psychischen Charakters der latenten seelischen Akte erklärt sich daraus, daß die meisten der in Betracht kommenden Phänomene außerhalb der Psychoanalyse nicht Gegenstand des Studiums geworden sind. Wer die pathologischen Tatsachen nicht kennt, die Fehlhandlungen der Normalen als Zufälligkeiten gelten läßt und sich bei der alten Weisheit bescheidet,

---

griff, eine ganze Seelentätigkeit oder ob man ein psychisches Element zu lokalisieren versucht? Ist es gerechtfertigt, eine Nervenfaser, die über die ganze Strecke ihres Verlaufes bloß ein physiologisches Gebilde und physiologischen Modifikationen unterworfen war, mit ihrem Ende ins Psychische einzutauchen und dieses Ende mit einer Vorstellung oder einem Erinnerungsbild auszustatten? Wenn der »Wille«, die »Intelligenz« u. dgl. als psychologische Kunstworte erkannt sind, denen in der physiologischen Welt sehr komplizierte Verhältnisse entsprechen, weiß man von der »einfachen Sinnesvorstellung« denn mit größerer Bestimmtheit, daß sie etwas anderes als ein solches Kunstwort ist? Die Kette der physiologischen Vorgänge im Nervensystem steht ja wahrscheinlich nicht im Verhältnis der Kausalität zu den psychischen Vorgängen. Die physiologischen Vorgänge hören nicht auf, sobald die psychischen begonnen haben, vielmehr geht die physiologische Kette weiter, nur daß jedem Glied derselben (oder einzelnen Gliedern) von einem gewissen Moment an ein psychisches Phänomen entspricht. Das Psychische ist somit ein Parallelvorgang des Physiologischen (a dependent concomitant).«]

Träume seien Schäume, der braucht dann nur noch einige Rätsel der Bewußtseinspsychologie zu vernachlässigen, um sich die Annahme unbewußter seelischer Tätigkeit zu ersparen. Übrigens haben die hypnotischen Experimente, besonders die posthypnotische Suggestion, Existenz und Wirkungsweise des seelisch Unbewußten bereits vor der Zeit der Psychoanalyse sinnfällig demonstriert.

Die Annahme des Unbewußten ist aber auch eine völlig *legitime*, insofern wir bei ihrer Aufstellung keinen Schritt von unserer gewohnten, für korrekt gehaltenen Denkweise abweichen. Das Bewußtsein vermittelt jedem einzelnen von uns nur die Kenntnis von eigenen Seelenzuständen; daß auch ein anderer Mensch ein Bewußtsein hat, ist ein Schluß, der *per analogiam* auf Grund der wahrnehmbaren Äußerungen und Handlungen dieses anderen gezogen wird, um uns dieses Benehmen des anderen verständlich zu machen. (Psychologisch richtiger ist wohl die Beschreibung, daß wir ohne besondere Überlegung jedem anderen außer uns unsere eigene Konstitution, und also auch unser Bewußtsein, beilegen und daß diese Identifizierung die Voraussetzung unseres Verständnisses ist.) Dieser Schluß – oder diese Identifizierung – wurde einst vom Ich auf andere Menschen, Tiere, Pflanzen, Unbelebtes und auf das Ganze der Welt ausgedehnt und erwies sich als brauchbar, solange die Ähnlichkeit mit dem Einzel-Ich eine überwältigend große war, wurde aber in dem Maße unverläßlicher, als sich das andere vom Ich entfernte. Unsere heutige Kritik wird bereits beim Bewußtsein der Tiere unsicher, verweigert sich dem Bewußtsein der Pflanzen und weist die Annahme eines Bewußtseins des Unbelebten der Mystik zu. Aber auch, wo die ursprüngliche Identifizierungsneigung die kritische Prüfung bestanden hat, bei dem uns nächsten menschlichen anderen, ruht die Annahme eines Bewußtseins auf einem Schluß und kann nicht die unmittelbare Sicherheit unseres eigenen Bewußtseins teilen.

Die Psychoanalyse fordert nun nichts anderes, als daß dieses Schlußverfahren auch gegen die eigene Person gewendet werde, wozu eine konstitutionelle Neigung allerdings nicht besteht. Geht man so vor, so muß man sagen, alle die Akte und Äußerungen, die ich an mir bemerke und mit meinem sonstigen psychischen Leben nicht zu verknüpfen weiß, müssen beurteilt werden, als ob sie einer anderen Person angehörten, und sollen durch ein ihr zugeschriebenes Seelenleben Aufklärung finden. Die Erfahrung zeigt auch, daß man dieselben Akte, denen man bei der eigenen Person die psychische Anerkennung verweigert, bei anderen sehr wohl zu deuten, d. h. in den seelischen Zusammenhang einzureihen versteht. Unsere Forschung wird hier offenbar durch ein besonderes Hindernis von der eigenen Person abgelenkt und an deren richtiger Erkenntnis behindert.

Dies trotz inneren Widerstrebens gegen die eigene Person gewendete Schlußverfahren führt nun nicht zur Aufdeckung eines Unbewußten, sondern korrekterweise zur Annahme eines anderen, zweiten Bewußtseins, welches mit dem mir bekannten in meiner Person vereinigt ist. Allein hier findet die Kritik berechtigten Anlaß, einiges einzuwerfen. Erstens ist ein Bewußtsein, von dem der eigene Träger nichts weiß, noch etwas anderes als ein fremdes Bewußtsein, und es wird fraglich, ob ein solches Bewußtsein, dem der wichtigste Charakter abgeht, überhaupt noch Diskussion verdient. Wer sich gegen die Annahme eines unbewußten Psychischen gesträubt hat, der wird nicht zufrieden sein können, dafür ein *unbewußtes Bewußtsein* einzutauschen. Zweitens weist die Analyse darauf hin, daß die einzelnen latenten Seelenvorgänge, die wir erschließen, sich eines hohen Grades von gegenseitiger Unabhängigkeit erfreuen, so als ob sie miteinander nicht in Verbindung stünden und nichts voneinander wüßten. Wir müssen also bereit sein, nicht nur ein zweites Bewußtsein in uns anzunehmen, sondern auch ein drittes, viertes, vielleicht eine unabschließbare Reihe von Bewußtseinszuständen, die sämtlich uns und miteinander unbekannt sind. Drittens kommt als schwerstes Argument in Betracht, daß wir durch die analytische Untersuchung erfahren, ein Teil dieser latenten Vorgänge besitze Charaktere und Eigentümlichkeiten, welche uns fremd, selbst unglaublich erscheinen und den uns bekannten Eigenschaften des Bewußtseins direkt zuwiderlaufen. Somit werden wir Grund haben, den gegen die eigene Person gewendeten Schluß dahin abzuändern, er beweise uns nicht ein zweites Bewußtsein in uns, sondern die Existenz von psychischen Akten, welche des Bewußtseins entbehren. Wir werden auch die Bezeichnung eines »Unterbewußtseins« als inkorrekt und irreführend ablehnen dürfen. Die bekannten Fälle von *»double conscience«* (Bewußtseinsspaltung) beweisen nichts gegen unsere Auffassung. Sie lassen sich am zutreffendsten beschreiben als Fälle von Spaltung der seelischen Tätigkeiten in zwei Gruppen, wobei sich dann das nämliche Bewußtsein alternierend dem einen oder dem anderen Lager zuwendet.

Es bleibt uns in der Psychoanalyse gar nichts anderes übrig, als die seelischen Vorgänge für an sich unbewußt zu erklären und ihre Wahrnehmung durch das Bewußtsein mit der Wahrnehmung der Außenwelt durch die Sinnesorgane zu vergleichen. Wir hoffen sogar aus diesem Vergleich einen Gewinn für unsere Erkenntnis zu ziehen. Die psychoanalytische Annahme der unbewußten Seelentätigkeit erscheint uns einerseits als eine weitere Fortbildung des primitiven Animismus, der uns überall Ebenbilder unseres Bewußtseins vorspiegelte, und anderseits als die Fortsetzung der Korrektur, die Kant an unserer Auffassung der äußeren Wahrnehmung vorgenommen hat. Wie Kant uns gewarnt hat, die subjektive Bedingtheit unserer Wahrnehmung nicht zu übersehen und unsere Wahrnehmung nicht für identisch mit dem unerkennbaren Wahrgenommenen zu halten, so mahnt die Psychoanalyse, die Bewußtseinswahrnehmung nicht an die Stelle des unbewußten psychischen Vorganges zu setzen, welcher ihr Objekt ist. Wie das Physische, so braucht auch das Psychische nicht in Wirklichkeit so zu sein, wie es uns erscheint. Wir werden uns aber mit Befriedigung auf die Erfahrung vorbereiten, daß die Korrektur der inneren Wahrnehmung nicht ebenso große Schwierigkeit bietet wie die der äußeren, daß das innere Objekt minder unerkennbar ist als die Außenwelt.

II
Die Vieldeutigkeit des Unbewußten und der topische Gesichtspunkt

Ehe wir weitergehen, wollen wir die wichtige, aber auch beschwerliche Tatsache feststellen, daß die Unbewußtheit nur ein Merkmal des Psychischen ist, welches für dessen Charakteristik keineswegs ausreicht. Es gibt psychische Akte von sehr verschiedener Dignität, die doch in dem Charakter, unbewußt zu sein, übereinstimmen. Das Unbewußte umfaßt einerseits Akte, die bloß latent, zeitweilig unbewußt sind, sich aber sonst von den bewußten in nichts unterscheiden, und anderseits Vorgänge wie die verdrängten, die, wenn sie bewußt würden, sich von den übrigen bewußten aufs grellste abheben müßten. Es würde allen Mißverständnissen ein Ende machen, wenn wir von nun an bei der Beschreibung der verschiedenartigen psychischen Akte ganz davon absehen würden, ob sie bewußt oder unbewußt sind, und sie bloß nach ihrer Beziehung zu den Trieben und Zielen, nach ihrer Zusammensetzung und Angehörigkeit zu den einander übergeordneten psychischen Systemen klassifizieren und in Zusammenhang bringen würden. Dies ist aber aus verschiedenen Gründen undurchführbar, und somit können wir der Zweideutigkeit nicht entgehen, daß wir die Worte bewußt und unbewußt bald im deskriptiven Sinne gebrauchen, bald im systematischen, wo sie dann Zugehörigkeit zu bestimmten Systemen und Begabung mit gewissen Eigenschaften bedeuten. Man könnte noch den Versuch machen, die Verwirrung dadurch zu vermeiden, daß man die erkannten psychischen Systeme mit willkürlich gewählten Namen bezeichnet, in denen die Bewußtheit nicht gestreift wird. Allein man müßte vorher Rechenschaft ablegen, worauf man die Unterscheidung der Systeme gründet, und könnte dabei die Bewußtheit nicht umgehen, da sie den Ausgangspunkt aller unserer Untersuchungen bildet. Wir können vielleicht einige Abhilfe von dem Vorschlag erwarten, wenigstens in der Schrift Bewußtsein durch die Darstellung *Bw* und Unbewußtes durch die entsprechende Abkürzung *Ubw* zu ersetzen, wenn wir die beiden Worte im systematischen Sinne gebrauchen.[3]

In positiver Darstellung sagen wir nun als Ergebnis der Psychoanalyse aus, daß ein psychischer Akt im allgemeinen zwei Zustandsphasen durchläuft, zwischen welche eine Art Prüfung *(Zensur)* eingeschaltet ist. In der ersten Phase ist er unbewußt und gehört dem System *Ubw* an; wird er bei der Prüfung von der Zensur abgewiesen, so ist ihm der Übergang in die zweite Phase versagt; er heißt dann »verdrängt« und muß unbewußt bleiben. Besteht er aber diese Prüfung, so tritt er in die zweite Phase ein und wird dem zweiten System zugehörig, welches wir das System *Bw* nennen wollen. Sein Verhältnis zum Bewußtsein ist aber durch diese Zugehörigkeit noch nicht eindeutig bestimmt. Er ist noch nicht bewußt, wohl aber *bewußtseinsfähig* (nach dem Ausdruck von J. Breuer)[4], d. h., er kann nun ohne besonderen Widerstand beim Zutreffen gewisser Bedingungen Objekt des Bewußtseins werden. Mit Rücksicht auf diese Bewußtseinsfähigkeit heißen wir das System *Bw* auch das *»Vorbewußte«*. Sollte es sich herausstellen, daß auch das Bewußtwerden des Vorbewußten durch eine gewisse Zensur mitbestimmt wird, so werden wir die Systeme *Vbw* und *Bw* strenger voneinander sondern. Vorläufig genüge es festzuhalten, daß das System *Vbw* die Eigenschaften des Systems *Bw* teilt und daß die strenge Zensur am Übergang vom *Ubw* zum *Vbw* (oder *Bw)* ihres Amtes waltet.

Mit der Aufnahme dieser (zwei oder drei) psychischen Systeme hat sich die Psychoanalyse einen Schritt weiter von der deskriptiven Bewußtseinspsychologie entfernt, sich eine neue Fragestellung und einen neuen Inhalt beigelegt. Sie unterschied sich von der Psychologie bisher hauptsächlich durch die *dynamische* Auffassung der seelischen Vorgänge; nun kommt hinzu, daß sie auch die psychische *To-*

3 [Diese Abkürzungen wurden von Freud schon in der *Traumdeutung* (1900) eingeführt.]

4 [In dem Buch *Studien über Hysterie* (Wien 1895), das Breuer und Freud gemeinsam veröffentlicht haben.]

pik berücksichtigen und von einem beliebigen seelischen Akt angeben will, innerhalb welchen Systems oder zwischen welchen Systemen er sich abspielt. Wegen dieses Bestrebens hat sie auch den Namen einer *Tiefenpsychologie* erhalten.[5] Wir werden hören, daß sie auch noch um einen anderen Gesichtspunkt bereichert werden kann.

Wollen wir mit einer Topik der seelischen Akte Ernst machen, so müssen wir unser Interesse einer an dieser Stelle auftauchenden Zweifelsfrage zuwenden. Wenn ein psychischer Akt (beschränken wir uns hier auf einen solchen von der Natur einer Vorstellung) die Umsetzung aus dem System *Ubw* in das System *Bw* (oder *Vbw)* erfährt, sollen wir annehmen, daß mit dieser Umsetzung eine neuerliche Fixierung, gleichsam eine zweite Niederschrift der betreffenden Vorstellung verbunden ist, die also auch in einer neuen psychischen Lokalität enthalten sein kann und neben welcher die ursprüngliche, unbewußte Niederschrift fortbesteht? Oder sollen wir eher glauben, daß die Umsetzung in einer Zustandsänderung besteht, welche sich an dem nämlichen Material und an derselben Lokalität vollzieht? Diese Frage kann abstrus erscheinen, muß aber aufgeworfen werden, wenn wir uns von der psychischen Topik, der psychischen Tiefendimension, eine bestimmtere Idee bilden wollen. Sie ist schwierig, weil sie über das rein Psychologische hinausgeht und die Beziehungen des seelischen Apparates zur Anatomie streift. Wir wissen, daß solche Beziehungen im gröbsten existieren. Es ist ein unerschütterliches Resultat der Forschung, daß die seelische Tätigkeit an die Funktion des Gehirns gebunden ist wie an kein anderes Organ. Ein Stück weiter – es ist nicht bekannt, wie weit – führt die Entdeckung von der Ungleichwertigkeit der Gehirnteile und deren Sonderbeziehung zu bestimmten Körperteilen und geistigen Tätigkeiten. Aber alle Versuche, von da aus eine Lokalisation der seelischen Vorgänge zu erraten, alle Bemühungen, die Vorstellungen

---

5 [Diesen Begriff führte Bleuler ein (*Die Kritiken der Schizophrenien,* in: Z. ges. Neurol. Psychiat., 1914, Bd. 22).]

in Nervenzellen aufgespeichert zu denken und die Erregungen auf Nervenfasern wandern zu lassen, sind gründlich gescheitert[6]. Dasselbe Schicksal würde einer Lehre bevorstehen, die etwa den anatomischen Ort des Systems *Bw*, der bewußten Seelentätigkeit, in der Hirnrinde erkennen und die unbewußten Vorgänge in die subkortikalen Hirnpartien versetzen wollte. Es klafft hier eine Lücke, deren Ausfüllung derzeit nicht möglich ist, auch nicht zu den Aufgaben der Psychologie gehört. Unsere psychische Topik hat *vorläufig* nichts mit der Anatomie zu tun; sie bezieht sich auf Regionen des seelischen Apparats, wo immer sie im Körper gelegen sein mögen, und nicht auf anatomische Örtlichkeiten.

Unsere Arbeit ist also in dieser Hinsicht frei und darf nach ihren eigenen Bedürfnissen vorgehen. Es wird auch förderlich sein, wenn wir uns daran mahnen, daß unsere Annahmen zunächst nur den Wert von Veranschaulichungen beanspruchen. Die erstere der beiden in Betracht gezogenen Möglichkeiten, nämlich daß die *bw* Phase der Vorstellung eine neue, an anderem Orte befindliche Niederschrift derselben bedeute, ist unzweifelhaft die gröbere, aber auch die bequemere. Die zweite Annahme, die einer bloß *funktionellen* Zustandsänderung, ist die von vornherein wahrscheinlichere, aber sie ist minder plastisch, weniger leicht zu handhaben. Mit der ersten, der topischen Annahme ist die einer topischen Trennung der Systeme *Ubw* und *Bw* und die Möglichkeit verknüpft, daß eine Vorstellung gleichzeitig an zwei Stellen des psychischen Apparats vorhanden sei, ja, daß sie, wenn durch die Zensur ungehemmt, regelmäßig von dem einen Ort an den anderen vorrücke, eventuell ohne ihre erste Niederlassung oder Niederschrift zu verlieren. Das mag befremdlich aussehen, kann sich aber an Eindrücke aus der psychoanalytischen Praxis anlehnen.

Wenn man einem Patienten eine seinerzeit von ihm ver-

---

6 [Freud hat sich in seinem Buch *Zur Auffassung der Aphasien* (vgl. die Fußnote 2 zum vorliegenden Aufsatz) intensiv mit der Frage der Lokalisierung von Hirnfunktionen beschäftigt.]

drängte Vorstellung, die man erraten hat, mitteilt, so ändert dies zunächst an seinem psychischen Zustand nichts. Es hebt vor allem nicht die Verdrängung auf, macht deren Folgen nicht rückgängig, wie man vielleicht erwarten konnte, weil die früher unbewußte Vorstellung nun bewußt geworden ist. Man wird im Gegenteil zunächst nur eine neuerliche Ablehnung der verdrängten Vorstellung erzielen. Der Patient hat aber jetzt tatsächlich dieselbe Vorstellung in zweifacher Form an verschiedenen Stellen seines seelischen Apparats, erstens hat er die bewußte Erinnerung an die Gehörspur der Vorstellung durch die Mitteilung, zweitens trägt er daneben, wie wir mit Sicherheit wissen, die unbewußte Erinnerung an das Erlebte in der früheren Form in sich. In Wirklichkeit tritt nun eine Aufhebung der Verdrängung nicht eher ein, als bis die bewußte Vorstellung sich nach Überwindung der Widerstände mit der unbewußten Erinnerungsspur in Verbindung gesetzt hat. Erst durch das Bewußtmachen dieser letzteren selbst wird der Erfolg erreicht. Damit schiene ja für oberflächliche Erwägung erwiesen, daß bewußte und unbewußte Vorstellungen verschiedene und topisch gesonderte Niederschriften des nämlichen Inhaltes sind. Aber die nächste Überlegung zeigt, daß die Identität der Mitteilung mit der verdrängten Erinnerung des Patienten nur eine scheinbare ist. Das Gehörthaben und das Erlebthaben sind zwei nach ihrer psychologischen Natur ganz verschiedene Dinge, auch wenn sie den nämlichen Inhalt haben.

Wir sind also zunächst nicht imstande, zwischen den beiden erörterten Möglichkeiten zu entscheiden. Vielleicht treffen wir späterhin auf Momente, welche für eine von beiden den Ausschlag geben können. Vielleicht steht uns die Entdeckung bevor, daß unsere Fragestellung unzureichend war und daß die Unterscheidung der unbewußten Vorstellung von der bewußten noch ganz anders zu bestimmen ist.

III
Unbewußte Gefühle

Wir haben die vorstehende Diskussion auf Vorstellungen eingeschränkt und können nun eine neue Frage aufwerfen, deren Beantwortung zur Klärung unserer theoretischen Ansichten beitragen muß. Wir sagten, es gäbe bewußte und unbewußte Vorstellungen; gibt es aber auch unbewußte Triebregungen, Gefühle, Empfindungen, oder ist es diesmal sinnlos, solche Zusammensetzungen zu bilden?

Ich meine wirklich, der Gegensatz von bewußt und unbewußt hat auf den Trieb keine Anwendung. Ein Trieb kann nie Objekt des Bewußtseins werden, nur die Vorstellung, die ihn repräsentiert. Er kann aber auch im Unbewußten nicht anders als durch die Vorstellung repräsentiert sein. Würde der Trieb sich nicht an eine Vorstellung heften oder nicht als ein Affektzustand zum Vorschein kommen, so könnten wir nichts von ihm wissen. Wenn wir aber doch von einer unbewußten Triebregung oder einer verdrängten Triebregung reden, so ist dies eine harmlose Nachlässigkeit des Ausdrucks. Wir können nichts anderes meinen als eine Triebregung, deren Vorstellungsrepräsentanz unbewußt ist, denn etwas anderes kommt nicht in Betracht.

Man sollte meinen, die Antwort auf die Frage nach den unbewußten Empfindungen, Gefühlen, Affekten sei ebenso leicht zu geben. Zum Wesen eines Gefühls gehört es doch, daß es verspürt, also dem Bewußtsein bekannt wird. Die Möglichkeit einer Unbewußtheit würde also für Gefühle, Empfindungen, Affekte völlig entfallen. Wir sind aber in der psychoanalytischen Praxis gewöhnt, von unbewußter Liebe, Haß, Wut usw. zu sprechen, und finden selbst die befremdliche Vereinigung »unbewußtes Schuldbewußtsein« oder eine paradoxe »unbewußte Angst« unvermeidlich. Geht dieser Sprachgebrauch an Bedeutung über den im Falle des »unbewußten Triebes« hinaus?

Der Sachverhalt ist hier wirklich ein anderer. Es kann zunächst vorkommen, daß eine Affekt- oder Gefühlsregung wahrgenommen, aber verkannt wird. Sie ist durch die Verdrängung ihrer eigentlichen Repräsentanz zur Verknüpfung mit einer anderen Vorstellung genötigt worden und wird nun vom Bewußtsein für die Äußerung dieser letzteren gehalten. Wenn wir den richtigen Zusammenhang wiederherstellen, heißen wir die ursprüngliche Affektregung eine »unbewußte«, obwohl ihr Affekt niemals unbewußt war, nur ihre Vorstellung der Verdrängung erlegen ist. Der Gebrauch der Ausdrücke »unbewußter Affekt« und »unbewußtes Gefühl« weist überhaupt auf die Schicksale des quantitativen Faktors der Triebregung infolge der Verdrängung zurück (s. die Abhandlung über Verdrängung). Wir wissen, daß dies Schicksal ein dreifaches sein kann; der Affekt bleibt entweder – ganz oder teilweise – als solcher bestehen, oder er erfährt eine Verwandlung in einen qualitativ anderen Affektbetrag, vor allem in Angst, oder er wird unterdrückt, d. h. seine Entwicklung überhaupt verhindert. (Diese Möglichkeiten sind an der Traumarbeit vielleicht noch leichter zu studieren als bei den Neurosen.) Wir wissen auch, daß die Unterdrückung der Affektentwicklung das eigentliche Ziel der Verdrängung ist und daß deren Arbeit unabgeschlossen bleibt, wenn das Ziel nicht erreicht wird. In allen Fällen, wo der Verdrängung die Hemmung der Affektentwicklung gelingt, heißen wir die Affekte, die wir im Redressement der Verdrängungsarbeit wieder einsetzen, »unbewußte«. Dem Sprachgebrauch ist also die Konsequenz nicht abzustreiten; es besteht aber im Vergleiche mit der unbewußten Vorstellung der bedeutsame Unterschied, daß die unbewußte Vorstellung nach der Verdrängung als reale Bildung im System *Ubw* bestehenbleibt, während dem unbewußten Affekt ebendort nur eine Ansatzmöglichkeit, die nicht zur Entfaltung kommen durfte, entspricht. Strenggenommen und obwohl der Sprachgebrauch tadellos bleibt, gibt es also keine unbewußten Affekte, wie es unbewußte Vorstellungen gibt. Es kann aber sehr wohl im System *Ubw* Affektbildungen geben, die wie andere bewußt werden. Der ganze Unterschied rührt daher, daß Vorstellungen Besetzungen – im Grunde von Erinnerungsspuren – sind, während die Affekte und Gefühle Abfuhrvorgängen entsprechen, deren letzte Äußerungen als Empfindungen wahrgenommen werden. Im gegenwärtigen Zustand unserer Kenntnis von den Affekten und Gefühlen können wir diesen Unterschied nicht klarer ausdrücken.[7]

Die Feststellung, daß es der Verdrängung gelingen kann, die Umsetzung der Triebregung in Affektäußerung zu hemmen, ist für uns von besonderem Interesse. Sie zeigt uns, daß das System *Bw* normalerweise die Affektivität wie den Zugang zur Motilität beherrscht, und hebt den Wert der Verdrängung, indem sie als deren Folgen nicht nur die Abhaltung vom Bewußtsein, sondern auch von der Affektentwicklung und von der Motivierung der Muskeltätigkeit aufzeigt. Wir können auch in umgekehrter Darstellung sagen: Solange das System *Bw* Affektivität und Motilität beherrscht, heißen wir den psychischen Zustand des Individuums normal. Indes ist ein Unterschied in der Beziehung des herrschenden Systems zu den beiden einander nahestehenden Abfuhraktionen unverkennbar.[8] Während die Herrschaft des *Bw* über die willkürliche Motilität fest gegründet ist, dem Ansturm der Neurose regelmäßig widersteht und erst in der Psychose zusammenbricht, ist die Beherrschung der Affektentwicklung durch *Bw* minder gefestigt. Noch innerhalb des normalen Lebens läßt sich ein beständiges Ringen der beiden Systeme *Bw* und *Ubw* um den Primat in der Affektivität erkennen, grenzen sich gewisse Einflußsphären voneinander ab und stellen sich Vermengungen der wirksamen Kräfte her.

Die Bedeutung des Systems *Bw* (*Vbw*) für die Zugänge zur Affektentbindung und Aktion macht uns auch die Rolle verständlich, welche in der Krankheitsgestaltung der

---

7 [Innerhalb der Texte unserer Ausgabe wird die Auffassung Freuds vom Wesen der Affekte besonders deutlich in der Studie *Hemmung, Symptom und Angst* (Kapitel VIII); vgl. in Band 3.]

8 Die Affektivität äußert sich wesentlich in motorischer (sekretorischer, gefäßregulierender) Abfuhr zur (inneren) Veränderung des eigenen Körpers ohne Beziehung zur Außenwelt, die Motilität in Aktionen, die zur Veränderung der Außenwelt bestimmt sind.

Ersatzvorstellung zufällt. Es ist möglich, daß die Affektentwicklung direkt vom System *Ubw* ausgeht, in diesem Falle hat sie immer den Charakter der Angst, gegen welche alle »verdrängten« Affekte eingetauscht werden. Häufig aber muß die Triebregung warten, bis sie eine Ersatzvorstellung im System *Bw* gefunden hat. Dann ist die Affektentwicklung von diesem bewußten Ersatz her ermöglicht und der qualitative Charakter des Affekts durch dessen Natur bestimmt. Wir haben behauptet, daß bei der Verdrängung eine Trennung des Affekts von seiner Vorstellung stattfindet, worauf beide ihren gesonderten Schicksalen entgegengehen.[9] Das ist deskriptiv unbestreitbar; der wirkliche Vorgang aber ist in der Regel, daß ein Affekt so lange nicht zustande kommt, bis nicht der Durchbruch zu einer neuen Vertretung im System *Bw* gelungen ist.

IV
Topik und Dynamik der Verdrängung

Wir haben das Resultat erhalten, daß die Verdrängung im wesentlichen ein Vorgang ist, der sich an Vorstellungen an der Grenze der Systeme *Ubw* und *Vbw* (*Bw*) vollzieht, und können nun einen neuerlichen Versuch machen, diesen Vorgang eingehender zu beschreiben. Es muß sich dabei um eine *Entziehung* von Besetzung handeln, aber es fragt sich, in welchem System findet die Entziehung statt, und welchem System gehört die entzogene Besetzung an.

Die verdrängte Vorstellung bleibt im *Ubw* aktionsfähig; sie muß also ihre Besetzung behalten haben. Das Entzogene muß etwas anderes sein. Nehmen wir den Fall der eigentlichen Verdrängung vor (des Nachdrängens), wie sie sich an der vorbewußten oder selbst bereits bewußten Vorstellung abspielt, dann kann die Verdrängung nur darin bestehen, daß der Vorstellung die (vor)bewußte Besetzung

9 [Vgl. im Aufsatz *Die Verdrängung* im vorliegenden Band unserer Ausgabe.]

entzogen wird, die dem System *Vbw* angehört. Die Vorstellung bleibt dann unbesetzt, oder sie erhält Besetzung vom *Ubw* her, oder sie behält die *ubw* Besetzung, die sie schon früher hatte. Also Entziehung der vorbewußten, Erhaltung der unbewußten Besetzung oder Ersatz der vorbewußten Besetzung durch eine unbewußte. Wir bemerken übrigens, daß wir dieser Betrachtung wie unabsichtlich die Annahme zugrunde gelegt haben, der Übergang aus dem System *Ubw* in ein nächstes geschehe nicht durch eine neue Niederschrift, sondern durch eine Zustandsänderung, einen Wandel in der Besetzung. Die funktionale Annahme hat hier die topische mit leichter Mühe aus dem Felde geschlagen.

Dieser Vorgang der Libidoentziehung reicht aber nicht aus, um einen anderen Charakter der Verdrängung begreiflich zu machen. Es ist nicht einzusehen, warum die besetzt gebliebene oder vom *Ubw* her mit Besetzung versehene Vorstellung nicht den Versuch erneuern sollte, kraft ihrer Besetzung in das System *Vbw* einzudringen. Dann müßte sich die Libidoentziehung an ihr wiederholen, und dasselbe Spiel würde sich unabgeschlossen fortsetzen, das Ergebnis aber nicht das der Verdrängung sein. Ebenso würde der besprochene Mechanismus der Entziehung vorbewußter Besetzung versagen, wenn es sich um die Darstellung der Urverdrängung handelt; in diesem Falle liegt ja eine unbewußte Vorstellung vor, die noch keine Besetzung vom *Vbw* erhalten hat, der eine solche also auch nicht entzogen werden kann.

Wir bedürfen also hier eines anderen Vorganges, welcher im ersten Falle [d. h. im Fall des Nachdrängens] die Verdrängung unterhält, im zweiten [d. h. im Fall von Urverdrängung] ihre Herstellung und Fortdauer besorgt, und können diesen nur in der Annahme einer *Gegenbesetzung* finden, durch welche sich das System *Vbw* gegen das Andrängen der unbewußten Vorstellung schützt. Wie sich eine solche Gegenbesetzung, die im System *Vbw* vor sich geht, äußert, werden wir an klinischen Beispielen sehen. Sie ist es, welche den Daueraufwand [an Energie] einer Urverdrängung repräsentiert, aber auch deren Dauerhaftigkeit verbürgt. Die Gegenbesetzung ist der alleinige Mechanismus der Urverdrängung; bei der eigentlichen Verdrängung (dem Nachdrängen) kommt die Entziehung der *vbw* Besetzung hinzu. Es ist sehr wohl möglich, daß gerade die der Vorstellung entzogene Besetzung zur Gegenbesetzung verwendet wird.

Wir merken, wie wir allmählich dazu gekommen sind, in der Darstellung psychischer Phänomene einen dritten Gesichtspunkt zur Geltung zu bringen, außer dem dynamischen und dem topischen den *ökonomischen*, der die Schicksale der Erregungsgrößen zu verfolgen und eine wenigstens relative Schätzung derselben zu gewinnen strebt. Wir werden es nicht unbillig finden, die Betrachtungsweise, welche die Vollendung der psychoanalytischen Forschung ist, durch einen besonderen Namen auszuzeichnen. Ich schlage vor, daß es eine *metapsychologische* Darstellung genannt werden soll, wenn es uns gelingt, einen psychischen Vorgang nach seinen *dynamischen, topischen* und *ökonomischen* Beziehungen zu beschreiben. Es ist vorherzusagen, daß es uns bei dem gegenwärtigen Stand unserer Einsichten nur an vereinzelten Stellen gelingen wird.

Machen wir einen zaghaften Versuch, eine metapsychologische Beschreibung des Verdrängungsvorganges bei den drei bekannten Übertragungsneurosen zu geben. Wir dürfen dabei »Besetzung« durch »Libido« ersetzen, weil es sich ja, wie wir wissen, um die Schicksale von Sexualtrieben handelt.

Eine erste Phase des Vorganges bei der Angsthysterie wird häufig übersehen, vielleicht auch wirklich übergangen, ist aber bei sorgfältiger Beobachtung gut kenntlich. Sie besteht darin, daß Angst auftritt, ohne daß wahrgenommen würde, wovor. Es ist anzunehmen, daß im *Ubw* eine Liebesregung vorhanden war, die nach der Umsetzung ins System *Vbw* verlangte; aber die von diesem System her ihr zugewendete Besetzung zog sich nach Art eines Fluchtversuches von ihr zurück, und die unbewußte Libidobesetzung der zurückgewiesenen Vorstellung wurde als Angst abgeführt.

Bei einer etwaigen Wiederholung des Vorganges wurde ein erster Schritt zur Bewältigung der unliebsamen Angstentwicklung unternommen.[10] Die fliehende [*vbw*] Besetzung wendete sich einer Ersatzvorstellung zu, die einerseits assoziativ mit der abgewiesenen Vorstellung zusammenhing, anderseits durch die Entfernung von ihr der Verdrängung entzogen war (*Verschiebungsersatz*) und eine Rationalisierung der noch unhemmbaren Angstentwicklung gestattete. Die Ersatzvorstellung spielt nun für das System *Bw* (*Vbw*) die Rolle einer Gegenbesetzung, indem sie es gegen das Auftauchen der verdrängten Vorstellung im *Bw* versichert, anderseits ist sie die Ausgangsstelle der nun erst recht unhemmbaren Angstaffektentbindung oder benimmt sich als solche. Die klinische Beobachtung zeigt, daß z. B. das an der Tierphobie leidende Kind nun unter zweierlei Bedingungen Angst verspürt, erstens wenn die verdrängte Liebesregung eine Verstärkung erfährt, und zweitens wenn das Angsttier wahrgenommen wird. Die Ersatzvorstellung benimmt sich in dem einen Falle wie die Stelle einer Überleitung aus dem System *Ubw* in das System *Bw*, im anderen wie eine selbständige Quelle der Angstentbindung. Die Ausdehnung der Herrschaft des Systems *Bw* pflegt sich darin zu äußern, daß die erste Erregungsweise der Ersatzvorstellung gegen die zweite immer mehr zurücktritt. Vielleicht benimmt sich am Ende das Kind so, als hätte es gar keine Neigung zu dem Vater, wäre ganz von ihm frei geworden, und als hätte es wirklich Angst vor dem Tier. Nur daß diese Tierangst, aus der unbewußten Triebquelle gespeist, sich widerspenstig und übergroß gegen alle Beeinflussungen aus dem System *Bw* erweist und dadurch ihre Herkunft aus dem System *Ubw* verrät.

Die Gegenbesetzung aus dem System *Bw* hat also in der zweiten Phase der Angsthysterie zur Ersatzbildung geführt. Derselbe Mechanismus findet bald eine neuerliche Anwendung. Der Verdrängungsvorgang ist, wie wir wissen, noch nicht abgeschlossen und findet ein weiteres Ziel in der Auf-

10 [Dies ist die »zweite Phase« des Vorganges.]

gabe, die vom Ersatz ausgehende Angstentwicklung zu hemmen.[11] Dies geschieht in der Weise, daß die gesamte assoziierte Umgebung der Ersatzvorstellung mit besonderer Intensität besetzt wird, so daß sie eine hohe Empfindlichkeit gegen Erregung bezeigen kann. Eine Erregung irgendeiner Stelle dieses Vorbaues muß zufolge der Verknüpfung mit der Ersatzvorstellung den Anstoß zu einer geringen Angstentwicklung geben, welche nun als Signal benützt wird, um durch neuerliche Flucht der [*vbw*] Besetzung den weiteren Fortgang der Angstentwicklung zu hemmen.[12] Je weiter weg vom gefürchteten Ersatz die empfindlichen und wachsamen Gegenbesetzungen angebracht sind, desto präziser kann der Mechanismus funktionieren, der die Ersatzvorstellung isolieren und neue Erregungen von ihr abhalten soll. Diese Vorsichten schützen natürlich nur gegen Erregungen, die von außen, durch die Wahrnehmung an die Ersatzvorstellung herantreten, aber niemals gegen die Triebregung, die von der Verbindung mit der verdrängten Vorstellung her die Ersatzvorstellung trifft. Sie beginnen also erst zu wirken, wenn der Ersatz die Vertretung des Verdrängten gut übernommen hat, und können niemals ganz verläßlich wirken. Bei jedem Ansteigen der Trieberregung muß der schützende Wall um die Ersatzvorstellung um ein Stück weiter hinausverlegt werden. Die ganze Konstruktion, die in analoger Weise bei den anderen Neurosen hergestellt wird, trägt den Namen einer *Phobie*. Der Ausdruck der Flucht vor bewußter Besetzung der Ersatzvorstellung sind die Vermeidungen, Verzichte und Verbote, an denen man die Angsthysterie erkennt. Überschaut man den ganzen Vorgang, so kann man sagen, die dritte Phase hat die Arbeit der zweiten in größerem Ausmaß wiederholt. Das System *Bw* schützt sich jetzt gegen die Aktivierung der Ersatzvorstellung durch die Gegenbesetzung der Umgebung, wie es sich vorhin durch die Besetzung der Ersatzvorstellung gegen das Auftauchen der verdrängten Vorstel-

11 [Die »dritte Phase«.]

12 [Vgl. *Hemmung, Symptom und Angst* (Kapitel XI, Abschnitt A) in Band 3 der vorliegenden Ausgabe.]

lung gesichert hatte. Die Ersatzbildung durch Verschiebung hat sich in solcher Weise fortgesetzt. Man muß auch hinzufügen, daß das System *Bw* früher nur eine kleine Stelle besaß, die eine Einbruchspforte der verdrängten Triebregung war, die Ersatzvorstellung nämlich, daß aber am Ende der ganze phobische Vorbau einer solchen Enklave des unbewußten Einflusses entspricht. Man kann ferner den interessanten Gesichtspunkt hervorheben, daß durch den ganzen ins Werk gesetzten Abwehrmechanismus eine Projektion der Triebgefahr nach außen erreicht worden ist. Das Ich benimmt sich so, als ob ihm die Gefahr der Angstentwicklung nicht von einer Triebregung, sondern von einer Wahrnehmung her drohte, und darf darum gegen diese äußere Gefahr mit den Fluchtversuchen der phobischen Vermeidungen reagieren. Eines gelingt bei diesem Vorgang der Verdrängung: die Entbindung von Angst läßt sich einigermaßen eindämmen, aber nur unter schweren Opfern an persönlicher Freiheit. Fluchtversuche vor Triebansprüchen sind aber im allgemeinen nutzlos, und das Ergebnis der phobischen Flucht bleibt doch unbefriedigend.

Von den Verhältnissen, die wir bei der Angsthysterie erkannt haben, gilt ein großer Anteil auch für die beiden anderen Neurosen, so daß wir die Erörterung auf die Unterschiede und die Rolle der Gegenbesetzung beschränken können. Bei der Konversionshysterie wird die Triebbesetzung der verdrängten Vorstellung in die Innervation des Symptoms umgesetzt. Inwieweit und unter welchen Umständen die unbewußte Vorstellung durch diese Abfuhr zur Innervation drainiert ist, so daß sie ihr Andrängen gegen das System *Bw* aufgeben kann, diese und ähnliche Fragen bleiben besser einer speziellen Untersuchung der Hysterie vorbehalten. Die Rolle der Gegenbesetzung, die vom System *Bw* (*Vbw*) ausgeht, ist bei der Konversionshysterie deutlich und kommt in der Symptombildung zum Vorschein. Die Gegenbesetzung ist es, welche die Auswahl trifft, auf welches Stück der Triebrepräsentanz die ganze Besetzung derselben konzentriert werden darf. Dies zum

Symptom erlesene Stück erfüllt die Bedingung, daß es dem Wunschziel der Triebregung ebensosehr Ausdruck gibt wie dem Abwehr- oder Strafbestreben des Systems *Bw;* es wird also überbesetzt und von beiden Seiten her gehalten wie die Ersatzvorstellung der Angsthysterie. Wir können aus diesem Verhältnis ohne weiteres den Schluß ziehen, daß der Verdrängungsaufwand des Systems *Bw* nicht so groß zu sein braucht wie die Besetzungsenergie des Symptoms, denn die Stärke der Verdrängung wird durch die aufgewendete Gegenbesetzung gemessen, und das Symptom stützt sich nicht nur auf die Gegenbesetzung, sondern auch auf die in ihm verdichtete Triebbesetzung aus dem System *Ubw.*

Für die Zwangsneurose hätten wir den in der vorigen Abhandlung[13] enthaltenen Bemerkungen nur hinzuzufügen, daß hier die Gegenbesetzung des Systems *Bw* am sinnfälligsten in den Vordergrund tritt. Sie ist es, die als Reaktionsbildung organisiert die erste Verdrängung besorgt und an welcher später der Durchbruch der verdrängten Vorstellung erfolgt. Man darf der Vermutung Raum geben, daß es an dem Vorwiegen der Gegenbesetzung und Ausfallen einer Abfuhr liegt, wenn das Werk der Verdrängung bei Angsthysterie und Zwangsneurose weit weniger geglückt erscheint als bei der Konversionshysterie.[14]

V
Die besonderen Eigenschaften des Systems *Ubw*

Eine neue Bedeutung erhält die Unterscheidung der beiden psychischen Systeme, wenn wir darauf aufmerksam werden, daß die Vorgänge des einen Systems, des *Ubw*, Eigenschaften zeigen, die sich in dem nächst höheren nicht wiederfinden.

---

13 [*Die Verdrängung;* vgl. im vorliegenden Band.]

14 [Die Themen des vorliegenden Abschnitts werden in *Hemmung, Symptom und Angst* erneut behandelt. Vgl. in Band 3 der vorliegenden Ausgabe.]

Der Kern des *Ubw* besteht aus Triebrepräsentanzen, die ihre Besetzung abführen wollen, also aus Wunschregungen. Diese Triebregungen sind einander koordiniert, bestehen unbeeinflußt nebeneinander, widersprechen einander nicht. Wenn zwei Wunschregungen gleichzeitig aktiviert werden, deren Ziele uns unvereinbar erscheinen müssen, so ziehen sich die beiden Regungen nicht etwa voneinander ab oder heben einander auf, sondern sie treten zur Bildung eines mittleren Zieles, eines Kompromisses, zusammen.

Es gibt in diesem System keine Negation, keinen Zweifel, keine Grade von Sicherheit. All dies wird erst durch die Arbeit der Zensur zwischen *Ubw* und *Vbw* eingetragen. Die Negation ist ein Ersatz der Verdrängung von höherer Stufe. Im *Ubw* gibt es nur mehr oder weniger stark besetzte Inhalte.

Es herrscht eine weit größere Beweglichkeit der Besetzungsintensitäten [im *Ubw*]. Durch den Prozeß der *Verschiebung* kann eine Vorstellung den ganzen Betrag ihrer Besetzung an eine andere abgeben, durch den der *Verdichtung* die ganze Besetzung mehrerer anderer an sich nehmen. Ich habe vorgeschlagen, diese beiden Prozesse als Anzeichen des sogenannten psychischen *Primärvorganges* anzusehen. Im System *Vbw* herrscht der *Sekundärvorgang;*[15] wo ein solcher Primärvorgang sich an Elementen des Systems *Vbw* abspielen darf, erscheint er »komisch« und erregt Lachen.[16]

Die Vorgänge des Systems *Ubw* sind *zeitlos*, d. h., sie sind nicht zeitlich geordnet, werden durch die verlaufende Zeit nicht abgeändert, haben überhaupt keine Beziehung zur Zeit. Auch die Zeitbeziehung ist an die Arbeit des *Bw*-Systems geknüpft.

15 S. die Ausführungen im VII. Abschnitt der *Traumdeutung*, welche sich auf die von J. Breuer in den *Studien über Hysterie* entwickelten Ideen stützt. [Die Gedankengänge dieses Kapitels der *Traumdeutung*, besonders über den Zusammenhang zwischen Trauminhalt und Traumgedanken, sind auch in der resümierenden Studie *Über den Traum* (vgl. in Band 1 der vorliegenden Ausgabe) enthalten.]

16 [Vgl. Freud, *Der Witz und seine Beziehung zum Unbewußten*, zweiter und dritter Abschnitt von Kapitel VII, Wien 1905.]

Ebensowenig kennen die *Ubw*-Vorgänge eine Rücksicht auf die *Realität.* Sie sind dem Lustprinzip unterworfen; ihr Schicksal hängt nur davon ab, wie stark sie sind und ob sie die Anforderungen der Lust-Unlustregulierung erfüllen.

Fassen wir zusammen: *Widerspruchslosigkeit, Primärvorgang* (Beweglichkeit der Besetzungen), *Zeitlosigkeit* und *Ersetzung der äußeren Realität durch die psychische* sind die Charaktere, die wir an zum System *Ubw* gehörigen Vorgängen zu finden erwarten dürfen.[17]

Die unbewußten Vorgänge werden für uns nur unter den Bedingungen des Träumens und der Neurosen erkennbar, also dann, wenn Vorgänge des höheren *Vbw*-Systems durch eine Erniedrigung (Regression) auf eine frühere Stufe zurückversetzt werden. An und für sich sind sie unerkennbar, auch existenzunfähig, weil das System *Ubw* sehr frühzeitig von dem *Vbw* überlagert wird, welches den Zugang zum Bewußtsein und zur Motilität an sich gerissen hat. Die Abfuhr des Systems *Ubw* geht in die Körperinnervation zur Affektentwicklung, aber auch dieser Entladungsweg wird ihm, wie wir gehört haben, vom *Vbw* streitig gemacht. Für sich allein könnte das *Ubw*-System unter normalen Verhältnissen keine zweckmäßige Muskelaktion zustande bringen, mit Ausnahme jener, die als Reflexe bereits organisiert sind.

Die volle Bedeutung der beschriebenen Charaktere des Systems *Ubw* könnte uns erst einleuchten, wenn wir sie den Eigenschaften des Systems *Vbw* gegenüberstellen und an ihnen messen würden. Allein dies würde uns so weitab führen, daß ich vorschlage, wiederum einen Aufschub gutzuheißen und die Vergleichung der beiden Systeme erst im

---

17 Die Erwähnung eines anderen bedeutsamen Vorrechtes des *Ubw* sparen wir für einen anderen Zusammenhang auf. [Freud erläutert dies in einem Brief an Georg Groddeck vom 5. Juni 1917: »In meinem Aufsatz über das Ubw, den Sie erwähnen, finden Sie . . . eine unscheinbare Note: ›Die Erwähnung eines anderen bedeutsamen Vorrechts des Ubw sparen wir für einen andern Zusammenhang auf.‹ Ich will Ihnen verraten, was hier zurückgehalten worden ist: Die Behauptung, daß der unbewußte Akt eine intensive plastische Einwirkung auf die somatischen Vorgänge hat, wie sie dem bewußten Akt niemals zukommt.«]

Anschluß an die Würdigung des höheren Systems vorzunehmen.[18] Nur das Allerdringendste soll schon jetzt seine Erwähnung finden.

Die Vorgänge des Systems *Vbw* zeigen – und zwar gleichgültig, ob sie bereits bewußt oder nur bewußtseinsfähig sind – eine Hemmung der Abfuhrneigung von den besetzten Vorstellungen. Wenn der Vorgang von einer Vorstellung auf eine andere übergeht, so hält die erstere einen Teil ihrer Besetzung fest, und nur ein kleiner Anteil erfährt die Verschiebung. Verschiebungen und Verdichtungen wie beim Primärvorgang sind ausgeschlossen oder sehr eingeschränkt. Dieses Verhältnis hat J. Breuer veranlaßt, zwei verschiedene Zustände der Besetzungsenergie im Seelenleben anzunehmen, einen tonisch gebundenen und einen frei beweglichen, der Abfuhr zustrebenden. Ich glaube, daß diese Unterscheidung bis jetzt unsere tiefste Einsicht in das Wesen der nervösen Energie darstellt, und sehe nicht, wie man um sie herumkommen soll. Es wäre ein dringendes Bedürfnis der metapsychologischen Darstellung – vielleicht aber noch ein allzu gewagtes Unternehmen –, an dieser Stelle die Diskussion fortzuführen.

Dem System *Vbw* fallen ferner zu die Herstellung einer Verkehrsfähigkeit unter den Vorstellungsinhalten, so daß sie einander beeinflussen können, die zeitliche Anordnung derselben,[19] die Einführung der einen Zensur oder mehrerer Zensuren, die Realitätsprüfung und das Realitätsprinzip. Auch das bewußte Gedächtnis scheint ganz am *Vbw* zu hängen, es ist scharf von den Erinnerungsspuren zu scheiden, in denen sich die Erlebnisse des *Ubw* fixieren, und entspricht wahrscheinlich einer besonderen Niederschrift, wie wir sie für das Verhältnis der bewußten zur unbewußten Vorstellung annehmen wollten, aber bereits verworfen

18 [Im Komplex der Studien von *Triebe und Triebschicksale* bis zu *Trauer und Melancholie* hat Freud eine Arbeit über das Bewußtsein bereits geschrieben oder zumindest geplant; erhalten ist jedoch nichts davon.]

19 [Eine Andeutung über den Mechanismus, mittels dessen das *Vbw* dies zuwege bringt, findet sich in der *Notiz über den »Wunderblock«;* vgl. in Band 3 der vorliegenden Ausgabe.]

haben. In diesem Zusammenhang werden wir auch die Mittel finden, unserem Schwanken in der Benennung des höheren Systems, das wir jetzt richtungslos bald *Vbw*, bald *Bw* heißen, ein Ende zu machen.

Es wird auch die Warnung am Platze sein, nicht voreilig zu verallgemeinern, was wir hier über die Verteilung der seelischen Leistungen an die beiden Systeme zutage gefördert haben. Wir beschreiben die Verhältnisse, wie sie sich beim reifen Menschen zeigen, bei dem das System *Ubw* strenggenommen nur als Vorstufe der höheren Organisation funktioniert. Welchen Inhalt und welche Beziehungen dies System während der individuellen Entwicklung hat und welche Bedeutung ihm beim Tiere zukommt, das soll nicht aus unserer Beschreibung abgeleitet, sondern selbständig erforscht werden. Wir müssen auch beim Menschen darauf gefaßt sein, etwa krankhafte Bedingungen zu finden, unter denen die beiden Systeme Inhalt wie Charaktere ändern oder selbst miteinander tauschen.

VI
Der Verkehr der beiden Systeme

Es wäre doch unrecht, sich vorzustellen, daß das *Ubw* in Ruhe verbleibt, während die ganze psychische Arbeit vom *Vbw* geleistet wird, daß das *Ubw* etwas Abgetanes, ein rudimentäres Organ, ein Residuum der Entwicklung sei. Oder anzunehmen, daß sich der Verkehr der beiden Systeme auf den Akt der Verdrängung beschränkt, indem das *Vbw* alles, was ihm störend erscheint, in den Abgrund des *Ubw* wirft. Das *Ubw* ist vielmehr lebend, entwicklungsfähig und unterhält eine Anzahl von anderen Beziehungen zum *Vbw*, darunter auch die der Kooperation. Man muß zusammenfassend sagen, das *Ubw* setzt sich in die sogenannten Abkömmlinge fort, es ist den Einwirkungen des Lebens zugänglich, beeinflußt beständig das *Vbw* und ist seinerseits sogar Beeinflussungen von seiten des *Vbw* unterworfen.

Das Studium der Abkömmlinge des *Ubw* wird unseren Erwartungen einer schematisch reinlichen Scheidung zwischen den beiden psychischen Systemen eine gründliche Enttäuschung bereiten. Das wird gewiß Unzufriedenheit mit unseren Ergebnissen erwecken und wahrscheinlich dazu benützt werden, den Wert unserer Art der Trennung der psychischen Vorgänge in Zweifel zu ziehen. Allein wir werden geltend machen, daß wir keine andere Aufgabe haben, als die Ergebnisse der Beobachtung in Theorie umzusetzen, und die Verpflichtung von uns weisen, auf den ersten Anlauf eine glatte und durch Einfachheit sich empfehlende Theorie zu erreichen. Wir vertreten deren Komplikationen, solange sie sich der Beobachtung adäquat erweisen, und geben die Erwartung nicht auf, gerade durch sie zur endlichen Erkenntnis eines Sachverhaltes geleitet zu werden, der, an sich einfach, den Komplikationen der Realität gerecht werden kann.

Unter den Abkömmlingen der *ubw* Triebregungen vom beschriebenen Charakter gibt es welche, die entgegengesetzte Bestimmungen in sich vereinigen. Sie sind einerseits hochorganisiert, widerspruchsfrei, haben allen Erwerb des Systems *Bw* verwertet und würden sich für unser Urteil von den Bildungen dieses Systems kaum unterscheiden. Anderseits sind sie unbewußt und unfähig, bewußt zu werden. Sie gehören also qualitativ zum System *Vbw*, faktisch aber zum *Ubw*. Ihre Herkunft bleibt das für ihr Schicksal Entscheidende. Man muß sie mit den Mischlingen menschlicher Rassen vergleichen, die im großen und ganzen bereits den Weißen gleichen, ihre farbige Abkunft aber durch den einen oder anderen auffälligen Zug verraten und darum von der Gesellschaft ausgeschlossen bleiben und keines der Vorrechte der Weißen genießen. Solcher Art sind die Phantasiebildungen der Normalen wie der Neurotiker, die wir als Vorstufen der Traum- wie der Symptombildung erkannt haben und die trotz ihrer hohen Organisation verdrängt bleiben und als solche nicht bewußt werden können. Sie kommen nahe ans Bewußtsein heran, bleiben ungestört, solange sie keine intensive Besetzung haben, werden aber zurückgeworfen, sobald sie eine gewisse Höhe der Besetzung überschreiten. Ebensolche höher organisierte Abkömmlinge des *Ubw* sind die Ersatzbildungen, denen aber der Durchbruch zum Bewußtsein dank einer günstigen Relation gelingt, wie z. B. durch das Zusammentreffen mit einer Gegenbesetzung des *Vbw*.

Wenn wir an anderer Stelle[20] die Bedingungen des Bewußtwerdens eingehender untersuchen, wird uns ein Teil der hier auftauchenden Schwierigkeiten lösbar werden. Hier mag es uns vorteilhaft erscheinen, der bisherigen vom *Ubw* her aufsteigenden Betrachtung eine vom Bewußtsein ausgehende gegenüberzustellen. Dem Bewußtsein tritt die ganze Summe der psychischen Vorgänge als das Reich des Vorbewußten entgegen. Ein sehr großer Anteil dieses Vorbewußten stammt aus dem Unbewußten, hat den Charakter der Abkömmlinge desselben und unterliegt einer Zensur, ehe er bewußt werden kann. Ein anderer Anteil des *Vbw* ist ohne Zensur bewußtseinsfähig. Wir gelangen hier zu einem Widerspruch gegen eine frühere Annahme. In der Betrachtung der Verdrängung wurden wir genötigt, die für das Bewußtwerden entscheidende Zensur zwischen die Systeme *Ubw* und *Vbw* zu verlegen. Jetzt wird uns eine Zensur zwischen *Vbw* und *Bw* nahegelegt. Wir tun aber gut daran, in dieser Komplikation keine Schwierigkeit zu erblicken, sondern anzunehmen, daß jedem Übergang von einem System zum nächst höheren, also jedem Fortschritt zu einer höheren Stufe psychischer Organisation eine neue Zensur entspreche. Die Annahme einer fortlaufenden Erneuerung der Niederschriften ist damit allerdings abgetan.

Der Grund all dieser Schwierigkeiten ist darin zu suchen, daß die Bewußtheit, der einzige uns unmittelbar gegebene Charakter der psychischen Vorgänge, sich zur Systemunterscheidung in keiner Weise eignet. Abgesehen davon, daß das Bewußte nicht immer bewußt, sondern zeitweilig auch latent ist, hat uns die Beobachtung gezeigt, daß vieles, was die Eigenschaften des Systems *Vbw* teilt,

20 [Vgl. Fußnote 18 zum vorliegenden Aufsatz.]

nicht bewußt wird, und haben wir noch zu erfahren, daß das Bewußtwerden durch gewisse Richtungen seiner Aufmerksamkeit eingeschränkt ist.[21] Das Bewußtsein hat so weder zu den Systemen noch zur Verdrängung ein einfaches Verhältnis. Die Wahrheit ist, daß nicht nur das psychisch Verdrängte dem Bewußtsein fremd bleibt, sondern auch ein Teil der unser Ich beherrschenden Regungen, also der stärkste funktionelle Gegensatz des Verdrängten. In dem Maße, als wir uns zu einer metapsychologischen Betrachtung des Seelenlebens durchringen wollen, müssen wir lernen, uns von der Bedeutung des Symptoms »Bewußtheit« zu emanzipieren.

Solange wir noch an diesem haften, sehen wir unsere Allgemeinheiten regelmäßig durch Ausnahmen durchbrochen. Wir sehen, daß Abkömmlinge des *Ubw* als Ersatzbildungen und als Symptome bewußt werden, in der Regel nach großen Entstellungen gegen das Unbewußte, aber oft mit Erhaltung vieler zur Verdrängung auffordernden Charaktere. Wir finden, daß viele vorbewußte Bildungen unbewußt bleiben, die, sollten wir meinen, ihrer Natur nach sehr wohl bewußt werden dürften. Wahrscheinlich macht sich bei ihnen die stärkere Anziehung des *Ubw* geltend. Wir werden darauf hingewiesen, die bedeutsamere Differenz nicht zwischen dem Bewußten und dem Vorbewußten, sondern zwischen dem Vorbewußten und dem Unbewußten zu suchen. Das *Ubw* wird an der Grenze des *Vbw* durch die Zensur zurückgewiesen, Abkömmlinge desselben können diese Zensur umgehen, sich hoch organisieren, im *Vbw* bis zu einer gewissen Intensität der Besetzung heranwachsen, werden aber dann, wenn sie diese überschritten haben und sich dem Bewußtsein aufdrängen wollen, als Abkömmlinge des *Ubw* erkannt und an der neuen Zensurgrenze zwischen *Vbw* und *Bw* neuerlich verdrängt. Die erstere Zensur funktioniert so gegen das *Ubw* selbst, die letztere gegen die *vbw* Abkömmlinge desselben. Man könnte meinen, die

---

21 [Das Pronomen »seiner« bezieht sich mit ziemlicher Sicherheit auf das *Vbw*.]

Zensur habe sich im Laufe der individuellen Entwicklung um ein Stück vorgeschoben.

In der psychoanalytischen Kur erbringen wir den unanfechtbaren Beweis für die Existenz der zweiten Zensur, der zwischen den Systemen *Vbw* und *Bw*. Wir fordern den Kranken auf, reichlich Abkömmlinge des *Ubw* zu bilden, verpflichten ihn dazu, die Einwendungen der Zensur gegen das Bewußtwerden dieser vorbewußten Bildungen zu überwinden, und bahnen uns durch die Besiegung dieser Zensur den Weg zur Aufhebung der Verdrängung, die das Werk der früheren Zensur ist. Fügen wir noch die Bemerkung an, daß die Existenz der Zensur zwischen *Vbw* und *Bw* uns mahnt, das Bewußtwerden sei kein bloßer Wahrnehmungsakt, sondern wahrscheinlich auch eine *Überbesetzung*, ein weiterer Fortschritt der psychischen Organisation.

Wenden wir uns zum Verkehr des *Ubw* mit den anderen Systemen, weniger um Neues festzustellen, als um nicht das Sinnfälligste zu übergehen. An den Wurzeln der Triebtätigkeit kommunizieren die Systeme aufs ausgiebigste miteinander. Ein Anteil der hier erregten Vorgänge geht durch das *Ubw* wie durch eine Vorbereitungsstufe durch und erreicht die höchste psychische Ausbildung im *Bw*, ein anderer wird als *Ubw* zurückgehalten. Das *Ubw* wird aber auch von den aus der äußeren Wahrnehmung stammenden Erlebnissen getroffen. Alle Wege von der Wahrnehmung zum *Ubw* bleiben in der Norm frei; erst die vom *Ubw* weiterführenden Wege unterliegen der Sperrung durch die Verdrängung.

Es ist sehr bemerkenswert, daß das *Ubw* eines Menschen mit Umgehung des *Bw* auf das *Ubw* eines anderen reagieren kann. Die Tatsache verdient eingehendere Untersuchung, besonders nach der Richtung, ob sich vorbewußte Tätigkeit dabei ausschließen läßt, ist aber als Beschreibung unbestreitbar.[22]

Der Inhalt des Systems *Vbw* (oder *Bw*) entstammt zu

22 [Im Aufsatz *Die Disposition zur Zwangsneurose* hat Freud diesen Vorgang am Beispiel einer Patientin erläutert; vgl. in Band 1 der vorliegenden Ausgabe.]

einem Teile dem Triebleben (durch Vermittlung des *Ubw*), zum anderen Teile der Wahrnehmung. Es ist zweifelhaft, inwieweit die Vorgänge dieses Systems eine direkte Einwirkung auf das *Ubw* äußern können; die Erforschung pathologischer Fälle zeigt oft eine kaum glaubliche Selbständigkeit und Unbeeinflußbarkeit des *Ubw*. Ein völliges Auseinandergehen der Strebungen, ein absoluter Zerfall der beiden Systeme, ist überhaupt die Charakteristik des Krankseins. Allein die psychoanalytische Kur ist auf die Beeinflussung des *Ubw* vom *Bw* her gebaut und zeigt jedenfalls, daß solche, wiewohl mühsam, nicht unmöglich ist. Die zwischen beiden Systemen vermittelnden Abkömmlinge des *Ubw* bahnen uns, wie schon erwähnt, den Weg zu dieser Leistung. Wir dürfen aber wohl annehmen, daß die spontan erfolgende Veränderung des *Ubw* von seiten des *Bw* ein schwieriger und langsam verlaufender Prozeß ist.

Eine Kooperation zwischen einer vorbewußten und einer unbewußten, selbst intensiv verdrängten Regung kann zustande kommen, wenn es die Situation ergibt, daß die unbewußte Regung gleichsinnig mit einer der herrschenden Strebungen wirken kann. Die Verdrängung wird für diesen Fall aufgehoben, die verdrängte Aktivität als Verstärkung der vom Ich beabsichtigten zugelassen. Das Unbewußte wird für diese eine Konstellation ichgerecht, ohne daß sonst an seiner Verdrängung etwas abgeändert würde. Der Erfolg des *Ubw* ist bei dieser Kooperation unverkennbar; die verstärkten Strebungen benehmen sich doch anders als die normalen, sie befähigen zu besonders vollkommener Leistung, und sie zeigen gegen Widersprüche eine ähnliche Resistenz wie etwa die Zwangssymptome.

Den Inhalt des *Ubw* kann man einer psychischen Urbevölkerung vergleichen. Wenn es beim Menschen ererbte psychische Bildungen, etwas dem Instinkt der Tiere Analoges gibt, so macht dies den Kern des *Ubw* aus.[23] Dazu

---

23 [Die Frage der Erblichkeit psychischer Bildungen hat Freud wenig später in der 23. seiner *Vorlesungen zur Einführung* sowie in der Fallgeschichte des »Wolfsmannes« erörtert. Beide Arbeiten befinden sich im vorliegenden Band.]

kommt später das während der Kindheitsentwicklung als unbrauchbar Beseitigte hinzu, was seiner Natur nach von dem Ererbten nicht verschieden zu sein braucht. Eine scharfe und endgültige Scheidung des Inhaltes der beiden Systeme stellt sich in der Regel erst mit dem Zeitpunkte der Pubertät her.

VII
Die Agnoszierung des Unbewußten

Soviel, als wir in den vorstehenden Erörterungen zusammengetragen haben, läßt sich etwa über das *Ubw* aussagen, solange man nur aus der Kenntnis des Traumlebens und der Übertragungsneurosen schöpft. Es ist gewiß nicht viel, macht stellenweise den Eindruck des Ungeklärten und Verwirrenden und läßt vor allem die Möglichkeit vermissen, das *Ubw* an einen bereits bekannten Zusammenhang anzuordnen oder es in ihn einzureihen. Erst die Analyse einer der Affektionen, die wir narzißtische Psychoneurosen heißen, verspricht uns Auffassungen zu liefern, durch welche uns das rätselvolle *Ubw* nähergerückt und gleichsam greifbar gemacht wird.

Seit einer Arbeit von Abraham[24], welche der gewissenhafte Autor auf meine Anregung zurückgeführt hat, versuchen wir die Dementia praecox Kraepelins (Schizophrenie Bleulers) durch ihr Verhalten zum Gegensatz von Ich und Objekt zu charakterisieren. Bei den Übertragungsneurosen (Angst- und Konversionshysterie, Zwangsneurose) lag nichts vor, was diesen Gegensatz in den Vordergrund gerückt hätte. Man wußte zwar, daß die Versagung des Objekts den Ausbruch der Neurose herbeiführt und daß die Neurose den Verzicht auf das reale Objekt involviert, auch daß die dem realen Objekt entzogene Libido auf ein phantasiertes Objekt und von da aus auf ein verdrängtes zurückgeht (Introversion). Aber die Objektbesetzung über-

---

24 [Abraham, *Die psychosexuellen Differenzen der Hysterie und der Dementia praecox*, in: Zentbl. Nervenheilk., 1908, N. F. Bd. 19, S. 521.]

haupt wird bei ihnen mit großer Energie festgehalten, und die feinere Untersuchung des Verdrängungsvorganges hat uns anzunehmen genötigt, daß die Objektbesetzung im System *Ubw* trotz der Verdrängung – vielmehr infolge derselben – fortbesteht. Die Fähigkeit zur Übertragung, welche wir bei diesen Affektionen therapeutisch ausnützen, setzt ja die ungestörte Objektbesetzung voraus.

Bei der Schizophrenie hat sich uns dagegen die Annahme aufgedrängt, daß nach dem Prozesse der Verdrängung die abgezogene Libido kein neues Objekt suche, sondern ins Ich zurücktrete, daß also hier die Objektbesetzungen aufgegeben und ein primitiver objektloser Zustand von Narzißmus wiederhergestellt werde. Die Unfähigkeit dieser Patienten zur Übertragung – soweit der Krankheitsprozeß reicht –, ihre daraus folgende therapeutische Unzugänglichkeit, die ihnen eigentümliche Ablehnung der Außenwelt, das Auftreten von Zeichen einer Überbesetzung des eigenen Ichs, der Ausgang in völlige Apathie, all diese klinischen Charaktere scheinen zu der Annahme eines Aufgebens der Objektbesetzungen trefflich zu stimmen. Von seiten des Verhältnisses der beiden psychischen Systeme wurde allen Beobachtern auffällig, daß bei der Schizophrenie vieles als bewußt geäußert wird, was wir bei den Übertragungsneurosen erst durch Psychoanalyse im *Ubw* nachweisen müssen. Aber es gelang zunächst nicht, zwischen der Ich-Objektbeziehung und den Bewußtseinsrelationen eine verständliche Verknüpfung herzustellen.

Das Gesuchte scheint sich auf folgendem unvermuteten Wege zu ergeben. Bei den Schizophrenen beobachtet man, zumal in den so lehrreichen Anfangsstadien, eine Anzahl von Veränderungen der *Sprache,* von denen einige es verdienen, unter einem bestimmten Gesichtspunkt betrachtet zu werden. Die Ausdrucksweise wird oft Gegenstand einer besonderen Sorgfalt, sie wird »gewählt«, »geziert«. Die Sätze erfahren eine besondere Desorganisation des Aufbaues, durch welche sie uns unverständlich werden, so daß wir die Äußerungen der Kranken für unsinnig halten. Im Inhalt dieser Äußerungen wird oft eine Beziehung zu Körperorganen oder Körperinnervationen in den Vordergrund gerückt. Dem kann man anreihen, daß in solchen Symptomen der Schizophrenie, welche hysterischen oder zwangsneurotischen Ersatzbildungen gleichen, doch die Beziehung zwischen dem Ersatz und dem Verdrängten Eigentümlichkeiten zeigt, welche uns bei den beiden genannten Neurosen befremden würden.

Herr Dr. V. Tausk (Wien) hat mir einige seiner Beobachtungen bei beginnender Schizophrenie zur Verfügung gestellt, die durch den Vorzug ausgezeichnet sind, daß die Kranke selbst noch die Aufklärung ihrer Reden geben wollte. Ich will nun an zweien seiner Beispiele zeigen, welche Auffassung ich zu vertreten beabsichtige, zweifle übrigens nicht daran, daß es jedem Beobachter leicht sein würde, solches Material in Fülle vorzubringen.

Eine der Kranken Tausks, ein Mädchen, das nach einem Zwist mit ihrem Geliebten auf die Klinik gebracht wurde, klagt:

Die Augen sind nicht richtig, sie sind verdreht. Das erläutert sie selbst, indem sie in geordneter Sprache eine Reihe von Vorwürfen gegen den Geliebten vorbringt. »Sie kann ihn gar nicht verstehen, er sieht jedesmal anders aus, er ist ein Heuchler, ein *Augenverdreher*, er hat ihr die Augen verdreht, jetzt hat sie verdrehte Augen, es sind nicht mehr ihre Augen, sie sieht die Welt jetzt mit anderen Augen.«

Die Äußerungen der Kranken zu ihrer unverständlichen Rede haben den Wert einer Analyse, da sie deren Äquivalent in allgemein verständlicher Ausdrucksweise enthalten; sie geben gleichzeitig Aufschluß über Bedeutung und über Genese der schizophrenen Wortbildung. In Übereinstimmung mit Tausk hebe ich aus diesem Beispiel hervor, daß die Beziehung zum Organ (zum Auge) sich zur Vertretung des ganzen Inhaltes [ihrer Gedanken] aufgeworfen hat. Die schizophrene Rede hat hier einen hypochondrischen Zug, sie ist *Organsprache* geworden.[25]

---

25 [Vgl. *Zur Einführung des Narzißmus* (Abschnitt II) in Band 1 der vorliegenden Ausgabe.]

Eine zweite Mitteilung derselben Kranken: »Sie steht in der Kirche, plötzlich gibt es ihr einen Ruck, sie *muß sich anders stellen, als stellte sie jemand, als würde sie gestellt.«*

Dazu die Analyse durch eine neue Reihe von Vorwürfen gegen den Geliebten, »der ordinär ist, der sie, die vom Hause aus fein war, auch ordinär gemacht hat. Er hat sie sich ähnlich gemacht, indem er sie glauben machte, er sei ihr überlegen; nun sei sie so geworden, wie er ist, weil sie glaubte, sie werde besser sein, wenn sie ihm gleich werde. Er hat sich *verstellt*, sie ist jetzt so wie er (Identifizierung!), er hat sie *verstellt.«*
Die Bewegung des »Sich-anders-Stellen«, bemerkt Tausk, ist eine Darstellung des Wortes »verstellen« und der Identifizierung mit dem Geliebten. Ich hebe wiederum die Prävalenz jenes Elements des ganzen Gedankenganges hervor, welches eine körperliche Innervation (vielmehr deren Empfindung) zum Inhalt hat. Eine Hysterika hätte übrigens im ersten Falle krampfhaft die Augen verdreht, im zweiten den Ruck wirklich ausgeführt, anstatt den Impuls dazu oder die Sensation davon zu verspüren, und in beiden Fällen hätte sie keinen bewußten Gedanken dabei gehabt und wäre auch nachträglich nicht imstande gewesen, solche zu äußern.

Soweit zeugen diese beiden Beobachtungen für das, was wir hypochondrische oder Organsprache genannt haben. Sie mahnen aber auch, was uns wichtiger erscheint, an einen anderen Sachverhalt, der sich beliebig oft z. B. an den in Bleulers Monographie[26] gesammelten Beispielen nachweisen und in eine bestimmte Formel fassen läßt. Bei der Schizophrenie werden die *Worte* demselben Prozeß unterworfen, der aus den latenten Traumgedanken die Traumbilder macht, den wir den *psychischen Primärvorgang* geheißen haben. Sie werden verdichtet und übertragen einander ihre Besetzungen restlos durch Verschiebung; der Prozeß kann so weit gehen, daß ein einziges, durch mehrfa-

26 [Bleuler, *Demetia praecox oder Gruppe der Schizophrenien*, Leipzig und Wien 1911.]

che Beziehungen dazu geeignetes Wort die Vertretung einer ganzen Gedankenkette übernimmt. Die Arbeiten von Bleuler, Jung und ihren Schülern haben gerade für diese Behauptung reichliches Material ergeben.[27]

Ehe wir aus solchen Eindrücken einen Schluß ziehen, wollen wir noch der feinen, aber doch befremdlich wirkenden Unterschiede zwischen der schizophrenen und der hysterischen und zwangsneurotischen Ersatzbildung gedenken. Ein Patient, den ich gegenwärtig beobachte, läßt sich durch den schlechten Zustand seiner Gesichtshaut von allen Interessen des Lebens abziehen. Er behauptet, Mitesser zu haben und tiefe Löcher im Gesicht, die ihm jedermann ansieht. Die Analyse weist nach, daß er seinen Kastrationskomplex an seiner Haut abspielt. Er beschäftigte sich zunächst reuelos mit seinen Mitessern, deren Ausdrücken ihm große Befriedigung bereitete, weil dabei etwas herausspritzte, wie er sagt. Dann begann er zu glauben, daß überall dort, wo er einen Comedo beseitigt hatte, eine tiefe Grube entstanden sei, und er machte sich die heftigsten Vorwürfe, durch sein »beständiges Herumarbeiten mit der Hand« seine Haut für alle Zeiten verdorben zu haben. Es ist evident, daß ihm das Auspressen des Inhaltes der Mitesser ein Ersatz für die Onanie ist. Die Grube, die darauf durch seine Schuld entsteht, ist das weibliche Genitale, d. h. die Erfüllung der durch die Onanie provozierten Kastrationsdrohung (resp. der sie vertretenden Phantasie).Diese Ersatzbildung hat trotz ihres hypochondrischen Charakters viel Ähnlichkeit mit einer hysterischen Konversion, und doch wird man das Gefühl haben, daß hier etwas anderes vorgehen müsse, daß man solche Ersatzbildung einer Hysterie nicht zutrauen dürfe, noch ehe man sagen kann, worin die Verschiedenheit begründet ist. Ein winziges Grübchen wie eine Hautpore wird ein Hysteriker kaum

27 Gelegentlich behandelt die Traumarbeit die Worte wie die Dinge und schafft dann sehr ähnliche »schizophrene« Reden oder Wortneubildungen. [Im Aufsatz *Metapsychologische Ergänzung zur Traumlehre* (vgl. im vorliegenden Band unserer Ausgabe) unterscheidet Freud zwischen Traumvorgängen und den Prozessen in der Schizophrenie.]

zum Symbol der Vagina nehmen, die er sonst mit allen möglichen Gegenständen vergleicht, welche einen Hohlraum umschließen. Auch meinen wir, daß die Vielheit der Grübchen ihn abhalten wird, sie als Ersatz für das weibliche Genitale zu verwenden. Ähnliches gilt für einen jugendlichen Patienten, über den Tausk vor Jahren der Wiener Psychoanalytischen Gesellschaft berichtet hat. Er benahm sich sonst ganz wie ein Zwangsneurotiker, verbrauchte Stunden für seine Toilette u. dgl. Es war aber an ihm auffällig, daß er widerstandslos die Bedeutung seiner Hemmungen mitteilen konnte. Beim Anziehen der Strümpfe störte ihn z. B. die Idee, daß er die Maschen des Gewebes, also Löcher, auseinanderziehen müsse, und jedes Loch war ihm Symbol der weiblichen Geschlechtsöffnung. Auch dies ist einem Zwangsneurotiker nicht zuzutrauen; ein solcher, aus der Beobachtung von R. Reitler, der am gleichen Verweilen beim Strumpfanziehen litt, fand nach Überwindung der Widerstände die Erklärung, daß der Fuß ein Penissymbol sei, das Überziehen des Strumpfes ein onanistischer Akt, und er mußte den Strumpf fortgesetzt an- und ausziehen, zum Teil, um das Bild der Onanie zu vervollkommnen, zum Teil, um sie ungeschehen zu machen.

Fragen wir uns, was der schizophrenen Ersatzbildung und dem Symptom den befremdlichen Charakter verleiht, so erfassen wir endlich, daß es das Überwiegen der Wortbeziehung über die Sachbeziehung ist. Zwischen dem Ausdrücken eines Mitessers und einer Ejakulation aus dem Penis besteht eine recht geringe Sachähnlichkeit, eine noch geringere zwischen den unzähligen seichten Hautporen und der Vagina; aber im ersten Falle spritzt beide Male etwas heraus, und für den zweiten gilt wörtlich der zynische Satz: »Loch ist Loch.« Die Gleichheit des sprachlichen Ausdruckes, nicht die Ähnlichkeit der bezeichneten Dinge, hat den Ersatz vorgeschrieben. Wo die beiden – Wort und Ding – sich nicht decken, weicht die schizophrene Ersatzbildung von der bei den Übertragungsneurosen ab.

Setzen wir diese Einsicht mit der Annahme zusammen,

daß bei der Schizophrenie die Objektbesetzungen aufgegeben werden. Wir müssen dann modifizieren: die Besetzung der Wortvorstellungen der Objekte wird festgehalten. Was wir die bewußte Objektvorstellung heißen durften, zerlegt sich uns jetzt in die *Wortvorstellung* und in die *Sachvorstellung*, die in der Besetzung, wenn nicht der direkten Sacherinnerungsbilder, doch entfernterer und von ihnen abgeleiteter Erinnerungsspuren besteht. Mit einem Male glauben wir nun zu wissen, wodurch sich eine bewußte Vorstellung von einer unbewußten unterscheidet. Die beiden sind nicht, wie wir gemeint haben, verschiedene Niederschriften desselben Inhaltes an verschiedenen psychischen Orten, auch nicht verschiedene funktionelle Besetzungszustände an demselben Orte, sondern die bewußte Vorstellung umfaßt die Sachvorstellung plus der zugehörigen Wortvorstellung, die unbewußte ist die Sachvorstellung allein. Das System *Ubw* enthält die Sachbesetzungen der Objekte, die ersten und eigentlichen Objektbesetzungen; das System *Vbw* entsteht, indem diese Sachvorstellung durch die Verknüpfung mit den ihr entsprechenden Wortvorstellungen überbesetzt wird. Solche Überbesetzungen, können wir vermuten, sind es, welche eine höhere psychische Organisation herbeiführen und die Ablösung des Primärvorganges durch den im *Vbw* herrschenden Sekundärvorgang ermöglichen. Wir können jetzt auch präzise ausdrücken, was die Verdrängung bei den Übertragungsneurosen der zurückgewiesenen Vorstellung verweigert: Die Übersetzung in Worte, welche mit dem Objekt verknüpft bleiben sollen. Die nicht in Worte gefaßte Vorstellung oder der nicht überbesetzte psychische Akt bleibt dann im *Ubw* als verdrängt zurück.

Ich darf darauf aufmerksam machen, wie frühzeitig wir bereits die Einsicht besessen haben, die uns heute einen der auffälligsten Charaktere der Schizophrenie verständlich macht. Auf den letzten Seiten der 1900 veröffentlichten *Traumdeutung* ist ausgeführt, daß die Denkvorgänge, d. i. die von den Wahrnehmungen entfernteren Besetzungsakte, an sich qualitätslos und unbewußt sind und ihre

Fähigkeit, bewußt zu werden, nur durch die Verknüpfung mit den Resten der Wortwahrnehmungen erlangen. Die Wortvorstellungen entstammen ihrerseits der Sinneswahrnehmung in gleicher Weise wie die Sachvorstellungen, so daß man die Frage aufwerfen könnte, warum die Objektvorstellungen nicht mittels ihrer eigenen Wahrnehmungsreste bewußt werden können. Aber wahrscheinlich geht das Denken in Systemen vor sich, die von den ursprünglichen Wahrnehmungsresten so weit entfernt sind, daß sie von deren Qualitäten nichts mehr erhalten haben und zum Bewußtwerden einer Verstärkung durch neue Qualitäten bedürfen. Außerdem können durch die Verknüpfung mit Worten auch solche Besetzungen mit Qualität versehen werden, die aus den Wahrnehmungen selbst keine Qualität mitbringen konnten, weil sie bloß Relationen zwischen den Objektvorstellungen entsprechen. Solche erst durch Worte faßbar gewordene Relationen sind ein Hauptbestandteil unserer Denkvorgänge. Wir verstehen, daß die Verknüpfung mit Wortvorstellungen noch nicht mit dem Bewußtwerden zusammenfällt, sondern bloß die Möglichkeit dazu gibt, daß sie also kein anderes System als das des *Vbw* charakterisiert. Nun merken wir aber, daß wir mit diesen Erörterungen unser eigentliches Thema verlassen und mitten in die Probleme des Vorbewußten und Bewußten geraten, die wir zweckmäßigerweise einer gesonderten Behandlung vorbehalten.[28]

Bei der Schizophrenie, die wir ja hier auch nur so weit berühren, als uns zur allgemeinen Erkennung des *Ubw* unerläßlich scheint, muß uns der Zweifel auftauchen, ob der hier Verdrängung genannte Vorgang überhaupt noch etwas mit der Verdrängung bei den Übertragungsneurosen gemein hat. Die Formel, die Verdrängung sei ein Vorgang zwischen dem System *Ubw* und dem *Vbw* (oder *Bw*) mit dem Erfolg der Fernhaltung vom Bewußtsein,[29] bedarf jedenfalls einer Abänderung, um den Fall der Dementia

28 [Vgl. Fußnote 18 zum vorliegenden Aufsatz.]

29 [Vgl. zu Beginn der Studie *Die Verdrängung* im vorliegenden Band unserer Ausgabe.]

praecox und anderer narzißtischer Affektionen miteinschließen zu können. Aber der Fluchtversuch des Ichs, der sich in der Abziehung der bewußten Besetzung äußert, bleibt immerhin als das [den beiden Klassen von Neurosen] Gemeinsame bestehen. Um wie vieles gründlicher und tiefgreifender dieser Fluchtversuch, diese Flucht des Ichs bei den narzißtischen Neurosen ins Werk gesetzt wird, lehrt die oberflächlichste Überlegung.

Wenn diese Flucht bei der Schizophrenie in der Einziehung der Triebbesetzung von den Stellen besteht, welche die *unbewußte* Objektvorstellung repräsentieren, so mag es befremdlich erscheinen, daß der dem System *Vbw* angehörige Teil derselben Objektvorstellung – die ihr entsprechenden Wortvorstellungen – vielmehr eine intensivere Besetzung erfahren sollen. Man könnte eher erwarten, daß die Wortvorstellung als der vorbewußte Anteil den ersten Stoß der Verdrängung auszuhalten hat und daß sie ganz und gar unbesetzbar wird, nachdem sich die Verdrängung bis zu den unbewußten Sachvorstellungen fortgesetzt hat. Dies ist allerdings eine Schwierigkeit des Verständnisses. Es ergibt sich die Auskunft, daß die Besetzung der Wortvorstellung nicht zum Verdrängungsakt gehört, sondern den ersten der Herstellungs- oder Heilungsversuche darstellt, welche das klinische Bild der Schizophrenie so auffällig beherrschen. Diese Bemühungen wollen die verlorenen Objekte wiedergewinnen, und es mag wohl sein, daß sie in dieser Absicht den Weg zum Objekt über den Wortanteil desselben einschlagen, wobei sie sich aber dann mit den Worten an Stelle der Dinge begnügen müssen. Unsere seelische Tätigkeit bewegt sich ja ganz allgemein in zwei entgegengesetzten Verlaufsrichtungen, entweder von den Trieben her durch das System des *Ubw* zur bewußten Denkarbeit oder auf Anregung von außen durch das System des *Bw* und *Vbw* bis zu den *ubw* Besetzungen des Ichs und der Objekte. Dieser zweite Weg muß trotz der vorgefallenen Verdrängung passierbar bleiben und steht den Bemühungen der Neurose, ihre Objekte wiederzugewinnen, ein Stück weit offen. Wenn wir abstrakt denken, sind wir in

Gefahr, die Beziehungen der Worte zu den unbewußten Sachvorstellungen zu vernachlässigen, und es ist nicht zu leugnen, daß unser Philosophieren dann eine unerwünschte Ähnlichkeit in Ausdruck und Inhalt mit der Arbeitsweise der Schizophrenen gewinnt. Anderseits kann man von der Denkweise der Schizophrenen die Charakteristik versuchen, sie behandeln konkrete Dinge, als ob sie abstrakte wären.

Wenn wir wirklich das *Ubw* agnosziert und den Unterschied einer unbewußten Vorstellung von einer vorbewußten richtig bestimmt haben, so werden unsere Untersuchungen von vielen anderen Stellen her zu dieser Einsicht zurückführen müssen.

Metapsychologische Ergänzung zur Traumlehre[1]

Wir werden bei verschiedenen Anlässen die Erfahrung machen können, wie vorteilhaft es für unsere Forschung ist, wenn wir gewisse Zustände und Phänomene zur Vergleichung heranziehen, die man als *Normalvorbilder* krankhafter Affektionen auffassen kann. Dahin gehören Affektzustände wie Trauer und Verliebtheit, aber auch der Zustand des Schlafes und das Phänomen des Träumens.

Wir sind nicht gewöhnt, viele Gedanken daran zu knüpfen, daß der Mensch allnächtlich die Hüllen ablegt, die er über seine Haut gezogen hat, und etwa noch die Ergänzungsstücke seiner Körperorgane, soweit es ihm gelungen ist, deren Mängel durch Ersatz zu decken, also die Brille, falschen Haare, Zähne usw. Man darf hinzufügen, daß er beim Schlafengehen eine ganz analoge Entkleidung seines Psychischen vornimmt, auf die meisten seiner psychischen Erwerbungen verzichtet und so von beiden Seiten her eine außerordentliche Annäherung an die Situation herstellt, welche der Ausgang seiner Lebensentwicklung war. Das Schlafen ist somatisch eine Reaktivierung des Aufenthalts im Mutterleibe mit der Erfüllung der Bedingungen von Ruhelage, Wärme und Reizabhaltung; ja viele Menschen nehmen im Schlafe die fötale Körperhaltung wieder ein. Der psychische Zustand der Schlafenden charakterisiert sich durch nahezu völlige Zurückziehung aus der Welt der Umgebung und Einstellung alles Interesses für sie.

Wenn man die psychoneurotischen Zustände unter-

1 [Zum Titel machte Freud folgende Anmerkung:] Die beiden nachstehenden Abhandlungen stammen aus einer Sammlung, die ich ursprünglich unter dem Titel »Zur Vorbereitung einer Metapsychologie« in Buchform veröffentlichen wollte. Sie schließen an Arbeiten an, welche im III. Jahrgang der Intern. Zeitschrift für ärztl. Psychoanalyse abgedruckt worden sind. (*Triebe und Triebschicksale – Die Verdrängung – Das Unbewußte* [enthalten im vorliegenden Band]). Absicht dieser Reihe ist die Klärung und Vertiefung der theoretischen Annahmen, die man einem psychoanalytischen System zugrunde legen könnte.

sucht, wird man veranlaßt, in jedem derselben die sogenannten *zeitlichen Regressionen* hervorzuheben, den Betrag des ihm eigentümlichen Rückgreifens in der Entwicklung. Man unterscheidet zwei solcher Regressionen, die der Ich- und die der Libidoentwicklung. Die letztere reicht beim Schlafzustand bis zur Herstellung des *primitiven Narzißmus*, die erstere bis zur Stufe der *halluzinatorischen Wunschbefriedigung*.

Was man von den psychischen Charakteren des Schlafzustandes weiß, hat man natürlich durch das Studium des Traumes erfahren. Zwar zeigt uns der Traum den Menschen, insofern er nicht schläft, aber er kann doch nicht umhin, uns dabei auch Charaktere des Schlafes selbst zu verraten. Wir haben aus der Beobachtung einige Eigentümlichkeiten des Traumes kennengelernt, die wir zunächst nicht verstehen konnten und nun mit leichter Mühe einreihen können. So wissen wir, der Traum sei absolut egoistisch, und die Person, die in seinen Szenen die Hauptrolle spiele, sei immer als die eigene zu agnoszieren. Das leitet sich nun leicht begreiflicherweise von dem Narzißmus des Schlafzustandes ab. Narzißmus und Egoismus fallen ja zusammen; das Wort »Narzißmus« will nur betonen, daß der Egoismus auch ein libidinöses Phänomen sei, oder, um es anders auszudrücken, der Narzißmus kann als die libidinöse Ergänzung des Egoismus bezeichnet werden.[2] Ebenso verständlich wird auch die allgemein anerkannte

---

2 [Zur Beziehung zwischen Narzißmus und Egoismus äußert sich Freud in der 26. seiner *Vorlesungen zur Einführung in die Psychoanalyse* folgendermaßen: »Erstens, wie unterscheiden sich Narzißmus und Egoismus begrifflich? Nun, ich meine, Narzißmus ist die libidinöse Ergänzung zum Egoismus. Wenn man von Egoismus spricht, hat man nur den Nutzen für das Individuum ins Auge gefaßt; sagt man Narzißmus, so zieht man auch seine libidinöse Befriedigung in Betracht. Als praktische Motive lassen sich die beiden ein ganzes Stück weit gesondert verfolgen. Man kann absolut egoistisch sein und doch starke libidinöse Objektbesetzungen unterhalten, insofern die libidinöse Befriedigung am Objekt zu den Bedürfnissen des Ichs gehört. Der Egoismus wird dann darauf achten, daß die Strebung nach dem Objekt dem Ich keinen Schaden bringe. Man kann egoistisch sein und dabei auch überstark narzißtisch, d. h. ein sehr geringes Objektbedürfnis haben und dies wiederum entweder in der direkten Sexualbefriedigung oder auch in jenen höheren, vom Sexualbedürfnis ab-

und für rätselhaft gehaltene »diagnostische« Fähigkeit des Traumes, in welchem beginnende Körperleiden oft früher und deutlicher als im Wachen verspürt werden und alle gerade aktuellen Körperempfindungen ins Riesenhafte vergrößert auftreten. Diese Vergrößerung ist hypochondrischer Natur, sie hat zur Voraussetzung, daß alle psychische Besetzung von der Außenwelt auf das eigene Ich zurückgezogen wurde, und sie ermöglicht nun die frühzeitige Erkennung von körperlichen Veränderungen, die im Wachleben noch eine Weile unbemerkt geblieben wären.

Ein Traum zeigt uns an, daß etwas vorging, was den Schlaf stören wollte, und gestattet uns Einsicht in die Art, wie diese Störung abgewehrt werden konnte. Am Ende hat der Schlafende geträumt und kann seinen Schlaf fortsetzen; an Stelle des inneren Anspruches, der ihn beschäftigen wollte, ist ein äußeres Erlebnis getreten, dessen Anspruch erledigt worden ist. Ein Traum ist also auch eine *Projektion*, eine Veräußerlichung eines inneren Vorganges. Wir erinnern uns, daß wir die Projektion bereits an anderer Stelle unter den Mitteln der Abwehr begegnet haben. Auch der Mechanismus der hysterischen Phobie gipfelte darin, daß das Individuum sich durch Fluchtversuche vor einer äußeren Gefahr schützen durfte, welche an die Stelle eines inneren Triebanspruches getreten war.[3] Eine gründliche Erörterung der Projektion sparen wir uns aber auf, bis wir zur Zer-

geleiteten Strebungen, die wir gelegentlich als ›Liebe‹ in einen Gegensatz zur ›Sinnlichkeit‹ zu bringen pflegen. Der Egoismus ist in all diesen Beziehungen das Selbstverständliche, Konstante, der Narzißmus das variable Element. Der Gegensatz von Egoismus, *Altruismus*, deckt sich begrifflich nicht mit libidinöser Objektbesetzung, er sondert sich von ihr durch den Wegfall der Strebungen nach sexueller Befriedigung. In der vollen Verliebtheit trifft aber der Altruismus mit der libidinösen Objektbesetzung zusammen. Das Sexualobjekt zieht in der Regel einen Anteil des Narzißmus des Ichs auf sich, was als die sogenannte ›Sexualüberschätzung‹ des Objekts bemerkbar wird. Kommt noch die altruistische Überleitung vom Egoismus auf das Sexualobjekt hinzu, so wird das Sexualobjekt übermächtig; es hat das Ich gleichsam aufgesogen.«]

3 [Vgl. *Das Unbewußte* (Kapitel IV, zweiter Abschnitt) im vorliegenden Band.]

gliederung jener narzißtischen Affektion gekommen sind, bei welcher dieser Mechanismus die auffälligste Rolle spielt.[4]

Auf welche Weise kann aber der Fall herbeigeführt werden, daß die Absicht zu schlafen eine Störung erfährt? Die Störung kann von innerer Erregung oder von äußerem Reiz ausgehen. Wir wollen den minder durchsichtigen und interessanteren Fall der Störung von innen zuerst in Betracht ziehen; die Erfahrung zeigt uns als Erreger des Traumes Tagesreste, Denkbesetzungen, welche sich der allgemeinen Abziehung der Besetzungen nicht gefügt und ihr zum Trotz ein gewisses Maß von libidinösem oder anderem Interesse behalten haben. Der Narzißmus des Schlafes hat also hier von vornherein eine Ausnahme zulassen müssen, und mit dieser hebt die Traumbildung an. Diese Tagesreste lernen wir in der Analyse als latente Traumgedanken kennen und müssen sie nach ihrer Natur wie zufolge der ganzen Situation als vorbewußte Vorstellungen, als Angehörige des Systems *Vbw* gelten lassen.

Die weitere Aufklärung der Traumbildung gelingt nicht ohne Überwindung gewisser Schwierigkeiten. Der Narzißmus des Schlafzustandes bedeutet ja die Abziehung der Besetzung von allen Objektvorstellungen, sowohl der unbewußten wie der vorbewußten Anteile derselben. Wenn also gewisse »Tagesreste« besetzt geblieben sind, so hat es Bedenken anzunehmen, daß diese zur Nachtzeit so viel Energie erwerben, um sich die Beachtung des Bewußtseins zu erzwingen; man ist eher geneigt anzunehmen, daß die ihnen verbliebene Besetzung um vieles schwächer ist, als die ihnen tagsüber eigen war. Die Analyse überhebt uns hier weiterer Spekulationen, indem sie uns nachweist, daß diese Tagesreste eine Verstärkung aus den Quellen unbewußter Triebregungen bekommen müssen, wenn sie als Traumbildner auftreten sollen. Diese Annahme hat zunächst keine Schwierigkeiten, denn wir müssen glauben,

4 [Freud meint vermutlich eine Arbeit über Projektion oder Paranoia, die in den vorliegenden Komplex der sogenannten »Metapsychologischen Schriften« von 1915 gehört und nicht erhalten ist. (Vgl. die Fußnote 18 der Studie *Das Unbewußte* im vorliegenden Band.)]

daß die Zensur zwischen *Vbw* und *Ubw* im Schlafe sehr herabgesetzt, der Verkehr zwischen beiden Systemen also eher erleichtert ist.

Aber ein anderes Bedenken darf nicht verschwiegen werden. Wenn der narzißtische Schlafzustand die Einziehung aller Besetzungen der Systeme *Ubw* und *Vbw* zur Folge gehabt hat, so entfällt ja auch die Möglichkeit, daß die vorbewußten Tagesreste eine Verstärkung aus den unbewußten Triebregungen beziehen, die selbst ihre Besetzungen an das Ich abgegeben haben. Die Theorie der Traumbildung läuft hier in einen Widerspruch aus, oder sie muß durch eine Modifikation der Annahme über den Schlafnarzißmus gerettet werden.

Eine solche einschränkende Annahme wird, wie sich später ergeben soll,[5] auch in der Theorie der Dementia praecox unabweisbar. Sie kann nur lauten, daß der verdrängte Anteil des Systems *Ubw* dem vom Ich ausgehenden Schlafwunsche nicht gehorcht, seine Besetzung ganz oder teilweise behält und sich überhaupt infolge der Verdrängung ein gewisses Maß von Unabhängigkeit vom Ich geschaffen hat. In weiterer Entsprechung müßte auch ein gewisser Betrag des Verdrängungsaufwandes (der *Gegenbesetzung)* die Nacht über aufrechterhalten werden, um der Triebgefahr zu begegnen, obwohl die Unzugänglichkeit aller Wege zur Affektentbindung und zur Motilität die Höhe der notwendigen Gegenbesetzung erheblich herabsetzen mag. Wir würden uns also die zur Traumbildung führende Situation folgenderart ausmalen: Der Schlafwunsch versucht alle vom Ich ausgeschickten Besetzungen einzuziehen und einen absoluten Narzißmus herzustellen. Das kann nur teilweise gelingen, denn das Verdrängte des Systems *Ubw* folgt dem Schlafwunsche nicht. Es muß also auch ein Teil der Gegenbesetzungen aufrechterhalten werden und die Zensur zwischen *Ubw* und *Vbw*, wenngleich nicht in voller Stärke, verbleiben. Soweit die Herrschaft des Ichs reicht, sind alle Systeme von Besetzungen entleert. Je stärker die

5 [Worauf dies sich bezieht, ist unklar.]

ubw Triebbesetzungen sind, desto labiler ist der Schlaf. Wir kennen auch den extremen Fall, daß das Ich den Schlafwunsch aufgibt, weil es sich unfähig fühlt, die während des Schlafes frei gewordenen verdrängten Regungen zu hemmen, mit anderen Worten, daß es auf den Schlaf verzichtet, weil es sich vor seinen Träumen fürchtet.

Wir werden später[6] die Annahme von der Widersetzlichkeit der verdrängten Regungen als eine folgenschwere schätzen lernen. Verfolgen wir nun die Situation der Traumbildung weiter.

Als zweiten Einbruch in den Narzißmus[7] müssen wir die vorhin erwähnte Möglichkeit würdigen, daß auch einige der vorbewußten Tagesgedanken sich resistent erweisen und einen Teil ihrer Besetzung festhalten. Die beiden Fälle können im Grunde identisch sein; die Resistenz der Tagesreste mag sich auf die bereits im Wachleben bestehende Verknüpfung mit unbewußten Regungen zurückführen, oder es geht etwas weniger einfach zu, und die nicht ganz entleerten Tagesreste setzen sich erst im Schlafzustand, dank der erleichterten Kommunikation zwischen *Vbw* und *Ubw*, mit dem Verdrängten in Beziehung. In beiden Fällen erfolgt nun der nämliche entscheidende Fortschritt der Traumbildung: Es wird der vorbewußte Traumwunsch geformt, welcher *der unbewußten Regung Ausdruck gibt in dem Material der vorbewußten Tagesreste.* Diesen Traumwunsch sollte man von den Tagesresten scharf unterscheiden; er muß im Wachleben nicht bestanden haben, er kann bereits den irrationalen Charakter zeigen, den alles Unbewußte an sich trägt, wenn man es ins Bewußte übersetzt. Der Traumwunsch darf auch nicht mit den Wunschregungen verwechselt werden, die sich möglicherweise, aber gewiß nicht notwendigerweise, unter den vorbewußten (latenten) Traumgedanken befunden haben. Hat es aber solche vorbewußte Wünsche gegeben, so gesellt sich ihnen der Traumwunsch als wirksamste Verstärkung hinzu.

---

6 [Auch dieser Verweis ist unklar.]

7 [Der erste ist die »Widersetzlichkeit der verdrängten Regungen«.]

Es handelt sich nun um die weiteren Schicksale dieser in ihrem Wesen einen unbewußten Triebanspruch vertretenden Wunschregung, die sich im *Vbw* als Traumwunsch (wunscherfüllende Phantasie) gebildet hat. Sie könnte ihre Erledigung auf drei verschiedenen Wegen finden, sagt uns die Überlegung. Entweder auf dem Wege, der im Wachleben der normale wäre, aus dem *Vbw* zum Bewußtsein drängen oder sich mit Umgehung des *Bw* direkte motorische Abfuhr schaffen, oder den unvermuteten Weg nehmen, den uns die Beobachtung wirklich verfolgen läßt. Im ersteren Falle würde sie zu einer *Wahnidee* mit dem Inhalt der Wunscherfüllung, aber das geschieht im Schlafzustande nie. (Mit den metapsychologischen Bedingungen der seelischen Prozesse so wenig vertraut, können wir aus dieser Tatsache vielleicht den Wink entnehmen, daß die völlige Entleerung eines Systems es für Anregungen wenig ansprechbar macht.) Der zweite Fall, die direkte motorische Abfuhr, sollte durch das nämliche Prinzip ausgeschlossen sein, denn der Zugang zur Motilität liegt normalerweise noch ein Stück weiter weg von der Bewußtseinszensur, aber er kommt ausnahmsweise als *Somnambulismus* zur Beobachtung. Wir wissen nicht, welche Bedingungen dies ermöglichen und warum er sich nicht häufiger ereignet. Was bei der Traumbildung wirklich geschieht, ist eine sehr merkwürdige und ganz unvorhergesehene Entscheidung. Der im *Vbw* angesponnene und durch das *Ubw* verstärkte Vorgang nimmt einen rückläufigen Weg durch das *Ubw* zu der dem Bewußtsein sich aufdrängenden Wahrnehmung. Diese *Regression* ist die dritte Phase der Traumbildung. Wir wiederholen hier zur Übersicht die früheren: Verstärkung der *vbw* Tagesreste durch das *Ubw* – Herstellung des Traumwunsches.

Wir heißen eine solche Regression eine *topische* zum Unterschied von der vorhin erwähnten *zeitlichen* oder entwicklungsgeschichtlichen.[8] Die beiden müssen nicht immer zu-

8 [Vgl. weitere Erörterungen der Regression in der 22. der *Vorlesungen zur Einführung in die Psychoanalyse* im vorliegenden Band unserer Ausgabe.]

sammenfallen, tun es aber gerade in dem uns vorliegenden Beispiele. Die Rückwendung des Ablaufes der Erregung vom *Vbw* durch das *Ubw* zur Wahrnehmung ist gleichzeitig die Rückkehr zu der frühen Stufe der halluzinatorischen Wunscherfüllung.

Es ist aus der *Traumdeutung* bekannt, in welcher Weise die Regression der vorbewußten Tagesreste bei der Traumbildung vor sich geht.[9] Gedanken werden dabei in – vorwiegend visuelle – Bilder umgesetzt, also Wortvorstellungen auf die ihnen entsprechenden Sachvorstellungen zurückgeführt, im ganzen so, als ob eine Rücksicht auf *Darstellbarkeit* den Prozeß beherrschen würde. Nach vollzogener Regression erübrigt eine Reihe von Besetzungen im System *Ubw*, Besetzungen von Sacherinnerungen, auf welche der psychische Primärvorgang einwirkt, bis er durch deren Verdichtung und Verschiebung der Besetzungen zwischen ihnen den manifesten Trauminhalt gestaltet hat. Nur wo die Wortvorstellungen in den Tagesresten frische, aktuelle Reste von Wahrnehmungen sind, nicht Gedankenausdruck, werden sie wie Sachvorstellungen behandelt und unterliegen an sich den Einflüssen der Verdichtung und Verschiebung. Daher die in der *Traumdeutung* gegebene, seither zur Evidenz bestätigte Regel, daß Worte und Reden im Trauminhalt nicht neugebildet, sondern Reden des Traumtages (oder sonstigen frischen Eindrücken, auch aus Gelesenem) nachgebildet werden. Es ist sehr bemerkenswert, wie wenig die Traumarbeit an den Wortvorstellungen festhält; sie ist jederzeit bereit, die Worte miteinander zu vertauschen, bis sie jenen Ausdruck findet, welcher der plastischen Darstellung die günstigste Handhabe bietet.[10]

9 [Vgl. *Über den Traum* in Band 1 der vorliegenden Ausgabe.]

10 Der Rücksicht auf Darstellbarkeit schreibe ich auch die von Silberer [*Probleme der Mystik und ihre Symbolik*, Leipzig und Wien 1914] betonte und vielleicht von ihm überschätzte Tatsache zu, daß manche Träume zwei gleichzeitig zutreffende und doch wesensverschiedene Deutungen gestatten, von denen Silberer die eine die *analytische*, die andere die *anagogische* heißt. Es handelt sich dann immer um Gedanken von sehr abstrakter Natur, die der Darstellung im Traume große Schwierigkeiten bereiten mußten. Man halte sich zum Vergleiche etwa die Aufgabe vor, den Leit-

In diesem Punkte zeigt sich nun der entscheidende Unterschied zwischen der Traumarbeit und der Schizophrenie. Bei letzterer werden die Worte selbst, in denen der vorbewußte Gedanke ausgedrückt war, Gegenstand der Bearbeitung durch den Primärvorgang; im Traume sind es nicht die Worte, sondern die Sachvorstellungen, auf welche die Worte zurückgeführt wurden.[11] Der Traum kennt eine topische Regression, die Schizophrenie nicht; beim Traume ist der Verkehr zwischen *(vbw)* Wortbesetzungen und *(ubw)* Sachbesetzungen frei; für die Schizophrenie bleibt charakteristisch, daß er abgesperrt ist. Der Eindruck dieser Verschiedenheit wird gerade durch die Traumdeutungen, die wir in der psychoanalytischen Praxis vornehmen, abgeschwächt. Indem die Traumdeutung den Verlauf der Traumarbeit aufspürt, die Wege verfolgt, die von den latenten Gedanken zu den Traumelementen führen, die Ausbeutung der Wortzweideutigkeiten aufdeckt und die Wortbrücken zwischen verschiedenen Materialkreisen nachweist, macht sie einen bald witzigen, bald schizophrenen Eindruck und läßt uns daran vergessen, daß alle Operationen an Worten für den Traum nur Vorbereitung zur Sachregression sind.

Die Vollendung des Traumvorganges liegt darin, daß der regressiv verwandelte, zu einer Wunschphantasie umgearbeitete Gedankeninhalt als sinnliche Wahrnehmung bewußt wird, wobei er die sekundäre Bearbeitung erfährt,

---

artikel einer politischen Zeitung durch Illustrationen zu ersetzen! In solchen Fällen muß die Traumarbeit den abstrakten Gedankentext erst durch einen konkreteren ersetzen, welcher mit ihm irgendwie durch Vergleich, Symbolik, allegorische Anspielung, am besten aber genetisch verknüpft ist und der nun an seiner Stelle Material der Traumarbeit wird. Die abstrakten Gedanken ergeben die sogenannte anagogische Deutung, die wir bei der Deutungsarbeit leichter erraten als die eigentlich analytische. Nach einer richtigen Bemerkung von O. Rank sind gewisse Kurträume von analytisch behandelten Patienten die besten Vorbilder für die Auffassung solcher Träume mit mehrfacher Deutung. [Das entsprechende Zitat aus der *Traumdeutung* findet sich in der Fußnote 93 zur Studie *Aus der Geschichte einer infantilen Neurose* (im vorliegenden Band).]

11 [Vgl. *Das Unbewußte* (Kapitel VII) im vorliegenden Band.]

welcher jeder Wahrnehmungsinhalt unterliegt. Wir sagen, der Traumwunsch wird *halluziniert* und findet als Halluzination den Glauben an die Realität seiner Erfüllung. Gerade an dieses abschließende Stück der Traumbildung knüpfen sich die stärksten Unsicherheiten, zu deren Klärung wir den Traum in Vergleich mit ihm verwandten pathologischen Zuständen bringen wollen.

Die Bildung der Wunschphantasie und deren Regression zur Halluzination sind die wesentlichsten Stücke der Traumarbeit, doch kommen sie ihm nicht ausschließend zu. Vielmehr finden sie sich ebenso bei zwei krankhaften Zuständen, bei der akuten halluzinatorischen Verworrenheit, der *Amentia* (Meynerts), und in der halluzinatorischen Phase der Schizophrenie. Das halluzinatorische Delir der Amentia ist eine deutlich kennbare Wunschphantasie, oft völlig geordnet wie ein schöner Tagtraum. Man könnte ganz allgemein von einer *halluzinatorischen Wunschpsychose* sprechen und sie dem Traume wie der Amentia in gleicher Weise zuerkennen. Es kommen auch Träume vor, welche aus nichts anderem als aus sehr reichhaltigen, unentstellten Wunschphantasien bestehen.[12] Die halluzinatorische

12 [In der 8. der *Vorlesungen zur Einführung in die Psychoanalyse*, die dem Thema »Kinderträume« gewidmet ist, schreibt Freud: »Es gibt jedenfalls noch eine Klasse von Träumen, die unentstellt sind und sich wie die Kinderträume leicht als Wunscherfüllungen erkennen lassen. Es sind jene, die das ganze Leben hindurch durch die imperativen Körperbedürfnisse hervorgerufen werden, den Hunger, den Durst, das Sexualbedürfnis, also Wunscherfüllungen als Reaktionen auf innere Körperreize.« Anschließend teilt Freud den Erdbeertraum eines Mädchens mit (vgl. *Über den Traum*, Kapitel III, in Band 1 der vorliegenden Ausgabe). Dann geht er zu extremen Situationen im Erwachsenenleben über: »Beobachtungen an Gefangenen, die man hungern läßt, und an Personen, die auf Reisen und Expeditionen Entbehrungen zu ertragen haben, lehren, daß unter diesen Bedingungen regelmäßig von der Befriedigung dieser Bedürfnisse geträumt wird. So berichtet Otto Nordenskjöld in seinem Buche *Antarctic* (1904) über die mit ihm überwinterte Mannschaft (Bd. 1, 336 f.): ›Sehr bezeichnend für die Richtung unserer innersten Gedanken waren unsere Träume, die nie lebhafter und zahlreicher waren als gerade jetzt . . . Alle handelten sie von jener äußeren Welt, die uns jetzt so fern lag, waren aber oft unseren jetzigen Verhältnissen angepaßt . . . Essen und Trinken waren übrigens die Mittelpunkte, um die sich unsere Träume am häufigsten

Phase der Schizophrenie ist minder gut studiert; sie scheint in der Regel zusammengesetzter Natur zu sein, dürfte aber im wesentlichen einem neuen Restitutionsversuch entsprechen, der die libidinöse Besetzung zu den Objektvorstellungen zurückbringen will.[13] Die anderen halluzinatorischen Zustände bei mannigfaltigen pathologischen Affektionen kann ich nicht zum Vergleich heranziehen, weil ich hier weder über eigene Erfahrung verfüge noch die anderer verwerten kann.

Machen wir uns klar, daß die halluzinatorische Wunschpsychose – im Traume oder anderwärts – zwei keineswegs ineinanderfallende Leistungen vollzieht. Sie bringt nicht nur verborgene oder verdrängte Wünsche zum Bewußtsein, sondern stellt sie auch unter vollem Glauben als erfüllt dar. Es gilt dieses Zusammentreffen zu verstehen. Man kann keineswegs behaupten, die unbewußten Wünsche müßten für Realitäten gehalten werden, nachdem sie einmal bewußt geworden sind, denn unser Urteil ist bekanntermaßen sehr wohl imstande, Wirklichkeiten von noch so intensiven Vorstellungen und Wünschen zu unterscheiden. Dagegen scheint es gerechtfertigt anzunehmen, daß der Realitätsglaube an die Wahrnehmung durch die Sinne geknüpft ist. Wenn einmal ein Gedanke den Weg zur Regression bis zu den unbewußten Objekterinnerungsspuren und von da bis zur Wahrnehmung gefunden hat, so anerkennen wir seine Wahrnehmung als real. Die Halluzi-

---

drehten ... Natürlich beschäftigte man sich im Schlaf mit noch unmöglicheren Dingen, aber der Mangel an Phantasie in fast allen Träumen, die ich selber träumte oder erzählen hörte, war ganz auffallend. Es würde sicher von großem psychologischen Interesse sein, wenn alle diese Träume aufgezeichnet würden. Man wird aber leicht verstehen können, wie ersehnt der Schlaf war, da er uns alles bieten konnte, was ein jeder von uns am glühendsten begehrte.‹« – Freud hat 1911 dieses Zitat von Nordenskjöld als Fußnote der *Traumdeutung* (Kapitel II »Der Traum ist eine Wunscherfüllung«) hinzugefügt. Auch in der die *Traumdeutung* resümierenden Arbeit *Über den Traum* (Kapitel III) spielt er auf diese Polarexpedition an.]

13 Als ersten solchen Versuch haben wir in der Abhandlung über das *Unbewußte* die Überbesetzung der Wortvorstellungen kennengelernt [gegen Schluß der Arbeit; vgl. im vorliegenden Band].

nation bringt also den Realitätsglauben mit sich. Es fragt sich nun, welches die Bedingung für das Zustandekommen einer Halluzination ist. Die erste Antwort würde lauten: Die Regression, und somit die Frage nach der Entstehung der Halluzination durch die nach dem Mechanismus der Regression ersetzen. Die Antwort darauf brauchten wir für den Traum nicht lange schuldig zu bleiben. Die Regression der *vbw* Traumgedanken zu den Sacherinnerungsbildern ist offenbar die Folge der Anziehung, welche diese *ubw* Triebrepräsentanzen – z. B. verdrängte Erlebniserinnerungen – auf die in Worte gefaßten Gedanken ausüben. Allein wir merken bald, daß wir auf falsche Fährte geraten sind. Wäre das Geheimnis der Halluzination kein anderes als das der Regression, so müßte jede genug intensive Regression eine Halluzination mit Realitätsglauben ergeben. Wir kennen aber sehr wohl die Fälle, in denen ein regressives Nachdenken sehr deutliche visuelle Erinnerungsbilder zum Bewußtsein bringt, die wir darum keinen Augenblick für reale Wahrnehmungen halten. Wir könnten uns auch sehr wohl vorstellen, daß die Traumarbeit bis zu solchen Erinnerungsbildern vordringt, uns die bisher unbewußten bewußtmacht und uns eine Wunschphantasie vorspiegelt, die wir sehnsüchtig empfinden, aber nicht als die reale Erfüllung des Wunsches anerkennen würden. Die Halluzination muß also mehr sein als die regressive Belebung der an sich *ubw* Erinnerungsbilder.

Halten wir uns noch vor, daß es von großer praktischer Bedeutung ist, Wahrnehmungen von noch so intensiv erinnerten Vorstellungen zu unterscheiden. Unser ganzes Verhältnis zur Außenwelt, zur Realität, hängt von dieser Fähigkeit ab. Wir haben die Fiktion aufgestellt,[14] daß wir

14 [In der *Traumdeutung* (Kapitel VII, Abschnitt C) schreibt Freud: »Wir zweifeln nicht daran, daß auch dieser [psychische] Apparat seine heutige Vollkommenheit erst über den Weg einer langen Entwicklung erreicht hat. Versuchen wir es, ihn in eine frühere Stufe seiner Leistungsfähigkeit zurückzuversetzen. Anderswie zu begründende Annahmen sagen uns, daß der Apparat zunächst dem Bestreben folgte, sich möglichst reizlos zu erhalten, und darum in seinem ersten Aufbau das Schema des Reflexapparates annahm, das ihm gestattete, eine von außen an ihn gelangende sen-

diese Fähigkeit nicht immer besaßen und daß wir zu Anfang unseres Seelenlebens wirklich das befriedigende Objekt halluzinierten, wenn wir das Bedürfnis nach ihm verspürten. Aber die Befriedigung blieb in solchem Falle aus, und der Mißerfolg muß uns sehr bald bewogen haben, eine Einrichtung zu schaffen, mit deren Hilfe eine solche Wunschwahrnehmung von einer realen Erfüllung unterschieden und im weiteren vermieden werden konnte. Wir haben mit anderen Worten sehr frühzeitig die halluzinatorische Wunschbefriedigung aufgegeben und eine Art der *Realitätsprüfung* eingerichtet. Die Frage erhebt sich nun, worin bestand diese Realitätsprüfung, und wie bringt es die halluzinatorische Wunschpsychose des Traumes und der Amen-

---

sible Erregung alsbald auf motorischem Wege abzuführen. Aber die Not des Lebens stört diese einfache Funktion; ihr verdankt der Apparat auch den Anstoß zur weiteren Ausbildung. In der Form der großen Körperbedürfnisse tritt die Not des Lebens zuerst an ihn heran. Die durch das innere Bedürfnis gesetzte Erregung wird sich einen Abfluß in die Motalität suchen, die man als ›Innere Veränderung‹ oder als ›Ausdruck der Gemütsbewegung‹ bezeichnen kann. Das hungrige Kind wird hilflos schreien oder zappeln. Die Situation bleibt aber unverändert, denn die vom inneren Bedürfnis ausgehende Erregung entspricht nicht einer momentan stoßenden, sondern einer kontinuierlich wirkenden Kraft. Eine Wendung kann erst eintreten, wenn auf irgendeinem Wege, beim Kind durch fremde Hilfeleistung, die Erfahrung des *Befriedigungserlebnisses* gemacht wird, das den inneren Reiz aufhebt. Ein wesentlicher Bestandteil dieses Erlebnisses ist das Erscheinen einer gewissen Wahrnehmung (der Nahrung im Beispiel), deren Erinnerungsbild von jetzt an mit der Gedächtnisspur der Bedürfniserregung assoziiert bleibt. Sobald dies Bedürfnis ein nächstes Mal auftritt, wird sich, dank der hergestellten Verknüpfung, eine psychische Regung ergeben, welche das Erinnerungsbild jener Wahrnehmung wieder besetzen und die Wahrnehmung selbst wieder hervorrufen, also eigentlich die Situation der ersten Befriedigung wiederherstellen will. Eine solche Regung ist das, was wir einen Wunsch heißen; das Wiedererscheinen der Wahrnehmung ist die Wunscherfüllung, und die volle Besetzung der Wahrnehmung von der Bedürfniserregung her der kürzeste Weg zur Wunscherfüllung. Es hindert uns nichts, einen primitiven Zustand des psychischen Apparats anzunehmen, in dem dieser Weg wirklich so begangen wird, das Wünschen also in ein Halluzinieren ausläuft. Diese erste psychische Tätigkeit zielt also auf eine *Wahrnehmungsidentität*, nämlichauf die Wiederholung jener Wahrnehmung, welche mit der Befriedigung des Bedürfnisses verknüpft ist.«]

tia u. dgl. zustande, sie aufzuheben und den alten Modus der Befriedigung wiederherzustellen.

Die Antwort läßt sich geben, wenn wir nun darangehen, das dritte unserer psychischen Systeme, das System *Bw*, welches wir bisher vom *Vbw* nicht scharf gesondert haben, näher zu bestimmen. Wir haben uns schon in der *Traumdeutung*[15] entschließen müssen, die bewußte Wahrnehmung als die Leistung eines besonderen Systems in Anspruch zu nehmen, dem wir gewisse merkwürdige Eigenschaften zugeschrieben haben und mit guten Gründen noch weitere Charaktere beilegen werden. Dieses dort *W* genannte System bringen wir zur Deckung mit dem System *Bw*, an dessen Arbeit in der Regel das Bewußtwerden hängt. Noch immer aber deckt sich die Tatsache des Bewußtwerdens nicht völlig mit der Systemzugehörigkeit, denn wir haben ja erfahren, daß sinnliche Erinnerungsbilder bemerkt werden können, denen wir unmöglich einen psychischen Ort im System *Bw* oder *W* zugestehen können.

Allein die Behandlung dieser Schwierigkeit darf wiederum aufgeschoben werden, bis wir das System *Bw* selbst als Mittelpunkt unseres Interesses einstellen können.[16] Für unseren gegenwärtigen Zusammenhang darf uns die Annahme gestattet werden, daß die Halluzination in einer Besetzung des Systems *Bw (W)* besteht, die aber nicht wie normal von außen, sondern von innen her erfolgt, und daß sie zur Bedingung hat, die Regression müsse so weit gehen, daß sie dies System selbst erreicht und sich dabei über die Realitätsprüfung hinaussetzen kann.[17]

Wir haben in einem früheren Zusammenhang *(Triebe und Triebschicksale)* für den noch hilflosen Organismus die Fähigkeit in Anspruch genommen, mittels seiner Wahrneh-

---

15 [Kapitel VII, Abschnitt B.]

16 [Wahrscheinlich ein Hinweis auf die verlorengegangene Arbeit über das Bewußtsein; vgl. Fußnote 18 zur Studie *Das Unbewußte* im vorliegenden Band.]

17 Ich füge ergänzend hinzu, daß ein Erklärungsversuch der Halluzination nicht an der positiven, sondern vielmehr an der *negativen* Halluzination angreifen müßte.

mungen eine erste Orientierung in der Welt zu schaffen, indem er »außen« und »innen« nach der Beziehung zu einer Muskelaktion unterscheidet. Eine Wahrnehmung, die durch eine Aktion zum Verschwinden gebracht wird, ist als eine äußere, als Realität erkannt; wo solche Aktion nichts ändert, kommt die Wahrnehmung aus dem eigenen Körperinnern, sie ist nicht real. Es ist dem Individuum wertvoll, daß es ein solches Kennzeichen der Realität besitzt, welches gleichzeitig eine Abhilfe gegen sie bedeutet, und es wollte gern mit ähnlicher Macht gegen seine oft unerbittlichen Triebansprüche ausgestattet sein. Darum wendet es solche Mühe daran, was ihm von innen her beschwerlich wird, nach außen zu versetzen, zu *projizieren.*[18]

Diese Leistung der Orientierung in der Welt durch Unterscheidung von innen und außen müssen wir nun nach einer eingehenden Zergliederung des seelischen Apparates dem System *Bw (W)* allein zuschreiben. *Bw* muß über eine motorische Innervation verfügen, durch welche festgestellt wird, ob die Wahrnehmung zum Verschwinden zu bringen ist oder sich resistent verhält. Nichts anderes als diese Einrichtung braucht die *Realitätsprüfung* zu sein.[19] Näheres darüber können wir nicht aussagen, da Natur und Arbeitsweise des Systems *Bw* noch zuwenig bekannt sind. Die Realitätsprüfung werden wir als eine der großen *Institutionen des Ichs* neben die uns bekannt gewordenen *Zensuren* zwischen den psychischen Systemen hinstellen und erwarten, daß uns die Analyse der narzißtischen Affektionen andere solcher Institutionen aufzudecken verhilft.

Hingegen können wir schon jetzt aus der Pathologie erfahren, auf welche Weise die Realitätsprüfung aufgehoben oder außer Tätigkeit gesetzt werden kann, und zwar werden

18 [Vgl. die Erörterung über »außen« und »innen« in der Arbeit *Die Verneinung* (im Band 3 der vorliegenden Ausgabe) sowie in der Studie *Das Unbehagen in der Kultur*, Kapitel I (vgl. S. Freud, *Trauer und Melancholie. Essays*, Berlin 1982, S. 104 ff.).]

19 Über die Unterscheidung einer Aktualitäts- von einer Realitätsprüfung siehe an späterer Stelle. [Es findet sich jedoch nirgends eine weitere Erwähnung der »Aktualitätsprüfung«, so daß es sich hier vielleicht wiederum um einen Hinweis auf eine verlorengegangene Arbeit handelt.]

wir es in der Wunschpsychose, der Amentia, unzweideutiger erkennen als am Traum: Die Amentia ist die Reaktion auf einen Verlust, den die Realität behauptet, der aber vom Ich als unerträglich verleugnet werden soll. Darauf bricht das Ich die Beziehung zur Realität ab, es entzieht dem System der Wahrnehmungen *Bw* die Besetzung oder vielleicht besser eine Besetzung, deren besondere Natur noch Gegenstand einer Untersuchung werden kann. Mit dieser Abwendung von der Realität ist die Realitätsprüfung beseitigt, die – unverdrängten, durchaus bewußten – Wunschphantasien können ins System vordringen und werden von dort aus als bessere Realität anerkannt. Eine solche Entziehung darf den Verdrängungsvorgängen beigeordnet werden; die Amentia bietet uns das interessante Schauspiel einer Entzweiung des Ichs mit einem seiner Organe, welches ihm vielleicht am getreuesten diente und am innigsten verbunden war.[20]

Was bei der Amentia die »Verdrängung« leistet, das macht beim Traum der freiwillige Verzicht. Der Schlafzustand will nichts von der Außenwelt wissen, interessiert sich nicht für die Realität oder nur insoweit, als das Verlassen des Schlafzustandes, das Erwachen, in Betracht kommt. Er zieht also auch die Besetzung vom System *Bw* ab, wie von den anderen Systemen, dem *Vbw* und dem *Ubw*, soweit die in ihnen vorhandenen Positionen dem Schlafwunsch gehorchen. Mit dieser Unbesetztheit des Systems *Bw* ist die Möglichkeit einer Realitätsprüfung aufgegeben, und die Erregungen, welche vom Schlafzustand unabhängig den Weg der Regression eingeschlagen haben, werden ihn frei finden bis zum System *Bw*, in welchem sie als unbestrittene Realität gelten werden.[21] Für die halluzi-

20 Man kann von hier aus die Vermutung wagen, daß auch die toxischen Halluzinosen, z. B. das Alkoholdelirium, in analoger Weise zu verstehen sind. Der unerträgliche Verlust, der von der Realität auferlegt wird, wäre ebender des Alkohols, Zuführung desselben hebt die Halluzinationen auf.

21 Das Prinzip der Unerregbarkeit unbesetzter Systeme erscheint hier für das *Bw (W)* außer Kraft gesetzt. Aber es kann sich um nur teilweise Aufhebung der Besetzung handeln, und gerade für das Wahrnehmungssystem werden wir eine Anzahl von Erregungsbedingungen annehmen müssen,

natorische Psychose der Dementia praecox werden wir aus unseren Erwägungen ableiten, daß sie nicht zu den Eingangssymptomen der Affektion gehören kann. Sie wird erst ermöglicht, wenn das Ich des Kranken so weit zerfallen ist, daß die Realitätsprüfung nicht mehr die Halluzination verhindert.

Zur Psychologie der Traumvorgänge erhalten wir das Resultat, daß alle wesentlichen Charaktere des Traumes durch die Bedingung des Schlafzustandes determiniert werden. Der alte Aristoteles behält mit seiner unscheinbaren Aussage, der Traum sei die seelische Tätigkeit des Schlafenden, in allen Stücken recht.[22] Wir konnten ausführen: ein Rest von seelischer Tätigkeit, dadurch ermöglicht, daß sich der narzißtische Schlafzustand nicht ausnahmslos durchsetzen ließ. Das lautet ja nicht viel anders, als was Psychologen und Philosophen von jeher gesagt haben, ruht aber auf ganz abweichenden Ansichten über den Bau und die Leistung des seelischen Apparates, die den Vorzug vor den früheren haben, daß sie auch alle Einzelheiten des Traumes unserem Verständnis nahebringen konnten.

Werfen wir am Ende noch einen Blick auf die Bedeutung, welche eine *Topik* des Verdrängungsvorganges für

die von denen anderer Systeme weit abweichen. – Der unsicher tastende Charakter dieser metapsychologischen Erörterungen soll natürlich in keiner Weise verschleiert oder beschönigt werden. Erst weitere Vertiefung kann zu einem gewissen Grade von Wahrscheinlichkeit führen.

22 [Aus Hinweisen Freuds in der *Traumdeutung* geht hervor, daß es sich um *De somniis* und *De divinatione per somnum* von Aristoteles handelt, die Freud in der deutschen Übersetzung von Herman Bender benutzt hat: *Über Träume und Traumdeutung* sowie *Von der Traumdeutung*, in: Langenscheidtsche Bibliothek griechischer und römischer Klassiker, Bd. 25: Aristoteles VI: Kleine naturwissenschaftliche Schriften (Parva Naturalia), Berlin und Stuttgart 1855–1897, IV. Teil, S. 60–70 und S. 70–75. Freud schreibt dazu: »In den beiden den Traum behandelnden Schriften des Aristoteles ist der Traum bereits Objekt der Psychologie geworden. Wir hören, der Traum sei nicht gottgesandt, nicht göttlicher Natur, wohl aber dämonischer, da ja die Natur dämonisch, nicht göttlich ist, d. h. der Traum entstammt keiner übernatürlichen Offenbarung, sondern folgt aus den Gesetzen des allerdings mit der Gottheit verwandten menschlichen Geistes. Der Traum wird definiert als die Seelentätigkeit des Schlafenden, insofern er schläft.«]

unsere Einsicht in den Mechanismus der seelischen Störungen gewinnt. Beim Traum betrifft die Entziehung der Besetzung (Libido, Interesse) alle Systeme gleichmäßig, bei den Übertragungsneurosen wird die *vbw* Besetzung zurückgezogen, bei der Schizophrenie die des *Ubw*, bei der Amentia die des *Bw*.

Trauer und Melancholie

Nachdem uns der Traum als Normalvorbild der narzißtischen Seelenstörungen gedient hat, wollen wir den Versuch machen, das Wesen der Melancholie durch ihre Vergleichung mit dem Normalaffekt der Trauer zu erhellen. Wir müssen aber diesmal ein Bekenntnis vorausschicken, welches vor Überschätzung des Ergebnisses warnen soll. Die Melancholie, deren Begriffsbestimmung auch in der deskriptiven Psychiatrie schwankend ist, tritt in verschiedenartigen klinischen Formen auf, deren Zusammenfassung zur Einheit nicht gesichert scheint, von denen einige eher an somatische als an psychogene Affektionen mahnen. Unser Material beschränkt sich, abgesehen von den Eindrükken, die jedem Beobachter zu Gebote stehen, auf eine kleine Anzahl von Fällen, deren psychogene Natur keinem Zweifel unterlag. So werden wir den Anspruch auf allgemeine Gültigkeit unserer Ergebnisse von vornherein fallenlassen und uns mit der Erwägung trösten, daß wir mit unseren gegenwärtigen Forschungsmitteln kaum etwas finden können, was nicht *typisch* wäre, wenn nicht für eine ganze Klasse von Affektionen, so doch für eine kleinere Gruppe.

Die Zusammenstellung von Melancholie und Trauer erscheint durch das Gesamtbild der beiden Zustände gerechtfertigt.[1] Auch die Anlässe zu beiden aus den Lebenseinwirkungen fallen dort, wo sie überhaupt durchsichtig sind, zusammen. Trauer ist regelmäßig die Reaktion auf den Verlust einer geliebten Person oder einer an ihre Stelle gerückten Abstraktion wie Vaterland, Freiheit, ein Ideal usw. Unter den nämlichen Einwirkungen zeigt sich bei manchen Personen, die wir darum unter den Verdacht einer krankhaften Disposition setzen, an Stelle der Trauer eine Melancholie. Es ist auch sehr bemerkenswert, daß es

1 Auch Abraham, dem wir die bedeutsamste unter den wenigen analytischen Studien über den Gegenstand verdanken, ist von dieser Vergleichung ausgegangen. [*Ansätze zur psychoanalytischen Erforschung und Behandlung des manisch-depressiven Irreseins und verwandter Zustände*, in:] Zentralblatt für Psychoanalyse, 1912, Bd. 2.

uns niemals einfällt, die Trauer als einen krankhaften Zustand zu betrachten und dem Arzt zur Behandlung zu übergeben, obwohl sie schwere Abweichungen vom normalen Lebensverhalten mit sich bringt. Wir vertrauen darauf, daß sie nach einem gewissen Zeitraum überwunden sein wird, und halten eine Störung derselben für unzweckmäßig, selbst für schädlich.

Die Melancholie ist seelisch ausgezeichnet durch eine tief schmerzliche Verstimmung, eine Aufhebung des Interesses für die Außenwelt, durch den Verlust der Liebesfähigkeit, durch die Hemmung jeder Leistung und die Herabsetzung des Selbstgefühls, die sich in Selbstvorwürfen und Selbstbeschimpfungen äußert und bis zur wahnhaften Erwartung von Strafe steigert. Dies Bild wird unserem Verständnis nähergerückt, wenn wir erwägen, daß die Trauer dieselben Züge aufweist, bis auf einen einzigen; die Störung des Selbstgefühls fällt bei ihr weg. Sonst aber ist es dasselbe. Die schwere Trauer, die Reaktion auf den Verlust einer geliebten Person, enthält die nämliche schmerzliche Stimmung, den Verlust des Interesses für die Außenwelt – soweit sie nicht an den Verstorbenen mahnt –, den Verlust der Fähigkeit, irgendein neues Liebesobjekt zu wählen – was den Betrauerten ersetzen hieße –, die Abwendung von jeder Leistung, die nicht mit dem Andenken des Verstorbenen in Beziehung steht. Wir fassen es leicht, daß diese Hemmung und Einschränkung des Ichs der Ausdruck der ausschließlichen Hingabe an die Trauer ist, wobei für andere Absichten und Interessen nichts übrigbleibt. Eigentlich erscheint uns dieses Verhalten nur darum nicht pathologisch, weil wir es so gut zu erklären wissen.

Wir werden auch den Vergleich gutheißen, der die Stimmung der Trauer eine »schmerzliche« nennt. Seine Berechtigung wird uns wahrscheinlich einleuchten, wenn wir imstande sind, den Schmerz ökonomisch zu charakterisieren.[2]

Worin besteht nun die Arbeit, welche die Trauer leistet?

---

2 [Vgl. die weiterführenden Hinweise in Fußnote 2 zum Aufsatz *Die Verdrängung* im vorliegenden Band.]

Ich glaube, daß es nichts Gezwungenes enthalten wird, sie in folgender Art darzustellen: Die Realitätsprüfung hat gezeigt, daß das geliebte Objekt nicht mehr besteht, und erläßt nun die Aufforderung, alle Libido aus ihren Verknüpfungen mit diesem Objekt abzuziehen. Dagegen erhebt sich ein begreifliches Sträuben – es ist allgemein zu beobachten, daß der Mensch eine Libidoposition nicht gern verläßt, selbst dann nicht, wenn ihm Ersatz bereits winkt. Dies Sträuben kann so intensiv sein, daß eine Abwendung von der Realität und ein Festhalten des Objekts durch eine halluzinatorische Wunschpsychose (siehe die vorige Abhandlung) zustande kommt. Das Normale ist, daß der Respekt vor der Realität den Sieg behält. Doch kann ihr Auftrag nicht sofort erfüllt werden. Er wird nun im einzelnen unter großem Aufwand von Zeit und Besetzungsenergie durchgeführt und unterdes die Existenz des verlorenen Objekts psychisch fortgesetzt. Jede einzelne der Erinnerungen und Erwartungen, in denen die Libido an das Objekt geknüpft war, wird eingestellt, überbesetzt und an ihr die Lösung der Libido vollzogen. Warum diese Kompromißleistung der Einzeldurchführung des Realitätsgebotes so außerordentlich schmerzhaft ist, läßt sich in ökonomischer Begründung gar nicht leicht angeben. Es ist merkwürdig, daß uns diese Schmerzunlust selbstverständlich erscheint. Tatsächlich wird aber das Ich nach der Vollendung der Trauerarbeit wieder frei und ungehemmt.

Wenden wir nun auf die Melancholie an, was wir von der Trauer erfahren haben. In einer Reihe von Fällen ist es offenbar, daß auch sie Reaktion auf den Verlust eines geliebten Objekts sein kann; bei anderen Veranlassungen kann man erkennen, daß der Verlust von mehr ideeller Natur ist. Das Objekt ist nicht etwa real gestorben, aber es ist als Liebesobjekt verlorengegangen (z. B. der Fall einer verlassenen Braut). In noch anderen Fällen glaubt man an der Annahme eines solchen Verlustes festhalten zu sollen, aber man kann nicht deutlich erkennen, was verloren wurde, und darf um so eher annehmen, daß auch der Kranke nicht bewußt erfassen kann, was er verloren hat. Ja, dieser

Fall könnte auch dann noch vorliegen, wenn der die Melancholie veranlassende Verlust dem Kranken bekannt ist, indem er zwar weiß *wen*, aber nicht, *was* er an ihm verloren hat. So würde uns nahegelegt, die Melancholie irgendwie auf einen dem Bewußtsein entzogenen Objektverlust zu beziehen, zum Unterschied von der Trauer, bei welcher nichts an dem Verluste unbewußt ist.

Bei der Trauer fanden wir Hemmung und Interesselosigkeit durch die das Ich absorbierende Trauerarbeit restlos aufgeklärt. Eine ähnliche innere Arbeit wird auch der unbekannte Verlust bei der Melancholie zur Folge haben und darum für die Hemmung der Melancholie verantwortlich werden. Nur daß uns die melancholische Hemmung einen rätselhaften Eindruck macht, weil wir nicht sehen können, was die Kranken so vollständig absorbiert. Der Melancholiker zeigt uns noch eines, was bei der Trauer entfällt, eine außerordentliche Herabsetzung seines Ichgefühls, eine großartige Ichverarmung. Bei der Trauer ist die Welt arm und leer geworden, bei der Melancholie ist es das Ich selbst. Der Kranke schildert uns sein Ich als nichtswürdig, leistungsunfähig und moralisch verwerflich, er macht sich Vorwürfe, beschimpft sich und erwartet Ausstoßung und Strafe. Er erniedrigt sich vor jedem anderen, bedauert jeden der Seinigen, daß er an seine so unwürdige Person gebunden sei. Er hat nicht das Urteil einer Veränderung, die an ihm vorgefallen ist, sondern streckt seine Selbstkritik über die Vergangenheit aus; er behauptet, niemals besser gewesen zu sein. Das Bild dieses – vorwiegend moralischen – Kleinheitswahnes vervollständigt sich durch Schlaflosigkeit, Ablehnung der Nahrung und eine psychologisch höchst merkwürdige Überwindung des Triebes, der alles Lebende am Leben festzuhalten zwingt.

Es wäre wissenschaftlich wie therapeutisch gleich unfruchtbar, dem Kranken zu widersprechen, der solche Anklagen gegen sein Ich vorbringt. Er muß wohl irgendwie recht haben und etwas schildern, was sich so verhält, wie es ihm erscheint. Einige seiner Angaben müssen wir ja ohne

Einschränkung sofort bestätigen. Er ist wirklich so interesselos, so unfähig zur Liebe und zur Leistung, wie er sagt. Aber das ist, wie wir wissen, sekundär, ist die Folge der inneren, uns unbekannten, der Trauer vergleichbaren Arbeit, welche sein Ich aufzehrt. In einigen anderen Selbstanklagen scheint er uns gleichfalls recht zu haben und die Wahrheit nur schärfer zu erfassen als andere, die nicht melancholisch sind. Wenn er sich in gesteigerter Selbstkritik als kleinlichen, egoistischen, unaufrichtigen, unselbständigen Menschen schildert, der nur immer bestrebt war, die Schwächen seines Wesens zu verbergen, so mag er sich unseres Wissens der Selbsterkenntnis ziemlich angenähert haben, und wir fragen uns nur, warum man erst krank werden muß, um solcher Wahrheit zugänglich zu sein. Denn es leidet keinen Zweifel, wer eine solche Selbsteinschätzung gefunden hat und sie vor anderen äußert – eine Schätzung, wie sie Prinz Hamlet für sich und alle anderen bereit hat[3] –, der ist krank, ob er nun die Wahrheit sagt oder sich mehr oder weniger unrecht tut. Es ist auch nicht schwer zu bemerken, daß zwischen dem Ausmaß der Selbsterniedrigung und ihrer realen Berechtigung nach unserem Urteil keine Entsprechung besteht. Die früher brave, tüchtige und pflichttreue Frau wird in der Melancholie nicht besser von sich sprechen als die in Wahrheit nichtsnutzige, ja vielleicht hat die erstere mehr Aussicht, an Melancholie zu erkranken, als die andere, von der auch wir nichts Gutes zu sagen wüßten. Endlich muß uns auffallen, daß der Melancholiker sich doch nicht ganz so benimmt wie ein normalerweise von Reue und Selbstvorwurf Zerknirschter. Es fehlt das Schämen vor anderen, welches diesen letzteren Zustand vor allem charakterisieren würde, oder es tritt wenigstens nicht auffällig hervor. Man könnte am Melancholiker beinahe den gegenteiligen Zug einer aufdringlichen Mitteilsamkeit hervorheben, die an der eigenen Bloßstellung eine Befriedigung findet.

---

3 *»Use every man after his desert, and who shall 'scape whipping?«, Hamlet,* II. Akt, 2. Szene. [Behandelt jeden Menschen nach seinem Verdienst, und wer ist vor Schlägen sicher?]

Es ist also nicht wesentlich, ob der Melancholiker mit seiner peinlichen Selbstherabsetzung insofern recht hat, als diese Kritik mit dem Urteil der anderen zusammentrifft. Es muß sich vielmehr darum handeln, daß er seine psychologische Situation richtig beschreibt. Er hat seine Selbstachtung verloren und muß guten Grund dazu haben. Wir stehen dann allerdings vor einem Widerspruch, der uns ein schwer lösbares Rätsel aufgibt. Nach der Analogie mit der Trauer mußten wir schließen, daß er einen Verlust am Objekte erlitten hat; aus seinen Aussagen geht ein Verlust an seinem Ich hervor.

Ehe wir uns mit diesem Widerspruch beschäftigen, verweilen wir einen Moment lang bei dem Einblick, den uns die Affektion des Melancholikers in die Konstitution des menschlichen Ichs gewährt. Wir sehen bei ihm, wie sich ein Teil des Ichs dem anderen gegenüberstellt, es kritisch wertet, es gleichsam zum Objekt nimmt. Unser Verdacht, daß die hier vom Ich abgespaltene kritische Instanz auch unter anderen Verhältnissen ihre Selbständigkeit erweisen könne, wird durch alle weiteren Beobachtungen bestätigt werden. Wir werden wirklich Grund finden, diese Instanz vom übrigen Ich zu sondern. Was wir hier kennenlernen, ist die gewöhnlich *Gewissen* genannte Instanz; wir werden sie mit der Bewußtseinszensur und der Realitätsprüfung zu den großen Ichinstitutionen rechnen[4] und irgendwo auch die Beweise dafür finden, daß sie für sich allein erkranken kann. Das Krankheitsbild der Melancholie läßt das moralische Mißfallen am eigenen Ich vor anderen Ausstellungen hervortreten: körperliche Gebrechen, Häßlichkeit, Schwäche, soziale Minderwertigkeit sind weit seltener Gegenstand der Selbsteinschätzung; nur die Verarmung nimmt unter den Befürchtungen oder Behauptungen des Kranken eine bevorzugte Stelle ein.

Zur Aufklärung des vorhin [am Ende des vorletzten Absatzes] aufgestellten Widerspruches führt dann eine Beob-

---

4 [Vgl. gegen Schluß des vorangegangenen Aufsatzes *Metapsychologische Ergänzung zur Traumlehre.*]

achtung, die nicht einmal schwer anzustellen ist. Hört man die mannigfachen Selbstanklagen des Melancholikers geduldig an, so kann man sich endlich des Eindruckes nicht erwehren, daß die stärksten unter ihnen zur eigenen Person oft sehr wenig passen, aber mit geringfügigen Modifikationen einer anderen Person anzupassen sind, die der Kranke liebt, geliebt hat oder lieben sollte. Sooft man den Sachverhalt untersucht, bestätigt er diese Vermutung. So hat man denn den Schlüssel des Krankheitsbildes in der Hand, indem man die Selbstvorwürfe als Vorwürfe gegen ein Liebesobjekt erkennt, die von diesem weg auf das eigene Ich gewälzt sind.

Die Frau, die laut ihren Mann bedauert, daß er an eine so untüchtige Frau gebunden ist, will eigentlich die Untüchtigkeit des Mannes anklagen, in welchem Sinne diese auch gemeint sein mag. Man braucht sich nicht so sehr zu verwundern, daß einige echte Selbstvorwürfe unter die rückgewendeten eingestreut sind; sie dürfen sich vordrängen, weil sie dazu verhelfen, die anderen zu verdecken und die Erkenntnis des Sachverhaltes unmöglich zu machen, sie stammen ja auch aus dem Für und Wider des Liebesstreites, der zum Liebesverlust geführt hat. Auch das Benehmen der Kranken wird jetzt um vieles verständlicher. Ihre *Klagen* sind *Anklagen*, gemäß dem alten Sinne des Wortes; sie schämen und verbergen sich nicht, weil alles Herabsetzende, was sie von sich aussagen, im Grunde von einem anderen gesagt wird; und sie sind weit davon entfernt, gegen ihre Umgebung die Demut und Unterwürfigkeit zu bezeugen, die allein so unwürdigen Personen geziemen würde, sie sind vielmehr im höchsten Grade quälerisch, immer wie gekränkt und als ob ihnen ein großes Unrecht widerfahren wäre. Dies ist alles nur möglich, weil die Reaktionen ihres Benehmens noch von der seelischen Konstellation der Auflehnung ausgehen, welche dann durch einen gewissen Vorgang in die melancholische Zerknirschung übergeführt worden ist.

Es hat dann keine Schwierigkeit, diesen Vorgang zu rekonstruieren. Es hatte eine Objektwahl, eine Bindung der Libido an eine bestimmte Person bestanden; durch den Einfluß einer *realen Kränkung oder Enttäuschung* von seiten der geliebten Person trat eine Erschütterung dieser Objektbeziehung ein. Der Erfolg war nicht der normale einer Abziehung der Libido von diesem Objekt und Verschiebung derselben auf ein neues, sondern ein anderer, der mehrere Bedingungen für sein Zustandekommen zu erfordern scheint. Die Objektbesetzung erwies sich als wenig resistent, sie wurde aufgehoben, aber die freie Libido nicht auf ein anderes Objekt verschoben, sondern ins Ich zurückgezogen. Dort fand sie aber nicht eine beliebige Verwendung, sondern diente dazu, eine *Identifizierung* des Ichs mit dem aufgegebenen Objekt herzustellen. Der Schatten des Objekts fiel so auf das Ich, welches nun von einer besonderen Instanz wie ein Objekt, wie das verlassene Objekt, beurteilt werden konnte. Auf diese Weise hatte sich der Objektverlust in einen Ichverlust verwandelt, der Konflikt zwischen dem Ich und der geliebten Person in einen Zwiespalt zwischen der Ichkritik und dem durch Identifizierung veränderten Ich.

Von den Voraussetzungen und Ergebnissen eines solchen Vorganges läßt sich einiges unmittelbar erraten. Es muß einerseits eine starke Fixierung an das Liebesobjekt vorhanden sein, anderseits aber im Widerspruch dazu eine geringe Resistenz der Objektbesetzung. Dieser Widerspruch scheint nach einer treffenden Bemerkung von O. Rank zu fordern, daß die Objektwahl auf narzißtischer Grundlage erfolgt sei, so daß die Objektbesetzung, wenn sich Schwierigkeiten gegen sie erheben, auf den Narzißmus regredieren kann. Die narzißtische Identifizierung mit dem Objekt wird dann zum Ersatz der Liebesbesetzung, was den Erfolg hat, daß die Liebesbeziehung trotz des Konflikts mit der geliebten Person nicht aufgegeben werden muß. Ein solcher Ersatz der Objektliebe durch Identifizierung ist ein für die narzißtischen Affektionen bedeutsamer Mechanismus; K. Landauer hat ihn kürzlich in dem Heilungsvorgang einer Schizophrenie aufdecken können.[5] Er entspricht natürlich der *Regression* von einem Typus der Objektwahl auf den ursprünglichen Narzißmus. Wir haben an anderer Stelle ausgeführt, daß die Identifizierung die Vorstufe der Objektwahl ist und die erste, in ihrem Ausdruck ambivalente Art, wie das Ich ein Objekt auszeichnet. Es möchte sich dieses Objekt einverleiben, und zwar der oralen oder kannibalischen Phase der Libidoentwicklung entsprechend, auf dem Wege des Fressens.[6] Auf diesen Zusammenhang führt Abraham wohl mit Recht die Ablehnung der Nahrungsaufnahme zurück, welche sich bei schwerer Ausbildung des melancholischen Zustandes kundgibt.

Der von der Theorie geforderte Schluß, welcher die Disposition zur melancholischen Erkrankung oder eines Stükkes von ihr in die Vorherrschaft des narzißtischen Typus der Objektwahl verlegt, entbehrt leider noch der Bestätigung durch die Untersuchung. Ich habe in den einleitenden Sätzen dieser Abhandlung bekannt, daß das empirische Material, auf welches diese Studie gebaut ist, für unsere Ansprüche nicht zureicht. Dürfen wir eine Übereinstimmung der Beobachtung mit unseren Ableitungen annehmen, so würden wir nicht zögern, die Regression von der Objektbesetzung auf die noch dem Narzißmus angehörige orale Libidophase in die Charakteristik der Melancholie aufzunehmen. Identifizierungen mit dem Objekt sind auch bei den Übertragungsneurosen keineswegs selten, vielmehr ein bekannter Mechanismus der Symptombildung, zumal bei der Hysterie. Wir dürfen aber den Unterschied der narzißtischen Identifizierung von der hysterischen darin erblicken, daß bei ersterer die Objektbesetzung aufgelassen wird, während sie bei letzterer bestehenbleibt und eine Wirkung äußert, die sich gewöhnlich auf gewisse einzelne Aktionen und Innervationen beschränkt. Immerhin ist die Identifizierung auch bei den Übertragungsneu-

5 [Spontanheilung einer Katatonie, in:] Intern. Zeitschrift für ärztl. Psychoanalyse, 1912, Bd. 2, S. 441.

6 [Vgl. gegen Schluß der Arbeit *Triebe und Triebschicksale* im vorliegenden Band.]

rosen der Ausdruck einer Gemeinschaft, welche Liebe bedeuten kann. Die narzißtische Identifizierung ist die ursprünglichere und eröffnet uns den Zugang zum Verständnis der weniger gut studierten hysterischen.

Die Melancholie entlehnt also einen Teil ihrer Charaktere der Trauer, den anderen Teil dem Vorgang der Regression von der narzißtischen Objektwahl zum Narzißmus. Sie ist einerseits wie die Trauer Reaktion auf den realen Verlust des Liebesobjekts, aber sie ist überdies mit einer Bedingung behaftet, welche der normalen Trauer abgeht oder dieselbe, wo sie hinzutritt, in eine pathologische verwandelt. Der Verlust des Liebesobjekts ist ein ausgezeichneter Anlaß, um die Ambivalenz der Liebesbeziehungen zur Geltung und zum Vorschein zu bringen. Wo die Disposition zur Zwangsneurose vorhanden ist, verleiht darum der Ambivalenzkonflikt der Trauer eine pathologische Gestaltung und zwingt sie, sich in der Form von Selbstvorwürfen, daß man den Verlust des Liebesobjekts selbst verschuldet, d. h. gewollt habe, zu äußern. In solchen zwangsneurotischen Depressionen nach dem Tode geliebter Personen wird uns vorgeführt, was der Ambivalenzkonflikt für sich allein leistet, wenn die regressive Einziehung der Libido nicht mit dabei ist. Die Anlässe der Melancholie gehen meist über den klaren Fall des Verlustes durch den Tod hinaus und umfassen alle die Situationen von Kränkung, Zurücksetzung und Enttäuschung, durch welche ein Gegensatz von Lieben und Hassen in die Beziehung eingetragen oder eine vorhandene Ambivalenz verstärkt werden kann. Dieser Ambivalenzkonflikt, bald mehr realer, bald mehr konstitutiver Herkunft, ist unter den Voraussetzungen der Melancholie nicht zu vernachlässigen. Hat sich die Liebe zum Objekt, die nicht aufgegeben werden kann, während das Objekt selbst aufgegeben wird, in die narzißtische Identifizierung geflüchtet, so betätigt sich an diesem Ersatzobjekt der Haß, indem er es beschimpft, erniedrigt, leiden macht und an diesem Leiden eine sadistische Befriedigung gewinnt. Die unzweifelhaft genußreiche Selbstquälerei der Melancholie bedeutet ganz wie das entsprechende Phänomen der Zwangsneurose die Befriedigung von sadistischen und Haßtendenzen,[7] die einem Objekt gelten und auf diesem Wege eine Wendung gegen die eigene Person erfahren haben. Bei beiden Affektionen pflegt es den Kranken noch zu gelingen, auf dem Umwege über die Selbstbestrafung Rache an den ursprünglichen Objekten zu nehmen und ihre Lieben durch Vermittlung des Krankseins zu quälen, nachdem sie sich in die Krankheit begeben haben, um ihnen ihre Feindseligkeit nicht direkt zeigen zu müssen. Die Person, welche die Gefühlsstörung des Kranken hervorgerufen, nach welcher sein Kranksein orientiert ist, ist doch gewöhnlich in der nächsten Umgebung des Kranken zu finden. So hat die Liebesbesetzung des Melancholischen für sein Objekt ein zweifaches Schicksal erfahren; sie ist zum Teil auf die Identifizierung regrediert, zum anderen Teil aber unter dem Einfluß des Ambivalenzkonflikts auf die ihm nähere Stufe des Sadismus zurückversetzt worden.

Erst dieser Sadismus löst uns das Rätsel der Selbstmordneigung, durch welche die Melancholie so interessant und so – gefährlich wird. Wir haben als den Urzustand, von dem das Triebleben ausgeht, eine so großartige Selbstliebe des Ichs erkannt, wir sehen in der Angst, die bei Lebensbedrohung auftritt, einen so riesigen Betrag der narzißtischen Libido frei werden, daß wir es nicht erfassen, wie dies Ich seiner Selbstzerstörung zustimmen könne. Wir wußten zwar längst, daß kein Neurotiker Selbstmordabsichten verspürt, der solche nicht von einem Mordimpuls gegen andere auf sich zurückwendet, aber es blieb unverständlich, durch welches Kräftespiel eine solche Absicht sich zur Tat durchsetzen kann. Nun lehrt uns die Analyse der Melancholie, daß das Ich sich nur dann töten kann, wenn es durch die Rückkehr der Objektbesetzung sich selbst wie ein Objekt behandeln kann, wenn es die Feindseligkeit gegen sich richten darf, die einem Objekt gilt und die die ursprüngli-

7 Über deren Unterscheidung siehe den Aufsatz über *Triebe und Triebschicksale* [im vorliegenden Band unserer Ausgabe].

che Reaktion des Ichs gegen Objekte der Außenwelt vertritt. (Siehe *Triebe und Triebschicksale.)* So ist bei der Regression von der narzißtischen Objektwahl das Objekt zwar aufgehoben worden, aber es hat sich doch mächtiger erwiesen als das Ich selbst. In den zwei entgegengesetzten Situationen der äußersten Verliebtheit und des Selbstmordes wird das Ich, wenn auch auf gänzlich verschiedenen Wegen, vom Objekt überwältigt.[8]

Es liegt dann noch nahe, für den einen auffälligen Charakter der Melancholie, das Hervortreten der Verarmungsangst, die Ableitung der aus ihren Verbindungen gerissenen und regressiv verwandelten Analerotik zuzulassen.

Die Melancholie stellt uns noch vor andere Fragen, deren Beantwortung uns zum Teil entgeht. Daß sie nach einem gewissen Zeitraum abgelaufen ist, ohne nachweisbare grobe Veränderungen zu hinterlassen, diesen Charakter teilt sie mit der Trauer. Dort fanden wir die Auskunft, die Zeit werde für die Detaildurchführung des Gebotes der Realitätsprüfung benötigt, nach welcher Arbeit das Ich seine Libido vom verlorenen Objekt freibekommen habe. Mit einer analogen Arbeit können wir das Ich während der Melancholie beschäftigt denken; das ökonomische Verständnis des Herganges bleibt hier wie dort aus. Die Schlaflosigkeit der Melancholie bezeugt wohl die Starrheit des Zustandes, die Unmöglichkeit, die für den Schlaf erforderliche allgemeine Einziehung der Besetzungen durchzuführen. Der melancholische Komplex verhält sich wie eine offene Wunde, zieht von allen Seiten Besetzungsenergien an sich (die wir bei den Übertragungsneurosen »Gegenbesetzungen« geheißen haben) und entleert das Ich bis zur völligen Verarmung; er kann sich leicht resistent gegen den Schlafwunsch des Ichs erweisen. – Ein wahrscheinlich somatisches, psychogen nicht aufzuklärendes Moment

8 [Spätere Überlegungen zum Thema Selbstmord finden sich in der Studie *Das Ich und das Es,* Kapitel V (vgl. S. Freud, *Trauer und Melancholie. Essays,* Berlin 1982, S. 90 ff.) und auf den letzten Seiten des Aufsatzes *Zum ökonomischen Problem des Masochismus* (vgl. in Band 3 der vorliegenden Ausgabe).]

kommt in der regelmäßigen Linderung des Zustandes zur Abendzeit zum Vorschein. An diese Erörterungen schließt die Frage an, ob nicht Ichverlust ohne Rücksicht auf das Objekt (rein narzißtische Ichkränkung) hinreicht, das Bild der Melancholie zu erzeugen, und ob nicht direkt toxische Verarmung an Ichlibido gewisse Formen der Affektion ergeben kann.

Die merkwürdigste und aufklärungsbedürftigste Eigentümlichkeit der Melancholie ist durch ihre Neigung gegeben, in den symptomatisch gegensätzlichen Zustand der Manie umzuschlagen. Bekanntlich hat nicht jede Melancholie dieses Schicksal. Manche Fälle verlaufen in periodischen Rezidiven, deren Intervalle entweder keine oder eine nur sehr geringfügige Tönung von Manie erkennen lassen. Andere zeigen jene regelmäßige Abwechslung von melancholischen und manischen Phasen, die in der Aufstellung des zyklischen Irreseins Ausdruck gefunden hat. Man wäre versucht, diese Fälle von der psychogenen Auffassung auszuschließen, wenn nicht die psychoanalytische Arbeit gerade für mehrere dieser Erkrankungen Auflösung wie therapeutische Beeinflussung zustande gebracht hätte. Es ist also nicht nur gestattet, sondern sogar geboten, eine analytische Aufklärung der Melancholie auch auf die Manie auszudehnen.

Ich kann nicht versprechen, daß dieser Versuch voll befriedigend ausfallen wird. Er reicht vielmehr nicht weit über die Möglichkeit einer ersten Orientierung hinaus. Es stehen uns hier zwei Anhaltspunkte zu Gebote, der erste ein psychoanalytischer Eindruck, der andere eine, man darf wohl sagen, allgemeine ökonomische Erfahrung. Der Eindruck, dem bereits mehrere psychoanalytische Forscher Worte geliehen haben, geht dahin, daß die Manie keinen anderen Inhalt hat als die Melancholie, daß beide Affektionen mit demselben »Komplex« ringen, dem das Ich wahrscheinlich in der Melancholie erlegen ist, während es ihn in der Manie bewältigt oder beiseite geschoben hat. Den anderen Anhalt gibt die Erfahrung, daß alle Zustände von

Freude, Jubel, Triumph, die uns das Normalvorbild der Manie zeigen, die nämliche ökonomische Bedingtheit erkennen lassen. Es handelt sich bei ihnen um eine Einwirkung, durch welche ein großer, lange unterhaltener oder gewohnheitsmäßig hergestellter psychischer Aufwand endlich überflüssig wird, so daß er für mannigfache Verwendungen und Abfuhrmöglichkeiten bereitsteht. Also zum Beispiel: Wenn ein armer Teufel durch einen großen Geldgewinn plötzlich der chronischen Sorge um das tägliche Brot enthoben wird, wenn ein langes und mühseliges Ringen sich am Ende durch den Erfolg gekrönt sieht, wenn man in die Lage kommt, einen drückenden Zwang, eine lange fortgesetzte Verstellung mit einem Schlage aufzugeben u. dgl. Alle solche Situationen zeichnen sich durch die gehobene Stimmung, die Abfuhrzeichen des freudigen Affekts, und durch die gesteigerte Bereitwilligkeit zu allerlei Aktionen aus, ganz wie die Manie und im vollen Gegensatz zur Depression und Hemmung der Melancholie. Man kann wagen, es auszusprechen, daß die Manie nichts anderes ist als ein solcher Triumph, nur daß es wiederum dem Ich verdeckt bleibt, was es überwunden hat und worüber es triumphiert. Den in dieselbe Reihe von Zuständen gehörigen Alkoholrausch wird man – insofern er ein heiterer ist – ebenso zurechtlegen dürfen; es handelt sich bei ihm wahrscheinlich um die toxisch erzielte Aufhebung von Verdrängungsaufwänden. Die Laienmeinung nimmt gern an, daß man in solcher maniakalischer Verfassung darum so bewegungs- und unternehmungslustig ist, weil man so »gut aufgelegt« ist. Diese falsche Verknüpfung wird man natürlich auflösen müssen. Es ist jene erwähnte ökonomische Bedingung im Seelenleben erfüllt worden, und darum ist man einerseits in so heiterer Stimmung und anderseits so ungehemmt im Tun.

Setzen wir die beiden Andeutungen zusammen, so ergibt sich: In der Manie muß das Ich den Verlust des Objekts (oder die Trauer über den Verlust oder vielleicht das Objekt selbst) überwunden haben, und nun ist der ganze Betrag von Gegenbesetzung, den das schmerzhafte Leiden der Melancholie aus dem Ich an sich gezogen und gebunden hatte, verfügbar geworden. Der Manische demonstriert uns auch unverkennbar seine Befreiung von dem Objekt, an dem er gelitten hatte, indem er wie ein Heißhungriger auf neue Objektbesetzungen ausgeht.

Diese Aufklärung klingt ja plausibel, aber sie ist erstens noch zu wenig bestimmt und läßt zweitens mehr neue Fragen und Zweifel auftauchen, als wir beantworten können. Wir wollen uns der Diskussion derselben nicht entziehen, wenn wir auch nicht erwarten können, durch sie hindurch den Weg zur Klarheit zu finden.

Zunächst: Die normale Trauer überwindet ja auch den Verlust des Objekts und absorbiert gleichfalls während ihres Bestandes alle Energien des Ichs. Warum stellt sich bei ihr die ökonomische Bedingung für eine Phase des Triumphes nach ihrem Ablaufe auch nicht andeutungsweise her? Ich finde es unmöglich, auf diesen Einwand kurzerhand zu antworten. Er macht uns auch darauf aufmerksam, daß wir nicht einmal sagen können, durch welche ökonomischen Mittel die Trauer ihre Aufgabe löst; aber vielleicht kann hier eine Vermutung aushelfen. An jede einzelne der Erinnerungen und Erwartungssituationen, welche die Libido an das verlorene Objekt geknüpft zeigen, bringt die Realität ihr Verdikt heran, daß das Objekt nicht mehr existiere, und das Ich, gleichsam vor die Frage gestellt, ob es dieses Schicksal teilen will, läßt sich durch die Summe der narzißtischen Befriedigungen, am Leben zu sein, bestimmen, seine Bindung an das vernichtete Objekt zu lösen. Man kann sich etwa vorstellen, diese Lösung gehe so langsam und schrittweise vor sich, daß mit der Beendigung der Arbeit auch der für sie erforderliche Aufwand zerstreut ist.[9]

Es ist verlockend, von der Mutmaßung über die Arbeit der Trauer den Weg zu einer Darstellung der melancholi-

---

9 Der ökonomische Gesichtspunkt ist bisher in psychoanalytischen Arbeiten wenig berücksichtigt worden. Als Ausnahme sei der Aufsatz von V. Tausk, *Entwertung des Verdrängungsmotivs durch Rekompense,* (in: Int. Z. ärztl. Psychoanal., 1913, Bd. 1, S. 230) hervorgehoben.

schen Arbeit zu suchen. Da kommt uns zuerst eine Unsicherheit in den Weg. Wir haben bisher den topischen Gesichtspunkt bei der Melancholie noch kaum berücksichtigt und die Frage nicht aufgeworfen, in und zwischen welchen psychischen Systemen die Arbeit der Melancholie vor sich geht. Was von den psychischen Vorgängen der Affektion spielt sich noch an den aufgelassenen unbewußten Objektbesetzungen, was an deren Identifizierungsersatz im Ich ab?

Es spricht sich nun rasch aus und schreibt sich leicht nieder, daß die »unbewußte (Ding-) Vorstellung des Objekts von der Libido verlassen wird«. Aber in Wirklichkeit ist diese Vorstellung durch ungezählte Einzeleindrücke (unbewußte Spuren derselben) vertreten, und die Durchführung dieser Libidoabziehung kann nicht ein momentaner Vorgang sein, sondern gewiß wie bei der Trauer ein langwieriger, allmählich fortschreitender Prozeß. Ob er an vielen Stellen gleichzeitig beginnt oder eine irgendwie bestimmte Reihenfolge enthält, läßt sich ja nicht leicht unterscheiden; in den Analysen kann man oft feststellen, daß bald diese, bald jene Erinnerung aktiviert ist und daß die gleichlautenden, durch ihre Monotonie ermüdenden Klagen doch jedesmal von einer anderen unbewußten Begründung herrühren. Wenn das Objekt keine so große, durch tausendfältige Verknüpfung verstärkte Bedeutung für das Ich hat, so ist sein Verlust auch nicht geeignet, eine Trauer oder eine Melancholie zu verursachen. Der Charakter der Einzeldurchführung der Libidoablösung ist also der Melancholie wie der Trauer in gleicher Weise zuzuschreiben, stützt sich wahrscheinlich auf die gleichen ökonomischen Verhältnisse und dient denselben Tendenzen.

Die Melancholie hat aber, wie wir gehört haben, etwas mehr zum Inhalt als die normale Trauer. Das Verhältnis zum Objekt ist bei ihr kein einfaches, es wird durch den Ambivalenzkonflikt kompliziert. Die Ambivalenz ist entweder konstitutionell, d. h. sie hängt jeder Liebesbeziehung dieses Ichs an, oder sie geht gerade aus den Erlebnissen hervor, welche die Drohung des Objektverlustes mit sich bringen. Die Melancholie kann darum in ihren Veranlassungen weit über die Trauer hinausgehen, welche in der Regel nur durch den Realverlust, den Tod des Objekts, ausgelöst wird. Es spinnt sich also bei der Melancholie eine Unzahl von Einzelkämpfen um das Objekt an, in denen Haß und Liebe miteinander ringen, die eine, um die Libido vom Objekt zu lösen, die andere, um diese Libidoposition gegen den Ansturm zu behaupten. Diese Einzelkämpfe können wir in kein anderes System verlegen als in das *Ubw*, in das Reich der sachlichen Erinnerungsspuren (im Gegensatz zu den Wortbesetzungen). Ebendort spielen sich auch die Lösungsversuche bei der Trauer ab, aber bei dieser letzteren besteht kein Hindernis dagegen, daß sich diese Vorgänge auf dem normalen Wege durch das *Vbw* zum Bewußtsein fortsetzen. Dieser Weg ist für die melancholische Arbeit gesperrt, vielleicht infolge einer Mehrzahl von Ursachen oder des Zusammenwirkens derselben. Die konstitutive Ambivalenz gehört an und für sich dem Verdrängten an, die traumatischen Erlebnisse mit dem Objekt mögen anderes Verdrängte aktiviert haben. So bleibt alles an diesen Ambivalenzkämpfen dem Bewußtsein entzogen, bis nicht der für die Melancholie charakteristische Ausgang eingetreten ist. Er besteht, wie wir wissen, darin, daß die bedrohte Libidobesetzung endlich das Objekt verläßt, aber nur, um sich auf die Stelle des Ichs, von der sie ausgegangen war, zurückzuziehen. Die Liebe hat sich so durch ihre Flucht ins Ich der Aufhebung entzogen. Nach dieser Regression der Libido kann der Vorgang bewußt werden und repräsentiert sich dem Bewußtsein als ein Konflikt zwischen einem Teil des Ichs und der kritischen Instanz.

Was das Bewußtsein von der melancholischen Arbeit erfährt, ist also nicht das wesentliche Stück derselben, auch nicht jenes, dem wir einen Einfluß auf die Lösung des Leidens zutrauen können. Wir sehen, daß das Ich sich herabwürdigt und gegen sich wütet, und verstehen sowenig wie der Kranke, wozu das führen und wie sich das ändern kann. Dem unbewußten Stück der Arbeit können wir eine solche Leistung eher zuschreiben, weil es nicht schwerfällt, eine wesentliche Analogie zwischen der Arbeit der Melancholie und jener der Trauer herauszufinden. Wie die Trauer das Ich dazu bewegt, auf das Objekt zu verzichten, indem es das Objekt für tot erklärt und dem Ich die Prämie des Amlebenbleibens bietet, so lockert auch jeder einzelne Ambivalenzkampf die Fixierung der Libido an das Objekt, indem er dieses entwertet, herabsetzt, gleichsam auch erschlägt. Es ist die Möglichkeit gegeben, daß der Prozeß im *Ubw* zu Ende komme, sei es nachdem die Wut sich ausgetobt hat, sei es nachdem das Objekt als wertlos aufgegeben wurde. Es fehlt uns der Einblick, welche dieser beiden Möglichkeiten regelmäßig oder vorwiegend häufig der Melancholie ein Ende bereitet und wie diese Beendigung den weiteren Verlauf des Falles beeinflußt. Das Ich mag dabei die Befriedigung genießen, daß es sich als das Bessere, als dem Objekt überlegen anerkennen darf.

Mögen wir diese Auffassung der melancholischen Arbeit auch annehmen, sie kann uns doch das eine nicht leisten, auf dessen Erklärung wir ausgegangen sind. Unsere Erwartung, die ökonomische Bedingung für das Zustandekommen der Manie nach abgelaufener Melancholie aus der Ambivalenz abzuleiten, welche diese Affektion beherrscht, könnte sich auf Analogien aus verschiedenen anderen Gebieten stützen; aber es gibt eine Tatsache, vor welcher sie sich beugen muß. Von den drei Voraussetzungen der Melancholie: Verlust des Objekts, Ambivalenz und Regression der Libido ins Ich, finden wir die beiden ersten bei den Zwangsvorwürfen nach Todesfällen wieder. Dort ist es die Ambivalenz, die unzweifelhaft die Triebfeder des Konflikts darstellt, und die Beobachtung zeigt, daß nach Ablauf desselben nichts von einem Triumph einer manischen Verfassung erübrigt. Wir werden so auf das dritte Moment als das einzig wirksame hingewiesen. Jene Anhäufung von zunächst gebundener Besetzung, welche nach Beendigung der melancholischen Arbeit frei wird und die Manie ermöglicht, muß mit der Regression der Libido auf den Narzißmus zusammenhängen. Der Konflikt im Ich, den die Melancholie für den Kampf um das Objekt eintauscht, muß ähnlich wie eine schmerzhafte Wunde wirken, die eine außerordentlich hohe Gegenbesetzung in Anspruch nimmt. Aber hier wird es wiederum zweckmäßig sein, haltzumachen und die weitere Aufklärung der Manie zu verschieben, bis wir Einsicht in die ökonomische Natur zunächst des körperlichen und dann des ihm analogen seelischen *Schmerzes* gewonnen haben. Wir wissen es ja schon, daß der Zusammenhang der verwickelten seelischen Probleme uns nötigt, jede Untersuchung unvollendet abzubrechen, bis ihr die Ergebnisse einer anderen zu Hilfe kommen können.

Vorlesungen zur Einführung in die Psychoanalyse

Erster Teil
Die Fehlleistungen

1. Vorlesung
Einleitung

Meine Damen und Herren! Ich weiß nicht, wieviel die einzelnen von Ihnen aus ihrer Lektüre oder vom Hörensagen über die Psychoanalyse wissen. Ich bin aber durch den Wortlaut meiner Ankündigung – Elementare Einführung in die Psychoanalyse – verpflichtet, Sie so zu behandeln, als wüßten Sie nichts und bedürften einer ersten Unterweisung.

Soviel darf ich allerdings voraussetzen, daß Sie wissen, die Psychoanalyse sei ein Verfahren, wie man nervös Kranke ärztlich behandelt, und da kann ich Ihnen gleich ein Beispiel dafür geben, wie auf diesem Gebiet so manches anders, oft geradezu verkehrt, vor sich geht als sonst in der Medizin. Wenn wir sonst einen Kranken einer ihm neuen ärztlichen Technik unterziehen, so werden wir in der Regel die Beschwerden derselben vor ihm herabsetzen und ihm zuversichtliche Versprechungen wegen des Erfolges der Behandlung geben. Ich meine, wir sind berechtigt dazu, denn wir steigern durch solches Benehmen die Wahrscheinlichkeit des Erfolges. Wenn wir aber einen Neurotiker in psychoanalytische Behandlung nehmen, so verfahren wir anders. Wir halten ihm die Schwierigkeiten der Methode vor, ihre Zeitdauer, die Anstrengungen und die Opfer, die sie kostet, und was den Erfolg anbelangt, so sagen wir, wir können ihn nicht sicher versprechen, es hänge von seinem Benehmen ab, von seinem Verständnis, seiner Gefügigkeit, seiner Ausdauer. Wir haben natürlich gute Motive für ein anscheinend so verkehrtes Benehmen, in welche Sie vielleicht später einmal Einsicht gewinnen werden.

Seien Sie nun nicht böse, wenn ich Sie zunächst ähnlich behandle wie diese neurotischen Kranken. Ich rate Ihnen eigentlich ab, mich ein zweites Mal anzuhören. Ich werde Ihnen in dieser Absicht vorführen, welche Unvollkommenheiten notwendigerweise dem Unterricht in der Psychoanalyse anhaften und welche Schwierigkeiten der Erwerbung eines eigenen Urteils entgegenstehen. Ich werde Ihnen zeigen, wie die ganze Richtung Ihrer Vorbildung und alle Ihre Denkgewohnheiten Sie unvermeidlich zu Gegnern der Psychoanalyse machen müßten und wieviel Sie in sich zu überwinden hätten, um dieser instinktiven Gegnerschaft Herr zu werden. Was Sie an Verständnis für die Psychoanalyse aus meinen Mitteilungen gewinnen werden, kann ich Ihnen natürlich nicht vorhersagen, aber soviel kann ich Ihnen versprechen, daß Sie durch das Anhören derselben nicht erlernt haben werden, eine psychoanalytische Untersuchung vorzunehmen oder eine solche Behandlung durchzuführen. Sollte sich aber gar jemand unter Ihnen finden, der sich nicht durch eine flüchtige Bekanntschaft mit der Psychoanalyse befriedigt fühlte, sondern in eine dauernde Beziehung zu ihr treten möchte, so werde ich ihm nicht nur abraten, sondern ihn direkt davor warnen. Wie die Dinge derzeit stehen, würde er sich durch eine solche Berufswahl jede Möglichkeit eines Erfolges an einer Universität zerstören, und wenn er als ausübender Arzt ins Leben geht, wird er sich in einer Gesellschaft finden, welche seine Bestrebungen nicht versteht, ihn mißtrauisch und feindselig betrachtet und alle bösen, in ihr lauernden Geister gegen ihn losläßt. Vielleicht können Sie gerade aus den Begleiterscheinungen des heute in Europa wütenden Krieges eine ungefähre Schätzung ableiten, wieviele Legionen das sein mögen.

Es gibt immerhin Personen genug, für welche etwas, was ein neues Stück Erkenntnis werden kann, trotz solcher Unbequemlichkeiten seine Anziehung behält. Sollten einige von Ihnen von dieser Art sein und mit Hinwegsetzung über meine Abmahnungen das nächste Mal hier wieder erscheinen, so werden Sie mir willkommen sein. Sie haben aber alle ein Anrecht darauf, zu erfahren, welches die angedeuteten Schwierigkeiten der Psychoanalyse sind.

Zunächst die der Unterweisung, des Unterrichts in der Psychoanalyse. Sie sind im medizinischen Unterricht daran gewöhnt worden zu sehen. Sie sehen das anatomische Präparat, den Niederschlag bei der chemischen Reaktion, die Verkürzung des Muskels als Erfolg der Reizung seiner Nerven. Später zeigt man Ihren Sinnen den Kranken, die Symptome seines Leidens, die Produkte des krankhaften Prozesses, ja in zahlreichen Fällen die Erreger der Krankheit in isoliertem Zustande. In den chirurgischen Fächern werden Sie Zeugen der Eingriffe, durch welche man dem Kranken Hilfe leistet, und dürfen die Ausführung derselben selbst versuchen. Selbst in der Psychiatrie führt Ihnen die Demonstration des Kranken an seinem veränderten Mienenspiel, seiner Redeweise und seinem Benehmen eine Fülle von Beobachtungen zu, die Ihnen tiefgehende Eindrücke hinterlassen. So spielt der medizinische Lehrer vorwiegend die Rolle eines Führers und Erklärers, der Sie durch ein Museum begleitet, während Sie eine unmittelbare Beziehung zu den Objekten gewinnen und sich durch eigene Wahrnehmung von der Existenz der neuen Tatsachen überzeugt zu haben glauben.

Das ist leider alles anders in der Psychoanalyse. In der analytischen Behandlung geht nichts anderes vor als ein Austausch von Worten zwischen dem Analysierten und dem Arzt. Der Patient spricht, erzählt von vergangenen Erlebnissen und gegenwärtigen Eindrücken, klagt, bekennt seine Wünsche und Gefühlsregungen. Der Arzt hört zu, sucht die Gedankengänge des Patienten zu dirigieren, mahnt, drängt seine Aufmerksamkeit nach gewissen Richtungen, gibt ihm Aufklärungen und beobachtet die Reaktionen von Verständnis oder von Ablehnung, welche er so beim Kranken hervorruft. Die ungebildeten Angehörigen unserer Kranken – denen nur Sichtbares und Greifbares imponiert, am liebsten Handlungen, wie man sie im Kinotheater sieht – versäumen es auch nie, ihre Zweifel zu äußern, wie man »durch bloße Reden etwas gegen die Krankheit ausrichten kann«. Das ist natürlich ebenso kurzsinnig wie inkonsequent gedacht. Es sind ja dieselben Leute, die so sicher wissen, daß sich die Kranken ihre Symptome »bloß einbilden«. Worte waren ursprünglich Zauber, und das Wort hat noch heute viel von seiner alten Zauberkraft bewahrt. Durch Worte kann ein Mensch den anderen selig machen oder zur Verzweiflung treiben, durch Worte überträgt der Lehrer sein Wissen auf die Schüler, durch Worte reißt der Redner die Versammlung der Zuhörer mit sich fort und bestimmt ihre Urteile und Entscheidungen. Worte rufen Affekte hervor und sind das allgemeine Mittel zur Beeinflussung der Menschen untereinander. Wir werden also die Verwendung der Worte in der Psychotherapie nicht geringschätzen und werden zufrieden sein, wenn wir Zuhörer der Worte sein können, die zwischen dem Analytiker und seinem Patienten gewechselt werden.

Aber auch das können wir nicht. Das Gespräch, in dem die psychoanalytische Behandlung besteht, verträgt keinen Zuhörer; es läßt sich nicht demonstrieren. Man kann natürlich auch einen Neurastheniker oder Hysteriker in einer psychiatrischen Vorlesung den Lernenden vorstellen. Er erzählt dann von seinen Klagen und Symptomen, aber auch von nichts anderem. Die Mitteilungen, deren die Analyse bedarf, macht er nur unter der Bedingung einer besonderen Gefühlsbindung an den Arzt; er würde verstummen, sobald er einen einzigen, ihm indifferenten Zeugen bemerkte. Denn diese Mitteilungen betreffen das Intimste seines Seelenlebens, alles was er als sozial selbständige Person vor anderen verbergen muß, und im weiteren alles, was er als einheitliche Persönlichkeit sich selbst nicht eingestehen will.

Sie können also eine psychoanalytische Behandlung nicht mit anhören. Sie können nur von ihr hören und werden die Psychoanalyse im strengsten Sinne des Wortes nur vom Hörensagen kennenlernen. Durch diese Unterweisung gleichsam aus zweiter Hand kommen Sie in ganz ungewohnte Bedingungen für eine Urteilbildung. Es hängt offenbar das meiste davon ab, welchen Glauben Sie dem Gewährsmann schenken können.

Nehmen Sie einmal an, Sie wären nicht in eine psychiatrische, sondern in eine historische Vorlesung gegangen und der Vortragende erzählte Ihnen vom Leben und von den Kriegstaten Alexanders des Großen. Was für Motive hätten Sie, an die Wahrhaftigkeit seiner Mitteilungen zu glauben? Zunächst scheint die Sachlage noch ungünstiger zu sein als im Falle der Psychoanalyse, denn der Geschichtsprofessor war so wenig Teilnehmer an den Kriegszügen Alexanders wie Sie; der Psychoanalytiker berichtet Ihnen doch wenigstens von Dingen, bei denen er selbst eine Rolle gespielt hat. Aber dann kommt die Reihe an das, was den Historiker beglaubigt. Er kann Sie auf die Berichte von alten Schriftstellern verweisen, die entweder selbst zeitgenössisch waren oder den fraglichen Ereignissen doch näher standen, also auf die Bücher des Diodor, Plutarch, Arrian u. a.; er kann Ihnen Abbildungen der erhaltenen Münzen und Statuen des Königs vorlegen und eine Photographie des pompejanischen Mosaiks der Schlacht bei Issos durch Ihre Reihen gehen lassen. Strenge genommen beweisen alle diese Dokumente doch nur, daß schon frühere Generationen an die Existenz Alexanders und an die Realität seiner Taten geglaubt haben, und Ihre Kritik dürfte hier von neuem einsetzen. Sie wird dann finden, daß nicht alles über Alexander Berichtete glaubwürdig oder in seinen Einzelheiten sicherzustellen ist, aber ich kann doch nicht annehmen, daß Sie den Vorlesungssaal als Zweifler an der Realität Alexanders des Großen verlassen werden. Ihre Entscheidung wird hauptsächlich durch zwei Erwägungen bestimmt werden, erstens, daß der Vortragende kein denkbares Motiv hat, etwas vor Ihnen als real auszugeben, was er nicht selbst dafür hält, und zweitens, daß alle erreichbaren Geschichtsbücher die Ereignisse in ungefähr ähnlicher Art darstellen. Wenn Sie dann auf die Prüfung der älteren Quellen eingehen, werden Sie dieselben Momente berücksichtigen, die möglichen Motive der Gewährsmänner und die Übereinstimmung der Zeugnisse untereinander. Das Ergebnis der Prüfung wird im Falle Alexanders sicherlich beruhigend sein, wahrscheinlich anders ausfallen, wenn es sich um Persönlichkeiten wie Moses oder Nimrod handelt. Welche Zweifel Sie aber gegen die Glaubwürdigkeit des psychoanalytischen Berichterstatters erheben können, werden Sie bei späteren Anlässen deutlich genug erkennen.

Nun werden Sie ein Recht zu der Frage haben: Wenn es keine objektive Beglaubigung der Psychoanalyse gibt und keine Möglichkeit, sie zu demonstrieren, wie kann man überhaupt Psychoanalyse erlernen und sich von der Wahrheit ihrer Behauptungen überzeugen? Dies Erlernen ist wirklich nicht leicht, und es haben auch nicht viele Menschen die Psychoanalyse ordentlich gelernt, aber es gibt natürlich doch einen gangbaren Weg. Psychoanalyse erlernt man zunächst am eigenen Leib, durch das Studium der eigenen Persönlichkeit. Es ist das nicht ganz, was man Selbstbeobachtung heißt, aber man kann es ihr zur Not subsumieren. Es gibt eine ganze Reihe von sehr häufigen und allgemein bekannten seelischen Phänomenen, die man nach einiger Unterweisung in der Technik an sich selbst zu Gegenständen der Analyse machen kann. Dabei holt man sich die gesuchte Überzeugung von der Realität der Vorgänge, welche die Psychoanalyse beschreibt, und von der Richtigkeit ihrer Auffassungen. Allerdings sind dem Fortschritte auf diesem Wege bestimmte Grenzen gesetzt. Man kommt viel weiter, wenn man sich selbst von einem kundigen Analytiker analysieren läßt, die Wirkungen der Analyse am eigenen Ich erlebt und dabei die Gelegenheit benutzt, dem anderen die feinere Technik des Verfahrens abzulauschen. Dieser ausgezeichnete Weg ist natürlich immer nur für eine einzelne Person, niemals für ein ganzes Kolleg auf einmal gangbar.

Für eine zweite Schwierigkeit in Ihrem Verhältnis zur Psychoanalyse kann ich nicht mehr diese, muß ich Sie selbst, meine Hörer, verantwortlich machen, wenigstens insoweit

Sie bisher medizinische Studien betrieben haben. Ihre Vorbildung hat Ihrer Denktätigkeit eine bestimmte Richtung gegeben, die weit von der Psychoanalyse abführt. Sie sind darin geschult worden, die Funktionen des Organismus und ihre Störungen anatomisch zu begründen, chemisch und physikalisch zu erklären und biologisch zu erfassen, aber kein Anteil Ihres Interesses ist auf das psychische Leben gelenkt worden, in dem doch die Leistung dieses wunderbar komplizierten Organismus gipfelt. Darum ist Ihnen eine psychologische Denkweise fremd geblieben, und Sie haben sich gewöhnt, eine solche mißtrauisch zu betrachten, ihr den Charakter der Wissenschaftlichkeit abzusprechen und sie den Laien, Dichtern, Naturphilosophen und Mystikern zu überlassen. Diese Einschränkung ist gewiß ein Schaden für Ihre ärztliche Tätigkeit, denn der Kranke wird Ihnen, wie es bei allen menschlichen Beziehungen Regel ist, zunächst seine seelische Fassade entgegenbringen, und ich fürchte, Sie werden zur Strafe genötigt sein, einen Anteil des therapeutischen Einflusses, den Sie anstreben, den von Ihnen so verachteten Laienärzten, Naturheilkünstlern und Mystikern zu überlassen.

Ich verkenne nicht, welche Entschuldigung man für diesen Mangel Ihrer Vorbildung gelten lassen muß. Es fehlt die philosophische Hilfswissenschaft, welche für Ihre ärztlichen Absichten dienstbar gemacht werden könnte. Weder die spekulative Philosophie noch die deskriptive Psychologie oder die an die Sinnesphysiologie anschließende sogenannte experimentelle Psychologie, wie sie in den Schulen gelehrt werden, sind imstande, Ihnen über die Beziehung zwischen dem Körperlichen und Seelischen etwas Brauchbares zu sagen und Ihnen die Schlüssel zum Verständnis einer möglichen Störung der seelischen Funktionen in die Hand zu geben. Innerhalb der Medizin beschäftigt sich zwar die Psychiatrie damit, die beobachteten Seelenstörungen zu beschreiben und zu klinischen Krankheitsbildern zusammenzustellen, aber in guten Stunden zweifeln die Psychiater selbst daran, ob ihre rein deskriptiven Aufstellungen den Namen einer Wissenschaft verdienen. Die

Symptome, welche diese Krankheitsbilder zusammensetzen, sind nach ihrer Herkunft, ihrem Mechanismus und in ihrer gegenseitigen Verknüpfung unerkannt; es entsprechen ihnen entweder keine nachweisbaren Veränderungen des anatomischen Organs der Seele oder solche, aus denen sie eine Aufklärung nicht finden können. Einer therapeutischen Beeinflussung sind diese Seelenstörungen nur dann zugänglich, wenn sie sich als Nebenwirkungen einer sonstigen organischen Affektion erkennen lassen.

Hier ist die Lücke, welche die Psychoanalyse auszufüllen bestrebt ist. Sie will der Psychiatrie die vermißte psychologische Grundlage geben, sie hofft, den gemeinsamen Boden aufzudecken, von dem aus das Zusammentreffen körperlicher mit seelischer Störung verständlich wird. Zu diesem Zweck muß sie sich von jeder ihr fremden Voraussetzung anatomischer, chemischer oder physiologischer Natur frei halten, durchaus mit rein psychologischen Hilfsbegriffen arbeiten, und gerade darum, fürchte ich, wird sie Ihnen zunächst fremdartig erscheinen.

An der nächsten Schwierigkeit will ich Sie, Ihre Vorbildung oder Einstellung, nicht mitschuldig machen. Mit zweien ihrer Aufstellungen beleidigt die Psychoanalyse die ganze Welt und zieht sich deren Abneigung zu; die eine davon verstößt gegen ein intellektuelles, die andere gegen ein ästhetisch-moralisches Vorurteil. Lassen Sie uns nicht zu gering von diesen Vorurteilen denken; es sind machtvolle Dinge, Niederschläge von nützlichen, ja notwendigen Entwicklungen der Menschheit. Sie werden durch affektive Kräfte festgehalten, und der Kampf gegen sie ist ein schwerer.

Die erste dieser unliebsamen Behauptungen der Psychoanalyse besagt, daß die seelischen Vorgänge an und für sich unbewußt sind und die bewußten bloß einzelne Akte und Anteile des ganzen Seelenlebens. Erinnern Sie sich, daß wir im Gegenteile gewöhnt sind, Psychisches und Bewußtes zu identifizieren. Das Bewußtsein gilt uns geradezu als der definierende Charakter des Psychischen, Psychologie als die Lehre von den Inhalten des Bewußtseins. Ja, so selbstverständlich erscheint uns diese Gleichstellung, daß wir einen Widerspruch gegen sie als offenkundigen Widersinn zu empfinden glauben, und doch kann die Psychoanalyse nicht umhin, diesen Widerspruch zu erheben, sie kann die Identität von Bewußtem und Seelischem nicht annehmen.[1] Ihre Definition des Seelischen lautet, es seien Vorgänge von der Art des Fühlens, Denkens, Wollens, und sie muß vertreten, daß es unbewußtes Denken und ungewußtes Wollen gibt. Damit hat sie aber von vornherein die Sympathie aller Freunde nüchterner Wissenschaftlichkeit verscherzt und sich in den Verdacht einer phantastischen Geheimlehre gebracht, die im Dunkeln bauen, im Trüben fischen möchte. Sie aber, meine Hörer, können natürlich noch nicht verstehen, mit welchem Recht ich einen Satz von so abstrakter Natur wie: »Das Seelische ist das Bewußte« für ein Vorurteil ausgeben kann, können auch nicht erraten, welche Entwicklung zur Verleugnung des Unbewußten geführt haben kann, wenn ein solches existieren sollte, und welcher Vorteil sich bei dieser Verleugnung ergeben haben mag. Es klingt wie ein leerer Wortstreit, ob man das Psychische mit dem Bewußten zusammenfallen lassen oder es darüber hinaus erstrecken soll, und doch kann ich Ihnen versichern, daß mit der Annahme unbewußter Seelenvorgänge eine entscheidende Neuorientierung in Welt und Wissenschaft angebahnt ist.

Ebensowenig können Sie ahnen, ein wie inniger Zusammenhang diese erste Kühnheit der Psychoanalyse mit der nun zu erwähnenden zweiten verknüpft. Dieser andere Satz, den die Psychoanalyse als eines ihrer Ergebnisse verkündet, enthält nämlich die Behauptung, daß Triebregungen, welche man nur als sexuelle im engeren wie im weiteren Sinn bezeichnen kann, eine ungemein große und bisher nie genug gewürdigte Rolle in der Verursachung der Nerven- und Geisteskrankheiten spielen. Ja noch mehr, daß dieselben sexuellen Regungen auch mit nicht zu unter-

---

1 [Vgl. *Das Unbewußte* (Kapitel I) im vorliegenden Band unserer Ausgabe.]

schätzenden Beiträgen an den höchsten kulturellen, künstlerischen und sozialen Schöpfungen des Menschengeistes beteiligt sind.

Nach meiner Erfahrung ist die Abneigung gegen dieses Resultat der psychoanalytischen Forschung die bedeutsamste Quelle des Widerstandes, auf den sie gestoßen ist. Wollen Sie wissen, wie wir uns das erklären? Wir glauben, die Kultur ist unter dem Antrieb der Lebensnot auf Kosten der Triebbefriedigung geschaffen worden, und sie wird zum großen Teil immer wieder von neuem erschaffen, indem der Einzelne, der neu in die menschliche Gemeinschaft eintritt, die Opfer an Triebbefriedigung zugunsten des Ganzen wiederholt. Unter den so verwendeten Triebkräften spielen die der Sexualregungen eine bedeutsame Rolle; sie werden dabei sublimiert, d. h. von ihren sexuellen Zielen abgelenkt und auf sozial höherstehende, nicht mehr sexuelle, gerichtet. Dieser Aufbau ist aber labil, die Sexualtriebe sind schlecht gebändigt, es besteht bei jedem Einzelnen, der sich dem Kulturwerk anschließen soll, die Gefahr, daß sich seine Sexualtriebe dieser Verwendung weigern. Die Gesellschaft glaubt an keine stärkere Bedrohung ihrer Kultur, als ihr durch die Befreiung der Sexualtriebe und deren Wiederkehr zu ihren ursprünglichen Zielen erwachsen würde. Die Gesellschaft liebt es also nicht, an dieses heikle Stück ihrer Begründung gemahnt zu werden, sie hat gar kein Interesse daran, daß die Stärke der Sexualtriebe anerkannt und die Bedeutung des Sexuallebens für den einzelnen klargelegt werde, sie hat vielmehr in erziehlicher Absicht den Weg eingeschlagen, die Aufmerksamkeit von diesem ganzen Gebiet abzulenken. Darum verträgt sie das genannte Forschungsresultat der Psychoanalyse nicht, möchte es am liebsten als ästhetisch abstoßend, moralisch verwerflich oder als gefährlich brandmarken. Aber mit solchen Einwürfen kann man einem angeblich objektiven Ergebnis wissenschaftlicher Arbeit nichts anhaben. Der Widerspruch muß aufs intellektuelle Gebiet übersetzt werden, wenn er laut werden soll. Nun liegt es in der menschlichen Natur, daß man geneigt ist, etwas für unrichtig zu halten, wenn man es nicht mag, und dann ist es leicht, Argumente dagegen zu finden. Die Gesellschaft macht also das Unliebsame zum Unrichtigen, bestreitet die Wahrheiten der Psychoanalyse mit logischen und sachlichen Argumenten, aber aus affektiven Quellen, und hält diese Einwendungen als Vorurteile gegen alle Versuche der Widerlegung fest.

Wir aber dürfen behaupten, meine Damen und Herren, daß wir bei der Aufstellung jenes beanständeten Satzes überhaupt keine Tendenz verfolgt haben. Wir wollten nur einer Tatsächlichkeit Ausdruck geben, die wir in mühseliger Arbeit erkannt zu haben glaubten. Wir nehmen auch jetzt das Recht in Anspruch, die Einmengung solcher praktischer Rücksichten in die wissenschaftliche Arbeit unbedingt zurückzuweisen, auch ehe wir untersucht haben, ob die Befürchtung, welche uns diese Rücksichten diktieren will, berechtigt ist oder nicht.

Das wären nun einige der Schwierigkeiten, welche Ihrer Beschäftigung mit der Psychoanalyse entgegenstehen. Es ist vielleicht mehr als genug für den Anfang. Wenn Sie deren Eindruck überwinden können, wollen wir fortsetzen.

2. Vorlesung
Die Fehlleistungen

Meine Damen und Herren! Wir beginnen nicht mit Voraussetzungen, sondern mit einer Untersuchung. Zu deren Objekt wählen wir gewisse Phänomene, die sehr häufig, sehr bekannt und sehr wenig gewürdigt sind, die insofern nichts mit Krankheiten zu tun haben, als sie bei jedem Gesunden beobachtet werden können. Es sind dies die sogenannten *Fehlleistungen*[1] des Menschen, wie wenn jemand et-

1 [Den Begriff der Fehlleistung im allgemeinen Sinne scheint es in der Psychologie vor Freud nicht gegeben zu haben. Freud widmete diesem Phänomen eine eigene Arbeit, die Schrift *Zur Psychopathologie des Alltagslebens* (1901); eine große Anzahl (über vierzig) der Beispiele und Anekdoten, die in dieser und in den beiden nächsten Vorlesungen angeführt wer-

was sagen will und dafür ein anderes Wort sagt, das *Versprechen*, oder ihm dasselbe beim Schreiben geschieht, was er entweder bemerken kann oder nicht; oder wenn jemand im Druck oder in der Schrift etwas anderes liest, als was da zu lesen ist, das *Verlesen;* ebenso wenn er etwas falsch hört, was zu ihm gesagt wird, das *Verhören*, natürlich ohne daß eine organische Störung seines Hörvermögens dabei in Betracht kommt. Eine andere Reihe solcher Erscheinungen hat ein *Vergessen* zur Grundlage, aber kein dauerndes, sondern ein nur zeitweiliges, z. B. wenn jemand einen *Namen* nicht finden kann, den er doch kennt und regelmäßig wiedererkennt, oder wenn er einen *Vorsatz* auszuführen vergißt, den er doch später erinnert, also nur für einen gewissen Zeitpunkt vergessen hatte. In einer dritten Reihe entfällt diese Bedingung des nur Zeitweiligen, z. B. beim *Verlegen*, wenn jemand einen Gegenstand irgendwo unterbringt und ihn nicht mehr aufzufinden weiß, oder beim ganz analogen *Verlieren*. Es liegt da ein Vergessen vor, welches man anders behandelt als anderes Vergessen, über das man sich wundert oder ärgert, anstatt es begreiflich zu finden. Daran schließen sich gewisse *Irrtümer*, bei denen wieder die Zeitweiligkeit zum Vorschein kommt, indem man eine Zeitlang etwas glaubt, wovon man doch vorher und später weiß, daß es anders ist, und eine Anzahl von ähnlichen Erscheinungen unter verschiedenen Namen.

Es sind das alles Vorfälle, deren innere Verwandtschaft durch die gleiche Bezeichnung mit der Vorsilbe »ver-« zum Ausdruck kommt, fast alle von unwichtiger Natur, meist von sehr flüchtigem Bestand, ohne viel Bedeutung im Leben der Menschen. Nur selten erhebt sich eines davon wie das Verlieren von Gegenständen zu einer gewissen praktischen Wichtigkeit. Sie finden darum auch nicht viel Aufmerksamkeit, erregen nur schwache Affekte usw.

---

den, sind schon in den verschiedenen Ausgaben dieser älteren Arbeit enthalten. In seinen didaktischen Schriften, so auch in der vorliegenden, benutzte Freud die Fehlleistungen gerne als das für eine Einführung in seine Theorien am besten geeignete Material. Tatsächlich gehörten sie auch zu den frühesten Themen seiner eigenen psychologischen Forschungen.]

Für diese Phänomene will ich also jetzt Ihre Aufmerksamkeit in Anspruch nehmen. Sie aber werden mir unmutig entgegenhalten: »Es gibt soviel großartige Rätsel in der Welt wie in der engeren des Seelenlebens, so viele Wunder auf dem Gebiet der Seelenstörungen, die Aufklärung fordern und verdienen, daß es wirklich mutwillig scheint, Arbeit und Interesse an solche Kleinigkeiten zu vergeuden. Wenn Sie uns verständlich machen könnten, wieso ein Mensch mit gesunden Augen und Ohren bei lichtem Tag Dinge sehen und hören kann, die es nicht gibt, warum ein anderer sich plötzlich von denen verfolgt glaubt, die ihm bisher die Liebsten waren, oder mit der scharfsinnigsten Begründung Wahngebilde vertritt, die jedem Kinde als unsinnig erscheinen müssen, dann würden wir etwas von der Psychoanalyse halten, aber wenn sie nichts anderes kann, als uns damit zu beschäftigen, warum ein Festredner einmal ein Wort für ein anderes sagt oder warum eine Hausfrau ihre Schlüssel verlegt hat und ähnliche Nichtigkeiten, dann werden auch wir mit unserer Zeit und unserem Interesse etwas Besseres anzufangen wissen.«

Ich würde Ihnen antworten: Geduld, meine Damen und Herren! Ich meine, Ihre Kritik ist nicht auf der richtigen Spur. Es ist wahr, die Psychoanalyse kann nicht von sich rühmen, daß sie sich nie mit Kleinigkeiten abgegeben hat. Im Gegenteil, ihren Beobachtungsstoff bilden gewöhnlich jene unscheinbaren Vorkommnisse, die von den anderen Wissenschaften als allzu geringfügig beiseite geworfen werden, sozusagen der Abhub der Erscheinungswelt. Aber verwechseln Sie in Ihrer Kritik nicht die Großartigkeit der Probleme mit der Auffälligkeit der Anzeichen? Gibt es nicht sehr bedeutungsvolle Dinge, die sich unter gewissen Bedingungen und zu gewissen Zeiten nur durch ganz schwache Anzeichen verraten können? Ich könnte Ihnen mit Leichtigkeit mehrere solche Situationen anführen. Aus welchen geringfügigen Anzeichen schließen Sie, die jungen Männer unter Ihnen, daß Sie die Neigung einer Dame gewonnen haben? Warten Sie dafür eine ausdrückliche Liebeserklärung, eine stürmische Umarmung ab, oder reicht

Ihnen nicht ein von anderen kaum bemerkter Blick, eine flüchtige Bewegung, eine Verlängerung des Händedrucks um eine Sekunde aus? Und wenn Sie als Kriminalbeamter an der Untersuchung einer Mordtat beteiligt sind, erwarten Sie dann wirklich zu finden, daß der Mörder seine Photographie samt beigefügter Adresse an dem Tatorte zurückgelassen hat, oder werden Sie sich nicht notwendigerweise mit schwächeren und undeutlicheren Spuren der gesuchten Persönlichkeit begnügen? Lassen Sie uns also die kleinen Anzeichen nicht unterschätzen; vielleicht gelingt es, von ihnen aus Größerem auf die Spur zu kommen. Und dann, ich denke wie Sie, daß die großen Probleme in Welt und Wissenschaft das erste Anrecht an unser Interesse haben. Aber es nützt meistens nur sehr wenig, wenn man den lauten Vorsatz faßt, sich jetzt der Erforschung dieses oder jenes großen Problems zuzuwenden. Man weiß dann oft nicht, wohin man den nächsten Schritt richten soll. In der wissenschaftlichen Arbeit ist es aussichtsreicher, das anzugreifen, was man gerade vor sich hat und zu dessen Erforschung sich ein Weg ergibt. Macht man das recht gründlich, voraussetzungs- und erwartungslos und hat man Glück, so kann sich infolge des Zusammenhanges, der alles mit allem verknüpft, auch das Kleine mit dem Großen, auch aus so anspruchsloser Arbeit ein Zugang zum Studium der großen Probleme ergeben.

So würde ich also sprechen, um Ihr Interesse bei der Behandlung der anscheinend so nichtigen Fehlleistungen der Gesunden festzuhalten. Wir wollen jetzt irgend jemanden, dem die Psychoanalyse fremd ist, heranziehen und ihn fragen, wie er sich das Vorkommen solcher Dinge erklärt.

Er wird gewiß zuerst antworten: Oh, das ist keiner Erklärung wert; das sind kleine Zufälligkeiten. Was meint der Mann damit? Will er behaupten, daß es noch so kleine Geschehnisse gibt, die aus der Verkettung des Weltgeschehens herausfallen, die ebensogut nicht sein könnten, wie sie sind? Wenn jemand so den natürlichen Determinismus an einer einzigen Stelle durchbricht, hat er die ganze wissenschaftliche Weltanschauung über den Haufen geworfen.

Man darf ihm dann vorhalten, um wie vieles konsequenter sich selbst die religiöse Weltanschauung benimmt, wenn sie nachdrücklich versichert, es falle kein Sperling vom Dach ohne Gottes besonderen Willen. Ich meine, unser Freund wird die Konsequenz aus seiner ersten Antwort nicht ziehen wollen, er wird einlenken und sagen, wenn er diese Dinge studiere, finde er allerdings Erklärungen für sie. Es handle sich um kleine Entgleisungen der Funktion, Ungenauigkeiten der seelischen Leistung, deren Bedingungen sich angeben ließen. Ein Mensch, der sonst richtig sprechen kann, mag sich in der Rede versprechen, 1. wenn er leicht unwohl und ermüdet ist, 2. wenn er aufgeregt, 3. wenn er von anderen Dingen überstark in Anspruch genommen ist. Es ist leicht, diese Angaben zu bestätigen. Das Versprechen tritt wirklich besonders häufig auf, wenn man ermüdet ist, Kopfschmerzen hat oder vor einer Migräne steht. Unter denselben Umständen ereignet sich leicht das Vergessen von Eigennamen. Manche Personen sind daran gewöhnt, an diesem Entfallen der Eigennamen die herannahende Migräne zu erkennen. Auch in der Aufregung verwechselt man oft die Worte, aber auch die Dinge, man »vergreift sich«, und das Vergessen von Vorsätzen sowie eine Menge von anderen unbeabsichtigten Handlungen wird auffällig, wenn man zerstreut, d. h. eigentlich auf etwas anderes konzentriert ist. Ein bekanntes Beispiel solcher Zerstreutheit ist der Professor der *Fliegenden Blätter*, der seinen Schirm stehenläßt und seinen Hut verwechselt, weil er an die Probleme denkt, die er in seinem nächsten Buch behandeln wird. Beispiele dafür, wie man Vorsätze, die man gefaßt, Versprechungen, die man gemacht hat, vergessen kann, weil man inzwischen etwas erlebt hat, wovon man stark in Anspruch genommen wurde, kennt jeder von uns aus eigener Erfahrung.

Das klingt so ganz verständig und scheint auch gegen Widerspruch gefeit zu sein. Es ist vielleicht nicht sehr interessant, nicht so, wie wir es erwartet haben. Fassen wir diese Erklärungen der Fehlleistungen näher ins Auge. Die Bedingungen, die für das Zustandekommen dieser Phänomene angegeben, werden sind unter sich nicht gleichartig. Unwohlsein und Zirkulationsstörung geben eine physiologische Begründung für die Beeinträchtigung der normalen Funktion; Erregung, Ermüdung, Ablenkung sind Momente anderer Art, die man psycho-physiologische nennen könnte. Diese letzteren lassen sich leicht in Theorie übersetzen. Sowohl durch die Ermüdung wie durch die Ablenkung, vielleicht auch durch die allgemeine Erregung, wird eine Verteilung der Aufmerksamkeit hervorgerufen, die zur Folge haben kann, daß sich der betreffenden Leistung zu wenig Aufmerksamkeit zuwendet. Diese Leistung kann dann besonders leicht gestört, ungenau ausgeführt werden. Leichtes Kranksein, Abänderungen der Blutversorgung im nervösen Zentralorgan können dieselbe Wirkung haben, indem sie das maßgebende Moment, die Verteilung der Aufmerksamkeit in ähnlicher Weise beeinflussen. Es würde sich also in allen Fällen um die Effekte einer Aufmerksamkeitsstörung handeln, entweder aus organischen oder aus psychischen Ursachen.

Dabei scheint nicht viel für unser psychoanalytisches Interesse herauszuschauen. Wir könnten uns versucht fühlen, das Thema wieder aufzugeben. Allerdings, wenn wir näher auf die Beobachtungen eingehen, stimmt nicht alles zu dieser Aufmerksamkeitstheorie der Fehlleistungen oder leitet sich wenigstens nicht natürlich aus ihr ab. Wir machen die Erfahrung, daß solche Fehlhandlungen und solches Vergessen auch bei Personen vorkommen, die *nicht* ermüdet, zerstreut oder aufgeregt sind, sondern sich nach jeder Richtung in ihrem Normalzustand befinden, es sei denn, man wolle den Betreffenden gerade wegen der Fehlleistung nachträglich eine Aufgeregtheit zuschreiben, zu welcher sie sich aber selbst nicht bekennen. Es kann auch nicht so einfach zugehen, daß eine Leistung durch die Steigerung der auf sie gerichteten Aufmerksamkeit garantiert, durch die Herabsetzung derselben gefährdet wird. Es gibt eine große Menge von Verrichtungen, die man rein automatisch, mit sehr geringer Aufmerksamkeit vollzieht und dabei doch ganz sicher ausführt. Der Spaziergänger, der kaum weiß, wo er geht, hält doch den richtigen Weg ein und macht am Ziele halt, ohne sich *vergangen* zu haben. Wenigstens in der Regel trifft er es so. Der geübte Klavierspieler greift, ohne daran zu denken, die richtigen Tasten. Er kann sich natürlich auch einmal vergreifen, aber wenn das automatische Spielen die Gefahr des Vergreifens steigerte, müßte gerade der Virtuose, dessen Spiel durch große Übung ganz und gar automatisch geworden ist, dieser Gefahr am meisten ausgesetzt sein. Wir sehen im Gegenteil, daß viele Verrichtungen ganz besonders sicher geraten, wenn sie nicht Gegenstand einer besonders hohen Aufmerksamkeit sind, und daß das Mißgeschick der Fehlleistung gerade dann auftreten kann, wenn an der richtigen Leistung besonders viel gelegen ist, eine Ablenkung der nötigen Aufmerksamkeit also sicherlich nicht stattfindet. Man kann dann sagen, das sei der Effekt der »Aufregung«, aber wir verstehen nicht, warum die Aufregung die Zuwendung der Aufmerksamkeit zu dem mit soviel Interesse Beabsichtigten nicht vielmehr steigert. Wenn jemand in einer wichtigen Rede oder mündlichen Verhandlung durch ein Versprechen das Gegenteil von dem sagt, was er zu sagen beabsichtigt, so ist das nach der psycho-physiologischen oder Aufmerksamkeitstheorie kaum zu erklären.

Es gibt auch bei den Fehlleistungen so viele kleine Nebenerscheinungen, die man nicht versteht und die uns durch die bisherigen Aufklärungen nicht nähergebracht werden. Wenn man z. B. einen Namen zeitweilig vergessen hat, so ärgert man sich darüber, will ihn durchaus erinnern und kann von der Aufgabe nicht ablassen. Warum gelingt es dem Geärgerten so überaus selten, seine Aufmerksamkeit, wie er doch möchte, auf das Wort zu lenken, das ihm, wie er sagt, »auf der Zunge liegt« und das er sofort erkennt, wenn es vor ihm ausgesprochen wird? Oder: es kommen Fälle vor, in denen die Fehlleistungen sich vervielfältigen, sich miteinander verketten, einander ersetzen. Das erste Mal hatte man ein Rendezvous vergessen; das nächste Mal, für das man den Vorsatz, ja nicht zu vergessen, gefaßt hat, stellt es sich heraus, daß man sich irrtümlich eine andere

Stunde gemerkt hat. Man sucht sich auf Umwegen auf ein vergessenes Wort zu besinnen, dabei entfällt einem ein zweiter Name, der beim Aufsuchen des ersten hätte behilflich sein können. Geht man jetzt diesem zweiten Namen nach, so entzieht sich ein dritter usw. Dasselbe kann sich bekanntlich auch bei Druckfehlern ereignen, die ja als Fehlleistungen des Setzers aufzufassen sind. Ein solcher hartnäckiger Druckfehler soll sich einmal in ein sozialdemokratisches Blatt eingeschlichen haben. In dem Berichte über eine gewisse Festlichkeit war zu lesen: Unter den Anwesenden bemerkte man auch seine Hoheit, den *Korn*prinzen. Am nächsten Tag wurde eine Korrektur versucht. Das Blatt entschuldigte sich und schrieb: Es hätte natürlich heißen sollen: den *Knor*prinzen. Man spricht in solchen Fällen gerne vom Druckfehlerteufel, vom Kobold des Setzkastens und dergleichen, Ausdrücke, die jedenfalls über eine psycho-physiologische Theorie des Druckfehlers hinausgehen.

Ich weiß auch nicht, ob Ihnen bekannt ist, daß man das Versprechen provozieren, sozusagen durch Suggestion hervorrufen kann. Eine Anekdote berichtet hiezu: Als einmal ein Neuling auf der Bühne mit der wichtigen Rolle betraut war, in der *Jungfrau von Orleans* dem König zu melden, daß der Connétable sein Schwert zurückschickt, machte sich ein Heldendarsteller den Scherz, während der Probe dem schüchternen Anfänger wiederholt anstatt dieses Textes vorzusagen: Der Komfortabel schickt sein Pferd zurück, und er erreichte seine Absicht.[2] In der Vorstellung debütierte der Unglückliche wirklich mit dieser abgeänderten Meldung, obwohl er genug gewarnt war oder vielleicht gerade darum.

Alle diese kleinen Züge der Fehlleistungen werden durch die Theorie der Aufmerksamkeitsentziehung nicht gerade aufgeklärt. Aber darum braucht diese Theorie noch nicht

2 [In Schillers *Jungfrau von Orleans* (1. Aufzug, 2. Auftritt) sagt König Karl selbst: »Der Connétable schickt sein Schwert zurück,/Und sagt den Dienst mir auf.« – »Connetable« (aus »comes stabuli«, Oberaufseher des königlichen Marschalls) war die Bezeichnung des obersten Feldherrn.]

falsch zu sein. Es fehlt ihr vielleicht an etwas, an einer Ergänzung, damit sie voll befriedigend werde. Aber auch manche der Fehlleistungen selbst können noch von einer anderen Seite betrachtet werden.

Greifen wir als die für unsere Absichten geeignetste unter den Fehlleistungen das *Versprechen* heraus. Wir könnten ebensogut das Verschreiben oder Verlesen wählen. Da müssen wir uns denn einmal sagen, daß wir bisher nur danach gefragt haben, wann, unter welchen Bedingungen man sich verspricht, und auch nur darauf eine Antwort bekommen haben. Man kann aber auch sein Interesse anders richten und wissen wollen, warum man sich gerade in dieser Weise verspricht und in keiner anderen; man kann das in Betracht ziehen, was beim Versprechen herauskommt. Sie sehen ein, solange man nicht diese Frage beantwortet, den Effekt des Versprechens aufklärt, bleibt das Phänomen nach seiner psychologischen Seite eine Zufälligkeit, mag es auch eine physiologische Erklärung gefunden haben. Wenn sich mir ein Versprechen ereignet, könnte ich mich offenbar in unendlich vielen Weisen versprechen, für das eine richtige Wort eines von tausend anderen sagen, ungezählt viele Entstellungen an dem richtigen Wort vornehmen. Gibt es nun irgend etwas, was mir im besonderen Falle von allen möglichen gerade die eine Weise des Versprechens aufdrängt, oder bleibt das Zufall, Willkür und läßt sich zu dieser Frage vielleicht überhaupt nichts Vernünftiges vorbringen?

Zwei Autoren, Meringer und Mayer (ein Philologe und ein Psychiater), haben denn auch im Jahre 1895 den Versuch gemacht, die Frage des Versprechens von dieser Seite her anzugreifen.[3] Sie haben Beispiele gesammelt und zunächst nach rein deskriptiven Gesichtspunkten beschrieben. Das gibt natürlich noch keine Erklärung, kann aber den Weg zu ihr finden lassen. Sie unterscheiden die Entstellungen, welche die intendierte Rede durch das Verspre-

3 [R. Meringer und C. Mayer, *Versprechen und Verlesen: eine psychologisch-linguistische Studie*, Wien 1895.]

chen erfährt, als: Vertauschungen, Vorklänge, Nachklänge, Vermengungen (Kontaminationen) und Ersetzungen (Substitutionen). Ich werde Ihnen von diesen Hauptgruppen der beiden Autoren Beispiele vorführen. Ein Fall von Vertauschung ist es, wenn jemand sagt: *Die Milo von Venus* anstatt: Die Venus von Milo (Vertauschung in der Reihenfolge der Worte); ein Vorklang: Es war mir *auf der Schwest* . . . auf der Brust so schwer; ein Nachklang wäre der bekannte verunglückte Toast: Ich fordere Sie *auf, auf* das Wohl unseres Chefs *aufzustoßen.* Diese drei Formen des Versprechens sind nicht gerade häufig. Weit zahlreicher werden Sie die Beobachtung[en] finden, in denen das Versprechen durch eine Zusammenziehung oder Vermengung entsteht, z. B. wenn ein Herr eine Dame auf der Straße mit den Worten anspricht: Wenn Sie gestatten, mein Fräulein, möchte ich Sie gerne *begleit-digen.* In dem Mischwort steckt außer *Begleiten* offenbar auch das *Beleidigen.* (Nebenbei, der junge Mann wird bei der Dame nicht viel Erfolg gehabt haben.) Als eine Ersetzung führen M. und M. den Fall an, daß einer sagt: Ich gebe die Präparate in den *Brief*kasten anstatt *Brüt*kasten u. dgl.

Der Erklärungsversuch, den die beiden Autoren auf ihre Sammlung von Beispielen gründen, ist ganz besonders unzulänglich. Sie meinen, daß die Laute und Silben eines Wortes verschiedene Wertigkeit haben und daß die Innervation des hochwertigen Elements die der minderwertigen störend beeinflussen kann. Dabei fußen sie offenbar auf den an sich gar nicht so häufigen Vor- und Nachklängen; für andere Erfolge des Versprechens kommen diese Lautbevorzugungen, wenn sie überhaupt existieren, gar nicht in Betracht. Am häufigsten verspricht man sich doch, indem man anstatt eines Wortes ein anderes, ihm sehr ähnliches sagt, und diese Ähnlichkeit genügt vielen zur Erklärung des Versprechens. Zum Beispiel ein Professor in seiner Antrittsrede: Ich bin nicht *geneigt* (geeignet), die Verdienste meines sehr geschätzten Vorgängers zu würdigen. Oder ein anderer Professor: Beim weiblichen Genitale hat man trotz vieler *Versuchungen* . . . Pardon: Versuche . . .

Die gewöhnlichste und auch die auffälligste Art des Versprechens ist aber die zum genauen Gegenteil dessen, was man zu sagen beabsichtigt. Dabei kommt man natürlich von den Lautbeziehungen und Ähnlichkeitswirkungen weit ab und kann sich zum Ersatz dafür darauf berufen, daß Gegensätze eine starke begriffliche Verwandtschaft miteinander haben und einander in der psychologischen Assoziation besonders nahestehen. Es gibt historische Beispiele dieser Art: Ein Präsident unseres Abgeordnetenhauses eröffnete einmal die Sitzung mit den Worten: Meine Herren, ich konstatiere die Anwesenheit von ... Mitgliedern und erkläre somit die Sitzung für *geschlossen.*

Ähnlich verführerisch wie die Gegensatzbeziehung wirkt dann irgendeine andere geläufige Assoziation, die unter Umständen recht unpassend auftauchen kann. So wird z. B. erzählt, daß bei einer Festlichkeit zu Ehren der Heirat eines Kindes von H. Helmholtz mit einem Kinde des bekannten Entdeckers und Großindustriellen W. Siemens der berühmte Physiologe Du Bois-Reymond die Festrede zu halten hatte. Er schloß seinen sicherlich glänzenden Toast mit den Worten: Also es lebe die neue Firma: Siemens und – Halske! Das war natürlich der Name der alten Firma. Die Zusammenstellung der beiden Namen mußte dem Berliner ebenso geläufig sein wie etwa dem Wiener die: Riedel und Beutel.

So müssen wir also zu den Lautbeziehungen und zur Wortähnlichkeit noch den Einfluß der Wortassoziationen hinzunehmen. Aber damit nicht genug. In einer Reihe von Fällen scheint die Aufklärung des beobachteten Versprechens nicht eher zu gelingen, als bis wir mit in Betracht gezogen haben, was einen Satz vorher gesprochen oder auch nur gedacht wurde. Also wiederum ein Fall von Nachklingen, wie der von Meringer betonte, nur von größerer Ferne her. – Ich muß gestehen, ich habe im ganzen den Eindruck, als wären wir jetzt einem Verständnis der Fehlleistung des Versprechens ferner gerückt denn je!

Indes, ich hoffe nicht irrezugehen, wenn ich es ausspreche, daß wir alle während der eben angestellten Untersuchung einen neuen Eindruck von den Beispielen des Versprechens bekommen haben, bei dem zu verweilen sich doch lohnen könnte. Wir hatten die Bedingungen untersucht, unter denen ein Versprechen überhaupt zustande kommt, dann die Einflüsse, welche die Art der Entstellung durch das Versprechen bestimmen, aber den Effekt des Versprechens für sich allein, ohne Rücksicht auf seine Entstehung, haben wir noch gar nicht ins Auge gefaßt. Entschließen wir uns auch dazu, so müssen wir endlich den Mut finden zu sagen: In einigen der Beispiele hat ja auch das einen Sinn, was beim Versprechen zustande gekommen ist. Was heißt das, es hat einen Sinn? Nun, es will sagen, daß der Effekt des Versprechens vielleicht ein Recht darauf hat, selbst als ein vollgültiger psychischer Akt, der auch sein eigenes Ziel verfolgt, als eine Äußerung von Inhalt und Bedeutung aufgefaßt zu werden. Wir haben bisher immer von Fehlhandlungen gesprochen, aber jetzt scheint es, als ob manchmal die Fehlhandlung selbst eine ganz ordentliche Handlung wäre, die sich nur an die Stelle der anderen, erwarteten oder beabsichtigten Handlung gesetzt hat.

Dieser eigene Sinn der Fehlhandlung scheint ja in einzelnen Fällen greifbar und unverkennbar zu sein. Wenn der Präsident die Sitzung des Abgeordnetenhauses mit den ersten Worten schließt, anstatt sie zu eröffnen, so sind wir infolge unserer Kenntnis der Verhältnisse, unter denen sich dies Versprechen vollzog, geneigt, diese Fehlhandlung sinnvoll zu finden. Er erwartet sich nichts Gutes von der Sitzung und wäre froh, sie sofort wieder abbrechen zu können. Das Aufzeigen dieses Sinnes, also die Deutung dieses Versprechens macht uns gar keine Schwierigkeiten. Oder wenn eine Dame anscheinend anerkennend eine andere fragt: Diesen reizenden neuen Hut haben Sie sich wohl selbst *aufgepatzt*? – so wird keine Wissenschaftlichkeit der Welt uns abhalten können, aus diesem Versprechen eine Äußerung herauszuhören: Dieser Hut ist eine *Patzerei*. Oder wenn eine als energisch bekannte Dame erzählt:

Mein Mann hat den Doktor gefragt, welche Diät er einhalten soll. Der Doktor hat aber gesagt, er braucht keine Diät, er kann essen und trinken, was *ich* will, so ist dies Versprechen doch anderseits der unverkennbare Ausdruck eines konsequenten Programms.

Meine Damen und Herren, wenn es sich herausstellen sollte, daß nicht nur einige wenige Fälle von Versprechen und von Fehlleistungen überhaupt einen *Sinn* haben, sondern eine größere Anzahl von ihnen, so wird unvermeidlich dieser Sinn der Fehlleistungen, von dem bisher noch nicht die Rede war, für uns das Interessanteste werden und alle anderen Gesichtspunkte mit Recht in den Hintergrund drängen. Wir können dann alle physiologischen oder psycho-physiologischen Momente beiseite lassen und dürfen uns rein psychologischen Untersuchungen über den Sinn, d. i. die Bedeutung, die Absicht der Fehlleistung hingeben. Wir werden es also nicht verabsäumen, demnächst ein größeres Beobachtungsmaterial auf diese Erwartung zu prüfen.

Ehe wir aber diesen Vorsatz ausführen, möchte ich Sie einladen, mit mir eine andere Spur zu verfolgen. Es ist wiederholt vorgekommen, daß ein Dichter sich des Versprechens oder einer anderen Fehlleistung als Mittels der dichterischen Darstellung bedient hat. Diese Tatsache muß uns für sich allein beweisen, daß er die Fehlleistung, das Versprechen z. B., für etwas Sinnvolles hält, denn er produziert es ja absichtlich. Es geht doch nicht so vor, daß der Dichter sich zufällig verschreibt und dann sein Verschreiben bei seiner Figur als ein Versprechen bestehen läßt. Er will uns durch das Versprechen etwas zum Verständnis bringen, und wir können ja nachsehen, was das sein mag, ob er uns etwa andeuten will, daß die betreffende Person zerstreut und ermüdet ist oder eine Migräne zu erwarten hat. Natürlich wollen wir es nicht überschätzen, wenn das Versprechen vom Dichter als sinnvoll gebraucht wird. Es könnte doch in Wirklichkeit sinnlos sein, eine psychische Zufälligkeit oder nur in ganz seltenen Fällen sinnreich, und der Dichter behielte das Recht, es durch die Ausstattung mit Sinn zu vergeistigen, um es für seine Zwecke zu gebrauchen. Zu verwundern wäre es aber auch nicht, wenn wir über das Versprechen vom Dichter mehr zu erfahren hätten, als vom Philologen und vom Psychiater.

Ein solches Beispiel von Versprechen findet sich in *Wallenstein* (*Die Piccolomini*, erster Aufzug, fünfter Auftritt). Max Piccolomini hat in der vorhergehenden Szene aufs leidenschaftlichste für den Herzog Partei genommen und dabei von den Segnungen des Friedens geschwärmt, die sich ihm auf seiner Reise enthüllt, während er die Tochter Wallensteins ins Lager begleitete. Er läßt seinen Vater und den Abgesandten des Hofes, Questenberg, in voller Bestürzung zurück. Und nun geht der fünfte Auftritt weiter:

QUESTENBERG O weh uns! Steht es so?
(dringend und ungeduldig)
Freund, und wir lassen ihn in diesem Wahn
Dahingehn, rufen ihn nicht gleich
Zurück, daß wir die Augen auf der Stelle
Ihm öffnen?
OCTAVIO *(aus einem tiefen Nachdenken zu sich kommend)*
M i r hat er sie jetzt geöffnet,
Und mehr erblick ich, als mich freut.
QUESTENBERG Was ist es, Freund?
OCTAVIO Fluch über diese Reise!
QUESTENBERG Wieso? Was ist es?
OCTAVIO Kommen Sie! Ich muß
Sogleich die unglückselige Spur verfolgen,
Mit meinen Augen sehen – kommen Sie
(will ihn fortführen)
QUESTENBERG Was denn? Wohin?
OCTAVIO *(pressiert)* Zu ihr!
QUESTENBERG Zu –
OCTAVIO *(korrigiert sich)* Zum Herzog! Gehen wir.
usw.

Octavio wollte sagen »zu ihm«, zum Herzog, verspricht sich aber und verrät durch seine Worte »*zu ihr*« uns wenigstens, daß er den Einfluß, welcher den jungen Kriegshelden für den Frieden schwärmen macht, sehr wohl erkannt hat.

Ein noch eindrucksvolleres Beispiel hat O. Rank[4] bei Shakespeare entdeckt. Es findet sich im *Kaufmann von Venedig* in der berühmten Szene der Wahl des glücklichen Liebhabers zwischen den drei Kästchen,[5] und ich kann vielleicht nichts Besseres tun, als Ihnen die kurze Darstellung von Rank hier vorlesen.

»Ein dichterisch überaus fein motiviertes und technisch glänzend verwertetes *Versprechen*, welches wie das von Freud im *Wallenstein* aufgezeigte verrät, daß die Dichter Mechanismus und Sinn dieser Fehlleistung wohl kennen und deren Verständnis auch beim Zuhörer voraussetzen, findet sich in Shakespeares *Kaufmann von Venedig* (dritter Aufzug, zweite Szene). Die durch den Willen ihres Vaters an die Wahl eines Gatten durch das Los gefesselte Porzia ist bisher allen ihren unliebsamen Freiern durch das Glück des Zufalls entronnen. Da sie endlich in Bassanio den Bewerber gefunden hat, dem sie wirklich zugetan ist, muß sie fürchten, daß auch er das falsche Los ziehen werde. Sie möchte ihm nun am liebsten sagen, daß er auch in diesem Falle ihrer Liebe sicher sein könne, ist aber durch ihr Gelübde daran gehindert. In diesem inneren Zwiespalte läßt sie der Dichter zu dem willkommenen Freier sagen:

Ich bitt Euch, wartet; ein, zwei Tage noch,
Bevor Ihr wagt: denn wählt Ihr falsch, so büße
Ich Euren Umgang ein; darum verzieht!
Ein Etwas sagt mir *(doch es ist nicht Liebe)*,
Ich möcht Euch nicht verlieren; – – –
– – – Ich könnt Euch leiten

4 [*Ein Beispiel von poetischer Verwertung des Versprechens*, in: Zentbl. Psychoanal., 1910, Bd. 1.]

5 [Vgl. *Das Motiv der Kästchenwahl* in Band 1 der vorliegenden Ausgabe.]

Zur rechten Wahl, dann bräch ich meinen Eid;
Das will ich nicht; so könnt Ihr mich verfehlen.
Doch wenn Ihr's tut, macht Ihr mich sündlich
wünschen,
Ich hätt' ihn nur gebrochen. O der Augen,
Die so mich übersehn und mich geteilt!
Halb bin ich Euer, die andre Hälfte Euer –
Mein wollt ich sagen; doch wenn mein, dann Euer,
Und so ganz Euer.[6]

Gerade das, was sie ihm also bloß leise andeuten möchte, weil sie es eigentlich ihm überhaupt verschweigen sollte, daß sie nämlich schon vor der Wahl *ganz* die Seine sei und ihn liebe, das läßt der Dichter mit bewundernswertem psychologischem Feingefühl in dem Versprechen sich offen durchdrängen und weiß durch diesen Kunstgriff die unerträgliche Ungewißheit des Liebenden sowie die gleichgestimmte Spannung des Zuhörers über den Ausgang der Wahl zu beruhigen.«

Wollen Sie noch bemerken, wie fein Porzia zwischen den beiden Aussagen, die in dem Versprechen enthalten sind, am Ende vermittelt, wie sie den zwischen ihnen bestehenden Widerspruch aufhebt und schließlich doch dem Versprechen Recht gibt:

Doch, wenn mein, dann Euer,
Und so ganz Euer.

Gelegentlich hat auch ein der Medizin fernestehender Denker den Sinn einer Fehlleistung mit einer Bemerkung aufgedeckt und uns die Bemühung um deren Aufklärung vorweggenommen. Sie kennen alle den geistreichen Satiriker Lichtenberg (1742–1799), von dem Goethe gesagt hat: Wo er einen Spaß macht, liegt ein Problem verborgen. Nun gelegentlich kommt durch den Spaß auch die Lösung

6 Nach der Übersetzung von Schlegel und Tieck. [Hervorhebungen von Freud.]

des Problems zutage. Lichtenberg notiert in seinen witzigen und satirischen Einfällen den Satz: Er las immer *Agamemnon* anstatt »angenommen«, so sehr hatte er den Homer gelesen. Das ist wirklich die Theorie des Verlesens.

Das nächste Mal wollen wir prüfen, ob wir in der Auffassung der Fehlleistungen mit den Dichtern gehen können.

3. Vorlesung
Die Fehlleistungen
(Fortsetzung)

Meine Damen und Herren! Wir sind das vorigemal auf den Einfall gekommen, die Fehlleistung nicht im Verhältnis zu der von ihr gestörten, beabsichtigten Leistung zu betrachten, sondern an und für sich, haben den Eindruck empfangen, daß sie in einzelnen Fällen ihren eigenen Sinn zu verraten scheint, und haben uns gesagt, wenn es in größerem Umfange zu bestätigen wäre, daß die Fehlleistung einen Sinn hat, so würde uns dieser Sinn bald interessanter werden als die Untersuchung der Umstände, unter denen die Fehlleistung zustande kommt.

Einigen wir uns noch einmal darüber, was wir unter dem »Sinn« eines psychischen Vorganges verstehen wollen. Nichts anderes als die Absicht, der er dient, und seine Stellung in einer psychischen Reihe. Für die meisten unserer Untersuchungen können wir »Sinn« auch durch »Absicht«, »Tendenz« ersetzen. War es also nur ein täuschender Schein oder eine poetische Erhöhung der Fehlleistung, wenn wir in ihr eine Absicht zu erkennen glaubten?

Bleiben wir den Beispielen des Versprechens treu und überblicken eine größere Anzahl solcher Beobachtungen. Da finden wir denn ganze Kategorien von Fällen, in denen die Absicht, der Sinn des Versprechens klar zutage liegt. Vor allem die, in denen das Gegenteil an die Stelle des Beabsichtigten tritt. Der Präsident sagt in der Eröffnungsrede: »Ich erkläre die Sitzung für geschlossen.« Das ist doch unzweideutig. Sinn und Absicht seiner Fehlrede ist, daß er die Sitzung schließen will. »Er sagt es ja selbst«,[1] möchte man dazu zitieren; wir brauchen ihn ja nur beim Wort zu nehmen. Stören Sie mich jetzt nicht mit der Einrede, daß dies nicht möglich ist, daß wir ja wissen, er wollte die Sitzung nicht schließen, sondern eröffnen, und daß er selbst, den wir eben als oberste Instanz anerkannt haben, bestätigen kann, daß er eröffnen wollte. Sie vergessen dabei, daß wir übereingekommen sind, die Fehlleistung zunächst an und für sich zu betrachten; ihr Verhältnis zur Intention, die sie stört, soll erst später zur Sprache kommen. Sie machen sich sonst eines logischen Fehlers schuldig, durch den Sie das in Behandlung stehende Problem glatt wegeskamotieren, was im Englischen *begging the question*[2] heißt.

In anderen Fällen, wo man sich nicht gerade zum Gegenteil versprochen hat, kann doch durch das Versprechen ein gegensätzlicher Sinn zum Ausdruck kommen. »Ich bin nicht *geneigt*, die Verdienste meines Vorgängers zu würdigen.« Geneigt ist nicht das Gegenteil von geeignet, aber es ist ein offenes Geständnis, in scharfem Gegensatz zur Situation, in welcher der Redner sprechen soll.

In noch anderen Fällen fügt das Versprechen zu dem beabsichtigten Sinne einfach einen zweiten hinzu. Der Satz hört sich dann an wie eine Zusammenziehung, Verkürzung, Verdichtung aus mehreren Sätzen. So die energische Dame: Er kann essen und trinken, was *ich* will. Das ist gerade so, als ob sie erzählt hätte: Er kann essen und trinken, was er will; aber was hat er denn zu wollen? An seiner Statt will ich. Die Versprechen machen oft den Eindruck solcher Verkürzungen, z. B. wenn ein Anatomieprofessor nach seinem Vortrag über die Nasenhöhle fragt, ob die Hörer es auch verstanden haben, und ob der allgemeinen Bejahung fortsetzt: Ich glaube kaum, denn die Leute, welche die Nasenhöhle verstehen, kann man selbst in einer Millionenstadt an *einem Finger* . . . Pardon, an den Fingern einer

1 [Ein im Sextett des 3. Aktes von Mozarts *Figaro* mehrmals wiederholter Satz.]

2 [der Frage ausweichen, etwas Umstrittenes als Tatsache hinstellen.]

Hand abzählen. Die verkürzte Rede hat auch ihren Sinn; sie sagt, es gibt nur einen Menschen, der das versteht.

Diesen Gruppen von Fällen, in denen die Fehlleistung ihren Sinn selbst zum Vorschein bringt, stehen andere gegenüber, in denen das Versprechen nichts an sich Sinnreiches geliefert hat, die also unseren Erwartungen energisch widersprechen. Wenn jemand durch Versprechen einen Eigennamen verdreht oder ungebräuchliche Lautfolgen zusammenstellt, so scheint durch diese sehr häufigen Vorkommnisse die Frage, ob alle Fehlhandlungen etwas Sinnreiches leisten, bereits im ablehnenden Sinne entschieden zu sein. Allein bei näherem Eingehen auf solche Beispiele zeigt es sich, daß ein Verständnis dieser Entstellungen leicht möglich wird, ja daß der Unterschied zwischen diesen dunkleren und früheren klaren Fällen gar nicht so groß ist.

Ein Herr, nach dem Befinden seines Pferdes befragt: antwortet: Ja, das *draut* . . . Das dauert vielleicht noch einen Monat. Befragt, was er eigentlich sagen wollte, erklärt er, er habe gedacht, das sei eine *traurige* Geschichte, der Zusammenstoß von »dauert« und »traurig« habe jenes »draut« ergeben. (Meringer und Mayer.)

Ein anderer erzählt von irgendwelchen Vorgängen, die er beanstandet, und setzt fort: Dann aber sind Tatsachen zum *Vorschwein* gekommen . . . Auf Anfragen bestätigt er, daß er diese Vorgänge als *Schweinereien* bezeichnen wollte. »Vorschein« und »Schweinerei« haben mitsammen das sonderbare »Vorschwein« entstehen lassen. (Meringer und Mayer.)

Erinnern Sie sich an den Fall des jungen Mannes, der die ihm unbekannte Dame *begleitdigen* wollte. Wir hatten uns die Freiheit genommen, diese Wortbildung in *begleiten* und *beleidigen* zu zerlegen, und fühlten uns dieser Deutung sicher, ohne für sie Bestätigung zu fordern. Sie ersehen aus diesen Beispielen, daß auch diese dunkleren Fälle des Versprechens sich durch das Zusammentreffen, die *Interferenz*, zweier verschiedener Redeabsichten erklären lassen; die Unterschiede entstehen nur dadurch, daß einmal die eine

Absicht die andere völlig ersetzt (substituiert), so bei den Versprechen zum Gegenteil, während sie sich ein andermal damit begnügen muß, sie zu entstellen oder zu modifizieren, so daß Mischbildungen zustande kommen, die an sich mehr oder minder sinnreich erscheinen.

Wir glauben jetzt das Geheimnis einer großen Anzahl von Versprechen erfaßt zu haben. Halten wir an dieser Einsicht fest, so werden wir noch andere bisher rätselhafte Gruppen verstehen können. Beim Namenentstellen können wir z. B. nicht annehmen, daß es sich immer um die Konkurrenz zweier ähnlicher und doch verschiedener Namen handelt. Aber die zweite Absicht ist doch unschwer zu erraten. Die Entstellung eines Namens kommt außerhalb des Versprechens häufig genug vor; sie versucht den Namen übelklingend oder an etwas Niedriges anklingend zu machen und ist eine bekannte Art oder Unart der Schmähung, auf die der gebildete Mensch bald verzichten lernt, aber nicht gerne verzichtet. Er gestattet sich dieselbe noch oft als »Witz« von allerdings sehr geringer Würde. Um nur ein grelles und häßliches Beispiel dieser Namensentstellung anzuführen, erwähne ich, daß man den Namen des Präsidenten der französischen Republik, Poincaré, in diesen Zeiten[3] in »Schweinskarré« umgewandelt hat. Es liegt also nahe, auch beim Versprechen eine solche schmähende Absicht anzunehmen, die sich in der Entstellung des Namens durchsetzt. Ähnliche Aufklärungen drängen sich uns in Fortführung unserer Auffassung für gewisse Fälle des Versprechens mit komischem oder absurdem Effekt auf. »Ich fordere Sie auf, auf das Wohl unseres Chefs *auf*zustoßen.« Hier wird eine feierliche Stimmung unerwarteterweise durch das Eindringen eines Wortes gestört, das eine unappetitliche Vorstellung erweckt, und wir können nach dem Vorbild gewisser Schimpf- und Trutzreden kaum anderes vermuten, als daß sich eine Tendenz zum Ausdruck bringen will, die der vorgeschobenen Verehrung energisch widerspricht und etwa sagen will: Glaubt doch nicht daran,

3 [Während des ersten Weltkriegs.]

das ist nicht mein Ernst, ich pfeif' auf den Kerl u. dgl. Ganz Ähnliches gilt für Versprechen, die aus harmlosen Worten unanständige und obszöne machen, wie *Apopos* für Apropos, oder *Eischeißweibchen* für Eiweißscheibchen. (Meringer und Mayer.)

Wir kennen bei vielen Menschen eine solche Tendenz, einem gewissen Lustgewinn zuliebe harmlose Worte absichtlich in obszöne zu entstellen; sie gilt für witzig, und in Wirklichkeit müssen wir bei einem Menschen, von dem wir solches hören, erst erkunden, ob er es absichtlich als Witz geäußert hat oder ob es ihm als Versprechen passiert ist.

Nun, da hätten wir ja mit verhältnismäßig geringer Mühe das Rätsel der Fehlleistungen gelöst! Sie sind nicht Zufälligkeiten, sondern ernsthafte seelische Akte, sie haben ihren Sinn, sie entstehen durch das Zusammenwirken – vielleicht besser: Gegeneinanderwirken zweier verschiedener Absichten. Aber nun kann ich auch verstehen, daß Sie mich mit einer Fülle von Fragen und Zweifeln überschütten wollen, die zu beantworten und zu erledigen sind, ehe wir uns dieses ersten Resultats unserer Arbeit freuen dürfen. Ich will Sie gewiß nicht zu voreiligen Entscheidungen antreiben. Lassen Sie uns alles der Reihe nach, eines nach dem anderen, in kühle Erwägung ziehen.

Was wollen Sie mir wohl sagen? Ob ich meine, daß diese Aufklärung für alle Fälle von Versprechen gilt oder nur für eine gewisse Anzahl? Ob man dieselbe Auffassung auch auf die vielen anderen Arten von Fehlleistungen ausdehnen darf, auf das Verlesen, Verschreiben, Vergessen, Vergreifen, Verlegen usw.? Was denn die Momente der Ermüdung, Erregung, Zerstreutheit, die Aufmerksamkeitsstörung angesichts der psychischen Natur der Fehlleistungen noch zu bedeuten haben? Ferner, man sieht ja wohl, daß von den beiden konkurrierenden Tendenzen der Fehlleistungen die eine immer offenkundig ist, die andere aber nicht immer. Was man dann tut, um diese letztere zu erraten, und wenn man glaubt, sie erraten zu haben, wie man den Nachweis führt, daß sie nicht bloß wahrscheinlich, sondern die einzig richtige ist? Haben Sie noch etwas zu fragen? Wenn nicht, so setze ich selbst fort. Ich erinnere Sie daran, daß uns eigentlich an den Fehlleistungen selbst nicht viel gelegen ist, daß wir aus ihrem Studium nur etwas für die Psychoanalyse Verwertbares lernen wollten. Darum stelle ich die Frage auf: was sind das für Absichten oder Tendenzen, die andere in solcher Weise stören können, und welche Beziehungen bestehen zwischen den störenden Tendenzen und den gestörten? So fängt unsere Arbeit erst nach der Lösung des Problems von neuem an.

Also, ob dies die Aufklärung aller Fälle von Versprechen ist? Ich bin sehr geneigt, dies zu glauben, und zwar darum, weil sich jedesmal, so oft man einen Fall von Versprechen untersucht, eine derartige Auflösung finden läßt. Aber es läßt sich auch nicht beweisen, daß ein Versprechen ohne solchen Mechanismus nicht vorfallen kann. Es mag so sein; für uns ist es theoretisch gleichgültig, denn die Schlüsse, welche wir für die Einführung in die Psychoanalyse ziehen wollen, bleiben bestehen, wenn auch nur, was gewiß nicht der Fall ist, eine Minderzahl von Fällen des Versprechens unserer Auffassung unterliegen sollte. Die nächste Frage, ob wir auf die anderen Arten der Fehlleistungen das ausdehnen dürfen, was sich uns für das Versprechen ergeben hat, will ich vorgreifend mit ja beantworten. Sie werden sich selbst davon überzeugen, wenn wir uns dazu wenden, Beispiele des Verschreibens, Vergreifens usw. in Untersuchung zu ziehen. Ich schlage Ihnen aber aus technischen Gründen vor, diese Arbeit aufzuschieben, bis wir das Versprechen selbst noch gründlicher behandelt haben.

Die Frage, was die von den Autoren in den Vordergrund gerückten Momente der Zirkulationsstörung, Ermüdung, Erregung, Zerstreutheit, die Theorie der Aufmerksamkeitsstörung uns noch bedeuten können, wenn wir den beschriebenen psychischen Mechanismus des Versprechens annehmen, verdient eine eingehendere Beantwortung. Bemerken Sie wohl, wir bestreiten diese Momente nicht. Es kommt überhaupt nicht so häufig vor, daß die Psychoanalyse etwas bestreitet, was von anderer Seite behauptet wird; sie fügt in der Regel nur etwas Neues hinzu, und gelegentlich trifft es sich freilich, daß dies bisher Übersehene und nun neu Dazugekommene gerade das Wesentliche ist. Der Einfluß der physiologischen Dispositionen, die durch leichtes Unwohlsein, Zirkulationsstörungen, Erschöpfungszustände gegeben werden, ist für das Zustandekommen des Versprechens ohne weiteres anzuerkennen; tägliche und persönliche Erfahrung kann Sie davon überzeugen. Aber wie wenig ist damit erklärt! Vor allem sind es nicht notwendige Bedingungen der Fehlleistung. Das Versprechen ist ebensowohl bei voller Gesundheit und normalem Befinden möglich. Diese körperlichen Momente haben also nur den Wert von Erleichterungen und Begünstigungen für den eigentümlichen seelischen Mechanismus des Versprechens. Ich habe für diese Beziehung einmal ein Gleichnis gebraucht, das ich nun wiederholen werde, weil ich es durch kein besseres zu ersetzen weiß. Nehmen Sie an, ich ginge in dunkler Nachtstunde an einem einsamen Orte, würde dort von einem Strolch überfallen, der mir Uhr und Börse wegnimmt, und trüge dann, weil ich das Gesicht des Räubers nicht deutlich gesehen habe, meine Klage auf der nächsten Polizeistation mit den Worten vor: Einsamkeit und Dunkelheit haben mich soeben meiner Kostbarkeiten beraubt. Der Polizeikommissär kann mir darauf sagen: Sie scheinen da mit Unrecht einer extrem mechanistischen Auffassung zu huldigen. Stellen wir den Sachverhalt lieber so dar: Unter dem Schutz der Dunkelheit, von der Einsamkeit begünstigt, hat Ihnen ein unbekannter Räuber Ihre Wertsachen entrissen. Die wesentliche Aufgabe an Ihrem Falle scheint mir zu sein, daß wir den Räuber ausfindig machen. Vielleicht können wir ihm dann den Raub wieder abnehmen.

Die psycho-physiologischen Momente wie Aufregung, Zerstreutheit, Aufmerksamkeitsstörung leisten uns offenbar sehr wenig für die Zwecke der Erklärung. Es sind nur Redensarten, spanische Wände, hinter welche zu gucken wir uns nicht abhalten lassen sollen. Es fragt sich vielmehr, was hier die Erregung, die besondere Ablenkung der Aufmerksamkeit hervorgerufen hat. Die Lauteinflüsse, Wortähnlichkeiten und die von den Worten auslaufenden gebräuchlichen Assoziationen sind wiederum als bedeutsam anzuerkennen. Sie erleichtern das Versprechen, indem sie ihm die Wege weisen, die es wandeln kann. Aber wenn ich einen Weg vor mir habe, ist damit auch wie selbstverständlich entschieden, daß ich ihn gehen werde? Es bedarf noch eines Motivs, damit ich mich zu ihm entschließe, und überdies einer Kraft, die mich auf diesem Wege vorwärts bringt. Diese Laut- und Wortbeziehungen sind also auch nur wie die körperlichen Dispositionen Begünstigungen des Versprechens und können seine eigentliche Aufklärung nicht geben. Denken Sie doch daran, in einer ungeheuern Überzahl von Fällen wird meine Rede nicht durch den Umstand gestört, daß die von mir gebrauchten Worte durch Klangähnlichkeit an andere erinnern, daß sie mit ihren Gegenteilen innig verknüpft sind oder daß gebräuchliche Assoziationen von ihnen ausgehen. Man könnte noch mit dem Philosophen Wundt die Auskunft finden, daß das Versprechen zustande kommt, wenn infolge von körperlicher Erschöpfung die Assoziationsneigungen die Oberhand über die sonstige Redeintention gewinnen. Das ließe sich sehr gut hören, wenn dem nicht die Erfahrung widerspräche, nach deren Zeugnis in einer Reihe von Fällen die körperlichen, in einer anderen die Assoziationsbegünstigungen des Versprechens vermißt werden.

Besonders interessant ist mir aber Ihre nächste Frage, auf welche Weise man die beiden miteinander in Interferenz tretenden Tendenzen feststellt. Sie ahnen wahrscheinlich nicht, wie folgenschwer sie ist. Nicht wahr, die eine der beiden, die gestörte Tendenz, ist immer unzweifelhaft: die Person, welche die Fehlleistung begeht, kennt sie und bekennt sich zu ihr. Anlaß zu Zweifeln und Bedenken kann nur die andere, die störende, geben. Nun, wir haben schon gehört und Sie haben es gewiß nicht vergessen, daß in einer Reihe von Fällen diese andere Tendenz ebenso deutlich ist. Sie wird durch den Effekt des Versprechens angezeigt, wenn wir nur den Mut haben, diesen Effekt für sich gelten zu lassen. Der Präsident, der sich zum Gegenteil verspricht – es ist klar, er will die Sitzung eröffnen, aber ebenso klar, er möchte sie auch schließen. Das ist so deutlich, daß zum Deuten nichts übrig bleibt. Aber die anderen Fälle, in denen die störende Tendenz die ursprüngliche nur entstellt, ohne sich selbst ganz zum Ausdruck zu bringen, wie errät man bei ihnen die störende Tendenz aus der Entstellung?

In einer ersten Reihe von Fällen auf sehr einfache und sichere Weise, auf dieselbe Weise nämlich, wie man die gestörte Tendenz feststellt. Diese läßt man sich ja vom Redner unmittelbar mitteilen; nach dem Versprechen stellt er den ursprünglich beabsichtigten Wortlaut sofort wieder her. »Das *draut,* nein, das dauert vielleicht noch einen Monat.« Nun, die entstellende Tendenz läßt man gleichfalls von ihm aussprechen. Man fragt ihn: Ja, warum haben Sie denn zuerst »draut« gesagt? Er antwortet: Ich wollte sagen: Das ist eine *traurige* Geschichte, und im anderen Falle, beim Versprechen »Vorschwein«, bestätigt er Ihnen ebenso, daß er zuerst sagen wollte: Das ist eine *Schweinerei,* sich aber dann mäßigte und in eine andere Aussage einlenkte. Die Feststellung der entstellenden Tendenz ist hier also ebenso sicher gelungen wie die der entstellten. Ich habe auch nicht ohne Absicht hier Beispiele herangezogen, deren Mitteilung und Auflösung weder von mir noch von einem meiner Anhänger herrühren. Doch war in diesen beiden Fällen ein gewisser Eingriff notwendig, um die Lösung zu fördern. Man mußte den Redner fragen, warum er sich so versprochen habe, was er zu dem Versprechen zu sagen wisse. Sonst wäre er vielleicht an seinem Versprechen vorbeigegangen, ohne es aufklären zu wollen. Befragt, gab er aber die Erklärung mit dem ersten Einfall, der ihm kam. Und nun sehen Sie, dieser kleine Eingriff und sein Erfolg, das ist bereits eine Psychoanalyse und das Vorbild jeder psychoanalytischen Untersuchung, die wir im weiteren anstellen werden.

Bin ich nun zu mißtrauisch, wenn ich vermute, daß in demselben Moment, da die Psychoanalyse vor Ihnen auftaucht, auch der Widerstand gegen sie bei Ihnen sein

Haupt erhebt? Haben Sie nicht Lust, mir einzuwenden, daß die Auskunft der befragten Person, die das Versprechen geleistet, nicht völlig beweiskräftig sei? Er habe natürlich das Bestreben, meinen Sie, der Aufforderung zu folgen, das Versprechen zu erklären, und da sage er eben das erste beste, was ihm einfalle, wenn es ihm zu einer solchen Erklärung tauglich erscheine. Ein Beweis, daß das Versprechen wirklich so zugegangen, sei damit nicht gegeben. Ja es könne so sein, aber ebensowohl auch anders. Es hätte ihm auch etwas anderes einfallen können, was ebenso gut und vielleicht besser gepaßt hätte.

Es ist merkwürdig, wie wenig Respekt Sie im Grunde vor einer psychischen Tatsache haben! Denken Sie sich, jemand habe die chemische Analyse einer gewissen Substanz vorgenommen und von einem Bestandteil derselben ein gewisses Gewicht, so und soviel Milligramm, gewonnen. Aus dieser Gewichtsmenge lassen sich bestimmte Schlüsse ziehen. Glauben Sie nun, daß es je einem Chemiker einfallen wird, diese Schlüsse mit der Motivierung zu bemängeln: die isolierte Substanz hätte auch ein anderes Gewicht haben können? Jeder beugt sich vor der Tatsache, daß es eben dies Gewicht und kein anderes war, und baut auf ihr zuversichtlich seine weiteren Schlüsse auf. Nur wenn die psychische Tatsache vorliegt, daß dem Befragten ein bestimmter Einfall gekommen ist, dann lassen Sie das nicht gelten und sagen, es hätte ihm auch etwas anderes einfallen können! Sie haben eben die Illusion einer psychischen Freiheit in sich und mögen auf sie nicht verzichten. Es tut mir leid, daß ich mich hierin in schärfstem Widerspruch zu Ihnen befinde.

Nun werden Sie hier abbrechen, aber nur um den Widerstand an einer anderen Stelle wiederaufzunehmen. Sie fahren fort: Wir verstehen, daß es die besondere Technik der Psychoanalyse ist, sich die Lösung ihrer Probleme von den Analysierten selbst sagen zu lassen. Nun nehmen wir ein anderes Beispiel her, jenes, in dem der Festredner die Versammlung auffordert, auf das Wohl des Chefs *auf*zustoßen. Sie sagen, die störende Intention ist in diesem Falle die der Schmähung: sie ist es, die sich dem Ausdruck der Verehrung widersetzt. Aber das ist bloße Deutung von Ihrer Seite, gestützt auf Beobachtungen *außerhalb* des Versprechens. Wenn Sie in diesem Falle den Urheber des Versprechens befragen, wird er Ihnen nicht bestätigen, daß er eine Schmähung beabsichtigte; er wird es vielmehr energisch in Abrede stellen. Warum geben Sie Ihre unbeweisbare Deutung nicht gegen diesen klaren Einspruch auf?

Ja, diesmal haben Sie etwas Starkes herausgefunden. Ich stelle mir den unbekannten Festredner vor; er ist wahrscheinlich ein Assistent des gefeierten Chefs, vielleicht schon Privatdozent, ein junger Mann mit den besten Lebenschancen. Ich will in ihn drängen, ob er nicht doch etwas verspürt hat, was sich der Aufforderung zur Verehrung des Chefs widersetzt haben mag. Da komme ich aber schön an. Er wird ungeduldig und fährt plötzlich auf mich los: »Sie, jetzt hören's einmal auf mit Ihrer Ausfragerei, sonst werd' ich ungemütlich. Sie verderben mir noch die ganze Karriere durch Ihre Verdächtigungen. Ich hab' einfach *aufstoßen* anstatt anstoßen gesagt, weil ich im selben Satz schon zweimal vorher *auf* ausgesprochen habe. Das ist das, was der Meringer einen Nachklang heißt, und weiter ist daran nichts zu deuteln. Verstehen Sie mich? Basta.« Hm, das ist eine überraschende Reaktion, eine wirklich energische Ablehnung. Ich sehe, bei dem jungen Mann ist nichts auszurichten, denke mir aber auch, er verrät ein starkes persönliches Interesse daran, daß seine Fehlleistung keinen Sinn haben soll. Sie werden vielleicht auch finden, es ist nicht recht, daß er gleich so grob wird bei einer rein theoretischen Untersuchung, aber schließlich, werden Sie meinen, muß er doch eigentlich wissen, was er sagen wollte und was nicht.

So, muß er das? Das wäre vielleicht noch die Frage.

Jetzt glauben Sie mich aber in der Hand zu haben. Das ist also Ihre Technik, höre ich Sie sagen. Wenn der Betreffende, der ein Versprechen von sich gegeben hat, etwas dazu sagt, was Ihnen paßt, dann erklären Sie ihn für die letzte entscheidende Autorität darüber. »Er sagt es ja selbst!« Wenn Ihnen aber das, was er sagt, nicht in Ihren Kram paßt, dann behaupten Sie auf einmal, der gilt nichts, dem braucht man nicht zu glauben.

Das stimmt allerdings. Ich kann Ihnen aber einen ähnlichen Fall vorstellen, in dem es ebenso ungeheuerlich zugeht. Wenn ein Angeklagter vor dem Richter sich zu seiner Tat bekennt, so glaubt der Richter dem Geständnis; wenn er aber leugnet, so glaubt ihm der Richter nicht. Wäre es anders, so gäbe es keine Rechtspflege, und trotz gelegentlicher Irrtümer müssen Sie dieses System doch wohl gelten lassen.

Ja, sind Sie denn der Richter, und der, welcher ein Versprechen begangen hat, ein vor Ihnen Angeklagter? Ist denn ein Versprechen ein Vergehen?

Vielleicht brauchen wir selbst diesen Vergleich nicht abzulehnen. Aber sehen Sie nur, zu welchen tiefgreifenden Differenzen wir bei einiger Vertiefung in die scheinbar so harmlosen Probleme der Fehlleistungen gekommen sind. Differenzen, die wir derzeit noch gar nicht auszugleichen verstehen. Ich biete Ihnen ein vorläufiges Kompromiß an auf Grund des Gleichnisses vom Richter und vom Angeklagten. Sie sollen mir zugeben, daß der Sinn einer Fehlleistung keinen Zweifel zuläßt, wenn der Analysierte ihn selbst zugibt. Ich will Ihnen dafür zugestehen, daß ein direkter Beweis des vermuteten Sinnes nicht zu erreichen ist, wenn der Analysierte die Auskunft verweigert, natürlich ebenso, wenn er nicht zur Hand ist, um uns Auskunft zu geben. Wir sind dann, wie im Falle der Rechtspflege, auf Indizien angewiesen, welche uns eine Entscheidung einmal mehr, ein andermal weniger wahrscheinlich machen können. Bei Gericht muß man aus praktischen Gründen auch auf Indizienbeweise hin schuldig sprechen. Für uns besteht eine solche Nötigung nicht; wir sind aber auch nicht gezwungen, auf die Verwertung solcher Indizien zu verzichten. Es wäre ein Irrtum zu glauben, daß eine Wissenschaft aus lauter streng bewiesenen Lehrsätzen besteht, und ein Unrecht, solches zu fordern. Diese Forderung erhebt nur ein autoritätssüchtiges Gemüt, welches das Bedürfnis hat, seinen religiösen Katechismus durch einen anderen, wenn auch wissenschaftlichen, zu ersetzen. Die Wissenschaft hat in ihrem Katechismus nur wenige apodiktische Sätze, sonst Behauptungen, die sie bis zu gewissen Stufengraden von Wahrscheinlichkeit gefördert hat. Es ist geradezu ein Zeichen von wissenschaftlicher Denkungsart, wenn man an diesen Annäherungen an die Gewißheit sein Genüge finden und die konstruktive Arbeit trotz der mangelnden letzten Bekräftigungen fortsetzen kann.

Woher nehmen wir aber die Anhaltspunkte für unsere Deutungen, die Indizien für unseren Beweis im Falle, daß die Aussage des Analysierten den Sinn der Fehlleistung nicht selbst aufklärt? Von verschiedenen Seiten her. Zunächst aus der Analogie mit Phänomenen außerhalb der Fehlleistungen, z. B. wenn wir behaupten, daß das Namenentstellen als Versprechen denselben schmähenden Sinn hat wie das absichtliche Namenverdrehen. Sodann aber aus der psychischen Situation, in welcher sich die Fehlleistung ereignet, aus unserer Kenntnis des Charakters der Person, welche die Fehlhandlung begeht, und der Eindrücke, welche diese Person vor der Fehlleistung betroffen haben, auf die sie möglicherweise mit dieser Fehlleistung reagiert. In der Regel geht es so vor sich, daß wir nach allgemeinen Grundsätzen die Deutung der Fehlleistung vollziehen, die also zunächst nur eine Vermutung, ein Vorschlag zur Deutung ist, und uns dann die Bestätigung aus der Untersuchung der psychischen Situation holen. Manchmal müssen wir auch kommende Ereignisse abwarten, welche sich durch die Fehlleistung gleichsam angekündigt haben, um unsere Vermutung bekräftigt zu finden.

Ich kann Ihnen die Belege hiezu nicht leichter erbringen, wenn ich mich auf das Gebiet des Versprechens einschränken soll, obwohl sich auch hier einzelne gute Beispiele ergeben. Der junge Mann, der eine Dame *begleitdigen* möchte, ist gewiß ein Schüchterner; die Dame, deren Mann essen und trinken darf, was *sie* will, kenne ich als eine der energischen Frauen, die das Regiment im Hause zu führen verstehen. Oder nehmen Sie folgenden Fall: In einer Generalversammlung der »Concordia«[4] hält ein junges Mitglied eine heftige Oppositionsrede, in deren Verlauf er die Vereinsleitung als die Herren »*Vorschuß*mitglieder« anredet, was aus *Vor*stand und Aus*schuß* zusammengesetzt erscheint. Wir werden vermuten, daß sich bei ihm eine störende Tendenz gegen seine Opposition regte, die sich auf etwas, was mit einem Vorschuß zu tun hatte, stützen konnte. In der Tat erfahren wir von unserem Gewährsmann, daß der Redner in steten Geldnöten war und gerade damals ein Darlehensgesuch eingebracht hatte. Als störende Intention ist also wirklich der Gedanke einzusetzen: mäßige dich in deiner Opposition; es sind dieselben Leute, die dir den Vorschuß bewilligen sollen.

Ich kann Ihnen aber eine reiche Auswahl solcher Indizienbeweise vorlegen, wenn ich auf das weite Gebiet der anderen Fehlleistungen übergreife.

Wenn jemand einen ihm sonst vertrauten Eigennamen vergißt oder ihn trotz aller Mühe nur schwer behalten kann, so liegt uns die Annahme nahe, daß er etwas gegen den Träger dieses Namens hat, so daß er nicht gerne an ihn denken mag; nehmen Sie die nachstehenden Aufdeckungen der psychischen Situation, in welcher diese Fehlleistung eintrat, hinzu:

»Ein Herr Y verliebte sich erfolglos in eine Dame, welche bald darauf einen Herrn X heiratete. Trotzdem nun Herr Y den Herrn X schon seit geraumer Zeit kennt und sogar in geschäftlichen Verbindungen mit ihm steht, vergißt er immer und immer wieder dessen Namen, so daß er sich mehrere Male bei anderen Leuten danach erkundigen mußte, als er mit Herrn X korrespondieren wollte.«[5]

Herr Y will offenbar nichts von seinem glücklichen Rivalen wissen. »Nicht gedacht soll seiner werden.«[6]

Oder: Eine Dame erkundigt sich bei dem Arzt nach

4 [Wiener Journalistenvereinigung.]

5 Nach C. G. Jung [*Über die Psychologie der Dementia praecox*, Halle 1907, S. 52].

6 [Erster Vers und Refrain eines Gedichtes von Heinrich Heine aus der Nachlese zum »Lazarus« des *Romancero*.]

einer gemeinsamen Bekannten, nennt sie aber bei ihrem Mädchennamen. Den in der Heirat angenommenen Namen hat sie vergessen. Sie gesteht dann zu, daß sie mit dieser Heirat sehr unzufrieden war und den Mann dieser Freundin nicht leiden mochte.[7]

Wir werden vom Namenvergessen noch in anderen Hinsichten manches zu sagen haben; jetzt interessiert uns vorwiegend die psychische Situation, in welche das Vergessen fällt.

Das Vergessen von Vorsätzen läßt sich ganz allgemein auf eine gegensätzliche Strömung zurückführen, welche den Vorsatz nicht ausführen will. So denken aber nicht nur wir in der Psychoanalyse, sondern es ist die allgemeine Auffassung der Menschen, der sie im Leben alle anhängen, die sie erst in der Theorie verleugnen. Der Gönner, der sich vor seinem Schützling entschuldigt, er habe dessen Bitte vergessen, ist vor ihm nicht gerechtfertigt. Der Schützling denkt sofort: Dem liegt nichts daran; er hat es zwar versprochen, aber er will es eigentlich nicht tun. In gewissen Beziehungen ist daher auch im Leben das Vergessen verpönt, die Differenz zwischen der populären und der psychoanalytischen Auffassung dieser Fehlleistungen scheint aufgehoben. Stellen Sie sich eine Hausfrau vor, die den Gast mit den Worten empfängt: Was, heute kommen Sie? Ich habe ja ganz vergessen, daß ich Sie für heute eingeladen hatte. Oder den jungen Mann, welcher der Geliebten gestehen sollte, daß er vergessen hatte, das letztbesprochene Rendezvous einzuhalten. Er wird es gewiß nicht gestehen, lieber aus dem Stegreife die unwahrscheinlichsten Hindernisse erfinden, die ihn damals abgehalten haben zu kommen und es ihm seither unmöglich gemacht haben, davon Nachricht zu geben. Daß in militärischen Dingen die Entschuldigung, etwas vergessen zu haben, nichts nützt und vor keiner Strafe schützt, wissen wir alle und müssen es berechtigt finden. Hier sind mit einem Male alle Men-

---

7 Nach A. A. Brill [*Psychoanalysis: Its Theories and Practical Application*, Philadelphia und London 1912, S. 191.]

schen darin einig, daß eine bestimmte Fehlhandlung sinnreich ist und welchen Sinn sie hat. Warum sind sie nicht konsequent genug, diese Einsicht auf die anderen Fehlleistungen auszudehnen und sich voll zu ihr zu bekennen? Es gibt natürlich auch hierauf eine Antwort.

Wenn der Sinn dieses Vergessens von Vorsätzen auch den Laien so wenig zweifelhaft ist, so werden Sie um so weniger überrascht sein zu finden, daß Dichter diese Fehlleistung in demselben Sinne verwerten. Wer von Ihnen *Cäsar und Kleopatra* von B. Shaw gesehen oder gelesen hat, wird sich erinnern, daß der scheidende Cäsar in der letzten Szene von der Idee verfolgt wird, er habe sich noch etwas vorgenommen, was er aber jetzt vergessen habe. Endlich stellt sich heraus, was das ist: von der Kleopatra Abschied zu nehmen. Diese kleine Veranstaltung des Dichters will dem großen Cäsar eine Überlegenheit zuschreiben, die er nicht besaß und nach der er gar nicht strebte. Sie können aus den geschichtlichen Quellen erfahren, daß Cäsar die Kleopatra nach Rom nachkommen ließ und daß sie dort mit ihrem kleinen Cäsarion weilte, als Cäsar ermordet wurde, worauf sie flüchtend die Stadt verließ.

Die Fälle des Vergessens von Vorsätzen sind im allgemeinen so klar, daß sie für unsere Absicht, Indizien für den Sinn der Fehlleistung aus der psychischen Situation abzuleiten, wenig brauchbar sind. Wenden wir uns darum zu einer besonders vieldeutigen und undurchsichtigen Fehlhandlung, zum Verlieren und Verlegen. Daß beim Verlieren, einer oft so schmerzlich empfundenen Zufälligkeit, wir selbst mit einer Absicht beteiligt sein sollten, werden Sie gewiß nicht glaubwürdig finden. Aber es gibt reichlich Beobachtungen wie diese: Ein junger Mann verliert seinen Crayon, der ihm sehr lieb gewesen war. Tags zuvor hatte er einen Brief von seinem Schwager erhalten, der mit den Worten schloß: Ich habe vorläufig weder Lust noch Zeit, Deinen Leichtsinn und Deine Faulheit zu unterstützen.[8] Der Bleistift war aber gerade ein Geschenk dieses Schwa-

8 Nach B. Dattner.

gers. Ohne dieses Zusammentreffen könnten wir natürlich nicht behaupten, daß an diesem Verlieren die Absicht beteiligt war, sich der Sache zu entledigen. Ähnliche Fälle sind sehr häufig. Man verliert Gegenstände, wenn man sich mit dem Geber derselben verfeindet hat und nicht mehr an ihn erinnert werden will, oder auch, wenn man sie selbst nicht mehr mag und sich einen Vorwand schaffen will, sie durch andere und bessere zu ersetzen. Derselben Absicht gegen einen Gegenstand dient natürlich auch das Fallenlassen, Zerbrechen, Zerschlagen. Kann man es für zufällig halten, wenn ein Schulkind gerade vor seinem Geburtstag seine Gebrauchsgegenstände verliert, ruiniert, zerbricht, z. B. seine Schultasche und seine Taschenuhr?

Wer genug oft die Pein erlebt hat, etwas nicht auffinden zu können, was er selbst weggelegt hat, wird auch an die Absicht beim Verlegen nicht glauben wollen. Und doch sind die Beispiele gar nicht selten, in denen die Begleitumstände des Verlegens auf eine Tendenz hinweisen, den Gegenstand zeitweilig oder dauernd zu beseitigen. Vielleicht das schönste Beispiel dieser Art ist folgendes:

Ein jüngerer Mann erzählt mir: »Es gab vor einigen Jahren Mißverständnisse in meiner Ehe, ich fand meine Frau zu kühl, und obwohl ich ihre vortrefflichen Eigenschaften gerne anerkannte, lebten wir ohne Zärtlichkeit nebeneinander. Eines Tages brachte sie mir von einem Spaziergange ein Buch mit, das sie gekauft hatte, weil es mich interessieren dürfte. Ich dankte für dieses Zeichen von ›Aufmerksamkeit‹, versprach das Buch zu lesen, legte es mir zurecht und fand es nicht wieder. Monate vergingen so, in denen ich mich gelegentlich an dies verschollene Buch erinnerte und es auch vergeblich aufzufinden versuchte. Etwa ein halbes Jahr später erkrankte meine, getrennt von uns wohnende, geliebte Mutter. Meine Frau verließ das Haus, um ihre Schwiegermutter zu pflegen. Der Zustand der Kranken wurde ernst und gab meiner Frau Gelegenheit, sich von ihren besten Seiten zu zeigen. Eines Abends komme ich begeistert von der Leistung meiner Frau und dankerfüllt gegen sie nach Hause. Ich trete zu meinem Schreibtisch, öffne ohne bestimmte Absicht, aber wie mit somnambuler Sicherheit eine bestimmte Lade desselben, und zuoberst in ihr finde ich das so lange vermißte, das verlegte Buch.«

Mit dem Erlöschen des Motivs fand auch das Verlegtsein des Gegenstandes ein Ende.

Meine Damen und Herren! Ich könnte diese Sammlung von Beispielen ins ungemessene vermehren. Ich will es aber hier nicht tun. In meiner *Psychopathologie des Alltagslebens* (1901 zuerst erschienen) finden Sie ohnedies eine überreiche Kasuistik zum Studium der Fehlleistungen.[9] Alle diese Beispiele ergeben immer wieder das nämliche; sie machen Ihnen wahrscheinlich, daß Fehlleistungen einen Sinn haben, und zeigen Ihnen, wie man diesen Sinn aus den Begleitumständen errät oder bestätigt. Ich fasse mich heute kürzer, weil wir uns ja auf die Absicht eingeschränkt haben, aus dem Studium dieser Phänomene Gewinn für eine Vorbereitung zur Psychoanalyse zu ziehen. Nur auf zwei Gruppen von Beobachtungen muß ich hier noch eingehen, auf die gehäuften und kombinierten Fehlleistungen und auf die Bestätigung unserer Deutungen durch später eintreffende Ereignisse.

Die gehäuften und kombinierten Fehlleistungen sind gewiß die höchste Blüte ihrer Gattung. Käme es uns darauf an, zu beweisen, daß Fehlleistungen einen Sinn haben können, so hätten wir uns von vorneherein auf sie beschränkt, denn bei ihnen ist der Sinn selbst für eine stumpfe Einsicht unverkennbar und weiß sich dem kritischesten Urteil aufzudrängen. Die Häufung der Äußerungen verrät eine Hartnäckigkeit, wie sie dem Zufall fast niemals zukommt, aber

9 Ebenso in den Sammlungen von Maeder [*Contributions à la psychopathologie de la vie quotidienne*, in: Archs Psychol., Genève 1906, Bd. 6, S. 148, und *Nouvelles contributions* . . ., in: Archs Psychol., Genève 1908, Bd. 7, S. 283] (franz.), A. A. Brill [vgl. Fußnote 7] (engl.), E. Jones [*The Psychopathology of Everyday Life*, in: Am. J. Psychol., 1911, Bd. 22, S. 477] (engl.), J. Stärcke [*Aus dem Alltagsleben*, in: Int. Z. ärztl. Psychoanal., 1916, Bd. 4, S. 21 und S. 98].

dem Vorsatz gut ansteht. Endlich die Vertauschung der einzelnen Arten von Fehlleistung miteinander zeigt uns, was das Wichtige und Wesentliche der Fehlleistung ist: nicht die Form derselben oder die Mittel, deren sie sich bedient, sondern die Absicht, der sie selbst dient und die auf den verschiedensten Wegen erreicht werden soll. So will ich Ihnen einen Fall von wiederholtem Vergessen vorführen: E. Jones erzählt, daß er einmal aus ihm unbekannten Motiven einen Brief mehrere Tage lang auf seinem Schreibtisch hatte liegen lassen. Endlich entschloß er sich dazu, ihn aufzugeben, erhielt ihn aber vom *»Dead letter office«*[10] zurück, denn er hatte vergessen, die Adresse zu schreiben. Nachdem er ihn adressiert hatte, brachte er ihn zur Post, aber diesmal ohne Briefmarke. Und nun mußte er sich die Abneigung, den Brief überhaupt abzusenden, endlich eingestehen.

In einem anderen Falle kombiniert sich ein Vergreifen mit einem Verlegen. Eine Dame reist mit ihrem Schwager, einem berühmten Künstler, nach Rom. Der Besucher wird von den in Rom lebenden Deutschen sehr gefeiert und erhält unter anderem eine goldene Medaille antiker Herkunft zum Geschenk. Die Dame kränkt sich darüber, daß ihr Schwager das schöne Stück nicht genug zu schätzen weiß. Nachdem sie, von ihrer Schwester abgelöst, wieder zu Hause angelangt ist, entdeckt sie beim Auspacken, daß sie die Medaille – sie weiß nicht wie – mitgenommen hat. Sie teilt es sofort dem Schwager brieflich mit und kündigt ihm an, daß sie das Entführte am nächsten Tage nach Rom zurückschicken wird. Am nächsten Tage aber ist die Medaille so geschickt verlegt, daß sie unauffindbar und unabsendbar ist, und dann dämmert der Dame, was ihre »Zerstreutheit« bedeute, nämlich, daß sie das Stück für sich selbst behalten wolle.[11]

Ich habe Ihnen schon früher ein Beispiel der Kombination eines Vergessens mit einem Irrtum berichtet, wie je-

10 [Amt für unzustellbare Briefe.]
11 Nach R. Reitler.

mand ein erstes Mal ein Rendezvous vergißt und das zweite Mal mit dem Vorsatz, gewiß nicht zu vergessen, zu einer anderen als der verabredeten Stunde erscheint. Einen ganz analogen Fall hat mir aus seinem eigenen Erleben ein Freund erzählt, der außer wissenschaftlichen auch literarische Interessen verfolgt. Er sagt: »Ich habe vor einigen Jahren die Wahl in den Ausschuß einer bestimmten literarischen Vereinigung angenommen, weil ich vermutete, die Gesellschaft könnte mir einmal behilflich sein, eine Aufführung meines Dramas durchzusetzen, und nahm regelmäßig, wenn auch ohne viel Interesse, an den jeden Freitag stattfindenden Sitzungen teil. Vor einigen Monaten erhielt ich nun die Zusicherung einer Aufführung am Theater in F., und seither passierte es mir regelmäßig, daß ich die Sitzungen jenes Vereins *vergaß*. Als ich Ihre Schrift über diese Dinge las, schämte ich mich meines Vergessens, machte mir Vorwürfe, es sei doch eine Gemeinheit, daß ich jetzt ausbleibe, nachdem ich die Leute nicht mehr brauche, und beschloß, nächsten Freitag gewiß nicht zu vergessen. Ich erinnerte mich an diesen Vorsatz immer wieder, bis ich ihn ausführte und vor der Tür des Sitzungssaales stand. Zu meinem Erstaunen war sie geschlossen, die Sitzung war schon vorüber; ich hatte mich nämlich im Tage geirrt: es war schon Samstag!«

Es wäre reizvoll genug, ähnliche Beobachtungen zu sammeln, aber ich gehe weiter; ich will Sie einen Blick auf jene Fälle werfen lassen, in denen unsere Deutung auf Bestätigung durch die Zukunft warten muß.

Die Hauptbedingung dieser Fälle ist begreiflicherweise, daß die gegenwärtige psychische Situation uns unbekannt oder unserer Erkundigung unzugänglich ist. Dann hat unsere Deutung nur den Wert einer Vermutung, der wir selbst nicht zuviel Gewicht beilegen wollen. Später ereignet sich aber etwas, was uns zeigt, wie berechtigt unsere Deutung schon damals war. Einst war ich als Gast bei einem jungverheirateten Paare und hörte die junge Frau lachend ihr letztes Erlebnis erzählen, wie sie am Tage nach der Rückkehr von der Reise wieder ihre ledige Schwester aufgesucht habe, um mit ihr, wie in früheren Zeiten, Einkäufe zu machen, während der Ehemann seinen Geschäften nachging. Plötzlich sei ihr ein Herr auf der anderen Seite der Straße aufgefallen, und sie habe, ihre Schwester anstoßend, gerufen: Schau, dort geht ja der Herr L. Sie hatte vergessen, daß dieser Herr seit einigen Wochen ihr Ehegemahl war. Mich schauerte bei dieser Erzählung, aber ich getraute mich der Folgerung nicht. Die kleine Geschichte fiel mir erst Jahre später wieder ein, nachdem diese Ehe den unglücklichsten Ausgang genommen hatte.

A. Maeder erzählt von einer Dame, die am Tage vor ihrer Hochzeit ihr Hochzeitskleid zu probieren vergessen hatte und sich zur Verzweiflung der Schneiderin erst spät abends daran erinnerte. Er bringt es in Zusammenhang mit diesem Vergessen, daß sie bald nachher von ihrem Manne geschieden war. – Ich kenne eine jetzt von ihrem Manne geschiedene Dame, die bei der Verwaltung ihres Vermögens Dokumente häufig mit ihrem Mädchennamen unterzeichnet hat, viele Jahre vorher, ehe sie diesen wirklich annahm. – Ich weiß von anderen Frauen, die auf der Hochzeitsreise ihren Ehering verloren haben, und weiß auch, daß der Verlauf der Ehe diesem Zufall Sinn verliehen hat. Und nun noch ein grelles Beispiel mit besserem Ausgang. Man erzählt von einem berühmten deutschen Chemiker, daß seine Ehe darum nicht zustande kam, weil er die Stunde der Trauung vergessen hatte und anstatt in die Kirche ins Laboratorium gegangen war. Er war so klug, es bei dem einen Versuch bewenden zu lassen, und starb unverehelicht in hohem Alter.

Vielleicht ist Ihnen auch der Einfall gekommen, daß in diesen Beispielen die Fehlhandlungen an die Stelle der Omina oder Vorzeichen der Alten getreten sind. Und wirklich, ein Teil der Omina waren nichts anderes als Fehlleistungen, z. B. wenn jemand stolperte oder niederfiel. Ein anderer Teil trug allerdings die Charaktere des objektiven Geschehens, nicht die des subjektiven Tuns. Aber Sie würden nicht glauben, wie schwer es manchmal wird, bei einem bestimmten Vorkommnis zu entscheiden, ob es zu der einen oder zu der anderen Gruppe gehört. Das Tun versteht es so häufig, sich als ein passives Erleben zu maskieren.

Jeder von uns, der auf längere Lebenserfahrung zurückblicken kann, wird sich wahrscheinlich sagen, daß er sich viele Enttäuschungen und schmerzliche Überraschungen erspart hätte, wenn er den Mut und Entschluß gefunden, die kleinen Fehlhandlungen im Verkehr der Menschen als Vorzeichen zu deuten und als Anzeichen ihrer noch geheimgehaltenen Absichten zu verwerten. Man wagt es meist nicht; man käme sich so vor, als würde man auf dem Umwege über die Wissenschaft wieder abergläubisch werden. Es treffen ja auch nicht alle Vorzeichen ein, und Sie werden aus unseren Theorien verstehen, daß sie nicht alle einzutreffen brauchen.

4. Vorlesung
Die Fehlleistungen
(Schluß)

Meine Damen und Herren! Daß die Fehlleistungen einen Sinn haben, dürfen wir doch als das Ergebnis unserer bisherigen Bemühungen hinstellen und zur Grundlage unserer weiteren Untersuchungen nehmen. Nochmals sei betont, daß wir nicht behaupten – und für unsere Zwecke der Behauptung nicht bedürfen –, daß jede einzelne vorkommende Fehlleistung sinnreich sei, wiewohl ich das für wahrscheinlich halte. Es genügt uns, wenn wir einen solchen Sinn relativ häufig bei den verschiedenen Formen der Fehlleistung nachweisen. Diese verschiedenen Formen verhalten sich übrigens in dieser Hinsicht verschieden. Beim Versprechen, Verschreiben usw. mögen Fälle mit rein physiologischer Begründung vorkommen, bei den auf Vergessen beruhenden Arten (Namen und Vorsatzvergessen, Verlegen usw.) kann ich an solche nicht glauben, ein Verlieren gibt es sehr wahrscheinlich, das als unbeabsichtigt zu erkennen ist; die im Leben vorfallenden Irrtümer sind überhaupt nur zu einem gewissen Anteil unseren Gesichtspunkten unterworfen. Diese Einschränkungen wollen Sie im

Auge behalten, wenn wir fortan davon ausgehen, daß Fehlleistungen psychische Akte sind und durch die Interferenz zweier Absichten entstehen.

Es ist dies das erste Resultat der Psychoanalyse. Von dem Vorkommen solcher Interferenzen und der Möglichkeit, daß dieselben derartige Erscheinungen zur Folge haben, hat die Psychologie bisher nichts gewußt. Wir haben das Gebiet der psychischen Erscheinungswelt um ein ganz ansehnliches Stück erweitert und Phänomene für die Psychologie erobert, die ihr früher nicht zugerechnet wurden.

Verweilen wir noch einen Moment bei der Behauptung, die Fehlleistungen seien »psychische Akte«. Enthält sie mehr als unsere sonstige Aussage, sie hätten einen Sinn? Ich glaube nicht; sie ist vielmehr eher unbestimmter und mißverständlicher. Alles, was man am Seelenleben beobachten kann, wird man gelegentlich als seelisches Phänomen bezeichnen. Es wird bald darauf ankommen, ob die einzelne seelische Äußerung direkt aus körperlichen, organischen, materiellen Einwirkungen hervorgegangen ist, in welchem Falle ihre Untersuchung nicht der Psychologie zufällt, oder ob sie sich zunächst aus anderen seelischen Vorgängen ableitet, hinter denen dann irgendwo die Reihe der organischen Einwirkungen anfängt. Den letzteren Sachverhalt haben wir im Auge, wenn wir eine Erscheinung als einen seelischen Vorgang bezeichnen, und darum ist es zweckmäßiger, unsere Aussage in die Form zu kleiden: die Erscheinung sei sinnreich, habe einen Sinn. Unter Sinn verstehen wir Bedeutung, Absicht, Tendenz und Stellung in einer Reihe psychischer Zusammenhänge.

Es gibt eine Anzahl anderer Erscheinungen, welche den Fehlleistungen sehr nahestehen, auf welche aber dieser Name nicht mehr paßt. Wir nennen sie *Zufalls-* und *Symptomhandlungen.* Sie haben gleichfalls den Charakter des Unmotivierten, Unscheinbaren und Unwichtigen, überdies aber deutlicher den des Überflüssigen. Von den Fehlhandlungen unterscheidet sie der Wegfall einer anderen Intention, mit der sie zusammenstoßen und die durch sie gestört wird. Sie übergehen andererseits ohne Grenze in die Gesten und Bewegungen, welche wir zum Ausdruck der Gemütsbewegungen rechnen. Zu diesen Zufallshandlungen gehören alle wie spielend ausgeführten, anscheinend zwecklosen Verrichtungen an unserer Kleidung, Teilen unseres Körpers, an Gegenständen, die uns erreichbar sind, sowie die Unterlassungen derselben, ferner die Melodien, die wir vor uns hinsummen. Ich vertrete vor Ihnen die Behauptung, daß alle diese Phänomene sinnreich und deutbar sind in derselben Weise wie die Fehlhandlungen, kleine Anzeichen von anderen wichtigeren seelischen Vorgängen, vollgültige psychische Akte. Aber ich gedenke bei dieser neuen Erweiterung des Gebiets seelischer Erscheinungen nicht zu verweilen, sondern zu den Fehlleistungen zurückzukehren, an denen sich die für die Psychoanalyse wichtigen Fragestellungen mit weit größerer Deutlichkeit herausarbeiten lassen.

Die interessantesten Fragen, die wir bei den Fehlleistungen gestellt und noch nicht beantwortet haben, sind wohl die folgenden: Wir haben gesagt, daß die Fehlleistungen Ergebnisse der Interferenz von zwei verschiedenen Intentionen sind, von denen die eine die gestörte, die andere die störende heißen kann. Die gestörten Intentionen geben zu weiteren Fragen keinen Anlaß, aber von den anderen wollen wir wissen, erstens, was sind das für Intentionen, die als Störung anderer auftreten, und zweitens, wie verhalten sich die störenden zu den gestörten?

Gestatten Sie, daß ich wiederum das Versprechen zum Repräsentanten der ganzen Gattung nehme und daß ich die zweite Frage eher beantworte als die erste.

Die störende Intention beim Versprechen kann in inhaltlicher Beziehung zur gestörten stehen, dann enthält sie einen Widerspruch gegen sie, eine Berichtigung oder Ergänzung zu ihr. Oder, der dunklere und interessantere Fall, die störende Intention hat inhaltlich nichts mit der gestörten zu tun.

Belege für die erstere der beiden Beziehungen können wir in den uns bereits bekannten und in ähnlichen Beispielen mühelos finden. Fast in allen Fällen von Versprechen zum Gegenteil drückt die störende Intention den Gegensatz zur gestörten aus, ist die Fehlleistung die Darstellung des Konflikts zwischen zwei unvereinbaren Strebungen. Ich erkläre die Sitzung für eröffnet, möchte sie aber lieber schon geschlossen haben, ist der Sinn des Versprechens des Präsidenten. Eine politische Zeitung, die der Bestechlichkeit beschuldigt worden ist, verteidigt sich in einem Artikel, der in den Worten gipfeln soll: Unsere Leser werden uns das Zeugnis ausstellen, daß wir immer in *uneigennützigster* Weise für das Wohl der Allgemeinheit eingetreten sind. Der mit der Abfassung der Verteidigung betraute Redakteur schreibt aber: in *eigennützigster* Weise. Das heißt, er denkt: So muß ich zwar schreiben, aber ich weiß es anders. Ein Volksvertreter, der dazu auffordert, dem Kaiser *rückhaltlos* die Wahrheit zu sagen, muß eine Stimme in seinem Innern anhören, die ob seiner Kühnheit erschrickt, und durch ein Versprechen das rückhaltlos in *rückgratlos* verwandelt.[1]

In den Ihnen bekannten Beispielen, die den Eindruck von Zusammenziehungen und Verkürzungen machen, handelt es sich um Berichtigungen, Zusätze oder Fortsetzungen, mit denen sich eine zweite Tendenz neben der ersten zur Geltung bringt. Es sind da Dinge zum *Vorschein* gekommen, aber sag' es lieber gerad' heraus, es waren *Schweinereien;* also: es sind Dinge zum *Vorschwein* gekommen. – Die Leute, die das verstehen, kann man an den *Fingern einer Hand abzählen;* aber nein, es gibt doch eigentlich nur einen, der das versteht, also: an *einem Finger* abzählen. – Oder, mein Mann kann essen und trinken, was er will. Aber Sie wissen ja, *ich* dulde es überhaupt nicht, daß er etwas will; also: er darf essen und trinken, was *ich* will. In all diesen Fällen geht also das Versprechen aus dem Inhalt der gestörten Intention selbst hervor oder es knüpft an ihn an.

Die andere Art der Beziehung zwischen den beiden interferierenden Intentionen wirkt befremdend. Wenn die

---

1 Im deutschen Reichstag, Nov. 1908.

störende Intention nichts mit dem Inhalt der gestörten zu tun hat, woher kommt sie denn und woher rührt es, daß sie sich gerade an solcher Stelle als Störung bemerkbar macht? Die Beobachtung, die hier allein Antwort geben kann, läßt erkennen, daß die Störung von einem Gedankengang herrührt, der die betreffende Person kurz vorher beschäftigt hatte und der nun in solcher Weise nachwirkt, gleichgültig ob er bereits Ausdruck in der Rede gefunden hat oder nicht. Sie ist also wirklich als Nachklang zu bezeichnen, aber nicht notwendig als Nachklang von gesprochenen Worten. Es fehlt auch hier nicht an einem assoziativen Zusammenhang zwischen dem Störenden und dem Gestörten, aber er ist nicht im Inhalt gegeben, sondern künstlich, oft auf sehr gezwungenen Verbindungswegen hergestellt.

Hören Sie ein einfaches Beispiel hiefür an, das ich selbst beobachtet habe. Ich treffe einmal in unseren schönen Dolomiten mit zwei Wiener Damen zusammen, die als Touristinnen verkleidet sind. Ich begleite sie ein Stück weit, und wir besprechen die Genüsse, aber auch die Beschwerden der touristischen Lebensweise. Die eine der Damen gibt zu, daß diese Art, den Tag zu verbringen, manches Unbequeme hat. Es ist wahr, sagt sie, daß es gar nicht angenehm ist, wenn man so in der Sonne den ganzen Tag marschiert ist und Bluse und Hemd ganz durchgeschwitzt sind. In diesem Satze hat sie einmal eine kleine Stockung zu überwinden. Dann setzt sie fort: Wenn man aber dann nach *Hose* kommt und sich umkleiden kann . . . Wir haben dies Versprechen nicht analysiert, aber ich meine, Sie können es leicht verstehen. Die Dame hatte die Absicht gehabt, die Aufzählung vollständiger zu halten und zu sagen: Bluse, Hemd und Hose. Aus Motiven der Wohlanständigkeit war die Erwähnung der Hose unterblieben, aber in dem nächsten, inhaltlich ganz unabhängigen Satz kam das nicht ausgesprochene Wort als Verunstaltung des ähnlich lautenden »nach *Hause*« zum Vorschein.

Nun können wir uns aber der lange aufgesparten Hauptfrage zuwenden, was für Intentionen es sind, die sich in ungewöhnlicher Weise als Störungen anderer zum Ausdruck bringen. Nun selbstverständlich sehr verschiedene, in denen wir aber das Gemeinsame finden wollen. Untersuchen wir eine Reihe von Beispielen daraufhin, so werden sie sich uns alsbald in drei Gruppen sondern. Zur ersten Gruppe gehören die Fälle, in denen die störende Tendenz dem Redner bekannt ist, überdies aber vor dem Versprechen von ihm verspürt wurde. So gibt beim Versprechen »Vorschwein« der Sprecher nicht nur zu, daß er das Urteil »Schweinereien« über die betreffenden Vorgänge gefällt hat, sondern auch, daß er die Absicht hatte, von der er später zurücktrat, ihm auch wörtlichen Ausdruck zu geben. Eine zweite Gruppe bilden andere Fälle, in denen die störende Tendenz vom Sprecher gleichfalls als die seinige anerkannt wird, aber er weiß nichts davon, daß sie gerade vor dem Versprechen bei ihm aktiv war. Er akzeptiert also unsere Deutung seines Versprechens, bleibt aber doch in gewissem Maße verwundert über sie. Beispiele für dieses Verhalten lassen sich von anderen Fehlleistungen vielleicht leichter geben als gerade vom Versprechen. In einer dritten Gruppe wird die Deutung der störenden Intention vom Sprecher energisch abgelehnt; er bestreitet nicht nur, daß sie sich vor dem Versprechen in ihm geregt, sondern er will behaupten, daß sie ihm überhaupt völlig fremd ist. Erinnern Sie sich an das Beispiel vom »Aufstoßen« und an die geradezu unhöfliche Abweisung, die ich mir durch die Aufdeckung der störenden Intention von diesem Sprecher geholt habe. Sie wissen, daß wir in der Auffassung dieser Fälle noch keine Einigung erzielt haben. Ich würde mir aus dem Widerspruch des Toastredners nichts machen und unbeirrbar an meiner Deutung festhalten, während Sie, meine ich, doch unter dem Eindrucke seines Sträubens stehen und in Erwägung ziehen, ob man nicht auf die Deutung solcher Fehlleistungen verzichten und sie als rein physiologische Akte im voranalytischen Sinne gelten lassen soll. Ich kann mir denken, was Sie abschreckt. Meine Deutung schließt die Annahme ein, daß sich bei dem Sprecher Intentionen äußern können, von denen er selbst nichts weiß, die ich aber aus Indizien erschließen kann. Vor einer so neuartigen und folgenschweren Annahme machen Sie halt. Ich verstehe das und gebe Ihnen insoweit recht. Aber stellen wir das eine fest: Wenn Sie die an so vielen Beispielen erhärtete Auffassung der Fehlleistungen konsequent durchführen wollen, müssen Sie sich zu der genannten befremdenden Annahme entschließen. Können Sie das nicht, so müssen Sie auf das kaum erworbene Verständnis der Fehlleistungen wiederum verzichten.

Verweilen wir noch bei dem, was die drei Gruppen einigt, was den drei Mechanismen des Versprechens gemeinsam ist. Das ist zum Glück unverkennbar. In den beiden ersten Gruppen wird die störende Tendenz vom Sprecher anerkannt; in der ersten kommt noch hinzu, daß sie sich unmittelbar vor dem Versprechen gemeldet hat. In beiden Fällen *ist sie aber zurückgedrängt worden. Der Sprecher hat sich entschlossen, sie nicht in Rede umzusetzen, und dann passiert ihm das Versprechen, d. h. dann setzt sich die zurückgedrängte Tendenz gegen seinen Willen in eine Äußerung um, indem sie den Ausdruck der von ihm zugelassenen Intention abändert, sich mit ihm vermengt oder sich geradezu an seine Stelle setzt.* Dies ist also der Mechanismus des Versprechens.

Ich kann von meinem Standpunkt auch den Vorgang in unserer dritten Gruppe in den schönsten Einklang mit dem hier beschriebenen Mechanismus bringen. Ich brauche nur anzunehmen, daß diese drei Gruppen durch die verschieden weit reichende Zurückdrängung einer Intention unterschieden werden. In der ersten ist die Intention vorhanden und macht sich vor der Äußerung des Sprechers ihm bemerkbar; erst dann erfährt sie die Zurückweisung, für welche sie sich im Versprechen entschädigt. In der zweiten Gruppe reicht die Zurückweisung weiter; die Intention wird bereits vor der Redeäußerung nicht mehr bemerkbar. Merkwürdig, daß sie dadurch keineswegs abgehalten wird, sich an der Verursachung des Versprechens zu beteiligen! Durch dies Verhalten wird uns aber die Erklärung für den Vorgang bei der dritten Gruppe erleichtert. Ich werde so kühn sein, anzunehmen, daß sich in der Fehlleistung auch noch eine Tendenz äußern kann, welche seit längerer Zeit, vielleicht seit sehr langer Zeit, zurückgedrängt ist, nicht bemerkt wird und darum vom Sprecher direkt verleugnet werden kann. Aber lassen Sie selbst das Problem der dritten Gruppe beiseite; Sie müssen aus den Beobachtungen an den anderen Fällen den Schluß ziehen, daß die *Unterdrückung der vorhandenen Absicht, etwas zu sagen, die unerläßliche Bedingung dafür ist, daß ein Versprechen zustande kommt.*

Wir dürfen nun behaupten, daß wir im Verständnis der Fehlleistungen weitere Fortschritte gemacht haben. Wir wissen nicht nur, daß sie seelische Akte sind, an denen man Sinn und Absicht erkennen kann, nicht nur, daß sie durch die Interferenz von zwei verschiedenen Intentionen entstehen, sondern außerdem noch, daß die eine dieser Intentionen eine gewisse Zurückdrängung von der Ausführung erfahren haben muß, um sich durch die Störung der anderen äußern zu können. Sie muß selbst erst gestört worden sein, ehe sie zur störenden werden kann. Eine vollständige Erklärung der Phänomene, die wir Fehlleistungen nennen, ist damit natürlich noch nicht gewonnen. Wir sehen sofort weitere Fragen auftauchen und ahnen überhaupt, daß sich um so mehr Anlässe zu neuen Fragen ergeben werden, je weiter wir im Verständnis kommen. Wir können z. B. fragen, warum es nicht viel einfacher zugeht. Wenn die Absicht besteht, eine gewisse Tendenz zurückzudrängen anstatt sie auszuführen, so sollte diese Zurückdrängung so gelingen, daß eben nichts von jener zum Ausdruck kommt, oder sie könnte auch mißlingen, so daß die zurückgedrängte Tendenz sich vollen Ausdruck schafft. Die Fehlleistungen sind aber Kompromißergebnisse, sie bedeuten ein halbes Gelingen und ein halbes Mißlingen für jede der beiden Absichten, die gefährdete Intention wird weder ganz unterdrückt, noch setzt sie sich – von Einzelfällen abgesehen – ganz unversehrt durch. Wir können uns denken, daß besondere Bedingungen für das Zustandekommen solcher Interferenz- oder Kompromißergebnisse vorhanden sein müssen, aber wir können auch nicht einmal ahnen, welcher

Art sie sein können. Ich glaube auch nicht, daß wir diese uns unbekannten Verhältnisse durch weitere Vertiefung in das Studium der Fehlleistungen aufdecken könnten. Es wird vielmehr notwendig sein, vorher noch andere dunkle Gebiete des Seelenlebens zu durchforschen; erst die Analogien, die uns dort begegnen, können uns den Mut geben, jene Annahmen aufzustellen, die für eine tiefer reichende Aufklärung der Fehlleistungen erforderlich sind. Und noch eines! Auch das Arbeiten mit kleinen Anzeichen, wie wir es auf diesem Gebiete beständig üben, bringt seine Gefahren mit sich. Es gibt eine seelische Erkrankung, die kombinatorische Paranoia, bei welcher die Verwertung solcher kleiner Anzeichen in uneingeschränkter Weise betrieben wird, und ich werde mich natürlich nicht dafür einsetzen, daß die auf dieser Grundlage aufgebauten Schlüsse durchwegs richtig sind. Vor solchen Gefahren kann uns nur die breite Basis unserer Beobachtungen bewahren, die Wiederholung ähnlicher Eindrücke aus den verschiedensten Gebieten des Seelenlebens.

Wir werden also die Analyse der Fehlleistungen hier verlassen. An eines darf ich Sie aber noch mahnen; wollen Sie die Art, wie wir diese Phänomene behandelt haben, als vorbildlich im Gedächtnis behalten. Sie können an diesem Beispiel ersehen, welches die Absichten unserer Psychologie sind. Wir wollen die Erscheinungen nicht bloß beschreiben und klassifizieren, sondern sie als Anzeichen eines Kräftespiels in der Seele begreifen, als Äußerung von zielstrebigen Tendenzen, die zusammen oder gegeneinander arbeiten. Wir bemühen uns um eine *dynamische Auffassung* der seelischen Erscheinungen. Die wahrgenommenen Phänomene müssen in unserer Auffassung gegen die nur angenommenen Strebungen zurücktreten.

Wir wollen also bei den Fehlleistungen nicht weiter in die Tiefe gehen, aber wir können noch einen Streifzug durch die Breite dieses Gebiets unternehmen, auf dem wir Bekanntes wiederfinden und einiges Neue aufspüren werden. Wir halten uns dabei an die Einteilung in die bereits eingangs aufgestellten drei Gruppen[2] des Versprechens mit den beigeordneten Formen des Verschreibens, Verlesens, Verhörens, des Vergessens mit seinen Unterteilungen je nach dem vergessenen Objekte (Eigennamen, Fremdworten, Vorsätzen, Eindrücken) und des Vergreifens, Verlegens, Verlierens. Die Irrtümer, soweit sie für uns in Betracht kommen, schließen sich teils dem Vergessen, teils dem Vergreifen an.

Vom *Versprechen* haben wir bereits so eingehend gehandelt und doch noch einiges hinzuzufügen. Es knüpfen sich an das Versprechen kleinere affektive Phänomene, die nicht ganz ohne Interesse sind. Es will niemand sich gerne versprochen haben; man überhört auch oft das eigene Versprechen, niemals das eines anderen. Das Versprechen ist auch in gewissem Sinne ansteckend; es ist gar nicht leicht, über das Versprechen zu reden, ohne dabei selbst in Versprechen zu verfallen. Die geringfügigsten Formen des Versprechens, die gerade keine besonderen Aufklärungen über versteckte seelische Vorgänge zu geben haben, sind doch in ihrer Motivierung unschwer zu durchschauen. Wenn jemand z. B. einen langen Vokal kurz gesprochen hat infolge einer beliebig motivierten, bei diesem Wort eingetretenen Störung, so dehnt er dafür einen bald darauf folgenden kurzen Vokal und begeht ein neues Versprechen, indem er das frühere kompensiert. Dasselbe, wenn er einen Doppelvokal unrein und nachlässig ausgesprochen hat, z. B. ein *eu* oder *oi* wie *ei;* er sucht es gutzumachen, indem er ein nachfolgendes *ei* zu *eu* oder *oi* verändert. Dabei scheint eine Rücksicht auf den Zuhörer maßgebend zu sein, der nicht glauben soll, es sei dem Redner gleichgültig, wie er die Muttersprache behandle. Die zweite kompensierende Entstellung hat geradezu die Absicht, den Hörer auf die erste aufmerksam zu machen und ihm zu versichern, daß sie auch dem Redner nicht entgangen ist. Die häufigsten, einfachsten und geringfügigsten Fälle des Versprechens bestehen in Zusammenziehungen und Vorklängen, die sich an

2 [Vgl. den Anfang der 2. Vorlesung.]

unscheinbaren Redeteilen äußern. Man verspricht sich in einem längeren Satz z. B. derart, daß das letzte Wort der beabsichtigten Redeintention vorklingt. Das macht den Eindruck einer gewissen Ungeduld, mit dem Satze fertig zu werden, und bezeugt im allgemeinen ein gewisses Widerstreben gegen die Mitteilung dieses Satzes oder gegen die Rede überhaupt. Wir kommen so zu Grenzfällen, in denen sich die Unterschiede zwischen der psychoanalytischen und der gemeinen physiologischen Auffassung des Versprechens vermischen. Wir nehmen an, daß in diesen Fällen eine die Redeintention störende Tendenz vorhanden ist; sie kann aber nur anzeigen, daß sie vorhanden ist, und nicht, was sie selbst beabsichtigt. Die Störung, die sie hervorruft, folgt dann irgendwelchen Lautbeeinflussungen oder Assoziationsanziehungen und kann als Ablenkung der Aufmerksamkeit von der Redeintention aufgefaßt werden. Aber weder diese Aufmerksamkeitsstörung noch die wirksam gewordenen Assoziationsneigungen treffen das Wesen des Vorgangs. Dies bleibt doch der Hinweis auf die Existenz einer die Redeabsicht störenden Intention, deren Natur nur diesmal nicht aus ihren Wirkungen erraten werden kann, wie es in allen besser ausgeprägten Fällen des Versprechens möglich ist.

Das *Verschreiben*, zu dem ich nun übergehe, stimmt mit dem Versprechen so weit überein, daß wir keine neuen Gesichtspunkte zu erwarten haben. Vielleicht wird uns eine kleine Nachlese beschieden sein. Die so verbreiteten kleinen Verschreibungen, Zusammenziehungen, Vorwegnahmen späterer, besonders der letzten Worte deuten wiederum auf eine allgemeine Schreibunlust und Ungeduld fertig zu werden; ausgeprägtere Effekte des Verschreibens lassen Natur und Absicht der störenden Tendenz erkennen. Im allgemeinen weiß man, wenn man in einem Brief ein Verschreiben findet, daß beim Schreiber nicht alles in Ordnung war; was sich bei ihm geregt hat, kann man nicht immer feststellen. Das Verschreiben wird häufig von dem, der es begeht, ebensowenig bemerkt wie das Versprechen. Auffällig ist dann folgende Beobachtung: Es gibt ja Menschen, welche die Gewohnheit üben, jeden Brief, den sie geschrieben haben, vor der Absendung nochmals durchzulesen. Andere pflegen dies nicht; wenn sie es aber ausnahmsweise einmal tun, haben sie dann immer Gelegenheit, ein auffälliges Verschreiben aufzufinden und zu korrigieren. Wie ist das zu erklären? Das sieht so aus, als wüßten diese Leute doch, daß sie sich bei der Abfassung des Briefes verschrieben haben. Sollen wir das wirklich glauben?

An die praktische Bedeutung des Verschreibens knüpft sich ein interessantes Problem. Sie erinnern sich vielleicht an den Fall eines Mörders H., der sich Kulturen von höchst gefährlichen Krankheitserregern von wissenschaftlichen Instituten zu verschaffen wußte, indem er sich für einen Bakterienforscher ausgab, der aber diese Kulturen dazu gebrauchte, um ihm nahestehende Personen auf diese modernste Weise aus dem Wege zu räumen. Dieser Mann beklagte sich nun einmal bei der Leitung eines solchen Instituts über die Unwirksamkeit der ihm geschickten Kulturen, verschrieb sich aber dabei, und an Stelle der Worte »bei meinen Versuchen an Mäusen oder Meerschweinchen« stand deutlich zu lesen, »bei meinen Versuchen an Menschen«. Dies Verschreiben fiel auch den Ärzten des Instituts auf; sie zogen aber, soviel ich weiß, keine Konsequenzen daraus. Nun, was meinen Sie? Hätten die Ärzte nicht vielmehr das Verschreiben als Geständnis annehmen und eine Untersuchung anregen müssen, durch welche dem Mörder rechtzeitig das Handwerk gelegt worden wäre? Ist in diesem Falle nicht die Unkenntnis unserer Auffassung der Fehlleistungen die Ursache eines praktisch bedeutsamen Versäumnisses geworden? Nun, ich meine, ein solches Verschreiben erschiene mir gewiß als sehr verdächtig, aber seiner Verwendung als Geständnis steht etwas sehr Gewichtiges im Wege. So einfach ist die Sache nicht. Das Verschreiben ist sicherlich ein Indizium, aber für sich allein hätte es zur Einleitung einer Untersuchung nicht hingereicht. Daß der Mann von dem Gedanken beschäftigt ist, Menschen zu infizieren, das sagt das Verschreiben allerdings, aber es läßt nicht entscheiden, ob dieser Gedanke den Wert eines klaren schädlichen Vorsatzes oder den einer praktisch belanglosen Phantasie hat. Es ist sogar möglich, daß der Mensch, der sich so verschrieben hat, mit der besten subjektiven Berechtigung diese Phantasie verleugnen und sie als etwas ihm gänzlich Fremdes von sich weisen wird. Wenn wir später den Unterschied zwischen psychischer und materieller Realität ins Auge fassen, werden Sie diese Möglichkeiten noch besser verstehen können.[3] Es ist dies aber wieder ein Fall, in dem eine Fehlleistung nachträglich zu ungeahnter Bedeutung gekommen ist.

Beim *Verlesen* treffen wir auf eine psychische Situation, die sich von der des Versprechens und Verschreibens deutlich unterscheidet. Die eine der beiden miteinander konkurrierenden Tendenzen ist hier durch eine sensorische Anregung ersetzt und vielleicht darum weniger resistent. Was man zu lesen hat, ist ja nicht eine Produktion des eigenen Seelenlebens wie etwas, was man zu schreiben vorhat. In einer großen Mehrzahl besteht daher das Verlesen in einer vollen Substitution. Man ersetzt das zu lesende Wort durch ein anderes, ohne daß eine inhaltliche Beziehung zwischen dem Text und dem Effekt des Verlesens zu bestehen braucht, in der Regel in Anlehnung an eine Wortähnlichkeit. Lichtenbergs Beispiel: *Agamemnon* anstatt *angenommen* ist das beste dieser Gruppe. Will man die störende, das Verlesen erzeugende Tendenz kennenlernen, so darf man den verlesenen Text ganz beiseite lassen und kann die analytische Untersuchung mit den beiden Fragen einleiten, welcher Einfall sich als der nächste zum Effekt des Verlesens ergibt und in welcher Situation das Verlesen vorgefallen ist. Mitunter reicht die Kenntnis der letzteren für sich allein zur Aufklärung des Verlesens hin, z. B. wenn jemand in gewissen Nöten in einer ihm fremden Stadt herumwandert und auf einer großen Tafel eines ersten Stockes das Wort *Klosetthaus* liest. Er hat gerade noch Zeit, sich darüber zu verwundern, daß die Tafel so hoch angebracht ist,

3 [S. die Darlegung in der 23. Vorlesung.]

ehe er entdeckt, daß dort streng genommen *Korsetthaus* zu lesen steht. In anderen Fällen bedarf gerade das vom Inhalt des Textes unabhängige Verlesen einer eingehenden Analyse, die ohne Übung in der psychoanalytischen Technik und ohne Zutrauen zu ihr nicht durchzuführen ist. Meist ist es aber leichter, sich die Aufklärung eines Verlesens zu schaffen. Das substituierte Wort verrät nach dem Beispiel *Agamemnon* ohne weiteres den Gedankenkreis, aus welchem die Störung hervorgeht. In diesen Kriegszeiten ist es z. B. sehr gewöhnlich, daß man die Namen der Städte und Heerführer und die militärischen Ausdrücke, die einen beständig umschwirren, überall hineinliest, wo einem ein ähnliches Wortbild entgegenkommt. Was einen interessiert und beschäftigt, das setzt sich so an Stelle des Fremden und noch Uninteressanten. Die Nachbilder der [früheren] Gedanken trüben die neue Wahrnehmung.

Es fehlt auch beim Verlesen nicht an Fällen von anderer Art, in denen der Text des Gelesenen selbst die störende Tendenz erweckt, durch welche er dann meist in sein Gegenteil verwandelt wird. Man sollte etwas Unerwünschtes lesen und überzeugt sich durch die Analyse, daß ein intensiver Wunsch zur Ablehnung des Gelesenen für dessen Abänderung verantwortlich zu machen ist.

Bei den ersterwähnten häufigeren Fällen des Verlesens kommen zwei Momente zu kurz, denen wir im Mechanismus der Fehlleistungen eine wichtige Rolle zugeteilt haben: der Konflikt zweier Tendenzen und die Zurückdrängung der einen, die sich durch den Effekt der Fehlleistung entschädigt. Nicht daß beim Verlesen etwas dem Gegensätzliches aufzufinden wäre, aber die Vordringlichkeit des zum Verlesen führenden Gedankeninhalts ist doch weit auffälliger als die Zurückdrängung, die dieser vorher erfahren haben mag. Gerade diese beiden Momente treten uns bei den verschiedenen Situationen der Fehlleistung durch Vergessen am greifbarsten entgegen.

Das *Vergessen von Vorsätzen* ist geradezu eindeutig, seine Deutung wird, wie wir gehört haben, auch vom Laien nicht bestritten. Die den Vorsatz störende Tendenz ist jedesmal eine Gegenabsicht, ein Nichtwollen, von dem uns nur zu wissen erübrigt, warum es sich nicht anders und nicht unverhüllter zum Ausdruck bringt. Aber das Vorhandensein dieses Gegenwillens ist unzweifelhaft. Manchmal gelingt es auch, etwas von den Motiven zu erraten, die diesen Gegenwillen nötigen, sich zu verbergen, und allemal hat er durch die Fehlleistung aus dem Verborgenen seine Absicht erreicht, während ihm die Abweisung sicher wäre, wenn er als offener Widerspruch aufträte. Wenn zwischen dem Vorsatz und seiner Ausführung eine wichtige Veränderung der psychischen Situation eingetreten ist, derzufolge die Ausführung des Vorsatzes nicht in Frage käme, dann tritt das Vergessen des Vorsatzes aus dem Rahmen der Fehlleistung heraus. Man wundert sich nicht mehr darüber und sieht ein, daß es überflüssig gewesen wäre, den Vorsatz zu erinnern; er war dann dauernd oder zeitweilig erloschen. Eine Fehlleistung kann das Vergessen des Vorsatzes nur dann heißen, wenn wir an eine solche Unterbrechung desselben nicht glauben können.

Die Fälle von Vorsatzvergessen sind im allgemeinen so einförmig und durchsichtig, daß sie eben darum für unsere Untersuchung kein Interesse haben. An zwei Stellen können wir aber doch aus dem Studium dieser Fehlleistung etwas Neues lernen. Wir haben gesagt, das Vergessen, also Nichtausführen eines Vorsatzes, weist auf einen ihm feindlichen Gegenwillen hin. Das bleibt wohl bestehen, aber der Gegenwille kann nach der Aussage unserer Untersuchungen von zweierlei Art sein, ein direkter oder ein vermittelter. Was unter dem letzteren gemeint ist, läßt sich am besten an ein oder zwei Beispielen erläutern. Wenn der Gönner vergißt, bei einer dritten Person ein Fürwort für seinen Schützling einzulegen, so kann dies geschehen, weil er sich für den Schützling eigentlich nicht sehr interessiert und darum auch zur Fürsprache keine große Lust hat. In diesem Sinne wird jedenfalls der Schützling das Vergessen des Gönners verstehen. Es kann aber auch komplizierter zugehen. Der Gegenwille gegen die Ausführung des Vorsatzes kann beim Gönner von anderer Seite kommen und an ganz anderer Stelle angreifen. Er braucht mit dem Schützling nichts zu tun zu haben, sondern richtet sich etwa gegen die dritte Person, bei welcher die Fürsprache erfolgen soll. Sie sehen also, welche Bedenken auch hier der praktischen Verwendung unserer Deutungen entgegenstehen. Der Schützling gerät trotz der richtigen Deutung des Vergessens in Gefahr, allzu mißtrauisch zu werden und seinem Gönner schweres Unrecht zu tun. Oder: wenn jemand das Rendezvous vergißt, das einzuhalten er dem anderen versprochen und sich selbst vorgenommen hat, so wird die häufigste Begründung wohl die direkte Abneigung gegen das Zusammentreffen mit dieser Person sein. Aber die Analyse könnte hier den Nachweis erbringen, daß die störende Tendenz nicht der Person gilt, sondern sich gegen den Platz richtet, an welchem das Zusammentreffen stattfinden soll und der infolge einer an ihn geknüpften peinlichen Erinnerung gemieden wird. Oder: wenn jemand einen Brief aufzugeben vergißt, so kann sich die Gegentendenz auf den Inhalt des Briefes selbst stützen; es ist aber keineswegs ausgeschlossen, daß der Brief an sich harmlos ist und der Gegentendenz nur darum verfällt, weil irgend etwas an ihm an einen anderen, früher einmal geschriebenen Brief erinnert, der dem Gegenwillen allerdings einen direkten Angriffspunkt geboten hat. Man kann dann sagen, der Gegenwille hat sich hier von jenem früheren Brief, wo er berechtigt war, auf den gegenwärtigen übertragen, bei dem er eigentlich nichts zu wollen hat. Sie sehen also, daß man bei der Verwertung unserer berechtigten Deutungen doch Zurückhaltung und Vorsicht üben muß; was psychologisch gleichwertig ist, kann praktisch doch recht vieldeutig sein.

Phänomene wie diese werden Ihnen sehr ungewöhnlich erscheinen. Vielleicht sind Sie geneigt anzunehmen, daß der »indirekte« Gegenwille den Vorgang als einen bereits pathologischen charakterisiert. Ich kann Ihnen aber versichern, daß er auch im Rahmen der Norm und der Gesundheit vorkommt. Mißverstehen Sie mich übrigens nicht. Ich will keineswegs selbst die Unzuverlässigkeit unserer analytischen Deutungen zugestehen. Die besprochene Vieldeutigkeit des Vorsatzvergessens besteht ja nur, solange wir keine Analyse des Falles vorgenommen haben und nur auf Grund unserer allgemeinen Voraussetzungen deuten. Wenn wir die Analyse mit der betreffenden Person ausführen, erfahren wir jedesmal mit genügender Sicherheit, ob es ein direkter Gegenwille ist oder woher er sonst rührt.

Ein zweiter Punkt ist der folgende: Wenn wir in einer Überzahl von Fällen bestätigt finden, daß das Vergessen eines Vorsatzes auf einen Gegenwillen zurückgeht, so bekommen wir Mut, diese Lösung auch auf eine andere Reihe von Fällen auszudehnen, in denen die analysierte Person den von uns erschlossenen Gegenwillen nicht bestätigt, sondern verleugnet. Nehmen Sie als Beispiele hierfür die überaus häufigen Vorkommnisse, daß man vergißt, Bücher, die man entlehnt hat, zurückzustellen, Rechnungen oder Schulden zu bezahlen. Wir werden so kühn sein, dem Betreffenden vorzuhalten, daß bei ihm die Absicht besteht, die Bücher zu behalten und die Schulden nicht zu bezahlen, während er diese Absicht leugnen, aber nicht imstande sein wird, uns für sein Benehmen eine andere Erklärung zu geben. Daraufhin setzen wir fort, er habe die Absicht, nur wisse er nichts von ihr; es genüge uns aber, daß sie sich durch den Effekt des Vergessens bei ihm verrate. Jener kann uns wiederholen, er habe eben vergessen. Sie erkennen jetzt die Situation als eine, in welcher wir uns bereits früher einmal befunden haben. Wenn wir unsere so vielfältig als berechtigt erwiesenen Deutungen der Fehlleistungen konsequent fortführen wollen, werden wir unausweichlich zu der Annahme gedrängt, daß es Tendenzen beim Menschen gibt, welche wirksam werden können, ohne daß er von ihnen weiß. Damit setzen wir uns aber in Widerspruch zu allen das Leben und die Psychologie beherrschenden Anschauungen.

Das *Vergessen von Eigen- und Fremdnamen* sowie Fremdworten läßt sich in gleicher Weise auf eine Gegenabsicht zurückführen, welche sich entweder direkt oder indirekt gegen den betreffenden Namen richtet. Von solcher direkter

Abneigung habe ich Ihnen bereits früher einmal mehrere Beispiele vorgeführt. Die indirekte Verursachung ist aber hier besonders häufig und erfordert meist sorgfältige Analysen zu ihrer Feststellung. So z. B. hat in dieser Kriegszeit, die uns gezwungen hat, so viele unserer früheren Neigungen aufzugeben, auch die Verfügung über das Erinnern von Eigennamen infolge der sonderbarsten Verknüpfungen sehr gelitten. Vor kurzem ist es mir geschehen, daß ich den Namen der harmlosen mährischen Stadt *Bisenz* nicht reproduzieren konnte, und die Analyse ergab, daß keine direkte Verfeindung Schuld daran trug, sondern der Anklang an den Namen des Palazzo *Bisenzi* in Orvieto, in dem ich sonst zu wiederholten Malen gerne gewohnt hatte. Als Motiv der gegen dies Namenerinnern gerichteten Tendenz tritt uns hier zum erstenmal ein Prinzip entgegen, welches uns später seine ganze großartige Bedeutung für die Verursachung neurotischer Symptome enthüllen wird: die Abneigung des Gedächtnisses, etwas zu erinnern, was mit Unlustempfindungen verknüpft war und bei der Reproduktion diese Unlust erneuern würde. Diese Absicht zur Vermeidung von Unlust aus der Erinnerung oder anderen psychischen Akten, die psychische Flucht vor der Unlust, dürfen wir als das letzte wirksame Motiv nicht nur fürs Namenvergessen, sondern auch für viele andere Fehlleistungen, wie Unterlassungen, Irrtümer u. a., anerkennen.

Das Namenvergessen scheint aber psycho-physiologisch besonders erleichtert zu sein und stellt sich daher auch in Fällen ein, welche die Einmengung eines Unlustmotivs nicht bestätigen lassen. Wenn einer einmal zum Namenvergessen neigt, so können Sie bei ihm durch analytische Untersuchung feststellen, daß ihm nicht nur darum Namen entfallen, weil er sie selbst nicht mag oder weil sie ihn an Unliebsames mahnen, sondern auch darum, weil derselbe Name bei ihm einem anderen Assoziationskreis angehört, zu dem er innigere Beziehungen hat. Der Name wird dort gleichsam festgehalten und den anderen momentan aktivierten Assoziationen verweigert. Wenn Sie sich an die Kunststücke der Mnemotechnik erinnern, so werden Sie mit einigem Befremden feststellen, daß man Namen infolge derselben Zusammenhänge vergißt, die man sonst absichtlich herstellt, um sie vor dem Vergessen zu schützen. Das auffälligste Beispiel hierfür geben Eigennamen von Personen, die begreiflicherweise für verschiedene Leute ganz verschiedene psychische Wertigkeit besitzen müssen. Nehmen Sie z. B. einen Vornamen wie Theodor. Dem einen von Ihnen wird es nichts Besonderes bedeuten; für den anderen ist es der Name seines Vaters, Bruders, Freundes oder der eigene. Die analytische Erfahrung wird Ihnen dann zeigen, daß der erstere nicht in Gefahr ist zu vergessen, daß eine gewisse fremde Person diesen Namen führt, während die anderen beständig geneigt sein werden, dem Fremden einen Namen vorzuenthalten, der ihnen für intime Beziehungen reserviert erscheint. Nehmen Sie nun an, daß diese assoziative Hemmung mit der Wirkung des Unlustprinzips[4] und überdies mit einem indirekten Mechanismus zusammentreffen kann, so werden Sie erst imstande sein, sich von der Komplikation der Verursachung des zeitweiligen Namenvergessens eine zutreffende Vorstellung zu machen. Eine sachgerechte Analyse deckt Ihnen aber alle diese Verwicklungen restlos auf.

Das *Vergessen von Eindrücken und Erlebnissen* zeigt die Wirkung der Tendenz, Unangenehmes von der Erinnerung fernzuhalten, noch viel deutlicher und ausschließlicher als das Namenvergessen. Es gehört natürlich nicht in seinem vollen Umfang zu den Fehlleistungen, sondern nur insoferne es uns, am Maßstabe unserer gewohnten Erfahrung gemessen, auffällig und unberechtigt erscheint, also z. B. wenn das Vergessen zu frische oder zu wichtige Eindrücke betrifft oder solche, deren Ausfall eine Lücke in einen sonst gut erinnerten Zusammenhang reißt. Warum und wieso wir überhaupt vergessen können, darunter Erlebnisse, welche uns gewiß den tiefsten Eindruck hinterlassen

4 [Freud erwähnt dieses Prinzip unter dem Terminus »Unlustprinzip« in der *Traumdeutung* (1900). Später spricht er jedoch fast immer nur vom »Lustprinzip«. Unter dieser Bezeichnung wird es in der 22. Vorlesung diskutiert.]

haben, wie die Ereignisse unserer ersten Kindheitsjahre, das ist ein ganz anderes Problem, bei welchem die Abwehr gegen Unlustregungen eine gewisse Rolle spielt, aber lange nicht alles erklärt. Daß unangenehme Eindrücke leicht vergessen werden, ist eine nicht zu bezweifelnde Tatsache. Verschiedene Psychologen haben sie bemerkt, und der große Darwin empfing einen so starken Eindruck von ihr, daß er sich die »goldene Regel« aufstellte, Beobachtungen, welche seiner Theorie ungünstig schienen, mit besonderer Sorgfalt zu notieren, da er sich überzeugt hatte, daß gerade sie in seinem Gedächtnisse nicht haften wollten.[5]

Wer von diesem Prinzip der Abwehr gegen die Erinnerungsunlust durch das Vergessen zuerst hört, versäumt selten den Einwand zu erheben, daß er vielmehr die Erfahrung gemacht hat, daß gerade Peinliches schwer zu vergessen ist, indem es gegen den Willen der Person immer wiederkehrt, um sie zu quälen, z. B. die Erinnerung an Kränkungen und Demütigungen. Auch diese Tatsache ist richtig, aber der Einwand trifft nicht zu. Es ist wichtig, daß man rechtzeitig beginne mit der Tatsache zu rechnen, das Seelenleben sei ein Kampf- und Tummelplatz entgegengesetzter Tendenzen, oder nicht dynamisch ausgedrückt, es bestehe aus Widersprüchen und Gegensatzpaaren. Der Nachweis einer bestimmten Tendenz leistet nichts für den Ausschluß einer ihr gegensätzlichen; es ist Raum für beide vorhanden. Es kommt nur darauf an, wie sich die Gegensätze zueinander stellen, welche Wirkungen von dem einen und welche von dem anderen ausgehen.

Das *Verlieren und Verlegen* sind uns besonders interessant durch ihre Vieldeutigkeit, also durch die Mannigfaltigkeit der Tendenzen, in deren Dienst diese Fehlleistungen treten können. Allen Fällen gemeinsam ist, daß man etwas verlieren wollte, verschieden aber, aus welchem Grund und zu welchem Zweck. Man verliert eine Sache, wenn sie schad-

5 [Ch. Darwin, *The Autobiography of Charles Darwin*, London 1887; deutsche Übersetzung von J. Victor Carus; *Leben und Briefe von Charles Darwin mit einem seine Autobiographie enthaltenden Capitel*, 3 Bände, Stuttgart 1887.]

haft geworden ist, wenn man die Absicht hat, sie durch eine bessere zu ersetzen, wenn sie aufgehört hat einem lieb zu sein, wenn sie von einer Person herrührt, zu der sich die Beziehungen verschlechtert haben, oder wenn sie unter Umständen erworben wurde, deren man nicht mehr gedenken will. Demselben Zweck kann auch das Fallenlassen, Beschädigen, Zerbrechen der Sache dienen. Im Leben der Gesellschaft soll die Erfahrung gemacht worden sein, daß aufgezwungene und uneheliche Kinder weit hinfälliger sind als die rechtmäßig empfangenen. Es bedarf für dies Ergebnis nicht der groben Technik der sogenannten Engelmacherinnen; ein gewisser Nachlaß in der Sorgfalt der Kinderpflege soll voll ausreichen. Mit der Bewahrung der Dinge könnte es ebenso zugehen wie mit der der Kinder.

Dann aber können Dinge zum Verlieren bestimmt werden, ohne daß sie etwas an ihrem Wert eingebüßt haben, wenn nämlich die Absicht besteht, etwas dem Schicksal zu opfern, um einen anderen gefürchteten Verlust abzuwehren. Solche Schicksalsbeschwörungen sind nach der Aussage der Analyse unter uns noch sehr häufig, unser Verlieren ist darum oft ein freiwilliges Opfern. Ebenso kann sich das Verlieren in den Dienst des Trotzes und der Selbstbestrafung stellen; kurz, die entfernteren Motivierungen der Tendenz, ein Ding durch Verlieren von sich zu tun, sind unübersehbar.

Das *Vergreifen* wird wie andere Irrtümer häufig dazu benützt, um Wünsche zu erfüllen, die man sich versagen soll. Die Absicht maskiert sich dabei als glücklicher Zufall. So z. B. wenn man, wie es einem unserer Freunde geschah, unter deutlichem Gegenwillen einen Besuch mit der Eisenbahn in der Nähe der Stadt machen soll und dann in der Umsteigestation irrtümlich in den Zug einsteigt, der einen wieder zur Stadt zurückführt, oder wenn man auf der Reise durchaus einen längeren Aufenthalt in einer Zwischenstation nehmen möchte, aber wegen bestimmter Verpflichtungen nicht nehmen soll und man dann einen gewissen Anschluß übersieht oder versäumt, so daß man zu der gewünschten Unterbrechung gezwungen ist. Oder wie es bei einem meiner Patienten zuging, dem ich untersagt hatte, seine Geliebte telephonisch anzurufen, der aber »irrtümlich«, »in Gedanken«, eine falsche Nummer aussprach, als er mit mir telephonieren wollte, so daß er plötzlich mit seiner Geliebten verbunden war. Ein hübsches, auch praktisch bedeutsames Beispiel von direktem Fehlgreifen bringt die Beobachtung eines Ingenieurs zur Vorgeschichte einer Sachbeschädigung:

»Vor einiger Zeit arbeitete ich mit mehreren Kollegen im Laboratorium der Hochschule an einer Reihe komplizierter Elastizitätsversuche, eine Arbeit, die wir freiwillig übernommen hatten, die aber begann, mehr Zeit zu beanspruchen, als wir erwartet hatten. Als ich eines Tages wieder mit meinem Kollegen F. ins Laboratorium ging, äußerte dieser, wie unangenehm es ihm gerade heute sei, so viel Zeit zu verlieren, er hätte zu Hause so viel anderes zu tun; ich konnte ihm nur beistimmen und äußerte noch halb scherzhaft, auf einen Vorfall der vergangenen Woche anspielend: ›Hoffentlich wird wieder die Maschine versagen, so daß wir die Arbeit abbrechen und früher weggehen können!‹

Bei der Arbeitsteilung trifft es sich, daß Kollege F. das Ventil der Presse zu steuern bekommt, d. h., er hat die Druckflüssigkeit aus dem Akkumulator durch vorsichtiges Öffnen des Ventils langsam in den Zylinder der hydraulischen Presse einzulassen; der Leiter des Versuches steht beim Manometer und ruft, wenn der richtige Druck erreicht ist, ein lautes ›Halt‹. Auf dieses Kommando faßt F. das Ventil und dreht es mit aller Kraft – nach links (alle Ventile werden ausnahmslos nach rechts geschlossen!). Dadurch wird plötzlich der volle Druck des Akkumulators in der Presse wirksam, worauf die Rohrleitung nicht eingerichtet ist, so daß sofort eine Rohrverbindung platzt – ein ganz harmloser Maschinendefekt, der uns jedoch zwingt, für heute die Arbeit einzustellen und nach Hause zu gehen.

Charakteristisch ist übrigens, daß einige Zeit nachher, als wir diesen Vorfall besprachen, Freund F. sich an meine von mir mit Sicherheit erinnerte Äußerung absolut nicht erinnern wollte.«

Von hier können Sie auf die Vermutung kommen, daß es nicht immer der harmlose Zufall ist, der die Hände Ihres Dienstpersonals zu so gefährlichen Feinden Ihres Hausbesitzes macht. Sie können aber auch die Frage aufwerfen, ob es jedesmal Zufall ist, wenn man sich selbst beschädigt und seine eigene Integrität in Gefahr bringt. Anregungen, die Sie gelegentlich an der Hand der Analyse von Beobachtungen auf ihren Wert prüfen mögen.

Meine geehrten Zuhörer! Das ist lange nicht alles, was über die Fehlleistungen zu sagen wäre. Es gibt da noch viel zu erforschen und zu diskutieren. Aber ich bin zufrieden, wenn Sie aus unseren bisherigen Erörterungen darüber eine gewisse Erschütterung Ihrer bisherigen Anschauungen und einen Grad von Bereitschaft für die Annahme neuer gewonnen haben. Im übrigen bescheide ich mich, Sie vor einer ungeklärten Sachlage zu belassen. Wir können aus dem Studium der Fehlleistungen nicht alle unsere Lehrsätze beweisen und sind auch mit keinem Beweis auf dieses Material allein angewiesen. Der große Wert der Fehlleistungen für unsere Zwecke liegt darin, daß es sehr häufige, auch an der eigenen Person leicht zu beobachtende Erscheinungen sind, deren Zustandekommen das Kranksein durchaus nicht zur Voraussetzung hat. Nur eine Ihrer unbeantworteten Fragen möchte ich am Schlusse noch zu Worte kommen lassen: Wenn die Menschen sich, wie wir's an vielen Beispielen gesehen haben, dem Verständnis der Fehlleistungen so sehr annähern und sich oft so benehmen, als ob sie deren Sinn durchschauen würden, wie ist es möglich, daß sie dieselben Phänomene doch ganz allgemein als zufällig, sinn- und bedeutungslos hinstellen und der psychoanalytischen Aufklärung derselben so energisch widerstreben können?

Sie haben recht, das ist auffällig und fordert eine Erklärung. Aber ich werde sie Ihnen nicht geben, sondern Sie langsam zu den Zusammenhängen hinführen, aus denen sich Ihnen die Erklärung ohne mein Dazutun aufdrängen wird.

Zweiter Teil
Der Traum
[Auswahl]

5. Vorlesung
Schwierigkeiten und erste Annäherungen

Meine Damen und Herren! Eines Tages machte man die Entdeckung, daß die Leidenssymptome gewisser Nervöser einen Sinn haben.[1] Daraufhin wurde das psychoanalytische Heilverfahren begründet. In dieser Behandlung ereignete es sich, daß die Kranken an Stelle ihrer Symptome auch Träume vorbrachten. Somit entstand die Vermutung, daß auch diese Träume einen Sinn haben.

Wir werden aber nicht diesen historischen Weg gehen, sondern den umgekehrten einschlagen. Wir wollen den Sinn der Träume nachweisen, als Vorbereitung zum Studium der Neurosen. Diese Verkehrung ist gerechtfertigt, denn das Studium des Traumes ist nicht nur die beste Vorbereitung für das der Neurosen, der Traum selbst ist auch ein neurotisches Symptom, und zwar eines, das den für uns unschätzbaren Vorteil hat, bei allen Gesunden vorzukommen.[2] Ja, wenn alle Menschen gesund wären und nur träumen würden, so könnten wir aus ihren Träumen fast alle die Einsichten gewinnen, zu denen die Untersuchung der Neurosen geführt hat.

So wird also der Traum zum Objekt der psychoanalytischen Forschung. Wieder ein gewöhnliches, geringgeschätztes Phänomen, scheinbar ohne praktischen Wert wie die Fehlleistungen, mit denen er ja das Vorkommen bei Gesunden gemein hat. Aber sonst sind die Bedingungen für unsere Arbeit eher ungünstiger. Die Fehlleistungen waren nur von der Wissenschaft vernachlässigt worden, man

---

1 Josef Breuer in den Jahren 1880–1882. Vgl. hiezu meine in Amerika 1909 gehaltenen Vorlesungen *Über Psychoanalyse* [1910] und *Zur Geschichte der psychoanalytischen Bewegung* [in Band 1 der vorliegenden Ausgabe].

2 [Freud untersucht dies weiter gegen Schluß der 28. Vorlesung.]

hatte sich wenig um sie bekümmert; aber schließlich war es keine Schande, sich mit ihnen zu beschäftigen. Man sagte, es gibt zwar Wichtigeres, aber vielleicht kann auch dabei etwas herauskommen. Die Beschäftigung mit dem Traum ist aber nicht bloß unpraktisch und überflüssig, sondern direkt schimpflich; sie bringt das Odium der Unwissenschaftlichkeit mit sich, weckt den Verdacht einer persönlichen Hinneigung zum Mystizismus. Daß ein Mediziner sich mit dem Traume abgeben sollte, wo es selbst in der Neuropathologie und Psychiatrie soviel Ernsthafteres gibt: Tumoren bis zu Apfelgröße, die das Organ des Seelenlebens komprimieren, Blutergüsse, chronische Entzündungen, bei denen man die Veränderungen der Gewebsteile unter dem Mikroskop demonstrieren kann! Nein, der Traum ist ein allzu geringfügiges und der Erforschung unwürdiges Objekt.

Noch dazu eines, dessen Beschaffenheit selbst allen Anforderungen exakter Forschung trotzt. Man ist ja in der Traumforschung nicht einmal des Objekts sicher. Eine Wahnidee z. B. tritt einem klar und bestimmt umrissen entgegen. Ich bin der Kaiser von China, sagt der Kranke laut. Aber der Traum? Er ist meist überhaupt nicht zu erzählen. Wenn jemand einen Traum erzählt, hat er eine Garantie, daß er ihn richtig erzählt hat, und nicht vielmehr während der Erzählung verändert, etwas dazu erfindet, durch die Unbestimmtheit seiner Erinnerung gezwungen? Die meisten Träume können überhaupt nicht erinnert werden, sind bis auf kleine Fragmente vergessen. Und auf die Deutung dieses Materials soll eine wissenschaftliche Psychologie oder eine Methode der Behandlung von Kranken begründet werden?

Ein gewisses Übermaß in einer Beurteilung darf uns mißtrauisch machen. Die Einwendungen gegen den Traum als Objekt der Forschung gehen offenbar zu weit. Mit der Unwichtigkeit haben wir schon bei den Fehlleistungen zu tun gehabt. Wir haben uns gesagt, große Dinge können sich auch in kleinen Anzeichen äußern. Was die Unbestimmtheit des Traumes betrifft, so ist sie eben ein Charakter wie ein anderer; man kann den Dingen ihren Charakter nicht vorschreiben. Es gibt übrigens auch klare und bestimmte Träume. Es gibt auch andere Objekte der psychiatrischen Forschung, die an demselben Charakter der Unbestimmtheit leiden, z. B. in vielen Fällen die Zwangsvorstellungen, mit denen sich doch respektable, angesehene Psychiater beschäftigt haben. Ich will mich an den letzten Fall erinnern, der in meiner ärztlichen Tätigkeit vorgekommen ist. Die Kranke stellte sich mir mit den Worten vor: Ich habe ein gewisses Gefühl, als ob ich ein lebendes Wesen – ein Kind? – doch nicht, eher einen Hund – beschädigt hätte oder beschädigen gewollt hätte, vielleicht es von einer Brücke heruntergestoßen – oder etwas anderes. Dem Schaden der unsicheren Erinnerung an den Traum können wir abhelfen, wenn wir festsetzen, eben das, was der Träumer erzählt, habe als ein Traum zu gelten, ohne Rücksicht auf alles, was er vergessen oder in der Erinnerung verändert haben mag. Endlich kann man nicht einmal so allgemein behaupten, daß der Traum etwas Unwichtiges sei. Es ist uns aus eigener Erfahrung bekannt, daß die Stimmung, in der man aus einem Traum erwacht, sich über den ganzen Tag fortsetzen kann; es sind Fälle von den Ärzten beobachtet worden, in denen eine Geisteskrankheit mit einem Traum beginnt und eine aus diesem Traum stammende Wahnidee festhält; es wird von historischen Personen berichtet, daß sie die Anregung zu wichtigen Taten aus Träumen geschöpft haben. Wir werden darum fragen, woher kommt eigentlich die Verachtung der wissenschaftlichen Kreise für den Traum?

Ich meine, sie ist die Reaktion auf die Überschätzung früherer Zeiten. Die Rekonstruktion der Vergangenheit ist bekanntlich nicht leicht, aber dies dürfen wir mit Sicherheit annehmen, – gestatten Sie mir den Scherz – daß bereits unsere Vorfahren vor 3000 Jahren und mehr in ähnlicher Weise wie wir geträumt haben. Soviel wir wissen, haben die alten Völker alle den Träumen große Bedeutung beigelegt und sie für praktisch verwertbar gehalten. Sie haben ihnen Anzeichen für die Zukunft entnommen, Vorbedeutungen in ihnen gesucht. Für die Griechen und andere Orientalen mag zuzeiten ein Feldzug ohne Traumdeuter so unmöglich gewesen sein wie heutzutage ohne Fliegeraufklärer. Als Alexander der Große seinen Eroberungszug unternahm, befanden sich die berühmtesten Traumdeuter in seinem Gefolge. Die Stadt Tyrus, die damals noch auf einer Insel lag, leistete dem König so heftigen Widerstand, daß er sich mit dem Gedanken trug, ihre Belagerung aufzugeben. Da träumte er eines Nachts einen wie im Triumph tanzenden Satyrn, und als er diesen Traum seinen Traumdeutern vortrug, erhielt er den Bescheid, es sei ihm der Sieg über die Stadt verkündet worden. Er befahl den Angriff und nahm Tyrus ein.[3] Bei Etruskern und Römern wa-

---

3 [Freud hat diese Begebenheit in der 15. der *Vorlesungen zur Einführung in die Psychoanalyse* nacherzählt: »Ich erzähle Ihnen nun einen historisch bedeutsamen Traum, den mit gewissen Abweichungen Plutarch und Artemidorus aus Daldis von Alexander dem Großen berichten. Als der König mit der Belagerung der hartnäckig verteidigten Stadt Tyrus beschäftigt war (322 v. Chr.), träumte er einmal, er sehe einen tanzenden Satyr. Der Traumdeuter Aristandros, der sich beim Heere befand, deutete ihm diesen Traum, indem er das Wort ›Satyros‹ in *σα τίρος* (dein ist Tyrus) zerlegte und ihm dadurch den Triumph über die Stadt versprach. Alexander ließ sich durch diese Deutung bestimmen, die Belagerung fortzusetzen, und nahm endlich Tyrus ein. Die Deutung, die gekünstelt genug aussieht, war unzweifelhaft die richtige.« – In einer Fußnote von 1911 zum Kapitel II der *Traumdeutung* zitiert Freud direkt die Textstelle aus: Artemidoros, *Oneirocritica* (IV. Buch, 24. Kapitel; deutsche Übersetzung von S. F. Krauss: *Symbolik der Träume*, Wien 1881). In einer anderen Fußnote (aus dem Jahr 1914) zur *Traumdeutung* heißt es: »Artemidoros aus Daldis, wahrscheinlich zu Anfang des zweiten Jahrhunderts unserer Zeitrechnung geboren, hat uns die vollständigste und sorgfältigste Bearbeitung der Traumdeutung in der griechisch-römischen Welt überliefert. Er legte . . . Wert darauf, die Deutung der Träume auf Beobachtung und Erfahrung zu gründen, und sonderte seine Kunst strenge von anderen, trügerischen Künsten. Das Prinzip seiner Deutungskunst ist . . . identisch mit der Magie, das Prinzip der Assoziation. Ein Traumding bedeutet das, woran es erinnert. Wohlverstanden, woran es den Traumdeuter erinnert! Eine nicht zu beherrschende Quelle der Willkür und Unsicherheit ergibt sich dann aus dem Umstand, daß das Traumelement den Deuter an verschiedene Dinge und jeden an etwas anderes erinnern kann.« Freud schreibt dann, bezogen auf seine eigene Traumanalyse: »Die Technik, die ich im folgenden auseinandersetze, weicht von der antiken in dem einen wesentlichen

ren andere Methoden zur Erkundung der Zunkunft in Gebrauch, aber die Traumdeutung wurde während der ganzen hellenistisch-römischen Zeit gepflegt und hochgehalten. Von der damit beschäftigten Literatur ist uns wenigstens das Hauptwerk erhalten, das Buch des Artemidoros aus Daldis, den man in die Lebenszeit des Kaisers Hadrian versetzt. Wie es dann kam, daß die Kunst der Traumdeutung verfiel und der Traum in Mißkredit geriet, weiß ich Ihnen nicht zu sagen. Die Aufklärung kann nicht viel Anteil daran gehabt haben, denn das dunkle Mittelalter hat weit absurdere Dinge als die antike Traumdeutung getreu bewahrt. Tatsache ist es, daß das Interesse am Traum allmählich zum Aberglauben herabsank und sich nur bei den Ungebildeten behaupten konnte. Der letzte Mißbrauch der Traumdeutung noch in unseren Tagen sucht aus den Träumen die Zahlen zu erfahren, die zur Ziehung im kleinen Lotto prädestiniert sind. Dagegen hat die exakte Wissenschaft der Jetztzeit sich wiederholt mit dem Traume beschäftigt, aber immer nur in der Absicht, ihre physiologischen Theorien auf ihn anzuwenden. Den Ärzten galt der Traum natürlich als ein nicht psychischer Akt, als die Äußerung somatischer Reize im Seelenleben. Binz[4] erklärt 1878 den Traum »für einen körperlichen, in allen Fällen unnützen, in vielen Fällen geradezu krankhaften Vorgang, über welchem Weltseele und Unsterblichkeit so hoch erhaben stehen, wie der blaue Äther über einer unkrautbewachsenen Sandfläche in tiefster Niederung«. Maury[5] vergleicht ihn mit den ungeordneten Zuckungen des Veitstanzes im Gegensatz zu den koordinierten Bewegungen des normalen Menschen; ein alter Vergleich setzt den Inhalt des Traumes in Parallele zu den Tönen, welche »die zehn Finger eines der Musik unkundigen Menschen, die über die

---

Punkte ab, daß sie dem Träumer selbst die Deutungsarbeit auferlegt. Sie will nicht berücksichtigen, was dem Traumdeuter, sondern was dem Träumer zu dem betreffenden Element des Traumes einfällt.«

4 [C. Binz, *Über den Traum*, Bonn 1878, S. 35.]

5 [L. F. A. Maury, *Le sommeil et le rêves*, Paris 1878 (1. Aufl. 1861), S. 50.]

Tasten des Instrumentes hinlaufen«, hervorbringen würden.[6]

Deuten heißt einen verborgenen Sinn finden; davon kann bei dieser Einschätzung der Traumleistung natürlich keine Rede sein. Sehen Sie die Beschreibung des Traumes bei Wundt,[7] Jodl[8] und anderen neueren Philosophen nach; sie begnügt sich mit der Aufzählung der Abweichungen des Traumlebens vom wachen Denken in einer den Traum herabsetzenden Absicht, hebt den Zerfall der Assoziationen, die Aufhebung der Kritik, die Ausschaltung alles Wissens und andere Zeichen geminderter Leistung hervor. Der einzig wertvolle Beitrag zur Kenntnis des Traumes, den wir der exakten Wissenschaft verdanken, bezieht sich auf den Einfluß körperlicher, während des Schlafes einwirkender Reize auf den Trauminhalt. Wir besitzen von einem kürzlich verstorbenen norwegischen Autor, J. Mourly Vold,[9] zwei dicke Bände experimentaler Traumforschungen (1910 und 1912 ins Deutsche übersetzt), welche sich fast nur mit den Erfolgen der Stellungsveränderungen der Gliedmaßen beschäftigen. Sie werden uns als Vorbilder der exakten Traumforschung angepriesen. Können Sie sich nun denken, was die exakte Wissenschaft dazu sagen würde, wenn sie erführe, daß wir den Versuch machen wollen, den *Sinn* der Träume zu finden? Vielleicht, daß sie es sogar schon gesagt hat. Aber wir wollen uns nicht abschrecken lassen. Wenn die Fehlleistungen Sinn haben konnten, kann es der Traum auch, und die Fehlleistungen haben in sehr vielen Fällen einen Sinn, der der exakten Forschung entgangen ist. Bekennen wir uns nur zum Vorurteil der Alten und des Volkes und treten wir in die Fußstapfen der antiken Traumdeuter.

---

6 [L. Strümpell, *Die Natur und die Entstehung der Träume*, Leipzig 1877, S. 84.]

7 [W. Wundt, *Grundzüge der physiologischen Psychologie*, Leipzig 1874.]

8 [F. Jodl, *Lehrbuch der Psychologie*, Stuttgart 1896.]

9 [J. Mourly Vold, *Über den Traum*, 2 Bände, Leipzig 1910-12 (deutsche Übersetzung von O. Klemm).]

Vor allem müssen wir uns über unsere Aufgabe orientieren, im Gebiet der Träume Umschau halten. Was ist denn ein Traum? Es ist schwer, dies in einem Satz zu sagen. Wir wollen aber doch keine Definition versuchen, wo der Hinweis auf den jedermann bekannten Stoff genügt. Aber wir sollten das Wesentliche des Traumes herausheben. Wo ist das zu finden? Es gibt so ungeheure Verschiedenheiten innerhalb des Rahmens, der unser Gebiet umschließt, Verschiedenheiten nach jeder Richtung. Wesentlich wird wohl sein, was wir als allen Träumen gemeinsam aufzeigen können.

Ja, das erste allen Träumen Gemeinsame wäre, daß wir dabei schlafen. Das Träumen ist offenbar das Seelenleben während des Schlafes, das mit dem des Wachens gewisse Ähnlichkeiten hat und sich durch große Unterschiede dagegen absetzt. Das war schon die Definition des Aristoteles. Vielleicht bestehen zwischen Traum und Schlaf noch nähere Beziehungen. Man kann durch einen Traum geweckt werden, man hat sehr oft einen Traum, wenn man spontan erwacht oder wenn man gewaltsam aus dem Schlafe gestört wird. Der Traum scheint also ein Zwischenzustand zwischen Schlafen und Wachen zu sein. So werden wir auf den Schlaf hingewiesen. Was ist nun der Schlaf?

Das ist ein physiologisches oder biologisches Problem, an dem noch vieles strittig ist. Wir können da nichts entscheiden, aber ich meine, wir dürfen eine psychologische Charakteristik des Schlafes versuchen. Der Schlaf ist ein Zustand, in welchem ich nichts von der äußeren Welt wissen will, mein Interesse von ihr abgezogen habe. Ich versetze mich in den Schlaf, indem ich mich von ihr zurückziehe und ihre Reize von mir abhalte. Ich schlafe auch ein, wenn ich von ihr ermüdet bin. Beim Einschlafen sage ich also zur Außenwelt: Laß mich in Ruhe, denn ich will schlafen. Umgekehrt sagt das Kind: Ich geh' noch nicht schlafen, ich bin nicht müde, will noch etwas erleben. Die biologische Tendenz des Schlafes scheint also die Erholung zu sein, sein psychologischer Charakter das Aussetzen des Interesses an der Welt. Unser Verhältnis zur Welt, in die wir so ungern gekommen sind, scheint es mit sich zu bringen, daß wir sie nicht ohne Unterbrechung aushalten. Wir ziehen uns darum zeitweise in den vorweltlichen Zustand zurück, in die Mutterleibsexistenz also. Wir schaffen uns wenigstens ganz ähnliche Verhältnisse, wie sie damals bestanden: warm, dunkel und reizlos. Einige von uns rollen sich noch zu einem engen Paket zusammen und nehmen zum Schlafen eine ähnliche Körperhaltung wie im Mutterleibe ein. Es sieht so aus, als hätte die Welt auch uns Erwachsene nicht ganz, nur zu zwei Dritteilen; zu einem Drittel sind wir überhaupt noch ungeboren. Jedes Erwachen am Morgen ist dann wie eine neue Geburt. Wir sprechen auch vom Zustand nach dem Schlaf mit den Worten: wir sind wie neugeboren, wobei wir über das Allgemeingefühl des Neugeborenen eine wahrscheinlich sehr falsche Voraussetzung machen. Es ist anzunehmen, daß dieser sich vielmehr sehr unbehaglich fühlt. Wir sagen auch vom Geborenwerden: das Licht der Welt erblicken.

Wenn das der Schlaf ist, so steht der Traum überhaupt nicht auf seinem Programm, scheint vielmehr eine unwillkommene Zutat. Wir meinen auch, daß der traumlose Schlaf der beste, der einzig richtige ist. Es soll keine seelische Tätigkeit im Schlaf geben; rührt sich diese doch, so ist uns eben die Herstellung des fötalen Ruhezustandes nicht gelungen; Reste von Seelentätigkeit haben sich nicht ganz vermeiden lassen. Diese Reste, das wäre das Träumen. Dann scheint es aber wirklich, daß der Traum keinen Sinn zu haben braucht. Bei den Fehlleistungen lag es anders; es waren doch Tätigkeiten während des Wachens. Aber wenn ich schlafe, die seelische Tätigkeit ganz eingestellt habe und nur gewisse Reste derselben nicht unterdrücken konnte, so ist es gar nicht notwendig, daß diese Reste einen Sinn haben. Ich kann diesen Sinn sogar nicht brauchen, da ja das übrige meines Seelenlebens schläft. Es kann sich da wirklich nur um zuckungsartige Reaktionen handeln, nur um solche seelische Phänomene, die direkt auf somatischen Anreiz hin erfolgen. Die Träume wären also die den Schlaf störenden Reste der seelischen Tätigkeit des Wachens, und wir dürfen den Vorsatz fassen, das für die Psychoanalyse ungeeignete Thema alsbald wieder zu verlassen.

Indes, wenn der Traum auch überflüssig ist, er existiert doch, und wir können versuchen, uns von dieser Existenz Rechenschaft zu geben. Warum schläft das Seelenleben nicht ein? Wahrscheinlich, weil etwas der Seele keine Ruhe läßt. Es wirken Reize auf sie ein, und sie muß darauf reagieren. Der Traum ist also die Art, wie die Seele auf die im Schlafzustand einwirkenden Reize reagiert. Wir merken hier einen Zugang zum Verständnis des Traumes. Wir können nun bei verschiedenen Träumen danach suchen, welches die Reize sind, die den Schlaf stören wollen und auf die mit Träumen reagiert wird. Soweit hätten wir das erste Gemeinsame aller Träume aufgearbeitet.

Gibt es noch ein anderes Gemeinsames? Ja, es ist unverkennbar, aber viel schwieriger zu erfassen und zu beschreiben. Die seelischen Vorgänge im Schlaf haben auch einen ganz anderen Charakter als die des Wachens. Man erlebt vielerlei im Traum und glaubt daran, während man doch nichts erlebt als vielleicht den einen störenden Reiz. Man erlebt es vorwiegend in visuellen Bildern; es können auch Gefühle dabei sein, auch Gedanken mittendurch, es können auch die anderen Sinne etwas erleben, aber vorwiegend sind es doch Bilder. Ein Teil der Schwierigkeit des Traumerzählens kommt daher, daß wir diese Bilder in Worte zu übersetzen haben. Ich könnte es zeichnen, sagt uns der Träumer oft, aber ich weiß nicht, wie ich es sagen soll. Das ist nun eigentlich keine reduzierte seelische Tätigkeit wie die des Schwachsinnigen im Vergleich zum Genialen; es ist etwas qualitativ anderes, aber schwer zu sagen, worin der Unterschied liegt. G. Th. Fechner[10] äußert ein-

10 [Der Philosoph, Physiker und Psychologe Gustav Theodor Fechner (1801–1887) ist mit seiner Annahme »unbewußter« psychischer Tätigkeiten für Freud wichtig gewesen. Fechners Vorstellungen über den Traum werden in der *Traumdeutung* (Kapitel I, Abschnitt E) resümiert: »Niemand hat die Wesensverschiedenheit von Traum- und Wachleben stärker betont und zu weitgehenderen Schlüssen verwendet als G. Th. Fechner in

mal die Vermutung, der Schauplatz, auf dem sich die Träume (in der Seele) abspielen, sei ein anderer als der des wachen Vorstellungslebens. Das verstehen wir zwar nicht, wissen nicht, was wir uns dabei denken sollen, aber den Eindruck der Fremdartigkeit, den uns die meisten Träume machen, gibt es wirklich wieder. Auch der Vergleich der Traumtätigkeit mit den Leistungen einer unmusikalischen Hand versagt hier. Das Klavier wird doch jedenfalls mit denselben Tönen antworten, wenn auch nicht mit Melodien, sobald der Zufall über seine Tasten fährt. Diese zweite Gemeinsamkeit aller Träume wollen wir, wenn sie auch unverstanden sein mag, sorgfältig im Auge behalten.

Gibt es noch weitere Gemeinsamkeiten? Ich finde keine, sehe überall nur Verschiedenheiten, und zwar in allen Hinsichten. Sowohl was die scheinbare Dauer als auch was die Deutlichkeit, die Affektbeteiligung, die Haltbarkeit u. a. betrifft. Das alles ist eigentlich nicht so, wie wir es bei der notgedrungenen, dürftigen, zuckungsartigen Abwehr eines Reizes erwarten könnten. Was die Dimension der Träume anbelangt, so gibt es sehr kurze, die nur ein Bild oder wenige, einen Gedanken, ja nur ein Wort enthalten; andere,

---

einigen Bemerkungen seiner *Elemente der Psychophysik* (1889, Bd. 2, S. 520 f.). Er meint, ›weder die einfache Herabdrückung des bewußten Seelenlebens unter die Hauptschwelle‹ noch die Abziehung der Aufmerksamkeit von den Einflüssen der Außenwelt genüge, um die Eigentümlichkeiten des Traumlebens dem wachen Leben gegenüber aufzuklären. Er vermutet vielmehr, daß auch der *Schauplatz der Träume ein anderer ist als der des wachen Vorstellungslebens.* ›Sollte der Schauplatz der psychophysischen Tätigkeit während des Schlafens und des Wachens derselbe sein, so könnte der Traum meines Erachtens bloß eine auf einem niederen Grade der Intensität sich haltende Fortsetzung des wachen Vorstellungslebens sein und müßte übrigens dessen Stoff und dessen Form teilen. Aber es verhält sich ganz anders.‹ Was Fechner mit einer solchen Umsiedlung der Seelentätigkeit meint, ist wohl nicht klar geworden; auch hat kein anderer, soviel ich weiß, den Weg weiter verfolgt, dessen Spur er in jener Bemerkung aufgezeigt. Eine anatomische Deutung im Sinne der physiologischen Gehirnlokalisation oder selbst mit Bezug auf die histologische Schichtung der Hirnrinde wird man wohl auszuschließen haben. Vielleicht aber erweist sich der Gedanke einmal als sinnreich und fruchtbar, wenn man ihn auf einen seelischen Apparat bezieht, der aus mehreren hintereinander eingeschalteten Instanzen aufgebaut ist.«]

die ungemein reich an Inhalt sind, ganze Romane aufführen und lange zu dauern scheinen. Es gibt Träume, die so deutlich sind wie das [wache] Erleben, so deutlich, daß wir sie eine Zeitlang nach dem Erwachen noch nicht als Träume erkennen; andere, die unsäglich schwach sind, schattenhaft und verschwommen; ja in einem und demselben Traum können die überstarken und die kaum faßbar undeutlichen Partien miteinander abwechseln. Träume können ganz sinnvoll sein oder wenigstens kohärent, ja sogar geistreich, phantastisch schön; andere wiederum sind verworren, wie schwachsinnig, absurd, oft geradezu toll. Es gibt Träume, die uns ganz kaltlassen, andere, in denen alle Affekte laut werden, ein Schmerz bis zum Weinen, eine Angst bis zum Erwachen, Verwunderung, Entzücken usw. Träume werden meist nach dem Erwachen rasch vergessen, oder sie halten sich einen Tag lang in der Weise, daß sie bis zum Abend immer mehr blaß und lückenhaft erinnert werden; andere erhalten sich so gut, z. B. Kindheitsträume, daß sie 30 Jahre später wie frisches Erleben vor dem Gedächtnis stehen. Träume können wie die Individuen ein einziges Mal auftreten, niemals wieder, oder sie wiederholen sich bei derselben Person unverändert oder mit kleinen Abweichungen. Kurz, dies bißchen nächtliche Seelentätigkeit verfügt über ein riesiges Repertoire, kann eigentlich noch alles, was die Seele bei Tag schafft, aber es ist doch nie dasselbe.

Man könnte versuchen, von diesen Mannigfaltigkeiten des Traumes Rechenschaft zu geben, indem man annimmt, sie entsprechen verschiedenen Zwischenstadien zwischen dem Schlafen und dem Wachen, verschiedenen Stufen des unvollständigen Schlafes. Ja, aber dann müßte mit Wert, Inhalt und Deutlichkeit der Traumleistung auch die Klarheit, daß es ein Traum ist, zunehmen, da sich die Seele bei solchem Träumen dem Erwachen nähert, und es dürfte nicht vorkommen, daß unmittelbar neben ein deutliches und vernünftiges Traumstückchen ein unsinniges oder undeutliches gesetzt wird, worauf dann wieder ein gutes Stück Arbeit folgt. So rasch könnte die Seele ihre Schlaftiefe gewiß nicht wechseln. Diese Erklärung leistet also nichts; es geht überhaupt nicht kurzerhand.

Wir wollen vorläufig auf den »Sinn« des Traumes verzichten und dafür versuchen, uns von dem Gemeinsamen der Träume aus einen Weg zum besseren Verständnis derselben zu bahnen. Aus der Beziehung der Träume zum Schlafzustand haben wir geschlossen, daß der Traum die Reaktion auf einen den Schlaf störenden Reiz ist. Wie wir gehört haben, ist dies auch der einzige Punkt, an dem uns die exakte experimentelle Psychologie zu Hilfe kommen kann; sie erbringt den Nachweis, daß während des Schlafes zugeführte Reize im Traume erscheinen. Es sind viele solche Untersuchungen bis auf die des bereits genannten Mourly Vold angestellt worden; jeder von uns ist auch wohl selbst in die Lage gekommen, dies Ergebnis durch gelegentliche persönliche Beobachtung zu bestätigen. Ich will zur Mitteilung einige ältere Experimente auswählen. Maury ließ solche Versuche an seiner eigenen Person ausführen. Man ließ ihn im Traum Kölnerwasser riechen. Er träumte, daß er in Kairo im Laden von Johann Maria Farina sei, und daran schlossen sich weitere tolle Abenteuer. Oder: man kneifte ihn leicht in den Nacken; er träumte von einem aufgelegten Blasenpflaster und von einem Arzt, der ihn in seiner Kindheit behandelt hatte. Oder: man goß ihm einen Tropfen Wasser auf die Stirne. Er war dann in Italien, schwitzte heftig und trank den weißen Wein von Orvieto.

Was uns an diesen experimentell erzeugten Träumen auffällt, werden wir vielleicht noch deutlicher an einer anderen Reihe von Reizträumen erfassen können. Es sind drei Träume, von einem geistreichen Beobachter, Hildebrandt,[11] mitgeteilt, sämtlich Reaktionen auf den Lärm eines Weckers:

»Also ich gehe an einem Frühlingsmorgen spazieren und schlendre durch die grünenden Felder weiter bis zu einem

---

11 [F. W. Hildebrandt, *Der Traum und seine Verwertung fürs Leben*, Leipzig 1875.]

benachbarten Dorfe, dort sehe ich die Bewohner in Feierkleidern, das Gesangbuch unter dem Arme, zahlreich der Kirche zuwandern. Richtig! es ist ja Sonntag, und der Frühgottesdienst wird bald beginnen. Ich beschließe, an diesem teilzunehmen, zuvor aber, weil ich etwas echauffiert bin, auf dem die Kirche umgebenden Friedhofe mich abzukühlen. Während ich hier verschiedene Grabschriften lese, höre ich den Glöckner den Turm hinansteigen und sehe nun in der Höhe des letzteren die kleine Dorfglocke, die das Zeichen zum Beginn der Andacht geben wird. Noch eine ganze Weile hängt sie bewegungslos da, dann fängt sie an zu schwingen – und plötzlich ertönen ihre Schläge hell und durchdringend – so hell und durchdringend, daß sie meinem Schlafe ein Ende machen. Die Glockentöne aber kommen von dem Wecker.«

»Eine zweite Kombination. Es ist heller Wintertag; die Straßen sind hoch mit Schnee bedeckt. Ich habe meine Teilnahme an einer Schlittenfahrt zugesagt, muß aber lange warten, bis die Meldung erfolgt, der Schlitten stehe vor der Tür. Jetzt erfolgen die Vorbereitungen zum Einsteigen – der Pelz wird angelegt, der Fußsack hervorgeholt – und endlich sitze ich auf meinem Platze. Aber noch verzögert sich die Abfahrt, bis die Zügel den harrenden Rossen das fühlbare Zeichen geben. Nun ziehen diese an; die kräftig geschüttelten Schellen beginnen ihre wohlbekannte Janitscharenmusik mit einer Mächtigkeit, die augenblicklich das Spinngewebe des Traumes zerreißt. Wieder ist's nichts anderes als der schrille Ton der Weckerglocke.«

»Noch das dritte Beispiel! Ich sehe ein Küchenmädchen mit einigen Dutzend aufgetürmter Teller den Korridor entlang zum Speisezimmer schreiten. Die Porzellansäule in ihren Armen scheint mir in Gefahr, das Gleichgewicht zu verlieren. ›Nimm dich in acht‹, warne ich, ›die ganze Ladung wird zur Erde fallen.‹ Natürlich bleibt der obligate Widerspruch nicht aus: man sei dergleichen schon gewohnt usw., währenddessen ich immer noch mit Blicken der Besorgnis die Wandelnde begleite. Richtig, an der Türschwelle erfolgt ein Straucheln – das zerbrechliche Geschirr fällt und rasselt und prasselt in hundert Scherben auf dem Fußboden umher. Aber – das endlos sich fortsetzende Getön ist doch, wie ich bald merke, kein eigentliches Rasseln, sondern ein richtiges Klingeln; – und mit diesem Klingeln hat, wie nunmehr der Erwachende erkennt, nur der Wecker seine Schuldigkeit getan.«

Diese Träume sind recht hübsch, ganz sinnvoll, gar nicht so inkohärent, wie Träume sonst zu sein pflegen. Wir wollen sie deswegen nicht beanständen. Das Gemeinsame an ihnen ist, daß die Situation jedesmal in einen Lärm ausgeht, den man beim Erwachen als den des Weckers agnosziert. Wir sehen also hier, wie ein Traum erzeugt wird, aber erfahren auch noch etwas anderes. Der Traum erkennt den Wecker nicht – dieser kommt auch im Traum nicht vor –, sondern er ersetzt das Weckergeräusch durch ein anderes, er deutet den Reiz, der den Schlaf aufhebt, deutet ihn aber jedesmal in einer anderen Weise. Warum das? Darauf gibt es keine Antwort, das scheint willkürlich zu sein. Den Traum verstehen, hieße aber angeben können, warum er gerade diesen Lärm und keinen anderen zur Deutung des Weckerreizes gewählt hat. In ganz analoger Weise muß man gegen die Mauryschen Experimente einwenden, man sehe wohl, daß der zugeführte Reiz im Traume auftritt, aber warum gerade in dieser Form, das erfahre man nicht, und das scheint aus der Natur des schlafstörenden Reizes gar nicht zu folgen. Auch schließt in den Mauryschen Versuchen an den direkten Reizerfolg meist eine Unmenge von anderem Traummaterial an, z. B. die tollen Abenteuer im Kölnerwassertraum, für die man keine Rechenschaft zu geben weiß.

Nun wollen Sie bedenken, daß die Weckträume noch die besten Chancen bieten, den Einfluß äußerer schlafstörender Reize festzustellen. In den meisten anderen Fällen wird es schwieriger werden. Man wacht nicht aus allen Träumen auf, und wenn man des Morgens einen Traum der Nacht erinnert, wie soll man dann einen störenden Reiz auffinden, der vielleicht zur Nachtzeit eingewirkt hat? Mir gelang es einmal, einen solchen Schallreiz nachträglich zu konstatieren, natürlich nur infolge besonderer Umstände. Ich erwachte eines Morgens in einem Tiroler Höhenort mit dem Wissen, ich habe geträumt, der Papst sei gestorben.[12] Ich konnte mir den Traum nicht erklären, aber dann fragte mich meine Frau: Hast du heute gegen Morgen das entsetzliche Glockengeläute gehört, das von allen Kirchen und Kapellen losgelassen wurde? Nein, ich hatte nichts gehört, mein Schlaf ist resistenter, aber ich verstand dank dieser Mitteilung meinen Traum. Wie oft mögen solche Reizungen den Schläfer zum Träumen anregen, ohne daß er nachträgliche Kunde von ihnen erhält? Vielleicht sehr oft, vielleicht auch nicht. Wenn der Reiz nicht mehr nachweisbar ist, läßt sich auch keine Überzeugung davon gewinnen. Wir sind ohnedies von der Schätzung der schlafstörenden äußeren Reize zurückgekommen, seitdem wir wissen, daß sie uns nur ein Stückchen des Traumes und nicht die ganze Traumreaktion erklären können.

Wir brauchen darum diese Theorie nicht ganz aufzugeben. Sie ist außerdem einer Fortsetzung fähig. Es ist offenbar gleichgültig, wodurch der Schlaf gestört und die Seele zum Träumen angeregt werden soll. Wenn es nicht jedesmal ein von außen kommender Sinnesreiz sein kann, so mag dafür ein von den inneren Organen ausgehender, sogenannter Leibreiz eintreten. Diese Vermutung liegt sehr nahe, sie entspricht auch der populärsten Ansicht über die

---

12 [1914 nahm Freud diesen Traum in die *Traumdeutung* (Kap. V, Abschnitt C) auf. Dort heißt es: »Die Deutung dieses kurzen, nicht visuellen Traumes gelang mir nicht. Ich erinnerte mich nur der einen Anlehnung für den Traum, daß in der Zeitung kurze Zeit vorher ein leichtes Unwohlsein Sr. Heiligkeit gemeldet worden war. Aber im Laufe des Vormittags fragte meine Frau: ›Hast du heute morgen das fürchterliche Glockenläuten gehört?‹ Ich wußte nichts davon, daß ich es gehört hatte, aber ich verstand jetzt meinen Traum. Er war die Reaktion meines Schlafbedürfnisses auf den Lärm gewesen, durch den die frommen Tiroler mich wecken wollten. Ich rächte mich an ihnen durch die Folgerung, die den Inhalt des Traumes bildet, und schlief nun ganz ohne Interesse für das Geläute weiter.«]

Entstehung der Träume. Träume kommen vom Magen, hört man oft sagen. Leider wird auch hier der Fall als häufig zu vermuten sein, daß ein Leibreiz, der zur Nachtzeit eingewirkt hat, nach dem Erwachen nicht mehr nachweisbar und somit unbeweisbar geworden ist. Aber wir wollen nicht übersehen, wieviel gute Erfahrungen die Ableitung der Träume vom Leibreiz unterstützen. Es ist im allgemeinen unzweifelhaft, daß der Zustand der inneren Organe den Traum beeinflussen kann. Die Beziehung manches Trauminhalts zu einer Überfüllung der Harnblase oder zu einem Erregungszustand der Geschlechtsorgane ist so deutlich, daß sie nicht verkannt werden kann. Von diesen durchsichtigen Fällen her kommt man zu anderen, in denen sich aus dem Inhalt der Träume wenigstens eine berechtigte Vermutung ableiten läßt, daß solche Leibreize eingewirkt haben, indem sich in diesem Inhalt etwas findet, was als Verarbeitung, Darstellung, Deutung dieser Reize aufgefaßt werden kann. Der Traumforscher Scherner[13] hat die Herleitung des Traumes von Organreizen besonders nachdrücklich vertreten und einige schöne Beispiele für sie erbracht. Wenn er z. B. in einem Traum »zwei Reihen

---

13 A. Scherner, *Das Leben des Traumes*, Berlin 1861. – Freud schreibt in der *Traumdeutung* (Kap. I, Abschnitt G): »Der originellste und weitgehendste Versuch, den Traum aus einer besonderen Tätigkeit der Seele, die sich erst im Schlafzustande frei entfalten kann, zu erklären, ist der von Scherner 1861 unternommene. Das Buch Scherners, in einem schwülen und schwülstigen Stil geschrieben, von einer nahezu trunkenen Begeisterung für den Gegenstand getragen, die abstoßend wirken muß, wenn sie nicht mit sich fortzureißen vermag, setzt einer Analyse solche Schwierigkeiten entgegen, daß wir bereitwillig nach der klareren und kürzeren Darstellung greifen, in welcher der Philosoph Volkelt (*Die Traum-Phantasie*, Stuttgart 1875) die Lehren Scherners uns vorführt ... Scherner gehört nicht zu den Autoren, welche der Seele gestatten, ihre Fähigkeiten unverringert ins Traumleben mitzunehmen. Er führt selbst aus, wie im Traum die Zentralität, die Spontanenergie des Ichs entnervt wird, wie infolge dieser Dezentralisation Erkennen, Fühlen, Wollen und Vorstellen verändert werden und wie den Überbleibseln dieser Seelenkräfte kein wahrer Geistcharakter, sondern nur noch die Natur eines Mechanismus zukommt. Aber dafür schwingt sich im Traum die als *Phantasie* zu benennende Tätigkeit der Seele, frei von aller Verstandesherrschaft und damit der strengen Maße ledig, zur unbeschränkten Herrschaft auf. Sie nimmt zwar die

schöner Knaben blonden Haares und zarter Gesichtsfarbe, in Kampflust einander gegenüberstehen, aufeinander losgehen, sich gegenseitig greifen, voneinander wieder loslassen, die alte Stellung wieder einnehmen und den ganzen Vorgang von neuem machen« sieht, so ist die Deutung dieser Knabenreihen als der Zähne an und für sich ansprechend, und sie scheint ihre volle Bekräftigung zu finden, wenn nach dieser Szene der Träumer »sich einen langen Zahn aus dem Kiefer herauszieht«. Auch die Deutung von »langen, schmalen, gewundenen Gängen« auf Darmreiz scheint stichhaltig und bestätigt die Aufstellung von Scherner, daß der Traum vor allem das den Reiz ausschickende Organ durch ihm ähnliche Gegenstände darzustellen sucht.

Wir müssen also bereit sein zuzugeben, daß innere Reize für den Traum dieselbe Rolle spielen können wie äußere. Leider unterliegt ihre Schätzung auch denselben Einwendungen. In einer großen Anzahl von Fällen bleibt die Deutung auf Leibreiz unsicher oder unbeweisbar; nicht alle Träume, sondern nur ein gewisser Anteil derselben erweckt den Verdacht, daß innere Organreize bei ihrer Entstehung

---

letzten Bausteine aus dem Gedächtnis des Wachens, aber führt aus ihnen Gebäude auf, die von den Gebilden des Wachens himmelweit verschieden sind, sie zeigt sich im Traume nicht nur reproduktiv, sondern auch *produktiv.* Ihre Eigentümlichkeiten verleihen dem Traumleben seine besonderen Charaktere. Sie zeigt eine Vorliebe für das *Ungemessene, Übertriebene, Ungeheuerliche.* Zugleich aber gewinnt sie durch ihre Befreiung von den hinderlichen Denkkategorien eine größere Schmiegsamkeit, Behendigkeit, Wendungslust; sie ist aufs feinste empfindsam für die zarten Stimmungsreize des Gemüts, für die wühlerischen Affekte, sie bildet sofort das innere Leben in die äußere plastische Anschaulichkeit hinein. Der Traumphantasie *fehlt die Begriffssprache;* was sie sagen will, muß sie anschaulich hinmalen, und da der Begriff hier nicht schwächend einwirkt, malt sie es in Fülle, Kraft und Größe der Anschauungsform hin. Ihre Sprache wird hiedurch, so deutlich sie ist, weitläufig, schwerfällig, unbeholfen. Besonders erschwert wird die Deutlichkeit ihrer Sprache dadurch, daß sie die Abneigung hat, ein Objekt durch sein eigentliches Bild auszudrücken, und lieber ein *fremdes Bild* wählt, insofern dieses nur dasjenige Moment des Objekts, an dessen Darstellung ihr liegt, durch sich auszudrücken imstande ist. Das ist die *symbolisierende Tätigkeit* der Phantasie . . .«]

beteiligt waren, und endlich wird der innere Leibreiz so wenig wie der äußere Sinnesreiz imstande sein, vom Traum mehr zu erklären, als was der direkten Reaktion auf den Reiz entspricht. Woher dann das übrige des Traumes kommt, bleibt dunkel.

Merken wir uns aber eine Eigentümlichkeit des Traumlebens, die bei dem Studium dieser Reizeinwirkungen zum Vorschein kommt. Der Traum bringt den Reiz nicht einfach wieder, sondern er verarbeitet ihn, er spielt auf ihn an, reiht ihn in einen Zusammenhang ein, ersetzt ihn durch etwas anderes. Das ist eine Seite der Traumarbeit,[14] die uns interessieren muß, weil sie vielleicht näher an das Wesen des Traumes heranführt: Wenn jemand auf eine Anregung hin etwas macht, so braucht diese Anregung darum das Werk nicht zu erschöpfen. Der *Macbeth* Shakespeares z. B. ist ein Gelegenheitsstück, zur Thronbesteigung des Königs gedichtet, der zuerst die Kronen der drei Länder auf seinem Haupt vereinigte. Aber deckt diese historische Veranlassung den Inhalt des Dramas, erklärt sie uns dessen Größen und Rätsel? Vielleicht sind die auf den Schlafenden wirkenden Außen- und Innenreize auch nur die Anreger des Traumes, von dessen Wesen uns damit nichts verraten wird.

Das andere Gemeinsame des Traumes, seine psychische Besonderheit, ist einerseits schwer faßbar und gibt anderseits keinen Anhaltspunkt zur weiteren Verfolgung. Im Traum erleben wir zumeist etwas in visuellen Formen. Können dafür die Reize einen Aufschluß geben? Ist es in Wirklichkeit der Reiz, den wir erleben? Warum ist dann das Erleben visuell, wenn Augenreizung nur in den seltensten Fällen den Traum angeregt hat? Oder läßt sich, wenn wir Reden träumen, nachweisen, daß während des Schlafes ein Gespräch oder ihm ähnliche Geräusche an unser Ohr gedrungen sind? Diese Möglichkeit getraue ich mich mit Entschiedenheit abzuweisen.

---

14 [Eine Darstellung der Traumarbeit findet sich in der resümierenden Studie *Über den Traum* (vgl. in Band 1 der vorliegenden Ausgabe).]

Wenn wir von den Gemeinsamkeiten der Träume nicht weiterkommen, so wollen wir's vielleicht mit ihren Verschiedenheiten versuchen. Die Träume sind ja oft sinnlos, verworren, absurd; aber es gibt sinnvolle, nüchterne, vernünftige. Sehen wir zu, ob uns die letzteren, sinnvollen, etwas Aufschluß über die unsinnigen geben können. Ich teile Ihnen den letzten vernünftigen Traum mit, der mir erzählt worden ist, den Traum eines jungen Mannes: »Ich bin in der Kärntnerstraße spazierengegangen, habe dort den Herrn X. getroffen, dem ich mich für eine Weile angeschlossen habe, dann bin ich ins Restaurant gegangen. Zwei Damen und ein Herr haben sich an meinen Tisch gesetzt. Ich habe mich zuerst darüber geärgert und wollte sie nicht anschauen. Dann habe ich hingeschaut und gefunden, daß sie ganz nett sind.« Der Träumer bemerkt dazu, daß er am Abend vor dem Traum wirklich in der Kärntnerstraße gegangen, was sein gewohnter Weg ist, und dort den Herrn X. getroffen hat. Der andere Teil des Traumes ist keine direkte Reminiszenz, sondern hat nur eine gewisse Ähnlichkeit mit einem Erlebnis vor längerer Zeit. Oder ein anderer nüchterner Traum, der einer Dame: »Ihr Mann fragt: Soll man das Klavier nicht stimmen lassen? Sie: Es lohnt nicht, es muß ohnedies neu beledert werden.« Dieser Traum wiederholt ein Gespräch, welches sich ohne viel Veränderung am Tage vor dem Traum zwischen ihrem Mann und ihr abgespielt hat. Was lernen wir aus diesen beiden nüchternen Träumen? Nichts anderes, als daß sich Wiederholungen aus dem Leben des Tages oder Anknüpfungen an dasselbe in ihnen finden. Das wäre schon etwas, wenn es sich von den Träumen allgemein aussagen ließe. Aber davon ist keine Rede, auch dies gilt nur für eine Minderzahl; in den meisten Träumen ist von einer Anknüpfung an den Vortag nichts zu finden,[15] und auf die unsinnigen und absurden Träume fällt von hier aus kein Licht. Wir wissen nur, daß wir auf eine neue Aufgabe gestoßen

15 [In der folgenden Vorlesung schränkt Freud diese Aussage wieder ein.]

sind. Wir wollen nicht nur wissen, was ein Traum sagt, sondern wenn er es, wie in unseren Beispielen, deutlich sagt, wollen wir auch wissen, warum und wozu man dies Bekannte, erst kürzlich Erlebte, im Traum wiederholt.

Ich glaube, Sie werden wie ich müde sein, Versuche wie unsere bisherigen fortzusetzen. Wir sehen eben, alles Interesse für ein Problem ist unzureichend, wenn man nicht auch einen Weg kennt, den man einschlagen kann, daß er zur Lösung hinführe. Wir haben diesen Weg bis jetzt nicht. Die experimentelle Psychologie hat uns nichts gebracht als einige sehr schätzbare Angaben über die Bedeutung der Reize als Traumanreger. Von der Philosophie haben wir nichts zu erwarten, als daß sie uns neuerdings hochmütig die intellektuelle Minderwertigkeit unseres Objekts vorhalte; bei den okkulten Wissenschaften wollen wir doch keine Anleihe machen. Geschichte und Volksmeinung sagen uns, der Traum sei sinnreich und bedeutungsvoll, er blicke in die Zukunft; das ist doch schwer anzunehmen und gewiß nicht beweisbar. So läuft unsere erste Bemühung in volle Ratlosigkeit aus.

Unerwarteterweise kommt uns ein Wink von einer Seite zu, nach der wir bisher nicht geblickt haben. Der Sprachgebrauch, der ja nichts Zufälliges, sondern der Niederschlag alter Erkenntnis ist, der freilich nicht ohne Vorsicht verwertet werden darf – unsere Sprache also kennt etwas, was sie merkwürdigerweise »Tagträumen« heißt. Tagträume sind Phantasien (Produktionen der Phantasie); es sind sehr allgemeine Phänomene, wiederum bei Gesunden ebenso zu beobachten wie bei Kranken und bei der eigenen Person dem Studium leicht zugänglich. Das Auffälligste an diesen phantastischen Bildungen ist, daß sie den Namen »Tagträume« erhalten haben, denn von beiden Gemeinsamen der Träume haben sie nichts an sich. Der Beziehung zum Schlafzustande widerspricht schon ihr Name, und was das zweite Gemeinsame betrifft, so erlebt, halluziniert man in ihnen nichts, sondern stellt sich etwas vor; man weiß, daß man phantasiert, sieht nicht, sondern denkt. Diese Tagträume treten in der Vorpubertät, oft schon in der späteren Kinderzeit auf, halten bis in die Jahre der Reife an, werden dann entweder aufgegeben oder bis ins späteste Alter festgehalten. Der Inhalt dieser Phantasien wird von einer sehr durchsichtigen Motivierung beherrscht. Es sind Szenen und Begebenheiten, in denen die egoistischen, Ehrgeiz- und Machtbedürfnisse, oder die erotischen Wünsche der Person Befriedigung finden. Bei jungen Männern stehen meist die ehrgeizigen Phantasien voran, bei den Frauen, die ihren Ehrgeiz auf Liebeserfolge geworfen haben, die erotischen. Aber oft genug zeigt sich auch bei den Männern die erotische Bedürftigkeit im Hintergrunde; alle Heldentaten und Erfolge sollen doch nur um die Bewunderung und Gunst der Frauen werben. Sonst sind diese Tagträume sehr mannigfaltig und erfahren wechselvolle Schicksale. Sie werden entweder, ein jeder von ihnen, nach kurzer Zeit fallengelassen und durch einen neuen ersetzt, oder sie werden festgehalten, zu langen Geschichten ausgesponnen und passen sich den Veränderungen der Lebensverhältnisse an. Sie gehen sozusagen mit der Zeit und empfangen von ihr eine »Zeitmarke«, die den Einfluß der neuen Situation bezeugt. Sie sind das Rohmaterial der poetischen Produktion, denn aus seinen Tagträumen macht der Dichter durch gewisse Umformungen, Verkleidungen und Verzichte die Situationen, die er in seine Novellen, Romane, Theaterstücke einsetzt. Der Held der Tagträume ist aber immer die eigene Person, entweder direkt oder in einer durchsichtigen Identifizierung mit einem anderen.[16]

Vielleicht tragen die Tagträume diesen Namen wegen der gleichen Beziehung zur Wirklichkeit, um anzudeuten, daß ihr Inhalt ebensowenig real zu nehmen sei wie der der Träume. Vielleicht aber ruht diese Namensgemeinschaft doch auf einem uns noch unbekannten psychischen Charakter des Traumes, einem der von uns gesuchten. Es ist

16 [Freud kommt darauf in der zweiten Hälfte der 23. Vorlesung noch einmal zurück. Mit dem Verhältnis zwischen Phantasie und Kunst hat er sich im Aufsatz *Der Dichter und das Phantasieren* (1908) beschäftigt.]

auch möglich, daß wir überhaupt unrecht tun, wenn wir diese Gleichheit der Bezeichnung als bedeutungsvoll verwerten wollen. Das kann ja erst später geklärt werden.

6. Vorlesung
Voraussetzungen und Technik der Deutung

Meine Damen und Herren! Also wir bedürfen eines neuen Weges, einer Methode, um in der Erforschung des Traumes von der Stelle zu kommen. Ich mache Ihnen nun einen naheliegenden Vorschlag. Nehmen wir als Voraussetzung für alles Weitere an, *daß der Traum kein somatisches, sondern ein psychisches Phänomen ist.* Was das bedeutet, wissen Sie, aber was berechtigt uns zu dieser Annahme? Nichts, aber wir sind auch nicht gehindert, sie zu machen. Die Sache liegt so: Wenn der Traum ein somatisches Phänomen ist, geht er uns nichts an; er kann uns nur unter der Voraussetzung, daß er ein seelisches Phänomen ist, interessieren. Wir arbeiten also unter der Voraussetzung, er sei es wirklich, um zu sehen, was dabei herauskommt. Das Ergebnis unserer Arbeit wird darüber entscheiden, ob wir an der Annahme festhalten und sie nun ihrerseits als ein Resultat vertreten dürfen. Was wollen wir denn eigentlich erreichen, wozu arbeiten wir? Wir wollen, was man in der Wissenschaft überhaupt anstrebt, ein Verständnis der Phänomene, die Herstellung eines Zusammenhanges zwischen ihnen, und in letzter Ferne, wo es möglich ist, eine Erweiterung unserer Macht über sie.

Wir setzen also die Arbeit unter der Annahme fort, daß der Traum ein psychisches Phänomen ist. Dann ist er eine Leistung und Äußerung des Träumers, aber eine solche, die uns nichts sagt, die wir nicht verstehen. Was tun Sie nun in dem Falle, daß ich eine Ihnen unverständliche Äußerung von mir gebe? Mich fragen, nicht wahr? Warum sollen wir nicht dasselbe tun dürfen, *den Träumer befragen, was sein Traum bedeutet*?

Erinnern Sie sich, wir befanden uns schon einmal in dieser Situation. Es war bei der Untersuchung gewisser Fehlleistungen, eines Falles von Versprechen. Jemand hatte gesagt: Da sind Dinge zum Vorschwein gekommen, und darauf fragten wir – nein, zum Glück nicht wir, sondern andere, die der Psychoanalyse ganz fernstehen, da fragten ihn diese anderen, was er mit dieser unverständlichen Rede wolle. Er antwortete sofort, daß er die Absicht gehabt hatte zu sagen: das waren Schweinereien, daß er aber diese Absicht zurückgedrängt gegen die andere, gemilderte: da sind Dinge zum Vorschein gekommen. Ich erklärte Ihnen schon damals, diese Erkundigung sei das Vorbild jeder psychoanalytischen Untersuchung, und Sie verstehen jetzt, daß die Psychoanalyse die Technik befolgt, sich, soweit es nur angeht, die Lösung ihrer Rätsel von den Untersuchten selbst sagen zu lassen. So soll uns auch der Träumer selbst sagen, was sein Traum bedeutet.

Aber so einfach geht das bekanntlich beim Traum nicht. Bei den Fehlleistungen ging es in einer Anzahl von Fällen; dann kamen wir zu anderen, in denen der Befragte nichts sagen wollte, ja sogar die Antwort, die wir ihm nahelegten, entrüstet zurückwies. Beim Traum fehlen uns die Fälle der ersten Art völlig; der Träumer sagt immer, er weiß nichts. Zurückweisen kann er unsere Deutung nicht, da wir ihm keine vorzulegen haben. So sollten wir also unseren Versuch wieder aufgeben? Da er nichts weiß und wir nichts wissen und ein Dritter erst recht nichts wissen kann, gibt's wohl keine Aussicht, es zu erfahren. Ja, wenn Sie wollen, geben Sie den Versuch auf. Wenn Sie aber anders wollen, so können Sie den Weg mit mir fortsetzen. Ich sage Ihnen nämlich, es ist doch sehr wohl möglich, ja sehr wahrscheinlich, daß der Träumer es doch weiß, was sein Traum bedeutet, *nur weiß er nicht, daß er es weiß, und glaubt darum, daß er es nicht weiß.*

Sie werden mich aufmerksam machen, daß ich da wiederum eine Annahme einführe, schon die zweite in diesem kurzen Zusammenhange, und den Anspruch meines Verfahrens auf Glaubwürdigkeit enorm herabsetze. Unter der

Voraussetzung, daß der Traum ein psychisches Phänomen ist, unter der weiteren Voraussetzung, daß es seelische Dinge im Menschen gibt, die er weiß, ohne zu wissen, daß er sie weiß, usw. Dann braucht man nur die innere Unwahrscheinlichkeit jeder dieser beiden Voraussetzungen ins Auge zu fassen, um beruhigt sein Interesse von den Schlüssen aus ihnen abzuwenden.

Ja, meine Damen und Herren, ich habe Sie nicht hieher kommen lassen, um Ihnen etwas vorzuspiegeln oder zu verhehlen. Ich habe zwar »Elementare Vorlesungen zur Einführung in die Psychoanalyse« angekündigt,[1] aber damit habe ich keine Darstellung *in usum delphini*[2] beabsichtigt, die Ihnen einen glatten Zusammenhang zeigen soll mit sorgfältigem Verstecken aller Schwierigkeiten, Ausfüllung der Lücken, Übermalen der Zweifel, damit Sie ruhigen Gemüts glauben sollen, Sie haben etwas Neues gelernt. Nein, gerade darum, weil Sie Anfänger sind, wollte ich Ihnen unsere Wissenschaft zeigen, wie sie ist, mit ihren Unebenheiten und Härten, Anforderungen und Bedenken. Ich weiß nämlich, daß es in keiner Wissenschaft anders ist und besonders in ihren Anfängen gar nicht anders sein kann. Ich weiß auch, daß der Unterricht sich sonst bemüht, diese Schwierigkeiten und Unvollkommenheiten dem Lernenden zunächst zu verbergen. Aber das geht bei der Psychoanalyse nicht. Ich habe also wirklich zwei Voraussetzungen gemacht, die eine innerhalb der anderen, und wem das Ganze zu mühselig und zu unsicher ist, oder wer an höhere Sicherheiten und elegantere Ableitungen gewöhnt ist, der braucht nicht weiter mitzugehen. Ich meine nur, der soll psychologische Probleme überhaupt in Ruhe lassen, denn es ist zu besorgen, daß er die exakten und sicheren Wege, die er zu begehen bereit ist, hier nicht gangbar findet. Es ist auch ganz überflüssig, daß eine Wissenschaft, die etwas

1 [Das Wort »elementar« wurde im Titel der gedruckten Fassung der Vorlesungen fortgelassen.]

2 [»Für den Gebrauch des Dauphins« – dies bezieht sich auf die gereinigte Ausgabe der Klassiker, die Ludwig XIV. für seinen Sohn, den Kronprinzen, herstellen ließ.]

zu bieten hat, um Gehör und um Anhänger werbe. Ihre Ergebnisse müssen für sie Stimmung machen, und sie kann abwarten, bis diese sich Aufmerksamkeit erzwungen haben.

Diejenigen von Ihnen aber, die bei der Sache verbleiben wollen, kann ich daran mahnen, daß meine beiden Annahmen nicht gleichwertig sind. Die erste, der Traum sei ein seelisches Phänomen, ist die Voraussetzung, die wir durch den Erfolg unserer Arbeit erweisen wollen; die andere ist bereits auf einem anderen Gebiete erwiesen, und ich nehme mir bloß die Freiheit, sie von dorther auf unsere Probleme zu übertragen.

Wo, auf welchem Gebiet sollte der Beweis erbracht worden sein, daß es ein Wissen gibt, von dem der Mensch doch nichts weiß, wie wir es hier für den Träumer annehmen wollen? Das wäre doch eine merkwürdige, überraschende, unsere Auffassung des Seelenlebens verändernde Tatsache, die sich nicht zu verbergen brauchte. Nebenbei eine Tatsache, die sich in ihrer Benennung selbst aufhebt und doch etwas Wirkliches sein will, eine *contradictio in adjecto*. Nun, sie verbirgt sich auch gar nicht. Es liegt nicht an ihr, wenn man nichts von ihr weiß oder sich nicht genügend um sie kümmert. So wenig, wie es unsere Schuld ist, daß alle diese psychologischen Probleme von Personen abgeurteilt werden, die sich von all den hiefür entscheidenden Beobachtungen und Erfahrungen ferngehalten haben.

Der Beweis ist auf dem Gebiet der hypnotischen Erscheinungen erbracht worden. Als ich im Jahre 1889 die ungemein eindrucksvollen Demonstrationen von Liébeault und Bernheim in Nancy mit ansah, war ich auch Zeuge des folgenden Versuches. Wenn man einen Mann in den somnambulen Zustand versetzt hatte, ihn in diesem alles mögliche halluzinatorisch erleben ließ und ihn dann aufweckte, so schien er zunächst von den Vorgängen während seines hypnotischen Schlafes nichts zu wissen. Bernheim forderte ihn dann direkt auf zu erzählen, was sich mit ihm während der Hypnose zugetragen. Er behauptete, er wisse sich an nichts zu erinnern. Aber Bernheim bestand darauf, er drang in den Mann, versicherte ihm, er wisse es, müsse sich daran erinnern, und siehe da, der Mann wurde schwankend, begann sich zu besinnen, erinnerte zuerst wie schattenhaft eines der ihm suggerierten Erlebnisse, dann ein anderes Stück, die Erinnerung wurde immer deutlicher, immer vollständiger, und endlich war sie lückenlos zutage gefördert. Da er es aber nachher wußte und inzwischen von keiner anderen Seite etwas erfahren hatte, ist der Schluß berechtigt, daß er um diese Erinnerungen auch vorher gewußt hat. Sie waren ihm nur unzugänglich, er wußte nicht, daß er sie wisse, er glaubte, daß er sie nicht wisse. Also ganz der Fall, den wir beim Träumer vermuten.

Ich hoffe, Sie werden von der Feststellung dieser Tatsache überrascht sein und mich fragen: Warum haben Sie sich auf diesen Beweis nicht schon früher, bei den Fehlleistungen berufen, als wir dazu kamen, dem Mann, der sich versprochen hatte, Redeabsichten zuzuschreiben, von denen er nichts wußte und die er verleugnete? Wenn jemand von Erlebnissen nichts zu wissen glaubt, deren Erinnerung er doch in sich trägt, so ist es nicht mehr so unwahrscheinlich, daß er auch von anderen seelischen Vorgängen in seinem Innern nichts weiß. Dies Argument hätte uns gewiß Eindruck gemacht und uns im Verständnis der Fehlleistungen gefördert. Gewiß hätte ich mich schon damals darauf berufen können, aber ich sparte es auf bis zu einer anderen Stelle, an der es notwendiger wäre. Die Fehlleistungen haben sich zum Teil selbst aufgeklärt, zum anderen Teil hinterließen sie uns die Mahnung, dem Zusammenhang der Erscheinungen zuliebe die Existenz solcher seelischer Vorgänge, von denen man nichts weiß, doch anzunehmen. Beim Traum sind wir gezwungen, Erklärungen von anderswoher heranzuziehen, und überdies rechne ich damit, daß Sie hier eine Übertragung von der Hypnose her leichter zulassen werden. Der Zustand, in dem wir eine Fehlleistung vollziehen, muß Ihnen als der normale erscheinen, er hat mit dem hypnotischen keine Ähnlichkeit. Dagegen besteht eine deutliche Verwandtschaft zwischen dem hypnotischen Zustand und dem Schlafzustand, welcher die Bedingung des Träumens ist. Die Hypnose heißt ja ein künstlicher

Schlaf; wir sagen der Person, die wir hypnotisieren: schlafen Sie, und die Suggestionen, die wir erteilen, sind den Träumen des natürlichen Schlafes vergleichbar. Die psychischen Situationen sind in beiden Fällen wirklich analoge. Im natürlichen Schlaf ziehen wir unser Interesse von der ganzen Außenwelt zurück, im hypnotischen wiederum von der ganzen Welt, aber mit Ausnahme der einen Person, die uns hypnotisiert hat, mit welcher wir im Rapport bleiben. Übrigens ist der sogenannte Ammenschlaf, bei dem die Amme im Rapport mit dem Kind bleibt und nur von diesem zu erwecken ist, ein normales Seitenstück zum hypnotischen. Die Übertragung eines Verhältnisses von der Hypnose auf den natürlichen Schlaf scheint also kein so kühnes Wagnis. Die Annahme, daß auch beim Träumer ein Wissen um seinen Traum vorhanden ist, das ihm nur unzugänglich ist, so daß er es selbst nicht glaubt, ist nicht völlig aus der Luft gegriffen. Merken wir uns übrigens, daß sich an dieser Stelle ein dritter Zugang zum Studium des Traumes eröffnet; von den schlafstörenden Reizen aus, von den Tagträumen und jetzt noch von den suggerierten Träumen des hypnotischen Zustandes.

Nun kehren wir vielleicht mit gesteigertem Zutrauen zu unserer Aufgabe zurück. Es ist also sehr wahrscheinlich, daß der Träumer um seinen Traum weiß; es handelt sich nur darum, ihm möglich zu machen, daß er sein Wissen auffindet und es uns mitteilt. Wir verlangen nicht, daß er uns sofort den Sinn seines Traumes sage, aber die Herkunft desselben, den Gedanken- und Interessenkreis, aus dem er stammt, wird er auffinden können. Im Falle der Fehlleistung, erinnern Sie sich, wurde er gefragt, wie er zu dem Fehlwort »Vorschwein« gekommen war, und sein nächster Einfall gab uns die Aufklärung. Unsere Technik beim Traume ist nun eine sehr einfache, diesem Beispiel nachgeahmte. Wir werden ihn wiederum fragen, wie er zu dem Traume gekommen ist, und seine nächste Aussage soll wieder als Aufklärung angesehen werden. Wir setzen uns also über den Unterschied, ob er etwas zu wissen glaubt oder nicht glaubt, hinaus und behandeln beide Fälle wie einen einzigen.

Diese Technik ist gewiß sehr einfach, aber ich fürchte, sie wird Ihre schärfste Opposition hervorrufen. Sie werden sagen: Eine neue Annahme, die dritte! Und die unwahrscheinlichste von allen! Wenn ich den Träumer frage, was ihm zum Traum einfällt, soll gerade sein nächster Einfall die gewünschte Aufklärung bringen? Aber es braucht ihm ja gar nichts einzufallen, oder es kann ihm Gott weiß was einfallen. Wir können nicht einsehen, worauf sich eine solche Erwartung stützt. Das heißt wirklich zuviel Gottvertrauen zeigen an einer Stelle, wo etwas mehr Kritik besser passen würde. Überdies ist ja ein Traum nicht ein einzelnes Fehlwort, sondern besteht aus vielen Elementen. An welchen Einfall soll man sich da halten?

Sie haben in allem Nebensächlichen recht. Ein Traum unterscheidet sich von einem Versprechen auch in der Vielheit seiner Elemente. Dem muß die Technik Rechnung tragen. Ich schlage Ihnen also vor, daß wir den Traum in seine Elemente zerteilen und die Untersuchung für jedes Element gesondert anstellen; dann ist die Analogie mit dem Versprechen wieder hergestellt. Auch darin haben Sie recht, daß der zu den einzelnen Traumelementen Befragte antworten kann, es falle ihm nichts ein. Es gibt Fälle, in denen wir diese Antwort gelten lassen, und Sie werden später[3] hören, welche. Es sind bemerkenswerterweise solche Fälle, in denen wir selbst bestimmte Einfälle haben können. Aber im allgemeinen werden wir dem Träumer, wenn er keinen Einfall zu haben behauptet, widersprechen, wir werden in ihn drängen, werden ihm versichern, daß er einen Einfall haben müsse und – werden recht bekommen. Er wird einen Einfall dazu bringen, irgendeinen, uns gleichgültig, welchen. Gewisse Auskünfte, die man historische nennen kann, wird er besonders leicht erteilen. Er wird sagen: Das ist etwas, was gestern vorgefallen ist (wie in den beiden uns bekannt gewordenen »nüchternen Träumen«), oder: Das

3 [Zu Beginn der 10. Vorlesung.]

erinnert mich an etwas, was sich vor kurzer Zeit ereignet hat – und auf diese Art werden wir bemerken, daß die Anknüpfungen der Träume an Eindrücke der letzten Tage weit häufiger sind, als wir zuerst geglaubt haben. Endlich wird er sich auch vom Traum aus an fernerliegende, eventuell sogar an weit zurückliegende Begebenheiten erinnern.

In der Hauptsache aber haben Sie unrecht. Wenn Sie meinen, es sei willkürlich, anzunehmen, daß der nächste Einfall des Träumers gerade das Gesuchte bringen oder zu ihm führen müsse, der Einfall könne vielmehr ganz beliebig und außer Zusammenhang mit dem Gesuchten sein, es sei nur eine Äußerung meines Gottvertrauens, wenn ich es anders erwarte, so irren Sie groß. Ich habe mir schon einmal[4] die Freiheit genommen, Ihnen vorzuhalten, daß ein tief wurzelnder Glaube an psychische Freiheit und Willkürlichkeit in Ihnen steckt, der aber ganz unwissenschaftlich ist und vor der Anforderung eines auch das Seelenleben beherrschenden Determinismus die Segel streichen muß. Ich bitte Sie, es als eine Tatsache zu respektieren, daß dem Gefragten dies eingefallen ist und nichts anderes. Aber ich setze nicht dem einen Glauben einen anderen entgegen. Es läßt sich beweisen, daß der Einfall, den der Gefragte produziert, nicht willkürlich, nicht unbestimmbar ist, nicht außer Zusammenhang mit dem von uns Gesuchten steht. Ja, ich habe unlängst erfahren – ohne übrigens zuviel Wert darauf zu legen –, daß auch die experimentelle Psychologie solche Beweise vorgebracht hat.

Bei der Bedeutung des Gegenstandes bitte ich um Ihre besondere Aufmerksamkeit. Wenn ich jemand auffordere zu sagen, was ihm zu einem bestimmten Element des Traumes einfällt, so verlange ich von ihm, daß er sich der freien Assoziation *unter Festhaltung einer Ausgangsvorstellung* überlasse. Dies erfordert eine besondere Einstellung der Aufmerksamkeit, die ganz anders ist als beim Nachdenken und das Nachdenken ausschließt. Manche treffen eine solche

4 [In der 3. Vorlesung.]

Einstellung leicht; andere zeigen bei dem Versuch ein unglaublich hohes Maß von Ungeschicklichkeit. Es gibt nun einen höheren Grad von Freiheit der Assoziation, wenn ich nämlich auch diese Ausgangsvorstellung fallenlasse und etwa nur Art und Gattung des Einfalles festlege, z. B. bestimme, daß man sich einen Eigennamen oder eine Zahl frei einfallen lassen solle. Dieser Einfall müßte noch willkürlicher, noch unberechenbarer sein als der bei unserer Technik verwendete. Es läßt sich aber zeigen, daß er jedesmal strenge determiniert wird durch wichtige innere Einstellungen, die im Moment, da sie wirken, uns nicht bekannt sind, ebensowenig bekannt wie die störenden Tendenzen der Fehlleistungen und die provozierenden der Zufallshandlungen.

Ich und viele andere nach mir haben wiederholt solche Untersuchungen für Namen und Zahlen, die man sich ohne jeden Anhalt einfallen läßt, angestellt, einige derselben auch veröffentlicht. Man verfährt dabei in der Weise, daß man zu dem aufgetauchten Namen fortlaufende Assoziationen weckt, die also nicht mehr ganz frei, sondern wie die Einfälle zu den Traumelementen einmal gebunden sind, und dies so lange, bis man den Antrieb dazu erschöpft findet. Dann hat man aber auch Motivierung und Bedeutung des freien Nameneinfalls aufgeklärt. Die Versuche ergeben immer wieder das nämliche, ihre Mitteilung erstreckt sich oft über reiches Material und macht weitläufige Ausführungen notwendig. Die Assoziationen der frei aufgetauchten Zahlen sind vielleicht die beweisendsten; sie laufen so schnell ab und gehen mit so unbegreiflicher Sicherheit auf ein verhülltes Ziel los, daß sie wirklich verblüffend wirken. Ich will Ihnen nur ein Beispiel einer solchen Namenanalyse mitteilen, weil es sich günstigerweise mit wenig Material erledigen läßt.

Im Laufe der Behandlung eines jungen Mannes komme ich auf dieses Thema zu sprechen und erwähne den Satz, daß man sich trotz der anscheinenden Willkür doch keinen Namen einfallen lassen kann, der sich nicht als enge bedingt durch die nächstliegenden Verhältnisse, die Eigentümlichkeiten der Versuchsperson und ihre momentane Situation erwiese. Da er zweifelt, schlage ich ihm vor, ohne Aufschub selbst einen solchen Versuch zu machen. Ich weiß, daß er besonders zahlreiche Beziehungen jeder Art zu Frauen und Mädchen unterhält, und meine darum, er werde eine besonders große Auswahl haben, wenn er sich gerade einen Frauennamen einfallen lasse. Er ist damit einverstanden. Zu meinem oder vielleicht zu seinem Erstaunen bricht aber jetzt keineswegs eine Lawine von Frauennamen über mich los, sondern er bleibt eine Weile stumm und gesteht dann, daß ihm ein einziger Name in den Sinn gekommen sei, kein anderer daneben: *Albine.* – Wie merkwürdig, aber was knüpft sich für Sie an diesen Namen? Wieviel Albinen kennen Sie? Sonderbar, er kannte keine Albine, und es fiel ihm zu diesem Namen auch weiter nichts ein. So konnte man annehmen, die Analyse sei mißlungen; aber nein, sie war nur bereits vollendet, es war kein weiterer Einfall erforderlich. Der Mann hatte selbst ungewöhnlich helle Farben, in den Gesprächen der Kur hatte ich ihn wiederholt scherzhaft einen *Albino* genannt; wir waren eben damit beschäftigt, den weiblichen Anteil an seiner Konstitution festzustellen. Er war also selbst diese Albine, das derzeit interessanteste Frauenzimmer.

Ebenso erweisen sich Melodien, die einem unvermittelt einfallen, als bedingt durch und zugehörig zu einem Gedankenzug, der ein Recht hat, einen zu beschäftigen, ohne daß man um diese Aktivität weiß. Es ist dann leicht zu zeigen, daß die Beziehung zur Melodie an deren Text oder an ihre Herkunft anknüpft; ich muß aber so vorsichtig sein, diese Behauptung nicht auf wirklich musikalische Menschen auszudehnen, über die ich zufällig keine Erfahrung habe. Bei solchen mag der musikalische Gehalt der Melodie für ihr Auftauchen maßgebend sein. Häufiger ist gewiß der erstere Fall. So weiß ich von einem jungen Manne, der von der allerdings reizenden Melodie des Parisliedes aus der *Schönen Helena* eine Zeitlang geradezu verfolgt wurde, bis ihn die Analyse auf die derzeitige Konkurrenz einer

»Ida« mit einer »Helene« in seinem Interesse aufmerksam machte.[5]

Wenn also die ganz frei auftauchenden Einfälle in solcher Weise bedingt und in einen bestimmten Zusammenhang eingeordnet sind, so werden wir wohl mit Recht schließen, daß Einfälle mit einer einzigen Gebundenheit, der an eine Ausgangsvorstellung, nicht minder bedingt sein können. Die Untersuchung zeigt wirklich, daß sie außer der Gebundenheit, die wir ihnen durch die Ausgangsvorstellung mitgegeben haben, eine zweite Abhängigkeit von affektmächtigen Gedanken- und Interessenkreisen, *Komplexen*, erkennen lassen, deren Mitwirkung im Moment nicht bekannt, also unbewußt ist.

Einfälle von solcher Gebundenheit sind Gegenstand sehr lehrreicher experimenteller Untersuchungen gewesen, die in der Geschichte der Psychoanalyse eine bemerkenswerte Rolle gespielt haben. Die Wundtsche Schule hatte das sogenannte Assoziationsexperiment angegeben, bei welchem der Versuchsperson der Auftrag erteilt wird, auf ein ihr zugerufenes *Reizwort* möglichst rasch mit einer beliebigen *Reaktion* zu antworten. Man kann dann das Intervall studieren, das zwischen Reiz und Reaktion verläuft, die Natur der als Reaktion gegebenen Antwort, den etwaigen Irrtum bei einer späteren Wiederholung desselben Versuches und ähnliches. Die Züricher Schule unter der Führung von Bleuler und Jung hat die Erklärung der beim Assoziationsexperiment erfolgenden Reaktionen gegeben, indem sie die Versuchsperson aufforderte, die von ihr erhaltenen Reaktionen durch nachträgliche Assoziationen zu erläutern, wenn sie etwas Auffälliges an sich trugen. Es stellte sich dann heraus, daß diese auffälligen Reaktionen in der schärfsten Weise durch die Komplexe der Versuchs-

5 [Nach der griechischen Mythologie wurde der trojanische Königssohn Paris im Idagebirge ausgesetzt. Als Jüngling mußte er zwischen den drei Göttinnen Hera, Athene und Aphrodite entscheiden, welche die schönste sei. Er wählte Aphrodite, die ihm als Lohn Helena, die schönste Frau, versprochen hatte. Er entführte Helena und gab damit den Anlaß zum Trojanischen Krieg.]

person determiniert waren. Bleuler und Jung hatten damit die erste Brücke von der Experimentalpsychologie zur Psychoanalyse geschlagen.

In solcher Weise belehrt, werden Sie sagen können: Wir anerkennen jetzt, daß freie Einfälle determiniert sind, nicht willkürlich, wie wir geglaubt haben. Wir geben dies auch für die Einfälle zu den Elementen des Traumes zu. Aber das ist es ja nicht, worauf es uns ankommt. Sie behaupten ja, daß der Einfall zum Traumelement durch den uns nicht bekannten psychischen Hintergrund eben dieses Elements determiniert sein wird. Das scheint uns nicht erwiesen. Wir erwarten schon, daß sich der Einfall zum Traumelement durch einen der Komplexe des Träumers bestimmt zeigen wird, aber was nützt uns das? Das führt uns nicht zum Verständnis des Traumes, sondern wie das Assoziationsexperiment zur Kenntnis dieser sogenannten Komplexe. Was haben diese aber mit dem Traum zu tun?

Sie haben recht, aber Sie übersehen ein Moment. Übrigens gerade jenes, wegen dessen ich das Assoziationsexperiment nicht zum Ausgangspunkt für diese Darstellung gewählt habe. Bei diesem Experiment wird die eine Determinante der Reaktion, nämlich das Reizwort, von uns willkürlich gewählt. Die Reaktion ist dann eine Vermittlung zwischen diesem Reizwort und dem eben geweckten Komplex der Versuchsperson. Beim Traum ist das Reizwort ersetzt durch etwas, was selbst aus dem Seelenleben des Träumers, aus ihm unbekannten Quellen, stammt, also sehr leicht selbst ein »Komplexabkömmling« sein könnte. Es ist darum die Erwartung nicht gerade phantastisch, daß auch die an die Traumelemente angeknüpften weiteren Einfälle durch keinen anderen Komplex als den des Elements selbst bestimmt sein und auch zu dessen Aufdeckung führen werden.

Lassen Sie mich an einem anderen Falle zeigen, daß es tatsächlich so ist, wie wir es für unseren Fall erwarten. Das Entfallen von Eigennamen ist eigentlich ein ausgezeichnetes Vorbild für den Fall der Traumanalyse; nur ist hier in einer Person beisammen, was bei der Traumdeutung auf zwei Personen verteilt ist. Wenn ich einen Namen zeitweilig vergessen habe, so habe ich doch die Sicherheit in mir, daß ich den Namen weiß; jene Sicherheit, die wir uns für den Träumer erst auf dem Umwege über das Bernheimsche Experiment aneignen konnten. Der vergessene und doch gewußte Name ist mir aber nicht zugänglich. Nachdenken, wenn auch noch so angestrengtes, hilft dabei nichts, das sagt mir bald die Erfahrung. Ich kann mir aber jedesmal an Stelle des vergessenen Namens einen oder mehrere Ersatznamen einfallen lassen. Wenn mir ein solcher Ersatzname spontan eingefallen ist, dann wird erst die Übereinstimmung dieser Situation mit der der Traumanalyse evident. Das Traumelement ist ja auch nicht das Richtige, nur ein Ersatz für etwas anderes, für das Eigentliche, das ich nicht kenne und durch die Traumanalyse auffinden soll. Der Unterschied liegt wiederum nur darin, daß ich beim Namenvergessen den Ersatz unbedenklich als das Uneigentliche erkenne, während wir diese Auffassung für das Traumelement erst mühselig erwerben mußten. Nun gibt es auch beim Namenvergessen einen Weg, vom Ersatz zum unbewußten Eigentlichen, zum vergessenen Namen zu kommen. Wenn ich meine Aufmerksamkeit auf diese Ersatznamen richte und weitere Einfälle zu ihnen kommen lasse, so gelange ich nach kürzeren oder längeren Umwegen zum vergessenen Namen und finde dabei, daß die spontanen Ersatznamen wie die von mir hervorgerufenen mit dem vergessenen in Beziehung standen, durch ihn determiniert waren.

Ich will Ihnen eine Analyse dieser Art vorführen: Eines Tages bemerke ich, daß ich über den Namen jenes Ländchens an der Riviera, dessen Hauptort Monte Carlo ist, nicht verfüge. Es ist zu ärgerlich, aber es ist so. Ich versenke mich in all mein Wissen um dieses Land, denke an den Fürsten Albert[6] aus dem Hause Lusignan, an seine

---

6 [Albert I. (1848–1922) wurde 1889 Fürst von Monaco. Er war mit

Ehen, seine Vorliebe für Tiefseeforschungen und was ich sonst zusammentragen kann, aber es hilft mir nichts. Ich gebe also das Nachdenken auf und lasse mir an Stelle des verlorenen Ersatznamen einfallen. Sie kommen rasch. *Monte Carlo* selbst, dann *Piemont, Albanien, Montevideo, Colico.* Albanien fällt mir in dieser Reihe zuerst auf, es ersetzt sich alsbald durch *Montenegro*, wohl nach dem Gegensatze von Weiß und Schwarz. Dann sehe ich, daß vier dieser Ersatznamen die nämliche Silbe *mon* enthalten; ich habe plötzlich das vergessene Wort und rufe laut: *Monaco.* Die Ersatznamen sind also wirklich vom vergessenen ausgegangen, die vier ersten von der ersten Silbe, der letzte bringt die Silbenfolge und die ganze Endsilbe wieder. Nebenbei kann ich auch leicht finden, was mir den Namen für eine Zeit weggenommen hat. Monaco gehört auch zu *München* als dessen italienischer Name; diese Stadt hat den hemmenden Einfluß ausgeübt.[7]

Das Beispiel ist gewiß schön, aber zu einfach. In anderen Fällen müßte man zu den ersten Ersatznamen eine größere Reihe von Einfällen nehmen, dann wäre die Analogie mit der Traumanalyse deutlicher. Ich habe auch solche Erfahrungen gemacht. Als mich einmal ein Fremder einlud, italienischen Wein mit ihm zu trinken, ergab es sich im Wirtshause, daß er den Namen jenes Weines vergessen

---

Lady Mary Douglas-Hamilton und mit der verwitweten Herzogin Marie Alice von Richelieu verheiratet und wurde 1880 und 1902 geschieden. Albert machte sich um die Tiefseeforschung verdient, u. a. errichtete er in Monaco ein ozeanographisches Museum.]

7 [In München fanden für Freud wichtige Auseinandersetzungen mit Wilhelm Fließ bzw. C. G. Jung statt. Bei der Begegnung mit Jung (November 1912), in der Freud den Bruch, der ein Jahr später erfolgte, vorausahnte, erlitt er einen Ohnmachtsanfall. In einem Brief vom 8. Dezember 1912 schrieb er an Ernest Jones: »Ich kann es nicht vergessen, daß ich vor sechs und vor vier Jahren von sehr ähnlichen, obzwar nicht so intensiven, Symptomen in *demselben* Zimmer im Park-Hotel litt. Ich sah München zuerst, als ich Fließ während seiner Krankheit besuchte, und die Stadt scheint eine starke Verbindung mit meiner Beziehung zu diesem Mann gewonnen zu haben. Am Grunde steckt ein Stück eines unbeherrschten homosexuellen Gefühls dahinter.« (E. Jones, *Das Leben und Werk von Sigmund Freud*, Bd. 1, S. 370.)]

hatte, den er, weil er ihm im besten Gedenken geblieben war, zu bestellen beabsichtigte. Aus einer Fülle von disparaten Ersatzeinfällen, die dem anderen an Stelle des vergessenen Namens kamen, konnte ich den Schluß ziehen, daß die Rücksicht auf irgendeine Hedwig ihm den Namen des Weines weggenommen hatte, und wirklich bestätigte er nicht nur, daß er diesen Wein zuerst in Gesellschaft einer Hedwig verkostet, sondern fand auch durch diese Aufdekkung seinen Namen wieder. Er war zu der Zeit glücklich verheiratet, und jene Hedwig gehörte früheren, nicht gerne erinnerten Zeiten an.

Was beim Namenvergessen möglich ist, muß auch in der Traumdeutung gelingen können, vom Ersatz aus durch anknüpfende Assoziationen das verhaltene Eigentliche zugänglich zu machen. Von den Assoziationen zum Traumelement dürfen wir nach dem Beispiel des Namenvergessens annehmen, daß sie sowohl durch das Traumelement als durch das unbewußte Eigentliche desselben determiniert sein werden. Somit hätten wir einiges zur Rechtfertigung unserer Technik vorgebracht.

10. Vorlesung
Die Symbolik im Traum[1]

Meine Damen und Herren! Wir haben gefunden, daß die Traumentstellung, welche uns im Verständnis des Traumes stört, Folge einer zensurierenden Tätigkeit ist, die sich ge-

1 [Aus Umfangsgründen mußte aus dem zweiten und dritten Teil der *Vorlesungen zur Einführung in die Psychoanalyse* ausgewählt werden. Verzichtet wurde auf jene Vorlesungen, deren Inhalt an anderer Stelle der vorliegenden Ausgabe in ähnlicher Weise behandelt wird. Alle wesentlichen Aspekte zum Thema »Traum« finden sich in der resümierenden Darstellung *Über den Traum* (vgl. in Band 1). Die Inhalte der 7. bis 9. Vorlesung gehen aus ihren Überschriften hervor: »Manifester Trauminhalt und latente Traumgedanken« – »Kinderträume« – »Die Traumzensur«. – Die psychoanalytische Erforschung der Traumsymbolik wurde im wesentlichen nach der Erstveröffentlichung der *Traumdeutung* (1900) geleistet. Die Passagen über Traumsymbolik wurden sowohl in die *Traumdeutung* als auch in die Studie *Über den Traum* erst 1914 eingefügt. Die folgende Vorlesung ist Freuds wichtigste Äußerung zu diesem Thema.]

gen die unannehmbaren, unbewußten Wunschregungen richtet. Aber wir haben natürlich nicht behauptet, daß die Zensur der einzige Faktor ist, der die Traumentstellung verschuldet, und wirklich können wir bei weiterem Studium des Traumes die Entdeckung machen, daß an diesem Effekt noch andere Momente beteiligt sind. Das ist soviel, als sagten wir, auch wenn die Traumzensur ausgeschaltet wäre, wären wir doch nicht imstande, die Träume zu verstehen, wäre der manifeste Traum noch nicht mit den latenten Traumgedanken identisch.

Dieses andere Moment, das den Traum undurchsichtig macht, diesen neuen Beitrag zur Traumentstellung entdekken wir, indem wir auf eine Lücke in unserer Technik aufmerksam werden. Ich habe Ihnen schon zugestanden,[2] daß den Analysierten zu einzelnen Elementen des Traumes mitunter wirklich nichts einfällt. Freilich geschieht dies nicht so oft, wie diese es behaupten; in sehr vielen Fällen läßt sich der Einfall doch noch durch Beharrlichkeit erzwingen. Aber es bleiben doch Fälle übrig, in denen die Assoziation versagt oder, wenn erzwungen, nicht liefert, was wir von ihr erwarten. Geschieht dies während einer psychoanalytischen Behandlung, so kommt ihm eine besondere Bedeutung zu, mit welcher wir es hier nicht zu tun haben. Es ereignet sich aber auch bei der Traumdeutung mit normalen Personen oder bei der Deutung eigener Träume. Überzeugt man sich, daß in solchen Fällen alles Drängen nichts nützt, so macht man endlich die Entdeckung, daß der unerwünschte Zufall regelmäßig bei bestimmten Traumelementen eintrifft, und fängt an, eine neue Gesetzmäßigkeit dort zu erkennen, wo man zuerst nur ein ausnahmsweises Versagen der Technik zu erfahren glaubte.

Man kommt auf solche Weise zur Versuchung, diese »stummen« Traumelemente selbst zu deuten, aus eigenen Mitteln eine Übersetzung derselben vorzunehmen. Es drängt sich einem auf, daß man jedesmal einen befriedigenden Sinn erhält, wenn man sich dieser Ersetzung ge-

---

2 [In der 6. Vorlesung.]

traut, während der Traum sinnlos bleibt und der Zusammenhang unterbrochen ist, solange man sich zu solchem Eingriff nicht entschließt. Die Häufung vieler durchaus ähnlicher Fälle übernimmt es dann, unserem zunächst schüchternen Versuch die geforderte Sicherheit zu geben.

Ich stelle das alles ein bißchen schematisch dar, aber zu Unterrichtszwecken ist es doch gestattet, und es ist auch nicht verfälscht, sondern bloß vereinfacht.

Auf diese Weise erhält man für eine Reihe von Traumelementen konstante Übersetzungen, also ganz ähnlich, wie man es in unseren populären Traumbüchern für alle geträumten Dinge findet. Sie vergessen doch nicht, daß bei unserer Assoziationstechnik niemals konstante Ersetzungen der Traumelemente zutage kommen.

Sie werden nun sofort sagen, dieser Weg zur Deutung erscheine Ihnen noch weit unsicherer und angreifbarer als der frühere mittels der freien Einfälle. Aber es kommt doch noch etwas anderes hinzu. Wenn man nämlich durch die Erfahrung genug solcher konstanter Ersetzungen gesammelt hat, dann sagt man sich einmal, daß man diese Stücke der Traumdeutung tatsächlich aus eigener Kenntnis hätte bestreiten sollen, daß sie wirklich ohne die Einfälle des Träumers verständlich sein konnten. Woher man ihre Bedeutung kennen müßte, das wird sich in der zweiten Hälfte unserer Auseinandersetzung ergeben.

Eine solche konstante Beziehung zwischen einem Traumelement und seiner Übersetzung heißen wir eine *symbolische*, das Traumelement selbst ein *Symbol* des unbewußten Traumgedankens. Sie erinnern sich,[3] daß ich frü-

3 [Freud bezieht sich u. a. auf folgende Gedanken in der 7. Vorlesung: »Wir wollen das, was der Traum erzählt, den *manifesten Trauminhalt* nennen, das Verborgene, zu dem wir durch die Verfolgung der Einfälle kommen sollen, die *latenten Traumgedanken*. Wir achten dann auf die Beziehung zwischen manifestem Trauminhalt und latenten Traumgedanken ... Es können sehr verschiedene solche Beziehungen bestehen ... Von einem großen zusammengesetzten psychischen Gebilde in den unbewußten Traumgedanken ist ein Stückchen auch in den manifesten Traum gelangt, wie ein Fragment davon oder in anderen Fällen wie eine Anspielung darauf, wie ein Stichwort, eine Verkürzung im Telegraphenstil. Die Deu-

her, bei der Untersuchung der Beziehungen zwischen Traumelementen und ihren Eigentlichen drei solcher Beziehungen unterschieden habe, die des Teils vom Ganzen, die der Anspielung und die der Verbildlichung. Eine vierte habe ich Ihnen damals angekündigt, aber nicht genannt. Diese vierte ist nun die hier eingeführte symbolische. An sie knüpfen sich sehr interessante Diskussionen, denen wir uns zuwenden wollen, ehe wir unsere speziellen Beobachtungen über Symbolik darlegen. Die Symbolik ist vielleicht das merkwürdigste Kapitel der Traumlehre.

Vor allem: Indem die Symbole feststehende Übersetzungen sind, realisieren sie im gewissen Ausmaße das Ideal der antiken wie der populären Traumdeutung, von dem wir uns durch unsere Technik weit entfernt hatten. Sie gestatten uns unter Umständen, einen Traum zu deuten, ohne den Träumer zu befragen, der ja zum Symbol ohnedies nichts zu sagen weiß. Kennt man die gebräuchlichen Traumsymbole und dazu die Person des Träumers, die Verhältnisse, unter denen er lebt, und die Eindrücke, nach welchen der Traum vorgefallen ist, so ist man oft in der Lage, einen

---

tungsarbeit hat diesen Brocken oder diese Andeutung zum Ganzen zu vervollständigen ... Die eine Art der Entstellung, in welcher die Traumarbeit besteht, ist also der Ersatz durch ein Bruchstück oder eine Anspielung.« Freud gibt anschließend Traumbeispiele und folgende Verallgemeinerung: »Sie finden hier einen neuen Typus der Beziehung zwischen manifestem und latentem Traumelement. Das erstere ist nicht so sehr eine Entstellung des letzteren als eine Darstellung desselben, eine plastische, konkrete Verbildlichung, die ihren Ausgang vom Wortlaute nimmt. Allerdings gerade dadurch wieder eine Entstellung, denn wir haben beim Wort längst vergessen, aus welchem konkreten Bild es hervorgegangen ist, und erkennen es darum in seiner Ersetzung durch das Bild nicht wieder. Wenn Sie daran denken, daß der manifeste Traum vorwiegend aus visuellen Bildern, seltener aus Gedanken und Worten besteht, können Sie erraten, daß dieser Art der Beziehung eine besondere Bedeutung für die Traumbildung zukommt. Sie sehen auch, daß es auf diesem Wege möglich wird, für eine große Reihe abstrakter Gedanken Ersatzbilder im manifesten Traum zu schaffen, die doch der Absicht des Verbergens dienen. Es ist dies die Technik unseres Bilderrätsels. Eine vierte Art der Beziehung ... muß ich Ihnen noch verschweigen, bis ihr Stichwort in der Technik gefallen ist.«]

Traum ohne weiteres zu deuten, ihn gleichsam vom Blatt weg zu übersetzen. Ein solches Kunststück schmeichelt dem Traumdeuter und imponiert dem Träumer; es sticht wohltuend von der mühseligen Arbeit beim Ausfragen des Träumers ab. Lassen Sie sich aber hierdurch nicht verführen. Es ist nicht unsere Aufgabe, Kunststücke zu machen. Die auf Symbolkenntnis beruhende Deutung ist keine Technik, welche die assoziative ersetzen oder sich mit ihr messen kann. Sie ist eine Ergänzung zu ihr und liefert nur in sie eingefügt brauchbare Resultate. Was aber die Kenntnis der psychischen Situation des Träumers betrifft, so wollen Sie erwägen, daß Sie nicht nur Träume von gut Bekannten zur Deutung bekommen, daß Sie in der Regel die Tagesereignisse, welche die Traumerreger sind, nicht kennen und daß die Einfälle des Analysierten Ihnen gerade die Kenntnis dessen, was man die psychische Situation heißt, zutragen.

Es ist ferner ganz besonders merkwürdig, auch mit Rücksicht auf später zu erwähnende Zusammenhänge,[4] daß gegen die Existenz der Symbolbeziehung zwischen Traum und Unbewußtem wiederum die heftigsten Widerstände laut geworden sind. Selbst Personen von Urteil und Ansehen, die sonst ein weites Stück Weges mit der Psychoanalyse gegangen sind, haben hier die Gefolgschaft versagt. Um so merkwürdiger aber ist dies Verhalten, als erstens die Symbolik nicht allein dem Traum eigentümlich oder für ihn charakteristisch ist und zweitens die Symbolik im Traume gar nicht von der Psychoanalyse entdeckt wurde, wiewohl diese sonst nicht arm an überraschenden Entdekkungen ist. Als Entdecker der Traumsymbolik ist, wenn man ihr überhaupt einen Anfang in modernen Zeiten zuschreiben will, der Philosoph K. A. Scherner (1861) zu nennen.[5] Die Psychoanalyse hat die Funde Scherners bestätigt und in allerdings einschneidender Weise modifiziert.

Nun werden Sie etwas vom Wesen der Traumsymbolik

4 [Vgl. am Schluß der 10. Vorlesung.]
5 [Vgl. Fußnote 13 zur 5. Vorlesung.]

und Beispiele für sie hören wollen. Ich will Ihnen gerne mitteilen, was ich weiß, aber ich gestehe Ihnen, daß unser Verständnis nicht so weit reicht, wie wir gerne möchten.

Das Wesen der Symbolbeziehung ist ein Vergleich, aber nicht ein beliebiger. Man ahnt für diesen Vergleich eine besondere Bedingtheit, kann aber nicht sagen, worin diese besteht. Nicht alles, womit wir einen Gegenstand oder einen Vorgang vergleichen können, tritt auch im Traum als Symbol dafür auf. Anderseits symbolisiert der Traum auch nicht alles beliebige, sondern nur bestimmte Elemente der latenten Traumgedanken. Es gibt also hier Beschränkungen nach beiden Seiten hin. Man muß auch zugeben, daß der Begriff des Symbols derzeit nicht scharf abzugrenzen ist, er verschwimmt gegen die Ersetzung, Darstellung und dgl., nähert sich selbst der Anspielung. Bei einer Reihe von Symbolen ist der zugrunde liegende Vergleich sinnfällig. Daneben gibt es andere Symbole, bei denen wir uns die Frage stellen müssen, wo denn das Gemeinsame, das *Tertium comparationis* dieses vermutlichen Vergleichs zu suchen sei. Dann mögen wir es bei näherer Überlegung auffinden, oder es kann uns wirklich verborgen bleiben. Es ist ferner sonderbar, wenn das Symbol eine Vergleichung ist, daß dieser Vergleich sich nicht durch die Assoziation bloßlegen läßt, auch daß der Träumer den Vergleich nicht kennt, sich seiner bedient, ohne um ihn zu wissen. Ja noch mehr, daß der Träumer nicht einmal Lust hat, diesen Vergleich anzuerkennen, nachdem er ihm vorgeführt worden ist. Sie sehen also, eine Symbolbeziehung ist eine Vergleichung von ganz besonderer Art, deren Begründung von uns noch nicht klar erfaßt wird. Vielleicht lassen sich später Hinweise auf dieses Unbekannte finden.

Der Umfang der Dinge, die im Traume symbolische Darstellung finden, ist nicht groß. Der menschliche Leib als Ganzes, die Eltern, Kinder, Geschwister, Geburt, Tod, Nacktheit – und dann noch eines. Die einzig typische, d. h. regelmäßige Darstellung der menschlichen Person als Ganzes ist die als *Haus*, wie Scherner erkannt hat, der diesem

Symbol sogar eine überragende Bedeutung, die ihm nicht zukommt, zuteilen wollte. Es kommt im Traume vor, daß man, bald lustvoll, bald ängstlich von Häuserfassaden herabklettert. Die mit ganz glatten Mauern sind Männer; die aber mit Vorsprüngen und Balkonen versehen sind, an welchen man sich anhalten kann, das sind Frauen. Die Eltern erscheinen im Traum als *Kaiser* und *Kaiserin*, König und Königin oder als andere Respektspersonen; der Traum ist also hier sehr pietätsvoll. Minder zärtlich verfährt er gegen Kinder und Geschwister; diese werden als *kleine Tiere, Ungeziefer* symbolisiert. Die Geburt findet fast regelmäßig eine Darstellung durch eine Beziehung zum *Wasser;* entweder man stürzt ins Wasser oder man steigt aus ihm heraus, man rettet eine Person aus dem Wasser oder wird von ihr gerettet, d. h. man hat eine mütterliche Beziehung zu ihr. Das Sterben wird im Traum durch *Abreisen, mit der Eisenbahn Fahren* ersetzt, das Totsein durch verschiedene dunkle, wie zaghafte Andeutungen, die Nacktheit durch *Kleider* und *Uniformen.* Sie sehen, wie hier die Grenzen zwischen symbolischer und anspielungsartiger Darstellung verschwimmen.

Im Vergleich zur Armseligkeit dieser Aufzählung muß es auffallen, daß Objekte und Inhalte eines anderen Kreises durch eine außerordentlich reichhaltige Symbolik dargestellt werden. Es ist dies der Kreis des Sexuallebens, der Genitalien, der Geschlechtsvorgänge, des Geschlechtsverkehrs. Die übergroße Mehrzahl der Symbole im Traum sind Sexualsymbole. Es stellt sich dabei ein merkwürdiges Mißverhältnis heraus. Der bezeichneten Inhalte sind nur wenige, der Symbole für sie ungemein viele, so daß jedes dieser Dinge durch zahlreiche, nahezu gleichwertige Symbole ausgedrückt werden kann. Bei der Deutung ergibt sich dann etwas, was allgemein Anstoß erregt. Die Symboldeutungen sind im Gegensatze zur Mannigfaltigkeit der Traumdarstellungen sehr monoton. Das mißfällt jedem, der davon erfährt; aber was ist dagegen zu tun?

Da es das erstemal ist, daß in dieser Vorlesung von Inhalten des Sexuallebens gesprochen wird, bin ich Ihnen Rechenschaft über die Art schuldig, wie ich dieses Thema zu behandeln gedenke. Die Psychoanalyse findet keinen Anlaß zu Verhüllungen und Andeutungen, hält es nicht für nötig, sich der Beschäftigung mit diesem wichtigen Stoff zu schämen, meint, es sei korrekt und anständig, alles bei seinem richtigen Namen zu nennen, und hofft, auf solche Weise störende Nebengedanken am ehesten fernezuhalten. Daran kann der Umstand, daß man vor einem aus beiden Geschlechtern gemischten Zuhörerkreis spricht, nichts ändern. So wie es keine Wissenschaft *in usum delphini*[6] gibt, so auch keine für Backfischchen, und die Damen unter Ihnen haben durch ihr Erscheinen in diesem Hörsaal zu verstehen gegeben, daß sie den Männern gleichgestellt werden wollen.

Für das männliche Genitale also hat der Traum eine Anzahl von symbolisch zu nennenden Darstellungen, bei denen das Gemeinsame der Vergleichung meist sehr einleuchtend ist. Vor allem ist für das männliche Genitale im ganzen die heilige Zahl 3 symbolisch bedeutsam. Der auffälligere und beiden Geschlechtern interessante Bestandteil des Genitales, das männliche Glied, findet symbolischen Ersatz erstens durch Dinge, die ihm in der Form ähnlich, also lang und hochragend sind, wie: *Stöcke, Schirme, Stangen, Bäume* und dgl. Ferner durch Gegenstände, die die Eigenschaft des In-den-Körper-Eindringens und Verletzens mit dem Bezeichneten gemein haben, also spitzige *Waffen* jeder Art, *Messer, Dolche, Lanzen, Säbel*, aber ebenso durch Schießwaffen: *Gewehre, Pistolen* und den durch seine Form so sehr dazu tauglichen *Revolver*. In den ängstlichen Träumen der Mädchen spielt die Verfolgung durch einen Mann mit einem Messer oder einer Schußwaffe eine große Rolle. Es ist dies der vielleicht häufigste Fall der Traumsymbolik, den Sie sich nun leicht übersetzen können. Ohne weiteres verständlich ist auch der Ersatz des männlichen Gliedes durch Gegenstände, aus denen Wasser fließt: *Wasserhähne*,

6 [Vgl. Fußnote 2 zur 6. Vorlesung.]

Gießkannen, *Springbrunnen*, und durch andere Objekte, die einer Verlängerung fähig sind, wie *Hängelampen*, *vorschiebbare Bleistifte* usw. Daß *Bleistifte*, *Federstiele*, *Nagelfeilen*, *Hämmer* und andere *Instrumente* unzweifelhafte männliche Sexualsymbole sind, hängt mit einer gleichfalls nicht ferneliegenden Auffassung des Organs zusammen.

Die merkwürdige Eigenschaft des Gliedes, sich gegen die Schwerkraft aufrichten zu können, eine Teilerscheinung der Erektion, führt zur Symboldarstellung durch *Luftballone*, *Flugmaschinen* und neuesten Datums durch das *Zeppelinsche Luftschiff*. Der Traum kennt aber noch eine andere, weit ausdrucksvollere Art, die Erektion zu symbolisieren. Er macht das Geschlechtsglied zum Wesentlichen der ganzen Person und läßt diese selbst *fliegen*. Lassen Sie sich's nicht nahegehen, daß die oft so schönen Flugträume, die wir alle kennen, als Träume von allgemeiner sexueller Erregung, als Erektionsträume gedeutet werden müssen. Unter den psychoanalytischen Forschern hat P. Federn[7] diese Deutung gegen jeden Zweifel sichergestellt, aber auch der für seine Nüchternheit vielbelobte Mourly Vold[8], der jene Traumexperimente mit künstlichen Stellungen der Arme und Beine durchgeführt hat und der der Psychoanalyse wirklich fernestand, vielleicht nichts von ihr wußte, ist durch seine Untersuchungen zu demselben Schluß gekommen. Machen Sie auch keinen Einwand daraus, daß Frauen dieselben Flugträume haben können. Erinnern Sie sich vielmehr daran, daß unsere Träume Wunscherfüllungen sein wollen und daß der Wunsch, ein Mann zu sein, sich bei der Frau so häufig, bewußt oder unbewußt, findet. Auch daß es der Frau möglich ist, diesen Wunsch durch dieselben Sensationen wie der Mann zu realisieren, wird keinen der Anatomie Kundigen irremachen können. Das Weib besitzt in seinen Genitalien eben auch ein kleines Glied in der Ähnlichkeit des männlichen, und dieses kleine Glied, die Clitoris, spielt sogar im Kindesalter und im Al-

7 [P. Federn, *Über zwei typische Traumsensationen*, in: Jb. Psychoanalyse, 1914, Bd. 6.]
8 [Vgl. Fußnote 9 zur 5. Vorlesung.]

ter vor dem Geschlechtsverkehr die nämliche Rolle wie das große Glied des Mannes.

Zu den weniger gut verständlichen männlichen Sexualsymbolen gehören gewisse *Reptilien* und *Fische*, vor allem das berühmte Symbol der *Schlange*. Warum *Hut* und *Mantel* dieselbe Verwendung gefunden haben, ist gewiß nicht leicht zu erraten, aber deren Symbolbedeutung ist ganz unzweifelhaft. Endlich kann man sich noch fragen, ob man den Ersatz des männlichen Gliedes durch ein anderes Glied, den Fuß oder die Hand, als einen symbolischen bezeichnen darf. Ich glaube, man wird durch den Zusammenhang und durch die weiblichen Gegenstücke dazu genötigt.

Das weibliche Genitale wird symbolisch dargestellt durch alle jene Objekte, die seine Eigenschaft teilen, einen Hohlraum einzuschließen, der etwas in sich aufnehmen kann. Also durch *Schachte*, *Gruben* und *Höhlen*, durch *Gefäße* und *Flaschen*, *durch Schachteln*, *Dosen*, *Koffer*, *Büchsen*, *Kisten*, *Taschen usw*. Auch das *Schiff* gehört in diese Reihe. Manche Symbole haben mehr Beziehung auf den Mutterleib als auf das Genitale des Weibes, so: *Schränke*, *Öfen* und vor allem das *Zimmer*. Die Zimmersymbolik stößt hier an die Haussymbolik, *Türe* und *Tor* werden wiederum zu Symbolen der Genitalöffnung. Aber auch Stoffe sind Symbole des Weibes, das *Holz*, das *Papier*, und Gegenstände, die aus diesen Stoffen bestehen, wie der *Tisch* und das *Buch*. Von Tieren sind wenigstens *Schnecke* und *Muschel* als unverkennbare weibliche Symbole anzuführen; von Körperteilen der *Mund* zur Vertretung der Genitalöffnung, von Bauwerken *Kirche* und *Kapelle*. Wie Sie sehen, sind nicht alle Symbole gleich gut verständlich.

Zu den Genitalien müssen die Brüste gerechnet werden, die wie die größeren Hemisphären des weiblichen Körpers ihre Darstellung finden in *Äpfeln*, *Pfirsichen*, *Früchten* überhaupt. Die Genitalbehaarung beider Geschlechter beschreibt der Traum als *Wald* und *Gebüsch*. Die komplizierte Topographie der weiblichen Geschlechtsteile macht es begreiflich, daß diese sehr häufig als *Landschaft* mit Fels, Wald und Wasser dargestellt werden, während der imposante Mechanismus des männlichen Geschlechtsapparates dazu führt, daß alle Arten von schwer zu beschreibenden komplizierten *Maschinen* Symbole desselben werden.

Ein erwähnenswertes Symbol des weiblichen Genitales ist noch das *Schmuckkästchen; Schmuck* und *Schatz* sind Bezeichnungen der geliebten Person auch im Traume; *Süßigkeiten* eine häufige Darstellung des Geschlechtsgenusses. Die Befriedigung am eigenen Genitale wird durch jede Art von *Spielen* angedeutet, auch durch das *Klavierspiel.* Exquisit symbolische Darstellungen der Onanie sind das *Gleiten* und *Rutschen* sowie das *Abreißen eines Astes.* Ein besonders merkwürdiges Traumsymbol ist der *Zahnausfall* oder das *Zahnausziehen.* Es bedeutet sicherlich zunächst die Kastration als Bestrafung für die Onanie. Besondere Darstellungen für den Verkehr der Geschlechter findet man im Traume weniger zahlreich, als man nach den bisherigen Mitteilungen erwarten konnte. Rhythmische Tätigkeiten wie *Tanzen, Reiten* und *Steigen* sind hier zu nennen, auch gewaltsame Erlebnisse wie das *Überfahrenwerden.* Dazu gewisse *Handwerkstätigkeiten* und natürlich die *Bedrohung mit Waffen.*

Sie müssen sich die Verwendung wie die Übersetzung dieser Symbole nicht ganz einfach vorstellen. Es kommt dabei allerlei vor, was unserer Erwartung widerspricht. So scheint es zum Beispiel kaum glaublich, daß in diesen symbolischen Darstellungen die Geschlechtsunterschiede oft nicht scharf auseinandergehalten werden. Manche Symbole bedeuten ein Genitale überhaupt, gleichgültig ob ein männliches oder weibliches, z. B. das *kleine* Kind, der *kleine* Sohn oder die *kleine* Tochter. Ein andermal kann ein vorwiegend männliches Symbol für ein weibliches Genitale gebraucht werden oder umgekehrt. Man versteht das nicht, ehe man Einsicht in die Entwicklung der Sexualvorstellungen der Menschen gewonnen hat. In manchen Fällen mag diese Zweideutigkeit der Symbole eine nur scheinbare sein; die eklatantesten unter den Symbolen wie *Waffen, Tasche, Kiste* sind auch von dieser bisexuellen Verwendung ausgenommen.

Ich will nun nicht von dem Dargestellten, sondern vom Symbol ausgehen, eine Übersicht geben, aus welchen Gebieten die Sexualsymbole zumeist entnommen werden, und einige Nachträge anfügen mit besonderer Rücksicht auf die Symbole mit unverstandenem Gemeinsamen. Solch ein dunkles Symbol ist der *Hut*, vielleicht die Kopfbedeckung überhaupt, in der Regel mit männlicher Bedeutung, doch auch der weiblichen fähig. Ebenso bedeutet der *Mantel* einen Mann, vielleicht nicht immer mit Genitalbeziehung. Es steht Ihnen frei, zu fragen, warum. Die herabhängende und vom Weib nicht getragene *Krawatte* ist ein deutlich männliches Symbol. *Weiße Wäsche*, *Leinen* überhaupt ist weiblich; *Kleider*, *Uniformen* sind, wie wir schon gehört haben, Ersatz für Nacktheit, Körperformen; der *Schuh*, *Pantoffel*, ein weibliches Genitale, *Tisch* und *Holz* wurden als rätselhafte, aber sicherlich weibliche Symbole bereits erwähnt. *Leiter*, *Stiege*, *Treppe*, respektive das Gehen auf ihnen, sind sichere Symbole des Geschlechtsverkehres. Bei näherer Überlegung wird uns die Rhythmik dieses Gehens als Gemeinsames auffallen, vielleicht auch das Anwachsen der Erregung, Atemnot, je höher man steigt.

Die *Landschaft* haben wir als Darstellung des weiblichen Genitales schon gewürdigt. *Berg* und *Fels* sind Symbole des männlichen Gliedes; der *Garten* ein häufiges Symbol des weiblichen Genitales. Die *Frucht* steht nicht für das Kind, sondern für die Brüste. *Wilde Tiere* bedeuten sinnlich erregte Menschen, des weiteren böse Triebe, Leidenschaften. *Blüten* und *Blumen* bezeichnen das Genitale des Weibes oder spezieller die Jungfräulichkeit. Sie vergessen nicht, daß die Blüten wirklich die Genitalien der Pflanzen sind.

Das *Zimmer* kennen wir bereits als Symbol. Die Darstellung kann sich hier fortsetzen, indem die Fenster, Ein- und Ausgänge des Zimmers die Bedeutung der Körperöffnungen übernehmen. Auch das *Offen-* oder *Verschlossensein* des Zimmers fügt sich dieser Symbolik, und der *Schlüssel*, der öffnet, ist ein sicheres männliches Symbol.

Das wäre nun Material zur Traumsymbolik. Es ist nicht vollständig und könnte sowohl vertieft als auch verbreitert werden. Aber ich meine, es wird Ihnen mehr als genug scheinen, vielleicht Sie unwillig machen. Sie werden fragen: Lebe ich also wirklich inmitten von Sexualsymbolen? Sind alle Gegenstände, die mich umgeben, alle Kleider, die ich anlege, alle Dinge, die ich in die Hand nehme, immer wieder Sexualsymbole und nichts anderes? Es gibt wirklich Anlaß genug zu verwunderten Fragen, und die erste derselben lautet: Woher wir denn eigentlich die Bedeutung dieser Traumsymbole kennen sollen, zu denen uns der Träumer selbst keine oder nur unzureichende Auskunft gibt?

Ich antworte: aus sehr verschiedenen Quellen, aus den Märchen und Mythen, Schwänken und Witzen, aus dem Folklore, d. i. der Kunde von den Sitten, Gebräuchen, Sprüchen und Liedern der Völker, aus dem poetischen und dem gemeinen Sprachgebrauch. Überall hier findet sich dieselbe Symbolik vor, und an manchen dieser Stellen verstehen wir sie ohne weitere Unterweisung. Wenn wir diesen Quellen im einzelnen nachgehen, werden wir so viele Parallelen zur Traumsymbolik finden, daß wir unserer Deutungen sicher werden müssen.

Der menschliche Leib, sagten wir, findet nach Scherner im Traum häufig eine Darstellung durch das Symbol des Hauses. In der Fortführung dieser Darstellung sind dann Fenster, Türen und Tore, die Eingänge in die Körperhöhlen, die Fassaden glatt oder mit Balkonen und Vorsprüngen zum Anhalten versehen. Dieselbe Symbolik findet sich aber in unserem Sprachgebrauch, wenn wir einen guten Bekannten vertraulich als *»altes Haus«* begrüßen, wenn wir davon sprechen, einem eins *aufs Dachl* zu geben, oder von einem anderen behaupten, es sei bei ihm nicht richtig im *Oberstübchen.* In der Anatomie heißen die Körperöffnungen direkt die *Leibespforten.*

Daß wir die Eltern im Traume als kaiserliche und königliche Paare antreffen, ist ja zunächst überraschend. Aber es findet seine Parallele in den Märchen. Dämmert uns nicht die Einsicht, daß die vielen Märchen, die anheben: Es war einmal *ein König und eine Königin*, nichts anderes sagen wollen als: Es waren einmal ein Vater und eine Mutter? In der Familie heißen wir die Kinder scherzhaft Prinzen, den ältesten aber den Kronprinzen. Der König selbst nennt sich *Landesvater*. Kleine Kinder bezeichnen wir scherzhaft als *Würmer* und sagen mitleidig: *das arme Wurm*.

Kehren wir zur Haussymbolik zurück. Wenn wir die Vorsprünge der Häuser im Traume zum Anhalten benützen, mahnt das nicht an die bekannte Volksrede auf einen stark entwickelten Busen: Die hat etwas zum *Anhalten*? Das Volk äußert sich in solchem Falle noch anders, es sagt: Die hat viel *Holz* vor dem Haus, als wollte es unserer Deutung zu Hilfe kommen, daß Holz ein weibliches, mütterliches Symbol ist.

Zu Holz noch anderes. Wir werden nicht verstehen, wie dieser Stoff zur Vertretung des Mütterlichen, Weiblichen, gelangt ist. Da mag uns die Sprachvergleichung an die Hand gehen. Unser deutsches Wort Holz soll gleichen Stammes sein wie das griechische *ὕλη*, was Stoff, Rohstoff bedeutet.[9] Es würde da der nicht gerade seltene Fall vorliegen, daß ein allgemeiner Stoffname schließlich für einen besonderen Stoff reserviert worden ist. Nun gibt es eine Insel im Ozean, die den Namen *Madeira* führt. Diesen Namen haben ihr die Portugiesen bei der Entdeckung gegeben, weil sie damals über und über bewaldet war. *Madeira* heißt nämlich in der Sprache der Portugiesen: Holz. Sie erkennen aber, daß *madeira* nichts anderes ist als das wenig veränderte lateinische Wort *materia*, das wiederum Stoff im allgemeinen bedeutet. Materia ist nun von mater, Mutter, abgeleitet. Der Stoff, aus dem etwas besteht, ist gleichsam sein mütterlicher Anteil. In dem symbolischen Gebrauch von Holz für Weib, Mutter, lebt also diese alte Auffassung fort.

Die Geburt wird im Traume regelmäßig durch eine Beziehung zum Wasser ausgedrückt; man stürzt ins Wasser

9 [Im allgemeinen wird der griech. Begriff »Hyle« mit dem lat. »Materie (materia)« identifiziert.]

oder kommt aus dem Wasser, das heißt: man gebärt oder man wird geboren. Nun vergessen wir nicht, daß sich dies Symbol in zweifacher Weise auf entwicklungsgeschichtliche Wahrheit berufen kann. Nicht nur, daß alle Landsäugetiere, auch die Vorahnen des Menschen, aus Wassertieren hervorgegangen sind – das wäre die fernerliegende Tatsache –, auch jedes einzelne Säugetier, jeder Mensch, hat die erste Phase seiner Existenz im Wasser zugebracht, nämlich als Embryo im Fruchtwasser im Leib seiner Mutter gelebt und ist mit der Geburt aus dem Wasser gekommen. Ich will nicht behaupten, daß der Träumer dies weiß, dagegen vertrete ich, daß er es nicht zu wissen braucht. Etwas anderes weiß der Träumer wahrscheinlich daher, daß man es ihm in seiner Kindheit gesagt hat, und selbst dafür will ich behaupten, daß ihm dies Wissen nichts zur Symbolbildung beigetragen hat. Man hat ihm in der Kinderstube erzählt, daß der Storch die Kinder bringt, aber woher holt er sie? Aus dem Teich, aus dem Brunnen, also wiederum aus dem Wasser. Einer meiner Patienten, dem diese Auskunft gegeben worden war, damals ein kleines Gräflein, war hernach einen ganzen Nachmittag lang verschollen. Man fand ihn endlich am Rande des Schloßteichs liegend, das Gesichtchen über den Wasserspiegel gebeugt und eifrig spähend, ob er die Kindlein auf dem Grunde des Wassers erschauen könnte.

In den Mythen von der Geburt des Helden, die O. Rank[10] einer vergleichenden Untersuchung unterzogen hat – der älteste ist der des Königs Sargon von Agade, etwa 2800 v. Chr. –, spielt die Aussetzung ins Wasser und die Rettung aus dem Wasser eine überwiegende Rolle. Rank hat erkannt, daß dies Darstellungen der Geburt sind, analog der im Traume üblichen. Wenn man im Traum eine Person aus dem Wasser rettet, macht man sich zu ihrer Mutter oder zur Mutter schlechtweg; im Mythus bekennt sich eine Person, die ein Kind aus dem Wasser ret-

10 [O. Rank, *Der Mythus von der Geburt des Helden*, Leipzig und Wien 1909.]

tet, als die richtige Mutter des Kindes. In einem bekannten Scherz wird der intelligente Judenknabe gefragt, wer denn die Mutter des Moses war. Er antwortet unbedenklich: die Prinzessin. Aber nein, wird ihm vorgehalten, die hat ihn ja nur aus dem Wasser gezogen. So sagt *sie*, repliziert er und beweist damit, daß er die richtige Deutung des Mythus gefunden hat.

Das Abreisen bedeutet im Traum Sterben. Es ist auch der Brauch der Kinderstube, wenn sich das Kind nach dem Verbleib eines Verstorbenen erkundigt, den es vermißt, ihm zu sagen, er sei *verreist*. Wiederum möchte ich dem Glauben widersprechen, daß das Traumsymbol von dieser gegen das Kind gebrauchten Ausrede stammt. Der Dichter[11] bedient sich derselben Symbolbeziehung, wenn er vom Jenseits als vom unentdeckten Land spricht, von dessen Bezirk kein *Reisender (no traveller)* wiederkehrt. Auch im Alltag ist es uns durchaus gebräuchlich, von der letzten Reise zu sprechen. Jeder Kenner des alten Ritus weiß, wie ernst z. B. im altägyptischen Glauben die Vorstellung von einer Reise ins Land des Todes genommen wurde. In vielen Exemplaren ist uns das Totenbuch erhalten, welches wie ein Bädeker der Mumie auf diese Reise mitgegeben wurde. Seitdem die Begräbnisstätten von den Wohnstätten abgesondert worden sind, ist ja auch die letzte Reise des Verstorbenen eine Realität geworden.

Ebensowenig ist etwa die Genitalsymbolik etwas, was dem Traume allein zukommt. Jeder von Ihnen wird wohl einmal so unhöflich gewesen sein, eine Frau eine *»alte Schachtel«* zu nennen, vielleicht ohne zu wissen, daß er sich dabei eines Genitalsymbols bedient. Im Neuen Testament heißt es: Das Weib ist ein schwaches *Gefäß*. Die heiligen Schriften der Juden sind in ihrem dem poetischen so angenäherten Stil erfüllt von sexualsymbolischen Ausdrücken, die nicht immer richtig verstanden worden sind und deren Auslegung z. B. im Hohen Lied zu manchen Mißverständnissen geführt hat. In der späteren hebräischen Literatur

11 [Shakespeare in *Hamlet*, III. Akt, 1. Szene.]

ist die Darstellung des Weibes als Haus, wobei die Tür die Geschlechtsöffnung vertritt, eine sehr verbreitete. Der Mann beklagt sich z. B. im Falle der fehlenden Jungfräulichkeit, daß er *die Tür geöffnet* gefunden hat. Auch das Symbol Tisch für Weib ist in dieser Literatur bekannt. Die Frau sagt von ihrem Mann: Ich ordnete ihm den Tisch, er *aber wendete ihn um.* Lahme Kinder sollen dadurch entstehen, daß der Mann *den Tisch umwendet.* Ich entnehme diese Belege einer Abhandlung von L. Levy in Brünn: *Die Sexualsymbolik der Bibel und des Talmuds.*[12]

Daß auch die Schiffe des Traumes Weiber bedeuten, machen uns die Etymologen glaubwürdig, die behaupten, Schiff sei ursprünglich der Name eines tönernen Gefäßes gewesen und sei dasselbe Wort wie *Schaff.* Daß der Ofen ein Weib und Mutterleib ist, wird uns durch die griechische Sage von Periander von Korinth und seiner Frau Melissa bestätigt.[13] Als nach Herodots Bericht der Tyrann den Schatten seiner heißgeliebten, aber aus Eifersucht von ihm ermordeten Gemahlin beschwor, um eine Auskunft von ihr zu bekommen, beglaubigte sich die Tote durch die Mahnung, daß er, Periander, *sein Brot in einen kalten Ofen geschoben,* als Verhüllung eines Vorganges, der keiner anderen Person bekannt sein konnte. In der von F. S. Krauß herausgegebenen *Anthropophyteia,* einem unersetzlichen Quellenwerk für alles, was das Geschlechtsleben der Völker betrifft, lesen wir, daß man in einer bestimmten deutschen Landschaft von einer Frau, die entbunden hat, sagt: *Der Ofen ist bei ihr zusammengebrochen.* Die Feuerbereitung und alles, was mit ihr zusammenhängt, ist auf das innigste von Sexualsymbolik durchsetzt. Stets ist die Flamme ein männ-

12 [In: Zeitschrift für Sexualwissenschaft, 1914, Bd. 1, S. 274 und 318.]

13 [Periander (627-586/585 v. u. Z.?), Tyrann von Korinth und einer der sogenannten Sieben Weisen, soll seine Vaterstadt zu hoher Blüte gebracht haben. Im *Geschichtswerk des Herodotos von Halikarnassos* wird von ihm an verschiedenen Stellen berichtet. Die von Freud erwähnte Begebenheit findet sich im 5. Buch, Kap. 92. Über die zitierte Anspielung »daß er das Brot in den kalten Ofen geschoben habe« heißt es: »... – denn was sie mit dem Gleichnis gemeint hatte, verstand er sehr wohl, da er den Leichnam der Melissa beschlafen hatte – ...«]

liches Genitale, und die Feuerstelle, der Herd, ein weiblicher Schoß.

Wenn Sie sich vielleicht darüber verwundert haben, wie häufig Landschaften im Traum zur Darstellung des weiblichen Genitales verwendet werden, so lassen Sie sich von den Mythologen belehren, welche Rolle *Mutter Erde* in den Vorstellungen und Kulten der alten Zeit gespielt hat und wie die Auffassung des Ackerbaues von dieser Symbolik bestimmt wurde. Daß das Zimmer im Traum ein Frauenzimmer vorstellt, werden Sie geneigt sein aus unserem Sprachgebrauch abzuleiten, der Frauenzimmer anstatt Frau setzt, also die menschliche Person durch die für sie bestimmte Räumlichkeit vertreten werden läßt. So ähnlich sprechen wir von der »Hohen Pforte«[14] und meinen damit den Sultan und seine Regierung; auch der Name des altägyptischen Herrschers *Pharao* bedeutete nichts anderes als »großer Hofraum«. (Im alten Orient sind die Höfe zwischen den Doppeltoren der Stadt Orte der Zusammenkunft wie in der klassischen Welt die Marktplätze.) Allein ich meine, diese Ableitung ist eine allzu oberflächliche. Es ist mir wahrscheinlicher, daß das Zimmer als der den Menschen umschließende Raum zum Symbol des Weibes geworden ist. Das Haus kennen wir ja schon in solcher Bedeutung; aus der Mythologie und aus dem poetischen Stil dürfen wir *Stadt, Burg, Schloß, Festung* als weitere Symbole für das Weib hinzunehmen. Die Frage wäre an Träumen solcher Personen, die nicht Deutsch sprechen und es nicht verstehen, leicht zu entscheiden. Ich habe in den letzten Jahren vorwiegend fremdsprachige Patienten behandelt und glaube mich zu erinnern, daß in deren Träumen das Zimmer gleichfalls ein Frauenzimmer bedeutete, obwohl sie keinen analogen Sprachgebrauch in ihren Sprachen hatten. Es sind noch andere Anzeichen dafür vorhanden, daß die Symbolbeziehung über die Sprachgrenzen hinausgehen kann, was übrigens schon der alte Traumforscher

14 [Im älteren diplomatischen Sprachgebrauch Bezeichnung für den osmanischen Hof zu Konstantinopel vor 1923; auf dem Wege über das Französische vom Türkischen hergeleitet.]

Schubert[15] behauptet hat. Indes, keiner meiner Träumer war des Deutschen völlig unkundig, so daß ich diese Unterscheidung jenen Psychoanalytikern überlassen muß, die in anderen Ländern an einsprachigen Personen Erfahrungen sammeln können.

Unter den Symboldarstellungen des männlichen Genitales ist kaum eine, die nicht im scherzhaften, vulgären oder im poetischen Sprachgebrauch, zumal bei den altklassischen Dichtern, wiederkehrte. Es kommen hierfür aber nicht nur die im Traume auftretenden Symbole in Betracht, sondern auch neue, z. B. die Werkzeuge verschiedener Verrichtungen, in erster Reihe der Pflug. Im übrigen nahen wir mit der Symboldarstellung des Männlichen einem sehr ausgedehnten und vielumstrittenen Gebiet, von dem wir uns aus ökonomischen Motiven fernehalten wollen. Nur dem einen, gleichsam aus der Reihe fallenden Symbol der 3 möchte ich einige Bemerkungen widmen. Ob diese Zahl nicht etwa ihre Heiligkeit dieser Symbolbeziehung verdankt, bleibe dahingestellt. Gesichert scheint aber, daß manche in der Natur vorkommende dreiteilige Dinge ihre Verwendung zu Wappen und Emblemen von solcher Symbolbedeutung ableiten, z. B. das Kleeblatt. Auch die dreiteilige sogenannte französische Lilie und das sonderbare Wappen zweier so weit voneinander entfernten Inseln wie Sizilien und die Isle of Man, das *Triskeles* (drei halbgebeugte Beine von einem Mittelpunkt ausgehend), sollen nur Umstilisierungen eines männlichen Genitales sein. Ebenbilder des männlichen Gliedes galten im Altertum als die kräftigsten Abwehrmittel *(Apotropaea)* gegen böse Einflüsse, und es steht im Zusammenhange damit, daß die glückbringenden Amulette unserer Zeit sämtlich leicht als Genital- oder Sexualsymbole zu erkennen sind. Betrachten wir eine solche Sammlung, wie sie etwa in Form kleiner silberner Anhängsel getragen wird: ein vierblättriges Kleeblatt, ein Schwein, ein Pilz, ein Hufeisen, eine Leiter, ein Rauchfangkehrer. Das vierblättrige Kleeblatt ist an die

15 [G. H. von Schubert, *Die Symbolik des Traumes*, Bamberg 1814.]

Stelle des eigentlich zum Symbol geeigneten dreiblättrigen getreten; das Schwein ist ein altes Fruchtbarkeitssymbol; der Pilz ist ein unzweifelhaftes Penissymbol, es gibt Pilze, die ihrer unverkennbaren Ähnlichkeit mit dem männlichen Glied ihren systematischen Namen verdanken *(Phallus impudicus*[16]); das Hufeisen wiederholt den Umriß der weiblichen Geschlechtsöffnung, und der Rauchfangkehrer, der die Leiter trägt, taugt in diese Gemeinschaft, weil er eine jener Hantierungen übt, mit denen der Geschlechtsverkehr vulgärerweise verglichen wird (s. die *Anthropophyteia).* Seine Leiter haben wir im Traume als Sexualsymbol kennengelernt; der deutsche Sprachgebrauch kommt uns hier zu Hilfe, der uns zeigt, wie das Wort »steigen« in exquisit sexuellem Sinn angewendet wird. Man sagt: *»Den Frauen nachsteigen«* und »ein alter *Steiger«.* Im Französischen, wo die Stufe *la marche* heißt, finden wir ganz analog für einen alten Lebemann den Ausdruck *»un vieux marcheur«.* Daß der Geschlechtsverkehr vieler großer Tiere ein Steigen, *Besteigen* des Weibchens, zur Voraussetzung hat, ist diesem Zusammenhang wahrscheinlich nicht fremd.

Das Abreißen eines Astes als symbolische Darstellung der Onanie stimmt nicht nur zu vulgären Bezeichnungen des onanistischen Aktes, sondern hat auch weitgehende mythologische Parallelen. Besonders merkwürdig ist aber die Darstellung der Onanie oder besser der Strafe dafür, der Kastration, durch Zahnausfall und Zahnausreißen, weil sich dazu ein Gegenstück aus der Völkerkunde findet, das den wenigsten Träumern bekannt sein dürfte. Es scheint mir nicht zweifelhaft, daß die bei so vielen Völkern geübte Beschneidung ein Äquivalent und eine Ablösung der Kastration ist. Und nun wird uns berichtet, daß in Australien gewisse primitive Stämme die Beschneidung als Pubertätsritus ausführen (zur Mannbarkeitsfeier der Jugend), während andere, ganz nahe wohnende, an Stelle dieses Aktes das Ausschlagen eines Zahnes gesetzt haben.

---

16 [Stinkmorchel; die seit dem Altertum wegen ihrer phallusähnlichen Form als ein Mittel galt, die Brunst bei Tieren zu erregen.]

Ich beende meine Darstellung mit diesen Proben. Es sind nur Proben; wir wissen mehr darüber, und Sie mögen sich vorstellen, um wie viel reichhaltiger und interessanter eine derartige Sammlung ausfallen würde, die nicht von Dilettanten wie wir, sondern von den richtigen Fachleuten in der Mythologie, Anthropologie, Sprachwissenschaft, im Folklore angestellt wäre. Es drängt uns zu einigen Folgerungen, die nicht erschöpfend sein können, aber uns viel zu denken geben werden.

Fürs erste sind wir vor die Tatsache gestellt, daß dem Träumer die symbolische Ausdrucksweise zu Gebote steht, die er im Wachen nicht kennt und nicht wiedererkennt. Das ist so verwunderlich, wie wenn Sie die Entdeckung machen würden, daß Ihr Stubenmädchen Sanskrit versteht, obwohl Sie wissen, daß sie in einem böhmischen Dorf geboren ist und es nie gelernt hat. Es ist nicht leicht, diese Tatsache mit unseren psychologischen Anschauungen zu bewältigen. Wir können nur sagen, die Kenntnis der Symbolik ist dem Träumer unbewußt, sie gehört seinem unbewußten Geistesleben an. Wir kommen aber auch mit dieser Annahme nicht nach. Bisher hatten wir nur notwendig, unbewußte Strebungen anzunehmen, solche, von denen man zeitweilig oder dauernd nichts weiß. Jetzt aber handelt es sich um mehr, geradezu um unbewußte Kenntnisse, um Denkbeziehungen, Vergleichungen zwischen verschiedenen Objekten, die dazu führen, daß das eine konstant an Stelle des anderen gesetzt werden kann. Diese Vergleichungen werden nicht jedesmal neu angestellt, sondern sie liegen bereit, sie sind ein für allemal fertig; das geht ja aus ihrer Übereinstimmung bei verschiedenen Personen, ja vielleicht Übereinstimmung trotz der Sprachverschiedenheit, hervor.

Woher soll die Kenntnis dieser Symbolbeziehungen kommen? Der Sprachgebrauch deckt nur einen kleinen Teil derselben. Die vielfältigen Parallelen aus anderen Gebieten sind dem Träumer zumeist unbekannt; auch wir mußten sie erst mühsam zusammensuchen.

Zweitens sind diese Symbolbeziehungen nichts, was dem

Träumer oder der Traumarbeit, durch die sie zum Ausdruck kommen, eigentümlich wäre. Wir haben ja erfahren, derselben Symbolik bedienen sich Mythen und Märchen, das Volk in seinen Sprüchen und Liedern, der gemeine Sprachgebrauch und die dichterische Phantasie. Das Gebiet der Symbolik ist ein ungemein großes, die Traumsymbolik ist nur ein kleiner Teil davon; es ist nicht einmal zweckmäßig, das ganze Problem vom Traum aus in Angriff zu nehmen. Viele der anderswo gebräuchlichen Symbole kommen im Traum nicht oder nur sehr selten vor; manche der Traumsymbole finden sich nicht auf allen anderen Gebieten wieder, sondern, wie Sie gesehen haben, nur hier oder dort. Man bekommt den Eindruck, daß hier eine alte, aber untergegangene Ausdrucksweise vorliegt, von welcher sich auf verschiedenen Gebieten Verschiedenes erhalten hat, das eine nur hier, das andere nur dort, ein drittes vielleicht in leicht veränderten Formen auf mehreren Gebieten. Ich muß hier der Phantasie eines interessanten Geisteskranken gedenken, welcher eine *»Grundsprache«* imaginiert hatte, von welcher all diese Symbolbeziehungen die Überreste wären.[17]

Drittens muß Ihnen auffallen, daß die Symbolik auf den genannten anderen Gebieten keineswegs nur Sexualsymbolik ist, während im Traume die Symbole fast ausschließend zum Ausdruck sexueller Objekte und Beziehungen verwendet werden. Auch das ist nicht leicht erklärlich. Sollten ursprünglich sexuell bedeutsame Symbole später eine andere Anwendung erhalten haben, und hinge damit etwa noch die Abschwächung von der symbolischen zur andersartigen Darstellung zusammen? Diese Fragen sind offenbar nicht zu beantworten, wenn man sich nur mit der Traumsymbolik beschäftigt hat. Man darf nur an der Vermutung festhalten, daß eine besonders innige Beziehung zwischen den richtigen Symbolen und dem Sexuellen besteht.

17 [Gemeint ist Schreber; vgl. die Fußnote 157 zur Abhandlung *Totem und Tabu* in Band 1.]

Ein wichtiger Fingerzeig ist uns hier in den letzten Jahren gegeben worden. Ein Sprachforscher, H. Sperber (Upsala), der unabhängig von der Psychoanalyse arbeitet, hat die Behauptung aufgestellt, daß sexuelle Bedürfnisse an der Entstehung und Weiterbildung der Sprache den größten Anteil gehabt haben.[18] Die anfänglichen Sprachlaute haben der Mitteilung gedient und den sexuellen Partner herbeigerufen: die weitere Entwicklung der Sprachwurzeln haben die Arbeitsverrichtungen der Urmenschen begleitet. Diese Arbeiten seien gemeinsame gewesen und unter rhythmisch wiederholten Sprachäußerungen vor sich gegangen. Dabei sei ein sexuelles Interesse auf die Arbeit verlegt worden. Der Urmensch habe sich gleichsam die Arbeit annehmbar gemacht, indem er sie als Äquivalent und Ersatz der Geschlechtstätigkeit behandelte. Das bei der gemeinsamen Arbeit hervorgestoßene Wort habe so zwei Bedeutungen gehabt, den Geschlechtsakt bezeichnet wie die ihm gleichgesetzte Arbeitstätigkeit. Mit der Zeit habe sich das Wort von der sexuellen Bedeutung losgelöst und an diese Arbeit fixiert. Generationen später sei es mit einem neuen Wort, das nun die Sexualbedeutung hatte und auf eine neue Art von Arbeit angewendet wurde, ebenso ergangen. Auf solche Weise hätte sich eine Anzahl von Sprachwurzeln gebildet, die alle sexueller Herkunft waren und ihre sexuelle Bedeutung abgegeben hatten. Wenn die hier skizzierte Aufstellung das Richtige trifft, eröffnet sich uns allerdings eine Möglichkeit des Verständnisses für die Traumsymbolik. Wir würden begreifen, warum es im Traum, der etwas von diesen ältesten Verhältnissen bewahrt, so außerordentlich viele Symbole für das Geschlechtliche gibt, warum allgemein Waffen und Werkzeuge immer für das Männliche, die Stoffe und das Bearbeitete fürs Weibliche stehen. Die Symbolbeziehung wäre der Überrest der alten Wortidentität; Dinge, die einmal gleich geheißen haben wie das Genitale,

---

18 [H. Sperber, *Über den Einfluß sexueller Momente auf Entstehung und Entwicklung der Sprache*, in: Imago, 1912, Bd. 1, S. 405.]

könnten jetzt im Traum als Symbole für dasselbe eintreten.

Aus unseren Parallelen zur Traumsymbolik können Sie aber auch Schätzung für den Charakter der Psychoanalyse gewinnen, der sie befähigt, Gegenstand des allgemeinen Interesses zu werden, wie weder die Psychologie noch die Psychiatrie es konnten. Es spinnen sich bei der psychoanalytischen Arbeit Beziehungen zu so vielen anderen Geisteswissenschaften an, deren Untersuchung die wertvollsten Aufschlüsse verspricht, zur Mythologie wie zur Sprachwissenschaft, zum Folklore, zur Völkerpsychologie und zur Religionslehre. Sie werden es verständlich finden, daß auf psychoanalytischem Boden eine Zeitschrift erwachsen ist, welche sich die Pflege dieser Beziehungen zur ausschließlichen Aufgabe gemacht hat, die 1912 gegründete, von Hanns Sachs und Otto Rank geleitete *Imago*. In all diesen Beziehungen ist die Psychoanalyse zunächst der gebende, weniger der empfangende Teil. Sie hat zwar den Vorteil davon, daß uns ihre fremdartigen Ergebnisse durch das Wiederfinden auf anderen Gebieten vertrauter werden, aber im ganzen ist es die Psychoanalyse, welche die technischen Methoden und die Gesichtspunkte beistellt, deren Anwendung sich auf jenen anderen Gebieten fruchtbar erweisen soll. Das seelische Leben des menschlichen Einzelwesens ergibt uns bei psychoanalytischer Untersuchung die Aufklärungen, mit denen wir manches Rätsel im Leben der Menschenmassen lösen oder doch ins rechte Licht rücken können.

Übrigens habe ich Ihnen noch gar nicht gesagt, unter welchen Umständen wir die tiefste Einsicht in jene supponierte »Grundsprache« nehmen können, auf welchem Gebiet am meisten von ihr erhalten ist. Solange Sie dies nicht wissen, können Sie auch die ganze Bedeutung des Gegenstandes nicht würdigen. Dies Gebiet ist nämlich die Neurotik, sein Material die Symptome und andere Äußerungen der Nervösen, zu deren Aufklärung und Behandlung ja die Psychoanalyse geschaffen worden ist.

Mein vierter Gesichtspunkt kehrt nun wieder zu unserem Ausgang zurück und lenkt in die uns vorgezeichnete Bahn ein. Wir sagten,[19] auch wenn es keine Traumzensur gäbe, würde der Traum uns doch noch nicht leicht verständlich sein, denn dann fänden wir uns vor der Aufgabe, die Symbolsprache des Traumes in die unseres wachen Denkens zu übersetzen. Die Symbolik ist also ein zweites und unabhängiges Moment der Traumentstellung neben der Traumzensur. Es liegt aber nahe, anzunehmen, daß es der Traumzensur bequem ist, sich der Symbolik zu bedienen, da diese zu demselben Ende, zur Fremdartigkeit und Unverständlichkeit des Traumes, führt.

Ob wir bei weiterem Studium des Traumes nicht auf ein neues Moment, welches zur Traumentstellung beiträgt, stoßen werden, muß sich ja alsbald zeigen. Das Thema der Traumsymbolik möchte ich aber nicht verlassen, ohne nochmals das Rätsel zu berühren, daß sie auf so heftigen Widerstand bei den Gebildeten stoßen konnte, wo die Verbreitung der Symbolik in Mythus, Religion, Kunst und Sprache so unzweifelhaft ist. Ob nicht wiederum die Beziehung zur Sexualität die Schuld daran trägt?[20]

19 [Zu Beginn dieser Vorlesung.]

20 [Die Vorlesungen 11 bis 15, auf welche die vorliegende Ausgabe verzichten mußte, tragen folgende Überschriften: »Die Traumarbeit« – »Analysen von Traumbeispielen« – »Archaische Züge und Infantilismus des Traumes« – »Die Wunscherfüllung« – »Unsicherheiten und Kritiken«. – Eine weitere Überblicksdarstellung der Traumtheorie gab Freud zu Beginn der *Neuen Folge der Vorlesungen* (vgl. in Band 3 der vorliegenden Auswahl). Er knüpfte an die Numerierung der *Vorlesungen zur Einführung in die Psychoanalyse* an und begann mit der 29. Vorlesung »Revision der Traumlehre«. Auch sie referiert vorwiegend Bekanntes und wurde deshalb in unsere Auswahl nicht aufgenommen. Neue Gesichtspunkte brachte Freud aber am Schluß dieser Vorlesung zum Thema »Wunscherfüllung« vor:

»Ich kann Sie nicht länger bei ähnlichen Kleinfunden aufhalten, auch nicht bei den Diskussionen, die sich auf die Verwertung der Traumdeutung in der analytischen Arbeit beziehen. Ich kann annehmen, daß Sie ungeduldig sind zu hören, welche Änderungen sich in den Grundanschauungen über Wesen und Bedeutung des Traumes vollzogen haben. Sie sind bereits darauf vorbereitet, daß gerade darüber wenig zu berichten ist. Der bestrittenste Punkt der ganzen Lehre war wohl die Behauptung, daß alle Träume Wunscherfüllungen sind. Den unvermeidlichen, immer wiederkehrenden Einwand der Laien, daß es doch so viele Angstträume gibt, haben wir bereits in den früheren Vorlesungen, ich darf es sagen, voll erledigt. Mit der Einteilung in Wunsch-, Angst- und Strafträume haben wir unsere Lehre aufrechterhalten.

Auch die Strafträume sind Wunscherfüllungen, aber nicht solche der Triebregungen, sondern der kritisierenden, zensurierenden und strafenden Instanz im Seelenleben. Wenn wir einen reinen Straftraum vor uns haben, so gestattet uns eine leichte Gedankenoperation, den Wunschtraum wiederherzustellen, auf den der Straftraum die richtige Entgegnung ist, der für den manifesten Traum durch diese Zurückweisung ersetzt wurde. Sie wissen, meine Damen und Herren, daß das Studium des Traums uns zuerst zum Verständnis der Neurosen verholfen hat. Sie werden es auch begreiflich finden, daß unsere Kenntnis der Neurosen späterhin unsere Auffassung des Traums beeinflussen konnte. Wie Sie hören werden [in der 31. Vorlesung, vgl. in Band 3], haben wir uns genötigt gesehen, im Seelenleben eine besondere kritisierende und verbietende Instanz anzunehmen, die wir das Über-Ich heißen. Indem wir nun auch die Traumzensur als eine Leistung dieser Instanz erkannten, wurden wir angeleitet, den Anteil des Über-Ichs an der Traumbildung sorgfältiger zu beachten.

Gegen die Wunscherfüllungstheorie des Traumes haben sich nur zwei ernsthafte Schwierigkeiten erhoben, deren Erörterung weitab führt, allerdings noch keine voll befriedigende Erledigung gefunden hat. Die erste ist durch die Tatsache gegeben, daß Personen, die ein Schockerlebnis, ein schweres psychisches Trauma durchgemacht haben, wie es so oft im Krieg der Fall war und sich auch als Begründung einer traumatischen Hysterie findet, vom Traum so regelmäßig in die traumatische Situation zurückversetzt werden. Das sollte nach unseren Annahmen über die Funktion des Traumes nicht der Fall sein. Welche Wunschregung könnte durch dieses Rückgreifen auf das höchst peinliche traumatische Erlebnis befriedigt werden? Das ist schwer zu erraten. Mit der zweiten Tatsache treffen wir in der analytischen Arbeit fast täglich zusammen; sie bedeutet auch keinen so gewichtigen Einwand wie die andere. Sie wissen, es ist eine der Aufgaben der Psychoanalyse, den Schleier der Amnesie zu lüften, der die ersten Kinderjahre verhüllt, und die in ihnen enthaltenen Äußerungen des frühkindlichen Sexuallebens zur bewußten Erinnerung zu bringen. Nun sind diese ersten Sexualerlebnisse des Kindes mit schmerzlichen Eindrücken von Angst, Verbot, Enttäuschung und Bestrafung verknüpft; man versteht, daß sie verdrängt worden sind, aber dann versteht man nicht, daß sie einen so breiten Zugang zum Traumleben haben, daß sie die Muster für so viele Traumphantasien hergeben, daß die Träume von Reproduktionen dieser Infantilszenen und von Anspielungen an sie erfüllt sind. Ihr Unlustcharakter und die Wunscherfüllungstendenz der Traumarbeit scheinen sich doch schlecht miteinander zu vertragen. Aber vielleicht sehen wir in diesem Fall die Schwierigkeit zu groß. An denselben Kindheitserlebnissen haften ja alle die unvergänglichen, unerfüllten Triebwünsche, die durchs ganze Leben die Energie für die Traumbildung abgeben, denen man es wohl zutrauen kann, daß sie in ihrem gewaltigen Auftrieb auch das Material peinlich empfundener Begebenheiten an die Oberfläche drängen können. Und anderseits ist in der Art und Weise, wie dieses Material reproduziert wird, die Bemühung der Traumarbeit unverkennbar, die die Unlust durch Entstellung verleugnen, Enttäuschung in Gewährung verwandeln will. Bei den traumatischen Neurosen ist es anders, hier laufen die Träume regelmäßig in Angstentwicklung aus. Ich meine, wir sollen uns nicht scheuen zuzugestehen, daß in diesem Falle die Funktion des Traumes versagt. Ich will mich nicht auf den Satz berufen, daß die Ausnahme die Regel bestätigt; seine Weisheit erscheint mir recht zweifelhaft. Aber wohl hebt die Ausnahme die Regel nicht auf. Wenn man eine einzelne psychische Leistung wie das Träumen zum Zweck des Studiums aus dem ganzen Getriebe isoliert, hat man es sich möglich gemacht, die ihr eigenen Gesetzmäßigkeiten aufzudecken; wenn man sie wiederum ins Gefüge einsetzt, muß man gefaßt sein zu finden, daß diese Ergebnisse durch den Zusammenstoß mit anderen Mächten verdunkelt oder beeinträchtigt werden. Wir sagen, der Traum ist eine Wunscherfüllung; wenn Sie den letzten Einwänden Rechnung tragen wollen, so sagen Sie immerhin, der Traum ist der *Versuch* einer Wunscherfüllung. Für keinen, der sich in die psychische Dynamik hineinversetzen kann, haben Sie dann etwas anderes gesagt. Unter bestimmten Verhältnissen kann der Traum seine Absicht nur sehr unvollkommen durchsetzen oder muß sie überhaupt aufgeben; die unbewußte Fixierung an ein Trauma scheint unter diesen Verhinderungen der Traumfunktion obenan zu stehen. Während der Schläfer träumen muß, weil der nächtliche Nachlaß der Verdrängung den Auftrieb der traumatischen Fixierung aktiv werden läßt, versagt die Leistung seiner Traumarbeit, die die Erinnerungsspuren der traumatischen Begebenheit in eine Wunscherfüllung umwandeln möchte. Unter diesen Verhältnissen ereignet es sich, daß man schlaflos wird, aus Angst vor dem Mißglücken der Traumfunktion auf den Schlaf verzichtet. Die traumatische Neurose zeigt uns da einen extremen Fall, aber man muß auch den Kindheitserlebnissen den traumatischen Charakter zugestehen und braucht sich nicht zu verwundern, wenn sich geringfügigere Störungen der Traumleistung auch unter anderen Bedingungen ergeben.«]

Dritter Teil
Allgemeine Neurosenlehre
[Auswahl]

16. Vorlesung
Psychoanalyse und Psychiatrie

Meine Damen und Herren! Ich freue mich, Sie nach Jahresfrist zur Fortsetzung unserer Besprechungen wiederzusehen. Ich habe Ihnen im Vorjahre die psychoanalytische Behandlung der Fehlleistungen und des Traumes vorgetragen; ich möchte Sie heuer in das Verständnis der neurotischen Erscheinungen einführen, die, wie Sie bald entdecken werden, mit beiden vielerlei Gemeinsames haben. Aber ich sage es Ihnen vorher, ich kann Ihnen diesmal nicht dieselbe Stellung mir gegenüber einräumen wie im Vorjahre. Damals lag mir daran, keinen Schritt zu tun, ohne mit Ihrem Urteil im Einvernehmen zu bleiben; ich diskutierte viel mit Ihnen, unterwarf mich Ihren Einwendungen, anerkannte eigentlich Sie und Ihren »gesunden Menschenverstand« als entscheidende Instanz. Das geht jetzt nicht länger, und zwar wegen eines einfachen Sachverhaltes. Fehlleistungen und Träume waren Ihnen als Phänomene nicht fremd; man konnte sagen, Sie besaßen ebensoviel Erfahrung wie ich oder hatten es leicht, sich ebensoviel Erfahrung zu verschaffen. Das Erscheinungsgebiet der Neurosen ist Ihnen aber fremd; insofern Sie nicht selbst Ärzte sind, haben Sie keinen anderen Zugang dahin als eben meine Mitteilungen, und was hilft das beste Urteil, wenn die Vertrautheit mit dem zu beurteilenden Material nicht mit dabei ist.

Fassen Sie aber meine Ankündigung nicht in der Weise auf, als ob ich dogmatische Vorträge halten und Ihren unbedingten Glauben heischen würde. Das Mißverständnis täte mir grob unrecht. Ich will keine Überzeugungen erwecken – ich will Anregungen geben und Vorurteile erschüttern. Wenn Sie infolge materieller Unkenntnis nicht in der Lage sind zu urteilen, so sollen Sie weder glauben noch verwerfen. Sie sollen anhören und auf sich wirken lassen, was ich Ihnen erzähle. Überzeugungen erwirbt man sich nicht so leicht, oder wenn man so mühelos zu ihnen gekommen ist, erweisen sie sich bald als wertlos und widerstandsunfähig. Ein Anrecht auf Überzeugung hat erst derjenige, der ähnlich wie ich viele Jahre lang an demselben Material gearbeitet und dabei dieselben neuen und überraschenden Erfahrungen selbst erlebt hat. Wozu denn überhaupt auf intellektuellem Gebiet diese raschen Überzeugungen, blitzähnlichen Bekehrungen, momentanen Abstoßungen? Merken Sie nicht, daß der *»coup de foudre«*,[1] die Liebe auf den ersten Blick, von einem ganz verschiedenen, affektiven Gebiet hergenommen sind? Wir verlangen nicht einmal von unseren Patienten, daß sie eine Überzeugung oder Anhängerschaft an die Psychoanalyse mitbringen. Das macht sie uns oft verdächtig. Eine wohlwollende Skepsis ist uns die erwünschteste Einstellung bei ihnen. Versuchen Sie also auch, die psychoanalytische Auffassung neben der populären oder der psychiatrischen ruhig in sich aufwachsen zu lassen, bis sich die Gelegenheiten ergeben, bei denen die beiden sich beeinflussen, sich messen und sich zu einer Entscheidung vereinigen können.

Anderseits sollen Sie aber auch keinen Augenblick meinen, daß das, was ich Ihnen als psychoanalytische Auffassung vortrage, ein spekulatives System ist. Es ist vielmehr Erfahrung, entweder direkter Ausdruck der Beobachtung oder Ergebnis einer Verarbeitung derselben. Ob diese Verarbeitung auf zureichende und auf berechtigte Weise erfolgt ist, das wird sich im weiteren Fortschritt der Wissenschaft herausstellen, und zwar darf ich, nach Ablauf von fast zweieinhalb Dezennien und im Leben ziemlich weit vorgerückt, ohne Ruhmredigkeit behaupten, daß es besonders schwere, intensive und vertiefte Arbeit war, welche diese Beobachtungen geliefert hat. Ich habe oft den Eindruck empfangen, als ob unsere Gegner diese Herkunft unserer Behauptungen gar nicht in Rücksicht ziehen wollten,

1 [franz. Donnerschlag (wörtlich und übertragen).]

als meinten sie, es handle sich um nur subjektiv bestimmte Einfälle, denen ein anderer sein eigenes Belieben entgegensetzen kann. Ganz verständlich ist mir dieses gegnerische Benehmen nicht. Vielleicht kommt es daher, daß man sich als Arzt sonst so wenig mit den Nervösen einläßt, so unaufmerksam zuhört, was sie zu sagen haben, daß man sich der Möglichkeit entfremdet hat, aus ihren Mitteilungen etwas Wertvolles zu entnehmen, also an ihnen eingehende Beobachtungen zu machen. Ich verspreche Ihnen bei dieser Gelegenheit, daß ich im Verlaufe meiner Vorträge wenig polemisieren werde, am wenigsten mit einzelnen Personen. Ich habe mich von der Wahrheit des Satzes, daß der Streit der Vater aller Dinge sei, nicht überzeugen können. Ich glaube, er stammt von der griechischen Sophistik her und fehlt, wie diese, durch Überschätzung der Dialektik. Mir schien es im Gegenteil, als ob die sogenannte wissenschaftliche Polemik im ganzen recht unfruchtbar sei, abgesehen davon, daß sie fast immer höchst persönlich betrieben wird. Bis vor einigen Jahren konnte ich auch von mir rühmen, daß ich nur mit einem einzigen Forscher (Löwenfeld in München) einmal einen regelrechten wissenschaftlichen Streit eingegangen bin.[2] Das Ende war, daß wir Freunde geworden und bis auf den heutigen Tag so geblieben sind. Aber ich habe den Versuch lange nicht wiederholt, weil ich des gleichen Ausganges nicht sicher war.

Sie werden nun gewiß urteilen, daß eine solche Ablehnung literarischer Diskussion einen besonders hohen Grad von Unzugänglichkeit gegen Einwürfe, von Eigensinn, oder

---

2 [Im Januar 1895 äußerte sich Freud erstmals öffentlich zu einem psychopathologischen Thema. In dem Aufsatz *Über die Berechtigung, von der Neurasthenie einen bestimmten Symptomenkomplex als »Angstneurose« abzutrennen* (in: Neurolog. Zentralblatt, Nr. 2) hatte Freud mitgeteilt, daß er bei seinen Patienten jedesmal sexuelle Krankheitsursachen gefunden habe, und zwar verschiedene für die von ihm deshalb unterschiedenen Krankheiten. Bei der Neurasthenie liege immer eine unzulängliche Abfuhr von sexuellen Spannungen vor, bei der Angstneurose bleibe ein unerträgliches Maß von sexueller Erregung ohne Abfuhr (z. B. beim Koitus interruptus und während des abstinenten Brautstandes bei einem leidenschaftlichen Paar). Der Münchner Psychiater Leopold Löwenfeld (1847–1924) pole-

wie man es in der liebenswürdigen wissenschaftlichen Umgangssprache ausdrückt, von »Verranntheit« bezeugt. Ich möchte Ihnen antworten, wenn Sie einmal eine Überzeugung mit so schwerer Arbeit erworben haben werden, wird Ihnen auch ein gewisses Recht zufallen, mit einiger Zähigkeit an dieser Überzeugung festzuhalten. Ich kann ferner geltend machen, daß ich im Laufe meiner Arbeiten meine Ansichten über einige wichtige Punkte modifiziert, geändert, durch neue ersetzt habe, wovon ich natürlich jedesmal öffentlich Mitteilung machte. Und der Erfolg dieser Aufrichtigkeit? Die einen haben von meinen Selbstkorrekturen überhaupt nicht Kenntnis genommen und kritisieren mich noch heute wegen Aufstellungen, die mir längst nicht mehr dasselbe bedeuten. Die anderen halten mir gerade diese Wandlungen vor und erklären mich darum für unzuverlässig. Nicht wahr, wer einige Male seine Ansichten geändert hat, der verdient überhaupt keinen Glauben, denn er legt es zu nahe, daß er sich auch mit seinen letzten Behauptungen geirrt haben kann? Wer aber an dem einmal Geäußerten unbeirrt festhält oder sich nicht rasch genug davon abbringen läßt, der heißt eigensinnig und verrannt. Was kann man angesichts dieser einander entgegengesetzten Einwirkungen der Kritik anderes tun als bleiben, wie man ist, und sich benehmen, wie das eigene Urteil es billigt? Dazu bin ich auch entschlossen, und ich lasse mich nicht abhalten, an all meinen Lehren zu modeln und zurechtzurücken, wie es meine fortschreitende Erfahrung erfordert. An den

misierte dagegen mit der Arbeit *Über die Verknüpfung neurasthenischer und hysterischer Symptome in Anfallsform nebst Bemerkungen über die Freudsche Angstneurose* (in: Münchner Medizinische Wochenschrift, 1895, Nr. 13). Freud erwiderte in der Wiener klinischen Rundschau des gleichen Jahres mit der Arbeit *Zur Kritik der Angstneurose.* Er berief sich dabei auf die Prinzipien der Ätiologie, die auf anderen medizinischen Gebieten längst anerkannt waren, und legte dar, daß der Ausbruch einer Angstneurose immer von einer bestimmten Häufung von Faktoren abhänge, vorausgesetzt, daß der spezifisch sexuelle wirksam sei. – Zu der späteren freundschaftlichen Beziehung Freuds zu Löwenfeld gehörte auch, daß er zu Sammelbänden Löwenfelds eigene Beiträge beisteuerte (vgl. den Aufsatz *Die Freudsche psychoanalytische Methode* in Band 1 der vorliegenden Ausgabe).]

grundlegenden Einsichten habe ich bisher nichts zu ändern gefunden und hoffe, es wird auch weiterhin so bleiben.

Ich soll Ihnen also die psychoanalytische Auffassung der neurotischen Erscheinungen vorführen. Es liegt mir dabei nahe, an die bereits behandelten Phänomene anzuknüpfen, sowohl der Analogie als auch des Kontrastes wegen. Ich greife eine Symptomhandlung[3] auf, die ich viele Personen in meiner Sprechstunde begehen sehe. Mit den Leuten, die uns in der ärztlichen Ordination besuchen, um in einer Viertelstunde den Jammer ihres langen Lebens vor uns auszubreiten, weiß ja der Analytiker nicht viel anzufangen. Sein tieferes Wissen macht es ihm schwer, wie ein anderer Arzt das Gutachten von sich zu geben: Es fehlt Ihnen nichts – und den Rat zu erteilen: Gebrauchen Sie eine leichte Wasserkur. Einer unserer Kollegen hat denn auch auf die Frage, was er mit seinen Ordinationspatienten anstelle, achselzuckend geantwortet: Er lege ihnen eine Mutwillensstrafe von soundsoviel Kronen auf. Es wird Sie also nicht verwundern zu hören, daß selbst bei beschäftigten Psychoanalytikern die Sprechstunde nicht sehr belebt zu sein pflegt. Ich habe die einfache Tür zwischen meinem Warte- und meinem Behandlungs- und Ordinationszimmer verdoppeln und durch einen Filzüberzug verstärken lassen. Die Absicht dieser kleinen Vorrichtung leidet ja keinen Zweifel. Nun geschieht es immer wieder, daß Personen, die ich aus dem Wartezimmer einlasse, es versäumen, die Türe hinter sich zu schließen, und zwar lassen sie fast immer beide Türen offen stehen. Sowie ich das bemerke, bestehe ich in ziemlich unfreundlichem Ton darauf, daß der oder die Eintretende zurückgehe, um das Versäumte nachzuholen, mag es auch ein eleganter Herr oder eine sehr geputzte Dame sein. Das macht den Eindruck von unangebrachter Pedanterie. Ich habe mich auch gelegentlich mit solcher Forderung blamiert, da es sich um Personen handelte, die selbst keine Türklinke anfassen können und

3 [Diesen Begriff hat Freud zu Beginn der 4. der *Vorlesungen zur Einführung in die Psychoanalyse* definiert.]

es gern sehen, wenn ihre Begleitung ihnen diese Berührung erspart. Aber in der Überzahl der Fälle hatte ich recht, denn wer sich so benimmt, wer die Türe vom Wartezimmer zum Sprechzimmer des Arztes offen stehen läßt, der gehört zum Pöbel und verdient, unfreundlich empfangen zu werden. Nehmen Sie jetzt nicht Partei, ehe Sie auch das Weitere angehört haben. Diese Nachlässigkeit des Patienten ereignet sich nämlich nur dann, wenn er sich allein im Wartezimmer befunden hat und also ein leeres Zimmer hinter sich zurückläßt, niemals wenn andere, Fremde, mit ihm gewartet haben. In diesem letzteren Falle versteht er sehr wohl, daß es in seinem Interesse liegt, nicht belauscht zu werden, während er mit dem Arzt spricht, und versäumt es nie, beide Türen sorgfältig zu schließen.

So determiniert, ist das Versäumnis des Patienten weder zufällig noch sinnlos, ja nicht einmal unwichtig, denn wir werden sehen, es beleuchtet das Verhältnis des Eintretenden zum Arzt. Der Patient ist von der großen Menge jener, die weltliche Autorität verlangen, die geblendet, eingeschüchtert werden wollen. Er hat vielleicht durchs Telephon anfragen lassen, um welche Zeit er am leichtesten vorkommen kann, er hat sich auf ein Gedränge von Hilfesuchenden gefaßt gemacht, etwa wie vor einer Filiale von Julius Meinl.[4] Nun tritt er in einen leeren, überdies höchst bescheiden ausgestatteten Warteraum und ist erschüttert. Er muß es den Arzt entgelten lassen, daß er ihm einen so überflüssigen Aufwand von Respekt entgegenbringen wollte, und da – unterläßt er es, die Türe zwischen Warte- und Ordinationszimmer zu schließen. Er will dem Arzt damit sagen: Ach, hier ist ja niemand und wahrscheinlich wird auch, solange ich hier bin, niemand kommen. Er würde sich auch während der Besprechung ganz unmanierlich und respektlos benehmen, wenn man seine Überhebung nicht gleich anfangs durch eine scharfe Zurechtweisung eindämmen würde.

4 [Österreichische Kettenläden für Lebensmittel, vor denen in der Kriegszeit Käuferschlangen standen.]

Sie finden an der Analyse dieser kleinen Symptomhandlung nichts, was Ihnen nicht bereits bekannt wäre: Die Behauptung, daß sie nicht zufällig ist, sondern ein Motiv hat, einen Sinn und eine Absicht, daß sie in einen angebbaren seelischen Zusammenhang gehört und daß sie als ein kleines Anzeichen von einem wichtigeren seelischen Vorgang Kunde gibt. Vor allem anderen aber, daß dieser so angezeigte Vorgang dem Bewußtsein dessen, der ihn vollzieht, unbekannt ist, denn keiner der Patienten, welche die beiden Türen offen gelassen haben, würde zugeben können, daß er mir durch dieses Versäumnis seine Geringschätzung bezeugen wollte. Auf eine Regung von Enttäuschung beim Betreten des leeren Wartezimmers würde sich wahrscheinlich mancher besinnen, aber der Zusammenhang zwischen diesem Eindruck und der darauffolgenden Symptomhandlung ist seinem Bewußtsein sicherlich unerkannt geblieben.

Nun wollen wir dieser kleinen Analyse einer Symptomhandlung eine Beobachtung an einer Kranken an die Seite stellen. Ich wähle eine solche, die mir in frischer Erinnerung ist, auch darum, weil sie sich verhältnismäßig kurz darstellen läßt. Ein gewisses Maß von Ausführlichkeit ist bei jeder solchen Mitteilung unerläßlich.

Ein auf kurzen Urlaub heimgekehrter junger Offizier bittet mich, seine Schwiegermutter in Behandlung zu nehmen, die in den glücklichsten Verhältnissen sich und den Ihrigen das Leben durch eine unsinnige Idee vergällt. Ich lerne eine 53jährige, wohlerhaltene Dame von freundlichem, einfachem Wesen kennen, die ohne Widerstreben folgenden Bericht gibt. Sie lebt in glücklichster Ehe auf dem Lande mit ihrem Manne, der eine große Fabrik leitet. Sie weiß die liebenswürdige Sorgfalt ihres Mannes nicht genug zu loben. Liebesheirat vor 30 Jahren, seither nie eine Trübung, Zwist oder Anlaß zur Eifersucht. Ihre beiden Kinder gut verheiratet, der Mann und Vater will sich aus Pflichtgefühl noch nicht zur Ruhe setzen. Vor einem Jahre ereignete sich das Unglaubliche, ihr selbst Unverständliche, daß sie einem anonymen Briefe, welcher ihren ausgezeichneten

Mann des Liebesverhältnisses mit einem jungen Mädchen bezichtigte, sofortigen Glauben schenkte, und seither ist ihr Glück zerstört. Der nähere Hergang war etwa der folgende: sie hatte ein Stubenmädchen, mit dem sie vielleicht zu oft Intimes besprach. Dieses Mädchen verfolgte ein anderes mit einer geradezu gehässigen Feindschaft, weil diese es im Leben soviel weiter gebracht hatte, obwohl sie von nicht besserer Herkunft war. Anstatt Dienst anzunehmen, hatte das Mädchen sich eine kommerzielle Ausbildung verschafft, war in die Fabrik eingetreten und infolge des Personalmangels durch die Einberufungen von Beamten zu einer guten Stellung vorgerückt. Sie wohnte jetzt in der Fabrik selbst, verkehrte mit allen Herren und hieß sogar Fräulein. Die im Leben Zurückgebliebene war natürlich bereit, der ehemaligen Schulkameradin alles mögliche Böse nachzusagen. Eines Tages unterhielt sich unsere Dame mit dem Stubenmädchen über einen alten Herrn, der zu Gast gewesen war, von dem man wußte, daß er nicht mit seiner Frau lebte, sondern ein Verhältnis mit einer anderen unterhielt. Sie weiß nicht, wie es kam, daß sie plötzlich äußerte: Für mich wäre es das Schrecklichste, wenn ich erfahren würde, daß mein guter Mann auch ein Verhältnis hat. Am nächsten Tage erhielt sie von der Post einen anonymen Brief, der ihr in verstellter Schrift diese gleichsam heraufbeschworene Mitteilung machte. Sie schloß – wahrscheinlich mit Recht –, daß der Brief das Werk ihres bösen Stubenmädchens sei, denn als Geliebte des Mannes war eben jenes Fräulein bezeichnet, das die Dienerin mit ihrem Haß verfolgte. Aber obwohl sie die Intrige sofort durchschaute und an ihrem Wohnorte Beispiele genug erlebt hatte, wie wenig Glauben solche feige Denunziationen verdienten, geschah es, daß jener Brief sie augenblicklich niederwarf. Sie geriet in eine schreckliche Aufregung und schickte sofort um ihren Mann, um ihm die heftigsten Vorwürfe zu machen. Der Mann wies die Beschuldigung lachend ab und tat das Beste, was zu tun war. Er ließ den Haus- und Fabrikarzt kommen, der sein Bemühen dazutat, um die unglückliche Frau zu beruhigen. Auch das weitere Vorgehen der beiden war durchaus verständig. Das Stubenmädchen wurde entlassen, die angebliche Nebenbuhlerin aber nicht. Seither will sich die Kranke wiederholt soweit beruhigt haben, daß sie an den Inhalt des anonymen Briefes nicht mehr glaubte, aber nie gründlich und nie für lange Zeit. Es reichte hin, den Namen des Fräuleins aussprechen zu hören oder ihr auf der Straße zu begegnen, um einen neuen Anfall von Mißtrauen, Schmerz und Vorwürfen bei ihr auszulösen.

Das ist nun die Krankengeschichte dieser braven Frau. Es gehörte nicht viel psychiatrische Erfahrung dazu, um zu verstehen, daß sie im Gegensatz zu anderen Nervösen ihren Fall eher zu milde darstellte, also wie wir sagen: dissimulierte, und daß sie den Glauben an die Beschuldigung des anonymen Briefes eigentlich niemals überwunden hatte.

Welche Stellung nimmt nun der Psychiater zu einem solchen Krankheitsfalle ein? Wie er sich gegen die Symptomhandlung des Patienten benehmen würde, der die Türen zum Wartezimmer nicht schließt, das wissen wir bereits. Er erklärt sie für eine Zufälligkeit ohne psychologisches Interesse, die ihn weiter nichts angeht. Aber dies Verhalten läßt sich auf den Krankheitsfall der eifersüchtigen Frau nicht fortsetzen. Die Symptomhandlung scheint etwas Gleichgültiges zu sein, das Symptom aber drängt sich als etwas Bedeutsames auf. Es ist mit intensivem subjektiven Leiden verbunden, es bedroht objektiv das Zusammenleben einer Familie; es ist also ein unabweisbarer Gegenstand des psychiatrischen Interesses. Der Psychiater versucht zunächst das Symptom durch eine wesentliche Eigenschaft zu charakterisieren. Die Idee, mit welcher diese Frau sich quält, ist nicht an sich unsinnig zu nennen; es kommt ja vor, daß ältere Ehemänner Liebesbeziehungen zu jungen Mädchen unterhalten. Aber etwas anderes daran ist unsinnig und unbegreiflich. Die Patientin hat gar keinen anderen Grund daran zu glauben, daß ihr zärtlicher und treuer Gatte zu dieser sonst nicht so seltenen Kategorie von Ehemännern gehört, als die Behauptung des anonymen Briefes. Sie weiß, daß diesem Schriftstück keine Beweiskraft zukommt, sie kann sich dessen Herkunft befriedigend aufklären; sie sollte sich also sagen können, daß sie gar keinen Grund für ihre Eifersucht hat, sie sagt es sich auch, aber sie leidet trotzdem ebenso, als ob sie diese Eifersucht als vollberechtigt anerkennen würde. Ideen dieser Art, die logischen und aus der Realität geschöpften Argumenten unzugänglich sind, ist man übereingekommen, *Wahnideen* zu heißen. Die gute Dame leidet also an *Eifersuchtswahn*. Das ist wohl die wesentliche Charakteristik dieses Krankheitsfalles.

Nach dieser ersten Feststellung wird unser psychiatrisches Interesse sich noch lebhafter regen wollen. Wenn eine Wahnidee durch den Bezug auf die Realität nicht abzutun ist, so wird sie wohl auch nicht aus der Realität stammen. Woher stammt sie sonst? Es gibt Wahnideen des verschiedenartigsten Inhaltes; warum ist der Inhalt des Wahnes in unserem Falle gerade Eifersucht? Bei welchen Personen bilden sich Wahnideen oder besonders Wahnideen der Eifersucht? Hier möchten wir nun dem Psychiater lauschen, aber hier läßt er uns im Stiche. Er geht überhaupt nur auf eine einzige unserer Fragestellungen ein. Er wird in der Familiengeschichte dieser Frau nachforschen und uns *vielleicht* die Antwort bringen: Wahnideen kommen bei solchen Personen vor, in deren Familien ähnliche und andere psychische Störungen wiederholt vorgekommen sind. Mit anderen Worten, wenn diese Frau eine Wahnidee entwickelt hat, so war sie durch erbliche Übertragung dazu disponiert. Das ist gewiß etwas, aber ist das alles, was wir wissen wollen? Alles, was zur Verursachung dieses Krankheitsfalles mitgewirkt hat? Sollten wir uns damit begnügen anzunehmen, daß es gleichgültig, willkürlich oder unerklärlich ist, wenn sich ein Eifersuchtswahn entwickelt hat an Stelle irgendeines anderen? Und dürfen wir den Satz, der die Vorherrschaft des erblichen Einflusses verkündet, auch im negativen Sinne dahin verstehen, es sei gleichgültig, welche Erlebnisse an diese Seele herangetreten sind, sie war dazu bestimmt, irgendeinmal einen Wahn zu produzieren? Sie werden wissen wollen, warum uns die wissenschaftliche Psychiatrie keine weiteren Aufschlüsse geben will. Aber ich antworte Ihnen: Ein Schelm, wer mehr gibt, als er hat. Der Psychiater kennt eben keinen Weg, der in der Aufklärung eines solchen Falles weiterführt. Er muß sich mit der Diagnose und einer trotz reichlicher Erfahrung unsicheren Prognose des weiteren Verlaufes begnügen.

Kann aber die Psychoanalyse hier mehr leisten? Ja, doch; ich hoffe Ihnen zu zeigen, daß sie selbst in einem so schwer zugänglichen Falle etwas aufzudecken vermag, was das nächste Verständnis ermöglicht. Zunächst bitte ich Sie, das unscheinbare Detail zu beachten, daß die Patientin den anonymen Brief, der nun ihre Wahnidee stützt, geradezu provoziert hat, indem sie tags zuvor gegen das intrigante Mädchen die Äußerung tat, es wäre ihr größtes Unglück, wenn ihr Mann ein Liebesverhältnis mit einem jungen Mädchen hätte. Dadurch brachte sie das Dienstmädchen erst auf die Idee, ihr den anonymen Brief zu schicken. Die Wahnidee gewinnt so eine gewisse Unabhängigkeit von dem Briefe; sie ist schon vorher als Befürchtung – oder als Wunsch? – in der Kranken vorhanden gewesen. Nehmen Sie nun weiter hinzu, was nur zwei Stunden Analyse an weiteren kleinen Anzeichen ergeben haben. Die Patientin verhielt sich zwar sehr ablehnend, als sie aufgefordert wurde, nach der Erzählung ihrer Geschichte ihre weiteren Gedanken, Einfälle und Erinnerungen mitzuteilen. Sie behauptete, es fiele ihr nichts ein, sie habe schon alles gesagt, und nach zwei Stunden mußte der Versuch mit ihr wirklich abgebrochen werden, weil sie verkündet hatte, sie fühle sich bereits gesund und sei sicher, daß die krankhafte Idee nicht wiederkommen werde. Das sagte sie natürlich nur aus Widerstand und aus Angst vor der Fortsetzung der Analyse. Aber in diesen zwei Stunden hatte sie doch einige Bemerkungen fallenlassen, die eine bestimmte Deutung gestatteten, ja unabweisbar machten, und diese Deutung wirft ein helles Licht auf die Genese ihres Eifersuchtswahnes. Es bestand bei ihr selbst eine intensive Verliebtheit in einen jungen Mann, in denselben Schwiegersohn, auf dessen Drängen sie mich als Patientin aufgesucht hatte. Von dieser Verliebtheit wußte sie nichts oder vielleicht nur sehr wenig; bei dem bestehenden Verwandtschaftsverhältnis hatte diese verliebte Neigung es leicht, sich als harmlose Zärtlichkeit zu maskieren. Nach all unseren sonstigen Erfahrungen wird es uns nicht schwer, uns in das Seelenleben dieser anständigen Frau und braven Mutter von 53 Jahren einzufühlen. Eine solche Verliebtheit konnte als etwas Ungeheuerliches, Unmögliches nicht bewußt werden; sie blieb aber bestehen und übte als unbewußte einen schweren Druck aus. Irgend etwas mußte mit ihr geschehen, irgendeine Abhilfe gesucht werden, und die nächste Linderung bot wohl der Verschiebungsmechanismus, der an der Entstehung der wahnhaften Eifersucht so regelmäßig Anteil hat. Wenn nicht nur sie alte Frau in einen jungen Mann verliebt war, sondern auch ihr alter Mann ein Liebesverhältnis mit einem jungen Mädchen unterhielt, dann war sie ja vom Gewissensdruck der Untreue entlastet. Die Phantasie von der Untreue des Mannes war also ein kühlendes Pflaster auf ihre brennende Wunde. Ihre eigene Liebe war ihr nicht bewußt geworden, aber die Spiegelung derselben, die ihr solche Vorteile brachte, wurde nun zwangsartig, wahnhaft, bewußt. Alle Argumente dagegen konnten natürlich nichts fruchten, denn sie richteten sich nur gegen das Spiegel-, nicht gegen das Urbild, dem jenes seine Stärke verdankte und das unantastbar im Unbewußten geborgen lag.

Stellen wir nun zusammen, was eine kurze und erschwerte psychoanalytische Bemühung zum Verständnis dieses Krankheitsfalles gebracht hat. Vorausgesetzt natürlich, daß unsere Ermittlungen korrekt zustande gekommen sind, was ich hier Ihrem Urteil nicht unterwerfen kann. Fürs erste: Die Wahnidee ist nichts Unsinniges oder Unverständliches mehr, sie ist sinnreich, gut motiviert, gehört in den Zusammenhang eines affektvollen Erlebnisses der Kranken. Zweitens: Sie ist notwendig als Reaktion auf einen aus anderen Anzeichen erratenen unbewußten seelischen Vorgang und verdankt gerade dieser Beziehung ihren wahnhaften Charakter, ihre Resistenz gegen logische und reale Angriffe. Sie ist selbst etwas Erwünschtes, eine Art von Tröstung. Drittens: Es ist durch das Erlebnis hinter der Erkrankung unzweideutig bestimmt, daß es gerade eine eifersüchtige Wahnidee wurde und keine andere. Sie erinnern sich doch, daß sie tags zuvor gegen das intrigante Mädchen die Äußerung tat, es wäre ihr das Schrecklichste, wenn ihr Mann ihr untreu würde. Sie übersehen auch nicht die beiden wichtigen Analogien mit der von uns analysierten Symptomhandlung in der Aufklärung des Sinnes oder der Absicht und in der Beziehung auf ein in der Situation gegebenes Unbewußtes.

Natürlich sind damit nicht alle Fragen beantwortet, die wir aus Anlaß dieses Falles stellen durften. Der Krankheitsfall starrt vielmehr von weiteren Problemen, solchen, die überhaupt noch nicht lösbar geworden sind, und anderen, die sich wegen der Ungunst der besonderen Verhältnisse nicht lösen ließen. Z. B. warum erliegt diese in glücklicher Ehe lebende Frau einer Verliebtheit in ihren Schwiegersohn, und warum erfolgt die Erleichterung, die auch auf andere Weise möglich wäre, in der Form einer solchen Spiegelung, einer Projektion ihres eigenen Zustandes auf ihren Mann? Glauben Sie nicht, daß es müßig und mutwillig ist, solche Fragen aufzuwerfen. Es steht uns bereits manches Material für eine mögliche Beantwortung derselben zu Gebote. Die Frau befindet sich in dem kritischen Alter, das dem weiblichen Sexualbedürfnis eine unerwünschte plötzliche Steigerung bringt; das mag für sich allein hinreichen. Oder es mag hinzukommen, daß ihr guter und treuer Ehemann seit manchen Jahren nicht mehr im Besitze jener sexuellen Leistungsfähigkeit ist, deren die wohlerhaltene Frau zu ihrer Befriedigung bedürfte. Die Erfahrung hat uns darauf aufmerksam gemacht, daß gerade solche Männer, deren Treue dann selbstverständlich ist, sich durch besondere Zartheit in der Behandlung ihrer Frauen und durch ungewöhnliche Nachsicht mit deren nervösen Beschwerden auszeichnen. Oder es ist weiters nicht gleichgültig, daß es gerade der junge Ehemann einer Tochter ist, welcher zum Objekt dieser pathogenen Verliebtheit wurde. Eine starke erotische Bindung an die Tochter, die im letzten Grunde auf die Sexualkonstitution der Mutter zurückführt, findet oft den Weg dazu, sich in solcher Umwandlung fortzusetzen. Ich darf Sie vielleicht in diesem Zusammenhange daran erinnern, daß das Verhältnis zwischen Schwiegermutter und Schwiegersohn den Menschen von jeher als ein besonders heikles gegolten und bei den Primitiven Anlaß zu sehr mächtigen Tabuvorschriften und »Vermeidungen« gegeben hat.[5] Es geht häufig nach der positiven wie nach der negativen Seite über das kulturell erwünschte Maß hinaus. Welches dieser drei Momente nun in unserem Falle zur Wirkung gekommen ist, ob zwei davon, ob sie alle zusammengetroffen sind, das kann ich Ihnen freilich nicht sagen, aber nur darum nicht, weil es mir nicht gestattet war, die Analyse des Falles über die zweite Stunde hinaus fortzusetzen.

Ich merke jetzt, meine Herren, daß ich von lauter Dingen gesprochen habe, für die Ihr Verständnis noch nicht vorbereitet ist. Ich tat es, um die Vergleichung der Psychiatrie mit der Psychoanalyse durchzuführen. Aber eines darf ich Sie jetzt fragen: Haben Sie irgend etwas von einem Widerspruch zwischen den beiden bemerkt? Die Psychiatrie wendet die technischen Methoden der Psychoanalyse nicht an, sie unterläßt es, etwas an den Inhalt der Wahnidee anzuknüpfen, und sie gibt uns im Hinweis auf die Heredität eine sehr allgemeine und entfernte Ätiologie, anstatt zuerst die speziellere und näherliegende Verursachung aufzuzeigen. Aber liegt darin ein Widerspruch, ein Gegensatz? Ist's nicht vielmehr eine Vervollständigung? Widerspricht denn das hereditäre Moment der Bedeutung des Erlebnisses, setzen sich nicht vielmehr beide in der wirksamsten Weise zusammen? Sie werden mir zugeben, daß im Wesen der psychiatrischen Arbeit nichts liegt, was sich gegen die psycho-

5 Vgl. *Totem und Tabu* [gegen Ende des ersten Aufsatzes, in Band 1 der vorliegenden Ausgabe].

analytische Forschung sträuben könnte. Die Psychiater sind's also, die sich der Psychoanalyse widersetzen, nicht die Psychiatrie. Die Psychoanalyse verhält sich zur Psychiatrie etwa wie die Histologie zur Anatomie; die eine studiert die äußeren Formen der Organe, die andere den Aufbau derselben aus den Geweben und Elementarteilchen. Ein Widerspruch zwischen diesen beiden Arten des Studiums, von denen das eine das andere fortsetzt, ist nicht gut denkbar. Sie wissen, die Anatomie gilt uns heute als die Grundlage einer wissenschaftlichen Medizin, aber es gab eine Zeit, in der es ebenso verboten war, menschliche Leichen zu zerlegen, um den inneren Bau des Körpers kennenzulernen, wie es heute verpönt erscheint, Psychoanalyse zu üben, um das innere Getriebe des Seelenlebens zu erkunden. Und voraussichtlich bringt uns eine nicht zu ferne Zeit die Einsicht, daß eine wissenschaftlich vertiefte Psychiatrie nicht möglich ist ohne eine gute Kenntnis der tieferliegenden, der unbewußten Vorgänge im Seelenleben.

Vielleicht hat nun die viel befehdete Psychoanalyse auch Freunde unter Ihnen, welche es gern sehen, wenn sie sich auch von anderer, von der therapeutischen Seite her rechtfertigen ließe. Sie wissen, daß unsere bisherige psychiatrische Therapie Wahnideen nicht zu beeinflussen vermag. Kann es vielleicht die Psychoanalyse dank ihrer Einsicht in den Mechanismus dieser Symptome? Nein, meine Herren, sie kann es nicht; sie ist gegen diese Leiden – vorläufig wenigstens – ebenso ohnmächtig wie jede andere Therapie. Wir können zwar verstehen, was in dem Kranken vor sich gegangen ist, aber wir haben kein Mittel, um es den Kranken selbst verstehen zu machen. Sie haben ja gehört, daß ich die Analyse dieser Wahnidee nicht über die ersten Ansätze hinaus fördern konnte. Werden Sie darum behaupten wollen, daß die Analyse solcher Fälle verwerflich ist, weil sie unfruchtbar bleibt? Ich glaube doch nicht. Wir haben das Recht, ja die Pflicht, die Forschung ohne Rücksicht auf einen unmittelbaren Nutzeffekt zu betreiben. Am Ende – wir wissen nicht, wo und wann – wird sich jedes Stückchen Wissen in Können umsetzen, auch in therapeutisches Können. Zeigte sich die Psychoanalyse bei allen anderen Formen nervöser und psychischer Erkrankung ebenso erfolglos wie bei den Wahnideen, so bliebe sie doch als unersetzliches Mittel der wissenschaftlichen Forschung voll gerechtfertigt. Wir würden dann allerdings nicht in die Lage kommen, sie auszuüben; das Menschenmaterial, an dem wir lernen wollen, das lebt, seinen eigenen Willen hat und seiner Motive bedarf, um bei der Arbeit mitzutun, würde sich uns verweigern. Lassen Sie mich darum für heute mit der Mitteilung schließen, daß es umfassende Gruppen von nervösen Störungen gibt, bei denen sich die Umsetzung unseres besseren Verstehens in therapeutisches Können tatsächlich erwiesen hat, und daß wir bei diesen sonst schwer zugänglichen Erkrankungen unter gewissen Bedingungen Erfolge erzielen, die hinter keinen anderen auf dem Gebiete der internen Therapie zurückstehen.

17. Vorlesung
Der Sinn der Symptome

Meine Damen und Herren! Ich habe Ihnen im vorigen Vortrag auseinandergesetzt, daß die klinische Psychiatrie sich um die Erscheinungsform und den Inhalt des einzelnen Symptoms wenig bekümmert, daß aber die Psychoanalyse gerade hier angesetzt und zunächst festgestellt hat, das Symptom sei sinnreich und hänge mit dem Erleben des Kranken zusammen. Der Sinn der neurotischen Symptome ist zuerst von J. Breuer aufgedeckt worden durch das Studium und die glückliche Herstellung eines seither berühmt gewordenen Falles von Hysterie (1880–82). Es ist richtig, daß P[ierre] Janet unabhängig denselben Nachweis erbracht hat; dem französischen Forscher gebührt sogar die literarische Priorität, denn Breuer hat seine Beobachtung erst mehr als ein Dezennium später (1893–95) während der Mitarbeiterschaft mit mir veröffentlicht. Es mag uns übrigens ziemlich gleichgültig sein, von wem diese Entdeckung herrührt, denn Sie wissen, jede Entdeckung wird mehr als einmal gemacht, und keine wird auf einmal gemacht, und der Erfolg geht ohnedies nicht mit dem Verdienst. Amerika heißt nicht nach Kolumbus. Vor Breuer und Janet hat der große Psychiater Leuret[1] die Meinung ausgesprochen, selbst die Delirien der Geisteskranken müßten sich als sinnvoll erkennen lassen, wenn wir erst verstünden, sie zu übersetzen. Ich gestehe, daß ich lange Zeit bereit war, das Verdienst P. Janets an der Aufklärung der neurotischen Symptome sehr hoch anzuschlagen, weil er sie als Äußerungen von *idées inconscientes*[2] auffaßte, welche die Kranken beherrschten. Aber Janet hat sich seitdem in übergroßer Zurückhaltung so geäußert, als ob er bekennen wollte, daß das Unbewußte für ihn weiter nichts gewesen sei als eine Redensart, ein Behelf, *une façon de parler;* er habe an nichts Reales dabei gedacht[3]. Seither verstehe ich Janets Ausführungen nicht mehr, ich meine aber, daß er sich überflüssigerweise um viel Verdienst geschädigt hat.

Die neurotischen Symptome haben also ihren Sinn wie die Fehlleistungen, wie die Träume und so wie diese ihren Zusammenhang mit dem Leben der Personen, die sie zeigen. Ich möchte Ihnen nun diese wichtige Einsicht durch einige Beispiele näherbringen. Daß es immer und in allen Fällen so ist, kann ich ja nur behaupten, nicht beweisen. Wer selbst Erfahrungen sucht, wird sich davon die Überzeugung verschaffen. Ich werde aber diese Beispiele aus gewissen Motiven nicht der Hysterie entnehmen, sondern einer anderen, höchst merkwürdigen, ihr im Grunde sehr nahestehenden Neurose, von der ich Ihnen einige einleitende Worte zu sagen habe. Diese, die sogenannte Zwangsneurose, ist nicht so populär wie die allbekannte Hysterie; sie ist, wenn ich mich so ausdrücken darf, nicht so aufdringlich lärmend, benimmt sich mehr wie eine Privatange-

1 [François Leuret (1797–1851) äußerte sich dazu in seinem Werk *Fragments psychologiques sur la folie* (Psychologische Fragmente über den Wahnsinn), Paris 1834, S. 131.]

2 [franz. unbewußte Ideen.]

3 [Daß seine Verwendung des Begriffes »unbewußte Idee« nur eine Redensart sei, hat Pierre Janet in der Arbeit *Psycho-Analysis. Rapport par M. le Dr. Pierre Janet* (in: Int. Congr. Med., 1913, Bd. 17, Abschnitt XII) mitgeteilt.]

legenheit des Kranken, verzichtet fast völlig auf Erscheinungen am Körper und schafft alle ihre Symptome auf seelischem Gebiet. Die Zwangsneurose und die Hysterie sind diejenigen Formen neurotischer Erkrankung, auf deren Studium die Psychoanalyse zunächst aufgebaut wurde, in deren Behandlung unsere Therapie auch ihre Triumphe feiert. Aber die Zwangsneurose, welcher jener rätselhafte Sprung aus dem Seelischen ins Körperliche abgeht, ist uns durch die psychoanalytische Bemühung eigentlich durchsichtiger und heimlicher geworden als die Hysterie, und wir haben erkannt, daß sie gewisse extreme Charaktere der Neurotik weit greller zur Erscheinung bringt.

Die Zwangsneurose äußert sich darin, daß die Kranken von Gedanken beschäftigt werden, für die sie sich eigentlich nicht interessieren, Impulse in sich verspüren, die ihnen sehr fremdartig vorkommen, und zu Handlungen veranlaßt werden, deren Ausführung ihnen zwar kein Vergnügen bereitet, deren Unterlassung ihnen aber ganz unmöglich ist. Die Gedanken (Zwangsvorstellungen) können an sich unsinnig sein oder auch nur für das Individuum gleichgültig, oft sind sie ganz und gar läppisch, in allen Fällen sind sie der Ausgang einer angestrengten Denktätigkeit, die den Kranken erschöpft und der er sich nur sehr ungern hingibt. Er muß gegen seinen Willen grübeln und spekulieren, als ob es sich um seine wichtigsten Lebensaufgaben handelte. Die Impulse, die der Kranke in sich verspürt, können gleichfalls einen kindischen und unsinnigen Eindruck machen, meist haben sie aber den schreckhaftesten Inhalt wie Versuchungen zu schweren Verbrechen, so daß der Kranke sie nicht nur als fremd verleugnet, sondern entsetzt vor ihnen flieht und sich durch Verbote, Verzichte und Einschränkungen seiner Freiheit vor ihrer Ausführung schützt. Dabei dringen sie niemals, aber wirklich kein einziges Mal, zur Ausführung durch; der Erfolg ist immer, daß die Flucht und die Vorsicht siegen. Was der Kranke wirklich ausführt, die sogenannten Zwangshandlungen, das sind sehr harmlose, sicherlich geringfügige Dinge, meist Wiederholungen, zeremoniöse Verzierungen an Tätigkeiten des gewöhnlichen Lebens, wodurch aber diese notwendigen Verrichtungen, das Zubettegehen, das Waschen, Toilettemachen, Spazierengehen zu höchst langwierigen und kaum lösbaren Aufgaben werden. Die krankhaften Vorstellungen, Impulse und Handlungen sind in den einzelnen Formen und Fällen der Zwangsneurose keineswegs zu gleichen Anteilen vermengt; vielmehr ist es Regel, daß das eine oder das andere dieser Momente das Bild beherrscht und der Krankheit den Namen gibt, aber das Gemeinsame all dieser Formen ist unverkennbar genug.

Das ist doch gewiß ein tolles Leiden. Ich glaube, der ausschweifendsten psychiatrischen Phantasie wäre es nicht gelungen, etwas dergleichen zu konstruieren, und wenn man es nicht alle Tage vor sich sehen könnte, würde man sich nicht entschließen, daran zu glauben. Nun denken Sie aber nicht, daß Sie dem Kranken etwas leisten, wenn Sie ihm zureden, sich abzulenken, sich nicht mit diesen dummen Gedanken zu beschäftigen und an Stelle seiner Spielereien etwas Vernünftiges zu tun. Das möchte er selbst, denn er ist vollkommen klar, teilt Ihr Urteil über seine Zwangssymptome, ja er trägt es Ihnen entgegen. Er kann nur nicht anders; was sich bei der Zwangsneurose zur Tat durchsetzt, das wird von einer Energie getragen, für die uns wahrscheinlich der Vergleich aus dem normalen Seelenleben abgeht. Er kann nur eines: verschieben, vertauschen, anstatt der einen dummen Idee eine andere, irgendwie abgeschwächte setzen, von einer Vorsicht oder Verbot zu einem anderen fortschreiten, anstatt des einen Zeremoniells ein anderes ausführen. Er kann den Zwang verschieben, aber nicht aufheben. Die Verschiebbarkeit aller Symptome, weit von ihrer ursprünglichen Gestaltung weg, ist ein Hauptcharakter seiner Krankheit; außerdem fällt es auf, daß die Gegensätze (Polaritäten), von denen das Seelenleben durchzogen ist, in seinem Zustand besonders scharf gesondert hervortreten. Neben dem Zwang mit positivem und negativem Inhalt macht sich auf intellektuellem Gebiet der Zweifel geltend, der allmählich auch das für gewöhnlich Gesichertste annagt. Das Ganze läuft in eine immer mehr zunehmende Unentschlossenheit, Energielosigkeit, Freiheitsbeschränkung aus. Dabei ist der Zwangsneurotiker ursprünglich ein sehr energisch angelegter Charakter gewesen, oft von außerordentlichem Eigensinn, in der Regel über das durchschnittliche Maß intellektuell begabt. Er hat es zumeist zu einer erfreulichen Höhe der ethischen Entwicklung gebracht, zeigt sich übergewissenhaft, mehr als gewöhnlich korrekt. Sie können sich denken, daß ein tüchtiges Stück Arbeit dazugehört, bis man sich in diesem widerspruchsvollen Ensemble von Charaktereigenschaften und Krankheitssymptomen halbwegs zurechtgefunden hat. Wir streben auch vorläufig gar nichts anderes an, als einige Symptome dieser Krankheit zu verstehen, deuten zu können.

Vielleicht wollen Sie im Hinblick auf unsere Besprechungen vorher wissen, wie sich die gegenwärtige Psychiatrie zu den Problemen der Zwangsneurose verhält. Das ist aber ein armseliges Kapitel. Die Psychiatrie gibt den verschiedenen Zwängen Namen, sagt sonst weiter nichts über sie. Dafür betont sie, daß die Träger solcher Symptome »Degenerierte« sind. Das ist wenig Befriedigung, eigentlich ein Werturteil, eine Verurteilung anstatt einer Erklärung. Wir sollen uns etwa denken, bei Leuten, die aus der Art geschlagen sind, kämen eben alle möglichen Sonderbarkeiten vor. Nun glauben wir ja, daß Personen, die solche Symptome entwickeln, von Natur aus etwas anders sein müssen als andere Menschen. Aber wir möchten fragen: Sind sie mehr »degeneriert« als andere Nervöse, z. B. die Hysteriker oder als die an Psychosen Erkrankenden? Die Charakteristik ist offenbar wieder zu allgemein. Ja man kann bezweifeln, ob sie auch nur berechtigt ist, wenn man erfährt, daß solche Symptome auch bei ausgezeichneten Menschen von besonders hoher und für die Allgemeinheit bedeutsamer Leistungsfähigkeit vorkommen. Für gewöhnlich erfahren wir ja, dank ihrer eigenen Diskretion und der Verlogenheit ihrer Biographen von unseren vorbildlich großen Männern wenig Intimes, aber es kommt doch vor, daß einer ein Wahrheitsfanatiker ist wie Emile Zola, und dann hören wir von ihm, an wieviel sonderbaren Zwangsgewohnheiten er sein Leben über gelitten hat.[4]

Die Psychiatrie hat sich da die Auskunft geschaffen, von *Dégénérés supérieurs*[5] zu sprechen. Schön – aber durch die Psychoanalyse haben wir die Erfahrung gemacht, daß man diese sonderbaren Zwangssymptome wie andere Leiden und wie bei anderen nicht degenerierten Menschen dauernd beseitigen kann. Mir selbst ist solches wiederholt gelungen.

Ich will Ihnen nur zwei Beispiele von Analyse eines Zwangssymptoms mitteilen, eines aus alter Beobachtung, das ich durch kein schöneres zu ersetzen weiß, und ein kürzlich gewonnenes. Ich beschränke mich auf eine so geringe Anzahl, weil man bei einer solchen Mitteilung sehr weitläufig werden, in alle Einzelheiten eingehen muß.

Eine nahe an 30 Jahre alte Dame, die an den schwersten Zwangserscheinungen litt und der ich vielleicht geholfen hätte, wenn ein tückischer Zufall nicht meine Arbeit zunichte gemacht hätte – vielleicht erzähle ich Ihnen noch davon –, führte unter anderen folgende merkwürdige Zwangshandlung vielmals am Tage aus. Sie lief aus ihrem Zimmer in ein anderes nebenan, stellte sich dort an eine bestimmte Stelle bei dem in der Mitte stehenden Tisch hin, schellte ihrem Stubenmädchen, gab ihr einen gleichgültigen Auftrag oder entließ sie auch ohne solchen und lief dann wieder zurück. Das war nun gewiß kein schweres Leidenssymptom, aber es durfte doch die Wißbegierde reizen. Die Aufklärung ergab sich auch auf die unbedenklichste, einwandfreieste Weise unter Ausschluß jedes Beitrages von seiten des Arztes. Ich weiß gar nicht, wie ich zu einer Vermutung über den Sinn dieser Zwangshandlung, zu einem Vorschlag ihrer Deutung hätte kommen können. Sooft ich die Kranke gefragt hatte: Warum tun Sie das? Was hat das für einen Sinn? – hatte sie geantwortet: Ich weiß es nicht. Aber eines Tages, nachdem es mir gelungen war, ein gro-

4 E. Toulouse, *Emile Zola, enquête médico-psychologique*, Paris 1896.
5 [franz. höhere, höherstehende Degenerierte.]

ßes prinzipielles Bedenken bei ihr niederzukämpfen, wurde sie plötzlich wissend und erzählte, was zur Zwangshandlung gehörte. Sie hatte vor mehr als zehn Jahren einen weitaus älteren Mann geheiratet, der sich in der Hochzeitsnacht impotent erwies. Er war ungezählte Male in dieser Nacht aus seinem Zimmer in ihres gelaufen, um den Versuch zu wiederholen, aber jedesmal erfolglos. Am Morgen sagte er ärgerlich: Da muß man sich ja vor dem Stubenmädchen schämen, wenn sie das Bett macht, ergriff eine Flasche roter Tinte, die zufällig im Zimmer war, und goß ihren Inhalt aufs Bettuch, aber nicht gerade auf eine Stelle, die ein Anrecht auf einen solchen Fleck gehabt hätte. Ich verstand anfangs nicht, was diese Erinnerung mit der fraglichen Zwangshandlung zu tun haben sollte, da ich nur in dem wiederholten Aus-einem-Zimmer-in-das-andere-Laufen eine Übereinstimmung fand und etwa noch im Auftreten des Stubenmädchens. Da führte mich die Patientin zu dem Tisch im zweiten Zimmer hin und ließ mich auf dessen Decke einen großen Fleck entdecken. Sie erklärte auch, sie stelle sich so zum Tisch hin, daß das zu ihr gerufene Mädchen den Fleck nicht übersehen könne. Nun war an der intimen Beziehung zwischen jener Szene nach der Brautnacht und ihrer heutigen Zwangshandlung nicht mehr zu zweifeln, aber auch noch allerlei daran zu lernen.

Vor allem wird es klar, daß sich die Patientin mit ihrem Mann identifiziert; sie spielt ihn ja, indem sie sein Laufen aus einem Zimmer ins andere nachahmt. Dann müssen wir, um in der Gleichstellung zu bleiben, wohl zugeben, daß sie das Bett und Bettuch durch den Tisch und die Tischdecke ersetzt. Das schiene willkürlich, aber wir sollen nicht ohne Nutzen Traumsymbolik studiert haben. Im Traum wird gleichfalls sehr häufig ein Tisch gesehen, der aber als Bett zu deuten ist. Tisch und Bett machen mitsammen die Ehe aus, da steht dann leicht eines für das andere.

Der Beweis, daß die Zwangshandlung sinnreich ist, wäre bereits erbracht; sie scheint eine Darstellung, Wiederholung jener bedeutungsvollen Szene zu sein. Aber wir sind nicht genötigt, bei diesem Schein haltzumachen; wenn wir die Beziehung zwischen den beiden eingehender untersuchen, werden wir wahrscheinlich Aufschluß über etwas Weitergehendes, über die Absicht der Zwangshandlung erhalten. Der Kern derselben ist offenbar das Herbeirufen des Stubenmädchens, dem sie den Fleck vor Augen führt, im Gegensatz zur Bemerkung ihres Mannes: Da müßte man sich vor dem Mädchen schämen. Er – dessen Rolle sie agiert – schämt sich also nicht vor dem Mädchen, der Fleck ist demnach an der richtigen Stelle. Wir sehen also, sie hat die Szene nicht einfach wiederholt, sondern sie fortgesetzt und dabei korrigiert, zum Richtigen gewendet. Damit korrigiert sie aber auch das andere, was in jener Nacht so peinlich war und jene Auskunft mit der roten Tinte notwendig machte, die Impotenz. Die Zwangshandlung sagt also: Nein, es ist nicht wahr, er hatte sich nicht vor dem Stubenmädchen zu schämen, er war nicht impotent; sie stellt diesen Wunsch nach Art eines Traumes in einer gegenwärtigen Handlung als erfüllt dar, sie dient der Tendenz, den Mann über sein damaliges Mißgeschick zu erheben.

Dazu kommt alles andere, was ich Ihnen von dieser Frau erzählen könnte; richtiger gesagt: alles, was wir sonst von ihr wissen, weist uns den Weg zu dieser Deutung der an sich unbegreiflichen Zwangshandlung. Die Frau lebt seit Jahren von ihrem Mann getrennt und kämpft mit der Absicht, ihre Ehe gerichtlich scheiden zu lassen. Es ist aber keine Rede, daß sie frei von ihm wäre; sie ist gezwungen, ihm treu zu bleiben, sie zieht sich von aller Welt zurück, um nicht in Versuchung zu geraten, sie entschuldigt und vergrößert sein Wesen in ihrer Phantasie. Ja, das tiefste Geheimnis ihrer Krankheit ist, daß sie durch diese ihren Mann vor übler Nachrede deckt, ihre örtliche Trennung von ihm rechtfertigt und ihm ein behagliches Sonderleben ermöglicht. So führt die Analyse einer harmlosen Zwangshandlung auf geradem Wege zum innersten Kern eines Krankheitsfalles, verrät uns aber gleichzeitig ein nicht unansehnliches Stück des Geheimnisses der Zwangsneurose überhaupt. Ich lasse Sie gern bei diesem Beispiel verweilen, denn es vereinigt Bedingungen, die man billigerweise nicht von allen Fällen fordern wird. Die Deutung des Symptoms wurde hier von der Kranken mit einem Schlage gefunden ohne Anleitung oder Einmengung des Analytikers, und sie erfolgte durch die Beziehung auf ein Erlebnis, welches nicht, wie sonst, einer vergessenen Kindheitsperiode angehört hatte, sondern im reifen Leben der Kranken vorgefallen und unverlöscht in ihrer Erinnerung geblieben war. Alle die Einwendungen, welche die Kritik sonst gegen unsere Symptomdeutungen vorzubringen pflegt, gleiten von diesem Einzelfalle ab. So gut können wir es freilich nicht immer haben.[6]

Und noch eines! Ist es Ihnen nicht aufgefallen, wie uns diese unscheinbare Zwangshandlung in die Intimitäten der Patientin eingeführt hat? Eine Frau hat nicht viel Intimeres zu erzählen als die Geschichte ihrer Hochzeitsnacht, und daß wir gerade auf Intimitäten des Geschlechtslebens gekommen sind, sollte das zufällig und ohne weiteren Belang sein? Es könnte freilich die Folge der Auswahl sein, die ich diesmal getroffen habe. Urteilen wir nicht zu rasch und wenden wir uns dem zweiten Beispiel zu, welches von ganz anderer Art ist, ein Muster einer häufig vorkommenden Gattung, nämlich ein Schlafzeremoniell.

Ein 19jähriges, üppiges, begabtes Mädchen, das einzige Kind seiner Eltern, denen es an Bildung und intellektueller Regsamkeit überlegen ist, war als Kind wild und übermütig und hat sich im Laufe der letzten Jahre ohne sichtbare äußere Einwirkung zu einer Nervösen umgewandelt. Sie ist besonders gegen ihre Mutter sehr reizbar, immer unzufrieden, deprimiert, neigt zur Unentschlossenheit und zum Zweifel und macht endlich das Geständnis, daß sie auf Plätzen und in größeren Straßen nicht mehr allein gehen kann. Wir werden uns mit ihrem komplizierten Krankheitszustand, der zum mindesten zwei Diagnosen erheischt,

6 [Freud hat diesen Fall bereits im Aufsatz *Zwangshandlungen und Religionsübungen* beschrieben, den er 1907 in der ersten Nummer der »Zeitschrift für Religionspsychologie« veröffentlichte.]

die einer Agoraphobie und einer Zwangsneurose, nicht viel abgeben, sondern nur dabei verweilen, daß dieses Mädchen auch ein Schlafzeremoniell entwickelt hat, unter dem sie ihre Eltern leiden läßt. Man kann sagen, in gewissem Sinne hat jeder Normale sein Schlafzeremoniell oder er hält auf die Herstellung von gewissen Bedingungen, deren Nichterfüllung ihn am Einschlafen stört; er hat den Übergang aus dem Wachleben in den Schlafzustand in gewisse Formen gebracht, die er allabendlich in gleicher Weise wiederholt. Aber alles, was der Gesunde an Schlafbedingung fordert, läßt sich rationell verstehen, und wenn die äußeren Umstände eine Änderung notwendig machen, so fügt er sich leicht und ohne Zeitaufwand. Das pathologische Zeremoniell ist aber unnachgiebig, es weiß sich mit den größten Opfern durchzusetzen, es deckt sich gleichfalls mit einer rationellen Begründung und scheint sich bei oberflächlicher Betrachtung nur durch eine gewisse übertriebene Sorgfalt vom Normalen zu entfernen. Sieht man aber näher zu, so kann man bemerken, daß die Decke zu kurz ist, daß das Zeremoniell Bestimmungen umfaßt, die weit über die rationelle Begründung hinausgehen, und andere, die ihr direkt widersprechen. Unsere Patientin schützt als Motiv ihrer nächtlichen Vorsichten vor, daß sie zum Schlafen Ruhe braucht und alle Quellen des Geräusches ausschließen muß. In dieser Absicht tut sie zweierlei: Die große Uhr in ihrem Zimmer wird zum Stehen gebracht, alle anderen Uhren aus dem Zimmer entfernt, nicht einmal ihre winzige Armbanduhr wird im Nachtkästchen geduldet. Blumentöpfe und Vasen werden auf dem Schreibtische so zusammengestellt, daß sie nicht zur Nachtzeit herunterfallen, zerbrechen und sie im Schlafe stören können. Sie weiß, daß diese Maßregeln durch das Gebot der Ruhe nur eine scheinbare Rechtfertigung finden können; die kleine Uhr würde man nicht ticken hören, auch wenn sie auf dem Nachtkästchen liegen bliebe, und wir haben alle die Erfahrung gemacht, daß das regelmäßige Ticken einer Pendeluhr niemals eine Schlafstörung macht, sondern eher einschläfernd wirkt. Sie gibt auch zu, daß die Befürchtung,

Blumentöpfe und Vasen könnten, an ihrem Platze gelassen, zur Nachtzeit von selbst herunterfallen und zerbrechen, jeder Wahrscheinlichkeit entbehrt. Für andere Bestimmungen des Zeremoniells wird die Anlehnung an das Ruhegebot fallengelassen. Ja, die Forderung, daß die Türe zwischen ihrem Zimmer und dem Schlafzimmer der Eltern halb offen bleibe, deren Erfüllung sie dadurch sichert, daß sie verschiedene Gegenstände in die geöffnete Türe rückt, scheint im Gegenteil eine Quelle von störenden Geräuschen zu aktivieren. Die wichtigsten Bestimmungen beziehen sich aber auf das Bett selbst. Das Polster am Kopfende des Bettes darf die Holzwand des Bettes nicht berühren. Das kleine Kopfpolsterchen darf auf diesem großen Polster nicht anders liegen, als indem es eine Raute bildet; ihren Kopf legt sie dann genau in den Längsdurchmesser der Raute. Die Federdecke (»Duchent«, wie wir in Österreich sagen) muß vor dem Zudecken so geschüttelt werden, daß ihr Fußende ganz dick wird, dann aber versäumt sie es nicht, diese Anhäufung durch Zerdrücken wieder zu verteilen.

Lassen Sie mich die anderen, oft sehr kleinlichen Einzelheiten dieses Zeremoniells übergehen; sie würden uns nichts Neues lehren und zu weit von unseren Absichten abführen. Aber übersehen Sie nicht, daß dies alles sich nicht so glatt vollzieht. Es ist immer die Sorge dabei, daß nicht alles ordentlich gemacht worden ist; es muß nachgeprüft, wiederholt werden, der Zweifel zeichnet bald die eine, bald die andere der Sicherungen aus, und der Erfolg ist, daß ein bis zwei Stunden hingebracht werden, während welcher das Mädchen selbst nicht schlafen kann und die eingeschüchterten Eltern nicht schlafen läßt.

Die Analyse dieser Quälereien ging nicht so einfach vonstatten wie die der Zwangshandlung bei unserer früheren Patientin. Ich mußte dem Mädchen Andeutungen geben und Vorschläge zur Deutung machen, die von ihr jedesmal mit einem entschiedenen Nein abgelehnt oder mit geringschätzigem Zweifel aufgenommen wurden. Aber auf diese erste ablehnende Reaktion folgte eine Zeit, in welcher sie sich selbst mit den ihr vorgelegten Möglichkeiten beschäftigte, Einfälle zu ihnen sammelte, Erinnerungen produzierte, Zusammenhänge herstellte, bis sie alle Deutungen aus eigener Arbeit angenommen hatte. In dem Maße, als dies geschah, ließ sie auch in der Ausführung der Zwangsmaßregeln nach, und noch vor Ende der Behandlung hatte sie auf das gesamte Zeremoniell verzichtet. Sie müssen auch wissen, daß die analytische Arbeit, wie wir sie heute ausführen, die konsequente Bearbeitung des einzelnen Symptoms, bis man mit dessen Aufhellung zu Ende gekommen ist, geradezu ausschließt. Man ist vielmehr genötigt, das eine Thema immer wieder zu verlassen, und ist sicher, von anderen Zusammenhängen her von neuem darauf zurückzukommen. Die Symptomdeutung, die ich Ihnen jetzt mitteilen werde, ist also eine Synthese von Ergebnissen, deren Förderung sich, von anderen Arbeiten unterbrochen, über die Zeit von Wochen und Monaten erstreckt.

Unsere Patientin lernt allmählich verstehen, daß sie die Uhr als Symbol des weiblichen Genitales aus ihren Zurüstungen für die Nacht verbannt hatte. Die Uhr, für die wir sonst auch andere Symboldeutungen kennen, gelangt zu dieser genitalen Rolle durch ihre Beziehung zu periodischen Vorgängen und gleichen Intervallen. Eine Frau kann etwa von sich rühmen, ihre Menstruation benehme sich so regelmäßig wie ein Uhrwerk. Die Angst unserer Patientin richtete sich aber besonders dagegen, durch das Ticken der Uhr im Schlaf gestört zu werden. Das Ticken der Uhr ist dem Klopfen der Klitoris bei sexueller Erregung gleichzusetzen. Durch diese ihr nun peinliche Empfindung war sie in der Tat wiederholt aus dem Schlafe geweckt worden, und jetzt äußerte sich diese Erektionsangst in dem Gebot, welches gehende Uhren zur Nachtzeit aus ihrer Nähe entfernen hieß. Blumentöpfe und Vasen sind wie alle Gefäße gleichfalls weibliche Symbole.[7] Die Vorsicht, daß sie nicht zur Nachtzeit fallen und zerbrechen, entbehrt also nicht eines guten Sinnes. Wir kennen die vielverbreitete Sitte,

7 [Vgl. in der 10. der *Vorlesungen zur Einführung in die Psychoanalyse.*]

daß bei Verlobungen ein Gefäß oder Teller zerschlagen wird. Jeder der Anwesenden eignet sich ein Bruchstück an, welches wir als Ablösung seiner Ansprüche an die Braut auf dem Standpunkt einer Eheordnung vor der Monogamie auffassen dürfen.[8] Zu diesem Stück ihres Zeremoniells brachte das Mädchen auch eine Erinnerung und mehrere Einfälle. Sie war einmal als Kind mit einem Glas- oder Tongefäß hingefallen, hatte sich in die Finger geschnitten und heftig geblutet. Als sie heranwuchs und von den Tatsachen des Sexualverkehrs Kenntnis bekam, stellte sich die ängstliche Idee bei ihr ein, sie werde in der Hochzeitsnacht nicht bluten und sich nicht als Jungfrau erweisen. Ihre Vorsichten gegen das Zerbrechen der Vasen bedeuten also eine Abweisung des ganzen Komplexes, der mit der Virginität und dem Bluten beim ersten Verkehr zusammenhängt, ebensowohl eine Abweisung der Angst zu bluten wie der entgegengesetzten, nicht zu bluten. Mit der Geräuschverhütung, welcher sie diese Maßnahmen unterordnete, hatten sie nur entfernt etwas zu tun.

Den zentralen Sinn ihres Zeremoniells erriet sie eines Tages, als sie plötzlich die Vorschrift, das Polster dürfe die Bettwand nicht berühren, verstand. Das Polster sei ihr immer ein Weib gewesen, sagte sie, die aufrechte Holzwand ein Mann. Sie wollte also – auf magische Weise, dürfen wir einschalten – Mann und Weib auseinanderhalten, das heißt die Eltern voneinander trennen, nicht zum ehelichen Verkehr kommen lassen. Dasselbe Ziel hatte sie in früheren Jahren vor der Einrichtung des Zeremoniells auf direktere Weise zu erreichen gesucht. Sie hatte Angst simuliert oder eine vorhandene Angstneigung dahin ausgebeutet, daß die Verbindungstüre zwischen dem Schlafzimmer der Eltern und dem Kinderzimmer nicht geschlossen werden dürfe. Dies Gebot war ja noch in ihrem heutigen Zeremoniell erhalten geblieben. Auf solche Art schaffte sie sich die Gelegenheit, die Eltern zu belauschen, zog sich aber in der Ausnützung derselben einmal eine durch Monate anhal-

8 [Vgl. den Hinweis auf die »Gruppenehe« in *Totem und Tabu*, gegen Mitte des ersten Aufsatzes.]

tende Schlaflosigkeit zu. Nicht zufrieden mit solcher Störung der Eltern setzte sie es dann zeitweise durch, daß sie im Ehebett selbst zwischen Vater und Mutter schlafen durfte. »Polster« und »Holzwand« konnten dann wirklich nicht zusammenkommen. Endlich, als sie schon so groß war, daß ihr Körperliches nicht mehr bequem im Bette zwischen den Eltern Platz finden konnte, erreichte sie es durch bewußte Simulation von Angst, daß die Mutter den Schlafplatz mit ihr tauschte und ihr die eigene Stelle neben dem Vater abtrat. Diese Situation war gewiß der Ausgang von Phantasien geworden, deren Nachwirkung man im Zeremoniell verspürt.

Wenn ein Polster ein Weib war, so hatte auch das Schütteln der Federdecke, bis alle Federn unten waren und dort eine Anschwellung hervorriefen, einen Sinn. Es hieß, das Weib schwanger machen; aber sie versäumte es nicht, diese Schwangerschaft wieder wegzustreichen, denn sie hatte Jahre hindurch unter der Furcht gestanden, der Verkehr der Eltern werde ein anderes Kind zur Folge haben und ihr so eine Konkurrenz bescheren. Anderseits, wenn das große Polster ein Weib, die Mutter, war, so konnte das kleine Kopfpölsterchen nur die Tochter vorstellen. Warum mußte dieses Polster als Raute gelegt werden und ihr Kopf genau in die Mittellinie derselben kommen? Sie ließ sich leicht daran erinnern, daß die Raute die an allen Mauern wiederholte Rune des offenen weiblichen Genitales sei. Sie selbst spielte dann den Mann, den Vater, und ersetzte durch ihren Kopf das männliche Glied. (Vgl. die Symbolik des Köpfens für Kastration.)

Wüste Dinge, werden Sie sagen, die da in dem Kopf des jungfräulichen Mädchens spuken sollen. Ich gebe es zu, aber vergessen Sie nicht, ich habe diese Dinge nicht gemacht, sondern bloß gedeutet. Solch ein Schlafzeremoniell ist auch etwas Sonderbares, und Sie werden die Entsprechung zwischen dem Zeremoniell und den Phantasien, die uns die Deutung ergibt, nicht verkennen dürfen. Wichtiger ist mir aber, daß Sie bemerken, es habe sich da nicht eine einzige Phantasie im Zeremoniell niedergeschlagen, sondern eine Anzahl von solchen, die allerdings irgendwo ihren Knotenpunkt haben. Auch daß die Vorschriften des Zeremoniells die sexuellen Wünsche bald positiv, bald negativ wiedergeben, zum Teil der Vertretung und zum Teil der Abwehr derselben dienen.

Man könnte auch aus der Analyse dieses Zeremoniells mehr machen, wenn man es in die richtige Verknüpfung mit den anderen Symptomen der Kranken brächte. Aber unser Weg führt uns nicht dahin. Lassen Sie sich die Andeutung genügen, daß dieses Mädchen einer erotischen Bindung an den Vater verfallen ist, deren Anfänge in frühe Kinderjahre zurückgehen. Vielleicht benimmt sie sich auch darum so unfreundlich gegen ihre Mutter. Wir können auch nicht übersehen, daß uns die Analyse dieses Symptoms wiederum auf das Sexualleben der Kranken hingeführt hat. Vielleicht werden wir uns darüber um so weniger verwundern, je öfter wir in den Sinn und in die Absicht neurotischer Symptome Einsicht gewinnen.

So habe ich Ihnen denn an zwei ausgewählten Beispielen gezeigt, daß die neurotischen Symptome einen Sinn haben wie die Fehlleistungen und wie die Träume und daß sie in intimer Beziehung zum Erleben der Patienten stehen. Kann ich erwarten, daß Sie mir diesen überaus bedeutsamen Satz auf zwei Beispiele hin glauben? Nein. Aber können Sie von mir verlangen, daß ich Ihnen soviel weitere Beispiele erzähle, bis Sie sich für überzeugt erklären? Auch nicht, denn bei der Ausführlichkeit, mit der ich den einzelnen Fall behandle, müßte ich ein fünfstündiges Semestralkolleg der Erledigung dieses einzelnen Punktes der Neurosenlehre widmen. Ich bescheide mich also damit, Ihnen eine Probe für meine Behauptung gegeben zu haben, und verweise Sie im übrigen auf die Mitteilungen in der Literatur, auf die klassischen Symptomdeutungen im ersten Fall von Breuer (Hysterie[9]), auf die frappanten Aufhellungen

9 [Dieser Fall ist in den *Studien über Hysterie* von Breuer und Freud beschrieben; vgl. *Zur Geschichte der psychoanalytischen Bewegung* (1. Teil) im Band 1 der vorliegenden Ausgabe.]

ganz dunkler Symptome bei der sogenannten Dementia praecox durch C. G. Jung[10] aus der Zeit, da dieser Forscher bloß Psychoanalytiker war und noch nicht Prophet sein wollte, und auf alle die Arbeiten, die seither unsere Zeitschriften gefüllt haben. Wir haben gerade an solchen Untersuchungen keinen Mangel. Die Analyse, Deutung, Übersetzung der neurotischen Symptome hat die Psychoanalytiker so angezogen, daß sie zunächst die anderen Probleme der Neurotik dagegen vernachlässigten.

Wer von Ihnen sich einer solchen Bemühung unterzieht, der wird gewiß einen starken Eindruck von der Fülle des Beweismaterials empfangen. Aber er wird auch auf eine Schwierigkeit stoßen. Der Sinn eines Symptoms liegt, wie wir erfahren haben, in einer Beziehung zum Erleben des Kranken. Je individueller das Symptom ausgebildet ist, desto eher dürfen wir erwarten, diesen Zusammenhang herzustellen. Die Aufgabe stellt sich dann geradezu, für eine sinnlose Idee und eine zwecklose Handlung jene vergangene Situation aufzufinden, in welcher die Idee gerechtfertigt und die Handlung zweckentsprechend war. Die Zwangshandlung unserer Patientin, die zum Tisch lief und dem Stubenmädchen schellte, ist direkt vorbildlich für diese Art von Symptomen. Aber es gibt, und zwar sehr häufig, Symptome von ganz anderem Charakter. Man muß sie »typische« Symptome der Krankheit nennen, sie sind in allen Fällen ungefähr gleich, die individuellen Unterschiede verschwinden bei ihnen oder schrumpfen wenigstens so zusammen, daß es schwerfällt, sie mit dem individuellen Erleben der Kranken zusammenzubringen und auf einzelne erlebte Situationen zu beziehen. Richten wir unseren Blick wiederum auf die Zwangsneurose. Schon das Schlafzimmerzeremoniell unserer zweiten Patientin hat viel Typisches an sich, dabei allerdings genug individuelle Züge, um die sozusagen *historische* Deutung zu ermöglichen. Aber alle

10 [C. G. Jung, *Über die Psychologie der Dementia praecox*, Halle 1907. – Zur Abwendung Jungs von der Psychoanalyse vgl. den Aufsatz *Zur Geschichte der psychoanalytischen Bewegung* (1. Teil) und besonders die Zitate in den Fußnoten 10 und 22.]

diese Zwangskranken haben die Neigung zu wiederholen, Verrichtungen zu rhythmieren und von anderen zu isolieren. Die meisten von ihnen waschen zu viel. Die Kranken, welche an Agoraphobie (Topophobie, Raumangst) leiden, was wir nicht mehr zur Zwangsneurose rechnen, sondern als Angsthysterie bezeichnen, wiederholen in ihren Krankheitsbildern oft in ermüdender Monotonie dieselben Züge, sie fürchten geschlossene Räume, große offene Plätze, lange sich hinziehende Straßen und Alleen. Sie halten sich für geschützt, wenn Bekannte sie begleiten oder wenn ein Wagen ihnen nachfährt usw. Auf diesem gleichartigen Untergrund tragen aber doch die einzelnen Kranken ihre individuellen Bedingungen, Launen, möchte man sagen, auf, die einander in den einzelnen Fällen direkt widersprechen. Der eine scheut nur enge Straßen, der andere nur weite, der eine kann nur gehen, wenn wenig, der andere, wenn viele Menschen auf der Straße sind. Ebenso hat die Hysterie bei allem Reichtum an individuellen Zügen einen Überfluß an gemeinsamen, typischen Symptomen, die einer leichten historischen Zurückführung zu widerstreben scheinen. Vergessen wir nicht, es sind ja diese typischen Symptome, nach denen wir uns für die Stellung der Diagnose orientieren. Haben wir nun wirklich in einem Falle von Hysterie ein typisches Symptom auf ein Erlebnis oder auf eine Kette von ähnlichen Erlebnissen zurückgeführt, z. B. ein hysterisches Erbrechen auf eine Folge von Ekeleindrücken, so werden wir irre, wenn uns die Analyse in einem anderen Fall von Erbrechen eine durchaus andersartige Reihe von angeblich wirksamen Erlebnissen aufdeckt. Es sieht dann bald so aus, als müßten die Hysterischen aus unbekannten Gründen Erbrechen äußern, und die von der Analyse gelieferten historischen Anlässe seien nur Vorwände, die von dieser inneren Notwendigkeit verwendet werden, wenn sie sich zufällig ergeben.

So kommen wir bald zur betrübenden Einsicht, daß wir zwar den Sinn der individuellen neurotischen Symptome durch die Beziehung zum Erleben befriedigend aufklären können, daß uns aber unsere Kunst für die weit häufigeren typischen Symptome derselben im Stiche läßt. Dazu kommt, daß ich Sie noch gar nicht mit allen Schwierigkeiten vertraut gemacht habe, die sich bei der konsequenten Verfolgung der historischen Symptomdeutung herausstellen. Ich will es auch nicht tun, denn ich habe zwar die Absicht, Ihnen nichts zu beschönigen oder zu verhehlen, aber ich darf Sie doch nicht zu Beginn unserer gemeinsamen Studien ratlos machen und in Verwirrung bringen. Es ist richtig, daß wir erst den Anfang zu einem Verständnis der Symptombedeutung gemacht haben, aber wir wollen an dem Gewonnenen festhalten und uns schrittweise zur Bewältigung des noch Unverstandenen durchringen. Ich versuche es also, Sie mit der Überlegung zu trösten, daß eine fundamentale Verschiedenheit zwischen der einen und der anderen Art von Symptomen doch kaum anzunehmen ist. Hängen die individuellen Symptome so unverkennbar vom Erleben des Kranken ab, so bleibt für die typischen Symptome die Möglichkeit, daß sie auf ein Erleben zurückgehen, das an sich typisch, allen Menschen gemeinsam ist. Andere in der Neurose regelmäßig wiederkehrende Züge mögen allgemeine Reaktionen sein, welche den Kranken durch die Natur der krankhaften Veränderung aufgezwungen werden, wie das Wiederholen oder das Zweifeln der Zwangsneurose. Kurz, wir haben keinen Grund zum vorzeitigen Verzagen; wir werden ja sehen, was sich weiter ergibt.

Vor einer ganz ähnlichen Schwierigkeit stehen wir auch in der Traumlehre. Ich konnte sie in unseren früheren Besprechungen über den Traum nicht behandeln. Der manifeste Inhalt der Träume ist ja ein höchst mannigfaltiger und individuell verschiedener, und wir haben ausführlich gezeigt, was man aus diesem Inhalt durch die Analyse gewinnt. Aber daneben gibt es Träume, die man gleichfalls »typische« heißt, die bei allen Menschen in gleicher Weise vorkommen, Träume von gleichförmigem Inhalt, welche der Deutung dieselben Schwierigkeiten entgegensetzen. Es sind dies die Träume vom Fallen, Fliegen, Schweben, Schwimmen, Gehemmtsein, vom Nacktsein und andere gewisse Angstträume, die uns bald diese, bald jene Deutung bei einzelnen Personen ergeben, ohne daß die Monotonie und das typische Vorkommen derselben dabei seine Aufklärung fände. Auch bei diesen Träumen beobachten wir aber, daß ein gemeinsamer Untergrund durch individuell wechselnde Zutaten belebt wird, und wahrscheinlich werden auch sie sich in das Verständnis des Traumlebens, das wir an den anderen Träumen gewonnen haben, ohne Zwang, aber unter Erweiterung unserer Einsichten einfügen lassen.

18. Vorlesung
Die Fixierung an das Trauma. Das Unbewußte

Meine Damen und Herren! Ich sagte das letztemal, wir wollten die Fortsetzung unserer Arbeit nicht an unsere Zweifel, sondern an unsere Funde anknüpfen. Zwei der interessantesten Folgerungen, die sich aus den zwei vorbildlichen Analysen ableiten, haben wir überhaupt noch nicht ausgesprochen.

Fürs erste: Beide Patienten machen uns den Eindruck, als wären sie an ein bestimmtes Stück ihrer Vergangenheit *fixiert,* verständen nicht davon freizukommen und seien deshalb der Gegenwart und der Zukunft entfremdet. Sie stekken nun in ihrer Krankheit, wie man sich in früheren Zeiten in ein Kloster zurückzuziehen pflegte, um dort ein schweres Lebensschicksal auszutragen. Für unsere erste Patientin ist es die in Wirklichkeit aufgegebene Ehe mit ihrem Manne, die ihr dieses Verhängnis bereitet hat. Durch ihre Symptome setzt sie den Prozeß mit ihrem Manne fort; wir haben jene Stimmen verstehen gelernt, die für ihn plädieren, die ihn entschuldigen, erhöhen, seinen Verlust beklagen. Obwohl sie jung und für andere Männer begehrenswert ist, hat sie alle realen und imaginären (magischen) Vorsichten ergriffen, um ihm die Treue zu bewahren. Sie zeigt sich nicht vor fremden Augen, vernachlässigt ihre Erscheinung, aber sie vermag es auch nicht, so bald von einem Sessel aufzustehen, auf dem sie gesessen ist,[1] und sie verweigert es, ihren Namen zu unterschreiben, kann keinem ein Geschenk machen, mit der Motivierung, es dürfe niemand etwas von ihr haben.

Bei unserer zweiten Patientin, dem jungen Mädchen, ist es eine erotische Bindung an den Vater, welche sich in den Jahren vor der Pubertät hergestellt hatte, die für ihr Leben dasselbe leistet. Sie hat auch für sich den Schluß gezogen, daß sie nicht heiraten kann, solange sie so krank ist. Wir dürfen vermuten, sie ist so krank geworden, um nicht heiraten zu müssen und um beim Vater zu bleiben.

Wir dürfen die Frage nicht abweisen, wie, auf welchem Wege und kraft welcher Motive kommt man in eine so merkwürdige und so unvorteilhafte Einstellung zum Leben? Vorausgesetzt, daß dieses Verhalten ein allgemeiner Charakter der Neurose und nicht eine besondere Eigentümlichkeit dieser zwei Kranken ist. Es ist aber in der Tat ein allgemeiner, praktisch sehr bedeutsamer Zug einer jeden Neurose. Die erste hysterische Patientin[2] von Breuer war in ähnlicher Weise an die Zeit fixiert, da sie ihren schwer erkrankten Vater pflegte. Sie hat trotz ihrer Herstel-

---

1 [Im Aufsatz *Zwangshandlungen und Religionsübungen* (vgl. Fußnote 6 zur 17. der *Vorlesungen*) schreibt Freud: »Dieselbe Patientin konnte eigentlich nur auf einem einzigen Sessel sitzen und konnte sich nur mit Schwierigkeit von ihm erheben. Der Sessel symbolisierte ihr mit Beziehung auf bestimmte Details ihres Ehelebens den Mann, dem sie die Treue hielt. Sie fand zur Aufklärung ihres Zwanges den Satz: ›Man trennt sich so schwer von einem Manne (Sessel), auf dem man einmal gesessen hat.‹«]

2 [Im 2. Kapitel der *Studien über Hysterie* trägt sie das Pseudonym »Anna O.«, hinter dem sich Bertha Pappenheim verbarg, die Tochter eines reichen jüdischen Kaufmanns in Wien. Nach der Behandlung durch Breuer (1880–1882) war ihre Krankheitsperiode keineswegs abgeschlossen, so daß heute am Erfolg der »kathartischen« Behandlung (vgl. *Zur Geschichte der psychoanalytischen Bewegung* in Band 1 der vorliegenden Ausgabe) eher gezweifelt wird. Bereits kurze Zeit nach ihrer letzten Behandlung durch Breuer wurde sie als schwere Morphinistin in ein Sanatorium eingeliefert. Sie blieb unverheiratet (worauf Freud hier anspielt) und widmete sich später in großen Teilen Europas der Sozialarbeit unter Juden. 1936 starb sie im Alter von 77 Jahren.]

lung seither in gewisser Hinsicht mit dem Leben abgeschlossen, sie ist zwar gesund und leistungsfähig geblieben, ist aber dem normalen Frauenschicksal ausgewichen. Bei jedem unserer Kranken können wir durch die Analyse ersehen, daß er sich in seinen Krankheitssymptomen und durch die Folgerungen aus ihnen in eine gewisse Periode seiner Vergangenheit zurückversetzt hat. In der Überzahl der Fälle hat er sogar eine sehr frühe Lebensphase dazu gewählt, eine Zeit seiner Kindheit, ja so lächerlich es klingen mag, selbst seiner Säuglingsexistenz.

Die nächste Analogie zu diesem Verhalten unserer Nervösen bieten Erkrankungen, wie sie gerade jetzt der Krieg in besonderer Häufigkeit entstehen läßt, die sogenannten traumatischen Neurosen. Es hat solche Fälle nach Eisenbahnzusammenstößen und anderen schreckhaften Lebensgefahren natürlich auch vor dem Kriege gegeben. Die traumatischen Neurosen sind im Grunde nicht dasselbe wie die spontanen Neurosen, die wir analytisch zu untersuchen und zu behandeln pflegen; es ist uns auch noch nicht gelungen, sie unseren Gesichtspunkten zu unterwerfen, und ich hoffe, Ihnen einmal klarmachen zu können, woran diese Einschränkung liegt.[3] Aber in dem einen Punkt dürfen wir eine völlige Übereinstimmung hervorheben. Die traumatischen Neurosen geben deutliche Anzeichen dafür, daß ihnen eine Fixierung an den Moment des traumatischen Unfalles zugrunde liegt. In ihren Träumen wiederholen diese Kranken regelmäßig die traumatische Situation; wo hysteriforme Anfälle vorkommen, die eine Analyse zulassen, erfährt man, daß der Anfall einer vollen Versetzung in diese Situation entspricht. Es ist so, als ob diese Kranken mit der traumatischen Situation nicht fertiggeworden wären, als ob diese noch als unbezwungene aktuelle Aufgabe vor ihnen stände, und wir nehmen diese Auffassung in allem Ernst an; sie zeigt uns den Weg zu einer, heißen wir es *ökonomischen* Betrachtung der seelischen Vorgänge. Ja,

3 [Traumatische Neurosen erwähnt Freud außerdem in der 24. der *Vorlesungen.*]

der Ausdruck traumatisch hat keinen anderen als einen solchen ökonomischen Sinn. Wir nennen so ein Erlebnis, welches dem Seelenleben innerhalb kurzer Zeit einen so starken Reizzuwachs bringt, daß die Erledigung oder Aufarbeitung desselben in normalgewohnter Weise mißglückt, woraus dauernde Störungen im Energiebetrieb resultieren müssen.

Diese Analogie muß uns dazu verlocken, auch jene Erlebnisse, an welche unsere Nervösen fixiert erscheinen, als traumatische zu bezeichnen. Auf solche Weise würde uns eine einfache Bedingung für die neurotische Erkrankung verheißen werden. Die Neurose wäre einer traumatischen Erkrankung gleichzusetzen und entstünde durch die Unfähigkeit, ein überstark affektbetontes Erlebnis zu erledigen. So lautete auch wirklich die erste Formel, in welcher Breuer und ich 1893/95 theoretische Rechenschaft von unseren neuen Beobachtungen ablegten. Ein Fall wie der unserer ersten Patientin, der jungen, von ihrem Mann getrennten Frau, unterwirft sich dieser Auffassung sehr gut. Sie hat die Undurchführbarkeit ihrer Ehe nicht verwunden und ist an diesem Trauma hängengeblieben. Aber schon unser zweiter Fall, das an ihren Vater fixierte Mädchen, zeigt uns, daß die Formel nicht umfassend genug ist. Einerseits ist eine solche Kleinmädchenverliebtheit in den Vater etwas so Gewöhnliches und so häufig Überwundenes, daß die Bezeichnung »traumatisch« allen Gehalt verlieren würde, anderseits lehrt uns die Geschichte der Kranken, daß diese erste erotische Fixierung zunächst anscheinend schadlos vorüberging und erst mehrere Jahre später in den Symptomen der Zwangsneurose wieder zum Vorschein kam. Wir sehen da also Komplikationen, eine größere Reichhaltigkeit der Erkrankungsbedingungen voraus, aber wir ahnen auch, der traumatische Gesichtspunkt wird nicht etwa als irrig aufzugeben sein; er wird sich anderswo einfügen und unterordnen müssen.

Wir brechen hier wieder den Weg ab, den wir eingeschlagen haben. Er führt zunächst nicht weiter, und wir haben allerlei anderes zu erfahren, ehe wir seine richtige Fortsetzung finden können[4]. Bemerken wir noch zum Thema der Fixierung an eine bestimmte Phase der Vergangenheit, daß ein solches Vorkommen weit über die Neurose hinausgeht. Jede Neurose enthält eine solche Fixierung, aber nicht jede Fixierung führt zur Neurose, fällt mit Neurose zusammen oder stellt sich auf dem Wege der Neurose her. Ein Mustervorbild einer affektiven Fixierung an etwas Vergangenes ist die Trauer, die selbst die vollste Abwendung von Gegenwart und Zukunft mit sich bringt. Aber die Trauer scheidet sich selbst für das Laienurteil scharf von der Neurose. Dagegen gibt es Neurosen, die man als eine pathologische Form der Trauer bezeichnen kann[5].

Es kommt auch vor, daß Menschen durch ein traumatisches, die bisherigen Grundlagen ihres Lebens erschütterndes Ereignis so zum Stillstand gebracht werden, daß sie jedes Interesse für Gegenwart und Zukunft aufgeben und dauernd in der seelischen Beschäftigung mit der Vergangenheit verharren, aber diese Unglücklichen brauchen dabei nicht neurotisch zu werden. Wir wollen also diesen einen Zug für die Charakteristik der Neurose nicht überschätzen, so regelmäßig und so bedeutsam er sonst sein mag.

Nun aber zum zweiten Ergebnis unserer Analysen, für welches wir eine nachträgliche Einschränkung nicht zu besorgen haben. Wir haben von unserer ersten Patientin mitgeteilt, welche sinnlose Zwangshandlung sie ausführte und welche intime Lebenserinnerung sie als dazugehörig erzählte, haben auch später das Verhältnis zwischen den beiden untersucht und die Absicht der Zwangshandlung aus dieser Beziehung zur Erinnerung erraten. Aber ein Moment haben wir völlig beiseite gelassen, das unsere ganze Aufmerksamkeit verdient. Solange die Patientin auch die Zwangshandlung wiederholte, wußte sie nichts davon, daß sie mit ihr an jenes Erlebnis anknüpfte. Der Zusammen-

4 [Das Thema wird in der 22. der *Vorlesungen* wieder aufgenommen.]
5 [Vgl. *Trauer und Melancholie* im vorliegenden Band.]

hang zwischen den beiden war ihr verborgen; sie mußte wahrheitsgemäß antworten, sie wisse nicht, unter welchen Antrieben sie dies tue. Dann traf es sich unter dem Einflusse der Kurarbeit plötzlich einmal, daß sie jenen Zusammenhang auffand und mitteilen konnte. Aber noch immer wußte sie von der Absicht nichts, in deren Dienst sie die Zwangshandlung ausführte, der Absicht, ein peinliches Stück der Vergangenheit zu korrigieren und den von ihr geliebten Mann auf ein höheres Niveau zu stellen. Es dauerte ziemlich lange und kostete viel Mühe, bis sie begriffen und mir zugestanden hatte, daß ein solches Motiv allein die treibende Kraft der Zwangshandlung gewesen sein könnte.

Der Zusammenhang mit der Szene nach der verunglückten Hochzeitsnacht und das zärtliche Motiv der Kranken ergeben mitsammen das, was wir den »Sinn« der Zwangshandlung genannt haben. Aber dieser Sinn war ihr nach beiden Richtungen, dem »woher« wie dem »wozu«, unbekannt gewesen, während sie die Zwangshandlung ausführte. Es hatten also seelische Vorgänge in ihr gewirkt, die Zwangshandlung war eben deren Wirkung; sie hatte die Wirkung in normaler seelischer Verfassung wahrgenommen, aber nichts von den seelischen Vorbedingungen dieser Wirkung war zur Kenntnis ihres Bewußtseins gekommen. Sie hatte sich ganz ebenso benommen wie ein Hypnotisierter, dem Bernheim den Auftrag erteilte, fünf Minuten nach seinem Erwachen im Krankensaal einen Regenschirm aufzuspannen, der diesen Auftrag im Wachen ausführte, aber kein Motiv für sein Tun anzugeben wußte.[6] Einen solchen Sachverhalt haben wir im Auge, wenn wir von der Existenz *unbewußter seelischer Vorgänge* reden. Wir dürfen alle Welt herausfordern, von diesem Sachverhalt auf eine korrektere wissenschaftliche Art Rechenschaft zu geben, und wollen dann gern auf die Annahme unbewußter seelischer Vorgänge verzichten. Bis dahin werden wir aber an dieser Annahme festhalten, und wir müssen es mit resi-

6 [Freud äußert sich dazu auch am Beginn der 6. Vorlesung.]

gniertem Achselzucken als unbegreiflich abweisen, wenn uns jemand einwenden will, das Unbewußte sei hier nichts im Sinne der Wissenschaft Reales, ein Notbehelf, *une façon de parler.*[7] Etwas nicht Reales, von dem so real greifbare Wirkungen ausgehen wie eine Zwangshandlung!

Im Grunde das nämliche treffen wir bei unserer zweiten Patientin an. Sie hat ein Gebot geschaffen, das Polster dürfe die Bettwand nicht berühren, und muß dieses Gebot befolgen, aber sie weiß nicht, woher es stammt, was es bedeutet und welchen Motiven es seine Macht verdankt. Ob sie es selbst als indifferent betrachtet oder sich dagegen sträubt, dagegen wütet, sich vornimmt, es zu übertreten, ist für seine Ausführung gleichgültig. Es muß befolgt werden, und sie fragt sich vergeblich, warum. Man muß doch bekennen, in diesen Symptomen der Zwangsneurose, diesen Vorstellungen und Impulsen, die auftauchen, man weiß nicht woher, sich so resistent gegen alle Einflüsse des sonst normalen Seelenlebens benehmen, den Kranken selbst den Eindruck machen, als wären sie übergewaltige Gäste aus einer fremden Welt, Unsterbliche, die sich in das Gewühl der Sterblichen gemengt haben, ist wohl der deutlichste Hinweis auf einen besonderen, vom übrigen abgeschlossenen Bezirk des Seelenlebens gegeben. Von ihnen aus führt ein nicht zu verfehlender Weg zur Überzeugung von der Existenz des Unbewußten in der Seele, und gerade darum weiß die klinische Psychiatrie, die nur eine Bewußtseinspsychologie kennt, mit ihnen nichts anderes anzufangen, als daß sie sie für die Anzeichen einer besonderen Degenerationsweise ausgibt. Natürlich sind die Zwangsvorstellungen und Zwangsimpulse nicht selbst unbewußt, so wenig wie die Ausführung der Zwangshandlungen der bewußten Wahrnehmung entgeht. Sie wären nicht Symptome geworden, wenn sie nicht zum Bewußtsein durchgedrungen wären. Aber die psychischen Vorbedingungen, die wir durch die Analyse für sie erschließen, die Zusammenhänge, in welche wir sie durch die Deutung ein-

7 [Vgl. den Beginn der 17. Vorlesung.]

setzen, sind unbewußte, wenigstens so lange, bis wir sie dem Kranken durch die Arbeit der Analyse zu bewußten gemacht haben.

Nun nehmen Sie hinzu, daß dieser bei unseren beiden Fällen festgestellte Sachverhalt sich bei allen Symptomen aller neurotischen Erkrankungen bestätigt, daß immer und überall der Sinn der Symptome dem Kranken unbekannt ist, daß die Analyse regelmäßig zeigt, diese Symptome seien Abkömmlinge unbewußter Vorgänge, die sich aber unter mannigfaltigen günstigen Bedingungen bewußtmachen lassen, so werden Sie verstehen, daß wir in der Psychoanalyse das unbewußte Seelische nicht entbehren können und gewohnt sind, mit ihm wie mit etwas sinnlich Greifbarem zu operieren. Sie werden aber vielleicht auch begreifen, wie wenig urteilsfähig in dieser Frage alle anderen sind, die das Unbewußte nur als Begriff kennen, die nie analysiert, nie Träume gedeutet oder neurotische Symptome in Sinn und Absicht umgesetzt haben. Um es für unsere Zwecke nochmals auszusprechen: Die Möglichkeit, den neurotischen Symptomen durch analytische Deutung einen Sinn zu geben, ist ein unerschütterlicher Beweis für die Existenz – oder, wenn Sie so lieber wollen, für die Notwendigkeit der Annahme – unbewußter seelischer Vorgänge.

Das ist aber nicht alles. Dank einer zweiten Entdeckung von Breuer, die mir sogar als die inhaltsreichere erscheint und in welcher er keine Genossen hat, erfahren wir von der Beziehung zwischen dem Unbewußten und den neurotischen Symptomen noch mehr. Nicht nur, daß der Sinn der Symptome regelmäßig unbewußt ist; es besteht auch ein Verhältnis von Vertretung zwischen dieser Unbewußtheit und der Existenzmöglichkeit der Symptome. Sie werden mich bald verstehen. Ich will mit Breuer folgendes behaupten: Jedesmal, wenn wir auf ein Symptom stoßen, dürfen wir schließen, es bestehen bei dem Kranken bestimmte unbewußte Vorgänge, die eben den Sinn des Symptoms enthalten. Aber es ist auch erforderlich, daß dieser Sinn unbewußt sei, damit das Symptom zustande komme. Aus bewußten Vorgängen werden Symptome nicht gebildet; sowie die betreffenden unbewußten bewußt geworden sind, muß das Symptom verschwinden. Sie erkennen hier mit einem Male einen Zugang zur Therapie, einen Weg, Symptome zum Verschwinden zu bringen. Auf diesem Wege hat Breuer in der Tat seine hysterische Patientin hergestellt, das heißt von ihren Symptomen befreit; er fand eine Technik, ihr die unbewußten Vorgänge, die den Sinn des Symptoms enthielten, zum Bewußtsein zu bringen, und die Symptome verschwanden.

Diese Entdeckung von Breuer war nicht das Ergebnis einer Spekulation, sondern einer glücklichen, durch das Entgegenkommen des Kranken ermöglichten Beobachtung. Sie sollen sich jetzt auch nicht damit quälen wollen, sie durch Zurückführung auf etwas anderes, bereits Bekanntes zu verstehen, sondern sollen eine neue fundamentale Tatsache in ihr erkennen, mit deren Hilfe vieles andere erklärlich werden wird. Gestatten Sie mir darum, daß ich Ihnen dasselbe in anderen Ausdrucksweisen wiederhole.

Die Symptombildung ist ein Ersatz für etwas anderes, was unterblieben ist. Gewisse seelische Vorgänge hätten sich normalerweise so weit entwickeln sollen, daß das Bewußtsein Kunde von ihnen erhielte. Das ist nicht geschehen, und dafür ist aus den unterbrochenen, irgendwie gestörten Vorgängen, die unbewußt bleiben mußten, das Symptom hervorgegangen. Es ist also etwas wie eine Vertauschung vorgefallen; wenn es gelingt, diese rückgängig zu machen, hat die Therapie der neurotischen Symptome ihre Aufgabe gelöst.

Der Breuersche Fund ist noch heute die Grundlage der psychoanalytischen Therapie. Der Satz, daß die Symptome verschwinden, wenn man ihre unbewußten Vorbedingungen bewußtgemacht hat, ist durch alle weitere Forschung bestätigt worden, obgleich man den merkwürdigsten und unerwartetsten Komplikationen begegnet, wenn man den Versuch seiner praktischen Durchführung unternimmt. Unsere Therapie wirkt dadurch, daß sie Unbewußtes in Bewußtes verwandelt, und wirkt nur, insoweit sie in die Lage kommt, diese Verwandlung durchzusetzen.

Nun rasch eine kleine Abschweifung, damit Sie nicht in die Gefahr kommen, sich diese therapeutische Arbeit als zu leicht vorzustellen. Nach unseren bisherigen Ausführungen wäre ja die Neurose die Folge einer Art von Unwissenheit, des Nichtwissens um seelische Vorgänge, von denen man wissen sollte. Das würde eine starke Annäherung an bekannte sokratische Lehren sein, denen zufolge selbst die Laster auf einer Unwissenheit beruhen. Nun wird es dem in der Analyse erfahrenen Arzt in der Regel sehr leicht zu erraten, welche seelische Regungen bei dem einzelnen Kranken unbewußt geblieben sind. Es dürfte ihm also auch nicht schwerfallen, den Kranken herzustellen, indem er ihn durch Mitteilung seines Wissens von seiner eigenen Unwissenheit befreit. Wenigstens der eine Anteil des unbewußten Sinnes der Symptome wäre auf diese Weise leicht erledigt, vom anderen, vom Zusammenhang der Symptome mit den Erlebnissen des Kranken kann der Arzt freilich nicht viel erraten, denn er kennt diese Erlebnisse nicht, er muß warten, bis der Kranke sie erinnert und ihm erzählt. Aber auch dafür ließe sich in manchen Fällen ein Ersatz finden. Man kann sich bei den Angehörigen des Kranken nach dessen Erlebnissen erkundigen, und diese werden häufig in der Lage sein, die traumatisch wirksamen unter ihnen zu erkennen, vielleicht sogar solche Erlebnisse mitzuteilen, von denen der Kranke nichts weiß, weil sie in sehr frühe Jahre seines Lebens gefallen sind. Durch eine Vereinigung dieser beiden Verfahren hätte man also Aussicht, der pathogenen Unwissenheit des Kranken in kurzer Zeit und mit geringer Mühe abzuhelfen.

Ja, wenn das so ginge! Wir haben da Erfahrungen gemacht, auf welche wir anfangs nicht vorbereitet waren. Wissen und Wissen ist nicht dasselbe; es gibt verschiedene Arten von Wissen, die psychologisch gar nicht gleichwertig sind. *Il y a fagots et fagots,*[8] heißt es einmal bei Molière. Das Wissen des Arztes ist nicht dasselbe wie das des Kranken

---

8 [Diese stehende franz. Wendung – »es ist doch ein Unterschied zwischen den Dingen (oder: Personen)« – findet sich in Molières Komödie *Le médecin malgré lui* (Der Arzt wider Willen; 1. Aufzug, 5. Szene).]

und kann nicht dieselben Wirkungen äußern. Wenn der Arzt sein Wissen durch Mitteilung auf den Kranken überträgt, so hat dies keinen Erfolg. Nein, es wäre unrichtig, es so zu sagen. Es hat nicht den Erfolg, die Symptome aufzuheben, sondern den anderen, die Analyse in Gang zu bringen, wovon Äußerungen des Widerspruches häufig die ersten Anzeichen sind. Der Kranke weiß dann etwas, was er bisher nicht gewußt hat, den Sinn seines Symptoms, und er weiß ihn doch ebensowenig wie vorhin. Wir erfahren so, es gibt mehr als eine Art von Unwissenheit. Es wird eine gewisse Vertiefung unserer psychologischen Kenntnisse dazugehören, um uns zu zeigen, worin die Unterschiede bestehen.[9] Aber unser Satz, daß die Symptome mit dem Wissen um ihren Sinn vergehen, bleibt darum doch richtig. Es kommt nur dazu, daß das Wissen auf einer inneren Veränderung im Kranken beruhen muß, wie sie nur durch eine psychische Arbeit mit bestimmtem Ziel hervorgerufen werden kann. Hier stehen wir vor Problemen, die sich uns bald zu einer *Dynamik* der Symptombildung zusammenfassen werden.

Meine Herren! Ich muß jetzt die Frage aufwerfen, ist Ihnen das, was ich Ihnen sage, nicht zu dunkel und zu kompliziert? Verwirre ich Sie nicht dadurch, daß ich so oft zurücknehme und einschränke, Gedankengänge anspinne und dann fallenlasse? Es sollte mir leid tun, wenn es so wäre. Ich habe aber eine starke Abneigung gegen Vereinfachungen auf Kosten der Wahrheitstreue, habe nichts dagegen, wenn Sie den vollen Eindruck von der Vielseitigkeit und Verwobenheit des Gegenstandes empfangen, und denke mir auch, es ist kein Schaden dabei, wenn ich Ihnen zu jedem Punkte mehr sage, als Sie augenblicklich verwerten können. Ich weiß doch, daß jeder Hörer und Leser das ihm Dargebotene in Gedanken zurichtet, verkürzt, vereinfacht und herauszieht, was er behalten möchte. Bis zu einem gewissen Maß ist es wohl richtig, daß um so mehr

9 [Auf diese Frage kommt Freud in der 27. Vorlesung noch einmal zurück.]

übrigbleibt, je reichlicher vorhanden war. Lassen Sie mich hoffen, daß Sie das Wesentliche an meinen Mitteilungen, das über den Sinn der Symptome, über das Unbewußte und die Beziehung zwischen beiden, trotz allen Beiwerkes klar erfaßt haben. Sie haben wohl auch verstanden, daß unsere weitere Bemühung nach zwei Richtungen gehen wird, erstens um zu erfahren, wie Menschen erkranken, zur Lebenseinstellung der Neurose gelangen können, was ein klinisches Problem ist, und zweitens, wie sich aus den Bedingungen der Neurose die krankhaften Symptome entwikkeln, was ein Problem der seelischen Dynamik bleibt. Für die beiden Probleme muß es auch irgendwo einen Treffpunkt geben.

Ich will auch heute nicht weiter gehen, aber da unsere Zeit noch nicht um ist, gedenke ich, Ihre Aufmerksamkeit auf einen anderen Charakter unserer beiden Analysen zu lenken, dessen volle Würdigung wiederum erst später erfolgen kann, auf die Erinnerungslücken oder Amnesien. Sie haben gehört, daß man die Aufgabe der psychoanalytischen Behandlung in die Formel fassen kann, alles pathogene Unbewußte in Bewußtes umzusetzen. Nun werden Sie vielleicht erstaunt sein zu erfahren, daß man diese Formel auch durch die andere ersetzen kann, alle Erinnerungslükken der Kranken auszufüllen, seine Amnesien aufzuheben. Das käme auf dasselbe hinaus. Den Amnesien des Neurotikers wird also eine wichtige Beziehung zur Entstehung seiner Symptome zugeschrieben. Wenn Sie aber den Fall unserer ersten Analyse in Betracht ziehen, werden Sie diese Einschätzung der Amnesie nicht berechtigt finden. Die Kranke hat die Szene, an welche ihre Zwangshandlung anknüpft, nicht vergessen, im Gegenteil in lebhafter Erinnerung bewahrt, und etwas anderes Vergessenes ist bei der Entstehung dieses Symptoms auch nicht im Spiele. Minder deutlich, aber doch im ganzen analog ist die Sachlage bei unserer zweiten Patientin, dem Mädchen mit dem Zwangszeremoniell. Auch sie hat das Benehmen ihrer früheren Jahre, die Tatsachen, daß sie auf der Eröffnung der Türe zwischen dem Schlafzimmer der Eltern und ihrem eigenen bestand und daß sie die Mutter aus ihrer Stelle im Ehebett vertrieb, eigentlich nicht vergessen; sie erinnert sich daran sehr deutlich, wenn auch zögernd und ungern. Als auffällig können wir nur betrachten, daß die erste Patientin, wenn sie ihre Zwangshandlung ungezählte Male ausführte, nicht *ein Mal* an deren Ähnlichkeit mit dem Erlebnis nach der Hochzeitsnacht gemahnt wurde und daß sich diese Erinnerung auch nicht einstellte, als sie durch direkte Fragen zur Nachforschung über die Motivierung der Zwangshandlung aufgefordert wurde. Dasselbe gilt für das Mädchen, bei dem das Zeremoniell und seine Anlässe überdies auf die nämliche, allabendlich wiederholte Situation bezogen wird. In beiden Fällen besteht keine eigentliche Amnesie, kein Erinnerungsausfall, aber es ist ein Zusammenhang unterbrochen, der die Reproduktion, das Wiederauftauchen in der Erinnerung, herbeiführen sollte. Eine derartige Störung des Gedächtnisses reicht für die Zwangsneurose hin, bei der Hysterie ist es anders. Diese letztere Neurose ist meist durch ganz großartige Amnesien ausgezeichnet. In der Regel wird man bei der Analyse jedes einzelnen hysterischen Symptoms auf eine ganze Kette von Lebenseindrücken geleitet, die bei ihrer Wiederkehr ausdrücklich als bisher vergessen bezeichnet werden. Diese Kette reicht einerseits bis in die frühesten Lebensjahre zurück, so daß sich die hysterische Amnesie als unmittelbare Fortsetzung der infantilen Amnesie erkennen läßt, die uns Normalen die Anfänge unseres Seelenlebens verdeckt. Anderseits erfahren wir mit Erstaunen, daß auch die jüngsten Erlebnisse der Kranken dem Vergessen verfallen sein können und daß insbesondere die Anlässe, bei denen die Krankheit ausgebrochen oder verstärkt worden ist, von der Amnesie angenagt, wenn nicht ganz verschlungen worden sind. Regelmäßig sind aus dem Gesamtbild einer solchen rezenten Erinnerung wichtige Einzelheiten geschwunden oder durch Erinnerungsfälschungen ersetzt worden. Ja es ereignet sich wiederum fast regelmäßig, daß erst kurz vor dem Abschluß einer Analyse gewisse Erinnerungen an frisch Erlebtes auftauchen, die so lange zurückgehalten werden konnten und fühlbare Lücken im Zusammenhange gelassen hatten.

Solche Beeinträchtigungen des Erinnerungsvermögens sind, wie gesagt, für die Hysterie charakteristisch, bei welcher ja auch als Symptome Zustände auftreten (die hysterischen Anfälle), die in der Erinnerung keine Spur zu hinterlassen brauchen. Wenn es bei der Zwangsneurose anders ist, so mögen Sie daraus schließen, daß es sich bei diesen Amnesien um einen psychologischen Charakter der hysterischen Veränderung und nicht um einen allgemeinen Zug der Neurosen überhaupt handelt. Die Bedeutung dieser Differenz wird durch folgende Betrachtung eingeschränkt werden. Wir haben als den »Sinn« eines Symptoms zweierlei zusammengefaßt, sein Woher und sein Wohin oder Wozu, das heißt die Eindrücke und Erlebnisse, von denen es ausgeht, und die Absichten, denen es dient. Das Woher eines Symptoms löst sich also in Eindrücke auf, die von außen gekommen sind, die notwendigerweise einmal bewußt waren und seither durch Vergessen unbewußt geworden sein mögen. Das Wozu des Symptoms, seine Tendenz, ist aber jedesmal ein endopsychischer Vorgang, der möglicherweise zuerst bewußt geworden ist, aber ebensowohl niemals bewußt war und von jeher im Unbewußten verblieben ist. Es ist also nicht sehr wichtig, ob die Amnesie auch das Woher, die Erlebnisse, auf die sich das Symptom stützt, ergriffen hat, wie es bei der Hysterie geschieht; das Wohin, die Tendenz des Symptoms, die von Anfang an unbewußt gewesen sein kann, ist es, die die Abhängigkeit desselben vom Unbewußten begründet, und zwar bei der Zwangsneurose nicht weniger fest als bei der Hysterie.

Mit dieser Hervorhebung des Unbewußten im Seelenleben haben wir aber die bösesten Geister der Kritik gegen die Psychoanalyse aufgerufen. Wundern Sie sich darüber nicht und glauben Sie auch nicht, daß der Widerstand gegen uns nur an der begreiflichen Schwierigkeit des Unbewußten oder an der relativen Unzugänglichkeit der Erfahrungen gelegen ist, die es erweisen. Ich meine, er kommt von tiefer her. Zwei große Kränkungen ihrer naiven Eigenliebe hat die Menschheit im Laufe der Zeiten von der Wissenschaft erdulden müssen. Die erste, als sie erfuhr, daß unsere Erde nicht der Mittelpunkt des Weltalls ist, sondern ein winziges Teilchen eines in seiner Größe kaum vorstellbaren Weltsystems. Sie knüpft sich für uns an den Namen Kopernikus, obwohl schon die alexandrinische Wissenschaft ähnliches verkündet hatte. Die zweite dann, als die biologische Forschung das angebliche Schöpfungsvorrecht des Menschen zunichte machte, ihn auf die Abstammung aus dem Tierreich und die Unvertilgbarkeit seiner animalischen Natur verwies. Diese Umwertung hat sich in unseren Tagen unter dem Einfluß von Ch. Darwin, Wallace und ihren Vorgängern nicht ohne das heftigste Sträuben der Zeitgenossen vollzogen. Die dritte und empfindlichste Kränkung aber soll die menschliche Größensucht durch die heutige psychologische Forschung erfahren, welche dem Ich nachweisen will, daß es nicht einmal Herr ist im eigenen Hause, sondern auf kärgliche Nachrichten angewiesen bleibt von dem, was unbewußt in seinem Seelenleben vorgeht. Auch diese Mahnung zur Einkehr haben wir Psychoanalytiker nicht zuerst und nicht als die einzigen vorgetragen, aber es scheint uns beschieden, sie am eindringlichsten zu vertreten und durch Erfahrungsmaterial, das jedem einzelnen nahegeht, zu erhärten. Daher die allgemeine Auflehnung gegen unsere Wissenschaft, die Versäumnis aller Rücksichten akademischer Urbanität und die Entfesselung der Opposition von allen Zügeln unparteiischer Logik, und dazu kommt noch, daß wir den Frieden dieser Welt noch auf andere Weise stören mußten, wie Sie bald hören werden.[10]

---

10 [Auf die folgenden Vorlesungen Nr. 19–21 mußte aus Umfangsgründen verzichtet werden. Ihre Themen finden sich an anderen Stellen der vorliegenden Ausgabe. – 19. Vorlesung »Widerstand und Verdrängung«: vgl. die Studien *Die Verdrängung* und *Das Unbewußte* (IV. Abschnitt) im vorliegenden Band. 20. Vorlesung »Das menschliche Sexualleben« und 21. Vorlesung »Libidoentwicklung und Sexualorganisationen«: vgl. *Drei Abhandlungen zur Sexualtheorie* in Band 1. – In der 21. Vorlesung behandelt

Freud den Ödipuskomplex und gibt bei dieser Gelegenheit folgendes Resümee seiner Beziehung zur antiken Sage und zur Tragödie *König Ödipus* von Sophokles:

»Nun werden Sie darauf gespannt sein zu erfahren, was dieser schreckliche Ödipuskomplex enthält. Der Name sagt es Ihnen. Sie kennen alle die griechische Sage vom König Ödipus, der durch das Schicksal dazu bestimmt ist, seinen Vater zu töten und seine Mutter zum Weibe zu nehmen, der alles tut, um dem Orakelspruch zu entgehen, und sich dann durch Blendung bestraft, nachdem er erfahren, daß er diese beiden Verbrechen unwissentlich doch begangen hat. Ich hoffe, viele von Ihnen haben die erschütternde Wirkung der Tragödie, in welcher Sophokles diesen Stoff behandelt, an sich selbst erlebt. Das Werk des attischen Dichters stellt dar, wie die längst vergangene Tat des Ödipus durch eine kunstvoll verzögerte und durch immer neue Anzeichen angefachte Untersuchung allmählich enthüllt wird; es hat insofern eine gewisse Ähnlichkeit mit dem Fortgang einer Psychoanalyse. Im Verlaufe des Dialogs kommt es vor, daß die verblendete Mutter-Gattin Jokaste sich der Fortsetzung der Untersuchung widersetzt. Sie beruft sich darauf, daß vielen Menschen im Traum zuteil geworden, daß sie der Mutter beiwohnen, aber Träume dürfe man gering achten. Wir achten Träume nicht gering, am wenigsten typische Träume, solche, die sich vielen Menschen ereignen, und zweifeln nicht daran, daß der von Jokaste erwähnte Traum innig mit dem befremdenden und erschreckenden Inhalt der Sage zusammenhängt.

Es ist zu verwundern, daß die Tragödie des Sophokles nicht vielmehr empörte Ablehnung beim Zuhörer hervorruft, eine ähnliche und weit mehr berechtigte Reaktion als die unseres schlichten Militärarztes. Denn sie ist im Grunde ein unmoralisches Stück, sie hebt die sittliche Verantwortlichkeit des Menschen auf, zeigt göttliche Mächte als die Anordner des Verbrechens und die Ohnmacht der sittlichen Regungen des Menschen, die sich gegen das Verbrechen wehren. Man könnte leicht glauben, daß der Sagenstoff eine Anklage der Götter und des Schicksals beabsichtige, und in den Händen des kritischen, mit den Göttern zerfallenen Euripides wäre es wahrscheinlich eine solche Anklage geworden. Aber beim gläubigen Sophokles ist von dieser Verwendung keine Rede; eine fromme Spitzfindigkeit, es sei die höchste Sittlichkeit, sich dem Willen der Götter, auch wenn er Verbrecherisches anordne, zu beugen, hilft über die Schwierigkeit hinweg. Ich kann nicht finden, daß diese Moral zu den Stärken des Stückes gehört, aber sie ist für die Wirkung desselben gleichgültig. Der Zuhörer reagiert nicht auf sie, sondern auf den geheimen Sinn und Inhalt der Sage. Er reagiert so, als hätte er durch Selbstanalyse den Ödipuskomplex in sich erkannt und den Götterwillen sowie das Orakel als erhöhende Verkleidungen seines eigenen Unbewußten entlarvt. Als ob er sich der Wünsche, den Vater zu beseitigen und an seiner Statt die Mutter zum Weibe zu nehmen, erinnern und sich über sie entsetzen müßte. Er versteht auch die Stimme des Dichters so, als ob sie ihm sagen wollte: Du sträubst dich vergebens gegen deine Verantwortlichkeit und beteuerst, was du gegen diese verbrecherischen Absichten getan hast. Du bist doch schuldig, denn du hast sie nicht vernichten können; sie bestehen noch unbewußt in dir. Und darin ist psychologische Wahrheit enthalten. Auch wenn der Mensch seine bösen Regungen ins Unbewußte verdrängt hat und sich dann sagen möchte, daß er für sie nicht verantwortlich ist, wird er doch gezwungen, diese Verantwortlichkeit als ein Schuldgefühl von ihm unbekannter Begründung zu verspüren.

Es ist ganz unzweifelhaft, daß man in dem Ödipuskomplex eine der wichtigsten Quellen des Schuldbewußtseins sehen darf, von dem die Neurotiker so oft gepeinigt werden. Aber noch mehr: in einer Studie über die Anfänge der menschlichen Religion und Sittlichkeit, die ich 1913 unter dem Titel *Totem und Tabu* veröffentlicht habe, ist mir die Vermutung nahe gekommen, daß vielleicht die Menschheit als Ganzes ihr Schuldbewußtsein, die letzte Quelle von Religion und Sittlichkeit, zu Beginn ihrer Geschichte am Ödipuskomplex erworben hat.«

22. Vorlesung
Gesichtspunkte der Entwicklung und Regression. Ätiologie

Meine Damen und Herren! Wir haben gehört, daß die Libidofunktion eine weitläufige Entwicklung durchmacht, bis sie in der normal genannten Weise in den Dienst der Fortpflanzung treten kann. Ich möchte Ihnen nun vorführen, welche Bedeutung diese Tatsache für die Verursachung der Neurosen hat.

Ich glaube, wir befinden uns im Einklang mit den Lehren der allgemeinen Pathologie, wenn wir annehmen, daß eine solche Entwicklung zweierlei Gefahren mit sich bringt, erstens die der *Hemmung* und zweitens die der *Regression*. Das heißt, bei der allgemeinen Neigung biologischer Vorgänge zur Variation wird es sich ereignen müssen, daß nicht alle vorbereitenden Phasen gleich gut durchlaufen und vollständig überwunden werden; Anteile der Funktion werden dauernd auf diesen frühen Stufen zurückgehalten werden, und dem Gesamtbild der Entwicklung wird ein gewisses Maß von Entwicklungshemmung beigemengt sein.

Suchen wir uns Analogien zu diesen Vorgängen auf anderen Gebieten. Wenn ein ganzes Volk seine Wohnsitze verläßt, um neue aufzusuchen, wie es in früheren Perioden der Menschengeschichte oftmals geschah, so ist es gewiß nicht in seiner Vollzahl an dem neuen Orte angekommen. Von anderen Verlusten abgesehen, muß es sich regelmäßig zugetragen haben, daß kleine Haufen oder Verbände der Wanderer unterwegs haltmachten und sich an diesen Stationen niederließen, während die Hauptmenge weiterzog. Oder, um näherliegende Vergleiche zu suchen, Sie wissen, daß bei den höchsten Säugetieren die männlichen Keimdrüsen, die ursprünglich tief im Inneren des Bauchraumes lagern, zu einer gewissen Zeit des Intrauterinlebens eine Wanderung antreten, die sie fast unmittelbar unter die Haut des Beckenendes geraten läßt. Als Folge dieser Wanderung findet man bei einer Anzahl von männlichen Individuen, daß eines der paarigen Organe in der Beckenhöhle zurückgeblieben ist oder daß es eine dauernde Lagerung im sogenannten Leistenkanal gefunden hat, den beide auf ihrer Wanderung passieren müssen, oder daß wenigstens dieser Kanal offengeblieben ist, der normalerweise nach Abschluß des Lagewechsels der Keimdrüsen verwachsen soll. Als ich als junger Student meine erste wissenschaftliche Arbeit unter der Leitung v. Brückes ausführte, beschäftigte ich mich mit dem Ursprung der hinteren Nervenwurzeln im Rückenmark eines kleinen, noch sehr archaisch gebildeten Fisches. Ich fand, daß die Nervenfasern dieser Wurzeln aus großen Zellen im Hinterhorn der grauen Substanz hervorgehen, was bei anderen Rückenmarktieren nicht mehr der Fall ist. Aber ich entdeckte auch bald darauf, daß solche Nervenzellen sich außerhalb der grauen Substanz an der ganzen Strecke bis zum sogenannten Spinalganglion der hinteren Wurzel vorfinden, woraus ich den Schluß zog, daß die Zellen dieser Ganglienhaufen aus dem Rückenmark in die Wurzelstrecke der Nerven gewandert sind. Dies zeigt auch die Entwicklungsgeschichte; bei diesem kleinen Fisch war aber der ganze Weg der Wanderung durch zurückgebliebene Zellen kenntlich gemacht. Bei tieferem Eingehen wird es Ihnen nicht schwerfallen, die schwachen Punkte dieser Vergleichungen aufzuspüren. Wir wollen es darum direkt aussprechen, daß wir es für jede einzelne Sexualstrebung für möglich halten, daß einzelne Anteile von ihr auf früheren Stufen der Entwicklung zurückgeblieben sind, wenngleich andere Anteile das Endziel erreicht haben mögen. Sie erkennen dabei, daß wir uns jede solche Strebung als eine seit Lebensbeginn kontinuierliche Strömung vorstellen, die wir gewissermaßen künstlich in gesondert aufeinanderfolgende Schübe zerlegen. Ihr Eindruck, daß diese Vorstellungen einer weiteren Klärung bedürftig sind, hat recht, aber der Versuch würde uns zu weit abführen. Lassen Sie uns noch feststellen, daß ein solches Verbleiben einer Partialstrebung auf einer früheren Stufe eine *Fixierung* (des Triebes nämlich) heißen soll.

Die zweite Gefahr einer so stufenweisen Entwicklung

liegt darin, daß auch die Anteile, die es weiter gebracht haben, leicht in rückläufiger Bewegung auf eine dieser früheren Stufen zurückkehren können, was wir eine *Regression* nennen. Zu einer solchen Regression wird sich die Strebung veranlaßt finden, wenn die Ausübung ihrer Funktion, also die Erreichung ihres Befriedigungszieles, in der späteren oder höher entwickelten Form auf starke äußere Hindernisse stößt. Es liegt uns nahe anzunehmen, daß Fixierung und Regression nicht unabhängig voneinander sind. Je stärker die Fixierungen auf dem Entwicklungsweg, desto eher wird die Funktion den äußeren Schwierigkeiten durch Regression bis zu jenen Fixierungen ausweichen, desto widerstandsunfähiger erweist sich also die ausgebildete Funktion gegen äußere Hindernisse ihres Ablaufes. Denken Sie daran, wenn ein Volk in Bewegung starke Abteilungen an den Stationen seiner Wanderung zurückgelassen hat, so wird es den weiter Vorgerückten naheliegen, sich bis zu diesen Stationen zurückziehen, wenn sie geschlagen werden oder auf einen überstarken Feind stoßen. Sie werden aber auch um so eher in die Gefahr der Niederlage kommen, je mehr sie von ihrer Anzahl auf der Wanderung zurückgelassen haben.

Es ist für Ihr Verständnis der Neurosen wichtig, daß Sie dies Verhältnis zwischen Fixierung und Regression nicht aus den Augen lassen. Sie gewinnen dann einen sicheren Halt in der Frage nach der Verursachung der Neurosen, in der Frage der Neurosenätiologie, an welche wir bald herantreten werden.

Zunächst wollen wir noch bei der Regression verbleiben. Nach dem, was Ihnen von der Entwicklung der Libidofunktion bekannt geworden ist, dürfen Sie Regressionen von zweierlei Art erwarten, Rückkehr zu den ersten von der Libido besetzten Objekten, die bekanntlich inzestuöser Natur sind, und Rückkehr der gesamten Sexualorganisation zu früheren Stufen. Beide kommen bei den Übertragungsneurosen vor und spielen in deren Mechanismus eine große Rolle. Besonders die Rückkehr zu den ersten inzestuösen Objekten der Libido ist ein Zug, der sich bei den

Neurotikern mit geradezu ermüdender Regelmäßigkeit findet. Weit mehr läßt sich über die Regressionen der Libido sagen, wenn man eine andere Gruppe der Neurosen, die sogenannten narzißtischen, mit heranzieht, was wir ja gegenwärtig nicht beabsichtigen. Diese Affektionen geben uns Aufschluß über noch andere, bisher nicht erwähnte Entwicklungsvorgänge der Libidofunktion und zeigen uns dementsprechend auch neue Arten der Regression. Ich glaube aber, daß ich Sie jetzt vor allem mahnen muß, *Regression* und *Verdrängung* nicht zu verwechseln, und Ihnen dazu verhelfen muß, sich die Beziehungen zwischen den beiden Prozessen zu klären. Verdrängung ist, wie Sie sich erinnern, jener Vorgang, durch welchen ein bewußtseinsfähiger Akt, also einer, der dem System Vbw. angehört, unbewußt gemacht, also in das System Ubw. zurückgeschoben wird. Und ebenso nennen wir es Verdrängung, wenn der unbewußte seelische Akt überhaupt nicht ins nächste vorbewußte System zugelassen, sondern an der Schwelle von der Zensur zurückgewiesen wird. Dem Begriff der Verdrängung haftet also keine Beziehung zur Sexualität an; bitte, bemerken Sie das wohl. Er bezeichnet einen rein psychologischen Vorgang, den wir noch besser charakterisieren können, wenn wir ihn einen *topischen* heißen. Wir wollen damit sagen, er habe mit den angenommenen psychischen Räumlichkeiten zu tun, oder, wenn wir diese grobe Hilfsvorstellung wieder fallenlassen, mit dem Aufbau des seelischen Apparates aus gesonderten psychischen Systemen.

Durch die angestellte Vergleichung werden wir erst aufmerksam gemacht, daß wir das Wort »Regression« bisher nicht in seiner allgemeinen, sondern in einer ganz speziellen Bedeutung gebraucht haben. Geben Sie ihm seinen allgemeinen Sinn, den einer Rückkehr von einer höheren zu einer niedrigeren Stufe der Entwicklung, so ordnet sich auch die Verdrängung der Regression unter, denn sie kann auch als Rückkehr zu einer früheren und tieferen Stufe in der Entwicklung eines psychischen Aktes beschrieben werden. Nur, daß es uns bei der Verdrängung auf diese rückläufige Richtung nicht ankommt, denn wir heißen es auch

Verdrängung im *dynamischen* Sinne, wenn ein psychischer Akt auf der niedrigeren Stufe des Unbewußten festgehalten wird. Verdrängung ist eben ein topisch-dynamischer Begriff, Regression ein rein deskriptiver. Was wir aber bisher Regression genannt und zur Fixierung in Beziehung gebracht haben, damit meinten wir ausschließlich die Rückkehr der Libido zu früheren Stationen ihrer Entwicklung, also etwas, was von der Verdrängung im Wesen ganz verschieden und von ihr ganz unabhängig ist. Wir können die Libidoregression auch nicht einen rein psychischen Vorgang heißen und wissen nicht, welche Lokalisation im seelischen Apparat wir ihr anweisen sollen. Wenn sie auch den stärksten Einfluß auf das seelische Leben ausübt, so ist doch der organische Faktor an ihr der hervorragendste.

Erörterungen wie diese, meine Herren, müssen etwas dürr geraten. Wenden wir uns an die Klinik, um etwas eindrucksvollere Anwendungen von ihnen zu machen. Sie wissen, daß Hysterie und Zwangsneurose die beiden Hauptvertreter der Gruppe der Übertragungsneurosen sind. Bei der Hysterie gibt es nun zwar eine Regression der Libido zu den primären inzestuösen Sexualobjekten, und diese ganz regelmäßig, aber so gut wie keine Regression auf eine frühere Stufe der Sexualorganisation. Dafür fällt der Verdrängung im hysterischen Mechanismus die Hauptrolle zu. Wenn ich mir gestatten darf, unsere bisherige gesicherte Kenntnis dieser Neurose durch eine Konstruktion zu vervollständigen, so könnte ich den Sachverhalt in folgender Weise beschreiben: Die Einigung der Partialtriebe unter dem Primat der Genitalien ist vollzogen, ihre Ergebnisse stoßen aber auf den Widerstand des mit dem Bewußtsein verknüpften vorbewußten Systems. Die Genitalorganisation gilt also fürs Unbewußte, nicht ebenso fürs Vorbewußte, und diese Ablehnung von seiten des Vorbewußten bringt ein Bild zustande, welches mit dem Zustand vor dem Genitalprimat gewisse Ähnlichkeiten hat. Es ist aber doch etwas ganz anderes. – Von den beiden Libidoregressionen ist die auf eine frühere Phase der Sexualorganisation die bei weitem auffälligere. Da sie bei der Hysterie fehlt und unsere ganze Auffassung der Neurosen noch viel zu sehr unter dem Einflusse des Studiums der Hysterie steht, welches zeitlich voranging, so ist die Bedeutung der Libidoregression uns auch viel später klar geworden als die der Verdrängung. Seien wir gefaßt darauf, daß unsere Gesichtspunkte noch andere Erweiterungen und Umwertungen erfahren werden, wenn wir außer Hysterie und Zwangsneurose noch die anderen, narzißtischen Neurosen in unsere Betrachtungen einbeziehen können.

Bei der Zwangsneurose ist im Gegenteil die Regression der Libido auf die Vorstufe der sadistisch-analen Organisation das auffälligste und das für die Äußerung in Symptomen maßgebende Faktum. Der Liebesimpuls muß sich dann als sadistischer Impuls maskieren. Die Zwangsvorstellung: ich möchte dich ermorden, heißt im Grunde, wenn man sie von gewissen, aber nicht zufälligen, sondern unerläßlichen Zutaten befreit hat, nichts anderes als: ich möchte dich in Liebe genießen. Nehmen Sie dazu, daß gleichzeitig eine Objektregression stattgehabt hat, so daß diese Impulse nur den nächsten und den geliebtesten Personen gelten, so können Sie sich von dem Entsetzen eine Vorstellung machen, welches diese Zwangsvorstellungen beim Kranken erwecken, und gleichzeitig von der Fremdartigkeit, in welcher sie seiner bewußten Wahrnehmung entgegentreten. Aber auch die Verdrängung hat an dem Mechanismus dieser Neurosen ihren großen Anteil, der in einer flüchtigen Einführung wie der unserigen allerdings nicht leicht auseinanderzusetzen ist. Regression der Libido ohne Verdrängung würde nie eine Neurose ergeben, sondern in eine Perversion auslaufen. Daraus ersehen Sie, daß die Verdrängung jener Prozeß ist, welcher der Neurose am ehesten eigentümlich zukommt und sie am besten charakterisiert. Vielleicht habe ich aber auch einmal Gelegenheit, Ihnen vorzuführen, was wir über den Mechanismus der Perversionen wissen, und Sie werden dann sehen, daß auch hier nichts so einfach vor sich geht, wie man es sich gerne konstruieren möchte.

Meine Herren! Ich meine, Sie werden sich mit den eben angehörten Ausführungen über Fixierung und Regression der Libido am ehesten versöhnen, wenn Sie sie als Vorbereitung für die Erforschung der Ätiologie der Neurosen gelten lassen wollen. Ich habe Ihnen hierüber erst eine einzige Mitteilung gemacht, nämlich daß die Menschen neurotisch erkranken, wenn ihnen die Möglichkeit benommen ist, ihre Libido zu befriedigen, also an der »Versagung«, wie ich mich ausdrückte, und daß ihre Symptome eben der Ersatz für die versagte Befriedigung sind.[1] Natürlich sollte das nicht heißen, daß jede Versagung der libidinösen Befriedigung jeden, den sie trifft, neurotisch macht, sondern bloß, daß in allen untersuchten Fällen von Neu-

---

1 [In der 19. Vorlesung schreibt Freud: »Meine Herren! Ich ... mache Sie ... aufmerksam, daß alles, was ich hier über Verdrängung, Symptombildung und Symptombedeutung sage, an drei Formen von Neurosen, der Angsthysterie, der Konversionshysterie und der Zwangsneurose, gewonnen worden ist und zunächst auch nur für diese Formen gilt. Diese drei Affektionen, die wir als *Übertragungsneurosen* in einer Gruppe zu vereinigen gewohnt sind, umschreiben auch das Gebiet, auf welchem sich die psychoanalytische Therapie betätigen kann. Die anderen Neurosen sind von der Psychoanalyse weit weniger gut studiert worden; bei einer Gruppe derselben ist wohl die Unmöglichkeit einer therapeutischen Beeinflussung ein Grund für die Zurücksetzung gewesen. Vergessen Sie auch nicht, daß die Psychoanalyse eine noch sehr junge Wissenschaft ist, daß sie viel Mühe und Zeit zur Vorbereitung erfordert und daß sie vor gar nicht langer Zeit noch auf zwei Augen gestanden ist. Doch sind wir an allen Stellen im Begriffe, in das Verständnis dieser anderen Affektionen, die nicht Übertragungsneurosen sind, einzudringen. Ich hoffe, Ihnen noch vorführen zu können, welche Erweiterungen unsere Annahmen und Ergebnisse bei der Anpassung an dieses neue Material erfahren, und Ihnen zu zeigen, daß diese weiteren Studien nicht zu Widersprüchen, sondern zur Herstellung von höheren Einheitlichkeiten geführt haben. Wenn also jetzt alles, was hier gesagt wird, für die drei Übertragungsneurosen gilt, so lassen Sie mich zunächst den Wert der Symptome durch eine neue Mitteilung steigern. Eine vergleichende Untersuchung über die Anlässe der Erkrankung ergibt nämlich ein Resultat, welches sich in die Formel fassen läßt, diese Personen erkranken an der *Versagung* in irgendeiner Weise, wenn ihnen die Realität die Befriedigung ihrer sexuellen Wünsche vorenthält. Sie erkennen, wie vortrefflich diese beiden Ergebnisse miteinander stimmen. Die Symptome sind dann erst recht als Ersatzbefriedigung für die im Leben vermißte zu verstehen.«]

rose das Moment der Versagung nachweisbar war. Der Satz ist also nicht umkehrbar. Sie werden wohl auch verstanden haben, daß jene Behauptung nicht das ganze Geheimnis der Neurosenätiologie aufdecken sollte, sondern eben nur eine wichtige und unerläßliche Bedingung hervorhob.

Man weiß jetzt nicht, soll man sich für die weitere Diskussion dieses Satzes an die Natur der Versagung oder an die Eigenart des von ihr Betroffenen halten. Die Versagung ist doch höchst selten eine allseitige und absolute; um pathogen wirksam zu werden, muß sie wohl jene Weise der Befriedigung betreffen, nach der die Person allein verlangt, deren sie allein fähig ist. Es gibt im allgemeinen sehr viele Wege, die Entbehrung der libidinösen Befriedigung zu vertragen, ohne an ihr zu erkranken. Vor allem kennen wir Menschen, die imstande sind, eine solche Entbehrung ohne Schaden auf sich zu nehmen; sie sind dann nicht glücklich, sie leiden an Sehnsucht, aber sie werden nicht krank. Sodann müssen wir in Betracht ziehen, daß gerade die sexuellen Triebregungen außerordentlich *plastisch* sind, wenn ich so sagen darf. Sie können die eine für die andere eintreten, eine kann die Intensität der anderen auf sich nehmen; wenn die Befriedigung der einen durch die Realität versagt ist, kann die Befriedigung einer anderen volle Entschädigung bieten. Sie verhalten sich zueinander wie ein Netz von kommunizierenden, mit Flüssigkeit gefüllten Kanälen, und dies trotz ihrer Unterwerfung unter den Genitalprimat, was gar nicht so bequem in einer Vorstellung zu vereinen ist. Ferner zeigen die Partialtriebe der Sexualität, ebenso wie die aus ihnen zusammengefaßte Sexualstrebung, eine große Fähigkeit, ihr Objekt zu wechseln, es gegen ein anderes, also auch gegen ein bequemer erreichbares, zu vertauschen; diese Verschiebbarkeit und Bereitwilligkeit, Surrogate anzunehmen, müssen der pathogenen Wirkung einer Versagung mächtig entgegenarbeiten. Unter diesen gegen die Erkrankung durch Entbehrung schützenden Prozessen hat einer eine besondere kulturelle Bedeutung gewonnen. Er besteht darin, daß die Sexualbestrebung ihr auf Partiallust oder Fortpflanzungslust gerichtetes Ziel aufgibt und ein anderes annimmt, welches genetisch mit dem aufgegebenen zusammenhängt, aber selbst nicht mehr sexuell, sondern sozial genannt werden muß. Wir heißen den Prozeß »Sublimierung«, wobei wir uns der allgemeinen Schätzung fügen, welche soziale Ziele höher stellt als die im Grunde selbstsüchtigen sexuellen. Die Sublimierung ist übrigens nur ein Spezialfall der Anlehnung von Sexualstrebungen an andere nicht sexuelle.[2] Wir werden in anderem Zusammenhange nochmals von ihr reden müssen.[3]

Sie werden nun den Eindruck haben, daß die Entbehrung durch alle diese Mittel, sie zu ertragen, zur Bedeutungslosigkeit herabgedrückt worden sei. Aber nein, sie behält ihre pathogene Macht. Die Gegenmittel sind allgemein nicht ausreichend. Das Maß von unbefriedigter Libido, das die Menschen im Durchschnitt auf sich nehmen können, ist begrenzt. Die Plastizität oder freie Beweglichkeit der Libido ist keineswegs bei allen voll erhalten, und die Sublimierung kann immer nur einen gewissen Bruchteil der Libido erledigen, abgesehen davon, daß die Fähigkeit zu sublimieren vielen Menschen nur in geringem Ausmaße zugeteilt ist. Die wichtigste unter diesen Einschränkungen ist offenbar die in der Beweglichkeit der Libido, da sie die Befriedigung des Individuums von der Erreichung einer sehr geringen Anzahl von Zielen und Ob-

2 [In der 20. Vorlesung heißt es dazu u. a.: »Die ersten Regungen der Sexualität zeigen sich beim Säugling in Anlehnung an andere lebenswichtige Funktionen. Sein Hauptinteresse ist, wie Sie wissen, auf die Nahrungsaufnahme gerichtet; wenn er an der Brust gesättigt einschläft, zeigt er den Ausdruck einer seligen Befriedigung, der sich später nach dem Erleben des sexuellen Orgasmus wiederholen wird. Das wäre zu wenig, um einen Schluß darauf zu gründen. Aber wir beobachten, daß der Säugling die Aktion der Nahrungsaufnahme wiederholen will, ohne neue Nahrung zu beanspruchen; er steht also dabei nicht unter dem Antrieb des Hungers. Wir sagen, er lutscht oder ludelt, und daß er bei diesem Tun wiederum mit seligem Ausdruck einschläft, zeigt uns, daß die Aktion des *Lutschens* ihm an und für sich Befriedigung gebracht hat.«]

3 [Am Schluß der 23. Vorlesung.]

jekten abhängig macht. Erinnern Sie sich nur daran, daß eine unvollkommene Libidoentwicklung sehr ausgiebige, eventuell auch mehrfache Libidofixierungen an frühe Phasen der Organisation und Objektfindung hinterläßt, welche einer realen Befriedigung meist nicht fähig sind, so werden Sie in der Libidofixierung den zweiten mächtigen Faktor erkennen, der mit der Versagung zur Krankheitsverursachung zusammentritt. In schematischer Verkürzung können Sie es aussprechen, daß die Libidofixierung den disponierenden, internen, die Versagung den akzidentellen, externen Faktor der Neurosenätiologie repräsentiert.

Ich ergreife hier die Gelegenheit, Sie vor der Parteinahme in einem ganz überflüssigen Streit zu warnen. Im wissenschaftlichen Betrieb ist es sehr beliebt, einen Anteil der Wahrheit herauszugreifen, ihn an die Stelle des Ganzen zu setzen und nun zu seinen Gunsten das übrige, was nicht minder wahr ist, zu bekämpfen. Auf diesem Wege haben sich auch bereits aus der psychoanalytischen Bewegung mehrere Richtungen abgespalten, von denen die eine nur die egoistischen Triebe anerkennt, die sexuellen dagegen verleugnet, die andere nur den Einfluß der realen Lebensaufgaben würdigt, den der individuellen Vergangenheit aber übersieht[4] u. dgl. mehr. Nun bietet sich hier ein Anlaß zu einer ähnlichen Entgegenstellung und Streitfrage: Sind die Neurosen *exogene* oder *endogene* Krankheiten, die unausbleibliche Folge einer gewissen Konstitution oder das Produkt gewisser schädigender (traumatischer) Lebenseindrücke, im besonderen: werden sie durch die Libidofixierung (und die sonstige Sexualkonstitution) oder durch den Druck der Versagung hervorgerufen? Dies Dilemma scheint mir im ganzen nicht weiser als ein anderes, das ich Ihnen vorlegen könnte: Entsteht das Kind durch die Zeugung des Vaters oder durch die Empfängnis von seiten der Mutter? Beide Bedingungen sind gleich unentbehrlich, werden Sie mit Recht antworten. In der Verursa-

4 [Freud bezieht sich hier auf Alfred Adler und C. G. Jung, mit denen er sich in der Abhandlung *Zur Geschichte der psychoanalytischen Bewegung* auseinandergesetzt hat.]

chung der Neurosen ist das Verhältnis, wenn nicht ganz das nämliche, doch ein sehr ähnliches. Für die Betrachtung der Verursachung ordnen sich die Fälle der neurotischen Erkrankungen zu einer Reihe, innerhalb welcher beide Momente – Sexualkonstitution und Erleben, oder wenn Sie wollen: Libidofixierung und Versagung – so vertreten sind, daß das eine wächst, wenn das andere abnimmt. An dem einen Ende der Reihe stehen die extremen Fälle, von denen Sie mit Überzeugung sagen können: Diese Menschen wären infolge ihrer absonderlichen Libidoentwicklung auf jeden Fall erkrankt, was immer sie erlebt hätten, wie sorgfältig sie das Leben auch geschont hätte. Am anderen Ende stehen die Fälle, bei denen Sie umgekehrt urteilen müssen, sie wären gewiß der Krankheit entgangen, wenn das Leben sie nicht in diese oder jene Lage gebracht hätte. Bei den Fällen innerhalb der Reihe trifft ein Mehr oder Minder von disponierender Sexualkonstitution mit einem Minder oder Mehr von schädigenden Lebensanforderungen zusammen. Ihre Sexualkonstitution hätte ihnen nicht die Neurose gebracht, wenn sie nicht solche Erlebnisse gehabt hätten, und diese Erlebnisse hätten nicht traumatisch auf sie gewirkt, wenn die Verhältnisse der Libido andere gewesen wären. Ich kann in dieser Reihe vielleicht ein gewisses Übergewicht an Bedeutung für die disponierenden Momente zugestehen, aber auch dies Zugeständnis hängt davon ab, wie weit Sie die Grenzen der Nervosität abstecken wollen.

Meine Herren! Ich mache Ihnen den Vorschlag, Reihen wie diese als *Ergänzungsreihen* zu bezeichnen, und bereite Sie darauf vor, daß wir Anlaß finden werden, noch andere solche Reihen aufzustellen.

Die Zähigkeit, mit welcher die Libido an bestimmten Richtungen und Objekten haftet, sozusagen die *Klebrigkeit* der Libido, erscheint uns als ein selbständiger, individuell variabler Faktor, dessen Abhängigkeiten uns völlig unbekannt sind, dessen Bedeutung für die Ätiologie der Neurosen wir gewiß nicht mehr unterschätzen werden. Wir sollen aber auch die Innigkeit dieser Beziehung nicht überschätzen. Eine ebensolche »Klebrigkeit« der Libido – aus unbekannten Gründen – kommt nämlich unter zahlreichen Bedingungen beim Normalen vor und wird als bestimmendes Moment bei den Personen gefunden, welche in gewissem Sinne der Gegensatz der Nervösen sind, bei den Perversen. Es war schon vor der Zeit der Psychoanalyse (Binet[5]), daß in der Anamnese der Perversen recht häufig ein sehr frühzeitiger Eindruck von abnormer Triebrichtung oder Objektwahl aufgedeckt wird, an dem nun die Libido dieser Person fürs Leben haftengeblieben ist. Man weiß oft nicht zu sagen, was diesen Eindruck dazu befähigt hat, eine so intensive Anziehung auf die Libido auszuüben. Ich will Ihnen einen selbstbeobachteten Fall dieser Art erzählen. Ein Mann, dem heute das Genitale und alle anderen Reize des Weibes nichts bedeuten, der nur durch einen beschuhten Fuß von gewisser Form in unwiderstehliche sexuelle Erregung versetzt werden kann, weiß sich an ein Erlebnis aus seinem sechsten Jahre zu erinnern, welches maßgebend für die Fixierung seiner Libido geworden ist. Er saß auf einem Schemel neben der Gouvernante, bei der er englische Stunde nehmen sollte. Die Gouvernante, ein altes, dürres, unschönes Mädchen mit wasserblauen Augen und aufgestülpter Nase, hatte an diesem Tage einen kranken Fuß und ließ ihn darum, mit einem Samtpantoffel bekleidet, ausgestreckt auf einem Polster ruhen; ihr Bein selbst war dabei in dezentester Weise verhüllt. Ein so magerer sehniger Fuß, wie er ihn damals an der Gouvernante gesehen, wurde nun, nach einem schüchternen Versuch normaler Sexualbetätigung in der Pubertät, sein einziges Sexualobjekt, und der Mann war widerstandslos hingerissen, wenn sich zu diesem Fuß noch andere Züge gesellten, welche an den Typus der englischen Gouvernante erinnerten. Durch diese Fixierung seiner Libido wurde der Mann aber nicht zum Neurotiker, sondern zum Perversen, zum Fußfetischisten, wie wir sagen.[6] Sie sehen also, obwohl die über-

5 [A. Binet, *Études de psychologie expérimentale : le fétichisme dans l'amour*, Paris 1888.]

6 [Vgl. *Fetischismus* in Band 3 der vorliegenden Ausgabe.]

mäßige, zudem noch vorzeitige, Fixierung der Libido für die Verursachung der Neurosen unentbehrlich ist, geht ihr Wirkungskreis doch weit über das Gebiet der Neurosen hinaus. Auch diese Bedingung ist für sich allein so wenig entscheidend wie die früher erwähnte der Versagung.

Das Problem der Verursachung der Neurosen scheint sich also zu komplizieren. In der Tat macht uns die psychoanalytische Untersuchung mit einem neuen Moment bekannt, welches in unserer ätiologischen Reihe nicht berücksichtigt ist und das man am besten bei Fällen erkennt, deren bisheriges Wohlbefinden plötzlich durch die neurotische Erkrankung gestört wird. Man findet bei diesen Personen regelmäßig die Anzeichen eines Widerstreites von Wunschregungen oder, wie wir zu sagen gewohnt sind, eines psychischen *Konfliktes.* Ein Stück der Persönlichkeit vertritt gewisse Wünsche, ein anderes sträubt sich dagegen und wehrt sie ab. Ohne solchen Konflikt gibt es keine Neurose. Das schiene uns nichts Besonderes. Sie wissen, daß unser seelisches Leben unaufhörlich von Konflikten bewegt wird, deren Entscheidung wir zu treffen haben. Es müssen also wohl besondere Bedingungen erfüllt sein, wenn ein solcher Konflikt pathogen werden soll. Wir dürfen fragen, welches diese Bedingungen sind, zwischen welchen seelischen Mächten sich diese pathogenen Konflikte abspielen, welche Beziehung der Konflikt zu den anderen verursachenden Momenten hat.

Ich hoffe, Ihnen auf diese Fragen ausreichende Antwort geben zu können, wenn sie auch schematisch verkürzt sein mögen. Der Konflikt wird durch die Versagung heraufbeschworen, indem die ihrer Befriedigung verlustige Libido nun darauf angewiesen ist, sich andere Objekte und Wege zu suchen. Er hat zur Bedingung, daß diese anderen Wege und Objekte bei einem Anteil der Persönlichkeit ein Mißfallen erwecken, so daß ein Veto erfolgt, welches die neue Weise der Befriedigung zunächst unmöglich macht. Von hier aus geht der Weg zur Symptombildung weiter, den wir später verfolgen werden.[7] Die abgewiesenen libidinösen Strebungen bringen es zustande, sich auf gewissen Umwegen doch durchzusetzen, allerdings nicht ohne dem Einspruch durch gewisse Entstellungen und Milderungen Rechnung zu tragen. Die Umwege sind die Wege der Symptombildung, die Symptome sind die neue oder Ersatzbefriedigung, die durch die Tatsache der Versagung notwendig geworden ist.

Man kann der Bedeutung des psychischen Konflikts auch durch eine andere Ausdrucksweise gerecht werden, indem man sagt: zur *äußeren* Versagung muß, damit sie pathogen wirke, noch die *innere* Versagung hinzutreten. Äußere und innere Versagung beziehen sich dann natürlich auf verschiedene Wege und Objekte. Die äußere Versagung nimmt die eine Möglichkeit der Befriedigung weg, die innere Versagung möchte eine andere Möglichkeit ausschließen, um welche dann der Konflikt losbricht. Ich gebe dieser Art der Darstellung den Vorzug, weil sie einen geheimen Gehalt besitzt. Sie deutet nämlich auf die Wahrscheinlichkeit hin, daß die inneren Abhaltungen in den Vorzeiten menschlicher Entwicklung aus realen äußeren Hindernissen hervorgegangen sind.

Welches sind aber die Mächte, von denen der Einspruch gegen die libidinöse Strebung ausgeht, die andere Partei im pathogenen Konflikt? Es sind, ganz allgemein gesagt, die nicht sexuellen Triebkräfte. Wir fassen sie als »Ichtriebe« zusammen; die Psychoanalyse der Übertragungsneurosen gibt uns keinen guten Zugang zu ihrer weiteren Zerlegung, wir lernen sie höchstens einigermaßen durch die Widerstände kennen, die sich der Analyse entgegensetzen. Der pathogene Konflikt ist also ein solcher zwischen den Ichtrieben und den Sexualtrieben. Es hat in einer ganzen Reihe von Fällen den Anschein, als ob es auch ein Konflikt zwischen verschiedenen, rein sexuellen Strebungen sein könnte; aber das ist im Grunde dasselbe, denn von den beiden im Konflikt befindlichen Sexual-

7 [In der 23. Vorlesung.]

strebungen ist immer die eine sozusagen ichgerecht, während die andere die Abwehr des Ichs herausfordert. Es bleibt also beim Konflikt zwischen Ich und Sexualität.

Meine Herren! Oft und oft, wenn die Psychoanalyse ein seelisches Geschehen als Leistung der Sexualtriebe in Anspruch genommen hat, wurde ihr in ärgerlicher Abwehr vorgehalten, der Mensch bestehe nicht nur aus Sexualität, es gebe im Seelenleben noch andere Triebe und Interessen als die sexuellen, man dürfe nicht »alles« von der Sexualität ableiten u. dgl. Nun, es ist hocherfreulich, sich auch einmal eines Sinnes mit seinen Gegnern zu finden. Die Psychoanalyse hat nie vergessen, daß es auch nicht sexuelle Triebkräfte gibt, sie hat sich auf der scharfen Sonderung der sexuellen Triebe von den Ichtrieben aufgebaut und vor jedem Einspruch behauptet, nicht daß die Neurosen aus der Sexualität hervorgehen, sondern daß sie dem Konflikt zwischen Ich und Sexualität ihren Ursprung danken. Sie hat auch gar kein denkbares Motiv, Existenz oder Bedeutung der Ichtriebe zu bestreiten, während sie die Rolle der sexuellen Triebe in der Krankheit und im Leben verfolgt. Nur daß es ihr Schicksal geworden ist, sich in erster Linie mit den Sexualtrieben zu beschäftigen, weil diese durch die Übertragungsneurosen der Einsicht am ehesten zugänglich geworden sind und weil es ihr obgelegen hat, das zu studieren, was andere vernachlässigt hatten.

Es trifft auch nicht zu, daß sich die Psychoanalyse um den nicht sexuellen Anteil der Persönlichkeit gar nicht gekümmert hat. Gerade die Sonderung von Ich und Sexualität hat uns mit besonderer Klarheit erkennen lassen, daß auch die Ichtriebe eine bedeutsame Entwicklung durchmachen, eine Entwicklung, die weder ganz unabhängig von der Libido, noch ohne Gegenwirkung auf diese ist. Wir kennen allerdings die Ichentwicklung sehr viel schlechter als die der Libido, weil nämlich erst das Studium der narzißtischen Neurosen eine Einsicht in den Aufbau des Ichs verspricht. Doch liegt bereits ein beachtenswerter Versuch von Ferenczi[8] vor, die Entwicklungsstufen des Ichs theoretisch zu konstruieren, und an wenigstens zwei Stellen haben wir feste Anhaltspunkte für die Beurteilung dieser Entwicklung gewonnen. Wir denken ja nicht daran, daß sich die libidinösen Interessen einer Person von vornherein im Gegensatz zu ihren Selbsterhaltungsinteressen befinden; vielmehr wird das Ich auf jeder Stufe bestrebt sein, mit seiner derzeitigen Sexualorganisation im Einklang zu bleiben und sie sich einzuordnen. Die Ablösung der einzelnen Phasen in der Libidoentwicklung folgt wahrscheinlich einem vorgeschriebenen Programm; es ist aber nicht abzuweisen, daß dieser Ablauf von seiten des Ichs beeinflußt werden kann, und ein gewisser Parallelismus, eine bestimmte Entsprechung der Entwicklungsphasen von Ich und Libido dürfte gleichfalls vorgesehen sein; ja, die Störung dieser Entsprechung könnte ein pathogenes Moment ergeben. Ein für uns wichtiger Gesichtspunkt ist es nun, wie sich das Ich verhält, wenn seine Libido an einer Stelle ihrer Entwicklung eine starke Fixierung hinterläßt. Es kann dieselbe zulassen und wird dann in dem entsprechenden Maß pervers oder, was dasselbe ist, infantil. Es kann sich aber auch ablehnend gegen diese Festsetzung der Libido verhalten, und dann hat das Ich dort eine *Verdrängung*, wo die Libido eine *Fixierung* erfahren hat.

Auf diesem Wege gelangen wir zur Kenntnis, daß der dritte Faktor der Neurosenätiologie, die *Konfliktneigung*, von der Entwicklung des Ichs ebensosehr abhängt wie von der der Libido. Unsere Einsicht in die Verursachung der Neurosen hat sich also vervollständigt. Zuerst als allgemeinste Bedingung die Versagung, dann die Fixierung der Libido, welche sie in bestimmte Richtungen drängt, und zu dritt die Konfliktneigung aus der Ichentwicklung, die solche Libidoregungen abgelehnt hat. Der Sachverhalt ist also nicht so sehr verworren und schwer zu durchschauen, wie es Ihnen wahrscheinlich während des Fortschrittes meiner

8 [Ferenczi, *Entwicklungsstufen des Wirklichkeitssinnes*, in: Int. Z. ärztl. Psychoanal., 1913, Bd. 1, S. 124.]

Ausführungen erschienen ist. Aber freilich, wir werden finden, daß wir noch nicht fertig sind. Wir müssen noch etwas Neues hinzufügen und etwas bereits Bekanntes weiter zerlegen.

Um Ihnen den Einfluß der Ichentwicklung auf die Konfliktbildung und somit auf die Verursachung der Neurosen zu demonstrieren, möchte ich Ihnen ein Beispiel vorführen, das zwar durchaus erfunden ist, aber sich in keinem Punkte von der Wahrscheinlichkeit entfernt. Ich will es in Anlehnung an den Titel einer Nestroyschen Posse mit der Charakteristik »Zu ebener Erde und im ersten Stock« versehen. Zu ebener Erde wohnt der Hausbesorger, im ersten Stock der Hausherr, ein reicher und vornehmer Mann. Beide haben Kinder, und wir wollen annehmen, daß es dem Töchterchen des Hausherrn gestattet ist, unbeaufsichtigt mit dem Proletarierkind zu spielen. Dann kann es sehr leicht geschehen, daß die Spiele der Kinder einen ungezogenen, das heißt sexuellen Charakter annehmen, daß sie »Vater und Mutter« spielen, einander bei den intimen Verrichtungen beschauen und an den Genitalien reizen. Das Hausmeistermädchen, das trotz seiner fünf oder sechs Jahre manches von der Sexualität der Erwachsenen beobachten konnte, mag dabei die Rolle der Verführerin übernehmen. Diese Erlebnisse reichen hin, auch wenn sie sich nicht über lange Zeit fortsetzen, um bei beiden Kindern gewisse sexuelle Regungen zu aktivieren, die sich nach dem Aufhören der gemeinsamen Spiele einige Jahre hindurch als Masturbation äußern. Soweit die Gemeinsamkeit; der endliche Erfolg wird bei beiden Kindern sehr verschieden sein. Die Tochter des Hausbesorgers wird die Masturbation etwa bis zum Auftreten der Periode fortsetzen, sie dann ohne Schwierigkeiten aufgeben, wenige Jahre später einen Geliebten nehmen, vielleicht auch ein Kind bekommen, diesen oder jenen Lebensweg einschlagen, der sie vielleicht zur populären Künstlerin führt, die als Aristokratin endigt. Wahrscheinlich wird ihr Schicksal minder glänzend ausfallen, aber jedenfalls wird sie ungeschädigt durch die vorzeitige Betätigung ihrer Sexualität, frei von Neurose, ihr Leben erfüllen. Anders das Töchterchen des Hausherrn. Dies wird frühzeitig und noch als Kind die Ahnung bekommen, daß es etwas Unrechtes getan habe, wird nach kürzerer Zeit, aber vielleicht erst nach hartem Kampf, auf die masturbatorische Befriedigung verzichten und trotzdem etwas Gedrücktes in seinem Wesen behalten. Wenn sie in den Jungmädchenjahren in die Lage kommt, etwas vom menschlichen Sexualverkehr zu erfahren, wird sie sich mit unerklärtem Abscheu davon abwenden und unwissend bleiben wollen. Wahrscheinlich unterliegt sie jetzt auch einem von neuem auftretenden unbezwingbaren Drang zur Masturbation, über den sich zu beklagen sie nicht wagt. In den Jahren, da sie einem Manne als Weib gefallen soll, wird die Neurose bei ihr losbrechen, die sie um Ehe und Lebenshoffnung betrügt. Gelingt es nun, durch Analyse Einsicht in diese Neurose zu gewinnen, so zeigt sich, daß dies wohlerzogene, intelligente und hochstrebende Mädchen seine Sexualregungen vollkommen verdrängt hat, daß diese aber, ihr unbewußt, an den armseligen Erlebnissen mit ihrer Kinderfreundin haften.

Die Verschiedenheit der beiden Schicksale trotz gleichen Erlebens rührt daher, daß das Ich der einen eine Entwicklung erfahren hat, welche bei der anderen nicht eingetreten ist. Der Tochter des Hausbesorgers ist die Sexualbetätigung später ebenso natürlich und unbedenklich erschienen wie in der Kindheit. Die Tochter des Hausherrn hat die Einwirkung der Erziehung erfahren und deren Ansprüche angenommen. Ihr Ich hat aus den ihm dargebotenen Anregungen Ideale von weiblicher Reinheit und Unbedürftigkeit gebildet, mit denen sich die sexuelle Betätigung nicht verträgt; ihre intellektuelle Ausbildung hat ihr Interesse für die weibliche Rolle, zu der sie bestimmt ist, erniedrigt. Durch diese höhere moralische und intellektuelle Entwicklung ihres Ichs ist sie in den Konflikt mit den Ansprüchen ihrer Sexualität geraten.

Ich will heute noch bei einem zweiten Punkt in der Ichentwicklung verweilen, sowohl wegen gewisser weitschauender Ausblicke, als auch darum, weil gerade das Folgende geeignet ist, die von uns beliebte, scharfe und nicht selbstverständliche Sonderung der Ichtriebe von den Sexualtrieben zu rechtfertigen. In der Beurteilung der beiden Entwicklungen, des Ichs wie der Libido, müssen wir einen Gesichtspunkt voranstellen, der bisher noch nicht oft gewürdigt worden ist. Beide sind ja im Grunde Erbschaften, abgekürzte Wiederholungen der Entwicklung, welche die ganze Menschheit von ihren Urzeiten an durch sehr lange Zeiträume zurückgelegt hat. Der Libidoentwicklung, möchte ich meinen, sieht man diese *phylogenetische* Herkunft ohne weiteres an. Denken Sie daran, wie bei der einen Tierklasse der Genitalapparat in die innigste Beziehung zum Mund gebracht ist, bei der anderen sich vom Exkretionsapparat nicht sondern läßt, bei noch anderen an die Bewegungsorgane geknüpft ist, Dinge, die Sie in dem wertvollen Buch von W. Bölsche[9] anziehend geschildert finden. Man sieht bei den Tieren sozusagen alle Arten von Perversion zur Sexualorganisation erstarrt. Nur wird der phylogenetische Gesichtspunkt beim Menschen zum Teil durch den Umstand verschleiert, daß das, was im Grunde vererbt ist, doch in der individuellen Entwicklung neu erworben wird,[10] wahrscheinlich darum, weil dieselben Verhältnisse noch fortbestehen und auf jeden einzelnen wirken, die seinerzeit zur Erwerbung genötigt haben. Ich möchte sagen, sie haben seinerzeit schaffend gewirkt, sie wirken jetzt hervorrufend. Außerdem ist es unzweifelhaft, daß der Lauf der vorgezeichneten Entwicklung bei jedem einzelnen durch rezente Einflüsse von außen gestört und abgeändert werden kann. Die Macht aber, welche der Menschheit eine solche Entwicklung aufgenötigt hat und ihren Druck nach der gleichen Richtung heute ebenso aufrechthält, kennen wir; es ist wiederum die Versagung der Realität, oder wenn wir ihr ihren richtigen großen Namen

9 [W. Bölsche, *Das Liebesleben in der Natur*, 2 Bände, Jena 1911-13.]
10 [Diese Verse aus Goethes *Faust* (1. Teil, 1. Szene), auf die er hier anspielt, sind ein Lieblingszitat Freuds.]

geben, die *Not* des Lebens: die Ἀνάγκη.[11] Sie ist eine strenge Erzieherin gewesen und hat viel aus uns gemacht. Die Neurotiker gehören zu den Kindern, bei welchen diese Strenge üble Erfolge gebracht hat, aber das ist bei jeder Erziehung zu riskieren. – Diese Würdigung der Lebensnot als des Motors der Entwicklung braucht uns übrigens nicht gegen die Bedeutung von »inneren Entwicklungstendenzen« einzunehmen, wenn sich solche beweisen lassen.

Nun ist es sehr beachtenswert, daß Sexualtriebe und Selbsterhaltungstriebe sich nicht in gleicher Weise gegen die reale Not benehmen. Die Selbsterhaltungstriebe und alles, was mit ihnen zusammenhängt, sind leichter zu erziehen; sie lernen es frühzeitig, sich der Not zu fügen und ihre Entwicklungen nach den Weisungen der Realität einzurichten. Das ist begreiflich, denn sie können sich die Objekte, deren sie bedürfen, auf keine andere Art verschaffen; ohne diese Objekte muß das Individuum zugrunde gehen. Die Sexualtriebe sind schwerer erziehbar, denn sie kennen zu Anfang die Objektnot nicht. Da sie sich gleichsam schmarotzend an die anderen Körperfunktionen anlehnen und am eigenen Körper autoerotisch befriedigen, sind sie dem erziehlichen Einfluß der realen Not zunächst entzogen, und sie behaupten diesen Charakter der Eigenwilligkeit, Unbeeinflußbarkeit, das, was wir »Unverständigkeit« nennen, bei den meisten Menschen in irgendeiner Hinsicht durchs ganze Leben. Auch hat die Erziehbarkeit einer jugendlichen Person in der Regel ein Ende, wenn ihre Sexualbedürfnisse in endgültiger Stärke erwachen. Das wissen die Erzieher und handeln danach; aber vielleicht lassen sie sich durch die Ergebnisse der Psychoanalyse noch dazu bewegen, den Hauptnachdruck der Erziehung auf die ersten Kinderjahre, vom Säuglingsalter an, zu verlegen. Der kleine Mensch ist oft mit dem vierten oder fünften Jahr schon fertig und bringt nur allmählich zum Vorschein, was bereits in ihm steckt.

Um die volle Bedeutung des angezeigten Unterschiedes

---

11 [Ananke; griech. Schicksalsgöttin, die personifizierte Notwendigkeit.]

zwischen beiden Triebgruppen zu würdigen, müssen wir weit ausholen und eine jener Betrachtungen einführen, die *ökonomische* genannt zu werden verdienen. Wir begeben uns damit auf eines der wichtigsten, aber leider auch dunkelsten Gebiete der Psychoanalyse. Wir stellen uns die Frage, ob an der Arbeit unseres seelischen Apparates eine Hauptabsicht zu erkennen sei, und beantworten sie in erster Annäherung, daß diese Absicht auf Lustgewinnung gerichtet ist. Es scheint, daß unsere gesamte Seelentätigkeit darauf gerichtet ist, Lust zu erwerben und Unlust zu vermeiden, daß sie automatisch durch das *Lustprinzip* reguliert wird. Nun wüßten wir um alles in der Welt gerne, welches die Bedingungen der Entstehung von Lust und Unlust sind, aber daran fehlt es uns eben. Nur soviel darf man sich getrauen zu behaupten, daß die Lust *irgendwie* an die Verringerung, Herabsetzung oder das Erlöschen der im Seelenapparat waltenden Reizmenge gebunden ist, die Unlust aber an eine Erhöhung derselben. Die Untersuchung der intensivsten Lust, welche dem Menschen zugänglich ist, der Lust bei der Vollziehung des Sexualaktes, läßt über diesen einen Punkt wenig Zweifel. Da es sich bei solchen Lustvorgängen um die Schicksale von *Quantitäten* seelischer Erregung oder Energie handelt, bezeichnen wir Betrachtungen dieser Art als ökonomische. Wir merken, daß wir die Aufgabe und Leistung des Seelenapparates auch anders und allgemeiner beschreiben können als durch die Betonung des Lustgewinnes. Wir können sagen, der seelische Apparat diene der Absicht, die von außen und von innen an ihn herantretenden Reizmengen, Erregungsgrößen, zu bewältigen und zu erledigen. Von den Sexualtrieben ist es ohne weiteres evident, daß sie zu Anfang wie zu Ende ihrer Entwicklung auf Lustgewinn arbeiten; sie behalten diese ursprüngliche Funktion ohne Abänderung bei. Das nämliche streben auch die anderen, die Ichtriebe, anfänglich an. Aber unter dem Einfluß der Lehrmeisterin Not lernen die Ichtriebe bald, das Lustprinzip durch eine Modifikation zu ersetzen. Die Aufgabe, Unlust zu verhüten, stellt sich für sie fast gleichwertig neben die des Lustgewinns; das Ich erfährt, daß es unvermeidlich ist, auf unmittelbare Befriedigung zu verzichten, den Lustgewinn aufzuschieben, ein Stück Unlust zu ertragen und bestimmte Lustquellen überhaupt aufzugeben. Das so erzogene Ich ist »verständig« geworden, es läßt sich nicht mehr vom Lustprinzip beherrschen, sondern folgt dem *Realitätsprinzip*, das im Grunde auch Lust erzielen will, aber durch die Rücksicht auf die Realität gesicherte, wenn auch aufgeschobene und verringerte Lust.

Der Übergang vom Lust- zum Realitätsprinzip ist einer der wichtigsten Fortschritte in der Entwicklung des Ichs. Wir wissen schon, daß die Sexualtriebe dieses Stück der Ichentwicklung spät und nur widerstrebend mitmachen, und werden später hören, welche Folgen es für den Menschen hat, daß seine Sexualität sich mit einem so lockeren Verhältnis zur äußeren Realität begnügt. Und nun zum Schlusse noch eine hierher gehörige Bemerkung. Wenn das Ich des Menschen seine Entwicklungsgeschichte hat wie die Libido, so werden Sie nicht überrascht sein zu hören, daß es auch »Ichregressionen« gibt, und werden auch wissen wollen, welche Rolle diese Rückkehr des Ichs zu früheren Entwicklungsphasen bei den neurotischen Erkrankungen spielen kann.

23. Vorlesung
Die Wege der Symptombildung

Meine Damen und Herren! Für den Laien sind es die Symptome, die das Wesen der Krankheit bilden, und Heilung ist ihm die Aufhebung der Symptome. Der Arzt legt Wert darauf, die Symptome von der Krankheit zu unterscheiden, und sagt, daß die Beseitigung der Symptome noch nicht die Heilung der Krankheit ist. Aber was nach Beseitigung der Symptome Greifbares von der Krankheit übrigbleibt, ist nur die Fähigkeit, neue Symptome zu bilden. Darum wollen wir uns für jetzt auf den Standpunkt des Laien stellen und die Ergründung der Symptome für gleichbedeutend mit dem Verständnis der Krankheit halten.

Die Symptome – wir handeln hier natürlich von psychischen (oder psychogenen) Symptomen und psychischem Kranksein – sind für das Gesamtleben schädliche oder wenigstens nutzlose Akte, häufig von der Person als widerwillig beklagt und mit Unlust oder Leiden für sie verbunden. Ihr Hauptschaden liegt in dem seelischen Aufwand, den sie selbst kosten, und in dem weiteren, der durch ihre Bekämpfung notwendig wird. Diese beiden Kosten können bei ausgiebiger Symptombildung eine außerordentliche Verarmung der Person an verfügbarer seelischer Energie und somit eine Lähmung derselben für alle wichtigen Lebensaufgaben zur Folge haben. Da es für diesen Erfolg hauptsächlich auf die *Quantität* der so in Anspruch genommenen Energie ankommt, so erkennen Sie leicht, daß »Kranksein« ein im Wesen praktischer Begriff ist. Stellen Sie sich aber auf einen theoretischen Standpunkt und sehen von diesen Quantitäten ab, so können Sie leicht sagen, daß wir *alle* krank, d. i. neurotisch sind, denn die Bedingungen für die Symptombildung sind auch bei den Normalen nachzuweisen.

Von den neurotischen Symptomen wissen wir bereits, daß sie der Erfolg eines Konflikts sind, der sich um eine neue Art Libidobefriedigung erhebt. Die beiden Kräfte, die sich entzweit haben, treffen im Symptom wieder zusammen, versöhnen sich gleichsam durch das Kompromiß der Symptombildung. Darum ist das Symptom auch so widerstandsfähig; es wird von beiden Seiten her gehalten. Wir wissen auch, daß der eine der beiden Partner des Konflikts die unbefriedigte, von der Realität abgewiesene Libido ist, die nun andere Wege zu ihrer Befriedigung suchen muß. Bleibt die Realität unerbittlich, auch wenn die Libido bereit ist, ein anderes Objekt an Stelle des versagten anzunehmen, so wird diese endlich genötigt sein, den Weg der Regression einzuschlagen und die Befriedigung in einer der bereits überwundenen Organisationen oder durch eines der früher aufgegebenen Objekte anzustreben. Auf den Weg der Regression wird die Libido durch die Fixierung gelockt, die sie an diesen Stellen ihrer Entwicklung zurückgelassen hat.

Nun scheidet sich der Weg zur Perversion scharf von dem der Neurose. Erwecken diese Regressionen nicht den Widerspruch des Ichs, so kommt es auch nicht zur Neurose, und die Libido gelangt zu irgendeiner realen, wenn auch nicht mehr normalen Befriedigung. Wenn aber das Ich, das nicht nur über das Bewußtsein, sondern auch über die Zugänge zur motorischen Innervation und somit zur Realisierung der seelischen Strebungen verfügt, mit diesen Regressionen nicht einverstanden ist, dann ist der Konflikt gegeben. Die Libido ist wie abgeschnitten und muß versuchen irgendwohin auszuweichen, wo sie nach der Forderung des Lustprinzips einen Abfluß für ihre Energiebesetzung findet. Sie muß sich dem Ich entziehen. Ein solches Ausweichen gestatten ihr aber die Fixierungen auf ihrem jetzt regressiv beschrittenen Entwicklungsweg, gegen welche sich das Ich seinerzeit durch Verdrängungen geschützt hatte. Indem die Libido rückströmend diese verdrängten Positionen besetzt, hat sie sich dem Ich und seinen Gesetzen entzogen, dabei aber auch auf alle unter dem Einfluß dieses Ichs erworbene Erziehung verzichtet. Sie war lenksam, solange ihr Befriedigung winkte; unter dem doppelten Druck der äußern und der innern Versagung wird sie unbotmäßig und besinnt sich früherer besserer Zeiten. Das ist so ihr im Grund unveränderlicher Charakter. Die Vorstellungen, denen jetzt die Libido ihre Energie als Besetzung überträgt, gehören dem System des Unbewußten an und unterliegen den Vorgängen, die daselbst möglich sind, insbesondere der Verdichtung und Verschiebung. Hiermit sind nun Verhältnisse hergestellt, die vollkommen denen bei der Traumbildung gleichen. Wie dem im Unbewußten fertig gewordenen eigentlichen Traum, der die Erfüllung einer unbewußten Wunschphantasie ist, ein Stück (vor)bewußter Tätigkeit entgegenkommt, welches die Zensurtätigkeit ausübt und nach deren Abfindung die Bildung eines manifesten Traumes als Kompromiß gestattet, so hat auch noch die Libidovertretung im Unbewußten mit der Macht des vorbewußten Ichs zu rechnen. Der Widerspruch, der sich gegen sie im Ich erhoben hatte, geht ihr als »Gegenbesetzung« nach und nötigt sie, jenen Ausdruck zu wählen, der gleichzeitig sein eigener Ausdruck werden kann. So entsteht denn das Symptom als vielfach entstellter Abkömmling der unbewußten libidinösen Wunscherfüllung, eine kunstvoll ausgewählte Zweideutigkeit mit zwei einander voll widersprechenden Bedeutungen. Allein in diesem letzteren Punkte ist ein Unterschied zwischen der Traum- und der Symptombildung zu erkennen, denn die vorbewußte Absicht bei der Traumbildung geht nur dahin, den Schlaf zu erhalten, nichts, was ihn stören würde, zum Bewußtsein dringen zu lassen; sie besteht aber nicht darauf, der unbewußten Wunschregung ein scharfes: Nein, im Gegenteile! entgegenzurufen. Sie darf toleranter sein, weil die Situation des Schlafenden eine minder gefährdete ist. Der Ausweg in die Realität ist durch den Schlafzustand allein gesperrt.

Sie sehen, das Ausweichen der Libido unter den Bedingungen des Konflikts ist durch das Vorhandensein von Fixierungen ermöglicht. Die regressive Besetzung dieser Fixierungen führt zur Umgehung der Verdrängung und zu einer Abfuhr – oder Befriedigung – der Libido, bei welcher die Bedingungen des Kompromisses eingehalten werden müssen. Auf dem Umwege über das Unbewußte und die alten Fixierungen ist es der Libido endlich gelungen, zu einer allerdings außerordentlich eingeschränkten und kaum mehr kenntlichen realen Befriedigung durchzudringen. Lassen Sie mich zwei Bemerkungen zu diesem Endausgang hinzufügen. Wollen Sie erstens beachten, wie enge sich hier die Libido und das Unbewußte einerseits, das Ich, das Bewußtsein und die Realität anderseits verbunden erweisen, obwohl sie von Anfang an keineswegs zusammengehören, und hören Sie ferner meine Mitteilung an, daß alles hier Gesagte und im weiteren Folgende sich nur auf die Symptombildung bei der hysterischen Neurose bezieht.

Wo findet nun die Libido die Fixierungen, deren sie zum Durchbruch der Verdrängungen bedarf? In den Betätigungen und Erlebnissen der infantilen Sexualität, in den verlassenen Partialbestrebungen und aufgegebenen Objekten der Kinderzeit. Zu ihnen kehrt die Libido also wieder zurück. Die Bedeutung dieser Kinderzeit ist eine zweifache, einerseits haben sich in ihr die Triebrichtungen zuerst gezeigt, die das Kind in seiner angeborenen Anlage mitbrachte, und zweitens sind durch äußere Einwirkungen, akzidentelle Erlebnisse, andere seiner Triebe zuerst geweckt, aktiviert worden. Ich glaube, es ist kein Zweifel daran, daß wir ein Recht haben, diese Zweiteilung aufzustellen. Die Äußerung der angeborenen Anlage unterliegt ja keinem kritischen Bedenken, aber die analytische Erfahrung nötigt uns geradezu anzunehmen, daß rein zufällige Erlebnisse der Kindheit imstande sind, Fixierungen der Libido zu hinterlassen. Ich sehe auch keine theoretische Schwierigkeit darin. Die konstitutionellen Anlagen sind sicherlich auch die Nachwirkungen der Erlebnisse früherer Vorfahren, auch sie sind einmal erworben worden; ohne solche Erwerbung gäbe es keine Heredität. Und ist es denkbar, daß solche zur Vererbung führende Erwerbung gerade bei der von uns betrachteten Generation ein Ende nimmt? Die Bedeutung der infantilen Erlebnisse sollte aber nicht, wie es mit Vorliebe geschieht, gegen die der Erlebnisse der Vorfahren und der eigenen Reife völlig vernachlässigt werden, sondern im Gegenteile eine besondere Würdigung finden. Sie sind um so folgenschwerer, weil sie in die Zeiten der unvollendeten Entwicklung fallen, und gerade durch diesen Umstand geeignet, traumatisch zu wirken. Die Arbeiten über Entwicklungsmechanik von Roux[1] und anderen haben uns gezeigt, daß ein Nadelstich in die in Zellteilung begriffene Keimanlage eine schwere Entwicklungsstörung zur Folge hat. Dieselbe Verletzung, der Larve oder dem fertigen Tier zugefügt, würde schadlos vertragen werden.

1 [Wilhelm Roux (1850–1924), einer der Begründer der Experimental-Embryologie.]

Die Libidofixierung des Erwachsenen, die wir als Repräsentanten des konstitutionellen Faktors in die ätiologische Gleichung der Neurosen eingeführt haben, zerlegt sich also jetzt für uns in zwei weitere Momente, in die ererbte Anlage und in die in der frühen Kindheit erworbene Disposition. Wir wissen, daß ein Schema der Sympathie des Lernenden sicher ist. Fassen wir also diese Verhältnisse in einem Schema zusammen:

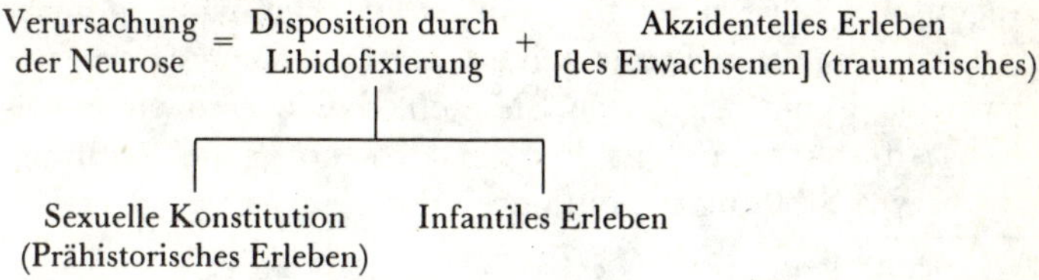

Die hereditäre Sexualkonstitution bietet uns eine große Mannigfaltigkeit von Anlagen, je nachdem dieser oder jener Partialtrieb für sich allein oder im Verein mit anderen in besonderer Stärke angelegt ist. Mit dem Faktor des infantilen Erlebens bildet die Sexualkonstitution wiederum eine »Ergänzungsreihe«, ganz ähnlich der uns zuerst bekannt gewordenen zwischen Disposition und akzidentellem Erleben des Erwachsenen. Hier wie dort finden sich dieselben extremen Fälle und die nämlichen Beziehungen der Vertretung. Es liegt nahe, hier die Frage aufzuwerfen, ob die auffälligste der Libidoregressionen, die auf frühere Stufen der Sexualorganisation, nicht überwiegend durch das hereditär konstitutionelle Moment bedingt wird; aber die Beantwortung der Frage wird am besten aufgeschoben, bis man eine größere Reihe der neurotischen Erkrankungsformen in Betracht ziehen kann.

Verweilen wir nun bei der Tatsache, daß die analytische Untersuchung die Libido der Neurotiker an ihre infantilen Sexualerlebnisse gebunden zeigt. Sie verleiht diesen so den Schein einer enormen Bedeutsamkeit für das Leben und die Erkrankung des Menschen. Solche Bedeutung verbleibt ihnen ungeschmälert, insoweit die therapeutische Arbeit in

Betracht kommt. Sehen wir aber von dieser Aufgabe ab, so erkennen wir doch leicht, daß hier die Gefahr eines Mißverständnisses vorliegt, das uns verleiten könnte, das Leben allzu einseitig nach der neurotischen Situation zu orientieren. Man muß doch von der Bedeutung der Infantilerlebnisse in Abzug bringen, daß die Libido *regressiv* zu ihnen zurückgekehrt ist, nachdem sie aus ihren späteren Positionen vertrieben wurde. Dann liegt aber der Schluß nach der Gegenseite sehr nahe, daß die Libidoerlebnisse zu ihrer Zeit gar keine Bedeutung gehabt, sondern sie erst regressiv erworben haben. Erinnern Sie sich, daß wir zu einer solchen Alternative bereits bei der Erörterung des Ödipuskomplexes Stellung genommen haben.[2]

2 [In der 21. Vorlesung heißt es dazu u. a.:

»Der Mutterinzest ist das eine Verbrechen des Ödipus, der Vatermord das andere. Nebenbei erwähnt, es sind auch die beiden großen Verbrechen, welche die erste sozial-religiöse Institution der Menschen, der Totemismus, verpönt. Wenden wir uns nun von der direkten Beobachtung des Kindes zur analytischen Erforschung des neurotisch gewordenen Erwachsenen. Was leistet die Analyse zur weiteren Kenntnis des Ödipuskomplexes? Nun, das ist kurz zu sagen. Sie weist ihn so auf, wie ihn die Sage erzählt; sie zeigt, daß jeder dieser Neurotiker selbst ein Ödipus war oder, was auf dasselbe ausgeht, in der Reaktion auf den Komplex ein Hamlet geworden ist. Natürlich ist die analytische Darstellung des Ödipuskomplexes eine Vergrößerung und Vergröberung der infantilen Skizze. Der Haß gegen den Vater, die Todeswünsche gegen ihn, sind nicht mehr schüchtern angedeutet, die Zärtlichkeit für die Mutter bekennt sich zum Ziel, sie als Weib zu besitzen. Dürfen wir diese grellen und extremen Gefühlsregungen wirklich jenen zarten Kinderjahren zutrauen oder täuscht uns die Analyse durch die Einmengung eines neuen Moments? Es ist nicht schwer, ein solches aufzufinden. Jedesmal, wenn ein Mensch über Vergangenes berichtet, und sei er auch ein Geschichtsschreiber, haben wir in Betracht zu ziehen, was er unabsichtlich aus der Gegenwart oder aus dazwischenliegenden Zeiten in die Vergangenheit zurückversetzt, so daß er das Bild derselben fälscht. Im Falle des Neurotikers ist es sogar fraglich, ob diese Rückversetzung eine ganz und gar unabsichtliche ist; wir werden Motive für sie später kennenlernen und der Tatsache des Rückphantasierens in frühe Vergangenheit überhaupt gerecht werden müssen. Wir entdecken auch leicht, daß der Haß gegen den Vater durch eine Anzahl von Motiven verstärkt ist, die aus späteren Zeiten und Beziehungen stammen, daß die sexuellen Wünsche auf die Mutter in Formen gegossen sind, die dem Kinde noch fremd sein mußten. Aber es wäre ein vergebliches Bemühen, wenn wir das Ganze des Ödipuskomplexes durch Rückphantasieren

Die Entscheidung wird uns auch diesmal nicht schwer werden. Die Bemerkung, daß die Libidobesetzung – und also die pathogene Bedeutung – der Infantilerlebnisse in großem Maße durch die Libidoregression verstärkt worden ist, hat unzweifelhaft recht, aber sie würde zum Irrtum führen, wenn man sie einzig maßgebend werden ließe. Man muß noch andere Erwägungen gelten lassen. Fürs erste zeigt die Beobachtung in einer jeden Zweifel ausschließenden Weise, daß die infantilen Erlebnisse ihre eigene Bedeutung haben und sie auch bereits in den Kinderjahren beweisen. Es gibt ja auch Kinderneurosen, bei denen das Moment der zeitlichen Zurückschiebung notwendigerweise sehr herabgesetzt wird oder ganz entfällt, indem die Er-

---

erklären und auf spätere Zeiten beziehen wollten. Der infantile Kern und auch mehr oder weniger vom Beiwerk bleibt bestehen, wie ihn die direkte Beobachtung des Kindes bestätigt.

Die klinische Tatsache, die uns hinter der analytisch festgestellten Form des Ödipuskomplexes entgegentritt, ist nun von der höchsten praktischen Bedeutung. Wir erfahren, daß zur Zeit der Pubertät, wenn der Sexualtrieb zuerst in voller Stärke seine Ansprüche erhebt, die alten familiären und inzestuösen Objekte wieder aufgenommen und von neuem libidinös besetzt werden. Die infantile Objektwahl war nur ein schwächliches, aber Richtung gebendes Vorspiel der Objektwahl in der Pubertät. Hier spielen sich nun sehr intensive Gefühlsvorgänge in der Richtung des Ödipuskomplexes oder in der Reaktion auf ihn ab, die aber, weil ihre Voraussetzungen unerträglich geworden sind, zum großen Teil dem Bewußtsein fernebleiben müssen. Von dieser Zeit an muß sich das menschliche Individuum der großen Aufgabe der Ablösung von den Eltern widmen, nach deren Lösung es erst aufhören kann Kind zu sein, um ein Mitglied der sozialen Gemeinschaft zu werden. Die Aufgabe besteht für den Sohn darin, seine libidinösen Wünsche von der Mutter zu lösen, um sie für die Wahl eines realen fremden Liebesobjektes zu verwenden, und sich mit dem Vater zu versöhnen, wenn er in Gegnerschaft zu ihm verblieben ist, oder sich von seinem Druck zu befreien, wenn er in Reaktion auf die infantile Auflehnung in die Unterwürfigkeit gegen ihn geraten ist. Diese Aufgaben ergeben sich für jedermann; es ist beachtenswert, wie selten ihre Erledigung in idealer Weise, d. h. psychologisch wie sozial korrekt, gelingt. Den Neurotikern aber gelingt diese Lösung überhaupt nicht, der Sohn bleibt sein lebenlang unter die Autorität des Vaters gebeugt und ist nicht imstande, seine Libido auf ein fremdes Sexualobjekt zu übertragen. Dasselbe kann mit Veränderung der Beziehung das Los der Tochter werden. In diesem Sinne gilt der Ödipuskomplex mit Recht als der Kern der Neurosen.«]

krankung als unmittelbare Folge an die traumatischen Erlebnisse anschließt. Das Studium dieser infantilen Neurosen schützt gegen manch ein gefährliches Mißverständnis der Neurosen Erwachsener, ähnlich wie uns die Träume der Kinder den Schlüssel zum Verständnis der Träume von Erwachsenen gegeben haben.[3] Die Neurosen der Kinder sind nun sehr häufig, viel häufiger, als man glaubt. Sie werden oft übersehen, als Zeichen von Schlimmheit oder Unartigkeit beurteilt, oft auch durch die Autoritäten der Kinderstube niedergehalten, aber sie lassen sich in der Rückschau von später her immer leicht erkennen. Sie treten zumeist in der Form einer *Angsthysterie* auf. Was das heißt, werden wir noch bei einer anderen Gelegenheit erfahren[4]. Wenn in späteren Lebenszeiten eine Neurose ausbricht, so enthüllt sie sich durch die Analyse regelmäßig als die direkte Fortsetzung jener vielleicht nur schleierhaften, nur andeutungsweise ausgebildeten infantilen Erkrankung. Es gibt aber, wie gesagt, Fälle, in denen sich diese kindliche Nervosität ohne jede Unterbrechung in lebenslanges Kranksein fortsetzt. Einige wenige Beispiele von Kinderneurosen haben wir noch am Kind selbst – im Zustande der Aktualität – analysieren können[5]; weit häufiger mußte es uns genügen, daß uns der im reifen Leben Erkrankte eine nachträgliche Einsicht in seine Kinderneurose gestattete, wobei wir dann gewisse Korrekturen und Vorsichten nicht vernachlässigen durften.

An zweiter Stelle muß man doch sagen, daß es unbegreiflich wäre, daß die Libido so regelmäßig auf Zeiten der Kindheit regrediert, wenn dort nichts wäre, was eine Anzie-

---

3 [Freud hat hier zweifellos an die Analyse des »Wolfsmannes« (vgl. im vorliegenden Band unserer Ausgabe) gedacht, die er zur Zeit dieser Äußerung schon abgeschlossen, aber noch nicht veröffentlicht hatte.]

4 [Freud hat sich in der 25. Vorlesung mit dem Thema »Angst« beschäftigt. In die vorliegende Ausgabe wurde aber seine spätere und umfangreichste Auseinandersetzung mit diesem Thema, die Studie *Hemmung, Symptom und Angst* (vgl. in Band 3) aufgenommen.]

5 [Zweifellos denkt Freud an die Analyse des »kleinen Hans«, an der er 1908 teilgenommen und deren Darstellung er 1909 unter dem Titel *Analyse der Phobie eines fünfjährigen Knaben* veröffentlicht hat.]

hung auf sie ausüben könnte. Die Fixierung, die wir an den einzelnen Stellen des Entwicklungsweges annehmen, hat nur dann einen Gehalt, wenn wir sie in der Festlegung eines bestimmten Betrages von libidinöser Energie bestehen lassen. Endlich kann ich Sie daran mahnen, daß hier zwischen der Intensität und pathogenen Bedeutung der infantilen und der späteren Erlebnisse ein ähnliches Ergänzungsverhältnis besteht wie in den früher von uns studierten Reihen. Es gibt Fälle, in denen das ganze Schwergewicht der Verursachung auf die Sexualerlebnisse der Kindheit fällt, in denen diese Eindrücke eine sicher traumatische Wirkung äußern und keiner anderen Unterstützung dabei bedürfen, als ihnen die durchschnittliche Sexualkonstitution und deren Unfertigkeit bieten kann. Daneben andere, bei welchen aller Akzent auf den späteren Konflikten liegt und die analytische Betonung der Kindereindrücke durchaus als das Werk der Regression erscheint; also Extreme der »Entwicklungshemmung« und der »Regression« und zwischen ihnen jedes Ausmaß von Zusammenwirken der beiden Momente.

Diese Verhältnisse haben ein gewisses Interesse für die Pädagogik, die sich eine Verhütung der Neurosen durch frühzeitiges Eingreifen in die Sexualentwicklung des Kindes zum Vorsatz nimmt. Solange man seine Aufmerksamkeit vorwiegend auf die infantilen Sexualerlebnisse gerichtet hält, muß man meinen, man habe alles für die Prophylaxe nervöser Erkrankungen getan, wenn man dafür sorgt, daß diese Entwicklung verzögert werde und daß dem Kinde derartige Erlebnisse erspart bleiben. Allein wir wissen schon, daß die Bedingungen der Verursachung für die Neurosen komplizierte sind und durch die Berücksichtigung eines einzigen Faktors nicht allgemein beeinflußt werden können. Die strenge Behütung der Kindheit verliert an Wert, weil sie gegen den konstitutionellen Faktor ohnmächtig ist; sie ist überdies schwerer durchzuführen, als die Erzieher sich vorstellen, und sie bringt zwei neue Gefahren mit sich, die nicht gering zu schätzen sind: daß sie zu viel erreicht, nämlich ein für die Folge schädliches Übermaß von Sexualverdrängung begünstigt, und daß sie das Kind widerstandslos gegen den in der Pubertät zu erwartenden Ansturm der Sexualforderungen ins Leben schickt. So bleibt es durchaus zweifelhaft, wie weit die Kindheitsprophylaxe mit Vorteil gehen kann, und ob nicht eine veränderte Einstellung zur Aktualität einen besseren Angriffspunkt zur Verhütung der Neurosen verspricht.

Kehren wir nun zu den Symptomen zurück. Sie schaffen also Ersatz für die versagte Befriedigung durch eine Regression der Libido auf frühere Zeiten, womit die Rückkehr zu früheren Entwicklungsstufen der Objektwahl oder der Organisation untrennbar verbunden ist. Wir haben frühzeitig gehört, daß der Neurotiker irgendwo in seiner Vergangenheit festhaftet; wir wissen jetzt, daß es eine Periode seiner Vergangenheit ist, in welcher seine Libido die Befriedigung nicht vermißte, in der er glücklich war. Er sucht so lange in seiner Lebensgeschichte, bis er eine solche Zeit gefunden hat, und müßte er auch bis in seine Säuglingszeit zurückgehen, wie er sie erinnert oder sich nach späteren Anregungen vorstellt. Das Symptom wiederholt irgendwie jene frühinfantile Art der Befriedigung, entstellt durch die aus dem Konflikt hervorgehende Zensur, in der Regel zur Empfindung des Leidens gewendet und mit Elementen aus dem Anlaß der Erkrankung vermengt. Die Art der Befriedigung, welche das Symptom bringt, hat viel Befremdendes an sich. Wir sehen davon ab, daß sie für die Person unkenntlich ist, welche die angebliche Befriedigung vielmehr als Leiden empfindet und beklagt. Diese Verwandlung gehört dem psychischen Konflikt an, unter dessen Druck sich das Symptom bilden mußte. Was dereinst dem Individuum eine Befriedigung war, muß eben heute seinen Widerstand oder seinen Abscheu erwecken. Wir kennen für solche Sinnesänderung ein unscheinbares, aber lehrreiches Vorbild. Dasselbe Kind, das mit Gier die Milch aus der Mutterbrust gesogen hat, pflegt einige Jahre später einen starken Widerwillen gegen Milchgenuß zu äußern, dessen Überwindung der Erziehung Schwierigkeiten bereitet. Dieser Widerwille steigert sich bis zum Abscheu, wenn die Milch oder das mit ihr versetzte Getränk von einem Häutchen überzogen ist. Es ist vielleicht nicht abzuweisen, daß diese Haut die Erinnerung an die einst so heiß begehrte Mutterbrust heraufbeschwört. Dazwischen liegt allerdings das traumatisch wirkende Erlebnis der Abgewöhnung.

Es ist noch etwas anderes, was uns die Symptome merkwürdig und als Mittel der libidinösen Befriedigung unverständlich erscheinen läßt. Sie erinnern uns so gar nicht an all das, wovon wir normalerweise eine Befriedigung zu erwarten pflegen. Sie sehen meist vom Objekt ab und geben damit die Beziehung zur äußeren Realität auf. Wir verstehen dies als Folge der Abwendung vom Realitäts- und der Rückkehr zum Lustprinzip. Es ist aber auch eine Rückkehr zu einer Art von erweitertem Autoerotismus, wie er dem Sexualtrieb die ersten Befriedigungen bot. Sie setzen an die Stelle einer Veränderung der Außenwelt eine Körperveränderung, also eine innere Aktion an die Stelle einer äußeren, eine Anpassung anstatt einer Handlung, was wiederum einer in phylogenetischer Hinsicht höchst bedeutsamen Regression entspricht. Wir werden das erst im Zusammenhange mit einer Neuheit verstehen, die wir noch aus den analytischen Untersuchungen über die Symptombildung zu erfahren haben. Ferner erinnern wir uns, daß bei der Symptombildung die nämlichen Prozesse des Unbewußten wie bei der Traumbildung mitgewirkt haben, die Verdichtung und Verschiebung. Das Symptom stellt wie der Traum etwas als erfüllt dar, eine Befriedigung nach Art der infantilen, aber durch äußerste Verdichtung kann diese Befriedigung in eine einzige Sensation oder Innervation gedrängt, durch extreme Verschiebung auf eine kleine Einzelheit des ganzen libidinösen Komplexes eingeschränkt sein. Es ist kein Wunder, wenn auch wir häufig Schwierigkeiten haben, in dem Symptom die vermutete und jedesmal bestätigte libidinöse Befriedigung zu erkennen.

Ich habe Ihnen angekündigt, daß wir noch etwas Neues zu erfahren haben; es ist wirklich etwas Überraschendes und Verwirrendes. Sie wissen, durch die Analyse von den Symptomen aus kommen wir zur Kenntnis der infantilen Erlebnisse, an welche die Libido fixiert ist und aus denen die Symptome gemacht werden. Nun, die Überraschung liegt darin, daß diese Infantilszenen nicht immer wahr sind. Ja, sie sind in der Mehrzahl der Fälle nicht wahr und in einzelnen Fällen im direkten Gegensatz zur historischen Wahrheit. Sie sehen ein, daß dieser Fund wie kein anderer dazu geeignet ist, entweder die Analyse zu diskreditieren, die zu solchem Ergebnis geführt hat, oder die Kranken, auf deren Aussagen die Analyse wie das ganze Verständnis der Neurosen aufgebaut ist. Außerdem ist aber noch etwas ungemein Verwirrendes dabei. Wenn die durch die Analyse zutage geförderten infantilen Erlebnisse jedesmal real wären, hätten wir das Gefühl, uns auf sicherem Boden zu bewegen, wenn sie regelmäßig gefälscht wären, sich als Erfindungen, als Phantasien der Kranken enthüllten, müßten wir diesen schwankenden Boden verlassen und uns auf einen anderen retten. Aber es ist weder so noch so, sondern der Sachverhalt ist nachweisbar der, daß die in der Analyse konstruierten oder erinnerten Kindererlebnisse einmal unstreitig falsch sind, das andere Mal aber ebenso sicher richtig und in den meisten Fällen aus Wahrem und Falschem gemengt. Die Symptome sind also dann bald die Darstellung von Erlebnissen, die wirklich stattgefunden haben und denen man einen Einfluß auf die Fixierung der Libido zuschreiben darf, und bald die Darstellung von Phantasien des Kranken, die sich zu einer ätiologischen Rolle natürlich gar nicht eignen. Es ist schwer, sich darin zurechtzufinden. Einen ersten Anhalt finden wir vielleicht an einer ähnlichen Entdeckung, daß nämlich die vereinzelten Kindheitserinnerungen, welche die Menschen von jeher und vor jeder Analyse bewußt in sich getragen haben, gleichfalls gefälscht sein können oder wenigstens reichlich Wahres mit

Falschem vermengen.[6] Der Nachweis der Unrichtigkeit macht hier selten Schwierigkeiten, und so haben wir wenigstens die eine Beruhigung, daß an dieser unerwarteten Enttäuschung nicht die Analyse, sondern irgendwie die Kranken die Schuld tragen.

Nach einiger Überlegung verstehen wir leicht, was uns an dieser Sachlage so verwirrt. Es ist die Geringschätzung der Realität, die Vernachlässigung des Unterschiedes zwischen ihr und der Phantasie. Wir sind in Versuchung beleidigt zu sein, daß uns der Kranke mit erfundenen Geschichten beschäftigt hat. Die Wirklichkeit erscheint uns als etwas von der Erfindung himmelweit Verschiedenes, und sie genießt bei uns eine ganz andere Einschätzung. Denselben Standpunkt nimmt übrigens auch der Kranke in seinem normalen Denken ein. Wenn er jenes Material vorbringt, welches hinter den Symptomen zu den Wunschsituationen führt, die den Kindererlebnissen nachgebildet sind, so sind wir allerdings anfangs im Zweifel, ob es sich um Wirklichkeit oder um Phantasien handelt. Später wird uns die Entscheidung durch gewisse Kennzeichen ermöglicht, und wir stehen vor der Aufgabe, sie auch dem Kranken bekanntzu-

---

6 [In der 13. Vorlesung weist Freud darauf hin, »daß aus der Erinnerungsleere, welche die ersten Kindheitsjahre umfaßt, sich einzelne gut erhaltene, meist plastisch empfundene Erinnerungen herausheben, welche diese Erhaltung nicht rechtfertigen können. Mit dem Material von Eindrücken, welche uns im späteren Leben treffen, verfährt unser Gedächtnis so, daß es eine Auslese vornimmt. Es behält das irgend Wichtige und läßt Unwichtiges fallen. Mit den erhaltenen Kindheitserinnerungen ist es anders. Sie entsprechen nicht notwendig wichtigen Erlebnissen der Kinderjahre, nicht einmal solchen, die vom Standpunkt des Kindes hätten wichtig erscheinen müssen. Sie sind oft so banal und an sich bedeutungslos, daß wir uns nur verwundert fragen, warum gerade diese Einzelheit dem Vergessen entgangen ist. Ich habe seinerzeit versucht, daß Rätsel der Kindheitsamnesie und der sie unterbrechenden Erinnerungsreste mit Hilfe der Analyse anzugreifen, und bin zu dem Ergebnis gekommen, daß doch auch beim Kinde nur das Wichtige in der Erinnerung übriggeblieben ist. Nur daß durch die Ihnen bereits bekannten Prozesse der Verdichtung und ganz besonders der Verschiebung dies Wichtige durch anderes, was unwichtig erscheint, in der Erinnerung vertreten ist. Ich habe diese Kindheitserinnerungen darum *Deckerinnerungen* genannt; man kann durch gründliche Analyse alles Vergessene aus ihnen entwickeln.«]

geben. Dabei geht es nun auf keinen Fall ohne Schwierigkeiten ab. Eröffnen wir ihm gleich zu Beginn, daß er jetzt im Begriffe ist, die Phantasien zum Vorschein zu bringen, mit denen er sich seine Kindheitsgeschichte verhüllt hat, wie jedes Volk durch Sagenbildung seine vergessene Vorzeit, so bemerken wir, daß sein Interesse für die weitere Verfolgung des Themas plötzlich in unerwünschter Weise absinkt. Er will auch Wirklichkeiten erfahren und verachtet alle »Einbildungen«. Lassen wir ihn aber bis zur Erledigung dieses Stückes der Arbeit im Glauben, daß wir mit der Erforschung der realen Begebenheiten seiner Kinderjahre beschäftigt sind, so riskieren wir, daß er uns später Irrtum vorwirft und uns wegen unserer scheinbaren Leichtgläubigkeit verlacht. Für den Vorschlag, Phantasie und Wirklichkeit gleichzustellen und sich zunächst nicht darum zu kümmern, ob die zu klärenden Kindererlebnisse das eine oder das andere seien, hat er lange Zeit kein Verständnis. Und doch ist dies offenbar die einzig richtige Einstellung zu diesen seelischen Produktionen. Auch sie besitzen eine Art von Realität; es bleibt eine Tatsache, daß der Kranke sich solche Phantasien geschaffen hat, und diese Tatsache hat kaum geringere Bedeutung für seine Neurose, als wenn er den Inhalt dieser Phantasien wirklich erlebt hätte. Diese Phantasien besitzen *psychische* Realität im Gegensatz zur *materiellen*, und wir lernen allmählich verstehen, daß *in der Welt der Neurosen die psychische Realität die maßgebende ist.*

Unter den Begebenheiten, die in der Jugendgeschichte der Neurotiker immer wiederkehren, kaum je zu fehlen scheinen, sind einige von besonderer Wichtigkeit, die ich darum auch einer Hervorhebung vor den anderen für würdig halte. Ich zähle Ihnen als Muster dieser Gattung auf: die Beobachtung des elterlichen Verkehres, die Verführung durch eine erwachsene Person und die Kastrationsandrohung. Es wäre ein großer Irrtum anzunehmen, daß ihnen niemals materielle Realität zukommt; diese ist im Gegenteil oft einwandfrei durch Nachforschung bei älteren Angehörigen zu erweisen. So ist es z. B. gar keine Seltenheit, daß dem kleinen Knaben, welcher unartig mit seinem Glied zu spielen beginnt und noch nicht weiß, daß man solche Beschäftigung verbergen muß, von Eltern oder von Pflegepersonen gedroht wird, man werde ihm das Glied oder die sündigende Hand abschneiden. Die Eltern gestehen es auf Nachfrage oft ein, da sie mit solcher Einschüchterung etwas Zweckmäßiges getan zu haben glauben; manche Menschen haben eine korrekte, bewußte Erinnerung an diese Drohung, besonders dann, wenn sie in etwas späteren Jahren erfolgt ist. Wenn die Mutter oder eine andere weibliche Person die Drohung ausspricht, so schiebt sie ihre Ausführung gewöhnlich dem Vater oder dem – Arzt zu. In dem berühmten *Struwwelpeter* des Frankfurter Kinderarztes Hoffmann, der seine Beliebtheit gerade dem Verständnis für die sexuellen und andere Komplexe des Kindesalters verdankt, finden Sie die Kastration gemildert, durch das Abschneiden der Daumen als Strafe für hartnäckiges Lutschen ersetzt. Es ist aber in hohem Grade unwahrscheinlich, daß die Kastrationsdrohung so oft an die Kinder ergeht, als sie in den Analysen der Neurotiker vorkommt. Wir sind damit zufrieden zu verstehen, daß sich das Kind eine solche Drohung auf Grund von Andeutungen, mit Hilfe des Wissens, daß die autoerotische Befriedigung verboten ist, und unter dem Eindruck seiner Entdeckung des weiblichen Genitales in der Phantasie zusammensetzt. Ebenso ist es keineswegs ausgeschlossen, daß das kleine Kind, solange man ihm kein Verständnis und kein Gedächtnis zutraut, auch in anderen als Proletarierfamilien zum Zeugen eines Geschlechtsaktes zwischen den Eltern oder anderen Erwachsenen wird, und es ist nicht abzuweisen, daß das Kind *nachträglich* diesen Eindruck verstehen und auf ihn reagieren kann. Wenn aber dieser Verkehr mit den ausführlichsten Details beschrieben wird, die der Beobachtung Schwierigkeiten bereiten, oder wenn er sich, wie überwiegend häufig, als ein Verkehr von rückwärts, *more fe-*

rarum,[7] herausstellt, so bleibt wohl kein Zweifel über die Anlehnung dieser Phantasie an die Beobachtung des Verkehres von Tieren (Hunden) und die Motivierung derselben durch die unbefriedigte Schaulust des Kindes in den Pubertätsjahren. Die äußerste Leistung dieser Art ist dann die Phantasie von der Beobachtung des elterlichen Koitus, während man sich noch ungeboren im Mutterleib befunden hat. Besonderes Interesse hat die Phantasie der Verführung, weil sie nur zu oft keine Phantasie, sondern reale Erinnerung ist. Aber zum Glück ist sie doch nicht so häufig real, wie es nach den Ergebnissen der Analyse zuerst den Anschein hatte. Die Verführung durch ältere oder gleichaltrige Kinder ist immer noch häufiger als die durch Erwachsene, und wenn bei den Mädchen, welche diese Begebenheit in ihrer Kindergeschichte vorbringen, ziemlich regelmäßig der Vater als Verführer auftritt, so leidet weder die phantastische Natur dieser Beschuldigung noch das zu ihr drängende Motiv einen Zweifel. Mit der Verführungsphantasie, wo keine Verführung stattgehabt hat, deckt das Kind in der Regel die autoerotische Periode seiner Sexualbetätigung. Es erspart sich die Beschämung über die Masturbation, indem es ein begehrtes Objekt in diese frühesten Zeiten zurückphantasiert. Glauben Sie übrigens nicht, daß sexueller Mißbrauch des Kindes durch die nächsten männlichen Verwandten durchaus dem Reiche der Phantasie angehört. Die meisten Analytiker werden Fälle behandelt haben, in denen solche Beziehungen real waren und einwandfrei festgestellt werden konnten; nur gehörten sie auch dann späteren Kindheitsjahren an und waren in frühere eingetragen worden.

Man empfängt keinen anderen Eindruck, als daß solche Kinderbegebenheiten irgendwie notwendig verlangt werden, zum eisernen Bestand der Neurose gehören. Sind sie in der Realität enthalten, dann ist es gut; hat sie die Reali-

7 [Nach Art der Tiere, dem Tierverhalten entsprechend; ein Kindheitserlebnis dieser Art hat Freud beim »Wolfsmann« analysiert (vgl. Abschnitt IV der Studie *Aus der Geschichte einer infantilen Neurose* im vorliegenden Band unserer Ausgabe).]

tät verweigert, so werden sie aus Andeutungen hergestellt und durch die Phantasie ergänzt. Das Ergebnis ist das gleiche, und es ist uns bis heute nicht gelungen, einen Unterschied in den Folgen nachzuweisen, wenn die Phantasie oder die Realität den größeren Anteil an diesen Kinderbegebenheiten hat. Hier besteht eben wieder nur eines der so oft erwähnten Ergänzungsverhältnisse; es ist allerdings das Befremdendste von allen, die wir kennengelernt haben. Woher rührt das Bedürfnis nach diesen Phantasien und das Material für sie? Über die Triebquellen kann wohl kein Zweifel sein, aber es ist zu erklären, daß jedesmal die nämlichen Phantasien mit demselben Inhalt geschaffen werden. Ich habe hier eine Antwort bereit, von der ich weiß, daß sie Ihnen gewagt erscheinen wird. Ich meine, diese *Urphantasien* – so möchte ich sie und gewiß noch einige andere nennen – sind phylogenetischer Besitz. Das Individuum greift in ihnen über sein eigenes Erleben hinaus in das Erleben der Vorzeit, wo sein eigenes Erleben allzu rudimentär geworden ist. Es scheint mir sehr wohl möglich, daß alles, was uns heute in der Analyse als Phantasie erzählt wird, die Kinderverführung, die Entzündung der Sexualerregung an der Beobachtung des elterlichen Verkehrs, die Kastrationsdrohung – oder vielmehr die Kastration –, in den Urzeiten der menschlichen Familie einmal Realität war und daß das phantasierende Kind einfach die Lücken der individuellen Wahrheit mit prähistorischer Wahrheit ausgefüllt hat. Wir sind wiederholt auf den Verdacht gekommen, daß uns die Neurosenpsychologie mehr von den Altertümern der menschlichen Entwicklung aufbewahrt hat als alle anderen Quellen.[8]

Meine Herren! Die letzterörterten Dinge nötigen uns, auf die Entstehung und Bedeutung jener Geistestätigkeit näher einzugehen, die »Phantasie« genannt wird.[9] Sie genießt, wie

8 [Diese Erörterung der »Urphantasien« und der Möglichkeit ihrer Vererbung beruht weitgehend auf Freuds Befunden aus der Fallstudie des »Wolfsmanns«.]

9 [Freuds wichtigste frühere Ausführungen über die Phantasie finden sich in *Der Dichter und das Phantasieren* (1908).]

Ihnen bekannt ist, allgemein eine hohe Schätzung, ohne daß man über ihre Stellung im Seelenleben klar geworden wäre. Ich kann Ihnen folgendes darüber sagen. Wie Sie wissen, wird das Ich des Menschen durch die Einwirkung der äußeren Not langsam zur Schätzung der Realität und zur Befolgung des Realitätsprinzips erzogen und muß dabei auf verschiedene Objekte und Ziele seines Luststrebens – nicht allein des sexuellen – vorübergehend oder dauernd verzichten. Aber Lustverzicht ist dem Menschen immer schwergefallen; er bringt ihn nicht ohne eine Art von Entschädigung zustande. Er hat sich daher eine seelische Tätigkeit vorbehalten, in welcher all diesen aufgegebenen Lustquellen und verlassenen Wegen der Lustgewinnung eine weitere Existenz zugestanden ist, eine Form der Existenz, in welcher sie von dem Realitätsanspruch und dem, was wir »Realitätsprüfung« nennen, frei gelassen sind. Jedes Streben erreicht bald die Form einer Erfüllungsvorstellung; es ist kein Zweifel, daß das Verweilen bei den Wunscherfüllungen der Phantasie eine Befriedigung mit sich bringt, obwohl das Wissen, es handle sich nicht um Realität, dabei nicht getrübt ist. In der Phantasietätigkeit genießt also der Mensch die Freiheit vom äußeren Zwang weiter, auf die er in Wirklichkeit längst verzichtet hat. Er hat es zustande gebracht, abwechselnd noch Lusttier zu sein und dann wieder ein verständiges Wesen. Er findet mit der kargen Befriedigung, die er der Wirklichkeit abringen kann, eben nicht sein Auskommen. »Es geht überhaupt nicht ohne Hilfskonstruktionen«, hat Th. Fontane einmal gesagt. Die Schöpfung des seelischen Reiches der Phantasie findet ein volles Gegenstück in der Einrichtung von »Schonungen«, »Naturschutzparks« dort, wo die Anforderungen des Ackerbaues, des Verkehres und der Industrie das ursprüngliche Gesicht der Erde rasch bis zur Unkenntlichkeit zu verändern drohen. Der Naturschutzpark erhält diesen alten Zustand, welchen man sonst überall mit Bedauern der Notwendigkeit geopfert hat. Alles darf darin wuchern und wachsen, wie es will, auch das Nutzlose, selbst das Schädliche. Eine solche dem Realitätsprinzip entzogene Schonung ist auch das seelische Reich der Phantasie.

Die bekanntesten Produktionen der Phantasie sind die sogenannten »Tagträume«, die wir schon kennen,[10] vorgestellte Befriedigungen ehrgeiziger, großsüchtiger, erotischer Wünsche, die um so üppiger gedeihen, je mehr die Wirklichkeit zur Bescheidung oder zur Geduldung mahnt. Das Wesen des Phantasieglücks, die Wiederherstellung der Unabhängigkeit der Lustgewinnung von der Zustimmung der Realität, zeigt sich in ihnen unverkennbar. Wir wissen, solche Tagträume sind Kern und Vorbilder der nächtlichen Träume. Der Nachttraum ist im Grunde nichts anderes als ein durch die nächtliche Freiheit der Triebregungen verwendbar gewordener, durch die nächtliche Form der seelischen Tätigkeit entsteller Tagtraum. Wir haben uns bereits mit der Idee vertraut gemacht, daß auch ein Tagtraum nicht notwendig bewußt ist, daß es auch unbewußte Tagträume gibt. Solche unbewußte Tagträume sind also ebensowohl die Quelle der nächtlichen Träume wie – der neurotischen Symptome.

Die Bedeutung der Phantasie für die Symptombildung wird Ihnen durch die folgende Mitteilung klar werden. Wir haben gesagt,[11] im Falle der Versagung besetze die Libido regressiv die von ihr aufgelassenen Positionen, an denen sie doch mit gewissen Beträgen haften geblieben ist. Das werden wir nicht zurücknehmen oder korrigieren, aber wir haben ein Zwischenglied einzusetzen. Wie findet die Libido ihren Weg zu diesen Fixierungsstellen? Nun, alle aufgegebenen Objekte und Richtungen der Libido sind noch nicht in jedem Sinne aufgegeben. Sie oder ihre Abkömmlinge werden noch mit einer gewissen Intensität in den Phantasievorstellungen festgehalten. Die Libido braucht sich also nur auf die Phantasien zurückzuziehen, um von ihnen aus den Weg zu allen verdrängten Fixierungen offen zu finden. Diese Phantasien erfreuten sich einer gewissen Duldung, es

10 [Freud äußert sich dazu in der 5. Vorlesung.]
11 [Zu Beginn der 23. Vorlesung.]

kam nicht zum Konflikt zwischen ihnen und dem Ich, so scharf auch die Gegensätze sein mochten, solange eine gewisse Bedingung eingehalten wurde. Eine Bedingung *quantitativer* Natur, die nun durch das Rückfluten der Libido auf die Phantasien gestört wird. Durch diesen Zuschuß wird die Energiebesetzung der Phantasien so erhöht, daß sie anspruchsvoll werden, einen Drang nach der Richtung der Realisierung entwickeln. Das macht aber den Konflikt zwischen ihnen und dem Ich unvermeidlich. Ob sie früher vorbewußt oder bewußt waren, sie unterliegen jetzt der Verdrängung von seiten des Ichs und sind der Anziehung von seiten des Unbewußten preisgegeben. Von den jetzt unbewußten Phantasien wandert die Libido bis zu deren Ursprüngen im Unbewußten, bis zu ihren eigenen Fixierungsstellen zurück.

Der Rückgang der Libido auf die Phantasie ist eine Zwischenstufe des Weges zur Symptombildung, welche wohl eine besondere Bezeichnung verdient. C. G. Jung hat den sehr geeigneten Namen der *Introversion* für sie geprägt, ihn aber in unzweckmäßiger Weise auch anderes bedeuten lassen. Wir wollen daran festhalten, daß die Introversion die Abwendung der Libido von den Möglichkeiten der realen Befriedigung und die Überbesetzung der bisher als harmlos geduldeten Phantasien bezeichnet. Ein Introvertierter ist noch kein Neurotiker, aber er befindet sich in einer labilen Situation; er muß bei der nächsten Kräfteverschiebung Symptome entwickeln, wenn er nicht noch für seine gestaute Libido andere Auswege findet. Der irreale Charakter der neurotischen Befriedigung und die Vernachlässigung des Unterschiedes zwischen Phantasie und Wirklichkeit sind hingegen bereits durch das Verweilen auf der Stufe der Introversion bestimmt.

Sie haben gewiß bemerkt, daß ich in den letzten Erörterungen einen neuen Faktor in das Gefüge der ätiologischen Verkettung eingeführt habe, nämlich die Quantität, die Größe der in Betracht kommenden Energien; diesen Faktor müssen wir überall noch in Rechnung bringen. Mit rein qualitativer Analyse der ätiologischen Bedingungen reichen wir nicht aus. Oder um es anders zu sagen, eine bloß *dynamische* Auffassung dieser seelischen Vorgänge ist ungenügend, es bedarf noch des *ökonomischen* Gesichtspunktes. Wir müssen uns sagen, daß der Konflikt zwischen zwei Strebungen nicht losbricht, ehe nicht gewisse Besetzungsintensitäten erreicht sind, mögen auch die inhaltlichen Bedingungen längst vorhanden sein. Ebenso richtet sich die pathogene Bedeutung der konstitutionellen Faktoren danach, wieviel *mehr* von dem einen Partialtrieb als von einem anderen in der Anlage gegeben ist; man kann sich sogar vorstellen, die Anlagen aller Menschen seien qualitativ gleichartig und unterscheiden sich nur durch diese quantitativen Verhältnisse. Nicht minder entscheidend ist das quantitative Moment für die Widerstandsfähigkeit gegen neurotische Erkrankung. Es kommt darauf an, *welchen Betrag* der unverwendeten Libido eine Person in Schwebe erhalten kann und einen *wie großen Bruchteil* ihrer Libido sie vom Sexuellen weg auf die Ziele der Sublimierung zu lenken vermag. Das Endziel der seelischen Tätigkeit, das sich qualitativ als Streben nach Lustgewinn und Unlustvermeidung beschreiben läßt, stellt sich für die ökonomische Betrachtung als die Aufgabe dar, die im seelischen Apparat wirkenden Erregungsgrößen (Reizmengen) zu bewältigen und deren Unlust schaffende Stauung hintanzuhalten.[12]

Soviel wollte ich Ihnen also über die Symptombildung bei den Neurosen sagen. Ja aber, daß ich nicht versäume, es nochmals ausdrücklich zu betonen: Alles hier Gesagte bezieht sich nur auf die Symptombildung bei der Hysterie. Schon bei der Zwangsneurose ist – bei Erhaltung des Grundsätzlichen – vieles anders zu finden. Die Gegenbesetzungen gegen die Triebanforderungen, von denen wir

12 [Hier scheint Freud das »Lustprinzip« mit dem »Konstanzprinzip« gleichzusetzen, obwohl er gegen Ende der 22. Vorlesung Zweifel an dieser Möglichkeit andeutet. Später machte er eine klare Unterscheidung zwischen den beiden Prinzipien; vgl. *Das ökonomische Problem des Masochismus* in Band 3 der vorliegenden Ausgabe.]

auch bei der Hysterie gesprochen haben,[13] drängen sich bei der Zwangsneurose vor und beherrschen durch sogenannte »Reaktionsbildungen« das klinische Bild. Ebensolche und noch weiter reichende Abweichungen entdecken wir bei den anderen Neurosen, wo die Untersuchungen über die Mechanismen der Symptombildung noch an keinem Punkte abgeschlossen sind.

Ehe ich Sie heute entlasse, möchte ich aber Ihre Aufmerksamkeit noch eine Weile für eine Seite des Phantasielebens in Anspruch nehmen, die des allgemeinsten Interesses würdig ist. Es gibt nämlich einen Rückweg von der Phantasie zur Realität, und das ist – die Kunst. Der Künstler ist im Ansatze auch ein Introvertierter, der es nicht weit zur Neurose hat. Er wird von überstarken Triebbedürfnissen gedrängt, möchte Ehre, Macht, Reichtum, Ruhm und die Liebe der Frauen erwerben; es fehlen ihm aber die Mittel, um diese Befriedigungen zu erreichen. Darum wendet er sich wie ein anderer Unbefriedigter von der Wirklichkeit ab und überträgt all sein Interesse, auch seine Libido, auf die Wunschbildungen seines Phantasielebens, von denen aus der Weg zur Neurose führen könnte. Es muß wohl vielerlei zusammentreffen, damit dies nicht der volle Ausgang seiner Entwicklung werde; es ist ja bekannt, wie häufig gerade Künstler an einer partiellen Hemmung ihrer Leistungsfähigkeit durch Neurosen leiden. Wahrscheinlich enthält ihre Konstitution eine starke Fähigkeit zur Sublimierung und eine gewisse Lockerheit der den Konflikt entscheidenden Verdrängungen. Den Rückweg zur Realität findet der Künstler aber auf folgende Art. Er ist ja nicht der einzige, der ein Phantasieleben führt. Das Zwischenreich der Phantasie ist durch allgemein menschliche Übereinkunft gebilligt, und jeder Entbehrende erwartet von daher Linderung und Trost. Aber den Nichtkünstlern ist der Bezug von Lustgewinn aus den Quellen der Phantasie sehr eingeschränkt. Die Unerbittlichkeit ihrer Verdrängungen

13 [Am Beginn dieser Vorlesung.]

nötigt sie, sich mit den spärlichen Tagträumen, die noch bewußt werden dürfen, zu begnügen. Wenn einer ein rechter Künstler ist, dann verfügt er über mehr. Er versteht es erstens, seine Tagträume so zu bearbeiten, daß sie das allzu Persönliche, welches Fremde abstößt, verlieren und für die anderen mitgenießbar werden. Er weiß sie auch so weit zu mildern, daß sie ihre Herkunft aus den verpönten Quellen nicht leicht verraten. Er besitzt ferner das rätselhafte Vermögen, ein bestimmtes Material zu formen, bis es zum getreuen Ebenbilde seiner Phantasievorstellung geworden ist, und dann weiß er an diese Darstellung seiner unbewußten Phantasie so viel Lustgewinn zu knüpfen, daß durch sie die Verdrängungen wenigstens zeitweilig überwogen und aufgehoben werden. Kann er das alles leisten, so ermöglicht er es den anderen, aus den eigenen unzugänglich gewordenen Lustquellen ihres Unbewußten wiederum Trost und Linderung zu schöpfen, gewinnt ihre Dankbarkeit und Bewunderung und hat nun *durch* seine Phantasie erreicht, was er vorerst nur *in* seiner Phantasie erreicht hatte: Ehre, Macht und Liebe der Frauen.

24. Vorlesung
Die gemeine Nervosität

Meine Damen und Herren! Nachdem wir in den letzten Besprechungen ein so schweres Stück Arbeit hinter uns gebracht haben, verlasse ich für eine Weile den Gegenstand und wende mich zu Ihnen.

Ich weiß nämlich, daß Sie unzufrieden sind. Sie haben sich eine »Einführung in die Psychoanalyse« anders vorgestellt. Sie haben lebensvolle Beispiele zu hören erwartet, nicht Theorie. Sie sagen mir, das eine Mal, da ich Ihnen die Parallele vortrug »Zu ebener Erde und im ersten Stock«,[1] da haben Sie etwas von der Verursachung der Neurosen begriffen, nur hätten es wirkliche Beobachtungen sein sollen und nicht konstruierte Geschichten. Oder als ich Ihnen zu Beginn zwei – hoffentlich nicht auch er-

---

1 [In der 22. Vorlesung.]

fundene – Symptome erzählte, deren Auflösung und Beziehung zum Leben der Kranken entwickelte,[2] da leuchtete Ihnen der »Sinn« der Symptome ein; Sie hofften, ich würde in dieser Art fortsetzen. Anstatt dessen gab ich Ihnen weitläufige, schwer übersehbare Theorien, die nie vollständig waren, zu denen immer noch etwas Neues hinzukam, arbeitete mit Begriffen, die ich Ihnen noch nicht vorgestellt hatte, fiel aus der deskriptiven Darstellung in die dynamische Auffassung, aus dieser in eine sogenannte »ökonomische«, machte es Ihnen schwer zu verstehen, wie viele von den angewendeten Kunstworten dasselbe bedeuten und nur aus Gründen des Wohllautes miteinander abwechseln, ließ so weitausgreifende Gesichtspunkte wie das Lust- und Realitätsprinzip und den phylogenetisch ererbten Besitz vor Ihnen auftauchen, und anstatt Sie in etwas einzuführen, ließ ich etwas, was sich immer mehr von Ihnen entfernte, vor Ihren Augen vorüberziehen.

Warum habe ich die Einführung in die Neurosenlehre nicht mit dem begonnen, was Sie selbst von der Nervosität kennen und was längst Ihr Interesse erweckt hat? Mit dem eigentümlichen Wesen der Nervösen, ihren unverständlichen Reaktionen auf menschlichen Verkehr und äußere Einflüsse, ihrer Reizbarkeit, Unberechenbarkeit und Untauglichkeit? Warum Sie nicht schrittweise vom Verständnis der einfacheren alltäglichen Formen bis zu den Problemen der rätselhaften extremen Erscheinungen der Nervosität geführt?

Ja, meine Herren, ich kann Ihnen nicht einmal unrecht geben. Ich bin nicht so vernarrt in meine Darstellungskunst, daß ich jeden ihrer Schönheitsfehler für einen besonderen Reiz ausgeben sollte. Ich glaube selbst, es hätte sich mit mehr Vorteil für Sie anders machen lassen; es lag auch in meiner Absicht. Aber man kann seine verständigen Absichten nicht immer durchführen. Im Stoff selbst ist oft etwas, wodurch man kommandiert und von seinen ersten Absichten abgelenkt wird. Selbst eine so unscheinbare Lei-

2 [In der 17. Vorlesung.]

stung wie die Anordnung eines wohlbekannten Materials unterwirft sich nicht ganz der Willkür des Autors; sie gerät, wie sie will, und man kann sich nur nachträglich befragen, warum sie so und nicht anders ausgefallen ist.

Einer der Gründe ist wahrscheinlich, daß der Titel »Einführung in die Psychoanalyse« für diesen Abschnitt, der die Neurosen behandeln soll, nicht mehr zutrifft. Die Einführung in die Psychoanalyse gibt das Studium der Fehlleistungen und des Traumes; die Neurosenlehre ist die Psychoanalyse selbst. Ich glaube nicht, daß ich vom Inhalt der Neurosenlehre in so kurzer Zeit Ihnen anders als in so konzentrierter Form hätte Kenntnis geben können. Es handelte sich darum, Ihnen Sinn und Bedeutung der Symptome, äußere und innere Bedingungen und Mechanismus der Symptombildung im Zusammenhange vorzuführen. Das habe ich zu tun versucht; es ist so ziemlich der Kern dessen, was die Psychoanalyse heute zu lehren hat. Dabei war von der Libido und ihrer Entwicklung vieles zu sagen, einiges auch von der des Ichs. Auf die Voraussetzungen unserer Technik, auf die großen Gesichtspunkte des Unbewußten und der Verdrängung (des Widerstandes) waren Sie schon durch die Einführung vorbereitet. Sie werden in einer der nächsten Vorlesungen[3] erfahren, an welchen Stellen die psychoanalytische Arbeit ihren organischen Fortgang nimmt. Vorläufig habe ich Ihnen nicht verheimlicht, daß alle unsere Ermittlungen nur aus dem Studium einer einzigen Gruppe von nervösen Affektionen, den sogenannten Übertragungsneurosen, stammen. Den Mechanismus der Symptombildung habe ich sogar nur für die hysterische Neurose verfolgt. Wenn Sie auch kein solides Wissen erworben und nicht jede Einzelheit behalten haben sollten, so hoffe ich doch, daß Sie ein Bild davon gewonnen haben, mit welchen Mitteln die Psychoanalyse arbeitet, welche Fragen sie angreift und welche Ergebnisse sie geliefert hat.

---

3 [In der 26. Vorlesung »Die Libidotheorie und der Narzißmus«, die in die vorliegende Ausgabe nicht aufgenommen wurde, deren wesentliche Gesichtspunkte sich aber in der Studie *Zur Einführung des Narzißmus* (vgl. in Band 1) finden.]

Ich habe Ihnen den Wunsch unterlegt, daß ich die Darstellung der Neurosen mit dem Gehaben der Nervösen hätte beginnen sollen, mit der Schilderung der Art, wie sie unter ihrer Neurose leiden, wie sie sich ihrer erwehren und sich mit ihr einrichten. Das ist gewiß ein interessanter und wissenswerter Stoff, auch nicht sehr schwierig zu behandeln, aber es ist nicht unbedenklich, mit ihm zu beginnen. Man läuft Gefahr, das Unbewußte nicht zu entdecken, dabei die große Bedeutung der Libido zu übersehen und alle Verhältnisse so zu beurteilen, wie sie dem Ich des Nervösen erscheinen. Daß dieses Ich keine verläßliche und unparteiische Instanz ist, liegt auf der Hand. Das Ich ist ja die Macht, welche das Unbewußte verleugnet und es zum Verdrängten herabgesetzt hat, wie sollte man ihm zutrauen, diesem Unbewußten gerecht zu werden? Unter diesem Verdrängten stehen die abgewiesenen Ansprüche der Sexualität in erster Linie; es ist ganz selbstverständlich, daß wir deren Umfang und Bedeutung nie aus den Auffassungen des Ichs erraten können. Von dem Moment an, da uns der Gesichtspunkt der Verdrängung aufdämmert, sind wir auch gewarnt davor, daß wir nicht die eine der beiden streitenden Parteien, überdies noch die siegreiche, zum Richter über den Streit einsetzen. Wir sind vorbereitet darauf, daß uns die Aussagen des Ichs irreführen werden. Wenn man dem Ich glauben will, so war es in allen Stücken aktiv, so hat es selbst seine Symptome gewollt und gemacht. Wir wissen, daß es ein gutes Stück Passivität über sich ergehen ließ, die es sich dann verheimlichen und beschönigen will. Allerdings getraut es sich dieses Versuches nicht immer; bei den Symptomen der Zwangsneurose muß es sich eingestehen, daß etwas Fremdes sich ihm entgegenstellt, dessen es sich nur mühsam erwehrt.

Wer sich durch diese Mahnungen nicht abhalten läßt, die Verfälschungen des Ichs für bare Münze zu nehmen, der hat freilich dann ein leichtes Spiel und ist all den Widerständen entgangen, die sich der psychoanalytischen Betonung des Unbewußten, der Sexualität und der Passivität des Ichs entgegensetzen. Der kann wie Alfred

Adler[4] behaupten, daß der »nervöse Charakter« die Ursache der Neurose sei, anstatt die Folge derselben, aber er wird auch nicht imstande sein, ein einziges Detail der Symptombildung oder einen einzelnen Traum zu erklären.

Sie werden fragen: Sollte es denn nicht möglich sein, dem Anteil des Ichs an der Nervosität und an der Symptombildung gerecht zu werden, ohne dabei die von der Psychoanalyse aufgedeckten Momente in gröblicher Weise zu vernachlässigen? Ich antworte: Gewiß muß es möglich sein, und es wird auch irgend einmal geschehen; es liegt aber nicht in der Arbeitsrichtung der Psychoanalyse, gerade damit zu beginnen. Es läßt sich wohl vorhersagen, wann diese Aufgabe an die Psychoanalyse herantreten wird. Es gibt Neurosen, bei welchen das Ich weit intensiver beteiligt ist als bei den bisher von uns studierten; wir nennen sie »narzißtische« Neurosen. Die analytische Bearbeitung dieser Affektionen wird uns befähigen, die Beteiligung des Ichs an der neurotischen Erkrankung in unparteiischer und zuverlässiger Weise zu beurteilen.

Eine der Beziehungen des Ichs zu seiner Neurose ist aber so augenfällig, daß sie von Anfang an Berücksichtigung finden konnte. Sie scheint in keinem Falle zu fehlen; man erkennt sie aber am deutlichsten bei einer Affektion, die unserem Verständnis heute noch fernsteht, bei der *traumatischen Neurose.* Sie müssen nämlich wissen, daß in der Verursachung und im Mechanismus aller möglichen Formen von Neurosen immer wieder dieselben Momente in Tätigkeit treten, nur fällt hier dem einen, dort dem anderen dieser Momente die Hauptbedeutung für die Symptombildung zu. Es ist wie mit dem Personal einer Schauspielertruppe, unter dem jeder sein festes Rollenfach hat: Held, Vertrauter, Intrigant usw.; es wird aber jeder ein anderes Stück für seine Benefizvorstellung wählen. So sind die Phantasien, die sich in die Symptome umsetzen, nirgends greifbarer als in der Hysterie; die Gegenbesetzungen oder

4 [Adler, *Über den nervösen Charakter*, Wiesbaden 1912.]

Reaktionsbildungen des Ichs beherrschen das Bild bei der Zwangsneurose; was wir für den Traum *sekundäre Bearbeitung* genannt haben,[5] steht als Wahn obenan in der Paranoia usw.

So drängt sich uns bei den traumatischen Neurosen, besonders bei solchen, wie sie durch die Schrecken des Krieges entstehen, unverkennbar ein selbstsüchtiges, nach Schutz und Nutzen strebendes Ichmotiv auf, welches die Krankheit nicht etwa allein schaffen kann, aber seine Zustimmung zu ihr gibt und sie erhält, wenn sie einmal zustande gekommen ist. Dies Motiv will das Ich vor den Gefahren bewahren, deren Drohung der Anlaß der Erkrankung ward, und wird die Genesung nicht eher zulassen, als bis die Wiederholung dieser Gefahren ausgeschlossen scheint, oder erst nachdem eine Entschädigung für die ausgestandene Gefahr erreicht ist.

Aber ein ähnliches Interesse nimmt das Ich in allen anderen Fällen an der Entstehung und dem Fortbestand der Neurose. Wir haben schon gesagt,[6] daß das Symptom auch vom Ich gehalten wird, weil es eine Seite hat, mit welcher es der verdrängenden Ichtendenz Befriedigung bietet. Überdies ist die Erledigung des Konflikts durch die Symptombildung die bequemste und die dem Lustprinzip genehmste Auskunft; sie erspart dem Ich unzweifelhaft eine große und peinlich empfundene innere Arbeit. Ja, es gibt Fälle, in denen selbst der Arzt zugestehen muß, daß der

5 [In der 11. Vorlesung »Traumarbeit« heißt es dazu: »Im allgemeinen muß man sich dessen enthalten, einen Teil des manifesten Traumes aus einem anderen erklären zu wollen, als ob der Traum kohärent konzipiert und eine pragmatische Darstellung wäre. Er ist vielmehr zumeist einem Brecciagestein vergleichbar, aus verschiedenen Gesteinsbrocken mit Hilfe eines Bindemittels hergestellt, so daß die Zeichnungen, die sich dabei ergeben, nicht den ursprünglichen Gesteinseinschlüssen angehören. Es gibt wirklich ein Stück der Traumarbeit, die sogenannte *sekundäre Bearbeitung*, dem daran gelegen ist, aus den nächsten Ergebnissen der Traumarbeit etwas Ganzes, ungefähr Zusammenpassendes herzustellen. Dabei wird das Material nach einem oft ganz mißverständlichen Sinn angeordnet und, wo es nötig scheint, Einschübe vorgenommen.«]

6 [Zu Beginn der 23. Vorlesung.]

Ausgang eines Konflikts in Neurose die harmloseste und sozial erträglichste Lösung darstellt. Erstaunen Sie nicht, wenn Sie hören, daß also selbst der Arzt mitunter die Partei der von ihm bekämpften Krankheit nimmt. Es steht ihm ja nicht an, sich gegen alle Situationen des Lebens auf die Rolle des Gesundheitsfanatikers einzuengen, er weiß, daß es nicht nur neurotisches Elend in der Welt gibt, sondern auch reales, unabstellbares Leiden, daß die Notwendigkeit von einem Menschen auch fordern kann, daß er seine Gesundheit zum Opfer bringe, und er erfährt, daß durch ein solches Opfer eines einzelnen oft unübersehbares Unglück für viele andere hintangehalten wird. Wenn man also sagen konnte, daß der Neurotiker jedesmal vor einem Konflikt die *Flucht in die Krankheit* nimmt, so muß man zugeben, in manchen Fällen sei diese Flucht vollberechtigt, und der Arzt, der diesen Sachverhalt erkannt hat, wird sich schweigend und schonungsvoll zurückziehen.

Aber sehen wir von diesen Ausnahmefällen für die weitere Erörterung ab. Unter durchschnittlichen Verhältnissen erkennen wir, daß dem Ich durch das Ausweichen in die Neurose ein gewisser innerer *Krankheitsgewinn* zuteil wird. Zu diesem gesellt sich in manchen Lebenslagen ein greifbarer äußerer, in der Realität mehr oder weniger hoch einzuschätzender Vorteil. Betrachten Sie den häufigsten Fall dieser Art. Eine Frau, die von ihrem Manne roh behandelt und schonungslos ausgenützt wird, findet ziemlich regelmäßig den Ausweg in die Neurose, wenn ihre Anlagen es ihr ermöglichen, wenn sie zu feige oder zu sittlich ist, um sich im geheimen bei einem anderen Manne zu trösten, wenn sie nicht stark genug ist, sich gegen alle äußeren Abhaltungen von ihrem Manne zu trennen, wenn sie nicht die Aussicht hat, sich selbst zu erhalten oder einen besseren Mann zu gewinnen, und wenn sie überdies durch ihr sexuelles Empfinden noch an diesen brutalen Mann gebunden ist. Ihre Krankheit wird nun ihre Waffe im Kampfe gegen den überstarken Mann, eine Waffe, die sie zu ihrer Verteidigung gebrauchen und für ihre Rache mißbrauchen kann. Sie darf über ihre Krankheit klagen, während sie sich wahrscheinlich über ihre Ehe nicht beklagen dürfte. Sie findet einen Helfer im Arzt, sie nötigt den sonst rücksichtslosen Mann, sie zu schonen, Aufwendungen für sie zu machen, ihr Zeiten der Abwesenheit vom Hause und somit der Befreiung von der ehelichen Unterdrückung zu gestatten. Wo ein solcher äußerer oder akzidenteller Krankheitsgewinn recht erheblich ist und keinen realen Ersatz finden kann, da werden Sie die Möglichkeit einer Beeinflussung der Neurose durch Ihre Therapie nicht groß veranschlagen dürfen.

Sie werden mir vorhalten, was ich Ihnen da vom Krankheitsgewinn erzählt habe, spricht ja durchaus zugunsten der von mir zurückgewiesenen Auffassung, daß das Ich selbst die Neurose will und sie schafft. Gemach, meine Herren, es bedeutet vielleicht weiter nichts, als daß das Ich sich die Neurose gefallen läßt, die es doch nicht verhindern kann, und daß es das Beste aus ihr macht, wenn sich überhaupt etwas aus ihr machen läßt. Es ist nur die eine Seite der Sache, die angenehme allerdings. Soweit die Neurose Vorteile hat, ist das Ich wohl mit ihr einverstanden, aber sie hat nicht nur Vorteile. In der Regel stellt sich bald heraus, daß das Ich ein schlechtes Geschäft gemacht hat, indem es sich auf die Neurose einließ. Es hat eine Erleichterung des Konflikts zu teuer erkauft, und die Leidensempfindungen, welche an den Symptomen haften, sind vielleicht ein äquivalenter Ersatz für die Qualen des Konflikts, wahrscheinlich aber ein Mehrbetrag von Unlust. Das Ich möchte diese Unlust der Symptome loswerden, den Krankheitsgewinn aber nicht herausgeben, und das bringt es eben nicht zustande. Dabei erweist sich dann, daß es nicht so durchaus aktiv war, wie es sich geglaubt hat, und das wollen wir uns gut merken.

Meine Herren, wenn Sie als Arzt mit Neurotikern umgehen, werden Sie bald die Erwartung aufgeben, daß diejenigen, die über ihre Krankheit am stärksten jammern und klagen, der Hilfeleistung am bereitwilligsten entgegenkommen und ihr die geringsten Widerstände bereiten werden. Eher das Gegenteil. Wohl aber werden Sie es leicht verstehen, daß alles, was zum Krankheitsgewinn beiträgt, den

Verdrängungswiderstand verstärken und die therapeutische Schwierigkeit vergrößern wird. Zu dem Stück des Krankheitsgewinnes, welches sozusagen mit dem Symptom geboren wird, haben wir aber auch noch ein anderes hinzuzufügen, das sich später ergibt. Wenn solch eine psychische Organisation wie die Krankheit durch längere Zeit bestanden hat, so benimmt sie sich endlich wie ein selbständiges Wesen; sie äußert etwas wie einen Selbsterhaltungstrieb, es bildet sich eine Art von *modus vivendi* zwischen ihr und anderen Anteilen des Seelenlebens, selbst solchen, die ihr im Grunde feindselig sind, und es kann kaum fehlen, daß sich Gelegenheiten ergeben, bei denen sie sich wieder nützlich und verwertbar erweist, gleichsam eine *Sekundärfunktion* erwirbt, die ihren Bestand von neuem kräftigt. Nehmen Sie anstatt eines Beispiels aus der Pathologie eine grelle Erläuterung aus dem täglichen Leben. Ein tüchtiger Arbeiter, der seinen Unterhalt erwirbt, wird durch einen Unfall in seiner Beschäftigung zum Krüppel; mit der Arbeit ist es jetzt aus, aber der Verunglückte empfängt mit der Zeit eine kleine Unfallrente und lernt es, seine Verstümmlung als Bettler zu verwerten. Seine neue, wiewohl verschlechterte Existenz gründet sich jetzt gerade auf dasselbe, was ihn um seine erste Existenz gebracht hat. Wenn Sie seine Verunstaltung beheben können, so machen Sie ihn zunächst subsistenzlos; es eröffnet sich die Frage, ob er noch fähig ist, seine frühere Arbeit wieder aufzunehmen. Was bei der Neurose einer solchen sekundären Nutzung der Krankheit entspricht, können wir als *sekundären* Krankheitsgewinn zum primären hinzuschlagen.[7]

---

7 [Das Thema »Krankheitsgewinn« hat Freud zuerst im *Bruchstück einer Hysterie-Analyse* (vgl. in Band 1 Fußnote 11 zum Aufsatz *Zur Geschichte der psychoanalytischen Bewegung*) behandelt. Dort schreibt er u. a.:

»Ich übergehe die Einzelheiten, aus denen sich ergab, wie vollkommen richtig dies alles war, und ziehe es vor, einige allgemeine Bemerkungen über die Rolle der *Krankheitsmotive* bei der Hysterie anzuschließen. Die Motive zum Kranksein sind begrifflich scharf zu scheiden von den Krankheitsmöglichkeiten, von dem Material, aus dem die Symptome gefertigt werden. Sie haben keinen Anteil an der Symptombildung, sind auch zu Anfang der Krankheit nicht vorhanden; sie treten erst sekundär hinzu, aber erst mit ihrem Auftreten ist die Krankheit voll konstituiert [Fußnote]. Man kann auf ihr Vorhandensein in jedem Falle rechnen, der ein wirkliches Leiden bedeutet und von längerem Bestande ist. Das Symptom ist zuerst dem psychischen Leben ein unwillkommener Gast, es hat alles gegen sich und verschwindet darum auch so leicht von selbst, wie es den Anschein hat, durch den Einfluß der Zeit. Es hat anfangs keine nützliche Verwendung im psychischen Haushalt, aber sehr häufig gelangt es sekundär zu einer solchen; irgendeine psychische Strömung findet es bequem, sich des Symptoms zu bedienen, und damit ist dieses zu einer *Sekundärfunktion* gelangt und im Seelenleben wie verankert. Wer den Kranken gesund machen will, stößt dann zu seinem Erstaunen auf einen großen Widerstand, der ihn belehrt, daß es dem Kranken mit der Absicht, das Leiden aufzugeben, nicht so ganz, so voll ernst ist. Man stelle sich einen Arbeiter, etwa einen Dachdecker vor, der sich zum Krüppel gefallen hat und nun an der Straßenecke bettelnd sein Leben fristet. Man komme nun als Wundertäter und verspreche ihm, das krumme Bein gerade und gehfähig herzustellen. Ich meine, man darf sich nicht auf den Ausdruck besonderer Seligkeit in seiner Miene gefaßt machen. Gewiß fühlte er sich äußerst unglücklich, als er die Verletzung erlitt, merkte, er werde nie wieder arbeiten können und müsse verhungern oder von Almosen leben. Aber seither ist, was ihn zunächst erwerblos machte, seine Einnahmsquelle geworden; er lebt von seiner Krüppelhaftigkeit. Nimmt man ihm die, so macht man ihn vielleicht ganz hilflos; er hat sein Handwerk unterdessen vergessen, seine Arbeitsgewohnheiten verloren, hat sich an den Müßiggang, vielleicht auch ans Trinken gewöhnt.« –

In einer 1923 hinzugefügten Fußnote präzisiert Freud diese Ansichten:

»Hier ist nicht alles richtig. Der Satz, daß die Krankheitsmotive zu Anfang der Krankheit nicht vorhanden sind und erst sekundär hinzutreten, ist nicht aufrechtzuhalten. Auf nächster Seite werden denn auch bereits Motive zum Kranksein erwähnt, die vor dem Ausbruch der Krankheit bestehen und an diesem Ausbruch mitschuldig sind. Ich habe später dem Sachverhalt besser Rechnung getragen, indem ich die Unterscheidung zwischen *primärem und sekundärem Krankheitsgewinn* einführte. Das Motiv zum Kranksein ist ja allemal die Absicht eines Gewinnes. Für den sekundären Krankheitsgewinn trifft zu, was in den weiteren Sätzen dieses Abschnittes gesagt ist. Ein primärer Krankheitsgewinn ist aber für jede neurotische Erkrankung anzuerkennen. Das Krankwerden erspart zunächst eine psychische Leistung, ergibt sich als die ökonomisch bequemste Lösung im Falle eines psychischen Konflikts *(Flucht in die Krankheit)*, wenngleich sich in den meisten Fällen später die Unzweckmäßigkeit eines solchen Ausweges unzweideutig erweist. Dieser Anteil des primären Krankheitsgewinns kann als der *innere*, psychologische bezeichnet werden; er ist sozusagen konstant. Überdies können äußere Momente, wie die als Beispiel angeführte Lage der von ihrem Manne unterdrückten Frau, Motive zum Krankwerden abgeben und so den *äußerlichen* Anteil des primären Krankheitsgewinnes herstellen.«]

Im allgemeinen aber möchte ich Ihnen sagen, unterschätzen Sie die praktische Bedeutung des Krankheitsgewinnes nicht und lassen Sie sich in theoretischer Hinsicht nicht von ihm imponieren. Von jenen früher anerkannten Ausnahmen abgesehen, mahnt er doch immer an die Beispiele »von der Klugheit der Tiere«, die Oberländer in den *Fliegenden Blättern* illustriert hat. Ein Araber reitet auf seinem Kamel einen schmalen Pfad, der in die steile Bergwand eingeschnitten ist. Bei einer Wendung des Weges sieht er sich plötzlich einem Löwen gegenüber, der sich sprungbereit macht. Er sieht keinen Ausweg; auf der einen Seite die senkrechte Wand, auf der anderen der Abgrund; Umkehr und Flucht sind unmöglich; er gibt sich verloren. Anders das Tier. Es macht mit seinem Reiter einen Satz in den Abgrund – und der Löwe hat das Nachsehen. Besseren Erfolg für den Kranken haben in der Regel auch die Hilfeleistungen der Neurose nicht. Es mag daher kommen, daß die Erledigung eines Konflikts durch Symptombildung doch ein automatischer Vorgang ist, der sich den Anforderungen des Lebens nicht gewachsen zeigen kann und bei dem der Mensch auf die Verwertung seiner besten und höchsten Kräfte verzichtet hat. Wenn es eine Wahl gäbe, sollte man es vorziehen, im ehrlichen Kampf mit dem Schicksal unterzugehen.

Meine Herren! Ich bin Ihnen aber noch die weitere Motivierung schuldig, weshalb ich in einer Darstellung der Neurosenlehre nicht von der gemeinen Nervosität ausgegangen bin. Vielleicht nehmen Sie an, ich tat es darum, weil mir dann der Nachweis der sexuellen Verursachung der Neurosen größere Schwierigkeiten bereitet hätte. Aber da würden Sie irregehen. Bei den Übertragungsneurosen muß man sich erst durch die Symptomdeutung durcharbeiten, um zu dieser Einsicht zu kommen. Bei den gemeinen Formen der sogenannten *Aktualneurosen*[8] ist die ätiologische Bedeutung

8 [Das Attribut »aktual« wird dieser Gruppe von Neurosen zugeschrieben, weil ihre Ursachen rein aus der Gegenwart und nicht, wie bei den Psychoneurosen, aus der Vergangenheit des Patienten stammt.]

des Sexuallebens eine grobe, der Beobachtung entgegenkommende Tatsache. Ich bin vor mehr als zwanzig Jahren auf sie gestoßen, als ich mir eines Tages die Frage vorlegte, warum man denn beim Examen der Nervösen so regelmäßig ihre sexuellen Betätigungen von der Berücksichtigung ausschließt. Ich habe damals diesen Untersuchungen meine Beliebtheit bei den Kranken zum Opfer gebracht, aber ich konnte schon nach kurzer Bemühung den Satz aussprechen, daß es bei normaler *vita sexualis* keine Neurose – ich meinte: Aktualneurose – gibt.[9] Gewiß, der Satz setzt sich zu leicht über die individuellen Verschiedenheiten der Menschen hinweg, er leidet auch an der Unbestimmtheit, die von dem Urteil »normal« nicht zu trennen ist, aber er hat für die grobe Orientierung noch heute seinen Wert behalten. Ich bin damals so weit gekommen, spezifische Beziehungen zwischen bestimmten Formen der Nervosität und besonderen sexuellen Schädlichkeiten aufzustellen, und ich zweifle nicht daran, daß ich heute dieselben Beobachtungen wiederholen könnte, wenn mir noch ein ähnliches Material von Kranken zu Gebote stünde. Ich erfuhr oft genug, daß ein Mann, der sich mit einer gewissen Art von unvollständiger sexueller Befriedigung begnügte, z. B. mit der manuellen Onanie, an einer bestimmten Form von Aktualneurose erkrankt war und daß diese Neurose prompt einer anderen den Platz räumte, wenn er ein anderes, ebensowenig untadeliges sexuelles Regime an die Stelle treten ließ. Ich war dann imstande, aus der Änderung im Zustand des Kranken den Wechsel in seiner sexuellen Lebensweise zu erraten. Ich erlernte es damals auch, hartnäckig bei meinen Vermutungen zu verharren, bis ich die Unaufrichtigkeit der Patienten überwunden und sie zur Bestätigung gezwungen hatte. Es ist wahr, sie zogen es dann vor, zu anderen Ärzten zu gehen, die sich nicht so eifrig nach ihrem Sexualleben erkundigten.

Es konnte mir auch damals nicht entgehen, daß die Ver-

---

9 [Vgl. *Meine Ansichten über die Rolle der Sexualität in der Ätiologie der Neurosen* in Band 1 der vorliegenden Ausgabe.]

ursachung der Erkrankung nicht immer auf das Sexualleben hinwies. Der eine war zwar direkt an einer sexuellen Schädlichkeit erkrankt, der andere aber, weil er sein Vermögen verloren oder eine erschöpfende organische Krankheit durchgemacht hatte. Die Erklärung für diese Mannigfaltigkeit ergab sich später, als wir in die vermuteten Wechselbeziehungen zwischen dem Ich und der Libido Einsicht bekamen, und sie wurde um so befriedigender, je tiefer diese Einsicht reichte. Eine Person erkrankt nur dann neurotisch, wenn ihr Ich die Fähigkeit eingebüßt hat, die Libido irgendwie unterzubringen. Je stärker das Ich ist, desto leichter wird ihm die Erledigung dieser Aufgabe; jede Schwächung des Ichs aus irgendeiner Ursache muß dieselbe Wirkung tun wie eine übergroße Steigerung des Anspruches der Libido, also die neurotische Erkrankung ermöglichen. Es gibt noch andere und intimere Beziehungen zwischen Ich und Libido, die aber noch nicht in unseren Gesichtskreis getreten sind und die ich darum zur Erklärung hier nicht heranziehe.[10] Wesentlich und aufklärend für uns bleibt, daß in jedem Falle und gleichgültig, auf welchem Wege die Erkrankung hergestellt wurde, die Symptome der Neurose von der Libido bestritten werden und so eine abnorme Verwendung derselben bezeugen.

Nun muß ich Sie aber auf den entscheidenden Unterschied zwischen den Symptomen der Aktualneurosen und denen der Psychoneurosen aufmerksam machen, von denen uns die erste Gruppe, die der Übertragungsneurosen, bisher so viel beschäftigt hat. In beiden Fällen gehen die Symptome aus der Libido hervor, sind also abnorme Verwendungen derselben, Befriedigungsersatz. Aber die Symptome der Aktualneurosen, ein Kopfdruck, eine Schmerzempfindung, ein Reizzustand in einem Organ, die Schwächung oder Hemmung einer Funktion haben keinen »Sinn«, keine psychische Bedeutung. Sie äußern sich nicht nur vorwiegend am Körper, wie auch z. B. die hysterischen Symptome, sondern sie sind auch selbst durchaus körperli-

10 [Gemeint ist zweifellos der Narzißmus.]

che Vorgänge, bei deren Entstehung alle die komplizierten seelischen Mechanismen, die wir kennengelernt haben, entfallen. Sie sind also wirklich das, wofür man die psychoneurotischen Symptome so lange gehalten hat. Aber wie können sie dann Verwendungen der Libido entsprechen, die wir als eine im Psychischen wirkende Kraft kennengelernt haben? Nun, meine Herren, das ist sehr einfach. Lassen Sie mich einen der allerersten Einwürfe auffrischen, die man gegen die Psychoanalyse vorgebracht hat. Man sagte damals, sie bemühe sich um eine rein psychologische Theorie der neurotischen Erscheinungen, und das sei ganz aussichtslos, denn psychologische Theorien könnten nie eine Krankheit erklären. Man hatte zu vergessen beliebt, daß die Sexualfunktion nichts rein Seelisches ist, ebensowenig wie etwas bloß Somatisches. Sie beeinflußt das körperliche wie das seelische Leben. Haben wir in den Symptomen der Psychoneurosen die Äußerungen der Störung in ihren psychischen Wirkungen kennengelernt, so werden wir nicht erstaunt sein, in den Aktualneurosen die direkten somatischen Folgen der Sexualstörungen zu finden.

Für die Auffassung der letzteren gibt uns die medizinische Klinik einen wertvollen, auch von verschiedenen Forschern berücksichtigten Fingerzeig. Die Aktualneurosen bekunden in den Einzelheiten ihrer Symptomatik, aber auch in der Eigentümlichkeit, alle Organsysteme und alle Funktionen zu beeinflussen, eine unverkennbare Ähnlichkeit mit den Krankheitszuständen, die durch den chronischen Einfluß von fremden Giftstoffen und durch die akute Entziehung derselben entstehen, mit den Intoxikationen und Abstinenzzuständen. Noch enger werden die beiden Gruppen von Affektionen aneinandergerückt durch die Vermittlung von solchen Zuständen, die wir wie den M. Basedowii[11] gleichfalls auf die Wirkung von Giftstoffen zu beziehen gelernt haben, aber von Giften, die nicht als fremd in den Körper eingeführt werden, sondern in seinem

11 [Vgl. zum Morbus Basedowii (Basedow-Krankheit) die Fußnote 7 zum Aufsatz *Meine Ansichten über die Rolle der Sexualität in der Ätiologie der Neurosen* (in Band 1).]

eigenen Stoffwechsel entstehen. Ich meine, wir können nach diesen Analogien nicht umhin, die Neurosen als Folgen von Störungen in einem Sexualstoffwechsel anzusehen, sei es, daß von diesen Sexualtoxinen mehr produziert wird, als die Person bewältigen kann, sei es, daß innere und selbst psychische Verhältnisse die richtige Verwendung dieser Stoffe beeinträchtigen. Die Volksseele hat von jeher solchen Annahmen für die Natur des sexuellen Verlangens gehuldigt, sie nennt die Liebe einen »Rausch« und läßt die Verliebtheit durch Liebestränke entstehen, wobei sie das wirkende Agens gewissermaßen nach außen verlegt. Für uns wäre hier der Anlaß, der erogenen Zonen und der Behauptung zu gedenken, daß die Sexualerregung in den verschiedensten Organen entstehen kann. Im übrigen aber ist uns das Wort »Sexualstoffwechsel« oder »Chemismus der Sexualität« ein Fach ohne Inhalt; wir wissen nichts darüber und können uns nicht einmal entscheiden, ob wir zwei Sexualstoffe annehmen sollen, die dann »männlich« und »weiblich« heißen würden,[12] oder ob wir uns mit *einem* Sexualtoxin bescheiden könnten, in dem wir den Träger aller Reizwirkungen der Libido zu erblicken haben. Das Lehrgebäude der Psychoanalyse, das wir geschaffen haben, ist in Wirklichkeit ein Überbau, der irgend einmal auf sein organisches Fundament aufgesetzt werden soll; aber wir kennen dieses noch nicht.

Die Psychoanalyse wird als Wissenschaft nicht durch den Stoff, den sie behandelt, sondern durch die Technik, mit der sie arbeitet, charakterisiert. Man kann sie auf Kulturgeschichte, Religionswissenschaft und Mythologie ebensowohl anwenden wie auf die Neurosenlehre, ohne ihrem Wesen Gewalt anzutun. Sie beabsichtigt und leistet nichts anderes als die Aufdeckung des Unbewußten im Seelenleben. Die Probleme der Aktualneurosen, deren Symptome wahrscheinlich durch direkte toxische Schädigung entstehen, bieten der Psychoanalyse keine Angriffspunkte, sie

12 [In der 33. Vorlesung aus der *Neuen Folge der Vorlesungen zur Einführung in die Psychoanalyse* verwirft Freud diese Annahme entschieden (vgl. in Band 3 der vorliegenden Ausgabe).]

kann nur wenig für deren Aufklärung leisten und muß diese Aufgabe der biologisch-medizinischen Forschung überlassen. Sie verstehen jetzt vielleicht besser, warum ich keine andere Anordnung meines Stoffes gewählt habe. Hätte ich Ihnen eine »Einführung in die Neurosenlehre« zugesagt, so wäre der Weg von den einfachen Formen der Aktualneurosen zu den komplizierteren psychischen Erkrankungen durch Libidostörung der unzweifelhaft richtige gewesen. Ich hätte bei den ersteren zusammentragen müssen, was wir von verschiedenen Seiten her erfahren haben oder zu wissen glauben, und bei den Psychoneurosen wäre dann die Psychoanalyse als das wichtigste technische Hilfsmittel zur Durchleuchtung dieser Zustände zur Sprache gekommen. Ich hatte aber eine »Einführung in die Psychoanalyse« beabsichtigt und angekündigt; es war mir wichtiger, daß Sie eine Vorstellung von der Psychoanalyse, als daß Sie gewisse Kenntnisse von den Neurosen gewinnen, und da durfte ich die für die Psychoanalyse unfruchtbaren Aktualneurosen nicht mehr in den Vordergrund rükken. Ich glaube auch, ich habe die für Sie günstigere Wahl getroffen, denn die Psychoanalyse verdient wegen ihrer tiefgreifenden Voraussetzungen und weitumfassenden Beziehungen einen Platz im Interesse eines jeden Gebildeten; die Neurosenlehre aber ist ein Kapitel der Medizin wie andere auch.

Sie werden indes mit Recht erwarten, daß wir auch für die Aktualneurosen einiges Interesse aufbringen müssen. Schon ihr intimer klinischer Zusammenhang mit den Psychoneurosen nötigt uns dazu. Ich will Ihnen also berichten, daß wir drei reine Formen der Aktualneurosen unterscheiden: die *Neurasthenie*, die *Angstneurose* und die *Hypochondrie*. Auch diese Aufstellung ist nicht ohne Widerspruch geblieben. Die Namen sind zwar alle im Gebrauch, aber ihr Inhalt ist unbestimmt und schwankend. Es gibt auch Ärzte, die jeder Sonderung in der wirren Welt von neurotischen Erscheinungen, jeder Heraushebung von klinischen Einheiten, Krankheitsindividuen, widerstreben und selbst die

Scheidung von Aktual- und Psychoneurosen nicht anerkennen. Ich meine, sie gehen zu weit und haben nicht den Weg eingeschlagen, der zum Fortschritt führt. Die genannten Formen von Neurose kommen gelegentlich rein vor; häufiger vermengen sie sich allerdings miteinander und mit einer psychoneurotischen Affektion. Dieses Vorkommen braucht uns nicht zu bewegen, ihre Sonderung aufzugeben. Denken Sie an den Unterschied von Mineralkunde und Gesteinkunde in der Mineralogie. Die Mineralien werden als Individuen beschrieben, gewiß mit Anlehnung an den Umstand, daß sie häufig als Kristalle, von ihrer Umgebung scharf abgegrenzt, auftreten. Die Gesteine bestehen aus Gemengen von Mineralien, die sicherlich nicht zufällig, sondern infolge ihrer Entstehungsbedingungen zusammengetroffen sind. In der Neurosenlehre verstehen wir noch zu wenig von dem Hergang der Entwicklung, um etwas der Gesteinlehre Ähnliches zu schaffen. Wir tun aber gewiß das Richtige, wenn wir zunächst aus der Masse die für uns kenntlichen klinischen Individuen isolieren, die den Mineralien vergleichbar sind.

Eine beachtenswerte Beziehung zwischen den Symptomen der Aktual- und der Psychoneurosen bringt uns noch einen wichtigen Beitrag zur Kenntnis der Symptombildung bei den letzteren; das Symptom der Aktualneurose ist nämlich häufig der Kern und die Vorstufe des psychoneurotischen Symptoms. Man beobachtet ein solches Verhältnis am deutlichsten zwischen der Neurasthenie und der »Konversionshysterie« genannten Übertragungsneurose, zwischen der Angstneurose und der Angsthysterie, aber auch zwischen der Hypochondrie und den später als Paraphrenie (Dementia praecox und Paranoia) zu erwähnenden Formen. Nehmen wir als Beispiel den Fall eines hysterischen Kopf- oder Kreuzschmerzes. Die Analyse zeigt uns, daß er durch Verdichtung und Verschiebung zum Befriedigungsersatz für eine ganze Reihe von libidinösen Phantasien oder Erinnerungen geworden ist. Aber dieser Schmerz war auch einmal real, und damals war er ein direkt sexualtoxisches Symptom, der körperliche Ausdruck einer libidinösen Erregung. Wir wollen keineswegs behaupten, daß alle hysterischen Symptome einen solchen Kern enthalten, aber es bleibt bestehen, daß es besonders häufig der Fall ist und daß alle – normalen oder pathologischen – Beeinflussungen des Körpers durch die libidinöse Erregung geradezu für die Symptombildung der Hysterie bevorzugt sind. Sie spielen dann die Rolle jenes Sandkorns, welches das Muscheltier mit den Schichten von Perlmuttersubstanz umhüllt hat. In derselben Weise werden die vorübergehenden Zeichen der sexuellen Erregung, welche den Geschlechtsakt begleiten, von der Psychoneurose als das bequemste und geeignetste Material zur Symptombildung verwendet.

Ein ähnlicher Vorgang bietet ein besonderes diagnostisches und therapeutisches Interesse. Es kommt bei Personen, die zur Neurose disponiert sind, ohne gerade an einer floriden Neurose zu leiden, gar nicht selten vor, daß eine krankhafte Körperveränderung – etwa durch Entzündung oder Verletzung – die Arbeit der Symptombildung weckt, so daß diese das ihr von der Realität gegebene Symptom eiligst zum Vertreter aller jener unbewußten Phantasien macht, die nur darauf gelauert hatten, sich eines Ausdrucksmittels zu bemächtigen. Der Arzt wird in solchem Falle bald den einen, bald den anderen Weg der Therapie einschlagen, entweder die organische Grundlage wegschaffen wollen, ohne sich um deren lärmende neurotische Verarbeitung zu bekümmern, oder die zur Gelegenheit entstandene Neurose bekämpfen und deren organischen Anlaß gering achten. Der Erfolg wird bald dieser bald jener Art der Bemühung recht oder unrecht geben; allgemeine Vorschriften lassen sich für solche Mischfälle kaum aufstellen.[13]

---

13 [Die 25. und 26. Vorlesung wurden in unsere Auswahl nicht aufgenommen. Für das Thema der 25. Vorlesung »Die Angst« sei auf die Studie *Hemmung, Symptom und Angst* (vgl. in Band 3), für das Thema der 26. Vorlesung »Die Libidotheorie und der Narzißmus« sei vor allem auf die Studie *Zur Einführung des Narzißmus* (vgl. in Band 1), aber auch auf den Aufsatz *Triebe und Triebschicksale* (vgl. im vorliegenden Band) verwiesen.]

27. Vorlesung
Die Übertragung

Meine Damen und Herren! Da wir uns jetzt dem Abschluß unserer Besprechungen nähern, wird eine bestimmte Erwartung bei Ihnen rege werden, die Sie nicht irreführen soll. Sie denken es sich wohl, daß ich Sie nicht durch Dick und Dünn des psychoanalytischen Stoffes geführt habe, um Sie am Ende zu entlassen, ohne Ihnen ein Wort von der Therapie zu sagen, auf welcher doch die Möglichkeit beruht, überhaupt Psychoanalyse zu treiben. Ich kann Ihnen dieses Thema auch unmöglich vorenthalten, denn dabei sollen Sie aus der Beobachtung eine neue Tatsache kennenlernen, ohne welche das Verständnis der von uns untersuchten Erkrankungen in fühlbarster Weise unvollständig bliebe.

Ich weiß, Sie erwarten keine Anleitung in der Technik, wie man die Analyse zu therapeutischen Zwecken ausüben soll. Sie wollen nur im allgemeinsten wissen, auf welchem Wege die psychoanalytische Therapie wirkt und was sie ungefähr leistet. Und das zu erfahren, haben Sie ein unbestreitbares Recht. Ich will es Ihnen aber nicht mitteilen, sondern bestehe darauf, daß Sie es selbst erraten.

Denken Sie nach! Sie haben alles Wesentliche von den Bedingungen der Erkrankung sowie alle die Faktoren, die bei der erkrankten Person zur Geltung kommen, kennengelernt. Wo bleibt da ein Raum für eine therapeutische Einwirkung? Da ist zunächst die hereditäre Disposition; – wir kommen nicht oft auf sie zu sprechen, weil sie von anderer Seite energisch betont wird und wir nichts Neues zu ihr zu sagen haben. Aber glauben Sie nicht, daß wir sie unterschätzen; gerade als Therapeuten bekommen wir ihre Macht deutlich genug zu spüren. Jedenfalls können wir nichts an ihr ändern; sie bleibt auch für uns etwas Gegebenes, was unserer Bemühung Schranken setzt. Dann der Einfluß der frühen Kindererlebnisse, den wir in der Analyse voranzustellen gewohnt sind; sie gehören der Vergangenheit an, wir können sie nicht ungeschehen machen.

Dann all das, was wir als die »reale Versagung« zusammengefaßt haben, als das Unglück des Lebens, aus dem die Entbehrung an Liebe hervorgeht, die Armut, der Familienzwist, das Ungeschick in der Ehewahl, die Ungunst der sozialen Verhältnisse und die Strenge der sittlichen Anforderungen, unter deren Druck eine Person steht. Da wären freilich Handhaben genug für eine sehr wirksame Therapie, aber es müßte eine Therapie sein, wie sie nach der Wiener Volkssage Kaiser Josef[1] geübt hat, das wohltätige Eingreifen eines Mächtigen, vor dessen Willen Menschen sich beugen und Schwierigkeiten verschwinden. Aber wer sind wir, daß wir solches Wohltun als Mittel in unsere Therapie aufnehmen könnten? Selbst arm und gesellschaftlich ohnmächtig, genötigt, von unserer ärztlichen Tätigkeit unseren Unterhalt zu bestreiten, sind wir nicht einmal in der Lage, unsere Bemühung auch dem Mittellosen zuzuwenden, wie es doch andere Ärzte bei anderen Behandlungsmethoden können. Unsere Therapie ist dafür zu zeitraubend und zu langwierig. Aber vielleicht klammern Sie sich an eines der angeführten Momente und glauben dort den Angriffspunkt für unsere Beeinflussung gefunden zu haben. Wenn die sittliche Beschränkung, die von der Gesellschaft gefordert wird, ihren Anteil an der dem Kranken auferlegten Entbehrung hat, so kann ihm ja die Behandlung den Mut oder direkt die Anweisung geben, sich über diese Schranken hinauszusetzen, sich Befriedigung und Genesung zu holen unter Verzicht auf die Erfüllung eines von der Gesellschaft hochgehaltenen, doch so oft nicht eingehaltenen Ideals. Man wird also daduch gesund, daß man sich sexuell »auslebt«. Allerdings fällt dabei auf die analytische Behandlung der Schatten, daß sie nicht der allgemeinen Sittlichkeit dient. Was sie dem Einzelnen zuwendet, hat sie der Allgemeinheit entzogen.

Aber, meine Damen und Herren, wer hat Sie denn so

1 [Josef II. (1741–1790), seit 1765 römisch-deutscher Kaiser, vertrat den sogenannten aufgeklärten Absolutismus und versuchte seine habsburgischen Erblande zu reformieren und zu einem zentralistisch verwalteten Reich mit deutscher Staatssprache zu machen.]

falsch berichtet? Es ist nicht die Rede davon, daß der Rat, sich sexuell auszuleben, in der analytischen Therapie eine Rolle spielen könnte. Schon darum nicht, weil wir selbst verkündet haben, bei den Kranken bestehe ein hartnäckiger Konflikt zwischen der libidinösen Regung und der Sexualverdrängung, zwischen der sinnlichen und der asketischen Richtung. Dieser Konflikt wird dadurch nicht aufgehoben, daß man einer dieser Richtungen zum Sieg über die gegnerische verhilft. Wir sehen es ja, daß beim Nervösen die Askese die Oberhand behalten hat. Die Folge davon ist gerade, daß sich die unterdrückte Sexualstrebung in Symptomen Luft schafft. Wenn wir jetzt im Gegenteil der Sinnlichkeit den Sieg verschaffen würden, so müßte sich die beiseite geschobene Sexualverdrängung durch Symptome ersetzen. Keine der beiden Entscheidungen kann den inneren Konflikt beenden, jedesmal bliebe ein Anteil unbefriedigt. Es gibt nur wenige Fälle, in denen der Konflikt so labil ist, daß ein Moment wie die Parteinahme des Arztes den Ausschlag geben kann, und diese Fälle bedürfen eigentlich keiner analytischen Behandlung. Personen, bei welchen dem Arzt ein solcher Einfluß zufallen kann, hätten denselben Weg auch ohne den Arzt gefunden. Sie wissen doch, wenn ein abstinenter junger Mann sich zu illegitimen Sexualverkehr entschließt oder eine unbefriedigte Frau bei einem anderen Manne Entschädigung sucht, so haben sie in der Regel nicht auf die Erlaubnis eines Arztes oder gar des Analytikers gewartet.

Man übersieht an dieser Sachlage gewöhnlich den einen wesentlichen Punkt, daß der pathogene Konflikt der Neurotiker nicht mit einem normalen Kampf seelischer Regungen, die auf demselben psychologischen Boden stehen, zu verwechseln ist. Es ist ein Widerstreit zwischen Mächten, von denen die eine es zur Stufe des Vorbewußten und Bewußten gebracht hat, die andere auf der Stufe des Unbewußten zurückgehalten worden ist. Darum kann der Konflikt zu keinem Austrag gebracht werden; die Streitenden kommen so wenig zueinander wie in dem bekannten Beispiel der Eisbär und der Walfisch. Eine wirkliche Entscheidung kann erst fallen, wenn sich die beiden auf demselben Boden treffen. Ich denke, dies zu ermöglichen, ist die einzige Aufgabe der Therapie.

Und überdies kann ich Ihnen versichern, daß Sie falsch berichtet sind, wenn Sie annehmen, Rat und Leitung in den Angelegenheiten des Lebens sei ein integrierendes Stück der analytischen Beeinflussung. Im Gegenteil, wir lehnen eine solche Mentorrolle nach Möglichkeit ab, wollen nichts lieber erreichen, als daß der Kranke selbständig seine Entscheidungen treffe. In dieser Absicht fordern wir auch, daß er alle lebenswichtigen Entschlüsse über Berufswahl, wirtschaftliche Unternehmungen, Eheschließung oder Trennung über die Dauer der Behandlung zurückstelle und erst nach Beendigung derselben zur Ausführung bringe. Gestehen Sie nur, das ist alles anders, als Sie es sich vorgestellt haben. Nur bei gewissen sehr jugendlichen oder ganz hilf- und haltlosen Personen können wir die gewollte Beschränkung nicht durchsetzen. Bei ihnen müssen wir die Leistung des Arztes mit der des Erziehers kombinieren; wir sind uns dann unserer Verantwortung wohl bewußt und benehmen uns mit der notwendigen Vorsicht.

Aus dem Eifer, mit dem ich mich gegen den Vorwurf verteidige, daß der Nervöse in der analytischen Kur zum Sichausleben angeleitet wird, dürfen Sie aber nicht den Schluß ziehen, daß wir zu Gunsten der gesellschaftlichen Sittsamkeit auf ihn wirken. Das liegt uns zum mindesten ebenso ferne. Wir sind zwar keine Reformer, sondern bloß Beobachter, aber wir können nicht umhin, mit kritischen Augen zu beobachten, und haben es unmöglich gefunden, für die konventionelle Sexualmoral Partei zu nehmen, die Art, wie die Gesellschaft die Probleme des Sexuallebens praktisch zu ordnen versucht, hoch einzuschätzen. Wir können es der Gesellschaft glatt vorrechnen, daß das, was sie ihre Sittlichkeit heißt, mehr Opfer kostet, als es wert ist, und daß ihr Verfahren weder auf Wahrhaftigkeit beruht noch von Klugheit zeugt. Wir ersparen es unseren Patienten nicht, diese Kritik mitanzuhören, wir gewöhnen sie an vorurteilsfreie Erwägung der sexuellen Angelegenheiten wie aller anderen, und wenn sie, nach Vollendung ihrer Kur selbständig geworden, sich aus eigenem Ermessen zu irgendeiner mittleren Position zwischen dem vollen Ausleben und der unbedingten Askese entschließen, fühlen wir unser Gewissen durch keinen dieser Ausgänge belastet. Wir sagen uns, wer die Erziehung zur Wahrheit gegen sich selbst mit Erfolg durchgemacht hat, der ist gegen die Gefahr der Unsittlichkeit dauernd geschützt, mag sein Maßstab der Sittlichkeit auch von dem in der Gesellschaft gebräuchlichen irgendwie abweichen. Übrigens, hüten wir uns davor, die Bedeutung der Abstinenzfrage für die Beeinflussung der Neurosen zu überschätzen. Nur in einer Minderzahl kann der pathogenen Situation der Versagung mit darauffolgender Libidostauung durch die Art von Sexualverkehr ein Ende gemacht werden, die mit geringer Mühe zu erreichen ist.

Durch die Gestattung des sexuellen Auslebens können Sie also die therapeutische Wirkung der Psychoanalyse nicht erklären. Sehen Sie sich nach anderem um. Ich denke, während ich diese Ihre Mutmaßung abwies, hat eine Bemerkung von mir Sie auf die richtige Spur geführt. Es muß wohl die Ersetzung des Unbewußten durch Bewußtes, die Übersetzung des Unbewußten in Bewußtes sein, wodurch wir nützen. Richtig, das ist es auch. Indem wir das Unbewußte zum Bewußten fortsetzen, heben wir die Verdrängungen auf, beseitigen wir die Bedingungen für die Symptombildung, verwandeln wir den pathogenen Konflikt in einen normalen, der irgendwie eine Entscheidung finden muß. Nichts anderes als diese eine psychische Veränderung rufen wir beim Kranken hervor: so weit diese reicht, so weit trägt unsere Hilfeleistung. Wo keine Verdrängung oder ein ihr analoger psychischer Vorgang rückgängig zu machen ist, da hat auch unsere Therapie nichts zu suchen.

Wir können das Ziel unserer Bemühung in verschiedenen Formeln ausdrücken: Bewußtmachen des Unbewußten, Aufhebung der Verdrängungen, Ausfüllung der amnestischen Lücken, das kommt alles auf das gleiche hinaus.

Aber vielleicht werden Sie von diesem Bekenntnis unbefriedigt sein. Sie haben sich unter dem Gesundwerden eines Nervösen etwas anderes vorgestellt, daß er ein anderer Mensch werde, nachdem er sich der mühseligen Arbeit einer Psychoanalyse unterzogen hat, und dann soll das ganze Ergebnis sein, daß er etwas weniger Unbewußtes und etwas mehr Bewußtes in sich hat als vorher. Nun, Sie unterschätzen wahrscheinlich die Bedeutung einer solchen inneren Veränderung. Der geheilte Nervöse ist wirklich ein anderer Mensch geworden, im Grunde ist er aber natürlich derselbe geblieben, d. h. er ist so geworden, wie er bestenfalls unter den günstigsten Bedingungen hätte werden können. Aber das ist sehr viel. Wenn Sie dann hören, was man alles tun muß und welcher Anstrengung es bedarf, um jene anscheinend geringfügige Veränderung in seinem Seelenleben durchzusetzen, wird Ihnen die Bedeutung eines solchen Unterschiedes im psychischen Niveau wohl glaubhaft erscheinen.

Ich schweife für einen Augenblick ab, um zu fragen, ob Sie wissen, was man eine kausale Therapie nennt? So heißt man nämlich ein Verfahren, welches nicht die Krankheitserscheinungen zum Angriffspunkt nimmt, sondern sich die Beseitigung der Krankheitsursachen vorsetzt. Ist nun unsere psychoanalytische eine kausale Therapie oder nicht? Die Antwort ist nicht einfach, gibt aber vielleicht Gelegenheit, uns von dem Unwert einer solchen Fragestellung zu überzeugen. Insoferne die analytische Therapie sich nicht die Beseitigung der Symptome zur nächsten Aufgabe setzt, benimmt sie sich wie eine kausale. In anderer Hinsicht können Sie sagen, sie sei es nicht. Wir haben nämlich die Kausalverkettung längst über die Verdrängungen hinaus verfolgt bis zu den Triebanlagen, deren relativen Intensitäten in der Konstitution und den Abweichungen ihres Entwicklungsganges. Nehmen Sie nun an, es wäre uns etwa auf chemischem Wege möglich, in dies Getriebe einzugreifen, die Quantität der jeweils vorhandenen Libido zu erhöhen oder herabzusetzen oder den einen Trieb auf Kosten eines anderen zu verstärken, so wäre dies eine im eigentlichen

Sinne kausale Therapie, für welche unsere Analyse die unentbehrliche Vorarbeit der Rekognoszierung geleistet hätte. Von solcher Beeinflussung der Libidovorgänge ist derzeit, wie Sie wissen, keine Rede; mit unserer psychischen Therapie greifen wir an einer anderen Stelle des Zusammenhanges an, nicht gerade an den uns ersichtlichen Wurzeln der Phänomene, aber doch weit genug weg von den Symptomen, an einer Stelle, die uns durch sehr merkwürdige Verhältnisse zugänglich geworden ist.

Was müssen wir also tun, um das Unbewußte bei unserem Patienten durch Bewußtes zu ersetzen? Wir haben einmal gemeint, das ginge ganz einfach, wir brauchten nur dies Unbewußte zu erraten und es ihm vorzusagen. Aber wir wissen schon, das war ein kurzsichtiger Irrtum[2]. Unser Wissen um das Unbewußte ist nicht gleichwertig mit seinem Wissen; wenn wir ihm unser Wissen mitteilen, so hat er es nicht *an Stelle* seines Unbewußten, sondern *neben* demselben, und es ist sehr wenig geändert. Wir müssen uns vielmehr dieses Unbewußte *topisch* vorstellen, müssen es in seiner Erinnerung dort aufsuchen, wo es durch eine Verdrängung zustande gekommen ist. Diese Verdrängung ist zu beseitigen, dann kann sich der Ersatz des Unbewußten durch Bewußtes glatt vollziehen. Wie hebt man nun eine solche Verdrängung auf? Unsere Aufgabe tritt hier in eine zweite Phase. Zuerst das Aufsuchen der Verdrängung, dann die Beseitigung des Widerstandes, welcher diese Verdrängung aufrechthält.

Wie schafft man den Widerstand weg? In der nämlichen Weise: indem man ihn errät und dem Patienten vorhält. Der Widerstand stammt ja auch aus einer Verdrängung, aus der nämlichen, die wir zu lösen suchen, oder aus einer früher vorgefallenen. Er wird ja von der Gegenbesetzung hergestellt, die sich zur Verdrängung der anstößigen Regung erhob. Wir tun also jetzt dasselbe, was wir schon anfangs tun wollten, deuten, erraten und es mitteilen; aber wir tun es jetzt an der richtigen Stelle. Die Gegenbesetzung

2 [Freud hat sich dazu in der 18. Vorlesung geäußert.]

oder der Widerstand gehört nicht dem Unbewußten, sondern dem Ich an, welches unser Mitarbeiter ist, und dies, selbst wenn sie nicht bewußt sein sollte. Wir wissen, es handelt sich hier um den Doppelsinn des Wortes »unbewußt«, einerseits als Phänomen, anderseits als System. Das scheint sehr schwierig und dunkel; aber nicht wahr, es ist doch nur Wiederholung? Wir sind längst darauf vorbereitet. – Wir erwarten, daß dieser Widerstand aufgegeben, die Gegenbesetzung eingezogen werden wird, wenn wir dem Ich die Erkenntnis desselben durch unsere Deutung ermöglicht haben. Mit welchen Triebkräften arbeiten wir denn in einem solchen Falle? Erstens mit dem Streben des Patienten, gesund zu werden, das ihn bewogen hat, sich in die gemeinschaftliche Arbeit mit uns zu fügen, und zweitens mit der Hilfe seiner Intelligenz, welche wir durch unsere Deutung unterstützen. Es ist kein Zweifel, daß die Intelligenz des Kranken es leichter hat, den Widerstand zu erkennen und die dem Verdrängten entsprechende Übersetzung zu finden, wenn wir ihr die dazu passenden Erwartungsvorstellungen gegeben haben. Wenn ich Ihnen sage: schauen Sie auf den Himmel, da ist ein Luftballon zu sehen, so werden Sie ihn auch viel leichter finden, als wenn ich Sie bloß auffordere hinaufzuschauen, ob Sie irgend etwas entdecken. Auch der Student, der die ersten Male ins Mikroskop guckt, wird vom Lehrer unterrichtet, was er sehen soll, sonst sieht er es überhaupt nicht, obwohl es da und sichtbar ist.

Und nun die Tatsache. Bei einer ganzen Anzahl von Formen nervöser Erkrankung, bei den Hysterien, Angstzuständen, Zwangsneurosen trifft unsere Voraussetzung zu. Durch solches Aufsuchen der Verdrängung, Aufdecken der Widerstände, Andeuten des Verdrängten gelingt es wirklich, die Aufgabe zu lösen, also die Widerstände zu überwinden, die Verdrängung aufzuheben und das Unbewußte in Bewußtes zu verwandeln. Dabei gewinnen wir den klarsten Eindruck davon, wie sich um die Überwindung eines jeden Widerstandes ein heftiger Kampf in der Seele des

Patienten abspielt, ein normaler Seelenkampf auf gleichem psychologischen Boden zwischen den Motiven, welche die Gegenbesetzung aufrechthalten wollen, und denen, die bereit sind, sie aufzugeben. Die ersteren sind die alten Motive, die seinerzeit die Verdrängung durchgesetzt haben; unter den letzteren befinden sich die neu hinzugekommenen, die hoffentlich den Konflikt in unserem Sinne entscheiden werden. Es ist uns gelungen, den alten Verdrängungskonflikt wieder aufzufrischen, den damals erledigten Prozeß zur Revision zu bringen. Als neues Material bringen wir erstens hinzu die Mahnung, daß die frühere Entscheidung zur Krankheit geführt hat, und das Versprechen, daß eine andere den Weg zur Genesung bahnen wird, zweitens die großartige Veränderung aller Verhältnisse seit dem Zeitpunkt jener ersten Abweisung. Damals war das Ich schwächlich, infantil, und hatte vielleicht Grund, die Libidoforderung als Gefahr zu ächten. Heute ist es erstarkt und erfahren und hat überdies in dem Arzt einen Helfer zur Seite. So dürfen wir erwarten, den aufgefrischten Konflikt zu einem besseren Ausgang als dem in Verdrängung zu leiten, und wie gesagt, bei den Hysterien, Angst- und Zwangsneurosen gibt der Erfolg uns prinzipiell recht.

Nun gibt es aber andere Krankheitsformen, bei denen trotz der Gleichheit der Verhältnisse unser therapeutisches Vorgehen niemals Erfolg bringt. Es hat sich auch bei ihnen um einen ursprünglichen Konflikt zwischen dem Ich und der Libido gehandelt, der zur Verdrängung geführt hat – mag diese auch topisch anders zu charakterisieren sein –, es ist auch hier möglich, die Stellen aufzuspüren, an denen im Leben des Kranken die Verdrängungen vorgefallen sind, wir wenden das nämliche Verfahren an, sind zu denselben Versprechungen bereit, leisten dieselbe Hilfe durch Mitteilung von Erwartungsvorstellungen, und wiederum läuft die Zeitdifferenz zwischen der Gegenwart und jenen Verdrängungen zu Gunsten eines anderen Ausganges des Konflikts. Und doch gelingt es uns nicht, einen Widerstand aufzuheben oder eine Verdrängung zu beseitigen. Diese Patienten, Paranoiker, Melancholiker, mit Dementia praecox Behaftete, bleiben im ganzen ungerührt und gegen die psychoanalytische Therapie gefeit. Woher kann das kommen? Nicht von dem Mangel an Intelligenz; ein gewisses Maß von intellektueller Leistungsfähigkeit wird bei unseren Patienten natürlich erforderlich sein, aber daran fehlt es z. B. den so scharfsinnig kombinierenden Paranoikern sicherlich nicht. Auch von den anderen Triebkräften können wir keine vermissen. Die Melancholiker z. B. haben das Bewußtsein, krank zu sein und darum so schwer zu leiden, das den Paranoikern abgeht, in sehr hohem Maße, aber sie sind darum nicht zugänglicher. Wir stehen hier vor einer Tatsache, die wir nicht verstehen und die uns darum auch zweifeln heißt, ob wir den möglichen Erfolg bei den anderen Neurosen wirklich in all seinen Bedingungen verstanden haben.

Bleiben wir bei der Beschäftigung mit unseren Hysterikern und Zwangsneurotikern, so tritt uns alsbald eine zweite Tatsache entgegen, auf die wir in keiner Weise vorbereitet waren. Nach einer Weile müssen wir nämlich bemerken, daß diese Kranken sich gegen uns in ganz besonderer Art benehmen. Wir glaubten ja, uns von allen bei der Kur in Betracht kommenden Triebkräften Rechenschaft gegeben zu haben, die Situation zwischen uns und dem Patienten voll rationalisiert zu haben, so daß sie sich übersehen läßt wie ein Rechenexempel, und dann scheint sich doch etwas einzuschleichen, was in dieser Rechnung nicht in Anschlag gebracht worden ist. Dieses unerwartete Neue ist selbst vielgestaltig, ich werde zunächst die häufigere und leichter verständliche seiner Erscheinungsformen beschreiben.

Wir bemerken also, daß der Patient, der nichts anderes suchen soll als einen Ausweg aus seinen Leidenskonflikten, ein besonderes Interesse für die Person des Arztes entwikkelt. Alles, was mit dieser Person zusammenhängt, scheint ihm bedeutungsvoller zu sein als seine eigenen Angelegenheiten und ihn von seinem Kranksein abzulenken. Der Verkehr mit ihm gestaltet sich demnach für eine Weile sehr angenehm; er ist besonders verbindlich, sucht sich, wo er kann, dankbar zu erweisen, zeigt Feinheiten und Vorzüge seines Wesens, die wir vielleicht nicht bei ihm gesucht hätten. Der Arzt faßt dann auch eine günstige Meinung vom Patienten und preist den Zufall, der ihm gestattet hat, gerade einer besonders wertvollen Persönlichkeit Hilfe zu leisten. Hat der Arzt Gelegenheit, mit Angehörigen des Patienten zu sprechen, so hört er mit Vergnügen, daß dies Gefallen gegenseitig ist. Der Patient wird zu Hause nicht müde, den Arzt zu loben, immer neue Vorzüge an ihm zu rühmen. »Er schwärmt für Sie, er vertraut Ihnen blind; alles, was Sie sagen, ist für ihn wie eine Offenbarung«, erzählen die Angehörigen. Hie und da sieht einer aus diesem Chorus schärfer und äußert: Es wird schon langweilig, wie er von nichts anderem spricht als von Ihnen und immer nur Sie im Munde führt.

Wir wollen hoffen, daß der Arzt bescheiden genug ist, diese Schätzung seiner Persönlichkeit durch den Patienten auf die Hoffnungen zurückzuführen, die er ihm machen kann, und auf die Erweiterung seines intellektuellen Horizonts durch die überraschenden und befreienden Eröffnungen, die die Kur mit sich bringt. Die Analyse macht unter diesen Bedingungen auch prächtige Fortschritte, der Patient versteht, was man ihm andeutet, vertieft sich in die Aufgaben, die ihm von der Kur gestellt werden, das Material von Erinnerungen und Einfällen strömt ihm reichlich zu, er überrascht den Arzt durch die Sicherheit und Triftigkeit seiner Deutungen, und dieser kann nur mit Genugtuung feststellen, wie bereitwillig ein Kranker alle die psychologischen Neuheiten aufnimmt, die bei den Gesunden in der Welt draußen den erbittertsten Widerspruch zu erregen pflegen. Dem guten Einvernehmen während der analytischen Arbeit entspricht auch eine objektive, von allen Seiten anerkannte Besserung des Krankheitszustandes.

So schönes Wetter kann es aber nicht immer geben. Eines Tages trübt es sich. Es stellen sich Schwierigkeiten in der Behandlung ein; der Patient behauptet, es falle ihm nichts mehr ein. Man hat den deutlichsten Eindruck, daß sein Interesse nicht mehr bei der Arbeit ist und daß er sich leichten Sinnes über die ihm gegebene Vorschrift hinaussetzt, alles zu sagen, was ihm durch den Sinn fährt, und keiner kritischen Abhaltung dagegen nachzugeben. Er benimmt sich wie außerhalb der Kur, so als ob er jenen Vertrag mit dem Arzt nicht abgeschlossen hätte; er ist offenbar von etwas eingenommen, was er aber für sich behalten will. Das ist eine für die Behandlung gefährliche Situation. Man steht unverkennbar vor einem gewaltigen Widerstand. Aber was ist da vorgefallen?

Wenn man imstande ist, die Situation wieder zu klären, so erkennt man als die Ursache der Störung, daß der Patient intensive zärtliche Gefühle auf den Arzt übertragen hat, zu denen ihn weder das Benehmen des Arztes noch die in der Kur entstandene Beziehung berechtigt. In welcher Form sich diese Zärtlichkeit äußert und welche Ziele sie anstrebt, das hängt natürlich von den persönlichen Verhältnissen der beiden Beteiligten ab. Handelt es sich um ein junges Mädchen und um einen jüngeren Mann, so werden wir den Eindruck einer normalen Verliebtheit bekommen, werden es begreiflich finden, daß sich ein Mädchen in einen Mann verliebt, mit dem es viel allein sein und Intimes besprechen kann, der ihm in der vorteilhaften Position des überlegenen Helfers entgegentritt, und werden darüber wahrscheinlich übersehen, daß bei dem neurotischen Mädchen eher eine Störung der Liebesfähigkeit zu erwarten wäre. Je weiter sich dann die persönlichen Verhältnisse von Arzt und Patient von diesem angenommenen Fall entfernen, desto mehr wird es uns befremden, wenn wir trotzdem immer wieder dieselbe Gefühlsbeziehung hergestellt finden. Es mag noch angehen, wenn die junge, in der Ehe unglückliche Frau von einer ernsten Leidenschaft für ihren selbst noch freien Arzt erfaßt scheint, wenn sie bereit ist, die Scheidung ihrer Ehe anzustreben, um ihm anzugehören, oder im Falle sozialer Hemmnisse selbst kein Bedenken äußert, ein heimliches Liebesverhältnis mit ihm einzugehen. Dergleichen kommt ja auch sonst außerhalb der Psychoanalyse vor. Man hört nun aber unter diesen Umständen mit Erstaunen Äußerungen von seiten der

Frauen und Mädchen, welche eine ganz bestimmte Stellungnahme zum therapeutischen Problem bekunden: sie hätten immer gewußt, daß sie nur durch die Liebe gesund werden können, und von Beginn der Behandlung an erwartet, daß ihnen durch diesen Verkehr endlich geschenkt werde, was ihnen das Leben bisher vorenthalten. Nur dieser Hoffnung wegen hätten sie sich so viel Mühe in der Kur gegeben und alle Schwierigkeiten der Mitteilung überwunden. Wir werden für uns hinzusetzen: und alles, was sonst zu glauben schwerfällt, so leicht verstanden. Aber ein solches Geständnis überrascht uns; es wirft unsere Berechnungen über den Haufen. Könnte es sein, daß wir den wichtigsten Posten aus unserem Ansatz weggelassen haben?

Und wirklich, je weiter wir in der Erfahrung kommen, desto weniger können wir dieser für unsere Wissenschaftlichkeit beschämenden Korrektur widerstreben. Die ersten Male konnte man etwa glauben, die analytische Kur sei auf eine Störung durch ein zufälliges, d. h. nicht in ihrer Absicht liegendes und von ihr nicht hervorgerufenes Ereignis gestoßen. Aber wenn sich eine solche zärtliche Bindung des Patienten an den Arzt regelmäßig bei jedem neuen Falle wiederholt, wenn sie unter den ungünstigsten Bedingungen, bei geradezu grotesken Mißverhältnissen immer wieder zum Vorschein kommt, auch bei der gealterten Frau, auch gegen den graubärtigen Mann, auch dort, wo nach unserem Urteil keinerlei Verlockungen bestehen, dann müssen wir doch die Idee eines störenden Zufalles aufgeben und erkennen, daß es sich um ein Phänomen handelt, welches mit dem Wesen des Krankseins selbst im Innersten zusammenhängt.

Die neue Tatsache, welche wir also widerstrebend anerkennen, heißen wir die *Übertragung*. Wir meinen eine Übertragung von Gefühlen auf die Person des Arztes, weil wir nicht glauben, daß die Situation der Kur eine Entstehung solcher Gefühle rechtfertigen könne. Vielmehr vermuten wir, daß die ganze Gefühlsbereitschaft anderswoher stammt, in der Kranken vorbereitet war und bei der Gelegenheit der analytischen Behandlung auf die Person des

Arztes übertragen wird. Die Übertragung kann als stürmische Liebesforderung auftreten oder in gemäßigteren Formen; an Stelle des Wunsches, Geliebte zu sein, kann zwischen dem jungen Mädchen und dem alten Mann der Wunsch auftauchen, als bevorzugte Tochter angenommen zu werden, das libidinöse Streben kann sich zum Vorschlag einer unzertrennlichen, aber ideal unsinnlichen Freundschaft mildern. Manche Frauen verstehen es, die Übertragung zu sublimieren und an ihr zu modeln, bis sie eine Art von Existenzfähigkeit gewinnt; andere müssen sie in ihrer rohen, ursprünglichen, zumeist unmöglichen Gestalt äußern. Aber es ist im Grunde immer das gleiche und läßt die Herkunft aus derselben Quelle nie verkennen.

Ehe wir uns fragen, wo wir die neue Tatsache der Übertragung unterbringen wollen, wollen wir ihre Beschreibung vervollständigen. Wie ist es denn bei männlichen Patienten? Da dürfte man doch hoffen, der lästigen Einmengung der Geschlechtsverschiedenheit und Geschlechtsanziehung zu entgehen. Nun, nicht viel anders als bei weiblichen, muß die Antwort lauten. Dieselbe Bindung an den Arzt, dieselbe Überschätzung seiner Eigenschaften, das nämliche Aufgehen in dessen Interessen, die gleiche Eifersucht gegen alle, die ihm im Leben nahestehen. Die sublimierten Formen der Übertragung sind zwischen Mann und Mann in dem Maße häufiger und die direkte Sexualforderung seltener, in welchem die manifeste Homosexualität gegen die anderen Verwendungen dieser Triebkomponente zurücktritt. Bei seinen männlichen Patienten beobachtet der Arzt auch häufiger als bei Frauen eine Erscheinungsform der Übertragung, welche auf den ersten Blick allem bisher Beschriebenen zu widersprechen scheint, die feindselige oder *negative* Übertragung.

Machen wir uns zunächst klar, daß die Übertragung sich vom Anfang der Behandlung an beim Patienten ergibt und eine Weile die stärkste Triebfeder der Arbeit darstellt. Man verspürt nichts von ihr und braucht sich auch nicht um sie zu bekümmern, solange sie zu Gunsten der gemeinsam betriebenen Analyse wirkt. Wandelt sie sich dann zum Widerstand, so muß man ihr Aufmerksamkeit zuwenden und erkennt, daß sie unter zwei verschiedenen und entgegengesetzten Bedingungen ihr Verhältnis zur Kur geändert hat, erstens wenn sie als zärtliche Neigung so stark geworden ist, so deutlich die Zeichen ihrer Herkunft aus dem Sexualbedürfnis verraten hat, daß sie ein inneres Widerstreben gegen sich wachrufen muß, und zweitens, wenn sie aus feindseligen anstatt aus zärtlichen Regungen besteht. Die feindseligen Gefühle kommen in der Regel später als die zärtlichen und hinter ihnen zum Vorschein; in ihrem gleichzeitigen Bestand ergeben sie eine gute Spiegelung der Gefühlsambivalenz,[3] welche in den meisten unserer intimen Beziehungen zu anderen Menschen herrscht. Die feindlichen Gefühle bedeuten ebenso eine Gefühlsbindung wie die zärtlichen, ebenso wie der Trotz dieselbe Abhängigkeit bedeutet wie der Gehorsam, wenn auch mit entgegengesetztem Vorzeichen. Daß die feindlichen Gefühle gegen den Arzt den Namen einer »Übertragung« verdienen, kann uns nicht zweifelhaft sein, denn zu ihrer Entstehung gibt die Situation der Kur gewiß keinen zureichenden Anlaß; die notwendige Auffassung der negativen Übertragung versichert uns so, daß wir in der Beurteilung der positiven oder zärtlichen nicht irregegangen sind.

Woher die Übertragung stammt, welche Schwierigkeiten sie uns bereitet, wie wir sie überwinden und welchen Nutzen wir schließlich aus ihr ziehen, das ist ausführlich in einer technischen Unterweisung zur Analyse zu behandeln und soll heute von mir nur gestreift werden. Es ist ausgeschlossen, daß wir den aus der Übertragung folgenden Forderungen des Patienten nachgeben, es wäre widersinnig, sie unfreundlich oder gar entrüstet abzuweisen; wir überwinden die Übertragung, indem wir dem Kranken nachweisen, daß seine Gefühle nicht aus der gegenwärtigen Situation stammen und nicht der Person des Arztes gelten, sondern

3 [In der 26. Vorlesung sagte Freud zum Begriff »Ambivalenz« von Bleuler: »Wir meinen damit die Richtung entgegengesetzter, zärtlicher und feindseliger, Gefühle gegen dieselbe Person.«]

daß sie wiederholen, was bei ihm bereits früher einmal vorgefallen ist. Auf solche Weise nötigen wir ihn, seine Wiederholung in Erinnerung zu verwandeln. Dann wird die Übertragung, die, ob zärtlich oder feindselig, in jedem Falle die stärkste Bedrohung der Kur zu bedeuten schien, zum besten Werkzeug derselben, mit dessen Hilfe sich die verschlossensten Fächer des Seelenlebens eröffnen lassen. Ich möchte Ihnen aber einige Worte sagen, um Sie von dem Befremden über das Auftreten dieses unerwarteten Phänomens zu befreien. Wir wollen doch nicht vergessen, daß die Krankheit des Patienten, den wir zur Analyse übernehmen, nichts Abgeschlossenes, Erstarrtes ist, sondern weiterwächst und ihre Entwicklung fortsetzt wie ein lebendes Wesen. Der Beginn der Behandlung macht dieser Entwicklung kein Ende, aber wenn die Kur sich erst des Kranken bemächtigt hat, dann ergibt es sich, daß die gesamte Neuproduktion der Krankheit sich auf eine einzige Stelle wirft, nämlich auf das Verhältnis zum Arzt. Die Übertragung wird so der Kambiumschicht zwischen Holz und Rinde eines Baumes vergleichbar, von welcher Gewebsneubildung und Dickenwachstum des Stammes ausgehen. Hat sich die Übertragung erst zu dieser Bedeutung aufgeschwungen, so tritt die Arbeit an den Erinnerungen des Kranken weit zurück. Es ist dann nicht unrichtig zu sagen, daß man es nicht mehr mit der früheren Krankheit des Patienten zu tun hat, sondern mit einer neugeschaffenen und umgeschaffenen Neurose, welche die erstere ersetzt. Diese Neuauflage der alten Affektion hat man von Anfang an verfolgt, man hat sie entstehen und wachsen gesehen und findet sich in ihr besonders gut zurecht, weil man selbst als Objekt in ihrem Mittelpunkt steht. Alle Symptome des Kranken haben ihre ursprüngliche Bedeutung aufgegeben und sich auf einen neuen Sinn eingerichtet, der in einer Beziehung zur Übertragung besteht. Oder es sind nur solche Symptome bestehen geblieben, denen eine solche Umarbeitung gelingen konnte. Die Bewältigung dieser neuen künstlichen Neurose fällt aber zusammen mit der Erledigung der in die Kur mitgebrachten Krankheit, mit der Lösung unserer therapeutischen Aufgabe. Der Mensch, der im Verhältnis zum Arzt normal und frei von der Wirkung verdrängter Triebregungen geworden ist, bleibt auch so in seinem Eigenleben, wenn der Arzt sich wieder ausgeschaltet hat.

Diese außerordentliche, für die Kur geradezu zentrale Bedeutung hat die Übertragung bei den Hysterien, Angsthysterien und Zwangsneurosen, die darum mit Recht als *»Übertragungsneurosen«* zusammengefaßt werden. Wer sich aus der analytischen Arbeit den vollen Eindruck von der Tatsache der Übertragung geholt hat, der kann nicht mehr bezweifeln, von welcher Art die unterdrückten Regungen sind, die sich in den Symptomen dieser Neurosen Ausdruck verschaffen, und verlangt nach keinem kräftigeren Beweis für deren libidinöse Natur. Wir dürfen sagen, unsere Überzeugung von der Bedeutung der Symptome als libidinöse Ersatzbefriedigung ist erst durch die Einreihung der Übertragung endgültig gefestigt worden.

Nun haben wir allen Grund, unsere frühere dynamische Auffassung des Heilungsvorganges zu verbessern und sie mit der neuen Einsicht in Einklang zu bringen. Wenn der Kranke den Normalkonflikt mit den Widerständen durchzukämpfen hat, die wir ihm in der Analyse aufgedeckt haben, so bedarf er eines mächtigen Antriebes, der die Entscheidung in dem von uns gewünschten, zur Genesung führenden Sinne beeinflußt. Sonst könnte es geschehen, daß er sich für die Wiederholung des früheren Ausganges entscheidet und das ins Bewußtsein Gehobene wieder in die Verdrängung gleiten läßt. Den Ausschlag in diesem Kampfe gibt dann nicht seine intellektuelle Einsicht – die ist weder stark noch frei genug für solche Leistung –, sondern einzig sein Verhältnis zum Arzt. Soweit seine Übertragung von positivem Vorzeichen ist, bekleidet sie den Arzt mit Autorität, setzt sie sich in Glauben an seine Mitteilungen und Auffassungen um. Ohne solche Übertragung, oder wenn sie negativ ist, würde er den Arzt und dessen Argumente nicht einmal zu Gehör kommen lassen. Der Glaube wiederholt dabei seine eigene Entstehungsgeschichte; er ist ein Abkömmling der Liebe und hat zuerst der Argumente nicht bedurft. Erst später hat er ihnen so viel eingeräumt, daß er sie in prüfende Betrachtung zieht, wenn sie von einer ihm lieben Person vorgebracht werden. Argumente ohne solche Stütze haben nicht gegolten, gelten bei den meisten Menschen niemals im Leben etwas. Der Mensch ist also im allgemeinen auch von der intellektuellen Seite her nur insoweit zugänglich, als er der libidinösen Objektbesetzung fähig ist, und wir haben guten Grund, in dem Ausmaß seines Narzißmus eine Schranke für seine Beeinflußbarkeit auch für die beste analytische Technik zu erkennen und zu fürchten.

Die Fähigkeit, libidinöse Objektbesetzungen auch auf Person zu richten, muß ja allen normalen Menschen zugesprochen werden. Die Übertragungsneigung der genannten Neurotiker ist nur eine außerordentliche Steigerung dieser allgemeinen Eigenschaft. Nun wäre es doch sehr sonderbar, wenn ein menschlicher Charakterzug von solcher Verbreitung und Bedeutung nie bemerkt und nie verwertet worden wäre. Das ist auch wirklich geschehen. Bernheim hat die Lehre von den hypnotischen Erscheinungen mit unbeirrtem Scharfblick auf den Satz begründet, daß alle Menschen irgendwie suggerierbar, »suggestibel« sind. Seine Suggestibilität ist nichts anderes als die Neigung zur Übertragung, etwas zu enge gefaßt, so daß die negative Übertragung keinen Raum darin fand. Aber Bernheim konnte nie sagen, was die Suggestion eigentlich ist und wie sie zustande kommt. Sie war für ihn eine Grundtatsache, für deren Herkunft er keinen Nachweis geben konnte. Er hat die Abhängigkeit der *»suggestibilité«* von der Sexualität, von der Betätigung der Libido nicht erkannt. Und wir müssen gewahr werden, daß wir in unserer Technik die Hypnose nur aufgegeben haben, um die Suggestion in der Gestalt der Übertragung wiederzuentdecken.

Jetzt halte ich aber ein und lasse Ihnen das Wort. Ich merke, eine Einwendung schwillt bei Ihnen so mächtig an, daß sie Ihnen die Fähigkeit rauben würde zuzuhören, würde man sie nicht zu Worte kommen lassen: »Also Sie haben endlich zugestanden, daß Sie mit der Hilfskraft der Suggestion arbeiten wie die Hypnotiker. Das haben wir uns ja schon lange gedacht. Aber dann, wozu der Umweg über die Erinnerungen der Vergangenheit, die Aufdeckung des Unbewußten, die Deutung und Rückübersetzung der Entstellungen, der ungeheure Aufwand an Mühe, Zeit und Geld, wenn das einzig Wirksame doch nur die Suggestion ist? Warum suggerieren Sie nicht direkt gegen die Symptome, wie es die anderen tun, die ehrlichen Hypnotiseure? Und ferner, wenn Sie sich entschuldigen wollen, auf dem Umweg, den Sie gehen, haben Sie zahlreiche bedeutsame psychologische Funde gemacht, die sich bei der direkten Suggestion verbergen: wer steht denn jetzt für die Sicherheit dieser Funde ein? Sind die nicht auch ein Ergebnis der Suggestion, der unbeabsichtigten nämlich; können Sie denn nicht dem Kranken auch auf diesem Gebiete aufdrängen, was Sie wollen und was Ihnen richtig scheint?«

Was Sie mir da einwerfen, ist ungemein interessant und muß beantwortet werden. Aber heute kann ich's nicht mehr, es fehlt uns die Zeit. Auf nächstes Mal also. Sie werden sehen, ich stehe Ihnen Rede. Für heute muß ich noch das Begonnene zu Ende bringen. Ich habe versprochen, Ihnen mit Hilfe der Tatsache der Übertragung verständlich zu machen, warum unsere therapeutische Bemühung bei den narzißtischen Neurosen keinen Erfolg hat.

Ich kann es mit wenigen Worten tun, und Sie werden sehen, wie einfach sich das Rätsel löst und wie gut alles zusammenstimmt. Die Beobachtung läßt erkennen, daß die an narzißtischen Neurosen Erkrankten keine Übertragungsfähigkeit haben oder nur ungenügende Reste davon. Sie lehnen den Arzt ab, nicht in Feindseligkeit, sondern in Gleichgültigkeit. Darum sind sie auch nicht durch ihn zu beeinflussen; was er sagt, läßt sie kalt, macht ihnen keinen Eindruck, darum kann sich der Heilungsmechanismus, den wir bei den anderen durchsetzen, die Erneuerung des pathogenen Konfliktes und die Überwindung des Verdrängungswiderstandes bei ihnen nicht herstellen. Sie bleiben, wie sie sind. Sie haben häufig bereits Herstellungsversuche auf eigene Faust unternommen, die zu pathologischen Ergebnissen geführt haben; wir können nichts daran ändern.

Auf Grund unserer klinischen Eindrücke von diesen Kranken hatten wir behauptet, bei ihnen müsse die Objektbesetzung aufgegeben und die Objektlibido in Ichlibido umgesetzt worden sein. Durch diesen Charakter hatten wir sie von der ersten Gruppe von Neurotikern (Hysterie, Angst- und Zwangsneurose) geschieden. Ihr Verhalten beim therapeutischen Versuch bestätigt nun diese Vermutung. Sie zeigen keine Übertragung und darum sind sie auch für unsere Bemühung unzugänglich, durch uns nicht heilbar.

28. Vorlesung
Die analytische Therapie

Meine Damen und Herren! Sie wissen, worüber wir heute sprechen werden. Sie haben mich gefragt, warum wir uns in der psychoanalytischen Therapie nicht der direkten Suggestion bedienen, wenn wir zugeben, daß unser Einfluß wesentlich auf Übertragung, d. i. auf Suggestion, beruht, und haben daran den Zweifel geknüpft, ob wir bei einer solchen Vorherrschaft der Suggestion noch für die Objektivität unserer psychologischen Funde einstehen können. Ich habe versprochen, Ihnen ausführliche Antwort zu geben.

Direkte Suggestion, das ist Suggestion gegen die Äußerung der Symptome gerichtet, Kampf zwischen Ihrer Autorität und den Motiven des Krankseins. Sie kümmern sich dabei um diese Motive nicht, fordern vom Kranken nur, daß er deren Äußerung in Symptomen unterdrücke. Es macht dann keinen prinzipiellen Unterschied, ob Sie den Kranken in Hypnose versetzen oder nicht. Bernheim hat wiederum mit der ihn auszeichnenden Schärfe behauptet, daß die Suggestion das Wesentliche an den Erscheinungen des Hypnotismus sei, die Hypnose aber selbst schon ein

Erfolg der Suggestion, ein suggerierter Zustand,[1] und er hat mit Vorliebe die Suggestion im Wachen geübt, die dasselbe leisten kann wie die Suggestion in der Hypnose.

Was wollen Sie nun in dieser Frage zuerst anhören, die Aussagung der Erfahrung oder theoretische Überlegungen?

Beginnen wir mit der ersteren. Ich war Schüler von Bernheim, den ich 1889 in Nancy aufgesucht und dessen Buch über die Suggestion ich ins Deutsche übersetzt habe.[2] Ich habe Jahre hindurch die hypnotische Behandlung geübt, zunächst mit Verbotsuggestion und später mit der Breuerschen Ausforschung des Patienten kombiniert. Ich darf also über die Erfolge der hypnotischen oder suggestiven Therapie aus guter Erfahrung sprechen. Wenn nach einem alten Ärztewort eine ideale Therapie rasch, verläßlich und für den Kranken nicht unangenehm sein soll, so erfüllte die Bernheimsche Methode allerdings zwei dieser Anforderungen. Sie ließ sich viel rascher, das heißt unsagbar rascher, durchführen als die analytische, und sie brachte dem Kranken weder Mühe noch Beschwerden. Für den Arzt wurde es auf die Dauer – monoton; bei jedem Fall in gleicher Weise, mit dem nämlichen Zeremoniell den verschiedenartigsten Symptomen die Existenz zu verbieten, ohne von deren Sinn und Bedeutung etwas erfassen zu können. Es war eine Handlangerarbeit, keine wissenschaftliche Tätigkeit und erinnerte an Magie, Beschwörung und Hokuspokus; aber das kam ja gegen das Interesse des Kranken

1 [In einer Fußnote zu Kapitel X seiner Arbeit *Massenpsychologie und Ich-Analyse* (1921) schrieb Freud: »Es erscheint mir der Hervorhebung wert, daß wir ... veranlaßt werden, von der Bernheimschen Auffassung der Hypnose auf die naive ältere derselben zurückzugreifen. Nach Bernheim sind alle hypnotischen Phänomene von dem weiter nicht aufzuklärenden Moment der Suggestion abzuleiten. Wir schließen, daß die Suggestion eine Teilerscheinung des hypnotischen Zustandes ist, der in einer unbewußt erhaltenen Disposition aus der Urgeschichte der menschlichen Familie seine gute Begründung hat.«]

2 [Freud hat zwei Bücher von Bernheim übersetzt: *De la suggestion et de ses applications à la thérapeutique* (1886, übersetzt 1888/89) und *Hypnotisme, suggestion et psychothérapie* (1891, übersetzt 1892).]

nicht in Betracht. Am dritten fehlte es; verläßlich war das Verfahren nach keiner Richtung. Bei dem einen ließ es sich anwenden, bei dem anderen nicht; bei einem gelang vieles, beim anderen sehr wenig, man wußte nie warum. Ärger als diese Launenhaftigkeit des Verfahrens war der Mangel an Dauer der Erfolge. Nach einiger Zeit war, wenn man von den Kranken wieder hörte, das alte Leiden wieder da, oder es hatte sich durch ein neues ersetzt. Man konnte von neuem hypnotisieren. Im Hintergrunde stand die von erfahrener Seite ausgesprochene Mahnung, den Kranken nicht durch häufige Wiederholung der Hypnose um seine Selbständigkeit zu bringen und ihn an diese Therapie zu gewöhnen wie an ein Narkotikum. Zugegeben, manchmal gelang es auch ganz nach Wunsch; nach wenigen Bemühungen hatte man vollen und dauernden Erfolg. Aber die Bedingungen eines so günstigen Ausganges blieben unbekannt. Einmal geschah es mir, daß ein schwerer Zustand, den ich durch kurze hypnotische Behandlung gänzlich beseitigt hatte, unverändert wiederkehrte, nachdem mir die Kranke ohne mein Dazutun gram geworden war, daß ich ihn nach der Versöhnung von neuem und weit gründlicher zum Verschwinden brachte und daß er doch wiederkam, nachdem sie sich mir ein zweites Mal entfremdet hatte. Ein andermal erlebte ich, daß eine Kranke, der ich wiederholt von nervösen Zuständen durch Hypnose geholfen hatte, mir während der Behandlung eines besonders hartnäckigen Zufalles plötzlich die Arme um den Hals schlang. Das nötigte einen doch, sich mit der Frage nach Natur und Herkunft seiner suggestiven Autorität, ob man wollte oder nicht, zu beschäftigen.

Soweit die Erfahrungen. Sie zeigen uns, daß wir mit dem Verzicht auf die direkte Suggestion nichts Unersetzliches aufgegeben haben. Nun lassen Sie uns einige Erwägungen daran knüpfen. Die Ausübung der hypnotischen Therapie legt dem Patienten wie dem Arzt nur eine sehr geringfügige Arbeitsleistung auf. Diese Therapie ist in schönster Übereinstimmung mit einer Einschätzung der Neurosen, zu der sich noch die Mehrzahl der Ärzte bekennt. Der Arzt sagt dem Nervösen: Es fehlt Ihnen ja nichts, es ist nur nervös, und darum kann ich auch Ihre Beschwerden mit einigen Worten in wenigen Minuten wegblasen. Es widerstrebt aber unserem energetischen Denken, daß man durch eine winzige Kraftanstrengung eine große Last sollte bewegen können, wenn man sie direkt und ohne fremde Hilfe geeigneter Vorrichtungen angreift. Soweit die Verhältnisse vergleichbar sind, lehrt auch die Erfahrung, daß dieses Kunststück bei den Neurosen nicht gelingt. Ich weiß aber, dieses Argument ist nicht unangreifbar; es gibt auch »Auslösungen«.

Im Lichte der Erkenntnis, welche wir aus der Psychoanalyse gewonnen haben, können wir den Unterschied zwischen der hypnotischen und der psychoanalytischen Suggestion in folgender Art beschreiben: Die hypnotische Therapie sucht etwas im Seelenleben zu verdecken und zu übertünchen, die analytische etwas freizulegen und zu entfernen. Die erstere arbeitet wie eine Kosmetik, die letztere wie eine Chirurgie. Die erstere benützt die Suggestion, um die Symptome zu verbieten, sie verstärkt die Verdrängung, läßt aber sonst alle Vorgänge, die zur Symptombildung geführt haben, ungeändert. Die analytische Therapie greift weiter wurzelwärts an, bei den Konflikten, aus denen die Symptome hervorgegangen sind, und bedient sich der Suggestion, um den Ausgang dieser Konflikte abzuändern. Die hypnotische Therapie läßt den Patienten untätig und ungeändert, darum auch in gleicher Weise widerstandslos gegen jeden neuen Anlaß zur Erkrankung. Die analytische Kur legt dem Arzt wie dem Kranken schwere Arbeitsleistung auf, die zur Aufhebung innerer Widerstände verbraucht wird. Durch die Überwindung dieser Widerstände wird das Seelenleben des Kranken dauernd verändert, auf eine höhere Stufe der Entwicklung gehoben und bleibt gegen neue Erkrankungsmöglichkeiten geschützt. Diese Überwindungsarbeit ist die wesentliche Leistung der analytischen Kur, der Kranke hat sie zu vollziehen, und der Arzt ermöglicht sie ihm durch die Beihilfe der im Sinne einer *Erziehung* wirkenden Suggestion. Man hat darum auch mit

Recht gesagt, die psychoanalytische Behandlung sei eine Art von *Nacherziehung*.

Ich hoffe, Ihnen nun klargemacht zu haben, worin sich unsere Art, die Suggestion therapeutisch zu verwenden, von der bei der hypnotischen Therapie allein möglichen unterscheidet. Sie verstehen auch durch die Zurückführung der Suggestion auf die Übertragung die Launenhaftigkeit, die uns an der hypnotischen Therapie auffiel, während die analytische bis zu ihren Schranken berechenbar bleibt. Bei der Anwendung der Hypnose sind wir von dem Zustande der Übertragungsfähigkeit des Kranken abhängig, ohne daß wir auf diese selbst einen Einfluß üben könnten. Die Übertragung des zu Hypnotisierenden mag negativ oder, wie zu allermeist, ambivalent sein, er kann sich durch besondere Einstellungen gegen seine Übertragung geschützt haben; wir erfahren nichts davon. In der Psychoanalyse arbeiten wir an der Übertragung selbst, lösen auf, was ihr entgegensteht, richten uns das Instrument zu, mit dem wir einwirken wollen. So wird es uns möglich, aus der Macht der Suggestion einen ganz anderen Nutzen zu ziehen; wir bekommen sie in die Hand; nicht der Kranke suggeriert sich allein, wie es in seinem Belieben steht, sondern wir lenken eine Suggestion, soweit er ihrem Einfluß überhaupt zugänglich ist.

Nun werden Sie sagen, gleichgültig, ob wir die treibende Kraft unserer Analyse Übertragung oder Suggestion heißen, es besteht doch die Gefahr, daß die Beeinflussung des Patienten die objektive Sicherheit unserer Befunde zweifelhaft macht. Was der Therapie zugute kommt, bringt die Forschung zu Schaden. Es ist die Einwendung, welche am häufigsten gegen die Psychoanalyse erhoben worden ist, und man muß zugestehen, wenn sie auch unzutreffend ist, so kann man sie doch nicht als unverständig abweisen. Wäre sie aber berechtigt, so würde die Psychoanalyse doch nichts anderes als eine besonders gut verkappte, besonders wirksame Art der Suggestionsbehandlung sein, und wir dürften alle ihre Behauptungen über Lebenseinflüsse, psychische Dynamik, Unbewußtes leichtnehmen. So meinen es auch die Gegner; besonders alles, was sich auf die Bedeutung der sexuellen Erlebnisse bezieht, wenn nicht gar diese selbst, sollen wir den Kranken »eingeredet« haben, nachdem uns in der eigenen verderbten Phantasie solche Kombinationen gewachsen sind. Die Widerlegung dieser Anwürfe gelingt leichter durch die Berufung auf die Erfahrung als mit Hilfe der Theorie. Wer selbst Psychoanalysen ausgeführt hat, der konnte sich ungezählte Male davon überzeugen, daß es unmöglich ist, den Kranken in solcher Weise zu suggerieren. Es hat natürlich keine Schwierigkeit, ihn zum Anhänger einer gewissen Theorie zu machen und ihn so auch an einem möglichen Irrtum des Arztes teilnehmen zu lassen. Er verhält sich dabei wie ein anderer, wie ein Schüler, aber man hat dadurch auch nur seine Intelligenz, nicht seine Krankheit beeinflußt. Die Lösung seiner Konflikte und die Überwindung seiner Widerstände glückt doch nur, wenn man ihm solche Erwartungsvorstellungen gegeben hat, die mit der Wirklichkeit in ihm übereinstimmen. Was an den Vermutungen des Arztes unzutreffend war, das fällt im Laufe der Analyse wieder heraus, muß zurückgezogen und durch Richtigeres ersetzt werden. Durch eine sorgfältige Technik sucht man das Zustandekommen von vorläufigen Suggestionserfolgen zu verhüten; aber es ist auch unbedenklich, wenn sich solche einstellen, denn man begnügt sich nicht mit dem ersten Erfolg. Man hält die Analyse nicht für beendigt, wenn nicht die Dunkelheiten des Falles aufgeklärt, die Erinnerungslücken ausgefüllt, die Gelegenheiten der Verdrängungen aufgefunden sind. Man erblickt in Erfolgen, die sich zu früh einstellen, eher Hindernisse als Förderungen der analytischen Arbeit und zerstört diese Erfolge wieder, indem man die Übertragung, auf der sie beruhen, immer wieder auflöst. Im Grunde ist es dieser letzte Zug, welcher die analytische Behandlung von der rein suggestiven scheidet und die analytischen Ergebnisse von dem Verdacht befreit, suggestive Erfolge zu sein. Bei jeder anderen suggestiven Behandlung wird die Übertragung sorgfältig geschont, unberührt gelassen; bei der analytischen ist sie selbst Gegenstand der Behandlung und wird in jeder ihrer Erscheinungsformen zersetzt. Zum Schlusse einer analytischen Kur muß die Übertragung selbst abgetragen sein, und wenn der Erfolg jetzt sich einstellt oder erhält, so beruht er nicht auf der Suggestion, sondern auf der mit ihrer Hilfe vollbrachten Leistung der Überwindung innerer Widerstände, auf der in dem Kranken erzielten inneren Veränderung.

Der Entstehung von Einzelsuggestionen wirkt wohl entgegen, daß wir während der Kur unausgesetzt gegen Widerstände anzukämpfen haben, die sich in negative (feindselige) Übertragungen zu verwandeln wissen. Wir werden es auch nicht versäumen, uns darauf zu berufen, daß eine große Anzahl von Einzelergebnissen der Analyse, die man sonst als Produkte der Suggestion verdächtigen würde, uns von anderer einwandfreier Seite bestätigt werden. Unsere Gewährsmänner sind in diesem Falle die Dementen und Paranoiker, die über den Verdacht suggestiver Beeinflussung natürlich hoch erhaben sind. Was uns diese Kranken an Symbolübersetzungen und Phantasien erzählen, die bei ihnen zum Bewußtsein durchgedrungen sind, deckt sich getreulich mit den Ergebnissen unserer Untersuchungen an dem Unbewußten der Übertragungsneurotiker und bekräftigt so die objektive Richtigkeit unserer oft bezweifelten Deutungen. Ich glaube, Sie werden nicht irregehen, wenn Sie in diesen Punkten der Analyse Ihr Zutrauen schenken.

Wir wollen jetzt unsere Darstellung vom Mechanismus der Heilung vervollständigen, indem wir sie in die Formeln der Libidotheorie kleiden. Der Neurotiker ist genuß- und leistungsunfähig, das erstere, weil seine Libido auf kein reales Objekt gerichtet ist, das letztere, weil er sehr viel von seiner sonstigen Energie aufwenden muß, um die Libido in der Verdrängung zu erhalten und sich ihres Ansturmes zu erwehren. Er würde gesund, wenn der Konflikt zwischen seinem Ich und seiner Libido ein Ende hätte und sein Ich wieder die Verfügung über seine Libido besäße. Die therapeutische Aufgabe besteht also darin, die Libido aus ihren derzeitigen, dem Ich entzogenen Bindungen zu lösen und sie wieder dem Ich dienstbar zu machen. Wo steckt nun die Libido des Neurotikers? Leicht zu finden; sie ist an die Symptome gebunden, die ihr die derzeit einzig mögliche Ersatzbefriedigung gewähren. Man muß also der Symptome Herr werden, sie auflösen, gerade dasselbe, was der Kranke von uns fordert. Zur Lösung der Symptome wird es nötig, bis auf deren Entstehung zurückzugehen, den Konflikt, aus dem sie hervorgegangen sind, zu erneuern und ihn mit Hilfe solcher Triebkräfte, die seinerzeit nicht verfügbar waren, zu einem anderen Ausgang zu lenken. Diese Revision des Verdrängungsprozesses läßt sich nur zum Teil an den Erinnerungsspuren der Vorgänge vollziehen, welche zur Verdrängung geführt haben. Das entscheidende Stück der Arbeit wird geleistet, indem man im Verhältnis zum Arzt, in der »Übertragung«, Neuauflagen jener alten Konflikte schafft, in denen sich der Kranke benehmen möchte, wie er sich seinerzeit benommen hat, während man ihn durch das Aufgebot aller verfügbaren seelischen Kräfte [des Patienten] zu einer anderen Entscheidung nötigt. Die Übertragung wird also das Schlachtfeld, auf welchem sich alle miteinander ringenden Kräfte treffen sollen.

Alle Libido wie alles Widerstreben gegen sie wird auf das eine Verhältnis zum Arzt gesammelt; dabei ist es unvermeidlich, daß die Symptome von der Libido entblößt werden. An Stelle der eigenen Krankheit des Patienten tritt die künstlich hergestellte der Übertragung, die Übertragungskrankheit, an Stelle der verschiedenartigen irrealen Libidoobjekte das eine wiederum phantastische Objekt der ärztlichen Person. Der neue Kampf um dieses Objekt wird aber mit Hilfe der ärztlichen Suggestion auf die höchste psychische Stufe gehoben, er verläuft als normaler seelischer Konflikt. Durch die Vermeidung einer neuerlichen Verdrängung wird der Entfremdung zwischen Ich und Libido ein Ende gemacht, die seelische Einheit der Person wiederhergestellt. Wenn die Libido von dem zeitweiligen Objekt der ärztlichen Person wieder abgelöst wird, kann sie nicht zu ihren früheren Objekten zurückkehren, sondern steht zur Verfügung des Ichs. Die Mächte, die man während dieser therapeutischen Arbeit bekämpft hat, sind einerseits die Abneigung des Ichs gegen gewisse Richtungen der Libido, die sich als Verdrängungsneigung geäußert hat, und anderseits die Zähigkeit oder Klebrigkeit der Libido, die einmal von ihr besetzte Objekte nicht gerne verläßt.[3]

Die therapeutische Arbeit zerlegt sich also in zwei Phasen; in der ersten wird alle Libido von den Symptomen her in die Übertragung gedrängt und dort konzentriert, in der zweiten der Kampf um dies neue Objekt durchgeführt und die Libido von ihm frei gemacht. Die für den guten Ausgang entscheidende Veränderung ist die Ausschaltung der Verdrängung bei diesem erneuerten Konflikt, so daß sich die Libido nicht durch die Flucht ins Unbewußte wiederum dem Ich entziehen kann. Ermöglicht wird sie durch die Ichveränderung, welche sich unter dem Einfluß der ärztlichen Suggestion vollzieht. Das Ich wird durch die Deutungsarbeit, welche Unbewußtes in Bewußtes umsetzt, auf Kosten dieses Unbewußten vergrößert, es wird durch Belehrung gegen die Libido versöhnlich und geneigt gemacht, ihr irgendeine Befriedigung einzuräumen, und seine Scheu vor den Ansprüchen der Libido wird durch die Möglichkeit, einen Teilbetrag von ihr durch Sublimierung zu erledigen, verringert. Je besser sich die Vorgänge bei der Behandlung mit dieser idealen Beschreibung decken, desto größer wird der Erfolg der psychoanalytischen Therapie. Seine Schranke findet er an dem Mangel an Beweglichkeit der Libido, die sich sträuben kann, von ihren Objekten abzulassen, und an der Starrheit des Narzißmus, der die Objektübertragung nicht über eine gewisse Grenze anwachsen läßt. Vielleicht werfen wir ein weiteres Licht auf die Dynamik des Heilungsvorganges durch die Bemerkung, daß wir die ganze der Herrschaft des Ichs entzogene Libido auffangen, indem wir durch die Übertragung ein Stück von ihr auf uns ziehen.

---

3 [Freud hat dieses Thema in der 22. Vorlesung behandelt.]

Es ist auch die Mahnung nicht unangebracht, daß wir aus den Verteilungen der Libido, die sich während und durch die Behandlung herstellen, keinen direkten Schluß auf die Unterbringung der Libido während des Krankseins ziehen dürfen. Angenommen, es sei uns gelungen, den Fall durch die Herstellung und Lösung einer starken Vaterübertragung auf den Arzt glücklich zu erledigen, so ginge der Schluß fehl, daß der Kranke vorher an einer solchen unbewußten Bindung seiner Libido an den Vater gelitten hat. Die Vaterübertragung ist nur das Schlachtfeld, auf welchem wir uns der Libido bemächtigen; die Libido des Kranken ist von anderen Positionen her dorthin gelenkt worden. Dies Schlachtfeld muß nicht notwendig mit einer der wichtigen Festungen des Feindes zusammenfallen. Die Verteidigung der feindlichen Hauptstadt braucht nicht gerade vor deren Toren zu geschehen. Erst nachdem man die Übertragung wieder gelöst hat, kann man die Libidoverteilung, welche während des Krankseins bestanden hatte, in Gedanken rekonstruieren.

Vom Standpunkt der Libidotheorie können wir auch noch ein letztes Wort über den Traum sagen. Die Träume der Neurotiker dienen uns wie ihre Fehlleistungen und ihre freien Einfälle dazu, den Sinn der Symptome zu erraten und die Unterbringung der Libido aufzudecken. Sie zeigen uns in der Form der Wunscherfüllung, welche Wunschregungen der Verdrängung verfallen sind und an welche Objekte sich die dem Ich entzogene Libido gehängt hat. Die Deutung der Träume spielt darum in der psychoanalytischen Behandlung eine große Rolle und ist in manchen Fällen durch lange Zeiten das wichtigste Mittel der Arbeit. Wir wissen bereits, daß der Schlafzustand an sich einen gewissen Nachlaß der Verdrängungen herbeiführt. Durch diese Ermäßigung des auf ihr lastenden Druckes wird es möglich, daß sich die verdrängte Regung im Traume einen viel deutlicheren Ausdruck schafft, als ihn während des Tages das Symptom gewähren kann. Das Studium des Traumes wird so zum bequemsten Zugang für die Kenntnis des verdrängten Unbewußten, dem die dem Ich entzogene Libido angehört.

Die Träume der Neurotiker sind aber in keinem wesentlichen Punkte von denen der Normalen verschieden; ja sie sind von ihnen vielleicht überhaupt nicht unterscheidbar. Es wäre widersinnig, von den Träumen Nervöser auf eine Weise Rechenschaft zu geben, welche nicht auch für die Träume Normaler Geltung hätte. Wir müssen also sagen, der Unterschied zwischen Neurose und Gesundheit gilt nur für den Tag, er setzt sich nicht ins Traumleben fort. Wir sind genötigt, eine Anzahl von Annahmen, die sich beim Neurotiker infolge des Zusammenhanges zwischen seinen Träumen und seinen Symptomen ergeben, auch auf den gesunden Menschen zu übertragen. Wir können es nicht in Abrede stellen, daß auch der Gesunde in seinem Seelenleben das besitzt, was allein die Traumbildung wie die Symptombildung ermöglicht, und müssen den Schluß ziehen, daß auch er Verdrängungen vorgenommen hat, einen gewissen Aufwand treibt, um sie zu unterhalten, daß sein System des Unbewußten verdrängte und noch energiebesetzte Regungen verbirgt und daß *ein Anteil seiner Libido der Verfügung seines Ichs entzogen ist.* Auch der Gesunde ist also virtuell ein Neurotiker, aber der Traum scheint das einzige Symptom zu sein, das zu bilden er fähig ist. Unterwirft man sein Wachleben einer schärferen Prüfung, so entdeckt man freilich – was diesen Anschein widerlegt –, daß dies angeblich gesunde Leben von einer Unzahl geringfügiger, praktisch nicht bedeutsamer Symptombildungen durchsetzt ist.

Der Unterschied zwischen nervöser Gesundheit und Neurose schränkt sich also aufs Praktische ein und bestimmt sich nach dem Erfolg, ob der Person ein genügendes Maß von Genuß- und Leistungsfähigkeit verblieben ist. Er führt sich wahrscheinlich auf das relative Verhältnis zwischen den freigebliebenen und den durch Verdrängung gebundenen Energiebeträgen zurück und ist von quantitativer, nicht von qualitativer Art. Ich brauche Sie nicht daran zu mahnen, daß diese Einsicht die Überzeugung von der prinzipiellen Heilbarkeit der Neurosen, trotz ihrer Begründung in der konstitutionellen Anlage, theoretisch begründet.

Soviel dürfen wir aus der Tatsache der Identität der Träume bei Gesunden und bei Neurotikern für die Charakteristik der Gesundheit erschließen. Für den Traum selbst ergibt sich aber die weitere Folgerung, daß wir ihn nicht aus seinen Beziehungen zu den neurotischen Symptomen lösen dürfen, daß wir nicht glauben sollen, sein Wesen sei durch die Formel einer Übersetzung von Gedanken in eine archaische Ausdrucksform erschöpft,[4] daß wir annehmen müssen, er zeige uns wirklich vorhandene Libidounterbringungen und Objektbesetzungen.

Wir sind nun bald zu Ende gekommen. Vielleicht sind Sie enttäuscht, daß ich Ihnen zum Kapitel der psychoanalytischen Therapie nur Theoretisches erzählt habe, nichts von den Bedingungen, unter denen man die Kur einschlägt, und von den Erfolgen, die sie erzielt. Ich unterlasse aber beides. Das erstere, weil ich Ihnen ja keine praktische Anleitung zur Ausübung der Psychoanalyse zu geben gedenke, und das letztere, weil mehrfache Motive mich da-

---

4 [In der 13. Vorlesung »Archaische Züge und Infantilismus des Traumes« nennt Freud die »Ausdrucksweise der Traumarbeit« eine *archaische* oder *regressive* und fährt fort: »Sie können daraus den Schluß ableiten, daß es durch das vertieftere Studium der Traumarbeit gelingen müßte, wertvolle Aufschlüsse über die nicht gut gekannten Anfänge unserer intellektuellen Entwicklung zu gewinnen. Ich hoffe, es wird so sein, aber diese Arbeit ist bisher noch nicht in Angriff genommen worden. Die Vorzeit, in welche die Traumarbeit uns zurückführt, ist eine zweifache, erstens die individuelle Vorzeit, die Kindheit, anderseits, insofern jedes Individuum in seiner Kindheit die ganze Entwicklung der Menschenart irgendwie abgekürzt wiederholt, auch diese Vorzeit, die phylogenetische. Ob es gelingen wird, zu unterscheiden, welcher Anteil der latenten seelischen Vorgänge aus der individuellen und welcher aus der phylogenetischen Urzeit stammt – ich halte es nicht für unmöglich. So scheint mir z. B. die Symbolbeziehung, die der Einzelne niemals erlernt hat, zum Anspruch berechtigt, als phylogenetisches Erbe betrachtet zu werden.«]

von abhalten. Ich habe es zu Eingang unserer Besprechungen[5] betont, daß wir unter günstigen Umständen Heilerfolge erzielen, die hinter den schönsten auf dem Gebiete der internen Therapie nicht zurückstehen, und ich kann etwa noch hinzusetzen, daß dieselben durch kein anderes Verfahren erreicht worden wären. Würde ich mehr sagen, so käme ich in den Verdacht, daß ich die laut gewordenen Stimmen der Herabsetzung durch Reklame übertönen wollte. Es ist gegen die Psychoanalytiker wiederholt, auch auf öffentlichen Kongressen, von ärztlichen »Kollegen« die Drohung ausgesprochen worden, man werde durch eine Sammlung der analytischen Mißerfolge und Schädigungen dem leidenden Publikum die Augen über den Unwert dieser Behandlungsmethode öffnen. Aber eine solche Sammlung wäre, abgesehen von dem gehässigen, denunziatorischen Charakter der Maßregel, nicht einmal geeignet, ein richtiges Urteil über die therapeutische Wirksamkeit der Analyse zu ermöglichen. Die analytische Therapie ist, wie Sie wissen, jung; es hat lange Zeit gebraucht, bis man ihre Technik feststellen konnte, und dies konnte auch nur während der Arbeit und unter dem Einfluß der zunehmenden Erfahrung geschehen. Infolge der Schwierigkeiten der Unterweisung ist der ärztliche Anfänger in der Psychoanalyse in größerem Ausmaße als ein anderer Spezialist auf seine eigene Fähigkeit zur Fortbildung angewiesen, und die Erfolge seiner ersten Jahre werden nie die Leistungsfähigkeit der analytischen Therapie beurteilen lassen.

Viele Behandlungsversuche mißlangen in der Frühzeit der Analyse, weil sie an Fällen unternommen waren, die sich überhaupt nicht für das Verfahren eignen und die wir heute durch unsere Indikationsstellung ausschließen. Aber diese Indikationen konnten auch nur durch den Versuch gewonnen werden. Von vornherein wußte man seinerzeit nicht, daß Paranoia und Dementia praecox in ausgepräg-

5 [Freud hielt seine *Vorlesungen* in den Wintersemestern 1915/16 und 1916/17 (jeweils von Oktober bis März). Die vorliegende Bemerkung bezieht sich auf den Oktober 1916, konkret auf den Schluß der 16. Vorlesung.]

ten Formen unzugänglich sind, und hatte noch das Recht, die Methode an allerlei Affektionen zu erproben. Die meisten Mißerfolge jener ersten Jahre sind aber nicht durch die Schuld des Arztes oder wegen der ungeeigneten Objektwahl, sondern durch die Ungunst der äußeren Bedingungen zustande gekommen. Wir haben nur von den inneren Widerständen gehandelt, denen des Patienten, die notwendig und überwindbar sind. Die äußeren Widerstände, die der Analyse von den Verhältnissen des Kranken, von seiner Umgebung bereitet werden, haben ein geringes theoretisches Interesse, aber die größte praktische Wichtigkeit. Die psychoanalytische Behandlung ist einem chirurgischen Eingriff gleichzusetzen und hat wie dieser den Anspruch, unter den für das Gelingen günstigsten Veranstaltungen vorgenommen zu werden. Sie wissen, welche Vorkehrungen der Chirurg dabei zu treffen pflegt: geeigneter Raum, gutes Licht, Assistenz, Ausschließung der Angehörigen usw. Nun fragen Sie sich selbst, wie viele dieser Operationen gut ausgehen würden, wenn sie im Beisein aller Familienmitglieder stattfinden müßten, die ihre Nasen in das Operationsfeld stecken und bei jedem Messerschnitt laut aufschreien würden. Bei den psychoanalytischen Behandlungen ist die Dazwischenkunft der Angehörigen geradezu eine Gefahr, und zwar eine solche, der man nicht zu begegnen weiß. Man ist gegen die inneren Widerstände des Patienten, die man als notwendig erkennt, gerüstet, aber wie soll man sich gegen jene äußeren Widerstände wehren? Den Angehörigen des Patienten kann man durch keinerlei Aufklärung beikommen, man kann sie nicht dazu bewegen, sich von der ganzen Angelegenheit fernzuhalten, und man darf nie gemeinsame Sache mit ihnen machen, weil man dann Gefahr läuft, das Vertrauen des Kranken zu verlieren, der – übrigens mit Recht – fordert, daß sein Vertrauensmann auch seine Partei nehme. Wer überhaupt weiß, von welchen Spaltungen oft eine Familie zerklüftet wird, der kann auch als Analytiker nicht von der Wahrnehmung überrascht werden, daß die dem Kranken Nächsten mitunter weniger Interesse daran verraten, daß er gesund werde, als daß er so bleibe, wie er ist. Wo, wie so häufig, die Neurose mit Konflikten zwischen Familienmitgliedern zusammenhängt, da bedenkt sich der Gesunde nicht lange bei der Wahl zwischen seinem Interesse und dem der Wiederherstellung des Kranken. Es ist ja nicht zu verwundern, wenn der Ehemann eine Behandlung nicht gerne sieht, in welcher, wie er mit Recht vermuten darf, sein Sündenregister aufgerollt werden wird; wir verwundern uns auch nicht darüber, aber wir können uns dann keinen Vorwurf machen, wenn unsere Bemühung erfolglos bleibt und vorzeitig abgebrochen wird, weil sich der Widerstand des Mannes zu dem der kranken Frau hinzuaddiert hat. Wir hatten eben etwas unternommen, was unter den bestehenden Verhältnissen undurchführbar war.

Ich will Ihnen anstatt vieler Fälle nur einen einzigen erzählen, in dem ich durch ärztliche Rücksichten zu einer leidenden Rolle verurteilt wurde. Ich nahm – vor vielen Jahren – ein junges Mädchen in analytische Behandlung, welches schon seit längerer Zeit aus Angst nicht auf die Straße gehen und zu Hause nicht allein bleiben konnte. Die Kranke rückte langsam mit dem Geständnis heraus, daß ihre Phantasie durch zufällige Beobachtungen des zärtlichen Verkehres zwischen ihrer Mutter und einem wohlhabenden Hausfreund ergriffen worden sei. Sie war aber so ungeschickt – oder so raffiniert –, der Mutter einen Wink von dem zu geben, was in den Analysenstunden besprochen wurde, indem sie ihr Benehmen gegen die Mutter änderte, darauf bestand, von keiner anderen als der Mutter gegen die Angst des Alleinseins beschützt zu werden, und ihr angstvoll die Türe vertrat, wenn sie das Haus verlassen wollte. Die Mutter war früher selbst sehr nervös gewesen, hatte aber in einer Wasserheilanstalt vor Jahren die Heilung gefunden. Setzen wir dafür ein, sie hatte in jener Anstalt die Bekanntschaft des Mannes gemacht, mit dem sie ein sie nach jeder Richtung befriedigendes Verhältnis eingehen konnte. Durch die stürmischen Anforderungen des Mädchens stutzig gemacht, verstand die Mutter *plötzlich*, was die Angst ihrer Tochter bedeutete. Sie ließ sich krank werden, um die Mutter zur Gefangenen zu machen und ihr die für den Verkehr mit dem Geliebten notwendige Bewegungsfreiheit zu rauben. Rasch entschlossen machte die Mutter der schädlichen Behandlung ein Ende. Das Mädchen wurde in eine Nervenheilanstalt gebracht und durch lange Jahre als »armes Opfer der Psychoanalyse« demonstriert. Ebensolange ging mir die üble Nachrede wegen des schlechten Ausganges dieser Behandlung nach. Ich bewahrte das Schweigen, weil ich mich durch die Pflicht der ärztlichen Diskretion gebunden glaubte. Lange Zeit nachher erfuhr ich von einem Kollegen, der jene Anstalt besucht und das agoraphobische Mädchen dort gesehen hatte, daß das Verhältnis zwischen ihrer Mutter und dem vermögenden Hausfreund stadtbekannt sei und wahrscheinlich die Billigung des Gatten und Vaters habe. Diesem »Geheimnis« war also die Behandlung geopfert worden.

In den Jahren vor dem Kriege, als der Zulauf aus vieler Herren Ländern mich von der Gunst oder Mißgunst der Vaterstadt unabhängig machte, befolgte ich die Regel, keinen Kranken in Behandlung zu nehmen, der nicht *sui juris*[6] in seinen wesentlichen Lebensbeziehungen von anderen unabhängig wäre. Das kann sich nun nicht jeder Psychoanalytiker gestatten. Vielleicht ziehen Sie aus meiner Warnung vor den Angehörigen den Schluß, man solle die Kranken zum Zwecke der Psychoanalyse aus ihren Familien nehmen, diese Therapie also auf die Insassen von Nervenheilanstalten beschränken. Allein ich könnte Ihnen hierin nicht beistimmen; es ist weit vorteilhafter, wenn die Kranken – insoferne sie nicht in einer Phase schwerer Erschöpfung sind – während der Behandlung in jenen Verhältnissen bleiben, in denen sie mit den ihnen gestellten Aufgaben zu kämpfen haben. Nur sollten die Angehörigen diesen Vorteil nicht durch ihr Benehmen wettmachen und sich überhaupt nicht der ärztlichen Behandlung feindselig widersetzen. Aber wie wollen Sie diese für uns unzugängli-

6 [Die Formel *sui juris (homo)* – lat. »(Mann) seines Rechts, sein eigener Herr« – bezeichnet im römischen Recht die von fremder väterlicher Gewalt freie Person (der Gegensatz sind die Unfreien).]

chen Faktoren dazu bewegen! Sie werden natürlich auch erraten, wieviel von den Aussichten einer Behandlung durch das soziale Milieu und den kulturellen Zustand einer Familie bestimmt wird.

Nicht wahr, das gibt für die Wirksamkeit der Psychoanalyse als Therapie einen trüben Prospekt, selbst wenn wir die überwiegende Mehrzahl unserer Mißerfolge durch solche Rechenschaft von den störenden äußeren Momenten aufklären können! Freunde der Analyse haben uns dann geraten, einer Sammlung von Mißerfolgen durch eine von uns entworfene Statistik der Erfolge zu begegnen. Ich bin auch darauf nicht eingegangen. Ich machte geltend, daß eine Statistik wertlos sei, wenn die aneinandergereihten Einheiten derselben zu wenig gleichartig seien, und die Fälle von neurotischer Erkrankung, die man in Behandlung genommen hatte, waren wirklich nach den verschiedensten Richtungen nicht gleichwertig. Außerdem war der Zeitraum, den man überschauen konnte, zu kurz, um die Haltbarkeit der Heilungen zu beurteilen, und von vielen Fällen konnte man überhaupt nicht Mitteilung machen. Sie betrafen Personen, die ihre Krankheit wie ihre Behandlung geheimgehalten hatten und deren Herstellung gleichfalls verheimlicht werden mußte. Die stärkste Abhaltung lag aber in der Einsicht, daß die Menschen sich in Dingen der Therapie höchst irrationell benehmen, so daß man keine Aussicht hat, durch verständige Mittel etwas bei ihnen auszurichten. Eine therapeutische Neuerung wird entweder mit rauschartiger Begeisterung aufgenommen, wie z. B. damals, als Koch sein erstes Tuberkulin gegen die Tuberkulose in die Öffentlichkeit brachte, oder mit abgrundtiefem Mißtrauen behandelt, wie die wirklich segensreiche Jennersche Impfung, die heute noch ihre unversöhnlichen Gegner hat.[7] Gegen die Psychoanalyse lag offenbar

7 [Das Tuberkulin, das Robert Koch 1890 zur Nachprüfung freigab, diente zur Diagnose und Behandlung der Tuberkulose. Es wurde aus dem giftigen Stoffwechselprodukt des Tuberkelbazillus gewonnen. – Der engl. Arzt Edward Jenner (1749–1823) führte 1796 die erste Pockenschutzimpfung durch.]

ein Vorurteil vor. Wenn man einen schwierigen Fall hergestellt hatte, so konnte man hören: Das ist kein Beweis, der wäre auch von selbst in dieser Zeit gesund geworden. Und wenn eine Kranke, die bereits vier Zyklen von Verstimmung und Manie absolviert hatte, in einer Pause nach der Melancholie in meine Behandlung gekommen war und drei Wochen später sich wieder zu Beginn einer Manie befand, so waren alle Familienmitglieder, aber auch die zu Rate gezogene hohe ärztliche Autorität, überzeugt, daß der neuerliche Anfall nur die Folge der an ihr versuchten Analyse sein könne. Gegen Vorurteile kann man nichts tun; Sie sehen es ja jetzt wieder an den Vorurteilen, die die eine Gruppe von kriegführenden Völkern gegen die andere entwickelt hat. Das Vernünftigste ist, man wartet und überläßt sie der Zeit, welche sie abnützt. Eines Tages denken dieselben Menschen über dieselben Dinge ganz anders als bisher; warum sie nicht schon früher so gedacht haben, bleibt ein dunkles Geheimnis.

Möglicherweise ist das Vorurteil gegen die analytische Therapie schon jetzt in Abnahme begriffen. Die stete Ausbreitung der analytischen Lehren, die Zunahme analytisch behandelnder Ärzte in manchen Ländern scheint es zu verbürgen. Als ich ein junger Arzt war, geriet ich in einen ebensolchen Entrüstungssturm der Ärzte gegen die hypnotische Suggestivbehandlung, die heute von den »Nüchternen« der Psychoanalyse entgegengehalten wird. Der Hypnotismus hat aber als therapeutisches Agens nicht gehalten, was er anfangs versprach; wir Psychoanalytiker dürfen uns für seine rechtmäßigen Erben ausgeben und vergessen nicht, wie viel Aufmunterung und theoretische Aufklärung wir ihm verdanken. Die der Psychoanalyse nachgesagten Schädigungen schränken sich im wesentlichen auf vorübergehende Erscheinungen von Konfliktsteigerung ein, wenn die Analyse ungeschickt gemacht oder wenn sie mittendrin abgebrochen wird. Sie haben ja Rechenschaft darüber gehört, was wir mit den Kranken anstellen, und können sich ein eigenes Urteil darüber bilden, ob unsere Bemühungen geeignet sind, zu einer dauernden

Schädigung zu führen. Mißbrauch der Analyse ist nach verschiedenen Richtungen möglich; zumal die Übertragung ist ein gefährliches Mittel in den Händen eines nicht gewissenhaften Arztes. Aber vor Mißbrauch ist kein ärztliches Mittel oder Verfahren geschützt; wenn ein Messer nicht schneidet, kann es auch nicht zur Heilung dienen.

Ich bin nun zu Ende, meine Damen und Herren. Es ist mehr als die gebräuchliche Redensart, wenn ich bekenne, daß die vielen Mängel der Vorträge, die ich Ihnen gehalten habe, mich selbst empfindlich bedrücken. Vor allem tut es mir leid, daß ich so oft versprochen habe, auf ein kurz berührtes Thema an anderer Stelle wieder zurückzukommen, und dann hat der Zusammenhang es nicht ergeben, daß ich mein Versprechen halten konnte. Ich habe es unternommen, Ihnen von einer noch unfertigen, in Entwicklung begriffenen Sache Bericht zu geben, und meine kürzende Zusammenfassung ist dann selbst eine unvollkommene geworden. An manchen Stellen habe ich das Material für eine Schlußfolgerung bereitgelegt und diese dann nicht selbst gezogen. Aber ich konnte es nicht beanspruchen, Sie zu Sachkundigen zu machen; ich wollte Ihnen nur Aufklärung und Anregung bringen.

Aus der Geschichte einer infantilen Neurose
[»Der Wolfsmann«]

I
Vorbemerkungen

Der Krankheitsfall, über welchen ich hier – wiederum nur in fragmentarischer Weise – berichten werde,[1] ist durch eine Anzahl von Eigentümlichkeiten ausgezeichnet, welche zu ihrer Hervorhebung vor der Darstellung auffordern. Er betrifft einen jungen Mann, welcher in seinem achtzehnten Jahr nach einer gonorrhoischen Infektion als krank zusammenbrach und gänzlich abhängig und existenzunfähig war, als er mehrere Jahre später in psychoanalytische Behandlung trat. Das Jahrzehnt seiner Jugend vor dem Zeitpunkt der Erkrankung hatte er in annähernd normaler Weise

---

1 Diese Krankengeschichte ist kurz nach Abschluß der Behandlung im Winter 1914/15 niedergeschrieben worden unter dem damals frischen Eindruck der Umdeutungen, welche C. G. Jung und Alf. Adler an den psychoanalytischen Ergebnissen vornehmen wollten. Sie knüpft also an den im Jahrbuch der Psychoanalyse VI, 1914 veröffentlichten Aufsatz: *Zur Geschichte der psychoanalytischen Bewegung* an und ergänzt die dort enthaltene, im wesentlichen persönliche Polemik [auf den polemischen dritten Teil dieses Aufsatzes wurde in der vorliegenden Auswahlausgabe verzichtet, zu Beginn von Band 1 befindet sich aber der 1. Teil des Aufsatzes *Zur Geschichte der psychoanalytischen Bewegung*, in dem Freud die Entwicklung der Psychoanalyse bis 1900 darstellt.] durch objektive Würdigung des analytischen Materials. Sie war ursprünglich für den nächsten Band des Jahrbuches bestimmt, aber da sich das Erscheinen desselben durch die Hemmungen des großen Krieges ins Unbestimmbare verzögerte, entschloß ich mich, sie dieser von einem neuen Verleger [Heller anstatt Deuticke] veranstalteten Sammlung [Sigmund Freud, *Sammlung kleiner Schriften zur Neurosenlehre*, 5 Bände, Wien 1906–1922; Bd. 4] anzuschließen. Manches, was in ihr zum erstenmal hätte ausgesprochen werden sollen, hatte ich unterdes in meinen 1916/17 gehaltenen *Vorlesungen zur Einführung in die Psychoanalyse* behandeln müssen. Der Text der ersten Niederschrift hat keine Abänderungen von irgendwelchem Belang erfahren; Zusätze sind durch eckige Klammern kenntlich gemacht.

durchlebt und seine Mittelschulstudien ohne viel Störung erledigt. Aber seine früheren Jahre waren von einer schweren neurotischen Störung beherrscht gewesen, welche knapp vor seinem vierten Geburtstag als Angsthysterie (Tierphobie) begann, sich dann in eine Zwangsneurose mit religiösem Inhalt umsetzte und mit ihren Ausläufern bis in sein zehntes[2] Jahr hineinreichte.

Nur diese infantile Neurose wird der Gegenstand meiner Mitteilungen sein. Trotz der direkten Aufforderung des Patienten habe ich es abgelehnt, die vollständige Geschichte seiner Erkrankung, Behandlung und Herstellung zu schreiben, weil ich diese Aufgabe als technisch undurchführbar und sozial unzulässig erkannte. Damit fällt auch die Möglichkeit weg, den Zusammenhang zwischen seiner infantilen und seiner späteren definitiven Erkrankung aufzuzeigen. Ich kann von dieser letzteren nur angeben, daß der Kranke ihretwegen lange Zeit in deutschen Sanatorien zugebracht hat und damals von der zuständigsten Stelle als ein Fall von »manisch-depressivem Irresein« klassifiziert worden ist.[3] Diese Diagnose traf sicherlich für den Vater des Patienten zu, dessen an Tätigkeit und Interessen rei-

---

2 [In den vor 1924 erschienenen Ausgaben hieß es »achtes«.]

3 [Die Identität des sogenannten »Wolfsmannes« und eine Fülle seiner Lebensumstände wurde durch folgende Veröffentlichung aufgedeckt: Muriel Gardiner (Hrsg.), *Der Wolfsmann vom Wolfsmann. Sigmund Freuds berühmtester Fall. Erinnerungen, Berichte, Diagnosen*, New York 1971; deutsche Übersetzung: Frankfurt am Main 1972. Dieses Buch enthält u. a. *Die Erinnerungen des Wolfsmannes.* Daraus geht hervor, daß der Wolfsmann vor Beginn seiner Analyse bei Freud (Februar 1910) von den Psychiatern Emil Kraepelin (1856–1926) in München und Theodor Ziehen (1862–1950) in Berlin diagnostiziert und in psychiatrische Kliniken eingewiesen worden war. Kraepelin hatte bereits den Vater des Wolfsmannes behandelt: »Von Zeit zu Zeit – es waren meistens Intervalle von drei bis fünf Jahren – erkrankte er nämlich an einer ziemlich klar ausgeprägten Melancholie, begab sich dann in irgendein Sanatorium in Deutschland und kehrte jeweils nach einigen Monaten wiederhergestellt nach Hause zurück. Allerdings zeichnete sich jener Zustand, den er subjektiv als normal empfand, durch unverkennbare manische Züge aus, so daß das Gesamtbild sich leicht in jene ›manisch-depressiven‹ Zustände einordnete, die von Professor Kraepelin beschrieben wurden« (*Erinnerungen*).]

ches Leben durch wiederholte Anfälle von schwerer Depression gestört worden war. An dem Sohne selbst habe ich bei mehrjähriger Beobachtung keinen Stimmungswandel beobachten können, der an Intensität und nach den Bedingungen seines Auftretens über die ersichtliche psychische Situation hinausgegangen wäre. Ich habe mir die Vorstellung gebildet, daß dieser Fall sowie viele andere, die von der klinischen Psychiatrie mit mannigfaltigen und wechselnden Diagnosen belegt werden, als Folgezustand nach einer spontan abgelaufenen, mit Defekt ausgeheilten Zwangsneurose aufzufassen ist.

Meine Beschreibung wird also von einer infantilen Neurose handeln, die nicht während ihres Bestandes, sondern erst fünfzehn Jahre nach ihrem Ablauf analysiert worden ist. Diese Situation hat ihre Vorzüge ebensowohl wie ihre Nachteile im Vergleiche mit der anderen. Die Analyse, die man am neurotischen Kind selbst vollzieht, wird von vornherein vertrauenswürdiger erscheinen, aber sie kann nicht sehr inhaltsreich sein; man muß dem Kind zuviel Worte und Gedanken leihen[4] und wird vielleicht doch die tiefsten Schichten undurchdringlich für das Bewußtsein finden.

---

4 [Freud analysierte 1908 den »kleinen Hans« und berichtete darüber in der Falldarstellung *Analyse der Phobie eines fünfjährigen Knaben* (1909). Bei dieser Gelegenheit äußerte sich Freud auch über die Psychoanalyse an Kindern. Ausgangspunkt war die bereits in der *Einleitung* gestellte Frage: »Sollte es denn unmöglich sein, unmittelbar am Kinde in aller Lebensfrische jene sexuellen Regungen und Wunschbildungen zu erfahren, die wir beim Gealterten mit soviel Mühe aus ihren Verschüttungen ausgraben, von denen wir noch überdies behaupten, daß sie konstitutionelles Gemeingut aller Menschen sind und sich beim Neurotiker nur verstärkt oder verzerrt zeigen?« Die Bewertung der Aussagen von Kindern scheidet Freud nicht prinzipiell von denen der Erwachsenen: »Ich teile nicht die gegenwärtig beliebte Ansicht, daß Kinderaussagen durchwegs willkürlich und unverläßlich seien. Willkür gibt es im Psychischen überhaupt nicht; die Unverläßlichkeit in den Aussagen der Kinder rührt her von der Übermacht ihrer Phantasie, wie die Unverläßlichkeit der Aussagen Erwachsener von der Übermacht ihrer Vorurteile. Sonst lügt auch das Kind nicht ohne Grund und hat im ganzen mehr Neigung zur Wahrheitsliebe als die Großen.« Schließlich betont Freud, daß Ziel und Methode aller Analysen grundsätzlich gleich sei: »Eine Psychoanalyse ist eben keine tendenzlose,

Die Analyse der Kindheitserkrankung durch das Medium der Erinnerung bei dem Erwachsenen und geistig Gereiften ist von diesen Einschränkungen frei; aber man wird die Verzerrung und Zurichtung in Rechnung bringen, welcher die eigene Vergangenheit beim Rückblick aus späterer Zeit unterworfen ist. Der erste Fall gibt vielleicht die überzeugenderen Resultate, der zweite ist der bei weitem lehrreichere.

Auf alle Fälle darf man aber behaupten, daß Analysen von kindlichen Neurosen ein besonders hohes theoretisches Interesse beanspruchen können. Sie leisten für das richtige Verständnis der Neurosen Erwachsener ungefähr soviel wie die Kinderträume für die Träume der Erwachsenen. Nicht etwa, daß sie leichter zu durchschauen oder ärmer an Elementen wären; die Schwierigkeit der Einfühlung ins kindliche Seelenleben macht sie sogar zu einem besonders harten Stück Arbeit für den Arzt. Aber es sind doch in ihnen so viele der späteren Auflagerungen weggefallen, daß das Wesentliche der Neurose unverkennbar hervortritt. Der Widerstand gegen die Ergebnisse der Psychoanalyse hat bekanntlich in der gegenwärtigen Phase des Kampfes um die Psychoanalyse eine neue Form angenommen. Man begnügte sich früher damit, den von der Analyse behaupteten Tatsachen die Wirklichkeit zu bestreiten, wozu eine Vermeidung der Nachprüfung die beste Technik schien. Dies Verfahren scheint sich nun langsam zu erschöpfen; man schlägt jetzt den anderen Weg ein, die Tatsachen an-

---

wissenschaftliche Untersuchung, sondern ein therapeutischer Eingriff; sie will an sich nichts beweisen, sondern nur etwas ändern. Jedesmal gibt der Arzt in der Psychoanalyse dem Patienten die bewußten Erwartungsvorstellungen, mit deren Hilfe er imstande sein soll, das Unbewußte zu erkennen und zu erfassen, das eine Mal in reichlicherem, das andere in bescheidnerem Ausmaße. ... Ohne solche Hilfe kommt niemand aus. ... Es ist nun zugegeben, daß das Kind wegen der geringen Entwicklung seiner intellektuellen Systeme einer besonders intensiven Nachhilfe bedarf. Aber was der Arzt dem Patienten mitteilt, stammt doch selbst wieder aus analytischen Erfahrungen, und es ist wirklich beweisend genug, wenn mit dem Aufwande dieser ärztlichen Einmengung der Zusammenhang und die Lösung des pathogenen Materials erreicht wird.«]

zuerkennen, aber die Folgerungen, die sich aus ihnen ergeben, durch Umdeutungen zu beseitigen, so daß man sich der anstößigen Neuheiten doch wieder erwehrt hat. Das Studium der kindlichen Neurosen erweist die volle Unzulänglichkeit dieser seichten oder gewaltsamen Umdeutungsversuche. Es zeigt den überragenden Anteil der so gern verleugneten libidinösen Triebkräfte an der Gestaltung der Neurose auf und läßt die Abwesenheit fernliegender kultureller Zielstrebungen erkennen, von denen das Kind noch nichts weiß, und die ihm darum nichts bedeuten können.

Ein anderer Zug, welcher die hier mitzuteilende Analyse der Aufmerksamkeit empfiehlt, hängt mit der Schwere der Erkrankung und der Dauer ihrer Behandlung zusammen. Die in kurzer Zeit zu einem günstigen Ausgang führenden Analysen werden für das Selbstgefühl des Therapeuten wertvoll sein und die ärztliche Bedeutung der Psychoanalyse dartun; für die Förderung der wissenschaftlichen Erkenntnis bleiben sie meist belanglos. Man lernt nichts Neues aus ihnen. Sie sind ja nur darum so rasch geglückt, weil man bereits alles wußte, was zu ihrer Erledigung notwendig war. Neues kann man nur aus Analysen erfahren, die besondere Schwierigkeiten bieten, zu deren Überwindung man dann viel Zeit verbraucht. Nur in diesen Fällen erreicht man es, in die tiefsten und primitivsten Schichten der seelischen Entwicklung herabzusteigen und von dort die Lösungen für die Probleme der späteren Gestaltungen zu holen. Man sagt sich dann, daß, strenggenommen, erst die Analyse, welche so weit vorgedrungen ist, diesen Namen verdient. Natürlich belehrt ein einzelner Fall nicht über alles, was man wissen möchte. Richtiger gesagt, er könnte alles lehren, wenn man nur imstande wäre, alles aufzufassen, und nicht durch die Ungeübtheit der eigenen Wahrnehmung genötigt wäre, sich mit wenigem zu begnügen.

An solchen fruchtbringenden Schwierigkeiten ließ der hier zu beschreibende Krankheitsfall nichts zu wünschen übrig. Die ersten Jahre der Behandlung erzielten kaum eine Änderung. Eine glückliche Konstellation fügte es, daß trotzdem alle äußeren Verhältnisse die Fortsetzung des therapeutischen Versuches ermöglichten. Ich kann mir leicht denken, daß bei weniger günstigen Umständen die Behandlung nach einiger Zeit aufgegeben worden wäre. Für den Standpunkt des Arztes kann ich nur aussagen, daß er sich in solchem Falle ebenso »zeitlos« verhalten muß wie das Unbewußte selbst,[5] wenn er etwas erfahren und erzielen will. Das bringt er schließlich zustande, wenn er auf kurzsichtigen therapeutischen Ehrgeiz zu verzichten vermag. Das Ausmaß von Geduld, Gefügigkeit, Einsicht und Zutrauen, welches von seiten des Kranken und seiner Angehörigen erforderlich ist, wird man in wenigen anderen Fällen erwarten dürfen. Der Analytiker darf sich aber sagen, daß die Ergebnisse, welche er an einem Falle in so langer Arbeit gewonnen hat, nun dazu verhelfen werden, die Behandlungsdauer einer nächsten, ebenso schweren Erkrankung wesentlich zu verkürzen und so die Zeitlosigkeit des Unbewußten fortschreitend zu überwinden, nachdem man sich ihr ein erstes Mal unterworfen hat.

Der Patient, mit dem ich mich hier beschäftige, blieb lange Zeit hinter einer Einstellung von gefügiger Teilnahmslosigkeit unangreifbar verschanzt. Er hörte zu, verstand und ließ sich nichts nahekommen. Seine untadelige Intelligenz war wie abgeschnitten von den triebhaften Kräften, welche sein Benehmen in den wenigen ihm übriggebliebenen Lebensrelationen beherrschten. Es bedurfte einer langen Erziehung, um ihn zu bewegen, einen selbständigen Anteil an der Arbeit zu nehmen, und als infolge dieser Bemühung die ersten Befreiungen auftraten, stellte er sofort die Arbeit ein, um weitere Veränderungen zu verhüten und sich in der hergestellten Situation behaglich zu erhalten. Seine Scheu vor einer selbständigen Existenz war so groß, daß sie alle Beschwerden des Krankseins aufwog. Es fand sich ein einziger Weg, um sie zu überwinden. Ich

5' [Vgl. Teil V der Abhandlung *Das Unbewußte* (im vorliegenden Band unserer Ausgabe).]

mußte warten, bis die Bindung an meine Person stark genug geworden war, um ihr das Gleichgewicht zu halten, dann spielte ich diesen einen Faktor gegen den anderen aus. Ich bestimmte, nicht ohne mich durch gute Anzeichen der Rechtzeitigkeit leiten zu lassen, daß die Behandlung zu einem gewissen Termin abgeschlossen werden müsse, gleichgültig, wie weit sie vorgeschritten sei.[6] Diesen Termin war ich einzuhalten entschlossen; der Patient glaubte endlich an meinen Ernst. Unter dem unerbittlichen Druck dieser Terminsetzung gab sein Widerstand, seine Fixierung ans Kranksein nach, und die Analyse lieferte nun in unverhältnismäßig kurzer Zeit all das Material, welches die Lösung seiner Hemmungen und die Aufhebung seiner Symptome ermöglichte. Aus dieser letzten Zeit der Arbeit, in welcher der Widerstand zeitweise verschwunden war und der Kranke den Eindruck einer sonst nur in der Hypnose erreichbaren Luzidität machte, stammen auch alle die Aufklärungen, welche mir das Verständnis seiner infantilen Neurose gestatteten.

So illustrierte der Verlauf dieser Behandlung den von der analytischen Technik längst gewürdigten Satz, daß die Länge des Weges, welchen die Analyse mit dem Patienten zurückzulegen hat, und die Fülle des Materials, welches auf diesem Wege zu bewältigen ist, nicht in Betracht kommen gegen den Widerstand, den man während der Arbeit antrifft, und nur soweit in Betracht kommen, als sie dem Wi-

---

6 [Zu Beginn der Studie *Die endliche und die unendliche Analyse* spricht Freud vom »heroischen Mittel der Terminsetzung«, das er erstmals in der Behandlung des »Wolfsmannes« anwendete (vgl. in Band 3 der vorliegenden Ausgabe). Ernest Jones schreibt darüber in der Monographie *Das Leben und Werk von Sigmund Freud* (Bd. 2): »Mehr als vier Jahre lang kämpfte Freud, ohne Fortschritte zu machen. Der Kranke ging weiter vertrauensvoll mit ihm mit, doch sein innerer Widerstand war so groß, daß alle Arbeit an ihm wirkungslos blieb. Im geeigneten Augenblick kündigte ihm Freud aber an, daß er bis zu seinen Sommerferien im Juli (1914) die Behandlung abzubrechen gedenke ... Diese Art des Vorgehens, die seither oft mißbraucht worden ist, war riskant; in diesem Fall jedoch hatte sie die Wirkung, daß sie den Widerstand brach, und der Hauptteil der Analyse konnte anfangs Juli, also innerhalb weniger Monate beendet werden.«]

derstande notwendigerweise proportional sind. Es ist derselbe Vorgang, wie wenn jetzt eine feindliche Armee Wochen und Monate verbraucht, um eine Strecke Landes zu durchziehen, die sonst in friedlichen Zeiten in wenigen Schnellzugsstunden durchfahren wird, und die von der eigenen Armee kurz vorher in einigen Tagen zurückgelegt wurde.

Eine dritte Eigentümlichkeit der hier zu beschreibenden Analyse hat nur den Entschluß, sie mitzuteilen, weiterhin erschwert. Die Ergebnisse derselben haben sich im ganzen mit unserem bisherigen Wissen befriedigend gedeckt oder guten Anschluß daran gefunden. Manche Einzelheiten sind mir aber selbst so merkwürdig und unglaubwürdig erschienen, daß ich Bedenken trug, bei anderen um Glauben für sie zu werben. Ich habe den Patienten zur strengsten Kritik seiner Erinnerungen aufgefordert, aber er fand nichts Unwahrscheinliches an seinen Aussagen und hielt an ihnen fest. Die Leser mögen wenigstens überzeugt sein, daß ich selbst nur berichte, was mir als unabhängiges Erlebnis, unbeeinflußt durch meine Erwartung, entgegengetreten ist. So blieb mir denn nichts übrig, als mich des weisen Wortes zu erinnern, es gebe mehr Dinge zwischen Himmel und Erde, als unsere Schulweisheit sich träumen läßt.[7] Wer es verstünde, seine mitgebrachten Überzeugungen noch gründlicher auszuschalten, könnte gewiß noch mehr von solchen Dingen entdecken.

II
Übersicht des Milieus und der Krankengeschichte

Ich kann die Geschichte meines Patienten weder rein historisch noch rein pragmatisch schreiben, kann weder eine Behandlungs- noch eine Krankengeschichte geben, sondern werde mich genötigt sehen, die beiden Darstellungs-

7 [Vgl. *Hamlet*, Akt I, Szene 5.]

weisen miteinander zu kombinieren. Es hat sich bekanntlich kein Weg gefunden, um die aus der Analyse resultierende Überzeugung in der Wiedergabe derselben irgendwie unterzubringen. Erschöpfende protokollarische Aufnahmen der Vorgänge in den Analysenstunden würden sicherlich nichts dazu leisten; ihre Anfertigung ist auch durch die Technik der Behandlung ausgeschlossen. Man publiziert also solche Analysen nicht, um Überzeugung bei denen hervorzurufen, die sich bisher abweisend und ungläubig verhalten haben. Man erwartet nur solchen Forschern etwas Neues zu bringen, die sich durch eigene Erfahrungen an Kranken bereits Überzeugungen erworben haben.

Ich werde damit beginnen, die Welt des Kindes zu schildern und von seiner Kindheitsgeschichte mitzuteilen, was ohne Anstrengung zu erfahren war und mehrere Jahre hindurch nicht vollständiger und nicht durchsichtiger wurde.

Jung verheiratete Eltern,[8] die noch eine glückliche Ehe führen, auf welche bald ihre Erkrankungen die ersten Schatten werfen, die Unterleibskrankheiten der Mutter und die ersten Verstimmungsanfälle des Vaters, die seine Abwesenheit vom Hause zur Folge hatten. Die Krankheit des Vaters lernt der Patient natürlich erst sehr viel später verstehen, die Kränklichkeit der Mutter[9] wird ihm schon in frühen Kinderjahren bekannt. Sie gab sich darum verhältnismäßig wenig mit den Kindern ab. Eines Tages, gewiß vor seinem vierten Jahr,[10] hört er, von der Mutter an der

8 [Der Vater des Wolfsmannes, der 1917 gestorben ist, war russischer Rechtsanwalt in Odessa und besaß große Ländereien. Der Wolfsmann selbst wurde am 24. Dezember 1886 (nach neuer Rechnung: 6. Januar 1887) auf dem Gut des Vaters am mittleren Dnjepr geboren.]

9 [Der Wolfsmann schreibt in seinen *Erinnerungen:* »Obwohl sie nicht an Depressionen litt, neigte sie in ihrer Jugend zu Hypochondrie und bildete sich Krankheiten ein, die sie gar nicht hatte; doch hat sie schließlich das ansehnliche Alter von siebenundachtzig Jahren erreicht. Übrigens verschwand mit dem Alter auch ihre Hypochondrie, und obwohl sie ihr großes Vermögen zur Gänze verloren hatte, behauptete sie, sich im Alter viel besser zu fühlen als in ihrer Jugend.«]

10 [In den Ausgaben vor 1924 hieß es: »vielleicht in seinem sechsten Jahr«.]

Hand geführt, die Klagen der Mutter an den Arzt mit an, den sie vom Hause weg begleitet, und prägt sich ihre Worte ein, um sie später für sich selbst zu verwenden. Er ist nicht das einzige Kind; vor ihm steht eine um zwei Jahre ältere Schwester, lebhaft, begabt, und voreilig schlimm, der eine große Rolle in seinem Leben zufällt.

Eine Kinderfrau betreut ihn, soweit er sich zurückerinnert, ein ungebildetes altes Weib aus dem Volke, von unermüdlicher Zärtlichkeit für ihn. Er ist ihr der Ersatz für einen eigenen früh verstorbenen Sohn. Die Familie lebt auf einem Landgut, welches im Sommer mit einem anderen vertauscht wird. Die große Stadt ist von beiden Gütern nicht weit. Es ist ein Abschnitt in seiner Kindheit, als die Eltern die Güter verkaufen und in die Stadt ziehen.[11] Nahe Verwandte halten sich oft für lange Zeiten auf diesem oder jenem Gut auf, Brüder des Vaters, Schwestern der Mutter und deren Kinder, die Großeltern von Mutterseite. Im Sommer pflegen die Eltern auf einige Wochen zu verreisen. Eine Deckerinnerung zeigt ihm, wie er mit seiner Kinderfrau dem Wagen nachschaut, der Vater, Mutter und Schwester entführt, und darauf friedlich ins Haus zurückgeht. Er muß damals sehr klein gewesen sein.[12] Im nächsten Sommer wurde die Schwester zu Hause gelassen und eine englische Gouvernante aufgenommen, der die Oberaufsicht über die Kinder zufiel.

In späteren Jahren war ihm viel von seiner Kindheit erzählt worden.[13] Vieles wußte er selbst, aber natürlich ohne zeitlichen oder inhaltlichen Zusammenhang. Eine dieser Überlieferungen, die aus Anlaß seiner späteren Erkrankung ungezählte Male vor ihm wiederholt worden war, macht uns mit dem Problem bekannt, dessen Lösung uns

11 [Der Wolfsmann war etwa fünf Jahre alt, als der Vater das Gut am Dnjepr verkaufte und die Familie nach Odessa übersiedelte. Später kaufte der Vater ein neues Gut in Belorußland.]

12 2½ Jahre. Fast alle Zeiten ließen sich später mit Sicherheit bestimmen.

13 Mitteilungen solcher Art darf man in der Regel als Material von uneingeschränkter Glaubwürdigkeit verwerten. Es läge darum nahe, die Lükken in der Erinnerung des Patienten durch Erkundigungen bei den älteren Familienmitgliedern mühelos auszufüllen, allein ich kann nicht ent-

beschäftigen wird. Er soll zuerst ein sehr sanftes, gefügiges und eher ruhiges Kind gewesen sein, so daß man zu sagen pflegte, er hätte das Mädchen werden sollen und die ältere Schwester der Bub. Aber einmal, als die Eltern von der Sommerreise zurückkamen, fanden sie ihn verwandelt. Er war unzufrieden, reizbar, heftig geworden, fand sich durch jeden Anlaß gekränkt, tobte dann und schrie wie ein Wilder, so daß die Eltern, als der Zustand andauerte, die Besorgnis äußerten, es werde nicht möglich sein, ihn später einmal in die Schule zu schicken. Es war der Sommer, in dem die englische Gouvernante anwesend war, die sich als eine närrische, unverträgliche, übrigens dem Trunke ergebene Person erwies. Die Mutter war darum geneigt, die Charakterveränderung des Knaben mit der Einwirkung dieser Engländerin zusammenzubringen, und nahm an, sie habe ihn durch ihre Behandlung gereizt. Die scharfsichtige Großmutter, die den Sommer mit den Kindern geteilt hatte, vertrat die Ansicht, daß die Reizbarkeit des Knaben durch die Zwistigkeiten zwischen der Engländerin und der Kinderfrau hervorgerufen sei. Die Engländerin hatte die Kinderfrau wiederholt eine Hexe geheißen, sie gezwungen, das Zimmer zu verlassen; der Kleine hatte offen die Partei seiner geliebten »Nanja« genommen und der Gouvernante seinen Haß bezeigt. Wie dem sein mochte, die Engländerin wurde bald nach der Rückkehr der Eltern weggeschickt, ohne daß sich am unleidlichen Wesen des Kindes etwas änderte.

Die Erinnerung an diese schlimme Zeit ist bei dem Patienten erhalten geblieben. Er meint, die erste seiner Szenen habe er gemacht, als er einmal zu Weihnachten nicht doppelt beschenkt wurde, wie ihm gebührt hätte, weil der

---

schieden genug von solcher Technik abraten. Was die Angehörigen über Befragen und Aufforderung erzählen, unterliegt allen kritischen Bedenken, die in Betracht kommen können. Man bedauert es regelmäßig, sich von diesen Auskünften abhängig gemacht zu haben, hat dabei das Vertrauen in die Analyse gestört und eine andere Instanz über sie gesetzt. Was überhaupt erinnert werden kann, kommt im weiteren Verlauf der Analyse zum Vorschein.

Weihnachtstag gleichzeitig sein Geburtstag war. Mit seinen Ansprüchen und Empfindlichkeiten verschonte er auch die geliebte Nanja nicht, ja quälte vielleicht sie am unerbittlichsten. Aber diese Phase der Charakterveränderung ist in seiner Erinnerung unlösbar verknüpft mit vielen anderen sonderbaren und krankhaften Erscheinungen, die er zeitlich nicht anzuordnen weiß. Er wirft all das, was jetzt berichtet werden soll, was unmöglich gleichzeitig gewesen sein kann und voll inhaltlichen Widerspruchs ist, in einen und denselben Zeitraum, den er »noch auf dem ersten Gut« benennt. Mit fünf Jahren, glaubt er, hätten sie dieses Gut verlassen. Er weiß also zu erzählen, daß er an einer Angst gelitten, welche sich seine Schwester zunutze machte, um ihn zu quälen. Es gab ein gewisses Bilderbuch, in dem ein Wolf dargestellt war, aufrecht stehend und ausschreitend. Wenn er dieses Bild zu Gesicht bekam, fing er an wie rasend zu schreien, er fürchtete sich, der Wolf werde kommen und ihn auffressen. Die Schwester wußte es aber immer so einzurichten, daß er dieses Bild sehen mußte, und ergötzte sich an seinem Schrecken. Er fürchtete sich indes auch vor anderen Tieren, großen und kleinen. Einmal jagte er einem schönen großen Schmetterling mit gelb gestreiften Flügeln, die in Zipfel ausliefen, nach, um ihn zu fangen. (Es war wohl ein »Schwalbenschwanz«.) Plötzlich faßte ihn entsetzliche Angst vor dem Tier, er gab die Verfolgung schreiend auf. Auch vor Käfern und Raupen hatte er Angst und Abscheu. Doch wußte er sich zu erinnern, daß er um dieselbe Zeit Käfer gequält und Raupen zerschnitten; auch Pferde waren ihm unheimlich. Wenn ein Pferd geschlagen wurde, schrie er auf und mußte deswegen einmal den Zirkus verlassen. Anderemale liebte er es selbst, Pferde zu schlagen. Ob diese entgegengesetzten Arten des Verhaltens gegen Tiere wirklich gleichzeitig in Kraft gewesen, oder ob sie einander nicht vielmehr abgelöst hatten, dann aber, in welcher Folge und wann, das ließ seine Erinnerung nicht entscheiden. Er konnte auch nicht sagen, ob seine schlimme Zeit durch eine Phase von Krankheit ersetzt worden war oder sich durch diese hindurch fortgesetzt hatte. Jedenfalls war man durch seine nun folgenden Mitteilungen zur Annahme berechtigt, daß er in jenen Kinderjahren eine sehr gut kenntliche Erkrankung an Zwangsneurose durchgemacht hatte. Er erzählte, er sei eine lange Zeit hindurch sehr fromm gewesen. Vor dem Einschlafen mußte er lange beten und eine unendliche Reihe von Kreuzen schlagen. Er pflegte auch abends mit einem Sessel, auf den er stieg, die Runde vor allen Heiligenbildern zu machen, die im Zimmer hingen, und jedes einzelne andächtig zu küssen. Zu diesem frommen Zeremoniell stimmte es dann sehr schlecht – oder vielleicht doch ganz gut –, daß er sich an gotteslästerliche Gedanken erinnerte, die ihm wie eine Eingebung des Teufels in den Sinn kamen. Er mußte denken: Gott – Schwein oder Gott – Kot. Irgendeinmal auf einer Reise in einen deutschen Badeort war er von dem Zwang gequält, an die heilige Dreieinigkeit zu denken, wenn er drei Häufchen Pferdemist oder anderen Kot auf der Straße liegen sah. Damals befolgte er auch ein eigentümliches Zeremoniell, wenn er Leute sah, die ihm leid taten, Bettler, Krüppel, Greise. Er mußte geräuschvoll ausatmen, um nicht so zu werden wie sie, unter gewissen anderen Bedingungen auch den Atem kräftig einziehen. Es lag mir natürlich nahe, anzunehmen, daß diese deutlich zwangsneurotischen Symptome einer etwas späteren Zeit und Entwicklungsstufe angehörten als die Zeichen von Angst und die grausamen Handlungen gegen Tiere.

Die reiferen Jahre des Patienten waren durch ein sehr ungünstiges Verhältnis zu seinem Vater bestimmt, der damals nach wiederholten Anfällen von Depression die krankhaften Seiten seines Charakters nicht verbergen konnte. In den ersten Kinderjahren war dies Verhältnis ein sehr zärtliches gewesen, wie die Erinnerung des Sohnes bewahrt hatte. Der Vater hatte ihn sehr lieb und spielte gerne mit ihm. Er war von klein auf stolz auf den Vater und äußerte nur, er wolle so ein Herr werden wie der. Die Nanja hatte ihm gesagt, die Schwester sei das Kind der Mutter, er aber das des Vaters, womit er sehr zufrieden war. Zu Ausgang der Kindheit war eine Entfremdung zwischen ihm und dem Vater eingetreten. Der Vater zog die Schwester unzweifelhaft vor, und er war sehr gekränkt darüber. Später wurde die Angst vor dem Vater dominierend.

Gegen das achte Jahr etwa verschwanden alle die Erscheinungen, die der Patient der mit der Schlimmheit beginnenden Lebensphase zurechnet. Sie verschwanden nicht mit einem Schlage, sondern kehrten einige Male wieder, wichen aber endlich, wie der Kranke meint, dem Einfluß der Lehrer und Erzieher, die dann an die Stelle der weiblichen Pflegepersonen traten. Dies also sind im knappsten Umriß die Rätsel, deren Lösung der Analyse aufgegeben wurde: Woher rührte die plötzliche Charakterveränderung des Knaben, was bedeuteten seine Phobie und seine Perversitäten, wie kam er zu seiner zwanghaften Frömmigkeit, und wie hängen alle diese Phänomene zusammen? Ich erinnere nochmals daran, daß unsere therapeutische Arbeit einer späteren rezenten neurotischen Erkrankung galt und daß Aufschlüsse über jene früheren Probleme sich nur ergeben konnten, wenn der Verlauf der Analyse für eine Zeit von der Gegenwart abführte, um uns zu dem Umweg durch die kindliche Urzeit zu nötigen.

III
Die Verführung und ihre nächsten Folgen

Die nächste Vermutung richtete sich begreiflicherweise gegen die englische Gouvernante, während deren Anwesenheit die Veränderung des Knaben aufgetreten war. Es waren zwei an sich unverständliche Deckerinnerungen erhalten, die sich auf sie bezogen. Sie hatte einmal, als sie vorausging, zu den Nachkommenden gesagt: Schauen Sie doch auf mein Schwänzchen! Ein andermal war ihr auf einer Fahrt der Hut weggeflogen zur großen Befriedigung der Geschwister. Das deutete auf den Kastrationskomplex hin und gestattete etwa die Konstruktion, eine von ihr an den Knaben gerichtete Drohung hätte zur Entstehung seines abnormen Benehmens viel beigetragen. Es ist ganz ungefährlich, solche Konstruktionen den Analysierten mitzuteilen, sie schaden der Analyse niemals, wenn sie irrig sind, und man spricht sie doch nicht aus, wenn man nicht Aussicht hat, irgendeine Annäherung an die Wirklichkeit durch sie zu erreichen. Als nächste Wirkung dieser Aufstellung traten Träume auf, deren Deutung nicht vollkommen gelang, die aber immer um denselben Inhalt zu spielen schienen. Es handelte sich in ihnen, soweit man sie verstehen konnte, um aggressive Handlungen des Knaben gegen die Schwester oder gegen die Gouvernante und um energische Zurechtweisungen und Züchtigungen dafür. Als hätte er... nach dem Bad... die Schwester entblößen... ihr die Hüllen... oder Schleier... abreißen wollen und ähnliches. Es gelang aber nicht, aus der Deutung einen sicheren Inhalt zu gewinnen, und als man den Eindruck empfangen hatte, es werde in diesen Träumen das nämliche Material in immer wieder wechselnder Weise verarbeitet, war die Auffassung dieser angeblichen Reminiszenzen gesichert. Es konnte sich nur um Phantasien handeln, die der Träumer irgendeinmal, wahrscheinlich in den Pubertätsjahren, über seine Kindheit gemacht hatte und die jetzt in so schwer kenntlicher Form wieder aufgetaucht waren.

Ihr Verständnis ergab sich mit einem Schlage, als der Patient sich plötzlich der Tatsache besann, die Schwester habe ihn ja, »als er noch sehr klein war, auf dem ersten Gut«, zu sexuellen Tätlichkeiten verführt. Zunächst kam die Erinnerung, daß sie auf dem Abort, den die Kinder häufig gemeinsam benützten, die Aufforderung vorgebracht: Wollen wir uns den Popo zeigen, und dem Wort auch die Tat habe folgen lassen. Späterhin stellte sich das Wesentlichere der Verführung mit allen Einzelheiten der Zeit und der Lokalität ein. Es war im Frühjahr, zu einer Zeit, da der Vater abwesend war; die Kinder spielten auf dem Boden in einem Raum, während im benachbarten die Mutter arbeitete. Die Schwester hatte nach seinem Glied gegriffen, damit gespielt und dabei unbegreifliche Dinge über die Nanja wie zur Erklärung gesagt. Die Nanja tue dasselbe mit allen Leuten, z. B. mit dem Gärtner, sie stelle ihn auf den Kopf und greife dann nach seinen Genitalien.

Damit war das Verständnis der vorhin erratenen Phantasien gegeben. Sie sollten die Erinnerung an einen Vorgang, welcher später dem männlichen Selbstgefühl des Patienten anstößig erschien, verlöschen, und erreichten dieses Ziel, indem sie einen Wunschgegensatz an Stelle der historischen Wahrheit setzten. Nach diesen Phantasien hatte nicht er die passive Rolle gegen die Schwester gespielt, sondern im Gegenteile, er war aggressiv gewesen, hatte die Schwester entblößt sehen wollen, war zurückgewiesen und bestraft worden und darum in die Wut geraten, von der die häusliche Tradition soviel erzählte. Zweckmäßig war es auch, die Gouvernante in diese Dichtung zu verweben, der nun einmal von Mutter und Großmutter die Hauptschuld an seinen Wutanfällen zugeteilt wurde. Diese Phantasien entsprachen also genau der Sagenbildung, durch welche eine später große und stolze Nation die Kleinheit und das Mißgeschick ihrer Anfänge zu verhüllen sucht.[14]

In Wirklichkeit konnte die Gouvernante an der Verführung und ihren Folgen nur einen sehr entlegenen Anteil haben. Die Szenen mit der Schwester fanden im Frühjahr

---

14 [»Die Kindheitserinnerungen der Menschen . . . werden überhaupt nicht, wie die bewußten Erinnerungen aus der Zeit der Reife, vom Erlebnis an fixiert und wiederholt, sondern erst in späterer Zeit, wenn die Kindheit schon vorüber ist, hervorgeholt, dabei verändert, verfälscht, in den Dienst späterer Tendenzen gestellt, so daß sie sich ganz allgemein von Phantasien nicht strenge scheiden lassen. Vielleicht kann man sich ihre Natur nicht besser klarmachen, als indem man an die Art und Weise denkt, wie bei den alten Völkern die Geschichtsschreibung entstanden ist. Solange das Volk klein und schwach war, dachte es nicht daran, seine Geschichte zu schreiben . . . Es war eine heroische und unhistorische Zeit. Dann brach eine andere Zeit an, in der man zur Besinnung kam, sich reich und mächtig fühlte, und nun entstand das Bedürfnis zu erfahren, woher man gekommen und wie man geworden war. Die Geschichtsschreibung, welche begonnen hatte, die Erlebnisse der Jetztzeit fortlaufend zu verzeichnen, warf den Blick auch nach rückwärts in die Vergangenheit . . . Es war unvermeidlich, daß diese Vorgeschichte eher ein Ausdruck der Meinungen und Wünsche der Gegenwart als ein Abbild der Vergangenheit wurde . . .« (Freud, *Eine Kindheitserinnerung des Leonardo da Vinci*, II. Kap.).]

des nämlichen Jahres statt, in dessen Hochsommermonaten die Engländerin als Ersatz der abwesenden Eltern eintrat. Die Feindseligkeit des Knaben gegen die Gouvernante kam vielmehr auf eine andere Weise zustande. Indem sie die Kinderfrau beschimpfte und als Hexe verleumdete, trat sie bei ihm in die Fußstapfen der Schwester, die zuerst jene ungeheuerlichen Dinge von der Kinderfrau erzählt hatte, und gestattete ihm so, an ihr die Abneigung zum Vorschein zu bringen, die sich infolge der Verführung, wie wir hören werden, gegen die Schwester entwickelt hatte.

Die Verführung durch die Schwester war aber gewiß keine Phantasie. Ihre Glaubwürdigkeit wurde durch eine niemals vergessene Mitteilung aus späteren, reifen Jahren erhöht. Ein um mehr als ein Jahrzehnt älterer Vetter hatte ihm in einem Gespräch über die Schwester gesagt, er erinnere sich sehr wohl daran, was für ein vorwitzig sinnliches Ding sie gewesen sei. Als Kind von vier oder fünf Jahren habe sie sich einmal auf seinen Schoß gesetzt und ihm die Hose geöffnet, um nach seinem Glied zu greifen.

Ich möchte jetzt die Kindergeschichte meines Patienten unterbrechen, um von dieser Schwester, ihrer Entwicklung, weiteren Schicksalen und von ihrem Einfluß auf ihn zu sprechen. Sie war zwei Jahre älter als er und ihm immer vorausgeblieben. Als Kind bubenhaft unbändig, schlug sie dann eine glänzende intellektuelle Entwicklung ein, zeichnete sich durch scharfen realistischen Verstand aus, bevorzugte die Naturwissenschaften in ihren Studien, produzierte aber auch Gedichte, die der Vater hoch einschätzte. Ihren zahlreichen ersten Bewerbern war sie geistig sehr überlegen, pflegte sich über sie lustig [zu] machen. In den ersten Zwanzigerjahren aber begann sie verstimmt zu werden, klagte, daß sie nicht schön genug sei, und zog sich von allem Umgang zurück. Auf eine Reise in Begleitung einer befreundeten älteren Dame geschickt, erzählte sie nach ihrer Heimkehr ganz unwahrscheinliche Dinge, wie sie von ihrer Begleiterin mißhandelt worden sei, blieb aber an die vorgebliche Peinigerin offenbar fixiert. Auf einer zweiten

Reise bald nachher vergiftete sie sich und starb fern vom Hause. Wahrscheinlich entsprach ihre Affektion dem Beginne einer Dementia praecox. Sie war eine der Zeugen für die ansehnliche neuropathische Heredität in der Familie, keineswegs aber die einzige. Ein Onkel, Vaterbruder, starb nach langen Jahren einer Sonderlingsexistenz unter Zeichen, die auf eine schwere Zwangsneurose schließen lassen; eine gute Anzahl von Seitenverwandten war und ist mit leichteren nervösen Störungen behaftet.

Für unseren Patienten war die Schwester in der Kindheit – von der Verführung zunächst abgesehen – ein unbequemer Konkurrent um die Geltung bei den Eltern, dessen schonungslos gezeigte Überlegenheit er sehr drückend empfand. Er neidete ihr dann besonders den Respekt, den der Vater vor ihren geistigen Fähigkeiten und intellektuellen Leistungen bezeugte, während er, seit seiner Zwangsneurose intellektuell gehemmt, sich mit einer geringen Einschätzung begnügen mußte. Von seinem vierzehnten Jahr an begann das Verhältnis der Geschwister sich zu bessern; ähnliche geistige Anlage und gemeinsame Opposition gegen die Eltern führten sie so weit zusammen, daß sie wie die besten Kameraden miteinander verkehrten. In der stürmischen sexuellen Erregtheit seiner Pubertätszeit wagte er es, eine intime körperliche Annäherung bei ihr zu suchen. Als sie ihn ebenso entschieden als geschickt abgewiesen hatte, wandte er sich von ihr sofort zu einem kleinen Bauernmädchen, das im Hause bedienstet war und den gleichen Namen wie die Schwester trug. Er hatte damit einen für seine heterosexuelle Objektwahl bestimmenden Schritt vollzogen, denn alle die Mädchen, in die er sich dann später, oft unter den deutlichsten Anzeichen des Zwanges, verliebte, waren gleichfalls dienende Personen, deren Bildung und Intelligenz weit hinter der seinigen zurückstehen mußten. Waren alle diese Liebesobjekte Ersatzpersonen für die ihm versagte Schwester, so ist nicht abzuweisen, daß eine Tendenz zur Erniedrigung der Schwester, zur Aufhebung ihrer intellektuellen Überlegenheit, die ihn einst so bedrückt hatte, dabei die Entscheidung über seine Objektwahl bekam.[15]

Motiven dieser Art, die dem Willen zur Macht, dem Behauptungstrieb des Individuums entstammen, hat Alf. Adler wie alles andere so auch das sexuelle Verhalten der Menschen untergeordnet. Ich bin, ohne die Geltung solcher Macht- und Vorrechtsmotive je zu leugnen, nie davon überzeugt gewesen, daß sie die ihnen zugeschriebene dominierende und ausschließliche Rolle spielen können. Hätte ich die Analyse meines Patienten nicht bis zu Ende geführt, so hätte ich die Beobachtung dieses Falles zum Anlaß nehmen müssen, um eine Korrektur meines Vorurteils im Sinne von Adler vorzunehmen. Unerwarteterweise brachte der Schluß dieser Analyse neues Material, aus dem sich wiederum ergab, daß diese Machtmotive (in unserem Falle die Erniedrigungstendenz) die Objektwahl nur im Sinne eines Beitrags und einer Rationalisierung bestimmt hatten, während die eigentliche, tiefere Determinierung mir gestattete, an meinen früheren Überzeugungen festzuhalten.

Als die Nachricht vom Tode der Schwester anlangte, erzählte der Patient, empfand er kaum eine Andeutung von Schmerz. Er zwang sich zu Zeichen von Trauer und konnte sich in aller Kühle darüber freuen, daß er jetzt der alleinige Erbe des Vermögens geworden sei. Er befand sich schon seit mehreren Jahren in seiner rezenten Krankheit, als sich dies zutrug. Ich gestehe aber, daß diese eine Mitteilung mich in der diagnostischen Beurteilung des Falles für eine ganze Weile unsicher machte. Es war zwar anzunehmen, daß der Schmerz über den Verlust des geliebtesten Mitglieds seiner Familie eine Ausdruckshemmung durch die fortwirkende Eifersucht gegen sie und durch die Einmengung der unbewußt gewordenen inzestuösen Verliebtheit erfahren würde, aber auf einen Ersatz für den unterbliebenen Schmerzausbruch vermochte ich nicht zu verzichten.

---

15 [Vgl. den Aufsatz *Über einen besonderen Typus der Objektwahl beim Manne* (in Band 1 der vorliegenden Ausgabe).]

Ein solcher fand sich endlich in einer anderen, ihm unverständlich gebliebenen Gefühlsäußerung. Wenige Monate nach dem Tode der Schwester machte er selbst eine Reise in die Gegend, wo sie gestorben war, suchte dort das Grab eines großen Dichters auf, der damals sein Ideal war, und vergoß heiße Tränen auf diesem Grabe. Dies war eine auch ihn befremdende Reaktion, denn er wußte, daß mehr als zwei Menschenalter seit dem Tode des verehrten Dichters dahingegangen waren. Er verstand sie erst, als er sich erinnerte, daß der Vater die Gedichte der verstorbenen Schwester mit denen des großen Poeten in Vergleich zu bringen pflegte. Einen anderen Hinweis auf die richtige Auffassung dieser scheinbar an den Dichter gerichteten Huldigung hatte er mir durch einen Irrtum in seiner Erzählung gegeben, den ich an dieser Stelle hervorziehen konnte. Er hatte vorher wiederholt angegeben, daß sich die Schwester erschossen habe, und mußte dann berichtigen, daß sie Gift genommen hatte. Der Poet aber war in einem Pistolenduell erschossen worden.[16]

Ich kehre nun zur Geschichte des Bruders zurück, die ich aber von hier ein Stück weit pragmatisch darstellen muß. Als das Alter des Knaben zur Zeit, da die Schwester ihre Verführungsaktionen begann, stellte sich $3\frac{1}{4}$ Jahre[17] heraus. Es geschah, wie gesagt, im Frühjahr desselben Jahres, in dessen Herbst die Eltern ihn bei ihrer Rückkehr so gründlich verwandelt fanden. Es liegt nun sehr nahe, diese Wandlung mit der unterdes stattgehabten Erweckung seiner Sexualtätigkeit in Zusammenhang zu bringen.

Wie reagierte der Knabe auf die Verlockungen der älteren Schwester? Die Antwort lautet: mit Ablehnung, aber

16 [Im Frühjahr 1907 reiste der Wolfsmann in den Kaukasus, »dessen Naturschönheiten allgemein bekannt waren und in den Versen des Dichters Lermontow besungen wurden«. Der junge Mann war überzeugt, daß diese Reise »am besten geeignet wäre, mich von meinen trüben Gedanken abzulenken und eine Besserung meines seelischen Zustandes herbeizuführen«. Anläßlich der Schilderung seiner Kaukasusreise erwähnt der Wolfsmann in den *Erinnerungen* auch das Duell, in dem Lermontow gefallen ist, und den Besuch seines Grabes.]

17 [In den Ausgaben vor 1924 hieß es an dieser Stelle: »$3\frac{1}{4}$–$3\frac{1}{2}$ Jahre«.]

die Ablehnung galt der Person, nicht der Sache. Die Schwester war ihm als Sexualobjekt nicht genehm, wahrscheinlich, weil sein Verhältnis zu ihr bereits durch den Wettbewerb um die Liebe der Eltern im feindseligen Sinne bestimmt war. Er wich ihr aus, und ihre Werbungen nahmen auch bald ein Ende. Aber er suchte an ihrer Statt eine andere, geliebtere Person zu gewinnen, und Mitteilungen der Schwester selbst, die sich auf das Vorbild der Nanja berufen hatte, lenkten seine Wahl auf diese. Er begann also vor der Nanja mit seinem Glied zu spielen, was, wie in so vielen anderen Fällen, wenn die Kinder die Onanie nicht verbergen, als Verführungsversuch aufgefaßt werden muß. Die Nanja enttäuschte ihn, sie machte ein ernstes Gesicht und erklärte, das sei nicht gut. Kinder, die das täten, bekämen an der Stelle eine »Wunde«.

Die Wirkung dieser Mitteilung, die einer Drohung gleichkam, ist nach verschiedenen Richtungen zu verfolgen. Seine Anhänglichkeit an die Nanja wurde dadurch gelockert. Er hätte böse auf sie werden können; später, als seine Wutanfälle einsetzten, zeigte es sich auch, daß er wirklich gegen sie erbittert war. Allein es war für ihn charakteristisch, daß er jede Libidoposition, die er aufgeben sollte, zunächst hartnäckig gegen das Neue verteidigte. Als die Gouvernante auf dem Schauplatz erschien und die Nanja beschimpfte, aus dem Zimmer jagte, ihre Autorität vernichten wollte, übertrieb er vielmehr seine Liebe zu der Bedrohten und benahm sich abweisend und trotzig gegen die angreifende Gouvernante. Nichtsdestoweniger begann er im geheimen ein anderes Sexualobjekt zu suchen. Die Verführung hatte ihm das passive Sexualziel gegeben, an den Genitalien berührt zu werden; wir werden hören, bei wem er dies erreichen wollte, und welche Wege ihn zu dieser Wahl führten.

Es entspricht ganz unseren Erwartungen, wenn wir hören, daß mit seinen ersten genitalen Erregungen seine Sexualforschung einsetzte, und daß er bald auf das Problem der Kastration geriet. Er konnte in dieser Zeit zwei Mädchen, seine Schwester und ihre Freundin, beim Urinieren beobachten. Sein Scharfsinn hätte ihn schon bei diesem Anblicke den Sachverhalt verstehen lassen können, allein er benahm sich dabei, wie wir es von anderen männlichen Kindern wissen. Er lehnte die Idee, daß er hier die von der Nanja angedrohte Wunde bestätigt sehe, ab, und gab sich die Erklärung, das sei der »vordere Popo« der Mädchen. Das Thema der Kastration war mit dieser Entscheidung nicht abgetan; aus allem, was er hörte, entnahm er neue Hindeutungen darauf. Als den Kindern einmal gefärbte Zuckerstangen verteilt wurden, erklärte die Gouvernante, die zu wüsten Phantasien geneigt war, es seien Stücke von zerschnittenen Schlangen. Von da aus erinnerte er sich, daß der Vater einmal auf einem Spazierweg eine Schlange getroffen und sie mit seinem Stocke in Stücke zerschlagen habe. Er hörte die Geschichte (aus *Reineke Fuchs*) vorlesen, wie der Wolf im Winter Fische fangen wollte und seinen Schwanz als Köder benützte, wobei der Schwanz im Eis abbrach. Er erfuhr die verschiedenen Namen, mit denen man je nach der Intaktheit ihres Geschlechts die Pferde bezeichnet. Er war also mit dem Gedanken an die Kastration beschäftigt, aber er hatte noch keinen Glauben daran und keine Angst davor. Andere Sexualprobleme erstanden ihm aus den Märchen, die ihm um diese Zeit bekannt wurden. Im »Rotkäppchen« und in den »Sieben Geißlein« wurden die Kinder aus dem Leib des Wolfs herausgeholt. War der Wolf also ein weibliches Wesen oder konnten auch Männer Kinder im Leib haben? Das war um diese Zeit noch nicht entschieden. Übrigens kannte er zur Zeit dieser Forschung noch keine Angst vor dem Wolf.

Eine der Mitteilungen des Patienten wird uns den Weg zum Verständnis der Charakterveränderung bahnen, die während der Abwesenheit der Eltern im entferntern Anschluß an die Verführung bei ihm hervortrat. Er erzählt, daß er nach der Abweisung und Drohung der Nanja die Onanie sehr bald aufgab. *Das beginnende Sexualleben unter der Leitung der Genitalzone war also einer äußeren Hemmung erlegen und durch deren Einfluß auf eine frühere Phase prägenitaler Organisation zurückgeworfen worden.* Infolge der Unterdrükkung der Onanie nahm das Sexualleben des Knaben sadistisch-analen Charakter an. Er wurde reizbar, quälerisch, befriedigte sich in solcher Weise an Tieren und Menschen. Sein Hauptobjekt war die geliebte Nanja, die er zu peinigen verstand, bis sie in Tränen ausbrach. So rächte er sich an ihr für die erfahrene Abweisung und befriedigte gleichzeitig sein sexuelles Gelüste in der der regressiven Phase entsprechenden Form. Er begann Grausamkeit gegen kleine Tiere zu üben, Fliegen zu fangen, um ihnen die Flügel auszureißen, Käfer zu zertreten; in seiner Phantasie liebte er es, auch große Tiere, Pferde, zu schlagen. Das waren also durchwegs aktive, sadistische Betätigungen; von den analen Regungen dieser Zeit wird in einem späteren Zusammenhange die Rede sein.

Es ist sehr wertvoll, daß in der Erinnerung des Patienten auch gleichzeitige Phantasien ganz anderer Art auftauchten, des Inhalts, daß Knaben gezüchtigt und geschlagen wurden, besonders auf den Penis geschlagen; und für wen diese anonymen Objekte als Prügelknaben dienten, läßt sich leicht aus anderen Phantasien erraten, die sich ausmalten, wie der Thronfolger in einen engen Raum eingesperrt und geschlagen wird. Der Thronfolger war offenbar er selbst; der Sadismus hatte sich also in der Phantasie gegen die eigene Person gewendet und war in Masochismus umgeschlagen. Das Detail, daß das Geschlechtsglied selbst die Züchtigung empfing, läßt den Schluß zu, daß bei dieser Umwandlung bereits ein Schuldbewußtsein beteiligt war, welches sich auf die Onanie berief.

Es blieb in der Analyse kein Zweifel, daß diese passiven Strebungen gleichzeitig oder sehr bald nach den aktiv-sadistischen aufgetreten waren.[18] Dies entspricht der ungewöhnlich deutlichen, intensiven und anhaltenden *Ambivalenz*[19]

---

18 Unter passiven Strebungen verstehe ich solche mit passivem Sexualziel, habe aber dabei nicht etwa eine Triebverwandlung, sondern nur eine Zielverwandlung im Auge.

19 [Dies ist eine ungewöhnliche Verwendung des Terminus »Ambivalenz«; Freud gebrauchte ihn im allgemeinen im Sinne eines Schwankens der Gefühle zwischen Liebe und Haß.]

des Kranken, die sich hier zum erstenmal in der gleichmäßigen Ausbildung der gegensätzlichen Partialtriebpaare äußerte. Dieses Verhalten blieb für ihn auch in der Folge ebenso charakteristisch wie der weitere Zug, daß eigentlich keine der jemals geschaffenen Libidopositionen durch eine spätere völlig aufgehoben wurde. Sie blieb vielmehr neben allen anderen bestehen und gestattete ihm ein unausgesetztes Schwanken, welches sich mit dem Erwerb eines fixierten Charakters unvereinbar erwies.

Die masochistischen Strebungen des Knaben leiten zu einem anderen Punkt über, dessen Erwähnung ich mir aufgespart habe, weil er erst durch die Analyse der nächstfolgenden Phase seiner Entwicklung sichergestellt werden kann. Ich erwähnte schon, daß er nach der Abweisung durch die Nanja seine libidinöse Erwartung von ihr löste und eine andere Person als Sexualobjekt in Aussicht nahm. Diese Person war der damals abwesende Vater. Zu dieser Wahl wurde er gewiß durch ein Zusammentreffen von Momenten geführt, auch durch zufällige wie die Erinnerung an die Zerstückelung der Schlange; vor allem aber erneuerte er damit seine erste und ursprünglichste Objektwahl, die sich dem Narzißmus des kleinen Kindes entsprechend auf dem Wege der Identifizierung vollzogen hatte. Wir haben schon gehört, daß der Vater sein bewundertes Vorbild gewesen war, daß er, gefragt, was er werden wollte, zu antworten pflegte: ein Herr wie der Vater. Dies Identifizierungsobjekt seiner aktiven Strömung wurde nun das Sexualobjekt einer passiven Strömung in der sadistisch-analen Phase. Es macht den Eindruck, als hätte ihn die Verführung durch die Schwester in die passive Rolle gedrängt und ihm ein passives Sexualziel gegeben. Unter dem fortwirkenden Einfluß dieses Erlebnisses beschrieb er nun den Weg von der Schwester über die Nanja zum Vater, von der passiven Einstellung zum Weib bis zu der zum Manne und hatte dabei doch die Anknüpfung an seine frühere spontane Entwicklungsphase gefunden. Der Vater war jetzt wieder sein Objekt, die Identifizierung war der höheren Entwicklung entsprechend durch Objektwahl abgelöst, die

Verwandlung der aktiven in eine passive Einstellung war der Erfolg und das Zeichen der dazwischen vorgefallenen Verführung. Eine aktive Einstellung gegen den übermächtigen Vater in der sadistischen Phase wäre natürlich nicht so leicht durchführbar gewesen. Als der Vater im Spätsommer oder Herbst zurückkam, bekamen seine Wutanfälle und Tobszenen eine neue Verwendung. Gegen die Nanja hatten sie aktiv-sadistischen Zwecken gedient; gegen den Vater verfolgten sie masochistische Absichten. Er wollte durch die Vorführung seiner Schlimmheit Züchtigung und Schläge von seiten des Vaters erzwingen, sich so bei ihm die erwünschte masochistische Sexualbefriedigung holen. Seine Schreianfälle waren also geradezu Verführungsversuche. Der Motivierung des Masochismus entsprechend hätte er bei solcher Züchtigung auch die Befriedigung seines Schuldgefühls gefunden. Eine Erinnerung hat ihm aufbewahrt, wie er während einer solchen Szene von Schlimmheit sein Schreien verstärkt, sobald der Vater zu ihm kommt. Der Vater schlägt ihn aber nicht, sondern sucht ihn zu beschwichtigen, indem er mit den Polstern des Bettchens vor ihm Ball spielt.

Ich weiß nicht, wie oft die Eltern und Erzieher angesichts der unerklärlichen Schlimmheit des Kindes Anlaß hätten, sich dieses typischen Zusammenhanges zu erinnern. Das Kind, das sich so unbändig benimmt, legt ein Geständnis ab und will Strafe provozieren. Es sucht in der Züchtigung gleichzeitig die Beschwichtigung seines Schuldbewußtseins und die Befriedigung seiner masochistischen Sexualstrebung.

Die weitere Klärung unseres Krankheitsfalles verdanken wir nun der mit großer Bestimmtheit auftretenden Erinnerung, daß alle Angstsymptome erst von einem gewissen Vorfall an zu den Zeichen der Charakteränderung hinzugetreten seien. Vorher habe es keine Angst gegeben, und unmittelbar nach dem Vorfall habe sich die Angst in quälender Form geäußert. Der Zeitpunkt dieser Wandlung läßt sich mit Sicherheit angeben, es war knapp vor dem vierten Geburtstag. Die Kinderzeit, mit der wir uns beschäftigen wollten, zerlegt sich dank diesem Anhaltspunkte in zwei Phasen, eine erste der Schlimmheit und Perversität von der Verführung mit 3¼ Jahren bis zum vierten Geburtstag, und eine längere darauffolgende, in der die Zeichen der Neurose vorherrschen. Der Vorfall aber, der diese Scheidung gestattet, war kein äußeres Trauma, sondern ein Traum, aus dem er mit Angst erwachte.

IV
Der Traum und die Urszene

Ich habe diesen Traum wegen seines Gehaltes an Märchenstoffen bereits an anderer Stelle publiziert[20] und werde zunächst das dort Mitgeteilte wiederholen:

»*Ich habe geträumt, daß es Nacht ist und ich in meinem Bett liege (mein Bett stand mit dem Fußende gegen das Fenster, vor dem Fenster befand sich eine Reihe alter Nußbäume. Ich weiß, es war Winter, als ich träumte, und Nachtzeit). Plötzlich geht das Fenster von selbst auf, und ich sehe mit großem Schrecken, daß auf dem großen Nußbaum vor dem Fenster ein paar weiße Wölfe sitzen. Es waren sechs oder sieben Stück. Die Wölfe waren ganz weiß und sahen eher aus wie Füchse oder Schäferhunde, denn sie hatten große Schwänze wie Füchse, und ihre Ohren waren aufgestellt wie bei den Hunden, wenn sie auf etwas passen. Unter großer Angst, offenbar, von den Wölfen aufgefressen zu werden, schrie ich auf* und erwachte. Meine Kinderfrau eilte zu meinem Bett, um nachzusehen, was mit mir geschehen war. Es dauerte eine ganze Weile, bis ich überzeugt war, es sei nur ein Traum gewesen, so natürlich und deutlich war mir das Bild vorgekommen, wie das Fenster aufgeht und die Wölfe auf dem Baume sitzen. Endlich beruhigte ich mich, fühlte mich wie von einer Gefahr befreit und schlief wieder ein.

Die einzige Aktion im Traume war das Aufgehen des

---

20 *Märchenstoffe in Träumen* (1913).

Fensters, denn die Wölfe saßen ganz ruhig ohne jede Bewegung auf den Ästen des Baumes, rechts und links vom Stamm und schauten mich an. Es sah so aus, als ob sie ihre ganze Aufmerksamkeit auf mich gerichtet hätten. – Ich glaube, dies war mein erster Angsttraum. Ich war damals drei, vier, höchstens fünf Jahre alt. Bis in mein elftes oder zwölftes Jahr hatte ich von da an immer Angst, etwas Schreckliches im Traume zu sehen.«

Er gibt dann noch eine Zeichnung des Baumes mit den Wölfen, die seine Beschreibung bestätigt. Die Analyse des Traumes fördert nachstehendes Material zutage.

Er hat diesen Traum immer in Beziehung zu der Erinnerung gebracht, daß er in diesen Jahren der Kindheit eine ganz ungeheuerliche Angst vor dem Bild eines Wolfes in einem Märchenbuche zeigte. Die ältere, ihm recht überlegene Schwester pflegte ihn zu necken, indem sie ihm unter irgendeinem Vorwand gerade dieses Bild vorhielt, worauf er entsetzt zu schreien begann. Auf diesem Bild stand der Wolf aufrecht, mit einem Fuß ausschreitend, die Tatzen ausgestreckt und die Ohren aufgestellt. Er meint, dieses Bild habe als Illustration zum Märchen vom »Rotkäppchen« gehört.

Warum sind die Wölfe weiß? Das läßt ihn an die Schafe denken, von denen große Herden in der Nähe des Gutes gehalten wurden. Der Vater nahm ihn gelegentlich mit, diese Herden zu besuchen, und er war dann jedesmal sehr stolz und selig. Später – nach eingezogenen Erkundigungen kann es leicht kurz vor der Zeit dieses Traumes gewesen sein – brach unter diesen Schafen eine Seuche aus. Der Vater ließ einen Pasteurschüler kommen, der die Tiere impfte, aber sie starben nach der Impfung noch zahlreicher als vorher.[21]

Wie kommen die Wölfe auf den Baum? Dazu fällt ihm eine Geschichte ein, die er den Großvater erzählen gehört. Er kann sich nicht erinnern, ob vor oder nach dem Traum, aber ihr Inhalt spricht entschieden für das erstere. Die Geschichte lautet: Ein Schneider sitzt in seinem Zimmer bei der Arbeit, da öffnet sich das Fenster, und ein Wolf springt herein. Der Schneider schlägt mit der Elle nach ihm – nein, verbessert er sich, packt ihn beim Schwanz und reißt ihm diesen aus, so daß der Wolf erschreckt davonrennt. Eine Weile später geht der Schneider in den Wald und sieht plötzlich ein Rudel Wölfe herankommen, vor denen er sich auf einen Baum flüchtet. Die Wölfe sind zunächst ratlos, aber der Verstümmelte, der unter ihnen ist und sich am Schneider rächen will, macht den Vorschlag, daß einer auf den anderen steigen soll, bis der letzte den Schneider erreicht hat. Er selbst – es ist ein kräftiger Alter – will die

21 [»Auf unserem Gut wurde nicht nur Landwirtschaft, sondern in großem Umfange auch Schafzucht betrieben. Einmal ereignete sich etwas, was in den Fachkreisen ganz Rußlands Aufsehen erregte. Unter den Schafen brach plötzlich irgendeine gefährliche ansteckende Krankheit aus, so daß es ratsam schien, die noch gesunden Tiere impfen zu lassen. So wurden ungefähr 200000 Schafe geimpft. Das Resultat dieser Impfung war katastrophal. Alle geimpften Schafe gingen zugrunde, weil ein falscher Impfstoff geliefert worden war« (*Erinnerungen*).]

Basis dieser Pyramide machen. Die Wölfe tun so, aber der Schneider hat den gezüchtigten Besucher erkannt und ruft plötzlich wie damals: Packt den Grauen beim Schwanz. Der schwanzlose Wolf erschrickt bei dieser Erinnerung, läuft davon, und die andern purzeln alle herab.

In dieser Erzählung findet sich der Baum vor, auf dem im Traum die Wölfe sitzen. Sie enthält aber auch eine unzweideutige Anknüpfung an den Kastrationskomplex. Der *alte* Wolf ist vom Schneider um den Schwanz gebracht worden. Die Fuchsschwänze der Wölfe im Traum sind wohl Kompensationen dieser Schwanzlosigkeit.

Warum sind es sechs oder sieben Wölfe? Diese Frage schien nicht zu beantworten, bis ich den Zweifel aufwarf, ob sich sein Angstbild auf das Rotkäppchenmärchen bezogen haben könne. Dies Märchen gibt nur Anlaß zu zwei Illustrationen, zur Begegnung des Rotkäppchens mit dem Wolf im Walde und zur Szene, wo der Wolf mit der Haube der Großmutter im Bette liegt. Es müsse sich also ein anderes Märchen hinter der Erinnerung an das Bild verbergen. Er fand dann bald, daß es nur die Geschichte vom »Wolf und den sieben Geißlein« sein könne. Hier findet sich die Siebenzahl, aber auch die Sechs, denn der Wolf frißt nur sechs Geißlein auf, das siebente versteckt sich im Uhrkasten. Auch das Weiß kommt in dieser Geschichte vor, denn der Wolf läßt sich beim Bäcker die Pfote weiß machen, nachdem ihn die Geißlein bei seinem ersten Besuch an der grauen Pfote erkannt haben. Beide Märchen haben übrigens viel Gemeinsames. In beiden findet sich das Auffressen, das Bauchaufschneiden, die Herausbeförderung der gefressenen Personen, deren Ersatz durch schwere Steine, und endlich kommt in beiden der böse Wolf um. Im Märchen von den Geißlein kommt auch noch der Baum vor. Der Wolf legt sich nach der Mahlzeit unter einen Baum und schnarcht.

Ich werde mich mit diesem Traum wegen eines besonderen Umstandes noch an anderer Stelle beschäftigen müssen und ihn dann eingehender deuten und würdigen. Es ist ja ein erster aus der Kindheit erinnerter Angsttraum, dessen Inhalt im Zusammenhang mit anderen Träumen, die bald nachher erfolgten, und mit gewissen Begebenheiten in der Kinderzeit des Träumers ein Interesse von ganz besonderer Art wachruft. Hier beschränken wir uns auf die Beziehung des Traumes zu zwei Märchen, die viel Gemeinsames haben, zum »Rotkäppchen« und zum »Wolf und die sieben Geißlein«. Der Eindruck dieser Märchen äußerte sich bei dem kindlichen Träumer in einer richtigen Tierphobie, die sich von anderen ähnlichen Fällen nur dadurch auszeichnete, daß das Angsttier nicht ein der Wahrnehmung leicht zugängliches Objekt war (wie etwa Pferd und Hund), sondern nur aus Erzählung und Bilderbuch gekannt.

Ich werde ein andermal auseinandersetzen, welche Erklärung diese Tierphobien haben und welche Bedeutung ihnen zukommt. Vorgreifend bemerke ich nur, daß diese Erklärung sehr zu dem Hauptcharakter stimmt, welchen die Neurose des Träumers in späteren Lebenszeiten erkennen ließ. Die Angst vor dem Vater war das stärkste Motiv seiner Erkrankung gewesen, und die ambivalente Einstellung zu jedem Vaterersatz beherrschte sein Leben wie sein Verhalten in der Behandlung.

Wenn der Wolf bei meinem Patienten nur der erste Vaterersatz war, so fragt es sich, ob die Märchen vom Wolf, der die Geißlein auffrißt, und vom Rotkäppchen etwas anderes als die infantile Angst vor dem Vater zum geheimen Inhalt haben.[22] Der Vater meines Patienten hatte übrigens die Eigentümlichkeit des »*zärtlichen Schimp-*

22 Vgl. die von O. Rank [*Völkerpsychologische Parallelen zu den infantilen Sexualtheorien*, in: Zentbl. Psychoanal., 1912, Bd. 2, S. 372 und 425] hervorgehobene Ähnlichkeit dieser beiden Märchen mit dem Mythus von Kronos [einem Titanen der griech. Sage, unter dessen Herrschaft das goldene Zeitalter erblühte. Mit seiner Schwester Rhea zeugte er sechs Kinder, darunter Hera, Poseidon und Zeus. Als ihm geweissagte, eins seiner Kinder werde ihm die Herrschaft rauben, verschlang er sie alle nach der Geburt. Nur Zeus, den Rhea vor Kronos versteckte, blieb verschont, und er war es, der den Vater zwang, die verschluckten Kinder wieder auszuspeien, und ihn anschließend in den Tartaros warf.]

fens«, die so viele Personen im Umgang mit ihren Kindern zeigen, und die scherzhafte Drohung »Ich fress' dich auf« mag in den ersten Jahren, als der später strenge Vater mit dem Söhnlein zu spielen und zu kosen pflegte, mehr als einmal geäußert worden sein. Eine meiner Patientinnen erzählte mir, daß ihre beiden Kinder den Großvater nie liebgewinnen konnten, weil er sie in seinem zärtlichen Spiel zu schrecken pflegte, er werde ihnen den Bauch aufschneiden.

Lassen wir nun all das beiseite, was in diesem Aufsatze der Verwertung des Traumes vorgreift, und kehren wir zu seiner nächsten Deutung zurück. Ich will bemerken, daß diese Deutung eine Aufgabe war, deren Lösung sich durch mehrere Jahre hinzog. Der Patient hatte den Traum sehr frühzeitig mitgeteilt und sehr bald meine Überzeugung angenommen, daß hinter ihm die Verursachung seiner infantilen Neurose verborgen sei. Wir kamen im Laufe der Behandlung oft auf den Traum zurück, aber erst in den letzten Monaten der Kur gelang es, ihn ganz zu verstehen, und zwar dank der spontanen Arbeit des Patienten. Er hatte immer hervorgehoben, daß zwei Momente des Traumes den größten Eindruck auf ihn gemacht hätten, erstens die völlige Ruhe und Unbeweglichkeit der Wölfe und zweitens die gespannte Aufmerksamkeit, mit der sie alle auf ihn schauten. Auch das nachhaltige Wirklichkeitsgefühl, in das der Traum auslief, erschien ihm beachtenswert.

An dies letztere wollen wir anknüpfen. Wir wissen aus den Erfahrungen der Traumdeutung, daß diesem Wirklichkeitsgefühl eine bestimmte Bedeutung zukommt. Es versichert uns, daß etwas in dem latenten Material des Traumes den Anspruch auf Wirklichkeit in der Erinnerung erhebt, also daß der Traum sich auf eine Begebenheit bezieht, die wirklich vorgefallen und nicht bloß phantasiert worden ist. Natürlich kann es sich nur um die Wirklichkeit von etwas Unbekanntem handeln; die Überzeugung z. B., daß der Großvater wirklich die Geschichte vom Schneider und vom Wolf erzählt, oder daß ihm wirklich die Märchen vom

Rotkäppchen und von den sieben Geißlein vorgelesen worden waren, könnte sich niemals durch das den Traum überdauernde Wirklichkeitsgefühl ersetzen. Der Traum schien auf eine Begebenheit hinzudeuten, deren Realität so recht im Gegensatz zur Irrealität der Märchen betont wird.

Wenn eine solche unbekannte, d. h. zur Zeit des Traumes bereits vergessene Szene hinter dem Inhalt des Traumes anzunehmen war, so mußte sie sehr früh vorgefallen sein. Der Träumer sagt ja: »ich war, als ich den Traum hatte, drei, vier, höchstens fünf Jahre alt.« Wir können hinzufügen: »und wurde durch den Traum an etwas erinnert, was einer noch früheren Zeit angehört haben mußte.«

Zum Inhalt dieser Szene mußte führen, was der Träumer aus dem manifesten Trauminhalt hervorhob, die Momente des aufmerksamen Schauens und der Bewegungslosigkeit. Wir erwarten natürlich, daß dies Material das unbekannte Material der Szene in irgendeiner Entstellung wiederbringt, vielleicht sogar in der Entstellung zur Gegensätzlichkeit.

Aus dem Rohstoff, welchen die erste Analyse mit dem Patienten ergeben hatte, waren gleichfalls mehrere Schlüsse zu ziehen, die in den gesuchten Zusammenhang einzufügen waren. Hinter der Erwähnung der Schafzucht waren die Belege für seine Sexualforschung zu suchen, deren Interessen er bei seinen Besuchen mit dem Vater befriedigen konnte, aber auch Andeutungen von Todesangst mußten dabei sein, denn die Schafe waren ja zum größten Teil an der Seuche gestorben. Was im Traum das vordringlichste war, die Wölfe auf dem Baume, führte direkt zur Erzählung des Großvaters, an welcher kaum etwas anderes als die Anknüpfung an das Kastrationsthema das Fesselnde und den Traum Anregende gewesen sein konnte.

Wir hatten aus der ersten unvollständigen Analyse des Traumes ferner erschlossen, daß der Wolf ein Vaterersatz sei, so daß dieser erste Angsttraum jene Angst vor dem Vater zum Vorschein gebracht hätte, welche von nun an sein Leben beherrschen sollte. Dieser Schluß selbst war allerdings noch nicht verbindlich. Wenn wir aber als Ergebnis der vorläufigen Analyse zusammenstellen, was sich aus dem vom Träumer gelieferten Material ableitet, so liegen uns etwa folgende Bruchstücke zur Rekonstruktion vor:

Eine wirkliche Begebenheit – aus sehr früher Zeit – Schauen – Unbewegtheit – Sexualprobleme – Kastration – der Vater – etwas Schreckliches.

Eines Tages begann der Patient die Deutung des Traumes fortzusetzen. Die Stelle des Traumes, meinte er, in der es heißt: Plötzlich geht das Fenster von selbst auf, ist durch die Beziehung zum Fenster, an dem der Schneider sitzt, und durch das der Wolf ins Zimmer kommt, nicht ganz aufgeklärt. Es muß die Bedeutung haben: die Augen gehen plötzlich auf. Also ich schlafe und erwache plötzlich, dabei sehe ich etwas: den Baum mit den Wölfen. Dagegen war nichts einzuwenden, aber es ließ weitere Ausnützung zu. Er war erwacht und hatte etwas zu sehen bekommen. Das aufmerksame Schauen, das im Traum den Wölfen zugeschrieben wird, ist vielmehr auf ihn zu schieben. Da hatte an einem entscheidenden Punkte eine Verkehrung stattgefunden, die sich übrigens durch eine andere Verkehrung im manifesten Trauminhalt anzeigt. Es war ja auch eine Verkehrung, wenn die Wölfe auf dem Baum saßen, während sie sich in der Erzählung des Großvaters unten befanden und nicht auf den Baum steigen konnten.

Wenn nun auch das andere vom Träumer betonte Moment durch eine Verkehrung oder Umkehrung entstellt wäre? Dann müßte es anstatt Bewegungslosigkeit (die Wölfe sitzen regungslos da, schauen auf ihn, aber rühren sich nicht) heißen: heftigste Bewegung. Er ist also plötzlich erwacht und hat eine Szene von heftiger Bewegtheit vor sich gesehen, auf die er mit gespannter Aufmerksamkeit schaute. In dem einen Falle bestünde die Entstellung in einer Vertauschung von Subjekt und Objekt, Aktivität und Passivität, angeschaut werden anstatt anschauen, im anderen Falle in einer Verwandlung ins Gegenteil: Ruhe anstatt Bewegtheit.

Einen weiteren Fortschritt im Verständnis des Traumes

brachte ein andermal der plötzlich auftauchende Einfall: Der Baum ist der Weihnachtsbaum. Jetzt wußte er, der Traum war kurz vor Weihnachten in der Weihnachtserwartung geträumt worden. Da der Weihnachtstag auch sein Geburtstag war, ließ sich der Zeitpunkt des Traumes und der von ihm ausgehenden Wandlung nun mit Sicherheit feststellen. Es war knapp vor seinem vierten Geburtstag. Er war also eingeschlafen in der gespannten Erwartung des Tages, der ihm eine doppelte Beschenkung bringen sollte. Wir wissen, daß das Kind unter solchen Verhältnissen leicht die Erfüllung seiner Wünsche im Traum antizipiert. Es war also schon Weihnacht im Traume, der Inhalt des Traumes zeigte ihm seine Bescherung, am Baume hingen die für ihn bestimmten Geschenke. Aber anstatt der Geschenke waren es – Wölfe geworden, und der Traum endigte damit, daß er Angst bekam, vom Wolf (wahrscheinlich vom Vater) gefressen zu werden, und seine Zuflucht zur Kinderfrau nahm. Die Kenntnis seiner Sexualentwicklung vor dem Traum macht es uns möglich, die Lücke im Traume auszufüllen und die Verwandlung der Befriedigung in Angst aufzuklären. Unter den traumbildenden Wünschen muß sich, als der stärkste, der nach der sexuellen Befriedigung geregt haben, die er damals vom Vater ersehnte. Der Stärke dieses Wunsches gelang es, die längst vergessene Erinnerungsspur einer Szene aufzufrischen, die ihm zeigen konnte, wie die Sexualbefriedigung durch den Vater aussah, und das Ergebnis war Schreck, Entsetzen vor der Erfüllung dieses Wunsches, Verdrängung der Regung, die sich durch diesen Wunsch dargestellt hatte, und darum Flucht vom Vater weg zur ungefährlicheren Kinderfrau.

Die Bedeutung dieses Weihnachtstermins war in der angeblichen Erinnerung erhalten geblieben, daß er den ersten Wutanfall bekommen, weil er von den Weihnachtsgeschenken unbefriedigt gewesen war. Die Erinnerung zog Richtiges und Falsches zusammen, sie konnte nicht ohne Abänderung recht haben, denn nach den oft wiederholten Aussagen der Eltern war seine Schlimmheit bereits nach deren

Rückkehr im Herbst und nicht erst zu Weihnachten aufgefallen, aber das Wesentliche der Beziehungen zwischen mangelnder Liebesbefriedigung, Wut und Weihnachtszeit war in der Erinnerung festgehalten worden.

Welches Bild konnte aber die nächtlicherweise wirkende, sexuelle Sehnsucht heraufbeschworen haben, das imstande war, so intensiv von der gewünschten Erfüllung abzuschrecken? Dieses Bild mußte nach dem Material der Analyse eine Bedingung erfüllen, es mußte geeignet sein, die Überzeugung von der Existenz der Kastration zu begründen. Die Kastrationsangst wurde dann der Motor der Affektverwandlung.

Hier kommt nun die Stelle, an der ich die Anlehnung an den Verlauf der Analyse verlassen muß. Ich fürchte, es wird auch die Stelle sein, an der der Glaube der Leser mich verlassen wird.

Was in jener Nacht aus dem Chaos der unbewußten Eindrucksspuren aktiviert wurde, war das Bild eines Koitus zwischen den Eltern unter nicht ganz gewöhnlichen und für die Beobachtung besonders günstigen Umständen. Es gelang allmählich, für alle Fragen, die sich an diese Szene knüpfen konnten, befriedigende Antworten zu erhalten, indem jener erste Traum im Verlauf der Kur in ungezählten Abänderungen und Neuauflagen wiederkehrte, zu denen die Analyse die gewünschten Aufklärungen lieferte. So stellte sich zunächst das Alter des Kindes bei der Beobachtung heraus, etwa 1½ Jahre.[23] Er litt damals an einer Malaria, deren Anfall täglich zu bestimmter Stunde wiederkehrte.[24] Von seinem zehnten Jahr an war er zeitweise

---

23 Daneben käme mit weit geringerer Wahrscheinlichkeit, eigentlich kaum haltbar, das Alter von ½ Jahr in Betracht.

24 Vgl. die späteren Umbildungen dieses Moments in der Zwangsneurose. In den Träumen während der Kur Ersetzung durch einen heftigen Wind. [*Zusatz 1924:*] (*aria* = Luft). [In seinen *Erinnerungen* schreibt der Wolfsmann: »Auch soll ich in der frühesten Kindheit an einer Malaria krank gewesen sein. An einen Anfall dieser Krankheit habe ich eine Erinnerung behalten. Ich entsinne mich nämlich dunkel, daß es Sommer ist und daß ich im Garten liege, und obwohl ich keine Schmerzen empfinde, fühle ich mich, wahrscheinlich wegen sehr hohen Fiebers, sehr elend.«]

Stimmungen von Depression unterworfen, die am Nachmittag einsetzten und um die fünfte Stunde ihre Höhe erreichten. Dieses Symptom bestand noch zur Zeit der analytischen Behandlung. Die wiederkehrende Depression ersetzte den damaligen Fieber- oder Mattigkeitsanfall; die fünfte Stunde war entweder die Zeit der Fieberhöhe oder die der Koitusbeobachtung, wenn nicht beide Zeiten zusammenfallen.[25] Er befand sich wahrscheinlich gerade dieses Krankseins wegen im Zimmer der Eltern. Diese auch durch direkte Tradition erhärtete Erkrankung legt uns nahe, den Vorfall in den Sommer zu verlegen und damit für den am Weihnachtstag Geborenen ein Alter von n + 1½ Jahren anzunehmen.[26] Er hatte also im Zimmer der Eltern in seinem Bettchen geschlafen und erwachte, etwa infolge des steigenden Fiebers, am Nachmittag, vielleicht um die später durch Depression ausgezeichnete fünfte Stunde. Es stimmt zur Annahme eines heißen Sommertages, wenn sich die Eltern halb entkleidet[27] zu einem Nachmittagsschläfchen zurückgezogen hätten. Als er erwachte, wurde er Zeuge eines dreimal wiederholten[28] *coitus a tergo*, konnte das Genitale der Mutter wie das Glied des Vaters sehen und verstand den Vorgang wie dessen Bedeutung.[29] Endlich störte er den Verkehr der Eltern auf eine Weise, von der späterhin die Rede sein wird.

---

25 Man bringe damit zusammen, daß der Patient zu seinem Traum nur *fünf* Wölfe gezeichnet hat, obwohl der Text des Traumes von 6 oder 7 spricht.

26 [Noch deutlicher wäre vielleicht »n + ½«. Da zwischen dem Geburtstag des Patienten und dem Sommer 6 Monate liegen, muß er zur Zeit des Traumes 0 Jahre + 6 Monate oder 1 Jahr + 6 Monate, 2 Jahre + 6 Monate usw. alt gewesen sein. Das Alter 0 + 6 Monate hat Freud jedoch in der Anmerkung 23 bereits ausgeschlossen.]

27 In weißer Wäsche, die *weißen* Wölfe.

28 Woher dreimal? Er stellte plötzlich einmal die Behauptung auf, daß ich dieses Detail durch Deutung eruiert hätte. Das traf nicht zu. Es war ein spontaner, weiterer Kritik entzogener Einfall, den er nach seiner Gewohnheit mir zuschob und ihn durch diese Projektion vertrauenswürdig machte.

29 Ich meine, er verstand ihn zur Zeit des Traumes mit 4 Jahren, nicht zur Zeit der Beobachtung. Mit 1½ Jahren holte er sich die Eindrücke, deren nachträgliches Verständnis ihm zur Zeit des Traumes durch seine Entwicklung, seine sexuelle Erregung und seine Sexualforschung ermöglicht wurde.

Im Grunde ist es nichts Außerordentliches, macht nicht den Eindruck des Produkts einer ausschweifenden Phantasie, daß ein junges, erst wenige Jahre verheiratetes Ehepaar an einen Nachmittagsschlaf zu heißer Sommerszeit einen zärtlichen Verkehr anschließt und sich dabei über die Gegenwart des 1½ Jahre alten, in seinem Bettchen schlafenden Knäbleins hinaussetzt. Ich meine vielmehr, es wäre etwas durchaus Banales, Alltägliches, und auch die erschlossene Stellung beim Koitus kann an diesem Urteil nichts ändern. Besonders da aus dem Beweismaterial nicht hervorgeht, daß der Koitus jedesmal in der Stellung von rückwärts vollzogen wurde. Ein einziges Mal hätte ja hingereicht, um dem Zuschauer die Gelegenheit zu Beobachtungen zu geben, die durch eine andere Lage der Liebenden erschwert oder ausgeschlossen wären. Der Inhalt dieser Szene selbst kann also kein Argument gegen ihre Glaubwürdigkeit sein. Das Bedenken der Unwahrscheinlichkeit wird sich gegen drei andere Punkte richten: dagegen, daß ein Kind in dem zarten Alter von 1½Jahren imstande sein sollte, die Wahrnehmung eines so komplizierten Vorganges aufzunehmen und sie so getreu in seinem Unbewußten zu bewahren, zweitens dagegen, daß eine nachträgliche zum Verständnis vordringende Bearbeitung der so empfangenen Eindrücke zu 4 Jahren möglich ist, und endlich, daß es durch irgendein Verfahren gelingen sollte, die Einzelheiten einer solchen Szene, unter solchen Umständen erlebt und verstanden, in zusammenhängender und überzeugender Weise bewußt zu machen.[30]

---

30 Man kann sich die erste dieser Schwierigkeiten nicht durch die Annahme erleichtern, das Kind sei zur Zeit der Beobachtung doch wahrscheinlich um ein Jahr älter gewesen, also 1½ Jahre alt, zu welcher Zeit es eventuell vollkommen sprachfähig sein mag. Für meinen Patienten war eine solche Zeitverschiebung durch alle Nebenumstände seines Falles fast ausgeschlossen. Übrigens wolle man in Betracht ziehen, daß solche Szenen von Beobachtung des elterlichen Koitus in der Analyse keineswegs selten aufgedeckt werden. Ihre Bedingung ist aber gerade, daß sie in die früheste Kinderzeit fallen. Je älter das Kind ist, desto sorgfältiger werden auf einem gewissen sozialen Niveau die Eltern dem Kinde die Gelegenheit zu solcher Beobachtung versagen.

Ich werde diese und andere Bedenken später sorgfältig prüfen, versichere dem Leser, daß ich nicht weniger kritisch als er gegen die Annahme einer solchen Beobachtung des Kindes eingestellt bin, und bitte ihn, sich mit mir zum *vorläufigen* Glauben an die Realität dieser Szene zu entschließen. Zunächst wollen wir das Studium der Beziehungen dieser *»Urszene«* zum Traum, zu den Symptomen und zur Lebensgeschichte des Patienten fortsetzen. Wir werden gesondert verfolgen, welche Wirkungen vom wesentlichen Inhalt der Szene und von einem ihrer visuellen Eindrücke ausgegangen sind.

Unter letzterem meine ich die Stellungen, welche er die Eltern einnehmen sah, die aufrechte des Mannes und die tierähnlich gebückte der Frau. Wir haben schon gehört, daß ihn in der Angstzeit die Schwester mit dem Bild im Märchenbuch zu schrecken pflegte, auf dem der Wolf aufrecht dargestellt war, einen Fuß vorgesetzt, die Tatzen ausgestreckt und die Ohren aufgestellt. Er ließ sich während der Kur die Mühe nicht verdrießen, in Antiquarläden nachzuspüren, bis er das Märchenbilderbuch seiner Kindheit wiedergefunden hatte, und erkannte sein Schreckbild in einer Illustration zur Geschichte vom »Wolf und den sieben Geißlein«. Er meinte, die Stellung des Wolfes auf diesem Bild hätte ihn an die des Vaters während der konstruierten Urszene erinnern können. Dieses Bild wurde jedenfalls zum Ausgangspunkt weiterer Angstwirkungen. Als er in seinem siebenten oder achten Jahr einmal die Ankündigung erhielt, morgen werde ein neuer Lehrer zu ihm kommen, träumte er in der nächstfolgenden Nacht von diesem Lehrer als Löwen, der sich laut brüllend in der Stellung des Wolfes auf jenem Bilde seinem Bette näherte, und erwachte wiederum mit Angst. Die Wolfsphobie war damals bereits überwunden, er hatte darum die Freiheit, sich ein neues Angsttier zu wählen, und anerkannte in diesem späten Traum den Lehrer als Vaterersatz. Jeder seiner Lehrer spielte in seinen späteren Kinderjahren die gleiche Vaterrolle und wurde mit dem Vatereinfluß zum Guten wie zum Bösen ausgestattet.

Das Schicksal schenkte ihm einen sonderbaren Anlaß, seine Wolfsphobie in der Gymnasialzeit aufzufrischen und die Relation, die ihr zugrunde lag, zum Ausgang schwerer Hemmungen zu machen. Der Lehrer, der den lateinischen Unterricht seiner Klasse leitete, hieß *Wolf*. Er war von Anfang an vor ihm eingeschüchtert, zog sich einmal eine schwere Beschimpfung von ihm zu, weil er in einer lateinischen Übersetzung einen dummen Fehler begangen hatte, und wurde von da an eine lähmende Angst vor diesem Lehrer nicht mehr los, die sich bald auf andere Lehrer übertrug. Aber die Gelegenheit, bei der er in der Übersetzung strauchelte, war auch nicht beziehungslos. Er hatte das lateinische Wort *filius* zu übersetzen und tat es mit dem französischen *fils* anstatt mit dem entsprechenden Wort der Muttersprache. Der Wolf war eben noch immer der Vater.[31]

Das erste der »passageren Symptome«,[32] welches der Patient in der Behandlung produzierte, ging noch auf die Wolfsphobie und auf das Märchen von den sieben Geißlein zurück. In dem Zimmer wo die ersten Sitzungen abgehalten wurden, befand sich eine große Wandkastenuhr gegenüber dem Patienten, der abgewandt von mir auf einem Divan lag. Es fiel mir auf, daß er von Zeit zu Zeit das Gesicht zu mir kehrte, mich sehr freundlich, wie begütigend ansah und dann den Blick von mir zur Uhr wendete. Ich meinte damals, er gebe so ein Zeichen seiner Sehnsucht-

31 Nach dieser Beschimpfung durch den Lehrer-Wolf erfuhr er als die allgemeine Meinung der Kollegen, daß der Lehrer zur Beschwichtigung – Geld von ihm erwarte. Darauf werden wir später zurückkommen. – Ich kann mir vorstellen, welche Erleichterung es für eine rationalistische Betrachtung einer solchen Kindergeschichte bedeuten würde, wenn sich annehmen ließe, die ganze Angst vor dem Wolf sei in Wirklichkeit von dem Lateinlehrer gleichen Namens ausgegangen, in die Kindheit zurückprojiziert worden und hätte in Anlehnung an die Märchenillustration die Phantasie der Urszene verursacht. Allein das ist unhaltbar; die zeitliche Priorität der Wolfsphobie und deren Verlegung in die Kindheitsjahre auf dem ersten Gut ist allzusicher bezeugt. Und der Traum mit 4 Jahren?

32 S. Ferenczi, *Über passagere [vorübergehende] Symptombildungen während der Analyse*, in: Zentbl. Psychoanal., 1912, Bd. 2, S. 588.

nach Beendigung der Stunde. Lange Zeit später erinnerte mich der Patient an dieses Gebärdenspiel und gab mir dessen Erklärung, indem er daran erinnerte, daß das jüngste der sieben Geißlein ein Versteck im Kasten der Wanduhr fände, während die sechs Geschwister vom Wolf gefressen würden. Er wollte also damals sagen: Sei gut mit mir. Muß ich mich vor dir fürchten? Wirst du mich auffressen? Soll ich mich wie das jüngste Geißlein im Wandkasten vor dir verstecken?

Der Wolf, vor dem er sich fürchtete, war unzweifelhaft der Vater, aber die Wolfsangst war an die Bedingung der aufrechten Stellung gebunden. Seine Erinnerung behauptete mit großer Bestimmtheit, daß Bilder vom Wolf, der auf allen vieren gehe oder wie im Rotkäppchenmärchen im Bett liege, ihn nicht geschreckt hätten. Nicht mindere Bedeutung zog die Stellung auf sich, die er nach unserer Konstruktion der Urszene das Weib hatte einnehmen sehen; diese Bedeutung blieb aber auf das sexuelle Gebiet beschränkt. Die auffälligste Erscheinung seines Liebeslebens nach der Reife waren Anfälle von zwanghafter sinnlicher Verliebtheit, die in rätselhafter Folge auftraten und wieder verschwanden, eine riesige Energie bei ihm auch in Zeiten sonstiger Hemmung entfesselten und seiner Beherrschung ganz entzogen waren. Ich muß die volle Würdigung dieser Zwangslieben wegen eines besonders wertvollen Zusammenhanges noch aufschieben, aber ich kann hier anführen, daß sie an eine bestimmte, seinem Bewußtsein verborgene Bedingung geknüpft waren, die sich erst in der Kur erkennen ließ. Das Weib mußte die Stellung eingenommen haben, die wir der Mutter in der Urszene zuschreiben. Große, auffällige Hinterbacken empfand er von der Pubertät an als den stärksten Reiz des Weibes; ein anderer Koitus als der von rückwärts bereitete ihm kaum Genuß. Die kritische Erwägung ist zwar berechtigt, hier einzuwenden, daß solche sexuelle Bevorzugung der hinteren Körperpartien ein allgemeiner Charakter der zur Zwangsneurose neigenden Personen sei und nicht zur Ableitung von einem besonderen Eindruck der Kinderzeit berechtige. Sie gehöre in das Gefüge der analerotischen Veranlagung und zu jenen archaischen Zügen, welche diese Konstitution auszeichnen. Man darf die Begattung von rückwärts – *more ferarum*[33] – doch wohl als die phylogenetisch ältere Form auffassen. Wir werden auch auf diesen Punkt in späterer Diskussion zurückkommen, wenn wir das Material für seine unbewußte Liebesbedingung nachgetragen haben.

Setzen wir nun in der Erörterung der Beziehungen zwischen Traum und Urszene fort. Nach unseren bisherigen Erwartungen sollte der Traum dem Kind, das sich auf die Erfüllung seiner Wünsche zu Weihnachten freut, das Bild der Sexualbefriedigung durch den Vater vorführen, wie er es in jener Urszene gesehen hatte, als Vorbild der eigenen Befriedigung, die er vom Vater ersehnt. Anstatt dieses Bild tritt aber das Material der Geschichte auf, die der Großvater kurz vorher erzählt hatte: Der Baum, die Wölfe, die Schwanzlosigkeit in der Form der Überkompensation in den buschigen Schwänzen der angeblichen Wölfe. Hier fehlt uns ein Zusammenhang, eine Assoziationsbrücke, die von dem Inhalt der Urgeschichte zu dem der Wolfsgeschichte hinüberleitet. Diese Verbindung wird wiederum durch die Stellung und nur durch diese gegeben. Der schwanzlose Wolf fordert in der Erzählung des Großvaters die andern auf, *auf ihn zu steigen*. Durch dieses Detail wurde die Erinnerung an das Bild der Urszene geweckt, auf diesem Weg konnte das Material der Urszene durch das der Wolfsgeschichte vertreten werden, dabei gleichzeitig die Zweizahl der Eltern in erwünschter Weise durch die Mehrzahl der Wölfe ersetzt. Eine nächste Wandlung erfuhr der Trauminhalt, indem das Material der Wolfsgeschichte sich dem Inhalt des Märchens von den sieben Geißlein anpaßte, die Siebenzahl von ihm entlehnte.[34]

Die Materialwandlung: Urszene – Wolfsgeschichte – Märchen von den sieben Geißlein – ist die Spiegelung des

33 [nach Art der Tiere.]

34 6 oder 7 heißt es im Traum. 6 ist die Anzahl der gefressenen Kinder, das siebente rettet sich in den Uhrkasten. Es bleibt strenges Gesetz der Traumdeutung, daß jede Einzelheit ihre Aufklärung finde.

Gedankenfortschritts während der Traumbildung: Sehnsucht nach sexueller Befriedigung durch den Vater – Einsicht in die daran geknüpfte Bedingung der Kastration – Angst vor dem Vater. Ich meine, der Angsttraum des vierjährigen Knaben ist erst jetzt restlos aufgeklärt.[35]

---

35 Nachdem uns die Synthese dieses Traumes gelungen ist, will ich versuchen, die Beziehungen des manifesten Trauminhaltes zu den latenten Traumgedanken übersichtlich darzustellen.

Es ist Nacht, ich liege in meinem Bette. Das letztere ist der Beginn der Reproduktion der Urszene. »Es ist Nacht« ist Entstellung für: ich hatte geschlafen. Die Bemerkung: Ich weiß, es war Winter, als ich träumte, und Nachtzeit, bezieht sich auf die Erinnerung an den Traum, gehört nicht zu seinem Inhalt. Sie ist richtig, es war eine der Nächte vor dem Geburtstag resp. Weihnachtstag.

Plötzlich geht das Fenster von selbst auf. Zu übersetzen: Plötzlich erwache ich von selbst, Erinnerung der Urszene. Der Einfluß der Wolfsgeschichte, in der der Wolf durchs Fenster hereinspringt, macht sich modifizierend geltend und verwandelt den direkten in einen bildlichen Ausdruck. Gleichzeitig dient die Einführung des Fensters dazu, um den folgenden Trauminhalt in der Gegenwart unterzubringen. Am Weihnachtsabend geht die Türe plötzlich auf, und man sieht den Baum mit den Geschenken vor sich. Hier macht sich also der Einfluß der aktuellen Weihnachtserwartung geltend, welche die sexuelle Befriedigung miteinschließt.

Der große Nußbaum. Vertreter des Christbaumes, also aktuell: überdies der Baum aus der Wolfsgeschichte, auf den sich der verfolgte Schneider flüchtet, unter dem die Wölfe lauern. Der hohe Baum ist auch, wie ich mich oft überzeugen konnte, ein Symbol der Beobachtung, des Voyeurtums. Wenn man auf dem Baume sitzt, kann man alles sehen, was unten vorgeht, und wird selbst nicht gesehen. Vgl. die bekannte Geschichte des Boccaccio und ähnliche Schnurren.

Die Wölfe. Ihre Zahl: *sechs oder sieben.* In der Wolfsgeschichte ist es ein Rudel ohne angegebene Zahl. Die Zahlbestimmung zeigt den Einfluß des Märchens von den sieben Geißlein, von denen sechs gefressen werden. Die Ersetzung der Zweizahl in der Urszene durch eine Mehrzahl, welche in der Urszene absurd wäre, ist dem Widerstand als Entstellungsmittel willkommen. In der zum Traum gefertigten Zeichnung hat der Träumer die 5 zum Ausdruck gebracht, die wahrscheinlich die Angabe: es war Nacht, korrigiert.

Sie sitzen auf dem Baum. Sie ersetzen zunächst die am Baum hängenden Weihnachtsgeschenke. Sie sind aber auch auf den Baum versetzt, weil das heißen kann, sie schauen. In der Geschichte des Großvaters lagern sie unten um den Baum. Ihr Verhältnis zum Baum ist also im Traum umgekehrt worden, woraus zu schließen ist, daß im Trauminhalt noch andere Umkehrungen des latenten Materials vorkommen.

Sie schauen ihn mit gespannter Aufmerksamkeit an. Dieser Zug ist ganz aus der Urszene, auf Kosten einer totalen Verkehrung in den Traum gekommen.

Sie sind ganz weiß. Dieser an sich unwesentliche, in der Erzählung des Träumers stark betonte Zug verdankt seine Intensität einer ausgiebigen Verschmelzung von Elementen aus allen Schichten des Materials und vereinigt dann nebensächliche Details der anderen Traumquellen mit einem bedeutsameren Stück der Urszene. Diese letztere Determinierung entstammt wohl der Weiße der Bett- und Leibwäsche der Eltern, dazu das Weiß der Schafherden, der Schäferhunde als Anspielung auf seine Sexualforschungen an Tieren, das Weiß in den Märchen von den sieben Geißlein, in dem die Mutter an der Weiße ihrer Hand erkannt wird. Wir werden später die weiße Wäsche auch als Todesandeutung verstehen. [Es scheint in der Tat weiter keinen deutlichen Hinweis zu diesem Punkt zu geben. Vielleicht besteht eine Beziehung zu der Episode mit dem Totenhemd.]

Sie sitzen regungslos da. Hiemit wird dem auffälligsten Inhalt der beobachteten Szene widersprochen; der Bewegtheit, welche durch die Stellung, zu der sie führt, die Verbindung zwischen Urszene und Wolfsgeschichte herstellt.

Sie haben Schwänze wie Füchse. Dies soll einem Ergebnis widersprechen, welches aus der Einwirkung der Urszene auf die Wolfsgeschichte gewonnen wurde und als der wichtigste Schluß der Sexualforschung anzuerkennen ist: Es gibt also wirklich eine Kastration. Der Schreck, mit dem dies Denkergebnis aufgenommen wird, bricht sich endlich im Traume Bahn und erzeugt dessen Schluß.

Die Angst, von den Wölfen aufgefressen zu werden. Sie erschien dem Träumer als nicht durch den Trauminhalt motiviert. Er sagte, ich hätte mich nicht fürchten müssen, denn die Wölfe sahen eher aus wie Füchse oder Hunde, sie fuhren auch nicht auf mich los, wie um mich zu beißen, sondern waren sehr ruhig und gar nicht schrecklich. Wir erkennen, daß die Traumarbeit sich eine Weile bemüht hat, die peinlichen Inhalte durch Verwandlung ins Gegenteil unschädlich zu machen. (Sie bewegen sich nicht, sie haben ja die schönsten Schwänze.) Bis endlich dieses Mittel versagt und die Angst losbricht. Sie findet ihren Ausdruck mit Hilfe des Märchens, in dem die Geißlein-Kinder vom Wolf-Vater gefressen werden. Möglicherweise hat dieser Märcheninhalt selbst an scherzhafte Drohungen des Vaters, wenn er mit dem Kinde spielte, erinnert, so daß die Angst, vom Wolf gefressen zu werden, ebensowohl Reminiszenz wie Verschiebungsersatz sein könnte.

Die Wunschmotive dieses Traumes sind handgreifliche; zu den oberflächlichen Tageswünschen, Weihnachten mit seinen Geschenken möge schon da sein (Ungeduldstraum), gesellt sich der tiefere, um diese Zeit permanente Wunsch nach der Sexualbefriedigung durch den Vater, der sich zunächst durch den Wunsch, das wiederzusehen, was damals so fesselnd war, ersetzt. Dann verläuft der psychische Vorgang von der Erfül-

Über die pathogene Wirkung der Urszene und die Veränderung, welche deren Erweckung in seiner Sexualentwicklung hervorruft, kann ich mich nach allem, was bisher schon berührt wurde, kurz fassen. Wir werden nur diejenige Wirkung verfolgen, welcher der Traum Ausdruck gibt. Später werden wir uns klarmachen müssen, daß nicht etwa eine einzige Sexualströmung von der Urszene ausgegangen ist, sondern eine ganze Reihe von solchen, geradezu eine Aufsplitterung der Libido. Ferner werden wir uns vorhalten, daß die Aktivierung dieser Szene (ich vermeide absichtlich das Wort: Erinnerung) dieselbe Wirkung hat, als ob sie ein rezentes Erlebnis wäre. Die Szene wirkt nachträglich und hat unterdes, in dem Intervall zwischen 1½ und 4 Jahren, nichts von ihrer Frische eingebüßt. Vielleicht finden wir im weiteren noch einen Anhaltspunkt dafür, daß sie bestimmte Wirkungen bereits zur Zeit ihrer Wahrnehmung, also von 1½ Jahren an, geübt hat.

Wenn sich der Patient in die Situation der Urszene vertiefte, förderte er folgende Selbstwahrnehmungen zu Tage: Er habe vorher angenommen, der beobachtete Vorgang sei ein gewalttätiger Akt, allein dazu stimmte das vergnügte Gesicht nicht, das er die Mutter machen sah; er mußte erkennen, daß es sich um eine Befriedigung handle.[36] Das we-

---

lung dieses Wunsches in der heraufbeschworenen Urszene bis zu der jetzt unvermeidlich gewordenen Ablehnung des Wunsches und der Verdrängung.

Die Breite und Ausführlichkeit der Darstellung, zu der ich durch das Bemühen genötigt bin, dem Leser irgendein Äquivalent für die Beweiskraft einer selbstdurchgeführten Analyse zu bieten, mag ihn gleichzeitig davon abbringen, die Publikation von Analysen zu verlangen, die sich über mehrere Jahre erstreckt haben.

36 Der Aussage des Patienten tragen wir vielleicht am ehesten Rechnung, wenn wir annehmen, daß der Gegenstand seiner Beobachtung zuerst ein Koitus in normaler Stellung gewesen ist, der den Eindruck eines sadistischen Aktes erwecken muß. Erst nach diesem sei die Stellung gewechselt worden, so daß er Gelegenheit zu anderen Beobachtungen und Urteilen gewann. Allein diese Annahme ist nicht gesichert worden, scheint mir auch nicht unentbehrlich. Wir wollen über die abkürzende Darstellung des Textes die wirkliche Situation nicht außer Auge lassen, daß der Analysierte im Alter nach 25 Jahren Eindrücken und Regungen

sentliche Neue, das ihm die Beobachtung des Verkehrs der Eltern brachte, war die Überzeugung von der Wirklichkeit der Kastration, deren Möglichkeit seine Gedanken schon vorher beschäftigt hatte. (Der Anblick der beiden urinierenden Mädchen, die Drohung der Nanja, die Deutung der Gouvernante von den Zuckerstangen, die Erinnerung, daß der Vater eine Schlange in Stücke geschlagen.) Denn jetzt sah er mit eigenen Augen die Wunde, von der die Nanja gesprochen hatte, und verstand, daß ihr Vorhandensein eine Bedingung des Verkehrs mit dem Vater war. Er konnte sie nicht mehr wie bei der Beobachtung der kleinen Mädchen mit dem Popo verwechseln.[37]

Der Ausgang des Traumes war Angst, von der er sich nicht eher beruhigte, als bis er seine Nanja bei sich hatte. Er flüchtete sich also zu ihr vom Vater weg. Die Angst war eine Ablehnung des Wunsches nach Sexualbefriedigung durch den Vater, welches Streben ihm den Traum eingegeben hatte. Ihr Ausdruck: vom Wolf gefressen zu werden, war nur eine – wie wir hören werden: regressive – Umsetzung des Wunsches, vom Vater koitiert, d. h. so befriedigt zu werden wie die Mutter. Sein letztes Sexualziel, die passive Einstellung zum Vater, war einer Verdrängung erle-

---

aus seinem vierten Jahr Worte verleiht, die er damals nicht gefunden hätte. Vernachlässigt man diese Bemerkung, so kann man es leicht komisch und unglaubwürdig finden, daß ein vierjähriges Kind solcher fachlicher Urteile und gelehrter Gedanken fähig sein sollte. Es ist dies einfach ein zweiter Fall von *Nachträglichkeit.* Das Kind empfängt mit 1½ Jahren einen Eindruck, auf den es nicht genügend reagieren kann, versteht ihn erst, wird von ihm ergriffen bei der Wiederbelebung des Eindrucks mit vier Jahren, und kann erst zwei Dezennien später in der Analyse mit bewußter Denktätigkeit erfassen, was damals in ihm vorgegangen. Der Analysierte setzt sich dann mit Recht über die drei Zeitphasen hinweg und setzt sein gegenwärtiges Ich in die längstvergangene Situation ein. Wir folgen ihm darin, denn bei korrekter Selbstbeobachtung und Deutung muß der Effekt so ausfallen, als ob man die Distanz zwischen der zweiten und der dritten Zeitphase vernachlässigen könnte. Auch haben wir kein anderes Mittel, die Vorgänge in der zweiten Phase zu beschreiben.

37 Wie er sich mit diesem Anteil des Problems weiter auseinandersetzte, werden wir später bei der Verfolgung seiner Analerotik erfahren.

gen, die Angst vor dem Vater in Gestalt der Wolfsphobie an ihre Stelle getreten.

Und die treibende Kraft dieser Verdrängung? Dem ganzen Sachverhalt nach konnte es nur die narzißtische Genitallibido sein, die sich als Sorge um sein männliches Glied gegen eine Befriedigung sträubte, für die der Verzicht auf dieses Glied Bedingung schien. Aus dem bedrohten Narzißmus schöpfte er die Männlichkeit, mit der er sich gegen die passive Einstellung zum Vater wehrte.

Wir werden jetzt darauf aufmerksam, daß wir an diesem Punkte der Darstellung unsere Terminologie ändern müssen. Er hatte während des Traumes eine neue Phase seiner Sexualorganisation erreicht. Die sexuellen Gegensätze waren ihm bisher *aktiv* und *passiv* gewesen. Sein Sexualziel war seit der Verführung ein passives, am Genitale berührt zu werden, dann wandelte es sich durch Regression auf die frühere Stufe der sadistisch-analen Organisation in das masochistische, gezüchtigt, gestraft zu werden. Es war ihm gleichgültig, ob er dieses Ziel beim Mann oder Weib erreichen sollte. Er war ohne Rücksicht auf den Geschlechtsunterschied von der Nanja zum Vater gewandert, hatte von der Nanja verlangt, am Glied berührt zu werden, vom Vater die Züchtigung provozieren wollen. Das Genitale kam dabei außer Betracht; in der Phantasie, auf den Penis geschlagen zu werden, äußerte sich noch der durch die Regression verdeckte Zusammenhang. Nun führte ihn die Aktivierung der Urszene im Traum zur genitalen Organisation zurück. Er entdeckte die Vagina und die biologische Bedeutung von männlich und weiblich. Er verstand jetzt, aktiv sei gleich männlich, passiv aber weiblich. Sein passives Sexualziel hätte sich jetzt in ein weibliches verwandeln, den Ausdruck annehmen müssen: vom Vater koitiert zu werden, anstatt: von ihm auf das Genitale oder auf den Popo geschlagen zu werden. Dieses feminine Ziel verfiel nun der Verdrängung und mußte sich durch die Angst vor dem Wolf ersetzen lassen.

Wir müssen die Diskussion seiner Sexualentwicklung hier unterbrechen, bis aus späteren Stadien seiner Geschichte neues Licht auf diese früheren zurückfällt. Zur Würdigung der Wolfsphobie fügen wir noch hinzu, daß Vater und Mutter, beide, zu Wölfen wurden. Die Mutter spielte ja den kastrierten Wolf, der die anderen auf sich aufsteigen ließ, der Vater den aufsteigenden. Seine Angst bezog sich aber, wie wir ihn versichern gehört haben, nur auf den stehenden Wolf, also auf den Vater. Ferner muß uns auffallen, daß die Angst, in die der Traum ausging, ein Vorbild in der Erzählung des Großvaters hatte. In dieser wird ja der kastrierte Wolf, der die andern auf sich hat steigen lassen, von Angst befallen, sowie er an die Tatsache seiner Schwanzlosigkeit erinnert wird. Es scheint also, daß er sich während des Traumvorganges mit der kastrierten Mutter identifizierte und sich nun gegen dieses Ergebnis sträubte. In hoffentlich zutreffender Übersetzung: Wenn du vom Vater befriedigt werden willst, mußt du dir wie die Mutter die Kastration gefallen lassen; das will ich aber nicht. Also ein deutlicher Protest der Männlichkeit! Machen wir uns übrigens klar, daß die Sexualentwicklung des Falles, den wir hier verfolgen, für unsere Forschung den großen Nachteil hat, daß sie keine ungestörte ist. Sie wird zuerst durch die Verführung entscheidend beeinflußt und nun durch die Szene der Koitusbeobachtung abgelenkt, die nachträglich wie eine zweite Verführung wirkt.

V
Einige Diskussionen

Eisbär und Walfisch, hat man gesagt, können nicht miteinander Krieg führen, weil sie, ein jeder auf sein Element beschränkt, nicht zueinander kommen. Ebenso unmöglich wird es mir, mit Arbeitern auf dem Gebiet der Psychologie oder der Neurotik zu diskutieren, die die Voraussetzungen der Psychoanalyse nicht anerkennen und ihre Ergebnisse für Artefakte halten. Daneben hat sich aber in den letzten Jahren eine Opposition von anderen entwickelt, die, nach ihrem eigenen Vermeinen wenigstens, auf dem Boden der

Analyse stehen, die Technik und Resultate derselben nicht bestreiten und sich nur für berechtigt halten, aus dem nämlichen Material andere Folgerungen abzuleiten und es anderen Auffassungen zu unterziehen.

Theoretischer Widerspruch ist aber zumeist unfruchtbar. Sowie man begonnen hat, sich von dem Material, aus dem man schöpfen soll, zu entfernen, läuft man Gefahr, sich an seinen Behauptungen zu berauschen und endlich Meinungen zu vertreten, denen jede Beobachtung widersprochen hätte. Es scheint mir darum ungleich zweckmäßiger, abweichende Auffassungen dadurch zu bekämpfen, daß man sie an einzelnen Fällen und Problemen erprobt.

Ich habe oben ausgeführt, es werde gewiß für unwahrscheinlich gehalten werden, »daß ein Kind in dem zarten Alter von $1\frac{1}{2}$ Jahren imstande sein sollte, die Wahrnehmungen eines so komplizierten Vorganges in sich aufzunehmen und sie so getreu in seinem Unbewußten zu bewahren, zweitens, daß eine nachträglich zum Verständnis vordringende Bearbeitung dieses Materials zu vier Jahren möglich ist, und endlich, daß es durch irgendein Verfahren gelingen sollte, die Einzelheiten einer solchen Szene, unter solchen Umständen erlebt und verstanden, in zusammenhängender und überzeugender Weise bewußt zu machen«.

Die letzte Frage ist eine rein faktische. Wer sich die Mühe nimmt, die Analyse mittels der vorgezeichneten Technik in solche Tiefen zu treiben, wird sich überzeugen, daß es sehr wohl möglich ist; wer es unterläßt und in irgendeiner höheren Schicht die Analyse unterbricht, hat sich des Urteils darüber begeben. Aber die Auffassung des von der Tiefenanalyse Erreichten ist damit nicht entschieden.

Die beiden anderen Bedenken stützen sich auf eine Geringschätzung der frühinfantilen Eindrücke, denen so nachhaltige Wirkungen nicht zugetraut werden. Sie wollen die Verursachung der Neurosen fast ausschließlich in den ernsthaften Konflikten des späteren Lebens suchen und nehmen an, die Bedeutsamkeit der Kindheit werde uns in der Analyse nur durch die Neigung der Neurotiker vorgespiegelt, ihre gegenwärtigen Interessen in Reminiszenzen und Symbolen der frühen Vergangenheit auszudrücken. Mit solcher Einschätzung des infantilen Moments fiele manches weg, was zu den intimsten Eigentümlichkeiten der Analyse gehört hat, freilich auch vieles, was ihr Widerstände schafft und das Zutrauen der Außenstehenden entfremdet.

Wir stellen also zur Diskussion die Auffassung ein, solche frühinfantile Szenen, wie sie eine erschöpfende Analyse der Neurosen, z. B. unseres Falles liefert, seien nicht Reproduktionen realer Begebenheiten, denen man Einfluß auf die Gestaltung des späteren Lebens und auf die Symptombildung zuschreiben dürfe, sondern Phantasiebildungen, die der Zeit der Reife ihre Anregung entnehmen, zur gewissermaßen symbolischen Vertretung realer Wünsche und Interessen bestimmt sind, und die einer regressiven Tendenz, einer Abwendung von den Aufgaben der Gegenwart ihre Entstehung verdanken. Wenn dem so ist, dann kann man sich natürlich alle die befremdenden Zumutungen an das Seelenleben und die intellektuelle Leistung von Kindern im unmündigsten Alter ersparen.

Dieser Auffassung kommt außer dem uns allen gemeinsamen Wunsch nach Rationalisierung und Vereinfachung der schwierigen Aufgabe mancherlei Tatsächliches entgegen. Auch kann man im vorhinein ein Bedenken aus dem Wege räumen, welches sich gerade beim praktischen Analytiker erheben könnte. Man muß zugestehen, wenn die besprochene Auffassung dieser infantilen Szenen die richtige ist, dann wird an der Ausübung der Analyse zunächst nichts geändert. Hat der Neurotiker einmal die üble Eigentümlichkeit, sein Interesse von der Gegenwart abzuwenden und es an solche regressive Ersatzbildungen seiner Phantasie zu heften, so kann man gar nichts anderes tun, als ihm auf seinen Wegen zu folgen und ihm diese unbewußten Produktionen zum Bewußtsein zu bringen, denn sie sind, von ihrem realen Unwert ganz abzusehen, für uns höchst wertvoll als die derzeitigen Träger und Besitzer des Interesses, welches wir frei machen wollen, um es auf die Aufgaben der Gegenwart zu lenken. Die Analyse müßte genau ebenso verlaufen wie jene, die im naiven Zutrauen solche Phantasien für wahr nimmt. Erst am Ende der Analyse, nach der Aufdeckung dieser Phantasien, käme der Unterschied. Man würde dann dem Kranken sagen: »Nun gut; Ihre Neurose ist so verlaufen, als ob Sie in Ihren Kinderjahren solche Eindrücke empfangen und fortgesponnen hätten. Sie sehen wohl ein, daß dies nicht möglich ist. Es waren Produkte Ihrer Phantasietätigkeit zur Ablenkung von realen Aufgaben, die Ihnen bevorstanden. Nun lassen Sie uns nachforschen, welches diese Aufgaben waren, und welche Verbindungswege zwischen diesen und Ihren Phantasien bestanden haben.« Ein zweiter, dem realen Leben zugewendeter Abschnitt der Behandlung würde nach dieser Erledigung der infantilen Phantasien einsetzen können.

Eine Abkürzung dieses Weges, also eine Abänderung der bisher geübten psychoanalytischen Kur, wäre technisch unzulässig. Wenn man dem Kranken diese Phantasien nicht in ihrem vollen Umfange bewußt macht, kann man ihm die Verfügung über das an sie gebundene Interesse nicht geben. Wenn man ihn von ihnen ablenkt, sobald man ihre Existenz und allgemeine Umrisse ahnt, unterstützt man nur das Werk der Verdrängung, durch das sie für alle Bemühungen des Kranken unantastbar geworden sind. Wenn man sie ihm frühzeitig entwertet, etwa indem man ihm eröffnet, es werde sich nur um Phantasien handeln, die ja keine reale Bedeutung haben, wird man nie seine Mitwirkung bereit finden, um sie dem Bewußtsein zuzuführen. Die analytische Technik dürfte also bei korrektem Vorgehen keine Änderung erfahren, wie immer man diese Infantilszenen einschätzt.

Ich habe erwähnt, daß die Auffassung dieser Szenen als regressiver Phantasien manche tatsächlichen Momente zu ihrer Unterstützung anrufen kann. Vor allem das eine: Diese Infantilszenen werden in der Kur – soweit meine Erfahrung bis jetzt reicht – nicht als Erinnerungen reproduziert, sie sind Ergebnisse der Konstruktion. Gewiß wird manchem der Streit schon durch dieses eine Zugeständnis entschieden scheinen.

Ich möchte nicht mißverstanden werden. Jeder Analytiker weiß und hat es unzählige Male erfahren, daß in einer gelungenen Kur der Patient eine ganze Anzahl spontaner Erinnerungen aus seinen Kinderjahren mitteilt, an deren Auftauchen – vielleicht erstmaligem Auftauchen – der Arzt sich völlig unschuldig fühlt, indem er durch keinerlei Konstruktionsversuch dem Kranken einen ähnlichen Inhalt nahegelegt hat. Diese vorher unbewußten Erinnerungen müssen nicht einmal immer wahr sein; sie können es sein, aber sie sind oft gegen die Wahrheit entstellt, mit phantasierten Elementen durchsetzt, ganz ähnlich wie die spontan erhalten gebliebenen sogenannten Deckerinnerungen. Ich will nur sagen: Szenen, wie die bei meinem Patienten, aus so früher Zeit und mit solchem Inhalt, die dann eine so außerordentliche Bedeutung für die Geschichte des Falles beanspruchen, werden in der Regel nicht als Erinnerungen reproduziert, sondern müssen schrittweise und mühselig aus einer Summe von Andeutungen erraten – konstruiert – werden. Es reicht auch für das Argument hin, wenn ich zugebe, daß solche Szenen bei den Fällen von Zwangsneurose nicht als Erinnerung bewußt werden, oder wenn ich die Angabe auf den einen Fall, den wir hier studieren, beschränke.

Ich bin nun nicht der Meinung, daß diese Szenen notwendigerweise Phantasien sein müßten, weil sie nicht als Erinnerungen wiederkommen. Es scheint mir durchaus der Erinnerung gleichwertig, daß sie sich – wie in unserem Falle – durch Träume ersetzen, deren Analyse regelmäßig zu derselben Szene zurückführt, die in unermüdlicher Umarbeitung jedes Stück ihres Inhalts reproduzieren. Träumen ist ja auch ein Erinnern, wenn auch unter den Bedingungen der Nachtzeit und der Traumbildung. Durch diese Wiederkehr in Träumen erkläre ich mir, daß sich bei den Patienten selbst allmählich eine sichere Überzeugung von der Realität dieser Urszenen bildet, eine Überzeugung, die der auf Erinnerung gegründeten in nichts nachsteht.[38]

Die Gegner brauchen freilich den Kampf gegen diese Argumente nicht als aussichtslos aufzugeben. Träume sind bekanntlich lenkbar.[39] Und die Überzeugung des Analysierten kann ein Erfolg der Suggestion sein, für die immer noch eine Rolle im Kräftespiel der analytischen Behandlung gesucht wird. Der Psychotherapeut alten Schlages würde seinem Patienten suggerieren, daß er gesund ist, seine Hemmungen überwunden hat u. dgl.; der Psychoanalytiker aber, daß er als Kind dies oder jenes Erlebnis gehabt hat, das er jetzt erinnern müsse, um gesund zu werden. Das wäre der Unterschied zwischen beiden.

Machen wir uns klar, daß dieser letzte Erklärungsversuch der Gegner auf eine weit gründlichere Erledigung der Infantilszenen hinausläuft, als anfangs angekündigt wurde. Sie sollten nicht Wirklichkeiten sein, sondern Phantasien. Nun wird es offenbar: nicht Phantasien des Kranken, sondern des Analytikers selbst, die er aus irgendwelchen persönlichen Komplexen dem Analysierten aufdrängt. Der Analytiker freilich, der diesen Vorwurf hört, wird sich zu seiner Beruhigung vorführen, wie allmählich die Konstruktion dieser angeblich von ihm eingegebenen Phantasie zustande gekommen ist, wie unabhängig sich doch deren Ausgestaltung in vielen Punkten von der ärztlichen Anregung benommen hat, wie von einer gewissen Phase der Behandlung an alles auf sie hin zu konvergieren schien und wie nun in der Synthese die verschiedensten merkwürdigen Erfolge von ihr ausstrahlen, wie die großen und die klein-

38 Wie frühzeitig ich mich mit diesem Problem beschäftigt habe, mag eine Stelle aus der ersten Auflage meiner *Traumdeutung* (1900) beweisen. Dort heißt es S. 126 [Kap. V, der erste der »harmlosen« Träume am Ende des Abschnitts A.] zur Analyse der in einem Traum vorkommenden Rede: *Das ist nicht mehr zu haben*, diese Rede stammt von mir selbst; ich hatte ihr einige Tage vorher erklärt, »daß die ältesten Kindererlebnisse *nicht mehr* als solche *zu haben sind*, sondern durch ›Übertragungen‹ und Träume in der Analyse ersetzt werden.«

39 Der Mechanismus des Traumes kann nicht beeinflußt werden, aber das Traummaterial läßt sich partiell kommandieren.

sten Probleme und Sonderbarkeiten der Krankengeschichte ihre Lösung in der einen Annahme fänden, und wird geltend machen, daß er sich nicht den Scharfsinn zutraut, eine Begebenheit auszuhecken, welche alle diese Ansprüche in einem erfüllen kann. Aber auch dieses Plädoyer wird nicht auf den anderen Teil wirken, der die Analyse nicht selbst erlebt hat. Raffinierte Selbsttäuschung – wird es von der einen Seite lauten, Stumpfheit der Beurteilung – von der anderen; eine Entscheidung wird nicht zu fällen sein.

Wenden wir uns zu einem anderen Moment, welches die gegnerische Auffassung der konstruierten Infantilszenen unterstützt. Es ist folgendes: Alle die Prozesse, welche zur Aufklärung dieser fraglichen Bildungen als Phantasien herangezogen worden sind, bestehen wirklich und sind als bedeutungsvoll anzuerkennen. Die Abwendung des Interesses von den Aufgaben des realen Lebens,[40] die Existenz von Phantasien als Ersatzbildungen für die unterlassenen Aktionen, die regressive Tendenz, die sich in diesen Schöpfungen ausspricht – regressiv in mehr als einem Sinne, insofern gleichzeitig ein Zurückweichen vor dem Leben und ein Zurückgreifen auf die Vergangenheit eintritt –, all das trifft zu und läßt sich regelmäßig durch die Analyse bestätigen. Man sollte meinen, es würde auch hinreichen, die in Rede stehenden angeblichen frühinfantilen Reminiszenzen aufzuklären, und diese Erklärung hätte nach den ökonomischen Prinzipien der Wissenschaft das Vorrecht vor einer anderen, die ohne neue und befremdliche Annahmen nicht ausreichen kann.

Ich gestatte mir, an dieser Stelle darauf aufmerksam zu machen, daß die Widersprüche in der heutigen psychoanalytischen Literatur gewöhnlich nach dem Prinzip des *pars pro toto* angefertigt werden. Man greift aus einem hoch zusammengesetzten Ensemble einen Anteil der wirksamen Faktoren heraus, proklamiert diesen als die Wahrheit und

40 Ich ziehe aus guten Gründen vor zu sagen: Die Abwendung der *Libido* von den aktuellen *Konflikten*.

widerspricht nun zu dessen Gunsten dem anderen Anteil und dem Ganzen. Sieht man etwa näher zu, welcher Gruppe dieser Vorzug zugefallen ist, so findet man, es ist die, welche das bereits anderswoher Bekannte enthält oder sich am ehesten ihm anschließt. So bei Jung die Aktualität und die Regression, bei Adler die egoistischen Motive. Zurückgelassen, als Irrtum verworfen, wird aber gerade das, was an der Psychoanalyse neu ist und ihr eigentümlich zukommt. Auf diesem Wege lassen sich die revolutionären Vorstöße der unbequemen Psychoanalyse am leichtesten zurückweisen.

Es ist nicht überflüssig hervorzuheben, daß keines der Momente, welche die gegnerische Auffassung zum Verständnis der Kindheitsszenen heranzieht, von Jung als Neuheit gelehrt zu werden brauchte. Der aktuelle Konflikt, die Abwendung von der Realität, die Ersatzbefriedigung in der Phantasie, die Regression auf Material der Vergangenheit, dies alles hat, und zwar in der nämlichen Zusammenfügung, vielleicht mit geringer Abänderung der Terminologie, von jeher einen integrierenden Bestandteil meiner eigenen Lehre gebildet. Es war nicht das Ganze derselben, nur der Anteil der Verursachung, der von der Realität her zur Neurosenbildung in regressiver Richtung einwirkt. Ich habe daneben noch Raum gelassen für einen zweiten progredienten Einfluß, der von den Kindheitseindrücken her wirkt, der vom Leben zurückweichenden Libido den Weg weist und die sonst unerklärliche Regression auf die Kindheit verstehen läßt. So wirken die beiden Momente nach meiner Auffassung bei der Symptombildung zusammen, aber ein früheres Zusammenwirken scheint mir ebenso bedeutungsvoll. Ich behaupte, daß *der Kindheitseinfluß sich bereits in der Anfangssituation der Neurosenbildung fühlbar macht, indem er in entscheidender Weise mitbestimmt, ob und an welcher Stelle das Individuum in der Bewältigung der realen Probleme des Lebens versagt.*

Im Streit steht also die Bedeutung des infantilen Moments. Die Aufgabe geht dahin, einen Fall zu finden, der diese Bedeutung, jedem Zweifel entzogen, erweisen kann.

Ein solcher ist aber der Krankheitsfall, den wir hier so ausführlich behandeln, der durch den Charakter ausgezeichnet ist, daß der Neurose im späteren Leben eine Neurose in frühen Jahren der Kindheit vorhergeht. Gerade darum hatte ich ja diesen Fall zur Mitteilung gewählt. Sollte jemand ihn etwa darum ablehnen wollen, weil ihm die Tierphobie nicht wichtig genug erscheint, um als selbständige Neurose anerkannt zu werden, so will ich ihn darauf verweisen, daß ohne Intervall an diese Phobie ein Zwangszeremoniell, Zwangshandlungen und Gedanken anschließen, von denen in den folgenden Abschnitten dieser Schrift die Rede sein wird.

Eine neurotische Erkrankung im vierten oder fünften Jahr der Kindheit beweist vor allem, daß die infantilen Erlebnisse für sich allein imstande sind, eine Neurose zu produzieren, ohne daß es dazu der Flucht vor einer im Leben gestellten Aufgabe bedürfte. Man wird einwenden, daß auch an das Kind unausgesetzt Aufgaben herantreten, denen es sich vielleicht entziehen möchte. Das ist richtig, aber das Leben eines Kindes vor der Schulzeit ist leicht zu übersehen, man kann ja untersuchen, ob sich eine die Verursachung der Neurose bestimmende »Aufgabe« darin findet. Man entdeckt aber nichts anderes als Triebregungen, deren Befriedigung dem Kind unmöglich, deren Bewältigung es nicht gewachsen ist, und die Quellen, aus denen diese fließen.

Die enorme Verkürzung des Intervalls zwischen dem Ausbruch der Neurose und der Zeit der in Rede stehenden Kindheitserlebnisse läßt, wie zu erwarten stand, das regressive Stück der Verursachung aufs äußerste einschrumpfen und bringt den progredienten Anteil derselben, den Einfluß früherer Eindrücke, unverdeckt zum Vorschein. Von diesem Verhältnis wird diese Krankengeschichte, wie ich hoffe, ein deutliches Bild geben. Auf die Frage nach der Natur der Urszenen oder frühesten in der Analyse eruierten Kindheitserlebnisse gibt die Kindheitsneurose noch aus anderen Gründen eine entscheidende Antwort.

Nehmen wir als unwidersprochene Voraussetzung an,

daß eine solche Urszene technisch richtig entwickelt worden sei, daß sie unerläßlich sei zur zusammenfassenden Lösung aller Rätsel, welche uns die Symptomatik der Kindheitserkrankung aufgibt, daß alle Wirkungen von ihr ausstrahlen, wie alle Fäden der Analyse zu ihr hingeführt haben, so ist es mit Rücksicht auf ihren Inhalt unmöglich, daß sie etwas anderes sei als die Reproduktion einer vom Kinde erlebten Realität. Denn das Kind kann wie auch der Erwachsene Phantasien nur produzieren mit irgendwo erworbenem Material; die Wege dieser Erwerbung sind dem Kinde zum Teil (wie die Lektüre) verschlossen, der für die Erwerbung zu Gebote stehende Zeitraum ist kurz und leicht nach solchen Quellen zu durchforschen.

In unserem Falle enthählt die Urszene das Bild des geschlechtlichen Verkehrs zwischen den Eltern in einer für gewisse Beobachtungen besonders günstigen Stellung. Es würde nun gar nichts für die Realität dieser Szene beweisen, wenn wir sie bei einem Kranken fänden, dessen Symptome, also die Wirkungen der Szene, irgendwann in seinem späteren Leben hervorgetreten wären. Ein solcher kann zu den verschiedensten Zeitpunkten des langen Intervalls die Eindrücke, Vorstellungen und Kenntnisse erworben haben, die er dann in ein Phantasiebild verwandelt, in seine Kindheit zurückprojiziert und an seine Eltern heftet. Aber wenn die Wirkungen einer solchen Szene im vierten und fünften Lebensjahr hervortreten, so muß das Kind diese Szene in noch früherem Alter mitangesehen haben. Dann bleiben aber alle die befremdenden Folgerungen aufrecht, die sich uns aus der Analyse der infantilen Neurose ergeben haben. Es sei denn, es wolle jemand annehmen, der Patient habe nicht nur diese Urszene unbewußt phantasiert, sondern ebenso seine Charakterveränderung, seine Wolfsangst und seinen religiösen Zwang konfabuliert, welcher Auskunft aber sein sonstiges nüchternes Wesen und die direkte Tradition in seiner Familie widersprechen würde. Es muß also dabei bleiben – ich sehe keine andere Möglichkeit –, entweder ist die von seiner Kindheitsneurose ausgehende Analyse überhaupt ein Wahnwitz, oder es ist alles so richtig, wie ich es oben dargestellt habe.

Wir haben an einer früheren Stelle auch an der Zweideutigkeit Anstoß genommen, daß des Patienten Vorliebe für die weiblichen Nates und für den Koitus in derjenigen Stellung, bei der diese besonders hervortreten, eine Ableitung von dem beobachteten Koitus der Eltern zu fordern schien, während doch solche Bevorzugung ein allgemeiner Zug der zur Zwangsneurose disponierten archaischen Konstitutionen ist. Hier bietet sich eine naheliegende Auskunft, die den Widerspruch als Überdeterminierung löst. Die Person, an welcher er diese Position beim Koitus beobachtet, war doch sein leiblicher Vater, von dem er diese konstitutionelle Vorliebe auch ererbt haben konnte. Weder die spätere Krankheit des Vaters noch die Familiengeschichte sprechen dagegen; ein Vatersbruder ist, wie bereits erwähnt, in einem Zustand gestorben, der als Ausgang eines schweren Zwangsleidens aufgefaßt werden muß.

Wir erinnern uns in diesem Zusammenhange, daß die Schwester bei der Verführung des 3¼jährigen[41] Knaben gegen die brave alte Kinderfrau die sonderbare Verleumdung ausgesprochen, sie stelle alle Leute auf den Kopf und greife ihnen dann an die Genitalien. Es mußte sich uns da die Idee aufdrängen, daß vielleicht auch die Schwester in ähnlich zartem Alter dieselbe Szene mitangesehen wie später der Bruder und sich daher die Anregung für das Auf-den-Kopf-Stellen beim sexuellen Akt geholt hätte. Diese Annahme brächte auch einen Hinweis auf eine Quelle ihrer eigenen sexuellen Voreiligkeit.

[Ich[42] hatte ursprünglich nicht die Absicht, die Diskussion über den Realwert der »Urszenen« an dieser Stelle weiter zu führen, aber da ich unterdes veranlaßt worden bin, dieses Thema in meinen *Vorlesungen zur Einführung in die Psychoanalyse*[43] in breiterem Zusammenhange und nicht mehr in polemischer Absicht zu behandeln, so wäre es irre-

41 [In den Ausgaben vor 1924 hieß es »3½jährigen«.]

42 [Eckige Klammer von Freud selbst. S. den Schluß der Anmerkung 1.]

43 [23. Vorlesung; siehe im vorliegenden Band unserer Ausgabe.]

führend, wollte ich die Anwendung der dort bestimmenden Gesichtspunkte auf den uns hier vorliegenden Fall unterlassen. Ich setze also ergänzend und berichtigend fort: Es ist doch noch eine andere Auffassung der dem Traume zugrunde liegenden Urszene möglich, welche die vorhin getroffene Entscheidung um ein gutes Stück ablenkt und uns mancher Schwierigkeiten überhebt. Die Lehre, welche die Infantilszenen zu regressiven Symbolen herabdrücken will, wird zwar auch bei dieser Modifikation nichts gewinnen; sie scheint mir überhaupt durch diese – wie durch jede andere – Analyse einer Kinderneurose endgültig erledigt.

Ich meine nämlich, man kann sich den Sachverhalt auch in folgender Art zurechtlegen. Auf die Annahme, daß das Kind einen Koitus beobachtet, durch dessen Anblick es die Überzeugung gewonnen, daß die Kastration mehr sein könne als eine leere Drohung, können wir nicht verzichten; auch läßt uns die Bedeutung, welche späterhin den Stellungen von Mann und Weib für die Angstentwicklung und als Liebesbedingung zukommt, keine andere Wahl, als zu schließen, es müsse ein *coitus a tergo, more ferarum,* gewesen sein. Aber ein anderes Moment ist nicht so unersetzlich und mag fallengelassen werden. Es war vielleicht nicht ein Koitus der Eltern, sondern ein Tierkoitus, den das Kind beobachtet und dann auf die Eltern geschoben, als ob es erschlossen hätte, die Eltern machten es auch nicht anders.

Dieser Auffassung kommt vor allem zugute, daß die Wölfe des Traumes ja eigentlich Schäferhunde sind und auch in der Zeichnung als solche erscheinen. Kurz vor dem Traum war der Knabe wiederholt zu den Schafherden mitgenommen worden, wo er solche große weiße Hunde sehen und sie wahrscheinlich auch beim Koitus beobachten konnte. Ich möchte auch die Dreizahl, die der Träumer ohne jede weitere Motivierung hinstellte, hieher beziehen und annehmen, es sei ihm im Gedächtnis geblieben, daß er drei solcher Beobachtungen an den Schäferhunden gemacht. Was in der erwartungsvollen Erregtheit seiner Traumnacht hinzukam, war dann die Übertragung des kürzlich gewonnenen Erinnerungsbildes mit *allen* seinen Einzelheiten auf die Eltern, wodurch aber erst jene mächtigen Affektwirkungen ermöglicht wurden. Es gab jetzt ein nachträgliches Verständnis jener vielleicht vor wenigen Wochen oder Monaten empfangenen Eindrücke, ein Vorgang, wie ihn vielleicht jeder von uns an sich selbst erlebt haben mag. Die Übertragung von den koitierenden Hunden auf die Eltern vollzog sich nun nicht mittels eines an Worte gebundenen Schlußverfahrens, sondern indem eine reale Szene vom Beisammensein der Eltern in der Erinnerung aufgesucht wurde, welche sich mit der Koitussituation verschmelzen ließ. Alle in der Traumanalyse behaupteten Details der Szene mochten genau reproduziert sein. Es war wirklich an einem Sommernachmittag, während das Kind an Malaria litt, die Eltern waren in weißer Kleidung beide anwesend, als das Kind aus seinem Schlaf erwachte, aber – die Szene war harmlos. Das Übrige hatte der spätere Wunsch des Wißbegierigen, auch die Eltern bei ihrem Liebesverkehr zu belauschen, auf Grund seiner Erfahrungen an den Hunden hinzugefügt, und nun entfaltete die so phantasierte Szene alle die Wirkungen, die wir ihr nachgesagt haben, die nämlichen, als ob sie durchaus real gewesen und nicht aus zwei Bestandteilen, einem früheren indifferenten und einem späteren, höchst eindrucksvollen, zusammengekleistert worden wäre.

Es ist sofort ersichtlich, um wieviel das Maß der uns zugemuteten Glaubensleistung erleichtert wird. Wir brauchen nicht mehr anzunehmen, daß die Eltern den Koitus in Gegenwart des, wenn auch sehr jugendlichen, Kindes vollzogen haben, was für viele von uns eine unliebsame Vorstellung ist. Der Betrag der Nachträglichkeit wird sehr herabgesetzt; sie bezieht sich jetzt nur auf einige Monate des vierten Lebensjahres und greift überhaupt nicht in die dunklen ersten Kindheitsjahre zurück. An dem Verhalten des Kindes, welches von den Hunden auf die Eltern überträgt und sich vor dem Wolf anstatt vor dem Vater fürchtet, bleibt kaum etwas Befremdliches. Es befindet sich ja in der Entwicklungsphase seiner Weltanschauung, die in

Totem und Tabu[44] als die Wiederkehr des Totemismus gekennzeichnet worden ist. Die Lehre, welche die Urszenen der Neurosen durch Zurückphantasieren aus späteren Zeiten aufklären will, scheint in unserer Beobachtung trotz des zarten Alters von vier Jahren bei unserem Neurotiker eine starke Unterstützung zu finden. So jung er ist, so hat er es doch zustande gebracht, einen Eindruck aus dem vierten Jahr durch ein phantasiertes Trauma mit 1½ Jahren zu ersetzen; diese Regression erscheint aber weder rätselhaft noch tendenziös. Die Szene, die herzustellen war, mußte gewisse Bedingungen erfüllen, welche infolge der Lebensumstände des Träumers gerade nur in dieser frühen Zeit zu finden waren, wie z. B. die eine, daß er sich im Schlafzimmer der Eltern im Bette befand.

Für die Richtigkeit der hier vorgeschlagenen Auffassung wird es aber den meisten Lesern geradezu entscheidend scheinen, was ich aus den analytischen Ergebnissen an anderen Fällen hinzugeben kann. Die Szene einer Beobachtung des Sexualverkehrs der Eltern in sehr früher Kindheit – sei sie nun reale Erinnerung oder Phantasie – ist in den Analysen neurotischer Menschenkinder wahrlich keine Seltenheit. Vielleicht findet sie sich ebenso häufig bei den nicht neurotisch Gewordenen. Vielleicht gehört sie zum regelmäßigen Bestand ihres – bewußten oder unbewußten – Erinnerungsschatzes. So oft ich aber eine solche Szene durch Analyse entwickeln konnte, zeigte sie dieselbe Eigentümlichkeit, die uns auch bei unserem Patienten stutzig machte, sie bezog sich auf den *coitus a tergo*, der allein dem Zuschauer die Inspektion der Genitalien ermöglicht. Da braucht man wohl nicht länger zu bezweifeln, daß es sich nur um eine Phantasie handelt, die vielleicht regelmäßig durch die Beobachtung des tierischen Sexualverkehrs angeregt wird. Ja noch mehr; ich habe angedeutet, daß meine Darstellung der »Urszene« unvollständig geblieben ist, indem ich mir für später aufsparte mitzuteilen, auf welche Weise das Kind den Verkehr der Eltern stört. Ich muß

44 [Aufsatz IV; vgl. in Band 1 der vorliegenden Ausgabe.]

jetzt hinzufügen, daß auch die Art dieser Störung in allen Fällen die nämliche ist.

Ich kann mir denken, daß ich mich jetzt schweren Verdächtigungen von seiten der Leser dieser Krankengeschichte ausgesetzt habe. Wenn mir diese Argumente zugunsten einer solchen Auffassung der »Urszene« zu Gebote standen, wie könnte ich es überhaupt verantworten, zuerst eine so absurd erscheinende andere zu vertreten? Oder sollte ich im Intervall zwischen der ersten Niederschrift der Krankengeschichte und diesem Zusatz jene neuen Erfahrungen gemacht haben, die mich zur Abänderung meiner anfänglichen Auffassung genötigt haben, und wollte dies aus irgendwelchen Motiven nicht eingestehen? Ich gestehe dafür etwas anderes ein: daß ich die Absicht habe, die Diskussion über den Realwert der Urszene diesmal mit einem *non liquet*[45] zu beschließen. Diese Krankengeschichte ist noch nicht zu Ende; in ihrem weiteren Verlauf wird ein Moment auftauchen, welches die Sicherheit stört, deren wir uns jetzt zu erfreuen glauben. Dann wird wohl nichts anderes übrig bleiben als der Verweis auf die Stellen in meinen *Vorlesungen*, in denen ich das Problem der Urphantasien oder Urszenen behandelt habe.

VI
Die Zwangsneurose

Zum dritten Mal erfuhr er nun eine Beeinflussung, die seine Entwicklung in entscheidender Weise abänderte. Als er 4½ Jahre alt war und sein Zustand von Reizbarkeit und Ängstlichkeit sich noch immer nicht gebessert hatte, entschloß sich die Mutter, ihn mit der biblischen Geschichte bekannt zu machen, in der Hoffnung, ihn so abzulenken und zu erheben. Es gelang ihr auch, die Einführung der Religion machte der bisherigen Phase ein Ende, brachte

45 [»es ist nicht klar«; aus römischer Zeit stammende Formel für den Freispruch mangels Beweise.]

aber eine Ablösung der Angstsymptome durch Zwangssymptome mit sich. Er hatte bisher nicht leicht einschlafen können, weil er fürchtete, ähnlich schlechte Dinge zu träumen wie in jener Nacht vor Weihnachten: er mußte jetzt vor dem Zubettgehen alle Heiligenbilder im Zimmer küssen, Gebete hersagen und ungezählte Kreuze über seine Person und sein Lager schlagen.

Seine Kindheit gliedert sich uns nun übersichtlich in folgende Epochen: erstens die Vorzeit bis zur Verführung (3¼ J.), in welche die Urszene fällt, zweitens die Zeit der Charakterveränderung bis zum Angsttraum (4 J.), drittens die Tierphobie bis zur Einführung in die Religion (4½ J.), und von da an die der Zwangsneurose bis nach dem zehnten Jahr. Eine momentane und glatte Ersetzung einer Phase durch die nächstfolgende liegt weder in der Natur der Verhältnisse, noch in der unseres Patienten, für den im Gegenteil die Erhaltung alles Vorangegangenen und die Koexistenz der verschiedenartigsten Strömungen charakteristisch waren. Die Schlimmheit schwand nicht, als die Angst auftrat, und setzte sich langsam abnehmend in die Zeit der Frömmigkeit fort. Von der Wolfsphobie ist aber in dieser letzten Phase nicht mehr die Rede. Die Zwangsneurose verlief diskontinuierlich; der erste Anfall war der längste und intensivste, andere traten zu acht und zehn Jahren auf, jedesmal nach Veranlassungen, die in ersichtlicher Beziehung zum Inhalt der Neurose standen. Die Mutter erzählte ihm die heilige Geschichte selbst und ließ ihm außerdem durch die Nanja aus einem Buch, das mit Illustrationen geschmückt war, darüber vorlesen. Das Hauptgewicht bei der Mitteilung fiel natürlich auf die Passionsgeschichte. Die Nanja, die sehr fromm und abergläubisch war, gab ihre Erläuterungen dazu, mußte aber auch alle Einwendungen und Zweifel des kleinen Kritikers anhören. Wenn die Kämpfe, die ihn nun zu erschüttern begannen, schließlich in einen Sieg des Glaubens ausliefen, so war der Einfluß der Nanja nicht unbeteiligt daran.

Was er mir als Erinnerung von seinen Reaktionen auf die Einführung in die Religion mitteilte, traf zunächst auf meinen entschiedenen Unglauben. Das konnten, meinte ich, nicht die Gedanken eines $4\frac{1}{2}$- bis 5jährigen Kindes sein; wahrscheinlich schob er in diese frühe Vergangenheit zurück, was aus dem Nachdenken des bald 30jährigen Erwachsenen entsprang.[46] Allein der Patient wollte von dieser Korrektur nichts wissen; es gelang nicht, ihn wie bei so vielen anderen Urteilsverschiedenheiten zwischen uns zu überführen; der Zusammenhang seiner erinnerten Gedanken mit seinen berichteten Symptomen sowie deren Einfügung in seine sexuelle Entwicklung nötigten mich schließlich, vielmehr ihm Glauben zu schenken. Ich sagte mir dann auch, daß gerade die Kritik gegen die Lehren der Religion, die ich dem Kinde nicht zutrauen wollte, nur von einer verschwindenden Minderzahl der Erwachsenen zustande gebracht wird.

Ich werde nun das Material seiner Erinnerungen vorbringen und erst dann nach einem Weg suchen, der zum Verständnis desselben führt.

Der Eindruck, den er von der Erzählung der heiligen Geschichte empfing, war, wie er berichtet, anfangs kein angenehmer. Er sträubte sich zuerst gegen den Leidenscharakter der Person Christi, dann gegen den ganzen Zusammenhang seiner Geschichte. Er richtete seine unzufriedene Kritik gegen Gottvater. Wenn er allmächtig sei, so sei es seine Schuld, daß die Menschen schlecht seien und andere quälen, wofür sie dann in die Hölle kommen. Er hätte sie gut machen sollen; er sei selbst verantwortlich für alles Schlechte und alle Qualen. Er nahm Anstoß an dem Gebot, die andere Wange hinzuhalten,[47] wenn man einen

46 Ich machte auch wiederholt den Versuch, die Geschichte des Kranken wenigstens um ein Jahr vorzuschieben, also die Verführung auf $4\frac{1}{4}$ Jahre, den Traum auf den fünften Geburtstag usw. zu verlegen. An den Intervallen war ja nichts zu gewinnen, allein der Patient blieb auch hierin unbeugsam, ohne mich übrigens vom letzten Zweifel daran befreien zu können. Für den Eindruck, den seine Geschichte macht, und alle daran geknüpften Erörterungen und Folgerungen wäre ein solcher Aufschub um ein Jahr offenbar gleichgültig.

47 [Zu diesem Gebot aus der Bergpredigt siehe Ev. Matthäus, Kap. 5, Vers 39.]

Schlag auf die eine empfangen habe, daran, daß Christus am Kreuz[48] gewünscht habe, der Kelch solle an ihm vorübergehen, aber auch daran, daß kein Wunder geschehen sei, um ihn als Gottes Sohn zu erweisen. So war also sein Scharfsinn geweckt und wußte mit unerbittlicher Strenge die Schwächen der heiligen Dichtung auszuspüren.

Zu dieser rationalistischen Kritik gesellten sich aber sehr bald Grübeleien und Zweifel, die uns die Mitarbeit geheimer Regungen verraten können. Eine der ersten Fragen, die er an die Nanja richtete, war, ob Christus auch einen Hintern gehabt habe. Die Nanja gab die Auskunft, er sei ein Gott gewesen und auch ein Mensch. Als Mensch habe er alles gehabt und getan wie die anderen Menschen. Das befriedigte ihn nun gar nicht, aber er wußte sich selbst zu trösten, indem er sich sagte, der Hintere sei ja nur die Fortsetzung der Beine. Die kaum beschwichtigte Angst, die heilige Person erniedrigen zu müssen, flammte wieder auf, als ihm die Frage auftauchte, ob Christus auch geschissen habe. Die Frage getraute er sich nicht, der frommen Nanja vorzulegen, aber er fand selbst eine Ausflucht, die sie ihm nicht hätte besser zeigen können. Da Christus Wein aus dem Nichts gemacht, hätte er auch das Essen zu nichts machen und sich so die Defäkation ersparen können.

Wir werden uns dem Verständnis dieser Grübeleien nähern, wenn wir an ein vorhin besprochenes Stück seiner Sexualentwicklung anknüpfen. Wir wissen, daß sich sein Sexualleben seit der Zurückweisung durch die Nanja und die damit verbundene Unterdrückung der beginnenden Genitalbetätigung nach den Richtungen des Sadismus und Masochismus entwickelt hatte. Er quälte, mißhandelte kleine Tiere, phantasierte vom Schlagen der Pferde, anderseits vom Geschlagenwerden des Thronfolgers.[49] Im Sadismus

48 [Vor seiner Gefangennahme am Ölberg betete Jesus: »Mein Vater, wenn dieser Kelch nicht an mir vorübergehen kann, ohne daß ich ihn trinke, geschehe dein Wille« (Ev. Matthäus, Kap. 26, Vers 39 und 42). – Die Verwechslung mit Jesus am Kreuz stammte, wie Freud mitteilte, vom Wolfsmann selbst.]

49 Besonders von Schlägen auf den Penis.

hielt er die uralte Identifizierung mit dem Vater aufrecht, im Masochismus hatte er sich diesen zum Sexualobjekt erkoren. Er befand sich voll in einer Phase der prägenitalen Organisation, in welcher ich die Disposition zur Zwangsneurose[50] erblicke. Durch die Einwirkung jenes Traumes, der ihn unter den Einfluß der Urszene brachte, hätte er den Fortschritt zur genitalen Organisation machen und seinen Masochismus gegen den Vater in feminine Einstellung gegen ihn, in Homosexualität, verwandeln können. Allein dieser Traum brachte den Fortschritt nicht, er ging in Angst aus. Das Verhältnis zum Vater, das von dem Sexualziel, von ihm gezüchtigt zu werden, zum nächsten Ziel hätte führen sollen, vom Vater koitiert zu werden wie ein Weib, wurde durch den Einspruch seiner narzißtischen Männlichkeit auf eine noch primitivere Stufe zurückgeworfen und unter Verschiebung auf einen Vaterersatz als Angst, vom Wolf gefressen zu werden, abgespalten, aber keineswegs auf diese Weise erledigt. Vielmehr können wir dem kompliziert erscheinenden Sachverhalt nur gerecht werden, wenn wir an der Koexistenz der drei auf den Vater zielenden Sexualstrebungen festhalten. Er war vom Traume an im Unbewußten homosexuell, in der Neurose auf dem Niveau des Kannibalismus; herrschend blieb die frühere masochistische Einstellung. Alle drei Strömungen hatten passive Sexualziele; es war dasselbe Objekt, die nämliche Sexualregung, aber es hatte sich eine Spaltung derselben nach drei verschiedenen Niveaus herausgebildet.

Die Kenntnis der heiligen Geschichte gab ihm nun die Möglichkeit, die vorherrschende masochistische Einstellung zum Vater zu sublimieren. Er wurde Christus, was ihm durch den gleichen Geburtstag besonders erleichtert war. Damit war er etwas Großes geworden und auch – worauf vorläufig noch nicht genug Akzent fiel – ein Mann. In dem Zweifel, ob Christus einen Hintern haben kann, schimmert die verdrängte homosexuelle Einstellung durch,

50 [Vgl. *Die Disposition zur Zwangsneurose;* in Band 1 der vorliegenden Ausgabe.]

denn die Grübelei konnte nichts anderes bedeuten als die Frage, ob er vom Vater gebraucht werden könne wie ein Weib, wie die Mutter in der Urszene. Wenn wir zur Auflösung der anderen Zwangsideen kommen, werden wir diese Deutung bestätigt finden. Der Verdrängung der passiven Homosexualität entsprach nun das Bedenken, daß es schimpflich sei, die heilige Person mit solchen Zumutungen in Verbindung zu bringen. Man merkt, er bemühte sich, seine neue Sublimierung von dem Zusatz freizuhalten, den sie aus den Quellen des Verdrängten bezog. Aber es gelang ihm nicht.

Wir verstehen es noch nicht, warum er sich nun auch gegen den passiven Charakter Christi und gegen die Mißhandlung durch den Vater sträubte, und damit auch sein bisheriges masochistisches Ideal, selbst in seiner Sublimierung, zu verleugnen begann. Wir dürfen annehmen, daß dieser zweite Konflikt dem Hervortreten der erniedrigenden Zwangsgedanken aus dem ersten Konflikt (zwischen herrschender masochistischer und verdrängter homosexueller Strömung) besonders günstig war, denn es ist nur natürlich, daß sich in einem seelischen Konflikt alle Gegenstrebungen, wenn auch aus den verschiedensten Quellen, miteinander summieren. Das Motiv seines Sträubens und somit der an der Religion geübten Kritik werden wir aus neuen Mitteilungen kennenlernen.

Aus den Mitteilungen über die heilige Geschichte hatte auch seine Sexualforschung Gewinn gezogen. Bisher hatte er keinen Grund zur Annahme gehabt, daß die Kinder nur von der Frau kommen. Im Gegenteile, die Nanja hatte ihn glauben lassen, er sei das Kind des Vaters, die Schwester das der Mutter, und diese nähere Beziehung zum Vater war ihm sehr wertvoll gewesen. Nun hörte er, daß Maria die Gottesgebärerin hieß. Also kamen die Kinder von der Frau und die Angabe der Nanja war nicht mehr zu halten. Ferner wurde er durch die Erzählungen irre gemacht, wer eigentlich der Vater Christi war. Er war geneigt, Josef dafür zu halten, denn er hörte ja, daß sie immer mitsammen gelebt hatten, aber die Nanja sagte: Josef war nur *wie* sein Vater, der eigentliche Vater sei Gott gewesen. Daraus konnte er nichts machen. Er verstand nur soviel: wenn man überhaupt darüber diskutieren konnte, so war das Verhältnis zwischen Vater und Sohn kein so inniges, wie er sich's immer vorgestellt hatte.

Der Knabe fühlte gewissermaßen die Gefühlsambivalenz gegen den Vater, die in allen Religionen niedergelegt ist, heraus und griff seine Religion wegen der Lockerung dieses Vaterverhältnisses an. Natürlich hörte seine Opposition bald auf, ein Zweifel an der Wahrheit der Lehre zu sein, und wandte sich dafür direkt gegen die Person Gottes. Gott hatte seinen Sohn hart und grausam behandelt, aber er war nicht besser gegen die Menschen. Er hatte seinen Sohn geopfert und dasselbe von Abraham gefordert.[51] Er begann Gott zu fürchten.

Wenn er Christus war, so war der Vater Gott. Aber der Gott, den ihm die Religion aufdrängte, war kein richtiger Ersatz für den Vater, den er geliebt hatte und den er sich nicht wollte rauben lassen. Die Liebe zu diesem Vater schuf ihm seinen kritischen Scharfsinn. Er wehrte sich gegen Gott, um am Vater festhalten zu können, verteidigte dabei eigentlich den alten Vater gegen den neuen. Er hatte da ein schwieriges Stück der Ablösung vom Vater zu vollbringen.

Es war also die alte, in frühester Zeit offenbar gewordene Liebe zu seinem Vater, der er die Energie zur Bekämpfung Gottes und den Scharfsinn zur Kritik der Religion entnahm. Aber anderseits war diese Feindseligkeit gegen den neuen Gott auch kein ursprünglicher Akt, sie hatte ein Vorbild in einer feindseligen Regung gegen den Vater, die unter dem Einfluß des Angsttraumes entstanden war, und war im Grunde nur ein Wiederaufleben derselben. Die beiden gegensätzlichen Gefühlsregungen, die sein ganzes späteres Leben regieren sollten, trafen sich hier zum Ambivalenzkampfe beim Thema der Religion. Was sich aus diesem Kampfe als Symptom ergab, die blasphemischen Ideen, der Zwang, der ihn überfiel, Gott – Dreck, Gott –

51 [Vgl. 1. Buch Mose, Kap. 22, Vers 1–19.]

Schwein zu denken, war darum auch ein richtiges Kompromißergebnis, wie die Analyse dieser Ideen im Zusammenhange der Analerotik uns zeigen wird.

Einige andere Zwangssymptome von minder typischer Art führen ebenso sicher auf den Vater, lassen aber auch den Zusammenhang der Zwangsneurose mit den früheren Zufällen erkennen.

Zu dem Frömmigkeitszeremoniell, mit dem er am Ende seine Gotteslästerungen sühnte, gehörte auch das Gebot, unter gewissen Bedingungen in feierlicher Weise zu atmen. Beim Kreuzeschlagen mußte er jedesmal tief einatmen oder stark aushauchen. Hauch ist in seiner Sprache gleich Geist. Das war also die Rolle des Heiligen Geistes. Er mußte den Heiligen Geist einatmen oder die bösen Geister, von denen er gehört und gelesen hatte,[52] ausatmen. Diesen bösen Geistern schrieb er auch die blasphemischen Gedanken zu, für die er sich soviel Buße auferlegen mußte. Er war aber genötigt auszuhauchen, wenn er Bettler, Krüppel, häßliche, alte, erbarmenswerte Leute sah, und diesen Zwang verstand er nicht, mit den Geistern zusammenzubringen. Er gab sich selbst nur die Rechenschaft, er tue es, um nicht zu werden wie diese.

Dann brachte die Analyse im Anschluß an einen Traum die Aufklärung, daß das Ausatmen beim Anblick der bedauernswerten Personen erst nach dem sechsten Jahre begonnen hatte und an den Vater anschloß. Er hatte den Vater lange Monate nicht gesehen, als die Mutter einmal sagte, sie würde mit den Kindern in die Stadt fahren und ihnen etwas zeigen, was sie sehr erfreuen würde. Sie brachte sie dann in ein Sanatorium, in dem sie den Vater wiedersahen; er sah schlecht aus und tat dem Sohne sehr leid. Der Vater war also auch das Urbild all der Krüppel, Bettler und Armen, vor denen er ausatmen mußte, wie er sonst das Urbild der Fratzen ist, die man in Angstzuständen sieht, und der Karikaturen, die man zum Hohne zeich-

52 Dies Symptom hatte sich, wie wir hören werden, mit dem sechsten Jahr, als er lesen konnte, entwickelt.

net. Wir werden noch an anderer Stelle erfahren, daß diese Mitleidseinstellung auf ein besonderes Detail der Urszene zurückgeht, welches so spät in der Zwangsneurose zur Wirkung kam.

Der Vorsatz, nicht zu werden wie diese, der sein Ausatmen vor den Krüppeln motivierte, war also die alte Vateridentifizierung, ins Negativ gewandelt. Doch kopierte er dabei den Vater auch im positiven Sinne, denn das starke Atmen war eine Nachahmung des Geräusches, das er beim Koitus vom Vater ausgehend gehört hatte.[53] Der Heilige Geist dankte seinen Ursprung diesem Zeichen der sinnlichen Erregung des Mannes. Durch die Verdrängung wurde dies Atmen zum bösen Geist, für den noch eine andere Genealogie bestand, die Malaria nämlich, an der er zur Zeit der Urszene gelitten hatte.

Die Ablehnung dieser bösen Geister entsprach einem unverkennbar asketischen Zug, der sich noch in anderen Reaktionen äußerte. Als er hörte, daß Christus einmal böse Geister in Säue gebannt hatte, die dann in einen Abgrund stürzten, dachte er daran, daß die Schwester in ihren ersten Kinderjahren vor seiner Erinnerung vom Klippenweg des Hafens an den Strand herabgerollt war. Sie war auch so ein böser Geist und eine Sau; von hier führte ein kurzer Weg zu Gott – Schwein. Der Vater selbst hatte sich als ebenso von Sinnlichkeit beherrscht erwiesen. Als er die Geschichte der ersten Menschen erfuhr, fiel ihm die Ähnlichkeit seines Schicksals mit dem Adams auf. Er wunderte sich heuchlerischerweise im Gespräch mit der Nanja, daß Adam sich durch ein Weib hatte ins Unglück stürzen lassen, und versprach der Nanja, er werde nie heiraten. Eine Verfeindung mit dem Weibe wegen der Verführung durch die Schwester schaffte sich um diese Zeit starken Ausdruck. Sie sollte ihn in seinem späteren Liebesleben noch oft genug stören. Die Schwester wurde ihm zur dauernden Verkörperung der Versuchung und der Sünde. Wenn er gebeichtet hatte, kam er sich rein und sündenfrei vor. Dann schien es ihm aber,

53 Die reale Natur der Urszene vorausgesetzt!

als ob die Schwester darauf lauerte, ihn wieder in Sünde zu stürzen, und ehe er sich's versah, hatte er eine Streitszene mit der Schwester provoziert, durch die er wieder sündig wurde. So war er genötigt, die Tatsache der Verführung immer wieder von Neuem zu reproduzieren. Seine blasphemischen Gedanken hatte er übrigens, so sehr sie ihn drückten, niemals in der Beichte preisgegeben.

Wir sind unversehens in die Symptomatik der späteren Jahre der Zwangsneurose geraten und wollen darum mit Hinwegsetzung über soviel, was dazwischen liegt, über ihren Ausgang berichten. Wir wissen schon, daß sie, von ihrem permanenten Bestand abgesehen, zeitweise Verstärkungen erfuhr, das eine Mal, was uns noch nicht durchsichtig sein kann, als ein Knabe in derselben Straße starb, mit dem er sich identifizieren konnte. Als er zehn Jahre alt war, bekam er einen deutschen Hofmeister, der sehr bald großen Einfluß auf ihn gewann. Es ist sehr lehrreich, daß seine ganze schwere Frömmigkeit dahinschwand, um nie wieder aufzuleben, nachdem er gemerkt und in belehrenden Gesprächen mit dem Lehrer erfahren hatte, daß dieser Vaterersatz keinen Wert auf Frömmigkeit legte und nichts von der Wahrheit der Religion hielt. Die Frömmigkeit fiel mit der Abhängigkeit vom Vater, der nun von einem neuen, umgänglicheren Vater abgelöst wurde. Dies geschah allerdings nicht ohne ein letztes Aufflackern der Zwangsneurose, von dem der Zwang besonders erinnert wurde, an die Heilige Dreieinigkeit zu denken, so oft er auf der Straße drei Häufchen Kot beisammenliegen sah. Er gab eben nie einer Anregung nach, ohne noch einen Versuch zu machen, das Entwertete festzuhalten. Als der Lehrer ihm von den Grausamkeiten gegen die kleinen Tiere abredete, machte er auch diesen Untaten ein Ende, aber nicht, ohne sich vorher noch einmal im Zerschneiden von Raupen gründlich genug getan zu haben. Er benahm sich noch in der analytischen Behandlung ebenso, indem er eine passagere[54] »negative Reaktion« entwickelte; nach jeder ein-

54 [vorübergehende.]

schneidenden Lösung versuchte er für eine kurze Weile, deren Wirkung durch eine Verschlechterung des gelösten Symptoms zu negieren. Man weiß, daß Kinder sich ganz allgemein ähnlich gegen Verbote benehmen. Wenn man sie angefahren hat, weil sie z. B. ein unleidliches Geräusch produzieren, so wiederholen sie es nach dem Verbot noch einmal, ehe sie damit aufhören. Sie haben dabei erreicht, daß sie anscheinend freiwillig aufgehört und dem Verbot getrotzt haben.

Unter dem Einfluß des deutschen Lehrers entstand eine neue und bessere Sublimierung seines Sadismus, der entsprechend der nahen Pubertät damals die Oberhand über den Masochismus gewonnen hatte. Er begann fürs Soldatenwesen zu schwärmen, für Uniformen, Waffen und Pferde, und nährte damit kontinuierliche Tagträume. So war er unter dem Einfluß eines Mannes von seinen passiven Einstellungen losgekommen und befand sich zunächst in ziemlich normalen Bahnen. Eine Nachwirkung der Anhänglichkeit an den Lehrer, der ihn bald darauf verließ, war es, daß er in seinem späteren Leben das deutsche Element (Ärzte, Anstalten, Frauen) gegen das heimische (Vertretung des Vaters) bevorzugte, woraus noch die Übertragung in der Kur großen Vorteil zog.

In die Zeit vor der Befreiung durch den Lehrer fällt noch ein Traum, den ich erwähne, weil er bis zu seinem Auftauchen in der Kur vergessen war. Er sah sich auf einem Pferd reitend von einer riesigen Raupe verfolgt. Er erkannte in dem Traum eine Anspielung auf einen früheren aus der Zeit vor dem Lehrer, den wir längst gedeutet hatten. In diesem früheren Traum sah er den Teufel im schwarzen Gewand und in der aufrechten Stellung, die ihn seinerzeit am Wolf und am Löwen so sehr erschreckt hatte. Mit dem ausgestreckten Finger wies er auf eine riesige Schnecke hin. Er hatte bald erraten, daß dieser Teufel der Dämon aus einer bekannten Dichtung,[55] der Traum selbst die Umarbeitung eines sehr verbreiteten Bildes sei, das den

55 [Lermontow, *Der Dämon.*]

Dämon in einer Liebesszene mit einem Mädchen darstellte. Die Schnecke war an der Stelle des Weibes als exquisit weibliches Sexualsymbol. Durch die zeigende Gebärde des Dämons geleitet, konnten wir bald als den Sinn des Traumes angeben, daß er sich nach jemand sehne, der ihm die letzten noch fehlenden Belehrungen über die Rätsel des Geschlechtsverkehrs geben sollte, wie seinerzeit der Vater in der Urszene die ersten.

Zu dem späteren Traum, in dem das weibliche Symbol durch das männliche ersetzt war, erinnerte er ein bestimmtes Erlebnis kurz vorher. Er ritt eines Tages auf dem Landgut an einem schlafenden Bauern vorüber, neben dem sein Junge lag. Dieser weckte den Vater und sagte ihm etwas, worauf der Vater den Reitenden zu beschimpfen und zu verfolgen begann, so daß er sich rasch auf seinem Pferd entfernte. Dazu die zweite Erinnerung, daß es auf demselben Gut Bäume gab, die ganz weiß, ganz von Raupen umsponnen waren. Wir verstehen, daß er auch vor der Realisierung der Phantasie die Flucht ergriff, daß der Sohn beim Vater schlafe, und daß er die weißen Bäume heranzog, um eine Anspielung an den Angsttraum von den weißen Wölfen auf dem Nußbaum herzustellen. Es war also ein direkter Ausbruch der Angst vor jener femininen Einstellung zum Mann, gegen die er sich zuerst durch die religiöse Sublimierung geschützt hatte und bald durch die militärische noch wirksamer schützen sollte.

Es wäre aber ein großer Irrtum anzunehmen, daß nach der Aufhebung der Zwangssymptome keine permanenten Wirkungen der Zwangsneurose übrig geblieben wären. Der Prozeß hatte zu einem Sieg des frommen Glaubens über die kritisch forschende Auflehnung geführt und hatte die Verdrängung der homosexuellen Einstellung zur Voraussetzung gehabt. Aus beiden Faktoren ergaben sich dauernde Nachteile. Die intellektuelle Betätigung blieb seit dieser ersten großen Niederlage schwer geschädigt. Es entwickelte sich kein Lerneifer, es zeigte sich nichts mehr von dem Scharfsinn, der seinerzeit im zarten Alter von fünf Jahren die Lehren der Religion kritisch zersetzt hatte. Die während jenes Angsttraumes erfolgte Verdrängung der überstarken Homosexualität reservierte diese bedeutungsvolle Regung für das Unbewußte, erhielt sie so bei der ursprünglichen Zieleinstellung und entzog sie all den Sublimierungen, zu denen sie sich sonst bietet. Es fehlten dem Patienten darum alle die sozialen Interessen, welche dem Leben Inhalt geben. Erst als in der analytischen Kur die Lösung dieser Fesselung der Homosexualität gelang, konnte sich der Sachverhalt zum Besseren wenden, und es war sehr merkwürdig mitzuerleben, wie – ohne direkte Mahnung des Arztes – jedes befreite Stück der homosexuellen Libido eine Anwendung im Leben und eine Anheftung an die großen gemeinsamen Geschäfte der Menschheit suchte.

VII
Analerotik und Kastrationskomplex

Ich bitte den Leser, sich zu erinnern, daß ich diese Geschichte einer infantilen Neurose sozusagen als Nebenprodukt während der Analyse einer Erkrankung im reiferen Alter gewonnen habe. Ich mußte sie also aus noch kleineren Brocken zusammensetzen, als sonst der Synthese zu Gebote stehen. Diese sonst nicht schwierige Arbeit findet eine natürliche Grenze, wo es sich darum handelt, ein vieldimensionales Gebilde in die Ebene der Deskription zu bannen. Ich muß mich also damit begnügen, Gliederstücke vorzulegen, die der Leser zum lebenden Ganzen zusammenfügen mag. Die geschilderte Zwangsneurose entstand, wie wiederholt betont, auf dem Boden einer sadistisch-analen Konstitution. Es war aber bisher nur von dem einen Hauptfaktor, dem Sadismus und seinen Umwandlungen, die Rede. Alles, was die Analerotik betrifft, ist mit Absicht beiseite gelassen worden und soll hier gesammelt nachgetragen werden.

Die Analytiker sind längst einig darüber, daß den vielfachen Triebregungen, die man als Analerotik zusammenfaßt, eine außerordentliche, gar nicht zu überschätzende

Bedeutung für den Aufbau des Sexuallebens und der seelischen Tätigkeit überhaupt zukommt. Ebenso, daß eine der wichtigsten Äußerungen der umgebildeten Erotik aus dieser Quelle in der Behandlung des Geldes vorliegt,[56] welcher wertvolle Stoff im Laufe des Lebens das psychische Interesse an sich gezogen hat, das ursprünglich dem Kot, dem Produkt der Analzone, gebührte. Wir haben uns gewöhnt, das Interesse am Gelde, soweit es libidinöser und nicht rationeller Natur ist, auf Exkrementallust zurückzuführen und vom normalen Menschen zu verlangen, daß er sein Verhältnis zum Gelde durchaus von libidinösen Einflüssen frei halte und es nach realen Rücksichten regle.

Bei unserem Patienten war zur Zeit seiner späteren Erkrankung dies Verhältnis in besonders argem Maße gestört, und dies war nicht das Geringste an seiner Unselbständigkeit und Lebensuntüchtigkeit. Er war durch Erbschaft von Vater und Onkel sehr reich geworden, legte manifesterweise viel Wert darauf, für reich zu gelten, und konnte sich sehr kränken, wenn man ihn darin unterschätzte. Aber er wußte nicht, wieviel er besaß, was er verausgabte, was er übrigbehielt. Es war schwer zu sagen, ob man ihn geizig oder verschwenderisch heißen sollte. Er benahm sich bald so, bald anders, niemals in einer Art, die auf eine konsequente Absicht hindeuten konnte. Nach einigen auffälligen Zügen, die ich weiter unten anführen werde, konnte man ihn für einen verstockten Geldprotzen halten, der in dem Reichtum den größten Vorzug seiner Person erblickt und Gefühlsinteressen neben Geldinteressen nicht einmal in Betracht ziehen läßt. Aber er schätzte andere nicht nach ihrem Reichtum ein und zeigte sich bei vielen Gelegenheiten vielmehr bescheiden, hilfsbereit und mitleidig. Das Geld war eben seiner bewußten Verfügung entzogen und bedeutete für ihn irgend etwas anderes.

Ich habe schon erwähnt, daß ich die Art sehr bedenklich

56 [Vgl. *Charakter und Analerotik;* in Band 1 der vorliegenden Ausgabe.]

fand, wie er sich über den Verlust der Schwester, die in den letzten Jahren sein bester Kamerad geworden war, mit der Überlegung tröstete: Jetzt brauche er die Erbschaft von den Eltern nicht mit ihr zu teilen. Auffälliger vielleicht war noch die Ruhe, mit welcher er dies erzählen konnte, als hätte er kein Verständnis für die so eingestandene Gefühlsroheit. Die Analyse rehabilitierte ihn zwar, indem sie zeigte, daß der Schmerz um die Schwester nur eine Verschiebung erfahren hatte, aber es wurde nun erst recht unverständlich, daß er in der Bereicherung einen Ersatz für die Schwester hatte finden wollen.

Sein Benehmen in einem anderen Falle erschien ihm selbst rätselhaft. Nach dem Tode des Vaters wurde das hinterlassene Vermögen zwischen ihm und der Mutter aufgeteilt. Die Mutter verwaltete es und kam seinen Geldansprüchen, wie er selbst zugab, in tadelloser, freigebiger Weise entgegen. Dennoch pflegte jede Besprechung über Geldangelegenheiten zwischen ihnen mit den heftigsten Vorwürfen von seiner Seite zu endigen, daß sie ihn nicht liebe, daß sie daran denke, an ihm zu sparen, und daß sie ihn wahrscheinlich am liebsten tot sehen möchte, um allein über das Geld zu verfügen. Die Mutter beteuerte dann weinend ihre Uneigennützigkeit, er schämte sich und konnte mit Recht versichern, daß er das gar nicht von ihr denke, aber er war sicher, dieselbe Szene bei nächster Gelegenheit zu wiederholen.

Daß der Kot für ihn lange Zeit vor der Analyse Geldbedeutung gehabt hat, geht aus vielen Zufällen hervor, von denen ich zwei mitteilen will. In einer Zeit, da der Darm noch unbeteiligt an seinem Leiden war, besuchte er einmal in einer großen Stadt einen armen Vetter. Als er wegging, machte er sich Vorwürfe, daß er diesen Verwandten nicht mit Geld unterstütze, und bekam unmittelbar darauf den »vielleicht stärksten Stuhldrang seines Lebens«. Zwei Jahre später setzte er wirklich diesem Vetter eine Rente aus. Der andere Fall: Mit 18 Jahren während der Vorbereitung zur Maturitätsprüfung besuchte er einen Kollegen und verabredete mit ihm, was die gemeinsame Angst, bei der Prüfung durchzufallen, ratsam erscheinen ließ.[57] Man hatte beschlossen, den Schuldiener zu bestechen, und sein Anteil an der aufzubringenden Summe war natürlicherweise der größte. Auf dem Heimwege dachte er, er wolle gern noch mehr geben, wenn er nur durchkomme, wenn ihm bei der Prüfung nur nichts passiere, und wirklich passierte ihm ein anderes Malheur, ehe er noch bei seiner Haustüre war.[58]

Wir sind darauf vorbereitet zu hören, daß er in seiner späteren Erkrankung an sehr hartnäckigen, wenn auch mit verschiedenen Anlässen schwankenden Störungen der Darmfunktion litt. Als er in meine Behandlung trat, hatte er sich an Lavements[59] gewöhnt, die ihm ein Begleiter machte; spontane Entleerungen kamen Monate hindurch nicht vor, wenn nicht eine plötzliche Erregung von einer bestimmten Seite her dazukam, in deren Folge sich normale Darmtätigkeit für einige Tage herstellen konnte. Seine Hauptklage war, daß die Welt für ihn in einen Schleier gehüllt sei, oder er durch einen Schleier von der Welt getrennt sei. Dieser Schleier zerriß nur in dem einen Moment, wenn beim Lavement der Darminhalt den Darm verließ, und dann fühlte er sich auch wieder gesund und normal.[60]

Der Kollege, an den ich den Patienten zur Begutachtung seines Darmzustandes wies, war einsichtsvoll genug, denselben für einen funktionellen oder selbst psychisch bedingten zu erklären und sich eingreifender Medikation zu enthalten. Übrigens nützte weder diese noch die angeordnete Diät. In den Jahren der analytischen Behandlung gab es keinen spontanen Stuhlgang (von jenen plötzlichen Beeinflussungen abgesehen). Der Kranke ließ sich überzeugen, daß jede intensivere Bearbeitung des störrischen Or-

57 Der Patient teilte mit, daß seine Muttersprache die im Deutschen bekannte Verwendung des Wortes »Durchfall« zur Bezeichnung von Darmstörungen nicht kennt.

58 Diese Redensart ist in der Muttersprache des Patienten gleichsinnig wie im Deutschen.

59 [franz. Klistiere.]

60 Dieselbe Wirkung, ob er das Lavement von einem anderen machen ließ oder es selbst besorgte.

gans den Zustand noch verschlimmern würde, und gab sich damit zufrieden, ein- oder zweimal in der Woche durch ein Lavement oder ein Abführmittel eine Darmentleerung zu erzwingen.

Ich habe bei der Besprechung der Darmstörungen dem späteren Krankheitszustand des Patienten einen breiteren Raum gelassen, als es sonst im Plane dieser mit seiner Kindheitsneurose beschäftigten Arbeit liegt. Dafür waren zwei Gründe maßgebend, erstens, daß die Darmsymptomatik sich eigentlich wenig verändert aus der Kinderneurose in die spätere fortgesetzt hatte, und zweitens, daß ihr bei der Beendigung der Behandlung eine Hauptrolle zufiel.

Man weiß, welche Bedeutung der Zweifel für den Arzt hat, der eine Zwangsneurose analysiert. Er ist die stärkste Waffe des Kranken, das bevorzugte Mittel seines Widerstandes. Dank diesem Zweifel konnte auch unser Patient, hinter einer respektvollen Indifferenz verschanzt, Jahre hindurch die Bemühungen der Kur von sich abgleiten lassen. Es änderte sich nichts, und es fand sich kein Weg, ihn zu überzeugen. Endlich erkannte ich die Bedeutung der Darmstörung für meine Absichten; sie repräsentierte das Stückchen Hysterie, welches regelmäßig zu Grunde einer Zwangsneurose gefunden wird. Ich versprach dem Patienten die völlige Herstellung seiner Darmtätigkeit, machte seinen Unglauben durch diese Zusage offenkundig und hatte dann die Befriedigung, seinen Zweifel schwinden zu sehen, als der Darm wie ein hysterisch affiziertes Organ bei der Arbeit »mitzusprechen« begann, und im Laufe weniger Wochen seine normale, so lange beeinträchtigte Funktion wiedergefunden hatte.

Ich kehre nun zur Kindheit des Patienten zurück, in eine Zeit, zu welcher der Kot unmöglich Geldbedeutung für ihn gehabt haben kann.

Darmstörungen sind sehr frühzeitig bei ihm aufgetreten, vor allem die häufigste und für das Kind normalste, die Inkontinenz. Wir haben aber gewiß recht, wenn wir für diese frühesten Vorfälle eine pathologische Erklärung ablehnen und in ihnen nur einen Beweis für die Absicht sehen, sich in der an die Entleerungsfunktion geknüpften Lust nicht stören oder aufhalten zu lassen. Ein starkes Vergnügen an analen Witzen und Schaustellungen, wie es sonst der natürlichen Derbheit mancher Gesellschaftsklassen entspricht, hatte sich bei ihm über den Beginn der späteren Erkrankung erhalten.

Zur Zeit der englischen Gouvernante traf es sich wiederholt, daß er und die Nanja das Schlafzimmer der Verhaßten teilen mußten. Die Nanja konstatierte dann mit Verständnis, daß er gerade in diesen Nächte ins Bett gemacht hatte, was sonst nicht mehr der Fall gewesen war. Er schämte sich dessen gar nicht; es war eine Äußerung des Trotzes gegen die Gouvernante.

Ein Jahr später (zu 4½ Jahren), in der Angstzeit, passierte es ihm, daß er bei Tage die Hose schmutzig machte. Er schämte sich entsetzlich, und jammerte, als er gereinigt wurde: er könne so nicht mehr leben. Dazwischen hatte sich also etwas verändert, auf dessen Spur wir durch die Verfolgung seiner Klage geführt wurden. Es stellte sich heraus, daß er die Worte: so könne er nicht mehr leben, jemand anderem nachgeredet hatte. Irgendeinmal[61] hatte ihn die Mutter mitgenommen, während sie den Arzt, der sie besucht hatte, zur Bahnstation begleitete. Sie klagte während dieses Weges über ihre Schmerzen und Blutungen und brach in die nämlichen Worte aus: So kann ich nicht mehr leben, ohne zu erwarten, daß das an der Hand geführte Kind sie im Gedächtnis behalten werde. Die Klage, die er übrigens in seiner späteren Krankheit ungezählte Male wiederholen sollte, bedeutete also eine – Identifizierung mit der Mutter.

Ein der Zeit und dem Inhalt nach fehlendes Mittelglied zwischen beiden Vorfällen stellte sich bald in der Erinnerung ein. Es geschah einmal zu Beginn seiner Angstzeit, daß die besorgte Mutter Warnungen ausgehen ließ, die Kinder vor der Dysenterie zu behüten, die in der Nähe des

---

61 Es ist nicht näher bestimmt worden, wann es war, aber jedenfalls vor dem Angsttraum mit vier Jahren, wahrscheinlich vor der Reise der Eltern.

Gutes aufgetreten war. Er erkundigte sich, was das sei, und als er gehört hatte, bei der Dysenterie finde man Blut im Stuhl, wurde er sehr ängstlich und behauptete, daß auch in seinem Stuhlgang Blut sei; er fürchtete, an der Dysenterie zu sterben, ließ sich aber durch die Untersuchung überzeugen, daß er sich geirrt habe und nichts zu fürchten brauche. Wir verstehen, daß sich in dieser Angst die Identifizierung mit der Mutter durchsetzen wollte, von deren Blutungen er im Gespräch mit dem Arzt gehört hatte. Bei seinem späteren Identifizierungsversuch (mit 4½ Jahren) hatte er das Blut fallengelassen; er verstand sich nicht mehr, vermeinte sich zu schämen und wußte nicht, daß er von Todesangst geschüttelt wurde, die sich in seiner Klage aber unzweideutig verriet.

Die unterleibsleidende Mutter war damals überhaupt ängstlich für sich und die Kinder; es ist durchaus wahrscheinlich, daß seine Ängstlichkeit sich neben ihren eigenen Motiven auf die Identifizierung mit der Mutter stützte.

Was sollte nun die Identifizierung mit der Mutter bedeuten?

Zwischen der kecken Verwendung der Inkontinenz mit 3½ Jahren und dem Entsetzen vor ihr mit 4½ Jahren liegt der Traum, mit dem seine Angstzeit begann, der ihm nachträgliches Verständnis der mit 1½ Jahren erlebten Szene[62] und Aufklärung über die Rolle der Frau beim Geschlechtsakt brachte. Es liegt nahe, auch die Wandlung in seinem Verhalten gegen die Defäkation mit dieser großen Umwälzung zusammenzubringen. Dysenterie war ihm offenbar der Name der Krankheit, über die er die Mutter klagen gehört hatte, mit der man nicht leben könne; die Mutter galt ihm nicht als unterleibs-, sondern als darmkrank. Unter dem Einfluß der Urszene erschloß sich ihm der Zusammenhang, daß die Mutter durch das, was der Vater mit ihr vorgenommen[63], krank geworden sei, und seine Angst, Blut im Stuhle zu haben, ebenso krank zu sein wie die Mutter,

62 Siehe vorhin [gegen Schluß von Abschnitt IV].

63 Wobei er ja wahrscheinlich nicht irreging.

war die Ablehnung der Identifizierung mit der Mutter in jener sexuellen Szene, dieselbe Ablehnung, mit der er aus dem Traum erwacht war. Die Angst war aber auch der Beweis, daß er in der späteren Bearbeitung der Urszene sich an die Stelle der Mutter gesetzt, ihr diese Beziehung zum Vater geneidet hatte. Das Organ, an dem sich die Identifizierung mit dem Weibe, die passiv homosexuelle Einstellung zum Manne äußern konnte, war die Analzone. Die Störungen in der Funktion dieser Zone hatten nun die Bedeutung von femininen Zärtlichkeitsregungen bekommen und behielten sie auch während der späteren Erkrankung bei.

An dieser Stelle müssen wir nun einen Einwand anhören, dessen Diskussion viel zur Klärung der scheinbar verworrenen Sachlage beitragen kann. Wir haben ja annehmen müssen, daß er während des Traumvorganges verstanden, das Weib sei kastriert, habe anstatt des männlichen Gliedes eine Wunde, die dem Geschlechtsverkehr diene, die Kastration sei die Bedingung der Weiblichkeit, und dieses drohenden Verlustes wegen habe er die feminine Einstellung zum Manne verdrängt und sei mit Angst aus der homosexuellen Schwärmerei erwacht. Wie verträgt sich dies Verständnis des Geschlechtsverkehrs, diese Anerkennung der Vagina, mit der Auswahl des Darmes zur Identifizierung mit dem Weib? Ruhen die Darmsymptome nicht auf der wahrscheinlich älteren, der Kastrationsangst voll widersprechenden Auffassung, daß der Darmausgang die Stelle des sexuellen Verkehrs sei?

Gewiß, dieser Widerspruch besteht, und die beiden Auffassungen vertragen sich gar nicht miteinander. Die Frage ist nur, ob sie sich zu vertragen brauchen. Unser Befremden rührt daher, daß wir immer geneigt sind, die unbewußten seelischen Vorgänge wie die bewußten zu behandeln und an die tiefgehenden Verschiedenheiten der beiden psychischen Systeme zu vergessen.

Als die erregte Erwartung des Weihnachtstraumes ihm das Bild des einst beobachteten (oder konstruierten) Geschlechtsverkehres der Eltern vorzauberte, trat gewiß zuerst die alte Auffassung desselben auf, derzufolge die das Glied aufnehmende Körperstelle des Weibes der Darmausgang war. Was konnte er auch anderes geglaubt haben, als er mit 1½ Jahren Zuschauer dieser Szene war?[64] Aber nun kam das, was sich mit vier Jahren neu ereignete. Seine seitherigen Erfahrungen, die vernommenen Andeutungen der Kastration, wachten auf und warfen einen Zweifel auf die »Kloakentheorie«, legten ihm die Erkenntnis des Geschlechtsunterschiedes und der sexuellen Rolle des Weibes nahe. Er benahm sich dabei, wie sich überhaupt Kinder benehmen, denen man eine unerwünschte Aufklärung – eine sexuelle oder andersartige – gibt. Er verwarf das Neue – in unserem Falle aus Motiven der Kastrationsangst – und hielt am Alten fest. Er entschied sich für den Darm gegen die Vagina in derselben Weise und aus ähnlichen Motiven, wie er später gegen Gott für den Vater Partei nahm. Die neue Aufklärung wurde abgewiesen, die alte Theorie festgehalten; die letztere durfte das Material für die Identifizierung mit dem Weib abgeben, die später als Angst vor dem Darmtod auftrat, und für die ersten religiösen Skrupel, ob Christus einen Hintern gehabt habe u. dgl. Nicht als ob die neue Einsicht wirkungslos geblieben wäre; ganz im Gegenteile, sie entfaltete eine außerordentlich starke Wirkung, indem sie zum Motiv wurde, den ganzen Traumvorgang in der Verdrängung zu erhalten und von späterer bewußter Verarbeitung auszuschließen. Aber damit war ihre Wirkung erschöpft; auf die Entscheidung des sexuellen Problems nahm sie keinen Einfluß. Es war freilich ein Widerspruch, daß von da an Kastrationsangst bestehen konnte neben der Identifizierung mit dem Weib mittels des Darmes, aber doch nur ein logischer Widerspruch, was nicht viel besagt. Der ganze Vorgang ist vielmehr jetzt charakteristisch dafür, wie das Unbewußte arbeitet. Eine Verdrängung ist etwas anderes als eine Verwerfung.

Als wir die Genese der Wolfsphobie studierten, verfolgten wir die Wirkung der neuen Einsicht in den geschlecht-

---

64 Oder solange er den Koitus der Hunde nicht verstand.

lichen Akt; jetzt, wo wir die Störungen der Darmtätigkeit untersuchen, befinden wir uns auf dem Boden der alten Kloakentheorie. Die beiden Standpunkte bleiben durch eine Verdrängungsstufe voneinander getrennt. Die durch den Verdrängungsakt abgewiesene weibliche Einstellung zum Manne zieht sich gleichsam in die Darmsymptomatik zurück und äußert sich in den häufig auftretenden Diarrhöen, Obstipationen und Darmschmerzen der Kinderjahre. Die späteren sexuellen Phantasien, die auf der Grundlage richtiger Sexualerkenntnis aufgebaut sind, können sich nun in regressiver Weise als Darmstörungen äußern. Wir verstehen dieselben aber nicht, ehe wir den Bedeutungswandel des Kotes seit den ersten Kindheitstagen aufgedeckt haben.[65]

Ich habe an einer früheren Stelle erraten lassen, daß vom Inhalt der Urszene ein Stück zurückgehalten ist, das ich nun nachtragen kann. Das Kind unterbrach endlich das Beisammensein der Eltern durch eine Stuhlentleerung, die sein Geschrei motivieren konnte. Für die Kritik dieses Zusatzes gilt alles das, was ich vorhin von dem anderen Inhalt derselben Szene in Diskussion gezogen habe. Der Patient akzeptierte diesen von mir konstruierten Schlußakt und schien ihn durch »passagere Symptombildung« zu bestätigen. Ein weiterer Zusatz, den ich vorgeschlagen hatte, daß der Vater über die Störung unzufrieden seinem Unmut durch Schimpfen Luft gemacht hatte, mußte wegfallen. Das Material der Analyse reagierte nicht darauf.

Das Detail, das ich jetzt hinzugefügt habe, darf natürlich mit dem anderen Inhalt der Szene nicht in eine Linie gestellt werden. Es handelt sich bei ihm nicht um einen Eindruck von außen, dessen Wiederkehr man in soviel späte-

65 Vgl.: *Über Triebumsetzungen, insbesondere der Analerotik.* [Diese 1917 erschienene Arbeit hat Freud möglicherweise bereits 1915 geschrieben. Sie knüpft an den Aufsatz *Charakter und Analerotik* (vgl. in Band 1 der vorliegenden Ausgabe) an und verarbeitet die Ergebnisse der Analyse des »Wolfmannes« in ähnlicher Weise wie an der vorliegenden Stelle. Die wesentlichsten Gesichtspunkte der Arbeit *Über Triebumsetzungen* . . . hat Freud 1915 außerdem in die *Drei Abhandlungen zur Sexualtheorie* (Abhandlung II, erster Teil des vierten Abschnitts; vgl. in Band 1) mitgeteilt.]

ren Zeichen zu erwarten hat, sondern um eine eigene Reaktion des Kindes. Es würde sich an der ganzen Geschichte nichts ändern, wenn diese Äußerung damals unterblieben oder wenn sie von später her in den Vorgang der Szene eingesetzt wäre. Ihre Auffassung ist aber nicht zweifelhaft. Sie bedeutet eine Erregtheit der Analzone (im weitesten Sinne). In anderen Fällen ähnlicher Art hat eine solche Beobachtung des Sexualverkehrs mit einer Harnentleerung geendigt; ein erwachsener Mann würde unter den gleichen Verhältnissen eine Erektion verspüren. Daß unser Knäblein als Zeichen seiner sexuellen Erregung eine Darmentleerung produziert, ist als Charakter seiner mitgebrachten Sexualkonstitution zu beurteilen. Er stellt sich sofort passiv ein, zeigt mehr Neigung zur späteren Identifizierung mit dem Weibe als mit dem Manne.

Er verwendet dabei den Darminhalt wie jedes andere Kind in einer seiner ersten und ursprünglichsten Bedeutungen. Der Kot ist das erste *Geschenk*, das erste Zärtlichkeitsopfer des Kindes, ein Teil des eigenen Leibes, dessen man sich entäußert, aber auch nur zu Gunsten einer geliebten Person.[66] Die Verwendung zum Trotz wie in unserem Falle mit 3½ Jahren gegen die Gouvernante ist nur die negative Wendung dieser früheren Geschenkbedeutung. Der *grumus merdae*[67], den die Einbrecher am Tatort hinterlassen, scheint beides zu bedeuten: den Hohn und die regressiv ausgedrückte Entschädigung. Immer, wenn eine höhere Stufe erreicht ist, kann die frühere noch im negativ ernied-

---

66 Ich glaube, es läßt sich leicht bestätigen, daß Säuglinge nur die Personen, die von ihnen gekannt und geliebt werden, mit ihren Exkrementen beschmutzen; Fremde würdigen sie dieser Auszeichnung nicht. In den *Drei Abhandlungen zur Sexualtheorie* [II. Abhandlung, erster Teil des vierten Abschnitts] habe ich die allererste Verwendung des Kotes zur autoerotischen Reizung der Darmschleimhaut erwähnt; als Fortschritt schließt sich nun an, daß die Rücksicht auf ein Objekt für die Defäkation maßgebend wird, dem das Kind dabei gehorsam oder gefällig ist. Diese Relation setzt sich dann fort, indem sich auch das ältere Kind nur von gewissen bevorzugten Personen auf den Topf setzen, beim Urinieren helfen läßt, wobei aber auch andere Befriedigungsabsichten in Betracht kommen.

67 [lat. Kothaufen.]

rigten Sinne Verwendung finden. Die Verdrängung findet ihren Ausdruck in der Gegensätzlichkeit.[68]

Auf einer späteren Stufe der Sexualentwicklung nimmt der Kot die Bedeutung des *Kindes* an. Das Kind wird ja durch den After geboren wie der Stuhlgang. Die Geschenkbedeutung des Kotes läßt diese Wandlung leicht zu. Das Kind wird im Sprachgebrauch als ein »Geschenk« bezeichnet; es wird häufiger vom Weibe ausgesagt, daß sie dem Manne »ein Kind geschenkt« hat, aber im Gebrauch des Unbewußten wird mit Recht die andere Seite des Verhältnisses, daß das Weib das Kind vom Manne als Geschenk »empfangen« hat, ebenso berücksichtigt.

Die *Geld*bedeutung des Kotes zweigt nach einer anderen Richtung von der Geschenkbedeutung ab.

Die frühe Deckerinnerung unseres Kranken, daß er einen ersten Wutanfall produziert, weil er zu Weihnachten nicht genug Geschenke bekommen habe, enthüllt nun ihren tieferen Sinn. Was er vermißte, war die Sexualbefriedigung, die er anal gefaßt hatte. Seine Sexualforschung war vor dem Traum darauf vorbereitet und hatte es während des Traumvorganges begriffen, daß der Sexualakt das Rätsel der Herkunft der kleinen Kinder löse. Er hatte die kleinen Kinder schon vor dem Traum nicht gemocht. Einmal fand er einen kleinen, noch nackten Vogel, der aus dem Nest gefallen war, hielt ihn für einen kleinen Menschen und grauste sich vor ihm. Die Analyse wies nach, daß all die kleinen Tiere, Raupen, Insekten, gegen die er wütete, ihm kleine Kinder bedeutet hatten.[69] Sein Verhältnis zur älteren Schwester hatte ihm Anlaß gegeben, viel über die Beziehung der älteren Kinder zu den jüngeren nachzudenken; als ihm die Nanja einmal gesagt hatte, die Mutter habe ihn so lieb, weil er der jüngste sei, hatte er ein begreifliches

68 Es gibt im Unbewußten bekanntlich kein »Nein«; Gegensätze fallen zusammen. Die Negation wird erst durch den Vorgang der Verdrängung eingeführt. [Vgl. *Das Unbewußte*, Abschnitt V (im vorliegenden Band unserer Ausgabe), und *Die Verneinung* (in Band 3).]

69 Ebenso das Ungeziefer, das in Träumen und Phobien häufig für die kleinen Kinder steht.

Motiv bekommen, zu wünschen, daß ihm kein jüngeres Kind nachfolgen möge. Die Angst vor diesem jüngsten wurde dann unter dem Einfluß des Traumas, der ihm den Verkehr der Eltern vorführte, neu belebt.

Wir sollen also zu den uns bereits bekannten eine neue Sexualströmung hinzufügen, die wie die anderen von der im Traum reproduzierten Urszene ausgeht. In der Identifizierung mit dem Weibe (der Mutter) ist er bereit, dem Vater ein Kind zu schenken, und eifersüchtig auf die Mutter, die das schon getan hat und vielleicht wieder tun wird.

Auf dem Umweg über den gemeinsamen Ausgang der Geschenkbedeutung kann nun das Geld die Kindbedeutung an sich ziehen und solcherart den Ausdruck der femininen (homosexuellen) Befriedigung übernehmen. Dieser Vorgang vollzog sich bei unserem Patienten, als er einmal zur Zeit, da beide Geschwister in einem deutschen Sanatorium weilten, sah, daß der Vater der Schwester zwei große Geldnoten gab. Er hatte den Vater in seiner Phantasie immer mit der Schwester verdächtigt; nun erwachte seine Eifersucht, er stürzte sich auf die Schwester, als sie allein waren, und forderte mit solchem Ungestüm und mit solchen Vorwürfen seinen Anteil am Gelde, daß ihm die Schwester weinend das Ganze hinwarf. Es war nicht allein das reale Geld gewesen, das ihn gereizt hatte, viel mehr noch das Kind, die anale Sexualbefriedigung vom Vater. Mit dieser konnte er sich dann trösten, als – zu Lebzeiten des Vaters – die Schwester gestorben war. Sein empörender Gedanke bei der Nachricht ihres Todes bedeutete eigentlich nichts anderes als: Jetzt bin ich das einzige Kind, jetzt muß der Vater mich allein liebhaben. Aber der homosexuelle Hintergrund dieser durchaus bewußtseinsfähigen Erwägung war so unerträglich, daß ihre Verkleidung in schmutzige Habsucht wohl als große Erleichterung ermöglicht wurde.

Ähnlich wenn er nach dem Tode des Vaters der Mutter jene ungerechten Vorwürfe machte, daß sie ihn ums Geld betrügen wolle, daß sie das Geld lieber habe als ihn. Die alte Eifersucht, daß sie noch ein anderes Kind als ihn geliebt, die Möglichkeit, daß sie sich noch nach ihm ein anderes Kind gewünscht, zwangen ihn zu Beschuldigungen, deren Haltlosigkeit er selbst erkannte.

Durch diese Analyse der Kotbedeutung wird uns nun klargelegt, daß die Zwangsgedanken, die Gott in Verbindung mit Kot bringen mußten, noch etwas anderes bedeuteten als die Schmähung, für die er sie erkannte. Sie waren vielmehr echte Kompromißergebnisse, an denen eine zärtliche, hingebende Strömung ebenso Anteil hatte wie eine feindselig beschimpfende. »Gott – Kot« war wahrscheinlich eine Abkürzung für ein Anerbieten, wie man es im Leben auch in ungekürzter Form zu hören bekommt. »Auf Gott scheißen«, »Gott etwas scheißen« heißt auch, ihm ein Kind schenken, sich von ihm ein Kind schenken lassen. Die alte negativ erniedrigte Geschenkbedeutung und die später aus ihr entwickelte Kindbedeutung sind in den Zwangsworten miteinander vereinigt. In der letzteren kommt eine feminine Zärtlichkeit zum Ausdruck, die Bereitwilligkeit, auf seine Männlichkeit zu verzichten, wenn man dafür als Weib geliebt werden kann. Also gerade jene Regung gegen Gott, die in dem Wahnsystem des paranoischen Senatspräsidenten Schreber[70] in unzweideutigen Worten ausgesprochen wird.

Wenn ich später von der letzten Symptomlösung bei meinem Patienten berichten werde, wird sich noch einmal zeigen lassen, wie die Darmstörung sich in den Dienst der homosexuellen Strömung gestellt und die feminine Einstel-

70 [In der »Krankengeschichte« Schrebers, die Freud in der Studie *Psychoanalytische Bemerkungen über einen autobiographisch beschriebenen Fall von Paranoia (Dementia paranoides)* mitteilt, heißt es u. a.: »Die Weltordnung hat nämlich eine Lücke, infolge deren die Existenz Gottes selbst gefährdet erscheint. Vermöge nicht näher aufzuklärenden Zusammenhanges üben die Nerven *lebender* Menschen, namentlich im Zustand *einer hochgradigen Erregung*, eine derartige Anziehung auf die Gottesnerven aus, daß Gott nicht wieder von ihnen loskommen kann, also in seiner eigenen Existenz bedroht ist. Dieser außerordentlich seltene Fall ereignete sich nun bei Schreber und hatte die größten Leiden für ihn zur Folge. Gottes Selbsterhaltungstrieb wurde dadurch rege gemacht, und es ergab sich, daß Gott von der Vollkommenheit, die ihm die Religionen beilegen, weit entfernt ist. Durch das ganze Buch Schrebers zieht sich die bittere Anklage, daß Gott, nur an den Verkehr mit Verstorbenen gewöhnt, *den lebenden Menschen nicht*

lung zum Vater ausgedrückt hatte. Eine neue Bedeutung des Kotes soll uns jetzt den Weg zur Besprechung des Kastrationskomplexes bahnen.

Indem die Kotsäule die erogene Darmschleimhaut reizt, spielt sie die Rolle eines aktiven Organs für dieselbe, benimmt sie sich wie der Penis gegen die Vaginalschleimhaut und wird gleichsam zum Vorläufer desselben in der Epoche der Kloake. Das Hergeben des Kotes zu Gunsten (aus Liebe zu) einer anderen Person wird seinerseits zum Vorbild der Kastration, es ist der erste Fall des Verzichts auf ein Stück des eigenen Körpers,[71] um die Gunst eines geliebten Anderen zu gewinnen. Die sonst narzißtische Liebe zu seinem Penis entbehrt also nicht eines Beitrages von seiten der Analerotik. Der Kot, das Kind, der Penis ergeben also eine Einheit, einen unbewußten Begriff – *sit venia verbo*[72] –, den des vom Körper abtrennbaren Kleinen. Auf diesen Verbindungswegen können sich Verschiebungen und Verstärkungen der Libidobesetzung vollziehen, die für die Pathologie von Bedeutung sind und von der Analyse aufgedeckt werden.

Die anfängliche Stellungnahme unseres Patienten gegen das Problem der Kastration ist uns bekannt geworden. Er verwarf sie und blieb auf dem Standpunkt des Verkehrs im After. Wenn ich gesagt habe, daß er sie verwarf, so ist die nächste Bedeutung dieses Ausdrucks, daß er von ihr nichts wissen wollte im Sinne der Verdrängung. Damit war

---

versteht ... Allein infolge dieses Mißverständnisses Gottes für den lebenden Menschen konnte es geschehen, daß Gott selbst der Anstifter des gegen Schreber gerichteten Komplottes wurde, daß Gott ihn für blödsinnig hielt und ihm die beschwerlichsten Prüfungen auferlegte. Er unterwarf sich einem höchst lästigen ›Denkzwange‹, um dieser Verurteilung zu entgehen ... Eine besonders heftige Empörung wird durch das Benehmen Gottes in der Sache des Entleerungs- oder Sch ... dranges hervorgerufen ... Im ganzen aber wird die Krankheit als ein Kampf des Menschen Schreber gegen Gott aufgefaßt, in welchem der schwache Mensch Sieger bleibt, weil er die Weltordnung auf seiner Seite hat.« – Vgl. außerdem die Anmerkungen 157 und 158 zu *Totem und Tabu* in Band 1 der vorliegenden Ausgabe.]

71 Als welches der Kot durchaus vom Kinde behandelt wird.

72 [lat. »wenn es zu sagen erlaubt ist«.]

eigentlich kein Urteil über ihre Existenz gefällt, aber es war so gut, als ob sie nicht existierte. Diese Einstellung kann aber nicht die definitive, nicht einmal für die Jahre seiner Kindheitsneurose, geblieben sein. Späterhin finden sich gute Beweise dafür, daß er die Kastration als Tatsache anerkannt hatte. Er hatte sich auch in diesem Punkte benommen, wie es für sein Wesen kennzeichnend war, was uns allerdings die Darstellung wie die Einfühlung so außerordentlich erschwert. Er hatte sich zuerst gesträubt und dann nachgegeben, aber die eine Reaktion hatte die andere nicht aufgehoben. Am Ende bestanden bei ihm zwei gegensätzliche Strömungen nebeneinander, von denen die eine die Kastration verabscheute, die andere bereit war, sie anzunehmen und sich mit der Weiblichkeit als Ersatz zu trösten. Die dritte, älteste und tiefste, welche die Kastration einfach verworfen hatte, wobei das Urteil über ihre Realität noch nicht in Frage kam, war gewiß auch noch aktivierbar. Ich habe von eben diesem Patienten an anderer Stelle[73] eine Halluzination aus seinem fünften Jahr erzählt, zu der ich hier nur einen kurzen Kommentar hinzuzufügen habe:

»Als ich fünf Jahre alt war, spielte ich im Garten neben meiner Kinderfrau und schnitzelte mit meinem Taschenmesser an der Rinde eines jener Nußbäume, die auch in meinem Traum[74] eine Rolle spielen.[75] Plötzlich bemerkte ich mit unaussprechlichem Schrecken, daß ich mir den kleinen Finger der (rechten oder linken?) Hand so durchgeschnitten hatte, daß er nur noch an der Haut hing. Schmerz spürte ich keinen, aber eine große Angst. Ich getraute mich nicht, der wenige Schritte entfernten Kinderfrau etwas zu sagen, sank auf die nächste Bank und blieb da sitzen, unfähig, noch einen Blick auf den Finger zu wer-

73 *Über* fausse reconnaissance (»déjà raconté«) *während der psychoanalytischen Arbeit* [1914].

74 Vgl. *Märchenstoffe in Träumen* [1913].

75 Korrektur bei späterer Erzählung: »Ich glaube, ich schnitt nicht in den Baum. Das ist eine Verschmelzung mit einer anderen Erinnerung, die auch halluzinatorisch gefälscht sein muß; daß ich in einen Baum einen Schnitt mit dem Messer machte und daß dabei *Blut* aus dem Baume kam.«

fen. Endlich wurde ich ruhig, faßte den Finger ins Auge, und siehe da, er war ganz unverletzt.«

Wir wissen, daß mit 4½ Jahren nach der Mitteilung der heiligen Geschichte bei ihm jene intensive Denkarbeit einsetzte, die in die Zwangsfrömmigkeit auslief. Wir dürfen also annehmen, daß diese Halluzination in die Zeit fällt, in der er sich zur Anerkennung der Realität der Kastration entschloß, und daß sie vielleicht gerade diesen Schritt markieren sollte. Auch die kleine Korrektur des Patienten ist nicht ohne Interesse. Wenn er dasselbe schaurige Erlebnis halluzinierte, das Tasso im »Befreiten Jerusalem« von seinem Helden Tancred berichtet,[76] so ist wohl die Deutung gerechtfertigt, daß auch für meinen kleinen Patienten der Baum ein Weib bedeutete. Er spielte also dabei den Vater und brachte die ihm bekannten Blutungen der Mutter mit der von ihm erkannten Kastration der Frauen, »der Wunde«, in Beziehung.

Die Anregung zur Halluzination vom abgeschnittenen Finger gab ihm, wie er später berichtete, die Erzählung, daß einer Verwandten, die mit sechs Zehen geboren wurde, dieses überzählige Glied gleich nachher mit einem Beil abgehackt wurde. Die Frauen hatten also keinen Penis, weil er ihnen bei der Geburt abgenommen worden war. Auf diesem Wege akzeptierte er zur Zeit der Zwangsneurose, was er schon während des Traumvorganges erfahren und damals durch Verdrängung von sich gewiesen hatte. Auch die rituelle Beschneidung Christi, wie der Juden überhaupt, konnte ihm während der Lektüre der heiligen Geschichte und der Gespräche über sie nicht unbekannt bleiben.

Es ist ganz unzweifelhaft, daß ihm um diese Zeit der Vater zu jener Schreckensperson wurde, von der die Kastration droht. Der grausame Gott, mit dem er damals rang, der die Menschen schuldig werden läßt, um sie dann zu bestrafen, der seinen Sohn und die Söhne der Menschen opfert, warf seinen Charakter auf den Vater zurück, den er

76 [Die Seele der von Tancred geliebten Clorinda war in einen Baum gebannt. Als er in Unkenntnis dieses Schicksals einen Hieb mit dem Schwert gegen den Stamm führt, fließt Blut aus der Kerbe.]

anderseits gegen diesen Gott zu verteidigen suchte. Der Knabe hat hier ein phylogenetisches Schema zu erfüllen und bringt es zustande, wenngleich seine persönlichen Erlebnisse nicht dazu stimmen mögen. Die Kastrationsdrohungen oder Andeutungen, die er erfahren hatte, waren vielmehr von Frauen ausgegangen,[77] aber das konnte das Endergebnis nicht für lange aufhalten. Am Ende wurde es doch der Vater, von dem er die Kastration befürchtete. In diesem Punkte siegte die Heredität über das akzidentelle Erleben; in der Vorgeschichte der Menschheit ist es gewiß der Vater gewesen, der die Kastration als Strafe übte und sie dann zur Beschneidung ermäßigte. Je weiter er auch im Verlaufe des Prozesses der Zwangsneurose in der Verdrängung der Sinnlichkeit kam,[78] desto natürlicher mußte es ihm werden, den Vater, den eigentlichen Vertreter der sinnlichen Betätigung, mit solchen bösen Absichten auszustatten.

Die Identifizierung des Vaters mit dem Kastrator[79] wurde bedeutungsvoll als die Quelle einer intensiven, bis zum Todeswunsch gesteigerten, unbewußten Feindseligkeit gegen ihn und der darauf reagierenden Schuldgefühle. Soweit benahm er sich aber normal, d. h. wie jeder Neurotiker, der von einem positiven Ödipuskomplex besessen ist. Das Merkwürdige war dann, daß auch hiefür bei ihm eine Gegenströmung existierte, bei der der Vater vielmehr der Kastrierte war und als solcher sein Mitleid herausforderte.

Ich habe bei der Analyse des Atemzeremoniells beim Anblick von Krüppeln, Bettlern usw. zeigen können, daß auch dieses Symptom auf den Vater zurückging, der ihm

77 Wir wissen es von der Nanja und werden es von einer anderen Frau noch erfahren.

78 Siehe die Belege dafür gegen Ende von Abschnitt VI.

79 Zu den quälendsten, aber auch groteskesten Symptomen seines späteren Leidens gehörte sein Verhältnis zu jedem – Schneider, bei dem er ein Kleidungsstück bestellt hatte, sein Respekt und seine Schüchternheit vor dieser hohen Person, seine Versuche, sie durch unmäßige Trinkgelder für sich einzunehmen, und seine Verzweiflung über den Erfolg der Arbeit, wie immer sie ausgefallen sein mochte. [Man erinnere sich, daß es ein Schneider war, der dem Wolf den Schwanz ausriß.]

als Kranker bei dem Besuch in der Anstalt leid getan hatte. Die Analyse gestattete, diesen Faden noch weiter zurückzuverfolgen. Es gab in sehr früher Zeit, wahrscheinlich noch vor der Verführung (3¼ Jahre) auf dem Gute einen armen Taglöhner, der das Wasser ins Haus zu tragen hatte. Er konnte nicht sprechen, angeblich weil man ihm die Zunge abgeschnitten hatte. Wahrscheinlich war es ein Taubstummer. Der Kleine liebte ihn sehr und bedauerte ihn von Herzen. Als er gestorben war, suchte er ihn am Himmel.[80] Das war also der erste von ihm bemitleidete Krüppel; nach dem Zusammenhang und der Anreihung in der Analyse unzweifelhaft ein Vaterersatz.

Die Analyse schloß an ihn die Erinnerung an andere ihm sympathische Diener an, von denen er hervorhob, daß sie kränklich oder Juden (Beschneidung!) gewesen waren. Auch der Lakai, der ihn bei seinem Malheur mit 4½ Jahren reinigen half, war ein Jude und schwindsüchtig und genoß sein Mitleid. Alle diese Personen fallen in die Zeit vor dem Besuch des Vaters im Sanatorium, also vor die Symptombildung, die vielmehr durch das Ausatmen eine Identifizierung mit den Bedauerten fernhalten sollte. Dann wandte sich die Analyse plötzlich im Anschluß an einen Traum in die Vorzeit zurück und ließ ihn die Behauptung aufstellen, daß er bei dem Koitus der Urszene das Verschwinden des Penis beobachtete, den Vater darum bemitleidet und sich über das Wiedererscheinen des verloren Geglaubten gefreut habe. Also eine neue Gefühlsregung, die wiederum von dieser Szene ausgeht. Der narzißtische Ursprung des Mitleids, für den das Wort selbst spricht, ist hier übrigens ganz unverkennbar.

---

80 Ich erwähne in diesem Zusammenhange Träume, die später als der Angsttraum, aber noch auf dem ersten Gut vorfielen und die Koitusszene als Vorgang zwischen Himmelskörpern darstellten.

VIII
Nachträge aus der Urzeit – Lösung

In vielen Analysen geht es so zu, daß, wenn man sich dem Ende nähert, plötzlich neues Erinnerungsmaterial auftaucht, welches bisher sorgfältig verborgen gehalten wurde. Oder es wird einmal eine unscheinbare Bemerkung hingeworfen, in gleichgültigem Ton, als wäre es etwas Überflüssiges, zu dieser kommt ein andermal etwas hinzu, was den Arzt bereits aufhorchen läßt, und endlich erkennt man in jenem geringgeschätzten Brocken Erinnerung den Schlüssel zu den wichtigsten Geheimnissen, welche die Neurose des Kranken umkleidete.

Frühzeitig hatte mein Patient eine Erinnerung aus der Zeit erzählt, da seine Schlimmheit in Angst umzuschlagen pflegte. Er verfolgte einen schönen großen Schmetterling mit gelben Streifen, dessen große Flügel in spitze Fortsätze ausliefen – also einen Schwalbenschwanz. Plötzlich erfaßte ihn, als der Schmetterling sich auf eine Blume gesetzt hatte, eine schreckliche Angst vor dem Tier, und er lief schreiend davon.

Diese Erinnerung kehrte von Zeit zu Zeit in der Analyse wieder und forderte ihre Erklärung, die sie lange nicht erhielt. Es war doch von vornherein anzunehmen, daß ein solches Detail nicht seinetwegen selbst einen Platz im Gedächtnis behalten hatte, sondern als Deckerinnerung Wichtigeres vertrat, womit es irgendwie verknüpft war. Er sagte eines Tages, ein Schmetterling[81] heiße in seiner Sprache: Babuschka, altes Mütterchen; überhaupt seien ihm die Schmetterlinge wie Frauen und Mädchen, die Käfer und Raupen wie Knaben erschienen. Also mußte wohl die Erinnerung an ein weibliches Wesen bei jener Angstszene wach geworden sein. Ich will nicht verschweigen, daß ich damals die Möglichkeit vorschlug, die gelben Streifen des Schmetterlings hätten an die ähnliche Streifung eines Kleidungsstückes, das eine Frau trug, gemahnt. Ich tue das nur, um

81 [»Schmetterling« heißt im Russischen »Babotschka«.]

an einem Beispiel zu zeigen, wie unzureichend in der Regel die Kombination des Arztes zur Lösung der aufgeworfenen Fragen ist, wie sehr man Unrecht tut, die Phantasie und die Suggestion des Arztes für die Ergebnisse der Analyse verantwortlich zu machen.

In einem ganz anderen Zusammenhange, viele Monate später, machte dann der Patient die Bemerkung, das Öffnen und Schließen der Flügel, als der Schmetterling saß, hätte den unheimlichen Eindruck auf ihn gemacht. Dies wäre so gewesen, wie wenn eine Frau die Beine öffnet, und die Beine ergäben dann die Figur einer römischen V, bekanntlich die Stunde, um welche schon in seinen Knabenjahren, aber auch jetzt noch, eine Verdüsterung seiner Stimmung einzutreten pflegte.

Das war ein Einfall, auf den ich nie gekommen wäre, dessen Schätzung aber durch die Erwägung gewann, daß der darin bloßgelegte Assoziationsvorgang so recht infantilen Charakter hatte. Die Aufmerksamkeit der Kinder, habe ich oft bemerkt, wird durch Bewegungen weit mehr angezogen als durch ruhende Formen, und sie stellen oft Assoziationen auf Grund von ähnlicher Bewegung her, die von uns Erwachsenen vernachlässigt oder unterlassen werden.

Dann ruhte das kleine Problem wieder für lange Zeit. Ich will noch die wohlfeile Vermutung erwähnen, daß die spitzen oder stangenartigen Fortsätze der Schmetterlingsflügel eine Bedeutung als Genitalsymbole gehabt haben könnten.

Eines Tages tauchte schüchtern und undeutlich eine Art von Erinnerung auf, es müßte sehr frühe, noch vor der Kinderfrau, ein Kindermädchen gegeben haben, das ihn sehr lieb hatte. Sie hatte denselben Namen wie die Mutter. Gewiß erwiderte er ihre Zärtlichkeit. Also eine verschollene erste Liebe. Wir einigten uns aber, irgend etwas müßte da vorgefallen sein, was später von Wichtigkeit wurde.

Dann korrigierte er ein anderes Mal seine Erinnerung. Sie könne nicht so geheißen haben wie die Mutter, das war ein Irrtum von ihm, der natürlich bewies, daß sie ihm in der Erinnerung mit der Mutter zusammengeflossen war.

Ihr richtiger Name sei ihm auch auf einem Umwege eingefallen. Er habe plötzlich an einen Lagerraum auf dem ersten Gute denken müssen, in dem das abgenommene Obst aufbewahrt wurde, und an eine gewisse Sorte Birnen von ausgezeichnetem Geschmack, große Birnen mit gelben Streifen auf ihrer Schale. Birne heißt in seiner Sprache *Gruscha*, und dies war auch der Name des Kindermädchens.

Also wurde es klar, daß sich hinter der Deckerinnerung des gejagten Schmetterlings das Gedächtnis des Kindermädchens verbarg. Die gelben Streifen saßen aber nicht auf ihrem Kleid, sondern auf dem der Birne, die so hieß wie sie selbst. Aber woher die Angst bei der Aktivierung der Erinnerung an sie? Die nächste plumpe Kombination hätte lauten können, bei diesem Mädchen habe er als kleines Kind zuerst die Bewegungen der Beine gesehen, die er sich mit dem Zeichen der römischen V fixiert hatte, Bewegungen, die das Genitale zugänglich machen. Wir ersparten uns diese Kombination und warteten auf weiteres Material.

Sehr bald kam nun die Erinnerung an eine Szene, unvollständig, aber soweit sie erhalten war, bestimmt. Gruscha lag auf dem Boden, neben ihr ein Kübel und ein aus Ruten gebundener kurzer Besen; er war dabei und sie neckte ihn oder lachte ihn aus.

Was daran fehlte, war von anderen Stellen her leicht einzusetzen. Er hatte in den ersten Monaten der Kur von einer zwanghaft aufgetretenen Verliebtheit in ein Bauernmädchen erzählt, bei der er sich mit 18 Jahren den Anlaß zu seiner späteren Erkrankung geholt hatte.[82] Damals hatte er sich in der auffälligsten Weise gesträubt, den Namen des Mädchens mitzuteilen. Es war ein ganz vereinzelter Widerstand; er war der analytischen Grundregel sonst ohne Rückhalt gehorsam. Aber er behauptete, er müsse sich so sehr schämen, diesen Namen auszusprechen, weil er rein bäuerlich sei; ein vornehmeres Mädchen würde ihn nie tra-

82 [Eine gonorrhoische Infektion.]

gen. Der Name, den man endlich erfuhr, war *Matrona*. Er hatte mütterlichen Klang. Das Schämen war offenbar deplaciert. Der Tatsache selbst, daß diese Verliebtheiten ausschließlich die niedrigsten Mädchen betrafen, schämte er sich nicht, nur des Namens. Wenn das Abenteuer mit der Matrona etwas Gemeinsames mit der Gruschaszene haben konnte, dann war das Schämen in diese frühe Begebenheit zurückzuversetzen.

Er hatte ein anderes Mal erzählt, als er die Geschichte von Johannes Huß erfuhr, wurde er von ihr sehr ergriffen, und seine Aufmerksamkeit blieb an den Bündeln von Reisig hängen, die man zu seinem Scheiterhaufen schleppte. Die Sympathie für Huß erweckt nun einen ganz bestimmten Verdacht; ich habe sie bei jugendlichen Patienten oft gefunden und immer auf dieselbe Weise aufklären können. Einer derselben hatte sogar eine dramatische Bearbeitung der Schicksale des Huß geliefert; er begann sein Drama an dem Tage zu schreiben, der ihm das Objekt seiner geheim gehaltenen Verliebtheit entzog. Huß stirbt den Feuertod, er wird wie andere, welche die gleiche Bedingung erfüllen, der Held der ehemaligen Enuretiker. Die Reisigbündel beim Scheiterhaufen des Huß stellte mein Patient selbst mit dem Besen (Rutenbündel) des Kindermädchens zusammen.

Dieses Material fügte sich zwanglos zusammen, um die Lücke in der Erinnerung der Szene mit der Gruscha auszufüllen. Er hatte, als er dem Mädchen beim Aufwaschen des Bodens zusah, ins Zimmer uriniert und sie darauf eine gewiß scherzhafte Kastrationsdrohung ausgesprochen.[83]

---

83 Es ist sehr merkwürdig, daß die Reaktion der Beschämung so innig mit der unfreiwilligen (täglichen wie nächtlichen) Harnentleerung verbunden ist und nicht, wie man erwarten sollte, ebenso mit der Stuhlinkontinenz. Die Erfahrung läßt hierüber gar keinen Zweifel bestehen. Auch die regelmäßige Beziehung der Harninkontinenz zum Feuer gibt zu denken. Es ist möglich, daß in diesen Reaktionen und Zusammenhängen Niederschläge aus der Kulturgeschichte der Menschheit vorliegen, die tiefer hinabreichen als alles, was uns durch seine Spuren im Mythus und im Folklore erhalten ist. [Im Aufsatz *Zur Gewinnung des Feuers* (1932) hat Freud am Beispiel des Prometheus-Mythos seine »Annahme« untersucht, »die Vorbedingung der Bemächtigung des Feuers sei der Verzicht

Ich weiß nicht, ob die Leser schon erraten können, warum ich diese frühinfantile Episode so ausführlich mitgeteilt habe.[84] Sie stellt eine wichtige Verbindung her zwischen der Urszene und dem späteren Liebeszwang, der so entscheidend für sein Schicksal geworden ist, und führt überdies eine Liebesbedingung ein, welche diesen Zwang aufklärt.

Als er das Mädchen auf dem Boden liegen sah, mit dem Aufwaschen desselben beschäftigt, kniend, die Nates vorgestreckt, den Rücken horizontal gehalten, fand er an ihr die Stellung wieder, welche die Mutter in der Koitusszene eingenommen hatte. Sie wurde ihm zur Mutter, die sexuelle Erregung infolge der Aktivierung jenes Bildes[85] ergriff ihn, und er benahm sich männlich gegen sie wie der Vater, dessen Aktion er damals ja nur als ein Urinieren verstanden haben konnte. Sein auf den Boden Urinieren war eigentlich ein Verführungsversuch, und das Mädchen antwortete darauf mit einer Kastrationsdrohung, als ob sie ihn verstanden hätte.

Der von der Urszene ausgehende Zwang übertrug sich auf diese Szene mit der Gruscha und wirkte durch sie fort. Die Liebesbedingung erfuhr aber eine Abänderung, welche den Einfluß der zweiten Szene bezeugt; sie übertrug sich von der Position des Weibes auf dessen Tätigkeit in solcher Position. Dies wurde z. B. in dem Erlebnis mit der Matrona evident. Er machte einen Spaziergang durch das Dorf, welches zu dem (späteren) Gut gehörte, und sah am Rand des Teiches ein kniendes Bauernmädchen, damit beschäftigt, Wäsche im Teich zu waschen. Er verliebte sich in die Wäscherin augenblicklich und mit unwiderstehlicher Heftigkeit, obwohl er ihr Gesicht noch gar nicht sehen konnte. Sie war ihm durch Lage und Tätigkeit an die Stelle der Gruscha getreten. Wir verstehen nun, wie sich das Schä-

---

auf die homosexuell betonte Lust gewesen, es durch den Harnstrahl zu löschen«.]

84 Sie fällt etwa in die Zeit um 2½ Jahre, zwischen der angeblichen Koitusbeobachtung und der Verführung.

85 Vor dem Traume!

men, das dem Inhalt der Szene mit der Gruscha galt, an den Namen der Matrona knüpfen konnte.

Den zwingenden Einfluß der Gruschaszene zeigt noch deutlicher ein anderer Anfall von Verliebtheit, einige Jahre vorher. Ein junges Bauernmädchen, das im Hause Dienste leistete, hatte ihm schon lange gefallen, aber er hatte es über sich vermocht, sich ihr nicht zu nähern. Eines Tages packte ihn die Verliebtheit, als er sie allein im Zimmer traf. Er fand sie auf dem Boden liegend, mit Aufwaschen beschäftigt, Kübel und Besen neben sich, also ganz wie das Mädchen in seiner Kindheit.

Selbst seine definitive Objektwahl, die für sein Leben so bedeutungsvoll wurde, erweist sich durch ihre näheren Umstände, die hier nicht anzuführen sind, als abhängig von der gleichen Liebesbedingung, als ein Ausläufer des Zwanges, der von der Urszene aus über die Szene mit Gruscha seine Liebeswahl beherrschte. Ich habe an früherer Stelle bemerkt, daß ich das Bestreben zur Erniedrigung des Liebesobjekts bei dem Patienten wohl anerkenne. Es ist auf Reaktion gegen den Druck der ihm überlegenen Schwester zurückzuführen. Aber ich versprach damals zu zeigen, daß dies Motiv[86] selbstherrlicher Natur nicht das einzig bestimmende gewesen ist, sondern eine tiefere Determinierung durch rein erotische Motive verdeckt. Die Erinnerung an das den Boden aufwaschende, allerdings in seiner Position erniedrigte, Kindermädchen brachte diese Motivierung zum Vorschein. Alle späteren Liebesobjekte waren Ersatzpersonen dieser einen, die selbst durch den Zufall der Situation zum ersten Mutterersatz geworden war. Der erste Einfall des Patienten zum Problem der Angst vor dem Schmetterling läßt sich nachträglich leicht als fernliegende Anspielung an die Urszene erkennen (die fünfte Stunde). Die Beziehung der Gruschaszene zur Kastrationsdrohung bestätigte er durch einen besonders sinnreichen Traum, den er auch selbst zu übersetzen verstand. Er sagte: Ich habe geträumt, *ein Mann reißt einer Espe die Flügel aus*. Espe?

86 [Vgl. im Abschnitt III.]

mußte ich fragen, was meinen Sie damit? – Nun, das Insekt mit den gelben Streifen am Leib, das stechen kann. Es muß eine Anspielung an die Gruscha, die gelbgestreifte Birne, sein. – *Wespe*, meinen Sie also, konnte ich korrigieren. – Heißt es Wespe? Ich habe wirklich geglaubt, es heißt Espe. (Er bediente sich wie so viele andere seiner Fremdsprachigkeit zur Deckung von Symptomhandlungen.) Aber Espe, das bin ja ich, S. P. (die Initialen seines Namens). Die Espe ist natürlich eine verstümmelte Wespe. Der Traum sagt klar, er räche sich an der Gruscha für ihre Kastrationsandrohung.

Die Aktion des 2½jährigen in der Szene mit Gruscha ist die erste uns bekanntgewordene Wirkung der Urszene, sie stellt ihn als Kopie des Vaters dar und läßt uns eine Entwicklungstendenz in der Richtung erkennen, die später den Namen der männlichen verdienen wird. Durch die Verführung wird er in eine Passivität gedrängt, die allerdings auch schon durch sein Benehmen als Zuschauer beim elterlichen Verkehr vorbereitet ist.

Ich muß aus der Behandlungsgeschichte noch hervorheben, daß man den Eindruck empfing, mit der Bewältigung der Gruschaszene, des ersten Erlebnisses, das er wirklich erinnern konnte und ohne mein Vermuten und Dazutun erinnerte, sei die Aufgabe der Kur gelöst gewesen. Es gab von da an keine Widerstände mehr, man brauchte nur noch zu sammeln und zusammenzusetzen. Die alte Traumatheorie, die ja auf Eindrücke aus der psychoanalytischen Therapie aufgebaut war, kam mit einem Male wieder zur Geltung. Aus kritischem Interesse machte ich noch einmal den Versuch, dem Patienten eine andere Auffassung seiner Geschichte aufzudrängen, die dem nüchternen Verstand willkommener wäre. An der Szene mit Gruscha sei ja nicht zu zweifeln, aber sie bedeute an und für sich nichts und sei hinterher verstärkt worden durch Regression von den Ereignissen seiner Objektwahl, die sich infolge der Erniedrigungstendenz von der Schwester weg auf die Dienstmädchen geworfen hätte. Die Koitusbeobachtung aber sei eine Phantasie seiner späteren Jahre, deren historischer Kern die Beobachtung oder das Erlebnis etwa eines harmlosen Lavements gewesen sein könnte. Vielleicht meinen manche Leser, erst mit diesen Annahmen hätte ich mich dem Verständnis des Falles genähert; der Patient sah mich verständnislos und etwas verächtlich an, als ich ihm diese Auffassung vortrug, und reagierte niemals wieder auf dieselbe. Meine eigenen Argumente gegen solche Rationalisierung habe ich oben im Zusammenhange entwickelt.[87]

[Die[88] Gruschaszene enthält aber nicht nur die für das Leben des Patienten entscheidenden Bedingungen der Objektwahl und behütet uns so vor dem Irrtum, die Bedeutung der Erniedrigungstendenz gegen das Weib zu überschätzen. Sie vermag mich auch zu rechtfertigen, wenn ich es vorhin abgelehnt habe, die Zurückführung der Urszene auf eine kurz vor dem Traum angestellte Tierbeobachtung ohne jedes Bedenken als die einzig mögliche Lösung zu vertreten.[89] Sie war in der Erinnerung des Patienten spontan und ohne mein Dazutun aufgetaucht. Die auf sie zurückgehende Angst vor dem gelbgestreiften Schmetterling bewies, daß sie einen bedeutungsvollen Inhalt gehabt hatte oder daß es möglich geworden war, ihrem Inhalt nachträglich solche Bedeutung zu verleihen. Dies Bedeutungsvolle, was in der Erinnerung fehlte, war durch die sie begleitenden Einfälle und die daran zu knüpfenden Schlüsse mit Sicherheit zu ergänzen. Es ergab sich dann, daß die Schmetterlingsangst durchaus analog war der Wolfsangst, in beiden Fällen Angst vor der Kastration, zunächst bezogen auf die Person, welche die Kastrationsdrohung zuerst ausgesprochen hatte, sodann auf die andere verlegt, an der sie nach dem phylogenetischen Vorbild Anheftung finden mußte. Die Szene mit Grusch a war mit 2½ Jahren vorgefallen, das Angsterlebnis mit dem gelben Schmetterling aber sicherlich nach dem Angsttraum. Es ließ sich leicht verstehen, daß das spätere Verständnis für die Möglichkeit der Kastration nachträglich aus der Szene mit Gruscha die

87 [Vgl. Abschnitt V.]
88 [Eckige Klammer von Freud selbst. S. den Schluß der Anmerkung 1.]
89 [Vgl. am Schluß von Abschnitt V.]

Angst entwickelt hatte; aber diese Szene selbst enthielt nichts Anstößiges oder Unwahrscheinliches, vielmehr durchaus banale Einzelheiten, an denen zu zweifeln man keinen Grund hatte. Nichts forderte dazu auf, sie auf eine Phantasie des Kindes zurückzuführen; es erscheint auch kaum möglich.

Es entsteht nun die Frage, sind wir berechtigt, in dem Urinieren des stehenden Knaben, während das auf den Knien liegende Mädchen den Boden aufwäscht, einen Beweis seiner sexuellen Erregtheit zu sehen? Dann würde diese Erregung den Einfluß eines früheren Eindrucks bezeugen, der ebensowohl die Tatsächlichkeit der Urszene, wie eine vor 2½ Jahren gemachte Beobachtung an Tieren sein könnte. Oder war jene Situation durchaus harmlos, die Harnentleerung des Kindes eine rein zufällige, und die ganze Szene wurde erst später in der Erinnerung sexualisiert, nachdem ähnliche Situationen als bedeutungsvoll erkannt worden waren?

Hier getraue ich mich nun zu keiner Entscheidung. Ich muß sagen, ich rechne es der Psychoanalyse bereits hoch an, daß sie zu solchen Fragestellungen gekommen ist. Aber ich kann es nicht verleugnen, daß die Szene mit Gruscha, die Rolle, die ihr in der Analyse zufiel, und die Wirkungen, die im Leben von ihr ausgingen, sich doch am ungezwungensten und vollständigsten erklären, wenn man die Urszene, die andere Male eine Phantasie sein mag, hier als Realität gelten läßt. Sie behauptet im Grunde nichts Unmögliches; die Annahme ihrer Realität verträgt sich auch ganz mit dem anregenden Einfluß der Tierbeobachtungen, auf welche die Schäferhunde des Traumbildes hindeuten.

Von diesem unbefriedigenden Abschluß wende ich mich zur Behandlung der Frage, die ich in den *Vorlesungen zur Einführung in die Psychoanalyse*[90] versucht habe. Ich möchte selbst gerne wissen, ob die Urszene bei meinem Patienten Phantasie oder reales Erlebnis war, aber mit Rücksicht auf andere ähnliche Fälle muß man sagen, es sei eigentlich

90 [23. Vorlesung; vgl. im vorliegenden Band unserer Ausgabe.]

nicht sehr wichtig, dies zu entscheiden. Die Szenen von Beobachtung des elterlichen Sexualverkehrs, von Verführung in der Kindheit und von Kastrationsandrohung sind unzweifelhafter ererbter Besitz, phylogenetische Erbschaft, aber sie können ebensowohl Erwerb persönlichen Erlebens sein. Bei meinem Patienten war die Verführung durch die ältere Schwester eine unbestreitbare Realität; warum nicht auch die Beobachtung des elterlichen Koitus?

Wir sehen nur in der Urgeschichte der Neurose, daß das Kind zu diesem phylogenetischen Erleben greift, wo sein eigenes Erleben nicht ausreicht. Es füllt die Lücken der individuellen Wahrheit mit prähistorischer Wahrheit aus, setzt die Erfahrung der Vorahnen an die Stelle der eigenen Erfahrung ein. In der Anerkennung dieser phylogenetischen Erbschaft stimme ich mit Jung (*Die Psychologie der unbewußten Prozesse*, 1917, eine Schrift, die meine *Vorlesungen* nicht mehr beeinflussen konnte) völlig zusammen; aber ich halte es für methodisch unrichtig, zur Erklärung aus der Phylogenese zu greifen, ehe man die Möglichkeiten der Ontogenese erschöpft hat; ich sehe nicht ein, warum man der kindheitlichen Vorzeit hartnäckig eine Bedeutung bestreiten will, die man der Ahnenvorzeit bereitwillig zugesteht; ich kann nicht verkennen, daß die phylogenetischen Motive und Produktionen selbst der Aufklärung bedürftig sind, die ihnen in einer ganzen Reihe von Fällen aus der individuellen Kindheit zuteil werden kann, und zum Schlusse verwundere ich mich nicht darüber, wenn die Erhaltung der nämlichen Bedingungen beim einzelnen organisch wiedererstehen läßt, was diese einst in Vorzeiten geschaffen und als Disposition zum Wiedererwerb vererbt haben.]

In die Zwischenzeit zwischen Urszene und Verführung (1½–3¼ Jahre) ist noch der stumme Wasserträger einzuschieben, der für ihn Vaterersatz war wie die Gruscha Mutterersatz. Ich glaube, es ist unberechtigt, hier von einer Erniedrigungstendenz zu reden, wiewohl sich beide Eltern durch dienende Personen vertreten finden. Das Kind setzt sich über die sozialen Unterschiede hinweg, die ihm noch wenig bedeuten, und reiht auch geringere Leute an die Eltern an, wenn sie ihm ähnlich wie die Eltern Liebe entgegenbringen. Ebensowenig Bedeutung hat diese Tendenz für die Ersetzung der Eltern durch Tiere, deren Geringschätzung dem Kinde ganz ferne liegt. Ohne Rücksicht auf solche Erniedrigung werden Onkel und Tanten zum Elternersatz herangezogen, wie auch für unseren Patienten durch mehrfache Erinnerungen bezeugt ist.

In dieselbe Zeit gehört noch eine dunkle Kunde von einer Phase, in der er nichts essen wollte außer Süßigkeiten, so daß man Sorge für sein Fortkommen hatte. Man erzählte ihm von einem Onkel, der ebenso das Essen verweigert hatte und dann jung an der Auszehrung starb. Er hörte auch, daß er im Alter von drei Monaten so schwer krank gewesen war (an einer Lungenentzündung?), daß man schon das Totenhemd für ihn bereitgemacht hatte. Es gelang, ihn ängstlich zu machen, so daß er wieder aß; in späteren Kindheitsjahren übertrieb er sogar diese Verpflichtung, wie um sich gegen den angedrohten Tod zu schützen. Die Todesangst, die man damals zu seinem Schutz wachgerufen hatte, zeigte sich später wieder, als die Mutter vor der Dysenteriegefahr warnte; sie provozierte noch später einen Anfall der Zwangsneurose. Wir wollen versuchen, ihren Ursprüngen und Bedeutungen an späterer Stelle nachzugehen.

Für die Eßstörung möchte ich die Bedeutung einer allerersten neurotischen Erkrankung in Anspruch nehmen; so daß Eßstörung, Wolfsphobie, Zwangsfrömmigkeit die vollständige Reihe der infantilen Erkrankungen ergeben, welche die Disposition für den neurotischen Zusammenbruch in den Jahren nach der Pubertät mit sich bringen. Man wird mir entgegenhalten, daß wenige Kinder solchen Störungen wie einer vorübergehenden Eßunlust oder einer Tierphobie entgehen. Aber dies Argument ist mir sehr willkommen. Ich bin bereit zu behaupten, daß jede Neurose eines Erwachsenen sich über seiner Kinderneurose aufbaut, die aber nicht immer intensiv genug ist, um aufzufallen und als solche erkannt zu werden. Die theoretische Bedeutung der infantilen Neurosen für die Auffassung der Erkrankungen, die wir als Neurosen behandeln und nur von den Einwirkungen des späteren Lebens ableiten wollen, wird durch jenen Einwand nur gehoben. Hätte unser Patient nicht zu seiner Eßstörung und seiner Tierphobie noch die Zwangsfrömmigkeit hinzubekommen, so würde sich seine Geschichte von der anderer Menschenkinder nicht auffällig unterscheiden, und wir wären um wertvolle Materialien, die uns vor naheliegenden Irrtümern bewahren können, ärmer.

Die Analyse wäre unbefriedigend, wenn sie nicht das Verständnis jener Klage brächte, in die der Patient sein Leiden zusammenfaßte. Sie lautete, daß ihm die Welt durch einen Schleier verhüllt sei, und die psychoanalytische Schulung weist die Erwartung ab, daß diese Worte bedeutungslos und wie zufällig gewählt sein sollten. Der Schleier zerriß – merkwürdigerweise – nur in einer Situation, nämlich, wenn infolge eines Lavements der Stuhlgang den After passierte. Dann fühlte er sich wieder wohl und sah die Welt für eine ganz kurze Weile klar. Mit der Deutung dieses »Schleiers« ging es ähnlich schwierig wie bei der Schmetterlingsangst. Auch hielt er nicht an dem Schleier fest, dieser verflüchtigte sich ihm weiter zu einem Gefühl von Dämmerung, *»ténèbres«*[91], und anderen ungreifbaren Dingen.

Erst kurz vor dem Abschied von der Kur besann er sich, er habe gehört, daß er in einer »Glückshaube« zur Welt gekommen sei. Darum habe er sich immer für ein besonderes Glückskind gehalten, dem nichts Böses widerfahren könne. Erst dann verließ ihn diese Zuversicht, als er die gonorrhoische Erkrankung als schwere Beschädigung an seinem Körper anerkennen mußte. Vor dieser Kränkung seines Narzißmus brach er zusammen. Wir werden sagen, er wiederholte damit einen Mechanismus, der schon einmal bei ihm gespielt hatte. Auch seine Wolfsphobie brach aus, als er vor die Tatsache, daß eine Kastration möglich sei, ge-

91 [franz. »Finsternis, Dunkelheit«.]

stellt wurde, und die Gonorrhöe reihte er offenbar der Kastration an.

Die Glückshaube ist also der Schleier, der ihn vor der Welt und ihm die Welt verhüllte. Seine Klage ist eigentlich eine erfüllte Wunschphantasie, sie zeigt ihn wieder in den Mutterleib zurückgekehrt, allerdings die Wunschphantasie der Weltflucht. Sie ist zu übersetzen: Ich bin so unglücklich im Leben, ich muß wieder in den Mutterschoß zurück.

Was soll es aber bedeuten, daß dieser symbolische, einmal real gewesene, Schleier in dem Moment der Stuhlentleerung nach dem Klysma zerreißt, daß seine Krankheit unter dieser Bedingung von ihm weicht? Der Zusammenhang gestattet uns zu antworten: Wenn der Geburtsschleier zerreißt, so erblickt er die Welt und wird wiedergeboren. Der Stuhlgang ist das Kind, als welches er zum zweitenmal zu einem glücklicheren Leben geboren wird. Das wäre also die Wiedergeburtsphantasie, auf die Jung kürzlich die Aufmerksamkeit gelenkt und der er eine so dominierende Stellung im Wunschleben der Neurotiker eingeräumt hat.

Das wäre schön, wenn es vollständig wäre. Gewisse Einzelheiten der Situation und die Rücksicht auf den erforderlichen Zusammenhang mit der speziellen Lebensgeschichte nötigen uns, die Deutuung weiter zu führen. Die Bedingung der Wiedergeburt ist, daß ihm ein Mann ein Klysma verabreicht (diesen Mann hat er erst später notgedrungen selbst ersetzt). Das kann nur heißen, er hat sich mit der Mutter identifiziert, der Mann spielt den Vater, das Klysma wiederholt den Begattungsakt, als dessen Frucht das Kotkind – wiederum er – geboren wird. Die Wiedergeburtsphantasie ist also eng mit der Bedingung der sexuellen Befriedigung durch den Mann verknüpft. Die Übersetzung lautet jetzt also: Nur wenn er sich dem Weib substituieren, die Mutter ersetzen darf, um sich vom Vater befriedigen zu lassen und ihm ein Kind zu gebären, dann ist seine Krankheit von ihm gewichen. Die Wiedergeburtsphantasie war also hier nur eine verstümmelte, zensurierte Wiedergabe der homosexuellen Wunschphantasie.

Sehen wir näher zu, so müssen wir eigentlich bemerken,

daß der Kranke in dieser Bedingung seiner Heilung nur die Situation der sogenannten Urszene wiederholt: Damals wollte er sich der Mutter unterschieben; das Kotkind hat er, wie wir längst vorher angenommen hatten, in jener Szene selbst produziert. Er ist noch immer fixiert, wie gebannt, an die Szene, die für sein Sexualleben entscheidend wurde, deren Wiederkehr in jener Traumnacht sein Kranksein eröffnete. Das Zerreißen des Schleiers ist analog dem Öffnen der Augen, dem Aufgehen der Fenster. Die Urszene ist zur Heilbedingung umgebildet worden.

Das, was durch die Klage, und was durch die Ausnahme dargestellt ist, kann man leicht zu einer Einheit zusammenziehen, die dann ihren ganzen Sinn offenbart. Er wünscht sich in den Mutterleib zurück, nicht um dann einfach wiedergeboren zu werden, sondern um dort beim Koitus vom Vater getroffen zu werden, von ihm die Befriedigung zu bekommen, ihm ein Kind zu gebären.

Vom Vater geboren worden zu sein, wie er anfänglich gemeint hatte, von ihm sexuell befriedigt zu werden, ihm ein Kind zu schenken, dies unter Preisgebung seiner Männlichkeit, und in der Sprache der Analerotik ausgedrückt: mit diesen Wünschen ist der Kreis der Fixierung an den Vater geschlossen, hiemit hat die Homosexualität ihren höchsten und intimsten Ausdruck gefunden.[92]

Ich meine, von diesem Beispiel her fällt auch ein Licht auf Sinn und Ursprung der Mutterleibs- wie der Wiedergeburtsphantasie. Die erstere ist häufig so wie in unserem Falle aus der Bindung an den Vater hervorgegangen. Man wünscht sich in den Leib der Mutter, um sich ihr beim Koitus zu substituieren, ihre Stelle beim Vater einzunehmen. Die Wiedergeburtsphantasie ist wahrscheinlich regelmäßig eine Milderung, sozusagen ein Euphemismus, für die Phantasie des inzestuösen Verkehrs mit der Mutter, eine *anagogische* Abkürzung derselben, um den Ausdruck von

92 Der mögliche Nebensinn, daß der Schleier das Hymen darstellt, welches beim Verkehr mit dem Manne zerreißt, trifft nicht genau mit der Heilbedingung zusammen und hat keine Beziehung zum Leben des Patienten, für den die Virginität keine Bedeutung hatte.

H. Silberer zu gebrauchen.[93] Man wünscht sich in die Situation zurück, in der man sich in den Genitalien der Mutter befand, wobei sich der Mann mit seinem Penis identifiziert, durch ihn vertreten läßt. Dann enthüllen sich die beiden Phantasien als Gegenstücke, die je nach der männlichen oder weiblichen Einstellung des Betreffenden dem Wunsch nach dem Sexualverkehr mit dem Vater oder der Mutter Ausdruck geben. Es ist die Möglichkeit nicht abzuweisen, daß in der Klage und Heilbedingung unseres Patienten beide Phantasien, also auch beide Inzestwünsche, vereinigt sind.

Ich will noch einmal den Versuch machen, die letzten Ergebnisse der Analyse nach dem gegnerischen Vorbild umzudeuten: Der Patient beklagt seine Weltflucht in einer typischen Mutterleibsphantasie, erblickt seine Heilung allein in einer typisch gefaßten Wiedergeburt. Diese letztere drückt er in analen Symptomen entsprechend seiner vorwiegenden Veranlagung aus. Nach dem Vorbild der analen Wiedergeburtsphantasie hat er sich eine Kinderszene zurechtgemacht, die seine Wünsche in archaisch symbolischen Ausdrucksmitteln wiederholt. Seine Symptome ver-

93 [H. Silberer, *Probleme der Mystik und ihre Symbolik*, Wien und Leipzig 1914, Teil II, Abschnitt 5. – Freud kommentiert diesen Begriff von Silberer in der Bearbeitung der *Traumdeutung* von 1919 (Kapitel VII, Abschnitt A): Er könne »der Behauptung nicht beipflichten, die zuerst von H. Silberer aufgestellt worden ist, daß jeder Traum – oder auch nur zahlreiche und gewisse Gruppen von Träumen – zwei verschiedene Deutungen erfordern, die sogar in fester Beziehung zueinander stehen. Die eine dieser Deutungen, die Silberer die *psychoanalytische* nennt, gibt dem Traume einen beliebigen, zumeist infantil-sexuellen Sinn; die andere, bedeutsamere, von ihm die *anagogische* geheißen, zeigt die ernsthafteren, oft tiefsinnigen Gedanken auf, welche die Traumarbeit als Stoff übernommen hat. Silberer hat diese Behauptung nicht durch Mitteilung einer Reihe von Träumen, die er nach beiden Richtungen analysiert hätte, erwiesen. Ich muß dagegen einwenden, daß eine solche Tatsache nicht besteht. Die meisten Träume verlangen doch keine Überdeutung und sind insbesondere einer anagogischen Deutung nicht fähig. Die Mitwirkung einer Tendenz, welche die grundlegenden Verhältnisse der Traumbildung verschleiern und das Interesse von ihren Triebwurzeln ablenken möchte, ist bei der Silbererschen Theorie ebensowenig zu verkennen wie bei anderen theoretischen Bemühungen der letzten Jahre.«]

ketten sich dann, als ob sie von einer solchen Urszene ausgingen. Zu diesem ganzen Rückweg mußte er sich entschließen, weil er auf eine Lebensaufgabe stieß, für deren Lösung er zu faul war, oder weil er allen Grund hatte, seinen Minderwertigkeiten zu mißtrauen und sich durch solche Veranstaltungen am besten vor Zurücksetzung zu schützen meinte.

Das wäre alles gut und schön, wenn der Unglückliche nur nicht schon mit vier Jahren einen Traum gehabt hätte, mit dem seine Neurose begann, der durch die Erzählung des Großvaters vom Schneider und vom Wolf angeregt wurde und dessen Deutung die Annahme einer solchen Urszene notwendig macht. An diesen kleinlichen, aber unantastbaren Tatsachen scheitern leider die Erleichterungen, die uns die Theorien von Jung und Adler verschaffen wollen. Wie die Sachen liegen, scheint mir die Wiedergeburtsphantasie eher ein Abkömmling der Urszene, als umgekehrt die Urszene eine Spiegelung der Wiedergeburtsphantasie zu sein. Vielleicht darf man auch annehmen, der Patient sei damals, vier Jahre nach seiner Geburt, doch zu jung gewesen, um sich bereits eine Wiedergeburt zu wünschen. Aber dieses letztere Argument muß ich doch zurückziehen; meine eigenen Beobachtungen beweisen, daß man die Kinder unterschätzt hat und daß man nicht mehr weiß, was man ihnen zutrauen darf.[94]

94 Ich gebe zu, daß diese Frage die heikelste der ganzen analytischen Lehre ist. Ich habe nicht der Mitteilungen von Adler oder Jung bedurft, um mich mit der Möglichkeit kritisch zu beschäftigen, daß die von der Analyse behaupteten, vergessenen Kindheitserlebnisse – in unwahrscheinlich früher Kindheit erlebt! – vielmehr auf Phantasien beruhen, die bei späten Anlässen geschaffen werden, und daß man überall dort die Äußerung eines konstitutionellen Moments oder einer phylogenetisch erhaltenen Disposition anzunehmen habe, wo man die Nachwirkung eines solchen infantilen Eindrucks in den Analysen zu finden glaubt. Im Gegenteile, kein Zweifel hat mich mehr in Anspruch genommen, keine andere Unsicherheit entschiedener von Publikationen zurückgehalten. Sowohl die Rolle der Phantasien für die Symptombildung als auch das »Zurückphantasieren« von späten Anregungen her in die Kindheit und das nachträgliche Sexualisieren derselben habe ich als erster kennengelehrt, worauf keiner der Gegner hingewiesen hat. (Siehe *Traumdeutung*, I. Auf-

lage, und *Bemerkungen über einen Fall von Zwangsneurose*) [1909]. Wenn ich dennoch die schwierigere und unwahrscheinlichere Auffassung als die meinige festgehalten habe, so geschah es mit Argumenten, wie sie der hier beschriebene Fall oder jede andere infantile Neurose dem Untersucher aufdrängen und die ich jetzt neuerdings den Lesern zur Entscheidung vorlege. [Der von Freud erwähnte Hinweis innerhalb des Aufsatzes *Bemerkungen über einen Fall von Zwangsneurose* findet sich in einer Fußnote: »Man hat es in den Psychoanalysen häufig mit solchen Begebenheiten aus den ersten Kinderjahren zu tun, in denen die infantile Sexualtätigkeit zu gipfeln scheint und häufig durch einen Unfall oder eine Bestrafung ein katastrophales Ende findet. Sie zeigen sich schattenhaft in Träumen an, werden oft so deutlich, daß man sie greifbar zu besitzen vermeint, aber sie entziehen sich doch der endgültigen Klarstellung, und wenn man nicht mit besonderer Vorsicht und mit Geschick verfährt, muß man es unentschieden lassen, ob eine solche Szene wirklich vorgefallen ist. Auf die richtige Spur der Deutung wird man durch die Erkenntnis geführt, daß von solchen Szenen mehr als eine Version, oft sehr verschiedenartige, in der unbewußten Phantasie des Patienten aufzuspüren sind. Wenn man in der Beurteilung der Realität nicht irregehen will, muß man sich vor allem daran erinnern, daß die ›Kindheitserinnerungen‹ der Menschen erst in einem späteren Alter (meist zur Zeit der Pubertät) festgestellt und dabei einem komplizierten Umarbeitungsprozeß unterzogen werden, welcher der Sagenbildung eines Volkes über seine Urgeschichte durchaus analog ist. Es läßt sich deutlich erkennen, daß der heranwachsende Mensch in diesen Phantasiebildungen über seine erste Kindheit *das Andenken an seine autoerotische Betätigung zu verwischen sucht*, indem er seine Erinnerungsspuren auf die Stufe der Objektliebe hebt, also wie ein richtiger Geschichtsschreiber die Vergangenheit im Lichte der Gegenwart erblicken will. Daher die Überfülle von Verführungen und Attentaten in diesen Phantasien, wo die Wirklichkeit sich auf autoerotische Betätigung und auf Anregung dazu durch Zärtlichkeiten und Strafen beschränkt. Ferner wird man gewahr, daß der über seine Kindheit Phantasierende *seine Erinnerungen sexualisiert*, d. h., daß er banale Erlebnisse mit seiner Sexualbetätigung in Beziehung bringt, sein Sexualinteresse über sie ausdehnt, wobei er wahrscheinlich den Spuren des wirklich vorhandenen Zusammenhanges nachfährt.«]

IX
Zusammenfassungen und Probleme

Ich weiß nicht, ob es dem Leser des vorstehenden Analysenberichtes gelungen ist, sich ein deutliches Bild von der Entstehung und Entwicklung des Krankseins bei meinem Patienten zu machen. Vielmehr ich fürchte, es ist nicht der Fall gewesen. Aber, so wenig ich sonst für die Kunst meiner Darstellung Partei genommen habe, diesmal möchte ich doch auf mildernde Umstände plädieren. Es ist eine Aufgabe gewesen, die noch niemals zuvor in Angriff genommen wurde, in die Beschreibung so frühe Phasen und so tiefe Schichten des Seelenlebens einzuführen, und es ist besser, man löst sie schlecht, als man ergreift vor ihr die Flucht, was ja überdies mit gewissen Gefahren für den Verzagten verbunden sein soll. Man zeigt also lieber kühnlich, daß man sich durch das Bewußtsein seiner Minderwertigkeiten nicht hat abhalten lassen.

Der Fall selbst war nicht besonders günstig. Was den Reichtum der Auskünfte über die Kindheit ermöglichte, daß man das Kind durch das Medium des Erwachsenen studieren konnte, mußte mit den ärgsten Zerstücklungen der Analyse und den entsprechenden Unvollständigkeiten in der Darstellung erkauft werden. Persönliche Eigentümlichkeiten, ein dem unsrigen fremder Nationalcharakter, machten die Einfühlung mühsam. Der Abstand zwischen der liebenswürdig entgegenkommenden Persönlichkeit des Kranken, seiner scharfen Intelligenz, vornehmen Denkungsart und seinem völlig ungebändigten Triebleben machte eine überlange Vorbereitungs- und Erziehungsarbeit notwendig, durch welche die Übersicht erschwert wurde. An dem Charakter des Falles, welcher der Beschreibung die härtesten Aufgaben stellte, ist der Patient selbst aber völlig unschuldig. Wir haben es in der Psychologie des Erwachsenen glücklich dahin gebracht, die seelischen Vorgänge in bewußte und unbewußte zu scheiden und beide in klaren Worten zu beschreiben. Beim Kinde läßt diese Unterscheidung uns beinahe im Stiche. Man ist oft in

Verlegenheit anzugeben, was man als bewußt und was man als unbewußt bezeichnen möchte. Vorgänge, die die herrschenden geworden sind und die nach ihrem späteren Verhalten den bewußten gleichgestellt werden müssen, sind beim Kinde dennoch nicht bewußt gewesen. Man kann leicht verstehen, warum; das Bewußte hat beim Kinde noch nicht alle seine Charaktere gewonnen, es ist noch in der Entwicklung begriffen und besitzt nicht recht die Fähigkeit, sich in Sprachvorstellungen umzusetzen. Die Verwechslung, deren wir uns sonst regelmäßig schuldig machen, zwischen dem Phänomen, als Wahrnehmung im Bewußtsein aufzutreten, und der Zugehörigkeit zu einem angenommenen psychischen System, das wir irgendwie konventionell benennen sollten, das wir aber gleichfalls Bewußtsein (System *Bw)* heißen, diese Verwechslung ist harmlos bei der psychologischen Beschreibung des Erwachsenen, aber irreführend für die des kleinen Kindes. Auch die Einführung des »Vorbewußten« nützt hier nicht viel, denn das Vorbewußte des Kindes braucht sich mit dem des Erwachsenen ebensowenig zu decken. Man begnügt sich also damit, die Dunkelheit klar erkannt zu haben.

Es ist selbstverständlich, daß ein Fall wie der hier beschriebene Anlaß geben könnte, alle Ergebnisse und Probleme der Psychoanalyse in Diskussion zu ziehen. Es wäre eine unendliche und eine ungerechtfertigte Arbeit. Man muß sich sagen, daß man aus einem einzigen Fall nicht alles erfahren, an ihm nicht alles entscheiden kann, und sich darum begnügen, ihn für das zu verwerten, was er am deutlichsten zeigt. Die Erklärungsaufgabe in der Psychoanalyse ist überhaupt enge begrenzt. Zu erklären sind die auffälligen Symptombildungen durch Aufdeckung ihrer Genese; die psychischen Mechanismen und Triebvorgänge, zu denen man so geführt wird, sind nicht zu erklären, sondern zu beschreiben. Um aus den Feststellungen über diese beiden letzteren Punkte neue Allgemeinheiten zu gewinnen, sind zahlreiche solche gut und tief analysierte Fälle erforderlich. Sie sind nicht leicht zu haben, jeder einzelne verbraucht jahrelange Arbeit. Der Fortschritt in diesen Gebieten kann sich also nur langsam vollziehen. Die Versuchung liegt freilich sehr nahe, sich damit zu begnügen, daß man bei einer Anzahl von Personen die psychische Oberfläche »ankratzt« und das Unterlassene dann durch Spekulation ersetzt, die man unter die Patronanz irgendeiner philosophischen Richtung stellt. Man kann auch praktische Bedürfnisse zugunsten dieses Verfahrens geltend machen, aber die Bedürfnisse der Wissenschaft lassen sich durch kein Surrogat befriedigen.

Ich will versuchen, eine synthetische Übersicht der Sexualentwicklung meines Patienten zu entwerfen, bei der ich mit den frühesten Anzeichen beginnen kann. Das erste, was wir über ihn hören, ist die Störung der Eßlust, die ich nach anderen Erfahrungen, aber doch mit aller Zurückhaltung, als den Erfolg eines Vorgangs auf sexuellem Gebiet auffassen will. Als die erste kenntliche Sexualorganisation habe ich die sogenannte *kannibale* oder *orale* betrachten müssen, in welcher die ursprüngliche Anlehnung der Sexualerregung an den Eßtrieb noch die Szene beherrscht. Direkte Äußerungen dieser Phase werden nicht zu erwarten sein, wohl aber Anzeichen bei eingetretenen Störungen. Die Beeinträchtigung des Eßtriebs – die natürlich sonst auch andere Ursachen haben kann – macht uns dann aufmerksam, daß eine Bewältigung sexueller Erregung dem Organismus nicht gelungen ist. Das Sexualziel dieser Phase könnte nur der Kannibalismus, das Fressen sein; es kommt bei unserem Patienten durch Regression von einer höheren Stufe her in der Angst zum Vorschein: vom Wolf gefressen zu werden. Diese Angst mußten wir uns ja übersetzen: vom Vater koitiert zu werden. Es ist bekannt, daß es in weit vorgerückteren Jahren, bei Mädchen in den Zeiten der Pubertät oder bald nachher, eine Neurose gibt, welche die Sexualablehnung durch Anorexie ausdrückt; man wird sie in Beziehung zu dieser oralen Phase des Sexuallebens bringen dürfen. Auf der Höhe des verliebten Paroxysmus (»ich könnte dich fressen vor Liebe«) und im zärtlichen Verkehr mit kleinen Kindern, wobei der Erwachsene sich selbst wie infantil gebärdet, tritt das Liebesziel der oralen Organisation wieder auf. Ich habe an anderer Stelle die Vermutung ausgesprochen, daß der Vater unseres Patienten selbst das »zärtliche Schimpfen« gehabt, mit dem Kleinen Wolf oder Hund gespielt und ihn im Scherz mit dem Auffressen bedroht hat.[95] Der Patient hat diese Vermutung durch sein auffälliges Benehmen in der Übertragung nur bestätigt. So oft er vor Schwierigkeiten der Kur auf die Übertragung zurückwich, drohte er mit dem Auffressen und später mit allen anderen möglichen Mißhandlungen, was alles nur Ausdruck von Zärtlichkeit war.

Der Sprachgebrauch hat gewisse Prägungen dieser oralen Sexualphase dauernd angenommen, er spricht von einem »appetitlichen« Liebesobjekt, nennt die Geliebte »süß«. Wir erinnern uns, daß unser kleiner Patient auch nur Süßes essen wollte. Süßigkeiten, Bonbons vertreten im Traume regelmäßig Liebkosungen, sexuelle Befriedigungen.

Es scheint, daß zu dieser Phase auch eine Angst gehört (im Falle von Störung natürlich), die als Lebensangst auftritt und sich an alles heften kann, was dem Kinde als geeignet bezeichnet wird. Bei unserem Patienten wurde sie dazu benützt, um ihn zur Überwindung seiner Eßunlust, ja zur Überkompensation derselben anzuleiten. Auf die mögliche Quelle seiner Eßstörung werden wir geleitet, wenn wir – auf dem Boden jener vielberedeten Annahme – daran erinnern, daß die Koitusbeobachtung, von welcher so viele nachträgliche Wirkungen ausgingen, in das Alter von $1\frac{1}{2}$ Jahren, sicherlich vor der Zeit der Eßschwierigkeiten fällt. Vielleicht dürfen wir annehmen, daß sie die Prozesse der Sexualreifung beschleunigt und so auch direkte, wenn auch unscheinbare Wirkungen entfaltet hat.

Ich weiß natürlich auch, daß man die Symptomatik dieser Periode, die Wolfsangst, die Eßstörung anders und einfacher erklären kann, ohne Rücksicht auf die Sexualität und eine prägenitale Organisationsstufe derselben. Wer

95 [Abschnitt IV.]

die Zeichen der Neurotik und den Zusammenhang der Erscheinungen gern vernachlässigt, wird diese andere Erklärung vorziehen, und ich werde ihn daran nicht hindern können. Es ist schwer, über diese Anfänge des Sexuallebens anders als auf den angezeigten Umwegen etwas Zwingendes zu eruieren.

Die Szene mit der Gruscha (um 2½ Jahre) zeigt uns unseren Kleinen zu Beginn einer Entwicklung, welche die Anerkennung als normal verdient, vielleicht bis auf ihre Vorzeitigkeit: Identifizierung mit dem Vater, Harnerotik in Vertretung der Männlichkeit. Sie steht ja auch ganz unter dem Einfluß der Urszene. Die Vateridentifizierung haben wir bisher als eine narzißtische aufgefaßt, mit Rücksicht auf den Inhalt der Urszene können wir es nicht abweisen, daß sie bereits der Stufe der Genitalorganisation entspricht. Das männliche Genitale hat seine Rolle zu spielen begonnen und setzt sie unter dem Einfluß der Verführung durch die Schwester fort.

Man bekommt aber den Eindruck, daß die Verführung nicht bloß die Entwicklung fördert, sondern sie noch in höherem Grade stört und ablenkt. Sie gibt ein passives Sexualziel, welches mit der Aktion des männlichen Genitales im Grunde unverträglich ist. Beim ersten äußeren Hindernis, bei der Kastrationsandeutung der Nanja, bricht (mit 3½ Jahren[96]) die noch zaghafte genitale Organisation zusammen und regrediert auf die ihr vorhergehende Stufe der sadistisch-analen Organisation, welche vielleicht sonst mit ebenso leichten Anzeichen wie bei anderen Kindern durchlaufen worden wäre.

Die sadistisch-anale Organisation ist leicht als Fortbildung der oralen zu erkennen. Die gewaltsame Muskelbetätigung am Objekt, die sie auszeichnet, findet ihre Stelle als vorbereitender Akt für das Fressen, das dann als Sexualziel ausfällt. Der vorbereitende Akt wird ein selbständiges Ziel. Die Neuheit gegen die vorige Stufe besteht wesentlich darin, daß das aufnehmende, passive Organ, von der

---

96 [In den Ausgaben vor 1924 hieß es an dieser Stelle »mit 3¾ Jahren«.]

Mundzone abgesondert, an der Analzone ausgebildet wird. Biologische Parallelen oder die Auffassung der prägenitalen menschlichen Organisationen als Reste von Einrichtungen, die in manchen Tierklassen dauernd festgehalten werden, liegen hier sehr nahe. Die Konstituierung des Forschertriebes aus seinen Komponenten ist für diese Stufe gleichfalls charakteristisch.

Die Analerotik macht sich nicht auffällig bemerkbar. Der Kot hat unter dem Einfluß des Sadismus seine zärtliche gegen seine offensive Bedeutung vertauscht. An der Verwandlung des Sadismus in Masochismus ist ein Schuldgefühl mitbeteiligt, welches auf Entwicklungsvorgänge in anderen als den sexuellen Sphären hinweist.

Die Verführung setzt ihren Einfluß fort, indem sie die Passivität des Sexualziels aufrechterhält. Sie verwandelt jetzt den Sadismus zu einem großen Teil in sein passives Gegenstück, den Masochismus. Es ist fraglich, ob man den Charakter der Passivität ganz auf ihre Rechnung setzen darf, denn die Reaktion des 1½jährigen Kindes auf die Koitusbeobachtung war bereits vorwiegend eine passive. Die sexuelle Miterregung äußerte sich in einer Stuhlentleerung, an der allerdings auch ein aktiver Anteil zu unterscheiden ist. Neben dem Masochismus, der seine Sexualstrebung beherrscht und sich in Phantasien äußert, bleibt auch der Sadismus bestehen und betätigt sich gegen kleine Tiere. Seine Sexualforschung hat von der Verführung an eingesetzt, wesentlich zwei Probleme in Angriff genommen, woher die Kinder kommen, und ob ein Verlust des Genitales möglich ist, und verwebt sich mit den Äußerungen seiner Triebregungen. Sie lenkt seine sadistischen Neigungen auf die kleinen Tiere als Repräsentanten der kleinen Kinder.

Wir haben die Schilderung bis in die Nähe des vierten Geburtstages geführt, zu welchem Zeitpunkt der Traum die Koitusbeobachtung von 1½ Jahren zur nachträglichen Wirkung bringt. Die Vorgänge, die sich nun abspielen, können wir weder vollständig erfassen, noch sie hinreichend beschreiben. Die Aktivierung des Bildes, das nun dank der vorgeschrittenen intellektuellen Entwicklung verstanden werden kann, wirkt wie ein frisches Ereignis, aber auch wie ein neues Trauma, ein fremder Eingriff analog der Verführung. Die abgebrochene genitale Organisation wird mit einem Schlage wieder eingesetzt, aber der im Traum vollzogene Fortschritt kann nicht festgehalten werden. Es kommt vielmehr durch einen Vorgang, den man nur einer Verdrängung gleichstellen kann, zur Ablehnung des Neuen und dessen Ersetzung durch eine Phobie.

Die sadistisch-anale Organisation bleibt also auch in der jetzt einsetzenden Phase der Tierphobie fortbestehen, nur sind ihr die Angsterscheinungen beigemengt. Das Kind setzt die sadistischen wie die masochistischen Betätigungen fort, doch reagierte es mit Angst gegen einen Teil derselben; die Verkehrung des Sadismus in sein Gegenteil macht wahrscheinlich weitere Fortschritte.

Aus der Analyse des Angsttraumes entnehmen wir, daß die Verdrängung sich an die Erkenntnis der Kastration anschließt. Das Neue wird verworfen, weil seine Annahme den Penis kosten würde. Eine sorgfältigere Überlegung läßt etwa folgendes erkennen: Das Verdrängte ist die homosexuelle Einstellung im genitalen Sinne, die sich unter dem Einfluß der Erkenntnis gebildet hatte. Sie bleibt nun aber fürs Unbewußte erhalten, als eine abgesperrte tiefere Schichtung konstituiert. Der Motor dieser Verdrängung scheint die narzißtische Männlichkeit des Genitales zu sein, die in einen längst vorbereiteten Konflikt mit der Passivität des homosexuellen Sexualzieles gerät. Die Verdrängung ist also ein Erfolg der Männlichkeit.

Man käme in Versuchung, von hier aus ein Stück der psychoanalytischen Theorie abzuändern. Man glaubt doch mit Händen zu greifen, daß es der Konflikt zwischen männlichen und weiblichen Strebungen, also die Bisexualität, ist, aus der die Verdrängung und Neurosenbildung hervorgeht. Allein diese Auffassung ist lückenhaft. Von den beiden widerstreitenden Sexualregungen ist die eine ichgerecht, die andere beleidigt das narzißtische Interesse; sie verfällt darum der Verdrängung. Es ist auch in diesem Falle das Ich, von dem die Verdrängung ins Werk gesetzt wird, zugunsten einer der sexuellen Strebungen. In anderen Fällen existiert ein solcher Konflikt zwischen Männlichkeit und Weiblichkeit nicht; es ist nur eine Sexualstrebung da, die Annahme heischt, aber gegen gewisse Mächte des Ichs verstößt und darum selbst verstoßen wird. Weit häufiger als Konflikte innerhalb der Sexualität selbst finden sich ja die anderen vor, die sich zwischen der Sexualität und den moralischen Ichtendenzen ergeben. Ein solcher moralischer Konflikt fehlt in unserem Falle. Die Betonung der Bisexualität als Motiv der Verdrängung wäre also zu enge; die des Konflikts zwischen Ich und Sexualstreben (Libido) deckt alle Vorkommnisse.

Der Lehre vom »männlichen Protest«, wie sie Adler[97] ausgebildet hat, ist entgegenzuhalten, daß die Verdrängung keineswegs immer die Partei der Männlichkeit nimmt und die Weiblichkeit betrifft; in ganzen großen Klassen von Fällen ist es die Männlichkeit, die sich vom Ich die Verdrängung gefallen lassen muß.

---

97 [*Der psychische Hermaphroditismus im Leben und in der Neurose,* in: Fortschr. Med., 1910, Bd. 28, S. 486. – Im dritten Teil der Studie *Zur Geschichte der psychoanalytischen Bewegung* hat Freud seine Meinungsverschiedenheiten mit Alfred Adler ausführlich dargestellt. Er schreibt u. a.: »Bei dem durch die Psychoanalyse unabweisbar gewordenen Versuch, das Grundprinzip der Lehre an das Seelenleben des Kindes anzuknüpfen, haben sich für Adler die schwersten Abweichungen von der Realität der Beobachtung und die tiefgehendsten Begriffsverwirrungen ergeben. Der biologische, soziale und psychologische Sinn von ›männlich‹ und ›weiblich‹ sind dabei zu hoffnungsloser Mischbildung vermengt. Es ist unmöglich und durch die Beobachtung zurückzuweisen, daß das – männliche oder weibliche – Kind seinen Lebensplan auf eine ursprüngliche Geringschätzung des weiblichen Geschlechts begründen und sich zur Leitlinie den Wunsch machen könne: ich will ein rechter Mann werden. Das Kind ahnt die Bedeutung des Geschlechtsunterschiedes anfänglich nicht, geht vielmehr von der Voraussetzung aus, daß beiden Geschlechtern das nämliche (männliche) Genitale zukomme, beginnt seine Sexualforschung nicht mit dem Problem der Geschlechtsdifferenz und steht der sozialen Minderschätzung des Weibes völlig ferne. Es gibt Frauen, in deren Neurose der Wunsch, ein Mann zu sein, keine Rolle gespielt hat. Was vom männlichen Protest zu konstatieren ist, führt sich leicht auf die Störung des uranfänglichen Narzißmus durch die Kastrationsdrohung, respektive auf die ersten Behinderungen der Sexualbetätigung zurück.«]

Eine gerechtere Würdigung des Verdrängungsvorganges in unserem Falle würde übrigens der narzißtischen Männlichkeit die Bedeutung des einzigen Motivs bestreiten. Die homosexuelle Einstellung, die während des Traumes zustande kommt, ist eine so intensive, daß das Ich des kleinen Menschen an ihrer Bewältigung versagt und sich durch den Verdrängungsvorgang ihrer erwehrt. Als Helfer bei dieser Absicht wird die ihr gegensätzliche narzißtische Männlichkeit des Genitales herangezogen. Daß alle narzißtischen Regungen vom Ich aus wirken und beim Ich verbleiben, die Verdrängungen gegen libidinöse Objektbesetzungen gerichtet sind, soll nur zur Vermeidung von Mißverständnissen ausgesprochen werden.

Wenden wir uns von dem Vorgang der Verdrängung, dessen restlose Bewältigung uns vielleicht nicht geglückt ist, zu dem Zustand, der sich beim Erwachen aus dem Traum ergibt. Wäre es wirklich die Männlichkeit gewesen, die während des Traumvorganges über die Homosexualität (Weiblichkeit) gesiegt hat, so müßten wir nun eine aktive Sexualstrebung von bereits ausgesprochen männlichem Charakter als die herrschende finden. Davon ist keine Rede, das Wesentliche der Sexualorganisation hat sich nicht geändert, die sadistisch-anale Phase setzt ihren Bestand fort, sie ist die herrschende geblieben. Der Sieg der Männlichkeit zeigt sich bloß darin, daß nun auf die passiven Sexualziele der herrschenden Organisation (die masochistisch, aber nicht weiblich sind) mit Angst reagiert wird. Es ist keine sieghafte männliche Sexualregung vorhanden, sondern nur eine passive und ein Sträuben gegen dieselbe.

Ich kann mir vorstellen, welche Schwierigkeiten die ungewohnte, aber unerläßliche scharfe Scheidung von aktiv-männlich und passiv-weiblich dem Leser bereitet, und will darum Wiederholungen nicht vermeiden. Den Zustand nach dem Traume kann man also in folgender Art beschreiben: Die Sexualstrebungen sind zerspalten worden, im Unbewußten ist die Stufe der genitalen Organisation erreicht und eine sehr intensive Homosexualität konstituiert, darüber besteht (virtuell im Bewußten) die frühere sadistische und überwiegend masochistische Sexualströmung, das Ich hat seine Stellung zur Sexualität im ganzen geändert, es befindet sich in Sexualablehnung und weist die herrschenden masochistischen Ziele mit Angst ab, wie es auf die tieferen homosexuellen mit der Bildung einer Phobie reagiert hat. Der Erfolg des Traumes war also nicht so sehr der Sieg einer männlichen Strömung, sondern die Reaktion gegen eine feminine und eine passive. Es wäre gewaltsam, dieser Reaktion den Charakter der Männlichkeit zuzuschreiben. Das Ich hat eben keine Sexualstrebungen, sondern nur das Interesse an seiner Selbstbewahrung und der Erhaltung seines Narzißmus.

Fassen wir nun die Phobie ins Auge. Sie ist auf dem Niveau der genitalen Organisation entstanden, zeigt uns den relativ einfachen Mechanismus einer Angsthysterie. Das Ich schützt sich durch Angstentwicklung vor dem, was es als übermächtige Gefahr wertet, vor der homosexuellen Befriedigung. Doch hinterläßt der Verdrängungsvorgang eine nicht zu übersehende Spur. Das Objekt, an das sich das gefürchtete Sexualziel geknüpft hat, muß sich vor dem Bewußtsein durch ein anderes vertreten lassen. Nicht die Angst vor dem *Vater*, sondern die vor dem *Wolf* wird bewußt. Es bleibt auch nicht bei der Bildung der Phobie mit dem einen Inhalt. Der Wolf ersetzt sich eine ganze Weile später durch den Löwen. Mit den sadistischen Regungen gegen die kleinen Tiere konkurriert eine Phobie vor ihnen als Vertreter der Nebenbuhler, der möglichen kleinen Kinder. Besonders interessant ist die Entstehung der Schmetterlingsphobie. Es ist wie eine Wiederholung des Mechanismus, der im Traum die Wolfsphobie erzeugt hat. Durch eine zufällige Anregung wird ein altes Erlebnis aktiviert, die Szene mit Gruscha, deren Kastrationsdrohung nachträglich zur Wirkung kommt, während sie, als sie vorfiel, ohne Eindruck geblieben war.[98]

---

98 Die Gruschaszene war, wie erwähnt, eine spontane Erinnerungsleistung des Patienten, an welcher eine Konstruktion oder Anregung des Arztes keinen Anteil hatte; die Lücke in ihr wurde von der Analyse in einer Weise ausgefüllt, die tadellos genannt werden muß, wenn man auf

Man kann sagen, die Angst, welche in die Bildung dieser Phobien eingeht, ist Kastrationsangst. Diese Aussage enthält keinen Widerspruch gegen die Auffassung, die Angst sei aus der Verdrängung homosexueller Libido hervorgegangen. In beiden Ausdrucksweisen meint man den nämlichen Vorgang, daß das Ich der homosexuellen Wunschregung Libido entzieht, welche in freischwebende Angst umgesetzt wird und sich dann in Phobien binden läßt.[99] In der ersten Ausdrucksweise hat man nur das Motiv, welches das Ich treibt, mitbezeichnet.

Bei näherem Zusehen findet man nun, daß diese erste Erkrankung unseres Patienten (von der Eßstörung abzusehen) durch das Herausgreifen der Phobie nicht erschöpft wird, sondern als eine echte Hysterie verstanden werden muß, der neben Angstsymptomen auch Konversionserscheinungen zukommen. Ein Anteil der homosexuellen Regung wird in dem bei ihr beteiligten Organ festgehalten; der Darm benimmt sich von dann an und ebenso in der Spätzeit wie ein hysterisch affiziertes Organ. Die unbewußte, verdrängte Homosexualität hat sich in den Darm

---

die Arbeitsweise der Analyse überhaupt Wert legt. Eine rationalistische Aufklärung dieser Phobie könnte nur sagen: Es sei nichts Ungewöhnliches, daß ein zur Ängstlichkeit disponiertes Kind auch einmal vor einem gelbstreifigen Schmetterling einen Angstanfall bekomme, wahrscheinlich infolge einer ererbten Angstneigung (Vgl. Stanley Hall, *A Synthetic Genetic Study of Fear*, 1914). In Unwissenheit dieser Ursache suche es nun nach einer Kindheitsanknüpfung für diese Angst und benütze den Zufall der Namensgleichheit und der Wiederkehr der Streifen, um sich die Phantasie eines Abenteuers mit dem noch erinnerten Kindermädchen zu konstruieren. Wenn aber die Nebensachen der an sich harmlosen Begebenheit, Aufwaschen, Kübel, Besen im späteren Leben die Macht zeigen, dauernd und zwanghaft die Objektwahl des Menschen zu bestimmen, so fällt der Schmetterlingsphobie eine unbegreifliche Bedeutung zu. Der Sachverhalt wird mindestens ebenso merkwürdig wie der von mir behauptete, und der Gewinn aus der rationalistischen Auffassung dieser Szenen ist zerronnen. Die Gruschaszene wird uns also besonders wertvoll, da wir an ihr unser Urteil über die minder gesicherte Urszene vorbereiten können.

99 [Seine spätere Meinungsänderung hinsichtlich der Beziehung zwischen Verdrängung und Angst erklärt Freud in *Hemmung, Symptom und Angst* (1926), besonders in den Kapiteln IV und XI, A (b); vgl. in Band 3 der vorliegenden Ausgabe.]

zurückgezogen. Gerade dieses Stück Hysterie hat dann bei der Lösung des späteren Krankseins die besten Dienste geleistet.

Nun soll es uns auch nicht am Mute mangeln, die noch komplizierteren Verhältnisse der Zwangsneurose in Angriff zu nehmen. Halten wir uns nochmals die Situation vor: eine herrschende masochistische und eine verdrängte homosexuelle Sexualströmung, dagegen ein in hysterischer Ablehnung befangenes Ich; welche Vorgänge wandeln diesen Zustand in den der Zwangsneurose um?

Die Verwandlung geschieht nicht spontan, durch innere Fortentwicklung, sondern durch fremden Einfluß von außen. Ihr sichtbarer Erfolg ist, daß das im Vordergrund stehende Verhältnis zum Vater, welches bisher in der Wolfsphobie Ausdruck gefunden hatte, sich nun in Zwangsfrömmigkeit äußert. Ich kann es nicht unterlassen, darauf hinzuweisen, daß der Vorgang bei diesem Patienten eine unzweideutige Bestätigung einer Behauptung liefert, die ich in *Totem und Tabu* über das Verhältnis des Totemtieres zur Gottheit aufgestellt habe.[100] Ich entschied mich dort dafür, daß die Gottesvorstellung nicht eine Fortentwicklung des Totem sei, sondern sich unabhängig von ihm aus der gemeinsamen Wurzel beider zu seiner Ablösung erhebe. Der Totem sei der erste Vaterersatz, der Gott aber ein späterer, in dem der Vater seine menschliche Gestalt wiedergewinne. So finden wir es auch bei unserem Patienten. Er macht in der Wolfsphobie das Stadium des totemistischen Vaterersatzes durch, welches nun abbricht und infolge neuer Relationen zwischen ihm und dem Vater durch eine Phase von religiöser Frömmigkeit ersetzt wird.

Der Einfluß, welcher diese Wandlung hervorruft, ist die durch die Mutter vermittelte Bekanntschaft mit den Lehren der Religion und mit der heiligen Geschichte. Das Ergebnis wird das von der Erziehung gewünschte. Der sadistisch-masochistischen Sexualorganisation wird ein langsa-

---

100 *Totem und Tabu* [(1912–13). Aufsatz IV (6), am Anfang; vgl. in Band 1.]

mes Ende bereitet, die Wolfsphobie verschwindet rasch, an Stelle der Angstablehnung der Sexualität tritt eine höhere Form der Unterdrückung derselben. Die Frömmigkeit wird zur herrschenden Macht im Leben des Kindes. Allein diese Überwindungen gehen nicht ohne Kämpfe vor sich, als deren Zeichen die blasphemischen Gedanken erscheinen und als deren Folge eine zwanghafte Übertreibung des religiösen Zeremoniells sich festsetzt.

Wenn wir von diesen pathologischen Phänomenen absehen, können wir sagen, die Religion hat in diesem Falle alles das geleistet, wofür sie in der Erziehung des Individuums eingesetzt wird. Sie hat seine Sexualstrebungen gebändigt, indem sie ihnen eine Sublimierung und feste Verankerung bot, seine familiären Beziehungen entwertet und damit einer drohenden Isolierung vorgebeugt, dadurch, daß sie ihm den Anschluß an die große Gemeinschaft der Menschen eröffnete. Das wilde, verängstigte Kind wurde sozial, gesittet und erziehbar.

Der Hauptmotor des religiösen Einflusses war die Identifizierung mit der Christusgestalt, die ihm durch die Zufälligkeit seines Geburtsdatums besonders nahegelegt war. Hier fand die übergroße Liebe zum Vater, welche die Verdrängung notwendig gemacht hatte, endlich einen Ausweg in eine ideale Sublimierung. Als Christus durfte man den Vater, der nun Gott hieß, mit einer Inbrunst lieben, die beim irdischen Vater vergeblich nach Entladung gesucht hatte. Die Wege, auf denen man diese Liebe bezeugen konnte, waren von der Religion angezeigt, an ihnen haftete auch nicht das Schuldbewußtsein, das sich von den individuellen Liebesstrebungen nicht ablösen ließ. Wenn so die tiefste, bereits als unbewußte Homosexualität niedergeschlagene Sexualströmung noch drainiert werden konnte, so fand die oberflächlichere masochistische Strebung eine unvergleichliche Sublimierung ohne viel Verzicht in der Leidensgeschichte Christi, der sich im Auftrage und zu Ehren des göttlichen Vaters hatte mißhandeln und opfern lassen. So tat die Religion ihr Werk bei dem kleinen Entgleisten durch Mischung von Befriedigung, Sublimierung, Ablenkung vom Sinnlichen auf rein geistige Prozesse, und die Eröffnung sozialer Beziehungen, die sie dem Gläubigen bietet.

Sein anfängliches Sträuben gegen die Religion hatte drei verschiedene Ausgangspunkte. Erstens war es überhaupt, wovon wir schon Beispiele gesehen haben, seine Art, alle Neuheiten abzuwehren. Er verteidigte jede einmal eingenommene Libidoposition in der Angst vor dem Verlust bei ihrem Aufgeben und im Mißtrauen gegen die Wahrscheinlichkeit eines vollen Ersatzes durch die neu zu beziehende. Es ist das eine wichtige und fundamentale psychologische Besonderheit, die ich in den *Drei Abhandlungen zur Sexualtheorie* als Fähigkeit zur *Fixierung* aufgestellt habe.[101] Jung hat sie unter dem Namen der psychischen »Trägheit« zur Hauptverursachung aller Mißerfolge der Neurotiker machen wollen. Ich glaube, mit Unrecht, sie reicht viel weiter hinaus und spielt auch im Leben nicht Nervöser ihre bedeutsame Rolle. Die Leichtbeweglichkeit oder Schwerflüssigkeit der libidinösen und ebenso der andersartigen Energiebesetzungen ist ein besonderer Charakter, der vielen Normalen und nicht einmal allen Nervösen eignet, und der bisher noch nicht in Zusammenhang mit anderem gebracht ist, etwas wie eine Primzahl nicht weiter Zerteilbares. Wir wissen nur das eine, daß die Eigenschaft der Beweglichkeit psychischer Besetzungen mit dem Lebensalter auffällig zurückgeht. Sie hat uns eine der Indikationen für die Grenzen der psychoanalytischen Beeinflussung geliefert. Es gibt aber Personen, bei denen diese psychische Plastizität weit über die gewöhnliche Altersgrenze hinaus bestehenbleibt, und andere, bei denen sie sehr frühzeitig verlorengeht. Sind es Neurotiker, so macht man mit Unbehagen die Entdeckung, daß unter scheinbar gleichen Verhältnissen bei ihnen Veränderungen nicht rückgängig zu machen sind, die man bei anderen mit Leichtigkeit bewältigt hat. Es ist also auch bei den Umsetzungen psychischer Vor-

101 [Drei Absätze vor Schluß dieser Arbeit; vgl. in Band 1 der vorliegenden Ausgabe.]

gänge der Begriff einer *Entropie* in Betracht zu ziehen, deren Maß sich einer Rückbildung des Geschehenen widersetzt.

Einen zweiten Angriffspunkt bot ihm die Tatsache, daß die Religionslehre selbst kein eindeutiges Verhältnis zu Gott-Vater zu ihrer Grundlage hat, sondern von den Anzeichen der ambivalenten Einstellung durchsetzt ist, welche über ihrer Entstehung gewaltet hat. Diese Ambivalenz spürte er mit der hochentwickelten eigenen heraus und knüpfte an sie jene scharfsinnige Kritik, welche uns von einem Kinde im fünften Lebensjahr so sehr wundernehmen mußte. Am bedeutsamsten war aber gewiß ein drittes Moment, auf dessen Wirkung wir die pathologischen Ergebnisse seines Kampfes gegen die Religion zurückführen dürfen. Die zum Manne drängende Strömung, welche von der Religion sublimiert werden sollte, war ja nicht mehr frei, sondern zum Teil durch Verdrängung abgesondert und damit der Sublimierung entzogen, an ihr ursprüngliches sexuelles Ziel gebunden. Kraft dieses Zusammenhanges strebte der verdrängte Anteil sich den Weg zum sublimierten Anteil zu bahnen oder ihn zu sich herabzuziehen. Die ersten Grübeleien, die die Person Christi umspannen, enthielten bereits die Frage, ob dieser sublime Sohn auch das im Unbewußten festgehaltene sexuelle Verhältnis zum Vater erfüllen könne. Die Abweisungen dieses Bestrebens hatten keinen anderen Erfolg, als scheinbar blasphemische Zwangsgedanken entstehen zu lassen, in denen sich die körperliche Zärtlichkeit für Gott in der Form seiner Erniedrigung durchsetzte. Ein heftiger Abwehrkampf gegen diese Kompromißbildungen mußte dann zur zwanghaften Übertreibung aller der Tätigkeiten führen, in denen die Frömmigkeit, die reine Liebe zu Gott, ihren vorgezeichneten Ausweg fand. Endlich hatte die Religion gesiegt, aber ihre triebhafte Fundierung erwies sich unvergleichlich stärker als die Haftbarkeit ihrer Sublimierungsprodukte. Sowie das Leben einen neuen Vaterersatz brachte, dessen Einfluß sich gegen die Religion richtete, wurde sie fallengelassen und durch anderes ersetzt. Gedenken wir noch der interessanten Komplikation, daß die Frömmigkeit unter dem Einfluß von Frauen entstand (Mutter und Kinderfrau), während männlicher Einfluß die Befreiung von ihr ermöglichte.

Die Entstehung der Zwangsneurose auf dem Boden der sadistisch-analen Sexualorganisation bestätigt im ganzen, was ich an anderer Stelle »über die Disposition zur Zwangsneurose« (1913) ausgeführt habe.[102] Aber der vorherige Bestand einer starken Hysterie macht unseren Fall in dieser Hinsicht undurchsichtiger. Ich will die Übersicht über die Sexualentwicklung unseres Kranken beschließen, indem ich ein kurzes Streiflicht auf deren spätere Wandlungen werfe. Mit den Pubertätsjahren trat bei ihm die normal zu nennende, stark sinnliche, männliche Strömung mit dem Sexualziel der Genitalorganisation auf, deren Schicksale die Zeit bis zu seiner Späterkrankung füllen. Sie knüpfte direkt an die Gruschaszene an, entlehnte von ihr den Charakter zwanghafter, anfallsweise kommender und schwindender Verliebtheit und hatte mit den Hemmungen zu kämpfen, die von den Resten der infantilen Neurosen ausgingen. Mit einem gewaltsamen Durchbruch zum Weib hatte er sich endlich die volle Männlichkeit erkämpft; dies Sexualobjekt wurde von nun an festgehalten, aber er wurde des Besitzes nicht froh, denn eine starke, nun völlig unbewußte Hinneigung zum Manne, die alle Kräfte der früheren Phasen in sich vereinigte, zog ihn immer wieder vom weiblichen Objekt ab und nötigte ihn, in den Zwischenzeiten die Abhängigkeit vom Weib zu übertreiben. Er legte der Kur die Klage vor, daß er es beim Weibe nicht aushalten könne, und alle Arbeit richtete sich darauf, sein ihm unbewußtes Verhältnis zum Manne aufzudecken. Seine Kindheit war, um es formelhaft zusammenzufassen, durch das Schwanken zwischen Aktivität und Passivität ausgezeichnet gewesen, seine Pubertätszeit durch das Ringen um die Männlichkeit, und die Zeit von seiner Erkrankung an durch den Kampf um das Objekt der männlichen Stre-

102 [Vgl. den Aufsatz dieses Titels in Band 1 der vorliegenden Ausgabe.]

bung. Der Anlaß seiner Erkrankung fällt nicht unter die »neurotischen Erkrankungstypen«, die ich als Spezialfälle der »Versagung« zusammenfassen konnte,[103] macht so auf eine Lücke in dieser Reihenbildung aufmerksam. Er brach zusammen, als eine organische Affektion des Genitales seine Kastrationsangst aufleben machte, seinem Narzißmus Abbruch tat und ihn zwang, die Erwartung einer persönlichen Bevorzugung durch das Schicksal aufzugeben. Er erkrankte also an einer narzißtischen »Versagung«. Diese Überstärke seines Narzißmus stand in vollem Einklang mit den anderen Anzeichen einer gehemmten Sexualentwicklung, daß seine heterosexuelle Liebeswahl bei aller Energie so wenig psychische Strebungen in sich konzentrierte und daß die homosexuelle Einstellung, die dem Narzißmus um so vieles näher liegt, sich als unbewußte Macht bei ihm mit solcher Zähigkeit behauptet hatte. Natürlich kann die psychoanalytische Kur bei solchen Störungen nicht einen momentanen Umschwung und eine Gleichstellung mit einer normalen Entwicklung herbeiführen, sondern nur die Hindernisse beseitigen und die Wege gangbar machen, damit die Einflüsse des Lebens die Entwicklung nach den besseren Richtungen durchsetzen können.

Als Besonderheiten seines psychischen Wesens, die von der psychoanalytischen Kur aufgedeckt, aber nicht weiter aufgeklärt und dementsprechend auch nicht unmittelbar beeinflußt werden konnten, stelle ich zusammen: die bereits besprochene Zähigkeit der Fixierung, die außerordentliche Ausbildung der Ambivalenzneigung, und als dritten Zug einer archaisch zu nennenden Konstitution die Fähigkeit, die verschiedenartigsten und widersprechendsten libidinösen Besetzungen alle nebeneinander funktionsfähig zu erhalten. Das beständige Schwanken zwischen denselben, durch welches Erledigung und Fortschritt lange Zeit ausgeschlossen erschienen, beherrschten das Krankheitsbild der Spätzeit, das ich ja hier nur streifen konnte. Ohne allen Zweifel war dies ein Zug aus der Cha-

103 *Über neurotische Erkrankungstypen* (1912).

rakteristik des Unbewußten, der sich bei ihm in die bewußt gewordenen Vorgänge fortgesetzt hatte; aber er zeigte sich nur an den Ergebnissen affektiver Regungen, auf rein logischen Gebieten bewies er vielmehr ein besonderes Geschick in der Aufspürung von Widersprüchen und Unverträglichkeiten. So empfing man von seinem Seelenleben einen Eindruck, wie ihn die altägyptische Religion macht, die dadurch für uns so unvorstellbar wird, daß sie die Entwicklungsstufen neben den Endprodukten konserviert, die ältesten Götter und Gottesbedeutungen wie die jüngsten fortsetzt, in eine Fläche ausbreitet, was in anderen Entwicklungen zu einem Tiefengebilde wird.

Ich habe nun zu Ende gebracht, was ich über diesen Krankheitsfall mitteilen wollte. Nur noch zwei der zahlreichen Probleme, die er anregt, scheinen mir einer besonderen Hervorhebung würdig. Das erste betrifft die phylogenetisch mitgebrachten Schemata, die wie philosophische »Kategorien« die Unterbringung der Lebenseindrücke besorgen. Ich möchte die Auffassung vertreten, sie seien Niederschläge der menschlichen Kulturgeschichte. Der Ödipuskomplex, der die Beziehung des Kindes zu den Eltern umfaßt, gehört zu ihnen, ist vielmehr das bestgekannte Beispiel dieser Art. Wo die Erlebnisse sich dem hereditären Schema nicht fügen, kommt es zu einer Umarbeitung derselben in der Phantasie, deren Werk im einzelnen zu verfolgen gewiß nutzbringend wäre. Gerade diese Fälle sind geeignet, uns die selbständige Existenz des Schemas zu erweisen. Wir können oft bemerken, daß das Schema über das individuelle Erleben siegt, so wenn in unserem Falle der Vater zum Kastrator und Bedroher der kindlichen Sexualität wird, trotz eines sonst umgekehrten Ödipuskomplexes. Eine andere Wirkung ist es, wenn die Amme an die Stelle der Mutter tritt oder mit ihr verschmolzen wird. Die Widersprüche des Erlebens gegen das Schema scheinen den infantilen Konflikten reichlichen Stoff zuzuführen.

Das zweite Problem liegt von diesem nicht fernab, es ist aber ungleich bedeutsamer. Wenn man das Verhalten des vierjährigen Kindes gegen die reaktivierte Urszene in Betracht zieht,[104] ja wenn man nur an die weit einfacheren Reaktionen des 1½jährigen Kindes beim Erleben dieser Szene denkt, kann man die Auffassung schwer von sich weisen, daß eine Art von schwer bestimmbarem Wissen, etwas wie eine Vorbereitung zum Verständnis, beim Kinde dabei mitwirkt.[105] Worin dies bestehen mag, entzieht sich jeder Vorstellung; wir haben nur die eine ausgezeichnete Analogie mit dem weitgehenden *instinktiven* Wissen der Tiere zur Verfügung.

Gäbe es einen solchen instinktiven Besitz auch beim Menschen, so wäre es nicht zu verwundern, wenn er die Vorgänge des Sexuallebens ganz besonders beträfe, wenngleich er auf sie keineswegs beschränkt sein kann. Dieses Instinktive wäre der Kern des Unbewußten, eine primitive Geistestätigkeit, die später durch die zu erwerbende Menschheitsvernunft entthront und überlagert wird, aber so oft, vielleicht bei allen, die Kraft behält, höhere seelische Vorgänge zu sich herabzuziehen. Die Verdrängung wäre die Rückkehr zu dieser instinktiven Stufe, und der Mensch würde so mit seiner Fähigkeit zur Neurose seine große Neuerwerbung bezahlen und durch die Möglichkeit der Neurosen die Existenz der früheren instinktartigen Vorstufe bezeugen. Die Bedeutung der frühen Kindheitstraumen läge aber darin, daß sie diesem Unbewußten einen Stoff zuführen, der es gegen die Aufzehrung durch die nachfolgende Entwicklung schützt.

Ich weiß, daß ähnliche Gedanken, die das hereditäre, phylogenetisch erworbene Moment im Seelenleben betonen, von verschiedenen Seiten ausgesprochen worden sind, ja ich meine, daß man allzu bereit war, ihnen einen Platz in der psychoanalytischen Würdigung einzuräumen. Sie er-

---

104 Ich darf davon absehen, daß dies Verhalten erst zwei Dezennien später in Worte gefaßt werden konnte, denn alle Wirkungen, die wir von der Szene ableiten, haben sich ja in Form von Symptomen, Zwängen usw. bereits in der Kindheit und lange vor der Analyse geäußert. Dabei ist es gleichgültig, ob man sie als Urszene oder als Urphantasie gelten lassen will.

105 Von neuem muß ich betonen, daß diese Überlegungen müßig wären, wenn Traum und Neurose nicht der Kindheitszeit selbst angehörten.

scheinen mir erst zulässig, wenn die Psychoanalyse in Einhaltung des korrekten Instanzenzuges auf die Spuren des Ererbten gerät, nachdem sie durch die Schichtung des individuell Erworbenen hindurchgedrungen ist.[106]

---

106 *[Zusatz 1923:]* Ich stelle hier nochmals die Chronologie der in dieser Geschichte erwähnten Begebenheiten zusammen:

Geboren am Weihnachtstag.

$1\frac{1}{2}$ Jahre: Malaria. Beobachtung des Koitus der Eltern oder jenes Beisammenseins derselben, in das er später die Koitusphantasie eintrug.

Kurz vor $2\frac{1}{2}$ Jahren: Szene mit Gruscha.

$2\frac{1}{2}$ Jahre: Deckerinnerung an Abreise der Eltern mit Schwester.

Sie zeigt ihn allein mit der Nanja und verleugnet so Gruscha und Schwester.

Vor $3\frac{1}{4}$ Jahren: Klage der Mutter vor dem Arzt.

$3\frac{1}{4}$ Jahre: Beginn der Verführung durch die Schwester, bald darauf Kastrationsdrohung der Nanja.

$3\frac{1}{2}$ Jahre: Die englische Gouvernante, Beginn der Charakterveränderung.

4 Jahre: Wolfstraum, Entstehung der Phobie.

$4\frac{1}{2}$ Jahre: Einfluß der biblischen Geschichte. Auftreten der Zwangssymptome.

Kurz vor 5 Jahren: Halluzination des Fingerverlustes.

5 Jahre: Verlassen des ersten Gutes.

Nach 6 Jahren: Besuch beim kranken Vater [Ausatmungszwang].

8 Jahre:
10 Jahre: } Letzte Ausbrüche der Zwangsneurose.

[17: Von der Gonorrhoe ausgelöster Zusammenbruch.]

[23: Beginn der Behandlung.]

[Die Daten folgender Ereignisse sind nicht exakt festzustellen:

Zwischen Urszene ($1\frac{1}{2}$) und Verführung ($3\frac{1}{4}$): Appetitstörung.

Im gleichen Zeitabschnitt: Der stumme Wasserträger.

Vor dem 4. Lebensjahr: Möglicherweise Beobachtung kopulierender Hunde.

Nach dem 4. Geburtstag: Angst vor dem Schmetterling (dem Schwalbenschwanz).]

Meine Darstellung hat es leicht gemacht zu erraten, daß der Patient Russe war. Ich entließ ihn nach meiner Schätzung als geheilt wenige Wochen vor dem unerwarteten Ausbruch des Weltkrieges und sah ihn erst wieder, als die Wechselfälle des Krieges den Zentralmächten den Zugang nach Südrußland eröffnet hatten. Dann kam er nach Wien und berichtete von einem unmittelbar nach Beendigung der Kur aufgetretenen Bestreben, sich vom Einfluß des Arztes loszureißen. In einigen Monaten Arbeit wurde nun ein noch nicht überwundenes Stück der Übertragung bewältigt; seither hat [der] Patient, dem der Krieg Heimat, Vermögen und alle Familienbeziehungen geraubt hatte, sich normal gefühlt und tadellos benommen. Vielleicht hat gerade sein Elend durch die Befriedigung seines Schuldgefühls zur Befestigung seiner Herstellung beigetragen.

[Es dürfte von Interesse sein, die spätere Lebensgeschichte des Patienten um einige Daten ergänzt zu erhalten. Die ursprüngliche Behandlung dauerte von Februar 1910 bis Juli 1914. Im Frühjahr 1919 kam der Patient nach Wien zurück, und Freud nahm ihn von November 1919 bis Februar 1920 noch einmal in Behandlung. In einigen späteren Bemerkungen über den Fall zu Beginn seiner Arbeit *Die endliche und die unendliche Analyse* (1937; vgl. in Band 3 der vorliegenden Ausgabe) berichtet Freud, daß der Patient nach dieser zweiten Behandlung weiter in Wien lebte und sein Gesundheitszustand, wenn auch mit gelegentlichen Unterbrechungen, im großen und ganzen befriedigend war. Diese späteren Episoden wurden auf Freuds Rat von einer seiner Schülerinnen, Dr. Ruth Mack Brunswick, behandelt. Sie selbst hat ausführlich über diese spätere Behandlungsphase berichtet, die sich von Oktober 1926 bis Februar 1927 erstreckte. Ein noch späterer Bericht über seine großen äußeren Schwierigkeiten während des zweiten Weltkrieges und seine Reaktionen darauf ist inzwischen von Muriel Gardiner veröffentlicht worden. – Alle erwähnten Materialien sind in dem Buch *Der Wolfsmann vom Wolfsmann* (herausgegeben von Muriel Gardiner) gesammelt. Dort finden sich auch Berichte über die letzten Lebensjahre des »Wolfsmannes«, der am 7. Mai 1979 in Wien gestorben ist.]

Beiträge zur Psychologie des Liebeslebens

III
Das Tabu der Virginität

Wenige Einzelheiten des Sexuallebens primitiver Völker wirken so befremdend auf unser Gefühl wie deren Einschätzung der Virginität, der weiblichen Unberührtheit. Uns erscheint die Wertschätzung der Virginität von seiten des werbenden Mannes so feststehend und selbstverständlich, daß wir beinahe in Verlegenheit geraten, wenn wir dieses Urteil begründen sollen. Die Forderung, das Mädchen dürfe in die Ehe mit dem einen Manne nicht die Erinnerung an Sexualverkehr mit einem anderen mitbringen, ist ja nichts anderes als die konsequente Fortführung des ausschließlichen Besitzrechtes auf ein Weib, welches das Wesen der Monogamie ausmacht, die Erstreckung dieses Monopols auf die Vergangenheit.

Es fällt uns dann nicht schwer, was zuerst ein Vorurteil zu sein schien, aus unseren Meinungen über das Liebesleben des Weibes zu rechtfertigen. Wer zuerst die durch lange Zeit mühselig zurückgehaltene Liebessehnsucht der Jungfrau befriedigt und dabei die Widerstände überwunden hat, die in ihr durch die Einflüsse von Milieu und Erziehung aufgebaut waren, der wird von ihr in ein dauerndes Verhältnis gezogen, dessen Möglichkeit sich keinem anderen mehr eröffnet. Auf Grund dieses Erlebnisses stellt sich bei der Frau ein Zustand von Hörigkeit her, der die ungestörte Fortdauer ihres Besitzes verbürgt und sie widerstandsfähig macht gegen neue Eindrücke und fremde Versuchungen.

Den Ausdruck »geschlechtliche Hörigkeit« hat 1892 v. Krafft-Ebing[1] zur Bezeichnung der Tatsache gewählt,

1 [Richard von Krafft-Ebing, *Bemerkungen über »geschlechtliche Hörigkeit« und Masochismus*, in: Jb. Psychiat. Neurol., 1892, Bd. 10, S. 199.]

daß eine Person einen ungewöhnlich hohen Grad von Abhängigkeit und Unselbständigkeit gegen eine andere Person erwerben kann, mit welcher sie im Sexualverkehr steht. Diese Hörigkeit kann gelegentlich sehr weit gehen, bis zum Verlust jedes selbständigen Willens und bis zur Erduldung der schwersten Opfer am eigenen Interesse; der Autor hat aber nicht versäumt zu bemerken, daß ein gewisses Maß solcher Abhängigkeit »durchaus notwendig ist, wenn die Verbindung einige Dauer haben soll«. Ein solches Maß von sexueller Hörigkeit ist in der Tat unentbehrlich zur Aufrechterhaltung der kulturellen Ehe und zur Hintanhaltung der sie bedrohenden polygamen Tendenzen, und in unserer sozialen Gemeinschaft wird dieser Faktor regelmäßig in Anrechnung gebracht.

Ein »ungewöhnlicher Grad von Verliebtheit und Charakterschwäche« einerseits, uneingeschränkter Egoismus beim anderen Teil, aus diesem Zusammentreffen leitet v. Krafft-Ebing die Entstehung der sexuellen Hörigkeit ab. Analytische Erfahrungen gestatten es aber nicht, sich mit diesem einfachen Erklärungsversuch zu begnügen. Man kann vielmehr erkennen, daß die Größe des überwundenen Sexualwiderstandes das entscheidende Moment ist, dazu die Konzentration und Einmaligkeit des Vorganges der Überwindung. Die Hörigkeit ist demgemäß ungleich häufiger und intensiver beim Weibe als beim Manne, bei letzterem aber in unseren Zeiten immerhin häufiger als in der Antike. Wo wir die sexuelle Hörigkeit bei Männern studieren konnten, erwies sie sich als Erfolg der Überwindung einer psychischen Impotenz durch ein bestimmtes Weib, an welches der betreffende Mann von da an gebunden blieb. Viele auffällige Eheschließungen und manches tragische Schicksal – selbst von weitreichendem Belange – scheint in diesem Hergange seine Aufklärung zu finden.

Das nun zu erwähnende Verhalten primitiver Völker beschreibt man nicht richtig, wenn man aussagt, sie legten keinen Wert auf die Virginität, und zum Beweise dafür vorbringt, daß sie die Defloration der Mädchen außerhalb der Ehe und vor dem ersten ehelichen Verkehre vollziehen lassen. Es scheint im Gegenteile, daß auch für sie die Defloration ein bedeutungsvoller Akt ist, aber sie ist Gegenstand eines Tabu, eines religiös zu nennenden Verbotes, geworden. Anstatt sie dem Bräutigam und späteren Ehegatten des Mädchens vorzubehalten, fordert die Sitte, daß *dieser einer solchen Leistung ausweiche.*[2]

Es liegt nicht in meiner Absicht, die literarischen Zeugnisse für den Bestand dieses Sittenverbotes vollständig zu sammeln, die geographische Verbreitung desselben zu verfolgen und alle Formen, in denen es sich äußert, aufzuzählen. Ich begnüge mich also mit der Feststellung, daß eine solche, außerhalb der späteren Ehe fallende Beseitigung des Hymens bei den heute lebenden primitiven Völkern etwas sehr Verbreitetes ist. So äußert Crawley (1902, 347): *»This marriage ceremony consists in perforation of the hymen by some appointed person other than the husband; it is most common in the lowest stages of culture, especially in Australia.«*

Wenn aber die Defloration nicht durch den ersten ehelichen Verkehr erfolgen soll, so muß sie vorher – auf irgendeine Weise und von irgendwelcher Seite – vorgenommen worden sein. Ich werde einige Stellen aus Crawleys obenerwähntem Buche anführen, welche über diese Punkte Auskunft geben, die uns aber auch zu einigen kritischen Bemerkungen berechtigen.[3]

Ibid., 191: »Bei den Dieri und einigen Nachbarstämmen (in Australien) ist es allgemeiner Brauch, das Hymen zu zerstören, wenn das Mädchen die Pubertät erreicht hat. Bei den Portland- und Glenelg-Stämmen fällt es einer alten

2 Crawley [*The Mystic Rose, a Study of Primitive Marriage*, London 1902], M. Bartels und H. H. Ploß [*Das Weib in der Natur- und Völkerkunde*, Leipzig 1891]; verschiedene Stellen in Frazer [*Taboo and the Perils of the Soul* (*The Golden Bough*, 3. Aufl., Teil II), London 1911] und Havelock Ellis [*Studies in the Psychology of Sex*, Vol. VI: *Sex in Relation to Society*, Philadelphia 1910; deutsche Übersetzung von Hans Kurella: *Geschlecht und Gesellschaft*, 2 Bände, Würzburg 1910/11, 3. Aufl. Leipzig 1923].

3 [Die folgenden Zitate aus Crawley wurden in der *Studienausgabe*, Bd. V, S. 215 f. (vgl. Quellenverzeichnis in Band 3 der vorliegenden Ausgabe), gegenüber allen früheren deutschen Ausgaben korrigiert. Unsere Ausgabe folgt diesen Richtigstellungen.]

Frau zu, dies bei der Braut zu tun, und mitunter werden auch weiße Männer in solcher Absicht aufgefordert, Mädchen zu entjungfern.«[4]

Ibid., 307: »Die absichtliche Zerreißung des Hymens wird manchmal in der Kindheit, gewöhnlich aber zur Zeit der Pubertät ausgeführt ... Sie wird oft – wie in Australien – mit einem offiziellen Begattungsakte kombiniert.«[5]

Ibid., 348: (Von australischen Stämmen, bei denen die bekannten exogamischen Heiratsbeschränkungen bestehen, nach Mitteilung von Spencer und Gillen:) »Das Hymen wird künstlich durchbohrt, und die Männer, die bei dieser Operation zugegen waren, führen dann in festgesetzter Reihenfolge einen (wohlgemerkt: zeremoniellen) Koitus mit dem Mädchen aus ... Der ganze Vorgang hat sozusagen zwei Akte: Die Zerstörung des Hymens und darauf den Geschlechtsverkehr.«[6]

Ibid., 349: »Bei den Massai (im äquatorialen Afrika) gehört die Vornahme dieser Operation zu den wichtigsten Vorbereitungen für die Ehe. Bei den Sakais (Malaien), den Battas (Sumatra) und den Alfoers auf Celebes wird die Defloration vom Vater der Braut ausgeführt. Auf den Philippinen gab es bestimmte Männer, die den Beruf hatten, Bräute zu deflorieren, falls das Hymen nicht schon in der Kindheit von einer dazu beauftragten alten Frau zerstört worden war. Bei einigen Eskimostämmen wurde die Ent-

---

4 *»Thus in the Dieri and neighbouring tribes (in Australia) it is the universal custom when a girl reaches puberty to rupture the hymen. (Journ. Anthrop. Inst., Bd. 24, 169.) In the Portland and Glenelg tribes this is done to the bride by an old woman; and sometimes white men are asked for this reason to deflower maidens* (Brough Smith [*The Aborigines of Victoria*, 2 Bände, London 1878], Bd. 2, 319).«

5 *»The artificial rupture of the hymen sometimes takes place in infancy, but generally at puberty ... It is often combined, as in Australia, with a ceremonial act of intercourse.«*

6 *»The hymen is artificially perforated, and then the assisting men have access (ceremonial, be it observed) to the girl in a stated order ... The act is in two parts, perforation and intercourse.«* [B. Spencer und F. J. Gillen, *The Native Tribes of Central Australia*, London 1899.]

jungferung der Braut dem *Angekok* oder Priester überlassen.«[7]

Die Bemerkungen, die ich angekündigt habe, beziehen sich auf zwei Punkte. Es ist erstens zu bedauern, daß in diesen Angaben nicht sorgfältiger zwischen der bloßen Zerstörung des Hymens ohne Koitus und dem Koitus zum Zwecke solcher Zerstörung unterschieden wird. Nur an einer Stelle hörten wir ausdrücklich, daß der Vorgang sich in zwei Akte zerlegt, in die (manuelle oder instrumentale) Defloration und den darauffolgenden Geschlechtsakt. Das sonst sehr reichliche Material bei Bartels-Ploß wird für unsere Zwecke nahezu unbrauchbar, weil in dieser Darstellung die psychologische Bedeutsamkeit des Deflorationsaktes gegen dessen anatomischen Erfolg völlig verschwindet. Zweitens möchte man gerne darüber belehrt werden, wodurch sich der »zeremonielle« (rein formale, feierliche, offizielle) Koitus bei diesen Gelegenheiten vom regelrechten Geschlechtsverkehr unterscheidet. Die Autoren, zu denen ich Zugang hatte, waren entweder zu schämig, sich darüber zu äußern, oder haben wiederum die psychologische Bedeutung solcher sexueller Details unterschätzt. Wir können hoffen, daß die Originalberichte der Reisenden und Missionäre ausführlicher und unzweideutiger sind, aber bei der heutigen Unzugänglichkeit dieser meist fremdländischen Literatur kann ich nichts Sicheres darüber sagen.[8] Übrigens darf man sich über die Zweifel in diesem zweiten Punkte

7 »*An important preliminary of marriage amongst the Masai* (*in Equatorial Africa*) *is the performance of this operation on the girl.* (J. Thomson [*Through Masai Land*, London 1887]; Bd. 2, S. 258.) *This defloration is performed by the father of the bride amongst the Sakais* (*Malay*), *Battas* (*Sumatra*), *and Alfoers of Celebes.* (Ploß und Bartels [*Das Weib in der Natur- und Völkerkunde*]; Bd. 2, S. 490.) *In the Philippines there were certain men whose profession it was to deflower brides, in case the hymen had not been ruptured in childhood by an old woman who was sometimes employed for this.* (Featherman [*Social History of the Races of Mankind*, 7 Bände, London 1885–91]; Bd. 2, S. 474.) *The defloration of the bride was amongst some Eskimo tribes entrusted to the angekok, or priest.«* (Ebda., Bd. 3, S. 406.)

8 [Diese Aussage bezieht sich auf die Situation während der Niederschrift der vorliegenden Arbeit: September 1917.]

mit der Erwägung hinwegsetzen, daß ein zeremonieller Scheinkoitus doch nur den Ersatz und vielleicht die Ablösung für einen in früheren Zeiten voll ausgeführten darstellen würde.[9]

Zur Erklärung dieses Tabu der Virginität kann man verschiedenartige Momente heranziehen, die ich in flüchtiger Darstellung würdigen will. Bei der Defloration der Mädchen wird in der Regel Blut vergossen; der erste Erklärungsversuch beruft sich denn auch auf die Blutscheu der Primitiven, die das Blut für den Sitz des Lebens halten. Dieses Bluttabu ist durch vielfache Vorschriften, die mit der Sexualität nichts zu tun haben, erwiesen, es hängt offenbar mit dem Verbote, nicht zu morden, zusammen und bildet eine Schutzwehr gegen den ursprünglichen Blutdurst, die Mordlust des Urmenschen. Bei dieser Auffassung wird das Tabu der Virginität mit dem fast ausnahmslos eingehaltenen Tabu der Menstruation zusammengebracht. Der Primitive kann das rätselhafte Phänomen des blutigen Monatsflusses nicht von sadistischen Vorstellungen fernehalten. Die Menstruation, zumal die erste, deutet er als den Biß eines geisterhaften Tieres, vielleicht als Zeichen des sexuellen Verkehrs mit diesem Geist. Gelegentlich gestattet ein Bericht, diesen Geist als den eines Ahnen zu erkennen, und dann verstehen wir in Anlehnung an andere Einsichten[10], daß das menstruierende Mädchen als Eigentum dieses Ahnengeistes tabu ist.

Von anderer Seite werden wir aber gewarnt, den Einfluß eines Moments wie die Blutscheu nicht zu überschätzen. Diese hat es doch nicht vermocht, Gebräuche wie die Beschneidung der Knaben und die noch grausamere der Mädchen (Exzision der Klitoris und der kleinen Labien), die zum Teile bei den nämlichen Völkern geübt werden,

9 Für zahlreiche andere Fälle von Hochzeitszeremoniell leidet es keinen Zweifel, daß anderen Personen als Bräutigam, z. B. den Gehilfen und Gefährten desselben (den »Kranzelherren« unserer Sitte), die sexuelle Verfügung über die Braut voll eingeräumt wird.

10 Siehe *Totem und Tabu* (1912–13) [Mittelteil von Abschnitt 5 des IV Aufsatzes; in Band 1 der vorliegenden Ausgabe].

zu unterdrücken oder die Geltung von anderem Zeremoniell, bei dem Blut vergossen wird, aufzuheben. Es wäre also auch nicht zu verwundern, wenn sie bei der ersten Kohabitation zugunsten des Ehemannes überwunden würde.

Eine zweite Erklärung sieht gleichfalls vom Sexuellen ab, greift aber viel weiter ins Allgemeine aus. Sie führt an, daß der Primitive die Beute einer beständig lauernden Angstbereitschaft ist, ganz ähnlich, wie wir es in der psychoanalytischen Neurosenlehre vom Angstneurotiker behaupten. Diese Angstbereitschaft wird sich am stärksten bei allen Gelegenheiten zeigen, die irgendwie vom Gewohnten abweichen, die etwas Neues, Unerwartetes, Unverstandenes, Unheimliches mit sich bringen. Daher stammt auch das weit in die späteren Religionen hineinreichende Zeremoniell, das mit dem Beginne jeder neuen Verrichtung, dem Anfange jedes Zeitabschnittes, dem Erstlingsertrag von Mensch, Tier und Frucht verknüpft ist. Die Gefahren, von denen sich der Ängstliche bedroht glaubt, treten niemals stärker in seiner Erwartung auf als zu Beginn der gefahrvollen Situation, und dann ist es auch allein zweckmäßig, sich gegen sie zu schützen. Der erste Sexualverkehr in der Ehe hat nach seiner Bedeutung gewiß einen Anspruch darauf, von diesen Vorsichtsmaßregeln eingeleitet zu werden. Die beiden Erklärungsversuche, der aus der Blutscheu und der aus der Erstlingsangst, widersprechen einander nicht, verstärken einander vielmehr. Der erste Sexualverkehr ist gewiß ein bedenklicher Akt, um so mehr, wenn bei ihm Blut fließen muß.

Eine dritte Erklärung – es ist die von Crawley bevorzugte – macht darauf aufmerksam, daß das Tabu der Virginität in einen großen, das ganze Sexualleben umfassenden Zusammenhang gehört. Nicht nur der erste Koitus mit dem Weibe ist tabu, sondern der Sexualverkehr überhaupt; beinahe könnte man sagen, das Weib sei im ganzen tabu. Das Weib ist nicht nur tabu in den besonderen, aus seinem Geschlechtsleben abfolgenden Situationen der Menstruation, der Schwangerschaft, der Entbindung und des Kindbettes, auch außerhalb derselben unterliegt der Verkehr mit dem Weibe so ernsthaften und so reichlichen Einschränkungen, daß wir allen Grund haben, die angebliche Sexualfreiheit der Wilden zu bezweifeln. Es ist richtig, daß die Sexualität der Primitiven bei bestimmten Anlässen sich über alle Hemmungen hinaussetzt; gewöhnlich aber scheint sie stärker durch Verbote eingeschnürt als auf höheren Kulturstufen. Sowie der Mann etwas Besonderes unternimmt, eine Expedition, eine Jagd, einen Kriegszug, muß er sich vom Weibe, zumal vom Sexualverkehr mit dem Weibe fernhalten; es würde sonst seine Kraft lähmen und ihm Mißerfolg bringen. Auch in den Gebräuchen des täglichen Lebens ist ein Streben nach dem Auseinanderhalten der Geschlechter unverkennbar. Weiber leben mit Weibern, Männer mit Männern zusammen; ein Familienleben in unserem Sinne soll es bei vielen primitiven Stämmen kaum geben. Die Trennung geht mitunter so weit, daß das eine Geschlecht die persönlichen Namen des anderen Geschlechts nicht aussprechen darf, daß die Frauen eine Sprache mit besonderem Wortschatze entwickeln. Das sexuelle Bedürfnis darf diese Trennungsschranken immer wieder von neuem durchbrechen, aber bei manchen Stämmen müssen selbst die Zusammenkünfte der Ehegatten außerhalb des Hauses und im Geheimen stattfinden.

Wo der Primitive ein Tabu hingesetzt hat, da fürchtet er eine Gefahr, und es ist nicht abzuweisen, daß sich in all diesen Vermeidungsvorschriften eine prinzipielle Scheu vor dem Weibe äußert. Vielleicht ist diese Scheu darin begründet, daß das Weib anders ist als der Mann, ewig unverständlich und geheimnisvoll, fremdartig und darum feindselig erscheint. Der Mann fürchtet, vom Weibe geschwächt, mit dessen Weiblichkeit angesteckt zu werden und sich dann untüchtig zu zeigen. Die erschlaffende, Spannungen lösende Wirkung des Koitus mag für diese Befürchtung vorbildlich sein und die Wahrnehmung des Einflusses, den das Weib durch den Geschlechtsverkehr auf den Mann gewinnt, die Rücksicht, die es sich dadurch erzwingt, die Ausbreitung dieser Angst rechtfertigen. An all dem ist nichts, was veraltet wäre, was nicht unter uns weiterlebte.

Viele Beobachter der heute lebenden Primitiven haben das Urteil gefällt, daß deren Liebesstreben verhältnismäßig schwach sei und niemals die Intensitäten erreiche, die wir bei der Kulturmenschheit zu finden gewohnt sind. Andere haben dieser Schätzung widersprochen, aber jedenfalls zeugen die aufgezählten Tabugebräuche von der Existenz einer Macht, die sich der Liebe widersetzt, indem sie das Weib als fremd und feindselig ablehnt.

In Ausdrücken, welche sich nur wenig von der gebräuchlichen Terminologie der Psychoanalyse unterscheiden, legt Crawley dar, daß jedes Individuum sich durch ein »*taboo of personal isolation*« von den anderen absondert und daß gerade die kleinen Unterschiede bei sonstiger Ähnlichkeit die Gefühle von Fremdheit und Feindseligkeit zwischen ihnen begründen. Es wäre verlockend, dieser Idee nachzugehen und aus diesem »Narzißmus der kleinen Unterschiede« die Feindseligkeit abzuleiten, die wir in allen menschlichen Beziehungen erfolgreich gegen die Gefühle von Zusammengehörigkeit streiten und das Gebot der allgemeinen Menschenliebe überwältigen sehen. Von der Begründung der narzißtischen, reichlich mit Geringschätzung versetzten Ablehnung des Weibes durch den Mann glaubt die Psychoanalyse ein Hauptstück erraten zu haben, indem sie auf den Kastrationskomplex und dessen Einfluß auf die Beurteilung des Weibes verweist.

Wir merken indes, daß wir mit diesen letzten Erwägungen weit über unser Thema hinausgegriffen haben. Das allgemeine Tabu des Weibes wirft kein Licht auf die besonderen Vorschriften für den ersten Sexualakt mit dem jungfräulichen Individuum. Hier bleiben wir auf die beiden ersten Erklärungen der Blutscheu und der Erstlingsscheu angewiesen, und selbst von diesen müßten wir aussagen, daß sie den Kern des in Rede stehenden Tabugebotes nicht treffen. Diesem liegt ganz offenbar die Absicht zugrunde, *gerade dem späteren Ehemanne etwas zu versagen oder zu ersparen*, was von dem ersten Sexualakt nicht loszulösen ist, wiewohl sich nach unserer eingangs gemachten Bemerkung von dieser selben Beziehung eine besondere Bindung des Weibes an diesen einen Mann ableiten müßte.

Es ist diesmal nicht unsere Aufgabe, die Herkunft und letzte Bedeutung der Tabuvorschriften zu erörtern. Ich habe dies in meinem Buche *Totem und Tabu* getan, dort die Bedingung einer ursprünglichen Ambivalenz für das Tabu gewürdigt und die Entstehung desselben aus den vorzeitlichen Vorgängen verfochten, welche zur Gründung der menschlichen Familie geführt haben. Aus den heute beobachteten Tabugebräuchen der Primitiven läßt sich eine solche Vorbedeutung nicht mehr erkennen. Wir vergessen bei solcher Forderung allzu leicht, daß auch die primitivsten Völker in einer von der urzeitlichen weit entfernten Kultur leben, die zeitlich ebenso alt ist wie die unsrige und gleichfalls einer späteren, wenn auch andersartigen Entwicklungsstufe entspricht.

Wir finden heute das Tabu bei den Primitiven bereits zu einem kunstvollen System ausgesponnen, ganz wie es unsere Neurotiker in ihren Phobien entwickeln, und alte Motive durch neuere, harmonisch zusammenstimmende, ersetzt. Mit Hinwegsetzung über jene genetischen Probleme wollen wir darum auf die Einsicht zurückgreifen, daß der Primitive dort ein Tabu anbringt, wo er eine Gefahr befürchtet. Diese Gefahr ist, allgemein gefaßt, eine psychische, denn der Primitive ist nicht dazu gedrängt, hier zwei Unterscheidungen vorzunehmen, die uns als unausweichlich erscheinen. Er sondert die materielle Gefahr nicht von der psychischen und die reale nicht von der imaginären. In seiner konsequent durchgeführten animistischen Weltauffassung stammt ja jede Gefahr aus der feindseligen Absicht eines gleich ihm beseelten Wesens, sowohl die Gefahr, die von einer Naturkraft droht, wie die von anderen Menschen oder Tieren. Anderseits aber ist er gewohnt, seine eigenen inneren Regungen von Feindseligkeit in die Außenwelt zu projizieren, sie also den Objekten, die er als unliebsam oder auch nur als fremd empfindet, zuzuschieben. Als Quelle solcher Gefahren wird nun auch das Weib erkannt und der erste Sexualakt mit dem Weibe als eine besonders intensive Gefahr ausgezeichnet.

Ich glaube nun, wir werden einigen Aufschluß darüber erhalten, welches diese gesteigerte Gefahr ist und warum sie gerade den späteren Ehemann bedroht, wenn wir das Verhalten der heute lebenden Frauen unserer Kulturstufe unter den gleichen Verhältnissen genauer untersuchen. Ich stelle als das Ergebnis dieser Untersuchung voran, daß eine solche Gefahr wirklich besteht, so daß der Primitive sich mit dem Tabu der Virginität gegen eine richtig geahnte, wenn auch psychische Gefahr verteidigt.

Wir schätzen es als die normale Reaktion ein, daß die Frau nach dem Koitus auf der Höhe der Befriedigung den Mann umarmend an sich preßt, sehen darin einen Ausdruck ihrer Dankbarkeit und eine Zusage dauernder Hörigkeit. Wir wissen aber, es ist keineswegs die Regel, daß auch der erste Verkehr dies Benehmen zur Folge hätte; sehr häufig bedeutet er bloß eine Enttäuschung für das Weib, das kühl und unbefriedigt bleibt, und es bedarf gewöhnlich längerer Zeit und häufigerer Wiederholung des Sexualaktes, bis sich bei diesem die Befriedigung auch für das Weib einstellt. Von diesen Fällen bloß anfänglicher und bald vorübergehender Frigidität führt eine stetige Reihe bis zu dem unerfreulichen Ergebnis einer stetig anhaltenden Frigidität, die durch keine zärtliche Bemühung des Mannes überwunden wird. Ich glaube, diese Frigidität des Weibes ist noch nicht genügend verstanden und fordert bis auf jene Fälle, die man der ungenügenden Potenz des Mannes zur Last legen muß, die Aufklärung, womöglich durch ihr nahestehende Erscheinungen, heraus.

Die so häufigen Versuche, vor dem ersten Sexualverkehr die Flucht zu ergreifen, möchte ich hier nicht heranziehen, weil sie mehrdeutig und in erster Linie, wenn auch nicht durchaus, als Ausdruck des allgemeinen weiblichen Abwehrbestrebens aufzufassen sind. Dagegen glaube ich, daß gewisse pathologische Fälle ein Licht auf das Rätsel der weiblichen Frigidität werfen, in denen die Frau nach dem ersten, ja nach jedem neuerlichen Verkehr ihre Feindseligkeit gegen den Mann unverhohlen zum Ausdruck bringt, indem sie ihn beschimpft, die Hand gegen ihn erhebt oder ihn tatsächlich schlägt. In einem ausgezeichneten Falle dieser Art, den ich einer eingehenden Analyse unterziehen konnte, geschah dies, obwohl die Frau den Mann sehr liebte, den Koitus selbst zu fordern pflegte und in ihm unverkennbar hohe Befriedigung fand. Ich meine, daß diese sonderbare konträre Reaktion der Erfolg der nämlichen Regungen ist, die sich für gewöhnlich nur als Frigidität äußern können, das heißt imstande sind, die zärtliche Reaktion aufzuhalten, ohne sich dabei selbst zur Geltung zu bringen. In dem pathologischen Falle ist sozusagen in seine beiden Komponenten zerlegt, was sich bei der weit häufigeren Frigidität zu einer Hemmungswirkung vereinigt, ganz ähnlich, wie wir es an den sogenannten »zweizeitigen« Symptomen der Zwangsneurose längst erkannt haben.[11] Die Gefahr, welche so durch die Defloration des Weibes regegemacht wird, bestünde darin, sich die Feindseligkeit

11 [In der Falldarstellung *Bemerkungen über einen Fall von Zwangsneurose* (1909) teilt Freud folgendes Beispiel einer Zwangshandlung mit: »Es tobt in unserem Verliebten ein Kampf zwischen Liebe und Haß, die der gleichen Person gelten, und dieser Kampf wird plastisch dargestellt in der zwanghaften, auch symbolisch bedeutsamen Handlung, den Stein von dem Wege, den sie befahren soll, wegzuräumen und dann diese Liebestat wieder rückgängig zu machen, den Stein wieder hinzulegen, wo er lag, damit ihr Wagen an ihm scheitere und sie zu Schaden komme ... Solche zweizeitigen Zwangshandlungen, deren erstes Tempo vom zweiten aufgehoben wird, sind ein typisches Vorkommnis bei der Zwangsneurose. Sie werden vom bewußten Denken des Kranken natürlich mißverstanden und mit einer sekundären Motivierung versehen – *rationalisiert*. Ihre wirkliche Bedeutung liegt aber in der Darstellung des Konfliktes zweier annähernd gleich großer gegensätzlicher Regungen, soviel ich bisher erfahren konnte, stets des Gegensatzes von Liebe und Haß. Sie beanspruchen ein besonderes theoretisches Interesse, weil sie einen neuen Typus der Symptombildung erkennen lassen. Anstatt, wie es bei Hysterie regelmäßig geschieht, ein Kompromiß zu finden, welches beiden Gegensätzen in einer Darstellung genügt, zwei Fliegen mit einem Schlage trifft, werden hier die beiden Gegensätze, jeder einzeln, befriedigt, zuerst der eine und dann der andere, natürlich nicht, ohne daß der Versuch gemacht würde, zwischen den beiden einander feindseligen eine Art von logischer Verknüpfung – oft mit Beugung aller Logik – herzustellen.]

desselben zuzuziehen, und gerade der spätere Ehemann hätte allen Grund, sich solcher Feindschaft zu entziehen.

Die Analyse läßt nun ohne Schwierigkeit erraten, welche Regungen des Weibes am Zustandekommen jenes paradoxen Verhaltens beteiligt sind, in dem ich die Aufklärung der Frigidität zu finden erwarte. Der erste Koitus macht eine Reihe solcher Regungen mobil, die für die erwünschte weibliche Einstellung unverwendbar sind, von denen einige sich auch bei späterem Verkehr nicht zu wiederholen brauchen. In erster Linie wird man hier an den Schmerz denken, welcher der Jungfrau bei der Defloration zugefügt wird, ja vielleicht geneigt sein, dies Moment für entscheidend zu halten und von der Suche nach anderen abzustehen. Man kann aber eine solche Bedeutung nicht gut dem Schmerze zuschreiben, muß vielmehr an seine Stelle die narzißtische Kränkung setzen, die aus der Zerstörung eines Organs erwächst und die in dem Wissen um die Herabsetzung des sexuellen Wertes der Deflorierten selbst eine rationelle Vertretung findet. Die Hochzeitsgebräuche der Primitiven enthalten aber eine Warnung vor solcher Überschätzung. Wir haben gehört, daß in manchen Fällen das Zeremoniell ein zweizeitiges ist; nach der (mit Hand oder Instrument) durchgeführten Zerreißung des Hymens folgt noch ein offizieller Koitus oder Scheinverkehr mit den Vertretern des Mannes, und dies beweist uns, daß der Sinn der Tabuvorschrift durch die Vermeidung der anatomischen Defloration nicht erfüllt ist, daß dem Ehemann noch etwas anderes erspart werden soll als die Reaktion der Frau auf die schmerzhafte Verletzung.

Wir finden als weiteren Grund für die Enttäuschung durch den ersten Koitus, daß für ihn, beim Kulturweibe wenigstens, Erwartung und Erfüllung nicht zusammenstimmen können. Der Sexualverkehr war bisher aufs stärkste mit dem Verbot assoziiert, der legale und erlaubte Verkehr wird darum nicht als das nämliche empfunden. Wie innig diese Verknüpfung sein kann, erhellt in beinahe komischer Weise aus dem Bestreben so vieler Bräute, die neuen Liebesbeziehungen vor allen Fremden, ja selbst vor den Eltern geheimzuhalten, wo eine wirkliche Nötigung dazu nicht besteht und ein Einspruch nicht zu erwarten ist. Die Mädchen sagen es offen, daß ihre Liebe an Wert für sie verliert, wenn andere davon wissen. Gelegentlich kann dies Motiv übermächtig werden und die Entwicklung der Liebesfähigkeit in der Ehe überhaupt verhindern. Die Frau findet ihre zärtliche Empfindlichkeit erst in einem unerlaubten, geheimzuhaltenden Verhältnis wieder, wo sie sich allein des eigenen unbeeinflußten Willens sicher weiß.[12]

Indes, auch dieses Motiv führt nicht tief genug; außerdem läßt es, an Kulturbedingungen gebunden, eine gute Beziehung zu den Zuständen der Primitiven vermissen. Um so bedeutungsvoller ist das nächste, auf der Entwicklungsgeschichte der Libido fußende Moment. Es ist uns durch die Bemühungen der Analyse bekannt geworden, wie regelmäßig und wie mächtig die frühesten Unterbringungen der Libido sind. Es handelt sich dabei um festgehaltene Sexualwünsche der Kindheit, beim Weibe zumeist um Fixierung der Libido an den Vater oder an den ihn ersetzenden Bruder, Wünsche, die häufig genug auf anderes als den Koitus gerichtet waren oder ihn nur als unscharf erkanntes Ziel einschlossen. Der Ehemann ist sozusagen immer nur ein Ersatzmann, niemals der Richtige; den ersten Satz auf die Liebesfähigkeit der Frau hat ein anderer, in typischen Fällen der Vater, er höchstens den zweiten. Es kommt nun darauf an, wie intensiv diese Fixierung ist und wie zähe sie festgehalten wird, damit der Ersatzmann als unbefriedigend abgelehnt werde. Die Frigidität steht somit unter den genetischen Bedingungen der Neurose. Je mächtiger das psychische Element im Sexualleben der Frau ist, desto widerstandsfähiger wird sich ihre Libidoverteilung gegen die Erschütterung des ersten Sexualaktes erweisen, desto weniger überwältigend wird ihre körperliche Besitznahme wirken können. Die Frigidität mag sich dann als neurotische Hemmung festsetzen oder den Boden für die

12 [Vgl. *Beiträge zur Psychologie des Liebeslebens II, Über die allgemeinste Erniedrigung des Liebeslebens* (gegen Ende des zweiten Abschnitts) in Band 1 der vorliegenden Ausgabe.]

Entwicklung anderer Neurosen abgeben, und auch nur mäßige Herabsetzungen der männlichen Potenz kommen dabei als Helfer sehr in Betracht.

Dem Motiv des früheren Sexualwunsches scheint die Sitte der Primitiven Rechnung zu tragen, welche die Defloration einem Ältesten, Priester, heiligen Mann, also einem Vaterersatz (siehe oben), überträgt. Von hier aus scheint mir ein gerader Weg zum vielbestrittenen *jus primae noctis* des mittelalterlichen Gutsherrn zu führen. A. J. Storfer (1911)[13] hat dieselbe Auffassung vertreten, überdies die weitverbreitete Institution der »Tobiasehe« (der Sitte der Enthaltsamkeit in den ersten drei Nächten) als eine Anerkennung der Vorrechte des Patriarchen gedeutet, wie vor ihm bereits C. G. Jung (1909).[14] Es entspricht dann nur unserer Erwartung, wenn wir unter den mit der Defloration betrauten Vatersurrogaten auch das Götterbild finden. In manchen Gegenden von Indien mußte die Neuvermählte das Hymen dem hölzernen Lingam[15] opfern, und nach dem Berichte des heiligen Augustinus bestand im römischen Heiratszeremoniell (seiner Zeit?) dieselbe Sitte mit der Abschwächung, daß sich die junge Frau auf den riesigen Steinphallus des Priapus nur zu setzen brauchte.[16]

In noch tiefere Schichten greift ein anderes Motiv zurück, welches nachweisbar an der paradoxen Reaktion gegen den Mann die Hauptschuld trägt und dessen Einfluß sich nach meiner Meinung noch in der Frigidität der Frau äußert. Durch den ersten Koitus werden beim Weibe noch andere alte Regungen als die beschriebenen aktiviert, die der weiblichen Funktion und Rolle überhaupt widerstreben.

Wir wissen aus der Analyse vieler neurotischer Frauen,

---

13 [A. J. Storfer, *Zur Sonderstellung des Vatermords*, Wien 1911.]

14 [C. G. Jung, *Die Bedeutung des Vaters für das Schicksal des Einzelnen*, in: Jb. psychoanalyt. psychopath. Forsch., 1909, Bd. 1, S. 155.]

15 [Linga, Lingam (Sanskrit »Geschlechtsglied«), entspricht dem griech. Phallus und ist das in ganz Indien verehrte Symbol des Schiwa.]

16 Ploß und Bartels [*Das Weib in der Natur- und Völkerkunde, a. a. O.*], *Bd. 1, XII, und Dulaure* [*Des divinités genrátrices*], Paris 1905, S. 142 [1. Auflage Paris 1805].

daß sie ein frühes Stadium durchmachen, in dem sie den Bruder um das Zeichen der Männlichkeit beneiden und sich wegen seines Fehlens (eigentlich seiner Verkleinerung) benachteiligt und zurückgesetzt fühlen. Wir ordnen diesen »Penisneid« dem »Kastrationskomplex« ein. Wenn man unter »männlich« das Männlichseinwollen mitversteht, so paßt auf dieses Verhalten die Bezeichnung »männlicher Protest«, die Alf. Adler[17] geprägt hat, um diesen Faktor zum Träger der Neurose überhaupt zu proklamieren. In dieser Phase machen die Mädchen aus ihrem Neid und der daraus abgeleiteten Feindseligkeit gegen den begünstigten Bruder oft kein Hehl: sie versuchen es auch, aufrechtstehend wie der Bruder zu urinieren, um ihre angebliche Gleichberechtigung zu vertreten. In dem bereits erwähnten Falle von uneingeschränkter Aggression gegen den sonst geliebten Mann nach dem Koitus konnte ich feststellen, daß diese Phase vor der Objektwahl bestanden hatte. Erst später wandte sich die Libido des kleinen Mädchens dem Vater zu, und dann wünschte sie sich anstatt des Penis – ein Kind.[18]

Ich würde nicht überrascht sein, wenn sich in anderen Fällen die Zeitfolge dieser Regungen umgekehrt fände und dies Stück des Kastrationskomplexes erst nach erfolgter Objektwahl zur Wirkung käme. Aber die männliche Phase des Weibes, in der es den Knaben um den Penis beneidet, ist jedenfalls die entwicklungsgeschichtlich frühere und steht dem ursprünglichen Narzißmus näher als der Objektliebe.

Vor einiger Zeit gab mir ein Zufall Gelegenheit, den Traum einer Neuvermählten zu erfassen, der sich als Reaktion auf ihre Entjungferung erkennen ließ. Er verriet ohne Zwang den Wunsch des Weibes, den jungen Ehemann zu kastrieren und seinen Penis bei sich zu behalten. Es war gewiß auch Raum für die harmlosere Deutung, es sei die Verlängerung und Wiederholung des Aktes gewünscht wor-

---

17 [Adler, *Der psychische Hermaphroditismus im Leben und in der Neurose*, in: Fortschr. Med., 1910, Bd. 28, S. 486.]

18 Siehe: *Über Triebumsetzungen insbesondere der Analerotik* (1917).

den, allein manche Einzelheiten des Traumes gingen über diesen Sinn hinaus, und der Charakter wie das spätere Benehmen der Träumerin legten Zeugnis für die ernstere Auffassung ab. Hinter diesem Penisneid kommt nun die feindselige Erbitterung des Weibes gegen den Mann zum Vorschein, die in den Beziehungen der Geschlechter niemals ganz zu verkennen ist und von der in den Bestrebungen und literarischen Produktionen der »Emanzipierten« die deutlichsten Anzeichen vorliegen. Diese Feindseligkeit des Weibes führt Ferenczi – ich weiß nicht, ob als erster – in einer paläobiologischen Spekulation bis auf die Epoche der Differenzierung der Geschlechter zurück. Anfänglich, meint er, fand die Kopulation zwischen zwei gleichartigen Individuen statt, von denen sich aber eines zum stärkeren entwickelte und das schwächere zwang, die geschlechtliche Vereinigung zu erdulden. Die Erbitterung über dies Unterlegensein setze sich noch in der heutigen Anlage des Weibes fort. Ich halte es für vorwurfsfrei, sich solcher Spekulationen zu bedienen, solange man es vermeidet, sie zu überwerten.

Nach dieser Aufzählung der Motive für die in der Frigidität spurweise fortgesetzte paradoxe Reaktion des Weibes auf die Defloration darf man es zusammenfassend aussprechen, daß sich die *unfertige Sexualität* des Weibes an dem Manne entlädt, der sie zuerst den Sexualakt kennen lehrt. Dann ist aber das Tabu der Virginität sinnreich genug, und wir verstehen die Vorschrift, welche gerade den Mann solche Gefahren vermeiden heißt, der in ein dauerndes Zusammenleben mit dieser Frau eintreten soll. Auf höheren Kulturstufen ist die Schätzung dieser Gefahr gegen die Verheißung der Hörigkeit und gewiß auch gegen andere Motive und Verlockungen zurückgetreten; die Virginität wird als ein Gut betrachtet, auf welches der Mann nicht verzichten soll. Aber die Analyse der Ehestörungen lehrt, daß die Motive, welche das Weib dazu nötigen wollen, Rache für ihre Defloration zu nehmen, auch im Seelenleben des Kulturweibes nicht ganz erloschen sind. Ich meine, es muß dem Beobachter auffallen, in einer wie ungewöhnlich großen Anzahl von Fällen das Weib in einer ersten Ehe frigid bleibt und sich unglücklich fühlt, während sie nach Lösung dieser Ehe ihrem zweiten Manne eine zärtliche und beglückende Frau wird. Die archaische Reaktion hat sich sozusagen am ersten Objekt erschöpft.

Das Tabu der Virginität ist aber auch sonst in unserem Kulturleben nicht untergegangen. Die Volksseele weiß von ihm, und Dichter haben sich gelegentlich dieses Stoffes bedient. Anzengruber[19] stellt in einer Komödie dar, wie sich ein einfältiger Bauernbursche abhalten läßt, die ihm zugedachte Braut zu heiraten, weil sie »a Dirn' is, was ihrem ersten 's Leben kost'«. Er willigt darum ein, daß sie einen anderen heirate, und will sie dann als Wittfrau nehmen, wo sie ungefährlich ist. Der Titel des Stückes: *Das Jungferngift* erinnert daran, daß Schlangenbändiger die Giftschlange vorerst in ein Tüchlein beißen lassen, um sie dann ungefährdet zu handhaben.[20]

Das Tabu der Virginität und ein Stück seiner Motivierung hat seine mächtigste Darstellung in einer bekannten dramatischen Gestalt gefunden, in der Judith in Hebbels Tragödie *Judith und Holofernes*[21], Judith ist eine jener Frauen, deren Virginität durch ein Tabu geschützt ist. Ihr erster Mann wurde in der Brautnacht durch eine rätsel-

19 [Ludwig Anzengruber (1839–1889) veröffentlichte das Volksstück *'s Jungferngift* im Jahre 1878.]

20 Eine meisterhaft knappe Erzählung von A. Schnitzler (*Das Schicksal des Freiherrn v. Leisenbogh*)verdient trotz der Abweichung in der Situation hier angereiht zu werden. Der durch einen Unfall verunglückte Liebhaber einer in der Liebe vielerfahrenen Schauspielerin hat ihr gleichsam eine neue Virginität geschaffen, indem er den Todesfluch über den Mann ausspricht, der sie zuerst nach ihm besitzen wird. Das mit diesem Tabu belegte Weib getraut sich auch eine Weile des Liebesverkehres nicht. Nachdem sie sich aber in einen Sänger verliebt hat, greift sie zur Auskunft, vorher dem Freiherrn v. Leisenbogh eine Nacht zu schenken, der sich seit Jahren erfolglos um sie bemüht. An ihm erfüllt sich auch der Fluch; er wird vom Schlag getroffen, sobald er das Motiv seines unverhofften Liebesglückes erfährt.

21 [Friedrich Hebbels Tragödie heißt nur *Judith* (1841). Den von Freud genannten Titel *Judith und Holofernes* trägt die Parodie, die Nestroy 1849 geschrieben und erstmals aufgeführt hat.]

hafte Angst gelähmt und wagte es nie mehr, sie zu berühren. »Meine Schönheit ist die der Tollkirsche«, sagte sie. »Ihr Genuß bringt Wahnsinn und Tod.«[22] Als der assyrische Feldherr ihre Stadt bedrängt, faßt sie den Plan, ihn durch ihre Schönheit zu verführen und zu verderben, verwendet so ein patriotisches Motiv zur Verdeckung eines sexuellen. Nach der Defloration durch den gewaltigen, sich seiner Stärke und Rücksichtslosigkeit rühmenden Mann findet sie in ihrer Empörung die Kraft, ihm den Kopf abzuschlagen, und wird so zur Befreierin ihres Volkes. Köpfen ist uns als symbolischer Ersatz für Kastrieren wohlbekannt; danach ist Judith das Weib, das den Mann kastriert, von dem sie defloriert wurde, wie es auch der von mir berichtete Traum einer Neuvermählten wollte. Hebbel hat die patriotische Erzählung aus den Apokryphen des Alten Testaments in klarer Absichtlichkeit sexualisiert, denn dort kann Judith nach ihrer Rückkehr rühmen, daß sie nicht verunreinigt worden ist, auch fehlt im Text der Bibel jeder Hinweis auf ihre unheimliche Hochzeitsnacht. Wahrscheinlich hat er aber mit dem Feingefühl des Dichters das uralte Motiv verspürt, das in jene tendenziöse Erzählung eingegangen war, und dem Stoff nur seinen früheren Gehalt wiedergegeben.

I. Sadger[23] hat in einer trefflichen Analyse ausgeführt, wie Hebbel durch seinen eigenen Elternkomplex in seiner Stoffwahl bestimmt wurde und wie er dazu kam, so regelmäßig im Kampfe der Geschlechter für das Weib Partei zu nehmen und sich in dessen verborgenste Seelenregungen einzufühlen. Er zitiert auch die Motivierung, die der Dichter selbst für die von ihm eingeführte Abänderung des Stoffes gegeben hat, und findet sie mit Recht gekünstelt und wie dazu bestimmt, etwas dem Dichter selbst Unbewußtes nur äußerlich zu rechtfertigen und im Grunde zu verdecken. Sadgers Erklärung, warum die nach der bibli-

22 [Hebbel, *Judith*, 2. Akt (letzte Replik Judiths vor dem Auftritt von Ephraim).]

23 [I. Sadger, *Von der Pathographie zur Psychographie*, in: Imago, 1912, Bd. 1, S. 158.]

schen Erzählung verwitwete Judith zur jungfräulichen Witwe werden mußte, will ich nicht antasten. Er weist auf die Absicht der kindlichen Phantasie hin, den sexuellen Verkehr der Eltern zu verleugnen und die Mutter zur unberührten Jungfrau zu machen. Aber ich setze fort: Nachdem der Dichter die Jungfräulichkeit seiner Heldin festgelegt hatte, verweilte seine nachfühlende Phantasie bei der feindseligen Reaktion, die durch die Verletzung der Virginität ausgelöst wird.

Wir dürfen also abschließend sagen: Die Defloration hat nicht nur die eine kulturelle Folge, das Weib dauernd an den Mann zu fesseln; sie entfesselt auch eine archaische Reaktion von Feindseligkeit gegen den Mann, welche pathologische Formen annehmen kann, die sich häufig genug durch Hemmungserscheinungen im Liebesleben der Ehe äußern, und der man es zuschreiben darf, daß zweite Ehen so oft besser geraten als die ersten. Das befremdende Tabu der Virginität, die Scheu, mit welcher bei den Primitiven der Eheman der Defloration aus dem Wege geht, finden in dieser feindseligen Reaktion ihre volle Rechtfertigung.

Es ist nun interessant, daß man als Analytiker Frauen begegnen kann, bei denen die entgegengesetzten Reaktionen von Hörigkeit und Feindseligkeit beide zum Ausdruck gekommen und in inniger Verknüpfung miteinander geblieben sind. Es gibt solche Frauen, die mit ihren Männern völlig zerfallen scheinen und doch nur vergebliche Bemühungen machen können, sich von ihnen zu lösen. Sooft sie es versuchen, ihre Liebe einem anderen Manne zuzuwenden, tritt das Bild des ersten, doch nicht mehr geliebten hemmend dazwischen. Die Analyse lehrt dann, daß diese Frauen allerdings noch in Hörigkeit an ihren ersten Männern hängen, aber nicht mehr aus Zärtlichkeit. Sie kommen von ihnen nicht frei, weil sie ihre Rache an ihnen nicht vollendet, in ausgeprägten Fällen die rachsüchtige Regung sich nicht einmal zum Bewußtsein gebracht haben.

Das Unheimliche

I

Der Psychoanalytiker verspürt nur selten den Antrieb zu ästhetischen Untersuchungen, auch dann nicht, wenn man die Ästhetik nicht auf die Lehre vom Schönen einengt, sondern sie als Lehre von den Qualitäten unseres Fühlens beschreibt. Er arbeitet in anderen Schichten des Seelenlebens und hat mit den zielgehemmten, gedämpften, von so vielen begleitenden Konstellationen abhängigen Gefühlsregungen, die zumeist der Stoff der Ästhetik sind, wenig zu tun. Hie und da trifft es sich doch, daß er sich für ein bestimmtes Gebiet der Ästhetik interessieren muß, und dann ist dies gewöhnlich ein abseits liegendes, von der ästhetischen Fachliteratur vernachlässigtes.

Ein solches ist das »Unheimliche«. Kein Zweifel, daß es zum Schreckhaften, Angst- und Grauenerregenden gehört, und ebenso sicher ist es, daß dies Wort nicht immer in einem scharf zu bestimmenden Sinne gebraucht wird, so daß es eben meist mit dem Angsterregenden überhaupt zusammenfällt. Aber man darf doch erwarten, daß ein besonderer Kern vorhanden ist, der die Verwendung eines besonderen Begriffswortes rechtfertigt. Man möchte wissen, was dieser gemeinsame Kern ist, der etwa gestattet, innerhalb des Ängstlichen ein »Unheimliches« zu unterscheiden.

Darüber findet man nun so viel wie nichts in den ausführlichen Darstellungen der Ästhetik, die sich überhaupt lieber mit den schönen, großartigen, anziehenden, also mit den positiven Gefühlsarten, ihren Bedingungen und den Gegenständen, die sie hervorrufen, als mit den gegensätzlichen, abstoßenden, peinlichen beschäftigen. Von seiten der ärztlich-psychologischen Literatur kenne ich nur die eine, inhaltsreiche, aber nicht erschöpfende Abhandlung von E. Jentsch.[1]

1 [E. Jentsch] *Zur Psychologie des Unheimlichen* [in: Psyciat.-neurol. Wschr., 1906, Bd. 8, S. 195].

Allerdings muß ich gestehen, daß aus leicht zu erratenden, in der Zeit liegenden Gründen die Literatur zu diesem kleinen Beitrag, insbesondere die fremdsprachige, nicht gründlich herausgesucht wurde, weshalb er denn auch ohne jeden Anspruch auf Priorität vor den Leser tritt.

Als Schwierigkeit beim Studium des Unheimlichen betont Jentsch mit vollem Recht, daß die Empfindlichkeit für diese Gefühlsqualität bei verschiedenen Menschen so sehr verschieden angetroffen wird. Ja, der Autor dieser neuen Unternehmung muß sich einer besonderen Stumpfheit in dieser Sache anklagen, wo große Feinfühligkeit eher am Platze wäre. Er hat schon lange nichts erlebt oder kennengelernt, was ihm den Eindruck des Unheimlichen gemacht hätte, muß sich erst in das Gefühl hineinversetzen, die Möglichkeit desselben in sich wachrufen. Indes sind Schwierigkeiten dieser Art auch auf vielen anderen Gebieten der Ästhetik mächtig; man braucht darum die Erwartung nicht aufzugeben, daß sich die Fälle werden herausheben lassen, in denen der fragliche Charakter von den meisten widerspruchslos anerkannt wird.

Man kann nun zwei Wege einschlagen: nachsuchen, welche Bedeutung die Sprachentwicklung in dem Worte »unheimlich« niedergelegt hat, oder zusammentragen, was an Personen und Dingen, Sinneseindrücken, Erlebnissen und Situationen das Gefühl des Unheimlichen in uns wachruft, und den verhüllten Charakter des Unheimlichen aus einem allen Fällen Gemeinsamen erschließen. Ich will gleich verraten, daß beide Wege zum nämlichen Ergebnis führen, das Unheimliche sei jene Art des Schreckhaften, welche auf das Altbekannte, Längstvertraute zurückgeht. Wie das möglich ist, unter welchen Bedingungen das Vertraute unheimlich, schreckhaft werden kann, das wird aus dem Weiteren ersichtlich werden. Ich bemerke noch, daß diese Untersuchung in Wirklichkeit den Weg über eine Sammlung von Einzelfällen genommen und erst später die Bestätigung durch die Aussage des Sprachgebrauches gefunden hat. In dieser Darstellung werde ich aber den umgekehrten Weg gehen.

Das deutsche Wort »unheimlich« ist offenbar der Gegensatz zu heimlich, heimisch, vertraut, und der Schluß liegt nahe, es sei etwas eben darum schreckhaft, weil es *nicht* bekannt und vertraut ist. Natürlich ist aber nicht alles schreckhaft, was neu und nicht vertraut ist; die Beziehung ist *nicht* umkehrbar. Man kann nur sagen, was neuartig ist, wird leicht schreckhaft und unheimlich; einiges Neuartige ist schreckhaft, durchaus nicht alles. Zum Neuen und Nichtvertrauten muß erst etwas hinzukommen, was es zum Unheimlichen macht.

Jentsch ist im ganzen bei dieser Beziehung des Unheimlichen zum Neuartigen, Nichtvertrauten, stehengeblieben. Er findet die wesentliche Bedingung für das Zustandekommen des unheimlichen Gefühls in der intellektuellen Unsicherheit. Das Unheimliche wäre eigentlich immer etwas, worin man sich sozusagen nicht auskennt. Je besser ein Mensch in der Umwelt orientiert ist, desto weniger leicht wird er von den Dingen oder Vorfällen in ihr den Eindruck der Unheimlichkeit empfangen.

Wir haben es leicht zu urteilen, daß diese Kennzeichnung nicht erschöpfend ist, und versuchen darum, über die Gleichung unheimlich = nicht vertraut hinauszugehen. Wir wenden uns zunächst an andere Sprachen. Aber die Wörterbücher, in denen wir nachschlagen, sagen uns nichts Neues, vielleicht nur darum nicht, weil wir selbst Fremdsprachige sind. Ja, wir gewinnen den Eindruck, daß vielen Sprachen ein Wort für diese besondere Nuance des Schreckhaften abgeht.[2]

Lateinisch (nach K. E. Georges, *Kl. Deutschlatein. Wörterbuch* 1898): ein unheimlicher Ort – *locus suspectus;* in unheimlicher Nachtzeit – *intempesta nocte.*

Griechisch (Wörterbücher von Rost und von Schenkl): *ξένος* – also fremd, fremdartig.

Englisch (aus den Wörterbüchern von Lucas, Bellows, Flügel, Muret-Sanders): *uncomfortable, uneasy, gloomy, dis-*

2 Für die nachstehenden Auszüge bin ich Herrn Dr. Th. Reik zu Dank verpflichtet.

mal, uncanny, ghastly, von einem Hause: *haunted*, von einem Menschen: *a repulsive fellow*.

Französisch (Sachs-Villatte): *inquiétant, sinistre, lugubre, mal à son aise*.

Spanisch (Tollhausen 1889): *sospechoso, de mal aguëro, lúgubre, siniestro*.

Das Italienische und Portugiesische scheinen sich mit Worten zu begnügen, die wir als Umschreibungen bezeichnen würden. Im Arabischen und Hebräischen fällt unheimlich mit dämonisch, schaurig zusammen.

Kehren wir darum zur deutschen Sprache zurück.

In Daniel Sanders' *Wörterbuch der Deutschen Sprache* 1860 finden sich folgende Angaben zum Worte *heimlich*, die ich hier ungekürzt abschreiben und aus denen ich die eine und die andere Stelle durch Unterstreichung hervorheben will (Bd. 1, S. 729):

Heimlich, a. (-keit, f. -en): 1. auch Heimelich, heimelig, zum Hause gehörig, nicht fremd, vertraut, zahm, traut und traulich, anheimelnd etc. (*a*) (veralt.) zum Haus, zur Familie gehörig oder: wie dazu gehörig betrachtet, vgl. lat. familiaris, vertraut: Die Heimlichen, die Hausgenossen; Der heimliche Rath. 1. Mos. 41, 45; 2. Sam. 23, 23. 1 Chr. 12, 25. Weish. 8, 4., wofür jetzt: Geheimer (s. *d* 1.) Rath üblich ist, s. Heimlicher – (*b*) von Thieren zahm, sich den Menschen traulich anschließend. Ggstz. wild, z. B.: Thier, die weder wild noch heimlich sind, etc. Eppendorf. 88; Wilde Thier ... so man sie h. und gewohnsam um die Leute aufzeucht. 92. So diese Thierle von Jugend bei den Menschen erzogen, werden sie ganz h., freundlich etc., Stumpf 608 a etc. – So noch: So h. ist's (das Lamm) und frißt aus meiner Hand. Hölty; Ein schöner, heimelicher (s. *c*) Vogel bleibt der Storch immerhin. Linck, Schl. 146. s. Häuslich 1. etc. –(*c*) traut, traulich anheimelnd; das Wohlgefühl stiller Befriedigung etc., behaglicher Ruhe u. sichern Schutzes, wie das umschlossne, wohnliche Haus erregend (vgl. Geheuer): Ist dir's h. noch im Lande, wo die Fremden deine Wälder roden? Alexis H. 1, 1, 289; Es war ihr nicht allzu h.

bei ihm. Brentano Wehm. 92; Auf einem hohen h-en Schattenpfade . . ., längs dem rieselnden rauschenden und plätschernden Waldbach. Forster B. 1, 417. Die H-keit der Heimath zerstören. Gervinus Lit. 5, 375. So vertraulich und h. habe ich nicht leicht ein Plätzchen gefunden. G[oethe], 14, 14; Wir dachten es uns so bequem, so artig, so gemüthlich und h. 15, 9; In stiller H-keit, umzielt von engen Schranken. Haller; Einer sorglichen Hausfrau, die mit dem Wenigsten eine vergnügliche H-keit (Häuslichkeit) zu schaffen versteht. Hartmann Unst. 1, 188; Desto h-er kam ihm jetzt der ihm erst kurz noch so fremde Mann vor. Kerner 540; Die protestantischen Besitzer fühlen sich . . . nicht h. unter ihren katholischen Unterthanen. Kohl. Irl. 1, 172; Wenns h. wird und leise / die Abendstille nur an deiner Zelle lauscht. Tiedge 2, 39; Still und lieb und h., als sie sich / zum Ruhen einen Platz nur wünschen möchten. W[ieland], 11, 144; Es war ihm garnicht h. dabei 27. 170, etc. – Auch: Der Platz war so still, so einsam, so schatten-h. Scherr Pilg. 1, 170; Die ab- und zuströmenden Fluthwellen, träumend und wiegenlied-h. Körner, Sch. 3, 320, etc. – Vgl. namentl. Un-h. – Namentl. bei schwäb., schwzr. Schriftst. oft dreisilbig: Wie ›heimelich‹ war es dann Ivo Abends wieder, als er zu Hause lag. Auerbach, D. 1, 249; In dem Haus ist mir's so heimelig gewesen. 4. 307; die warme Stube, der heimelige Nachmittag. Gotthelf, Sch. 127, 148; Das ist das wahre Heimelig, wenn der Mensch so von Herzen fühlt, wie wenig er ist, wie groß der Herr ist. 147; Wurde man nach und nach recht gemüthlich und heimelig mit einander. U. 1, 297; Die trauliche Heimeligkeit. 380, 2, 86; Heimelicher wird es mir wohl nirgends werden als hier. 327; Pestalozzi 4, 240; Was von ferne herkommt . . . lebt gw. nicht ganz heimelig (heimatlich, freundnachbarlich) mit den Leuten. 325; Die Hütte, wo /er sonst so heimelig, so froh / . . . im Kreis der Seinen oft gesessen. Reithard 20; Da klingt das Horn des Wächters so heimelig vom Thurm / da ladet seine Stimme so gastlich. 49; Es schläft sich da so lind und warm / so wunderheim'lig ein. 23, etc. – Diese Weise verdiente allgemein zu werden, um das gute Wort vor dem Veralten wegen nahe liegender Verwechslung mit 2 zu bewahren. vgl.: ›Die Zecks sind alle h. (2)‹ H.? . . . Was verstehen sie unter h.? . . . – ›Nun . . . es kommt mir mit ihnen vor, wie mit einem zugegrabenen Brunnen oder einem ausgetrockneten Teich. Man kann nicht darüber gehen, ohne daß es Einem immer ist, als könnte da wieder einmal Wasser zum Vorschein kommen.‹ Wir nennen das un-h.; Sie nennen's h. Worin finden Sie denn, daß diese Familie etwas Verstecktes und Unzuverlässiges hat? etc. Gutzkow R. 2, 61.[3] – (*d*) (s. *c*) namentl. schles.: fröhlich, heiter, auch vom Wetter, s. Adelung und Weinhold.

2. versteckt, verborgen gehalten, so daß man Andre nicht davon oder darum wissen lassen, es ihnen verbergen will, vgl. Geheim (2.), von welchem erst nhd. Ew. es doch zumal in der älteren Sprache, z. B. in der Bibel, wie Hiob 11, 6; 15, 8; Weish. 2, 22; 1. Kor. 2, 7 etc., und so auch H-keit statt Geheimnis. Matth. 13, 35 etc., nicht immer genau geschieden wird: H. (hinter Jemandes Rücken) Etwas thun, treiben; Sich h. davon schleichen; H-e Zusammenkünfte, Verabredungen; Mit h-er Schadenfreude zusehen; H. seufzen, weinen; H. thun, als ob man etwas zu verbergen hätte; H-e Liebschaft, Liebe, Sünde; H-e Orte (die der Wohlstand zu verhüllen gebietet). 1. Sam. 5, 6; Das h-e Gemach (Abtritt). 2. Kön. 10, 27; W[ieland], 5, 256 etc., auch: Der h-e Stuhl. Zinkgräf 1, 249; In Graben, in H-keiten werfen. 3, 75; Rollenhagen Fr. 83 etc. – Führte h. vor Laomedon / die Stuten vor. B[ürger], 161 b etc. – Ebenso versteckt, h., hinterlistig und boshaft gegen grausame Herren . . . wie offen, frei, theilnehmend und dienstwillig gegen den leidenden Freund. Burmeister gB 2, 157; Du sollst mein h. Hei-

3 Sperrdruck (auch im folgenden) vom Referenten.

ligstes noch wissen. Chamisso 4, 56; Die h-e Kunst (der Zauberei). 3, 224; Wo die öffentliche Ventilation aufhören muß, fängt die h-e Machination an. Forster, Br. 2, 135; Freiheit ist die leise Parole h. Verschworener, das laute Feldgeschrei der öffentlich Umwälzenden. G[oethe], 4, 222; Ein heilig, h. Wirken. 15; Ich habe Wurzeln / die sind gar h., / im tiefen Boden / bin ich gegründet. 2, 109; Meine h-e Tücke (vgl. Heimtücke). 30, 344; Empfängt er es nicht offenbar und gewissenhaft, so mag er es h. und gewissenlos ergreifen. 39, 33; Ließ h. und geheimnisvoll achromatische Fernröhre zusammensetzen. 375; Von nun an, will ich, sei nichts H-es / mehr unter uns. Sch[iller], 369 b. – Jemandes H-keiten entdecken, offenbaren, verrathen; H-keiten hinter meinem Rücken zu brauen. Alexis. H. 2, 3, 168; Zu meiner Zeit / befliß man sich der H-keit. Hagedorn 3, 92; Die H-keit und das Gepuschele unter der Hand. Immermann, M. 3, 289; Der H-keit (des verborgnen Golds) unmächtigen Bann / kann nur die Hand der Einsicht lösen. Novalis. 1, 69; / Sag' an, wo du sie . . . verbirgst, in welches Ortes verschwiegener H. Sch[iller], 495 b; Ihr Bienen, die ihr knetet / der H-keiten Schloß (Wachs zum Siegeln). Tieck, Cymb. 3, 2; Erfahren in seltnen H-keiten (Zauberkünsten). Schlegel Sh. 6, 102 etc., vgl. Geheimnis L[essing], 10: 291 ff.

Zsstzg. s. 1 *c*, so auch nam. der Ggstz.: Un-: unbehagliches, banges Grauen erregend: Der schier ihm un-h., gespenstisch erschien. Chamisso 3, 238; Der Nacht un-h., bange Stunden. 4, 148; Mir war schon lang' un-h., ja graulich zu Muthe. 242; Nun fängts mir an, un-h. zu werden. G[oethe], 6, 330; . . . Empfindet ein u-es Grauen. Heine, Verm. 1, 51; Un-h. und starr wie ein Steinbild. Reis, 1, 10; Den u-en Nebel, Haarrauch geheißen. Immermann M., 3, 299; Diese blassen Jungen sind un-h. und brauen Gott weiß was Schlimmes. Laube, Band. 1, 119; U n - h n e n n t m a n A l l e s, w a s i m G e h e i m n i s, i m V e r b o r g - n e n . . . b l e i b e n s o l l t e u n d h e r v o r g e t r e - t e n i s t. S c h e l l i n g, 2, 2, 649 etc. – Das Göttliche zu verhüllen, mit einer gewissen U-keit zu umgeben 658, etc. – Unüblich als Ggstz. von (2), wie es Campe ohne Beleg anführt.

Aus diesem langen Zitat ist für uns am interessantesten, daß das Wörtchen heimlich unter den mehrfachen Nuancen seiner Bedeutung auch eine zeigt, in der es mit seinem Gegensatz unheimlich zusammenfällt. Das Heimliche wird dann zum Unheimlichen; vgl. das Beispiel von Gutzkow: »Wir nennen das unheimlich, Sie nennen's heimlich.« Wir werden überhaupt daran gemahnt, daß dies Wort heimlich nicht eindeutig ist, sondern zwei Vorstellungskreisen zugehört, die, ohne gegensätzlich zu sein, einander doch recht fremd sind, dem des Vertrauten, Behaglichen und dem des Versteckten, Verborgengehaltenen. Unheimlich sei nur als Gegensatz zur ersten Bedeutung, nicht auch zur zweiten gebräuchlich. Wir erfahren bei Sanders nichts darüber, ob nicht doch eine genetische Beziehung zwischen diesen zwei Bedeutungen anzunehmen ist. Hingegen werden wir auf eine Bemerkung von Schelling aufmerksam, die vom Inhalt des Begriffes Unheimlich etwas ganz Neues aussagt, auf das unsere Erwartung gewiß nicht eingestellt war. Unheimlich sei alles, was ein Geheimnis, im Verborgenen bleiben sollte und hervorgetreten ist.

Ein Teil der so angeregten Zweifel wird durch die Angaben in Jacob und Wilhelm Grimm: *Deutsches Wörterbuch*, Leipzig 1877 (Bd. 4, 2. Teil, 873 ff.) geklärt:

Heimlich; adj. und adv. *vernaculus, occultus;* mhd. heimelîch, heimlîch.

S. 874: In etwas anderem sinne: es ist mir heimlich, wohl, frei von furcht...

[3] *b*) heimlich ist auch der von gespensterhaften freie ort...

S. 875: *β*) vertraut; freundlich zutraulich.

4. aus dem heimatlichen, häuslichen entwickelt sich weiter der begriff des fremden augen entzogenen, verborgenen, ge-

heimen, eben auch in mehrfacher beziehung ausgebildet...

S. 876: »links am see

liegt eine matte heimlich im gehölz.«

Schiller, *Tell*, I, 4.

... frei und für den modernen sprachgebrauch ungewöhnlich ... heimlich ist zu einem verbum des verbergens gestellt: er verbirgt mich heimlich in seinem gezelt. ps. 27, 5. (... heimliche orte am menschlichen Körper, pudenda ... welche leute nicht stürben, die wurden geschlagen an heimlichen örten. 1 Samuel 5, 12 ...)

c) beamtete, die wichtige und geheim zu haltende ratschläge in staatssachen ertheilen, heiszen heimliche räthe, das adjektiv nach heutigem sprachgebrauch durch geheim (s. d.) ersetzt: ... (Pharao) nennet ihn (Joseph) den heimlichen rath. 1. Mos. 41, 45;

S. 878: 6. heimlich für die erkenntnis, mystisch, allegorisch: heimliche bedeutung, *mysticus, divinus, occultus, figuratus.*

S. 878: anders ist heimlich im folgenden, der erkenntnis entzogen, unbewuszt: ...

dann aber ist heimlich auch verschlossen, undurchdringlich in bezug auf erforschung: ...

»merkst du wohl? sie trauen uns nicht,

fürchten des Friedländers heimlich gesicht.«

Wallensteins lager, 2. aufz. [Szene]

9. die bedeutung des versteckten, gefährlichen, die in der vorigen nummer hervortritt, entwickelt sich noch weiter, so dasz heimlich den sinn empfängt, den sonst unheimlich (gebildet nach heimlich, 3*b*, sp. 874) hat: »mir ist zu zeiten wie dem menschen der in nacht wandelt und an gespenster glaubt, jeder winkel ist ihm heimlich und schauerhaft.« Klinger, *theater*, 3, 298.

Also heimlich ist ein Wort, das seine Bedeutung nach einer Ambivalenz hin entwickelt, bis es endlich mit seinem Gegensatz unheimlich zusammenfällt. Unheimlich ist irgendwie eine Art von heimlich. Halten wir dies noch nicht recht geklärte Ergebnis mit der Definition des Unheimlichen von Schelling zusammen. Die Einzeluntersuchung der Fälle des Unheimlichen wird uns diese Andeutungen verständlich machen.

II

Wenn wir jetzt an die Musterung der Personen und Dinge, Eindrücke, Vorgänge und Situationen herangehen, die das Gefühl des Unheimlichen in besonderer Stärke und Deutlichkeit in uns zu erwecken vermögen, so ist die Wahl eines glücklichen ersten Beispiels offenbar das nächste Erfordernis. E. Jentsch hat als ausgezeichneten Fall den »Zweifel an der Beseelung eines anscheinend lebendigen Wesens und umgekehrt darüber, ob ein lebloser Gegenstand nicht etwa beseelt sei« hervorgehoben und sich dabei auf den Eindruck von Wachsfiguren, kunstvollen Puppen und Automaten berufen. Er reiht dem das Unheimliche des epileptischen Anfalls und der Äußerungen des Wahnsinnes an, weil durch sie in dem Zuschauer Ahnungen von automatischen – mechanischen – Prozessen geweckt werden, die hinter dem gewohnten Bilde der Beseelung verborgen sein mögen. Ohne nun von dieser Ausführung des Autors voll überzeugt zu sein, wollen wir unsere eigene Untersuchung an ihn anknüpfen, weil er uns im weiteren an einen Dichter mahnt, dem die Erzeugung unheimlicher Wirkungen so gut wie keinem anderen gelungen ist.

»Einer der sichersten Kunstgriffe, leicht unheimliche Wirkungen durch Erzählungen hervorzurufen«, schreibt Jentsch, »beruht nun darauf, daß man den Leser im Ungewissen darüber läßt, ob er in einer bestimmten Figur eine Person oder etwa einen Automaten vor sich habe, und zwar so, daß diese Unsicherheit nicht direkt in den Brennpunkt seiner Aufmerksamkeit tritt, damit er nicht veranlaßt werde, die Sache sofort zu untersuchen und klarzustellen, da hiedurch, wie gesagt, die besondere Gefühlswirkung leicht schwindet. E. T. A. Hoffmann hat in seinen Phantasiestücken dieses psychologische Manöver wiederholt mit Erfolg zur Geltung gebracht.«

Diese gewiß richtige Bemerkung zielt vor allem auf die Erzählung *Der Sandmann* in den *Nachtstücken* (dritter Band der Grisebachschen Ausgabe von Hoffmanns sämtlichen Werken), aus welcher die Figur der Puppe Olimpia in den ersten Akt der Offenbachschen Oper *Hoffmanns Erzählungen* gelangt ist. Ich muß aber sagen – und ich hoffe, die meisten Leser der Geschichte werden mir beistimmen –, daß das Motiv der belebt scheinenden Puppe Olimpia keineswegs das einzige ist, welches für die unvergleichlich unheimliche Wirkung der Erzählung verantwortlich gemacht werden muß, ja nicht einmal dasjenige, dem diese Wirkung in erster Linie zuzuschreiben wäre. Es kommt dieser Wirkung auch nicht zustatten, daß die Olimpia-Episode vom Dichter selbst eine leise Wendung ins Satirische erfährt und von ihm zum Spott auf die Liebesüberschätzung von seiten des jungen Mannes gebraucht wird. Im Mittelpunkt der Erzählung steht vielmehr ein anderes Moment, nach dem sie auch den Namen trägt und das an den entscheidenden Stellen immer wieder hervorgekehrt wird: das Motiv des *Sandmannes*, der den Kindern die Augen ausreißt.

Der Student Nathaniel[4], mit dessen Kindheitserinnerungen die phantastische Erzählung anhebt, kann trotz seines Glückes in der Gegenwart die Erinnerungen nicht bannen, die sich ihm an den rätselhaft erschreckenden Tod des geliebten Vaters knüpfen. An gewissen Abenden pflegte die Mutter die Kinder mit der Mahnung zeitig zu Bette zu schicken: Der Sandmann kommt, und wirklich hört das Kind dann jedesmal den schweren Schritt eines Besuchers, der den Vater für diesen Abend in Anspruch nimmt. Die Mutter, nach dem Sandmann befragt, leugnet dann zwar, daß ein solcher anders denn als Redensart existiert, aber eine Kinderfrau weiß greifbarere Auskunft zu geben: »Das

4 [E. T. A. Hoffmann schreibt »Nathanael«. Dieser jüdische Name (hebr. »von Gott gegeben«) erscheint im *Ev. Johannes*, Kapitel 1.]

ist ein böser Mann, der kommt zu den Kindern, wenn sie nicht zu Bett gehen wollen, und wirft ihnen Hände voll Sand in die Augen, daß sie blutig zum Kopf herausspringen, die wirft er dann in den Sack und trägt sie in den Halbmond zur Atzung für seine Kinderchen; die sitzen dort im Nest und haben krumme Schnäbel wie die Eulen, damit picken sie der unartigen Menschenkindlein Augen auf.«

Obwohl der kleine Nathaniel alt und verständig genug war, um so schauerliche Zutaten zur Figur des Sandmannes abzuweisen, so setzte sich doch die Angst vor diesem selbst in ihm fest. Er beschloß zu erkunden, wie der Sandmann aussehe, und verbarg sich eines Abends, als er wieder erwartet wurde, im Arbeitszimmer des Vaters. In dem Besucher erkennt er dann den Advokaten Coppelius, eine abstoßende Persönlichkeit, vor der sich die Kinder zu scheuen pflegten, wenn er gelegentlich als Mittagsgast erschien, und identifiziert nun diesen Coppelius mit dem gefürchteten Sandmann. Für den weiteren Fortgang dieser Szene macht es der Dichter bereits zweifelhaft, ob wir es mit einem ersten Delirium des angstbesessenen Knaben oder mit einem Bericht zu tun haben, der als real in der Darstellungswelt der Erzählung aufzufassen ist. Vater und Gast machen sich an einem Herd mit flammender Glut zu schaffen. Der kleine Lauscher hört Coppelius rufen: »Augen her, Augen her«, verrät sich durch seinen Aufschrei und wird von Coppelius gepackt, der ihm glutrote Körner aus der Flamme in die Augen streuen will, um sie dann auf den Herd zu werfen. Der Vater bittet die Augen des Kindes frei. Eine tiefe Ohnmacht und lange Krankheit beenden das Erlebnis. Wer sich für die rationalistische Deutung des Sandmannes entscheidet, wird in dieser Phantasie des Kindes den fortwirkenden Einfluß jener Erzählung der Kinderfrau nicht verkennen. Anstatt der Sandkörner sind es glutrote Flammenkörner, die dem Kinde in die Augen gestreut werden sollen, in beiden Fällen, damit die Augen herausspringen. Bei einem weiteren Besuche des Sandmannes ein Jahr später wird der Vater durch eine Explosion im Arbeitszimmer getötet; der Advokat Coppelius verschwindet vom Orte, ohne eine Spur zu hinterlassen.

Diese Schreckgestalt seiner Kinderjahre glaubt nun der Student Nathaniel in einem herumziehenden italienischen Optiker Giuseppe Coppola zu erkennen, der ihm in der Universitätsstadt Wettergläser zum Kauf anbietet und nach seiner Ablehnung hinzusetzt: »Ei, nix Wetterglas, nix Wetterglas! – hab auch sköne Oke – sköne Oke!« Das Entsetzen des Studenten wird beschwichtigt, da sich die angebotenen Augen als harmlose Brillen herausstellen; er kauft dem Coppola ein Taschenperspektiv ab und späht mit dessen Hilfe in die gegenüberliegende Wohnung des Professors Spalanzani, wo er dessen schöne, aber rätselhaft wortkarge und unbewegte Tochter Olimpia erblickt. In diese verliebt er sich bald so heftig, daß er seine kluge und nüchterne Braut über sie vergißt. Aber Olimpia ist ein Automat, an dem Spalanzani das Räderwerk gemacht und dem Coppola – der Sandmann – die Augen eingesetzt hat. Der Student kommt hinzu, wie die beiden Meister sich um ihr Werk streiten; der Optiker hat die hölzerne, augenlose Puppe davongetragen, und der Mechaniker, Spalanzani, wirft Nathaniel die auf dem Boden liegenden blutigen Augen Olimpias an die Brust, von denen er sagt, daß Coppola sie dem Nathaniel gestohlen. Dieser wird von einem neuerlichen Wahnsinnsanfall ergriffen, in dessen Delirium sich die Reminiszenz an den Tod des Vaters mit dem frischen Eindruck verbindet: »Hui – hui – hui! – Feuerkreis – Feuerkreis! dreh' dich, Feuerkreis – lustig – lustig! Holzpüppchen hui, schön' Holzpüppchen dreh' dich –.« Damit wirft er sich auf den Professor, den angeblichen Vater Olimpias, und will ihn erwürgen.

Aus langer, schwerer Krankheit erwacht, scheint Nathaniel endlich genesen. Er gedenkt, seine wiedergefundene Braut zu heiraten. Sie ziehen beide eines Tages durch die Stadt, auf deren Markt der hohe Ratsturm seinen Riesenschatten wirft. Das Mädchen schlägt ihrem Bräutigam vor, auf den Turm zu steigen, während der das Paar begleitende Bruder der Braut unten verbleibt. Oben zieht eine merkwürdige Erscheinung von etwas, was sich auf der Straße heranbewegt, die Aufmerksamkeit Claras auf sich. Nathaniel betrachtet dasselbe Ding durch Coppolas Perspektiv, das er in seiner Tasche findet, wird neuerlich vom Wahnsinn ergriffen, und mit den Worten: »Holzpüppchen, dreh' dich«, will er das Mädchen in die Tiefe schleudern. Der durch ihr Geschrei herbeigeholte Bruder rettet sie und eilt mit ihr herab. Oben läuft der Rasende mit dem Ausruf herum: »Feuerkreis, dreh' dich«, dessen Herkunft wir ja verstehen. Unter den Menschen, die sich unten ansammeln, ragt der Advokat Coppelius hervor, der plötzlich wieder erschienen ist. Wir dürfen annehmen, daß es der Anblick seiner Annäherung war, der den Wahnsinn bei Nathaniel zum Ausbruch brachte. Man will hinauf, um sich des Rasenden zu bemächtigen, aber Coppelius lacht: »Wartet nur, der kommt schon herunter von selbst.« Nathaniel bleibt plötzlich stehen, wird den Coppelius gewahr und wirft sich mit dem gellenden Schrei: »Ha! Sköne Oke – Sköne Oke« über das Geländer herab. Sowie er mit zerschmettertem Kopf auf dem Straßenpflaster liegt, ist der Sandmann im Gewühl verschwunden.

Diese kurze Nacherzählung wird wohl keinen Zweifel darüber bestehen lassen, daß das Gefühl des Unheimlichen direkt an der Gestalt des Sandmannes, also an der Vorstellung, der Augen beraubt zu werden, haftet und daß eine intellektuelle Unsicherheit im Sinne von Jentsch mit dieser Wirkung nichts zu tun hat. Der Zweifel an der Beseeltheit, den wir bei der Puppe Olimpia gelten lassen mußten, kommt bei diesem stärkeren Beispiel des Unheimlichen überhaupt nicht in Betracht. Der Dichter erzeugt zwar in uns anfänglich eine Art von Unsicherheit, indem er uns, gewiß nicht ohne Absicht, zunächst nicht erraten läßt, ob er uns in die reale Welt oder in eine ihm beliebige phantastische Welt einführen wird. Er hat ja bekanntlich das Recht, das eine oder das andere zu tun, und wenn er z. B. eine Welt, in der Geister, Dämonen und Gespenster agieren, zum Schauplatz seiner Darstellungen gewählt hat, wie Shakespeare im *Hamlet*, *Macbeth* und in anderem Sinne im

Sturm und im *Sommernachtstraum*, so müssen wir ihm darin nachgeben und diese Welt seiner Voraussetzung für die Dauer unserer Hingegebenheit wie eine Realität behandeln. Aber im Verlaufe der Hoffmannschen Erzählung schwindet dieser Zweifel, wir merken, daß der Dichter uns selbst durch die Brille oder das Perspektiv des dämonischen Optikers schauen lassen will, ja daß er vielleicht in höchsteigener Person durch solch ein Instrument geguckt hat. Der Schluß der Erzählung macht es ja klar, daß der Optiker Coppola wirklich der Advokat Coppelius[5] und also auch der Sandmann ist.

Eine »intellektuelle Unsicherheit« kommt hier nicht mehr in Frage: wir wissen jetzt, daß uns nicht die Phantasiegebilde eines Wahnsinnigen vorgeführt werden sollen, hinter denen wir in rationalistischer Überlegenheit den nüchternen Sachverhalt erkennen mögen, und – der Eindruck des Unheimlichen hat sich durch diese Aufklärung nicht im mindesten verringert. Eine intellektuelle Unsicherheit leistet uns also nichts für das Verständnis dieser unheimlichen Wirkung.

Hingegen mahnt uns die psychoanalytische Erfahrung daran, daß es eine schreckliche Kinderangst ist, die Augen zu beschädigen oder zu verlieren. Vielen Erwachsenen ist diese Ängstlichkeit verblieben, und sie fürchten keine andere Organverletzung so sehr wie die des Auges. Ist man doch auch gewohnt zu sagen, daß man etwas behüten werde wie seinen Augapfel. Das Studium der Träume der Phantasien und Mythen hat uns dann gelehrt, daß die Angst um die Augen, die Angst zu erblinden, häufig genug ein Ersatz für die Kastrationsangst ist. Auch die Selbstblendung des mythischen Verbrechers Ödipus ist nur eine Ermäßigung für die Strafe der Kastration, die ihm nach der Regel der Talion allein angemessen wäre. Man mag es versuchen, in rationalistischer Denkweise die Zurückführung der Augenangst auf die Kastrationsangst abzulehnen;

5 Zur Ableitung des Namens: *Coppella* = Probiertiegel (die chemischen Operationen, bei denen der Vater verunglückt); *coppo* = Augenhöhle (nach einer Bemerkung von Frau Dr. Rank).

man findet es begreiflich, daß ein so kostbares Organ wie das Auge von einer entsprechend großen Angst bewacht wird, ja man kann weitergehend behaupten, daß kein tieferes Geheimnis und keine andere Bedeutung sich hinter der Kastrationsangst verberge. Aber man wird damit doch nicht der Ersatzbeziehung gerecht, die sich in Traum, Phantasie und Mythus zwischen Auge und männlichem Glied kundgibt, und kann dem Eindruck nicht widersprechen, daß ein besonders starkes und dunkles Gefühl sich gerade gegen die Drohung, das Geschlechtsglied einzubüßen erhebt, und daß dieses Gefühl erst der Vorstellung vom Verlust anderer Organe den Nachhall verleiht. Jeder weitere Zweifel schwindet dann, wenn man aus den Analysen an Neurotikern die Details des »Kastrationskomplexes« erfahren und dessen großartige Rolle in ihrem Seelenleben zur Kenntnis genommen hat.

Auch würde ich keinem Gegner der psychoanalytischen Auffassung raten, sich für die Behauptung, die Augenangst sei etwas vom Kastrationskomplex Unabhängiges, gerade auf die Hoffmannsche Erzählung vom *Sandmann* zu berufen. Denn warum ist die Augenangst hier mit dem Tode des Vaters in innigste Beziehung gebracht? Warum tritt der Sandmann jedesmal als Störer der Liebe auf? Er entzweit den unglücklichen Studenten mit seiner Braut und ihrem Bruder, der sein bester Freund ist, er vernichtet sein zweites Liebesobjekt, die schöne Puppe Olimpia, und zwingt ihn selbst zum Selbstmord, wie er unmittelbar vor der beglückenden Vereinigung mit seiner wiedergewonnenen Clara steht. Diese sowie viele andere Züge der Erzählung erscheinen willkürlich und bedeutungslos, wenn man die Beziehung der Augenangst zur Kastration ablehnt, und werden sinnreich, sowie man für den Sandmann den gefürchteten Vater einsetzt, von dem man die Kastration erwartet.[6]

---

6 In der Tat hat die Phantasiebearbeitung des Dichters die Elemente des Stoffes nicht so wild herumgewirbelt, daß man ihre ursprüngliche Anordnung nicht wiederherstellen könnte. In der Kindergeschichte stellen der Vater und Coppelius die durch Ambivalenz in zwei Gegensätze

zerlegte Vater-Imago dar; der eine droht mit der Blendung (Kastration), der andere, der gute Vater, bittet die Augen des Kindes frei. Das von der Verdrängung am stärksten betroffene Stück des Komplexes, der Todeswunsch gegen den bösen Vater, findet seine Darstellung in dem Tod des guten Vaters, der dem Coppelius zur Last gelegt wird. Diesem Väterpaar entsprechen in der späteren Lebensgeschichte des Studenten der Professor Spalanzani und der Optiker Coppola, der Professor an sich eine Figur der Vaterreihe, Coppola als identisch mit dem Advokaten Coppelius erkannt. Wie sie damals zusammen am geheimnisvollen Herd arbeiteten, so haben sie nun gemeinsam die Puppe Olimpia verfertigt; der Professor heißt auch der Vater Olimpias. Durch diese zweimalige Gemeinsamkeit verraten sie sich als Spaltungen der Vater-Imago, d. h. sowohl der Mechaniker als auch der Optiker sind der Vater der Olimpia wie des Nathaniel. In der Schreckensszene der Kinderzeit hatte Coppelius, nachdem er auf die Blendung des Kleinen verzichtet, ihm probeweise Arme und Beine abgeschraubt, also wie ein Mechaniker an einer Puppe an ihm gearbeitet. Dieser sonderbare Zug, der ganz aus dem Rahmen der Sandmannvorstellung heraustritt, bringt ein neues Äquivalent der Kastration ins Spiel; er weist aber auch auf die innere Identität des Coppelius mit seinem späteren Widerpart, dem Mechaniker Spalanzani, hin und bereitet uns für die Deutung der Olimpia vor. Diese automatische Puppe kann nichts anderes sein als die Materialisation von Nathaniels femininer Einstellung zu seinem Vater in früher Kindheit. Ihre Väter – Spalanzani und Coppola – sind ja nur neue Auflagen, Reinkarnationen von Nathaniels Väterpaar; die sonst unverständliche Angabe des Spalanzani, daß der Optiker dem Nathaniel die Augen gestohlen (s. oben), um sie der Puppe einzusetzen, gewinnt so als Beweis für die Identität von Olimpia und Nathaniel ihre Bedeutung. Olimpia ist sozusagen ein von Nathaniel losgelöster Komplex, der ihm als Person entgegentritt; die Beherrschung durch diesen Komplex findet in der unsinnig zwanghaften Liebe zur Olimpia ihren Ausdruck. Wir haben das Recht, diese Liebe eine narzißtische zu heißen, und verstehen, daß der ihr Verfallene sich dem realen Liebesobjekt entfremdet. Wie psychologisch richtig es aber ist, daß der durch den Kastrationskomplex an den Vater fixierte Jüngling der Liebe zum Weibe unfähig wird, zeigen zahlreiche Krankenanalysen, deren Inhalt zwar weniger phantastisch, aber kaum minder traurig ist als die Geschichte des Studenten Nathaniel.

E. T. A. Hoffmann war das Kind einer unglücklichen Ehe. Als er drei Jahre war, trennte sich der Vater von seiner kleinen Familie und lebte nie wieder mit ihr vereint. Nach den Belegen, die E. Grisebach in der biographischen Einleitung zu Hoffmanns Werken beibringt, war die Beziehung zum Vater immer eine der wundesten Stellen in des Dichters Gefühlsleben.

Wir würden es also wagen, das Unheimliche des Sandmannes auf die Angst des kindlichen Kastrationskomplexes zurückzuführen. Sowie aber die Idee auftaucht, ein solches infantiles Moment für die Entstehung des unheimlichen Gefühls in Anspruch zu nehmen, werden wir auch zum Versuch getrieben, dieselbe Ableitung für andere Beispiele des Unheimlichen in Betracht zu ziehen. Im *Sandmann* findet sich noch das Motiv der belebt scheinenden Puppe, das Jentsch hervorgehoben hat. Nach diesem Autor ist es eine besonders günstige Bedingung für die Erzeugung unheimlicher Gefühle, wenn eine intellektuelle Unsicherheit geweckt wird, ob etwas belebt oder leblos sei, und wenn das Leblose die Ähnlichkeit mit dem Lebenden zu weit treibt. Natürlich sind wir aber gerade mit den Puppen vom Kindlichen nicht weit entfernt. Wir erinnern uns, daß das Kind im frühen Alter des Spielens überhaupt nicht scharf zwischen Belebtem und Leblosem unterscheidet und daß es besonders gern seine Puppe wie ein lebendes Wesen behandelt. Ja, man hört gelegentlich von einer Patientin erzählen, sie habe noch im Alter von acht Jahren die Überzeugung gehabt, wenn sie ihre Puppen auf eine gewisse Art, möglichst eindringlich, anschauen würde, müßten diese lebendig werden. Das infantile Moment ist also auch hier leicht nachzuweisen; aber merkwürdig, im Falle des Sandmannes handelte es sich um die Erweckung einer alten Kinderangst, bei der lebenden Puppe ist von Angst keine Rede, das Kind hat sich vor dem Beleben seiner Puppen nicht gefürchtet, vielleicht es sogar gewünscht. Die Quelle des unheimlichen Gefühls wäre also hier nicht eine Kinderangst, sondern ein Kinderwunsch oder auch nur ein Kinderglaube. Das scheint ein Widerspruch; möglicherweise ist es nur eine Mannigfaltigkeit, die späterhin unserem Verständnis förderlich werden kann.

E. T. A. Hoffmann ist der unerreichte Meister des Unheimlichen in der Dichtung. Sein Roman *Die Elixiere des Teufels* weist ein ganzes Bündel von Motiven auf, denen man die unheimliche Wirkung der Geschichte zuschreiben möchte. Der Inhalt des Romans ist zu reichhaltig und verschlungen, als daß man einen Auszug daraus wagen könnte. Zu Ende des Buches, wenn die dem Leser bisher vorenthaltenen Voraussetzungen der Handlung nachgetragen werden, ist das Ergebnis nicht die Aufklärung des Lesers, sondern eine volle Verwirrung desselben. Der Dichter hat zu viel Gleichartiges gehäuft; der Eindruck des Ganzen leidet nicht darunter, wohl aber das Verständnis. Man muß sich damit begnügen, die hervorstechendsten unter jenen unheimlich wirkenden Motiven herauszuheben, um zu untersuchen, ob auch für sie eine Ableitung aus infantilen Quellen zulässig ist. Es sind dies das Doppelgängertum in all seinen Abstufungen und Ausbildungen, also das Auftreten von Personen, die wegen ihrer gleichen Erscheinung für identisch gehalten werden müssen, die Steigerung dieses Verhältnisses durch Überspringen seelischer Vorgänge von einer dieser Personen auf die andere – was wir Telepathie heißen würden –, so daß der eine das Wissen, Fühlen und Erleben des anderen mitbesitzt, die Identifizierung mit einer anderen Person, so daß man an seinem Ich irre wird oder das fremde Ich an die Stelle des eigenen versetzt, also Ich-Verdopplung, Ich-Teilung, Ich-Vertauschung – und endlich die beständige Wiederkehr des Gleichen, die Wiederholung der nämlichen Gesichtszüge, Charaktere, Schicksale, verbrecherischen Taten, ja der Namen durch mehrere aufeinanderfolgende Generationen.

Das Motiv des Doppelgängers hat in einer gleichnamigen Arbeit von O. Rank eine eingehende Würdigung gefunden.[7] Dort werden die Beziehungen des Doppelgängers zum Spiegel- und Schattenbild, zum Schutzgeist, zur Seelenlehre und zur Todesfurcht untersucht, es fällt aber auch helles Licht auf die überraschende Entwicklungsgeschichte des Motivs. Denn der Doppelgänger war ursprünglich eine Versicherung gegen den Untergang des Ichs, eine »energische Dementierung der Macht des Todes« (O. Rank), und wahrscheinlich war die »unsterbliche« Seele der erste Dop-

7 O. Rank, *Der Doppelgänger* [in: Imago, 1914, Bd. 3, S. 97].

pelgänger des Leibes. Die Schöpfung einer solchen Verdopplung zur Abwehr gegen die Vernichtung hat ihr Gegenstück in einer Darstellung der Taumsprache, welche die Kastration durch Verdopplung oder Vervielfältigung des Genitalsymbols auszudrücken liebt; sie wird in der Kultur der alten Ägypter ein Antrieb für die Kunst, das Bild des Verstorbenen in dauerhaftem Stoff zu formen. Aber diese Vorstellungen sind auf dem Boden der uneingeschränkten Selbstliebe entstanden, des primären Narzißmus, welcher das Seelenleben des Kindes wie des Primitiven beherrscht, und mit der Überwindung dieser Phase ändert sich das Vorzeichen des Doppelgängers, aus einer Versicherung des Fortlebens wird er zum unheimlichen Vorboten des Todes.

Die Vorstellung des Doppelgängers braucht nicht mit diesem uranfänglichen Narzißmus unterzugehen; denn sie kann aus den späteren Entwicklungsstufen des Ichs neuen Inhalt gewinnen. Im Ich bildet sich langsam eine besondere Instanz heraus, welche sich dem übrigen Ich entgegenstellen kann, die der Selbstbeobachtung und Selbstkritik dient, die Arbeit der psychischen Zensur leistet und unserem Bewußtsein als »Gewissen« bekannt wird. Im pathologischen Falle des Beachtungswahnes wird sie isoliert, vom Ich abgespalten, dem Arzte bemerkbar. Die Tatsache, daß eine solche Instanz vorhanden ist, welche das übrige Ich wie ein Objekt behandeln kann, also daß der Mensch der Selbstbeobachtung fähig ist, macht es möglich, die alte Doppelgängervorstellung mit neuem Inhalt zu erfüllen und ihr mancherlei zuzuweisen, vor allem all das, was der Selbstkritik als zugehörig zum alten überwundenen Narzißmus der Urzeit erscheint.[8]

Aber nicht nur dieser der Ich-Kritik anstößige Inhalt

---

8 Ich glaube, wenn die Dichter klagen, daß zwei Seelen in des Menschen Brust wohnen, und wenn die Populärpsychologen von der Spaltung des Ichs im Menschen reden, so schwebt ihnen diese Entzweiung, der Ich-Psychologie angehörig, zwischen der kritischen Instanz und dem Ich-Rest vor und nicht die von der Psychoanalyse aufgedeckte Gegensätzlichkeit zwischen dem Ich und dem unbewußten Verdrängten. Der Unterschied wird allerdings dadurch verwischt, daß sich unter dem von der Ich-Kritik Verworfenen zunächst die Abkömmlinge des Verdrängten befinden. [Freud

kann dem Doppelgänger einverleibt werden, sondern ebenso alle unterbliebenen Möglichkeiten der Geschicksgestaltung, an denen die Phantasie noch festhalten will, und alle Ich-Strebungen, die sich infolge äußerer Ungunst nicht durchsetzen konnten, sowie alle die unterdrückten Willensentscheidungen, die die Illusion des freien Willens ergeben haben.[9]

Nachdem wir aber so die manifeste Motivierung der Doppelgängergestalt betrachtet haben, müssen wir uns sagen: Nichts von alledem macht uns den außerordentlich hohen Grad von Unheimlichkeit, der ihr anhaftet, verständlich, und aus unserer Kenntnis der pathologischen Seelenvorgänge dürfen wir hinzusetzen, nichts von diesem Inhalt könnte das Abwehrbestreben erklären, das ihn als etwas Fremdes aus dem Ich hinausprojiziert. Der Charakter des Unheimlichen kann doch nur daher rühren, daß der Doppelgänger eine den überwundenen seelischen Urzeiten angehörige Bildung ist, die damals allerdings einen freundlicheren Sinn hatte. Der Doppelgänger ist zum Schreckbild geworden, wie die Götter nach dem Sturz ihrer Religion zu Dämonen werden (Heine, *Die Götter im Exil*).

Die anderen bei Hoffmann verwendeten Ich-Störungen sind nach dem Muster des Doppelgängermotivs leicht zu beurteilen. Es handelt sich bei ihnen um ein Rückgreifen auf einzelne Phasen in der Entwicklungsgeschichte des Ich-Gefühls, um eine Regression in Zeiten, da das Ich sich noch nicht scharf von der Außenwelt und vom anderen abgegrenzt hatte. Ich glaube, daß diese Motive den Eindruck des Unheimlichen mitverschulden, wenngleich es nicht leicht ist, ihren Anteil an diesem Eindruck isoliert herauszugreifen.

---

hatte diese kritische Instanz schon ausführlich in Abschnitt III seiner Arbeit *Zur Einführung des Narzißmus* erörtert (vgl. in Band 1 der vorliegenden Ausgabe).]

9 In der H. H. Ewersschen Dichtung *Der Student von Prag*, von welcher die Ranksche Studie über den Doppelgänger ausgegangen ist, hat der Held der Geliebten versprochen, seinen Duellgegner nicht zu töten. Auf dem Wege zum Duellplatz begegnet ihm aber der Doppelgänger, welcher den Nebenbuhler bereits erledigt hat.

Das Moment der Wiederholung des Gleichartigen wird als Quelle des unheimlichen Gefühls vielleicht nicht bei jedermann Anerkennung finden. Nach meinen Beobachtungen ruft es unter gewissen Bedingungen und in Kombination mit bestimmten Umständen unzweifelhaft ein solches Gefühl hervor, das überdies an die Hilflosigkeit mancher Traumzustände mahnt. Als ich einst an einem heißen Sommernachmittag die mir unbekannten, menschenleeren Straßen einer italienischen Kleinstadt durchstreifte, geriet ich in eine Gegend, über deren Charakter ich nicht lange in Zweifel bleiben konnte. Es waren nur geschminkte Frauen an den Fenstern der kleinen Häuser zu sehen, und ich beeilte mich, die enge Straße durch die nächste Einbiegung zu verlassen. Aber nachdem ich eine Weile führerlos herumgewandert war, fand ich mich plötzlich in derselben Straße wieder, in der ich nun Aufsehen zu erregen begann, und meine eilige Entfernung hatte nur die Folge, daß ich auf einem neuen Umwege zum drittenmal dahingeriet. Dann aber erfaßte mich ein Gefühl, das ich nur als unheimlich bezeichnen kann, und ich war froh, als ich unter Verzicht auf weitere Entdeckungsreisen auf die kürzlich von mir verlassene Piazza zurückfand. Andere Situationen, die die unbeabsichtigte Wiederkehr mit der eben beschriebenen gemein haben und sich in den anderen Punkten gründlich von ihr unterscheiden, haben doch dasselbe Gefühl von Hilflosigkeit und Unheimlichkeit zur Folge. Zum Beispiel, wenn man sich im Hochwald, etwa vom Nebel überrascht, verirrt hat und nun trotz aller Bemühungen, einen markierten oder bekannten Weg zu finden, wiederholt zu der einen, durch eine bestimmte Formation gekennzeichneten Stelle zurückkommt. Oder wenn man im unbekannten, dunkeln Zimmer wandert, um die Tür oder den Lichtschalter aufzusuchen, und dabei zum xtenmal mit demselben Möbelstück zusammenstößt, eine Situation, die Mark Twain allerdings durch groteske Übertreibung in eine unwiderstehlich komische umgewandelt hat.[10]

---

10 [Mark Twain, *A Tramp Abroad.*]

An einer anderen Reihe von Erfahrungen erkennen wir auch mühelos, daß es nur das Moment der unbeabsichtigten Wiederholung ist, welches das sonst Harmlose unheimlich macht und uns die Idee des Verhängnisvollen, Unentrinnbaren aufdrängt, wo wir sonst nur von »Zufall« gesprochen hätten. So ist es z. B. gewiß ein gleichgültiges Erlebnis, wenn man für seine in einer Garderobe abgegebenen Kleider einen Schein mit einer gewissen Zahl – sagen wir: 62 – erhält oder wenn man findet, daß die zugewiesene Schiffskabine diese Nummer trägt. Aber dieser Eindruck ändert sich, wenn beide an sich indifferenten Begebenheiten nahe aneinanderrücken, so daß einem die Zahl 62 mehrmals an demselben Tage entgegentritt, und wenn man dann etwa gar die Beobachtung machen sollte, daß alles, was eine Zahlenbezeichnung trägt, Adressen, Hotelzimmer, Eisenbahnwagen u. dgl. immer wieder die nämliche Zahl, wenigstens als Bestandteil, wiederbringt. Man findet das »unheimlich«, und wer nicht stich- und hiebfest gegen die Versuchungen des Aberglaubens ist, wird sich geneigt finden, dieser hartnäckigen Wiederkehr der einen Zahl eine geheime Bedeutung zuzuschreiben, etwa einen Hinweis auf das ihm bestimmte Lebensalter darin zu sehen.[11] Oder wenn man eben mit dem Studium der Schriften des großen Physiologen H. Hering beschäftigt ist und nun wenige Tage auseinander Briefe von zwei Personen dieses Namens aus verschiedenen Länder empfängt, während man bis dahin niemals mit Leuten, die so heißen, in Beziehung getreten war. Ein geistvoller Naturforscher hat vor kurzem den Versuch unternommen, Vorkommnisse solcher Art gewissen Gesetzen unterzuordnen, wodurch der Eindruck des Unheimlichen aufgehoben werden müßte. Ich getraue mich nicht zu entscheiden, ob es ihm gelungen ist.[12]

Wie das Unheimliche der gleichartigen Wiederkehr aus dem infantilen Seelenleben abzuleiten ist, kann ich hier nur andeuten und muß dafür auf eine bereitliegende aus-

11 [Freud selbst war ein Jahr zuvor, 1918, 62 Jahre alt geworden.]
12 P. Kammerer, *Das Gesetz der Serie*, Wien 1919.

führliche Darstellung in anderem Zusammenhange verweisen.[13] Im seelisch Unbewußten läßt sich nämlich die Herrschaft eines von den Triebregungen ausgehenden *Wiederholungszwanges* erkennen, der wahrscheinlich von der innersten Natur der Triebe selbst abhängt, stark genug ist, sich über das Lustprinzip hinauszusetzen, gewissen Seiten des Seelenlebens den dämonischen Charakter verleiht, sich in den Strebungen des kleinen Kindes noch sehr deutlich äußert und ein Stück vom Ablauf der Psychoanalyse des Neurotikers beherrscht. Wir sind durch alle vorstehenden Erörterungen darauf vorbereitet, daß dasjenige als unheimlich verspürt werden wird, was an diesen inneren Wiederholungszwang mahnen kann.

Nun, denke ich aber, ist es Zeit, uns von diesen immerhin schwierig zu beurteilenden Verhältnissen abzuwenden und unzweifelhafte Fälle des Unheimlichen aufzusuchen, von deren Analyse wir die endgültige Entscheidung über die Geltung unserer Annahme erwarten dürfen.

Im *Ring des Polykrates* wendet sich der Gast mit Grausen, weil er merkt, daß jeder Wunsch des Freundes sofort in Erfüllung geht, jede seiner Sorgen vom Schicksal unverzüglich aufgehoben wird. Der Gastfreund ist ihm »unheimlich« geworden. Die Auskunft, die er selbst gibt, daß der allzu Glückliche den Neid der Götter zu fürchten habe, erscheint uns noch undurchsichtig, ihr Sinn ist mythologisch verschleiert. Greifen wir darum ein anderes Beispiel aus weit schlichteren Verhältnissen heraus: In der Krankengeschichte eines Zwangsneurotikers[14] habe ich erzählt, daß dieser Kranke einst einen Aufenthalt in einer Wasserheilanstalt genommen hatte, aus dem er sich eine große Besserung holte. Er war aber so klug, diesen Erfolg nicht der Heilkraft des Wassers, sondern der Lage seines Zimmers

13 [Diese Darstellung, *Jenseits des Lustprinzips*, erschien ein Jahr später. Die oben genannten verschiedenen Manifestationen des »Wiederholungszwangs« sind in den Kapiteln II und III dieses Werkes detailliert geschildert. Vgl. in Band 3 der vorliegenden Ausgabe.]

14 *Bemerkungen über einen Fall von Zwangsneurose* [1909].

zuzuschreiben, welches der Kammer einer liebenswürdigen Pflegerin unmittelbar benachbart war. Als er dann zum zweitenmal in diese Anstalt kam, verlangte er dasselbe Zimmer wieder, mußte aber hören, daß es bereits von einem alten Herrn besetzt sei, und gab seinem Unmut darüber in den Worten Ausdruck: Dafür soll ihn aber der Schlag treffen. Vierzehn Tage später erlitt der alte Herr wirklich einen Schlaganfall. Für meinen Patienten war dies ein »unheimliches« Erlebnis. Der Eindruck des Unheimlichen wäre noch stärker gewesen, wenn eine viel kürzere Zeit zwischen jener Äußerung und dem Unfall gelegen wäre oder wenn der Patient über zahlreiche ganz ähnliche Erlebnisse hätte berichten können. In der Tat war er um solche Bestätigungen nicht verlegen, aber nicht er allein, alle Zwangsneurotiker, die ich studiert habe, wußten Analoges von sich zu erzählen. Sie waren gar nicht überrascht, regelmäßig der Person zu begegnen, an die sie eben – vielleicht nach langer Pause – gedacht hatten; sie pflegten regelmäßig am Morgen einen Brief von einem Freund zu bekommen, wenn sie am Abend vorher geäußert hatten: Von dem hat man aber jetzt lange nichts gehört, und besonders Unglücks- oder Todesfälle ereigneten sich nur selten, ohne eine Weile vorher durch ihre Gedanken gehuscht zu sein. Sie pflegten diesem Sachverhalt in der bescheidensten Weise Ausdruck zu geben, indem sie behaupteten, »Ahnungen« zu haben, die »meistens« eintreffen.

Eine der unheimlichsten und verbreitetsten Formen des Aberglaubens ist die Angst vor dem »bösen Blick«, welcher bei dem Hamburger Augenarzt S. Seligmann[15] eine gründliche Behandlung gefunden hat. Die Quelle, aus welcher diese Angst schöpft, scheint niemals verkannt worden zu sein. Wer etwas Kostbares und doch Hinfälliges besitzt, fürchtet sich vor dem Neid der anderen, indem er jenen Neid auf sie projiziert, den er im umgekehrten Falle empfunden hätte. Solche Regungen verrät man durch den Blick, auch wenn man ihnen den Ausdruck in Worten ver-

15 *Der böse Blick und Verwandtes* (Berlin 1910 u. 1911).

sagt, und wenn jemand durch auffällige Kennzeichen, besonders unerwünschter Art, vor den anderen hervorsticht, traut man ihm zu, daß sein Neid eine besondere Stärke erreichen und dann auch diese Stärke in Wirkung umsetzen wird. Man fürchtet also eine geheime Absicht zu schaden, und auf gewisse Anzeichen hin nimmt man an, daß dieser Absicht auch die Kraft zu Gebote steht.

Die letzterwähnten Beispiele des Unheimlichen hängen von dem Prinzip ab, das ich, der Anregung eines Patienten[16] folgend, die »Allmacht der Gedanken« benannt habe. Wir können nun nicht mehr verkennen, auf welchem Boden wir uns befinden. Die Analyse der Fälle des Unheimlichen hat uns zur alten Weltauffassung des *Animismus* zurückgeführt, die ausgezeichnet war durch die Erfüllung der Welt mit Menschengeistern, durch die narzißtische Überschätzung der eigenen seelischen Vorgänge, die Allmacht der Gedanken und die darauf aufgebaute Technik der Magie, die Zuteilung von sorgfältig abgestuften Zauberkräften an fremde Personen und Dinge *(Mana)*, sowie durch alle die Schöpfungen, mit denen sich der uneingeschränkte Narzißmus jener Entwicklungsperiode gegen den unverkennbaren Einspruch der Realität zur Wehr setzte. Es scheint, daß wir alle in unserer individuellen Entwicklung eine diesem Animismus der Primitiven entsprechende Phase durchgemacht haben, daß sie bei keinem von uns abgelaufen ist, ohne noch äußerungsfähige Reste und Spuren zu hinterlassen, und daß alles, was uns heute als »unheimlich« erscheint, die Bedingung erfüllt, daß es an diese Reste animistischer Seelentätigkeit rührt und sie zur Äußerung anregt.[17]

---

16 [Gemeint ist der sogenannte »Rattenmann«, dessen Fall Freud in den *Bemerkungen über einen Fall von Zwangsneurose* beschrieben hat. Auf ihn wird auch in *Totem und Tabu* (vgl. die folgende Fußnote) verwiesen.]

17 Vgl. hiezu den Abschnitt III »Animismus, Magie und Allmacht der Gedanken« in des Verf. Buch *Totem und Tabu* (1912-13). Dort auch die Bemerkung: »Es scheint, daß wir den Charakter des ›Unheimlichen‹ solchen Eindrücken verleihen, welche die Allmacht der Gedanken und die animistische Denkweise überhaupt bestätigen wollen, während wir uns bereits im Urteil von ihr abgewendet haben.« [Vgl. in Band 1 der vorliegenden Ausgabe.]

Hier ist nun der Platz für zwei Bemerkungen, in denen ich den wesentlichen Inhalt dieser kleinen Untersuchung niederlegen möchte. Erstens, wenn die psychoanalytische Theorie in der Behauptung recht hat, daß jeder Affekt einer Gefühlsregung, gleichgültig von welcher Art, durch die Verdrängung in Angst verwandelt wird, so muß es unter den Fällen des Ängstlichen eine Gruppe geben, in der sich zeigen läßt, daß dies Ängstliche etwas wiederkehrendes Verdrängtes ist. Diese Art des Ängstlichen wäre eben das Unheimliche, und dabei muß es gleichgültig sein, ob es ursprünglich selbst ängstlich war oder von einem anderen Affekt getragen. Zweitens, wenn dies wirklich die geheime Natur des Unheimlichen ist, so verstehen wir, daß der Sprachgebrauch das Heimliche in seinen Gegensatz, das Unheimliche übergehen läßt, denn dies Unheimliche ist wirklich nichts Neues oder Fremdes, sondern etwas dem Seelenleben von alters her Vertrautes, das ihm nur durch den Prozeß der Verdrängung entfremdet worden ist. Die Beziehung auf die Verdrängung erhellt uns jetzt auch die Schellingsche Definition, das Unheimliche sei etwas, was im Verborgenen hätte bleiben sollen und hervorgetreten ist.

Es erübrigt uns nur noch, die Einsicht, die wir gewonnen haben, an der Erklärung einiger anderer Fälle des Unheimlichen zu erproben.

Im allerhöchsten Grade unheimlich erscheint vielen Menschen, was mit dem Tod, mit Leichen und mit der Wiederkehr der Toten, mit Geistern und Gespenstern, zusammenhängt. Wir haben ja gehört, daß manche moderne Sprachen unseren Ausdruck: ein unheimliches Haus gar nicht anders wiedergeben können als durch die Umschreibung: ein Haus, in dem es spukt. Wir hätten eigentlich unsere Untersuchung mit diesem, vielleicht stärksten Beispiel von Unheimlichkeit beginnen können, aber wir taten es nicht, weil hier das Unheimliche zu sehr mit dem Grauenhaften vermengt und zum Teil von ihm gedeckt ist. Aber auf kaum einem anderen Gebiete hat sich unser Denken und Fühlen seit den Urzeiten so wenig verändert, ist das

Alte unter dünner Decke so gut erhalten geblieben, wie in unserer Beziehung zum Tode. Zwei Momente geben für diesen Stillstand gute Auskunft: Die Stärke unserer ursprünglichen Gefühlsreaktionen und die Unsicherheit unserer wissenschaftlichen Erkenntnis. Unsere Biologie hat es noch nicht entscheiden können, ob der Tod das notwendige Schicksal jedes Lebewesens oder nur ein regelmäßiger, vielleicht aber vermeidlicher Zufall innerhalb des Lebens ist.[18] Der Satz: alle Menschen müssen sterben, paradiert zwar in den Lehrbüchern der Logik als Vorbild einer allgemeinen Behauptung, aber keinem Menschen leuchtet er ein, und unser Unbewußtes hat jetzt so wenig Raum wie vormals für die Vorstellung der eigenen Sterblichkeit. Die Religionen bestreiten noch immer der unableugbaren Tatsache des individuellen Todes ihre Bedeutung und setzen die Existenz über das Lebensende hinaus fort; die staatlichen Gewalten meinen die moralische Ordnung unter den Lebenden nicht aufrechterhalten zu können, wenn man auf die Korrektur des Erdenlebens durch ein besseres Jenseits verzichten soll; auf den Anschlagsäulen unserer Großstädte werden Vorträge angekündigt, welche Belehrungen spenden wollen, wie man sich mit den Seelen der Verstorbenen in Verbindung setzen kann, und es ist unleugbar, daß mehrere der feinsten Köpfe und schärfsten Denker unter den Männern der Wissenschaft, zumal gegen das Ende ihrer eigenen Lebenszeit, geurteilt haben, daß es an Möglichkeiten für solchen Verkehr nicht fehle. Da fast alle von uns in diesem Punkt noch so denken wie die Wilden, ist es auch nicht zu verwundern, daß die primitive Angst vor dem Toten bei uns noch so mächtig ist und bereitliegt, sich zu äußern, sowie irgend etwas ihr entgegenkommt. Wahrscheinlich hat sie auch noch den alten Sinn, der Tote sei zum Feind des Überlebenden geworden und beabsichtige, ihn mit sich zu nehmen, als Genossen seiner neuen Existenz. Eher könnte man bei dieser Unveränderlichkeit der

---

18 [Dies ist ein Hauptproblem der Schrift *Jenseits des Lustprinzips* (in Band 3 der vorliegenden Ausgabe), an der Freud gleichzeitig mit der vorliegenden arbeitete. S. den ersten Teil des VI. Kapitels.]

Einstellung zum Tode fragen, wo die Bedingung der Verdrängung bleibt, die erfordert wird, damit das Primitive als etwas Unheimliches wiederkehren könne. Aber die besteht doch auch; offiziell glauben die sogenannten Gebildeten nicht mehr an das Sichtbarwerden der Verstorbenen als Seelen, haben deren Erscheinung an entlegene und selten verwirklichte Bedingungen geknüpft, und die ursprünglich höchst zweideutige, ambivalente Gefühlseinstellung zum Toten ist für die höheren Schichten des Seelenlebens zur eindeutigen der Pietät abgeschwächt worden.[19]

Es bedarf jetzt nur noch weniger Ergänzungen, denn mit dem Animismus, der Magie und Zauberei, der Allmacht der Gedanken, der Beziehung zum Tode, der unbeabsichtigten Wiederholung und dem Kastrationskomplex haben wir den Umfang der Momente, die das Ängstliche zum Unheimlichen machen, so ziemlich erschöpft.

Wir heißen auch einen lebenden Menschen unheimlich, und zwar dann, wenn wir ihm böse Absichten zutrauen. Aber das reicht nicht hin, wir müssen noch hinzutun, daß diese seine Absichten, uns zu schaden, sich mit Hilfe besonderer Kräfte verwirklichen werden. Der *»Gettatore«*[20] ist ein gutes Beispiel hiefür, diese unheimliche Gestalt des romanischen Aberglaubens, die Albrecht Schaeffer in dem Buche *Josef Montfort* mit poetischer Intuition und tiefem psychoanalytischen Verständnis zu einer sympathischen Figur umgeschaffen hat. Aber mit diesen geheimen Kräften stehen wir bereits wieder auf dem Boden des Animismus. Die Ahnung solcher Geheimkräfte ist es, die dem frommen Gretchen den Mephisto so unheimlich werden läßt:

> Sie fühlt, daß ich ganz sicher ein Genie,
> Vielleicht wohl gar der Teufel bin.[21]

19 Vgl.: »Das Tabu und die Ambivalenz«, in *Totem und Tabu.*

20 [Wörtlich: der »Werfer« (des bösen Blicks, gleichbedeutend mit Unheil). – Schaeffers Roman erschien 1918.]

21 [*Faust*, I. Teil, 16. Szene.]

Das Unheimliche der Fallsucht, des Wahnsinns, hat denselben Ursprung. Der Laie sieht hier die Äußerung von Kräften vor sich, die er im Nebenmenschen nicht vermutet hat, deren Regung er aber in entlegenen Winkeln der eigenen Persönlichkeit dunkel zu spüren vermag. Das Mittelalter hatte konsequenterweise und psychologisch beinahe korrekt alle diese Krankheitsäußerungen der Wirkung von Dämonen zugeschrieben. Ja, ich würde mich nicht verwundern zu hören, daß die Psychoanalyse, die sich mit der Aufdeckung dieser geheimen Kräfte beschäftigt, vielen Menschen darum selbst unheimlich geworden ist. In einem Falle, als mir die Herstellung eines seit vielen Jahren siechen Mädchens – wenn auch nicht sehr rasch – gelungen war, habe ich's von der Mutter der für lange Zeit Geheilten selbst gehört.

Abgetrennte Glieder, ein abgehauener Kopf, eine vom Arm gelöste Hand wie in einem Märchen von Hauff,[22] Füße, die für sich allein tanzen wie in dem erwähnten Buche von A. Schaeffer, haben etwas ungemein Unheimliches an sich, besonders wenn ihnen wie im letzten Beispiel noch eine selbständige Tätigkeit zugestanden wird. Wir wissen schon, daß diese Unheimlichkeit von der Annäherung an den Kastrationskomplex herrührt. Manche Menschen würden die Krone der Unheimlichkeit der Vorstellung zuweisen, scheintot begraben zu werden. Allein die Psychoanalyse hat uns gelehrt, daß diese schreckende Phantasie nur die Umwandlung einer anderen ist, die ursprünglich nichts Schreckhaftes war, sondern von einer gewissen Lüsternheit getragen wurde, nämlich der Phantasie vom Leben im Mutterleib.

Tragen wir noch etwas Allgemeines nach, was strenggenommen bereits in unseren bisherigen Behauptungen über den Animismus und die überwundenen Arbeitsweisen des seelischen Apparats enthalten ist, aber doch einer besonderen Hervorhebung würdig scheint, daß es nämlich oft und

22 [*Die Geschichte von der abgehauenen Hand.*]

leicht unheimlich wirkt, wenn die Grenze zwischen Phantasie und Wirklichkeit verwischt wird, wenn etwas real vor uns hintritt, was wir bisher für phantastisch gehalten haben, wenn ein Symbol die volle Leistung und Bedeutung des Symbolisierten übernimmt und dergleichen mehr. Hierauf beruht auch ein gutes Stück der Unheimlichkeit, die den magischen Praktiken anhaftet. Das Infantile daran, was auch das Seelenleben der Neurotiker beherrscht, ist die Überbetonung der psychischen Realität im Vergleich zur materiellen, ein Zug, welcher sich der Allmacht der Gedanken anschließt. Mitten in der Absperrung des Weltkrieges kam eine Nummer des englischen Magazins *Strand* in meine Hände, in der ich unter anderen ziemlich überflüssigen Produktionen eine Erzählung las, wie ein junges Paar eine möblierte Wohnung bezieht, in der sich ein seltsam geformter Tisch mit holzgeschnitzten Krokodilen befindet. Gegen Abend pflegt sich dann ein unerträglicher, charakteristischer Gestank in der Wohnung zu verbreiten, man stolpert im Dunkeln über irgend etwas, man glaubt zu sehen, wie etwas Undefinierbares über die Treppe huscht, kurz, man soll erraten, daß infolge der Anwesenheit dieses Tisches gespenstische Krokodile im Hause spuken oder daß die hölzernen Scheusale im Dunkeln Leben bekommen oder etwas Ähnliches. Es war eine recht einfältige Geschichte, aber ihre unheimliche Wirkung verspürte man als ganz hervorragend.

Zum Schlusse dieser gewiß noch unvollständigen Beispielsammlung soll eine Erfahrung aus der psychoanalytischen Arbeit erwähnt werden, die, wenn sie nicht auf einem zufälligen Zusammentreffen beruht, die schönste Bekräftigung unserer Auffassung des Unheimlichen mit sich bringt. Es kommt oft vor, daß neurotische Männer erklären, das weibliche Genitale sei ihnen etwas Unheimliches. Dieses Unheimliche ist aber der Eingang zur alten Heimat des Menschenkindes, zur Örtlichkeit, in der jeder einmal und zuerst geweilt hat. »Liebe ist Heimweh«, behauptet ein Scherzwort, und wenn der Träumer von einer Örtlichkeit oder Landschaft noch im Traume denkt: Das ist mir bekannt, da war ich schon einmal, so darf die Deutung dafür das Genitale oder den Leib der Mutter einsetzen. Das Unheimliche ist also auch in diesem Falle das ehemals Heimische, Altvertraute. Die Vorsilbe *»un«* an diesem Worte ist aber die Marke der Verdrängung.[23]

III

Schon während der Lektüre der vorstehenden Erörterungen werden sich beim Leser Zweifel geregt haben, denen jetzt gestattet werden soll, sich zu sammeln und laut zu werden.

Es mag zutreffen, daß das Unheimliche das Heimliche-Heimische ist, das eine Verdrängung erfahren hat und aus ihr wiedergekehrt ist, und daß alles Unheimliche diese Bedingung erfüllt. Aber mit dieser Stoffwahl scheint das Rätsel des Unheimlichen nicht gelöst. Unser Satz verträgt offenbar keine Umkehrung. Nicht alles, was an verdrängte Wunschregungen und überwundene Denkweisen der individuellen Vorzeit und der Völkerurzeit mahnt, ist darum auch unheimlich.

Auch wollen wir es nicht verschweigen, daß sich fast zu jedem Beispiel, welches unseren Satz erweisen sollte, ein analoges finden läßt, das ihm widerspricht. Die abgehauene Hand z. B. im Hauffschen Märchen *Die Geschichte von der abgehauenen Hand* wirkt gewiß unheimlich, was wir auf den Kastrationskomplex zurückgeführt haben. Aber in der Erzählung des Herodot[24] vom Schatz des Rhampsenit

---

23 [S. Freuds Arbeit *Die Verneinung* in Band 3 der vorliegenden Ausgabe.]

24 [*Das Geschichtswerk des Herodotos von Halikarnassos* (2. Buch, Kapitel 121) erzählt vom ägyptischen König Rhamsinit (vielleicht identisch mit Pharao Ramses III.). Er ließ sich ein besonders sicheres Schatzhaus bauen, aber der Baumeister machte es durch herausnehmbare Steine für sich und seine Söhne zugänglich. Als sich der König bestohlen sah, ließ er Schlingen auslegen, in denen sich einer der Söhne verfing. Er fordert seinen Bruder auf, ihm den Kopf abzuschlagen, damit sie nicht erkannt würden. Den kopflosen Körper des Diebes, den der König hatte aufhängen lassen, stahl der Bruder, und schließlich gab er der Königstochter, die ihn

läßt der Meisterdieb, den die Prinzessin bei der Hand festhalten will, ihr die abgehauene Hand seines Bruders zurück, und andere werden wahrscheinlich ebenso wie ich urteilen, daß dieser Zug keine unheimliche Wirkung hervorruft. Die prompte Wunscherfüllung im *Ring des Polykrates* wirkt auf uns sicherlich ebenso unheimlich wie auf den König von Ägypten selbst. Aber in unseren Märchen wimmelt es von sofortigen Wunscherfüllungen, und das Unheimliche bleibt dabei aus. Im Märchen von den drei Wünschen[25] läßt sich die Frau durch den Wohlgeruch einer Bratwurst verleiten zu sagen, daß sie auch so ein Würstchen haben möchte. Sofort liegt es vor ihr auf dem Teller. Der Mann wünscht im Ärger, daß es der Vorwitzigen an der Nase hängen möge. Flugs baumelt es an ihrer Nase. Das ist sehr eindrucksvoll, aber nicht im geringsten unheimlich. Das Märchen stellt sich überhaupt ganz offen auf den animistischen Standpunkt der Allmacht von Gedanken und Wünschen, und ich wüßte doch kein echtes Märchen zu nennen, in dem irgend etwas Unheimliches vorkäme. Wir haben gehört, daß es in hohem Grade unheimlich wirkt, wenn leblose Dinge, Bilder, Puppen, sich beleben, aber in den Andersenschen Märchen leben die Hausgeräte, die Möbel, der Zinnsoldat, und nichts ist vielleicht vom Unheimlichen entfernter. Auch die Belebung der schönen Statue des Pygmalion[26] wird man kaum als unheimlich empfinden.

Scheintod und Wiederbelebung von Toten haben wir als sehr unheimliche Vorstellungen kennengelernt. Dergleichen ist aber wiederum im Märchen sehr gewöhnlich; wer wagte es unheimlich zu nennen, wenn z. B. Schneewittchen die Augen wieder aufschlägt? Auch die Erweckung von Toten in den Wundergeschichten, z. B. des Neuen Testa-

festhalten wollte, weil er ihr das Geheimnis entdeckt hatte, den Arm des toten Bruders.]

25 [Von Johann Peter Hebel.]

26 [Pygmalion, König von Kypros, faßte eine tiefe Leidenschaft für die Statue eines Mädchens, die er selbst geschaffen hatte. Aphrodite belebte sie auf seinen dringenden Wunsch, und er nahm das Mädchen zur Frau.]

ments, ruft Gefühle hervor, die nichts mit dem Unheimlichen zu tun haben. Die unbeabsichtigte Wiederkehr des Gleichen, die uns so unzweifelhafte unheimliche Wirkungen ergeben hat, dient doch in einer Reihe von Fällen anderen, und zwar sehr verschiedenen Wirkungen. Wir haben schon einen Fall kennengelernt, in dem sie als Mittel zur Hervorrufung des komischen Gefühls gebraucht wird, und können Beispiele dieser Art häufen. Andere Male wirkt sie als Verstärkung u. dgl., ferner: woher rührt die Unheimlichkeit der Stille, des Alleinseins, der Dunkelheit? Deuten diese Momente nicht auf die Rolle der Gefahr bei der Entstehung des Unheimlichen, wenngleich es dieselben Bedingungen sind, unter denen wir die Kinder am häufigsten Angst äußern sehen? Und können wir wirklich das Moment der intellektuellen Unsicherheit ganz vernachlässigen, da wir doch seine Bedeutung für das Unheimliche des Todes zugegeben haben?

So müssen wir wohl bereit sein anzunehmen, daß für das Auftreten des unheimlichen Gefühls noch andere als die von uns vorangestellten stofflichen Bedingungen maßgebend sind. Man könnte zwar sagen, mit jener ersten Feststellung sei das psychoanalytische Interesse am Problem des Unheimlichen erledigt, der Rest erfordere wahrscheinlich eine ästhetische Untersuchung. Aber damit würden wir dem Zweifel das Tor öffnen, welchen Wert unsere Einsicht in die Herkunft des Unheimlichen vom verdrängten Heimischen eigentlich beanspruchen darf.

Eine Beobachtung kann uns den Weg zur Lösung dieser Unsicherheiten weisen. Fast alle Beispiele, die unseren Erwartungen widersprechen, sind dem Bereich der Fiktion, der Dichtung, entnommen. Wir erhalten so einen Wink, einen Unterschied zu machen zwischen dem Unheimlichen, das man erlebt, und dem Unheimlichen, das man sich bloß vorstellt oder von dem man liest.

Das Unheimliche des Erlebens hat weit einfachere Bedingungen, umfaßt aber weniger zahlreiche Fälle. Ich glaube, es fügt sich ausnahmslos unserem Lösungsversuch, läßt jedesmal die Zurückführung auf altvertrautes Verdrängtes zu. Doch ist auch hier eine wichtige und psychologisch bedeutsame Scheidung des Materials vorzunehmen, die wir am besten an geeigneten Beispielen erkennen werden.

Greifen wir das Unheimliche der Allmacht der Gedanken, der prompten Wunscherfüllung, der geheimen schädigenden Kräfte, der Wiederkehr der Toten heraus. Die Bedingung, unter der hier das Gefühl des Unheimlichen entsteht, ist nicht zu verkennen. Wir – oder unsere primitiven Urahnen – haben dereinst diese Möglichkeiten für Wirklichkeit gehalten, waren von der Realität dieser Vorgänge überzeugt. Heute glauben wir nicht mehr daran, wir haben diese Denkweisen *überwunden*, aber wir fühlen uns dieser neuen Überzeugungen nicht ganz sicher, die alten leben noch in uns fort und lauern auf Bestätigung. Sowie sich nun etwas in unserem Leben *ereignet*, was diesen alten abgelegten Überzeugungen eine Bestätigung zuzuführen scheint, haben wir das Gefühl des Unheimlichen, zu dem man das Urteil ergänzen kann: Also ist es doch wahr, daß man einen anderen durch den bloßen Wunsch töten kann, daß die Toten weiterleben und an der Stätte ihrer früheren Tätigkeit sichtbar werden u. dgl.! Wer im Gegenteil diese animistischen Überzeugungen bei sich gründlich und endgültig erledigt hat, für den entfällt das Unheimliche dieser Art. Das merkwürdigste Zusammentreffen von Wunsch und Erfüllung, die rätselhafteste Wiederholung ähnlicher Erlebnisse an demselben Ort oder zum gleichen Datum, die täuschendsten Gesichtswahrnehmungen und verdächtigsten Geräusche werden ihn nicht irremachen, keine Angst in ihm erwecken, die man als Angst vor dem »Unheimlichen« bezeichnen kann. Es handelt sich hier also rein um eine Angelegenheit der Realitätsprüfung, um eine Frage der materiellen Realität.[27]

---

27 Da auch das Unheimliche des Doppelgängers von dieser Gattung ist, wird es interessant, die Wirkung zu erfahren, wenn uns einmal das Bild der eigenen Persönlichkeit ungerufen und unvermutet entgegentritt. E. Mach berichtet zwei solcher Beobachtungen in der *Analyse der Empfindungen* (1900, 3). Er erschrak das eine Mal nicht wenig, als er erkannte,

Anders verhält es sich mit dem Unheimlichen, das von verdrängten infantilen Komplexen ausgeht, vom Kastrationskomplex, der Mutterleibsphantasie usw., nur daß reale Erlebnisse, welche diese Art von Unheimlichem erwecken, nicht sehr häufig sein können. Das Unheimliche des Erlebens gehört zumeist der früheren Gruppe an [von der wir im vorigen Absatz sprachen], für die Theorie ist aber die Unterscheidung der beiden sehr bedeutsam. Beim Unheimlichen aus infantilen Komplexen kommt die Frage der materiellen Realität gar nicht in Betracht, die psychische Realität tritt an deren Stelle. Es handelt sich um wirkliche Verdrängung eines Inhalts und um die Wiederkehr des Verdrängten, nicht um die Aufhebung des *Glaubens an die Realität* dieses Inhalts. Man könnte sagen, in dem einen Falle sei ein gewisser Vorstellungsinhalt, im anderen der Glaube an seine (materielle) Realität verdrängt. Aber die letztere Ausdrucksweise dehnt wahrscheinlich den Gebrauch des Terminus »Verdrängung« über seine rechtmäßigen Grenzen aus. Es ist korrekter, wenn wir einer hierspürbaren psychologischen Differenz Rechnung tragen und den Zustand, in dem sich die animistischen Überzeugungen des Kulturmenschen befinden, als ein – mehr oder weniger vollkommenes – *Überwundensein* bezeichnen. Unser Ergebnis lautete dann: Das Unheimliche des Erlebens

---

daß das gesehene Gesicht das eigene sei, das andere Mal fällte er ein sehr ungünstiges Urteil über den anscheinend Fremden, der in seinen Omnibus einstieg, »Was steigt doch da für ein herabgekommener Schulmeister ein.« – Ich kann ein ähnliches Abenteuer erzählen: Ich saß allein im Abteil des Schlafwagens, als bei einem heftigeren Ruck der Fahrtbewegung die zur anstoßenden Toilette führende Tür aufging und ein älterer Herr im Schlafrock, die Reisemütze auf dem Kopfe, bei mir eintrat. Ich nahm an, daß er sich beim Verlassen des zwischen zwei Abteilen befindlichen Kabinetts in der Richtung geirrt hatte und fälschlich in mein Abteil gekommen war, sprang auf, um ihn aufzuklären, erkannte aber bald verdutzt, daß der Eindringling mein eigenes, vom Spiegel in der Verbindungstür entworfenes Bild war. Ich weiß noch, daß mir die Erscheinung gründlich mißfallen hatte. Anstatt also über den Doppelgänger zu erschrecken, hatten beide – Mach wie ich – ihn einfach nicht agnosziert. Ob aber das Mißfallen dabei nicht doch ein Rest jener archaischen Reaktion war, die den Doppelgänger als unheimlich empfindet?

kommt zustande, wenn *verdrängte* infantile Komplexe durch einen Eindruck wieder belebt werden oder wenn *überwundene* primitive Überzeugungen wieder bestätigt scheinen. Endlich darf man sich durch die Vorliebe für glatte Erledigung und durchsichtige Darstellung nicht vom Bekenntnis abhalten lassen, daß die beiden hier aufgestellten Arten des Unheimlichen im Erleben nicht immer scharf zu sondern sind. Wenn man bedenkt, daß die primitiven Überzeugungen auf das innigste mit den infantilen Komplexen zusammenhängen und eigentlich in ihnen wurzeln, wird man sich über diese Verwischung der Abgrenzungen nicht viel verwundern.

Das Unheimliche der Fiktion – der Phantasie, der Dichtung – verdient in der Tat eine gesonderte Betrachtung. Es ist vor allem weit reichhaltiger als das Unheimliche des Erlebens, es umfaßt dieses in seiner Gänze und dann noch anderes, was unter den Bedingungen des Erlebens nicht vorkommt. Der Gegensatz zwischen Verdrängtem und Überwundenem kann nicht ohne tiefgreifende Modifikation auf das Unheimliche der Dichtung übertragen werden, denn das Reich der Phantasie hat ja zur Voraussetzung seiner Geltung, daß sein Inhalt von der Realitätsprüfung enthoben ist. Das paradox klingende Ergebnis ist, *daß in der Dichtung vieles nicht unheimlich ist, was unheimlich wäre, wenn es sich im Leben ereignete, und daß in der Dichtung viele Möglichkeiten bestehen, unheimliche Wirkungen zu erzielen, die fürs Leben wegfallen.*

Zu den vielen Freiheiten des Dichters gehört auch die, seine Darstellungswelt nach Belieben so zu wählen, daß sie mit der uns vertrauten Realität zusammenfällt oder sich irgendwie von ihr entfernt. Wir folgen ihm in jedem Falle. Die Welt des Märchens z. B. hat den Boden der Realität von vornherein verlassen und sich offen zur Annahme der animistischen Überzeugungen bekannt. Wunscherfüllungen, geheime Kräfte, Allmacht der Gedanken, Belebung des Leblosen, die im Märchen ganz gewöhnlich sind, können hier keine unheimliche Wirkung äußern, denn für die Entstehung des unheimlichen Gefühls ist, wie wir gehört haben, der Urteilsstreit erforderlich, ob das überwundene Unglaubwürdige nicht doch real möglich ist, eine Frage, die durch die Voraussetzungen der Märchenwelt überhaupt aus dem Wege geräumt ist. So verwirklicht das Märchen, das uns die meisten Beispiele von Widerspruch gegen unsere Lösung des Unheimlichen geliefert hat, den zuerst erwähnten Fall, daß im Reiche der Fiktion vieles nicht unheimlich ist, was unheimlich wirken müßte, wenn es sich im Leben ereignete. Dazu kommen fürs Märchen noch andere Momente, die später kurz berührt werden sollen.

Der Dichter kann sich auch eine Welt erschaffen haben, die, minder phantastisch als die Märchenwelt, sich von der realen doch durch die Aufnahme von höheren geistigen Wesen, Dämonen oder Geistern Verstorbener scheidet. Alles Unheimliche, was diesen Gestalten anhaften könnte, entfällt dann, soweit die Voraussetzungen dieser poetischen Realität reichen. Die Seelen der Danteschen *Hölle* oder die Geistererscheinungen in Shakespeares *Hamlet, Macbeth, Julius Caesar* mögen düster und schreckhaft genug sein, aber unheimlich sind sie im Grunde ebensowenig wie etwa die heitere Götterwelt Homers. Wir passen unser Urteil den Bedingungen dieser vom Dichter fingierten Realität an und behandeln Seelen, Geister und Gespenster, als wären sie vollberechtigte Existenzen, wie wir es selbst in der materiellen Realität sind. Auch dies ist ein Fall, in dem Unheimlichkeit erspart wird.

Anders nun, wenn der Dichter sich dem Anscheine nach auf den Boden der gemeinen Realität gestellt hat. Dann übernimmt er auch alle Bedingungen, die im Erleben für die Entstehung des unheimlichen Gefühls gelten, und alles, was im Leben unheimlich wirkt, wirkt auch so in der Dichtung. Aber in diesem Falle kann der Dichter auch das Unheimliche weit über das im Erleben mögliche Maß hinaus steigern und vervielfältigen, indem er solche Ereignisse vorfallen läßt, die in der Wirklichkeit nicht oder nur sehr selten zur Erfahrung gekommen wären. Er verrät uns dann gewissermaßen an unseren für überwunden gehaltenen

Aberglauben, er betrügt uns, indem er uns die gemeine Wirklichkeit verspricht und dann doch über diese hinausgeht. Wir reagieren auf seine Fiktionen so, wie wir auf eigene Erlebnisse reagiert hätten; wenn wir den Betrug merken, ist es zu spät, der Dichter hat seine Absicht bereits erreicht, aber ich muß behaupten, er hat keine reine Wirkung erzielt. Bei uns bleibt ein Gefühl von Unbefriedigung, eine Art von Groll über die versuchte Täuschung, wie ich es besonders deutlich nach der Lektüre von Schnitzlers Erzählung *Die Weissagung* und ähnlichen mit dem Wunderbaren liebäugelnden Produktionen verspürt habe. Der Dichter hat dann noch ein Mittel zur Verfügung, durch welches er sich dieser unserer Auflehnung entziehen und gleichzeitig die Bedingungen für das Erreichen seiner Absichten verbessern kann. Es besteht darin, daß er uns lange Zeit über nicht erraten läßt, welche Voraussetzungen er eigentlich für die von ihm angenommene Welt gewählt hat, oder daß er kunstvoll und arglistig einer solchen entscheidenden Aufklärung bis zum Ende ausweicht. Im ganzen wird aber hier der vorhin angekündigte Fall verwirklicht, daß die Fiktion neue Möglichkeiten des unheimlichen Gefühls erschafft, die im Erleben wegfallen würden.

Alle diese Mannigfaltigkeiten beziehen sich strenggenommen nur auf das Unheimliche, das aus dem Überwundenen entsteht. Das Unheimliche aus verdrängten Komplexen ist resistenter, es bleibt in der Dichtung – von einer Bedingung abgesehen – ebenso unheimlich wie im Erleben. Das andere Unheimliche, das aus dem Überwundenen, zeigt diesen Charakter im Erleben und in der Dichtung, die sich auf den Boden der materiellen Realität stellt, kann ihn aber in den fiktiven, vom Dichter geschaffenen Realitäten einbüßen.

Es ist offenkundig, daß die Freiheiten des Dichters und damit die Vorrechte der Fiktion in der Hervorrufung und Hemmung des unheimlichen Gefühls durch die vorstehenden Bemerkungen nicht erschöpft werden. Gegen das Erleben verhalten wir uns im allgemeinen gleichmäßig passiv und unterliegen der Einwirkung des Stofflichen. Für den

Dichter sind wir aber in besonderer Weise lenkbar; durch die Stimmung, in die er uns versetzt, durch die Erwartungen, die er in uns erregt, kann er unsere Gefühlsprozesse von dem einen Erfolg ablenken und auf einen anderen einstellen und kann aus demselben Stoff oft sehr verschiedenartige Wirkungen gewinnen. Dies ist alles längst bekannt und wahrscheinlich von den berufenen Ästhetikern eingehend gewürdigt worden. Wir sind auf dieses Gebiet der Forschung ohne rechte Absicht geführt worden, indem wir der Versuchung nachgaben, den Widerspruch gewisser Beispiele gegen unsere Ableitung des Unheimlichen aufzuklären. Zu einzelnen dieser Beispiele wollen wir darum auch zurückkehren.

Wir fragten vorhin, warum die abgehauene Hand im Schatz des Rhampsenit nicht unheimlich wirke wie etwa in der Hauffschen *Geschichte von der abgehauenen Hand.* Die Frage erscheint uns jetzt bedeutsamer, da wir die größere Resistenz des Unheimlichen aus der Quelle verdrängter Komplexe erkannt haben. Die Antwort ist leicht zu geben. Sie lautet, daß wir in dieser Erzählung nicht auf die Gefühle der Prinzessin, sondern auf die überlegene Schlauheit des »Meisterdiebes« eingestellt werden. Der Prinzessin mag das unheimliche Gefühl dabei nicht erspart worden sein, wir wollen es selbst für glaubhaft halten, daß sie in Ohnmacht gefallen ist, aber wir verspüren nichts Unheimliches, denn wir versetzen uns nicht in sie, sondern in den anderen. Durch eine andere Konstellation wird uns der Eindruck des Unheimlichen in der Nestroyschen Posse *Der Zerrissene* [3. Akt, 9. Szene] erspart, wenn der Geflüchtete, der sich für einen Mörder hält, aus jeder Falltür, deren Deckel er aufhebt, das vermeintliche Gespenst des Ermordeten aufsteigen sieht und verzweifelt ausruft: »Ich hab' ja nur *einen* umgebracht. Zu was diese gräßliche Multiplikation?« Wir kennen die Vorbedingungen dieser Szene, teilen den Irrtum des »Zerrissenen« nicht, und darum wirkt, was für ihn unheimlich sein muß, auf uns mit unwiderstehlicher Komik. Sogar ein »wirkliches« *Gespenst* wie das in O. Wildes Erzählung *Der Geist von Canterville* muß all seiner Ansprüche, wenigstens Grauen zu erregen, verlustig werden, wenn der Dichter sich den Scherz macht, es zu ironisieren und hänseln zu lassen. So unabhängig kann in der Welt der Fiktion die Gefühlswirkung von der Stoffwahl sein. In der Welt der Märchen sollen Angstgefühle, also auch unheimliche Gefühle überhaupt nicht erweckt werden. Wir verstehen das und sehen darum auch über die Anlässe hinweg, bei denen etwas Derartiges möglich wäre.

Von der Einsamkeit, Stille und Dunkelheit können wir nichts anderes sagen, als daß dies wirklich die Momente sind, an welche die bei den meisten Menschen nie ganz erlöschende Kinderangst geknüpft ist. Die psychoanalytische Forschung hat sich mit dem Problem derselben an anderer Stelle auseinandergesetzt.[28]

28 [S. die Diskussion über die Angst des Kindes vor der Dunkelheit in Abschnitt V der dritten der *Drei Abhandlungen zur Sexualtheorie* in Band 1 der vorliegenden Ausgabe.]

Mit einer Nachbemerkung und einer Chronik
im dritten Band

ISBN 3-353-00598-6
ISBN 3-353-00599-4

2. Auflage
Verlag Volk und Welt, Berlin 1989
L. N. 302,410/190/89
Ausgabe für die Deutsche Demokratische Republik
mit Genehmigung des S. Fischer Verlages, Frankfurt am Main

Quellenverzeichnis am Schluß des dritten Bandes
Printed in the German Democratic Republic

Einbandentwurf: Hans-Joachim Petzak
Typografie: Jörg Brosig
Satz, Druck und Einband: Karl-Marx-Werk Pößneck V 15/30
LSV 7312
Bestell-Nr. 649 097 3
3 Bände

06400

Österreichische Bibliothek

Erscheint im
Böhlau Verlag, Wien
und im Verlag
Volk und Welt, Berlin

Sigmund Freud
Essays I

Auswahl 1890–1914

Herausgegeben von
Dietrich Simon

Verlag Volk und Welt
Berlin

Franz Fühmann
hat diese Ausgabe angeregt
und bis zu seinem Tode
gefördert

Zur Geschichte der psychoanalytischen Bewegung

[1.Teil]

Fluctuat nec mergitur[1]
Im Wappen der Stadt Paris

Wenn ich im Nachstehenden Beiträge zur Geschichte der psychoanalytischen Bewegung bringe, so wird sich über deren subjektiven Charakter und über die Rolle, die meiner Person darin zufällt, niemand verwundern dürfen. Denn die Psychoanalyse ist meine Schöpfung, ich war durch zehn Jahre der einzige, der sich mit ihr beschäftigte, und alles Mißvergnügen, welches die neue Erscheinung bei den Zeitgenossen hervorrief, hat sich als Kritik auf mein Haupt entladen. Ich finde mich berechtigt, den Standpunkt zu vertreten, daß auch heute noch, wo ich längst nicht mehr der einzige Psychoanalytiker bin, keiner besser als ich wissen kann, was die Psychoanalyse ist, wodurch sie sich von anderen Weisen, das Seelenleben zu erforschen, unterscheidet und was mit ihrem Namen belegt werden soll oder besser anders zu benennen ist. Indem ich so zurückweise, was mir als eine kühne Usurpation erscheint, gebe ich unseren Lesern indirekten Aufschluß über die Vorgänge, die zum Wechsel in der Redaktion und Erscheinungsform dieses Jahrbuches geführt haben.[2]

Als ich im Jahre 1909 auf dem Katheder einer amerikanischen Universität zuerst öffentlich von der Psychoanalyse

1 [Das lat. Motto unter dem Segelschiff im Wappen von Paris lautet übersetzt: »Es schwankt, aber es sinkt nicht.«]

2 [1909 gründete Freud das »Jahrbuch für psychoanalytische und psychopathologische Forschungen«. Redakteur wurde der Schweizer Carl Gustav Jung (1876–1961). Nach seinem Bruch mit Freud legte Jung Ende 1913 die Redaktion nieder. Neben der Auseinandersetzung mit Jung war vor allem die vorausgegangene mit Alfred Adler (1870–1937) Anlaß für den vorliegenden Aufsatz. Im dritten und letzten Teil führt Freud eine ausführliche Polemik gegen die Abtrünnigen.]

reden durfte, habe ich, von der Bedeutung des Moments für meine Bestrebungen ergriffen, erklärt, ich sei es nicht gewesen, der die Psychoanalyse ins Leben gerufen. Dies Verdienst habe ein anderer, Josef Breuer, erworben zu einer Zeit, da ich Student und mit der Ablegung meiner Prüfungen beschäftigt gewesen sei (1880 bis 1882).[3] Aber wohlmeinende Freunde haben mir seither die Erwägung nahegelegt, ob ich meiner Dankbarkeit damals nicht einen unangemessenen Ausdruck gegeben. Ich hätte, wie bei früheren Veranlassungen, das *»kathartische Verfahren«* von Breuer als ein Vorstadium der Psychoanalyse würdigen und diese selbst erst mit meiner Verwerfung der hypnotischen Technik und Einführung der freien Assoziationen beginnen lassen sollen. Nun ist es ziemlich gleichgültig, ob man die Geschichte der Psychoanalyse vom kathartischen Verfahren an oder erst von meiner Modifikation desselben rechnen will. Ich gehe auf dieses uninteressante Problem nur ein, weil manche Gegner der Psychoanalyse sich gelegentlich darauf zu besinnen pflegen, daß ja diese Kunst gar nicht von mir, sondern von Breuer herrührt. Dies ereignet sich natürlich nur in dem Falle, daß ihnen ihre Stellung gestattet, einiges an der Psychoanalyse beachtenswert zu finden; wenn sie sich in der Ablehnung keine solche Schranke auf-

---

3 *Über Psychoanalyse. Fünf Vorlesungen, gehalten zur zwanzigjährigen Gründungsfeier der Clark University in Worcester, Mass[achusetts/ USA], September 1909.* Gewidmet Stanley Hall [Präsident der Clark University, Professor der Psychologie und Pädagogik]. [Der rekonstruierte Text der Vorlesungen, die Freud ohne Manuskript gehalten hat, erschien 1910 in Wien (Gesammelte Werke, Bd. VIII).] Gleichzeitig erschienen im Amer. Journ. of Psychology, March 1910; übersetzt ins Holländische, Ungarische, Polnische, Russische, Spanische und Italienische. [Am Anfang der ersten Vorlesung schreibt Freud: »Wenn es ein Verdienst ist, die Psychoanalyse ins Leben gerufen zu haben, so ist es nicht mein Verdienst. Ich bin an den ersten Anfängen derselben nicht beteiligt gewesen. Ich war Student und mit der Ablegung meiner letzten Prüfungen beschäftigt, als ein anderer Wiener Arzt, Dr. Josef Breuer, dieses Verfahren zuerst an einem hysterisch erkrankten Mädchen anwendete (1880 bis 1882).« – Josef Breuer (1842–1925) war ein geschätzter Wiener Arzt und Wissenschaftler in der Folge der Helmholtz-Schule; Freud lernte ihn 1881 kennen und verfolgte interessiert Breuers Behandlung der Hysterikerin Anna O.]

erlegen, dann ist die Psychoanalyse immer unbestritten mein Werk. Ich habe noch nie erfahren, daß Breuers großer Anteil an der Psychoanalyse ihm das entsprechende Maß von Schimpf und Tadel eingetragen hätte. Da ich nun längst erkannt habe, daß es das unvermeidliche Schicksal der Psychoanalyse ist, die Menschen zum Widerspruch zu reizen und zu erbittern, so habe ich für mich den Schluß gezogen, ich müßte doch von allem, was sie auszeichnet, der richtige Urheber sein. Mit Befriedigung füge ich hinzu, daß keine der Bemühungen, meinen Anteil an der vielgeschmähten Analyse zu schmälern, je von Breuer selbst ausgegangen ist oder sich seiner Unterstützung rühmen konnte.

Der Inhalt der Breuerschen Entdeckung ist so häufig dargestellt worden, daß deren ausführliche Diskussion hier entfallen darf: die Grundtatsache, daß die Symptome der Hysterischen von eindrucksvollen, aber vergessenen Szenen ihres Lebens (Traumen) abhängen, die darauf gegründete Therapie, sie diese Erlebnisse in der Hypnose erinnern und reproduzieren zu lassen (Katharsis), und das daraus folgende Stückchen Theorie, daß diese Symptome einer abnormen Verwendung von nicht erledigten Erregungsgrößen entsprechen (Konversion). Breuer hat jedesmal, wo er in seinem theoretischen Beitrag zu den *Studien über Hysterie*[4] der Konversion gedenken muß, meinen Namen in Klammern hinzugesetzt, als ob dieser erste Versuch einer theoretischen Rechenschaft mein geistiges Eigentum wäre. Ich glaube, daß sich diese Zuteilung nur auf die Namengebung bezieht, während sich die Auffassung uns gleichzeitig und gemeinsam ergeben hat.

Es ist auch bekannt, daß Breuer die kathartische Behandlung nach seiner ersten Erfahrung durch eine Reihe von Jahren ruhen ließ und sie erst wieder aufnahm, nachdem ich, von Charcot[5] zurückgekehrt, ihn dazu veranlaßt

4 [Seit 1886 arbeiteten Freud und Breuer gemeinsam über Hysterie, die Ergebnisse veröffentlichten sie in den *Studien über Hysterie* (Leipzig und Wien, Verlag Franz Deuticke 1895).]

5 [Jean Martin Charcot (1825–1893), franz. Neurologe und Psychiater.

hatte. Er war Internist und durch eine ausgedehnte ärztliche Praxis in Anspruch genommen; ich war nur ungern Arzt geworden, hatte aber damals ein starkes Motiv bekommen, den nervösen Kranken helfen oder wenigstens etwas von ihren Zuständen verstehen zu wollen. Ich hatte mich der physikalischen Therapie[6] anvertraut und fand mich ratlos angesichts der Enttäuschungen, welche mich die an Ratschlägen und Indikationen so reiche *Elektrotherapie* von W. Erb[7] erleben ließ. Wenn ich mich damals nicht selbständig zu dem später von Moebius[8] durchgesetzten Urteil durcharbeitete, daß die Erfolge der elektrischen Behandlung bei nervösen Störungen Suggestionserfolge seien, so trug gewiß nichts anderes als das Ausbleiben dieser versprochenen Erfolge die Schuld daran. Einen ausreichenden Ersatz für die verlorene elektrische Therapie schien damals die Behandlung mit Suggestionen in tiefer Hypnose zu bieten, die ich durch die äußerst eindrucksvollen Demonstrationen von Liébault und Bernheim[9] kennenlernte. Aber die Erforschung in der Hypnose, von der ich durch Breuer Kenntnis hatte, mußte durch ihre automatische Wirkungsweise und die gleichzeitige Befriedigung der Wißbegierde ungleich anziehender wirken als das monotone, gewalttätige, von jeder Forschung ablenkende suggestive Verbot.

Wir haben kürzlich als eine der jüngsten Erwerbungen der Psychoanalyse die Mahnung vernommen, den aktuellen Konflikt und die Krankheitsveranlassung in den Vor-

---

Freud hatte seine Ansichten und Methoden während eines Studienaufenthaltes in Paris (Herbst 1885 bis Frühjahr 1886) kennengelernt.]

6 [Diese therapeutische Methode wurde vor allem von Hugo von Ziemssen (1829–1902) vertreten, der 1880/84 ein *Handbuch der allgemeinen Therapie* (4 Bände) herausgab.]

7 [Wilhelm Heinrich Erb (1840–1921) war einer der führenden Neurologen seiner Zeit, der sich allerdings auf die Therapie organischer Nervenleiden beschränkte, so auch in seinem *Handbuch der Elektrotherapie* (1882).]

8 [Paul Moebius (1853–1907), Psychiater und Psychologe in Leipzig.]

9 [Freud besuchte 1889 in Nancy die beiden Psychiater Ambroise Auguste Liebeault (1823–1904) und Hippolyte Bernheim (1840–1919).]

dergrund der Analyse zu rücken.[10] Nun das ist genau das, was Breuer und ich zu Beginn unserer Arbeiten mit der kathartischen Methode getan haben. Wir lenkten die Aufmerksamkeit des Kranken direkt auf die traumatische Szene, in welcher das Symptom entstanden war, suchten in dieser den psychischen Konflikt zu erraten und den unterdrückten Affekt frei zu machen. Dabei entdeckten wir den für die psychischen Prozesse bei den Neurosen charakteristischen Vorgang, den ich später *Regression* genannt habe. Die Assoziation des Kranken ging von der Szene, die man aufklären wollte, auf frühere Erlebnisse zurück und nötigte die Analyse, welche die Gegenwart korrigieren sollte, sich mit der Vergangenheit zu beschäftigen. Diese Regression führte immer weiter nach rückwärts, zuerst schien es, regelmäßig bis in die Zeit der Pubertät, dann lockten Mißerfolge wie Lücken des Verständnisses die analytische Arbeit in die dahinterliegenden Jahre der Kindheit, die bisher für jede Art von Erforschung unzugänglich gewesen waren. Diese regrediente Richtung wurde zu einem wichtigen Charakter der Analyse. Es zeigte sich, daß die Psychoanalyse nichts Aktuelles aufklären könne außer durch Zurückführung auf etwas Vergangenes, ja daß jedes pathogene Erlebnis ein früheres voraussetzt, welches, selbst nicht pathogen, doch dem späteren Ereignis seine pathogene Eigenschaft verleiht. Die Versuchung, bei dem bekannten

---

10 [Diese Auffassung stammte von Carl Gustav Jung, und Freud hat sich mit ihr im dritten Teil des Aufsatzes *Zur Geschichte der psychoanalytischen Bewegung* auseinandergesetzt. Freud schreibt, Jung habe vor allem dem Ödipuskomplex seine konkrete Bedeutung genommen und in die ›abstrakten Gedankengänge der Ethik und der religiösen Mystik‹ eingefügt. »In der frühen Kindheit eines jeden Menschen war man am ehesten der Gefahr ausgesetzt, auf den ursprünglichen und unverhüllten Sinn der umgedeuteten Komplexe zu stoßen, daher ergab sich für die Therapie die Vorschrift, bei dieser Vergangenheit so kurz als möglich zu verweilen und den Hauptakzent auf die Rückkehr zum aktuellen Konflikt zu legen, an dem aber beileibe nicht das Zufällige und Persönliche, sondern das Generelle, eben das Nichterfüllen der Lebensaufgabe, das Wesentliche ist. Wir haben aber gehört, daß der aktuelle Konflikt des Neurotikers erst verständlich und lösbar wird, wenn man ihn auf die Vorgeschichte des Kranken zurückführt, den Weg geht, den seine Libido bei der Erkrankung gegangen ist.«]

aktuellen Anlaß zu verbleiben, war aber so groß, daß ich ihr noch bei späten Analysen nachgegeben habe. In der 1899 durchgeführten Behandlung der »Dora«[11] genannten Patientin war mir die Szene bekannt, welche den Ausbruch der aktuellen Erkrankung veranlaßt hatte. Ich bemühte mich ungezählte Male, dieses Erlebnis zur Analyse zu bringen, ohne auf meine direkte Aufforderung jemals etwas anderes zu erhalten als die nämliche kärgliche und lückenhafte Beschreibung. Erst nach einem langen Umweg, der über die früheste Kindheit der Patientin führte, stellte sich ein Traum ein, zu dessen Analyse die bis dahin vergessenen Einzelheiten der Szene erinnert wurden, womit das Verständnis und die Lösung des aktuellen Konfliktes ermöglicht waren.

Man kann aus diesem einen Beispiel ersehen, wie irreführend die vorhin erwähnte Mahnung ist und welcher Betrag wissenschaftlicher Regression in der so angeratenen Vernachlässigung der Regression in der analytischen Technik zum Ausdruck kommt.

Die erste Differenz zwischen Breuer und mir trat in einer Frage des intimeren psychischen Mechanismus der Hysterie zutage. Er bevorzugte eine sozusagen noch physiologische Theorie, wollte die seelische Spaltung der Hysterischen durch das Nichtkommunizieren verschiedener seelischer Zustände (oder wie wir damals sagten: Bewußt-

11 [Tatsächlich hat Freud das achtzehnjährige Mädchen »Dora« von Oktober bis Dezember des Jahres 1900 behandelt. Bereits Anfang 1901 schrieb er die Fallstudie nieder, veröffentlicht wurde sie aber erst 1905 unter dem Titel *Bruchstück einer Hysterie-Analyse.* Außer Dora und ihren Eltern war in den Fall ein zweites, befreundetes Ehepaar verstrickt. Doras Mutter floh in eine »Hausfrauenneurose«, der Vater unterhielt eine Liebschaft zur Frau des Freundes, diese wiederum hing in einer homosexuellen, aber platonischen Beziehung dem Mädchen Dora an. Der Mann liebte Dora seit einer Reihe von Jahren und machte ihr – nach ihrem achtzehnten Geburtstag – einen regelrechten Antrag. Dora verlangte daraufhin von ihren Eltern, die Beziehung zu diesem Paar abzubrechen. In der Analyse – vor allem zweier Träume – deckte Freud die sexuelle Liebe Doras zu ihrem Vater, dem anderen Mann und dessen Frau auf.]

seinszustände) erklären und schuf so die Theorie der »hypnoiden Zustände«, deren Ergebnisse wie unassimilierte Fremdkörper in das »Wachbewußtsein« hineinragen sollten. Ich hatte mir die Sache weniger wissenschaftlich zurechtgelegt, witterte überall Tendenzen und Neigungen analog denen des täglichen Lebens und faßte die psychische Spaltung selbst als Ergebnis eines Abstoßungsvorgangs auf, den ich damals »Abwehr«, später »Verdrängung« benannte. Ich machte einen kurzlebigen Versuch, die beiden Mechanismen nebeneinander bestehen zu lassen, aber da mir die Erfahrung stets das nämliche und nur eines zeigte, stand bald seiner Hypnoidtheorie meine Abwehrlehre gegenüber.

Ich bin indes ganz sicher, daß dieser Gegensatz nichts mit unserer bald darauf eintretenden Trennung zu tun hatte. Dieselbe war tiefer motiviert, aber sie kam so, daß ich sie anfangs nicht verstand und erst später nach allerlei guten Indizien deuten lernte. Man erinnert sich, daß Breuer von seiner berühmten ersten Patientin ausgesagt hatte, das sexuale Element sei bei ihr erstaunlich unentwikkelt gewesen und habe niemals einen Beitrag zu ihrem reichen Krankheitsbilde geliefert. Ich habe mich immer verwundert, daß die Kritiker diese Versicherung Breuers meiner Behauptung von der sexuellen Ätiologie der Neurosen nicht öfter entgegengestellt haben, und weiß noch heute nicht, ob ich in dieser Unterlassung einen Beweis für ihre Diskretion oder für ihre Unachtsamkeit sehen soll. Wer die Breuersche Krankengeschichte im Lichte der in den letzten zwanzig Jahren gewonnenen Erfahrung von neuem durchliest, wird die Symbolik der Schlangen, des Starrwerdens, der Armlähmung nicht mißverstehen und durch Einrechnung der Situation am Krankenbette des Vaters die wirkliche Deutung jener Symptombildung leicht erraten. Sein Urteil über die Rolle der Sexualität im Seelenleben jenes Mädchens wird sich dann von dem ihres Arztes weit entfernen. Breuer stand zur Herstellung der Kranken der intensivste suggestive Rapport zu Gebote, der uns gerade als

Vorbild dessen, was wir »Übertragung«[12] heißen, dienen kann. Ich habe nun starke Gründe zu vermuten, daß Breuer nach der Beseitigung aller Symptome die sexuelle Motivierung dieser Übertragung an neuen Anzeichen entdecken mußte, daß ihm aber die allgemeine Natur dieses unerwarteten Phänomens entging, so daß er hier, wie von einem *untoward event* betroffen, die Forschung abbrach. Er hat mir hievon keine direkte Mitteilung gemacht, aber zu verschiedenen Zeiten Anhaltspunkte genug gegeben, um diese Kombination zu rechtfertigen. Als ich dann immer entschiedener für die Bedeutung der Sexualität in der Verursachung der Neurose eintrat, war er der erste, der mir jene Reaktionen der unwilligen Ablehnung zeigte, die mir später so vertraut werden sollten, die ich damals aber noch nicht als mein unabwendbares Schicksal erkannt hatte.

Die Tatsache der grob sexuell betonten, zärtlichen oder feindseligen Übertragung, die sich bei jeder Neurosenbehandlung einstellt, obwohl sie von keinem Teil gewünscht oder herbeigeführt wird, ist mir immer als der unerschütterlichste Beweis für die Herkunft der Triebkräfte der Neurose aus dem Sexualleben erschienen. Dies Argument ist noch lange nicht ernsthaft genug gewürdigt worden, denn geschähe dies, so bliebe der Forschung eigentlich keine Wahl. Für meine Überzeugung ist es entscheidend geblieben, neben und über den speziellen Ergebnissen der Analysenarbeit.

Ein Trost für die schlechte Aufnahme, welche meine Aufstellung der sexuellen Ätiologie der Neurosen auch im engeren Freundeskreis fand – es bildete sich bald ein negativer Raum um meine Person –, lag doch in der Überlegung, daß ich für eine neue und originelle Idee den Kampf aufgenommen hatte. Allein eines Tages setzten sich bei mir einige Erinnerungen zusammen, welche diese Befriedigung störten und mir dafür einen schönen Einblick in den Hergang unseres Schaffens und die Natur unseres Wissens ge-

12 [Eine ausführliche Darstellung der »Übertragung« findet sich in der 27. der *Vorlesungen zur Einführung in die Psychoanalyse.* Vgl. Band 2 der vorliegenden Ausgabe.]

statteten. Die Idee, für die ich verantwortlich gemacht wurde, war keineswegs in mir entstanden. Sie war mir von drei Personen zugetragen worden, deren Meinung auf meinen tiefsten Respekt rechnen durfte, von Breuer selbst, von Charcot und von dem Gynäkologen unserer Universität Chrobak[13], dem vielleicht hervorragendsten unserer Wiener Ärzte. Alle drei Männer hatten mir eine Einsicht überliefert, die sie, strenggenommen, selbst nicht besaßen. Zwei von ihnen verleugneten ihre Mitteilung, als ich sie später daran mahnte, der dritte (Meister Charcot) hätte es wahrscheinlich ebenso getan, wenn es mir vergönnt gewesen wäre, ihn wiederzusehen. In mir aber hatten diese ohne Verständnis aufgenommenen identischen Mitteilungen durch Jahre geschlummert, bis sie eines Tages als eine scheinbar originelle Erkenntnis erwachten.

Als ich eines Tages als junger Spitalarzt Breuer auf einem Spaziergang durch die Stadt begleitete, trat ein Mann an ihn heran, der ihn dringend sprechen wollte.[14] Ich blieb zurück, und als Breuer frei geworden war, teilte er mir in seiner freundlich belehrenden Weise mit, es sei der Mann einer Patientin gewesen, der eine Nachricht über sie gebracht hätte. Die Frau, fügte er hinzu, benehme sich in Gesellschaften in so auffälliger Art, daß man sie ihm als Nervöse zur Behandlung übergeben habe. Das sind immer *Geheimnisse des Alkovens*, schloß er dann. Ich fragte erstaunt, was er meine, und er erklärte mir das Wort (»des Ehebettes«), weil er nicht verstand, daß mir die Sache so unerhört erschienen war.

Einige Jahre später befand ich mich an einem der Empfangsabende Charcots in der Nähe des verehrten Lehrers, der gerade Brouardel eine, wie es schien, sehr interessante Geschichte aus der Praxis des Tages erzählte. Ich hörte den Anfang ungenau, allmählich fesselte die Erzählung meine Aufmerksamkeit. Ein junges Ehepaar von weit her aus dem Orient, die Frau schwer leidend, der Mann impotent oder

13 [Rudolf Chrobak (1843–1910) war Professor der Gynäkologie in Wien. Die von Freud berichtete Episode ereignete sich 1886.]

14 [Die Episode muß sich zwischen 1881 und 1883 ereignet haben.]

recht ungeschickt. *Tâchez donc*, hörte ich Charcot wiederholen, *je vous assure, vous y arriverez.*[15] *Brouardel*, der weniger laut sprach, muß dann seiner Verwunderung Ausdruck gegeben haben, daß unter solchen Umständen Symptome wie die der Frau zustande kämen. Denn Charcot brach plötzlich mit großer Lebhaftigkeit in die Worte aus: *Mais dans des cas pareils c'est toujours la chose génitale, toujours . . . toujours . . . toujours.*[16] Und dabei kreuzte er die Hände vor dem Schoß und hüpfte mit der ihm eigenen Lebhaftigkeit mehrmals auf und nieder. Ich weiß, daß ich für einen Augenblick in ein fast lähmendes Erstaunen verfiel und mir sagte: Ja, wenn er das weiß, warum sagt er das nie? Aber der Eindruck war bald vergessen; die Gehirnanatomie und die experimentelle Erzeugung hysterischer Lähmungen hatten alles Interesse absorbiert.

Ein Jahr später hatte ich als Privatdozent für Nervenkrankheiten meine ärztliche Tätigkeit in Wien begonnen und war in allem, was Ätiologie der Neurosen betraf, so unschuldig und so unwissend geblieben, wie man es nur von einem hoffnungsvollen Akademiker fordern darf. Da traf mich eines Tages ein freundlicher Ruf Chrobaks, eine Patientin von ihm zu übernehmen, welcher er in seiner neuen Stellung als Universitätslehrer nicht genug Zeit widmen könne. Ich kam früher als er zur Kranken und erfuhr, daß sie an sinnlosen Angstanfällen leide, die nur durch die sorgfältigste Information, wo sich zu jeder Zeit des Tages ihr Arzt befinde, beschwichtigt werden könnten. Als Chrobak erschien, nahm er mich beiseite und eröffnete mir, die Angst der Patientin rühre daher, daß sie trotz achtzehnjähriger Ehe Virgo intacta[17] sei. Der Mann sei absolut impotent. Dem Arzt bleibe in solchen Fällen nichts übrig, als das häusliche Mißgeschick mit seiner Reputation zu dekken und es sich gefallen zu lassen, wenn man achselzuk-

15 [Strengen Sie sich doch an, ich versichere Ihnen, Sie werden es erreichen.]

16 [Aber bei solchen Fällen ist es immer eine geschlechtliche Angelegenheit, immer . . . immer . . . immer.]

17 [unberührte Jungfrau.]

kend über ihn sage: Der kann auch nichts, wenn er sie in soviel Jahren nicht hergestellt hat. Das einzige Rezept für solche Leiden, fügte er hinzu, ist uns wohl bekannt, aber wir können es nicht verordnen. Es lautet:

Rp. Penis normalis
dosim
Repetatur![18]

Ich hatte von solchem Rezept nichts gehört und hätte gern den Kopf geschüttelt über den Zynismus meines Gönners.

Ich habe die erlauchte Abkunft der verruchten Idee gewiß nicht darum aufgedeckt, weil ich die Verantwortung für sie auf andere abwälzen möchte. Ich weiß schon, daß es etwas anderes ist, eine Idee ein oder mehrere Male in Form eines flüchtigen Aperçus auszusprechen – als: ernst mit ihr zu machen, sie wörtlich zu nehmen, durch alle widerstrebenden Details hindurchzuführen und ihr ihre Stellung unter den anerkannten Wahrheiten zu erobern. Es ist der Unterschied zwischen einem leichten Flirt und einer rechtschaffenen Ehe mit all ihren Pflichten und Schwierigkeiten. *Epouser les idées de* . . .[19] ist eine wenigstens im Französischen gebräuchliche Redewendung.

Von den anderen Momenten, die durch meine Arbeit zum kathartischen Verfahren hinzukamen und es zur Psychoanalyse umgestalteten, hebe ich hervor: die Lehre von der Verdrängung und vom Widerstand, die Einsetzung der infantilen Sexualität und die Deutung und Verwertung der Träume zur Erkenntnis des Unbewußten.

In der Lehre von der Verdrängung war ich sicherlich selbständig, ich weiß von keiner Beeinflussung, die mich in ihre Nähe gebracht hätte, und ich hielt diese Idee auch lange Zeit für eine originelle, bis uns O. Rank die Stelle in Schopenhauers *Welt als Wille und Vorstellung* zeigte, in welcher sich der Philosoph um eine Erklärung des Wahnsin-

---

18 [Nach dem Muster eines ärztlichen Rezeptes: Nimm, normaler Penis, wiederhole die Dosis mehrmals.]

19 [Sich anschließen den Ideen von . . .]

nes bemüht.[20] Was dort über das Sträuben gegen die Annahme eines peinlichen Stückes der Wirklichkeit gesagt ist, deckt sich so vollkommen mit dem Inhalt meines Verdrängungsbegriffes, daß ich wieder einmal meiner Unbelesenheit für die Ermöglichung einer Entdeckung verpflichtet sein durfte. Indes haben andere diese Stelle gelesen und über sie hinweggelesen, ohne diese Entdeckung zu machen, und vielleicht wäre es mir ähnlich ergangen, wenn ich in früheren Jahren mehr Geschmack an der Lektüre philosophischer Autoren gefunden hätte. Den hohen Genuß der Werke Nietzsches habe ich mir dann in späterer Zeit mit der bewußten Motivierung versagt, daß ich in der Verarbeitung der psychoanalytischen Eindrücke durch keinerlei Erwartungsvorstellung behindert sein wolle. Dafür mußte ich bereit sein – und ich bin es gerne –, auf alle Prioritätsansprüche in jenen häufigen Fällen zu verzichten, in denen die mühselige psychoanalytische Forschung die intuitiv gewonnenen Einsichten des Philosophen nur bestätigen kann.

Die Verdrängungslehre ist nun der Grundpfeiler, auf dem das Gebäude der Psychoanalyse ruht, so recht das wesentlichste Stück derselben und selbst nichts anderes als der theoretische Ausdruck einer Erfahrung, die sich beliebig oft wiederholen läßt, wenn man ohne Zuhilfenahme der Hypnose an die Analyse eines Neurotikers geht. Man bekommt dann einen Widerstand zu spüren, welcher sich der analytischen Arbeit widersetzt und einen Erinnerungsausfall vorschiebt, um sie zu vereiteln. Diesen Widerstand muß die Anwendung der Hypnose verdecken; darum setzt die Geschichte der eigentlichen Psychoanalyse erst mit der technischen Neuerung des Verzichts auf die Hypnose ein. Die theoretische Würdigung des Umstandes, daß dieser Widerstand mit einer Amnesie zusammentrifft, führt dann unvermeidlich zu jener Auffassung der unbewußten See-

20 [Otto Rank, *Schopenhauer über den Wahnsinn*, in:] Zentralblatt für Psychoanalyse, 1910, Bd. 1, S.69. [Arthur Schopenhauers Äußerungen über den Wahnsinn finden sich in *Die Welt als Wille und Vorstellung*, 3. Buch, § 36.]

lentätigkeit, welche der Psychoanalyse eigentümlich ist und sich von den philosophischen Spekulationen über das Unbewußte immerhin merklich unterscheidet. Man darf daher sagen, die psychoanalytische Theorie ist ein Versuch, zwei Erfahrungen verständlich zu machen, die sich in auffälliger und unerwarteter Weise bei dem Versuche ergeben, die Leidenssymptome eines Neurotikers auf ihre Quellen in seiner Lebensgeschichte zurückzuführen: die Tatsache der Übertragung und die des Widerstandes. Jede Forschungsrichtung, welche diese beiden Tatsachen anerkennt und sie zum Ausgangspunkt ihrer Arbeit nimmt, darf sich Psychoanalyse heißen, auch wenn sie zu anderen Ergebnissen als den meinigen gelangt. Wer aber andere Seiten des Problems in Angriff nimmt und von diesen beiden Voraussetzungen abweicht, der wird dem Vorwurf der Besitzstörung durch versuchte Mimikry kaum entgehen, wenn er darauf beharrt, sich einen Psychoanalytiker zu nennen.

Ich würde mich sehr energisch dagegen sträuben, wenn jemand die Lehre von der Verdrängung und vom Widerstand zu den Voraussetzungen anstatt zu den Ergebnissen der Psychoanalyse rechnen wollte. Es gibt solche Voraussetzungen allgemein psychologischer und biologischer Natur und es wäre zweckmäßig, an anderer Stelle von ihnen zu handeln, aber die Lehre von der Verdrängung ist ein Erwerb der psychoanalytischen Arbeit, auf legitime Weise als theoretischer Extrakt aus unbestimmt vielen Erfahrungen gewonnen. Ein ebensolcher Erwerb, nur aus viel späterer Zeit, ist die Aufstellung der infantilen Sexualität, von welcher in den ersten Jahren tastender Forschung durch die Analyse noch nicht die Rede war. Man merkte zuerst nur, daß man die Wirkung aktueller Eindrücke auf Vergangenes zurückführen müßte. Allein, »der Sucher fand oft mehr, als er zu finden wünschte«. Man wurde immer weiter zurück in diese Vergangenheit gelockt und endlich hoffte man in der Pubertätszeit verweilen zu dürfen, in der Epoche des traditionellen Erwachens der Sexualregungen. Vergeblich, die Spuren wiesen noch weiter nach rückwärts, in die Kindheit und in frühe Jahre derselben. Auf dem Wege dahin galt es, einen Irrtum zu überwinden, der für die junge Forschung fast verhängnisvoll geworden wäre. Unter dem Einfluß der an Charcot anknüpfenden traumatischen Theorie der Hysterie war man leicht geneigt, Berichte der Kranken für real und ätiologisch bedeutsam zu halten, welche ihre Symptome auf passive sexuelle Erlebnisse in den ersten Kinderjahren, also grob ausgedrückt: auf Verführung zurückleiteten. Als diese Ätiologie an ihrer eigenen Unwahrscheinlichkeit und an dem Widersprüche gegen sicher festzustellende Verhältnisse zusammenbrach, war ein Stadium völliger Ratlosigkeit das nächste Ergebnis. Die Analyse hatte auf korrektem Wege bis zu solchen infantilen Sexualtraumen geführt und doch waren diese unwahr. Man hatte also den Boden der Realität verloren. Damals hätte ich gerne die ganze Arbeit im Stiche gelassen, ähnlich wie mein verehrter Vorgänger Breuer bei seiner unerwünschten Entdeckung. Vielleicht harrte ich nur aus, weil ich keine Wahl mehr hatte, etwas anderes zu beginnen. Endlich kam die Besinnung, daß man ja kein Recht zum Verzagen habe, wenn man nur in seinen Erwartungen getäuscht worden sei, sondern diese Erwartungen revidieren müsse. Wenn die Hysteriker ihre Symptome auf erfundene Traumen zurückführen, so ist eben die neue Tatsache die, daß sie solche Szenen phantasieren, und die psychische Realität verlangt neben der praktischen Realität gewürdigt zu werden. Es folgte bald die Einsicht, daß diese Phantasien dazu bestimmt seien, die autoerotische Betätigung der ersten Kinderjahre zu verdecken, zu beschönigen und auf eine höhere Stufe zu heben, und nun kam hinter diesen Phantasien das Sexualleben des Kindes in seinem ganzen Umfange zum Vorschein.

In dieser Sexualtätigkeit der ersten Kinderjahre konnte endlich auch die mitgebrachte Konstitution zu ihrem Rechte kommen. Anlage und Erleben verknüpften sich hier zu einer unlösbaren ätiologischen Einheit, indem die Anlage Eindrücke zu anregenden und fixierenden Traumen erhob, welche sonst, durchaus banal, wirkungslos geblieben wären, und indem die Erlebnisse Faktoren aus der

Disposition wachriefen, welche ohne sie lange geschlummert hätten und vielleicht unentwickelt geblieben wären. Das letzte Wort in der Frage der traumatischen Ätiologie sprach dann später Abraham (1907) aus, als er darauf hinwies, wie gerade die Eigenart der sexuellen Konstitution des Kindes sexuelle Erlebnisse von besonderer Art, also Traumen, zu provozieren versteht.[21]

Meine Aufstellungen über die Sexualität des Kindes waren anfangs fast ausschließlich auf die Ergebnisse der in die Vergangenheit rückschreitenden Analyse von Erwachsenen begründet. Zu direkten Beobachtungen am Kinde fehlte mir die Gelegenheit. Es war also ein außerordentlicher Triumph, als es Jahre später gelang, den größten Teil des Erschlossenen durch direkte Beobachtung und Analyse von Kindern in sehr frühen Jahren zu bestätigen, ein Triumph, der allmählich durch die Überlegung verringert wurde, die Entdeckung sei von solcher Art, daß man sich eigentlich schämen müsse, sie gemacht zu haben. Je weiter man sich in die Beobachtung des Kindes einließ, desto selbstverständlicher wurde die Tatsache, desto sonderbarer aber auch der Umstand, daß man sich solche Mühe gegeben hatte, sie zu übersehen.

Eine so sichere Überzeugung von der Existenz und Bedeutung der Kindersexualität kann man allerdings nur gewinnen, wenn man den Weg der Analyse geht, von den Symptomen und Eigentümlichkeiten der Neurotiker rückschreitet bis zu den letzten Quellen, deren Aufdeckung erklärt, was an ihnen erklärbar ist, und zu modifizieren gestattet, was sich etwa abändern läßt. Ich verstehe es, daß man zu anderen Resultaten kommt, wenn man, wie kürzlich C. G. Jung, sich zunächst eine theoretische Vorstellung von der Natur des Sexualtriebes bildet und von dieser aus das Leben des Kindes begreifen will.[22] Eine solche Vorstel-

---

21 *Klinische Beiträge zur Psychoanalyse aus den Jahren 1907–1920.* Intern. Psychoanalyt. Bibliothek, Band X, 1921.

22 [Im dritten Teil *Zur Geschichte der psychoanalytischen Bewegung* schreibt Freud: »Von der Absicht, das Anstößige der Familienkomplexe zu beseitigen, um dies Anstößige nicht in Religion und Ethik wiederzufinden, strah-

lung kann nicht anders als willkürlich oder mit Rücksicht auf abseits liegende Erwägungen gewählt sein und läuft Gefahr, dem Gebiet inadäquat zu werden, auf welches man sie anwenden will. Gewiß führt auch der analytische Weg zu gewissen letzten Schwierigkeiten und Dunkelheiten in betreff der Sexualität und ihres Verhältnisses zum Gesamtleben des Individuums, aber diese können nicht durch Spekulationen beseitigt werden, sondern müssen bleiben, bis sie Lösung durch andere Beobachtungen oder Beobachtungen auf anderen Gebieten finden.

Über die Traumdeutung kann ich mich kurz fassen. Sie fiel mir zu als Erstlingsfrucht der technischen Neuerung, nachdem ich mich, einer dunklen Ahnung folgend, entschlossen hatte, die Hypnose mit der freien Assoziation zu vertauschen. Meine Wißbegierde war nicht von vornherein auf das Verständnis der Träume gerichtet gewesen. Einflüsse, die mein Interesse gelenkt oder mir eine hilfreiche Erwartung geschenkt hätten, sind mir nicht bekannt. Ich hatte vor dem Aufhören meines Verkehrs mit Breuer kaum noch Zeit, ihm einmal in einem Satze mitzuteilen, daß ich jetzt Träume zu übersetzen verstünde. Infolge dieser Entdeckungsgeschichte war die Symbolik der Traumsprache so ziemlich das letzte, was mir am Traum zugänglich wurde, denn für die Kenntnis der Symbole leisten die Assoziationen des Träumers nur wenig.[23] Da ich die Gewohn-

---

len alle die Abänderungen aus, welche Jung an der Psychoanalyse vorgenommen hat. Die sexuelle Libido wurde durch einen abstrakten Begriff ersetzt, von dem man behaupten darf, daß er für Weise wie Toren gleich geheimnisvoll und unfaßbar geblieben ist. Der Ödipuskomplex war nur ›symbolisch‹ gemeint, die Mutter darin bedeutete das Unerreichbare, auf welches man im Interesse der Kulturentwicklung verzichten muß; der Vater, der im Ödipusmythus getötet wird, ist der ›innerliche‹ Vater, von dem man sich frei zu machen hat, um selbständig zu werden. Andere Stücke des sexuellen Vorstellungsmaterials werden im Laufe der Zeit sicherlich ähnliche Umdeutungen erfahren. An Stelle des Konfliktes zwischen ichwidrigen erotischen Strebungen und der Ichbehauptung trat der Konflikt zwischen der ›Lebensaufgabe‹ und der ›psychischen Trägheit‹; das neurotische Schuldbewußtsein entsprach dem Vorwurf, seiner Lebensaufgabe nicht gerecht zu werden.«]

23 [In der vorliegenden Ausgabe finden sich Darstellungen über die

heit festgehalten habe, immer zuerst an den Dingen zu studieren, ehe ich in den Büchern nachsah, konnte ich mir die Symbolik des Traumes sicherstellen, ehe ich durch die Schrift von Scherner[24] auf sie hingewiesen wurde. Im vollen Umfange habe ich dieses Ausdrucksmittel des Traumes erst später gewürdigt, zum Teil unter dem Einflusse der Arbeiten des zu Anfang so sehr verdienstvollen, später völlig verwahrlosten W. Stekel.[25] Der enge Anschluß der psychoanalytischen Traumdeutung an die einst so hochgehaltene Traumdeutekunst der Antike wurde mir erst viele Jahre nachher klar. Das eigenartigste und bedeutsamste Stück meiner Traumtheorie, die Zurückführung der Traumentstellung auf einen inneren Konflikt, eine Art von innerer Unaufrichtigkeit, fand ich dann bei einem Autor wieder, dem zwar die Medizin, aber nicht die Philosophie fremd geblieben war, dem berühmten Ingenieur J. Popper, der unter dem Namen Lynkeus 1899 die *Phantasien eines Realisten* veröffentlicht hatte.[26]

Die Traumdeutung wurde mir zum Trost und Anhalt in jenen schweren ersten Jahren der Analyse, als ich gleichzeitig Technik, Klinik und Therapie der Neurosen zu bewältigen hatte, gänzlich vereinsamt war und in dem Gewirre von Problemen und bei der Häufung der Schwierigkeiten oft Orientierung und Zuversicht einzubüßen fürchtete. Die Probe auf meine Voraussetzung, daß eine Neurose durch

---

Traumsymbolik im Abschnitt XII des Aufsatzes *Über den Traum* (vgl. im vorliegenden Band) und – besonders ausführlich – in der 17. der *Vorlesungen zur Einführung in die Psychoanalys.* (vgl. Band 2).]

24 [K.A. Scherner, *Das Leben des Traumes,* Berlin 1861.]

25 [Wilhelm Stekel (1868–1940) war einer der ersten Anhänger Freuds. 1912 kam es zum Bruch zwischen den beiden. Stekel veröffentlichte u.a.: *Beiträge zur Traumdeutung,* in: Jahrbuch für psychoanalytische und psychopathologische Forschungen, 1909, Bd.1, S.458, und *Die Sprache des Traumes,* Wiesbaden 1911.]

26 [Josef Popper (1838–1921, Pseudonym: Lynkeus) war Ingenieur, positivistischer Philosoph und Sozialreformer. Auf die Ähnlichkeit seiner Theorien zu Poppers Deutung des Traumes in den *Phantasien eines Realisten* (Dresden 1899, 2. Aufl. Wien 1900) hat Freud 1909 in einem Zusatz zur Monographie *Die Traumdeutung* erstmals hingewiesen, 1923 veröffentlichte er den Aufsatz *Josef Popper Lynkeus und die Theorie des Traumes.*]

Analyse verständlich werden müsse, ließ oft bei dem Kranken verwirrend lange auf sich warten; an den Träumen, die man als Analoga der Symptome auffassen konnte, fand diese Voraussetzung eine fast regelmäßige Bestätigung.

Nur durch diese Erfolge wurde ich in den Stand gesetzt, auszuharren. Ich habe mich darum gewöhnt, das Verständnis eines psychologischen Arbeiters an seiner Stellung zu den Problemen der Traumdeutung zu messen, und mit Genugtuung beobachtet, daß die meisten Gegner der Psychoanalyse es überhaupt vermieden, diesen Boden zu betreten, oder sich höchst ungeschickt benahmen, wenn sie es doch versuchten. Meine Selbstanalyse, deren Notwendigkeit mir bald einleuchtete, habe ich mit Hilfe einer Serie von eigenen Träumen durchgeführt, die mich durch alle Begebenheiten meiner Kinderjahre führten, und ich bin noch heute der Meinung, daß bei einem guten Träumer und nicht allzu abnormen Menschen diese Art der Analyse genügen kann.

Durch die Aufrollung dieser Entstehungsgeschichte glaube ich besser als durch eine systematische Darstellung gezeigt zu haben, was die Psychoanalyse ist. Die besondere Natur meiner Funde erkannte ich zunächst nicht. Ich opferte unbedenklich meine beginnende Beliebtheit als Arzt und den Zulauf der Nervösen in meine Sprechstunde, indem ich konsequent nach der sexuellen Verursachung ihrer Neurosen forschte, wobei ich eine Anzahl von Erfahrungen machte, die meine Überzeugung von der praktischen Bedeutung des sexuellen Moments endgültig festlegten. Ich trat ahnungslos in der Wiener Fachvereinigung, damals unter dem Vorsitze von v. Krafft-Ebing, als Redner auf, der erwartete, durch Interesse und Anerkennung seiner Kollegen für seine freiwillige materielle Schädigung entschädigt zu werden.[27] Ich behandelte meine Entdeckungen wie indifferente Beiträge zur Wissenschaft und hoffte dasselbe von

---

27 [Vor dem Wiener Verein für Psychiatrie und Neurologie hielt Freud Ende April 1896 den Vortrag *Zur Ätiologie der Hysterie*, der »eine eisige Aufnahme« fand. Richard von Krafft-Ebing (1840–1902), damals anerkannte psychiatrische Autorität, urteilte: »Es klingt wie ein wissenschaftliches Märchen.«]

den anderen. Erst die Stille, die sich nach meinen Vorträgen erhob, die Leere, die sich um meine Person bildete, die Andeutungen, die mir zugetragen wurden, ließen mich allmählich begreifen, daß Behauptungen über die Rolle der Sexualität in der Ätiologie der Neurosen nicht darauf rechnen könnten, so behandelt zu werden wie andere Mitteilungen. Ich verstand, daß ich von jetzt ab zu denen gehörte, die »am Schlaf der Welt gerührt haben«, nach Hebbels Ausdruck,[28] und daß ich auf Objektivität und Nachsicht nicht zählen durfte. Da aber meine Überzeugung von der durchschnittlichen Richtigkeit meiner Beobachtungen und Schlußfolgerungen immer mehr wuchs und mein Zutrauen zu meinem eigenen Urteile sowie mein moralischer Mut nicht eben gering waren, konnte der Ausgang dieser Situation nicht zweifelhaft sein. Ich entschloß mich zu glauben, daß mir das Glück zugefallen war, besonders bedeutungsvolle Zusammenhänge aufzudecken, und fand mich bereit, das Schicksal auf mich zu nehmen, das mitunter an solches Finden geknüpft ist.

Dies Schicksal stellte ich mir in folgender Weise vor: Es würde mir wahrscheinlich gelingen, mich durch die therapeutischen Erfolge des neuen Verfahrens zu erhalten, die Wissenschaft aber würde zu meinen Lebzeiten keine Notiz von mir nehmen. Einige Dezennien später würde ein anderer unfehlbar auf dieselben, jetzt nicht zeitgemäßen Dinge stoßen, ihre Anerkennung durchsetzen und mich so als notwendigerweise verunglückten Vorläufer zu Ehren bringen. Unterdes richtete ich's mir als Robinson auf meiner einsamen Insel möglichst behaglich ein. Wenn ich aus den Verwirrungen und Bedrängnissen der Gegenwart auf jene einsamen Jahre zurückblicke, will es mir scheinen, es war eine schöne heroische Zeit; die *splendid isolation* entbehrte nicht ihrer Vorzüge und Reize. Ich hatte keine Literatur zu lesen, keinen schlecht unterrichteten Gegner anzuhören, ich war keinem Einfluß unterworfen, durch nichts ge-

28 [Friedrich Hebbel, *Gyges und sein Ring*, 5. Akt, (1.Szene): »Nur rühre nimmer an den Schlaf der Welt!«]

drängt. Ich erlernte es, spekulative Neigungen zu bändigen und nach dem unvergessenen Rat meines Meisters Charcot, dieselben Dinge so oft von neuem anzuschauen, bis sie von selbst begannen, etwas auszusagen. Meine Veröffentlichungen, für die ich mit einiger Mühe auch Unterkunft fand, konnten immer weit hinter meinem Wissen zurückbleiben, durften beliebig aufgeschoben werden, da keine zweifelhafte »Priorität« zu verteidigen war. Die *Traumdeutung* zum Beispiel war in allem Wesentlichen anfangs 1896 fertig, sie wurde aber erst im Sommer 1899 niedergeschrieben. Die Behandlung der »Dora« schloß zu Ende 1899 ab, ihre Krankengeschichte war in den nächsten zwei Wochen fixiert, wurde aber erst 1905 veröffentlicht. Unterdes wurden meine Schriften in der Fachliteratur nicht referiert oder, wenn dies ausnahmsweise geschah, mit höhnischer oder mitleidiger Überlegenheit zurückgewiesen. Gelegentlich wandte mir auch ein Fachgenosse in einer seiner Publikationen eine Bemerkung zu, die sehr kurz und nicht sehr schmeichelhaft war, etwa: verbohrt, extrem, sehr sonderbar. Einmal traf es sich, daß ein Assistent der Klinik in Wien, an der ich meine Semestralvorlesung abhielt, sich von mir die Erlaubnis nahm, diesen Vorlesungen anzuwohnen. Er hörte sehr andächtig zu, sagte nichts, bot sich aber nach der letzten Vorlesung zu einer Begleitung an. Während dieses Spazierganges eröffnete er mir, er habe mit Wissen seines Chefs ein Buch gegen meine Lehre geschrieben, bedauere aber sehr, dieselbe erst durch meine Vorlesungen besser kennengelernt zu haben. Er hätte sonst vieles anders geschrieben. Allerdings habe er sich auf der Klinik erkundigt, ob er nicht vorher die *Traumdeutung* lesen solle, aber man habe ihm abgeraten, es sei nicht der Mühe wert. Er verglich dann selbst mein Lehrgebäude, wie er es jetzt verstanden habe, nach der Festigkeit seines inneren Gefüges mit der katholischen Kirche. Im Interesse seines Seelenheils will ich annehmen, daß in dieser Äußerung ein Stück Anerkennung enthalten war. Er schloß dann aber, es sei zu spät, an seinem Buche etwas abzuändern, es sei bereits gedruckt. Der betreffende Kollege hatte es auch nicht für nötig erachtet, der Mitwelt späterhin etwas von der Änderung seiner Meinungen über meine Psychoanalyse bekanntzugeben, sondern es vorgezogen, die Entwicklung derselben als ständiger Referent einer medizinischen Zeitschrift mit spaßhaften Glossen zu begleiten.

Was ich an persönlicher Empfindlichkeit besaß, wurde in jenen Jahren zu meinem Vorteile abgestumpft. Vor der Verbitterung wurde ich aber durch einen Umstand bewahrt, der nicht allen vereinsamten Entdeckern zu Hilfe kommt. Ein solcher quält sich ja sonst ab zu ergründen, woher die Teilnahmslosigkeit oder Ablehnung seiner Zeitgenossen rührt, und empfindet sie als einen peinigenden Widerspruch gegen die Sicherheit seiner eigenen Überzeugung. Das brauchte ich nicht, denn die psychoanalytische Lehre gestattete mir, dies Verhalten der Umwelt als notwendige Folge aus den analytischen Grundannahmen zu verstehen. Wenn es richtig war, daß die von mir aufgedeckten Zusammenhänge dem Bewußtsein der Kranken durch innere affektive Widerstände ferngehalten werden, so mußten sich diese Widerstände auch bei den Gesunden einstellen, sobald man ihnen das Verdrängte durch Mitteilung von außen zuführte. Daß diese letzteren die affektiv gebotene Ablehnung durch intellektuelle Begründung zu motivieren verstanden, war nicht verwunderlich. Es ereignete sich bei den Kranken ebenso häufig, und die ins Feld geführten Argumente – Argumente sind so gemein wie Brombeeren, mit Falstaff zu reden – waren die nämlichen und nicht gerade scharfsinnig. Der Unterschied war nur, daß man bei den Kranken über Pressionsmittel verfügte, um sie ihre Widerstände einsehen und überwinden zu lassen, bei den angeblich Gesunden solcher Hilfen aber entbehrte. Auf welche Weise man diese Gesunden zu einer kühlen, wissenschaftlich objektiven Überprüfung drängen könne, war ein ungelöstes Problem, dessen Erledigung am besten der Zeit vorbehalten blieb. Man hatte in der Geschichte der Wissenschaften oft feststellen können, daß dieselbe Behauptung, die anfangs nur Widerspruch hervorgerufen hatte, eine Weile später zur Anerkennung kam, ohne daß neue Beweise für sie erbracht worden wären.

Daß sich aber in diesen Jahren, als ich allein die Psychoanalyse vertrat, ein besonderer Respekt vor dem Urteil der Welt oder ein Hang zur intellektuellen Nachgiebigkeit bei mir entwickelt habe, wird wohl niemand erwarten dürfen.

Psychische Behandlung (Seelenbehandlung)

Psyche ist ein griechisches Wort und lautet in deutscher Übersetzung *Seele.* Psychische Behandlung heißt demnach *Seelenbehandlung.* Man könnte also meinen, daß darunter verstanden wird: Behandlung der krankhaften Erscheinungen des Seelenlebens. Dies ist aber nicht die Bedeutung dieses Wortes. Psychische Behandlung will vielmehr besagen: Behandlung von der Seele aus, Behandlung – seelischer oder körperlicher Störungen – mit Mitteln, welche zunächst und unmittelbar auf das Seelische des Menschen einwirken.

Ein solches Mittel ist vor allem das Wort, und Worte sind auch das wesentliche Handwerkszeug der Seelenbehandlung. Der Laie wird es wohl schwer begreiflich finden, daß krankhafte Störungen des Leibes und der Seele durch »bloße« Worte des Arztes beseitigt werden sollen. Er wird meinen, man mute ihm zu, an Zauberei zu glauben. Er hat damit nicht so unrecht; die Worte unserer täglichen Reden sind nichts anderes als abgeblaßter Zauber. Es wird aber notwendig sein, einen weiteren Umweg einzuschlagen, um verständlich zu machen, wie die Wissenschaft es anstellt, dem Worte wenigstens einen Teil seiner früheren Zauberkraft wiederzugeben.

Auch die wissenschaftlich geschulten Ärzte haben den Wert der Seelenbehandlung erst in neuerer Zeit schätzen gelernt. Dies erklärt sich leicht, wenn man an den Entwicklungsgang der Medizin im letzten Halbjahrhundert denkt. Nach einer ziemlich unfruchtbaren Zeit der Abhängigkeit von der sogenannten Naturphilosophie hat die Medizin unter dem glücklichen Einfluß der Naturwissenschaften die größten Fortschritte als Wissenschaft wie als Kunst gemacht, den Aufbau des Organismus aus mikroskopisch kleinen Einheiten (den Zellen) ergründet, die einzelnen Lebensverrichtungen (Funktionen) physikalisch und chemisch verstehen gelernt, die sichtbaren und greifbaren Veränderungen der Körperteile, welche Folgen der verschiedenen Krankheitsprozesse sind, unterschieden, anderseits auch die Zeichen gefunden, durch welche sich tiefliegende Krankheitsvorgänge noch an Lebenden verraten, hat ferner eine große Anzahl der belebten Krankheitserreger entdeckt und mit Hilfe der neugewonnenen Einsichten die Gefahren schwerer operativer Eingriffe ganz außerordentlich herabgesetzt. Alle diese Fortschritte und Entdeckungen betrafen das Leibliche des Menschen, und so kam es infolge einer nicht richtigen, aber leicht begreiflichen Urteilsrichtung dazu, daß die Ärzte ihr Interesse auf das Körperliche einschränkten und die Beschäftigung mit dem Seelischen den von ihnen mißachteten Philosophen gerne überließen.

Zwar hatte die moderne Medizin genug Anlaß, den unleugbar vorhandenen Zusammenhang zwischen Körperlichem und Seelischem zu studieren, aber dann versäumte sie niemals, das Seelische als bestimmt durch das Körperliche und abhängig von diesem darzustellen. So wurde hervorgehoben, daß die geistigen Leistungen an das Vorhandensein eines normal entwickelten und hinreichend ernährten Gehirns gebunden sind und bei jeder Erkrankung dieses Organs in Störungen verfallen; daß die Einführung von Giftstoffen in den Kreislauf gewisse Zustände von Geisteskrankheit zu erzeugen gestattet, oder im kleinen, daß die Träume des Schlafenden je nach den Reizen verändert werden, welche man zum Zwecke des Versuchs auf ihn einwirken läßt.

Das Verhältnis zwischen Leiblichem und Seelischem (beim Tier wie beim Menschen) ist eines der Wechselwirkung, aber die andere Seite dieses Verhältnisses, die Wirkung des Seelischen auf den Körper, fand in früheren Zeiten wenig Gnade vor den Augen der Ärzte. Sie schienen es zu scheuen, dem Seelenleben eine gewisse Selbständigkeit einzuräumen, als ob sie damit den Boden der Wisssenschaftlichkeit verlassen würden.

Diese einseitige Richtung der Medizin auf das Körperliche hat in den letzten anderthalb Jahrzehnten allmählich eine

Änderung erfahren, welche unmittelbar von der ärztlichen Tätigkeit ausgegangen ist. Es gibt nämlich eine große Anzahl von leichter und schwerer Kranken, welche durch ihre Störungen und Klagen große Anforderungen an die Kunst der Ärzte stellen, bei denen aber sichtbare und greifbare Zeichen des Krankheitsprozesses weder im Leben noch nach dem Tode aufzufinden sind, trotz aller Fortschritte in den Untersuchungsmethoden der wissenschaftlichen Medizin. Eine Gruppe dieser Kranken wird durch die Reichhaltigkeit und Vielgestaltigkeit des Krankheitsbildes auffällig; sie können nicht geistig arbeiten infolge von Kopfschmerz oder von Versagen der Aufmerksamkeit, ihre Augen schmerzen beim Lesen, ihre Beine ermüden beim Gehen, sind dumpf schmerzhaft oder eingeschlafen, ihre Verdauung ist gestört durch peinliche Empfindungen, Aufstoßen oder Magenkrämpfe, der Stuhlgang erfolgt nicht ohne Nachhilfe, der Schlaf ist aufgehoben usw. Sie können alle diese Leiden gleichzeitig haben oder nacheinander oder nur eine Auswahl derselben; es ist offenbar in allen Fällen dieselbe Krankheit. Dabei sind die Zeichen der Krankheit oftmals veränderlicher Art, sie lösen einander ab und ersetzen einander; derselbe Kranke, der bisher leistungsunfähig war wegen Kopfschmerzen, aber eine ziemlich gute Verdauung hatte, kann am nächsten Tag sich eines freien Kopfes erfreuen, aber von da an die meisten Speisen schlecht vertragen. Auch verlassen ihn seine Leiden plötzlich bei einer eingreifenden Veränderung seiner Lebensverhältnisse; auf einer Reise kann er sich ganz wohl fühlen und die verschiedenartigste Kost ohne Schaden genießen, nach Hause zurückgekehrt, muß er sich vielleicht wieder auf Sauermilch einschränken. Bei einigen dieser Kranken kann die Störung – ein Schmerz oder eine lähmungsartige Schwäche – sogar plötzlich die Körperseite wechseln, von rechts auf das entsprechende Körpergebiet links überspringen. Bei allen aber kann man die Beobachtung machen, daß die Leidenszeichen sehr deutlich unter dem Einfluß von Aufregungen, Gemütsbewegungen, Sorgen usw. stehen sowie daß sie verschwinden, der vollen Gesundheit

Platz machen können, ohne selbst nach langem Bestand Spuren zu hinterlassen.

Die ärztliche Forschung hat endlich ergeben, daß solche Personen nicht als Magenkranke oder Augenkranke u. dgl. zu betrachten und zu behandeln sind, sondern daß es sich bei ihnen um ein Leiden des gesamten Nervensystems handeln muß. Die Untersuchung des Gehirnes und der Nerven solcher Kranker hat aber bisher keine greifbare Veränderung auffinden lassen, und manche Züge des Krankheitsbildes verbieten sogar die Erwartung, daß man solche Veränderungen, wie sie imstande wären, die Krankheit zu erklären, einst mit feineren Untersuchungsmitteln werde nachweisen können. Man hat diese Zustände Nervosität (Neurasthenie, Hysterie) genannt und bezeichnet sie als bloß »funktionelle« Leiden des Nervensystems[1]. Übrigens ist auch bei vielen beständigeren nervösen Leiden und bei solchen, die nur seelische Krankheitszeichen ergeben (sogenannte Zwangsideen, Wahnideen, Verrücktheit), die eingehende Untersuchung des Gehirns (nach dem Tode des Kranken) ergebnislos geblieben.

Es trat die Aufgabe an die Ärzte heran, die Natur und Herkunft der Krankheitsäußerungen bei diesen Nervösen oder Neurotikern zu untersuchen. Dabei wurde dann die Entdeckung gemacht, daß wenigstens bei einem Teil dieser Kranken die Zeichen des Leidens von nichts anderem herrühren als von einem *veränderten Einfluß ihres Seelenlebens auf ihren Körper*, daß also die nächste Ursache der Störung im Seelischen zu suchen ist. Welches die entfernteren Ursachen jener Störung sind, von der das Seelische betroffen wurde, das nun seinerseits auf das Körperliche störend einwirkt, das ist eine andere Frage und kann hier füglich außer Betracht gelassen werden. Aber die ärztliche Wissenschaft hatte hier die Anknüpfung gefunden, um der bisher vernachlässigten Seite in der Wechselbeziehung zwischen Leib und Seele ihre Aufmerksamkeit im vollen Maße zuzuwenden.

---

1 Anm. d. Herausg. [der Sammlung *Die Gesundheit*, in der diese Arbeit Freuds zuerst erschien]: Vergl. Bd. II, X. Abschnitt, 4. Kapitel.

Erst wenn man das Krankhafte studiert, lernt man das Normale verstehen. Über den Einfluß des Seelischen auf den Körper war vieles immer bekannt gewesen, was erst jetzt in die richtige Beleuchtung rückte. Das alltäglichste, regelmäßig und bei jedermann zu beobachtende Beispiel von seelischer Einwirkung auf den Körper bietet der sogenannte *»Ausdruck der Gemütsbewegungen«*. Fast alle seelischen Zustände eines Menschen äußern sich in den Spannungen und Erschlaffungen seiner Gesichtsmuskeln, in der Einstellung seiner Augen, der Blutfüllung seiner Haut, der Inanspruchnahme seines Stimmapparates und in den Haltungen seiner Glieder, vor allem der Hände. Diese begleitenden körperlichen Veränderungen bringen dem Betreffenden meist keinen Nutzen, sie sind im Gegenteil oft seinen Absichten im Wege, wenn er seine Seelenvorgänge vor anderen verheimlichen will, aber sie dienen den anderen als verläßliche Zeichen, aus denen man auf die seelischen Vorgänge schließen kann und denen man mehr vertraut als den etwa gleichzeitigen absichtlichen Äußerungen in Worten. Kann man einen Menschen während gewisser seelischer Tätigkeiten einer genaueren Untersuchung unterziehen, so findet man weitere körperliche Folgen derselben in den Veränderungen seiner Herztätigkeit, in dem Wechsel der Blutverteilung in seinem Körper u. dgl.

Bei gewissen Seelenzuständen, die man *»Affekte«* heißt, ist die Mitbeteiligung des Körpers so augenfällig und so großartig, daß manche Seelenforscher sogar gemeint haben, das Wesen der Affekte bestehe nur in diesen ihren körperlichen Äußerungen. Es ist allgemein bekannt, welch außerordentliche Veränderungen im Gesichtsausdruck, im Blutumlauf, in den Absonderungen, in den Erregungszuständen der willkürlichen Muskeln, unter dem Einfluß z. B. der Furcht, des Zornes, des Seelenschmerzes, des geschlechtlichen Entzückens zustande kommen. Minder bekannt, aber vollkommen sichergestellt sind andere körperliche Wirkungen der Affekte, die nicht mehr zum Ausdruck derselben gehören. Anhaltende Affektzustände von peinlicher oder, wie man sagt, »depressiver« Natur, wie Kummer, Sorge und Trauer, setzen die Ernährung des Körpers im ganzen herab, verursachen, daß die Haare bleichen, das Fett schwindet und die Wandungen der Blutgefäße krankhaft verändert werden. Umgekehrt sieht man unter dem Einfluß freudiger Erregungen, des »Glückes«, den ganzen Körper aufblühen und die Person manche Kennzeichen der Jugend wiedergewinnen. Die großen Affekte haben offenbar viel mit der Widerstandsfähigkeit gegen Erkrankung an Ansteckungen zu tun; es ist ein gutes Beispiel davon, wenn ärztliche Beobachter angeben, daß die Geneigtheit zu den Lagererkrankungen und zur Ruhr (Dysenterie) bei den Angehörigen einer geschlagenen Armee sehr viel bedeutender ist als unter den Siegern. Die Affekte, und zwar fast ausschließlich die depressiven, werden aber auch häufig genug selbst zu Krankheitsursachen sowohl für Krankheiten des Nervensystems mit anatomisch nachweisbaren Veränderungen als auch für Krankheiten anderer Organe, wobei man anzunehmen hat, daß die betreffende Person eine bis dahin unwirksame Eignung zu dieser Krankheit schon vorher besessen hat.

Bereits ausgebildete Krankheitszustände können durch stürmische Affekte sehr erheblich beeinflußt werden, meistens im Sinne einer Verschlechterung, aber es fehlt auch nicht an Beispielen dafür, daß ein großer Schreck, ein plötzlicher Kummer durch eine eigentümliche Umstimmung des Organismus einen gut begründeten Krankheitszustand heilsam beeinflußt oder selbst aufgehoben hat. Daß endlich die Dauer des Lebens durch depressive Affekte erheblich abgekürzt werden kann sowie daß ein heftiger Schreck, eine brennende »*Kränkung*« oder Beschämung dem Leben ein plötzliches Ende setzen kann, unterliegt keinem Zweifel; merkwürdigerweise wird letztere Wirkung auch mitunter als Folge einer unerwarteten großen Freude beobachtet.

Die Affekte im engeren Sinne sind durch eine ganz besondere Beziehung zu den körperlichen Vorgängen ausgezeichnet, aber strenggenommen sind alle Seelenzustände, auch diejenigen, welche wir als »Denkvorgänge« zu betrachten gewohnt sind, in gewissem Maße *»affektiv«*, und kein einziger von ihnen entbehrt der körperlichen Äußerungen und der Fähigkeit, körperliche Vorgänge zu verändern. Selbst beim ruhigen Denken in »Vorstellungen« werden dem Inhalt dieser Vorstellungen entsprechend beständig Erregungen zu den glatten und gestreiften Muskeln abgeleitet, welche durch geeignete Verstärkung deutlich gemacht werden können und die Erklärung für manche auffällige, ja vermeintlich »übernatürliche« Erscheinungen geben. So z. B. erklärt sich das sogenannte *»Gedankenerraten«* durch die kleinen, unwillkürlichen Muskelbewegungen, die das »Medium« ausführt, wenn man mit ihm Versuche anstellt, etwa sich von ihm leiten läßt, um einen versteckten Gegenstand aufzufinden. Die ganze Erscheinung verdient eher den Namen eines *Gedankenverratens.*

Die Vorgänge des Willens und der Aufmerksamkeit sind gleichfalls imstande, die leiblichen Vorgänge tief zu beeinflussen und bei körperlichen Krankheiten als Förderer oder als Hemmungen eine große Rolle zu spielen. Ein großer englischer Arzt hat von sich berichtet, daß es ihm gelingt, an jeder Körperstelle, auf die er seine Aufmerksamkeit lenken will, mannigfache Empfindungen und Schmerzen hervorzurufen, und die Mehrzahl der Menschen scheint sich ähnlich wie er zu verhalten. Bei der Beurteilung von Schmerzen, die man sonst zu den körperlichen Erscheinungen rechnet, ist überhaupt deren überaus deutliche Abhängigkeit von seelischen Bedingungen in Betracht zu ziehen. Die Laien, welche solche seelische Einflüsse gerne unter dem Namen der »Einbildung« zusammenfassen, pflegen vor Schmerzen infolge von Einbildung im Gegensatz zu den durch Verletzung, Krankheit oder Entzündung verursachten wenig Respekt zu haben. Aber das ist ein offenbares Unrecht; mag die Ursache von Schmerzen welche immer sein, auch die Einbildung, die Schmerzen selbst sind darum nicht weniger wirklich und nicht weniger heftig.

Wie Schmerzen durch Zuwendung der Aufmerksamkeit erzeugt oder gesteigert werden, so schwinden sie auch bei

Ablenkung der Aufmerksamkeit. Bei jedem Kind kann man diese Erfahrung zur Beschwichtigung verwerten; der erwachsene Krieger verspürt den Schmerz der Verletzung nicht im fieberhaften Eifer des Kampfes; der Märtyrer wird sehr wahrscheinlich in der Überhitzung seines religiösen Gefühls, in der Hinwendung all seiner Gedanken auf den ihm winkenden himmlischen Lohn vollkommen unempfindlich gegen den Schmerz seiner Qualen. Der Einfluß des Willens auf Krankheitsvorgänge des Körpers ist weniger leicht durch Beispiele zu belegen, es ist aber sehr wohl möglich, daß der Vorsatz, gesund zu werden, oder der Wille zu sterben selbst für den Ausgang schwerer und zweifelhafter Erkrankungsfälle nicht ohne Bedeutung ist.

Den größten Anspruch an unser Interesse hat der seelische Zustand der *Erwartung*, mittels dessen eine Reihe der wirksamsten seelischen Kräfte für Erkrankung und Genesung von körperlichen Leiden regegemacht werden können. Die *ängstliche* Erwartung ist gewiß nichts Gleichgültiges für den Erfolg; es wäre wichtig, mit Sicherheit zu wissen, ob sie so viel für das Krankwerden leistet, als man ihr zutraut, ob es z. B. auf Wahrheit beruht, daß während der Herrschaft einer Epidemie diejenigen am ehesten gefährdet sind, die zu erkranken fürchten. Der gegenteilige Zustand, die hoffnungsvolle und *gläubige Erwartung*, ist eine wirkende Kraft, mit der wir strenggenommen bei allen unseren Behandlungs- und Heilungsversuchen zu rechnen haben. Wir könnten uns sonst die Eigentümlichkeiten der Wirkungen, die wir an den Medikamenten und Heileingriffen beobachten, nicht erklären. Am greifbarsten wird aber der Einfluß der *gläubigen Erwartung* bei den sogenannten Wunderheilungen, die sich noch heute unter unseren Augen ohne Mitwirkung ärztlicher Kunst vollziehen. Die richtigen Wunderheilungen erfolgen bei Gläubigen unter dem Einfluß von Veranstaltungen, welche geeignet sind, die religiösen Gefühle zu steigern, also an Orten, wo ein wundertätiges Gnadenbild verehrt wird, wo eine heilige oder göttliche Person sich den Menschenkindern gezeigt und ihnen Linderung als Entgelt für Anbetung versprochen hat oder wo die Reliquien eines Heiligen als Schatz aufbewahrt werden. Es scheint dem religiösen Glauben allein nicht leicht zu werden, auf dem Wege der Erwartung die Krankheit zu verdrängen[2], denn bei den Wunderheilungen sind meist noch andere Veranstaltungen mit im Spiele. Die Zeiten, zu denen man die göttliche Gnade sucht, müssen durch besondere Beziehungen ausgezeichnet sein; körperliche Mühsal, die sich der Kranke auferlegt, die Beschwerden und Opfer der Pilgerfahrt müssen ihn für diese Gnade besonders würdigen.

Es wäre bequem, aber sehr unrichtig, wenn man diesen Wunderheilungen einfach den Glauben verweigern und die Berichte über sie durch Zusammentreffen von frommem Betrug und ungenauer Beobachtung aufklären wollte. Sooft dieser Erklärungsversuch auch recht haben mag, er hat doch nicht die Kraft, die Tatsache der Wunderheilungen überhaupt wegzuräumen. Diese kommen wirklich vor, haben sich zu allen Zeiten ereignet und betreffen nicht nur Leiden seelischer Herkunft, die also ihre Gründe in der »Einbildung« haben, auf welche gerade die Umstände der Wallfahrt besonders wirken können, sondern auch »organisch« begründete Krankheitszustände, die vorher allen ärztlichen Bemühungen widerstanden hatten.

Doch liegt keine Nötigung vor, zur Erklärung der Wunderheilungen andere als seelische Mächte heranzuziehen. Wirkungen, die für unsere Erkenntnis als unbegreiflich gelten könnten, kommen auch unter solchen Bedingungen nicht zum Vorschein. Es geht alles natürlich zu; ja die Macht der religiösen Gläubigkeit erfährt hier eine Verstärkung durch mehrere echt menschliche Triebkräfte. Der fromme Glaube des einzelnen wird durch die Begeisterung der Menschenmenge gesteigert, in deren Mitte er sich dem heiligen Ort zu nähern pflegt. Durch solche Massenwir-

---

2 [Dieses Wort ist hier natürlich nicht im psychoanalytischen Sinne zu verstehen, da die vorliegende Arbeit aus einer Zeit stammt, in der das Konzept der »Verdrängung« in Freuds Theorien noch keinerlei Rolle spielte.]

kung können alle seelischen Regungen des einzelnen Menschen ins Maßlose gehoben werden. Wo ein einzelner die Heilung am Gnadenorte sucht, da ist es der Ruf, das Ansehen des Ortes, welche den Einfluß der Menschenmenge ersetzt, da kommt also doch wieder nur die Macht der Menge zur Wirkung. Dieser Einfluß macht sich auch noch auf anderem Wege geltend. Da es bekannt ist, daß die göttliche Gnade sich stets nur einigen wenigen unter den vielen um sie Werbenden zuwendet, möchte jeder unter diesen Ausgezeichneten und Ausgewählten sein; der in jedem einzelnen schlummernde Ehrgeiz kommt der frommen Gläubigkeit zu Hilfe. Wo so viel starke Kräfte zusammenwirken, dürfen wir uns nicht wundern, wenn gelegentlich das Ziel wirklich erreicht wird.

Auch die religiös Ungläubigen brauchen auf Wunderheilungen nicht zu verzichten. Das Ansehen und die Massenwirkung ersetzen ihnen vollauf den religiösen Glauben. Es gibt jederzeit Modekuren und Modeärzte, die besonders die vornehme Gesellschaft beherrschen, in welcher das Bestreben, es einander zuvorzutun und es den Vornehmsten gleichzutun, die mächtigsten seelischen Triebkräfte darstellen. Solche Modekuren entfalten Heilwirkungen, die nicht in ihrem Machtbereich gelegen sind, und die nämlichen Mittel leisten in der Hand des Modearztes, der etwa als der Helfer einer hervorragenden Persönlichkeit bekannt geworden ist, weit mehr, als sie anderen Ärzten leisten können. So gibt es menschliche Wundertäter ebenso wie göttliche; nur nützen sich diese von der Gunst der Mode und der Nachahmung zu Ansehen erhobenen Menschen rasch ab, wie es der Natur der für sie wirkenden Mächte entspricht.

Die begreifliche Unzufriedenheit mit der oft unzulänglichen Hilfe der ärztlichen Kunst, vielleicht auch die innere Auflehnung gegen den Zwang des wissenschaftlichen Denkens, welcher dem Menschen die Unerbittlichkeit der Natur widerspiegelt, haben zu allen Zeiten und in unseren Tagen von neuem eine merkwürdige Bedingung für die Heilkraft von Personen und Mitteln geschaffen. Die gläubige Erwartung will sich nur herstellen, wenn der Helfer kein

Arzt ist und sich rühmen kann, von der wissenschaftlichen Begründung der Heilkunst nichts zu verstehen, wenn das Mittel nicht durch genaue Prüfung erprobt, sondern etwa durch eine volkstümliche Vorliebe empfohlen ist. Daher die Überfülle von Naturheilkünsten und Naturheilkünstlern, die auch jetzt wieder den Ärzten die Ausübung ihres Berufes streitig machen und von denen wir wenigstens mit einiger Sicherheit aussagen können, daß sie den Heilungsuchenden weit öfter schaden als nützen. Haben wir hier Grund, auf die gläubige Erwartung der Kranken zu schelten, so dürfen wir doch nicht so undankbar sein zu vergessen, daß die nämliche Macht unausgesetzt auch unsere eigenen ärztlichen Bemühungen unterstützt. Die Wirkung wahrscheinlich eines jeden Mittels, das der Arzt verordnet, eines jeden Eingriffs, den er vornimmt, setzt sich aus zwei Anteilen zusammen. Den einen, der bald größer, bald kleiner, niemals ganz zu vernachlässigen ist, stellt das seelische Verhalten des Kranken bei. Die gläubige Erwartung, mit welcher er dem unmittelbaren Einfluß der ärztlichen Maßregel entgegenkommt, hängt einerseits von der Größe seines eigenen Strebens nach Genesung ab, anderseits von seinem Zutrauen, daß er die richtigen Schritte dazu getan, also von seiner Achtung vor der ärztlichen Kunst überhaupt, ferner von der Macht, die er der Person seines Arztes zugesteht, und selbst von der rein menschlichen Zuneigung, welche der Arzt in ihm erweckt hat. Es gibt Ärzte, denen die Fähigkeit, das Zutrauen der Kranken zu gewinnen, in höherem Grade eignet als anderen; der Kranke verspürt die Erleichterung dann oft bereits, wenn er den Arzt in sein Zimmer kommen sieht.

Die Ärzte haben von jeher, in alten Zeiten noch viel ausgiebiger als heute, Seelenbehandlung ausgeübt. Wenn wir unter Seelenbehandlung verstehen die Bemühung, beim Kranken die der Heilung günstigsten seelischen Zustände und Bedingungen hervorzurufen, so ist diese Art ärztlicher Behandlung die geschichtlich älteste. Den alten Völkern stand kaum etwas anderes als psychische Behandlung zu

Gebote; sie versäumten auch nie, die Wirkung von Heiltränken und Heilmaßnahmen durch eindringliche Seelenbehandlung zu unterstützen. Die bekannten Anwendungen von Zauberformeln, die Reinigungsbäder, die Hervorlokkung von Orakelträumen durch den Schlaf im Tempelraum u. a. können nur auf seelischem Wege heilend gewirkt haben. Die Persönlichkeit des Arztes selbst schuf sich ein Ansehen, das sich direkt von der göttlichen Macht ableitete, da die Heilkunst in ihren Anfängen in den Händen der Priester war. So war die Person des Arztes damals wie heute einer der Hauptumstände zur Erzielung des für die Heilung günstigen Seelenzustandes beim Kranken.

Wir beginnen nun auch den »Zauber« des Wortes zu verstehen. Worte sind ja die wichtigsten Vermittler für den Einfluß, den ein Mensch auf den anderen ausüben will; Worte sind gute Mittel, um seelische Veränderungen bei dem hervorzurufen, an den sie gerichtet werden, und darum klingt es nicht länger rätselhaft, wenn behauptet wird, daß der Zauber des Wortes Krankheitserscheinungen beseitigen kann, zumal solche, die selbst in seelischen Zuständen begründet sind.

Allen seelischen Einflüssen, welche sich als wirksam zur Beseitigung von Krankheiten erwiesen haben, haftet etwas Unberechenbares an. Affekte, Zuwendung des Willens, Ablenkung der Aufmerksamkeit, gläubige Erwartung, alle diese Mächte, welche gelegentlich die Erkrankung aufheben, versäumen in anderen Fällen, dies zu leisten, ohne daß man die Natur der Krankheit für den verschiedenen Erfolg verantwortlich machen könnte. Es ist offenbar die Selbstherrlichkeit der seelisch so verschiedenen Persönlichkeiten, welche der Regelmäßigkeit des Heilerfolges im Wege steht. Seitdem nun die Ärzte die Bedeutung des seelischen Zustandes für die Heilung klar erkannt haben, ist ihnen der Versuch nahegelegt, es nicht mehr dem Kranken zu überlassen, welcher Betrag von seelischem Entgegenkommen sich in ihm herstellen mag, sondern den günstigen Seelenzustand zielbewußt mit geeigneten Mitteln zu erzwingen.

Mit dieser Bemühung nimmt die moderne *Seelenbehandlung* ihren Anfang.

Es ergeben sich so eine ganze Anzahl von Behandlungsweisen, einzelne von ihnen selbstverständlich, andere erst nach verwickelten Voraussetzungen dem Verständnis zugänglich. Selbstverständlich ist es etwa, daß der Arzt, der heute nicht mehr als Priester oder als Besitzer geheimer Wissenschaft Bewunderung einflößen kann, seine Persönlichkeit so hält, daß er das Zutrauen und ein Stück der Neigung seines Kranken erwerben kann. Es dient dann einer zweckmäßigen Verteilung, wenn ihm solcher Erfolg nur bei einer beschränkten Anzahl von Kranken gelingt, während andere durch ihren Bildungsgrad und ihre Zuneigung zu anderen ärztlichen Personen hingezogen werden. *Mit der Aufhebung der freien Ärztewahl aber wird eine wichtige Bedingung für die seelische Beeinflussung der Kranken vernichtet.*

Eine ganze Reihe sehr wirksamer seelischer Mittel muß sich der Arzt entgehen lassen. Er hat entweder nicht die Macht, oder er darf sich das Recht nicht anmaßen, sie anzuwenden. Dies gilt vor allem für die Hervorrufung starker Affekte, also für die wichtigsten Mittel, mit denen das Seelische aufs Körperliche wirkt. Das Schicksal heilt Krankheiten oft durch große freudige Erregungen, durch Befriedigung von Bedürfnissen, Erfüllung von Wünschen; damit kann der Arzt, der außerhalb seiner Kunst oft selbst ein Ohnmächtiger ist, nicht wetteifern. Furcht und Schrecken zu Heilzwecken zu erzeugen, wird etwa eher in seiner Macht stehen, aber er wird sich außer bei Kindern sehr bedenken müssen, zu solchen zweischneidigen Maßregeln zu greifen. Anderseits schließen sich alle Beziehungen zum Kranken, die mit zärtlichen Gefühlen verknüpft sind, für den Arzt wegen der Lebensbedeutung dieser Seelenlagen aus. Und somit erschiene seine Machtfülle zur seelischen Veränderung seiner Kranken von vornherein so sehr eingeschränkt, daß die absichtlich betriebene Seelenbehandlung keinen Vorteil gegen die frühere Art verspräche.

Der Arzt kann etwa Willenstätigkeit und Aufmerksamkeit des Kranken zu lenken versuchen und hat bei verschiedenen Krankheitszuständen guten Anlaß dazu. Wenn er den, der sich gelähmt glaubt, beharrlich dazu nötigt, die Bewegungen auszuführen, die der Kranke angeblich nicht kann, oder bei dem Ängstlichen, der wegen einer sicherlich nicht vorhandenen Krankheit untersucht zu werden verlangt, die Untersuchung verweigert, wird er die richtige Behandlung eingeschlagen haben; aber diese vereinzelten Gelegenheiten geben kaum ein Recht, die Seelenbehandlung als ein besonderes Heilverfahren aufzustellen. Dagegen hat sich dem Arzt auf einem eigentümlichen und nicht vorherzusehenden Wege die Möglichkeit geboten, einen tiefen, wenn auch vorübergehenden Einfluß auf das Seelenleben seiner Kranken zu nehmen und diesen zu Heilzwecken auszunützen.

Es ist seit langer Zeit bekannt gewesen, aber erst in den letzten Jahrzehnten über jede Anzweiflung erhoben worden, daß es möglich ist, Menschen durch gewisse sanfte Einwirkungen in einen ganz eigentümlichen seelischen Zustand zu versetzen, der mit dem Schlaf viel Ähnlichkeit hat und darum als *Hypnose* bezeichnet wird. Die Verfahren zur Herbeiführung der Hypnose haben auf den ersten Blick nicht viel untereinander gemein. Man kann hypnotisieren, indem man einen glänzenden Gegenstand durch einige Minuten unverwandt ins Auge fassen läßt oder indem man eine Taschenuhr durch dieselbe Zeit an das Ohr der Versuchsperson hält oder dadurch, daß man wiederholt über Gesicht und Glieder derselben mit seinen eigenen, flach gehaltenen Händen aus geringer Entfernung streicht. Man kann aber dasselbe erreichen, wenn man der Person, die man hypnotisieren will, das Eintreten des hypnotischen Zustandes und seiner Besonderheiten mit ruhiger Sicherheit ankündigt, ihr die Hypnose also »einredet«. Man kann auch beide Verfahren miteinander verbinden. Man läßt etwa die Person Platz nehmen, hält ihr einen Finger vor die Augen, trägt ihr auf, denselben starr anzusehen, und sagt ihr dann: »Sie fühlen sich müde. Ihre Augen fallen schon zu, Sie können sie nicht offenhalten. Ihre Glieder sind schwer, Sie können sich nicht mehr rühren. Sie schlafen ein« usw. Man merkt doch, daß diesen Verfahren allen eine Fesselung der Aufmerksamkeit gemeinsam ist; bei den erstangeführten handelt es sich um Ermüdung der Aufmerksamkeit durch schwache und gleichmäßige Sinnesreize. Wie es zugeht, daß das bloße Einreden genau den nämlichen Zustand hervorruft wie die anderen Verfahren, das ist noch nicht befriedigend aufgeklärt. Geübte Hypnotiseure geben an, daß man auf solche Weise bei etwa 80 Prozent der Versuchspersonen eine deutliche hypnotische Veränderung erzielt. Man hat aber keine Anzeichen, aus denen man im vorhinein erraten könnte, welche Personen hypnotisierbar sind und welche nicht. Ein Krankheitszustand gehört keineswegs zu den Bedingungen der Hypnose, normale Menschen sollen sich besonders leicht hypnotisieren lassen, und von den Nervösen ist ein Teil sehr schwer hypnotisierbar, während Geisteskranke ganz und gar widerspenstig sind. Der hypnotische Zustand hat sehr verschiedene Abstufungen; in seinem leichtesten Grade verspürt der Hypnotisierte nur etwas wie eine geringe Betäubung, der höchste und durch besondere Merkwürdigkeiten ausgezeichnete Grad wird *Somnambulismus* genannt wegen seiner Ähnlichkeit mit dem als natürliche Erscheinung beobachteten *Schlafwandeln.* Die Hypnose ist aber keineswegs ein Schlaf wie unser nächtliches Schlafen oder wie der künstliche, durch Schlafmittel erzeugte. Es treten Veränderungen in ihr auf, und es zeigen sich seelische Leistungen bei ihr erhalten, die dem normalen Schlafe fehlen.

Manche Erscheinungen der Hypnose, z. B. die Veränderungen der Muskeltätigkeit, haben nur wissenschaftliches Interesse. Das bedeutsamste aber und das für uns wichtigste Zeichen der Hypnose liegt in dem Benehmen des Hypnotisierten gegen seinen Hypnotiseur. Während der Hypnotisierte sich gegen die Außenwelt sonst verhält wie ein Schlafender, also sich mit all seinen Sinnen von ihr abgewendet hat, ist er *wach* für die Person, die ihn in Hypnose versetzt hat, hört und sieht nur diese, versteht sie und gibt ihr Antwort. Diese Erscheinung, die man den *Rapport* in der Hypnose heißt, findet ein Gegenstück in der Art, wie manche Menschen, z. B. die Mutter, die ihr Kind nährt, schlafen. Sie ist so auffällig, daß sie uns das Verständnis des Verhältnisses zwischen Hypnotisierten und Hypnotiseur vermitteln sollte.

Daß sich die Welt des Hypnotisierten sozusagen auf den Hypnotiseur einschränkt, ist aber nicht das einzige. Es kommt dazu, daß der erstere vollkommen gefügig gegen den letzteren wird, *gehorsam und gläubig*, und zwar bei tiefer Hypnose in fast schrankenloser Weise. Und in der Ausführung dieses Gehorsams und dieser Gläubigkeit zeigt es sich nun als Charakter des hypnotischen Zustandes, daß der Einfluß des Seelenlebens auf das Körperliche beim Hypnotisierten außerordentlich erhöht ist. Wenn der Hypnotiseur sagt: »Sie können Ihren Arm nicht bewegen«, so fällt der Arm wie unbeweglich herab; der Hypnotisierte strengt offenbar alle seine Kraft an und kann ihn nicht bewegen. Wenn der Hypnotiseur sagt: »Ihr Arm bewegt sich von selbst, Sie können ihn nicht aufhalten«, so bewegt sich dieser Arm, und man sieht den Hypnotisierten vergebliche Anstrengungen machen, ihn ruhigzustellen. Die Vorstellung, die der Hypnotiseur dem Hypnotisierten durch das Wort gegeben hat, hat genau jenes seelisch-körperliche Verhalten bei ihm hervorgerufen, das ihrem Inhalt entspricht. Darin liegt einerseits Gehorsam, anderseits aber Steigerung des körperlichen Einflusses einer Idee. Das Wort ist hier wirklich wieder zum Zauber geworden.

Dasselbe auf dem Gebiete der Sinneswahrnehmungen. Der Hypnotiseur sagt: »Sie sehen eine Schlange, Sie riechen eine Rose, Sie hören die schönste Musik«, und der Hypnotisierte sieht, riecht, hört, wie die ihm eingegebene Vorstellung es von ihm verlangt. Woher weiß man, daß der Hypnotisierte diese Wahrnehmungen wirklich hat? Man könnte meinen, er stelle sich nur so an; aber es ist doch kein Grund, daran zu zweifeln, denn er benimmt sich ganz so, als ob er sie wirklich hätte, äußert alle dazugehörigen Affekte, kann auch unter Umständen nach der Hypnose von seinen eingebildeten Wahrnehmungen und Erlebnissen berichten. Man merkt dann, daß er gesehen und gehört hat, wie wir im Traum sehen und hören, d. h., er hat *halluziniert.* Er ist offenbar so sehr gläubig gegen den Hypnotiseur, daß er *überzeugt* ist, eine Schlange müsse zu sehen sein, wenn der Hypnotiseur sie ihm ankündigt, und diese Überzeugung wirkt so stark auf das Körperliche, daß er die Schlange wirklich sieht, wie es übrigens gelegentlich auch bei nicht hypnotisierten Personen geschehen kann.

Nebenbei bemerkt, eine solche Gläubigkeit, wie sie der Hypnotisierte für seinen Hypnotiseur bereit hat, findet sich außer der Hypnose im wirklichen Leben nur *beim Kinde gegen die geliebten Eltern,* und eine derartige Einstellung des eigenen Seelenlebens auf das einer anderen Person mit ähnlicher Unterwerfung hat ein einziges, aber dann vollwertiges Gegenstück in manchen *Liebesverhältnissen* mit voller Hingebung. Das Zusammentreffen von Alleinschätzung und gläubigem Gehorsam gehört überhaupt zur Kennzeichnung des Liebens.

Über den hypnotischen Zustand ist noch einiges zu berichten. Die Rede des Hypnotiseurs, welche die beschriebenen zauberhaften Wirkungen äußert, heißt man die Suggestion, und man hat sich gewöhnt, diesen Namen auch dort anzuwenden, wo zunächst bloß die Absicht vorliegt, eine ähnliche Wirkung hervorzubringen. Wie Bewegung und Empfindung, gehorchen auch alle anderen Seelentätigkeiten des Hypnotisierten dieser Suggestion, während er aus eigenem Antriebe nichts zu unternehmen pflegt. Man kann den hypnotischen Gehorsam für eine Reihe von höchst merkwürdigen Versuchen ausnützen, die tiefe Einblicke in das seelische Getriebe gestatten und dem Zuschauer eine unvertilgbare Überzeugung von der nicht geahnten Macht des Seelischen über das Körperliche schaffen. Wie man den Hypnotisierten nötigen kann zu sehen, was nicht da ist, so kann man ihm auch verbieten, etwas, was da ist und sich seinen Sinnen aufdrängen will, z. B. eine bestimmte Person, zu sehen (die sogenannte negative Halluzination), und diese Person findet es dann unmöglich, sich dem

Hypnotisierten durch irgendwelche Reizungen bemerklich zu machen; sie wird von ihm »wie Luft« behandelt. Man kann dem Hypnotisierten die Suggestion erteilen, eine gewisse Handlung erst eine bestimmte Zeit nach dem Aufwachen aus der Hypnose auszuführen (die posthypnotische Suggestion), und der Hypnotisierte hält die Zeit ein und führt mitten in seinem wachen Zustand die suggerierte Handlung aus, ohne einen Grund für sie angeben zu können. Fragt man ihn dann, warum er dies jetzt getan hat, so beruft er sich entweder auf einen dunklen Drang, dem er nicht widerstehen konnte, oder er erfindet einen halbwegs einleuchtenden Vorwand, während er den wahren Grund, die ihm erteilte Suggestion, nicht erinnert.

Das Erwachen aus der Hypnose erfolgt mühelos durch das Machtwort des Hypnotiseurs: »Wachen Sie auf.« Bei den tiefsten Hypnosen fehlt dann die Erinnerung für alles, was während der Hypnose unter dem Einfluß des Hypnotiseurs erlebt wurde. Dieses Stück Seelenleben bleibt gleichsam ——— abgesondert von dem sonstigen. Andere Hypnotisierte haben eine traumhafte Erinnerung, und noch andere erinnern sich zwar an alles, berichten aber, daß sie unter einem seelischen Zwang gestanden hatten, gegen den es keinen Widerstand gab.

Der wissenschaftliche Gewinn, den die Bekanntschaft mit den hypnotischen Tatsachen Ärzten und Seelenforschern gebracht hat, kann nicht leicht überschätzt werden. Um nun aber die praktische Bedeutung der neuen Erkenntnisse zu würdigen, wolle man an Stelle des Hypnotiseurs den Arzt, an Stelle des Hypnotisierten den Kranken setzen. Scheint da die Hypnose nicht berufen, alle Bedürfnisse des Arztes, insoferne er als »Seelenarzt« gegen den Kranken auftreten will, zu befriedigen? Die Hypnose schenkt dem Arzt eine Autorität, wie sie wahrscheinlich niemals ein Priester oder Wundermann besessen hat, indem sie alles seelische Interesse des Hypnotisierten auf die Person des Arztes vereinigt; sie schafft die Eigenmächtigkeit des Seelenlebens beim Kranken ab, in der wir das launenhafte

Hemmnis für die Äußerung seelischer Einflüsse auf den Körper erkannt haben; sie stellt an und für sich eine Steigerung der Seelenherrschaft über das Körperliche her, die sonst nur unter den stärksten Affekteinwirkungen beobachtet wird, und durch die Möglichkeit, das in der Hypnose dem Kranken Eingegebene erst nachher im Normalzustand zum Vorschein kommen zu lassen (posthypnotische Suggestion), gibt sie dem Arzt die Mittel in die Hand, seine große Macht während der Hypnose zur Veränderung des Kranken in wachen Zustande zu verwenden. So ergäbe sich ein einfaches Muster für die Art der Heilung durch Seelenbehandlung. Der Arzt versetzt den Kranken in den Zustand der Hypnose, erteilt ihm die nach den jeweiligen Umständen abgeänderte Suggestion, daß er nicht krank ist, daß er nach dem Erwachen von seinen Leidenszeichen nichts verspüren wird, weckt ihn dann auf und darf sich der Erwartung hingeben, daß die Suggestion ihre Schuldigkeit gegen die Krankheit getan hat. Dieses Verfahren wäre etwa, wenn eine einzige Anwendung nicht genug genützt hat, die nötige Anzahl von Malen zu wiederholen.

Ein einziges Bedenken könnte Arzt und Patienten von der Anwendung selbst eines so vielversprechenden Heilverfahrens abhalten. Wenn sich nämlich ergeben sollte, daß die Versetzung in Hypnose ihren Nutzen durch einen Schaden auf anderer Seite wettmacht, z. B. eine dauernde Störung oder Schwächung im Seelenleben des Hypnotisierten hinterläßt. Die bisher gemachten Erfahrungen reichen nun bereits aus, um dieses Bedenken zu beseitigen; einzelne Hypnotisierungen sind völlig harmlos, selbst häufig wiederholte Hypnosen im ganzen unschädlich. Nur eines ist hervorzuheben: wo die Verhältnisse eine fortdauernde Anwendung der Hypnose notwendig machen, da stellt sich eine Gewöhnung an die Hypnose und eine Abhängigkeit vom hypnotisierenden Arzt her, die nicht in der Absicht des Heilverfahrens gelegen sein kann.

Die hypnotische Behandlung bedeutet nun wirklich eine große Erweiterung des ärztlichen Machtbereiches und somit einen Fortschritt der Heilkunst. Man kann jedem Leidenden den Rat geben, sich ihr anzuvertrauen, wenn sie von einem kundigen und vertrauenswürdigen Arzte ausgeübt wird. Aber man sollte sich der Hypnose in anderer Weise bedienen, als es heute zumeist geschieht. Gewöhnlich greift man zu dieser Behandlungsart erst, wenn alle anderen Mittel im Stiche gelassen haben, der Leidende bereits verzagt und unmutig geworden ist. Dann verläßt man seinen Arzt, der nicht hypnotisieren kann oder es nicht ausübt, und wendet sich an einen fremden Arzt, der meist nichts anderes übt und nichts anderes kann als hypnotisieren. Beides ist unvorteilhaft für den Kranken. Der Hausarzt sollte selbst mit der hypnotischen Heilmethode vertraut sein und diese von Anfang an anwenden, wenn er den Fall und die Person dafür geeignet hält. Die Hypnose sollte dort, wo sie überhaupt brauchbar ist, gleichwertig neben den anderen Heilverfahren stehen, nicht eine letzte Zuflucht oder gar einen Abfall von der Wissenschaftlichkeit zur Kurpfuscherei bedeuten. Brauchbar aber ist das hypnotische Heilverfahren nicht nur bei allen nervösen Zuständen und den durch »Einbildung« entstandenen Störungen, sowie zur Entwöhnung von krankhaften Gewohnheiten (Trunksucht, Morphinsucht, geschlechtliche Verirrungen), sondern auch bei vielen Organkrankheiten, selbst entzündlichen, wo man die Aussicht hat, bei Fortbestand des Grundleidens die den Kranken zunächst belästigenden Zeichen desselben, wie die Schmerzen, Bewegungshemmung u. dgl., zu beseitigen. Die Auswahl der Fälle für die Verwendung des hypnotischen Verfahrens ist durchwegs von der Entscheidung des Arztes abhängig.

Nun ist es aber an der Zeit, den Eindruck zu zerstreuen, als wäre mit dem Hilfsmittel der Hypnose für den Arzt eine Zeit bequemer Wundertäterei angebrochen. Es sind noch mannigfache Umstände in Betracht zu ziehen, die geeignet sind, unsere Ansprüche an das hypnotische Heilverfahren erheblich herabzusetzen und die beim Kranken etwa rege gewordenen Hoffnungen auf ihr berechtigtes Maß zurückzuführen. Vor allem stellt sich die eine Grundvoraussetzung als unhaltbar heraus, daß es gelungen wäre, durch die Hypnose den Kranken die störende Eigenmächtigkeit in ihrem seelischen Verhalten zu benehmen. Sie bewahren dieselbe und beweisen sie bereits in ihrer Stellungnahme gegen den Versuch, sie zu hypnotisieren. Wenn oben gesagt wurde, daß etwa 80 Prozent der Menschen hypnotisierbar sind, so ist diese große Zahl nur dadurch zustande gekommen, daß man alle Fälle, die irgendeine Spur von Beeinflussung zeigen, zu den positiven Fällen gerechnet hat. Wirklich tiefe Hypnosen mit vollkommener Gefügigkeit, wie man sie bei der Beschreibung zum Muster wählt, sind eigentlich selten, jedenfalls nicht so häufig, wie es im Interesse der Heilung erwünscht wäre. Man kann den Eindruck dieser Tatsache wieder abschwächen, indem man hervorhebt, daß die Tiefe der Hypnose und die Gefügigkeit gegen die Suggestionen nicht gleichen Schritt miteinander halten, so daß man oft bei leichter hypnotischer Betäubung doch gute Wirkung der Suggestion beobachten kann. Aber auch, wenn man die hypnotische Gefügigkeit als das Wesentlichere des Zustandes selbständig nimmt, muß man zugestehen, daß die einzelnen Menschen ihre Eigenart darin zeigen, daß sie sich nur bis zu einem bestimmten Grad von Gefügigkeit beeinflussen lassen, bei dem sie dann haltmachen. Die einzelnen Personen zeigen also sehr verschiedene Grade von Brauchbarkeit für das hypnotische Heilverfahren. Gelänge es, Mittel aufzufinden, durch welche man alle diese besonderen Stufen des hypnotischen Zustandes bis zur vollkommenen Hypnose steigern könnte, so wäre die Eigenart der Kranken wieder aufgehoben, das Ideal der Seelenbehandlung verwirklicht. Aber dieser Fortschritt ist bisher nicht geglückt; es hängt noch immer weit mehr vom Kranken als vom Arzt ab, welcher Grad von Gefügigkeit sich der Suggestion zur Verfügung stellen wird, d. h., es liegt wiederum im Belieben des Kranken.

Noch bedeutsamer ist ein anderer Gesichtspunkt. Wenn man die höchst merkwürdigen Erfolge der Suggestion im hypnotischen Zustand schildert, vergißt man gerne daran, daß es sich hierbei wie bei allen seelischen Wirkungen auch um Größen- oder Stärkenverhältnisse handelt. Wenn man einen gesunden Menschen in tiefe Hypnose versetzt hat und ihm nun aufträgt, in eine Kartoffel zu beißen, die man ihm als Birne vorstellt, oder ihm einredet, er sehe einen Bekannten, den er grüßen müsse, so wird man leicht volle Gefügigkeit sehen, weil kein ernster Grund beim Hypnotisierten vorhanden ist, welcher sich gegen die Suggestion sträuben könnte. Aber schon bei anderen Aufträgen, wenn man z. B. von einem sonst schamhaften Mädchen verlangt, sich zu entblößen, oder von einem ehrlichen Mann, sich einen wertvollen Gegenstand durch Diebstahl anzueignen, kann man einen Widerstand bei dem Hypnotisierten bemerken, der selbst so weit gehen kann, daß er der Suggestion den Gehorsam verweigert. Man lernt daraus, daß in der besten Hypnose die Suggestion nicht eine unbegrenzte Macht ausübt, sondern nur eine Macht von bestimmter Stärke. Kleine Opfer bringt der Hypnotisierte, mit großen hält er, ganz wie im Wachen, zurück. Hat man es nun mit einem Kranken zu tun und drängt ihn durch die Suggestion zum Verzicht auf die Krankheit, so merkt man, daß dies für ihn ein großes und nicht ein kleines Opfer bedeutet. Die Macht der Suggestion mißt sich zwar auch dann mit der Kraft, welche die Krankheitserscheinungen geschaffen hat und sie festhält, aber die Erfahrung zeigt, daß letztere von einer ganz anderen Größenordnung ist als der hypnotische Einfluß. Derselbe Kranke, der sich in jede – nicht gerade anstößige – Traumlage, die man ihm eingibt, voll gefügig hineinfindet, kann vollkommen widerspenstig gegen die Suggestion bleiben, welche ihm etwa seine eingebildete Lähmung abspricht. Dazu kommt noch in der Praxis, daß gerade nervöse Kranke meist schlecht hypnotisierbar sind, so daß nicht der volle hypnotische Einfluß, sondern nur ein Bruchteil desselben den Kampf gegen die starken Kräfte aufzunehmen hat, mit denen die Krankheit im Seelenleben verankert ist.

Der Suggestion ist also nicht von vornherein der Sieg über die Krankheit sicher, wenn einmal die Hypnose und selbst eine tiefe Hypnose gelungen ist. Es bedarf dann noch immer eines Kampfes, und der Ausgang ist sehr häufig ungewiß. Gegen ernstliche Störungen seelischer Herkunft richtet man daher mit einmaliger Hypnose nichts aus. Mit der Wiederholung der Hypnose fällt aber der Eindruck des Wunders, auf das sich der Kranke vielleicht gefaßt gemacht hat. Man kann es dann erzielen, daß bei wiederholten Hypnosen die anfänglich mangelnde Beeinflussung der Krankheit immer deutlicher wird, bis sich ein befriedigender Erfolg herstellt. Aber eine solche hypnotische Behandlung kann ebenso mühselig und zeitraubend verlaufen wie nur irgendeine andere.

Eine andere Art, wie sich die relative Schwäche der Suggestion im Vergleich mit dem zu bekämpfenden Leiden verrät, ist die, daß die Suggestion zwar die Aufhebung der Krankheitserscheinungen zustande bringt, aber nur für kurze Zeit. Nach Ablauf dieser Zeit sind die Leidenszeichen wieder da und müssen durch neuerliche Hypnose mit Suggestion wieder vertrieben werden. Wiederholt sich dieser Ablauf oft genug, so erschöpft er gewöhnlich die Geduld des Kranken wie die des Arztes und hat das Aufgeben der hypnotischen Behandlung zur Folge. Auch sind dies die Fälle, in denen sich bei dem Kranken die Abhängigkeit vom Arzt und eine Art Sucht nach der Hypnose herzustellen pflegen.

Es ist gut, wenn der Kranke diese Mängel der hypnotischen Heilmethode und die Möglichkeiten der Enttäuschung bei ihrer Anwendung kennt. Die Heilkraft der hypnotischen Suggestion ist ja etwas Tatsächliches, sie bedarf der übertreibenden Anpreisung nicht. Anderseits ist es leicht verständlich, wenn die Ärzte, denen die hypnotische Seelenbehandlung soviel mehr versprochen hatte, als sie halten konnte, nicht müde werden, nach anderen Verfahren zu suchen, welche eine eingreifendere oder minder unberechenbare Einwirkung auf die Seele des Kranken ermöglichen. Man darf sich der sicheren Erwartung hingeben, daß die zielbewußte moderne Seelenbehandlung, welche ja eine ganz junge Wiederbelebung alter Heilmethoden darstellt, den Ärzten noch weit kräftigere Waffen zum Kampfe gegen die Krankheit in die Hände geben wird. Eine tiefere Einsicht in die Vorgänge des Seelenlebens, deren erste Anfänge gerade auf den hypnotischen Erfahrungen ruhen, wird Mittel und Wege dazu weisen.

Über den Traum

I

In den Zeiten, die wir vorwissenschaftliche nennen dürfen, waren die Menschen um die Erklärung des Traumes nicht verlegen. Wenn sie ihn nach dem Erwachen erinnerten, galt er ihnen als eine entweder gnädige oder feindselige Kundgebung höherer, dämonischer und göttlicher Mächte. Mit dem Aufblühen naturwissenschaftlicher Denkweisen hat sich all diese sinnreiche Mythologie in Psychologie umgesetzt, und heute bezweifelt nur mehr eine geringe Minderzahl unter den Gebildeten, daß der Traum die *eigene psychische Leistung* des Träumers ist.

Seit der Verwerfung der mythologischen Hypothese ist der Traum aber erklärungsbedürftig geworden. Die Bedingungen seiner Entstehung, seiner Beziehung zum Seelenleben des Wachens, seine Abhängigkeit von Reizen, die sich während des Schlafzustandes zur Wahrnehmung drängen, die vielen dem wachen Denken anstößigen Eigentümlichkeiten seines Inhaltes, die Inkongruenz zwischen seinen Vorstellungsbildern und den an sie geknüpften Affekten, endlich die Flüchtigkeit des Traumes, die Art, wie das wache Denken ihn als fremdartig beiseite schiebt, in der Erinnerung verstümmelt oder auslöscht: – all diese und noch andere Probleme verlangen seit vielen hundert Jahren nach Lösungen, die bis heute nicht befriedigend gegeben werden konnten. Im Vordergrunde des Interesses steht aber die Frage nach der *Bedeutung* des Traumes, die einen zweifachen Sinn in sich schließt. Sie fragt erstens nach der psychischen Bedeutung des Träumens, nach der Stellung des Traumes zu anderen seelischen Vorgängen und nach einer etwaigen biologischen Funktion desselben, und zweitens möchte sie wissen, ob der Traum *deutbar* ist, ob der einzelne Trauminhalt einen *»Sinn«* hat, wie wir ihn in anderen psychischen Kompositionen zu finden gewöhnt sind.

Drei Richtungen machen sich in der Würdigung des

Traumes bemerkbar. Die eine derselben, die gleichsam den Nachklang der alten Überschätzung des Traumes bewahrt hat, findet ihren Ausdruck bei manchen Philosophen. Ihnen gilt als die Grundlage des Traumlebens ein besonderer Zustand der Seelentätigkeit, den sie sogar als eine Erhebung zu einer höheren Stufe feiern. So urteilt z. B. Schubert[1]: Der Traum sei eine Befreiung des Geistes von der Gewalt der äußeren Natur, eine Loslösung der Seele von den Fesseln der Sinnlichkeit. Andere Denker gehen nicht so weit, halten aber daran fest, daß die Träume wesentlich seelischen Anregungen entspringen und Äußerungen seelischer Kräfte darstellen, die tagsüber an ihrer freien Entfaltung behindert sind (der Traumphantasie – Scherner[2], Volkelt[3]). Eine Fähigkeit zur Überleistung wenigstens auf gewissen Gebieten (Gedächtnis) wird dem Traumleben von einer großen Anzahl von Beobachtern zugesprochen.

Im scharfen Gegensatz hiezu vertritt die Mehrzahl ärztlicher Autoren eine Auffassung, welche dem Traum kaum noch den Wert eines psychischen Phänomens beläßt. Die Erreger des Traumes sind nach ihnen ausschließlich die Sinnes- und Leibreize, die entweder von außen den Schläfer treffen oder zufällig in seinen inneren Organen rege werden. Das Geträumte hat nicht mehr Anspruch auf Sinn und Bedeutung als etwa die Tonfolge, welche die zehn Finger eines der Musik ganz unkundigen Menschen hervorrufen, wenn sie über die Tasten des Instruments hinlaufen. Der Traum ist geradezu als »ein körperlicher, in allen Fällen unnützer, in vielen Fällen krankhafter Vorgang« zu kennzeichnen (Binz[4]). Alle Eigentümlichkeiten des Traumlebens erklären sich aus der zusammenhanglosen, durch physiologische Reize erzwungenen Arbeit einzelner Organe oder Zellgruppen des sonst in Schlaf versenkten Gehirns.

Wenig beeinflußt durch dieses Urteil der Wissenschaft und unbekümmert um die Quellen des Traumes, scheint

1 [Gotthilf Heinrich Schubert, *Die Symbolik des Traumes*, Bamberg 1814.]
2 [K.A. Scherner, *Das Leben des Traumes*, Berlin 1861.]
3 [J. Volkelt, *Die Traum-Phantasie*, Stuttgart 1875.]
4 [C. Binz, *Über den Traum*, Bonn 1878, S. 35.]

die Volksmeinung an dem Glauben festzuhalten, daß der Traum denn doch einen Sinn habe, der sich auf die Verkündigung der Zukunft bezieht und der durch irgendein Verfahren der Deutung aus seinem oft verworrenen und rätselhaften Inhalt gewonnen werden könne. Die in Anwendung gebrachten Deutungsmethoden bestehen darin, daß man den erinnerten Trauminhalt durch einen anderen ersetzt, entweder Stück für Stück *nach einem feststehenden Schlüssel* oder das Ganze des Traumes durch ein anderes Ganzes, zu dem es in der Beziehung eines *Symbols* steht. Ernsthafte Männer lächeln über diese Bemühungen. »Träume sind Schäume.«

II

Zu meiner großen Überraschung entdeckte ich eines Tages, daß nicht die ärztliche, sondern die laienhafte, halb noch im Aberglauben befangene Auffassung des Traumes der Wahrheit nahekommt. Ich gelangte nämlich zu neuen Aufschlüssen über den Traum, indem ich eine neue Methode der psychologischen Untersuchung auf ihn anwendete, die mir bei der Lösung der Phobien, Zwangsideen, Wahnideen u. dgl. hervorragend gute Dienste geleistet hatte und die seither unter dem Namen »Psychoanalyse« bei einer ganzen Schule von Forschern Aufnahme gefunden hat. Die mannigfaltigen Analogien des Traumlebens mit den verschiedenartigsten Zuständen psychischer Krankheit im Wachen sind ja von zahlreichen ärztlichen Forschern mit Recht bemerkt worden. Es erschien also von vorneherein hoffnungsvoll, ein Untersuchungsverfahren, welches sich bei den psychopathischen Gebilden bewährt hatte, auch zur Aufklärung des Traumes heranzuziehen. Die Angst- und Zwangsideen stehen dem normalen Bewußtsein in ähnlicher Weise fremd gegenüber wie die Träume dem Wachbewußtsein; ihre Herkunft ist dem Bewußtsein ebenso unbekannt wie die der Träume. Bei diesen psychopathischen Bildungen wurde man durch ein praktisches Interesse getrieben, ihre Herkunft und Entstehungsweise zu ergründen, denn die Erfahrung hatte gezeigt, daß eine solche Aufdeckung der dem Bewußtsein verhüllten Gedankenwege, durch welche die krankhaften Ideen mit dem übrigen psychischen Inhalt zusammenhängen, einer Lösung dieser Symptome gleichkommt, die Bewältigung der bisher unhemmbaren Idee zur Folge hat. Aus der Psychotherapie stammte also das Verfahren, dessen ich mich für die Auflösung der Träume bediente.

Dieses Verfahren ist leicht zu beschreiben, wenngleich seine Ausführung Unterweisung und Übung erfordern dürfte. Wenn man es bei einem anderen, etwa einem Kranken mit einer Angstvorstellung, in Anwendung zu bringen hat, so fordert man ihn auf, seine Aufmerksamkeit auf die betreffende Idee zu richten, aber nicht, wie er schon so oft getan, über sie nachzudenken, sondern alles *ohne Ausnahme* sich klarzumachen und dem Arzt mitzuteilen, *was ihm zu ihr einfällt.* Die dann etwa auftretende Behauptung, daß die Aufmerksamkeit nichts erfassen könne, schiebt man durch eine energische Versicherung, ein solches Ausbleiben eines Vorstellungsinhaltes sei ganz unmöglich, zur Seite. Tatsächlich ergeben sich sehr bald zahlreiche Einfälle, an die sich weitere knüpfen, die aber regelmäßig von dem Urteil des Selbstbeobachters eingeleitet werden, sie seien unsinnig oder unwichtig, gehören nicht hierher, seien ihm nur zufällig und außer Zusammenhang mit dem gegebenen Thema eingefallen. Man merkt sofort, daß es diese *Kritik* ist, welche all diese Einfälle von der Mitteilung, ja bereits vom Bewußtwerden, ausgeschlossen hat. Kann man die betreffende Person dazu bewegen, auf solche Kritik gegen ihre Einfälle zu verzichten und die Gedankenreihen, die sich bei festgehaltener Aufmerksamkeit ergeben, weiterzuspinnen, so gewinnt man ein psychisches Material, welches alsbald deutlich an die zum Thema genommene krankhafte Idee anknüpft, deren Verknüpfungen mit anderen Ideen bloßlegt und in weiterer Verfolgung gestattet, die krankhafte Idee durch eine neue zu ersetzen, die sich in verständlicher Weise in den seelischen Zusammenhang einfügt.

Es ist hier nicht der Ort, die Voraussetzungen, auf denen dieser Versuch ruht, und die Folgerungen, die sich aus seinem regelmäßigen Gelingen ableiten, ausführlich zu behandeln. Es mag also die Aussage genügen, daß wir bei jeder krankhaften Idee ein zur Lösung derselben hinreichendes Material erhalten, wenn wir unsere Aufmerksamkeit gerade den *»ungewollten«*, den *»unser Nachdenken störenden«*, den sonst von der Kritik als wertloser Abfall beseitigten Assoziationen zuwenden. Übt man das Verfahren an sich selbst, so unterstützt man sich bei der Untersuchung am besten durch sofortiges Niederschreiben seiner anfänglich unverständlichen Einfälle.

Ich will nun zeigen, wohin es führt, wenn ich diese Methode der Untersuchung auf den Traum anwende. Es müßte jedes Traumbeispiel sich in gleicher Weise dazu eignen; aus gewissen Motiven wähle ich aber einen eigenen Traum, der mir in der Erinnerung undeutlich und sinnlos erscheint und der sich durch seine Kürze empfehlen kann. Vielleicht wird gerade der Traum der letzten Nacht diesen Ansprüchen genügen. Sein unmittelbar nach dem Erwachen fixierter Inhalt lautet folgendermaßen:

»Eine Gesellschaft, Tisch oder table d'hôte . . . Es wird Spinat gegessen . . . Frau E. L. sitzt neben mir, wendet sich ganz mir zu und legt vertraulich die Hand auf mein Knie. Ich entferne die Hand abwehrend. Sie sagt dann: Sie haben aber immer so schöne Augen gehabt . . . Ich sehe dann undeutlich etwas wie zwei Augen als Zeichnung oder wie die Kontur eines Brillenglases . . .«

Dies ist der ganze Traum oder wenigstens alles, was ich von ihm erinnere. Er erscheint mir dunkel und sinnlos, vor allem aber befremdlich. Frau E. L. ist eine Person, zu der ich kaum je freundschaftliche Beziehungen gepflogen, meines Wissens herzlichere nie gewünscht habe. Ich habe sie lange Zeit nicht gesehen und glaube nicht, daß in den letzten Tagen von ihr die Rede war. Irgendwelche Affekte haben den Traumvorgang nicht begleitet.

Nachdenken über diesen Traum bringt ihn meinem Verständnis nicht näher. Ich werde aber jetzt absichts- und kritiklos die Einfälle verzeichnen, die sich meiner Selbstbeobachtung ergeben. Ich bemerke bald, daß es dabei vorteilhaft ist, den Traum in seine Elemente zu zerlegen und zu jedem dieser Bruchstücke die anknüpfenden Einfälle aufzusuchen.

Gesellschaft, Tisch oder table d'hôte. Daran knüpft sich sofort die Erinnerung an das kleine Erlebnis, welches den gestrigen Abend beschloß. Ich war von einer kleinen Gesellschaft weggegangen in Begleitung eines Freundes, der sich erbot, einen Wagen zu nehmen und mich nach Hause zu führen. »Ich ziehe einen Wagen mit Taxameter vor«, sagte er, »das beschäftigt einen so angenehm; man hat immer etwas, worauf man schauen kann.« Als wir im Wagen saßen und der Kutscher die Scheibe einstellte, so daß die ersten sechzig Heller sichtbar wurden, setzte ich den Scherz fort. »Wir sind kaum eingestiegen und schulden ihm schon sechzig Heller. Mich erinnert der Taxameterwagen immer an die *table d'hôte.* Er macht mich geizig und eigensüchtig, indem er mich unausgesetzt an meine Schuld mahnt. Es kommt mir vor, daß diese zu schnell wächst, und ich fürchte mich, zu kurz zu kommen, gerade wie ich mich auch an der *table d'hôte* der komischen Besorgnis, ich bekomme zuwenig, müsse auf meinen Vorteil bedacht sein, nicht erwehren kann.« In entfernterem Zusammenhange hiermit zitierte ich:

»Ihr führt ins Leben uns hinein,
Ihr laßt den Armen *schuldig* werden.«[5]

Ein zweiter Einfall zur *table d'hôte:* Vor einigen Wochen habe ich mich an einer *Gasthaustafel* in einem Tiroler Höhenkurort heftig über meine liebe Frau geärgert, die mir nicht reserviert genug gegen einige Nachbarn war, mit denen ich durchaus keinen Verkehr anknüpfen wollte. Ich bat sie, sich mehr mit mir als mit den Fremden zu beschäftigen. Das ist ja auch, *als ob ich an der table d'hôte zu kurz*

---

5 [Aus einem der Harfner-Lieder in Goethes *Wilhelm Meisters Lehrjahre,* 2. Buch, Kapitel XIII; Hervorhebung von Freud.]

gekommen wäre. Jetzt fällt mir auch der Gegensatz auf zwischen dem Benehmen meiner Frau an jener Tafel und dem der Frau E. L. im Traum, *»die sich ganz mir zuwendet«.*

Weiter: Ich merke jetzt, daß der Traumvorgang die Reproduktion einer kleinen Szene ist, die sich ganz ähnlich so zwischen meiner Frau und mir zur Zeit meiner geheimen Werbung zugetragen hat. Die Liebkosung unter dem Tischtuch war die Antwort auf einen ernsthaft werbenden Brief. Im Traum ist aber meine Frau durch die mir fremde E. L. ersetzt.

Frau E. L. ist die Tochter eines Mannes, dem ich *Geld geschuldet* habe! Ich kann nicht umhin zu bemerken, daß sich da ein ungeahnter Zusammenhang zwischen den Stükken des Trauminhalts und meinen Einfällen enthüllt. Folgt man der Assoziationskette, die von einem Element des Trauminhaltes ausgeht, so wird man bald zu einem anderen Element desselben zurückgeführt. Meine Einfälle zum Traume stellen Verbindungen her, die im Traume selbst nicht ersichtlich sind.

Pflegt man nicht, wenn jemand erwartet, daß andere für seinen Vorteil sorgen sollen, ohne eigenen Vorteil dabei zu finden, diesen Weltunkundigen höhnisch zu fragen: Glauben Sie denn, daß dies oder jenes *um Ihrer schönen Augen willen* geschehen wird? Dann bedeutet ja die Rede der Frau E. L. im Traume: »Sie haben immer so schöne Augen gehabt« nichts anderes als: Ihnen haben die Leute immer alles zuliebe getan; Sie haben alles *umsonst gehabt.* Das Gegenteil ist natürlich wahr: Ich habe alles, was mir andere etwa Gutes erwiesen, teuer bezahlt. Es muß mir doch einen Eindruck gemacht haben, daß ich gestern den Wagen *umsonst gehabt habe,* in dem mich mein Freund nach Hause geführt hat.

Allerdings der Freund, bei dem wir gestern zu Gaste waren, hat mich oft zu seinem Schuldner gemacht. Ich habe erst unlängst eine Gelegenheit, es ihm zu vergelten, ungenützt vorübergehen lassen. Er hat ein einziges Geschenk von mir, eine antike Schale, auf der ringsum *Augen* gemalt sind, ein sog. Occhiale zur *Abwehr des Malocchio*[6]. Er ist übrigens *Augenarzt*. Ich hatte ihn an demselben Abend nach der Patientin gefragt, die ich zur *Brillen*bestimmung in seine Ordination empfohlen hatte.

Wie ich bemerke, sind nun fast sämtliche Stücke des Trauminhaltes in den neuen Zusammenhang gebracht. Ich könnte aber konsequenterweise noch fragen, warum im Traume gerade Spinat aufgetischt wird? Weil *Spinat* an eine kleine Szene erinnert, die kürzlich an unserem Familientische vorfiel, als ein Kind – gerade jenes, dem man die *schönen Augen* wirklich nachrühmen kann – sich weigerte, Spinat zu essen. Ich selbst benahm mich als Kind ebenso; *Spinat* war mir lange Zeit ein Abscheu, bis sich mein Geschmack später änderte und dieses Gemüse zur Lieblingsspeise erhob. Die Erwähnung dieses Gerichts stellt so eine Annäherung her zwischen meiner Jugend und der meines Kindes. »Sei froh, daß du Spinat hast«, hatte die Mutter dem kleinen Feinschmecker zugerufen. »Es gibt Kinder, die mit Spinat sehr zufrieden wären.« Ich werde so an die Pflichten der Eltern gegen ihre Kinder erinnert. Die Goetheschen Worte:

»Ihr führt ins Leben uns hinein,
Ihr laßt den Armen schuldig werden«

zeigen in diesem Zusammenhange einen neuen Sinn.

Ich werde hier haltmachen, um die bisherigen Ergebnisse der Traumanalyse zu überblicken. Indem ich den Assoziationen folgte, welche sich an die einzelnen, aus ihrem Zusammenhang gerissenen Elemente des Traumes anknüpften, bin ich zu einer Reihe von Gedanken und Erinnerungen gelangt, in denen ich wertvolle Äußerungen meines Seelenlebens erkennen muß. Dieses durch die Analyse des Traumes gefundene Material steht in einer innigen Beziehung zum Trauminhalt, doch ist diese Beziehung von der Art, daß ich das neu Gefundene niemals aus dem

6 [Ital. Bezeichnung für den sogenannten Bösen Blick.]

Trauminhalt hätte erschließen können. Der Traum war affektlos, unzusammenhängend und unverständlich; während ich die Gedanken hinter dem Traume entwickle, verspüre ich intensive und gut begründete Affektregungen; die Gedanken selbst fügen sich ausgezeichnet zu logisch verbundenen Ketten zusammen, in denen gewisse Vorstellungen als zentrale wiederholt vorkommen. Solche im Traum selbst nicht vertretene Vorstellungen sind in unserem Beispiel die Gegensätze von *eigennützig – uneigennützig*, die Elemente *schuldig sein* und *umsonst tun*. Ich könnte in dem Gewebe, welches sich der Analyse enthüllt, die Fäden fester anziehen und würde dann zeigen können, daß sie zu einem einzigen Knoten zusammenlaufen, aber Rücksichten nicht wissenschaftlicher, sondern privater Natur hindern mich, diese Arbeit öffentlich zu tun. Ich müßte zu vielerlei verraten, was besser mein Geheimnis bleibt, nachdem ich auf dem Wege zu dieser Lösung mir allerlei klargemacht, was ich mir selbst ungern eingestehe. Warum ich aber nicht lieber einen anderen Traum wählte, dessen Analyse sich zur Mitteilung besser eignet, so daß ich eine bessere Überzeugung für den Sinn und Zusammenhang des durch Analyse aufgefundenen Materials erwecken kann? Die Antwort lautet, weil *jeder* Traum, mit dem ich mich beschäftigen will, zu denselben schwer mitteilbaren Dingen führen und mich in die gleiche Nötigung zur Diskretion versetzen wird. Ebensowenig würde ich diese Schwierigkeit vermeiden, wenn ich den Traum eines anderen zur Analyse brächte, es sei denn, daß die Verhältnisse gestatteten, ohne Schaden für den mir Vertrauenden alle Verschleierungen fallenzulassen.

Die Auffassung, die sich mir schon jetzt aufdrängt, geht dahin, daß der Traum eine Art *Ersatz* ist für jene affektvollen und sinnreichen Gedankengänge, zu denen ich nach vollendeter Analyse gelangt bin. Ich kenne den Prozeß noch nicht, welcher aus diesen Gedanken den Traum hat entstehen lassen, aber ich sehe ein, daß es unrecht ist, diesen als einen rein körperlichen, psychisch bedeutungslosen Vorgang hinzustellen, der durch die isolierte Tätigkeit einzelner aus dem Schlaf geweckter Hirnzellgruppen entstanden ist.

Zweierlei merke ich noch an: daß der Trauminhalt sehr viel kürzer ist als die Gedanken, für deren Ersatz ich ihn erkläre, und daß die Analyse eine unwichtige Begebenheit des Abends vor dem Träumen als den Traumerreger aufgedeckt hat.

Ich werde einen so weitreichenden Schluß natürlich nicht ziehen, wenn mir erst eine einzige Traumanalyse vorliegt. Wenn mir aber die Erfahrung gezeigt hat, daß ich durch kritiklose Verfolgung der Assoziationen von *jedem* Traum aus zu einer solchen Kette von Gedanken gelangen kann, unter deren Elementen die Traumbestandteile wiederkehren und die unter sich korrekt und sinnreich verknüpft sind, so wird die geringe Erwartung, daß die das erstemal bemerkten Zusammenhänge sich als Zufall herausstellen könnten, wohl aufgegeben werden. Ich halte mich dann für berechtigt, die neue Einsicht durch Namengebung zu fixieren. Den Traum, wie er mir in der Erinnerung vorliegt, stelle ich dem durch Analyse gefundenen zugehörigen Material gegenüber, nenne den ersteren den *manifesten Trauminhalt,* das letztere – zunächst ohne weitere Scheidung – den *latenten Trauminhalt.* Ich stehe dann vor zwei neuen, bisher nicht formulierten Problemen: 1) welches der psychische Vorgang ist, der den latenten Trauminhalt in den mir aus der Erinnerung bekannten, manifesten, übergeführt hat; 2) welches das Motiv oder die Motive sind, die solche Übersetzung erfordert haben. Den Vorgang der Verwandlung vom latenten zum manifesten Trauminhalt werde ich die *Traumarbeit* nennen. Das Gegenstück zu dieser Arbeit, welches die entgegengesetzte Umwandlung leistet, kenne ich bereits als *Analysenarbeit.* Die anderen Traumprobleme, die Fragen nach den Traumerregern, nach der Herkunft des Traummaterials, nach dem etwaigen Sinn des Traumes und Funktion des Träumens und nach den Gründen des Traumvergessens werde ich nicht am manifesten, sondern am neugewonnenen latenten Trauminhalt erörtern. Da ich alle widersprechenden wie alle unrichtigen Angaben über das Traumleben in der Literatur auf die Unkenntnis des erst durch Analyse zu enthüllenden latenten Trauminhaltes zurückführe, werde ich eine Verwechslung des *manifesten Traumes* mit den *latenten Traumgedanken* fortan aufs sorgfältigste zu vermeiden suchen.

III

Die Verwandlung der latenten Traumgedanken in den manifesten Trauminhalt verdient unsere volle Aufmerksamkeit als das zuerst bekannt gewordene Beispiel von Umsetzung eines psychischen Materials aus der einen Ausdrucksweise in die andere, aus einer Ausdrucksweise, die uns ohne weiteres verständlich ist, in eine andere, zu deren Verständnis wir erst durch Anleitung und Bemühung vordringen können, obwohl auch sie als Leistung unserer Seelentätigkeit anerkannt werden muß. Mit Rücksicht auf das Verhältnis von latentem zu manifestem Trauminhalt lassen sich die Träume in drei Kategorien bringen. Wir können erstens solche Träume unterscheiden, die *sinnvoll* und gleichzeitig *verständlich* sind, d. h. eine Einreihung in unser seelisches Leben ohne weiteren Anstoß zulassen. Solcher Träume gibt es viele; sie sind meist kurz und erscheinen uns im allgemeinen wenig bemerkenswert, weil alles Erstaunen oder Befremden Erregende ihnen abgeht. Ihr Vorkommen ist übrigens ein starkes Argument gegen die Lehre, welche den Traum durch isolierte Tätigkeit einzelner Hirnzellgruppen entstehen läßt; es fehlen ihnen alle Kennzeichen herabgesetzter oder zerstückelter psychischer Tätigkeit, und doch erheben wir gegen ihren Charakter als Träume niemals einen Einspruch und verwechseln sie nicht mit den Produkten des Wachens. Eine zweite Gruppe bilden jene Träume, die zwar in sich zusammenhängend sind und einen klaren Sinn haben, aber *befremdend* wirken, weil wir diesen Sinn in unserem Seelenleben nicht unterzubringen wissen. Solch ein Fall ist es, wenn wir z. B. träumen, daß ein lieber Verwandter an der Pest gestorben ist, während wir keinen Grund zu solcher Erwartung, Besorgnis oder Annahme kennen und uns verwundert fragen: wie komme ich zu dieser Idee? In die dritte Gruppe gehören endlich jene Träume, denen beides abgeht, Sinn und Verständlichkeit, die *unzusammenhängend*, *verworren* und *sinnlos* erscheinen. Die überwiegende Mehrzahl der Produkte unseres Träumens zeigt diese Charaktere, welche die Geringschätzung der Träume und die ärztliche Theorie von der eingeschränkten Seelentätigkeit begründet haben. Zumal in den längeren und komplizierteren Traumkompositionen vermißt man nur selten die deutlichsten Zeichen der Inkohärenz.

Der Gegensatz von manifestem und latentem Trauminhalt hat offenbar nur für die Träume der zweiten und noch eigentlicher für die der dritten Kategorie Bedeutung. Hier finden sich die Rätsel vor, die erst verschwinden, wenn man den manifesten Traum durch den latenten Gedankeninhalt ersetzt, und an einem Beispiel dieser Art, an einem verworrenen und unverständlichen Traum, haben wir auch die voranstehende Analyse ausgeführt. Wir sind aber wider unser Erwarten auf Motive gestoßen, die uns eine vollständige Kenntnisnahme der latenten Traumgedanken verwehrten, und durch die Wiederholung der gleichen Erfahrung dürften wir zur Vermutung geführt werden, daß *zwischen dem unverständlichen und verworrenen Charakter des Traumes und den Schwierigkeiten bei der Mitteilung der Traumgedanken ein intimer und gesetzmäßiger Zusammenhang besteht.* Ehe wir die Natur dieses Zusammenhanges erforschen, werden wir mit Vorteil unser Interesse den leichter verständlichen Träumen der ersten Kategorie zuwenden, in denen manifester und latenter Inhalt zusammenfallen, die Traumarbeit also erspart scheint.

Die Untersuchung dieser Träume empfiehlt sich noch von einem anderen Gesichtspunkte aus. Die Träume der *Kinder* sind nämlich von solcher Art, also sinnvoll und nicht befremdend, was, nebenbei bemerkt, einen neuen Einspruch gegen die Zurückführung des Traumes auf dissoziierte Hirntätigkeit im Schlafe abgibt, denn warum sollte wohl solche Herabsetzung der psychischen Funktionen beim Erwachsenen zu den Charakteren des Schlafzustandes gehören, beim Kinde aber nicht? Wir dürfen uns aber mit vollem Recht der Erwartung hingeben, daß die Aufklärung psychischer Vorgänge beim Kinde, wo sie wesentlich vereinfacht sein mögen, sich als eine unerläßliche Vorarbeit für die Psychologie des Erwachsenen erweisen wird.

Ich werde also einige Beispiele von Träumen mitteilen, die ich von Kindern gesammelt habe: Ein Mädchen von 19 Monaten wird über einen Tag nüchtern erhalten, weil sie am Morgen erbrochen und sich nach der Aussage der Kinderfrau an Erdbeeren verdorben hat. In der Nacht nach diesem Hungertag hört man sie aus dem Schlafe ihren Namen nennen und dazusetzen: *»Er(d)beer, Hochbeer, Eier(s)peis, Papp.«*[7] Sie träumt also, daß sie ißt, und hebt aus ihrem Menü gerade das hervor, was ihr die nächste Zeit, wie sie vermutet, karg zugemessen bleiben wird. – Ähnlich träumt von einem versagten Genuß ein 22monatiger Knabe, der tags zuvor seinem Onkel ein Körbchen mit frischen Kirschen hatte als Geschenk anbieten müssen, von denen er natürlich nur eine Probe kosten durfte. Er erwacht mit der freudigen Mitteilung: *He(r)mann alle Kirschen aufgessen.* – Ein 3¼jähriges Mädchen hatte am Tage eine Fahrt über den See gemacht, die ihr nicht lang genug gedauert hatte, denn sie weinte, als sie aussteigen sollte. Am Morgen darauf erzählte sie, daß sie in der Nacht auf dem See gefahren, die unterbrochene Fahrt also fortgesetzt habe. – Ein 5¼jähriger Knabe schien von einer Fußpartie in der Dachsteingegend wenig befriedigt; er erkundigte sich, sooft ein neuer Berg in Sicht kam, ob das der Dachstein sei, und weigerte sich dann, den Weg zum Wasserfall mitzumachen. Sein Benehmen wurde auf Müdigkeit geschoben, erklärte sich aber besser, als er am nächsten Morgen seinen Traum erzählte, *er sei auf den Dachstein gestiegen.*

---

7 [Es handelt sich hier um einen Kindheitstraum von Freuds Tochter Anna Freud (1895–1982), die später selbst als Psychoanalytikerin erfolgreich war.]

Er hatte offenbar erwartet, die Dachsteinbesteigung werde das Ziel des Ausfluges sein, und war verstimmt worden, als er den ersehnten Berg nicht zu Gesicht bekam. Im Traum holte er nach, was der Tag ihm nicht gebracht hatte. – Ganz ähnlich benahm sich der Traum eines sechsjährigen Mädchens, dessen Vater einen Spaziergang vor dem erreichten Ziele wegen vorgerückter Stunde abgebrochen hatte. Auf dem Rückweg war ihr eine Wegtafel aufgefallen, die einen anderen Ausflugsort nannte, und der Vater hatte versprochen, sie ein andermal auch dorthin zu führen. Sie empfing den Vater am nächsten Morgen mit der Mitteilung, sie habe geträumt, *der Vater sei mit ihr an dem einen wie an dem anderen Ort gewesen.*

Das Gemeinsame dieser Kinderträume ist augenfällig. Sie erfüllen sämtlich Wünsche, die am Tage regegemacht und unerfüllt geblieben sind. Sie sind *einfache und unverhüllte Wunscherfüllungen.*

Nichts anderes als eine Wunscherfüllung ist auch folgender, auf den ersten Eindruck nicht ganz verständlicher Kindertraum. Ein nicht vierjähriges Mädchen war einer poliomyelitischen Affektion wegen vom Lande in die Stadt gebracht worden und übernachtete bei einer kinderlosen Tante in einem großen – für sie natürlich übergroßen – Bette. Am nächsten Morgen berichtete sie, daß sie geträumt, *das Bett sei ihr viel zu klein gewesen, so daß sie in ihm keinen Platz gefunden.* Die Lösung dieses Traumes als Wunschtraum ergibt sich leicht, wenn man sich erinnert, daß »*Großsein*« ein häufig auch geäußerter Wunsch der Kinder ist. Die Größe des Bettes mahnte das kleine Gernegroß allzu nachdrücklich an seine Kleinheit; darum korrigierte es im Traume das ihm unliebsame Verhältnis und wurde nun so groß, daß ihm das große Bett noch zu klein war.

Auch wenn der Inhalt der Kinderträume sich kompliziert und verfeinert, liegt die Auffassung als Wunscherfüllung jedesmal sehr nahe. Ein achtjähriger Knabe träumt, daß er mit Achilleus im Streitwagen gefahren, den Diomedes lenkte. Er hat sich nachweisbar tags vorher in die Lektüre griechischer Heldensagen versenkt; es ist leicht zu konstatieren, daß er sich diese Helden zu Vorbildern genommen und bedauert hat, nicht in ihrer Zeit zu leben.

Aus dieser kleinen Sammlung erhellt ohne weiteres ein zweiter Charakter der Kinderträume, ihr *Zusammenhang mit dem Tagesleben.* Die Wünsche, die sich in ihnen erfüllen, sind vom Tage, in der Regel vom Vortage, erübrigt und sind im Wachdenken mit intensiver Gefühlsbetonung ausgestattet gewesen. Unwesentliches und Gleichgültiges, oder was dem Kinde so erscheinen muß, hat im Trauminhalt keine Aufnahme gefunden.

Auch bei Erwachsenen kann man zahlreiche Beispiele solcher Träume von infantilem Typus sammeln, die aber, wie erwähnt, meist knapp an Inhalt sind. So beantwortet eine Reihe von Personen einen nächtlichen Durstreiz regelmäßig mit dem Traume zu trinken, der also den Reiz fortzuschaffen und den Schlaf fortzusetzen strebt. Bei manchen Menschen findet man solche *Bequemlichkeitsträume* häufig vor dem Erwachen, wenn die Aufforderung aufzustehen an sie herantritt. Sie träumen dann, daß sie schon aufgestanden sind, beim Waschtisch stehen oder sich bereits in der Schule, im Büro u. dgl. befinden, wo sie zur bestimmten Zeit sein sollten. In der Nacht vor einer beabsichtigten Reise träumt man nicht selten, daß man am Bestimmungsorte angekommen ist; vor einer Theatervorstellung, einer Gesellschaft antizipiert der Traum nicht selten – gleichsam ungeduldig – das erwartete Vergnügen. Andere Male drückt der Traum die Wunscherfüllung um eine Stufe indirekter aus; es bedarf noch der Herstellung einer Beziehung, einer Folgerung, also eines Beginnes von Deutungsarbeit, um die Wunscherfüllung zu erkennen. So z. B. wenn mir ein Mann den Traum seiner jungen Frau erzählt, daß sich bei ihr die Periode eingestellt habe. Ich muß daran denken, daß die junge Frau einer Gravidität entgegensieht, wenn ihr die Periode ausbleibt. Dann ist die Mitteilung des Traumes eine Graviditätsanzeige, und sein Sinn ist, daß er den Wunsch erfüllt zeigt, die Gravidität möge doch noch eine Weile ausbleiben. Unter ungewöhnlichen und extremen Verhältnissen werden solche Träume von infantilem Charakter besonders häufig. Der Leiter einer Polarexpedition berichtet z. B., daß seine Mannschaft während der Überwinterung im Eise bei monotoner Kost und schmalen Rationen regelmäßig wie die Kinder von großen Mahlzeiten träumte, von Bergen von Tabak und vom Zuhausesein.

Gar nicht selten hebt sich aus einem längeren, komplizierten und im ganzen verworrenen Traum ein besonders klares Stück hervor, das eine unverkennbare Wunscherfüllung enthält, aber mit anderem, unverständlichem Material verlötet ist. Versucht man häufiger, auch die anscheinend durchsichtigen[8] Träume Erwachsener zu analysieren, so erfährt man zu seiner Verwunderung, daß diese selten so einfach sind wie die Kinderträume und daß sie etwa hinter der einen Wunscherfüllung noch anderen Sinn verbergen.

Es wäre nun gewiß eine einfache und befriedigende Lösung der Traumrätsel, wenn etwa die Analysenarbeit uns ermöglichen sollte, auch die sinnlosen und verworrenen Träume Erwachsener auf den infantilen Typus der Erfüllung eines intensiv empfundenen Wunsches vom Tage zurückzuführen. Der Anschein spricht gewiß nicht für diese Erwartung. Die Träume sind meist voll des gleichgültigsten und fremdartigsten Materials, und von Wunscherfüllung ist in ihrem Inhalt nichts zu merken.

Ehe wir aber die infantilen Träume, die unverhüllte Wunscherfüllungen sind, verlassen, wollen wir nicht versäumen, einen längst bemerkten Hauptcharakter des Traumes zu erwähnen, der gerade in dieser Gruppe am reinsten hervortritt. Ich kann jeden dieser Träume durch einen Wunschsatz ersetzen: Oh, hätte die Fahrt auf dem See doch länger gedauert; – wäre ich doch schon gewaschen und angezogen; – hätte ich doch die Kirschen behalten dürfen, anstatt sie dem Onkel zu geben; aber der Traum gibt mehr als diesen Optativ. Er zeigt den Wunsch als be-

8 [Nur in der Erstausgabe steht hier »durchsichtigen«, in allen anderen Editionen, vermutlich infolge eines Druckfehlers, »undurchsichtigen«.]

reits erfüllt, stellt diese Erfüllung als real und gegenwärtig dar, und das Material der Traumdarstellung besteht vorwiegend – wenn auch nicht ausschließlich – aus Situationen und meist visuellen Sinnesbildern. Auch in dieser Gruppe wird also eine Art Umwandlung – die man als Traumarbeit bezeichnen darf – nicht völlig vermißt: *Ein im Optativ stehender Gedanke ist durch eine Anschauung im Präsens ersetzt.*

IV

Wir werden geneigt sein anzunehmen, daß eine solche Umsetzung in eine Situation auch bei den verworrenen Träumen stattgefunden hat, wiewohl wir nicht wissen können, ob sie auch hier einen Optativ betraf. Das eingangs mitgeteilte Traumbeispiel, in dessen Analyse wir ein Stück weit eingegangen sind, gibt uns allerdings an zwei Stellen Anlaß, etwas Derartiges zu vermuten. Es kommt in der Analyse vor, daß meine Frau sich an der Tafel mit anderen beschäftigt, was ich als unangenehm empfinde; der Traum enthält davon das *genaue Gegenteil*, daß die Person, die meine Frau ersetzt, sich ganz mir zuwendet. Zu welchem Wunsch kann aber ein unangenehmes Erlebnis besser Anlaß geben, als zu dem, daß sich das Gegenteil davon ereignet haben sollte, wie es der Traum als vollzogen enthält? In ganz ähnlichem Verhältnis steht der bittere Gedanke in der Analyse, daß ich nichts umsonst gehabt habe, zu der Rede der Frau im Traum: Sie haben ja immer so schöne Augen gehabt. Ein Teil der Gegensätzlichkeiten zwischen manifestem und latentem Trauminhalt dürfte sich also auf Wunscherfüllung zurückführen lassen.

Augenfälliger ist aber eine andere Leistung der Traumarbeit, durch welche die inkohärenten Träume zustande kommen. Vergleicht man an einem beliebigen Beispiel die Zahl der Vorstellungselemente oder den Umfang der Niederschrift beim Traum und bei den Traumgedanken, zu denen die Analyse führt und von denen man eine Spur im Traume wiederfindet, so kann man nicht bezweifeln, daß die Traumarbeit hier eine großartige Zusammendrängung oder *Verdichtung* zustande gebracht hat. Über das Ausmaß dieser Verdichtung kann man sich zunächst ein Urteil nicht bilden; sie imponiert aber um so mehr, je tiefer man in die Traumanalyse eingedrungen ist. Da findet man dann kein Element des Trauminhaltes, von dem die Assoziationsfäden nicht nach zwei oder mehr Richtungen auseinandergingen, keine Situation, die nicht aus zwei oder mehr Eindrücken und Erlebnissen zusammengestückelt wäre. Ich träumte z. B. einmal von einer Art Schwimmbassin, in dem die Badenden nach allen Richtungen auseinanderfuhren; an einer Stelle des Randes stand eine Person, die sich zu einer badenden Person neigte, wie um sie herauszuziehen. Die Situation war zusammengesetzt aus der Erinnerung an ein Erlebnis der Pubertätszeit und aus zwei Bildern, von denen ich eines kurz vor dem Traum gesehen hatte. Die zwei Bilder waren das der Überraschung im Bade aus dem Schwindschen Zyklus Melusine (siehe die auseinanderfahrenden Badenden) und ein Sintflutbild eines italienischen Meisters. Das kleine Erlebnis aber hatte darin bestanden, daß ich zusehen konnte, wie in der Schwimmschule der Bademeister einer Dame aus dem Wasser half, die sich bis zum Eintritt der Herrenstunde verspätet hatte. – Die Situation in dem zur Analyse gewählten Beispiel leitet mich bei der Analyse auf eine kleine Reihe von Erinnerungen, von denen jede zum Trauminhalt etwas beigesteuert hat. Zunächst ist es die kleine Szene aus der Zeit meiner Werbung, von der ich bereits gesprochen; ein Händedruck unter dem Tisch, der damals vorfiel, hat für den Traum das Detail »unter dem Tisch«, das ich der Erinnerung nachträglich einfügen muß, geliefert. Von »Zuwendung« war natürlich damals keine Rede; ich weiß aus der Analyse, daß dieses Element die Wunscherfüllung durch Gegensatz ist, die zum Benehmen meiner Frau an der *table d'hôte* gehört. Hinter dieser rezenten Erinnerung verbirgt sich aber eine ganz ähnliche und viel bedeutsamere Szene aus unserer Verlobungszeit, die uns für einen ganzen Tag entzweite. Die Vertraulichkeit, die Hand auf das Knie zu legen, gehört in einen ganz verschiedenen Zusammenhang und zu ganz anderen Personen. Dieses Traumelement wird selbst wieder zum Ausgangspunkt zweier besonderer Erinnerungsreihen usw.

Das Material aus den Traumgedanken, welches zur Bildung der Traumsituation zusammengeschoben wird, muß natürlich für diese Verwendung von vorneherein brauchbar sein. Es bedarf hiezu eines – oder mehrerer – in allen Komponenten vorhandenen *Gemeinsamen.* Die Traumarbeit verfährt dann wie Francis Galton[9] bei der Herstellung seiner Familienphotographien. Sie bringt die verschiedenen Komponenten wie übereinandergelegt zur Deckung; dann tritt das Gemeinsame im Gesamtbild deutlich hervor, die widersprechenden Details löschen einander nahezu aus. Dieser Herstellungsprozeß erklärt auch zum Teil die schwankenden Bestimmungen von eigentümlicher Verschwommenheit so vieler Elemente des Trauminhalts. Die Traumdeutung spricht, auf dieser Einsicht fußend, folgende Regel aus: Wo sich bei der Analyse eine *Unbestimmtheit* noch in ein *entweder–oder* auflösen läßt, da ersetze man dies für die Deutung durch ein *»und«* und nehme jedes Glied der scheinbaren Alternative zum unabhängigen Ausgang einer Reihe von Einfällen.

Wo solche *Gemeinsame* zwischen den Traumgedanken nicht vorhanden sind, da bemüht sich die Traumarbeit *solche zu schaffen*, um die gemeinsame Darstellung im Traume zu ermöglichen. Der bequemste Weg, um zwei Traumgedanken, die noch nichts Gemeinsames haben, einander näherzubringen, besteht in der Veränderung des sprachlichen Ausdrucks für den einen, wobei ihm etwa noch der andere durch eine entsprechende Umgießung in einen anderen Ausdruck entgegenkommt. Es ist das ein ähnlicher Vorgang wie beim Reimeschmieden, wobei der Gleichklang das gesuchte Gemeinsame ersetzt. Ein gutes Stück der

9 [Francis Galton (1822–1911), engl. Naturforscher und Rassentheoretiker, prägte den Begriff »Eugenik« und formulierte die Vererbungsregel, daß die Abweichungen der Individuen einer Art von dem normalen Artcharakter jedesmal um einen Mittelwert schwanken.]

Traumarbeit besteht in der Schöpfung solcher häufig sehr witzig, oft aber gezwungen erscheinenden Zwischengedanken, welche von der gemeinsamen Darstellung im Trauminhalt bis zu den nach Form und Wesen verschiedenen, durch die Traumanlässe motivierten Traumgedanken reichen. Auch in der Analyse unseres Traumbeispiels finde ich einen derartigen Fall von Umformung eines Gedankens zum Zwecke des Zusammentreffens mit einem anderen, ihm wesenfremden. Bei der Fortsetzung der Analyse stoße ich nämlich auf den Gedanken: *Ich möchte auch einmal etwas umsonst haben;* aber diese Form ist für den Trauminhalt nicht brauchbar. Sie wird darum durch eine neue ersetzt: *Ich möchte gerne etwas genießen, ohne »Kosten« zu haben.* Das Wort *Kosten* paßt nun mit seiner zweiten Bedeutung in den Vorstellungskreis der *table d'hôte* und kann seine Darstellung durch den im Traum aufgetischten *Spinat* finden. Wenn bei uns eine Speise zu Tische kommt, welche von den Kindern abgelehnt wird, so versucht es die Mutter wohl zuerst mit Milde und fordert von den Kindern: *Nur ein bißchen kosten.* Daß die Traumarbeit die Zweideutigkeit der Worte so unbedenklich ausnützt, erscheint zwar sonderbar, stellt sich aber bei reicherer Erfahrung als ein ganz gewöhnliches Vorkommnis heraus.

Durch die Verdichtungsarbeit des Traumes erklären sich auch gewisse Bestandteile seines Inhaltes, die nur ihm eigentümlich sind und im wachen Vorstellen nicht gefunden werden. Es sind dies die *Sammel-* und *Mischpersonen* und die sonderbaren *Mischgebilde,* Schöpfungen, den Tierkompositionen orientalischer Völkerphantasie vergleichbar, die aber in unserem Denken bereits zu Einheiten erstarrt sind, während die Traumkompositionen in unerschöpflichem Reichtum immer neu gebildet werden. Jeder kennt solche Gebilde aus seinen eigenen Träumen; die Weisen ihrer Herstellung sind sehr mannigfaltig. Ich kann eine Person zusammensetzen, indem ich ihr Züge von der einen und von der anderen verleihe oder indem ich ihr die Gestalt der einen gebe und dabei im Traum den Namen der anderen denke, oder ich kann die eine Person visuell vorstellen, sie aber in eine Situation versetzen, die sich mit der anderen ereignet hat. In all diesen Fällen ist die Zusammenziehung verschiedener Personen zu einem einzigen Vertreter im Trauminhalt sinnvoll, sie soll ein »und«, »gleichwie«, eine Gleichstellung der originalen Personen in einer gewissen Hinsicht bedeuten, die auch im Traum selbst erwähnt sein kann. In der Regel aber ist diese Gemeinsamkeit der verschmolzenen Personen erst durch die Analyse aufzusuchen und wird im Trauminhalt eben bloß durch die Bildung der Sammelperson angedeutet.

Dieselbe Mannigfaltigkeit der Herstellungsweise und die nämliche Regel bei der Auflösung gilt auch für die unermeßlich reichhaltigen Mischgebilde des Trauminhaltes, von denen ich Beispiele wohl nicht anzuführen brauche. Ihre Sonderbarkeit verschwindet ganz, wenn wir uns entschließen, sie nicht in eine Reihe mit den Objekten der Wahrnehmung im Wachen zu stellen, sondern uns erinnern, daß sie eine Leistung der Traumverdichtung darstellen und in treffender Abkürzung einen gemeinsamen Charakter der so kombinierten Objekte hervorheben. Die Gemeinsamkeit ist auch hier meist aus der Analyse einzusetzen. Der Trauminhalt sagt gleichsam nur aus: *Alle diese Dinge haben ein X gemeinsam.* Die Zersetzung solcher Mischgebilde durch die Analyse führt oft auf dem kürzesten Weg zur Bedeutung des Traumes. So träumte ich einmal, daß ich mit einem meiner früheren Universitätslehrer in einer Bank sitze, die mitten unter anderen Bänken eine rasch fortschreitende Bewegung erfährt. Es war dies eine Kombination von Hörsaal und *trottoir roulant*[10]. Die weitere Verfolgung des Gedankens übergehe ich. – Ein andermal sitze ich im Waggon und halte auf dem Schoß einen Gegenstand von der Form eines Zylinderhutes, der aber aus durchsichtigem Glas besteht. Die Situation läßt mir sofort das Sprichwort einfallen: Mit dem Hute in der Hand kommt man durchs ganze Land. Der *Glaszylinder* erinnert auf kurzen Umwegen an das Auersche Licht, und ich weiß

10 [Rolltreppe.]

bald, daß ich eine Erfindung machen möchte, die mich so reich und unabhängig werden läßt wie meinen Landsmann, den Dr. Auer von Welsbach[11], die seinige, und daß ich dann Reisen machen will, anstatt in Wien zu bleiben. Im Traume reise ich mit meiner Erfindung – dem allerdings noch nicht gebräuchlichen Hutzylinder aus Glas. – Ganz besonders liebt es die Traumarbeit, zwei in gegensätzlicher Beziehung stehende Vorstellungen durch das nämliche Mischgebilde darzustellen, so z. B. wenn eine Frau sich im Traume, einen hohen Blumenstengel tragend, sieht, wie der Engel auf den Bildern von Mariä Verkündigung dargestellt wird (Unschuld – Marie ist ihr eigener Name), der Stengel aber mit dicken, weißen Blüten besetzt ist, die Kamelien gleichen (Gegensatz zu Unschuld: Kameliendame[12]).

Ein gutes Stück dessen, was wir über die Traumverdichtung erfahren haben, läßt sich in der Formel zusammenfassen: Jedes der Elemente des Trauminhaltes ist durch das Material der Traumgedanken *überdeterminiert*, führt seine Abstammung nicht auf ein einzelnes Element der Traumgedanken, sondern auf eine ganze Reihe von solchen zurück, die einander in den Traumgedanken keineswegs nahestehen müssen, sondern den verschiedensten Bezirken des Gedankengewebes angehören können. Das Traumelement ist im richtigen Sinne die *Vertretung im Trauminhalt* für all dies disparate Material. Die Analyse deckt aber noch eine andere Seite der zusammengesetzten Beziehung zwischen Trauminhalt und Traumgedanken auf. So wie von jedem Traumelement Verbindungen zu mehreren Traumgedanken führen, so ist auch in der Regel *ein Traumgedanke durch mehr als ein Traumelement vertreten;* die Assoziationsfäden konvergieren nicht einfach von den Traum-

11 [Carl Freiherr Auer von Welsbach (1858–1929) begründete mit seinen Erfindungen des Auerlichts und der Metallfadenlampe (der späteren Osram-Glühlampe) wichtige Industriezweige.]

12 [Gemeint ist hier natürlich der Roman bzw. das Theaterstück *Die Kameliendame* (1848 bzw. 1852) von Alexandre Dumas dem Jüngeren (1824–1895).]

gedanken bis zum Trauminhalt, sondern überkreuzen und durchweben sich vielfach unterwegs.

Neben der Verwandlung eines Gedankens in eine Situation (der »Dramatisierung«) ist die Verdichtung der wichtigste und eigentümlichste Charakter der Traumarbeit. Von einem Motiv, welches zu solcher Zusammendrängung des Inhalts nötigen würde, ist uns aber zunächst nichts enthüllt worden.

V

Bei den komplizierten und verworrenen Träumen, die uns jetzt beschäftigen, läßt sich nicht der ganze Eindruck von Unähnlichkeit zwischen Trauminhalt und Traumgedanken auf Verdichtung und Dramatisierung zurückführen. Es liegen Zeugnisse für die Wirksamkeit eines dritten Faktors vor, die einer sorgfältigen Sammlung würdig sind.

Ich merke vor allem, wenn ich durch Analyse zur Kenntnis der Traumgedanken gelangt bin, daß der manifeste Trauminhalt ganz andere Stoffe behandelt als der latente. Dies ist freilich nur ein Schein, der sich bei genauerer Untersuchung verflüchtigt, denn schließlich finde ich allen Trauminhalt in den Traumgedanken ausgeführt, fast alle Traumgedanken durch den Trauminhalt vertreten wieder. Aber es bleibt von der Verschiedenheit doch etwas bestehen. Was in dem Traum breit und deutlich als der wesentliche Inhalt hingestellt war, das muß sich nach der Analyse mit einer höchst untergeordneten Rolle unter den Traumgedanken begnügen, und was nach der Aussage meiner Gefühle unter den Traumgedanken auf die größte Beachtung Anspruch hat, dessen Vorstellungsmaterial findet sich im Trauminhalt entweder gar nicht vor oder ist durch eine entfernte Anspielung in einer undeutlichen Region des Traumes vertreten. Ich kann diese Tatsache so beschreiben: *Während der Traumarbeit übergeht die psychische Intensität von den Gedanken und Vorstellungen, denen sie berechtigterweise zukommt, auf andere, die nach meinem Urteil keinen Anspruch auf solche Betonung haben.* Kein anderer Vorgang trägt soviel dazu bei, um den Sinn des Traumes zu verbergen und mir den Zusammenhang von Trauminhalt und Traumgedanken unkenntlich zu machen. Während dieses Vorganges, den ich die *Traumverschiebung* nennen will, sehe ich auch die psychische Intensität, Bedeutsamkeit oder Affektfähigkeit von Gedanken sich in sinnliche Lebhaftigkeit umsetzen. Das Deutlichste im Trauminhalt erscheint mir ohne weiteres als das Wichtigste; gerade in einem undeutlichen Traumelement kann ich aber oft den direktesten Abkömmling des wesentlichen Traumgedankens erkennen.

Was ich Traumverschiebung genannt habe, könnte ich auch als *Umwertung der psychischen Wertigkeiten* bezeichnen. Ich habe aber das Phänomen nicht erschöpfend gewürdigt, wenn ich nicht hinzufüge, daß diese Verschiebungs- oder Umwertungsarbeit an den einzelnen Träumen mit einem sehr wechselnden Betrag beteiligt ist. Es gibt Träume, die fast ohne jede Verschiebung zustande gekommen sind. Diese sind gleichzeitig die sinnvollen und verständlichen, wie wir z. B. die unverhüllten Wunschträume kennengelernt haben. In anderen Träumen hat nicht mehr ein Stück der Traumgedanken den ihm eigenen psychischen Wert behalten oder zeigt sich alles Wesentliche aus den Traumgedanken durch Nebensächliches ersetzt, und dazwischen läßt sich die vollständigste Reihe von Übergängen erkennen. Je dunkler und verworrener ein Traum ist, desto größeren Anteil darf man dem Moment der Verschiebung an seiner Bildung zuschreiben.

Unser zur Analyse gewähltes Beispiel zeigt wenigstens so viel von Verschiebung, daß sein Inhalt anders *zentriert* erscheint als die Traumgedanken. In den Vordergrund des Trauminhaltes drängt sich eine Situation, als ob eine Frau mir Avancen machen würde; das Hauptgewicht in den Traumgedanken ruht auf dem Wunsche, einmal uneigennützige Liebe, die »nichts kostet«, zu genießen, und diese Idee ist hinter der Redensart von den schönen Augen und der entlegenen Anspielung »Spinat« versteckt.

Wenn wir durch die Analyse die Traumverschiebung rückgängig machen, gelangen wir zu vollkommen sicher lautenden Auskünften über zwei vielumstrittene Traumprobleme, über die Traumerreger und über den Zusammenhang des Traumes mit dem Wachleben. Es gibt Träume, die ihre Anknüpfung an die Erlebnisse des Tages unmittelbar verraten; in anderen ist von solcher Beziehung keine Spur zu entdecken. Nimmt man dann die Analyse zu Hilfe, so kann man zeigen, daß jeder Traum ohne mögliche Ausnahme an einen Eindruck der letzten Tage – wahrscheinlich ist es richtiger zu sagen: des letzten Tages vor dem Traum (des Traumtages) – anknüpft. Der Eindruck, welchem die Rolle des Traumerregers zufällt, kann ein so bedeutsamer sein, daß uns die Beschäftigung mit ihm im Wachen nicht Wunder nimmt, und in diesem Falle sagen wir vom Traume mit Recht aus, er setze die wichtigen Interessen des Wachlebens fort. Gewöhnlich aber, wenn sich in dem Trauminhalt eine Beziehung zu einem Tageseindruck vorfindet, ist dieser so geringfügig, bedeutungslos und des Vergessens würdig, daß wir uns an ihn selbst nicht ohne einige Mühe besinnen können. Der Trauminhalt selbst scheint sich dann, auch wo er zusammenhängend und verständlich ist, mit den gleichgültigsten Lappalien zu beschäftigen, die unseres Interesses im Wachen unwürdig wären. Ein gutes Stück der Mißachtung des Traumes leitet sich von dieser Bevorzugung des Gleichgültigen und Nichtigen im Trauminhalte her.

Die Analyse zerstört den Schein, auf den sich dieses geringschätzige Urteil gründet. Wo der Trauminhalt einen indifferenten Eindruck als Traumerreger in den Vordergrund stellt, da weist die Analyse regelmäßig das bedeutsame, mit Recht aufregende Erlebnis nach, welches sich durch das gleichgültige ersetzt, mit dem es ausgiebige assoziative Verbindungen eingegangen hat. Wo der Trauminhalt bedeutungsloses und uninteressantes Vorstellungsmaterial behandelt, da deckt die Analyse die zahlreichen Verbindungswege auf, mittelst welcher dies Wertlose mit dem Wertvollsten in der psychischen Schätzung des einzelnen zusammenhängt. *Es sind nur Akte der Verschiebungsarbeit, wenn anstatt des mit Recht erregenden Eindruckes der indifferente, anstatt des mit Recht interessanten Materials das gleichgültige zur Aufnahme in den Trauminhalt gelangen.* Beantwortet man die Fragen nach den Traumerregern und nach dem Zusammenhang des Träumens mit dem täglichen Treiben nach den neuen Einsichten, die man bei der Ersetzung des manifesten Trauminhaltes durch den latenten gewonnen hat, so muß man sagen: *der Traum beschäftigt sich niemals mit Dingen, die uns nicht auch bei Tag zu beschäftigen würdig sind, und Kleinigkeiten, die uns bei Tag nicht anfechten, vermögen es auch nicht, uns in den Schlaf zu verfolgen.*

Welches ist der Traumerreger in dem zur Analyse gewählten Beispiel? Das wirklich bedeutungslose Erlebnis, daß mir ein Freund zu einer *kostenlosen Fahrt im Wagen* verhalf. Die Situation der *table d'hôte* im Traum enthält eine Anspielung auf diesen indifferenten Anlaß, denn ich hatte im Gespräch den Taxameterwagen in Parallele zur *table d'hôte* gebracht. Ich kann aber auch das bedeutsame Erlebnis angeben, welches sich durch dieses kleinliche vertreten läßt. Wenige Tage vorher hatte ich eine größere Geldausgabe für eine mir teuere Person meiner Familie gemacht. Kein Wunder, heißt es in den Traumgedanken, wenn diese Person mir dafür dankbar wäre, diese Liebe wäre nicht »kostenlos«. Kostenlose Liebe steht aber unter den Traumgedanken im Vordergrunde. Daß ich vor nicht langer Zeit mehrere *Wagenfahrten* mit dem betreffenden Verwandten gemacht, setzt die eine Wagenfahrt mit meinem Freund in den Stand, mich an die Beziehungen zu jener anderen Person zu erinnern. – Der indifferente Eindruck, der durch derartige Verknüpfungen zum Traumerreger wird, unterliegt noch einer Bedingung, die für die wirkliche Traumquelle nicht gilt; er muß jedesmal ein *rezenter* sein, vom Traumtage herrühren.

Ich kann das Thema der Traumverschiebung nicht verlassen, ohne eines merkwürdigen Vorganges bei der Traumbildung zu gedenken, bei dem Verdichtung und Verschiebung zum Effekt zusammenwirken. Wir haben schon bei der Verdichtung den Fall kennengelernt, daß sich zwei Vorstellungen in den Traumgedanken, die etwas

Gemeinsames, einen Berührungspunkt haben, im Trauminhalt durch eine Mischvorstellung ersetzen, in der ein deutlicherer Kern dem Gemeinsamen, undeutliche Nebenbestimmungen den Besonderheiten der beiden entsprechen. Tritt zu dieser Verdichtung eine Verschiebung hinzu, so kommt es nicht zur Bildung einer Mischvorstellung, sondern eines *mittleren Gemeinsamen,* das sich ähnlich zu den einzelnen Elementen verhält wie die Resultierende im Kräfteparallelogramm zu ihren Komponenten. Im Inhalt eines meiner Träume ist z. B. von einer Injektion mit *Propylen* die Rede. In der Analyse gelange ich zunächst nur zu einem indifferenten, als Traumerreger wirksamen Erlebnis, bei welchem *Amylen* eine Rolle spielt. Die Vertauschung von Amylen mit Propylen kann ich noch nicht rechtfertigen. Zu dem Gedankenkreis desselben Traumes gehört aber auch die Erinnerung an einen ersten Besuch in München, wo mir die *Propyläen* auffielen. Die näheren Umstände der Analyse legen es nahe anzunehmen, daß die Einwirkung dieses zweiten Vorstellungskreises auf den ersten die Verschiebung von Amylen auf Propylen verschuldet hat. *Propylen* ist sozusagen die Mittelvorstellung zwischen *Amylen* und *Propyläen* und ist darum nach Art eines *Kompromisses* durch gleichzeitige Verdichtung und Verschiebung in den Trauminhalt gelangt.

Dringender noch als bei der Verdichtung äußert sich hier bei der Verschiebungsarbeit das Bedürfnis, ein Motiv für diese rätselhaften Bemühungen der Traumarbeit aufzufinden.

VI

Ist es hauptsächlich der Verschiebungsarbeit zur Last zu legen, wenn man die Traumgedanken im Trauminhalt nicht wiederfindet oder nicht wiedererkennt – ohne daß man das Motiv solcher Entstellung errät –, so führt eine andere und gelindere Art der Umwandlung, welche mit den Traumgedanken vorgenommen wird, zur Aufdeckung einer neuen, aber leichtverständlichen Leistung der Traumarbeit. Die nächsten Traumgedanken, welche man durch die Analyse entwickelt, fallen nämlich häufig durch ihre ungewöhnliche Einkleidung auf; sie scheinen nicht in den nüchternen sprachlichen Formen gegeben, deren sich unser Denken am liebsten bedient, sondern sind vielmehr in symbolischer Weise durch Gleichnisse und Metaphern, wie in bilderreicher Dichtersprache, dargestellt. Es ist nicht schwierig, für diesen Grad von Gebundenheit im Ausdruck der Traumgedanken die Motivierung zu finden. Der Trauminhalt besteht zumeist aus anschaulichen Situationen; die Traumgedanken müssen also vorerst eine Zurichtung erfahren, welche sie für diese Darstellungsweise brauchbar macht. Man stelle sich etwa vor die Aufgabe, die Sätze eines politischen Leitartikels oder eines Plädoyers im Gerichtssaal durch eine Folge von Bilderzeichnungen zu ersetzen, und man wird dann leicht die Veränderungen verstehen, zu welcher *die Rücksicht auf Darstellbarkeit im Trauminhalt* die Traumarbeit nötigt.

Unter dem psychischen Material der Traumgedanken befinden sich regelmäßig Erinnerungen an eindrucksvolle Erlebnisse – nicht selten aus früher Kindheit –, die also selbst als Situationen mit meist visuellem Inhalt erfaßt worden sind. Wo es irgend möglich ist, äußert dieser Bestandteil der Traumgedanken einen bestimmenden Einfluß auf die Gestaltung des Trauminhalts, indem er gleichsam als Kristallisationspunkt anziehend und verteilend auf das Material der Traumgedanken wirkt. Die Traumsituation ist oft nichts anderes als eine modifizierte und durch Einschaltungen komplizierte Wiederholung eines solchen eindrucksvollen Erlebnisses; getreue und unvermengte Reproduktionen realer Szenen bringt der Traum hingegen nur sehr selten.

Der Trauminhalt besteht aber nicht ausschließlich aus Situationen, sondern schließt auch unvereinigte Brocken von visuellen Bildern, Reden und selbst Stücke von unveränderten Gedanken ein. Es wird daher vielleicht anregend wirken, wenn wir in knappster Weise die Darstellungsmittel mustern, welche der Traumarbeit zur Verfügung stehen, um in der eigentümlichen Ausdrucksweise des Traumes die Traumgedanken wiederzugeben.

Die Traumgedanken, welche wir durch die Analyse erfahren, zeigen sich uns als ein psychischer Komplex von allerverwickeltstem Aufbau. Die Stücke desselben stehen in den mannigfaltigsten logischen Relationen zueinander; sie bilden Vorder- und Hintergrund, Bedingungen, Abschweifungen, Erläuterungen, Beweisgänge und Einsprüche. Fast regelmäßig steht neben einem Gedankengang sein kontradiktorisches Widerspiel. Diesem Material fehlt keiner der Charaktere, die uns von unserem wachen Denken her bekannt sind. Soll nun aus alledem ein Traum werden, so unterliegt dies psychische Material einer Pressung, die es ausgiebig verdichtet, einer inneren Zerbröckelung und Verschiebung, welche gleichsam neue Oberflächen schafft, und einer auswählenden Einwirkung durch die zur Situationsbildung tauglichsten Bestandteile. Mit Rücksicht auf die Genese dieses Materials verdient ein solcher Vorgang den Namen einer *»Regression«*. Die logischen Bande, welche das psychische Material bisher zusammengehalten hatten, gehen nun aber bei dieser Umwandlung zum Trauminhalt verloren. Die Traumarbeit übernimmt gleichsam nur den sachlichen Inhalt der Traumgedanken zur Bearbeitung. Der Analysenarbeit bleibt es überlassen, den Zusammenhang herzustellen, den die Traumarbeit vernichtet hat.

Die Ausdrucksmittel des Traumes sind also kümmerlich zu nennen im Vergleich zu denen unserer Denksprache, doch braucht der Traum auf die Wiedergabe der logischen Relationen unter den Traumgedanken nicht völlig zu verzichten; es gelingt ihm vielmehr häufig genug, dieselben durch formale Charaktere seines eigenen Gefüges zu ersetzen.

Der Traum wird zunächst dem unleugbaren Zusammenhang zwischen allen Stücken der Traumgedanken dadurch gerecht, daß er dieses Material zu einer Situation vereinigt. Er gibt *logischen Zusammenhang* wieder als *Annäherung in Zeit und Raum*, ähnlich wie der Maler, der alle Dichter zum

Bild des Parnaß[13] zusammenstellt, die niemals auf einem Berggipfel beisammen gewesen sind, wohl aber begrifflich eine Gemeinschaft bilden. Er setzt diese Darstellungsweise ins einzelne fort, und oft, wenn er zwei Elemente nahe beieinander im Trauminhalt zeigt, bürgt er für einen besonders innigen Zusammenhang zwischen ihren Entsprechenden in den Traumgedanken. Es ist hier übrigens zu bemerken, daß alle in derselben Nacht produzierten Träume bei der Analyse ihre Herkunft aus dem nämlichen Gedankenkreis erkennen lassen.

Die *Kausalbeziehung* zwischen zwei Gedanken wird entweder ohne Darstellung gelassen oder ersetzt durch das *Nacheinander* von zwei verschieden langen Traumstücken. Häufig ist diese Darstellung eine verkehrte, indem der Anfang des Traumes die Folgerung, der Schluß desselben die Voraussetzung bringt. Die direkte *Verwandlung* eines Dinges in ein anderes im Traum scheint die Relation von *Ursache* und *Wirkung* darzustellen.

Die *Alternative »entweder – oder«* drückt der Traum niemals aus, sondern nimmt ihre beiden Glieder wie gleichberechtigt in den nämlichen Zusammenhang auf. Daß ein Entweder – Oder, welches bei der Traumreproduktion gebraucht wird, durch *»und«* zu übersetzen ist, habe ich bereits erwähnt.

Vorstellungen, die im Gegensatz zueinander stehen, werden mit Vorliebe im Traume durch das nämliche Element ausgedrückt.[14] Das »nicht« scheint für den Traum nicht zu existieren. Opposition zwischen zwei Gedanken, die Relation der *Umkehrung*, findet eine höchst bemerkenswerte Darstellung im Traum. Sie wird dadurch ausgedrückt, daß

---

13 [Anspielung auf Raffaels Fresko *Der Parnaß* in den Stanzen des Vatikan, auf dem er u. a. Homer, Dante, Vergil, Petrarca, Anakreon, Sappho, Ovid, Horaz und Pindar darstellte.]

14 [Zusatz 1911:] Es ist bemerkenswert, daß namhafte Sprachforscher behaupten, die ältesten menschlichen Sprachen hätten ganz allgemein kontradiktorische Gegensätze durch das nämliche Wort zum Ausdruck gebracht (stark-schwach; innen-außen usw.: »Gegensinn der Urworte«). [Freud hat 1910 selbst eine Arbeit *Über den Gegensinn der Urworte* veröffentlicht; vgl. im vorliegenden Band.]

ein anderes Stück des Trauminhaltes – gleichsam wie nachträglich – in sein Gegenteil verkehrt wird. Eine andere Art, *Widerspruch* auszudrücken, werden wir später kennenlernen. Auch die im Traum so häufige Sensation der *gehemmten Bewegung* dient dazu, einen Widerspruch zwischen Impulsen, einen *Willenskonflikt*, darzustellen.

Einer einzigen unter den logischen Relationen, der der *Ähnlichkeit, Gemeinsamkeit, Übereinstimmung*, kommt der Mechanismus der Traumbildung im höchsten Ausmaße zugute. Die Traumarbeit bedient sich dieser Fälle als Stützpunkte für die Traumverdichtung, indem sie alles, was solche Übereinstimmung zeigt, zu einer *neuen Einheit* zusammenzieht.

Diese kurze Reihe von groben Bemerkungen reicht natürlich nicht aus, um die ganze Fülle der formalen Darstellungsmittel des Traumes für die logischen Relationen der Traumgedanken zu würdigen. Die einzelnen Träume sind in dieser Hinsicht feiner oder nachlässiger gearbeitet, sie haben sich an den ihnen vorliegenden Text mehr oder minder sorgfältig gehalten, die Hilfsmittel der Traumarbeit mehr oder weniger weit in Anspruch genommen. Im letzteren Falle erscheinen sie dunkel, verworren, unzusammenhängend. Wo der Traum aber greifbar absurd erscheint, einen offenbaren Widersinn in seinem Inhalt einschließt, da ist er so mit Absicht und bringt durch seine scheinbare Vernachlässigung aller logischen Anforderungen ein Stück vom intellektuellen Inhalt der Traumgedanken zum Ausdruck. Absurdität im Traum bedeutet *Widerspruch, Spott* und *Hohn* in den Traumgedanken. Da diese Aufklärung den stärksten Einwand gegen die Auffassung liefert, die den Traum durch dissoziierte, kritiklose Geistestätigkeit entstehen läßt, werde ich sie durch ein Beispiel zu Nachdruck bringen.

Einer meiner Bekannten, Herr M., ist von keinem Geringeren als von Goethe in einem Aufsatze angegriffen worden, wie wir alle meinen, mit ungerechtfertigt großer Heftigkeit. – Herr M. ist durch diesen Angriff natürlich vernichtet. Er beklagt sich darüber bitter bei einer Tischgesellschaft; seine Verehrung für Goethe hat aber unter dieser persönlichen Erfahrung nicht gelitten. Ich suche nun die zeitlichen Verhältnisse, die mir unwahrscheinlich vorkommen, ein wenig aufzuklären. Goethe ist 1832 gestorben. Da sein Angriff auf Herrn M. natürlich früher erfolgt sein muß, so war Herr M. damals ein ganz junger Mann. Es kommt mir plausibel vor, daß er 18 Jahre alt war. Ich weiß aber nicht sicher, welches Jahr wir gegenwärtig schreiben, und so versinkt die ganze Berechnung im Dunkel. Der Angriff ist übrigens in dem bekannten Aufsatz von Goethe ›Natur‹ enthalten.

Der Unsinn dieses Traumes tritt greller hervor, wenn ich mitteile, daß Herr M. ein jugendlicher Geschäftsmann ist, dem alle poetischen und literarischen Interessen ferneliegen. Wenn ich aber in die Analyse dieses Traumes eingehe, wird es mir wohl gelingen zu zeigen, wieviel »Methode« hinter diesem Unsinn steckt. Der Traum bezieht sein Material aus drei Quellen:

1) Herr M., den ich bei einer *Tischgesellschaft* kennenlernte, bat mich eines Tages, seinen älteren Bruder zu untersuchen, der Anzeichen von gestörter geistiger Tätigkeit erkennen lasse. Bei der Unterhaltung mit dem Kranken ereignete sich das Peinliche, daß dieser ohne jeden Anlaß den Bruder durch eine Anspielung auf dessen *Jugendstreiche* bloßstellte. Ich hatte den Kranken um sein *Geburtsjahr* gefragt *(Sterbejahr* im Traum) und ihn zu verschiedenen Berechnungen veranlaßt, durch welche seine Gedächtnisschwäche erwiesen werden sollte.

2) Eine medizinische Zeitschrift, die sich auch meines Namens auf ihrem Titel rühmte, hatte von einem recht *jugendlichen* Referenten eine geradezu *»vernichtende«* Kritik über ein Buch meines Freundes F.[15] in Berlin aufgenommen. Ich stellte den Redakteur darob zur Rede, der mir zwar sein Bedauern ausdrückte, aber eine Remedur nicht versprechen wollte. Daraufhin brach ich meine Beziehun-

15 [Gemeint ist Wilhelm Fließ (1858–1928), ein Hals-Nasen-Ohren-Spezialist, der sich mit Fragen der allgemeinen Biologie beschäftigte und eine Lehre von der Periodizität im Leben der Organismen aufgestellt hatte. In den Jahren zwischen 1887 und 1901 unterhielt Freud eine intensive wissenschaftliche und freundschaftliche Beziehung zu ihm.]

gen zur Zeitung ab und hob in meinem Absagebrief die Erwartung hervor, daß *unsere persönlichen Beziehungen unter diesem Vorfall nicht leiden würden.* Dies ist die eigentliche Quelle des Traumes. Die ablehnende Aufnahme der Schrift meines Freundes hatte mir einen tiefen Eindruck gemacht. Sie enthielt eine nach meiner Schätzung fundamentale biologische Entdeckung, die erst jetzt – nach vielen Jahren – den Fachgenossen zu gefallen beginnt.

3) Eine Patientin hatte mir kurz zuvor die Krankengeschichte ihres Bruders erzählt, der mit dem Ausrufe *»Natur, Natur«* in Tobsucht verfallen war. Die Ärzte hatten gemeint, der Ausruf stamme aus der Lektüre jenes schönen Aufsatzes von Goethe und deute auf die Überarbeitung des Erkrankten bei seinen Studien hin. Ich hatte geäußert, *es komme mir plausibler vor,* daß der Ausruf »Natur« in jenem sexuellen Sinn zu nehmen sei, den bei uns auch die Mindergebildeten kennen. Daß der Unglückliche sich später an den Genitalien verstümmelte, schien mir wenigstens nicht unrecht zu geben. *18 Jahre* war das Alter dieses Kranken, als jener Anfall sich einstellte.

Im Trauminhalt verbirgt sich hinter dem Ich zunächst mein von der Kritik so übel behandelter Freund. *»Ich suche mir die zeitlichen Verhältnisse ein wenig aufzuklären.«* Das Buch meines Freundes beschäftigt sich nämlich mit den *zeitlichen* Verhältnissen des Lebens und führt unter anderem auch Goethes Lebensdauer auf ein Vielfaches einer für die Biologie bedeutsamen Zahl von Tagen zurück. Dieses Ich wird aber einem Paralytiker gleichgestellt *(»Ich weiß nicht sicher, welches Jahr wir gegenwärtig schreiben«).* Der Traum stellt also dar, daß mein Freund sich als Paralytiker benimmt, und schwelgt dabei in Absurdität. Die Traumgedanken aber lauten ironisch: »Natürlich, er ist ein Verrückter, ein Narr, und ihr seid die Genies, die es besser verstehen. Sollte es nicht doch *umgekehrt* sein?« – Diese *Umkehrung* ist nun ausgiebig im Trauminhalt vertreten, indem Goethe den jungen Mann angegriffen hat, was absurd ist, während leicht ein ganz junger Mensch noch heute den großen Goethe angreifen könnte.

Ich möchte behaupten, daß kein Traum von anderen als egoistischen Regungen eingegeben wird. Das Ich im Traum steht wirklich nicht bloß für meinen Freund, sondern auch für mich selbst. Ich identifiziere mich mit ihm, weil das Schicksal seiner Entdeckung mir vorbildlich für die Aufnahme meiner *eigenen* Funde erscheint. Wenn ich mit meiner Theorie hervortreten werde, welche in der Ätiologie psychoneurotischer Störungen die Sexualität hervorhebt (siehe die Anspielung auf den achtzehnjährigen Kranken *»Natur, Natur«)*, werde ich die nämliche Kritik wiederfinden und bringe ihr schon jetzt den gleichen Spott entgegen.

Wenn ich die Traumgedanken weiterverfolge, finde ich immer nur *Spott und Hohn* als das *Korrelat der Absurditäten des Traumes.* Der Fund eines geborstenen Schafschädels auf dem Lido zu Venedig hat Goethe bekanntlich die Idee zur sog. Wirbeltheorie des Schädels eingegeben. – Mein Freund rühmt sich, als Student einen Sturm zur Beseitigung eines alten Professors entfesselt zu haben, der, einst wohlverdient (unter anderem auch um diesen Teil der vergleichenden Anatomie), nun durch *Altersschwachsinn* zum Lehren unfähig geworden war. Die von ihm veranstaltete Agitation half so dem Übelstande ab, daß an den deutschen Universitäten dem akademischen Wirken eine *Altersgrenze* nicht gezogen ist. – *Alter schützt nämlich vor Torheit nicht.* – Im hiesigen Krankenhause hatte ich die Ehre, Jahre hindurch unter einem Primarius zu dienen, der längst *fossil,* seit Dezennien notorisch *schwachsinnig,* sein verantwortungsvolles Amt weiterführen durfte. Eine Charakteristik nach dem Funde am Lido drängt sich mir hier auf. – Auf diesen Mann bezüglich fertigten einst junge Kollegen im Spital eine Übertragung des damals beliebten Gassenhauers: Das hat kein Goethe g'schrieben, das hat kein Schiller g'dicht usw …

VII

Wir sind mit der Würdigung der Traumarbeit noch nicht zu Ende gekommen. Wir sehen uns genötigt, ihr außer der Verdichtung, Verschiebung und anschaulichen Zurichtung des psychischen Materials noch eine andere Tätigkeit zuzuschreiben, deren Beitrag allerdings nicht an allen Träumen zu erkennen ist. Ich werde von diesem Stück der Traumarbeit nicht ausführlich handeln, will also nur anführen, daß man sich von seinem Wesen am ehesten eine Vorstellung verschafft, wenn man sich zu der – wahrscheinlich unzutreffenden – Annahme entschließt, *daß es auf den bereits vorgebildeten Trauminhalt erst nachträglich einwirke.* Seine Leistung besteht dann darin, die Traumbestandteile so anzuordnen, daß sie sich ungefähr zu einem Zusammenhang, zu einer Traumkomposition zusammenfügen. Der Traum erhält so eine Art Fassade, die seinen Inhalt freilich nicht an allen Stellen deckt; er erfährt dabei eine erste vorläufige Deutung, die durch Einschiebsel und leise Abänderungen unterstützt wird. Allerdings macht sich diese Bearbeitung des Trauminhaltes nur möglich, indem sie alle fünf gerade sein läßt, sie liefert auch weiter nichts als ein eklatantes Mißverständnis der Traumgedanken, und wenn wir die Analyse des Traumes in Angriff nehmen, müssen wir uns zuerst von diesem Deutungsversuche frei machen.

An diesem Stücke der Traumarbeit ist die Motivierung ganz besonders durchsichtig. Es ist die *Rücksicht auf Verständlichkeit,* welche diese letzte Überarbeitung des Traumes veranlaßt; hiedurch ist aber auch die Herkunft dieser Tätigkeit verraten. Sie benimmt sich gegen den ihr vorliegenden Trauminhalt wie unsere normale psychische Tätigkeit überhaupt gegen einen beliebigen ihr dargebotenen Wahrnehmungsinhalt. Sie erfaßt ihn unter Verwendung gewisser Erwartungsvorstellungen, ordnet ihn schon bei der Wahrnehmung unter der Voraussetzung seiner Verständlichkeit, läuft dabei Gefahr, ihn zu fälschen, und verfällt in der Tat, wenn er sich an nichts Bekanntes anreihen läßt, zunächst in die seltsamsten Mißverständnisse. Es ist bekannt, daß wir nicht imstande sind, eine Reihe von fremdartigen Zeichen anzusehen oder ein Gefolge von unbekannten Worten anzuhören, ohne zunächst deren Wahrnehmung nach der *Rücksicht auf Verständlichkeit*, nach der Anlehnung an etwas uns Bekanntes zu verfälschen.

Träume, welche diese Bearbeitung von seiten einer dem wachen Denken völlig analogen psychischen Tätigkeit erfahren haben, kann man *gut komponierte* heißen. Bei anderen Träumen hat diese Tätigkeit völlig versagt; es ist nicht einmal der Versuch gemacht worden, Ordnung und Deutung herzustellen, und indem wir uns nach dem Erwachen mit diesem letzten Stück der Traumarbeit identisch fühlen, urteilen wir, der Traum sei »ganz verworren«. Für unsere Analyse aber hat der Traum, der einem ordnungslosen Haufen unzusammenhängender Bruchstücke gleicht, ebensoviel Wert wie der schön geglättete und mit einer Oberfläche versehene. Wir ersparen uns im ersteren Falle etwa die Mühe, die Überarbeitung des Trauminhaltes wieder zu zerstören.

Man würde aber irregehen, wenn man in diesen Traumfassaden nichts anderes sehen wollte als solche eigentlich mißverständliche und ziemlich willkürliche Bearbeitungen des Trauminhaltes durch die bewußte Instanz unseres Seelenlebens. Zur Herstellung der Traumfassade werden nicht selten Wunschphantasien verwendet, die sich in den Traumgedanken vorgebildet finden und die von derselben Art sind wie die uns aus dem wachen Leben bekannten, mit Recht so genannten »Tagträume«. Die Wunschphantasien, welche die Analyse in den nächtlichen Träumen aufdeckt, erweisen sich oft als Wiederholungen und Umarbeitungen infantiler Szenen; die Traumfassade zeigt uns so in manchen Träumen unmittelbar den durch Vermengung mit anderem Material entstellten eigentlichen Kern des Traumes.

Andere als die vier erwähnten Tätigkeiten sind bei der Traumarbeit nicht zu entdecken. Halten wir an der Begriffsbestimmung fest, daß »Traumarbeit« die Überführung der Traumgedanken in den Trauminhalt bezeichnet, so müssen wir uns sagen, die Traumarbeit sei nicht schöpferisch, sie entwickle keine ihr eigentümliche Phantasie, sie urteilt nicht, schließt nicht, sie leistet überhaupt nichts anderes als das Material zu verdichten, verschieben und auf Anschaulichkeit umzuarbeiten, wozu noch das inkonstante letzte Stückchen deutender Bearbeitung hinzukommt. Man findet zwar mancherlei im Trauminhalt, was man als das Ergebnis einer anderen und höheren intellektuellen Leistung auffassen möchte, aber die Analyse weist jedesmal überzeugend nach, daß *diese intellektuellen Operationen bereits in den Traumgedanken vorgefallen und vom Trauminhalt nur übernommen worden sind.* Eine Schlußfolgerung im Traum ist nichts anderes als die Wiederholung eines Schlusses in den Traumgedanken; sie erscheint unanstößig, wenn sie ohne Veränderung in den Traum übergegangen ist; sie wird unsinnig, wenn sie durch die Traumarbeit etwa auf ein anderes Material verschoben wurde. Eine Rechnung im Trauminhalt bedeutet nichts anderes, als daß sich unter den Traumgedanken eine Berechnung findet; während diese jedesmal richtig ist, kann die Traumrechnung durch Verdichtung ihrer Faktoren und durch Verschiebung der nämlichen Operationsweise auf anderes Material das tollste Ergebnis liefern. Nicht einmal die Reden, die sich im Trauminhalt vorfinden, sind neu komponiert; sie erweisen sich als zusammengestückelt aus Reden, die als gehaltene oder als gehörte und gelesene in den Traumgedanken erneuert wurden, deren Wortlaut sie aufs getreueste kopieren, während sie deren Veranlassung ganz beiseite lassen und ihren Sinn aufs gewaltsamste verändern.

Es ist vielleicht nicht überflüssig, die letzten Behauptungen durch Beispiele zu unterstützen.

1) Ein harmlos klingender, gut komponierter Traum einer Patientin:

Sie geht auf den Markt mit ihrer Köchin, die den Korb trägt. Der Fleischhauer sagt ihr, nachdem sie etwas verlangt hat: D a s i s t n i c h t m e h r z u h a b e n, *und will ihr etwas anderes geben mit der Bemerkung: Das ist auch gut. Sie lehnt ab und geht zur Gemüsefrau. Die will ihr ein eigentümliches Gemüse verkau-*

fen, was in Bündeln zusammengebunden ist, aber schwarz von Farbe. Sie sagt: D a s k e n n e i c h n i c h t, das nehme ich nicht.

Die Rede: das ist nicht mehr zu haben – stammt aus der Behandlung. Ich selbst hatte der Patientin einige Tage vorher wörtlich erklärt, daß die ältesten Kindererinnerungen *nicht mehr* als solche *zu haben* sind, sondern sich durch Übertragungen und Träume ersetzen. Ich bin also der Fleischhauer.

Die zweite Rede: *Das kenne ich nicht* – ist in einem ganz anderen Zusammenhange vorgefallen. Tags vorher hatte sie selbst ihrer Köchin, die übrigens auch im Traume erscheint, tadelnd zugerufen: *Benehmen Sie sich anständig; das kenne ich nicht,* d. h. wohl, ein solches Benehmen anerkenne ich nicht, lasse ich nicht zu. Der harmlosere Teil dieser Rede gelangte durch eine Verschiebung in den Trauminhalt; in den Traumgedanken spielte nur der andere Teil der Rede eine Rolle, denn hier hat die Traumarbeit bis zur vollen Unkenntlichkeit und bis zur äußersten Harmlosigkeit eine Phantasiesituation verändert, in welcher ich mich gegen die Dame in *einer gewissen Weise unanständig benehme.* Diese in der Phantasie erwartete Situation ist aber selbst nur die Neuauflage einer einmal wirklich erlebten.

2) Ein scheinbar ganz bedeutungsloser Traum, in dem Zahlen vorkommen. *Sie will irgend etwas bezahlen; ihre Tochter nimmt 3 fl. 65 kr. aus der Geldtasche; sie sagt aber: Was tust du? Es kostet ja nur 21 K r e u z e r.*

Die Träumerin war eine Fremde, die ihr Kind in einem Wiener Erziehungsinstitute untergebracht hatte und die meine Behandlung fortsetzen konnte, solange ihre Tochter in Wien blieb. Am Tage vor dem Traume hatte ihr die Institutsvorsteherin nahegelegt, ihr das Kind noch ein weiteres Jahr zu überlassen. In diesem Falle hätte sie auch die Behandlung um ein Jahr verlängert. Die Zahlen im Traum kommen zur Bedeutung, wenn man sich erinnert, daß Zeit Geld ist. *Time is money. Ein Jahr* ist gleich *365 Tagen,* in Kreuzern ausgedrückt 365 Kreuzer oder 3 fl. 65 kr. Die 21

Kreuzer entsprechen den *drei Wochen*, die damals vom Traumtage bis zum Schulschluß und damit bis zum Ende der Kur ausständig waren. Es waren offenbar Geldrücksichten, welche die Dame bewogen hatten, den Vorschlag der Vorsteherin abzulehnen, und welche für die Kleinheit der Summe im Traum verantwortlich sind.

3) Eine junge, aber schon seit Jahren verheiratete Dame erfährt, daß eine ihr fast gleichalterige Bekannte, Frl. Elise L., sich verlobt hat. Dieser Anlaß erregt nachstehenden Traum:

Sie sitzt mit ihrem Manne im Theater, eine Seite des Parketts ist ganz unbesetzt. Ihr Mann erzählt ihr, Elise L. und ihr Bräutigam hätten auch gehen wollen, hätten aber nur schlechte Sitze bekommen, d r e i *für 1 fl. 50 kr., und die konnten sie ja nicht nehmen. Sie meint, es wäre auch kein Unglück gewesen.*

Hier wird uns die Herkunft der Zahlen aus dem Material der Traumgedanken und die Verwandlungen, die sie erfahren haben, interessieren. *Woher* rühren die 1 fl. 50 kr.? Aus einem indifferenten Anlaß des Vortages. Ihre Schwägerin hatte von ihrem Manne die Summe von 150 fl. zum Geschenke bekommen und sich *beeilt*, sie loszuwerden, indem sie sich einen Schmuck dafür kaufte. Wir wollen anmerken, daß 150 fl. hundertmal mehr sind als 1 fl. 50 kr. Für die *drei*, die bei den Theaterbillets steht, findet sich nur die eine Anknüpfung, daß die Braut Elise L. genau *drei* Monate jünger ist als die Träumerin. Die Situation im Traume ist die Wiedergabe einer kleinen Begebenheit, mit der sie von ihrem Manne oft geneckt worden ist. Sie hatte sich einmal so sehr *beeilt*, vorzeitig Karten zu einer Theatervorstellung zu nehmen, und als sie dann ins Theater kam, *war eine Seite des Parketts fast unbesetzt*. Sie hätte es also nicht nötig gehabt, *sich so sehr zu beeilen*. – Übersehen wir endlich nicht die *Absurdität* des Traumes, daß zwei Personen drei Karten fürs Theater nehmen sollen!

Nun die Traumgedanken: Ein *Unsinn* war es doch, so früh zu heiraten; ich hätte es nicht *nötig gehabt, mich so zu beeilen*. An dem Beispiel der Elise L. sehe ich, daß ich immer noch einen Mann bekommen hätte, und zwar einen *hun-*

dertmal besseren (Mann, Schatz), wenn ich nur gewartet hätte. *Drei* solche Männer hätte ich mir für das Geld (die Mitgift) kaufen können!

VIII

Nachdem wir in den vorstehenden Darlegungen die Traumarbeit kennengelernt haben, werden wir wohl geneigt sein, sie für einen ganz besonderen psychischen Vorgang zu erklären, dessengleichen es nach unserer Kenntnis sonst nicht gibt. Es ist gleichsam auf die Traumarbeit das Befremden übergegangen, welches sonst ihr Produkt, der Traum, bei uns zu erwecken pflegte. In Wirklichkeit ist die Traumarbeit nur der zuerst erkannte unter einer ganzen Reihe von psychischen Prozessen, auf welche die Entstehung der hysterischen Symptome, der Angst-, Zwangs- und Wahnideen zurückzuführen ist. Verdichtung und vor allem Verschiebung sind niemals fehlende Charaktere auch dieser anderen Prozesse. Die Umarbeitung aufs Anschauliche bleibt hingegen der Traumarbeit eigentümlich. Wenn diese Aufklärung den Traum in eine Reihe mit den Bildungen psychischer Erkrankung bringt, so wird es uns um so wichtiger werden, die wesentlichen Bedingungen solcher Vorgänge wie der Traumbildung zu erfahren. Wir werden wahrscheinlich verwundert sein zu hören, daß weder Schlafzustand noch Krankheit zu diesen unentbehrlichen Bedingungen gehören. Eine ganze Anzahl von Phänomenen des Alltagslebens Gesunder, das Vergessen, Versprechen, Vergreifen und eine gewisse Klasse von Irrtümern, danken einem analogen psychischen Mechanismus wie der Traum und die anderen Glieder der Reihe ihre Entstehung.

Der Kern des Problems liegt in der Verschiebung, der weitaus auffälligsten unter den Einzelleistungen der Traumarbeit. Die wesentliche Bedingung der Verschiebung lernt man bei eingehender Vertiefung in den Gegenstand als eine rein psychologische kennen; sie ist von der Art einer *Motivierung*. Man gerät auf ihre Spur, wenn man Erfahrungen würdigt, denen man bei der Analyse von Träumen nicht entgehen kann. Ich habe bei der Analyse des Traumbeispiels auf Seite 60 in der Mitteilung der Traumgedanken abbrechen müssen, weil sich unter ihnen, wie ich eingestand, solche fanden, die ich gerne vor Fremden geheimhalte und ohne schwere Verletzung wichtiger Rücksichten nicht mitteilen kann. Ich fügte hinzu, es brächte gar keinen Nutzen, wenn ich anstatt dieses Traumes einen anderen zur Mitteilung seiner Analyse auswählte; bei jedem Traum, dessen Inhalt dunkel oder verworren ist, würde ich auf Traumgedanken stoßen, die Geheimhaltung erfordern. Wenn ich aber für mich selbst die Analyse fortsetze, ohne Rücksicht auf die anderen, für die ja ein so persönliches Erlebnis wie ein Traum gar nicht bestimmt sein kann, so lange ich endlich bei Gedanken an, die mich überraschen, die ich in mir nicht gekannt habe, die mir aber nicht nur *fremdartig*, sondern auch *unangenehm* sind und die ich darum energisch bestreiten möchte, während die durch die Analyse laufende Gedankenverkettung sie mir unerbittlich aufdrängt. Ich kann diesem ganz allgemeinen Sachverhalt gar nicht anders Rechnung tragen als durch die Annahme, diese Gedanken seien wirklich in meinem Seelenleben vorhanden und im Besitz einer gewissen psychischen Intensität oder Energie gewesen, hätten sich aber in einer eigentümlichen psychologischen Situation befunden, der zufolge sie mir *nicht bewußt werden* konnten. Ich heiße diesen besonderen Zustand den der *Verdrängung.*[16] Ich kann dann nicht umhin, zwischen der Dunkelheit des Trauminhaltes und dem Verdrängungszustand, der *Bewußtseinsunfähigkeit*, einiger der Traumgedanken eine kausale Beziehung gelten zu lassen und zu schließen, daß der Traum dunkel sein müsse, *damit er die verpönten Traumgedanken nicht verrate.* Ich komme so zum Begriffe der *Traumentstellung*, welche das Werk der Traumarbeit ist und der *Verstellung*, der Absicht zu verbergen, dient.

---

16 16 [Vgl. dazu vor allem den Aufsatz *Die Verdrängung* in Band 2 der vorliegenden Ausgabe.]

Ich will an dem zur Analyse ausgesuchten Traumbeispiel die Probe machen und mich fragen, welches denn der Gedanke ist, der sich in diesem Traum entstellt zur Geltung bringt, während er unentstellt meinen schärfsten Widerspruch herausfordern würde. Ich erinnere mich, daß die kostenlose Wagenfahrt mich an die letzten kostspieligen Wagenfahrten mit einer Person meiner Familie gemahnt hat, daß sich als die Deutung des Traumes ergab: Ich möchte einmal Liebe kennenlernen, die mich nichts kostet, und daß ich kurze Zeit vor dem Traum eine größere Geldausgabe für eben diese Person zu leisten hatte. In diesem Zusammenhang kann ich mich des Gedankens nicht erwehren, *daß es mir um diese Ausgabe leid tut.* Erst wenn ich diese Regung anerkenne, bekommt es einen Sinn, daß ich mir im Traum Liebe wünsche, die mir keine Ausgabe nötig macht. Und doch kann ich mir ehrlich sagen, daß ich bei der Entschließung, jene Summe aufzuwenden, nicht einen Augenblick geschwankt habe. Das Bedauern darüber, die Gegenströmung, ist mir nicht bewußt worden. Aus welchen Gründen nicht, dies ist allerdings eine andere, weitab führende Frage, deren mir bekannte Beantwortung in einen anderen Zusammenhang gehört.

Wenn ich nicht einen eigenen Traum, sondern den einer fremden Person der Analyse unterziehe, so ist das Ergebnis das nämliche; die Motive zur Überzeugung werden aber geändert. Ist es der Traum eines Gesunden, so bleibt mir kein anderes Mittel, ihn zur Anerkennung der gefundenen verdrängten Ideen zu nötigen, als der Zusammenhang der Traumgedanken, und er mag sich immerhin gegen diese Anerkennung sträuben. Handelt es sich aber um einen neurotisch Leidenden, etwa um einen Hysteriker, so wird die Annahme des verdrängten Gedankens für ihn zwingend durch den Zusammenhang dieses letzteren mit seinen Krankheitssymptomen und durch die Besserung, die er bei dem Eintausch von Symptomen gegen verdrängte Ideen erfährt. Bei der Patientin z. B., von welcher der letzte Traum mit den drei Karten für 1 fl. 50 kr. herrührt, muß die Analyse annehmen, daß sie ihren Mann geringschätzt, daß sie bedauert, ihn geheiratet zu haben, daß sie ihn gegen einen anderen vertauschen möchte. Sie behauptet freilich, daß sie ihren Mann liebt, daß ihr Empfindungsleben von dieser Geringschätzung (einen hundertmal besseren!) nichts weiß, aber all ihre Symptome führen zu derselben Auflösung wie dieser Traum, und nachdem die von ihr verdrängten Erinnerungen an eine gewisse Zeit wieder geweckt worden sind, in welcher sie ihren Mann auch bewußt nicht geliebt hat, sind diese Symptome gelöst, und ihr Widerstand gegen die Deutung des Traumes ist geschwunden.

IX

Nachdem wir uns den Begriff der Verdrängung fixiert und die Traumentstellung in Beziehung zu verdrängtem psychischen Material gesetzt haben, können wir das Hauptergebnis, welches die Analyse der Träume liefert, ganz allgemein aussprechen. Von den verständlichen und sinnvollen Träumen haben wir erfahren, daß sie unverhüllte Wunscherfüllungen sind, d. h. daß die Traumsituation in ihnen einen dem Bewußtsein bekannten, vom Tagesleben erübrigten, des Interesses wohl würdigen Wunsch als erfüllt darstellt. Über die dunkeln und verworrenen Träume lehrt nun die Analyse etwas ganz Analoges: die Traumsituation stellt wiederum einen Wunsch als erfüllt dar, der sich regelmäßig aus den Traumgedanken erhebt, aber die Darstellung ist eine unkenntliche, erst durch Zurückführung in der Analyse aufzuklärende, und der Wunsch ist entweder selbst ein verdrängter, dem Bewußtsein fremder, oder er hängt doch innigst mit verdrängten Gedanken zusammen, wird von solchen getragen. Die Formel für diese Träume lautet also: *Sie sind verhüllte Erfüllungen von verdrängten Wünschen.* Es ist dabei interessant zu bemerken, daß die Volksmeinung recht behält, welche den Traum durchaus die Zukunft verkünden läßt. In Wahrheit ist die Zukunft, die uns der Traum zeigt, nicht die, die eintreffen wird, sondern von der wir möchten, daß sie so einträfe. Die Volksseele verfährt hier, wie sie es auch sonst gewohnt ist: sie glaubt, was sie wünscht.

Nach ihrem Verhalten gegen die Wunscherfüllung teilen sich die Träume in drei Klassen. Erstens solche, die einen *unverdrängten* Wunsch *unverhüllt* darstellen; dies sind die Träume von infantilem Typus, die beim Erwachsenen immer seltener werden. Zweitens die Träume, die einen *verdrängten* Wunsch *verhüllt* zum Ausdruck bringen; wohl die übergroße Mehrzahl aller unserer Träume, die zum Verständnis dann der Analyse bedürfen. Drittens die Träume, die zwar einen *verdrängten* Wunsch darstellen, aber *ohne* oder in ungenügender Verhüllung. Diese letzten Träume sind regelmäßig von *Angst* begleitet, welche den Traum unterbricht. Die Angst ist hier der Ersatz für die Traumentstellung; sie ist nur in den Träumen der zweiten Klasse durch die Traumarbeit erspart worden. Es läßt sich ohne allzugroße Schwierigkeit nachweisen, daß derjenige Vorstellungsinhalt, der uns jetzt im Traume Angst bereitet, einstmals ein Wunsch war und seither der Verdrängung unterlegen ist.

Es gibt auch klare Träume von peinlichem Inhalt, der aber im Traum nicht peinlich empfunden wird. Man kann diese darum nicht zu den Angstträumen rechnen; sie haben aber immer dazu gedient, die Bedeutungslosigkeit und den psychischen Unwert der Träume zu erweisen. Eine Analyse eines solchen Beispieles wird zeigen, daß es sich hier um *gut verhüllte* Erfüllungen verdrängter Wünsche, also um Träume der zweiten Klasse, handelt, und wird gleichzeitig die ausgezeichnete Eignung der Verschiebungsarbeit zur Verhüllung des Wunsches dartun.

Ein Mädchen träumt, daß sie das jetzt einzige Kind ihrer Schwester tot vor sich sieht in der nämlichen Umgebung, in der sie vor einigen Jahren das erste Kind als Leiche sah. Sie empfindet dabei keinen Schmerz, sträubt sich aber natürlich gegen die Auffassung, diese Situation entspreche einem Wunsche von ihr. Dies wird auch nicht erfordert; aber an der Bahre jenes Kindes hat sie vor Jahren den von ihr geliebten Mann zuletzt gesehen und gesprochen; stürbe das zweite Kind, so würde sie diesen Mann gewiß wieder im Hause der Schwester treffen. Sie sehnt sich nun nach dieser Begegnung, sträubt sich aber gegen dieses ihr Gefühl. Sie hat am Traumtage selbst eine Eintrittskarte zu einem Vortrage genommen, den der immer noch Geliebte angekündigt hat. Ihr Traum ist ein einfacher Ungeduldstraum, wie er sich gewöhnlich vor Reisen, Theaterbesuchen und ähnlichen erwarteten Genüssen einstellt. Um ihr aber diese Sehnsucht zu verbergen, ist die Situation auf die für eine freudige Empfindung unpassendste Gelegenheit verschoben worden, die sich doch einmal in der Wirklichkeit bewährt hat. Man beachte noch, daß das Affektverhalten im Traume nicht dem vorgeschobenen, sondern dem wirklichen, aber zurückgehaltenen Trauminhalt angepaßt ist. Die Traumsituation greift dem lange ersehnten Wiedersehen vor; sie bietet keine Anknüpfung für eine schmerzliche Empfindung.

X

Die Philosophen haben bisher keinen Anlaß gehabt, sich mit einer Psychologie der Verdrängung zu beschäftigen. Es ist also gestattet, daß wir uns in erster Annäherung an den noch unbekannten Sachverhalt eine anschauliche Vorstellung vom Hergang der Traumbildung schaffen. Das Schema, zu welchem wir nicht allein vom Studium des Traumes her gelangen, ist zwar bereits ziemlich kompliziert; wir können aber mit einem einfacheren unser Ausreichen nicht finden. Wir nehmen an, daß es in unserem seelischen Apparat zwei gedankenbildende Instanzen gibt, deren zweite das Vorrecht besitzt, daß ihre Erzeugnisse den Zugang zum Bewußtsein offen finden, während die Tätigkeit der ersten Instanz an sich unbewußt ist und nur über die zweite zum Bewußtsein gelangen kann. An der Grenze der beiden Instanzen, am Übergang von der ersten zur zweiten, befinde sich eine Zensur, welche nur durchläßt, was ihr angenehm ist, anderes aber zurückhält. Dann befindet sich das von der Zensur Abgewiesene, nach unserer

Definition, im Zustande der Verdrängung. Unter gewissen Bedingungen, deren eine der Schlafzustand ist, ändere sich das Kräfteverhältnis zwischen beiden Instanzen in solcher Weise, daß das Verdrängte nicht mehr ganz zurückgehalten werden kann. Im Schlafzustand geschehe dies etwa durch den Nachlaß der Zensur; dann wird es dem bisher Verdrängten gelingen, sich den Weg zum Bewußtsein zu bahnen. Da die Zensur aber niemals aufgehoben, sondern bloß herabgesetzt ist, so wird es sich dabei Veränderungen gefallen lassen müssen, welche seine Anstößigkeiten mildern. Was in solchem Falle bewußt wird, ist ein Kompromiß zwischen dem von der einen Instanz Beabsichtigten und dem von der anderen Geforderten. *Verdrängung – Nachlaß der Zensur – Kompromißbildung*, dies ist aber das Grundschema für die Entstehung sehr vieler anderer psychopathischer Bildungen in gleicher Weise wie für den Traum, und bei der Kompromißbildung werden hier wie dort die Vorgänge der Verdichtung und Verschiebung und die Inanspruchnahme oberflächlicher Assoziationen beobachtet, welche wir bei der Traumarbeit kennengelernt haben.

Wir haben keinen Grund, uns das Element von Dämonismus zu verhehlen, welches bei der Aufstellung unserer Erklärung der Traumarbeit mitgespielt hat. Wir haben den Eindruck empfangen, daß die Bildung der dunkeln Träume so vor sich geht, *als ob* eine Person, die von einer zweiten abhängig ist, etwas zu äußern hätte, was dieser letzteren anzuhören unangenehm sein muß, und von diesem Gleichnis her haben wir den Begriff der *Traumentstellung* und den der Zensur erfaßt und uns bemüht, unseren Eindruck in eine gewiß rohe, aber wenigstens anschauliche psychologische Theorie zu übersetzen. Mit was immer bei weiterer Klärung des Gegenstandes sich unsere erste und zweite Instanz wird identifizieren lassen, wir werden erwarten, daß sich ein Korrelat unserer Annahme bestätige, daß die zweite Instanz den Zugang zum Bewußtsein beherrscht und die erste vom Bewußtsein absperren kann.

Wenn der Schlafzustand überwunden ist, stellt sich die

Zensur rasch zur vollen Höhe wieder her und kann jetzt wieder vernichten, was ihr während der Zeit ihrer Schwäche abgerungen worden ist. Daß das *Vergessen* des Traumes wenigstens *zum Teil* diese Erklärung fordert, geht aus einer ungezählte Male bestätigten Erfahrung hervor. Während der Erzählung eines Traumes oder während der Analyse desselben geschieht es nicht selten, daß plötzlich ein vergessen geglaubtes Bruchstück des Trauminhaltes wieder auftaucht. Dies dem Vergessen entrissene Stück enthält regelmäßig den besten und nächsten Zugang zur Bedeutung des Traumes. Es sollte wahrscheinlich nur darum dem Vergessen, d. i. der neuerlichen Unterdrückung, verfallen.

XI

Wenn wir den Trauminhalt als Darstellung eines erfüllten Wunsches auffassen und seine Dunkelheit auf die Abänderungen der Zensur an verdrängtem Material zurückführen, fällt es uns auch nicht mehr schwer, die Funktion des Traumes zu erschließen. In seltsamem Gegensatz zu Redewendungen, welche den Schlaf durch Träume stören lassen, müssen wir den *Traum als den Hüter des Schlafes* anerkennen. Für den Kindertraum dürfte unsere Behauptung leicht Glauben finden.

Der Schlafzustand oder die psychische Schlafveränderung, worin immer sie bestehen mag, wird herbeigeführt durch den dem Kind aufgenötigten oder auf Grund von Müdigkeitssensationen gefaßten Entschluß zu schlafen und einzig ermöglicht durch die Abhaltung von Reizen, welche dem psychischen Apparat andere Ziele setzen könnten als das des Schlafens. Die Mittel, welche dazu dienen, äußere Reize fernezuhalten, sind bekannt; aber welche Mittel stehen uns zur Verfügung, um die inneren seelischen Reize niederzuhalten, die sich dem Einschlafen widersetzen? Man beobachte eine Mutter, die ihr Kind einschläfert. Es äußert unausgesetzt Bedürfnisse, es will noch einen Kuß, es möchte noch spielen. Diese Bedürfnisse werden zum Teil befriedigt, zum anderen mit Autorität auf den nächsten Tag verschoben. Es ist klar, daß Wünsche und Bedürfnisse, die sich regen, die Hemmnisse des Einschlafens sind. Wer kennt nicht die heitere Geschichte von dem schlimmen Buben (Balduin Grollers), der, bei Nacht erwachend, durch den Schlafraum brüllt: *Das Nashorn will er?* Ein braveres Kind würde, anstatt zu brüllen, *träumen*, daß es mit dem Nashorn spiele. Da der Traum, welcher den Wunsch erfüllt zeigt, während des Schlafens *Glauben* findet, hebt er den Wunsch auf und ermöglicht den Schlaf. Es ist nicht abzuweisen, daß dieser Glaube dem Traumbilde zufällt, weil dieses sich in die psychische Erscheinung der Wahrnehmung kleidet, während dem Kinde die später zu erwerbende Fähigkeit noch fehlt, Halluzination oder Phantasie von Realität zu unterscheiden.

Der Erwachsene hat diese Unterscheidung gelernt, er hat auch die Nutzlosigkeit des Wünschens begriffen und durch fortgesetzte Übung erreicht, seine Strebungen aufzuschieben, bis sie auf langen Umwegen über die Veränderung der Außenwelt ihre Erledigung finden können. Dementsprechend sind auch die Wunscherfüllungen auf kurzem psychischen Weg bei ihm im Schlafe selten; ja, es ist selbst möglich, daß sie überhaupt nicht vorkommen und daß alles, was uns nach der Art eines Kindertraumes gebildet zu sein scheint, eine viel kompliziertere Auflösung erfordert. Dafür aber hat sich beim Erwachsenen – und wohl bei jedem Vollsinnigen ohne Ausnahme – eine Differenzierung des psychischen Materiales herausgebildet, die dem Kinde fehlte. Es ist eine psychische Instanz zustande gekommen, welche, durch die Lebenserfahrung belehrt, einen beherrschenden und hemmenden Einfluß auf die seelischen Regungen mit eifersüchtiger Strenge festhält und die durch ihre Stellung zum Bewußtsein und zur willkürlichen Motilität mit den größten Mitteln psychischer Macht ausgestattet ist. Ein Teil der kindlichen Regungen aber ist als lebensunnütz von dieser Instanz unterdrückt worden, und alles Gedankenmaterial, was von diesen abstammt, befindet sich im Zustande der Verdrängung.

Während sich nun die Instanz, in welcher wir unser normales Ich erkennen, auf den Wunsch zu schlafen einstellt, scheint sie durch die psychophysiologischen Bedingungen des Schlafes genötigt, an der Energie nachzulassen, mit welcher sie bei Tag das Verdrängte niederzuhalten pflegte. Dieser Nachlaß selbst ist zwar harmlos; die Erregungen der unterdrückten Kinderseele mögen sich immerhin tummeln; infolge des nämlichen Schlafzustandes finden sie doch den Zugang zum Bewußtsein erschwert und den zur Motilität versperrt. Die Gefahr, daß der Schlaf durch sie gestört werde, muß aber abgewehrt werden. Nun müssen wir ja ohnehin die Annahme zulassen, daß selbst im tiefen Schlaf ein Betrag von freier Aufmerksamkeit als Wächter gegen Sinnesreize aufgeboten wird, welche etwa das Erwachen rätlicher erscheinen lassen als die Fortsetzung des Schlafes. Es wäre sonst nicht zu erklären, daß wir jederzeit durch Sinnesreize von gewisser *Qualität* aufzuwecken sind, wie bereits der alte Physiologe Burdach[17] betonte, die Mutter z. B. durch das Wimmern ihres Kindes, der Müller durch das Stehenbleiben seiner Mühle, die meisten Menschen durch den leisen Anruf bei ihrem Namen. Diese Wache haltende Aufmerksamkeit wendet sich nun auch den inneren Wunschreizen aus dem Verdrängten zu und bildet mit ihnen den Traum, der als Kompromiß gleichzeitig beide Instanzen befriedigt. Der Traum schafft eine Art von psychischer Erledigung für den unterdrückten oder mit Hilfe des Verdrängten geformten Wunsch, indem er ihn als erfüllt hinstellt; er genügt aber auch der anderen Instanz, indem er die Fortsetzung des Schlafes gestattet. Unser Ich benimmt sich dabei gerne wie ein Kind, es schenkt den Traumbildern Glauben, als ob es sagen wollte: Ja, ja, du hast recht, aber laß mich schlafen. Die Geringschätzung, die wir, erwacht, dem Traume entgegenbringen und die sich auf die Verworrenheit und scheinbare Unlogik des

---

17 [Karl Friedrich Burdach (1776–1847), vergleichender Anatom, Embryologe und Physiologe. James Strachey hat festgestellt, daß sich die von Freud erwähnten Behauptungen Burdachs in Band 3 seines sechsbändigen Werkes *Die Physiologie als Erfahrungswissenschaft* (1838, S. 486) finden.]

Traumes beruft, ist wahrscheinlich nichts anderes als das Urteil unseres schlafenden Ichs über die Regungen aus dem Verdrängten, das sich mit besserem Rechte auf die motorische Ohnmacht dieser Schlafstörer stützt. Dies geringschätzige Urteil wird uns mitunter selbst im Schlafe bewußt; wenn der Trauminhalt allzusehr über die Zensur hinausgeht, denken wir: Es ist ja nur ein Traum – und schlafen weiter.

Es ist kein Einwand gegen diese Auffassung, wenn es auch für den Traum Grenzfälle gibt, in denen er seine Funktion, den Schlaf vor Unterbrechung zu bewahren, nicht mehr festhalten kann – wie beim Angsttraum – und sie gegen die andere, ihn rechtzeitig aufzuheben, vertauscht. Er verfährt dabei auch nur wie der gewissenhafte Nachtwächter, der zunächst seine Pflicht tut, indem er Störungen zur Ruhe bringt, um die Bürgerschaft nicht zu wekken, dann aber seine Pflicht damit fortsetzt, die Bürgerschaft selbst zu wecken, wenn ihm die Ursachen der Störung bedenklich scheinen und er mit ihnen allein nicht fertig wird.

Besonders deutlich wird eine solche Funktion des Traumes, wenn an den Schlafenden ein Anreiz zu Sinnesempfindungen herantritt. Daß Sinnesreize, während des Schlafzustandes angebracht, den Inhalt der Träume beeinflussen, ist allgemein bekannt, läßt sich experimentell nachweisen und gehört zu den wenigen sicheren, aber arg überschätzten Ergebnissen der ärztlichen Forschung über den Traum. Es hat sich aber an diese Ermittlung ein bisher unlösbares Rätsel geknüpft. Der Sinnesreiz, den der Experimentator auf den Schlafenden einwirken läßt, erscheint im Traume nämlich nicht richtig erkannt, sondern unterliegt irgendeiner von unbestimmt vielen Deutungen, deren Determinierung der psychischen Willkür überlassen schien. Psychische Willkür gibt es natürlich nicht. Der Schlafende kann gegen einen Sinnesreiz von außen auf mehrfache Weise reagieren. Entweder er erwacht oder es gelingt ihm, den Schlaf trotzdem fortzusetzen. Im letzteren Falle kann er sich des Traumes bedienen, um den äußeren Reiz fortzuschaffen, und zwar wiederum auf mehr als eine Weise. Er kann z. B. den Reiz aufheben, indem er eine Situation träumt, die mit ihm ganz und gar unverträglich ist. So benahm sich z. B. ein Schläfer, den ein schmerzhafter Abszeß am Perineum stören wollte. Er träumte, daß er auf einem Pferd reite, benutzte dabei den Breiumschlag, der ihm den Schmerz lindern sollte, als Sattel und kam so über die Störung hinweg. Oder aber, was der häufigere Fall ist, der äußere Reiz erfährt eine Umdeutung, die ihn in den Zusammenhang eines eben auf seine Erfüllung lauernden verdrängten Wunsches einfügt, ihn so seiner Realität beraubt und wie ein Stück des psychischen Materials behandelt. So träumt jemand, er habe ein Lustspiel geschrieben, das eine bestimmte Grundidee verkörpert, es werde im Theater aufgeführt, der erste Akt sei vorüber und finde rasenden Beifall. Es wird fürchterlich geklatscht ... Es muß hier dem Träumer gelungen sein, seinen Schlaf über die Störung hinaus zu verlängern, denn als er erwachte, hörte er das Geräusch nicht mehr, urteilte aber mit gutem Recht, es müßte ein Teppich oder Betten geklopft worden sein. – Die Träume, die sich unmittelbar vor dem Wecken durch ein lautes Geräusch einstellen, haben alle noch den Versuch gemacht, den erwarteten Weckreiz durch eine andere Erklärung abzuleugnen und den Schlaf noch um ein Weilchen zu verlängern.

XII[18]

Wer an dem Gesichtspunkte der *Zensur* als dem Hauptmotiv der Traumentstellung festhält, der wird nicht befremdet sein, aus den Ergebnissen der Traumdeutung zu erfahren, daß die meisten Träume der Erwachsenen durch die Analyse auf *erotische Wünsche* zurückgeführt werden. Diese Behauptung zielt nicht auf die Träume von unverhüllt sexuellem Inhalt, die wohl allen Träumern aus eigenem Erleben

18 [Diesen Abschnitt XII über die Traumsymbolik hat Freud erst 1911 hinzugefügt.]

bekannt sind und gewöhnlich allein als »sexuelle Träume« beschrieben werden. Solche Träume bieten noch immer des Befremdenden genug durch die Auswahl der Personen, die sie zu Sexualobjekten machen, durch die Wegräumung aller Schranken, an denen der Träumer im wachen Leben seine geschlechtlichen Bedürfnisse haltmachen läßt, durch viele sonderbare an das sogenannte *Perverse* mahnende Einzelheiten. Die Analyse zeigt aber, daß sehr viele andere Träume, die in ihrem manifesten Inhalt nichts Erotisches erkennen lassen, durch die Deutungsarbeit als sexuelle Wunscherfüllungen entlarvt werden und daß anderseits sehr viele von der Denkarbeit des Wachens als »Tagesreste« erübrigte Gedanken zu ihrer Darstellung im Traum nur durch die Zuhilfenahme verdrängter erotischer Wünsche gelangen.

Zur Aufklärung dieses theoretisch nicht postulierten Sachverhaltes sei darauf hingewiesen, daß keine andere Gruppe von Trieben eine so weitgehende Unterdrückung durch die Anforderung der Erziehung zur Kultur erfahren hat wie gerade die sexuellen, daß aber auch die sexuellen Triebe sich bei den meisten Menschen der Beherrschung durch die höchsten Seeleninstanzen am ehesten zu entziehen verstehen. Seitdem wir die in ihren Äußerungen oft so unscheinbare, regelmäßig übersehene und mißverstandene *infantile Sexualität* kennengelernt haben, sind wir berechtigt zu sagen, daß fast jeder Kulturmensch die infantile Gestaltung des Sexuallebens in irgendeinem Punkte festgehalten hat, und begreifen so, daß die verdrängten infantilen Sexualwünsche die häufigsten und stärksten Triebkräfte für die Bildung der Träume ergeben.[19]

Wenn es dem Traume, welcher erotische Wünsche zum Ausdrucke bringt, gelingen kann, in seinem manifesten Inhalt harmlos asexuell zu erscheinen, so kann dies nur auf eine Weise möglich werden. Das Material von sexuellen Vorstellungen darf nicht als solches dargestellt werden,

---

19 Vgl. hiezu des Verfassers *Drei Abhandlungen zur Sexualtheorie* (1905) [im vorliegenden Band].

sondern muß im Trauminhalt durch Andeutungen, Anspielungen und ähnliche Arten der indirekten Darstellung ersetzt werden, aber zum Unterschied von anderen Fällen indirekter Darstellung muß die im Traum verwendete der unmittelbaren Verständlichkeit entzogen sein. Man hat sich gewöhnt, die Darstellungsmittel, welche diesen Bedingungen entsprechen, als *Symbole* des durch sie Dargestellten zu bezeichnen. Ein besonderes Interesse hat sich ihnen zugewendet, seitdem man bemerkt hat, daß die Träumer derselben Sprache sich der nämlichen Symbole bedienen, ja, daß in einzelnen Fällen die Symbolgemeinschaft über die Sprachgemeinschaft hinausreicht. Da die Träumer die Bedeutung der von ihnen verwendeten Symbole selbst nicht kennen, bleibt es zunächst rätselhaft, woher deren Beziehung zu dem durch sie Ersetzten und Bezeichneten rührt. Die Tatsache selbst ist aber unzweifelhaft und wird für die Technik der Traumdeutung bedeutsam, denn mit Hilfe einer Kenntnis der Traumsymbolik ist es möglich, den Sinn einzelner Elemente des Trauminhaltes oder einzelner Stücke des Traumes oder mitunter selbst ganzer Träume zu verstehen, ohne den Träumer nach seinen Einfällen befragen zu müssen. Wir nähern uns so dem populären Ideal einer Traumübersetzung und greifen anderseits auf die Deutungstechnik der alten Völker zurück, denen Traumdeutung mit Deutung durch Symbolik identisch war.

Wiewohl die Studien über die Traumsymbole von einem Abschluß noch weit entfernt sind, können wir doch eine Reihe von allgemeinen Behauptungen und von speziellen Angaben über dieselben mit Sicherheit vertreten. Es gibt Symbole, die fast allgemein eindeutig zu übersetzen sind, so bedeuten Kaiser und Kaiserin (König und Königin) die Eltern, Zimmer stellen Frauen(zimmer) dar, die Ein- und Ausgänge derselben die Körperöffnungen. Die größte Zahl der Traumsymbole dient zur Darstellung von Personen, Körperteilen und Verrichtungen, die mit erotischem Interesse betont sind, insbesondere können die Genitalien durch eine Anzahl von oft sehr überraschenden Symbolen dargestellt werden und finden sich die mannigfaltigsten Gegenstände zur symbolischen Bezeichnung der Genitalien verwendet. Wenn scharfe Waffen, lange und starre Objekte wie Baumstämme und Stöcke das männliche Genitale; Schränke, Schachteln, Wagen, Öfen den Frauenleib im Traume vertreten, so ist uns das *Tertium comparationis*, das Gemeinsame dieser Ersetzungen, ohne weiteres verständlich, aber nicht bei allen Symbolen wird uns das Erfassen der verbindenden Beziehungen so leicht gemacht. Symbole wie das der Stiege und des Steigens für den Sexualverkehr, der Krawatte für das männliche Glied, des Holzes für den Frauenleib fordern unseren Unglauben heraus, solange wir nicht die Einsicht in die Symbolbeziehung auf anderen Wegen gewonnen haben. Eine ganze Anzahl der Traumsymbole ist übrigens bisexuell, kann je nach dem Zusammenhange auf das männliche oder auf das weibliche Genitale bezogen werden.

Es gibt Symbole von universeller Verbreitung, die man bei allen Träumern eines Sprach- und Bildungskreises antrifft, und andere von höchst eingeschränktem, individuellem Vorkommen, die sich ein einzelner aus seinem Vorstellungsmaterial gebildet hat. Unter den ersteren unterscheidet man solche, deren Anspruch auf Vertretung des Sexuellen durch den Sprachgebrauch ohne weiteres gerechtfertigt wird (wie z. B. die aus dem Ackerbau stammenden, vgl. Fortpflanzung, Samen), von anderen, deren Beziehung zum Sexuellen in die ältesten Zeiten und dunkelsten Tiefen unserer Begriffsbildung hinabzureichen scheint. Die symbolbildende Kraft ist für beide oben gesonderten Arten von Symbolen in der Gegenwart nicht erloschen. Man kann beobachten, daß neu erfundene Gegenstände (wie das Luftschiff) sofort zu universell gebräuchlichen Sexualsymbolen erhoben werden.

Es wäre übrigens irrtümlich zu erwarten, eine noch gründlichere Kenntnis der Traumsymbolik (der »Sprache des Traumes«) könnte uns von der Befragung des Träumers nach seinen Einfällen zum Traume unabhängig machen und uns gänzlich zur Technik der antiken Traumdeutung zurückführen. Abgesehen von den individuellen Symbolen und den Schwankungen im Gebrauch der universellen, weiß man nie, ob ein Element des Trauminhaltes symbolisch oder im eigentlichen Sinne zu deuten ist, und weiß man mit Sicherheit, daß nicht aller Inhalt des Traumes symbolisch zu deuten ist. Die Kenntnis der Traumsymbolik wird uns immer nur die Übersetzung einzelner Bestandteile des Trauminhaltes vermitteln und wird die Anwendung der früher gegebenen technischen Regeln nicht überflüssig machen. Sie wird aber als das wertvollste Hilfsmittel zur Deutung gerade dort eintreten, wo die Einfälle des Träumers versagen oder ungenügend werden.

Die Traumsymbolik erweist sich als unentbehrlich auch für das Verständnis der sogenannten »typischen« Träume der Menschen und der »wiederkehrenden« Träume des einzelnen. Wenn die Würdigung der symbolischen Ausdrucksweise des Traumes in dieser kurzen Darstellung so unvollständig ausgefallen ist, so rechtfertigt sich diese Vernachlässigung durch den Hinweis auf eine Einsicht, die zu dem Wichtigsten gehört, was wir über diesen Gegenstand aussagen können. Die Traumsymbolik führt weit über den Traum hinaus; sie gehört nicht dem Traume zu eigen an, sondern beherrscht in gleicher Weise die Darstellung in den Märchen, Mythen und Sagen, in den Witzen und im Folklore. Sie gestattet uns, die innigen Beziehungen des Traumes zu diesen Produktionen zu verfolgen; wir müssen uns aber sagen, daß sie nicht von der Traumarbeit hergestellt wird, sondern eine Eigentümlichkeit – wahrscheinlich unseres unbewußten Denkens ist, welches der Traumarbeit das Material zur Verdichtung, Verschiebung und Dramatisierung liefert.[20]

---

20 Weiteres über die Traumsymbolik findet man außer in den alten Schriften zur Traumdeutung (Artemidorus von Daldis, Scherner, *Das Leben des Traumes*, 1861) in der *Traumdeutung* [1900] des Verfassers, in den mythologischen Arbeiten der psychoanalytischen Schule und auch in den Arbeiten von W. Stekel (*Die Sprache des Traumes*, 1911). [Vgl. die 10. der *Vorlesungen zur Einführung in die Psychoanalyse* in Band 2 der vorliegenden Ausgabe.]

XIII

Ich erhebe weder den Anspruch, hier auf alle Traumprobleme Licht geworfen, noch die hier erörterten überzeugend erledigt zu haben. Wer sich für den ganzen Umfang der Traumliteratur interessiert, der sei auf das Buch von Sante de Sanctis: *I sogni*, Torino 1899, verwiesen[21]; wer die eingehendere Begründung der von mir vorgetragenen Auffassung des Traumes sucht, der wende sich an meine Schrift: *Die Traumdeutung*, Leipzig und Wien 1900. Ich werde nur noch darauf hinweisen, in welcher Richtung die Fortsetzung meiner Darlegungen über die Traumarbeit zu verfolgen ist.

Wenn ich als die Aufgabe einer Traumdeutung die Ersetzung des Traumes durch die latenten Traumgedanken, also die Auflösung dessen, was die Traumarbeit gesponnen hat, hinstelle, so werfe ich einerseits eine Reihe von neuen psychologischen Problemen auf, die sich auf den Mechanismus dieser Traumarbeit selbst wie auf die Natur und die Bedingungen der sogenannten Verdrängung beziehen; anderseits behaupte ich die Existenz der Traumgedanken als eines sehr reichhaltigen Materiales psychischer Bildungen von höchster Ordnung und mit allen Kennzeichen normaler intellektueller Leistung versehen, welches Material sich doch dem Bewußtsein entzieht, bis es ihm durch den Trauminhalt entstellte Kunde gegeben hat. Solche Gedanken bin ich genötigt, bei jedermann als vorhanden anzunehmen, da ja fast alle Menschen, auch die normalsten, des Träumens fähig sind. An das Unbewußte der Traumgedanken, an dessen Verhältnis zum Bewußtsein und zur Verdrängung knüpfen die weiteren, für die Psychologie bedeutsamen Fragen an, deren Erledigung wohl aufzuschieben ist, bis die Analyse die Entstehung anderer psychopathischer Bildungen, wie der hysterischen Symptome und der Zwangsideen, klargelegt hat.

---

21 [Deutsche Übersetzung von O. Schmidt: *Die Träume*, Halle 1901.]

Die Freudsche psychoanalytische Methode

Die eigentümliche Methode der Psychotherapie, die Freud ausübt und als Psychoanalyse bezeichnet, ist aus dem sogenannten kathartischen Verfahren hervorgegangen, über welches er seinerzeit in den *Studien über Hysterie* 1895 in Gemeinschaft mit J. Breuer berichtet hat. Die kathartische Therapie war eine Erfindung Breuers, der mit ihrer Hilfe zuerst etwa ein Dezennium vorher eine hysterische Kranke hergestellt und dabei Einsicht in die Pathogenese ihrer Symptome gewonnen hatte. Infolge einer persönlichen Anregung Breuers nahm dann Freud das Verfahren wieder auf und erprobte es an einer größeren Anzahl von Kranken.

Das kathartische Verfahren setzte voraus, daß der Patient hypnotisierbar sei, und beruhte auf der Erweiterung des Bewußtseins, die in der Hypnose eintritt. Es setzte sich die Beseitigung der Krankheitssymptome zum Ziele und erreichte dies, indem es den Patienten sich in den psychischen Zustand zurückversetzen ließ, in welchem das Symptom zum erstenmal aufgetreten war. Es tauchten dann bei dem hypnotisierten Kranken Erinnerungen, Gedanken und Impulse auf, die in seinem Bewußtsein bisher ausgefallen waren, und wenn er diese seine seelischen Vorgänge unter intensiven Affektäußerungen dem Arzte mitgeteilt hatte, war das Symptom überwunden, die Wiederkehr desselben aufgehoben. Diese regelmäßig zu wiederholende Erfahrung erläuterten die beiden Autoren in ihrer gemeinsamen Arbeit dahin, daß das Symptom an Stelle von unterdrückten und nicht zum Bewußtsein gelangten psychischen Vorgängen stehe, also eine Umwandlung (»Konversion«) der letzteren darstelle. Die therapeutische Wirksamkeit ihres Verfahrens erklärten sie sich aus der Abfuhr des bis dahin gleichsam »eingeklemmten« Affektes, der an den unterdrückten seelischen Aktionen gehaftet hatte (»Abreagieren«). Das einfache Schema des therapeutischen Eingriffes komplizierte sich aber nahezu allemal, indem sich zeigte, daß nicht ein einzelner (»traumatischer«) Eindruck, sondern meist eine schwer zu übersehende Reihe von solchen an der Entstehung des Symptoms beteiligt sei.

Der Hauptcharakter der kathartischen Methode, der sie in Gegensatz zu allen anderen Verfahren der Psychotherapie setzt, liegt also darin, daß bei ihr die therapeutische Wirksamkeit nicht einem suggestiven Verbot des Arztes übertragen wird. Sie erwartet vielmehr, daß die Symptome von selbst verschwinden werden, wenn es dem Eingriff, der sich auf gewisse Voraussetzungen über den psychischen Mechanismus beruft, gelungen ist, seelische Vorgänge zu einem andern als dem bisherigen Verlaufe zu bringen, der in die Symptombildung eingemündet hat.

Die Abänderungen, welche Freud an dem kathartischen Verfahren Breuers vornahm, waren zunächst Änderungen der Technik; diese brachten aber neue Ergebnisse und haben in weiterer Folge zu einer andersartigen, wiewohl der früheren nicht widersprechenden Auffassung der therapeutischen Arbeit genötigt.

Hatte die kathartische Methode bereits auf die Suggestion verzichtet, so unternahm Freud den weiteren Schritt, auch die Hypnose aufzugeben. Er behandelt gegenwärtig seine Kranken, indem er sie ohne andersartige Beeinflussung eine bequeme Rückenlage auf einem Ruhebett einnehmen läßt, während er selbst, ihrem Anblick entzogen, auf einem Stuhle hinter ihnen sitzt. Auch den Verschluß der Augen fordert er von ihnen nicht und vermeidet jede Berührung sowie jede andere Prozedur, die an Hypnose mahnen könnte. Eine solche Sitzung verläuft also wie ein Gespräch zwischen zwei gleich wachen Personen, von denen die eine sich jede Muskelanstrengung und jeden ablenkenden Sinneseindruck erspart, die sie in der Konzentration ihrer Aufmerksamkeit auf ihre eigene seelische Tätigkeit stören könnten.

Da das Hypnotisiertwerden, trotz aller Geschicklichkeit des Arztes, bekanntlich in der Willkür des Patienten liegt und eine große Anzahl neurotischer Personen durch kein Verfahren in Hypnose zu versetzen ist, so war durch den

Verzicht auf die Hypnose die Anwendbarkeit des Verfahrens auf eine uneingeschränkte Anzahl von Kranken gesichert. Anderseits fiel die Erweiterung des Bewußtseins weg, welche dem Arzt gerade jenes psychische Material an Erinnerungen und Vorstellungen geliefert hatte, mit dessen Hilfe sich die Umsetzung der Symptome und die Befreiung der Affekte vollziehen ließ. Wenn für diesen Ausfall kein Ersatz zu schaffen war, konnte auch von einer therapeutischen Einwirkung keine Rede sein.

Einen solchen völlig ausreichenden Ersatz fand nun Freud in den Einfällen der Kranken, das heißt in den ungewollten, meist als störend empfundenen und darum unter gewöhnlichen Verhältnissen beseitigten Gedanken, die den Zusammenhang einer beabsichtigten Darstellung zu durchkreuzen pflegen. Um sich dieser Einfälle zu bemächtigen, fordert er die Kranken auf, sich in ihren Mitteilungen gehenzulassen, »wie man es etwa in einem Gespräche tut, bei welchem man aus dem Hundertsten in das Tausendste gerät«. Er schärft ihnen, ehe er sie zur detaillierten Erzählung ihrer Krankengeschichte auffordert, ein, alles mit zu sagen, was ihnen dabei durch den Kopf geht, auch wenn sie meinen, es sei unwichtig oder es gehöre nicht dazu oder es sei unsinnig. Mit besonderem Nachdrucke aber wird von ihnen verlangt, daß sie keinen Gedanken oder Einfall darum von der Mitteilung ausschließen, weil ihnen diese Mitteilung beschämend oder peinlich ist. Bei den Bemühungen, dieses Material an sonst vernachlässigten Einfällen zu sammeln, machte nun Freud die Beobachtungen, die für seine ganze Auffassung bestimmend geworden sind. Schon bei der Erzählung der Krankengeschichte stellen sich bei den Kranken Lücken der Erinnerung heraus, sei es, daß tatsächliche Vorgänge vergessen worden, sei es, daß zeitliche Beziehungen verwirrt oder Kausalzusammenhänge zerrissen worden sind, so daß sich unbegreifliche Effekte ergeben. Ohne Amnesie irgendeiner Art gibt es keine neurotische Krankengeschichte. Drängt man den Erzählenden, diese Lücken seines Gedächtnisses durch angestrengte Arbeit der Aufmerksamkeit auszufüllen, so merkt man, daß die hiezu sich einstellenden Einfälle von ihm mit allen Mitteln der Kritik zurückgedrängt werden, bis er endlich das direkte Unbehagen verspürt, wenn sich die Erinnerung wirklich eingestellt hat. Aus dieser Erfahrung schließt Freud, daß die Amnesien das Ergebnis eines Vorganges sind, den er *Verdrängung* heißt und als dessen Motiv er Unlustgefühle erkennt. Die psychischen Kräfte, welche diese Verdrängung herbeigeführt haben, meint er in dem *Widerstand*, der sich gegen die Wiederherstellung erhebt, zu verspüren.

Das Moment des Widerstandes ist eines der Fundamente seiner Theorie geworden. Die sonst unter allerlei Vorwänden (wie sie die obige Formel aufzählt) beseitigten Einfälle betrachtet er aber als Abkömmlinge der verdrängten psychischen Gebilde (Gedanken und Regungen), als Entstellungen derselben infolge des gegen ihre Reproduktion bestehenden Widerstandes.

Je größer der Widerstand, desto ausgiebiger diese Entstellung. In dieser Beziehung der unbeabsichtigten Einfälle zum verdrängten psychischen Material ruht nun ihr Wert für die therapeutische Technik. Wenn man ein Verfahren besitzt, welches ermöglicht, von den Einfällen aus zu dem Verdrängten, von den Entstellungen zum Entstellten zu gelangen, so kann man auch ohne Hypnose das früher Unbewußte im Seelenleben dem Bewußtsein zugänglich machen.

Freud hat darauf eine *Deutungskunst* ausgebildet, welcher diese Leistung zufällt, die gleichsam aus den Erzen der unbeabsichtigten Einfälle den Metallgehalt an verdrängten Gedanken darstellen soll. Objekt dieser Deutungsarbeit sind nicht allein die Einfälle des Kranken, sondern auch seine Träume, die den direktesten Zugang zur Kenntnis des Unbewußten eröffnen, seine unbeabsichtigten wie planlosen Handlungen (Symptomhandlungen) und die Irrungen seiner Leistungen im Alltagsleben (Versprechen, Vergreifen u. dgl.).[1] Die Details dieser Deutungs- oder

1 [Diese sogenannten Fehlleistungen untersucht Freud vor allem in der Studie *Zur Psychopathologie des Alltagslebens* (1904). Ein Resümee findet sich in der 2. bis 4. der *Vorlesungen zur Einführung in die Psychoanalyse* (vgl. im Band 2 der vorliegenden Ausgabe).]

Übersetzungstechnik sind von Freud noch nicht veröffentlicht worden. Es sind nach seinen Andeutungen eine Reihe von empirisch gewonnenen Regeln, wie aus den Einfällen das unbewußte Material zu konstruieren ist, Anweisungen, wie man es zu verstehen habe, wenn die Einfälle des Patienten versagen, und Erfahrungen über die wichtigsten typischen Widerstände, die sich im Laufe einer solchen Behandlung einstellen. Ein umfangreiches Buch über *Traumdeutung*, 1900 von Freud publiziert, ist als Vorläufer einer solchen Einführung in die Technik[2] anzusehen.

Man könnte aus diesen Andeutungen über die Technik der psychoanalytischen Methode schließen, daß deren Erfinder sich überflüssige Mühe verursacht und unrecht getan hat, das wenig komplizierte hypnotische Verfahren zu verlassen. Aber einerseits ist die Technik der Psychoanalyse viel leichter auszuüben, wenn man sie einmal erlernt hat, als es bei einer Beschreibung den Anschein hat, anderseits führt kein anderer Weg zum Ziele, und darum ist der mühselige Weg noch der kürzeste. Der Hypnose ist vorzuwerfen, daß sie den Widerstand verdeckt und dadurch dem Arzt den Einblick in das Spiel der psychischen Kräfte verwehrt hat. Sie räumt aber mit dem Widerstande nicht auf, sondern weicht ihm nur aus und ergibt darum nur unvollständige Auskünfte und nur vorübergehende Erfolge.

Die Aufgabe, welche die psychoanalytische Methode zu lösen bestrebt ist, läßt sich in verschiedenen Formeln ausdrücken, die aber ihrem Wesen nach äquivalent sind. Man kann sagen: Aufgabe der Kur sei, die Amnesien aufzuheben. Wenn alle Erinnerungslücken ausgefüllt, alle rätselhaften Effekte des psychischen Lebens aufgeklärt sind, ist der Fortbestand, ja eine Neubildung des Leidens unmöglich gemacht. Man kann die Bedingung anders fassen: es seien alle Verdrängungen rückgängig zu machen; der psychische Zustand ist dann derselbe, in dem alle Amnesien ausgefüllt sind. Weittragender ist eine andere Fassung: es

2 [In der vorliegenden Ausgabe finden sich die wichtigsten Hinweise zum Thema Traumdeutung in der Studie *Über den Traum* sowie in einigen ausgewählten *Vorlesungen zur Einführung in die Psychoanalyse*.]

handle sich darum, das Unbewußte dem Bewußtsein zugänglich zu machen, was durch Überwindung der Widerstände geschieht. Man darf aber dabei nicht vergessen, daß ein solcher Idealzustand auch beim normalen Menschen nicht besteht und daß man nur selten in die Lage kommen kann, die Behandlung annähernd so weit zu treiben. So wie Gesundheit und Krankheit nicht prinzipiell geschieden, sondern nur durch eine praktisch bestimmbare Summationsgrenze gesondert sind, so wird man sich auch nie etwas anderes zum Ziel der Behandlung setzen als die praktische Genesung des Kranken, die Herstellung seiner Leistungs- und Genußfähigkeit. Bei unvollständiger Kur oder unvollkommenem Erfolge derselben erreicht man vor allem eine bedeutende Hebung des psychischen Allgemeinzustandes, während die Symptome, aber mit geminderter Bedeutung für den Kranken, fortbestehen können, ohne ihn zu einem Kranken zu stempeln.

Das therapeutische Verfahren bleibt, von geringen Modifikationen abgesehen, das nämliche für alle Symptombilder der vielgestaltigen Hysterie und ebenso für alle Ausbildungen der Zwangsneurose. Von einer unbeschränkten Anwendbarkeit desselben ist aber keine Rede. Die Natur der psychoanalytischen Methode schafft Indikationen und Gegenanzeigen sowohl von seiten der zu behandelnden Personen als auch mit Rücksicht auf das Krankheitsbild. Am günstigsten für die Psychoanalyse sind die chronischen Fälle von Psychoneurosen mit wenig stürmischen oder gefahrdrohenden Symptomen, also zunächst alle Arten der Zwangsneurose, Zwangsdenken und Zwangshandeln, und Fälle von Hysterie, in denen Phobien und Abulien die Hauptrolle spielen, weiterhin aber auch alle somatischen Ausprägungen der Hysterie, insoferne nicht, wie bei der Anorexie, rasche Beseitigung der Symptome zur Hauptaufgabe des Arztes wird. Bei akuten Fällen von Hysterie wird man den Eintritt eines ruhigeren Stadiums abzuwarten haben; in allen Fällen, bei denen die nervöse Erschöpfung obenan steht, wird man ein Verfahren vermeiden, welches selbst Anstrengung erfordert, nur langsame Fortschritte zeitigt und auf die Fortdauer der Symptome eine Zeitlang keine Rücksicht nehmen kann.

An die Person, die man mit Vorteil der Psychoanalyse unterziehen soll, sind mehrfache Forderungen zu stellen. Sie muß erstens eines psychischen Normalzustandes fähig sein; in Zeiten der Verworrenheit oder melancholischer Depression ist auch bei einer Hysterie nichts auszurichten. Man darf ferner ein gewisses Maß natürlicher Intelligenz und ethischer Entwicklung fordern; bei wertlosen Personen läßt den Arzt bald das Interesse im Stiche, welches ihn zur Vertiefung in das Seelenleben des Kranken befähigt. Ausgeprägte Charakterverbildungen, Züge von wirklich degenerativer Konstitution äußern sich bei der Kur als Quelle von kaum zu überwindenden Widerständen. Insoweit setzt überhaupt die Konstitution eine Grenze für die Heilbarkeit durch Psychotherapie. Auch eine Altersstufe in der Nähe des fünften Dezenniums schafft ungünstige Bedingungen für die Psychoanalyse. Die Masse des psychischen Materials ist dann nicht mehr zu bewältigen, die zur Herstellung erforderliche Zeit wird zu lang, und die Fähigkeit, psychische Vorgänge rückgängig zu machen, beginnt zu erlahmen.

Trotz aller dieser Einschränkungen ist die Anzahl der für die Psychoanalyse geeigneten Personen eine außerordentlich große und die Erweiterung unseres therapeutischen Könnens durch dieses Verfahren nach den Behauptungen Freuds eine sehr beträchtliche. Freud beansprucht lange Zeiträume, ein halbes Jahr bis drei Jahre, für eine wirksame Behandlung; er gibt aber die Auskunft, daß er bisher infolge verschiedener leicht zu erratender Umstände meist nur in die Lage gekommen ist, seine Behandlung an sehr schweren Fällen zu erproben, Personen mit vieljähriger Krankheitsdauer und völliger Leistungsunfähigkeit, die, durch alle Behandlungen getäuscht, gleichsam eine letzte Zuflucht bei seinem neuen und viel angezweifelten Verfahren gesucht haben. In Fällen leichterer Erkrankung dürfte sich die Behandlungsdauer sehr verkürzen und ein außerordentlicher Gewinn an Vorbeugung für die Zukunft erzielen lassen.

Drei Abhandlungen zur Sexualtheorie

Vorwort zur dritten Auflage

Nachdem ich durch ein Jahrzehnt Aufnahme und Wirkung dieses Buches beobachtet, möchte ich dessen dritte Auflage mit einigen Vorbemerkungen versehen, die gegen Mißverständnisse und unerfüllbare Ansprüche an dasselbe gerichtet sind. Es sei also vor allem betont, daß die Darstellung hierin durchweg von der alltäglichen ärztlichen Erfahrung ausgeht, welche durch die Ergebnisse der psychoanalytischen Untersuchung vertieft und wissenschaftlich bedeutsam gemacht werden soll. Die drei *Abhandlungen zur Sexualtheorie* können nichts anderes enthalten, als was die Psychoanalyse anzunehmen nötigt oder zu bestätigen gestattet. Es ist darum ausgeschlossen, daß sie sich jemals zu einer »Sexualtheorie« erweitern ließen, und begreiflich, daß sie zu manchen wichtigen Problemen des Sexuallebens überhaupt nicht Stellung nehmen. Man wolle aber darum nicht glauben, daß diese übergangenen Kapitel des großen Themas dem Autor unbekannt geblieben sind oder von ihm als nebensächlich vernachlässigt wurden.

Die Abhängigkeit dieser Schrift von den psychoanalytischen Erfahrungen, die zu ihrer Abfassung angeregt haben, zeigt sich aber nicht nur in der Auswahl, sondern auch in der Anordnung des Stoffes. Überall wird ein gewisser Instanzenzug eingehalten, werden die akzidentellen Momente vorangestellt, die dispositionellen im Hintergrunde gelassen und wird die ontogenetische Entwicklung vor der phylogenetischen berücksichtigt. Das Akzidentelle spielt nämlich die Hauptrolle in der Analyse, es wird durch sie fast restlos bewältigt; das Dispositionelle kommt erst hinter ihm zum Vorschein als etwas, was durch das Erleben geweckt wird, dessen Würdigung aber weit über das Arbeitsgebiet der Psychoanalyse hinausführt.

Ein ähnliches Verhältnis beherrscht die Relation zwischen Onto- und Phylogenese. Die Ontogenese kann als eine Wiederholung der Phylogenese angesehen werden, soweit diese nicht durch ein rezenteres Erleben abgeändert wird. Die phylogenetische Anlage macht sich hinter dem ontogenetischen Vorgang bemerkbar. Im Grunde aber ist die Disposition eben der Niederschlag eines früheren Erlebens der Art, zu welchem das neuere Erleben des Einzelwesens als Summe der akzidentellen Momente hinzukommt.

Neben der durchgängigen Abhängigkeit von der psychoanalytischen Forschung muß ich die vorsätzliche Unabhängigkeit von der biologischen Forschung als Charakter dieser meiner Arbeit hervorheben. Ich habe es sorgfältig vermieden, wissenschaftliche Erwartungen aus der allgemeinen Sexualbiologie oder aus der spezieller Tierarten in das Studium einzutragen, welches uns an der Sexualfunktion des Menschen durch die Technik der Psychoanalyse ermöglicht wird. Mein Ziel war allerdings, zu erkunden, wieviel zur Biologie des menschlichen Sexuallebens mit den Mitteln der psychologischen Erforschung zu erraten ist; ich durfte auf Anschlüsse und Übereinstimmungen hinweisen, die sich bei dieser Untersuchung ergaben, aber ich brauchte mich nicht beirren zu lassen, wenn die psychoanalytische Methode in manchen wichtigen Punkten zu Ansichten und Ergebnissen führte, die von den bloß biologisch gestützten erheblich abwichen.

Ich habe in dieser dritten Auflage reichliche Einschaltungen vorgenommen, aber darauf verzichtet, dieselben wie in der vorigen Auflage durch besondere Zeichen kenntlich zu machen. – Die wissenschaftliche Arbeit auf unserem Gebiete hat gegenwärtig ihre Fortschritte verlangsamt, doch waren gewisse Ergänzungen dieser Schrift unentbehrlich, wenn sie mit der neueren psychoanalytischen Literatur in Fühlung bleiben sollte.

Wien, im Oktober 1914

Vorwort zur vierten Auflage

Nachdem die Fluten der Kriegszeit sich verzogen haben, darf man mit Befriedigung feststellen, daß das Interesse für die psychoanalytische Forschung in der großen Welt ungeschädigt geblieben ist. Doch haben nicht alle Teile der Lehre das gleiche Schicksal erfahren. Die rein psychologischen Aufstellungen und Ermittlungen der Psychoanalyse über das Unbewußte, die Verdrängung, den Konflikt, der zur Krankheit führt, den Krankheitsgewinn, die Mechanismen der Symptombildung u. a. erfreuen sich wachsender Anerkennung und finden selbst bei prinzipiellen Gegnern Beachtung. Das an die Biologie angrenzende Stück der Lehre, dessen Grundlage in dieser kleinen Schrift gegeben wird, ruft noch immer unverminderten Widerspruch hervor und hat selbst Personen, die sich eine Zeitlang intensiv mit der Psychoanalyse beschäftigt hatten, zum Abfall von ihr und zu neuen Auffassungen bewogen, durch welche die Rolle des sexuellen Moments für das normale und krankhafte Seelenleben wieder eingeschränkt werden sollte.

Ich kann mich trotzdem nicht zur Annahme entschließen, daß dieser Teil der psychoanalytischen Lehre sich von der zu erratenden Wirklichkeit viel weiter entfernen könnte als der andere. Erinnerung und immer wieder von neuem wiederholte Prüfung sagen mir, daß er aus ebenso sorgfältiger und erwartungsloser Beobachtung hervorgegangen ist, und die Erklärung jener Dissoziation in der öffentlichen Anerkennung bereitet keine Schwierigkeiten. Erstens können nur solche Forscher die hier beschriebenen Anfänge des menschlichen Sexuallebens bestätigen, die Geduld und technisches Geschick genug besitzen, um die Analyse bis in die ersten Kindheitsjahre des Patienten vorzutragen. Es fehlt häufig auch an der Möglichkeit hiezu, da das ärztliche Handeln eine scheinbar raschere Erledigung des Krankheitsfalles verlangt. Andere aber als Ärzte, welche die Psychoanalyse üben, haben überhaupt keinen Zugang zu diesem Gebiet und keine Möglichkeit, sich ein Urteil zu bilden, das der Beeinflussung durch ihre eigenen

Abneigungen und Vorurteile entzogen wäre. Verstünden es die Menschen, aus der direkten Beobachtung der Kinder zu lernen, so hätten diese drei Abhandlungen überhaupt ungeschrieben bleiben können.

Dann aber muß man sich daran erinnern, daß einiges vom Inhalt dieser Schrift, die Betonung der Bedeutung des Sexuallebens für alle menschlichen Leistungen und die hier versuchte Erweiterung des Begriffes der Sexualität, von jeher die stärksten Motive für den Widerstand gegen die Psychoanalyse abgegeben hat. In dem Bedürfnis nach volltönenden Schlagworten ist man so weit gegangen, von dem »Pansexualismus« der Psychoanalyse zu reden und ihr den unsinnigen Vorwurf zu machen, sie erkläre »alles« aus der Sexualität. Man könnte sich darüber verwundern, wenn man imstande wäre, an die verwirrende und vergeßlich machende Wirkung affektiver Momente selbst zu vergessen. Denn der Philosoph Arthur Schopenhauer hat bereits vor geraumer Zeit den Menschen vorgehalten, in welchem Maß ihr Tun und Trachten durch sexuelle Strebungen – im gewohnten Sinne des Wortes – bestimmt wird, und eine Welt von Lesern sollte doch unfähig gewesen sein, sich eine so packende Mahnung so völlig aus dem Sinne zu schlagen! Was aber die »Ausdehnung« des Begriffes der Sexualität betrifft, die durch die Analyse von Kindern und von sogenannten Perversen notwendig wird, so mögen alle, die von ihrem höheren Standpunkt verächtlich auf die Psychoanalyse herabschauen, sich erinnern lassen, wie nahe die erweiterte Sexualität der Psychoanalyse mit dem *Eros* des göttlichen Plato zusammentrifft. (S. Nachmansohn, *Freuds Libidotheorie verglichen mit der Eroslehre Platos*, Intern. Zeitschr. f. Psychoanalyse, III, 1915.)

Wien, im Mai 1920

I
Die sexuellen Abirrungen[1]

Die Tatsache geschlechtlicher Bedürfnisse bei Mensch und Tier drückt man in der Biologie durch die Annahme eines »Geschlechtstriebes« aus. Man folgt dabei der Analogie mit dem Trieb nach Nahrungsaufnahme, dem Hunger. Eine dem Worte »Hunger« entsprechende Bezeichnung fehlt der Volkssprache; die Wissenschaft gebraucht als solche »*Libido*«[2].

Die populäre Meinung macht sich ganz bestimmte Vorstellungen von der Natur und den Eigenschaften dieses Geschlechtstriebes. Er soll der Kindheit fehlen, sich um die Zeit und im Zusammenhang mit dem Reifungsvorgang der Pubertät einstellen, sich in den Erscheinungen unwiderstehlicher Anziehung äußern, die das eine Geschlecht auf das andere ausübt, und sein Ziel soll die geschlechtliche Vereinigung sein oder wenigstens solche Handlungen, welche auf dem Wege zu dieser liegen.

Wir haben aber allen Grund, in diesen Angaben ein sehr ungetreues Abbild der Wirklichkeit zu erblicken; faßt man sie schärfer ins Auge, so erweisen sie sich überreich an Irrtümern, Ungenauigkeiten und Voreiligkeiten.

Führen wir zwei Termini ein: heißen wir die Person, von welcher die geschlechtliche Anziehung ausgeht, das *Sexualobjekt*, die Handlung, nach welcher der Trieb drängt, das *Sexualziel*, so weist uns die wissenschaftlich gesichtete Er-

---

1 Die in der ersten Abhandlung enthaltenen Angaben sind aus den bekannten Publikationen von v. Krafft-Ebing, Moll, Moebius, Havelock Ellis, v. Schrenck-Notzing, Löwenfeld, Eulenburg, I. Bloch, M. Hirschfeld und aus den Arbeiten in dem vom letzteren herausgegebenen Jahrbuch für sexuelle Zwischenstufen geschöpft. Da an diesen Stellen auch die übrige Literatur des Themas aufgeführt ist, habe ich mir detaillierte Nachweise ersparen können. – [*Zusatz 1910:*] Die durch psychoanalytische Untersuchung Invertierter gewonnenen Einsichten ruhen auf Mitteilungen von I. Sadger und auf eigener Erfahrung.

2 [*Zusatz 1910:*] Das einzig angemessene Wort der deutschen Sprache »Lust« ist leider vieldeutig und benennt ebensowohl die Empfindung des Bedürfnisses als die der Befriedigung.

fahrung zahlreiche Abweichungen in bezug auf beide, Sexualobjekt und Sexualziel, nach, deren Verhältnis zur angenommenen Norm eingehende Untersuchung fordert.

(1) Abweichungen in bezug auf das Sexualobjekt

Der populären Theorie des Geschlechtstriebes entspricht am schönsten die poetische Fabel von der Teilung des Menschen in zwei Hälften – Mann und Weib –, die sich in der Liebe wieder zu vereinigen streben.[3] Es wirkt darum wie eine große Überraschung, zu hören, daß es Männer gibt, für die nicht das Weib, sondern der Mann, Weiber, für die nicht der Mann, sondern das Weib das Sexualobjekt darstellt. Man heißt solche Personen Konträrsexuale oder besser Invertierte, die Tatsache die der *Inversion.* Die Zahl solcher Personen ist sehr erheblich, wiewohl deren sichere Ermittlung Schwierigkeiten unterliegt.[4]

(A) Die Inversion

VERHALTEN DER INVERTIERTEN

Die betreffenden Personen verhalten sich nach verschiedenen Richtungen ganz verschieden.

(a) Sie sind *absolut* invertiert, das heißt, ihr Sexualobjekt kann nur gleichgeschlechtlich sein, während das gegensätzliche Geschlecht für sie niemals Gegenstand der geschlechtlichen Sehnsucht ist, sondern sie kühl läßt oder selbst sexuelle Abneigung bei ihnen hervorruft. Als Männer sind sie dann durch Abneigung unfähig, den normalen Geschlechtsakt auszuführen, oder vermissen bei dessen Ausführung jeden Genuß.

---

3 [Freud spielt hier auf Platons *Gastmahl* an. Im Abschnitt VI der Studie *Jenseits des Lustprinzips* geht Freud ausführlicher auf Platon ein (vgl. im Band 3 der vorliegenden Ausgabe).]

4 Vergleiche über diese Schwierigkeiten sowie über Versuche, die Verhältniszahl der Invertierten zu eruieren, die Arbeit von M. Hirschfeld im Jahrbuch für sexuelle Zwischenstufen (1904).

(b) Sie sind *amphigen invertiert* (psychosexuell-hermaphroditisch), das heißt, ihr Sexualobjekt kann ebensowohl dem gleichen wie dem anderen Geschlecht angehören; der Inversion fehlt also der Charakter der Ausschließlichkeit.

(c) Sie sind *okkasionell* invertiert, das heißt, unter gewissen äußeren Bedingungen, von denen die Unzugänglichkeit des normalen Sexualobjektes und die Nachahmung obenan stehen, können sie eine Person des gleichen Geschlechtes zum Sexualobjekt nehmen und im Sexualakt mit ihr Befriedigung empfinden.

Die Invertierten zeigen ferner ein mannigfaltiges Verhalten in ihrem Urteil über die Besonderheit ihres Geschlechtstriebes. Die einen nehmen die Inversion als selbstverständlich hin wie der Normale die Richtung seiner Libido und vertreten mit Schärfe deren Gleichberechtigung mit der normalen. Andere aber lehnen sich gegen die Tatsache ihrer Inversion auf und empfinden dieselbe als krankhaften Zwang.[5]

Weitere Variationen betreffen die zeitlichen Verhältnisse. Die Eigentümlichkeit der Inversion datiert bei dem Individuum entweder von jeher, soweit seine Erinnerung zurückreicht, oder dieselbe hat sich ihm erst zu einer bestimmten Zeit vor oder nach der Pubertät bemerkbar gemacht.[6] Der Charakter bleibt entweder durchs ganze Leben erhalten oder tritt zeitweise zurück oder stellt eine Episode auf dem Wege zur normalen Entwicklung dar; ja er kann sich erst spät im Leben nach Ablauf einer langen Periode

---

5 Ein solches Sträuben gegen den Zwang zur Inversion könnte die Bedingung der Beeinflußbarkeit durch Suggestivbehandlung oder Psychoanalyse abgeben [»oder Psychoanalyse« fügte Freud der zweiten Auflage von 1910 hinzu].

6 Es ist von mehreren Seiten mit Recht betont worden, daß die autobiographischen Angaben der Invertierten über das zeitliche Auftreten der Inversionsneigung unzuverlässig sind, da dieselben die Beweise für ihr heterosexuelles Empfinden aus ihrem Gedächtnis verdrängt haben könnten. – [*Zusatz 1910:*] Die Psychoanalyse hat diesen Verdacht für die ihr zugänglich gewordenen Fälle von Inversion bestätigt und deren Anamnese durch die Ausfüllung der Kindheitsamnesie in entscheidender Weise verändert.

normaler Sexualtätigkeit äußern. Auch ein periodisches Schwanken zwischen dem normalen und dem invertierten Sexualobjekt ist beobachtet worden. Besonders interessant sind Fälle, in denen sich die Libido im Sinne der Inversion ändert, nachdem eine peinliche Erfahrung mit dem normalen Sexualobjekt gemacht worden ist.

Diese verschiedenen Reihen von Variationen bestehen im allgemeinen unabhängig nebeneinander. Von der extremsten Form kann man etwa regelmäßig annehmen, daß die Inversion seit sehr früher Zeit bestanden hat und daß die Person sich mit ihrer Eigentümlichkeit einig fühlt.

Viele Autoren würden sich weigern, die hier aufgezählten Fälle zu einer Einheit zusammenzufassen, und ziehen es vor, die Unterschiede anstatt der Gemeinsamen dieser Gruppen zu betonen, was mit der von ihnen beliebten Beurteilung der Inversion zusammenhängt. Allein so berechtigt Sonderungen sein mögen, so ist doch nicht zu verkennen, daß alle Zwischenstufen reichlich aufzufinden sind, so daß die Reihenbildung sich gleichsam von selbst aufdrängt.

Auffassung der Inversion

Die erste Würdigung der Inversion bestand in der Auffassung, sie sei ein angeborenes Zeichen nervöser Degeneration, und war im Einklange mit der Tatsache, daß die ärztlichen Beobachter zuerst bei Nervenkranken oder Personen, die solchen Eindruck machten, auf sie gestoßen waren. In dieser Charakteristik sind zwei Angaben enthalten, die unabhängig voneinander beurteilt werden sollen: das Angeborensein und die Degeneration.

Degeneration

Die Degeneration unterliegt den Einwänden, die sich gegen die wahllose Verwendung des Wortes überhaupt erheben. Es ist doch Sitte geworden, jede Art von Krankheitsäußerung, die nicht gerade traumatischen oder infektiösen Ursprunges ist, der Degeneration zuzurechnen. Die Magnansche Einteilung der Degenerierten hat es selbst ermöglicht, daß die vorzüglichste Allgemeingestaltung der Nervenleistung die Anwendbarkeit des Begriffes Degeneration nicht auszuschließen braucht. Unter solchen Umständen darf man fragen, welchen Nutzen und welchen neuen Inhalt das Urteil »Degeneration« überhaupt noch besitzt. Es scheint zweckmäßiger, von Degeneration nicht zu sprechen:

(1) wo nicht mehrere schwere Abweichungen von der Norm zusammentreffen;

(2) wo nicht Leistungs- und Existenzfähigkeit im allgemeinen schwer geschädigt erscheinen.[7]

Daß die Invertierten nicht Degenerierte in diesem berechtigten Sinne sind, geht aus mehreren Tatsachen hervor:

(1) Man findet die Inversion bei Personen, die keine sonstigen schweren Abweichungen von der Norm zeigen;

(2) desgleichen bei Personen, deren Leistungsfähigkeit nicht gestört ist, ja die sich durch besonders hohe intellektuelle Entwicklung und ethische Kultur auszeichnen.[8]

(3) Wenn man von den Patienten seiner ärztlichen Erfahrung absieht und einen weiteren Gesichtskreis zu umfassen strebt, stößt man nach zwei Richtungen auf Tatsachen, welche die Inversion als Degenerationszeichen aufzufassen verbieten.

(a) Man muß Wert darauf legen, daß die Inversion eine häufige Erscheinung, fast eine mit wichtigen Funktionen betraute Institution bei den alten Völkern auf der Höhe ihrer Kultur war;

---

7 Mit welchen Vorbehalten die Diagnose auf Degeneration zu stellen ist und welch geringe praktische Bedeutung ihr zukommt, kann man aus den Ausführungen von Moebius *(Über Entartung. Grenzfragen des Nerven- und Seelenlebens,* Nr. III, 1900) entnehmen: »Überblickt man nun das weite Gebiet der Entartung, auf das hier einige Schlaglichter geworfen worden sind, so sieht man ohneweiters ein, daß es sehr geringen Wert hat, Entartung überhaupt zu diagnostizieren.«

8 Es muß den Wortführern des »Uranismus« [nach dem griechischen Gott »Uranos« gebildete Bezeichnung für Homosexualität] zugestanden werden, daß einige der hervorragendsten Männer, von denen wir überhaupt Kunde haben, Invertierte, vielleicht sogar absolut Invertierte waren.

(b) man findet sie ungemein verbreitet bei vielen wilden und primitiven Völkern, während man den Begriff der Degeneration auf die hohe Zivilisation zu beschränken gewohnt ist (I. Bloch); selbst unter den zivilisierten Völkern Europas haben Klima und Rasse auf die Verbreitung und die Beurteilung der Inversion den mächtigsten Einfluß.[9]

ANGEBORENSEIN Das Angeborensein ist, wie begreiflich, nur für die erste, extremste Klasse der Invertierten behauptet worden, und zwar auf Grund der Versicherung dieser Personen, daß sich bei ihnen zu keiner Zeit des Lebens eine andere Richtung des Sexualtriebes gezeigt habe. Schon das Vorkommen der beiden anderen Klassen, speziell der dritten, ist schwer mit der Auffassung eines angeborenen Charakters zu vereinen. Daher die Neigung der Vertreter dieser Ansicht, die Gruppe der absolut Invertierten von allen anderen abzulösen, was den Verzicht auf eine allgemein gültige Auffassung der Inversion zur Folge hat. Die Inversion wäre demnach in einer Reihe von Fällen ein angeborener Charakter; in anderen könnte sie auf andere Art entstanden sein.

Den Gegensatz zu dieser Auffassung bildet die andere, daß die Inversion ein *erworbener* Charakter des Geschlechtstriebes sei. Sie stützt sich darauf, daß

(1) bei vielen (auch absolut) Invertierten ein frühzeitig im Leben einwirkender sexueller Eindruck nachweisbar ist, als dessen fortdauernde Folge sich die homosexuelle Neigung darstellt,

(2) daß bei vielen anderen sich die äußeren begünstigenden und hemmenden Einflüsse des Lebens aufzeigen lassen, die zu einer früheren oder späteren Zeit zur Fixierung der Inversion geführt haben (ausschließlicher Verkehr mit dem gleichen Geschlecht, Gemeinschaft im Kriege, Deten-

---

9 In der Auffassung der Inversion sind die pathologischen Gesichtspunkte von anthropologischen abgelöst worden. Diese Wandlung bleibt das Verdienst von Iwan Bloch (*Beiträge zur Ätiologie der Psychopathia sexualis*, 2 Teile, 1902/3), welcher Autor auch die Tatsache der Inversion bei den alten Kulturvölkern nachdrücklich zur Geltung gebracht hat.

tion in Gefängnissen, Gefahren des heterosexuellen Verkehrs, Zölibat, geschlechtliche Schwäche usw.),

(3) daß die Inversion durch hypnotische Suggestion aufgehoben werden kann, was bei einem angeborenen Charakter wundernehmen würde.

Vom Standpunkt dieser Anschauung kann man die Sicherheit des Vorkommens einer angeborenen Inversion überhaupt bestreiten. Man kann einwenden (Havelock Ellis[10]), daß ein genaueres Examen der für angeborene Inversion in Anspruch genommenen Fälle wahrscheinlich gleichfalls ein für die Richtung der Libido bestimmendes Erlebnis der frühen Kindheit zutage fördern würde, welches bloß im bewußten Gedächtnis der Person nicht bewahrt worden ist, aber durch geeignete Beeinflussung zur Erinnerung gebracht werden könnte. Die Inversion könnte man nach diesen Autoren nur als eine häufige Variation des Geschlechtstriebes bezeichnen, die durch eine Anzahl äußerer Lebensumstände bestimmt werden kann.

Der scheinbar so gewonnenen Sicherheit macht aber die Gegenbemerkung ein Ende, daß nachweisbar viele Personen die nämlichen sexuellen Beeinflussungen (auch in früher Jugend: Verführung, mutuelle Onanie) erfahren, ohne durch sie invertiert zu werden oder dauernd so zu bleiben. So wird man zur Vermutung gedrängt, daß die Alternative angeboren–erworben entweder unvollständig ist oder die bei der Inversion vorliegenden Verhältnisse nicht deckt.

Erklärung der Inversion

Weder mit der Annahme, die Inversion sei angeboren, noch mit der anderen, sie werde erworben, ist das Wesen der Inversion erklärt. Im ersten Falle muß man sich äußern, was an ihr angeboren ist, wenn man sich nicht der rohesten Erklärung anschließt, daß eine Person die Verknüpfung

10 [Havelock Ellis (1859–1936), engl. Sexualforscher. Er publizierte u. a. die mehrbändigen *Studies in the Psychology of Sex* (Philadelphia 1899–1914); der Hinweis oben bezieht sich wohl auf Bd. 2, *Sexual Inversion* (3. Aufl., Philadelphia 1915; 1. Aufl., als Bd. 1 der *Studies*, London 1897).]

des Sexualtriebes mit einem bestimmten Sexualobjekt angeboren mitbringt. Im anderen Falle fragt es sich, ob die mannigfachen akzidentellen Einflüsse hinreichen, die Erwerbung zu erklären, ohne daß ihnen etwas an dem Individuum entgegenkommen müsse. Die Verneinung dieses letzten Momentes ist nach unseren früheren Ausführungen unstatthaft.

HERANZIEHUNG DER BISEXUALITÄT

Zur Erklärung der Möglichkeit einer sexuellen Inversion ist seit Frank Lydston, Kiernan und Chevalier[11] eine Gedankenreihe herangezogen worden, welche einen neuen Widerspruch gegen die populäre Meinung enthält. Dieser gilt ein Mensch entweder als Mann oder als Weib. Die Wissenschaft kennt aber Fälle, in denen die Geschlechtscharaktere verwischt erscheinen und somit die Geschlechtsbestimmung erschwert wird; zunächst auf anatomischem Gebiet. Die Genitalien dieser Personen vereinigen männliche und weibliche Charaktere (Hermaphroditismus). In seltenen Fällen sind nebeneinander beiderlei Geschlechtsapparate ausgebildet (wahrer Hermaphroditismus); zu allermeist findet man beiderseitige Verkümmerung.[12]

Das Bedeutsame an diesen Abnormitäten ist aber, daß sie in unerwarteter Weise das Verständnis der normalen Bildung erleichtern. Ein gewisser Grad von anatomischem Hermaphroditismus gehört nämlich der Norm an; bei keinem normal gebildeten männlichen oder weiblichen Individuum werden die Spuren vom Apparat des anderen Geschlechtes vermißt, die entweder funktionslos als rudimen-

11 [Frank Lydston, *A Lecture on Sexual Perversion, Satyriasis and Nymphomania,* in: Med. Surg. Reporter, Philadelphia 1889, Bd. 61, Sept. 7. – Francis Kiernan, *Sexual Perversion and the Whitechapel Murders,* in: Med. Standard Chicago, 1888, Bd. 4, S. 170. – J. Chevalier, *L'inversion sexuelle,* Lyon 1893.]

12 Vergleiche die letzten ausführlichen Darstellungen des somatischen Hermaphroditismus: Taruffi, *Hermaphroditismus und Zeugungsunfähigkeit,* deutsche Ausgabe von R. Teuscher (1903), und die Arbeiten von Neugebauer in mehreren Bänden des Jahrbuches für sexuelle Zwischenstufen.

täre Organe fortbestehen oder selbst zur Übernahme anderer Funktionen umgebildet worden sind.

Die Auffassung, die sich aus diesen lange bekannten anatomischen Tatsachen ergibt, ist die einer ursprünglich bisexuellen Veranlagung, die sich im Laufe der Entwicklung bis zur Monosexualität mit geringen Resten des verkümmerten Geschlechtes verändert.

Es lag nahe, diese Auffassung aufs psychische Gebiet zu übertragen und die Inversion in ihren Abarten als Ausdruck eines psychischen Hermaphroditismus zu verstehen. Um die Frage zu entscheiden, bedurfte es nur noch eines regelmäßigen Zusammentreffens der Inversion mit den seelischen und somatischen Zeichen des Hermaphroditismus.

Allein diese nächste Erwartung schlägt fehl. So nahe darf man sich die Beziehungen zwischen dem angenommenen psychischen und dem nachweisbaren anatomischen Zwittertum nicht vorstellen. Was man bei den Invertierten findet, ist häufig eine Herabsetzung des Geschlechtstriebes überhaupt (Havelock Ellis[13]) und leichte anatomische Verkümmerung der Organe. Häufig, aber keineswegs regelmäßig oder auch nur überwiegend. Somit muß man erkennen, daß Inversion und somatischer Hermaphroditismus im ganzen unabhängig voneinander sind.

Man hat ferner großen Wert auf die sogenannten sekundären und tertiären Geschlechtscharaktere gelegt und deren gehäuftes Vorkommen bei den Invertierten betont (H. Ellis). Auch daran ist vieles zutreffend, aber man darf nicht vergessen, daß die sekundären und tertiären Geschlechtscharaktere überhaupt recht häufig beim anderen Geschlecht auftreten und so Andeutungen von Zwittertum herstellen, ohne daß dabei das Sexualobjekt sich im Sinne einer Inversion abgeändert zeigte.

Der psychische Hermaphroditismus würde an Leibhaf-

13 [Havelock Ellis, *Studies in the Psychology of Sex*, Bd. 2: Sexual Inversion, 3. Aufl., Philadelphia 1915 (1. Aufl.: *Studies . . .*, Band 1, London 1897); deutsche Übersetzung von E. Jentsch: *Die krankhafte Geschlechtsempfindung auf dissoziativer Grundlage (Sexual Inversion)*, 3. Aufl., Leipzig 1922.]

tigkeit gewinnen, wenn mit der Inversion des Sexualobjektes wenigstens ein Umschlag der sonstigen seelischen Eigenschaften, Triebe und Charakterzüge in die fürs andere Geschlecht bezeichnende Abänderung parallel liefe. Allein eine solche Charakterinversion darf man mit einiger Regelmäßigkeit nur bei den invertierten Frauen erwarten, bei den Männern ist die vollste seelische Männlichkeit mit der Inversion vereinbar. Hält man an der Aufstellung eines seelischen Hermaphroditismus fest, so muß man hinzufügen, daß dessen Äußerungen auf verschiedenen Gebieten eine nur geringe gegenseitige Bedingtheit erkennen lassen. Das gleiche gilt übrigens auch für das somatische Zwittertum; nach Halban[14] sind auch die einzelnen Organverkümmerungen und sekundären Geschlechtscharaktere in ihrem Auftreten ziemlich unabhängig voneinander.

Die Bisexualitätslehre ist in ihrer rohesten Form von einem Wortführer der männlichen Invertierten ausgesprochen worden: weibliches Gehirn im männlichen Körper. Allein wir kennen die Charaktere eines »weiblichen Gehirns« nicht. Der Ersatz des psychologischen Problems durch das anatomische ist ebenso müßig wie unberechtigt. Der Erklärungsversuch v. Krafft-Ebings scheint exakter gefaßt als der Ulrichs', ist aber im Wesen von ihm nicht verschieden; v. Krafft-Ebing[15] meint, daß die bisexuelle Anlage dem Individuum ebenso männliche und weibliche Gehirnzentren mitgibt wie somatische Geschlechtsorgane. Diese Zentren entwickeln sich erst zur Zeit der Pubertät, zumeist unter dem Einflusse der von ihnen in der Anlage unabhängigen Geschlechtsdrüse. Von den männlichen und weiblichen »Zentren« gilt aber dasselbe wie vom männlichen und weiblichen Gehirn, und nebenbei wissen wir nicht einmal, ob wir für die Geschlechtsfunktionen abgegrenzte Gehirnstellen (»Zentren«) wie etwa für die Sprache

---

14 Henryk Josef Halban, *Die Entstehung der Geschlechtscharaktere*, in: Archiv für Gynäkologie, Bd. 70, 1903. Siehe dort auch die Literatur des Gegenstandes.

15 [Richard von Krafft-Ebing, *Zur Erklärung der konträren Sexualempfindung*, in: Jb. Pschiat. Neurol., 1895, Bd. 13, S. 1.]

annehmen dürfen.[16] Zwei Gedanken bleiben nach diesen Erörterungen immerhin bestehen: daß auch für die Inversion eine bisexuelle Veranlagung in Betracht kommt, nur daß wir nicht wissen, worin diese Anlage über die anatomische Gestaltung hinaus besteht, und daß es sich um Störungen handelt, welche den Geschlechtstrieb in seiner Entwicklung betreffen.

Sexualobjekt der Invertierten

Die Theorie des psychischen Hermaphroditismus setzt voraus, daß das Sexualobjekt des Invertierten das dem normalen entgegengesetzte sei. Der invertierte Mann un-

16 Der erste, der zur Erklärung der Inversion die Bisexualität herangezogen, soll (nach einem Literaturbericht im sechsten Band des Jahrbuches für sexuelle Zwischenstufen) E. Gley gewesen sein, der einen Aufsatz (*Les aberrations de l'instinct sexuel*) schon im Jänner 1884 in der Revue philosophique veröffentlichte. – Es ist übrigens bemerkenswert, daß die Mehrzahl der Autoren, welche die Inversion auf Bisexualität zurückführen, dieses Moment nicht allein für die Invertierten, sondern für alle Normalgewordenen zur Geltung bringen und folgerichtig die Inversion als das Ergebnis einer Entwicklungsstörung auffassen. So bereits Chevalier (*Inversion sexuelle*, 1893). Krafft-Ebing (*Zur Erklärung der konträren Sexualempfindung*, in: Jahrbücher für Psychiatrie und Neurologie, XII. Bd. [1895]) spricht davon, daß eine Fülle von Beobachtungen bestehen, »aus denen sich mindestens die virtuelle Fortexistenz dieses zweiten Zentrums (des unterlegenen Geschlechtes) ergibt«. Ein Dr. Arduin (*Die Frauenfrage und die sexuellen Zwischenstufen*) stellt im zweiten Band des Jahrbuches für sexuelle Zwischenstufen 1900 die Behauptung auf: »daß in jedem Menschen männliche und weibliche Elemente vorhanden sind (vgl. dieses Jahrbuch, Bd. 1, 1899: *Die objektive Diagnose der Homosexualität*, von Dr. M. Hirschfeld, S. 8-9 u. f.), nur – der Geschlechtszugehörigkeit entsprechend – die einen unverhältnismäßig stärker entwickelt als die anderen, soweit es sich um heterosexuelle Personen handelt . . .« – Für G. Herman (*Genesis, das Gesetz der Zeugung*, V. Bd., *Libido und Mania*, 1903) steht es fest, »daß in jedem Weibe männliche, in jedem Manne weibliche Keime und Eigenschaften enthalten sind« usw. – [*Zusatz 1910:*] 1906 hat dann W. Fließ (*Der Ablauf des Lebens*) einen Eigentumsanspruch auf die Idee der Bisexualität (im Sinne einer *Zweigeschlechtigkeit*) erhoben. – [*Zusatz 1924:*] In nicht fachlichen Kreisen wird die Aufstellung der menschlichen Bisexualität als eine Leistung des jung verstorbenen Philosophen O. Weininger betrachtet, der diese Idee zur Grundlage eines ziemlich unbesonnenen Buches (*Geschlecht und Charakter*, 1903) genommen hat. Die obenstehenden Nachweise mögen zeigen, wie wenig begründet dieser Anspruch ist.

terliege wie das Weib dem Zauber, der von den männlichen Eigenschaften des Körpers und der Seele ausgeht, er fühle sich selbst als Weib und suche den Mann.

Aber wiewohl dies für eine ganze Reihe von Invertierten zutrifft, so ist es doch weit entfernt, einen allgemeinen Charakter der Inversion zu verraten. Es ist kein Zweifel, daß ein großer Teil der männlichen Invertierten den psychischen Charakter der Männlichkeit bewahrt hat, verhältnismäßig wenig sekundäre Charaktere des anderen Geschlechtes an sich trägt und in seinem Sexualobjekt eigentlich weibliche psychische Züge sucht. Wäre dies anders, so bliebe es unverständlich, wozu die männliche Prostitution, die sich den Invertierten anbietet – heute wie im Altertum –, in allen Äußerlichkeiten der Kleidung und Haltung die Weiber kopiert; diese Nachahmung müßte ja sonst das Ideal der Invertierten beleidigen. Bei den Griechen, wo die männlichsten Männer unter den Invertierten erscheinen, ist es klar, daß nicht der männliche Charakter des Knaben, sondern seine körperliche Annäherung an das Weib sowie seine weiblichen seelischen Eigenschaften, Schüchternheit, Zurückhaltung, Lern- und Hilfsbedürftigkeit die Liebe des Mannes entzündeten. Sobald der Knabe ein Mann wurde, hörte er auf, ein Sexualobjekt für den Mann zu sein, und wurde etwa selbst ein Knabenliebhaber. Das Sexualobjekt ist also in diesem Falle, wie in vielen anderen, nicht das gleiche Geschlecht, sondern die Vereinigung beider Geschlechtscharaktere, das Kompromiß etwa zwischen einer Regung, die nach dem Manne, und einer, die nach dem Weibe verlangt, mit der festgehaltenen Bedingung der Männlichkeit des Körpers (der Genitalien), sozusagen die Spiegelung der eigenen bisexuellen Natur.[17]

17 [Die letzten sieben Wörter dieses Satzes sind eine Hinzufügung aus dem Jahre 1915. – *Zusatz 1910:*] Die Psychoanalyse hat bisher zwar keine volle Aufklärung über die Herkunft der Inversion gebracht, aber doch den psychischen Mechanismus ihrer Entstehung aufgedeckt und die in Betracht kommenden Fragestellungen wesentlich bereichert. Wir haben bei allen untersuchten Fällen festgestellt, daß die später Invertierten in den ersten Jahren ihrer Kindheit eine Phase von sehr intensiver, aber

kurzlebiger Fixierung an das Weib (meist an die Mutter) durchmachen, nach deren Überwindung sie sich mit dem Weib identifizieren und sich selbst zum Sexualobjekt nehmen, das heißt vom Narzißmus ausgehend jugendliche und der eigenen Person ähnliche Männer aufsuchen, die sie so lieben wollen, wie die Mutter sie geliebt hat. Wir haben ferner sehr häufig gefunden, daß angeblich Invertierte gegen den Reiz des Weibes keineswegs unempfindlich waren, sondern die durch das Weib hervorgerufene Erregung fortlaufend auf ein männliches Objekt transponierten. Sie wiederholten so während ihres ganzen Lebens den Mechanismus, durch welchen ihre Inversion entstanden war. Ihr zwanghaftes Streben nach dem Manne erwies sich als bedingt durch ihre ruhelose Flucht vor dem Weibe.

[*Zusatz 1915:*] Die psychoanalytische Forschung widersetzt sich mit aller Entschiedenheit dem Versuche, die Homosexuellen als eine besonders geartete Gruppe von den anderen Menschen abzutrennen. Indem sie auch andere als die manifest kundgegebenen Sexualerregungen studiert, erfährt sie, daß alle Menschen der gleichgeschlechtlichen Objektwahl fähig sind und dieselbe auch im Unbewußten vollzogen haben. Ja, die Bindungen libidinöser Gefühle an Personen des gleichen Geschlechtes spielen als Faktoren im normalen Seelenleben keine geringere und als Motoren der Erkrankung eine größere Rolle als die, welche dem entgegengesetzten Geschlecht gelten. Der Psychoanalyse erscheint vielmehr die Unabhängigkeit der Objektwahl vom Geschlecht des Objektes, die gleich freie Verfügung über männliche und weibliche Objekte, wie sie im Kindesalter, in primitiven Zuständen und frühhistorischen Zeiten zu beobachten ist, als das Ursprüngliche, aus dem sich durch Einschränkung nach der einen oder der anderen Seite der normale wie der Inversionstypus entwickeln. Im Sinne der Psychoanalyse ist also auch das ausschließliche sexuelle Interesse des Mannes für das Weib ein der Aufklärung bedürftiges Problem und keine Selbstverständlichkeit, der eine im Grunde chemische Anziehung zu unterlegen ist. Die Entscheidung über das endgültige Sexualverhalten fällt erst nach der Pubertät und ist das Ergebnis einer noch nicht übersehbaren Reihe von Faktoren, die teils konstitutioneller, teils aber akzidenteller Natur sind. Gewiß können einzelne dieser Faktoren so übergroß ausfallen, daß sie das Resultat in ihrem Sinne beeinflussen. Im allgemeinen aber wird die Vielheit der bestimmten Momente durch die Mannigfaltigkeit der Ausgänge im manifesten Sexualverhalten der Menschen gespiegelt. Bei den Inversionstypen ist durchwegs das Vorherrschen archaischer Konstitutionen und primitiver psychischer Mechanismen zu bestätigen. Die Geltung der *narzißtischen Objektwahl* und *die Festhaltung* der erotischen Bedeutung der *Analzone* erscheinen als deren wesentlichste Charaktere. Man gewinnt aber nichts, wenn man auf Grund solcher konstitutioneller Eigenheiten die extremsten Inversionstypen von den anderen sondert. Was sich bei diesen als anscheinend zureichende Begründung findet, läßt sich ebenso, nur in geringerer Stärke, in der Konstitution von Übergangstypen und bei manifest Normalen nachweisen. Die Unterschiede in den Ergebnissen mögen qualitativer Natur sein: die Analyse zeigt, daß die Unterschiede in den Bedingungen nur quantitative sind. Unter den akzidentellen Beeinflussungen der Objektwahl haben wir die Versagung (die frühzeitige Sexualeinschüchterung) bemerkenswert gefunden und sind auch darauf aufmerksam geworden, daß das Vorhandensein beider Elternteile eine wichtige Rolle spielt. Der Wegfall eines starken Vaters in der Kindheit begünstigt nicht selten die Inversion. Man darf endlich die Forderung aufstellen, daß die Inversion des Sexualobjektes von der Mischung der Geschlechtscharaktere im Subjekt begrifflich strenge zu sondern ist. Ein gewisses Maß von Unabhängigkeit ist auch in dieser Relation unverkennbar.

[*Zusatz 1920:*] Eine Reihe bedeutsamer Gesichtspunkte zur Frage der Inversion hat Ferenczi in einem Aufsatz: *Zur Nosologie der männlichen Homosexualität (Homoerotik)* (Intern. Zeitschr. f. PsA., II, 1914) vorgebracht. Ferenczi rügt mit Recht, daß man unter dem Namen »Homosexualität«, den er durch den besseren »Homoerotik« ersetzen will, eine Anzahl von sehr verschiedenen, in organischer wie in psychischer Hinsicht ungleichwertigen Zuständen zusammenwirft, weil sie das Symptom der Inversion gemeinsam haben. Er fordert scharfe Unterscheidung wenigstens zwischen den beiden Typen des *Subjekthomoerotikers*, der sich als Weib fühlt und benimmt, und des *Objekthomoerotikers*, der durchaus männlich ist und nur das weibliche Objekt gegen ein gleichgeschlechtliches vertauscht hat. Den ersteren anerkennt er als richtige »sexuelle Zwischenstufe« im Sinne von Magnus Hirschfeld, den zweiten bezeichnet er – minder glücklich – als Zwangsneurotiker. Das Sträuben gegen die Inversionsneigung sowie die Möglichkeit psychischer Beeinflussung kämen nur beim Objekthomoerotiker in Betracht. Auch nach Anerkennung dieser beiden Typen darf man hinzufügen, daß bei vielen Personen ein Maß von Subjekthomoerotik mit einem Anteil von Objekthomoerotik vermengt gefunden wird.

In den letzten Jahren haben Arbeiten von Biologen, in erster Linie die von Eugen Steinach, ein helles Licht auf die organischen Bedingungen der Homoerotik sowie der Geschlechtscharaktere überhaupt geworfen.

Durch das experimentelle Verfahren der Kastration mit nachfolgender Einpflanzung von Keimdrüsen des anderen Geschlechtes gelang es, bei verschiedenen Säugetierarten Männchen in Weibchen zu verwandeln und umgekehrt. Die Verwandlung betraf mehr oder minder vollständig die somatischen Geschlechtscharaktere und das psychosexuelle Verhalten (also Subjekt- und Objekterotik). Als Träger dieser geschlechtsbestimmenden Kraft wird nicht der Anteil der Keimdrüse betrachtet, welcher die Geschlechtszellen bildet, sondern das sogenannte interstitielle Gewebe des Organes (die »Pubertätsdrüse«).

In einem Falle gelang die geschlechtliche Umstimmung auch bei einem Manne, der seine Hoden durch tuberkulöse Erkrankung eingebüßt hatte. Er hatte sich im Geschlechtsleben als passiver Homosexueller weiblich benommen und zeigte sehr deutlich ausgeprägt weibliche Geschlechtscharaktere sekundärer Art (in Behaarung, Bartwuchs, Fettansatz an Mammae und Hüften). Nach der Einpflanzung eines kryptorchen Menschenhodens

Eindeutiger sind die Verhältnisse beim Weibe, wo die aktiv Invertierten besonders häufig somatische und seelische Charaktere des Mannes an sich tragen und das Weibliche von ihrem Sexualobjekt verlangen, wiewohl auch hier sich bei näherer Kenntnis größere Buntheit herausstellen dürfte.

SEXUALZIEL DER INVERTIERTEN

Die wichtige festzuhaltende Tatsache ist, daß das Sexualziel bei der Inversion keineswegs einheitlich genannt werden kann. Bei Männern fällt Verkehr *per anum* durchaus nicht mit Inversion zusammen; Masturbation ist ebenso häufig das ausschließliche Ziel, und Einschränkungen des Sexualzieles – bis zur bloßen Gefühlsergießung – sind hier sogar häufiger als bei der heterosexuellen Liebe. Auch bei Frauen sind die Sexualziele der Invertierten mannigfaltig; darunter scheint die Berührung mit der Mundschleimhaut bevorzugt.

SCHLUSS-FOLGERUNG

Wir sehen uns zwar außerstande, die Entstehung der Inversion aus dem bisher vorliegenden Material befriedigend aufzuklären, können aber merken, daß wir bei dieser Untersuchung zu einer Einsicht gelangt sind, die uns bedeutsamer werden kann als die Lösung der obigen Aufgabe. Wir werden aufmerksam gemacht, daß wir uns die Verknüpfung des Sexualtriebes mit dem Sexualobjekt als eine zu innige vorgestellt ha-

---

begann dieser Mann sich in männlicher Weise zu benehmen und seine Libido in normaler Weise aufs Weib zu richten. Gleichzeitig schwanden die somatischen femininen Charaktere. (A. Lipschütz, *Die Pubertätsdrüse und ihre Wirkungen*, Bern 1919.)

Es wäre ungerechtfertigt, zu behaupten, daß durch diese schönen Versuche die Lehre von der Inversion auf eine neue Basis gestellt wird, und voreilig von ihnen geradezu einen Weg zur allgemeinen »Heilung« der Homosexualität zu erwarten. W. Fließ hat mit Recht betont, daß diese experimentellen Erfahrungen die Lehre von der allgemeinen bisexuellen Anlage der höheren Tiere nicht entwerten. Es erscheint mir vielmehr wahrscheinlich, daß sich aus weiteren solchen Untersuchungen eine direkte Bestätigung der angenommenen Bisexualität ergeben wird.

ben. Die Erfahrung an den für abnorm gehaltenen Fällen lehrt uns, daß hier zwischen Sexualtrieb und Sexualobjekt eine Verlötung vorliegt, die wir bei der Gleichförmigkeit der normalen Gestaltung, wo der Trieb das Objekt mitzubringen scheint, in Gefahr sind zu übersehen. Wir werden so angewiesen, die Verknüpfung zwischen Trieb und Objekt in unseren Gedanken zu lockern. Der Geschlechtstrieb ist wahrscheinlich zunächst unabhängig von seinem Objekt und verdankt wohl auch nicht den Reizen desselben seine Entstehung.

(B) Geschlechtsunreife und Tiere als Sexualobjekte

Während die Personen, deren Sexualobjekte nicht dem normalerweise dazu geeigneten Geschlechte angehören, die Invertierten also, dem Beobachter als eine gesammelte Anzahl von sonst vielleicht vollwertigen Individuen entgegentreten, erscheinen die Fälle, in denen geschlechtsunreife Personen (Kinder) zu Sexualobjekten erkoren werden, von vornherein als vereinzelte Verirrungen. Nur ausnahmsweise sind Kinder die ausschließlichen Sexualobjekte; zumeist gelangen sie zu dieser Rolle, wenn ein feige und impotent gewordenes Individuum sich zu solchem Surrogat versteht oder ein impulsiver (unaufschiebbarer) Trieb sich zur Zeit keines geeigneteren Objektes bemächtigen kann. Immerhin wirft es ein Licht auf die Natur des Geschlechtstriebes, daß er so viel Variation und solche Herabsetzung seines Objektes zuläßt, was der Hunger, der sein Objekt weit energischer festhält, nur im äußersten Falle gestatten würde. Eine ähnliche Bemerkung gilt für den besonders unter dem Landvolke gar nicht seltenen sexuellen Verkehr mit Tieren, wobei sich etwa die Geschlechtsanziehung über die Artschranke hinwegsetzt.

Aus ästhetischen Gründen möchte man gern diese wie andere schwere Verirrungen des Geschlechtstriebes den Geisteskranken zuweisen, aber dies geht nicht an. Die Erfahrung lehrt, daß man bei diesen letzteren keine anderen Störungen des Geschlechtstriebes beobachtet als bei Gesunden, ganzen Rassen und Ständen. So findet sich sexueller Mißbrauch von Kindern mit unheimlicher Häufigkeit bei Lehrern und Wartepersonen, bloß weil sich diesen die beste Gelegenheit dazu bietet. Die Geisteskranken zeigen die betreffende Verirrung nur etwa gesteigert oder, was besonders bedeutsam ist, zur Ausschließlichkeit erhoben und an Stelle der normalen Sexualbefriedigung gerückt.

Dieses sehr merkwürdige Verhältnis der sexuellen Variationen zur Stufenleiter von der Gesundheit bis zur Geistesstörung gibt zu denken. Ich würde meinen, die zu erklärende Tatsache wäre ein Hinweis darauf, daß die Regungen des Geschlechtslebens zu jenen gehören, die auch normalerweise von den höheren Seelentätigkeiten am schlechtesten beherrscht werden. Wer in sonst irgendeiner Beziehung geistig abnorm ist, in sozialer, ethischer Hinsicht, der ist es nach meiner Erfahrung regelmäßig in seinem Sexualleben. Aber viele sind abnorm im Sexualleben, die in allen anderen Punkten dem Durchschnitt entsprechen, die menschliche Kulturentwicklung, deren schwacher Punkt die Sexualität bleibt, in ihrer Person mitgemacht haben.

Als allgemeinstes Ergebnis dieser Erörterungen würden wir aber die Einsicht herausgreifen, daß unter einer großen Anzahl von Bedingungen und bei überraschend viel Individuen die Art und der Wert des Sexualobjektes in den Hintergrund treten. Etwas anderes ist am Sexualtrieb das Wesentliche und Konstante.[18]

---

18 [*Zusatz 1910:*] Der eingreifendste Unterschied zwischen dem Liebesleben der Alten Welt und dem unsrigen liegt wohl darin, daß die Antike den Akzent auf den Trieb selbst, wir aber auf dessen Objekt verlegen. Die Alten feierten den Trieb und waren bereit, auch ein minderwertiges Objekt durch ihn zu adeln, während wir die Triebbetätigung an sich geringschätzen und sie nur durch die Vorzüge des Objekts entschuldigen lassen.

(2) Abweichungen in bezug auf das Sexualziel

Als normales Sexualziel gilt die Vereinigung der Genitalien in dem als Begattung bezeichneten Akte, der zur Lösung der sexuellen Spannung und zum zeitweiligen Erlöschen des Sexualtriebes führt (Befriedigung analog der Sättigung beim Hunger). Doch sind bereits am normalsten Sexualvorgang jene Ansätze kenntlich, deren Ausbildung zu den Abirrungen führt, die man als *Perversionen* beschrieben hat. Es werden nämlich gewisse intermediäre (auf dem Wege zur Begattung liegende) Beziehungen zum Sexualobjekt, wie das Betasten und Beschauen desselben, als vorläufige Sexualziele anerkannt. Diese Betätigungen sind einerseits selbst mit Lust verbunden, andererseits steigern sie die Erregung, welche bis zur Erreichung des endgültigen Sexualzieles andauern soll. Eine bestimmte dieser Berührungen, die der beiderseitigen Lippenschleimhaut, hat ferner als Kuß bei vielen Völkern (die höchstzivilisierten darunter) einen hohen sexuellen Wert erhalten, obwohl die dabei in Betracht kommenden Körperteile nicht dem Geschlechtsapparat angehören, sondern den Eingang zum Verdauungskanal bilden. Hiemit sind also Momente gegeben, welche die Perversionen an das normale Sexualleben anknüpfen lassen und auch zur Einteilung derselben verwendbar sind. Die Perversionen sind entweder *a)* anatomische *Überschreitungen* der für die geschlechtliche Vereinigung bestimmten Körpergebiete oder *b) Verweilungen* bei den intermediären Relationen zum Sexualobjekt, die normalerweise auf dem Wege zum endgültigen Sexualziel rasch durchschritten werden sollen.

(A) Anatomische Überschreitungen

Überschätzung des Sexualobjektes

Die psychische Wertschätzung, deren das Sexualobjekt als Wunschziel des Sexualtriebes teilhaftig wird, beschränkt sich in den seltensten Fällen auf dessen

Genitalien, sondern greift auf den ganzen Körper desselben über und hat die Tendenz, alle vom Sexualobjekt ausgehenden Sensationen mit einzubeziehen. Die gleiche Überschätzung strahlt auf das psychische Gebiet aus und zeigt sich als logische Verblendung (Urteilsschwäche) angesichts der seelischen Leistungen und Vollkommenheiten des Sexualobjektes sowie als gläubige Gefügigkeit gegen die von letzterem ausgehenden Urteile. Die Gläubigkeit der Liebe wird so zu einer wichtigen, wenn nicht zur uranfänglichen Quelle der *Autorität.*[19]

Diese Sexualüberschätzung ist es nun, welche sich mit der Einschränkung des Sexualzieles auf die Vereinigung der eigentlichen Genitalien so schlecht verträgt und Vornahmen an anderen Körperteilen zu Sexualzielen erheben hilft.[20]

Die Bedeutung des Moments der Sexualüberschätzung läßt sich am ehesten beim Manne studieren, dessen Liebesleben allein der Erforschung zugänglich geworden ist, während das des Weibes zum Teil infolge der Kulturverkümmerung, zum anderen Teil durch die konventionelle Verschwiegenheit und Unaufrichtigkeit der Frauen in ein noch undurchdringliches Dunkel gehüllt ist.[21]

---

19 Ich kann mir nicht versagen, hiebei an die gläubige Gefügigkeit der Hypnotisierten gegen ihren Hypnotiseur zu erinnern, welche mich vermuten läßt, daß das Wesen der Hypnose in die unbewußte Fixierung der Libido auf die Person des Hypnotiseurs (vermittels der masochistischen Komponente des Sexualtriebes) zu verlegen ist. – [*Zusatz 1910:*] S. Ferenczi hat diesen Charakter der Suggerierbarkeit mit dem »Elternkomplex« verknüpft. (Jahrbuch für psychoanalyt. und psychopathol. Forschungen, I, 1909.)

20 Es ist indes zu bemerken, daß die Sexualüberschätzung nicht bei allen Mechanismen der Objektwahl ausgebildet wird und daß wir späterhin eine andere und direktere Erklärung für die sexuelle Rolle der anderen Körperteile kennenlernen werden. Das Moment des »Reizhungers«, das von Hoche und I. Bloch zur Erklärung des Übergreifens von sexuellem Interesse auf andere Körperteile als die Genitalien herangezogen wird, scheint mir diese Bedeutung nicht zu verdienen. Die verschiedenen Wege, auf denen die Libido wandelt, verhalten sich zueinander von Anfang an wie kommunizierende Röhren, und man muß dem Phänomen der Kollateralströmung Rechnung tragen.

21 [*Zusatz 1920:*] Das Weib läßt in typischen Fällen eine »Sexualüber-

SEXUELLE VERWENDUNG DER LIPPEN-MUND-SCHLEIMHAUT

Die Verwendung des Mundes als Sexualorgan gilt als Perversion, wenn die Lippen (Zunge) der einen Person mit den Genitalien der anderen in Berührung gebracht werden, nicht aber, wenn beider Teile Lippenschleimhäute einander berühren. In letzterer Ausnahme liegt die Anknüpfung ans Normale. Wer die anderen wohl seit den Urzeiten der Menschheit gebräuchlichen Praktiken als Perversionen verabscheut, der gibt dabei einem deutlichen *Ekelgefühl* nach, welches ihn vor der Annahme eines solchen Sexualzieles schützt. Die Grenze dieses Ekels ist aber häufig rein konventionell; wer etwa mit Inbrunst die Lippen eines schönen Mädchens küßt, wird vielleicht das Zahnbürstchen desselben nur mit Ekel gebrauchen können, wenngleich kein Grund zur Annahme vorliegt, daß seine eigene Mundhöhle, vor der ihm nicht ekelt, reinlicher sei als die des Mädchens. Man wird hier auf das Moment des Ekels aufmerksam, welches der libidinösen Überschätzung des Sexualobjekts in den Weg tritt, seinerseits aber durch die Libido überwunden werden kann. In dem Ekel möchte man eine der Mächte erblicken, welche die Einschränkung des Sexualzieles zustande gebracht haben. In der Regel machen diese vor den Genitalien selbst halt. Es ist aber kein Zweifel, daß auch die Genitalien des anderen Geschlechts an und für sich Gegenstand des Ekels sein können und daß dieses Verhalten zur Charakteristik aller Hysterischen (zumal der weiblichen) gehört. Die Stärke des Sexualtriebes liebt es, sich in der Überwindung dieses Ekels zu betätigen. (S. u.)

SEXUELLE VERWENDUNG DER AFTERÖFFNUNG

Klarer noch als im früheren Falle erkennt man bei der Inanspruchnahme des Afters, daß es der Ekel ist, welcher dieses Sexualziel zur Perversion stem-

---

schätzung« des Mannes vermissen, versäumt dieselbe aber fast niemals gegen das von ihr geborene Kind.

pelt. Man lege mir aber die Bemerkung nicht als Parteinahme aus, daß die Begründung dieses Ekels, diese Körperpartie diene der Exkretion und komme mit dem Ekelhaften an sich – den Exkrementen – in Berührung, nicht viel stichhältiger ist als etwa die Begründung, welche hysterische Mädchen für ihren Ekel vor dem männlichen Genitale abgeben: es diene der Harnentleerung.

Die sexuelle Rolle der Afterschleimhaut ist keineswegs auf den Verkehr zwischen Männern beschränkt, ihre Bevorzugung hat nichts für das invertierte Fühlen Charakteristisches. Es scheint im Gegenteil, daß die Pädikatio des Mannes ihre Rolle der Analogie mit dem Akt beim Weibe verdankt, während gegenseitige Masturbation das Sexualziel ist, welches sich beim Verkehr Invertierter am ehesten ergibt.

BEDEUTUNG ANDERER KÖRPERSTELLEN

Das sexuelle Übergreifen auf andere Körperstellen bietet in all seinen Variationen nichts prinzipiell Neues, fügt nichts zur Kenntnis des Sexualtriebes hinzu, der hierin nur seine Absicht verkündet, sich des Sexualobjekts nach allen Richtungen zu bemächtigen. Neben der Sexualüberschätzung meldet sich aber bei den anatomischen Überschreitungen ein zweites, der populären Kenntnis fremdartiges Moment. Gewisse Körperstellen, wie die Mund- und Afterschleimhaut, die immer wieder in diesen Praktiken auftreten, erheben gleichsam den Anspruch, selbst als Genitalien betrachtet und behandelt zu werden. Wir werden hören, wie dieser Anspruch durch die Entwicklung des Sexualtriebes gerechtfertigt und wie er in der Symptomatologie gewisser Krankheitszustände erfüllt wird.

UNGEEIGNETER ERSATZ DES SEXUALOBJEKTES – FETISCHISMUS

Einen ganz besonderen Eindruck ergeben jene Fälle, in denen das normale Sexualobjekt ersetzt wird durch ein anderes, das zu ihm in Beziehung steht, dabei aber völlig ungeeignet ist, dem normalen Sexualziel zu dienen. Wir hätten nach den Gesichtspunkten der Einteilung wohl besser getan, diese höchst interessante Gruppe von Abirrungen des Sexualtriebes schon bei den Abweichungen in bezug auf das Sexualobjekt zu erwähnen, verschoben es aber, bis wir das Moment der *Sexualüberschätzung* kennengelernt hatten, von welchem diese Erscheinungen abhängen, mit denen ein Aufgeben des Sexualzieles verbunden ist.

Der Ersatz für das Sexualobjekt ist ein im allgemeinen für sexuelle Zwecke sehr wenig geeigneter Körperteil (Fuß, Haar) oder ein unbelebtes Objekt, welches in nachweisbarer Relation mit der Sexualperson, am besten mit der Sexualität derselben, steht. (Stücke der Kleidung, weiße Wäsche.) Dieser Ersatz wird nicht mit Unrecht mit dem Fetisch verglichen, in dem der Wilde seinen Gott verkörpert sieht.

Den Übergang zu den Fällen von Fetischismus mit Verzicht auf ein normales oder perverses Sexualziel bilden Fälle, in denen eine fetischistische Bedingung am Sexualobjekt erfordert wird, wenn das Sexualziel erreicht werden soll. (Bestimmte Haarfarbe, Kleidung, selbst Körperfehler.) Keine andere ans Pathologische streifende Variation des Sexualtriebes hat so viel Anspruch auf unser Interesse wie diese durch die Sonderbarkeit der durch sie veranlaßten Erscheinungen. Eine gewisse Herabsetzung des Strebens nach dem normalen Sexualziel scheint für alle Fälle Voraussetzung (exekutive Schwäche des Sexualapparates).[22] Die Anknüpfung ans Normale wird durch die psychologisch notwendige Überschätzung des Sexualobjektes vermittelt, welche unvermeidlich auf alles mit demselben assoziativ Verbundene übergreift. Ein gewisser Grad von solchem Fetischismus ist daher dem normalen Leben regelmäßig eigen, besonders in jenen Stadien der Verliebtheit, in welchen das normale Sexualziel unerreichbar oder dessen Erfüllung aufgehoben erscheint.

---

22 [*Zusatz 1915:*] Diese Schwäche entspräche der konstitutionellen Voraussetzung. Die Psychoanalyse hat als akzidentelle Bedingung die frühzeitige Sexualeinschüchterung nachgewiesen, welche vom normalen Sexualziel abdrängt und zum Ersatz desselben anregt.

»Schaff' mir ein Halstuch von ihrer Brust,
Ein Strumpfband meiner Liebeslust!«
(*Faust*, [I, 7. Szene])

Der pathologische Fall tritt erst ein, wenn sich das Streben nach dem Fetisch über solche Bedingung hinaus fixiert und sich an die Stelle des normalen Zieles setzt, ferner wenn sich der Fetisch von der bestimmten Person loslöst, zum alleinigen Sexualobjekt wird. Es sind dies die allgemeinen Bedingungen für das Übergehen bloßer Variationen des Geschlechtstriebes in pathologische Verirrungen.

In der Auswahl des Fetisch zeigt sich, wie Binet[23] zuerst behauptet hat und dann später durch zahlreiche Belege erwiesen worden ist, der fortwirkende Einfluß eines zumeist in früher Kindheit empfangenen sexuellen Eindruckes, was man der sprichwörtlichen Haftfähigkeit einer ersten Liebe beim Normalen (*»on revient toujours à ses premiers amours«*[24]) an die Seite stellen darf. Eine solche Ableitung ist besonders deutlich bei Fällen mit bloß fetischistischer Bedingtheit des Sexualobjektes. Der Bedeutung frühzeitiger sexueller Eindrücke werden wir noch an anderer Stelle begegnen.[25]

In anderen Fällen ist es eine dem Betroffenen meist

23 [Alfred Binet, *Études de psychologie expérimentale: le fétichisme dans l'amour*, Paris 1888.]

24 [»Man kehrt immer wieder zu seinen ersten Liebschaften zurück.«]

25 [*Zusatz 1920:*] Tiefer eindringende psychoanalytische Untersuchung hat zu einer berechtigten Kritik der Binetschen Behauptung geführt. Alle hieher gehörigen Beobachtungen haben ein erstes Zusammentreffen mit dem Fetisch zum Inhalt, in welchem sich dieser bereits im Besitz des sexuellen Interesses zeigt, ohne daß man aus den Begleitumständen verstehen könnte, wie er zu diesem Besitz gekommen ist. Auch fallen alle diese »frühzeitigen« Sexualeindrücke in die Zeit nach dem fünften, sechsten Jahr, während die Psychoanalyse daran zweifeln läßt, ob sich pathologische Fixierungen so spät neubilden können. Der wirkliche Sachverhalt ist der, daß hinter der ersten Erinnerung an das Auftreten des Fetischs eine untergegangene und vergessene Phase der Sexualentwicklung liegt, die durch den Fetisch wie durch eine »Deckerinnerung« vertreten wird, deren Rest und Niederschlag der Fetisch also darstellt. Die Wendung dieser in die ersten Kindheitsjahre fallenden Phase zum Fetischismus sowie die Auswahl des Fetischs selbst sind konstitutionell determiniert.

nicht bewußte symbolische Gedankenverbindung, welche zum Ersatz des Objektes durch den Fetisch geführt hat. Die Wege dieser Verbindungen sind nicht immer mit Sicherheit nachzuweisen (der Fuß ist ein uraltes sexuelles Symbol, schon im Mythus[26], »Pelz« verdankt seine Fetischrolle wohl der Assoziation mit der Behaarung des *mons veneris);* doch scheint auch solche Symbolik nicht immer unabhängig von sexuellen Erlebnissen der Kinderzeit.[27]

(B) *Fixierungen von vorläufigen Sexualzielen*

AUFTRETEN NEUER ABSICHTEN

Alle äußeren und inneren Bedingungen, welche das Erreichen des normalen Sexualzieles erschweren oder in die Ferne rücken (Impotenz, Kostbarkeit des Sexualobjektes, Gefahren des Sexualaktes), unterstützen wie begreiflich die Neigung, bei den vorbereitenden Akten zu verweilen und neue Sexualziele aus ihnen zu gestalten, die an die Stelle des normalen treten können. Bei näherer Prüfung zeigt sich stets, daß die anscheinend fremdartigsten dieser neuen Absichten doch bereits beim normalen Sexualvorgang angedeutet sind.

26 [*Zusatz 1910:*] Dementsprechend der Schuh oder Pantoffel Symbol des weiblichen Genitales.

27 [*Zusatz 1910:*] Die Psychoanalyse hat eine der noch vorhandenen Lükken im Verständnis des Fetischismus ausgefüllt, indem sie auf die Bedeutung einer durch Verdrängung verlorengegangenen koprophilen *Riechlust* für die Auswahl des Fetisch hinwies. Fuß und Haar sind stark riechende Objekte, die nach dem Verzicht auf die unlustig gewordene Geruchsempfindung zu Fetischen erhoben werden. In der dem Fußfetischismus entsprechenden Perversion ist demgemäß nur der schmutzige und übelriechende Fuß das Sexualobjekt. Ein anderer Beitrag zur Aufklärung der fetischistischen Bevorzugung des Fußes ergibt sich aus den infantilen Sexualtheorien. (S. u.) Der Fuß ersetzt den schwer vermißten Penis des Weibes. – [*Zusatz 1915:*] In manchen Fällen von Fußfetischismus ließ sich zeigen, daß der ursprünglich auf das Genitale gerichtete *Schautrieb,* der seinem Objekt von unten her nahekommen wollte, durch Verbot und Verdrängung auf dem Wege aufgehalten wurde und darum Fuß oder Schuh als Fetisch festhielt. Das weibliche Genitale wurde dabei, der infantilen Erwartung entsprechend, als ein männliches vorgestellt. [Vgl. den Aufsatz *Fetischismus* in Band 3 der vorliegenden Ausgabe.]

Betasten und Beschauen

Ein gewisses Maß von Tasten ist wenigstens für den Menschen zur Erreichung des normalen Sexualzieles unerläßlich. Auch ist es allgemein bekannt, welche Lustquelle einerseits, welcher Zufluß neuer Erregung andererseits durch die Berührungsempfindungen von der Haut des Sexualobjektes gewonnen wird. Somit kann das Verweilen beim Betasten, falls der Sexualakt überhaupt nur weitergeht, kaum zu den Perversionen gezählt werden.

Ähnlich ist es mit dem in letzter Linie vom Tasten abgeleiteten Sehen. Der optische Eindruck bleibt der Weg, auf dem die libidinöse Erregung am häufigsten geweckt wird und auf dessen Gangbarkeit – wenn diese teleologische Betrachtungsweise zulässig ist[28] – die Zuchtwahl rechnet, indem sie das Sexualobjekt sich zur Schönheit entwickeln läßt. Die mit der Kultur fortschreitende Verhüllung des Körpers hält die sexuelle Neugierde wach, welche danach strebt, sich das Sexualobjekt durch Enthüllung der verborgenen Teile zu ergänzen, die aber ins Künstlerische abgelenkt (»sublimiert«) werden kann, wenn man ihr Interesse von den Genitalien weg auf die Körperbildung im ganzen zu lenken vermag.[29] Ein Verweilen bei diesem intermediären Sexualziel des sexuell betonten Schauens kommt in gewissem Grade den meisten Normalen zu, ja es gibt ihnen die Möglichkeit, einen gewissen Betrag ihrer Libido auf höhere künstlerische Ziele zu richten. Zur Perversion wird die Schaulust im Gegenteil, *a)* wenn sie sich ausschließlich auf die Genitalien einschränkt, *b)* wenn sie sich mit der Überwindung des Ekels verbindet (Voyeurs: Zuschauer bei den Exkretionsfunktionen), *c)* wenn sie das normale Sexualziel, anstatt es vorzubereiten, verdrängt. Letzteres ist in ausgeprägter Weise bei den Exhibitionisten der Fall, die, wenn

28 [Diese Einschiebung kam 1915 hinzu.]

29 [*Zusatz 1915:*] Es scheint mir unzweifelhaft, daß der Begriff des »Schönen« auf dem Boden der Sexualerregung wurzelt und ursprünglich das sexuell Reizende (»die Reize«) bedeutet. Es steht im Zusammenhange damit, daß wir die Genitalien selbst, deren Anblick die stärkste sexuelle Erregung hervorruft, eigentlich niemals »schön« finden können.

ich nach mehreren Analysen[30] schließen darf, ihre Genitalien zeigen, um als Gegenleistung die Genitalien des anderen Teiles zu Gesicht zu bekommen.[31]

Bei der Perversion, deren Streben das Schauen und Beschautwerden ist, tritt ein sehr merkwürdiger Charakter hervor, der uns bei der nächstfolgenden Abirrung noch intensiver beschäftigen wird. Das Sexualziel ist hiebei nämlich in zweifacher Ausbildung vorhanden, in *aktiver* und in *passiver* Form.

Die Macht, welche der Schaulust entgegensteht und eventuell durch sie aufgehoben wird, ist die *Scham* (wie vorhin der Ekel).

SADISMUS UND MASOCHISMUS

Die Neigung, dem Sexualobjekt Schmerz zuzufügen, und ihr Gegenstück, diese häufigste und bedeutsamste aller Perversionen, ist in ihren beiden Gestaltungen, der aktiven und der passiven, von v. Krafft-Ebing als *Sadismus* und *Masochismus* (passiv) benannt worden. Andere Autoren ziehen die engere Bezeichnung *Algolagnie* vor, welche die Lust am Schmerz, die Grausamkeit, betont, während bei den Namen, die v. Krafft-Ebing gewählt hat, die Lust an jeder Art von Demütigung und Unterwerfung in den Vordergrund gestellt wird.

Für die aktive Algolagnie, den Sadismus, sind die Wurzeln im Normalen leicht nachzuweisen. Die Sexualität der meisten Männer zeigt eine Beimengung von *Aggression*, von Neigung zur Überwältigung, deren biologische Bedeutung in der Notwendigkeit liegen dürfte, den Widerstand des Sexualobjektes noch anders als durch die Akte der *Werbung* zu überwinden. Der Sadismus entspräche dann einer selb-

30 [In den Auflagen vor 1924 heißt es hier: »nach einer einzigen Analyse«.]

31 [*Zusatz 1920:*] Der Analyse enthüllt diese Perversion – sowie die meisten anderen – eine unerwartete Vielfältigkeit ihrer Motive und Bedeutungen. Der Exhibitionszwang zum Beispiel ist auch stark abhängig vom Kastrationskomplex; er betont immer wieder die Integrität des eigenen (männlichen) Genitales und wiederholt die infantile Befriedigung über das Fehlen des Gliedes im weiblichen.

ständig gewordenen, übertriebenen, durch Verschiebung an die Hauptstelle gerückten aggressiven Komponente des Sexualtriebes.[32]

Der Begriff des Sadismus schwankt im Sprachgebrauch von einer bloß aktiven, sodann gewalttätigen Einstellung gegen das Sexualobjekt bis zur ausschließlichen Bindung der Befriedigung an die Unterwerfung und Mißhandlung desselben. Strenge genommen, hat nur der letztere extreme Fall Anspruch auf den Namen einer Perversion.

In ähnlicher Weise umfaßt die Bezeichnung Masochismus alle passiven Einstellungen zum Sexualleben und Sexualobjekt, als deren äußerste die Bindung der Befriedigung an das Erleiden von physischem oder seelischem Schmerz von seiten des Sexualobjektes erscheint. Der Masochismus als Perversion scheint sich vom normalen Sexualziel weiter zu entfernen als sein Gegenstück; es darf zunächst bezweifelt werden, ob er jemals primär auftritt oder nicht vielmehr regelmäßig durch Umbildung aus dem Sadismus entsteht.[33] Häufig läßt sich erkennen, daß der Masochismus nichts anderes ist als eine Fortsetzung des Sadismus in Wendung gegen die eigene Person, welche dabei zunächst die Stelle des Sexualobjekts vertritt. Die klinische Analyse extremer Fälle von masochistischer Perversion führt auf das Zusammenwirken einer großen Reihe von

---

32 [In den Auflagen von 1905 und 1910 folgen hier noch die beiden Sätze: »Ebenso sicher ist wenigstens eine der Wurzeln des Masochismus ableitbar. Dieselbe geht aus der Sexualüberschätzung als notwendige psychische Folge der Wahl eines Sexualobjekts hervor.« Mit der Auflage von 1915 fallen die Sätze weg, statt dessen wurden die beiden oben nachfolgenden Absätze aufgenommen.]

33 [*Zusatz 1924:*] Spätere Überlegungen, die sich auf bestimmte Annahmen über die Struktur des seelischen Apparates und über die in ihm wirksamen Triebarten stützen konnten, haben mein Urteil über den Masochismus weitgehend verändert. Ich wurde dazu geführt, einen *primären – erogenen* – Masochismus anzuerkennen, aus dem sich zwei spätere Formen, der *feminine* und der *moralische* Masochismus, entwickeln. Durch Rückwendung des im Leben unverbrauchten Sadismus gegen die eigene Person entsteht ein *sekundärer* Masochismus, der sich zum primären hinzuaddiert. (S. *Das ökonomische Problem des Masochismus,* in: Internat. Zeitschrift für Psychoanalyse, X, 1924 [vgl. in Band 3 der vorliegenden Ausgabe].)

Momenten, welche die ursprüngliche passive Sexualeinstellung übertreiben und fixieren. (Kastrationskomplex, Schuldbewußtsein.)

Der Schmerz, der hiebei überwunden wird, reiht sich dem Ekel und der Scham an, die sich der Libido als Widerstände entgegengestellt hatten.

Sadismus und Masochismus nehmen unter den Perversionen eine besondere Stellung ein, da der ihnen zugrunde liegende Gegensatz von Aktivität und Passivität zu den allgemeinen Charakteren des Sexuallebens gehört.[34]

Daß Grausamkeit und Sexualtrieb innigst zusammengehören, lehrt die Kulturgeschichte der Menschheit über jeden Zweifel, aber in der Aufklärung dieses Zusammenhanges ist man über die Betonung des aggressiven Moments der Libido nicht hinausgekommen. Nach einigen Autoren ist diese dem Sexualtrieb beigemengte Aggression eigentlich ein Rest kannibalischer Gelüste, also eine Mitbeteiligung des Bemächtigungsapparates, welcher der Befriedigung des anderen, ontogenetisch älteren großen Bedürfnisses dient.[35] Es ist auch behauptet worden, daß jeder Schmerz an und für sich die Möglichkeit einer Lustempfindung enthalte. Wir wollen uns mit dem Eindruck begnügen, daß die Aufklärung dieser Perversion keineswegs befriedigend gegeben ist und daß möglicherweise hiebei mehrere seelische Strebungen sich zu einem Effekt vereinigen.[36]

Die auffälligste Eigentümlichkeit dieser Perversion liegt aber darin, daß ihre aktive und ihre passive Form regelmäßig bei der nämlichen Person mitsammen angetroffen werden. Wer Lust daran empfindet, anderen Schmerz in sexueller Relation zu erzeugen, der ist auch befähigt, den

34 [Dieser Absatz kam erst zur Auflage von 1915 hinzu.]

35 [*Zusatz 1915:*] Vgl. hiezu die spätere Mitteilung über die prägenitalen Phasen der Sexualentwicklung, in welcher diese Ansicht bestätigt wird.

36 [*Zusatz 1924:*] Aus der zuletzt zitierten Untersuchung leitet sich für das Gegensatzpaar Sadismus – Masochismus eine auf den Triebursprung begründete Sonderstellung ab, durch welche es aus der Reihe der anderen »Perversionen« herausgehoben wird.

Schmerz als Lust zu genießen, der ihm aus sexuellen Beziehungen erwachsen kann. Ein Sadist ist immer auch gleichzeitig ein Masochist, wenngleich die aktive oder die passive Seite der Perversion bei ihm stärker ausgebildet sein und seine vorwiegend sexuelle Betätigung darstellen kann.[37]

Wir sehen so gewisse der Perversionsneigungen regelmäßig als *Gegensatzpaare* auftreten, was mit Hinblick auf später beizubringendes Material eine hohe theoretische Bedeutung beanspruchen darf.[38] Es ist ferner einleuchtend, daß die Existenz des Gegensatzpaares Sadismus – Masochismus aus der Aggressionsbeimengung nicht ohneweiters ableitbar ist. Dagegen wäre man versucht, solche gleichzeitig vorhandene Gegensätze mit dem in der Bisexualität vereinten Gegensatz von männlich und weiblich in Beziehung zu setzen, für welchen in der Psychoanalyse häufig der von aktiv und passiv einzusetzen ist.[39]

(3) Allgemeines über alle Perversionen

VARIATION UND KRANKHEIT

Die Ärzte, welche die Perversionen zuerst an ausgeprägten Beispielen und unter besonderen Bedingungen studiert haben, sind natürlich geneigt gewesen, ihnen den Charakter eines Krankheits- oder Degenerationszeichens zuzusprechen, ganz ähnlich wie bei der Inversion. Indes ist es hier leichter als dort, diese Auffassung abzulehnen. Die alltägliche Erfahrung hat gezeigt, daß die meisten dieser Überschreitun-

37 Anstatt vieler Belege für diese Behauptung zitiere ich nur die eine Stelle aus Havelock Ellis (*Das Geschlechtsgefühl* [1913, S. 119; 1. Aufl.:] 1903): »Alle bekannten Fälle von Sadismus und Masochismus, selbst die von v. Krafft-Ebing zitierten, zeigen beständig (wie schon Colin, Scott und Féré nachgewiesen) Spuren beider Gruppen von Erscheinungen an ein und demselben Individuum.«

38 [*Zusatz 1915:*] Vgl. die spätere Erwähnung der »Ambivalenz«.

39 [In den Auflagen von 1905 und 1910 fehlt dieser zweite Nebensatz noch. 1915 kam folgende Formulierung hinzu: »dessen Bedeutung in der Psychoanalyse auf den Gegensatz von aktiv und passiv reduziert ist«. Seit der Auflage von 1924 findet sich dann der oben abgedruckte, gegenüber der Version von 1915 nochmals leicht veränderte Wortlaut.]

gen, wenigstens die minder argen unter ihnen, einen selten fehlenden Bestandteil des Sexuallebens der Gesunden bilden und von ihnen wie andere Intimitäten auch beurteilt werden. Wo die Verhältnisse es begünstigen, kann auch der Normale eine solche Perversion eine ganze Zeitlang an die Stelle des normalen Sexualzieles setzen oder ihr einen Platz neben diesem einräumen. Bei keinem Gesunden dürfte irgendein pervers zu nennender Zusatz zum normalen Sexualziel fehlen, und diese Allgemeinheit genügt für sich allein, um die Unzweckmäßigkeit einer vorwurfsvollen Verwendung des Namens Perversion darzutun. Gerade auf dem Gebiete des Sexuallebens stößt man auf besondere, eigentlich derzeit unlösbare Schwierigkeiten, wenn man eine scharfe Grenze zwischen bloßer Variation innerhalb der physiologischen Breite und krankhaften Symptomen ziehen will.

Bei manchen dieser Perversionen ist immerhin die Qualität des neuen Sexualzieles eine solche, daß sie nach besonderer Würdigung verlangt. Gewisse der Perversionen entfernen sich inhaltlich so weit vom Normalen, daß wir nicht umhinkönnen, sie für »krankhaft« zu erklären, insbesondere jene, in denen der Sexualtrieb in der Überwindung der Widerstände (Scham, Ekel, Grauen, Schmerz) erstaunliche Leistungen vollführt (Kotlecken, Leichenmißbrauch). Doch darf man auch in diesen Fällen sich nicht der sicheren Erwartung hingeben, in den Tätern regelmäßig Personen mit andersartigen schweren Abnormitäten oder Geisteskranke zu entdecken. Man kommt auch hier nicht über die Tatsache hinaus, daß Personen, die sich sonst normal verhalten, auf dem Gebiete des Sexuallebens allein, unter der Herrschaft des ungezügeltsten aller Triebe, sich als Kranke dokumentieren. Manifeste Abnormität in anderen Lebensrelationen pflegt hingegen jedesmal einen Hintergrund von abnormem sexuellen Verhalten zu zeigen.

In der Mehrzahl der Fälle können wir den Charakter des Krankhaften bei der Perversion nicht im Inhalt des neuen Sexualzieles, sondern in dessen Verhältnis zum Normalen finden. Wenn die Perversion nicht *neben* dem Normalen

(Sexualziel und Objekt) auftritt, wo günstige Umstände dieselbe fördern und ungünstige das Normale verhindern, sondern wenn sie das Normale unter allen Umständen verdrängt und ersetzt hat – in der *Ausschließlichkeit* und in der *Fixierung* also der Perversion sehen wir zu allermeist die Berechtigung, sie als ein krankhaftes Symptom zu beurteilen.

Die seelische Beteiligung bei den Perversionen

Vielleicht gerade bei den abscheulichsten Perversionen muß man die ausgiebigste psychische Beteiligung zur Umwandlung des Sexualtriebes anerkennen. Es ist hier ein Stück seelischer Arbeit geleistet, dem man trotz seines greulichen Erfolges den Wert einer Idealisierung des Triebes nicht absprechen kann. Die Allgewalt der Liebe zeigt sich vielleicht nirgends stärker als in diesen ihren Verirrungen. Das Höchste und das Niedrigste hängen in der Sexualität überall am innigsten aneinander (»vom Himmel durch die Welt zur Hölle«[40]).

Zwei Ergebnisse

Bei dem Studium der Perversionen hat sich uns die Einsicht ergeben, daß der Sexualtrieb gegen gewisse seelische Mächte als Widerstände anzukämpfen hat, unter denen Scham und Ekel am deutlichsten hervorgetreten sind. Es ist die Vermutung gestattet, daß diese Mächte daran beteiligt sind, den Trieb innerhalb der als normal geltenden Schranken zu bannen, und wenn sie sich im Individuum früher entwickelt haben, ehe der Sexualtrieb seine volle Stärke erlangte, so waren sie es wohl, die ihm die Richtung seiner Entwicklung angewiesen haben.[41]

Wir haben ferner die Bemerkung gemacht, daß einige

40 [Goethe, *Faust*, Vorspiel auf dem Theater.]

41 [*Zusatz 1915:*] Man muß diese die Sexualentwicklung eindämmenden Mächte – Ekel, Scham und Moralität – andererseits auch als historische Niederschläge der äußeren Hemmungen ansehen, welche der Sexualtrieb in der Psychogenese der Menschheit erfahren hat. Man macht die Beobachtung, daß sie in der Entwicklung des einzelnen zu ihrer Zeit wie spontan auf die Winke der Erziehung und Beeinflussung hin auftreten.

der untersuchten Perversionen nur durch das Zusammentreten von mehreren Motiven verständlich werden. Wenn sie eine Analyse – Zersetzung – zulassen, müssen sie zusammengesetzter Natur sein. Hieraus können wir einen Wink entnehmen, daß vielleicht der Sexualtrieb selbst nichts Einfaches, sondern aus Komponenten zusammengesetzt ist, die sich in den Perversionen wieder von ihm ablösen. Die Klinik hätte uns so auf *Verschmelzungen* aufmerksam gemacht, die in dem gleichförmigen normalen Verhalten ihren Ausdruck eingebüßt haben.[42]

(4) Der Sexualtrieb bei den Neurotikern

Die Psychoanalyse

Einen wichtigen Beitrag zur Kenntnis des Sexualtriebes bei Personen, die den Normalen mindestens nahestehen, gewinnt man aus einer Quelle, die nur auf einem bestimmten Wege zugänglich ist. Es gibt nur ein Mittel, über das Geschlechtsleben der sogenannten Psychoneurotiker (Hysterie, Zwangsneurose, fälschlich sogenannte Neurasthenie, sicherlich auch Dementia praecox, Paranoia[43]) gründliche und nicht irreleitende Aufschlüsse zu erhalten, nämlich wenn man sie der psychoanalytischen Erforschung unterwirft, deren sich das von J. Breuer und mir 1893 eingesetzte, damals »kathartisch« genannte Heilverfahren[44] bedient.

Ich muß vorausschicken, respektive aus anderen Veröffentlichungen wiederholen, daß diese Psychoneurosen, so-

---

42 [*Zusatz 1920:*] Ich bemerke vorgreifend über die Entstehung der Perversionen, daß man Grund hat anzunehmen, es sei vor der Fixierung derselben, ganz ähnlich wie beim Fetischismus, ein Ansatz normaler Sexualentwicklung vorhanden gewesen. Die analytische Untersuchung hat bisher in einzelnen Fällen zeigen können, daß auch die Perversion der Rückstand einer Entwicklung zum Ödipuskomplex ist, nach dessen Verdrängung die der Anlage nach stärkste Komponente des Sexualtriebes wieder hervorgetreten ist.

43 [Vor 1915 stand nach »Neurasthenie« nur »wahrscheinlich auch Paranoia«.]

44 [Vgl. dazu im vorliegenden Band die Aufsätze *Zur Geschichte der psychoanalytischen Bewegung* und *Die Freudsche psychoanalytische Methode.*]

weit meine Erfahrungen reichen, auf sexuellen Triebkräften beruhen. Ich meine dies nicht etwa so, daß die Energie des Sexualtriebes einen Beitrag zu den Kräften liefert, welche die krankhaften Erscheinungen (Symptome) unterhalten, sondern ich will ausdrücklich behaupten, daß dieser Anteil der einzig konstante und die wichtigste Energiequelle der Neurose ist, so daß das Sexualleben der betreffenden Personen sich entweder ausschließlich oder vorwiegend oder nur teilweise in diesen Symptomen äußert. Die Symptome sind, wie ich es an anderer Stelle ausgedrückt habe, die Sexualbetätigung der Kranken. Den Beweis für diese Behauptung hat mir eine seit fünfundzwanzig Jahren[45] sich mehrende Anzahl von Psychoanalysen hysterischer und anderer Nervöser geliefert, über deren Ergebnisse im einzelnen ich an anderen Orten ausführliche Rechenschaft gegeben habe und noch weiter geben werde.[46]

Die Psychoanalyse beseitigt die Symptome Hysterischer unter der Voraussetzung, daß dieselben der Ersatz – die Transkription gleichsam – für eine Reihe von affektbesetzten seelischen Vorgängen, Wünschen und Strebungen sind, denen durch einen besonderen psychischen Prozeß (die *Verdrängung*[47]) der Zugang zur Erledigung durch bewußtseinsfähige psychische Tätigkeit versagt worden ist. Diese also im Zustande des Unbewußten zurückgehaltenen Gedankenbildungen streben nach einem ihrem Affektwert gemäßen Ausdruck, einer *Abfuhr*, und finden eine solche bei der Hysterie durch den Vorgang der *Konversion* in somatischen Phänomenen – eben den hysterischen Symptomen. Bei der kunstgerechten, mit Hilfe einer besonderen Technik durchgeführten Rückverwandlung der Symptome

45 [In der Erstauflage steht an dieser Stelle »seit zehn Jahren«; die Zahl wurde von Freud bis einschließlich zur Auflage von 1920 jeweils erhöht, entsprechend seiner zunehmenden Praxiserfahrung.]

46 [*Zusatz 1920:*] Es ist nur eine Vervollständigung und nicht eine Verringerung dieser Aussage, wenn ich sie dahin abändere: Die nervösen Symptome beruhen einerseits auf dem Anspruch der libidinösen Triebe, andererseits auf dem Einspruch des Ichs, der Reaktion gegen dieselben.

47 [Vgl. in Band 2 der vorliegenden Ausgabe den Aufsatz *Die Verdrängung* und die 23. der *Vorlesungen zur Einführung in die Psychoanalyse.*]

in nun bewußt gewordene, affektbesetzte Vorstellungen ist man also imstande, über die Natur und die Abkunft dieser früher unbewußten psychischen Bildungen das Genaueste zu erfahren.

Ergebnisse der Psychoanalyse

Es ist auf diese Weise in Erfahrung gebracht worden, daß die Symptome einen Ersatz für Strebungen darstellen, die ihre Kraft der Quelle des Sexualtriebes entnehmen. Im vollen Einklange damit steht, was wir über den Charakter der hier zum Muster für alle Psychoneurotiker genommenen Hysteriker vor ihrer Erkrankung und über die Anlässe zur Erkrankung wissen. Der hysterische Charakter läßt ein Stück *Sexualverdrängung* erkennen, welches über das normale Maß hinausgeht, eine Steigerung der Widerstände gegen den Sexualtrieb, die uns als Scham, Ekel und Moral bekannt geworden sind, eine wie instinktive Flucht vor der intellektuellen Beschäftigung mit dem Sexualproblem, welche in ausgeprägten Fällen den Erfolg hat, die volle sexuelle Unwissenheit noch bis in die Jahre der erlangten Geschlechtsreife zu bewahren.[48]

Dieser für die Hysterie wesentliche Charakterzug wird für die grobe Beobachtung nicht selten durch das Vorhandensein des zweiten konstitutionellen Faktors der Hysterie, durch die übermächtige Ausbildung des Sexualtriebes, verdeckt, allein die psychologische Analyse weiß ihn jedesmal aufzudecken und die widerspruchsvolle Rätselhaftigkeit der Hysterie durch die Feststellung des Gegensatzpaares von übergroßem sexuellen Bedürfnis und zu weit getriebener Sexualablehnung zu lösen.

Der Anlaß zur Erkrankung ergibt sich für die hysterisch disponierte Person, wenn infolge der fortschreitenden eigenen Reifung oder äußerer Lebensverhältnisse die reale Sexualforderung ernsthaft an sie herantritt. Zwischen dem

48 *Studien über Hysterie* (1895). J. Breuer sagt von seiner Patientin, an der er die kathartische Methode zuerst geübt hat: »Das sexuale Moment war erstaunlich unentwickelt.« [Gemeint ist die Patientin »Frl. Anna O.«, deren Fall Breuer in der Originalausgabe der *Studien* dargestellt hat.]

Drängen des Triebes und dem Widerstreben der Sexualablehnung stellt sich dann der Ausweg der Krankheit her, der den Konflikt nicht löst, sondern ihm durch die Verwandlung der libidinösen Strebungen in Symptome zu entgehen sucht. Es ist nur eine scheinbare Ausnahme, wenn eine hysterische Person, ein Mann etwa, an einer banalen Gemütsbewegung, an einem Konflikt, in dessen Mittelpunkt nicht das sexuelle Interesse steht, erkrankt. Die Psychoanalyse kann dann regelmäßig nachweisen, daß es die sexuelle Komponente des Konflikts ist, welche die Erkrankung ermöglicht hat, indem sie die seelischen Vorgänge der normalen Erledigung entzog.

NEUROSE UND PERVERSION

Ein guter Teil des Widerspruches gegen diese meine Aufstellungen erklärt sich wohl daraus, daß man die Sexualität, von welcher ich die psychoneurotischen Symptome ableite, mit dem normalen Sexualtrieb zusammenfallen ließ. Allein die Psychoanalyse lehrt noch mehr. Sie zeigt, daß die Symptome keineswegs allein auf Kosten des sogenannten normalen Sexualtriebes entstehen (wenigstens nicht ausschließlich oder vorwiegend), sondern den konvertierten Ausdruck von Trieben darstellen, welche man als *perverse* (im weitesten Sinne) bezeichnen würde, wenn sie sich ohne Ablenkung vom Bewußtsein direkt in Phantasievorsätzen und Taten äußern könnten. Die Symptome bilden sich also zum Teil auf Kosten *abnormer* Sexualität; *die Neurose ist sozusagen das Negativ der Perversion.*[49]

Der Sexualtrieb der Psychoneurotiker läßt alle die Abirrungen erkennen, die wir als Variationen des normalen und als Äußerungen des krankhaften Sexuallebens studiert haben.

49 Die klar bewußten Phantasien der Perversen, die unter günstigen Umständen in Veranstaltungen umgesetzt werden, die in feindlichem Sinne auf andere projizierten Wahnbefürchtungen der Paranoiker und die unbewußten Phantasien der Hysteriker, die man durch Psychoanalyse hinter ihren Symptomen aufdeckt, fallen inhaltlich bis in einzelne Details zusammen. [Vgl. in Band 3 der vorliegenden Ausgabe die Aufsätze *Neurose und Psychose* und *Der Realitätsverlust bei Neurose und Psychose.*]

(a) Bei allen Neurotikern (ohne Ausnahme) finden sich im unbewußten Seelenleben Regungen von Inversion, Fixierung von Libido auf Personen des gleichen Geschlechts. Ohne tief eindringende Erörterung ist es nicht möglich, die Bedeutung dieses Moments für die Gestaltung des Krankheitsbildes entsprechend zu würdigen; ich kann nur versichern, daß die unbewußte Inversionsneigung niemals fehlt und insbesondere zur Aufklärung der männlichen Hysterie die größten Dienste leistet.[50]

(b) Es sind bei den Psychoneurotikern alle Neigungen zu den anatomischen Überschreitungen im Unbewußten und als Symptombildner nachweisbar, unter ihnen mit besonderer Häufigkeit und Intensität diejenigen, welche für Mund- und Afterschleimhaut die Rolle von Genitalien in Anspruch nehmen.

(c) Eine ganz hervorragende Rolle unter den Symptombildnern der Psychoneurosen spielen die zumeist in Gegensatzpaaren auftretenden Partialtriebe, die wir als Bringer neuer Sexualziele kennengelernt haben, der Trieb der Schaulust und der Exhibition und der aktiv und passiv ausgebildete Trieb zur Grausamkeit. Der Beitrag des letzteren ist zum Verständnis der Leidensnatur der Symptome unentbehrlich und beherrscht fast regelmäßig ein Stück des sozialen Verhaltens der Kranken. Vermittels dieser Grausamkeitsverknüpfung der Libido geht auch die Verwandlung von Liebe in Haß, von zärtlichen in feindselige Regungen vor sich, die für eine große Reihe von neurotischen Fällen, ja, wie es scheint, für die Paranoia im ganzen charakteristisch ist.

---

50 Psychoneurose vergesellschaftet sich auch sehr oft mit manifester Inversion, wobei die heterosexuelle Strömung der vollen Unterdrückung zum Opfer gefallen ist. – Ich lasse nur einer mir zuteil gewordenen Anregung Recht widerfahren, wenn ich mitteile, daß erst private Äußerungen von W. Fließ in Berlin mich auf die notwendige Allgemeinheit der Inversionsneigung bei den Psychoneurotikern aufmerksam gemacht haben, nachdem ich diese in einzelnen Fällen aufgedeckt hatte. – [*Zusatz 1920:*] Diese nicht genug gewürdigte Tatsache müßte alle Theorien der Homosexualität entscheidend beeinflussen.

Das Interesse an diesen Ergebnissen wird noch durch einige Besonderheiten des Tatbestandes erhöht.[51]

(α) Wo ein solcher Trieb im Unbewußten aufgefunden wird, welcher der Paarung mit einem Gegensatze fähig ist, da läßt sich regelmäßig auch dieser letztere als wirksam nachweisen. Jede »aktive« Perversion wird also hier von ihrem passiven Widerpart begleitet; wer im Unbewußten Exhibitionist ist, der ist auch gleichzeitig Voyeur, wer an den Folgen der Verdrängung sadistischer Regungen leidet, bei dem findet sich ein anderer Zuzug zu den Symptomen aus den Quellen masochistischer Neigung. Die volle Übereinstimmung mit dem Verhalten der entsprechenden »positiven« Perversionen ist gewiß sehr beachtenswert. Im Krankheitsbilde spielt aber die eine oder die andere der gegensätzlichen Neigungen die überwiegende Rolle.

(β) In einem ausgeprägteren Falle von Psychoneurose findet man nur selten einen einzigen dieser perversen Triebe entwickelt, meist eine größere Anzahl derselben und in der Regel Spuren von allen; der einzelne Trieb ist aber in seiner Intensität unabhängig von der Ausbildung der anderen. Auch dazu ergibt uns das Studium der »positiven« Perversionen das genaue Gegenstück.

(5) Partialtriebe und erogene Zonen

Halten wir zusammen, was wir aus der Untersuchung der positiven und der negativen Perversionen erfahren haben, so liegt es nahe, dieselben auf eine Reihe von »Partialtrieben« zurückzuführen, die aber nichts Primäres sind, sondern eine weitere Zerlegung zulassen.[52] Unter einem »Trieb« können wir zunächst nichts anderes verstehen als

51 [In den vor 1920 erschienenen Auflagen zählt Freud *drei* Besonderheiten auf. Zur ersten, die er später wegließ, bemerkte er: »Unter den unbewußten Gedankengängen der Neurosen findet sich nichts, was einer Neigung zum Fetischismus entspräche; ein Umstand, der wohl Licht wirft auf die psychologische Besonderheit dieser gut verstandenen Perversion.«]

52 [Die folgenden Sätze bis zum Ende des Absatzes stammen von 1915. In den Auflagen von 1905 und 1910 findet sich eine andere Formulierung. Vgl. für die vorliegende Fassung die aus demselben Jahr stammende

die psychische Repräsentanz einer kontinuierlich fließenden, innersomatischen Reizquelle, zum Unterschiede vom »Reiz«, der durch vereinzelte und von außen kommende Erregungen hergestellt wird. Trieb ist so einer der Begriffe der Abgrenzung des Seelischen vom Körperlichen. Die einfachste und nächstliegende Annahme über die Natur der Triebe wäre, daß sie an sich keine Qualität besitzen, sondern nur als Maße von Arbeitsanforderung für das Seelenleben in Betracht kommen. Was die Triebe voneinander unterscheidet und mit spezifischen Eigenschaften ausstattet, ist deren Beziehung zu ihren somatischen *Quellen* und ihren *Zielen.* Die Quelle des Triebes ist ein erregender Vorgang in einem Organ, und das nächste Ziel des Triebes liegt in der Aufhebung dieses Organreizes.[53]

Eine weitere vorläufige Annahme in der Trieblehre, welcher wir uns nicht entziehen können, besagt, daß von den Körperorganen Erregungen von zweierlei Art geliefert werden, die in Differenzen chemischer Natur begründet sind. Die eine dieser Arten von Erregung bezeichnen wir als die spezifisch sexuelle und das betreffende Organ als die *»erogene Zone«* des von ihm ausgehenden sexuellen Partialtriebes.[54]

Bei den Perversionsneigungen, die für Mundhöhle und Afteröffnung sexuelle Bedeutung in Anspruch nehmen, ist die Rolle der erogenen Zone ohneweiters ersichtlich. Dieselbe benimmt sich in jeder Hinsicht wie ein Stück des Geschlechtsapparates. Bei der Hysterie werden diese Körper-

---

Arbeit *Triebe und Triebschicksale* (Band 2 der vorliegenden Ausgabe), in der das Thema ausführlich abgehandelt wird.]

53 [*Zusatz 1924:*] Die Trieblehre ist das bedeutsamste, aber auch das unfertigste Stück der psychoanalytischen Theorie. In meinen späteren Arbeiten (*Jenseits des Lustprinzips*, 1920 [vgl. in Band 3 der vorliegenden Ausgabe], *Das Ich und das Es*, 1923) habe ich weitere Beiträge zur Trieblehre entwickelt. [Alle wesentlichen Gedanken des Aufsatzes *Das Ich und das Es* finden sich in der 31. Vorlesung der *Neuen Folge der Vorlesungen zur Einführung in die Psychoanalyse* (vgl. im Band 3 der vorliegenden Ausgabe).]

54 [*Zusatz 1915:*] Es ist nicht leicht, diese Annahmen, die aus dem Studium einer bestimmten Klasse von neurotischen Erkrankungen geschöpft sind, hier zu rechtfertigen. Andererseits wird es aber unmöglich, etwas Stichhaltiges über die Triebe auszusagen, wenn man sich die Erwähnung dieser Voraussetzungen erspart.

stellen und die von ihnen ausgehenden Schleimhauttrakte in ganz ähnlicher Weise der Sitz von neuen Sensationen und Innervationsänderungen – ja von Vorgängen, die man der Erektion vergleichen kann[55] – wie die eigentlichen Genitalien unter den Erregungen der normalen Geschlechtsvorgänge.

Die Bedeutung der erogenen Zonen als Nebenapparate und Surrogate der Genitalien tritt unter den Psychoneurosen bei der Hysterie am deutlichsten hervor, womit aber nicht behauptet werden soll, daß sie für die anderen Erkrankungsformen geringer einzuschätzen ist. Sie ist hier nur unkenntlicher, weil sich bei diesen (Zwangsneurose, Paranoia) die Symptombildung in Regionen des seelischen Apparates vollzieht, die weiter ab von den einzelnen Zentralstellen für die Körperbeherrschung liegen. Bei der Zwangsneurose ist die Bedeutung der Impulse, welche neue Sexualziele schaffen und von erogenen Zonen unabhängig erscheinen, das Auffälligere. Doch entspricht bei der Schau- und Exhibitionslust das Auge einer erogenen Zone, bei der Schmerz- und Grausamkeitskomponente des Sexualtriebes ist es die Haut, welche die gleiche Rolle übernimmt, die Haut, die sich an besonderen Körperstellen zu Sinnesorganen differenziert und zur Schleimhaut modifiziert hat, also die erogene Zone *κατ'ἐξοχήν*.[56]

(6) Erklärung des scheinbaren Überwiegens perverser Sexualität bei den Psychoneurosen

Durch die vorstehenden Erörterungen ist die Sexualität der Psychoneurotiker in ein möglicherweise falsches Licht gerückt worden. Es hat den Anschein bekommen, als näher-

55 [Die Parenthese stammt von 1920.]

56 Man muß hier der Aufstellung von [Albert] Moll [*Untersuchungen über die Libido sexualis,* Bd. 1, Berlin 1898] gedenken, welche den Sexualtrieb in Kontrektations- und Detumeszenztrieb zerlegt, Kontrektation bedeutet ein Bedürfnis nach Hautberührung. [Detumeszenz bedeutet »Abschwellung«. Die griech. Wörter am Ende des Absatzes lauten in Umschrift »katexochen« und bedeuten: vorzugsweise, ganz besonders, im wahrsten Sinne.]

ten sich die Psychoneurotiker in ihrem sexuellen Verhalten der Anlage nach sehr den Perversen und entfernten sich dafür um ebensoviel von den Normalen. Nun ist sehr wohl möglich, daß die konstitutionelle Disposition dieser Kranken außer einem übergroßen Maß von Sexualverdrängung und einer übermächtigen Stärke des Sexualtriebes eine ungewöhnliche Neigung zur Perversion im weitesten Sinne mitenthält, allein die Untersuchung leichterer Fälle zeigt, daß letztere Annahme nicht unbedingt erforderlich ist oder daß zum mindesten bei der Beurteilung der krankhaften Effekte die Wirkung eines Faktors in Abzug gebracht werden muß. Bei den meisten Psychoneurotikern tritt die Erkrankung erst nach der Pubertätszeit auf unter der Anforderung des normalen Sexuallebens. Gegen dieses richtet sich vor allem die Verdrängung. Oder spätere Erkrankungen stellen sich her, indem der Libido auf normalem Wege die Befriedigung versagt wird. In beiden Fällen verhält sich die Libido wie ein Strom, dessen Hauptbett verlegt wird; sie füllt die kollateralen Wege aus, die bisher vielleicht leer geblieben waren. Somit kann auch die scheinbar so große (allerdings negative) Perversionsneigung der Psychoneurotiker eine kollateral bedingte, muß jedenfalls eine kollateral erhöhte sein. Die Tatsache ist eben, daß man die Sexualverdrängung als inneres Moment jenen äußeren anreihen muß, welche wie Freiheitseinschränkung, Unzugänglichkeit des normalen Sexualobjekts, Gefahren des normalen Sexualaktes usw. Perversionen bei Individuen entstehen lassen, welche sonst vielleicht normal geblieben wären.

In den einzelnen Fällen von Neurose mag es sich hierin verschieden verhalten, das eine Mal die angeborene Höhe der Perversionsneigung, das andere Mal die kollaterale Hebung derselben durch die Abdrängung der Libido vom normalen Sexualziel und Sexualobjekt das Maßgebendere sein. Es wäre unrecht, eine Gegensätzlichkeit zu konstruieren, wo ein Kooperationsverhältnis vorliegt. Ihre größten Leistungen wird die Neurose jedesmal zustande bringen, wenn Konstitution und Erleben in demselben Sinne zusammenwirken. Eine ausgesprochene Konstitution wird etwa der Unterstützung durch die Lebenseindrücke entbehren können, eine ausgiebige Erschütterung im Leben etwa die Neurose auch bei durchschnittlicher Konstitution zustande bringen. Diese Gesichtspunkte gelten übrigens in gleicher Weise für die ätiologische Bedeutung von Angeborenem und akzidentell Erlebtem auch auf anderen Gebieten.

Bevorzugt man die Annahme, daß eine besonders ausgebildete Neigung zu Perversionen doch zu den Eigentümlichkeiten der psychoneurotischen Konstitution gehört, so eröffnet sich die Aussicht, je nach dem angeborenen Vorwiegen dieser oder jener erogenen Zone, dieses oder jenes Partialtriebes, eine Mannigfaltigkeit solcher Konstitutionen unterscheiden zu können. Ob der perversen Veranlagung eine besondere Beziehung zur Auswahl der Erkrankungsform zukommt, dies ist wie so vieles auf diesem Gebiete noch nicht untersucht.

(7) Verweis auf den Infantilismus der Sexualität

Durch den Nachweis der perversen Regungen als Symptombildner bei den Psychoneurosen haben wir die Anzahl der Menschen, die man den Perversen zurechnen könnte, in ganz außerordentlicher Weise gesteigert. Nicht nur, daß die Neurotiker selbst eine sehr zahlreiche Menschenklasse darstellen, es ist auch in Betracht zu ziehen, daß die Neurosen von allen ihren Ausbildungen her in lückenlosen Reihen zur Gesundheit abklingen; hat doch Moebius mit guter Berechtigung sagen können: wir sind alle ein wenig hysterisch. Somit werden wir durch die außerordentliche Verbreitung der Perversionen zu der Annahme gedrängt, daß auch die Anlage zu den Perversionen keine seltene Besonderheit, sondern ein Stück der für normal geltenden Konstitution sein müsse.

Wir haben gehört, daß es strittig ist, ob die Perversionen auf angeborene Bedingungen zurückgehen oder durch zufällige Erlebnisse entstehen, wie es Binet für den Fetischismus angenommen hat. Nun bietet sich uns die Entscheidung, daß den Perversionen allerdings etwas Angeborenes zugrunde liegt, aber etwas, *was allen Menschen angeboren* ist, als Anlage in seiner Intensität schwanken mag und der Hervorhebung durch Lebenseinflüsse wartet. Es handelt sich um angeborene, in der Konstitution gegebene Wurzeln des Sexualtriebes, die sich in der einen Reihe von Fällen zu den wirklichen Trägern der Sexualtätigkeit entwikkeln (Perverse), andere Male eine ungenügende Unterdrükkung (Verdrängung) erfahren, so daß sie auf einem Umweg als Krankheitssymptome einen beträchtlichen Teil der sexuellen Energie an sich ziehen können, während sie in den günstigsten Fällen zwischen beiden Extremen durch wirksame Einschränkung und sonstige Verarbeitung das sogenannte normale Sexualleben entstehen lassen.

Wir werden uns aber ferner sagen, daß die angenommene Konstitution, welche die Keime zu allen Perversionen aufweist, nur beim Kinde aufzeigbar sein wird, wenngleich bei ihm alle Triebe nur in bescheidenen Intensitäten auftreten können. Ahnt uns so die Formel, daß die Neurotiker den infantilen Zustand ihrer Sexualität beibehalten haben oder auf ihn zurückversetzt worden sind, so wird sich unser Interesse dem Sexualleben des Kindes zuwenden, und wir werden das Spiel der Einflüsse verfolgen wollen, die den Entwicklungsprozeß der kindlichen Sexualität bis zum Ausgang in Perversion, Neurose oder normales Geschlechtsleben beherrschen.

II
Die infantile Sexualität

VERNACHLÄSSIGUNG DES INFANTILEN

Es ist ein Stück der populären Meinung über den Geschlechtstrieb, daß er der Kindheit fehle und erst in der als Pubertät bezeichneten Lebensperiode erwache. Allein dies ist nicht nur ein einfacher, sondern sogar ein folgenschwerer Irrtum, da er hauptsächlich unsere gegenwärtige

Unkenntnis der grundlegenden Verhältnisse des Sexuallebens verschuldet. Ein gründliches Studium der Sexualäußerungen in der Kindheit würde uns wahrscheinlich die wesentlichen Züge des Geschlechtstriebes aufdecken, seine Entwicklung verraten und seine Zusammensetzung aus verschiedenen Quellen zeigen.

Es ist bemerkenswert, daß die Autoren, welche sich mit der Erklärung der Eigenschaften und Reaktionen des erwachsenen Individuums beschäftigen, jener Vorzeit, welche durch die Lebensdauer der Ahnen gegeben ist, so viel mehr Aufmerksamkeit geschenkt, also der Erblichkeit so viel mehr Einfluß zugesprochen haben als der anderen Vorzeit, welche bereits in die individuelle Existenz der Person fällt, der Kindheit nämlich. Man sollte doch meinen, der Einfluß dieser Lebensperiode wäre leichter zu verstehen und hätte ein Anrecht, vor dem der Erblichkeit berücksichtigt zu werden.[57] Man findet zwar in der Literatur gelegentliche Notizen über frühzeitige Sexualbetätigung bei kleinen Kindern, über Erektionen, Masturbation und selbst koitusähnliche Vornahmen, aber immer nur als ausnahmsweise Vorgänge, als Kuriosa oder als abschreckende Beispiele voreiliger Verderbtheit angeführt. Kein Autor hat meines Wissens die Gesetzmäßigkeit eines Sexualtriebes in der Kindheit klar erkannt, und in den zahlreich gewordenen Schriften über die Entwicklung des Kindes wird das Kapitel »Sexuelle Entwicklung« meist übergangen.[58]

---

57 [*Zusatz 1915:*] Es ist ja auch nicht möglich, den der Erblichkeit gebührenden Anteil richtig zu erkennen, ehe man den der Kindheit zugehörigen gewürdigt hat.

58 Die hier niedergeschriebene Behauptung erschien mir selbst nachträglich als so gewagt, daß ich mir vorsetzte, sie durch nochmalige Durchsicht der Literatur zu prüfen. Das Ergebnis dieser Überprüfung war, daß ich sie unverändert stehenließ. Die wissenschaftliche Bearbeitung der leiblichen wie der seelischen Phänomene der Sexualität im Kindesalter befindet sich in den ersten Anfängen. Ein Autor, [J.] S. Bell (*A Preliminary Study of the Emotion of Love between the Sexes,* in: American Journal of Psychology, XIII, 1902) äußert: »*I know of no scientist, who has given a careful analysis of the emotion as it is seen in the adolescent.*« – Somatische Sexualäußerungen aus der Zeit vor der Pubertät haben nur im Zusammenhange mit Entartungserscheinungen und als Zeichen von Entartung Aufmerksamkeit gewonnen. –

Infantile Amnesie

Den Grund für diese merkwürdige Vernachlässigung suche ich zum Teil in den konventionellen Rücksichten, denen die Autoren infolge ihrer eigenen Erziehung Rechnung tragen, zum anderen Teil in einem psychischen Phänomen, welches sich bis jetzt selbst der Erklärung entzogen hat. Ich meine hiemit die eigentümliche *Amnesie*, welche den meisten Menschen (nicht allen!) die ersten Jahre ihrer Kindheit bis zum 6. oder 8. Lebensjahre verhüllt. Es ist uns bisher noch nicht eingefallen, uns über die Tatsache dieser Amnesie zu verwundern; aber wir hätten guten Grund dazu. Denn man berichtet uns, daß wir in diesen Jahren, von denen wir später nichts im Gedächtnis behalten haben als einige unver-

Ein Kapitel über das Liebesleben der Kinder fehlt in allen Darstellungen der Psychologie dieses Alters, die ich gelesen habe, so in den bekannten Werken von Preyer [*Die Seele des Kindes*, Leipzig 1882], Baldwin (*Die Entwicklung des Geistes beim Kinde und bei der Rasse* [amerikan. Originalausgabe: New York 1895, dt. Übersetzung: Berlin] 1898), Pérez (*L'enfant de 3–7 ans*, [1886] 1894), Strümpell (*Die pädagogische Pathologie*, 1899), Karl Groos (*Das Seelenleben des Kindes*, 1904), Th. Heller (*Grundriß der Heilpädagogik*, 1904), Sully (*Untersuchungen über die Kindheit*, [1895] 1898) und anderen. Den besten Eindruck von dem heutigen Stande auf diesem Gebiet holt man sich aus der Zeitschrift *Die Kinderfehler* (von 1896 an). – Doch gewinnt man die Überzeugung, daß die Existenz der Liebe im Kindesalter nicht mehr entdeckt zu werden braucht. Pérez (l. c.) tritt für sie ein; bei K. Groos (*Die Spiele der Menschen*, 1899) findet sich als allgemein bekannt erwähnt, »daß manche Kinder schon sehr früh für sexuelle Regungen zugänglich sind und dem anderen Geschlecht gegenüber einen Drang nach Berührungen empfinden« (S. 336); der früheste Fall von Auftreten geschlechtlicher Liebesregungen (*sex-love*) in der Beobachtungsreihe von S. Bell [1902] betraf ein Kind in der Mitte des dritten Jahres. – Vergleiche hiezu noch Havelock Ellis, *Das Geschlechtsgefühl* (übersetzt von Kurella), 1903, Appendix, II.

[*Zusatz 1910:*] Das obenstehende Urteil über die Literatur der infantilen Sexualität braucht seit dem Erscheinen des groß angelegten Werkes von Stanley Hall (*Adolescence, its Psychology and its Relations to Physiology, Anthropology, Sociology, Sex, Crime, Religion and Education*, Two volumes, New York [1904] 1908) nicht mehr aufrechterhalten zu werden. – Das rezente Buch von A. Moll, *Das Seelenleben des Kindes*, Berlin 1909, bietet keinen Anlaß zu einer solchen Modifikation. Siehe dagegen: Bleuler, *Sexuelle Abnormitäten der Kinder* (Jahrbuch der schweizerischen Gesellschaft für Schulgesundheitspflege, IX, 1908), hat seither dem vernachlässigten sexuellen Faktor vollauf Rechnung getragen.

ständliche Erinnerungsbrocken, lebhaft auf Eindrücke reagiert hätten, daß wir Schmerz und Freude in menschlicher Weise zu äußern verstanden, Liebe, Eifersucht und andere Leidenschaften gezeigt, die uns damals heftig bewegten, ja daß wir Aussprüche getan, die von den Erwachsenen als gute Beweise für Einsicht und beginnende Urteilsfähigkeit gemerkt wurden. Und von alledem wissen wir als Erwachsene aus eigenem nichts. Warum bleibt unser Gedächtnis so sehr hinter unseren anderen seelischen Tätigkeiten zurück? Wir haben doch Grund zu glauben, daß es zu keiner anderen Lebenszeit aufnahms- und reproduktionsfähiger ist als gerade in den Jahren der Kindheit.[59]

Auf der anderen Seite müssen wir annehmen oder können uns durch psychologische Untersuchung an anderen davon überzeugen, daß die nämlichen Eindrücke, die wir vergessen haben, nichtsdestoweniger die tiefsten Spuren in unserem Seelenleben hinterlassen haben und bestimmend für unsere ganze spätere Entwicklung geworden sind. Es kann sich also um gar keinen wirklichen Untergang der Kindheitseindrücke handeln, sondern um eine Amnesie ähnlich jener, die wir bei den Neurotikern für spätere Erlebnisse beobachten und deren Wesen in einer bloßen Abhaltung vom Bewußtsein (Verdrängung) besteht. Aber welche Kräfte bringen diese Verdrängung der Kindheitseindrücke zustande? Wer dieses Rätsel löste, hätte wohl auch die hysterische Amnesie aufgeklärt.

Immerhin wollen wir nicht versäumen hervorzuheben, daß die Existenz der infantilen Amnesie einen neuen Vergleichspunkt zwischen dem Seelenzustand des Kindes und dem des Psychoneurotikers schafft. Einem anderen sind wir schon früher begegnet, als sich uns die Formel aufdrängte, daß die Sexualität der Psychoneurotiker den kindlichen Standpunkt bewahrt hat oder auf ihn zurückgeführt

59 Eines der mit den frühesten Kindheitserinnerungen verknüpften Probleme habe ich in einem Aufsatze *Über Deckerinnerungen* (Monatsschrift für Psychiatrie und Neurologie, VI, 1899) zu lösen versucht. [*Zusatz 1924:*] Vgl. *Zur Psychopathologie des Alltagslebens*, IV. Kap.

worden ist. Wenn nicht am Ende die infantile Amnesie selbst wieder mit den sexuellen Regungen der Kindheit in Beziehung zu bringen ist!

Es ist übrigens mehr als ein bloßes Spiel des Witzes, die infantile Amnesie mit der hysterischen zu verknüpfen. Die hysterische Amnesie, die der Verdrängung dient, wird nur durch den Umstand erklärlich, daß das Individuum bereits einen Schatz von Erinnerungsspuren besitzt, welche der bewußten Verfügung entzogen sind und die nun mit assoziativer Bindung das an sich reißen, worauf vom Bewußten her die abstoßenden Kräfte der Verdrängung wirken.[60] Ohne infantile Amnesie, kann man sagen, gäbe es keine hysterische Amnesie.

Ich meine nun, daß die infantile Amnesie, die für jeden einzelnen seine Kindheit zu einer gleichsam *prähistorischen* Vorzeit macht und ihm die Anfänge seines eigenen Geschlechtslebens verdeckt, die Schuld daran trägt, wenn man der kindlichen Lebensperiode einen Wert für die Entwicklung des Sexuallebens im allgemeinen nicht zutraut. Ein einzelner Beobachter kann die so entstandene Lücke in unserem Wissen nicht ausfüllen. Ich habe bereits 1896 die Bedeutung der Kinderjahre für die Entstehung gewisser wichtiger, vom Geschlechtsleben abhängiger Phänomene betont und seither nicht aufgehört, das infantile Moment für die Sexualität in den Vordergrund zu rücken.

[1] Die sexuelle Latenzperiode der Kindheit und ihre Durchbrechungen

Die außerordentlich häufigen Befunde von angeblich regelwidrigen und ausnahmsartigen sexuellen Regungen in der Kindheit sowie die Aufdeckung der bis dahin unbe-

---

60 [*Zusatz 1915:*] Man kann den Mechanismus der Verdrängung nicht verstehen, wenn man nur einen dieser beiden zusammenwirkenden Vorgänge berücksichtigt. Zum Vergleich möge die Art dienen, wie der Tourist auf die Spitze der großen Pyramide von Gizeh befördert wird; er wird von der einen Seite gestoßen, von der anderen Seite gezogen. [Vgl. *Die Verdrängung* (1915) in Band 2 der vorliegenden Ausgabe.]

wußten Kindheitserinnerungen der Neurotiker gestatten etwa folgendes Bild von dem sexuellen Verhalten der Kinderzeit zu entwerfen[61]:

Es scheint, gewiß, daß das Neugeborene Keime von sexuellen Regungen mitbringt, die sich eine Zeitlang weiterentwickeln, dann aber einer fortschreitenden Unterdrükkung unterliegen, welche selbst wieder durch regelrechte Vorstöße der Sexualentwicklung durchbrochen und durch individuelle Eigenheiten aufgehalten werden kann. Über die Gesetzmäßigkeit und die Periodizität dieses oszillierenden Entwicklungsganges ist nichts Gesichertes bekannt. Es scheint aber, daß das Sexualleben der Kinder sich zumeist um das dritte oder vierte Lebensjahr in einer der Beobachtung zugänglichen Form zum Ausdruck bringt.[62]

---

61 Letzteres Material wird durch die berechtigte Erwartung verwertbar, daß die Kinderjahre der späteren Neurotiker hierin nicht wesentlich, nur in Hinsicht der Intensität und Deutlichkeit, von denen später Gesunder abweichen dürften [»nur in Hinsicht der Intensität und Deutlichkeit« kam 1915 hinzu].

62 Eine mögliche anatomische Analogie zu dem von mir behaupteten Verhalten der infantilen Sexualfunktion wäre durch den Fund von Bayer (Deutsches Archiv für klinische Medizin, Bd. 73 [1902]) gegeben, daß die inneren Geschlechtsorgane (Uterus) Neugeborener in der Regel größer sind als die älterer Kinder. Indes ist die Auffassung dieser durch Halban auch für andere Teile des Genitalapparates festgestellten Involution nach der Geburt nicht sichergestellt. Nach Halban (Zeitschrift für Geburtshilfe und Gynäkologie, LIII, 1904) ist dieser Rückbildungsvorgang nach wenigen Wochen des Extrauterinlebens abgelaufen. – [*Zusatz 1920:*] Die Autoren, welche den interstitiellen Anteil der Keimdrüse als das geschlechtsbestimmende Organ betrachten, sind durch anatomische Untersuchungen dazu geführt worden, ihrerseits von infantiler Sexualität und sexueller Latenzzeit zu reden. Ich zitiere aus dem erwähnten Buche von Lipschütz über die Pubertätsdrüse: »Man wird den Tatsachen viel eher gerecht, wenn man sagt, daß die Ausreifung der Geschlechtsmerkmale, wie sie sich in der Pubertät vollzieht, nur auf einem um diese Zeit stark beschleunigten Ablauf von Vorgängen beruht, die schon viel früher begonnen haben – unserer Auffassung nach schon im embryonalen Leben.« ([1919] S. 168.) – »*Was man bisher als Pubertät schlechtweg bezeichnet hat, ist wahrscheinlich nur eine zweite große Phase der Pubertät, die um die Mitte des zweiten Jahrzehntes einsetzt* . . . Das Kindesalter, von der Geburt bis zu Beginn der zweiten großen Phase gerechnet, könnte man als die *›intermediäre Phase der Pubertät‹* bezeichnen.« (S. 170). – Diese in einem Referat von Ferenczi

DIE SEXUALHEMMUNGEN

Während dieser Periode totaler oder bloß partieller Latenz werden die seelischen Mächte aufgebaut, die später dem Sexualtrieb als Hemmnisse in den Weg treten und gleichwie Dämme seine Richtung beengen werden (der Ekel, das Schamgefühl, die ästhetischen und moralischen Idealanforderungen). Man gewinnt beim Kulturkinde den Eindruck, daß der Aufbau dieser Dämme ein Werk der Erziehung ist, und sicherlich tut die Erziehung viel dazu. In Wirklichkeit ist diese Entwicklung eine organisch bedingte, hereditär fixierte und kann sich gelegentlich ganz ohne Mithilfe der Erziehung herstellen. Die Erziehung verbleibt durchaus in dem ihr angewiesenen Machtbereich, wenn sie sich darauf einschränkt, das organisch Vorgezeichnete nachzuziehen und es etwas sauberer und tiefer auszuprägen.

REAKTIONSBILDUNG UND SUBLIMIERUNG

Mit welchen Mitteln werden diese für die spätere persönliche Kultur und Normalität so bedeutsamen Konstruktionen aufgeführt? Wahrscheinlich auf Kosten der infantilen Sexualregungen selbst, deren Zufluß also auch in dieser Latenzperiode nicht aufgehört hat, deren Energie aber – ganz oder zum größten Teil – von der sexuellen Verwendung abgeleitet und anderen Zwecken zugeführt wird. Die Kulturhistoriker scheinen einig in der Annahme, daß durch solche Ablenkung sexueller Triebkräfte von sexuel-

(Int. Zeitschr. f. Psychoanalyse, VI, 1920) hervorgehobene Übereinstimmung anatomischer Befunde mit der psychologischen Beobachtung wird durch die eine Angabe gestört, daß der *»erste Gipfelpunkt«* der Entwicklung des Sexualorgans in die frühe Embryonalzeit fällt, während die kindliche Frühblüte des Sexuallebens in das dritte und vierte Lebensjahr zu verlegen ist. Die volle Gleichzeitigkeit der anatomischen Ausbildung mit der psychischen Entwicklung ist natürlich nicht erforderlich. Die betreffenden Untersuchungen sind an der Keimdrüse des Menschen gemacht worden. Da den Tieren eine Latenzzeit im psychologischen Sinne nicht zukommt, läge viel daran, zu wissen, ob die anatomischen Befunde, auf deren Grund die Autoren zwei Gipfelpunkte der Sexualentwicklung annehmen, auch an anderen höheren Tieren nachweisbar sind.

len Zielen und Hinlenkung auf neue Ziele, ein Prozeß, der den Namen *Sublimierung* verdient, mächtige Komponenten für alle kulturellen Leistungen gewonnen werden. Wir würden also hinzufügen, daß der nämliche Prozeß in der Entwicklung des einzelnen Individuums spielt, und seinen Beginn in die sexuelle Latenzperiode der Kindheit verlegen.[63]

Auch über den Mechanismus einer solchen Sublimierung kann man eine Vermutung wagen. Die sexuellen Regungen dieser Kinderjahre wären einerseits unverwendbar, da die Fortpflanzungsfunktionen aufgeschoben sind, was den Hauptcharakter der Latenzperiode ausmacht, andererseits wären sie an sich pervers, das heißt von erogenen Zogen ausgehend und von Trieben getragen, welche bei der Entwicklungsrichtung des Individuums nur Unlustempfindungen hervorrufen könnten. Sie rufen daher seelische Gegenkräfte (Reaktionsregungen) wach, die zur wirksamen Unterdrückung solcher Unlust die erwähnten psychischen Dämme: Ekel, Scham und Moral, aufbauen.[64]

DURCHBRÜCHE DER LATENZZEIT

Ohne uns über die hypothetische Natur und die mangelhafte Klarheit unserer Einsichten in die Vorgänge der kindlichen Latenz- oder Aufschubsperiode zu täuschen, wollen wir zur Wirklichkeit zurückkehren, um anzugeben, daß solche Verwendung der infantilen Sexualität ein Erziehungsideal darstellt, von dem die Entwicklung der einzelnen meist an irgendeiner Stelle und oft in erheblichem Maße abweicht. Es bricht zeitweise ein Stück Sexualäußerung durch, das sich der Sublimierung entzogen hat, oder es erhält sich eine sexuelle Betätigung durch die ganze

63 Die Bezeichnung »sexuelle Latenzperiode« entlehne ich ebenfalls von W. Fließ.

64 [*Zusatz 1915:*] In dem hier besprochenen Falle geht die Sublimierung sexueller Triebkräfte auf dem Wege der Reaktionsbildung vor sich. Im allgemeinen darf man aber Sublimierung und Reaktionsbildung als zwei verschiedene Prozesse begrifflich voneinander scheiden. Es kann auch Sublimierungen durch andere und einfachere Mechanismen geben.

Dauer der Latenzperiode bis zum verstärkten Hervorbrechen des Sexualtriebes in der Pubertät. Die Erzieher benehmen sich, insofern sie überhaupt der Kindersexualität Aufmerksamkeit schenken, genauso, als teilten sie unsere Ansichten über die Bildung der moralischen Abwehrmächte auf Kosten der Sexualität und als wüßten sie, daß sexuelle Betätigung das Kind unerziehbar macht, denn sie verfolgen alle sexuellen Äußerungen des Kindes als »Laster«, ohne viel gegen sie ausrichten zu können. Wir aber haben allen Grund, diesen von der Erziehung gefürchteten Phänomenen Interesse zuzuwenden, denn wir erwarten von ihnen den Aufschluß über die ursprüngliche Gestaltung des Geschlechtstriebs.

[2] Die Äußerungen der infantilen Sexualität

DAS LUTSCHEN Aus später zu ersehenden Motiven wollen wir unter den infantilen Sexualäußerungen das *Ludeln* (Wonnesaugen) zum Muster nehmen, dem der ungarische Kinderarzt Lindner eine ausgezeichnete Studie gewidmet hat.[65]

Das *Ludeln* oder *Lutschen*, das schon beim Säugling auftritt und bis in die Jahre der Reife fortgesetzt werden oder sich durchs ganze Leben erhalten kann, besteht in einer rhythmisch wiederholten saugenden Berührung mit dem Munde (den Lippen), wobei der Zweck der Nahrungsaufnahme ausgeschlossen ist. Ein Teil der Lippe selbst, die Zunge, eine beliebige andere erreichbare Hautstelle – selbst die große Zehe – werden zum Objekt genommen, an dem das Saugen ausgeführt wird. Ein dabei auftretender Greiftrieb äußert sich etwa durch gleichzeitiges rhythmisches Zupfen am Ohrläppchen und kann sich eines Teiles einer anderen Person (meist ihres Ohres) zu gleichem Zwecke bemächtigen. Das Wonnesaugen ist mit voller Aufzehrung der Aufmerksamkeit verbunden, führt entweder zum Einschlafen oder selbst zu einer motorischen Reaktion

65 Im Jahrbuch für Kinderheilkunde, N. F., XIV, 1879.

in einer Art von Orgasmus.[66] Nicht selten kombiniert sich mit dem Wonnesaugen die reibende Berührung gewisser empfindlicher Körperstellen, der Brust, der äußeren Genitalien. Auf diesem Wege gelangen viele Kinder vom Ludeln zur Masturbation.

Lindner[67] selbst hat die sexuelle Natur dieses Tuns klar erkannt und rückhaltlos betont. In der Kinderstube wird das Ludeln häufig den anderen sexuellen »Unarten« des Kindes gleichgestellt. Von seiten zahlreicher Kinder- und Nervenärzte ist ein sehr energischer Einspruch gegen diese Auffassung erhoben worden, der zum Teil gewiß auf der Verwechslung von »sexuell« und »genital« beruht. Dieser Widerspruch wirft die schwierige und nicht abzuweisende Frage auf, an welchem allgemeinen Charakter wir die sexuellen Äußerungen des Kindes erkennen wollen. Ich meine, daß der Zusammenhang der Erscheinungen, in welchen wir durch die psychoanalytische Untersuchung Einsicht gewonnen haben, uns berechtigt, das Ludeln als eine sexuelle Äußerung in Anspruch zu nehmen und gerade an ihm die wesentlichen Züge der infantilen Sexualbetätigung zu studieren.[68]

---

66 Hier erweist sich bereits, was fürs ganze Leben Gültigkeit hat, daß sexuelle Befriedigung das beste Schlafmittel ist. Die meisten Fälle von nervöser Schlaflosigkeit gehen auf sexuelle Unbefriedigung zurück. Es ist bekannt, daß gewissenlose Kinderfrauen die schreienden Kinder durch Streichen an den Genitalien einschläfern.

67 [Dieser Absatz wurde 1915 eingefügt.]

68 [*Zusatz 1920:*] Ein Dr. Galant hat 1919 im Neurol. Zentralbl., Nr. 20, unter dem Titel *Das Lutscherli* das Bekenntnis eines erwachsenen Mädchens veröffentlicht, welches diese kindliche Sexualbetätigung nicht aufgegeben hat und die Befriedigung durch das Lutschen als völlig analog einer sexuellen Befriedigung, insbesondere durch den Kuß des Geliebten, schildert. »Nicht alle Küsse gleichen einem Lutscherli: nein, nein, lange nicht alle! Man kann nicht schreiben, wie wohlig es einem durch den ganzen Körper beim Lutschen geht; man ist einfach weg von dieser Welt, man ist ganz zufrieden und wunschlos glücklich. Es ist ein wunderbares Gefühl; man verlangt nichts als Ruhe, Ruhe, die gar nicht unterbrochen werden soll. Es ist einfach unsagbar schön: man spürt keinen Schmerz, kein Weh und Ach, man ist entrückt in eine andere Welt.«

AUTOEROTISMUS Wir haben die Verpflichtung, dieses Beispiel eingehend zu würdigen. Heben wir als den auffälligsten Charakter dieser Sexualbetätigung hervor, daß der Trieb nicht auf andere Personen gerichtet ist; er befriedigt sich am eigenen Körper, er ist *autoerotisch*, um es mit einem glücklichen, von Havelock Ellis[69] eingeführten Namen zu sagen.[70]

Es ist ferner deutlich, daß die Handlung des lutschenden Kindes durch das Suchen nach einer – bereits erlebten und nun erinnerten – Lust bestimmt wird. Durch das rhythmische Saugen an einer Haut- oder Schleimhautstelle findet es dann im einfachsten Falle die Befriedigung. Es ist auch leicht zu erraten, bei welchen Anlässen das Kind die ersten Erfahrungen dieser Lust gemacht hat, die es nun zu erneuern strebt. Die erste und lebenswichtigste Tätigkeit des Kindes, das Saugen an der Mutterbrust (oder an ihren Surrogaten), muß es bereits mit dieser Lust vertraut gemacht haben. Wir würden sagen, die Lippen des Kindes haben sich benommen wie eine *erogene Zone*, und die Reizung durch den warmen Milchstrom war wohl die Ursache der Lustempfindung. Anfangs war wohl die Befriedigung der erogenen Zone mit der Befriedigung des Nahrungsbedürfnisses vergesellschaftet. Die Sexualbetätigung lehnt sich zunächst an eine der zur Lebenserhaltung dienenden Funktionen an und macht sich erst später von ihr selbständig.[71] Wer ein Kind gesättigt von der Brust zurücksinken sieht, mit geröteten Wangen und seligem Lächeln in Schlaf verfallen, der wird sich sagen müssen, daß dieses Bild auch

69 [Havelock Ellis, *Auto-Erotism: a Psychological Study*, in: Alien. & Neurol., 1898, Bd. 19, S. 260.]

70 [*Zusatz 1920:*] H. Ellis hat den Terminus »autoerotisch« allerdings etwas anders bestimmt, im Sinne einer Erregung, die nicht von außen hervorgerufen wird, sondern im Innern selbst entspringt. Für die Psychoanalyse ist nicht die Genese, sondern die Beziehung zu einem Objekt das Wesentliche. [In den Ausgaben vor 1920 lautet diese Anmerkung: »H. Ellis verdirbt nur den Sinn des von ihm gefundenen Terminus, wenn er die ganze Hysterie und die Masturbation in ihrem vollen Umfange zu den Phänomenen des Autoerotismus rechnet.«]

71 [Der Satz stammt von 1915.]

für den Ausdruck der sexuellen Befriedigung im späteren Leben maßgebend bleibt. Nun wird das Bedürfnis nach Wiederholung der sexuellen Befriedigung von dem Bedürfnis nach Nahrungsaufnahme getrennt, eine Trennung, die unvermeidlich ist, wenn die Zähne erscheinen und die Nahrung nicht mehr ausschließlich eingesogen, sondern gekaut wird. Eines fremden Objektes bedient sich das Kind zum Saugen nicht, sondern lieber einer eigenen Hautstelle, weil diese ihm bequemer ist, weil es sich so von der Außenwelt unabhängig macht, die es zu beherrschen noch nicht vermag, und weil es sich solcherart gleichsam eine zweite, wenngleich minderwertige erogene Zone schafft. Die Minderwertigkeit dieser zweiten Stelle wird es später mit dazu veranlassen, die gleichartigen Teile, die Lippen, einer anderen Person zu suchen. (»Schade, daß ich mich nicht küssen kann«, möchte man ihm unterlegen.)

Nicht alle Kinder lutschen. Es ist anzunehmen, daß jene Kinder dazu gelangen, bei denen die erogene Bedeutung der Lippenzone konstitutionell verstärkt ist. Bleibt diese erhalten, so werden diese Kinder als Erwachsene Kußfeinschmecker werden, zu perversen Küssen neigen oder als Männer ein kräftiges Motiv zum Trinken und Rauchen mitbringen. Kommt aber die Verdrängung hinzu, so werden sie Ekel vor dem Essen empfinden und hysterisches Erbrechen produzieren. Kraft der Gemeinsamkeit der Lippenzone wird die Verdrängung auf den Nahrungstrieb übergreifen. Viele meiner Patientinnen mit Eßstörungen, hysterischem Globus, Schnüren im Hals und Erbrechen waren in den Kinderjahren energische Ludlerinnen gewesen.

Am Lutschen oder Wonnesaugen haben wir bereits die drei wesentlichen Charaktere einer infantilen Sexualäußerung bemerken können. Dieselbe entsteht in *Anlehnung* an eine der lebenswichtigen Körperfunktionen, sie kennt noch kein Sexualobjekt, ist *autoerotisch*, und ihr Sexualziel steht unter der Herrschaft einer *erogenen Zone*. Nehmen wir vorweg, daß diese Charaktere auch für die meisten anderen Betätigungen der infantilen Sexualtriebe gelten.

[3] Das Sexualziel der infantilen Sexualität

Charaktere erogener Zonen

Aus dem Beispiel des Ludelns ist zur Kennzeichnung einer erogenen Zone noch mancherlei zu entnehmen. Es ist eine Haut- oder Schleimhautstelle, an der Reizungen von gewisser Art eine Lustempfindung von bestimmter Qualität hervorrufen. Es ist kein Zweifel, daß die lusterzeugenden Reize an besondere Bedingungen gebunden sind; wir kennen dieselben nicht. Der rhythmische Charakter muß unter ihnen eine Rolle spielen, die Analogie mit dem Kitzelreiz drängt sich auf. Minder ausgemacht scheint es, ob man den Charakter der durch den Reiz hervorgerufenen Lustempfindung als einen »besonderen« bezeichnen darf, wo in dieser Besonderheit eben das sexuelle Moment enthalten wäre. In Sachen der Lust und Unlust tappt die Psychologie noch so sehr im dunkeln, daß die vorsichtigste Annahme die empfehlenswerteste sein wird. Wir werden später vielleicht auf Gründe stoßen, welche die Besonderheitsqualität der Lustempfindung zu unterstützen scheinen.

Die erogene Eigenschaft kann einzelnen Körperstellen in ausgezeichneter Weise anhaften. Es gibt prädestinierte erogene Zonen, wie das Beispiel des Ludelns zeigt. Dasselbe Beispiel lehrt aber auch, daß jede beliebige andere Haut- und Schleimhautstelle die Dienste einer erogenen Zone auf sich nehmen kann, also eine gewisse Eignung dazu mitbringen muß. Die Qualität des Reizes hat also mit der Erzeugung der Lustempfindung mehr zu tun als die Beschaffenheit der Körperstelle. Das ludelnde Kind sucht an seinem Körper herum und wählt sich irgendeine Stelle zum Wonnesaugen aus, die ihm dann durch Gewöhnung die bevorzugte wird; wenn es zufällig dabei auf eine der prädestinierten Stellen stößt (Brustwarze, Genitalien), so verbleibt freilich dieser der Vorzug. Die ganz analoge Verschiebbarkeit kehrt dann in der Symptomatologie der Hysterie wieder. Bei dieser Neurose betrifft die Verdrängung die eigentlichen Genitalzonen am allermeisten, und diese geben ihre Reizbarkeit an die übrigen, sonst im reifen Leben zurückgesetzten erogenen Zonen ab, die sich dann ganz wie Genitalien gebärden. Aber außerdem kann ganz wie beim Ludeln jede beliebige andere Körperstelle mit der Erregbarkeit der Genitalien ausgestattet und zur erogenen Zone erhoben werden. Erogene und hysterogene Zonen zeigen die nämlichen Charaktere.[72]

Infantiles Sexualziel

Das Sexualziel des infantilen Triebes besteht darin, die Befriedigung durch die geeignete Reizung der so oder so gewählten erogenen Zone hervorzurufen. Diese Befriedigung muß vorher erlebt worden sein, um ein Bedürfnis nach ihrer Wiederholung zurückzulassen, und wir dürfen darauf vorbereitet sein, daß die Natur sichere Vorrichtungen getroffen hat, um dieses Erleben der Befriedigung nicht dem Zufalle zu überlassen.[73] Die Veranstaltung, welche diesen Zweck für die Lippenzone erfüllt, haben wir bereits kennengelernt, es ist die gleichzeitige Verknüpfung dieser Körperstelle mit der Nahrungsaufnahme. Andere ähnliche Vorrichtungen werden uns noch als Quellen der Sexualität begegnen. Der Zustand des Bedürfnisses nach Wiederholung der Befriedigung verrät sich durch zweierlei: durch ein eigentümliches Spannungsgefühl, welches an sich mehr den Charakter der Unlust hat, und durch eine *zentral bedingte*, in die peripherische erogene Zone projizierte Juck- oder Reizempfindung. Man kann das Sexualziel darum auch so formulieren, es käme darauf an, die projizierte Reizempfindung an der erogenen Zone durch denjenigen äußeren Reiz zu ersetzen, welcher die Reizempfindung aufhebt, indem er die Empfindung der Befriedigung hervor-

72 [*Zusatz 1915:*] Weitere Überlegungen und die Verwertung anderer Beobachtungen führen dazu, die Eigenschaft der Erogeneität allen Körperstellen und inneren Organen zuzusprechen. Vgl. hiezu weiter unten über den Narzißmus.

73 [*Zusatz 1920:*] Man kann es in biologischen Erörterungen kaum vermeiden, sich der teleologischen Denkweise zu bedienen, obwohl man weiß, daß man im einzelnen Falle gegen den Irrtum nicht gesichert ist.

ruft. Dieser äußere Reiz wird zumeist in einer Manipulation bestehen, die analog dem Saugen ist.

Es ist nur im vollen Einklang mit unserem physiologischen Wissen, wenn es vorkommt, daß das Bedürfnis auch peripherisch, durch eine wirkliche Veränderung an der erogenen Zone geweckt wird. Es wirkt nur einigermaßen befremdend, da der eine Reiz zu seiner Aufhebung nach einem zweiten, an derselben Stelle angebrachten zu verlangen scheint.

[4] Die masturbatorischen Sexualäußerungen[74]

Es kann uns nur höchst erfreulich sein, zu finden, daß wir von der Sexualbetätigung des Kindes nicht mehr viel Wichtiges zu lernen haben, nachdem uns der Trieb von einer einzigen erogenen Zone her verständlich geworden ist. Die deutlichsten Unterschiede beziehen sich auf die zur Befriedigung notwendige Vornahme, die für die Lippenzone im Saugen bestand und die je nach Lage und Beschaffenheit der anderen Zonen durch andere Muskelaktionen ersetzt werden muß.

Betätigung der Afterzone

Die Afterzone ist ähnlich wie die Lippenzone durch ihre Lage geeignet, eine *Anlehnung* der Sexualität an andere Körperfunktionen zu vermitteln. Man muß sich die erogene Bedeutung dieser Körperstelle als ursprünglich sehr groß vorstellen. Durch die Psychoanalyse erfährt man dann nicht ohne Verwunderung, welche Umwandlungen mit den von hier ausgehenden sexuellen Erregungen normalerweise vorgenommen werden und wie häufig der Zone noch ein beträchtliches Stück genitaler Reizbarkeit fürs Leben verbleibt.[75] Die so häufigen Darmstörungen der Kinderjahre

74 Vgl. hiezu die sehr reichhaltige, aber meist in den Gesichtspunkten unorientierte Literatur über Onanie, z. B. Rohleder, *Die Masturbation*, 1899 [*Zusatz 1915:*] ferner das II. Heft der *Diskussionen der Wiener Psychoanalytischen Vereinigung, Die Onanie*, Wiesbaden 1912.

75 [*Zusatz 1910:*] Vgl. die Aufsätze *Charakter und Analerotik* [im vorliegen-

sorgen dafür, daß es der Zone an intensiven Erregungen nicht fehle. Darmkatarrhe im zartesten Alter machen »nervös«, wie man sich ausdrückt; bei späterer neurotischer Erkrankung nehmen sie einen bestimmenden Einfluß auf den symptomatischen Ausdruck der Neurose, welcher sie die ganze Summe von Darmstörungen zur Verfügung stellen. Mit Hinblick auf die wenigstens in Umwandlung erhalten gebliebene erogene Bedeutung der Darmausgangszone darf man auch die hämorrhoidalen Einflüsse nicht verlachen, denen die ältere Medizin für die Erklärung neurotischer Zustände soviel Gewicht beigelegt hat.

Kinder, welche die erogene Reizbarkeit der Afterzone ausnützen, verraten sich dadurch, daß sie die Stuhlmassen zurückhalten, bis dieselben durch ihre Anhäufung heftige Muskelkontraktionen anregen und beim Durchgang durch den After einen starken Reiz auf die Schleimhaut ausüben können. Dabei muß wohl neben der schmerzhaften die Wollustempfindung zustande kommen. Es ist eines der besten Vorzeichen späterer Absonderlichkeit oder Nervosität, wenn ein Säugling sich hartnäckig weigert, den Darm zu entleeren, wenn er auf den Topf gesetzt wird, also wenn es dem Pfleger beliebt, sondern diese Funktion seinem eigenen Belieben vorbehält. Es kommt ihm natürlich nicht darauf an, sein Lager schmutzig zu machen; er sorgt nur, daß ihm der Lustnebengewinn bei der Defäkation nicht entgehe. Die Erzieher ahnen wiederum das Richtige, wenn sie solche Kinder, die sich diese Verrichtungen »aufheben«, schlimm nennen.

Der[76] Darminhalt, der als Reizkörper für eine sexuell empfindliche Schleimhautfläche sich wie der Vorläufer eines anderen Organs benimmt, welches erst nach der Kindheitsphase in Aktion treten soll, hat für den Säugling noch andere wichtige Bedeutungen. Er wird offenbar wie ein zugehöriger Körperteil behandelt, stellt das erste »Geschenk« dar, durch dessen Entäußerung die Gefügigkeit,

---

den Band unserer Ausgabe] und [*Zusatz 1920:*] *Über Triebumsetzungen, insbesondere der Analerotik* [1917].

76 [Diesen Absatz fügte Freud 1915 hinzu.]

durch dessen Verweigerung der Trotz des kleinen Wesens gegen seine Umgebung ausgedrückt werden kann. Vom »Geschenk« aus gewinnt er dann später die Bedeutung des »Kindes«, das nach einer der infantilen Sexualtheorien durch Essen erworben und durch den Darm geboren wird.

Die Zurückhaltung der Fäkalmassen, die also anfangs eine absichtliche ist, um sie zur gleichsam masturbatorischen Reizung der Afterzone zu benützen oder in der Relation zu den Pflegepersonen zu verwenden, ist übrigens eine der Wurzeln der bei den Neuropathen so häufigen Obstipation. Die ganze Bedeutung der Afterzone spiegelt sich dann in der Tatsache, daß man nur wenige Neurotiker findet, die nicht ihre besonderen skatologischen Gebräuche, Zeremonien und dergleichen hätten, die von ihnen sorgfältig geheimgehalten werden.[77]

Echte masturbatorische Reizung der Afterzone mit Hilfe des Fingers, durch zentral bedingtes oder peripherisch unterhaltenes Jucken hervorgerufen, ist bei älteren Kindern keineswegs selten.

Betätigung der Genitalzonen

Unter den erogenen Zonen des kindlichen Körpers befindet sich eine, die gewiß nicht die erste Rolle spielt, auch nicht die Trägerin der ältesten sexuellen Regungen sein kann, die aber zu großen Dingen in der Zukunft bestimmt

77 [*Zusatz 1920:*] In einer Arbeit, welche unser Verständnis für die Bedeutung der Analerotik außerordentlich vertieft (*»Anal« und »Sexual«*, in: Imago, IV, 1916), hat Lou Andreas-Salomé ausgeführt, daß die Geschichte des ersten Verbotes, welches an das Kind herantritt, des Verbotes, aus der Analtätigkeit und ihren Produkten Lust zu gewinnen, für seine ganze Entwicklung maßgebend wird. Das kleine Wesen muß bei diesem Anlasse zuerst die seinen Triebregungen feindliche Umwelt ahnen, sein eigenes Wesen von diesem Fremden sondern lernen und dann die erste »Verdrängung« an seinen Lustmöglichkeiten vollziehen. Das »Anale« bleibt von da an das Symbol für alles zu Verwerfende, vom Leben Abzuscheidende. Der später geforderten reinlichen Scheidung von Anal- und Genitalvorgängen widersetzen sich die nahen anatomischen und funktionellen Analogien und Beziehungen zwischen beiden. Der Genitalapparat bleibt der Kloake benachbart, »ist ihr beim Weibe sogar nur abgemietet« [Zitat aus der angegebenen Arbeit von Lou Andreas-Salomé].

ist. Sie ist beim männlichen wie beim weiblichen Kind in Beziehung zur Harnentleerung gebracht (Eichel, Klitoris) und beim ersteren in einen Schleimhautsack einbezogen, so daß es ihr an Reizungen durch Sekrete, welche die sexuelle Erregung frühzeitig anfachen können, nicht fehlen kann. Die sexuellen Betätigungen dieser erogenen Zone, die den wirklichen Geschlechtsteilen angehört, sind ja der Beginn des später »normalen« Geschlechtslebens.

Durch die anatomische Lage, die Überströmung mit Sekreten, durch die Waschungen und Reibungen der Körperpflege und durch gewisse akzidentelle Erregungen (wie die Wanderungen von Eingeweidewürmern bei Mädchen) wird es unvermeidlich, daß die Lustempfindung, welche diese Körperstelle zu ergeben fähig ist, sich dem Kinde schon im Säuglingsalter bemerkbar mache und ein Bedürfnis nach ihrer Wiederholung erwecke. Überblickt man die Summe der vorliegenden Einrichtungen und bedenkt, daß die Maßregeln zur Reinhaltung kaum anders wirken können als die Verunreinigung, so wird man sich kaum der Auffassung entziehen können, daß durch die Säuglingsonanie, der kaum ein Individuum entgeht, das künftige Primat dieser erogenen Zone für die Geschlechtstätigkeit festgelegt wird.[78] Die den Reiz beseitigende und die Befriedigung auslösende Aktion besteht in einer reibenden Berührung mit der Hand oder in einem gewiß reflektorisch vorgebildeten Druck durch die Hand oder die zusammenschließenden Oberschenkel. Letztere Vornahme ist die beim Mädchen weitaus häufigere. Beim Knaben weist die Bevorzugung der Hand bereits darauf hin, welchen wichtigen Beitrag zur männlichen Sexualtätigkeit der Bemächtigungstrieb einst leisten wird.[79]

Es[80] wird der Klarheit nur förderlich sein, wenn ich an-

---

78 [Der letzte Teil des Satzes stammt in dieser Form aus dem Jahre 1915.]

79 [*Zusatz 1915:*] Ungewöhnliche Techniken bei der Ausführung der Onanie in späteren Jahren scheinen auf den Einfluß eines überwundenen Onanieverbotes hinzuweisen.

80 [Dieser Absatz kam 1915 hinzu. Auch im nachfolgenden Absatz hat

gebe, daß man drei Phasen der infantilen Masturbation zu unterscheiden hat. Die erste von ihnen gehört der Säuglingszeit an, die zweite der kurzen Blütezeit der Sexualbetätigung um das vierte Lebensjahr, erst die dritte entspricht der oft ausschließlich gewürdigten Pubertätsonanie.

DIE ZWEITE PHASE DER KINDLICHEN MASTURBATION

Die Säuglingsonanie scheint nach kurzer Zeit zu schwinden, doch kann mit der ununterbrochenen Fortsetzung derselben bis zur Pubertät bereits die erste große Abweichung von der für den Kulturmenschen anzustrebenden Entwicklung gegeben sein. Irgend einmal in den Kinderjahren nach der Säuglingszeit, gewöhnlich vor dem vierten Jahr, pflegt der Sexualtrieb dieser Genitalzone wieder zu erwachen und dann wiederum eine Zeitlang bis zu einer neuen Unterdrückung anzuhalten oder sich ohne Unterbrechung fortzusetzen. Die möglichen Verhältnisse sind sehr mannigfaltig und können nur durch genauere Zergliederung einzelner Fälle erörtert werden. Aber alle Einzelheiten dieser *zweiten* infantilen Sexualbetätigung hinterlassen die tiefsten (unbewußten) Eindrucksspuren im Gedächtnis der Person, bestimmen die Entwicklung ihres Charakters, wenn sie gesund bleibt, und die Symptomatik ihrer Neurose, wenn sie nach der Pubertät erkrankt.[81] Im letzteren Falle findet man diese Sexualperiode vergessen, die für sie zeugenden bewußten Erinnerungen verschoben; – ich habe schon erwähnt, daß ich auch die normale infan-

Freud, wohl in der Absicht, zwischen den einzelnen Phasen infantiler Sexualbetätigung schärfer zu unterscheiden, 1915 einige Änderungen vorgenommen.]

81 [*Zusatz 1915:*] Warum das Schuldbewußtsein der Neurotiker regelmäßig, wie noch kürzlich Bleuler [*Sexuelle Abnormitäten der Kinder*, in: Jb. psychoanal. u. psychopathol. Forsch., 1913, Bd. 5, S. 442] anerkannt hat, an die erinnerte onanistische Betätigung, meist der Pubertätszeit, anknüpft, harrt noch einer erschöpfenden analytischen Aufklärung. [*Zusatz 1920:*] Der gröbste und wichtigste Faktor dieser Bedingtheit dürfte wohl die Tatsache sein, daß die Onanie ja die Exekutive der ganzen infantilen Sexualität darstellt und darum befähigt ist, das dieser anhaftende Schuldgefühl zu übernehmen.

tile Amnesie mit dieser infantilen Sexualbetätigung in Zusammenhang bringen möchte. Durch psychoanalytische Erforschung gelingt es, das Vergessene bewußtzumachen und damit einen Zwang zu beseitigen, der vom unbewußten psychischen Material ausgeht.

Wiederkehr der Säuglingsmasturbation

Die Sexualerregung der Säuglingszeit kehrt in den bezeichneten Kinderjahren entweder als zentral bedingter Kitzelreiz wieder, der zur onanistischen Befriedigung auffordert, oder als pollutionsartiger Vorgang, der analog der Pollution der Reifezeit die Befriedigung ohne Mithilfe einer Aktion erreicht. Letzterer Fall ist der bei Mädchen und in der zweiten Hälfte der Kindheit häufigere, in seiner Bedingtheit nicht ganz verständlich und scheint oft – nicht regelmäßig – eine Periode früherer aktiver Onanie zur Voraussetzung zu haben. Die Symptomatik dieser Sexualäußerungen ist armselig; für den noch unentwickelten Geschlechtsapparat gibt meist der Harnapparat, gleichsam als sein Vormund, Zeichen. Die meisten sogenannten Blasenleiden dieser Zeit sind sexuelle Störungen; die *Enuresis nocturna*[82] entspricht, wo sie nicht einen epileptischen Anfall darstellt, einer Pollution.

Für das Wiederauftreten der sexuellen Tätigkeit sind innere Ursachen und äußere Anlässe maßgebend, die beide in neurotischen Erkrankungsfällen aus der Gestaltung der Symptome zu erraten und durch die psychoanalytische Forschung mit Sicherheit aufzudecken sind. Von den inneren Ursachen wird später die Rede sein; die zufälligen äußeren Anlässe gewinnen um diese Zeit eine große und nachhaltige Bedeutung. Voran steht der Einfluß der Verführung, die das Kind vorzeitig als Sexualobjekt behandelt und es unter eindrucksvollen Umständen die Befriedigung

82 [Nächtliches und unwillkürliches Einnässen neuropath. Kinder infolge mangelhafter Gewöhnung an rechtzeitige Blasenentleerung (Nichtausbildung der entsprechenden bedingten Reflexe) oder später auftretender Fehlgewöhnung; gelegentlich auch bei Erwachsenen auftretend, seltener als Zeichen einer organ. Erkrankung.]

von den Genitalzonen kennen lehrt, welche sich onanistisch zu erneuern es dann meist gezwungen bleibt. Solche Beeinflussung kann von Erwachsenen oder anderen Kindern ausgehen; ich kann nicht zugestehen, daß ich in meiner Abhandlung 1896 *Über die Ätiologie der Hysterie* die Häufigkeit oder die Bedeutung derselben überschätzt habe, wenngleich ich damals noch nicht wußte, daß normal gebliebene Individuen in ihren Kinderjahren die nämlichen Erlebnisse gehabt haben können, und darum die Verführung höher wertete als die in der sexuellen Konstitution und Entwicklung gegebenen Faktoren.[83] Es ist selbstverständlich, daß es der Verführung nicht bedarf, um das Sexualleben des Kindes zu wecken, daß solche Erweckung auch spontan aus inneren Ursachen vor sich gehen kann.

POLYMORPH PERVERSE ANLAGE

Es ist lehrreich, daß das Kind unter dem Einfluß der Verführung polymorph pervers werden, zu allen möglichen Überschreitungen verleitet werden kann. Dies zeigt, daß es die Eignung dazu in seiner Anlage mitbringt; die Ausführung findet darum geringe Widerstände, weil die seelischen Dämme gegen sexuelle Ausschreitungen, Scham, Ekel und Moral, je nach dem Alter des Kindes noch nicht aufgeführt oder erst in Bildung begriffen sind. Das Kind verhält sich hierin nicht anders als etwa das unkultivierte Durchschnittsweib, bei dem die nämliche polymorph perverse Veranlagung erhalten bleibt. Dieses kann unter den gewöhnlichen Bedingungen etwa sexuell normal bleiben, unter der Leitung eines geschickten Verführers

83 Havelock Ellis bringt in einem Anhang zu seiner Studie über das *Geschlechtsgefühl* (1903) eine Anzahl autobiographischer Berichte von später vorwiegend normal gebliebenen Personen über ihre ersten geschlechtlichen Regungen in der Kindheit und die Anlässe derselben. Diese Berichte leiden natürlich an dem Mangel, daß sie die durch die infantile Amnesie verdeckte, prähistorische Vorzeit des Geschlechtslebens nicht enthalten, welche nur durch Psychoanalyse bei einem neurotisch gewordenen Individuum ergänzt werden kann. Dieselben sind aber trotzdem in mehr als einer Hinsicht wertvoll, und Erkundigungen der gleichen Art haben mich zu der im Text erwähnten Modifikation meiner ätiologischen Annahmen bestimmt.

wird es an allen Perversionen Geschmack finden und dieselben für seine Sexualbetätigung festhalten. Die nämliche polymorphe, also infantile, Anlage beutet dann die Dirne für ihre Berufstätigkeit aus, und bei der riesigen Anzahl der prostituierten Frauen und solcher, denen man die Eignung zur Prostitution zusprechen muß, obwohl sie dem Berufe entgangen sind, wird es endgültig unmöglich, in der gleichmäßigen Anlage zu allen Perversionen nicht das allgemein Menschliche und Ursprüngliche zu erkennen.

PARTIALTRIEBE Im übrigen hilft der Einfluß der Verführung nicht dazu, die anfänglichen Verhältnisse des Geschlechtstriebes zu enthüllen, sondern verwirrt unsere Einsicht in dieselben, indem er dem Kinde vorzeitig das Sexualobjekt zuführt, nach dem der infantile Sexualtrieb zunächst kein Bedürfnis zeigt. Indes müssen wir zugestehen, daß auch das kindliche Sexualleben, bei allem Überwiegen der Herrschaft erogener Zonen, Komponenten zeigt, für welche andere Personen als Sexualobjekte von Anfang an in Betracht kommen. Solcher Art sind die in gewisser Unabhängigkeit von erogenen Zonen auftretenden Triebe der Schau- und Zeigelust und der Grausamkeit, die in ihre innigen Beziehungen zum Genitalleben erst später eintreten, aber schon in den Kinderjahren als zunächst von der erogenen Sexualtätigkeit gesonderte, selbständige Strebungen bemerkbar werden. Das kleine Kind ist vor allem schamlos und zeigt in gewissen frühen Jahren ein unzweideutiges Vergnügen an der Entblößung seines Körpers mit besonderer Hervorhebung der Geschlechtsteile. Das Gegenstück dieser als pervers geltenden Neigung, die Neugierde, Genitalien anderer Personen zu sehen, wird wahrscheinlich erst in etwas späteren Kinderjahren offenkundig, wenn das Hindernis des Schamgefühles bereits eine gewisse Entwicklung erreicht hat.[84] Unter dem Einfluß der Verführung kann die Schauperversion eine große Bedeutung für das Sexualleben des Kindes erreichen. Doch muß

84 [In dieser Form stammt der Satz von 1920.]

ich aus meinen Erforschungen der Kinderjahre Gesunder wie neurotisch Kranker den Schluß ziehen, daß der Schautrieb beim Kinde als spontane Sexualäußerung aufzutreten vermag. Kleine Kinder, deren Aufmerksamkeit einmal auf die eigenen Genitalien – meist masturbatorisch – gelenkt ist, pflegen den weiteren Fortschritt ohne fremdes Dazutun zu treffen und lebhaftes Interesse für die Genitalien ihrer Gespielen zu entwickeln. Da sich die Gelegenheit, solche Neugierde zu befriedigen, meist nur bei der Befriedigung der beiden exkrementellen Bedürfnisse ergibt, werden solche Kinder zu Voyeurs, eifrigen Zuschauern bei der Harn- und Kotentleerung anderer. Nach eingetretener Verdrängung dieser Neigungen bleibt die Neugierde, fremde Genitalien (des eigenen oder des anderen Geschlechtes) zu sehen, als quälender Drang bestehen, der bei manchen neurotischen Fällen dann die stärkste Triebkraft für die Symptombildung abgibt.

In noch größerer Unabhängigkeit von der sonstigen, an erogene Zonen gebundenen Sexualbetätigung entwickelt sich beim Kinde die Grausamkeitskomponente des Sexualtriebes. Grausamkeit liegt dem kindlichen Charakter überhaupt nahe, da das Hemmnis, welches den Bemächtigungstrieb vor dem Schmerz des anderen haltmachen läßt, die Fähigkeit zum Mitleiden, sich verhältnismäßig spät ausbildet. Die gründliche psychologische Analyse dieses Triebes ist bekanntlich noch nicht geglückt; wir dürfen annehmen, daß die grausame Regung vom Bemächtigungstrieb herstammt und zu einer Zeit im Sexualleben auftritt, da die Genitalien noch nicht ihre spätere Rolle aufgenommen haben. Sie beherrscht dann eine Phase des Sexuallebens, die wir später als prägenitale Organisation beschreiben werden.[85] Kinder, die sich durch besondere Grausamkeit gegen Tiere und Gespielen auszeichnen, erwecken gewöhnlich mit Recht den Verdacht auf intensive und vorzeitige Sexualbetätigung von erogenen Zonen her, und bei gleichzei-

85 [Dieser Satz sowie der zweite Teil des vorhergehenden stammen im hier abgedruckten Wortlaut von 1915. In den Ausgaben von 1905 und 1910 steht eine andere Formulierung.]

ger Frühreife aller sexuellen Triebe scheint die erogene Sexualbetätigung doch die primäre zu sein. Der Wegfall der Mitleidsschranke bringt die Gefahr mit sich, daß diese in der Kindheit erfolgte Verknüpfung der grausamen mit den erogenen Trieben sich späterhin im Leben als unlösbar erweise.

Als eine erogene Wurzel des passiven Triebes zur Grausamkeit (des Masochismus) ist die schmerzhafte Reizung der Gesäßhaut allen Erziehern seit dem Selbstbekenntnis Jean Jacques Rousseaus bekannt. Sie haben hieraus mit Recht die Forderung abgeleitet, daß die körperliche Züchtigung, die zumeist diese Körperpartie trifft, bei all den Kindern zu unterbleiben habe, bei denen durch die späteren Anforderungen der Kulturerziehung die Libido auf die kollateralen Wege gedrängt werden mag.[86]

86 [*Zusatz 1910:*] Zu den obenstehenden Behauptungen über die infantile Sexualität war ich im Jahre 1905 wesentlich durch die Resultate psychoanalytischer Erforschung von Erwachsenen berechtigt. Die direkte Beobachtung am Kinde konnte damals nicht im vollen Ausmaß benützt werden und hatte nur vereinzelte Winke und wertvolle Bestätigungen ergeben. Seither ist es gelungen, durch die Analyse einzelner Fälle von nervöser Erkrankung im zarten Kindesalter einen direkten Einblick in die infantile Psychosexualität zu gewinnen. Ich kann mit Befriedigung darauf verweisen, daß die direkte Beobachtung die Schlüsse aus der Psychoanalyse voll bekräftigt und somit ein gutes Zeugnis für die Verläßlichkeit dieser letzteren Forschungsmethode abgegeben hat. – Die *Analyse der Phobie eines fünfjährigen Knaben* [1909] hat überdies manches Neue gelehrt, worauf man von der Psychoanalyse her nicht vorbereitet war, z. B. das Hinaufreichen einer sexuellen Symbolik, einer Darstellung des Sexuellen durch nicht sexuelle Objekte und Relationen bis in diese ersten Jahre der Sprachbeherrschung. Ferner wurde ich auf einen Mangel der obenstehenden Darstellung aufmerksam gemacht, welche im Interesse der Übersichtlichkeit die begriffliche Scheidung der beiden Phasen von *Autoerotismus* und *Objektliebe* auch als eine zeitliche Trennung beschreibt. Man erfährt aber aus den zitierten Analysen (sowie aus den Mitteilungen von Bell, s. o.), daß Kinder im Alter von drei bis fünf Jahren einer sehr deutlichen, von starken Affekten begleiteten *Objektwahl* fähig sind. [In der Auflage von 1910 folgen an dieser Stelle der Fußnote noch einige Hinweise auf Sexualforschung und Sexualtheorien der Kinder, das Thema, über welches Freud dann 1915 einen eigenen Abschnitt einfügte; s. den ganzen nachfolgenden Passus.]

[5] Die infantile Sexualforschung[87]

Der Wisstrieb

Um dieselbe Zeit, da das Sexualleben des Kindes seine erste Blüte erreicht, vom dritten bis zum fünften Jahr, stellen sich bei ihm auch die Anfänge jener Tätigkeit ein, die man dem Wiß- oder Forschertrieb zuschreibt. Der Wißtrieb kann weder zu den elementaren Triebkomponenten gerechnet noch ausschließlich der Sexualität untergeordnet werden. Sein Tun entspricht einerseits einer sublimierten Weise der Bemächtigung, anderseits arbeitet er mit der Energie der Schaulust. Seine Beziehungen zum Sexualleben sind aber besonders bedeutsame, denn wir haben aus der Psychoanalyse erfahren, daß der Wißtrieb der Kinder unvermutet früh und in unerwartet intensiver Weise von den sexuellen Problemen angezogen, ja vielleicht erst durch sie geweckt wird.

Das Rätsel der Sphinx

Nicht theoretische, sondern praktische Interessen sind es, die das Werk der Forschertätigkeit beim Kinde in Gang bringen. Die Bedrohung seiner Existenzbedingungen durch die erfahrene oder vermutete Ankunft eines neuen Kindes, die Furcht vor dem mit diesem Ereignis verbundenen Verlust an Fürsorge und Liebe machen das Kind nachdenklich und scharfsinnig. Das erste Problem, mit dem es sich beschäftigt, ist entsprechend dieser Erweckungsgeschichte auch nicht die Frage des Geschlechtsunterschiedes, sondern das Rätsel: Woher kommen die Kinder? In einer Entstellung, die man leicht rückgängig machen kann, ist dies auch das Rätsel, welches die thebaische Sphinx aufzugeben hat.[88] Die Tatsache der beiden Geschlechter nimmt das

87 [Der gesamte Passus über die infantile Sexualforschung datiert, wie erwähnt, von 1915.]

88 [Nach der griech. Mythologie lebte die Sphinx in der Nähe von Theben und tötete jeden, der ihr Rätsel: Was ist am Morgen vierfüßig, am Mittag zweifüßig, am Abend dreifüßig? nicht lösen konnte. Ödipus riet, daß der Mensch gemeint sei, der als Kind auf Händen und Füßen kriecht, als Erwachsener auf seinen zwei Beinen geht und als Greis den Stock zu Hilfe nimmt. Nachdem Ödipus das Rätsel gelöst hatte, stürzte sich die Sphinx zu Tode.]

Kind vielmehr zunächst ohne Sträuben und Bedenken hin. Es ist dem männlichen Kinde selbstverständlich, ein Genitale wie das seinige bei allen Personen, die es kennt, vorauszusetzen, und unmöglich, den Mangel eines solchen mit seiner Vorstellung dieser anderen zu vereinen.

KASTRATIONSKOMPLEX UND PENISNEID

Diese Überzeugung wird vom Knaben energisch festgehalten, gegen die sich bald ergebenden Widersprüche der Beobachtung hartnäckig verteidigt und erst nach schweren inneren Kämpfen (Kastrationskomplex) aufgegeben. Die Ersatzbildungen dieses verlorengegangenen Penis des Weibes spielen in der Gestaltung mannigfacher Perversionen eine große Rolle.[89]

Die Annahme des nämlichen (männlichen) Genitales bei allen Menschen ist die erste der merkwürdigen und folgenschweren infantilen Sexualtheorien. Es nützt dem Kinde wenig, wenn die biologische Wissenschaft seinem Vorurteile recht geben und die weibliche Klitoris als einen richtigen Penisersatz anerkennen muß. Das kleine Mädchen verfällt nicht in ähnliche Abweisungen, wenn es das anders gestaltete Genitale des Knaben erblickt. Es ist sofort bereit, es anzuerkennen, und es unterliegt dem Penisneide, der in dem für die Folge wichtigen Wunsch, auch ein Bub zu sein, gipfelt.

GEBURTSTHEORIEN

Viele Menschen wissen deutlich zu erinnern, wie intensiv sie sich in der Vorpubertätszeit für die Frage interessiert haben, woher die Kinder kommen. Die anatomischen Lösungen lauteten damals ganz verschiedenartig; sie kommen aus der Brust oder werden aus dem Leib geschnitten, oder der Nabel öffnet

89 [*Zusatz 1920:*] Man hat das Recht, auch von einem Kastrationskomplex bei Frauen zu sprechen. Männliche wie weibliche Kinder bilden die Theorie, daß auch das Weib ursprünglich einen Penis hatte, der durch Kastration verlorengegangen ist. Die endlich gewonnene Überzeugung, daß das Weib keinen Penis besitzt, hinterläßt beim männlichen Individuum oft eine dauernde Geringschätzung des anderen Geschlechts.

sich, um sie durchzulassen.[90] An die entsprechende Forschung der frühen Kinderjahre erinnert man sich nur selten außerhalb der Analyse; sie ist längst der Verdrängung verfallen, aber ihre Ergebnisse waren durchaus einheitliche. Man bekommt die Kinder, indem man etwas Bestimmtes ißt (wie im Märchen), und sie werden durch den Darm wie ein Stuhlabgang geboren. Diese kindlichen Theorien mahnen an Einrichtungen im Tierreiche, speziell an die Kloake der Typen, die niedriger stehen als die Säugetiere.

SADISTISCHE AUFFASSUNG DES SEXUALVERKEHRS

Werden Kinder in so zartem Alter Zuschauer des sexuellen Verkehrs zwischen Erwachsenen, wozu die Überzeugung der Großen, das kleine Kind könne noch nichts Sexuelles verstehen, die Anlässe schafft, so können sie nicht umhin, den Sexualakt als eine Art von Mißhandlung oder Überwältigung, also im sadistischen Sinne aufzufassen. Die Psychoanalyse läßt uns auch erfahren, daß ein solcher frühkindlicher Eindruck viel zur Disposition für eine spätere sadistische Verschiebung des Sexualzieles beiträgt. Des weiteren beschäftigen sich Kinder viel mit dem Problem, worin der Geschlechtsverkehr oder, wie sie es erfassen, das Verheiratetsein bestehen mag, und suchen die Lösung des Geheimnisses meist in einer Gemeinschaft, die durch die Harn- oder Kotfunktion vermittelt wird.

DAS TYPISCHE MISSLINGEN DER KINDLICHEN SEXUALFORSCHUNG

Im allgemeinen kann man von den kindlichen Sexualtheorien aussagen, daß sie Abbilder der eigenen sexuellen Konstitution des Kindes sind und trotz ihrer grotesken Irrtümer von mehr Verständnis für die Sexualvorgänge zeugen, als man ihren Schöpfern zugemutet hätte. Die Kinder nehmen

90 [*Zusatz 1924:*] Der Reichtum an Sexualtheorien ist in diesen späteren Kinderjahren ein sehr großer. Im Text sind hievon nur wenige Beispiele angeführt.

auch die Schwangerschaftsveränderungen der Mutter wahr und wissen sie richtig zu deuten: die Storchfabel wird sehr oft vor Hörern erzählt, die ihr ein tiefes, aber meist stummes Mißtrauen entgegenbringen. Aber da der kindlichen Sexualforschung zwei Elemente unbekannt bleiben, die Rolle des befruchtenden Samens und die Existenz der weiblichen Geschlechtsöffnung – die nämlichen Punkte übrigens, in denen die infantile Organisation noch rückständig ist –, bleibt das Bemühen der infantilen Forscher doch regelmäßig unfruchtbar und endet in einem Verzicht, der nicht selten eine dauernde Schädigung des Wißtriebes zurückläßt. Die Sexualforschung dieser frühen Kinderjahre wird immer einsam betrieben; sie bedeutet einen ersten Schritt zur selbständigen Orientierung in der Welt und setzt eine starke Entfremdung des Kindes von den Personen seiner Umgebung, die vorher sein volles Vertrauen genossen hatten.

[6] Entwicklungsphasen der sexuellen Organisation[91]

Wir haben bisher als Charaktere des infantilen Sexuallebens hervorgehoben, daß es wesentlich autoerotisch ist (sein Objekt am eigenen Leibe findet) und daß seine einzelnen Partialtriebe im ganzen unverknüpft und unabhängig voneinander dem Lusterwerb nachstreben. Den Ausgang der Entwicklung bildet das sogenannte normale Sexualleben des Erwachsenen, in welchem der Lusterwerb in den Dienst der Fortpflanzungsfunktion getreten ist und die Partialtriebe unter dem Primat einer einzigen erogenen Zone eine feste Organisation zur Erreichung des Sexualzieles an einem fremden Sexualobjekt gebildet haben.

91 [Dieser Abschnitt, in dem Freud erstmals die orale Organisation beschreibt, stammt insgesamt aus dem Jahre 1915.]

PRÄGENITALE ORGANISATIONEN

Das Studium der Hemmungen und Störungen in diesem Entwicklungsgange mit Hilfe der Psychoanalyse gestattet uns nun, Ansätze und Vorstufen einer solchen Organisation der Partialtriebe zu erkennen, die gleichfalls eine Art von sexuellem Regime ergeben. Diese Phasen der Sexualorganisation werden normalerweise glatt durchlaufen, ohne sich durch mehr als Andeutungen zu verraten. Nur in pathologischen Fällen werden sie aktiviert und für grobe Beobachtung kenntlich.

Organisationen des Sexuallebens, in denen die Genitalzonen noch nicht in ihre vorherrschende Rolle eingetreten sind, wollen wir *prägenitale* heißen. Wir haben bisher zwei derselben kennengelernt, die wie Rückfälle auf frühtierische Zustände anmuten.

Eine erste solche prägenitale Sexualorganisation ist die *orale* oder, wenn wir wollen, *kannibalische.* Die Sexualtätigkeit ist hier von der Nahrungsaufnahme noch nicht gesondert, Gegensätze innerhalb derselben nicht differenziert. Das Objekt der einen Tätigkeit ist auch das der anderen, das Sexualziel besteht in der *Einverleibung* des Objektes, dem Vorbild dessen, was späterhin als *Identifizierung* eine so bedeutsame psychische Rolle spielen wird. Als Rest dieser fiktiven, uns durch die Pathologie aufgenötigten Organisationsphase kann das Lutschen angesehen werden, in dem die Sexualtätigkeit, von der Ernährungstätigkeit abgelöst, das fremde Objekt gegen eines am eigenen Körper aufgegeben hat.[92]

Eine zweite prägenitale Phase ist die der *sadistisch-analen* Organisation. Hier ist die Gegensätzlichkeit, welche das Sexualleben durchzieht, bereits ausgebildet; sie kann aber

92 [*Zusatz 1920:*] Vgl. über Reste dieser Phase bei erwachsenen Neurotikern die Arbeit von Abraham, *Untersuchungen über die früheste prägenitale Entwicklungsstufe der Libido* (Intern. Zeitschr. f. Psychoanalyse, IV, 1916). [*Zusatz 1924:*] In einer späteren Arbeit (*Versuch einer Entwicklungsgeschichte der Libido,* 1924) hat Abraham sowohl diese orale als auch die spätere sadistisch-anale Phase in zwei Unterabteilungen zerlegt, für welche das verschiedene Verhalten zum Objekt charakteristisch ist.

noch nicht *männlich* und *weiblich*, sondern muß *aktiv* und *passiv* benannt werden. Die Aktivität wird durch den Bemächtigungstrieb von seiten der Körpermuskulatur hergestellt, als Organ mit passivem Sexualziel macht sich vor allem die erogene Darmschleimhaut geltend; für beide Strebungen sind Objekte vorhanden, die aber nicht zusammenfallen. Daneben betätigen sich andere Partialtriebe in autoerotischer Weise. In dieser Phase sind also die sexuelle Polarität und das fremde Objekt bereits nachweisbar. Die Organisation und die Unterordnung unter die Fortpflanzungsfunktion stehen noch aus.[93]

Ambivalenz Diese Form der Sexualorganisation kann sich bereits durchs Leben erhalten und ein großes Stück der Sexualbetätigung dauernd an sich reißen. Die Vorherrschaft des Sadismus und die Kloakenrolle der analen Zone geben ihr ein exquisit archaisches Gepräge. Als weiterer Charakter gehört ihr an, daß die Triebgegensatzpaare in annähernd gleicher Weise ausgebildet sind, welches Verhalten mit dem glücklichen, von Bleuler eingeführten Namen *Ambivalenz* bezeichnet wird.

Die Annahme der prägenitalen Organisationen des Sexuallebens ruht auf der Analyse der Neurosen und ist unabhängig von deren Kenntnis kaum zu würdigen. Wir dürfen erwarten, daß die fortgesetzte analytische Bemühung uns noch weit mehr Aufschlüsse über Aufbau und Entwicklung der normalen Sexualfunktion vorbereitet.

Um das Bild des infantilen Sexuallebens zu vervollständigen, muß man hinzunehmen, daß häufig oder regelmäßig bereits in den Kinderjahren eine Objektwahl vollzogen wird, wie wir sie als charakteristisch für die Entwicklungsphase der Pubertät hingestellt haben, in der Weise, daß sämtliche Sexualbestrebungen die Richtung auf eine einzige Person nehmen, an der sie ihre Ziele erreichen wollen.

---

93 [*Zusatz 1924:*] Abraham macht (im letzterwähnten Aufsatze) darauf aufmerksam, daß der After aus dem *Urmund* der embryonalen Anlagen hervorgeht, was wie ein biologisches Vorbild der psychosexuellen Entwicklung erscheint.

Dies ist dann die größte Annäherung an die definitive Gestaltung des Sexuallebens nach der Pubertät, die in den Kinderjahren möglich ist. Der Unterschied von letzterer liegt nur noch darin, daß die Zusammenfassung der Partialtriebe und deren Unterordnung unter das Primat der Genitalien in der Kindheit nicht oder nur sehr unvollkommen durchgesetzt wird. Die Herstellung dieses Primats im Dienste der Fortpflanzung ist also die letzte Phase, welche die Sexualorganisation durchläuft.[94]

ZWEIZEITIGE OBJEKTWAHL

Man kann es als ein typisches Vorkommnis ansprechen, daß die Objektwahl zweizeitig, in zwei Schüben erfolgt. Der erste Schub nimmt in den Jahren zwischen zwei[95] und fünf seinen Anfang und wird durch die Latenzzeit zum Stillstand oder zur Rückbildung gebracht; er ist durch die infantile Natur seiner Sexualziele ausgezeichnet. Der zweite setzt mit der Pubertät ein und bestimmt die definitive Gestaltung des Sexuallebens.

Die Tatsache der zweizeitigen Objektwahl, die sich im wesentlichen auf die Wirkung der Latenzzeit reduziert, wird aber höchst bedeutungsvoll für die Störung dieses Endzustandes. Die Ergebnisse der infantilen Objektwahl ragen in die spätere Zeit hinein; sie sind entweder als solche erhalten geblieben, oder sie erfahren zur Zeit der Pu-

94 [*Zusatz 1924:*] Diese Darstellung habe ich später [*Die infantile Genitalorganisation* (1923)] selbst dahin verändert, daß ich nach den beiden prägenitalen Organisationen in die Kindheitsentwicklung eine dritte Phase einschaltete, welche bereits den Namen einer genitalen verdient, ein Sexualobjekt und ein Maß von Konvergenz der Sexualstrebungen auf dies Objekt zeigt, sich aber in einem wesentlichen Punkt von der definitiven Organisation der Geschlechtsreife unterscheidet. Sie kennt nämlich nur eine Art von Genitale, das männliche. Ich habe sie darum die *phallische* Organisationsstufe genannt. Ihr biologisches Vorbild ist nach Abraham [*Versuch einer Entwicklungsgeschichte der Libido*, Leipzig, Wien, Zürich 1924] die indifferente, für beide Geschlechter gleichartige Genitalanlage des Embryos.

95 [Noch in der Auflage von 1915 steht hier »drei«. Die Korrektur erfolgte 1920.]

bertät selbst eine Auffrischung. Infolge der Verdrängungsentwicklung, welche zwischen beiden Phasen liegt, erweisen sie sich aber als unverwendbar. Ihre Sexualziele haben eine Milderung erfahren, und sie stellen nun das dar, was wir als die *zärtliche* Strömung des Sexuallebens bezeichnen können. Erst die psychoanalytische Untersuchung kann nachweisen, daß sich hinter dieser Zärtlichkeit, Verehrung und Hochachtung die alten, jetzt unbrauchbar gewordenen Sexualstrebungen der infantilen Partialtriebe verbergen. Die Objektwahl der Pubertätszeit muß auf die infantilen Objekte verzichten und als *sinnliche* Strömung von neuem beginnen. Das Nichtzusammentreffen der beiden Strömungen hat oft genug die Folge, daß eines der Ideale des Sexuallebens, die Vereinigung aller Begehrungen in einem Objekt, nicht erreicht werden kann.

[7] Quellen der infantilen Sexualität

In dem Bemühen, die Ursprünge des Sexualtriebes zu verfolgen, haben wir bisher gefunden, daß die sexuelle Erregung entsteht *a)* als Nachbildung einer im Anschluß an andere organische Vorgänge erlebten Befriedigung, *b)* durch geeignete peripherische Reizung erogener Zonen, *c)* als Ausdruck einiger uns in ihrer Herkunft noch nicht voll verständlicher »Triebe« wie der Schautrieb und der Trieb zur Grausamkeit. Die aus späterer Zeit auf die Kindheit zurückgreifende psychoanalytische Forschung und die gleichzeitige Beobachtung des Kindes wirken nun zusammen, um uns noch andere regelmäßig fließende Quellen für die sexuelle Erregung aufzuzeigen. Die Kindheitsbeobachtung hat den Nachteil, daß sie leicht mißzuverstehende Objekte bearbeitet, die Psychoanalyse wird dadurch erschwert, daß sie zu ihren Objekten wie zu ihren Schlüssen nur auf großen Umwegen gelangen kann; in ihrem Zusammenwirken erzielen aber beide Methoden einen genügenden Grad von Sicherheit der Erkenntnis.

Bei der Untersuchung der erogenen Zonen haben wir bereits gefunden, daß diese Hautstellen bloß eine besondere Steigerung einer Art von Reizbarkeit zeigen, welche in gewissem Grade der ganzen Hautoberfläche zukommt. Wir werden also nicht erstaunt sein, zu erfahren, daß gewissen Arten allgemeiner Hautreizung sehr deutliche erogene Wirkungen zuzuschreiben sind. Unter diesen heben wir vor allem die Temperaturreize hervor; vielleicht wird so auch unser Verständnis für die therapeutische Wirkung warmer Bäder vorbereitet.

MECHANISCHE ERREGUNGEN

Ferner müssen wir hier die Erzeugung sexueller Erregung durch rhythmische mechanische Erschütterungen des Körpers anreihen, an denen wir dreierlei Reizeinwirkungen zu sondern haben, die auf den Sinnesapparat der Vestibularnerven[96], die auf die Haut und auf die tiefen Teile (Muskeln, Gelenkapparate). Wegen der dabei entstehenden Lustempfindungen – es ist der Hervorhebung wert, daß wir hier eine ganze Strecke weit »sexuelle Erregung« und »Befriedigung« unterschiedslos gebrauchen dürfen, und legt uns die Pflicht auf, später nach einer Erklärung zu suchen –; es ist also ein Beweis für die durch gewisse mechanische Körpererschütterungen erzeugte Lust, daß Kinder passive Bewegungsspiele, wie Schaukeln und Fliegenlassen, so sehr lieben und unaufhörlich nach Wiederholung davon verlangen.[97] Das Wiegen wird bekanntlich zur Einschläferung unruhiger Kinder regelmäßig angewendet. Die Erschütterungen der Wagenfahrt und später der Eisenbahnfahrt üben eine so faszinierende Wirkung auf ältere Kinder aus, daß wenigstens alle Knaben irgendeinmal im Leben Kondukteure und Kutscher werden wollen. Den Vorgängen auf der Eisenbahn pflegen sie ein rätselhaftes Interesse von außerordentlicher Höhe zuzuwenden und dieselben im Alter der

96 [Der Vestibularapparat (Vorhofbogenausgangs- oder Gleichgewichtsapparat) umfaßt die Gesamtheit der Sinnesendstellen im Labyrinthvorhof und in den Bogengängen. Er dient statischen Funktionen.]

97 Manche Personen wissen sich zu erinnern, daß sie beim Schaukeln den Anprall der bewegten Luft an den Genitalien direkt als sexuelle Lust verspürt haben.

Phantasietätigkeit (kurz vor der Pubertät) zum Kern einer exquisit sexuellen Symbolik zu machen. Der Zwang zu solcher Verknüpfung des Eisenbahnfahrens mit der Sexualität geht offenbar von dem Lustcharakter der Bewegungsempfindungen aus. Kommt dann die Verdrängung hinzu, die so vieles von den kindlichen Bevorzugungen ins Gegenteil umschlagen läßt, so werden dieselben Personen als Heranwachsende oder Erwachsene auf Wiegen und Schaukeln mit Übelkeit reagieren, durch eine Eisenbahnfahrt furchtbar erschöpft werden oder zu Angstanfällen auf der Fahrt neigen und sich durch *Eisenbahnangst* vor der Wiederholung der peinlichen Erfahrung schützen.

Hier reiht sich dann – noch unverstanden – die Tatsache an, daß durch Zusammentreffen von Schreck und mechanischer Erschütterung die schwere hysteriforme traumatische Neurose erzeugt wird. Man darf wenigstens annehmen, daß diese Einflüsse, die in geringen Intensitäten zu Quellen sexueller Erregung werden, in übergroßem Maße einwirkend eine tiefe Zerrüttung des sexuellen Mechanismus oder Chemismus[98] hervorrufen.

Muskeltätigkeit Daß ausgiebige aktive Muskelbetätigung für das Kind ein Bedürfnis ist, aus dessen Befriedigung es außerordentliche Lust schöpft, ist bekannt. Ob diese Lust etwas mit der Sexualität zu tun hat, ob sie selbst sexuelle Befriedigung einschließt oder Anlaß zu sexueller Erregung werden kann, das mag kritischen Erwägungen unterliegen, die sich ja auch wohl gegen die im vorigen enthaltene Aufstellung richten werden, daß die Lust durch die Empfindungen passiver Bewegung sexueller Art ist oder sexuell erregend wirkt. Tatsache ist aber, daß eine Reihe von Personen berichten, sie hätten die ersten Zeichen der Erregtheit an ihren Genitalien während des Raufens oder Ringens mit ihren Gespielen erlebt, in welcher Situation außer der allgemeinen Muskelanstrengung noch die ausgiebige Hautberührung mit dem Gegner wirk-

98 [Die Wörter »oder Chemismus« hat Freud 1924 eingefügt.]

sam wird. Die Neigung zum Muskelstreit mit einer bestimmten Person, wie in späteren Jahren zum Wortstreit (»Was sich liebt, das neckt sich«), gehört zu den guten Vorzeichen der auf diese Person gerichteten Objektwahl. In der Beförderung der sexuellen Erregung durch Muskeltätigkeit wäre eine der Wurzeln des sadistischen Triebes zu erkennen. Für viele Individuen wird die infantile Verknüpfung zwischen Raufen und sexueller Erregung mitbestimmend für die später bevorzugte Richtung ihres Geschlechtstriebes.[99]

Affektvorgänge

Minderem Zweifel unterliegen die weiteren Quellen sexueller Erregung beim Kinde. Es ist leicht, durch gleichzeitige Beobachtung wie durch spätere Erforschung festzustellen, daß alle intensiveren Affektvorgänge, selbst die schreckhaften Erregungen auf die Sexualität übergreifen, was übrigens einen Beitrag zum Verständnis der pathogenen Wirkung solcher Gemütsbewegungen liefern kann. Beim Schulkinde kann die Angst, geprüft zu werden, die Spannung einer sich schwer lösenden Aufgabe für den Durchbruch sexueller Äußerungen wie für das Verhältnis zur Schule bedeutsam werden, indem unter solchen Umständen häufig genug ein Reizgefühl auftritt, welches zur Berührung der Genitalien auffordert, oder ein pollutionsartiger Vorgang mit all seinen verwirrenden Folgen. Das Benehmen der Kinder in der Schule, welches den Lehrern Rätsel genug aufgibt, verdient überhaupt in Beziehung zur keimenden Sexualität derselben gesetzt zu werden. Die sexuell erregende Wirkung mancher an sich unlustigen Affekte, des Ängstigens, Schauderns, Grausens, erhält sich bei einer großen Anzahl Menschen auch durchs reife Leben und ist wohl die Erklä-

---

99 [*Zusatz 1910:*] Die Analyse der Fälle von neurotischer Gehstörung und Raumangst hebt den Zweifel an der sexuellen Natur der Bewegungslust auf. Die moderne Kulturerziehung bedient sich bekanntlich des Sports im großen Umfang, um die Jugend von der Sexualbetätigung abzulenken; richtiger wäre es, zu sagen, sie ersetzt ihr den Sexualgenuß durch die Bewegungslust und drängt die Sexualbetätigung auf eine ihrer autoerotischen Komponenten zurück.

rung dafür, daß soviel Personen der Gelegenheit zu solchen Sensationen nachjagen, wenn nur gewisse Nebenumstände (die Angehörigkeit zu einer Scheinwelt, Lektüre, Theater) den Ernst der Unlustempfindung dämpfen.

Ließe sich annehmen, daß auch intensiven schmerzhaften Empfindungen die gleiche erogene Wirkung zukommt, zumal wenn der Schmerz durch eine Nebenbedingung abgetönt oder ferner gehalten wird, so läge in diesem Verhältnis eine der Hauptwurzeln für den masochistisch-sadistischen Trieb, in dessen vielfältige Zusammengesetztheit wir so allmählich Einblick gewinnen.[100]

Intellektuelle Arbeit

Endlich ist es unverkennbar, daß die Konzentration der Aufmerksamkeit auf eine intellektuelle Leistung und geistige Anspannung überhaupt bei vielen jugendlichen wie reiferen Personen eine sexuelle Miterregung zur Folge hat, die wohl als die einzig berechtigte Grundlage für die sonst so zweifelhafte Ableitung nervöser Störungen von geistiger »Überarbeitung« zu gelten hat.

Überblicken wir nun nach diesen weder vollständig noch vollzählig mitgeteilten Proben und Andeutungen die Quellen der kindlichen Sexualerregung, so lassen sich folgende Allgemeinheiten ahnen oder erkennen: Es scheint auf die ausgiebigste Weise dafür gesorgt, daß der Prozeß der Sexualerregung – dessen Wesen uns nun freilich recht rätselhaft geworden ist – in Gang gebracht werde. Es sorgen dafür vor allem in mehr oder minder direkter Weise die Erregungen der sensiblen Oberflächen – Haut und Sinnesorgane –, am unmittelbarsten die Reizeinwirkungen auf gewisse als erogene Zonen zu bezeichnende Stellen. Bei diesen Quellen der Sexualerregung ist wohl die Qualität der Reize das Maßgebende, wenngleich das Moment der Intensität (beim Schmerz) nicht völlig gleichgültig ist. Aber überdies sind Veranstaltungen im Organismus vorhanden,

100 [*Zusatz 1924:*] (Der sogenannte »erogene« Masochismus.)

welche zur Folge haben, daß die Sexualerregung als Nebenwirkung bei einer großen Reihe innerer Vorgänge entsteht, sobald die Intensität dieser Vorgänge nur gewisse quantitative Grenzen überstiegen hat. Was wir die Partialtriebe der Sexualität genannt haben, leitet sich entweder direkt aus diesen inneren Quellen der Sexualerregung ab oder setzt sich aus Beiträgen von solchen Quellen und von erogenen Zonen zusammen. Es ist möglich, daß nichts Bedeutsameres im Organismus vorfällt, was nicht seine Komponente zur Erregung des Sexualtriebes abzugeben hätte.

Es scheint mir derzeit nicht möglich, diese allgemeinen Sätze zu größerer Klarheit und Sicherheit zu bringen, und ich mache dafür zwei Momente verantwortlich, erstens die Neuheit der ganzen Betrachtungsweise und zweitens den Umstand, daß uns das Wesen der Sexualerregung völlig unbekannt ist. Doch möchte ich auf zwei Bemerkungen nicht verzichten, welche Ausblicke ins Weite zu eröffnen versprechen:

VERSCHIEDENE SEXUALKONSTITUTIONEN

a) So wie wir vorhin einmal die Möglichkeit sahen, eine Mannigfaltigkeit der angeborenen sexuellen Konstitutionen durch die verschiedenartige Ausbildung der erogenen Zonen zu begründen, so können wir nun das gleiche mit Einbeziehung der indirekten Quellen der Sexualerregung versuchen. Wir dürfen annehmen, daß diese Quellen zwar bei allen Individuen Zuflüsse liefern, aber nicht alle bei allen Personen gleich starke, und daß in der bevorzugten Ausbildung der einzelnen Quellen zur Sexualerregung ein weiterer Beitrag zur Differenzierung der verschiedenen Sexualkonstitutionen gelegen sein wird.[101]

101 [*Zusatz 1920:*] Als unabweisbare Folgerung aus den obigen Ausführungen ergibt sich, daß jedem Individuum eine Oral-, Anal-, Harnerotik usw. zugesprochen werden muß und daß die Konstatierung der diesen entsprechenden seelischen Komplexe kein Urteil auf Abnormität oder Neurose bedeutet. Die Unterschiede, die das Normale vom Abnormen trennen, können nur in der relativen Stärke der einzelnen Komponenten des Sexualtriebes und in der Verwendung liegen, die sie im Laufe der Entwicklung erfahren.

Wege wechselseitiger Beeinflussung

b) Indem wir die solange festgehaltene figürliche Ausdrucksweise fallenlassen, in der wir von »Quellen« der Sexualerregung sprachen, können wir auf die Vermutung gelangen, daß alle die Verbindungswege, die von anderen Funktionen her zur Sexualität führen, auch in umgekehrter Richtung gangbar sein müssen. Ist wie zum Beispiel der beiden Funktionen gemeinsame Besitz der Lippenzone der Grund dafür, daß bei der Nahrungsaufnahme Sexualbefriedigung entsteht, so vermittelt uns dasselbe Moment auch das Verständnis der Störungen in der Nahrungsaufnahme, wenn die erogenen Funktionen der gemeinsamen Zone gestört sind. Wissen wir einmal, daß Konzentration der Aufmerksamkeit Sexualerregung hervorzurufen vermag, so wird uns die Annahme nahegelegt, daß durch Einwirkung auf demselben Wege, nur in umgekehrter Richtung, der Zustand der Sexualerregung die Verfügbarkeit über die lenkbare Aufmerksamkeit beeinflußt. Ein gutes Stück der Symptomatologie der Neurosen, die ich von Störungen der Sexualvorgänge ableite, äußert sich in Störungen der anderen nicht sexuellen Körperfunktionen, und diese bisher unverständliche Einwirkung wird minder rätselhaft, wenn sie nur das Gegenstück zu den Beeinflussungen darstellt, unter denen die Produktion der Sexualerregung steht.

Die nämlichen Wege aber, auf denen Sexualstörungen auf die übrigen Körperfunktionen übergreifen, müßten auch in der Gesundheit einer anderen wichtigen Leistung dienen. Auf ihnen müßte sich die Heranziehung der sexuellen Triebkräfte zu anderen als sexuellen Zielen, also die Sublimierung der Sexualität vollziehen. Wir müssen mit dem Eingeständnis schließen, daß über diese gewiß vorhandenen, wahrscheinlich nach beiden Richtungen gangbaren Wege noch sehr wenig Sicheres bekannt ist.

III
Die Umgestaltungen der Pubertät

Mit dem Eintritt der Pubertät setzen die Wandlungen ein, welche das infantile Sexualleben in seine endgültige normale Gestaltung überführen sollen. Der Sexualtrieb war bisher vorwiegend autoerotisch, er findet nun das Sexualobjekt. Er betätigte sich bisher von einzelnen Trieben und erogenen Zonen aus, die unabhängig voneinander eine gewisse Lust als einziges Sexualziel suchten. Nun wird ein neues Sexualziel gegeben, zu dessen Erreichung alle Partialtriebe zusammenwirken, während die erogenen Zonen sich dem Primat der Genitalzone unterordnen.[102] Da das neue Sexualziel den beiden Geschlechtern sehr verschiedene Funktionen anweist, geht deren Sexualentwicklung nun weit auseinander. Die des Mannes ist die konsequentere, auch unserem Verständnis leichter zugängliche, während beim Weibe sogar eine Art Rückbildung auftritt. Die Normalität des Geschlechtslebens wird nur durch das exakte Zusammentreffen der beiden auf Sexualobjekt und Sexualziel gerichteten Strömungen, der zärtlichen und der sinnlichen,[103], gewährleistet, von denen die erstere in sich faßt, was von der infantilen Frühblüte der Sexualität erübrigt.[104] Es ist wie der Durchschlag eines Tunnels von beiden Seiten her.

Das neue Sexualziel besteht beim Manne in der Entladung der Geschlechtsprodukte; es ist dem früheren, der Erreichung von Lust, keineswegs fremd, vielmehr ist der höchste Betrag von Lust an diesen Endakt des Sexualvorganges geknüpft. Der Sexualtrieb stellt sich jetzt in den Dienst der Fortpflanzungsfunktion; er wird sozusagen al-

---

102 [*Zusatz 1915:*] Die im Text gegebene schematische Darstellung will die Differenzen hervorheben. Inwieweit sich die infantile Sexualität durch ihre Objektwahl und die Ausbildung der phallischen Phase der definitiven Sexualorganisation annähert, ist vorhin ausgeführt worden. [Die Formulierung »und die Ausbildung der phallischen Phase« stammt von 1924.]

103 [Die letzten fünf Wörter datieren von 1915.]

104 [Der letzte Teil des Satzes, nach »gewährleistet«, kam 1920 hinzu.]

truistisch. Soll diese Umwandlung gelingen, so muß beim Vorgang derselben mit den ursprünglichen Anlagen und allen Eigentümlichkeiten der Triebe gerechnet werden.

Wie bei jeder anderen Gelegenheit, wo im Organismus neue Verknüpfungen und Zusammensetzungen zu komplizierten Mechanismen stattfinden sollen, ist auch hier die Gelegenheit zu krankhaften Störungen durch Unterbleiben dieser Neuordnungen gegeben. Alle krankhaften Störungen des Geschlechtslebens sind mit gutem Rechte als Entwicklungshemmungen zu betrachten.

[1] Das Primat der Genitalzonen und die Vorlust

Von dem beschriebenen Entwicklungsgang liegen Ausgang und Endziel klar vor unseren Augen. Die vermittelnden Übergänge sind uns noch vielfach dunkel; wir werden an ihnen mehr als ein Rätsel bestehen lassen müssen.

Man hat das Auffälligste an den Pubertätsvorgängen zum Wesentlichen derselben gewählt, das manifeste Wachstum der äußeren Genitalien, an denen sich die Latenzperiode der Kindheit durch relative Wachstumshemmung geäußert hatte. Gleichzeitig ist die Entwicklung der inneren Genitalien so weit vorgeschritten, daß sie Geschlechtsprodukte zu liefern, respektive zur Gestaltung eines neuen Lebewesens aufzunehmen vermögen. Ein höchst komplizierter Apparat ist so fertig geworden, der seiner Inanspruchnahme harrt.

Dieser Apparat soll durch Reize in Gang gebracht werden, und nun läßt uns die Beobachtung erkennen, daß Reize ihn auf dreierlei Wegen angreifen können, von der Außenwelt her durch Erregung der uns schon bekannten erogenen Zonen, von dem organischen Innern her auf noch zu erforschenden Wegen und von dem Seelenleben aus, welches selbst eine Aufbewahrungsstätte äußerer Eindrücke und eine Aufnahmsstelle innerer Erregungen darstellt. Auf allen drei Wegen wird das nämliche hervorgerufen, ein Zustand, der als »sexuelle Erregtheit« bezeichnet wird und sich durch zweierlei Zeichen kundgibt, seelische und somatische. Das seelische Anzeichen besteht in einem eigentümlichen Spannungsgefühl von höchst drängendem Charakter; unter den mannigfaltigen körperlichen steht an erster Stelle eine Reihe von Veränderungen an den Genitalien, die einen unzweifelhaften Sinn haben, den der Bereitschaft, der Vorbereitung zum Sexualakt. (Die Erektion des männlichen Gliedes, das Feuchtwerden der Scheide.)

Die Sexualspannung

An den Spannungscharakter der sexuellen Erregtheit knüpft ein Problem an, dessen Lösung ebenso schwierig wie für die Auffassung der Sexualvorgänge bedeutsam wäre. Trotz aller in der Psychologie darüber herrschenden Meinungsverschiedenheiten muß ich daran festhalten, daß ein Spannungsgefühl den Unlustcharakter an sich tragen muß. Für mich ist entscheidend, daß ein solches Gefühl den Drang nach Veränderung der psychischen Situation mit sich bringt, treibend wirkt, was dem Wesen der empfundenen Lust völlig fremd ist. Rechnet man aber die Spannung der sexuellen Erregtheit zu den Unlustgefühlen, so stößt man sich an der Tatsache, daß dieselbe unzweifelhaft lustvoll empfunden wird. Überall ist bei der durch die Sexualvorgänge erzeugten Spannung Lust dabei; selbst bei den Vorbereitungsveränderungen der Genitalien ist eine Art von Befriedigungsgefühl deutlich. Wie hängen nun diese Unlustspannung und dieses Lustgefühl zusammen?

Alles, was mit dem Lust- und Unlustproblem zusammenhängt, rührt an eine der wundesten Stellen der heutigen Psychologie. Wir wollen versuchen, möglichst aus den Bedingungen des uns vorliegenden Falles zu lernen, und es vermeiden, dem Problem in seiner Gänze näher zu treten.[105] Werfen wir zunächst einen Blick auf die Art, wie die

105 [*Zusatz 1924:*] Vgl. einen Versuch zur Lösung dieses Problems in den einleitenden Bemerkungen meines Aufsatzes *Das ökonomische Problem des Masochismus, 1924* [in Band 2 der vorliegenden Ausgabe].

erogenen Zonen sich der neuen Ordnung einfügen. Ihnen fällt eine wichtige Rolle bei der Einleitung der sexuellen Erregung zu. Die dem Sexualobjekt vielleicht entlegenste, das Auge, kommt unter den Verhältnissen der Objektwerbung am häufigsten in die Lage, durch jene besondere Qualität der Erregung, deren Anlaß wir am Sexualobjekt als Schönheit bezeichnen, gereizt zu werden. Die Vorzüge des Sexualobjektes werden darum auch »Reize« geheißen. Mit dieser Reizung ist einerseits bereits Lust verbunden, andererseits ist eine Steigerung der sexuellen Erregtheit oder ein Hervorrufen derselben, wo sie noch fehlt, ihre Folge. Kommt die Erregung einer anderen erogenen Zone, zum Beispiel der tastenden Hand, hinzu, so ist der Effekt der gleiche, Lustempfindung einerseits, die sich bald durch die Lust aus den Bereitschaftsveränderungen verstärkt, weitere Steigerung der Sexualspannung andererseits, die bald in deutlichste Unlust übergeht, wenn ihr nicht gestattet wird, weitere Lust herbeizuführen. Durchsichtiger ist vielleicht noch ein anderer Fall, wenn zum Beispiel bei einer sexuell nicht erregten Person eine erogene Zone, etwa die Brusthaut eines Weibes, durch Berührung gereizt wird. Diese Berührung ruft bereits ein Lustgefühl hervor, ist aber gleichzeitig wie nichts anderes geeignet, die sexuelle Erregung zu wecken, die nach einem Mehr von Lust verlangt. Wie es zugeht, daß die empfundene Lust das Bedürfnis nach größerer Lust hervorruft, das ist eben das Problem.

VORLUST-MECHANISMUS

Die Rolle aber, die dabei den erogenen Zonen zufällt, ist klar, Was für eine galt, gilt für alle. Sie werden sämtlich dazu verwendet, durch ihre geeignete Reizung einen gewissen Betrag von Lust zu liefern, von dem die Steigerung der Spannung ausgeht, welche ihrerseits die nötige motorische Energie aufzubringen hat, um den Sexualakt zu Ende zu führen. Das vorletzte Stück desselben ist wiederum die geeignete Reizung einer erogenen Zone, der Genitalzone selbst an der *Glans penis*, durch das dazu geeignetste Objekt, die

Schleimhaut der Scheide, und unter der Lust, welche diese Erregung gewährt, wird diesmal auf reflektorischem Wege die motorische Energie gewonnen, welche die Herausbeförderung der Geschlechtsstoffe besorgt. Diese letzte Lust ist ihrer Intensität nach die höchste, in ihrem Mechanismus von der früheren verschieden. Sie wird ganz durch Entlastung hervorgerufen, ist ganz Befriedigungslust, und mit ihr erlischt zeitweilig die Spannung der Libido.

Es scheint mir nicht unberechtigt, diesen Unterschied in dem Wesen der Lust durch Erregung erogener Zonen und der anderen bei Entleerung der Sexualstoffe durch eine Namengebung zu fixieren. Die erstere kann passend als *Vorlust* bezeichnet werden im Gegensatz zur *Endlust* oder Befriedigungslust der Sexualtätigkeit. Die Vorlust ist dann dasselbe, was bereits der infantile Sexualtrieb, wenngleich in verjüngtem Maße, ergeben konnte; die Endlust ist neu, also wahrscheinlich an Bedingungen geknüpft, die erst mit der Pubertät eingetreten sind. Die Formel für die neue Funktion der erogenen Zonen lautete nun: Sie werden dazu verwendet, um mittels der von ihnen wie im infantilen Leben zu gewinnenden Vorlust die Herbeiführung der größeren Befriedigungslust zu ermöglichen.

Ich habe vor kurzem ein anderes Beispiel aus einem ganz verschiedenen Gebiet des seelischen Geschehens erläutern können, in welchem gleichfalls ein größerer Lusteffekt vermöge einer geringfügigeren Lustempfindung, die dabei wie eine Verlockungsprämie wirkt, erzielt wird. Dort ergab sich auch die Gelegenheit, auf das Wesen der Lust näher einzugehen.[106]

GEFAHREN DER VORLUST

Der Zusammenhang der Vorlust aber mit dem infantilen Sexualleben wird durch die pathogene Rolle, die ihr zufallen kann, bekräftigt. Aus dem Mechanismus, in dem die Vorlust aufge-

106 Siehe meine 1905 erschienene Studie *Der Witz und seine Beziehung zum Unbewußten.* Die durch die Witztechnik gewonnene »Vorlust« wird dazu verwendet, eine größere Lust durch die Aufhebung innerer Hemmungen frei zu machen.

nommen ist, ergibt sich für die Erreichung des normalen Sexualzieles offenbar eine Gefahr, die dann eintritt, wenn an irgendeiner Stelle der vorbereitenden Sexualvorgänge die Vorlust zu groß, ihr Spannungsanteil zu gering ausfallen sollte. Dann entfällt die Triebkraft, um den Sexualvorgang weiter fortzusetzen, der ganze Weg verkürzt sich, die betreffende vorbereitende Aktion tritt an Stelle des normalen Sexualziels. Dieser schädliche Fall hat erfahrungsgemäß zur Bedingung, daß die betreffende erogene Zone oder der entsprechende Partialtrieb schon im infantilen Leben in ungewöhnlichem Maße zur Lustgewinnung beigetragen hatte. Kommen noch Momente hinzu, welche auf die Fixierung hinwirken, so entsteht leicht fürs spätere Leben ein Zwang, welcher sich der Einordnung dieser einen Vorlust in einen neuen Zusammenhang widersetzt. Solcherart ist in der Tat der Mechanismus vieler Perversionen, die ein Verweilen bei vorbereitenden Akten des Sexualvorganges darstellen.

Das Fehlschlagen der Funktion des Sexualmechanismus durch die Schuld der Vorlust wird am ehesten vermieden, wenn das Primat der Genitalzonen gleichfalls bereits im infantilen Leben vorgezeichnet ist. Dazu scheinen die Anstalten wirklich in der zweiten Hälfte der Kinderzeit (von acht Jahren bis zur Pubertät) getroffen zu sein. Die Genitalzonen benehmen sich in diesen Jahren bereits in ähnlicher Weise wie zur Zeit der Reife, sie werden der Sitz von Erregungssensationen und Bereitschaftsveränderungen, wenn irgendwelche Lust durch Befriedigung anderer erogener Zonen empfunden wird, obwohl dieser Effekt noch zwecklos bleibt, das heißt, nichts dazu beiträgt, den Sexualvorgang fortzusetzen. Es entsteht also bereits in den Kinderjahren neben der Befriedigungslust ein gewisser Betrag von Sexualspannung, obwohl minder konstant und weniger ausgiebig, und nun können wir verstehen, warum wir bei der Erörterung der Quellen der Sexualität mit ebenso gutem Recht sagen konnten, der betreffende Vorgang wirke sexuell befriedigend, wie er wirke sexuell erregend. Wir merken, daß wir auf dem Wege zur Erkenntnis uns die Unterschiede des infantilen und des reifen Sexuallebens zunächst übertrieben groß vorgestellt haben, und tragen nun die Korrektur nach. Nicht nur die Abweichungen vom normalen Sexualleben, sondern auch die normale Gestaltung desselben wird durch die infantilen Äußerungen der Sexualität bestimmt.

[2] Das Problem der Sexualerregung

Es ist uns durchaus unaufgeklärt geblieben, woher die Sexualspannung rührt, die bei der Befriedigung erogener Zonen gleichzeitig mit der Lust entsteht, und welches das Wesen derselben ist.[107] Die nächste Vermutung, diese Spannung ergebe sich irgendwie aus der Lust selbst, ist nicht nur an sich sehr unwahrscheinlich, sie wird auch hinfällig, da bei der größten Lust, die an die Entleerung der Geschlechtsprodukte geknüpft ist, keine Spannung erzeugt, sondern alle Spannung aufgehoben wird. Lust und Sexualspannung können also nur in indirekter Weise zusammenhängen.

Rolle der Sexualstoffe

Außer der Tatsache, daß normalerweise allein die Entlastung von den Sexualstoffen der Sexualerregung ein Ende macht, hat man noch andere Anhaltspunkte, die Sexualspannung in Beziehung zu den Sexualprodukten zu bringen. Bei enthaltsamem Leben pflegt der Geschlechtsapparat in wechselnden, aber nicht regellosen Perioden nächtlicherweise sich unter Lustempfindung und während der Traumhalluzination eines sexuellen Aktes der Sexualstoffe zu entledigen, und für diesen Vorgang – die nächtliche Pollution –

107 Es ist überaus lehrreich, daß die deutsche Sprache der im Text erwähnten Rolle der vorbereitenden sexuellen Erregung, welche gleichzeitig einen Anteil Befriedigung und einen Beitrag zur Sexualspannung liefern, im Gebrauche des Wortes »Lust« Rechnung trägt. »Lust« ist doppelsinnig und bezeichnet ebensowohl die Empfindung der Sexualspannung (Ich habe Lust = ich möchte, ich verspüre den Drang) als auch die der Befriedigung.

ist die Auffassung schwer abzuweisen, daß die Sexualspannung, die den kurzen halluzinatorischen Weg zum Ersatz des Aktes zu finden weiß, eine Funktion der Samenanhäufung in den Reservoirs für die Geschlechtsprodukte sei. Im gleichen Sinne sprechen die Erfahrungen, die man über die Erschöpfbarkeit des sexuellen Mechanismus macht. Bei entleertem Samenvorrat ist nicht nur die Ausführung des Sexualaktes unmöglich, es versagt auch die Reizbarkeit der erogenen Zonen, deren geeignete Erregung dann keine Lust hervorrufen kann. Wir erfahren so nebenbei, daß ein gewisses Maß sexueller Spannung selbst für die Erregbarkeit der erogenen Zonen erforderlich ist.

Man würde so zur Annahme gedrängt, die, wenn ich nicht irre, ziemlich allgemein verbreitet ist, daß die Anhäufung der Sexualstoffe die Sexualspannung schafft und unterhält, etwa indem der Druck dieser Produkte auf die Wandung ihrer Behälter als Reiz auf ein spinales Zentrum wirkt, dessen Zustand von höheren Zentren wahrgenommen wird und dann für das Bewußtsein die bekannte Spannungsempfindung ergibt. Wenn die Erregung erogener Zonen die Sexualspannung steigert, so könnte dies nur so zugehen, daß die erogenen Zonen in vorgebildeter anatomischer Verbindung mit diesen Zentren stehen, den Tonus der Erregung daselbst erhöhen, bei genügender Sexualspannung den sexuellen Akt in Gang bringen und bei ungenügender die Produktion der Geschlechtsstoffe anregen.

Die Schwäche dieser Lehre, die man z. B. in v. Krafft-Ebings Darstellung der Sexualvorgänge angenommen findet, liegt darin, daß sie, für die Geschlechtstätigkeit des reifen Mannes geschaffen, auf dreierlei Verhältnisse wenig Rücksicht nimmt, deren Aufklärung sie gleichfalls liefern sollte. Es sind dies die Verhältnisse beim Kinde, beim Weibe und beim männlichen Kastraten. In allen drei Fällen ist von einer Anhäufung von Geschlechtsprodukten im gleichen Sinne wie beim Manne nicht die Rede, was die glatte Anwendung des Schemas erschwert; doch ist ohneweiters zuzugeben, daß sich Auskünfte finden ließen, welche die Unterordnung auch dieser Fälle ermöglichen würden. Auf jeden Fall bleibt die Warnung bestehen, dem Faktor der Anhäufung der Geschlechtsprodukte nicht Leistungen aufzubürden, deren er unfähig scheint.

Einschätzung der inneren Geschlechtsteile

Daß die Sexualerregung in beachtenswertem Grade unabhängig von der Produktion der Geschlechtsstoffe sein kann, scheinen die Beobachtungen an männlichen Kastraten zu ergeben, bei denen gelegentlich die Libido der Beeinträchtigung durch die Operation entgeht, wenngleich das entgegengesetzte Verhalten, das ja die Operation motiviert, die Regel ist. Überdies weiß man ja längst, daß Krankheiten, welche die Produktion der männlichen Geschlechtszellen vernichtet haben, die Libido und Potenz des nun sterilen Individuums ungeschädigt lassen.[108] Es ist dann keineswegs so verwunderlich, wie C. Rieger[109] es hinstellt, daß der Verlust der männlichen Keimdrüsen im reiferen Alter ohne weiteren Einfluß auf das seelische Verhalten des Individuums bleiben kann. Die im zarten Alter vor der Pubertät vorgenommene Kastration nähert sich zwar in ihrer Wirkung dem Ziel einer Aufhebung der Geschlechtscharaktere, allein auch dabei könnte außer dem Verlust der Geschlechtsdrüsen an sich eine mit deren Wegfall verknüpfte Entwicklungshemmung anderer Faktoren in Betracht kommen.

Chemische Theorie

Tierversuche mit Entfernung der Keimdrüsen (Hoden und Ovarien) und entsprechend variierter Einpflanzung neuer solcher Organe bei Wirbeltieren (s. das zitierte Werk von Lipschütz, S. 13) haben endlich ein partielles Licht auf die Herkunft der Sexualerregung geworfen und dabei die Bedeutung einer etwaigen Anhäufung der zelligen Geschlechtsprodukte noch weiter zurückgedrängt. Es ist dem Experiment

108 [Dieser Satz kam 1920 hinzu.]
109 [Conrad Rieger, *Die Kastration*, Jena 1900.]

möglich geworden (E. Steinach),[110] ein Männchen in ein Weibchen und umgekehrt ein Weibchen in ein Männchen zu verwandeln, wobei sich das psychosexuelle Verhalten des Tieres entsprechend den somatischen Geschlechtscharakteren und gleichzeitig mit ihnen änderte. Dieser geschlechtsbestimmende Einfluß soll aber nicht dem Anteil der Keimdrüse zukommen, welcher die spezifischen Geschlechtszellen (Samenfäden und Ei) erzeugt, sondern dem interstitiellen Gewebe derselben, welches darum von den Autoren als »Pubertätsdrüse« hervorgehoben wird. Es ist sehr wohl möglich, daß weitere Untersuchungen ergeben, die Pubertätsdrüse sei normalerweise zwittrig angelegt, wodurch die Lehre von der Bisexualität der höheren Tiere anatomisch begründet würde, und es ist schon jetzt wahrscheinlich, daß sie nicht das einzige Organ ist, welches mit der Produktion der Sexualerregung und der Geschlechtscharaktere zu tun hat. Jedenfalls schließt dieser neue biologische Fund an das an, was wir schon vorher über die Rolle der Schilddrüse für die Sexualität erfahren haben. Wir dürfen nun glauben, daß im interstitiellen Anteil der Keimdrüsen besondere chemische Stoffe erzeugt werden, die, vom Blutstrom aufgenommen, die Ladung bestimmter Anteile des Zentralnervensystems mit sexueller Spannung zustande kommen lassen, wie wir ja solche Umsetzung eines toxischen Reizes in einen besonderen Organreiz von anderen dem Körper als fremd eingeführten Giftstoffen kennen. Wie die Sexualerregung durch Reizung erogener Zonen bei vorheriger Ladung der zentralen Apparate entsteht und welche Verwicklungen von rein toxischen und physiologischen Reizwirkungen sich bei diesen Sexualvorgängen ergeben, das auch nur hypothetisch zu behandeln

110 [In Fußnote Nr. 17 zum vorliegenden Aufsatz hat Freud das Experiment von Eugen Steinach (1861–1944) näher beschrieben. Außer durch die sogenannte Geschlechtsumwandlung wurde der Physiologe und Biologe Steinach, seit 1912 Vorstand der physiologischen Abteilung an der Biologischen Versuchsanstalt der Akademie der Wiss. in Wien, bekannt durch seine Versuche zur Neubelebung des alternden Organismus, zur Wirkung der Hypophyse und durch die Aufstellung eines männlichen und weiblichen Sexualhormons.]

kann keine zeitgemäße Aufgabe sein. Es genüge uns als wesentlich an dieser Auffassung der Sexualvorgänge, die Annahme besonderer, dem Sexualstoffwechsel entstammender Stoffe festzuhalten.[111] Denn diese anscheinend willkürliche Aufstellung wird durch eine wenig beachtete, aber höchst beachtenswerte Einsicht unterstützt. Die Neurosen, welche sich nur auf Störungen des Sexuallebens zurückführen lassen, zeigen die größte klinische Ähnlichkeit mit den Phänomenen der Intoxikation und Abstinenz, welche sich durch die habituelle Einführung Lust erzeugender Giftstoffe (Alkaloide) ergeben.

---

111 [Der ganze Absatz *Chemische Theorie* bis hierher datiert in der vorliegenden Fassung aus dem Jahre 1920. In der ersten Auflage (1905) sowie den beiden folgenden findet sich statt dessen folgende Passage: »Die Wahrheit ist, daß wir über das Wesen der Sexualerregung keine Auskunft zu geben vermögen, und zwar vor allem darum nicht, weil wir nicht wissen, an welches Organ oder an welche Organe die Geschlechtlichkeit gebunden ist, seitdem wir einsehen, daß wir die Geschlechtsdrüsen in dieser Bedeutung überschätzt haben. Nachdem uns überraschende Entdeckungen die wichtige Rolle der Schilddrüse für die Sexualität kennen gelehrt haben, dürfen wir vermuten, daß uns die Kenntnis der wesentlichen Faktoren der Geschlechtlichkeit noch vorenthalten ist. Wer das Bedürfnis hat, diese große Lücke in unserem Wissen durch eine vorläufige Annahme auszufüllen, der wird sich unter Anlehnung an die wirksamen Stoffe, die in der *thyreoidea* gefunden worden sind, etwa folgende Vorstellung machen: Durch die geeignete Reizung erogener Zonen wie unter den anderen Verhältnissen, unter denen sexuelle Miterregung entsteht, werde ein im Organismus allgemein verbreiteter Stoff zersetzt, dessen Zersetzungsprodukte einen spezifischen Reiz für die Reproduktionsorgane oder das mit ihnen verknüpfte spinale Zentrum abgeben, wie wir ja solche Umsetzung eines toxischen Reizes in einen besonderen Organreiz von anderen dem Körper als fremd eingeführten Giftstoffen kennen. Die Verwicklungen von rein toxischen und physiologischen Reizwirkungen, die sich bei den Sexualvorgängen ergeben, auch nur hypothetisch zu behandeln kann keine zeitgemäße Aufgabe sein. Ich lege übrigens keinen Wert auf diese besondere Annahme und wäre sofort bereit, sie zugunsten einer anderen aufzugeben, insoferne nur ihr Grundcharakter, die Betonung des sexuellen Chemismus, erhalten bleibt.«]

[3] Die Libidotheorie[112]

Mit diesen Vermutungen über die chemische Grundlage der Sexualerregung stehen in guter Übereinstimmung die Hilfsvorstellungen, die wir uns zur Bewältigung der psychischen Äußerungen des Sexuallebens geschaffen haben. Wir haben uns den Begriff der *Libido* festgelegt als einer quantitativ veränderlichen Kraft, welche Vorgänge und Umsetzungen auf dem Gebiete der Sexualerregung messen könnte. Diese Libido sondern wir von der Energie, die den seelischen Prozessen allgemein unterzulegen ist, mit Beziehung auf ihren besonderen Ursprung und verleihen ihr so auch einen qualitativen Charakter. In der Sonderung von libidinöser und anderer psychischer Energie drücken wir die Voraussetzung aus, daß sich die Sexualvorgänge des Organismus durch einen besonderen Chemismus von den Ernährungsvorgängen unterscheiden. Die Analyse der Perversionen und Psychoneurosen hat uns zur Einsicht gebracht, daß diese Sexualerregung nicht von den sogenannten Geschlechtsteilen allein, sondern von allen Körperorganen geliefert wird. Wir bilden uns also die Vorstellung eines Libidoquantums, dessen psychische Vertretung wir die *Ichlibido* heißen, dessen Produktion, Vergrößerung oder Verminderung, Verteilung und Verschiebung uns die Erklärungsmöglichkeiten für die beobachteten psychosexuellen Phänomene bieten soll.

Dem analytischen Studium bequem zugänglich wird diese Ichlibido aber nur, wenn sie die psychische Verwendung zur Besetzung von Sexualobjekten gefunden hat, also zur *Objektlibido* geworden ist. Wir sehen sie dann sich auf Objekte konzentrieren, an ihnen fixieren oder aber diese Objekte verlassen, von ihnen auf andere übergehen und von diesen Positionen aus die Sexualbetätigung des Individuums lenken, die zur Befriedigung, das heißt zum partiellen und zeitweisen Erlöschen der Libido führt. Die Psychoana-

---

112 [Der ganze Abschnitt stammt, mit Ausnahme der letzten drei Sätze, aus dem Jahre 1915. Er beruht weitgehend auf Freuds Schrift *Zur Einführung des Narzißmus* (im vorliegenden Band).]

lyse der sogenannten Übertragungsneurosen (Hysterie und Zwangsneurose) gestattet uns hier einen sicheren Einblick.

Von den Schicksalen der Objektlibido können wir noch erkennen, daß sie von den Objekten abgezogen, in besonderen Spannungszuständen schwebend erhalten und endlich ins Ich zurückgeholt wird, so daß sie wieder zur Ichlibido geworden ist. Die Ichlibido heißen wir im Gegensatz zur Objektlibido auch *narzißtische* Libido. Von der Psychoanalyse aus schauen wir wie über eine Grenze, deren Überschreitung uns nicht gestattet ist, in das Getriebe der narzißtischen Libido hinein und bilden uns eine Vorstellung von dem Verhältnis der beiden.[113] Die narzißtische oder Ichlibido erscheint uns als das große Reservoir, aus welchem die Objektbesetzungen ausgeschickt und in welches sie wieder einbezogen werden, die narzißtische Libidobesetzung des Ichs als der in der ersten Kindheit realisierte Urzustand, welcher durch die späteren Aussendungen der Libido nur verdeckt wird, im Grunde hinter denselben erhalten geblieben ist.

Die Aufgabe einer Libidotheorie der neurotischen und psychotischen Störungen müßte sein, alle beobachteten Phänomene und erschlossenen Vorgänge in den Terminis der Libidoökonomie auszudrücken. Es ist leicht zu erraten, daß den Schicksalen der Ichlibido dabei die größere Bedeutung zufallen wird, besonders wo es sich um die Erklärung der tieferen psychotischen Störungen handelt. Die Schwierigkeit liegt dann darin, daß das Mittel unserer Untersuchung, die Psychoanalyse, uns vorläufig nur über die Wandlungen an der Objektlibido sichere Auskunft bringt, die Ichlibido aber von den anderen im Ich wirkenden Energien nicht ohneweiters zu scheiden vermag.[114] Eine[115]

113 [*Zusatz 1924:*] Diese Beschränkung hat nicht mehr ihre frühere Giltigkeit, seitdem auch andere als die »Übertragungsneurosen« der Psychoanalyse in größerem Ausmaße zugänglich geworden sind.

114 S. *Zur Einführung des Narzißmus*, in: Jahrbuch der Psychoanalyse, VI, 1914 [vgl. im vorliegenden Band unserer Ausgabe]. – [*Zusatz 1920:*] Der Terminus »Narzißmus« ist nicht, wie dort irrtümlich angegeben, von Naecke, sondern von H. Ellis geschaffen worden.

115 [Der Rest des Abschnitts geht auf das Jahr 1920 zurück.]

Fortführung der Libidotheorie ist deshalb vorläufig nur auf dem Wege der Spekulation möglich. Man verzichtet aber auf allen Gewinn aus der bisherigen psychoanalytischen Beobachtung, wenn man nach dem Vorgang von C. G. Jung den Begriff der Libido selbst verflüchtigt, indem man sie mit der psychischen Triebkraft überhaupt zusammenfallen läßt.

Die Sonderung der sexuellen Triebregungen von den anderen und somit die Einschränkung des Begriffes Libido auf diese ersteren findet eine starke Unterstützung in der vorhin erörterten Annahme eines besonderen Chemismus der Sexualfunktion.

[4] Differenzierung von Mann und Weib

Es ist bekannt, daß erst mit der Pubertät sich die scharfe Sonderung des männlichen und weiblichen Charakters herstellt, ein Gegensatz, der dann wie kein anderer die Lebensgestaltung der Menschen entscheidend beeinflußt. Männliche und weibliche Anlage sind allerdings schon im Kindesalter gut kenntlich; die Entwicklung der Sexualitätshemmungen (Scham, Ekel, Mitleid usw.) erfolgt beim kleinen Mädchen frühzeitiger und gegen geringeren Widerstand als beim Knaben; die Neigung zur Sexualverdrängung erscheint überhaupt größer; wo sich Partialtriebe der Sexualität bemerkbar machen, bevorzugen sie die passive Form. Die autoerotische Betätigung der erogenen Zonen ist aber bei beiden Geschlechtern die nämliche, und durch diese Übereinstimmung ist die Möglichkeit eines Geschlechtsunterschiedes, wie er sich nach der Pubertät herstellt, für die Kindheit aufgehoben. Mit Rücksicht auf die autoerotischen und masturbatorischen Sexualäußerungen könnte man den Satz aufstellen, die Sexualität der kleinen Mädchen habe durchaus männlichen Charakter. Ja, wüßte man den Begriffen »männlich und weiblich« einen bestimmteren Inhalt zu geben, so ließe sich auch die Behauptung vertreten, die Libido sei regelmäßig und gesetzmäßig männlicher Natur, ob sie nun beim Manne oder beim

Weibe vorkomme und abgesehen von ihrem Objekt, mag dies der Mann oder das Weib sein.[116]

Seitdem ich mit dem Gesichtspunkte der Bisexualität bekannt geworden bin, halte ich dieses Moment für das hier maßgebende und meine, ohne der Bisexualität Rechnung zu tragen, wird man kaum zum Verständnis der tatsächlich zu beobachtenden Sexualäußerungen von Mann und Weib gelangen können.

LEITZONEN BEI MANN UND WEIB

Von diesem abgesehen, kann ich nur noch folgendes hinzufügen: Die leitende erogene Zone ist auch beim weiblichen Kinde an der Klitoris gelegen, der männlichen Genitalzone an der Eichel also homolog. Alles, was ich über Masturbation bei kleinen Mädchen in Erfahrung bringen konnte, betraf die Klitoris und nicht die für die späteren

116 [*Zusatz 1915:*] Es ist unerläßlich, sich klarzumachen, daß die Begriffe »männlich« und »weiblich«, deren Inhalt der gewöhnlichen Meinung so unzweideutig erscheint, in der Wissenschaft zu den verworrensten gehören und nach mindestens *drei* Richtungen zu zerlegen sind. Man gebraucht männlich und weiblich bald im Sinne von *Aktivität* und *Passivität,* bald im *biologischen* und dann auch im *soziologischen* Sinne. Die erste dieser drei Bedeutungen ist die wesentliche und die in der Psychoanalyse zumeist verwertbare. Ihr entspricht es, wenn die Libido oben im Text als männlich bezeichnet wird, denn der Trieb ist immer aktiv, auch wo er sich ein passives Ziel gesetzt hat. Die zweite, biologische Bedeutung von männlich und weiblich ist die, welche die klarste Bestimmung zuläßt. Männlich und weiblich sind hier durch die Anwesenheit der Samen-, respektive Eizelle und durch die von ihnen ausgehenden Funktionen charakterisiert. Die Aktivität und ihre Nebenäußerungen, stärkere Muskelentwicklung, Aggression, größere Intensität der Libido, sind in der Regel mit der biologischen Männlichkeit verlötet, aber nicht notwendigerweise verknüpft, denn es gibt Tiergattungen, bei denen diese Eigenschaften vielmehr dem Weibchen zugeteilt sind. Die dritte, soziologische Bedeutung erhält ihren Inhalt durch die Beobachtung der wirklich existierenden männlichen und weiblichen Individuen. Diese ergibt für den Menschen, daß weder im psychologischen noch im biologischen Sinne eine reine Männlichkeit oder Weiblichkeit gefunden wird. Jede Einzelperson weist vielmehr eine Vermengung ihres biologischen Geschlechtscharakters mit biologischen Zügen des anderen Geschlechts und eine Vereinigung von Aktivität und Passivität auf, sowohl insofern diese psychischen Charakterzüge von den biologischen abhängen als auch insoweit sie unabhängig von ihnen sind.

Geschlechtsfunktionen bedeutsamen Partien des äußeren Genitales. Ich zweifle selbst daran, daß das weibliche Kind unter dem Einflusse der Verführung zu etwas anderem als zur Klitorismasturbation gelangen kann, es sei denn ganz ausnahmsweise. Die gerade bei kleinen Mädchen so häufigen Spontanentladungen der sexuellen Erregtheit äußern sich in Zuckungen der Klitoris, und die häufigen Erektionen derselben ermöglichen es den Mädchen, die Sexualäußerungen des anderen Geschlechts auch ohne Unterweisung richtig zu beurteilen, indem sie einfach die Empfindungen der eigenen Sexualvorgänge auf die Knaben übertragen.

Will man das Weibwerden des kleinen Mädchens verstehen, so muß man die weiteren Schicksale dieser Klitorisererregbarkeit verfolgen. Die Pubertät, welche dem Knaben jenen großen Vorstoß der Libido bringt, kennzeichnet sich für das Mädchen durch eine neuerliche Verdrängungswelle, von der gerade die Klitorissexualität betroffen wird. Es ist ein Stück männlichen Sexuallebens, was dabei der Verdrängung verfällt. Die bei dieser Pubertätsverdrängung des Weibes geschaffene Verstärkung der Sexualhemmnisse ergibt dann einen Reiz für die Libido des Mannes und nötigt dieselbe zur Steigerung ihrer Leistungen: mit der Höhe der Libido steigt dann auch die Sexualüberschätzung, die nur für das sich weigernde, seine Sexualität verleugnende Weib im vollen Maße zu haben ist. Die Klitoris behält dann die Rolle, wenn sie beim endlich zugelassenen Sexualakt selbst erregt wird, diese Erregung an die benachbarten weiblichen Teile weiterzuleiten, etwa wie ein Span Kienholz dazu benützt werden kann, das härtere Brennholz in Brand zu setzen. Es nimmt oft eine gewisse Zeit in Anspruch, bis sich diese Übertragung vollzogen hat, während welcher dann das junge Weib anästhetisch ist. Diese Anästhesie kann eine dauernde werden, wenn die Klitoriszone ihre Erregbarkeit abzugeben sich weigert, was gerade durch ausgiebige Betätigung im Kinderleben vorbereitet wird. Es ist bekannt, daß die Anästhesie der Frauen häufig nur eine scheinbare, eine lokale ist. Sie sind anästhetisch am Scheideneingang, aber keineswegs unerregbar von der Klitoris oder selbst von anderen Zonen aus. Zu diesen erogenen Anlässen der Anästhesie gesellen sich dann noch die psychischen, gleichfalls durch Verdrängung bedingten.

Ist die Übertragung der erogenen Reizbarkeit von der Klitoris auf den Scheideneingang gelungen, so hat damit das Weib seine für die spätere Sexualbetätigung leitende Zone gewechselt, während der Mann die seinige von der Kindheit an beibehalten hat. In diesem Wechsel der leitenden erogenen Zone sowie in dem Verdrängungsschub der Pubertät, der gleichsam die infantile Männlichkeit beiseiteschafft, liegen die Hauptbedingungen für die Bevorzugung des Weibes zur Neurose, insbesondere zur Hysterie. Diese Bedingungen hängen also mit dem Wesen der Weiblichkeit innigst zusammen.[117]

[5] Die Objektfindung

Während durch die Pubertätsvorgänge das Primat der Genitalzonen festgelegt wird und das Vordrängen des erigiert gewordenen Gliedes beim Manne gebieterisch auf das neue Sexualziel hinweist, auf das Eindringen in eine die Genitalzone erregende Körperhöhle, vollzieht sich von psychischer Seite her die Objektfindung, für welche von der frühesten Kindheit an vorgearbeitet worden ist. Als die anfänglichste Sexualbefriedigung noch mit der Nahrungsaufnahme verbunden war, hatte der Sexualtrieb ein Sexualobjekt außerhalb des eigenen Körpers in der Mutterbrust. Er verlor es nur später, vielleicht gerade zur Zeit, als es dem Kinde möglich wurde, die Gesamtvorstellung der Person, welcher das ihm Befriedigung spendende Organ angehörte, zu bilden. Der Geschlechtstrieb wird dann in der Regel autoero-

117 [Freud hat seine Auffassung über die Sexualentwicklung der Frau besonders in den Aufsätzen *Einige psychische Folgen des anatomischen Geschlechtsunterschieds* (1925) und *Über die weibliche Sexualität* (1931) dargelegt. In die vorliegende Ausgabe (Band 3) wurde Freuds letzte, zusammenfassende Darstellung des Themas aufgenommen: 33. Vorlesung *Die Weiblichkeit* aus der *Neuen Folge der Vorlesungen zur Einführung in die Psychoanalyse.*]

tisch, und erst nach Überwindung der Latenzzeit stellt sich das ursprüngliche Verhältnis wieder her. Nicht ohne guten Grund ist das Saugen des Kindes an der Brust der Mutter vorbildlich für jede Liebesbeziehung geworden. Die Objektfindung ist eigentlich eine Wiederfindung.[118]

Sexualobjekt der Säuglingszeit

Aber von dieser ersten und wichtigsten aller sexuellen Beziehungen bleibt auch nach der Abtrennung der Sexualtätigkeit von der Nahrungsaufnahme ein wichtiges Stück übrig, welches die Objektwahl vorbereiten, das verlorene Glück also wiederherstellen hilft. Die ganze Latenzzeit über lernt das Kind andere Personen, die seiner Hilflosigkeit abhelfen und seine Bedürfnisse befriedigen, *lieben*, durchaus nach dem Muster und in Fortsetzung seines Säuglingsverhältnisses zur Amme. Man wird sich vielleicht sträuben wollen, die zärtlichen Gefühle und die Wertschätzung des Kindes für seine Pflegepersonen mit der geschlechtlichen Liebe zu identifizieren, allein ich meine, eine genauere psychologische Untersuchung wird diese Identität über jeden Zweifel hinaus feststellen können. Der Verkehr des Kindes mit seiner Pflegeperson ist für dasselbe eine unaufhörlich fließende Quelle sexueller Erregung und Befriedigung von erogenen Zonen aus, zumal da letztere – in der Regel doch die Mutter – das Kind selbst mit Gefühlen bedenkt, die aus ihrem Sexualleben stammen, es streichelt, küßt und wiegt und ganz deutlich zum Ersatz für ein vollgültiges Sexualobjekt nimmt.[119] Die Mutter würde wahrscheinlich erschrecken, wenn man ihr die Aufklärung gäbe, daß sie mit all ihren Zärtlichkeiten den Sexualtrieb

118 [*Zusatz 1915:*] Die Psychoanalyse lehrt, daß es zwei Wege der Objektfindung gibt, erstens die im Text besprochene, die in *Anlehnung* an die frühinfantilen Vorbilder vor sich geht, und zweitens die *narzißtische,* die das eigene Ich sucht und im anderen wiederfindet. Diese letztere hat eine besonders große Bedeutung für die pathologischen Ausgänge, fügt sich aber nicht in den hier behandelten Zusammenhang.

119 Wem diese Auffassung »frevelhaft« dünkt, der lese die fast gleichsinnige Behandlung des Verhältnisses zwischen Mutter und Kind bei Havelock Ellis nach. (*Das Geschlechtsgefühl* [1903], S. 16.)

ihres Kindes weckt und dessen spätere Intensität vorbereitet. Sie hält ihr Tun für asexuelle »reine« Liebe, da sie es doch sorgsam vermeidet, den Genitalien des Kindes mehr Erregungen zuzuführen, als bei der Körperpflege unumgänglich ist. Aber der Geschlechtstrieb wird nicht nur durch Erregung der Genitalzone geweckt, wie wir ja wissen; was wir Zärtlichkeit heißen, wird unfehlbar eines Tages seine Wirkung auch auf die Genitalzonen äußern. Verstünde die Mutter mehr von der hohen Bedeutung der Triebe für das gesamte Seelenleben, für alle ethischen und psychischen Leistungen, so würde sie sich übrigens auch nach der Aufklärung alle Selbstvorwürfe ersparen. Sie erfüllt nur ihre Aufgabe, wenn sie das Kind lieben lehrt; es soll ja ein tüchtiger Mensch mit energischem Sexualbedürfnis werden und in seinem Leben all das vollbringen, wozu der Trieb den Menschen drängt. Ein Zuviel von elterlicher Zärtlichkeit wird freilich schädlich werden, indem es die sexuelle Reifung beschleunigt, auch dadurch, daß es das Kind »verwöhnt«, es unfähig macht, im späteren Leben auf Liebe zeitweilig zu verzichten oder sich mit einem geringeren Maß davon zu begnügen. Es ist eines der besten Vorzeichen späterer Nervosität, wenn das Kind sich unersättlich in seinem Verlangen nach Zärtlichkeit der Eltern erweist, und anderseits werden gerade neuropathische Eltern, die ja meist zur maßlosen Zärtlichkeit neigen, durch ihre Liebkosungen die Disposition des Kindes zur neurotischen Erkrankung am ehesten erwecken. Man ersieht übrigens aus diesem Beispiel, daß es für neurotische Eltern direktere Wege als den der Vererbung gibt, ihre Störung auf die Kinder zu übertragen.

INFANTILE ANGST

Die Kinder selbst benehmen sich von frühen Jahren an, als sei ihre Anhänglichkeit an ihre Pflegepersonen von der Natur der sexuellen Liebe. Die Angst der Kinder ist ursprünglich nichts anderes als der Ausdruck dafür, daß sie die geliebte Person vermissen; sie kommen darum jedem Fremden mit Angst entgegen; sie fürchten sich in der Dunkelheit, weil man in dieser die geliebte Person nicht sieht, und lassen sich beruhigen, wenn sie dieselbe in der Dunkelheit bei der Hand fassen können. Man überschätzt die Wirkung aller Kinderschrecken und gruseligen Erzählungen der Kinderfrauen, wenn man diesen schuld gibt, daß sie die Ängstlichkeit der Kinder erzeugen. Kinder, die zur Ängstlichkeit neigen, nehmen nur solche Erzählungen auf, die an anderen durchaus nicht haften wollen; und zur Ängstlichkeit neigen nur Kinder mit übergroßem oder vorzeitig entwickeltem oder durch Verzärtelung anspruchsvoll gewordenem Sexualtrieb. Das Kind benimmt sich hiebei wie der Erwachsene, indem es seine Libido in Angst verwandelt, sowie es sie nicht zur Befriedigung zu bringen vermag, und der Erwachsene wird sich dafür, wenn er durch unbefriedigte Libido neurotisch geworden ist, in seiner Angst wie ein Kind benehmen, sich zu fürchten beginnen, sowie er allein, das heißt ohne eine Person ist, deren Liebe er sicher zu sein glaubt, und diese seine Angst durch die kindischesten Maßregeln beschwichtigen wollen.[120]

120 Die Aufklärung über die Herkunft der kindlichen Angst verdanke ich einem dreijährigen Knaben, den ich einmal aus einem dunklen Zimmer bitten hörte: »Tante, sprich mit mir; ich fürchte mich, weil es so dunkel ist.« Die Tante rief ihn an: »Was hast du denn davon? Du siehst mich ja nicht.« – »Das macht nichts«, antwortete das Kind, »wenn jemand spricht, wird es hell.« – Er fürchtete sich also nicht vor der Dunkelheit, sondern weil er eine geliebte Person vermißte, und konnte versprechen, sich zu beruhigen, sobald er einen Beweis von deren Anwesenheit empfangen hatte. – [*Zusatz 1920:*] Daß die neurotische Angst aus der Libido entsteht, ein Umwandlungsprodukt derselben darstellt, sich also etwa so zu ihr verhält wie der Essig zum Wein, ist eines der bedeutsamsten Resultate der psychoanalytischen Forschung. Eine weitere Diskussion dieses Problems siehe in meinen *Vorlesungen zur Einführung in die Psychoanalyse*, [1916–]1917, woselbst wohl auch nicht die endgültige Aufklärung erreicht worden ist. [Dem Thema Angst ist die 25. Vorlesung gewidmet. In der vorliegenden Ausgabe wurde darauf verzichtet, weil Freud in dem späteren Aufsatz *Hemmung, Symptom und Angst* (vgl. in Band 3) seine Theorie der Angst gründlich dargestellt und z. T. revidiert hat.]

INZEST-SCHRANKE

Wenn die Zärtlichkeit der Eltern zum Kinde es glücklich vermieden hat, den Sexualtrieb desselben vorzeitig, das heißt ehe die körperlichen Bedingungen der Pubertät gegeben sind, in solcher Stärke zu wecken, daß die seelische Erregung in unverkennbarer Weise zum Genitalsystem durchbricht, so kann sie ihre Aufgabe erfüllen, dieses Kind im Alter der Reife bei der Wahl des Sexualobjekts zu leiten. Gewiß läge es dem Kinde am nächsten, diejenigen Personen selbst zu Sexualobjekten zu wählen, die es mit einer sozusagen abgedämpften Libido seit seiner Kindheit liebt.[121] Aber durch den Aufschub der sexuellen Reifung ist die Zeit gewonnen worden, neben anderen Sexualhemmnissen die Inzestschranke aufzurichten, jene moralischen Vorschriften in sich aufzunehmen, welche die geliebten Personen der Kindheit als Blutsverwandte ausdrücklich von der Objektwahl ausschließen. Die Beachtung dieser Schranke ist vor allem eine Kulturforderung der Gesellschaft, welche sich gegen die Aufzehrung von Interessen durch die Familie wehren muß, die sie für die Herstellung höherer sozialer Einheiten braucht, und darum mit allen Mitteln dahin wirkt, bei jedem einzelnen, speziell beim Jüngling, den in der Kindheit allein maßgebenden Zusammenhang mit seiner Familie zu lockern.[122]

Die Objektwahl wird aber zunächst in der Vorstellung vollzogen, und das Geschlechtsleben der eben reifenden Jugend hat kaum einen anderen Spielraum, als sich in Phantasien, das heißt in nicht zur Ausführung bestimmten

121 Vgl. hiezu das über die Objektwahl des Kindes Gesagte: die »zärtliche Strömung« [am Schluß des Abschnitts 6 der zweiten der vorliegenden *Drei Abhandlungen zur Sexualtheorie*].

122 [*Zusatz 1915:*] Die Inzestschranke gehört wahrscheinlich zu den historischen Erwerbungen der Menschheit und dürfte wie andere Moraltabus bereits bei vielen Individuen durch organische Vererbung fixiert sein. (Vgl. meine Schrift: *Totem und Tabu* [1912–]1913.) Doch zeigt die psychoanalytische Untersuchung, wie intensiv noch der einzelne in seinen Entwicklungszeiten mit der Inzestversuchung ringt und wie häufig er sie in Phantasien und selbst in der Realität übertritt.

Vorstellungen zu ergehen.[123] In diesen Phantasien treten bei allen Menschen die infantilen Neigungen, nun durch den somatischen Nachdruck verstärkt, wieder auf, und unter ihnen in gesetzmäßiger Häufigkeit und an erster Stelle die meist bereits durch die Geschlechtsanziehung differenzierte Sexualregung des Kindes für die Eltern, des Sohnes für die Mutter und der Tochter für den Vater.[124] Gleichzei-

123 [*Zusatz 1920:*] Die Phantasien der Pubertätszeit knüpfen an die in der Kindheit verlassene infantile Sexualforschung an, reichen wohl auch ein Stück in die Latenzzeit zurück. Sie können ganz oder zum großen Teil unbewußt gehalten werden, entziehen sich darum häufig einer genauen Datierung. Sie haben große Bedeutung für die Entstehung mannigfaltiger Symptome, indem sie geradezu die Vorstufen derselben abgeben, also die Formen herstellen, in denen die verdrängten Libidokomponenten ihre Befriedigung finden. Ebenso sind sie die Vorlagen der nächtlichen Phantasien, die als Träume bewußt werden. Träume sind häufig nichts anderes als Wiederbelebungen solcher Phantasien unter dem Einfluß und in Anlehnung an einen aus dem Wachleben erübrigten Tagesreiz (»Tagesreste«). – Unter den sexuellen Phantasien der Pubertätszeit ragen einige hervor, welche durch allgemeinstes Vorkommen und weitgehende Unabhängigkeit vom Erleben des einzelnen ausgezeichnet sind. So die Phantasien von der Belauschung des elterlichen Geschlechtsverkehrs, von der frühen Verführung durch geliebte Personen, von der Kastrationsdrohung, die Mutterleibsphantasien, deren Inhalt Verweilen und selbst Erlebnisse im Mutterleib sind, und der sogenannte »Familienroman«, in welchem der Heranwachsende auf den Unterschied seiner Einstellung zu den Eltern jetzt und in der Kindheit reagiert. Die nahen Beziehungen dieser Phantasien zum Mythus hat für das letzte Beispiel O. Rank in seiner Schrift *Der Mythus von der Geburt des Helden* (1909) aufgezeigt.

Man sagt mit Recht, daß der Ödipuskomplex der Kernkomplex der Neurosen ist, das wesentliche Stück im Inhalt der Neurose darstellt. In ihm gipfelt die infantile Sexualität, welche durch ihre Nachwirkungen die Sexualität des Erwachsenen entscheidend beeinflußt. Jedem menschlichen Neuankömmling ist die Aufgabe gestellt, den Ödipuskomplex zu bewältigen; wer es nicht zustande bringt, ist der Neurose verfallen. Der Fortschritt der psychoanalytischen Arbeit hat diese Bedeutung des Ödipuskomplexes immer schärfer gezeichnet; seine Anerkennung ist das Schiboleth geworden, welches die Anhänger der Psychoanalyse von ihren Gegnern scheidet. – [*Zusatz 1924:*] In einer anderen Schrift (*Das Trauma der Geburt*, 1924) hat Rank die Mutterbindung auf die embryonale Vorzeit zurückgeführt und so die biologische Grundlage des Ödipuskomplexes aufgezeigt. Die Inzestschranke leitet er abweichend vom Vorstehenden von dem traumatischen Eindruck der Geburtsangst ab.

124 Vergleiche die Ausführungen über das unvermeidliche Verhängnis in der Ödipusfabel (*Traumdeutung* [1900]).

tig mit der Überwindung und Verwerfung dieser deutlich inzestuösen Phantasien wird eine der bedeutsamsten, aber auch schmerzhaftesten, psychischen Leistungen der Pubertätszeit vollzogen, die Ablösung von der Autorität der Eltern, durch welche erst der für den Kulturfortschritt so wichtige Gegensatz der neuen Generation zur alten geschaffen wird. Auf jeder der Stationen des Entwicklungsganges, den die Individuen durchmachen sollen, wird eine Anzahl derselben zurückgehalten, und so gibt es auch Personen, welche die Autorität der Eltern nie überwunden und ihre Zärtlichkeit von denselben nicht oder nur sehr unvollständig zurückgezogen haben. Es sind zumeist Mädchen, die so zur Freude der Eltern weit über die Pubertät hinaus bei der vollen Kinderliebe verbleiben, und da wird es dann sehr lehrreich, zu finden, daß es diesen Mädchen in ihrer späteren Ehe an dem Vermögen gebricht, ihren Männern das Gebührende zu schenken. Sie werden kühle Ehefrauen und bleiben sexuell anästhetisch. Man lernt daraus, daß die anscheinend nicht sexuelle Liebe zu den Eltern und die geschlechtliche Liebe aus denselben Quellen gespeist werden, das heißt, daß die erstere nur einer infantilen Fixierung der Libido entspricht.

Je mehr man sich den tieferen Störungen der psychosexuellen Entwicklung nähert, desto unverkennbarer tritt die Bedeutung der inzestuösen Objektwahl hervor. Bei den Psychoneurotikern verbleibt infolge von Sexualablehnung ein großes Stück oder das Ganze der psychosexuellen Tätigkeit zur Objektfindung im Unbewußten. Für die Mädchen mit übergroßem Zärtlichkeitsbedürfnis und ebensolchem Grausen vor den realen Anforderungen des Sexuallebens wird es zu einer unwiderstehlichen Versuchung, sich einerseits das Ideal der asexuellen Liebe im Leben zu verwirklichen und andererseits ihre Libido hinter einer Zärtlichkeit, die sie ohne Selbstvorwurf äußern dürfen, zu verbergen, indem sie die infantile, in der Pubertät aufgefrischte Neigung zu Eltern oder Geschwistern fürs Leben festhalten. Die Psychoanalyse kann solchen Personen mühelos nachweisen, daß sie in diese ihre Blutsverwandten im gemeinverständlichen Sinne des Wortes *verliebt* sind, indem sie mit Hilfe der Symptome und anderen Krankheitsäußerungen ihre unbewußten Gedanken aufspürt und in bewußte übersetzt. Auch wo ein vorerst Gesunder nach einer unglücklichen Liebeserfahrung erkrankt ist, kann man als den Mechanismus solcher Erkrankung die Rückwendung seiner Libido auf die infantil bevorzugten Personen mit Sicherheit aufdecken.

NACHWIRKUNG DER INFANTILEN OBJEKTWAHL

Auch wer die inzestuöse Fixierung seiner Libido glücklich vermieden hat, ist dem Einfluß derselben nicht völlig entzogen. Es ist ein deutlicher Nachklang dieser Entwicklungsphase, wenn die erste ernsthafte Verliebtheit des jungen Mannes, wie so häufig, einem reifen Weibe, die des Mädchens einem älteren, mit Autorität ausgestatteten Manne gilt, die ihnen das Bild der Mutter und des Vaters beleben können.[125] In freierer Anlehnung an diese Vorbilder geht wohl die Objektwahl überhaupt vor sich. Vor allem sucht der Mann nach dem Erinnerungsbild der Mutter, wie es ihn seit den Anfängen der Kindheit beherrscht; im vollen Einklang steht es damit, wenn sich die noch lebende Mutter gegen diese ihre Erneuerung sträubt und ihr mit Feindseligkeit begegnet. Bei solcher Bedeutung der kindlichen Beziehungen zu den Eltern für die spätere Wahl des Sexualobjekts ist es leicht zu verstehen, daß jede Störung dieser Kindheitsbeziehungen die schwersten Folgen für das Sexualleben nach der Reife zeitigt; auch die Eifersucht des Liebenden ermangelt nie der infantilen Wurzel oder wenigstens der infantilen Verstärkung. Zwistigkeiten zwischen den Eltern selbst, unglückliche Ehe derselben, bedingen die schwerste Prädisposition für gestörte Sexualentwicklung oder neurotische Erkrankung der Kinder.

Die infantile Neigung zu den Eltern ist wohl die wichtig-

125 [*Zusatz 1920:*] Siehe meinen Aufsatz *Über einen besonderen Typus der Objektwahl beim Manne* (1910) [vgl. im vorliegenden Band unserer Ausgabe].

ste, aber nicht die einzige der Spuren, die, in der Pubertät aufgefrischt, dann der Objektwahl den Weg weisen. Andere Ansätze derselben Herkunft gestatten dem Manne noch immer in Anlehnung an seine Kindheit, mehr als eine einzige *Sexualreihe* zu entwickeln, ganz verschiedene Bedingungen für die Objektwahl auszubilden.[126]

Verhütung der Inversion

Eine bei der Objektwahl sich ergebende Aufgabe liegt darin, das entgegengesetzte Geschlecht nicht zu verfehlen. Sie wird, wie bekannt, nicht ohne einiges Tasten gelöst. Die ersten Regungen nach der Pubertät gehen häufig genug – ohne dauernden Schaden – irre. Dessoir[127] hat mit Recht darauf aufmerksam gemacht, welche Gesetzmäßigkeit sich in den schwärmerischen Freundschaften von Jünglingen und Mädchen für ihresgleichen verrät. Die größte Macht, welche eine dauernde Inversion des Sexualobjektes abwehrt, ist gewiß die Anziehung, welche die entgegengesetzten Geschlechtscharaktere füreinander äußern; zur Erklärung derselben kann im Zusammenhange dieser Erörterungen nichts gegeben werden.[128] Aber dieser Faktor reicht für sich allein nicht hin, die Inversion auszuschließen; es kommen wohl allerlei unterstützende Momente hinzu. Vor allem die Autoritätshemmung der Gesellschaft; wo die Inversion nicht als Verbrechen betrachtet wird, da kann man die Erfahrung machen, daß sie den sexuellen Neigungen nicht weniger Individuen voll entspricht. Ferner darf man für den Mann annehmen, daß die Kindererinnerung an die Zärtlichkeit der Mutter und anderer weiblicher Personen,

126 [*Zusatz 1915:*] Ungezählte Eigentümlichkeiten des menschlichen Liebeslebens sowie das Zwanghafte der Verliebtheit selbst sind überhaupt nur durch die Rückbeziehung auf die Kindheit und als Wirkungsreste derselben zu verstehen.

127 [Max Dessoir, *Zur Psychologie der Vita sexualis*, in: Allg. Z. Psychiat., 1894, Bd. 50, S. 941.]

128 [*Zusatz 1924:*] Es ist hier der Ort, auf eine gewiß phantastische, aber überaus geistreiche Schrift von Ferenczi (*Versuch einer Genitaltheorie*, 1924) hinzuweisen, in der das Geschlechtsleben der höheren Tiere aus ihrer biologischen Entwicklungsgeschichte abgeleitet wird.

denen er als Kind überantwortet war, energisch mithilft, seine Wahl auf das Weib zu lenken,[129] während die von seiten des Vaters erfahrene frühzeitige Sexualeinschüchterung und die Konkurrenzeinstellung zu ihm vom gleichen Geschlechte ablenkt. Beide Momente gelten aber auch für das Mädchen, dessen Sexualbetätigung unter der besonderen Obhut der Mutter steht. Es ergibt sich so eine feindliche Beziehung zum eigenen Geschlecht, welche die Objektwahl entscheidend in dem für normal geltenden Sinn beeinflußt. Die Erziehung der Knaben durch männliche Personen (Sklaven in der antiken Welt) scheint die Homosexualität zu begünstigen; beim heutigen Adel wird die Häufigkeit der Inversion wohl durch die Verwendung männlicher Dienerschaft wie durch die geringere persönliche Fürsorge der Mütter für ihre Kinder um etwas verständlicher. Bei manchen Hysterischen ergibt sich, daß der frühzeitige Wegfall einer Person des Elternpaares (durch Tod, Ehescheidung, Entfremdung), worauf dann die übrigbleibende die ganze Liebe des Kindes an sich gezogen hatte, die Bedingung für das Geschlecht der später zum Sexualobjekt gewählten Person festgestellt und damit auch die dauernde Inversion ermöglicht hat.

Zusammenfassung

Es ist an der Zeit, eine Zusammenfassung zu versuchen. Wir sind von den Abirrungen des Geschlechtstriebes in bezug auf sein Objekt und sein Ziel ausgegangen, haben die Fragestellung vorgefunden, ob diese aus angeborener Anlage entspringen oder infolge der Einflüsse des Lebens erworben werden. Die Beantwortung dieser Frage ergab sich uns aus der Einsicht in die Verhältnisse des Geschlechts-

129 [Das Ende des Satzes sowie die beiden anschließenden Sätze datieren von 1915. In den Auflagen von 1905 und 1910 steht statt dessen folgende Formulierung: »während das Mädchen, das mit der Pubertät ohnedies in eine Verdrängungsperiode eintritt, durch die Regungen des Wettbewerbes von der Liebe zum gleichen Geschlecht mitabgehalten wird.«]

triebes bei den Psychoneurotikern, einer zahlreichen und den Gesunden nicht ferne stehenden Menschengruppe, welche Einsicht wir durch psychoanalytische Untersuchung gewonnen hatten. Wir fanden so, daß bei diesen Personen die Neigungen zu allen Perversionen als unbewußte Mächte nachweisbar sind und sich als Symptombildner verraten, und konnten sagen, die Neurose sei gleichsam ein Negativ der Perversion. Angesichts der nun erkannten großen Verbreitung der Perversionsneigungen drängte sich uns der Gesichtspunkt auf, daß die Anlage zu den Perversionen die ursprüngliche allgemeine Anlage des menschlichen Geschlechtstriebes sei, aus welcher das normale Sexualverhalten infolge organischer Veränderungen und psychischer Hemmungen im Laufe der Reifung entwickelt werde. Die ursprüngliche Anlage hofften wir im Kindesalter aufzeigen zu können; unter den die Richtung des Sexualtriebes einschränkenden Mächten hoben wir Scham, Ekel, Mitleid und die sozialen Konstruktionen der Moral und Autorität hervor. So mußten wir in jeder fixierten Abirrung vom normalen Geschlechtsleben ein Stück Entwicklungshemmung und Infantilismus erblicken. Die Bedeutung der Variationen der ursprünglichen Anlage mußten wir in den Vordergrund stellen, zwischen ihnen und den Einflüssen des Lebens aber ein Verhältnis von Kooperation und nicht von Gegensätzlichkeit annehmen. Anderseits erschien uns, da die ursprüngliche Anlage eine komplexe sein mußte, der Geschlechtstrieb selbst als etwas aus vielen Faktoren Zusammengesetztes, das in den Perversionen gleichsam in seine Komponenten zerfällt. Somit erwiesen sich die Perversionen einerseits als Hemmungen, andererseits als Dissoziationen der normalen Entwicklung. Beide Auffassungen vereinigten sich in der Annahme, daß der Geschlechtstrieb des Erwachsenen durch die Zusammenfassung vielfacher Regungen des Kinderlebens zu einer Einheit, einer Strebung mit einem einzigen Ziel entstehe.

Wir fügten noch die Aufklärung für das Überwiegen der perversen Neigungen bei den Psychoneurotikern bei, indem wir dieses als kollaterale Füllung von Nebenbahnen bei Verlegung des Hauptstrombettes durch die »Verdrängung« erkannten, und wandten uns dann der Betrachtung des Sexuallebens im Kindesalter zu.[130] Wir fanden es bedauerlich, daß man dem Kindesalter den Sexualtrieb abgesprochen und die nicht selten zu beobachtenden Sexualäußerungen des Kindes als regelwidrige Vorkommnisse beschrieben hat. Es schien uns vielmehr, daß das Kind Keime von Sexualtätigkeit mit zur Welt bringt und schon bei der Nahrungsaufnahme sexuelle Befriedigung mitgenießt, die es sich dann in der gut gekannten Tätigkeit des »Ludelns« immer wieder zu verschaffen sucht. Die Sexualbetätigung des Kindes entwickle sich aber nicht im gleichen Schritt wie seine sonstigen Funktionen, sondern trete nach einer kurzen Blüteperiode vom zweiten bis zum fünften Jahre[131] in die sogenannte Latenzperiode ein. In derselben würde die Produktion sexueller Erregung keineswegs eingestellt, sondern halte an und liefere einen Vorrat von Energie, der großenteils zu anderen als sexuellen Zwecken verwendet werde, nämlich einerseits zur Abgabe der sexuellen Komponenten für soziale Gefühle, anderseits (vermittels Verdrängung und Reaktionsbildung) zum Aufbau der späteren Sexualschranken. Demnach würden die Mächte, die dazu bestimmt sind, den Sexualtrieb in gewissen Bahnen zu erhalten, im Kindesalter auf Kosten der großenteils perversen Sexualregungen und unter Mithilfe der Erziehung aufgebaut. Ein anderer Teil der infantilen Sexualregungen entgehe diesen Verwendungen und könne sich als Sexualbetätigung äußern. Man könne dann erfahren, daß die Sexualerregung des Kindes aus vielerlei Quellen fließe. Vor

130 [*Zusatz 1915:*] Dies gilt nicht nur für die in der Neurose »negativ« auftretenden Perversionsneigungen, sondern ebenso für die positiven, eigentlich so benannten Perversionen. Diese letzteren sind also nicht bloß auf die Fixierung der infantilen Neigungen zurückzuführen, sondern auch auf die Regression zu denselben infolge der Verlegung anderer Bahnen der Sexualströmung. Darum sind auch die positiven Perversionen der psychoanalytischen Therapie zugänglich.

131 [Die letzten sechs Wörter wurden 1915 eingefügt. Damals hieß es allerdings »vom 3. bis zum 5. Jahr«; erst in der Auflage von 1920 heißt es dann »vom zweiten«.]

allem entstehe Befriedigung durch die geeignete sensible Erregung sogenannter erogener Zonen, als welche wahrscheinlich jede Hautstelle und jedes Sinnesorgan, wahrscheinlich jedes Organ,[132] fungieren könne, während gewisse ausgezeichnete erogene Zonen existieren, deren Erregung durch gewisse organische Vorrichtungen von Anfang an gesichert sei. Ferner entstehe sexuelle Erregung gleichsam als Nebenprodukt bei einer großen Reihe von Vorgängen im Organismus, sobald dieselben nur eine gewisse Intensität erreichen, ganz besonders bei allen stärkeren Gemütsbewegungen, seien sie auch peinlicher Natur. Die Erregungen aus all diesen Quellen setzten sich noch nicht zusammen, sondern verfolgten jede vereinzelt ihr Ziel, welches bloß der Gewinn einer gewissen Lust ist. Der Geschlechtstrieb sei also im Kindesalter *nicht zentriert* und zunächst[133] objektlos, *autoerotisch.*

Noch während der Kinderjahre beginne die erogene Zone der Genitalien sich bemerkbar zu machen, entweder in der Art, daß sie wie jede andere erogene Zone auf geeignete sensible Reizung Befriedigung ergebe, oder indem auf nicht ganz verständliche Weise mit der Befriedigung von anderen Quellen her gleichzeitig eine Sexualerregung erzeugt werde, die zu der Genitalzone eine besondere Beziehung erhalte. Wir haben es bedauern müssen, daß eine genügende Aufklärung des Verhältnisses zwischen Sexualbefriedigung und Sexualerregung sowie zwischen der Tätigkeit der Genitalzone und der übrigen Quellen der Sexualität nicht zu erreichen war.

Durch[134] das Studium der neurotischen Störungen haben wir gemerkt, daß sich im kindlichen Sexualleben von allem Anfang an Ansätze zu einer Organisation der sexuellen Triebkomponenten erkennen lassen. In einer ersten, sehr frühen Phase steht die *Oral*erotik im Vordergrunde; eine zweite dieser *»prägenitalen«* Organisationen wird durch

132 [Die Einfügung »wahrscheinlich jedes Organ« stammt von 1915.]
133 [Die letzten vier Wörter sind ein Zusatz von 1920.]
134 [Dieser sowie die beiden folgenden Absätze wurden 1920 hinzugefügt.]

die Vorherrschaft des *Sadismus* und der *Anal*erotik charakterisiert, erst in einer dritten Phase (die sich beim Kind nur bis zum Primat des Phallus entwickelt)[135] wird das Sexualleben durch den Anteil der eigentlichen Genitalzonen mitbestimmt.

Wir haben dann als eine der überraschendsten Ermittlungen feststellen müssen, daß diese Frühblüte des infantilen Sexuallebens (zwei bis fünf Jahre) auch eine Objektwahl mit all den reichen, seelischen Leistungen zeitigt, so daß die daran geknüpfte, ihr entsprechende Phase trotz der mangelnden Zusammenfassung der einzelnen Triebkomponenten und der Unsicherheit des Sexualzieles als bedeutsamer Vorläufer der späteren endgültigen Sexualorganisation einzuschätzen ist.

Die Tatsache des *zweizeitigen Ansatzes* der Sexualentwicklung beim Menschen, also die Unterbrechung dieser Entwicklung durch die Latenzzeit, erschien uns besonderer Beachtung würdig. Sie scheint eine der Bedingungen für die Eignung des Menschen zur Entwicklung einer höheren Kultur, aber auch für seine Neigung zur Neurose zu enthalten. Bei der tierischen Verwandtschaft des Menschen ist unseres Wissens etwas Analoges nicht nachweisbar. Die Ableitung der Herkunft dieser menschlichen Eigenschaft müßte man in der Urgeschichte der Menschenart suchen.

Welches Maß von sexuellen Betätigungen im Kindesalter noch als normal, der weiteren Entwicklung nicht abträglich, bezeichnet werden darf, konnten wir nicht sagen. Der Charakter der Sexualäußerungen erwies sich als vorwiegend masturbatorisch. Wir stellten ferner durch Erfahrungen fest, daß die äußeren Einflüsse der Verführung vorzeitige Durchbrüche der Latenzzeit bis zur Aufhebung derselben hervorrufen können und daß sich dabei der Geschlechtstrieb des Kindes in der Tat als polymorph pervers bewährt; ferner, daß jede solche frühzeitige Sexualtätigkeit die Erziehbarkeit des Kindes beeinträchtigt.

Trotz der Lückenhaftigkeit unserer Einsichten in das in-

135 [Der eingeklammerte Satzteil stammt von 1924.]

fantile Sexualleben mußten wir dann den Versuch machen, die durch das Auftreten der Pubertät gesetzten Veränderungen desselben zu studieren. Wir griffen zwei derselben als die maßgebenden heraus, die Unterordnung aller sonstigen Ursprünge der Sexualerregung unter das Primat der Genitalzonen und den Prozeß der Objektfindung. Beide sind im Kinderleben bereits vorgebildet. Die erstere vollzieht sich durch den Mechanismus der Ausnützung der Vorlust, wobei die sonst selbständigen sexuellen Akte, die mit Lust und Erregung verbunden sind, zu vorbereitenden Akten für das neue Sexualziel, die Entleerung der Geschlechtsprodukte, werden, dessen Erreichung unter riesiger Lust der Sexualerregung ein Ende macht. Wir hatten dabei die Differenzierung des geschlechtlichen Wesens zu Mann und Weib zu berücksichtigen und fanden, daß zum Weibwerden eine neuerliche Verdrängung erforderlich ist, welche ein Stück infantiler Männlichkeit aufhebt und das Weib für den Wechsel der leitenden Genitalzone vorbereitet. Die Objektwahl endlich fanden wir geleitet durch die infantilen, zur Pubertät aufgefrischten Andeutungen sexueller Neigung des Kindes zu seinen Eltern und Pflegepersonen und durch die mittlerweile aufgerichtete Inzestschranke von diesen Personen weg auf ihnen ähnliche gelenkt. Fügen wir endlich noch hinzu, daß während der Übergangszeit der Pubertät die somatischen und die psychischen Entwicklungsvorgänge eine Weile unverknüpft nebeneinander hergehen, bis mit dem Durchbruch einer intensiven seelischen Liebesregung zur Innervation der Genitalien die normalerweise erforderte Einheit der Liebesfunktion hergestellt wird.

Entwicklungsstörende Momente

Jeder Schritt auf diesem langen Entwicklungswege kann zur Fixierungsstelle, jede Fuge dieser verwickelten Zusammensetzung zum Anlaß der Dissoziation des Geschlechtstriebes werden, wie wir bereits an verschiedenen Beispielen erörtert haben. Es erübrigt uns noch, eine Übersicht der verschiedenen, die Entwicklung störenden inneren und äußeren Momente zu geben und beizufügen, an welcher Stelle des Mechanismus die von ihnen ausgehende Störung angreift. Was wir da in einer Reihe anführen, kann freilich unter sich nicht gleichwertig sein, und wir müssen auf Schwierigkeiten rechnen, den einzelnen Momenten die ihnen gebührende Abschätzung zuzuteilen.

KONSTITUTION UND HEREDITÄT

An erster Stelle ist hier die angeborene *Verschiedenheit der sexuellen Konstitution* zu nennen, auf die wahrscheinlich das Hauptgewicht entfällt, die aber, wie begreiflich, nur aus ihren späteren Äußerungen und dann nicht immer mit großer Sicherheit zu erschließen ist. Wir stellen uns unter ihr ein Überwiegen dieser oder jener der mannigfachen Quellen der Sexualerregung vor und glauben, daß solche Verschiedenheit der Anlagen in dem Endergebnis jedenfalls zum Ausdruck kommen muß, auch wenn dies sich innerhalb der Grenzen des Normalen zu halten vermag. Gewiß sind auch solche Variationen der ursprünglichen Anlage denkbar, welche notwendigerweise und ohne weitere Mithilfe zur Ausbildung eines abnormen Sexuallebens führen müssen. Man kann dieselben dann »degenerative« heißen und als Ausdruck ererbter Verschlechterung betrachten. Ich habe in diesem Zusammenhange eine merkwürdige Tatsache zu berichten. Bei mehr als der Hälfte meiner psychotherapeutisch behandelten schweren Fälle von Hysterie, Zwangsneurose usw. ist mir der Nachweis der vor der Ehe überstandenen Syphilis der Väter sicher gelungen, sei es, daß diese an Tabes oder progressiver Paralyse gelitten hatten, sei es, daß deren luetische Erkrankung sich anderswie anamnestisch feststellen ließ. Ich bemerke ausdrücklich, daß die später neurotischen Kinder keine körperlichen Zeichen von hereditärer Lues an sich trugen, so daß eben die abnorme sexuelle Konstitution als der letzte Ausläufer der luetischen Erbschaft zu betrachten war. So fern es mir nun liegt, die Abkunft von syphilitischen Eltern als regelmäßige oder unentbehrliche ätiologische Bedingung der neuropathischen

Konstitution hinzustellen, so halte ich doch das von mir beobachtete Zusammentreffen für nicht zufällig und nicht bedeutungslos.

Die hereditären Verhältnisse der positiv Perversen sind minder gut bekannt, weil dieselben sich der Erkundung zu entziehen wissen. Doch hat man Grund anzunehmen, daß bei den Perversionen ähnliches wie bei den Neurosen gilt. Nicht selten findet man nämlich Perversion und Psychoneurose in denselben Familien auf die verschiedenen Geschlechter so verteilt, daß die männlichen Mitglieder oder eines derselben positiv pervers, die weiblichen aber der Verdrängungsneigung ihres Geschlechts entsprechend negativ pervers, hysterisch sind, ein guter Beleg für die von uns gefundenen Wesensbeziehungen zwischen den beiden Störungen.

WEITERE VERARBEITUNG

Man kann indes den Standpunkt nicht vertreten, als ob mit dem Ansatz der verschiedenen Komponenten in der sexuellen Konstitution die Entscheidung über die Gestaltung des Sexuallebens eindeutig bestimmt wäre. Die Bedingtheit setzt sich vielmehr fort, und weitere Möglichkeiten ergeben sich je nach dem Schicksal, welches die aus den einzelnen Quellen stammenden Sexualitätszuflüsse erfahren. Diese *weitere Verarbeitung* ist offenbar das endgültig Entscheidende, während die der Beschreibung nach gleiche Konstitution zu drei verschiedenen Endausgängen führen kann.

[1] Wenn sich alle die Anlagen in ihrem als abnorm angenommenen relativen Verhältnis erhalten und mit der Reifung verstärken, so kann nur ein perverses Sexualleben das Endergebnis sein. Die Analyse solcher abnormer konstitutioneller Anlagen ist noch nicht ordentlich in Angriff genommen worden, doch kennen wir bereits Fälle, die in solchen Annahmen mit Leichtigkeit ihre Erklärung finden. Die Autoren meinen zum Beispiel von einer ganzen Reihe von Fixationsperversionen, dieselben hätten eine angeborene Schwäche des Sexualtriebes zur notwendigen Voraussetzung. In dieser Form scheint mir die Aufstellung unhalt-

bar; sie wird aber sinnreich, wenn eine konstitutionelle Schwäche des einen Faktors des Sexualtriebes, der genitalen Zone, gemeint ist, welche Zone späterhin die Zusammenfassung der einzelnen Sexualbetätigungen zum Ziel der Fortpflanzung als Funktion übernimmt. Diese in der Pubertät geforderte Zusammenfassung muß dann mißlingen, und die stärkste der anderen Sexualitätskomponenten wird ihre Betätigung als Perversion durchsetzen.[136]

VERDRÄNGUNG [2] Ein anderer Ausgang ergibt sich, wenn im Laufe der Entwicklung einzelne der überstark angelegten Komponenten den Prozeß der *Verdrängung* erfahren, von dem man festhalten muß, daß er einer Aufhebung nicht gleichkommt. Die betreffenden Erregungen werden dabei wie sonst erzeugt, aber durch psychische Verhinderung von der Erreichung ihres Zieles abgehalten und auf mannigfache andere Wege gedrängt, bis sie sich als Symptome zum Ausdruck gebracht haben. Das Ergebnis kann ein annähernd normales Sexualleben sein – meist ein eingeschränktes –, aber ergänzt durch psychoneurotische Krankheit. Gerade diese Fälle sind uns durch die psychoanalytische Erforschung Neurotischer gut bekannt geworden. Das Sexualleben solcher Personen hat wie das der Perversen begonnen, ein ganzes Stück ihrer Kindheit ist mit perverser Sexualtätigkeit ausgefüllt, die sich gelegentlich weit über die Reifezeit erstreckt; dann erfolgt aus inneren Ursachen – meist noch vor der Pubertät, aber hie und da sogar spät nachher – ein Verdrängungsumschlag, und von nun an tritt, ohne daß die alten Regungen erlöschen, Neurose an die Stelle der Perversion. Man wird an das Sprichwort »Junge Hure, alte Betschwester« erinnert, nur daß die Jugend hier allzu kurz ausgefallen ist. Diese Ablösung der Perversion durch die Neurose im Leben derselben Person muß man ebenso wie die vorhin an-

136 [*Zusatz 1915:*] Man sieht dabei häufig, daß in der Pubertätszeit zunächst eine normale Sexualströmung einsetzt, welche aber infolge ihrer inneren Schwäche vor den ersten äußeren Hindernissen zusammenbricht und dann von der Regression auf die perverse Fixierung abgelöst wird.

geführte Verteilung von Perversion und Neurose auf verschiedene Personen derselben Familie mit der Einsicht, daß die Neurose das Negativ der Perversion ist, zusammenhalten.

SUBLIMIERUNG [3] Der dritte Ausgang bei abnormer konstitutioneller Anlage wird durch den Prozeß der »*Sublimierung*« ermöglicht, bei welchem den überstarken Erregungen aus einzelnen Sexualitätsquellen Abfluß und Verwendung auf andere Gebiete eröffnet wird, so daß eine nicht unerhebliche Steigerung der psychischen Leistungsfähigkeit aus der an sich gefährlichen Veranlagung resultiert. Eine der Quellen der Kunstbetätigung ist hier zu finden, und je nachdem solche Sublimierung eine vollständige oder unvollständige ist, wird die Charakteranalyse hochbegabter, insbesondere künstlerisch veranlagter Personen jedes Mengungsverhältnis zwischen Leistungsfähigkeit, Perversion und Neurose ergeben. Eine Unterart der Sublimierung ist wohl die Unterdrückung durch *Reaktionsbildung,* die, wie wir gefunden haben, bereits in der Latenzzeit des Kindes beginnt, um sich im günstigen Falle durchs ganze Leben fortzusetzen. Was wir den »Charakter« eines Menschen heißen, ist zum guten Teil mit dem Material sexueller Erregungen aufgebaut und setzt sich aus seit der Kindheit fixierten Trieben, aus durch Sublimierung gewonnenen und aus solchen Konstruktionen zusammen, die zur wirksamen Niederhaltung perverser, als unverwendbar erkannter Regungen bestimmt sind.[137] Somit kann die allgemein perverse Sexualanlage der Kindheit als die Quelle einer Reihe unserer Tugenden geschätzt werden, insofern sie durch Reaktionsbildung zur Schaffung derselben Anstoß gibt.[138]

---

137 [*Zusatz 1920:*] Bei einigen Charakterzügen ist selbst ein Zusammenhang mit bestimmten erogenen Komponenten erkannt worden. So leiten sich Trotz, Sparsamkeit und Ordentlichkeit aus der Verwendung der Analerotik ab. Der Ehrgeiz wird durch eine starke urethralerotische Anlage bestimmt.

138 Ein Menschenkenner wie E. Zola schildert in *La joie de vivre* ein

Akzidentell Erlebtes

Gegenüber den Sexualentbindungen, Verdrängungsschüben und Sublimierungen, letztere beide Vorgänge, deren innere Bedingungen uns völlig unbekannt sind, treten alle anderen Einflüsse weit an Bedeutung zurück. Wer Verdrängungen und Sublimierungen mit zur konstitutionellen Anlage rechnet, als die Lebensäußerungen derselben betrachtet, der hat allerdings das Recht zu behaupten, daß die Endgestaltung des Sexuallebens vor allem das Ergebnis der angeborenen Konstitution ist. Indes wird kein Einsichtiger bestreiten, daß in solchem Zusammenwirken von Faktoren auch Raum für die modifizierenden Einflüsse des akzidentell in der Kindheit und späterhin Erlebten bleibt. Es[139] ist nicht leicht, die Wirksamkeit der konstitutionellen und der akzidentellen Faktoren in ihrem Verhältnis zueinander abzuschätzen. In der Theorie neigt man immer zur Überschätzung der ersteren; die therapeutische Praxis hebt die Bedeutsamkeit der letzteren hervor. Man sollte auf keinen Fall vergessen, daß zwischen den beiden ein Verhältnis von Kooperation und nicht von Ausschließung besteht. Das konstitutionelle Moment muß auf Erlebnisse warten, die es zur Geltung bringen, das akzidentelle bedarf einer Anlehnung an die Konstitution, um zur Wirkung zu kommen. Man kann sich für die Mehrzahl der Fälle eine sogenannte »Ergänzungsreihe«[140] vorstellen, in welcher die fallenden Intensitäten des einen Faktors durch die steigenden des anderen ausgeglichen werden, hat aber keinen Grund, die Existenz extremer Fälle an den Enden der Reihe zu leugnen.

Mädchen, das in heiterer Selbstentäußerung alles, was es besitzt und beanspruchen könnte, sein Vermögen und seine Lebenswünsche, geliebten Personen ohne Entlohnung zum Opfer bringt. Die Kindheit dieses Mädchens ist von einem unersättlichen Zärtlichkeitsbedürfnis beherrscht, das sie bei einer Gelegenheit von Zurücksetzung gegen eine andere in Grausamkeit verfallen läßt.

139 [Der Rest dieses Absatzes und der ganze folgende Absatz stammen von 1915.]

140 [In der Auflage von 1915 steht an dieser Stelle der Ausdruck »ätiologische Reihe«. Er wurde von Freud 1920 durch »Ergänzungsreihe« ersetzt.]

Der psychoanalytischen Forschung entspricht es noch besser, wenn man den Erlebnissen der frühen Kindheit unter den akzidentellen Momenten eine Vorzugsstellung einräumt. Die eine ätiologische Reihe zerlegt sich dann in zwei, die man die *dispositionelle* und die *definitive* heißen kann. In der ersteren wirken Konstitution und akzidentelle Kindheitserlebnisse ebenso zusammen wie in der zweiten Disposition und spätere traumatische Erlebnisse. Alle die Sexualentwicklung schädigenden Momente äußern ihre Wirkung in der Weise, daß sie eine *Regression*, eine Rückkehr zu einer früheren Entwicklungsphase, hervorrufen.

Wir setzen hier unsere Aufgabe fort, die uns als einflußreich für die Sexualentwicklung bekannt gewordenen Momente aufzuzählen, sei es, daß diese wirksame Mächte oder bloß Äußerungen solcher darstellen.

FRÜHREIFE Ein solches Moment ist die spontane sexuelle *Frühreife*, die wenigstens in der Ätiologie der Neurosen mit Sicherheit nachweisbar ist, wenngleich sie so wenig wie andere Momente für sich allein zur Verursachung hinreicht. Sie äußert sich in Durchbrechung, Verkürzung oder Aufhebung der infantilen Latenzzeit und wird zur Ursache von Störungen, indem sie Sexualäußerungen veranlaßt, die einerseits wegen des unfertigen Zustandes der Sexualhemmungen, andererseits infolge des unentwickelten Genitalsystems nur den Charakter von Perversionen an sich tragen können. Diese Perversionsneigungen mögen sich nun als solche erhalten oder nach eingetretenen Verdrängungen zu Triebkräften neurotischer Symptome werden; auf alle Fälle erschwert die sexuelle Frühreife die wünschenswerte spätere Beherrschung des Sexualtriebes durch die höheren seelischen Instanzen und steigert den zwangartigen Charakter, den die psychischen Vertretungen des Triebes ohnedies in Anspruch nehmen. Die sexuelle Frühreife geht häufig vorzeitiger intellektueller Entwicklung parallel; als solche findet sie sich in der Kindheitsgeschichte der bedeutendsten und leistungsfähigsten

Individuen; sie scheint dann nicht ebenso pathogen zu wirken, wie wenn sie isoliert auftritt.

Zeitliche Momente

Ebenso[141] wie die Frühreife fordern andere Momente Berücksichtigung, die man als *»zeitliche«* mit der Frühreife zusammenfassen kann. Es scheint phylogenetisch festgelegt, in welcher Reihenfolge die einzelnen Triebregungen aktiviert werden und wie lange sie sich äußern können, bis sie dem Einfluß einer neu auftretenden Triebregung oder einer typischen Verdrängung unterliegen. Allein sowohl in dieser zeitlichen Aufeinanderfolge wie in der Zeitdauer derselben scheinen Variationen vorzukommen, die auf das Endergebnis einen bestimmenden Einfluß üben müssen. Es kann nicht gleichgültig sein, ob eine gewisse Strömung früher oder später auftritt als ihre Gegenströmung, denn die Wirkung einer Verdrängung ist nicht rückgängig zu machen: eine zeitliche Abweichung in der Zusammensetzung der Komponenten ergibt regelmäßig eine Änderung des Resultats. Andererseits nehmen besonders intensiv auftretende Triebregungen oft einen überraschend schnellen Ablauf, z. B. die heterosexuelle Bindung der später manifest Homosexuellen. Die am heftigsten einsetzenden Strebungen der Kinderjahre rechtfertigen nicht die Befürchtung, daß sie den Charakter des Erwachsenen dauernd beherrschen werden; man darf ebensowohl erwarten, daß sie verschwinden werden, um ihrem Gegenteil Platz zu machen. (»Gestrenge Herren regieren nicht lange.«) Worauf solche zeitliche Verwirrungen der Entwicklungsvorgänge rückführbar sind, vermögen wir auch nicht in Andeutungen anzugeben. Es eröffnet sich hier ein Ausblick auf eine tiefere Phalanx von biologischen, vielleicht auch historischen Problemen, denen wir uns noch nicht auf Kampfesweite angenähert haben.

141 [Dieser Absatz wurde 1915 eingefügt.]

Haftbarkeit Die Bedeutung aller frühzeitigen Sexualäußerungen wird durch einen psychischen Faktor unbekannter Herkunft gesteigert, den man derzeit freilich nur als eine psychologische Vorläufigkeit hinstellen kann. Ich meine die erhöhte *Haftbarkeit* oder *Fixierbarkeit* dieser Eindrücke des Sexuallebens, die man bei späteren Neurotikern wie bei Perversen zur Ergänzung des Tatbestandes hinzunehmen muß, da die gleichen vorzeitigen Sexualäußerungen bei anderen Personen sich nicht so tief einprägen können, daß sie zwangartig auf Wiederholung hinwirken und dem Sexualtrieb für alle Lebenszeit seine Wege vorzuschreiben vermögen. Vielleicht liegt ein Stück der Aufklärung für diese Haftbarkeit in einem anderen psychischen Moment, welches wir in der Verursachung der Neurosen nicht missen können, nämlich in dem Übergewicht, welches im Seelenleben den Erinnerungsspuren im Vergleich mit den rezenten Eindrücken zufällt. Dieses Moment ist offenbar von der intellektuellen Ausbildung abhängig und wächst mit der Höhe der persönlichen Kultur. Im Gegensatz hiezu ist der Wilde als das »unglückselige Kind des Augenblickes« charakterisiert worden.[142] Wegen der gegensätzlichen Beziehung zwischen Kultur und freier Sexualitätsentwicklung, deren Folgen weit in die Gestaltung unseres Lebens verfolgt werden können, ist es auf niedriger Kultur- oder Gesellschaftsstufe so wenig, auf höherer so sehr fürs spätere Leben bedeutsam, wie das sexuelle Leben des Kindes verlaufen ist.

Fixierung Die Begünstigung durch die eben erwähnten psychischen Momente kommt nun den akzidentell erlebten Anregungen der kindlichen Sexualität zugute. Die letzteren (Verführung durch andere Kinder oder Erwachsene in erster Linie) bringen das Material bei, welches mit Hilfe der ersteren zur dauernden Störung fixiert werden kann. Ein guter Teil der später beobachteten Ab-

142 Möglicherweise ist die Erhöhung der Haftbarkeit auch der Erfolg einer besonders intensiven somatischen Sexualäußerung früherer Jahre.

weichungen vom normalen Sexualleben ist so bei Neurotikern wie bei Perversen durch die Eindrücke der angeblich sexualfreien Kindheitsperiode von Anfang an festgelegt. In die Verursachung teilen sich das Entgegenkommen der Konstitution, die Frühreife, die Eigenschaft der erhöhten Haftbarkeit und die zufällige Anregung des Sexualtriebes durch fremden Einfluß.

Der unbefriedigende Schluß aber, der sich aus diesen Untersuchungen über die Störungen des Sexuallebens ergibt, geht dahin, daß wir von den biologischen Vorgängen, in denen das Wesen der Sexualität besteht, lange nicht genug wissen, um aus unseren vereinzelten Einsichten eine zum Verständnis des Normalen wie des Pathologischen genügende Theorie zu gestalten.

Meine Ansichten über die Rolle der Sexualität in der Ätiologie der Neurosen

Ich bin der Meinung, daß man meine Theorie über die ätiologische Bedeutung des sexuellen Momentes für die Neurosen am besten würdigt, wenn man ihrer Entwicklung nachgeht. Ich habe nämlich keineswegs das Bestreben abzuleugnen, daß sie eine Entwicklung durchgemacht und sich während derselben verändert hat. Die Fachgenossen könnten in diesem Zugeständnis die Gewähr finden, daß diese Theorie nichts anderes ist als der Niederschlag fortgesetzter und vertiefter Erfahrungen. Was im Gegensatze hierzu der Spekulation entsprungen ist, das kann allerdings leicht mit einem Schlage vollständig und dann unveränderlich auftreten.

Die Theorie bezog sich ursprünglich bloß auf die als »Neurasthenie« zusammengefaßten Krankheitsbilder, unter denen mir zwei gelegentlich auch rein auftretende Typen auffielen, die ich als *»eigentliche Neurasthenie«* und als *»Angstneurose«* beschrieben habe. Es war ja immer bekannt, daß sexuelle Momente in der Verursachung dieser Formen eine Rolle spielen können, aber man fand dieselben weder regelmäßig wirksam, noch dachte man daran, ihnen einen Vorrang vor anderen ätiologischen Einflüssen einzuräumen. Ich wurde zunächst von der Häufigkeit grober Störungen in der *vita sexualis* der Nervösen überrascht; je mehr ich darauf ausging, solche Störungen zu suchen, wobei ich mir vorhielt, daß die Menschen alle in sexuellen Dingen die Wahrheit verhehlen, und je geschickter ich wurde, das Examen trotz einer anfänglichen Verneinung fortzusetzen, desto regelmäßiger ließen sich solche krank machende Momente aus dem Sexualleben auffinden, bis mir zu deren Allgemeinheit wenig zu fehlen schien. Man mußte aber von vornherein auf ein ähnlich häufiges Vorkommen sexueller Unregelmäßigkeiten unter dem Drucke der sozialen Verhältnisse in unserer Gesellschaft gefaßt sein und konnte im Zweifel bleiben, welches Maß von Abweichung von der normalen Sexualfunktion als Krankheitsursache betrachtet werden dürfe. Ich konnte daher auf den regelmäßigen Nachweis sexueller Noxen nur weniger Wert legen als auf eine zweite Erfahrung, die mir eindeutiger erschien. Es ergab sich, daß die Form der Erkrankung, ob Neurasthenie oder Angstneurose, eine konstante Beziehung zur Art der sexuellen Schädlichkeit zeige. In den typischen Fällen der Neurasthenie war regelmäßig Masturbation oder gehäufte Pollutionen, bei der Angstneurose waren Faktoren wie der *coitus interruptus,* die »frustrane Erregung« und andere nachweisbar, an denen das Moment der ungenügenden Abfuhr der erzeugten Libido das Gemeinsame schien. Erst seit dieser leicht zu machenden und beliebig oft zu bestätigenden Erfahrung hatte ich den Mut, für die sexuellen Einflüsse eine bevorzugte Stellung in der Ätiologie der Neurosen zu beanspruchen. Es kam hinzu, daß bei den so häufigen Mischformen von Neurasthenie und Angstneurose auch die Vermengung der für die beiden Formen angenommenen Ätiologien aufzuzeigen war und daß eine solche Zweiteilung in der Erscheinungsform der Neurose zu dem polaren Charakter der Sexualität (männlich und weiblich) gut zu stimmen schien.

Zur gleichen Zeit, während ich der Sexualität diese Bedeutung für die Entstehung der einfachen Neurosen zuwies,[1] huldigte ich noch in betreff der Psychoneurosen (Hysterie und Zwangsvorstellungen) einer rein psychologischen Theorie, in welcher das sexuelle Moment nicht anders als andere emotionelle Quellen in Betracht kam. Ich hatte im Verein mit J. Breuer und im Anschluß an Beobachtungen, die er gut ein Dezennium vorher an einer hysterischen Kranken gemacht hatte, den Mechanismus der Entstehung hysterischer Symptome mittels des Erweckens

1 *Über die Berechtigung, von der Neurasthenie einen bestimmten Symptomenkomplex als »Angstneurose« abzutrennen,* [in: Neurol. Zentbl., Bd. 14 (2), S. 50–66 (15. Januar 1895)].

von Erinnerungen im hypnotischen Zustande studiert, und wir waren zu Aufschlüssen gelangt, welche gestatteten, die Brücke von der traumatischen Hysterie Charcots zur gemeinen, nicht traumatischen, zu schlagen.[2] Wir waren zur Auffassung gelangt, daß die hysterischen Symptome Dauerwirkungen von psychischen Traumen sind, deren zugehörige Affektgröße durch besondere Bedingungen von bewußter Bearbeitung abgedrängt worden ist und sich darum einen abnormen Weg in die Körperinnervation gebahnt hat. Die Termini *»eingeklemmter Affekt«*, *»Konversion«* und *»Abreagieren«* fassen das Kennzeichnende dieser Anschauung zusammen.

Bei den nahen Beziehungen der Psychoneurosen zu den einfachen Neurosen, die ja so weit gehen, daß dem Ungeübten die diagnostische Unterscheidung nicht immer leichtfällt, konnte es aber nicht ausbleiben, daß die für das eine Gebiet gewonnene Erkenntnis auch für das andere Platz griff. Überdies führte, von solcher Beeinflussung abgesehen, auch die Vertiefung in den psychischen Mechanismus der hysterischen Symptome zu dem gleichen Ergebnis. Wenn man nämlich bei dem von Breuer und mir eingesetzten »kathartischen« Verfahren den psychischen Traumen, von denen sich die hysterischen Symptome ableiteten, immer weiter nachspürte, gelangte man endlich zu Erlebnissen, welche der Kindheit des Kranken angehörten und sein Sexualleben betrafen, und zwar auch in solchen Fällen, in denen eine banale Emotion nicht sexueller Natur den Ausbruch der Krankheit veranlaßt hatte. Ohne diese sexuellen Traumen der Kinderzeit in Betracht zu ziehen, konnte man weder die Symptome aufklären, deren Determinierung verständlich finden, noch deren Widerkehr verhüten. Somit schien die unvergleichliche Bedeutung sexueller Erlebnisse für die Ätiologie der Psychoneurosen als unzweifelhaft festgestellt, und diese Tatsache ist auch bis heute einer der Grundpfeiler der Theorie geblieben.

Wenn man diese Theorie so darstellt, die Ursache der le-

---

2 *Studien über Hysterie* (1895).

benslangen hysterischen Neurose liege in den meist an sich geringfügigen sexuellen Erlebnissen der frühen Kinderzeit, so mag sie allerdings befremdend genug klingen. Nimmt man aber auf die historische Entwicklung der Lehre Rücksicht, verlegt den Hauptinhalt derselben in den Satz, die Hysterie sei der Ausdruck eines besonderen Verhaltens der Sexualfunktion des Individuums und dieses Verhalten werde bereits durch die ersten in der Kindheit einwirkenden Einflüsse und Erlebnisse maßgebend bestimmt, so sind wir zwar um ein Paradoxon ärmer, aber um ein Motiv bereichert worden, den bisher arg vernachlässigten, höchst bedeutsamen Nachwirkungen der Kindheitseindrücke überhaupt unsere Aufmerksamkeit zu schenken.

Indem ich mir vorbehalte, die Frage, ob man in den sexuellen Kindererlebnissen die Ätiologie der Hysterie (und Zwangsneurose) sehen dürfe, weiter unten gründlicher zu behandeln, kehre ich zu der Gestaltung der Theorie zurück, welche diese in einigen kleinen, vorläufigen Publikationen der Jahre 1895 und 1896 angenommen hat.[3] Die Hervorhebung der angenommenen ätiologischen Momente gestattete damals, die gemeinen Neurosen als Erkrankungen mit aktueller Ätiologie den Psychoneurosen gegenüberzustellen, deren Ätiologie vor allem in den sexuellen Erlebnissen der Vorzeit zu suchen war. Die Lehre gipfelte in dem Satze: Bei normaler *vita sexualis* ist eine Neurose unmöglich.

Wenn ich auch diese Sätze noch heute nicht für unrichtig halte, so ist es doch nicht zu verwundern, daß ich in zehn Jahren fortgesetzter Bemühung um die Erkenntnis dieser Verhältnisse über meinen damaligen Standpunkt ein gutes Stück weit hinausgekommen bin und mich heute in der Lage glaube, die Unvollständigkeit, die Verschiebungen und die Mißverständnisse, an denen die Lehre damals litt, durch eingehendere Erfahrung zu korrigieren. Ein Zufall des damals noch spärlichen Materials hatte mir eine

3 *Weitere Bemerkungen über die Abwehr-Neuropsychosen* (1896). – *Zur Ätiologie der Hysterie* (1896).

unverhältnismäßig große Anzahl von Fällen zugeführt, in deren Kindergeschichte die sexuelle Verführung durch Erwachsene oder andere ältere Kinder die Hauptrolle spielte. Ich überschätzte die Häufigkeit dieser (sonst nicht anzuzweifelnden) Vorkommnisse, da ich überdies zu jener Zeit nicht imstande war, die Erinnerungstäuschungen der Hysterischen über ihre Kindheit von den Spuren der wirklichen Vorgänge sicher zu unterscheiden, während ich seitdem gelernt habe, so manche Verführungsphantasie als Abwehrversuch gegen die Erinnerung der eigenen sexuellen Betätigung (Kindermasturbation) aufzulösen. Mit dieser Aufklärung entfiel die Betonung des »traumatischen« Elementes an den sexuellen Kindererlebnissen, und es blieb die Einsicht übrig, daß die infantile Sexualbetätigung (ob spontan oder provoziert) dem späteren Sexualleben nach der Reife die Richtung vorschreibt. Dieselbe Aufklärung, die ja den bedeutsamsten meiner anfänglichen Irrtümer korrigierte, mußte auch die Auffassung vom Mechanismus der hysterischen Symptome verändern. Dieselben erschienen nun nicht mehr als direkte Abkömmlinge der verdrängten Erinnerungen an sexuelle Kindheitserlebnisse, sondern zwischen die Symptome und die infantilen Eindrücke schoben sich nun die (meist in den Pubertätsjahren produzierten) Phantasien (Erinnerungsdichtungen) der Kranken ein, die auf der einen Seite sich aus und über den Kindheitserinnerungen aufbauten, auf der anderen sich unmittelbar in die Symptome umsetzten. Erst mit der Einführung des Elements der hysterischen Phantasien wurde das Gefüge der Neurose und deren Beziehung zum Leben der Kranken durchsichtig; auch ergab sich eine wirklich überraschende Analogie zwischen diesen unbewußten Phantasien der Hysteriker und den als Wahn bewußt gewordenen Dichtungen bei der Paranoia.

Nach dieser Korrektur waren die »infantilen Sexualtraumen« in gewissem Sinne durch den »Infantilismus der Sexualität« ersetzt. Eine zweite Abänderung der ursprünglichen Theorie lag nicht ferne. Mit der angenommenen Häufigkeit der Verführung in der Kindheit entfiel auch die übergroße Betonung der *akzidentellen* Beeinflussung der Sexualität, welcher ich bei der Verursachung des Krankseins die Hauptrolle zuschieben wollte, ohne darum konstitutionelle und hereditäre Momente zu leugnen. Ich hatte sogar gehofft, das Problem der Neurosenwahl, die Entscheidung darüber, welcher Form von Psychoneurose der Kranke verfallen solle, durch die Einzelheiten der sexuellen Kindererlebnisse zu lösen, und damals – wenn auch mit Zurückhaltung – gemeint, daß passives Verhalten bei diesen Szenen die spezifische Disposition zur Hysterie, aktives dagegen die für die Zwangsneurose ergebe. Auf diese Auffassung mußte ich später völlig Verzicht leisten, wenngleich manches Tatsächliche den geahnten Zusammenhang zwischen Passivität und Hysterie, Aktivität und Zwangsneurose in irgendeiner Weise aufrechtzuhalten gebietet.[4] Mit dem Rücktritt der akzidentellen Einflüsse des Erlebens mußten die Momente der Konstitution und Heredität wieder die Oberhand behaupten, aber mit dem Unterschiede gegen die sonst herrschende Anschauung, daß bei mir die »sexuelle Konstitution« an die Stelle der allgemeinen neuropathischen Disposition trat. In meinen jüngst erschienenen *Drei Abhandlungen zur Sexualtheorie* (1905) habe ich den Versuch gemacht, die Mannigfaltigkeiten dieser sexuellen Konstitution sowie die Zusammengesetztheit des Sexualtriebes überhaupt und dessen Herkunft aus verschiedenen Beitragsquellen im Organismus zu schildern.

Immer noch im Zusammenhange mit der veränderten Auffassung der »sexuellen Kindertraumen« entwickelte sich nun die Theorie nach einer Richtung weiter, die schon in den Veröffentlichungen der Jahre 1894 bis 1896 angezeigt worden war. Ich hatte bereits damals, und noch ehe die Sexualität in die ihr gebührende Stellung in der Ätiologie eingesetzt war, als Bedingung für die pathogene Wirksamkeit eines Erlebnisses angegeben, daß dieses dem Ich

4 [Diese spezielle Lösung des Problems der »Neurosenwahl« ist gegen Ende der Arbeit *Zur Ätiologie der Hysterie* (1896) erwähnt. Im Aufsatz *Die Disposition zur Zwangsneurose* (vgl. im vorliegenden Band unserer Ausgabe) kam Freud 1913 abermals auf das Thema zurück.]

unerträglich erscheinen und ein Bestreben zur Abwehr hervorrufen müsse.[5] Auf diese Abwehr hatte ich die psychische Spaltung – oder wie man damals sagte: die Bewußtseinsspaltung – der Hysterie zurückgeführt. Gelang die Abwehr, so war das unerträgliche Erlebnis mit seinen Affektfolgen aus dem Bewußtsein und der Erinnerung des Ichs vertrieben; unter gewissen Verhältnissen entfaltete aber das Vertriebene als ein nun Unbewußtes seine Wirksamkeit und kehrte mittels der Symptome und der an ihnen haftenden Affekte ins Bewußtsein zurück, so daß die Erkrankung einem Mißglücken der Abwehr entsprach. Diese Auffassung hatte das Verdienst, auf das Spiel der psychischen Kräfte einzugehen und somit die seelischen Vorgänge der Hysterie den normalen anzunähern, anstatt die Charakteristik der Neurose in eine rätselhafte und weiter nicht analysierbare Störung zu verlegen.

Als nun weitere Erkundigungen bei normal gebliebenen Personen das unerwartete Ergebnis lieferten, daß deren sexuelle Kindergeschichte sich nicht wesentlich von dem Kinderleben der Neurotiker zu unterscheiden brauche, daß speziell die Rolle der Verführung bei ersteren die gleiche sei, traten die akzidentellen Einflüsse noch mehr gegen den der *»Verdrängung«* (wie ich anstatt »Abwehr« zu sagen begann) zurück.[6] Es kam also nicht darauf an, was ein Individuum in seiner Kindheit an sexuellen Erregungen erfahren hatte, sondern vor allem auf seine Reaktion gegen diese Erlebnisse, ob es diese Eindrücke mit der »Verdrängung« beantwortet habe oder nicht. Bei spontaner infantiler Sexualbetätigung ließ sich zeigen, daß dieselbe häufig im Laufe der Entwicklung durch einen Akt der Verdrängung abgebrochen wurde. Das geschlechtsreife neurotische Indivi-

5 *Die Abwehr-Neuropsychosen: Versuch einer psychologischen Theorie der akquirierten Hysterie, vieler Phobien und Zwangsvorstellungen und gewisser halluzinatorischer Psychosen* (1894).

6 [Viele Jahre später, in *Hemmung, Symptom und Angst* (besonders Kap. XI A (c); vgl. im Band 3 der vorliegenden Ausgabe), kam Freud noch einmal auf den Terminus »Abwehr« zu sprechen, der ein übergreifendes Konzept meine, von dem die »Verdrängung« nur eine einzige Form darstelle.]

duum brachte so ein Stück »Sexualverdrängung« regelmäßig aus seiner Kindheit mit, das bei den Anforderungen des realen Lebens zur Äußerung kam, und die Psychoanalysen Hysterischer zeigten, daß ihre Erkrankung ein Erfolg des Konflikts zwischen der Libido und der Sexualverdrängung sei und daß ihre Symptome den Wert von Kompromissen zwischen beiden seelischen Strömungen haben.

Ohne eine ausführliche Erörterung meiner Vorstellungen von der Verdrängung könnte ich diesen Teil der Theorie nicht weiter aufklären. Es genüge, hier auf meine *Drei Abhandlungen zur Sexualtheorie* (1905) hinzuweisen, wo ich auf die somatischen Vorgänge, in denen das Wesen der Sexualität zu suchen ist, ein allerdings erst spärliches Licht zu werfen versucht habe. Ich habe dort ausgeführt, daß die konstitutionelle sexuelle Anlage des Kindes eine ungleich buntere ist, als man erwarten konnte, daß sie »polymorph pervers« genannt zu werden verdient und daß aus dieser Anlage durch Verdrängung gewisser Komponenten das sogenannte normale Verhalten der Sexualfunktion hervorgeht. Ich konnte durch den Hinweis auf die infantilen Charaktere der Sexualität eine einfache Verknüpfung zwischen Gesundheit, Perversion und Neurose herstellen. Die Norm ergab sich aus der Verdrängung gewisser Partialtriebe und Komponenten der infantilen Anlagen und der Unterordnung der übrigen unter das Primat der Genitalzonen im Dienste der Fortpflanzungsfunktion; die Perversionen entsprachen Störungen dieser Zusammenfassung durch die übermächtige zwangsartige Entwicklung einzelner dieser Partialtriebe, und die Neurose führte sich auf eine zu weitgehende Verdrängung der libidinösen Strebungen zurück. Da fast alle perversen Triebe der infantilen Anlage als symptombildende Kräfte bei der Neurose nachweisbar sind, sich aber bei ihr im Zustande der Verdrängung befinden, konnte ich die Neurose als das »Negativ« der Perversion bezeichnen.

Ich halte es der Hervorhebung wert, daß meine Anschauungen über die Ätiologie der Psychoneurosen bei allen Wandlungen doch zwei Gesichtspunkte nie verleugnet oder verlassen haben, die Schätzung der *Sexualität* und des *Infantilismus*. Sonst sind an die Stelle akzidenteller Einflüsse konstitutionelle Momente, für die rein psychologisch gemeinte »Abwehr« ist die organische »Sexualverdrängung« eingetreten. Sollte nun jemand fragen, wo ein zwingender Beweis für die behauptete ätiologische Bedeutung sexueller Faktoren bei den Psychoneurosen zu finden sei, da man doch diese Erkrankungen auf die banalsten Gemütsbewegungen und selbst auf somatische Anlässe hin ausbrechen sieht, auf eine spezifische Ätiologie in Gestalt besonderer Kindererlebnisse verzichten muß, so nenne ich die psychoanalytische Erforschung der Neurotiker als die Quelle, aus welcher die bestrittene Überzeugung zufließt. Man erfährt, wenn man sich dieser unersetzlichen Untersuchungsmethode bedient, *daß die Symptome die Sexualbetätigung der Kranken darstellen*, die ganze oder eine partielle, aus den Quellen normaler oder perverser Partialtriebe der Sexualität. Nicht nur, daß ein guter Teil der hysterischen Symptomatologie direkt aus den Äußerungen der sexuellen Erregtheit herstammt, nicht nur, daß eine Reihe von erogenen Zonen in der Neurose in Verstärkung infantiler Eigenschaften sich zur Bedeutung von Genitalien erhebt; die kompliziertesten Symptome selbst enthüllen sich als die konvertierten Darstellungen von Phantasien, welche eine sexuelle Situation zum Inhalte haben. Wer die Sprache der Hysterie zu deuten versteht, kann vernehmen, daß die Neurose nur von der verdrängten Sexualität der Kranken handelt. Man wolle nur die Sexualfunktion in ihrem richtigen, durch die infantile Anlage umschriebenen Umfange verstehen. Wo eine banale Emotion zur Verursachung der Erkrankung gerechnet werden muß, weist die Analyse regelmäßig nach, daß die nicht fehlende sexuelle Komponente des traumatischen Erlebnisses die pathogene Wirkung ausgeübt hat.

Wir sind unversehens von der Frage nach der Verursachung der Psychoneurosen zum Problem ihres Wesens vorgedrungen. Will man dem Rechnung tragen, was man durch die Psychoanalyse erfahren hat, so kann man nur sagen, das Wesen dieser Erkrankungen liege in Störungen der Sexualvorgänge, jener Vorgänge im Organismus, welche die Bildung und Verwendung der geschlechtlichen Libido bestimmen. Es ist kaum zu vermeiden, daß man sich diese Vorgänge in letzter Linie als chemische vorstelle, so daß man in den sogenannten aktuellen Neurosen die somatischen, in den Psychoneurosen außerdem noch die psychischen Wirkungen der Störungen im Sexualstoffwechsel erkennen dürfte. Die Ähnlichkeit der Neurosen mit den Intoxikations- und Abstinenzerscheinungen nach gewissen Alkaloiden, mit dem Morbus Basedowi[7] und Morbus Addisoni[8] drängt sich ohne weiteres klinisch auf, und so wie man diese beiden letzteren Erkrankungen nicht mehr als »Nervenkrankheiten« beschreiben darf, so werden wohl auch bald die echten »Neurosen« ihrer Namengebung zum Trotze aus dieser Klasse entfernt werden müssen.

Zur Ätiologie der Neurosen gehört dann alles, was schädigend auf die der Sexualfunktion dienenden Vorgänge einwirken kann. In erster Linie also die Noxen, welche die Sexualfunktion selbst betreffen, insoferne diese von der mit Kultur und Erziehung veränderlichen Sexualkonstitution als Schädlichkeiten angenommen werden. In zweiter Linie stehen alle andersartigen Noxen und Traumen, welche sekundär durch Allgemeinschädigung des Organismus die Sexualvorgänge in demselben zu schädigen vermögen. Man vergesse aber nicht, daß das ätiologische Problem bei den Neurosen mindestens ebenso kompliziert ist wie sonst bei der Krankheitsverursachung. Eine einzige pathogene Einwirkung ist fast niemals hinreichend; zu allermeist wird eine Mehrheit von ätiologischen Momenten erfordert, die

7 [Nach dem Arzt Karl Adolf von Basedow (1799–1854) benannte Erkrankung der Schilddrüse, die häufiger Frauen als Männer befällt. Eine Überfunktion der Schilddrüse führt u. a. zu motorischer Unruhe, gesteigerter psychischer Erregbarkeit, Gewichtsabnahme und Herzklopfen.]

8 [Der engl. Arzt Thomas Addison (1793–1860) hat 1855 diese Erkrankung der Nebenniere (mangelhafte oder fehlende Produktion von Nebennierenrindenhormon) beschrieben. Zumeist erkranken Männer zwischen 20 und 40 Jahren. Zu den wichtigsten Zeichen gehören allgemeine Schwäche und Kraftlosigkeit, Unterkühlung, gesenkter Glukosespiegel.]

einander unterstützen, die man also nicht in Gegensatz zueinander bringen darf. Dafür ist auch der Zustand des neurotischen Krankseins von dem der Gesundheit nicht scharf geschieden. Die Erkrankung ist das Ergebnis einer Summation, und das Maß der ätiologischen Bedingungen kann von irgendeiner Seite her vollgemacht werden. Die Ätiologie der Neurosen ausschließlich in der Heredität oder in der Konstitution zu suchen wäre keine geringere Einseitigkeit, als wenn man einzig die akzidentellen Beeinflussungen der Sexualität im Leben zur Ätiologie erheben wollte, wenn sich doch die Aufklärung ergibt, daß das Wesen dieser Erkrankungen nur in einer Störung der Sexualvorgänge im Organismus gelegen ist.

Charakter und Analerotik

Unter den Personen, denen man durch psychoanalytische Bemühung Hilfe zu leisten sucht, begegnet man eigentlich recht häufig einem Typus, der durch das Zusammentreffen bestimmter Charaktereigenschaften ausgezeichnet ist, während das Verhalten einer gewissen Körperfunktion und der an ihr beteiligten Organe in der Kindheit dieser Personen die Aufmerksamkeit auf sich zieht. Ich weiß heute nicht mehr anzugeben, aus welchen einzelnen Veranlassungen mir der Eindruck erwuchs, daß zwischen jenem Charakter und diesem Organverhalten ein organischer Zusammenhang bestehe, aber ich kann versichern, daß theoretische Erwartung keinen Anteil an diesem Eindrucke hatte.

Infolge gehäufter Erfahrung hat sich der Glaube an solchen Zusammenhang bei mir so sehr verstärkt, daß ich von ihm Mitteilung zu machen wage.

Die Personen, die ich beschreiben will, fallen dadurch auf, daß sie in regelmäßiger Vereinigung die nachstehenden drei Eigenschaften zeigen: sie sind besonders *ordentlich*, *sparsam* und *eigensinnig*. Jedes dieser Worte deckt eigentlich eine kleine Gruppe oder Reihe von miteinander verwandten Charakterzügen. »Ordentlich« begreift sowohl die körperliche Sauberkeit als auch Gewissenhaftigkeit in kleinen Pflichterfüllungen und Verläßlichkeit; das Gegenteil davon wäre: unordentlich, nachlässig. Die Sparsamkeit kann bis zum Geize gesteigert erscheinen; der Eigensinn geht in Trotz über, an den sich leicht Neigung zur Wut und Rachsucht knüpfen. Die beiden letzteren Eigenschaften – Sparsamkeit und Eigensinn – hängen fester miteinander als mit dem ersten, dem »ordentlich«, zusammen; sie sind auch das konstantere Stück des ganzen Komplexes, doch erscheint es mir unabweisbar, daß irgendwie alle drei zusammengehören.

Aus der Kleinkindergeschichte dieser Personen erfährt man leicht, daß sie verhältnismäßig lange dazu gebraucht haben, bis sie der infantilen *incontinentia alvi*[1] Herr geworden sind, und daß sie vereinzeltes Mißglücken dieser Funktion noch in späteren Kinderjahren zu beklagen hatten. Sie scheinen zu jenen Säuglingen gehört zu haben, die sich weigern, den Darm zu entleeren, wenn sie auf den Topf gesetzt werden, weil sie aus der Defäkation einen Lustnebengewinn beziehen;[2] denn sie geben an, daß es ihnen noch in etwas späteren Jahren Vergnügen bereitet hat, den Stuhl zurückzuhalten, und erinnern, wenngleich eher und leichter von ihren Geschwistern als von der eigenen Person, allerlei unziemliche Beschäftigungen mit dem zutage geförderten Kote. Wir schließen aus diesen Anzeichen auf eine überdeutliche erogene Betonung der Afterzone in der von ihnen mitgebrachten Sexualkonstitution; da sich aber nach abgelaufener Kindheit bei diesen Personen nichts mehr von diesen Schwächen und Eigenheiten auffinden läßt, müssen wir annehmen, daß die Analzone ihre erogene Bedeutung im Laufe der Entwicklung eingebüßt hat, und vermuten dann, daß die Konstanz jener Trias von Eigenschaften in ihrem Charakter mit der Aufzehrung der Analerotik in Verbindung gebracht werden darf.

Ich weiß, daß man sich nicht getraut, an einen Sachverhalt zu glauben, solange er unbegreiflich erscheint, der Erklärung nicht irgendeine Anknüpfung bietet. Wenigstens das Grundlegende desselben können wir nun unserem Verständnisse mit Hilfe der Voraussetzungen näherbringen, die in den *Drei Abhandlungen zur Sexualtheorie* (1905) dargelegt sind.[3] Ich suche dort zu zeigen, daß der Sexualtrieb des Menschen hoch zusammengesetzt ist, aus Beiträgen zahlreicher Komponenten und Partialtriebe entsteht. Wesentliche Beiträge zur »Sexualerregung« leisten die peripherischen Erregungen gewisser ausgezeichneter Körperstellen (Genitalien, Mund, After, Blasenausgang), welche den Namen »erogene Zonen« verdienen. Die von diesen

1 [Unvermögen, Exkrete willkürlich zurückzuhalten.]

2 *Drei Abhandlungen zur Sexualtheorie*, II (1905).

3 [Das Material dieses Absatzes stammt hauptsächlich aus Abschnitt 5 der ersten und aus Abschnitt 1 der zweiten Abhandlung.]

Stellen her eintreffenden Erregungsgrößen erfahren aber nicht alle und nicht zu jeder Lebenszeit das gleiche Schicksal. Allgemein gesprochen, kommt nur ein Teil von ihnen dem Sexualleben zugute; ein anderer Teil wird von den sexuellen Zielen abgelenkt und auf andere Ziele gewendet, ein Prozeß, der den Namen »Sublimierung« verdient. Um die Lebenszeit, welche als »sexuelle Latenzperiode« bezeichnet werden darf, vom vollendeten fünften Jahre[4] bis zu den ersten Äußerungen der Pubertät (ums elfte Jahr), werden sogar auf Kosten dieser von erogenen Zonen gelieferten Erregungen im Seelenleben Reaktionsbildungen, Gegenmächte, geschaffen wie Scham, Ekel und Moral, die sich gleichwie Dämme der späteren Betätigung der Sexualtriebe entgegensetzen. Da nun die Analerotik zu jenen Komponenten des [Sexual-]Triebes gehört, die im Laufe der Entwicklung und im Sinne unserer heutigen Kulturerziehung für sexuelle Zwecke unverwendbar werden, läge es nahe, in den bei ehemaligen Analerotikern so häufig hervortretenden Charaktereigenschaften – Ordentlichkeit, Sparsamkeit und Eigensinn – die nächsten und konstantesten Ergebnisse der Sublimierung der Analerotik zu erkennen.[5]

4 [In den Ausgaben vor 1924 heißt es: »vierten Jahre«.]

5 Da gerade die Bemerkungen über die Analerotik des Säuglings in den *Drei Abhandlungen zur Sexualtheorie* bei unverständigen Lesern besonderen Anstoß erregt haben, gestatte ich mir an dieser Stelle die Einschaltung einer Beobachtung, die ich einem sehr intelligenten Patienten verdanke: »Ein Bekannter, der die Abhandlung über ›Sexualtheorie‹ gelesen hat, spricht über das Buch, erkennt es vollkommen an, nur *eine* Stelle darin sei ihm – obwohl er auch diese inhaltlich natürlich billige und begreife – so grotesk und komisch vorgekommen, daß er sich hingesetzt und eine Viertelstunde darüber gelacht habe. Diese Stelle lautet: ›Es ist eines der besten Vorzeichen späterer Absonderlichkeit oder Nervosität, wenn ein Säugling sich hartnäckig weigert, den Darm zu entleeren, wenn er auf den Topf gesetzt wird, also wenn es dem Pfleger beliebt, sondern diese Funktion seinem eigenen Belieben vorbehält. Es kommt ihm natürlich nicht darauf an, sein Lager schmutzig zu machen; er sorgt nur, daß ihm der Lustnebengewinn bei der Defäkation nicht entgehe.‹ Die Vorstellung dieses auf dem Topfe sitzenden Säuglings, der überlege, ob er sich eine derartige Einschränkung seiner persönlichen Willensfreiheit gefallen lassen solle, und der außerdem sorge, daß ihm der Lustgewinn bei der Defäkation nicht

Die innere Notwendigkeit dieses Zusammenhanges ist mir natürlich selbst nicht durchsichtig, doch kann ich einiges anführen, was als Hilfe für ein Verständnis desselben verwertet werden kann. Die Sauberkeit, Ordentlichkeit, Verläßlichkeit macht ganz den Eindruck einer Reaktionsbildung gegen das Interesse am Unsauberen, Störenden, nicht zum Körper Gehörigen *(»Dirt is matter in the wrong place«).* Den Eigensinn mit dem Defäkationsinteresse in Beziehung zu bringen scheint keine leichte Aufgabe, doch mag man sich daran erinnern, daß schon der Säugling sich beim Absetzen des Stuhles eigenwillig benehmen kann (s. o.) und daß schmerzhafte Reize auf die mit der erogenen Afterzone verknüpfte Gesäßhaut allgemein der Erziehung dazu dienen, den Eigensinn des Kindes zu brechen, es gefügig zu machen. Zum Ausdrucke des Trotzes und der trotzenden Verhöhnung wird bei uns immer noch-wie in alter Zeit eine Aufforderung verwendet, die die

---

entgehe, habe seine ausgiebige Heiterkeit erregt. – Etwa zwanzig Minuten später, bei der Jause, beginnt mein Bekannter plötzlich gänzlich unvermittelt: ›Du, mir fällt da gerade, weil ich den Kakao vor mir sehe, eine Idee ein, die ich als Kind immer gehabt habe. Da habe ich mir immer vorgestellt, ich bin der Kakaofabrikant Van Houten‹ (er sprach ›Van Hauten‹ aus), ›und ich habe ein großartiges Geheimnis zur Bereitung dieses Kakaos, und nun bemühen sich alle Leute, mir dieses weltbeglückende Geheimnis zu entreißen, das ich sorgsam hüte. Warum ich gerade auf Van Houten verfallen bin, weiß ich nicht. Wahrscheinlich hat mir seine Reklame am meisten imponiert.‹ Lachend, und ohne noch eigentlich so recht eine tiefere Absicht damit zu verbinden, meinte ich: ›*Wann haut'n* die Mutter?!‹ Erst eine Weile später erkannte ich, daß mein Wortwitz tatsächlich den Schlüssel zu dieser ganzen, plötzlich aufgetauchten Kindheitserinnerung enthielt, die ich nun als glänzendes Beispiel einer Deckphantasie begriff, welche unter Beibehaltung des eigentlich Tatsächlichen (Nahrungsprozeß) und auf Grund phonetischer Assoziationen *(›Kakao‹, ›Wann haut'n – ‹)* das Schuldbewußtsein durch eine *komplette Umwertung* des Erinnerungsinhaltes beruhigt. (Verlegung von rückwärts nach vorne, Nahrungsabgabe wird zur Nahrungsaufnahme, der beschämende und zu verdeckende Inhalt zum weltbeglückenden Geheimnisse.) Interessant war mir, wie hier auf eine Abwehr hin, die freilich die mildere Form formaler Beanstandung annahm, dem Betreffenden ohne seinen Willen eine Viertelstunde später der schlagendste Beweis aus dem eigenen Unbewußten heraufgereicht wurde.«

Liebkosung der Afterzone zum Inhalte hat, also eigentlich eine von der Verdrängung betroffene Zärtlichkeit bezeichnet. Die Entblößung des Hintern stellt die Abschwächung dieser Rede zur Geste dar; in Goethes *Götz von Berlichingen* finden sich beide, Rede wie Geste, an passendster Stelle als Ausdruck des Trotzes angebracht.[6]

Am ausgiebigsten erscheinen die Beziehungen, welche sich zwischen den anscheinend so disparaten Komplexen des Geldinteresses und der Defäkation ergeben. Jedem Arzte, der die Psychoanalyse geübt hat, ist es wohl bekannt geworden, daß sich auf diesem Wege die hartnäckigsten und langdauerndsten sogenannten habituellen Stuhlverstopfungen Nervöser beseitigen lassen. Das Erstaunen hierüber wird durch die Erinnerung gemäßigt, daß diese Funktion sich ähnlich gefügig auch gegen die hypnotische Suggestion erwiesen hat. In der Psychoanalyse erzielt man diese Wirkung aber nur dann, wenn man den Geldkomplex der Betreffenden berührt und sie veranlaßt, denselben mit all seinen Beziehungen zum Bewußtsein zu bringen. Man könnte meinen, daß die Neurose hierbei nur einem Winke des Sprachgebrauchs folgt, der eine Person, die das Geld allzu ängstlich zurückhält, *»schmutzig«* oder *filzig«* (englisch: *filthy* = schmutzig) nennt. Allein dieses wäre eine allzu oberflächliche Würdigung. In Wahrheit ist überall, wo die archaische Denkweise herrschend war oder geblieben ist, in den alten Kulturen, im Mythus, Märchen, Aberglauben, im unbewußten Denken, im Traume und in der Neurose, das Geld in innigste Beziehungen zum Drecke gebracht. Es ist bekannt, daß das Gold, welches der Teufel seinen Buhlen schenkt, sich nach seinem Weggehen in Dreck verwandelt, und der Teufel ist doch gewiß nichts anderes als die Personifikation des verdrängten unbewußten Trieblebens.[7] Bekannt ist ferner der Aberglaube, der die Auffindung von Schätzen mit der Defäkation zusammenbringt, und jedermann vertraut ist die Figur des »Du-

---

6 [Die Szene ereignet sich im III. Akt, wo Götz von einem Trompeter aufgefordert wird, sich zu ergeben.]

7 Vgl. die hysterische Besessenheit und die dämonischen Epidemien.

katenscheißers«. Ja, schon in der altbabylonischen Lehre ist Gold der Kot der Hölle, *Mammon = ilu manman*[8]. Wenn also die Neurose dem Sprachgebrauche folgt, so nimmt sie hier wie anderwärts die Worte in ihrem ursprünglichen, bedeutungsvollen Sinne, und wo sie ein Wort bildlich darzustellen scheint, stellt sie in der Regel nur die alte Bedeutung des Wortes wieder her.

Es ist möglich, daß der Gegensatz zwischen dem Wertvollsten, das der Mensch kennengelernt hat, und dem Wertlosesten, das er als Abfall *(»refuse«)* von sich wirft, zu dieser bedingten Identifizierung von Gold und Kot geführt hat.

Im Denken der Neurose kommt dieser Gleichstellung wohl noch ein anderer Umstand zu Hilfe. Das ursprünglich erotische Interesse an der Defäkation ist, wie wir ja wissen, zum Erlöschen in reiferen Jahren bestimmt; in diesen Jahren tritt das Interesse am Gelde als ein neues auf, welches der Kindheit noch gefehlt hat; dadurch wird es erleichtert, daß die frühere Strebung, die ihr Ziel zu verlieren im Begriffe ist, auf das neu auftauchende Ziel übergeleitet werde.

Wenn den hier behaupteten Beziehungen zwischen der Analerotik und jener Trias von Charaktereigenschaften etwas Tatsächliches zugrunde liegt, so wird man keine besondere Ausprägung des »Analcharakters« bei Personen erwarten dürfen, die sich die erogene Eignung der Analzone für das reife Leben bewahrt haben, wie z. B. gewisse Homosexuelle. Wenn ich nicht sehr irre, befindet sich die Erfahrung zumeist in guter Übereinstimmung mit diesem Schlusse.

Man müßte überhaupt in Erwägung ziehen, ob nicht auch andere Charakterkomplexe ihre Zugehörigkeit zu den Erregungen von bestimmten erogenen Zonen erkennen las-

8 Jeremias, *Das Alte Testament im Lichte des alten Orients* [1904], 2. Aufl., 1906, S. 216, und *Babylonisches im Neuen Testament*, 1905, S. 96, *»Mamon (Mammon)* ist babylonisch *man-man*, ein Beiname Nergals, des Gottes der Unterwelt. Das Gold ist nach orientalischem Mythus, der in die Sagen und Märchen der Völker übergegangen ist, Dreck der Hölle; siehe: *Monotheistische Strömungen innerhalb der babylonischen Religion*, S. 16, Anm. 1.«

sen. Ich kenne bis jetzt nur noch den unmäßigen »brennenden« Ehrgeiz der einstigen Enuretiker. Für die Bildung des endgültigen Charakters aus den konstitutiven Trieben läßt sich allerdings eine Formel angeben: Die bleibenden Charakterzüge sind entweder unveränderte Fortsetzungen der ursprünglichen Triebe, Sublimierungen derselben oder Reaktionsbildungen gegen dieselben.[9]

9 [Freud hat sich selten über das Thema »Charakter« und den Mechanismus der Charakterbildung geäußert. In der vorliegenden Ausgabe finden sich an folgenden Stellen Bemerkungen dazu: gegen Ende der *Drei Abhandlungen zur Sexualtheorie* (im vorliegenden Band), *Die Disposition zur Zwangsneurose* (im vorliegenden Band), *Über libidinöse Typen* (in Band 3) und in der 32. Vorlesung der *Neuen Folge der Vorlesungen zur Einführung in die Psychoanalyse* (in Band 3).]

Der Familienroman der Neurotiker

Die Ablösung des heranwachsenden Individuums von der Autorität der Eltern ist eine der notwendigsten, aber auch schmerzlichsten Leistungen der Entwicklung. Es ist durchaus notwendig, daß sie sich vollziehe, und man darf annehmen, jeder normal gewordene Mensch habe sie in einem gewissen Maß zustande gebracht. Ja, der Fortschritt der Gesellschaft beruht überhaupt auf dieser Gegensätzlichkeit der beiden Generationen. Anderseits gibt es eine Klasse von Neurotikern, in deren Zustand man die Bedingtheit erkennt, daß sie an dieser Aufgabe gescheitert sind.

Für das kleine Kind sind die Eltern zunächst die einzige Autorität und die Quelle alles Glaubens. Ihnen, das heißt dem gleichgeschlechtlichen Teile, gleich zu werden, groß zu werden wie Vater und Mutter, ist der intensivste, folgenschwerste Wunsch dieser Kinderjahre. Mit der zunehmenden intellektuellen Entwicklung kann es aber nicht ausbleiben, daß das Kind allmählich die Kategorien kennenlernt, in die seine Eltern gehören. Es lernt andere Eltern kennen, vergleicht sie mit den seinigen und bekommt so ein Recht, an der ihnen zugeschriebenen Unvergleichlichkeit und Einzigkeit zu zweifeln. Kleine Ereignisse im Leben des Kindes, die eine unzufriedene Stimmung bei ihm hervorrufen, geben ihm den Anlaß, mit der Kritik der Eltern einzusetzen und die gewonnene Kenntnis, daß andere Eltern in mancher Hinsicht vorzuziehen seien, zu dieser Stellungnahme gegen seine Eltern zu verwerten. Aus der Neurosenpsychologie wissen wir, daß dabei unter anderen die intensivsten Regungen sexueller Rivalität mitwirken. Der Gegenstand dieser Anlässe ist offenbar das Gefühl der Zurücksetzung. Nur zu oft ergeben sich Gelegenheiten, bei denen das Kind zurückgesetzt wird oder sich wenigstens zurückgesetzt fühlt, wo es die volle Liebe der Eltern vermißt, besonders aber bedauert, sie mit anderen Geschwistern teilen zu müssen. Die Empfindung, daß die eigenen Neigungen nicht voll erwidert werden, macht sich dann in der aus frühen Kinderjahren oft bewußt erinnerten Idee

Luft, man sei ein Stiefkind oder ein angenommenes Kind. Viele nicht neurotisch gewordene Menschen entsinnen sich sehr häufig an solche Gelegenheiten, wo sie – meist durch Lektüre beeinflußt – das feindselige Benehmen der Eltern in dieser Weise auffaßten und erwiderten. Es zeigt sich aber hier bereits der Einfluß des Geschlechts, indem der Knabe bei weitem mehr Neigung zu feindseligen Regungen gegen seinen Vater als gegen seine Mutter zeigt und eine viel intensivere Neigung, sich von jenem als von dieser frei zu machen. Die Phantasietätigkeit der Mädchen mag sich in diesem Punkte viel schwächer erweisen. In diesen bewußt erinnerten Seelenregungen der Kinderjahre finden wir das Moment, welches uns das Verständnis des Mythus ermöglicht.

Selten bewußt erinnert, aber fast immer durch die Psychoanalyse nachzuweisen ist dann die weitere Entwicklungsstufe dieser beginnenden Entfremdung von den Eltern, die man mit dem Namen *Familienromane der Neurotiker* bezeichnen kann. Es gehört nämlich durchaus zum Wesen der Neurose und auch jeder höheren Begabung eine ganz besondere Tätigkeit der Phantasie, die sich zunächst in den kindlichen Spielen offenbart und die nun, ungefähr von der Zeit der Vorpubertät angefangen, sich des Themas der Familienbeziehungen bemächtigt. Ein charakteristisches Beispiel dieser besonderen Phantasietätigkeit ist das bekannte *Tagträumen*[1], das weit über die Pubertät hinaus fortgesetzt wird. Eine genaue Beobachtung dieser Tagträume lehrt, daß sie der Erfüllung von Wünschen, der Korrektur des Lebens dienen und vornehmlich zwei Ziele kennen: das erotische und das ehrgeizige (hinter dem aber meist auch das erotische steckt). Um die angegebene Zeit beschäftigt

---

1 Vgl. darüber Freud, *Hysterische Phantasien und ihre Beziehung zur Bisexualität,* [in: Z. Sexualwiss., Bd. 1 (1), Januar 1908, S. 27–34], wo auch auf die Literatur zu diesem Thema verwiesen wird. [Freud hat die Bedeutung von Phantasien als Ausgangsbasis hysterischer Symptome ungefähr 1897 während seiner Selbstanalyse erkannt. Öffentlich äußerte er sich darüber erstmals im Aufsatz *Meine Ansichten über die Rolle der Sexualität in der Ätiologie der Neurosen* (vgl. im vorliegenden Band unserer Ausgabe).]

sich nun die Phantasie des Kindes mit der Aufgabe, die geringgeschätzten Eltern loszuwerden und durch in der Regel sozial höher stehende zu ersetzen. Dabei wird das zufällige Zusammentreffen mit wirklichen Erlebnissen (die Bekanntschaft des Schloßherrn oder Gutbesitzers auf dem Lande, der Fürstlichkeit in der Stadt) ausgenützt. Solche zufällige Erlebnisse erwecken den Neid des Kindes, der dann den Ausdruck in einer Phantasie findet, welche beide Eltern durch vornehmere ersetzt. In der Technik der Ausführung solcher Phantasien, die natürlich um diese Zeit bewußt sind, kommt es auf die Geschicklichkeit und das Material an, das dem Kinde zur Verfügung steht. Auch handelt es sich darum, ob die Phantasien mit einem großen oder geringen Bemühen, die Wahrscheinlichkeit zu erreichen, ausgearbeitet sind. Dieses Stadium wird zu einer Zeit erreicht, wo dem Kinde die Kenntnis der sexuellen Bedingungen der Herkunft noch fehlt.

Kommt dann die Kenntnis der verschiedenartigen sexuellen Beziehungen von Vater und Mutter dazu, begreift das Kind, daß *pater semper incertus est*, während die Mutter *certissima* ist,[2] so erfährt der Familienroman eine eigentümliche Einschränkung: er begnügt sich nämlich damit, den Vater zu erhöhen, die Abkunft von der Mutter aber als etwas Unabänderliches nicht weiter in Zweifel zu ziehen. Dieses zweite (sexuelle) Stadium des Familienromans wird auch von einem zweiten Motiv getragen, das dem ersten (asexuellen) Stadium fehlte. Mit der Kenntnis der geschlechtlichen Vorgänge entsteht die Neigung, sich erotische Situationen und Beziehungen auszumalen, wozu als Triebkraft die Lust tritt, die Mutter, die Gegenstand der höchsten sexuellen Neugierde ist, in die Situation von geheimer Untreue und geheimen Liebesverhältnissen zu bringen.[3] In dieser Weise werden jene ersten gleichsam asexuellen Phantasien auf die Höhe der jetzigen Erkenntnis gebracht.

---

2 [Eine bekannte juristische Redensart: »Die Vaterschaft ist immer ungewiß, die Mutterschaft stets ganz sicher.«]

3 [Vgl. dazu auch im Aufsatz *Über einen besonderen Typus der Objektwahl beim Manne* (im vorliegenden Band unserer Ausgabe).]

Übrigens zeigt sich das Motiv der Rache und Vergeltung, das früher im Vordergrunde stand, auch hier. Diese neurotischen Kinder sind es ja auch meist, die bei der Abgewöhnung sexueller Unarten von den Eltern bestraft wurden und die sich nun durch solche Phantasien an ihren Eltern rächen.

Ganz besonders sind es später geborene Kinder, die vor allem ihre Vordermänner durch derartige Dichtungen (ganz wie in historischen Intrigen) ihres Vorzuges berauben, ja die sich oft nicht scheuen, der Mutter ebenso viele Liebesverhältnisse anzudichten, als Konkurrenten vorhanden sind. Eine interessante Variante dieses Familienromans ist es dann, wenn der dichtende Held für sich selbst zur Legitimität zurückkehrt, während er die anderen Geschwister auf diese Art als illegitim beseitigt. Dabei kann noch ein besonderes Interesse den Familienroman dirigieren, der mit seiner Vielseitigkeit und mannigfachen Verwendbarkeit allerlei Bestrebungen entgegenkommt. So beseitigt der kleine Phantast zum Beispiel auf diese Weise die verwandtschaftliche Beziehung zu einer Schwester, die ihn etwa sexuell angezogen hat.

Wer sich von dieser Verderbtheit des kindlichen Gemütes mit Schaudern abwendete, ja selbst die Möglichkeit solcher Dinge bestreiten wollte, dem sei bemerkt, daß alle diese anscheinend so feindseligen Dichtungen eigentlich nicht so böse gemeint sind und unter leichter Verkleidung die erhalten gebliebene ursprüngliche Zärtlichkeit des Kindes für seine Eltern bewahren. Es ist nur scheinbare Treulosigkeit und Undankbarkeit; denn wenn man die häufigste dieser Romanphantasien, den Ersatz beider Eltern oder nur des Vaters durch großartigere Personen, im Detail durchgeht, so macht man die Entdeckung, daß diese neuen und vornehmen Eltern durchwegs mit Zügen ausgestattet sind, die von realen Erinnerungen an die wirklichen niederen Eltern herrühren, so daß das Kind den Vater eigentlich nicht beseitigt, sondern erhöht. Ja, das ganze Bestreben, den wirklichen Vater durch einen vornehmeren zu ersetzen, ist nur der Ausdruck der Sehnsucht des Kindes nach der verlorenen glücklichen Zeit, in der ihm sein Vater als der vornehmste und stärkste Mann, seine Mutter als die liebste und schönste Frau erschienen ist. Er wendet sich vom Vater, den er jetzt erkennt, zurück zu dem, an den er in früheren Kinderjahren geglaubt hat, und die Phantasie ist eigentlich nur der Ausdruck des Bedauerns, daß diese glückliche Zeit entschwunden ist. Die Überschätzung der frühesten Kindheitsjahre tritt also in diesen Phantasien wieder in ihr volles Recht. Ein interessanter Beitrag zu diesem Thema ergibt sich aus dem Studium der Träume. Die Traumdeutung lehrt nämlich, daß auch noch in späteren Jahren in Träumen vom Kaiser oder von der Kaiserin diese erlauchten Persönlichkeiten Vater und Mutter bedeuten.[4] Die kindliche Überschätzung der Eltern ist also auch im Traum des normalen Erwachsenen erhalten.

4 *Die Traumdeutung*, 8. Aufl., S. 242.

Beiträge zur Psychologie des Liebeslebens

I
Über einen besonderen Typus der Objektwahl beim Manne

Wir haben es bisher den Dichtern überlassen, uns zu schildern, nach welchen »Liebesbedingungen« die Menschen ihre Objektwahl treffen und wie sie die Anforderungen ihrer Phantasie mit der Wirklichkeit in Einklang bringen. Die Dichter verfügen auch über manche Eigenschaften, welche sie zur Lösung einer solchen Aufgabe befähigen, vor allem über die Feinfühligkeit für die Wahrnehmung verborgener Seelenregungen bei anderen und den Mut, ihr eigenes Unbewußtes laut werden zu lassen. Aber der Erkenntniswert ihrer Mitteilungen wird durch einen Umstand herabgesetzt. Die Dichter sind an die Bedingung gebunden, intellektuelle und ästhetische Lust sowie bestimmte Gefühlswirkungen zu erzielen, und darum können sie den Stoff der Realität nicht unverändert darstellen, sondern müssen Teilstücke desselben isolieren, störende Zusammenhänge auflösen, das Ganze mildern und Fehlendes ersetzen. Es sind dies Vorrechte der sogenannten »poetischen Freiheit«. Auch können sie nur wenig Interesse für die Herkunft und Entwicklung solcher seelischer Zustände äußern, die sie als fertige beschreiben. Somit wird es doch unvermeidlich, daß die Wissenschaft mit plumperen Händen und zu geringerem Lustgewinne sich mit denselben Materien beschäftige, an deren dichterischer Bearbeitung sich die Menschen seit Tausenden von Jahren erfreuen. Diese Bemerkungen mögen zur Rechtfertigung einer streng wissenschaftlichen Bearbeitung auch des menschlichen Liebeslebens dienen. Die Wissenschaft ist eben die vollkommenste Lossagung vom Lustprinzip, die unserer psychischen Arbeit möglich ist.

Während der psychoanalytischen Behandlungen hat man reichlich Gelegenheit, sich Eindrücke aus dem Liebesleben der Neurotiker zu holen, und kann sich dabei erinnern, daß man ähnliches Verhalten auch bei durchschnittlich Gesunden oder selbst bei hervorragenden Menschen beobachtet oder erfahren hat. Durch Häufung der Eindrücke infolge zufälliger Gunst des Materials treten dann einzelne Typen deutlicher hervor. Einen solchen Typus der männlichen Objektwahl will ich hier zuerst beschreiben, weil er sich durch eine Reihe von »Liebesbedingungen« auszeichnet, deren Zusammentreffen nicht verständlich, ja eigentlich befremdend ist, und weil er eine einfache psychoanalytische Aufklärung zuläßt.

(1) Die erste dieser Liebesbedingungen ist als geradezu spezifisch zu bezeichnen; sobald man sie vorfindet, darf man nach dem Vorhandensein der anderen Charaktere dieses Typus suchen. Man kann sie die Bedingung des »*geschädigten Dritten*« nennen; ihr Inhalt geht dahin, daß der Betreffende niemals ein Weib zum Liebesobjekt wählt, welches noch frei ist, also ein Mädchen oder eine alleinstehende Frau, sondern nur ein solches Weib, auf das ein anderer Mann als Ehegatte, Verlobter, Freund Eigentumsrechte geltend machen kann. Diese Bedingung zeigt sich in manchen Fällen so unerbittlich, daß dasselbe Weib zuerst übersehen oder selbst verschmäht werden kann, solange es niemandem angehört, während es sofort Gegenstand der Verliebtheit wird, sobald es in eine der genannten Beziehungen zu einem anderen Manne tritt.

(2) Die zweite Bedingung ist vielleicht minder konstant, aber nicht weniger auffällig. Der Typus wird erst durch ihr Zusammentreffen mit der ersten erfüllt, während die erste auch für sich allein in großer Häufigkeit vorzukommen scheint. Diese zweite Bedingung besagt, daß das keusche und unverdächtige Weib niemals den Reiz ausübt, der es zum Liebesobjekt erhebt, sondern nur das irgendwie sexuell anrüchige, an dessen Treue und Verläßlichkeit ein Zweifel gestattet ist. Dieser letztere Charakter mag in einer bedeutungsvollen Reihe variieren, von dem leisen Schatten

auf dem Ruf einer dem Flirt nicht abgeneigten Ehefrau bis zur offenkundig polygamen Lebensführung einer Kokotte oder Liebeskünstlerin, aber auf irgend etwas dieser Art wird von den zu unserem Typus Gehörigen nicht verzichtet. Man mag diese Bedingung mit etwas Vergröberung die der *»Dirnenliebe«* heißen.

Wie die erste Bedingung Anlaß zur Befriedigung von agonalen, feindseligen Regungen gegen den Mann gibt, dem man das geliebte Weib entreißt, so steht die zweite Bedingung, die der Dirnenhaftigkeit des Weibes, in Beziehung zur Betätigung der *Eifersucht*, die für Liebende dieses Typus ein Bedürfnis zu sein scheint. Erst wenn sie eifersüchtig sein können, erreicht die Leidenschaft ihre Höhe, gewinnt das Weib seinen vollen Wert, und sie versäumen nie, sich eines Anlasses zu bemächtigen, der ihnen das Erleben dieser stärksten Empfindungen gestattet. Merkwürdigerweise ist es nicht der rechtmäßige Besitzer der Geliebten, gegen den sich diese Eifersucht richtet, sondern neu auftauchende Fremde, mit denen man die Geliebte in Verdacht bringen kann. In grellen Fällen zeigt der Liebende keinen Wunsch, das Weib für sich allein zu besitzen, und scheint sich in dem dreieckigen Verhältnis durchaus wohl zu fühlen. Einer meiner Patienten, der unter den Seitensprüngen seiner Dame entsetzlich gelitten hatte, hatte doch gegen ihre Verheiratung nichts einzuwenden, sondern förderte diese mit allen Mitteln; gegen den Mann zeigte er dann durch Jahre niemals eine Spur von Eifersucht. Ein anderer typischer Fall war in seinen ersten Liebesbeziehungen allerdings sehr eifersüchtig gegen den Ehegatten gewesen und hatte die Dame genötigt, den ehelichen Verkehr mit diesem einzustellen; in seinen zahlreichen späteren Verhältnissen benahm er sich aber wie die anderen und faßte den legitimen Mann nicht mehr als Störung auf.

Die folgenden Punkte schildern nicht mehr die vom Liebesobjekt geforderten Bedingungen, sondern das Verhalten des Liebenden gegen das Objekt seiner Wahl.

(3) Im normalen Liebesleben wird der Wert des Weibes durch seine sexuelle Integrität bestimmt und durch die An-

näherung an den Charakter der Dirnenhaftigkeit herabgesetzt. Es erscheint daher als eine auffällige Abweichung vom Normalen, daß von den Liebenden unseres Typus die mit diesem Charakter behafteten Frauen als *höchstwertige Liebesobjekte* behandelt werden. Die Liebesbeziehungen zu diesen Frauen werden mit dem höchsten psychischen Aufwand bis zur Aufzehrung aller anderen Interessen betrieben; sie sind die einzigen Personen, die man lieben kann, und die Selbstanforderung der Treue wird jedesmal wieder erhoben, sooft sie auch in der Wirklichkeit durchbrochen werden mag. In diesen Zügen der beschriebenen Liebesbeziehungen prägt sich überdeutlich der *zwanghafte* Charakter aus, welcher ja in gewissem Grade jedem Falle von Verliebtheit eignet. Man darf aber aus der Treue und Intensität der Bindung nicht die Erwartung ableiten, daß ein einziges solches Liebesverhältnis das Liebesleben der Betreffenden ausfülle oder sich nur einmal innerhalb desselben abspiele. Vielmehr wiederholen sich Leidenschaften dieser Art mit den gleichen Eigentümlichkeiten – die eine das genaue Abbild der anderen – mehrmals im Leben der diesem Typus Angehörigen, ja die Liebesobjekte können nach äußeren Bedingungen, z. B. Wechsel von Aufenthalt und Umgebung, einander so häufig ersetzen, daß es zur *Bildung einer langen Reihe* kommt.

(4) Am überraschendsten wirkt auf den Beobachter die bei den Liebenden dieses Typus sich äußernde Tendenz, die Geliebte zu *»retten«*. Der Mann ist überzeugt, daß die Geliebte seiner bedarf, daß sie ohne ihn jeden sittlichen Halt verlieren und rasch auf ein bedauernswertes Niveau herabsinken würde. Er rettet sie also, indem er nicht von ihr läßt. Die Rettungsabsicht kann sich in einzelnen Fällen durch die Berufung auf die sexuelle Unverläßlichkeit und die sozial gefährdete Position der Geliebten rechtfertigen; sie tritt aber nicht minder deutlich hervor, wo solche Anlehnungen an die Wirklichkeit fehlen. Einer der zum beschriebenen Typus gehörigen Männer, der seine Damen durch kunstvolle Verführung und spitzfindige Dialektik zu gewinnen verstand, scheute dann im Liebesverhältnis keine

Anstrengung, um die jeweilige Geliebte durch selbstverfaßte Traktate auf dem Wege der »Tugend« zu erhalten.

Überblickt man die einzelnen Züge des hier geschilderten Bildes, die Bedingungen der Unfreiheit und der Dirnenhaftigkeit der Geliebten, die hohe Wertung derselben, das Bedürfnis nach Eifersucht, die Treue, die sich doch mit der Auflösung in eine lange Reihe verträgt, und die Rettungsabsicht, so wird man eine Ableitung derselben aus einer einzigen Quelle für wenig wahrscheinlich halten. Und doch ergibt sich eine solche leicht bei psychoanalytischer Vertiefung in die Lebensgeschichte der in Betracht kommenden Personen. Diese eigentümlich bestimmte Objektwahl und das so sonderbare Liebesverhalten haben dieselbe psychische Abkunft wie im Liebesleben des Normalen, sie entspringen aus der infantilen Fixierung der Zärtlichkeit an die Mutter und stellen einen der Ausgänge dieser Fixierung dar. Im normalen Liebesleben erübrigen nur wenige Züge, welche das mütterliche Vorbild der Objektwahl unverkennbar verraten, so zum Beispiel die Vorliebe junger Männer für gereiftere Frauen; die Ablösung der Libido von der Mutter hat sich verhältnismäßig rasch vollzogen. Bei unserem Typus hingegen hat die Libido auch nach dem Eintritt der Pubertät so lange bei der Mutter verweilt, daß den später gewählten Liebesobjekten die mütterlichen Charaktere eingeprägt bleiben, daß diese alle zu leicht kenntlichen Muttersurrogaten werden. Es drängt sich hier der Vergleich mit der Schädelformation[1] des Neugeborenen auf; nach protrahierter Geburt muß der Schädel des Kindes den Ausguß der mütterlichen Beckenenge darstellen.

Es obliegt uns nun, wahrscheinlich zu machen, daß die charakteristischen Züge unseres Typus, Liebesbedingungen wie Liebesverhalten, wirklich der mütterlichen Konstellation entspringen. Am leichtesten dürfte dies für die erste Bedingung, die der Unfreiheit des Weibes oder des

1 [In den Ausgaben vor 1924 stand hier »Schädeldeformation«.]

geschädigten Dritten, gelingen. Man sieht ohne weiteres ein, daß bei dem in der Familie aufwachsenden Kinde die Tatsache, daß die Mutter dem Vater gehört, zum unabtrennbaren Stück des mütterlichen Wesens wird und daß kein anderer als der Vater selbst der geschädigte Dritte ist. Ebenso ungezwungen fügt sich der überschätzende Zug, daß die Geliebte die Einzige, Unersetzliche ist, in den infantilen Zusammenhang ein, denn niemand besitzt mehr als eine Mutter, und die Beziehung zu ihr ruht auf dem Fundament eines jedem Zweifel entzogenen und nicht zu wiederholenden Ereignisses.

Wenn die Liebesobjekte bei unserem Typus vor allem Muttersurrogate sein sollen, so wird auch die Reihenbildung verständlich, welche der Bedingung der Treue so direkt zu widersprechen scheint. Die Psychoanalyse belehrt uns auch durch andere Beispiele, daß das im Unbewußten wirksame Unersetzliche sich häufig durch die Auflösung in eine unendliche Reihe kundgibt, unendlich darum, weil jedes Surrogat doch die erstrebte Befriedigung vermissen läßt. So erklärt sich die unstillbare Fragelust der Kinder in gewissem Alter daraus, daß sie eine einzige Frage zu stellen haben, die sie nicht über ihre Lippen bringen,[2] die Ge-

2 [In seinem Aufsatz *Eine Kindheitserinnerung des Leonardo da Vinci* (1910) hat Freud dieses Thema ausführlicher behandelt: »Von der Wißbegierde der kleinen Kinder zeugt deren unermüdliche Fragelust, die dem Erwachsenen rätselhaft ist, solange er nicht versteht, daß alle diese Fragen nur Umschweife sind und daß sie kein Ende nehmen können, weil das Kind durch sie nur eine Frage ersetzen will, die es doch nicht stellt. Ist das Kind größer und einsichtsvoller geworden, so bricht diese Äußerung der Wißbegierde oft plötzlich ab. Eine volle Aufklärung gibt uns aber die psychoanalytische Untersuchung, indem sie uns lehrt, daß viele, vielleicht die meisten, jedenfalls die bestbegabten Kinder etwa vom dritten Lebensjahr an eine Periode durchmachen, die man als die der *infantilen Sexualforschung* bezeichnen darf. Die Wißbegierde erwacht bei den Kindern dieses Alters, soviel wir wissen, nicht spontan, sondern wird durch den Eindruck eines wichtigen Erlebnisses geweckt, durch die erfolgte oder nach auswärtigen Erfahrungen gefürchtete Geburt eines Geschwisterchens, in der das Kind eine Bedrohung seiner egoistischen Interessen erblickt. Die Forschung richtet sich auf die Frage, woher die Kinder kommen, geradeso, als ob das Kind nach Mitteln und Wegen suchte, ein so unerwünschtes Ereignis zu verhüten. Wir haben so mit Erstaunen erfahren, daß das Kind

schwätzigkeit mancher neurotisch geschädigter Personen aus dem Drucke eines Geheimnisses, das zur Mitteilung drängt und das sie aller Versuchung zum Trotze doch nicht verraten.

Dagegen scheint die zweite Liebesbedingung, die der Dirnenhaftigkeit des gewählten Objekts, einer Ableitung aus dem Mutterkomplex energisch zu widerstreben. Dem bewußten Denken des Erwachsenen erscheint die Mutter gern als Persönlichkeit von unantastbarer sittlicher Reinheit, und wenig anderes wirkt, wenn es von außen kommt, so beleidigend oder wird, wenn es von innen aufsteigt, so peinigend empfunden wie ein Zweifel an diesem Charakter der Mutter. Gerade dieses Verhältnis von schärfstem Gegensatze zwischen der »Mutter« und der »Dirne« wird uns aber anregen, die Entwicklungsgeschichte und das unbewußte Verhältnis dieser beiden Komplexe zu erforschen, wenn wir längst erfahren haben, daß im Unbewußten häufig in Eines zusammenfällt, was im Bewußtsein in zwei Gegensätze gespalten vorliegt.[3] Die Untersuchung führt uns dann in die Lebenszeit zurück, in welcher der Knabe zuerst eine vollständigere Kenntnis von den sexuellen Beziehungen zwischen den Erwachsenen gewinnt, etwa in die Jahre

---

den ihm gegebenen Auskünften den Glauben verweigert, zum Beispiel die mythologisch so sinnreiche Storchfabel energisch abweist, daß es von diesem Akte des Unglaubens an seine geistige Selbständigkeit datiert, sich oft in erstem Gegensatze zu den Erwachsenen fühlt und diesen eigentlich niemals mehr verzeiht, daß es bei diesem Anlasse um die Wahrheit betrogen wurde. Es forscht auf eigenen Wegen, errät den Aufenthalt des Kindes im Mutterleibe und schafft sich, von den Regungen der eigenen Sexualität geleitet, Ansichten über die Herkunft des Kindes vom Essen, über sein Geborenwerden durch den Darm, über die schwer zu ergründende Rolle des Vaters, und es ahnt bereits damals die Existenz des sexuellen Aktes, der ihm als etwas Feindseliges und Gewalttätiges erscheint. Aber wie seine eigene Sexualkonstitution der Aufgabe der Kinderzeugung noch nicht gewachsen ist, so muß auch seine Forschung, woher die Kinder kommen, im Sande verlaufen und als unvollendbar im Stiche gelassen werden. Der Eindruck dieses Mißglückens bei der ersten Probe intellektueller Selbständigkeit scheint ein nachhaltiger und tief deprimierender zu sein.«]

3 [Vgl. den Aufsatz *Über den Gegensinn der Urworte* (im vorliegenden Band unserer Ausgabe).]

der Vorpubertät. Brutale Mitteilungen von unverhüllt herabsetzender und aufrührerischer Tendenz machen ihn da mit dem Geheimnis des Geschlechtslebens bekannt, zerstören die Autorität der Erwachsenen, die sich als unvereinbar mit der Enthüllung ihrer Sexualbetätigung erweist. Was in diesen Eröffnungen den stärksten Einfluß auf den Neueingeweihten nimmt, das ist deren Beziehung zu den eigenen Eltern. Dieselbe wird oft direkt von dem Hörer abgelehnt, etwa mit den Worten: Es ist möglich, daß deine Eltern und andere Leute so etwas miteinander tun, aber von meinen Eltern ist es ganz unmöglich.

Als selten fehlendes Korollar zur »sexuellen Aufklärung« gewinnt der Knabe auch gleichzeitig die Kenntnis von der Existenz gewisser Frauen, die den geschlechtlichen Akt erwerbsmäßig ausüben und darum allgemein verachtet werden. Ihm selbst muß diese Verachtung ferne sein; er bringt für diese Unglücklichen nur eine Mischung von Sehnsucht und Grausen auf, sobald er weiß, daß auch er von ihnen in das Geschlechtsleben eingeführt werden kann, welches ihm bisher als der ausschließliche Vorbehalt der »Großen« galt. Wenn er dann den Zweifel nicht mehr festhalten kann, der für seine Eltern eine Ausnahme von den häßlichen Normen der Geschlechtsbetätigung fordert, so sagt er sich mit zynischer Korrektheit, daß der Unterschied zwischen der Mutter und der Hure doch nicht so groß sei, daß sie im Grunde das nämliche tun. Die aufklärenden Mitteilungen haben nämlich die Erinnerungsspuren seiner frühinfantilen Eindrücke und Wünsche in ihm geweckt und von diesen aus gewisse seelische Regungen bei ihm wieder zur Aktivität gebracht. Er beginnt die Mutter selbst in dem neugewonnenen Sinne zu begehren und den Vater als Nebenbuhler, der diesem Wunsche im Wege steht, von neuem zu hassen; er gerät, wie wir sagen, unter die Herrschaft des Ödipuskomplexes[4]. Er vergißt es der Mutter nicht und betrachtet es im Lichte einer Untreue,

4 [Hier erscheint der Terminus als solcher offenbar erstmals im Druck. Der Begriff war Freud natürlich schon lange vorher geläufig, und er hatte bereits von ihm als dem »Kernkomplex« gesprochen.]

daß sie die Gunst des sexuellen Verkehrs nicht ihm, sondern dem Vater geschenkt hat. Diese Regungen haben, wenn sie nicht rasch vorüberziehen, keinen anderen Ausweg, als sich in Phantasien auszuleben, welche die Sexualbetätigung der Mutter unter den mannigfachsten Verhältnissen zum Inhalte haben, deren Spannung auch besonders leicht zur Lösung im onanistischen Akte führt. Infolge des beständigen Zusammenwirkens der beiden treibenden Motive, der Begehrlichkeit und der Rachsucht, sind Phantasien von der Untreue der Mutter die bei weitem bevorzugten; der Liebhaber, mit dem die Mutter die Untreue begeht, trägt fast immer die Züge des eigenen Ichs, richtiger gesagt, der eigenen, idealisierten, durch Altersreifung auf das Niveau des Vaters gehobenen Persönlichkeit. Was ich an anderer Stelle[5] als »Familienroman« geschildert habe, umfaßt die vielfältigen Ausbildungen dieser Phantasietätigkeit und deren Verwebung mit verschiedenen egoistischen Interessen dieser Lebenszeit. Nach Einsicht in dieses Stück seelischer Entwicklung können wir es aber nicht mehr widerspruchsvoll und unbegreiflich finden, daß die Bedingung der Dirnenhaftigkeit der Geliebten sich direkt aus dem Mutterkomplex ableitet. Der von uns beschriebene Typus des männlichen Liebeslebens trägt die Spuren dieser Entwicklungsgeschichte an sich und läßt sich einfach verstehen als Fixierung an die Pubertätsphantasien des Knaben, die späterhin den Ausweg in die Realität des Lebens doch noch gefunden haben. Es macht keine Schwierigkeiten, anzunehmen, daß die eifrig geübte Onanie der Pubertätsjahre ihren Beitrag zur Fixierung jener Phantasien geleistet hat.

Mit diesen Phantasien, welche sich zur Beherrschung des realen Liebeslebens aufgeschwungen haben, scheint die Tendenz, die Geliebte zu *retten*, nur in lockerer, oberflächlicher und durch bewußte Begründung erschöpfbarer Verbindung zu stehen. Die Geliebte bringt sich durch ihre

5 [In der Diskussion in] O. Rank[s], *Der Mythus von der Geburt des Helden* [Leipzig und Wien], 1909. [Gemeint ist der Aufsatz *Der Familienroman der Neurotiker* (vgl. im vorliegenden Band unserer Ausgabe).]

Neigung zur Unbeständigkeit und Untreue in Gefahren, also ist es begreiflich, daß der Liebende sich bemüht, sie vor diesen Gefahren zu behüten, indem er ihre Tugend überwacht und ihren schlechten Neigungen entgegenarbeitet. Indes zeigt das Studium der Deckerinnerungen, Phantasien und nächtlichen Träume der Menschen, daß hier eine vortrefflich gelungene »Rationalisierung« eines unbewußten Motivs vorliegt, die einer gut geratenen sekundären Bearbeitung im Traume gleichzusetzen ist. In Wirklichkeit hat das *Rettungsmotiv* seine eigene Bedeutung und Geschichte und ist ein selbständiger Abkömmling des Mutter- oder, richtiger gesagt, des Elternkomplexes. Wenn das Kind hört, daß es *sein Leben* den Eltern *verdankt*, daß ihm die Mutter *»das Leben geschenkt«* hat, so vereinen sich bei ihm zärtliche mit großmannssüchtigen, nach Selbständigkeit ringenden Regungen, um den Wunsch entstehen zu lassen, den Eltern dieses Geschenk zurückzuerstatten, es ihnen durch ein gleichwertiges zu vergelten. Es ist, wie wenn der Trotz des Knaben sagen wollte: Ich brauche nichts vom Vater, ich will ihm alles zurückgeben, was ich ihn gekostet habe. Er bildet dann die Phantasie, *den Vater aus einer Lebensgefahr zu retten*, wodurch er mit ihm quitt wird, und diese Phantasie verschiebt sich häufig genug auf den Kaiser, König oder sonst einen großen Herrn und wird nach dieser Entstellung bewußtseinsfähig und selbst für den Dichter verwertbar. In der Anwendung auf den Vater überwiegt bei weitem der trotzige Sinn der Rettungsphantasie, der Mutter wendet sie meist ihre zärtliche Bedeutung zu. Die Mutter hat dem Kinde das Leben geschenkt, und es ist nicht leicht, dies eigenartige Geschenk durch etwas Gleichwertiges zu ersetzen. Bei geringem Bedeutungswandel, wie er im Unbewußten erleichtert ist – was man etwa dem bewußten Ineinanderfließen der Begriffe gleichstellen kann –, gewinnt das Retten der Mutter die Bedeutung von: ihr ein Kind schenken oder machen, natürlich ein Kind, wie man selbst ist. Die Entfernung vom ursprünglichen Sinne der Rettung ist keine allzu große, der Bedeutungswandel kein willkürlicher. Die Mutter hat einem ein Leben geschenkt, das eigene, und man schenkt ihr dafür ein anderes Leben, das eines Kindes, das mit dem eigenen Selbst die größte Ähnlichkeit hat. Der Sohn erweist sich dankbar, indem er sich wünscht, von der Mutter einen Sohn zu haben, der ihm selbst gleich ist, das heißt, in der Rettungsphantasie identifiziert er sich völlig mit dem Vater. Alle Triebe, die zärtlichen, dankbaren, lüsternen, trotzigen, selbstherrlichen, sind durch den einen Wunsch befriedigt, *sein eigener Vater zu sein.* Auch das Moment der Gefahr ist bei dem Bedeutungswandel nicht verlorengegangen; der Geburtsakt selbst ist nämlich die Gefahr, aus der man durch die Anstrengung der Mutter gerettet wurde. Die Geburt ist ebenso die allererste Lebensgefahr wie das Vorbild aller späteren, vor denen wir Angst empfinden, und das Erleben der Geburt hat uns wahrscheinlich den Affektausdruck, den wir Angst heißen, hinterlassen. Der Macduff der schottischen Sage, den seine Mutter nicht geboren hatte, der aus seiner Mutter Leib geschnitten wurde, hat darum auch die Angst nicht gekannt.[6]

Der alte Traumdeuter Artemidoros hatte sicherlich recht mit der Behauptung, der Traum wandle seinen Sinn je nach der Person des Träumers. Nach den für den Ausdruck unbewußter Gedanken geltenden Gesetzen kann das »Retten« seine Bedeutung variieren, je nachdem es von einer Frau oder von einem Manne phantasiert wird. Es kann ebensowohl bedeuten: ein Kind machen – zur Geburt bringen (für den Mann) wie: selbst ein Kind gebären (für die Frau).

Insbesondere in der Zusammensetzung mit dem Wasser lassen sich diese verschiedenen Bedeutungen des Rettens in Träumen und Phantasien deutlich erkennen. Wenn ein Mann im Traume eine Frau aus dem Wasser rettet, so heißt das: er macht sie zur Mutter, was nach den vorstehen-

6 [*Macbeth*, V. Akt, 7. Szene. Dies ist Freuds erste längere Anspielung auf die Beziehung zwischen Geburt und Angst. Die gründlichste Darstellung findet sich in *Hemmung, Symptom und Angst* (vgl. in Band 3 der vorliegenden Ausgabe), besonders in den Kapiteln II, VIII und XI, A (b), wo er seine früheren Anschauungen weitgehend revidiert.]

den Erörterungen gleichsinnig ist dem Inhalte: er macht sie zu seiner Mutter. Wenn eine Frau einen anderen (ein Kind) aus dem Wasser rettet, so bekennt sie sich damit wie die Königstochter in der Mosessage[7] als seine Mutter, die ihn geboren hat.

Gelegentlich enthält auch die auf den Vater gerichtete Rettungsphantasie einen zärtlichen Sinn. Sie will dann den Wunsch ausdrücken, den Vater zum Sohne zu haben, das heißt einen Sohn zu haben, der so ist wie der Vater. Wegen all dieser Beziehungen des Rettungsmotivs zum Elternkomplex bildet die Tendenz, die Geliebte zu retten, einen wesentlichen Zug des hier beschriebenen Liebestypus.

Ich halte es nicht für notwendig, meine Arbeitsweise zu rechtfertigen, die hier wie bei der Aufstellung der *Analerotik*[8] darauf hinausgeht, aus dem Beobachtungsmaterial zunächst extreme und scharf umschriebene Typen herauszuheben. Es gibt in beiden Fällen weit zahlreichere Individuen, in denen nur einzelne Züge dieses Typus oder diese nur in unscharfer Ausprägung festzustellen sind, und es ist selbstverständlich, daß erst die Darlegung des ganzen Zusammenhanges, in den diese Typen aufgenommen sind, deren richtige Würdigung ermöglicht.

7 Rank, *Der Mythus von der Geburt des Helden.*

8 [Vgl. *Charakter und Analerotik* (im vorliegenden Band unserer Ausgabe).]

Die psychogene Sehstörung in psychoanalytischer Auffassung

Meine Herren Kollegen! Ich möchte Ihnen an dem Beispiel der psychogenen Sehstörung zeigen, welche Veränderungen unsere Auffassung von der Genese solcher Leiden unter dem Einflusse der psychoanalytischen Untersuchungsmethode erfahren hat. Sie wissen, man nimmt die hysterische Blindheit als den Typus einer psychogenen Sehstörung an. Die Genese einer solchen glaubt man nach den Untersuchungen der französischen Schule eines Charcot, Janet, Binet zu kennen. Man ist ja imstande, eine solche Blindheit experimentell zu erzeugen, wenn man eine des Somnambulismus fähige Person zur Verfügung hat. Versetzt man diese in tiefe Hypnose und suggeriert ihr die Vorstellung, sie sehe mit dem einen Auge nichts, so benimmt sie sich tatsächlich wie eine auf diesem Auge Erblindete, wie eine Hysterika mit spontan entwickelter Sehstörung. Man darf also den Mechanismus der spontanen hysterischen Sehstörung nach dem Vorbild der suggerierten hypnotischen konstruieren. Bei der Hysterika entsteht die Vorstellung, blind zu sein, nicht aus der Eingebung des Hypnotiseurs, sondern spontan, wie man sagt, durch Autosuggestion, und diese Vorstellung ist in beiden Fällen so stark, daß sie sich in Wirklichkeit umsetzt, ganz ähnlich wie eine suggerierte Halluzination, Lähmung und dergleichen.

Das klingt ja vollkommen verläßlich und muß jeden befriedigen, der sich über die vielen, hinter den Begriffen Hypnose, Suggestion und Autosuggestion versteckten Rätselhaftigkeiten hinwegsetzen kann. Insbesondere die Autosuggestion gibt Anlaß zu weiteren Fragen. Wann, unter welchen Bedingungen wird eine Vorstellung so stark, daß sie sich wie eine Suggestion benehmen und ohne weiteres in Wirklichkeit umsetzen kann? Eingehendere Untersuchungen haben da gelehrt, daß man diese Frage nicht beantworten kann, ohne den Begriff des »Unbewußten« zu

Hilfe zu nehmen. Viele Philosophen sträuben sich gegen die Annahme eines solchen seelischen Unbewußten, weil sie sich um die Phänomene nicht gekümmert haben, die zu seiner Aufstellung nötigen. Den Psychopathologen ist es unvermeidlich geworden, mit unbewußten seelischen Vorgängen, unbewußten Vorstellungen und dergleichen zu arbeiten.

Sinnreiche Versuche haben gezeigt, daß die hysterisch Blinden doch in gewissem Sinne sehen, wenn auch nicht im vollen Sinne. Die Erregungen des blinden Auges können doch gewisse psychische Folgen haben, z. B. Affekte hervorrufen, obgleich sie nicht bewußt werden. Die hysterisch Blinden sind also nur fürs Bewußtsein blind, im Unbewußten sind sie sehend. Es sind gerade Erfahrungen dieser Art, die uns zur Sonderung von bewußten und unbewußten seelischen Vorgängen nötigen. Wie kommt es, daß sie die unbewußte »Autosuggestion«, blind zu sein, entwikkeln, während sie doch im Unbewußten sehen?

Auf diese weitere Frage antwortet die Forschung der Franzosen mit der Erklärung, daß bei den zur Hysterie disponierten Kranken von vornherein eine Neigung zur Dissoziation – zur Auflösung des Zusammenhanges im seelischen Geschehen – bestehe, in deren Folge manche unbewußte Vorgänge sich nicht zum Bewußtsein fortsetzen. Lassen wir nun den Wert dieses Erklärungsversuches für das Verständnis der behandelten Erscheinungen ganz außer Betracht und wenden wir uns einem anderen Gesichtspunkte zu. Sie sehen doch ein, meine Herren, daß die anfänglich betonte Identität der hysterischen Blindheit mit der durch Suggestion hervorgerufenen wieder aufgegeben ist. Die Hysterischen sind nicht infolge der autosuggestiven Vorstellung, daß sie nicht sehen, blind, sondern infolge der Dissoziation zwischen unbewußten und bewußten Prozessen im Sehakt; ihre Vorstellung, nicht zu sehen, ist der berechtigte Ausdruck des psychischen Sachverhalts und nicht die Ursache desselben.

Meine Herren! Wenn Sie der vorstehenden Darstellung Unklarheit zum Vorwurf machen, so wird es mir nicht leicht werden, sie zu verteidigen. Ich habe versucht, Ihnen eine Synthese aus den Ansichten verschiedener Forscher zu geben, und dabei wahrscheinlich die Zusammenhänge zu straff angezogen. Ich wollte die Begriffe, denen man das Verständnis der psychogenen Störungen unterworfen hat: die Entstehung aus übermächtigen Ideen, die Unterscheidung bewußter von unbewußten seelischen Vorgängen und die Annahme der seelischen Dissoziation, zu einer einheitlichen Komposition verdichten, und dies konnte mir ebensowenig gelingen, wie es den französischen Autoren, an ihrer Spitze P. Janet, gelungen ist. Verzeihen Sie mir also nebst der Unklarheit auch die Untreue meiner Darstellung und lassen Sie sich erzählen, wie uns die Psychoanalyse zu einer in sich besser gefestigten und wahrscheinlich lebenswahreren Auffassung der psychogenen Sehstörungen geführt hat.

Die Psychoanalyse akzeptiert ebenfalls die Annahmen der Dissoziation und des Unbewußten, setzt sie aber in eine andere Beziehung zueinander. Sie ist eine dynamische Auffassung, die das seelische Leben auf ein Spiel von einander fördernden und hemmenden Kräften zurückführt. Wenn in einem Falle eine Gruppe von Vorstellungen im Unbewußten verbleibt, so schließt sie nicht auf eine konstitutionelle Unfähigkeit zur Synthese, die sich gerade in dieser Dissoziation kundgibt, sondern behauptet, daß ein aktives Sträuben anderer Vorstellungsgruppen die Isolierung und Unbewußtheit der einen Gruppe verursacht hat. Den Prozeß, der ein solches Schicksal für die eine Gruppe herbeiführt, heißt sie »Verdrängung« und erkennt in ihm etwas Analoges, wie es auf logischem Gebiete die Urteilsverwerfung ist. Sie weist nach, daß solche Verdrängungen eine außerordentlich wichtige Rolle in unserem Seelenleben spielen, daß sie dem Individuum auch häufig mißlingen können und daß das Mißlingen der Verdrängung die Vorbedingung der Symptombildung ist.

Wenn also die psychogene Sehstörung, wie wir gelernt haben, darauf beruht, daß gewisse, an das Sehen geknüpfte Vorstellungen vom Bewußtsein abgetrennt bleiben, so muß die psychoanalytische Denkweise annehmen, diese Vorstellungen seien in einen Gegensatz zu anderen, stärkeren getreten, für die wir den jeweilig anders zusammengesetzten Sammelbegriff des »Ichs« verwenden, und seien darum in die Verdrängung geraten. Woher soll aber ein solcher, zur Verdrängung auffordernder Gegensatz zwischen dem Ich und einzelnen Vorstellungsgruppen rühren? Sie merken wohl, daß diese Fragestellung vor der Psychoanalyse nicht möglich war, denn vorher wußte man nichts vom psychischen Konflikt und von der Verdrängung. Unsere Untersuchungen haben uns nun in den Stand gesetzt, die verlangte Antwort zu geben. Wir sind auf die Bedeutung der Triebe für das Vorstellungsleben aufmerksam geworden; wir haben erfahren, daß sich jeder Trieb durch die Belebung der zu seinen Zielen passenden Vorstellungen zur Geltung zu bringen sucht. Diese Triebe vertragen sich nicht immer miteinander; sie geraten häufig in einen Konflikt der Interessen; die Gegensätze der Vorstellungen sind nur der Ausdruck der Kämpfe zwischen den einzelnen Trieben. Von ganz besonderer Bedeutung für unseren Erklärungsversuch ist der unleugbare Gegensatz zwischen den Trieben, welche der Sexualität, der Gewinnung sexueller Lust, dienen, und den anderen, welche die Selbsterhaltung des Individuums zum Ziele haben, den Ichtrieben.[1] Als »Hunger« oder als »Liebe« können wir nach den Worten des Dichters alle in unserer Seele wirkenden organischen Triebe klassifizieren.[2] Wir haben den »Sexualtrieb« von seinen ersten Äußerungen beim Kinde bis zur Erreichung der als »normal« bezeichneten Endgestaltung verfolgt und gefunden, daß er aus zahlreichen »Partialtrieben« zusammengesetzt ist, die an den Erregungen von Körperregionen haften; wir haben eingesehen, daß diese Einzeltriebe eine komplizierte Entwicklung durchmachen müssen, ehe sie sich in zweckmäßiger Weise den Zielen der Fortpflanzung einordnen können.[3] Die psychologische Beleuchtung unserer Kulturent-

1 [Freud erwähnt hier erstmals diesen Terminus.]
2 [Friedrich Schiller, *Die Weltweisen.*]
3 [S. *Drei Abhandlungen zur Sexualtheorie* (1905).]

wicklung hat uns gelehrt, daß die Kultur wesentlich auf Kosten der sexuellen Partialtriebe entsteht, daß diese unterdrückt, eingeschränkt, umgebildet, auf höhere Ziele gelenkt werden müssen, um die kulturellen seelischen Konstruktionen herzustellen. Als wertvolles Ergebnis dieser Untersuchungen konnten wir erkennen, was uns die Kollegen noch nicht glauben wollen, daß die als »Neurosen« bezeichneten Leiden der Menschen auf die mannigfachen Weisen des Mißglückens dieser Umbildungsvorgänge an den sexuellen Partialtrieben zurückzuführen sind. Das »Ich« fühlt sich durch die Ansprüche der sexuellen Triebe bedroht und erwehrt sich ihrer durch Verdrängungen, die aber nicht immer den erwünschten Erfolg haben, sondern bedrohliche Ersatzbildungen des Verdrängten und lästige Reaktionsbildungen des Ichs zur Folge haben. Aus diesen beiden Klassen von Phänomenen setzt sich zusammen, was wir die Symptome der Neurosen heißen.

Wir sind von unserer Aufgabe anscheinend weit abgeschweift, haben aber dabei die Verknüpfung der neurotischen Krankheitszustände mit unserem gesamten Geistesleben gestreift. Gehen wir jetzt zu unserem engeren Problem zurück. Den sexuellen wie den Ichtrieben stehen im allgemeinen die nämlichen Organe und Organsysteme zur Verfügung. Die sexuelle Lust ist nicht bloß an die Funktion der Genitalien geknüpft; der Mund dient dem Küssen ebensowohl wie dem Essen und der sprachlichen Mitteilung, die Augen nehmen nicht nur die für die Lebenserhaltung wichtigen Veränderungen der Außenwelt wahr, sondern auch die Eigenschaften der Objekte, durch welche diese zu Objekten der Liebeswahl erhoben werden, ihre »Reize«. Es bewahrheitet sich nun, daß es für niemand leicht wird, zweien Herren zugleich zu dienen. In je innigere Beziehung ein Organ mit solch doppelseitiger Funktion zu dem einen der großen Triebe tritt, desto mehr verweigert es sich dem anderen. Dies Prinzip muß zu pathologischen Konsequenzen führen, wenn sich die beiden Grundtriebe entzweit haben, wenn von seiten des Ichs eine Verdrängung gegen den betreffenden sexuellen Partialtrieb unterhalten wird. Die Anwendung auf das Auge und das Sehen ergibt sich leicht. Wenn der sexuelle Partialtrieb, der sich des Schauens bedient, die sexuelle Schaulust, wegen seiner übergroßen Ansprüche die Gegenwehr der Ichtriebe auf sich gezogen hat, so daß die Vorstellungen, in denen sich sein Streben ausdrückt, der Verdrängung verfallen und vom Bewußtwerden abgehalten werden, so ist damit die Beziehung des Auges und des Sehens zum Ich und zum Bewußtsein überhaupt gestört. Das Ich hat seine Herrschaft über das Organ verloren, welches sich nun ganz dem verdrängten sexuellen Trieb zur Verfügung stellt. Es macht den Eindruck, als ginge die Verdrängung von seiten des Ichs zu weit, als schüttete sie das Kind mit dem Bade aus, indem das Ich jetzt überhaupt nichts mehr sehen will, seitdem sich die sexuellen Interessen im Sehen so sehr vorgedrängt haben. Zutreffender ist aber wohl die andere Darstellung, welche die Aktivität nach der Seite der verdrängten Schaulust verlegt. Es ist die Rache, die Entschädigung des verdrängten Triebes, daß er, von weiterer psychischer Entfaltung abgehalten, seine Herrschaft über das ihm dienende Organ nun zu steigern vermag. Der Verlust der bewußten Herrschaft über das Organ ist die schädliche Ersatzbildung für die mißglückte Verdrängung, die nur um diesen Preis ermöglicht war.

Deutlicher noch als am Auge ist diese Beziehung des zweifach in Anspruch genommenen Organs zum bewußten Ich und zur verdrängten Sexualität an den motorischen Organen ersichtlich, wenn z. B. die Hand hysterisch gelähmt wird, die eine sexuelle Aggression ausführen wollte und nach deren Hemmung nichts anderes mehr tun kann, gleichsam als bestünde sie eigensinnig auf der Ausführung der einen verdrängten Innervation, oder wenn die Finger von Personen, welche der Masturbation entsagt haben, sich weigern, das feine Bewegungsspiel, welches am Klavier oder an der Violine erfordert wird, zu erlernen. Für das Auge pflegen wir die dunkeln psychischen Vorgänge bei der Verdrängung der sexuellen Schaulust und bei der Entstehung der psychogenen Sehstörung so zu übersetzen, als erhöbe sich in dem Individuum eine strafende Stimme, welche sagte: »Weil du dein Sehorgan zu böser Sinneslust mißbrauchen wolltest, geschieht es dir ganz recht, wenn du überhaupt nichts mehr siehst« und die so den Ausgang des Prozesses billigte. Es liegt dann die Idee der Talion darin, und unsere Erklärung der psychogenen Sehstörung ist eigentlich mit jener zusammengefallen, die von der Sage, dem Mythus, der Legende dargeboten wird. In der schönen Sage von der Lady Godiva verbergen sich alle Einwohner des Städtchens hinter ihren verschlossenen Fenstern, um der Dame die Aufgabe, bei hellem Tageslichte nackt durch die Straßen zu reiten, zu erleichtern.[4] Der einzige, der durch die Fensterläden nach der entblößten Schönheit späht, wird gestraft, indem er erblindet. Es ist dies übrigens nicht das einzige Beispiel, welches uns ahnen läßt, daß die Neurotik auch den Schlüssel zur Mythologie in sich birgt.

Meine Herren, man macht der Psychoanalyse mit Unrecht den Vorwurf, daß sie zu rein psychologischen Theorien der krankhaften Vorgänge führe. Schon die Betonung der pathogenen Rolle der Sexualität, die doch gewiß kein ausschließlich psychischer Faktor ist, sollte sie gegen diesen Vorwurf schützen. Die Psychoanalyse vergißt niemals, daß das Seelische auf dem Organischen ruht, wenngleich ihre Arbeit es nur bis zu dieser Grundlage und nicht darüber hinaus verfolgen kann. So ist die Psychoanalyse auch bereit zuzugeben, ja zu postulieren, daß nicht alle funktionellen Sehstörungen psychogen sein können wie die durch Verdrängung der erotischen Schaulust hervorgerufenen. Wenn ein Organ, welches beiderlei Trieben dient, seine erogene Rolle steigert, so ist ganz allgemein zu erwarten, daß dies

4 [Der Vorfall, auf den Freud hier anspielt, soll sich um die Mitte des 11. Jahrhunderts in Coventry in Warwickshire ereignet haben. Die wunderschöne Lady Godiva (Godeva) bat ihren einflußreichen Gatten Leofrick Graf von Mercia, die drückenden Zölle, die auf Coventry lasteten, aufzuheben. Leofrick gab nach langer Weigerung nach, allerdings unter der Bedingung, daß die Gräfin am hellen Tage nackt durch die Stadt reite. Dies geschah – wobei die Gräfin angeblich durch ihr langes Haar verhüllt gewesen sein soll – und wurde für Jahrhunderte zum Anlaß einer alljährlichen Wiederholung dieses Ereignisses.]

nicht ohne Veränderungen der Erregbarkeit und der Innervation abgehen wird, die sich bei der Funktion des Organs im Dienste des Ichs als Störungen kundgeben werden. Ja, wenn wir sehen, daß ein Organ, welches sonst der Sinneswahrnehmung dient, sich bei Erhöhung seiner erogenen Rolle geradezu wie ein Genitale gebärdet, werden wir auch toxische Veränderungen in demselben nicht für unwahrscheinlich halten. Für beide Arten von Funktionsstörungen infolge der gesteigerten erogenen Bedeutung, die physiologischen wie die toxischen Ursprunges, wird man, in Ermangelung eines besseren, den alten, unpassenden Namen »neurotische« Störungen beibehalten müssen. Die neurotischen Störungen des Sehens verhalten sich zu den psychogenen wie ganz allgemein die Aktualneurosen zu den Psychoneurosen; psychogene Sehstörungen werden wohl kaum jemals ohne neurotische vorkommen können, wohl aber letztere ohne jene. Leider sind diese »neurotischen« Symptome heute noch sehr wenig gewürdigt und verstanden, denn der Psychoanalyse sind sie nicht unmittelbar zugänglich, und die anderen Untersuchungsweisen haben den Gesichtspunkt der Sexualität außer acht gelassen.

Von der Psychoanalyse zweigt noch ein anderer, in die organische Forschung reichender Gedankengang ab. Man kann sich die Frage vorlegen, ob die durch die Lebenseinflüsse erzeugte Unterdrückung sexueller Partialtriebe für sich allein hinreicht, die Funktionsstörungen der Organe hervorzurufen, oder ob nicht besondere konstitutionelle Verhältnisse vorliegen müssen, welche erst die Organe zur Übertreibung ihrer erogenen Rolle veranlassen und dadurch die Verdrängung der Triebe provozieren. In diesen Verhältnissen müßte man den konstitutionellen Anteil der Disposition zur Erkrankung an psychogenen und neurotischen Störungen erblicken. Es ist dies jenes Moment, welches ich bei der Hysterie vorläufig als »somatisches Entgegenkommen« der Organe bezeichnet habe.[5]

5 [In der Ausgabe von 1910 schließt die Arbeit mit folgenden Worten: »Die bekannten Arbeiten von Alfred Adler bemühen sich, es in biologischer Bestimmtheit zu erfassen.«]

Die zukünftigen Chancen der psychoanalytischen Therapie

Meine Herren! Da uns heute vorwiegend praktische Ziele zusammengeführt haben, werde auch ich ein praktisches Thema zum Gegenstand meines einführenden Vortrages wählen, nicht Ihr wissenschaftliches, sondern Ihr ärztliches Interesse anrufen. Ich halte mir vor, wie Sie wohl die Erfolge unserer Therapie beurteilen, und nehme an, daß die meisten von Ihnen die beiden Phasen der Anfängerschaft bereits durchgemacht haben, die des Entzückens über die ungeahnte Steigerung unserer therapeutischen Leistung und die der Depression über die Größe der Schwierigkeiten, die unseren Bemühungen im Wege stehen. Aber an welcher Stelle dieses Entwicklungsganges sich die einzelnen von Ihnen auch befinden mögen, ich habe heute vor, Ihnen zu zeigen, daß wir mit unseren Hilfsmitteln zur Bekämpfung der Neurosen keineswegs zu Ende sind und daß wir von der näheren Zukunft noch eine erhebliche Besserung unserer therapeutischen Chancen erwarten dürfen.

Von drei Seiten her, meine ich, wird uns die Verstärkung kommen:
(1) durch inneren Fortschritt,
(2) durch Zuwachs an Autorität,
(3) durch die Allgemeinwirkung unserer Arbeit.

Ad (1) Unter *»innerem Fortschritt«* verstehe ich den Fortschritt *(a)* in unserem analytischen Wissen, *(b)* in unserer Technik.

(a) Zum Fortschritt unseres Wissens: Wir wissen natürlich lange noch nicht alles, was wir zum Verständnis des Unbewußten bei unseren Kranken brauchen. Nun ist es klar, daß jeder Fortschritt unseres Wissens einen Machtzuwachs für unsere Therapie bedeutet. Solange wir nichts verstanden haben, haben wir auch nichts ausgerichtet; je mehr wir verstehen lernen, desto mehr werden wir leisten. In ihren Anfängen war die psychoanalytische Kur unerbitt-

lich und erschöpfend. Der Patient mußte alles selbst sagen, und die Tätigkeit des Arztes bestand darin, ihn unausgesetzt zu drängen. Heute sieht es freundlicher aus. Die Kur besteht aus zwei Stücken, aus dem, was der Arzt errät und dem Kranken sagt, und aus der Verarbeitung dessen, was er gehört hat, von seiten des Kranken. Der Mechanismus unserer Hilfeleistung ist ja leicht zu verstehen; wir geben dem Kranken die bewußte Erwartungsvorstellung, nach deren Ähnlichkeit er die verdrängte, unbewußte bei sich auffindet.[1] Das ist die intellektuelle Hilfe, die ihm die Überwindung der Widerstände zwischen Bewußtem und Unbewußtem erleichtert. Ich bemerke Ihnen nebenbei, es ist nicht der einzige Mechanismus, der in der analytischen Kur verwendet wird; Sie kennen ja alle den weit kräftigeren, der in der Verwendung der »Übertragung« liegt. Ich werde mich bemühen, alle diese für das Verständnis der Kur wichtigen Verhältnisse demnächst in einer *Allgemeinen Methodik der Psychoanalyse*[2] zu behandeln. Auch brauche ich bei Ihnen den Einwand nicht zurückzuweisen, daß in der heutigen Praxis der Kur die Beweiskraft für die Richtigkeit unserer Voraussetzungen verdunkelt wird; Sie vergessen nicht, daß diese Beweise anderswo zu finden sind und daß ein therapeutischer Eingriff nicht so geführt werden kann wie eine theoretische Untersuchung.

Lassen Sie mich nun einige Gebiete streifen, auf denen wir Neues zu lernen haben und wirklich täglich Neues erfahren. Da ist vor allem das der Symbolik im Traum und im Unbewußten. Ein hart bestrittenes Thema, wie Sie wissen! Es ist kein geringes Verdienst unseres Kollegen W. Stekel, daß er unbekümmert um den Einspruch all der Gegner sich in das Studium der Traumsymbole begeben

1 [Freuds psychologische Interpretation dieses Deutungsvorganges findet sich vor allem in den Abschnitten II und VII des Aufsatzes *Das Unbewußte* (vgl. im Band 2 der vorliegenden Ausgabe).]

2 [Gemeint ist ein systematisches Werk über psychoanalytische Behandlungstechnik, das Freud geplant und zwischen 1908 und 1909 zumindest teilweise geschrieben, jedoch nie veröffentlicht hat. Einige Jahre später (von 1911 bis 1915) publizierte er eine Reihe einzelner Schriften über Technik.]

hat. Da ist wirklich noch viel zu lernen; meine 1899 niedergeschriebene *Traumdeutung* erwartet vom Studium der Symbolik wichtige Ergänzungen.[3]

Über eines dieser neuerkannten Symbole möchte ich Ihnen einige Worte sagen: Vor einiger Zeit wurde es mir bekannt, daß ein uns fernerstehender Psychologe sich an einen von uns mit der Bemerkung gewendet, wir überschätzten doch gewiß die geheime sexuelle Bedeutung der Träume. Sein häufigster Traum sei, eine Stiege hinaufzusteigen, und da sei doch gewiß nichts Sexuelles dahinter. Durch diesen Einwand aufmerksam gemacht, haben wir dem Vorkommen von Stiegen, Treppen, Leitern im Traume Aufmerksamkeit geschenkt und konnten bald feststellen, daß die Stiege (und was ihr analog ist) ein sicheres Koitussymbol darstellt. Die Grundlage der Vergleichung ist nicht schwer aufzufinden; in rhythmischen Absätzen, unter zunehmender Atemnot kommt man auf eine Höhe und kann dann in ein paar raschen Sprüngen wieder unten

3 [Wilhelm Ludwig Stekel veröffentlichte: *Beiträge zur Traumdeutung*, in: Jb. psychoan. psychopath. Forsch., 1909, Bd. 1, S. 458. – *Die Sprache des Traumes*, Wiesbaden 1911. – Material über die Traumsymbolik, das z. T. auf Stekel zurückging, arbeitete Freud bereits 1909 und 1911 in Neuauflagen seiner *Traumdeutung* ein. In die Ausgabe von 1914 nahm er einen Abschnitt mit der Überschrift »Die Darstellung durch Symbole im Traume« (VI. Kapitel: Die Traumarbeit, Abschnitt E) auf. Dort bezieht er sich auch auf Stekel: »Dieser Autor, der der Psychoanalyse vielleicht ebensoviel geschadet als genützt hat, brachte eine große Anzahl von unvermuteten Symbolübersetzungen vor, die anfänglich nicht geglaubt wurden, später aber größtenteils Bestätigung fanden und angenommen werden mußten. Stekels Verdienst wird durch die Bemerkung nicht geschmälert, daß die skeptische Zurückhaltung der anderen nicht ungerechtfertigt war. Denn die Beispiele, auf welche er seine Deutung stützte, waren häufig nicht überzeugend, und er hatte sich einer Methode bedient, die als wissenschaftlich unzuverlässig zu verwerfen ist. Stekel fand seine Symboldeutungen auf dem Wege der Intuition, kraft eines ihm eigenen Vermögens, die Symbole unmittelbar zu verstehen. Eine solche Kunst ist aber nicht allgemein vorauszusetzen, ihre Leistungsfähigkeit ist jeder Kritik entzogen, und ihre Ergebnisse haben daher auf Glaubwürdigkeit keinen Anspruch.« – Freuds ausführlichste Darstellung der Traumsymbolik findet sich in der 10. der *Vorlesungen zur Einführung in die Psychoanalyse* (vgl. in Band 2).]

sein. So findet sich der Rhythmus des Koitus im Stiegensteigen wieder. Vergessen wir nicht, den Sprachgebrauch heranzuziehen. Er zeigt uns, daß das »Steigen« ohne weiteres als Ersatzbezeichnung der sexuellen Aktion gebraucht wird. Man pflegt zu sagen, der Mann ist ein »Steiger«, »nachsteigen«. Im Französischen heißt die Stufe der Treppe: *la marche; »un vieux marcheur«* deckt sich ganz mit unserem »ein alter Steiger«. Das Traummaterial, aus dem diese neu erkannten Symbole stammen, wird Ihnen seinerzeit von dem Komitee zur Sammelforschung über Symbolik[4], welches wir einsetzen sollen, vorgelegt werden. Über ein anderes interessantes Symbol, das des »Rettens« und dessen Bedeutungswandel, werden Sie im zweiten Band unseres *Jahrbuches* Angaben finden.[5] Aber ich muß hier abbrechen, sonst komme ich nicht zu den anderen Punkten.

Jeder einzelne von Ihnen wird sich aus seiner Erfahrung überzeugen, wie ganz anders er einem neuen Falle gegenübersteht, wenn er erst das Gefüge einiger typischer Krankheitsfälle durchschaut hat. Nehmen Sie nun an, daß wir das Gesetzmäßige im Aufbau der verschiedenen Formen von Neurosen in ähnlicher Weise in knappe Formeln gebannt hätten, wie es uns bis jetzt für die hysterische Symptombildung gelungen ist, wie gesichert würde dadurch unser prognostisches Urteil. Ja, wie der Geburtshelfer durch die Inspektion der Placenta erfährt, ob sie vollständig ausgestoßen wurde oder ob noch schädliche Reste zurückgeblieben sind, so würden wir unabhängig vom Erfolg und jeweiligen Befinden des Kranken sagen können, ob uns die Arbeit endgültig gelungen ist oder ob wir auf Rückfälle und neuerliche Erkrankung gefaßt sein müssen.

4 [Auf dem Zweiten Internationalen Psychoanalytischen Kongreß (30. und 31. März 1910 in Nürnberg), den Freud mit der vorliegenden Rede eröffnete, wurde auf Anregung des englischen Psychoanalytikers Ernest Jones (1879–1958) ein Komitee für Symbolforschung gegründet. Jones berichtet darüber in der Monographie *Das Leben und Werk von Sigmund Freud* (Bd. 2, S. 89 f.) und resümiert lapidar: »Daraus ist dann später nicht viel geworden . . .«]

5 [S. *Über einen besonderen Typus der Objektwahl beim Manne;* vgl. im vorliegenden Band unserer Ausgabe.]

(b) Ich eile zu den Neuerungen auf dem Gebiete der Technik, wo wirklich das meiste noch seiner definitiven Feststellung harrt und vieles eben jetzt klar zu werden beginnt. Die psychoanalytische Technik setzt sich jetzt zweierlei Ziele, dem Arzt Mühe zu ersparen und dem Kranken den uneingeschränktesten Zugang zu seinem Unbewußten zu eröffnen. Sie wissen, in unserer Technik hat eine prinzipielle Wandlung stattgefunden. Zur Zeit der kathartischen Kur setzten wir uns die Aufklärung der Symptome zum Ziel, dann wandten wir uns von den Symptomen ab und setzten die Aufdeckung der »Komplexe« – nach dem unentbehrlich gewordenen Wort von Jung – als Ziel an die Stelle; jetzt richten wir aber die Arbeit direkt auf die Auffindung und Überwindung der »Widerstände« und vertrauen mit Recht darauf, daß die Komplexe sich mühelos ergeben werden, sowie die Widerstände erkannt und beseitigt sind. Bei manchem von Ihnen hat sich seither das Bedürfnis gezeigt, diese Widerstände übersehen und klassifizieren zu können. Ich bitte Sie nun, an Ihrem Material nachzuprüfen, ob Sie folgende Zusammenfassung bestätigen können: Bei männlichen Patienten scheinen die bedeutsamsten Kurwiderstände vom Vaterkomplex auszugehen und sich in Furcht vor dem Vater, Trotz gegen den Vater und Unglauben gegen den Vater aufzulösen.

Andere Neuerungen der Technik betreffen die Person des Arztes selbst. Wir sind auf die »Gegenübertragung«[6] aufmerksam geworden, die sich beim Arzt durch den Einfluß des Patienten auf das unbewußte Fühlen des Arztes einstellt, und sind nicht weit davon, die Forderung zu erhe-

---

6 [Freud verwendet hier erstmals diesen Terminus. Seine wichtigsten Bemerkungen zum Thema »Gegenübertragung« finden sich in den Aufsätzen *Ratschläge für den Arzt bei der psychoanalytischen Behandlung* (1912) und *Die endliche und die unendliche Analyse* (vgl. in Band 3 der vorliegenden Ausgabe). In *Ratschläge für den Arzt* . . . schreibt Freud: »Wenn der Arzt aber imstande sein soll, sich seines Unbewußten . . . als Instrument bei der Analyse zu bedienen, so . . . darf er in sich selbst keine Widerstände dulden, welche das von seinem Unbewußten Erkannte von seinem Bewußtsein abhalten, sonst würde er eine neue Art von Auswahl und Entstellung in die Analyse einführen, welche weit schädlicher wäre als die

ben, daß der Arzt diese Gegenübertragung in sich erkennen und bewältigen müsse. Wir haben, seitdem eine größere Anzahl von Personen die Psychoanalyse üben und ihre Erfahrungen untereinander austauschen, bemerkt, daß jeder Psychoanalytiker nur so weit kommt, als seine eigenen Komplexe und inneren Widerstände es gestatten, und verlangen daher, daß er seine Tätigkeit mit einer Selbstanalyse beginne und diese, während er seine Erfahrungen an Kranken macht, fortlaufend vertiefe. Wer in einer solchen Selbstanalyse nichts zustande bringt, mag sich die Fähigkeit, Kranke analytisch zu behandeln, ohne weiteres absprechen.

Wir nähern uns jetzt auch der Einsicht, daß die analytische Technik je nach der Krankheitsform und je nach den beim Patienten vorherrschenden Trieben gewisse Modifikationen erfahren muß. Von der Therapie der Konversionshysterie sind wir ja ausgegangen; bei der Angsthysterie (den Phobien) müssen wir unser Vorgehen etwas ändern. Diese Kranken können nämlich das für die Auflösung der Phobie entscheidende Material nicht bringen, solange sie sich durch die Einhaltung der phobischen Bedingung geschützt fühlen. Daß sie von Anfang der Kur an auf die Schutzvorrichtung verzichten und unter den Bedingungen der Angst arbeiten, erreicht man natürlich nicht. Man muß ihnen also so lange Hilfe durch Übersetzung ihres Unbewußten zuführen, bis sie sich entschließen können, auf den Schutz der Phobie zu verzichten, und sich einer nun sehr gemäßigten Angst aussetzen. Haben sie das getan, so wird jetzt erst das Material zugänglich, dessen Be-

---

durch Anspannung seiner bewußten Aufmerksamkeit hervorgerufene. Es genügt nicht hierfür, daß er selbst ein annähernd normaler Mensch sei, man darf vielmehr die Forderung aufstellen, daß er sich einer psychoanalytischen Purifizierung unterzogen und von jenen Eigenkomplexen Kenntnis genommen habe, die geeignet wären, ihn in der Erfassung des vom Analysierten Dargebotenen zu stören. An der disqualifizierenden Wirkung solcher eigener Defekte kann billigerweise nicht gezweifelt werden; jede ungelöste Verdrängung beim Arzte entspricht nach einem treffenden Worte von W. Stekel einem ›blinden Fleck‹ in seiner analytischen Wahrnehmung.«]

herrschung zur Lösung der Phobie führt. Andere Modifikationen der Technik, die mir noch nicht spruchreif scheinen, werden in der Behandlung der Zwangsneurosen erforderlich sein. Ganz bedeutsame, noch nicht geklärte Fragen tauchen in diesem Zusammenhange auf, inwieweit den bekämpften Trieben des Kranken ein Stück Befriedigung während der Kur zu gestatten ist und welchen Unterschied es dabei macht, ob diese Triebe aktiver (sadistischer) oder passiver (masochistischer) Natur sind.

Ich hoffe, Sie werden den Eindruck erhalten haben, daß, wenn wir all das wüßten, was uns jetzt erst ahnt, und alle Verbesserungen der Technik durchgeführt haben werden, zu denen uns die vertiefte Erfahrung an unseren Kranken führen muß, daß unser ärztliches Handeln dann eine Präzision und Erfolgssicherheit erreichen wird, die nicht auf allen ärztlichen Spezialgebieten vorhanden sind.

Ad (2) Ich sagte, wir hätten viel zu erwarten durch den Zuwachs an Autorität, der uns im Laufe der Zeit zufallen muß. Über die Bedeutung der Autorität brauche ich Ihnen nicht viel zu sagen. Die wenigsten Kulturmenschen sind fähig, ohne Anlehnung an andere zu existieren oder auch nur ein selbständiges Urteil zu fällen. Die Autoritätssucht und innere Haltlosigkeit der Menschen können Sie sich nicht arg genug vorstellen. Die außerordentliche Vermehrung der Neurosen seit der Entkräftung der Religionen mag Ihnen einen Maßstab dafür geben. Die Verarmung des Ichs durch den großen Verdrängungsaufwand, den die Kultur von jedem Individuum fordert, mag eine der hauptsächlichsten Ursachen dieses Zustandes sein.

Diese Autorität und die enorme von ihr ausgehende Suggestion war bisher gegen uns. Alle unsere therapeutischen Erfolge sind gegen diese Suggestion erzielt worden; es ist zu verwundern, daß unter solchen Verhältnissen überhaupt Erfolge zu gewinnen waren. Ich will mich nicht so weit gehen lassen, Ihnen die Annehmlichkeiten jener Zeiten, da ich allein die Psychoanalyse vertrat, zu schildern.[7] Ich weiß, die Kranken, denen ich die Versicherung gab, ich wüßte ihnen dauernde Abhilfe ihrer Leiden zu bringen, sahen sich in meiner bescheidenen Umgebung um, dachten an meinen geringen Ruf und Titel und betrachteten mich wie etwa einen Besitzer eines unfehlbaren Gewinnsystems an dem Orte einer Spielbank, gegen den man einwendet, wenn der Mensch das kann, so muß er selbst anders aussehen. Es war auch wirklich nicht bequem, psychische Operationen auszuführen, während der Kollege, der die Pflicht der Assistenz gehabt hätte, sich ein besonderes Vergnügen daraus machte, ins Operationsfeld zu spucken, und die Angehörigen den Operateur bedrohten, sobald es Blut oder unruhige Bewegungen bei dem Kranken gab. Eine Operation darf doch Reaktionserscheinungen machen; in der Chirurgie sind wir längst daran gewöhnt. Man glaubte mir einfach nicht, wie man heute noch uns allen wenig glaubt; unter solchen Bedingungen mußte mancher Eingriff mißlingen. Um die Vermehrung unserer therapeutischen Chancen zu ermessen, wenn sich das allgemeine Vertrauen uns zuwendet, denken Sie an die Stellung des Frauenarztes in der Türkei und im Abendlande. Alles, was dort der Frauenarzt tun darf, ist, an dem Arm, der ihm durch ein Loch in der Wand entgegengestreckt wird, den Puls zu fühlen. Einer solchen Unzugänglichkeit des Objektes entspricht auch die ärztliche Leistung; unsere Gegner im Abendlande wollen uns eine ungefähr ähnliche Verfügung über das Seelische unserer Kranken gestatten. Seitdem aber die Suggestion der Gesellschaft die kranke Frau zum Gynäkologen drängt, ist dieser der Helfer und Retter der Frau geworden. Sagen Sie nun nicht, wenn uns die Autorität der Gesellschaft zu Hilfe kommt und unsere Erfolge so sehr steigert, so wird dies nichts für die Richtigkeit unserer Voraussetzungen beweisen. Die Suggestion kann angeblich alles, und unsere Erfolge werden dann Erfolge der Suggestion sein und nicht der Psychoanalyse. Die Sugge-

7 [Vgl. den ersten Teil des Aufsatzes *Zur Geschichte der psychoanalytischen Bewegung* zu Beginn des vorliegenden Bandes.]

stion der Gesellschaft kommt doch jetzt den Wasser-, Diät- und elektrischen Kuren bei Nervösen entgegen, ohne daß es diesen Maßnahmen gelingt, die Neurosen zu bezwingen. Es wird sich zeigen, ob die psychoanalytischen Behandlungen mehr zu leisten vermögen.

Nun muß ich aber Ihre Erwartungen allerdings wieder dämpfen. Die Gesellschaft wird sich nicht beeilen, uns Autorität einzuräumen. Sie muß sich im Widerstande gegen uns befinden, denn wir verhalten uns kritisch gegen sie; wir weisen ihr nach, daß sie an der Verursachung der Neurosen selbst einen großen Anteil hat. Wie wir den einzelnen durch die Aufdeckung des in ihm Verdrängten zu unserem Feinde machen, so kann auch die Gesellschaft die rücksichtslose Bloßlegung ihrer Schäden und Unzulänglichkeiten nicht mit sympathischem Entgegenkommen beantworten; weil wir Illusionen zerstören, wirft man uns vor, daß wir die Ideale in Gefahr bringen. So scheint es also, daß die Bedingung, von der ich eine so große Förderung unserer therapeutischen Chancen erwarte, niemals eintreten wird. Und doch ist die Situation nicht so trostlos, wie man jetzt meinen sollte. So mächtig auch die Affekte und die Interessen der Menschen sein mögen, das Intellektuelle ist doch auch eine Macht. Nicht gerade diejenige, welche sich zuerst Geltung verschafft, aber um so sicherer am Ende. Die einschneidendsten Wahrheiten werden endlich gehört und anerkannt, nachdem die durch sie verletzten Interessen und die durch sie geweckten Affekte sich ausgetobt haben. Es ist bisher noch immer so gegangen, und die unerwünschten Wahrheiten, die wir Psychoanalytiker der Welt zu sagen haben, werden dasselbe Schicksal finden. Nur wird es nicht sehr rasch geschehen; wir müssen warten können.

Ad (3) Endlich muß ich Ihnen erklären, was ich unter der »Allgemeinwirkung« unserer Arbeit verstehe und wie ich dazu komme, Hoffnungen auf diese zu setzen. Es liegt da eine sehr merkwürdige therapeutische Konstellation vor, die sich in gleicher Weise vielleicht nirgendwo wiederfindet, die Ihnen auch zunächst befremdlich erscheinen wird, bis Sie etwas längst Vertrautes in ihr erkennen werden. Sie wissen doch, die Psychoneurosen sind entstellte Ersatzbefriedigungen von Trieben, deren Existenz man vor sich selbst und vor den anderen verleugnen muß. Ihre Existenzfähigkeit ruht auf dieser Entstellung und Verkennung. Mit der Lösung des Rätsels, das sie bieten, und der Annahme dieser Lösung durch die Kranken werden diese Krankheitszustände existenzunfähig. Es gibt kaum etwas Ähnliches in der Medizin; in den Märchen hören Sie von bösen Geistern, deren Macht gebrochen ist, sobald man ihnen ihren geheimgehaltenen Namen sagen kann.

Nun setzten Sie an die Stelle des einzelnen Kranken die ganze an den Neurosen krankende, aus kranken und gesunden Personen bestehende Gesellschaft, an Stelle der Annahme der Lösung dort die allgemeine Anerkennung hier, so wird Ihnen eine kurze Überlegung zeigen, daß diese Ersetzung am Ergebnis nichts zu ändern vermag. Der Erfolg, den die Therapie beim einzelnen haben kann, muß auch bei der Masse eintreten. Die Kranken können ihre verschiedenen Neurosen, ihre ängstliche Überzärtlichkeit, die den Haß verbergen soll, ihre Agoraphobie, die von ihrem enttäuschten Ehrgeiz erzählt, ihre Zwangshandlungen, die Vorwürfe wegen und Sicherungen gegen böse Vorsätze darstellen, nicht bekannt werden lassen, wenn allen Angehörigen und Fremden, vor denen sie ihre Seelenvorgänge verbergen wollen, der allgemeine Sinn der Symptome bekannt ist und wenn sie selbst wissen, daß sie in den Krankheitserscheinungen nichts produzieren, was die anderen nicht sofort zu deuten verstehen. Die Wirkung wird sich aber nicht auf das – übrigens häufig undurchführbare – Verbergen der Symptome beschränken; denn durch dieses Verbergenmüssen wird das Kranksein unverwendbar. Die Mitteilung des Geheimnisses hat die »ätiologische Gleichung«, aus welcher die Neurosen hervorgehen,[8] an ihrem heikelsten

8 [Dies ist ein Rückverweis auf eine frühe Arbeit Freuds, die zweite der Schriften über die Angstneurose (*Zur Kritik der »Angstneurose«*, 1895). Im Schlußteil dieser Arbeit untersucht er die verschiedenen Ursachenkategorien, die bei der Neurosenentstehung eine Rolle spielen. Er führt dort das

Punkte angegriffen, sie hat den Krankheitsgewinn illusorisch gemacht, und darum kann nichts anderes als die Einstellung der Krankheitsproduktion die endliche Folge der durch die Indiskretion des Arztes veränderten Sachlage sein.

Erscheint Ihnen diese Hoffnung utopisch, so lassen Sie sich daran erinnern, daß Beseitigung neurotischer Phänomene auf diesem Wege wirklich bereits vorgekommen ist, wenngleich in ganz vereinzelten Fällen. Denken Sie daran, wie häufig in früheren Zeiten die Halluzination der heiligen Jungfrau bei Bauernmädchen war. Solange eine solche Erscheinung einen großen Zulauf von Gläubigen, etwa noch die Erbauung einer Kapelle am Gnadenorte zur Folge hatte, war der visionäre Zustand dieser Mädchen einer Beeinflussung unzugänglich. Heute hat selbst die Geistlichkeit ihre Stellung zu diesen Erscheinungen verändert; sie gestattet, daß der Gendarm und der Arzt die Visionärin besuchen, und seitdem erscheint die Jungfrau nur sehr selten. Oder gestatten Sie, daß ich dieselben Vorgänge, die ich vorhin in die Zukunft verlegt habe, an einer analogen, aber erniedrigten und darum leichter übersehbaren Situation mit Ihnen studiere. Nehmen Sie an, ein aus Herren und Damen der guten Gesellschaft bestehender Kreis habe einen Tagesausflug nach einem im Grünen gelegenen Wirtshause verabredet. Die Damen haben miteinander ausgemacht, wenn eine von ihnen ein natürliches Bedürfnis befriedigen wolle, so werde sie laut sagen: sie gehe jetzt Blumen pflücken; ein Boshafter sei aber hinter dieses Geheimnis gekommen und habe auf das gedruckte und an die Teilnehmer verschickte Programm setzen lassen: Wenn die Damen auf die Seite gehen wollen, mögen sie sagen, sie gehen Blumen pflücken. Natürlich wird keine der Damen mehr sich dieser Verblümung bedienen wollen, und ebenso erschwert werden ähnliche, neu verabredete Formeln sein.

Konzept der »ätiologischen Gleichung« mehrerer Bedingungen ein, die erfüllt sein müssen, wenn es zur Neurose kommen soll. Was immer irgendeine dieser Bedingungen an der Erfüllung hindert, hat infolgedessen therapeutische Wirkung.]

Was wird die Folge sein? Die Damen werden sich ohne Scheu zu ihren natürlichen Bedürfnissen bekennen, und keiner der Herren wird daran Anstoß nehmen. Kehren wir zu unserem ernsthafteren Falle zurück. Soundso viele Menschen haben sich in Lebenskonflikten, deren Lösung ihnen allzu schwierig wurde, in die Neurose geflüchtet und dabei einen unverkennbaren, wenn auch auf die Dauer allzu kostspieligen Krankheitsgewinn erzielt. Was werden diese Menschen tun müssen, wenn ihnen die Flucht in die Krankheit durch die indiskreten Aufklärungen der Psychoanalyse versperrt wird? Sie werden ehrlich sein müssen, sich zu den in ihnen rege gewordenen Trieben bekennen, im Konflikt standhalten, werden kämpfen oder verzichten, und die Toleranz der Gesellschaft, die sich im Gefolge der psychoanalytischen Aufklärung unabwendbar einstellt, wird ihnen zu Hilfe kommen.

Erinnern wir uns aber, daß man dem Leben nicht als fanatischer Hygieniker oder Therapeut entgegentreten darf. Gestehen wir uns ein, daß diese ideale Verhütung der neurotischen Erkrankungen nicht allen einzelnen zum Vorteil gereichen wird. Eine gute Anzahl derer, die sich heute in die Krankheit flüchten, würde unter den von uns angenommenen Bedingungen den Konflikt nicht bestehen, sondern rasch zugrunde gehen oder ein Unheil anstiften, welches größer ist als ihre eigene neurotische Erkrankung. Die Neurosen haben eben ihre biologische Funktion als Schutzvorrichtung und ihre soziale Berechtigung; ihr »Krankheitsgewinn« ist nicht immer ein rein subjektiver.[9] Wer von Ihnen hat nicht schon einmal hinter die Verursachung einer Neurose geblickt, die er als den mildesten Ausgang unter allen Möglichkeiten der Situation gelten lassen mußte? Und soll man wirklich gerade der Ausrottung der Neurosen so schwere Opfer bringen, wenn doch die Welt voll ist von anderem unabwendbaren Elend?

Sollen wir also unsere Bemühungen zur Aufklärung über

9 [Das Thema des »Krankheitsgewinns« wird ausführlich in der 24. der *Vorlesungen zur Einführung* (vgl. Band 2 der vorliegenden Ausgabe) erörtert.]

den geheimen Sinn der Neurotik als im letzten Grunde gefährlich für den einzelnen und schädlich für den Betrieb der Gesellschaft aufgeben, darauf verzichten, aus einem Stück wissenschaftlicher Erkenntnis die praktische Folgerung zu ziehen? Nein, ich meine, unsere Pflicht geht doch nach der anderen Richtung. Der Krankheitsgewinn der Neurosen ist doch im ganzen und am Ende eine Schädigung für die einzelnen wie für die Gesellschaft. Das Unglück, das sich infolge unserer Aufklärungsarbeit ergeben kann, wird doch nur einzelne betreffen. Die Umkehr zu einem wahrheitsgemäßeren und würdigeren Zustand der Gesellschaft wird mit diesen Opfern nicht zu teuer erkauft sein. Vor allem aber: alle die Energien, die sich heute in der Produktion neurotischer Symptome im Dienste einer von der Wirklichkeit isolierten Phantasiewelt verzehren, werden, wenn sie schon nicht dem Leben zugute kommen können, doch den Schrei nach jenen Veränderungen in unserer Kultur verstärken helfen, in denen wir allein das Heil für die Nachkommenden erblicken können.

So möchte ich Sie denn mit der Versicherung entlassen, daß Sie in mehr als einem Sinne Ihre Pflicht tun, wenn Sie Ihre Kranken psychoanalytisch behandeln. Sie arbeiten nicht nur im Dienste der Wissenschaft, indem Sie die einzige und nie wiederkehrende Gelegenheit ausnützen, die Geheimnisse der Neurosen zu durchschauen; Sie geben nicht nur Ihrem Kranken die wirksamste Behandlung gegen seine Leiden, die uns heute zu Gebote steht; Sie leisten auch Ihren Beitrag zu jener Aufklärung der Masse, von der wir die gründlichste Prophylaxe der neurotischen Erkrankungen auf dem Umwege über die gesellschaftliche Autorität erwarten.

Über den Gegensinn der Urworte

In meiner *Traumdeutung* habe ich als unverstandenes Ergebnis der analytischen Bemühung eine Behauptung aufgestellt, die ich nun zu Eingang dieses Referates wiederholen werde:[1]

»Höchst auffällig ist das Verhalten des Traumes gegen die Kategorie von Gegensatz und Widerspruch. Dieser wird schlechtweg vernachlässigt. Das ›Nein‹ scheint für den Traum nicht zu existieren. Gegensätze werden mit besonderer Vorliebe zu einer Einheit zusammengezogen oder in einem dargestellt. Der Traum nimmt sich ja auch die Freiheit, ein beliebiges Element durch seinen Wunschgegensatz darzustellen, so daß man zunächst von keinem eines Gegenteils fähigen Elemente weiß, ob es in den Traumgedanken positiv oder negativ enthalten ist.«

Die Traumdeuter des Altertums scheinen von der Voraussetzung, daß ein Ding im Traume sein Gegenteil bedeuten könne, den ausgiebigsten Gebrauch gemacht zu haben. Gelegentlich ist diese Möglichkeit auch von modernen Traumforschern, insofern sie dem Traume überhaupt Sinn und Deutbarkeit zugestanden haben, erkannt.[2] Ich glaube auch keinen Widerspruch hervorzurufen, wenn ich annehme, daß alle diejenigen die oben zitierte Behauptung bestätigt gefunden haben, welche mir auf den Weg einer wissenschaftlichen Traumdeutung gefolgt sind.

Zum Verständnisse der sonderbaren Neigung der Traumarbeit, von der Verneinung abzusehen und durch dasselbe Darstellungsmittel Gegensätzliches zum Ausdrucke zu bringen, bin ich erst durch die zufällige Lektüre-

---

1 *Die Traumdeutung*, Kapitel VI: »Die Traumarbeit«. – [Der vorliegende Aufsatz erschien zunächst als Referat der Studie *Über den Gegensinn der Urworte* von K. Abel (Leipzig 1884) in: Jahrbuch für psychoanalytische und psychopathologische Forschungen, Bd. 2, 1910. In den vor 1924 erschienenen Ausgaben stand der Titel noch in Anführung und war mit dem Untertitel »Referat über die gleichnamige Broschüre von Karl Abel, 1884« versehen.]

2 S. z. B. G. H. v. Schubert, *Die Symbolik des Traumes* [1814], 4. Aufl. 1862, II. Kapitel: »Die Sprache des Traumes«.

einer Arbeit des Sprachforschers K. Abel gelangt, welche, 1884 als selbständige Broschüre veröffentlicht, im nächsten Jahre auch unter die *Sprachwissenschaftlichen Abhandlungen* des Verfassers aufgenommen worden ist. Das Interesse des Gegenstandes wird es rechtfertigen, wenn ich die entscheidenden Stellen der Abelschen Abhandlung nach ihrem vollen Wortlaute (wenn auch mit Weglassung der meisten Beispiele) hier anführe. Wir erhalten nämlich die erstaunliche Aufklärung, daß die angegebene Praxis der Traumarbeit sich mit einer Eigentümlichkeit der ältesten uns bekannten Sprachen deckt.

Nachdem Abel das Alter der ägyptischen Sprache hervorgehoben, die lange Zeiten vor den ersten hieroglyphischen Inschriften entwickelt worden sein muß, fährt er fort (S. 4):

»In der ägyptischen Sprache nun, dieser einzigen Reliquie einer primitiven Welt, findet sich eine ziemliche Anzahl von Worten mit zwei Bedeutungen, deren eine das gerade Gegenteil der andern besagt. Man denke sich, wenn man solch augenscheinlichen Unsinn zu denken vermag, daß das Wort ›stark‹ in der deutschen Sprache sowohl ›stark‹ als ›schwach‹ bedeute; daß das Nomen ›Licht‹ in Berlin gebraucht werde, um sowohl ›Licht‹ als ›Dunkelheit‹ zu bezeichnen; daß ein Münchener Bürger das Bier ›Bier‹ nennte, während ein anderer dasselbe Wort anwendete, wenn er vom Wasser spräche, und man hat die erstaunliche Praxis, welcher sich die alten Ägypter in ihrer Sprache gewohnheitsmäßig hinzugeben pflegten. Wem kann man es verargen, wenn er dazu ungläubig den Kopf schüttelt? . . .« (Beispiele.)

(Ibid., S. 7): »Angesichts dieser und vieler ähnlicher Fälle antithetischer Bedeutung (siehe Anhang) kann es keinem Zweifel unterliegen, daß es in *einer* Sprache wenigstens eine Fülle von Worten gegeben hat, welche ein Ding und das Gegenteil dieses Dinges gleichzeitig bezeichneten. Wie erstaunlich es sei, wir stehen vor der Tatsache und haben damit zu rechnen.«

Der Autor weist nun die Erklärung dieses Sachverhaltes

durch zufälligen Gleichlaut ab und verwahrt sich mit gleicher Entschiedenheit gegen die Zurückführung desselben auf den Tiefstand der ägyptischen Geistesentwicklung:

(Ibid., S. 9): »Nun war aber Ägypten nichts weniger als eine Heimat des Unsinnes. Es war im Gegenteil eine der frühesten Entwicklungsstätten der menschlichen Vernunft ... Es kannte eine reine und würdevolle Moral und hatte einen großen Teil der zehn Gebote formuliert, als diejenigen Völker, welchen die heutige Zivilisation gehört, blutdürstigen Idolen Menschenopfer zu schlachten pflegten. Ein Volk, welches die Fackel der Gerechtigkeit und Kultur in so dunklen Zeiten entzündete, kann doch in seinem alltäglichen Reden und Denken nicht geradezu stupid gewesen sein ... Wer Glas zu machen und ungeheure Blöcke maschinenmäßig zu heben und zu bewegen vermochte, muß doch mindestens Vernunft genug gehabt haben, um ein Ding nicht für sich selbst und gleichzeitig für sein Gegenteil anzusehen. Wie vereinen wir es nun damit, daß die Ägypter sich eine so sonderbare kontradiktorische Sprache gestatteten? ... daß sie überhaupt den feindlichsten Gedanken ein und denselben lautlichen Träger zu geben und das, was sich gegenseitig am stärksten opponierte, in einer Art unlöslicher Union zu verbinden pflegten?«

Vor jedem Versuche einer Erklärung muß noch einer Steigerung dieses unbegreiflichen Verfahrens der ägyptischen Sprache gedacht werden. »Von allen Exzentrizitäten des ägyptischen Lexikons ist es vielleicht die außerordentlichste, daß es, außer den Worten, die entgegengesetzte Bedeutungen in sich vereinen, andere zusammengesetzte Worte besitzt, in denen zwei Vokabeln von entgegengesetzter Bedeutung zu einem Kompositum vereint werden, welches die Bedeutung nur eines von seinen beiden konstituierenden Gliedern besitzt. Es gibt also in dieser außerordentlichen Sprache nicht allein Worte, die sowohl ›stark‹ als ›schwach‹ oder sowohl ›befehlen‹ als ›gehorchen‹ besagen; es gibt auch Komposita wie ›altjung‹, ›fernnah‹, ›bindentrennen‹, ›außeninnen‹ ..., die trotz ihrer das Verschiedenste einschließenden Zusammensetzung das erste nur

›jung‹, das zweite nur ›nah‹, das dritte nur ›verbinden‹, das vierte nur ›innen‹ bedeuten ... Man hat also bei diesen zusammengesetzten Worten begriffliche Widersprüche geradezu absichtlich vereint, nicht um einen dritten Begriff zu schaffen, wie im Chinesischen mitunter geschieht, sondern nur, um durch das Kompositum die Bedeutung eines seiner kontradiktorischen Glieder, das allein dasselbe bedeutet haben würde, auszudrücken ...«

Indes ist das Rätsel leichter gelöst, als es scheinen will. Unsere Begriffe entstehen durch Vergleichung. »Wäre es immer hell, so würden wir zwischen hell und dunkel nicht unterscheiden und demgemäß weder den Begriff noch das Wort der Helligkeit haben können ...« – »Es ist offenbar, alles auf diesem Planeten ist relativ und hat unabhängige Existenz, nur insofern es in seinen Beziehungen zu und von anderen Dingen unterschieden wird ...« – »Da jeder Begriff somit der Zwilling seines Gegensatzes ist, wie konnte er zuerst gedacht, wie konnte er anderen, die ihn zu denken versuchten, mitgeteilt werden, wenn nicht durch die Messung an seinem Gegensatz? ...« (Ibid., S. 15): »Da man den Begriff der Stärke nicht konzipieren konnte, außer im Gegensatze zur Schwäche, so enthielt das Wort, welches ›stark‹ besagte, eine gleichzeitige Erinnerung an ›schwach‹, als durch welche es erst zum Dasein gelangte. Dieses Wort bezeichnete in Wahrheit weder ›stark‹ noch ›schwach‹, sondern das Verhältnis zwischen beiden und den Unterschied beider, welcher beide gleichmäßig erschuf ...« – »Der Mensch hat eben seine ältesten und einfachsten Begriffe nicht anders erringen können als im Gegensatze zu ihrem Gegensatz und erst allmählich die beiden Seiten der Antithese sondern und die eine ohne bewußte Messung an der andern denken gelernt.«

Da die Sprache nicht nur zum Ausdruck der eigenen Gedanken, sondern wesentlich zur Mitteilung derselben an andere dient, kann man die Frage aufwerfen, auf welche Weise hat der »Urägypter« dem Nebenmenschen zu erkennen gegeben, »welche Seite des Zwitterbegriffes er jedesmal meinte«? In der Schrift geschah dies mit Hilfe der sogenannten »determinativen« Bilder, welche, hinter die Buchstabenzeichen gesetzt, den Sinn derselben angeben und selbst nicht zur Aussprache bestimmt sind. (Ibid., S. 18): »Wenn das ägyptische Wort *ken* ›stark‹ bedeuten soll, steht hinter seinem alphabetisch geschriebenen Laut das Bild eines aufrechten, bewaffneten Mannes; wenn dasselbe Wort ›schwach‹ auszudrücken hat, folgt den Buchstaben, die den Laut darstellen, das Bild eines hockenden, lässigen Menschen. In ähnlicher Weise werden die meisten anderen zweideutigen Worte von erklärenden Bildern begleitet.« In der Sprache diente nach Abels Meinung die Geste dazu, dem gesprochenen Worte das gewünschte Vorzeichen zu geben.

Die »ältesten Wurzeln« sind es, nach Abel, an denen die Erscheinung des antithetischen Doppelsinnes beobachtet wird. Im weiteren Verlaufe der Sprachentwicklung schwand nun diese Zweideutigkeit, und im Altägyptischen wenigstens lassen sich alle Übergänge bis zur Eindeutigkeit des modernen Sprachschatzes verfolgen. »Die ursprünglich doppelsinnigen Worte legen sich in der späteren Sprache in je zwei einsinnige auseinander, indem jeder der beiden entgegengesetzten Sinne je eine lautliche ›Ermäßigung‹ (Modifikation) derselben Wurzel für sich allein okkupiert.« So z. B. spaltet sich schon im Hieroglyphischen selbst *ken »starkschwach« in ken* »stark« und *kan* »schwach«. »Mit anderen Worten, die Begriffe, die nur antithetisch gefunden werden konnten, werden dem menschlichen Geiste im Laufe der Zeit genügend angeübt, um jedem ihrer beiden Teile eine selbständige Existenz zu ermöglichen und jedem somit seinen separaten lautlichen Vertreter zu verschaffen.«

Der fürs Ägyptische leicht zu führende Nachweis kontradiktorischer Urbedeutungen läßt sich nach Abel auch auf die semitischen und indoeuropäischen Sprachen ausdehnen. »Wie weit dieses in anderen Sprachfamilien geschehen kann, bleibt abzuwarten; denn obschon der Gegensinn ursprünglich den Denkenden jeder Rasse gegenwärtig gewesen sein muß, so braucht derselbe nicht überall in den Bedeutungen erkennbar geworden oder erhalten zu sein.«

Abel hebt ferner hervor, daß der Philosoph Bain diesen Doppelsinn der Worte, wie es scheint, ohne Kenntnis der tatsächlichen Phänomene aus rein theoretischen Gründen als eine logische Notwendigkeit gefordert hat. Die betreffende Stelle (*Logic*, Bd. 1, 54) beginnt mit den Sätzen:

»The essential relativity of all knowledge, thought or consciousness cannot but show itself in language. If everything that we can know is viewed as a transition from something else, every experience must have two sides; and either every name must have a double meaning, or else for every meaning there must be two names.«[3]

Aus dem »Anhang von Beispielen des ägyptischen, indogermanischen und arabischen Gegensinnes« hebe ich einige Fälle hervor, die auch uns Sprachunkundigen Eindruck machen können: Im Lateinischen heißt *altus* hoch und tief, *sacer* heilig und verflucht, wo also noch der volle Gegensinn ohne Modifikation des Wortlautes besteht. Die phonetische Abänderung zur Sonderung der Gegensätze wird belegt durch Beispiele wie *clamare* schreien – *clam* leise, still; *siccus* trocken – *succus* Saft. Im Deutschen bedeutet *Boden* heute noch das Oberste wie das Unterste im Haus. Unserem *bös* (schlecht) entspricht ein *bass* (gut), im Altsächsischen *bat* (gut) gegen englisch *bad* (schlecht); im Englischen *to lock* (schließen) gegen deutsch *Lücke, Loch.* Deutsch *kleben* – englisch *to cleave* (spalten); deutsch *Stumm* – *Stimme* usw. So käme vielleicht noch die vielbelachte Ableitung *lucus a non lucendo*[4] zu einem guten Sinn.

---

3 [»Die grundsätzliche Relativität alles Wissens, Denkens oder Bewußtseins muß sich zwangsläufig in der Sprache zeigen. Wenn alles, was wir wissen können, als eine Übertragung von etwas anderem betrachtet wird, muß jede Erfahrung zwei Seiten haben; und entweder muß jeder Name eine Doppelbedeutung haben, oder für jede Bedeutung muß es zwei Namen geben.« – A. Bain, *Logic*, London 1870.]

4 [Quintilian (um 35–95) fragt (*De institutione oratoria* 1, 6): »Dürfen wir einräumen, daß einige Worte von ihren Gegenteilen abstammen, wie z. B. ›*lucus*‹, Wald, weil er, durch Schatten verdunkelt, wenig leuchtet (*luceat*)?« Daher rührt: *»Lucus a non lucendo«;* Wald wird *»lucus«* genannt, weil es darin dunkel ist (*non lucet*).]

In seiner Abhandlung über den *Ursprung der Sprache* (1885, S. 305) macht Abel noch auf andere Spuren alter Denkmühen aufmerksam. Der Engländer sagt noch heute, um »ohne« auszudrücken, *without*, also »mitohne«, und ebenso der Ostpreuße. *With* selbst, das heute unserem »mit« entspricht, hat ursprünglich sowohl »mit« als auch »ohne« geheißen, wie noch aus *withdraw* (fortgehen), *withhold* (entziehen) zu erkennen ist. Dieselbe Wandlung erkennen wir im deutschen *wider* (gegen) und *wieder* (zusammen mit).

Für den Vergleich mit der Traumarbeit hat noch eine andere, höchst sonderbare Eigentümlichkeit der altägyptischen Sprache Bedeutung. »Im Ägyptischen können die Worte – wir wollen zunächst sagen, scheinbar – *sowohl Laut wie Sinn umdrehen.* Angenommen, das deutsche Wort *gut* wäre ägyptisch, so könnte es neben gut auch schlecht bedeuten, neben *gut* auch *tug* lauten. Von solchen Lautumdrehungen, die zu zahlreich sind, um durch Zufälligkeit erklärt zu werden, kann man auch reichliche Beispiele aus den arischen und semitischen Sprachen beibringen. Wenn man sich zunächst aufs Germanische beschränkt, merke man: *Topf - pot; boat – tub; wait – täuwen; hurry – Ruhe; care – reck; Balken – Klobe, club.* Zieht man die anderen indogermanischen Sprachen mit in Betracht, so wächst die Zahl der dazugehörigen Fälle entsprechend, z. B.: *capere – packen; ren – Niere; the leaf* (Blatt) – *folium;* [russisch] *dum-a* [Denken], *θυμόζ* – Sanskrit *mêdh, mûdha* [Seele], *Mut; Rauchen* – russisch *kur-ít; kreischen – to shriek* usw.«

Das Phänomen der *Lautumdrehung* sucht Abel aus einer Doppelung, Reduplikation der Wurzel zu erklären. Hier würden wir eine Schwierigkeit empfinden, dem Sprachforscher zu folgen. Wir erinnern uns daran, wie gerne die Kinder mit der Umkehrung des Wortlautes spielen und wie häufig sich die Traumarbeit der Umkehrung ihres Darstellungsmaterials zu verschiedenen Zwecken bedient. (Hier sind es nicht mehr Buchstaben, sondern Bilder, deren Reihenfolge verkehrt wird.) Wir würden also eher geneigt sein, die Lautumdrehung auf ein tiefer greifendes Moment zurückzuführen.[5]

In der Übereinstimmung zwischen der eingangs hervorgehobenen Eigentümlichkeit der Traumarbeit und der von dem Sprachforscher aufgedeckten Praxis der ältesten Sprachen dürfen wir eine Bestätigung unserer Auffassung vom regressiven, archaischen Charakter des Gedankenausdrukkes im Traume erblicken. Und als unabweisbare Vermutung drängt sich uns Psychiatern auf, daß wir die Sprache des Traumes besser verstehen und leichter übersetzen würden, wenn wir von der Entwicklung der Sprache mehr wüßten.[6]

5 Über das Phänomen der Lautumdrehung (Metathesis), welches zur Traumarbeit vielleicht noch innigere Beziehungen hat als der Gegensinn (Antithese), vgl. noch W. Meyer-Rinteln, in: Kölnische Zeitung vom 7. März 1909.

6 Es liegt auch nahe, anzunehmen, daß der ursprüngliche Gegensinn der Worte den vorgebildeten Mechanismus darstellt, der von dem Versprechen zum Gegenteile im Dienste mannigfacher Tendenzen ausgenützt wird.

Beiträge zur Psychologie des Liebeslebens

II
Über die allgemeinste Erniedrigung des Liebeslebens

1

Wenn der psychoanalytische Praktiker sich fragt, wegen welches Leidens er am häufigsten um Hilfe angegangen wird, so muß er – absehend von der vielgestaltigen Angst – antworten: wegen psychischer Impotenz. Diese sonderbare Störung betrifft Männer von stark libidinösem Wesen und äußert sich darin, daß die Exekutivorgane der Sexualität die Ausführung des geschlechtlichen Aktes verweigern, obwohl sie sich vorher und nachher als intakt und leistungsfähig erweisen können und obwohl eine starke psychische Geneigtheit zur Ausführung des Aktes besteht. Die erste Anleitung zum Verständnis seines Zustandes erhält der Kranke selbst, wenn er die Erfahrung macht, daß ein solches Versagen nur beim Versuch mit gewissen Personen auftritt, während es bei anderen niemals in Frage kommt. Er weiß dann, daß es eine Eigenschaft des Sexualobjekts ist, von welcher die Hemmung seiner männlichen Potenz ausgeht, und berichtet manchmal, er habe die Empfindung eines Hindernisses in seinem Innern, die Wahrnehmung eines Gegenwillens, der die bewußte Absicht mit Erfolg störe. Er kann aber nicht erraten, was dies innere Hindernis ist und welche Eigenschaft des Sexualobjekts es zur Wirkung bringt. Hat er solches Versagen wiederholt erlebt, so urteilt er wohl in bekannter fehlerhafter Verknüpfung, die Erinnerung an das erste Mal habe als störende Angstvorstellung die Wiederholungen erzwungen; das erste Mal selbst führt er aber auf einen »zufälligen« Eindruck zurück.

Psychoanalytische Studien über die psychische Impotenz sind bereits von mehreren Autoren angestellt und veröffentlicht worden.[1] Jeder Analytiker kann die dort gebotenen Aufklärungen aus eigener ärztlicher Erfahrung bestätigen. Es handelt sich wirklich um die hemmende Einwirkung gewisser psychischer Komplexe, die sich der Kenntnis des Individuums entziehen. Als allgemeinster Inhalt dieses pathogenen Materials hebt sich die nicht überwundene inzestuöse Fixierung an Mutter und Schwester hervor. Außerdem ist der Einfluß von akzidentellen peinlichen Eindrücken, die sich an die infantile Sexualbetätigung knüpfen, zu berücksichtigen und jene Momente, die ganz allgemein die auf das weibliche Sexualobjekt zu richtende Libido verringern.[2]

Unterzieht man Fälle von greller psychischer Impotenz einem eindringlichen Studium mittels der Psychoanalyse, so gewinnt man folgende Auskunft über die dabei wirksamen psychosexuellen Vorgänge. Die Grundlage des Leidens ist hier wiederum – wie sehr wahrscheinlich bei allen neurotischen Störungen – eine Hemmung in der Entwicklungsgeschichte der Libido bis zu ihrer normal zu nennenden Endgestaltung. Es sind hier zwei Strömungen nicht zusammengetroffen, deren Vereinigung erst ein völlig normales Liebesverhalten sichert, zwei Strömungen, die wir als die *zärtliche* und die *sinnliche* voneinander unterscheiden können.

Von diesen beiden Strömungen ist die zärtliche die ältere. Sie stammt aus den frühesten Kinderjahren, hat sich auf Grund der Interessen des Selbsterhaltungstriebes gebildet und richtet sich auf die Personen der Familie und die Vollzieher der Kinderpflege. Sie hat von Anfang an Beiträge von den Sexualtrieben, Komponenten von eroti-

1 M. Steiner, *Die funktionelle Impotenz des Mannes und ihre Behandlung* [in: Wien. med. Presse, 1907, Bd. 48], W. Stekel, *Nervöse Angstzustände und ihre Behandlung*, Berlin und Wien 1908 [mit einem Vorwort von S. Freud], S. Ferenczi, *Analytische Deutung und Behandlung der psychosexuellen Impotenz des Mannes*, in: Psychiat.-neurol. Wschr., 1908, Bd. 10].

2 W. Stekel, *Nervöse Angstzustände und ihre Behandlung*, S. 191 ff.

schem Interesse mitgenommen, die schon in der Kindheit mehr oder minder deutlich sind, beim Neurotiker in allen Fällen durch die spätere Psychoanalyse aufgedeckt werden. Sie entspricht der *primären kindlichen Objektwahl.* Wir ersehen aus ihr, daß die Sexualtriebe ihre ersten Objekte in der Anlehnung an die Schätzungen der Ichtriebe finden, geradeso, wie die ersten Sexualbefriedigungen in Anlehnung an die zur Lebenserhaltung notwendigen Körperfunktionen erfahren werden.[3] Die »Zärtlichkeit« der Eltern und Pflegepersonen, die ihren erotischen Charakter selten verleugnet (»das Kind ein erotisches Spielzeug«), tut sehr viel dazu, die Beiträge der Erotik zu den Besetzungen der Ichtriebe beim Kinde zu erhöhen und sie auf ein Maß zu bringen, welches in der späteren Entwicklung in Betracht kommen muß, besonders wenn gewisse andere Verhältnisse dazu ihren Beistand leihen.

Diese zärtlichen Fixierungen des Kindes setzen sich durch die Kindheit fort und nehmen immer wieder Erotik mit sich, welche dadurch von ihren sexuellen Zielen abgelenkt wird. Im Lebensalter der Pubertät tritt nun die mächtige »sinnliche« Strömung hinzu, die ihre Ziele nicht mehr verkennt. Sie versäumt es anscheinend niemals, die früheren Wege zu gehen und nun mit weit stärkeren Libidobeträgen die Objekte der primären infantilen Wahl zu besetzen. Aber da sie dort auf die unterdessen aufgerichteten Hindernisse der Inzestschranke stößt, wird sie das Bestreben äußern, von diesen real ungeeigneten Objekten möglichst bald den Übergang zu anderen, fremden Objekten zu finden, mit denen sich ein reales Sexualleben durchführen läßt. Diese fremden Objekte werden immer noch nach dem Vorbild (der Imago[4]) der infantilen gewählt werden, aber sie werden mit der Zeit die Zärtlichkeit an sich ziehen,

---

3 [Der »Anlehnungstypus« der Objektwahl ist ausführlich im Aufsatz *Zur Einführung des Narzißmus* dargestellt (vgl. im vorliegenden Band unserer Ausgabe).]

4 [Dieser Ausdruck wurde von Freud, insbesondere in seinen späteren Arbeiten, nicht oft benutzt. Er schrieb ihn Jung zu [*Wandlungen und Symbole der Libido,* Teil I, in: Jb. psychoanalyt. psychopath. Forsch., 1911,

die an die früheren gekettet war. Der Mann wird Vater und Mutter verlassen – nach der biblischen Vorschrift – und seinem Weibe nachgehen, Zärtlichkeit und Sinnlichkeit sind dann beisammen. Die höchsten Grade von sinnlicher Verliebtheit werden die höchste psychische Wertschätzung mit sich bringen. (Die normale Überschätzung des Sexualobjekts von seiten des Mannes.)

Für das Mißlingen dieses Fortschrittes im Entwicklungsgang der Libido werden zwei Momente maßgebend sein. Erstens das Maß von *realer Versagung*, welches sich der neuen Objektwahl entgegensetzen und sie für das Individuum entwerten wird. Es hat ja keinen Sinn, sich der Objektwahl zuzuwenden, wenn man überhaupt nicht wählen darf oder keine Aussicht hat, etwas Ordentliches wählen zu können. Zweitens das Maß der *Anziehung*, welches die zu verlassenden infantilen Objekte äußern können und das proportional ist der erotischen Besetzung, die ihnen noch in der Kindheit zuteil wurde. Sind diese beiden Faktoren stark genug, so tritt der allgemeine Mechanismus der Neurosenbildung in Wirksamkeit. Die Libido wendet sich von der Realität ab, wird von der Phantasietätigkeit aufgenommen (Introversion), verstärkt die Bilder der ersten Sexualobjekte, fixiert sich an dieselben. Das Inzesthindernis nötigt aber die diesen Objekten zugewendete Libido, im Unbewußten zu verbleiben. Die Betätigung der jetzt dem Unbewußten angehörigen sinnlichen Strömung in onanistischen Akten tut das Ihrige dazu, um diese Fixierung zu verstärken. Es ändert nichts an diesem Sachverhalt, wenn der Fortschritt nun in der Phantasie vollzogen wird, der in der Realität mißglückt ist, wenn in den zur onanistischen Befriedigung führenden Phantasiesituationen die ursprünglichen Sexualobjekte durch fremde ersetzt werden. Die

Bd. 3, S. 164]; Jung seinerseits sagt in jener Passage, daß er das Wort dem Titel eines Romans des Schweizer Schriftstellers Carl Spitteler entnommen habe. Die psychoanalytische Zeitschrift Imago soll, nach Aussage ihres Mitbegründers, Hanns Sachs *(Freud, Master and Friend*, Cambridge/Mass. und London 1945, S. 63), ihren Titel derselben Quelle verdanken.]

Phantasien werden durch diesen Ersatz bewußtseinsfähig, an der realen Unterbringung der Libido wird ein Fortschritt nicht vollzogen.

Es kann auf diese Weise geschehen, daß die ganze Sinnlichkeit eines jungen Menschen im Unbewußten an inzestuöse Objekte gebunden oder, wie wir auch sagen können, an unbewußte inzestuöse Phantasien fixiert wird. Das Ergebnis ist dann eine absolute Impotenz, die etwa noch durch die gleichzeitig erworbene wirkliche Schwächung der den Sexualakt ausführenden Organe versichert wird.

Für das Zustandekommen der eigentlich sogenannten psychischen Impotenz werden mildere Bedingungen erfordert. Die sinnliche Strömung darf nicht in ihrem ganzen Betrag dem Schicksal verfallen, sich hinter der zärtlichen verbergen zu müssen, sie muß stark oder ungehemmt genug geblieben sein, um sich zum Teil den Ausweg in die Realität zu erzwingen. Die Sexualbetätigung solcher Personen läßt aber an den deutlichsten Anzeichen erkennen, daß nicht die volle psychische Triebkraft hinter ihr steht. Sie ist launenhaft, leicht zu stören, oft in der Ausführung inkorrekt, wenig genußreich. Vor allem aber muß sie der zärtlichen Strömung ausweichen. Es ist also eine Beschränkung in der Objektwahl hergestellt worden. Die aktiv gebliebene sinnliche Strömung sucht nur nach Objekten, die nicht an die ihr verpönten inzestuösen Personen mahnen; wenn von einer Person ein Eindruck ausgeht, der zu hoher psychischer Wertschätzung führen könnte, so läuft er nicht in Erregung der Sinnlichkeit, sondern in erotisch unwirksame Zärtlichkeit aus. Das Liebesleben solcher Menschen bleibt in die zwei Richtungen gespalten, die von der Kunst als himmlische und irdische (oder tierische) Liebe personifiziert werden. Wo sie lieben, begehren sie nicht, und wo sie begehren, können sie nicht lieben. Sie suchen nach Objekten, die sie nicht zu lieben brauchen, um ihre Sinnlichkeit von ihren geliebten Objekten fernzuhalten, und das sonderbare Versagen der psychischen Impotenz tritt nach den Gesetzen der »Komplexempfindlicheit« und der »Rückkehr des Verdrängten« dann auf, wenn an dem zur

Vermeidung des Inzests gewählten Objekt ein oft unscheinbarer Zug an das zu vermeidende Objekt erinnert.

Das Hauptschutzmittel gegen solche Störung, dessen sich der Mensch in dieser Liebesspaltung bedient, besteht in der psychischen *Erniedrigung* des Sexualobjektes, während die dem Sexualobjekt normalerweise zustehende Überschätzung dem inzestuösen Objekt und dessen Vertretungen reserviert wird. Sowie die Bedingung der Erniedrigung erfüllt ist, kann sich die Sinnlichkeit frei äußern, bedeutende sexuelle Leistungen und hohe Lust entwickeln. Zu diesem Ergebnis trägt noch ein anderer Zusammenhang bei. Personen, bei denen die zärtliche und die sinnliche Strömung nicht ordentlich zusammengeflossen sind, haben auch meist ein wenig verfeinertes Liebesleben; perverse Sexualziele sind bei ihnen erhalten geblieben, deren Nichterfüllung als empfindliche Lusteinbuße verspürt wird, deren Erfüllung aber nur am erniedrigten, geringgeschätzten Sexualobjekt möglich erscheint.

Die in dem ersten Beitrag[5] erwähnten Phantasien des Knaben, welche die Mutter zur Dirne herabsetzen, werden nun nach ihren Motiven verständlich. Es sind Bemühungen, die Kluft zwischen den beiden Strömungen des Liebeslebens wenigstens in der Phantasie zu überbrücken, die Mutter durch Erniedrigung zum Objekt für die Sinnlichkeit zu gewinnen.

2

Wir haben uns bisher mit einer ärztlich-psychologischen Untersuchung der psychischen Impotenz beschäftigt, welche in der Überschrift dieser Abhandlung keine Rechtfertigung findet. Es wird sich aber zeigen, daß wir dieser Einleitung bedurft haben, um den Zugang zu unserem eigentlichen Thema zu gewinnen.

Wir haben die psychische Impotenz reduziert auf das Nichtzusammentreffen der zärtlichen und der sinnlichen

5 [Vgl. *Über einen besonderen Typus der Objektwahl beim Manne* (im vorliegenden Band unserer Ausgabe).]

Strömung im Liebesleben und diese Entwicklungshemmung selbst erklärt durch die Einflüsse der starken Kindheitsfixierungen und der späteren Versagung in der Realität bei Dazwischenkunft der Inzestschranke. Gegen diese Lehre ist vor allem eines einzuwenden: sie gibt uns zu viel, sie erklärt uns, warum gewisse Personen an psychischer Impotenz leiden, läßt uns aber rätselhaft erscheinen, daß andere diesem Leiden entgehen konnten. Da alle in Betracht kommenden ersichtlichen Momente, die starke Kindheitsfixierung, die Inzestschranke und die Versagung in den Jahren der Entwicklung nach der Pubertät, bei so ziemlich allen Kulturmenschen als vorhanden anzuerkennen sind, wäre die Erwartung berechtigt, daß die psychische Impotenz ein allgemeines Kulturleiden und nicht die Krankheit einzelner sei.

Es läge nahe, sich dieser Folgerung dadurch zu entziehen, daß man auf den quantitativen Faktor der Krankheitsverursachung hinweist, auf jenes Mehr oder Minder im Beitrag der einzelnen Momente, von dem es abhängt, ob ein kenntlicher Krankheitserfolg zustande kommt oder nicht. Aber obwohl ich diese Antwort als richtig anerkennen möchte, habe ich doch nicht die Absicht, die Folgerung selbst hiemit abzuweisen. Ich will im Gegenteil die Behauptung aufstellen, daß die psychische Impotenz weit verbreiteter ist, als man glaubt, und daß ein gewisses Maß dieses Verhaltens tatsächlich das Liebesleben des Kulturmenschen charakterisiert.

Wenn man den Begriff der psychischen Impotenz weiter faßt und ihn nicht mehr auf das Versagen der Koitusaktion bei vorhandener Lustabsicht und bei intaktem Genitalapparat einschränkt, so kommen zunächst alle jene Männer hinzu, die man als Psychanästhetiker bezeichnet, denen die Aktion nie versagt, die sie aber ohne besonderen Lustgewinn vollziehen; Vorkommnisse, die häufiger sind, als man glauben möchte. Die psychoanalytische Untersuchung solcher Fälle deckt die nämlichen ätiologischen Momente auf, welche wir bei der psychischen Impotenz im engeren Sinne gefunden haben, ohne daß die symptomatischen Unterschiede zunächst eine Erklärung finden. Von den anästhetischen Männern führt eine leicht zu rechtfertigende Analogie zur ungeheuren Anzahl der frigiden Frauen, deren Liebesverhalten tatsächlich nicht besser beschrieben oder verstanden werden kann als durch die Gleichstellung mit der geräuschvolleren psychischen Impotenz des Mannes.[6]

Wenn wir aber nicht nach einer Erweiterung des Begriffes der psychischen Impotenz, sondern nach den Abschattungen ihrer Symptomatologie ausschauen, dann können wir uns der Einsicht nicht verschließen, daß das Liebesverhalten des Mannes in unserer heutigen Kulturwelt überhaupt den Typus der psychischen Impotenz an sich trägt. Die zärtliche und die sinnliche Strömung sind bei den wenigsten unter den Gebildeten gehörig miteinander verschmolzen; fast immer fühlt sich der Mann in seiner sexuellen Betätigung durch den Respekt vor dem Weibe beengt und entwickelt seine volle Potenz erst, wenn er ein erniedrigtes Sexualobjekt vor sich hat, was wiederum durch den Umstand mitbegründet ist, daß in seine Sexualziele perverse Komponenten eingehen, die er am geachteten Weibe zu befriedigen sich nicht getraut. Einen vollen sexuellen Genuß gewährt es ihm nur, wenn er sich ohne Rücksicht der Befriedigung hingeben darf, was er zum Beispiel bei seinem gesitteten Weibe nicht wagt. Daher rührt dann sein Bedürfnis nach einem erniedrigten Sexualobjekt, einem Weibe, das ethisch minderwertig ist, dem er ästhetische Bedenken nicht zuzutrauen braucht, das ihn nicht in seinen anderen Lebensbeziehungen kennt und beurteilen kann. Einem solchen Weibe widmet er am liebsten seine sexuelle Kraft, auch wenn seine Zärtlichkeit durchaus einem höherstehenden gehört. Möglicherweise ist auch die so häufig zu beobachtende Neigung von Männern der höchsten Gesellschaftsklassen, ein Weib aus niederem Stande zur dauernden Geliebten oder selbst zur Ehefrau zu wählen, nichts

6 Wobei gerne zugestanden sein soll, daß die Frigidität der Frau ein komplexes, auch von anderer Seite her zugängliches Thema ist. [Die Frage wird ausführlich in *Das Tabu der Virginität* (vgl. in Band 2 der vorliegenden Ausgabe) untersucht.]

anderes als die Folge des Bedürfnisses nach dem erniedrigten Sexualobjekt, mit welchem psychologisch die Möglichkeit der vollen Befriedigung verknüpft ist.

Ich stehe nicht an, die beiden bei der echten psychischen Impotenz wirksamen Momente, die intensive inzestuöse Fixierung der Kindheit und die reale Versagung der Jünglingszeit, auch für dies so häufige Verhalten der kulterellen Männer im Liebesleben verantwortlich zu machen. Es klingt wenig anmutend und überdies paradox, aber es muß doch gesagt werden, daß, wer im Liebesleben wirklich frei und damit auch glücklich werden soll, den Respekt vor dem Weibe überwunden, sich mit der Vorstellung des Inzests mit Mutter oder Schwester befreundet haben muß. Wer sich dieser Anforderung gegenüber einer ernsthaften Selbstprüfung unterwirft, wird ohne Zweifel in sich finden, daß er den Sexualakt im Grunde doch als etwas Erniedrigendes beurteilt, was nicht nur leiblich befleckt und verunreinigt. Die Entstehung dieser Wertung, die er sich gewiß nicht gerne bekennt, wird er nur in jener Zeit seiner Jugend suchen können, in welcher seine sinnliche Strömung bereits stark entwickelt, ihre Befriedigung aber am fremden Objekt fast ebenso verboten war wie die am inzestuösen.

Die Frauen stehen in unserer Kulturwelt unter einer ähnlichen Nachwirkung ihrer Erziehung und überdies unter der Rückwirkung des Verhaltens der Männer. Es ist für sie natürlich ebensowenig günstig, wenn ihnen der Mann nicht mit seiner vollen Potenz entgegentritt, wie wenn die anfängliche Überschätzung der Verliebtheit nach der Besitzergreifung von Geringschätzung abgelöst wird. Von einem Bedürfnis nach Erniedrigung des Sexualobjekts ist bei der Frau wenig zu bemerken; im Zusammenhange damit steht es gewiß, wenn sie auch etwas der Sexualüberschätzung beim Manne Ähnliches in der Regel nicht zustande bringt. Die lange Abhaltung von der Sexualität und das Verweilen der Sinnlichkeit in der Phantasie hat für sie aber eine andere bedeutsame Folge. Sie kann dann oft die Verknüpfung der sinnlichen Betätigung mit dem Verbot nicht mehr auflösen und erweist sich als psychisch impotent, d. h. frigid, wenn ihr solche Betätigung endlich gestattet wird. Daher rührt bei vielen Frauen das Bestreben, das Geheimnis noch bei erlaubten Beziehungen eine Weile festzuhalten, bei anderen die Fähigkeit, normal zu empfinden, sobald die Bedingung des Verbots in einem geheimen Liebesverhältnis wiederhergestellt ist; dem Manne untreu, sind sie imstande, dem Liebhaber eine Treue zweiter Ordnung zu bewahren.

Ich meine, die Bedingung des Verbotenen im weiblichen Liebesleben ist dem Bedürfnis nach Erniedrigung des Sexualobjekts beim Manne gleichzustellen. Beide sind Folgen des langen Aufschubes zwischen Geschlechtsreife und Sexualbetätigung, den die Erziehung aus kulturellen Gründen fordert. Beide suchen die psychische Impotenz aufzuheben, welche aus dem Nichtzusammentreffen zärtlicher und sinnlicher Regungen resultiert. Wenn der Erfolg der nämlichen Ursachen beim Weibe so sehr verschieden von dem beim Manne ausfällt, so läßt sich dies vielleicht auf einen anderen Unterschied im Verhalten der beiden Geschlechter zurückführen. Das kulturelle Weib pflegt das Verbot der Sexualbetätigung während der Wartezeit nicht zu überschreiten und erwirbt so die innige Verknüpfung zwischen Verbot und Sexualität. Der Mann durchbricht zumeist dieses Verbot unter der Bedingung der Erniedrigung des Objekts und nimmt daher diese Bedingung in sein späteres Liebesleben mit.

Angesichts der in der heutigen Kulturwelt so lebhaften Bestrebungen nach einer Reform des Sexuallebens ist es nicht überflüssig, daran zu erinnern, daß die psychoanalytische Forschung Tendenzen so wenig kennt wie irgendeine andere. Sie will nichts anderes als Zusammenhänge aufdekken, indem sie Offenkundiges auf Verborgenes zurückführt. Es soll ihr dann recht sein, wenn die Reformen sich ihrer Ermittlungen bedienen, um Vorteilhafteres an Stelle des Schädlichen zu setzen. Sie kann aber nicht vorhersagen, ob andere Institutionen nicht andere, vielleicht schwerere Opfer zur Folge haben müßten.

3

Die Tatsache, daß die kulturelle Zügelung des Liebeslebens eine allgemeinste Erniedrigung der Sexualobjekte mit sich bringt, mag uns veranlassen, unseren Blick von den Objekten weg auf die Triebe selbst zu lenken. Der Schaden der anfänglichen Versagung des Sexualgenusses äußert sich darin, daß dessen spätere Freigebung in der Ehe nicht mehr voll befriedigend wirkt. Aber auch die uneingeschränkte Sexualfreiheit von Anfang an führt zu keinem besseren Ergebnis. Es ist leicht festzustellen, daß der psychische Wert des Liebesbedürfnisses sofort sinkt, sobald ihm die Befriedigung bequem gemacht wird. Es bedarf eines Hindernisses, um die Libido in die Höhe zu treiben, und wo die natürlichen Widerstände gegen die Befriedigung nicht ausreichen, haben die Menschen zu allen Zeiten konventionelle eingeschaltet, um die Liebe genießen zu können. Dies gilt für Individuen wie für Völker. In Zeiten, in denen die Liebesbefriedigung keine Schwierigkeiten fand, wie etwa während des Niederganges der antiken Kultur, wurde die Liebe wertlos, das Leben leer, und es bedurfte starker Reaktionsbildungen, um die unentbehrlichen Affektwerte wiederherzustellen. In diesem Zusammenhange kann man behaupten, daß die asketische Strömung des Christentums für die Liebe psychische Wertungen geschaffen hat, die ihr das heidnische Altertum nie verleihen konnte. Zur höchsten Bedeutung gelangte sie bei den asketischen Mönchen, deren Leben fast allein von dem Kampfe gegen die libidinöse Versuchung ausgefüllt war.

Man ist gewiß zunächst geneigt, die Schwierigkeiten, die sich hier ergeben, auf allgemeine Eigenschaften unserer organischen Triebe zurückzuführen. Es ist gewiß auch allgemein richtig, daß die psychische Bedeutung eines Triebes mit seiner Versagung steigt. Man versuche es, eine Anzahl der allerdifferenziertesten Menschen gleichmäßig dem Hungern auszusetzen. Mit der Zunahme des gebieterischen Nahrungsbedürfnisses werden alle individuellen Differenzen sich verwischen und an ihrer Statt die uniformen

Äußerungen des einen ungestillten Triebes auftreten. Aber trifft es auch zu, daß mit der Befriedigung eines Triebes sein psychischer Wert allgemein so sehr herabsinkt? Man denke z. B. an das Verhältnis des Trinkers zum Wein. Ist es nicht richtig, daß dem Trinker der Wein immer die gleiche toxische Befriedigung bietet, die man mit der erotischen so oft in der Poesie verglichen hat und auch vom Standpunkte der wissenschaftlichen Auffassung vergleichen darf? Hat man je davon gehört, daß der Trinker genötigt ist, sein Getränk beständig zu wechseln, weil ihm das gleichbleibende bald nicht mehr schmeckt? Im Gegenteil, die Gewöhnung knüpft das Band zwischen dem Manne und der Sorte Wein, die er trinkt, immer enger. Kennt man beim Trinker ein Bedürfnis, in ein Land zu gehen, in dem der Wein teurer oder der Weingenuß verboten ist, um seiner sinkenden Befriedigung durch die Einschiebung solcher Erschwerungen aufzuhelfen? Nichts von alldem. Wenn man die Äußerungen unserer großen Alkoholiker, z. B. Böcklins, über ihr Verhältnis zum Wein anhört[7], es klingt wie die reinste Harmonie, ein Vorbild einer glücklichen Ehe. Warum ist das Verhältnis des Liebenden zu seinem Sexualobjekt so sehr anders?

Ich glaube, man müßte sich, so befremdend es auch klingt, mit der Möglichkeit beschäftigen, daß etwas in der Natur des Sexualtriebes selbst dem Zustandekommen der vollen Befriedigung nicht günstig ist. Aus der langen und schwierigen Entwicklungsgeschichte des Triebes heben sich sofort zwei Momente hervor, die man für solche Schwierigkeit verantwortlich machen könnte. Erstens ist infolge des zweimaligen Ansatzes zur Objektwahl mit Dazwischenkunft der Inzestschranke das endgültige Objekt des Sexualtriebes nie mehr das ursprüngliche, sondern nur ein Surrogat dafür. Die Psychoanalyse hat uns aber gelehrt: wenn das ursprüngliche Objekt einer Wunschregung infolge von Verdrängung verlorengegangen ist, so wird es häufig durch eine unendliche Reihe von Ersatzobjekten vertre-

7 G. Floerke, *Zehn Jahre mit Böcklin*, 2. Aufl. München 1902, S. 16.

ten, von denen doch keines voll genügt. Dies mag uns die Unbeständigkeit in der Objektwahl, den »Reizhunger«[8] erklären, der dem Liebesleben der Erwachsenen so häufig eignet.

Zweitens wissen wir, daß der Sexualtrieb anfänglich in eine große Reihe von Komponenten zerfällt – vielmehr aus einer solchen hervorgeht –, von denen nicht alle in dessen spätere Gestaltung aufgenommen werden können, sondern vorher unterdrückt oder anders verwendet werden müssen. Es sind vor allem die koprophilen Triebanteile, die sich als unverträglich mit unserer ästhetischen Kultur erwiesen, wahrscheinlich, seitdem wir durch den aufrechten Gang unser Riechorgan von der Erde abgehoben haben; ferner ein gutes Stück der sadistischen Antriebe, die zum Liebesleben gehören. Aber alle solche Entwicklungsvorgänge betreffen nur die oberen Schichten der komplizierten Struktur. Die fundamentellen Vorgänge, welche die Liebeserregung liefern, bleiben ungeändert. Das Exkrementelle ist allzu innig und untrennbar mit dem Sexuellen verwachsen, die Lage der Genitalien – *inter urinas et faeces*[9] – bleibt das bestimmende unveränderliche Moment. Man könnte hier, ein bekanntes Wort des großen Napoleon variierend, sagen: die Anatomie ist das Schicksal[10]. Die Genitalien

8 [Vgl. die Fußnote der *Drei Abhandlungen zur Sexualtheorie* (im vorliegenden Band unserer Ausgabe).]

9 [In einer Fußnote am Ende von Kapitel IV der Abhandlung *Das Unbehagen in der Kultur* heißt es: »An der Tatsache des ›*Inter urinas et faeces nascimur*‹ (wir werden zwischen Urin und Faeces geboren) nehmen alle Neurotiker und viele außer ihnen Anstoß. Die Genitalien erzeugen auch starke Geruchsempfindungen, die vielen Menschen unerträglich sind und ihnen den Sexualverkehr verleiden. So ergäbe sich als tiefste Wurzel der mit der Kultur fortschreitenden Sexualverdrängung die organische Abwehr der mit dem aufrechten Gang gewonnenen neuen Lebensform gegen die frühere animalische Existenz, ein Resultat wissenschaftlicher Erforschung, das sich in merkwürdiger Weise mit oft laut gewordenen banalen Vorurteilen deckt.« – Vgl. S. Freud, *Trauer und Melancholie. Essays*, Berlin 1982, S. 153.]

10 [In seiner Darstellung der *Unterredung mit Napoleon* (Erfurt, am 2. Oktober 1808) berichtet Goethe, der Kaiser habe gesagt: »Was will man jetzt mit dem Schicksal, die Politik ist das Schicksal.« – Freud kommt auf seine Aussage noch einmal im Aufsatz *Der Untergang des Ödipuskomplexes* (vgl. in Band 3 der vorliegenden Ausgabe) zurück.]

selbst haben die Entwicklung der menschlichen Körperformen zur Schönheit nicht mitgemacht, sie sind tierisch geblieben, und so ist auch die Liebe im Grunde heute ebenso animalisch, wie sie es von jeher war. Die Liebestriebe sind schwer erziehbar, ihre Erziehung ergibt bald zu viel, bald zu wenig. Das, was die Kultur aus ihnen machen will, scheint ohne fühlbare Einbuße an Lust nicht erreichbar, die Fortdauer der unverwerteten Regungen gibt sich bei der Sexualtätigkeit als Unbefriedigung zu erkennen.

So müßte man sich denn vielleicht mit dem Gedanken befreunden, daß eine Ausgleichung der Ansprüche des Sexualtriebes mit den Anforderungen der Kultur überhaupt nicht möglich ist, daß Verzicht und Leiden sowie in weitester Ferne die Gefahr des Erlöschens des Menschengeschlechts infolge seiner Kulturentwicklung nicht abgewendet werden können. Diese trübe Prognose ruht allerdings auf der einzigen Vermutung, daß die kulturelle Unbefriedigung die notwendige Folge gewisser Besonderheiten ist, welche der Sexualtrieb unter dem Drucke der Kultur angenommen hat. Die nämliche Unfähigkeit des Sexualtriebes, volle Befriedigung zu ergeben, sobald er den ersten Anforderungen der Kultur unterlegen ist, wird aber zur Quelle der großartigsten Kulturleistungen, welche durch immer weitergehende Sublimierungen seiner Triebkomponenten bewerkstelligt werden. Denn welches Motiv hätten die Menschen, sexuelle Triebkräfte anderen Verwendungen zuzuführen, wenn sich aus denselben bei irgendeiner Verteilung volle Lustbefriedigung ergeben hätte? Sie kämen von dieser Lust nicht wieder los und brächten keinen weiteren Fortschritt zustande. So scheint es, daß sie durch die unausgleichbare Differenz zwischen den Anforderungen der beiden Triebe – des sexuellen und des egoistischen – zu immer höheren Leistungen befähigt werden, allerdings unter einer beständigen Gefährdung, welcher die Schwächeren gegenwärtig in der Form der Neurose erliegen.

Die Wissenschaft hat weder die Absicht zu schrecken noch zu trösten. Aber ich bin selbst gern bereit zuzugeben, daß so weittragende Schlußfolgerungen wie die obenstehenden auf breiterer Basis aufgebaut sein sollten und daß vielleicht andere Entwicklungseinrichtungen der Menschheit das Ergebnis der hier isoliert behandelten zu korrigieren vermögen.

Totem und Tabu

Einige Übereinstimmungen im Seelenleben der Wilden und der Neurotiker

Vorwort

Die nachstehenden vier Aufsätze, die unter dem Untertitel dieses Buches in den beiden ersten Jahrgängen der von mir herausgegebenen Zeitschrift *Imago* erschienen sind, entsprechen einem ersten Versuch von meiner Seite, Gesichtspunkte und Ergebnisse der Psychoanalyse auf ungeklärte Probleme der Völkerpsychologie anzuwenden. Sie enthalten also einen methodischen Gegensatz einerseits zu dem groß angelegten Werke von W. Wundt[1], welches die Annahmen und Arbeitsweisen der nicht-analytischen Psychologie derselben Absicht dienstbar macht, und anderseits zu den Arbeiten der Züricher psychoanalytischen Schule, die umgekehrt Probleme der Individualpsychologie durch Heranziehung von völkerpsychologischem Material zu erledigen streben.[2] Es sei gern zugestanden, daß von diesen beiden Seiten die nächste Anregung zu meinen eigenen Arbeiten ausgegangen ist.

Die Mängel dieser letzteren sind mir wohlbekannt. Ich will diejenigen nicht berühren, die von dem Erstlingscharakter dieser Untersuchungen abhängen. Andere aber erfordern ein Wort der Einführung. Die vier hier vereinigten Aufsätze machen auf das Interesse eines größeren Kreises von Gebildeten Anspruch und können eigentlich doch nur von den wenigen verstanden und beurteilt werden, denen

1 [Wilhelm Wundt, *Völkerpsychologie*, 10 Bände, Leipzig 1900–1920. – Zur Zeit der Niederschrift von *Totem und Tabu* (1910 bis 1913) lag die gesamte *Völkerpsychologie* Wundts noch nicht vor, Freud bezog sich vor allem auf die Teile *Mythus und Religion* (1906) und *Elemente der Völkerpsychologie* (1912).]

2 C. G. Jung: *Wandlungen und Symbole der Libido*, in: Jb. psychoanal. psychopathol. Forsch., 1911, Bd. 4, und *Versuch einer Darstellung der psychoanalytischen Theorie*, in: Jb. psychoanal. psychopathol. Forsch., 1913, Bd. 5.

die Psychoanalyse nach ihrer Eigenart nicht mehr fremd ist. Sie wollen zwischen Ethnologen, Sprachforschern, Folkloristen usw. einerseits und Psychoanalytikern anderseits vermitteln und können doch beiden nicht geben, was ihnen abgeht: den ersteren eine genügende Einführung in die neue psychologische Technik, den letzteren eine zureichende Beherrschung des der Verarbeitung harrenden Materials. So werden sie sich wohl damit begnügen müssen, hier wie dort Aufmerksamkeit zu erregen und die Erwartung hervorzurufen, daß ein öfteres Zusammentreffen von beiden Seiten nicht ertraglos für die Forschung bleiben kann.

Die beiden Hauptthemata, welche diesem kleinen Buch den Namen geben, der Totem und das Tabu, werden darin nicht in gleichartiger Weise abgehandelt. Die Analyse des Tabu tritt als durchaus gesicherter, das Problem erschöpfender Lösungsversuch auf. Die Untersuchung über den Totemismus bescheidet sich zu erklären: Dies ist, was die psychoanalytische Betrachtung zur Klärung der Totemprobleme derzeit beibringen kann. Dieser Unterschied hängt damit zusammen, daß das Tabu eigentlich noch in unserer Mitte fortbesteht; obwohl negativ gefaßt und auf andere Inhalte gerichtet, ist es seiner psychologischen Natur nach doch nichts anderes als der »kategorische Imperativ« Kants, der zwangsartig wirken will und jede bewußte Motivierung ablehnt. Der Totemismus hingegen ist eine unserem heutigen Fühlen entfremdete, in Wirklichkeit längst aufgegebene und durch neuere Formen ersetzte religiös-soziale Institution, welche nur geringfügige Spuren in Religion, Sitte und Gebrauch des Lebens der gegenwärtigen Kulturvölker hinterlassen hat und selbst bei jenen Völkern große Verwandlungen erfahren mußte, welche ihm heute noch anhängen. Der soziale und technische Fortschritt der Menschheitsgeschichte hat dem Tabu weit weniger anhaben können als dem Totem. In diesem Buche ist der Versuch gewagt worden, den ursprünglichen Sinn des Totemismus aus seinen infantilen Spuren zu erraten, aus den Andeutungen, in denen er in der Entwicklung unserer eigenen Kinder wieder auftaucht. Die enge Verbindung zwischen Totem und Tabu weist die weiteren Wege zu der hier vertretenen Hypothese, und wenn diese am Ende recht unwahrscheinlich ausgefallen ist, so ergibt dieser Charakter nicht einmal einen Einwand gegen die Möglichkeit, daß sie mehr oder weniger nahe an die schwierig zu rekonstruierende Wirklichkeit herangerückt sein könnte.

Rom, im September 1913.

I
Die Inzestscheu

Den Menschen der Vorzeit kennen wir in den Entwicklungsstadien, die er durchlaufen hat, durch die unbelebten Denkmäler und Geräte, die er uns hinterlassen, durch die Kunde von seiner Kunst, seiner Religion und Lebensanschauung, die wir entweder direkt oder auf dem Wege der Tradition in Sagen, Mythen und Märchen erhalten haben, durch die Überreste seiner Denkweisen in unseren eigenen Sitten und Gebräuchen. Außerdem aber ist er noch in gewissem Sinne unser Zeitgenosse; es leben Menschen, von denen wir glauben, daß sie den Primitiven noch sehr nahe stehen, viel näher als wir, in denen wir daher die direkten Abkömmlinge und Vertreter der früheren Menschen erblicken. Wir urteilen so über die sogenannten Wilden und halbwilden Völker, deren Seelenleben ein besonderes Interesse für uns gewinnt, wenn wir in ihm eine gut erhaltene Vorstufe unserer eigenen Entwicklung erkennen dürfen.

Wenn diese Voraussetzung zutreffend ist, so wird eine Vergleichung der »Psychologie der Naturvölker«, wie die Völkerkunde sie lehrt, mit der Psychologie des Neurotikers, wie sie durch die Psychoanalyse bekannt geworden ist, zahlreiche Übereinstimmungen aufweisen müssen und wird uns gestatten, bereits Bekanntes hier und dort in neuem Lichte zu sehen.

Aus äußeren wie aus inneren Gründen wähle ich für diese Vergleichung jene Völkerstämme, die von den Ethnographen als die zurückgebliebensten, armseligsten Wilden beschrieben worden sind, die Ureinwohner des jüngsten Kontinents, Australien, der uns auch in seiner Fauna soviel Archaisches, anderswo Untergegangenes bewahrt hat.

Die Ureinwohner Australiens werden als eine besondere Rasse betrachtet, die weder physisch noch sprachlich Verwandtschaft mit ihren nächsten Nachbarn, den melanesischen, polynesischen und malaiischen Völkern, erkennen läßt. Sie bauen weder Häuser noch feste Hütten, bearbeiten den Boden nicht, halten keine Haustiere bis auf den Hund, kennen nicht einmal die Kunst der Töpferei. Sie nähren sich ausschließlich von dem Fleische aller möglichen Tiere, die sie erlegen, und von Wurzeln, die sie graben. Könige oder Häuptlinge sind bei ihnen unbekannt, die Versammlung der gereiften Männer entscheidet über die gemeinsamen Angelegenheiten. Es ist durchaus zweifelhaft, ob man ihnen Spuren von Religion in Form der Verehrung höherer Wesen zugestehen darf. Die Stämme im Innern des Kontinents, die infolge von Wasserarmut mit den härtesten Lebensbedingungen zu ringen haben, scheinen in allen Stücken primitiver zu sein als die der Küste nahe wohnenden.

Von diesen armen, nackten Kannibalen werden wir gewiß nicht erwarten, daß sie im Geschlechtsleben in unserem Sinne sittlich seien, ihren sexuellen Trieben ein hohes Maß von Beschränkung auferlegt haben. Und doch erfahren wir, daß sie sich mit ausgesuchtester Sorgfalt und peinlichster Strenge die Verhütung inzestuöser Geschlechtsbeziehungen zum Ziele gesetzt haben. Ja ihre gesamte soziale Organisation scheint dieser Absicht zu dienen oder mit ihrer Erreichung in Beziehung gebracht worden zu sein.

An Stelle aller fehlenden religiösen und sozialen Institutionen findet sich bei den Australiern das System des *Totemismus.* Die australischen Stämme zerfallen in kleinere Sippen oder Clans, von denen sich jeder nach seinem *Totem* benennt. Was ist nun der Totem? In der Regel ein Tier, ein eßbares, harmloses oder gefährliches, gefürchtetes, seltener eine Pflanze oder eine Naturkraft (Regen, Wasser), welches in einem besonderen Verhältnis zu der ganzen Sippe steht. Der Totem ist erstens der Stammvater der Sippe, dann aber auch ihr Schutzgeist und Helfer, der ihnen Orakel sendet, und wenn er sonst gefährlich ist, seine Kinder kennt und verschont. Die Totemgenossen stehen dafür unter der heiligen, sich selbstwirkend strafenden Verpflichtung, ihren Totem nicht zu töten (vernichten) und sich seines Fleisches (oder des Genusses, den er sonst bietet) zu enthalten. Der Totemcharakter haftet nicht an einem Einzeltier oder Einzelwesen, sondern an allen Individuen der Gattung. Von Zeit zu Zeit werden Feste gefeiert, bei denen die Totemgenossen in zeremoniösen Tänzen die Bewegungen und Eigenheiten ihres Totem darstellen oder nachahmen.

Der Totem ist entweder in mütterlicher oder in väterlicher Linie erblich; die erstere Art ist möglicherweise überall die ursprüngliche und erst später durch die letztere abgelöst worden. Die Zugehörigkeit zum Totem ist die Grundlage aller sozialen Verpflichtungen des Australiers, setzt sich einerseits über die Stammesangehörigkeit hinaus und drängt anderseits die Blutsverwandschaft zurück.[3]

An Boden und Örtlichkeit ist der Totem nicht gebunden; die Totemgenossen wohnen voneinander getrennt und mit den Anhängern anderer Totem friedlich beisammen.[4]

---

3 Frazer, *Totemism and Exogamy* [1910], Bd. 1, S. 53. »The totem bond is stronger than the bond of blood or family in the modern sense.«

4 Dieser knappste Extrakt des totemistischen Systems kann nicht ohne Erläuterungen und Einschränkungen bleiben: Der Name Totem ist in der Form *Totam* 1791 durch den Engländer J. Long von den Rothäuten Nordamerikas übernommen worden. Der Gegenstand selbst hat allmählich in der Wissenschaft großes Interesse gefunden und eine reichhaltige Literatur hervorgerufen, aus welcher ich als Hauptwerke das vierbändige Buch von J. G. Frazer, *Totemism and Exogamy* (1910), und Bücher und Schriften von Andrew Lang (*The Secret of the Totem*, 1905) hervorhebe. Das Verdienst, die Bedeutung des Totemismus für die Urgeschichte der Mensch-

Und nun müssen wir endlich jener Eigentümlichkeit des totemistischen Systems gedenken, wegen welcher auch das Interesse des Psychoanalytikers sich ihm zuwendet. Fast überall, wo der Totem gilt, besteht auch das Gesetz, daß *Mitglieder desselben Totem nicht in geschlechtliche Beziehungen zueinander treten, also auch einander nicht heiraten dürfen.* Das ist die mit dem Totem verbundene *Exogamie.*

---

heit erkannt zu haben, gebührt dem Schotten j. Ferguson McLennan [The Worship of Animals and Plants, in: Fortnightly Rev., 1869, N.S.Bd. 6, S. 407 und 562; 1870, N.S.Bd. 7, S. 194. Nachdruck in: J. F. McLennan, *Studies in Ancient History: Second Series*, London 1896]. Totemistische Institutionen wurden oder werden heute noch außer bei den Australiern bei den Indianern Nordamerikas beobachtet, ferner bei den Völkern der ozeanischen Inselwelt, in Ostindien und in einem großen Teil von Afrika. Manche sonst schwer zu deutende Spuren und Überbleibsel lassen aber erschließen, daß der Totemismus einst auch bei den arischen und semitischen Urvölkern Europas und Asiens bestanden hat, so daß viele Forscher geneigt sind, eine notwendige und überall durchschrittene Phase der menschlichen Entwicklung in ihm zu erkennen.

Wie kamen die vorzeitlichen Menschen nur dazu, sich einen Totem beizulegen, d. h. die Abstammung von dem oder jenem Tier zur Grundlage ihrer sozialen Verpflichtungen und, wie wir hören werden, auch ihrer sexuellen Beschränkungen zu machen? Es gibt darüber zahlreiche Theorien, deren Übersicht der deutsche Leser in Wundts *Völkerpsychologie* (Bd. 2, *Mythus und Religion* [1906]) finden kann, aber keine Einigung. Ich verspreche, das Problem des Totemismus demnächst zum Gegenstand einer besonderen Studie zu machen, in welcher dessen Lösung durch Anwendung psychoanalytischer Denkweise versucht werden soll. (Vgl. die vierte Abhandlung dieses Bandes.)

Aber nicht nur, daß die Theorie des Totemismus strittig ist, auch die Tatsachen desselben sind kaum in allgemeinen Sätzen auszusprechen, wie oben versucht wurde. Es gibt kaum eine Behauptung, zu welcher man nicht Ausnahmen oder Widersprüche hinzufügen müßte. Man darf aber nicht vergessen, daß auch die primitivsten und konservativsten Völker in gewissem Sinne alte Völker sind und eine lange Zeit hinter sich haben, in welcher das Ursprüngliche bei ihnen viel Entwicklung und Entstellung erfahren hat. So findet man den Totemismus heute bei den Völkern, die ihn noch zeigen, in den mannigfaltigsten Stadien des Verfalles, der Abbröcklung, des Überganges zu anderen sozialen und religiösen Institutionen, oder aber in stationären Ausgestaltungen, die sich weit genug von seinem ursprünglichen Wesen entfernt haben mögen. Die Schwierigkeit liegt dann darin, daß es nicht ganz leicht ist zu entscheiden, was an den aktuellen Verhältnissen als getreues Abbild der sinnvollen Vergangenheit, was als sekundäre Entstellung derselben gefaßt werden darf.

Dieses streng gehandhabte Verbot ist sehr merkwürdig. Es wird durch nichts vorbereitet, was wir vom Begriff oder den Eigenschaften des Totem bisher erfahren haben; man versteht also nicht, wie es in das System des Totemismus hineingeraten ist. Wir verwundern uns darum nicht, wenn manche Forscher geradezu annehmen, die Exogamie habe ursprünglich – im Beginne der Zeiten und dem Sinne nach – nichts mit dem Totemismus zu tun, sondern sei ihm irgendeinmal, als sich Heiratsbeschränkungen notwendig erwiesen, ohne tieferen Zusammenhang angefügt worden. Wie immer dem sein mag, die Vereinigung von Totemismus und Exogamie besteht und erweist sich als eine sehr feste.

Machen wir uns die Bedeutung dieses Verbots durch weitere Erörterungen klar.

a) Die Übertretung dieses Verbotes wird nicht einer sozusagen automatisch eintretenden Bestrafung der Schuldigen überlassen wie bei anderen Totemverboten (z. B. das Totemtier zu töten), sondern wird vom ganzen Stamme aufs energischeste geahndet, als gelte es eine die ganze Gemeinschaft bedrohende Gefahr oder eine sie bedrückende Schuld abzuwehren. Einige Sätze aus dem Buche von Frazer[5] mögen zeigen, wie ernst solche Verfehlungen von diesen, nach unserem Maßstabe sonst rechtlich unsittlichen Wilden behandelt werden.

»In Australia the regular penalty for sexual intercourse with aperson of a forbidden clan is death. It matters not whether the woman be of the same local group or has been captured in war from another tribe; a man of the wrong clan who uses her as his wife is hunted down and killed by his clansmen, and so is the woman; though in some cases, if they succeed in eluding capture for a certain time, the offence may be condoned. In the Ta-ta-thi tribe, New South Wales, in the rare cases which occur, the man is killed but the woman is only beaten or speared, or both, till she is nearly dead; the reason given for not actually killing her being that she was probably coerced. Even in casual amours the clan prohibitions

5 Frazer, Bd. 1, S. 54.

are strictly observed, any violantions of these prohibitions ›are regarded with the utmost abhorrence and are punished by death‹.«[6]

b) Da dieselbe harte Bestrafung auch gegen flüchtige Liebschaften geübt wird, die nicht zur Kindererzeugung geführt haben, so werden andere, z. B. praktische Motive des Verbotes unwahrscheinlich.

c) Da der Totem hereditär ist und durch die Heirat nicht verändert wird, so lassen sich die Folgen des Verbotes etwa bei mütterlicher Erblichkeit leicht übersehen. Gehört der Mann z. B. einem Clan mit dem Totem Känguruh an und heiratet eine Frau vom Totem Emu, so sind die Kinder, Knaben und Mädchen, alle Emu. Einem Sohne dieser Ehe wird also durch die Totemregel der inzestuöse Verkehr mit seiner Mutter und seinen Schwestern, die Emu sind wie er, unmöglich gemacht.[7]

d) Es bedarf aber nur einer Mahnung, um einzusehen, daß die mit dem Totem verbundene Exogamie mehr leistet, also mehr bezweckt, als die Verhütung des Inzests mit Mut-

---

6 [»In Australien wird der Geschlechtsverkehr mit einer Person eines verbotenen Clans in der Regel mit dem Tode bestraft. Es spielt keine Rolle, ob die Frau derselben lokalen Gruppe angehört oder im Kriege von einem anderen Stamm erbeutet wurde; ein Mann aus dem falschen Clan, der sie als seine Frau gebraucht, wird von seinen Clan-Genossen gejagt und getötet und ebenso die Frau; obwohl in manchen Fällen, wenn es ihnen gelingt, für eine gewisse Zeit der Gefangennahme zu entgehen, das Delikt verziehen werden kann. Im Ta-ta-thi-Stamm, New South Wales, wird der Mann, wenn ein solch seltener Fall vorkommt, getötet, die Frau aber nur geschlagen oder mit dem Speer beworfen oder beides, bis sie beinahe tot ist. Daß sie nicht wirklich getötet wird, wird damit begründet, daß sie wahrscheinlich gezwungen wurde. Sogar bei Gelegenheitsaffären werden die Verbote des Clans streng beachtet, alle Verletzungen dieser Verbote werden mit äußerstem Abscheu verfolgt und mit dem Tod bestraft.«]

7 Dem Vater, der Känguruh ist, wird aber – wenigstens durch dieses Verbot – der Inzest mit seinen Töchtern, die Emu sind, freigelassen. Bei väterlicher Vererbung des Totem wäre der Vater Känguruh, die Kinder gleichfalls Känguruh, dem Vater würde dann der Inzest mit den Töchtern verboten sein, dem Sohne der Inzest mit der Mutter freibleiben. Diese Erfolge der Totemverbote ergeben einen Hinweis darauf, daß die mütterliche Vererbung älter ist als die väterliche, denn es liegt Grund vor anzunehmen, daß die Totemverbote vor allem gegen die inzestuösen Gelüste des Sohnes gerichtet sind.

ter und Schwestern. Sie macht dem Manne auch die sexuelle Vereinigung mit allen Frauen seiner eigenen Sippe unmöglich, also mit einer Anzahl von weiblichen Personen, die ihm nicht blutsverwandt sind, indem sie alle diese Frauen wie Blutsverwandte behandelt. Die psychologische Berechtigung dieser großartigen Einschränkung, die weit über alles hinausgeht, was sich ihr bei zivilisierten Völkern an die Seite stellen läßt, ist zunächst nicht ersichtlich. Man glaubt nur zu verstehen, daß die Rolle des Totem (Tieres) als Ahnherrn dabei sehr ernst genommen wird. Alles, was von dem gleichen Totem abstammt, ist blutsverwandt, ist eine Familie, und in dieser Familie werden die entferntesten Verwandtschaftsgrade als absolutes Hindernis der sexuellen Vereinigung anerkannt.

So zeigen uns denn diese Wilden einen ungewohnt hohen Grad von Inzestscheu oder Inzestempfindlichkeit, verbunden mit der von uns nicht gut verstandenen Eigentümlichkeit, daß sie die reale Blutsverwandtschaft durch die Totemverwandtschaft ersetzen. Wir dürfen indes diesen Gegensatz nicht allzusehr übertreiben und wollen im Gedächtnis behalten, daß die Totemverbote den realen Inzest als Spezialfall miteinschließen.

Auf welche Weise es dabei zum Ersatz der wirklichen Familie durch die Totemsippe gekommen, bleibt ein Rätsel, dessen Lösung vielleicht mit der Aufklärung des Totem selbst zusammenfällt. Man müßte freilich daran denken, daß bei einer gewissen, über die Eheschranken hinausgehenden Freiheit des Sexualverkehrs die Blutsverwandtschaft und somit die Inzestverhütung so unsicher werden, daß man eine andere Fundierung des Verbotes nicht entbehren kann. Es ist darum nicht überflüssig zu bemerken, daß die Sitten der Australier soziale Bedingungen und festliche Gelegenheiten anerkennen, bei denen das ausschließliche Eheanrecht eines Mannes auf ein Weib durchbrochen wird.

Der Sprachgebrauch dieser australischen Stämme[8] weist

8 Sowie der meisten Totemvölker.

eine Eigentümlichkeit auf, welche unzweifelhaft in diesen Zusammenhang gehört. Die Verwandtschaftsbezeichnungen nämlich, deren sie sich bedienen, fassen nicht die Beziehung zwischen zwei Individuen, sondern zwischen einem Individuum und einer Gruppe ins Auge; sie gehören nach dem Ausdruck L. H. Morgans[9] dem *»klassifizierenden« System* an. Das will heißen, ein Mann nennt »Vater« nicht nur seinen Erzeuger, sondern auch jeden anderen Mann, der nach den Stammessatzungen seine Mutter hätte heiraten und so sein Vater hätte werden können; er nennt »Mutter« jede andere Frau neben seiner Gebärerin, die ohne Verletzung der Stammesgesetze seine Mutter hätte werden können; er heißt »Brüder«, »Schwestern« nicht nur die Kinder seiner wirklichen Eltern, sondern auch die Kinder all der genannten Personen, die in der elterlichen Gruppenbeziehung zu ihm stehen usw. Die Verwandtschaftsnamen, die zwei Australier einander geben, deuten also nicht notwendig auf eine Blutsverwandtschaft zwischen ihnen hin, wie sie es nach unserem Sprachgebrauche müßten; sie bezeichnen vielmehr soziale als physische Beziehungen. Eine Annäherung an dieses klassifikatorische System findet sich bei uns etwa in der Kinderstube, wenn das Kind veranlaßt wird, jeden Freund und jede Freundin der Eltern als »Onkel« und »Tante« zu begrüßen, oder im übertragenen Sinn, wenn wir von »Brüdern in Apoll«, »Schwestern in Christo« sprechen.

Die Erklärung dieses für uns so sehr befremdenden Sprachgebrauches ergibt sich leicht, wenn man ihn als Rest und Anzeichen jener Heiratsinstitution auffaßt, die der Rev. L. Fison *»Gruppenehe«* genannt hat, deren Wesen darin besteht, daß eine gewisse Anzahl von Männern eheliche Rechte über eine gewisse Anzahl von Frauen ausübt. Die Kinder dieser Gruppenehe würden dann mit Recht einander als Geschwister betrachten, obwohl sie nicht alle von derselben Mutter geboren sind, und alle Männer der Gruppe für ihre Väter halten.

---

9 [Lewis Henry Morgan, *Ancient Society*, London 1877.]

Obwohl manche Autoren, wie z. B. Westermarck in seiner *Geschichte der menschlichen Ehe*[10], sich den Folgerungen widersetzen, welche andere aus der Existenz der Gruppenverwandtschaftsnamen gezogen haben, so stimmen doch gerade die besten Kenner der australischen Wilden darin überein, daß die klassifikatorischen Verwandtschaftsnamen als Überrest aus Zeiten der Gruppenehe zu betrachten sind. Ja, nach Spencer und Gillen[11] läßt sich eine gewisse Form der Gruppenehe bei den Stämmen der Urabunna und der Dieri noch als heute bestehend feststellen. Die Gruppenehe sei also bei diesen Völkern der individuellen Ehe vorausgegangen und nicht geschwunden, ohne deutliche Spuren in Sprache und Sitten zurückzulassen.

Ersetzen wir aber die individuelle Ehe durch die Gruppenehe, so wird uns das scheinbare Übermaß von Inzestvermeidung, welches wir bei denselben Völkern angetroffen haben, begreiflich. Die Totemexogamie, das Verbot des sexuellen Verkehrs zwischen Mitgliedern desselben Clans, erscheint als das angemessene Mittel zur Verhütung des Gruppeninzestes, welches dann fixiert wurde und seine Motivierung um lange Zeiten überdauert hat.

Glauben wir so die Heiratsbeschränkungen der Wilden Australiens in ihrer Motivierung verstanden zu haben, so müssen wir noch erfahren, daß die wirklichen Verhältnisse eine weit größere, auf den ersten Anblick verwirrende Kompliziertheit erkennen lassen. Es gibt nämlich nur wenige Stämme in Australien, die kein anderes Verbot als die Totemschranke zeigen. Die meisten sind derart organisiert, daß sie zunächst in zwei Abteilungen zerfallen, die man Heiratsklassen (englisch: *phratries*) genannt hat. Jede dieser Heiratsklassen ist exogam und schließt eine Mehrzahl von Totemsippen ein. Gewöhnlich teilt sich noch jede Heiratsklasse in zwei Unterklassen (*sub-phratries*), der ganze Stamm also in vier; die Unterklassen stehen so zwischen den Phratrien und den Totemsippen.

---

10 2. Aufl., 1902 [3. Auflage der Originalausgabe, 1901].

11 *The Native Tribes of Central Australia*, London 1899.

Das typische, recht häufig verwirklichte Schema der Organisation eines australischen Stammes, sieht also folgendermaßen aus:

Phratrien

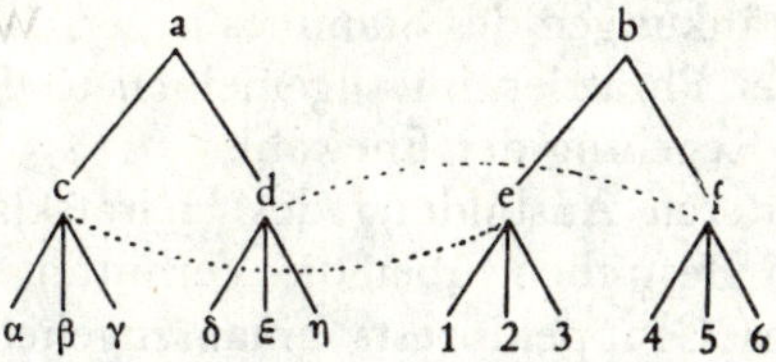

Die zwölf Totemsippen sind in vier Unterklassen und zwei Klassen untergebracht. Alle Abteilungen sind exogam.[12] Die Subklasse *c* bildet mit *e*, die Subklasse *d* mit *f* eine exogame Einheit. Der Erfolg, also die Tendenz, dieser Einrichtungen ist nicht zweifelhaft: es wird auf diesem Wege eine weitere Einschränkung der Heiratswahl und der sexuellen Freiheit herbeigeführt. Bestünden nur die zwölf Totemsippen, so wäre jedem Mitglied einer Sippe – bei Voraussetzung der gleichen Menschenanzahl in jeder Sippe – $^{11}/_{12}$ aller Frauen des Stammes zur Auswahl zugänglich. Die Existenz der beiden Phratrien beschränkt diese Anzahl auf $^{6}/_{12} = {}^{1}/_{2}$; ein Mann vom Totem α kann nur eine Frau der Sippen 1 bis 6 heiraten. Bei Einführung der beiden Unterklassen sinkt die Auswahl auf $^{3}/_{12} = {}^{1}/_{4}$; ein Mann vom Totem α muß seine Ehewahl auf die Frauen der Totem 4, 5, 6 beschränken.

Die historischen Beziehungen der Heiratsklassen – deren bei einigen Stämmen bis zu acht vorkommen – zu den Totemsippen sind durchaus ungeklärt. Man sieht nur, daß diese Einrichtungen dasselbe erreichen wollen wie die Totemexogamie und auch noch mehr anstreben. Aber während die Totemexogamie den Eindruck einer heiligen Satzung macht, die entstanden ist, man weiß nicht wie, also einer Sitte, scheinen die komplizierten Institutionen der Heiratsklassen, ihrer Unterteilungen und der daran geknüpften Bedingungen zielbewußter Gesetzgebung zu ent-

12 Die Anzahl der Totem ist willkürlich gewählt.

stammen, die vielleicht die Aufgabe der Inzestverhütung neu aufnahm, weil der Einfluß des Totem im Nachlassen war. Und während das Totemsystem, wie wir wissen, die Grundlage aller anderen sozialen Verpflichtungen und sittlichen Beschränkungen des Stammes ist, erschöpft sich die Bedeutung der Phratrien im allgemeinen in der durch sie angestrebten Regelung der Ehewahl.

In der weiteren Ausbildung des Heiratsklassensystems zeigt sich ein Bestreben, über die Verhütung des natürlichen und des Gruppeninzests hinauszugehen und Ehen zwischen entfernteren Gruppenverwandten zu verbieten, ähnlich wie es die katholische Kirche tat, indem sie die seit jeher für Geschwister geltenden Heiratsverbote auf die Vetternschaft ausdehnte und die geistlichen Verwandtschaftsgrade dazu erfand.[13]

Es würde unserem Interesse wenig dienen, wenn wir in die außerordentlich verwickelten und ungeklärten Diskussionen über Herkunft und Bedeutung der Heiratsklassen sowie über deren Verhältnis zum Totem tiefer eindringen wollten. Für unsere Zwecke genügt der Hinweis auf die große Sorgfalt, welche die Australier sowie andere wilde Völker zur Verhütung des Inzests aufwenden.[14] Wir müssen sagen, diese Wilden sind selbst inzestempfindlicher als wir. Wahrscheinlich liegt ihnen die Versuchung näher, so daß sie eines ausgiebigeren Schutzes gegen dieselbe bedürfen.

Die Inzestscheu dieser Völker begnügt sich aber nicht mit der Aufrichtung der beschriebenen Institutionen, welche uns hauptsächlich gegen den Gruppeninzest gerichtet scheinen. Wir müssen eine Reihe von »Sitten« hinzunehmen, welche den individuellen Verkehr naher Verwandter in unserem Sinne behüten, die mit geradezu religiöser Strenge eingehalten werden und deren Absicht uns kaum

---

13 [A. Lang in dem Artikel] *Totemism*, in: Enzyclopaedia Britannica, 11. Aufl., 1910–1911. [Unter den erwähnten »geistlichen Verwandtschaftsgraden« sind Pateneltern und Patenkinder zu verstehen.]

14 Auf diesen Punkt hat erst kürzlich Storfer in seiner Studie: *Zur Sonderstellung des Vatermordes, Schriften zur angewandten Seelenkunde*, 12. Heft, Wien 1911, nachdrücklich aufmerksam gemacht.

zweifelhaft erscheinen kann. Man kann diese Sitten oder Sittenverbote »Vermeidungen« *(avoidances)* heißen. Ihre Verbreitung geht weit über die australischen Totemvölker hinaus. Ich werde aber auch hier die Leser bitten müssen, mit einem fragmentarischen Ausschnitt aus dem reichen Material vorliebzunehmen.

In Melanesien richten sich solche einschränkende Verbote gegen den Verkehr des Knaben mit Mutter und Schwestern. So z. B. verläßt auf Lepers Island, einer der Neuhebriden, der Knabe von einem bestimmten Alter an das mütterliche Heim und übersiedelt ins »Klubhaus«, wo er jetzt regelmäßig schläft und seine Mahlzeiten einnimmt. Er darf sein Heim zwar noch besuchen, um dort Nahrung zu verlangen; wenn aber seine Schwester zu Hause ist, muß er fortgehen, ehe er gegessen hat; ist keine Schwester anwesend, so darf er sich in der Nähe der Türe zum Essen niedersetzen. Begegnen sich Bruder und Schwester zufällig im Freien, so muß sie weglaufen oder sich seitwärts verstecken. Wenn der Knabe gewisse Fußspuren im Sande als die seiner Schwester erkennt, so wird er ihnen nicht folgen, ebensowenig wie sie den seinigen. Ja, er wird nicht einmal ihren Namen aussprechen und wird sich hüten, ein geläufiges Wort zu gebrauchen, wenn es als Bestandteil in ihrem Namen enthalten ist. Diese Vermeidung, die mit der Pubertätszeremonie beginnt, wird über das ganze Leben festgehalten. Die Zurückhaltung zwischen einer Mutter und ihrem Sohne nimmt mit den Jahren zu, ist übrigens überwiegend auf Seite der Mutter. Wenn sie ihm etwas zu essen bringt, reicht sie es ihm nicht selbst, sondern stellt es vor ihn hin, sie redet ihn auch nicht vertraut an, sagt ihm – nach unserem Sprachgebrauch – nicht »du«, sondern »Sie«. Ähnliche Gebräuche herrschen in Neukaledonien. Wenn Bruder und Schwester einander begegnen, so flüchtet sie ins Gebüsch, und er geht vorüber, ohne den Kopf nach ihr zu wenden.[15]

---

15 R. H. Codrington, *The Melanesians* [1891], bei Frazer, *Totemism and Exogamy* [1910], Bd. 2, S. 77.

Auf der Gazellen-Halbinsel in Neubritannien darf eine Schwester von ihrer Heirat an mit ihrem Bruder nicht mehr sprechen, sie spricht auch seinen Namen nicht mehr aus, sondern bezeichnet ihn mit einer Umschreibung.[16]

Auf Neumecklenburg werden Vetter und Base (obwohl nicht jeder Art) von solchen Beschränkungen getroffen, ebenso aber Bruder und Schwester. Sie dürfen sich einander nicht nähern, einander nicht die Hand geben, keine Geschenke machen, dürfen aber in der Entfernung von einigen Schritten miteinander sprechen. Die Strafe für den Inzest mit der Schwester ist der Tod durch Erhängen.[17]

Auf den Fiji-Inseln sind diese Vermeidungsregeln besonders strenge; sie betreffen dort nicht nur die blutsverwandte, sondern selbst die Gruppenschwester. Um so sonderbarer berührt es uns, wenn wir hören, daß diese Wilden heilige Orgien kennen, in denen eben diese verbotenen Verwandtschaftsgrade die geschlechtliche Vereinigung aufsuchen, wenn wir es nicht vorziehen, diesen Gegensatz zur Aufklärung des Verbotes zu verwenden, anstatt uns über ihn zu verwundern.[18]

Unter den Battas auf Sumatra betreffen die Vermeidungsgebote alle nahen Verwandtschaftsbeziehungen. Es wäre für einen Batta z. B. höchst anstößig, seine eigene Schwester zu einer Abendgesellschaft zu begleiten. Ein Battabruder wird sich in Gesellschaft seiner Schwester unbehaglich fühlen, selbst wenn noch andere Personen mit anwesend sind. Wenn der eine von ihnen ins Haus kommt, so zieht es der andere Teil vor, wegzugehen. Ein Vater wird auch nicht allein im Hause mit seiner Tochter bleiben, ebensowenig wie eine Mutter mit ihrem Sohne. Der holländische Missionär, der über diese Sitten berichtet, fügt hinzu, er müsse sie leider für sehr wohlbegründet halten.

---

16 Frazer, Bd. 2, S. 124, [nach: R. Parkinson, *Dreißig Jahre in der Südsee*, Stuttgart 1907, S. 67 f.].

17 Frazer, Bd. 2, S. 130 f., nach: P. G. Peckel, [*Die Verwandtschaftsnamen des mittleren Neumecklenburg*, in: Anthropos, 1908, Bd. 3, S. 456].

18 Frazer, Bd. 2, S. 147, nach: L. Fison, [*The Nanga*, in: J. anthrop. Inst., 1885, Bd. 14, S. 14].

Es wird bei diesem Volke ohneweiters angenommen, daß ein Alleinsein eines Mannes mit einer Frau zu ungehöriger Intimität führen werde, und da sie vom Verkehr naher Blutsverwandter alle möglichen Strafen und üblen Folgen erwarten, tun sie recht daran, allen Versuchungen durch solche Verbote auszuweichen.[19]

Bei den Barongos an der Delagoa-Bucht in Afrika gelten merkwürdigerweise die strengsten Vorsichten der Schwägerin, der Frau des Bruders der eigenen Frau. Wenn ein Mann diese ihm gefährliche Person irgendwo begegnet, so weicht er ihr sorgsam aus. Er wagt es nicht, aus einer Schüssel mit ihr zu essen, er spricht sie nur zagend an, getraut sich nicht, in ihre Hütte einzutreten, und begrüßt sie nur mit zitternder Stimme.[20]

Bei den Akamba (oder Wakamba) in Britisch-Ostafrika herrscht ein Gebot der Vermeidung, welches man häufiger anzutreffen erwartet hätte. Ein Mädchen muß zwischen ihrer Pubertät und ihrer Verheiratung dem eigenen Vater sorgfältig ausweichen. Sie versteckt sich, wenn sie ihn auf der Straße begegnet, sie versucht es niemals, sich neben ihn hinzusetzen, und benimmt sich so bis zum Moment ihrer Verlobung. Von der Heirat an ist ihrem Verkehr mit dem Vater kein Hindernis mehr in den Weg gelegt.[21]

Die bei weitem verbreitetste, strengste und auch für zivilisierte Völker interessanteste Vermeidung ist die, welche den Verkehr zwischen einem Manne und seiner Schwiegermutter einschränkt. Sie ist in Australien ganz allgemein, ist aber auch bei den melanesischen, polynesischen und den Negervölkern Afrikas in Kraft, soweit die Spuren des Totemismus und der Gruppenverwandtschaft reichen, und wahrscheinlich noch darüber hinaus. Bei manchen dieser Völker bestehen ähnliche Verbote gegen den harmlosen Verkehr einer Frau mit ihrem Schwiegervater, doch sind sie lange

---

19 Frazer, Bd. 2, S. 189, [nach: M. Joustra, *Het leven, de zeden en gewoonten der Bataks*, in: Meded. ned. Zend., 1902, Bd. 46, S. 385].

20 Frazer, Bd. 2, S. 388, nach: H. A. Junod, *[Les Ba-Ronga*, Neuchâtel 1898, S. 73 ff].

21 Frazer, Bd. 2, S. 424.

nicht so konstant und so ernsthaft. In vereinzelten Fällen werden beide Schwiegereltern Gegenstand der Vermeidung.

Da wir uns weniger für die ethnographische Verbreitung als für den Inhalt und die Absicht der Schwiegermuttervermeidung interessieren, werde ich mich auch hier auf die Wiedergabe weniger Beispiele beschränken.

Auf den Banks-Inseln sind diese Gebote sehr strenge und peinlich genau. Ein Mann wird die Nähe seiner Schwiegermutter meiden, wie sie die seinige. Wenn sie einander zufällig auf einem Pfade begegnen, so tritt das Weib zur Seite und wendet ihm den Rücken, bis er vorüber ist, oder er tut das nämliche.

In Vanua Lava (Port Patteson) wird ein Mann nicht einmal hinter seiner Schwiegermutter am Strande einhergehen, ehe die steigende Flut nicht die Spur ihrer Fußtritte im Sande weggeschwemmt hat. Doch dürfen sie aus einer gewissen Entfernung miteinander sprechen. Es ist ganz ausgeschlossen, daß er je den Namen seiner Schwiegermutter ausspricht oder sie den ihres Schwiegersohnes.[22]

Auf den Salomons-Inseln darf der Mann von seiner Heirat an seine Schwiegermutter weder sehen noch mit ihr sprechen. Wenn er ihr begegnet, tut er nicht, als ob er sie kennen würde, sondern läuft, so schnell er kann, davon, um sich zu verstecken.[23]

Bei den Zulukaffern verlangt die Sitte, daß ein Mann sich seiner Schwiegermutter schäme, daß er alles tue, um ihrer Gesellschaft auszuweichen. Er tritt nicht in die Hütte ein, in der sie sich befindet, und wenn sie einander begegnen, geht er oder sie beiseite, etwa indem sie sich hinter einem Busch versteckt, während er seinen Schild vors Gesicht hält. Wenn sie einander nicht ausweichen können und das Weib nichts anderes hat, um sich zu verhüllen, so bindet sie wenigstens ein Grasbüschel um ihren Kopf, damit dem Zeremoniell Genüge getan sei. Der Verkehr zwi-

---

22 Frazer, Bd. 2, S. 76, [nach: R. H. Codrington, *The Melanesians*, Oxford 1891].

23 Frazer, Bd. 2, S. 117, nach: C. Ribbe, *Zwei Jahre unter den Kannibalen der Salomon-Inseln*, Dresden 1903.

schen ihnen muß entweder durch eine dritte Person besorgt werden, oder sie dürfen aus einiger Entfernung einander zuschreien, wenn sie irgendeine Schranke, z. B. die Einfassung des Kraals, zwischen sich haben. Keiner von ihnen darf den Namen des andern in den Mund nehmen.[24]

Bei den Basoga, einem Negerstamme im Quellengebiete des Nils, darf ein Mann zu seiner Schwiegermutter nur sprechen, wenn sie in einem anderen Raume des Hauses ist und von ihm nicht gesehen wird. Dieses Volk verabscheut übrigens den Inzest so sehr, daß es ihn selbst bei Haustieren nicht straflos läßt.[25]

Während Absicht und Bedeutung der anderen Vermeidungen zwischen nahen Verwandten einem Zweifel nicht unterliegen, so daß sie von allen Beobachtern als Schutzmaßregeln gegen den Inzest aufgefaßt werden, haben die Verbote, welche den Verkehr mit der Schwiegermutter betreffen, von manchen Seiten eine andere Deutung erfahren. Es erschien mit Recht unverständlich, daß alle diese Völker so große Angst vor der Versuchung zeigen sollten, die dem Manne in der Gestalt einer älteren Frau entgegentritt, welche seine Mutter sein könnte, ohne es wirklich zu sein.[26]

Diese Einwendung wurde auch gegen die Auffassung von Fison[27] erhoben, der darauf aufmerksam machte, daß gewisse Heiratsklassensysteme darin eine Lücke zeigen, daß sie die Ehe zwischen einem Manne und seiner Schwiegermutter nicht theoretisch unmöglich machen; es hätte darum einer besonderen Sicherung gegen diese Möglichkeit bedurft.

Sir J. Lubbock führt in seinem Werke *Origin of Civilisation*[28] das Benehmen der Schwiegermutter gegen den

---

24 Frazer, Bd. 2, S. 385.

25 Frazer, Bd. 2, S. 461.

26 E. Crawley, *The Mystic Rose*, London 1902, S. 405.

27 [L. Fison und A. W. Howitt, *Kamilaroi und Kurnai*, Melbourne 1880, S. 104.]

28 [London 1870, S. 84 f.-Deutsche Übersetzung: *Die Entstehung der Zivilisation*, Jena 1875.]

Schwiegersohn auf die einstige Raubehe *(marriage by capture)* zurück. »Solange der Frauenraub wirklich bestand, wird auch die Entrüstung der Eltern ernsthaft genug gewesen sein. Als von dieser Form der Ehe nur mehr Symbole übrig waren, wurde auch die Entrüstung der Eltern symbolisiert, und diese Sitte hielt noch an, nachdem ihre Herkunft vergessen war.« Es wird Crawley leicht zu zeigen, wie wenig dieser Erklärungsversuch die Einzelheiten der tatsächlichen Beobachtung deckt.

E. B. Tylor[29] meint, die Behandlung des Schwiegersohnes von seiten der Schwiegermutter sei nichts anderes als eine Form der »Nichtanerkennung« *(cutting)* von seiten der Familie der Frau. Der Mann gilt als Fremder, und dies so lange, bis das erste Kind geboren wird. Allein abgesehen von den Fällen, in denen letztere Bedingung das Verbot nicht aufhebt, unterliegt diese Erklärung dem Einwand, daß sie die Orientierung der Sitte auf das Verhältnis zwischen Schwiegersohn und Schwiegermutter nicht aufhellt, also den geschlechtlichen Faktor übersieht, und daß sie dem Moment des geradezu heiligen Abscheus nicht Rechnung trägt, welcher in den Vermeidungsgeboten zum Ausdruck kommt.[30]

Eine Zulufrau, die nach der Begründung des Verbotes gefragt wurde, gab die von Zartgefühl getragene Antwort: Es ist nicht recht, daß er die Brüste sehen soll, die seine Frau gesäugt haben.[31]

Es ist bekannt, daß das Verhältnis zwischen Schwiegersohn und Schwiegermutter auch bei den zivilisierten Völkern zu den heikeln Seiten der Familienorganisation gehört. Es bestehen in der Gesellschaft der weißen Völker Europas und Amerikas zwar keine Vermeidungsgebote mehr für die beiden, aber es würde oft viel Streit und Unlust vermieden, wenn solche noch als Sitte bestünden und

29 [*A Method of Investigating the Development of Institutions,* in: J. anthrop. Inst., 1889, Bd. 18, S. 246 f.]

30 Crawley, *The Mystic Rose,* S. 407.

31 Crawley, S. 401, nach: Leslie, *Among the Zulus and Amatongas,* Edinburgh 1875, S. 141.

nicht von den einzelnen Individuen wieder aufgerichtet werden müßten. Manchen Europäern mag es als ein Akt hoher Weisheit erscheinen, daß die wilden Völker durch ihre Vermeidungsgebote die Herstellung eines Einvernehmens zwischen den beiden so nahe verwandt gewordenen Personen von vornherein ausgeschlossen haben. Es ist kaum zweifelhaft, daß in der psychologischen Situation von Schwiegermutter und Schwiegersohn etwas enthalten ist, was die Feindseligkeit zwischen ihnen befördert und ihr Zusammenleben erschwert. Daß der Witz der zivilisierten Völker gerade das Schwiegermutterthema so gern zum Objekt nimmt, scheint mir darauf hinzudeuten, daß die Gefühlsrelationen zwischen den beiden außerdem Komponenten führen, die in scharfem Gegensatz zueinander stehen. Ich meine, daß dies Verhältnis eigentlich ein »ambivalentes«, aus widerstreitenden, zärtlichen und feindseligen Regungen zusammengesetztes ist.

Ein gewisser Anteil dieser Regungen liegt klar zutage: Von seiten der Schwiegermutter die Abneigung, auf den Besitz der Tochter zu verzichten, das Mißtrauen gegen den Fremden, dem sie überantwortet ist, die Tendenz, eine herrschende Position zu behaupten, in die sie sich im eigenen Hause eingelebt hatte. Von seiten des Mannes die Entschlossenheit, sich keinem fremden Willen mehr unterzuordnen, die Eifersucht gegen alle Personen, die vor ihm die Zärtlichkeit seines Weibes besaßen, und – *last not least* – die Abneigung dagegen, sich in der Illusion der Sexualüberschätzung stören zu lassen. Eine solche Störung geht wohl zumeist von der Person der Schwiegermutter aus, die ihn durch so viele gemeinsame Züge an die Tochter mahnt und doch all der Reize der Jugend, Schönheit und psychischen Frische entbehrt, welche ihm seine Frau wertvoll machen.

Die Kenntnis versteckter Seelenregungen, welche die psychoanalytische Untersuchung einzelner Menschen verleiht, gestattet uns, zu diesen Motiven noch andere hinzuzufügen. Wo die psychosexuellen Bedürfnisse der Frau in der Ehe und im Familienleben befriedigt werden sollen, da droht ihr immer die Gefahr der Unbefriedigung durch den frühzeitigen Ablauf der ehelichen Beziehung und die Ereignislosigkeit in ihrem Gefühlsleben. Die alternde Mutter schützt sich davor durch Einfühlung in ihre Kinder, Identifizierung mit ihnen, indem sie deren gefühlsbetonte Erlebnisse zu den eigenen macht. Man sagt, die Eltern bleiben jung mit ihren Kindern; es ist dies in der Tat einer der wertvollsten seelischen Gewinste, den Eltern aus ihren Kindern ziehen. Im Falle der Kinderlosigkeit entfällt so eine der besten Möglichkeiten, die für die eigene Ehe erforderliche Resignation zu ertragen. Diese Einfühlung in die Tochter geht bei der Mutter leicht so weit, daß sie sich in den von ihr geliebten Mann – mitverliebt, was in grellen Fällen infolge des heftigen seelischen Sträubens gegen diese Gefühlsanlage zu schweren Formen neurotischer Erkrankung führt. Eine Tendenz zu solcher Verliebtheit ist bei der Schwiegermutter jedenfalls sehr häufig, und entweder diese selbst oder die ihr entgegenarbeitende Strebung schließen sich dem Gewühle der miteinander ringenden Kräfte in der Seele der Schwiegermutter an. Recht häufig wird gerade die unzärtliche, sadistische Komponente der Liebeserregung dem Schwiegersohne zugewendet, um die verpönte, zärtliche um so sicherer zu unterdrücken.

Für den Mann kompliziert sich das Verhältnis zur Schwiegermutter durch ähnliche Regungen, die aber aus anderen Quellen stammen. Der Weg der Objektwahl hat ihn regulärerweise über das Bild seiner Mutter, vielleicht noch seiner Schwester, zu seinem Liebesobjekt geführt; infolge der Inzestschranke glitt seine Vorliebe von beiden teuren Personen seiner Kindheit ab, um bei einem fremden Objekt nach deren Ebenbild zu landen. An Stelle der eigenen Mutter und Mutter seiner Schwester sieht er nun die Schwiegermutter treten; es entwickelt sich eine Tendenz, in die vorzeitliche Wahl zurückzusinken, aber dieser widerstrebt alles in ihm. Seine Inzestscheu fordert, daß er an die Genealogie seiner Liebeswahl nicht erinnert werde; die Aktualität der Schwiegermutter, die er nicht wie die Mutter von jeher gekannt hat, so daß ihr Bild im Unbewußten unverändert bewahrt werden konnte, macht ihm die Ablehnung leicht. Ein besonderer Zusatz von Reizbarkeit und Gehässigkeit zur Gefühlsmischung läßt uns vermuten, daß die Schwiegermutter tatsächlich eine Inzestversuchung für den Schwiegersohn darstellt, sowie es anderseits nicht selten vorkommt, daß sich ein Mann manifesterweise zunächst in seine spätere Schwiegermutter verliebt, ehe seine Neigung auf deren Tochter übergeht.

Ich sehe keine Abhaltung von der Annahme, daß es gerade dieser, der inzestuöse Faktor des Verhältnisses ist, welcher die Vermeidung zwischen Schwiegersohn und Schwiegermutter bei den Wilden motiviert. Wir würden also in der Aufklärung der so streng gehandhabten »Vermeidungen« dieser primitiven Völker die ursprünglich von Fison geäußerte Meinung bevorzugen, die in diesen Vorschriften wiederum nur einen Schutz gegen den möglichen Inzest erblickt. Das nämliche würde für alle anderen Vermeidungen zwischen Bluts- oder Heiratsverwandten gelten. Nur bliebe der Unterschied, daß im ersteren Falle der Inzest ein direkter ist, die Verhütungsabsicht eine bewußte sein könnte; im anderen Falle, der das Schwiegermutterverhältnis mit einschließt, wäre der Inzest eine Phantasieversuchung, ein durch unbewußte Zwischenglieder vermittelter.

Wir haben in den vorstehenden Ausführungen wenig Gelegenheit gehabt zu zeigen, daß die Tatsachen der Völkerpsychologie durch die Anwendung der psychoanalytischen Betrachtung in neuem Verständnis gesehen werden können, denn die Inzestscheu der Wilden ist längst als solche erkannt worden und bedarf keiner weiteren Deutung. Was wir zu ihrer Würdigung hinzufügen können, ist die Aussage, sie sei ein exquisit infantiler Zug und eine auffällige Übereinstimmung mit dem seelischen Leben des Neurotikers. Die Psychoanalyse hat uns gelehrt, daß die erste sexuelle Objektwahl des Knaben eine inzestuöse ist, den verpönten Objekten, Mutter und Schwester, gilt[32], und hat

---

32 [Vgl. die dritte der *Drei Abhandlungen zur Sexualtheorie* (im vorliegenden Band), wo Freud dieses Thema erstmals ausführlich erörtert hat.]

uns auch die Wege kennen gelehrt, auf denen sich der Heranwachsende von der Anziehung des Inzests frei macht. Der Neurotiker repräsentiert uns aber regelmäßig ein Stück des psychischen Infantilismus, er hat es entweder nicht vermocht, sich von den kindlichen Verhältnissen der Psychosexualität zu befreien, oder er ist zu ihnen zurückgekehrt. (Entwicklungshemmung und Regression.) In seinem unbewußten Seelenleben spielen darum noch immer oder wiederum die inzestuösen Fixierungen der Libido eine Hauptrolle. Wir sind dahin gekommen, das vom Inzestverlangen beherrschte Verhältnis zu den Eltern für den *Kernkomplex* der Neurose zu erklären. Die Aufdeckung dieser Bedeutung des Inzests für die Neurose stößt natürlich auf den allgemeinsten Unglauben der Erwachsenen und Normalen; dieselbe Ablehnung wird z. B. auch den Arbeiten von Otto Rank entgegentreten, die in immer größerem Ausmaß dartun, wie sehr das Inzestthema im Mittelpunkte des dichterischen Interesses steht und in ungezählten Variationen und Einstellungen der Poesie den Stoff liefert.[33] Wir sind genötigt zu glauben, daß solche Ablehnung vor allem ein Produkt der tiefen Abneigung des Menschen gegen seine einstigen, seither der Verdrängung verfallenen Inzestwünsche ist. Es ist uns darum nicht unwichtig, an den wilden Völkern zeigen zu können, daß sie die zur späteren Unbewußtheit bestimmten Inzestwünsche des Menschen noch als bedrohlich empfinden und der schärfsten Abwehrmaßregeln für würdig halten.

33 [Vgl. Otto Rank, *Der Künstler. Ansätze zu einer Sozialpsychologie*, Leipzig und Wien 1907, und *Das Inzestmotiv in Dichtung und Sage*, Leipzig und Wien 1912.]

II
Das Tabu und die Ambivalenz der Gefühlsregungen

1

Tabu ist ein polynesisches Wort, dessen Übersetzung uns Schwierigkeiten bereitet, weil wir den damit bezeichneten Begriff nicht mehr besitzen. Den alten Römern war er noch geläufig, ihr *sacer* war dasselbe wie das Tabu der Polynesier. Auch das *ἄγος* der Griechen, das *Kodausch* der Hebräer muß das nämliche bedeutet haben, was die Polynesier durch ihr Tabu, viele Völker in Amerika, Afrika (Madagaskar), Nord- und Zentral-Asien durch analoge Bezeichnungen ausdrücken.

Uns geht die Bedeutung des Tabu nach zwei entgegengesetzten Richtungen auseinander. Es heißt uns einerseits: heilig, geweiht, anderseits: unheimlich, gefährlich, verboten, unrein. Der Gegensatz von Tabu heißt im Polynesischen *noa* = gewöhnlich, allgemein zugänglich. Somit haftet am Tabu etwas wie der Begriff einer Reserve, das Tabu äußert sich auch wesentlich in Verboten und Einschränkungen. Unsere Zusammensetzung »heilige Scheu« würde sich oft mit dem Sinn des Tabu decken.

Die Tabubeschränkungen sind etwas anderes als die religiösen oder moralischen Verbote. Sie werden nicht auf das Gebot eines Gottes zurückgeführt, sondern verbieten sich eigentlich von selbst; von den Moralverboten scheidet sie das Fehlen der Einreihung in ein System, welches ganz allgemein Enthaltungen für notwendig erklärt und diese Notwendigkeit auch begründet. Die Tabuverbote entbehren jeder Begründung; sie sind unbekannter Herkunft; für uns unverständlich, erscheinen sie jenen selbstverständlich, die unter ihrer Herrschaft stehen.

Wundt[34] nennt das Tabu den ältesten ungeschriebenen Gesetzeskodex der Menschheit. Es wird allgemein ange-

---

34 *Völkerpsychologie*, 2. Bd., *Mythus und Religion*, 1906, II, S. 308.

nommen, daß das Tabu älter ist als die Götter und in die Zeiten vor jeder Religion zurückreicht.

Da wir einer unparteiischen Darstellung des Tabu bedürfen, um dieses der psychoanalytischen Betrachtung zu unterziehen, lasse ich nun einen Auszug aus dem Artikel *›Taboo‹* der *Encyclopaedia Britannica*[35] folgen, der den Anthropologen Northcote W. Thomas zum Verfasser hat.

»Strenggenommen umfaßt tabu nur *a)* den heiligen (oder unreinen) Charakter von Personen oder Dingen, *b)* die Art der Beschränkung, welche sich aus diesem Charakter ergibt, und *c)* die Heiligkeit (oder Unreinheit), welche aus der Verletzung dieses Verbotes hervorgeht. Das Gegenteil von tabu heißt in Polynesien *›noa‹*, was ›gewöhnlich‹ oder ›gemein‹ bedeutet . . .«

»In einem weiteren Sinne kann man verschiedene Arten von Tabu unterscheiden: 1. Ein *natürliches* oder direktes Tabu, welches das Ergebnis einer geheimnisvollen Kraft *(Mana)* ist, die an einer Person oder Sache haftet; 2. ein *mitgeteiltes* oder indirektes Tabu, das auch von jener Kraft ausgeht, aber entweder *a)* erworben ist, oder *b)* von einem Priester, Häuptling oder sonst jemandem übertragen; endlich 3. ein Tabu, das zwischen den beiden anderen die Mitte hält, wenn nämlich beide Faktoren in Betracht kommen, wie z. B. bei der Aneignung eines Weibes durch einen Mann.« Der Name Tabu wird auch auf andere rituelle Beschränkungen angewendet, aber man sollte alles, was besser religiöses Verbot heißen könnte, nicht zum Tabu rechnen.

»Die Ziele des Tabu sind mannigfacher Art: Direkte Tabu bezwecken *a)* den Schutz bedeutsamer Personen wie Häuptlinge, Priester und Gegenstände u. dgl. gegen mögliche Schädigung; *b)* die Sicherung der Schwachen – Frauen, Kinder und gewöhnlicher Menschen im allgemeinen – gegen das mächtige Mana (die magische Kraft) der Priester und Häuptlinge; *c)* den Schutz gegen Gefahren,

35 Elfte Auflage [1910–]1911. – Daselbst auch die wichtigsten Literaturnachweise.

die mit der Berührung von Leichen, mit dem Genuß gewisser Speisen usw. verbunden sind; *d)* die Versicherung gegen die Störung wichtiger Lebensakte wie Geburt, Männerweihe, Heirat, sexuelle Tätigkeiten; *e)* den Schutz menschlicher Wesen gegen die Macht oder den Zorn von Göttern und Dämonen[36]; *f)* die Behütung Ungeborener und kleiner Kinder gegen die mannigfachen Gefahren, die ihnen infolge ihrer besonderen sympathetischen Abhängigkeit von ihren Eltern drohen, wenn diese z. B. gewisse Dinge tun oder Speisen zu sich nehmen, deren Genuß den Kindern besondere Eigenschaften übertragen könnte. Eine andere Verwendung des Tabu ist die zum Schutze des Eigentums einer Person, ihrer Werkzeuge, ihres Feldes usw. gegen Diebe.«

Die Strafe für die Übertretung eines Tabu wird wohl ursprünglich einer inneren, automatisch wirkenden Einrichtung überlassen. Das verletzte Tabu rächt sich selbst. Wenn Vorstellungen von Göttern und Dämonen hinzukommen, mit denen das Tabu in Beziehung tritt, so wird von der Macht der Gottheit eine automatische Bestrafung erwartet. In anderen Fällen, wahrscheinlich infolge einer weiteren Entwicklung des Begriffes, übernimmt die Gesellschaft die Bestrafung des Verwegenen, dessen Vorgehen seine Genossen in Gefahr gebracht hat. So knüpfen auch die ersten Strafsysteme der Menschheit an das Tabu an.

»Wer ein Tabu übertreten hat, der ist dadurch selbst tabu geworden.« Gewisse Gefahren, die aus der Verletzung eines Tabu entstehen, können durch Bußhandlungen und Reinigungszeremonien beschworen werden.

Als die Quelle des Tabu wird eine eigentümliche Zauberkraft angesehen, die an Personen und Geistern haftet und von ihnen aus durch unbelebte Gegenstände hindurch übertragen werden kann. »Personen oder Dinge, die tabu sind, können mit elektrisch geladenen Gegenständen verglichen werden; sie sind der Sitz einer furchtbaren Kraft,

36 Diese Verwendung des Tabu kann auch als eine nicht ursprüngliche in diesem Zusammenhange beiseite gelassen werden.

welche sich durch Berührung mitteilt und mit unheilvollen Wirkungen entbunden wird, wenn der Organismus, der die Entladung hervorruft, zu schwach ist, ihr zu widerstehen. Der Erfolg einer Verletzung des Tabu hängt also nicht nur von der Intensität der magischen Kraft ab, die an dem Tabuobjekt haftet, sondern auch von der Stärke des Mana, die sich dieser Kraft bei dem Frevler entgegensetzt. So sind z. B. Könige und Priester Inhaber einer großartigen Kraft, und es wäre Tod für ihre Untertanen, in unmittelbare Berührung mit ihnen zu treten, aber ein Minister oder eine andere Person von mehr als gewöhnlichem Mana kann ungefährdet mit ihnen verkehren, und diese Mittelspersonen können wiederum ihren Untergebenen ihre Annäherung gestatten, ohne sie in Gefahr zu bringen. Auch mitgeteilte Tabu hängen in ihrer Bedeutung von dem Mana der Person ab, von der sie ausgehen; wenn ein König oder Priester ein Tabu auferlegt, ist es wirksamer, als wenn es von einem gewöhnlichen Menschen käme.«

Die Übertragbarkeit eines Tabu ist wohl jener Charakter, der dazu Veranlassung gegeben hat, seine Beseitigung durch Sühnezeremonien zu versuchen.

Es gibt permanente und zeitweilige Tabu. Priester und Häuptlinge sind das erstere, ebenso Tote und alles, was zu ihnen gehört hat. Zeitweilige Tabu schließen sich an gewisse Zustände an, so an die Menstruation und das Kindbett, an den Stand des Kriegers vor und nach der Expedition, an die Tätigkeiten des Fischens und Jagens u. dgl. Ein allgemeines Tabu kann auch wie das kirchliche Interdikt über einen großen Bezirk verhängt werden und dann jahrelang anhalten.

Wenn ich die Eindrücke meiner Leser richtig abzuschätzen weiß, so getraue ich mich jetzt der Behauptung, sie wüßten nach all diesen Mitteilungen über das Tabu erst recht nicht, was sie sich darunter vorzustellen haben und wo sie es in ihrem Denken unterbringen können. Dies ist sicherlich die Folge der ungenügenden Information, die sie von mir erhalten haben, und des Wegfalls aller Erörterungen über die Beziehung des Tabu zum Aberglauben, zum Seelenglauben und zur Religion. Aber anderseits fürchte ich, eine eingehendere Schilderung dessen, was man über das Tabu weiß, hätte noch verwirrender gewirkt, und darf versichern, daß die Sachlage in Wirklichkeit recht undurchsichtig ist. Es handelt sich also um eine Reihe von Einschränkungen, denen sich diese primitiven Völker unterwerfen; dies und jenes ist verboten, sie wissen nicht warum, es fällt ihnen auch nicht ein, danach zu fragen, sondern sie unterwerfen sich ihnen wie selbstverständlich und sind überzeugt, daß eine Übertretung sich von selbst auf die härteste Weise strafen wird. Es liegen zuverlässige Berichte vor, daß die unwissentliche Übertretung eines solchen Verbotes sich tatsächlich automatisch gestraft hat. Der unschuldige Missetäter, der z. B. von einem ihm verbotenen Tier gegessen hat, wird tief deprimiert, erwartet seinen Tod und stirbt dann in allem Ernst. Die Verbote betreffen meist Genußfähigkeit, Bewegungs- und Verkehrsfreiheit; sie scheinen in manchen Fällen sinnreich, sollen offenbar Enthaltungen und Entsagungen bedeuten, in anderen Fällen sind sie ihrem Inhalt nach ganz unverständlich, betreffen wertlose Kleinigkeiten, scheinen ganz von der Art eines Zeremoniells zu sein. All diesen Verboten scheint etwas wie eine Theorie zugrunde zu liegen, als ob die Verbote notwendig wären, weil gewissen Personen und Dingen eine gefährliche Kraft zu eigen ist, die sich durch Berührung mit dem so geladenen Objekt überträgt, fast wie eine Ansteckung. Es wird auch die Quantität dieser gefährlichen Eigenschaft in Betracht gezogen. Der eine oder das eine hat mehr davon als der andere, und die Gefahr richtet sich geradezu nach der Differenz der Ladungen. Das Sonderbarste daran ist wohl, daß wer es zustande gebracht hat, ein solches Verbot zu übertreten, selbst den Charakter des Verbotenen gewonnen, gleichsam die ganze gefährliche Ladung auf sich genommen hat. Diese Kraft haftet nun an allen Personen, die etwas Besonderes sind, wie Könige, Priester, Neugeborene, an allen Ausnahmszuständen, wie die körperlichen der Menstruation, der Pubertät, der Geburt, an allem Unheimlichen, wie Krankheit und Tod und was kraft der Ansteckungs- oder Ausbreitungsfähigkeit damit zusammenhängt.

»Tabu« heißt aber alles, sowohl die Personen als auch die Örtlichkeiten, Gegenstände und die vorübergehenden Zustände, welche Träger oder Quelle dieser geheimnisvollen Eigenschaft sind. Tabu heißt auch das Verbot, welches sich aus dieser Eigenschaft herleitet, und Tabu heißt endlich seinem Wortsinn nach etwas, was zugleich heilig, über das Gewöhnliche erhaben, wie auch gefährlich, unrein, unheimlich umfaßt.

In diesem Wort und in dem System, das es bezeichnet, drückt sich ein Stück Seelenleben aus, dessen Verständnis uns wirklich nicht nahegerückt erscheint. Vor allem sollte man meinen, daß man sich diesem Verständnis nicht nähern könne, ohne auf den für so tiefstehende Kulturen charakteristischen Glauben an Geister und Dämonen einzugehen.

Warum sollen wir überhaupt unser Interesse an das Rätsel des Tabu wenden? Ich meine, nicht nur, weil jedes psychologische Problem an sich des Versuches einer Lösung wert ist, sondern auch noch aus anderen Gründen. Es darf uns ahnen, daß das Tabu der Wilden Polynesiens doch nicht so weit von uns abliegt, wie wir zuerst glauben wollten, daß die Sitten- und Moralverbote, denen wir selbst gehorchen, in ihrem Wesen eine Verwandtschaft mit diesem primitiven Tabu haben könnten und daß die Aufklärung des Tabu ein Licht auf den dunkeln Ursprung unseres eigenen »kategorischen Imperativs« zu werfen vermöchte.

Wir werden also in besonders erwartungsvoller Spannung aufhorchen, wenn ein Forscher wie W. Wundt uns seine Auffassung des Tabu mitteilt, zumal da er verspricht, »zu den letzten Wurzeln der Tabuvorstellungen zurückzugehen«.[37]

Vom Begriff des Tabu sagt Wundt, daß es »alle die

37 In der *Völkerpsychologie*, Bd. 2, *Religion und Mythus* [1906], II, S. 301.

Bräuche umfaßt, in denen sich die Scheu vor bestimmten mit den kultischen Vorstellungen zusammenhängenden Objekten oder vor den sich auf diese beziehenden Handlungen ausdrückt«.[38]

Ein andermal: »Verstehen wir darunter (unter dem Tabu), wie es dem allgemeinen Sinne des Wortes entspricht, jedes in Brauch und Sitte oder in ausdrücklich formulierten Gesetzen niedergelegte Verbot, einen Gegenstand zu berühren, zu eigenem Gebrauch in Anspruch zu nehmen oder gewisse verpönte Worte zu gebrauchen . . .«, so gebe es überhaupt kein Volk und keine Kulturstufe, die der Schädigung durch das Tabu entgangen wär.[39]

Wundt führt dann aus, weshalb es ihm zweckmäßiger erscheint, die Natur des Tabu an den primitiven Verhältnissen der australischen Wilden als in der höheren Kultur der polynesischen Völker zu studieren.[40]Bei den Australiern ordnet er die Tabuverbote in drei Klassen, je nachdem sie Tiere, Menschen oder andere Objekte betreffen. Das Tabu der Tiere, das wesentlich im Verbot des Tötens und Verzehrens besteht, bildet den Kern des *Totemismus*[41]. Das Tabu der zweiten Art, das den Menschen zu seinem Objekt hat, ist wesentlich anderen Charakters. Es ist von vornherein auf Bedingungen eingeschränkt, die für den Tabuierten eine ungewöhnliche Lebenslage herbeiführen. So sind Jünglinge tabu beim Fest der Männerweihe, Frauen während der Menstruation und unmittelbar nach der Geburt, neugeborene Kinder, Kranke und vor allem die Toten. Auf dem fortwährend gebrauchten Eigentum eines Menschen liegt ein dauerndes Tabu für jeden anderen; so auf seinen Kleidern, Werkzeugen und Waffen. Zum persönlichsten Eigentum gehört in Australien auch der neue Name, den ein Knabe bei seiner Männerweihe erhält, dieser ist tabu und muß geheimgehalten werden. Die Tabu der dritten

---

38 Wundt, *Völkerpsychologie*, Bd. 2, II, S. 237.
39 Wundt, *Völkerpsychologie*, Bd. 2, II, S. 301.
40 Wundt, a. a. O., S. 302.
41 Vgl. darüber die erste und letzte Abhandlung dieses Buches. [Außerdem: Wundt, a. a. O., S. 303.]

Art, die auf Bäumen, Pflanzen, Häusern, Örtlichkeiten ruhen, sind veränderlicher, scheinen nur der Regel zu folgen, daß dem Tabu unterworfen wird, was aus irgendwelcher Ursache Scheu erregt oder unheimlich ist.[42]

Die Veränderungen, die das Tabu in der reicheren Kultur der Polynesier und der malaiischen Inselwelt erfährt, muß Wundt selbst für nicht sehr tiefgehend erklären. Die stärkere soziale Differenzierung dieser Völker macht sich darin geltend, daß Häuptlinge, Könige und Priester ein besonders wirksames Tabu ausüben und selbst dem stärksten Zwang des Tabu ausgesetzt werden.[43]

Die eigentlichen Quellen des Tabu liegen aber tiefer als in den Interessen der privilegierten Stände; »sie entspringen da, wo die primitivsten und zugleich dauerndsten menschlichen Triebe ihren Ursprung nehmen, *in der Furcht vor der Wirkung dämonischer Mächte.«*[44] »Ursprünglich nichts anderes als die objektiv gewordene Furcht vor der in dem tabuierten Gegenstand verborgen gedachten dämonischen Macht, verbietet das Tabu, diese Macht zu reizen, und es gebietet, wo es wissentlich oder unwissentlich verletzt worden ist, die Rache des Dämons zu beseitigen.«[45]

Allmählich wird dann das Tabu zu einer in sich selbst begründeten Macht, die sich vom Dämonismus losgelöst hat. Es wird zum Zwang der Sitte und des Herkommens und schließlich des Gesetzes. »Das Gebot aber, das unausgesprochen hinter den nach Ort und Zeit mannigfach wechselnden Tabuverboten steht, ist ursprünglich das *eine:* Hüte dich vor dem Zorn der Dämonen.«

Wundt lehrt uns also, das Tabu sei ein Ausdruck und Ausfluß des Glaubens der primitiven Völker an dämonische Mächte. Später habe sich das Tabu von dieser Wurzel losgelöst und sei eine Macht geblieben, einfach weil es eine solche war, infolge einer Art von psychischer Beharrung; so sei es selbst die Wurzel unserer Sittengebote und unserer

42 [Wundt, a. a. O., S. 304.]
43 [Wundt, a. a. O., S. 305 f.]
44 [Wundt, a. a. O., S. 307.]
45 [Wundt, a. a. O., S. 308.]

Gesetze geworden. Sowenig nun der erste dieser Sätze zum Widerspruch reizen kann, so glaube ich doch dem Eindruck vieler Leser Worte zu leihen, wenn ich die Aufklärung Wundts als eine Enttäuschung anspreche. Das heißt wohl nicht, zu den Quellen der Tabuvorstellungen heruntergehen oder ihre letzten Wurzeln aufzeigen. Weder die Angst noch die Dämonen können in der Psychologie als letzte Dinge gewertet werden, die jeder weiteren Zurückführung trotzen. Es wäre anders, wenn die Dämonen wirklich existierten; aber wir wissen ja, sie sind selbst wie die Götter Schöpfungen der Seelenkräfte des Menschen; sie sind von etwas und aus etwas geschaffen worden.

Über die Doppelbedeutung des Tabu äußert Wundt bedeutsame, aber nicht ganz klar zu fassende Ansichten. Für die primitiven Anfänge des Tabu besteht nach ihm eine Scheidung von *heilig* und *unrein* noch nicht. Eben darum fehlen hier jene Begriffe überhaupt in der Bedeutung, die sie eben erst durch den Gegensatz, in den sie zueinander traten, annehmen konnten. Das Tier, der Mensch, der Ort, auf dem ein Tabu ruht, sind dämonisch, nicht heilig und darum auch noch nicht in dem späteren Sinne unrein. Gerade für diese noch indifferent in der Mitte stehende Bedeutung des Dämonischen, das nicht berührt werden darf, ist der Ausdruck Tabu wohl geeignet, da er ein Merkmal hervorhebt, das schließlich dem Heiligen wie dem Unreinen für alle Zeiten gemeinsam bleibt: die Scheu vor seiner Berührung. In dieser bleibenden Gemeinschaft eines wichtigen Merkmals liegt aber zugleich ein Hinweis darauf, daß hier zwischen beiden Gebieten eine ursprüngliche Übereinstimmung obwaltet, die erst infolge weiterer Bedingungen einer Differenzierung gewichen ist, durch welche sich beide schließlich zu Gegensätzen entwickelt haben.[46]

Der dem ursprünglichen Tabu eigene Glaube an eine dämonische Macht, die in dem Gegenstand verborgen ist und dessen Berührung oder unerlaubte Verwendung durch Verzauberung des Täters rächt, ist eben noch ganz und

46 [Wundt, a. a. O., S. 309.]

ausschließlich die objektivierte Furcht. Diese hat sich noch nicht in die beiden Formen gesondert, die sie auf einer entwickelten Stufe annimmt: in die *Ehrfurcht* und in den *Abscheu.*[47]

Wie aber entsteht diese Sonderung? Nach Wundt durch die Verpflanzung der Tabugebote aus dem Gebiet der Dämonen – in das der Göttervorstellungen[48]. Der Gegensatz von heilig und unrein fällt mit der Aufeinanderfolge zweier mythologischer Stufen zusammen, von denen die frühere nicht vollkommen verschwindet, wenn die folgende erreicht ist, sondern in der Form einer niedrigeren und allmählich mit Verachtung sich paarenden Wertschätzung fortbesteht.[49] In der Mythologie gilt allgemein das Gesetz, daß eine vorangegangene Stufe eben deshalb, weil sie von der höheren überwunden und zurückgedrängt wird, nun neben dieser in erniedrigter Form fortbesteht, so daß die Objekte ihrer Verehrung in solche des Abscheus sich umwandeln.[50]

Die weiteren Ausführungen Wundts beziehen sich auf das Verhältnis der Tabuvorstellungen zur Reinigung und zum Opfer.

2

Wer von der Psychoanalyse, das heißt von der Erforschung des unbewußten Anteils am individuellen Seelenleben her an das Problem des Tabu herantritt, der wird sich nach kurzem Besinnen sagen, daß ihm diese Phänomene nicht fremd sind. Er kennt Personen, die sich solche Tabuverbote individuell geschaffen haben und sie ebenso streng befolgen wie die Wilden die ihrem Stamme oder ihrer Gesellschaft gemeinsamen. Wenn er nicht gewohnt wäre, diese vereinzelten Personen als *»Zwangskranke«* zu bezeichnen, würde er den Namen *»Tabukrankheit«* für deren Zustand angemessen finden müssen. Von dieser Zwangs-

47 [Wundt, a. a. O., S. 310.]
48 [Wundt, a. a. O., S. 311.]
49 [Wundt, a. a. O., S. 312.]
50 [Wundt, a. a. O., S. 313.]

krankheit hat er aber durch die psychoanalytische Untersuchung so viel erfahren, die klinische Ätiologie und das Wesentliche des psychischen Mechanismus, daß er es sich nicht versagen kann, das hier Gelernte zur Aufklärung der entsprechenden völkerpsychologischen Erscheinung zu verwenden.

Eine Warnung wird bei diesem Versuche angehört werden müssen. Die Ähnlichkeit des Tabu mit der Zwangskrankheit mag eine rein äußerliche sein, für die Erscheinungsform der beiden gelten und sich nicht weiter auf deren Wesen erstrecken. Die Natur liebt es, die nämlichen Formen in den verschiedensten biologischen Zusammenhängen zu verwenden, z. B. am Korallenstock wie an der Pflanze, ja darüber hinaus an gewissen Kristallen oder bei Bildung bestimmter chemischer Niederschläge. Es wäre offenbar voreilig und wenig aussichtsvoll, durch diese Übereinstimmungen, die auf eine Gemeinsamkeit mechanischer Bedingungen zurückgehen, Schlüsse zu begründen, die sich auf innere Verwandtschaft beziehen. Wir werden dieser Warnung eingedenk bleiben, brauchen aber die beabsichtigte Vergleichung dieser Möglichkeit wegen nicht zu unterlassen.

Die nächste und auffälligste Übereinstimmung der Zwangsverbote (bei der Nervösen) mit dem Tabu besteht nun darin, daß diese Verbote ebenso unmotiviert und in ihrer Herkunft rätselhaft sind. Sie sind irgendeinmal aufgetreten und müssen nun infolge einer unbezwingbaren Angst gehalten werden. Eine äußere Strafandrohung ist überflüssig, weil eine innere Sicherheit (ein Gewissen) besteht, die Übertretung werde zu einem unerträglichen Unheil führen. Das Äußerste, was die Zwangskranken mitteilen können, ist die unbestimmte Ahnung, es werde eine gewisse Person ihrer Umgebung durch die Übertretung zu Schaden kommen. Welches diese Schädigung sein soll, wird nicht erkannt, auch erhält man diese kümmerliche Auskunft eher bei den später zu besprechenden Sühne- und Abwehrhandlungen als bei den Verboten selbst.

Das Haupt- und Kernverbot der Neurose ist wie beim Tabu das der Berührung, daher der Name: Berührungsangst, *délire de toucher*. Das Verbot erstreckt sich nicht nur auf die direkte Berührung mit dem Körper, sondern nimmt den Umfang der übertragenen Redensart: in Berührung kommen, an. Alles, was die Gedanken auf das Verbotene lenkt, eine Gedankenberührung hervorruft, ist ebenso verboten wie der unmittelbare leibliche Kontakt; dieselbe Ausdehnung findet sich beim Tabu wieder.

Ein Teil der Verbote ist nach seiner Absicht ohneweiters verständlich, ein anderer Teil dagegen erscheint uns unbegreiflich, läppisch, sinnlos. Wir bezeichnen solche Gebote als »Zeremoniell« und finden, daß die Tabugebräuche dieselbe Verschiedenheit erkennen lassen.

Den Zwangsverboten ist eine großartige Verschiebbarkeit zu eigen, sie dehnen sich auf irgendwelchen Wegen des Zusammenhanges von einem Objekt auf das andere aus und machen auch dieses neue Objekt, wie eine meiner Kranken treffend sagt, *»unmöglich«*. Die Unmöglichkeit hat am Ende die ganze Welt mit Beschlag belegt. Die Zwangskranken benehmen sich so, als wären die »unmöglichen« Personen und Dinge Träger einer gefährlichen Ansteckung, die bereit ist, sich auf alles Benachbarte durch Kontakt zu übertragen. Dieselben Charaktere der Ansteckungsfähigkeit und der Übertragbarkeit haben wir eingangs bei der Schilderung der Tabuverbote hervorgehoben. Wir wissen auch, wer ein Tabu übertreten hat durch die Berührung von etwas, was tabu ist, der wird selbst tabu, und niemand darf mit ihm in Berührung treten.

Ich stelle zwei Beispiele von Übertragung (besser Verschiebung) des Verbotes zusammen; das eine aus dem Leben der Maori, das andere aus meiner Beobachtung an einer zwangskranken Frau.

»Ein Maorihäuptling wird kein Feuer mit seinem Hauch anfachen, denn sein geheiligter Atem würde seine Kraft dem Feuer mitteilen, dieses dem Topf, der im Feuer steht, der Topf der Speise, die in ihm gekocht wird, die Speise der Person, die von ihr ißt, und so müßte die Person sterben, die gegessen von der Speise, die gekocht in dem Topf, der gestanden im Feuer, in das geblasen der Häuptling mit seinem heiligen und gefährlichen Hauch.«[51]

Die Patientin verlangt, daß ein Gebrauchsgegenstand, den ihr Mann vom Einkauf nach Hause gebracht, entfernt werde, er würde ihr sonst den Raum, in dem sie wohnt, unmöglich machen. Denn sie hat gehört, daß dieser Gegenstand in einem Laden gekauft wurde, welcher in der, sagen wir: Hirschengasse liegt. Aber Hirsch ist heute der Name einer Freundin, die in einer fernen Stadt lebt und die sie in ihrer Jugend unter ihrem Mädchennamen gekannt hat. Diese Freundin ist ihr heute »unmöglich«, tabu, und der hier in Wien gekaufte Gegenstand ist ebenso tabu wie die Freundin selbst, mit der sie nicht in Berührung kommen will.

Die Zwangsverbote bringen großartigen Verzicht und Einschränkungen des Lebens mit sich wie die Tabuverbote, aber ein Anteil von ihnen kann aufgehoben werden durch die Ausführung gewisser Handlungen, die nun auch geschehen müssen, die Zwangscharakter haben – Zwangshandlungen – und deren Natur als Buße, Sühne, Abwehrmaßregeln und Reinigung keinem Zweifel unterliegt. Die gebräuchlichste dieser Zwangshandlungen ist das Abwaschen mit Wasser (Waschzwang). Auch ein Teil der Tabuverbote kann so ersetzt, respektive deren Übertretung durch solches »Zeremoniell« gutgemacht werden, und die Lustration durch Wasser ist auch hier die bevorzugte.

Resümieren wir nun, in welchen Punkten sich die Übereinstimmung der Tabugebräuche mit den Symptomen der Zwangsneurose am deutlichsten äußert: 1. In der Unmotiviertheit der Gebote, 2. in ihrer Befestigung durch eine innere Nötigung, 3. in ihrer Verschiebbarkeit und in der Ansteckungsgefahr durch das Verbotene, 4. in der Verursachung von zeremoniösen Handlungen, Geboten, die von den Verboten ausgehen.

---

51 Frazer, *The Golden Bough*, II, *Taboo and the Perils of the Soul*, London 1911, S. 136.

Die klinische Geschichte wie der psychische Mechanismus der Fälle von Zwangskrankheit sind uns aber durch die Psychoanalyse bekannt geworden. Erstere lautet für einen typischen Fall von Berührungsangst wie folgt: Zu allem Anfang, in ganz früher Kinderzeit, äußerte sich eine starke Berührungs*lust*, deren Ziel weit spezialisierter war, als man geneigt wäre zu erwarten. Dieser Lust trat alsbald *von außen* ein Verbot entgegen, gerade diese Berührung nicht auszuführen.[52] Das Verbot wurde aufgenommen, denn es konnte sich auf starke innere Kräfte stützen;[53] es erwies sich stärker als der Trieb, der sich in der Berührung äußern wollte. Aber infolge der primitiven psychischen Konstitution des Kindes gelang es dem Verbot nicht, den Trieb aufzuheben. Der Erfolg des Verbotes war nur, den Trieb – die Berührungslust – zu verdrängen und ihn ins Unbewußte zu verbannen. Verbot und Trieb blieben beide erhalten; der Trieb, weil er nur verdrängt, nicht aufgehoben war, das Verbot, weil mit seinem Aufhören der Trieb zum Bewußtsein und zur Ausführung durchgedrungen wäre. Es war eine unerledigte Situation, eine psychische Fixierung geschaffen, und aus dem fortdauernden Konflikt von Verbot und Trieb leitet sich nun alles Weitere ab.

Der Hauptcharakter der psychologischen Konstellation, die so fixiert worden ist, liegt in dem, was man das *ambivalente* Verhalten des Individuums gegen das eine Objekt, vielmehr die eine Handlung an ihm, heißen könnte.[54] Es will diese Handlung – die Berührung – immer wieder ausführen,[55] es verabscheut sie auch. Der Gegensatz der bei-

52 Beide, Lust und Verbot, bezogen sich auf die Berührung der eigenen Genitalien.

53 Auf die Beziehung zu den geliebten Personen, von denen das Verbot gegeben wurde.

54 Nach einem trefflichen Ausdruck von Bleuler, [in: *Vortrag über Ambivalenz*, gehalten in Bern, Bericht in: Zentralbl. Psychoanal., 1910, Bd. 1, S. 266].

55 [In der ersten Ausgabe schloß sich hier folgender Satz an: ». . . ausführen, es sieht in ihr den höchsten Genuß, aber es darf sie nicht ausführen, es verabscheut . . .«. Seit der zweiten Auflage (1920) wurde dieser Einschub – vermutlich versehentlich – weggelassen.]

den Strömungen ist auf kurzem Wege nicht ausgleichbar, weil sie – wir können nur sagen – im Seelenleben so lokalisiert sind, daß sie nicht zusammenstoßen können. Das Verbot wird laut bewußt, die fortdauernde Berührungslust ist unbewußt, die Person weiß nichts von ihr. Bestünde dieses psychologische Moment nicht, so könnte eine Ambivalenz weder sich so lange erhalten, noch könnte sie zu solchen Folgeerscheinungen führen.

In der klinischen Geschichte des Falles haben wir das Eindringen des Verbotes in so frühem Kindesalter als das maßgebende hervorgehoben; für die weitere Gestaltung fällt diese Rolle dem Mechanismus der Verdrängung, auf dieser Altersstufe zu. Infolge der stattgehabten Verdrängung, die mit einem Vergessen – Amnesie – verbunden ist, bleibt die Motivierung des bewußt gewordenen Verbotes unbekannt und müssen alle Versuche scheitern, es intellektuell zu zersetzen, da diese den Punkt nicht finden, an dem sie angreifen könnten. Das Verbot verdankt seine Stärke – seinen Zwangscharakter – gerade der Beziehung zu seinem unbewußten Gegenpart, der im Verborgenen ungedämpften Lust, also einer inneren Notwendigkeit, in welche die bewußte Einsicht fehlt. Die Übertragbarkeit und Fortpflanzungsfähigkeit des Verbotes spiegelt einen Vorgang wider, der sich mit der unbewußten Lust zuträgt und unter den psychologischen Bedingungen des Unbewußten besonders erleichtert ist. Die Trieblust verschiebt sich beständig, um der Absperrung, in der sie sich befindet, zu entgehen, und sucht Surrogate für das Verbotene – Ersatzobjekte und Ersatzhandlungen – zu gewinnen. Darum wandert auch das Verbot und dehnt sich auf die neuen Ziele der verpönten Regung aus. Jeden neuen Vorstoß der verdrängten Libido beantwortet das Verbot mit einer neuen Verschärfung. Die gegenseitige Hemmung der beiden ringenden Mächte erzeugt ein Bedürfnis nach Abfuhr, nach Verringerung der herrschenden Spannung, in welchem man die Motivierung der Zwangshandlungen erkennen darf. Diese sind bei der Neurose deutlich Kompromißaktionen, in der einen Ansicht Bezeugungen von Reue, Bemühungen zur Sühne

u. dgl., in der anderen aber gleichzeitig Ersatzhandlungen, welche den Trieb für das Verbotene entschädigen. Es ist ein Gesetz der neurotischen Erkrankung, daß diese Zwangshandlungen immer mehr in den Dienst des Triebes treten und immer näher an die ursprünglich verbotene Handlung herankommen.

Unternehmen wir jetzt den Versuch, das Tabu zu behandeln, als wäre es von derselben Natur wie ein Zwangsverbot unserer Kranken. Wir machen uns dabei von vornherein klar, daß viele der für uns zu beobachtenden Tabuverbote sekundärer, verschobener und entstellter Art sind und daß wir zufrieden sein müssen, etwas Licht auf die ursprünglichsten und bedeutsamsten Tabuverbote zu werfen. Ferner, daß die Verschiedenheiten in der Situation des Wilden und des Neurotikers wichtig genug sein dürften, um eine völlige Übereinstimmung auszuschließen, eine Übertragung von dem einen auf den anderen, die einer Abbildung in jedem Punkte gleichkäme, zu verhindern.

Wir würden dann zunächst sagen, es habe keinen Sinn, die Wilden nach der wirklichen Motivierung ihrer Verbote, nach der Genese des Tabu zu fragen. Nach unserer Voraussetzung müssen sie unfähig sein, darüber etwas mitzuteilen, denn diese Motivierung sei ihnen »unbewußt«. Wir konstruieren die Geschichte des Tabu aber folgendermaßen nach dem Vorbild der Zwangsverbote. Die Tabu seien uralte Verbote, einer Generation von primitiven Menschen dereinst von außen aufgedrängt, das heißt also doch wohl von der früheren Generation ihr gewalttätig eingeschärft. Diese Verbote haben Tätigkeiten betroffen, zu denen eine starke Neigung bestand. Die Verbote haben sich nun von Generation zu Generation erhalten, vielleicht bloß infolge der Tradition durch elterliche und gesellschaftliche Autorität. Vielleicht aber haben sie sich in den späteren Organisationen bereits »organisiert« als ein Stück ererbten psychischen Besitzes. Ob es solche »angeborene Ideen« gibt, ob sie allein oder im Zusammenwirken mit der Erziehung die Fixierung der Tabu bewirkt haben, wer vermöchte es gerade für den in Rede stehenden Fall zu entscheiden? Aber aus der Festhaltung der Tabu ginge eines hervor, daß die ursprüngliche Lust, jenes Verbotene zu tun, auch noch bei den Tabuvölkern fortbesteht. Diese haben also zu ihren Tabuverboten eine *ambivalente Einstellung*; sie möchten im Unbewußten nichts lieber als sie übertreten, aber sie fürchten sich auch davor; sie fürchten sich gerade darum, weil sie es möchten, und die Furcht ist stärker als die Lust. Die Lust dazu ist aber bei jeder Einzelperson des Volkes unbewußt wie bei dem Neurotiker.

Die ältesten und wichtigsten Tabuverbote sind die beiden Grundgesetze des *Totemismus*: das Totemtier nicht zu töten und den sexuellen Verkehr mit dem Totemgenossen des anderen Geschlechtes zu vermeiden.

Das müßten also die ältesten und stärksten Gelüste der Menschen sein. Wir können das nicht verstehen und können demnach unsere Voraussetzung nicht an diesen Beispielen prüfen, solange uns Sinn und Abkunft des totemistischen Systems so völlig unbekannt sind. Aber wer die Ergebnisse der psychoanalytischen Erforschung des Einzelmenschen kennt, der wird selbst durch den Wortlaut dieser beiden Tabu und durch ihr Zusammentreffen an etwas ganz Bestimmtes gemahnt, was die Psychoanalytiker für den Knotenpunkt des infantilen Wunschlebens und dann für den Kern der Neurose erklären.[56]

Die sonstige Mannigfaltigkeit der Tabuerscheinungen, die zu den früher mitgeteilten Klassifizierungsversuchen geführt hat, wächst für uns auf folgende Art zu einer Einheit zusammen: Grundlage des Tabu ist ein verbotenes Tun, zu dem eine starke Neigung im Unbewußten besteht.

Wir wissen, ohne es zu verstehen, wer das Verbotene tut, das Tabu übertritt, wird selbst tabu. Wie bringen wir aber diese Tatsache mit der anderen zusammen, daß das Tabu nicht nur an Personen haftet, die das Verbotene getan haben, sondern auch an Personen, die sich in besonderen Zu-

---

56 Vgl. meine in diesen Aufsätzen bereits mehrmals angekündigte Studie über den Totemismus. (IV. Abhandlung dieses Buches.)

ständen befinden, an diesen Zuständen selbst und an unpersönlichen Dingen? Was kann das für eine gefährliche Eigenschaft sein, die immer die nämliche bleibt unter all diesen verschiedenen Bedingungen? Nur die eine: die Eignung, die Ambivalenz des Menschen anzufachen und ihn in *Versuchung* zu führen, das Verbot zu übertreten.

Der Mensch, der ein Tabu übertreten hat, wird selbst tabu, weil er die gefährliche Eignung hat, andere zu versuchen, daß sie seinem Beispiel folgen. Er erweckt Neid; warum sollte ihm gestattet sein, was anderen verboten ist? Er ist also wirklich *ansteckend,* insofern jedes Beispiel zur Nachahmung ansteckt, und darum muß er selbst gemieden werden.

Ein Mensch braucht aber kein Tabu übertreten zu haben und kann doch permanent oder zeitweilig tabu sein, weil er sich in einem Zustand befindet, welcher die Eignung hat, die verbotenen Gelüste der anderen anzuregen, den Ambivalenzkonflikt in ihnen zu wecken. Die meisten Ausnahmsstellungen und Ausnahmszustände sind von solcher Art und haben diese gefährliche Kraft. Der König oder Häuptling erweckt den Neid auf seine Vorrechte; es möchte vielleicht jeder König sein. Der Tote, das Neugeborene, die Frau in ihren Leidenszuständen reizen durch ihre besondere Hilflosigkeit, das eben geschlechtsreif gewordene Individuum durch den neuen Genuß, den es verspricht. Darum sind alle diese Personen und alle diese Zustände tabu, denn der Versuchung darf nicht nachgegeben werden.

Wir verstehen jetzt auch, warum die Manakräfte verschiedener Personen sich voneinander abziehen, einander teilweise aufheben können. Das Tabu eines Königs ist zu stark für seinen Untertan, weil die soziale Differenz zwischen ihnen zu groß ist. Aber ein Minister kann etwa den unschädlichen Vermittler zwischen ihnen machen. Das heißt aus der Sprache des Tabu in die der Normalpsychologie übersetzt: Der Untertan, der die großartige Versuchung scheut, welche ihm die Berührung mit dem König bereitet, kann etwa den Umgang des Beamten vertragen, den er nicht so sehr zu beneiden braucht und dessen Stellung ihm vielleicht selbst erreichbar scheint. Der Minister aber kann seinen Neid gegen den König durch die Erwägung der Macht ermäßigen, die ihm selbst eingeräumt ist. So sind geringere Differenzen der in Versuchung führenden Zauberkraft weniger zu fürchten als besonders große.

Es ist ebenso klar, wieso die Übertretung gewisser Tabuverbote eine soziale Gefahr bedeutet, die von allen Mitgliedern der Gesellschaft gestraft oder gesühnt werden muß, wenn sie nicht alle schädigen soll. Diese Gefahr besteht wirklich, wenn wir die bewußten Regungen für die unbewußten Gelüste einsetzen. Sie besteht in der Möglichkeit der Nachahmung, in deren Folge die Gesellschaft bald zur Auflösung käme. Wenn die anderen die Übertretung nicht ahnden würden, müßten sie ja innewerden, daß sie dasselbe tun wollen wie der Übeltäter.

Daß die Berührung beim Tabuverbot eine ähnliche Rolle spielt wie beim *délire de toucher*, obwohl der geheime Sinn des Verbotes beim Tabu unmöglich ein so spezieller sein kann wie bei der Neurose, darf uns nicht wundernehmen. Die Berührung ist der Beginn jeder Bemächtigung, jedes Versuches, sich eine Person oder Sache dienstbar zu machen.

Wir haben die ansteckende Kraft, die dem Tabu innewohnt, durch die Eignung, in Versuchung zu führen, zur Nachahmung anzuregen, übersetzt. Dazu scheint es nicht zu stimmen, daß sich die Ansteckungsfähigkeit des Tabu vor allem in der Übertragung auf Gegenstände äußert, die dadurch selbst Träger des Tabu werden.

Diese Übertragbarkeit des Tabu spiegelt die bei der Neurose nachgewiesene Neigung des unbewußten Triebes wider, sich auf assoziativen Wegen auf immer neue Objekte zu verschieben. Wir werden so aufmerksam gemacht, daß der gefährlichen Zauberkraft des *»Mana«* zweierlei realere Fähigkeiten entsprechen, die Eignung, den Menschen an seine verbotenen Wünsche zu erinnern, und die scheinbar bedeutsamere, ihn zur Übertretung des Verbotes im Dienste dieser Wünsche zu verleiten. Beide Leistungen treten aber wieder zu einer einzigen zusammen, wenn wir annehmen, es läge im Sinne eines primitiven Seelenlebens, daß mit der Erweckung der Erinnerung an das verbotene Tun auch die Erweckung der Tendenz, es durchzusetzen, verknüpft sei. Dann fallen Erinnerung und Versuchung wieder zusammen. Man muß auch zugestehen, wenn das Beispiel eines Menschen, der ein Verbot übertreten hat, einen anderen zur gleichen Tat verführt, so hat sich der Ungehorsam gegen das Verbot fortgepflanzt wie eine Ansteckung, wie sich das Tabu von einer Person auf einen Gegenstand und von diesem auf einen anderen überträgt.

Wenn die Übertretung eines Tabu gutgemacht werden kann durch eine Sühne oder Buße, die ja einen *Verzicht* auf irgendein Gut oder eine Freiheit bedeuten, so ist hiedurch der Beweis erbracht, daß die Befolgung der Tabuvorschrift selbst ein Verzicht war auf etwas, was man gern gewünscht hätte. Die Unterlassung des einen Verzichts wird durch einen Verzicht an anderer Stelle abgelöst. Für das Tabuzeremoniell würden wir hieraus den Schluß ziehen, daß die Buße etwas Ursprünglicheres ist als die Reinigung.

Fassen wir nun zusammen, welches Verständnis des Tabu sich uns aus der Gleichstellung mit dem Zwangsverbot des Neurotikers ergeben hat: Das Tabu ist ein uraltes Verbot, von außen (von einer Autorität) aufgedrängt und gegen die stärksten Gelüste der Menschen gerichtet. Die Lust, es zu übertreten, besteht in deren Unbewußten fort; die Menschen, die dem Tabu gehorchen, haben eine ambivalente Einstellung gegen das vom Tabu Betroffene. Die dem Tabu zugeschriebene Zauberkraft führt sich auf die Fähigkeit zurück, die Menschen in Versuchung zu führen; sie benimmt sich wie eine Ansteckung, weil das Beispiel ansteckend ist und weil sich das verbotene Gelüste im Unbewußten auf anderes verschiebt. Die Sühne der Übertretung des Tabu durch einen Verzicht erweist, daß der Befolgung des Tabu ein Verzicht zugrunde liegt.

3

Wir wollen nun wissen, welchen Wert unsere Gleichstellung des Tabu mit der Zwangsneurose und die auf Grund dieser Vergleichung gegebene Auffassung des Tabu beanspruchen kann. Ein solcher Wert liegt offenbar nur vor, wenn unsere Auffassung einen Vorteil bietet, der sonst nicht zu haben ist, wenn sie ein besseres Verständnis des Tabu gestattet, als uns sonst möglich wird. Wir sind vielleicht geneigt zu behaupten, daß wir diesen Nachweis der Brauchbarkeit im vorstehenden bereits erbracht haben; wir werden aber versuchen müssen, ihn zu verstärken, indem wir die Erklärung der Tabuverbote und Gebräuche ins einzelne fortsetzen.

Es steht uns aber auch ein anderer Weg offen. Wir können die Untersuchung anstellen, ob nicht ein Teil der Voraussetzungen, die wir von der Neurose her auf das Tabu übertragen haben, oder der Folgerungen, zu denen wir dabei gelangt sind, an den Phänomenen des Tabu unmittelbar erweisbar ist. Wir müssen uns nur entscheiden, wonach wir suchen wollen. Die Behauptung über die Genese des Tabu, es stamme von einem uralten Verbote ab, welches dereinst von außen auferlegt worden ist, entzieht sich natürlich dem Beweise. Wir werden also eher die psychologischen Bedingungen für das Tabu zu bestätigen suchen, welche wir für die Zwangsneurose kennengelernt haben. Wie gelangten wir bei der Neurose zur Kenntnis dieser psychologischen Momente? Durch das analytische Studium der Symptome, vor allem der Zwangshandlungen, der Abwehrmaßregeln und Zwangsgebote. Wir fanden an ihnen die besten Anzeichen für ihre Abstammung von *ambivalenten* Regungen oder Tendenzen, wobei sie entweder gleichzeitig dem Wunsche wie dem Gegenwunsche entsprechen oder vorwiegend im Dienste der einen von den beiden entgegengesetzten Tendenzen stehen. Wenn es uns nun gelänge, auch an den Tabuvorschriften die Ambivalenz, das Walten entgegengesetzter Tendenzen, aufzuzeigen oder unter ihnen einige aufzufinden, die nach der Art von Zwangshandlungen beiden Strömungen gleichzeitigen Ausdruck geben, so wäre die psychologische Übereinstimmung zwischen dem Tabu und der Zwangsneurose im nahezu wichtigsten Stücke gesichert.

Die beiden fundamentalen Tabuverbote sind, wie vorhin erwähnt, für unsere Analyse durch die Zugehörigkeit zum Totemismus unzugänglich; ein anderer Anteil der Tabusatzungen ist sekundärer Abkunft und für unsere Absicht nicht verwertbar. Das Tabu ist nämlich bei den entsprechenden Völkern die allgemeine Form der Gesetzgebung geworden und in den Dienst von sozialen Tendenzen getreten, die sicherlich jünger sind als das Tabu selbst, wie z. B. die Tabu, die von Häuptlingen und Priestern auferlegt werden, um sich Eigentum und Vorrechte zu sichern. Doch bleibt uns eine große Gruppe von Vorschriften übrig, an denen unsere Untersuchung vorgenommen werden kann; ich hebe aus dieser die Tabu heraus, die sich *a)* an *Feinde*, *b)* an *Häuptlinge*, *c)* an *Tote* knüpfen, und werde das zu behandelnde Material der ausgezeichneten Sammlung von J. G. Frazer in seinem großen Werke: *The Golden Bough* entnehmen.[57]

a) Die Behandlung der Feinde

Wenn wir geneigt waren, den wilden und halbwilden Völkern ungehemmte und reuelose Grausamkeit gegen ihre Feinde zuzuschreiben, so werden wir mit großem Interesse erfahren, daß auch bei ihnen die Tötung eines Menschen zur Befolgung einer Reihe von Vorschriften zwingt, welche den Tabugebräuchen zugeordnet werden. Diese Vorschriften sind mit Leichtigkeit in vier Gruppen zu bringen; sie fordern 1. Versöhnung des getöteten Feindes, 2. Beschränkungen und 3. Sühnehandlungen, Reinigungen des Mörders und 4. gewisse zeremonielle Vornahmen. Wie allgemein oder wie vereinzelt solche Tabugebräuche bei diesen Völkern sein mögen, läßt sich einerseits aus unseren un-

57 Third edition, part II, *Taboo and the Perils of the Soul*, London 1911.

vollständigen Nachrichten nicht mit Sicherheit entscheiden und ist anderseits für unser Interesse an diesen Vorkommnissen gleichgültig. Immerhin darf man annehmen, daß es sich um weitverbreitete Gebräuche und nicht um vereinzelte Sonderbarkeiten handelt.

Die *Versöhnungs*gebräuche auf der Insel Timor, nachdem eine siegreiche Kriegerschar mit den abgeschnittenen Köpfen der besiegten Feinde zurückkehrt, sind darum besonders bedeutsam, weil überdies der Führer der Expedition von schweren Beschränkungen betroffen wird (s. u.). Bei dem feierlichen Einzug der Sieger werden Opfer dargebracht, um die Seelen der Feinde zu versöhnen; »sonst müßte man Unheil für die Sieger vorhersehen. Es wird ein Tanz aufgeführt und dabei ein Gesang vorgetragen, in welchem der erschlagene Feind beklagt und seine Verzeihung erbeten wird: ›Zürne uns nicht, weil wir deinen Kopf hier bei uns haben; wäre uns das Glück nicht hold gewesen, so hingen jetzt vielleicht unsere Köpfe in deinem Dorf. Wir haben dir ein Opfer gebracht, um dich zu besänftigen. Nun darf dein Geist zufrieden sein und uns in Ruhe lassen. Warum bist du unser Feind gewesen? Wären wir nicht besser Freunde geblieben? Dann wäre dein Blut nicht vergossen und dein Kopf nicht abgeschnitten worden.‹«[58]

Ähnliches findet sich bei den Palu in Celebes; die Gallas[59] opfern den Geistern ihrer erschlagenen Feinde, ehe sie ihr Heimatdorf betreten.[60]

Andere Völker haben das Mittel gefunden, um aus ihren früheren Feinden nach deren Tod Freunde, Wächter und Beschützer zu machen. Es besteht in der zärtlichen Behandlung der abgeschnittenen Köpfe, wie manche wilde Stämme Borneos sich deren rühmen. Wenn die See-Dayaks von Sarawak von einem Kriegszug einen Kopf

58 Frazer, a. a. O., S. 166, [nach: J. S. G. Gramberg, *Eene maand in de binnenlanden van Timor I*, in: Verh. batavia Genoot., 1872, Bd. 36, S. 161].
59 [In Ostafrika.]
60 [Frazer, a. a. O., S. 166,] nach: P. Paulitschke, *Ethnographie Nordost-Afrikas*, 2 Bände, Berlin 1893–96, [Bd. 2, S. 50 und 136].

nach Hause bringen, so wird dieser Monate hindurch mit der ausgesuchtesten Liebenswürdigkeit behandelt und mit den zärtlichsten Namen angesprochen, über die ihre Sprache verfügt. Die besten Bissen von ihren Mahlzeiten werden ihm in den Mund gesteckt, Leckerbissen und Zigarren. Er wird wiederholt gebeten, seine früheren Freunde zu hassen und seinen neuen Wirten seine Liebe zu schenken, da er jetzt einer der Ihrigen ist. Man würde sehr irregehen, wenn man an dieser uns gräßlich erscheinenden Behandlung dem Hohn einen Anteil zuschriebe.[61]

Bei mehreren der wilden Stämme Nordamerikas ist die Trauer um den erschlagenen und skalpierten Feind den Beobachtern aufgefallen. Wenn ein Choctaw einen Feind getötet hatte, so begann für ihn eine monatlange Trauer, während welcher er sich schweren Einschränkungen unterwarf. Ebenso trauerten die Dakota-Indianer. Wenn die Osagen, bemerkt ein Gewährsmann, ihre eigenen Toten betrauert hatten, so trauerten sie dann um den Feind, als ob er ein Freund gewesen wäre.[62]

Noch ehe wir auf die anderen Klassen von Tabugebräuchen zur Behandlung der Feinde eingehen, müssen wir gegen eine naheliegende Einwendung Stellung nehmen. Die Motivierung dieser Versöhnungsvorschriften, wird man uns mit Frazer und anderen entgegenhalten, ist einfach genug und hat nichts mit einer »Ambivalenz« zu tun. Diese Völker werden von abergläubischer Furcht vor den Geistern der Erschlagenen beherrscht, einer Furcht, die auch dem klassischen Altertum nicht fremd war, die der große britische Dramatiker in den Halluzinationen Macbeths und Richards III. auf die Bühne gebracht hat. Aus diesem Aberglauben leiten sich folgerichtig alle die Versöhnungsvorschriften ab, wie auch die später zu besprechenden Be-

61 Frazer, *Adonis, Attis, Osiris* [Bd. 1], S. 295, London 1914. – Nach: Hugh Low, *Sarawak*, London 1848.
62 Frazer, *Taboo and the Perils of the Soul*, S. 181, nach: J. O. Dorsey, [*An Account of the War Customs of the Osages*, in: Amer. Nat., 1884, Bd. 18, S. 113].

schränkungen und Sühnungen; für diese Auffassung sprechen noch die in der vierten Gruppe vereinigten Zeremonien, die keine andere Auslegung zulassen als von Bemühungen, die den Mördern folgenden Geister der Erschlagenen zu verjagen.[63] Zum Überfluß gestehen die Wilden ihre Angst vor den Geistern der getöteten Feinde direkt ein und führen die besprochenen Tabugebräuche selbst auf sie zurück.

Diese Einwendung ist in der Tat naheliegend, und wenn sie ebenso ausreichend wäre, könnten wir uns die Mühe unseres Erklärungsversuches gern ersparen. Wir verschieben es auf später, uns mit ihr auseinanderzusetzen, und stellen ihr zunächst nur die Auffassung entgegen, die sich aus den Voraussetzungen der vorigen Erörterungen über das Tabu ableitet. Wir schließen aus all diesen Vorschriften, daß im Benehmen gegen die Feinde noch andere als bloß feindselige Regungen zum Ausdruck kommen. Wir erblicken in ihnen Äußerungen der Reue, der Wertschätzung des Feindes, des bösen Gewissens, ihn ums Leben gebracht zu haben. Es will uns scheinen, als wäre auch in diesen Wilden das Gebot lebendig: »Du sollst nicht töten«, welches nicht ungestraft verletzt werden darf, lange vor jeder Gesetzgebung, die aus den Händen eines Gottes empfangen wird.

Kehren wir nun zu den anderen Klassen von Tabuvorschriften zurück. Die *Beschränkungen* des siegreichen Mörders sind ungemein häufig und meist von ernster Art. Auf Timor (vgl. die Versöhnungsgebräuche oben) darf der Führer der Expedition nicht ohneweiters in sein Haus zurückkehren. Es wird für ihn eine besondere Hütte errichtet, in welcher er zwei Monate mit der Befolgung verschiedener Reinigungsvorschriften verbringt. In dieser Zeit darf er sein Weib nicht sehen, auch sich nicht selbst ernähren, eine andere Person muß ihm das Essen in den Mund schie-

63 Frazer, *Taboo [and the Perils of the Soul,* 1911 *b*], S. 169 usf., S. 174. Diese Zeremonien bestehen in Schlagen mit den Schilden, Schreien, Brüllen und Erzeugung von Lärm mit Hilfe von Instrumenten usw.

ben.[64] – Bei einigen Dayakstämmen müssen die vom erfolgreichen Kriegszug Heimkehrenden einige Tage lang abgesondert bleiben und sich gewisser Speisen enthalten, sie dürfen auch kein Essen berühren und bleiben ihren Frauen fern. – In Logea, einer Insel nahe Neuguinea, schließen sich Männer, die Feinde getötet oder daran teilgenommen haben, für eine Woche in ihren Häusern ein. Sie vermeiden jeden Umgang mit ihren Frauen und ihren Freunden, rühren Nahrungsmittel nicht mit ihren Händen an und nähren sich nur von Pflanzenkost, die in besonderen Gefäßen für sie gekocht wird. Als Grund für diese letzte Beschränkung wird angegeben, daß sie das Blut der Erschlagenen nicht riechen dürfen; sie würden sonst erkranken und sterben. – Bei dem Toaripi- oder Motumotu-Stamm auf Neuguinea darf ein Mann, der einen anderen getötet hat, seinem Weib nicht nahe kommen und Nahrung nicht mit seinen Fingern berühren. Er wird von anderen Personen mit besonderer Nahrung gefüttert. Dies dauert bis zum nächsten Neumond.[65]

Ich unterlasse es, die bei Frazer mitgeteilten Fälle von Beschränkungen des siegreichen Mörders vollzählig anzuführen, und hebe nur noch solche Beispiele hervor, in denen der Tabucharakter besonders auffällig ist oder die Beschränkung im Verein mit Sühne, Reinigung und Zeremoniell auftritt.

Bei den Monumbos in Deutsch-Neuguinea wird jeder, der einen Feind im Kampfe getötet hat, »unrein«, wofür dasselbe Wort gebraucht wird, das auf Frauen während der Menstruation oder des Wochenbettes Anwendung findet. Er darf durch lange Zeit das Klubhaus der Männer nicht verlassen, während sich die Mitbewohner seines Dorfes um ihn versammeln und seinen Sieg mit Liedern und Tänzen feiern. Er darf niemand, nicht einmal seine eigene Frau und seine Kinder berühren; täte er es, so würden sie von

64 Frazer, *Taboo . . .*, S. 166, nach: S. Müller, *Reizen en Onderzoekingen in den Indischen Archipel*, Amsterdam 1857.
65 [Frazer, *Taboo . . .*, S. 167.]

Geschwüren befallen werden. Er wird dann rein durch Waschungen und anderes Zeremoniell.[66]

Bei den Natchez in Nordamerika waren junge Krieger, die den ersten Skalp erbeutet hatten, durch sechs Monate zur Befolgung gewisser Entsagungen genötigt. Sie durften nicht bei ihren Frauen schlafen und kein Fleisch essen, erhielten nur Fisch und Maispudding zur Nahrung. Wenn ein Choctaw einen Feind getötet und skalpiert hatte, begann für ihn eine Trauerzeit von einem Monat, während welcher er sein Haar nicht kämmen durfte. Wenn es ihn am Kopfe juckte, durfte er sich nicht mit der Hand kratzen, sondern bediente sich dazu eines kleinen Stekkens.[67]

Wenn ein Pima-Indianer einen Apachen getötet hatte, so mußte er sich schweren Reinigungs- und Sühnezeremonien unterwerfen. Während einer sechzehntägigen Fastenzeit durfte er Fleisch und Salz nicht berühren, auf kein brennendes Feuer schauen, zu keinem Menschen sprechen. Er lebte allein im Walde, von einer alten Frau bedient, die ihm spärliche Nahrung brachte, badete oft im nächsten Fluß und trug – als Zeichen der Trauer – einen Klumpen Lehm auf seinem Haupte. Am siebzehnten Tage fand dann die öffentliche Zeremonie der feierlichen Reinigung des Mannes und seiner Waffen statt. Da die Pima-Indianer das Tabu des Mörders viel ernster nahmen als ihre Feinde und die Sühne und Reinigung nicht wie diese bis nach der Beendigung des Feldzuges aufzuschieben pflegten, litt ihre Kriegstüchtigkeit sehr unter ihrer sittlichen Strenge oder Frömmigkeit, wenn man will. Trotz ihrer außerordentlichen Tapferkeit erwiesen sie sich den Amerikanern als unbefriedigende Bundesgenossen in ihren Kämpfen gegen die Apachen.[68]

So interessant die Einzelheiten und Variationen der Sühne- und Reinigungszeremonien nach Tötung eines Feindes für eine tiefer eindringende Betrachtung auch sein

66 [Frazer, *Taboo* . . ., S. 169.]
67 [Frazer, *Taboo* . . ., S. 181.]
68 [Frazer, *Taboo* . . ., S. 182–184.]

mögen, so breche ich deren Mitteilung doch ab, weil sie uns keine neuen Gesichtspunkte eröffnen können. Vielleicht führe ich noch an, daß die zeitweilige oder permanente Isolierung des berufsmäßigen Henkers, die sich bis in unsere Neuzeit erhalten hat, in diesen Zusammenhang gehört. Die Stellung des »Freimannes« in der mittelalterlichen Gesellschaft vermittelt in der Tat eine gute Vorstellung von dem »Tabu« der Wilden.[69]

In der gangbaren Erklärung all dieser Versöhnungs-, Beschränkungs-, Sühne- und Reinigungsvorschriften werden zwei Prinzipien miteinander kombiniert. Die Fortsetzung des Tabu vom Toten her auf alles, was mit ihm in Berührung gekommen ist, und die Furcht vor dem Geist des Getöteten. Auf welche Weise diese beiden Momente miteinander zur Erklärung des Zeremoniells zu kombinieren sind, ob sie als gleichwertig aufgefaßt werden sollen, ob das eine das primäre, das andere sekundär ist, und welches, das wird nicht gesagt und ist in der Tat nicht leicht anzugeben. Demgegenüber betonen wir die Einheitlichkeit unserer Auffassung, wenn wir all diese Vorschriften aus der Ambivalenz der Gefühlsregungen gegen den Feind ableiten.

b) Das Tabu der Herrscher

Das Benehmen primitiver Völker gegen ihre Häuptlinge, Könige, Priester wird von zwei Grundsätzen regiert, die einander eher zu ergänzen als zu widersprechen scheinen. Man muß sich vor ihnen hüten, und man muß sie behüten.[70] Beides geschieht vermittels einer Unzahl von Tabuvorschriften. Warum man sich vor den Herrschern hüten muß, ist uns bereits bekannt geworden: weil sie die Träger jener geheimnisvollen und gefährlichen Zauberkraft sind,

---

69 Zu diesen Beispielen s. Frazer, *Taboo . . .*, S. 165–190, »Manslayers tabooed«.

70 Frazer, *Taboo . . .*, S. 132. *»He must not anly be guarded, he must also be guarded against.«*

die sich wie eine elektrische Ladung durch Berührung mitteilt und dem selbst nicht durch eine ähnliche Ladung Geschützten Tod und Verderben bringt. Man vermeidet also jede mittelbare oder unmittelbare Berührung mit der gefährlichen Heiligkeit und hat, wo solche nicht zu vermeiden ist, ein Zeremoniell gefunden, um die gefürchteten Folgen abzuwenden. Die Nubas in Ostafrika glauben z. B., daß sie sterben müssen, wenn sie das Haus ihres Priesterkönigs betreten, daß sie aber dieser Gefahr entgehen, wenn sie beim Eintritt die linke Schulter entblößen und den König veranlassen, diese mit seiner Hand zu berühren. So trifft das Merkwürdige ein, daß die Berührung des Königs das Heil- und Schutzmittel gegen die Gefahren wird, welche aus der Berührung des Königs hervorgehen, aber es handelt sich dabei wohl um die Heilkraft der absichtlichen, vom König ausgehenden Berührung im Gegensatz zur Gefahr, daß man ihn berühre, um den Gegensatz der Passivität und der Aktivität gegen den König.

Wenn es sich um die Heilwirkung der königlichen Berührung handelt, brauchen wir die Beispiele nicht bei Wilden zu suchen. Die Könige von England haben in Zeiten, die noch nicht weit zurückliegen, diese Kraft an der Skrofulose geübt, die darum den Namen: *»The King's Evil«* trug. Königin Elisabeth entsagte diesem Stück ihrer königlichen Prärogative ebensowenig wie irgendeiner ihrer späteren Nachfolger. Charles I. soll im Jahre 1633 hundert Kranke auf einen Streich geheilt haben. Unter dessen zuchtlosem Sohn Charles II. feierten nach der Überwindung der großen englischen Revolution die Königsheilungen bei Skrofeln ihre höchste Blüte.

Dieser König soll im Laufe seiner Regierung bei hunderttausend Skrofulöse berührt haben. Das Gedränge der Heilungsuchenden pflegte bei dieser Gelegenheit so groß zu sein, daß einmal sechs oder sieben von ihnen anstatt der Heilung den Tod durch Erdrücktwerden fanden. Der skeptische Oranier Wilhelm III., der nach der Vertreibung der Stuarts König von England wurde, weigerte sich des Zaubers; das einzige Mal, als er sich zu einer solchen Berührung herbeiließ, tat er es mit den Worten: »Gott gebe Euch eine bessere Gesundheit und mehr Verstand.«[71]

Von der fürchterlichen Wirkung der Berührung, in welcher man, ob auch unabsichtlich, *gegen* den König oder das, was zu ihm gehört, aktiv wird, mag folgender Bericht Zeugnis ablegen. Ein Häuptling von hohem Rang und großer Heiligkeit auf Neuseeland hatte einst die Reste seiner Mahlzeit am Wege stehenlassen. Da kam ein Sklave daher, ein junger, kräftiger, hungriger Gesell, sah das Zurückgelassene und machte sich darüber, um es aufzuessen. Kaum war er fertig geworden, da teilte ihm ein entsetzter Zuschauer mit, daß es die Mahlzeit des Häuptlings gewesen sei, an welcher er sich vergangen habe. Er war ein starker, mutiger Krieger gewesen, aber sobald er diese Auskunft vernommen hatte, stürzte er zusammen, wurde von gräßlichen Zuckungen befallen und starb gegen Sonnenuntergang des nächsten Tages.[72] Eine Maorifrau hatte gewisse Früchte gegessen und dann erfahren, daß diese von einem mit Tabu belegten Orte herrührten. Sie schrie auf, der Geist des Häuptlings, den sie so beleidigt, werde sie gewiß töten. Dies geschah am Nachmittag, und am nächsten Tag um zwölf Uhr war sie tot.[73] Das Feuerzeug eines Maori-Häuptlings brachte einmal mehrere Personen ums Leben. Der Häuptling hatte es verloren, andere fanden es und bedienten sich seiner, um ihre Pfeifen anzuzünden. Als sie erfuhren, wessen Eigentum das Feuerzeug sei, starben sie vor Schrecken.[74]

Es ist nicht zu verwundern, wenn sich das Bedürfnis fühlbar machte, so gefährliche Personen wie Häuptlinge und Priester von den anderen zu isolieren, eine Mauer um sie aufzuführen, hinter welcher sie für die anderen unzu-

---

71 Frazer, *The Magic Art*, [2 Bände (*The Golden Bough*, 3. Aufl., I. Teil, London 1911),] Bd. 1, S. 368.

72 *Old New Zealand*, by a Pakeha Maori (London 1884), bei: Frazer, *Taboo . . .*, S. 135.

73 W. Brown, *New Zealand and its Aborigines*, London 1845, bei: Frazer, ebda.

74 Frazer, ebda.

gänglich waren. Es mag uns die Erkenntnis dämmern, daß diese ursprünglich aus Tabuvorschriften gefügte Mauer heute noch als höfisches Zeremoniell existiert.

Aber der vielleicht größere Teil dieses Tabu der Herrscher läßt sich nicht auf das Bedürfnis des Schutzes *vor* ihnen zurückführen. Der andere Gesichtspunkt in der Behandlung der privilegierten Personen, das Bedürfnis, sie selbst vor den ihnen drohenden Gefahren zu schützen, hat an der Schaffung der Tabu und somit an der Entstehung der höfischen Etikette den deutlichsten Anteil gehabt.

Die Notwendigkeit, den König vor allen erdenklichen Gefahren zu schützen, ergibt sich aus seiner ungeheuren Bedeutung für das Wohl und Wehe seiner Untertanen. Strenggenommen ist es seine Person, die den Lauf der Welt reguliert; sein Volk hat ihm nicht nur für den Regen und Sonnenschein zu danken, der die Früchte der Erde gedeihen läßt, sondern auch für den Wind, der Schiffe an ihre Küste bringt, und für den festen Boden, auf den sie ihre Füße setzen.[75]

Diese Könige der Wilden sind mit einer Machtfülle und einer Fähigkeit zu beglücken ausgestattet, die nur Göttern zu eigen ist und an welche auf späteren Stufen der Zivilisation nur die servilsten ihrer Höflinge Glauben heucheln werden.

Es erscheint ein offenbarer Widerspruch, daß Personen von solcher Machtvollkommenheit selbst der größten Sorgfalt bedürfen, um vor den sie bedrohenden Gefahren beschützt zu werden, aber es ist nicht der einzige Widerspruch, der in der Behandlung königlicher Personen bei den Wilden zutage tritt. Diese Völker halten es auch für notwendig, ihre Könige zu überwachen, daß sie ihre Kräfte im rechten Sinne verwenden; sie sind ihrer guten Intentionen oder ihrer Gewissenhaftigkeit keineswegs sicher. Ein Zug von Mißtrauen mengt sich der Motivierung der Tabuvorschriften für den König bei. »Die Idee, daß urzeitliches

75 Frazer, *Taboo . . .*, The Burden of Royalty, S. 7.

Königstum ein Despotismus ist«, sagt Frazer[76], »demzufolge das Volk nur für seinen Herrscher existiert, ist auf die Monarchien, die wir hier im Auge haben, ganz und gar nicht anwendbar. Im Gegenteile, in diesen lebt der Herrscher nur für seine Untertanen; sein Leben hat einen Wert nur so lange, als er die Pflichten seiner Stellung erfüllt, den Lauf der Natur zum Besten seines Volkes regelt. Sobald er darin nachläßt oder versagt, wandeln sich die Sorgfalt, die Hingebung, die religiöse Verehrung, deren Gegenstand er bisher im ausgiebigsten Maße war, in Haß und Verachtung um. Er wird schmählich davongejagt und mag froh sein, wenn er das nackte Leben rettet. Heute noch als Gott verehrt, mag es ihm passieren, morgen als Verbrecher erschlagen zu werden. Aber wir haben kein Recht, dies veränderte Benehmen seines Volkes als Unbeständigkeit oder Widerspruch zu verurteilen, das Volk bleibt vielmehr durchaus konsequent. Wenn ihr König ihr Gott ist, so denken sie, muß er sich auch als ihr Beschützer erweisen; und wenn er sie nicht beschützen will, soll er einem anderen, der bereitwilliger ist, den Platz räumen. Solange er aber ihren Erwartungen entspricht, kennt ihre Sorgfalt für ihn keine Grenzen, und sie nötigen ihn dazu, sich selbst mit der gleichen Fürsorge zu behandeln. Ein solcher König lebt wie eingemauert hinter einem System von Zeremoniell und Etikette, eingesponnen in ein Netz von Gebräuchen und Verboten, deren Absicht keineswegs dahin geht, seine Würde zu erhöhen, noch weniger sein Wohlbehagen zu steigern, sondern die einzig und allein bezwecken, ihn vor Schritten zurückzuhalten, welche die Harmonie der Natur stören und so ihn, sein Volk und das ganze Weltall gleichzeitig zugrunde richten könnten. Diese Vorschriften, weit entfernt, seinem Behagen zu dienen, mengen sich in jede seiner Handlungen, heben seine Freiheit auf und machen ihm das Leben, das sie angeblich versichern wollen, zur Bürde und zur Qual.«

Eines der grellsten Beispiele von solcher Fesselung und

76 Frazer, ebda.

Lähmung eines heiligen Herrschers durch das Tabuzeremoniell scheint in der Lebensweise des Mikado von Japan in früheren Jahrhunderten erzielt worden zu sein. Eine Beschreibung, die jetzt über zweihundert Jahre alt ist[77], erzählt: »Der Mikado glaubt, daß es seiner Würde und Heiligkeit nicht angemessen sei, den Boden mit den Füßen zu berühren; wenn er also irgendwohin gehen will, muß er auf den Schultern von Männern hingetragen werden. Es geht aber noch viel weniger an, daß er seine heilige Person der freien Luft aussetze, und die Sonne wird der Ehre nicht gewürdigt, auf sein Haupt zu scheinen. Allen Teilen seines Körpers wird eine so hohe Heiligkeit zugeschrieben, daß weder sein Haupthaar noch sein Bart geschoren und seine Nägel nicht geschnitten werden dürfen. Damit er aber nicht zu sehr verwahrlose, waschen sie ihn nachts, wenn er schläft: sie sagen, was man in diesem Zustand von seinem Körper nimmt, kann nur als gestohlen aufgefaßt werden, und ein solcher Diebstahl tut seiner Würde und Heiligkeit keinen Eintrag. In noch früheren Zeiten mußte er jeden Vormittag einige Stunden lang mit der Kaiserkrone auf dem Haupte auf dem Throne sitzen, aber er mußte sitzen wie eine Statue, ohne Hände, Füße, Kopf oder Augen zu bewegen; nur so, meinte man, könne er Ruhe und Frieden im Reiche erhalten. Wenn er unseligerweise sich nach der einen oder der anderen Seite wenden sollte oder eine Zeitlang den Blick bloß auf einen Teil seines Reiches richtete, so würden Krieg, Hungersnot, Feuer, Pest oder sonst ein großes Unheil hereinbrechen, um das Land zu verheeren.«

Einige der Tabu, denen barbarische Könige unterworfen sind, mahnen lebhaft an die Beschränkungen der Mörder. In Shark Point bei Kap Padron in Unter-Guinea (Westafrika) lebt ein Priesterkönig, Kukulu, allein in einem Wald. Er darf kein Weib berühren, auch sein Haus nicht verlassen, ja nicht einmal von seinem Stuhl aufstehen, in dem er sitzend schlafen muß. Wenn er sich niederlegte, würde der Wind aufhören und die Schiffahrt gestört sein.

77 Kaempfer, [*The*] *History of Japan* [1727], bei: Frazer, a. a. O., S. 3f.

Seine Funktion ist es, die Stürme in Schranken zu halten und im allgemeinen für einen gleichmäßig gesunden Zustand der Atmosphäre zu sorgen.[78] Je mächtiger ein König von Loango ist, sagt Bastian, desto mehr Tabu muß er beobachten.[79] Auch der Thronfolger ist von Kindheit an an sie gebunden, aber sie häufen sich um ihn, während er heranwächst; im Momente der Thronbesteigung ist er von ihnen erstickt.

Unser Raum gestattet es nicht und unser Interesse erfordert es nicht, daß wir in die Beschreibung der an der Königs- oder Priesterwürde haftenden Tabu weiter eingehen. Führen wir noch an, daß Beschränkungen der freien Bewegung und der Diät die Hauptrolle unter ihnen spielen. Wie konservierend aber auf alte Gebräuche der Zusammenhang mit diesen privilegierten Personen wirkt, mag aus zwei Beispielen von Tabuzeremoniell hervorgehen, die von zivilisierten Völkern, also von weit höheren Kulturstufen genommen sind.

Der Flamen Dialis, der Oberpriester des Jupiter im alten Rom, hatte eine außerordentlich große Anzahl von Tabugeboten zu beobachten. Er durfte nicht reiten, kein Pferd, keine Bewaffneten sehen, keinen Ring tragen, der nicht zerbrochen war, keinen Knoten an seinen Gewändern haben, Weizenmehl und Sauerteig nicht berühren, eine Ziege, einen Hund, rohes Fleisch, Bohnen und Efeu nicht einmal beim Namen nennen; sein Haar durfte nur von einem freien Mann mit einem Bronzemesser geschnitten, seine Haare und Nägelabfälle mußten unter einem glückbringenden Baum vergraben werden; er durfte keinen Toten anrühren, nicht unbedeckten Hauptes unter freiem Himmel stehen u. dgl. Seine Frau, die Flaminica, hatte überdies ihre eigenen Verbote: Sie durfte auf einer gewissen Art von Treppen nicht höher als drei Stufen steigen, an gewissen Festtagen ihr Haar nicht kämmen; das Leder

78 A. Bastian, *Die deutsche Expedition an der Loango-Küste*, Jena 1874[–75], bei: Frazer, a. a. O., S. 5.

79 [Frazer, a. a. O., S. 8, nach: Bastian, *Die deutsche Expedition an der Loango-Küste*, Bd. 1, S. 355.]

ihrer Schuhe durfte von keinem Tier genommen werden, das eines natürlichen Todes gestorben war, sondern nur von einem geschlachteten oder geopferten; wenn sie Donner hörte, war sie unrein, bis sie ein Sühneopfer dargebracht hatte.[80]

Die alten Könige von Irland waren einer Reihe von höchst sonderbaren Beschränkungen unterworfen, von deren Einhaltung aller Segen, von deren Übertretung alles Unheil für das Land erwartet wurde. Das vollständige Verzeichnis dieser Tabu ist in dem *Book of Rights* gegeben, dessen älteste handschriftliche Exemplare die Jahreszahlen 1390 und 1418 tragen. Die Verbote sind äußerst detailliert, betreffen gewisse Tätigkeiten an bestimmten Orten und zu bestimmten Zeiten; in dieser Stadt darf der König nicht an einem gewissen Wochentag weilen, jenen Fluß nicht um eine genannte Stunde übersetzen, nicht volle neun Tage auf einer gewissen Ebene lagern u. dgl.[81]

Die Härte der Tabubeschränkungen für die Priesterkönige hat bei vielen wilden Völkern eine Folge gehabt, die historisch bedeutsam und für unsere Gesichtspunkte besonders interessant ist. Die Priesterkönigswürde hörte auf, etwas Begehrenswertes zu sein; wem sie bevorstand, der wandte oft alle Mittel an, um ihr zu entgehen. So wird es auf Kambodscha, wo es einen Feuer- und einen Wasserkönig gibt, oft notwendig, die Nachfolger mit Gewalt zur Annahme der Würde zu zwingen. Auf Niue oder Savage Island, einer Koralleninsel im Stillen Ozean, kam die Monarchie tatsächlich zu Ende, weil sich niemand mehr bereit finden wollte, das verantwortliche und gefährliche Amt zu übernehmen. In manchen Teilen von Westafrika wird nach dem Tode des Königs ein geheimes Konzil abgehalten, um den Nachfolger zu bestimmen. Der, auf welchen die Wahl fällt, wird gepackt, gebunden und im Fetischhaus in Gewahrsam gehalten, bis er sich bereit erklärt hat, die Krone anzunehmen. Gelegentlich findet der präsumtive Thronfol-

80 Frazer, a. a. O., S. 13f.
81 Frazer, a. a. O., S. 11f.

ger Mittel und Wege, um sich der ihm zugedachten Ehre zu entziehen; so wird von einem Häuptling berichtet, daß er Tag und Nacht Waffen zu tragen pflegte, um jedem Versuch, ihn auf den Thron zu setzen, mit Gewalt zu widerstehen.[82] Bei den Negern von Sierra Leone ward das Widerstreben gegen die Annahme der Königswürde so groß, daß die meisten Stämme genötigt waren, Fremde zu ihren Königen zu machen.

Frazer[83] führt es auf die Verhältnisse zurück, daß sich in der Entwicklung der Geschichte endlich eine Scheidung des ursprünglichen Priesterkönigtums in eine geistliche und weltliche Macht vollzog. Die von der Bürde ihrer Heiligkeit erdrückten Könige wurden unfähig, die Herrschaft in realen Dingen auszuüben, und mußten diese geringeren, aber tatkräftigen Personen überlassen, welche bereit waren, auf die Ehren der Königswürde zu verzichten. Aus diesen erwuchsen dann die weltlichen Herrscher, während die nun praktisch bedeutungslose geistliche Oberhoheit den früheren Tabukönigen verblieb. Es ist bekannt, wieweit diese Aufstellung in der Geschichte des alten Japans Bestätigung findet.

Wenn wir nun das Bild der Beziehungen der primitiven Menschen zu ihren Herrschern überblicken, so regt sich in uns die Erwartung, daß uns der Fortschritt von seiner Beschreibung zu seinem psychoanalytischen Verständnis nicht schwerfallen wird. Diese Beziehungen sind sehr verwickelter Natur und nicht frei von Widersprüchen. Man räumt den Herrschern große Vorrechte ein, welche sich mit den Tabuverboten der anderen geradezu decken. Es sind privilegierte Personen; sie dürfen eben das tun oder genießen, was den übrigen durch das Tabu vorenthalten ist. Im Gegensatz zu dieser Freiheit steht aber, daß sie durch andere Tabu beschränkt sind, welche auf die gewöhnlichen Individuen nicht drücken. Hier ist also ein erster Gegensatz, fast ein Widerspruch, zwischen einem Mehr von Frei-

82 A. Bastian, *Die deutsche Expedition an der Loango-Küste* [1874–75], bei: Frazer, a. a. O., S. 18.
83 [Frazer, a. a. O., S. 17–25.]

heit und einem Mehr an Beschränkung für dieselben Personen. Man traut ihnen außerordentliche Zauberkräfte zu und fürchtet sich deshalb vor der Berührung mit ihren Personen oder ihrem Eigentum, während man anderseits von diesen Berührungen die wohltätigste Wirkung erwartet. Dies scheint ein zweiter, besonders greller Widerspruch zu sein; allein wir haben bereits erfahren, daß er nur scheinbar ist. Heilend und schützend wirkt die Berührung, die vom König selbst in wohlwollender Absicht ausgeht; gefährlich ist nur die Berührung, die vom gemeinen Mann am König und am Königlichen verübt wird, wahrscheinlich weil sie an aggressive Tendenzen mahnen kann. Ein anderer, nicht so leicht auflösbarer Widerspruch äußert sich darin, daß man dem Herrscher eine so große Gewalt über die Vorgänge der Natur zuschreibt und sich doch für verpflichtet hält, ihn mit ganz besonderer Sorgfalt gegen ihm drohende Gefahren zu beschützen, als ob seine eigene Macht, die so vieles kann, nicht auch dies vermöchte. Eine weitere Erschwerung des Verhältnisses stellt sich dann her, indem man dem Herrscher nicht das Zutrauen entgegenbringt, er werde seine ungeheure Macht in der richtigen Weise zum Vorteil der Untertanen wie zu seinem eigenen Schutz verwenden wollen; man mißtraut ihm also und hält sich für berechtigt, ihn zu überwachen. Allen diesen Absichten der Bevormundung des Königs, seinem Schutz vor Gefahren und dem Schutz der Untertanen vor der Gefahr, die er ihnen bringt, dient gleichzeitig die Tabuetikette, der das Leben des Königs unterworfen wird.

Es liegt nahe, folgende Erklärung für das komplizierte und widerspruchsvolle Verhältnis der Primitiven zu ihren Herrschern zu geben: Aus abergläubischen und anderen Motiven kommen in der Behandlung der Könige mannigfache Tendenzen zum Ausdruck, von denen jede ohne Rücksicht auf die anderen zum Extrem entwickelt wird. Daraus entstehen dann die Widersprüche, an denen der Intellekt der Wilden übrigens sowenig Anstoß nimmt wie der der Höchstzivilisierten, wenn es sich nur um Verhältnisse der Religion oder der »Loyalität« handelt.

Das wäre soweit gut, aber die psychoanalytische Technik wird gestatten, tiefer in den Zusammenhang einzudringen und Näheres über die Natur dieser mannigfaltigen Tendenzen auszusagen. Wenn wir den geschilderten Sachverhalt der Analyse unterziehen, gleichsam als ob er sich im Symptombild einer Neurose fände, so werden wir zunächst an das Übermaß von ängstlicher Sorge anknüpfen, welches als Begründung des Tabuzeremoniells ausgegeben wird. Dies Vorkommen einer solchen Überzärtlichkeit ist in der Neurose, speziell bei der Zwangsneurose, die wir in erster Linie zum Vergleich heranziehen, sehr gewöhnlich. Ihre Herkunft ist uns sehr wohl verständlich geworden. Sie tritt überall dort auf, wo außer der vorherrschenden Zärtlichkeit eine gegensätzliche, aber unbewußte Strömung von Feindseligkeit besteht, also der typische Fall der ambivalenten Gefühlseinstellung realisiert ist. Dann wird die Feindseligkeit überschrien durch eine übermäßige Steigerung der Zärtlichkeit, die sich als Ängstlichkeit äußert und die zwanghaft wird, weil sie sonst ihrer Aufgabe, die unbewußte Gegenströmung in der Verdrängung zu erhalten, nicht genügen würde. Jeder Psychoanalytiker hat es erfahren, mit welcher Sicherheit die ängstliche Überzärtlichkeit unter den unwahrscheinlichsten Verhältnissen, z. B. zwischen Mutter und Kind oder bei zärtlichen Eheleuten, diese Auflösung gestattet. Auf die Behandlung der privilegierten Personen angewendet, ergäbe sich die Einsicht, daß der Verehrung, ja Vergötterung derselben im Unbewußten eine intensive feindselige Strömung entgegensteht, daß also hier, wie wir es erwartet haben, die Situation der ambivalenten Gefühlseinstellung verwirklicht ist. Das Mißtrauen, welches als Beitrag zur Motivierung der Königstabu unabweisbar erscheint, wäre eine andere, direktere Äußerung derselben unbewußten Feindseligkeit. Ja, wir wären – infolge der Mannigfaltigkeit der Endausgänge eines solchen Konflikts bei verschiedenen Völkern – nicht um Beispiele verlegen, in denen uns der Nachweis einer solchen Feindseligkeit noch viel leichter fiele. Die wilden Timmes von

Sierra Leone, hören wir bei Frazer[84], haben sich das Recht vorbehalten, ihren gewählten König am Abend vor seiner Krönung durchzuprügeln, und sie bedienen sich dieses konstitutionellen Vorrechtes mit solcher Gründlichkeit, daß der unglückliche Herrscher gelegentlich seine Erhebung auf den Thron um nicht lange Zeit überlebt, daher haben es sich die Großen des Volkes zur Regel gemacht, wenn sie einen Groll gegen einen bestimmten Mann haben, diesen zum König zu wählen. Immerhin wird auch in solchen grellen Fällen die Feindseligkeit sich nicht als solche bekennen, sondern sich als Zeremoniell gebärden.

Ein anderes Stück im Verhalten der Primitiven gegen ihre Herrscher ruft die Erinnerung an einen Vorgang wach, der, in der Neurose allgemein verbreitet, in dem sogenannten Verfolgungswahn offen zutage tritt. Es wird hier die Bedeutung einer bestimmten Person außerordentlich erhöht, ihre Machtvollkommenheit ins Unwahrscheinliche gesteigert, um ihr desto eher die Verantwortlichkeit für alles Widrige, was dem Kranken widerfährt, aufladen zu können. Eigentlich verfahren ja die Wilden mit ihren Königen nicht anders, wenn sie ihnen die Macht über Regen und Sonnenschein, Wind und Wetter zuschreiben und sie dann absetzen oder töten, weil die Natur ihre Erwartungen auf eine gute Jagd oder eine reiche Ernte enttäuscht hat. Das Vorbild, welches der Paranoiker im Verfolgungswahn wiederherstellt, liegt im Verhältnis des Kindes zu seinem Vater. Dem Vater kommt eine derartige Machtfülle in der Vorstellung des Sohnes regelmäßig zu, und es zeigt sich, daß das Mißtrauen gegen den Vater mit seiner Hochschätzung innig verknüpft ist. Wenn der Paranoiker eine Person seiner Lebensbeziehungen zu seinem »Verfolger« ernennt, so hebt er sie damit in die Väterreihe, bringt sie unter die Bedingungen, die ihm gestatten, sie für alles Unglück seiner Empfindung verantwortlich zu machen. So mag uns diese zweite Analogie zwischen dem Wilden und dem Neu-

84 A. a. O., S. 18, nach: J. Zweifel et M. Moustier, *Voyage aux sources du Niger*, Marseille 1880, S. 28.

rotiker die Einsicht ahnen lassen, wie vieles im Verhältnis des Wilden zu seinem Herrscher aus der infantilen Einstellung des Kindes zum Vater hervorgeht.

Den stärksten Anhaltspunkt für unsere Betrachtungsweise, welche die Tabuverbote mit neurotischen Symptomen vergleichen will, finden wir aber im Tabuzeremoniell selbst, dessen Bedeutung für die Stellung des Königtums vorhin erörtert wurde. Dieses Zeremoniell trägt seinen Doppelsinn und seine Herkunft von ambivalenten Tendenzen unverkennbar zur Schau, wenn wir nur annehmen wollen, daß es die Wirkungen, die es hervorbringt, auch von allem Anfang an beabsichtigt hat. Es zeichnet nicht nur die Könige aus und erhebt sie über alle gewöhnlichen Sterblichen, es macht ihnen auch das Leben zur Qual und zur unerträglichen Bürde und zwingt sie in eine Knechtschaft, die weit ärger ist als die ihrer Untertanen. Es erscheint uns so als das richtige Gegenstück zur Zwangshandlung der Neurose, in der sich der unterdrückte Trieb und der ihn unterdrückende zur gleichzeitigen und gemeinsamen Befriedigung treffen. Die Zwangshandlung ist *angeblich* ein Schutz gegen die verbotene Handlung; wir möchten aber sagen, sie ist *eigentlich* die Wiederholung des Verbotenen. Das »angeblich« wendet sich hier der bewußten, das »eigentlich« der unbewußten Instanz des Seelenlebens zu. So ist auch das Tabuzeremoniell der Könige angeblich die höchste Ehrung und Sicherung derselben, eigentlich die Strafe für ihre Erhöhung, die Rache, welche die Untertanen an ihnen nehmen. Die Erfahrungen, die Sancho Pansa bei Cervantes als Gouverneur auf seiner Insel macht, haben ihn offenbar diese Auffassung des höfischen Zeremoniells als die einzig zutreffende erkennen lassen. Es ist sehr wohl möglich, daß wir weitere Zustimmungen zu hören bekämen, wenn wir Könige und Herrscher von heute zur Äußerung darüber veranlassen könnten.

Warum die Gefühlseinstellung gegen die Herrscher einen so mächtigen unbewußten Beitrag von Feindseligkeit enthalten sollte, ist ein sehr interessantes, aber die Grenzen dieser Arbeit überschreitendes Problem. Den Hinweis auf den infantilen Vaterkomplex haben wir bereits gegeben; fügen wir hinzu, daß die Verfolgung der Vorgeschichte des Königtums uns die entscheidenden Aufklärungen bringen müßte. Nach Frazers eindrucksvollen, aber nach eigenem Zugeständnis nicht ganz zwingenden Erörterungen waren die ersten Könige Fremde, die nach kurzer Herrschaft zum Opfertod bei feierlichen Festen als Repräsentanten der Gottheit bestimmt waren.[85] Noch die Mythen des Christentums wären von der Nachwirkung dieser Entwicklungsgeschichte der Könige berührt.

c) Das Tabu der Toten

Wir wissen, daß die Toten mächtige Herrscher sind; wir werden vielleicht erstaunt sein zu erfahren, daß sie als Feinde betrachtet werden.

Das Tabu der Toten erweist, wenn wir auf dem Boden des Vergleiches mit der Infektion bleiben dürfen, bei den meisten primitiven Völkern eine besondere Virulenz. Es äußert sich zunächst in den Folgen, welche die Berührung des Toten nach sich zieht, und in der Behandlung der um den Toten Trauernden. Bei den Maori war jeder, der eine Leiche berührt oder an ihrer Grablegung teilgenommen hatte, aufs äußerste unrein und nahezu abgeschnitten von allem Verkehr mit seinen Mitmenschen, sozusagen boykottiert. Er konnte kein Haus betreten, keiner Person oder Sache nahe kommen, ohne sie mit der gleichen Eigenschaft anzustecken. Ja, er durfte nicht einmal Nahrung mit seinen Händen berühren, diese waren ihm durch ihre Unreinheit geradezu unbrauchbar geworden. Man stellte ihm das Essen auf den Boden hin, und ihm blieb nichts übrig, als sich dessen mit den Lippen und den Zähnen, so gut es eben ging, zu bemächtigen, während er seine Hände nach dem Rücken gebogen hielt. Gelegentlich war es erlaubt, daß eine andere Person ihn füttere, die es dann mit ausgestrecktem Arm tat, sorgsam, den Unseligen nicht selbst zu berühren, aber diese Hilfsper-

85 Frazer, *The Magic Art*, 2. vol, 1911. (*The Golden Bough.*)

son war dann selbst Einschränkungen unterworfen, die nicht viel weniger drückend waren als die eigenen. Es gab wohl in jedem Dorf ein ganz verkommenes, von der Gesellschaft ausgestoßenes Individuum, das in der armseligsten Weise von spärlichen Almosen lebte. Diesem Wesen war es allein gestattet, sich auf Armeslänge dem zu nähern, der die letzte Pflicht gegen einen Verstorbenen erfüllt hatte. War aber dann die Zeit der Abschließung vorüber und durfte der durch die Leiche Verunreinigte sich wieder unter seine Genossen mengen, so wurde alles Geschirr, dessen er sich in der gefährlichen Zeit bedient hatte, zerschlagen und alles Zeug weggeworfen, mit dem er bekleidet gewesen war.[86]

Die Tabugebräuche nach der körperlichen Berührung von Toten sind in ganz Polynesien, Melanesien und in einem Teil von Afrika die nämlichen; ihr konstantestes Stück ist das Verbot, Nahrung selbst zu berühren, und die sich daraus ergebende Notwendigkeit, von anderen gefüttert zu werden. Es ist bemerkenswert, daß in Polynesien oder vielleicht nur in Hawaii[87] Priesterkönige während der Ausübung heiliger Handlungen denselben Beschränkungen unterlagen. Bei den Tabu der Toten auf Tonga tritt die Abstufung und allmähliche Aufhebung der Verbote durch die eigene Tabukraft sehr deutlich hervor. Wer den Leichnam eines toten Häuptlings berührt hatte, war durch zehn Monate unrein; wenn er aber selbst ein Häuptling war, nur durch drei, vier oder fünf Monate, je nach dem Rang des Verstorbenen; aber wenn es sich um die Leiche des vergötterten Oberhäuptlings handelte, wurden selbst die größten Häuptlinge durch zehn Monate tabu. Die Wilden glauben fest daran, daß, wer solche Tabuvorschriften übertritt, schwer erkranken und sterben muß, so fest, daß sie nach der Meinung eines Beobachters noch niemals den Versuch gewagt haben, sich vom Gegenteil zu überzeugen.[88]

---

86 [Frazer, *Taboo and the Perils of the Soul*, a. a. O., S. 138 f.]

87 Frazer, *Taboo . . .*, S. 138 f., [nach: W. Ellis, *Polynesian Researches*, 2. Aufl. 4 Bände, London 1832–36, Bd. 4, S. 388].

88 W. Mariner, [*An Account of*] *The Natives of the Tonga Islands*, London 1818, bei: Frazer, a. a. O., S. 140.

Im wesentlichen gleichartig, aber für unsere Zwecke interessanter sind die Tabubeschränkungen jener Personen, deren Berührung mit den Toten im übertragenen Sinne zu verstehen ist, der trauernden Angehörigen, der Witwer und Witwen. Sehen wir in den bisher erwähnten Vorschriften nur den typischen Ausdruck der Virulenz und der Ausbreitungsfähigkeit des Tabu, so schimmern in den nun mitzuteilenden die Motive der Tabu durch, und zwar sowohl die vorgeblichen als auch solche, die wir für die tiefliegenden, echten halten dürfen.

Bei den Shuswap in Britisch-Kolumbia müssen Witwen und Witwer während ihrer Trauerzeit abgesondert leben; sie dürfen weder ihren eigenen Körper noch ihren Kopf mit ihren Händen berühren; alles Geschirr, dessen sie sich bedienen, ist dem Gebrauche anderer entzogen. Kein Jäger wird sich der Hütte, in welcher solche Trauernde wohnen, nähern wollen, denn das brächte ihm Unglück; wenn der Schatten eines Trauernden auf ihn fallen würde, müßte er erkranken. Die Trauernden schlafen auf Dornbüschen und umgeben ihr Bett mit solchen.[89] Diese letztere Maßregel ist dazu bestimmt, den Geist des Verstorbenen fernzuhalten, und noch deutlicher ist wohl der von anderen nordamerikanischen Stämmen berichtete Gebrauch der Witwe, eine Zeitlang nach dem Tode des Mannes ein hosenartiges Kleidungsstück aus trockenem Gras zu tragen, um sich unzugänglich für die Annäherung des Geistes zu machen.[90] So wird uns die Vorstellung nahegelegt, daß die Berührung »im übertragenen Sinne« doch nur als ein körperlicher Kontakt verstanden wird, da der Geist des Verstorbenen nicht von seinen Angehörigen weicht, nicht abläßt, sie während der Zeit der Trauer zu »umschweben«.

Bei den Agutainos, die auf Palawan, einer der Philippi-

89 [Frazer, a. a. O., S. 142, nach: F. Boas, *Second General Report on the Indians of British Columbia,* in: Report of Sixtieth Meeting of the British Association, 1890, S. 562.]

90 [Frazer, a. a. O., S. 143, nach: J. A. Teit, *The Thompson Indians of British Columbia* (*Jesup North Pacific Expedition,* Bd. 1), New York 1900, S. 332 f.]

nen, wohnen, darf eine Witwe ihre Hütte die ersten sieben oder acht Tage nach dem Todesfall nicht verlassen, es sei denn zur Nachtzeit, wenn sie Begegnungen nicht zu erwarten hat. Wer sie erschaut, gerät in Gefahr, augenblicklich zu sterben, und darum warnt sie selbst vor ihrer Annäherung, indem sie bei jedem Schritt mit einem hölzernen Stab gegen die Bäume schlägt; diese Bäume aber verdorren.[91] Worin die Gefährlichkeit einer solchen Witwe bestehen mag, wird uns durch eine andere Beobachtung erläutert. Im Mekeobezirk von Britisch-Neuguinea wird ein Witwer aller bürgerlichen Rechte verlustig und lebt für eine Weile wie ein Ausgestoßener. Er darf keinen Garten bebauen, sich nicht öffentlich zeigen, das Dorf und die Straße nicht betreten. Er schleicht wie ein wildes Tier im hohen Gras oder im Gebüsch umher und muß sich im Dikkicht verstecken, wenn er jemanden, besonders aber ein Weib, herannahen sieht.[92] Diese letztere Andeutung macht es uns leicht, die Gefährlichkeit des Witwers oder der Witwe auf die Gefahr der *Versuchung* zurückzuführen. Der Mann, der sein Weib verloren hat, soll dem Begehren nach einem Ersatz ausweichen; die Witwe hat mit demselben Wunsch zu kämpfen und mag überdies als herrenlos die Begehrlichkeit anderer Männer erwecken. Jede solche Ersatzbefriedigung läuft gegen den Sinn der Trauer; sie müßte den Zorn des Geistes auflodern lassen.[93]

Einer der befremdendsten, aber auch lehrreichsten Tabugebräuche der Trauer bei den Primitiven ist das Verbot, den *Namen* des Verstorbenen auszusprechen. Es ist ungemein verbreitet, hat mannigfaltige Ausführungen erfahren und bedeutsame Konsequenzen gehabt.

91 [Frazer, a. a. O., S. 144, nach: F. Blumentritt, *Über die Eingeborenen der Insel Palawan,* in: Globus, 1891, Bd. 59, S. 182.]

92 [Frazer, a. a. O., S. 144, nach: Le Père J. Guis, *Les Canaques,* in: Missions Catholiques, 1902, Bd. 34, S. 208 f.]

93 Dieselbe Kranke, deren »Unmöglichkeiten« ich oben (II, 2) mit den Tabu zusammengestellt habe, bekannte, daß sie jedesmal in Entrüstung gerate, wenn sie einer in Trauer gekleideten Person auf der Straße begegne. Solchen Leuten sollte das Ausgehen verboten sein!

Außer bei den Australiern und Polynesiern, welche uns die Tabugebräuche in ihrer besten Erhaltung zu zeigen pflegen, findet sich dieses Verbot bei so entfernten und einander so fremden Völkern wie die Samojeden in Sibirien und die Todas in Südindien, die Mongolen der Tartarei und die Tuaregs der Sahara, die Aino in Japan und die Akamba und Nandi in Zentralafrika, die Tinguanen auf den Philippinen und die Einwohner der Nikobarischen Inseln, von Madagaskar und Borneo.[94] Bei einigen dieser Völker gilt das Verbot und die aus ihm sich ableitenden Folgen nur für die Zeit der Trauer, bei anderen bleibt es permanent, doch scheint es in allen Fällen mit der Entfernung vom Zeitpunkte des Todesfalles abzublassen.

Die Vermeidung des Namens des Verstorbenen wird in der Regel außerordentlich streng gehandhabt. So gilt es bei manchen südamerikanischen Stämmen als die schwerste Beleidigung der Überlebenden, den Namen des verstorbenen Angehörigen vor ihnen auszusprechen, und die darauf gesetzte Strafe ist nicht geringer als die für eine Mordtat selbst festgesetzte.[95] Warum die Nennung des Namens so verabscheut werden sollte, ist zunächst nicht leicht zu erraten, aber die mit ihr verbundenen Gefahren haben eine ganze Reihe von Auskunftsmitteln entstehen lassen, die nach verschiedenen Richtungen interessant und bedeutungsvoll sind. So sind die Masai in Afrika auf die Ausflucht gekommen, den Namen des Verstorbenen unmittelbar nach seinem Tode zu ändern; er darf nun ohne Scheu mit dem neuen Namen erwähnt werden, während alle Verbote an den alten geknüpft bleiben. Es scheint dabei vorausgesetzt, daß der Geist seinen neuen Namen nicht kennt und nicht erfahren wird.[96] Die australischen Stämme an der Adelaide und der Encounter Bay sind in ihrer Vorsicht so konsequent, daß nach einem Todesfall alle Personen ihre Namen gegen einen anderen vertauschen, welche ebenso oder sehr ähnlich geheißen haben wie der Verstor-

94 Frazer, a. a. O., S. 353.
95 Frazer, a. a. O., S. 352 usw.
96 [Frazer, a. a. O., S. 354.]

bene.[97] Manchmal wird in weiterer Ausdehnung derselben Erwägung die Namensänderung nach einem Todesfall bei allen Angehörigen des Verstorbenen vorgenommen, ohne Rücksicht auf den Gleichklang der Namen, so bei einigen Stämmen in Victoria und in Nordwestamerika.[98] Ja bei den Guaycurus in Paraguay pflegte der Häuptling bei so traurigem Anlaß allen Mitgliedern des Stammes neue Namen zu geben, die sie fortan erinnerten, als ob sie sie von jeher getragen hätten.[99]

Ferner, wenn der Name des Verstorbenen sich mit der Bezeichnung eines Tieres, Gegenstandes usw. gedeckt hatte, erschien es manchen unter den angeführten Völkern notwendig, auch diese Tiere und Objekte neu zu benennen, damit man beim Gebrauch dieser Worte nicht an den Verstorbenen erinnert werde. Daraus mußte sich eine nie zur Ruhe kommende Veränderung des Sprachschatzes ergeben, die den Missionären Schwierigkeiten genug bereitete, besonders wo die Namensverpönung eine permanente war. In den sieben Jahren, die der Missionär Dobrizhoffer bei den Abiponen in Paraguay verbrachte, wurde der Name für Jaguar dreimal abgeändert, und die Worte für Krokodil, Dornen und Tierschlachten hatten ähnliche Schicksale.[100] Die Scheu, einen Namen auszusprechen, der einem Verstorbenen angehört hat, dehnt sich aber auch nach der Richtung hin aus, daß man alles zu erwähnen vermeidet, wobei dieser Verstorbene eine Rolle spielte, und als bedeutsame Folge dieses Unterdrückungsprozesses ergibt sich, daß diese Völker keine Tradition, keine historischen Reminiszenzen haben und einer Erforschung ihrer Vorgeschichte die größten Schwierigkeiten in den Weg legen.[101] Bei einer Reihe dieser primitiven Völker haben sich aber

97 [Frazer, a. a. O., S. 355.]

98 [Frazer, a. a. O., S. 357.]

99 Frazer, a. a. O., S. 357, nach einem alten spanischen Beobachter. [P. Lozano, *Descripcíon corográfica del Gran Chaco Gualamba,* Cordova 1733.]

100 Frazer, a. a. O., S. 360, nach: M. Dobrizhoffe, [*Historia de Abiponibus,* 3 Bände, Wien 1784, Bd. 2, S. 301].

101 [Frazer, a. a. O., S. 362 f.]

auch kompensierende Gebräuche eingebürgert, um die Namen der Verstorbenen nach einer langen Zeit von Trauer wiederzuerwecken, indem man sie an Kinder verleiht, die als die Wiedergeburt der Toten betrachtet werden.[102]

Das Befremdende dieses Namentabu ermäßigt sich, wenn wir daran gemahnt werden, daß für die Wilden der Name ein wesentliches Stück und ein wichtiger Besitz der Persönlichkeit ist, daß sie dem Worte volle Dingbedeutung zuschreiben. Dasselbe tun, wie ich an anderen Orten ausgeführt habe[103], unsere Kinder, die sich darum niemals mit der Annahme einer bedeutungslosen Wortähnlichkeit begnügen, sondern konsequent schließen, wenn zwei Dinge mit gleichklingenden Namen genannt werden, so müßte damit eine tiefgehende Übereinstimmung zwischen beiden bezeichnet sein. Auch der zivilisierte Erwachsene mag an manchen Besonderheiten seines Benehmens noch erraten, daß er von dem Voll- und Wichtignehmen der Eigennamen nicht so weit entfernt ist, wie er glaubt, und daß sein Name in einer ganz besonderen Art mit seiner Person verwachsen ist. Es stimmt dann hiezu, wenn die psychoanalytische Praxis vielfachen Anlaß findet, auf die Bedeutung der Namen in der unbewußten Denktätigkeit hinzuweisen.[104]

Die Zwangsneurotiker benehmen sich dann, wie zu erwarten stand, in betreff der Namen ganz wie die Wilden. Sie zeigen die volle »Komplexempfindlichkeit«[105] gegen das Aussprechen und Anhören bestimmter Worte und Namen (ähnlich wie auch andere Neurotiker) und leiten aus ihrer Behandlung des eigenen Namens eine gute Anzahl von oft schweren Hemmungen ab. Eine solche Tabukranke, die ich kannte, hatte die Vermeidung angenommen, ihren Namen niederzuschreiben, aus Angst, er könnte

102 [Frazer, a. a. O., S. 364 f.]

103 [Freud äußert sich dazu in Kapitel IV seiner Studie *Der Witz und seine Beziehung zum Unbewußten* (1905).]

104 Stekel, [*Die Verpflichtung des Namens*, in: Z. Psychother. med. Psychol., 1911, Bd. 3, S. 110,] und Abraham, [*Über die determinierende Kraft des Namens*, in: Zentbl. Psychoanal., 1911, Bd. 2, S. 133].

105 [Ein von C. G. Jung im Zusammenhang mit seinen Wortassoziationsexperimenten verwendeter Terminus.]

in jemandes Hand geraten, der damit in den Besitz eines Stückes von ihrer Persönlichkeit gekommen wäre. In der krampfhaften Treue, durch die sie sich gegen die Versuchungen ihrer Phantasie schützen mußte, hatte sie sich das Gebot geschaffen, »nichts von ihrer Person herzugeben«. Dazu gehörte zunächst der Name, in weiterer Ausdehnung die Handschrift, und darum gab sie schließlich das Schreiben auf.

So finden wir es nicht mehr auffällig, wenn von den Wilden der Name des Toten als ein Stück seiner Person gewertet und zum Gegenstand des den Toten betreffenden Tabu gemacht wird. Auch die Namensnennung des Toten läßt sich auf die Berührung mit ihm zurückführen, und wir dürfen uns dem umfassenderen Problem zuwenden, weshalb diese Berührung von so strengem Tabu betroffen ist.

Die naheliegendste Erklärung würde auf das natürliche Grauen hinweisen, welches der Leichnam und die Veränderungen, die alsbald an ihm bemerkt werden, erregt. Daneben müßte man der Trauer um den Toten einen Platz einräumen, als Motiv für alles, was sich auf diesen Toten bezieht. Allein das Grauen vor dem Leichnam deckt offenbar nicht die Einzelheiten der Tabuvorschriften; und die Trauer kann uns niemals erklären, daß die Erwähnung des Toten ein schwerer Schimpf für dessen Hinterbliebene ist. Die Trauer liebt es vielmehr, sich mit dem Verstorbenen zu beschäftigen, sein Andenken auszuarbeiten und für möglichst lange Zeit zu erhalten. Für die Eigentümlichkeiten der Tabugebräuche muß etwas anderes als die Trauer verantwortlich gemacht werden, etwas, das offenbar andere Absichten als diese verfolgt. Gerade die Tabu der Namen verraten uns dies noch unbekannte Motiv, und sagten es die Gebräuche nicht, so würden wir es aus den Angaben der trauernden Wilden selbst erfahren.

Sie machen nämlich kein Hehl daraus, daß sie sich vor der Gegenwart und der Wiederkehr des Geistes des Verstorbenen *fürchten*; sie üben eine Menge von Zeremonien, um ihn fernzuhalten, ihn zu vertreiben.[106] Seinen Namen auszusprechen, dünkt ihnen eine Beschwörung, der seine Gegenwart auf dem Fuße folgen wird.[107] Sie tun darum folgerichtig alles, um einer solchen Beschwörung und Erwekkung aus dem Wege zu gehen. Sie verkleiden sich, damit der Geist sie nicht erkenne,[108] oder sie entstellen seinen oder den eigenen Namen; sie wüten gegen den rücksichtslosen Fremden, der den Geist durch Nennung seines Namens auf seine Hinterbliebenen hetzt. Es ist unmöglich, der Folgerung auszuweichen, daß sie, nach Wundts Ausdruck, an der Furcht »vor seiner zum Dämon gewordenen Seele« leiden.[109]

Mit dieser Einsicht wären wir bei der Bestätigung der Auffassung Wundts angelangt, welche das Wesen des Tabu, wie wir gehört haben, in der Angst vor den Dämonen findet.

Die Voraussetzung dieser Lehre, daß das teure Familienmitglied mit dem Augenblicke seines Todes zum Dämon wird, von dem die Hinterbliebenen nur Feindseliges zu erwarten haben und gegen dessen böse Gelüste sie sich mit allen Mitteln schützen müssen, ist so sonderbar, daß man ihr zunächst den Glauben versagen wird. Allein so ziemlich alle maßgebenden Autoren sind darin einig, den Primitiven diese Auffassung zuzuschreiben. Westermarck, der in seinem Werke: *Ursprung und Entwicklung der Moralbegriffe* dem Tabu nach meiner Schätzung viel zuwenig Beachtung schenkt, äußert in dem Abschnitt: ›Verhalten gegen Verstorbene‹ direkt: »Überhaupt läßt mich mein Tatsachenmaterial den Schluß ziehen, daß die Toten häufiger als Feinde denn als Freunde angesehen werden[110] und daß Jevons und Grant Allen im Irrtum sind mit ihrer Behaup-

106 Als Beispiel eines solchen Bekenntnisses sind bei Frazer, a. a. O., S. 353, die Tuaregs der Sahara angeführt.

107 Vielleicht ist hiezu die Bedingung zu fügen: solange noch etwas von seinen körperlichen Überresten existiert. Frazer, a. a. O., S. 372.

108 Auf den Nikobaren. Frazer, a. a. O., S. 358.

109 Wundt, *Religion und Mythus* [1906], 2. Bd., S. 49.

110 Westermarck [*The Origin and Development of the Moral Ideas,* 2 Bände, London 1906–08; deutsche Übersetzung von Leopold Katscher: *Ursprung und Entwicklung der Moralbegriffe,* 2 Bände, Leipzig 1907 und 1909; fol-

tung, man habe früher geglaubt, die Böswilligkeit der Toten richte sich in der Regel nur gegen Fremde, während sie für Leben und Ergehen ihrer Nachkommen und Clangenossen väterlich besorgt seien.«

R. Kleinpaul hat in einem eindrucksvollen Buche die Reste des alten Seelenglaubens bei den zivilisierten Völkern zur Darstellung des Verhältnisses zwischen den Lebendigen und den Toten verwertet.[111] Es gipfelt auch nach ihm in der Überzeugung, daß die Toten mordlustig die Lebendigen nach sich ziehen. Die Toten töten; das Skelett, als welches der Tod *heute* gebildet wird, stellt dar, daß der Tod selbst nur ein Toter ist. Nicht eher fühlte sich der Lebendige vor der Nachstellung des Toten sicher, als bis er ein trennendes Wasser zwischen sich und ihn gebracht hat. Daher begrub man die Toten gern auf Inseln, brachte sie auf die andere Seite eines Flusses; die Ausdrücke Diesseits und Jenseits sind hievon ausgegangen. Eine spätere Milderung hat die Böswilligkeit der Toten auf jene Kategorien beschränkt, denen man ein besonderes Recht zum Groll einräumen mußte, auf die Ermordeten, die ihren Mörder als böse Geister verfolgen, auf die in ungestillter Sehnsucht Gestorbenen wie die Bräute. Aber ursprünglich, meint Kleinpaul, waren alle Toten Vampire, alle grollten den Lebenden und trachteten, ihnen zu schaden, sie des Lebens zu berauben. Der Leichnam hat überhaupt erst den Begriff eines bösen Geistes geliefert.

---

gende Quellenangabe nach dieser Übersetzung:] Bd. 2, S. 424. In der Anmerkung und in der Fortsetzung des Textes die reiche Fülle von bestätigenden, oft sehr charakteristischen Zeugnissen, z. B.: Die Maoris glaubten, »daß die nächsten und geliebtesten Verwandten nach dem Tode ihr Wesen ändern und selbst gegen ihre früheren Lieblinge übel gesinnt werden«. – Die Australneger glauben, jeder Verstorbene sei lange Zeit bösartig; je enger die Verwandtschaft, desto größer die Furcht. Die Zentraleskimo werden von der Vorstellung beherrscht, daß die Toten erst spät zur Ruhe gelangen, anfänglich aber zu fürchten seien als unheilbrütende Geister, die das Dorf häufig umkreisen, um Krankheit, Tod und anderes Unheil zu verbreiten. (F. Boas, [*The Central Eskimo*, in: Sixth Ann. Rep. Bur. Amer., Ethn., 1888, S. 591].)

111 R. Kleinpaul, *Die Lebendigen und die Toten in Volksglauben, Religion und Sage*, Leipzig 1898.

Die Annahme, die liebsten Verstorbenen wandelten sich nach dem Tode zu Dämonen, läßt offenbar eine weitere Fragestellung zu. Was bewog die Primitiven dazu, ihren teuren Toten eine solche Sinnesänderung zuzuschreiben? Warum machten sie sie zu Dämonen? Westermarck glaubt diese Frage leicht zu beantworten.[112] »Da der Tod zumeist für das schlimmste Unglück gehalten wird, das den Menschen treffen kann, glaubt man, daß die Abgeschiedenen mit ihrem Schicksal äußerst unzufrieden seien. Nach Auffassung der Naturvölker stirbt man nur durch Tötung, sei es gewaltsame, sei es durch Zauberei bewirkte, und schon deshalb sieht man die Seele als rachsüchtig und reizbar an; vermeintlich beneidet sie die Lebenden und sehnt sich nach der Gesellschaft der alten Angehörigen – es ist daher begreiflich, daß sie trachtet, sie durch Krankheiten zu töten, um mit ihnen vereinigt zu werden . . .«

». . . Eine weitere Erklärung der Bösartigkeit, die man den Seelen zuschreibt, liegt in der instinktiven Furcht vor diesen, welche Furcht ihrerseits das Ergebnis der Angst vor dem Tode ist.«

Das Studium der psychoneurotischen Störungen weist uns auf eine umfassendere Erklärung hin, welche die Westermarcksche miteinschließt.

Wenn eine Frau ihren Mann, eine Tochter ihre Mutter durch den Tod verloren hat, so ereignet es sich nicht selten, daß die Überlebende von peinigenden Bedenken, die wir »Zwangsvorwürfe« heißen, befallen wird, ob sie nicht selbst durch eine Unvorsichtigkeit oder Nachlässigkeit den Tod der geliebten Person verschuldet habe. Keine Erinnerung daran, wie sorgfältig sie den Kranken gepflegt, keine sachliche Zurückweisung der behaupteten Verschuldung vermag der Qual ein Ende zu machen, die etwa den pathologischen Ausdruck einer Trauer darstellt und mit der Zeit langsam abklingt. Die psychoanalytische Untersuchung solcher Fälle hat uns die geheimen Triebfedern des Lei-

112 [Westermarck, *Ursprung und Entwicklung der Moralbegriffe*, Bd. 2, S. 426.]

dens kennengelehrt. Wir haben erfahren, daß diese Zwangsvorwürfe in gewissem Sinne berechtigt und nur darum gegen Widerlegung und Einspruch gefeit sind. Nicht als ob die Trauernde den Tod wirklich verschuldet oder die Vernachlässigung wirklich begangen hätte, wie es der Zwangsvorwurf behauptet; aber es war doch etwas in ihr vorhanden, ein ihr selbst unbewußter Wunsch, der mit dem Tode nicht unzufrieden war und der ihn herbeigeführt hätte, wenn er im Besitze der Macht gewesen wäre. Gegen diesen unbewußten Wunsch reagiert nun der Vorwurf nach dem Tode der geliebten Person. Solche im Unbewußten versteckte Feindseligkeit hinter zärtlicher Liebe gibt es nun in fast allen Fällen von intensiver Bindung des Gefühls an eine bestimmte Person, es ist der klassische Fall, das Vorbild der Ambivalenz menschlicher Gefühlsregungen. Von solcher Ambivalenz ist bei einem Menschen bald mehr, bald weniger in der Anlage vorgesehen; normalerweise ist es nicht so viel, daß die beschriebenen Zwangsvorwürfe daraus entstehen können. Wo sie aber ausgiebig angelegt ist, da wird sie sich gerade im Verhältnis zu den allergeliebtesten Personen, da, wo man es am wenigsten erwarten würde, manifestieren. Die Disposition zur Zwangsneurose, die wir in der Tabufrage so oft zum Vergleich herangezogen haben, denken wir uns durch ein besonders hohes Maß solcher ursprünglicher Gefühlsambivalenz ausgezeichnet.

Wir kennen nun das Moment, welches uns das vermeintliche Dämonentum der frisch verstorbenen Seelen und die Notwendigkeit, sich durch die Tabuvorschriften gegen ihre Feindschaft zu schützen, erklären kann. Wenn wir annehmen, daß dem Gefühlsleben der Primitiven ein ähnlich hohes Maß von Ambivalenz zukomme, wie wir es nach den Ergebnissen der Psychoanalyse den Zwangskranken zuschreiben, so wird es verständlich, daß nach dem schmerzlichen Verlust eine ähnliche Reaktion gegen die im Unbewußten latente Feindseligkeit notwendig wird, wie sie dort durch die Zwangsvorwürfe erwiesen wurde. Diese im Unbewußten als Befriedigung über den Todesfall peinlich verspürte Feindseligkeit hat aber beim Primitiven ein anderes Schicksal; sie wird abgewehrt, indem sie auf das Objekt der Feindseligkeit, auf den Toten, verschoben wird. Wir heißen diesen im normalen wie im krankhaften Seelenleben häufigen Abwehrvorgang eine *Projektion*. Der Überlebende leugnet nun, daß er je feindselige Regungen gegen den geliebten Verstorbenen gehegt hat; aber die Seele des Verstorbenen hegt sie jetzt und wird sie über die ganze Zeit der Trauer zu betätigen bemüht sein. Der Straf- und Reuecharakter dieser Gefühlsreaktion wird sich trotz der geglückten Abwehr durch Projektion darin äußern, daß man sich fürchtet, sich Verzicht auferlegt und sich Einschränkungen unterwirft, die man zum Teil als Schutzmaßregeln gegen den feindlichen Dämon verkleidet. Wir finden so wiederum, daß das Tabu auf dem Boden einer ambivalenten Gefühlseinstellung erwachsen ist. Auch das Tabu der Toten rührt von dem Gegensatz zwischen dem bewußten Schmerz und der unbewußten Befriedigung über den Todesfall her. Bei dieser Herkunft des Grolles der Geister ist es selbstverständlich, daß gerade die nächsten und früher geliebtesten Hinterbliebenen ihn am meisten zu fürchten haben.

Die Tabuvorschriften benehmen sich auch hier zwiespältig wie die neurotischen Symptome. Sie bringen einerseits durch ihren Charakter als Einschränkungen die Trauer zum Ausdruck, anderseits aber verraten sie sehr deutlich, was sie verbergen wollen, die Feindseligkeit gegen den Toten, die jetzt als Notwehr motiviert ist. Einen gewissen Anteil der Tabuverbote haben wir als Versuchungsangst verstehen gelernt. Der Tote ist wehrlos, das muß zur Befriedigung der feindseligen Gelüste an ihm reizen, und dieser Versuchung muß das Verbot entgegengesetzt werden.

Westermarck hat aber recht, wenn er für die Auffassung der Wilden keinen Unterschied zwischen gewaltsam und natürlich Gestorbenen gelten lassen will. Für das unbewußte Denken ist auch der ein Gemordeter, der eines natürlichen Todes gestorben ist; die bösen Wünsche haben ihn getötet. (Vgl. die nächste Abhandlung dieser Reihe:

Animismus, Magie und Allmacht der Gedanken.) Wer sich für Herkunft und Bedeutung der Träume vom Tode teurer Verwandter (der Eltern und Geschwister) interessiert, der wird beim Träumer, beim Kind und beim Wilden die volle Übereinstimmung im Verhalten gegen den Toten, gegründet auf die nämliche Gefühlsambivalenz, feststellen können.

Wir haben vorhin einer Auffassung von Wundt widersprochen, welche das Wesen des Tabu in der Furcht vor den Dämonen findet, und doch haben wir soeben der Erklärung zugestimmt, welche das Tabu der Toten auf die Furcht vor der zum Dämon gewordenen Seele des Verstorbenen zurückführt. Das schiene ein Widerspruch: es wird uns aber nicht schwer werden, ihn aufzulösen. Wir haben die Dämonen zwar angenommen, aber nicht als etwas Letztes und für die Psychologie Unauflösbares gelten lassen. Wir sind gleichsam hinter die Dämonen gekommen, indem wir sie als Projektionen der feindseligen Gefühle erkannten, welche die Überlebenden gegen die Toten hegen.

Die nach unserer gut begründeten Annahme zwiespältigen – zärtlichen und feindseligen – Gefühle gegen die nun Verstorbenen wollen sich zur Zeit des Verlustes beide zur Geltung bringen, als Trauer und als Befriedigung. Zwischen diesen beiden Gegensätzen muß es zum Konflikt kommen, und da der eine Gegensatzpartner, die Feindseligkeit – ganz oder zum größeren Anteile –, unbewußt ist, kann der Ausgang des Konfliktes nicht in einer Subtraktion der beiden Intensitäten voneinander mit bewußter Einsetzung des Überschusses bestehen, etwa wie man einer geliebten Person eine von ihr erlittene Kränkung verzeiht. Der Prozeß erledigt sich vielmehr durch einen besonderen psychischen Mechanismus, den man in der Psychoanalyse als *Projektion* zu bezeichnen gewohnt ist. Die Feindseligkeit, von der man nichts weiß und auch weiter nichts wissen will, wird aus der inneren Wahrnehmung in die Außenwelt geworfen, dabei von der eigenen Person gelöst und der anderen zugeschoben. Nicht wir, die Überlebenden, freuen uns jetzt darüber, daß wir des Verstorbenen ledig sind;

nein, wir trauern um ihn, aber er ist merkwürdigerweise ein böser Dämon geworden, dem unser Unglück Befriedigung bereiten würde, der uns den Tod zu bringen sucht. Die Überlebenden müssen sich nun gegen diesen bösen Feind verteidigen; sie sind von der inneren Bedrückung entlastet, haben sie aber nur gegen eine Bedrängnis von außen eingetauscht.

Es ist nicht abzuweisen, daß dieser Projektionsvorgang, welcher die Verstorbenen zu böswilligen Feinden macht, eine Anlehnung an den reellen Feindseligkeiten findet, die man von letzteren erinnern und ihnen wirklich zum Vorwurf machen kann. Also an ihrer Härte, Herrschsucht, Ungerechtigkeit und was sonst den Hintergrund auch der zärtlichsten Beziehungen unter den Menschen bildet. Aber es kann nicht so einfach zugehen, daß uns dieses Moment für sich allein die Projektionsschöpfung der Dämonen begreiflich mache. Die Verschuldungen der Verstorbenen enthalten gewiß einen Teil der Motivierung für die Feindseligkeit der Überlebenden, aber sie wären unwirksam, wenn nicht die letzteren diese Feindseligkeit aus eigenem entwickeln würden, und der Zeitpunkt ihres Todes wäre gewiß der ungeeignetste Anlaß, die Erinnerung an die Vorwürfe zu wecken, die man ihnen zu machen berechtigt war. Wir können die unbewußte Feindseligkeit als das regelmäßig wirkende und eigentlich treibende Motiv nicht entbehren. Diese feindselige Strömung gegen die nächsten und teuersten Angehörigen konnte zu deren Lebzeiten latent bleiben, das heißt sich dem Bewußtsein weder direkt noch indirekt durch irgendeine Ersatzbildung verraten. Mit dem Ableben der gleichzeitig geliebten und gehaßten Personen war dies nicht mehr möglich, der Konflikt wurde akut. Die aus der gesteigerten Zärtlichkeit stammende Trauer wurde einerseits unduldsamer gegen die latente Feindseligkeit, anderseits durfte sie es nicht zulassen, daß sich aus letzterer nun ein Gefühl der Befriedigung ergebe. Somit kam es zur Verdrängung der unbewußten Feindseligkeit auf dem Wege der Projektion, zur Bildung jenes Zeremoniells, in dem die Furcht vor der Bestrafung durch die Dämonen

Ausdruck findet, und mit dem zeitlichen Ablauf der Trauer verliert auch der Konflikt an Schärfe, so daß das Tabu dieser Toten sich abschwächen oder in Vergessenheit versinken darf.

4

Haben wir so den Boden geklärt, auf dem das überaus lehrreiche Tabu der Toten erwachsen ist, so wollen wir nicht versäumen, einige Bemerkungen anzuknüpfen, die für das Verständnis des Tabu überhaupt bedeutungsvoll werden können.

Die Projektion der unbewußten Feindseligkeit beim Tabu der Toten auf die Dämonen ist nur ein einzelnes Beispiel aus einer Reihe von Vorgängen, denen der größte Einfluß auf die Gestaltung des primitiven Seelenlebens zugesprochen werden muß. In dem betrachteten Falle dient die Projektion der Erledigung eines Gefühlskonfliktes; sie findet die nämliche Verwendung in einer großen Anzahl von psychischen Situationen, die zur Neurose führen. Aber die Projektion ist nicht für die Abwehr geschaffen, sie kommt auch zustande, wo es keine Konflikte gibt. Die Projektion innerer Wahrnehmungen nach außen ist ein primitiver Mechanismus, dem z. B. auch unsere Sinneswahrnehmungen unterliegen, der also an der Gestaltung unserer Außenwelt normalerweise den größten Anteil hat. Unter noch nicht genügend festgestellten Bedingungen werden innere Wahrnehmungen auch von Gefühls- und Denkvorgängen wie die Sinneswahrnehmungen nach außen projiziert, zur Ausgestaltung der Außenwelt verwendet, während sie der Innenwelt verbleiben sollten. Es hängt dies vielleicht genetisch damit zusammen, daß die Funktion der Aufmerksamkeit ursprünglich nicht der Innenwelt, sondern den von der Außenwelt zuströmenden Reizen zugewendet war und von den endopsychischen Vorgängen nur die Nachrichten über Lust- und Unlustentwicklungen empfing. Erst mit der Ausbildung einer abstrakten Denksprache, durch die Verknüpfung der sinnlichen Reste der Wortvorstellungen mit inneren Vorgängen, wurden diese selbst allmählich wahrnehmungsfähig. Bis dahin hatten die primitiven Menschen durch Projektion innerer Wahrnehmungen nach außen ein Bild der Außenwelt entwickelt, welches wir nun mit erstarkter Bewußtseinswahrnehmung in Psychologie zurückübersetzen müssen.

Die Projektion der eigenen bösen Regungen in die Dämonen ist nur ein Stück eines Systems, welches die »Weltanschauung« der Primitiven geworden ist und das wir in der nächsten Abhandlung dieser Reihe als das »animistische« kennenlernen werden. Wir werden dann die psychologischen Charaktere einer solchen Systembildung festzustellen haben und unsere Anhaltspunkte wiederum in der Analyse jener Systembildungen finden, welche uns die Neurosen entgegenbringen. Wir wollen vorläufig nur verraten, daß die sogenannte »sekundäre Bearbeitung« des Trauminhalts das Vorbild für alle diese Systembildungen ist. Vergessen wir auch nicht daran, daß es vom Stadium der Systembildung an zweierlei Ableitungen für jeden vom Bewußtsein beurteilten Akt gibt, die systematische und die reale, aber unbewußte.[113]

Wundt[114] bemerkt, daß »unter den Wirkungen, die der Mythus allerorten den Dämonen zuschreibt, zunächst die *unheilvollen* überwiegen, so daß im Glauben der Völker sichtlich die bösen Dämonen älter sind als die guten«. Es ist nun sehr wohl möglich, daß der Begriff des Dämons überhaupt aus der so bedeutsamen Relation zu den Toten gewonnen wurde. Die diesem Verhältnis innewohnende Ambivalenz hat sich dann im weiteren Verlaufe der Menschheitsentwicklung darin geäußert, daß sie aus der nämlichen Wurzel zwei völlig entgegengesetzte psychische Bildungen hervorgehen ließ: Dämonen- und Gespensterfurcht einerseits, die Ahnenverehrung anderseits.[115] Daß die

113 Den Projektionsschöpfungen der Primitiven stehen die Personifikationen nahe, durch welche der Dichter die in ihm ringenden entgegengesetzten Triebregungen als gesonderte Individuen aus sich herausstellt.

114 *Mythus und Religion* [1906], II, S. 129.

115 In den Psychoanalysen neurotischer Personen, die an Gespensterangst leiden oder in ihrer Kindheit gelitten haben, fällt es oft nicht

Dämonen stets als die Geister kürzlich Verstorbener aufgefaßt werden, bezeugt wie nichts anderes den Einfluß der Trauer auf die Entstehung des Dämonenglaubens. Die Trauer hat eine ganz bestimmte psychische Aufgabe zu erledigen, sie soll die Erinnerungen und Erwartungen der Überlebenden von den Toten ablösen. Ist diese Arbeit geschehen, so läßt der Schmerz nach, mit ihm die Reue und der Vorwurf und darum auch die Angst vor dem Dämon. Dieselben Geister aber, die zunächst als Dämonen gefürchtet wurden, gehen nun der freudlicheren Bestimmung entgegen, als Ahnen verehrt und zur Hilfeleistung angerufen zu werden.

Überblickt man das Verhältnis der Überlebenden zu den Toten im Wandel der Zeiten, so ist es unverkennbar, daß dessen Ambivalenz außerordentlich nachgelassen hat. Es gelingt jetzt leicht, die unbewußte, immer noch nachweisbare Feindseligkeit gegen die Toten niederzuhalten, ohne daß es eines besonderen seelischen Aufwandes hiefür bedürfte. Wo früher der befriedigte Haß und die schmerzhafte Zärtlichkeit miteinander gerungen haben, da erhebt sich heute wie eine Narbenbildung die Pietät und fordert das: *De mortuis nil nisi bene.*[116] Nur die Neurotiker trüben noch die Trauer um den Verlust eines ihrer Teuren durch Anfälle von Zwangsvorwürfen, welche in der Psychoanalyse die alte ambivalente Gefühlseinstellung als ihr Geheimnis verraten. Auf welchem Wege diese Änderung herbeigeführt wurde, inwieweit sich konstitutionelle Änderung und reale Besserung der familiären Beziehungen in deren Verursachung teilen, das braucht hier nicht erörtert zu werden. Aber man könnte durch dieses Beispiel zur Annahme geführt werden, *es sei den Seelenregungen der Primitiven überhaupt ein höheres Maß von Ambivalenz zuzugestehen, als bei dem heute lebenden Kulturmenschen aufzufinden ist. Mit der Abnahme*

---

schwer, diese Gespenster als die Eltern zu entlarven. Vgl. hiezu auch die Sexualgespenster betitelte Mitteilung von P. Haeberlin (*Sexualprobleme,* Februar 1912), in welcher es sich um eine andere erotisch betonte Person handelt, der Vater aber verstorben war.

116 [»Über die Toten soll man nur gut sprechen.«]

dieser Ambivalenz schwand auch langsam das Tabu, das Kompromißsymptom des Ambivalenzkonfliktes. Von den Neurotikern, welche genötigt sind, diesen Kampf und das aus ihm hervorgehende Tabu zu reproduzieren, würden wir sagen, daß sie eine archaistische Konstitution als atavistischen Rest mit sich gebracht haben, deren Kompensation im Dienste der Kulturanforderung sie nun zu so ungeheuerlichem seelischen Aufwand zwingt.

Wir erinnern uns an dieser Stelle der durch ihre Unklarheit verwirrenden Auskunft, welche uns Wundt über die Doppelbedeutung des Wortes Tabu: heilig und unrein geboten hat (s. o.). Ursprünglich habe das Wort Tabu heilig und unrein noch nicht bedeutet, sondern habe das Dämonische bezeichnet, das nicht berührt werden darf, und somit ein wichtiges, den beiden extremen Begriffen gemeinsames Merkmal hervorgehoben, doch beweise diese bleibende Gemeinschaft, daß zwischen den beiden Gebieten des Heiligen und des Unreinen eine ursprüngliche Übereinstimmung obwalte, die erst später einer Differenzierung gewichen sei.

Im Gegensatze hiezu leiten wir aus unseren Erörterungen mühelos ab, daß dem Worte Tabu von allem Anfang an die erwähnte Doppelbedeutung zukommt, daß es zur Bezeichnung einer bestimmten Ambivalenz dient und alles dessen, was auf dem Boden dieser Ambivalenz erwachsen ist. *Tabu* ist selbst ein ambivalentes Wort, und nachträglich meinen wir, man hätte aus dem festgestellten Sinne dieses Wortes allein erraten können, was sich als Ergebnis weitläufiger Untersuchung herausgestellt hat, daß das Tabuverbot als das Resultat einer Gefühlsambivalenz zu verstehen ist. Das Studium der ältesten Sprachen hat uns belehrt, daß es einst viele solche Worte gab, welche Gegensätze in sich faßten, in gewissem – wenn auch nicht in ganz dem nämlichen – Sinne wie das Wort Tabu ambivalent waren.[117] Geringe lautliche Modifikationen des gegensinnigen

117 Vgl. mein Referat über Abels [*Über den*] *Gegensinn der Urworte* [1884; vgl. im vorliegenden Band].

Urwortes haben später dazu gedient, um den beiden hier vereinigten Gegensätzen einen gesonderten sprachlichen Ausdruck zu schaffen.

Das Wort *Tabu* hat ein anderes Schicksal gehabt; mit der abnehmenden Wichtigkeit der von ihm bezeichneten Ambivalenz ist es selbst, respektive sind die ihm analogen Worte aus dem Sprachschatz geschwunden. Ich hoffe, in späterem Zusammenhange wahrscheinlich machen zu können, daß sich hinter dem Schicksal dieses Begriffes eine greifbare historische Wandlung verbirgt, daß das Wort zuerst an ganz bestimmten menschlichen Relationen haftete, denen die große Gefühlsambivalenz eigen war, und daß es von hier aus auf andere, analoge Relationen ausgedehnt wurde.

Wenn wir nicht irren, so wirft das Verständnis des Tabu auch ein Licht auf die Natur und Entstehung des *Gewissens.* Man kann ohne Dehnung der Begriffe von einem Tabugewissen und von einem Tabuschuldbewußtsein nach Übertretung des Tabu sprechen. Das Tabugewissen ist wahrscheinlich die älteste Form, in welcher uns das Phänomen des Gewissens entgegentritt.

Denn was ist »Gewissen«? Nach dem Zeugnis der Sprache gehört es zu dem, was man am gewissesten weiß; in manchen Sprachen scheidet sich seine Bezeichnung kaum von der des Bewußtseins.[118]

Gewissen ist die innere Wahrnehmung von der Verwerfung bestimmter in uns bestehender Wunschregungen; der Ton liegt aber darauf, daß diese Verwerfung sich auf nichts anderes zu berufen braucht, daß sie ihrer selbst gewiß ist. Noch deutlicher wird dies beim Schuldbewußtsein, der Wahrnehmung der inneren Verurteilung solcher Akte, durch die wir bestimmte Wunschregungen vollzogen haben. Eine Begründung erscheint hier überflüssig; jeder, der ein Gewissen hat, muß die Berechtigung der Verurteilung, den Vorwurf der vollzogenen Handlung, in sich verspüren. Diesen nämlichen Charakter zeigt aber das Verhalten der

---

118 [Das gilt z. B. für das franz. Wort »conscience«.]

Wilden gegen das Tabu; das Tabu ist ein Gewissensgebot, seine Verletzung läßt ein entsetzliches Schuldgefühl entstehen, welches ebenso selbstverständlich wie nach seiner Herkunft unbekannt ist.[119]

Also entsteht wahrscheinlich auch das Gewissen auf dem Boden einer Gefühlsambivalenz aus ganz bestimmten menschlichen Relationen, an denen diese Ambivalenz haftet, und unter den für das Tabu und die Zwangsneurose geltend gemachten Bedingungen, daß das eine Glied des Gegensatzes unbewußt sei und durch das zwanghaft herrschende andere verdrängt erhalten werde. Zu diesem Schlusse stimmt mehrerlei, was wir aus der Analyse der Neurose gelernt haben. Erstens, daß im Charakter der Zwangsneurotiker der Zug der peinlichen Gewissenhaftigkeit hervortritt als Reaktionssympton gegen die im Unbewußten lauernde Versuchung und daß bei Steigerung des Krankseins die höchsten Grade von Schuldbewußtsein von ihnen entwickelt werden. Man kann in der Tat den Ausspruch wagen, wenn wir nicht an den Zwangskranken die Herkunft des Schuldbewußtseins ergründen können, so haben wir überhaupt keine Aussicht, dieselbe zu erfahren. Die Lösung dieser Aufgabe gelingt nun beim einzelnen neurotischen Individuum; für die Völker getrauen wir uns eine ähnliche Lösung zu erschließen.

Zweitens muß es uns auffallen, daß das Schuldbewußtsein viel von der Natur der Angst hat; es kann ohne Bedenken als »Gewissensangst« beschrieben werden. Die Angst deutet aber auf unbewußte Quellen hin; wir haben aus der Neurosenpsychologie gelernt, daß, wenn Wunschregungen der Verdrängung unterliegen, deren Libido in Angst verwandelt wird. Dazu wollen wir erinnern, daß auch beim Schuldbewußtsein etwas unbekannt und unbewußt ist, nämlich die Motivierung der Verwerfung. Diesem Un-

---

119 Es ist eine interessante Parallele, daß das Schuldbewußtsein des Tabu in nichts gemindert wird, wenn die Übertretung unwissentlich geschah (s. Beispiele oben), und daß noch im griechischen Mythus die Verschuldung des Ödipus nicht aufgehoben wird dadurch, daß sie ohne, ja gegen sein Wissen und Wollen erworben wurde.

bekannten entspricht der Angstcharakter des Schuldbewußtseins.[120]

Wenn das Tabu sich vorwiegend in Verboten äußert, so ist eine Überlegung denkbar, die uns sagt, es sei ganz selbstverständlich und bedürfe keines weitläufigen Beweises aus der Analogie mit der Neurose, daß ihm eine positive, begehrende Strömung zugrunde liege. Denn, was niemand zu tun begehrt, das braucht man doch nicht zu verbieten, und jedenfalls muß das, was aufs nachdrücklichste verboten wird, doch Gegenstand eines Begehrens sein. Wenden wir diesen plausiblen Satz auf unsere Primitiven an, so müßten wir schließen, es gehöre zu ihren stärksten Versuchungen, ihre Könige und Priester zu töten, Inzest zu verüben, ihre Toten zu mißhandeln u. dgl. Das ist nun kaum wahrscheinlich; den entschiedensten Widerspruch erwecken wir aber, wenn wir den nämlichen Satz an den Fällen messen, in welchen wir selbst die Stimme des Gewissens am deutlichsten zu vernehmen glauben. Wir würden dann mit einer nicht zu übertreffenden Sicherheit behaupten, daß wir nicht die geringste Versuchung verspüren, eines dieser Gebote zu übertreten, z. B. das Gebot: Du sollst nicht morden, und daß wir vor der Übertretung desselben nichts anderes verspüren als Abscheu.

Mißt man dieser Aussage unseres Gewissens die Bedeutung bei, die sie beansprucht, so wird einerseits das Verbot überflüssig – das Tabu sowohl wie unser Moralverbot –, anderseits bleibt die Tatsache des Gewissens unerklärt, und die Beziehungen zwischen Gewissen, Tabu und Neurose entfallen; es ist also jener Zustand unseres Verständnisses hergestellt, der auch gegenwärtig besteht, solange wir nicht psychoanalytische Gesichtspunkte auf das Problem anwenden.

---

120 [Freuds Auffassungen über die Angst und das Gewissen haben sich später noch erheblich gewandelt. Das Thema »Gewissen« erörtert er besonders in den Kapiteln VII und VIII der Schrift *Das Unbehagen in der Kultur* (1930), die wichtigsten Darlegungen zum Thema »Angst« finden sich im Aufsatz *Hemmung, Symptom und Angst* (vgl. in Band 3 der vorliegenden Ausgabe).]

Wenn wir aber der durch die Psychoanalyse – an den Träumen Gesunder – gefundenen Tatsache Rechnung tragen, daß die Versuchung, den anderen zu töten, auch bei uns stärker und häufiger ist als wir ahnen, und daß sie psychische Wirkungen äußert, auch wo sie sich unserem Bewußtsein nicht kundgibt, wenn wir ferner in den Zwangsvorschriften gewisser Neurotiker die Sicherungen und Selbstbestrafungen gegen den verstärkten Impuls zu morden erkannt haben, dann werden wir zu dem vorhin aufgestellten Satz: Wo ein Verbot vorliegt, muß ein Begehren dahinter sein, mit neuer Schätzung zurückkehren. Wir werden annehmen, daß dies Begehren zu morden tatsächlich im Unbewußten vorhanden ist und daß das Tabu wie das Moralverbot psychologisch keineswegs überflüssig ist, vielmehr durch die ambivalente Einstellung gegen den Mordimpuls erklärt und gerechtfertigt wird.

Der eine so häufig als fundamental hervorgehobene Charakter dieses Ambivalenzverhältnisses, daß die positive begehrende Strömung eine unbewußte ist, eröffnet einen Ausblick auf weitere Zusammenhänge und Erklärungsmöglichkeiten. Die psychischen Vorgänge im Unbewußten sind nicht durchwegs mit jenen identisch, die uns aus unserem bewußten Seelenleben bekannt sind, sondern genießen gewisse beachtenswerte Freiheiten, die den letzteren entzogen worden sind. Ein unbewußter Impuls braucht nicht dort entstanden zu sein, wo wir seine Äußerung finden; er kann von ganz anderer Stelle herstammen, sich ursprünglich auf andere Personen und Relationen bezogen haben und druch den Mechanismus der *Verschiebung* dorthin gelangt sein, wo er uns auffällt. Er kann ferner dank der Unzerstörbarkeit und Unkorrigierbarkeit unbewußter Vorgänge aus sehr frühen Zeiten, denen er angemessen war, in spätere Zeiten und Verhältnisse hinübergerettet werden, in denen seine Äußerungen fremdartig erscheinen müssen. All dies sind nur Andeutungen, aber eine sorgfältige Ausführung derselben würde zeigen, wie wichtig sie für das Verständnis der Kulturentwicklung werden können.

Zum Schlusse dieser Erörterungen wollen wir eine spätere Untersuchungen vorbereitende Bemerkung nicht versäumen. Wenn wir auch an der Wesensgleichheit von Tabuverbot und Moralverbot festhalten, so wollen wir doch nicht bestreiten, daß eine psychologische Verschiedenheit zwischen beiden bestehen muß. Eine Veränderung in den Verhältnissen der grundlegenden Ambivalenz kann allein die Ursache sein, daß das Verbot nicht mehr in der Form des Tabu erscheint.

Wir haben uns bisher in der analytischen Betrachtung der Tabuphänomene von den nachweisbaren Übereinstimmungen mit der Zwangsneurose leiten lassen, aber das Tabu ist doch keine Neurose, sondern eine soziale Bildung; somit obliegt uns die Aufgabe, auch darauf hinzuweisen, worin der prinzipielle Unterschied der Neurose von einer Kulturschöpfung wie das Tabu zu suchen ist.

Ich will hier wiederum eine einzelne Tatsache zum Ausgangspunkt nehmen. Von der Übertretung eines Tabu wird bei den Primitiven eine Strafe befürchtet, meist eine schwere Erkrankung oder der Tod. Diese Strafe droht nun dem, der sich die Übertretung hat zuschulden kommen lassen. Bei der Zwangsneurose ist dies anders. Wenn der Kranke etwas ihm Verbotenes ausführen soll, so fürchtet er die Strafe nicht für sich, sondern für eine andere Person, die meist unbestimmt gelassen ist, aber durch die Analyse leicht als eine der ihm nächsten und von ihm geliebtesten Person erkannt wird. Der Neurotiker verhält sich also hiebei wie altruistisch, der Primitive wie egoistisch. Erst wenn die Tabuübertretung sich im Missetäter nicht spontan gerächt hat, dann erwacht bei den Wilden ein kollektives Gefühl, daß sie durch den Frevel alle bedroht wären, und sie beeilen sich, die ausgebliebene Bestrafung selbst zu vollstrecken. Wir haben es leicht, uns den Mechanismus dieser Solidarität zu erklären. Die Angst vor dem ansteckenden Beispiel, vor der Versuchung zur Nachahmung, also vor der Infektionsfähigkeit des Tabu ist hier im Spiele. Wenn einer es zustande gebracht hat, das verdrängte Begehren zu befriedigen, so muß sich in allen Gesellschaftsgenossen das gleiche Begehren regen; um diese Versuchung niederzuhalten, muß der eigentlich Beneidete um die Frucht seines Wagnisses gebracht werden, und die Strafe gibt den Vollstreckern nicht selten Gelegenheit, unter der Rechtfertigung der Sühne dieselbe frevle Tat auch ihrerseits zu begehen. Es ist dies ja eine der Grundlagen der menschlichen Strafordnung, und sie hat, wie gewiß richtig, die Gleichartigkeit der verbotenen Regungen beim Verbrecher wie bei der rächenden Gesellschaft zur Voraussetzung.

Die Psychoanalyse bestätigt hier, was die Frommen zu sagen pflegen, wir seien alle arge Sünder. Wie soll man nun den unerwarteten Edelsinn der Neurose erklären, die nichts für sich und alles für eine geliebte Person fürchtet? Die analytische Untersuchung zeigt, daß er nicht primär ist. Ursprünglich, das heißt zu Anfang der Erkrankung, galt die Strafandrohung wie bei den Wilden der eigenen Person; man fürchtete in jedem Falle für sein eigenes Leben; erst später wurde die Todesangst auf eine andere geliebte Person verschoben. Der Vorgang ist einigermaßen kompliziert, aber wir übersehen ihn vollständig. Zugrunde der Verbotbildung liegt regelmäßig eine böse Regung – ein Todeswunsch – gegen eine geliebte Person. Diese wird durch ein Verbot verdrängt, das Verbot an eine gewisse Handlung geknüpft, welche etwa die feindselige gegen die geliebte Person durch Verschiebung vertritt, die Ausführung dieser Handlung mit der Todesstrafe bedroht. Aber der Prozeß geht weiter, und der ursprüngliche Todeswunsch gegen den geliebten anderen ist dann durch die Todesangst um ihn ersetzt. Wenn die Neurose sich also so zärtlich altruistisch erweist, so *kompensiert* sie damit nur die ihr zugrunde liegende gegenteilige Einstellung eines brutalen Egoismus. Heißen wir die Gefühlsregungen, die durch die Rücksicht auf den anderen bestimmt werden und ihn nicht selbst zum Sexualobjekt nehmen, *soziale*, so können wir das Zurücktreten dieser sozialen Faktoren als einen später durch Überkompensation verhüllten Grundzug der Neurose herausheben.

Ohne uns bei der Entstehung dieser sozialen Regungen und ihrer Beziehung zu den anderen Grundtrieben des

Menschen aufzuhalten, wollen wir an einem anderen Beispiel den zweiten Hauptcharakter der Neurose zum Vorschein bringen. Das Tabu hat in seiner Erscheinungsform die größte Ähnlichkeit mit der Berührungsangst der Neurotiker, dem *délire de toucher*. Nun handelt es sich bei dieser Neurose regelmäßig um das Verbot sexueller Berührung, und die Psychoanalyse hat ganz allgemein gezeigt, daß die Triebkräfte, welche in der Neurose abgelenkt und verschoben werden, sexueller Herkunft sind. Beim Tabu hat die verbotene Berührung offenbar nicht nur sexuelle Bedeutung, sondern vielmehr die allgemeinere des Angreifens, der Bemächtigung, des Geltendmachens der eigenen Person. Wenn es verboten ist, den Häuptling oder etwas, was mit ihm in Berührung war, selbst zu berühren, so soll damit demselben Impuls eine Hemmung angelegt werden, der sich andere Male in der argwöhnischen Überwachung des Häuptlings, ja in seiner körperlichen Mißhandlung vor der Krönung (s. o.) zum Ausdruck bringt. *Somit ist das Überwiegen der sexuellen Triebanteile gegen die sozialen das für die Neurose charakteristische Moment.* Die sozialen Triebe sind aber selbst durch Zusammentreten von egoistischen und erotischen Komponenten zu besonderen Einheiten entstanden.

An dem einen Beispiele vom Vergleich des Tabu mit der Zwangsneurose läßt sich bereits erraten, welches das Verhältnis der einzelnen Formen von Neurose zu den Kulturbildungen ist und wodurch das Studium der Neurosenpsychologie für das Verständnis der Kulturentwicklung wichtig wird.

Die Neurosen zeigen einerseits auffällige und tiefreichende Übereinstimmungen mit den großen sozialen Produktionen der Kunst, der Religion und der Philosophie, anderseits erscheinen sie wie Verzerrungen derselben. Man könnte den Ausspruch wagen, eine Hysterie sei ein Zerrbild einer Kunstschöpfung, eine Zwangsneurose ein Zerrbild einer Religion, ein paranoischer Wahn ein Zerrbild eines philosophischen Systems. Diese Abweichung führt sich in letzter Auflösung darauf zurück, daß die Neurosen asoziale Bildungen sind; sie suchen mit privaten Mitteln zu leisten, was in der Gesellschaft durch kollektive Arbeit entstand. Bei der Triebanalyse der Neurosen erfährt man, daß in ihnen die Triebkräfte sexueller Herkunft den bestimmenden Einfluß ausüben, während die entsprechenden Kulturbildungen auf sozialen Trieben ruhen, solchen, die aus der Vereinigung egoistischer und erotischer Anteile hervorgegangen sind. Das Sexualbedürfnis ist eben nicht imstande, die Menschen in ähnlicher Weise wie die Anforderungen der Selbsterhaltung zu einigen; die Sexualbefriedigung ist zunächst die Privatsache des Individuums.

Genetisch ergibt sich die asoziale Natur der Neurose aus deren ursprünglichster Tendenz, sich aus einer unbefriedigenden Realität in eine lustvollere Phantasiewelt zu flüchten. In dieser vom Neurotiker gemiedenen realen Welt herrscht die Gesellschaft der Menschen und die von ihnen gemeinsam geschaffenen Institutionen; die Abkehrung von der Realität ist gleichzeitig ein Austritt aus der menschlichen Gemeinschaft.

III
Animismus, Magie und Allmacht der Gedanken

1

Es ist ein notwendiger Mangel der Arbeiten, welche Gesichtspunkte der Psychoanalyse auf Themen der Geisteswissenschaften anweden wollen, daß sie dem Leser von beiden zuwenig bieten müssen. Sie beschränken sich darum auf den Charakter von Anregungen, sie machen dem Fachmanne Vorschläge, die er bei seiner Arbeit in Erwägung ziehen soll. Dieser Mangel wird sich aufs äußerste fühlbar machen in einem Aufsatz, welcher das ungeheure Gebiet dessen, was man Animismus nennt, behandeln will.[121]

---

121 Die geforderte Zusammendrängung des Stoffes bringt auch den Verzicht auf eingehende Literaturnachweise mit sich. An deren Stelle stehe der Hinweis auf die bekannten Werke von Herbert Spencer, J. G. Frazer,

Animismus im engeren Sinne heißt die Lehre von den Seelenvorstellungen, im weiteren die von geistigen Wesen überhaupt. Man unterscheidet noch Animatismus, die Lehre von der Belebtheit der uns unbelebt erscheinenden Natur und reiht hier den Animalismus und Manismus an. Der Name Animismus, früher für ein bestimmtes philosophisches System verwendet, scheint seine gegenwärtige Bedeutung durch E. B. Tylor erhalten zu haben.[122]

Was zur Aufstellung dieser Namen Anlaß gegeben hat, ist die Einsicht in die höchst merkwürdige Natur- und Weltauffassung der uns bekannten primitiven Völker, der historischen sowohl wie der jetzt noch lebenden. Diese bevölkern die Welt mit einer Unzahl von geistigen Wesen, die ihnen wohlwollend oder übelgesinnt sind; sie schreiben diesen Geistern und Dämonen die Verursachung der Naturvorgänge zu und halten nicht nur die Tiere und Pflanzen, sondern auch die unbelebten Dinge der Welt für durch sie belebt. Ein drittes und vielleicht wichtigstes Stück dieser primitiven »Naturphilosophie« erscheint uns weit weniger auffällig, weil wir selbst noch nicht weit genug von ihm entfernt sind, während wir doch die Existenz der Geister sehr eingeschränkt haben und die Naturvorgänge heute durch die Annahme unpersönlicher physikalischer Kräfte erklären. Die Primitiven glauben nämlich an eine ähnliche »Beseelung« auch der menschlichen Einzelwesen. Die menschlichen Personen enthalten Seelen, welche ihren Wohnsitz verlassen und in andere Menschen einwandern können; diese Seelen sind die Träger der geistigen Tätigkeiten und bis zu einem gewissen Grad von den »Leibern« unabhängig. Ursprünglich wurden die Seelen als sehr ähnlich den Individuen vorgestellt, und erst im Laufe einer langen Entwicklung haben sie die Charaktere des Materiel-

A. Lang, E. B. Tylor und W. Wundt, aus denen alle Behauptungen über Animismus und Magie entnommen sind. Die Selbständigkeit des Verfassers kann sich nur in der von ihm getroffenen Auswahl der Materien sowie der Meinungen kundgeben.

122 E. B. Tylor, *Primitive Culture*, 1. Band., S. 425, 4. Aufl., 1903 [1. Aufl. 1891]. – W. Wundt, *Mythus and Religion*, 2. Bd., S. 173, 1906.

len bis zu einem hohen Grad von »Vergeistigung« abgestreift.[123]

Die Mehrzahl der Autoren neigt zu der Annahme, daß diese Seelenvorstellungen der ursprüngliche Kern des animistischen Systems sind, daß die Geister nur selbständig gewordenen Seelen entsprechen und daß auch die Seelen von Tieren, Pflanzen und Dingen in Analogie mit den Menschenseelen gebildet wurden.

Wie sind die primitiven Menschen zu den eigentümlich dualistischen Grundanschauungen gekommen, auf denen dieses animistische System ruht? Man meint, durch die Beobachtung der Phänomene des Schlafes (mit dem Traum) und des ihm so ähnlichen Todes und durch die Bemühung, sich diese jeden einzelnen so nahe angehenden Zustände zu erklären. Vor allem müßte das Todesproblem der Ausgangspunkt der Theoriebildung geworden sein. Für den Primitiven wäre die Fortdauer des Lebens – die Unsterblichkeit – das Selbstverständliche. Die Vorstellung des Todes ist etwas spät und nur zögernd Rezipiertes, sie ist ja auch für uns noch inhaltsleer und unvollziehbar. Über den Anteil, den andere Beobachtungen und Erfahrungen an der Gestaltung der animistischen Grundlehren gehabt haben mögen, die über Traumbilder, Schatten, Spiegelbilder u. dgl., haben sehr lebhafte, zu keinem Abschluß gelangte Diskussionen stattgefunden.[124]

Wenn der Primitive auf die sein Nachdenken anregenden Phänomene mit der Bildung der Seelenvorstellungen reagierte und diese dann auf die Objekte der Außenwelt übertrug, so wird sein Verhalten dabei als durchaus natürlich und weiter nicht rätselhaft beurteilt. Wundt äußert angesichts der Tatsache, daß sich die nämlichen Animistischen Vorstellungen bei den verschiedensten Völkern und zu allen Zeiten übereinstimmend gezeigt haben, dieselben »seien das notwendige psychologische Erzeugnis des mythenbildenden Bewußtseins und der primitive Animismus

123 Wundt, a. a. O., IV. Kapitel »Die Seelenvorstellungen«.

124 Vgl. außer bei Wundt und H. Spencer die orientierenden Artikel der *Encyclopaedia Britannica* [1910–]1911 (»Animism«, »Mythology« usw.)

dürfte als der geistige Ausdruck des *menschlichen Naturzustandes* gelten, insoweit dieser überhaupt für unsere Beobachtung erreichbar ist«.[125] Die Rechtfertigung der Belebung des Unbelebten hat bereits Hume in seiner *Natural History of Religion* gegeben, indem er schrieb: *»There is an universal tendency among mankind to conceive all beings like themselves and to transfer to every object those qualities with which they are familiarly acquainted and of which they are intimately conscious.«*[126]

Der Animismus ist ein Denksystem, er gibt nicht nur die Erklärung eines einzelnen Phänomens, sondern gestattet es, das Ganze der Welt als einen einzigen Zusammenhang, aus einem Punkte, zu begreifen. Die Menschheit hat, wenn wir den Autoren folgen wollen, drei solcher Denksysteme, drei große Weltanschauungen im Laufe der Zeiten hervorgebracht: die animistische (mythologische), die religiöse und die wissenschaftliche. Unter diesen ist die erstgeschaffene, die des Animismus, vielleicht die folgerichtigste und erschöpfendste, eine, die das Wesen der Welt restlos erklärt. Diese erste Weltanschauung der Menschheit ist nun eine psychologische Theorie. Es geht über unsere Absicht hinaus, zu zeigen, wieviel von ihr noch im Leben der Gegenwart nachweisbar ist, entweder entwertet in der Form des Aberglaubens oder lebendig als Grundlage unseres Sprechens, Glaubens und Philosophierens.

Es greift auf die Stufenfolge der drei Weltanschauungen zurück, wenn gesagt wird, daß der Animismus selbst noch keine Religion ist, aber die Vorbedingungen enthält, auf denen sich später die Religionen aufbauen. Es ist auch augenfällig, daß der Mythus auf animistischen Vorausset-

125 [Wundt, a. a. O., S. 154.]

126 Bei E. B. Tylor, *Primitive Culture*, [3. Aufl., 2 Bände, London] 1891, Bd. 1, S. 477. [Die 1. Aufl. erschien: London 1871. – Das Zitat aus Abschnitt III der *Naturgeschichte der Religion* von David Hume lautet in deutscher Übersetzung: »Es gibt eine allgemeine Tendenz in der Menschheit, sich alle Wesen wie sich selbst vorzustellen und auf jeden Gegenstand jene Eigenschaften zu übertragen, mit denen sie eng vertraut ist und die ihr ganz bewußt sind.«]

zungen ruht; die Einzelheiten der Beziehung von Mythus und Animismus erscheinen aber aus in wesentlichen Punkten ungeklärt.

2

Unsere psychoanalytische Arbeit wird an anderer Stelle einsetzen. – Man darf nicht annehmen, daß die Menschen sich aus reiner spekulativer Wißbegierde zur Schöpfung ihres ersten Weltsystems aufgeschwungen haben. Das praktische Bedürfnis, sich der Welt zu bemächtigen, muß seinen Anteil an dieser Bemühung haben. Wir sind darum nicht erstaunt zu erfahren, daß mit dem animistischen System etwas anderes Hand in Hand geht, eine Anweisung, wie man verfahren müsse, um der Menschen, Tiere und Dinge, respektive ihrer Geister, Herr zu werden. Diese Anweisung, welche unter dem Namen *»Zauberei und Magie«* bekannt ist, will S. Reinach[127] die Strategie des Animismus heißen; ich würde es vorziehen, sie mit Hubert und Mauß der Technik [des Animismus] zu vergleichen.[128]

Kann man Zauberei und Magie begrifflich voneinander trennen? Es ist möglich, wenn man sich mit einiger Eigenmächtigkeit über die Schwankungen des Sprachgebrauches hinwegsetzen will. Dann ist Zauberei im wesentlichen die Kunst, die Geister zu beeinflussen, indem man sie behandelt wie unter gleichen Bedingungen die Menschen, also indem man sie beschwichtigt, versöhnt, sich geneigt macht, sie einschüchtert, ihrer Macht beraubt, sie seinem Willen unterwirft, durch dieselben Mittel, die man für lebende Menschen wirksam gefunden hat. Magie ist aber etwas anderes; sie sieht im Grunde von den Geistern ab, und sie bedient sich besonderer Mittel, nicht der banalen psychologischen Methodik. Wir werden leicht erraten, daß die Magie das ursprünglichere und bedeutsamere Stück der animistischen Technik ist, denn unter den Mitteln, mit denen Gei-

127 *Cultes, mythes et religions,* T. II, »Introduction«, S. XV, 1909 [Bde. 1–4, Paris 1905-12].

128 [H. Hubert und M. Mauß, *Esquisse d'une théorie générale de la magie,* in: Année sociologique, 1904, Bd. 7, S. 142 ff.]

ster behandelt werden sollen, befinden sich auch magische[129], und die Magie findet ihre Anwendung auch in Fällen, wo die Vergeistigung der Natur, wie uns scheint, nicht durchgeführt worden ist.

Die Magie muß den mannigfaltigsten Absichten dienen, die Naturvorgänge dem Willen des Menschen unterwerfen, das Individuum gegen Feinde und Gefahren schützen und ihm die Macht geben, seine Feinde zu schädigen. Die Prinzipien aber, auf deren Voraussetzung das magische Tun beruht – oder vielmehr das Prinzip der Magie –, ist so auffällig, daß es von allen Autoren erkannt werden mußte. Man kann es am knappsten, wenn man von dem beigefügten Werturteil absieht, mit den Worten E. B. Tylors ausdrükken: »*mistaking an ideal connection for a real one*«.[130] An zwei Gruppen von magischen Handlungen wollen wir diesen Charakter erläutern.

Eine der verbreitetsten magischen Prozeduren, um einem Feind zu schaden, besteht darin, sich ein Ebenbild von ihm aus beliebigem Material zu machen. Auf die Ähnlichkeit kommt es dabei wenig an. Man kann auch irgendein Objekt zu seinem Bild »ernennen«. Was man dann diesem Ebenbild antut, das stößt auch dem gehaßten Urbild zu; an welcher Körperstelle man das erstere verletzt, an derselben erkrankt das letztere. Man kann dieselbe magische Technik anstatt in den Dienst privater Feindseligkeit auch in den der Frömmigkeit stellen und so Göttern gegen böse Dämonen zu Hilfe kommen. Ich zitiere nach Frazer[131]: »Jede Nacht, wenn der Sonnengott Ra (im alten Ägypten) zu seinem Heim im glühenden Westen herabstieg, hatte er einen bitteren Kampf gegen eine Schar von Dämonen zu bestehen, die ihn unter der Führung des Erzfeindes Apepi

---

129 Wenn man einen Geist durch Lärm und Geschrei verscheucht, so ist dies eine rein zauberische Handlung; wenn man ihn zwingt, indem man sich seines Namens bemächtigt, so hat man Magie gegen ihn gebraucht.

130 [»einen Ideenzusammenhang mit einem Wirklichkeitszusammenhang verwechseln«. – Quelle des Zitats: Tylor, *Primitive Culture*, 1891, Bd. 1, S. 116.]

131 *The Magic Art*, Bd. 1, S. 67.

überfielen. Er kämpfte mit ihnen die ganze Nacht, und häufig waren die Mächte der Finsternis stark genug, noch des Tags dunkle Wolken an den blauen Himmel zu senden, die seine Kraft schwächten und sein Licht abhielten. Um dem Gotte beizustehen, wurde in seinem Tempel zu Theben täglich folgende Zeremonie aufgeführt: Es wurde aus Wachs ein Bild seines Feindes Apepi gemacht, in der Gestalt eines scheußlichen Krokodils oder einer langgeringelten Schlange und der Name des Dämons mit grüner Tinte darauf geschrieben. In ein Papyrusgehäuse gehüllt, auf dem eine ähnliche Zeichnung angebracht war, wurde dann diese Figur mit schwarzem Haar umwickelt, vom Priester angespuckt, mit einem Steinmesser bearbeitet und auf den Boden geworfen. Dann trat er mit seinem linken Fuß auf sie, und endlich verbrannte er sie in einem von gewissen Pflanzen genährten Feuer. Nachdem Apepi in solcher Weise beseitigt worden war, geschah mit allen Dämonen seines Gefolges das nämliche. Dieser Gottesdienst, bei dem gewisse Reden hergesagt werden mußten, wurde nicht nur morgens, mittags und abends wiederholt, sondern auch jederzeit dazwischen, wenn ein Sturm wütete, wenn ein heftiger Regenguß niederging oder schwarze Wolken die Sonnenscheibe am Himmel verdeckten. Die bösen Feinde verspürten die Züchtigung, die ihren Bildern widerfahren war, als ob sie sie selbst erlitten hätten; sie flohen, und der Sonnengott triumphierte von neuem.«[132]

Aus der unübersehbaren Fülle ähnlich begründeter magischer Handlungen will ich nur noch zweierlei hervorheben, die bei den primitiven Völkern jederzeit eine große Rolle gespielt haben und zum Teil im Mythus und Kultus höherer Entwicklungsstufen erhalten geblieben sind, nämlich die Arten des Regen- und des Fruchtbarkeitszaubers. Man erzeugt den Regen auf magischem Wege, indem man ihn imitiert, etwa auch noch die ihn erzeugenden Wolken

132 Das biblische Verbot, sich ein Bild von irgend etwas Lebendem zu machen, entstammte wohl keiner prinzipiellen Ablehnung der bildenden Kunst, sondern sollte der von der hebräischen Religion verpönten Magie ein Werkzeug entziehen. Frazer, Bd. 1, S. 87, Anm.

oder den Sturm nachahmt. Es sieht aus, als ob man »regnen spielen« wollte. Die japanischen Ainos z. B. machen Regen in der Weise, daß ein Teil von ihnen Wasser aus großen Sieben ausgießt, während ein anderer eine große Schüssel mit Segel und Ruder ausstattet, als ob sie ein Schiff wäre, und sie so um Dorf und Gärten herumzieht.[133] Die Fruchtbarkeit des Bodens sicherte man sich aber auf magische Weise, indem man ihm das Schauspiel eines menschlichen Geschlechtsverkehrs zeigte. So pflegen – ein Beispiel anstatt unendlich vieler – in manchen Teilen Javas zur Zeit des Herannahens der Reisblüte Bauer und Bäuerin sich nachts auf die Felder zu begeben, um durch das Beispiel, das sie ihm geben, den Reis zur Fruchtbarkeit anzuregen.[134] Dagegen fürchtete man von verpönten inzestuösen Geschlechtsbeziehungen, daß sie Mißwuchs und Unfruchtbarkeit des Bodens erzeugen würden.[135]

Auch gewisse negative Vorschriften – magische Vorsichten also – sind dieser ersten Gruppe einzureihen. Wenn ein Teil der Bewohner eines Dayakdorfes auf Wildschweinjagd ausgezogen ist, so dürfen die Zurückgebliebenen unterdes weder Öl noch Wasser mit ihren Händen berühren, sonst würden die Jäger weiche Finger bekommen und die Beute aus ihren Händen schlüpfen lassen.[136] Oder, wenn ein Gilyakjäger im Walde dem Wilde nachstellt, so ist es seinen Kindern zu Hause verboten, Zeichnungen auf Holz oder im Sand zu machen. Die Pfade im dichten Wald könnten sonst so verschlungen werden wie die Linien der Zeichnung, so daß der Jäger den Weg nach Hause nicht fände.[137]

---

133 [Frazer, *The Magic Art*, Bd. 1, S. 251, nach: J. Batchelor, *The Ainu and their Folk-Lore*, London 1901, S. 333.]

134 Frazer, *The Magic Art*, Bd. 2, S. 98, [nach: G. A. Wilken, *Het animisme bij den volken van den Indischen Archipel*, in: Ind. Gids, 1884, Bd. 6 (Teil I), S. 958].

135 Davon ein Nachklang im *König Ödipus* des Sophokles. [z. B. im Prolog und im ersten Chor].

136 Frazer, *The Magic Art*, Bd. 1, S. 120, [nach: H. Ling Roth, *The Natives of Sarawak and British North Borneo*, 2 Bände, London 1896, Bd. 1, S. 430].

137 Frazer, *The Magic Art*, Bd. 1, S. 122, [nach: P. Labbé, *Un bagne russe, l'île de Sakhaline*, Paris 1903, S. 268].

Wenn in diesen letzten wie in so vielen anderen Beispielen magischer Wirkung die Entfernung keine Rolle spielt, die Telepathie also als selbstverständlich hingenommen wird, so wird auch uns das Verständnis dieser Eigentümlichkeit der Magie keine Schwierigkeit bereiten.

Es unterliegt keinem Zweifel, was an all diesen Beispielen als das Wirksame betrachtet wird. Es ist die *Ähnlichkeit* zwischen der vollzogenen Handlung und dem erwarteten Geschehen. Frazer nennt darum diese Art der Magie *imitative* oder *homöopathische.* Wenn ich will, daß es regne, so brauche ich nur etwas zu tun, was wie Regen aussieht oder an Regen erinnert. In einer weiteren Phase der Kulturentwicklung wird man anstatt dieses magischen Regenzaubers Bittgänge zu einem Gotteshaus veranstalten und den dort wohnenden Heiligen um Regen anflehen. Endlich wird man auch diese religiöse Technik aufgeben und dafür versuchen, durch welche Einwirkungen auf die Atmosphäre Regen erzeugt werden kann.

In einer anderen Gruppe von magischen Handlungen kommt das Prinzip der Ähnlichkeit nicht mehr in Betracht, dafür ein anderes, welches sich aus den nachstehenden Beispielen leicht ergeben wird.

Um einem Feinde zu schaden, kann man sich auch eines anderen Verfahrens bedienen. Man bemächtigt sich seiner Haare, Nägel, Abfallstoffe oder selbst eines Teiles seiner Kleidung und stellt mit diesen Dingen etwas Feindseliges an. Es ist dann gerade so, als hätte man sich der Person selbst bemächtigt, und was man den von der Person herrührenden Dingen angetan hat, muß ihr selbst widerfahren. Zu den wesentlichen Bestandteilen einer Persönlichkeit gehört nach der Anschauung der Primitiven ihr Name; wenn man also den Namen einer Person oder eines Geistes weiß, hat man eine gewisse Macht über den Träger des Namens erworben. Daher die merkwürdigen Vorsichten und Beschränkungen im Gebrauche der Namen, die in dem Aufsatz über das Tabu gestreift worden sind. Die Ähnlichkeit wird in diesen Beispielen offenbar ersetzt durch *Zusammengehörigkeit.*

Der Kannibalismus der Primitiven leitet seine sublimere Motivierung in ähnlicher Weise ab. Indem man Teile vom Leib einer Person durch den Akt des Verzehrens in sich aufnimmt, eignet man sich auch die Eigenschaften an, welche dieser Person angehört haben. Daraus erfolgen dann Vorsichten und Beschränkungen der Diät unter besonderen Umständen. Eine Frau wird in der Gravidität vermeiden, das Fleisch gewisser Tiere zu genießen, weil deren unerwünschte Eigenschaften, z. B. die Feigheit, so auf das von ihr genährte Kind übergehen könnten. Es macht für die magische Wirkung keinen Unterschied, auch wenn der Zusammenhang ein bereits aufgehobener ist oder wenn er überhaupt nur in einmaliger, bedeutungsvoller Berührung bestand. So ist z. B. der Glaube an ein magisches Band, welches das Schicksal einer Wunde mit dem der Waffe verknüpft, durch welche sie hervorgerufen wurde, unverändert durch Jahrtausende zu verfolgen. Wenn ein Melanesier sich des Bogens bemächtigt hat, durch den er verwundet wurde, so wird er ihn sorgfältig an einem kühlen Ort verwahren, um so die Entzündung der Wunde niederzuhalten. Ist der Bogen aber im Besitz der Feinde geblieben, so wird er gewiß in nächster Nähe eines Feuers aufgehängt werden, damit die Wunde nur ja recht entzündet werde und brenne. Plinius rät in seiner *Nat[uralis] Hist[orica]* XXVIII, [Kapitel 7], wenn man bereut, einen anderen verletzt zu haben, solle man auf die Hand spucken, welche die Verletzung verschuldet hat; der Schmerz des Verletzten werde dann sofort gelindert. Francis Bacon erwähnt in seiner *Natural History*[138] den allgemein gültigen Glauben, daß das Salben einer Waffe, welche eine Wunde geschlagen hat, diese Wunde selbst heilt. Die englischen Bauern sollen noch heute nach diesem Rezept handeln, und wenn sie sich mit einer Sichel geschnitten haben, das Instrument von da an sorgfältig rein halten, damit die Wunde nicht in Eite-

138 [*Natural History*, *Sylva Sylvarum*, X, § 998.]

rung gerate. Im Juni des Jahres 1902, berichtete eine lokale englische Wochenschrift, stieß sich eine Frau namens Matilda Henry in Norwich zufällig einen eisernen Nagel in die Sohle. Ohne die Wunde untersuchen zu lassen oder auch nur den Strumpf auszuziehen, hieß sie ihre Tochter, den Nagel gut einölen, in der Erwartung, daß ihr dann nichts geschehen könne. Sie selbst starb einige Tage später an Wundstarrkrampfs infolge dieser verschobenen Antisepsis.[139]

Die Beispiele der letzteren Gruppe erläutern, was Frazer als *kontagiöse* Magie von der *imitativen* sondert. Was in ihnen als wirksam gedacht wird, ist nicht mehr die Ähnlichkeit, sondern der Zusammenhang im Raum, die *Kontiguität*, wenigstens die vorgestellte Kontiguität, die Erinnerung an ihr Vorhandensein. Da aber Ähnlichkeit und Kontiguität die beiden wesentlichen Prinzipien der Assoziationsvorgänge sind, stellt sich als Erklärung für all die Tollheit der magischen Vorschriften wirklich die Herrschaft der Ideenassoziation heraus. Man sieht, wie zutreffend sich Tylors oben zitierte Charakteristik der Magie erweist: *mistaking an ideal connection for a real one*, oder wie es fast gleichlautend Frazer ausgedrückt hat: *»men mistook the order of their ideas for the order of nature, and hence imagined that the control which they have, or seem to have, over their thoughts, permitted them to exercise a corresponding control over things«.*[140]

Es wird dann zunächst befremdend wirken, daß diese einleuchtende Erklärung der Magie von manchen Autoren als unbefriedigend verworfen werden konnte.[141] Bei näherer Überlegung muß man aber dem Einwand recht geben, daß

139 Frazer, *The Magic Art*, Bd. 1, S. 201–203, [nach: R. H. Codrington, *The Melanesians*, Oxford 1891, S. 310].

140 [Frazer, *The Magic Art*, Bd. 1, S. 420. – »Die Menschen hielten die Ordnung ihrer Vorstellungen für die Ordnung der Natur und glaubten daher, daß die Herrschaft über ihre Gedanken, die sie ausübten oder auszuüben meinten, ihnen eine entsprechende Herrschaft über die Dinge verlieh.«]

141 Vgl. den Artikel »Magic« (N. W. T.) in der 11. Auflage der *Encyclopaedia Britannica*.

die Assoziationstheorie der Magie bloß die Wege aufklärt, welche die Magie geht, aber nicht deren eigentliches Wesen, nämlich nicht das Mißverständnis, welches sie psychologische Gesetze an die Stelle natürlicher setzen heißt. Es bedarf hier offenbar eines dynamischen Moments, aber während die Suche nach einem solchen die Kritiker der Frazerschen Lehre in die Irre führt, wird es leicht, eine befriedigende Aufklärung der Magie zu geben, wenn man nur die Assoziationstheorie derselben weiterführen und vertiefen will.

Betrachten wir zunächst den einfacheren und bedeutsameren Fall der imitativen Magie. Nach Frazer kann diese allein geübt werden, während die kontagiöse Magie in der Regel die imitative voraussetzt.[142] Die Motive, welche zur Ausübung der Magie drängen, sind leicht zu erkennen, es sind die Wünsche des Menschen. Wir brauchen nun bloß anzunehmen, daß der primitive Mensch ein großartiges Zutrauen zur Macht seiner Wünsche hat. Im Grunde muß all das, was er auf magischem Wege herstellt, doch nur darum geschehen, weil er es will. So ist anfänglich bloß sein Wunsch das Betonte.

Für das Kind, welches sich unter analogen psychischen Bedingungen befindet, aber motorisch noch nicht leistungsfähig ist, haben wir an anderer Stelle die Annahme vertreten, daß es seine Wünsche zunächst halluzinatorisch befriedigt, indem es die befriedigende Situation durch die zentrifugalen Erregungen seiner Sinnesorgane herstellen läßt.[143] Für den erwachsenen Primitiven ergibt sich ein anderer Weg. An seinem Wunsch hängt ein motorischer Impuls, der Wille, und dieser – der später im Dienst der Wunschbefriedigung das Antlitz der Erde verändern wird – wird jetzt dazu verwendet, die Befriedigung darzustellen, so daß man sie gleichsam durch motorische Halluzinatio-

---

142 [Frazer, *The Magic Art*, Bd. 1, S. 54.]

143 *Formulierungen über die zwei Prinzipien des psychischen Geschehens*, in: Jahrb. f. psychoanal. Forschungen, 1911, Bd. 3, S. 2. [Vgl. Sigmund Freud, *Trauer und Melancholie. Essays*, Volk und Welt Spektrum 171, Berlin 1982, S. 23–32.]

nen erleben kann. Eine solche *Darstellung* des befriedigten Wunsches ist dem *Spiele* der Kinder völlig vergleichbar, welches bei diesen die rein sensorische Technik der Befriedigung ablöst. Wenn Spiel und imitative Darstellung dem Kinde und dem Primitiven genügen, so ist dies nicht ein Zeichen von Bescheidenheit in unserem Sinne oder von Resignation infolge Erkenntnis ihrer realen Ohnmacht, sondern die wohl verständliche Folge der überwiegenden Wertung ihres Wunsches, des von ihm abhängigen Willens und der von ihm eingeschlagenen Wege. Mit der Zeit verschiebt sich der psychische Akzent von den Motiven der magischen Handlung auf deren Mittel, auf die Handlung selbst. Vielleicht sagen wir richtiger, an diesen Mitteln erst wird ihm die Überschätzung seiner psychischen Akte evident. Nun hat es den Anschein, als wäre es nichts anderes als die magische Handlung, die kraft ihrer Ähnlichkeit mit dem Gewünschten dessen Geschehen erzwingt. Auf der Stufe des animistischen Denkens gibt es noch keine Gelegenheit, den wahren Sachverhalt objektiv zu erweisen, wohl aber auf späteren, wenn alle solche Prozeduren noch gepflegt werden, aber das psychische Phänomen des Zweifels als Ausdruck einer Verdrängungsneigung bereits möglich ist. Dann werden die Menschen zugeben, daß die Beschwörungen von Geistern nichts leisten, wenn nicht der Glaube an sie dabei ist, und daß auch die Zauberkraft des Gebets versagt, wenn keine Frömmigkeit dahinter wirkt.[144]

Die Möglichkeit einer auf der Kontiguitätsassoziation beruhenden kontagiösen Magie wird uns dann zeigen, daß sich die psychische Wertschätzung vom Wunsch und vom Willen her auf alle psychischen Akte, die dem Willen zu Gebote stehen, ausgedehnt hat. Es besteht also jetzt eine allgemeine Überschätzung der seelischen Vorgänge, das

144 Der König in *Hamlet* (III, 3.):
»My words fly up, my thoughts remain below:
Words without thoughts never to heaven go.«
[Die Worte fliegen auf, der Sinn hat keine Schwingen:
Wort ohne Sinn kann nicht zum Himmel dringen.
(Übersetzt von August Wilhelm Schlegel.)]

heißt eine Einstellung zur Welt, welche uns nach unseren Einsichten in die Beziehung von Realität und Denken als solche Überschätzung des letzteren erscheinen muß. Die Dinge treten gegen deren Vorstellungen zurück; was mit den letzteren vorgenommen wird, muß sich auch an den ersteren ereignen. Die Relationen, die zwischen den Vorstellungen bestehen, werden auch zwischen den Dingen vorausgesetzt. Da das Denken keine Entfernungen kennt, das räumlich Entlegenste wie das zeitlich Verschiedenste mit Leichtigkeit in einen Bewußtseinsakt zusammenbringt, wird auch die magische Welt sich telepathisch über die räumliche Distanz hinaussetzen und ehemaligen Zusammenhang wie gegenwärtigen behandeln. Das Spiegelbild der Innenwelt muß im animistischen Zeitalter jenes andere Weltbild, das wir zu erkennen glauben, unsichtbar machen.

Heben wir übrigens hervor, daß die beiden Prinzipien der Assoziation – Ähnlichkeit und Kontiguität – in der höheren Einheit der *Berührung* zusammentreffen. Kontiguitätsassoziation ist Berührung im direkten, Ähnlichkeitsassoziation solche im übertragenen Sinne. Eine von uns noch nicht erfaßte Identität im psychischen Vorgang wird wohl durch den Gebrauch des nämlichen Wortes für beide Arten der Verknüpfung verbürgt. Es ist derselbe Umfang des Begriffes Berührung, der sich bei der Analyse des Tabu herausstellte.[145]

Zusammenfassend können wir nun sagen: das Prinzip, welches die Magie, die Technik der animistischen Denkweise, regiert, ist das der »Allmacht der Gedanken«.

3

Die Bezeichnung »Allmacht der Gedanken« habe ich von einem hochintelligenten, an Zwangsvorstellungen leidenden Manne angenommen, dem es nach seiner Herstellung durch psychoanalytische Behandlung möglich geworden

145 Vgl. die vorige Abhandlung dieser Reihe.

ist, auch seine Tüchtigkeit und Verständigkeit zu erweisen.[146] Er hatte sich dieses Wort geprägt zur Begründung aller jener sonderbaren und unheimlichen Geschehnisse, die ihn wie andere mit seinem Leiden Behaftete zu verfolgen schienen. Dachte er eben an eine Person, so kam sie ihm auch schon entgegen, als ob er sie beschworen hätte; erkundigte er sich plötzlich nach dem Befinden eines lange vermißten Bekannten, so mußte er hören, daß dieser eben gestorben sei, so daß er glauben konnte, jener habe sich ihm telepathisch bemerkbar gemacht; stieß er gegen einen Fremden eine nicht einmal ganz ernst gemeinte Verwünschung aus, so durfte er erwarten, daß dieser bald darauf starb und ihn mit der Verantwortlichkeit für sein Ableben belastete. Von den meisten dieser Fälle konnte er mir im Laufe der Behandlung selbst mitteilen, wie der täuschende Anschein entstanden war und was er selbst an Veranstaltungen hinzugetan hatte, um sich in seinen abergläubischen Erwartungen zu bestärken.[147] Alle Zwangskranken sind in solcher Weise, meist gegen ihre bessere Einsicht, abergläubisch.

Der Fortbestand der Allmacht der Gedanken tritt uns bei der Zwangsneurose am deutlichsten entgegen, die Ergebnisse dieser primitiven Denkweise sind hier dem Bewußtsein am nächsten. Wir müssen uns aber davor hüten, darin einen auszeichnenden Charakter dieser Neurose zu erblicken, denn die analytische Untersuchung deckt das nämliche bei den anderen Neurosen auf. Bei ihnen allen ist nicht die Realität des Erlebens, sondern die des Denkens für die Symptombildung maßgebend. Die Neurotiker leben in einer besonderen Welt, in welcher, wie ich es an anderer Stelle[148] ausgedrückt habe, nur die »neurotische Währung«

146 *Bemerkungen über einen Fall von Zwangsneurose* (1909).

147 Es scheint, daß wir den Charakter des »Unheimlichen« solchen Eindrücken verleihen, welche die Allmacht der Gedanken und die animistische Denkweise überhaupt bestätigen wollen, während wir uns bereits im Urteil von ihr abgewendet haben. [Vgl. den Aufsatz *Das Unheimliche* in Band 2 der vorliegenden Ausgabe.]

148 [Gegen Schluß des Aufsatzes *Formulierungen über die zwei Prinzipien des psychischen Geschehens.*]

gilt, das heißt nur das intensiv Gedachte, mit Affekt Vorgestellte ist bei ihnen wirksam, dessen Übereinstimmung mit der äußeren Realität aber nebensächlich. Der Hysteriker wiederholt in seinen Anfällen und fixiert durch seine Symptome Erlebnisse, die sich nur in seiner Phantasie so zugetragen haben, allerdings in letzter Auflösung auf wirkliche Ereignisse zurückgehen oder aus solchen aufgebaut worden sind. Das Schuldbewußtsein der Neurotiker würde man ebenso schlecht verstehen, wenn man es auf reale Missetaten zurückführen wollte. Ein Zwangsneurotiker kann von einem Schuldbewußtsein gedrückt sein, das einem Massenmörder wohl anstünde; er wird sich dabei gegen seine Mitmenschen als der rücksichtsvollste und skrupulöseste Genosse benehmen und seit seiner Kindheit so benommen haben. Doch ist sein Schuldgefühl begründet; es fußt auf den intensiven und häufigen Todeswünschen, die sich in ihm unbewußt gegen seine Mitmenschen regen. Es ist begründet, insofern unbewußte Gedanken und nicht absichtliche Taten in Betracht kommen. So erweist sich die Allmacht der Gedanken, die Überschätzung der seelischen Vorgänge gegen die Realität, als unbeschränkt wirksam im Affektleben des Neurotikers und in allen von diesem ausgehenden Folgen. Unterzieht man ihn aber der psychoanalytischen Behandlung, welche das bei ihm Unbewußte bewußtmacht, so wird er nicht glauben können, daß Gedanken frei sind, und wird sich jedesmal fürchten, böse Wünsche zu äußern, als ob sie infolge dieser Äußerung in Erfüllung gehen müßten. Durch dieses Verhalten wie durch seinen im Leben betätigten Aberglauben zeigt er uns aber, wie nahe er dem Wilden steht, der durch seine bloßen Gedanken die Außenwelt zu verändern vermeint.

Die primären Zwangshandlungen dieser Neurotiker sind eigentlich durchaus magischer Natur. Sie sind, wenn nicht Zauber, so doch Gegenzauber, zur Abwehr der Unheilserwartungen bestimmt, mit denen die Neurose zu beginnen pflegt. Sooft ich das Geheimnis zu durchdringen vermochte, zeigte es sich, daß diese Unheilserwartung den Tod zum Inhalt hatte. Das Todesproblem steht nach Schopenhauer am Eingang jeder Philosophie; wir haben gehört, daß auch die Bildung der Seelenvorstellungen und des Dämonenglaubens, die den Animismus kennzeichnen, auf den Eindruck zurückgeführt wird, den der Tod auf den Menschen macht. Ob diese ersten Zwangs- oder Schutzhandlungen dem Prinzip der Ähnlichkeit, respektive des Kontrastes folgen, ist schwer zu beurteilen, denn sie werden unter den Bedingungen der Neurose gewöhnlich durch die Verschiebung auf irgendein Kleinstes, eine an sich höchst geringfügige Aktion entstellt.[149] Auch die Schutzformeln der Zwangsneurose finden ihr Gegenstück in den Zauberformeln der Magie. Die Entwicklungsgeschichte der Zwangshandlungen kann man aber beschreiben, indem man hervorhebt, wie sie, vom Sexuellen möglichst weit entfernt, als Zauber gegen böse Wünsche beginnen, um als Ersatz für verbotenes sexuelles Tun, das sie möglichst getreu nachahmen, zu enden.

Wenn wir die vorhin erwähnte Entwicklungsgeschichte der menschlichen Weltanschauungen annehmen, in welcher die *animistische* Phase von der *religiösen*, diese von der *wissenschaftlichen* abgelöst wird, wird es uns nicht schwer, die Schicksale der »Allmacht der Gedanken« durch diese Phasen zu verfolgen. Im animistischen Stadium schreibt der Mensch sich selbst die Allmacht zu; im religiösen hat er sie den Göttern abgetreten, aber nicht ernstlich auf sie verzichtet, denn er behält sich vor, die Götter durch mannigfache Beeinflussungen nach seinen Wünschen zu lenken. In der wissenschaftlichen Weltanschauung ist kein Raum mehr für die Allmacht des Menschen, er hat sich zu seiner Kleinheit bekannt und sich resigniert dem Tode wie allen anderen Naturnotwendigkeiten unterworfen. Aber in dem Vertrauen auf die Macht des Menschengeistes, welcher mit den Gesetzen der Wirklichkeit rechnet, lebt ein Stück des primitiven Allmachtglaubens weiter.

---

149 Ein weiteres Motiv für diese Verschiebung auf eine kleinste Aktion wird sich aus den nachstehenden Erörterungen ergeben.

Bei der Rückverfolgung der Entwicklung libidinöser Strebungen im Einzelmenschen, von ihrer Gestaltung in der Reife bis zu den ersten Anfängen der Kindheit, hat sich zunächst eine wichtige Unterscheidung ergeben, die in den *Drei Abhandlungen zur Sexualtheorie* (1905) niedergelegt ist. Die Äußerungen der sexuellen Triebe sind von Anfang an zu erkennen, aber sie richten sich zuerst noch auf kein äußeres Objekt. Die einzelnen Triebkomponenten der Sexualität arbeiten jede für sich auf Lustgewinn und finden ihre Befriedigung am eigenen Körper. Dies Stadium heißt das des *Autoerotismus*, es wird von dem der *Objektwahl* abgelöst.

Es hat sich bei weiterem Studium als zweckmäßig, ja als unabweisbar gezeigt, zwischen diesen beiden Stadien ein drittes einzuschieben, oder, wenn man so will, das erste Stadium des Autoerotismus in zwei zu zerlegen. In diesem Zwischenstadium, dessen Bedeutsamkeit sich der Forschung immer mehr aufdrängt, haben die vorher vereinzelten Sexualtriebe sich bereits zu einer Einheit zusammengesetzt und auch ein Objekt gefunden; dies Objekt ist aber kein äußeres, dem Individuum fremdes, sondern es ist das eigene, um diese Zeit konstituierte Ich. Mit Rücksicht auf später zu beobachtende pathologische Fixierungen dieses Zustandes heißen wir das neue Stadium das des *Narzißmus*. Die Person verhält sich so, als wäre sie in sich selbst verliebt; die Ichtriebe und die libidinösen Wünsche sind für unsere Analyse noch nicht voneinander zu sondern.

Wenngleich uns eine genügend scharfe Charakteristik dieses narzißtischen Stadiums, in welchem die bisher dissoziierten Sexualtriebe zu einer Einheit zusammentreten und das Ich als Objekt besetzen, noch nicht möglich ist[150], so ahnen wir doch bereits, daß die narzißtische Organisation nie mehr völlig aufgegeben wird. Der Mensch bleibt in gewissem Maße narzißtisch, auch nachdem er äußere Objekte für seine Libido gefunden hat; die Objektbesetzungen, die

150 [Vgl. jedoch Freuds wenig später erschienene Arbeit *Zur Einführung des Narzißmus* (im vorliegenden Band).]

er vornimmt, sind gleichsam Emanationen der beim Ich verbleibenden Libido und können wieder in dieselbe zurückgezogen werden. Die psychologisch so merkwürdigen Zustände von Verliebtheit, die Normalvorbilder der Psychosen, entsprechen dem höchsten Stande dieser Emanationen im Vergleich zum Niveau der Ichliebe.

Es liegt nun nahe, die von uns aufgefundene Hochschätzung der psychischen Aktionen – die wir von unserem Standpunkt aus eine Überschätzung heißen – bei den Primitiven und Neurotikern in Beziehung zum Narzißmus zu bringen und sie als wesentliches Teilstück desselben aufzufassen. Wir würden sagen, das Denken ist bei den Primitiven noch in hohem Maße sexualisiert, daher rührt der Glaube an die Allmacht der Gedanken, die unerschütterliche Zuversicht auf die Möglichkeit der Weltbeherrschung und die Unzugänglichkeit gegen die leicht zu machenden Erfahrungen, welche den Menschen über seine wirkliche Stellung in der Welt belehren könnten. Bei den Neurotikern ist einerseits ein beträchtliches Stück dieser primitiven Einstellung konstitutionell verblieben, anderseits wird durch die bei ihnen eingetretene Sexualverdrängung eine neuerliche Sexualisierung der Denkvorgänge herbeigeführt. Die psychischen Folgen müssen in beiden Fällen dieselben sein, bei ursprünglicher wie bei regressiv erzielter libidinöser Überbesetzung des Denkens: intellektueller Narzißmus, Allmacht der Gedanken.[151]

Wenn wir im Nachweis der Allmacht der Gedanken bei den Primitiven ein Zeugnis für den Narzißmus erblicken dürfen, so können wir den Versuch wagen, die Entwicklungsstufen der menschlichen Weltanschauung mit den Stadien der libidinösen Entwicklung des einzelnen in Ver-

151 »*It is almost an axiom with writers on this subject, that a sort of Solipsism or Berkeleianism (as Professor Sully terms it as he finds it in the Child) operates in the savage to make him refuse to recognise death as a fact.*« – R. R. Marett, *Pre Animistic Religion*, in: Folk-Lore, 1900, Bd. 11, S. 178. [Deutsche Übersetzung: »Es ist fast ein Axiom für die Autoren, die dieses Thema behandeln, daß eine Art Solipsismus oder Berkeleyanismus (so nennt Professor Sully, was er im Kind vorfindet) im Primitiven vorwaltet und ihn veranlaßt, sich der Tatsache des Todes zu verschließen.«]

gleich zu ziehen. Es entspricht dann zeitlich wie inhaltlich die animistische Phase dem Narzißmus, die religiöse Phase jener Stufe der Objektfindung, welche durch die Bindung an die Eltern charakterisiert ist, und die wissenschaftliche Phase hat ihr volles Gegenstück in jenem Reifezustand des Individuums, welcher auf das Lustprinzip verzichtet hat und unter Anpassung an die Realität sein Objekt in der Außenwelt sucht.[152]

Nur auf einem Gebiete ist auch in unserer Kultur die »Allmacht der Gedanken« erhalten geblieben, auf dem der Kunst. In der Kunst allein kommt es noch vor, daß ein von Wünschen verzehrter Mensch etwas der Befriedigung Ähnliches macht und daß dieses Spielen – dank der künstlerischen Illusion – Affektwirkungen hervorruft, als wäre es etwas Reales. Mit Recht spricht man vom Zauber der Kunst und vergleicht den Künstler mit einem Zauberer. Aber dieser Vergleich ist vielleicht bedeutsamer, als er zu sein beansprucht. Die Kunst, die gewiß nicht als *l'art pour l'art* begonnen hat, stand ursprünglich im Dienste von Tendenzen, die heute zum großen Teil erloschen sind. Unter diesen lassen sich mancherlei magische Absichten vermuten.[153]

---

152 Es soll hier nur angedeutet werden, daß der ursprüngliche Narzißmus des Kindes maßgebend für die Auffassung seiner Charakterentwicklung ist und die Annahme eines primitiven Minderwertigkeitsgefühles bei demselben ausschließt.

153 S. Reinach, »L'art et la magie« in der Sammlung *Cultes, mythes et religions* [1905–12], Bd. 1, S. 125–136. – Reinach meint, die primitiven Künstler, welche uns die eingeritzten oder aufgemalten Tierbilder in den Höhlen Frankreichs hinterlassen haben, wollten nicht »Gefallen erregen«, sondern »beschwören«. Er erklärt es so, daß sich diese Zeichnungen an den dunkelsten und unzugänglichsten Stellen der Höhlen befinden und daß die Darstellungen der gefürchteten Raubtiere unter ihnen fehlen. *»Les modernes parlent souvent, par hyperbole, de la magie du pinceau ou du ciseau d'un grand artiste et, en général, de la magie de l'art. Entendu au sens propre, qui est celui d'une contrainte mystique exercée par la volonté de l'homme sur d'autres volontés ou sur les choses, cette expression n'est plus admissible; mais nous avons vu qu'elle était autrefois rigoureusement vraie, du moins dans l'opinion des artistes.«* (S. 136). [»Heutzutage spricht man gerne, in Form einer Hyperbel, von der Magie des Pinsels oder Meißels eines großen Künstlers und, allgemein, von der Magie der Kunst. Im eigentlichen Sinne verstanden, d. h.

4

Die erste Weltauffassung, welche den Menschen gelang, die des Animismus, war also eine psychologische, sie bedurfte noch keiner Wissenschaft zu ihrer Begründung, denn Wissenschaft setzt erst ein, wenn man eingesehen hat, daß man die Welt nicht kennt und darum nach Wegen suchen muß, um sie kennenzulernen. Der Animismus war aber dem primitiven Menschen natürlich und selbstgewiß; er wußte, wie die Dinge der Welt sind, nämlich so, wie der Mensch sich selbst verspürte. Wir sind also darauf vorbereitet zu finden, daß der primitive Mensch Strukturverhältnisse seiner eigenen Psyche in die Außenwelt verlegte,[154] und dürfen anderseits den Versuch machen, was der Animismus von der Natur der Dinge lehrt, in die menschliche Seele zurückzuversetzen.

Die Technik des Animismus, die Magie, zeigt uns am deutlichsten und unvermengtesten die Absicht, den realen Dingen die Gesetze des Seelenlebens aufzuzwingen, wobei Geister noch keine Rolle spielen müssen, während auch Geister zu Objekten magischer Behandlung genommen werden können. Die Voraussetzungen der Magie sind also ursprünglicher und älter als die Geisterlehre, die den Kern des Animismus bildet. Unsere psychoanalytische Betrachtung trifft hier mit einer Lehre von R. R. Marett zusammen, welcher ein *präanimistisches* Stadium dem Animismus vorhergehen läßt, dessen Charakter am besten durch den Namen *Animatismus* (Lehre von der allgemeinen Belebtheit) angedeutet wird. Es ist wenig mehr aus der Erfahrung über den Präanimismus zu sagen, da man noch kein Volk angetroffen hat, welches der Geistervorstellungen entbehrte.[155]

---

im Sinne eines mystischen Zwangs, der vom Willen des Menschen auf den Willen anderer oder auf Dinge ausgeübt wird, ist dieser Ausdruck nicht mehr zulässig; aber wir haben gesehen, daß er früher einmal durchaus zutreffend war, zumindest nach Ansicht der Künstler.«]

154 Durch sogenannte endopsychische Wahrnehmung erkannte.

155 R. R. Marett, *Pre-Animistic Religion,* in: Folk-Lore, 1900, Bd. 11. – Vgl. Wundt, *Mythus und Religion,* Bd. 2, S. 171 ff.

Während die Magie noch alle Allmacht den Gedanken vorbehält, hat der Animismus einen Teil dieser Allmacht den Geistern abgetreten und damit den Weg zur Bildung einer Religion eingeschlagen. Was soll nun den Primitiven zu dieser ersten Verzichtleistung bewogen haben? Kaum die Einsicht in die Unrichtigkeit seiner Voraussetzungen, denn er behält ja die magische Technik bei.

Die Geister und Dämonen sind, wie an anderer Stelle angedeutet wurde, nichts als die Projektionen seiner Gefühlsregungen[156]; er macht seine Affektbesetzungen zu Personen, bevölkert mit ihnen die Welt und findet nun seine inneren seelischen Vorgänge außer seiner wieder, ganz ähnlich wie der geistreiche Paranoiker Schreber, der die Bindungen und Lösungen seiner Libido in den Schicksalen der von ihm kombinierten »Gottesstrahlen« gespiegelt fand.[157]

---

156 Wir nehmen an, daß in diesem frühen narzißtischen Stadium Besetzungen aus libidinöser und anderen Erregungsquellen vielleicht noch ununterscheidbar miteinander vereinigt sind.

157 Schreber, *Denkwürdigkeiten eines Nervenkranken*, Leipzig 1903. – Freud, *Psychoanalytische Bemerkungen über einen autobiographisch beschriebenen Fall von Paranoia (Dementia paranoides)*, in: Jb. psychoanalyt. psychopath. Forsch., 1911, Bd. 3 (1), S. 9. [Daniel Paul Schreber (1842–1911), Jurist und sächsischer Senatspräsident, wurde mehrmals in Leipziger psychiatrischen Kliniken stationär behandelt (1884/85, 1893/1902, 1907/11). 1900/02 schrieb er seine *Denkwürdigkeiten*, die seitdem zu einem oft behandelten Gegenstand der Psychologie und Psychiatrie geworden sind. Freud schreibt in der Einleitung seiner Studie zum Problem, daß er den Kranken niemals gesehen habe und sich nur auf dessen Niederschrift beziehe: »Die psychoanalytische Untersuchung der Paranoia wäre überhaupt unmöglich, wenn die Kranken nicht die Eigentümlichkeit besäßen, allerdings in entstellter Form, gerade das zu verraten, was die anderen Neurotiker als Geheimnis verbergen. Da die Paranoiker nicht zur Überwindung ihrer inneren Widerstände gezwungen werden können und ohnedies nur sagen, was sie sagen wollen, darf gerade bei dieser Affektion der schriftliche Bericht oder die gedruckte Krankengeschichte als Ersatz für die persönliche Bekanntschaft mit dem Kranken eintreten.« Schrebers Fiktion der »Gottesstrahlen« resümiert Freud in folgender Weise: »Die menschliche Seele ist in den *Nerven* des Körpers enthalten, die als Gebilde von außerordentlicher Feinheit – den feinsten Zwirnfäden vergleichbar – vorzustellen sind. Einige dieser Nerven sind nur zur Aufnahme sinnlicher

Wir wollen hier wie bei einem früheren Anlasse[158] dem Problem ausweichen, woher die Neigung überhaupt rührt, seelische Vorgänge nach außen zu projizieren. Der einen Annahme dürfen wir uns aber getrauen, daß diese Neigung dort eine Verstärkung erfährt, wo die Projektion den Vorteil einer psychischen Erleichterung mit sich bringt. Ein solcher Vorteil ist mit Bestimmtheit zu erwarten, wenn die nach Allmacht strebenden Regungen in Konflikt miteinander geraten sind; dann können sie offenbar nicht alle allmächtig werden. Der Krankheitsprozeß der Paranoia bedient sich tatsächlich des Mechanismus der Projektion, um solche im Seelenleben entstandenen Konflikte zu erledigen. Nun ist der vorbildliche Fall eines solchen Konflikts

---

Wahrnehmungen geeignet, andere *(die Verstandesnerven)* leisten alles Psychische, wobei das Verhältnis stattfindet, daß *jeder einzelne Verstandesnerv die gesamte geistige Individualität des Menschen repräsentiert* und die größere oder geringere Zahl der vorhandenen Verstandesnerven nur von Einfluß ist auf die Zeitdauer, während denen die Eindrücke festgehalten werden können. Während die Menschen aus Körper und Nerven bestehen, ist Gott von vornherein nur Nerv. Die Gottesnerven sind jedoch nicht wie im menschlichen Körper in beschränkter Zahl vorhanden, sondern unendlich oder ewig. Sie besitzen alle Eigenschaften der menschlichen Nerven in enorm gesteigertem Maße. In ihrer Fähigkeit zu schaffen, d. h. sich umzusetzen in alle möglichen Dinge der erschaffenen Welt, heißen sie *Strahlen.* Zwischen Gott und dem gestirnten Himmel oder der Sonne besteht eine innige Beziehung. Nach dem Schöpfungswerk zog sich Gott in ungeheuere Entfernung zurück und überließ die Welt im allgemeinen ihren Gesetzen. Er beschränkte sich darauf, die Seelen Verstorbener zu sich heraufzuziehen. Nur ausnahmsweise mochte er sich mit einzelnen hochbegabten Menschen in Verbindung setzen oder mit einem Wunder in die Geschicke der Welt eingreifen. Ein regelrechter Verkehr Gottes mit Menschenseelen findet nach der Weltordnung erst nach dem Tode statt. Wenn ein Mensch gestorben ist, so werden seine Seelenteile (Nerven) einem Läuterungsverfahren unterworfen, um endlich als ›Vorhöfe des Himmels‹ Gott selbst wieder angegliedert zu werden. Es entsteht so ein ewiger Kreislauf der Dinge, welcher der Weltordnung zugrunde liegt. Indem Gott etwas schafft, entäußert er sich eines Teiles seiner selbst, gibt einem Teile seiner Nerven eine veränderte Gestalt. Der scheinbar hierdurch entstehende Verlust wird wiederum ersetzt, wenn nach Jahrhunderten und Jahrtausenden die selig gewordenen Nerven verstorbener Menschen als ›Vorhöfe des Himmels‹ ihm wieder zuwachsen.«]

158 Vgl. die letztzitierte Abhandlung über Schreber. [Freud schreibt in

der zwischen den beiden Gliedern eines Gegensatzpaares, der Fall der ambivalenten Einstellung, den wir in der Situation des Trauernden beim Tode eines teuern Angehörigen eingehend zergliedert haben. Ein solcher Fall wird uns besonders geeignet scheinen, die Schöpfung von Projektionsgebilden zu motivieren. Wir treffen hier wiederum mit Meinungen der Autoren zusammen, welche die bösen Geister für die erstgeborenen unter den Geistern erklären und die Entstehung der Seelenvorstellungen aus dem Eindruck des Todes auf die Überlebenden ableiten. Wir machen nur den einen Unterschied, daß wir nicht das intellektuelle Problem voranstellen, welches der Tod dem Lebenden aufgibt, sondern die zur Erforschung treibende Kraft in den Gefühlskonflikt verlegen, in welchen diese Situation den Überlebenden stürzt.

Die erste theoretische Leistung des Menschen – die Schöpfung der Geister – würde also aus derselben Quelle entspringen wie die ersten sittlichen Beschränkungen, denen er sich unterwirft, die Tabuvorschriften. Doch soll die Gleichheit des Ursprungs nichts für die Gleichzeitigkeit der Entstehung präjudizieren. Wenn es wirklich die Situation des Überlebenden gegen den Toten war, die den pri-

---

Abschnitt III der Studie *Über einen autobiographisch beschriebenen Fall von Paranoia* u. a.: »An der Symptombildung bei Paranoia ist vor allem jener Zug auffällig, der die Benennung *Projektion* verdient. Eine innere Wahrnehmung wurde unterdrückt, und zum Ersatz für sie kommt ihr Inhalt, nachdem er eine gewisse Entstellung erfahren hat, als Wahrnehmung von außen zum Bewußtsein. Die Entstellung besteht beim Verfolgungswahn in einer Affektverwandlung; was als Liebe innen hätte verspürt werden sollen, wird als Haß von außen wahrgenommen.« Freud weist dann darauf hin, daß »1. die Projektion nicht bei allen Formen der Paranoia die gleiche Rolle spielt und 2. daß sie nicht nur bei Paranoia, sondern auch unter anderen Verhältnissen im Seelenleben vorkommt, ja, daß ihr ein regelmäßiger Anteil an unserer Einstellung zur Außenwelt zugewiesen ist«. Schließlich folgt die Passage, auf die Freud hier anspielt: »So aufmerksam geworden, daß es sich beim Verständnis der Projektion um allgemeinere psychologische Probleme handelt, entschließen wir uns, das Studium der Projektion, und damit des Mechanismus der paranoischen Symptombildung überhaupt, für einen anderen Zusammenhang aufzusparen . . .« (Auch in seinen späteren Werken hat Freud dieses Thema nicht behandelt.)]

mitiven Menschen zuerst nachdenklich machte, ihn nötigte, einen Teil seiner Allmacht an die Geister abzugeben und ein Stück der freien Willkür seines Handelns zu opfern, so wären diese Kulturschöpfungen eine erste Anerkennung der *'Αναγκη*[159], die sich dem menschlichen Narzißmus widersetzt. Der Primitive würde sich vor der Übermacht des Todes beugen mit derselben Geste, durch die er diesen zu verleugnen scheint.

Wenn wir den Mut zur weiteren Ausbeutung unserer Voraussetzungen haben, können wir fragen, welches wesentliche Stück unserer psychologischen Struktur in der Projektionsschöpfung der Seelen und Geister seine Spiegelung und Wiederkehr findet. Es ist dann schwer zu bestreiten, daß die primitive Seelenvorstellung, soweit sie auch noch den von der späteren völlig immateriellen Seele absteht, doch im wesentlichen mit dieser zusammentrifft, also Person oder Ding als eine Zweiheit auffaßt, auf deren beide Bestandteile die bekannten Eigenschaften und Veränderungen des Ganzen verteilt sind. Diese ursprüngliche Dualität – nach einem Ausdruck von H. Spencer[160] – ist bereits identisch mit jenem Dualismus, der sich in der uns geläufigen Trennung von Geist und Körper kundgibt und dessen unzerstörbare sprachliche Äußerungen wir z. B. in der Beschreibung des Ohnmächtigen oder Rasenden: *er sei nicht bei sich*, erkennen.[161]

Was wir so, ganz ähnlich wie der Primitive, in die äußere Realität projizieren, kann kaum etwas anderes sein als die Erkenntnis eines Zustandes, in dem ein Ding den Sinnen und dem Bewußtsein gegeben, *präsent* ist, neben welchem ein anderer besteht, in dem dasselbe *latent* ist, aber wiedererscheinen kann, also die Koexistenz von Wahrnehmen und Erinnern, oder, ins Allgemeine ausgedehnt, die Existenz *unbewußter* Seelenvorgänge neben den *bewußten*[162]

159 [Ananke; griech. Notwendigkeit.]

160 Im 1. Band der *Prinzipien der Soziologie* [englische Originalausgabe 1893].

161 H. Spencer, ebda., S. 179.

162 Vgl. meine kleine Schrift: *A Note on the Unconscious in Psycho-Analysis*

Man könnte sagen, der »Geist« einer Person oder eines Dinges reduziere sich in letzter Analyse auf deren Fähigkeit, erinnert und vorgestellt zu werden, wenn sie der Wahrnehmung entzogen sind.

Man wird nun freilich weder von der primitiven noch von der heutigen Vorstellung der »Seele« erwarten dürfen, daß ihre Abgrenzung vom anderen Teile die Linien einhalte, welche unsere heutige Wissenschaft zwischen der bewußten und der unbewußten Seelentätigkeit zieht. Die animistische Seele vereinigt vielmehr Bestimmungen von beiden Seiten in sich. Ihre Flüchtigkeit und Beweglichkeit, ihre Fähigkeit, den Körper zu verlassen, dauernd oder vorübergehend von einem anderen Leibe Besitz zu nehmen, dies sind Charaktere, die unverkennbar an das Wesen des Bewußtseins erinnern. Aber die Art, wie sie sich hinter der persönlichen Erscheinung verborgen hält, mahnt an das Unbewußte; die Unveränderlichkeit und Unzerstörbarkeit schreiben wir heute nicht mehr den bewußten, sondern den unbewußten Vorgängen zu, und diese betrachten wir auch als die eigentlichen Träger der seelischen Tätigkeit.

Wir sagten vorhin, der Animismus sei ein Denksystem, die erste vollständige Theorie der Welt, und wollen nun aus der psychoanalytischen Auffassung eines solchen Systems gewisse Folgerungen ableiten. Die Erfahrung jedes unserer Tage kann uns die Haupteigenschaften des »Sy-

---

aus den *Proceedings* of the Society for Psychical Research, Part LXVI, vol. XXVI, London 1912. [Auf Einladung der Londoner »Society for Psychical Research« hat Freud diesen Aufsatz geschrieben, und zwar in englischer Sprache. Nachdem er 1912 in London erschienen war, wurde er von Hanns Sachs, einem der vertrautesten Schüler Freuds, ins Deutsche übersetzt. Unter dem Titel *Einige Bemerkungen über den Begriff des Unbewußten in der Psychoanalyse* erschien diese Übersetzung in: Internationale Zeitschrift für ärztliche Psychoanalyse, März 1913, Bd. 1 (2), S. 117–123. – In diesem Aufsatz hat Freud zum erstenmal eine gründliche Darstellung seiner Hypothese unbewußter seelischer Prozesse gegeben. Dabei unterschied er eine dreifache Verwendung des Begriffes »unbewußt« (»deskriptiv«, »dynamisch«, »systematisch«), die er später – in veränderter Form – in der Abhandlung *Das Ich und das Es* (1923) und in der 31. Vorlesung der *Neuen Folge der Vorlesungen zur Einführung in die Psychoanalyse* (vgl. in Band 3 der vorliegenden Ausgabe) wieder aufnahm.]

stems« immer von neuem vorführen. Wir träumen in der Nacht und haben es erlernt, am Tage den Traum zu deuten. Der Traum kann, ohne seine Natur zu verleugnen, wirr und zusammenhanglos erscheinen, er kann aber auch im Gegenteil die Ordnung der Eindrücke eines Erlebnisses nachahmen, eine Begebenheit aus der anderen ableiten und ein Stück seines Inhaltes auf ein anderes beziehen. Dies scheint ihm besser oder schlechter gelungen zu sein, fast niemals gelingt es so vollkommen, daß nicht irgendwo eine Absurdität, ein Riß im Gefüge zum Vorschein käme. Wenn wir den Traum der Deutung unterziehen, erfahren wir, daß die inkonstante und ungleichmäßige Anordnung der Traumbestandteile auch etwas für das Verständnis des Traumes recht Unwichtiges ist. Das Wesentliche am Traum sind die Traumgedanken, die allerdings sinnreich, zusammenhängend und geordnet sind. Aber deren Ordnung ist eine ganz andere als die von uns am manifesten Trauminhalt erinnerte. Der Zusammenhang der Traumgedanken ist aufgegeben worden und kann dann entweder überhaupt verloren bleiben oder durch den neuen Zusammenhang des Trauminhalts ersetzt werden. Fast regelmäßig hat, außer der Verdichtung der Traumelemente, eine Umordnung derselben stattgefunden, die von der früheren Anordnung mehr oder weniger unabhängig ist. Wir sagen abschließend, das, was durch die Traumarbeit aus dem Material der Traumgedanken geworden ist, hat eine neue Beeinflussung erfahren, die sogenannte *»sekundäre Bearbeitung«*, deren Absicht offenbar dahin geht, die aus der Traumarbeit resultierende Zusammenhanglosigkeit und Unverständlichkeit zugunsten eines neuen »Sinnes« zu beseitigen. Dieser neue, durch die sekundäre Bearbeitung erzielte Sinn ist nicht mehr der Sinn der Traumgedanken.

Die sekundäre Bearbeitung des Produkts der Traumarbeit ist ein vortreffliches Beispiel für das Wesen und die Ansprüche eines Systems. Eine intellektuelle Funktion in uns fordert Vereinheitlichung, Zusammenhang und Verständlichkeit von jedem Material der Wahrnehmung oder des Denkens, dessen sie sich bemächtigt, und scheut sich nicht, einen unrichtigen Zusammenhang herzustellen, wenn sie infolge besonderer Umstände den richtigen nicht erfassen kann. Wir kennen solche Systembildungen nicht nur vom Traume, sondern auch von den Phobien, dem Zwangsdenken und den Formen des Wahnes. Bei den Wahnerkrankungen (der Paranoia) ist die Systembildung das Sinnfälligste, sie beherrscht das Krankheitsbild, sie darf aber auch bei den anderen Formen von Neuropsychosen nicht übersehen werden. In allen Fällen können wir dann nachweisen, daß eine *Umordnung* des psychischen Materials zu einem neuen Ziel stattgefunden hat, oft eine im Grunde recht gewaltsame, wenn sie nur unter dem Gesichtspunkt des Systems begreiflich erscheint. Es wird dann zum besten Kennzeichen der Systembildung, daß jedes der Ergebnisse desselben mindestens zwei Motivierungen aufdecken läßt, eine Motivierung aus den Voraussetzungen des Systems – also eventuell eine wahnhafte – und eine versteckte, die wir aber als die eigentlich wirksame, reale, anerkennen müssen.

Zur Erläuterung ein Beispiel aus der Neurose: In der Abhandlung über das Tabu erwähnte ich eine Kranke, deren Zwangsverbote die schönsten Übereinstimmungen mit dem Tabu der Maori zeigen.[163] Die Neurose dieser Frau ist auf ihren Mann gerichtet; sie gipfelt in der Abwehr des unbewußten Wunsches nach seinem Tod. Ihre manifeste, systematische Phobie gilt aber der Erwähnung des Todes überhaupt, wobei ihr Mann völlig ausgeschaltet ist und niemals Gegenstand bewußter Sorge wird. Eines Tages hört sie den Mann den Auftrag erteilen, seine stumpf gewordenen Rasiermesser sollen in einen bestimmten Laden zum Schleifen gebracht werden. Von einer eigentümlichen Unruhe getrieben, macht sie sich selbst auf den Weg nach diesem Laden und fordert nach ihrer Rückkehr von dieser Rekognoszierung von ihrem Manne, er müsse diese Messer für alle Zeiten aus dem Wege räumen, denn sie habe entdeckt, daß neben dem von ihm genannten Laden sich eine

163 [Vgl. Abhandlung II, Abschnitt 2 der vorliegenden Studie.]

Niederlage von Särgen, Trauerwaren u. dgl. befindet. Die Messer seien durch seine Absicht in eine unlösbare Verbindung mit dem Gedanken an den Tod geraten. Dies ist nun die systematische Motivierung des Verbotes. Wir dürfen sicher sein, daß die Kranke auch ohne die Entdeckung jener Nachbarschaft das Verbot der Rasiermesser nach Hause gebracht hätte. Denn es hätte dazu hingereicht, daß sie auf dem Wege nach dem Laden einem Leichenwagen, einer Person in Trauerkleidung oder einer Trägerin eines Leichenkranzes begegnete. Das Netz der Bedingungen war weit genug ausgespannt, um die Beute in jedem Falle zu fangen; es lag dann an ihr, ob sie es zuziehen wollte oder nicht. Man konnte mit Sicherheit feststellen, daß sie für andere Fälle die Bedingungen des Verbotes nicht aktivierte. Dann hieß es eben, es sei ein »besserer Tag« gewesen. Die wirkliche Ursache des Verbotes der Rasiermesser war natürlich, wie wir mit Leichtigkeit erraten, ihr Sträuben gegen eine Lustbetonung der Vorstellung, ihr Mann könne sich mit dem geschärften Rasiermesser den Hals abschneiden.

In ganz ähnlicher Weise vervollständigt und detailliert sich eine Gehhemmung, eine Abasie oder Agoraphobie, wenn es diesem Symptom einmal gelungen ist, sich zur Vertretung eines unbewußten Wunsches und der Abwehr gegen denselben aufzuschwingen. Was sonst noch an unbewußten Phantasien und an wirksamen Reminiszenzen in dem Kranken vorhanden ist, drängt diesem einmal eröffneten Ausweg zum symptomatischen Ausdruck zu und bringt sich in zweckmäßiger Neuordnung im Rahmen der Gehstörung unter. Es wäre also ein vergebliches, eigentlich ein törichtes Beginnen, wenn man das symptomatische Gefüge und die Einzelheiten z. B. einer Agoraphobie aus der Grundvoraussetzung derselben verstehen wollte. Alle Konsequenz und Strenge des Zusammenhanges ist doch nur scheinbar. Schärfere Beobachtung kann, wie bei der Fassadenbildung des Traumes, die ärgsten Inkonsequenzen und Willkürlichkeiten der Symptombildung aufdecken. Die Einzelheiten einer solchen systematischen Phobie entnehmen ihre reale Motivierung versteckten Determinanten, die mit der Gehhemmung nichts zu tun haben müssen, und darum fallen auch die Gestaltungen einer solchen Phobie bei verschiedenen Personen so mannigfaltig und so widersprechend aus.

Suchen wir nun den Rückweg zu dem uns beschäftigenden System des Animismus, so schließen wir aus unseren Einsichten über andere psychologische Systeme, daß die Motivierung einer einzelnen Sitte oder Vorschrift durch den »Aberglauben« auch bei den Primitiven nicht die einzige und die eigentliche Motivierung zu sein braucht und uns der Verpflichtung nicht überhebt, nach den versteckten Motiven derselben zu suchen. Unter der Herrschaft eines animistischen Systems ist es nicht anders möglich, als daß jede Vorschrift und jede Tätigkeit eine systematische Begründung erhalte, welche wir heute eine »abergläubische« heißen. »Aberglaube« ist wie »Angst«, wie »Traum«, wie »Dämon« eine der psychologischen Vorläufigkeiten, die vor der psychoanalytischen Forschung zergangen sind. Kommt man hinter diese die Erkenntnis wie Wandschirme abwehrenden Konstruktionen, so ahnt man, daß dem Seelenleben und der Kulturhöhe der Wilden ein Stück verdienter Würdigung bisher vorhenthalten wurde.

Betrachtet man die Triebverdrängung als ein Maß des erreichten Kulturniveaus, so muß man zugestehen, daß auch unter dem animistischen System Fortschritte und Entwicklungen vorgefallen sind, die man mit Unrecht ihrer abergläubischen Motivierung wegen geringschätzt. Wenn wir hören, daß Krieger eines wilden Volksstammes sich die größte Keuschheit und Reinlichkeit auferlegen, sobald sie sich auf den Kriegspfad begeben,[164] so wird uns die Erklärung nahegelegt, daß sie ihren Unrat beseitigen, damit sich der Feind dieses Teiles ihrer Person nicht bemächtige, um ihnen auf magische Weise zu schaden,[165] und für ihre Enthaltsamkeit sollen wir analoge abergläubische Motivierun-

164 Frazer, *Taboo and the Perils of the Soul*, S. 158.
165 [Frazer, *Taboo* . . ., S. 157.]

gen vermuten. Nichtsdestoweniger bleibt die Tatsache des Triebverzichts bestehen, und wir verstehen den Fall wohl besser, wenn wir annehmen, daß der wilde Krieger sich solche Beschränkungen zur Ausgleichung auferlegt, weil er im Begriffe steht, sich die sonst untersagte Befriedigung grausamer und feindseliger Regungen im vollen Ausmaße zu gestatten. Dasselbe gilt für die zahlreichen Fälle von sexueller Beschränkung, solange man mit schwierigen oder verantwortlichen Arbeiten beschäftigt ist.[166] Mag sich die Begründung dieser Verbote immerhin auf einen magischen Zusammenhang berufen, die fundamentale Vorstellung, durch Verzicht auf Triebbefriedigung größere Kraft zu gewinnen, bleibt doch unverkennbar, und die hygienische Wurzel des Verbotes ist neben der magischen Rationalisierung derselben nicht zu vernachlässigen. Wenn die Männer eines wilden Volksstammes zur Jagd, zum Fischfang, zum Krieg, zum Einsammeln kostbarer Pflanzenstoffe ausgezogen sind, so bleiben ihre Frauen unterdes im Hause zahlreichen drückenden Beschränkungen unterworfen, denen von den Wilden selbst eine in die Ferne reichende, sympathetische Wirkung auf das Gelingen der Expedition zugeschrieben wird. Doch gehört wenig Scharfsinn dazu, um zu erraten, daß jenes in die Ferne wirkende Moment kein anderes als das Heimwärtsdenken, die Sehnsucht der Abwesenden, ist und daß hinter diesen Einkleidungen die gute psychologische Einsicht steckt, die Männer werden ihr Bestes nur dann tun, wenn sie über den Verbleib der unbeaufsichtigten Frauen vollauf beruhigt sind. Andere Male wird es direkt, ohne magische Motivierung, ausgesprochen, daß die eheliche Untreue der Frau die Bemühungen des in verantwortlicher Tätigkeit abwesenden Mannes zum Scheitern bringt.

Die unzähligen Tabuvorschriften, denen die Frauen der Wilden während ihrer Menstruation unterliegen, werden durch die abergläubische Scheu vor dem Blute motiviert und haben in ihr wohl auch eine reale Begründung. Aber

166 Frazer, *Taboo . . .*, S. 200.

es wäre unrecht, die Möglichkeit zu übersehen, daß diese Blutscheu hier auch ästhetischen und hygienischen Absichten dient, die sich in allen Fällen mit magischen Motivierungen drapieren müßten.

Wir täuschen uns wohl nicht darüber, daß wir uns durch solche Erklärungsversuche dem Vorwurfe aussetzen, daß wir den heutigen Wilden eine Feinheit der seelischen Tätigkeiten zumuten, die weit über die Wahrscheinlichkeit hinausgeht. Allein ich meine, es könnte uns mit der Psychologie dieser Völker, die auf der animistischen Stufe stehengeblieben sind, leicht so ergehen wie mit dem Seelenleben des Kindes, das wir Erwachsenen nicht mehr verstehen und dessen Reichhaltigkeit und Feinfühligkeit wir darum so sehr unterschätzt haben.

Ich will noch einer Gruppe von bisher unerklärten Tabuvorschriften gedenken, weil sie eine dem Psychoanalytiker vertraute Aufklärung zuläßt. Bei vielen wilden Völkern ist es unter verschiedenen Verhältnissen verboten, scharfe Waffen und schneidende Instrumente im Hause zu halten.[167] Frazer zitiert einen deutschen Aberglauben, daß man ein Messer nicht mit der Schneide nach oben liegen lassen dürfe. Gott und die Engel könnten sich daran verletzen.[168] Soll man in diesem Tabu nicht die Ahnung gewisser »Symptomhandlungen« erkennen, zu denen die scharfe Waffe durch unbewußte böse Regungen gebraucht werden könnte?[169]

---

167 Frazer, *Taboo* . . ., S. 237.

168 [Frazer, *Taboo* . . ., S. 238.]

169 [Aberglauben als Symptom der sogenannten »Zwangsneurose« hatte Freud an dem als »Rattenmann« bekannten Patienten während der etwa einjährigen Behandlung (1907/08) diagnostiziert. In der Falldarstellung unter dem Titel *Bemerkungen über einen Fall von Zwangsneurose* (1909) schreibt Freud u. a.: »Unser Patient war in hohem Grade abergläubisch, und dies zwar, obwohl er ein hochgebildeter, aufgeklärter Mann von bedeutendem Scharfsinn war und zuzeiten versichern konnte, daß er von all dem Plunder nichts für wahr halte.«]

IV
Die infantile Wiederkehr des Totemismus

Von der Psychoanalyse, welche zuerst die regelmäßige Überdeterminierung psychischer Akte und Bildungen aufgedeckt hat, braucht man nicht zu besorgen, daß sie versucht sein werde, etwas so Kompliziertes wie die Religion aus einem einzigen Ursprung abzuleiten. Wenn sie in notgedrungener, eigentlich pflichtgemäßer Einseitigkeit eine einzige der Quellen dieser Institution zur Anerkennung bringen will, so beansprucht sie zunächst für dieselbe die Ausschließlichkeit sowenig wie den ersten Rang unter den zusammenwirkenden Momenten. Erst eine Synthese aus verschiedenen Gebieten der Forschung kann entscheiden, welche relative Bedeutung dem hier zu erörternden Mechanismus in der Genese der Religion zuzuteilen ist; eine solche Arbeit überschreitet aber sowohl die Mittel als auch die Absicht des Psychoanalytikers.

1

In der ersten Abhandlung dieser Reihe haben wir den Begriff des Totemismus kennengelernt. Wir haben gehört, daß der Totemismus ein System ist, welches bei gewissen primitiven Völkern in Australien, Amerika, Afrika die Stelle einer Religion vertritt und die Grundlage der sozialen Organisation abgibt. Wir wissen, daß der Schotte McLennan 1869 das allgemeinste Interesse für die bis dahin nur als Kuriosa gewürdigten Phänomene des Totemismus in Anspruch nahm, indem er die Vermutung aussprach, eine große Anzahl von Sitten und Gebräuchen in verschiedenen alten wie modernen Gesellschaften seien als Überreste einer totemistischen Epoche zu verstehen. Die Wissenschaft hat seither diese Bedeutung als Totemismus im vollen Umfange anerkannt. Als eine der letzten Äußerungen über diese Frage will ich eine Stelle aus den *Elementen der Völkerpsychologie* von W. Wundt (1912, S. 139) zitieren: »Nehmen wir alles dies zusammen, so ergibt sich mit hoher Wahrscheinlichkeit der Schluß, daß die totemistische Kultur überall einmal eine Vorstufe der späteren Entwicklungen und eine Übergangsstufe zwischen dem Zustand des primitiven Menschen und dem Helden- und Götterzeitalter gebildet hat.«

Die Absichten der vorliegenden Abhandlungen nötigen uns zu einem tieferen Eingehen auf die Charaktere des Totemismus. Aus Gründen, welche später ersichtlich werden sollen, bevorzuge ich hier eine Darstellung von S. Reinach, der im Jahre 1900 nachstehenden *Code du totémisme* in zwölf Artikeln, gleichsam einen Katechismus der totemistischen Religion, entworfen hat:[170]

1. Gewisse Tiere dürfen weder getötet noch gegessen werden, aber die Menschen ziehen Individuen dieser Tiergattungen auf und schenken ihnen Pflege.

2. Ein zufällig verstorbenes Tier wird betrauert und unter den gleichen Ehrenbezeigungen bestattet wie ein Mitglied des Stammes.

3. Das Speiseverbot bezieht sich gelegentlich nur auf einen bestimmten Körperteil des Tieres.

4. Wenn man ein für gewöhnlich verschontes Tier unter dem Drange der Notwendigkeit töten muß, so entschuldigt man sich bei ihm und sucht die Verletzung des Tabu, den Mord, durch mannigfache Kunstgriffe und Ausflüchte abzuschwächen.

5. Wenn das Tier rituell geopfert wird, wird es feierlich beweint.

6. Bei gewissen feierlichen Gelegenheiten, religiösen Zeremonien, legt man die Haut bestimmter Tiere an. Wo der Totemismus noch besteht, sind dies die Totemtiere.

7. Stämme und Einzelpersonen legen sich Tiernamen bei, eben die der Totemtiere.

8. Viele Stämme gebrauchen Tierbilder als Wappen und verzieren mit ihnen ihre Waffen; Männer malen sich Tier-

170 *Revue scientifique*, Oktober 1900, abgedruckt in des Autors vierbändigem Werke *Cultes, mythes et religions*, Paris 1909, T. 1 [Bd. 1–4, 1905–12], S. 17 ff.

bilder auf den Leib oder lassen sich solche durch Tätowierung einritzen.

9. Wenn der Totem zu den gefürchteten und gefährlichen Tieren gehört, so wird angenommen, daß er die Mitglieder des nach ihm genannten Stammes verschont.

10. Das Totemtier beschützt und warnt die Angehörigen des Stammes.

11. Das Totemtier kündigt seinen Getreuen die Zukunft an und dient ihnen als Führer.

12. Die Mitglieder eines Totemstammes glauben oft daran, daß sie mit dem Totemtier durch das Band gemeinsamer Abstammung verknüpft sind.

Man kann diesen Katechismus der Totemreligion erst würdigen, wenn man in Betracht zieht, daß Reinach hier auch alle Anzeichen und Resterscheinungen eingetragen hat, aus denen man den einstigen Bestand des totemistischen Systems erschließen kann. Eine besondere Stellung dieses Autors zum Problem zeigt sich darin, daß er dafür die wesentlichen Züge des Totemismus einigermaßen vernachlässigt. Wir werden uns überzeugen, daß er von den zwei Hauptsätzen des totemistischen Katechismus den einen in den Hintergrund gedrängt, den anderen völlig übergangen hat.

Um von den Charakteren des Totemismus ein richtiges Bild zu gewinnen, wenden wir uns an einen Autor, welcher dem Thema ein vierbändiges Werk gewidmet hat, das die vollständigste Sammlung der hieher gehörigen Beobachtungen mit der eingehendsten Diskussion der durch sie angeregten Probleme verbindet. Wir werden J. G. Frazer, dem Verfasser von *Totemism and Exogamy* (1910), für Genuß und Belehrung verpflichtet bleiben, auch wenn die psychoanalytische Untersuchung zu Ergebnissen führen sollte, welche weit von den seinigen abweichen.[171]

171 Vielleicht tun wir aber vorher gut daran, dem Leser die Schwierigkeiten vorzuführen, mit denen Feststellungen auf diesem Gebiete zu kämpfen haben:

Zunächst: die Personen, welche die Beobachtungen sammeln, sind nicht dieselben, welche sie verarbeiten und diskutieren, die ersteren Reisende

Ein Totem, schrieb Frazer in seinem ersten Aufsatz[172], ist ein materielles Objekt, welchem der Wilde einen abergläubischen Respekt bezeugt, weil er glaubt, daß zwischen seiner eigenen Person und jedem Ding dieser Gattung eine ganz besondere Beziehung besteht. Die Verbindung zwischen einem Menschen und seinem Totem ist eine wechselseitige, der Totem beschützt den Menschen, und der Mensch beweist seine Achtung vor dem Totem auf verschiedene Arten, so z. B. daß er ihn nicht tötet, wenn es ein Tier, und nicht abpflückt, wenn es eine Pflanze ist. Der Totem unterscheidet sich vom Fetisch darin, daß er nie ein Einzelding ist wie dieser, sondern immer eine Gattung, in

und Missionäre, die letzteren Gelehrte, welche die Objekte ihrer Forschung vielleicht niemals gesehen haben. – Die Verständigung mit den Wilden ist nicht leicht. Nicht alle der Beobachter waren mit den Sprachen derselben vertraut, sondern mußten sich der Hilfe von Dolmetschern bedienen oder in der Hilfssprache des *pidgin-english* mit den Ausgefragten verkehren. Die Wilden sind nicht mitteilsam über die intimsten Angelegenheiten ihrer Kultur und eröffnen sich nur solchen Fremden, die viele Jahre in ihrer Mitte zugebracht haben. Sie geben aus den verschiedenartigsten Motiven (vgl. Frazer, *The Beginnings of Religion and Totemism among the Australian Aborigines*, in: Fortnightly Review, 1905; *T*[*otemism*] *and Ex*[*ogamy*, 1910], I, S. 150) oft falsche oder mißverständliche Auskünfte. – Man darf nicht daran vergessen, daß die primitiven Völker keine jungen Völker sind, sondern eigentlich ebenso alt wie die zivilisiertesten, und daß man kein Recht zur Erwartung hat, sie würden ihre ursprünglichen Ideen und Institutionen ohne jede Entwicklung und Entstellung für unsere Kenntnisnahme aufbewahrt haben. Es ist vielmehr sicher, daß sich bei den Primitiven tiefgreifende Wandlungen nach allen Richtungen vollzogen haben, so daß man niemals ohne Bedenken entscheiden kann, was an ihren gegenwärtigen Zuständen und Meinungen nach Art eines Petrefakts die ursprüngliche Vergangenheit erhalten hat und was einer Entstellung und Veränderung derselben entspricht. Daher die überreichlichen Streitigkeiten unter den Autoren, was an den Eigentümlichkeiten einer primitiven Kultur als primär und was als spätere, sekundäre Gestaltung aufzufassen sei. Die Feststellung des ursprünglichen Zustandes bleibt also jedesmal eine Sache der Kontruktion. – Es ist endlich nicht leicht, sich in die Denkungsart der Primitiven einzufühlen. Wir mißverstehen sie ebenso leicht wie die Kinder und sind immer geneigt, ihr Tun und Fühlen nach unseren eigenen psychischen Konstellationen zu deuten.

172 *Totemism*, Edinburgh 1887, abgedruckt im ersten Band des großen Werkes *T*[*otemism*] *and Ex*[*ogamy*, 1910].

der Regel eine Tier- oder Pflanzenart, seltener eine Klasse von unbelebten Dingen und noch seltener von künstlich hergestellten Gegenständen.

Man kann mindestens drei Arten von Totem unterscheiden:

1. den Stammestotem, an dem ein ganzer Stamm teilhat und der sich erblich von einer Generation auf die nächste überträgt;

2. den Geschlechtstotem, der allen männlichen oder allen weiblichen Mitgliedern eines Stammes mit Ausschluß des anderen Geschlechtes angehört, und

3. den individuellen Totem, der einer einzelnen Person eignet und nicht auf deren Nachkommenschaft übergeht.

Die beiden letzten Arten von Totem kommen an Bedeutung gegen den Stammestotem nicht in Betracht. Es sind, wenn nicht alles täuscht, späte und für das Wesen des Totem wenig bedeutsame Bildungen.

Der Stammestotem (Clantotem) ist Gegenstand der Verehrung einer Gruppe von Männern und Frauen, die sich nach dem Totem nennen, sich für blutsverwandte Abkömmlinge eines gemeinsamen Ahnen halten und durch gemeinsame Pflichten gegeneinander wie durch den Glauben an ihren Totem miteinander fest verbunden sind.

Der Totemismus ist sowohl ein religiöses wie ein soziales System. Nach seiner religiösen Seite besteht er in den Beziehungen gegenseitiger Achtung und Schonung zwischen einem Menschen und seinem Totem, nach seiner sozialen Seite in den Verpflichtungen der Clanmitglieder gegeneinander und gegen andere Stämme. In der späteren Geschichte des Totemismus zeigen dessen beide Seiten eine Neigung auseinanderzugehen; das soziale System überlebt häufig das religiöse, und umgekehrt verbleiben Reste von Totemismus in der Religion solcher Länder, in denen das auf den Totemismus gegründete soziale System verschwunden ist. Wie diese beiden Seiten des Totemismus ursprünglich miteinander zusammenhängen, können wir bei unserer Unkenntnis über dessen Ursprünge nicht mit Sicherheit sagen. Doch ergibt sich im ganzen eine starke Wahrscheinlichkeit dafür, daß die beiden Seiten des Totemismus zu Anfang unzertrennlich voneinander waren. Mit anderen Worten, je weiter wir zurückgehen, desto deutlicher zeigt es sich, daß der Stammesangehörige sich zur selben Art zählt wie seinen Totem und sein Verhalten gegen den Totem von dem gegen einen Stammesgenossen nicht unterscheidet.

In der speziellen Beschreibung des Totemismus als eines religiösen Systems stellt Frazer voran, daß die Mitglieder eines Stammes sich nach ihrem Totem nennen und *in der Regel auch glauben, daß sie von ihm abstammen.* Die Folge dieses Glaubens ist es, daß sie das Totemtier nicht jagen, nicht töten und nicht essen und sich jeden anderen Gebrauch des Totem versagen, wenn er etwas anderes als ein Tier ist. Die Verbote, den Totem nicht zu töten und nicht zu essen, sind nicht die einzigen Tabu, die ihn betreffen; manchmal ist es auch verboten, ihn zu berühren, ja, ihn anzuschauen; in einer Anzahl von Fällen darf der Totem nicht bei seinem richtigen Namen genannt werden. Die Übertretung dieser den Totem schützenden Tabugebote straft sich automatisch durch schwere Erkrankungen oder Tod.[173]

Exemplare des Totemtieres werden gelegentlich von dem Clan aufgezogen und in der Gefangenschaft gehegt.[174] Ein tot aufgefundenes Totemtier wird betrauert und bestattet wie ein Clangenosse. Mußte man ein Totemtier töten, so geschah es unter einem vorgeschriebenen Rituale von Entschuldigungen und Sühnezeremonien.

Von seinem Totem erwartete der Stamm Schutz und Schonung. Wenn er ein gefährliches Tier war (Raubtier, Giftschlange), so setzte man voraus, daß er seinen Genossen nichts zuleide tun würde, und wo sich diese Voraussetzung nicht bestätigte, wurde der Beschädigte aus dem Stamme ausgestoßen. Eide, meint Frazer, waren ursprünglich Ordalien; viele Abstammungs- und Echtheitsproben wurden so dem Totem zur Entscheidung überlassen. Der Totem hilft in Krankheiten, gibt dem Stamme Vorzeichen

173 Vgl. die Abhandlung [II] über das Tabu.

174 Wie heute noch die Wölfe im Käfig an der Kapitolsstiege in Rom, die Bären im Zwinger von Bern.

und Warnungen. Die Erscheinung des Totemtieres in der Nähe eines Hauses wurde häufig als Ankündigung eines Todesfalles angesehen. Der Totem war gekommen, seinen Verwandten zu holen.[175]

Unter verschiedenen bedeutsamen Verhältnissen sucht der Clangenosse seine Verwandtschaft mit dem Totem zu betonen, indem er sich ihm äußerlich ähnlich macht, sich in die Haut des Totemtieres hüllt, sich das Bild desselben einritzt u. dgl. Bei den feierlichen Gelegenheiten der Geburt, der Männerweihe, des Begräbnisses wird diese Identifizierung mit dem Totem in Taten und Worten durchgeführt. Tänze, bei denen alle Genossen des Stammes sich in ihren Totem verkleiden und wie er gebärden, dienen mannigfaltigen magischen und religiösen Absichten. Endlich gibt es Zeremonien, bei denen das Totemtier in feierlicher Weise getötet wird.[176]

Die soziale Seite des Totemismus prägt sich vor allem in einem streng gehaltenen Gebot und in einer großartigen Einschränkung aus. Die Mitglieder eines Totemclans sind Brüder und Schwestern, verpflichtet, einander zu helfen und zu beschützen; im Falle der Tötung eines Clangenossen durch einen Fremden haftet der ganze Stamm des Täters für die Bluttat, und der Clan des Gemordeten fühlt sich solidarisch in der Forderung nach Sühne für das vergossene Blut. Die Totembande sind stärker als die Familienbande in unserem Sinne; sie fallen mit diesen nicht zusammen, da die Übertragung des Totem in der Regel durch mütterliche Vererbung geschieht und ursprünglich die väterliche Vererbung vielleicht überhaupt nicht in Geltung war.

Die entsprechende Tabubeschränkung aber besteht in dem Verbot, daß Mitglieder desselben Totemclans einander nicht heiraten und überhaupt nicht in Sexualverkehr miteinander treten dürfen. Dies ist die berühmte und rätselhafte, mit dem Totemismus verknüpfte *Exogamie.* Wir

---

175 Also wie die weiße Frau mancher Adelsgeschlechter.

176 Frazer, *Taboo . . .*, S. 45. – Siehe unten die Erörterung über das Opfer.

haben ihr die ganze erste Abhandlung dieser Reihe gewidmet und brauchen darum hier nur anzuführen, daß sie der verschärften Inzestscheu der Primitiven entspringt, daß sie als Sicherung gegen Inzest bei Gruppenehe vollkommen verständlich würde und daß sie zunächst die Inzestverhütung für die jüngere Generation besorgt und erst in weiterer Ausbildung auch der älteren Generation zum Hindernis wird.[177]

An diese Darstellung des Totemismus bei Frazer, eine der frühesten in der Literatur des Gegenstandes, will ich nun einige Auszüge aus einer der letzten Zusammenfassungen anschließen. In den 1912 erschienenen *Elementen der Völkerpsychologie* sagt W. Wundt (S. 116 ff.): »Das Totemtier gilt als Ahnentier der betreffenden Gruppe. ›Totem‹ ist also einerseits Gruppen-, anderseits Abstammungsname, und in letzterer Beziehung hat dieser Name zugleich eine mythologische Bedeutung. Alle diese Verwendungen des Begriffes spielen aber ineinander, und die einzelnen dieser Bedeutungen können zurücktreten, so daß in manchen Fällen die Totems fast zu einer bloßen Nomenklatur der Stammesabteilungen geworden sind, während in anderen die Vorstellung der Abstammung oder aber auch die kultische Bedeutung des Totems im Vordergrund steht . . .« Der Begriff des Totem wird für die *Stammesgliederung und Stammesorganisation* maßgebend. »Mit diesen Normen und mit ihrer Befestigung im Glauben und Fühlen der Stammesgenossen hängt es zusammen, daß man das Totemtier ursprünglich jedenfalls nicht bloß als einen Namen für eine Gruppe von Stammesgliedern betrachtete, sondern daß das Tier meist als Stammvater der betreffenden Abteilung gilt . . . Damit hängt dann zusammen, daß diese Tierahnen einen Kult genießen . . . Dieser Tierkult äußert sich ursprünglich, abgesehen von bestimmten Zeremonien und zeremoniellen Festen, vor allem in dem Verhalten gegenüber dem Totemtier: nicht nur ein einzelnes Tier, sondern

177 Siehe die erste Abhandlung.

jeder Repräsentant der gleichen Spezies ist in gewissem Grade ein geheiligtes Tier, es ist den Totemgenossen verboten oder nur unter gewissen Umständen erlaubt, das Fleisch des Totemtieres zu genießen. Dem entspricht die in solchem Zusammenhange bedeutsame Gegenerscheinung, daß unter gewissen Bedingungen eine Art von zeremoniellem Genuß des Totemfleisches stattfindet ...«

»... Die wichtigste soziale Seite dieser totemistischen Stammesgliederung besteht aber darin, daß mit ihr bestimmte Normen der Sitte für den Verkehr der Gruppen untereinander verbunden sind. Unter diesen Normen stehen in erster Linie die für den Eheverkehr. So hängt diese Stammesgliederung mit einer wichtigen Erscheinung zusammen, die zum erstenmal im totemistischen Zeitalter auftritt: mit der *Exogamie.*«

Wenn wir durch all das hindurch, was späterer Fortbildung oder Abschwächung entsprechen mag, zu einer Charakteristik des ursprünglichen Totemismus gelangen wollen, so ergeben sich uns folgende wesentliche Züge: *Die Totem waren ursprünglich nur Tiere, sie galten als die Ahnen der einzelnen Stämme. Der Totem vererbte sich nur in weiblicher Linie; es war verboten, den Totem zu töten* (oder *zu essen*, was für primitive Verhältnisse zusammenfällt); *es war den Totemgenossen verboten, Sexualverkehr miteinander zu pflegen.*[178]

178 Übereinstimmend mit diesem Text lautet das Fazit des Totemismus, welches Frazer in seiner zweiten Arbeit über den Gegenstand (*The Origin of Totemism*, in: Fortnightly Review 1899) zieht: »*Thus Totemism has commonly been treated as a primitive system both of religion and of society. As a system of religion it embraces the mystic union of the savage with his totem; as a system of society it comprises the relations in which men and women of the same totem stand to each other and to the members of other totemic groups. And corresponding to these two sides of the system are two rough and ready tests or canons of Totemism: first, the rule that a man may not kill or eat his totem animal or plant; and second the rule that he may not marry or cohabit with a woman of the same totem.*« ([Abgedruckt in Frazer, 1910, Bd. 1,] S. 101; [deutsche Übersetzung: »So wurde der Totemismus gemeinhin als ein primitives System sowohl der Religion als auch der Gesellschaft behandelt. Als ein System der Religion umfaßt es das mystische Einssein des Primitiven mit seinem Totem; als ein System der Gesellschaft enthält es die Beziehungen, in denen die

Es darf uns nun auffallen, daß in dem *Code du totémisme*, den Reinach aufgestellt hat, das eine der Haupttabu, das der Exogamie, überhaupt nicht vorkommt, während die Voraussetzung des zweiten, die Abstammung vom Totemtier, nur eine beiläufige Erwähnung findet. Ich habe aber die Darstellung Reinachs, eines um den Gegenstand sehr verdienten Autors, ausgewählt, um auf die Meinungsverschiedenheiten unter den Autoren vorzubereiten, welche uns nun beschäftigen sollen.

2

Je unabweisbarer die Einsicht auftrat, daß der Totemismus eine regelmäßige Phase aller Kulturen gebildet habe, desto dringender wurde das Bedürfnis, zu einem Verständnis desselben zu gelangen, die Rätsel seines Wesens aufzuhellen. Rätselhaft ist wohl alles am Totemismus; die entscheidenden Fragen sind die nach der Herkunft der Totemabstammung, nach der Motivierung der Exogamie (respektive des durch sie vertretenen Inzesttabu) und nach der Beziehung zwischen den beiden, der Totemorganisation und dem Inzestverbot. Das Verständnis sollte in einem ein historisches und ein psychologisches sein, Auskunft geben, unter welchen Bedingungen sich diese eigentümliche Institution entwickelt und welchen seelischen Bedürfnissen der Menschen sie Ausdruck gegeben hatte.

Meine Leser werden nun gewiß erstaunt sein zu hören, von wie verschiedenen Gesichtspunkten her die Beantwor-

Männer und Frauen desselben Totem zueinander und zu den Mitgliedern anderer Totemgruppen stehen. Und mit diesen zwei Seiten des Systems korrespondieren zwei grobe Kriterien oder Gesetzmäßigkeiten des Totemismus: erstens, die Regel, daß ein Mann sein Totemtier oder seine Totempflanze nicht töten oder verzehren soll, und zweitens, daß er eine Frau desselben Totem nicht heiraten oder ihr beiwohnen soll.«]) Frazer fügt dann hinzu, was uns mitten in die Diskussionen über den Totemismus hineinführt: *»Whether the two sides – the religious and the social – have always co-existed or are essentially independent, is a question which has been variously answered.«* – [Deutsche Übersetzung: »Ob die zwei Seiten – die religiöse und die gesellschaftliche – immer miteinander bestanden haben oder grundsätzlich unabhängig voneinander sind, ist eine Frage, die unterschiedlich beantwortet wurde.«]

tung dieser Fragen versucht wurde und wie weit die Meinungen der sachkundigen Forscher hierüber auseinandergehen. Es steht so ziemlich alles in Frage, was man allgemein über Totemismus und Exogamie behaupten möchte; auch das vorangeschickte, aus einer von Frazer 1887 veröffentlichten Schrift geschöpfte Bild kann der Kritik nicht entgehen, eine willkürliche Vorliebe des Referenten auszudrücken, und würde heute von Frazer selbst, der seine Ansichten über den Gegenstand wiederholt geändert hat, beanständet werden.[179]

Es ist eine naheliegende Annahme, daß man das Wesen des Totemismus und der Exogamie am ehesten erfassen könnte, wenn man den Ursprüngen der beiden Institutionen näherkäme. Dann ist aber für die Beurteilung der Sachlage die Bemerkung von Andrew Lang nicht zu vergessen, daß auch die primitiven Völker uns diese ursprünglichen Formen der Institutionen und die Bedingungen für deren Entstehung nicht mehr aufbewahrt haben, so daß wir einzig und allein auf Hypothesen angewiesen bleiben, um die mangelnde Beobachtung zu ersetzen.[180]

---

179 Anläßlich einer solchen Sinnesänderung schrieb er den schönen Satz nieder: *»That my conclusions on these difficult questions are final, I am not so foolish as to pretend. I have changed my views repeatedly, and I am resolved to change them again with every change of the evidence, for like a chameleon, the candid enquirer should shift his colours with the shifting colours of the ground he treads.«* Vorrede zum 1. Band von *Totemism and Exogamy*, 1910. [Deutsche Übersetzung: »Ich bin nicht so töricht zu behaupten, daß meine Schlußfolgerungen zu diesen schwierigen Fragen endgültig sind. Ich habe meine Ansichten wiederholt geändert und bin entschlossen, sie mit jeder Änderung des Beweismaterials erneut zu ändern, denn wie ein Chamäleon sollte der ehrliche Forscher seine Färbung den wechselnden Farben des Bodens, den er betritt, anpassen.«]

180 *»By the nature of the case, as the origin of totemism lies far beyond our powers of historical examination or of experiment, we must have recourse as regards this matter to conjecture.«* A. Lang, [*The*] *Secret of the Totem* [1905], S. 27. [»Nach der Natur der Sache, da der Ursprung des Totemismus weit jenseits unserer Möglichkeiten historischer Überprüfung oder des Experimentierens liegt, müssen wir uns, was diese Sache betrifft, mit der Vermutung behelfen.«] – *»Nowhere do we see absolutely p r i m i t i v e man, and a totemic system in the making.«* Ebda., »Nirgends sehen wir den absolut primitiven Menschen und ein totemistisches System im Entstehen.«]

Unter den vorgebrachten Erklärungsversuchen erscheinen einige dem Urteil des Psychologen von vornherein als inadäquat. Sie sind allzu rationell und nehmen auf den Gefühlscharakter der zu erklärenden Dinge keine Rücksicht. Andere ruhen auf Voraussetzungen, denen die Beobachtung die Bestätigung versagt; noch andere berufen sich auf ein Material, welches besser einer anderen Deutung unterworfen werden sollte. Die Widerlegung der verschiedenen Ansichten hat in der Regel wenig Schwierigkeiten; die Autoren sind wie gewöhnlich in der Kritik, die sie aneinander üben, stärker als in ihren eigenen Produktionen. Ein *non liquet* ist für die meisten der behandelten Punkte das Endergebnis. Es ist daher nicht zu verwundern, wenn in der neuesten, hier meist übergangenen Literatur des Gegenstandes das unverkennbare Bestreben auftritt, eine allgemeine Lösung der totemistischen Probleme als undurchführbar abzuweisen. So z. B. Goldenweiser im *J. of Am. Folk-Lore*, XXIII, 1910. (Referat in *Britannica Year Book* 1913.) Ich habe mir gestattet, bei der Mitteilung dieser einander widerstreitenden Hypothesen von deren Zeitfolge abzusehen.

a) Die Herkunft des Totemismus

Die Frage nach der Entstehung des Totemismus läßt sich auch so formulieren: Wie kamen primitive Menschen dazu, sich (ihre Stämme) nach Tieren, Pflanzen, leblosen Gegenständen zu benennen?[181]

Der Schotte McLennan, der Totemismus und Exogamie für die Wissenschaft entdeckte,[182] enthielt sich, eine Ansicht über die Entstehung des Totemismus zu veröffentlichen. Nach einer Mitteilung von A. Lang[183] war er

181 Wahrscheinlich ursprünglich nur nach Tieren.
182 J. F. McLennan, *The Worship of Animals and Plants*, in: Fortnightly Review, 1869–70, N. S. Bd. 6, S. 407 und 562; N. S. Bd. 7, S. 194; und: *Primitive Marriage*, Edinburgh 1865. [Beide Arbeiten wurden nachgedruckt in: McLennan, *Studies in Ancient History*, London 1876 bzw. 1886.]
183 *The Secret of the Totem*, London 1905, S. 34.

eine Zeitlang geneigt, den Totemismus auf die Sitte des Tätowierens zurückzuführen. Die verlautbarten Theorien zur Ableitung des Totemismus möchte ich in drei Gruppen bringen, als *α)* nominalistische, *β)* soziologische, *γ)* psychologische.

α) Die nominalistischen Theorien

Die Mitteilungen über diese Theorien werden deren Zusammenfassung unter dem von mir gebrachten Titel rechtfertigen.

Schon Garcilaso de Vega, ein Abkömmling der peruanischen Inka, der im 17. Jahrhundert die Geschichte seines Volkes schrieb, soll, was ihm von totemistischen Phänomenen bekannt war, auf das Bedürfnis der Stämme, sich durch Namen voneinander zu unterscheiden, zurückgeführt haben.[184] Derselbe Gedanke taucht Jahrhunderte später in der Ethnologie von A. K. Keane auf: Die Totem seien aus *»heraldic badges«* (Wappenabzeichen) hervorgegangen, durch die Individuen, Familien und Stämme sich voneinander unterscheiden wollten.[185]

Max-Müller äußerte dieselbe Ansicht über die Bedeutung der Totem in seinen *Contributions to the Science of Mythology*[186]. Ein Totem sei: 1. ein Clanabzeichen, 2. ein Clanname, 3. der Name des Ahnherrn des Clan, 4. der Name des vom Clan verehrten Gegenstandes. Später J. Pikler 1899: »Die Menschen bedurften eines bleibenden, schriftlich fixierbaren Namens für Gemeinschaften und Individuen ... So entspringt also der Totemismus nicht aus dem religiösen, sondern aus dem nüchternen Alltagsbedürfnis der Menschheit. Der Kern des Totemismus, die Benennung, ist eine Folge der primitiven Schrifttechnik. Der Charakter der Totem ist auch der von leicht darstellbaren Schriftzeichen. Wenn die Wilden aber erst den Namen

184 Nach A. Lang, [*The*] *Secret of the Totem*, S. 34.
185 ebda.
186 [F. Max-Müller, *Contributions to the Science of Mythology*, 2 Bände, London 1897.] Nach A. Lang.

eines Tieres trugen, so leiteten sie daraus die Idee einer Verwandtschaft mit diesem Tiere ab.«[187]

Herbert Spencer[188] legte gleichfalls der Namengebung die entscheidende Bedeutung für die Entstehung des Totemismus bei. Einzelne Individuen, führte er aus, hätten durch ihre Eigenschaften herausgefordert, sie nach Tieren zu benennen, und seien so zu Ehrennamen oder Spitznamen gekommen, welche sich auf ihre Nachkommen fortsetzten. Infolge der Unbestimmtheit und Unverständlichkeit der primitiven Sprachen seien diese Namen von den späteren Generationen so aufgefaßt worden, als seien sie ein Zeugnis für ihre Abstammung von diesen Tieren selbst. Der Totemismus hätte sich so als mißverständliche Ahnenverehrung ergeben.

Ganz ähnlich, obwohl ohne Hervorhebung des Mißverständnisses, hat Lord Avebury (bekannter unter seinem früheren Namen Sir John Lubbock) die Entstehung des Totemismus beurteilt: Wenn wir die Tierverehrung erklären wollen, dürfen wir nicht daran vergessen, wie häufig die menschlichen Namen von den Tieren entlehnt werden. Die Kinder und das Gefolge eines Mannes, der Bär oder Löwe genannt wurde, machten daraus natürlich einen Stammesnamen. Daraus ergab sich, daß das Tier selbst zu einer gewissen Achtung und endlich Verehrung gelangte.[189]

Einen, wie es scheint, unwiderleglichen Einwand gegen solche Zurückführung der Totemnamen auf die Namen von Individuen hat Fison vorgebracht.[190] Er zeigt an den Verhältnissen von Australien, daß der Totem stets das Merkzeichen einer Gruppe von Menschen, nie eines einzel-

187 Pikler und Somló, *Der Ursprung des Totemismus*, Berlin 1900. Die Autoren kennzeichnen ihren Erklärungsversuch mit Recht als »Beitrag zur materialistischen Geschichtstheorie«.

188 *The Origin of Animal Worship*, in: Fortnightly Review 1870. *Prinzipien der Soziologie* [1893], Bd. 1, §§ 169–176.

189 [J. Lubbock, *The Origin of Civilisation*, London 1870 (3. Aufl., London 1875); deutsche Übersetzung: *Die Entstehung der Zivilisation*, Jena 1875.]

190 [L. Fison und A. W. Howitt,] *Kamilaroi und Kurnai*, [Melbourne] 1880, S. 165, nach: A. Lang, *Secret* . . ., S. 141.

nen ist. Wäre es aber anders und der Totem ursprünglich der Name eines einzelnen Menschen, so könnte er bei dem System der mütterlichen Vererbung nie auf dessen Kinder übergehen.

Die bisher mitgeteilten Theorien sind übrigens in offenkundiger Weise unzureichend. Sie erklären etwa die Tatsache der Tiernamen für die Stämme der Primitiven, aber niemals die Bedeutung, welche diese Namengebung für sie gewonnen hat, das totemistische System. Die beachtenswerteste Theorie dieser Gruppe ist die von A. Lang in seinen Büchern *Social Origins* 1903 und *The Secret of the Totem* 1905 entwickelte. Sie macht immer noch die Namengebung zum Kern des Problems, aber sie verarbeitet zwei interessante psychologische Momente und beansprucht so, das Rätsel des Totemismus der endgültigen Lösung zugeführt zu haben.

A. Lang meint, es sei zunächst gleichgültig, auf welche Weise die Clans zu ihren Tiernamen gekommen seien. Man wolle nur annehmen, sie erwachten eines Tages zum Bewußtsein, daß sie solche tragen, und wußten sich keine Rechenschaft zu geben, woher. *Der Ursprung dieser Namen sei vergessen.* Dann würden sie versuchen, sich durch Spekulation Auskunft darüber zu schaffen, und bei ihren Überzeugungen von der Bedeutung der Namen müßten sie notwendigerweise zu all den Ideen kommen, die im totemistischen System enthalten sind. Namen sind für die Primitiven – wie für die heutigen Wilden und selbst für unsere Kinder[191] – nicht etwa etwas Gleichgültiges und Konventionelles, wie sie uns erscheinen, sondern etwas Bedeutungsvolles und Wesentliches. Der Name eines Menschen ist ein Hauptbestandteil seiner Person, vielleicht ein Stück seiner Seele. Die Gleichnamigkeit mit dem Tiere mußte die Primitiven dazu führen, ein geheimnisvolles und bedeutsames Band zwischen ihren Personen und dieser Tiergattung anzunehmen. Welches Band konnte da anders in Betracht kommen als das der Blutsverwandtschaft?

---

191 Vgl. oben die Abhandlung über das Tabu, II, 3, c.

War diese aber infolge der Namensgleichheit einmal angenommen, so ergaben sich aus ihr als direkte Folgen des Bluttabu alle Totemvorschriften mit Einschluß der Exogamie.

»No more than these three things – a group animal name of unknown origin; belief in a transcendental connection between all bearers, human and bestial, of the same name; and belief in the blood superstitions – was needed to give rise to all the totemic creeds and practices, including exogamy.« ([The] Secret of the Totem, S. 125f.)[192]

Langs Erklärung ist sozusagen zweizeitig. Sie leitet das totemistische System mit psychologischer Notwendigkeit aus der Tatsache der Totemnamen ab unter der Voraussetzung, daß die Herkunft dieser Namengebung vergessen worden sei. Das andere Stück der Theorie sucht nun den Ursprung dieser Namen aufzuklären; wir werden sehen, daß es von ganz anderem Gepräge ist.

Dies andere Stück der Langschen Theorie entfernt sich nicht wesentlich von den übrigen, die ich »nominalistisch« genannt habe. Das praktische Bedürfnis nach Unterscheidung nötigte die einzelnen Stämme, Namen anzunehmen, und darum ließen sie sich die Namen gefallen, die jedem Stamm von den anderen gegeben wurden. Dies *»naming from without«* ist die Eigentümlichkeit der Langschen Konstruktion. Daß die Namen, die so zustande kamen, von Tieren entlehnt waren, ist nicht weiter auffällig und braucht von den Primitiven nicht als Schimpf oder Spott empfunden worden zu sein. Übrigens hat Lang die keineswegs vereinzelten Fälle aus späteren Epochen der Geschichte herangezogen, in denen von außen gegebene, ursprünglich als Spott gemeinte Namen von den so Bezeichneten akzeptiert und bereitwillig getragen wurden (*Geusen*, *Whigs* und *Tories*). Die Annahme, daß die Entstehung dieser Namen im

192 [»Mehr als diese drei Dinge – ein Gruppentiername unbekannter Herkunft; der Glaube an eine transzendentale Verbindung zwischen allen Trägern desselben Namens, ob menschlich oder tierisch; und der Glaube an Blutsbande – waren nicht nötig, um alle totemistischen Überzeugungen und Bräuche, einschließlich der Exogamie, hervorzurufen.«]

Laufe der Zeit vergessen wurde, verknüpft dies zweite Stück der Langschen Theorie mit dem vorhin dargestellten ersten.

β) Die soziologischen Theorien

S. Reinach, der den Überbleibseln des totemistischen Systems in Kult und Sitte späterer Perioden erfolgreich nachgespürt, aber von Anfang an das Moment der Abstammung vom Totemtier geringgeschätzt hat, äußert einmal ohne Bedenken, der Totemismus scheine ihm nichts anderes zu sein als »*une hypertrophie de l'instinct social*«[193].

Dieselbe Auffassung scheint das neue Werk von E. Durkheim: *Les formes élémentaires de la vie religieuse: Le système totémique en Australie* (1912), zu durchziehen. Der Totem ist der sichtbare Repräsentant der sozialen Religion dieser Völker. Er verkörpert die Gemeinschaft, welche der eigentliche Gegenstand der Verehrung ist.

Andere Autoren haben nach näherer Begründung für diese Beteiligung der sozialen Triebe an der Bildung der totemistischen Institutionen gesucht. So hat A. C. Haddon angenommen, daß jeder primitive Stamm ursprünglich von einer besonderen Tier- oder Pflanzenart lebte, vielleicht auch mit diesem Nahrungsmittel Handel trieb und ihn anderen Stämmen im Austausch zuführte. So konnte es nicht fehlen, daß der Stamm den anderen unter dem Namen des Tieres, welches für ihn eine so wichtige Rolle spielte, bekannt wurde. Gleichzeitig mußte sich bei diesem Stamm eine besondere Vertrautheit mit dem betreffenden Tier und eine Art von Interesse für dasselbe entwickeln, welches aber auf kein anderes psychisches Motiv als auf das elementarste und dringendste der menschlichen Bedürfnisse, den Hunger, gegründet war.[194]

Die Einwendungen gegen diese rationalste aller Totem-

---

193 [S. Reinach, *Cultes, mythes et religions*, Paris 1905–12,] Bd. 1, S. 41 [»ein Auswuchs des Sozialinstinkts«].

194 A. C. Haddon, *Presidential Address to the Anthropological Section*, in: Report of the Seventy-Second Meeting of the British Association, Belfast 1902; nach: Frazer, *Totemism and Exogamy*, Bd. 4, S. 50 ff.

theorien besagen, daß ein solcher Zustand der Ernährung bei den Primitiven nirgends gefunden werde und wahrscheinlich niemals bestanden habe. Die Wilden seien omnivor, und zwar um so mehr, je niedriger sie stehen. Ferner sei es nicht zu verstehen, wie aus solcher ausschließlicher Diät sich ein fast religiöses Verhältnis zu dem Totem entwickelt haben konnte, das in der absoluten Enthaltung von der Vorzugsnahrung gipfelte.[195]

Die erste der drei Theorien, welche Frazer über die Entstehung des Totemismus ausgesprochen, war eine psychologische; sie wird an anderer Stelle berichtet werden.

Die zweite hier zu besprechende Theorie Frazers entstand unter dem Eindruck der bedeutungsvollen Publikation zweier Forscher über die Eingeborenen von Zentralaustralien.[196]

Spencer und Gillen beschrieben bei einer Gruppe von Stämmen, der sogenannten Aruntanation, eine Reihe von eigentümlichen Einrichtungen, Gebräuchen und Ansichten, und Frazer schloß sich ihrem Urteile an, daß diese Besonderheiten als Züge eines primären Zustandes zu betrachten seien und über den ersten und eigentlichen Sinn des Totemismus Aufschluß geben können.

Diese Eigentümlichkeiten sind bei dem Aruntastamm selbst (einem Teil der Aruntanation) folgende:

1. Sie haben die Gliederung in Totemclans, aber der Totem wird nicht erblich übertragen, sondern (auf später mitzuteilende Weise) individuell bestimmt.

2. Die Totemclans sind nicht exogam, die Heiratsbeschränkungen werden durch eine hochentwickelte Gliederung in Heiratsklassen hergestellt, welche mit den Totem nichts zu tun haben.

3. Die Funktion der Totemclans besteht in der Ausführung einer Zeremonie, welche auf exquisit magische Weise die Vermehrung des eßbaren Totemobjekts bezweckt (diese Zeremonie heißt *Intichiuma*).

195 [Vgl. Frazer, *Totemism and Exogamy*, Bd. 4, S. 51.]

196 *The Native of Central Australia* von Baldwin Spencer und F. J. Gillen, London 1899.

4. Die Arunta haben eine eigenartige Konzeptions- und Wiedergeburtstheorie. Sie nehmen an, daß an bestimmten Stellen ihres Landes die Geister der Verstorbenen desselben Totem auf ihre Wiedergeburt warten und in den Leib der Frauen eindringen, die jene Stellen passieren. Wird ein Kind geboren, so gibt die Mutter an, auf welcher Geisterstätte sie ihr Kind empfangen zu haben glaubt. Danach wird der Totem des Kindes bestimmt. Es wird ferner angenommen, daß die Geister (der Verstorbenen wie der Wiedergeborenen) an eigentümliche Steinamulette gebunden sind (namens *Churinga*), welche an jenen Stätten gefunden werden.

Zwei Momente scheinen Frazer zum Glauben bewogen zu haben, daß man in den Einrichtungen der Arunta die älteste Form des Totemismus aufgefunden habe. Erstens die Existenz gewisser Mythen, welche behaupteten, daß die Ahnen der Arunta sich regelmäßig von ihrem Totem genährt und keine anderen Frauen als die aus ihrem eigenen Totem geheiratet hätten. Zweitens die anscheinende Zurücksetzung des Geschlechtsaktes in ihrer Konzeptionstheorie. Menschen, die noch nicht erkannt hatten, daß die Empfängnis die Folge des Geschlechtsverkehrs sei, dürfte man wohl als die zurückgebliebensten und primitivsten unter den heute lebenden ansehen.

Indem Frazer sich für die Beurteilung des Totemismus an die *Intichiuma*zeremonie hielt, erschien ihm das totemistische System auf einmal in gänzlich verändertem Lichte als eine durchwegs praktische Organisation zur Bestreitung der natürlichsten Bedürfnisse des Menschen (vgl. oben Haddon).[197] Das System war einfach ein großartiges Stück

197 *»There is nothing vague or mystical about it, nothing of that metaphysical haze which some writers love to conjure up over the humble beginnings of human speculation, but which is utterly foreign to the simple, sensuous and concrete modes of thought of the savage«* (*Totemism and Exogamy*, I, S. 117). [Deutsche Übersetzung: »Es hat nichts Vages oder Mystisches an sich, nichts von dem metaphysischen Dunstschleier, den einige Autoren mit Vorliebe um die bescheidenen Anfänge menschlicher Denktätigkeit breiten; etwas, was den einfachen, sinnlichen und konkreten Denkweisen der Primitiven völlig fremd ist.«]

von *»co-operative magic«*. Die Primitiven bildeten sozusagen einen magischen Produktions- und Konsumverein. Jeder Totemclan hatte die Aufgabe übernommen, für die Reichlichkeit eines gewissen Nahrungsmittels zu sorgen. Wenn es sich um nicht-eßbare Totem handelte, wie um schädliche Tiere, um Regen, Wind u. dgl., so war die Pflicht des Totemclan, dieses Stück Natur zu beherrschen und dessen Schädlichkeit abzuwehren. Die Leistungen eines jeden Clan kamen allen anderen zugute. Da der Clan von seinem Totem nichts oder nur sehr wenig essen durfte, so beschaffte er dieses wertvolle Gut für die anderen und wurde dafür von ihnen mit dem versorgt, was sie selbst als ihre soziale Totempflicht zu besorgen hatten. Im Lichte dieser durch die *Intichiuma*zeremonie vermittelten Auffassung wollte es Frazer scheinen, als wäre man durch das Verbot, von seinem Totem zu essen, verblendet worden, die wichtigere Seite des Verhältnisses zu vernachlässigen, nämlich das Gebot, möglichst viel von dem eßbaren Totem für den Bedarf der anderen herbeizuschaffen.

Frazer nahm die Tradition der Arunta an, daß jeder Totemclan sich ursprünglich ohne Einschränkung von seinem Totem genährt habe. Dann bereitete es Schwierigkeiten, die folgende Entwicklung zu verstehen, die sich damit begnügte, den Totem für andere zu sichern, während man selbst auf seinen Genuß fast verzichtete. Er nahm dann an, diese Einschränkung sei keineswegs aus einer Art von religiösem Respekt hervorgegangen, sondern vielleicht aus der Beobachtung, daß kein Tier seinesgleichen zu verzehren pflege, so daß dieser Abbruch der Identifizierung mit dem Totem der Macht, die man über denselben zu erlangen wünschte, Schaden brächte. Oder aus einem Bestreben, sich das Wesen geneigt zu machen, indem man es selbst verschonte. Frazer verhehlte sich aber die Schwierigkeiten dieser Erklärung nicht[198], und ebensowenig getraute er sich anzugeben, auf welchem Wege die von den Mythen der Arunta behauptete Gewohnheit, innerhalb

198 *Totemism and Exogamy*, Bd. 1, S. 121 ff.

des Totem zu heiraten, sich zur Exogamie gewandelt habe.

Die auf das *Intichiuma* gegründete Theorie Frazers steht und fällt mit der Anerkennung der primitiven Natur der Aruntainstitutionen. Es scheint aber unmöglich, diese letztere gegen die von Durkheim[199] und Lang[200] vorgebrachten Einwendungen zu halten. Die Arunta scheinen vielmehr die entwickeltsten der australischen Stämme zu sein, eher ein Auflösungsstadium als den Beginn des Totemismus zu repräsentieren. Die Mythen, welche auf Frazer so großen Eindruck gemacht haben, weil sie im Gegensatz zu den heute herrschenden Institutionen die Freiheit betonen, vom Totem zu essen und innerhalb des Totem zu heiraten, würden sich uns leicht als Wunschphantasien erklären, welche in die Vergangenheit projiziert sind, ähnlich wie der Mythus vom goldenen Zeitalter.

γ) Die psychologischen Theorien

Die erste, psychologische Theorie Frazers, noch vor seiner Bekanntschaft mit den Beobachtungen von Spencer und Gillen geschaffen, ruhte auf dem Glauben an die »äußerliche Seele«.[201] Der Totem sollte einen sicheren Zufluchtsort für die Seele darstellen, an dem sie deponiert wird, um den Gefahren, die sie bedrohen, entzogen zu bleiben. Wenn der Primitive seine Seele in seinem Totem untergebracht hatte, so war er selbst unverletzlich, und natürlich hütete er sich, den Träger seiner Seele selbst zu beschädigen. Da er aber nicht wußte, welches Individuum der Tierart sein Seelenträger war, lag es ihm nahe, die ganze Art zu verschonen. Frazer hat diese Ableitung des Totemismus aus dem Seelenglauben später selbst aufgegeben.

Als er mit den Beobachtungen von Spencer und Gillen bekannt wurde, stellte er die andere, soziologische Theorie

199 *L'Année sociologique*, Bd. I, V, VIII [1898, 1902, 1905] und an anderen Stellen. Siehe besonders die Abhandlung *Sur le totémisme*, Bd. 5, 1902.
200 *Social Origins* und [*The*] *Secret of the Totem.*
201 *The Golden Bough*, II, S. 332.

des Totemismus auf, welche eben vorhin mitgeteilt wurde, aber er fand dann selbst, daß das Motiv, aus dem er den Totemismus abgeleitet, allzu »rationell« sei und daß er dabei eine soziale Organisation vorausgesetzt habe, die allzu kompliziert sei, als daß man sie primitiv heißen dürfe.[202] Die magischen Kooperativgesellschaften erschienen ihm jetzt eher als späte Früchte denn als Keime des Totemismus. Er suchte ein einfacheres Moment, einen primitiven Aberglauben, hinter diesen Bildungen, um aus ihm die Entstehung des Totemismus abzuleiten. Dieses ursprüngliche Moment fand er dann in der merkwürdigen Konzeptionstheorie der Arunta.

Die Arunta heben, wie bereits erwähnt, den Zusammenhang der Konzeption mit dem Geschlechtsakt auf. Wenn ein Weib sich Mutter fühlt, so ist in diesem Augenblick einer der auf Wiedergeburt lauernden Geister von der nächstliegenden Geisterstätte in ihren Leib eingedrungen und wird von ihr als Kind geboren. Dies Kind hat denselben Totem wie alle an der gewissen Stelle lauernden Geister. Diese Konzeptionstheorie kann den Totemismus nicht erklären, denn sie setzt den Totem voraus. Aber wenn man einen Schritt weiter zurückgehen und annehmen will, daß das Weib ursprünglich geglaubt, das Tier, die Pflanze, der Stein, das Objekt, welches ihre Phantasie in dem Moment beschäftigte, da sie sich zuerst Mutter fühlte, sei wirklich in sie eingedrungen und werde dann von ihr in menschlicher Form geboren, dann wäre die Identität eines Menschen mit seinem Totem durch den Glauben der Mutter wirklich begründet, und alle weiteren Totemgebote (mit Ausschluß der Exogamie) ließen sich leicht daraus ableiten. Der Mensch würde sich weigern, von diesem Tier, dieser

202 *»It is unlikely that a community of savages should deliberately parcel out the realm of nature into provinces, assign each province to a particular band of magicians, and bid all the bands to work their magic and weave their spells for the common good.« T*[*otemism*] *and Ex*[*ogamy*, 1910], Bd. 4, S. 57. [Deutsche Übersetzung: »Es ist unwahrscheinlich, daß eine Gemeinschaft von Primitiven das Reich der Natur bedachtsam in Provinzen aufteilt, jede dieser Provinzen einer speziellen Gruppe von Zauberern zuweist und alle Gruppen bittet, ihren Zauber für das Gemeinwohl wirken zu lassen.«]

Pflanze zu essen, weil er damit gleichsam sich selbst essen würde. Er würde sich aber veranlaßt finden, gelegentlich in zeremoniöser Weise etwas von seinem Totem zu genießen, weil er dadurch seine Identifizierung mit dem Totem, welche das Wesentliche am Totemismus ist, verstärken könnte. Beobachtungen von W. H. R. Rivers an den Eingeborenen der Banksinseln schienen die direkte Identifizierung der Menschen mit ihrem Totem auf Grund einer solchen Konzeptionstheorie zu erweisen.[203]

Die letzte Quelle des Totemismus wäre also die Unwissenheit der Wilden über den Prozeß, wie Menschen und Tiere ihr Geschlecht fortpflanzen. Des besonderen die Unkenntnis der Rolle, welche das Männchen bei der Befruchtung spielt. Diese Unkenntnis muß erleichtert werden durch das lange Intervall, welches sich zwischen den befruchtenden Akt und die Geburt des Kindes (oder das Verspüren der ersten Kindsbewegungen) einschiebt. Der Totemismus ist daher eine Schöpfung nicht des männlichen, sondern des weiblichen Geistes. Die Gelüste (*sick fancies*) des schwangeren Weibes sind die Wurzel desselben. *»Anything indeed that struck a woman at that mysterious moment of her life when she first knows herself to be a mother might easily be identified by her with the child in her womb. Such maternal fancies, so natural and seemingly so universal, appear to be the root of totemism.«*[204]

Der Haupteinwand gegen diese dritte Frazersche Theorie ist derselbe, der bereits gegen die zweite, soziologische, vorgebracht wurde. Die Arunta scheinen sich von den Anfängen des Totemismus weit weg entfernt zu haben. Ihre Verleugnung der Vaterschaft scheint nicht auf primitiver Unwissenheit zu beruhen; sie haben selbst in manchen

203 *T[otemism] and Ex[ogamy]*, Bd. 2, S. 89 ff., und Bd. 4, S. 59.

204 [*Totemism and Exogamy,*] Bd. 4, S. 63. [Deutsche Übersetzung: »In der Tat könnte alles, was eine Frau in jenem geheimnisvollen Moment ihres Lebens fühlt, da sie sich erstmals als Mutter erkennt, von ihr sehr leicht mit dem Kind in ihrem Leib identifiziert werden. Solche mütterlichen Vorstellungen, so natürlich und so verbreitet, wie sie offenbar sind, scheinen die Wurzel des Totemismus zu sein.«]

Stücken väterliche Vererbung. Sie scheinen die Vaterschaft einer Art von Spekulation geopfert zu haben, welche die Ahnengeister zu Ehren bringen will.[205] Wenn sie den Mythus der unbefleckten Empfängnis durch den Geist zur allgemeinen Konzeptionstheorie erheben, darf man ihnen darum Unwissenheit über die Bedingungen der Fortpflanzung ebensowenig zumuten wie den alten Völkern um die Zeit der Entstehung der christlichen Mythen.

Eine andere psychologische Theorie der Herkunft des Totemismus hat der Holländer G. A. Wilken[206] aufgestellt. Sie stellt eine Verknüpfung des Totemismus mit der Seelenwanderung her. »Dasjenige Tier, in welches die Seelen der Toten nach allgemeinem Glauben übergingen, wurde zum Blutsverwandten, Ahnherrn und als solcher verehrt.« Aber der Glauben an die Tierwanderung der Seelen mag eher aus dem Totemismus abgeleitet sein als umgekehrt.[207]

Eine andere Theorie des Totemismus wird von ausgezeichneten amerikanischen Ethnologen, Fr. Boas, Hill-Tout u. a., vertreten. Sie geht von den Beobachtungen an totemistischen Indianerstämmen aus und behauptet, der Totem sei ursprünglich der Schutzgeist eines Ahnen, den dieser durch einen Traum erworben und auf seine Nachkommenschaft vererbt habe. Wir haben schon früher gehört, welche Schwierigkeiten die Ableitung des Totemismus aus der Vererbung von einem einzelnen her bietet; überdies sollen die australischen Beobachtungen die Zurückführung des Totem auf den Schutzgeist keineswegs unterstützen.[208]

Für die letzte der psychologischen Theorien, die von Wundt ausgesprochene, sind die beiden Tatsachen entscheidend geworden, daß erstens das ursprüngliche Totem-

205 *»That belief is a philosophy far from primitive.«* A. Lang, [*The*] *Secret of the Totem*, S. 192. [Deutsche Übersetzung: »Dieser Glaube ist eine Philosophie, die alles andere als primitiv ist.«]

206 [G. A. Wilken, *Het animisme bij den volken van den Indischen Archipel*, in: Ind. Gids, 1884, Bd. 6 (Teil I), S. 925.]

207 Frazer, *T*[*otemism*] *and Ex*[*ogamy*], Bd. 4, S. 45 u. f.

208 Frazer, ebda., S. 48 ff.

objekt und das dauernd verbreitetste das Tier ist und daß zweitens unter den Totemtieren wieder die ursprünglichsten mit Seelentieren zusammenfallen.[209] Seelentiere, wie Vögel, Schlange, Eidechse, Maus, eignen sich durch ihre schnelle Beweglichkeit, ihren Flug in der Luft, durch andere Überraschung und Grauen erregende Eigenschaften dazu, als die Träger der den Körper verlassenden Seele erkannt zu werden. Das Totemtier ist ein Abkömmling der Tierverwandlungen der Hauchseele. So mündet hier für Wundt der Totemismus unmittelbar in den Seelenglauben oder Animismus ein.

b) und c) Die Herkunft der Exogamie und ihre Beziehung zum Totemismus

Ich habe die Theorien des Totemismus mit einiger Ausführlichkeit vorgebracht und muß dennoch befürchten, daß ich deren Eindruck durch die immerhin notwendige Verkürzung geschadet habe. In betreff der weiteren Fragen nehme ich mir im Interesse der Leser die Freiheit einer noch weitergehenden Zusammendrängung. Die Diskussionen über Exogamie der Totemvölker werden durch die Natur des dabei verwerteten Materials besonders kompliziert und unübersehbar; man könnte sagen: verworren. Die Ziele dieser Abhandlung gestatten es auch, daß ich mich hier auf Hervorhebung einiger Richtlinien beschränke und für eine gründlichere Verfolgung des Gegenstandes auf die mehrmals zitierten eingehenden Fachschriften verweise.

Die Stellung eines Autors zu den Problemen der Exogamie ist natürlich nicht unabhängig von seiner Parteinahme für diese oder jene Totemtheorie. Einige von diesen Erklärungen des Totemismus lassen jede Anknüpfung an die Exogamie vermissen, so daß die beiden Institutionen glatt auseinanderfallen. So stehen hier zwei Anschauungen einander gegenüber, die eine, welche den ursprünglichen Anschein festhalten will, die Exogamie sei ein wesentliches

209 Wundt, *Elemente der Völkerpsychologie*, S. 190.

Stück des totemistischen Systems, und eine andere, welche einen solchen Zusammenhang bestreitet und an ein zufälliges Zusammentreffen der beiden Züge ältester Kulturen glaubt. Frazer hat in seinen späteren Arbeiten diesen letzteren Standpunkt mit Entschiedenheit vertreten.

»I must request the reader to bear constantly in mind that the two institutions of totemism and exogamy are fundamentally distinct in origin and nature, though they have accidentally crossed and blended in many tribes.« (T[*otemism*] *and Ex*[*ogamy*], Bd. 1, Vorrede XII.)[210]

Er warnt direkt vor der gegenteiligen Ansicht als einer Quelle unendlicher Schwierigkeiten und Mißverständnisse. Im Gegensatz hiezu haben andere Autoren den Weg gefunden, die Exogamie als notwendige Folge der totemistischen Grundanschauungen zu begreifen. Durkheim hat in seinen Arbeiten[211] ausgeführt, wie das an den Totem geknüpfte Tabu das Verbot mit sich bringen mußte, ein Weib des nämlichen Totem zum geschlechtlichen Verkehr zu gebrauchen. Der Totem ist von demselben Blut wie der Mensch, und darum verbietet der Blutbann (mit Rücksicht auf Defloration und Menstruation) den sexuellen Verkehr mit dem Weibe, das demselben Totem angehört.[212] A. Lang, der sich hierin Durkheim anschließt, meint sogar, es bedürfte nicht des Bluttabu, um das Verbot der Frauen des gleichen Stammes zu bewirken.[213] Das allgemeine Totemtabu, welches z. B. verbietet, im Schatten des Totem-

210 [»Ich muß den Leser bitten, ständig im Gedächtnis zu behalten, daß die zwei Institutionen, Totemismus und Exogamie, in Ursprung und Wesen grundlegend voneinander zu scheiden sind, auch wenn sie sich bei vielen Stämmen zufällig überkreuzt und vermischt haben.«]

211 *Année sociologique* 1898–1905. [Es handelt sich um folgende Arbeiten des franz. Soziologen Emile Durkheim (1858–1917), der die Zeitschrift *L'année sociologique* 1898 begründete: *La prohibition de l'inceste et ses origines*, in: L'année soc., 1898, Bd. 1, S. 1. – *Sur le totémisme*, in: L'année soc., 1902, Bd. 5, S. 82. – *Sur l'organisation matrimoniale des sociétés australiennes*, in: L'année soc., 1905, Bd. 8, S. 118.]

212 Siehe die Kritik der Erörterungen Durkheims bei Frazer. *T*[*otemism*] *and Ex*[*ogamy*], Bd. 4, S. 101.

213 *Secret*, S. 125.

baumes zu sitzen, würde hiefür hingereicht haben. A. Lang verficht übrigens auch eine andere Ableitung der Exogamie (s. u.) und läßt es zweifelhaft, wie sich diese beiden Erklärungen zueinander verhalten.

In betreff der zeitlichen Verhältnisse huldigt die Mehrzahl der Autoren der Ansicht, der Totemismus sei die ältere Institution, die Exogamie später hinzugekommen.[214]

Unter den Theorien, welche die Exogamie unabhängig vom Totemismus erklären wollen, seien nur einige hervorgehoben, welche die verschiedenen Einstellungen der Autoren zum Inzestproblem erläutern.

McLennan[215] hatte die Exogamie in geistreicher Weise aus den Überresten von Sitten erraten, welche auf den ehemaligen Frauenraub hindeuteten. Er nahm nun an, daß es in Urzeiten allgemein gebräuchlich gewesen sei, sich das Weib aus einem fremden Stamm zu holen, und die Heirat mit einem Weib aus dem eigenen Stamm sei allmählich unerlaubt geworden, weil sie ungewöhnlich war.[216] Das Motiv für diese Gewohnheit der Exogamie suchte er in einem Frauenmangel jener primitiven Stämme, der sich aus dem Gebrauch, die meisten weiblichen Kinder bei der Geburt zu töten, ergeben hatte. Wir haben es hier nicht mit der Nachprüfung zu tun, ob die tatsächlichen Verhältnisse die Annahmen McLennans bestätigen. Weit mehr interessiert uns das Argument, daß es unter den Voraussetzungen des Autors doch unerklärlich bliebe, warum sich die männlichen Mitglieder des Stammes auch die wenigen Frauen aus ihrem Blut unzugänglich machen sollten, und die Art, wie hier das Inzestproblem gänzlich beiseite gelassen wird.[217]

---

214 Zum Beispiel Frazer, [*Totemism and Exogamy*], Bd. 4, S. 75: »*The totemic clan is a totally different social organism from the exogamous clan, and we have good grounds for thinking that it is far older.*« [Deutsche Übersetzung: »Der totemistische Clan unterscheidet sich als sozialer Organismus völlig vom exogamen Clan, und wir haben gute Gründe für die Annahme, daß er weit älter ist.«]

215 *Primitive Marriage* (1865).

216 »*Improper because it was unusual.*« [McLennan, a. a. O., S. 289. Deutsche Übersetzung: »Unangebracht, weil ungebräuchlich.«]

217 Frazer, [*Totemism and Exogamy,*] Bd. 4, S. 73–92.

Im Gegensatz hiezu und offenbar mit mehr Recht haben andere Forscher die Exogamie als eine Institution zur Verhütung des Inzests erfaßt.[218]

Überblickt man die allmählich wachsende Komplikation der australischen Heiratsbeschränkungen, so kann man nicht anders als der Ansicht von Morgan, Frazer, Howitt, Baldwin Spencer[219] beistimmen, daß diese Einrichtungen das Gepräge zielbewußter Absicht (*»deliberate design«* nach Frazer) an sich tragen und daß sie das erreichen sollten, was sie tatsächlich geleistet haben. *»In no other way does it seem possible to explain in all its details a system at once so complex and so regular.«*[220]

Es ist interessant hervorzuheben, daß die ersten der durch die Einführung von Heiratsklassen erzeugten Beschränkungen die Sexualfreiheit der jüngeren Generation, also den Inzest von Geschwistern und von Söhnen mit ihrer Mutter trafen, während der Inzest zwischen Vater und Tochter erst durch weitergehende Maßregeln aufgehoben wurde.

Die Zurückführung der exogamischen Sexualbeschränkungen auf gesetzgeberische Absicht leistet aber nichts für das Verständnis des Motivs, welches diese Institutionen geschaffen hat. Woher stammt in letzter Auflösung die Inzestscheu, welche als die Wurzel der Exogamie erkannt werden muß? Es ist offenbar nicht genügend, sich zur Erklärung der Inzestscheu auf eine instinktive Abneigung gegen sexuellen Verkehr unter Blutsverwandten, d. h. also auf die Tatsache der Inzestscheu zu berufen, wenn die soziale Erfahrung nachweist, daß der Inzest diesem Instinkt zum Trotz kein seltenes Vorkommnis selbst in unserer heutigen Gesellschaft ist, und wenn die historische Erfahrung Fälle

---

218 Vgl. die erste Abhandlung.

219 Morgan, *Ancient Society*, (1877). – Frazer, *T*[*otemism*] *and Ex*[*ogamy* (1910)], Bd. 4, S. 105 ff.

220 Frazer, [*Totemism and Exogamy,*] Bd. 4, S. 106. [Deutsche Übersetzung: »Auf keinem anderen Wege erscheint es möglich, ein so komplexes und zugleich geregeltes System in allen seinen Einzelheiten zu erklären.«]

kennen lehrt, in denen die inzestuöse Ehe bevorzugten Personen zur Vorschrift gemacht wurde.

Westermarck[221] machte zur Erklärung der Inzestscheu geltend, »daß zwischen Personen, die von Kindheit an beisammen leben, eine angeborene Abneigung gegen den Geschlechtsverkehr herrscht und daß dieses Gefühl, da diese Personen in der Regel blutsverwandt sind, in Sitte und Gesetz einen natürlichen Ausdruck findet durch den Abscheu vor dem Geschlechtsumgang unter nahen Verwandten«. Havelock Ellis bestritt zwar den triebhaften Charakter dieser Abneigung in seinen *Studies in the Psychology of Sex*[222], trat aber sonst im wesentlichen derselben Erklärung bei, indem er äußerte: »Das normale Unterbleiben des Zutagetretens des Paarungstriebes dort, wo es sich um Brüder und Schwestern oder um von Kindheit auf beisammenlebende Mädchen und Knaben handelt, ist eine rein negative Erscheinung, welche daher kommt, daß unter jenen Umständen die den Paarungstrieb erweckenden Vorbedingungen durchaus fehlen müssen ... Zwischen Personen, die von Kindheit zusammen aufgewachsen sind, hat die Gewöhnung alle sinnlichen Reize des Sehens, des Hörens und der Berührung abgestumpft, in die Bahn einer ruhigen Zuneigung gelenkt und ihrer Macht beraubt, die zur Erzeugung geschlechtlicher Tumeszenz erforderliche nötige erethistische Erregung hervorzurufen.«

Es erscheint mir sehr merkwürdig, daß Westermarck diese angeborene Abneigung gegen den Geschlechtsverkehr mit Personen, mit denen man die Kindheit geteilt hat, gleichzeitig als psychische Repräsentanz der biologischen Tatsache ansieht, daß Inzucht eine Schädigung der Gattung bedeutet. Ein derartiger biologischer Instinkt würde

---

221 *Ursprung und Entwicklung der Moralbegriffe*, Bd. 2, S. 368. *Die Ehe*, (1909). Dort auch die Verteidigung des Autors gegen ihm bekanntgewordene Einwendungen.

222 [Havelock Ellis, *Studies in the Psychology of Sex*, Vol. IV: *Sexual Selection in Man*, Philadelphia 1914, S. 205 f. Deutsche Übersetzung von Hans Kurella: *Die Gattenwahl beim Menschen mit Rücksicht auf Sinnesphysiologie und allgemeine Biologie*, Würzburg 1906, Neuaufl. Leipzig 1922.]

in seiner psychologischen Äußerung so weit irregehen, daß er anstatt der für die Fortpflanzung schädlichen Blutsverwandten die in dieser Hinsicht ganz harmlosen Haus- und Herdgenossen träfe. Ich kann es mir aber auch nicht versagen, die ganz ausgezeichnete Kritik mitzuteilen, welche Frazer der Behauptung von Westermarck entgegenstellt. Frazer findet es unbegreiflich, daß das sexuelle Empfinden sich heute so gar nicht gegen den Verkehr mit Herdgenossen sträubt, während die Inzestscheu, die nur ein Abkömmling von diesem Sträuben sein soll, gegenwärtig so übermächtig angewachsen ist. Tiefer dringen aber andere Bemerkungen Frazers, die ich unverkürzt hieher setze, weil sie im Wesen mit den in meinem Aufsatz über das Tabu entwickelten Argumenten zusammentreffen.

»Es ist nicht leicht einzusehen, warum ein tief wurzelnder menschlicher Instinkt die Verstärkung durch ein Gesetz benötigen sollte. Es gibt kein Gesetz, welches den Menschen befiehlt zu essen und zu trinken, oder ihnen verbietet, ihre Hände ins Feuer zu stecken. Die Menschen essen und trinken und halten ihre Hände vom Feuer weg, instinktgemäß, aus Angst vor natürlichen und nicht vor gesetzlichen Strafen, die sie sich durch Beleidigung dieser Triebe zuziehen würden. Das Gesetz verbietet dem Menschen nur, was sie unter dem Drängen ihrer Triebe ausführen könnten. Was die Natur selbst verbietet und bestraft, das braucht nicht erst das Gesetz zu verbieten und zu strafen. Wir dürfen daher auch ruhig annehmen, daß Verbrechen, die durch ein Gesetz verboten werden, Verbrechen sind, die viele Menschen aus natürlichen Neigungen gern begehen würden. Wenn es keine solche Neigung gäbe, kämen keine solche Verbrechen vor, und wenn solche Verbrechen nicht begangen würden, wozu brauchte man sie zu verbieten? Anstatt also aus dem gesetzlichen Verbot des Inzests zu schließen, daß eine natürliche Abneigung gegen den Inzest besteht, sollten wir eher den Schluß ziehen, daß ein natürlicher Instinkt zum Inzest treibt und daß, wenn das Gesetz diesen Trieb wie andere natürliche Triebe unterdrückt, dies seinen Grund in der Einsicht zivilisierter

Menschen hat, daß die Befriedigung dieser natürlichen Triebe der Gesellschaft Schaden bringt.«[223]

Ich kann dieser kostbaren Argumentation Frazers noch hinzufügen, daß die Erfahrungen der Psychoanalyse die Annahme einer angeborenen Abneigung gegen den Inzestverkehr vollends unmöglich machen. Sie haben im Gegenteile gelehrt, daß die ersten sexuellen Regungen des jugendlichen Menschen regelmäßig inzestuöser Natur sind und daß solche verdrängte Regungen als Triebkräfte der späteren Neurosen eine kaum zu überschätzende Rolle spielen.

Die Auffassung der Inzestscheu als eines angeborenen Instinkts muß also fallengelassen werden. Nicht besser steht es um eine andere Ableitung des Inzestverbots, welche sich zahlreicher Anhänger erfreut, um die Annahme, daß die primitiven Völker frühzeitig bemerkt haben, mit welchen Gefahren die Inzucht ihr Geschlecht bedrohe, und daß sie darum in bewußter Absicht das Inzestverbot erlassen hätten. Die Einwendungen gegen diesen Erklärungsversuch drängen einander.[224] Nicht nur, daß das Inzestverbot älter sein muß als alle Haustierwirtschaft, an welcher der Mensch Erfahrungen über die Wirkung der Inzucht auf die Eigenschaften der Rasse machen konnte, sondern die schädlichen Folgen der Inzucht sind auch heute noch nicht über jeden Zweifel sichergestellt und beim Menschen nur schwer nachweisbar. Ferner macht alles, was wir über die heutigen Wilden wissen, es sehr unwahrscheinlich, daß die Gedanken ihrer entferntesten Ahnen bereits mit der Verhütung von Schäden für ihre spätere Nachkommenschaft beschäftigt waren. Es klingt fast lächerlich, wenn man diesen ohne jeden Vorbedacht lebenden Menschenkindern hygienische und eugenische Motive zumuten will, wie sie noch kaum in unserer heutigen Kultur Berücksichtigung gefunden haben.[225]

---

223 Frazer, [*Totemism and Exogamy,*] Bd. 4, S. 97 f.

224 Vgl. Durkheim, *La prohibition de l'inceste* [*et ses origines*], in: Année sociologique, Bd. 1, 1898.

225 Ch. Darwin meint von den Wilden: *»they are not likely to reflect on di-*

Endlich wird man auch geltend machen müssen, daß das aus praktisch hygienischen Motiven gegebene Verbot der Inzucht als eines die Rasse schwächenden Moments ganz unangemessen erscheint, um den tiefen Abscheu zu erklären, welcher sich in unserer Gesellschaft gegen den Inzest erhebt. Wie ich an anderer Stelle dargetan habe,[226] erscheint diese Inzestscheu bei den heute lebenden primitiven Völkern eher noch reger und stärker als bei den zivilisierten.

Während man erwarten konnte, auch für die Ableitung der Inzestscheu die Wahl zu haben zwischen soziologischen, biologischen und psychologischen Erklärungsmöglichkeiten, wobei noch die psychologischen Motive vielleicht als Repräsentanz von biologischen Mächten zu würdigen wären, sieht man sich am Ende der Untersuchung genötigt, dem resignierten Ausspruch Frazers beizutreten: Wir kennen die Herkunft der Inzestscheu nicht und wissen selbst nicht, worauf wir raten sollen. Keine der bisher vorgebrachten Lösungen des Rätsels erscheint uns befriedigend.[227]

Ich muß noch eines Versuches erwähnen, die Entstehung der Inzestscheu zu erklären, welcher von ganz anderer Art ist als die bisher betrachteten. Man könnte ihn als eine historische Ableitung bezeichnen.

Dieser Versuch knüpft an eine Hypothese von Ch. Dar-

---

stant evils to their progeny« [»es ist unwahrscheinlich, daß sie ferne Übel im Hinblick auf ihre Nachkommen in Betracht gezogen haben«. – *The Variation of Animals and Plants under Domestication*, 2 Bände, 2. Aufl. London 1875; Bd. 2, S. 127. Deutsche Übersetzung von J. Victor Carus: *Das Variieren der Tiere und Pflanzen im Zustande der Domestikation*, zweite, durchgesehene und berichtigte Ausgabe, 2 Bände, Stuttgart 1873.]

226 Vgl. die erste Abhandlung.

227 *»Thus the ultimate origin of exogamy and with it the law of incest – since exogamy was devised to prevent incest – remains a problem nearly as dark as ever.« T[otemism] and Ex[ogamy*, Bd. 1, S. 165. [Deutsche Übersetzung: »So bleibt der letzte Ursprung der Exogamie und damit das Inzestgesetz – denn Exogamie war bestimmt, den Inzest zu verhindern – als Problem nahezu im Dunkeln wie eh und je.«]

win über den sozialen Urzustand des Menschen an. Darwin schloß aus den Lebensgewohnheiten der höheren Affen, daß auch der Mensch ursprünglich in kleineren Horden gelebt habe, innerhalb welcher die Eifersucht des ältesten und stärksten Männchens die sexuelle Promiskuität verhinderte. »Wir können in der Tat, nach dem, was wir von der Eifersucht aller Säugetiere wissen, von denen viele mit speziellen Waffen zum Kämpfen mit ihren Nebenbuhlern bewaffnet sind, schließen, daß allgemeine Vermischung der Geschlechter im Naturzustand äußerst unwahrscheinlich ist ... Wenn wir daher im Strome der Zeit weit genug zurückblicken ... und nach den sozialen Gewohnheiten des Menschen, wie er jetzt existiert, schließen, ... ist die wahrscheinlichste Ansicht die, daß der Mensch ursprünglich in kleinen Gesellschaften lebte, jeder Mann mit einer Frau oder, hatte er die Macht, mit mehreren, welche er eifersüchtig gegen alle anderen Männer verteidigte. Oder er mag kein soziales Tier gewesen sein und doch mit mehreren Frauen für sich allein gelebt haben wie der Gorilla; denn alle Eingeborenen ›stimmen darin überein, daß nur ein erwachsenes Männchen in einer Gruppe zu sehen ist. Wächst das junge Männchen heran, so findet ein Kampf um die Herrschaft statt, und der Stärkste setzt sich dann, indem er die anderen getötet oder vertrieben hat, als Oberhaupt der Gesellschaft fest‹ (Dr. Savage in *Boston Journal of Natur. Hist.* V., 1845 bis 1847). Die jüngeren Männchen, welche hiedurch ausgestoßen sind und nun herumwandern, werden auch, wenn sie zuletzt beim Finden einer Gattin erfolgreich sind, die zu enge Inzucht innerhalb der Glieder einer und derselben Familie verhüten.«[228]

Atkinson[229] scheint zuerst erkannt zu haben, daß diese Verhältnisse der Darwinschen Urhorde die Exogamie der jungen Männer praktisch durchsetzen mußten. Jeder dieser Vertriebenen konnte eine ähnliche Horde gründen, in welcher dasselbe Verbot des Geschlechtsverkehrs dank der Ei-

228 [*Die*] *Abstammung des Menschen*, übersetzt von V. Carus, Bd. 2, Kap. 20, S. 341.
229 *Primal Law*, London 1903 (mit A. Lang, *Sozial Origins* [1903]).

fersucht des Oberhauptes galt, und im Laufe der Zeit würde sich aus diesen Zuständen die jetzt als Gesetz bewußte Regel ergeben haben: Kein Sexualverkehr mit den Herdgenossen. Nach Einsetzung des Totemismus hätte sich die Regel in die andere Form gewandelt: Kein Sexualverkehr innerhalb des Totem.

A. Lang[230] hat sich dieser Erklärung der Exogamie angeschlossen. Er vertritt aber in demselben Buche die andere (Durkheimsche) Theorie, welche die Exogamie als Konsequenz aus den Totemgesetzen hervorgehen läßt. Es ist nicht ganz einfach, die beiden Auffassungen miteinander zu vereinigen; im ersten Falle hätte die Exogamie vor dem Totemismus bestanden, im zweiten wäre sie eine Folge desselben.[231]

230 [*The*] *Secret of the Totem* [1905], S. 114, 143.

231 *»If it be granted that exogamy existed in practice, on the lines of Mr. Darwin's theory, before the totem beliefs lent to the practice of s a c r e d sanction, our task is relatively easy. The first practical rule would be that of the jealous Sire, ›No males to touch the females in my camp‹, with expulsion of adolescent sons. I n e f f l u x o f t i m e t h a t r u l e, b e c o m e h a b i t u a l, would be, ›No marriage within the local group‹. Next let the local groups receive names, such as Emus, Crows, Opossums, Snipes, and the rule becomes, ›No Marriage within the local group of animal name; no Snipe to marry a Snipe‹. But, if the primal groups were not exogamous, they would become so, as soon as totemic myths and tabus were developed out of the animal, vegetable, and other names of small local groups.«* [*The*] *Secret of the Totem*, [1905], S. 143. (Die Hervorhebung in der Mitte dieser Stelle ist mein Werk.) – In seiner letzten Äußerung über den Gegenstand (*Folklore*, Dezember 1911) teilt A. Lang übrigens mit, daß er die Ableitung der Exogamie aus dem *»general totemic«* Tabu aufgegeben habe. [Deutsche Übersetzung: »Gesetzt den Fall, die Exogamie wurde Mr. Darwins Theorie zufolge praktiziert, bevor der Totemglaube dieser Praxis die geheiligte Sanktion verlieh, ist unsere Aufgabe relativ einfach. Das erste praktische Gebot wäre das des eifersüchtigen Oberhauptes: ›kein Männchen darf die Weibchen in meinem Lager berühren‹, sowie die Vertreibung der heranwachsenden Söhne. Im Lauf der Zeit würde dieses Gebot, zum Brauch geworden, lauten: ›keine Heirat innerhalb der lokalen Gruppe‹. Sodann mögen die lokalen Gruppen Namen erhalten haben wie: Emus, Krähen, Opossums, Schnepfen, und das Gebot geprägt haben: ›keine Heirat innerhalb der lokalen Gruppe des Tiernamens; keine Schnepfe darf eine Schnepfe heiraten‹. Wären die Urgruppen jedoch nicht exogam gewesen, wären sie es geworden, als sich totemistische Mythen und Tabus aus den Tier-, Pflanzen- und anderen Namen kleiner lokaler Gruppen entwickelten.«]

3

Einen einzigen Lichtstrahl wirft die psychoanalytische Erfahrung in dieses Dunkel.

Das Verhältnis des Kindes zum Tiere hat viel Ähnlichkeit mit dem des Primitiven zum Tiere. Das Kind zeigt noch keine Spur von jenem Hochmut, welcher dann den erwachsenen Kulturmenschen bewegt, seine eigene Natur durch eine scharfe Grenzlinie von allem anderen Animalischen abzusetzen. Es gesteht dem Tiere ohne Bedenken die volle Ebenbürtigkeit zu; im ungehemmten Bekennen zu seinen Bedürfnissen fühlt es sich wohl dem Tiere verwandter als dem ihm wahrscheinlich rätselhaften Erwachsenen.

In diesem ausgezeichneten Einverständnis zwischen Kind und Tier tritt nicht selten eine merkwürdige Störung auf. Das Kind beginnt plötzlich eine bestimmte Tierart zu fürchten und sich vor der Berührung oder dem Anblick aller einzelnen dieser Art zu schützen. Es stellt sich das klinische Bild einer *Tierphobie* her, eine der häufigsten unter den psychoneurotischen Erkrankungen dieses Alters und vielleicht die früheste Form solcher Erkrankung. Die Phobie betrifft in der Regel Tiere, für welche das Kind bis dahin ein besonders lebhaftes Interesse gezeigt hatte, sie hat mit dem Einzeltier nichts zu tun. Die Auswahl unter den Tieren, welche Objekte der Phobie werden können, ist unter städtischen Bedingungen nicht groß. Es sind Pferde, Hunde, Katzen, seltene Vögel, auffällig häufig kleinste Tiere wie Käfer und Schmetterlinge. Manchmal werden Tiere, die dem Kind nur aus Bilderbuch und Märchenerzählung bekannt geworden sind, Objekte der unsinnigen und unmäßigen Angst, welche sich bei diesen Phobien zeigt; selten gelingt es einmal, die Wege zu erfahren, auf denen sich eine ungewöhnliche Wahl des Angsttieres vollzogen hat. So verdanke ich K. Abraham die Mitteilung eines Falles[232], in welchem ein Kind seine Angst vor Wes-

232 [K. Abraham hat diesen Fall erst später beschrieben: *Über Einschränkungen und Umwandlungen der Schaulust bei den Psychoneurotikern*, in: Jb. Psychoanalyse, 1914, Bd. 6, S. 25.]

pen selbst durch die Angabe aufklärte, die Farbe und Streifung des Wespenleibes hätte es an den Tiger denken lassen, vor dem es sich nach allem Gehörten fürchten durfte.

Die Tierphobien der Kinder sind noch nicht Gegenstand aufmerksamer analytischer Untersuchung geworden, obwohl sie es im hohen Grade verdienen. Die Schwierigkeiten der Analyse mit Kindern in so zartem Alter sind wohl das Motiv der Unterlassung gewesen. Man kann daher nicht behaupten, daß man den allgemeinen Sinn dieser Erkrankungen kennt, und ich meine selbst, daß er sich nicht als einheitlich herausstellen dürfte. Aber einige Fälle von solchen auf größere Tiere gerichteten Phobien haben sich der Analyse zugänglich erwiesen und so dem Untersucher ihr Geheimnis verraten. Es war in jedem Falle das nämliche: die Angst galt im Grunde dem Vater, wenn die untersuchten Kinder Knaben waren, und war nur auf das Tier verschoben worden.

Jeder in der Psychoanalyse Erfahrene hat gewiß solche Fälle gesehen und von ihnen den nämlichen Eindruck empfangen. Doch kann ich mich nur auf wenige ausführliche Publikationen darüber berufen. Es ist dies ein Zufall der Literatur, aus welchem nicht geschlossen werden sollte, daß wir unsere Behauptung überhaupt nur auf vereinzelte Beobachtungen stützen können. Ich erwähne z. B. einen Autor, welcher sich verständnisvoll mit den Neurosen des Kindesalters beschäftigt hat, M. Wulff (Odessa). Er erzählt im Zusammenhange der Krankengeschichte eines neunjährigen Knaben, daß dieser mit vier Jahren an einer Hundephobie gelitten hat. »Als er auf der Straße einen Hund vorbeilaufen sah, weinte er und schrie: ›Lieber Hund, fasse mich nicht, ich will artig sein. Unter ›artig sein‹ meinte er: ›nicht mehr Geige spielen‹ (onanieren).«[233]

Derselbe Autor resümiert später: »Seine Hundephobie ist eigentlich die auf die Hunde verschobene Angst vor dem Vater, denn seine sonderbare Äußerung: ›Hund, ich

233 M. Wulff [später: Woolf], *Beiträge zur infantilen Sexualität*, in: Zentbl. Psychoanal., 1912, Bd. 2, S. 6.

will artig sein‹ – d. h. nicht masturbieren – bezieht sich doch eigentlich auf den Vater, der die Masturbation verboten hat.« In einer Anmerkung setzt er dann hinzu, was sich eben so völlig mit meiner Erfahrung deckt und gleichzeitig die Reichlichkeit solcher Erfahrungen bezeugt: »Solche Phobien (Pferdephobien, Hundephobien, Katzen, Hühner und andere Haustiere) sind, glaube ich, im Kindesalter mindestens ebenso verbreitet wie der *Pavor nocturnus* und lassen sich in der Analyse fast immer als eine Verschiebung der Angst von einem der Eltern auf die Tiere entpuppen. Ob die so verbreitete Mäuse- und Rattenphobie denselben Mechanismus hat, möchte ich nicht behaupten.«

Im ersten Band des *Jahrbuches für psychoanalytische und psychopathologische Forschungen* teilte ich die *Analyse der Phobie eines fünfjährigen Knaben*[234] mit, welche mir der Vater des kleinen Patienten zur Verfügung gestellt hatte. Es war eine Angst vor Pferden, in deren Konsequenz der Knabe sich weigerte, auf die Straße zu gehen. Er äußerte die Befürchtung, das Pferd werde ins Zimmer kommen, werde ihn beißen. Es erwies sich, daß dies die Strafe für seinen Wunsch sein sollte, daß das Pferd umfallen (sterben) möge. Nachdem man dem Knaben durch Zusicherungen die Angst vor dem Vater benommen hatte, ergab es sich, daß er gegen Wünsche ankämpfte, die das Wegsein (Abreisen, Sterben) des Vaters zum Inhalt hatten. Er empfand den Vater, wie er überdeutlich zu erkennen gab, als Konkurrenten in der Gunst der Mutter, auf welche seine keimenden Sexualwünsche in dunkeln Ahnungen gerichtet waren. Er befand sich also in jener typischen Einstellung des männlichen Kindes zu den Eltern, welche wir als den »Ödipuskomplex« bezeichnen und in der wir den Kernkomplex der Neurosen überhaupt erkennen. Was wir neu aus der Analyse des »kleinen Hans« erfahren, ist die für den Totemis-

234 [Es handelt sich um die Analyse des »kleinen Hans«, deren Darstellung Freud 1909 im Jb. (Bd. 1, S. 1–109) veröffentlichte. In folgenden Beiträgen innerhalb der vorliegenden Ausgabe kommt Freud abermals auf diesen Fall zurück: *Hemmung, Symptom und Angst* – Kapitel VIII – (vgl. in Band 3), *Aus der Geschichte einer infantilen Neurose* (vgl. in Band 2).]

mus wertvolle Tatsache, daß das Kind unter solchen Bedingungen einen Anteil seiner Gefühle von dem Vater weg auf ein Tier verschiebt.

Die Analyse weist die inhaltlich bedeutsamen wie die zufälligen Assoziationswege nach, auf welchen eine solche Verschiebung vor sich geht. Sie läßt auch die Motive derselben erraten. Der aus der Nebenbuhlerschaft bei der Mutter hervorgehende Haß kann sich im Seelenleben des Knaben nicht ungehemmt ausbreiten, er hat mit der seit jeher bestehenden Zärtlichkeit und Bewunderung für dieselbe Person zu kämpfen, das Kind befindet sich in doppelsinniger – *ambivalenter* – Gefühlseinstellung gegen den Vater und schafft sich Erleichterung in diesem Ambivalenzkonflikt, wenn es seine feindseligen und ängstlichen Gefühle auf ein Vatersurrogat verschiebt. Die Verschiebung kann den Konflikt allerdings nicht in der Weise erledigen, daß sie eine glatte Scheidung der zärtlichen von den feindseligen Gefühlen herstellt. Der Konflikt setzt sich vielmehr auf das Verschiebungsobjekt fort, die Ambivalenz greift auf dieses letztere über. Es ist unverkennbar, daß der kleine Hans den Pferden nicht nur Angst, sondern auch Respekt und Interesse entgegenbringt. Sowie sich seine Angst ermäßigt hat, identifiziert er sich selbst mit dem gefürchteten Tier, springt als Pferd herum und beißt nun seinerseits den Vater. In einem anderen Auflösungsstadium der Phobie macht es ihm nichts, die Eltern mit anderen großen Tieren zu identifizieren.[235]

Man darf den Eindruck aussprechen, daß in diesen Tierphobien der Kinder gewisse Züge des Totemismus in negativer Ausprägung wiederkehren. Wir verdanken aber S. Ferenczi die vereinzelt schöne Beobachtung eines Falles, den man nur als positiven Totemismus bei einem Kinde bezeichnen kann.[236] Bei dem kleinen Árpád, von dem Ferenczi berichtet, erwachen die totemistischen Interessen allerdings nicht direkt im Zusammenhang des Ödipuskom-

235 Die Giraffenphantasie.

236 S. Ferenczi, *Ein kleiner Hahnemann*, in: Intern. Zeitschrift für ärztliche Psychoanalyse, 1913, Bd. 1, S. 240.

plexes, sondern auf Grund der narzißtischen Voraussetzung desselben, der Kastrationsangst. Wer aber die Geschichte des kleinen Hans aufmerksam durchsieht, wird auch in dieser die reichlichsten Zeugnisse dafür finden, daß der Vater als der Besitzer des großen Genitales bewundert und als der Bedroher des eigenen Genitales gefürchtet wird. Im Ödipus- wie im Kastrationskomplex spielt der Vater die nämliche Rolle, die des gefürchteten Gegners der infantilen Sexualinteressen. Die Kastration und ihr Ersatz durch die Blendung ist die von ihm drohende Strafe.[237]

Als der kleine Árpád zweieinhalb Jahre alt war, versuchte er einmal in einem Sommeraufenthalte ins Geflügelhaus zu urinieren, wobei ihn ein Huhn ins Glied biß oder nach seinem Glied schnappte. Als er ein Jahr später an denselben Ort zurückkehrte, wurde er selbst zum Huhn, er interessierte sich nur mehr für das Geflügelhaus und alles, was darin vorging, und gab seine menschliche Sprache gegen Gackern und Krähen auf. Zur Zeit der Beobachtung (fünf Jahre) sprach er wieder, aber beschäftigte sich auch in der Rede ausschließlich nur mit Hühnern und anderem Geflügel. Er spielte mit keinem anderen Spielzeug, sang nur Lieder, in denen etwas vom Federvieh vorkam. Sein Benehmen gegen sein Totemtier war exquisit ambivalent, übermäßiges Hassen und Lieben. Am liebsten spielte er Hühnerschlachten. »Das Schlachten des Federviehs ist ihm überhaupt ein Fest. Er ist imstande, stundenlang um die Tierleichen erregt herumzutanzen.« Aber dann küßte und streichelte er das geschlachtete Tier, reinigte und liebkoste die von ihm selbst mißhandelten Ebenbilder von Hühnern.

Der kleine Árpád sorgte selbst dafür, daß der Sinn seines sonderbaren Treibens nicht verborgen bleiben konnte. Er übersetzte gelegentlich seine Wünsche aus der totemistischen Ausdrucksweise zurück in die des Alltagslebens.

237 Über den Ersatz der Kastration durch die auch im Ödipus-Mythus enthaltene Blendung vgl. die Mitteilungen von R. Reitler [*Zur Augensymbolik*], S. Ferenczi [*Zur Augensymbolik*], O. Rank [*Eine noch nicht beschriebene Form des Ödipus-Traumes*] und M. D. Eder [*Augenträume*], in: Internationale Zeitschrift für ärztliche Psychoanalyse, 1913, Bd. 1.

»Mein Vater ist der Hahn«, sagte er einmal. »Jetzt bin ich klein, jetzt bin ich ein Küchlein. Wenn ich größer werde, bin ich ein Huhn. Wenn ich noch größer werde, bin ich ein Hahn.« Ein andermal wünscht er sich plötzlich eine »eingemachte Mutter« zu essen (nach der Analogie des eingemachten Huhns). Er war sehr freigebig mit deutlichen Kastrationsandrohungen gegen andere, wie er sie wegen onanistischer Beschäftigung mit seinem Gliede selbst erfahren hatte.

Über die Quelle seines Interesses für das Treiben im Hühnerhof blieb nach Ferenczi kein Zweifel: »Der rege Sexualverkehr zwischen Hahn und Henne, das Eierlegen und das Herauskriechen der jungen Brut« befriedigten seine sexuelle Wißbegierde, die eigentlich dem menschlichen Familienleben galt. Nach dem Vorbild des Hühnerlebens hatte er seine Objektwünsche geformt, wenn er einmal der Nachbarin sagte: »Ich werde Sie heiraten und Ihre Schwester und meine drei Cousinen und die Köchin, nein, statt der Köchin lieber die Mutter.«

Wir werden an späterer Stelle die Würdigung dieser Beobachtung vervollständigen können; heben wir jetzt nur als wertvolle Übereinstimmungen mit dem Totemismus zwei Züge hervor: die volle Identifizierung mit dem Totemtier[238] und die ambivalente Gefühlseinstellung gegen dasselbe. Wir halten uns nach diesen Beobachtungen für berechtigt, in die Formel des Totemismus – für den Mann – den Vater an Stelle des Totemtieres einzusetzen. Wir merken dann, daß wir damit keinen neuen oder besonders kühnen Schritt getan haben. Die Primitiven sagen es ja selbst und bezeichnen, soweit noch heute das totemistische System in Kraft besteht, den Totem als ihren Ahnherrn und Urvater. Wir haben nur eine Aussage dieser Völker wörtlich genommen, mit welcher die Ethnologen wenig anzufangen wußten und die sie darum gern in den Hintergrund gerückt haben. Die Psychoanalyse mahnt uns, im Gegenteile gerade

238 In welcher nach Frazer das Wesentliche des Totemismus gegeben ist: *»Totemism is an identification of a man with his totem.« T*[*otemism*] *and Ex*[*ogamy*], Bd. 4, S. 5.

diesen Punkt hervorzusuchen und an ihn den Erklärungsversuch des Totemismus zu knüpfen.[239]

Das erste Ergebnis unserer Ersetzung ist sehr merkwürdig. Wenn das Totemtier der Vater ist, dann fallen die beiden Hauptgebote des Totemismus, die beiden Tabuvorschriften, die seinen Kern ausmachen, den Totem nicht zu töten und kein Weib, das dem Totem angehört, sexuell zu gebrauchen, inhaltlich zusammen mit den beiden Verbrechen des Ödipus, der seinen Vater tötete und seine Mutter zum Weibe nahm, und mit den beiden Urwünschen des Kindes, deren ungenügende Verdrängung oder deren Wiedererweckung den Kern vielleicht aller Psychoneurosen bildet. Sollte diese Gleichung mehr als ein irreleitendes Spiel des Zufalls sein, so müßte sie uns gestatten, ein Licht auf die Entstehung des Totemismus in unvordenklichen Zeiten zu werfen. Mit anderen Worten, es müßte uns gelingen, wahrscheinlich zu machen, daß das totemistische System sich aus den Bedingungen des Ödipuskomplexes ergeben hat wie die Tierphobie des »kleinen Hans« und die Geflügelperversion des »kleinen Árpád«. Um dieser Möglichkeit nachzugehen, werden wir im folgenden eine Eigentümlichkeit des totemistischen Systems oder, wie wir sagen können, der Totemreligion studieren, welche bisher kaum Erwähnung finden konnte.

4

Der im Jahre 1894 verstorbene W. Robertson Smith, Physiker, Philologe, Bibelkritiker und Altertumsforscher, ein ebenso vielseitiger wie scharfsichtiger und freidenkender Mann, sprach in seinem 1889 veröffentlichten Werke über die Religion der Semiten[240] die Annahme aus, daß eine ei-

---

239 O. Rank verdanke ich die Mitteilung eines Falles von Hundephobie bei einem intelligenten jungen Manne, dessen Erklärung, wie er zu seinem Leiden gekommen sei, merklich an die oben erwähnte Totemtheorie der Arunta anklingt. Er meinte, von seinem Vater erfahren zu haben, daß seine Mutter während der Schwangerschaft mit ihm einmal vor einem Hunde erschrocken sei.

240 W. Robertson Smith, [*Lectures on*] *The Religion of the Semites.* Second Edition, London 1894 [1. Aufl. 1889].

gentümliche Zeremonie, die sogenannte *Totemmahlzeit*, von allem Anfang an einen integrierenden Bestandteil des totemistischen Systems gebildet habe. Zur Stütze dieser Vermutung stand ihm damals nur eine einzige, aus dem 5. Jahrhundert n. Chr. überlieferte Beschreibung eines solchen Aktes zu Gebote, aber er verstand es, die Annahme durch die Analyse des Opferwesens bei den alten Semiten zu einem hohen Grad von Wahrscheinlichkeit zu erheben. Da das Opfer eine göttliche Person voraussetzt, handelt es sich dabei um den Rückschluß von einer höheren Phase des religiösen Ritus auf die niedrigste des Totemismus.

Ich will nun versuchen, aus dem ausgezeichneten Buch von Robertson Smith die für unser Interesse entscheidenden Sätze über Ursprung und Bedeutung des Opferritus herauszuheben unter Weglassung aller oft so reizvollen Details und mit konsequenter Hintansetzung aller späteren Entwicklungen. Es ist ganz ausgeschlossen, in einem solchen Auszug dem Leser etwas von der Luzidität oder von der Beweiskraft der Darstellung im Original zu übermitteln.

Robertson Smith[241] führt aus, daß das Opfer am Altar das wesentliche Stück im Ritus der alten Religion gewesen ist. Es spielt in allen Religionen die nämliche Rolle, so daß man seine Entstehung auf sehr allgemeine und überall gleichartig wirkende Ursachen zurückführen muß.

Das Opfer – die heilige Handlung *κατ᾽ἐξοχήν* (*sacrificium*, *ἱερουργία*) – bedeutete aber ursprünglich etwas anderes, als was spätere Zeiten darunter verstanden: die Darbringung an die Gottheit, um sie zu versöhnen oder sich geneigt zu machen. (Von dem Nebensinn der Selbstentäußerung ging dann die profane Verwendung des Wortes aus.) Das Opfer war nachweisbar zuerst nichts anderes als *»an act of social fellowship between the deity and his worshippers«*[242], ein Akt der Geselligkeit, eine Kommunion der Gläubigen mit ihrem Gotte.

---

241 [Smith, a. a. O., S. 214.]
242 [Smith, a. a. O., S. 224.]

Als Opfer wurden dargebracht eßbare und trinkbare Dinge; dasselbe, wovon der Mensch sich nährte, Fleisch, Zerealien[243], Früchte, Wein und Öl, das opferte er auch seinem Gotte. Nur in bezug auf das Opferfleisch bestanden Einschränkungen und Abweichungen. Von den Tieropfern speist der Gott gemeinsam mit seinen Anbetern, die vegetabilischen Opfer sind ihm allein überlassen. Es ist kein Zweifel, daß die Tieropfer die älteren sind und einmal die einzigen waren. Die vegetabilischen Opfer sind aus der Darbringung der Erstlinge aller Früchte hervorgegangen und entsprechen einem Tribut an den Herrn des Bodens und des Landes. Das Tieropfer ist aber älter als der Ackerbau.[244]

Es ist aus sprachlichen Überresten gewiß, daß der dem Gott bestimmte Anteil des Opfers zuerst als seine wirkliche Nahrung angesehen wurde. Mit der fortschreitenden Dematerialisierung des göttlichen Wesens wurde diese Vorstellung anstößig; man wich ihr aus, indem man allein den flüssigen Anteil der Mahlzeit der Gottheit zuwies. Später gestattete der Gebrauch des Feuers, welcher das Opferfleisch auf dem Altar in Rauch aufgehen ließ, eine Zurichtung der menschlichen Nahrungsmittel, durch welche sie dem göttlichen Wesen angemessener wurden.[245] Die Substanz des Trinkopfers war ursprünglich das Blut der Opfertiere; Wein wurde später der Ersatz des Blutes. Der Wein galt den Alten als das »Blut der Rebe«, wie ihn unsere Dichter jetzt noch heißen.[246]

Die älteste Form des Opfers, älter als der Gebrauch des Feuers und die Kenntnis des Ackerbaues, war also das Tieropfer, dessen Fleisch und Blut der Gott und seine Anbeter gemeinsam genossen. Es war wesentlich, daß jeder der Teilnehmer seinen Anteil an der Mahlzeit erhalte.

Ein solches Opfer war eine öffentliche Zeremonie, das

---

243 [Die Bezeichnung »Zerealien« ist vom Namen der griech. Göttin Ceres abgeleitet und bedeutet: Getreide, Korn, Feldfrüchte.]
244 [Smith, a. a. O., S. 222.]
245 [Smith, a. a. O., S. 224 und 229.]
246 [Smith, a. a. O., S. 230.]

Fest eines ganzen Clan. Die Religion war überhaupt eine allgemeine Angelegenheit, die religiöse Pflicht ein Stück der sozialen Verpflichtung. Opfer und Festlichkeit fallen bei allen Völkern zusammen, jedes Opfer bringt ein Fest mit sich, und kein Fest kann ohne Opfer gefeiert werden. Das Opferfest war eine Gelegenheit der freudigen Erhebung über die eigenen Interessen, der Betonung der Zusammengehörigkeit untereinander und mit der Gottheit.[247]

Die ethische Macht der öffentlichen Opfermahlzeit ruhte auf uralten Vorstellungen über die Bedeutung des gemeinsamen Essens und Trinkens. Mit einem anderen zu essen und zu trinken war gleichzeitig ein Symbol und eine Bekräftigung von sozialer Gemeinschaft und von Übernahme gegenseitiger Verpflichtungen; die Opfermahlzeit brachte zum direkten Ausdruck, daß der Gott und seine Anbeter *Commensalen*[248] sind, aber damit waren alle ihre anderen Beziehungen gegeben. Gebräuche, die noch heute unter den Arabern der Wüste in Kraft sind, beweisen, daß das Bindende an der gemeinsamen Mahlzeit nicht ein religiöses Moment ist, sondern der Akt des Essens selbst. Wer den kleinsten Bissen mit einem solchen Beduinen geteilt oder einen Schluck von seiner Milch getrunken hat, der braucht ihn nicht mehr als Feind zu fürchten, sondern darf seines Schutzes und seiner Hilfe sicher sein. Allerdings nicht für ewige Zeiten; strenggenommen nur für so lange, als der gemeinsam genossene Stoff der Annahme nach in seinem Körper verbleibt. So realistisch wird das Band der Vereinigung aufgefaßt; es bedarf der Wiederholung, um es zu verstärken und dauerhaft zu machen.[249]

Warum wird aber dem gemeinsamen Essen und Trinken diese bindende Kraft zugeschrieben? In den primitivsten Gesellschaften gibt es nur ein Band, welches unbedingt und ausnahmslos einigt, das der Stammesgemeinschaft *(kinship)*. Die Mitglieder dieser Gemeinschaft treten solida-

247 [Smith, a. a. O., S. 255.]
248 [Gemeinsam an einem Tisch Sitzende.]
249 [Smith, a. a. O., S. 269 f.]

risch füreinander ein, ein *kin* ist eine Gruppe von Personen, deren Leben solcherart zu einer physischen Einheit verbunden sind, daß man sie wie Stücke eines gemeinsamen Lebens betrachten kann. Es heißt dann beim Mord eines einzelnen aus dem *kin* nicht: das Blut dieses oder jenes ist vergossen worden, sondern unser Blut ist vergossen worden. Die hebräische Phrase, mit welcher die Stammesverwandtschaft anerkannt wird, lautet: Du bist mein Bein und mein Fleisch. *Kinship* bedeutet also einen Anteil haben an einer gemeinsamen Substanz. Es ist dann natürlich, daß sie nicht nur auf die Tatsache gegründet wird, daß man ein Teil von der Substanz seiner Mutter ist, von der man geboren und mit deren Milch man genährt wurde, sondern daß auch die Nahrung, die man späterhin genießt und durch die man seinen Körper erneuert, *kinship* erwerben und bestärken kann. Teilte man die Mahlzeit mit seinem Gotte, so drückte es die Überzeugung aus, daß man von einem Stoff mit ihm sei, und wen man als Fremden erkannte, mit dem teilte man keine Mahlzeit.[250]

Die Opfermahlzeit war also ursprünglich ein Festmahl von Stammverwandten, dem Gesetze folgend, daß nur Stammverwandte miteinander essen. In unserer Gesellschaft einigt die Mahlzeit die Mitglieder der Familie, aber mit der Familie hat die Opfermahlzeit nichts zu tun. *Kinship* ist älter als Familienleben; die ältesten uns bekannten Familien umfassen regelmäßig Personen, die verschiedenen Verwandtschaftsverbänden angehören. Die Männer heiraten Frauen aus fremden Clans, die Kinder erben den Clan der Mutter; es besteht keine Stammesverwandtschaft zwischen dem Manne und den übrigen Familienmitgliedern. In einer solchen Familie gibt es keine gemeinsame Mahlzeit. Die Wilden essen noch heute abseits und allein, und die religiösen Speiseverbote des Totemismus machen ihnen oft die Eßgemeinschaft mit ihren Frauen und Kindern unmöglich.[251]

---

250 [Smith, a. a. O., S. 273–275.]
251 [Smith, a. a. O., S. 277 f.]

Wenden wir uns nun zum Opfertier. Es gab, wie wir gehört, keine Stammeszusammenkunft ohne Tieropfer, aber – was nun bedeutsam ist – auch kein Schlachten eines Tieres außer für solche feierliche Gelegenheit. Man nährte sich ohne Bedenken von Früchten, Wild und von der Milch der Haustiere, aber religiöse Skrupel machten es dem einzelnen unmöglich, ein Haustier für seinen eigenen Gebrauch zu töten.[252] Es leidet nicht den leisesten Zweifel, sagt Robertson Smith, daß jedes Opfer ursprünglich Clanopfer war und daß das *Töten eines Schlachtopfers* ursprünglich zu jenen Handlungen gehörte, *die dem einzelnen verboten sind und nur dann gerechtfertigt werden, wenn der ganze Stamm die Verantwortlichkeit mit übernimmt.* Es gibt bei den Primitiven nur eine Klasse von Handlungen, für welche diese Charakteristik zutrifft, nämlich Handlungen, welche an die Heiligkeit des dem Stamme gemeinsamen Blutes rühren. Ein Leben, welches kein einzelner wegnehmen darf und das nur durch die Zustimmung, unter der Teilnahme aller Clangenossen geopfert werden kann, steht auf derselben Stufe wie das Leben der Stammesgenossen selbst. Die Regel, daß jeder Gast der Opfermahlzeit vom Fleisch des Opfertieres genießen müsse, hat denselben Sinn wie die Vorschrift, daß die Exekution an einem schuldigen Stammesgenossen von dem ganzen Stamm zu vollziehen sei.[253] Mit anderen Worten: Das Opfertier wurde behandelt wie ein Stammverwandter, *die opfernde Gemeinde, ihr Gott und das Opfertier waren eines Blutes,* Mitglieder eines Clan.

Robertson Smith identifiziert auf Grund einer reichen Evidenz das Opfertier mit dem alten Totemtier. Es gab im späteren Altertum zwei Arten von Opfern, solche von Haustieren, die auch für gewöhnlich gegessen wurden, und ungewöhnliche Opfer von Tieren, die als unrein verboten waren. Die nähere Erforschung zeigt dann, daß diese unreinen Tiere heilige Tiere waren, daß sie den Göttern als Opfer dargebracht wurden, denen sie heilig waren, daß diese

252 [Smith, a. a. O., S. 280 und 281.]
253 [Smith, a. a. O., S. 284 f.]

Tiere ursprünglich identisch waren mit den Göttern selbst und daß die Gläubigen in irgendeiner Weise beim Opfer ihre Blutsverwandtschaft mit dem Tiere und dem Gotte betonten.[254] Für noch frühere Zeiten entfällt aber dieser Unterschied zwischen gewöhnlichen und »mystischen« Opfern. Alle Tiere sind ursprünglich heilig, ihr Fleisch ist verboten und darf nur bei feierlichen Gelegenheiten unter Teilnahme des ganzen Stammes genossen werden. Das Schlachten des Tieres kommt dem Vergießen von Stammesblut gleich und muß unter den nämlichen Vorsichten und Sicherungen gegen Vorwurf geschehen.[255]

Die Zähmung von Haustieren und das Emporkommen der Viehzucht scheint überall dem reinen und strengen Totemismus der Urzeit ein Ende bereitet zu haben.[256] Aber was in der nun »pastoralen« Religion den Haustieren an Heiligkeit verblieb, ist deutlich genug, um den ursprünglichen Totemcharakter derselben erkennen zu lassen. Noch in späten klassischen Zeiten schrieb der Ritus an verschiedenen Orten dem Opferer vor, nach vollzogenem Opfer die Flucht zu ergreifen, wie um sich einer Ahndung zu entziehen. In Griechenland muß die Idee, daß die Tötung eines Ochsen eigentlich ein Verbrechen sei, einst allgemein geherrscht haben. An dem athenischen Fest der *Bouphonien*[257] wurde nach dem Opfer ein förmlicher Prozeß eingeleitet, bei dem alle Beteiligten zum Verhör kamen. Endlich einigte man sich, die Schuld an der Mordtat auf das Messer abzuwälzen, welches dann ins Meer geworfen wurde.[258]

Trotz der Scheu, welche das Leben des heiligen Tieres als eines Stammesgenossen schützt, wird es zur Notwendig-

---

254 [Smith, a. a. O., S. 290–295.]
255 [Smith, a. a. O., S. 212 und 213.]
256 *»The inference is that the domestication to which totemism invariably leads (when there are any animals capable of domestication) is fatal to totemism.«* Jevons, *An Introduction to the History of Religion*, London 1911, fifth edition [2. Aufl. 1902], S. 120. [Deutsche Übersetzung: »Die Gegenwirkung ist die, daß die Zähmung, zu der der Totemismus unweigerlich führt (sofern zähmbare Tiere verfügbar sind), dem Totemismus ein Ende setzt.«]
257 [Wörtlich: »Ochsenmorde«.]
258 [Smith, a. a. O., S. 304.]

keit, ein solches Tier von Zeit zu Zeit in feierlicher Gemeinschaft zu töten und Fleisch und Blut desselben unter die Clangenossen zu verteilen. Das Motiv, welches diese Tat gebietet, gibt den tiefsten Sinn des Opferwesens preis. Wir haben gehört, daß in späteren Zeiten jedes gemeinsame Essen, die Teilnahme an der nämlichen Substanz, welche in ihre Körper eindringt, ein heiliges Band zwischen den Commensalen herstellt; in ältesten Zeiten scheint diese Bedeutung nur der Teilnahme an der Substanz eines heiligen Opfers zuzukommen. *Das heilige Mysterium des Opfertodes rechtfertigt sich, indem nur auf diesem Wege das heilige Band hergestellt werden kann, welches die Teilnehmer untereinander und mit ihrem Gotte einigt.*[259]

Dieses Band ist nichts anderes als das Leben des Opfertieres, welches in seinem Fleisch und in seinem Blute wohnt und durch die Opfermahlzeit allen Teilnehmern mitgeteilt wird. Eine solche Vorstellung liegt allen *Blutbündnissen* zugrunde, durch die sich noch in späten Zeiten Menschen gegeneinander verpflichten. Die durchaus realistische Auffassung der Blutsgemeinschaft als Identität der Substanz läßt die Notwendigkeit verstehen, sie von Zeit zu Zeit durch den physischen Prozeß der Opfermahlzeit zu erneuern.[260]

Brechen wir hier die Mitteilung der Gedankengänge von Robertson Smith ab, um ihren Kern in gedrängtester Kürze zu resümieren: Als die Idee des Privateigentums aufkam, wurde das Opfer als eine Gabe an die Gottheit, als eine Übertragung aus dem Eigentum des Menschen in das des Gottes aufgefaßt. Allein diese Deutung ließ alle Eigentümlichkeiten des Opferrituals unaufgeklärt. In ältesten Zeiten war das Opfertier selbst heilig, sein Leben unverletzlich gewesen; es konnte nur unter der Teilnahme und Mitschuld des ganzen Stammes und in Gegenwart des Gottes genommen werden, um die heilige Substanz zu liefern, durch deren Genuß die Clangenossen sich ihrer stofflichen

259 [Smith, a. a. O., S. 313; Hervorhebung von Freud.]
260 [Smith, a. a. O., S. 319.]

Identität untereinander und mit der Gottheit versicherten. Das Opfer war ein Sakrament, das Opfertier selbst ein Stammesgenosse. Es war in Wirklichkeit das alte Totemtier, der primitive Gott selbst, durch dessen Tötung und Verzehrung die Clangenossen ihre Gottähnlichkeit auffrischten und versicherten.

Aus dieser Analyse des Opferwesens zog Robertson Smith den Schluß, daß die periodische Tötung und Aufzehrung des Totem in Zeiten *vor der Verehrung anthropomorpher Gottheiten* ein bedeutsames Stück der Totemreligion gewesen sei.[261] Das Zeremoniell einer solchen Totemmahlzeit, meinte er, sei uns in der Beschreibung eines Opfers aus späteren Zeiten erhalten. Der hl. Nilus berichtet von einer Opfersitte der Beduinen in der sinaitischen Wüste um das Ende des vierten Jahrhunderts nach Christi Geburt. Das Opfer, ein Kamel, wurde gebunden auf einen rohen Altar von Steinen gelegt; der Anführer des Stammes ließ die Teilnehmer dreimal unter Gesängen um den Altar herumgehen, brachte dem Tiere die erste Wunde bei und trank gierig das hervorquellende Blut; dann stürzte sich die ganze Gemeinde auf das Opfer, hieb mit den Schwertern Stücke des zuckenden Fleisches los und verzehrte sie roh in solcher Hast, daß in der kurzen Zwischenzeit zwischen dem Aufgang des Morgensterns, dem dieses Opfer galt, und dem Erblassen des Gestirns vor den Sonnenstrahlen alles vom Opfertier, Leib, Knochen, Haut, Fleisch und Eingeweide, vertilgt war.[262] Dieser barbarische, von höchster Altertümlichkeit zeugende Ritus war allen Beweismitteln nach kein vereinzelter Gebrauch, sondern die allgemeine ursprüngliche Form des Totemopfers, die in späterer Zeit die verschiedensten Abschwächungen erfuhr.

Viele Autoren haben sich geweigert, der Konzeption der Totemmahlzeit Gewicht beizulegen, weil sie durch die direkte Beobachtung auf der Stufe des Totemismus nicht erhärtet werden konnte. Robertson Smith hat noch selbst auf

261 [Smith, a. a. O., S. 295.]
262 [Smith, a. a. O., S. 338.]

die Beispiele hingewiesen, in denen die sakramentale Bedeutung der Opfer gesichert scheint, z. B. bei den Menschenopfern der Azteken, und auf andere, welche an die Bedingungen der Totemmahlzeit erinnern, die Bärenopfer des Bärenstammes der Ouataouaks [Otawa-Stamm] in Amerika und die Bärenfeste der Ainos in Japan.[263] Frazer hat diese und ähnliche Fälle in den beiden letzterschienenen Abteilungen seines großen Werkes ausführlich mitgeteilt.[264] Ein Indianerstamm in Kalifornien, der einen großen Raubvogel (Bussard) verehrt, tötet diesen in feierlicher Zeremonie einmal im Jahre, worauf er betrauert und seine Haut mit den Federn aufbewahrt wird.[265] Die Zuniindianer in Neumexiko verfahren ebenso mit ihrer heiligen Schildkröte.[266]

In den *Intichiuma*zeremonien der zentralaustralischen Stämme ist ein Zug beobachtet worden, welcher zu den Voraussetzungen von Robertson Smith vortrefflich stimmt. Jeder Stamm, der für die Vermehrung seines Totem, dessen Genuß ihm doch selbst verwehrt ist, Magie treibt, ist gehalten, bei der Zeremonie etwas von seinem Totem selbst zu genießen, ehe derselbe den anderen Stämmen zugänglich wird.[267] Das schönste Beispiel für den sakramentalen Genuß des sonst verbotenen Totem soll sich nach Frazer bei den Bini in Westafrika in Verbindung mit dem Begräbniszeremoniell dieser Stämme finden.[268]

Wir aber wollen Robertson Smith in der Annahme folgen, daß die sakramentale Tötung und gemeinsame Aufzehrung des sonst verbotenen Totemtieres ein bedeutungsvoller Zug der Totemreligion gewesen sei.[269]

---

263 [Smith, a. a. O., S. 295 Anm.]
264 *The Golden Bough*, Part V, *Spirits of the Corn and of the Wild*; London 1912, in den Abschnitten: »Eating the God and Killing the Divine Animal«.
265 [Frazer, *Spirits of the Corn . . .*, Bd. 2, S. 170.]
266 [Frazer, *Spirits . . .*, Bd. 2, S. 175.]
267 [Frazer, *Totemism and Exogamy*, Bd. 1, S. 110 ff.]
268 Frazer, *T*[*otemism*] *and Ex*[*ogamy*,] Bd. 2, S. 590.
269 Die von verschiedenen Autoren (Marillier, Hubert und Mauss u. a.) gegen diese Theorie des Opfers vorgebrachten Einwendungen sind mir nicht unbekannt geblieben, haben aber den Eindruck der Lehren von Robertson Smith im wesentlichen nicht beeinträchtigt.

5

Stellen wir uns nun die Szene einer solchen Totemmahlzeit vor und statten sie noch mit einigen wahrscheinlichen Zügen aus, die bisher nicht gewürdigt werden konnten. Der Clan, der sein Totemtier bei feierlichem Anlasse auf grausame Art tötet und es roh verzehrt, Blut, Fleisch und Knochen; dabei sind die Stammesgenossen in die Ähnlichkeit des Totem verkleidet, imitieren es in Lauten und Bewegungen, als ob sie seine und ihre Identität betonen wollten. Es ist das Bewußtsein dabei, daß man eine jedem einzelnen verbotene Handlung ausführt, die nur durch die Teilnahme aller gerechtfertigt werden kann; es darf sich auch keiner von der Tötung und der Mahlzeit ausschließen. Nach der Tat wird das hingemordete Tier beweint und beklagt. Die Totenklage ist eine zwangsmäßige, durch die Furcht vor einer drohenden Vergeltung erzwungene, ihre Hauptabsicht geht dahin, wie Robertson Smith bei einer analogen Gelegenheit bemerkt, die Verantwortlichkeit für die Tötung von sich abzuwälzen.[270]

Aber nach dieser Trauer folgt die lauteste Festfreude, die Entfesselung aller Triebe und Gestattung aller Befriedigungen. Die Einsicht in das Wesen des *Festes* fällt uns hier ohne jede Mühe zu.

Ein Fest ist ein gestatteter, vielmehr ein gebotener Exzeß, ein feierlicher Durchbruch eines Verbotes. Nicht weil die Menschen infolge irgendeiner Vorschrift froh gestimmt sind, begehen sie die Ausschreitungen, sondern der Exzeß liegt im Wesen des Festes; die festliche Stimmung wird durch die Freigebung des sonst Verbotenen erzeugt.

Was soll aber die Einleitung zu dieser Festesfreude, die Trauer über den Tod des Totemtieres? Wenn man sich über die Tötung des Totem, die sonst versagt ist, freut, warum trauert man auch über sie?

Wir haben gehört, daß sich die Clangenossen durch den Genuß des Totem heiligen, in ihrer Identifizierung mit ihm

270 [*Lectures on the*] *Religion of the Semites*, 2nd edition 1894, S. 412.

und untereinander bestärken. Daß sie das heilige Leben, dessen Träger die Substanz des Totem ist, in sich aufgenommen haben, könnte ja die festliche Stimmung und alles, was aus ihr folgt, erklären.

Die Psychoanalyse hat uns verraten, daß das Totemtier wirklich der Ersatz des Vaters ist, und dazu stimmte wohl der Widerspruch, daß es sonst verboten ist, es zu töten, und daß seine Tötung zur Festlichkeit wird, daß man das Tier tötet und es doch betrauert. Die ambivalente Gefühlseinstellung, welche den Vaterkomplex heute noch bei unseren Kindern auszeichnet und sich oft ins Leben der Erwachsenen fortsetzt, würde sich auch auf den Vaterersatz des Totemtieres erstrecken.

Allein, wenn man die von der Psychoanalyse gegebene Übersetzung des Totem mit der Tatsache der Totemmahlzeit und der Darwinschen Hypothese über den Urzustand der menschlichen Gesellschaft zusammenhält, ergibt sich die Möglichkeit eines tieferen Verständnisses, der Ausblick auf eine Hypothese, die phantastisch erscheinen mag, aber den Vorteil bietet, eine unvermutete Einheit zwischen bisher gesonderten Reihen von Phänomenen herzustellen.

Die Darwinsche Urhorde hat natürlich keinen Raum für die Anfänge des Totemismus. Ein gewalttätiger, eifersüchtiger Vater, der alle Weibchen für sich behält und die heranwachsenden Söhne vertreibt, nichts weiter. Dieser Urzustand der Gesellschaft ist nirgends Gegenstand der Beobachtung geworden. Was wir als primitivste Organisation finden, was noch heute bei gewissen Stämmen in Kraft besteht, das sind *Männerverbände*, die aus gleichberechtigten Mitgliedern bestehen und den Einschränkungen des totemistischen Systems unterliegen, dabei mütterliche Erblichkeit. Kann das eine aus dem anderen hervorgegangen sein, und auf welchem Wege war es möglich?

Die Berufung auf die Feier der Totemmahlzeit gestattet uns eine Antwort zu geben: Eines Tages[271] taten sich die

271 Zu dieser Darstellung, die sonst mißverständlich würde, bitte ich die Schlußsätze der nachfolgenden Anmerkung als Korrektiv hinzuzunehmen.

ausgetriebenen Brüder zusammen, erschlugen und verzehrten den Vater und machten so der Vaterhorde ein Ende. Vereint wagten sie und brachten zustande, was dem einzelnen unmöglich geblieben wäre. (Vielleicht hatte ein Kulturfortschritt, die Handhabung einer neuen Waffe, ihnen das Gefühl der Überlegenheit gegeben.) Daß sie den Getöteten auch verzehrten, ist für den kannibalen Wilden selbstverständlich. Der gewalttätige Urvater war gewiß das beneidete und gefürchtete Vorbild eines jeden aus der Brüderschar gewesen. Nun setzten sie im Akte des Verzehrens die Identifizierung mit ihm durch, eigneten sich ein jeder ein Stück seiner Stärke an. Die Totemmahlzeit, vielleicht das erste Fest der Menschheit, wäre die Wiederholung und die Gedenkfeier dieser denkwürdigen, verbrecherischen Tat, mit welcher so vieles seinen Anfang nahm, die sozialen Organisationen, die sittlichen Einschränkungen und die Religion.[272]

272 Die ungeheuerlich erscheinende Annahme der Überwältigung und Tötung des tyrannischen Vaters durch die Vereinigung der ausgetriebenen Söhne hat sich auch Atkinson als direkte Folgerung aus den Verhältnissen der Darwinschen Urhorde ergeben. »*A youthful band of brothers living together in forced celibacy, or at most in polyandrous relation with some single female captive. A horde as yet weak in their impubescence they are, but they would, when strength was gained with time, inevitably wrench by combined attacks, renewed again and again, both wife and life from the paternal tyrant.*« [Deutsche Übersetzung: »Eine Gruppe junger Brüder, die in erzwungener Ehelosigkeit zusammenlebt oder im Höchstfall in polyandrischer Beziehung mit einer einzelnen erbeuteten Frau. Eine Horde, noch schwach in ihrer Vorpubertät, sie würde aber, wenn sie mit der Zeit Kräfte sammelte, unausweichlich mit kombinierten und immer erneuten Attacken dem väterlichen Tyrannen Weib und Leben abringen«] (*Primal Law* [1903], S. 220 f.). Atkinson, der übrigens sein Leben in Neu-Caledonien verbrachte und ungewöhnliche Gelegenheit zum Studium der Eingeborenen hatte, beruft sich auch darauf, daß die von Darwin supponierten Zustände der Urhorde bei wilden Rinder- und Pferdeherden leicht zu beobachten sind und regelmäßig zur Tötung des Vatertieres führen. Er nimmt dann weiter an, daß nach der Beseitigung des Vaters ein Zerfall der Horde durch den erbitterten Kampf der siegreichen Söhne untereinander eintritt. Auf diese Weise käme eine neue Organisation der Gesellschaft niemals zustande: »*an ever recurring violent succession to the solitary paternal tyrant by sons, whose parricidal hands were so soon again clenched in fratricidal strife*«. [Deutsche Übersetzung: »eine nie endende

Um, von der Voraussetzung absehend, diese Folgen glaubwürdig zu finden, braucht man nur anzunehmen, daß die sich zusammenrottende Brüderschar von denselben einander widersprechenden Gefühlen gegen den Vater beherrscht war, die wir als Inhalt der Ambivalenz des Vaterkomplexes bei jedem unserer Kinder und unserer Neurotiker nachweisen können. Sie haßten den Vater, der ihrem Machtbedürfnis und ihren sexuellen Ansprüchen so mächtig im Wege stand, aber sie liebten und bewunderten ihn auch. Nachdem sie ihn beseitigt, ihren Haß befriedigt und ihren Wunsch nach Identifizierung mit ihm durchgesetzt hatten, mußten sich die dabei überwältigten zärtlichen Regungen zur Geltung bringen.[273] Es geschah in der Form der Reue, es entstand ein Schuldbewußtsein, welches hier mit der gemeinsam empfundenen Reue zusammenfällt. Der Tote wurde nun stärker, als der Lebende gewesen war; all dies, wie wir es noch heute an Menschenschicksalen sehen.

Kette der Gewalt gegenüber dem einzelnen väterlichen Tyrannen, von Söhnen, deren vatermörderische Hände alsbald erneut im Bruderkampf wären«] (S. 228). Atkinson, dem die Winke der Psychoanalyse nicht zu Gebote standen und dem die Studien von Robertson Smith nicht bekannt waren, findet einen minder gewaltsamen Übergang von der Urhorde zur nächsten sozialen Stufe, auf welcher zahlreiche Männer in friedlicher Gemeinschaft zusammenleben. Er läßt es die Mutterliebe durchsetzen, daß anfangs nur die jüngsten, später auch andere Söhne in der Horde verbleiben, wofür diese Geduldeten das sexuelle Vorrecht des Vaters in Form der von ihnen geübten Entsagung gegen Mutter und Schwestern anerkennen.

Soviel über die höchst bemerkenswerte Theorie von Atkinson, ihre Übereinstimmung mit der hier vorgetragenen im *wesentlichen* Punkte und ihre Abweichung davon, welche den Verzicht auf den Zusammenhang mit so vielem anderen mit sich bringt.

Die Unbestimmtheit, die zeitliche Verkürzung und inhaltliche Zusammendrängung der Angaben in meinen obenstehenden Ausführungen darf ich als eine durch die Natur des Gegenstandes geforderte Enthaltung hinstellen. Es wäre ebenso unsinnig, in dieser Materie Exaktheit anzustreben, wie es unbillig wäre, Sicherheiten zu fordern.

273 Dieser neuen Gefühlseinstellung mußte auch zugute kommen, daß die Tat keinem der Täter die volle Befriedigung bringen konnte. Sie war in gewisser Hinsicht vergeblich geschehen. Keiner der Söhne konnte ja seinen ursprünglichen Wunsch durchsetzen, die Stelle des Vaters einzunehmen. Der Mißerfolg ist aber, wie wir wissen, der moralischen Reaktion weit günstiger als die Befriedigung.

Was er früher durch seine Existenz verhindert hatte, das verboten sie sich jetzt selbst in der psychischen Situation des uns aus den Psychoanalysen so wohl bekannten *»nachträglichen Gehorsams«*. Sie widerriefen ihre Tat, indem sie die Tötung des Vaterersatzes, des Totem, für unerlaubt erklärten, und verzichteten auf deren Früchte, indem sie sich die freigewordenen Frauen versagten. So schufen sie aus dem *Schuldbewußtsein des Sohnes* die beiden fundamentalen Tabu des Totemismus, die eben darum mit den beiden verdrängten Wünschen des Ödipuskomplexes übereinstimmen mußten. Wer dawiderhandelte, machte sich der beiden einzigen Verbrechen schuldig, welche die primitive Gesellschaft bekümmerten.[274]

Die beiden Tabu des Totemismus, mit denen die Sittlichkeit der Menschen beginnt, sind psychologisch nicht gleichwertig. Nur das eine, die Schonung des Totemtieres, ruht ganz auf Gefühlsmotiven; der Vater war ja beseitigt, in der Realität war nichts mehr gutzumachen. Das andere aber, das Inzestverbot, hatte auch eine starke praktische Begründung. Das sexuelle Bedürfnis einigt die Männer nicht, sondern entzweit sie. Hatten sich die Brüder verbündet, um den Vater zu überwältigen, so war jeder des anderen Nebenbuhler bei den Frauen. Jeder hätte sie wie der Vater alle für sich haben wollen, und in dem Kampfe aller gegen alle wäre die neue Organisation zugrunde gegangen. Es war kein Überstarker mehr da, der die Rolle des Vaters mit Erfolg hätte aufnehmen können. Somit blieb den Brüdern, wenn sie miteinander leben wollten, nichts übrig, als – vielleicht nach Überwindung schwerer Zwischenfälle – das Inzestverbot aufzurichten, mit welchem sie alle zugleich auf die von ihnen begehrten Frauen verzichteten, um derentwegen sie doch in erster Linie den Vater beseitigt

274 *»Murder and incest, or offences of a like kind against the sacred law of blood, are in primitive society the only crimes of which the community as such takes cognizance . . .«* [»Mord und Inzest oder Vergehen ähnlicher Art gegen das geheiligte Gesetz des Blutes sind in der primitiven Gesellschaft die einzigen Verbrechen, die von der Gemeinschaft als solche zur Kenntnis genommen werden . . .« – Smith, [*Lectures on the*] *Religion of the Semites*, S. 419.

hatten. Sie retteten so die Organisation, welche sie stark gemacht hatte und die auf homosexuellen Gefühlen und Betätigungen ruhen konnte, welche sich in der Zeit der Vertreibung bei ihnen eingestellt haben mochten. Vielleicht war es auch diese Situation, welche den Keim zu den von Bachofen erkannten Institutionen des *Mutterrechts*[275] legte, bis dieses von der patriarchalischen Familienordnung abgelöst wurde.

An das andere Tabu, welches das Leben des Totemtieres beschützt, knüpft hingegen der Anspruch des Totemismus an, als erster Versuch einer Religion gewertet zu werden. Bot sich dem Empfinden der Söhne das Tier als natürlicher und nächstliegender Ersatz des Vaters, so fand sich in der ihnen zwanghaft gebotenen Behandlung desselben doch noch mehr Ausdruck als das Bedürfnis, ihre Reue zur Darstellung zu bringen. Es konnte mit dem Vatersurrogat der Versuch gemacht werden, das brennende Schuldgefühl zu beschwichtigen, eine Art von Aussöhnung mit dem Vater zu bewerkstelligen. Das totemistische System war gleichsam ein Vertrag mit dem Vater, in dem der letztere all das zusagte, was die kindliche Phantasie vom Vater erwarten durfte, Schutz, Fürsorge und Schonung, wogegen man sich verpflichtete, sein Leben zu ehren, das heißt die Tat an ihm nicht zu wiederholen, durch die der wirkliche Vater zugrunde gegangen war. Es lag auch ein Rechtfertigungsversuch im Totemismus. »Hätte der Vater uns behandelt wie der Totem, wir wären nie in die Versuchung gekommen, ihn zu töten.« So verhalf der Totemismus dazu, die Verhältnisse zu beschönigen und das Ereignis vergessen zu machen, dem er seine Entstehung verdankte.

Es wurden hiebei Züge geschaffen, die fortan für den Charakter der Religion bestimmend blieben. Die Totemreligion war aus dem Schuldbewußtsein der Söhne hervorgegangen als Versuch, dies Gefühl zu beschwichtigen und den beleidigten Vater durch den nachträglichen Gehorsam

---

275 [Johann Jakob Bachofen, *Das Mutterrecht, eine Untersuchung über die Gynäkokratie der Alten Welt nach ihrer religiösen und rechtlichen Natur*, Stuttgart 1861.]

zu versöhnen. Alle späteren Religionen erweisen sich als Lösungsversuche desselben Problems, variabel je nach dem kulturellen Zustand, in dem sie unternommen werden, und nach den Wegen, die sie einschlagen, aber es sind alle gleichzielende Reaktionen auf dieselbe große Begebenheit, mit der die Kultur begonnen hat und die seitdem die Menschheit nicht zur Ruhe kommen läßt.

Auch ein anderer Charakter, den die Religion treu bewahrt hat, ist damals schon im Totemismus hervorgetreten. Die Ambivalenzspannung war wohl zu groß, um durch irgendeine Veranstaltung ausgeglichen zu werden, oder die psychologischen Bedingungen sind der Erledigung dieser Gefühlsgegensätze überhaupt nicht günstig. Man merkt jedenfalls, daß die dem Vaterkomplex anhaftende Ambivalenz sich auch in den Totemismus und in die Religionen überhaupt fortsetzt. Die Religion des Totem umfaßt nicht nur die Äußerungen der Reue und die Versuche der Versöhnung, sondern dient auch der Erinnerung an den Triumph über den Vater. Die Befriedigung darüber läßt das Erinnerungsfest der Totemmahlzeit einsetzen, bei dem die Einschränkungen des nachträglichen Gehorsams wegfallen, macht es zur Pflicht, das Verbrechen des Vatermordes in der Opferung des Totemtieres immer wieder von neuem zu wiederholen, sooft der festgehaltene Erwerb jener Tat, die Aneignung der Eigenschaften des Vaters, infolge der verändernden Einflüsse des Lebens zu entschwinden droht. Wir werden nicht überrascht sein zu finden, daß auch der Anteil des Sohnestrotzes, oft in den merkwürdigsten Verkleidungen und Umwendungen, in späteren Religionsbildungen wieder auftaucht.

Verfolgen wir in Religion und sittlicher Vorschrift, die im Totemismus noch wenig scharf gesondert sind, bisher die Folgen der in Reue verwandelten zärtlichen Strömung gegen den Vater, so wollen wir doch nicht übersehen, daß im wesentlichen die Tendenzen, welche zum Vatermord gedrängt haben, den Sieg behalten. Die sozialen Brudergefühle, auf denen die große Umwälzung ruht, bewahren von nun an über lange Zeiten den tiefstgehenden Einfluß auf die Entwicklung der Gesellschaft. Sie schaffen sich Ausdruck in der Heiligung des gemeinsamen Blutes, in der Betonung der Solidarität aller Leben desselben Clan. Indem die Brüder sich einander so das Leben zusichern, sprechen sie aus, daß niemand von ihnen vom anderen behandelt werden dürfe wie der Vater von ihnen allen gemeinsam. Sie schließen eine Wiederholung des Vaterschicksals aus. Zum religiös begründeten Verbot, den Totem zu töten, kommt nun das sozial begründete Verbot des Brudermordes hinzu. Es wird dann noch lange währen, bis das Gebot die Einschränkung auf den Stammesgenossen abstreifen und den einfachen Wortlaut annehmen wird: Du sollst nicht morden. Zunächst ist an Stelle der *Vaterhorde* der *Brüderclan* getreten, welcher sich durch das Blutband versichert hat. Die Gesellschaft ruht jetzt auf der Mitschuld an dem gemeinsam verübten Verbrechen, die Religion auf dem Schuldbewußtsein und der Reue darüber, die Sittlichkeit teils auf den Notwendigkeiten dieser Gesellschaft, zum anderen Teil auf den vom Schuldbewußtsein geforderten Bußen.

Im Gegensatz zu den neueren und in Anlehnung an die älteren Auffassungen des totemistischen Systems heißt uns also die Psychoanalyse einen innigen Zusammenhang und gleichzeitigen Ursprung von Totemismus und Exogamie vertreten.

6

Ich stehe unter der Einwirkung einer großen Anzahl von starken Motiven, die mich vom Versuche zurückhalten werden, die weitere Entwicklung der Religionen von ihrem Beginn im Totemismus an bis zu ihrem heutigen Stande zu schildern. Ich will nur zwei Fäden hindurchverfolgen, wo ich sie im Gewebe besonders deutlich auftauchen sehe: das Motiv des Totemopfers und das Verhältnis des Sohnes zum Vater.[276]

276 Vgl. die zum Teil von abweichenden Gesichtspunkten beherrschte Arbeit von C. G. Jung, *Wandlungen und Symbole der Libido*, in: Jahrbuch für psychoanalytische Forschungen, Bd. 3, 1911.

Robertson Smith hat uns belehrt, daß die alte Totemmahlzeit in der ursprünglichen Form des Opfers wiederkehrt. Der Sinn der Handlung ist derselbe: die Heiligung durch die Teilnahme an der gemeinsamen Mahlzeit; auch das Schuldbewußtsein ist dabei geblieben, welches nur durch die Solidarität aller Teilnehmer beschwichtigt werden kann. Neu hinzugekommen ist die Stammesgottheit, in deren gedachter Gegenwart das Opfer stattfindet, die an dem Mahle teilnimmt wie ein Stammesgenosse und mit der man sich durch den Genuß am Opfer identifiziert. Wie kommt der Gott in die ihm ursprünglich fremde Situation?

Die Antwort könnte lauten, es sei unterdes – unbekannt woher – die Gottesidee aufgetaucht, habe sich das ganze religiöse Leben unterworfen, und wie alles andere, was bestehenbleiben wollte, hätte auch die Totemmahlzeit den Anschluß an das neue System gewinnen müssen. Allein die psychoanalytische Erforschung des einzelnen Menschen lehrt mit einer ganz besonderen Nachdrücklichkeit, daß für jeden der Gott nach dem Vater gebildet ist, daß sein persönliches Verhältnis zu Gott von seinem Verhältnis zum leiblichen Vater abhängt, mit ihm schwankt und sich verwandelt und daß Gott im Grunde nichts anderes ist als ein erhöhter Vater. Die Psychoanalyse rät auch hier wie im Falle des Totemismus, den Gläubigen Glauben zu schenken, die Gott Vater nennen, wie sie den Totem Ahnherrn genannt haben. Wenn die Psychoanalyse irgendwelche Beachtung verdient, so muß, unbeschadet aller anderen Ursprünge und Bedeutungen Gottes, auf welche die Psychoanalyse kein Licht werfen kann, der Vateranteil an der Gottesidee ein sehr gewichtiger sein. Dann wäre aber in der Situation des primitiven Opfers der Vater zweimal vertreten, einmal als Gott und dann als das Totemopfertier, und bei allem Bescheiden mit der geringen Mannigfaltigkeit der psychoanalytischen Lösungen müssen wir fragen, ob das möglich ist und welchen Sinn es haben kann.

Wir wissen, daß mehrfache Beziehungen zwischen dem Gott und dem heiligen Tier (Totem, Opfertier) bestehen: 1. Jedem Gott ist gewöhnlich ein Tier heilig, nicht selten selbst mehrere; 2. in gewissen, besonders heiligen Opfern, den »mystischen«, wurde dem Gotte gerade das ihm geheiligte Tier zum Opfer dargebracht[277]; 3. der Gott wurde häufig in der Gestalt eines Tieres verehrt oder, anders gesehen, Tiere genossen göttliche Verehrung lange nach dem Zeitalter des Totemismus; 4. in den Mythen verwandelt sich der Gott häufig in ein Tier, oft in das ihm geheiligte. So läge die Annahme nahe, daß der Gott selbst das Totemtier wäre, sich auf einer späteren Stufe des religiösen Fühlens aus dem Totemtier entwickelt hätte. Aller weiteren Diskussion überhebt uns aber die Erwägung, daß der Totem selbst nichts anderes ist als ein Vaterersatz. So mag er die erste Form des Vaterersatzes sein, der Gott aber eine spätere, in welcher der Vater seine menschliche Gestalt wiedergewonnen. Eine solche Neuschöpfung aus der Wurzel aller Religionsbildung, der *Vatersehnsucht,* konnte möglich werden, wenn sich im Laufe der Zeiten am Verhältnis zum Vater – und vielleicht auch zum Tiere – Wesentliches geändert hatte.

Solche Veränderungen lassen sich leicht erraten, auch wenn man von dem Beginn einer psychischen Entfremdung von dem Tiere und von der Zersetzung des Totemismus durch die Domestikation absehen will.[278] In der durch die Beseitigung des Vaters hergestellten Situation lag ein Moment, welches im Laufe der Zeit eine außerordentliche Steigerung der Vatersehnsucht erzeugen mußte. Die Brüder, welche sich zur Tötung des Vaters zusammengetan hatten, waren ja jeder für sich vom Wunsche beseelt gewesen, dem Vater gleich zu werden, und hatten diesem Wunsche durch Einverleibung von Teilen seines Ersatzes in der Totemmahlzeit Ausdruck gegeben. Dieser Wunsch mußte infolge des Druckes, welchen die Bande des Brüderclan auf jeden Teilnehmer übten, unerfüllt bleiben. Es konnte und durfte niemand mehr die Machtvollkommenheit des Vaters erreichen, nach der sie doch alle gestrebt hatten. Somit

---

277 Robertson Smith, [*Lectures on the*] *Religion of the Semites,* S. 290.
278 Siehe o., IV, 4.

konnte im Laufe langer Zeiten die Erbitterung gegen den Vater, die zur Tat gedrängt hatte, nachlassen, die Sehnsucht nach ihm wachsen, und es konnte ein Ideal entstehen, welches die Machtfülle und Unbeschränktheit des einst bekämpften Urvaters und die Bereitwilligkeit, sich ihm zu unterwerfen, zum Inhalt hatte. Die ursprüngliche demokratische Gleichstellung aller einzelnen Stammesgenossen war infolge einschneidender kultureller Veränderungen nicht mehr festzuhalten; somit zeigte sich eine Geneigtheit, in Anlehnung an die Verehrung einzelner Menschen, die sich vor anderen hervorgetan hatten, das alte Vaterideal in der Schöpfung von Göttern wiederzubeleben. Daß ein Mensch zum Gott wird und daß ein Gott stirbt, was uns heute als empörende Zumutung erscheint, war ja noch für das Vorstellungsvermögen des klassischen Altertums keineswegs anstößig.[279] Die Erhöhung des einst gemordeten Vaters zum Gott, von dem nun der Stamm seine Herkunft ableitete, war aber ein weit ernsthafterer Sühneversuch als seinerzeit der Vertrag mit dem Totem.

Wo sich in dieser Entwicklung die Stelle für die großen Muttergottheiten findet, die vielleicht allgemein den Vatergöttern vorhergegangen sind, weiß ich nicht anzugeben. Sicher scheint aber, daß die Wandlung im Verhältnis zum Vater sich nicht auf das religiöse Gebiet beschränkte, sondern folgerichtig auf die andere durch die Beseitigung des Vaters beeinflußte Seite des menschlichen Lebens, auf die

279 *»To us moderns, for whom the breach which divides the human and the divine has deepened into an impassible gulf, such mimicry may appear impious, but it was otherwise with the ancients. To their thinking gods and men were akin, for many families traced their descent from a divinity, and the deification of a man probably seemed as little extraordinary to them as the canonization of a saint seems to a modern Catholic.«* Frazer, [*The*] *Golden Bough.* I, The Magic Art, Bd. 2, S. 177 f. [Deutsche Übersetzung: »Uns Modernen, für die sich der Abstand, der den Menschen von der Gottheit trennt, zur unüberbrückbaren Kluft vertieft hat, mag eine solche Mimikry pietätlos erscheinen, aber bei den Alten war sie das nicht. Ihrem Denken galten Götter und Menschen verwandt, denn viele Familien führten ihre Herkunft auf eine Gottheit zurück, und die Vergöttlichung eines Menschen erschien ihnen wahrscheinlich nicht ungewöhnlicher als einem modernen Katholiken die Kanonisation eines Heiligen.«]

soziale Organisation, übergriff. Mit der Einsetzung der Vatergottheiten wandelte sich die vaterlose Gesellschaft allmählich in die patriarchalisch geordnete um. Die Familie war eine Wiederherstellung der einstigen Urhorde und gab den Vätern auch ein großes Stück ihrer früheren Rechte wieder. Es gab jetzt wieder Väter, aber die sozialen Errungenschaften des Brüderclans waren nicht aufgegeben worden, und der faktische Abstand der neuen Familienväter vom unumschränkten Urvater der Horde war groß genug, um die Fortdauer des religiösen Bedürfnisses, die Erhaltung der ungestillten Vatersehnsucht, zu versichern.

In der Opferszene vor dem Stammesgott ist also der Vater wirklich zweimal enthalten, als Gott und als Totemopfertier. Aber bei dem Versuch, diese Situation zu verstehen, werden wir uns vor Deutungen in acht nehmen, welche sie in flächenhafter Auffassung wie eine Allegorie übersetzen wollen und dabei der historischen Schichtung vergessen. Die zweifache Anwesenheit des Vaters entspricht den zwei einander zeitlich ablösenden Bedeutungen der Szene. Die ambivalente Einstellung gegen den Vater hat hier plastischen Ausdruck gefunden und ebenso der Sieg der zärtlichen Gefühlsregungen des Sohnes über seine feindseligen. Die Szene der Überwältigung des Vaters, seiner größten Erniedrigung, ist hier zum Material für eine Darstellung seines höchsten Triumphes geworden. Die Bedeutung, die das Opfer ganz allgemein gewonnen hat, liegt eben darin, daß es dem Vater die Genugtuung für die an ihm verübte Schmach in derselben Handlung bietet, welche die Erinnerung an diese Untat fortsetzt.

In weiterer Folge verliert das Tier seine Heiligkeit und das Opfer die Beziehung zur Totemfeier; es wird zu einer einfachen Darbringung an die Gottheit, zu einer Selbstentäußerung zugunsten des Gottes. Gott selbst ist jetzt so hoch über den Menschen erhaben, daß man mit ihm nur durch die Vermittlung des Priesters verkehren kann. Gleichzeitig kennt die soziale Ordnung göttergleiche Könige, welche das patriarchalische System auf den Staat übertragen. Wir müssen sagen, die Rache des gestürzten und wiedereingesetzten Vaters ist eine harte geworden, die Herrschaft der Autorität steht auf ihrer Höhe. Die unterworfenen Söhne haben das neue Verhältnis dazu benützt, um ihr Schuldbewußtsein noch weiter zu entlasten. Das Opfer, wie es jetzt ist, fällt ganz aus ihrer Verantwortlichkeit heraus. Gott selbst hat es verlangt und angeordnet. Zu dieser Phase gehören Mythen, in welchen der Gott selbst das Tier tötet, das ihm heilig ist, das er eigentlich selbst ist. Dies ist die äußerste Verleugnung der großen Untat, mit welcher die Gesellschaft und das Schuldbewußtsein begann. Eine zweite Bedeutung dieser letzteren Opferdarstellung ist nicht zu verkennen. Sie drückt die Befriedigung darüber aus, daß man den früheren Vaterersatz zugunsten der höheren Gottesvorstellung verlassen hat. Die flach allegorische Übersetzung der Szene fällt hier ungefähr mit ihrer psychoanalytischen Deutung zusammen. Jene lautet: Es werde dargestellt, daß der Gott den tierischen Anteil seines Wesens überwindet.[280]

Es wäre indes irrig, wenn man glauben wollte, in diesen Zeiten der erneuerten Vaterautorität seien die feindseligen Regungen, welche dem Vaterkomplex zugehören, völlig verstummt. Aus den ersten Phasen der Herrschaft der beiden neuen Vaterersatzbildungen, der Götter und der Könige, kennen wir vielmehr die energischesten Äußerungen jener Ambivalenz, welche für die Religion charakteristisch bleibt.

280 Die Überwindung einer Göttergeneration durch eine andere in den Mythologien bedeutet bekanntlich den historischen Vorgang der Ersetzung eines religiösen Systems durch ein neues, sei es infolge von Eroberung durch ein Fremdvolk oder auf dem Wege psychologischer Entwicklung. Im letzteren Falle nähert sich der Mythus den »funktionalen Phänomenen« im Sinne von H. Silberer [*Bericht über eine Methode, gewisse symbolische Halluzinations-Erscheinungen hervorzurufen und zu beobachten*, in: Jb. psychoanalyt. psychopath. Forsch., 1909, Bd. 1, S. 513]. Daß der das Tier tötende Gott ein Libidosymbol ist, wie C. G. Jung [*Wandlungen und Symbole der Libido*, Leipzig und Wien 1912] behauptet, setzt einen anderen Begriff der Libido als den bisher verwendeten voraus und erscheint mir überhaupt fragwürdig.

Frazer hat in seinem großen Werk *The Golden Bough*[281] die Vermutung ausgesprochen, daß die ersten Könige der lateinischen Stämme Fremde waren, welche die Rolle einer Gottheit spielten und in dieser Rolle an einem bestimmten Festtage feierlich hingerichtet wurden. Die jährliche Opferung (Variante: Selbstopferung) eines Gottes scheint ein wesentlicher Zug der semitischen Religionen gewesen zu sein. Das Zeremoniell der Menschenopfer an den verschiedensten Stellen der bewohnten Erde läßt wenig Zweifel darüber, daß diese Menschen als Repräsentanten der Gottheit ihr Ende fanden, und in der Ersetzung des lebenden Menschen durch eine leblose Nachahmung (Puppe) läßt sich dieser Opfergebrauch noch in späte Zeiten verfolgen. Das theanthropische Gottesopfer, welches ich hier leider nicht mit der gleichen Vertiefung wie das Tieropfer behandel kann, wirft ein helles Licht nach rückwärts auf den Sinn der älteren Opferformen.[282] Es bekennt mit kaum zu überbietender Aufrichtigkeit, daß das Objekt der Opferhandlung immer das nämliche war, dasselbe, was nun als Gott verehrt wird, der Vater also. Die Frage nach dem Verhältnis von Tier- und Menschenopfer findet jetzt eine einfache Lösung. Das ursprüngliche Tieropfer war bereits ein Ersatz für ein Menschenopfer, für die feierliche Tötung des Vaters, und als der Vaterersatz seine menschliche Gestalt wiedererhielt, konnte sich das Tieropfer auch wieder in das Menschenopfer verwandeln.

So hatte sich die Erinnerung an jene erste große Opfertat als unzerstörbar erwiesen, trotz aller Bemühungen, sie zu vergessen, und gerade als man sich von ihren Motiven am weitesten entfernen wollte, mußte in der Form des Gottesopfers ihre unentstellte Wiederholung zutage treten. Welche Entwicklungen des religiösen Denkens als Rationalisierungen diese Wiederkehr ermöglicht haben, brauche ich an dieser Stelle nicht auszuführen. Robertson Smith, dem ja unsere Zurückführung des Opfers auf jenes große

281 [Bd. 2, Kapitel XVIII.]
282 [Smith, *Lectures on the Religion of the Semites,* S. 410 f.]

Ereignis der menschlichen Urgeschichte fernliegt, gibt an, daß die Zeremonien jener Feste, mit denen die alten Semiten den Tod einer Gottheit feierten, als *»commemoration of a mythical tragedy«* ausgelegt wurden[283] und daß die Klage dabei nicht den Charakter einer spontanen Teilnahme hatte, sondern etwas Zwangsmäßiges, von der Furcht vor dem göttlichen Zorn Gebotenes an sich trug.[284] Wir glauben zu erkennen, daß diese Auslegung im Rechte war und daß die Gefühle der Feiernden in der zugrunde liegenden Situation ihre gute Aufklärung fanden.

Nehmen wir es nun als Tatsache hin, daß auch in der weiteren Entwicklung der Religionen die beiden treibenden Faktoren, das Schuldbewußtsein des Sohnes und der Sohnestrotz, niemals erlöschen. Jeder Lösungsversuch des religiösen Problems, jede Art der Versöhnung der beiden widerstreitenden seelischen Mächte wird allmählich hinfällig, wahrscheinlich unter dem kombinierten Einfluß von historischen Ereignissen, kulturellen Änderungen und inneren psychischen Wandlungen.

Mit immer größerer Deutlichkeit tritt das Bestreben des Sohnes hervor, sich an die Stelle des Vatergottes zu setzen. Mit der Einführung des Ackerbaues hebt sich die Bedeutung des Sohnes in der patriarchalischen Familie. Er getraut sich neuer Äußerungen seiner inzestuösen Libido, die in der Bearbeitung der Mutter Erde eine symbolische Befriedigung findet. Es entstehen die Göttergestalten des At-

283 [»Gedenkfeier an eine mythische Tragödie« – Smith, a. a. O., S. 413.]

284 [*Lectures on the*] *Religion of the Semites*, S. 412: *»The mourning is not a spontaneous expression of sympathy with the divine tragedy, but obligatory and enforced by fear of supernatural anger. And a chief object of the mourners is to d i s - c l a i m r e s p o n s i b i-l i t y f o r t h e g o d ' s d e a t h – a point which has already come before us in connection with theanthropic sacrifices, such as the ›ox-murder at Athens‹.«* [Hervorhebung von Freud. Deutsche Übersetzung: »Die Klage ist kein spontaner Ausdruck der Anteilnahme an der göttlichen Tragödie, sondern obligatorisch und bekräftigt von der Furcht vor überirdischem Zorn. Und ein Hauptanliegen der Klagenden ist es, die Verantwortung für den Tod des Gottes von sich zu weisen – ein Punkt, auf den wir bereits in Verbindung mit theanthropischen Opfern gestoßen sind, wie beim ›Ochsenmord von Athen‹.«]

tis, Adonis, Tammuz u. a., Vegetationsgeister und zugleich jugendliche Gottheiten, welche die Liebesgunst mütterlicher Gottheiten genießen, den Mutterinzest dem Vater zum Trotze durchsetzen. Allein das Schuldbewußtsein, welches durch diese Schöpfungen nicht beschwichtigt ist, drückt sich in den Mythen aus, die diesen jugendlichen Geliebten der Muttergöttinnen ein kurzes Leben und eine Bestrafung durch Entmannung oder durch den Zorn des Vatergottes in Tierform bescheiden. Adonis wird durch den Eber getötet, das heilige Tier der Aphrodite; Attis, der Geliebte der Kybele, stirbt an Entmannung.[285] Die Beweinung und die Freude über die Auferstehung dieser Götter ist in das Rituale einer anderen Sohnesgottheit übergegangen, welche zu dauerndem Erfolge bestimmt war.

Als das Christentum seinen Einzug in die antike Welt begann, traf es auf die Konkurrenz der Mithrasreligion, und es war für eine Weile zweifelhaft, welcher Gottheit der Sieg zufallen würde.

Die lichtumflossene Gestalt des persischen Götterjünglings ist doch unserem Verständnis dunkel geblieben. Vielleicht darf man aus den Darstellungen der Stiertötungen durch Mithras schließen, daß er jenen Sohn vorstellte, der die Opferung des Vaters allein vollzog und somit die Brü-

---

285 Die Kastrationsangst spielt eine außerordentlich große Rolle in der Störung des Verhältnisses zum Vater bei unseren jugendlichen Neurotikern. Aus der schönen Beobachtung von Ferenczi [*Ein kleiner Hahnemann*, in: Int. Z. ärztl. Psychoanal., 1913, Bd. 1, S. 240] haben wir ersehen, wie der Knabe seinen Totem in dem Tier erkennt, welches nach seinem kleinen Gliede schnappt. Wenn unsere Kinder von der rituellen Beschneidung erfahren, stellen sie dieselbe der Kastration gleich. Die völkerpsychologische Parallele zu diesem Verhalten der Kinder ist meines Wissens noch nicht ausgeführt worden. Die in der Urzeit und bei primitiven Völkern so häufige Beschneidung gehört dem Zeitpunkt der Männerweihe an, wo sie ihre Bedeutung finden muß, und ist erst sekundär in frühere Lebenszeiten zurückgeschoben worden. Es ist überaus interessant, daß die Beschneidung bei den Primitiven mit Haarabschneiden und Zahnausschlagen kombiniert oder durch sie ersetzt ist und daß unsere Kinder, die von diesem Sachverhalt nichts wissen können, in ihren Angstreaktionen diese beiden Operationen wirklich wie Äquivalente der Kastration behandeln.

der von der sie drückenden Mitschuld an der Tat erlöste. Es gab einen anderen Weg zur Beschwichtigung dieses Schuldbewußtseins, und diesen beschritt erst Christus. Er ging hin und opferte sein eigenes Leben, und dadurch erlöste er die Brüderschar von der Erbsünde.

Die Lehre von der Erbsünde ist *orphischer* Herkunft; sie wurde in den Mysterien erhalten und drang von da aus in die Philosophenschulen des griechischen Altertums ein.[286] Die Menschen waren die Nachkommen von Titanen, welche den jungen Dionysos-Zagreus getötet und zerstückelt hatten; die Last dieses Verbrechens drückte auf sie. In einem Fragment von Anaximander wird gesagt, daß die Einheit der Welt durch ein urzeitliches Verbrechen zerstört worden sei und daß alles, was daraus hervorgegangen, die Strafe weiter tragen muß.[287] Erinnert die Tat der Titanen durch die Züge der Zusammenrottung, der Tötung und Zerreißung deutlich genug an das von St. Nilus beschriebene Totemopfer – wie übrigens viele andere Mythen des Altertums, z. B. der Tod des Orpheus selbst –, so stört uns hier doch die Abweichung, daß die Mordtat an einem jugendlichen Gotte vollzogen wird.

Im christlichen Mythus ist die Erbsünde des Menschen unzweifelhaft eine Versündigung gegen Gottvater. Wenn nun Christus die Menschen von dem Drucke der Erbsünde erlöst, indem er sein eigenes Leben opfert, so zwingt er uns zu dem Schlusse, daß diese Sünde eine Mordtat war. Nach dem im menschlichen Fühlen tiefgewurzelten Gesetz der Talion kann ein Mord nur durch die Opferung eines anderen Lebens gesühnt werden; die Selbstaufopferung weist auf eine Blutschuld zurück.[288] Und wenn dies Opfer des eigenen Lebens die Versöhnung mit Gottvater herbeiführt, so kann das zu sühnende Verbrechen kein anderes als der Mord am Vater gewesen sein.

---

286 Reinach, *Cultes, mythes et religions*, Bd. 2, S. 75 ff.

287 *»Une sorte de péché proethnique«* [Freud folgt hier weitgehend wörtlich – den Darlegungen von Reinach, *Cultes, mythes et religions*,] Bd. 2, S. 76.

288 Die Selbstmordimpulse unserer Neurotiker erweisen sich regelmäßig als Selbstbestrafungen für Todeswünsche, die gegen andere gerichtet sind.

So bekennt sich denn in der christlichen Lehre die Menschheit am unverhülltesten zu der schuldvollen Tat der Urzeit, weil sie nun im Opfertod des einen Sohnes die ausgiebigste Sühne für sie gefunden hat. Die Versöhnung mit dem Vater ist um so gründlicher, weil gleichzeitig mit diesem Opfer der volle Verzicht auf das Weib erfolgt, um dessentwillen man sich gegen den Vater empört hatte. Aber nun fordert auch das psychologische Verhängnis der Ambivalenz seine Rechte. Mit der gleichen Tat, welche dem Vater die größtmögliche Sühne bietet, erreicht auch der Sohn das Ziel seiner Wünsche gegen den Vater. Er wird selbst zum Gott neben, eigentlich an Stelle des Vaters. Die Sohnesreligion löst die Vaterreligion ab. Zum Zeichen dieser Ersetzung wird die alte Totemmahlzeit als Kommunion wiederbelebt, in welcher nun die Brüderschar vom Fleisch und Blut des Sohnes, nicht mehr des Vaters, genießt, sich durch diesen Genuß heiligt und mit ihm identifiziert. Unser Blick verfolgt durch die Länge der Zeiten die Identität der Totemmahlzeit mit dem Tieropfer, dem theanthropischen Menschenopfer und mit der christlichen Eucharistie und erkennt in all diesen Feierlichkeiten die Nachwirkung jenes Verbrechens, welches die Menschen so sehr bedrückte und auf das sie doch so stolz sein mußten. Die christliche Kommunion ist aber im Grunde eine neuerliche Beseitigung des Vaters, eine Wiederholung der zu sühnenden Tat. Wir merken, wie berechtigt der Satz von Frazer ist, daß *»the Christian communion has absorbed within itself a sacrament which is doubtless far older than Christianity«*[289].

289 [»die christliche Kommunion ein Sakrament in sich aufgenommen hat, das zweifellos älter ist als das Christentum«. – Frazer,] *Spirits of the Corn and of the Wild*, [2 Bände, *The Golden Bough*, 3. Aufl., 4. Teil, London 1914,] Bd. 2, S. 51. – Niemand, der mit der Literatur des Gegenstandes vertraut ist, wird annehmen, daß die Zurückführung der christlichen Kommunion auf die Totemmahlzeit eine Idee des Schreibers dieses Aufsatzes sei.

7

Ein Vorgang wie die Beseitigung des Urvaters durch die Brüderschar mußte unvertilgbare Spuren in der Geschichte der Menschheit hinterlassen und sich in desto zahlreicheren Ersatzbildungen zum Ausdruck bringen, je weniger er selbst erinnert werden sollte.[290] Ich gehe der Versuchung aus dem Wege, diese Spuren in der Mythologie, wo sie nicht schwer zu finden sind, nachzuweisen, und wende mich einem anderen Gebiete zu, indem ich einem Fingerzeig von S. Reinach in einer inhaltsreichen Abhandlung über den Tod des Orpheus folge.[291]

In der Geschichte der griechischen Kunst gibt es eine Situation, welche auffällige Ähnlichkeiten und nicht minder tiefgehende Verschiedenheiten mit der von Robertson Smith erkannten Szene der Totemmahlzeit zeigt. Es ist die Situation der ältesten griechischen Tragödie. Eine Schar von Personen, alle gleich benannt und gleich gekleidet, umsteht einen einzigen, von dessen Reden und Handeln sie alle abhängig sind: es ist der Chor und der ursprünglich einzige Heldendarsteller. Spätere Entwicklungen brachten einen zweiten und dritten Schauspieler, um Gegenspieler und Abspaltungen des Helden darzustellen, aber der Charakter des Helden wie sein Verhältnis zum Chor blieben unverändert. Der Held der Tragödie mußte leiden; dies ist noch heute der wesentliche Inhalt einer Tragödie. Er hatte die sogenannte »tragische Schuld« auf sich geladen, die nicht immer leicht zu begründen ist; sie ist oft keine Schuld im Sinne des bürgerlichen Lebens. Zumeist be-

290 Ariel im *Sturm* [Shakespeare, *Der Sturm*, 1. Aufzug, 2. Szene]:
Full fathom five thy father lies:
Of his bones are coral made;
Those are pearls that were his eyes;
Nothing of him that doth fade,
But doth suffer a sea-change
Into something rich and strange.
In der schönen Übersetzung von Schlegel:
Fünf Faden tief liegt Vater dein.
Sein Gebein wird zu Korallen,
Perlen sind die Augen sein.
Nichts an ihm, das soll verfallen,
Das nicht wandelt Meeres-Hut
In ein reich und seltnes Gut.

291 »La mort d'Orphée« in dem hier oft zitierten Buche: *Cultes, mythes et religions*, Bd. 2, S. 100 ff.

stand sie in der Auflehnung gegen eine göttliche oder menschliche Autorität, und der Chor begleitete den Helden mit seinen sympathischen Gefühlen, suchte ihn zurückzuhalten, zu warnen, zu mäßigen und beklagte ihn, nachdem er für sein kühnes Unternehmen die als verdient hingestellte Bestrafung gefunden hatte.

Warum muß aber der Held der Tragödie leiden, und was bedeutet seine »tragische« Schuld? Wir wollen die Diskussion durch rasche Beantwortung abschneiden. Er muß leiden, weil er der Urvater, der Held jener großen urzeitlichen Tragödie ist, die hier eine tendenziöse Wiederholung findet, und die tragische Schuld ist jene, die er auf sich nehmen muß, um den Chor von seiner Schuld zu entlasten. Die Szene auf der Bühne ist durch zweckmäßige Entstellung, man könnte sagen: im Dienste raffinierter Heuchelei, aus der historischen Szene hervorgegangen. In jener alten Wirklichkeit waren es gerade die Chorgenossen, die das Leiden des Helden verursachten; hier aber erschöpfen sie sich in Teilnahme und Bedauern, und der Held ist selbst an seinem Leiden schuld. Das auf ihn gewälzte Verbrechen, die Überhebung und Auflehnung gegen eine große Autorität, ist genau dasselbe, was in Wirklichkeit die Genossen des Chors, die Brüderschar, bedrückt. So wird der tragische Held – noch wider seinen Willen – zum Erlöser des Chors gemacht.

Waren speziell in der griechischen Tragödie die Leiden des göttlichen Bockes Dionysos und die Klage des mit ihm sich identifizierenden Gefolges von Böcken der Inhalt der Aufführung, wo wird es leicht verständlich, daß das bereits erloschene Drama sich im Mittelalter an der Passion Christi neu entzündete.

So möchte ich denn zum Schlusse dieser mit äußerster Verkürzung geführten Untersuchung das Ergebnis aussprechen, daß im Ödipuskomplex die Anfänge von Religion, Sittlichkeit, Gesellschaft und Kunst zusammentreffen, in voller Übereinstimmung mit der Feststellung der Psychoanalyse, daß dieser Komplex den Kern aller Neurosen bildet, soweit sie bis jetzt unserem Verständnis nachgegeben haben. Es erscheint mir als eine große Überraschung, daß auch diese Probleme des Völkerseelenlebens eine Auflösung von einem einzigen konkreten Punkte her, wie es das Verhältnis zum Vater ist, gestatten sollten. Vielleicht ist selbst ein anderes psychologisches Problem in diesen Zusammenhang einzubeziehen. Wir haben so oft Gelegenheit gehabt, die Gefühlsambivalenz im eigentlichen Sinne, also das Zusammentreffen von Liebe und Haß gegen dasselbe Objekt, an der Wurzel wichtiger Kulturbildungen aufzuzeigen. Wir wissen nichts über die Herkunft dieser Ambivalenz. Man kann die Annahme machen, daß sie ein fundamentales Phänomen unseres Gefühlslebens sei. Aber auch die andere Möglichkeit scheint mir wohl beachtenswert, daß sie, dem Gefühlsleben ursprünglich fremd, von der Menschheit an dem Vaterkomplex[292] erworben wurde, wo die psychoanalytische Erforschung des Einzelmenschen heute noch ihre stärkste Ausprägung nachweist.[293]

Bevor ich nun abschließe, muß ich der Bemerkung Raum geben, daß der hohe Grad von Konvergenz zu einem umfassenden Zusammenhange, den wir in diesen Ausführungen erreicht haben, uns nicht gegen die Unsicherheiten unserer Voraussetzungen und die Schwierigkeiten unserer Resultate verblenden kann. Von den letzteren will ich nur noch zwei behandeln, die sich manchem Leser aufgedrängt haben dürften.

292 Respektive Elternkomplex.

293 Der Mißverständnisse gewöhnt, halte ich es nicht für überflüssig, ausdrücklich hervorzuheben, daß die hier gegebenen Zurückführungen an die komplexe Natur der abzuleitenden Phänomene keineswegs vergessen haben und daß sie nur den Anspruch erheben, zu den bereits bekannten oder noch unerkannten Ursprüngen der Religion, Sittlichkeit und der Gesellschaft ein neues Moment hinzuzufügen, welches sich aus der Berücksichtigung der psychoanalytischen Anforderungen ergibt. Die Synthese zu einem Ganzen der Erklärung muß ich anderen überlassen. Es geht aber diesmal aus der Natur dieses neuen Beitrages hervor, daß er in einer solchen Synthese keine andere als die zentrale Rolle spielen könnte, wenngleich die Überwindung von großen affektiven Widerständen erfordert werden dürfte, ehe man ihm eine solche Bedeutung zugesteht.

Es kann zunächst niemandem entgangen sein, daß wir überall die Annahme einer Massenpsyche zugrunde legen, in welcher sich die seelischen Vorgänge vollziehen wie im Seelenleben eines einzelnen. Wir lassen vor allem das Schuldbewußtsein wegen einer Tat über viele Jahrtausende fortleben und in Generationen wirksam bleiben, welche von dieser Tat nichts wissen konnten. Wir lassen einen Gefühlsprozeß, wie er bei Generationen von Söhnen entstehen konnte, die von ihrem Vater mißhandelt wurden, sich auf neue Generationen fortsetzen, welche einer solchen Behandlung gerade durch die Beseitigung des Vaters entzogen worden waren. Dies scheinen allerdings schwerwiegende Bedenken, und jede andere Erklärung scheint den Vorzug zu verdienen, welche solche Voraussetzungen vermeiden kann.

Allein eine weitere Erwägung zeigt, daß wir die Verantwortlichkeit für solche Kühnheit nicht allein zu tragen haben. Ohne die Annahme einer Massenpsyche, einer Kontinuität im Gefühlsleben der Menschen, welche gestattet, sich über die Unterbrechungen der seelischen Akte durch das Vergehen der Individuen hinwegzusetzen, kann die Völkerpsychologie überhaupt nicht bestehen. Setzen sich die psychischen Prozesse der einen Generation nicht auf die nächste fort, müßte jede ihre Einstellung zum Leben neu erwerben, so gäbe es auf diesem Gebiet keinen Fortschritt und so gut wie keine Entwicklung. Es erheben sich nun zwei neue Fragen, wieviel man der psychischen Kontinuität innerhalb der Generationsreihen zutrauen kann und welcher Mittel und Wege sich die eine Generation bedient, um ihre psychischen Zustände auf die nächste zu übertragen. Ich werde nicht behaupten, daß diese Probleme weit genug geklärt sind oder daß die direkte Mitteilung und Tradition, an die man zunächst denkt, für das Erfordernis hinreichen. Im allgemeinen kümmert sich die Völkerpsychologie wenig darum, auf welche Weise die verlangte Kontinuität im Seelenleben der einander ablösenden Generationen hergestellt wird. Ein Teil der Aufgabe scheint durch die Vererbung psychischer Dispositionen besorgt zu werden, welche aber doch gewisser Anstöße im individuellen Leben bedürfen, um zur Wirksamkeit zu erwachen. Es mag dies der Sinn des Dichterwortes sein:

> Was du ererbt von deinen Vätern hast,
> erwirb es, um es zu besitzen.[294]

Das Problem erschiene noch schwieriger, wenn wir zugestehen könnten, daß es seelische Regungen gibt, welche so spurlos unterdrückt werden können, daß sie keine Resterscheinungen zurücklassen. Allein solche gibt es nicht. Die stärkste Unterdrückung muß Raum lassen für entstellte Ersatzregungen und aus ihnen folgende Reaktionen. Dann dürfen wir aber annehmen, daß keine Generation imstande ist, bedeutsamere seelische Vorgänge vor der nächsten zu verbergen. Die Psychoanalyse hat uns nämlich gelehrt, daß jeder Mensch in seiner unbewußten Geistestätigkeit einen Apparat besitzt, der ihm gestattet, die Reaktionen anderer Menschen zu deuten, das heißt die Entstellungen wieder rückgängig zu machen, welche der andere an dem Ausdruck seiner Gefühlsregungen vorgenommen hat. Auf diesem Wege des unbewußten Verständnisses all der Sitten, Zeremonien und Satzungen, welche das ursprüngliche Verhältnis zum Urvater zurückgelassen hatte, mag auch den späteren Generationen die Übernahme jener Gefühlserbschaft gelungen sein.

Ein anderes Bedenken dürfte gerade von seiten der analytischen Denkweise erhoben werden.

Wir haben die ersten Moralvorschriften und sittlichen Beschränkungen der primitiven Gesellschaft als Reaktion auf eine Tat aufgefaßt, welche ihren Urhebern den Begriff des Verbrechens gab. Sie bereuten diese Tat und beschlossen, daß sie nicht mehr wiederholt werden solle und daß ihre Ausführung keinen Gewinn gebracht haben dürfe. Dies schöpferische Schuldbewußtsein ist nun unter uns nicht erloschen. Wir finden es bei den Neurotikern in aso-

294 [Goethe, *Faust*, 1. Teil, 1. Szene.]

zialer Weise wirkend, um neue Moralvorschriften, fortgesetzte Einschränkungen zu produzieren, als Sühne für die begangenen und als Vorsicht gegen neu zu begehende Untaten.[295] Wenn wir aber bei diesen Neurotikern nach den Taten forschen, welche solche Reaktionen wachgerufen haben, so werden wir enttäuscht. Wir finden nicht Taten, sondern nur Impulse, Gefühlsregungen, welche nach dem Bösen verlangen, aber von der Ausführung abgehalten worden sind. Dem Schuldbewußtsein der Neurotiker liegen nur psychische Realitäten zugrunde, nicht faktische. Die Neurose ist dadurch charakterisiert, daß sie die psychische Realität über die faktische setzt, auf Gedanken ebenso ernsthaft reagiert wie die Normalen nur auf Wirklichkeiten.

Kann es sich bei den Primitiven nicht ähnlich verhalten haben? Wir sind berechtigt, ihnen eine außerordentliche Überschätzung ihrer psychischen Akte als Teilerscheinung ihrer narzißtischen Organisation zuzuschreiben.[296] Demnach könnten die bloßen Impulse von Feindseligkeit gegen den Vater, die Existenz der Wunschphantasie, ihn zu töten und zu verzehren, hingereicht haben, um jene moralische Reaktion zu erzeugen, die Totemismus und Tabu geschaffen hat. Man würde so der Notwendigkeit entgehen, den Beginn unseres kulturellen Besitzes, auf den wir mit Recht so stolz sind, auf ein gräßliches, alle unsere Gefühle beleidigendes Verbrechen zurückzuführen. Die kausale, von jenem Anfang bis in unsere Gegenwart reichende Verknüpfung litte dabei keinen Schaden, denn die psychische Realität wäre bedeutsam genug, um alle diese Folgen zu tragen. Man wird dagegen einwenden, daß ja eine Veränderung der Gesellschaft von der Form der Vaterhorde zu der des Brüderclan wirklich vorgefallen ist. Dies ist ein starkes Argument, aber doch nicht entscheidend. Die Veränderung könnte auf minder gewaltsame Weise erreicht worden sein und doch die Bedingung für das Hervortreten der morali-

---

295 Vgl. den zweiten Aufsatz dieser Reihe über das Tabu.

296 Siehe den Aufsatz über *Animismus, Magie und Allmacht der Gedanken.*

schen Reaktion enthalten haben. Solange der Druck des Urvaters sich fühlbar machte, waren die feindseligen Gefühle gegen ihn berechtigt, und die Reue über sie mußte einen anderen Zeitpunkt abwarten. Ebensowenig ist der zweite Einwand stichhaltig, daß alles, was sich aus der ambivalenten Relation zum Vater ableitet, Tabu und Opfervorschrift, den Charakter des höchsten Ernstes und der vollsten Realität an sich trägt. Auch das Zeremoniell und die Hemmungen der Zwangsneurotiker zeigen diesen Charakter und gehen doch nur auf psychische Realität, auf Vorsatz und nicht auf Ausführungen zurück. Wir müssen uns hüten, aus unserer nüchternen Welt, die voll ist von materiellen Werten, die Geringschätzung des bloß Gedachten und Gewünschten in die nur innerlich reiche Welt des Primitiven und des Neurotikers einzutragen.

Wir stehen hier vor einer Entscheidung, die uns wirklich nicht leicht gemacht ist. Beginnen wir aber mit dem Bekenntnis, daß der Unterschied, der anderen fundamental erscheinen kann, für unser Urteil nicht das Wesentliche des Gegenstandes trifft. Wenn für den Primitiven Wünsche und Impulse den vollen Wert von Tatsachen haben, so ist es an uns, solcher Auffassung verständnisvoll zu folgen, anstatt sie nach unserem Maßstab zu korrigieren. Dann aber wollen wir das Vorbild der Neurose, das uns in diesen Zweifel gebracht hat, selbst schärfer ins Auge fassen. Es ist nicht richtig, daß die Zwangsneurotiker, welche heute unter dem Drucke einer Übermoral stehen, sich nur gegen die psychische Realität von Versuchungen verteidigen und wegen bloß verspürter Impulse bestrafen. Es ist auch ein Stück historischer Realität dabei; in ihrer Kindheit hatten diese Menschen nichts anderes als die bösen Impulse, und insoweit sie in der Ohnmacht des Kindes es konnten, haben sie diese Impulse auch in Handlungen umgesetzt. Jeder von diesen Überguten hatte in der Kindheit seine böse Zeit, eine perverse Phase als Vorläufer und Voraussetzung der späteren übermoralischen. Die Analogie der Primitiven mit den Neurotikern wird also viel gründlicher hergestellt, wenn wir annehmen, daß auch bei den ersteren die psychische Realität, an deren Gestaltung kein Zweifel ist, anfänglich mit der faktischen Realität zusammenfiel, daß die Primitiven das wirklich getan haben, was sie nach allen Zeugnissen zu tun beabsichtigten.

Allzuweit dürfen wir unser Urteil über die Primitiven auch nicht durch die Analogie mit den Neurotikern beeinflussen lassen. Es sind auch die Unterschiede in Rechnung zu ziehen. Gewiß sind bei beiden, Wilden wie Neurotikern, die scharfen Scheidungen zwischen Denken und Tun, wie wir sie ziehen, nicht vorhanden. Allein der Neurotiker ist vor allem im Handeln gehemmt, bei ihm ist der Gedanke der volle Ersatz für die Tat. Der Primitive ist ungehemmt, der Gedanke setzt sich ohneweiters in Tat um, die Tat ist ihm sozusagen eher ein Ersatz des Gedankens, und darum meine ich, ohne selbst für die letzte Sicherheit der Entscheidung einzutreten, man darf in dem Falle, den wir diskutieren, wohl annehmen: »Im Anfang war die Tat.«[297]

297 [Goethe, *Faust*, I. Teil, 3. Szene.]

Die Disposition zur Zwangsneurose

(Ein Beitrag zum Problem der Neurosenwahl)

Das Problem, warum und wieso ein Mensch an einer Neurose erkranken kann, gehört gewiß zu jenen, die von der Psychoanalyse beantwortet werden sollen. Es ist aber wahrscheinlich, daß diese Antwort erst über ein anderes und spezielleres wird gegeben werden können, über das Problem, warum diese und jene Person gerade an der einen bestimmten Neurose, und an keiner anderen, erkranken muß. Dies ist das Problem der Neurosenwahl.

Was wissen wir bis jetzt zu diesem Problem? Eigentlich ist hier nur ein einziger allgemeiner Satz gesichert. Wir unterscheiden die für die Neurosen in Betracht kommenden Krankheitsursachen in solche, die der Mensch ins Leben mitbringt, und solche, die das Leben an ihn heranbringt, konstitutionelle und akzidentelle, durch deren Zusammenwirken erst in der Regel die Krankheitsverursachung hergestellt wird. Nun besagt der eben angekündigte Satz, daß die Gründe für die Entscheidung der Neurosenwahl durchwegs von der ersteren Art sind, also von der Natur der Dispositionen[1], und unabhängig von den pathogen wirkenden Erlebnissen.

Worin suchen wir die Herkunft dieser Dispositionen? Wir sind aufmerksam darauf geworden, daß die in Betracht kommenden psychischen Funktionen – vor allem die Sexualfunktion, aber ebenso verschiedene wichtige Ichfunktionen – eine lange und komplizierte Entwicklung durchzumachen haben, bis sie zu dem für den normalen Erwachsenen charakteristischen Zustand gelangen. Wir nehmen nun an, daß diese Entwicklungen nicht immer so

1 [In dieser Abhandlung benutzt Freud das Wort »Disposition« offenbar immer im Sinne von etwas rein Konstitutionellem oder Hereditärem. In späteren Arbeiten gibt er ihm eine erweiterte Bedeutung und subsumiert darunter auch die Wirkungen der Kindheitserlebnisse. Das kommt in der 23. der *Vorlesungen zur Einführung in die Psychoanalyse* (vgl. in Band 2 der vorliegenden Ausgabe) klar zum Ausdruck.]

tadellos vollzogen werden, daß die gesamte Funktion der fortschrittlichen Veränderung unterliege. Wo ein Stück derselben die vorige Stufe festhält, da ergibt sich eine sogenannte »Fixierungsstelle«, zu welcher die Funktion im Falle der Erkrankung durch äußerliche Störung regredieren kann.

Unsere Dispositionen sind also Entwicklungshemmungen. Die Analogie mit den Tatsachen der allgemeinen Pathologie anderer Krankheiten bestärkt uns in dieser Auffassung. Bei der Frage, welche Faktoren solche Störungen der Entwicklung hervorrufen können, macht aber die psychoanalytische Arbeit halt und überläßt dies Problem der biologischen Forschung.[2]

Mit Hilfe dieser Voraussetzungen haben wir uns bereits vor einigen Jahren an das Problem der Neurosenwahl herangewagt.[3] Unsere Arbeitsrichtung, welche dahin geht, die normalen Verhältnisse aus ihren Störungen zu erraten, hat uns dazu geführt, einen ganz besonderen und unerwarteten Angriffspunkt zu wählen. Die Reihenfolge, in welcher die Hauptformen der Psychoneurosen gewöhnlich aufgeführt werden – Hysterie, Zwangsneurose, Paranoia, Dementia praecox –, entspricht (wenn auch nicht völlig genau) der Zeitfolge, in der diese Affektionen im Leben hervorbrechen. Die hysterischen Krankheitsformen können schon in der ersten Kindheit beobachtet werden, die Zwangsneurose offenbart ihre ersten Symptome gewöhnlich in der zweiten Periode der Kindheit (von sechs bis acht Jahren an); die

2 Seitdem die Arbeiten von W. Fließ die Bedeutung bestimmter Zeitgrößen für die Biologie aufgedeckt haben, ist es denkbar geworden, daß sich Entwicklungsstörung auf zeitliche Abänderung von Entwicklungsschüben zurückführt.

3 [Gegen Schluß der *Drei Abhandlungen zur Sexualtheorie* (vgl. im vorliegenden Band unserer Ausgabe) hat Freud die Theorie von möglichen »Fixierungsstellen« entwickelt, an denen die Sexualentwicklung zum Stocken kommen und zu denen eine Regression stattfinden kann, sofern im späteren Leben Schwierigkeiten auftreten. Zur Beziehung zwischen Fixierungsstellen und Neurosenwahl äußert sich Freud in den *Formulierungen über die zwei Prinzipien des psychischen Geschehens* (1911; vgl. Freud, *Trauer und Melancholie. Essays*, Berlin 1982, S. 23–32).]

beiden anderen, von mir als Paraphrenie zusammengefaßten Psychoneurosen zeigen sich erst nach der Pubertät und im Alter der Reife. Diese zuletzt auftretenden Affektionen haben sich nun unserer Forschung nach den in die Neurosenwahl auslaufenden Dispositionen zuerst zugänglich erwiesen. Die ihnen beiden eigentümlichen Charaktere des Größenwahns, der Abwendung von der Welt der Objekte und der Erschwerung der Übertragung haben uns zum Schlusse genötigt, daß deren disponierende Fixierung in einem Stadium der Libidoentwicklung *vor* der Herstellung der Objektwahl, also in der Phase des Autoerotismus und des Narzißmus zu suchen ist. Diese so spät auftretenden Erkrankungsformen gehen also auf sehr frühzeitige Hemmungen und Fixierungen zurück.

Demnach würden wir darauf hingewiesen, die Disposition für Hysterie und Zwangsneurose, die beiden eigentlichen Übertragungsneurosen mit frühzeitiger Symptombildung, in den jüngeren Phasen der Libidoentwicklung zu vermuten. Allein worin wäre hier die Entwicklungshemmung zu finden und vor allem, welches wäre der Phasenunterschied, der die Disposition zur Zwangsneurose im Gegensatz zur Hysterie begründen sollte? Darüber war lange nichts zu erfahren, und meine früher unternommenen Versuche, diese beiden Dispositionen zu erraten, z. B. daß die Hysterie durch Passivität, die Zwangsneurose durch Aktivität im infantilen Erleben bedingt sein sollte, mußten bald als verfehlt abgewiesen werden.

Ich kehre nun auf den Boden der klinischen Einzelbeobachtung zurück. Ich habe lange Zeit hindurch eine Kranke studiert, deren Neurose eine ungewöhnliche Wandlung durchgemacht hatte. Dieselbe begann nach einem traumatischen Erlebnis als glatte Angsthysterie und behielt diesen Charakter durch einige Jahre bei. Eines Tages aber verwandelte sie sich plötzlich in eine Zwangsneurose von der schwersten Art. Ein solcher Fall mußte nach mehr als einer Richtung bedeutsam werden. Einerseits konnte er vielleicht den Wert eines bilinguen Dokuments beanspruchen und zeigen, wie ein identischer Inhalt von den beiden Neurosen in verschiedenen Sprachen ausgedrückt wird. Anderseits drohte er, unserer Theorie der Disposition durch Entwicklungshemmung überhaupt zu widersprechen, wenn man sich nicht zur Annahme entschließen wollte, daß eine Person auch mehr als eine einzige schwache Stelle in ihrer Libidoentwicklung mitbringen könne. Ich sagte mir, daß man kein Recht habe, diese letztere Möglichkeit abzuweisen, war aber auf das Verständnis dieses Krankheitsfalles sehr gespannt.

Als dieses im Laufe der Analyse kam, mußte ich sehen, daß die Sachlage ganz anders war, als ich sie mir vorgestellt hatte. Die Zwangsneurose war nicht eine weitere Reaktion auf das nämliche Trauma, welches zuerst die Angsthysterie hervorgerufen hatte, sondern auf ein zweites Erlebnis, welches das erste völlig entwertet hatte. (Also eine – allerdings noch diskutierbare – Ausnahme von unserem Satze, der die Unabhängigkeit der Neurosenwahl vom Erleben behauptet.)

Ich kann leider – aus bekannten Motiven – auf die Krankengeschichte des Falles nicht so weit eingehen, wie ich gern möchte, sondern muß mich auf nachstehende Mitteilungen beschränken. Die Patientin war bis zu ihrer Erkrankung eine glückliche, fast völlig befriedigte Frau gewesen. Sie wünschte sich Kinder aus Motiven infantiler Wunschfixierung und erkrankte, als sie erfuhr, daß sie von ihrem ausschließend geliebten Manne keine Kinder bekommen könne. Die Angsthysterie, mit welcher sie auf diese Versagung reagierte, entsprach, wie sie bald selbst verstehen lernte, der Abweisung von Versuchungsphantasien, in denen sich der festgehaltene Wunsch nach einem Kinde durchsetzte. Sie tat nun alles dazu, um ihren Mann nicht erraten zu lassen, daß sie infolge der durch ihn determinierten Versagung erkrankt sei. Aber ich habe nicht ohne gute Gründe behauptet, daß jeder Mensch in seinem eigenen Unbewußten ein Instrument besitzt, mit dem er die Äußerungen des Unbewußten beim anderen zu deuten vermag; der Mann verstand ohne Geständnis oder Erklärung, was die Angst seiner Frau bedeute, kränkte sich darüber, ohne es zu zeigen, und reagierte nun seinerseits neurotisch, indem er – zum erstenmal – beim Eheverkehr versagte. Unmittelbar darauf reiste er ab, die Frau hielt ihn für dauernd impotent geworden und produzierte die ersten Zwangssymptome an dem Tage vor seiner erwarteten Rückkunft.

Der Inhalt ihrer Zwangsneurose bestand in einem peinlichen Wasch- und Reinlichkeitszwang und in höchst energischen Schutzmaßregeln gegen böse Schädigungen, welche andere von ihr zu befürchten hätten, also in Reaktionsbildungen gegen *analerotische* und *sadistische* Regungen. In solchen Formen mußte sich ihr Sexualbedürfnis äußern, nachdem ihr Genitalleben durch die Impotenz des für sie einzigen Mannes eine volle Entwertung erfahren hatte.

An diesen Punkt hat das kleine, von mir neugebildete Stückchen Theorie angeknüpft, welches natürlich nur scheinbar auf dieser einen Beobachtung ruht, in Wirklichkeit eine große Summe früherer Eindrücke zusammenfaßt, die aber erst nach dieser letzten Erfahrung fähig wurden, eine Einsicht zu ergeben. Ich sagte mir, daß mein Entwicklungsschema der libidinösen Funktion einer neuen Einschaltung bedarf. Ich hatte zuerst nur unterschieden die Phase des Autoerotismus, in welcher die einzelnen Partialtriebe, jeder für sich, ihre Lustbefriedigung am eigenen Leibe suchen, und dann die Zusammenfassung aller Partialtriebe zur Objektwahl unter dem Primat der Genitalien im Dienste der Fortpflanzung. Die Analyse der Paraphrenien hat uns, wie bekannt, genötigt, dazwischen ein Stadium des Narzißmus einzuschieben, in dem die Objektwahl bereits erfolgt ist, aber das Objekt noch mit dem eigenen Ich zusammenfällt.[4] Und nun sehen wir die Notwendigkeit ein, ein weiteres Stadium vor der Endgestaltung gelten zu lassen, in dem die Partialtriebe bereits zur Objektwahl zusammengefaßt sind, das Objekt sich der eigenen Person schon als eine fremde gegenüberstellt, aber

4 [Vgl. *Zur Einführung des Narzißmus* (im vorliegenden Band unserer Ausgabe).]

der Primat der Genitalzonen noch nicht aufgerichtet ist. Die Partialtriebe, welche diese *prägenitale Organisation*[5] des Sexuallebens beherrschen, sind vielmehr die analerotischen und die sadistischen.

Ich weiß, daß jede solche Aufstellung zunächst befremdend klingt. Erst durch die Aufdeckung ihrer Beziehungen zu unserem bisherigen Wissen wird sie uns vertraut, und am Ende ist ihr Schicksal häufig, daß sie als eine geringfügige, längst geahnte Neuerung erkannt wird. Wenden wir uns also mit ähnlichen Erwartungen zur Diskussion der »prägenitalen Sexualordnung«.

a) Es ist bereits vielen Beobachtern aufgefallen und zuletzt mit besonderer Schärfe von E. Jones hervorgehoben worden, welche außerordentliche Rolle die Regungen von Haß und Analerotik in der Symptomatologie der Zwangsneurose spielen.[6] Dies leitet sich nun unmittelbar aus unserer Aufstellung ab, wenn es diese Partialtriebe sind, welche in der Neurose die Vertretung der Genitaltriebe wieder übernommen haben, deren Vorgänger sie in der Entwicklung waren.

Hier fügt sich nun das bisher zurückgehaltene Stück aus der Krankengeschichte unseres Falles ein. Das Sexualleben der Patientin begann im zartesten Kindesalter mit sadistischen Schlagephantasien. Nach deren Unterdrückung setzte eine ungewöhnlich lange Latenzzeit ein, in welcher das Mädchen eine hochreichende moralische Entwicklung durchmachte, ohne zum weiblichen Sexualempfinden zu erwachen. Mit der in jungen Jahren geschlossenen Ehe begann eine Periode normaler Sexualbetätigung als glückliche Frau, die durch eine Reihe von Jahren anhielt, bis die erste große Versagung die hysterische Neurose brachte. Mit der darauf folgenden Entwertung des Genitallebens sank ihr Sexualleben, wie erwähnt, auf die infantile Stufe des Sadismus zurück.

5 [Dieser Ausdruck tritt hier erstmals auf.]
6 E. Jones, *Haß und Analerotik in der Zwangsneurose,* in: Int. Z. ärztl. Psychoanal., 1913, Bd. 1, Heft 5.

Es ist nicht schwer, den Charakter zu bestimmen, in welchem sich dieser Fall von Zwangsneurose von den häufigeren anderen unterscheidet, die in jüngeren Jahren beginnen und von da an chronisch mit mehr oder weniger auffälligen Exazerbationen verlaufen. In diesen anderen Fällen wird die Sexualorganisation, welche die Disposition zur Zwangsneurose enthält, einmal hergestellt, nie wieder völlig überwunden; in unserem Falle ist sie zuerst durch die höhere Entwicklungsstufe abgelöst und dann durch Regression von dieser her wieder aktiviert worden.

b) Wenn wir von unserer Aufstellung aus den Anschluß an biologische Zusammenhänge suchen, dürfen wir nicht vergessen, daß der Gegensatz von männlich und weiblich, welcher von der Fortpflanzungsfunktion eingeführt wird, auf der Stufe der prägenitalen Objektwahl noch nicht vorhanden sein kann. An seiner Statt finden wir den Gegensatz von Strebungen mit aktivem und passivem Ziel, der sich späterhin mit dem Gegensatz der Geschlechter verlöten wird. Die Aktivität wird vom gemeinen Bemächtigungstrieb beigestellt, den wir eben Sadismus heißen, wenn wir ihn im Dienste der Sexualfunktion finden; er hat auch im vollentwickelten normalen Sexualleben wichtige Helferdienste zu verrichten. Die passive Strömung wird von der Analerotik gespeist, deren erogene Zone der alten, undifferenzierten Kloake entspricht. Die Betonung dieser Analerotik auf der prägenitalen Organisationsstufe wird beim Manne eine bedeutsame Prädisposition zur Homosexualität hinterlassen, wenn die nächste Stufe der Sexualfunktion, die des Primats der Genitalien, erreicht wird. Der Aufbau dieser letzten Phase über der vorigen und die dabei erfolgende Umarbeitung der Libidobesetzungen bietet der analytischen Forschung die interessantesten Aufgaben.

Man kann der Meinung sein, daß man sich allen hier in Betracht kommenden Schwierigkeiten und Komplikationen entzieht, wenn man eine prägenitale Organisation des Sexuallebens verleugnet und das Sexualleben mit der Genital- und Fortpflanzungsfunktion zusammenfallen, wie auch mit ihr beginnen läßt. Von den Neurosen würde man dann mit Rücksicht auf die nicht mißverständlichen Ergebnisse der analytischen Forschung aussagen, daß sie durch den Prozeß der Sexualverdrängung dazu genötigt werden, sexuelle Strebungen durch andere, nicht sexuelle Triebe auszudrücken, die letzteren also kompensatorisch zu sexualisieren. Wenn man so verfährt, hat man sich aber außerhalb der Psychoanalyse begeben. Man steht wieder dort, wo man sich vor der Psychoanalyse befand, und muß auf das durch sie vermittelte Verständnis des Zusammenhanges zwischen Gesundheit, Perversion und Neurose verzichten. Die Psychoanalyse steht und fällt mit der Anerkennung der sexuellen Partialtriebe, der erogenen Zonen und der so gewonnenen Ausdehnung des Begriffes »Sexualfunktion« im Gegensatz zur engeren »Genitalfunktion«. Übrigens reicht die Beobachtung der normalen Entwicklung des Kindes für sich allein hin, um eine solche Versuchung zurückzuweisen.

c) Auf dem Gebiete der Charakterentwicklung müssen wir denselben Triebkräften begegnen, deren Spiel wir in den Neurosen aufgedeckt haben. Eine scharfe theoretische Scheidung der beiden wird aber durch den einen Umstand geboten, daß beim Charakter wegfällt, was dem Neurosenmechanismus eigentümlich ist, das Mißglücken der Verdrängung und die Wiederkehr des Verdrängten. Bei der Charakterbildung tritt die Verdrängung entweder nicht in Aktion oder sie erreicht glatt ihr Ziel, das Verdrängte durch Reaktionsbildungen und Sublimierungen zu ersetzen. Darum sind die Prozesse der Charakterbildung undurchsichtiger und der Analyse unzugänglicher als die neurotischen.[7]

Gerade auf dem Gebiete der Charakterentwicklung begegnet uns aber eine gute Analogie zu dem von uns be-

7 [Vgl. Freuds frühere Arbeit über *Charakter und Analerotik* (im vorliegenden Band unserer Ausgabe).]

schriebenen Krankheitsfalle, also eine Bekräftigung der prägenitalen sadistisch-analerotischen Sexualorganisation. Es ist bekannt und hat den Menschen viel Stoff zur Klage gegeben, daß die Frauen häufig, nachdem sie ihre Genitalfunktionen aufgegeben haben, ihren Charakter in eigentümlicher Weise verändern. Sie werden zänkisch, quälerisch und rechthaberisch, kleinlich und geizig, zeigen also typische sadistische und analerotische Züge, die ihnen vorher in der Epoche der Weiblichkeit nicht eigen waren. Lustspieldichter und Satiriker haben zu allen Zeiten ihre Invektiven gegen den »alten Drachen« gerichtet, zu dem das holde Mädchen, die liebende Frau, die zärtliche Mutter geworden ist. Wir verstehen, daß diese Charakterwandlung der Regression des Sexuallebens auf die prägenitale, sadistisch-analerotische Stufe entspricht, in welcher wir die Disposition zur Zwangsneurose gefunden haben. Sie wäre also nicht nur die Vorläuferin der genitalen Phase, sondern oft genug auch ihre Nachfolge und Ablösung, nachdem die Genitalien ihre Funktion erfüllt haben.

Der Vergleich einer solchen Charakterveränderung mit der Zwangsneurose ist sehr eindrucksvoll. In beiden Fällen das Werk der Regression, aber im ersten Falle volle Regression nach glatt vollzogener Verdrängung (oder Unterdrükkung); im Falle der Neurose: Konflikt, Bemühung, die Regression nicht gelten zu lassen, Reaktionsbildungen gegen dieselbe und Symptombildungen durch Kompromisse von beiden Seiten her, Spaltung der psychischen Tätigkeiten in bewußtseinsfähige und unbewußte.

d) Unsere Aufstellung einer prägenitalen Sexualorganisation ist nach zwei Richtungen hin unvollständig. Sie nimmt erstens keine Rücksicht auf das Verhalten anderer Partialtriebe, an dem manches der Erforschung und Erwähnung wert wäre, und begnügt sich, das auffällige Primat von Sadismus und Analerotik herauszuheben.[8] Besonders vom

8 [Auf das Vorhandensein einer früheren prägenitalen Organisation, die durch das Primat der Oralzone gekennzeichnet ist, hat Freud erst einige Jahre später hingewiesen.]

Wißtrieb gewinnt man häufig den Eindruck, als ob er im Mechanismus der Zwangsneurose den Sadismus geradezu ersetzen könnte. Er ist ja im Grunde ein sublimierter, ins Intellektuelle gehobener Sprößling des Bemächtigungstriebes, seine Zurückweisung in der Form des Zweifels nimmt im Bilde der Zwangsneurose einen breiten Raum ein.

Ein zweiter Mangel ist weit bedeutsamer. Wir wissen, daß die entwicklungsgeschichtliche Disposition für eine Neurose nur dann vollständig ist, wenn sie die Phase der Ichentwicklung, in welcher die Fixierung eintritt, ebenso berücksichtigt wie die der Libidoentwicklung. Unsere Aufstellung hat sich aber nur auf die letztere bezogen, sie enthält also nicht die ganze Kenntnis, die wir fordern dürfen. Die Entwicklungsstadien der Ichtriebe sind uns bis jetzt sehr wenig bekannt; ich weiß nur von einem vielversprechenden Versuch von Ferenczi,[9] sich diesen Fragen zu nähern. Ich weiß nicht, ob es zu gewagt erscheint, wenn ich den vorhandenen Spuren folgend die Annahme ausspreche, daß ein zeitliches Voraneilen der Ichentwicklung vor der Libidoentwicklung in die Disposition zur Zwangsneurose einzutragen ist. Eine solche Voreiligkeit würde von den Ichtrieben her zur Objektwahl nötigen, während die Sexualfunktion ihre letzte Gestaltung noch nicht erreicht hat, und somit eine Fixierung auf der Stufe der prägenitalen Sexualordnung hinterlassen. Erwägt man, daß die Zwangsneurotiker eine Übermoral entwickeln müssen, um ihre Objektliebe gegen die hinter ihr lauernde Feindseligkeit zu verteidigen, so wird man geneigt sein, ein gewisses Maß von diesem Voraneilen der Ichentwicklung als typisch für die menschliche Natur hinzustellen und die Fähigkeit zur Entstehung der Moral in dem Umstand begründet zu finden, daß nach der Entwicklung der Haß der Vorläufer der Liebe ist. Vielleicht ist dies die Bedeutung eines Satzes von W. Stekel, der mir seinerzeit unfaßbar erschien, daß

9 *Entwicklungsstufen des Wirklichkeitssinnes,* in: Int. Z. ärztl. Psychoanal., 1913, Bd. 1, Heft 2.

der Haß und nicht die Liebe die primäre Gefühlsbeziehung zwischen den Menschen sei.[10]

e) Für die Hysterie erübrigt nach dem Vorstehenden die innige Beziehung zur letzten Phase der Libidoentwicklung, die durch den Primat der Genitalien und die Einführung der Fortpflanzungsfunktion ausgezeichnet ist. Dieser Erwerb unterliegt in der hysterischen Neurose der Verdrängung, mit welcher eine Regression auf die prägenitale Stufe nicht verbunden ist. Die Lücke in der Bestimmung der Disposition infolge unserer Unkenntnis der Ichentwicklung ist hier noch fühlbarer als bei der Zwangsneurose.

Hingegen ist es nicht schwer nachzuweisen, daß eine andere Regression auf ein früheres Niveau auch der Hysterie zukommt. Die Sexualität des weiblichen Kindes steht, wie wir wissen, unter der Herrschaft eines männlichen Leitorgans (der Klitoris) und benimmt sich vielfach wie die des Knaben. Ein letzter Entwicklungsschub zur Zeit der Pubertät muß diese männliche Sexualität wegschaffen und die von der Kloake abgeleitete Vagina zur herrschenden erogenen Zone erheben. Es ist nun sehr gewöhnlich, daß in der hysterischen Neurose der Frauen eine Reaktivierung dieser verdrängten männlichen Sexualität statthat, gegen welche sich dann der Abwehrkampf von seiten der ichgerechten Triebe richtet. Doch erscheint es mir vorzeitig, an dieser Stelle in die Diskussion der Probleme der hysterischen Disposition einzutreten.

---

10 W. Stekel, *Die Sprache des Traumes*, Wiesbaden 1911, S. 536. [Freud kommt auf dieses Thema am Schluß des Aufsatzes *Triebe und Triebschicksale* (vgl. in Band 2 der vorliegenden Ausgabe) zurück.]

Das Motiv der Kästchenwahl

I

Zwei Szenen aus Shakespeare, eine heitere und eine tragische, haben mir kürzlich den Anlaß zu einer kleinen Problemstellung und Lösung gegeben.

Die heitere ist die Wahl des Freiers zwischen drei Kästchen im *Kaufmann von Venedig.* Die schöne und kluge Porzia ist durch den Willen ihres Vaters gebunden, nur den von ihren Bewerbern zum Manne zu nehmen, der von drei ihm vorgelegten Kästchen das richtige wählt. Die drei Kästchen sind von Gold, von Silber und von Blei; das richtige ist jenes, welches ihr Bildnis einschließt. Zwei Bewerber sind bereits erfolglos abgezogen, sie hatten Gold und Silber gewählt. Bassanio, der dritte, entscheidet sich für das Blei; er gewinnt damit die Braut, deren Neigung ihm bereits vor der Schicksalsprobe gehört hat. Jeder der Freier hatte seine Entscheidung durch eine Rede motiviert, in welcher er das von ihm bevorzugte Metall anpries, während er die beiden anderen herabsetzte. Die schwerste Aufgabe war dabei dem glücklichen dritten Freier zugefallen; was er zur Verherrlichung des Bleis gegen Gold und Silber sagen kann, ist wenig und klingt gezwungen. Stünden wir in der psychoanalytischen Praxis vor solcher Rede, so würden wir hinter der unbefriedigenden Begründung geheimgehaltene Motive wittern.

Shakespeare hat das Orakel der Kästchenwahl nicht selbst erfunden, er nahm es aus einer Erzählung der *Gesta Romanorum,* in welcher ein Mädchen dieselbe Wahl vornimmt, um den Sohn des Kaisers zu gewinnen.[1] Auch hier ist das dritte Metall, das Blei, das Glückbringende. Es ist nicht schwer zu erraten, daß hier ein altes Motiv vorliegt, welches nach Deutung, Ableitung und Zurückführung verlangt. Eine erste Vermutung, was wohl die Wahl zwischen

1 G. Brandes, *William Shakespeare,* Paris-Leipzig-München 1896.

Gold, Silber und Blei bedeuten möge, findet bald Bestätigung durch eine Äußerung von Ed. Stucken[2], der sich in weitausgreifendem Zusammenhang mit dem nämlichen Stoffe beschäftigt. Er sagt: »Wer die drei Freier Porzias sind, erhellt aus dem, was sie wählen: Der Prinz von Marokko wählt den goldenen Kasten: er ist die Sonne; der Prinz von Arragon wählt den silbernen Kasten: er ist der Mond; Bassanio wählt den bleiernen Kasten: er ist der Sternenknabe.« Zur Unterstützung dieser Deutung zitiert er eine Episode aus dem estnischen Volksepos *Kalewipoeg*, in welcher die drei Feier unverkleidet als Sonnen-, Mond- und Sternenjüngling (»des Polarsterns ältestes Söhnchen«) auftreten und die Braut wiederum dem Dritten zufällt.

So führte also unser kleines Problem auf einen Astralmythus! Nur schade, daß wir mit dieser Aufklärung nicht zu Ende gekommen sind. Das Fragen setzt sich weiter fort, denn wir glauben nicht mit manchen Mythenforschern, daß die Mythen vom Himmel herabgelesen worden sind, vielmehr urteilen wir mit O. Rank[3], daß sie auf den Himmel projiziert wurden, nachdem sie anderswo unter rein menschlichen Bedingungen entstanden waren. Diesem menschlichen Inhalt gilt aber unser Interesse.

Fassen wir unseren Stoff nochmals ins Auge. Im estnischen Epos wie in der Erzählung der *Gesta Romanorum* handelt es sich um die Wahl eines Mädchens zwischen drei Freiern, in der Szene des *Kaufmann von Venedig* anscheinend um das nämliche, aber gleichzeitig tritt an dieser letzten Stelle etwas wie eine Umkehrung des Motivs auf: Ein Mann wählt zwischen drei – Kästchen. Wenn wir es mit einem Traum zu tun hätten, würden wir sofort daran denken, daß die Kästchen auch Frauen sind, Symbole des Wesentlichen an der Frau und darum der Frau selbst, wie Büchsen, Dosen, Schachteln, Körbe usw. Gestatten wir uns

2 Ed. Stucken, *Astralmythen* [*der Hebräer, Babylonier und Ägypter*], S. 655, Leipzig 1907.

3 O. Rank, *Der Mythus von der Geburt des Helden*, Leipzig und Wien 1909, S. 8 ff.

eine solche symbolische Ersetzung auch beim Mythus anzunehmen, so wird die Kästchenszene im *Kaufmann von Venedig* wirklich zur Umkehrung, die wir vermutet haben. Mit einem Ruck, wie er sonst nur im Märchen beschrieben wird, haben wir unserem Thema das astrale Gewand abgestreift und sehen nun, es behandelt ein menschliches Motiv, die *Wahl eines Mannes zwischen drei Frauen.*

Dasselbe ist aber der Inhalt einer anderen Szene Shakespeares in einem der erschütterndsten seiner Dramen, keine Brautwahl diesmal, aber doch durch soviel geheime Ähnlichkeiten mit der Kästchenwahl im *Kaufmann* verknüpft. Der alte König Lear beschließt, noch bei Lebzeiten sein Reich unter seine drei Töchter zu verteilen, je nach Maßgabe der Liebe, die sie für ihn äußern. Die beiden älteren, Goneril und Regan, erschöpfen sich in Beteuerungen und Anpreisungen ihrer Liebe, die dritte, Cordelia, weigert sich dessen. Er hätte diese unscheinbare, wortlose Liebe der Dritten erkennen und belohnen sollen, aber er verkennt sie, verstößt Cordelia und teilt das Reich unter die beiden anderen, zu seinem und aller Unheil. Ist das nicht wieder eine Szene der Wahl zwischen drei Frauen, von denen die jüngste die beste, die vorzüglichste ist?

Sofort fallen uns nun aus Mythus, Märchen und Dichtung andere Szenen ein, welche die nämliche Situation zum Inhalt haben: Der Hirte Paris hat die Wahl zwischen drei Göttinnen, von denen er die dritte zur Schönsten erklärt. Aschenputtel ist eine ebensolche Jüngste, die der Königssohn den beiden Älteren vorzieht, Psyche im Märchen des Apulejus ist die jüngste und schönste von drei Schwestern, Psyche, die einerseits als menschlich gewordene Aphrodite verehrt wird, anderseits von dieser Göttin behandelt wird wie Aschenputtel von ihrer Stiefmutter, einen vermischten Haufen von Samenkörnern schlichten soll und es mit Hilfe von kleinen Tieren (Tauben bei Aschenputtel, Ameisen bei Psyche) zustande bringt.[4] Wer sich weiter im Material umsehen wollte, würde gewiß noch andere

4 Den Hinweis auf diese Übereinstimmungen verdanke ich Dr. O. Rank.

Gestaltungen desselben Motivs mit Erhaltung derselben wesentlichen Züge auffinden können.

Begnügen wir uns mit Cordelia, Aphrodite, Aschenputtel und Psyche! Die drei Frauen, von denen die dritte die vorzüglichste ist, sind wohl als irgendwie gleichartig aufzufassen, wenn sie als Schwestern vorgeführt werden. Es soll uns nicht irremachen, wenn es bei Lear die drei Töchter des Wählenden sind, das bedeutet vielleicht nichts anderes, als daß Lear als alter Mann dargestellt werden soll. Den alten Mann kann man nicht leicht anders zwischen drei Frauen wählen lassen; darum werden diese zu seinen Töchtern.

Wer sind aber diese drei Schwestern, und warum muß die Wahl auf die dritte fallen? Wenn wir diese Frage beantworten könnten, wären wir im Besitz der gesuchten Deutung. Nun haben wir uns bereits einmal der Anwendung psychoanalytischer Techniken bedient, als wir uns die drei Kästchen symbolisch als drei Frauen aufklärten. Haben wir den Mut, ein solches Verfahren fortzusetzen, so betreten wir einen Weg, der zunächst ins Unvorhergesehene, Unbegreifliche, auf Umwegen vielleicht zu einem Ziele führt.

Es darf uns auffallen, daß jene vorzügliche Dritte in mehreren Fällen außer ihrer Schönheit noch gewisse Besonderheiten hat. Es sind Eigenschaften, die nach irgendeiner Einheit zu streben scheinen; wir dürfen gewiß nicht erwarten, sie in allen Beispielen gleich gut ausgeprägt zu finden. Cordelia macht sich unkenntlich, unscheinbar wie das Blei, sie bleibt stumm, sie »liebt und schweigt«[5]. Aschenputtel verbirgt sich, so daß sie nicht aufzufinden ist. Wir dürfen vielleicht das Sichverbergen dem Verstummen gleichsetzen. Dies wären allerdings nur zwei Fälle von den fünf, die wir herausgesucht haben. Aber eine Andeutung davon findet sich merkwürdigerweise auch noch bei zwei anderen. Wir haben uns ja entschlossen, die widerspenstig ablehnende Cordelia dem Blei zu vergleichen. Von diesem heißt es in der kurzen Rede des Bassanio während der Kästchenwahl, eigentlich so ganz unvermittelt:

---

5 [Akt 1, Szene 1 des *König Lear*.]

Thy paleness moves me more than eloquence
(*plainness* nach anderer Leseart).

Also: Deine Schlichtheit geht mir näher als der beiden anderen schreiendes Wesen. Gold und Silber sind »laut«, das Blei ist stumm, wirklich wie Cordelia, die »liebt und schweigt«.[6]

In den altgriechischen Erzählungen des Parisurteils ist von einer solchen Zurückhaltung der Aphrodite nichts enthalten. Jede der drei Göttinnen spricht zu dem Jüngling und sucht ihn durch Verheißungen zu gewinnen. Aber in einer ganz modernen Bearbeitung derselben Szene kommt der uns auffällig gewordene Zug der Dritten sonderbarerweise wieder zum Vorschein. Im Libretto der *Schönen Helena* erzählt Paris, nachdem er von den Werbungen der beiden anderen Göttinnen berichtet, wie sich Aphrodite in diesem Wettkampf um den Schönheitspreis benommen:

Und die Dritte – ja die Dritte –
Stand daneben und blieb *stumm.*
Ihr mußt' ich den Apfel geben usw.[7]

Entschließen wir uns, die Eigentümlichkeiten unserer Dritten in der »Stummheit« konzentriert zu sehen, so sagt uns die Psychoanalyse: Stummheit ist im Traume eine gebräuchliche Darstellung des Todes.[8]

Vor mehr als zehn Jahren teilte mir ein hochintelligenter Mann einen Traum mit, den er als Beweis für die telepathische Natur der Träume verwerten wollte. Er sah einen abwesenden Freund, von dem er überlange keine Nachricht erhalten hatte, und machte ihm eindringliche Vorwürfe

6 In der Schlegelschen Übersetzung geht diese Anspielung ganz verloren, ja sie wird zur Gegenseite gewendet: »Dein schlichtes Wesen spricht beredt mich an.«

7 [Eine Stelle in Akt 1, Szene 7 des Librettos von H. Meilhac und L. Halévy zu Jacques Offenbachs Operette *La belle Hélène* (1864).]

8 Auch in Stekels *Sprache des Traumes* (1911) unter den Todessymbolen angeführt (S. 351).

über sein Stillschweigen. Der Freund gab keine Antwort. Es stellte sich dann heraus, daß er ungefähr um die Zeit dieses Traumes durch Selbstmord geendet hatte. Lassen wir das Problem der Telepathie beiseite; daß die Stummheit im Traume zur Darstellung des Todes wird, scheint hier nicht zweifelhaft. Auch das Sichverbergen, Unauffindbarsein, wie es der Märchenprinz dreimal beim Aschenputtel erlebt, ist im Traume ein unverkennbares Todessymbol; nicht minder die auffällige Blässe, an welche die *paleness* des Bleis in der einen Leseart des Shakespeareschen Textes erinnert.[9] Die Übertragung dieser Deutungen aus der Sprache des Traumes auf die Ausdrucksweise des uns beschäftigenden Mythus wird uns aber wesentlich erleichtert, wenn wir wahrscheinlich machen können, daß die Stummheit auch in anderen Produktionen, die nicht Träume sind, als Zeichen des Totseins gedeutet werden muß.

Ich greife hier das neunte der Grimmschen Volksmärchen heraus, welches die Überschrift hat: *Die zwölf Brüder*. Ein König und eine Königin hatten zwölf Kinder, lauter Buben. Da sagte der König, wenn das dreizehnte Kind ein Mädchen ist, müssen die Buben sterben. In Erwartung dieser Geburt läßt er zwölf Särge machen. Die zwölf Söhne flüchten sich mit Hilfe der Mutter in einen versteckten Wald und schwören jedem Mädchen den Tod, das sie begegnen sollten.

Ein Mädchen wird geboren, wächst heran und erfährt einmal von der Mutter, daß es zwölf Brüder gehabt hat. Es beschließt, sie aufzusuchen, und findet im Walde den Jüngsten, der sie erkennt, aber verbergen möchte wegen des Eides der Brüder. Die Schwester sagt: Ich will gerne sterben, wenn ich damit meine zwölf Brüder erlösen kann. Die Brüder nehmen sie aber herzlich auf, sie bleibt bei ihnen und besorgt ihnen das Haus.

In einem kleinen Garten bei dem Hause wachsen zwölf Lilienblumen; die bricht das Mädchen ab, um jedem Bruder eine zu schenken. In diesem Augenblicke werden die

---

9 Stekel, ebda.

Brüder in Raben verwandelt und verschwinden mit Haus und Garten. – Die Raben sind Seelenvögel, die Tötung der zwölf Brüder durch ihre Schwester wird durch das Abpflücken der Blumen von neuem dargestellt wie zu Eingang durch die Särge und das Verschwinden der Brüder. Das Mädchen, das wiederum bereit ist, seine Brüder vom Tode zu erlösen, erfährt nun als Bedingung, daß sie sieben Jahre stumm sein muß, kein einziges Wort sprechen darf. Sie unterzieht sich dieser Probe, durch die sie selbst in Lebensgefahr gerät, d. h., sie stirbt selbst für die Brüder, wie sie es vor dem Zusammentreffen mit den Brüdern gelobt hat. Durch die Einhaltung der Stummheit gelingt ihr endlich die Erlösung der Raben.

Ganz ähnlich werden im Märchen von den *sechs Schwänen* die in Vögel verwandelten Brüder durch die Stummheit der Schwester erlöst, d. h. wiederbelebt. Das Mädchen hat den festen Entschluß gefaßt, seine Brüder zu erlösen, und »wenn es auch sein Leben kostete«, und bringt als Gemahlin des Königs wiederum ihr eigenes Leben in Gefahr, weil sie gegen böse Anklagen ihre Stummheit nicht aufgeben will.

Wir würden sicherlich aus den Märchen noch andere Beweise erbringen können, daß die Stummheit als Darstellung des Todes verstanden werden muß. Wenn wir diesem Anzeichen folgen dürfen, so wäre die dritte unserer Schwestern, zwischen denen die Wahl stattfindet, eine Tote. Sie kann aber auch etwas anderes sein, nämlich der Tod selbst, die Todesgöttin. Vermöge einer gar nicht seltenen Verschiebung werden die Eigenschaften, die eine Gottheit den Menschen zuteilt, ihr selbst zugeschrieben. Am wenigsten wird uns solche Verschiebung bei der Todesgöttin befremden, denn in der modernen Auffassung und Darstellung, die hier vorweggenommen würde, ist der Tod selbst nur ein Toter.

Wenn aber die dritte der Schwestern die Todesgöttin ist, so kennen wir die Schwestern. Es sind die Schicksalsschwestern, die Moiren oder Parzen oder Nornen, deren dritte Atropos heißt: die Unerbittliche.

II

Stellen wir die Sorge, wie die gefundene Deutung in unseren Mythus einzufügen ist, einstweilen beiseite, und holen wir uns bei den Mythologen Belehrung über Rolle und Herkunft der Schicksalsgöttinnen.[10]

Die älteste griechische Mythologie kennt nur eine *Μοῖρα*[11] als Personifikation des unentrinnbaren Schicksals (bei Homer). Die Fortentwicklung dieser einen Moira zu einem Schwesterverein von drei (seltener zwei) Gottheiten erfolgte wahrscheinlich in Anlehnung an andere Göttergestalten, denen die Moiren nahestehen, die Chariten und die Horen.

Die Horen sind ursprünglich Gottheiten der himmlischen Gewässer, die Regen und Tau spenden, der Wolken, aus denen der Regen niederfällt, und da diese Wolken als Gespinst erfaßt werden, ergibt sich für diese Göttinnen der Charakter der Spinnerinnen, der dann an den Moiren fixiert wird. In den von der Sonne verwöhnten Mittelmeerländern ist es der Regen, von dem die Fruchtbarkeit des Bodens abhängig wird, und darum wandeln sich die Horen zu Vegetationsgottheiten. Man dankt ihnen die Schönheit der Blumen und den Reichtum der Früchte, stattet sie mit einer Fülle von liebenswürdigen und anmutigen Zügen aus. Sie werden zu den göttlichen Vertreterinnen der Jahreszeiten und erwerben vielleicht durch diese Beziehung ihre Dreizahl, wenn die heilige Natur der Drei zu deren Aufklärung nicht genügen sollte. Denn diese alten Völker unterschieden zuerst nur drei Jahreszeiten: Winter, Frühling und Sommer. Der Herbst kam erst in späten griechisch-römischen Zeiten hinzu; dann bildete die Kunst häufig vier Horen ab.

Die Beziehung zur Zeit blieb den Horen erhalten; sie wachten später über die Tageszeiten wie zuerst über die

10 Das folgende nach Roschers *Lexikon der griechischen und römischen Mythologie* [1884–1937] unter den entsprechenden Titeln.
11 [Moira.]

Zeiten des Jahres; endlich sank ihr Name zur Bezeichnung der Stunde *(heure, ora)* herab. Die den Horen und Moiren wesensverwandten Nornen der deutschen Mythologie tragen diese Zeitbedeutung in ihren Namen zur Schau. Es konnte aber nicht ausbleiben, daß das Wesen dieser Gottheiten tiefer erfaßt und in das Gesetzmäßige im Wandel der Zeiten verlegt wurde; die Horen wurden so zu Hüterinnen des Naturgesetzes und der heiligen Ordnung, welche mit unabänderlicher Reihenfolge in der Natur das gleiche wiederkehren läßt.

Diese Erkenntnis der Natur wirkte zurück auf die Auffassung des menschlichen Lebens. Der Naturmythus wandelte sich zum Menschenmythus; aus den Wettergöttinnen wurden Schicksalsgottheiten. Aber diese Seite der Horen kam erst in den Moiren zum Ausdruck, die über die notwendige Ordnung im Menschenleben so unerbittlich wachen wie die Horen über die Gesetzmäßigkeit der Natur. Das unabwendbar Strenge des Gesetzes, die Beziehung zu Tod und Untergang, die an den lieblichen Gestalten der Horen vermieden worden waren, sie prägten sich nun an den Moiren aus, als ob der Mensch den ganzen Ernst des Naturgesetzes erst dann empfände, wenn er ihm die eigene Person unterordnen soll.

Die Namen der drei Spinnerinnen haben auch bei den Mythologen bedeutsames Verständnis gefunden. Die zweite, Lachesis, scheint das »innerhalb der Gesetzmäßigkeit des Schicksals Zufällige« zu bezeichnen[12] – wir würden sagen: das Erleben – wie Atropos das Unabwendbare, den Tod, und dann bliebe für Klotho die Bedeutung der verhängnisvollen, mitgebrachten Anlage.

Und nun ist es Zeit, zu dem der Deutung unterliegenden Motiv der Wahl zwischen drei Schwestern zurückzukehren. Mit tiefem Mißvergnügen werden wir bemerken, wie unverständlich die betrachteten Situationen werden, wenn wir in sie die gefundene Deutung einsetzen, und welche Wider-

12 W. H. Roscher [*Lexikon . . .]* nach Preller-Robert, *Griechische Mythologie,* [4. Aufl. Berlin 1894].

sprüche zum scheinbaren Inhalte derselben sich dann ergeben. Die dritte der Schwestern soll die Todesgöttin sein, der Tod selbst, und im Parisurteil ist es die Liebesgöttin, im Märchen des Apulejus eine dieser letzteren vergleichbare Schönheit, im *Kaufmann* die schönste und klügste Frau, im *Lear* die einzige treue Tochter. Kann ein Widerspruch vollkommener gedacht werden? Doch vielleicht ist diese unwahrscheinliche Steigerung ganz in der Nähe. Sie liegt wirklich vor, wenn in unserem Motive jedesmal zwischen den Frauen frei gewählt wird und wenn die Wahl dabei auf den Tod fallen soll, den doch niemand wählt, dem man durch ein Verhängnis zum Opfer fällt.

Indes Widersprüche von einer gewissen Art, Ersetzungen durch das volle kontradiktorische Gegenteil bereiten der analytischen Deutungsarbeit keine ernste Schwierigkeit. Wir werden uns hier nicht darauf berufen, daß Gegensätze in den Ausdrucksweisen des Unbewußten wie im Traume so häufig durch eines und das nämliche Element dargestellt werden. Aber wir werden daran denken, daß es Motive im Seelenleben gibt, welche die Ersetzung durch das Gegenteil als sogenannte Reaktionsbildung herbeiführen, und können den Gewinn unserer Arbeit gerade in der Aufdeckung solcher verborgener Motive suchen. Die Schöpfung der Moiren ist der Erfolg einer Einsicht, welche den Menschen mahnt, auch er sei ein Stück der Natur und darum dem unabänderlichen Gesetze des Todes unterworfen. Gegen diese Unterwerfung mußte sich etwas im Menschen sträuben, der nur höchst ungern auf seine Ausnahmsstellung verzichtet. Wir wissen, daß der Mensch seine Phantasietätigkeit zur Befriedigung seiner von der Realität unbefriedigten Wünsche verwendet. So lehnte sich denn seine Phantasie gegen die im Moirenmythus verkörperte Einsicht auf und schuf den davon abgeleiteten Mythus, in dem die Todesgöttin durch die Liebesgöttin, und was ihr an menschlichen Gestaltungen gleichkommt, ersetzt ist. Die dritte der Schwestern ist nicht mehr der Tod, sie ist die schönste, beste, begehrenswerteste, liebenswerteste der Frauen. Und diese Ersetzung war technisch keineswegs schwer; sie war durch eine alte Ambivalenz vorbereitet, sie vollzog sich längs eines uralten Zusammenhanges, der noch nicht lange vergessen sein konnte. Die Liebesgöttin selbst, die jetzt an die Stelle der Todesgöttin trat, war einst mit ihr identisch gewesen. Noch die griechische Aphrodite entbehrte nicht völlig der Beziehungen zur Unterwelt, obwohl sie ihre chthonische Rolle längst an andere Göttergestalten, an die Persephone, die dreigestaltige Artemis-Hekate, abgegeben hatte. Die großen Muttergottheiten der orientalischen Völker scheinen aber alle ebensowohl Zeugerinnen wie Vernichterinnen, Göttinnen des Lebens und der Befruchtung wie Todesgöttinnen gewesen zu sein. So greift die Ersetzung durch ein Wunschgegenteil bei unserem Motiv auf eine uralte Identität zurück.

Dieselbe Erwägung beantwortet uns die Frage, woher der Zug der Wahl in den Mythus von den drei Schwestern geraten ist. Es hat hier wiederum eine Wunschverkehrung stattgefunden. Wahl steht an der Stelle von Notwendigkeit, von Verhängnis. So überwindet der Mensch[13] den Tod, den er in seinem Denken anerkannt hat. Es ist kein stärkerer Triumph der Wunscherfüllung denkbar. Man wählt dort, wo man in Wirklichkeit dem Zwange gehorcht, und die man wählt, ist nicht die Schreckliche, sondern die Schönste und Begehrenswerteste.

Bei näherem Zusehen merken wir freilich, daß die Entstellungen des ursprünglichen Mythus nicht gründlich genug sind, um sich nicht durch Resterscheinungen zu verraten. Die freie Wahl zwischen den drei Schwestern ist eigentlich keine freie Wahl, denn sie muß notwendigerweise die dritte treffen, wenn nicht, wie im *Lear*, alles Unheil aus ihr entstehen soll. Die Schönste und Beste, welche an Stelle der Todesgöttin getreten ist, hat Züge behalten,

13 [Im Manuskript folgt an dieser Stelle »in seiner Phantasie«, was wohl durch ein Versehen im Erstdruck wie in allen nachfolgenden Editionen unterschlagen wurde.]

die an das Unheimliche streifen, so daß wir aus ihnen das Verborgene erraten konnten.[14]

Wir haben bisher den Mythus und seine Wandlung verfolgt und hoffen die geheimen Gründe dieser Wandlung aufgezeigt zu haben. Nun darf uns wohl die Verwendung des Motivs beim Dichter interessieren. Wir bekommen den Eindruck, als ginge beim Dichter eine Reduktion des Motivs auf den ursprünglichen Mythus vor sich, so daß der ergreifende, durch die Entstellung abgeschwächte Sinn des letzteren von uns wieder verspürt wird. Durch diese Reduktion der Entstellung, die teilweise Rückkehr zum Ursprünglichen, erziele der Dichter die tiefere Wirkung, die er bei uns erzeugt.

Um Mißverständnissen vorzubeugen, will ich sagen, ich habe nicht die Absicht zu widersprechen, daß das Drama vom König Lear die beiden weisen Lehren einschärfen wolle, man solle auf sein Gut und seine Rechte nicht zu Lebzeiten verzichten und man müsse sich hüten, Schmeichelei für bare Münze zu nehmen. Diese und ähnliche Mahnungen ergeben sich wirklich aus dem Stück, aber es erscheint mir ganz unmöglich, die ungeheure Wirkung des *Lear* aus dem Eindrucke dieses Gedankeninhaltes zu erklären oder anzunehmen, daß die persönlichen Motive des Dichters mit der Absicht, diese Lehren vorzutragen, erschöpft seien. Auch die Auskunft, der Dichter habe uns

14 Auch die Psyche des Apulejus hat reichlich Züge bewahrt, welche an ihre Beziehung zum Tode mahnen. Ihre Hochzeit wird gerüstet wie eine Leichenfeier, sie muß in die Unterwelt hinabsteigen und versinkt nachher in einen totenähnlichen Schlaf (O. Rank).

Über die Bedeutung der Psyche als Frühlingsgottheit und als »Braut des Todes« siehe A. Zinzow, *Psyche und Eros* (Halle 1881).

In einem anderen Grimmschen Märchen (Nr. 179, *Die Gänsehirtin am Brunnen*) findet sich wie beim Aschenputtel die Abwechslung von schöner und häßlicher Gestalt der dritten Tochter, in der man wohl eine Andeutung von deren Doppelnatur – vor und nach der Ersetzung – erblicken darf. Diese dritte wird von ihrem Vater nach einer Probe verstoßen, welche mit der im *König Lear* fast zusammenfällt. Sie soll wie die anderen Schwestern angeben, wie lieb sie den Vater hat, findet aber keinen anderen Ausdruck ihrer Liebe als den Vergleich mit dem Salz. (Freundliche Mitteilung von Dr. Hanns Sachs.)

die Tragödie der Undankbarkeit vorspielen wollen, deren Bisse er wohl am eigenen Leibe verspürt, und die Wirkung des Spieles beruhe auf dem rein formalen Moment der künstlerischen Einkleidung, scheint mir das Verständnis nicht zu ersetzen, welches uns durch die Würdigung des Motivs der Wahl zwischen den drei Schwestern eröffnet wird.

Lear ist ein alter Mann. Wir sagten schon, darum erscheinen die drei Schwestern als seine Töchter. Das Vaterverhältnis, aus dem soviel fruchtbare dramatische Antriebe erfließen könnten, wird im Drama weiter nicht verwertet. Lear ist aber nicht nur ein Alter, sondern auch ein Sterbender. Die so absonderliche Voraussetzung der Erbteilung verliert dann alles Befremdende. Dieser dem Tode Verfallene will aber auf die Liebe des Weibes nicht verzichten, er will hören, wie sehr er geliebt wird. Nun denke man an die erschütternde letzte Szene, einen der Höhepunkte der Tragik im modernen Drama: Lear trägt den Leichnam der Cordelia auf die Bühne. Cordelia ist der Tod. Wenn man die Situation umkehrt, wird sie uns verständlich und vertraut. Es ist die Todesgöttin, die den verstorbenen Helden vom Kampfplatze wegträgt, wie die Walküre in der deutschen Mythologie. Ewige Weisheit im Gewand des uralten Mythus rät dem alten Manne, der Liebe zu entsagen, den Tod zu wählen, sich mit der Notwendigkeit des Sterbens zu befreunden.

Der Dichter bringt uns das alte Motiv näher, indem er die Wahl zwischen den drei Schwestern von einem Gealterten und Sterbenden vollziehen läßt. Die regressive Bearbeitung, die er so mit dem durch Wunschverwandlung entstellten Mythus vorgenommen, läßt dessen alten Sinn so weit durchschimmern, daß uns vielleicht auch eine flächenhafte, allegorische Deutung der drei Frauengestalten des Motivs ermöglicht wird. Man könnte sagen, es seien die drei für den Mann unvermeidlichen Beziehungen zum Weibe, die hier dargestellt sind: die Gebärerin, die Genossin und die Verderberin. Oder die drei Formen, zu denen sich ihm das Bild der Mutter im Lauf des Lebens wandelt:

die Mutter selbst, die Geliebte, die er nach deren Ebenbild gewählt, und zuletzt die Mutter Erde, die ihn wieder aufnimmt. Der alte Mann aber hascht vergebens nach der Liebe des Weibes, wie er sie zuerst von der Mutter empfangen; nur die dritte der Schicksalsfrauen, die schweigsame Todesgöttin, wird ihn in ihre Arme nehmen.

Zur Psychologie des Gymnasiasten

Man hat ein sonderbares Gefühl, wenn man in so vorgerückten Jahren noch einmal den Auftrag erhält, einen »deutschen Aufsatz« für das Gymnasium zu schreiben. Man gehorcht aber automatisch wie jener ausgediente Soldat, der auf das Kommando »Habt acht!« die Hände an die Hosennaht anlegen und seine Päckchen zu Boden fallen lassen muß. Es ist merkwürdig, wie bereitwillig man zugesagt hat, als ob sich in dem letzten Halbjahrhundert nichts Besonderes geändert hätte. Man ist doch alt geworden seither, steht knapp vor dem sechzigsten Lebensjahr, und Körpergefühl wie Spiegel zeigen unzweideutig an, wieviel man von seinem Lebenslicht bereits heruntergebrannt hat.

Noch vor zehn Jahren etwa konnte man Momente haben, in denen man sich plötzlich wieder ganz jung fühlte. Wenn man, bereits graubärtig und mit allen Lasten einer bürgerlichen Existenz beladen, durch die Straßen der Heimatstadt ging, begegnete man unversehens dem einen oder anderen wohlerhaltenen älteren Herrn, den man fast demütig begrüßte, weil man einen seiner Gymnasiallehrer in ihm erkannt hatte. Dann aber blieb man stehen und sah ihm versonnen nach: Ist er das wirklich oder nur jemand, der ihm so täuschend ähnlich ist? Wie jugendlich sieht er doch aus, und du bist selbst so alt geworden! Wie alt mag er heute wohl sein? Ist es möglich, daß diese Männer, die uns damals die Erwachsenen repräsentierten, um so weniges älter waren als wir?

Die Gegenwart war dann wie verdunkelt, und die Lebensjahre von zehn bis achtzehn stiegen aus den Winkeln des Gedächtnisses empor mit ihren Ahnungen und Irrungen, ihren schmerzhaften Umbildungen und beseligenden Erfolgen, die ersten Einblicke in eine untergegangene Kulturwelt, die wenigstens mir später ein unübertroffener Trost in den Kämpfen des Lebens werden sollte, die ersten Berührungen mit den Wissenschaften, unter denen man glaubte wählen zu können, welcher man seine – sicherlich unschätzbaren – Dienste weihen würde. Und ich glaubte mich zu erinnern, daß die ganze Zeit von der Ahnung einer Aufgabe durchzogen war, die sich zuerst nur leise andeutete, bis ich sie in dem Maturitätsaufsatze in die lauten Worte kleiden konnte, ich wollte in meinem Leben zu unserem menschlichen Wissen einen Beitrag leisten.

Ich bin dann Arzt geworden, aber eigentlich doch eher Psychologe, und konnte eine neue psychologische Disziplin schaffen, die sogenannte »Psychoanalyse«, welche gegenwärtig Ärzte und Forscher in nahen wie in fernen fremdsprachigen Ländern in Atem hält und zu Lob und Tadel aufregt, die des eigenen Vaterlandes natürlich am geringsten.

Als Psychoanalytiker muß ich mich mehr für affektive als für intellektuelle Vorgänge, mehr für das unbewußte als für das bewußte Seelenleben interessieren. Meine Ergriffenheit bei der Begegnung mit meinem früheren Gymnasialprofessor mahnt mich, ein erstes Bekenntnis abzulegen: Ich weiß nicht, was uns stärker in Anspruch nahm und bedeutsamer für uns wurde, die Beschäftigung mit den uns vorgetragenen Wissenschaften oder die mit den Persönlichkeiten unserer Lehrer. Jedenfalls galt den letzteren bei uns allen eine niemals aussetzende Unterströmung, und bei vielen führte der Weg zu den Wissenschaften nur über die Personen der Lehrer; manche blieben auf diesem Weg stekken, und einigen ward er auf solche Weise – warum sollen wir es nicht eingestehen? – dauernd verlegt.

Wir warben um sie oder wandten uns von ihnen ab, imaginierten bei ihnen Sympathien oder Antipathien, die wahrscheinlich nicht bestanden, studierten ihre Charaktere und bildeten oder verbildeten an ihnen unsere eigenen. Sie riefen unsere stärksten Auflehnungen hervor und zwangen uns zur vollständigen Unterwerfung; wir spähten nach ihren kleinen Schwächen und waren stolz auf ihre großen Vorzüge, ihr Wissen und ihre Gerechtigkeit. Im Grunde liebten wir sie sehr, wenn sie uns irgendeine Begründung dazu gaben; ich weiß nicht, ob alle unsere Lehrer dies bemerkt haben. Aber es ist nicht zu leugnen, wir waren in einer ganz besonderen Weise gegen sie eingestellt, in einer Weise, die ihre Unbequemlichkeiten für die Betroffenen haben mochte. Wir waren von vornherein gleich geneigt zur Liebe wie zum Haß, zur Kritik wie zur Verehrung gegen sie. Die Psychoanalyse nennt eine solche Bereitschaft zu gegensätzlichem Verhalten eine ambivalente; sie ist auch nicht verlegen, die Quelle einer solchen Gefühlsambivalenz nachzuweisen.

Sie hat uns nämlich gelehrt, daß die für das spätere Verhalten des Individuums so überaus wichtigen Affekteinstellungen gegen andere Personen in ungeahnt früher Zeit fertig gemacht werden. Schon in den ersten sechs Jahren der Kindheit hat der kleine Mensch die Art und den Affektton seiner Beziehungen zu Personen des nämlichen und des anderen Geschlechts festgelegt, er kann sie von da an entwikkeln und nach bestimmten Richtungen umwandeln, aber nicht mehr aufheben. Die Personen, an welche er sich in solcher Weise fixiert, sind seine Eltern und Geschwister. Alle Menschen, die er später kennenlernt, werden ihm zu Ersatzpersonen dieser ersten Gefühlsobjekte (etwa noch der Pflegepersonen neben den Eltern) und ordnen sich für ihn in Reihen an, die von den »Imagines«, wie wir sagen, des Vaters, der Mutter, der Geschwister usw. ausgehen. Diese späteren Bekanntschaften haben also eine Art von Gefühlserbschaft zu übernehmen, sie stoßen auf Sympathien und Antipathien, zu deren Erwerbung sie selbst nur wenig beigetragen haben; alle spätere Freundschafts- und Liebeswahl erfolgt auf Grund von Erinnerungsspuren, welche jene ersten Vorbilder hinterlassen haben.

Von den Imagines einer gewöhnlich nicht mehr im Gedächtnis bewahrten Kindheit ist aber keine für den Jüngling und Mann bedeutungsvoller als die seines Vaters. Organische Notwendigkeit hat in dies Verhältnis eine Gefühlsambivalenz eingeführt, als deren ergreifendsten Ausdruck wir den griechischen Mythus vom König Ödipus erfassen können. Der kleine Knabe muß seinen Vater lieben und bewundern, er scheint ihm das stärkste, gütigste und weiseste aller Geschöpfe; ist doch Gott selbst nur eine

Erhöhung dieses Vaterbildes, wie es sich dem frühkindlichen Seelenleben darstellt. Aber sehr bald tritt die andere Seite dieser Gefühlsrelation hervor. Der Vater wird auch als der übermächtige Störer des eigenen Trieblebens erkannt, er wird zum Vorbild, das man nicht nur nachahmen, sondern auch beseitigen will, um seine Stelle selbst einzunehmen. Die zärtliche und die feindselige Regung gegen den Vater bestehen nun nebeneinander fort, oft durch das ganze Leben hindurch, ohne daß die eine die andere aufheben könnte. In einem solchen Nebeneinander der Gegensätze liegt der Charakter dessen, was wir eine Gefühlsambivalenz heißen.

In der zweiten Hälfte der Kindheit bereitet sich eine Veränderung dieses Verhältnisses zum Vater vor, deren Bedeutung man sich nicht großartig genug vorstellen kann. Der Knabe beginnt aus seiner Kinderstube in die reale Welt draußen zu schauen, und nun muß er die Entdeckungen machen, welche seine ursprüngliche Hochschätzung des Vaters untergraben und seine Ablösung von diesem ersten Ideal befördern. Er findet, daß der Vater nicht mehr der Mächtigste, Weiseste, Reichste ist, er wird mit ihm unzufrieden, lernt ihn kritisieren und sozial einordnen und läßt ihn dann gewöhnlich schwer für die Enttäuschung büßen, die jener ihm bereitet hat. Alles Hoffnungsvolle, aber auch alles Anstößige, was die neue Generation auszeichnet, hat diese Ablösung vom Vater zur Bedingung.

In diese Phase der Entwicklung des jungen Menschen fällt sein Zusammentreffen mit den Lehrern. Wir verstehen jetzt unser Verhältnis zu unseren Gymnasialprofessoren. Diese Männer, die nicht einmal alle selbst Väter waren, wurden uns zum Vaterersatz. Darum kamen sie uns, auch wenn sie noch sehr jung waren, so gereift, so unerreichbar erwachsen vor. Wir übertrugen auf sie den Respekt und die Erwartungen von dem allwissenden Vater unserer Kindheitsjahre, und dann begannen wir, sie zu behandeln wie unsere Väter zu Hause. Wir brachten ihnen die Ambivalenz entgegen, die wir in der Familie erworben hatten, und mit Hilfe dieser Einstellung rangen wir mit ihnen, wie wir mit unseren leiblichen Vätern zu ringen gewohnt waren. Ohne Rücksicht auf die Kinderstube und das Familienhaus wäre unser Benehmen gegen unsere Lehrer nicht zu verstehen, aber auch nicht zu entschuldigen.

Noch andere und kaum weniger wichtige Erlebnisse hatten wir als Gymnasiasten mit den Nachfahren unserer Geschwister, mit unseren Kameraden, aber diese sollen auf einem anderen Blatt beschrieben werden. Das Jubiläum der Schule hält unsere Gedanken bei den Lehrern fest.

Zur Einführung des Narzißmus

I

Der Terminus Narzißmus entstammt der klinischen Deskription und ist von P. Näcke[1] 1899 zur Bezeichnung jenes Verhaltens gewählt worden, bei welchem ein Individuum den eigenen Leib in ähnlicher Weise behandelt wie sonst den eines Sexualobjekts, ihn also mit sexuellem Wohlgefallen beschaut, streichelt, liebkost, bis es durch diese Vornahmen zur vollen Befriedigung gelangt. In dieser Ausbildung hat der Narzißmus die Bedeutung einer Perversion, welche das gesamte Sexualleben der Person aufgesogen hat, und unterliegt darum auch den Erwartungen, mit denen wir an das Studium aller Perversionen herantreten.

Es ist dann der psychoanalytischen Beobachtung aufgefallen, daß einzelne Züge des narzißtischen Verhaltens bei vielen mit anderen Störungen behafteten Personen gefunden werden, so nach Sadger bei Homosexuellen, und endlich lag die Vermutung nahe, daß eine als Narzißmus zu bezeichnende Unterbringung der Libido in viel weiterem Umfang in Betracht kommen und eine Stelle in der regulären Sexualentwicklung des Menschen beanspruchen könnte.[2] Auf die nämliche Vermutung kam man von den Schwierigkeiten der psychoanalytischen Arbeit an Neurotikern her, denn es schien, als ob ein solches narzißtisches-

---

1 [In einer 1920 den *Drei Abhandlungen* hinzugefügten Fußnote bemerkt Freud, er habe in der hier vorliegenden Arbeit irrtümlich Näcke als den Urheber des Terminus »Narzißmus« bezeichnet; dieser sei vielmehr Havelock Ellis zuzuschreiben. Ellis selbst aber hat später in einem kurzen Artikel (*The Conception of Narcissism*, in: Psychoanal. Rev., 1927, Bd. 14, S.129) Freuds Korrektur berichtigt: tatsächlich müßten er und Näcke sich in die Priorität teilen; von ihm, Ellis, sei der Ausdruck *»narcissus-like«* 1898 zur Beschreibung einer bestimmten seelischen Einstellung gebraucht worden, während Näcke 1899 den Terminus »Narcismus« zur Beschreibung einer sexuellen Perversion verwendet habe.]

2 O. Rank, *Ein Beitrag zum Narzißmus,* in: Jb. psychoanalyt. psychopath. Forsch., 1911, Bd. 3, S. 401.

Verhalten derselben eine der Grenzen ihrer Beeinflußbarkeit herstellte. Narzißmus in diesem Sinne wäre keine Perversion, sondern die libidinöse Ergänzung zum Egoismus des Selbsterhaltungstriebes, von dem jedem Lebewesen mit Recht ein Stück zugeschrieben wird.

Ein dringendes Motiv, sich mit der Vorstellung eines primären und normalen Narzißmus zu beschäftigen, ergab sich, als der Versuch unternommen wurde, das Verständnis der Dementia praecox (Kraepelin) oder Schizophrenie (Bleuler) unter die Voraussetzung der Libidotheorie zu bringen. Zwei fundamentale Charakterzüge zeigen solche Kranke, die ich vorgeschlagen habe, als Paraphreniker zu bezeichnen: den Größenwahn und die Abwendung ihres Interesses von der Außenwelt (Personen und Dingen). Infolge der letzteren Veränderung entziehen sie sich der Beeinflussung durch die Psychoanalyse, werden sie für unsere Bemühungen unheilbar. Die Abwendung des Paraphrenikers von der Außenwelt bedarf aber einer genaueren Kennzeichnung. Auch der Hysteriker und Zwangsneurotiker hat, soweit seine Krankheit reicht, die Beziehung zur Realität aufgegeben. Die Analyse zeigt aber, daß er die erotische Beziehung zu Personen und Dingen keineswegs aufgehoben hat. Er hält sie noch in der Phantasie fest, das heißt, er hat einerseits die realen Objekte durch imaginäre seiner Erinnerung ersetzt oder sie mit ihnen vermengt, anderseits darauf verzichtet, die motorischen Aktionen zur Erreichung seiner Ziele an diesen Objekten einzuleiten. Für diesen Zustand der Libido sollte man allein den von Jung ohne Unterscheidung gebrauchten Ausdruck: *Introversion* der Libido gelten lassen. Anders der Paraphreniker. Dieser scheint seine Libido von den Personen und Dingen der Außenwelt wirklich zurückgezogen zu haben, ohne diese durch andere in seiner Phantasie zu ersetzen. Wo dies dann geschieht, scheint es sekundär zu sein und einem Heilungsversuch anzugehören, welcher die Libido zum Objekt zurückführen will.[3]

---

3 Vgl. für diese Aufstellungen die Diskussion des »Weltunterganges« in

Es entsteht die Frage: Welches ist das Schicksal der den Objekten entzogenen Libido bei der Schizophrenie? Der Größenwahn dieser Zustände weist hier den Weg. Er ist wohl auf Kosten der Objektlibido entstanden. Die der Außenwelt entzogene Libido ist dem Ich zugeführt worden, so daß ein Verhalten entstand, welches wir Narzißmus heißen können. Der Größenwahn selbst ist aber keine Neuschöpfung, sondern, wie wir wissen, die Vergrößerung und Verdeutlichung eines Zustandes, der schon vorher bestanden hatte. Somit werden wir dazu geführt, den Narzißmus, der durch Einbeziehung der Objektbesetzungen entsteht, als einen sekundären aufzufassen, welcher sich über einen primären, durch mannigfache Einflüsse verdunkelten aufbaut.

Ich bemerke nochmals, daß ich hier keine Klärung oder Vertiefung des Schizophrenieproblems geben will, sondern nur zusammentrage, was bereits an anderen Stellen gesagt worden ist,[4] um eine Einführung des Narzißmus zu rechtfertigen.

Ein dritter Zufluß zu dieser, wie ich meine, legitimen Weiterbildung der Libidotheorie ergibt sich aus unseren Beobachtungen und Auffassungen des Seelenlebens von Kindern und von primitiven Völkern. Wir finden bei diesen letzteren Züge, welche, wenn sie vereinzelt wären, dem Größenwahn zugerechnet werden könnten, eine Überschätzung der Macht ihrer Wünsche und psychischen Akte, die »Allmacht der Gedanken«, einen Glauben an die Zauberkraft der Worte, eine Technik gegen die Außenwelt, die »Magie«, welche als konsequente Anwendung dieser größensüchtigen Voraussetzungen erscheint.[5] Wir erwarten eine ganz analoge Einstellung zur Außenwelt beim Kinde

---

der Analyse des Senatspräsidenten Schreber [*Psychoanalytische Bemerkungen über einen autobiographisch beschriebenen Fall von Paranoia (Dementia paranoides)*, 1911]. Ferner: Abraham, *Die psychosexuellen Differenzen der Hysterie und der Demetia praecox*, in: Zentbl. Nervenheilk., N. F. Bd. 19, 1908, S. 521.

4 [S. vor allem die in der vorstehenden Anmerkung genannten Werke.]

5 S. die entsprechenden Abschnitte in meinem Buch *Totem und Tabu* (1912–13). [Sie finden sich vor allem in der dritten Abhandlung.]

unserer Zeit, dessen Entwicklung für uns weit undurchsichtiger ist.[6] Wir bilden so die Vorstellung einer ursprünglichen Libidobesetzung des Ichs, von der später an die Objekte abgegeben wird, die aber, im Grunde genommen, verbleibt und sich zu den Objektbesetzungen verhält wie der Körper eines Protoplasmatierchens zu den von ihm ausgeschickten Pseudopodien. Dieses Stück der Libidounterbringung mußte für unsere von den neurotischen Symptomen ausgehende Forschung zunächst verdeckt bleiben. Die Emanationen dieser Libido, die Objektbesetzungen, die ausgeschickt und wieder zurückgezogen werden können, wurden uns allein auffällig. Wir sehen auch im groben einen Gegensatz zwischen der Ichlibido und der Objektlibido.[7] Je mehr die eine verbraucht, desto mehr verarmt die andere. Als die höchste Entwicklungsphase, zu der es die letztere bringt, erscheint uns der Zustand der Verliebtheit, der sich uns wie ein Aufgeben der eigenen Persönlichkeit gegen die Objektbesetzung darstellt und seinen Gegensatz in der Phantasie (oder Selbstwahrnehmung) der Paranoiker vom Weltuntergang findet.[8] Endlich folgern wir für die Unterscheidung der psychischen Energien, daß sie zunächst im Zustande des Narzißmus beisammen und für unsere grobe Analyse ununterscheidbar sind und daß es mit der Objektbesetzung möglich wird, eine Sexualenergie, die Libido, von einer Energie der Ichtriebe zu unterscheiden.

Ehe ich weitergehe, muß ich zwei Fragen berühren, welche mitten in die Schwierigkeiten des Themas leiten. Erstens: Wie verhält sich der Narzißmus, von dem wir jetzt handeln, zum Autoerotismus, den wir als einen Frühzustand der Libido beschrieben haben?[9] Zweitens: Wenn wir dem Ich

6 S. Ferenczi, *Entwicklungsstufen des Wirklichkeitssinnes,* in: Int. Z. ärztl. Psychoanal., 1913, Bd. 1, S. 124.

7 [Diese Unterscheidung trifft Freud hier zum ersten Mal.]

8 Es gibt zwei Mechanismen dieses Weltunterganges, wenn alle Libidobesetzung auf das geliebte Objekt abströmt und wenn alle in das Ich zurückfließt.

9 [S. die zweite von Freuds *Drei Abhandlungen* (im vorliegenden Band unserer Ausgabe).]

eine primäre Besetzung mit Libido zuerkennen, wozu ist es überhaupt noch nötig, eine sexuelle Libido von einer nicht sexuellen Energie der Ichtriebe zu trennen? Würde die Zugrundelegung einer einheitlichen psychischen Energie nicht alle Schwierigkeiten der Sonderung von Ichtriebenergie und Ichlibido, Ichlibido und Objektlibido ersparen? Zur ersten Frage bemerke ich: Es ist eine notwendige Annahme, daß eine dem Ich vergleichbare Einheit nicht von Anfang an im Individuum vorhanden ist; das Ich muß entwickelt werden. Die autoerotischen Triebe sind aber uranfänglich; es muß also irgend etwas zum Autoerotismus hinzukommen, eine neue psychische Aktion, um den Narzißmus zu gestalten.

Die Aufforderung, die zweite Frage in entschiedener Weise zu beantworten, muß bei jedem Psychoanalytiker ein merkliches Unbehagen erwecken. Man wehrt sich gegen das Gefühl, die Beobachtung für sterile theoretische Streitigkeiten zu verlassen, darf sich dem Versuch einer Klärung aber doch nicht entziehen. Gewiß sind Vorstellungen wie die einer Ichlibido, Ichtriebenergie und so weiter weder besonders klar faßbar noch inhaltsreich genug; eine spekulative Theorie der betreffenden Beziehungen würde vor allem einen scharf umschriebenen Begriff zur Grundlage gewinnen wollen. Allein ich meine, das ist eben der Unterschied zwischen einer spekulativen Theorie und einer auf Deutung der Empirie gebauten Wissenschaft. Die letztere wird der Spekulation das Vorrecht einer glatten, logisch unantastbaren Fundamentierung nicht neiden, sondern sich mit nebelhaft verschwindenden, kaum vorstellbaren Grundgedanken gerne begnügen, die sie im Laufe ihrer Entwicklung klarer zu erfassen hofft, eventuell auch gegen andere einzutauschen bereit ist. Diese Ideen sind nämlich nicht das Fundament der Wissenschaft, auf dem alles ruht; dies ist vielmehr allein die Beobachtung. Sie sind nicht das Unterste, sondern das Oberste des ganzen Baues und können ohne Schaden ersetzt und abgetragen werden. Wir erleben dergleichen in unseren Tagen wiederum an der Physik, deren Grundanschauungen über Materie, Kraftzentren, Anziehung und dergleichen kaum weniger bedenklich sind als die entsprechenden der Psychoanalyse.[10]

Der Wert der Begriffe: Ichlibido, Objektlibido liegt darin, daß sie aus der Verarbeitung der intimen Charaktere neurotischer und psychotischer Vorgänge stammen. Die Sonderung der Libido in eine solche, die dem Ich eigen ist, und eine, die den Objekten angehängt wird, ist eine unerläßliche Fortführung einer ersten Annahme, welche Sexualtriebe und Ichtriebe voneinander schied. Dazu nötigte mich wenigstens die Analyse der reinen Übertragungsneurosen (Hysterie und Zwang), und ich weiß nur, daß alle Versuche, von diesen Phänomenen mit anderen Mitteln Rechenschaft zu geben, gründlich mißlungen sind.

Bei dem völligen Mangel einer irgendwie orientierenden Trieblehre ist es gestattet oder besser geboten, zunächst irgendeine Annahme in konsequenter Durchführung zu erproben, bis sie versagt oder sich bewährt. Für die Annahme einer ursprünglichen Sonderung von Sexualtrieben und anderen, Ichtrieben, spricht nun mancherlei nebst ihrer Brauchbarkeit für die Analyse der Übertragungsneurosen. Ich gebe zu, daß dieses Moment allein nicht unzweideutig wäre, denn es könnte sich um indifferente psychische Energie handeln, die erst durch den Akt der Objektbesetzung zur Libido wird. Aber diese begriffliche Scheidung entspricht erstens der populär so geläufigen Trennung von Hunger und Liebe. Zweitens machen sich *biologische* Rücksichten zu ihren Gunsten geltend. Das Individuum führt wirklich eine Doppelexistenz als sein Selbstzweck und als Glied in einer Kette, der es gegen, jedenfalls ohne seinen Willen dienstbar ist. Es hält selbst die Sexualität für eine seiner Absichten, während eine andere Betrachtung zeigt, daß es nur ein Anhängsel an sein Keimplasma ist, dem es seine Kräfte gegen eine Lustprämie zur Verfügung stellt, der sterbliche Träger einer – vielleicht – unsterblichen Substanz, wie ein Majoratsherr nur der jeweilige Inhaber

10 [Über diesen Gedankengang verbreitet sich Freud in der Einleitungspassage seiner Arbeit *Triebe und Triebschicksale* (vgl. in Band 2).]

einer ihn überdauernden Institution. Die Sonderung der Sexualtriebe von den Ichtrieben würde nur diese doppelte Funktion des Individuums spiegeln.[11] Drittens muß man sich daran erinnern, daß all unsere psychologischen Vorläufigkeiten einmal auf den Boden organischer Träger gestellt werden sollen. Es wird dann wahrscheinlich, daß es besondere Stoffe und chemische Prozesse sind, welche die Wirkungen der Sexualität ausüben und die Fortsetzung des individuellen Lebens in das der Art vermitteln. Dieser Wahrscheinlichkeit tragen wir Rechnung, indem wir die besonderen chemischen Stoffe durch besondere psychische Kräfte substituieren.

Gerade weil ich sonst bemüht bin, alles andersartige, auch das biologische Denken, von der Psychologie fernezuhalten, will ich an dieser Stelle ausdrücklich zugestehen, daß die Annahme gesonderter Ich- und Sexualtriebe, also die Libidotheorie, zum wenigsten auf psychologischem Grunde ruht, wesentlich biologisch gestützt ist. Ich werde also auch konsequent genug sein, diese Annahme fallenzulassen, wenn sich aus der psychoanalytischen Arbeit selbst eine andere Voraussetzung über die Triebe als die besser verwertbare erheben würde. Dies ist bisher nicht der Fall gewesen. Es mag dann sein, daß die Sexualenergie, die Libido – im tiefsten Grund und in letzter Ferne –, nur ein Differenzierungsprodukt der sonst in der Psyche wirkenden Energie ist. Aber eine solche Behauptung ist nicht belangreich. Sie bezieht sich auf Dinge, die bereits so weit weg sind von den Problemen unserer Beobachtung und so wenig Kenntnisinhalt haben, daß es ebenso müßig ist, sie zu bestreiten, wie sie zu verwerten; möglicherweise hat diese Uridentität mit unseren analytischen Interessen sowenig zu tun wie die Urverwandtschaft aller Menschenrassen mit dem Nachweis der von der Erbschaftsbehörde geforderten Verwandtschaft mit dem Erblasser. Wir kommen mit all diesen Spekulationen zu nichts; da wir nicht warten

11 [Die psychologische Bedeutung der Weismannschen Lehre vom Keimplasma wird von Freud weit ausführlicher in Kapitel VI von *Jenseits des Lustprinzips* (vgl. Band 3 der vorliegenden Ausgabe) erörtert.]

können, bis uns die Entscheidungen der Trieblehre von einer anderen Wissenschaft geschenkt werden, ist es weit zweckmäßiger, zu versuchen, welches Licht durch eine Synthese der psychologischen Phänomene auf jene biologischen Grundrätsel geworfen werden kann. Machen wir uns mit der Möglichkeit des Irrtums vertraut, aber lassen wir uns nicht abhalten, die ersterwählte[12] Annahme eines Gegensatzes von Ich- und Sexualtrieben, die sich uns durch die Analyse der Übertragungsneurosen aufgedrängt hat, konsequent fortzuführen, ob sie sich widerspruchsfrei und fruchtbringend entwickeln und auch auf andere Affektionen, z. B. die Schizophrenie, anwenden läßt.

Anders stünde es natürlich, wenn der Beweis erbracht wäre, daß die Libidotheorie an der Erklärung der letztgenannten Krankheit bereits gescheitert ist. C. G. Jung hat diese Behauptung aufgestellt[13] und mich dadurch zu den letzten Ausführungen, die ich mir gern erspart hätte, genötigt. Ich hätte es vorgezogen, den in der Analyse des Falles Schreber betretenen Weg unter Stillschweigen über dessen Voraussetzungen bis zum Ende zu gehen. Die Behauptung von Jung ist aber zum mindesten eine Voreiligkeit. Seine Begründungen sind spärlich. Er beruft sich zunächst auf mein eigenes Zeugnis, daß ich selbst mich genötigt gesehen habe, angesichts der Schwierigkeiten der Schreber-Analyse den Begriff der Libido zu erweitern, das heißt seinen sexuellen Inhalt aufzugeben, Libido mit psychischem Interesse überhaupt zusammenfallen zu lassen. Was zur Richtigstellung dieser Fehldeutung zu sagen ist, hat Ferenczi in einer gründlichen Kritik der Jungschen Arbeit bereits vorgebracht.[14] Ich kann dem Kritiker nur beipflichten und wiederholen, daß ich keinen derartigen Verzicht auf die Libidotheorie ausgesprochen habe. Ein weiteres Argument von

12 [In den Ausgaben vor 1924: »ersterwählte«. In den späteren Ausgaben steht an dieser Stelle »ersterwähnte«, was keinen so klaren Sinn ergibt und vielleicht auf einem Druckfehler beruht.]

13 *Wandlungen und Symbole der Libido*, Leipzig und Wien 1912.

14 *Referat über C. G. Jung »Wandlungen und Symbole der Libido«*, in: Int. Z. ärztl. Psychoanal., 1913, Bd. 1, S. 391.

Jung, es sei nicht anzunehmen, daß der Verlust der normalen Realfunktion[15] allein durch die Zurückziehung der Libido verursacht werden könne, ist kein Argument, sondern ein Dekret; *it begs the question*, es nimmt die Entscheidung vorweg und erspart die Diskussion, denn ob und wie das möglich ist, sollte eben untersucht werden. In seiner nächsten großen Arbeit ist Jung an der von mir längst angedeuteten Lösung knapp vorbeigekommen: »Dabei ist nun allerdings noch in Betracht zu ziehen – worauf übrigens Freud in seiner Arbeit in dem Schreberschen Falle Bezug nimmt –, daß die Introversion der *Libido sexualis* zu einer Besetzung des ›Ich‹ führt, wodurch möglicherweise jener Effekt des Realitätsverlustes herausgebracht wird. Es ist in der Tat eine verlockende Möglichkeit, die Psychologie des Realitätsverlustes in dieser Art zu erklären.« Allein Jung läßt sich mit dieser Möglichkeit nicht viel weiter ein. Wenige Zeilen später tut er sie mit der Bemerkung ab, daß aus dieser Bedingung »die Psychologie eines asketischen Anachoreten hervorgehen würde, nicht aber eine Dementia praecox«. Wie wenig dieser ungeeignete Vergleich eine Entscheidung bringen kann, mag die Bemerkung lehren, daß ein solcher Anachoret, der »jede Spur von Sexualinteresse auszurotten bestrebt ist« (doch nur im populären Sinne des Wortes »sexual«), nicht einmal eine pathogene Unterbringung der Libido aufzuweisen braucht. Er mag sein sexuelles Interesse von den Menschen gänzlich abgewendet und kann es doch zum gesteigerten Interesse für Göttliches, Natürliches, Tierisches sublimiert haben, ohne einer Introversion seiner Libido auf seine Phantasien oder einer Rückkehr derselben zu seinem Ich verfallen zu sein. Es scheint, daß dieser Vergleich die mögliche Unterscheidung vom Interesse aus erotischen Quellen und anderen von vornherein vernachlässigt. Erinnern wir uns ferner daran, daß die Untersuchungen der Schweizer Schule trotz all ihrer Verdienstlichkeit doch nur über zwei Punkte im

15 [Die Formulierung stammt von Janet (*Les névroses*, Paris 1909): *»La fonction du réel.«*]

Bilde der Dementia praecox Aufklärung gebracht haben, über die Existenz der von Gesunden wie von Neurotikern bekannten Komplexe und über die Ähnlichkeit ihrer Phantasiebildungen mit den Völkermythen, auf den Mechanismus der Erkrankung aber sonst kein Licht werfen konnten, so werden wir die Behauptung Jungs zurückweisen können, daß die Libidotheorie an der Bewältigung der Dementia praecox gescheitert und damit auch für die anderen Neurosen erledigt sei.

II

Ein direktes Studium des Narzißmus scheint mir durch besondere Schwierigkeiten verwehrt zu sein. Der Hauptzugang dazu wird wohl die Analyse der Paraphrenien bleiben. Wie die Übertragungsneurosen uns die Verfolgung der libidinösen Triebregungen ermöglicht haben, so werden uns die Dementia praecox und Paranoia die Einsicht in die Ichpsychologie gestatten. Wiederum werden wir das anscheinend Einfache des Normalen aus den Verzerrungen und Vergröberungen des Pathologischen erraten müssen. Immerhin bleiben uns einige andere Wege offen, um uns der Kenntnis des Narzißmus anzunähern, die ich nun der Reihe nach beschreiben will: die Betrachtung der organischen Krankheit, der Hypochondrie und des Liebeslebens der Geschlechter.

Mit der Würdigung des Einflusses organischer Krankheit auf die Libidoverteilung folge ich einer mündlichen Anregung von S. Ferenczi. Es ist allgemein bekannt und erscheint uns selbstverständlich, daß der von organischem Schmerz und Mißempfindungen Gepeinigte das Interesse an den Dingen der Außenwelt, soweit sie nicht sein Leiden betreffen, aufgibt. Genauere Beobachtung lehrt, daß er auch das libidinöse Interesse von seinen Liebesobjekten zurückzieht, aufhört zu lieben, solange er leidet. Die Banalität dieser Tatsache braucht uns nicht abzuhalten, ihr eine Übersetzung in die Ausdrucksweise der Libidotheorie zu geben. Wir würden dann sagen: Der Kranke zieht seine Libidobesetzungen auf sein Ich zurück, um sie nach der Genesung wieder auszusenden. »Einzig in der engen Höhle«, sagt W. Busch vom zahnschmerzkranken Dichter, »des Backenzahnes weilt die Seele.«[16] Libido und Ichinteresse haben dabei das gleiche Schicksal und sind wiederum voneinander nicht unterscheidbar. Der bekannte Egoismus der Kranken deckt beides. Wir finden ihn so selbstverständlich, weil wir gewiß sind, uns im gleichen Falle ebenso zu verhalten. Das Verscheuchen noch so intensiver Liebesbereitschaft durch körperliche Störungen, der plötzliche Ersatz derselben durch völlige Gleichgültigkeit, findet in der Komik entsprechende Ausnützung.

Ähnlich wie die Krankheit bedeutet auch der Schlafzustand ein narzißtisches Zurückziehen der Libidopositionen auf die eigene Person, des genaueren, auf den einen Wunsch zu schlafen. Der Egoismus der Träume fügt sich wohl in diesen Zusammenhang ein.[17] In beiden Fällen sehen wir, wenn auch nichts anderes, Beispiele von Veränderungen der Libidoverteilung infolge von Ichveränderung.

Die Hypochondrie äußert sich wie das organische Kranksein in peinlichen und schmerzhaften Körperempfindungen und trifft auch in der Wirkung auf die Libidoverteilung mit ihm zusammen. Der Hypochondrische zieht Interesse wie Libido – die letztere besonders deutlich – von den Objekten der Außenwelt zurück und konzentriert beides auf das ihn beschäftigende Organ. Ein Unterschied zwischen Hypochondrie und organischer Krankheit drängt sich nun vor: im letzteren Falle sind die peinlichen Sensationen durch nachweisbare [organische] Veränderungen begründet, im ersteren Falle nicht. Es würde aber ganz in den Rahmen unserer sonstigen Auffassung der Neurosenvorgänge passen, wenn wir uns entschließen würden zu sagen: Die Hypochondrie muß recht haben, die Organverän-

16 [*Balduin Bählamm*, Kapitel VIII.]

17 [Vgl. *Metapsychologische Ergänzung zur Traumlehre* (in Band 2 der vorliegenden Ausgabe).]

derungen dürfen auch bei ihr nicht fehlen. Worin bestünden sie nun?

Wir wollen uns hier durch die Erfahrung bestimmen lassen, daß Körpersensationen unlustiger Art, den hypochondrischen vergleichbar, auch bei den anderen Neurosen nicht fehlen. Ich habe schon früher einmal die Neigung ausgesprochen, die Hypochondrie als dritte Aktualneurose neben die Neurasthenie und die Angstneurose hinzustellen. Man geht wahrscheinlich nicht zu weit, wenn man es so darstellt, als wäre regelmäßig bei den anderen Neurosen auch ein Stückchen Hypochondrie mitausgebildet. Am schönsten sieht man dies wohl bei der Angstneurose und der sie überbauenden Hysterie. Nun ist das uns bekannte Vorbild des schmerzhaft empfindlichen, irgendwie veränderten und doch nicht im gewöhnlichen Sinne kranken Organs das Genitale in seinen Erregungszuständen. Es wird dann blutdurchströmt, geschwellt, durchfeuchtet und der Sitz mannigfaltiger Sensationen. Nennen wir die Tätigkeit einer Körperstelle, sexuell erregende Reize ins Seelenleben zu schicken, ihre *Erogeneität* und denken daran, daß wir durch die Erwägungen der Sexualtheorie längst an die Auffassung gewöhnt sind, gewisse andere Körperstellen – die *erogenen* Zonen – könnten die Genitalien vertreten und sich ihnen analog verhalten, so haben wir hier nur einen Schritt weiter zu wagen. Wir können uns entschließen, die Erogeneität als allgemeine Eigenschaft aller Organe anzusehen, und dürfen dann von der Steigerung oder Herabsetzung derselben an einem bestimmten Körperteile sprechen. Jeder solchen Veränderung der Erogeneität in den Organen könnte eine Veränderung der Libidobesetzung im Ich parallel gehen. In solchen Momenten hätten wir das zu suchen, was wir der Hypochondrie zugrunde legen und was die nämliche Einwirkung auf die Libidoverteilung haben kann wie die materielle Erkrankung der Organe.

Wir merken, wenn wir diesen Gedankengang fortsetzen, stoßen wir auf das Problem nicht nur der Hypochondrie, sondern auch der anderen Aktualneurosen, der Neurasthenie und der Angstneurose. Wir wollen darum an dieser

Stelle haltmachen; es liegt nicht in der Absicht einer rein psychologischen Untersuchung, die Grenze so weit ins Gebiet der physiologischen Forschung zu überschreiten. Es sei nur erwähnt, daß sich von hier aus vermuten läßt, die Hypochondrie stehe in einem ähnlichen Verhältnis zur Paraphrenie wie die anderen Aktualneurosen zur Hysterie und Zwangsneurose, hänge also von der Ichlibido ab, wie die anderen von der Objektlibido; die hypochondrische Angst sei das Gegenstück von der Ichlibido her zur neurotischen Angst. Ferner: Wenn wir mit der Vorstellung bereits vertraut sind, den Mechanismus der Erkrankung und Symptombildung bei den Übertragungsneurosen, den Fortschritt von der Introversion zur Regression, an eine Stauung der Objektlibido zu knüpfen, so dürfen wir auch der Vorstellung einer Stauung der Ichlibido nähertreten und sie in Beziehung zu den Phänomenen der Hypochondrie und der Paraphrenie bringen.

Natürlich wird unsere Wißbegierde hier die Frage aufwerfen, warum eine solche Libidostauung im Ich als unlustvoll empfunden werden muß. Ich möchte mich da mit der Antwort begnügen, daß Unlust überhaupt der Ausdruck der höheren Spannung ist, daß es also eine Quantität des materiellen Geschehens ist, die sich hier wie anderwärts in die psychische Qualität der Unlust umsetzt; für die Unlustentwicklung mag dann immerhin nicht die absolute Größe jenes materiellen Vorganges entscheidend sein, sondern eher eine gewisse Funktion dieser absoluten Größe.[18] Von hier aus mag man es selbst wagen, an die Frage heranzutreten, woher denn überhaupt die Nötigung für das Seelenleben rührt, über die Grenzen des Narzißmus hinauszugehen und die Libido auf Objekte zu setzen.[19] Die aus unserem Gedankengang abfolgende Antwort würde wiederum sagen, diese Nötigung trete ein, wenn die Ichbesetzung mit Libido ein gewisses Maß überschritten

18 [Dieser Fragenkomplex wird in *Triebe und Triebschicksale* (vgl. Band 2) weit eingehender erörtert.]

19 [Eine viel ausführlichere Erörterung dieses Problems findet sich ebenfalls in *Triebe und Triebschicksale*.]

habe. Ein starker Egoismus schützt vor Erkrankung, aber endlich muß man beginnen zu lieben, um nicht krank zu werden, und muß erkranken, wenn man infolge von Versagung nicht lieben kann. Etwa nach dem Vorbild, wie sich H. Heine die Psychogenese der Weltschöpfung vorstellt:

»Krankheit ist wohl der letzte Grund
Des ganzen Schöpferdrangs gewesen;
Erschaffend konnte ich genesen,
Erschaffend wurde ich gesund.«[20]

Wir haben in unserem seelischen Apparat vor allem ein Mittel erkannt, welchem die Bewältigung von Erregungen übertragen ist, die sonst peinlich empfunden oder pathogen wirksam würden. Die psychische Bearbeitung leistet Außerordentliches für die innere Ableitung von Erregungen, die einer unmittelbaren äußeren Abfuhr nicht fähig sind oder für die eine solche nicht augenblicklich wünschenswert wäre. Für eine solche innere Verarbeitung ist es aber zunächst gleichgültig, ob sie an realen oder an imaginierten Objekten geschieht. Der Unterschied zeigt sich erst später, wenn die Wendung der Libido auf die irrealen Objekte (Introversion) zu einer Libidostauung geführt hat. Eine ähnliche innere Verarbeitung der ins Ich zurückgekehrten Libido gestattet bei den Paraphrenien der Größenwahn; vielleicht wird erst nach seinem Versagen die Libidostauung im Ich pathogen und regt den Heilungsprozeß an, der uns als Krankheit imponiert.

Ich versuche an dieser Stelle, einige kleine Schritte weit in den Mechanismus der Paraphrenie einzudringen, und stelle die Auffassungen zusammen, welche mir schon heute beachtenswert erscheinen. Den Unterschied dieser Affektionen von den Übertragungsneurosen verlege ich in den Umstand, daß die durch Versagung frei gewordene Libido nicht bei Objekten in der Phantasie bleibt, sondern sich

---

20 [So läßt der Dichter Gott sprechen. H. Heine, *Neue Gedichte*, »Schöpfungslieder«, VII.]

aufs Ich zurückzieht; der Größenwahn entspricht dann der psychischen Bewältigung dieser Libidomenge, also der Introversion auf die Phantasiebildungen bei den Übertragungsneurosen; dem Versagen dieser psychischen Leistung entspringt die Hypochondrie der Paraphrenie, welche der Angst der Übertragungsneurosen homolog ist. Wir wissen, daß diese Angst durch weitere psychische Bearbeitung ablösbar ist, also durch Konversion, Reaktionsbildung, Schutzbildung (Phobie). Diese Stellung nimmt bei den Paraphrenien der Restitutionsversuch ein, dem wir die auffälligen Krankheitserscheinungen danken. Da die Paraphrenie häufig – wenn nicht zumeist – eine bloß partielle Ablösung der Libido von den Objekten mit sich bringt, so ließen sich in ihrem Bilde drei Gruppen von Erscheinungen sondern: 1) die der erhaltenen Normalität oder Neurose (Resterscheinungen), 2) die des Krankheitsprozesses (der Ablösung der Libido von den Objekten, dazu der Größenwahn, die Hypochondrie, die Affektstörung, alle Regressionen), 3) die der Restitution, welche nach Art einer Hysterie (Dementia praecox, eigentliche Paraphrenie) oder einer Zwangsneurose (Paranoia) die Libido wieder an die Objekte heftet. Diese neuerliche Libidobesetzung geschieht von einem anderen Niveau her, unter anderen Bedingungen als die primäre.[21] Die Differenz der bei ihr geschaffenen Übertragungsneurosen von den entsprechenden Bildungen des normalen Ichs müßte die tiefste Einsicht in die Struktur unseres seelischen Apparates vermitteln können.

Einen dritten Zugang zum Studium des Narzißmus gestattet das Liebesleben der Menschen in seiner verschiedenartigen Differenzierung bei Mann und Weib. Ähnlich, wie die Objektlibido unserer Beobachtung zuerst die Ichlibido verdeckt hat, so haben wir auch bei der Objektwahl des Kindes (und Heranwachsenden) zuerst gemerkt, daß es

21 [S. einige weitere Bemerkungen hierzu am Schluß der Arbeit *Das Unbewußte* (in Band 2 der vorliegenden Ausgabe).]

seine Sexualobjekte seinen Befriedigungserlebnissen entnimmt. Die ersten autoerotischen sexuellen Befriedigungen werden im Anschluß an lebenswichtige, der Selbsterhaltung dienende Funktionen erlebt. Die Sexualtriebe lehnen sich zunächst an die Befriedigung der Ichtriebe an, machen sich erst später von den letzteren selbständig; die Anlehnung zeigt sich aber noch darin, daß die Personen, welche mit der Ernährung, Pflege, dem Schutz des Kindes zu tun haben, zu den ersten Sexualobjekten werden, also zunächst die Mutter oder ihr Ersatz. Neben diesem Typus und dieser Quelle der Objektwahl, den man den *Anlehnungs*typus heißen kann,[22] hat uns aber die analytische Forschung einen zweiten kennen gelehrt, den zu finden wir nicht vorbereitet waren. Wir haben, besonders deutlich bei Personen, deren Libidoentwicklung eine Störung erfahren hat, wie bei Perversen und Homosexuellen, gefunden, daß sie ihr späteres Liebesobjekt nicht nach dem Vorbild der Mutter wählen, sondern nach dem ihrer eigenen Person. Sie suchen offenkundigerweise sich selbst als Liebesobjekt, zeigen den *narzißtisch* zu nennenden Typus der Objektwahl. In dieser Beobachtung ist das stärkste Motiv zu erkennen, welches uns zur Annahme des Narzißmus genötigt hat.

Wir haben nun nicht geschlossen, daß die Menschen in zwei scharf geschiedene Gruppen zerfallen, je nachdem sie den Anlehnungs- oder den narzißtischen Typus der Objektwahl haben, sondern ziehen die Annahme vor, daß jedem Menschen beide Wege zur Objektwahl offenstehen, wobei der eine oder der andere bevorzugt werden kann. Wir sagen, der Mensch habe zwei ursprüngliche Sexualob-

---

22 [Der eigentliche Terminus »Anlehnungstypus« erscheint hier wohl erstmals im Druck. Hingegen findet sich die Vorstellung, daß das Kind auf dem Wege über den Ernährungstrieb zu seinem ersten Sexualobjekt gelangt, schon in der ersten Auflage der *Drei Abhandlungen;* die zwei oder drei Stellen, an denen das Wort »Anlehnungstypus« dort vorkommt, sind jedoch erst in der Auflage von 1915 hinzugefügt worden. Das Konzept erscheint in der zweiten von Freuds Arbeiten über die Psychologie der Liebe schon deutlich vorgebildet. – Man beachte, daß »Anlehnung« in diesem Zusammenhang die Beziehung der Sexualtriebe zu den Ichtrieben, nicht etwa die Beziehung des Kindes zur Mutter meint.]

jekte: sich selbst und das pflegende Weib, und setzen dabei den primären Narzißmus jedes Menschen voraus, der eventuell in seiner Objektwahl dominierend zum Ausdruck kommen kann.

Die Vergleichung von Mann und Weib zeigt dann, daß sich in deren Verhältnis zum Typus der Objektwahl fundamentale, wenn auch natürlich nicht regelmäßige, Unterschiede ergeben. Die volle Objektliebe nach dem Anlehnungstypus ist eigentlich für den Mann charakteristisch. Sie zeigt die auffällige Sexualüberschätzung, welche wohl dem ursprünglichen Narzißmus des Kindes entstammt und somit einer Übertragung desselben auf das Sexualobjekt entspricht. Diese Sexualüberschätzung gestattet die Entstehung des eigentümlichen, an neurotischen Zwang mahnenden Zustandes der Verliebtheit, der sich so auf eine Verarmung des Ichs an Libido zugunsten des Objektes zurückführt. Anders gestaltet sich die Entwicklung bei dem häufigsten, wahrscheinlich reinsten und echtesten Typus des Weibes. Hier scheint mit der Pubertätsentwicklung durch die Ausbildung der bis dahin latenten weiblichen Sexualorgane eine Steigerung des ursprünglichen Narzißmus aufzutreten, welche der Gestaltung einer ordentlichen, mit Sexualüberschätzung ausgestatteten Objektliebe ungünstig ist. Es stellt sich besonders im Falle der Entwicklung zur Schönheit eine Selbstgenügsamkeit des Weibes her, welche das Weib für die ihm sozial verkümmerte Freiheit der Objektwahl entschädigt. Solche Frauen lieben, strenggenommen, nur sich selbst mit ähnlicher Intensität, wie der Mann sie liebt. Ihr Bedürfnis geht auch nicht dahin zu lieben, sondern geliebt zu werden, und sie lassen sich den Mann gefallen, welcher diese Bedingung erfüllt. Die Bedeutung dieses Frauentypus für das Liebesleben der Menschen ist sehr hoch einzuschätzen. Solche Frauen üben den größten Reiz auf die Männer aus, nicht nur aus ästhetischen Gründen, weil sie gewöhnlich die schönsten sind, sondern auch infolge interessanter psychologischer Konstellationen. Es erscheint nämlich deutlich erkennbar, daß der Narzißmus einer Person eine große Anziehung auf diejenigen anderen entfaltet, welche sich des vollen Ausmaßes ihres eigenen Narzißmus begeben haben und sich in der Werbung um die Objektliebe befinden; der Reiz des Kindes beruht zum guten Teil auf dessen Narzißmus, seiner Selbstgenügsamkeit und Unzugänglichkeit, ebenso der Reiz gewisser Tiere, die sich um uns nicht zu kümmern scheinen, wie der Katzen und großen Raubtiere, ja selbst der große Verbrecher und der Humorist zwingen in der poetischen Darstellung unser Interesse durch die narzißtische Konsequenz, mit welcher sie alles ihr Ich Verkleinernde von ihm fernzuhalten wissen. Es ist so, als beneideten wir sie um die Erhaltung eines seligen psychischen Zustandes, einer unangreifbaren Libidopostion, die wir selbst seither aufgegeben haben. Dem großen Reiz des narzißtischen Weibes fehlt aber die Kehrseite nicht; ein guter Teil der Unbefriedigung des verliebten Mannes, der Zweifel an der Liebe des Weibes, der Klagen über die Rätsel im Wesen desselben hat in dieser Inkongruenz der Objektwahltypen seine Wurzel.

Vielleicht ist es nicht überflüssig zu versichern, daß mir bei dieser Schilderung des weiblichen Liebeslebens jede Tendenz zur Herabsetzung des Weibes fernliegt. Abgesehen davon, daß mir Tendenzen überhaupt fernliegen, ich weiß auch, daß diese Ausbildungen nach verschiedenen Richtungen der Differenzierung von Funktionen in einem höchst komplizierten biologischen Zusammenhang entsprechen; ich bin ferner bereit zuzugestehen, daß es unbestimmt viele Frauen gibt, die nach dem männlichen Typus lieben und auch die dazugehörige Sexualüberschätzung entfalten.

Auch für die narzißtisch und gegen den Mann kühl gebliebenen Frauen gibt es einen Weg, der sie zur vollen Objektliebe führt. In dem Kinde, das sie gebären, tritt ihnen ein Teil des eigenen Körpers wie ein fremdes Objekt gegenüber, dem sie nun vom Narzißmus aus die volle Objektliebe schenken können. Noch andere Frauen brauchen nicht auf das Kind zu warten, um den Schritt in der Entwicklung vom (sekundären) Narzißmus zur Objektliebe zu machen. Sie haben sich selbst vor der Pubertät männlich gefühlt und ein Stück weit männlich entwickelt; nachdem diese Strebung mit dem Auftreten der weiblichen Reife abgebrochen wurde, bleibt ihnen die Fähigkeit, sich nach einem männlichen Ideal zu sehnen, welches eigentlich die Fortsetzung des knabenhaften Wesens ist, das sie selbst einmal waren.[23]

Eine kurze Übersicht der Wege zur Objektwahl mag diese andeutenden Bemerkungen beschließen. Man liebt:

1) Nach dem narzißtischen Typus:
   a) was man selbst ist (sich selbst),
   b) was man selbst war,
   c) was man selbst sein möchte,
   d) die Person, die ein Teil des eigenen Selbst war.
2) Nach dem Anlehnungstypus:
   a) die nährende Frau,
   b) den schützenden Mann

und die in Reihen von ihnen ausgehenden Ersatzpersonen. Der Fall *c)* des ersten Typus kann erst durch später folgende Ausführung gerechtfertigt werden.

Die Bedeutung der narzißtischen Objektwahl für die Homosexualität des Mannes bleibt in anderem Zusammenhange zu würdigen.

Der von uns supponierte primäre Narzißmus des Kindes, der eine der Voraussetzungen unserer Libidotheorien enthält, ist weniger leicht durch direkte Beobachtung zu erfassen als durch Rückschluß von einem anderen Punkte her zu bestätigen. Wenn man die Einstellung zärtlicher Eltern gegen ihre Kinder ins Auge faßt, muß man sie als Wiederaufleben und Reproduktion des eigenen, längst aufgegebenen Narzißmus erkennen. Das gute Kennzeichen der Überschätzung, welches wir als narzißtisches Stigma schon bei

23 [Seine Ansichten über die weibliche Sexualität entwickelte Freud in einer Reihe späterer Arbeiten, so in *Über die Psychogenese eines Falles von weiblicher Homosexualität* (1920), *Einige psychische Folgen des anatomischen Geschlechtsunterschieds* (1925), *Über die weibliche Sexualität* (1931) sowie in der 33. Vorlesung der *Neuen Folge,* die als Freuds letztes Wort zu diesem Thema in Band 3 unserer Ausgabe aufgenommen wurde.]

der Objektwahl gewürdigt haben, beherrscht, wie allbekannt, diese Gefühlsbeziehung. So besteht ein Zwang, dem Kinde alle Vollkommenheiten zuzusprechen, wozu nüchterne Beobachtung keinen Anlaß fände, und alle seine Mängel zu verdecken und zu vergessen, womit ja die Verleugnung der kindlichen Sexualität im Zusammenhange steht. Es besteht aber auch die Neigung, alle kulturellen Erwerbungen, deren Anerkennung man seinem Narzißmus abgezwungen hat, vor dem Kinde zu suspendieren und die Ansprüche auf längst aufgegebene Vorrechte bei ihm zu erneuern. Das Kind soll es besser haben als seine Eltern, es soll den Notwendigkeiten, die man als im Leben herrschend erkannt hat, nicht unterworfen sein. Krankheit, Tod, Verzicht auf Genuß, Einschränkung des eigenen Willens sollen für das Kind nicht gelten, die Gesetze der Natur wie der Gesellschaft vor ihm haltmachen, es soll wirklich wieder Mittelpunkt und Kern der Schöpfung sein. *His Majesty the Baby*,[24] wie man sich einst selbst dünkte. Es soll die unausgeführten Wunschträume der Eltern erfüllen, ein großer Mann und Held werden an Stelle des Vaters, einen Prinzen zum Gemahl bekommen zur späten Entschädigung der Mutter. Der heikelste Punkt des narzißtischen Systems, die von der Realität hart bedrängte Unsterblichkeit des Ichs, hat ihre Sicherung in der Zuflucht zum Kinde gewonnen. Die rührende, im Grunde so kindliche Elternliebe ist nichts anderes als der wiedergeborene Narzißmus der Eltern, der in seiner Umwandlung zur Objektliebe sein einstiges Wesen unverkennbar offenbart.

---

24 [Dies ist vielleicht eine Anspielung auf ein seinerzeit bekanntes, aus der Zeit Edwards VII. stammendes Bild der Royal Academy, das diesen Titel trägt und zwei Londoner Polizisten zeigt, die den dichten Straßenverkehr aufhalten, damit ein Kindermädchen den Kinderwagen über die Straße fahren kann. – Der Ausdruck »Seine Majestät das Ich« kommt in Freuds früherer Arbeit *Der Dichter und das Phantasieren* vor.]

III

Welchen Störungen der ursprüngliche Narzißmus des Kindes ausgesetzt ist und mit welchen Reaktionen er sich derselben erwehrt, auch auf welche Bahnen er dabei gedrängt wird, das möchte ich als einen wichtigen Arbeitsstoff, welcher noch der Erledigung harrt, beiseitestellen; das bedeutsamste Stück desselben kann man als »Kastrationskomplex« (Penisangst beim Knaben, Penisneid beim Mädchen) herausheben und im Zusammenhange mit dem Einfluß der frühzeitigen Sexualeinschüchterung behandeln. Die psychoanalytische Untersuchung, welche uns sonst die Schicksale der libidinösen Triebe verfolgen läßt, wenn diese, von den Ichtrieben isoliert, sich in Opposition zu denselben befinden, gestattet uns auf diesem Gebiete Rückschlüsse auf eine Epoche und eine psychische Situation, in welcher beiderlei Triebe noch einhellig wirksam in untrennbarer Vermengung als narzißtische Interessen auftreten. A. Adler hat[25] aus diesem Zusammenhange seinen »männlichen Protest« geschöpft, den er zur fast alleinigen Triebkraft der Charakter- wie der Neurosenbildung erhebt, während er ihn nicht auf eine narzißtische, also immer noch libidinöse Strebung, sondern auf eine soziale Wertung begründet. Vom Standpunkte der psychoanalytischen Forschung ist Existenz und Bedeutung des »männlichen Protestes« von allem Anfang an anerkannt, seine narzißtische Natur und Herkunft aus dem Kastrationskomplex aber gegen Adler vertreten worden. Er gehört der Charakterbildung an, in deren Genese er nebst vielen anderen Faktoren eingeht, und ist zur Aufklärung der Neurosenprobleme, an denen Adler nichts beachten will als die Art, wie sie dem Ichinteresse dienen, völlig ungeeignet. Ich finde es ganz unmöglich, die Genese der Neurose auf die schmale Basis des Kastrationskomplexes zu stellen, so mächtig dieser auch bei Männern unter den Widerständen gegen die

25 *Der psychische Hermaphroditismus im Leben und in der Neurose,* in: Fortschr. Med., 1910, Bd. 28, S. 486.

Heilung der Neurose hervortreten mag. Ich kenne endlich auch Fälle von Neurosen, in denen der »männliche Protest« oder in unserem Sinne der Kastrationskomplex keine pathogene Rolle spielt oder überhaupt nicht vorkommt.

Die Beobachtung des normalen Erwachsenen zeigt dessen einstigen Größenwahn gedämpft und die psychischen Charaktere, aus denen wir seinen infantilen Narzißmus erschlossen haben, verwischt. Was ist aus seiner Ichlibido geworden? Sollen wir annehmen, daß ihr ganzer Betrag in Objektbesetzungen aufgegangen ist? Diese Möglichkeit widerspricht offenbar dem ganzen Zuge unserer Erörterungen; wir können aber auch aus der Psychologie der Verdrängung einen Hinweis auf eine andere Beantwortung der Frage entnehmen.

Wir haben gelernt, daß libidinöse Triebregungen dem Schicksal der pathogenen Verdrängung unterliegen, wenn sie in Konflikt mit den kulturellen und ethischen Vorstellungen des Individuums geraten. Unter dieser Bedingung wird niemals verstanden, daß die Person von der Existenz dieser Vorstellungen eine bloß intellektuelle Kenntnis habe, sondern stets, daß sie dieselben als maßgebend für sich anerkenne, sich den aus ihnen hervorgehenden Anforderungen unterwerfe. Die Verdrängung, haben wir gesagt, geht vom Ich aus; wir könnten präzisieren: von der Selbstachtung des Ichs. Dieselben Eindrücke, Erlebnisse, Impulse, Wunschregungen, welche der eine Mensch in sich gewähren läßt oder wenigstens bewußt verarbeitet, werden vom anderen in voller Empörung zurückgewiesen oder bereits vor ihrem Bewußtwerden erstickt. Der Unterschied der beiden aber, welcher die Bedingung der Verdrängung enthält, läßt sich leicht in Ausdrücke fassen, welche eine Bewältigung durch die Libidotheorie ermöglichen. Wir können sagen, der eine habe ein *Ideal* in sich aufgerichtet, an welchem er sein aktuelles Ich mißt, während dem anderen eine solche Idealbildung abgehe. Die Idealbildung wäre von seiten des Ichs die Bedingung der Verdrängung.

Diesem Idealich gilt nun die Selbstliebe, welche in der Kindheit das wirkliche Ich genoß. Der Narzißmus erscheint auf dieses neue ideale Ich verschoben, welches sich wie das infantile im Besitz aller wertvollen Vollkommenheiten befindet. Der Mensch hat sich hier, wie jedesmal auf dem Gebiete der Libido, unfähig erwiesen, auf die einmal genossene Befriedigung zu verzichten. Er will die narzißtische Vollkommenheit seiner Kindheit nicht entbehren, und wenn er diese nicht festhalten konnte, durch die Mahnungen während seiner Entwicklungszeit gestört und in seinem Urteil geweckt, sucht er sie in der neuen Form des Ichideals wiederzugewinnen. Was er als sein Ideal vor sich hin projiziert, ist der Ersatz für den verlorenen Narzißmus seiner Kindheit, in der er sein eigenes Ideal war.

Es liegt nahe, die Beziehungen dieser Idealbildung zur Sublimierung zu untersuchen. Die Sublimierung ist ein Prozeß an der Objektlibido und besteht darin, daß sich der Trieb auf ein anderes, von der sexuellen Befriedigung entferntes Ziel wirft; der Akzent ruht dabei auf der Ablenkung vom Sexuellen. Die Idealisierung ist ein Vorgang mit dem Objekt, durch welchen dieses ohne Änderung seiner Natur vergrößert und psychisch erhöht wird. Die Idealisierung ist sowohl auf dem Gebiete der Ichlibido wie auch der Objektlibido möglich. So ist zum Beispiel die Sexualüberschätzung des Objektes eine Idealisierung desselben. Insofern also Sublimierung etwas beschreibt, was mit dem Trieb, Idealisierung etwas, was am Objekt vorgeht, sind die beiden begrifflich auseinanderzuhalten.

Die Ichidealbildung wird oft zum Schaden des Verständnisses mit der Triebsublimierung verwechselt. Wer seinen Narzißmus gegen die Verehrung eines hohen Ichideals eingetauscht hat, dem braucht darum die Sublimierung seiner libidinösen Triebe nicht gelungen zu sein. Das Ichideal fordert zwar solche Sublimierung, aber es kann sie nicht erzwingen; die Sublimierung bleibt ein besonderer Prozeß, dessen Einleitung vom Ideal angeregt werden mag, dessen Durchführung durchaus unabhängig von solcher Anregung bleibt. Man findet gerade bei den Neurotikern die höchsten Spannungsdifferenzen zwischen der Ausbildung des Ichideals und dem Maß von Sublimierung ihrer primitiven libidinösen Triebe, und es fällt im allgemeinen viel schwerer, den Idealisten von dem unzweckmäßigen Verbleib seiner Libido zu überzeugen, als den simplen, in seinen Ansprüchen genügsam gebliebenen Menschen. Das Verhältnis von Idealbildung und Sublimierung zur Verursachung der Neurose ist auch ein ganz verschiedenes. Die Idealbildung steigert, wie wir gehört haben, die Anforderungen des Ichs und ist die stärkste Begünstigung der Verdrängung; die Sublimierung stellt den Ausweg dar, wie die Anforderung erfüllt werden kann, ohne die Verdrängung herbeizuführen.

Es wäre nicht zu verwundern, wenn wir eine besondere psychische Instanz auffinden sollten, welche die Aufgabe erfüllt, über die Sicherung der narzißtischen Befriedigung aus dem Ichideal zu wachen, und in dieser Absicht das aktuelle Ich unausgesetzt beobachtet und am Ideal mißt. Wenn eine solche Instanz existiert, so kann es uns unmöglich zustoßen, sie zu entdecken; wir können sie nur als solche agnoszieren und dürfen uns sagen, daß das, was wir unser *Gewissen* heißen, diese Charakteristik erfüllt. Die Anerkennung dieser Instanz ermöglicht uns das Verständnis des sogenannten Beachtungs- oder richtiger *Beobachtungs*wahnes, welcher in der Symptomatologie der paranoiden Erkrankungen so deutlich hervortritt, vielleicht auch als isolierte Erkrankung oder in eine Übertragungsneurose eingesprengt vorkommen kann. Die Kranken klagen dann darüber, daß man alle ihre Gedanken kennt, ihre Handlungen beobachtet und beaufsichtigt; sie werden von dem Walten dieser Instanz durch Stimmen informiert, welche charakteristischerweise in der dritten Person zu ihnen sprechen. (»Jetzt denkt sie wieder daran«; »jetzt geht er fort«.) Diese Klage hat recht, sie beschreibt die Wahrheit; eine solche Macht, die alle unsere Absichten beobachtet, erfährt und kritisiert, besteht wirklich, und zwar bei uns allen im normalen Leben. Der Beobachtungswahn stellt sie in regressiver Form dar, enthüllt dabei ihre Genese und den Grund, weshalb sich der Erkrankte gegen sie auflehnt.

Die Anregung zur Bildung des Ichideals, als dessen

Wächter das Gewissen bestellt ist, war nämlich von dem durch die Stimme vermittelten kritischen Einfluß der Eltern ausgegangen, an welche sich im Laufe der Zeiten die Erzieher, Lehrer und als unübersehbarer, unbestimmbarer Schwarm alle anderen Personen des Milieus angeschlossen hatten. (Die Mitmenschen, die öffentliche Meinung.)

Große Beträge von wesentlich homosexueller Libido wurden so zur Bildung des narzißtischen Ichideals herangezogen und finden in der Erhaltung desselben Ableitung und Befriedigung. Die Institution des Gewissens war im Grunde eine Verkörperung zunächst der elterlichen Kritik, in weiterer Folge der Kritik der Gesellschaft, ein Vorgang, wie er sich bei der Entstehung einer Verdrängungsneigung aus einem zuerst äußerlichen Verbot oder Hindernis wiederholt. Die Stimmen sowie die unbestimmt gelassene Menge werden nun von der Krankheit zum Vorschein gebracht, damit die Entwicklungsgeschichte des Gewissens regressiv reproduziert. Das Sträuben gegen diese *zensorische Instanz* rührt aber daher, daß die Person, dem Grundcharakter der Krankheit entsprechend, sich von all diesen Einflüssen, vom elterlichen angefangen, ablösen will, die homosexuelle Libido von ihnen zurückzieht. Ihr Gewissen tritt ihr dann in regressiver Darstellung als Einwirkung von außen feindselig entgegen.

Die Klage der Paranoia zeigt auch, daß die Selbstkritik des Gewissens im Grunde mit der Selbstbeobachtung, auf die sie gebaut ist, zusammenfällt. Dieselbe psychische Tätigkeit, welche die Funktion des Gewissens übernommen hat, hat sich also auch in den Dienst der Innenforschung gestellt, welche der Philosophie das Material für ihre Gedankenoperationen liefert. Das mag für den Antrieb zur spekulativen Systembildung, welcher die Paranoia auszeichnet, nicht gleichgültig sein.[26]

26 Nur als Vermutung füge ich an, daß die Ausbildung und Erstarkung dieser beobachtenden Instanz auch die späte Entstehung des (subjektiven) Gedächtnisses und des für unbewußte Vorgänge nicht geltenden Zeitmoments in sich fassen könnte. [Weitere Aufklärung zu diesem Punkt liefert die Arbeit *Das Unbewußte* (vgl. in Band 2 der vorliegenden Ausgabe).]

Es wird uns gewiß bedeutsam sein, wenn wir die Anzeichen von der Tätigkeit dieser kritisch beobachtenden – zum Gewissen und zur philosophischen Introspektion gesteigerten – Instanz noch auf anderen Gebieten zu erkennen vermögen. Ich ziehe hier heran, was H. Silberer als das »funktionelle Phänomen« beschrieben hat, eine der wenigen Ergänzungen zur Traumlehre, deren Wert unbestreitbar ist. Silberer hat bekanntlich gezeigt, daß man in Zuständen zwischen Schlafen und Wachen die Umsetzung von Gedanken in visuelle Bilder direkt beobachten kann, daß aber unter solchen Verhältnissen häufig nicht eine Darstellung des Gedankeninhalts auftritt, sondern des Zustandes (von Bereitwilligkeit, Ermüdung usw.), in welchem sich die mit dem Schlaf kämpfende Person befindet. Ebenso hat er gezeigt, daß manche Schlüsse von Träumen und Absätze innerhalb des Trauminhaltes nichts anderes bedeuten als die Selbstwahrnehmung des Schlafens und Erwachens. Er hat also den Anteil der Selbstbeobachtung – im Sinne des paranoischen Beobachtungswahnes – an der Traumbildung nachgewiesen. Dieser Anteil ist ein inkonstanter; ich habe ihn wahrscheinlich darum übersehen, weil er in meinen eigenen Träumen keine große Rolle spielt; bei philosophisch begabten, an Introspektion gewöhnten Personen mag er sehr deutlich werden.

Wir erinnern uns, daß wir gefunden haben, die Traumbildung entstehe unter der Herrschaft einer Zensur, welche die Traumgedanken zur Entstellung nötigt. Unter dieser Zensur stellten wir uns aber keine besondere Macht vor, sondern wählten diesen Ausdruck für die den Traumgedanken zugewandte Seite der das Ich beherrschenden, verdrängenden Tendenzen. Gehen wir in die Struktur des Ichs weiter ein, so dürfen wir im Ichideal und den dynamischen Äußerungen des Gewissens auch den *Traumzensor* erkennen. Merkt dieser Zensor ein wenig auch während des Schlafes auf, so werden wir verstehen, daß die Voraussetzung seiner Tätigkeit, die Selbstbeobachtung und Selbstkritik, mit Inhalten, wie »jetzt ist er zu schläfrig, um zu denken« – »jetzt wacht er auf«, einen Beitrag zum Trauminhalt leistet.[27]

Von hier aus dürfen wir die Diskussion des Selbstgefühls beim Normalen und beim Neurotischen versuchen.

Das Selbstgefühl erscheint uns zunächst als Ausdruck der Ichgröße, deren Zusammengesetztheit nicht weiter in Betracht kommt. Alles, was man besitzt oder erreicht hat, jeder durch die Erfahrung bestätigte Rest des primitiven Allmachtgefühls hilft das Selbstgefühl steigern.

Wenn wir unsere Unterscheidung von Sexual- und Ichtrieben einführen, müssen wir dem Selbstgefühl eine besonders innige Abhängigkeit von der narzißtischen Libido zuerkennen. Wir lehnen uns dabei an die zwei Grundtatsachen an, daß bei den Paraphrenien das Selbstgefühl gesteigert, bei den Übertragungsneurosen herabgesetzt ist und daß im Liebesleben das Nichtgeliebtwerden das Selbstgefühl erniedrigt, das Geliebtwerden dasselbe erhöht. Wir haben angegeben, daß Geliebtwerden das Ziel und die Befriedigung bei narzißtischer Objektwahl darstellt.

Es ist ferner leicht zu beobachten, daß die Libidobesetzung der Objekte das Selbstgefühl nicht erhöht. Die Abhängigkeit vom geliebten Objekt wirkt herabsetzend; wer verliebt ist, ist demütig. Wer liebt, hat sozusagen ein Stück seines Narzißmus eingebüßt und kann es erst durch das Geliebtwerden ersetzt erhalten. In all diesen Beziehungen scheint das Selbstgefühl in Relation mit dem narzißtischen Anteil am Liebesleben zu bleiben.

Die Wahrnehmung der Impotenz, des eigenen Unvermögens zu lieben, infolge seelischer oder körperlicher Störungen, wirkt im hohen Grade herabsetzend auf das Selbstgefühl ein. Hier ist nach meinem Ermessen eine der Quellen für die so bereitwillig kundgegebenen Minderwertigkeitsgefühle der Übertragungsneurotiker zu suchen. Die

27 Ob die Sonderung dieser zensorischen Instanz vom anderen Ich imstande ist, die philosophische Scheidung eines Bewußtseins von einem Selbstbewußtsein psychologisch zu fundieren, kann ich hier nicht entscheiden.

Hauptquelle dieser Gefühle ist aber die Ichverarmung, welche sich aus den außerordentlich großen, dem Ich entzogenen Libidobesetzungen ergibt, also die Schädigung des Ichs durch die der Kontrolle nicht mehr unterworfenen Sexualstrebungen.

A. Adler hat mit Recht geltend gemacht,[28] daß die Wahrnehmung eigener Organminderwertigkeiten anspornend auf ein leistungsfähiges Seelenleben wirkt und auf dem Wege der Überkompensation eine Mehrleistung hervorruft. Es wäre aber eine volle Übertreibung, wenn man jede gute Leistung nach seinem Vorgang auf diese Bedingung der ursprünglichen Organminderwertigkeit zurückführen wollte. Nicht alle Maler sind mit Augenfehlern behaftet, nicht alle Redner ursprünglich Stotterer gewesen. Es gibt auch reichlich vortreffliche Leistung auf Grund vorzüglicher Organbegabung. Für die Ätiologie der Neurose spielt organische Minderwertigkeit und Verkümmerung eine geringfügige Rolle, etwa die nämliche wie das aktuelle Wahrnehmungsmaterial für die Traumbildung. Die Neurose bedient sich desselben als Vorwand wie aller anderen tauglichen Momente. Hat man eben einer neurotischen Patientin den Glauben geschenkt, daß sie krank werden mußte, weil sie unschön, mißgebildet, reizlos sei, so daß niemand sie lieben könne, so wird man durch die nächste Neurotika eines Besseren belehrt, die in Neurose und Sexualablehnung verharrt, obwohl sie über das Durchschnittsmaß begehrenswert erscheint und begehrt wird. Die hysterischen Frauen gehören in ihrer Mehrzahl zu den anziehenden und selbst schönen Vertreterinnen ihres Geschlechts, und anderseits leistet die Häufung von Häßlichkeiten, Organverkümmerungen und Gebrechen bei den niederen Ständen unserer Gesellschaft nichts für die Frequenz neurotischer Erkrankungen in ihrer Mitte.

Die Beziehungen des Selbstgefühls zur Erotik (zu den libidinösen Objektbesetzungen) lassen sich formelhaft in folgender Weise darstellen: Man hat die beiden Fälle zu

---

28 *Studie über Minderwertigkeit von Organen*, Berlin und Wien 1907.

unterscheiden, ob die Liebesbesetzungen *ichgerecht* sind oder im Gegenteil eine Verdrängung erfahren haben. Im ersteren Falle (bei ichgerechter Verwendung der Libido) wird das Lieben wie jede andere Betätigung des Ichs gewertet. Das Lieben an sich, als Sehnen, Entbehren, setzt das Selbstgefühl herab, das Geliebtwerden, Gegenliebe finden, Besitzen des geliebten Objekts hebt es wieder. Bei verdrängter Libido wird die Liebesbesetzung als arge Verringerung des Ichs empfunden, Liebesbefriedigung ist unmöglich, die Wiederbereicherung des Ichs wird nur durch die Zurückziehung der Libido von den Objekten möglich. Die Rückkehr der Objektlibido zum Ich, deren Verwandlung in Narzißmus, stellt gleichsam wieder eine glückliche Liebe dar, und anderseits entspricht auch eine reale glückliche Liebe dem Urzustand, in welchem Objekt- und Ichlibido voneinander nicht zu unterscheiden sind.

Die Wichtigkeit und Unübersichtlichkeit des Gegenstandes möge nun die Anfügung von einigen anderen Sätzen in loserer Anordnung rechtfertigen:

Die Entwicklung des Ichs besteht in einer Entfernung vom primären Narzißmus und erzeugt ein intensives Streben, diesen wiederzugewinnen. Diese Entfernung geschieht vermittels der Libidoverschiebung auf ein von außen aufgenötigtes Ichideal, die Befriedigung durch die Erfüllung dieses Ideals.

Gleichzeitig hat das Ich die libidinösen Objektbesetzungen ausgeschickt. Es ist zugunsten dieser Besetzungen wie des Ichideals verarmt und bereichert sich wieder durch die Objektbefriedigung wie durch die Idealerfüllung.

Ein Anteil des Selbstgefühls ist primär, der Rest des kindlichen Narzißmus, ein anderer Teil stammt aus der durch Erfahrung bestätigten Allmacht (der Erfüllung des Ichideals), ein dritter aus der Befriedigung der Objektlibido.

Das Ichideal hat die Libidobefriedigung an den Objekten unter schwierige Bedingungen gebracht, indem es einen Teil derselben durch seinen Zensor als unverträglich abweisen läßt. Wo sich ein solches Ideal nicht entwickelt hat, da tritt die betreffende sexuelle Strebung unverändert als Perversion in die Persönlichkeit ein. Wiederum ihr eigenes Ideal sein, auch in betreff der Sexualstrebungen, wie in der Kindheit, das wollen die Menschen als ihr Glück erreichen.

Die Verliebtheit besteht in einem Überströmen der Ichlibido auf das Objekt. Sie hat die Kraft, Verdrängungen aufzuheben und Perversionen wiederherzustellen. Sie erhebt das Sexualobjekt zum Sexualideal. Da sie bei dem Objekt- oder Anlehnungstypus auf Grund der Erfüllung infantiler Liebesbedingungen erfolgt, kann man sagen: Was diese Liebesbedingung erfüllt, wird idealisiert.

Das Sexualideal kann in eine interessante Hilfsbeziehung zum Ichideal treten. Wo die narzißtische Befriedigung auf reale Hindernisse stößt, kann das Sexualideal zur Ersatzbefriedigung verwendet werden. Man liebt dann nach dem Typus der narzißtischen Objektwahl das, was man war und eingebüßt hat oder was die Vorzüge besitzt, die man überhaupt nicht hat (vergleiche oben unter *c*). Die der obigen parallele Formel lautet: Was den dem Ich zum Ideal fehlenden Vorzug besitzt, wird geliebt. Dieser Fall der Aushilfe hat eine besondere Bedeutung für den Neurotiker, der durch seine übermäßigen Objektbesetzungen im Ich verarmt und außerstande ist, sein Ichideal zu erfüllen. Er sucht dann von seiner Libidoverschwendung an die Objekte den Rückweg zum Narzißmus, indem er sich ein Sexualideal nach dem narzißtischen Typus wählt, welches die von ihm nicht zu erreichenden Vorzüge besitzt. Dies ist die Heilung durch Liebe, welche er in der Regel der analytischen vorzieht. Ja, er kann an einen anderen Mechanismus der Heilung nicht glauben, bringt meist die Erwartung desselben in die Kur mit und richtet sie auf die Person des ihn behandelnden Arztes. Diesem Heilungsplan steht natürlich die Liebesunfähigkeit des Kranken infolge seiner ausgedehnten Verdrängungen im Wege. Hat man dieser durch die Behandlung bis zu einem gewissen Grade abgeholfen, so erlebt man häufig den unbeabsichtigten Erfolg, daß der

Kranke sich nun der weiteren Behandlung entzieht, um eine Liebeswahl zu treffen und die weitere Herstellung dem Zusammenleben mit der geliebten Person zu überlassen. Man könnte mit diesem Ausgang zufrieden sein, wenn er nicht alle Gefahren der drückenden Abhängigkeit von diesem Nothelfer mit sich brächte.

Vom Ichideal aus führt ein bedeutsamer Weg zum Verständnis der Massenpsychologie. Dies Ideal hat außer seinem individuellen einen sozialen Anteil, es ist auch das gemeinsame Ideal einer Familie, eines Standes, einer Nation. Es hat außer der narzißtischen Libido einen großen Betrag der homosexuellen Libido einer Person gebunden,[29] welcher auf diesem Wege ins Ich zurückgekehrt ist. Die Unbefriedigung durch Nichterfüllung dieses Ideals macht homosexuelle Libido frei, welche sich in Schuldbewußtsein (soziale Angst) verwandelt. Das Schuldbewußtsein war ursprünglich Angst vor der Strafe der Eltern, richtiger gesagt: vor dem Liebesverlust bei ihnen; an Stelle der Eltern ist später die unbestimmte Menge der Genossen getreten. Die häufige Verursachung der Paranoia durch Kränkung des Ichs, Versagung der Befriedigung im Bereiche des Ichideals, wird so verständlicher, auch das Zusammentreffen von Idealbildung und Sublimierung im Ichideal, die Rückbildung der Sublimierungen und eventuelle Umbildung der Ideale bei den paraphrenischen Erkrankungen.

29 [Die Bedeutung der Homosexualität für die Organisation von Gruppen ist schon in *Totem und Tabu* (1912–13) angedeutet worden.]

Inhalt

I–III
64,–